AF844682

BECK'SCHE KOMMENTARE ZUM ARBEITSRECHT

Kündigungsschutz-gesetz

Kommentar

von

Dr. Rüdiger Krause
Professor an der Universität Göttingen,
Vizepräsident des Niedersächsischen Landesjustizprüfungsamtes

und

Dr. Frank Bayreuther
Professor an der Universität Passau

und

Dr. Jan-Malte Niemann, LL.M.
Richter am Bundesarbeitsgericht

17., völlig neubearbeitete Auflage 2026

des von
Dr. Dr. h. c. Alfred Hueck, weiland o. Professor an der Universität München, begründeten, bis zur 10. Auflage von **Dr. Dr. h. c. Götz Hueck**, em. o. Professor an der Universität München, und bis zur 15. Auflage von **Dr. Gerrick v. Hoyningen-Huene**, em. o. Professor an der Universität Heidelberg, Dekan der Law School an der EBS Universität Wiesbaden, und zuletzt gemeinsam mit **Dr. Rüdiger Linck**, Vizepräsident des Bundesarbeitsgerichts a. D., fortgeführten Werkes

C.H.BECK

Zitiervorschlag:
KBN oder Krause/Bayreuther/Niemann/*Bearbeiter* § … Rn. …

beck.de

ISBN 978 3 406 79642 5
© 2026 Verlag C.H.Beck GmbH & Co. KG
Wilhelmstraße 9, 80801 München
info@beck.de
Druck: Beltz Grafische Betriebe GmbH
Am Fliegerhorst 8, 99947 Bad Langensalza
Satz: Druckerei C.H.Beck, Nördlingen
Umschlag: Ralph Zimmermann – Bureau Parapluie

myclimate
shape our future
chbeck.de/nachhaltig
produktsicherheit.beck.de

Gedruckt auf säurefreiem, alterungsbeständigem Papier
(hergestellt aus chlorfrei gebleichtem Zellstoff)

Alle urheberrechtlichen Nutzungsrechte bleiben vorbehalten.
Der Verlag behält sich auch das Recht vor, Vervielfältigungen dieses Werkes zum Zwecke des Text and Data Mining vorzunehmen.

Vorwort

Das Kündigungsrecht nimmt in der arbeitsrechtlichen Praxis nach wie vor eine zentrale Rolle ein und wird wegen seiner erheblichen Bedeutung sowohl für die Arbeitsvertragsparteien als auch für die Allgemeinheit nicht umsonst als „Nervenzentrum" des Arbeitsvertragsrechts bezeichnet.

Die Neuauflage des Kommentars bewahrt den Charakter und den Stil der Vorauflagen. Wie bisher ist sein Ziel eine wissenschaftlich fundierte Erläuterung des Kündigungsschutzgesetzes für den praktischen Gebrauch. Hierzu werden Strukturen und Grundprinzipien des Kündigungsschutzrechts herausgearbeitet. Die einschlägige Rechtsprechung des Bundesarbeitsgerichts und des Gerichtshofes der Europäischen Union sowie in Einzelfällen auch des Bundesverfassungsgerichts und des Europäischen Gerichtshofes für Menschenrechte wird nicht nur referierend wiedergegeben, sondern – soweit geboten – unter Einbeziehung des begleitenden Schrifttums auch einer kritischen Analyse unterzogen. Ziel ist der Diskurs und die Weiterentwicklung des Kündigungsschutzrechts unter Berücksichtigung einer sich verändernden Arbeitswelt und der zunehmenden Durchdringung auch dieses Rechtsgebiets durch das Unionsrecht. So sind neben den durch das Betriebsrätemodernisierungsgesetz eingeführten Erweiterungen des Kündigungsschutzes im Rahmen der Betriebsverfassung die vielfältigen Auswirkungen des Antidiskriminierungsrechts auf verschiedene Bereiche des Kündigungsschutzrechts, die Bedeutung der Arbeitsbedingungen-Richtlinie sowie das neue Hinweisgeberschutzrecht in die Kommentierung eingeflossen. Darüber hinaus stellt das Recht der Massenentlassung nach wie vor eine außerordentlich dynamische Materie dar, wobei die durch die beiden Vorabentscheidungsverfahren des BAG auslöste Entwicklung derzeit noch nicht abgeschlossen ist.

Mit der Neuauflage hat sich der Autorenkreis ein weiteres Mal verändert. Rüdiger Linck ist aus dem Kreis der Bearbeiter des Kommentars ausgeschieden, an dem er seit der 11. Auflage mitgewirkt hatte. Für sein großes Engagement bei der Kommentierung sind wir ihm zu Dank verpflichtet. Neu in das Autorenteam eingetreten ist Jan-Malte Niemann, der die §§ 3–12 erläutert, während Rüdiger Krause weiterhin die §§ 1, 1a und 2 und Frank Bayreuther die §§ 13–26 kommentiert. Aufgrund des geänderten Autorenkreises wird der Kommentar nunmehr unter der Bezeichnung Krause/Bayreuther/Niemann (KBN) fortgeführt. Die bis zum 30. Juni 2025, vereinzelt auch darüber hinaus, veröffentlichten Entscheidungen und das entsprechende Schrifttum sind berücksichtigt.

Den Mitarbeiterinnen und Mitarbeitern an den Lehrstühlen von Rüdiger Krause und Frank Bayreuther sind die Verfasser für ihre Korrekturleistungen und technische Unterstützung in den verschiedenen Phasen der Entstehung der Manuskripte zu Dank verpflichtet. Ebenso danken wir den Mitarbeiterinnen und Mitarbeitern des Verlages C.H.Beck für ihre Mitwirkung an der Herstellung des Kommentars. Unser besonderer Dank gilt dabei Herrn Dr. Peter Glanz und Frau Andrea Ruhé für ihren Einsatz an der Vorbereitung der Neuauflage dieses Werkes.

Anregungen, Kritik und Verbesserungsvorschläge aus dem Leserkreis sind den Verfassern stets willkommen.

Göttingen, Passau, Erfurt
im September 2025

Rüdiger Krause
Frank Bayreuther
Jan-Malte Niemann

Vorwort

[illegible]

[illegible]

[illegible]

[illegible]

[illegible]

Inhaltsverzeichnis

Abkürzungsverzeichnis

Verzeichnis der abgekürzt zitierten Literatur s. S. XIII
Für hier nicht aufgeführte Abkürzungen wird verwiesen auf Kirchner, Abkürzungsverzeichnis der Rechtssprache (11. Auflage 2024)

aA	anderer Ansicht
AA	Agentur für Arbeit
AAG	Aufwendungsausgleichsgesetz
ABA	Arbeit, Beruf und Arbeitslosenhilfe (Zeitschrift)
abl.	ablehnend
ABl.	Amtsblatt der Europäischen Union
ABM	Arbeitsbeschaffungsmaßnahme
AcP	Archiv für die civilistische Praxis
aE	am Ende
aF	alte(r) Fassung
AFG	Arbeitsförderungsgesetz
AfP	Archiv für Presserecht (Zeitschrift)
AG	Die Aktiengesellschaft (Zeitschrift)
AGG	Allgemeines Gleichbehandlungsgesetz
AiB	Arbeitsrecht im Betrieb (Zeitschrift)
allgM	allgemeine Meinung
AMG	Gesetz über den Verkehr mit Arzneimitteln
AngKSchG	Gesetz über die Fristen für die Kündigung von Angestellten
Anm.	Anmerkung
AOG	Gesetz zur Ordnung der nationalen Arbeit
AP	Arbeitsrechtliche Praxis (Entscheidungssammlung), Nachschlagewerk des Bundesarbeitsgerichts
ArbG	Arbeitsgericht
ArbGG	Arbeitsgerichtsgesetz
ArbMin.	Arbeitsminister, Arbeitsministerium
ArbPlSchG	Arbeitsplatzschutzgesetz
ArbR	Arbeitsrecht (Zeitschrift)
ArbRB	Arbeits-Rechts-Berater (Zeitschrift)
ArbRBereinigG	Erstes Arbeitsrechtsbereinigungsgesetz vom 14.8.1969
AR-Blattei	Arbeitsrecht-Blattei
ArbRdGgnw	Arbeitsrecht der Gegenwart (Band, Jahr, Seite)
ArbZG	Arbeitszeitgesetz
ARS	Arbeitsrechtssammlung, Entscheidungen des Reichsarbeitsgerichts und der Landesarbeitsgerichte
ASiG	Arbeitssicherheitsgesetz
AuA	Arbeit und Arbeitsrecht (Zeitschrift)
AÜG	Arbeitnehmerüberlassungsgesetz
AufenthG	Aufenthaltsgesetz
Aufl.	Auflage
AuR	Arbeit und Recht (Zeitschrift)
ausf.	ausführlich
AVG	Angestelltenversicherungsgesetz
BA	Bundesagentur für Arbeit
BAG	Bundesarbeitsgericht
BArbBl.	Bundesarbeitsblatt
BAT	Bundesangestelltentarifvertrag
BB	Betriebs-Berater (Zeitschrift)
BBG	Bundesbeamtengesetz
BBiG	Berufsbildungsgesetz

Abkürzungsverzeichnis

BDSG	Bundesdatenschutzgesetz
BEEG	Bundeselterngeld- und Elternzeitgesetz
BErzGG	Bundeserziehungsgeldgesetz
BeschFG	Beschäftigungsförderungsgesetz 1985
BetrR	Der Betriebsrat (Zeitschrift)
BetrVerf.	Die Betriebsverfassung (Zeitschrift)
BetrVG	Betriebsverfassungsgesetz
BGB	Bürgerliches Gesetzbuch
BGBl.	Bundesgesetzblatt
BGH	Bundesgerichtshof und seine Entscheidungen in Zivilsachen
BlStSozArbR	Blätter für Steuerrecht, Sozialversicherung und Arbeitsrecht
BOStrab	Straßenbahn-, Bau- und Betriebsordnung
BPersVG	Bundespersonalvertretungsgesetz
BR-Drs.	Drucksachen des Deutschen Bundesrates
BRG	Betriebsrätegesetz vom 4.2.1920
BSG	Bundessozialgericht
bspw.	beispielsweise
BT-Drs.	Drucksachen des Deutschen Bundestages
BUKG	Bundesumzugskostengesetz
BUrlG	Bundesurlaubsgesetz
BUV	Betriebs- und Unternehmensverfassung (Zeitschrift)
BVerfG	Bundesverfassungsgericht
BVerwG	Bundesverwaltungsgericht
bzw.	beziehungsweise
ca.	circa
DArbR	Deutsches Arbeitsrecht (Zeitschrift)
DB	Der Betrieb (Zeitschrift)
dgl.	dergleichen
dh	das heißt
DJT	Deutscher Juristentag
DJZ	Deutsche Juristenzeitung
DRdA	Das Recht der Arbeit (Zeitschrift, Österreich)
DSGVO	Datenschutz-Grundverordnung
DVO	Durchführungsverordnung
DZWiR	Deutsche Zeitschrift für Wirtschafts- und Insolvenzrecht
EFZG	Entgeltfortzahlungsgesetz
EGBGB	Einführungsgesetz zum Bürgerlichen Gesetzbuch
EGMR	Europäischer Gerichtshof für Menschenrechte
EGZPO	Gesetz, betreffend die Einführung der Zivilprozeßordnung
EMRK	Europäische Menschenrechtskonvention
Erg.	Ergebnis
Erl.	Erläuterungen
etc	et cetera
EuGH	Europäischer Gerichtshof
EuZA	Europäische Zeitschrift für Arbeitsrecht
EWiR	Entscheidungen zum Wirtschaftsrecht
EWS	Europäisches Wirtschafts- und Steuerrecht (Zeitschrift)
EzA	Entscheidungssammlung zum Arbeitsrecht
f.	für
FA	Fachanwalt Arbeitsrecht (Zeitschrift)
Fn.	Fußnote
GBl.	Gesetzblatt
GeschGehG	Geschäftsgeheimnisgesetz

GewO	Gewerbeordnung
GG	Grundgesetz für die Bundesrepublik Deutschland
ggf.	gegebenenfalls
GK	Gemeinschaftskommentar
GrO	Grundordnung des kirchlichen Dienstes im Rahmen kirchlicher Arbeitsverhältnisse
GVBl.	Gesetz- und Verordnungsblatt
GVG	Gerichtsverfassungsgesetz
HAG	Heimarbeitsgesetz
HAS	Handbuch des Arbeits- und Sozialrechts, herausgegeben von Weiss/Gagel
HBV	Handbuch der Betriebsverfassung
HGB	Handelsgesetzbuch
hM	herrschende Meinung
hL	herrschende Lehre
Hs.	Halbsatz
HwB AR	Handwörterbuch des Arbeitsrechts
HzA	Handbuch zum Arbeitsrecht, herausgegeben von Leinemann
idF	in der Fassung
iE	im Einzelnen
iErg	im Ergebnis
ieS	im engeren Sinn
iHv	in Höhe von
insbes.	insbesondere
InsO	Insolvenzordnung
IPrax	Praxis des Internationalen Privat- und Verfahrensrechts (Zeitschrift)
iRd	im Rahmen des
iSd	im Sinne (des/der)
iÜ	im Übrigen
iVm	in Verbindung mit
JbArbR	Jahrbuch des Arbeitsrechts (Zeitschrift)
JR	Juristische Rundschau (Zeitschrift)
JuS	Juristische Schulung (Zeitschrift)
JW	Juristische Wochenschrift
JZ	Juristen-Zeitung
KR	Gemeinschaftskommentar zum Kündigungsrecht
KRG	Kontrollratsgesetz
krit.	kritisch
KSchG	Kündigungsschutzgesetz
LAG	Landesarbeitsgericht
LAGE	Entscheidungssammlung der Landesarbeitsgerichte
LM	Lindenmaier/Möhring, Nachschlagewerk des Bundesgerichtshofs
LPVG	Landespersonalvertretungsgesetz
MDR	Monatsschrift für Deutsches Recht
MitbestG	Mitbestimmungsgesetz 1976
MittAB	Mitteilungen aus der Arbeitsmarkt- und Berufsforschung (Zeitschrift)
MuSchG	Mutterschutzgesetz
mwN	mit weiteren Nachweisen
mWv	mit Wirkung vom
nF	neue(r) Fassung
NJ	Neue Justiz

Abkürzungsverzeichnis

NJW	Neue Juristische Wochenschrift
NJW-RR	Neue Juristische Wochenschrift/Rechtsprechungs-Report
NZA	Neue Zeitschrift für Arbeitsrecht
NZA-RR	Neue Zeitschrift für Arbeitsrecht/Rechtsprechungs-Report
NZI	Neue Zeitschrift für das Recht der Insolvenz und Sanierung
NZS	Neue Zeitschrift für Sozialrecht
oÄ	oder Ähnliche(s)
OGB	Oberster Gerichtshof des Bundes
oHG	offene Handelsgesellschaft
PersVG	Personalvertretungsgesetz
PfDG	Pfarrdienstgesetz
RArbBl.	Reichsarbeitsblatt
RAG	Reichsarbeitsgericht
RdA	Recht der Arbeit (Zeitschrift)
RG	Reichsgericht und seine Entscheidungen in Zivilsachen
RGBl.	Reichsgesetzblatt
RL	Richtlinie
RVO	Reichsversicherungsordnung
Rn.	Randnummer
RRG	Rentenreformgesetz
Rspr.	Rechtsprechung
RzK	Rechtsprechung zum Kündigungsrecht
S.	siehe
s.a.	siehe auch
SAE	Sammlung arbeitsrechtlicher Entscheidungen
SchwbG	Schwerbehindertengesetz
SGb	Die Sozialgerichtsbarkeit (Zeitschrift)
SGB I	Sozialgesetzbuch I. Buch – Allgemeiner Teil
SGB II	Sozialgesetzbuch II. Buch – Bürgergeld, Grundsicherung für Arbeitssuchende
SGB III	Sozialgesetzbuch III. Buch – Arbeitsförderung
SGB IV	Sozialgesetzbuch IV. Buch – Gemeinsame Vorschriften für die Sozialversicherung
SGB V	Sozialgesetzbuch V. Buch – Gesetzliche Krankenversicherung
SGB VI	Sozialgesetzbuch VI. Buch – Gesetzliche Rentenversicherung
SGB VII	Sozialgesetzbuch VII. Buch – Gesetzliche Unfallversicherung
SGB IX	Sozialgesetzbuch IX. Buch – Rehabilitation und Teilhabe von Menschen mit Behinderungen
SGB X	Sozialgesetzbuch X. Buch – Verwaltungsverfahren
sog.	sogenannt
SozFort.	Sozialer Fortschritt (Zeitschrift)
SR	Soziales Recht (Zeitschrift)
StPO	Strafprozessordnung
stRspr	ständige Rechtsprechung
str.	strittig
TVöD	Tarifvertrag für den öffentlichen Dienst
TV-L	Tarifvertrag für den öffentlichen Dienst der Länder
TzBfG	Teilzeit- und Befristungsgesetz
USK	Urteilssammlung für die gesetzliche Krankenversicherung
u.	und
ua	unter anderem
uam	und andere(s) mehr

umf. .... umfassend
usw .... und so weiter
uU .... unter Umständen

v. .... vom/von
VAA .... Veröffentlichungen der Arbeitsgemeinschaft Arbeitsrecht im Deutschen Anwaltsverein
VO .... Verordnung

WM .... Wertpapier-Mitteilungen (Zeitschrift)
WO-BetrVG .... Wahlordnung zum Betriebsverfassungsgesetz
WO-BPersVG .... Wahlordnung zum Bundespersonalvertretungsgesetz
WRV .... Verfassung des Deutschen Reichs von 1919

ZAkDR .... Zeitschrift der Akademie für Deutsches Recht
ZAP .... Zeitschrift für Anwaltspraxis
ZAS .... Zeitschrift für Arbeits- und Sozialrecht (Österreich)
zB .... zum Beispiel
ZESAR .... Zeitschrift für europäisches Sozial- und Arbeitsrecht
ZEuP .... Zeitschrift für europäisches Privatrecht
ZfA .... Zeitschrift für Arbeitsrecht
ZfRV .... Zeitschrift für Europarecht, internationales Privatrecht und Rechtsvergleichung
ZIAS .... Zeitschrift für ausländisches und internationales Arbeits- und Sozialrecht
ZInsO .... Zeitschrift für das gesamte Insolvenzrecht
ZIP .... Zeitschrift für Wirtschaftsrecht
ZPO .... Zivilprozessordnung
ZRP .... Zeitschrift für Rechtspolitik
ZTR .... Zeitschrift für Tarifrecht
zust. .... zustimmend
zutr. .... zutreffend

Literaturverzeichnis

Ascheid Beweislastfragen	Beweislastfragen im Kündigungsschutzprozeß, 1989
Ascheid KSchR	Kündigungsschutzrecht: die Kündigung des Arbeitsverhältnisses, 1993
APS/Bearbeiter	Ascheid/Preis/Schmidt, Großkommentar zum Kündigungsrecht, 7. Aufl. 2024
Backmeister/Trittin/Mayer/Bearbeiter	Kündigungsschutz mit Nebengesetzen, Kommentar; 4. Aufl. 2009
BBAKKNSV/Bearbeiter	Bader/Bram/Ahrendt/Kreutzberg-Kowalczyk/Nungeßer/Suckow/Volk, Kündigungs- und Bestandsschutz im Arbeitsverhältnis, Kommentar, Loseblattwerk, Stand 2025
Bauer/Krieger KündigungsR Reformen	Kündigungsrecht – Reformen, 2004
BH/Bearbeiter	Benecke/Hergenröder, Berufsbildungsgesetz, 2. Aufl. 2021
BLP/Bearbeiter	Baumgärtel/Laumen/Prütting, Handbuch der Beweislast, Band 1, 5. Aufl. 2023
Däubler/Deinert/Bearbeiter	Däubler/Deinert KSchR-Kündigungsschutzrecht, 12. Aufl. 2024
DKKW/Bearbeiter	Däubler/Kittner/Klebe/Wedde, Betriebsverfassungsgesetz, Kommentar, 16. Aufl. 2018
FAKomm ArbR/Bearbeiter	Dornbusch/Fischermeier/Löwisch (Hrsg.), Fachanwaltskommentar Arbeitsrecht, 10. Aufl. 2021
ErfK/Bearbeiter	Erfurter Kommentar zum Arbeitsrecht, 25. Aufl. 2025, Müller-Glöge/Preis/Schmidt (Hrsg.)
Erman/Bearbeiter	Handkommentar zum Bürgerlichen Gesetzbuch, 17. Aufl. 2023
Fitting BetrVG	Fitting/Engels/Schmidt/Trebinger/Linsenmaier, Betriebsverfassungsgesetz, Kommentar, 32. Aufl. 2024
Flatow/Kahn-Freund BRG 1920	Kommentar zum BRG, 13. Aufl. 1931
Galperin/Löwisch	Betriebsverfassungsgesetz, Kommentar, 6. Aufl. 1982
Gamillscheg IndArbR	Arbeitsrecht I Individualarbeitsrecht, 7. Aufl. 1987
Gaul	Gaul, Arbeitsrecht der Umstrukturierung, 2. Aufl. 2022
GMP/Bearbeiter	Germelmann/Matthes/Prütting, Arbeitsgerichtsgesetz, Kommentar; 10. Aufl. 2022
GK-BetrVG/Bearbeiter	Gemeinschaftskommentar zum Betriebsverfassungsgesetz von Wiese/Kreutz/Oetker/Raab/Weber/Franzen/Gutzeit/Jacobs/Schubert, 12. Aufl. 2022
Grüneberg/Bearbeiter	Ellenberger/Götz/Grüneberg/Herrler/von Pückler/Retzlaff/Siede/Sprau/Thorn/Weidenkaff/Weidlich/Wicke, Bürgerliches Gesetzbuch, 84. Aufl. 2025
GWBG/Bearbeiter	Grunsky/Waas/Benecke/Greiner, Arbeitsgerichtsgesetz, Kommentar, 8. Aufl. 2014
HaKo-KSchR	Kündigungsschutzgesetz, Handkommentar von Gallner/Mestwerdt/Nägele (Hrsg.), 8. Aufl. 2025
Heinze Personalplanung	Personalplanung, Einstellung und Kündigung – Mitbestimmungsrechte, 1982
HK-AGG/Bearbeiter	Däubler/Beck, Allgemeines Gleichbehandlungsgesetz, Handkommentar, 5. Aufl. 2022
HK-ArbR/Bearbeiter	Däubler/Hjort/Schubert/Wolmerath, Arbeitsrecht, Handkommentar, 5. Aufl. 2022
HK-KSchG/Bearbeiter	Heidelberger Kommentar zum Kündigungsschutzgesetz, hrsg. von Dorndorf u. a., 4. Aufl. 2001
HK-ZPO/Bearbeiter	Saenger, Zivilprozessordnung: ZPO, 10. Aufl. 2023
HWK/Bearbeiter	Henssler/Willemsen/Kalb (Hrsg.), Arbeitsrecht-Kommentar, 11. Aufl. 2024

HWGNRH/Bearbeiter	Hess/Worzalla/Glock/Nicolai/Rose/Huke, Kommentar zum Betriebsverfassungsgesetz, 10. Aufl. 2018
HzA/Bearbeiter	Leinemann (Hrsg.), Handbuch zum Arbeitsrecht (HzA), Loseblattwerk Stand 2018
v. Hoyningen-Huene BetrVR	Betriebsverfassungsrecht, 6. Aufl. 2007
v. Hoyningen-Huene Billikeit	Die Billigkeit im Arbeitsrecht, 1978
v. Hoyningen-Huene Kündigungsvorschriften	Kündigungsvorschriften im Arbeitsrecht, 2. Aufl. 1994
Hueck/Nipperdey/Dietz	Kommentar zum AOG, 4. Aufl. 1943
Hueck/Nipperdey	Lehrbuch des Arbeitsrechts, 7. Aufl. Band 1 1963, Band 2 Halbband 1 1967, Band 2 Halbband 2 1970
AnwK-ArbR/Bearbeiter	Hümmerich/Boecken/Düwell, Anwaltkommentar Arbeitsrecht, 2 Bde., 2. Aufl. 2010
Joost Betrieb	Betrieb und Unternehmen als Grundbegriffe im Arbeitsrecht, 1988
Kasseler/Bearbeiter	Leinemann, Kasseler Handbuch zum Arbeitsrecht, 2 Bde., 2. Aufl. 2000
KR/Bearbeiter	Gemeinschaftskommentar zum Kündigungsschutzgesetz und zu sonstigen kündigungsschutzrechtlichen Vorschriften von Bader/Fischermeier/Gallner ua, 14. Aufl. 2025
Kramer Kündigungsvereinbarungen	Kündigungsvereinbarungen im Arbeitsvertrag, 1994
Löwisch/Kaiser	Betriebsverfassungsgesetz, Kommentar, 7. Aufl. 2017
LSSW/Bearbeiter	Löwisch/Schlünder/Spinner/Wertheimer, Kündigungsschutzgesetz, Kommentar, 11. Aufl. 2018
MHdB ArbR/Bearbeiter	Münchener Handbuch zum Arbeitsrecht, Band 1, Individualarbeitsrecht, hrsg. von Kiel/Lunk/Oetker, 6. Aufl. 2024
MüKoBGB/Bearbeiter	Münchener Kommentar zum BGB, Band 4, hrsg. von Säcker/Rixecker/Oetker/Limperg, 9. Aufl. 2023
MüKoHGB/Bearbeiter	Münchener Kommentar zum Handelsgesetzbuch, Band 1, hrsg. von K. Schmidt, 4. Aufl. 2016
MüKoZPO/Bearbeiter	Münchener Kommentar zur Zivilprozessordnung, hrsg. von Rauscher/Krüger, 3 Bde., 7. Aufl. 2025
MEL/Bearbeiter	Mues/Eisenbeis/Laber, Handbuch Kündigungsrecht, 2. Aufl. 2010
Musielak/Voit	Musielak/Voit, ZPO, 21. Aufl. 2024
Nikisch ArbR	Arbeitsrecht, Band 1, 3. Aufl. 1961; Band 2, 2. Aufl. 1959; Band 3, 2. Aufl. 1966
NK-GA/Bearbeiter	Boecken/Düwell/Diller/Hanau, Gesamtes Arbeitsrecht, 2. Aufl. 2023
Preis Prinzipien	Prinzipien des Kündigungsrechts bei Arbeitsverhältnissen, 2. Aufl. 2022
PVT Kündigung/Bearbeiter	Preis/Vossen/Temming, Kündigung und Kündigungsschutz im Arbeitsverhältnis, 12. Aufl. 2025
RGRK/Bearbeiter	Das Bürgerliche Gesetzbuch, Kommentar, hrsg. von Mitgliedern des Bundesgerichtshofs, 12. Aufl. 1999
Richardi/Bearbeiter	Betriebsverfassungsgesetz, Kommentar, 17. Aufl. 2022
RDW/Bearbeiter	Richardi/Dörner/Weber (Hrsg.), Personalvertretungsrecht, Kommentar, 5. Aufl. 2020
Rosenberg/Schwab/Gottwald ZivilProzR	Zivilprozessrecht, 18. Aufl. 2018
Schaub ArbR-HdB/Bearbeiter	Arbeitsrechts-Handbuch, 20. Aufl. 2023
Schüren	Schüren/Hamann, Arbeitnehmerüberlassungsgesetz, Kommentar, 6. Aufl. 2022
SES/Bearbeiter	Schwarze/Eylert/Schrader, Kündigungsschutzgesetz, Kommentar, 2011
SSHBK/Bearbeiter	Sowka/Schiefer/Heise/Bergelsdorf/Köster, Kölner Praxiskommentar zum Kündigungsschutzrecht, 4. Aufl. 2012

Staudinger/Bearbeiter	Staudingers Kommentar zum BGB, Dienstvertragsrecht 1–3, 2025
Stege/Weinspach/Schiefer/ Bearbeiter	Betriebsverfassungsgesetz, Kommentar, 9. Aufl. 2002
Stein/Jonas/Bearbeiter	Kommentar zur Zivilprozessordnung, 23. Aufl. 2014 ff.
Thomas/Putzo/Bearbeiter ..	Zivilprozessordnung, Kommentar, 45. Aufl. 2024
TRL/Bearbeiter	Thüsing/Rachor/Lembke (Hrsg.), Kündigungsschutzgesetz, Kommentar, 5. Aufl. 2024
Waltermann ArbR	Arbeitsrecht, 19. Aufl. 2018
Windbichler KonzernArbR	Arbeitsrecht im Konzern, 1989
Zöller/Bearbeiter	Zöller, Zivilprozessordnung, Kommentar, 35. Aufl. 2024
Zöllner/Loritz/Hergenröder ArbR	Arbeitsrecht, 7. Aufl. 2015
Zwanziger/Altmann/ Schneppendehl	Kündigungsschutzgesetz, Kommentar, 5. Aufl. 2018

A. Gesetzestext

Kündigungsschutzgesetz (KSchG)

in der Fassung der Bekanntmachung vom 25. August 1969 (BGBl. I S. 1317)
FNA 800-2

Zuletzt geändert durch Art. 2 BetriebsrätemodernisierungsG vom 14.6.2021 (BGBl. I S. 1762)

Erster Abschnitt. Allgemeiner Kündigungsschutz

§ 1 Sozial ungerechtfertigte Kündigungen

(1) Die Kündigung des Arbeitsverhältnisses gegenüber einem Arbeitnehmer, dessen Arbeitsverhältnis in demselben Betrieb oder Unternehmen ohne Unterbrechung länger als sechs Monate bestanden hat, ist rechtsunwirksam, wenn sie sozial ungerechtfertigt ist.

(2) [1] Sozial ungerechtfertigt ist die Kündigung, wenn sie nicht durch Gründe, die in der Person oder in dem Verhalten des Arbeitnehmers liegen, oder durch dringende betriebliche Erfordernisse, die einer Weiterbeschäftigung des Arbeitnehmers in diesem Betrieb entgegenstehen, bedingt ist. [2] Die Kündigung ist auch sozial ungerechtfertigt, wenn

1. in Betrieben des privaten Rechts
   a) die Kündigung gegen eine Richtlinie nach § 95 des Betriebsverfassungsgesetzes verstößt,
   b) der Arbeitnehmer an einem anderen Arbeitsplatz in demselben Betrieb oder in einem anderen Betrieb des Unternehmens weiterbeschäftigt werden kann

   und der Betriebsrat oder eine andere nach dem Betriebsverfassungsgesetz insoweit zuständige Vertretung der Arbeitnehmer aus einem dieser Gründe der Kündigung innerhalb der Frist des § 102 Abs. 2 Satz 1 des Betriebsverfassungsgesetzes schriftlich widersprochen hat,
2. in Betrieben und Verwaltungen des öffentlichen Rechts
   a) die Kündigung gegen eine Richtlinie über die personelle Auswahl bei Kündigungen verstößt,
   b) der Arbeitnehmer an einem anderen Arbeitsplatz in derselben Dienststelle oder in einer anderen Dienststelle desselben Verwaltungszweiges an demselben Dienstort einschließlich seines Einzugsgebietes weiterbeschäftigt werden kann

   und die zuständige Personalvertretung aus einem dieser Gründe fristgerecht gegen die Kündigung Einwendungen erhoben hat, es sei denn, daß die Stufenvertretung in der Verhandlung mit der übergeordneten Dienststelle die Einwendungen nicht aufrechterhalten hat.

[3] Satz 2 gilt entsprechend, wenn die Weiterbeschäftigung des Arbeitnehmers nach zumutbaren Umschulungs- oder Fortbildungsmaßnahmen oder eine Weiterbeschäftigung des Arbeitnehmers unter geänderten Arbeitsbedingungen möglich ist und der Arbeitnehmer sein Einverständnis hiermit erklärt hat. [4] Der Arbeitgeber hat die Tatsachen zu beweisen, die die Kündigung bedingen.

(3) [1] Ist einem Arbeitnehmer aus dringenden betrieblichen Erfordernissen im Sinne des Absatzes 2 gekündigt worden, so ist die Kündigung trotzdem sozial ungerechtfertigt,

wenn der Arbeitgeber bei der Auswahl des Arbeitnehmers die Dauer der Betriebszugehörigkeit, das Lebensalter, die Unterhaltspflichten und die Schwerbehinderung des Arbeitnehmers nicht oder nicht ausreichend berücksichtigt hat; auf Verlangen des Arbeitnehmers hat der Arbeitgeber dem Arbeitnehmer die Gründe anzugeben, die zu der getroffenen sozialen Auswahl geführt haben. [2]In die soziale Auswahl nach Satz 1 sind Arbeitnehmer nicht einzubeziehen, deren Weiterbeschäftigung, insbesondere wegen ihrer Kenntnisse, Fähigkeiten und Leistungen oder zur Sicherung einer ausgewogenen Personalstruktur des Betriebes, im berechtigten betrieblichen Interesse liegt. [3]Der Arbeitnehmer hat die Tatsachen zu beweisen, die die Kündigung als sozial ungerechtfertigt im Sinne des Satzes 1 erscheinen lassen.

(4) Ist in einem Tarifvertrag, in einer Betriebsvereinbarung nach § 95 des Betriebsverfassungsgesetzes oder in einer entsprechenden Richtlinie nach den Personalvertretungsgesetzen festgelegt, wie die sozialen Gesichtspunkte nach Absatz 3 Satz 1 im Verhältnis zueinander zu bewerten sind, so kann die Bewertung nur auf grobe Fehlerhaftigkeit überprüft werden.

(5) [1]Sind bei einer Kündigung auf Grund einer Betriebsänderung nach § 111 des Betriebsverfassungsgesetzes die Arbeitnehmer, denen gekündigt werden soll, in einem Interessenausgleich zwischen Arbeitgeber und Betriebsrat namentlich bezeichnet, so wird vermutet, dass die Kündigung durch dringende betriebliche Erfordernisse im Sinne des Absatzes 2 bedingt ist. [2]Die soziale Auswahl der Arbeitnehmer kann nur auf grobe Fehlerhaftigkeit überprüft werden. [3]Die Sätze 1 und 2 gelten nicht, soweit sich die Sachlage nach Zustandekommen des Interessenausgleichs wesentlich geändert hat. [4]Der Interessenausgleich nach Satz 1 ersetzt die Stellungnahme des Betriebsrates nach § 17 Abs. 3 Satz 2.

§ 1a Abfindungsanspruch bei betriebsbedingter Kündigung

(1) [1]Kündigt der Arbeitgeber wegen dringender betrieblicher Erfordernisse nach § 1 Abs. 2 Satz 1 und erhebt der Arbeitnehmer bis zum Ablauf der Frist des § 4 Satz 1 keine Klage auf Feststellung, dass das Arbeitsverhältnis durch die Kündigung nicht aufgelöst ist, hat der Arbeitnehmer mit dem Ablauf der Kündigungsfrist Anspruch auf eine Abfindung. [2]Der Anspruch setzt den Hinweis des Arbeitgebers in der Kündigungserklärung voraus, dass die Kündigung auf dringende betriebliche Erfordernisse gestützt ist und der Arbeitnehmer bei Verstreichenlassen der Klagefrist die Abfindung beanspruchen kann.

(2) [1]Die Höhe der Abfindung beträgt 0,5 Monatsverdienste für jedes Jahr des Bestehens des Arbeitsverhältnisses. [2]§ 10 Abs. 3 gilt entsprechend. [3]Bei der Ermittlung der Dauer des Arbeitsverhältnisses ist ein Zeitraum von mehr als sechs Monaten auf ein volles Jahr aufzurunden.

§ 2 Änderungskündigung

[1]Kündigt der Arbeitgeber das Arbeitsverhältnis und bietet er dem Arbeitnehmer im Zusammenhang mit der Kündigung die Fortsetzung des Arbeitsverhältnisses zu geänderten Arbeitsbedingungen an, so kann der Arbeitnehmer dieses Angebot unter dem Vorbehalt annehmen, daß die Änderung der Arbeitsbedingungen nicht sozial ungerechtfertigt ist (§ 1 Abs. 2 Satz 1 bis 3, Abs. 3 Satz 1 und 2). [2]Diesen Vorbehalt muß der Arbeitnehmer dem Arbeitgeber innerhalb der Kündigungsfrist, spätestens jedoch innerhalb von drei Wochen nach Zugang der Kündigung erklären.

§ 3 Kündigungseinspruch

[1]Hält der Arbeitnehmer eine Kündigung für sozial ungerechtfertigt, so kann er binnen einer Woche nach der Kündigung Einspruch beim Betriebsrat einlegen. [2]Erachtet der Betriebsrat den Einspruch für begründet, so hat er zu versuchen, eine Verständigung mit

dem Arbeitgeber herbeizuführen. [3]Er hat seine Stellungnahme zu dem Einspruch dem Arbeitnehmer und dem Arbeitgeber auf Verlangen schriftlich mitzuteilen.

§ 4 Anrufung des Arbeitsgerichtes

[1]Will ein Arbeitnehmer geltend machen, dass eine Kündigung sozial ungerechtfertigt oder aus anderen Gründen rechtsunwirksam ist, so muss er innerhalb von drei Wochen nach Zugang der schriftlichen Kündigung Klage beim Arbeitsgericht auf Feststellung erheben, dass das Arbeitsverhältnis durch die Kündigung nicht aufgelöst ist. [2]Im Falle des § 2 ist die Klage auf Feststellung zu erheben, daß die Änderung der Arbeitsbedingungen sozial ungerechtfertigt oder aus anderen Gründen rechtsunwirksam ist. [3]Hat der Arbeitnehmer Einspruch beim Betriebsrat eingelegt (§ 3), so soll er der Klage die Stellungnahme des Betriebsrates beifügen. [4]Soweit die Kündigung der Zustimmung einer Behörde bedarf, läuft die Frist zur Anrufung des Arbeitsgerichtes erst von der Bekanntgabe der Entscheidung der Behörde an den Arbeitnehmer ab.

§ 5 Zulassung verspäteter Klagen

(1) [1]War ein Arbeitnehmer nach erfolgter Kündigung trotz Anwendung aller ihm nach Lage der Umstände zuzumutenden Sorgfalt verhindert, die Klage innerhalb von drei Wochen nach Zugang der schriftlichen Kündigung zu erheben, so ist auf seinen Antrag die Klage nachträglich zuzulassen. [2]Gleiches gilt, wenn eine Frau von ihrer Schwangerschaft aus einem von ihr nicht zu vertretenden Grund erst nach Ablauf der Frist des § 4 Satz 1 Kenntnis erlangt hat.

(2) [1]Mit dem Antrag ist die Klageerhebung zu verbinden; ist die Klage bereits eingereicht, so ist auf sie im Antrag Bezug zu nehmen. [2]Der Antrag muß ferner die Angabe der die nachträgliche Zulassung begründenden Tatsachen und der Mittel für deren Glaubhaftmachung enthalten.

(3) [1]Der Antrag ist nur innerhalb von zwei Wochen nach Behebung des Hindernisses zulässig. [2]Nach Ablauf von sechs Monaten, vom Ende der versäumten Frist an gerechnet, kann der Antrag nicht mehr gestellt werden.

(4) [1]Das Verfahren über den Antrag auf nachträgliche Zulassung ist mit dem Verfahren über die Klage zu verbinden. [2]Das Arbeitsgericht kann das Verfahren zunächst auf die Verhandlung und Entscheidung über den Antrag beschränken. [3]In diesem Fall ergeht die Entscheidung durch Zwischenurteil, das wie ein Endurteil angefochten werden kann.

(5) [1]Hat das Arbeitsgericht über einen Antrag auf nachträgliche Klagezulassung nicht entschieden oder wird ein solcher Antrag erstmals vor dem Landesarbeitsgericht gestellt, entscheidet hierüber die Kammer des Landesarbeitsgerichts. [2]Absatz 4 gilt entsprechend.

§ 6 Verlängerte Anrufungsfrist

[1]Hat ein Arbeitnehmer innerhalb von drei Wochen nach Zugang der schriftlichen Kündigung im Klagewege geltend gemacht, dass eine rechtswirksame Kündigung nicht vorliege, so kann er sich in diesem Verfahren bis zum Schluss der mündlichen Verhandlung erster Instanz zur Begründung der Unwirksamkeit der Kündigung auch auf innerhalb der Klagefrist nicht geltend gemachte Gründe berufen. [2]Das Arbeitsgericht soll ihn hierauf hinweisen.

§ 7 Wirksamwerden der Kündigung

Wird die Rechtsunwirksamkeit einer Kündigung nicht rechtzeitig geltend gemacht (§ 4 S. 1, §§ 5 u. 6), so gilt die Kündigung als von Anfang an rechtswirksam; ein vom Arbeitnehmer nach § 2 erklärter Vorbehalt erlischt.

§ 8 Wiederherstellung der früheren Arbeitsbedingungen

Stellt das Gericht im Falle des § 2 fest, daß die Änderung der Arbeitsbedingungen sozial ungerechtfertigt ist, so gilt die Änderungskündigung als von Anfang an rechtsunwirksam.

§ 9 Auflösung des Arbeitsverhältnisses durch Urteil des Gerichts; Abfindung des Arbeitnehmers

(1) [1]Stellt das Gericht fest, daß das Arbeitsverhältnis durch die Kündigung nicht aufgelöst ist, ist jedoch dem Arbeitnehmer die Fortsetzung des Arbeitsverhältnisses nicht zuzumuten, so hat das Gericht auf Antrag des Arbeitnehmers das Arbeitsverhältnis aufzulösen und den Arbeitgeber zur Zahlung einer angemessenen Abfindung zu verurteilen. [2]Die gleiche Entscheidung hat das Gericht auf Antrag des Arbeitgebers zu treffen, wenn Gründe vorliegen, die eine den Betriebszwecken dienliche weitere Zusammenarbeit zwischen Arbeitgeber und Arbeitnehmer nicht erwarten lassen. [3]Arbeitnehmer und Arbeitgeber können den Antrag auf Auflösung des Arbeitsverhältnisses bis zum Schluß der letzten mündlichen Verhandlung in der Berufungsinstanz stellen.

(2) Das Gericht hat für die Auflösung des Arbeitsverhältnisses den Zeitpunkt festzusetzen, an dem es bei sozial gerechtfertigter Kündigung geendet hätte.

§ 10 Höhe der Abfindung

(1) Als Abfindung ist ein Betrag bis zu zwölf Monatsverdiensten festzusetzen.

(2) [1]Hat der Arbeitnehmer das fünfzigste Lebensjahr vollendet und hat das Arbeitsverhältnis mindestens fünfzehn Jahre bestanden, so ist ein Betrag bis zu fünfzehn Monatsverdiensten, hat der Arbeitnehmer das fünfundfünfzigste Lebensjahr vollendet und hat das Arbeitsverhältnis mindestens zwanzig Jahre bestanden, so ist ein Betrag bis zu achtzehn Monatsverdiensten festzusetzen. [2]Dies gilt nicht, wenn der Arbeitnehmer in dem Zeitpunkt, den das Gericht nach § 9 Abs. 2 für die Auflösung des Arbeitsverhältnisses festsetzt, das in der Vorschrift des Sechsten Buches Sozialgesetzbuch über die Regelaltersrente bezeichnete Lebensalter erreicht hat.

(3) Als Monatsverdienst gilt, was dem Arbeitnehmer bei der für ihn maßgebenden regelmäßigen Arbeitszeit in dem Monat, in dem das Arbeitsverhältnis endet (§ 9 Abs. 2), an Geld und Sachbezügen zusteht.

§ 11 Anrechnung auf entgangenen Zwischenverdienst

Besteht nach der Entscheidung des Gerichts das Arbeitsverhältnis fort, so muß sich der Arbeitnehmer auf das Arbeitsentgelt, das ihm der Arbeitgeber für die Zeit nach der Entlassung schuldet, anrechnen lassen,

1. was er durch anderweitige Arbeit verdient hat,
2. was er hätte verdienen können, wenn er es nicht böswillig unterlassen hätte, eine ihm zumutbare Arbeit anzunehmen,
3. was ihm an öffentlich-rechtlichen Leistungen infolge Arbeitslosigkeit aus der Sozialversicherung, der Arbeitslosenversicherung, der Sicherung des Lebensunterhalts nach dem Zweiten Buch Sozialgesetzbuch oder der Sozialhilfe für die Zwischenzeit gezahlt worden ist. Diese Beträge hat der Arbeitgeber der Stelle zu erstatten, die sie geleistet hat.

§ 12 Neues Arbeitsverhältnis des Arbeitnehmers; Auflösung des alten Arbeitsverhältnisses

[1]Besteht nach der Entscheidung des Gerichts das Arbeitsverhältnis fort, ist jedoch der Arbeitnehmer inzwischen ein neues Arbeitsverhältnis eingegangen, so kann er binnen einer Woche nach der Rechtskraft des Urteils durch Erklärung gegenüber dem alten

Arbeitgeber die Fortsetzung des Arbeitsverhältnisses bei diesem verweigern. [2]Die Frist wird auch durch eine vor ihrem Ablauf zur Post gegebene schriftliche Erklärung gewahrt. [3]Mit dem Zugang der Erklärung erlischt das Arbeitsverhältnis. [4]Macht der Arbeitnehmer von seinem Verweigerungsrecht Gebrauch, so ist ihm entgangener Verdienst nur für die Zeit zwischen der Entlassung und dem Tage des Eintritts in das neue Arbeitsverhältnis zu gewähren. [5]§ 11 findet entsprechende Anwendung.

§ 13 Außerordentliche, sittenwidrige und sonstige Kündigungen

(1) [1]Die Vorschriften über das Recht zur außerordentlichen Kündigung eines Arbeitsverhältnisses werden durch das vorliegende Gesetz nicht berührt. [2]Die Rechtsunwirksamkeit einer außerordentlichen Kündigung kann jedoch nur nach Maßgabe des § 4 Satz 1 und der §§ 5 bis 7 geltend gemacht werden. [3]Stellt das Gericht fest, dass die außerordentliche Kündigung unbegründet ist, ist jedoch dem Arbeitnehmer die Fortsetzung des Arbeitsverhältnisses nicht zuzumuten, so hat auf seinen Antrag das Gericht das Arbeitsverhältnis aufzulösen und den Arbeitgeber zur Zahlung einer angemessenen Abfindung zu verurteilen. [4]Das Gericht hat für die Auflösung des Arbeitsverhältnisses den Zeitpunkt festzulegen, zu dem die außerordentliche Kündigung ausgesprochen wurde. [5]Die Vorschriften der §§ 10 bis 12 gelten entsprechend.

(2) Verstößt eine Kündigung gegen die guten Sitten, so finden die Vorschriften des § 9 Abs. 1 Satz 1 und Abs. 2 und der §§ 10 bis 12 entsprechende Anwendung.

(3) IÜ finden die Vorschriften dieses Abschnitts mit Ausnahme der §§ 4 bis 7 auf eine Kündigung, die bereits aus anderen als den in § 1 Abs. 2 und 3 bezeichneten Gründen rechtsunwirksam ist, keine Anwendung.

§ 14 Angestellte in leitender Stellung

(1) Die Vorschriften dieses Abschnitts gelten nicht

1. in Betrieben einer juristischen Person für die Mitglieder des Organs, das zur gesetzlichen Vertretung der juristischen Person berufen ist,
2. in Betrieben einer Personengesamtheit für die durch Gesetz, Satzung oder Gesellschaftsvertrag zur Vertretung der Personengesamtheit berufenen Personen.

(2) [1]Auf Geschäftsführer, Betriebsleiter und ähnliche leitende Angestellte, soweit diese zur selbständigen Einstellung oder Entlassung von Arbeitnehmern berechtigt sind, finden die Vorschriften dieses Abschnitts mit Ausnahme des § 3 Anwendung. [2]§ 9 Abs. 1 Satz 2 findet mit der Maßgabe Anwendung, daß der Antrag des Arbeitgebers auf Auflösung des Arbeitsverhältnisses keiner Begründung bedarf.

Zweiter Abschnitt. Kündigungsschutz im Rahmen der Betriebsverfassung und Personalvertretung

§ 15 Unzulässigkeit der Kündigung

(1) [1]Die Kündigung eines Mitglieds eines Betriebsrats, einer Jugend- und Auszubildendenvertretung, einer Bordvertretung oder eines Seebetriebsrats ist unzulässig, es sei denn, daß Tatsachen vorliegen, die den Arbeitgeber zur Kündigung aus wichtigem Grund ohne Einhaltung einer Kündigungsfrist berechtigen, und daß die nach § 103 des Betriebsverfassungsgesetzes erforderliche Zustimmung vorliegt oder durch gerichtliche Entscheidung ersetzt ist. [2]Nach Beendigung der Amtszeit ist die Kündigung eines Mitglieds eines Betriebsrats, einer Jugend- und Auszubildendenvertretung oder eines Seebetriebsrats innerhalb eines Jahres, die Kündigung eines Mitglieds einer Bordvertretung innerhalb von sechs Monaten, jeweils vom Zeitpunkt der Beendigung der Amtszeit an gerechnet, unzulässig, es sei denn, daß Tatsachen vorliegen, die den Arbeitgeber zur Kündigung aus

wichtigem Grund ohne Einhaltung einer Kündigungsfrist berechtigen; dies gilt nicht, wenn die Beendigung der Mitgliedschaft auf einer gerichtlichen Entscheidung beruht.

(2) [1]Die Kündigung eines Mitglieds einer Personalvertretung, einer Jugend- und Auszubildendenvertretung oder einer Jugendvertretung ist unzulässig, es sei denn, daß Tatsachen vorliegen, die den Arbeitgeber zur Kündigung aus wichtigem Grund ohne Einhaltung einer Kündigungsfrist berechtigen, und daß die nach dem Personalvertretungsrecht erforderliche Zustimmung vorliegt oder durch gerichtliche Entscheidung ersetzt ist. [2]Nach Beendigung der Amtszeit der in Satz 1 genannten Personen ist ihre Kündigung innerhalb eines Jahres, vom Zeitpunkt der Beendigung der Amtszeit an gerechnet, unzulässig, es sei denn, daß Tatsachen vorliegen, die den Arbeitgeber zur Kündigung aus wichtigem Grund ohne Einhaltung einer Kündigungsfrist berechtigen; dies gilt nicht, wenn die Beendigung der Mitgliedschaft auf einer gerichtlichen Entscheidung beruht.

(3) [1]Die Kündigung eines Mitglieds eines Wahlvorstands ist vom Zeitpunkt seiner Bestellung an, die Kündigung eines Wahlbewerbers vom Zeitpunkt der Aufstellung des Wahlvorschlags an, jeweils bis zur Bekanntgabe des Wahlergebnisses unzulässig, es sei denn, daß Tatsachen vorliegen, die den Arbeitgeber zur Kündigung aus wichtigem Grund ohne Einhaltung einer Kündigungsfrist berechtigen, und daß die nach § 103 des Betriebsverfassungsgesetzes oder nach dem Personalvertretungsrecht erforderliche Zustimmung vorliegt oder durch eine gerichtliche Entscheidung ersetzt ist. [2]Innerhalb von sechs Monaten nach Bekanntgabe des Wahlergebnisses ist die Kündigung unzulässig, es sei denn, daß Tatsachen vorliegen, die den Arbeitgeber zur Kündigung aus wichtigem Grund ohne Einhaltung einer Kündigungsfrist berechtigen; dies gilt nicht für Mitglieder des Wahlvorstands, wenn dieser durch gerichtliche Entscheidung durch einen anderen Wahlvorstand ersetzt worden ist.

(3a) [1]Die Kündigung eines Arbeitnehmers, der zu einer Betriebs-, Wahl- oder Bordversammlung nach § 17 Abs. 3, § 17a Nr. 3 Satz 2, § 115 Abs. 2 Nr. 8 Satz 1 des Betriebsverfassungsgesetzes einlädt oder die Bestellung eines Wahlvorstands nach § 16 Abs. 2 Satz 1, § 17 Abs. 4, § 17a Nr. 4, § 63 Abs. 3, § 115 Abs. 2 Nr. 8 Satz 2 oder § 116 Abs. 2 Nr. 7 Satz 5 des Betriebsverfassungsgesetzes beantragt, ist vom Zeitpunkt der Einladung oder Antragstellung an bis zur Bekanntgabe des Wahlergebnisses unzulässig, es sei denn, dass Tatsachen vorliegen, die den Arbeitgeber zur Kündigung aus wichtigem Grund ohne Einhaltung einer Kündigungsfrist berechtigen; der Kündigungsschutz gilt für die ersten sechs in der Einladung oder die ersten drei in der Antragstellung aufgeführten Arbeitnehmer. [2]Wird ein Betriebsrat, eine Jugend- und Auszubildendenvertretung, eine Bordvertretung oder ein Seebetriebsrat nicht gewählt, besteht der Kündigungsschutz nach Satz 1 vom Zeitpunkt der Einladung oder Antragstellung an drei Monate.

(3b) [1]Die Kündigung ines Arbeitnehmers, der Vorbereitungshandlungen zur Errichtung eines Betriebsrats oder einer Bordvertretung unternimmt und eine öffentlich beglaubigte Erklärung mit dem Inhalt abgegeben hat, dass er die Absicht hat, einen Betriebsrat oder eine Bordvertretung zu errichten, ist unzulässig, soweit sie aus Gründen erfolgt, die in der Person oder in dem Verhalten des Arbeitnehmers liegen, es sei denn, dass Tatsachen vorliegen, die den Arbeitgeber zur Kündigung aus wichtigem Grund ohne Einhaltung einer Kündigungsfrist berechtigen. [2]Der Kündigungsschutz gilt von der Abgabe der Erklärung nach Satz 1 bis zum Zeitpunkt der Einladung zu einer Betriebs-, Wahl- oder Bordversammlung nach § 17 Absatz 3, § 17a Nummer 3 Satz 2, § 115 Absatz 2 Nummer 8 Satz 1 des Betriebsverfassungsgesetzes, längstens jedoch für drei Monate.

(4) Wird der Betrieb stillgelegt, so ist die Kündigung der in den Absätzen 1 bis 3a genannten Personen frühestens zum Zeitpunkt der Stillegung zulässig, es sei denn, daß ihre Kündigung zu einem früheren Zeitpunkt durch zwingende betriebliche Erfordernisse bedingt ist.

(5) [1]Wird eine der in den Absätzen 1 bis 3a genannten Personen in einer Betriebsabteilung beschäftigt, die stillgelegt wird, so ist sie in eine andere Betriebsabteilung zu übernehmen. [2]Ist dies aus betrieblichen Gründen nicht möglich, so findet auf ihre Kündigung die Vorschrift des Absatzes 4 über die Kündigung bei Stillegung des Betriebs sinngemäß Anwendung.

§ 16 Neues Arbeitsverhältnis; Auflösung des alten Arbeitsverhältnisses

[1]Stellt das Gericht die Unwirksamkeit der Kündigung einer der in § 15 Absatz 1 bis 3b genannten Personen fest, so kann diese Person, falls sie inzwischen ein neues Arbeitsverhältnis eingegangen ist, binnen einer Woche nach Rechtskraft des Urteils durch Erklärung gegenüber dem alten Arbeitgeber die Weiterbeschäftigung bei diesem verweigern. [2]Im übrigen finden die Vorschriften des § 11 und des § 12 Satz 2 bis 4 entsprechende Anwendung.

Dritter Abschnitt. Anzeigepflichtige Entlassungen

§ 17 Anzeigepflicht

(1) [1]Der Arbeitgeber ist verpflichtet, der Agentur für Arbeit Anzeige zu erstatten, bevor er

1. in Betrieben mit in der Regel mehr als 20 und weniger als 60 Arbeitnehmern mehr als 5 Arbeitnehmer,
2. in Betrieben mit in der Regel mindestens 60 und weniger als 500 Arbeitnehmern 10 vom Hundert der im Betrieb regelmäßig beschäftigten Arbeitnehmer oder aber mehr als 25 Arbeitnehmer,
3. in Betrieben mit in der Regel mindestens 500 Arbeitnehmern mindestens 30 Arbeitnehmer

innerhalb von 30 Kalendertagen entläßt. [2]Den Entlassungen stehen andere Beendigungen des Arbeitsverhältnisses gleich, die vom Arbeitgeber veranlaßt werden.

(2) [1]Beabsichtigt der Arbeitgeber, nach Absatz 1 anzeigepflichtige Entlassungen vorzunehmen, hat er dem Betriebsrat rechtzeitig die zweckdienlichen Auskünfte zu erteilen und ihn schriftlich insbesondere zu unterrichten über

1. die Gründe für die geplanten Entlassungen,
2. die Zahl und die Berufsgruppen der zu entlassenden Arbeitnehmer,
3. die Zahl und die Berufsgruppen der in der Regel beschäftigten Arbeitnehmer,
4. den Zeitraum, in dem die Entlassungen vorgenommen werden sollen,
5. die vorgesehenen Kriterien für die Auswahl der zu entlassenden Arbeitnehmer,
6. die für die Berechnung etwaiger Abfindungen vorgesehenen Kriterien.

[2]Arbeitgeber und Betriebsrat haben insbesondere die Möglichkeiten zu beraten, Entlassungen zu vermeiden oder einzuschränken und ihre Folgen zu mildern.

(3) [1]Der Arbeitgeber hat gleichzeitig der Agentur für Arbeit eine Abschrift der Mitteilung an den Betriebsrat zuzuleiten; sie muß zumindest die in Absatz 2 Satz 1 Nr. 1 bis 5 vorgeschriebenen Angaben enthalten. [2]Die Anzeige nach Absatz 1 ist schriftlich unter Beifügung der Stellungnahme des Betriebsrates zu den Entlassungen zu erstatten. [3]Liegt eine Stellungnahme des Betriebsrates nicht vor, so ist die Anzeige wirksam, wenn der Arbeitgeber glaubhaft macht, daß er den Betriebsrat mindestens zwei Wochen vor Erstattung der Anzeige nach Absatz 2 Satz 1 unterrichtet hat, und er den Stand der Beratungen darlegt. [4]Die Anzeige muß Angaben über den Namen des Arbeitgebers, den Sitz und die Art des Betriebes enthalten, ferner die Gründe für die geplanten Entlassungen, die Zahl und die Berufsgruppen der zu entlassenden und der in der Regel beschäftigten Arbeitnehmer, den Zeitraum, in dem die Entlassungen vorgenommen werden sollen und die vor-

gesehenen Kriterien für die Auswahl der zu entlassenden Arbeitnehmer. [5]In der Anzeige sollen ferner im Einvernehmen mit dem Betriebsrat für die Arbeitsvermittlung Angaben über Geschlecht, Alter, Beruf und Staatsangehörigkeit der zu entlassenden Arbeitnehmer gemacht werden. [6]Der Arbeitgeber hat dem Betriebsrat eine Abschrift der Anzeige zuzuleiten. [7]Der Betriebsrat kann gegenüber der Agentur für Arbeit weitere Stellungnahmen abgeben. [8]Er hat dem Arbeitgeber eine Abschrift der Stellungnahme zuzuleiten.

(3a) [1]Die Auskunfts-, Beratungs- und Anzeigepflichten nach den Absätzen 1 bis 3 gelten auch dann, wenn die Entscheidung über die Entlassungen von einem den Arbeitgeber beherrschenden Unternehmen getroffen wurde. [2]Der Arbeitgeber kann sich nicht darauf berufen, daß das für die Entlassungen verantwortliche Unternehmen die notwendigen Auskünfte nicht übermittelt hat.

(4) [1]Das Recht zur fristlosen Entlassung bleibt unberührt. [2]Fristlose Entlassungen werden bei Berechnung der Mindestzahl der Entlassungen nach Absatz 1 nicht mitgerechnet.

(5) Als Arbeitnehmer im Sinne dieser Vorschrift gelten nicht

1. in Betrieben einer juristischen Person die Mitglieder des Organs, das zur gesetzlichen Vertretung der juristischen Person berufen ist,
2. in Betrieben einer Personengesamtheit die durch Gesetz, Satzung oder Gesellschaftsvertrag zur Vertretung der Personengesamtheit berufenen Personen,
3. Geschäftsführer, Betriebsleiter und ähnliche leitende Personen, soweit diese zur selbständigen Einstellung oder Entlassung von Arbeitnehmern berechtigt sind.

§ 18 Entlassungssperre

(1) Entlassungen, die nach § 17 anzuzeigen sind, werden vor Ablauf eines Monats nach Eingang der Anzeige bei der Agentur für Arbeit nur mit deren Zustimmung wirksam; die Zustimmung kann auch rückwirkend bis zum Tage der Antragstellung erteilt werden.

(2) Die Agentur für Arbeit kann im Einzelfall bestimmen, daß die Entlassungen nicht vor Ablauf von längstens zwei Monaten nach Eingang der Anzeige wirksam werden.

(3) *[aufgehoben]*

(4) Soweit die Entlassungen nicht innerhalb von 90 Tagen nach dem Zeitpunkt, zu dem sie nach den Absätzen 1 und 2 zulässig sind, durchgeführt werden, bedarf es unter den Voraussetzungen des § 17 Abs. 1 einer erneuten Anzeige.

§ 19 Zulässigkeit von Kurzarbeit

(1) Ist der Arbeitgeber nicht in der Lage, die Arbeitnehmer bis zu dem in § 18 Abs. 1 und 2 bezeichneten Zeitpunkt voll zu beschäftigen, so kann die Bundesagentur für Arbeit zulassen, daß der Arbeitgeber für die Zwischenzeit Kurzarbeit einführt.

(2) Der Arbeitgeber ist im Falle der Kurzarbeit berechtigt, Lohn oder Gehalt der mit verkürzter Arbeitszeit beschäftigten Arbeitnehmer entsprechend zu kürzen; die Kürzung des Arbeitsentgelts wird jedoch erst von dem Zeitpunkt an wirksam, an dem das Arbeitsverhältnis nach den allgemeinen gesetzlichen oder den vereinbarten Bestimmungen enden würde.

(3) Tarifvertragliche Bestimmungen über die Einführung, das Ausmaß und die Bezahlung von Kurzarbeit werden durch die Absätze 1 und 2 nicht berührt.

§ 20 Entscheidungen der Agentur für Arbeit

(1) [1]Die Entscheidungen der Agentur für Arbeit nach § 18 Abs. 1 und 2 trifft deren Geschäftsführung oder ein Ausschuß (Entscheidungsträger). [2]Die Geschäftsführung darf nur dann entscheiden, wenn die Zahl der Entlassungen weniger als 50 beträgt.

(2) [1]Der Ausschuß setzt sich aus dem Geschäftsführer, der Geschäftsführerin oder dem oder der Vorsitzenden der Geschäftsführung der Agentur für Arbeit oder einem von

ihm oder ihr beauftragten Angehörigen der Agentur für Arbeit als Vorsitzenden und je zwei Vertretern der Arbeitnehmer, der Arbeitgeber und der öffentlichen Körperschaften zusammen, die von dem Verwaltungsausschuss der Agentur für Arbeit benannt werden. [2] Er trifft seine Entscheidungen mit Stimmenmehrheit.

(3) [1] Der Entscheidungsträger hat vor seiner Entscheidung den Arbeitgeber und den Betriebsrat anzuhören. [2] Dem Entscheidungsträger sind, insbesondere vom Arbeitgeber und Betriebsrat, die von ihm für die Beurteilung des Falles erforderlich gehaltenen Auskünfte zu erteilen.

(4) Der Entscheidungsträger hat sowohl das Interesse des Arbeitgebers als auch das der zu entlassenden Arbeitnehmer, das öffentliche Interesse und die Lage des gesamten Arbeitsmarktes unter besonderer Beachtung des Wirtschaftszweiges, dem der Betrieb angehört, zu berücksichtigen.

§ 21 Entscheidungen der Zentrale der Bundesagentur für Arbeit

[1] Für Betriebe, die zum Geschäftsbereich des Bundesministers für Verkehr oder des Bundesministers für Post und Telekommunikation gehören, trifft, wenn mehr als 500 Arbeitnehmer entlassen werden sollen, ein gemäß § 20 Abs. 1 bei der Zentrale der Bundesagentur für Arbeit zu bildender Ausschuß die Entscheidungen nach § 18 Abs. 1 und 2. [2] Der zuständige Bundesminister kann zwei Vertreter mit beratender Stimme in den Ausschuß entsenden. [3] Die Anzeigen nach § 17 sind in diesem Falle an die Zentrale der Bundesagentur für Arbeit zu erstatten. [4] Im übrigen gilt § 20 Abs. 1 bis 3 entsprechend.

§ 22 Ausnahmebetriebe

(1) Auf Saisonbetriebe und Kampagne-Betriebe finden die Vorschriften dieses Abschnitts bei Entlassungen, die durch diese Eigenart der Betriebe bedingt sind, keine Anwendung.

(2) [1] Keine Saisonbetriebe oder Kampagne-Betriebe sind Betriebe des Baugewerbes, in denen die ganzjährige Beschäftigung nach dem Dritten Buch Sozialgesetzbuch gefördert wird. [2] Das Bundesministerium für Arbeit und Soziales wird ermächtigt, durch Rechtsverordnung Vorschriften zu erlassen, welche Betriebe als Saisonbetriebe oder Kampagne-Betriebe im Sinne des Absatzes 1 gelten.

§ 22a *(aufgehoben)*

Vierter Abschnitt. Schlußbestimmungen

§ 23 Geltungsbereich

(1) [1] Die Vorschriften des Ersten und Zweiten Abschnitts gelten für Betriebe und Verwaltungen des privaten und des öffentlichen Rechts, vorbehaltlich der Vorschriften des § 24 für die Seeschiffahrts-, Binnenschiffahrts- und Luftverkehrsbetriebe. [2] Die Vorschriften des Ersten Abschnitts gelten mit Ausnahme der §§ 4 bis 7 und des § 13 Abs. 1 Satz 1 und 2 nicht für Betriebe und Verwaltungen, in denen in der Regel fünf oder weniger Arbeitnehmer ausschließlich der zu ihrer Berufsbildung Beschäftigten beschäftigt werden. [3] In Betrieben und Verwaltungen, in denen in der Regel zehn oder weniger Arbeitnehmer ausschließlich der zu ihrer Berufsbildung Beschäftigten beschäftigt werden, gelten die Vorschriften des Ersten Abschnitts mit Ausnahme der §§ 4 bis 7 und des § 13 Abs. 1 Satz 1 und 2 nicht für Arbeitnehmer, deren Arbeitsverhältnis nach dem 31. Dezember 2003 begonnen hat; diese Arbeitnehmer sind bei der Feststellung der Zahl der beschäftigten Arbeitnehmer nach Satz 2 bis zur Beschäftigung von in der Regel zehn Arbeitnehmern nicht zu berücksichtigen. [4] Bei der Feststellung der Zahl der beschäftigten Arbeitnehmer nach den Sätzen 2 und 3 sind teilzeitbeschäftigte Arbeitnehmer mit einer

regelmäßigen wöchentlichen Arbeitszeit von nicht mehr als 20 Stunden mit 0,5 und nicht mehr als 30 Stunden mit 0,75 zu berücksichtigen.

(2) [1]Die Vorschriften des Dritten Abschnitts gelten für Betriebe und Verwaltungen des privaten Rechts sowie für Betriebe, die von einer öffentlichen Verwaltung geführt werden, soweit sie wirtschaftliche Zwecke verfolgen.

§ 24 Anwendung des Gesetzes auf Betriebe der Schifffahrt und des Luftverkehrs

(1) Die Vorschriften des Ersten und Zweiten Abschnitts finden nach Maßgabe der Absätze 2 bis 4 auf Arbeitsverhältnisse der Besatzung von Seeschiffen, Binnenschiffen und Luftfahrzeugen Anwendung.

(2) Als Betrieb im Sinne dieses Gesetzes gilt jeweils die Gesamtheit der Seeschiffe oder der Binnenschiffe eines Schifffahrtsbetriebs oder der Luftfahrzeuge eines Luftverkehrsbetriebs.

(3) Dauert die erste Reise eines Besatzungsmitglieds eines Seeschiffes oder eines Binnenschiffes länger als sechs Monate, so verlängert sich die Sechsmonatsfrist des § 1 Absatz 1 bis drei Tage nach Beendigung dieser Reise.

(4) [1]Die Klage nach § 4 ist binnen drei Wochen zu erheben, nachdem die Kündigung dem Besatzungsmitglied an Land zugegangen ist. [2]Geht dem Besatzungsmitglied eines Seeschiffes oder eines Binnenschiffes die Kündigung während der Fahrt des Schiffes zu, ist die Klage innerhalb von sechs Wochen nach dem Dienstende an Bord zu erheben. [3]Geht dem Besatzungsmitglied eines Seeschiffes die Kündigung während einer Gefangenschaft aufgrund von seeräuberischen Handlungen oder bewaffneten Raubüberfällen auf Schiffe im Sinne von § 2 Nummer 11 oder 12 des Seearbeitsgesetzes zu oder gerät das Besatzungsmitglied während des Laufs der Frist nach Satz 1 oder 2 in eine solche Gefangenschaft, ist die Klage innerhalb von sechs Wochen nach der Freilassung des Besatzungsmitglieds zu erheben; nimmt das Besatzungsmitglied nach der Freilassung den Dienst an Bord wieder auf, beginnt die Frist mit dem Dienstende an Bord. [3]An die Stelle der Dreiwochenfrist in § 5 Absatz 1 und § 6 treten die hier in den Sätzen 1 bis 3 genannten Fristen.

(5) [1]Die Vorschriften des Dritten Abschnitts finden nach Maßnahme der folgenden Sätze Anwendung auf die Besatzungen von Seeschiffen. [2]Bei Schiffen nach § 114 Absatz 4 Satz 1 des Betriebsverfassungsgesetzes tritt, soweit sich nicht als Teil des Landbetriebs gelten, an die Stelle des Betriebsrats der Seebetriebsrat. [3]Betrifft eine anzeigepflichtige Entlassung die Besatzung eines Seeschiffes, welches unter der Flagge eines anderen Mitgliedstaates der Europäischen Union fährt, so ist die Anzeige an die Behörde des Staates zu richten, unter dessen Flagge das Schiff fährt.

§ 25 Kündigung in Arbeitskämpfen

Die Vorschriften dieses Gesetzes finden keine Anwendung auf Kündigungen und Entlassungen, die lediglich als Maßnahmen in wirtschaftlichen Kämpfen zwischen Arbeitgebern und Arbeitnehmern vorgenommen werden.

§ 25a Berlin-Klausel *(gegenstandslos)*

§ 26 Inkrafttreten

Dieses Gesetz tritt am Tage nach seiner Verkündung in Kraft.[1]

[1] **Amtl. Anm.:** Die Vorschrift betrifft das Inkrafttreten des Gesetzes in der Fassung vom 10. August 1951 (Bundesgesetzbl. I S. 499). Bis zum 31. Dezember 1972 gilt hinsichtlich der Anrechnung der Lehrzeit auf die Frist des § 1 Abs. 1 der Artikel 6 Abs. 3 des Ersten Arbeitsrechtsbereinigungsgesetzes vom 14. August 1969 (Bundesgesetzbl. I S. 1106).

B. Einleitung

Schrifttum: Adomeit, Die Agenda 2010 und das Arbeitsrecht, 2004; Annuß, Betriebsbedingte Kündigung und arbeitsvertragliche Bindung, 2004; Bengsch, Der verfassungsrechtlich geforderte Mindestkündigungsschutz im Arbeitsverhältnis, 2005; Blank (Hrsg.), Muß der Kündigungsschutz reformiert werden?, 2003; Brandes/Buttler/Dorndorf/Walwei, Grenzen der Kündigungsfreiheit – Kündigungsschutz zwischen Stabilität und Flexibilität, in Semlinger (Hrsg.), Flexibilisierung des Arbeitsmarktes, 1991, 111; Coen, Das Recht auf Arbeit und der Bestandsschutz des gekündigten Arbeitsverhältnisses, 1979; Deinert, Internationales Arbeitsrecht – Deutsches und europäisches Arbeitskollisionsrecht, 2013; Donges/Eekhoff/Franz/Möschel/Neumann (Kronberger Kreis), Flexibler Kündigungsschutz am Arbeitsplatz, 2004; Ellermann-Witt/Rottleutner/Russig (Hrsg.), Kündigungspraxis, Kündigungsschutz und Probleme der Arbeitsgerichtsbarkeit, 1983; Falke/Höland/Rhode/Zimmermann, Kündigungspraxis und Kündigungsschutz in der Bundesrepublik Deutschland, Forschungsbericht, 2 Bände, 1981; Franke, Effizienz gesetzlicher Kündigungsschutzbestimmungen, 1996; Gamillscheg, Internationales Arbeitsrecht, 1959; Göller, Die Entwicklung des Kündigungsschutzrechts in Deutschland, Diss. Freiburg, 1974; Heilmann, Das Arbeitsvertragsstatut, 1991; Höland/Kahl/Zeibig, Kündigungspraxis und Kündigungsschutz im Arbeitsverhältnis, 2007; Jahn, Zur ökonomischen Theorie des Kündigungsschutzes, 2002; Junker, Internationales Arbeitsrecht im Konzern, 1992; Kaiser, Kündigungsschutz ohne Prinzip – Der Weimarer Entwurf eines Arbeitsvertragsgesetzes und seine Bezüge zum heutigen Recht, 2005; Kirstein/Kittner/Schmidtchen, Kündigungsschutzrecht in den USA und in Deutschland: ein Beitrag zur ökonomischen Rechtsvergleichung, in Ott/Schäfer (Hrsg.), Ökonomische Analyse des Arbeitsrechts, 2001, 90; Kittner/Klengel, Die Entstehung des Kündigungsschutzgesetzes, 2022; v. Klitzing, Ordnungsökonomische Analyse des arbeitsrechtlichen Bestandsschutzes, 2004; Kovács, Ein europäisches Grundrecht auf Kündigungsschutz – Art 30 GRC, 2022; Krebber, Internationales Privatrecht des Kündigungsschutzes bei Arbeitsverhältnissen, 1997; v. Medem, Kündigungsschutz und Allgemeines Gleichbehandlungsgesetz, 2008; Nolte, Institutionenökonomische Analyse von Kündigungsschutzregelungen, 2001; Pfarr/Ullmann/Bradtke/Schneider/Kimmich/Bothfeld, Der Kündigungsschutz zwischen Wahrnehmung und Wirklichkeit, 2005; Richter, Benachteiligung wegen des Alters im Erwerbsleben, Eine Analyse der gesetzlichen Regelungen – unter besonderer Berücksichtigung des AGG und des KSchG – und ihre Handhabung in der betrieblichen Praxis, 2012; Rieble, Arbeitsmarkt und Wettbewerb, 1996; Schott, Arbeitgeberentscheidungen über betriebsbedingte Kündigungen, 2011; Scholz, Das Verbot der Altersdiskriminierung bei der Begründung und Beendigung von Arbeitsverhältnissen; v. Stebut, Der soziale Schutz als Regelungsproblem des Vertragsrechts, 1982; Stelljes, Zur Grundlage und Reichweite des allgemeinen Kündigungsschutzes, 2002; Stenslik, Diskriminierende Arbeitgeberkündigungen und die europäischen Diskriminierungsverbote, 2010; Thüsing, Arbeitsrechtlicher Diskriminierungsschutz, 2. Aufl. 2013; Wüllenweber, Die Entwicklung des Kündigungsschutzrechts seit dem ersten Weltkrieg, Diss. Köln, 1965; Zöllner, Sind im Interesse einer gerechten Verteilung der Arbeitsplätze Begründung und Beendigung der Arbeitsverhältnisse neu zu regeln? Gutachten D für den 52. Deutschen Juristentag, Bd. 1, 1978.

I. Allgemeines

Das gegenwärtig geltende Kündigungsschutzrecht in Deutschland ist das **Ergebnis einer mehr als einhundertjährigen Rechtsentwicklung,** in deren Zentrum seit **über siebzig Jahren** das **Kündigungsschutzgesetz** steht, das als **prägender Bestandteil der deutschen Sozialkultur auf dem Gebiet der Arbeitsbeziehungen** gelten kann.[1] Mit der grundsätzlichen Bindung der Rechtswirksamkeit einer ordentlichen arbeitgeberseitigen Kündigung an das Vorliegen einer sozialen Rechtfertigung knüpft das KSchG die Beendigung des für die Beschäftigten regelmäßig existenzsichernden Arbeitsverhältnisses an das Vorliegen sachlicher (rationaler) Gründe. Das KSchG bewegt sich damit **auf der Linie der meisten** 1

[1] Vgl. Schlese/Schramm, in Schramm/Zachert (Hrsg.), Arbeitsrecht in der betrieblichen Anwendung: Mythen und Realität, 2008, 156 (166).

europäischen Arbeitsrechtsordungen[2] und stellt hierdurch zugleich eine **klare Absage an das „Employment-at-will"-Modell** nach US-amerikanischen Vorbild dar, das den Fortbestand von Arbeitsverhältnissen den Marktkräften oder sogar der reinen Willkür des Arbeitgebers überlässt.[3] Hierdurch leistet das KSchG einen wichtigen Beitrag zur Milderung der asymmetrischen Machtverteilung zwischen dem Arbeitgeber und den Arbeitnehmern. Denn mit der Androhung einer jederzeitigen Entlassung hätte der Arbeitgeber nämlich ein wirkungsvolles Instrument in der Hand, um die Beschäftigten von der Wahrnehmung ihrer Rechte abzuhalten.[4] Darüber hinaus könnte der Arbeitgeber sehr viel leichter eine Änderung der Arbeitsbedingungen durchsetzen, weil er auf eine Weigerung des Arbeitnehmers, sich hierauf einzulassen, ohne Weiteres mit einer Kündigung reagieren könnte.[5] Allerdings wird die Bedeutung des KSchG für die Gewährleistung einer „industriellen Bürgerstellung" der Arbeitnehmer sowohl durch seinen begrenzten Anwendungsbereich als auch durch arbeitsrechtliche Phänomene wie die Befristung von Arbeitsverhältnissen sowie die Arbeitnehmerüberlassung relativiert. Außerdem bildet das KSchG selbst innerhalb seines Anwendungsbereichs, zumal bei der betriebsbedingten Kündigung, keineswegs ein unüberwindbares Bollwerk gegenüber einer vom Arbeitgeber gewollten Beendigung des Arbeitsverhältnisses. Dennoch sollten weder die unmittelbare Wirkung auf ausgesprochene Kündigungen noch die Vorwirkung auf erwogene Kündigungen wie auch insgesamt die Symbolkraft des KSchG unterschätzt werden. Schließlich lässt der Kündigungsschutz den Arbeitsmarkt nicht unberührt (zu den Rechtstatsachen → Rn. 85 f.).

2 Die Herausbildung und konkrete legislative Ausgestaltung des Kündigungsschutzrechts ist als **Ausdruck gewandelter Anschauungen** über die **Notwendigkeit eines Sozialschutzes zugunsten der abhängig Beschäftigten** zu begreifen, mindestens ebenso stark aber auch als **Resultat der jeweiligen politischen Kräfteverhältnisse.** Nicht anders als in anderen Bereichen des Arbeitsrechts fließen in den zu einem bestimmten Zeitpunkt maßgeblichen Gesetzestext sowohl ideelle Motive als auch handfeste materielle Interessen ein. Daneben hat die Kürze des Normtextes samt seiner im Kern großen Kontinuität dazu geführt, dass vor allem die **höchstrichterliche Rechtsprechung** im Laufe der Jahrzehnte eine **überragende Bedeutung** bei der konkreten Ausformung des allgemeinen kündigungsschutzrechtlichen Bestandsschutzes gewonnen hat. Der aktuell geltende Kündigungsschutz lässt sich daher nur aus einer **Gesamtschau aus legislativer Grobsteuerung und judikativer Feinsteuerung** zutreffend erfassen. Die folgenden Darlegungen geben zunächst einen Überblick über die normtextliche Entwicklung der **„Kündigungsgovernance"**, während der richterliche Umgang mit dem Gesetz der Einzelkommentierung vorbehalten bleibt.

II. Entwicklung des Kündigungsschutzes

1. Kündigungsrecht bis zum Ende des Ersten Weltkriegs

3 Das Arbeitsrecht wurde in den Jahrzehnten bis zum Ende des Ersten Weltkriegs von den Ideen des **wirtschaftlichen Liberalismus** beherrscht. Dementsprechend galt als **Pendant der Arbeitsvertragsfreiheit** der **Grundsatz der Kündigungsfreiheit.** Wie das Arbeitsverhältnis durch freie Übereinkunft von Arbeitgeber und Arbeitnehmer geschaffen wur-

[2] Vgl. Waas Labour Law Europe III/Gramano Part 1 Rn. 82 ff. u. 316 ff.

[3] Dazu klassisch Payne v. Western & Atlantic Railroad, 81 Tenn. 507, 519 f. (1884); vehemente Verteidigung dieses Prinzips durch Epstein Univ. Chi. L. R 51 (1984), 947.

[4] So die Denkschrift zum Entwurf eines Allgemeinen Arbeitsvertragsgesetzes von 1923, abgedr. in Ramm (Hrsg.), Entwürfe zu einem Deutschen Arbeitsvertragsgesetz, 1992, 171 (227).

[5] Betont von Araki, The Oxford Handbook of the Law of Work, 2024, 377, der zugleich zutreffend darauf aufmerksam macht, dass eine Beschränkung der quantitativen Flexibilität die Entwicklung anderer Instrumente zur Anpassung von Arbeitsbedingungen erforderlich macht, die in einem Arbeitsrechtssystem wie in den USA unbekannt sind.

de, so sollten die Parteien – insoweit einseitig – frei darüber bestimmen können, ob sie ihre arbeitsvertragliche Bindung wieder beenden. Diese Kündigungsfreiheit war nur durch wenige zwingende Vorschriften eingeschränkt. Für gewerbliche und kaufmännische Angestellte bestand eine Mindestkündigungsfrist von einem Monat zum Schluss des Kalendermonats (§ 67 Abs. 1 u. 2 HGB 1897, § 133aa Abs. 1 u. 2 GewO 1900). Darüber hinaus galt für diese Arbeitnehmergruppen sowie für die gewerblichen Arbeiter (§ 122 S. 2 u. 3 GewO 1891) der Grundsatz, dass die Kündigungsfrist für beide Teile gleich lang sein musste. IÜ gab es im BGB, im HGB und in der GewO zwar einen formellen Kündigungsschutz in Gestalt gesetzlicher Fristen für die ordentliche Kündigung, die aber jenseits der genannten Grenzen dispositiv waren, dem Parteiwillen und damit in der Sache dem Arbeitgeberwillen also freien Raum ließen. Ein allgemeiner materieller Kündigungsschutz konnte in der Kaiserzeit weder spezialgesetzlich noch im Sinne etwa eines Willkürverbots über die zivilrechtlichen Generalklauseln (§§ 138, 242 BGB) oder über das Schikaneverbot (§ 226 BGB) etabliert werden. Lediglich im **Bergbau** und damit in einem Bereich, in den der Staat seit jeher in stärkerem Maße interveniert hatte, wurden zugunsten der sog. Sicherheitsmänner im Interesse einer ordnungsgemäßen Aufgabenwahrnehmung materielle Kündigungsschranken eingeführt (Preußen 1909, Sachsen 1910).[6]

2. Einführung von Kündigungsbeschränkungen

In diesem Rechtszustand ist **seit dem Ende des Ersten Weltkriegs** ein **grundlegender Wandel** eingetreten. Zum einen sind die zwingenden Vorschriften über die Länge der Kündigungsfristen und die Bindung an Kündigungstermine zunehmend erweitert worden, so zuerst für ältere Angestellte durch das Angestelltenkündigungsschutzgesetz von 1926 bis hin zu § 622 BGB idF des Kündigungsfristengesetzes von 1993 mit verlängerten Fristen für alle langjährig beschäftigten Arbeitnehmer. Zum anderen und vor allem aber wurde das **freie Kündigungsrecht des Arbeitgebers** im Interesse der abhängig Beschäftigten auf verschiedene Weise **beschränkt,** sei es dass die Kündigung an die Zahlung einer Kündigungsentschädigung geknüpft wird, nur bei Vorliegen bestimmter Voraussetzungen zulässig ist, von der Zustimmung einer Behörde oder einer sonstigen Stelle abhängig gemacht wird oder für eine bestimmte Zeit sogar ganz ausgeschlossen wird. Vorschriften dieser Art werden üblicherweise als **Kündigungsbeschränkungen** bezeichnet und als **Recht des Kündigungsschutzes** zusammengefasst, zu dem die Vorschriften über Kündigungsfristen und -termine jedoch nur in einem weiteren Sinn zählen. Zusammen mit der schon vom RAG vollzogenen grundsätzlichen Anwendung von § 138 BGB auf arbeitgeberseitige Kündigungen sowie dem vom BAG unter tatkräftiger Unterstützung des BVerfG entwickelten Schutz vor nicht vom KSchG erfassten arbeitgeberseitigen Kündigungen auf der Grundlage von § 242 BGB gibt es nach deutschem Recht somit keine vollständig ungebundenen Kündigungen von Arbeitnehmern mehr. 4

3. Entwicklung des allgemeinen Kündigungsschutzes bis zum KSchG

a) **Kündigungsschutz in der Weimarer Zeit.** Der **allgemeine Kündigungsschutz gegen sozialwidrige Kündigungen** ist durch das **Betriebsrätegesetz v. 4.2.1920** (BRG 1920) geschaffen worden.[7] Das ursprünglich vorgesehene Konzept bestand in einem alleinigen Mitbestimmungsrecht der Arbeitnehmervertreter, also in einem **kollektivrechtlichen Ansatz.** Nach dem Regierungsentwurf zum BRG sollte lediglich der Betriebsrat als solcher gegenüber einer Kündigung ein Einspruchsrecht haben, wobei der Einspruch nicht nur im Interesse des einzelnen Arbeitnehmers zulässig sein sollte, um ihn gegen unbillige 5

[6] APS/Preis Grundlagen A Rn. 1 ff.; eingehend Göller Entwicklung S. 8 ff.; Wüllenweber Entwicklung S. 25 ff.
[7] APS/Preis Grundlagen A Rn. 8 ff.; näher Göller Entwicklung S. 57 ff.; Wüllenweber Entwicklung S. 56 ff.; s. a. Kittner/Klengel Entstehung S. 26 f.

Härten zu schützen, sondern vor allem auch gegeben sein, wenn die Kündigung gegen die berechtigten Interessen des Betriebes oder der Belegschaft als Ganzes verstieß. Der Kollektivgedanke und nicht das Individualrecht des einzelnen Arbeitnehmers stand also anfänglich im Vordergrund. Zudem sollte über die Berechtigung des Einspruchs in einem Schlichtungsverfahren endgültig entschieden werden. Die weitere Ausgestaltung führte dann aber zu einer Verbindung von kollektivrechtlichen Elemente mit dem **individualrechtlichen Schutz** des einzelnen Arbeitnehmers. Nach der endgültigen Fassung des BRG war der alleinige Zweck der Regelung, den einzelnen Arbeitnehmer gegen Verletzung seiner Interessen vor allem durch eine unbillig harte, nicht durch die Verhältnisse des Betriebes bedingte Kündigung zu schützen. Zudem war es ausschließlich Sache des Arbeitnehmers, gegen eine solche Kündigung Einspruch einzulegen (§ 84 BRG). Nicht ohne Grund wurde deshalb schon damals darauf hingewiesen, dass die Vorschriften systematisch nicht zum Betriebsverfassungsrecht, sondern zum Arbeitsvertragsrecht gehörten.[8]

6 Die **rechtstechnische Durchführung des Schutzes** blieb allerdings **in kollektivrechtliche Strukturen eingebettet:** Der Einspruch war an den Betriebsrat (genauer: Arbeiter- oder Angestelltenrat) zu richten (§ 84 BRG). Nur wenn dieser den Einspruch billigte, konnte er weiterverfolgt werden. Der Betriebsrat hatte dann in erster Linie zu versuchen, eine gütliche Verständigung mit dem Arbeitgeber herbeizuführen. Erst wenn dieser Versuch scheiterte, war der Weg für eine Klage beim Arbeitsgericht (zunächst noch Schlichtungsausschuss) frei. Der Betriebsrat war also einerseits Sperrinstanz gegen unbegründete Einsprüche und andererseits Vermittlungsinstanz. Auch konnte die Klage nicht nur vom Arbeitnehmer, sondern auch vom Betriebsrat im eigenen Namen, wenn auch zugunsten des Arbeitnehmers, erhoben werden (§ 86 BRG). Die Notwendigkeit der Mitwirkung des Betriebsrats hatte zur Folge, dass der Kündigungsschutz nur in Betrieben mit Betriebsräten eingriff. Der Kündigungsschutz kam somit lediglich denjenigen Beschäftigten zugute, bei denen es nicht aus rechtlichen (Tätigkeit in Kleinbetrieben mit weniger als 20 Arbeitnehmern) oder aus tatsächlichen Gründen an einem Betriebsrat fehlte, sodass im Ergebnis seinerzeit nur ca. 30 % aller Arbeitnehmer dem Kündigungsschutz unterfielen.[9]

7 Der Kündigungsschutz des BRG 1920 war **nicht absolut.** Vielmehr war in einem der Klage stattgebenden Urteil immer gleichzeitig eine **Entschädigung** festzusetzen. Der Arbeitgeber hatte dann die Wahl, ob er die Kündigung widerrufen oder die Entschädigung zahlen wollte (§ 87 BRG). Hierdurch konnte der Arbeitgeber stets das Ausscheiden des Arbeitnehmers erzwingen, wenn er ein entsprechendes finanzielles Opfer brachte. Insoweit wirkte der alte Gedanke der Kündigungsfreiheit noch erheblich nach. Über die Berechtigung dieser Regelung ist viel gestritten worden. Man empfand vor allem in Fällen besonders schwerwiegender Sozialwidrigkeit die bloße Zahlung einer Kündigungsentschädigung als unbefriedigend. Im Laufe der weiteren Entwicklung hat sich die Rspr. in solchen Fällen damit geholfen, dass sie die Kündigung wegen Verstoßes gegen die guten Sitten für nichtig erklärte (§ 138 BGB).

8 Der Kündigungsschutz des BRG 1920 hat innerhalb seines (wenn auch beschränkten) Anwendungsbereichs schnell **große praktische Bedeutung** erlangt. Zahlreiche Urteile der Arbeitsgerichte und der Landesarbeitsgerichte sind dazu ergangen. Hingegen waren Entscheidungen des RAG, die zur Klärung zweifelhafter Rechtsfragen hätten dienen können, ausgeschlossen, weil gegen Urteile über Kündigungseinspruchsklagen die Revision nicht eröffnet war (vgl. § 8 Abs. 4 ArbGG 1926). Auch die Arbeitsrechtswissenschaft hat sich mit den Fragen des Kündigungsschutzes intensiv befasst. Aus der reichhaltigen Lit. seien die systematischen Darstellungen in den Lehrbüchern von Hueck/Nipperdey[10] und Kaskel/Dersch[11] sowie die Kommentare zum BRG von Flatow/

[8] Vgl. Hueck/Nipperdey ArbR I, 3.–5. Aufl. 1931, Bd. I, 363.
[9] Vgl. Kittner/Klengel Entstehung S. 27.
[10] Hueck/Nipperdey ArbR I, 3.–5. Aufl. 1931, Bd. I, 362 ff.
[11] Kaskel/Dersch, Arbeitsrecht, 4. Aufl. 1932, 227 ff.

Kahn-Freund[12] und Mansfeld[13] – jeweils mit ausführlichen Angaben zur älteren Judikatur und Lit.– hervorgehoben.

Aus der Zeit nach dem Ersten Weltkrieg zu erwähnen sind weiter die verschiedenen **Demobilmachungsverordnungen,** deren primäre Stoßkraft freilich in der Reintegration der zurückgekehrten Kriegsteilnehmer lag und deren **Kündigungsbeschränkungen** damit einen **arbeitsmarktpolitischen Charakter** hatten.[14] Diese Verordnungen untersagten zum einen die Entlassung von Arbeitnehmern zum Zweck der Verminderung der Beschäftigtenzahl, solange die Beschäftigung aller Arbeitskräfte bei Herabsetzung der Arbeitszeit auf die Hälfte (Arbeitsstreckung) möglich war, was sich als **Vorform des ultima-ratio-Prinzips** begreifen lässt. Zum anderen enthielten sie bereits das **Prinzip der Sozialauswahl,** indem sich die Auswahl von zu entlassenden Arbeitnehmern nach dem Lebens- und Dienstalter sowie dem Familienstand richten sollte.[15] Der Plan, diese Bestimmungen dauerhaft in die Gesetzgebung zu übernehmen, scheiterte indes an der katastrophalen Lage der deutschen Wirtschaft im Herbst 1923.[16] Deshalb wurden die Kündigungsbeschränkungen der Demobilmachungszeit bis auf einen geringen Rest in der Stilllegungsverordnung v. 5.10.1923 abgebaut. Letztere enthielt nur noch einen besonderen Schutz bei Massenentlassungen und ist auf dem Weg über § 20 AOG von 1934 für den arbeitsmarktpolitisch motivierten 3. Abschnitt des heutigen KSchG (§§ 17 ff.) bedeutsam geworden. IÜ war jedoch der Versuch gescheitert, die Arbeitslosigkeit durch Kündigungsbeschränkungen zu bekämpfen. Die Notwendigkeit, auf die Produktivität der Betriebe Rücksicht zu nehmen, hatte sich damals wie auch später als stärker erwiesen, eine rechtspolitisch wichtige Erfahrung ganz im Einklang mit der heute allgemein verbreiteten Erkenntnis, dass Kündigungsbeschränkungen bzw. Kündigungsverbote als solche in einem marktwirtschaftlichen System **kein geeignetes Mittel zur nachhaltigen Bekämpfung von Arbeitslosigkeit** sind. 9

b) Kündigungsschutz in der Zeit des Nationalsozialismus. Für die **Zeit nach 1933** hat der nationalsozialistische Gesetzgeber den individuellen Kündigungsschutz als solchen in den §§ 56 ff. des Gesetzes zur Ordnung der nationalen Arbeit v. 20.1.1934 (AOG) weitgehend übernommen.[17] Jedoch fiel die Mitwirkung der Betriebsvertretung im Wesentlichen fort, weil die Betriebsräte entsprechend der herrschenden Ideologie abgeschafft wurden. Der stattdessen eingeführte „Vertrauensrat", an dessen Spitze der Unternehmer als „Betriebsführer" selbst stand, war nicht geeignet, die Berechtigung einer vom Unternehmer ausgesprochenen Kündigung nachzuprüfen, zumal er diesen lediglich zu beraten hatte. Folgerichtig wurden das Vorprüfungsrecht und das Klagerecht des Betriebsrats beseitigt. Es blieb lediglich ein Güteverfahren vor dem Vertrauensrat. Von letzterem abgesehen spielte sich das Verfahren ausschließlich zwischen dem Arbeitgeber und dem einzelnen Arbeitnehmer ab. War schon bisher der Zweck des Kündigungsschutzes ein individualrechtlicher gewesen, so wurde jetzt auch das **Verfahren** vollständig **individualrechtlich** gestaltet. IÜ brachte das AOG zwar eine Reihe von technischen Verbesserungen und Vereinfachungen sowie darüber hinaus insofern einen gewissen Fortschritt, als es den Kündigungsschutz auf Betriebe mit mindestens zehn Arbeitnehmern ausdehnte. Die Ausfüllung des unbestimmten Rechtsbegriffs der „unbilligen Härte" wie auch insgesamt der Umgang der Arbeitsgerichtsbarkeit mit arbeitgeberseitigen Kündigungen von Andersdenkenden oder aus rassistischen Motiven bleibt indes ein Schandfleck der deutschen Rechtsgeschichte.[18] 10

---

[12] Flatow/Kahn-Freund, Betriebsrätegesetz, 13. Aufl. 1931.

[13] Mansfeld, Betriebsrätegesetz, 3. Aufl. 1930.

[14] APS/Preis Grundlagen A Rn. 1 ff.; eingehend Göller Entwicklung S. 54 ff.; Wüllenweber Entwicklung S. 41 ff.

[15] Z. B. §§ 12, 13 DemobilmachungsVO v. 3.9.1919, RGBl. S. 1500; §§ 12, 13 DemobilmachungsVO v. 19.2.1920, RGBl. S. 218.

[16] Dasselbe gilt für den im Gegensatz zum BRG vollständigen auf einen individualrechtlichen Ansatz umschwenkenden, inhaltlich aber zurückhaltenden Kündigungsschutz im Entwurf eines Allgemeinen Arbeitsvertragsgesetzes von 1923; s. dazu Kaiser Kündigungsschutz S. 107 ff; Kittner/Klengel Entstehung S. 28 ff.

[17] APS/Preis Grundlagen A Rn. 12 ff.; näher Göller Entwicklung S. 73 ff.; Wüllenweber Entwicklung S. 134 ff.

[18] Erschreckende Beispiele bei Rüthers, Die unbegrenzte Auslegung, 9. Aufl., 2022, S. 238 ff.

11 c) **Kündigungsschutz in der Zeit nach dem Zweiten Weltkrieg.** Der Kündigungsschutz des AOG hat auch **nach dem Zweiten Weltkrieg** zunächst noch fortbestanden.[19] Erst mWv 1.1.1947 wurde das AOG auch insoweit durch die Militärregierungen aufgehoben. Damit fielen dessen Bestimmungen über den Kündigungsschutz fort und es entstand eine **Lücke in der gesetzlichen Regelung.** Jedoch ist der **Kündigungsschutz** als solcher dadurch **nicht beseitigt** worden. Vielmehr war er mittlerweile so gefestigt und entsprach den sozialen Erfordernissen und Überzeugungen, dass er trotz des Wegfalls der gesetzlichen Regelung beibehalten wurde. Dies ist umso bemerkenswerter, als drei Jahrzehnte zuvor die Kündigungsfreiheit noch als selbstverständlich gegolten hatte.

12 Zur **Ausfüllung der Lücke** in der gesetzlichen Regelung wurden sehr verschiedene Wege beschritten: In der **sowjetischen Zone** erklärte man vielfach jede Kündigung ohne Zustimmung des Betriebsrats für nichtig. In der **britischen Zone** zog man die allgemeinen Grundsätze des Privatrechts, besonders die **Generalklauseln** der §§ 138, 242 BGB heran.[20] Man sah in einer Kündigung, die unbillig hart und nicht durch die Verhältnisse des Betriebes bedingt war, die also bisher der Widerrufsklage unterlag, einen Verstoß gegen Treu und Glauben (§ 242 BGB), während in schwereren Fällen ein rechtsmissbräuchlicher Verstoß gegen die guten Sitten (§ 138 BGB) angenommen wurde. Daneben suchte man auch die Vorschriften der ArbeitsplatzwechselVO, die die Kündigung von der Genehmigung des Arbeitsamtes abhängig machte und eigentlich nur arbeitseinsatzpolitischen Zwecken dienen sollte, dem sozialen Schutz des einzelnen Arbeitnehmers dienstbar zu machen.

13 Dagegen wurde in den Ländern der **amerikanischen und französischen Zone** erneut ein **gesetzlicher Kündigungsschutz** geschaffen, teils durch besondere Kündigungsschutzgesetze, teils durch eine Regelung des Kündigungsschutzes in neuen Betriebsrätegesetzen, wobei dies jeweils **auf Landesebene** geschah und daher regional verschieden ausfiel.[21] Alle diese Vorschriften sind durch das KSchG des Bundes beseitigt worden.

14 IErg brachte die Entwicklung in der britischen Zone eine unerfreuliche **Rechtsunsicherheit,** in den übrigen Ländern eine ebenso unerfreuliche **Rechtszersplitterung** mit sich. Die Sondergesetze der Länder unterschieden sich sowohl in der grundsätzlichen Einstellung wie vor allem in zahlreichen Einzelheiten, sodass es kaum eine Frage gab, zu der nicht zumindest ein Landesgesetz eine abweichende Stellung einnahm. Da es sich um praktisch besonders wichtige Fragen handelte und da diese Unterschiede durch keine historische Tradition und durch keinerlei sachliche Gründe gerechtfertigt waren, war dieser Rechtszustand auf die Dauer untragbar. Deshalb war eine bundesgesetzliche Regelung besonders dringlich, um für das ganze damalige Bundesgebiet einheitliches Recht zu schaffen und damit einerseits die zahlreichen Unterschiede der süddeutschen Sondergesetze zu beseitigen und andererseits für die britische Zone die allgemeinen Generalklauseln des BGB durch speziell auf die Kündigung des Arbeitsverhältnisses zugeschnittene Normen zu ersetzen.

4. Entstehung des Kündigungsschutzgesetzes

15 Das **Kündigungsschutzgesetz v. 10.8.1951,** mit dem die skizzierten Ziele erreicht wurden, kann auf eine wechselvolle Entstehungsgeschichte zurückblicken, die erst in jüngerer Zeit durch die Untersuchungen von Kittner/Klengel umfassend aufgedeckt worden ist.[22] Den Beginn der Nachkriegsentwicklung markiert danach die **„Auslegungshilfe“ zum Kündigungsschutzrecht,** die bereits Anfang 1947 von der Arbeitsverwaltung

[19] Zum Folgenden Göller Entwicklung S. 85 ff.; Wüllenweber Entwicklung S. 182 ff.

[20] Hierzu Kittner/Klengel Entstehung S. 49 ff.

[21] Übersicht über die wichtigsten Bestimmungen dieser Gesetze und ihre Unterschiede bei A. Hueck BlStSozArbR 1949, 118 ff. (131 ff.); s. a. Kittner/Klengel Entstehung S. 43 ff.; ferner die Begründung des Regierungsentwurfs zum KSchG 1951, BT-Drs. 2090, 8 ff. (1. Wahlperiode) = RdA 1951, 61.

[22] Kittner/Klengel, Die Entstehung des Kündigungsschutzgesetzes, 2022; dazu Keiser SR 2024, 105; kurzer Überblick auch bei Kittner AuR 2022, G 21.

der britischen Zone bekannt gemacht wurde und die mit der Dreiteilung der für eine wirksame Kündigung erforderlichen Gründe (Person oder Verhalten des Arbeitnehmers oder Verhältnisse des Betriebs) bereits die zentrale Struktur des späteren § 1 vorwegnahm, wobei dieses Konzept schon Anfang des Jahrhunderts von Karl Flesch entwickelt worden war.[23] Mitte 1948 kam es dann zum sog. **Krefelder Entwurf** eines vollständigen KSchG, der bereits die meisten der zentralen Elemente des späteren KSchG enthielt und offiziell vom DGB stammt, nach den Ergebnissen der Forschungstätigkeit von Kittner/Klengel in Wahrheit aber auf dem sich im Hntergrund abspielenden Zusammenwirken von Wilhelm Herschel (seinerzeit Ministerialdirektor in der Arbeitsverwaltung des Vereinigten Wirtschaftsgebietes und offenbar auch Urheber der „Auslegungshilfe", später Leiter der Abteilung für Arbeitsrecht im Bundesarbeitsministerium) und Hans Carl Nipperdey (seinerzeit Chefberater des damaligen DGB-Vorsitzenden Hans Böckler) beruht.[24] Über einen darauf beruhenden weiteren Gewerkschaftsentwurf konnte in den im Frühjahr 1949 vom DGB mit den Arbeitgeberverbänden geführten Gesprächen allerdings zunächst keine (finale) Einigung erzielt werden. In der Folge brachte der Direktor der Verwaltung für Arbeit des Vereinigten Wirtschaftsgebiets Ende Mai 1949 beim Wirtschaftsrat in Frankfurt einen weithin vergleichbaren Entwurf ein, dem (in leicht veränderter Form) beide Sozialpartner informell zustimmten und der am 20.7.1949 (in wiederum leicht veränderter Form) vom Wirtschaftsrat beschlossen wurde.[25] Da die Militärregierung die erforderliche Genehmigung im Hinblick auf die künftige Bundesgesetzgebung versagte, ist das sog. **Frankfurter Gesetz** indes nicht in Kraft getreten, als Modell für die späteren Entwürfe aber gleichwohl wichtig gewesen.[26]

Im Anschluss an die erste Bundestagswahl von August 1949 kam es zu neuerlichen **16** Verhandlungen zwischen den Gewerkschaften und den Arbeitgeberverbänden, die in die Einigung auf den sog. **Hattenheimer Entwurf** v. 13.1.1950 mündeten.[27] Dieser Entwurf baute auf dem Frankfurter Gesetz auf und übernahm wörtlich die Mehrzahl der Bestimmungen, enthielt jedoch auch eine Reihe bedeutsamer Änderungen.[28]

Der Hattenheimer Entwurf bildete im Wesentlichen die Grundlage für einen vom **17** Bundesministerium für Arbeit ausgearbeiteten **Regierungsentwurf** eines Bundeskündigungsschutzgesetzes.[29] In allen wesentlichen Punkten übernahm er den Hattenheimer Entwurf, enthielt allerdings noch eine Reihe von Klarstellungen und Verbesserungen, vor allem in juristisch-technischer Hinsicht. Von außen betrachtet erscheint das KSchG somit als eine in Gesetzesform gegossene Sozialpartnervereinbarung und damit als Ausdruck des „Rheinischen Kapitalismus" der alten Bundesrepublik.[30] Verfolgt man die historischen Linien weiter zurück, stellt sich das KSchG letztlich aber doch eher als ein **Produkt des Zusammenwirkens von staatlicher Arbeitsverwaltung und Arbeitsrechtswissenschaft** dar, die verschwiegen hinter den Kulissen agierten, während sie sich zur Legitimationsbeschaffung aber der Sozialpartner bedienten.[31]

Am 27.3.1951 wurde der Regierungsentwurf zusammen mit einer Begründung[32] und **18** einigen Änderungsvorschlägen und Anregungen des Bundesrates[33] dem **Bundestag** vorgelegt,[34] wo es selbst innerhalb der den Entwurf eigentlich stützenden Regierungsparteien zu heftigen Kontroversen kam.[35] Die Verhandlungen im Ausschuss für Arbeit

---

23 Vgl. Flesch, Zur Kritik des Arbeitsvertrags, 1901, 21 f.
24 Kittner/Klengel Entstehung S. 49 ff., 68 ff.
25 Kittner/Klengel Entstehung S. 111 ff.
26 Dazu näher 10. Aufl., Einl. Rn. 23 ff.; ferner A. Hueck RdA 1949, 331 ff.; Richardi NZA 2000, 13 f.
27 Abgedr. in RdA 1950, 63 mit Besprechung von A. Hueck.
28 Dazu 10. Aufl., Einl. Rn. 31; vgl. iÜ die dortige Zusammenstellung.
29 Abgedr. auch in RdA 1951, 58.
30 In diesem Sinne die Deutung durch Seifert ZNR 2017, 187 ff., 192 ff., 204.
31 So die Quintessenz von Kittner/Klengel Entstehung S. 229 ff.
32 Abgedr. auch in RdA 1951, 61.
33 Abgedr. auch in RdA 1951, 178.
34 BT-Drs. 2090 (1. Wahlperiode).
35 Eindringliche Schilderung bei Kittner/Klengel Entstehung S. 198 ff.

brachten zwar nur geringfügige Änderungen.[36] In der zweiten Lesung im Plenum wurde der Entwurf dagegen in wichtigen Punkten abgeändert und der Geltungsbereich des Kündigungsschutzes erheblich eingeschränkt: Voraussetzung für den Kündigungsschutz sollten nunmehr eine einjährige Zugehörigkeit zum Betrieb (wie im AOG) sowie ein Lebensalter des Arbeitnehmers von 25 Jahren sein. Ferner sollte der Kündigungsschutz entgegen dem Hattenheimer Vorschlag auf Betriebe mit mehr als zehn Arbeitnehmern beschränkt werden.[37] Diese vor allem von Vertretern der Landwirtschaft und des Handwerks durchgesetzten Einschränkungen des Kündigungsschutzes stießen auf energischen Widerspruch der Gewerkschaften. In der dritten Lesung setzten sich schließlich vermittelnde Lösungen durch: Die Wartezeit wurde auf ein halbes Jahr herabgesetzt und der Kündigungsschutz sollte schon für Arbeitnehmer über 20 Jahre sowie für Betriebe mit mehr als fünf Arbeitnehmern gelten.[38]

19 Der Bundesrat stimmte dem Gesetz am 27.7.1951 zu. Am **10.8.1951** wurde das **Kündigungsschutzgesetz** ausgefertigt und am 13.8.1951 im BGBl. I S. 499 veröffentlicht. Es ist am 14.8.1951 in Kraft getreten. Durch Berliner Gesetz v. 22.12.1952[39] wurde es mWv 1.1.1953 auch für **Westberlin** übernommen; vgl. ferner Bekanntmachung der Neufassung v. 4.9.1969[40] sowie den durch das BeschFG 1985 eingefügten § 25a. Im **Saarland** gilt es aufgrund des Gesetzes Nr. 628 v. 18.6.1958[41] seit dem 1.1.1959. Die ursprünglich für das Saarland geltende Ausnahmebestimmung, nach der der Arbeitnehmer schon mit Vollendung des 18. Lebensjahres Kündigungsschutz genießt, ist durch Art. I Nr. 1 des ArbRBereinigG allgemeines Recht geworden (mit der Aufhebung der Altersschranke durch Gesetz v. 5.7.1976[42] ganz beseitigt), sodass seither auch für das Saarland volle Rechtseinheit mit dem übrigen Bundesgebiet besteht (vgl. aber die Übergangsbestimmung des Art. 6 Abs. 3 ArbRBereinigG für die Zeit bis 31.12.1972).

20 Für das Gebiet der **ehemaligen DDR** galt der Kündigungsschutz gem. Art. 17 des Vertrages über die Schaffung einer Währungs-, Wirtschafts- und Sozialunion v. 18.5.1990 – Staatsvertrag[43] – entsprechend dem Recht der Bundesrepublik Deutschland. Nach Anl. II Abschn. IV Nr. 7 war demzufolge das KSchG von der DDR in Kraft zu setzen, was durch § 32 InkrG v. 21.6.1990[44] **mWv 1.7.1990** erfolgt ist. Durch Art. 8 des Einigungsvertrages v. 31.8.1990[45] iVm Anl. I Kap. VIII, Sachgebiet A, Abschn. III Nr. 6 wurde mit Wirksamwerden des Beitritts der DDR zur Bundesrepublik Deutschland am 3.10.1990 auch das KSchG mit einigen Ausnahmen in den „neuen Bundesländern" in Kraft gesetzt.

21 Die Entstehungsgeschichte lässt erkennen, dass das Gesetz mit seinem endgültigen **Inhalt** in besonderem Maß das **Ergebnis heftiger Auseinandersetzungen und gegenseitiger Konzessionen** ist und deshalb einen ausgesprochenen **Kompromisscharakter** trägt. Schon der Hattenheimer Entwurf konnte nur durch beiderseitiges Nachgeben zustande kommen. Ebenso sind die Bundestagsbeschlüsse der dritten Lesung, die eine mittlere Linie zwischen dem Hattenheimer Entwurf und dem ihm im Wesentlichen folgenden Regierungsentwurf einerseits und den Beschlüssen der zweiten Lesung andererseits einschlugen, durch das Bemühen gekennzeichnet, trotz abweichender Positionen selbst innerhalb des Regierungslagers doch noch zu einem mehrheitsfähigen Ergebnis zu gelangen. Dies ist angesichts der divergierenden Interessen verständlich, wobei es nicht nur um entgegengesetzte Interessen der Arbeitnehmer und Arbeitgeber an der Erhaltung des Ar-

---

[36] Vgl. BT-Drs. 2384 (1. Wahlperiode).
[37] Vgl. die 156. Sitzung des Bundestages, Sitzungsberichte S. 6210 ff.
[38] Vgl. die 159. Sitzung des Bundestages, Sitzungsberichte S. 6357 ff.
[39] GVBl. S. 1197.
[40] GVBl. S. 1700.
[41] ABl. S. 1249.
[42] BGBl. I S. 1769.
[43] BGBl. II S. 518 (537).
[44] DDR-GBl. I S. 357.
[45] BGBl. II S. 889.

beitsplatzes einerseits sowie an der freien Auswahl der Arbeitskräfte für den Betrieb andererseits geht, sondern auch um die unterschiedlichen Auswirkungen auf Industrie, Handwerk und Landwirtschaft sowie schließlich auf Groß- und Mittelbetriebe auf der einen und Kleinbetriebe auf der anderen Seite.

Im **Vergleich zum früheren Recht** des BRG 1920 und des AOG hat das Gesetz in seinem materiellen Gehalt mehrere Verbesserungen mit sich gebracht.[46] Folgende Punkte seien hervorgehoben: BRG 1920 und AOG waren noch vom Grundsatz der Kündigungsfreiheit ausgegangen, dh der Arbeitnehmer hatte gegen die grds. zulässige ordentliche Kündigung nur dann ausnahmsweise ein Recht zum Einspruch, wenn diese eine unbillige Härte darstellte. Dagegen schränkt das KSchG die Zulässigkeit der Kündigung generell ein. Zwar ist auch danach eine Kündigung lediglich dann unwirksam, wenn sie sozialwidrig ist. Da Letzteres aber stets der Fall ist, wenn sie nicht durch einen besonderen Grund in der Person oder im Verhalten des Arbeitnehmers oder durch dringende betriebliche Erfordernisse bedingt ist (§ 1 Abs. 2 S. 1), kann der Arbeitgeber iErg **nur noch beim Vorliegen eines besonderen von ihm zu beweisenden Grundes wirksam kündigen.** Trotz dieser geänderten Grundtendenz hat das Gesetz allerdings daran festgehalten, dass zur Geltendmachung der Sozialwidrigkeit wie früher eine **besondere Klage notwendig** ist, deren Versäumung den Mangel der Kündigung heilt. Der Kündigungsschutz wirkt also nicht automatisch, sondern muss vom betroffenen Arbeitnehmer nachträglich unter Einhaltung einer bestimmten Frist (§§ 4–7) gerichtlich geltend gemacht werden. 22

Die Begrenzung der vom Kündigungsschutz ausgenommenen Kleinbetriebe auf solche mit bis zu fünf Arbeitnehmern stellte (ursprünglich) eine **Verbesserung gegenüber dem AOG** (zehn) **und dem BRG 1920** (zwanzig Arbeitnehmer) dar. Dagegen war die Festlegung der Wartezeit für das Eingreifen des Kündigungsschutzes auf sechs Monate Betriebszugehörigkeit zwar gegenüber dem AOG (ein Jahr) ein Fortschritt, nicht aber gegenüber dem BRG 1920, das keine solche Wartezeit kannte. Ein zentraler Fortschritt war schließlich die Beseitigung des Wahlrechts des Arbeitgebers zwischen dem Widerruf der Kündigung und der Zahlung einer Entschädigung. Stattdessen sieht das KSchG nur noch ein Abfindungsrecht bei Unzumutbarkeit der Fortsetzung des Arbeitsverhältnisses auf besonderen Antrag vor. Im Gegensatz zum BRG 1920 hat der Betriebsrat nach dem KSchG lediglich eine fakultative Vermittlungsfunktion. Zwar führte bereits 1952 das BetrVG (§ 66 Abs. 2) zwingend ein Anhörungsrecht ein, doch blieb dessen Sanktion seinerzeit fraglich und umstritten.[47] 23

5. Neufassung durch das Erste Arbeitsrechtsbereinigungsgesetz

Wesentliche Änderungen und Ergänzungen, die dann auch zu einer Neufassung mit geänderter Paragrafenfolge führten, hat das KSchG durch das **1. ArbRBereinigG** v. 14.8.1969[48] erfahren. Die Erkenntnis, dass eine einheitliche Kodifikation des gesamten Arbeitsrechts oder zumindest des Arbeitsvertragsrechts, wenn sie überhaupt gelingen sollte, jedenfalls lange Zeit beanspruchen würde, ließ in den 1960er und 1970er Jahren zunächst den Gedanken der Fortbildung einzelner Teilgebiete in den Vordergrund treten.[49] Das Mittel dafür sollten wie auf anderen Gebieten sog. „Bereinigungsgesetze" bilden – eine sprachlich unschöne und zudem in der Sache missverständliche Bezeichnung, weil es dabei keineswegs nur um die Bereinigung von Streitfragen oder sonstigen Mängeln der bestehenden Gesetze, sondern um eine den geänderten Anschauungen und Bedürfnissen entsprechende Fortbildung des Rechts ging. Das erste derartige Gesetz auf dem Gebiet des Arbeitsrechts ist vornehmlich der Fortbildung des Kündigungsrechts und des Kündigungsschutzrechts gewidmet. 24

[46] Näher A. Hueck RdA 1951, 281.
[47] Zusf. G. Hueck FS 25 Jahre BAG, 1979, 247.
[48] BGBl. I S. 1106.
[49] Dazu Fitting DB 1969, 1459.

25 Der **Entwurf zu diesem Gesetz** ist von Vertretern des Bundesministeriums für Arbeit und Sozialordnung, der Arbeitgeber und der Gewerkschaften gemeinsam erarbeitet worden. Bei der anschließenden parlamentarischen Beratung ist die Grundkonzeption dieses Entwurfs weitgehend erhalten geblieben, auch wenn der Bundestag in einzelnen Fragen über die Vorschläge des Entwurfs hinausgegangen ist. Auch dieses Gesetz hat also ähnlich wie das KSchG von 1951 ausgesprochenen Kompromisscharakter. Immerhin wurde es so im Bundestag einstimmig verabschiedet.

26 Das 1. ArbRBereinigG enthält in seinem Art. 1 unter 13 Nummern **Änderungen des KSchG von 1951.** Sie bilden neben den Änderungen der Kündigungsvorschriften des BGB und anderer Gesetze seinen wesentlichen Inhalt. Die wichtigsten Änderungen betreffen die folgenden Punkte: – Erweiterung des Kündigungsschutzes durch Herabsetzung des Mindestalters der geschützten Arbeitnehmer vom 20. auf das 18. Lebensjahr (Altersgrenze inzwischen aufgehoben, → Rn. 42) und Neuregelung der Wartezeit durch Abstellung auf die Dauer des Arbeitsverhältnisses statt der Dauer der Beschäftigung (§ 1 Abs. 1); – Pflicht des Arbeitgebers, auf Verlangen des Arbeitnehmers diesem die Gründe für die Auswahl der zu Entlassenden nach sozialen Gesichtspunkten mitzuteilen (§ 1 Abs. 3 S. 1 Hs. 2); – Regelung der Änderungskündigung (§§ 2, 4 S. 2 und § 8); – Beweispflicht des Arbeitgebers für die Gründe, die seinen Antrag auf Auflösung des Arbeitsverhältnisses rechtfertigen (§ 9); – Bemessung der vom Arbeitgeber zu zahlenden Abfindung (§§ 9, 10); – Beseitigung der gegen eine Umdeutung einer unwirksamen außerordentlichen Kündigung sprechenden Vermutung (§ 13); – Kündigungsschutz für leitende Angestellte (§ 14).

27 Art. 7 Nr. 1 des 1. ArbRBereinigG enthielt die Ermächtigung, den Wortlaut des KSchG in redaktionell bereinigter Fassung unter neuem Datum und in neuer Paragrafenfolge bekanntzumachen. Darauf beruht die **Neufassung des KSchG v. 25.8.1969.**[50] Sie enthält wie früher 26 Paragrafen. Dabei sind jedoch zwei Paragrafen (§§ 2 u. 8) neu eingefügt worden, zwei andere (§§ 24 u. 25) dafür fortgefallen; zehn weitere Paragrafen sind mehr oder weniger stark verändert worden. Von § 2 an ist auch die Paragrafenzählung verändert worden.

28 Von den sonstigen Bestimmungen des 1. ArbRBereinigG interessieren in diesem Zusammenhang weiter diejenigen, die das **allgemeine Kündigungsrecht** betreffen. Hervorzuheben ist vor allem die einheitliche Zusammenfassung der für alle Arbeitnehmer geltenden Kündigungsvorschriften im BGB. Die Mehrzahl der Sondervorschriften für bestimmte Arten von Arbeitnehmern ist beseitigt, so vor allem die Kündigungsbestimmungen des HGB und der GewO wie auch anderer berufsspezifischer Gesetze. Eine Ausnahme macht lediglich das Seearbeitsgesetz (bis 2013 Seemannsgesetz). Neu hinzugekommen ist das Berufsbildungsgesetz, das aber auch der Vereinheitlichung und Vereinfachung des Rechts dient, insofern es anstelle der zersplitterten Vorschriften des HGB, der GewO und der HandwO über die Beendigung des Lehrverhältnisses eine einheitliche Regelung für alle Berufsausbildungsverhältnisse geschaffen hat. Dagegen sind die Sonderbestimmungen für besonders schutzbedürftige Arbeitnehmer seinerzeit grds. beibehalten worden, so diejenigen für ältere Angestellte (vgl. Art. 6 Abs. 4 des 1. ArbRBereinigG; warum die Vorschriften nicht schon seinerzeit unter Aufhebung des ohnehin wenig glücklich gefassten AngKündSchG von 1926 in das BGB übernommen worden sind, ist nicht ersichtlich). Der Kündigungsfristenschutz für ältere Angestellte wurde durch § 622 Abs. 2 BGB aF auch auf ältere Arbeiter ausgedehnt, ohne indes eine völlige Gleichheit herzustellen, was dann später vom BVerfG wegen Verstoßes gegen den Gleichheitssatz für verfassungswidrig erklärt wurde[51] (zur Neuregelung → Rn. 50). Erhalten geblieben sind ferner die Schutzbestimmungen für schwerbehinderte Menschen, Frauen vor und nach der Entbindung etc.

---

[50] BGBl. I S. 1317.
[51] BVerfG 30.5.1990 – 1 BvL 2/83 u. a., NJW 1990, 2246.

6. Veränderungen durch das Betriebsverfassungsgesetz und das Bundespersonalvertretungsgesetz

29 Das 1. ArbRBereinigG v. 14.8.1969 sollte zusammen mit der Neufassung des KSchG v. 25.8.1969 dem Kündigungsschutzrecht für längere Zeit bleibende Gestalt mit einer unveränderten gesetzlichen Grundlage geben. Jedoch hat bereits eineinhalb Jahre später die **Neuregelung des Betriebsverfassungsrechts** durch das BetrVG v. 15.1.1972 (nunmehr idF v. 25.9.2001) auch zu wesentlichen **Änderungen des Kündigungsrechts** geführt. Diese haben im Bereich des Kündigungsschutzes teilweise unmittelbar Ausdruck in Änderungen der §§ 1, 15 u. 16 KSchG gefunden, doch reichen die kündigungsrechtlichen Auswirkungen des BetrVG von 1972 insgesamt wesentlich weiter. Gleiches gilt für das **Personalvertretungsrecht** nach dem BPersVG v. 15.3.1974 (nunmehr BPersVG v. 9.6.2021).

30 Im **Betriebsverfassungsrecht** lag ein Schwerpunkt der Neuregelung gerade im Bereich der **personellen Angelegenheiten,** unter denen die Kündigung naturgemäß einen wichtigen Platz einnimmt. Dabei bleibt im Gegensatz zu § 60 BetrVG 1952, aber auch zu § 99 BetrVG 1972 (bzgl. anderer personeller Einzelmaßnahmen), die Mitwirkung des Betriebsrats bei Kündigungen nicht mehr auf Betriebe bzw. (seit dem BetrVerf-ReformG → Rn. 57) Unternehmen mit mehr als 20 Arbeitnehmern beschränkt. Vielmehr erstreckt sie sich jetzt auf alle betriebsratsfähigen Betriebe, in denen ein Betriebsrat gebildet worden ist. Neu eingeführt wurde ferner vor allem die Beteiligung des Betriebsrats bei allgemeinen Personalangelegenheiten, die den personellen Einzelmaßnahmen vorgelagert und für sie richtungweisend und bestimmend sind. Für die Kündigung ist hier besonders die Mitbestimmung bei der Aufstellung von Auswahlrichtlinien unmittelbar bedeutsam, die auch allgemeine Kriterien für die Auswahl der Arbeitnehmer bei einer Kündigung enthalten können. Nach § 95 Abs. 1 BetrVG bedürfen vom Arbeitgeber aufgestellte Auswahlrichtlinien der Zustimmung des Betriebsrats und Abs. 2 gibt für Betriebe mit mehr als 500 Arbeitnehmern diesem ein erzwingbares Recht auf die Schaffung von Auswahlrichtlinien.

31 Die **Mitwirkung des Betriebsrats bei der einzelnen Kündigung** ist in § 102 BetrVG gegenüber § 66 BetrVG 1952 präzisiert und weiter ausgebaut worden: § 102 Abs. 1 BetrVG macht die Anhörung des Betriebsrats vor jeder Kündigung, auch der außerordentlichen, zu deren Wirksamkeitsvoraussetzung und hat damit eine zu § 66 BetrVG 1952 sehr umstrittene Frage in einem über die früher hM in Rspr. und Lit. hinausgehenden Sinn geklärt. Gleichzeitig ist die bereits vorher allgemein angenommene Pflicht zur Mitteilung der Kündigungsgründe an den Betriebsrat gesetzlich normiert worden. § 102 Abs. 2 BetrVG enthält Bestimmungen für das Anhörungsverfahren, das dadurch eine festere Form erhalten hat. Damals neu eingeführt ist auch der in § 102 Abs. 3 BetrVG geregelte förmliche Widerspruch des Betriebsrats gegen die Kündigung beim Vorliegen bestimmter katalogmäßig aufgeführter Gründe. An diesen Widerspruch knüpfen § 102 Abs. 4 BetrVG eine Mitteilungspflicht des Arbeitgebers gegenüber dem Arbeitnehmer und vor allem dessen Abs. 5 die Pflicht zur Weiterbeschäftigung des gekündigten Arbeitnehmers bis zum rechtskräftigen Abschluss eines Kündigungsschutzprozesses. Die wichtigste Rechtsfolge des Widerspruchs ist in den Bereich des individuellen Kündigungsschutzes verlegt: Der durch § 123 BetrVG 1972 in § 1 Abs. 2 KSchG eingefügte S. 2 erklärt eine wegen des Widerspruchs ausgesprochene Kündigung unter bestimmten Voraussetzungen für sozial ungerechtfertigt (→ § 1 Rn. 1044 ff.). Wiederum eine nach früherem Recht umstrittene Frage klärt schließlich § 102 Abs. 6 BetrVG, der ausdrücklich eine Erweiterung der Mitwirkung des Betriebsrats bei der einzelnen Kündigung durch Betriebsvereinbarung zur echten Mitbestimmung in Form der Zustimmung zulässt.

32 Ein weiteres wichtiges Anliegen der Reform des Betriebsverfassungsrechts waren in organisatorischer Hinsicht der Ausbau der **betrieblichen Vertretungen** und dazu eine

Verbesserung der Rechtsstellung ihrer Mitglieder.[52] Diesem Ziel, zugleich aber auch einer Stärkung der Mitbestimmung in personellen Angelegenheiten dient es, wenn § 103 BetrVG die außerordentliche Kündigung gegenüber den Mitgliedern der dort genannten Vertretungen einschließlich der Wahlbewerber von der Zustimmung des Betriebsrats abhängig macht. Nach § 103 Abs. 2 BetrVG kann allerdings das Arbeitsgericht die Zustimmung ersetzen. Auf diese Weise soll sichergestellt werden, dass der Arbeitgeber nicht durch Verweigerung der Zustimmung des Betriebsrats an einem Arbeitsverhältnis festgehalten wird, das ihm bei Würdigung der gesamten Umstände des Falles nicht mehr zugemutet werden kann. In denselben Zusammenhang gehört die Änderung der §§ 15 u. 16 wie auch der Überschrift des aus diesen Bestimmungen gebildeten 2. Abschnitts des KSchG. Dadurch wird § 103 BetrVG Rechnung getragen. Außerdem wird der früher schon für Betriebsratsmitglieder bestehende Kündigungsschutz auf die Mitglieder anderer innerbetrieblicher Vertretungen ausgedehnt und in seiner zeitlichen Begrenzung erweitert (Näheres unten zu §§ 15 u. 16).

33 Gegenüber dem früheren Recht **sachlich kaum verändert** sind die §§ 104 u. 105 BetrVG, welche die Entfernung betriebsstörender Arbeitnehmer auf Verlangen des Betriebsrats sowie das Informationsrecht des Betriebsrats bei personellen Maßnahmen gegenüber leitenden Angestellten regeln. Nicht mehr im BetrVG enthalten ist endlich eine dem § 66 Abs. 2 BetrVG 1952 entsprechende spezielle Regelung für ein Informations- und Beratungsrecht des Betriebsrats bei bevorstehenden Massenentlassungen, die jedoch durch das 2. Gesetz zur Änderung des KSchG v. 27.4.1978 in § 17 Abs. 2 wieder eingeführt worden ist (→ Rn. 43). Dieser Bereich wird davon abgesehen aber nunmehr von dem allgemeineren Informations-, Beratungs- und Initiativrecht hinsichtlich der Personalplanung (§ 92 BetrVG) miterfasst, sodass insoweit die Befugnisse des Betriebsrats keineswegs verringert worden sind. Je nach Lage des Falles können zudem auch die §§ 111 ff. BetrVG über die Beteiligung in wirtschaftlichen Angelegenheiten, insbes. die Regeln über Interessenausgleich und Sozialplan Bedeutung erlangen. Ferner ist in diesem Zusammenhang darauf hinzuweisen, dass der damalige § 8 Abs. 1 AFG, der in § 102 Abs. 7 BetrVG aF aufrechterhalten wurde, für die Meldung einer bevorstehenden Massenentlassung durch den Arbeitgeber an das Landesarbeitsamt die Beifügung einer Stellungnahme des Betriebsrats vorsah, die dieser naturgemäß nur nach entsprechender Information abgeben kann.

34 Die Neuregelung durch das BetrVG 1972 behält in der äußeren Form die **Trennung zwischen kollektivrechtlicher Mitwirkung bzw. Mitbestimmung des Betriebsrats und individualrechtlichem Kündigungsschutz** bei. Der Sache nach wird diese bis dahin klare Grenze allerdings teilweise durchbrochen. Zwar bleibt es weiterhin dem betroffenen Arbeitnehmer überlassen, ob er gegen eine Kündigung vorgehen will. Die Zustimmung des Betriebsrats zu einer Kündigung beseitigt seinen individualrechtlichen Kündigungsschutz nicht, während ihn der Widerspruch als solcher umgekehrt auch nicht verstärkt.[53] Gleichwohl führen die Regeln über den Kündigungswiderspruch des Betriebsrats und seine Folgen dazu, dass in den Fällen des § 1 Abs. 2 S. 2 die Erfolgsaussichten einer Kündigungsschutzklage wesentlich durch die vorausgegangene Stellungnahme des Betriebsrats beeinflusst werden, teilweise sogar ganz von ihr abhängen (zum Verhältnis von Widerspruch und allgemeinem Kündigungsschutz → § 1 Rn. 1048 ff.). Zwar hat der Betriebsrat sein Widerspruchsrecht im Interesse des betroffenen Arbeitnehmers auszuüben, doch hat dieser nur geringe Möglichkeiten, um notfalls die sachgerechte Wahrung seiner Interessen beim Betriebsrat durchzusetzen.[54] Weiter als im eigentlichen Kündigungsschutz reicht der **kollektivrechtliche Einfluss iÜ Kündigungsrecht,** wenn bspw. die Anhörung des Betriebsrats und bei Mitgliedern von Betriebsvertretungen

[52] Dazu BT-Drs. VI/1786, 32 f., 59; BT-Drs. VI/2729, 7.
[53] BAG 14.2.1990 – 7 AZR 68/89, NZA 1990, 737.
[54] Allg. Blomeyer GS Dietz, 1973, 147; v. Hoyningen-Huene ZRP 1978, 181 (183); RdA 1992, 355 (360 f.); s. a. BAG 14.2.1990 – 7 AZR 68/89, NZA 1990, 737.

(§ 15) bzw. aufgrund einer Betriebsvereinbarung auch bei anderen Arbeitnehmern (§ 102 Abs. 6 BetrVG) dessen Zustimmung Wirksamkeitsvoraussetzung der individuellen Kündigung ist oder wenn der Anspruch auf Weiterbeschäftigung während der Dauer des Kündigungsschutzprozesses vom vorherigen Widerspruch des Betriebsrats abhängt (§ 102 Abs. 5 BetrVG).

Gerade diese besondere Art des **Zusammenwirkens von kollektivem und individuellem** **35**
Recht macht seit 1972 die kündigungsrechtlichen Regeln des Betriebsverfassungsrechts mit ihren Rechtsfolgen kompliziert und unübersichtlich. Soweit das BetrVG 1972 Rechtsfragen aufgeworfen hat, die für den Kündigungsschutz von Bedeutung sind, wird darauf bei der Kommentierung der Vorschriften des KSchG eingegangen.

Für das **Personalvertretungsrecht** übertrug das BPersVG v. 15.3.1974 (nunmehr **36**
BPersVG v. 9.6.2021) die Neuerungen, die das BetrVG von 1972 in seinem Anwendungsbereich für das Gebiet des Kündigungs- und Kündigungsschutzrechts gebracht hat, folgerichtig auf die Arbeitsverhältnisse des öffentlichen Dienstes.[55] Die Regelung des BPersVG entspricht im Grundsatz derjenigen des BetrVG. Sie ist ihr auch in den Einzelheiten weitgehend nachgebildet. Deshalb kann generell auf das oben dazu Ausgeführte verwiesen werden. Wie das BetrVG regelt auch das BPersVG einerseits allgemein die Mitwirkung der Personalvertretungen bei ordentlichen und außerordentlichen Kündigungen und gewährt andererseits einen besonderen kollektivrechtlichen Schutz für Mitglieder der Personalräte und andere Funktionsträger sowie Wahlbewerber gegenüber außerordentlichen Kündigungen, während ihr besonderer Kündigungsschutz bei ordentlichen Kündigungen individualrechtlich gestaltet und im KSchG geregelt ist.

So räumt § 85 Abs. 1 BPersVG dem Personalrat ein **Mitwirkungsrecht** (im technischen **37**
Sinne des § 81 BPersVG) **bei ordentlichen Kündigungen** ein, wobei Einwendungen nur auf bestimmte Gründe gestützt werden können, die den Widerspruchsgründen in § 102 Abs. 3 BetrVG entsprechen. Auch die Folgen der Einwendungen in § 85 Abs. 1 S. 4 u. Abs. 2 BPersVG entsprechen den Widerspruchsfolgen nach § 102 Abs. 4 u. 5 BetrVG. **Bei außerordentlichen Kündigungen** gewährt § 86 BPersVG ein **Anhörungsrecht** wie § 102 Abs. 1 BetrVG. In jedem Fall ist die vorherige Beteiligung des Personalrats nach §§ 85 Abs. 3, 86 S. 3 BPersVG Wirksamkeitsvoraussetzung für die Kündigung (vgl. § 102 Abs. 1 S. 3 BetrVG).

In Anlehnung an § 103 BetrVG wird die **außerordentliche Kündigung gegenüber** **38**
Personalratsmitgliedern in § 55 Abs. 1 BPersVG von der Zustimmung des Personalrats abhängig gemacht, die uU durch das Verwaltungsgericht ersetzt werden kann. Entsprechendes gilt für **andere Funktionsträger** nach dem BPersVG sowie für Wahlbewerber (vgl. §§ 25 Abs. 1 S. 2, 105 S. 2 u. 3 BPersVG).

Endlich sieht § 128 BPersVG als **unmittelbar für die Länder geltendes Bundesrecht** **39**
ebenfalls die Beteiligung des Personalrats bei Kündigungen als Wirksamkeitsvoraussetzung vor, während § 127 Abs. 1 BPersVG die außerordentliche Kündigung von Mitgliedern der Personalvertretungen, Jugend- und Auszubildendenvertretungen, Wahlvorstände und der Wahlbewerber von der Zustimmung der zuständigen Personalvertretung abhängig macht.

Die Neuregelung der Kündigungsmitwirkung des Personalrats und die mit dem Aus- **40**
bau der Personalvertretungen verbundene Verbesserung der Stellung ihrer Mitglieder, der sonstigen Funktionsträger und der Wahlbewerber durch das BPersVG führte gem. § 114 BPersVG aF zu den entsprechenden **Änderungen des KSchG:** Vor allem musste § 1 Abs. 2 S. 2, der auf § 102 BetrVG ausgerichtet war, auch der Mitwirkung des Personalrats bei Kündigungen Rechnung tragen. Die dadurch bedingte Neufassung hat den materiellen Gehalt der Regelung nicht geändert. Allerdings hat die ohnehin schon komplizierte Bestimmung an Übersichtlichkeit und Verständlichkeit noch verloren. In § 15

---

[55] Zu den verfassungsrechtlichen Grenzen der Mitbestimmung im öffentlichen Dienst BVerfG 24.5.1995 – 2 BvF 1/92, BVerfGE 93, 37 = NVwZ 1996, 574.

ist ein neuer Abs. 2 eingefügt worden, der den individualrechtlichen Schutz gegen ordentliche Kündigungen für Mitglieder von Personalvertretungen, andere Funktionsträger nach dem BPersVG und Wahlbewerber in enger Anlehnung an die für den Bereich des BetrVG geltende Bestimmung des Abs. 1 regelt. Abs. 2–4 des § 15 wurden zu Abs. 3 –5 und gleichzeitig in Wortlaut und Verweisungen angepasst. Ebenfalls angepasst wurden die Überschriften zum zweiten Abschnitt und zu § 16 sowie die Verweisungen in § 2 S. 1 und § 16 S. 1.

7. Weitere Entwicklung bis zum Arbeitsrechtlichen Beschäftigungsförderungsgesetz

41 In erster Linie **gesetzestechnisch bedingt** sind die **Änderungen des KSchG** durch das Rentenreformgesetz (RRG) v. 16.10.1972;[56] mit der Änderung durch Art. 31 RRG 1992 v. 18.12.1989[57] ab 1.1.1992: Anpassung der Verweisungen in § 10 Abs. 2 S. 2; durch das EGStGB v. 2.3.1974:[58] Aufhebung des § 20 Abs. 2 S. 2; durch die Gesetze zur Bildung von Jugend- und Auszubildendenvertretungen in den Betrieben bzw. in den Verwaltungen v. 13.7.1988:[59] terminologische Anpassung und Ergänzung von § 15 Abs. 1 u. 2.

42 Einen erfreulichen Fortschritt in der Entwicklung des Kündigungsschutzrechts brachte das Gesetz zur Änderung des Kündigungsschutzgesetzes v. 5.7.1976[60] mit der **Aufhebung der Mindestaltersgrenze** in § 1 Abs. 1. Damit ist eine rechts- und sozialpolitisch höchst fragwürdige Entscheidung des Gesetzgebers von 1951 korrigiert worden, die dem allerdings erst deutlich später im europäischen Recht entwickelten Verbot der Altersdiskriminierung ohnehin nicht standgehalten hätte.

43 Verschiedene Änderungen und Ergänzungen der §§ 17 ff. über den **Kündigungsschutz bei Massenentlassungen** hat das Zweite Gesetz zur Änderung des Kündigungsschutzgesetzes v. 27.4.1978[61] vorgenommen. Der Gesetzgeber hat damit der europäischen **Richtlinie 75/129/EWG** zur Angleichung der Rechtsvorschriften der Mitgliedstaaten über Massenentlassungen v. 17.2.1975 (nunmehr **Richtlinie 98/59/EG** v. 20.7.1998) Rechnung getragen, zugleich gewisse Unstimmigkeiten und Unklarheiten der alten Fassung beseitigt, die Verfahrensbestimmungen ausgebaut und die in § 92 BetrVG und § 111 BetrVG 1972 weniger präzise als früher in § 66 Abs. 2 BetrVG 1952 vorgesehene Mitwirkung des Betriebsrats nunmehr an dieser Stelle näher geregelt. Zu diesem Zweck sind in § 17 der Abs. 1 teilweise geändert und die Abs. 2 u. 3 neu eingefügt worden. Weitere kleine Änderungen betreffen die § 20 Abs. 4 und § 23 Abs. 2. Gesetzestechnisch wenig glücklich ist hier – anders als bei dem vorausgegangenen Gesetz zur Änderung des KSchG v. 5.7.1976 – die Übergangsregelung als § 22a in das KSchG selbst eingefügt worden; diese Regelung ist später wieder aufgehoben worden (→ Rn. 51). Weitere Einzelheiten und Angaben zur Lit. in den Vorbemerkungen und Erl. zu §§ 17 ff.

44 Der beschleunigten Abwicklung von Kündigungsschutzprozessen soll der durch die sog. **Beschleunigungsnovelle zum ArbGG,** Gesetz v. 21.5.1979,[62] geschaffene § 61a ArbGG dienen, den § 64 Abs. 8 ArbGG für das Berufungsverfahren ergänzt.

45 Das **Beschäftigungsförderungsgesetz 1985** v. 26.4.1985,[63] ergänzt und verlängert als Beschäftigungsförderungsgesetz 1990 durch Gesetz v. 22.12.1989[64] sowie durch das Arbeitsrechtliche Beschäftigungsförderungsgesetz v. 25.9.1996[65] (→ Rn. 52) und

[56] BGBl. I S. 1965.
[57] BGBl. I S. 2261.
[58] BGBl. I S. 469.
[59] BGBl. I S. 1034 (1037).
[60] BGBl. I S. 1769.
[61] BGBl. I S. 550.
[62] BGBl. I S. 545.
[63] BGBl. I S. 710.
[64] BGBl. I S. 2406.
[65] BGBl. I S. 1476.

schließlich durch das Teilzeit- und Befristungsgesetz v. 20.12.2000 abgelöst (→ Rn. 56), sollte mit einem Bündel von Einzelmaßnahmen in verschiedenen Bereichen zur Entspannung der schwierigen Arbeitsmarktsituation beitragen. Es war deshalb als Artikelgesetz ausgestaltet, das neben einem in Art. 1 enthaltenen Gesetz über arbeitsrechtliche Vorschriften zur Beschäftigungsförderung in Art. 2–12 vielfältige Änderungen und Ergänzungen verschiedener anderer Gesetze vorsah. Wichtigster Zweck des Gesetzes war es, durch gezielte, teils nur temporäre, teils aber auch endgültige Änderungen der arbeits- und sozialrechtlichen Rahmenbedingungen einen Anreiz zum Abschluss weiterer Arbeitsverträge zu geben und so die Beschäftigungslage insgesamt zu verbessern. Dem sollten vor allem eine zeitlich begrenzte erweiterte Zulassung befristeter Arbeitsverträge (§§ 14 ff. TzBfG), ferner die Förderung von Teilzeitarbeit sowie gewisse sonstige Lockerungen von auf Arbeitgeberseite als einstellungshemmend empfundenen Vorschriften dienen. Damit verbunden war die Erwartung, dass es anstelle von Überstunden oder Sonderschichten bei höherem Arbeitsanfall, aber auch bei Neugründungen vermehrt zum Abschluss neuer, wenn auch befristeter Arbeitsverträge kommen werde, die dann vielfach in normale unbefristete Verträge übergehen könnten. Ferner sollte einem Bedürfnis für mehr Teilzeitarbeit durch deren genauere und sicherere rechtliche Ausgestaltung genügt und auch insofern der Abschluss neuer Verträge gefördert werden.[66] Das Gesetz war rechtspolitisch außerordentlich umstritten.[67] § 1 BeschFG 1985 war bis 31.12.2000 befristet (→ Rn. 47); diese und die übrigen Regelungen wurden durch das Teilzeit- und Befristungsgesetz v. 21.12.2000 ersetzt (→ Rn. 56).

Das BeschFG 1985 enthielt in Art. 3 nur relativ geringfügige unmittelbare **Änderungen des KSchG:** Lediglich klarstellend wirkt ein in § 22 Abs. 2 eingefügter Satz, wonach gem. § 76 Abs. 2 AFG aF geförderte Betriebe der Bauwirtschaft keine Saison- oder Kampagne-Betriebe sind; sie sind daher nicht nach § 22 Abs. 1 vom Kündigungsschutz bei Massenentlassungen iSv §§ 17 ff. ausgenommen. In § 23 Abs. 1 S. 2 ist die Bezeichnung Lehrlinge durch **„zu ihrer Berufsbildung Beschäftigte"** ersetzt worden, allerdings in Abwandlung zu dem Begriff „Auszubildender" iSd § 10 BBiG. Dies dient zum einen der längst überfälligen terminologischen Anpassung an das seit 1969 geltende BBiG. Zum anderen wird damit aber auch klargestellt, dass bei Berechnung der für das Eingreifen des Kündigungsschutzes maßgebenden Belegschaftsgröße nicht nur die Auszubildenden ieS entsprechend den früheren Lehrlingen außer Ansatz bleiben, sondern ebenso auch andere Arbeitnehmer, deren Beschäftigung vorwiegend der Ausbildung dient, also Anlernlinge, Umschüler, Praktikanten und Volontäre. Ausbildungsverhältnisse dieser Art dürften allerdings in Kleinbetrieben keine sonderliche Rolle spielen, sodass eine dadurch bewirkte Verschiebung der Kleinbetriebsgrenze praktisch kaum ins Gewicht fällt. Eher kann das der Fall sein als Folge des in § 23 Abs. 1 eingefügten S. 3, der weitergehend von der Berechnung der Belegschaftsgröße auch geringfügig beschäftigte **Teilzeitarbeitnehmer** (zehn Stunden wöchentlich bzw. 45 Stunden monatlich) ausnimmt. Diese Regelung entspricht dem Anliegen des BeschFG 1985, Teilzeitarbeit zu fördern. Sie weicht von der bisher allgemein anerkannten Praxis der von der Arbeitszeit unabhängigen Zusammenrechnung aller Arbeitnehmer ab[68] und ist durch das Arbeitsrechtliche Beschäftigungsförderungsgesetz v. 25.9.1996 wieder modifiziert worden (→ Rn. 52). Eine in § 23 Abs. 1 weiter als S. 4 angefügte besitzstandwahrende Übergangsklausel soll Härten ausgleichen, die in diesem Zusammenhang durch das Herausfallen einzelner Betriebe aus dem Kündigungsschutz entstehen könnten; sie ist inzwischen wieder aufgehoben worden (→ Rn. 54). Mit § 25a wird dem **46**

---

66 Begründung zum Regierungsentwurf des BeschFG 1985, BR-Drs. 393/84, BT-Drs. 10/2102.

67 Zu den beschäftigungspolitischen Wirkungen s. die Studien von Büchtemann/Höland, Befristete Arbeitsverträge nach dem Beschäftigungsförderungsgesetz (BeschFG 1985), 1989; Linne/Voswinkel, „Vielleicht ist ja noch alles offen". Eine empirische Untersuchung über befristete Arbeitsverhältnisse, 1989; dazu auch ZSozR 11 (1990), 254 ff. mit Beiträgen von Höland (257 ff.) u. Linne/Voswinkel (281 ff.).

68 Dazu GK-TzA/Becker, 1987, Art. 1 § 2 Rn. 246 ff.

KSchG eine **Berlin-Klausel** angefügt, die durch die deutsche Wiedervereinigung inzwischen gegenstandslos geworden ist.

47 Schwerer als diese Änderungen wog der mittelbare Einfluss des BeschFG 1985 auf das Kündigungsrecht durch die **erleichterte Zulassung befristeter Arbeitsverträge** in Art. 1 § 1. Soweit diese reicht, werden Kündigung und Kündigungsschutz durch den Fristablauf als Beendigungsgrund verdrängt. Hierfür hatte ursprünglich der Referentenentwurf zum BeschFG[69] eine detaillierte Regelung des befristeten Arbeitsvertrages vorgesehen. Stattdessen hat sich das Gesetz dann aber darauf beschränkt, zeitlich begrenzt – v. 1.5.1985 bis zum 31.12.2000 – unter bestimmten Voraussetzungen eine einmalige Befristung von Arbeitsverträgen zuzulassen. Diese Möglichkeit ist durch das Arbeitsrechtliche Beschäftigungsförderungsgesetz v. 25.9.1996[70] (→ Rn. 52) erweitert worden, indem seither bis zur Gesamtdauer von zwei Jahren auch die dreimalige Verlängerung von befristeten Arbeitsverträgen zulässig ist. IÜ blieb es bei den allgemeinen Regeln, dh bei der durch das Erfordernis eines sachlichen Grundes eingeschränkten Anwendung von § 620 Abs. 1 BGB, wie sie das BAG in stRspr mit weitgehender Zustimmung der Lit. entwickelt hat. Abweichend hiervon verzichtete das BeschFG 1985 vorübergehend (→ Rn. 45) auf das Vorliegen eines besonderen sachlichen Grundes für eine erst- und einmalige Befristung bis zu 18 Monaten, wenn es sich um eine echte Neueinstellung handelte oder um die Weiterbeschäftigung im unmittelbaren Anschluss an eine Berufsausbildung; die Dauer der zulässigen Befristung verlängerte sich auf zwei Jahre bei kleineren Betrieben (bis 20 Arbeitnehmer) im ersten Halbjahr nach der Geschäftsaufnahme.

48 Auch der **weitere Inhalt des BeschFG 1985** war vielfältig, wenn auch überwiegend nur mittelbar kündigungsrelevant. Das gilt für die Regelung der Teilzeitarbeit in Art. 1 §§ 2–6 BeschFG 1985, die primär Verträge über diese Form der Arbeit fördern, damit aber auch zur Vermeidung von Kündigungen beitragen sollte, so durch Anpassung von Dauer und Lage der Arbeitszeit an veränderte bzw. wechselnde Bedürfnisse des Arbeitnehmers (§ 3) oder des Arbeitgebers (§ 4), auch durch Arbeitsplatzteilung (sog. Jobsharing, § 5). Der Förderung von Teilzeitarbeit diente, wie oben (→ Rn. 46) bereits erwähnt, auch die unmittelbare Änderung von § 23 Abs. 1, die dort zur Nichtberücksichtigung geringfügig Beschäftigter bei Berechnung der Kleinbetriebsgrenze führt. Ganz im gleichen Sinn haben Art. 4 u. 5 BeschFG 1985 auch § 2 Abs. 1 AngKSchG (1993 aufgehoben) und § 2 Abs. 3 ArbPlSchG, also zwei Vorschriften des besonderen Kündigungsschutzes unmittelbar geändert. Erhebliche mittelbare Bedeutung für die Durchführung betriebsbedingter Kündigungen hatten die Änderungen in § 112 BetrVG und die Einfügung von § 112a BetrVG durch Art. 2 BeschFG; sie betreffen Aufstellung und Inhalt des Sozialplans, besonders im Fall isolierten Personalabbaus nebst einer Sonderregelung für neugegründete Unternehmen in den ersten vier Jahren.

49 Das **Gesetz über befristete Arbeitsverträge mit wissenschaftlichem Personal an Hochschulen und Forschungseinrichtungen** v. 14.6.1985[71] ist für das Kündigungsrecht wiederum nur mittelbar bedeutsam wegen der gegenüber Kündigung und Kündigungsschutz verdrängenden Wirkung zulässiger Befristungen. Das Gesetz enthielt anders als Art. 1 § 1 BeschFG 1985/1990 eine auf Dauer angelegte Regelung für einen speziellen Bereich, in dem die Befristung von Arbeitsverhältnissen seit jeher große Bedeutung hat. Dies beruht auf spezifischen Besonderheiten der wissenschaftlichen, künstlerischen und ärztlichen Tätigkeit im Hochschul- und Forschungsbereich sowohl hinsichtlich persönlicher Qualifikationen für bestimmte Arbeiten als auch sachlich im Hinblick auf deren Gegenstände, Methoden und Ziele wie auch ihre Finanzierung. Dem soll die Regelung unter Berücksichtigung der in der Rspr. des BAG dazu entwickelten Grundsätze Rechnung tragen. Rechtstechnisch sind die Befristungsregelungen zunächst im Jahr 1985 in das

[69] Abgedr. in RdA 1984, 169.
[70] BGBl. I S. 1476.
[71] BGBl. I S. 1065.

Hochschulrahmengesetz des Bundes eingefügt worden. Durch Art. 2 Nr. 2 des Gesetzes zur Änderung arbeitsrechtlicher Vorschriften in der Wissenschaft[72] sind die arbeitsrechtlichen Vorschriften zum Befristungsrecht in das **Gesetz über befristete Arbeitsverträge in der Wissenschaft** (**Wissenschaftszeitvertragsgesetz** idF v. 12.4.2007) überführt worden, das durch das 1. Änderungsgesetz v. 11.3.2016[73] noch einmal erheblich modifiziert worden ist. Ergänzt werden diese Regelungen durch das „Gesetz über befristete Arbeitsverträge mit Ärzten in der Weiterbildung" v. 15.5.1986.[74]

Das Gesetz zur Vereinheitlichung der Kündigungsfristen von Arbeitern und Angestellten v. 7.10.1993 – **Kündigungsfristengesetz**[75] hat nunmehr die Kündigungsfristen für die Arbeitnehmer weitgehend vereinheitlicht (→ Rn. 28).[76] Diese Bestimmungen des allgemeinen Kündigungsrechts haben keine direkten Auswirkungen auf das Kündigungsschutzgesetz. **50**

Mit dem Gesetz zur Anpassung arbeitsrechtlicher Bestimmungen an das EG-Recht v. 20.7.1995 – **EG-Anpassungsgesetz,**[77] in Kraft getreten am 28.7.1995, ist die Richtlinie 92/56/EWG zur Änderung der Richtlinie 75/129/EWG v. 24.6.1992 (nunmehr Richtlinie 98/59/EG v. 20.7.1998) in deutsches Recht umgesetzt worden. Dieses Gesetz hat die Unterrichtungs- und Anzeigepflichten des Arbeitgebers in § 17 ergänzt und konkretisiert, außerdem die inzwischen überflüssig gewordene Bestimmung des § 22a aufgehoben.[78] Wesentliche materielle Änderungen des KSchG sind damit aber nicht erfolgt. **51**

8. Das Arbeitsrechtliche Beschäftigungsförderungsgesetz und dessen Korrekturen

Das **Arbeitsrechtliche Beschäftigungsförderungsgesetz v. 25.9.1996**[79] wollte die Schaffung neuer Arbeitsplätze erleichtern und sah daher auch einige Modifikationen beim Kündigungsschutzgesetz vor:[80] **52**

- Der Schwellenwert, bis zu dem das Kündigungsschutzgesetz nicht gilt, wurde von fünf Arbeitnehmern auf zehn Arbeitnehmer angehoben (§ 23 Abs. 1 S. 3).
- Zur Förderung der Teilzeitarbeit werden Teilzeitbeschäftigte beim Schwellenwert entsprechend der Dauer ihrer Arbeitszeit nur anteilig berücksichtigt (§ 23 Abs. 1 S. 3).
- Die Sozialauswahl bei betriebsbedingten Kündigungen wurde auf die sozialen Grunddaten Dauer der Betriebszugehörigkeit, Lebensalter und Unterhaltspflichten des Arbeitnehmers begrenzt (§ 1 Abs. 3 S. 1).
- Es wurde deutlicher als bisher geregelt, dass die Auswahl nach sozialen Gesichtspunkten ausscheidet, wenn die Weiterbeschäftigung bestimmter Arbeitnehmer wegen ihrer Kenntnisse, Fähigkeiten und Leistungen oder zur Sicherung einer ausgewogenen Personalstruktur des Betriebes im berechtigten betrieblichen Interesse liegt (§ 1 Abs. 3 S. 2).
- Die gerichtliche Überprüfbarkeit der Sozialauswahl wurde auf grobe Fehlerhaftigkeit beschränkt, wenn zwischen Arbeitgeber und Arbeitnehmervertretung Kriterien für die Sozialauswahl vereinbart oder die zu kündigenden Arbeitnehmer in einem Interessenausgleich namentlich genannt sind (§ 1 Abs. 4 u. 5).

Nach Auffassung des Gesetzgebers bestand zwar keine Notwendigkeit für eine grundsätzliche Änderung des gesetzlichen Kündigungsschutzes. Dennoch sei das praktische Bedürfnis zu bejahen, im Interesse größerer Rechtssicherheit und vor allem im Interesse

[72] BGBl. I S. 506.
[73] BGBl. I S. 442.
[74] BGBl. I S. 742.
[75] BGBl. I S. 1668.
[76] Ausf. KR/Spilger BGB § 622 Rn. 5 f., 52 ff.
[77] BGBl. I S. 946.
[78] KR/Heinkel § 17 Rn. 6 ff.
[79] BGBl. I S. 1476.
[80] Vgl. BT-Drs. 13/4612; BT-Drs. 13/5107.

kleinerer Betriebe die vorstehenden Änderungen vorzunehmen.[81] Das Arbeitsrechtliche Beschäftigungsförderungsgesetz galt jedoch nur 2¹/4 Jahre, weil es nach dem Regierungswechsel zum 1.1.1999 weitgehend wieder abgeschafft wurde (→ Rn. 54).

53 Durch das **Gesetz zur Reform der Arbeitsförderung** (AFRG) v. 24.3.1997[82] wurde das AFG als SGB III in das Sozialgesetzbuch integriert und in diesem Zusammenhang auch das Recht der anzeigepflichtigen Entlassungen (§§ 17 ff.) geändert. Insb. sind anstelle der Landesarbeitsämter ab 1.1.1998 jetzt überwiegend die Arbeitsämter (Agenturen für Arbeit) zuständig (§§ 18 Abs. 1, 20 nF); § 18 Abs. 3 ist folglich überflüssig geworden und entfallen. Die Freifrist nach § 18 Abs. 4 wurde auf 90 Tage verlängert. Schließlich wurde § 22 Abs. 2 sprachlich angepasst.

54 Das **Gesetz zu Korrekturen in der Sozialversicherung und zur Sicherung der Arbeitnehmerrechte** v. 19.12.1998[83] hat mWv 1.1.1999 die Änderungen des Kündigungsschutzgesetzes durch das Arbeitsrechtliche Beschäftigungsförderungsgesetz v. 25.9.1996 (→ Rn. 52) weitgehend wieder zurückgenommen, weil das Ziel der Förderung von Neueinstellungen nach Einschätzung der Bundesregierung nicht erreicht worden ist.[84] Insbes. wurde der Schwellenwert in § 23 Abs. 1 S. 2 wieder auf fünf Arbeitnehmer gesenkt. Dagegen wurde die anteilige Berücksichtigung von Teilzeitbeschäftigten beim Schwellenwert in § 23 Abs. 1 S. 3 weitgehend beibehalten, wenn auch jetzt Teilzeitbeschäftigungen mit mindestens 0,5 berücksichtigt werden (→ § 23 Rn. 32). Die Übergangsregelung in § 23 Abs. 1 S. 4 wurde aufgehoben. Zurückgenommen wurden außerdem die Einschränkungen der Sozialauswahl in § 1 Abs. 3 S. 1 u. 2. Ferner aufgehoben wurden die eingeschränkte Überprüfbarkeit von Namenslisten im Interessenausgleich (§ 1 Abs. 5) sowie diejenige von einseitig aufgestellten Richtlinien zur Sozialauswahl (§ 1 Abs. 4 S. 2 u. 3).

55 Eine weitere Änderung des KSchG erfolgte durch das **Gesetz zur Vereinfachung und Beschleunigung des arbeitsgerichtlichen Verfahrens** (Arbeitsgerichtsbeschleunigungsgesetz) v. 30.3.2000.[85] Dort wurde § 5 Abs. 4 S. 1 dahingehend geändert, dass nunmehr statt des Arbeitsgerichts (mit mündlicher Verhandlung) die Kammer durch Beschluss ohne mündliche Verhandlung über den Antrag auf nachträgliche Zulassung der Klage entscheiden kann. Diese Regelung wurde zwischenzeitlich erneut modifiziert (→ Rn. 60).

56 Das **Gesetz über Teilzeitarbeit und befristete Arbeitsverträge** (TzBfG) v. 20.12.2000[86] ersetzt seit dem 1.1.2001 das frühere BeschFG 1985 (→ Rn. 45 ff.). Das TzBfG modifiziert und ergänzt die Regelungen über befristete Arbeitsverträge und normiert nunmehr eingehend die Teilzeitarbeitsverhältnisse. Direkte Änderungen des KSchG sind dabei nicht erfolgt. Es bleibt aber beim mittelbaren Einfluss auf das Kündigungsrecht durch die erleichterte Zulassung befristeter Arbeitsverträge nach § 14 Abs. 2, 2a und 3 TzBfG.

57 Das **Gesetz zur Reform des Betriebsverfassungsgesetzes** (BetrVerf-ReformG) v. 23.7.2001[87] hat das Wahlverfahren für Betriebsräte geändert und den Kündigungsschutz auch auf die Initiatoren einer Betriebsratswahl erstreckt. Deshalb wurden § 15 Abs. 3a eingefügt und § 16 an die neue Rechtslage angepasst.

9. Gesetze für moderne Dienstleistungen und Reformen am Arbeitsmarkt

58 Aufgrund der anhaltenden schlechten Wirtschaftslage verstärkte sich um die Jahrtausendwende die Diskussion zur Reform des Arbeitsrechts und des Kündigungsschutz-

[81] BT-Drs. 13/4612, 14.
[82] BGBl. I S. 594 (712).
[83] BGBl. I S. 3843.
[84] BT-Drs. 14/45, 23.
[85] BGBl. I S. 333.
[86] BGBl. I S. 1966.
[87] BGBl. I S. 1852.

rechts. Die Bundesregierung hatte zunächst 2002 die sog. **„Hartz-Kommission"** eingesetzt, die vielfältige Reformvorschläge machte, die ua auch das Kündigungsschutzrecht betrafen.[88] Im Frühjahr 2003 stellte der damalige Bundeskanzler Schröder dann in seiner Regierungserklärung die **„Agenda 2010"** vor, welche die Hartz-Vorschläge weiter vorantreiben sollte.[89] Dies führte in der Folgezeit zu vier Gesetzen für moderne Dienstleistungen am Arbeitsmarkt und zu dem Gesetz zu Reformen am Arbeitsmarkt, das insbes. das Korrekturgesetz von 1998 (→ Rn. 54) in zentralen Punkten wieder rückgängig gemacht und weitere Änderungen eingeführt hat.

Das Dritte Gesetz für moderne Dienstleistungen am Arbeitsmarkt v. 23.12.2003[90] hat lediglich im 3. Abschnitt begriffliche Korrekturen vorgenommen, weil die Bundesanstalt für Arbeit in Bundesagentur für Arbeit und die Arbeitsämter in Agenturen für Arbeit umbenannt worden sind. Das **Gesetz zu Reformen am Arbeitsmarkt v. 24.12.2003**[91] hingegen brachte mWv 1.1.2004 mehrere Änderungen des 1. und 4. Abschnitts: **59**

- Die Sozialauswahl bei betriebsbedingten Kündigungen wurde wieder auf die sozialen Grunddaten Dauer der Betriebszugehörigkeit, Lebensalter, Unterhaltspflichten und neu auf die Schwerbehinderung des Arbeitnehmers begrenzt (§ 1 Abs. 3 S. 1).
- Die gerichtliche Überprüfbarkeit der Sozialauswahl wurde wiederum auf grobe Fehlerhaftigkeit beschränkt, wenn die zu kündigenden Arbeitnehmer in einem Interessenausgleich zwischen Arbeitgeber und Betriebsrat namentlich bezeichnet worden sind (§ 1 Abs. 5); § 1 Abs. 4 wurde insoweit an die Neuregelung des Abs. 3 angepasst.
- Neu eingeführt wurde ein Abfindungsanspruch des Arbeitnehmers bei betriebsbedingter Kündigung, wenn der Arbeitgeber ein entsprechendes Angebot gemacht und der Arbeitnehmer keine Kündigungsschutzklage erhoben hat (§ 1a).
- Erweitert wurde der Anwendungsbereich des § 4, wonach jetzt eine einheitliche Klageerhebungsfrist für alle Klagen gegen schriftliche Kündigungen gilt; entsprechende Anpassungen sind in den §§ 5, 6, 7, 13 und 23 Abs. 1 S. 2 u. 3 erfolgt.
- Neu geregelt wurde der Zeitpunkt der Auflösung des Arbeitsverhältnisses durch das Gericht bei außerordentlicher Kündigung (§ 13 Abs. 1 S. 4).
- Schließlich wurde der Schwellenwert des § 23 Abs. 1 wieder auf 10 angehoben, wobei dies allerdings nur für neu eingestellte Arbeitnehmer gilt, sodass die Rechtslage für die bisher Beschäftigten unverändert bleibt.

10. Jüngere Änderungen

Das **Gesetz zur Anpassung des Dienstrechts in der Bundesagentur für Arbeit** v. 19.7.2007[92] hat lediglich in § 20 Abs. 2 S. 1 begriffliche Ergänzungen vorgenommen, indem die Bezeichnungen „dem Geschäftsführer, der Geschäftsführerin" eingefügt worden sind. **60**

Durch Art. 3 des **Gesetzes zur Änderung des Sozialgerichtsgesetzes und des Arbeitsgerichtsgesetzes** v. 26.3.2008[93] wurde in § 5 das Verfahren der nachträglichen Klagezulassung geändert.

Mit Art. 3 des **Gesetzes zur Umsetzung des Seearbeitsübereinkommens 2006 der Internationalen Arbeitsorganisation** (SeeArbÜbk2006UmsG) v. 20.4.2013[94] ist § 24 mWv 1.8.2014 neu gefasst worden. Für die früheren Regelungen über die Zuständigkeit eines besonderen Gerichts in § 24 Abs. 4 aF und über die Einbeziehung des Kapitäns und sonstiger leitender Angestellter in den Geltungsbereich des Kündigungsschutzgeset-

[88] Clement BArbBl. 12/2002, 11.
[89] Einschlägiger Text bei Bauer NZA 2003, 367.
[90] BGBl. I S. 2848 (2903).
[91] BGBl. I S. 3002.
[92] BGBl. I S. 1457.
[93] BGBl. I S. 444.
[94] BGBl. I S. 868.

zes durch § 24 Abs. 5 aF bestand kein Bedarf mehr.[95] Letzterer hatte mit Einführung des § 14 Abs. 2 seine Bedeutung verloren.[96]

Durch Art. 4 des **Gesetzes zur Verbesserung der Leistungen bei Renten wegen verminderter Erwerbsfähigkeit** und zur Änderung anderer Gesetze (EM-Leistungsverbesserungsgesetz) v. 17.7.2017[97] wurde § 23 Abs. 2 S. 2 aufgehoben und § 24 Abs. 5 eingefügt. Die Änderung diente der Umsetzung der Richtlinie (EU) 2015/1794.[98] § 23 Abs. 2 S. 2 aF nahm die Besatzung von Seeschiffen vom Anwendungsbereich des Dritten Abschnitts des KSchG (Massenentlassungen) aus. Diese Einschränkung war nach Streichung des Art. 1 Abs. 2 Buchst. c RL 98/59/EG durch Art. 4 Nr. 1 RL (EU) 2015/1794 nicht mehr mit der Massenentlassungsrichtlinie vereinbar.

Außerhalb des Normtextes des KSchG ist es durch Art. 8 des **Gesetzes über steuerliche und weitere Begleitregelungen zum Austritt des Vereinigten Königreichs Großbritannien und Nordirland aus der Europäischen Union** (Brexit-Steuerbegleitgesetz) v. 25.3.2019[99] zu einer Lockerung des Kündigungsschutzes gekommen. Nach § 25 Abs. 5a KWG nF findet künftig auf sog. Risikoträger bedeutsamer Institute ab einer bestimmten Einkommensgrenze § 9 Abs. 1 S. 2 mit der Maßgabe Anwendung, dass der Antrag des Arbeitgebers auf Auflösung des Arbeitsverhältnisses keiner Begründung bedarf. Diese Neuregelung gilt aufgrund der Übergangsvorschrift des § 64m Abs. 1 KWG erstmals für Kündigungen, die nach dem 29.11.2019 zugehen.

Durch Art. 2 des **Gesetzes zur Förderung der Betriebsratswahlen und der Betriebsratsarbeit in einer digitalen Arbeitswelt** (Betriebsrätemodernisierungsgesetz) v. 14.6.2021[100] wurde der Kündigungsschutz für die Initiatoren einer Betriebsratswahl in § 15 Abs. 3a minimal verbessert und in § 15 Abs. 3b erstmals ein Kündigungsschutz für Arbeitnehmer eingeführt, die Vorbereitungshandlungen zur Errichtung eines Betriebsrats unternehmen. Zudem erfolgten hiermit korrespondierende redaktionelle Anpassungen des Normtextes in § 15 Abs. 4 und 5 sowie in § 16.

Mit dem **Gesetz zur Umsetzung der Richtlinie (EU) 2019/1152 des Europäischen Parlaments und des Rates vom 20. Juni 2019 über transparente und vorhersehbare Arbeitsbedingungen in der Europäischen Union im Bereich des Zivilrechts und zur Übertragung von Aufgaben an die Sozialversicherung für Landwirtschaft, Forsten und Gartenbau** v. 20.7.2022[101] ist das KSchG selbst zwar nicht geändert worden. Durch die Neufassung von § 2 Abs. 1 S. 2 Nr. 14 NachwG wird aber die Informationslage der Arbeitnehmer über das bei der Kündigung einzuhaltende Verfahren gestärkt. So ist nach § 2 Abs. 1 S. 2 Nr. 14 NachwG Mindestvorgabe der Informationspflicht eine Unterrichtung über das Schriftformerfordernis (des § 623 BGB), die Kündigungsfristen sowie die Frist zur Erhebung der Kündigungsschutzklage.[102] Daneben stellt sich die Frage nach den Auswirkungen der RL (EU) 2019/1152 selbst im Hinblick auf die Wartezeit des § 1 Abs. 1 (→ § 1 Rn. 83) sowie eine etwaige Begründungspflicht für arbeitgeberseitige Kündigungen (→ § 1 Rn. 244 ff.).

Schließlich ist das **Gesetz für einen besseren Schutz hinweisgebender Personen** (Hinweisgeberschutzgesetz – HinSchG) v. 31.5.2023[103] zur Umsetzung der Whistleblowing-Richtlinie (EU) 2019/1937 zu nennen. Das HinSchG hat zwar keine Änderung des

---

[95] BT-Drs. 17/10959, 120.
[96] KR/Kreutzberg-Kowalczyk § 24 Rn. 5.
[97] BGBl. I S. 2509.
[98] BT-Drs. 18/11926, 24.
[99] BGBl. I S. 357.
[100] BGBl. I S. 1762.
[101] BGBl. I S. 1174.
[102] Ausführlich APS/Greiner NachwG § 2 Rn. 9 ff.; Maul-Sartori SR 2022, 226; Rolfs/Schmid NZA 2022, 945; s. a. (überwiegend zur RL (EU) 2019/1152) Gaul/Pitzer/Pionteck DB 2022, 1833 (1838 f.); EuArbRK/Kolbe RL (EU) 2019/1152 Art. 4 Rn. 37 ff.; EuZA 2023, 3 (11 f.); Kreßel ZFA 2021, 312 (323); C. Picker ZEuP 2020, 305 (318 ff.); C. Picker/Rathmann RdA 2022, 61 (68 ff.); Preis/Morgenbrodt ZESAR 2020, 351 (356 f.); Preis/Schulze NJW 2022, 2297 (2298 ff.); Rolfs ZFA 2021, 283 (297 ff.).
[103] BGBl. I Nr. 140.

KSchG als solches bewirkt. Es führt innerhalb seines Anwendungsbereichs bei Erfüllung der für den Schutz erforderlichen Voraussetzungen durch das Verbot von Repressalien (§ 36 Abs. 1 HinSchG) aber zu einem eigenständigen Unwirksamkeitsgrund für Kündigungen von Hinweisgebern (§ 134 BGB),[104] der unabhängig von der Erfüllung der Wartezeit ist und auch in Kleinbetrieben greift[105] (zu Einzelheiten des Verhältnisses von HinSchG und KSchG → § 1 Rn. 552 ff.).

III. Verfassungsrechtliche Rahmenbedingungen des Kündigungsschutzes

Das **verfassungsrechtliche Spannungsfeld,** in dem sich der allgemeine Kündigungsschutz bewegt, ist erst im Lauf der Zeit ins allgemeine Bewusstsein getreten. Auf der einen Seite steht das durch die **Berufsfreiheit aus Art. 12 Abs. 1 GG geschützte Recht des Arbeitgebers,** sich **von Arbeitsverträgen grds. wieder ordentlich lösen zu können.** Denn Art. 12 Abs. 1 GG gewährleistet das Recht des Arbeitgebers, in seinem Unternehmen nur Mitarbeiter zu beschäftigen, die seinen Vorstellungen entsprechen,[106] wobei dieses Recht nicht nur natürlichen Personen, sondern auch inländischen juristischen Personen[107] sowie juristischen Personen aus der EU[108] zusteht. Mit der Schaffung von Kündigungsschutz greift der Staat in diese grundsätzliche Freiheit ein. Auf der anderen Seite steht neben dem **Sozialstaatsprinzip gem. Art. 20 Abs. 1, 28 Abs. 1 GG** das **Grundrecht des Arbeitnehmers aus Art. 12 Abs. 1 GG.** Dieses Grundrecht umfasst im Ausgangspunkt ua die freie Wahl des Arbeitsplatzes, die neben der Entscheidung für eine konkrete Beschäftigung auch **den Willen des Einzelnen umfasst, den Arbeitsplatz zu behalten.** Diese Freiheit richtet sich allerdings zunächst nur gegen staatliche Maßnahmen, die diese Freiheit beschränken.[109] Dagegen geht der Schutz des Arbeitnehmers durch Art. 12 Abs. 1 GG nicht so weit, dass hieraus ein Anspruch auf Bereitstellung eines Arbeitsplatzes eigener Wahl oder eine Bestandsgarantie für den einmal gewählten Arbeitsplatz hergeleitet werden könnte. Insbes. schützt Art. 12 Abs. 1 GG nicht unmittelbar vor dem Verlust des Arbeitsplatzes aufgrund privater Disposition des Arbeitgebers.[110] **61**

Gleichwohl verpflichtet die Berufsfreiheit der Arbeitnehmer den Staat dazu, durch Kündigungsschutzvorschriften dafür zu sorgen, dass der Arbeitnehmer seinen Arbeitsplatz nur dann verliert, wenn dafür hinreichend gewichtige Gründe vorliegen. Insoweit geht es um die **Schutzfunktion von Art. 12 Abs. 1 GG.**[111] Dass sich der Arbeitgeber zunächst privatautonom auf ein Arbeitsverhältnis einlassen muss, damit der Arbeitnehmer sein Grundrecht auf freie Wahl des Arbeitsplatzes überhaupt betätigen kann, bedeutet nicht, dass es keinen Grundrechtsschutz gegen die Rückgängigmachung dieser Entscheidung geben kann. Rechtfertigen lässt sich diese grundrechtliche Verankerung durch die Bedeutung des Arbeitsverhältnisses als Grundlage der wirtschaftlichen und sozialen **62**

[104] Vgl. BT-Drs. 20/3442, 95.
[105] APS/Greiner HinSchG § 36 Rn. 33.
[106] BVerfG 27.1.1998 – 1 BvL 15/87, AP KSchG 1969 § 23 Nr. 17; zur Vertragsbeendigungsfreiheit des Arbeitgebers s. a. Boemke NZA 1993, 532 (537); v. Hoyningen-Huene Anm. zu BAG 23.6.1994 – 2 AZR 617/93, EzA § 242 BGB Nr. 39; Oetker RdA 1997, 9 (10 ff.); ferner Papier RdA 2000, 1 (4).
[107] Sachs/Mann, GG, 10. Aufl. 2024, Art. 12 Rn. 37.
[108] Vgl. BVerfG 19.7.2011 – 1 BvR 1916/09, NJW 2011, 3428.
[109] BVerfG 24.4.1991 – 1 BvR 1341/90, NJW 1991, 1667.
[110] BVerfG 27.1.1998 – 1 BvL 15/87, NZA 1998, 470.
[111] BVerfG 24.4.1991 – 1 BvR 1341/90, NJW 1991, 1667; 21.2.1995 – 1 BvR 1397/93, NZA 1995, 619; 27.1.1998 – 1 BvL 15/87, NZA 1998, 470; 22.10.2004 – 1 BvR 1944/01, AP KSchG 1969 § 9 Nr. 49; 21.6.2006 – 1 BvR 1659/04, NZA 2006, 913; 25.1.2011 – 1 BvR 1741/09, NZA 2011, 400 Rn. 72; 15.1.2015 – 1 BvR 2796/13, BeckRS 2015, 03433; HK-KSchG/Dorndorf Rn. 171 ff.; 179 ff.; Hergenröder ZfA 2002, 355 (369 ff.); Kühling FS Dieterich, 1999, 325 (327 ff.); Oetker RdA 1997, 9 (17); APS/Preis Grundlagen A Rn. 22 ff.; ausf. Bengsch Mindestkündigungsschutz S. 45 ff.; krit. zur Rspr. des BVerfG Annuß Kündigung S. 18 ff.; Boemke/Gründel ZfA 2001, 245 (278); Franzen FS Otto, 2008, 71 (72 ff.); Lindner RdA 2005, 166; Mohr ZfA 2006, 547 (562 ff.); Reuter RdA 2004, 161 (165).

Existenz des Arbeitnehmers.[112] Wenn der Arbeitgeber eine solche Grundlage geschaffen hat, ist hierdurch ein Tatbestand in Gestalt eines **berufsbezogenen Freiheitsraums** entstanden, der **aus grundrechtlicher Perspektive nicht mehr zur willkürlichen Disposition des Arbeitgebers steht.**[113] Insoweit gilt dasselbe wie im Wohnungsmietrecht, bei dem BVerfG[114] und BGH[115] der Auffassung sind, dass die besondere Bedeutung, die der Wohnung als Mittelpunkt der persönlichen Existenz eines Menschen zukommt, es rechtfertigt, dem Besitzrecht des Mieters einen eigentumsgleichen Rang iSd Art. 14 Abs. 1 GG zu verleihen, der den Mieter auch gegen eine Kündigung des Mietvertrags durch den Vermieter schützt, auch wenn es erst der Mietvertrag ist, der dem Mieter diese Rechtsposition verschafft. Hinzu tritt der Gedanke einer Kompensation der regelmäßig bestehenden Ungleichgewichtslage zwischen Arbeitnehmer und Arbeitgeber, weil es bei einem Verhandlungsgleichgewicht kaum zweifelhaft wäre, dass der Arbeitnehmer einen gewissen Bestandsschutz vereinbart hätte, um sein berufliches Schicksal nicht ohne jegliche Beschränkung in die Hände des Arbeitgebers zu legen.

63 Auf Art. 12 Abs. 1 GG können sich zwar unmittelbar nur Deutsche berufen.[116] Hieraus lässt sich jedoch **nicht folgern, dass kein Zusammenhang zwischen Berufsfreiheit und Kündigungsschutz besteht.** Ein nach der Nationalität des Arbeitnehmers differenzierender Kündigungsschutz wäre unionsrechtlich jedenfalls gem. Art. 45 Abs. 2 EUV, Art. 7 Abs. 1 VO (EU) Nr. 492/2011 unzulässig, soweit es sich um EU-Ausländer handelt.[117] Im Hinblick auf Nicht-EU-Ausländer kommt eine Unterscheidung im Niveau des Bestandsschutzes ebenfalls nicht ernsthaft in Betracht, auch wenn die Schutzgebotsfunktion von Art. 12 Abs. 1 GG insoweit nicht zum Tragen kommt. Eine auf die Schutzpflichtdimension der Berufsfreiheit abstellende Argumentation wird nicht dadurch entwertet, dass der hierdurch geforderte Mindestkündigungsschutz vereinzelt auch solchen Arbeitnehmern zugutekommt, die sich nicht selbst auf Art. 12 Abs. 1 GG berufen können, zumal Art. 2 Abs. 1 GG als Auffanggrundrecht bereitsteht. So wäre es auch umgekehrt nicht angängig, Kündigungen durch in Deutschland tätige ausländische Arbeitgeber mit der Begründung strengeren Wirksamkeitsanforderungen zu unterwerfen, dass solche Arbeitgeber, seien sie natürliche oder juristische Personen, keinen Schutz durch Art. 12 Abs. 1 GG genießen.[118] Zudem wird der kündigungsrechtliche Bestandsschutz durch das **Sozialstaatsprinzip (Art. 20 Abs. 1, 28 Abs. 1 GG)** untermauert, das als rechtliche Direktive deutscher Staatlichkeit unabhängig davon eingreift, ob es sich bei den deutschen Arbeitsrecht unterfallenden Beschäftigten um deutsche Staatsangehörige oder um Ausländer handelt.

64 Der Gesetzgeber hat es daher mit **kollidierenden Grundrechtspositionen** zu tun, die er zu erfassen und so auszubalancieren hat, dass sie für alle Beteiligten möglichst weitgehend wirksam werden. Dies ist mit dem KSchG verfassungskonform geschehen, weil **das Gesetz als solches weder gegen das Übermaßverbot noch gegen das Untermaßverbot verstößt.**[119] So ist auf der einen Seite die Einschränkung der Kündigungsfreiheit des Arbeitgebers sowohl durch das Sozialstaatsprinzip als auch durch das gegenläufige Grundrecht der Arbeitnehmer gerechtfertigt, wobei ein vollständiger, dauerhafter Ausschluss des ordentlichen Kündigungsrechts oder die Begrenzung auf wenige ausgewählte Kündigungsgründe nicht zulässig wäre.[120] Auf der anderen Seite hat der Staat mit den

---

[112] Vgl. BVerfG 27.1.1998 – 1 BvL 15/87, NZA 1998, 470.

[113] Näher Krause RdA 2016, 49 (53).

[114] BVerfG 26.5.1993 – 1 BvR 208/93, BVerfGE 89, 1 = NJW 1993, 2035.

[115] BGH 9.11.2005 – VIII ZR 339/04, BGHZ 165, 75 = NJW 2006, 220.

[116] Hierauf verweist Reuter FS Richardi, 2007, 361 (368).

[117] Zur weitergehenden Diskussion um die berufsgrundrechtliche Gleichstellung aller Unionsbürger iSd Art. 20 AEUV als Folge des Diskriminierungsverbots nach Art. 18 AEUV vgl. Sachs/Mann, 10. Aufl. 2024, GG Art. 12 Rn. 34 f. mwN.

[118] Vgl. Sachs/Mann, 10. Aufl. 2024, GG Art. 12 Rn. 33, 38.

[119] BVerfG 27.1.1998 – 1 BvL 15/87, NZA 1998, 470.

[120] LSSW/Löwisch Vor § 1 Rn. 20; Papier DVBl. 1984, 801 (813); Wendt DÖV 1984, 601 (610); Zöllner Gutachten D 119 ff.; großzügiger gegenüber gesetzlichen Einschränkungen der Kündigungsfreiheit des Arbeitgebers aber APS/Preis Grundlagen A Rn. 30 ff.

geltenden Kündigungsschutzvorschriften der aus **Art. 12 Abs. 1 GG folgenden Schutzpflicht** hinreichend Rechnung getragen.[121] Dass der kündigungsschutzrechtliche Bestandsschutz reflexartig die Chancen von Arbeitsuchenden auf einen Arbeitsplatz verringern kann, ist grundrechtlich unbedenklich, weil Art. 12 Abs. 1 GG nicht den Markterfolg als solchen schützt,[122] sondern nur dessen Ergebnisse absichert. Problematisch wäre lediglich eine erdrosselnde Wirkung des Bestandsschutzes, die den Arbeitsuchenden jede Möglichkeit nimmt, in ein Arbeitsverhältnis zu gelangen.[123] Hiervon kann nach den tatsächlichen Gegebenheiten auf dem Arbeitsmarkt indes keine Rede sein. Infolge des verfassungsrechtlichen Hintergrundes ist der objektive Gehalt des Art. 12 Abs. 1 GG bei der **Auslegung des unbestimmten Rechtsbegriffs „soziale Rechtfertigung"** im Kündigungsschutzprozess zwar grds. zu beachten,[124] was angesichts der Gegenläufigkeit der Grundrechte von Arbeitgeber und Arbeitnehmer allerdings regelmäßig weder für eine Zurückdrängung noch für eine Verstärkung des materiellen Kündigungsschutzes Argumente liefert. Das KSchG weist somit eine grundrechtliche Unterfütterung auf, die sich bei der operativen Rechtsanwendung freilich im Allgemeinen nicht auswirkt. In Einzelfällen kann sich aus der Schutzgebotsfunktion von Art. 12 Abs. 1 GG aber eine strenge Interpretation des KSchG ergeben, indem etwa eine ordentliche Verdachtskündigung nur dann als sozial gerechtfertigt anzusehen ist, wenn die strengeren Anforderungen einer außerordentlichen Verdachtskündigung vorliegen (→ § 1 Rn. 434 ff.).[125]

IV. Unionsrechtliche und internationale Vorgaben für den Kündigungsschutz

Auf der Ebene des **europäischen** und des **internationalen Rechts** existieren zahlreiche Regelungen mit Bezug zum Kündigungsschutzrecht, deren rechtlicher Gehalt sich allerdings zumindest teilweise nicht ohne Weiteres erschließt.[126] Systematisch lassen sich folgende Rechtsschichten unterscheiden: Im **europäischen Primärrecht** gewährleistet **Art. 30 EU-Grundrechte-Charta (GRCh)** nach dem Unionsrecht und den einzelstaatlichen Rechtsvorschriften und Gepflogenheiten einen Anspruch auf Schutz vor ungerechtfertigter Entlassung, was mindestens eine klare Distanzierung vom US-amerikanischen Sozialmodell des „hire and fire" (dazu bereits → Rn. 1) erkennen lässt,[127] inhaltlich aber nur von begrenzter Tragweite ist (→ Rn. 67). Im **europäischen Sekundärrecht** gibt es neben den rein verfahrensrechtlichen Vorschriften der Massenentlassungsrichtlinie 98/59/EG sowie der neuen Plattformarbeitsrichtlinie (EU) 2024/2831 mit Vorgaben für die Art und Weise der Kündigung (→ § 1 Rn. 130, 244 ff.) besondere Kündigungsverbote für einzelne Sachbereiche. Dies gilt insbes. im Zusammenhang mit Mutterschaftsurlaub (Art. 10 RL 92/85/EWG; s. insoweit auch Art. 33 Abs. 2 GRCh), Vaterschafts-, Eltern- und Pflegeurlaub (Art. 12 RL (EU) 2019/1158), einem Betriebsübergang (Art. 4 Abs. 1 RL 2001/23/EG), der Inanspruchnahme von Rechten nach der Arbeitsbedingungenrichtlinie (Art. 18 RL (EU) 2019/1152) und der Plattformarbeitsrichtlinie (Art. 23 65

[121] BVerfG 24.4.1991 – 1 BvR 1341/90, NJW 1991, 1667; 21.2.1995 – 1 BvR 1397/93, NZA 1995, 619; 27.1.1998 – 1 BvL 15/87, AP KSchG 1969 § 23 Nr. 17; 22.10.2004 – 1 BvR 1944/01, AP KSchG 1969 § 9 Nr. 49; 21.6.2006 – 1 BvR 1659/04, NZA 2006, 913; 25.1.2011 – 1 BvR 1741/09, NZA 2011, 400 Rn. 72; APS/Preis Grundlagen A Rn. 24; zur verfassungsrechtlichen Zulässigkeit des Ausschlusses von Arbeitnehmer-Geschäftsführern durch § 14 Abs. 1 Nr. 1 s. BAG 21.9.2017 – 2 AZR 865/16, NZA 2018, 358.

[122] BVerfG 13.6.2006 – 1 BvR 1160/03, BVerfGE 116, 135 (152) = NJW 2006, 3701 (3702).

[123] Dazu Ruffert, Vorrang der Verfassung und Eigenständigkeit des Privatrechts, 2001, 471 ff.

[124] BVerfG 19.3.1998 – 1 BvR 10/97, NZA 1998, 587; BAG 26.9.2002 – 2 AZR 636/01, NZA 2003, 549; DD/Deinert Einl. Rn. 12; Kühling AuR 1994, 126 (128); s. dazu auch BAG 23.6.1994 – 2 AZR 617/93, NZA 1994, 1080.

[125] BAG 31.1.2019 – 2 AZR 426/18, NZA 2019, 893 Rn. 26.

[126] Überblicke bei Franzen NZA 2015 Beil. 3, 77 (78 ff.); Junker EuZA 2014, 143; Tschöpe NZA-RR 2003, 393; Weber, in Giesen/Junker/Rieble (Hrsg.), Systembildung im Europäischen Arbeitsrecht, 2016, 131 (133 ff.); ferner bereits Zwanziger AuR 2001, 384.

[127] Vgl. Streinz/Streinz, EUV/AEUV, 3. Aufl. 2018, GR-Charta Art. 30 Rn. 3.

RL (EU) 2024/2831) sowie im Hinblick auf den Schutz von Arbeitnehmervertretern (Art. 10 RL 2001/86/EG, Art. 7 RL 2002/14/EG, Art. 10 Abs. 3 RL 2009/38/EG). Mit der Whistleblower-Richtlinie wird der Schutz hinweisgebender Personen insofern gestärkt, als eine geschützte Meldung nicht zum Anlass für eine Kündigung genommen werden darf (Art. 19 lit. a RL (EU) 2019/1937). Hinzu kommt ein genereller Schutz vor diskriminierenden Kündigungen (Antirassismusrichtlinie 2000/43/EG, Rahmenrichtlinie 2000/78/EG und Gleichbehandlungsrichtlinie 2006/54/EG; dazu noch → Rn. 99 ff.). Zu einer Richtlinie über einen allgemeinen Bestandsschutz gegenüber arbeitgeberseitigen Kündigungen ist es trotz einer entsprechenden Regelungskompetenz in Art. 153 Abs. 1 Buchst. d AEUV[128] bislang dagegen nicht gekommen. Die rechtlich unverbindliche **europäische Säule sozialer Rechte**[129] proklamiert in Nr. 7 lit. b das Recht aller Arbeitnehmer, vor einer Kündigung deren Gründe zu erfahren, sowie das Recht auf eine angemessene Kündigungsfrist. Für den Fall einer ungerechtfertigten Kündigung, für die allerdings (ebenso wie in Art. 30 GRCh) kein Maßstab genannt wird, wird im Hinblick auf die Rechtsbehelfe der Arbeitnehmer ausdrücklich nur von einer angemessenen Entschädigung gesprochen, also nicht die Unwirksamkeit der Kündigung gefordert.

66 Im **internationalen Recht** ist zunächst das **ILO-Übereinkommen 158** über die Beendigung des Arbeitsverhältnisses durch den Arbeitgeber zu nennen,[130] daneben aber auch das **ILO-Übereinkommen 183,** das einen besonderen Kündigungsschutz bei Mutterschaft vorsieht. Auf der Ebene des **Rechts des Europarats** etabliert **Art. 4 Nr. 4 Europäische Sozialcharta (ESC)** das Recht aller Arbeitnehmer auf eine angemessene Kündigungsfrist im Fall der Beendigung des Arbeitsverhältnisses (mit Ausnahme einer fristlosen Entlassung im Falle einer schweren Verfehlung, vgl. Anhang zu Art. 4 Abs. 4 ESC). Sehr viel umfänglicher regelt **Art. 24 der Revidierten Europäischen Sozialcharta (RESC)** Einschränkungen der Kündigung von Arbeitnehmern, wobei im Anhang zu Art. 24 RESC zahlreiche Fallgruppen aufgelistet werden, die sich inhaltlich an das ILO-Übereinkommen 158 anlehnen und die kein triftiger Grund für eine Kündigung sein sollen.[131] Allerdings schreibt Art. 24 RESC beim Fehlen eines triftigen Grundes ebenfalls lediglich einen Anspruch des Arbeitnehmers auf eine angemessene Entschädigung, nicht aber die rechtliche Unwirksamkeit der Kündigung vor.[132] Schließlich enthält auch die **Europäische Menschenrechtskonvention (EMRK)** verschiedene Gewährleistungen, die gegen die rechtliche Zulässigkeit von Kündigungen ins Feld geführt werden können. Dies gilt zum einen im Hinblick auf Art. 9, 10, 11 und 14 EMRK. Zum anderen hat sich das Recht auf Achtung des Privatlebens gem. Art. 8 EMRK als Anknüpfungspunkt für die konventionsrechtliche Kontrolle von Kündigungen im Lauf der Zeit immer stärker in den Vordergrund geschoben. Dabei unterscheidet der EGMR in seiner neueren Judikatur zwischen einem „reason-based approach" (grundbezogener Ansatz) und einem „consequence-based approach" (folgenbezogener Ansatz). Während es in der ersteren Fallgruppe um Kündigungen geht, die an Umstände aus dem geschützten Privatleben des betroffenen Arbeitnehmers anknüpfen, betrifft die zweite Fallgruppe diejenigen Gestaltungen, in denen die Kündigung schwerwiegende negative Auswirkungen auf das Privatleben des Beschäftigten hat oder haben kann.[133]

---

[128] Hierzu C. Picker/Rathmann RdA 2022, 61 (61 ff.).

[129] Dazu Deinert DRdA 2022, 283.

[130] Hierzu Buschmann FS Lörcher, 2013, 257 (265 ff.); eingehend Lörcher ZESAR 2012, 263. S. a. die ILO-Empfehlung 166 über die Beendigung des Arbeitsverhältnisses durch den Arbeitgeber. Zu Art. 6 IPwskR Lörcher AuR 2016, 488 (490); EUArbRK/Schubert GRC Art. 30 Rn. 5.

[131] Dazu Buschmann FS Lörcher, 2013, 257 (258 ff.); Krebber EuZA 2018, 155 ff.

[132] S. aber die gegenläufige Auffassung des European Committee of Social Rights, wiedergegeben m. krit. Stellungnahme bei Krebber EuZA 2018, 155 (161, 164 ff.).

[133] Zusammenfassend nunmehr EGMR 20.12.2024 – P16-2024-002, AuR 2025, 163; Überblick über die Judikatur des EGMR auch bei Nußberger FS Preis, 2021, 937; ferner Lörcher AuR 2025, 141 (144) mit recht großzügiger Zuordnung des grundbezogenen Ansatzes zur personenbedingten Kündigung und des folgenbezogenen Ansatzes zur verhaltensbedingten Kündigung.

Soweit es um den hier im Vordergrund stehenden **allgemeinen Kündigungsschutz** geht, entfalten die am weitesten gehenden Vorschriften, nämlich das ILO-Übereinkommen 158 sowie Art. 24 RESC nebst Anhang, unmittelbar unstreitig keine Wirkungen. So hat Deutschland das ILO-Übereinkommen 158 von vornherein nicht ratifiziert, was die Bundesregierung einst ua damit begründet hat, dass die aus ihrer Sicht erforderliche Ausklammerung der Arbeitnehmer in Kleinbetrieben ansonsten uU nicht aufrechterhalten werden könne.[134] Was die RESC angeht, hat Deutschland dieses Abkommen durch Gesetz v. 12.11.2020 zwar im Grundsatz endlich[135] ratifiziert, gerade im Hinblick auf Art. 24 RESC aber einen Vorbehalt erklärt,[136] sodass sich die Rechtslage in der Substanz nicht geändert hat. Ein Teil des Schrifttums will die Regelungsinhalte trotzdem pauschal in das deutsche Kündigungsschutzrecht transponieren. So müsse § 1 KSchG als Generalklausel insgesamt im Lichte von Art. 30 GRCh ausgelegt werden, der wiederum entsprechend den Erläuterungen zur Charta der Grundrechte in Anlehnung an Art. 24 RESC zu interpretieren sei.[137] Nun lassen sich aus vagen normtextlichen Vorgaben zwar ohne größere Mühe sehr weitgehende Thesen entwickeln. Auch sind für die genauere Ermittlung des Normgehalts von Art. 30 GRCh[138] gem. Art. 50 Abs. 7 GRCh die Erläuterungen gebührend zu berücksichtigen, so dass auf Art. 24 RESC als Orientierungshilfe zurückzugreifen ist.[139] Allerdings kann man auf diesem Wege nicht den gesamten Anhang zu dieser Vorschrift automatisch in den Rang von europäischem Primärrecht erheben. Darüber hinaus überzeugt es nicht, aus dem Umstand, dass das europäische Recht eine Reihe von speziellen Vorschriften mit Bezug zum Kündigungsschutzrecht enthält, im Wege einer „impliziten Verdichtung" das gesamte nationale Kündigungsschutzrecht als „Durchführung des Rechts der Union" iSv Art. 51 Abs. 1 GRCh anzusehen und daraus wiederum die Geltung von Art. 30 GRCh zu folgern.[140] Dementsprechend wird die Heranziehung von Art. 30 GRCh bei der Auslegung des Begriffs der Sozialwidrigkeit iSd § 1 Abs. 1 mehrheitlich abgelehnt, weil es bei dieser Bestimmung des deutschen Kündigungsschutzrechts im Gegensatz etwa zu den §§ 17 ff. gerade nicht um die Durchführung unionsrechtlicher Vorschriften geht.[141] Daran kann auch der allgemeine Grundsatz, dass Generalklauseln selbstverständlich europarechtskonform auszulegen sind, nichts ändern,[142] weil die Grundrechtecharta anders als die Grundrechte des Grundgesetzes nicht das gesamte deutsche Recht überformt.[143] Ebenso wird die Rechtslage nicht durch Art. 8 RL (EU) 2019/1152 modifiziert, weil sich jene Regelung zwar zur kündigungsschutzrechtlichen Wartezeit verhält (zur Frage der Auswirkung auf die Wartezeit → § 1 Rn. 83), ihrerseits aber keine Aussage zugunsten eines 67

---

134 BT-Drs. 12/3495, 18.

135 Seitens der Bundesregierung war bereits im Jahr 1998 eine „sorgfältige Prüfung" der Zeichnung und Zuleitung der RESC zur Ratifizierung zugesagt worden, vgl. BT-Drs. 13/11415, 12.

136 BGBl. II S. 900. Zur Herausnahme von Art. 24 RESC krit. Lörcher AuR 2020, 303 (306 f.).

137 Buschmann AuR 2013, 388; ansatzweise auch Lörcher AuR 2020, 303 (307).

138 Hierzu näher Schlachter/Lehnart EuZA 2022, 431 (437 ff.); umfassend Kovács Grundrecht auf Kündigungsschutz passim; zu der in dieser Schrift entwickelten Konzeption von Art. 30 GRCh eingehend Krause JAS 2023, 301; s. a. Sagan ZESAR 2023, 93; Schubert SR 2023, 35.

139 Insoweit auch Brose ZESAR 2008, 221 (228 f.); Franzen NZA 2015 Beil. 3, 77 (82); Stern/Sachs/Lang, GRCh, 2016, Art. 30 Rn. 7; Meyer NZA 2014, 993 (998); EUArbRK/Schubert GRC Art. 30 Rn. 3; anders offenbar Calliess/Ruffert/Krebber EUV/AEUV Art. 30 GRCh Rn. 1: „leere Hülle"; in diesem Sinn auch Junker EuZA 2014, 143 (152); C. Picker/Rathmann RdA 2022, 61 (64); ähnlich Meyer/Hölscheidt/Hüpers/Reese GRC Art. 30 Rn. 10. S. dazu ferner Rebhahn/Schörghöfer, EnzEuR, Bd. 2, 2. Aufl. 2022, § 21 Rn. 42 u. 84, die davon ausgehen, dass sich der EuGH an dieser Vorschrift orientieren wird.

140 Abl. auch C. Picker/Rathmann RdA 2022, 61 (65 f.); Kovács Grundrecht auf Kündigungsschutz 207 ff.; Rebhahn DRdA 2014, 183 (185 f.).

141 Franzen NZA 2015 Beil. 3, 77 (81); APS/Preis Grundlagen A Rn. 45; EUArbRK/Schubert GRC Art. 30 Rn. 25; Waas FS Müller-Graff, 2015, 358 (363); Willemsen/Sagan NZA 2011, 258 (259); iErg ebenso BAG 21.9.2017 – 2 AZR 865/16, NZA 2018, 358 Rn. 21; undeutlich Hanau NZA 2010, 1 (2); s. ferner bereits Rebhahn FS Bauer/Mayer/Petrag, 2004, 283.

142 So aber Buschmann AuR 2013, 388, 390; Ritter NJW 2012, 1549; tendenziell ebenso LAG Baden-Württemberg 5.7.2011 – 22 Sa 11/11, BeckRS 2012, 65547.

143 In diesem Sinne auch BAG 8.12.2011 – 6 AZN 1371/11, NZA 2012, 286; zust. Meyer NZA 2014, 993 (995); gleichsinnig BAG 30.3.2023 – 2 AZR 309/22, NZA 2023, 898 Rn. 30.

allgemeinen materiellen Kündigungsschutzes trifft.[144] Dies liegt auf der Linie des EuGH, der es mittlerweile schon mehrfach abgelehnt hat, Art. 30 GRCh pauschal auf die Entlassung von Beschäftigten nach mitgliedstaatlichem Recht anzuwenden.[145]

68 Umgekehrt kann das deutsche Kündigungsschutzrecht **nicht** etwa mit der Begründung unionsrechtlich in Frage gestellt werden, dass dadurch die **Niederlassungsfreiheit (Art. 49 AEUV) beeinträchtigt** wird, indem die Ausübung einer wirtschaftlichen Tätigkeit mittels einer festen Einrichtung für einen Investor aus dem EU-Ausland „weniger attraktiv" gemacht wird, weil später notwendig werdende Entlassungen erschwert werden, wodurch zugleich auch die auf diesem Wege heranzuziehende unternehmerische Freiheit (Art. 16 GRCh) über Gebühr in Mitleidenschaft gezogen wird. Die in diese Richtung gehende Argumentation des EuGH in der AGET Iraklis-Entscheidung[146] ist sehr auf die griechischen Verhältnisse zugeschnitten und geht zudem ohnehin recht weit. Darüber hinaus wäre es vor dem Hintergrund der Existenz von Art. 30 GRCh ungereimt, jeden mitgliedstaatlichen Kündigungsschutz, der das europarechtlich gebotene Mindestmaß übersteigt, in einem ersten Schritt als Beeinträchtigung einer Grundfreiheit zu qualifizieren, die sodann in einem zweiten Schritt unter Berufung nicht zuletzt auf Art. 30 GRCh erst wieder eigens gerechtfertigt werden muss.[147]

V. Interessenlage und Zielsetzungen des Kündigungsschutzes

1. Interessenlage

69 **Einführung** und **fortschreitender Ausbau des Kündigungsschutzes** sind Folge tiefgreifender Veränderungen der sozialen Anschauungen und Kräfteverhältnisse seit der Weimarer Zeit und dann vor allem in der Zeit seit dem Ende des Zweiten Weltkrieges. Dabei hat sich ein zunehmendes Bewusstsein für die **komplexe Interessenlage** herausgebildet.[148]

70 An erster Stelle steht das **individuelle Interesse des Arbeitnehmers** an der Aufrechterhaltung des Arbeitsverhältnisses und der Arbeitsbedingungen (**Bestandsschutzinteresse).**[149] Im Vordergrund steht insoweit die für den Arbeitnehmer in den meisten Fällen existentielle wirtschaftliche Bedeutung des Arbeitsverdienstes als alleinige oder doch wichtigste materielle Lebensgrundlage. Hinzu kommt, zumal mit zunehmender Dauer, die Bedeutung der Betriebszugehörigkeit einerseits für verschiedene Rechte bzw. rechtlich relevante Positionen des Arbeitnehmers (§ 1 Abs. 3 S. 1 und § 10 Abs. 2) und andererseits für die tatsächliche Ausübung seiner Tätigkeit, die durch die Einbindung in den Betrieb, durch wachsende Erfahrungen, vertraute Umgebung, Beziehungen zu Arbeitskollegen etc ihre konkrete Gestalt erhält und so für den Arbeitnehmer zu einem wichtigen, gerade auch unter persönlichen Gesichtspunkten erhaltenswerten Gut wird. Damit verbunden sind wesentliche Ausstrahlungen über die berufliche Sphäre hinaus auf die persönlichen Lebensumstände des Arbeitnehmers bis hin zur arbeitsplatzbedingten Wahl des Wohnortes. Insgesamt wird damit die **eminente Bedeutung des individuellen Kündigungsschutzes für den Arbeitnehmer** deutlich.

71 Daneben existieren **kollektive Arbeitnehmerinteressen**, die vom Betriebsrat durch Mitwirkung oder Mitbestimmung bei Kündigungen (§ 102 BetrVG), insbes. auch

[144] AA offenbar Kovács Grundrecht auf Kündigungsschutz 194 f.

[145] EuGH 16.1.2008 – C-361/07, BeckRS 2010, 91807 – Polier (Zurückweisung eines französischen Vorabentscheidungsersuchens wegen offensichtlicher Unzuständigkeit); 16.1.2014 – C-614/12 u. C-10/13, BeckRS 2014, 81557 – Dutha u. Sajtos (Zurückweisung von ungarischen Vorabentscheidungsersuchens wegen offensichtlicher Unzuständigkeit); s. a. EuGH 11.7.2024 – C-196/23, NZA 2024, 1129 Rn. 53 ff. – Fogasa.

[146] Vgl. EuGH 21.12.2016 – C-201/15, NZA 2017, 167 Rn. 48 ff. – AGET Iraklis.

[147] Näher Rebhahn/Schörghöfer, EnzEuR, Bd. 2, 2. Aufl. 2022, § 21 Rn. 35 mit Fn. 85.

[148] Dazu ausf. Preis Prinzipien Rn. 90 ff.; Zöllner Gutachten D 13 ff. jeweils mwN; ferner v. Hoyningen-Huene FS 50 Jahre Arbeitsgerichtsbarkeit Rheinland-Pfalz, 1999, 215 ff.; APS/Preis Grundlagen B Rn. 29 ff.; Wank RdA 1992, 225 (227 ff.); s. a. Rebhahn DRdA 2012, 131 zum Verhältnis von Kündigungsregelungen und „Menschenbild".

[149] Vgl. APS/Preis Grundlagen B Rn. 3 f., 15 f.

schon bei deren Vorbereitung wahrgenommen werden. Dabei ist das Handeln des Betriebsrats vielfach auf Unterstützung der einzelnen jeweils betroffenen Arbeitnehmer gerichtet, sodass insoweit ein enger Zusammenhang mit den Individualinteressen besteht. Doch werden gleichermaßen auch echte kollektive Belegschaftsinteressen berührt, die auf eine Transparenz und eine sachlich wie rechtlich ordnungsgemäße Durchführung der Kündigungsvorgänge gerichtet sind. Dies gilt insb. dann, wenn die Kündigungen betrieblich bedingt sind und wenn nicht lediglich ein einzelner, sondern viele Arbeitnehmer betroffen sind. Darüber hinaus besteht bereits im Vorfeld ein kollektives Belegschaftsinteresse an der Vermeidung solcher Kündigungswellen, namentlich durch Einführung von Kurzarbeit, ferner ganz allgemein an der Kontinuität der Belegschaft und der Wahrung des Betriebsfriedens. Evident ist ferner das Schutzbedürfnis der Betriebsratsmitglieder und anderer Amtsträger der Betriebsverfassung (§ 15 KSchG, § 103 BetrVG), wobei wiederum der Individualschutz der Mitglieder sowie das kollektive Interesse an der Kontinuität und Unabhängigkeit der Arbeitnehmervertretung ineinandergreifen.[150]

Auf der anderen Seite ist nicht zu verkennen, dass Kündigungsbeschränkungen die **Interessen des Arbeitgebers** stark berühren.[151] Zwar wird ein rational agierender Arbeitgeber nicht auf willkürlichen Kündigungen bestehen. Aus ökonomische Gründen wird er aber an einer effizienten Zusammensetzung seiner Belegschaft interessiert sein und darum auch an Kündigungsmöglichkeiten gegenüber weniger oder gar nicht mehr geeigneten Arbeitnehmern, bspw. bei vertragswidrigem oder betriebsstörendem Verhalten auch unterhalb der Schwelle zur außerordentlichen Kündigung, ferner bei mangelnder Leistungsbereitschaft sowie bei fehlender oder – sozial besonders problematisch – nachlassender Leistungsfähigkeit. Vor allem aber besteht ein Interesse des Arbeitgebers daran, aus Rationalisierungsgründen wie auch zur Anpassung an konjunkturell oder durch sonstige Umstände bedingte ungünstige Geschäftsentwicklungen im Betrieb entbehrliche Arbeitnehmer entlassen zu können. **72**

Die deutlich divergierenden Interessen der unmittelbar Betroffenen finden ihre Entsprechung in gleichfalls widersprüchlichen **Interessen der Allgemeinheit**, die allerdings schwerer zu greifen und zudem rechtstatsächlich nicht zuletzt deshalb sehr umstritten sind, weil sich Partikularinteressen politisch am ehesten durchsetzen lassen, wenn sie sich zugleich als Allgemeininteressen ausgeben (dazu noch → Rn. 74).[152] So ist einerseits die Stetigkeit von Arbeitsverhältnissen wirtschafts- und sozialpolitisch durchaus erwünscht. Das gilt vor allem für besonders schutzwürdige Personengruppen, zumal wenn ihnen andere Arbeitsplätze schwer zu vermitteln sind, wie etwa schwerbehinderte Menschen oder ältere Arbeitnehmer. Weiter können auch allgemein positive volkswirtschaftliche Effekte mit Kündigungsbeschränkungen verbunden sein, indem sie dem Sicherheitsbedürfnis der Arbeitnehmer entgegenkommen und hierdurch die Leistungsfähigkeit und Leistungsbereitschaft fördern und erhalten. Zudem kann der Kündigungsschutz bei Konjunktureinbrüchen oder sonstigen Krisen deren Auswirkungen auf den Arbeitsmarkt durch die Erschwerung von Entlassungen abschwächen oder wenigstens verzögern. Dem stehen andererseits auch aus der Sicht der Allgemeinheit negative Folgen von Kündigungsbeschränkungen gegenüber, so die volkswirtschaftlich relevante Gefahr einer Belastung der Betriebe mit unproduktiven Arbeitskräften. Dazu kommt die verminderte Mobilität der Arbeitnehmer in örtlicher, aber auch in beruflich-fachlicher Hinsicht, die einer volkswirtschaftlich zweckmäßigen Verteilung der Arbeitskräfte nach Beschäftigungsmöglichkeiten hinderlich sein kann. Ob ein liberaleres Kündigungsrecht die Eigeninitiative der Arbeitnehmer tatsächlich nachhaltig fördern würde, ist allerdings fraglich. **73**

---

[150] Vgl. APS/Preis Grundlagen B Rn. 17 f.
[151] Vgl. APS/Preis Grundlagen B Rn. 5 ff.
[152] Vgl. APS/Preis Grundlagen B Rn. 8 ff.

2. Zielsetzungen

74 Ihrem Zweck nach kann man die gesetzlichen Kündigungsbeschränkungen in **zwei Gruppen** mit durchaus unterschiedlicher Entwicklung einteilen: Die einen dienen vorwiegend der Eindämmung der Arbeitslosigkeit im Interesse der Volkswirtschaft als Ganzer oder doch einer volkswirtschaftlich wünschenswerten Verteilung der Arbeitskräfte, sie verfolgen also **arbeitsmarktpolitische Ziele** (→ Rn. 73); die anderen sollen in erster Linie den einzelnen Arbeitnehmer in seinem eigenen Interesse vor dem Verlust seines Arbeitsplatzes schützen, gehören also zum **individuellen Arbeitnehmerschutz** (→ Rn. 70). Hiermit verbunden ist teilweise auch die Wahrnehmung **kollektiver Interessen** der Belegschaft und des Betriebes durch Beteiligung des Betriebsrats (→ Rn. 71), doch steht das Individualinteresse bzw. das Arbeitsmarktinteresse regelmäßig ganz im Vordergrund. Allerdings lassen sich die Zwecke nicht völlig voneinander trennen; auch arbeitsmarktpolitisch orientierte Bestimmungen können dem einzelnen Arbeitnehmer zugutekommen, umgekehrt können Vorschriften, die einzelnen Arbeitnehmern ihre Arbeitsplätze zu erhalten suchen, zur Entspannung auf dem Arbeitsmarkt beitragen. Aber der Hauptzweck der einzelnen Vorschrift weist sie doch der einen oder anderen Gruppe zu. Von den arbeitsmarktpolitisch orientierten Kündigungsbeschränkungen ist nur noch der schon erwähnte **Kündigungsschutz bei Massenentlassungen** (→ Rn. 9) geblieben, der in den §§ 17 ff. geregelt ist.

75 Umso wichtiger ist heute die zweite Gruppe der **Kündigungsbeschränkungen,** die primär den **Schutz des einzelnen Arbeitnehmers** zum Gegenstand haben. Dabei ist nach der personellen Ausrichtung weiter zu unterscheiden: Der **allgemeine Kündigungsschutz** gegen sozialwidrige Kündigungen gilt bei Anwendbarkeit des Gesetzes für alle Arbeitnehmer in privaten Betrieben sowie im öffentlichen Dienst. Daneben steht der **besondere Kündigungsschutz** für bestimmte Gruppen von Arbeitnehmern, der diesen jeweils im Hinblick auf besondere Eigenschaften, Funktionen oder Situationen einen mehr oder weniger weitgehenden speziellen Schutz gewährt. Beide Arten des individuellen Kündigungsschutzes haben sich im Lauf der Zeit nebeneinander entwickelt (über ihr Verhältnis zueinander → Rn. 97). Seiner praktischen Bedeutung nach steht der allgemeine Kündigungsschutz ganz im Vordergrund. Seine Regelung bildet den wichtigsten Teil des KSchG.

76 Durch § 1 wird die bürgerlichrechtliche **Kündigungsfreiheit** des Arbeitgebers **eingeschränkt.** Eine ordentliche Kündigung führt grds. nur dann zur Beendigung des Arbeitsverhältnisses, wenn hierfür die in § 1 Abs. 2 S. 1 genannten Gründe vorliegen. Eine Ausnahme von diesem Grundsatz enthalten die §§ 9 u. 10, wonach unter den dort genannten Voraussetzungen auch beim Vorliegen einer sozial ungerechtfertigten Kündigung das Arbeitsverhältnis durch Urteil aufzulösen ist. Diese Vorschriften stellen aber einen Ausnahmetatbestand und keinen allgemeinen Rechtsgrundsatz dar. Zu Recht hat daher das BAG wiederholt festgestellt, das KSchG diene vornehmlich dem Schutz des Arbeitsplatzes. Es ist seiner Konzeption nach ein **„Bestandsschutzgesetz und kein Abfindungsgesetz".**[153] Gemeint ist damit freilich nur der rechtstechnische Aspekt, dass der Kündigungsschutz durch Einschränkung der Kündigungsbefugnis und nicht durch eine – prohibitiv wirkende – Abfindung erfolgt.[154] Einen absoluten Bestandsschutz insbes. gegenüber einem marktbedingten Rückgang der Nachfrage nach Arbeitskräften gewährleistet das KSchG indes nicht und kann ein KSchG sinnvollerweise auch nicht gewährleisten.

---

[153] BVerfG 22.10.2004 – 1 BvR 1944/01, NZA 2005, 41; BAG 5.11.1964 – 2 AZR 15/64, NJW 1965, 787; 7.5.1987 – 2 AZR 271/86, NZA 1988, 15; 23.6.2005 – 2 AZR 256/04, NJW 2006, 1307; 10.12.2009 – 2 AZR 534/08, NZA 2010, 698; 23.2.2010 – 2 AZR 554/08, NZA 2010, 1123; 14.12.2027 – 2 AZR 86/17, NZA 2018, 646; dazu krit. Rühle DB 1991, 1378 ff.

[154] SES/Schwarze Einl. Rn. 2.

Der Schutzzweck des allgemeinen Kündigungsschutzes ist umstritten.[155] Die ganz überwiegende Ansicht begreift die **wirtschaftliche und soziale Existenz des Arbeitnehmers als Schutzgut des allgemeinen Kündigungsschutzes.**[156] Aufgrund der zentralen Bedeutung des Arbeitsverhältnisses für die Existenz des Arbeitnehmers soll dieser davor bewahrt werden, dass ihm diese Grundlage ohne einen hinreichenden Anlass entzogen wird. Die Sichtweise korrespondiert mit der Begründung des Regierungsentwurfs zum KSchG 1951, die als geschütztes Rechtsgut den Arbeitsplatz und die Betriebszugehörigkeit des Arbeitnehmers bezeichnet, welche die Grundlagen seiner wirtschaftlichen und sozialen Existenz bilden.[157] Der allgemeine Kündigungsschutz hat danach (allein) die Funktion, das Interesse des Arbeitnehmers am Fortbestand seines Arbeitsverhältnisses mit dem gegenläufigen Interesse des Arbeitgebers an der Disposition über Umfang und Zusammensetzung der Belegschaft auszugleichen. Eine früher insbes. von Herschel vertretene Ansicht setzte die Akzente anders und sah als Schutzgut primär die **Betriebszugehörigkeit des Arbeitnehmers** im Sinne einer Einbindung in einen gemeinschaftlichen Zusammenhang an, die nicht willkürlich beendet werden solle.[158] Auch für diesen Ansatz, der die Stellung des Arbeitnehmers als „Betriebsbürger"[159] betont, lässt sich eine gewisse Stütze in der Gesetzesbegründung zum KSchG 1951 finden, in der davon die Rede ist, dass das Gesetz sich (nur) gegen solche Kündigungen wendet, die hinreichender Begründung entbehren und die deshalb als eine willkürliche Durchschneidung des Bandes der Betriebszugehörigkeit erscheinen.[160] 77

Andere Konzeptionen wenden sich dagegen, den Bestandsschutz als solchen als Schutzgut des allgemeinen Kündigungsschutzes anzusehen und stellen mit unterschiedlichen Nuancierungen andere Aspekte in den Vordergrund. Nach Reuter geht es beim Kündigungsschutz in erster Linie um einen **Persönlichkeitsschutz.** Danach hat der Kündigungsschutz (nur) die Aufgabe, die **Wahrnehmung von betrieblichen Rechten und Freiheiten durch den Arbeitnehmer** als Instrumente des Persönlichkeitsschutzes **zu ermöglichen,** indem er dem Arbeitnehmer eine von Sanktionen in Form einer Kündigung unbelastete Ausübung dieser Befugnisse sichern soll („Flankenschutztheorie").[161] Um einen Schutz der wirtschaftlichen und sozialen Existenz des Arbeitnehmers könne es dagegen deshalb nicht gehen, weil es keinen hinreichenden Grund gäbe, den „Arbeitsplatzbesitzer" gegenüber dem Arbeitsuchenden zu privilegieren. Eine gerechte Verteilung der Arbeitsplätze sei vielmehr am besten über einen möglichst uneingeschränkten Wettbewerb aller Arbeitnehmer zu verwirklichen,[162] weswegen das Ziel des Kündigungsschutzes nicht in einem Konkurrenzschutz liegen könne. In partieller Übereinstimmung mit diesem Ansatz legt auch Dorndorf das Schwergewicht auf den **Schutz der vertraglichen Rechte des Arbeitnehmers** bzw. auf seinen **Schutz vor einer über das vertragliche Pflichtenprogramm hinausgehenden Inanspruchnahme,** weil diese Standards in Gefahr seien, wenn der Arbeitnehmer bei einem Insistieren auf eigene Rechte oder die Begrenztheit der eigenen Pflichten mit einer Disziplinierung in Gestalt einer Kündigung rechnen müsse.[163] 78

---

[155] Zum Folgenden eing. auch Stelljes Grundlage S. 24 ff.

[156] BAG 12.1.1961 – 2 AZR 171/59, NJW 1961, 939; DD/Deinert § 1 Rn. 3; Hilger RdA 1981, 265 (266 f.); LSSW/Löwisch Vor § 1 Rn. 2; Preis Prinzipien Rn. 236; v. Stebut Schutz S. 22; Wiedemann RdA 1961, 1 (2); Zöllner/Loritz/Hergenröder ArbR § 22 Rn. 31, § 26 Rn. 5; s. a. BAG 20.2.2002 – 7 AZR 600/00, AP KSchG 1969 § 1 Wiedereinstellung Nr. 11 unter B II 1b cc: „auf Dauer angelegter Besitzstand".

[157] BT-Drs. 2090, 11 (1. Wahlperiode) = RdA 1951, 61 (63).

[158] Herschel RdA 1960, 121 (122); FS Schnorr von Carolsfeld, 1972, 157 (170 f.); DB 1973, 80 (82); RdA 1975, 28 (32); BB 1977, 707 (709); ebenso Benda, Industrielle Herrschaft und sozialer Staat, 1966, 532.

[159] Herschel BB 1977, 708 (709).

[160] BT-Drs. 2090, 11 (1. Wahlperiode) = RdA 1951, 61 (63).

[161] Reuter RdA 1978, 344 (349); FS 25 Jahre BAG, 1979, 405 (425 f.); FS Dieterich, 1999, 473 (483); Ordo Bd. 33, 1982, 165, 180 ff., 186 ff.; RdA 2004, 161 (164); FS Richardi, 2007, 361 (366); ebenso Franzen FS Otto, 2008, 71 (82 ff.); Schwerdtner DB 1979 Beil. 12, 1 (4 f.); ferner Stelljes Grundlage S. 263 ff. und passim.

[162] So bereits Reuter RdA 1973, 345 (353).

[163] Dorndorf ZfA 1989, 345 (350 ff.).

79 Einen über das einzelne Arbeitsverhältnis hinausweisenden Zweck des allgemeinen Kündigungsschutzes vertritt Rieble. Soweit es um die Wirkungen des Bestandsschutzes geht, bestehen durchaus Parallelen zur Sichtweise Reuters. Anders als Reuter sieht Rieble die **Ausschaltung des Wettbewerbs um Arbeitsplätze** innerhalb des Unternehmens (vor allem bei betriebsbedingten Kündigungen) sowie zwischen Insidern („Arbeitsplatzbesitzern") und Outsidern (Bewerbern)[164] aber gerade als (legitimes) Ziel des Kündigungsschutzes an.[165]

80 Am meisten überzeugt nach wie vor die **traditionelle Sicht,** die das **Interesse des Arbeitnehmers am Bestandsschutz seines Arbeitsverhältnisses** in das Zentrum des Kündigungsschutzes rückt. Zum einen lässt sich nicht leugnen, dass der Arbeitsplatz für die meisten Arbeitnehmer sowohl die **wirtschaftliche Existenzgrundlage** bildet als auch die **gesellschaftliche Stellung** bestimmt. Eine Beendigung des Arbeitsverhältnisses gegen den Willen des Arbeitnehmers stellt – wie es das BVerfG realitätsnah ausdrückt[166] – dieses **ökonomische und soziale Beziehungsgeflecht in Frage.** Zum anderen kann eine Rückführung des Kündigungsschutzes auf eine bloße Flankierung der dem Arbeitnehmer anderweitig gewährten Rechte das konkrete Schutzniveau nicht erklären. Dies gilt insbes. hinsichtlich der Pflicht zur Weiterbeschäftigung auf einem freien Arbeitsplatz, wenn der ursprüngliche Arbeitsplatz weggefallen ist (→ § 1 Rn. 198 ff.), aber auch im Hinblick auf die Sozialauswahl (→ § 1 Rn. 865 ff.). Zudem stehen arbeitgeberseitige Kündigungen nur zu einem vergleichsweise geringen Anteil in einem Zusammenhang mit der Ausübung von Rechten und Freiheiten durch die Arbeitnehmer. Eine Auswechslung des Schutzgutes trägt daher – ob gewollt oder ungewollt – zu einer Absenkung des Schutzstandards bei, was sich vor allem dann zeigt, wenn nur noch willkürliche Kündigungen des Arbeitgebers unterbunden werden sollen,[167] die als Reaktion auf die Wahrnehmung betrieblicher Rechte durch den Arbeitnehmer heute ohnehin schon gem. § 612a BGB unwirksam sind. Dass die Entwicklung des Kündigungsschutzes in historischer Sicht zunächst auf eine Absicherung von betrieblichen, gewerkschaftlichen und staatsbürgerlichen Rechten des Arbeitnehmers gerichtet war,[168] besagt vor dem Hintergrund des mit dem KSchG 1951 ausweislich der erwähnten Gesetzesbegründung vollzogenen **Konzeptionswechsels** wenig.

81 Weiter gibt es gute Gründe, das Interesse am Fortbestand eines bestehenden Arbeitsverhältnisses **höher zu bewerten** als das Interesse an der Begründung eines neuen Arbeitsverhältnisses. So hat sich der Arbeitsplatzinhaber bereits mit seiner ganzen Persönlichkeit auf eine bestimmte Arbeitsumwelt mitsamt den damit verbundenen sozialen Bezügen eingelassen, während dies beim Arbeitsuchenden noch nicht der Fall ist. Der Nachteil durch einen Arbeitsplatzverlust ist daher höher als der durch die Neubegründung eines Arbeitsverhältnisses entstehende Vorteil. Das Interesse von Arbeitnehmern und von Arbeitsuchenden an einem Arbeitsverhältnis als Existenzgrundlage ist somit nur bei einer von der sozioökonomischen Realität abstrahierenden Betrachtungsweise gleichgewichtig. IÜ führt eine Negierung des Bestandsschutzes als eigener Wert zu einem ungebremsten Leistungsverdrängungs- und Unterbietungswettbewerb auf der Arbeitnehmerseite und damit zu einer weitgehenden **Kommodifizierung der menschlichen Arbeitskraft,** die den persönlichkeitsrechtlichen Bezug des Arbeitsverhältnisses gerade ausblendet. Die Zulassung eines uneingeschränkten Wettbewerbs zwischen Insidern und Outsidern würde alle Arbeitnehmer unter den permanenten Druck einer jederzeitigen Ersetzbarkeit mit allen damit verbundenen Nachteilen für den sozialen Zusammenhalt bringen.[169] Ein

---

[164] Näher Löwisch NZA 2003, 689 (690).
[165] Rieble Arbeitsmarkt Rn. 1012 ff., 1017 ff.
[166] BVerfG 27.1.1998 – 1 BvL 15/87, NZA 1998, 470 unter B I 3b aa.
[167] In diese Richtung Reuter RdA 1973, 345 (353); RdA 1978, 344 (349).
[168] Darauf abstellend Reuter FS Dieterich, 1999, 473 (489); ihm folgend Franzen FS Otto, 2008, 71 (80 f.).
[169] Einschränkend deshalb auch Zöllner Gutachten D 114 ff.; abl. ferner Floretta GS Kahn-Freund, 1980, 433 (438 ff.); LSSW/Löwisch Vor § 1 Rn. 3; Preis Prinzipien Rn. 238; Simitis, Referat M zum 52. DJT, 1978, 24 ff.; v. Stebut Schutz S. 310 ff.

solcher Wettbewerb würde nicht zuletzt den Belangen der Arbeitsuchenden zuwiderlaufen, die ersichtlich an einem bestandsgeschützten Arbeitsverhältnis interessiert sind, nicht aber daran, sich den Mühen der Arbeitsplatzsuche zu unterziehen, um nach einem entsprechenden Erfolg mangels eines Bestandsschutzes jederzeit wieder gleichsam auf Null gesetzt werden zu können, weil mittlerweile ein anderer aus Arbeitgebersicht vorteilhafterer Bewerber aufgetaucht ist.

Ferner ist ein Bestandsschutz auch **institutionenökonomisch** sinnvoll, indem er Anreize **82** für den Aufbau firmenspezifischen und damit produktivitätssteigernden Wissens setzt, da er es dem Arbeitgeber verwehrt, die asymmetrischen Abwanderungskosten bei einer Beendigung des Arbeitsverhältnisses, die beim Arbeitnehmer aufgrund der Angewiesenheit seines Wissens auf eine bestimmte Arbeitsumgebung regelmäßig höher als beim Arbeitgeber sind, durch eine Veränderung der Austauschbedingungen einseitig zu seinem Vorteil auszunutzen („ex post Opportunismus").[170] Insoweit lässt sich Kündigungsschutz auch als Beitrag zur Schaffung einer **Vertrauens- und Stabilitätskultur im Arbeitsleben** begreifen.[171]

Die Einbeziehung von solchen Arbeitnehmern in den Kündigungsschutz, die wirt- **83** schaftlich im Einzelfall auf die Einkünfte aus dem Arbeitsverhältnis nicht angewiesen sind, ist **kein Argument gegen die Besitzstandskonzeption,**[172] weil man sonst die Einbettung auch dieser Arbeitnehmer in einen bestimmten sozialen Kontext übergehen würde. Zudem würde eine Differenzierung nach dem Beitrag des Arbeitsverhältnisses zur ökonomischen Existenzsicherung als Anknüpfungspunkt für den Kündigungsschutz zu einer erheblichen Rechtsunsicherheit führen. Umgekehrt lässt sich aus der Ausklammerung arbeitnehmerähnlicher Personen aus dem Kündigungsschutz ebenfalls **kein tragfähiges Gegenargument** gewinnen,[173] weil es sich bei diesem Personenkreis um selbständig Tätige handelt, die rechtlich die Freiheit und damit zumindest grds. die Chance haben, durch eine Ausweitung ihrer Marktaktivitäten die wirtschaftliche Abhängigkeit zu verringern, während ein Arbeitnehmer der rechtlichen Abhängigkeit innerhalb des Arbeitsverhältnisses nicht entkommen kann. Darüber hinaus ist eher die Frage aufzuwerfen, ob nicht auch arbeitnehmerähnlichen Personen ein gewisser Mindestbestandsschutz zuzusprechen ist (→ § 1 Rn. 58).

VI. Regelungstechnik des Bestandsschutzes

Nach der gesetzlichen Regelung wird die Kündigung durch die Gerichte **nachträglich** **84** auf ihre Wirksamkeit **überprüft.**[174] Das bedeutet, dass das Arbeitsverhältnis mit Ablauf der Kündigungsfrist grundsätzlich faktisch endet. Erst durch die rechtskräftige gerichtliche Feststellung, dass das Arbeitsverhältnis durch die Kündigung nicht beendet wurde, wird nachträglich die Unwirksamkeit der Kündigung festgestellt. Hieraus resultieren bei **längerer Verfahrensdauer** große Schwierigkeiten bei der Wiedereingliederung des gekündigten Arbeitnehmers nach erfolgreichem Abschluss des Kündigungsschutzprozesses. Dem soll für Betriebe mit Betriebsrat § 102 Abs. 5 BetrVG entgegenwirken, wonach dem Arbeitnehmer für die Dauer des Kündigungsschutzprozesses ein **Weiterbeschäftigungsanspruch** zusteht, wenn der Betriebsrat der Kündigung zuvor nach § 102 Abs. 3

[170] Vgl. Buttler/Walwei MittAB 1990, 386; Eger in Sadowski/Walwei (Hrsg.), Die ökonomische Analyse des Arbeitsrecht, 2002, 45 (47 ff.); Franz, Arbeitsmarktökonomik, 8. Aufl. 2013, 427 f.; Jahn Theorie S. 113 ff.; Walwei MittAB 2000, 201; ferner – differenziert nach Qualifikationen – Schellhaaß/Nolte, Jahrbücher für Nationalökonomie und Statistik 218 (1999), 415 (424 ff.); zust. Janson, Ökonomische Theorie im Recht, 2004, 219 ff.; zu alledem auch Donges/Eekhoff/Franz/Möschel/Neumann Flexibler Kündigungsschutz passim (hierzu krit. Hanau NJW 2005, 1173); Dorndorf ZfA 1989, 345; Franke Effizienz passim; Franz ZfA 1994, 439 (449 ff.); Kirstein/Kittner/Schmidtchen Kündigungsschutzrecht S. 90 ff.; v. Klitzing Ordnungsökonomische Analyse passim.

[171] Hierzu Seifert/Pawlowsky MittAB 1998, 599.

[172] So aber Franzen FS Otto, 2008, 71 (78 f.).

[173] So aber Reuter FS Dieterich, 1999, 473 (483); FS Richardi, 2007, 361 (366).

[174] BAG 26.5.1977 – 2 AZR 632/76, NZA 1994, 1080; ausf. Bernert FS E. Wolf, 1985, 1.

BetrVG widersprochen hat. Darüber hinaus hat der Große Senat des BAG im Wege der Rechtsfortbildung einen allgemeinen Weiterbeschäftigungsanspruch entwickelt (→ § 4 Rn. 176 ff.).[175]

VII. Rechtstatsachen und Arbeitsmarktwirkungen

85 Nach einer älteren Studie der Sozialwissenschaftlichen Forschungsgruppe am **Max-Planck-Institut** für ausländisches und internationales Privatrecht in Hamburg[176] wurden im Jahr 1978 insgesamt 1,2 Mio. arbeitgeberseitige Kündigungen (ohne den öffentlichen Dienst) ausgesprochen. Hiervon wurden rund 2/3 auf Gründe in der Person und oder im Verhalten des Arbeitnehmers gestützt, 1/3 auf betriebsbedingte Gründe. Die **Klagequote** lag bei **8 %.** In nur 1,7 % aller durch rechtskräftiges Urteil der 1. oder 2. Instanz erledigten Klagen kam es zu einer Weiterbeschäftigung des gekündigten Arbeitnehmers nach Abschluss des Rechtsstreits. Nimmt man die gerichtlichen und außergerichtlichen Einigungen hinzu, gelang 9 % der klagenden Arbeitnehmer die Rückkehr an den alten Arbeitsplatz. Während des Rechtsstreits verlangten im Fall einer ordentlichen Kündigung und eines Widerspruchs des Betriebsrats 30 % der Arbeitnehmer Weiterbeschäftigung nach § 102 Abs. 5 BetrVG. Eine neuere Studie[177] ermittelt für das Jahr 2001 insgesamt 2 Mio. arbeitgeberseitige Kündigungen (einschließlich des öffentlichen Dienstes). Hiervon wurden nunmehr 2/3 auf betriebsbedingte Gründe und nur noch 1/3 auf Gründe in der Person oder im Verhalten des Arbeitnehmers gestützt. Insoweit zeigt sich bei den Kündigungsgründen ein Trend von der Person zum Betrieb.[178] Die **Klagequote** lag bei **11 %.** Von den klagenden Arbeitnehmern verlangten nur rund 18 % Weiterbeschäftigung während des Kündigungsklageverfahrens (nach § 102 Abs. 5 BetrVG oder aufgrund des allgemeinen Weiterbeschäftigungsanspruchs).[179] Während der COVID-19-Pandemie wurde vom Instrument der betriebsbedingten Kündigung eher verhalten Gebrauch gemacht (6 % aller Betriebe), während eine deutlich größere Zahl von Betrieben auf Kurzarbeit zurückgegriffen hat (35,2 % aller Betriebe).[180]

86 IÜ ist nach wie vor umstritten, welche Auswirkung der Kündigungsschutz auf das tatsächliche Einstellungs- und Entlassungsverhalten der Arbeitgeberseite und damit nicht zuletzt auf den **Arbeitsmarkt** hat. Insoweit hat eine umfangreiche Untersuchung der **Hans-Böckler-Stiftung** über Formen, Ablauf und soziale Folgewirkungen der Beendigung von Arbeitsverhältnissen („REGAM-Studie") für Klarheit gesorgt und manche Fehlvorstellungen über die empirische Wirklichkeit zurechtgerückt.[181] Nach den vorliegenden Daten spricht das meiste dafür, dass sich der Kündigungsschutz nicht auf den Umfang von Arbeitslosigkeit, wohl aber auf die demographische Zusammensetzung von Arbeitslosen und Beschäftigten auswirkt.[182] Zudem hat der arbeitsrechtliche Bestandsschutz zur

---

[175] BAG GS 27.2.1985 – GS 1/84, NZA 1985, 702.

[176] Vgl. Falke/Höland/Rohde/Zimmermann Forschungsbericht S. 859; kurze Auszüge in BB 1981, 850; DB 1981, 1139; ausf. Berichte BArbBl. 1981, 5 (18); RdA 1981, 300; s. a. Moritz AuR 1983, 10; ferner Ellermann-Witt/Rottleuthner/Russig (Hrsg.) Kündigungspraxis passim.

[177] Bielenski/Ullmann BArbBl. 10/2005, 4.

[178] Dazu Höland/Kahl/Zeibig Kündigungspraxis S. 252 f.

[179] Höland/Kahl/Zeibig Kündigungspraxis S. 199.

[180] Vgl. Dettmann u. a. IAB-Forschungsbericht Nr. 11, 2021, 26 u. 134.

[181] Pfarr/Ullmann/Bradtke/Schneider/Kimmich/Bothfeld Kündigungsschutz passim; ferner Absenger FS Höland, 2015, 433 (442 ff.); FS Preis, 2021, 7 (8 f., 12 ff.); Gensicke/Pfarr/Tschersich/Ullmann/Zeibig AuR 2008, 431; Schott Arbeitgeberentscheidungen passim; Ullmann KJ 2006, 26; Zachert FS Bieback, 2010, 203. Zu den Entlassungskosten s. a. den Überblick (über die deutsche empirische Forschung) bei Alewell/Schott/Wiegand Comparative Labour Law & Policy Journal 30 (2009), 667; pauschal gegen die Möglichkeit des empirischen Nachweises einer Beschäftigungsförderung durch den (gleichwohl befürworteten) Abbau von Kündigungsschutz Mohr ZfA 2006, 547 (556 f.).

[182] Vgl. Jahn Theorie S. 166 ff.; ZAF 2005, 284 (295 ff.); Schellhaaß ZfA 1984, 139 (158 ff.); Walwei in Sadowski/Walwei (Hrsg.), Die ökonomische Analyse des Arbeitsrechts, 2002, 75 ff.; ferner Dörsam ZWS 117 (1997) 55; v. Klitzing Ordnungsökonomische Analyse passim; aus internationaler Perspektive Deakin/Malmberg/Sarkar International Labour Review 153 (2014) 1.

Folge, dass Unternehmen seit einiger Zeit stärker auf Befristungen sowie vor allem auf Leiharbeit und Werkverträge ausweichen.

VIII. Reformüberlegungen

Überlegungen zur Reform des Kündigungsschutzrechts haben ganz überwiegend ihren **rechtstatsächlichen Ansatz** bei einer bereits seit den 1960er Jahren zu beobachtenden ungünstigen Entwicklung des Kündigungsschutzes in der Praxis. Diese ist – verkürzt zusammengefasst – gekennzeichnet durch eine Zunahme der durch Abfindungsvergleich oder durch Auflösung gegen Abfindung nach § 9 KSchG beendeten Kündigungsschutzprozesse zulasten des dem KSchG primär entsprechenden Verbleibens des gekündigten Arbeitnehmers an seinem früheren Arbeitsplatz bzw. seiner baldigen Rückkehr dorthin bei erfolgreichem Abschluss des Verfahrens. Allein schon die lange Verfahrensdauer macht dann neben anderen Gründen die Wiederaufnahme der alten Tätigkeit entgegen der ratio legis sehr oft illusorisch. Pointiert wird deshalb von einer Umkehrung von Regel und Ausnahme oder von einer (weitgehenden) tatsächlichen Verdrängung des im KSchG intendierten Bestandsschutzes durch ein Abfindungsverfahren gesprochen, auch wenn das KSchG rechtlich nach wie vor ein sog. **Bestandsschutzgesetz** ist (→ Rn. 76). Die empirische Forschung hat freilich zutage gefördert, dass Abfindungen bei Kündigungen keineswegs die Regel sind, sondern eher eine Ausnahme darstellen.[183] **87**

Diese Entwicklung wie auch ganz allgemein die besondere soziale Bedeutung von Kündigung und Kündigungsschutz haben dazu geführt, dass die **Diskussion über eine Neuregelung des Kündigungsschutzes** in gewissen Abständen immer wieder aufflammt und dann mit großer Intensität geführt wird. Dabei wird einerseits eine grundlegende Neuordnung des Kündigungsschutzes gefordert,[184] während von anderer Seite ebenso grundsätzliche Bedenken geltend gemacht und rechtliche wie rechtspolitische Grenzen für einen Ausbau des Kündigungsschutzes hervorgehoben werden.[185] Die Frage der Neuregelung des Kündigungsschutzes stand trotz an sich weiter gefasster Thematik ganz im Mittelpunkt der Verhandlungen der Arbeitsrechtlichen Abteilung des **52. Deutschen Juristentages 1978.**[186] Hingewiesen sei ferner auf die von der IG-Metall mit Vertretern der Arbeitsrechtswissenschaft und mit Richtern der Arbeitsgerichtsbarkeit veranstalteten Kündigungsschutztagungen 1977 und 1978.[187] Der Diskussionsentwurf des Arbeitskreises Deutsche Rechtseinheit im Arbeitsrecht als Gutachten D zum **59. Deutschen Juristentag 1992** hat in den §§ 117 ff. die Kündigung und den Kündigungsschutz behandelt.[188] Der Entwurf bleibt aber bei den bisherigen Grundsätzen des Kündigungsrechts und versucht lediglich, die Erkenntnisse von Rspr. und Lehre zusammenzufassen. Auf dem **63. Deutschen Juristentag 2000** hat Hanau vorgeschlagen, den Schwellenwert des § 23 an die Größe des Unternehmens und nicht des Betriebes anzuknüpfen sowie den Anwen- **88**

[183] Zu Einzelheiten Alewell/Hauff BB 2010, 3149; Bielenski/Hartmann/Pfarr/Seifert AuR 2003, 81; Gensincke/Pfarr/Tschersich/Ullmann/Zeibig AuR 2008, 431; Pfarr/Bothfeld/Kaiser/Kimmich/Peuker/Ullmann BB 2003, 2061; BB 2003, 2286; BB 2003, 2622; BB 2004, 106; BB 2004, 325; ergänzend Bielenski/Ullmann BArbBl. 10/2005, 4.

[184] Vgl. zur damaligen Diskussion: Becker/Rommelspacher ZRP 1976, 40; Berdecki BB 1973, 806; Herschel SozFortschr 1979, 151; SozFortschr 1980, 166; Hofmann ZfA 1984, 295 (300 ff.); v. Hoyningen-Huene FS 50 Jahre Arbeitsgerichtsbarkeit Rheinland-Pfalz, 1999, 215 ff.; Kehrmann AuR 1979, 267; Klees BlStSozArbR 1978, 177; Notter DB 1976, 772; BlStSozArbR 1978, 182; BlStSozArbR 1982, 102; BlStSozArbR 1984, 241; Otto RdA 1975, 68 (72 f.); Rühle DB 1991, 1378; Wank RdA 1992, 225; Wenzel AuR 1980, 97; zur neueren Diskussion: Blank (Hrsg.), Muß der Kündigungsschutz reformiert werden?, 2003, mit Beiträgen von Hromadka, Höland und Diskussion der Teilnehmer; Buchner NZA 2002, 533; DB 2003, 1510; Busch BB 2003, 470; Rebhahn RdA 2002, 272; Rüthers NJW 2002, 1601; NJW 2003, 546.

[185] So vor allem Reuter FS 25 Jahre BAG, 1979, 405; ferner Reuter, Ordo Bd. 33, 1982, 165 (180 ff., 186 ff.), auch schon Reuter RdA 1973, 345; 1978, 344 (348 ff.); Schwerdtner ZfA 1977, 47 (76 ff.); BlStSozArbR 1978, 273; zusf. DB 1979 Beil. 2; krit. zu dem dabei betonten Wettbewerbsgesichtspunkt → Rn. 80 mwN.

[186] Ausf. zur gesamten Problematik Zöllner Gutachten D 113 ff.; ferner Simitis, Verhandlungen des 52. DJT, 1978, M 8 ff.; sowie Diskussion und Beschlüsse Verhandlungen des 52. DJT, 1978, M 62 ff.

[187] Protokoll, Schriftenreihe der IG-Metall Bd. 78.

[188] Dazu eing. Wank RdA 1992, 225.

dungsbereich des KSchG bei Neueinstellungen wieder bei 11 Arbeitnehmern beginnen zu lassen. Außerdem sollte das KSchG künftig tarifdispositiv sein und den Arbeitnehmern ein Wahlrecht zwischen dem bisherigen Kündigungsschutz und einer angemessenen Abfindungsregelung einräumen.[189] Auf dem **68. Deutschen Juristentag 2010** hat Rolfs vorgeschlagen, dass die ordentliche Kündigung eines mehr als sechs, aber noch keine 24 Monate bestehenden Arbeitsverhältnisses auch dann sozial gerechtfertigt sei, wenn der Arbeitgeber die entsprechend § 1a Abs. 2 berechnete Regelabfindung zahlt.[190] In seinem Gutachten B zum **74. Deutschen Juristentag 2024** hat sich Rolfs zudem für eine Dispositivität des allgemeinen Kündigungsschutzes für Spitzenverdiener ausgesprochen, die mindestens das Doppelte der Beitragsbemessungsgrenze in der allgemeinen Rentenversicherung verdienen und denen die Möglichkeit eingeräumt werden sollte, auf den Kündigungsschutz zugunsten einer Abfindung von mindestens einem Jahresgehalt zu verzichten.[191]

89 So zahlreich die Äußerungen in der Lit. sind, so vielgestaltig und iErg variantenreich sind auch die **Reformvorschläge** zur Verbesserung der Stellung des Arbeitnehmers iS eines effektiveren Bestandsschutzes. Entsprechend weit gefächert und kontrovers sind die Meinungen darüber, welche Maßnahmen dafür geeignet, erforderlich bzw. ausreichend, andererseits aber auch praktikabel und für die Arbeitgeberseite wirtschaftlich tragbar sind.[192]

90 Die wichtigsten Überlegungen gehen, kurz skizziert, in folgende Richtungen: Ersetzung der Arbeitgeberkündigung durch eine **Auflösungsklage** ähnlich derjenigen bei der OHG (§ 139 HGB) oder einer Scheidungsklage bei der Ehe (§ 1564 BGB) und dementsprechend Beendigung des Arbeitsverhältnisses dann nur durch rechtskräftiges Gestaltungsurteil. Weil das als allgemeine Regelung schon im Hinblick auf die Belastung der Arbeitsgerichte nicht praktikabel erscheint, könnte das Erfordernis einer Auflösungsklage auf die Fälle beschränkt werden, in denen der Betriebsrat der Kündigung widersprochen hat, wie dies von der Gewerkschaftsseite vorgeschlagen worden ist.[193] Hingegen hatte die von 1970 bis 1977 tätige Arbeitsgesetzbuchkommission einen entsprechenden Vorschlag ihres zuständigen Ausschusses (§ 92a) nicht in den Kommissions-Entwurf aufgenommen.[194]

91 Ferner wird vorgeschlagen, durch **Begründungszwang** für die Kündigung, evtl. ergänzt durch **Belehrung** über die Kündigungsschutzklage, die Stellung des mit der Kündigung belasteten Arbeitnehmers zu verbessern; für ersteres gibt es – auch über die gesetzlich geregelten Fälle wie § 626 Abs. 2 S. 3 BGB hinaus – bereits de lege lata gewisse Ansätze, deren Ausbau durch Rechtsfortbildung tendenziell möglich erscheint (→ § 1 Rn. 246). Ähnliches soll der seit 1.5.2000 durch § 623 BGB eingeführte **Schriftformzwang** für die Kündigung bewirken.

92 In eine andere Richtung weist der viel diskutierte Vorschlag einer über §§ 9 u. 10 sowie §§ 111–113 BetrVG hinausgehenden allgemeinen Pflicht zu **Abfindungszahlungen** vor allem bei betriebsbedingten Kündigungen.[195] Sie soll kündigungshemmend wirken und ggf. dem betroffenen Arbeitnehmer einen gewissen Ausgleich für den Arbeitsplatzverlust gewähren.[196] Der seit 1.1.2004 eingeführte **§ 1a** hat die Problematik nur ansatz-

---

[189] Hanau Gutachten C zum 63. DJT, 2000, C 90.

[190] Rolfs 68. DJT 2010, Thesen, 23 Nr. 6.

[191] Rolfs Gutachten B zum 74. DJT, 2024, B 64 ff.; zurückhaltend Krause NJW 2024, 2719 Rn. 20.

[192] Ausf. zum Ganzen Bayreuther NZA 2006, 417; Giesen ZfA 2003, 467; v. Hoyningen-Huene FS 50 Jahre Arbeitsgerichtsbarkeit Rheinland-Pfalz, 1999, 215; Möschel JZ 2006, 113; APS/Preis Grundlagen B Rn. 41 ff.; Zöllner Gutachten D 134 ff., insbes. D 137 ff. mwN; ferner Wank RdA 1992, 225; Übersicht auch bei Becker/Rommelspacher ZRP 1976, 40, insbes. 44.

[193] § 115 des DGB-Entwurfs eines Arbeitsverhältnisgesetzes, abgedr. in RdA 1977, 166.

[194] Abl. auch Zöllner Gutachten D 134 ff., insbes. D 137 ff. mwN; KR/M. Wolf, 3. Aufl. 1989, Grds. Rn. 628 ff.

[195] Ausf. mit Gesetzentwurf Preis RdA 2003, 65.

[196] Ausf. mwN zur umfangreichen Lit. v. Hoyningen-Huene FS 50 Jahre Arbeitsgerichtsbarkeit Rheinland-Pfalz, 1999, 215 (236 ff.); Neef NZA 2000, 8; Zöllner Gutachten D 113 ff.; ferner Becker/Rommelspacher ZRP 1976, 43; Dorndorf BB 2000, 1938; Heinze NZA 2001, 3; Rühle DB 1991, 1379; Willemsen NJW 2000, 2779.

weise aufgegriffen (→ § 1a Rn. 1).[197] Weitere Vorschläge betreffen bspw. die **Beweislastregelung** im Kündigungsschutzprozess, die Ausweitung bzw. Einschränkung des Kündigungsschutzes in **Kleinbetrieben,**[198] die Einbeziehung von **Aufhebungsverträgen** etc.

Besondere Qualität im Rahmen der Reformdiskussion haben die Überlegungen zum **93**
Weiterbeschäftigungsanspruch des Arbeitnehmers während des Kündigungsrechtsstreits (bei der Mehrzahl der → Rn. 87 ff. Genannten besonders betont). Sie beziehen sich überwiegend bereits auf das geltende Recht und haben zu einer grundsätzlichen, wenn auch in den Einzelheiten differenzierenden Anerkennung eines solchen Anspruchs durch die Rspr. im Wege der Rechtsfortbildung geführt (→ § 4 Rn. 175 ff. mwN). In den Einzelheiten sowohl der rechtlichen Begründung wie der konkreten Ausgestaltung nach Voraussetzungen, Inhalt und Grenzen des Weiterbeschäftigungsanspruchs ist allerdings noch vieles ungeklärt und sehr umstritten. Er bleibt daher weiterhin Gegenstand der Reformdiskussion. IÜ macht gerade die Behandlung der Weiterbeschäftigungsproblematik sehr eindringlich die allgemeine Bedeutung der Rspr. für eine ständig fortschreitende **Entwicklung** des Kündigungsschutzrechts **de lege lata** deutlich.[199]

In eine umgekehrte Richtung bewegen sich Überlegungen zur generellen Ersetzung der **94**
gerichtlichen Überprüfung der Kündigung durch ein **reines Abfindungsmodell,**[200] ohne dass der Gesetzgeber bislang eine grundlegende Änderung der Struktur des Kündigungsschutzes in Angriff genommen hat. Eine umfassende Liberalisierung des KSchG würde ohnehin an verfassungsrechtliche Grenzen stoßen (→ Rn. 61 ff.).[201]

IX. Inhalt des Kündigungsschutzgesetzes und Verhältnis zum sonstigen Kündigungsschutz

1. Inhalt und Abgrenzung

Das KSchG setzt seinen eindeutigen Schwerpunkt bei der Regelung des **allgemeinen** **95**
Kündigungsschutzes, dh bei solchen Bestimmungen, die generelle Schranken für das freie Kündigungsrecht des Arbeitgebers ziehen (zu den zusätzlichen kollektivrechtlichen Beschränkungen → Rn. 29 ff.; insbes. → Rn. 31; → Rn. 34 f.; → Rn. 96). Diese beziehen sich insbes. auf das rechtliche Erfordernis eines Kündigungsgrundes, in § 1 als soziale Rechtfertigung der ordentlichen Kündigung bezeichnet, das im BGB nicht vorausgesetzt wird. Hinsichtlich des wichtigen Grundes der außerordentlichen Kündigung wird ergänzend zu § 626 BGB in § 13 Abs. 1 die Geltendmachung der Unwirksamkeit dieser Kündigung geregelt. Vergleichbares gilt seit der Reform von 2003/2004 auch für alle sonstigen Wirksamkeitsanforderungen an schriftliche Kündigungen (→ Rn. 59). Andere Fragen des Kündigungsschutzrechts sollten nach der Begründung des Regierungsentwurfs in Übereinstimmung mit den Wünschen der Sozialpartner nicht geregelt, sondern bis zur Schaffung eines allgemeinen Gesetzes über das Arbeitsverhältnis zurückgestellt werden. Eine Teilregelung ist dann in Art. 2 des 1. ArbRBereinigG v. 14.8.1969 erfolgt (→ Rn. 28). Das KSchG selbst griff ursprünglich noch punktuell in das allgemeine Kündigungsrecht ein und regelte in § 11 Abs. 2 aF die Umdeutung einer unwirksamen außerordentlichen Kündigung in eine ordentliche. Dies hatte sich freilich nicht bewährt und wurde gestrichen, sodass seit der Fassung des Gesetzes von 1969 die Beschränkung auf den Kündigungsschutz klar durchgeführt ist. Daran haben auch die seither erfolgten

[197] Zu dieser Neuregelung insbes. Giesen/Besgen NJW 2004, 185; Preis RdA 2003, 65 (69 ff.); DB 2004, 70.

[198] Dazu ausf. Junker Gutachten B zum 65. DJT, 2004, B 46 ff.

[199] Dazu ausf. mwN Preis DB 1988, 1387; DB 1988, 1444; Wank RdA 1987, 129; grds. v. Hoyningen-Huene BB 1986, 2133 (2137); BB 1988, 264.

[200] Vgl. Bayreuther NZA 2006, 417; v. Hoyningen-Huene FS 50 Jahre Arbeitsgerichtsbarkeit Rheinland-Pfalz, 1999, 215 (240 ff.); Hromadka ZfA 2002, 383; Kamanabrou RdA 2004, 333; Preis RdA 2003, 65; Rebhahn RdA 2002, 272; Willemsen NJW 2000, 2779; aus jüngerer Zeit Bauer NZA 2019 Beil. 1, 21 (24); dagegen Deinert ZRP 2025, 108 (110 f.).

[201] Näher Kamanabrou RdA 2004, 333 (338 ff.).

Änderungen des KSchG, insbes. durch das BetrVG und das BPersVG (→ Rn. 29 ff., 36 ff.) nichts geändert.

96 Allerdings enthält das KSchG nicht nur Regeln über den allgemeinen Kündigungsschutz gegen sozialwidrige Kündigungen, wenn dieser auch den wichtigsten Teil des Gesetzes ausmacht (§§ 1–14), sondern es regelt in zwei weiteren Abschnitten den **besonderen Kündigungsschutz der Betriebsratsmitglieder,** Personalratsmitglieder und der Mitglieder anderer Arbeitnehmervertretungen sowie der Wahlbewerber (§§ 15 u. 16) und den **Kündigungsschutz bei Massenentlassungen** unter der Abschnittsbezeichnung „Anzeigepflichtige Entlassungen" (§§ 17–22a). Das Gesetz soll damit alle generellen gesetzlichen Normen des individualrechtlichen Kündigungsschutzrechts zusammenfassen, insoweit also eine erschöpfende Regelung des allgemeinen arbeitsrechtlichen Kündigungsschutzes aufstellen, die dann kollektivrechtlich durch die Normen des Betriebsverfassungs- und Personalvertretungsrechts über die Mitwirkung bzw. Mitbestimmung bei Kündigungen (→ Rn. 30 ff.; → Rn. 36 ff.) ergänzt wird.

2. Verhältnis des KSchG zum besonderen Kündigungsschutz

97 Wie bereits erwähnt wurde, gibt es eine Vielzahl besonderer Kündigungsschutzregelungen außerhalb des KSchG. Diese Regelungen gelten grds. **neben** dem allgemeinen Kündigungsschutz, werden also **durch das KSchG nicht beeinflusst.** Das wird iÜ durch § 13 Abs. 3 klargestellt, wonach das KSchG mit Ausnahme der §§ 4 bis 7 keine Anwendung findet, wenn eine Kündigung bereits aus anderen als den in § 1 Abs. 2 u. 3 bezeichneten Gründen rechtsunwirksam ist. Das sind insbes. Nichtigkeits- und Unwirksamkeitsgründe, die anderweitig ihre Rechtsgrundlage finden (zu Einzelheiten → § 13 Rn. 40 ff.).

3. Verhältnis des KSchG zu den Generalklauseln §§ 138, 242 BGB

98 Zu klären ist weiterhin das Verhältnis des KSchG zu den bürgerlichrechtlichen Generalklauseln der §§ 138, 242 BGB, die bis zum Erlass des KSchG vielfach die Grundlage für den Kündigungsschutz gebildet haben (→ Rn. 12). Die Problematik hat eine doppelte Bedeutung: Zum einen ist fraglich, ob für die unter das KSchG fallenden Arbeitnehmer neben dem Kündigungsschutz dieses Gesetzes noch ein **zusätzlicher Schutz** aus den genannten Paragrafen zu entnehmen ist. Zum anderen geht es darum, ob für die Arbeitnehmer, für die der Kündigungsschutz des KSchG nicht gilt, also für Arbeitnehmer in Kleinbetrieben (§ 23 Abs. 1) und für Arbeitnehmer, die noch nicht sechs Monate in dem betreffenden Betrieb oder Unternehmen tätig sind (§ 1 Abs. 1), **ein Kündigungsschutz aus §§ 138, 242 BGB** entwickelt werden kann. Da beide Fragenkreise eng miteinander verknüpft sind, werden sie zusammenhängend bei § 13 unter dem Gesichtspunkt der sittenwidrigen Kündigung (→ § 13 Rn. 31 ff.) und den sonstigen Unwirksamkeitsgründen des § 13 Abs. 3 erörtert (→ § 13 Rn. 40 ff.).

4. Verhältnis des KSchG zum Allgemeinen Gleichbehandlungsgesetz (AGG)

99 Dem am 18.8.2006 in Kraft getretenen AGG ist nicht ganz klar zu entnehmen, ob es **kündigungsrechtliche Bedeutung hat.** Einerseits sollen für Kündigungen nach § 2 Abs. 4 AGG ausschließlich die Bestimmungen zum allgemeinen und besonderen Kündigungsschutz gelten. Andererseits enthielten § 10 S. 3 Nr. 6 u. 7 AGG ursprünglich kündigungsrechtliche Bestimmungen, die sich auf die Sozialauswahl auswirkten (→ § 1 Rn. 926 f., 940, 944). Durch Art. 8 Abs. 1 des Zweiten Gesetzes zur Änderung des Betriebsrentengesetzes v. 2.12.2006 sind in § 10 S. 3 AGG die Nr. 6 u. 7 allerdings zum 12.12.2006 bereits wieder aufgehoben worden. Die mit der Streichung von § 10 S. 3 Nr. 6 u. 7 AGG beabsichtigte redaktionelle Anpassung an § 2 Abs. 4 AGG ist nicht

geglückt, weil gem. § 2 Abs. 1 Nr. 2 AGG nach wie vor Benachteiligungen aus einem in § 1 AGG genannten Grund in Bezug auf Entlassungsbedingungen unzulässig sind.[202]

In europarechtlicher Hinsicht ist unbestritten, dass die Antidiskriminierungsrichtlinien auch einen **Schutz vor diskriminierenden Kündigungen fordern** (vgl. Art. 3 Abs. 1 Buchst. c RL 2000/43/EG; Art. 3 Abs. 1 Buchst. c RL 2000/78/EG; Art. 14 Abs. 1 Buchst. c RL 2006/54/EG). Dies hat der EuGH für die Rahmenrichtlinie 2000/78/EG eindeutig klargestellt.[203] Über die Art und Weise der Umsetzung dieser unionsrechtlichen Vorgaben besteht indes Uneinigkeit. Ein erheblicher Teil des Schrifttums ist der Ansicht, § 2 Abs. 4 AGG sei wegen Europarechtswidrigkeit letztlich unanwendbar, so dass die Vorschrift der Anwendung der übrigen Normen des AGG nicht entgegenstehe („externe Lösung").[204] Nach der Gegenansicht ist den Vorgaben des Unionsrechts durch eine richtlinienkonforme Auslegung des Kündigungsschutzrechts Rechnung zu tragen („interne Lösung").[205] **100**

Das BAG hat sich in seiner Grundsatzentscheidung v. 6.11.2008 der letzteren Auffassung angeschlossen und dafür ausgesprochen, die **Diskriminierungsverbote des AGG** einschließlich der im AGG vorgesehenen Rechtfertigung unterschiedlicher Behandlungen **bei der Auslegung des Begriffs der Sozialwidrigkeit zu berücksichtigen.**[206] Insoweit beruft sich das BAG in systematischer Hinsicht auf § 2 Abs. 1 Nr. 2 AGG, der Entlassungsbedingungen in den Anwendungsbereich des Gesetzes einbezieht, auf die Gesetzgebungsgeschichte, den in einer „Verzahnung" mit anderen Rechtsgebieten liegenden Zweck von § 2 Abs. 4 AGG sowie das Erfordernis einer europarechtskonformen Auslegung des deutschen Rechts, indem diejenige mögliche Auslegung den Vorzug erhält, die zu einem wirksamen und abschreckenden Schutz gegen diskriminierende Entlassungen führt.[207] Damit ist das AGG als solches auf Kündigungen streng genommen nicht anwendbar. Vielmehr ergibt sich die rechtliche Unwirksamkeit einer diskriminierenden ordentlichen Kündigung im Anwendungsbereich des KSchG **normativ allein aus § 1**, während es bei einer außerordentlichen Kündigung in diesen Fällen an einem wichtigen Grund iSv § 626 BGB fehlt. Bei alledem wirkt sich der unionsrechtliche Hintergrund des AGG nicht nur in der Weise aus, dass die prima facie entgegenstehende Vorschrift des § 2 Abs. 4 AGG dem Grunde nach überwunden wird. Vielmehr müssen die Vorschriften des AGG als Blaupause für die Auslegung von § 1 auch iErg so interpretiert werden, dass sie allen Kündigungen entgegenstehen, die einen diskriminierenden Charakter haben. Eine vergleichsweise strenge Lesart des europäischen Antidiskriminierungsrechts durch den EuGH führt daher zwar nicht unmittelbar zur Unwirksamkeit einer dagegen verstoßenden Kündigung durch einen privaten Arbeitgeber. Die Notwendigkeit einer **unionsrechtskonformen Auslegung** des gesamten mitgliedstaatlichen Rechts hat indes zur Folge, dass sich die Interpretation des AGG diesen Vorgaben anzupassen hat und das auf **101**

---

202 Dazu auch HK-AGG/Däubler § 2 Rn. 291.

203 EuGH 11.7.2006 – C-13/05, NZA 2006, 839 Rn. 37 – Chacón Navas.

204 HK-AGG/Däubler § 2 Rn. 292ff.; Neef/Neef NZA 2006, 1241 (1244); Sagan NZA 2006, 1257 (1259); Schleusener/Suckow/Plum/Schleusener AGG § 2 Rn. 22ff.; Thüsing Arbeitsrechtlicher Diskriminierungsschutz, 2. Aufl. 2013, Rn. 108ff.; Anm. zu ArbG Osnabrück 5.2.2007 – 3 Ca 778/06, BB 2007, 1504 (1507); Wenckebach Anm. zu ArbG Bielefeld 25.4.2007 – 6 Ca 2886/06, AuR 2008, 69 (71); ebenso ArbG Osnabrück 5.2.2007 – 3 Ca 724/06, NZA 2007, 626 unter II 2d aa.

205 Deinert RdA 2007, 275 (277); HWK/Rupp AGG § 2 Rn. 13; ErfK/Schlachter AGG § 2 Rn. 17f.; Wendeling-Schröder/Stein/Stein, Allgemeines Gleichbehandlungsgesetz, 2008, § 2 Rn. 39ff.; für einen Rekurs auf § 138 BGB Löwisch BB 2006, 2189.

206 BAG 6.11.2008 – 2 AZR 523/07, NZA 2009, 361; seither stRspr., vgl. BAG 5.11.2009 – 2 AZR 676/08, NZA 2010, 457; 22.10.2009 – 8 AZR 642/08, NZA 2010, 280; 18.3.2010 – 2 AZR 468/08, NZA 2010, 1059; 17.10.2013 – 8 AZR 742/12, NZA 2014, 303; 12.12.2013 – 8 AZR 838/12, NZA 2014, 722.

207 Zust. Adomeit/Mohr NJW 2009, 2255; Benecke AuR 2009, 326; DD/Deinert § 1 Rn. 74; Jacobs/Krois Anm. zu BAG 6.11.2008 – 2 AZR 523/07, EzA § 1 KSchG Soziale Auswahl Nr. 82; KR/Rachor § 1 Rn. 218; aus methodischen Gründen abl. dagegen APS/Preis Grundlagen H Rn. 73dff.; Temming Anm. zu BAG 6.11.2008 – 2 AZR 523/07, AP KSchG 1969 § 1 Betriebsbedingte Kündigung Nr. 182, die sich dafür aussprechen, nicht die Diskriminierungsverbote des AGG, sondern stattdessen die europarechtlichen Diskriminierungsverbote im Rahmen ua von § 1 zu berücksichtigen.

diese Weise ausgelegte AGG wiederum für die Konkretisierung des Begriffs der Sozialwidrigkeit maßgeblich ist.

102 Danach ist eine Kündigung zum einen ohne Weiteres dann sozial ungerechtfertigt, wenn sie **ausschließlich auf ein Merkmal iSd § 1 AGG** gestützt wird, was sich schon daraus ergibt, dass in einem solchen Fall von vornherein kein rechtfertigender Grund vorliegt. Zum anderen ist eine Sozialwidrigkeit auch dann zu bejahen, wenn ein Kündigungsgrund zwar objektiv vorhanden ist (bspw. mehrfaches abmahnungswidriges Zuspätkommen des Arbeitnehmers), der Arbeitgeber die Kündigung aber **zusätzlich subjektiv aus einem unzulässigen Motiv** (bspw. Homosexualität des Arbeitnehmers) ausspricht.[208] Dass eine Kündigung außerhalb des Anwendungsbereiches des KSchG nach mittlerweile stRspr. des BAG gem. § 134 BGB iVm § 7 Abs. 1, §§ 1, 3 AGG unwirksam ist, sofern sie auf einem unzulässigen Motiv beruht,[209] zwingt nicht dazu, in diesen Gestaltungen ebenfalls auf § 134 BGB oder auf § 138 BGB[210] umzuschwenken. Denn § 2 Abs. 4 AGG kann so gelesen werden, dass die Bestimmungen über den allgemeinen und besonderen Kündigungsschutz gleichermaßen nur wie stets innerhalb ihres Anwendungsbereichs verdrängende Wirkung haben sollen, um insoweit eine Verdoppelung des Kündigungsschutzregimes zu verhindern. IÜ führt die Einbettung der diskriminierenden Kündigung in die Sozialwidrigkeit zwangsläufig dazu, dass dem Arbeitnehmer entsprechend allgemeinen Grundsätzen die Möglichkeit zusteht, nach Maßgabe von § 9 Abs. 1 S. 1 und Abs. 2 die Auflösung des Arbeitsverhältnisses gegen Zahlung einer Abfindung zu beantragen.

103 Allerdings liegt eine Sozialwidrigkeit in diesen Fällen nur dann vor, wenn auch tatsächlich eine Benachteiligung wegen eines Merkmals iSd § 1 AGG erfolgt. Hierzu muss der gekündigte Arbeitnehmer gem. § 3 Abs. 1 AGG eine **weniger günstige Behandlung** erfahren haben, als ein anderer Arbeitnehmer in einer vergleichbaren Situation erfahren würde. Dies trifft dann zu, wenn der Arbeitgeber im Beispielsfall (→ Rn. 102) einem nicht homosexuellen Arbeitnehmer trotz eines mehrfachen Zuspätkommens nicht gekündigt hätte. Wenn sich der Arbeitgeber dagegen stets an eine selbst aufgestellte Regel hält, bei einer bestimmten Anzahl von Verstößen gegen die Pflicht zu einem pünktlichen Arbeitsbeginn nach Abmahnung eine Kündigung zu erklären, fehlt es an einer Benachteiligung, auch wenn der Arbeitgeber zusätzlich zu verstehen gibt, dass er froh sei, sich von einem homosexuellen Arbeitnehmer trennen zu können. Entscheidend ist also letztlich, ob das beim Arbeitnehmer vorliegende oder jedenfalls angenommene Merkmal Teil eines Motivbündels ist und den Kündigungsentschluss des Arbeitgebers zumindest mitbestimmt hat oder ob es den Kündigungsvorgang gleichsam nur begleitet hat, ohne mitbestimmend gewesen zu sein.[211] Für eine Mitverursachung kann es freilich ausreichen, wenn der Arbeitgeber Zweifeln, ob er seiner „harten Linie" festhalten sollte, mit Rücksicht auf das Merkmal keinen Raum gibt, weil auch in diesem Fall ein die Kündigung letztlich mitbestimmendes unzulässiges Motiv vorhanden ist.

104 Die meisten Probleme im Spannungsverhältnis von Kündigungsschutzrecht und Antidiskriminierungsrecht ergeben sich im Rahmen der **Sozialauswahl bei der betriebsbedingten Kündigung,** was sich schon daraus ergibt, dass der Gesetzgeber selbst mit den Umständen Lebensalter und Betriebszugehörigkeit zwei Auswahlkriterien festgelegt hat, die unmittelbar bzw. mittelbar an das grds. unzulässige Differenzierungsmerkmal Alter anknüpfen. Darüber hinaus sehen zahlreiche tarifvertragliche Regelung einen Sonder-

[208] Benecke AuR 2016, 9 (12); APS/Preis Grundlagen H Rn. 73h; ebenso Domröse NZA 2006, 1320 (1324 f.) (aber Auflösung nach § 9 Abs. 1 S. 2); für eine Heranziehung von §§ 138, 242, 612a BGB Griebeling FS Etzel, 2011, 185 (187 ff.); Hamacher/Ulrich NZA 2007, 657 (658); Kamanabrou RdA 2007, 199 (200 f.); s. a. Hein NZA 2008, 1033 (1036): Heranziehung (nur) von § 242 BGB; aA Diller/Krieger/Arnold NZA 2006, 887 (889 f.): Kündigung wirksam, aber Anspruch aus § 15 AGG.

[209] Vgl. BAG 19.12.2013 – 6 AZR 190/12, NZA 2014, 372; 26.3.2015 – 2 AZR 237/14, NZA 2015, 734; 23.7.2015 – 6 AZR 457/14, NZA 2015, 1380; zust. Bauer/von Medem NJW 2016, 210 (211).

[210] So noch die 15. Aufl.

[211] Hein NZA 2008, 1033 (1036).

kündigungsschutz für ältere Arbeitnehmer vor, so dass sich bei einer Ausklammerung dieser Arbeitnehmer aus der Sozialauswahl auch insoweit die Frage nach einer möglicherweise unzulässigen Benachteiligung jüngerer Arbeitnehmer stellt (→ § 1 Rn. 922 ff.).

Eine andere Frage ist es, ob einem Arbeitnehmer, dem aus einem diskriminierenden Motiv heraus gekündigt worden ist, zusätzlich **ein Schadensersatzanspruch und ein Entschädigungsanspruch aus § 15 AGG** zusteht. Das BAG hatte dies zunächst offengelassen,[212] befürwortet inzwischen aber klar die Möglichkeit zumindest eines **Anspruchs auf Ersatz des immateriellen Schadens (§ 15 Abs. 2 AGG)**, wobei dies sowohl für Gestaltungen außerhalb[213] als auch innerhalb[214] des Anwendungsbereichs des KSchG gelten soll.[215] Hierfür spricht zunächst, dass man unionsrechtlich jedenfalls in den Situationen einer Diskriminierung aufgrund des Geschlechts wegen der Vorgabe aus Art. 18 RL 2006/54/EG an einem Schadensausgleich nicht vorbeikommt und auch im Anwendungsfeld von Art. 15 RL 2000/43/EG bzw. Art. 17 RL 2000/78/EG die geforderte wirksame, verhältnismäßige und abschreckende „Sanktion" schwerlich allein darin bestehen kann, dass der Arbeitgeber das unwirksam gekündigte Arbeitsverhältnis fortsetzen muss. Weiter lässt sich § 2 Abs. 4 AGG für die Fälle, in denen in der diskriminierenden Kündigung zugleich eine erhebliche Persönlichkeitsrechtsverletzung des Arbeitnehmers liegt, von vornherein keine Sperre gegenüber dem dann eingreifenden allgemeinen bürgerlichrechtlichen Schutz entnehmen. Auch steht § 2 Abs. 4 AGG schon seinem Wortlaut nach keinem Entschädigungsanspruch entgegen, wenn es um eine weniger einschneidende Maßnahme wie bspw. eine diskriminierende Versetzung geht.[216] Dann aber ist es überzeugender, die Sperrwirkung des § 2 Abs. 4 AGG in den gleichsam dazwischenliegenden Konstellationen einer „einfach" diskriminierenden Kündigung nur auf die Frage zu beziehen, nach welchen Regelungen sich die Wirksamkeit einer Kündigung richtet, wenn der Anwendungsbereich der Bestimmungen über den allgemeinen und besonderen Kündigungsschutz eröffnet ist. Immerhin geht auch das AGG nach seiner eigenen Systematik davon aus, dass die rechtliche Unwirksamkeit einer Regelung (§ 7 Abs. 2 AGG) der gleichzeitigen Existenz von finanziellen Ausgleichsansprüchen (§ 15 AGG) nicht per se entgegensteht. Dabei liegt es zwar in der Konsequenz des Antidiskriminierungsrechts, dass jede unmittelbare oder auch nur mittelbare Benachteiligung einen Entschädigungsanspruch auslöst.[217] Bei dessen Bemessung ist aber zu berücksichtigen, wie intensiv die fragliche Kündigung durch die Diskriminierung geprägt worden ist und wie stark das Inklusionsinteresse[218] wirklich beeinträchtigt worden ist. Da mit dem Entschädigungsanspruch gem. § 15 Abs. 2 AGG allein auf die Verletzung des Persönlichkeitsrechts reagiert werden soll, ist für dessen Geltendmachung lediglich das Fristenregime des § 15 Abs. 4 AGG iVm § 61b Abs. 1 ArbGG maßgebend, ohne dass es darauf ankommt, ob die Kündigung selbst wegen Nichteinhaltung der Klagefrist des § 4 wirksam wird. Demgegenüber wird ein **Anspruch auf Ersatz des materiellen Schadens (§ 15 Abs. 1 AGG)** vielfach von vornherein gegenstandslos sein, weil die Unwirksamkeit der Kündigung sowie ein etwaiger Anspruch auf Annahmeverzug dazu führen, dass dem Arbeitnehmer kein materieller Schaden entsteht.[219] Allerdings kann der Arbeitnehmer nicht einfach die Klagefrist bewusst verstreichen lassen und das gesamte künftig entgehende Entgelt als **105**

---

[212] BAG 22.10.2009 – 8 AZR 906/07, NZA 2009, 945; 28.4.2011 – 8 AZR 515/10, NJW 2011, 2458.

[213] BAG 12.12.2013 – 8 AZR 838/12, NZA 2014, 722; 19.12.2013 – 6 AZR 190/12, NZA 2014, 372.

[214] BAG 19.12.2013 – 6 AZR 190/12, NZA 2014, 372 Rn. 36 ff.

[215] Ebenso Benecke AuR 2016, 9 (13); DD/Deinert § 1 Rn. 72; Jacobs RdA 2009, 193 (196); Temming RdA 2019, 102 (104 f.); Wenckebach AuR 2010, 499 (501 ff.); aA Adomeit/Mohr NJW 2009, 2255 (2257); Bauer FS v. Hoyningen-Huene, 2014, 29 (39 f.) unter Hinweis auf einen möglichen Auflösungsantrag des Arbeitnehmers nach §§ 9, 10; Bauer/Krieger/Günther, AGG/EntgTranspG, 5. Aufl. 2018, AGG § 2 Rn. 71; Günther/Frey NZA 2014, 584 (589); Hanau ZIP 2006, 2189 (2192); Sagan NZA 2006, 1257 (1260); Schmitz-Scholemann/Brune RdA 2011, 129 (135); differenzierend Hamacher/Ulrich NZA 2007, 657 (659 f.); Kamanabrou RdA 2006, 321 (335 ff.).

[216] Vgl. BAG 22.1.2009 – 8 AZR 906/07, NZA 2009, 945.

[217] S. BAG 15.3.2012 – 8 AZR 37/11, NZA 2012, 910; aA offenbar KR/Plum/Wullenkord AGG § 2 Rn. 23.

[218] Vgl. BAG 15.3.2012 – 8 AZR 37/11, NZA 2012, 910 Rn. 47.

[219] S. aber auch Däubler Anm. zu BAG 12.12.2013 – 8 AZR 838/12, AP AGG § 15 Nr. 17 unter 4.

materiellen Schaden geltend machen.[220] Um den europarechtlich gebotenen Grundsatz des effektiven Rechtsschutzes gegenüber Diskriminierungen nicht auszuhebeln, wird man Kündigungsschutzklagen in den Grenzen von § 15 Abs. 4 AGG unter Heranziehung von § 5 aber nachträglich zuzulassen haben. Kommt es im Verlauf eines Kündigungsschutzprozesses mit Zustimmung des Arbeitnehmers zu einer Auflösung des Arbeitsverhältnisses gegen Zahlung einer Abfindung, können Abfindungs- und Entschädigungsanspruch aufgrund unterschiedlicher Zwecke nebeneinanderstehen.[221]

106 Die Verteilung der **Darlegung- und Beweislast** ist im Geltungsbereich des KSchG im Ausgangspunkt unproblematisch, weil der Arbeitgeber für die Kündigungsgründe nach § 1 Abs. 2 S. 4 darlegungs- und beweispflichtig ist. Freilich spricht einiges dafür, in den Fällen einer streitigen Motivationslage die Beweislastregelung des § 22 AGG heranzuziehen, um zu vermeiden, dass der Arbeitgeber entweder stets nur positiv die eine soziale Rechtfertigung bedingenden Umstände oder aber umgekehrt unabhängig vom Vorliegen von Indiztatsachen stets negativ das Fehlen diskriminierender Motive beweisen muss. Folglich muss der Arbeitnehmer Tatsachen darlegen und im Streitfall beweisen, die eine Benachteiligung vermuten lassen, während der Arbeitgeber beweisen muss, dass dies nicht zutrifft.

X. Internationaler Geltungsbereich des Kündigungsschutzgesetzes

1. Grundlagen

107 Die Bestimmung des **auf das Arbeitsverhältnis anzuwendenden Rechts** und damit auch des Kündigungsschutzrechts richtet sich bei Arbeitsverträgen, die nach dem 17.12.2009 geschlossen wurden, nach der Verordnung (EG) Nr. 593/2008 des Europäischen Parlaments und des Rates vom 17.6.2008 über das auf vertragliche Schuldverhältnisse anzuwendende Recht (**Rom I-VO**), Art. 28 Rom I-VO. Arbeitsverträge, die bis einschließlich 17.12.2009 abgeschlossen wurden, unterliegen weiterhin den Vorschriften des EGBGB,[222] sofern nicht Änderungen des Arbeitsvertrags die Annahme begründen, dass zwischen den Parteien ein neuer Arbeitsvertrag iSv Art. 28 Rom I-VO entstanden ist.[223] Im Unterschied zu den Vorschriften im EGBGB, die eine Umsetzung des Europäischen Schuldvertragsübereinkommens (EVÜ) darstellen, handelt es sich bei der Rom I-VO um eine unionsweit einheitliche Regelung mit **unmittelbarer Wirkung.** Eine Sonderstellung hat lediglich Dänemark inne, für das die Rom I-VO nicht gilt.[224] Aus Art. 2 Rom I-VO ergibt sich, dass das nach der Rom I-VO berufene Recht auch dann zur Anwendung kommt, wenn es sich nicht um das Recht eines Mitgliedstaats iSv Art. 1 Abs. 4 S. 1 Rom I-VO handelt (**allseitige Kollisionsnormen**).[225] Dies gilt abgesehen von Dänemark auch im Verhältnis zu anderen Drittstaaten, so bspw. der Schweiz[226] oder den USA. Der **allgemeine Kündigungsschutz des 1. Abschnitts** findet Anwendung, soweit das Arbeitsverhältnis dem **deutschen Recht** untersteht, was durch eine **Rechtswahlvereinbarung** gem. **Art. 3 Abs. 1, 8 Abs. 1 Rom I-VO** (Art. 27 Abs. 1, 30 Abs. 1 EGBGB aF)[227] oder kraft **objektiver Anknüpfung** geschehen kann.[228] Demgegenüber geht das BAG gedanklich nach

[220] IErg ebenso Sagan NZA 2006, 1257 (1260).
[221] Däubler Anm. zu BAG 12.12.2013 – 8 AZR 838/12, AP AGG § 15 Nr. 17 unter 4; aA Günther/Frey NZA 2014, 584 (589): „Einpreisung" der Entschädigung iSv § 15 Abs. 2 AGG in die Abfindung iSv § 9.
[222] BAG 21.3.2017 – 7 AZR 207/15, AP GVG § 20 Nr. 11 Rn. 66; 22.8.2024 – 2 AZR 251/23, NZA 2025, 241 Rn. 27.
[223] EuGH 18.10.2016 – C-135/15, NZA 2016, 1389 Rn. 32 – Nikiforidis.
[224] Deinert RdA 2009, 144 (145); MüKoBGB/Martiny Rom-I-VO Art. 1 Rn. 91 (zur Sonderrolle des Vereinigten Königreichs nach dem „Brexit" s. Rn. 90).
[225] BAG 23.3.2016 – 5 AZR 767/14, NJW 2016, 2285; 15.12.2016 – 6 AZR 430/15, NZA 2017, 502.
[226] Vgl. BAG 15.12.2016 – 6 AZR 430/15, NZA 2017, 502.
[227] Vgl. BAG 21.1.1999 – 2 AZR 648/97, NZA 1999, 539; 11.12.2003 – 2 AZR 627/02, BB 2004, 1393; 15.12.2016 – 6 AZR 430/15, NZA 2017, 502 Rn. 34 ff.; 20.10.2017 – 2 AZR 783/16, NZA 2018, 440 Rn. 23.
[228] Zur Eröffnung des Anwendungsbereichs des Art. 8 Rom I-VO Deinert IntArbR § 4 passim und Rn. 14 ff.

wie vor vom Anwendungsbereich des KSchG aus, das nur auf in Deutschlang gelegene Betriebe anwendbar sein soll, was ursprünglich auf die beschränkte Rechtsetzungsbefugnis der deutschen Gesetzgebungsorgane („Territorialitätsprinzip"),[229] später dann – bei gleichem Ergebnis – mit der Verwendung des Begriffs „Betrieb" in § 23 Abs. 1 begründet wurde,[230] obwohl zunächst von der kollisionsrechtlichen Frage auszugehen wäre, ob auf das Arbeitsverhältnis deutsches Recht anwendbar ist.[231]

Fehlt es an einer auf das deutsche Recht verweisenden Klausel (zum umgekehrten Fall der Wahl eines ausländischen Rechts → Rn. 112), folgt die Anwendbarkeit deutschen Arbeitsrechts auf Arbeitsverhältnisse in Deutschland uU aus **Art. 8 Abs. 2 S. 1 Rom I-VO** (Art. 30 Abs. 2 Nr. 1 EGBGB aF), wonach auf Arbeitsverträge mangels Vereinbarung das Recht desjenigen Staates Anwendung findet, in dem oder ggf. von dem aus der Arbeitnehmer **seine Arbeit gewöhnlich verrichtet** (lex loci laboris).[232] Liegt der gewöhnliche Arbeitsort nicht in Deutschland, kommt es hilfsweise gem. **Art. 8 Abs. 3 Rom I-VO** (Art. 30 Abs. 2 Nr. 2 EGBGB aF) auf den Ort an, in dem sich die **Einstellungsniederlassung** (lex filiae) befindet.[233] Insoweit spielen weder die Staatsangehörigkeit des Arbeitgebers noch diejenige des Arbeitnehmers eine Rolle (s. aber § 284 SGB III für die Arbeitserlaubnis).[234] Sofern sich aus der Gesamtheit der Umstände allerdings ergibt, dass der Arbeitsvertrag eine engere Verbindung zu einem anderen Staat aufweist, ist gem. **Art. 8 Abs. 4 Rom I-VO** (Art. 30 Abs. 2 Hs. 2 EGBGB aF) (**Ausweichklausel**) das Recht des anderen Staates anzuwenden. Als solche Umstände kommen insbes. die Staatsangehörigkeit der Parteien, der Sitz des Arbeitgebers, die Vertragssprache, die Währung für das Arbeitsentgelt, der Ort des Vertragsschlusses und der Wohnsitz in Betracht.[235] Es besteht aber nach Gesetzeswortlaut, -systematik und -begründung keine Rangfolge der zu berücksichtigenden Umstände. Vielmehr müssen die jeweiligen Einzelumstände in ihrer Mehrzahl das Gewicht der in Betracht kommenden Regelanknüpfung deutlich überwiegen.[236] Dementsprechend findet für sog. **Ortskräfte** ausländischer Vertretungen grds. deutsches Arbeitsrecht Anwendung.[237] Bei alledem umfasst das anwendbare Arbeitsvertragsstatut nach Art. 12 Abs. 1 Buchst. d Rom I-VO insb. auch die **Regeln über die Beendigung des Arbeitsverhältnisses.**[238] Von der **kollisionsrechtlichen Frage** des auf das einzelne Arbeitsverhältnis anzuwendenden Rechts strikt zu trennen ist die **sachlichrechtliche Frage** nach dem „räumlichen Geltungsbereich des KSchG",[239] genauer gesagt die Frage, ob ein Betrieb mit einer be- **108**

[229] BAG 9.10.1997 – 2 AZR 64/97, AP KSchG 1969 § 23 Nr. 16 unter II 2 a; in der Sache ebenso BAG 3.6.2004 – 2 AZR 386/03, AP KSchG 1969 § 23 Nr. 33 unter B I 4: „räumlicher Geltungsbereich des KSchG". Pointiert dagegen Junker FS Konzen, 2006, 367 (372 ff.).

[230] BAG 17.1.2008 – 2 AZR 902/06, NZA 2008, 872; 26.3.2009 – 2 AZR 883/07, AP KSchG 1969 § 23 Nr. 45; s. a. BAG 22.8.2024 – 2 AZR 251/23, NZA 2025, 241 Rn. 59 (zk § 24 Abs. 2).

[231] Näher Deinert RIW 2008, 148.

[232] BAG 15.12.2016 – 6 AZR 430/15, NZA 2017, 502 Rn. 56 ff.; Deinert IntArbR § 9 Rn. 85 ff.; KR/Horcher Int. ArbeitsvertragsR Rn. 53 ff.; LSSW/Löwisch Vor § 1 Rn. 50; MüKoBGB/Martiny Rom-I-VO Art. 8 Rn. 52 ff.; MHdB ArbR/Oetker § 13 Rn. 36 ff.; ErfK/Schlachter Rom-I-VO Art. 9 Rn. 10; Grüneberg/Thorn ROM-I-VO Art. 8 Rn. 10; noch zu Art. 6 Abs. 2 EVÜ EuGH 15.3.2011 – C-29/10, NZA 2011, 625 – Koelzschi; 15.12.2011 – C-384/10, NZA 2012, 227 – Voogsgeerd; noch zu Art. 30 Abs. 2 Nr. 1 EGBGB aF: BAG 11.12.2003 – 2 AZR 627/02, AP EGBGB nF Art. 27 Nr. 6; Schlachter NZA 2000, 59; Winkler v. Mohrenfels EAS B 3000 Rn. 145.

[233] Deinert IntArbR § 9 Rn. 119 ff.; noch zu Art. 30 Abs. 2 Nr. 2 EGBGB aF: BAG 12.12.2001 – 5 AZR 255/00, NZA 2002, 734, wo allerdings ausländisches Recht Anwendung fand; BAG 13.11.2007 – 9 AZR 134/07, NZA 2008, 761 Rn. 41.

[234] BAG 23.4.1998 – 2 AZR 489/97, AP KSchG 1969 § 23 Nr. 19 unter II 2; Krebber Internationales Privatrecht S. 314.

[235] Vgl. noch zu Art. 6 Abs. 2 EVÜ EuGH 12.9.2013 – C-64/12, NZA 2013, 1163 – Schlecker; noch zu Art. 30 EGBGB aF: BAG 24.8.1989 – 2 AZR 3/89, NZA 1990, 841; 22.10.2015 – 2 AZR 720/14, NZA 2016, 873 Rn. 18; 7.5.2020 – 2 AZR 692/19, NZA 2021, 225 Rn. 31; LAG Niedersachsen 20.11.1998 – 3 Sa 909/98, AR-Blattei ES 920 Nr. 6 mAnm Mankowski = BeckRS 1998, 30464564; KR/Horcher Int. ArbvertragsR Rn. 61 ff.

[236] Vgl. zu Art. 30 EGBGB aF: BAG 24.8.1989 – 2 AZR 3/89, AP Internat. Privatrecht, Arbeitsrecht Nr. 30 unter A II 3b aa; ErfK/Schlachter Rom-I-VO Art. 9 Rn. 17.

[237] BAG 20.11.1997 – 2 AZR 631/96, NZA 1998, 813; s. a. BAG 26.4.2017 – 5 AZR 962/13, AP GVG § 20 Nr. 12.

[238] Noch zu Art. 30 EGBGB aF BAG 22.10.2015 – 2 AZR 720/14, NZA 2016, 873 Rn. 18; 7.5.2020 – 2 AZR 692/19, NZA 2021, 225 Rn. 21; MHdB ArbR/Oetker § 13 Rn. 139.

[239] Junker FS Konzen, 2006, 367 (375 f.).

stimmten Mindestanzahl von Arbeitnehmern in Deutschland belegen (→ § 23 Rn. 5 f.)[240] und der fragliche Arbeitnehmer diesem Betrieb zugehörig sein muss.[241] Allerdings können die Parteien die Anwendbarkeit des 1. Abschnitts des KSchG auch unabhängig von dessen gesetzlichen Voraussetzungen vereinbaren.[242]

109 Der **2. Abschnitt des KSchG** kommt nur für inländische Betriebe und Dienststellen in Betracht, weil nur diese Betriebsräte und Personalvertretungen iSd deutschen Rechts haben. Diese Regeln gelten auch dann für alle in Deutschland gelegenen Betriebe, wenn diese in rechtlich unselbständiger Form von Ausländern betrieben werden.[243] Dasselbe ergibt sich für den **3. Abschnitt des KSchG,** weil es sich insoweit um international zwingendes öffentliches Wirtschaftsverfassungsrecht iSv Art. 9 Abs. 1 Rom I-VO handelt. Daher sind unabhängig vom Arbeitsvertragsstatut der Beschäftigten alle Inhaber inländischer Betriebe zu Anzeigen an die deutsche Arbeitsverwaltung verpflichtet,[244] während die Vorschriften bei echter Auslandsarbeit auch dann ausscheidet, wenn insoweit deutsches Arbeitsvertragsrecht gelten sollte.[245]

2. Sonderfälle

110 **a) „Ausstrahlung" und „Einstrahlung".** Werden Arbeitnehmer, die dem deutschen Arbeitsrecht unterstehen (→ Rn. 107), vorübergehend **in das Ausland entsandt** (bspw. Montageaufträge, Geschäftsreisen), bleibt das KSchG trotzdem anwendbar, was sich aus Art. 8 Abs. 2 S. 2 Rom I-VO ergibt.[246] Es handelt sich um Fälle der sog. **„Ausstrahlung"**[247] (vgl. § 4 SGB IV), bei denen das KSchG auch dann gilt, wenn der Arbeitnehmer im Zeitpunkt des Zugangs der Kündigung im Ausland tätig ist.[248] Spiegelbildlich besteht bei **aus dem Ausland entsandten** Arbeitnehmern mit ausländischem Arbeitsvertrag, die vorübergehend in Deutschland tätig sind, kein Kündigungsschutz nach dem KSchG. Insoweit handelt es sich um Fälle der sog. **„Einstrahlung"** (vgl. § 5 SGB IV).

111 **b) Deutsche Arbeitsverhältnisse im Ausland.** Werden Arbeitnehmer von deutschen Unternehmen dauerhaft im Ausland beschäftigt, kommt es gem. Art. 3 Abs. 1, 8 Abs. 1 Rom I-VO (Art. 27 Abs. 1, 30 Abs. 1 EGBGB aF) für die Bestimmung des maßgeblichen Rechts in erster Linie auf den Willen der Vertragsschließenden an. Die ausdrückliche oder konkludente Rechtswahl geht der Bestimmung des anwendbaren Rechts durch objektive Anknüpfung grds. vor.[249] Dementsprechend wird man in diesen Fällen nicht selten zur parteiautonomen Anwendung deutschen Kündigungsschutzrechts gelangen. So wurde etwa für das Arbeitsverhältnis eines deutschen Arbeitnehmers bei einer **deutschen Botschaft** im Ausland die Vereinbarung deutschen Rechts und damit des KSchG angenommen.[250] Dies gilt in entsprechender Weise für die nicht nur vorübergehende

---

[240] Hierzu BAG 17.1.2008 – 2 AZR 902/06, NZA 2008, 872; 26.3.2009 – 2 AZR 883/07, AP KSchG 1969 § 23 Nr. 45; BVerfG 12.3.2009 – 1 BvR 1250/08, BeckRS 2009, 45869.

[241] Dazu Gimmy/Hügel NZA 2013, 764 (766 ff.).

[242] Vgl. BAG 24.5.2018 – 2 AZR 54/18, NZA 2018, 1396 Rn. 30; Heise NZA-RR 2018, 191.

[243] So zu § 102 BetrVG: BAG 9.11.1977 – 5 AZR 132/76, NJW 1978, 1124; zum Wirtschaftsausschuss BAG 1.10.1974 – 1 ABR 77/73, AP BetrVG 1972 § 106 Nr. 1 mAnm Hinz; außerdem Beitzke AR-Blattei Rechtsquellen III, B II 14c; Deinert IntArbR § 13 Rn. 62, § 17 Rn. 19; Krebber Internationales Privatrecht S. 325; LSSW/Löwisch Vor § 1 Rn. 61; MüKoBGB/Martiny Rom-I-VO Art. 8 Rn. 158; aA Birk RdA 1984, 135; Gamillscheg Internationales Arbeitsrecht Nr. 317.

[244] Beitzke AR-Blattei Rechtsquellen III, B II 14c; Deinert IntArbR § 13 Rn. 63; Gamillscheg Internationales Arbeitsrecht Nr. 312; ZfA 1983, 363; Krebber Internationales Privatrecht S. 324; LSSW/Löwisch Vor § 1 Rn. 62; KR/Horcher Int. ArbeitsvertragsR Rn. 127.

[245] Deinert IntArbR § 13 Rn. 63.

[246] Vgl. BAG 21.9.2016 – 10 ABR 33/15, AP TVG § 5 Nr. 35 Rn. 105.

[247] Zum Hintergrund s. Deinert IntArbR § 9 Rn. 100.

[248] Dazu Däubler AuR 1990, 5; Deinert IntArbR § 9 Rn. 99 ff.; Franzen AR-Blattei SD 920 Rn. 76; KR/Horcher Int. ArbeitsvertragsR Rn. 57 f.; MüKoBGB/Martiny Rom-I-VO Art. 8 Rn. 67; MHdB ArbR/Oetker § 13 Rn. 41; LSSW/Löwisch Vor § 1 Rn. 50; ErfK/Schlachter Rom-I-VO Art. 9 Rn. 13; für ein weites Verständnis einer „Ausstrahlung" LAG Niedersachsen 9.11.2017 – 5 Sa 176/17, NZA-RR 2018, 187.

[249] BAG 15.12.2016 – 6 AZR 430/15, AP KSchG 1969 § 4 Nr. 85 Rn. 40 ff.; Deinert RdA 2009, 144 (145).

[250] BAG 10.5.1962 – 2 AZR 397/61, NJW 1962, 1885.

Entsendung deutscher Arbeitnehmer zu einer **ausländischen Zweigstelle** oder Tochtergesellschaft ihres Arbeitgebers.[251] Für Besatzungen von **Seeschiffen**[252] und **Luftfahrzeugen**[253] kann allerdings nicht nur auf die Nationalität oder Flagge abgestellt werden,[254] sondern es gelten die → Rn. 108 ausgeführten Grundsätze zu Art. 8 Rom I-VO.[255]

c) **Wahl ausländischen Rechts.** Nach Art. 3 Abs. 1, 8 Abs. 1 Rom I-VO (Art. 27 **112**
Abs. 1, 30 Abs. 1 EGBGB aF) kann grds. auch unabhängig von einer Auslandsberührung **ausländisches Recht vereinbart** werden.[256] Durch eine solche Rechtswahl kann dem Arbeitnehmer aber gem. Art. 8 Abs. 1 S. 2 Rom I-VO, der als lex specialis Art. 3 Abs. 3 Rom I-VO verdrängt,[257] nicht der Schutz entzogen werden, der ihm die durch unabdingbaren Normen desjenigen Rechts gewährt würde, das bei objektiver Anknüpfung zur Anwendung kommen würde. Daher ist in Fällen dieser Art nach **Art. 8 Abs. 2, 3 u. 4 Rom I-VO** (Art. 30 Abs. 2 Nr. 1 u. 2 EGBGB aF) zu klären, welches Recht bei objektiver Anknüpfung anwendbar wäre (dazu → Rn. 108) und ob die in in diesem Fall einschlägigen Vorschriften einen höheren Schutz als die gewählte Rechtsordnung gewähren (**Günstigkeitsvergleich**).[258]

Hat das Arbeitsverhältnis danach **keinen hinreichenden Auslandsbezug,** liegt also ein **113**
(reiner) Inlandsfall vor, so bleibt trotz der Wahl des ausländischen Rechts somit der 1. Abschnitt des KSchG (§§ 1–14) als (einfach) „zwingende Bestimmungen" anwendbar,[259] sofern nicht die gewählte Rechtsordnung einen höheren Kündigungsschutz vorsieht. Besteht dagegen eine **hinreichende Auslandsberührung** (bspw. durch Staatsangehörigkeit, Arbeitsort, Niederlassung, Wohnsitz etc), die objektiv zur Anwendung ausländischen Rechts führen würde, ist auch die Wahl dieses Rechts ohne weitere Einschränkung zulässig.[260] Denn der allgemeine Kündigungsschutz gehört **nicht** zu den Bestimmungen des deutschen Rechts iSv **Art. 9 Abs. 1 Rom I-VO** (Art. 34 EGBGB aF), die ohne Rücksicht auf das anwendbare Recht den Sachverhalt als **Eingriffsnormen** zwingend regeln.[261] Dies gilt gleichermaßen, wenn ausländisches Arbeitsrecht ohne Rechtswahlvereinbarung kraft objektiver Anknüpfung zur Anwendung kommt.

Dagegen ist die Abwahl deutschen Rechts zugunsten ausländischen Rechts nicht **114**
möglich im Bereich des **2. und 3. Abschnitts des Kündigungsschutzgesetzes.** Denn bei ihnen handelt es sich grds. um **zwingende Vorschriften** iSd Art. 9 Rom I-VO, weil die Bestimmungen über den Kündigungsschutz der Betriebsverfassungsorgane und über Massenentlassungen über das Individualinteresse hinausgehende Interessen regeln, bei denen staatliche Stellen (Agenturen für Arbeit), Gerichte und Betriebsverfassungsorgane

---

[251] Vgl. BAG 21.1.1999 – 2 AZR 648/97, AP KSchG 1969 § 1 Konzern Nr. 9; Däubler RIW 1987, 252.

[252] Hierzu Deinert IntArbR § 9 Rn. 156 ff.; Goecke, Das Heuerverhältnis unter dem Seearbeitsgesetz, 2021, S. 140 ff.; Überblick über das Seearbeitsrecht bei Junker EuZA 2016, 409.

[253] Dazu Deinert IntArbR § 9 Rn. 154 ff.

[254] So noch BAG 30.5.1963 – 5 AZR 326/62, AP Internat. Privatrecht – Arbeitsrecht Nr. 7.

[255] BAG 24.8.1989 – 2 AZR 3/89, NZA 1990, 841; ebenso KR/Horcher Int. ArbeitsvertragsR Rn. 65 ff., 68 ff.; E. Lorenz RdA 1990, 224 f.; MüKoBGB/Martiny Rom-I-VO Art. 8 Rn. 88 ff.; Grüneberg/Thorn Rom-I-VO Art. 8 Rn. 10.

[256] Deinert IntArbR § 9 Rn. 40; KR/Horcher Int. ArbeitsvertragsR Rn. 13 ff.; ErfK/Schlachter Rom-I-VO Art. 9 Rn. 5, 20; NZA 2000, 58; Grüneberg/Thorn Rom-I-VO Art. 3 Rn. 4; Winkler v. Mohrenfels EAS B 3000 Rn. 33 f.; s. a. Fornasier EuZA 2025, 290 (295 f.); aA Hueck KSchG Einl. Rn. 92 zur früheren Rechtslage nach Art. 30 EGBGB aF; Reiserer NZA 1994, 676 f. unter verfehlter Berufung auf Heilmann Arbeitsvertragsstatut S. 91; dazu zutr. Franzen AR-Blattei SD 920 Rn. 126.

[257] Deinert IntArbR § 9 Rn. 42; ebenso zu Art. 27 Abs. 3, 30 Abs. 1 EGBGB aF Schlachter NZA 2000, 57 (62); unklar EuGH 18.10.2016 – C-135/15, NZA 2016, 1389 Rn. 42, 47 – Nikiforidis.

[258] Vgl. BAG 15.12.2016 – 6 AZR 430/15, AP KSchG 1969 § 4 Nr. 85 Rn. 51; 22.8.2024 – 2 AZR 251/23, NZA 2025, 241 Rn. 29.

[259] BAG 24.8.1989 – 2 AZR 3/89, NZA 1990, 841; 10.4.2014 – 2 AZR 741/13, AP GVG § 20 Nr. 8 Rn. 39; Bayreuther EuZA 2025, 279 (281); Deinert IntArbR § 13 Rn. 32; VSSAR 2023, 391 (394).

[260] ErfK/Schlachter Rom-I-VO Art. 9 Rn. 19.

[261] BAG 24.8.1989 – 2 AZR 3/89, NZA 1990, 841; 10.4.2014 – 2 AZR 741/13, AP GVG § 20 Nr. 8 Rn. 38; 22.10.2015 – 2 AZR 720/14, NZA 2016, 473 Rn. 34; 7.5.2020 – 2 AZR 692/19, NZA 2021, 225 Rn. 51; Franzen AR-Blattei SD 920 Rn. 119; KR/Horcher Int. ArbeitsvertragsR Rn. 37; LSSW/Löwisch Vor § 1 Rn. 53; Magnus IPRax 1991, 385; M. Schmidt NZA 1998, 171; Grüneberg/Thorn Rom-I-VO Art. 9 Rn. 9; Winkler v. Mohrenfels EAS B 3000 Rn. 91; aA Krebber Internationales Privatrecht S. 312 f.

eingeschaltet werden müssen.[262] Darüber hinaus sind die Vorschriften über den Sonderkündigungsschutz letztlich nicht als Eingriffsnormen iSd Art. 9 Rom I-VO anzusehen, sondern sachlich dem BetrVG zuzuordnen und unterliegen daher dem an die Belegenheit des Betriebs anknüpfenden Betriebsverfassungsstatut,[263] sodass es einer Anwendung von Art. 9 Rom I-VO eigentlich nicht bedarf. Infolgedessen wäre eine Rechtswahl zur Vermeidung dieser deutschen Regelungen wirkungslos. Stattdessen bleibt es bei der Anwendung der §§ 15 f., 17 ff. im Inland, soweit deren Voraussetzungen vorliegen.

3. Arbeitnehmer bei den alliierten Streitkräften

115 Für Arbeitnehmer bei den alliierten Streitkräften gilt anstelle des früher maßgebenden Truppenvertrages v. 26.5.1952/23.10.1954 seit dem 1.7.1963 das **Zusatzabkommen** v. 3.8.1959[264] zu dem Abkommen zwischen den Parteien des **Nordatlantikvertrages** über die Rechtsstellung ihrer Truppen v. 19.6.1951,[265] und zwar seit dem 29.3.1998 idF des Änderungsabkommens v. 18.3.1993[266] – im Folgenden ZAbk.[267]

116 Auf die Arbeitsverhältnisse der in Betracht kommenden Arbeitnehmer ist grds. **deutsches Arbeitsrecht** anwendbar (Art. 56 Abs. 1a ZAbk). Diese Rechtslage hat sich durch die Wiedervereinigung Deutschlands nicht geändert.[268] Arbeitgeber der zivilen Arbeitnehmer sind die Streitkräfte,[269] wenn auch die Lohnzahlung durch den Bund erfolgt. Ansprüche der Arbeitnehmer aus dem Arbeitsverhältnis bzw. Kündigungsschutzklagen sind aber gegen den Bund als Prozessstandschafter geltend zu machen.[270] Klagen für den Arbeitgeber werden vom Bund erhoben. Für solche Klagen sind die deutschen Arbeitsgerichte zuständig (Art. 56 Abs. 8 ZAbk). Als Arbeitgeber haben die Streitkräfte auch die Befugnis zur Kündigung (Art. 56 Abs. 6 ZAbk). Für die von ihnen gegenüber einem deutschen Arbeitnehmer ausgesprochene **Kündigung** gilt grds. das **KSchG,** insbes. sein erster,[271] aber auch sein zweiter[272] und sein dritter Abschnitt.[273]

117 Jedoch sieht Art. 56 Abs. 2a ZAbk **wichtige Abweichungen** vor: Stellt ein deutsches Arbeitsgericht fest, dass das Arbeitsverhältnis eines Arbeitnehmers bei den alliierten Streitkräften durch eine Kündigung des Arbeitgebers nicht aufgelöst ist, und hat dieser im Prozess erklärt, dass der Weiterbeschäftigung besonders schutzwürdige militärische Belange entgegenstehen, so hat das Gericht **von Amts wegen eine Abfindung** für den Fall festzusetzen, dass die Weiterbeschäftigung abgelehnt wird.[274] Das gilt vor allem für Kündigungsschutzklagen, aber auch für sonstige Klagen auf Feststellung oder Leistung aus dem Arbeitsverhältnis. Die Höhe der Abfindung richtet sich nach deutschem Recht,

---

[262] BAG 24.8.1989 – 2 AZR 3/89, NZA 1990, 841 (845); Deinert IntArbR § 13 Rn. 63; Franzen AR-Blattei SD 920 Rn. 121 f.; Heilmann Arbeitsvertragsstatut S. 123.

[263] Deinert IntArbR § 13 Rn. 62; MüKoBGB/Martiny Rom-I-VO Art. 8 Rn. 153.

[264] BGBl. 1961 II S. 1218.

[265] BGBl. 1961 II S. 1190.

[266] BGBl. 1994 II S. 2598; BGBl. 1998 II S. 1691.

[267] Dazu Beitzke RdA 1959, 441; RdA 1973, 156; AR-Blattei Stationierungsstreitkräfte I (1973); FS Kegel, 1997, 33; DD/Däubler NATO-ZA Artikel 56; KR/Kreutzberg-Kowalczyk NATO-ZusAbk Art. 56; APS/Linck NTS-ZA Art. 56; LSSW/Löwisch Vor § 1 Rn. 63 ff.; Reichel BArbBl. 1961, 126; BArbBl. 1973, 298.

[268] BAG 14.1.1993 – 2 AZR 387/92, AP ZA-Nato-Truppenstatut Art. 56 Nr. 15 unter B 1.

[269] BAG 20.12.1957 – 1 AZR 87/57, AP Truppenvertrag Art. 44 Nr. 11; Beitzke AR-Blattei Stationierungsstreitkräfte I, B II 1.

[270] Vgl. BAG 26.1.2017 – 2 AZR 61/16, AP KSchG 1969 Betriebsbedingte Kündigung Nr. 212; 27.7.2017 – 2 AZR 476/16, AP KSchG 1969 Betriebsbedingte Kündigung Nr. 213.

[271] BAG 9.12.1971 – 2 AZR 118/71, AP ZA-Nato-Truppenstatut Art. 56 Nr. 3; 14.1.1993 – 2 AZR 387/92, AP ZA-Nato-Truppenstatut Art. 56 Nr. 15; 25.10.2012 – 2 AZR 552/11, AP KSchG 1969 Betriebsbedingte Kündigung Nr. 197; 27.7.2017 – 2 AZR 476/16, AP KSchG 1969 Betriebsbedingte Kündigung Nr. 213; KR/Kreutzberg-Kowalczyk NATO-ZusAbk Art. 56 Rn. 29.

[272] BAG 29.1.1981 – 2 AZR 778/78, AP KSchG 1969 § 15 Nr. 10 mAnm Beitzke; KR/Kreutzberg-Kowalczyk NATO-ZusAbk Art. 56 Rn. 41.

[273] BAG 3.7.1969 – 2 AZR 424/68, AP TVAL II § 46 Nr. 1; 21.5.1970 – 2 AZR 294/69, AP KSchG § 15 Nr. 11; 22.9.2005 – 2 AZR 544/04, AP KSchG 1969 § 15 Nr. 59 unter B V; KR/Kreutzberg-Kowalczyk NATO-ZusAbk Art. 56 Rn. 37; LSSW/Löwisch Vor § 1 Rn. 63.

[274] BAG 9.12.1971 – 2 AZR 118/71, AP ZA-Nato-Truppenstatut Art. 56 Nr. 3 mAnm Beitzke.

also nach § 10 (→ § 10 Rn. 5 ff.). Trotz des Urteils konnten die Streitkräfte die Weiterbeschäftigung nach früherer Rechtslage ablehnen mit der Begründung, dass ihr besonders schutzwürdige militärische Belange entgegenstehen, Art. 56 Abs. 1c ZAbk aF (zur früheren Rechtslage vgl. v. Hoyningen-Huene/Linck, 12. Aufl. 1997, Einl. Rn. 86a). Nach dem **Änderungsabkommen** v. 18.3.1993,[275] in Kraft getreten am 29.3.1998,[276] darf die Weiterbeschäftigung nicht mehr abgelehnt werden, weil Art. 56 Abs. 1c ZAbk ersatzlos gestrichen worden ist.[277] Die Neuregelung entspricht damit weitgehend der allgemeinen Rechtslage.[278]

Nach Art. 56 Nr. 9 ZAbk gilt für die Betriebsvertretungen der Arbeitnehmer bei den **118** alliierten Streitkräften deutsches Personalvertretungsrecht (→ § 15 Rn. 17). Für die Mitglieder der Betriebsvertretungen ist daher auch der besondere **Kündigungsschutz des § 15** anwendbar,[279] der Auflösungsantrag nach Art. 56 Abs. 2a ZAbk (→ Rn. 117) kommt nach der ausdrücklichen Regelung in Art. 56 Abs. 2c ZAbk allerdings nicht in Betracht.[280]

---

[275] BGBl. 1994 II S. 2598.
[276] BGBl. 1998 II S. 1691.
[277] Dazu KR/Kreutzberg-Kowalczyk NATO-ZusAbk Art. 56 Rn. 13.
[278] Vgl. BR-Drs. 670/93, 69; Einzelheiten bei KR/Kreutzberg-Kowalczyk NATO-ZusAbk Art. 56 Rn. 31 ff.
[279] BAG 22.9.2005 – 2 AZR 544/04, AP KSchG 1969 § 15 Nr. 59 unter B II; 2.3.2006 – 2 AZR 83/05, AP KSchG 1969 § 15 Nr. 61 Rn. 14; KR/Kreutzberg-Kowalczyk NATO-ZusAbk Art. 56 Rn. 41.
[280] Ebenso LSSW/Löwisch Vor § 1 Rn. 65.

C. Kommentar zum Kündigungsschutzgesetz (KSchG)

Vom 25. August 1969 (BGBl. I S. 1317)

Zuletzt geändert durch Gesetz vom 14. Juni 2021 (BGBl. I S. 1762)

Erster Abschnitt. Allgemeiner Kündigungsschutz

§ 1 Sozial ungerechtfertigte Kündigungen

(1) Die Kündigung des Arbeitsverhältnisses gegenüber einem Arbeitnehmer, dessen Arbeitsverhältnis in demselben Betrieb oder Unternehmen ohne Unterbrechung länger als sechs Monate bestanden hat, ist rechtsunwirksam, wenn sie sozial ungerechtfertigt ist.

(2) [1] Sozial ungerechtfertigt ist die Kündigung, wenn sie nicht durch Gründe, die in der Person oder in dem Verhalten des Arbeitnehmers liegen, oder durch dringende betriebliche Erfordernisse, die einer Weiterbeschäftigung des Arbeitnehmers in diesem Betrieb entgegenstehen, bedingt ist. [2] Die Kündigung ist auch sozial ungerechtfertigt, wenn

1. in Betrieben des privaten Rechts
   a) die Kündigung gegen eine Richtlinie nach § 95 des Betriebsverfassungsgesetzes verstößt,
   b) der Arbeitnehmer an einem anderen Arbeitsplatz in demselben Betrieb oder in einem anderen Betrieb des Unternehmens weiterbeschäftigt werden kann

   und der Betriebsrat oder eine andere nach dem Betriebsverfassungsgesetz insoweit zuständige Vertretung der Arbeitnehmer aus einem dieser Gründe der Kündigung innerhalb der Frist des § 102 Abs. 2 Satz 1 des Betriebsverfassungsgesetzes schriftlich widersprochen hat,
2. in Betrieben und Verwaltungen des öffentlichen Rechts
   a) die Kündigung gegen eine Richtlinie über die personelle Auswahl bei Kündigungen verstößt,
   b) der Arbeitnehmer an einem anderen Arbeitsplatz in derselben Dienststelle oder in einer anderen Dienststelle desselben Verwaltungszweiges an demselben Dienstort einschließlich seines Einzugsgebietes weiterbeschäftigt werden kann

   und die zuständige Personalvertretung aus einem dieser Gründe fristgerecht gegen die Kündigung Einwendungen erhoben hat, es sei denn, daß die Stufenvertretung in der Verhandlung mit der übergeordneten Dienststelle die Einwendungen nicht aufrechterhalten hat.

[3] Satz 2 gilt entsprechend, wenn die Weiterbeschäftigung des Arbeitnehmers nach zumutbaren Umschulungs- oder Fortbildungsmaßnahmen oder eine Weiterbeschäftigung des Arbeitnehmers unter geänderten Arbeitsbedingungen möglich ist und der Arbeitnehmer sein Einverständnis hiermit erklärt hat. [4] Der Arbeitgeber hat die Tatsachen zu beweisen, die die Kündigung bedingen.

(3) [1] Ist einem Arbeitnehmer aus dringenden betrieblichen Erfordernissen im Sinne des Absatzes 2 gekündigt worden, so ist die Kündigung trotzdem sozial ungerechtfertigt, wenn der Arbeitgeber bei der Auswahl des Arbeitnehmers die Dauer der Betriebszugehörigkeit, das Lebensalter, die Unterhaltspflichten und die Schwerbehinderung des Arbeitnehmers nicht oder nicht ausreichend berücksichtigt hat; auf Verlangen des Arbeitnehmers hat der Arbeitgeber dem Arbeitnehmer die Gründe anzugeben, die zu der getroffenen sozialen Auswahl geführt haben. [2] In die soziale Auswahl nach Satz 1 sind

Arbeitnehmer nicht einzubeziehen, deren Weiterbeschäftigung, insbesondere wegen ihrer Kenntnisse, Fähigkeiten und Leistungen oder zur Sicherung einer ausgewogenen Personalstruktur des Betriebes, im berechtigten betrieblichen Interesse liegt. [3]Der Arbeitnehmer hat die Tatsachen zu beweisen, die die Kündigung als sozial ungerechtfertigt im Sinne des Satzes 1 erscheinen lassen.

(4) **Ist in einem Tarifvertrag, in einer Betriebsvereinbarung nach § 95 des Betriebsverfassungsgesetzes oder in einer entsprechenden Richtlinie nach den Personalvertretungsgesetzen festgelegt, wie die sozialen Gesichtspunkte nach Absatz 3 Satz 1 im Verhältnis zueinander zu bewerten sind, so kann die Bewertung nur auf grobe Fehlerhaftigkeit überprüft werden.**

(5) **[1]Sind bei einer Kündigung auf Grund einer Betriebsänderung nach § 111 des Betriebsverfassungsgesetzes die Arbeitnehmer, denen gekündigt werden soll, in einem Interessenausgleich zwischen Arbeitgeber und Betriebsrat namentlich bezeichnet, so wird vermutet, dass die Kündigung durch dringende betriebliche Erfordernisse im Sinne des Absatzes 2 bedingt ist. [2]Die soziale Auswahl der Arbeitnehmer kann nur auf grobe Fehlerhaftigkeit überprüft werden. [3]Die Sätze 1 und 2 gelten nicht, soweit sich die Sachlage nach Zustandekommen des Interessenausgleichs wesentlich geändert hat. [4]Der Interessenausgleich nach Satz 1 ersetzt die Stellungnahme des Betriebsrates nach § 17 Abs. 3 Satz 2.**

1. Allgemeines Schrifttum zu § 1 KSchG 1969 bis zum 31.12.2003 Apel, Die Ausgleichsquittung im Arbeitsrecht, 1982; Burg, Die Problematik der Ausgleichsquittung im Arbeitsrecht, 1983; Dey, Der Grundsatz der Verhältnismäßigkeit im Kündigungsrecht, 1989; Dikomey, Das ruhende Arbeitsverhältnis, 1991; Fenn, Die Mitarbeit in den Diensten Familienangehöriger, 1970; Fromm, Die arbeitnehmerbedingten Kündigungsgründe, 1995; Gentges, Prognoseprobleme im Kündigungsschutzrecht, 1994; Greger, Beweis und Wahrscheinlichkeit, 1978; Hanau, Möglichkeiten der Sanierung von Unternehmen durch Maßnahmen im Unternehmens-, Arbeits-, Sozial- und Insolvenzrecht, Gutachten für den 54. Deutschen Juristentag, 1982; Helle, Konzernbedingte Kündigungsschranken, 1989; Henssler, Der Arbeitsvertrag im Konzern, 1983; Hess/Knörig, Das Arbeitsrecht bei Sanierung und Konkurs, 1991; Hirschberg, Der Grundsatz der Verhältnismäßigkeit, 1981; Huber, Das Beweismaß im Zivilprozess, 1983; Ingenfeld, Die Betriebsausgliederung aus der Sicht des Arbeitsrechts, 1992; Käßer, Der fehlerhafte Arbeitsvertrag, 1979; Kappus, Rechtsfragen der Telearbeit, 1981; Kiel, Die anderweitige Beschäftigungsmöglichkeit im Kündigungsschutz, 1990; Kramer, Kündigungsvereinbarungen im Arbeitsvertrag, 1994; Lieb, Die Ehegattenmitarbeit im Spannungsfeld zwischen Rechtsgeschäft, Bereicherungsausgleich und gesetzlichem Güterstand, 1970; Maute, Gleichbehandlung von Arbeitnehmern, 1993; Nell, Wahrscheinlichkeitsurteile in juristischen Entscheidungen, 1983; Neuhausen, Der im voraus erklärte Verzicht des Arbeitnehmers auf Kündigungsschutz, 1993; Oetker, Die Anhörung des Betriebsrats vor Kündigungen, 1987; Otto, Personale Freiheit und soziale Bindung, 1978; Pfarr, Rechtsfragen der Telearbeit, 1989; Reinecke, Die Beweislastverteilung im Bürgerlichen Recht und im Arbeitsrecht als rechtspolitische Regelungsaufgabe, 1976; Schwerdtner/Brill, Aktuelle Rechtsfragen zum Weiterbeschäftigungsanspruch gekündigter Arbeitnehmer, 1986; Silberberger, Weiterbeschäftigungsmöglichkeiten und Kündigungsschutz im Konzern, 1994; Walter, Freie Beweiswürdigung, 1979; Wickler, Die Arbeitgeberkündigung beim rechtsgeschäftlichen Betriebsinhaberwechsel, 1985.

2. Allgemeines Schrifttum zu § 1 KSchG 1969 ab 1.1.2004 Annuß, Betriebsbedingte Kündigung und arbeitsvertragliche Bindung, 2004; Bauer/Krieger, Kündigungsrecht – Reformen 2004, 2004; Biebl, Das neue Kündigungs- und Befristungsrecht, 2004; Blessing, Rechtsfolgen diskriminierender Kündigungen unter Geltung des Allgemeinen Gleichbehandlungsgesetzes, 2011; Heimbach, Das Verhältnis der außerordentlichen Kündigung des Arbeitgebers zur ordentlichen Kündigung nach dem KSchG, 2009; Heßler, Die Angabe eines Kündigungsgrundes im arbeitsrechtlichen Kündigungsverfahren, 2008; Horn, Arbeitsrechtlicher Kündigungsschutz und Europarecht, 2009; Jüttner, Der Vorrang der Änderungskündigung vor der Beendigungskündigung, 2011; Kleinert, Die Selbstbindung des Arbeitgebers im Kündigungs- und Befristungsrecht, 2018; Kraayvanger, Die Mitverantwortung des Arbeitgebers im Kündigungsschutz, 2023; Leder, Die Beendigung von Arbeitsverhältnissen im öffentlichen Dienst, 2008; Marx, Absprachen der Arbeitsvertragsparteien zur Vermeidung einer Sperrzeit gemäß § 144 SGB III, 2008; Maywald, Der Einsatz von Arbeitnehmern in Matrixstrukturen multinationaler Konzerne, 2010; Meier, Die unterlassene Änderungskündigung als Unwirksamkeitsgrund der Beendigungskündigung, 2011; Meixner, Neue arbeitsrechtliche Regelungen 2004, 2004; Rieble/Junker/Giesen (Hrsg.), Arbeitsrecht im Konzern, 2010; S. Schmidt, Der Beurteilungszeitpunkt der Kündigung des Arbeitsverhältnisses und die Berücksichtigung nachträglicher Umstände, 2021; Söhner, Der Verzicht des Arbeitnehmers und Auszubildenden auf Bestandsschutz, 2008; Tucci, Arbeitnehmermobilität im Konzern, 2012; Weyand/Düwell, Das neue Arbeitsrecht, 2005.

Übersicht

A. Allgemeines

I. Grundsätzlicher Normgehalt und textliche Entwicklung

§ 1 enthält die **grundlegende Norm des allgemeinen Kündigungsschutzes.** Während in der Zeit des Wirtschaftsliberalismus für die Kündigung des Arbeitsverhältnisses der Grundsatz der Kündigungsfreiheit galt, der Arbeitgeber also ebenso wenig wie der Arbeitnehmer für die ordentliche Kündigung besondere Gründe darzulegen brauchte, ist seit mittlerweile mehr als sieben Jahrzehnten auf Seiten des Arbeitgebers im Anwendungsbereich des KSchG (§§ 1, 23) nur noch eine sozial gerechtfertigte Kündigung statthaft. Damit ist die **bürgerlichrechtliche Kündigungsfreiheit des Arbeitgebers** (vgl. § 620 Abs. 1 BGB) **massiv eingeschränkt** (ausf.→ Einl. Rn. 1 ff.). 1

2 Das Gesetz macht zwar die Wirksamkeit der ordentlichen Kündigung nicht unmittelbar von bestimmten Gründen abhängig, erklärt aber die sozial ungerechtfertigte Kündigung für rechtsunwirksam und bestimmt weiter, dass die **Kündigung** dann **sozial ungerechtfertigt** ist, **wenn nicht bestimmte, vom Arbeitgeber darzulegende und zu beweisende Rechtfertigungsgründe vorliegen** (**Abs. 2 S. 1**), oder **wenn umgekehrt bestimmte im Abs. 2 S. 2 u. 3 geregelte Hindernisgründe gegeben** sind, so dass iErg die Wirksamkeit der Kündigung von dem Vorhandensein bzw. Nichtvorhandensein dieser Voraussetzungen abhängig ist.

3 § 1 hat nach seinem Inkrafttreten im Jahr 1951 insbes. durch Art. I Nr. 1 u. 2 des 1. ArbRBereinigG v. 14.8.1969, § 123 Nr. 1 BetrVG v. 15.1.1972, § 114 Abs. 1 BPersVG v. 15.3.1974, Art. 1 des Änderungsgesetzes v. 5.7.1976, das Arbeitsrechtliche Beschäftigungsförderungsgesetz v. 25.9.1996, das Gesetz zu Korrekturen in der Sozialversicherung und zur Sicherung der Arbeitnehmerrechte v. 19.12.1998 und schließlich durch das Gesetz zu Reformen am Arbeitsmarkt v. 24.12.2003 folgende **Änderungen** erfahren:

1. Das Mindestalter des Arbeitnehmers ist 1969 von 20 auf 18 Jahre herabgesetzt und 1976 **ganz aufgehoben** worden.
2. Für die **Wartezeit** von sechs Monaten ist nur noch die Dauer des Arbeitsverhältnisses maßgebend (**Abs. 1**).
3. Der Arbeitgeber ist verpflichtet, auf Verlangen des Arbeitnehmers diesem die **Gründe** für die soziale Auswahl **anzugeben** (**Abs. 3 S. 1 Hs. 2**).
4. **Erweiterung von Abs. 2** durch Aufnahme von vier der fünf Fälle, in denen nach § 102 Abs. 3 BetrVG der Betriebsrat Widerspruch bzw. nach § 79 Abs. 1 BPersVG der Personalrat Einwendungen gegen eine ordentliche Kündigung erheben kann.
5. **Konkretisierung des Abs. 3 und Einfügung der Abs. 4 u. 5,** die Auswirkungen von Kollektivvereinbarungen auf betriebsbedingte Kündigungen regeln.
6. **Beseitigung der Änderungen in Abs. 3, Änderung des Abs. 4** sowie **Aufhebung des Abs. 5.**
7. **Erneute Konkretisierung des Abs. 3, Änderung des Abs. 4** sowie erneute **Einführung der Namensliste in Abs. 5.**

II. Zwingende Wirkung

4 Als ausgesprochene Schutzbestimmung ist § 1 **zugunsten des Arbeitnehmers zwingend.**[1] Ein Ausschluss oder eine Beschränkung des Schutzes kann deshalb weder durch Einzelvertrag noch durch Tarifvertrag oder Betriebsvereinbarung im Voraus wirksam vereinbart werden.[2] Aus diesem Grunde sind tarifvertragliche Regelungen oder Auswahlrichtlinien nach § 95 BetrVG, welche die soziale Auswahl abweichend von Abs. 3 regeln, unwirksam (→ Rn. 1007 ff.).[3]

5 Einzelvertragliche oder kollektivrechtliche Regelungen, wonach bestimmte Gründe eine Kündigung stets rechtfertigen sollen (sog. **absolute Kündigungsgründe**), sind für das Gericht nicht bindend, weil sie entgegen der gesetzlichen Regelung zur Wirksamkeit der Kündigung ohne Rücksicht auf die Umstände des Einzelfalles führen würden.[4] Bei der Interessenabwägung sind derartige Vereinbarungen aber zu berücksichtigen, weil sie

[1] BGH 10.5.2010 – II ZR 70/09, NZA 2010, 889 (890); BAG 20.5.2013 – 2 AZR 790/11, BeckRS 2013, 71024 Rn. 14; 20.2.2014 – 2 AZR 859/11, AP KSchG 1969 § 1 Wartezeit Nr. 28 Rn. 44. Ebenso im Hinblick speziell auf die Sozialauswahl BAG 20.6.2013 – 2 AZR 271/12, NZA 2013, 837 Rn. 15; 27.9.2016 – 2 AZR 50/19, NZA 2019, 1345 Rn. 19.

[2] BAG 11.3.1976 – 2 AZR 43/75, AP BetrVG 1972 § 95 Nr. 1 unter II 3 mzustAnm G. Hueck; LSSW/Löwisch Vor § 1 Rn. 111 f., 126; HaKo-KSchR/Mayer Rn. 6; ErfK/Oetker Rn. 13; KR/Rachor Rn. 36; PVT Kündigung/Temming Rn. 931.

[3] BAG 11.3.1976 – 2 AZR 43/75, AP BetrVG 1972 § 95 Nr. 1 mzustAnm G. Hueck; 15.6.1989 – 2 AZR 580/88, NZA 1990, 226; 18.1.1990 – 2 AZR 357/89, NZA 1990, 729; LSSW/Löwisch Vor § 1 Rn. 111.

[4] BAG 11.3.1976 – 2 AZR 43/75, AP BetrVG 1972 § 95 Nr. 1 mzustAnm G. Hueck; 6.3.2003 – 2 AZR 128/02, NZA 2003, 1388; DD/Deinert Rn. 50; LSSW/Löwisch Vor § 1 Rn. 116; Preis Prinzipien Rn. 186 ff.; KR/Rachor Rn. 221; APS/Vossen Rn. 5.

Aufschluss über die Einstellung der Parteien zu der Bedeutung und Wichtigkeit dieser Gründe wiedergeben.[5] Mit Ausnahme von § 67 Abs. 1 SeeArbG gibt es heute auch keine gesetzlich geregelten absoluten Kündigungsgründe mehr.

Durch Parteivereinbarungen oder kollektivrechtliche Regelungen ist es dagegen mög- 6
lich, den Kündigungsschutz **zugunsten des Arbeitnehmers zu verbessern.** So ist der einzelvertragliche Ausschluss der ordentlichen Kündigung durch die Vertragsfreiheit gedeckt und nicht etwa wegen Knebelung des Arbeitgebers gem. § 138 Abs. 1 BGB nichtig.[6] Auch unter einem grundrechtlichen Blickwinkel ist eine solche Vereinbarung unproblematisch, weil es sich hierbei um eine freiwillig eingegangene Selbstbindung und nicht um eine gesetzlich auferlegte Fremdbindung handelt (vgl. → Einl. Rn. 64). Weiter gibt es in zahlreichen Tarifverträgen eine Alterssicherung, welche die ordentliche Kündigung älterer Arbeitnehmer ausschließt (vgl. bspw. § 34 Abs. 2 TVöD/§ 34 Abs. 2 TV-L, wonach einem Beschäftigten, der das 40. Lebensjahr vollendet und eine Beschäftigungszeit von mehr als 15 Jahren hat, nur noch aus wichtigem Grund gekündigt werden kann).[7] Darüber hinaus findet sich ein – befristeter – vereinbarter Kündigungsschutz zuweilen auch in sog. betrieblichen Bündnissen für Arbeit. Das Hauptproblem dieser Regelungen besteht in ihrer **Reflexwirkung im Rahmen der Sozialauswahl,** indem sie den auswahlrelevanten Personenkreis zulasten nicht unkündbarer Arbeitnehmer verkleinern (→ Rn. 922 ff.). Möglich sind weiter Regelungen, wonach der allgemeine Kündigungsschutz des § 1 bereits vor Ablauf der Wartezeit von sechs Monaten gelten soll.[8] Denkbar sind auch Vereinbarungen über die Geltung des allgemeinen Kündigungsschutzes für Arbeitnehmer in Kleinbetrieben[9] oder die Ausdehnung auf Geschäftsführer (→ § 14 Rn. 4).[10] Ferner kann die Wirksamkeit von Kündigungen durch Betriebsvereinbarung (vgl. § 102 Abs. 6 BetrVG) oder durch Tarifvertrag,[11] nicht aber durch Einzelvertrag,[12] an die Zustimmung des Betriebsrats gebunden werden. Statthaft ist zudem die tarifvertragliche Festlegung eines Zustimmungserfordernisses zugunsten der Gewerkschaft.[13]

III. Verzicht auf den Kündigungsschutz

1. Verzicht

Aufgrund der zwingenden Wirkung des KSchG ist ein während des ungekündigten 7
Bestandes des Arbeitsverhältnisses erklärter Verzicht des Arbeitnehmers auf den allgemeinen Kündigungsschutz **unwirksam.**[14] Dasselbe gilt für den Verzicht auf die ver-

---

5 BAG 15.10.1992 – 2 AZR 188/92, EzA § 1 KSchG Verhaltensbedingte Kündigung Nr. 45; APS/Vossen Rn. 5; aA anscheinend DD/Deinert Rn. 50.

6 BAG 25.3.2004 – 2 AZR 153/03, AP BGB § 138 Nr. 60.

7 Zu Rationalisierungsschutzabkommen BAG 3.5.1978 – 4 AZR 698/76, NJW 1978, 2525; zu einem tariflichen Kündigungsverbot aus Anlass der Arbeitsunfähigkeit BAG 5.2.1998 – 2 AZR 270/97, NZA 1998, 644: Apotheken Nr. 3; ausf. Bröhl, Die außerordentliche Kündigung mit notwendiger Auslauffrist, 2005, 9 ff.; Linck/Scholz AR-Blattei SD 1017.7.

8 BAG 18.2.1967 – 2 AZR 114/66, NJW 1967, 1152; 28.2.1990 – 2 AZR 426/89, AP KSchG 1969 § 1 Wartezeit Nr. 8; HK-KSchG/Dorndorf Rn. 61; ErfK/Oetker Rn. 15; KR/Rachor Rn. 39; APS/Vossen Rn. 6; ferner LSSW/Löwisch Vor § 1 Rn. 115; für einzelvertragliche Vereinbarungen, nicht jedoch für Tarifregelungen LSSW/Löwisch Vor § 1 Rn. 109; zur Erstreckung tariflicher Beschränkungen von betriebsbedingten Kündigungen auf Arbeitnehmer in den ersten sechs Monaten des Arbeitsverhältnisses BAG 13.6.1996 – 2 AZR 547/95, NZA 1996, 1168.

9 Vgl. KR/Rachor Rn. 39; aA LSSW/Löwisch Vor § 1 Rn. 109, § 23 Rn. 7, der eine tarifvertragliche Erweiterung des betrieblichen Geltungsbereichs des KSchG ablehnt.

10 BGH 10.5.2010 – II ZR 70/09, NZA 2010, 889 (890).

11 BAG 21.6.2000 – 4 AZR 379/99, NZA 2001, 271.

12 BAG 23.4.2009 – 6 AZR 263/08, NZA 2009, 915.

13 BAG 24.2.2011 – 2 AZR 830/09, NZA 2011, 708 Rn. 21.

14 Ganz hM, BAG 6.6.1958 – 1 AZR 514/57, AP Truppenvertrag § 44 Nr. 18 unter I mzustAnm G. Hueck; 19.12.1974 – 2 AZR 565/73, NJW 1975, 1531; LAG München 29.10.1987 – 4 Sa 783/87, BB 1988, 348 = BeckRS 1987, 30463801; HK-KSchG/Hauck § 4 Rn. 4; MüKoBGB/Hergenröder Einl. KSchG Rn. 12; KR/Klose § 4 Rn. 377; LSSW/Löwisch Vor § 1 Rn. 116; PVT Kündigung/Temming Rn. 1422.

längerten Kündigungsfristen bei längerer Betriebszugehörigkeit vor Ausspruch der Kündigung.[15]

8 In **Sozialplänen** darf die Zahlung von Abfindungen an die infolge einer Betriebsänderung zu kündigenden Arbeitnehmer nicht davon abhängig gemacht werden, dass diese gegen ihre Kündigung keine gerichtlichen Schritte unternehmen.[16] Zulässig ist aber ein Hinausschieben der Fälligkeit der Sozialplanansprüche bis zum rechtskräftigen Abschluss des Kündigungsrechtsstreits.[17] Außerdem können im Interesse des Arbeitgebers an Planungssicherheit zusätzlich zu einem Sozialplan in einer freiwilligen Betriebsvereinbarung **„Turbo-Prämien"** für den Fall vorgesehen werden, dass der Arbeitnehmer von der Erhebung einer Kündigungsschutzklage absieht, sofern dadurch nicht das Verbot umgangen wird, Sozialplanansprüche von einem solchen Verzicht abhängig zu machen.[18]

9 An diesem grundsätzlichen Verbot hat **§ 1a nichts geändert,** weil mit dieser Vorschrift andere Zwecke als mit einem Sozialplan verfolgt werden.[19] Der Arbeitgeber bietet dem Arbeitnehmer nach § 1a eine Abfindung dafür an, dass der Arbeitnehmer keine Kündigungsschutzklage erhebt. Er kauft ihm damit letztlich das Klagerecht ab. Der Arbeitgeber kann nach § 1a frei darüber entscheiden, ob er dem Arbeitnehmer eine Abfindung anbietet. Dagegen ist er bei einer Betriebsänderung iSd § 111 BetrVG in Betrieben mit Betriebsrat gem. § 112 BetrVG nicht frei, einen Sozialplan zu vereinbaren. Der Betriebsrat kann vielmehr einen Sozialplan erzwingen. Vor allem aber dienen die in einem Sozialplan vereinbarten Abfindungen nicht der Vermeidung von Kündigungsschutzprozessen, sondern der Milderung oder dem Ausgleich wirtschaftlicher Nachteile, die dem Arbeitnehmer infolge einer Kündigung entstehen (§ 112 Abs. 1 S. 2 BetrVG). Im Rahmen des wirtschaftlich Vertretbaren hat der Arbeitgeber daher auch dann Abfindungen aus einem Sozialplan zu zahlen, wenn er dem Arbeitnehmer das Klagerecht nicht abkaufen will, weil er die Kündigung für wirksam hält.

10 **Nach Zugang der Kündigung** kann der Arbeitnehmer auf die gerichtliche Geltendmachung des allgemeinen Kündigungsschutzes bereits **vor Ablauf der Dreiwochenfrist** des **§ 4 wirksam verzichten.**[20] Ein solcher Verzicht ist je nach Lage des Falles als **Aufhebungsvertrag, Vergleich, Klageverzichtsvertrag (pactum de non petendo)** oder **Klagerücknahmeversprechen** auszulegen.[21] Dagegen kann ein derartiger Verzicht nicht durch Erlassvertrag (§ 397 Abs. 1 BGB) oder negatives Schuldanerkenntnis (§ 397 Abs. 2 BGB) erfolgen, weil der Verzicht keinen schuldrechtlichen Anspruch betrifft.[22] Die prinzipielle Zulässigkeit des Verzichts auf die Erhebung einer Kündigungsschutzklage ergibt sich aus mehreren Gründen: Erstens hat das KSchG im Gegensatz zu anderen Gesetzen, die einen Verzicht auf bestimmte Rechte für unzulässig erklären (vgl. § 13 Abs. 1 S. 3 BUrlG, § 12 EFZG, § 4 Abs. 4 TVG, § 3 S. 2 MiLoG), keine Regelung getroffen, die dem Arbeitnehmer den nachträglichen Verzicht auf den Kündigungsschutz untersagt. Zweitens ist der Arbeitnehmer aus Rechtsgründen nicht gehalten, eine ihm ausgesprochene Kündigung mit der Kündigungsschutzklage anzugreifen; vielmehr kann er untätig bleiben und die Kündigung hinnehmen mit der Folge, dass diese dann gem. § 7 wirksam wird. Drittens und vor allem aber kann der Arbeitnehmer mit dem Arbeit-

---

[15] LAG Hessen 24.4.1987 – 13 Sa 1194/86, LAGE § 4 KSchG Verzicht Nr. 1 = BeckRS 1987, 30449611.
[16] BAG 20.12.1983 – 1 AZR 442/82, NZA 1984, 53.
[17] BAG 20.6.1985 – 2 AZR 427/84, NZA 1986, 258.
[18] BAG 31.5.2005 – 1 AZR 254/04, NZA 2005, 997; 18.5.2010 – 1 AZR 187/09, AP BetrVG 1972 § 112 Nr. 209: finanzieller Anreiz zum Abschluss eines Aufhebungsvertrags; 9.12.2014 – 1 AZR 146/13, NZA 2015, 438; 7.12.2021 – 1 AZR 562/20, NZA 2022, 281.
[19] BAG 31.5.2005 – 1 AZR 254/04, NZA 2005, 997; dazu Annuß RdA 2006, 378; Benecke BB 2006, 938; Fitting BetrVG §§ 112, 112a Rn. 168; Thüsing DB 2005, 2643; ferner Linsenmeier FS Etzel, 2012, 239 (250 f.); aA Busch BB 2004, 267; Raab RdA 2005, 1 (10 f.).
[20] Grdl. BAG 3.5.1979 – 2 AZR 679/77, NJW 1979, 2267; KR/Klose § 4 Rn. 377; ErfK/Oetker Rn. 14; LSSW/Spinner § 7 Rn. 7; APS/Vossen Rn. 8.
[21] BAG 19.4.2007 – 2 AZR 208/06, NZA 2007, 1227.
[22] Vgl. Staudinger/Rieble (2022) BGB § 397 Rn. 68.

geber jederzeit einen Aufhebungsvertrag schließen.[23] Anderenfalls würde die dem Arbeitnehmer grds. eingeräumte Entscheidungsfreiheit ohne zwingenden Grund eingeschränkt werden.[24]

Der Arbeitnehmer riskiert in diesen Fällen allerdings die Verhängung einer **Sperrzeit** 11
nach § 159 SGB III, wenn er im Gegenzug eine Abfindung erhält (Abwicklungsvertrag, → Rn. 32).[25] Hat ein Arbeitgeber gegenüber einem älteren Arbeitnehmer eine sozial gerechtfertigte Kündigung ausgesprochen, entfällt seine Befreiung von der Pflicht, der AA das an den Arbeitnehmer gezahlte **Arbeitslosengeld zu erstatten,** nicht schon dann, wenn die Vertragsparteien danach innerhalb der Frist zur Erhebung einer Kündigungsschutzklage eine Vereinbarung darüber schließen, dass der Arbeitnehmer keine Kündigungsschutzklage erhebt.[26]

Für den Verzicht auf den gesetzlichen Kündigungsschutz ist auch bei individuellen 12
Abreden eine nach außen **deutlich erkennbare Äußerung** des Arbeitnehmers erforderlich. Eine hinreichende Verzichtserklärung liegt bspw. vor, wenn der Arbeitnehmer erklärt, „gegen die Kündigung werden von mir keine Einwendungen erhoben".[27] Bloßes Schweigen gegenüber der Kündigung genügt dagegen unter keinen Umständen, weil der Arbeitnehmer nicht gehalten ist, sich alsbald zu äußern.[28] Der Arbeitnehmer kann vielmehr, wie die Dreiwochenfrist des § 4 für die Kündigungsschutzklage zeigt, zunächst überlegen, ob er gegen die Kündigung vorgehen will oder nicht. Ebenso wenig ist die Erklärung ausreichend, dass dem Arbeitnehmer aus Anlass der Beendigung des Arbeitsverhältnisses keine Ansprüche mehr zustehen.[29]

Das BAG unterstellt einen Klageverzichtsvertrag dann der **Schriftform des § 623 BGB,** 13
wenn er in einem unmittelbaren zeitlichen und sachlichen Zusammenhang mit dem Ausspruch einer Kündigung getroffen wurde, weil es sich dann um einen Auflösungsvertrag handele.[30] Allein durch die zeitliche Nähe zwischen Kündigung und Klageverzicht wird ein solcher Zusammenhang aber nicht begründet.[31] Tatsächlich ist für das Eingreifen von § 623 BGB letztlich entscheidend, ob das Arbeitsverhältnis durch die Vereinbarung selbst beendet werden soll (**Aufhebungsvereinbarung**) oder ob es nur darum geht, die zuvor erklärte Kündigung außer Streit zu stellen (**Abwicklungsvereinbarung**).[32]

Handelt es sich bei der **Kündigungsschutzverzichtsvereinbarung um eine AGB** iSd § 305 14
Abs. 1 BGB, wie dies regelmäßig der Fall ist, gilt das AGB-rechtliche Schutzregime der §§ 305 ff. BGB. Daher kann ein Klageverzicht gem. § 305c Abs. 1 BGB als **überraschende Klausel** von vornherein nicht zum Vertragsbestandteil werden, was etwa dann der Fall ist, wenn ein Formular nach dem äußeren Erscheinungsbild den Anschein erweckt, dass der Arbeitnehmer nur den Empfang seiner Arbeitspapiere bestätigen soll.[33] Weiter gilt für die Auslegung entsprechender Abreden die **Unklarheitenregel** (§ 305c Abs. 2 BGB). Darüber hinaus hält das BAG mittlerweile **jeden kompensationslosen vorformulierten Verzicht** des Arbeitnehmers auf die Erhebung einer Kündigungsschutzklage als unangemessene Benachteiligung iSv § 307 Abs. 1 S. 1 BGB für **unwirksam.** Während hierfür ursprünglich noch die Überlegung herangezogen wurde, dass es insoweit um eine Nebenabrede des ursprünglichen Arbeitsvertrages und nicht um die Begründung von Hauptleistungspflich-

---

[23] BAG 19.4.2007 – 2 AZR 208/06, NZA 2007, 1227.
[24] So zutr. BAG 3.5.1979 – 2 AZR 679/77, NJW 1979, 2267.
[25] BSG 18.12.2003 – B 11 AL 35/03 R, NZA 2004, 661; 12.7.2006 – B 11a AL 55/05 R, NZA 2006, 1362; s. aber zum „unechten Abwicklungsvertrag" Schaub ArbR-HdB/Linck § 122 Rn. 45; näher Bauer/Krieger NZA 2004, 640; Boecken/Hümmerich DB 2004, 2046; Kramer AuR 2004, 402.
[26] BSG 2.9.2004 – B 7 AL 78/03 R, SGb 2004, 629.
[27] BAG 6.4.1977 – 4 AZR 721/75, AP KSchG 1969 § 4 Nr. 4.
[28] Ebenso KR/Klose § 4 Rn. 379; ErfK/Oetker Rn. 14; KR/Rachor Rn. 43; APS/Vossen Rn. 16.
[29] BAG 3.5.1979 – 2 AZR 679/77, NJW 1979, 2267; anders noch BAG 25.9.1969 – 2 AZR 524/68, AP KSchG § 3 Nr. 36.
[30] BAG 19.4.2007 – 2 AZR 208/06, NZA 2007, 1227.
[31] BAG 25.9.2014 – 2 AZR 788/13, NZA 2015, 350.
[32] BAG 17.12.2015 – 6 AZR 709/14, NZA 2016, 361; Krets FS Bauer, 2010, 601 (609 ff.).
[33] BAG 25.9.2014 – 2 AZR 788/13, NZA 2015, 350.

ten im Rahmen eines eigenständigen Vertrages geht,[34] bejaht die neuere Judikatur eine Unwirksamkeit ausdrücklich auch für den Fall, dass der Klageverzicht die Hauptabrede einer eigenständigen Vereinbarung darstellt.[35] Im Zentrum steht jeweils das Argument, dass dem Arbeitnehmer durch eine solche Vereinbarung die Möglichkeit genommen wird, die Klagefrist des § 4 S. 1 auszuschöpfen.[36] Dabei soll die Zusage eines besonders wohlwollenden Arbeitszeugnisses keine hinreichende Kompensation für einen Klageverzicht sein.[37] Insoweit wirkt sich bei der Angemessenheitskontrolle nicht zuletzt die Berufsfreiheit des Arbeitnehmers aus Art. 12 Abs. 1 GG aus, die einem voreiligen und zumeist nicht umfassend reflektierten Verzicht auf Bestandsschutz entgegensteht. Auch wenn man das Unbehagen des BAG gegenüber kompensationslosen Klageverzichtsvereinbarungen nachvollziehen kann, ist es doch konsequenter, bei isolierten Abreden – ebenso wie bei Aufhebungsverträgen[38] – lediglich eine Transparenzkontrolle (§ 307 Abs. 1 S. 2 BGB) vorzunehmen[39] sowie in bestimmten Fällen auf § 138 Abs. 1 BGB umzuschwenken.[40]

2. Aufhebungsvertrag

Schrifttum: Bauer/Krieger/Arnold, Arbeitsrechtliche Aufhebungsverträge, 10. Aufl. 2023; Becker, Die unzulässige Einflussnahme des Arbeitgebers auf die Entscheidungsfreiheit des Arbeitnehmers am Beispiel des arbeitsrechtlichen Aufhebungsvertrages, 2011; Burkardt, Der arbeitsrechtliche Aufhebungsvertrag, 2004; Franz, Der Abschluss eines Aufhebungsvertrags, 2006; Giesing, Inhaltskontrolle und Abschlusskontrolle arbeitsrechtlicher Aufhebungsverträge, 2008; Glahe, Die Rückabwicklung arbeitsrechtlicher Aufhebungsverträge, 2018; Gräf, Das Gebot fairen Verhandelns beim Abschluss eines arbeitsrechtlichen Aufhebungsvertrags, 2021; C. Müller, Arbeitsrechtliche Aufhebungsverträge, 1991; Thies, Der Schutz des Arbeitnehmers bei Abschluss arbeitsrechtlicher Aufhebungsverträge, 2007; Weber/Ehrich/Burmester/Fröhlich, Handbuch der arbeitsrechtlichen Aufhebungsverträge, 5. Aufl. 2009; Winter, Aufklärungspflichten beim Aufhebungsvertrag, 2010; Zeller-Müller, Auswirkungen der Schuldrechtsreform auf die Inhaltskontrolle von Arbeitsverträgen und auf Aufhebungsverträge, 2004.

15 a) **Grundsätze.** Auf den Kündigungsschutz kann wie bereits erwähnt nicht nur durch einen Vergleich, einen Klageverzichtsvertrag oder, sofern die Klage schon erhoben wurde, ein vertragliches Klagerücknahmeversprechen, sondern auch durch einen **Aufhebungsvertrag** (in § 623 BGB als Auflösungsvertrag bezeichnet) verzichtet werden. In allen Fällen (→ Rn. 10) handelt es sich bei einem Verzicht um einen **materiell-rechtlichen Vertrag,** auf den die allgemeinen Vorschriften über Willenserklärungen (Auslegung und Mängel) Anwendung finden.[41]

16 Wenn der Arbeitnehmer bereit ist, auf den Kündigungsschutz zu verzichten, wird in der Praxis in der Regel ein **Aufhebungsvertrag** geschlossen. Das Recht der Arbeitsvertragsparteien, das Arbeitsverhältnis einverständlich zu beenden, gehört zum Grundrecht der Berufsfreiheit. Für den Arbeitnehmer zählt die Freiheit, ein Arbeitsverhältnis zu beenden, ebenso zur freien Wahl des Arbeitsplatzes, Art. 12 Abs. 1 S. 1 GG, wie die Freiheit des Arbeitgebers zur einvernehmlichen Vertragsbeendigung durch Art. 12 Abs. 1 S. 2 GG geschützt ist.[42] Zu Recht hat das BAG deshalb auch angenommen, ein

[34] BAG 6.9.2007 – 2 AZR 722/06, NZA 2008, 219.
[35] BAG 25.9.2014 – 2 AZR 788/13, NZA 2015, 350; 24.9.2015 – 2 AZR 347/14, NZA 2016, 351.
[36] Ebenso Kroeschell NZA 2008, 560; APS/Vossen Rn. 14.
[37] BAG 24.9.2015 – 2 AZR 347/14, NZA 2016, 351; s. a. BAG 12.3.2015 – 6 AZR 82/14, NZA 2015, 676.
[38] BAG 27.11.2003 – 2 AZR 135/03, NZA 2004, 597; 22.4.2004 – 2 AZR 281/03, AP BGB § 620 Aufhebungsvertrag Nr. 27; 8.5.2008 – 6 AZR 517/07, NZA 2008, 1148.
[39] CKK/Klumpp BGB § 307 Rn. 159 f.; Krets FS Bauer, 2010, 601 (606 ff.); Rolfs FS Reuter, 2010, 825 (832 ff.); Stoffels RdA 2016, 304 (306) (mit Hinweis auf Umgehungsschutz gem. § 306a BGB); s. a. Staudinger/Krause (2022) BGB Anh zu §§ 305–310 Rn. K 225.
[40] Vgl. Rolfs/Marcelli Anm. zu BAG 24.9.2015 – 2 AZR 347/14, AP KSchG 1969 § 4 Nr. 83 unter 1 c.
[41] BAG 27.8.1970 – 2 AZR 519/69, NJW 1971, 639; 6.4.1977 – 4 AZR 721/75, AP KSchG 1969 § 4 Nr. 4 mAnm Herschel; ErfK/Oetker Rn. 14.
[42] BAG 30.9.1993 – 2 AZR 268/93, NZA 1994, 209; Boemke NZA 1993, 532; APS/Rolfs Aufhebungsvertrag Rn. 1.

Aufhebungsvertrag sei nicht allein deshalb unwirksam, weil der Arbeitgeber dem Arbeitnehmer **weder eine Bedenkzeit noch ein Rücktritts- bzw. Widerrufsrecht eingeräumt** und ihm auch das Thema des beabsichtigten Gesprächs über die Vertragsbeendigung nicht vorher mitgeteilt habe.[43] Sofern eine arbeitsrechtliche Beendigungsvereinbarung **am Arbeitsplatz geschlossen** wird, besteht unabhängig von der gleichzeitigen Einigung auf eine Abfindung auch **kein verbraucherrechtliches Widerrufsrecht** nach § 355 iVm § 312g Abs. 1 BGB. Das BAG hatte dies im Hinblick auf § 312 Abs. 1 S. 1 Nr. 1 BGB aF trotz Erfüllung des Wortlauts der Vorschrift aus teleologischen Gründen verneint.[44] Dies gilt für die Neufassung der §§ 312 ff. BGB mWv 13.6.2014 erst recht, weil § 312b Abs. 1 S. 1 Nr. 1 BGB nunmehr ausdrücklich die in den Geschäftsräumen des Unternehmers geschlossenen Verträge ausklammert.[45] Aber auch bei einem außerhalb dieser Geschäftsräume vereinbarten Aufhebungsvertrag ist ein Widerrufsrecht aus gesetzessystematischen Gründen abzulehnen.[46] Bei einer **übermäßigen Druckausübung** durch Schaffung einer besonders unangenehmen Gesprächsatmosphäre oder bei einer **krassen Überrumpelung** (anders als bei einer bloßen Aufklärungspflichtverletzung → Rn. 17 aE) ist allerdings an einen **Verstoß gegen das Gebot fairen Verhandelns** als eine Ausprägung der allgemeinen Rücksichtnahmepflicht (§ 241 Abs. 2 BGB) zu denken, die (bei einem regelmäßig anzunehmenden Vertretenmüssen) zu einem Schadensersatzanspruch (§ 280 Abs. 1 BGB) führt.[47] Als Rechtsfolge kann der Aufhebungsvertrag freilich nicht einfach für unwirksam gehalten werden.[48] Vielmehr hat der Arbeitgeber nach dem Grundsatz der Naturalrestitution (§ 249 Abs. 1 BGB) den Zustand herzustellen, der bestünde, wenn der Aufhebungsvertrag nicht geschlossen worden wäre. Falls die Verfügungswirkung noch nicht eingetreten ist (Aufhebungsvertrag mit Auslauffrist), ist der Anspruch schlicht auf die Beseitigung des Aufhebungsvertrags gerichtet. Sofern das Arbeitsverhältnis bereits aufgehoben ist, genügt es jedoch nicht, den Aufhebungsvertrag als solchen rückwirkend zu beseitigen.[49] Stattdessen bedarf es entsprechend allgemeinen zivilrechtlichen Grundsätzen[50] der Wiederherstellung des Arbeitsverhältnisses zu den ursprünglichen Bedingungen.[51] Eine **rückwirkende Auflösungsvereinbarung** ist möglich, sofern das Arbeitsverhältnis bereits außer Vollzug gesetzt worden ist.[52]

---

[43] BAG 30.9.1993 – 2 AZR 268/93, NZA 1994, 209; 24.2.2022 – 6 AZR 333/21, NZA 2022, 779 Rn. 26 f. Für eine prozedurale Lösung durch Einräumung von Zeit jetzt aber Jung ZFA 2024, 24 (47 ff.).

[44] BAG 27.11.2003 – 2 AZR 135/03, NZA 2004, 597; 22.4.2004 – 2 AZR 281/03, AP BGB § 620 Aufhebungsvertrag Nr. 27; ebenso Bauer NZA 2002, 169 (171); Bauer/Kock DB 2002, 42 (45); Brors DB 2002, 2046 (2048); Lingemann NZA 2002, 181 (184); ErfK/Müller-Glöge BGB § 620 Rn. 14; Reichold ZTR 2002, 202 (203); Rieble/Klumpp ZIP 2002, 2153 (2161); aA Däubler NZA 2001, 1329 (1334); Hümmerich/Holthausen NZA 2002, 173 (178); Schleusener NZA 2002, 949 (952); gegen eine Anwendung des § 312 BGB aF beim Abschluss von Aufhebungsverträgen am Arbeitsplatz des Arbeitnehmers, aber für eine Anwendbarkeit beim Abschluss in der Privatwohnung Gotthardt, Arbeitsrecht nach der Schuldrechtsreform, 2. Aufl. 2003, Rn. 217.

[45] Bauer/Arnold/Zeh NZA 2016, 449; Fischinger/Werthmüller NZA 2016, 193; Schwab/Hromek JZ 2015, 271 (272 f.); mit anderer Begründung iErg auch Kamanabrou NZA 2016, 919.

[46] LAG Niedersachsen 7.11.2017 – 10 Sa 1159/16, NZA-RR 2018, 361; ebenso nunmehr BAG 7.2.2019 – 6 AZR 75/18, NZA 2019, 688; ferner Bauer/Arnold/Zeh NZA 2016, 449; Lembke BB 2016, 3125; differenzierend Fischinger/Werthmüller NZA 2016, 193; aA Tonihidis AuR 2019, 161.

[47] BAG 27.11.2003 – 2 AZR 135/03, NZA 2004, 597 (603); 7.2.2019 – 6 AZR 75/18, NZA 2019, 688; 24.2.2022 – 6 AZR 333/21, NZA 2022, 779; sehr weitgehend LAG Mecklenburg-Vorpommern 19.5.2020 – 5 Sa 173/19, NZA-RR 2020, 520 mablAnm von Fischinger NZA-RR 2020, 516; grds. zust. Denke RdA 2023, 171 (177 ff.); Lembke/Michels RdA 2023, 353 (356 f.); zurückhaltend Sagan ZFA 2020, 584 (623); abl. Holler NJW 2009, 2206 (2208 ff.); an der Konstruktion zweifelnd auch Bauer/Krieger/Arnold Aufhebungsverträge A Rn. 77 f.; s. ferner Lorenz JZ 1997, 277 (281 f.); Reinecke FS Düwell, 2011, 410; eingehend Gräf Gebot fairen Verhandelns S. 224 ff.

[48] So aber BAG 7.2.2019 – 6 AZR 75/18, NZA 2019, 688 Rn. 35 ff.; 24.2.2022 – 6 AZR 333/21, NZA 2022, 779 Rn. 21; zust. Lembke/Michels RdA 2023, 353 (357); dagegen Fischinger NZA 2019, 729 (733); Kamanabrou RdA 2020, 201 (210).

[49] So Fischinger NZA 2019, 729 (734); ebenso offenbar DD/Däubler Aufhebungsvertrag Rn. 108; in diese Richtung auch noch Krause Anm. zu BAG EzA § 312 BGB Nr. 1 unter II 4.

[50] Staudinger/Feldmann (2023) BGB § 311 Rn. 87; BeckOGK Herresthal BGB § 311 Rn. 173.

[51] Becker Die unzulässige Einflussnahme S. 409; Holler NJW 2009, 2206 (2210); Kamanabrou RdA 2020, 201 (210); ausf. Gräf Gebot fairen Verhandelns S. 323 ff.

[52] BAG 17.12.2009 – 6 AZR 242/09, AP BGB § 620 Aufhebungsvertrag Nr. 41.

17 Grundsätzlich muss sich der Arbeitnehmer vor Abschluss eines Aufhebungsvertrags selbst über die Folgen der Beendigung seines Arbeitsverhältnisses Klarheit verschaffen. Eine **Aufklärungspflicht** des Arbeitgebers vor Abschluss des Aufhebungsvertrags besteht nur dann, wenn die Abwägung der beiderseitigen Interessen unter Billigkeitsgesichtspunkten und unter Berücksichtigung aller Umstände des Einzelfalls ergibt, dass der Arbeitnehmer durch eine sachgerechte und vom Arbeitgeber redlicherweise zu erwartende Aufklärung vor der Aufhebung des Arbeitsverhältnisses bewahrt werden muss, weil er sich durch die Vereinbarung aus Unkenntnis selbst schädigen würde. Dies gilt insbes. dann, wenn der Arbeitgeber dem Arbeitnehmer im betrieblichen Interesse den Abschluss eines Aufhebungsvertrags vorschlägt und dabei den Eindruck erweckt, er werde bei der vorzeitigen Beendigung des Arbeitsverhältnisses auch die Interessen des Arbeitnehmers wahren und ihn nicht ohne ausreichende Aufklärung erheblichen Risiken aussetzen.[53] Bei der schuldhaften Verletzung einer Aufklärungspflicht kann der Arbeitnehmer allerdings keine Rückgängigmachung des Aufhebungsvertrags, sondern **nur eine finanzielle Entschädigung** verlangen (§§ 280 Abs. 1, 311 Abs. 2 Nr. 1 BGB),[54] sofern nicht zugleich die (höheren) Anforderungen einer arglistigen Täuschung vorliegen (→ Rn. 25).

18 Aufhebungsverträge bedürfen gem. **§ 623 BGB** der **Schriftform.**[55] Damit scheidet eine wirksame einvernehmliche Beendigung des Arbeitsverhältnisses durch konkludentes Verhalten aus.[56] Ein gerichtlich protokollierter Vergleich wahrt gem. § 127a iVm § 126 Abs. 4 BGB die Schriftform.[57] Gleiches gilt für einen Vergleich nach § 278 Abs. 6 ZPO.[58] Auch der **Aufhebungsvertrag anlässlich des Aufstiegs eines Arbeitnehmers zum Organmitglied** bedarf grds. der Schriftform.[59] Allerdings genügt es, wenn die Aufhebung des Arbeitsvertrags im schriftlichen Anstellungsvertrag **angedeutet** worden ist, bspw. durch die Vereinbarung eines wesentlich höheren Entgelts.[60] Noch weitergehend hält das BAG den schlichten Umstand, dass ein schriftlicher Geschäftsführerdienstvertrag geschlossen wurde, regelmäßig für ausreichend.[61] Die Berufung auf einen Formmangel kann ausnahmsweise gegen Treu und Glauben verstoßen. Grundsätzlich ist die Einhaltung der gesetzlich vorgeschriebenen Form jedoch zu beachten. Wenn die Formvorschriften des bürgerlichen Rechts nicht ausgehöhlt werden sollen, kann ein **Formmangel nur in Ausnahmefällen nach § 242 BGB als unbeachtlich** angesehen werden.[62] Das kann bei widersprüchlichem Verhalten (venire contra factum proprium) der Fall sein, wenn der Erklärungsgegner einen besonderen Grund hatte, auf die Gültigkeit der Erklärung trotz des Formmangels zu vertrauen und der Erklärende sich mit der Berufung auf den Formmangel zu eigenem vorhergehenden Verhalten in Widerspruch setzt. Die Geltendmachung fehlender Schriftform kann bspw. treuwidrig sein, wenn der Arbeitnehmer seiner Beendigungsabsicht mit ganz besonderer Verbindlichkeit und Endgültigkeit mehrfach Ausdruck verliehen und damit einen besonderen Vertrauenstatbestand geschaffen hatte.[63]

---

[53] BAG 10.3.1988 – 8 AZR 420/85, AP BGB § 611 Fürsorgepflicht Nr. 99; 17.10.2000 – 3 AZR 605/99, AP BGB § 611 Fürsorgepflicht Nr. 116; 11.12.2001 – 3 AZR 339/00, AP BetrAVG § 1 Auskunft Nr. 2; 22.4.2004 – 2 AZR 281/03, AP BGB § 620 Aufhebungsvertrag Nr. 27 mwN; Bauer/Krieger/Arnold Aufhebungsverträge A Rn. 56 ff.; APS/Rolfs Aufhebungsvertrag Rn. 5 ff.; ausf. Winter Aufklärungspflichten S. 74 ff.

[54] BAG 24.2.2011 – 6 AZR 626/09, AP BGB § 620 Aufhebungsvertrag Nr. 42.

[55] Vgl. APS/Rolfs Aufhebungsvertrag Rn. 17 ff.

[56] Vgl. Frölich NZA 1997, 1273; Hennige NZA 1999, 281 (290 f.).

[57] Bauer/Krieger/Arnold Aufhebungsverträge A Rn. 119.

[58] BAG 23.11.2006 – 6 AZR 394/06, AP BGB § 623 Nr. 8; Bauer/Krieger/Arnold Aufhebungsverträge A Rn. 118; Dahlem/Wiesner NZA 2004, 530; KR/Spilger BGB § 623 Rn. 158.

[59] BAG 19.7.2007 – 6 AZR 774/06, AP GmbHG § 35 Nr. 18; 3.2.2009 – 5 AZB 100/08, NZA 2009, 669; einschränkend Krause ZIP 2000, 2284 (2286 ff.).

[60] Müller-Glöge FS Hromadka, 2008, 255 (269 f.).

[61] BAG 19.7.2007 – 6 AZR 774/06, AP GmbHG § 35 Nr. 18; 5.6.2008 – 2 AZR 754/06, AP BGB § 626 Nr. 211; 3.2.2009 – 5 AZB 100/08, NZA 2009, 669; 15.3.2011 – 10 AZB 32/10, AP ArbGG 1979 § 2 Nr. 95.

[62] BAG 16.9.2004 – 2 AZR 659/03, AP BGB § 623 Nr. 1.

[63] BAG 4.12.1997 – 2 AZR 799/96, AP BGB § 626 Nr. 141; krit. Singer NZA 1998, 1309.

Auch wenn der Aufhebungsvertrag vorformuliert ist, findet **keine AGB-Kontrolle** der Beendigung des Arbeitsverhältnisses als solche statt, da es sich insoweit um die Haupt(leistungs)pflicht des Vertrags handelt.[64] Allerdings kommt in Betracht, dass eine Beendigungsvereinbarung als **überraschende Klausel** gem. § 305c Abs. 1 BGB nicht Vertragsinhalt geworden ist.[65] 19

Der **Betriebsrat** ist vor Abschluss eines Aufhebungsvertrags nicht nach § 102 Abs. 1 S. 1 BetrVG zu beteiligen, weil die einvernehmliche Vertragsbeendigung keine Kündigung darstellt.[66] Anders ist dies dagegen beim Abwicklungsvertrag (→ Rn. 32), bei dem die (zuvor abgesprochene oder nachträglich ausdrücklich akzeptierte) Kündigung dem Erfordernis der Anhörung unterliegt.[67] Für Arbeitsverhältnisse des öffentlichen Dienstes kann je nach Ausgestaltung des Landespersonalvertretungsgesetzes zudem eine Beteiligung des **Personalrats** auch beim Abschluss eines Aufhebungsvertrags erforderlich sein.[68] 20

Die Arbeitsvertragsparteien können ihr Rechtsverhältnis im Zusammenhang mit einem **Betriebsübergang** auch ohne Vorliegen eines sachlichen Grundes wirksam durch Aufhebungsvertrag auflösen, wenn die Vereinbarung auf das endgültige Ausscheiden des Arbeitnehmers aus dem Betrieb gerichtet ist.[69] Dies gilt auch dann, wenn der Arbeitnehmer zugleich in eine Beschäftigungs- und Qualifizierungsgesellschaft überwechselt.[70] Ein Aufhebungsvertrag ist jedoch wegen objektiver Gesetzesumgehung nichtig, sofern er lediglich auf die Beseitigung der Wirkungen des § 613a Abs. 1 BGB gerichtet ist. Dies ist dann anzunehmen, wenn zugleich mit dem Aufhebungsvertrag ein neues Arbeitsverhältnis zum Betriebsübernehmer vereinbart oder zumindest verbindlich in Aussicht gestellt wird.[71] 21

b) **Anfechtung.** Aufhebungsverträge können nach § 123 Abs. 1 BGB wegen arglistiger Täuschung oder widerrechtlicher Drohung angefochten werden.[72] Eine **Drohung** iSd § 123 Abs. 1 BGB setzt objektiv die Ankündigung eines zukünftigen Übels voraus, dessen Zufügung in irgendeiner Weise als von der Macht des Ankündigenden abhängig hingestellt wird. Die Androhung des Arbeitgebers, das Arbeitsverhältnis durch eine außerordentliche Kündigung beenden zu wollen, falls der Arbeitnehmer nicht selbst kündige[73] oder nicht bereit sei, eine ordentliche Kündigung zu akzeptieren und auf die Erhebung einer Kündigungsschutzklage zu verzichten,[74] stellt die Ankündigung eines zukünftigen empfindlichen Übels dar, dessen Verwirklichung in der Macht des ankündigenden Arbeitgebers liegt. Auch das Inaussichtstellen einer Kündigung durch Vorgesetzte kann im Einzelfall genügen.[75] 22

Die Drohung mit einer Kündigung ist **widerrechtlich,** wenn ein **verständiger Arbeitgeber** in dieser Situation **eine Kündigung nicht ernsthaft in Erwägung ziehen** durfte.[76] 23

---

[64] BAG 27.11.2003 – 2 AZR 135/03, NZA 2004, 597; 22.4.2004 – 2 AZR 281/03, AP BGB § 620 Aufhebungsvertrag Nr. 27; 8.5.2008 – 6 AZR 517/07, NZA 2008, 1148; 24.2.2016 – 5 AZR 258/14, NZA 2016, 762; 26.10.2017 – 6 AZR 158/16, NZA 2018, 297 Rn. 29; Stoffels ZfA 2009, 861 (868).

[65] BAG 15.2.2007 – 6 AZR 286/06, NZA 2007, 614.

[66] Vgl. BAG 28.6.2005 – 1 ABR 25/04, NZA 2006, 48 (49); Bauer/Krieger/Arnold Aufhebungsverträge B Rn. 526 (aber Mitteilung an den Sprecherausschuss gem. § 31 Abs. 1 SprAuG beim Ausscheiden eines leitenden Angestellten durch Aufhebungsvertrag Rn. 606); Fitting BetrVG § 102 Rn. 15.

[67] Vgl. BAG 28.6.2005 – 1 ABR 25/04, NZA 2006, 48; Bauer/Krieger/Arnold Aufhebungsverträge B Rn. 526.

[68] Siehe LAG Hamm 4.7.1996 – 17 Sa 2246/95, BeckRS 1996, 30847372, zu § 74 Abs. 2 LPVG-NRW (§ 72a Abs. 2 PersVG-NRW a. F.).

[69] BAG 11.7.1995 – 3 AZR 154/95, NZA 1996, 207.

[70] BAG 23.11.2006 – 8 AZR 349/06, NZA 2007, 866.

[71] BAG 10.12.1998 – 8 AZR 324/97, NZA 1999, 422; 18.8.2005 – 8 AZR 523/04, NZA 2006, 145; 23.11.2006 – 8 AZR 349/06, NZA 2007, 866; 18.8.2011 – 8 AZR 312/10, AP BGB § 613a Nr. 414.

[72] Vgl. zusf. BAG 15.12.2005 – 6 AZR 197/05, AP BGB § 123 Nr. 66; Bauer NJW 1994, 980; Bauer/Krieger/Arnold Aufhebungsverträge D Rn. 12 ff.; Weber/Ehrich NZA 1997, 414.

[73] BAG 5.12.2002 – 2 AZR 478/01, AP BGB § 123 Nr. 63 mwN.

[74] BAG 6.12.2001 – 2 AZR 396/00, AP ZPO § 286 Nr. 33 mwN.

[75] BAG 15.12.2005 – 6 AZR 197/05, AP BGB § 123 Nr. 66.

[76] Dazu aus neuerer Zeit Denke RdA 2023, 171, 172 ff.

Die Widerrechtlichkeit der Kündigungsandrohung kann sich regelmäßig nur aus der Inadäquanz von Mittel und Zweck ergeben. Hat der Drohende an der Erreichung des verfolgten Zwecks (Hinnahme einer fristgemäßen Kündigung durch den Arbeitnehmer bzw. Verzicht auf eine gerichtliche Überprüfung) kein berechtigtes Interesse oder ist die Drohung nach Treu und Glauben nicht mehr als angemessenes Mittel zur Erreichung dieses Zwecks anzusehen, ist die Drohung widerrechtlich. Dabei ist nicht erforderlich, dass sich die angekündigte Kündigung, wenn sie ausgesprochen worden wäre, in einem Kündigungsschutzprozess als rechtsbeständig erwiesen hätte.[77] Deshalb kann von einem verständigen Arbeitgeber grds. auch nicht verlangt werden, dass er bei seiner Abwägung die Beurteilung des Tatsachengerichts „trifft". Nur wenn unter verständiger Abwägung aller Umstände des Einzelfalls der Arbeitgeber davon ausgehen muss, die angedrohte Kündigung werde im Falle ihres Ausspruchs einer arbeitsgerichtlichen Prüfung mit hoher Wahrscheinlichkeit nicht standhalten, darf er die Kündigungserklärung nicht in Aussicht stellen, um den Arbeitnehmer zu einer Eigenkündigung oder zum Abschluss eines Aufhebungsvertrages zu veranlassen.[78]

24 Eine widerrechtliche Drohung iSd § 123 BGB liegt nicht schon dann vor, wenn der Arbeitnehmer beim Abschluss des Aufhebungsvertrags unter **Zeitdruck** gesetzt und ihm keine Überlegungsfrist gewährt wird (zur Überrumpelung aber → Rn. 16).[79] Ebenso wenig ist die Drohung mit einer Strafanzeige widerrechtlich, sofern sie nur dazu dient, den Täter zur Wiedergutmachung des Schadens zu veranlassen.[80] Dagegen ist die Androhung einer Kündigung nach Auffassung des BAG widerrechtlich, wenn der **Beweiswert einer ärztlichen Arbeitsunfähigkeitsbescheinigung nicht erschüttert** ist, sondern lediglich ein gewisser Anfangsverdacht dafür besteht, dass der Arbeitnehmer die Erkrankung vorgetäuscht haben könnte. In diesem Falle sei der Arbeitgeber regelmäßig verpflichtet, die Verdachtsmomente (bspw. durch eine Befragung des Arbeitnehmers über die Art der Erkrankung) näher aufzuklären, ehe er mit einer fristlosen Kündigung droht und den Arbeitnehmer dadurch zum Abschluss eines Aufhebungsvertrags veranlasst.[81]

25 Eine zur Anfechtung des Aufhebungsvertrags berechtigende **arglistige Täuschung** iSd § 123 Abs. 1 BGB liegt vor, wenn der Arbeitgeber eine Betriebsstillegung vorspiegelt, während in Wirklichkeit ein Betriebs(teil)übergang geplant ist.[82] Eine arglistige **Täuschung durch Unterlassung** begeht, wer bei Vertragsverhandlungen einen Umstand verschweigt, hinsichtlich dessen ihn gegenüber seinem Vertragspartner eine Aufklärungspflicht (→ Rn. 17) trifft. Allerdings muss der Arbeitgeber den Arbeitnehmer dann nicht über noch laufende Sozialplanverhandlungen informieren, wenn nicht absehbar ist, dass der Sozialplan den Arbeitnehmer besserstellen wird.[83]

26 Die **Ursächlichkeit** der widerrechtlichen Drohung für den späteren Abschluss des Aufhebungsvertrags wird **allein durch** eine dem Arbeitnehmer eingeräumte **Bedenkzeit nicht beseitigt.**[84] Die Kausalität kann aber entfallen, wenn der Arbeitnehmer die Bedenkzeit dazu genutzt hat, Rechtsrat einzuholen und durch ein Gegenangebot auf bessere Konditionen bei der Abwicklung des Arbeitsverhältnisses hinzuwirken.[85]

---

[77] BAG 16.1.1992 – 2 AZR 412/91, NZA 1992, 1023; 30.9.1993 – 2 AZR 268/93, AP BGB § 123 Nr. 37; 21.3.1996 – 2 AZR 543/95, AP BGB § 123 Nr. 42; 5.12.2002 – 2 AZR 478/01, AP BGB § 123 Nr. 63; 27.11.2003 – 2 AZR 135/03, NZA 2004, 597; 24.2.2022 – 6 AZR 333/21, NZA 2022, 779 Rn. 14.

[78] BAG 12.8.1999 – 2 AZR 832/98, AP BGB § 123 Nr. 51; 15.12.2005 – 6 AZR 197/05, AP BGB § 123 Nr. 66; 28.11.2007 – 6 AZR 1108/06, AP BGB § 620 Aufhebungsvertrag Nr. 36.

[79] BAG 16.2.1983 – 7 AZR 134/81, AP BGB § 123 Nr. 22; 30.9.1993 – 2 AZR 268/93, AP BGB § 123 Nr. 37; 14.2.1996 – 2 AZR 234/95, NJW 1996, 2593; Boemke Anm. zu BAG 30.9.1993 – 2 AZR 268/93, AP BGB § 123 Nr. 37; Ehrich NZA 1994, 438 (440).

[80] BAG 24.2.2022 – 6 AZR 333/21, NZA 2022, 779 Rn. 15.

[81] BAG 21.3.1996 – 2 AZR 543/95, AP BGB § 123 Nr. 42.

[82] BAG 23.11.2006 – 8 AZR 349/06, AP BGB § 613a Wiedereinstellung Nr. 1.

[83] BAG 22.4.2004 – 2 AZR 281/03, AP BGB § 620 Aufhebungsvertrag Nr. 27.

[84] BAG 28.11.2007 – 6 AZR 1108/06, AP BGB § 620 Aufhebungsvertrag Nr. 36; aA Bauer/Krieger/Arnold Aufhebungsverträge D Rn. 25.

[85] BAG 28.11.2007 – 6 AZR 1108/06, AP BGB § 620 Aufhebungsvertrag Nr. 36.

Die Anfechtung des Aufhebungsvertrags wegen arglistiger Täuschung kann innerhalb der **Jahresfrist des § 124 Abs. 1 BGB** erfolgen. Angesichts der klaren gesetzlichen Regelung ist eine analoge Heranziehung der Dreiwochenfrist des § 4[86] abzulehnen.[87] 27

Eine **Irrtumsanfechtung nach § 119 BGB** kommt beim Abschluss von Aufhebungsverträgen nur selten in Betracht. So ist der Irrtum des Arbeitnehmers über die sich aus dem Abschluss eines Aufhebungsvertrags ergebenden Nachteile, wie insbes. der Eintritt einer Sperrzeit nach § 159 Abs. 1 Nr. 1 SGB III, als bloßer Motiv- oder Rechtsfolgenirrtum unbeachtlich.[88] Der Arbeitgeber ist beim Angebot eines Aufhebungsvertrags grds. auch nicht verpflichtet, den Arbeitnehmer von sich aus darüber aufzuklären, dass er weitere Entlassungen beabsichtigt, die uU zu einer sozialplanpflichtigen Betriebseinschränkung führen können.[89] Tritt der Arbeitnehmer an den Arbeitgeber heran und bittet um den Abschluss eines Aufhebungsvertrags, ist der Arbeitgeber nicht verpflichtet, den Arbeitnehmer auf die bevorstehende Unverfallbarkeit der bestehenden Versorgungsanwartschaft hinzuweisen.[90] 28

Im Anfechtungsprozess trägt der Arbeitnehmer die **Beweislast** für sämtliche Voraussetzungen des Anfechtungstatbestands. Der Arbeitnehmer hat die Tatsachen darzulegen und ggf. zu beweisen, welche die angedrohte Kündigung als widerrechtlich erscheinen lassen. Liegt der vom Arbeitgeber in Aussicht gestellten Kündigung etwa eine Gleitzeitmanipulation zugrunde, muss der Arbeitnehmer im Rahmen der Anfechtung des Aufhebungsvertrags die ihm angelastete Gleitzeitmanipulation widerlegen, indem er beweist, dass er das Bedienen der Stechuhr lediglich vergessen oder ein Einlesefehler vorgelegen habe.[91] 29

Ein Aufhebungsvertrag, der eine Beendigung der arbeitsvertraglichen Beziehungen zum Gegenstand hat und deshalb auch typischerweise weitere Rechte und Pflichten der Parteien aus Anlass der Beendigung regelt, unterliegt **nicht der arbeitsgerichtlichen Befristungskontrolle.**[92] Deshalb liegt in einer Vereinbarung der Arbeitsvertragsparteien, das Arbeitsverhältnis zum Ablauf der ordentlichen Kündigungsfrist aus betrieblichen Gründen gegen Zahlung einer Abfindung zu beenden, regelmäßig keine nachträgliche Befristung des Arbeitsverhältnisses, die eines sachlichen Grundes bedürfte. Das gilt auch dann, wenn Arbeitgeber und Arbeitnehmer vor Beendigung des Arbeitsverhältnisses den Beendigungstermin auf das Ende der nächsten Kündigungsfrist hinausschieben.[93] 30

Überschreitet die Auslauffrist die Kündigungsfrist allerdings um ein Vielfaches und **fehlt es an sonstigen, einen Aufhebungsvertrag kennzeichnenden Vereinbarungen,** ist der Vertrag nicht auf die Beendigung, sondern auf eine befristete Fortsetzung des Arbeitsverhältnisses gerichtet. Ein solcher Vertrag bedarf dann zu seiner Wirksamkeit eines Sachgrundes.[94] Sieht der Arbeitgeber die sechsmonatige Probezeit als nicht bestanden an, kann er allerdings anstatt das Arbeitsverhältnis innerhalb der Frist des Abs. 1 mit der kurzen Probezeitkündigungsfrist zu beenden, dem Arbeitnehmer eine Bewährungschance geben, indem er mit ihm einen Aufhebungsvertrag mit einer überschaubaren, längeren 31

---

[86] Dafür Hromadka FS Zöllner, Bd. 2, 1998, 785 (790 ff.).
[87] BAG 28.11.2007 – 6 AZR 1108/06, AP BGB § 620 Aufhebungsvertrag Nr. 36.
[88] BAG 10.3.1988 – 8 AZR 420/85, AP BGB § 611 Fürsorgepflicht Nr. 99; 14.2.1996 – 2 AZR 234/95, NJW 1996, 2593.
[89] BAG 13.11.1996 – 10 AZR 340/96, AP BGB § 620 Aufhebungsvertrag Nr. 4; 22.4.2004 – 2 AZR 281/03, AP BGB § 620 Aufhebungsvertrag Nr. 27.
[90] BAG 3.7.1990 – 3 AZR 382/89, AP BetrAVG § 1 Nr. 24; enger BAG 17.10.2000 – 3 AZR 605/99, NZA 2001, 206; zu Hinweispflichten des Arbeitgebers vgl. Bauer/Krieger/Arnold Aufhebungsverträge A Rn. 56 ff.; Hoß/Ehrich DB 1997, 625; Weber/Ehrich/Burmester/Fröhlich Aufhebungsverträge Teil 1 Rn. 62 ff.
[91] BAG 12.8.1999 – 2 AZR 832/98, AP BGB § 123 Nr. 51.
[92] BAG 15.2.2007 – 6 AZR 286/06, AP BGB § 620 Aufhebungsvertrag Nr. 35; 18.1.2017 – 7 AZR 236/15, NZA 2017, 849.
[93] BAG 13.11.1996 – 10 AZR 340/96, AP BGB § 620 Aufhebungsvertrag Nr. 4.
[94] BSG 20.1.2000 – B 7 AL 20/99 R, AP BGB § 620 Aufhebungsvertrag Nr. 17; BAG 15.2.2007 – 6 AZR 286/06, AP BGB § 620 Aufhebungsvertrag Nr. 35; vgl. schon früher BAG 26.4.1979 – 2 AZR 431/77, AP BGB § 620 Befristeter Arbeitsvertrag Nr. 47.

Auslauffrist schließt und dem Arbeitnehmer für den Fall seiner Bewährung die Wiedereinstellung zusagt.[95]

32 c) **Abwicklungsvertrag.** Eine Variante des Aufhebungsvertrags ist der sog. **Abwicklungsvertrag,** bei dem der Arbeitnehmer nach zuvor erfolgter Kündigung des Arbeitsverhältnisses durch den Arbeitgeber auf eine Kündigungsschutzklage verzichtet (→ Rn. 10). Der Vorteil dieser Vereinbarung gegenüber einem Aufhebungsvertrag, der das Arbeitsverhältnis einvernehmlich und nicht durch arbeitgeberseitige Kündigung beendet, wurde von seinen Befürwortern im Arbeitsförderungsrecht (SGB III) gesehen. Bei Beachtung der Kündigungsfristen habe der Abwicklungsvertrag weder eine Sperrzeit nach § 159 SGB III noch ein Ruhen des Anspruchs auf Arbeitslosengeld gem. §§ 157, 158 SGB III zur Folge.[96] Diese Auffassung ist durch die Rspr. des BSG inzwischen überholt. Danach beteiligt sich der Arbeitnehmer bei der Vereinbarung eines Abwicklungsvertrags an der Beendigung des Arbeitsverhältnisses und löst damit die gleichen Rechtsfolgen wie bei einem Aufhebungsvertrag aus.[97] Dies gilt auch bei einer Vereinbarung über die Hinnahme einer Kündigung im Rahmen eines gerichtlichen Vergleichs.[98] Allerdings erwägt das BSG, vor dem Hintergrund der Neuregelung in § 1a einen wichtigen Grund für die Beendigung des Arbeitsverhältnisses stets dann zu bejahen, wenn die Abfindungshöhe den in dieser Vorschrift vorgesehenen Umfang nicht übersteigt.[99]

3. Ausgleichsquittung

33 Der Verzicht auf den Kündigungsschutz kann auch in einer **Ausgleichsquittung** erfolgen. Aus Gründen der Rechtsklarheit muss der **Verzicht in der Urkunde selbst unmissverständlich zum Ausdruck** kommen.[100] An die Klarheit der Verzichtserklärungen sind in Ausgleichsquittungen besonders strenge Anforderungen zu stellen. Es ist sicherzustellen, dass der Arbeitnehmer bei Unterschriftsleistung Bedeutung und Tragweite seiner Erklärung erkennt.[101] Bei einer vorformulierten Ausgleichsquittung ergibt sich dies bereits aus der **Unklarheitenregel (§ 305c Abs. 2 BGB).**[102]

34 Dementsprechend hat das BAG **bspw.** Erklärungen des Arbeitnehmers, er wolle von seinem Recht, das Fortbestehen des Arbeitsverhältnisses geltend zu machen, Abstand nehmen oder eine mit diesem Ziel bereits erhobene Klage nicht mehr durchführen, als ausreichend erachtet. Gleiches gilt für die Erklärung des Arbeitnehmers, gegen die Kündigung erhebe er keine Einwendungen.[103] Die aus freien Stücken vom Arbeitnehmer abgegebene und nicht vom Arbeitgeber vorformulierte Erklärung, die vom Arbeitgeber zuvor ausgesprochene Kündigung werde „akzeptiert", ist regelmäßig als Erklärung des Arbeitnehmers auszulegen, die Unwirksamkeit der Kündigung nicht geltend machen zu

---

[95] BAG 7.3.2002 – 2 AZR 93/01, AP BGB § 620 Aufhebungsvertrag Nr. 22 mzustAnm Bauer; vgl. Lembke DB 2002, 2648.

[96] Vgl. Hümmerich NZA 1994, 200; AuR 1994, 256; BB 1999, 1868; sowie die Entgegnungen von Bauer NZA 1994, 440; Grunewald NZA 1994, 441; AuR 1994, 260.

[97] BSG 18.12.2003 – B 11 AL 35/03 R, AP SGB III § 144 Nr. 3; s. a. Bauer/Krieger NZA 2004, 640; Boecken/Hümmerich DB 2004, 2046; Kramer AuR 2004, 402; v. Steinau-Steinrück/Hurek ZIP 2004, 1486.

[98] BSG 17.10.2007 – B 11a AL 51/06 R, AP SGB III § 144 Nr. 10.

[99] BSG 12.7.2006 – B 11a AL 47/05 R, AP SGB III § 144 Nr. 8 mzustAnm Maties; ebenso Peters-Lange/Gagel NZA 2005, 740 (741); Spellbrink BB 2006, 1274 (1277); Voelzke NZS 2005, 281 (287).

[100] BAG 29.6.1978 – 2 AZR 681/76, AP KSchG 1969 § 4 Nr. 5 mAnm Bernert; 3.5.1979 – 2 AZR 679/77, AP KSchG 1969 § 4 Nr. 6 mzustAnm Grunsky; 20.8.1980 – 5 AZR 759/78, AP LohnFG § 9 Nr. 3 mkritAnm Herschel und mzustAnm Burg; näher Apel, Die Ausgleichsquittung im Arbeitsrecht, 1982, 45 ff., 132 ff.; Birk Anm. zu LAG Düsseldorf 31.10.1975 – 16 Sa 599/75, EzA § 119 BGB Nr. 6; Burg, Die Problematik der Ausgleichsquittung im Arbeitsrecht, 1983, 296 ff.; MHdB ArbR/Francke § 137 Rn. 29; Kramer Kündigungsvereinbarungen S. 186; Kramer/Marhold AR-Blattei SD 290; Plander DB 1986, 1873.

[101] So zutr. BAG 20.8.1980 – 5 AZR 759/78, AP LohnFG § 9 Nr. 3; Zöllner/Loritz/Hergenröder ArbR § 24 Rn. 35.

[102] So wohl auch Preis/Rolfs, Der Arbeitsvertrag, 6. Aufl. 2020, Teil II V 50 Rn. 5.

[103] BAG 6.4.1977 – 4 AZR 721/75, AP KSchG 1969 § 4 Nr. 4; 29.6.1978 – 2 AZR 681/76, AP KSchG 1969 § 4 Nr. 5; LAG Hamm 14.12.1984 – 16 Sa 670/84, NZA 1985, 292.

wollen.[104] Demgegenüber kommt in der Erklärung „Ich erkläre hiermit, keine Rechte aus dem Arbeitsverhältnis und seiner Beendigung mehr zu haben" der Wille des Arbeitnehmers, auf den Kündigungsschutz zu verzichten, nicht genügend zum Ausdruck.[105] Zu Recht hat das BAG in der zuletzt genannten Entscheidung[106] darüber hinaus festgestellt, es gehöre nicht zu den Voraussetzungen eines wirksamen Verzichts auf den Kündigungsschutz in einer Ausgleichsquittung, dass der Arbeitgeber vor Unterzeichnung auf Inhalt und Bedeutung dieser Erklärung ausdrücklich hinweist;[107] aus der allgemeinen Fürsorgepflicht des Arbeitgebers lässt sich eine solche Hinweispflicht nicht ableiten.

Bedenken bestehen jedoch gegen die verbreitete Praxis, wonach in Ausgleichsquittungen mit einer Unterschrift auf einer Urkunde sowohl der **Erhalt der Arbeitspapiere quittiert** (§ 368 BGB) als auch der **Klageverzicht** erklärt wird. Der Arbeitgeber hat nämlich gem. § 368 BGB nur einen Anspruch auf schriftliche Bestätigung des Erhalts der Arbeitspapiere, nicht aber auch auf die Erklärung eines Klageverzichts im Hinblick auf die erfolgte Kündigung.[108] Wenn nun in einer vorformulierten Urkunde, die als „Ausgleichsquittung" überschrieben ist, neben dem Erhalt der Arbeitspapiere auch ein Klageverzicht erklärt wird, so ist hierin eine **überraschende Klausel (§ 305c Abs. 1 BGB)** zu sehen.[109] Denn hierdurch wird die Quittung als reine Wissenserklärung ohne rechtsgeschäftlichen Gehalt[110] mit dem rechtsgeschäftlichen Klageverzicht verbunden. Der Inhalt der vom Arbeitnehmer abgegebenen Erklärungen entspricht damit nicht dem äußeren Erscheinungsbild des Formulars und ist deshalb nicht wirksamer Vertragsbestandteil. Sieht man in solchen Vereinbarungen keine überraschenden Klauseln iSd § 305c Abs. 1 BGB, sind sie gleichwohl nicht wirksam, weil sie – soweit es sich um AGB iSd § 305 BGB handelt oder die Voraussetzungen des § 310 Abs. 3 Nr. 2 BGB vorliegen – einer Inhaltskontrolle am Maßstab des § 307 Abs. 1 BGB nicht standhalten, sofern sie auf einen kompensationslosen Verzicht auf Kündigungsschutz hinauslaufen (→ Rn. 14).[111] Der Arbeitnehmer muss **jede Erklärung gesondert unterschreiben** können. Nur so ist sichergestellt, dass der Arbeitgeber einerseits die von ihm zu beanspruchende Quittung erhält (§ 368 BGB) und der Arbeitnehmer andererseits bzgl. des Klageverzichts eine eindeutige Erklärung abgibt.[112] 35

Unterzeichnet ein der deutschen Sprache und Schrift nicht mächtiger **ausländischer Arbeitnehmer** einen Klageverzicht, der nur in deutscher Sprache gefasst ist und vor der Unterzeichnung dem ausländischen Arbeitnehmer weder übersetzt noch sonst erklärt wurde, so kann sich der Arbeitgeber nicht auf die Rechtswirksamkeit der Verzichtserklärung berufen, auch wenn sie in deutscher Sprache klar und eindeutig ist.[113] Zwar ist nicht zu bestreiten, dass nach den allgemeinen Grundsätzen der Rechtsgeschäftslehre derjenige, der eine Erklärung unterschreibt, das Risiko des Nichtverstehens auf sich 36

---

[104] LAG Köln 7.11.1997 – 11 Sa 451/97, NZA 1998, 824; ähnlich LAG Rheinland-Pfalz 22.7.1997 – 4 Sa 294/97, BeckRS 1997, 30769671.

[105] BAG 3.5.1979 – 2 AZR 679/77, AP KSchG 1969 § 4 Nr. 6.

[106] Bestätigt in BAG 20.6.1985 – 2 AZR 427/84, AP BetrVG 1972 § 112 Nr. 33 unter B I 2 mzustAnm Hj. Weber.

[107] AA Preis, Grundfragen der Vertragsgestaltung, 1993, 497; ausf. zur AGB-rechtlichen Beurteilung CKK/Klumpp BGB § 307 Rn. 156 ff.

[108] Kramer/Marhold AR-Blattei SD 290 Rn. 11.

[109] BAG 23.2.2005 – 4 AZR 139/04, AP TVG § 1 Tarifverträge: Druckindustrie Nr. 42; 25.9.2014 – 2 AZR 788/13, NZA 2015, 350 Rn. 17; KR/Rachor Rn. 42; PVT Kündigung/Temming Rn. 1423.

[110] S. dazu nur MüKoBGB/Fetzer § 368 Rn. 2 mwN.

[111] BAG 6.9.2007 – 2 AZR 722/06, AP KSchG 1969 § 4 Nr. 62; 21.6.2011 – 9 AZR 203/10, AP BGB § 307 Nr. 53; LAG Schleswig-Holstein 24.9.2003 – 3 Sa 6/03, BB 2004, 608; zust. KR/Klose § 4 Rn. 378 ff.; ErfK/Preis BGB §§ 307–309 Rn. 80; v. Steinau-Steinrück BB 2004, 611.

[112] Bernert Anm. zu BAG 29.6.1978 – 2 AZR 681/76, AP KSchG 1969 § 4 Nr. 5; ebenso KR/Friedrich, 9. Aufl., § 4 Rn. 308; B. Preis AuR 1979, 97 (102 ff.); Schulte DB 1981, 937 (941); weniger streng insoweit Kramer Kündigungsvereinbarungen S. 202; APS/Vossen Rn. 14.

[113] LAG Düsseldorf 2.11.1971 – 8 Sa 346/71, EzA § 4 KSchG nF Nr. 1; LAG Hamm 2.1.1976 – 3 Sa 1121/75, EzA § 305 BGB Nr. 8; LAG Köln 24.11.1999 – 2 Sa 1128/99, LAGE Nr. 4 zu § 4 KSchG Ausgleichsquittung; in diesem Sinne auch LAG Berlin 7.12.1972 – 7 Sa 100/72, BB 1973, 1030; LAG Frankfurt/M. 6.2.1974 – 6 Sa 608/73, BB 1975, 562; Kramer/Marhold AR-Blattei SD 290 Rn. 47.

nimmt.[114] Wenn der Arbeitnehmer einen Verzichtswillen erkennbar nicht gebildet hat, würde es aber gegen die Rücksichtnahmepflicht des Arbeitgebers (§ 241 Abs. 2 BGB) verstoßen, das Nichtverstehen des Arbeitnehmers zum eigenen Vorteil auszunutzen.[115] Das Sprachrisiko trägt in diesen Fällen also der Arbeitgeber, weshalb zweckmäßigerweise vorformulierte Verzichtserklärungen für ausländische Arbeitnehmer vorher in deren Heimatsprache zu übersetzen sind. Der Arbeitgeber kann aber auch durch entsprechende Erläuterungen dafür sorgen, dass er von einer hinreichenden Einsicht des Arbeitnehmers in die Bedeutung des Schreibens ausgehen darf.[116] Im Streitfall ist der Arbeitgeber für die Umstände **beweispflichtig,** aus denen sich ergibt, dass der ausländische Arbeitnehmer die Erklärung verstanden hat bzw. über ausreichende Deutschkenntnisse verfügt.[117] Gelingt ihm dies, sind die allgemeinen Grundsätze anwendbar.[118] Geht es nicht um einen regelrechten Verzicht auf Rechtspositionen, wird man das Sprachrisiko bei Arbeitsverhältnissen, die deutschem Arbeitsrecht unterliegen, dagegen im Allgemeinen dem Arbeitnehmer aufzuerlegen haben.[119]

IV. Schadensersatz wegen unberechtigter Kündigung

37 Obwohl das KSchG dem Schutz des Arbeitnehmers dient, ist es **kein Schutzgesetz iSd § 823 Abs. 2 BGB.**[120] Die Vorschriften des KSchG regeln allein die vertraglichen Beziehungen zwischen Arbeitgeber und Arbeitnehmer, sie bezwecken aber nicht einen besonderen Schutz gegen Rechtsverletzungen, was Voraussetzung für die Annahme eines Schutzgesetzes iSd § 823 Abs. 2 BGB ist. Dagegen kommt ein **Schadensersatzanspruch aus Vertragsverletzung** in Betracht, wenn sich der Arbeitgeber mittels einer rechtsunwirksamen Kündigung vom Arbeitsvertrag löst (§§ 280 Abs. 1, 3, 283 BGB)[121]. Sofern die Kündigung auf einem vertretbaren Rechtsstandpunkt des Arbeitgebers beruht, fehlt es aber an dem für einen Schadensersatzanspruch erforderlichen Verschulden.[122]

B. Voraussetzungen des Kündigungsschutzes

38 § 1 bestimmt die **Voraussetzungen des allgemeinen Kündigungsschutzes.** Die Regelung ist insoweit allerdings nicht erschöpfend, sondern wird durch die §§ 14, 23–25 ergänzt. Keine zusätzlichen Voraussetzungen ergeben sich dagegen aus § 102 BetrVG. Zwar ist die ordnungsgemäße Anhörung des Betriebsrats nach § 102 Abs. 1 BetrVG Wirksamkeitsvoraussetzung für die Kündigung; das Eingreifen des Kündigungsschutzes als solchem ist aber nicht von einem bestimmten Verhalten des Betriebsrats abhängig. Selbst wenn dieser der Kündigung zugestimmt hat, kann der betroffene Arbeitnehmer den Kündigungsschutz in Anspruch nehmen und die Sozialwidrigkeit der Kündigung geltend

---

[114] Darauf abstellend Moll/Reichel RdA 2001, 308 (316 f.).
[115] LAG Köln 24.11.1999 – 2 Sa 1128/99, LAGE Nr. 4 zu § 4 KSchG Ausgleichsquittung = BeckRS 1999, 30461964.
[116] LAG Hamm 2.1.1976 – 3 Sa 1121/75, EzA § 305 BGB Nr. 8.
[117] LAG Hamm 2.1.1976 – 3 Sa 1121/75, EzA § 305 BGB Nr. 8.
[118] LAG Köln 24.11.1999 – 2 Sa 1128/99, LAGE Nr. 4 zu § 4 KSchG Ausgleichsquittung = BeckRS 1999, 30461964.
[119] BAG 19.3.2014 – 5 AZR 252/12 (B), AP BGB § 130 Nr. 26 mkritAnm Mankowski; vergleichbare Differenzierung bei der Verteilung des Sprachrisikos in LAG Baden-Württemberg 30.12.1970 – 4 Sa 64/70, DB 1971, 245; insoweit generell sehr streng Rieble FS Löwisch, 2007, 229 (239 ff.); im Ausgangspunkt auch Bepler FS Höland, 2015, 452 (459 ff.); großzügiger Boemke/Schönfelder NZA 2015, 1222 (1225 ff.); Deinert ZfA 2018, 17 (36 f).
[120] HM, vgl. LAG Köln 23.2.1988 – 1 Sa 1094/87, NZA 1988, 548; MüKoBGB/Hergenröder Einl. KSchG Rn. 14; LSSW/Löwisch Vor § 1 Rn. 105; ErfK/Oetker Rn. 8; KR/Rachor Rn. 44.
[121] Vgl. BAG 17.7.2003 – 8 AZR 486/02, AP BGB § 611 Haftung des Arbeitgebers Nr. 27; aA LSSW/Löwisch Vor § 1 Rn. 106.
[122] BAG 17.7.2003 – 8 AZR 486/02, AP BGB § 611 Haftung des Arbeitgebers Nr. 27.

machen.[123] Allerdings kann seine Rechtsstellung durch einen Widerspruch des Betriebsrats gestärkt werden (→ Rn. 1058 ff.). Auch dafür ist aber die Anwendbarkeit des Kündigungsschutzes nach den in § 1 iVm den in §§ 14, 23–25 geregelten Voraussetzungen die Grundlage.

I. Arbeitsverhältnis

1. Geschützte Personen

Der Kündigungsschutz greift nach Abs. 1 nur ein, wenn ein Arbeitsverhältnis gekündigt wird und der Gekündigte **Arbeitnehmer** ist. Sofern jemand mehrere Beschäftigungsverhältnisse hat, ist für jedes dieser Rechtsverhältnisse gesondert zu prüfen, ob es sich um ein Arbeitsverhältnis handelt und auch die sonstigen Voraussetzungen für das Eingreifen des Kündigungsschutzes vorliegen. 39

Die **Darlegungs- und Beweislast** für das Vorliegen eines Arbeitsverhältnisses iSd Abs. 1 trifft den Arbeitnehmer. Wird dies vom Arbeitgeber mit der Begründung bestritten, das vereinbarte Arbeitsverhältnis sei in Wahrheit ein Scheingeschäft iSd § 117 BGB, hat er dies konkret darzulegen und zu beweisen. Der Arbeitgeber ist gleichfalls darlegungs- und beweispflichtig für den Einwand, die geschlossenen Arbeitsverträge seien nicht abredegemäß durchgeführt worden.[124] 40

a) **Arbeitnehmerbegriff.** Das **KSchG enthält keine eigene Definition** des Arbeitnehmers, sondern setzt den Begriff als bekannt voraus. Es gilt deshalb der allgemeine Arbeitnehmerbegriff, wie er seit dem 1.4.2017 in **§ 611a BGB** definiert ist. Dagegen kommt es nicht auf den unionsrechtlichen Arbeitnehmerbegriff an, weil § 1 nicht europarechtlich determiniert ist.[125] 41

Danach ist im Anschluss an die stRspr.[126] und die ganz hM in der Literatur[127] Arbeitnehmer, wer aufgrund eines privatrechtlichen Vertrags im Dienst eines anderen zur Leistung **weisungsgebundener, fremdbestimmter Arbeit in persönlicher Abhängigkeit** verpflichtet ist.[128] Das Arbeitsverhältnis ist ein auf den Austausch von Arbeitsleistung gegen Vergütung gerichtetes Dauerschuldverhältnis. Das Weisungsrecht des Vertragspartners (Arbeitgebers) als zentrales Element der persönlichen Abhängigkeit kann den Inhalt, die Durchführung, die zeitliche Lage und den Ort der Tätigkeit betreffen. Arbeitnehmer ist derjenige Mitarbeiter, der nicht im Wesentlichen frei seine Tätigkeit gestalten und seine Arbeitszeit bestimmen kann. Selbständig ist dagegen, wer im Wesentlichen frei seine Tätigkeit gestalten und seine Arbeitszeit bestimmen kann (vgl. § 84 Abs. 1 S. 2 HGB). Der jeweilige Vertragstyp ergibt sich aus dem wirklichen Geschäftsinhalt. Widersprechen sich Vereinbarung und tatsächliche Durchführung, ist das letztere maßgebend. Dabei kommt es auf eine Gesamtwürdigung der Umstände des Einzelfalls an. 42

---

[123] BAG 13.9.1973 – 2 AZR 601/72, AP KSchG 1969 § 1 Nr. 2 mzustAnm G. Hueck.

[124] BAG 9.2.1995 – 2 AZR 389/94, NJW 1996, 1299.

[125] BAG 27.4.2021 – 2 AZR 540/20, NZA 2021, 857 Rn. 24.

[126] BAG 16.2.2000 – 5 AZB 71/99, AP ArbGG 1979 § 2 Nr. 70; 26.9.2002 – 5 AZB 19/01, AP ArbGG 1979 § 2 Nr. 83; 11.6.2003 – 5 AZB 43/02, AP ArbGG 1979 § 2 Nr. 85; 20.8.2003 – 5 AZR 610/02, NZA 2004, 39; 24.3.2004 – 5 AZR 233/03, EzA § 134 BGB 2002 Nr. 2; 9.6.2010 – 5 AZR 332/09, AP BGB § 611 Abhängigkeit Nr. 121; 25.9.2013 – 10 AZR 282/12, AP BGB § 611 Abhängigkeit Nr. 126 Rn. 16; 14.6.2016 – 9 AZR 305/15, AP BGB § 611 Abhängigkeit Nr. 129 Rn. 15.

[127] Boemke ZfA 1998, 285; Griebeling RdA 1998, 208; Hilger RdA 1989, 1; v. Hoyningen-Huene BB 1987, 1730; Hromadka NZA 1997, 569; NZA 1997, 1249; DB 1998, 195; Joost FS Wiese, 1998, 191; Maschmann, Arbeitsverträge und Verträge mit Selbständigen, 2001, passim; MüKoBGB/Spinner § 611a Rn. 86 ff.; Reinecke ZIP 1998, 581; FS Dieterich, 1999, 463; Rieble ZfA 1998, 327; Schliemann RdA 1997, 322; Staudinger/Fischinger (2022) BGB § 611a Rn. 28 ff.; Zöllner/Loritz/Hergenröder ArbR § 5 Rn. 18 ff., jeweils mwN; aA Wank Arbeitnehmer, passim.

[128] Zur Neuregelung eingehend und krit. Wank AuR 2017, 140; ferner Hromadka NZA 2018, 1583; positiver Preis NZA 2018, 817; Reinecke AuR 2019, 56; s. a. ErfK/Preis BGB § 611a Rn. 8 ff.; MHdB ArbR/Temming § 18 Rn. 12 ff.

43 Ist der zur Dienstleistung Verpflichtete nach den tatsächlichen Umständen nicht in der Lage, seine vertraglichen Leistungspflichten allein zu erfüllen, sondern **auf Hilfskräfte angewiesen** und vertraglich berechtigt, seine Leistungen durch Dritte erbringen zu lassen, spricht dies regelmäßig gegen ein Arbeitsverhältnis.[129] Die Möglichkeit der Leistungserbringung durch Dritte ist ein wesentliches Merkmal selbständigen Tätigwerdens, das mit dem Status eines Arbeitnehmers grds. nicht zu vereinbaren ist. Denn im Verhältnis zum Dritten ist der Dienstverpflichtete seinerseits Arbeitgeber. Allerdings ist es nicht in jedem Fall gerechtfertigt, wegen der bloßen Berechtigung des Vertragspartners, die vertraglich geschuldete Leistung durch Dritte erbringen zu lassen, ein Arbeitsverhältnis von vornherein auszuschließen. Dies gilt zumindest dann, wenn die persönliche Leistungserbringung die Regel und die Leistungserbringung durch einen Dritten eine seltene Ausnahme darstellt, die das Gesamtbild der Tätigkeit nicht nennenswert verändert. Die Möglichkeit, Dritte zur Leistungserbringung einzusetzen, stellt dann lediglich eines von mehreren im Rahmen einer Gesamtwürdigung zu berücksichtigenden Anzeichen dar.[130]

44 **b) Einzelfälle (alphabetisch).** Geht man von diesen Merkmalen zur Bestimmung der Arbeitnehmereigenschaft aus, besteht für die in einem **Aushilfsarbeitsverhältnis** Beschäftigten grds. der allgemeine Kündigungsschutz, sofern die übrigen gesetzlichen Voraussetzungen vorliegen, insbes. die sechsmonatige Wartezeit des Abs. 1 (→ Rn. 81 ff.) erfüllt ist.[131] Selbstverständlich genießen auch **ausländische Arbeitnehmer** in einem dem deutschen Arbeitsrecht unterliegenden Arbeitsverhältnis uneingeschränkten Kündigungsschutz.[132]

45 **Crowdworker** und andere **Plattformbeschäftigte** unterfallen dann dem KSchG, wenn sie als Arbeitnehmer zu qualifizieren sind, was von den konkreten Umständen ihrer online oder offline zu erbringenden Tätigkeit abhängt[133] und durch die neue Plattformarbeitsrichtlinie (EU) 2024/2831 erleichtert werden soll. Sind diese Personen lediglich arbeitnehmerähnliche Person oder sogar echte Selbstständige, haben sie dagegen keinen Kündigungsschutz (→ Rn. 58).

46 **Franchisenehmer** sind dagegen grds. **keine Arbeitnehmer.**[134] Gleichwohl können im Einzelfall die Bindungen zwischen dem Franchisegeber und dem Franchisenehmer so stark werden, dass der Franchisenehmer nicht mehr als selbständiger Unternehmer angesehen werden kann.[135] Wird der Franchisenehmer durch eine vertragliche Vereinbarung vollständig in die Organisation des Franchisegebers einbezogen und verliert er dadurch die Möglichkeit, seine Tätigkeit im Wesentlichen frei zu gestalten (vgl. § 84 Abs. 1 S. 2 HGB), ist er Arbeitnehmer.[136] Bei wirtschaftlicher Abhängigkeit kommt eine Qualifikation als arbeitnehmerähnliche Person in Betracht,[137] was für das Eingreifen von Kündigungsschutz aber nicht genügt (→ Rn. 58).

---

[129] BAG 12.12.2001 – 5 AZR 253/00, AP BGB § 611 Abhängigkeit Nr. 111; 4.12.2002 – 5 AZR 667/01, AP BGB § 611 Abhängigkeit Nr. 115; BGH 21.10.1998 – VIII ZB 54/97, NZA 1999, 110.

[130] BAG 19.11.1997 – 5 AZR 653/96, AP BGB § 611 Abhängigkeit Nr. 90.

[131] Ebenso Preis/Kliemt/Ulrich AR-Blattei SD 310 Rn. 247; KR/Rachor Rn. 49.

[132] Vgl. Schaub ArbR-HdB/Koch § 27 Rn. 3 ff.

[133] Für die Arbeitnehmereigenschaft eines Crowdworkers im konkreten Fall BAG 1.12.2020 – 9 AZR 102/20, NZA 2021, 552. Dazu näher Däubler/Klebe NZA 2015, 1032 (1034 ff.); Kocher/Hensel NZA 2016, 984 (987 f.); Krause JbArbR 54 (2016), 23 (48 f.); Lingemann/Otte NZA 2015, 1042 ff.

[134] BAG 24.4.1980 – 3 AZR 911/77, AP HGB § 84 Nr. 1; BGH 3.10.1984 – VIII ZR 118/83, NJW 1985, 1894 (1895); 27.1.2000 – III ZB 67/99, NZA 2000, 390; LAG Düsseldorf 20.10.1987 – 16 TaBV 83/87, NJW 1988, 725; OLG Schleswig 27.8.1986 – 4 U 27/85, NJW-RR 1987, 220 (221); LAG Düsseldorf 27.8.2010 – 10 Sa 90/10, LAGE § 611 BGB 2002 Arbeitnehmerbegriff Nr. 5 = BeckRS 2010, 74853; Franzen FS 50 Jahre BAG, 2004, 31 (44 ff.); zum Franchisevertrag näher Martinek Franchising, 1987; Nolting, Die individualarbeitsrechtliche und betriebsverfassungsrechtliche Beurteilung von Franchisesystemen, 1994; Skaupy, Franchising, 1987; NJW 1992, 1785.

[135] BGH 16.10.2002 – VIII ZB 27/02, NJW-RR 2003, 277; LAG Düsseldorf 20.10.1987 – 16 TaBV 83/87, NJW 1988, 725; ferner LSG Berlin 27.10.1993 – L 9 Kr 35/92, NZA 1995, 139.

[136] Ebenso BAG 16.7.1997 – 5 AZB 29/96, AP ArbGG 1979 § 5 Nr. 37 mAnm Kreuder; LAG Düsseldorf 20.10.1987 – 16 TaBV 83/87, NJW 1988, 725.

[137] BGH 4.11.1998 – VIII ZB 12/98, NZA 1999, 53.

Arbeitnehmer, die sowohl zu einer **Gesamthafenbetriebsgesellschaft** als auch zu einem Einzelhafenbetrieb in einem Arbeitsverhältnis stehen, genießen für beide Arbeitsverhältnisse getrennten Kündigungsschutz.[138] 47

Weiterhin genießen auch Arbeitnehmer, die in einem sog. **Gruppenarbeitsverhältnis** stehen, allgemeinen Kündigungsschutz (→ Rn. 75).[139] 48

Bei **Leiharbeitsverhältnissen** ist nach der Neufassung des AÜG mWv 1.4.2017 zwischen der Arbeitnehmerüberlassung im Rahmen einer wirtschaftlichen Tätigkeit und sonstigen Formen der Arbeitnehmerüberlassung zu unterscheiden:[140] Nur der erstgenannte Fall ist nach § 1 Abs. 1 S. 1 AÜG erlaubnispflichtig. Bei einer in jeder Hinsicht ordnungsgemäßen Arbeitnehmerüberlassung besteht ein Arbeitsverhältnis lediglich zwischen dem Leiharbeitnehmer und dem Verleiher. Der Arbeitnehmer genießt dann im Verhältnis zum Verleiher Kündigungsschutz, sofern die Voraussetzungen des Abs. 1 sowie des § 23 Abs. 1 vorliegen. Sofern der Arbeitsvertrag zwischen dem Verleiher und dem Leiharbeitnehmer nach § 9 AÜG unwirksam ist, entsteht gem. § 10 Abs. 1 S. 1 Hs. 1 AÜG ein Arbeitsverhältnis zum Entleiher mit der Folge, dass der Leiharbeitnehmer dem Betrieb des Entleihers zuzurechnen ist. Dies ist dann der Fall, wenn der Verleiher nicht im Besitz der nach § 1 Abs. 1 S. 1 AÜG erforderlichen Erlaubnis ist (§ 9 Abs. 1 Nr. 1 AÜG), bestimmte Angaben und Konkretisierungen fehlen (§ 9 Abs. 1 Nr. 1a AÜG) oder die zulässige Überlassungshöchstdauer (regelmäßig 18 Monate) überschritten wird (§ 9 Abs. 1 Nr. 1b AÜG), wobei der Leiharbeitnehmer allerdings jeweils das Recht hat, am Arbeitsvertrag mit dem Verleiher festzuhalten. Dem Leiharbeitnehmer steht in diesen Fällen – sofern die Voraussetzungen der §§ 1 Abs. 1, 23 Abs. 1 vorliegen – gegenüber dem Entleiher, der nunmehr kraft gesetzlicher Fiktion sein Arbeitgeber ist, der allgemeine Kündigungsschutz zu.[141] 49

Das **Pfarrdienstverhältnis** ist nach § 2 Abs. 1 des Kirchengesetzes zur Regelung der Dienstverhältnisse der Pfarrerinnen und Pfarrer in der Evangelischen Kirche in Deutschland (Pfarrdienstgesetz der EKD – PfDG.EKD) zwar ein kirchengesetzlich geregeltes öffentlich-rechtliches Dienst- und Treueverhältnis, das auf Lebenszeit begründet wird. Nach § 108 PfDG.EKD kann jedoch im Einzelfall ein privatrechtliches Dienstverhältnis begründet werden.[142] 50

Bei einer Anstellung zur **Probe** liegt regelmäßig ein Arbeitsverhältnis vor.[143] Feste gesetzliche Mindest- und Höchstgrenzen der Probezeit gibt es abgesehen von § 20 BBiG nicht. Allerdings ergibt sich aus § 622 Abs. 3 BGB die regelmäßige Begrenzung einer vereinbarten Probezeit auf sechs Monate. Daneben sieht § 15 Abs. 3 TzBfG nunmehr vor, dass die Probezeit im Rahmen eines befristeten Arbeitsverhältnisses im Verhältnis zu der erwarteten Dauer der Befristung und der Art der Tätigkeit stehen muss. Haben Arbeitnehmer in einem **Probearbeitsverhältnis** mit ihrem Arbeitgeber eine über sechs Monate hinausgehende Probezeit vereinbart, wird damit der allgemeine Kündigungsschutz nicht ausgeschlossen. Dieser ist nicht vertraglich abdingbar, was dazu führt, dass das Arbeitsverhältnis nach Ablauf der Wartezeit von sechs Monaten nur bei Vorliegen eines Kündigungsgrundes nach Abs. 2 gekündigt werden kann.[144] Dabei sind weder an die Darlegungslast des Arbeitgebers noch an die Kündigungsgründe geringere als die allgemein gebotenen Anforderungen zu stellen. Ansonsten würde durch Parteivereinbarung der zugunsten des Arbeitnehmers zwingende Kündigungsschutz (→ Rn. 4 ff.) unzulässig verschlechtert werden.[145] 51

---

[138] BAG 23.7.1970 – 2 AZR 426/69, AP GesamthafenbetriebsG § 1 Nr. 3; 30.5.1985 – 2 AZR 321/84, AP KSchG 1969 § 1 Betriebsbedingte Kündigung Nr. 24.
[139] BAG 21.10.1971 – 2 AZR 17/71, AP BGB § 611 Gruppenarbeitsverhältnis Nr. 1.
[140] Vgl. ErfK/Roloff AÜG § 1 Rn. 43 f.
[141] Dazu Thüsing/Mengel, AÜG, 4. Aufl. 2018, § 10 Rn. 47; ErfK/Roloff AÜG § 10 Rn. 4 f.
[142] BAG 2.2.2006 – 2 AZR 154/05, AP BGB § 611 Kirchendienst Nr. 46.
[143] Vgl. MHdB ArbR/Benecke § 37 Rn. 57; Preis/Kliemt/Ulrich AR-Blattei SD 1270 Rn. 8.
[144] BAG 15.8.1984 – 7 AZR 228/82, AP KSchG 1969 § 1 Nr. 8 mAnm M. Wolf.
[145] AA BAG 12.2.1981 – 2 AZR 1108/78, AP BAT § 5 Nr. 1 unter IV 1c mzustAnm G. Hueck; 15.8.1984 – 7 AZR 228/82, AP KSchG 1969 § 1 Nr. 8 unter II 5b; Preis/Kliemt/Ulrich AR-Blattei SD 1270 Rn. 258 ff.

52 Da es ausschließlich auf den rechtlichen Bestand eines Arbeitsverhältnisses ankommt, kann auch ein **ruhendes Arbeitsverhältnis** nach den allgemeinen Vorschriften und Grundsätzen gekündigt werden.[146]

53 Kündigungsschutz genießen auch **Teilzeitarbeitnehmer,** und zwar unabhängig vom Umfang der Arbeitszeit.[147] Ob die Teilzeittätigkeit die alleinige Erwerbsquelle ist oder nebenberuflich ausgeübt wird, spielt keine Rolle. Stehen Teilzeitarbeitnehmer zu mehreren Arbeitgebern in Teilzeitarbeitsverhältnissen, so genießen sie, sofern die übrigen Voraussetzungen des KSchG erfüllt sind, in jedem dieser Arbeitsverhältnisse Kündigungsschutz.[148] Unter den allgemeinen Kündigungsschutz fallen auch die in § 13 TzBfG geregelten Job-Sharing-Arbeitsverhältnisse.[149]

54 Problematisch kann die Arbeitnehmereigenschaft im Einzelfall bei (digitaler) **Telearbeit** sein (**Homeoffice, mobile Arbeit**).[150] Bei der Telearbeit werden Arbeiten im Privatbereich des Telearbeiters und damit in räumlicher Hinsicht **betriebsextern** erbracht, wobei jedoch eine kommunikationstechnische Anbindung des Arbeitsplatzes an die zentrale Betriebsstätte vorhanden ist (s. a. § 2 Abs. 7 ArbStättV sowie bereits → Rn. 45).[151] Eine Abhängigkeit in zeitlicher Hinsicht wird man hier dann annehmen können, wenn der Telearbeiter Abrufarbeit leistet, kürzere Ankündigungs- und Erledigungsfristen bestehen und eine Anbindung an den Zentralrechner erfolgt (s. a. § 5 Abs. 1 S. 1 aE BetrVG). Die persönliche Abhängigkeit ergibt sich zudem aus der Vorstrukturierung der Arbeit sowie der Möglichkeit der ständigen technischen Überwachung und Kontrolle der Arbeit (online-Betrieb),[152] kann aber in anderen Gestaltungen (offline-Betrieb) ebenfalls zu bejahen sein.[153] In Betracht kommt allerdings auch, dass Telearbeit im Rahmen eines freien Dienstvertrags oder eines Werkvertrags oder in Form von Heimarbeit geleistet wird, sodass kein Kündigungsschutz besteht (→ Rn. 57 f.).[154]

2. Nicht geschützte Personen

55 Folgende Personengruppen unterstehen **nicht dem Schutz** des KSchG, wobei die Geltung des 1. Abschnitts aber vertraglich vereinbart werden kann.[155]

56 a) **Persönlich selbständig arbeitende Personen.** Zu den nicht geschützten Personen zählen **alle Selbständigen.** Dazu gehören auch die **Handelsvertreter** (Agenten), selbst wenn sie arbeitnehmerähnlich sind (→ Rn. 58), prozessrechtlich also der Arbeitsgerichtsbarkeit unterstehen (vgl. § 5 Abs. 3 ArbGG). Allerdings muss es sich um wirkliche Handelsvertreter handeln und nicht um Handlungsgehilfen, die ebenso wie Handelsvertreter mit der Vermittlung oder dem Abschluss von Handelsgeschäften betraut sein können.[156]

---

[146] BAG 9.9.2010 – 2 AZR 493/09, AP KSchG 1969 § 1 Betriebsbedingte Kündigung Nr. 185.

[147] BAG 13.3.1987 – 7 AZR 724/85, AP KSchG 1969 § 1 Betriebsbedingte Kündigung Nr. 37; HK-KSchG/Dorndorf Rn. 53; MHdB ArbR/Greiner § 112 Rn. 13; KR/Rachor Rn. 74; ausf. Wank ZIP 1986, 206; krit. Hahn DB 1988, 1015 zu nebenberuflicher Teilzeitarbeit.

[148] HK-KSchG/Dorndorf Rn. 53; KR/Rachor Rn. 74.

[149] Vgl. Meinel/Heyn/Herms/Heyn TzBfG § 13 Rn. 31 f.; Annuß/Thüsing/Maschmann, TzBfG, 3. Aufl. 2012, TzBfG § 13 Rn. 21.

[150] Vgl. Fenski, Außerbetriebliche Arbeitsverhältnisse, 2. Aufl. 2000, Rn. 355 ff.; MHdB ArbR/Heinkel § 201; Herb DB 1986, 1823; Kilian NZA 1987, 401; Kramer DB 2000, 1329; Müller Homeoffice-HdB, 3. Aufl. 2022; Müllner, Privatisierung des Arbeitsplatzes, 1985; Pfarr, Rechtsfragen der Telearbeit, 1989; Otten, Heim- und Telearbeit, 1996; Simon-Kuhne DB 1987, 201; Wank NZA 1999, 225; Wedde, Telearbeit, 3. Aufl. 2002.

[151] Fenski, Außerbetriebliche Arbeitsverhältnisse, 2. Aufl. 2000, Rn. 340 ff.

[152] Vgl. Fenski, Außerbetriebliche Arbeitsverhältnisse, 2. Aufl. 2000, Rn. 361; v. Hoyningen-Huene BB 1987, 1730 (1731); Müller Homeoffice-HdB, 3. Aufl. 2022, § 1 Rn 9 ff.

[153] MHdB ArbR/Heinkel § 201 Rn. 8.

[154] Müller Homeoffice-HdB, 3. Aufl. 2022, § 1 Rn 23 ff.

[155] Vgl. BGH 10.5.2010 – II ZR 70/09, NZA 2010, 889, für einen GmbH-Geschäftsführer.

[156] BAG 15.12.1999 – 5 AZR 169/99, AP HGB § 84 Nr. 12; 15.12.1999 – 5 AZR 3/99, AP HGB § 92 Nr. 5; 15.12.1999 – 5 AZR 770/98, AP HGB § 92 Nr. 6; 20.8.2003 – 5 AZR 610/02, NZA 2004, 39; ausf. MüKoHGB/Ströbl § 84 Rn. 28 f.

Auch **Heimarbeiter und Hausgewerbetreibende** (in Heimarbeit Beschäftigte iSd § 1 HAG), die zwar wirtschaftlich abhängig, aber persönlich selbständig sind,[157] unterstehen nicht dem Schutz des KSchG.[158] Über die Lösung des Beschäftigungsverhältnisses von Heimarbeitern enthält § 29 HAG Sondervorschriften, die vor allem unterschiedlich lange Kündigungsfristen, jedoch keinen Kündigungsschutz iSd KSchG vorsehen.[159] Soweit nach § 5 Abs. 1 BetrVG auf die in Heimarbeit Beschäftigten das BetrVG Anwendung findet, ist allerdings vor Ausspruch einer Kündigung der Betriebsrat nach § 102 Abs. 1 BetrVG über die Kündigungsgründe zu unterrichten.[160] 57

b) Arbeitnehmerähnliche Personen. Das KSchG gilt nicht für **arbeitnehmerähnliche Personen,** die in persönlich selbständiger, aber wirtschaftlich abhängiger Stellung für andere Arbeit leisten.[161] Soweit der Gesetzgeber arbeitnehmerähnliche Personen besonders schützen wollte, hat er das ausdrücklich bestimmt. So finden sich Regelungen in § 6 Abs. 1 S. 1 Nr. 3 AGG, § 5 Abs. 1 S. 2 ArbGG, § 2 Abs. 2 Nr. 3 ArbSchG, § 2 S. 2 BUrlG, § 7 Abs. 1 Nr. 3 PflegeZG, § 12a TVG und § 222 Abs. 1 SGB IX. Zudem hätte es der Regelung in § 29a HAG nicht bedurft, wenn der Gesetzgeber davon ausgegangen wäre, dass arbeitnehmerähnliche Personen ohnehin dem Geltungsbereich des § 15 KSchG unterfielen. Zu den arbeitnehmerähnlichen Personen gehören in der Regel auch **freie Mitarbeiter.**[162] Aus den charakteristischen Merkmalen des Rechtsverhältnisses kann sich jedoch ergeben, dass ein als freier Mitarbeiter Beschäftigter in Wahrheit Arbeitnehmer ist.[163] Die Berufung auf den Arbeitnehmerstatus ist dabei regelmäßig auch dann nicht rechtsmissbräuchlich, wenn der Arbeitnehmer einen Vertrag über „freie Mitarbeit" abgeschlossen und seiner vergütungsmäßigen Behandlung als freier Mitarbeiter nicht widersprochen, sondern deren Vorteile entgegengenommen hat.[164] Auch wenn ein Beschäftigter kein Arbeitnehmer, sondern lediglich arbeitnehmerähnliche Person ist, gebietet die Schutzfunktion von Art. 12 Abs. 1 GG einen über die zivilrechtlichen Generalklauseln zu realisierenden Mindestschutz.[165] 58

c) Beamte. Beamte genießen **keinen Kündigungsschutz** nach dem KSchG, mögen sie auch iSd Personalvertretungsgesetze zu den Bediensteten gerechnet werden. Wer Beamter ist, richtet sich nach den Beamtengesetzen. **Dienstordnungsangestellte,** deren Rechtsbeziehungen zum Arbeitgeber sich im Wesentlichen nach beamtenrechtlichen Bestimmungen richten,[166] sind allerdings Arbeitnehmer.[167] Das KSchG ist freilich nur selten anwendbar, weil die Entlassung von Dienstordnungsangestellten in der Regel nach den für den Angestellten günstigeren beamtenrechtlichen Vorschriften erfolgt (s. a. § 353 59

---

[157] BAG 3.4.1990 – 3 AZR 258/88, AP HAG § 2 Nr. 11.

[158] LAG Düsseldorf 17.4.1978 – 16 Sa 65/78, DB 1979, 120; Deinert RdA 2018, 359 (360); Fenski, Außerbetriebliche Arbeitsverhältnisse, 2. Aufl. 2000, Rn. 276 ff.; MHdB ArbR/Heinkel § 200 Rn. 36; Mehrle AR-Blattei SD 910 Rn. 126 ff.; SKTW Komm. zu § 2; zum verfassungsrechtlich gewährleisteten Mindestbestandsschutz s. BAG 24.3.1998 – 9 AZR 218/97, NZA 1998, 1001 (1003).

[159] BAG 24.6.1986 – 3 AZR 1/85, AP HAG § 29 Nr. 2; vgl. KR/Kreutzberg-Kowalczyk §§ 29, 29a HAG Rn. 69; APS/Linck Erl. zu §§ 29, 29a HAG.

[160] BAG 7.11.1995 – 9 AZR 268/94, AP BetrVG 1972 § 102 Nr. 74.

[161] BAG 20.1.2004 – 9 AZR 291/02, AP LPVG Rheinland-Pfalz § 112 Nr. 1.

[162] Vgl. Bauschke AR-Blattei SD 720; Becker, Die freie Mitarbeit, 1982; Berger-Delhey/Alfmeier NZA 1991, 257 ff.; Beuthien/Wehler RdA 1978, 2 ff.; Hohmeister/Goretzki, Verträge über freie Mitarbeit, 1999; Rosenfelder, Der arbeitsrechtliche Status des freien Mitarbeiters, 1982; sowie aus der Rspr. BAG 22.4.1998 – 5 AZR 191/97, AP BGB § 611 Abhängigkeit Nr. 96; 26.5.1999 – 5 AZR 469/98, AP BGB § 611 Abhängigkeit Nr. 104, zu Rundfunkmitarbeitern; BAG 3.6.1999 – 5 AZR 656/97, AP BGB § 611 Abhängigkeit Nr. 97, zu Rechtsanwälten.

[163] BAG 3.6.1998 – 5 AZR 656/97, AP BGB § 611 Abhängigkeit Nr. 97; LAG Baden-Württemberg 14.3.1985 – 7 Sa 107/84, BB 1985, 1534; LAG Hamm 20.7.1989 – 16 Sa 33/89, NZA 1990, 228 (Ls.); OLG München 24.11.1998 – 29 W 3071/98, EzA § 611 BGB Arbeitnehmerbegriff Nr. 77, zu Rechtsanwälten; s. a. BAG 8.11.2006 – 5 AZR 706/05, NZA 2007, 321.

[164] BAG 4.12.2002 – 5 AZR 556/01, AP ZPO § 333 Nr. 1.

[165] Näher Griese FS Otto, 2008, 109 (119 f.); Oetker FS 50 Jahre Arbeitsgerichtsbarkeit Rheinland-Pfalz, 1999, 311 ff.; Schubert Arbeitnehmerähnlichen Personen S. 136 ff.

[166] Vgl. BAG 24.5.2012 – 6 AZR 679/10, NZA 2012, 1158 Rn. 15.

[167] BAG 25.4.1979 – 4 AZR 791/77, AP BGB § 611 Dienstordnungsangestellte Nr. 49; MHdB ArbR/Germelmann § 156 Rn. 13; v. Hoyningen-Huene/Boemke NZA 1994, 481.

Abs. 1 Nr. 3 RVO: Anstellung auf Lebenszeit; § 354 Abs. 2 RVO: Nach zehnjähriger Beschäftigung Kündigung nur noch aus wichtigem Grund möglich).[168] Die Dienstordnung über das Kündigungsrecht darf den Angestellten jedenfalls nicht schlechter stellen, als er mangels einer Vereinbarung nach bürgerlichem Recht stünde (vgl. § 354 Abs. 3 RVO). Ist ein Dienstordnungsangestellter aus der Unterstellung unter die Dienstordnung beurlaubt und wird für die Dauer der Beurlaubung mit ihm ein Anstellungsvertrag geschlossen, kann dieser nicht durch „Abbestellung“ beendet werden, weil hierdurch der Kündigungsschutz umgangen würde.[169] Da Dienstordnungsanstellungsverhältnisse seit 1993 nicht mehr begründet werden dürfen (vgl. § 358 RVO), spielen diese Fragen praktisch indes kaum noch eine Rolle. Arbeiter und Angestellte des öffentlichen Dienstes unterstehen uneingeschränkt dem KSchG.

60 d) **Familienangehörige.** Keinen Kündigungsschutz genießen Familienangehörige, die nicht kraft Vertrags, sondern **aufgrund familiärer Bindung** Arbeit leisten (§§ 1353, 1356 Abs. 2, 1619 BGB).[170] Anders ist es, wenn Familienmitglieder auf der Grundlage eines Arbeitsvertrags in abhängiger Stellung tätig sind, wenn also etwa ein Ehegatte im Geschäft des anderen oder der Sohn im Geschäft des Vaters als Handlungsgehilfe angestellt ist. Er ist dann Arbeitnehmer und genießt deshalb Kündigungsschutz, sofern die sonstigen Voraussetzungen vorliegen.[171]

61 Auch die **Mitarbeit eines Familienmitglieds in einer KG,** an der nur die Eltern und der Ehemann als Gesellschafter beteiligt sind, kann Gegenstand eines Arbeitsverhältnisses sein.[172] Ein Verlöbnis oder das Bestehen einer eheähnlichen Gemeinschaft stehen der Annahme eines Arbeitsverhältnisses nicht entgegen.[173] Die Abgrenzung zwischen arbeitsvertraglichen, familienrechtlichen oder auch gesellschaftsrechtlichen Mitarbeitsverhältnissen kann stets nur aufgrund der besonderen Umstände des Einzelfalles erfolgen.[174]

62 e) **Gesellschafter.** Gesellschafter und Personen, die aufgrund **körperschaftlicher Verpflichtung** Arbeit leisten, wie Mitglieder eines Vereins (zu Rote-Kreuz-Schwestern → Rn. 74)[175] oder einer Genossenschaft, unterliegen nicht dem allgemeinen Kündigungsschutz. Bei ihnen fehlt die persönliche Abhängigkeit.[176] Anders ist es aber, wenn ein Mitglied einer Vereinigung unabhängig von dieser Eigenschaft bei der Körperschaft angestellt ist. Die rechtliche Stellung eines Angestellten einer Aktiengesellschaft ändert sich nicht dadurch, dass er Aktien der Gesellschaft erwirbt. Ebenso kann der Gesellschafter einer GmbH zu ihr in einem echten Arbeitsverhältnis stehen, wenn sich die Arbeitspflicht nicht aus dem Gesellschaftsvertrag, sondern aus einem davon unabhängigen Arbeitsverhältnis ergibt.[177] Beide genießen dann den vollen Kündigungsschutz, da sie der juristischen Person wie Dritte gegenüberstehen. Entsprechendes ist auch bei Per-

---

[168] BAG 5.9.1986 – 7 AZR 193/85, AP KSchG 1969 § 15 Nr. 27 mAnm Stutzki.

[169] BAG 9.2.2006 – 6 AZR 47/05, AP BGB § 611 Dienstordnungs-Angestellte Nr. 75.

[170] LAG Berlin 26.6.1989 – 9 Sa 41/89, LAGE § 23 KSchG Nr. 5 = BeckRS 1989, 30731424; HK-KSchG/Dorndorf Rn. 24; KR/Rachor Rn. 57; LSSW/Schlünder Rn. 24; ausf. C. Hergenröder AR-Blattei SD 700.1 Rn. 6 ff.

[171] BAG 9.2.1995 – 2 AZR 389/94, NJW 1996, 1299; LAG Köln 28.11.2002 – 5 Sa 566/02, LAGE § 1 KSchG Personenbedingte Kündigung Nr. 18 = BeckRS 2003, 40220; C. Hergenröder AR-Blattei SD 700.1 Rn. 42 ff.

[172] BAG 20.7.1993 – 3 AZR 99/93, AP BetrAVG § 1 Unverfallbarkeit Nr. 4; BSG 21.4.1993 – 11 RAr 67/92, AP BGB § 611 Abhängigkeit Nr. 67 = SGb 1994, 388 mzustAnm v. Hoyningen-Huene.

[173] BAG 15.3.1960 – 5 AZR 409/58, AP BGB § 612 Nr. 13.

[174] Vgl. näher Fenn, Die Mitarbeit in den Diensten Familienangehöriger, 1970; Lieb, Die Ehegattenmitarbeit im Spannungsfeld zwischen Rechtsgeschäft, Bereicherungsausgleich und gesetzlichem Güterstand, 1970.

[175] BAG 26.9.2002 – 5 AZB 19/01, AP ArbGG 1979 § 2 Nr. 83 mzustAnm Reuter.

[176] BAG 16.2.1983 – 7 AZR 118/81, AP AngestelltenkündigungsG § 2 Nr. 8 mAnm Brackmann; 10.4.1991 – 4 AZR 467/90, AP BGB § 611 Abhängigkeit Nr. 54; HK-KSchG/Dorndorf Rn. 25; KR/Rachor Rn. 92; LSSW/Schlünder Rn. 31; näher v. Hoyningen-Huene NJW 2000, 3233; Löwisch FS Kraft, 1998, 375 ff.; ausf. Krause, Mitarbeit in Unternehmen, 2002.

[177] BAG 9.1.1990 – 3 AZR 617/88 mAnm Kramer; LAG Hamm 19.3.1985 – 7 Sa 2015/84, BB 1986, 391 = BeckRS 1985, 30847681.

sonengesellschaften möglich und kommt vor allem für die Mitarbeit von Kommanditisten im Dienst der KG in Frage.[178]

Hat aber ein **Gesellschafter als Kapitaleigner** einen so großen Einfluss auf die Führung der Gesellschaft, dass er über seine Gesellschafterstellung letztlich auch die **Leitungsmacht** hat, unterliegt er nicht dem Weisungsrecht des Geschäftsführers. Deshalb kann der Gesellschafter einer GmbH, dem mehr als 50 % der Stimmen zustehen, auch dann kein Arbeitnehmer dieser Gesellschaft sein, wenn er nicht Geschäftsführer ist. Dabei ist unerheblich, ob er seine Leitungsmacht tatsächlich ausübt.[179] Auch der Minderheitsgesellschafter ist bei Bestehen einer Sperrminorität im Regelfall kein Arbeitnehmer.[180] 63

Ist der Gesellschafter einer GmbH zugleich deren Arbeitnehmer, kann in dem Arbeitsvertrag mit der GmbH wirksam vereinbart werden, dass zu einer fristgerechten **Kündigung des Arbeitsverhältnisses die vorherige Zustimmung der Gesellschafterversammlung erforderlich ist.** Eine solche Regelung stellt keine nach § 37 Abs. 2 GmbHG unzulässige Beschränkung der Vertretungsbefugnis des GmbH-Geschäftsführers dar, weil § 37 Abs. 2 GmbHG nicht im Verhältnis zwischen Gesellschaft und dem angestellten Gesellschafter gilt.[181] 64

Genossenschaftsmitglieder, deren Pflicht zur Arbeitsleistung sich ausschließlich und unmittelbar aus der Mitgliedschaft zur Genossenschaft ergibt, sind nicht Arbeitnehmer. Dies gilt auch dann, wenn sie bei Erfüllung der Arbeitsleistung, ähnlich einem Arbeitnehmer, Weisungen zu befolgen haben.[182] Nur dann, wenn neben dem Mitgliedschaftsverhältnis zur Genossenschaft ein weiteres Arbeitsverhältnis besteht, genießt der Beschäftigte hierfür Kündigungsschutz. 65

Die Mitglieder der **landwirtschaftlichen Produktionsgenossenschaften** (LPG) waren bis zum Inkrafttreten des Gesetzes zur Änderung des Landwirtschaftsanpassungsgesetzes[183] am 7.7.1991 keine Arbeitnehmer. Durch dieses Gesetz sind die bestehenden Genossenschaftsverhältnisse mit ex nunc-Wirkung in Mitgliedschaftsverhältnisse nach dem weitergeltenden LPG-Gesetz[184] und daneben bestehende Arbeitsverhältnisse aufgespalten worden.[185] 66

f) Gesetzliche Vertreter juristischer Personen. Gemäß § 14 Abs. 1 gilt der gesetzliche Kündigungsschutz **nicht für Organmitglieder in Betrieben der juristischen Person, zu deren Vertretung sie berufen sind,** wobei die Vorschrift mangels Arbeitnehmereigenschaft regelmäßig nur klarstellende Wirkung hat, sie aber auch dann greift, wenn in extremen Ausnahmefällen aufgrund tatsächlicher Durchführung[186] oder kraft ausdrücklicher Vereinbarung[187] ein Arbeitsvertrag vorliegt (näher Erl. zu § 14). 67

g) Auszubildende. Auszubildende sind keine Arbeitnehmer.[188] Der Kündigungsschutz des § 1 findet **auf Berufsausbildungsverhältnisse keine Anwendung.**[189] Auszubildende unterstehen dem **BBiG,** das die Beendigung des Berufsausbildungsverhältnisses in den 68

---

[178] BAG 8.1.1970 – 3 AZR 436/67, AP ZPO § 528 Nr. 14; 11.5.1978 – 3 AZR 21/77, AP HGB § 161 Nr. 2; 28.11.1990 – 4 AZR 198/90, AP TVG § 1 Tarifverträge: Bau Nr. 137; BSG 8.8.1990 – 11 Rar 77/89, ZIP 1990, 1566; G. Hueck DB 1962, 1363.

[179] BAG 6.5.1998 – 5 AZR 612/97, AP BGB § 611 Abhängigkeit Nr. 95.

[180] BAG 28.11.1990 – 4 AZR 198/90, AP TVG § 1 Tarifverträge: Bau Nr. 137 mzustAnm Kraft.

[181] BAG 28.4.1994 – 2 AZR 730/93, AP BGB § 626 Nr. 117.

[182] BAG 16.2.1995 – 8 AZR 714/93, AP Einigungsvertrag Anlage II Kap. VI Nr. 1.

[183] BGBl. I S. 1410.

[184] GBl. DDR 1990 I S. 483.

[185] BAG 16.2.1995 – 8 AZR 714/93, AP Einigungsvertrag Anlage II Kap. VI Nr. 1.

[186] BAG 11.6.2020 – 2 AZR 374/19, NZA 2020, 1179 Rn. 25; 27.4.2021 – 2 AZR 540/20, NZA 2021, 857 Rn. 20; 8.2.2022 – 9 AZB 40/21, NZA 2022, 430 Rn. 22.

[187] BAG 20.7.2023 – 6 AZR 228/22, NZA 2023, 1457 Rn. 23.

[188] BAG 10.7.2003 – 6 AZR 348/02, AP MTA-O § 1 Nr. 1; Schaub ArbR-HdB/Vogelsang § 15 Rn. 5; näher Bickel FS E. Wolf, 1985, 35 ff. mwN.

[189] BAG 16.7.2013 – 9 AZR 784/11, NZA 2013, 1202 Rn. 37; LAG Hamm 19.6.1986 – 8 Ta 138/86, LAGE § 5 KSchG Nr. 24; BH/Benecke, BBiG, 2. Aufl. 2021, § 22 Rn. 4; HK-KSchG/Dorndorf Rn. 48; Taubert, BBiG, 3. Aufl. 2021, § 22 Rn. 12.

§§ 20–23 abschließend regelt.[190] Danach ist eine ordentliche Kündigung nach Ablauf der Probezeit nicht zulässig.[191] In Betracht kommt hier nur eine außerordentliche Kündigung aus wichtigem Grund (zur Anwendung von § 13 Abs. 1 S. 2 u. 3 auf Ausbildungsverhältnisse → § 13 Rn. 20). Während der Probezeit besteht wegen der Sonderregelung in § 22 Abs. 1 BBiG regelmäßig kein Kündigungsschutz.[192]

69 Für **sonstige Aus- und Fortbildungsverhältnisse** von Arbeitnehmern, die nicht den Vorschriften des BBiG unterliegen, kommt das KSchG voll zur Anwendung.[193] Vielfach ist allerdings auch hier die ordentliche Kündigung ausdrücklich oder durch Vertragszweck oder -dauer ausgeschlossen oder eingeschränkt.[194]

70 Für **Volontäre**[195] gelten gem. § 26 BBiG grds. die kündigungsrechtlichen Vorschriften der §§ 20 ff. BBiG. § 26 BBiG findet freilich keine Anwendung auf Arbeitsverhältnisse, die neben der Arbeitsleistung auch eine berufliche Fortbildung des Arbeitnehmers zum Gegenstand haben.[196] In diesen Fällen gilt deshalb der allgemeine Kündigungsschutz.[197]

71 Bei der Berechnung der Wartezeit nach Abs. 1 ist ein **betriebliches Praktikum,** das der beruflichen Fortbildung (§ 53 BBiG) gedient hat, nur dann anzurechnen, wenn es im Rahmen eines Arbeitsverhältnisses abgeleistet worden ist.[198]

72 h) **Arbeitnehmer in fehlerhaften Arbeitsverhältnissen.** Ist ein Arbeitnehmer aufgrund eines nichtigen oder unwirksamen Arbeitsvertrags beschäftigt, liegt ein **fehlerhaftes („faktisches") Arbeitsverhältnis** vor.[199] Wegen der Unwirksamkeit des Arbeitsvertrags fehlt hier der für ein wirksames Arbeitsverhältnis erforderliche Begründungstatbestand.[200] Auf den fehlenden Rechtsgrund für die Begründung eines Arbeitsverhältnisses können sich Arbeitgeber und Arbeitnehmer jederzeit berufen und so das fehlerhafte Arbeitsverhältnis beenden.[201] Da es sich hierbei nicht um eine Kündigung handelt, untersteht diese **Lossagung** nicht dem allgemeinen Kündigungsschutz.[202]

73 i) **Sonstige Personengruppen.** Für Personen, deren Beschäftigung nicht in erster Linie ihrem Erwerb, sondern vorwiegend ihrer **Heilung, Wiedereingewöhnung, sittlichen Besserung oder Erziehung** dient oder durch **Beweggründe karitativer oder religiöser Art bestimmt wird,** gilt der Kündigungsschutz nicht. Das war in § 10 BRG 1920 ausdrücklich bestimmt. Das KSchG enthält zwar keine entsprechende Vorschrift, doch ist auch heute dasselbe anzunehmen, weil die genannten Personen nicht als Arbeitnehmer anzusehen sind.[203] Dafür spricht auch § 5 Abs. 2 Nr. 3 u. 4 BetrVG, der diesen Personenkreis nicht zu den Arbeitnehmern iSd BetrVG rechnet. Beweggründe wissenschaftlicher und künstlerischer Art, die § 5 BetrVG im Gegensatz zu § 10 BRG 1920 nicht mehr nennt, schließen dagegen die Arbeitnehmereigenschaft nicht aus.

74 **Keine Arbeitnehmer** sind hiernach bspw. in Beschäftigungstherapien befindliche Kranke in Krankenhäusern, Erholungsheimen, Heil- und Pflegeeinrichtungen (anders das dort beschäftigte Pflegepersonal) oder **Strafgefangene,** selbst wenn sie im Rahmen des Straf-

---

190 Zu dual Studierenden Loges, Duales Studium aus arbeitsrechtlicher Perspektive, 2022, S. 235 ff.

191 Zur Zulässigkeit einer ordentlichen Kündigung mit einer Auslauffrist, die nach der Beendigung der Probezeit endet BAG 10.11.1988 – 2 AZR 26/88, AP BBiG § 15 Nr. 8 mAnm Natzel.

192 BAG 8.3.1977 – 4 AZR 700/75, DB 1977, 1322; zur Kündigung vor Beginn der Ausbildung BAG 17.9.1987 – 2 AZR 654/86, AP BBiG § 15 Nr. 7.

193 Ebenso HK-KSchG/Dorndorf Rn. 50; ErfK/Oetker Rn. 29.

194 BAG 20.1.1977 – 3 AZR 523/75, AP TVG § 1 Ausbildungsverhältnis Nr. 1 mAnm Wiedemann.

195 Ausf. zum Volontärverhältnis Knigge AR-Blattei SD 1740.

196 BAG 5.12.2002 – 6 AZR 216/01, AP BBiG § 19 Nr. 2.

197 LSSW/Schlünder Rn. 21.

198 BAG 18.11.1999 – 2 AZR 89/99, AP KSchG 1969 § 1 Wartezeit Nr. 11; 22.1.2004 – 2 AZR 237/03, AP KSchG 1969 § 23 Nr. 31.

199 Vgl. MüKoHGB/Thüsing § 59 Rn. 155; Käßer, Der fehlerhafte Arbeitsvertrag, 1979.

200 Vgl. MHdB ArbR/Benecke § 36 Rn. 1 ff., § 38 Rn. 1 ff.; Zöllner/Loritz/Hergenröder ArbR § 5 Rn. 3.

201 BAG 15.11.1957 – 1 AZR 189/57, AP BGB § 125 Nr. 2, zur Formnichtigkeit.

202 DD/Deinert Einl. Rn. 51; HaKo-KSchR/Mayer Rn. 36; ErfK/Oetker Rn. 25; KR/Rachor Rn. 56; zur Berücksichtigung des fehlerhaften Arbeitsverhältnisses bei der Wartezeit → Rn. 98.

203 Vgl. HK-KSchG/Dorndorf Rn. 28 f.; KR/Rachor Rn. 87; LSSW/Schlünder Rn. 11 f.; Schopp BB 1983, 1732 ff.; iErg auch Zöllner/Loritz/Hergenröder ArbR § 5 Rn. 12.

vollzuges in einem Privatbetrieb arbeiten.[204] Auch **berufliche Rehabilitanden** iSd § 112 SGB III sind keine Arbeitnehmer.[205] Angehörige von **Klöstern,** evangelische **Diakonissen** (anders dagegen weltliche Krankenschwestern und Krankenpfleger), **Missionare** und **Entwicklungshelfer**[206] sind ebenfalls keine Arbeitnehmer. Nach Meinung des BAG sind auch **Rote-Kreuz-Schwestern** keine Arbeitnehmerinnen, weil sie ihre Tätigkeit auf einer privatautonom begründeten vereinsrechtlichen Grundlage als Mitgliedsbeitrag (§ 58 Nr. 2 BGB) erbringen, sofern sie über ein rechtlich abgesichertes Schutzniveau verfügen, das demjenigen für Arbeitnehmer im Wesentlichen vergleichbar ist.[207] Dass bei einer Überlassung als Arbeitskräfte gleichwohl das AÜG angewendet wird,[208] ergibt sich im Wege unionsrechtskonformer Auslegung aus der Bindung an die Judikatur des EuGH.[209] Hauptamtlich tätige Mitglieder von **Scientology,** die ihre Dienste als satzungsmäßigen Mitgliedsbeitrag erbringen, sollen nach der Rspr. des BAG in der Regel gleichfalls keine Arbeitnehmer sein.[210] Demgegenüber wird in der neueren Judikatur bei einer vereinsrechtlichen Pflicht zur Leistung abhängiger Arbeit stärker der Aspekt der **möglichen Umgehung zwingender arbeitsrechtlicher Schutzvorschriften** betont.[211]

3. Besondere Arbeitsverhältnisse

a) **Gruppenarbeitsverhältnis.** Auch für sog. **Gruppenarbeitsverhältnisse** gilt der allgemeine Kündigungsschutz.[212] Gruppenarbeitsverhältnisse liegen vor, wenn die Arbeitsverträge mit den einzelnen Arbeitnehmern, die zu einer gemeinsamen Dienstleistung verpflichtet sind, in ihrem Bestand voneinander abhängig sind.[213] Aufgrund der Verpflichtung zur gemeinsamen Dienstleistung ist bei Gruppenarbeitsverhältnissen regelmäßig die Einzelkündigung eines Gruppenmitglieds ausgeschlossen.[214] Der Arbeitgeber ist jedoch berechtigt, **allen Gruppenmitgliedern zu kündigen,** sofern nur bei einem Gruppenmitglied ein Kündigungsgrund iSd § 1 Abs. 2 vorliegt. Die anderen Gruppenmitglieder haben sich bei Vorliegen eines Gruppenarbeitsverhältnisses den durch ein Gruppenmitglied gesetzten Kündigungsgrund zurechnen zu lassen.[215] Entsprechend ist vor einer verhaltensbedingten Kündigung gegenüber einer solchen Eigengruppe nicht nur das Gruppenmitglied abzumahnen, das einen Vertragsverstoß begangen hat. Auch gegenüber den anderen Gruppenmitgliedern ist eine Abmahnung auszusprechen.[216] **75**

b) **Einheitliches Arbeitsverhältnis.** Ebenso wie auf Arbeitnehmerseite[217] können auch **auf Arbeitgeberseite mehrere rechtlich selbständige Personen** an einem Arbeitsverhältnis **76**

[204] BAG 3.10.1978 – 6 ABR 46/76, AP BetrVG 1972 § 5 Nr. 18.
[205] BAG 26.1.1994 – 7 ABR 13/92, AP BetrVG 1972 § 5 Nr. 54.
[206] BAG 27.4.1977 – 5 AZR 129/76, AP BGB § 611 Entwicklungshelfer Nr. 1 mAnm Herschel.
[207] BAG 3.6.1975 – 1 ABR 98/74, AP BetrVG 1972 § 5 Rotes Kreuz Nr. 1; 20.2.1986 – 6 ABR 5/85, AP BetrVG 1972 § 5 Rotes Kreuz Nr. 2; 6.7.1995 – 5 AZB 9/93, AP ArbGG 1979 § 5 Nr. 22 mAnm Diller; 17.3.2015 – 1 ABR 62/12 (A), BeckRS 2015, 68729; 21.2.2017 – 1 ABR 62/12, NZA 2017, 662; aA Mestwerdt NZA 2014, 281; ErfK/Preis BGB § 611a Rn. 148; LSSW/Schlünder Rn. 11.
[208] BAG 21.2.2017 – 1 ABR 62/12, NZA 2017, 662.
[209] Vgl. EuGH 17.11.2016 – C-216/15, NZA 2017, 41 – Betriebsrat der Ruhrlandklinik.
[210] BAG 26.9.2002 – 5 AZB 19/01, AP ArbGG 1979 § 2 Nr. 83 mzustAnm Reuter unter teilweiser Aufgabe von BAG 22.3.1995 – 5 AZB 21/94, AP ArbGG 1979 § 5 Nr. 21; zu Kündigungsmöglichkeiten näher Bauer/Baeck/Merten DB 1997, 2534.
[211] Vgl. (im Mindestlohnkontext) BAG 25.4.2023 – 9 AZR 253/22, NZA 2023, 1175 Rn. 32 ff. (Yoga V eV).
[212] BAG 21.10.1971 – 2 AZR 17/71, AP BGB § 611 Gruppenarbeitsverhältnis Nr. 1 mAnm Hanau.
[213] Vgl. näher Hunold AR-Blattei SD 840; Schaub ArbR-HdB/Koch § 181 Rn. 1 ff.; ErfK/Preis BGB § 611a Rn. 183 ff.
[214] PVT Kündigung/Temming Rn. 247.
[215] BAG 21.10.1971 – 2 AZR 17/71, AP BGB § 611 Gruppenarbeitsverhältnis Nr. 1 mAnm Hanau; LAG Sachsen-Anhalt 8.3.2000 – 6 Sa 921/99, DB 2001, 931; HK-KSchG/Dorndorf Rn. 35; MHdB ArbR/Greiner § 112 Rn. 6; ErfK/Oetker Rn. 30; KR/Rachor Rn. 62; aA Schüren FS Preis, 2021, 1233 (1238 ff.): nur individuelle Kündigungen zulässig.
[216] LAG Sachsen-Anhalt 8.3.2000 – 6 Sa 921/99, DB 2001, 931.
[217] BAG 21.10.1971 – 2 AZR 17/71, AP BGB § 611 Gruppenarbeitsverhältnis Nr. 1 mAnm Hanau.

beteiligt sein.[218] Stehen mehrere natürliche oder juristische Personen in arbeitsrechtlichen Beziehungen zu demselben Arbeitnehmer, liegen nicht notwendig mehrere getrennte Arbeitsverhältnisse vor. Vielmehr kann auch ein einheitliches Arbeitsverhältnis gegeben sein. Wie sich aus den §§ 420 ff. BGB ergibt, geht das Gesetz davon aus, dass auf einer Seite eines Rechtsverhältnisses mehrere Personen stehen können.

77 Für die Annahme eines solchen einheitlichen Arbeitsverhältnisses mehrerer Arbeitgeber ist nicht Voraussetzung, dass die Arbeitgeber zueinander in einem bestimmten – insbes. gesellschaftsrechtlichen – Rechtsverhältnis stehen, einen gemeinsamen Betrieb führen oder den Arbeitsvertrag gemeinsam abschließen. Erforderlich ist vielmehr ein **rechtlicher Zusammenhang** der arbeitsvertraglichen Beziehungen des Arbeitnehmers zu den einzelnen Arbeitgebern, der es verbietet, diese Beziehungen rechtlich getrennt zu behandeln. Im Rahmen einer gem. §§ 133, 157 BGB vorzunehmenden Auslegung des gesamten Vertragswerks ist zu prüfen, ob nach den Vorstellungen der Vertragschließenden die einzelnen Vereinbarungen nur gemeinsam gelten und zusammen durchgeführt werden sollen, dh Teile eines Gesamtgeschäfts sein sollen. Dabei genügt es nach Auffassung des BAG, wenn nur einer der Vertragspartner einen solchen Einheitlichkeitswillen hatte, dieser aber dem anderen Partner erkennbar war und von ihm gebilligt oder zumindest hingenommen wurde.[219]

78 c) **Mittelbares Arbeitsverhältnis.** Ein mittelbares Arbeitsverhältnis liegt vor, wenn ein Arbeitnehmer von einem Mittelsmann beschäftigt wird, der seinerseits selbst Arbeitnehmer eines Dritten ist und die Arbeit mit Wissen des Dritten unmittelbar für diesen geleistet wird.[220] Beim mittelbaren Arbeitsverhältnis besteht ein Arbeitsverhältnis zwischen dem Arbeitnehmer und dem **Arbeitgeber erster Stufe,** der zugleich Arbeitnehmer im Verhältnis zum **Arbeitgeber zweiter Stufe** ist.[221] Mittelbare Arbeitsverhältnisse gab es früher insbes. bei Rundfunkorchestern, sie spielen heute in der Praxis jedoch auch hier kaum noch eine Rolle.[222] Der einzelne Musiker steht bei einem mittelbaren Arbeitsverhältnis in einem Arbeitsverhältnis mit dem Orchesterleiter und dieser wiederum in einem Arbeitsverhältnis mit der Rundfunkanstalt. Ein Arbeitsverhältnis zwischen dem einzelnen Musiker und der Rundfunkanstalt besteht demgegenüber nicht.[223]

79 Eine **Kündigung** im mittelbaren Arbeitsverhältnis ist aufgrund der vertraglichen Beziehungen nur zwischen den **jeweiligen Vertragspartnern** möglich. Der Kündigungsgrund kann auch aus dem Verhältnis zwischen Arbeitnehmer und mittelbarem Arbeitgeber stammen, sofern hierdurch ebenfalls Pflichten aus dem Arbeitsverhältnis zum Arbeitgeber erster Stufe verletzt werden.[224] Die Kündigungsschutzklage ist dann gegen den Mittelsmann zu richten und nicht gegen den mittelbaren Arbeitgeber zweiter Stufe.[225] Der mittelbare Arbeitgeber zweiter Stufe kann nur den Arbeitsvertrag mit dem Arbeitgeber erster Stufe kündigen, dh es könnte beim Vorliegen von mittelbaren Arbeitsverhältnissen nur der Orchesterleiter die Arbeitsverhältnisse der Musiker kündigen, nicht aber die Rundfunkanstalt. Diese wäre allerdings berechtigt, dem Orchesterleiter zu kündigen.

---

[218] BAG 27.3.1981 – 7 AZR 523/78, AP BGB § 611 Arbeitgebergruppe Nr. 1 mAnm Wiedemann; Schwerdtner ZIP 1982, 900; s. a. BAG 9.9.1982 – 2 AZR 253/80, AP BGB § 611 Hausmeister Nr. 1 mAnm Jahnke; eingehend König, Arbeitgebermehrheiten, 2019, 157 ff.

[219] BAG 27.3.1981 – 7 AZR 523/78, AP BGB § 611 Arbeitgebergruppe Nr. 1; näher Schwerdtner ZIP 1982, 900.

[220] BAG 21.2.1990 – 5 AZR 162/89, AP BGB § 611 Abhängigkeit Nr. 57; MHdB ArbR/Schüren § 144 Rn. 24.

[221] Vgl. HaKo-KSchR/Mayer Rn. 46 f.; KR/Rachor Rn. 71 f.; Röhsler AR-Blattei SD 220.3; MHdB ArbR/Schüren § 144 Rn. 24; Waas RdA 1993, 153; zum Missbrauch der Rechtsform des mittelbaren Arbeitsverhältnisses BAG 20.7.1982 – 3 AZR 446/80, AP BGB § 611 Mittelbares Arbeitsverhältnis Nr. 5 mkritAnm Koller.

[222] Heinemann, Arbeitsrecht des Orchestermusikers, 1994, 76.

[223] BAG 9.4.1957 – 3 AZR 435/54, AP BGB § 611 Mittelbares Arbeitsverhältnis Nr. 2; zu Hausmeisterverträgen s. a. BAG 9.9.1982 – 2 AZR 253/80, AP BGB § 611 Hausmeister Nr. 1 mAnm Jahnke.

[224] Zutr. Waas RdA 1993, 153 (159).

[225] BAG 21.2.1990 – 5 AZR 162/89, AP BGB § 611 Abhängigkeit Nr. 57.

II. Mindestgröße des Betriebes (§ 23 KSchG)

Der Kündigungsschutz gilt nur, wenn der Arbeitnehmer in einem **Betrieb oder einer Verwaltung** tätig ist (zum Betriebsbegriff → § 23 Rn. 9 ff.). Das folgt schon daraus, dass der Kündigungsschutz eine bestimmte Dauer der Betriebszugehörigkeit voraussetzt und § 23 Abs. 1 S. 2 eine bestimmte Mindestgröße des Betriebes verlangt (→ § 23 Rn. 19 ff.). Nicht erforderlich ist, dass der Arbeitnehmer räumlich an der Betriebsstätte arbeitet. Er muss nur organisatorisch in den Betrieb bzw. die Verwaltung eingegliedert sein (→ Rn. 42). 80

III. Wartezeit

1. Entstehungsgeschichte

Das Arbeitsverhältnis des Arbeitnehmers muss nach Abs. 1 in demselben Betrieb oder Unternehmen ohne Unterbrechung **länger als sechs Monate** bestanden haben (**Wartezeit**). Das BRG 1920 und die meisten Landesgesetze aus der Zeit nach 1945 kannten diese Voraussetzung des gesetzlichen Kündigungsschutzes nicht. Das AOG verlangte dagegen eine Beschäftigungsdauer von einem Jahr, ebenso das vom Frankfurter Wirtschaftsrat beschlossene Gesetz, während der Hattenheimer Entwurf sich in Übereinstimmung mit den Landesgesetzen von Bayern und Württemberg-Hohenzollern mit drei Monaten begnügte. Die jetzige Festsetzung der Mindestdauer auf sechs Monate beruht auf einem Kompromiss in der dritten Lesung des Gesetzes von 1951 (→ Einl. Rn. 18). 81

2. Zweck und Wirksamkeit

Zweck der Wartezeit ist es, dem Arbeitgeber (nicht pauschal den Arbeitsvertragsparteien)[226] mit Rücksicht auf seinen Grundrechtsschutz aus Art. 12 Abs. 1 GG die Gelegenheit zu geben, den Arbeitnehmer zu **erproben**, bevor es zu einer Verfestigung des Arbeitsverhältnisses durch allgemeinen Bestandsschutz kommt.[227] Zwar greift der Kündigungsschutz nach Ablauf der Wartezeit auch dann ein, wenn der Arbeitgeber den Arbeitnehmer wegen lang andauernder Arbeitsunfähigkeit nicht erproben konnte. Da die geschuldete Arbeitsleistung aber regelmäßig tatsächlich erbracht wird, lässt sich hieraus aber nicht schließen, dass der Erprobungszweck nicht im Vordergrund steht. Dementsprechend ging es dem Gesetzgeber mit der Einführung der Wartezeit eindeutig darum, es dem Arbeitgeber zu ermöglichen, den Arbeitnehmer zunächst kennen zu lernen.[228] Wenn das Erste Arbeitsrechtsbereinigungsgesetz von 1969 die Gesetzesfassung geändert hat und es seitdem nicht mehr darauf ankommt, dass der Arbeitnehmer 82

---

[226] So aber BAG 24.11.2005 – 2 AZR 614/04, AP KSchG 1969 § 1 Wartezeit Nr. 19 mAnm Kamanabrou; 7.7.2011 – 2 AZR 12/10, AP KSchG 1969 § 1 Wartezeit Nr. 25 Rn. 21; 20.2.2014 – 2 AZR 859/11, AP KSchG 1969 § 1 Wartezeit Nr. 28 Rn. 18; 21.4.2016 – 8 AZR 402114, NZA 2016, 1131 Rn. 29, obwohl es nur um eine Beschränkung der arbeitgeberseitigen Kündigung geht.

[227] BAG 15.3.1978 – 5 AZR 831/76, AP BGB § 620 Befristeter Arbeitsvertrag Nr. 45 unter I 2b; 18.5.1994 – 2 AZR 920/93, AP BetrVG 1972 § 102 Nr. 64; 1.7.1999 – 2 AZR 926/98, AP BGB § 242 Kündigung Nr. 10; 7.7.2011 – 2 AZR 12/10, AP KSchG 1969 § 1 Wartezeit Nr. 25; ebenso BVerfG 21.6.2006 – 1 BvR 1659/04, NZA 2006, 913 (914); Boemke BB 2014, 2999 (3000); KR/Rachor Rn. 94; LSSW/Schlünder Rn. 45; SES/Schwarze Rn. 23; s. a. BAG 23.4.2009 – 6 AZR 516/08, AP BetrVG 1972 § 102 Nr. 161 mAnm Benecke zur Anhörung des Personalrats während der Wartezeit; BAG 12.9.2013 – 6 AZR 121/12, NZA 2013, 1412 zur Anhörung des Betriebsrats während der Wartezeit; krit. zu diesem Zweck der Wartezeit BAG 12.2.1981 – 2 AZR 1108/78, AP BAT § 5 Nr. 1 mAnm G. Hueck; 15.8.1984 – 7 AZR 228/82, AP KSchG 1969 § 1 Nr. 8; 6.11.2003 – 2 AZR 690/02, AP TzBfG § 14 Nr. 7 mAnm Maschmann; HK-KSchG/Dorndorf Rn. 60; APS/Vossen Rn. 28; ebenso v. Hoyningen-Huene/Linck, 14. Aufl. 2007; ausf. zu Probezeit und Wartezeit Berger-Delhey BB 1989, 977.

[228] Begründung des Regierungsentwurfs zum KSchG 1951, BT-Drs. 2090, 11 (1. Wahlperiode) = RdA 1951, 61 (63); ebenso die Stellungnahme des Bundesrats zum Regierungsentwurf, RdA 1951, 178; ferner BAG 3.12.1964 – 2 AZR 104/64, AP KSchG § 1 Nr. 79.

länger als sechs Monate ohne Unterbrechung beschäftigt ist, sondern stattdessen der rechtliche Bestand des Arbeitsverhältnisses maßgebend ist, sollte nicht der Erprobungszweck aufgegeben, sondern lediglich für mehr Rechtssicherheit gesorgt werden.[229] Demgegenüber bleibt der Gedanke, dass der Arbeitnehmer erst nach einer gewissen Dauer der Betriebszugehörigkeit das „Recht auf eine Arbeitsstelle“, genauer das Recht auf einen allgemeinen Bestandschutz seines Arbeitsverhältnisses erwerben soll,[230] hinter dem sich offenbar die Vorstellung einer Art Gegenleistung für erwiesene Betriebstreue verbirgt, zu unkonkret, um überzeugen zu können. Eine gewisse Tragfähigkeit hat lediglich der hiervon zu unterscheidende Aspekt, dass der Arbeitgeber nicht von vornherein sowohl mit dem Einarbeitungsaufwand als auch mit einem möglichen Trennungsaufwand belastet werden soll. Unter diesem Blickwinkel dient die Wartezeit daher auch einer **angemessenen Verteilung der Transaktionskosten,** die mit der Begründung und Beendigung von Arbeitsverhältnissen verbunden sind. Sie senkt damit zugleich die Hürde für eine Festanstellung von Arbeitnehmern (anstelle einer Befristung).

83 Innerhalb der Wartezeit gilt außerhalb des Sonderkündigungsschutzes, für den die Erfüllung der Wartezeit des Abs. 1 keine Rolle spielt,[231] der Grundsatz der Kündigungsfreiheit, der allerdings durch §§ 138, 242 BGB iVm Art. 12 GG eingeschränkt ist (→ § 13 Rn. 31 ff.; 46 ff.).[232] Die durch die Wartezeit bewirkte Begrenzung der Anwendbarkeit des KSchG **genügt dem verfassungsrechtlich gebotenen Mindestschutz.**[233] Weiter kann die Wartezeit auch **aus europarechtlichen Gründen nicht generell in Frage gestellt werden.** Dies gilt zunächst im Hinblick auf Art. 30 GRCh iVm Art. 24 RESC nebst Anhang Nr. 2 Buchst. b.[234] Zum einen ist Art. 30 GRCh kein Maßstab, an dem § 1 zu messen wäre (→ Einl. Rn. 66). Zum anderen lässt auch Art. 24 RESC nebst Anhang Nr. 2 Buchst. b eine Wartezeit von angemessener Dauer zu. Zwar hat das Expertenkommittee zur Überwachung der Sozialcharta (anlässlich eines Berichts zur Situation in Bulgarien) im Jahr 2012 pauschal erklärt, dass eine Wartezeit von sechs Monaten unabhängig von der Qualifikation des Arbeitnehmers mit den Vorgaben des Art. 24 RESC nicht vereinbar sei.[235] Dies dürfte den Begriff der Angemessenheit aber überinterpretieren, zumal eine Differenzierung nach verschiedenen Tätigkeiten erhebliche Rechtsunsicherheit hervorrufen würde. Darüber hinaus sieht Art. 52 Abs. 1 S. 2 GRCh ausdrücklich die Möglichkeit von verhältnismäßigen Einschränkungen zum Schutz der Rechte und Freiheiten Dritter und damit auch zum Schutz der unternehmerischen Freiheit (Art. 16 GRCh) vor. Eine Wartezeit von sechs Monaten kann indes auch bei einfachen Tätigkeiten nicht als unverhältnismäßig bezeichnet werden.[236] Dies gilt weiter im Grundsatz auch im Hinblick auf Art. 8 RL (EU) 2019/1152. Zwar lässt sich unter den unionsrechtlichen Begriff der Probezeit nicht (nur) die lediglich für die Länge der Kündigungsfrist relevante Probezeit iSv § 622 Abs. 3 BGB, sondern (auch) die den materiellen Kündigungsschutz eröffnende

[229] In diesem Sinne auch die Begründung des Regierungsentwurfs zum Ersten Arbeitsrechtsbereinigungsgesetz, BT-Drs. V/3913 in Anlagen-Band 128, S. 8 zu Art. 1 Nr. 1; ferner Boemke BB 2014, 2999 (3000); SES/Schwarze Rn. 23.

[230] BAG 23.9.1976 – 2 AZR 309/75, AP KSchG 1969 § 1 Wartezeit Nr. 1; 16.2.1995 – 8 AZR 714/93, AP Einigungsvertrag Anlage II Kap. VI Nr. 1; 20.8.1998 – 2 AZR 83/98, AP KSchG 1969 § 1 Wartezeit Nr. 10; 22.5.2003 – 2 AZR 426/02, AP KSchG 1969 § 1 Wartezeit Nr. 18; ebenso v. Hoyningen-Huene/Linck, 14. Aufl. 2007.

[231] Vgl. BAG 25.8.2022 – 2 AZR 225/20, NZA 2022, 1457 Rn. 11 für den Sonderkündigungsschutz des Datenschutzbeauftragten aus § 6 Abs. 4 S. 2 BDSG.

[232] Vgl. BVerfG 21.6.2006 – 1 BvR 1659/04, NZA 2006, 913 (914). Zur Pflicht, auch in diesem Stadium vor der Kündigung den Betriebsrat anzuhören, BAG 16.9.2004 – 2 AZR 511/03, AP BetrVG 1972 § 102 Nr. 142; 21.7.2005 – 6 AZR 498/04, AP LPVG NW § 72a Nr. 5 mwN.

[233] BVerfG 21.6.2006 – 1 BvR 1659/04, NZA 2006, 913 (914).

[234] IErg ebenso EUArbR/Schubert, GRC, Art. 30 Rn. 25.

[235] Zitiert nach Rebhahn DRdA 2014, 183 (188).

[236] Ebenso Marhold EuZA 2013, 146 (159); Rebhahn DRdA 2014, 183 (188); Rebhahn/Schörghöfer, EnzEuR, Bd. 2, 2. Aufl. 2022, § 21 Rn. 87.

Wartezeit des Abs. 1 fassen.[237] Indes verlangt Art. 8 Abs. 1 RL (EU) 2019/1152 als allgemeine Regel lediglich, dass die Probezeit nicht länger als sechs Monate betragen darf, was in Abs. 1 für unbefristete Arbeitsverhältnisse verwirklicht ist.[238] Für befristete Arbeitsverhältnisse schreibt Art. 8 Abs. 2 RL (EU) 2019/1152 dagegen vor, dass die Probezeit im Verhältnis zur erwarteten Dauer des Vertrags und der Tätigkeit stehen muss. Durch § 15 Abs. 3 TzBfG ist dies nur in einer die Probezeit iSv § 622 Abs. 3 BGB und damit lediglich die Länge der Kündigungsfrist betreffenden Weise umgesetzt worden.[239] Dies ist europarechtlich für befristete Arbeitsverhältnisse bis zu einer Dauer von zwölf Monaten nicht haltbar,[240] sofern eine ordentliche Kündigung nach § 15 Abs. 4 TzBfG überhaupt möglich ist. Da der Gesetzgeber bei der Umsetzung von Art. 8 Abs. 2 RL (EU) 2019/1152 die kündigungsschutzrechtliche Wartezeit des Abs. 1 (bewusst) nicht angetastet hat, ist in einem Rechtsstreit zwischen Privaten eine richtlinienkonforme Auslegung contra legem allerdings nicht möglich.

3. Berechnung der Wartezeit

a) **Beginn der Wartezeit.** Für den **Beginn der Wartezeit** kommt es auf den rechtlichen **Beginn des Arbeitsverhältnisses** an. Dieser Zeitpunkt muss weder mit dem Zeitpunkt des Arbeitsvertragsschlusses noch mit dem Zeitpunkt des tatsächlichen Beschäftigungsbeginns identisch sein. Der Unterschied zeigt sich vor allen in den Fällen, in denen das Arbeitsverhältnis rechtlich an einem Feiertag (etwa 1.1. oder 1.5.) beginnen soll und der Arbeitsvertrag schon im Vormonat abgeschlossen wurde, während die Tätigkeit erst am Folgetag (2.1. oder 2.5.) aufgenommen wird. Beginn der Wartezeit ist dann der 1.1. bzw. der 1.5. Dies ist aus Gründen der Rechtssicherheit auch dann anzunehmen, wenn die Parteien sich sogar auf einen noch späteren tatsächlichen Arbeitsbeginn geeinigt haben, sofern nur das Arbeitsverhältnis zu einem bestimmten früheren Zeitpunkt rechtlich begründet werden soll.[241] Ob der Tag, an dem das Arbeitsverhältnis rechtlich begründet wird, bei der Berechnung der Wartezeit mitzuzählen ist, hängt letztlich vom Parteiwillen ab.[242] Soll das Arbeitsverhältnis mit dem Beginn eines bestimmten Tages zu laufen anfangen, zählt dieser Tag mit (§ 187 Abs. 2 BGB), auch wenn der Arbeitnehmer erst während dieses Tages seine Tätigkeit aufnimmt. Wird das Arbeitsverhältnis, etwa im Anschluss an eine persönliche Vorstellung, spontan begründet und fängt der Arbeitnehmer auch sogleich an zu arbeiten, zählt dieser Tag dagegen nicht mit (§ 187 Abs. 1 BGB).[243] 84

Der Beginn der Wartezeit wird durch das Hinausschieben des tatsächlichen Antritts der Arbeit wegen **Annahmeverzugs des Arbeitgebers** oder infolge einer **Erkrankung des Arbeitnehmers** nicht hinausgeschoben.[244] Dasselbe ist anzunehmen, wenn der Arbeitnehmer die Arbeit schuldhaft nicht zum vereinbarten Zeitpunkt aufnimmt. Es spricht zwar einiges für den Gedanken, dass es treuwidrig ist, wenn der Arbeitnehmer die Anrechnung einer solchen Zeit verlangt, obwohl der Arbeitgeber infolge Verschuldens des Arbeitnehmers dessen Eignung in der in Betracht kommenden Zeit nicht hat erproben können 85

[237] Kreßel ZFA 2021, 312 (328); Maul-Sartori AuR 2020, 203 (208 f.); C. Picker ZEuP 2020, 305 (327); C. Picker/Rathmann RdA 2022, 61 (70 f.); Preis/Morgenbrodt ZESAR 2020, 409 (410); in diese Richtung auch Rolfs ZFA 2021, 283 (307); aA EuArbR/Kolbe, Art. 4 RL (EU) 2019/1152 Rn. 29; EuZA 2020, 35 (45).

[238] AA Stiegler BB 2020, 2617 (2618) infolge Überinterpretation des Wortes „während" in EG 28 S. 6 und unzureichender Berücksichtigung von EG 28 S. 1 RL (EU) 2019/1152.

[239] Vgl. BT-Drs. 20/1636, 34.

[240] Kreßel ZFA 2021, 312 (328); Maul-Sartori AuR 2020, 203 (209 f.); C. Picker ZEuP 2020, 305 (328); C. Picker/Rathmann RdA 2022, 61 (71 f.); Preis/Morgenbrodt ZESAR 2020, 409 (411); in diese Richtung auch Rolfs ZFA 2021, 283 (308); aA Kolbe EuZA 2023, 3 (11, 18); großzügiger offenbar Preis/Schulze NJW 2022, 2297 (2301): sechs Monate immer angemessen.

[241] BAG 24.10.2013 – 2 AZR 1057/12, AP KSchG 1969 § 1 Wartezeit Nr. 27 Rn. 32; Boemke BB 2014, 2999 (3000); aA offenbar ErfK/Oetker Rn. 35; APS/Vossen Rn. 30.

[242] BAG 24.10.2013 – 2 AZR 1057/12, AP KSchG 1969 § 1 Wartezeit Nr. 27 Rn. 42.

[243] Boemke BB 2014, 2999 (3000 f.).

[244] HK-KSchG/Dorndorf Rn. 94; KR/Rachor Rn. 107; APS/Vossen Rn. 30.

(Rechtsgedanke des § 162 Abs. 1 BGB).[245] Die Rechtssicherheit, aber auch die Überlegung, dass der Arbeitgeber gerade aus einem solchen Verhalten des Arbeitnehmers seine Schlüsse ziehen kann und sollte, lassen es aber doch als überzeugender erscheinen, auch in einem solchen Fall auf die rechtliche Begründung des Arbeitsverhältnisses abzustellen.[246]

86 **b) Vollendung der Wartezeit.** Nach dem Wortlaut des Gesetzes greift der Kündigungsschutz ein, wenn die Wartezeit von sechs Monaten **zum Zeitpunkt der Kündigung,** also bei **Zugang der Kündigungserklärung,** vollendet ist. Dagegen genügt es nicht, dass die Dauer des Arbeitsverhältnisses erst mit Ablauf der Kündigungsfrist sechs Monate erreicht.[247] Das genaue Ende der Frist bemisst sich nach § 187 Abs. 2 S. 1 BGB iVm § 188 Abs. 2 Alt. 2 BGB[248] oder nach § 187 Abs. 1 BGB iVm § 188 Abs. 2 Alt. 1 BGB, je nachdem, ob bei Fristbeginn der erste Tag mitgezählt hat oder nicht (→ Rn. 84).[249] Fällt der letzte Tag auf einen Sonntag, Feiertag oder Sonnabend, will das BAG § 193 BGB nicht anwenden, die Wartezeit also nicht bis zum nächsten Werktag verlängern.[250] Für eine analoge Heranziehung von § 193 BGB, wie sie auch in den Fällen der Ausschlussfrist gem. § 626 Abs. 2 BGB angenommen wird,[251] spricht indes, dass die Wartefrist eine Privilegierung des Arbeitgebers bezweckt, der sich unter erleichterten Bedingungen vom Arbeitsverhältnis wieder lösen können soll, während es weniger um das Vertrauen des Arbeitnehmers geht, dass er nur noch bei sozialer Rechtfertigung gekündigt werden kann.[252] Eine Kündigung zum Ende des ersten halben Beschäftigungsjahres ist somit ohne die Beschränkungen des KSchG zulässig.

87 Die Rspr. hat gleichwohl mehrfach die These aufgestellt, dass die Wartezeit in entsprechender Anwendung von § 162 BGB als erfüllt anzusehen sei, wenn der Arbeitgeber kurz vor Ablauf der sechs Monate nur deshalb kündigt, **um das Inkrafttreten des Kündigungsschutzes zu vereiteln und die „vorzeitige" Kündigung treuwidrig ist.**[253] In der Konkretisierung dieses Ansatzes zeigen sich in der Judikatur bei näherem Hinsehen freilich erhebliche Unterschiede. So lässt sich nur einer einzigen Entscheidung mit einiger Deutlichkeit entnehmen, dass eine Treuwidrigkeit (lediglich) dann entfällt, wenn der Arbeitgeber einen sachlichen Grund für die Kündigung vor Ablauf der Wartezeit hat, wobei dieser Grund nicht den Anforderungen des § 1 genügen muss.[254] In anderen Urteilen ist dagegen ausdrücklich davon die Rede, dass eine Treuwidrigkeit nicht schon dann vorliegen soll, wenn der Arbeitgeber deshalb kurz vor Ablauf der Wartezeit kündigt, um einen Rechtsstreit über die etwaige Sozialwidrigkeit der Kündigung zu vermeiden. Der Arbeitgeber übe hier nämlich lediglich die ihm gem. Abs. 1 eingeräumte Kündigungsfreiheit aus.[255] Insbes. soll es für sich genommen gerade nicht ausreichen, dass der Arbeitgeber früher kündigt, als es zur Wahrung der gesetzlichen oder (tarif-)

[245] Berger-Delhey NZA 1988, 790; ErfK/Oetker Rn. 35; APS/Vossen Rn. 30.

[246] Boemke BB 2014, 2999 (3000); KR/Rachor Rn. 107 (aber uU konkludente Abänderung des Vertragsbeginns); in diese Richtung auch MüKoBGB/Hergenröder Rn. 31; offengelassen BAG 24.10.2013 – 2 AZR 1057/12, AP KSchG 1969 § 1 Wartezeit Nr. 27 Rn. 40.

[247] BAG 20.9.1957 – 1 AZR 136/56, AP KSchG § 1 Nr. 34; 20.7.1977 – 4 AZR 142/76, AP GG Art. 33 Abs. 2 Nr. 3; DD/Deinert Rn. 39; HK-KSchG/Dorndorf Rn. 87; LSSW/Löwisch Rn. 66; KR/Rachor Rn. 109.

[248] BAG 27.6.2002 – 2 AZR 382/01, AP BGB § 620 Probearbeitsverhältnis Nr. 22.

[249] Boemke BB 2014, 2999 (3001).

[250] BAG 24.10.2013 – 2 AZR 1057/12, AP KSchG 1969 § 1 Wartezeit Nr. 27 Rn. 46 ff.

[251] BAG 3.10.1985 – 2 AZR 601/84, BeckRS 1985, 30714854 unter B II 2 c; ErfK/Niemann BGB § 626 Rn. 219; APS/Vossen BGB § 626 Rn. 141.

[252] So aber BAG 24.10.2013 – 2 AZR 1057/12, AP KSchG 1969 § 1 Wartezeit Nr. 27 Rn. 48.

[253] BAG 28.9.1978 – 2 AZR 2/77, AP BetrVG 1972 § 102 Nr. 19; 18.8.1982 – 7 AZR 437/80, AP BetrVG 1972 § 102 Nr. 24; 5.3.1987 – 2 AZR 187/86, BeckRS 1987, 30720512; idS auch BAG 20.9.1957 – 1 AZR 136/56, AP KSchG § 1 Nr. 34; HK-KSchG/Dorndorf Rn. 89; MüKoBGB/Hergenröder Rn. 29; ErfK/Oetker Rn. 50; KR/Rachor Rn. 110; LSSW/Schlünder Rn. 66; ferner BAG 16.10.1987 – 7 AZR 204/87, AP BAT § 53 Nr. 2 zur Kündigung kurz vor Eintritt des besonderen tariflichen Kündigungsschutzes; s. insoweit aber auch BAG 12.12.1996 – 2 AZR 7/96, BeckRS 1996, 30368035.

[254] BAG 28.9.1978 – 2 AZR 2/77, AP BetrVG 1972 § 102 Nr. 19; großzügiger indes BAG 20.9.1957 – 1 AZR 136/56, AP KSchG § 1 Nr. 34.

[255] BAG 18.8.1982 – 7 AZR 437/80, AP BetrVG 1972 § 102 Nr. 24.

vertraglichen Kündigungsfristen notwendig gewesen wäre.[256] Legt man dies zugrunde, bleibt iErg von einer judikativen Vorwirkung des Kündigungsschutzes wenig übrig, zumal die neuere Rspr. auf diesen Ansatz kaum noch zurückgreift[257] oder ihn doch zumindest sehr restriktiv handhabt.[258] Hinzu kommt, dass der **Arbeitnehmer,** der einen Verstoß gegen Treu und Glauben behauptet, hierfür **darlegungs- und beweispflichtig** ist.[259]

Letztlich tragfähig ist allerdings ohnehin nicht der Ansatz einer Art Vorverlagerung **88** des Kündigungsschutzes bei einer „treuwidrig vorzeitigen" Kündigung, sondern nur der **Gedanke der Gesetzesumgehung,** also die Frage, ob der Sinn und Zweck der Wartezeit umgangen wird.[260] Dies ist dann der Fall, wenn sich der Arbeitgeber von dem gekündigten Arbeitnehmer in Wirklichkeit (zumindest vorerst) gar nicht trennen, sondern nur den Eintritt von Kündigungsschutz vermeiden will. Eine solche Gestaltung liegt zum einen dann vor, wenn **der Arbeitgeber von vornherein plant,** einen erprobten und als geeignet befundenen Arbeitnehmer in unmittelbarem Anschluss an die Beendigung des ersten Arbeitsverhältnisses **wieder neu einzustellen,** um dann unbelastet von Kündigungsschutz gleichsam wieder bei Null anfangen zu können.[261] Wenn das erste und das geplante zweite Arbeitsverhältnis einen Zeitraum von insgesamt mehr als sechs Monaten ausmachen, kann sich der Arbeitgeber bereits bei der Beendigung des ersten Arbeitsverhältnisses nicht auf die Nichterfüllung der Wartezeit berufen. Zum anderen geht es um die Fälle, in denen der Arbeitgeber **die Kündigung mit einer sehr langen Kündigungsfrist ausspricht,** um noch lange nach dem Ablauf der Wartezeit faktisch einseitig darüber entscheiden zu können, ob es nach dem Ablauf der Kündigungsfrist zu einer Fortsetzung des Arbeitsverhältnisses kommt.[262] Dabei ist entsprechend der Kontrolle von Aufhebungsverträgen im Hinblick auf die Frage, ob sie nach ihrem Regelungsgehalt funktionswidrig nicht auf die alsbaldige Beendigung, sondern auf die befristete Fortsetzung des Arbeitsverhältnisses gerichtet sind (→ Rn. 30 f.), darauf abzustellen, ob die einschlägige Kündigungsfrist um ein Vielfaches überschritten wird. Anders ist dies aber zu beurteilen, wenn dem Arbeitnehmer – anstatt ihn schnellstmöglich zu kündigen – mit der verlängerten Kündigungsfrist lediglich eine weitere Bewährungschance eingeräumt werden soll,[263] ohne dass es hierfür zwingend einer verbindlichen Wiedereinstellungszusage für den Fall der Bewährung bedarf.[264] Von der Anwendung des KSchG als Folge einer Umgehung der Wartefrist streng zu unterscheiden ist die Kontrolle der Kündigung auf einen Verstoß gegen Treu und Glauben aufgrund der Umstände, unter denen sie erklärt worden ist, sowie aufgrund des verfassungsrechtlich gebotenen materiellen Mindestschutzes.

c) **Tätigkeit im selben Unternehmen.** Für die Berechnung der Dauer des Arbeitsverhält- **89** nisses ist nicht nur die Tätigkeit im selben Betrieb, sondern auch die Tätigkeit in einem anderen Betrieb mitzurechnen, sofern er zu **demselben Unternehmen** gehört. Hingegen ist die maßgebliche Arbeitnehmerzahl zur Anwendung des KSchG ausschließlich betriebsbezogen (→ § 23 Rn. 19 ff.). Dabei spielt es für die Erfüllung der Wartezeit **keine Rolle,** wenn die Parteien im Arbeitsvertrag ursprünglich ausländisches Recht und damit

---

[256] BAG 18.8.1982 – 7 AZR 437/80, AP BetrVG 1972 § 102 Nr. 24.

[257] BAG 22.5.2003 – 2 AZR 426/02, AP KSchG 1969 § 1 Wartezeit Nr. 18; 16.9.2004 – 2 AZR 447/03, AP BGB § 611 Kirchendienst Nr. 44; 22.4.2010 – 6 AZR 828/08, ZTR 2010, 430; 12.9.2013 – 6 AZR 121/12, NZA 2013, 1412 Rn. 39.

[258] LAG Schleswig-Holstein 14.4.1998 – 3 Sa 541a/97, NZA-RR 1999, 191.

[259] BAG 22.5.2003 – 2 AZR 426/02, AP KSchG 1969 § 1 Wartezeit Nr. 18; LAG Schleswig-Holstein 3.3.1983 – 2(3) Sa 566/82, DB 1983, 2260; 14.4.1998 – 3 Sa 541a/97, NZA-RR 1999, 191.

[260] SES/Schwarze Rn. 38.

[261] Ebenso – allerdings als einzige Fallgruppe – SES/Schwarze Rn. 38.

[262] APS/Vossen Rn. 34.

[263] LAG Mecklenburg-Vorpommern 24.6.2014 – 5 Sa 222/13, NZA-RR 2015, 72; APS/Vossen Rn. 34; s. a. BAG 7.3.2002 – 2 AZR 93/01, NJOZ 2003, 1211.

[264] So LAG Baden-Württemberg 6.5.2015 – 4 Sa 94/14, BeckRS 2015, 69008.

ein **anderes Vertragsstatut** vereinbart hatten, deutsches Recht also (zunächst) keine Anwendung fand.[265]

90 Der Begriff des Unternehmens ist gegenüber dem des Betriebes (→ § 23 Rn. 9 ff.) der weitere. Unter Unternehmen ist die **organisatorische Einheit** zu verstehen, die bestimmt wird durch den wirtschaftlichen oder ideellen Zweck, dem ein Betrieb oder mehrere organisatorisch verbundene Betriebe desselben Unternehmens dienen. Maßgebend ist nicht wie beim Betrieb die Einheit des unmittelbaren (technischen) Zweckes der Tätigkeit, sondern des entfernteren, vom Unternehmer verfolgten Zweckes, der das Motiv für das Tätigwerden des Unternehmers ist. Man spricht meist von einem wirtschaftlichen Zweck, doch kann es sich auch um ideelle Zwecke handeln.[266] Das Unternehmen stellt den (gedachten) wirtschaftlichen Träger für den Betrieb dar, in dem der unternehmerische Geschäftszweck durch arbeitstechnische Mittel realisiert wird. Das Unternehmen als solches ist nicht rechtsfähig, sondern setzt einen einheitlichen Rechtsträger voraus, den Unternehmer, der mit dem Arbeitgeber identisch ist.[267] Auf die Rechtsform des Unternehmensträgers kommt es nicht an; Unternehmer kann demgemäß eine natürliche oder juristische Person sein, ebenso aber auch ein Personenverband wie eine OHG oder KG.

91 Es genügt, wenn der Betrieb, in dem der Arbeitnehmer früher tätig war, und der Betrieb, in dem er jetzt beschäftigt wird, bei Beginn des Arbeitsverhältnisses demselben Unternehmen angehörten. Wird also ein aus zwei Betrieben bestehendes Unternehmen in zwei Unternehmen gespalten und dabei ein Arbeitnehmer aus dem Betrieb des einen Unternehmers in den Betrieb des anderen Unternehmers übernommen, so ist die frühere Beschäftigungszeit anzurechnen.[268] Nach § 132 Abs. 2 UmwG (bis 28.2.2023: § 323 Abs. 1 UmwG) verschlechtert sich nämlich die kündigungsrechtliche Stellung eines Arbeitnehmers, der vor einer **Unternehmensspaltung oder** einer **Teilübertragung** zu dem übertragenden Unternehmen in einem Arbeitsverhältnis steht, für die Dauer von zwei Jahren ab dem Zeitpunkt des Wirksamwerdens der Spaltung oder Teilübertragung nicht (→ § 23 Rn. 18).[269] IÜ liegt bei einer Unternehmensspaltung häufig ein rechtsgeschäftlicher Betriebsübergang vor, so dass die früheren Beschäftigungszeiten vom übernehmenden Unternehmen bereits nach § 613a Abs. 1 BGB anzurechnen sind (→ Rn. 95).[270]

92 Umgekehrt genügt es für eine Anrechnung der zurückliegenden Beschäftigungszeiten, dass der frühere und der jetzige Betrieb **zur Zeit der Kündigung demselben Unternehmen** angehören. Werden also zwei bisher getrennte Unternehmen zu einem Unternehmen zusammengeschlossen und dabei ein Arbeitnehmer in einen anderen Betrieb des nunmehr einheitlichen Unternehmens versetzt, so ist ebenfalls die frühere Beschäftigungszeit anzurechnen. In beiden Fällen besteht zwischen den Beschäftigungen in den verschiedenen Betrieben ein innerer Zusammenhang, was für die Anwendung des KSchG ausreichend ist.[271]

93 Dagegen sind die **Voraussetzungen des Abs. 1 nicht erfüllt,** wenn die Beschäftigungszeiten bei **verschiedenen Rechtsträgern** abgeleistet werden. Dies betrifft in erster Linie die Tätigkeit bei **unterschiedlichen Konzernunternehmen innerhalb eines Konzerns.** Da es – anders als in anderen Regelungszusammenhängen (vgl. § 8 Abs. 1 S. 2 BetrVG, § 7 Abs. 4 S. 2 MitbestG, § 4 Abs. 3 S. 2 DrittelbG) – im KSchG an einer Vorschrift über die Anrechnung von Vorbeschäftigungszeiten im Konzern fehlt, können die verschiedenen Beschäftigungszeiten nach allgemeiner Ansicht **nicht schon kraft Gesetzes zusammenge-**

---

[265] BAG 7.7.2011 – 2 AZR 12/10, AP KSchG 1969 § 1 Wartezeit Nr. 25; 1.6.2023 – 2 AZR 150/22, NZA 2023, 1396 Rn. 38; 29.5.2024 – 2 AZR 325/22, NZA 2024, 1136 Rn. 23.

[266] Näher zum Unternehmensbegriff: Joost Betrieb S. 77 ff., 208 ff.; Stoffels/Lembke BetrVR § 3 Rn. 31 ff.

[267] Dazu Stoffels/Lembke BetrVR § 3 Rn. 87 ff.

[268] Vgl. HK-KSchG/Dorndorf Rn. 78 ff.; ErfK/Oetker Rn. 48; KR/Rachor Rn. 126; APS/Vossen Rn. 44.

[269] Borho RdA 2022, 159 (162 f.); Kreßel BB 1995, 925 (928); ErfK/Oetker § 132 Rn. 7; Wlotzke DB 1995, 40 (44); iErg auch Lutter/Sagan, UmwG, 7. Aufl. 2023, § 132 Rn. 28.

[270] BAG 27.6.2002 – 2 AZR 270/01, AP KSchG 1969 § 1 Wartezeit Nr. 15.

[271] Ebenso iErg HaKo-KSchR/Mayer Rn. 66.

rechnet werden.[272] Allerdings muss in diesen Fällen geprüft werden, ob eine **Zusammenrechnung kraft (stillschweigender) Vereinbarung** anzunehmen ist (→ Rn. 122). Darüber hinaus kann nach dem Rechtsgedanken des § 162 BGB die Wartezeit als erfüllt angesehen werden, wenn zwei (verbundene) Arbeitgeber einen Arbeitnehmer zu einem Unternehmenswechsel drängen, um hierdurch einen schon erreichten Kündigungsschutz für die ersten sechs Monate wieder entfallen zu lassen.[273] Von vornherein anders ist bei einem gemeinsamen Betrieb mehrerer Unternehmen zu entscheiden. Fordert man insoweit zutreffend eine gemeinsame Leitung der beteiligten Unternehmen,[274] ist es konsequent, wenn sich jeder Arbeitgeber **die im Gemeinschaftsbetrieb erbrachte Erprobung des Arbeitnehmers zurechnen** lassen muss.[275] Demgegenüber kommt eine Zusammenrechnung von Beschäftigungszeiten bei der Anstellung durch **verschiedene Evangelische Kirchenkreise** auch dann nicht in Betracht, wenn sie zu **derselben Landeskirche** gehören.[276]

Schwierig zu beurteilen ist der Sonderfall, dass **dieselbe natürliche Person als Arbeitgeber zwei voneinander getrennte Unternehmen** A und B **führt**[277] und ein solcher Arbeitgeber mit einem schon mehr als sechs Monate im Unternehmen A beschäftigten Arbeitnehmer ohne Lösung des Arbeitsverhältnisses eine „Versetzung" in das Unternehmen B vereinbart. Hier würde zwar das Arbeitsverhältnis länger als sechs Monate bestanden haben, aber nicht „in demselben Betrieb oder Unternehmen". Nach dem Wortlaut von § 1 wäre eine Erfüllung der Wartezeit daher an sich zu verneinen.[278] Wenn man den Zweck der Wartezeit indes in der Erprobung des Arbeitnehmers durch einen konkreten Arbeitgeber sieht (→ Rn. 82), spricht mehr dafür, dass es ein- und derselbe Vertragsarbeitgeber nicht in der Hand hat, den Arbeitnehmer allein deshalb mehrmals einer Erprobung zu unterziehen, weil der Arbeitgeber mehrere Unternehmen führt.[279] Insoweit ist der Unternehmensbegriff entsprechend den Überlegungen zur verfassungskonformen Auslegung des Betriebsbegriffs in § 23 Abs. 1 (→ § 23 Rn. 14) zu modifizieren, um eine am Gesetzeszweck orientierte sachwidrige Ungleichbehandlung zwischen solchen Arbeitnehmern, deren Vertragsarbeitgeber zwei Betriebe führt, und solchen Arbeitnehmern, deren Vertragsarbeitgeber zwei Unternehmen führt, zu vermeiden. 94

d) Rechtsnachfolge. Wird ein **Betrieb oder Betriebsteil veräußert,** tritt der Erwerber nach **§ 613a Abs. 1 BGB** in die bestehenden Arbeitsverhältnisse ein. Dementsprechend wird die Dauer des Arbeitsverhältnisses beim Rechtsvorgänger auf die Wartezeit nach Abs. 1 angerechnet.[280] Die **Art des zugrunde liegenden Rechtsgeschäfts,** etwa Kauf, Pacht, Nießbrauchbestellung, Einbringung in eine Gesellschaft u. a., ist hierfür gleichgültig. Nicht erforderlich ist die Übernahme des ganzen Betriebes oder Unternehmens; es genügt, dass ein Betriebsteil, in dem der Arbeitnehmer tätig ist, als organisatorische Einheit übernommen und fortgeführt wird.[281] Eine rechtsgeschäftliche Betriebsnachfolge 95

[272] DD/Deinert Rn. 31; HK-KSchG/Dorndorf Rn. 75; HaKo-KSchR/Mayer Rn. 63; KR/Rachor Rn. 126; LSSW/Schlünder Rn. 62; APS/Vossen Rn. 45.

[273] BAG 20.2.2014 – 2 AZR 859/11, AP KSchG 1969 § 1 Wartezeit Nr. 28 Rn. 47.

[274] BAG 23.3.1984 – 7 AZR 515/82, AP KSchG 1969 § 23 Nr. 4; 13.6.1985 – 2 AZR 452/84, AP KSchG 1969 § 1 Nr. 10; 16.1.2003 – 2 AZR 609/01, AP KSchG 1969 § 1 Gemeinschaftsbetrieb Nr. 1.

[275] LAG Rheinland-Pfalz 8.7.1999 – 6 Sa 365/99, MDR 2000, 37; SES/Schwarze Rn. 29; aA LAG Hamm 25.8.2011 – 8 Sa 373/11, BeckRS 2011, 77504.

[276] BAG 21.11.2013 – 6 AZR 664/12, AP BGB § 611 Kirchendienst Nr. 73 Rn. 38 ff.

[277] Zur handelsrechtlichen Zulässigkeit Windbichler KonzernArbR S. 296.

[278] So LSSW/Schlünder Rn. 61; SES/Schwarze Rn. 27; ebenso v. Hoyningen-Huene/Linck, 14. Aufl. 2007.

[279] Ebenso iErg HK-KSchG/Dorndorf Rn. 73.

[280] Ebenso BAG 27.6.2002 – 2 AZR 270/01, AP KSchG 1969 § 1 Wartezeit Nr. 15; 5.2.2004 – 8 AZR 112/03, AP BGB § 613a Nr. 23; 24.10.2013 – 2 AZR 1057/12, AP KSchG 1969 § 1 Wartezeit Nr. 27 Rn. 45; Boemke BB 2014, 2999 (3002); DD/Deinert Rn. 32; HK-KSchG/Dorndorf Rn. 79; MüKoBGB/Hergenröder Rn. 26; ErfK/Oetker Rn. 47; KR/Rachor Rn. 127; APS/Vossen Rn. 46.

[281] BAG 5.2.2004 – 8 AZR 112/03, AP BGB § 613a Nr. 23; MüKoBGB/Müller-Glöge § 613a Rn. 17 ff.; ErfK/Preis BGB § 613a Rn. 9, 71 ff.

nach § 613a BGB liegt auch vor, wenn ein zur Insolvenzmasse gehörender Betrieb veräußert oder verpachtet wird.[282]

96 Obwohl § 613a BGB nicht für den **Erbfall** gilt,[283] ergibt sich hier die Betriebsnachfolge des oder der Erben und damit die Anrechnung der Wartezeit aus dem erbrechtlichen Prinzip der **Gesamtrechtsnachfolge** (§§ 1922, 1967 BGB).[284] Bei einer Verschmelzung, Spaltung oder Vermögensübertragung nach dem UmwG gelten gem. § 35a Abs. 2 UmwG (bis 28.2.2023: § 324 UmwG) die Regelungen des § 613a Abs. 1 u. 4 BGB.[285] Auch Testamentsvollstrecker, Nachlassverwalter und Insolvenzverwalter können Rechtsvorgänger und Rechtsnachfolger sein, wenn der Betrieb fortgeführt wird.[286]

97 Dasselbe gilt in den Fällen einer **rechtsgeschäftlichen Vertragsübernahme,** zu der es zum einen außerhalb von Konzernzusammenhängen,[287] zum anderen insbes. aber dann kommen kann, wenn ein Arbeitnehmer von einem Konzernunternehmen in ein anderes Konzernunternehmen – ggf. im Zuge einer konzernbezogenen Weiterbeschäftigungspflicht – überwechselt, sofern kein neuer Arbeitsvertrag geschlossen wird. Auch beim Abschluss eines neuen Arbeitsvertrags liegt aber zumindest eine stillschweigende Anrechnung der bereits zurückgelegten Wartezeit nahe (→ Rn. 122).

98 **e) Sonstige kraft Gesetzes anrechenbare Beschäftigungszeiten.** Da es für die Erfüllung der Wartezeit auf die Dauer des rechtlichen Bestands des Arbeitsverhältnisses und nicht des Arbeitsvertrags ankommt, sind bei der Berechnung der Wartezeit auch die Zeiten eines **fehlerhaften Arbeitsverhältnisses** (→ Rn. 72) zu berücksichtigen. Trotz des fehlenden vertraglichen Rechtsgrundes ist das Arbeitsverhältnis für die zurückliegende Zeit als wirksam zu behandeln.[288] Relevant mit der Folge der Hinzurechnung der Dauer des fehlerhaften Arbeitsverhältnisses bei der Berechnung der Wartezeit wird dies freilich nur, wenn das fehlerhafte Arbeitsverhältnis nicht als solches beendet wird, was ohne Kündigungsschutz möglich wäre (→ Rn. 141), sondern der rechtliche Mangel von den Parteien beseitigt und das Arbeitsverhältnis ohne Unterbrechung auf vertraglicher Grundlage fortgeführt wird. Erst recht einzubeziehen sind Zeiten eines (unwirksam) befristeten Arbeitsverhältnisses, wenn es anschließend zu einer Kündigung kommt.[289]

99 Zeiten der **Beschäftigung** im Betrieb oder Unternehmen, die **nicht im Rahmen eines Arbeitsverhältnisses** zurückgelegt wurden, sondern bspw. auf der Grundlage eines freien Dienstvertrages oder Geschäftsbesorgungsvertrages als Geschäftsführer oder aufgrund der Mitgliedschaft zu einer Genossenschaft, werden auf die Wartezeit grds. nicht angerechnet.[290] Wird ein GmbH-Geschäftsführer abberufen und anschließend in einem Arbeitsverhältnis weiterbeschäftigt, lässt dies allerdings nach Auffassung des BAG regelmäßig auf den Parteiwillen schließen, die Beschäftigungszeit als Geschäftsführer auf die Wartezeit des Abs. 1 anzurechnen (dazu noch → Rn. 117).[291] Nach dem Wortlaut des Abs. 1 ist für die Erfüllung der Wartezeit allein der rechtliche Bestand des Arbeitsverhältnisses und nicht der Bestand einer irgendwie gearteten rechtlichen Beziehung maßgebend. Außer Betracht bleiben daher auch Beschäftigungen ohne Arbeitsverhältnis als freier Mitarbeiter, arbeitnehmerähnliche Person, Werkvertragskraft, mitarbeitender Familienangehöriger, auf vereinsrechtlicher Grundlage oder als Beamter.[292]

---

[282] BAG 20.6.2002 – 8 AZR 459/01, AP InsO § 113 Nr. 10; 18.9.2003 – 2 AZR 330/02, AP BGB § 622 Nr. 62; ausf. Lohkemper KTS 1996, 1 (26 ff.); MüKoBGB/Müller-Glöge § 613a Rn. 62 ff.; ErfK/Preis § 613a Rn. 146 ff.
[283] Vgl. Staudinger/Annuß (2022) BGB § 613a Rn. 124; MüKoBGB/Müller-Glöge § 613a Rn. 63.
[284] MüKoBGB/Hergenröder Rn. 28; HaKo-KSchR/Mayer Rn. 68; KR/Rachor Rn. 128.
[285] Vgl. Bauer/Lingemann NZA 1994, 1057 (1061); Berscheid FS Stahlhacke, 1995, 15 ff.; KR/Rachor Rn. 128; Kallmeyer/Willemsen/Müller-Bonanni, UmwG, 8. Aufl. 2024, § 35a Rn. 4 ff.; Wlotzke DB 1995, 40 (42 f.).
[286] MüKoBGB/Hergenröder Rn. 28.
[287] Vgl. BAG 23.2.2017 – 6 AZR 665/15, AP InsO § 113 Nr. 27 Rn. 39.
[288] Ebenso DD/Deinert Rn. 23; HaKo-KSchR/Mayer Rn. 79.
[289] BAG 6.11.2003 – 2 AZR 690/02, AP TzBfG § 14 Nr. 7 mAnm Maschmann.
[290] BAG 16.2.1995 – 8 AZR 714/93, AP Einigungsvertrag Anlage II Kap. VI Nr. 1 unter B I 2b, zu Genossenschaftsmitgliedern; LAG Bremen 24.10.1997 – 4 Sa 71/97, NZA 1998, 1248 zu GmbH-Geschäftsführern.
[291] BAG 24.11.2005 – 2 AZR 614/04, AP KSchG 1969 § 1 Wartezeit Nr. 19 mAnm Kamanabrou.
[292] KR/Rachor Rn. 113; SES/Schwarze Rn. 26.

Frühere Beschäftigungszeiten als **Leiharbeitnehmer** sind bei der späteren Begründung eines Arbeitsverhältnisses zur Berechnung der Wartezeit ebenfalls nicht zu berücksichtigen, weil der Arbeitnehmer während der erlaubten Arbeitnehmerüberlassung in einem Arbeitsverhältnis zum Verleiher und damit zu einem anderen Unternehmen steht.[293] Dies gilt auch im Hinblick auf solche Leiharbeitnehmer, die von der „Drehtürklausel" des § 8 Abs. 3 AÜG erfasst werden.[294] Nur bei einer arbeitsvertraglich vereinbarten Anrechnung der Beschäftigungszeit als Leiharbeitnehmer ist diese Tätigkeit zu berücksichtigen (dazu noch → Rn. 120 ff.).[295] Bei einem nach § 10 Abs. 1 S. 1 Hs. 1 AÜG fingierten Arbeitsverhältnis ist die Beschäftigungszeit ab dem zwischen dem Verleiher und dem Entleiher vorgesehenen Zeitpunkt der Aufnahme der Tätigkeit beim Entleiher anzurechnen. Ab diesem Zeitpunkt besteht nämlich kraft gesetzlicher Fiktion zwischen dem Entleiher und dem Leiharbeitnehmer ein Arbeitsverhältnis. Entfällt die Überlassungserlaubnis erst zu einem Zeitpunkt nach Tätigkeitsaufnahme beim Entleiher, wird gem. § 10 Abs. 1 S. 1 Hs. 2 AÜG ab diesem Zeitpunkt ein Arbeitsverhältnis fingiert mit der Folge, dass auch erst ab diesem Zeitpunkt die Beschäftigungszeit anzurechnen ist.[296] **100**

Gleichgültig ist, in welcher Eigenschaft und mit **welchen Tätigkeiten** der Arbeitnehmer in einem Arbeitsverhältnis zum Arbeitgeber steht. Ist jemand als Arbeiter eingetreten und später beim gleichen Arbeitgeber zum Angestellten geworden, wird auch die Zeit seiner Beschäftigung als Arbeiter mitgerechnet und umgekehrt.[297] Ebenso ist eine **Ausbildungszeit,** insbes. die Lehrzeit, in die Beschäftigungszeit einzurechnen, weil auch sie die Betriebszugehörigkeit begründet.[298] Dafür spricht auch Art. 6 Abs. 3 des 1. ArbRBereinigG, wonach bis zum 31.12.1972 auf die Sechsmonatsfrist Zeiten aus einem Lehrverhältnis nur dann angerechnet wurden, wenn der Arbeitnehmer im Zeitpunkt der Kündigung das 20. Lebensjahr vollendet hatte. Diese Übergangsvorschrift wäre sinnlos gewesen, wenn Zeiten aus einem Lehrverhältnis nicht grds. anrechenbar wären. Das gilt auch für Anlernlinge und sonstige Auszubildende. **101**

Für die Berechnung der Wartezeit ist ohne Bedeutung, ob der Arbeitnehmer als **Vollzeit- oder Teilzeitbeschäftigter** tätig war,[299] denn auch Teilzeitbeschäftigte sind Arbeitnehmer iSd KSchG (→ Rn. 53).[300] Die anzurechnende Zeit wird also nicht etwa entsprechend dem Beschäftigungsumfang reduziert.[301] Dementsprechend berührt die Umwandlung von einer Vollzeittätigkeit in eine Teilzeittätigkeit nicht den Lauf der Wartezeit.[302] **102**

Ein **betriebliches Praktikum,** das der beruflichen Fortbildung dient (§ 53 BBiG), ist dagegen nur dann anzurechnen, wenn es im Rahmen eines Arbeitsverhältnisses abgeleistet wird.[303] Insoweit ist zu berücksichtigen, dass das BBiG in § 1 zwischen Berufsausbildung (Abs. 2) sowie beruflicher Fortbildung (Abs. 4) unterscheidet und nach § 10 Abs. 2 BBiG die für den Arbeitsvertrag geltenden Rechtsvorschriften nur auf Berufsaus- **103**

---

293 BAG 20.2.2014 – 2 AZR 859/11, AP KSchG 1969 § 1 Wartezeit Nr. 28 Rn. 23 ff. mzustAnm Schwarze; Bayreuther NZA 2016, 1304 (1307); Boemke BB 2014, 2999 (3001); ErfK/Oetker Rn. 36; KR/Rachor Rn. 113; LSSW/Schlünder Rn. 63; Schüren/Hamann, AÜG, 6. Aufl. 2022, § 10 Rn. 125; SES/Schwarze Rn. 26; APS/Vossen Rn. 36b.

294 BAG 20.2.2014 – 2 AZR 859/11, AP KSchG 1969 § 1 Wartezeit Nr. 28 Rn. 26 ff. mzustAnm Schwarze.

295 Weitergehend wohl HK-KSchG/Dorndorf Rn. 108, der in diesen Fällen den Arbeitsvertrag für auslegungsbedürftig hält.

296 Boemke BB 2014, 2999 (3001); HaKo-KSchR/Mayer Rn. 83; KR/Rachor Rn. 113.

297 LAG Berlin 8.7.1991 – 9 Sa 23/91, BeckRS 1991 30455816; DD/Deinert Rn. 26; KR/Rachor Rn. 114; aA LSSW/Schlünder Rn. 57, wenn das neue Arbeitsverhältnis in keinem sachlichen Zusammenhang mit dem vorangegangenen steht.

298 Ebenso BAG 2.12.1999 – 2 AZR 139/99, AP BGB § 622 Nr. 57 in einem obiter dictum; HaKo-KSchR/Mayer Rn. 78; KR/Rachor Rn. 114; LSSW/Schlünder Rn. 63; aA Boemke BB 2014, 2999 (3001); Friedemann BB 1985, 1541 ff.

299 Boemke BB 2014, 2999 (3001); krit. Löwisch RdA 1984, 197 (204).

300 BAG 13.3.1987 – 7 AZR 724/85, AP KSchG 1969 § 1 Betriebsbedingte Kündigung Nr. 37.

301 SES/Schwarze Rn. 26.

302 BAG 31.10.1975 – 5 AZR 482/74, AP BGB § 611 Gratifikation Nr. 87 mAnm Blomeyer.

303 BAG 18.11.1999 – 2 AZR 89/99, AP KSchG 1969 § 1 Wartezeit Nr. 11; 22.1.2004 – 2 AZR 237/03, AP KSchG 1969 § 23 Nr. 31.

bildungsverhältnisse anzuwenden sind. Weiterhin ist auch § 26 BBiG auf Betriebspraktika zur beruflichen Fortbildung nicht anwendbar, weil diese Bestimmung nicht den Fall der Fortbildung einer bereits ausgebildeten Fachkraft für bestimmte spezielle Aufgaben erfasst. Zeiten einer von der **Bundesagentur für Arbeit geförderten Fortbildungsmaßnahme** in einem Betrieb nach §§ 81 ff. SGB III können gleichfalls nur bei einem vereinbarten Arbeitsverhältnis angerechnet werden.[304]

104 f) **Unterbrechungen.** Das Arbeitsverhältnis muss grds. **ohne rechtliche Unterbrechung** bestanden haben.[305] Tatsächliche Unterbrechungen des Arbeitsverhältnisses, bspw. durch Streik, Krankheit, unbezahlte Freistellungen oder Urlaub beeinträchtigen den Lauf der Wartezeit nicht.[306] Damit wird die Wartezeit insbes. auch bei **Arbeitsverhältnissen auf Abruf gem. § 12 TzBfG** nach Ablauf von sechs Monaten erreicht, selbst wenn in dieser Zeit längere Freizeitintervalle liegen.[307] Auch **Aussperrungsmaßnahmen** des Arbeitgebers beeinträchtigen den Lauf der Wartezeit grds. nicht, weil die Aussperrung in der Regel nur zu einer Suspendierung des Arbeitsverhältnisses führt.[308] Soweit allerdings der seltene Fall einer lösenden Aussperrung vorliegt, führt dies zu einer rechtlichen Unterbrechung des Arbeitsverhältnisses.[309] Tarifliche Wiedereinstellungsklauseln oder Maßregelungsverbote enthalten freilich häufig Regelungen, die den Arbeitnehmern die zurückgelegte Wartezeit erhalten.

105 Sollte nicht nur die tatsächliche Arbeitsleistung unterbrochen, sondern das Arbeitsverhältnis selbst beendet und später ein **neues Arbeitsverhältnis zwischen denselben Parteien** begründet werden, kann mangels abweichender Vereinbarung die Dauer des ersten Arbeitsverhältnisses grds. nicht auf die für das neue Arbeitsverhältnis geltende Wartezeit angerechnet werden. Es muss vielmehr von der Neueinstellung an eine neue Wartezeit von sechs Monaten ablaufen, ehe der Arbeitnehmer in den Genuss des Kündigungsschutzes kommt.[310] Dies gilt auch bei wiederholten Befristungen. Das Anschlussverbot des § 14 Abs. 2 S. 2 TzBfG[311] ändert hieran nichts.[312]

106 Etwas anderes gilt, wenn sich das **neue Arbeitsverhältnis** unmittelbar, dh **ohne zeitlichen Zwischenraum,** an das vorangegangene Rechtsverhältnis anschließt, wie das etwa kraft Gesetzes im Fall der §§ 21, 24 BBiG zutrifft. Die Beschäftigungszeiten werden weiterhin auch dann zusammengerechnet, wenn mehrere befristete Arbeitsverhältnisse unmittelbar aufeinander folgen oder sich an ein befristetes ein unbefristetes Arbeitsverhältnis unmittelbar anschließt (s. a. § 15 Abs. 5 TzBfG).[313] IÜ wird, selbst wenn eine wesentliche Veränderung des Arbeitsplatzes, der Tätigkeit oder sonstiger Arbeitsbedingungen beabsichtigt ist, die Begründung eines neuen Arbeitsverhältnisses zwischen denselben Parteien im unmittelbaren Anschluss an das beendete Arbeitsverhältnis die seltene Ausnahme sein gegenüber einer bloßen Änderung des Arbeitsvertrags oder der einver-

---

[304] Vgl. Boemke BB 2014, 2999 (3001); HaKo-KSchR/Mayer Rn. 76; zur früheren Rechtslage BAG 8.4.1988 – 2 AZR 684/87, BeckRS 1988, 30725716.

[305] BAG 10.5.1989 – 7 AZR 450/88, AP KSchG 1969 § 1 Wartezeit Nr. 7; 10.11.1993 – 4 AZR 198/93, NZA 1994, 896 (898) zu B II 1.

[306] HM, vgl. HK-KSchG/Dorndorf Rn. 97; MüKoBGB/Hergenröder Rn. 32; KR/Rachor Rn. 123; LSSW/Schlünder Rn. 55.

[307] Vgl. H.-J. Meyer, Kapazitätsorientierte variable Arbeitszeit, 1989, 146; GK-TzA/Mikosch BeschFG Art. 1 § 4 Rn. 123; Schüren AuR 1990, 235 (236).

[308] BAG 10.6.1980 – 1 AZR 822/79, AP GG Art. 9 Arbeitskampf Nr. 64; 10.6.1980 – 1 AZR 168/79, AP GG Art. 9 Arbeitskampf Nr. 65; 10.6.1980 – 1 AZR 331/79, AP GG Art. 9 Arbeitskampf Nr. 66; 10.6.1980 – 1 AZR 690/79 AP GG Art. 9 Arbeitskampf Nr. 67.

[309] Vgl. zu den engen Voraussetzungen einer lösenden Aussperrung BAG GS 21.4.1971 – GS 1/68, AP GG Art. 9 Arbeitskampf Nr. 43; abl. jetzt wohl BVerfG 26.6.1991 – 1 BvR 779/85, AP GG Art. 9 Arbeitskampf Nr. 117 unter C I 1a.

[310] Vgl. G. Hueck Anm. zu BAG 23.9.1976 – 2 AZR 309/75, AP KSchG 1969 § 1 Wartezeit Nr. 1; LSSW/Schlünder Rn. 56.

[311] Das Verbot zwischenzeitlich einschränkend BAG 6.4.2011 – 7 AZR 716/09, AP TzBfG § 14 Nr. 82; 21.9.2011 – 7 AZR 375/10, NZA 2012, 255; hiergegen BVerfG 6.6.2018 – 1 BvL 7/14 u. a., NZA 2018, 774; im Anschluss daran BAG 23.1.2019 – 7 AZR 733/16, NZA 2019, 700.

[312] BAG 6.11.2003 – 2 AZR 690/02, AP TzBfG § 14 Nr. 7.

[313] BAG 12.2.1981 – 2 AZR 1108/78, AP BAT § 5 Nr. 1 mAnm G. Hueck.

nehmlichen Rücknahme einer Kündigung, Annullierung eines Aufhebungsvertrags und dergleichen. Die unmittelbar an die Beendigung anschließende Neubegründung führt regelmäßig nur zur **Fortsetzung des Arbeitsverhältnisses,** wenn auch vielleicht mit geändertem Inhalt. Kündigungsschutzrechtlich liegt hierin ebenso wenig eine Unterbrechung wie in den anderen Fällen.[314] Voraussetzung ist dabei allerdings, dass das neue Arbeitsverhältnis nicht nur mit demselben Arbeitgeber, sondern auch für dasselbe Unternehmen wie das vorangegangene begründet wird (→ Rn. 109 ff.).[315] Dagegen spielt es für die Erfüllung der Wartezeit **keine Rolle,** ob das frühere Arbeitsverhältnis nicht deutschem, sondern **ausländischem Arbeitsrecht** unterlag, weil auch in diesem Fall eine Erprobung als Zweck der Wartezeit (→ Rn. 82) möglich ist.[316]

Streitig ist, ob dasselbe auch dann gilt, wenn das neue Arbeitsverhältnis zwar erst in **107**
einem gewissen **zeitlichen Abstand nach der Beendigung** des früheren begründet wird, aber mit diesem **in innerem Zusammenhang** steht. Das BAG bejaht dies zu Recht. Danach ist die Dauer eines früheren Arbeitsverhältnisses bei der Berechnung der Wartezeit zu berücksichtigen, wenn das neu begründete mit diesem in einem engen zeitlichen und sachlichen Zusammenhang steht.[317] Gerade wenn man den Zweck der Wartezeit in der Erprobung des Arbeitnehmers sieht (→ Rn. 82), wird diesem Zweck Rechnung getragen, wenn der Arbeitgeber im zweiten Arbeitsverhältnis ganz bewusst auf einen erprobten Arbeitnehmer zurückgreift und sich auf diese Weise einen erneuten Einarbeitungsaufwand erspart. Demgegenüber erscheint es zu eng, nicht nur in den Fällen der „vorzeitigen" Kündigung (→ Rn. 87 f.), sondern auch in dieser Fallgruppe lediglich auf eine Umgehung von Abs. 1 abzustellen und hierfür eine von vornherein bestehende Absicht des Arbeitgebers zu fordern, das Arbeitsverhältnis nach einer Unterbrechungszeit fortzusetzen,[318] zumal diese häufig kaum nachweisbar sein wird. Die mit dem Kriterium des engen sachlichen Zusammenhangs eintretende Rechtsunsicherheit muss notgedrungen in Kauf genommen werden.

Ob ein enger Zusammenhang zwischen dem früheren und dem neuen Arbeitsverhält- **108**
nis besteht, richtet sich nach einer einzelfallbezogenen Würdigung der Gesamtumstände. Dabei ist der **geringe zeitliche Abstand der beiden** Arbeitsverhältnisse ein wichtiges Indiz. Weiter ist von Bedeutung, von welcher Partei und aus welchem Anlass das frühere Arbeitsverhältnis beendet wurde, und ob die neue Beschäftigung des Arbeitnehmers seiner früheren Stellung entspricht.[319] Je länger die rein zeitliche „Unterbrechung" währt, umso gewichtiger müssen die für einen sachlichen Zusammenhang sprechenden Umstände sein.[320]

---

314 BAG 23.9.1976 – 2 AZR 309/75, AP KSchG 1969 § 1 Wartezeit Nr. 1 mzustAnm G. Hueck; 7.7.2011 – 2 AZR 12/10, AP KSchG 1969 § 1 Wartezeit Nr. 25; HK-KSchG/Dorndorf Rn. 100; KR/Rachor Rn. 122; LSSW/Schlünder Rn. 57; PVT Kündigung/Temming Rn. 980.

315 Dazu G. Hueck Anm. zu BAG 23.9.1976 – 2 AZR 309/75, AP KSchG 1969 § 1 Wartezeit Nr. 1 unter I 2.

316 BAG 7.7.2011 – 2 AZR 12/10, AP KSchG 1969 § 1 Wartezeit Nr. 25.

317 StRspr, grdl. BAG 6.12.1976 – 2 AZR 470/75, AP KSchG 1969 § 1 Wartezeit Nr. 2; 18.1.1979 – 2 AZR 254/77, AP KSchG 1969 § 1 Wartezeit Nr. 3; 10.5.1989 – 7 AZR 450/88, AP KSchG 1969 § 1 Wartezeit Nr. 7 mAnm Berger-Delhey; 4.4.1990 – 7 AZR 310/89, BeckRS 1990, 30733808; 20.8.1998 – 2 AZR 76/98, AP KSchG 1969 § 1 Wartezeit Nr. 9; 20.8.1998 – 2 AZR 83/98, AP KSchG 1969 § 1 Wartezeit Nr. 10 mAnm Schleusener; 9.8.2000 – 7 AZR 339/99, BeckRS 2000, 30786110; 22.5.2003 – 2 AZR 426/02, AP KSchG 1969 § 1 Wartezeit Nr. 18; 19.6.2007 – 2 AZR 94/06, AP KSchG 1969 § 1 Wartezeit Nr. 23; 28.8.2008 – 2 AZR 101/07, AP KSchG 1969 § 1 Nr. 88; 7.7.2011 – 2 AZR 12/10, AP KSchG 1969 § 1 Wartezeit Nr. 25.

318 So SES/Schwarze Rn. 34.

319 BAG 10.5.1989 – 7 AZR 450/88, AP KSchG 1969 § 1 Wartezeit Nr. 7; 20.8.1998 – 2 AZR 76/98, AP KSchG 1969 § 1 Wartezeit Nr. 9; 20.8.1998 – 2 AZR 83/98, AP KSchG 1969 § 1 Wartezeit Nr. 10; 16.3.2000 – 2 AZR 828/98, AP LPVG Sachsen-Anhalt § 67 Nr. 2; 19.6.2007 – 2 AZR 94/06, AP KSchG 1969 § 1 Wartezeit Nr. 23; 28.8.2008 – 2 AZR 101/07, AP KSchG 1969 § 1 Nr. 88; 7.7.2011 – 2 AZR 12/10, AP KSchG 1969 § 1 Wartezeit Nr. 25; HK-KSchG/Dorndorf Rn. 101 f.; HaKo-KSchR/Mayer Rn. 87; ErfK/Oetker Rn. 41; KR/Rachor Rn. 116; APS/Vossen Rn. 37 ff.; zur Bedeutung der Vergleichbarkeit der Tätigkeiten BAG 17.2.1983 – 2 AZR 208/81, AP BGB § 620 Befristeter Arbeitsvertrag Nr. 74 mAnm Koller.

320 Zutr. BAG 20.8.1998 – 2 AZR 76/98, AP KSchG 1969 § 1 Wartezeit Nr. 9; 20.8.1998 – 2 AZR 83/98, AP KSchG 1969 § 1 Wartezeit Nr. 10; 22.5.2003 – 2 AZR 426/02, AP KSchG 1969 § 1 Wartezeit Nr. 18; 22.9.2005 – 6 AZR 607/04, AP KSchG 1969 § 1 Wartezeit Nr. 20; zust. DD/Deinert Rn. 28; MüKoBGB/Hergenröder Rn. 34; ErfK/Oetker Rn. 41; PVT Kündigung/Temming Rn. 982.

109 Zur Konkretisierung des engen sachlichen Zusammenhangs kann nicht auf den bis zum 31.12.2000 geltenden **§ 1 Abs. 1 S. 3 BeschFG 1985** zurückgegriffen werden.[321] Nach dieser Regelung war ein enger sachlicher Zusammenhang zwischen einem vorhergehenden befristeten oder unbefristeten Arbeitsvertrag mit demselben Arbeitgeber insbes. anzunehmen, wenn zwischen den Arbeitsverträgen ein Zeitraum von weniger als vier Monaten lag. Diese Bestimmung betraf jedoch nur Neueinstellungen iSd § 1 BeschFG und damit eine andere Regelungsmaterie als die des Abs. 1. Die ehemalige Regelung des § 1 Abs. 1 S. 3 BeschFG kann daher nicht zur Berechnung der Wartezeit nach Abs. 1 bei unterbrochenen Arbeitsverhältnissen herangezogen werden. Entsprechendes gilt für die bis zum 30.4.2007 geltende Sechsmonatsfrist des früheren **§ 14 Abs. 3 S. 3 TzBfG.**[322]

110 Im Bereich des **öffentlichen Dienstes** ergibt sich aus § 34 Abs. 3 TVöD/TV-L (§ 19 BAT)[323] nichts anderes. Nach dieser Bestimmung ist zwar die bei demselben Arbeitgeber in einem Arbeitsverhältnis zurückgelegte Zeit, auch wenn sie unterbrochen ist, Beschäftigungszeit (nach § 19 BAT galt dies nur für Zeiten nach Vollendung des 18. Lebensjahres). Diese Vorschrift ist jedoch für die Berechnung der Probezeit nach § 2 Abs. 4 S. 1 TVöD/TV-L (§ 5 BAT) sowie der Kündigungsfrist in den ersten sechs Monaten nach Vertragsbeginn gem. § 34 Abs. 1 S. 1 TVöD/TV-L (§ 53 Abs. 1 BAT) und folglich zur Berechnung der Wartezeit nicht anwendbar. Denn anders als in § 34 Abs. 1 S. 2, Abs. 2 TVöD/TV-L (§ 53 Abs. 2 u. 3 BAT) für die Berechnung der Kündigungsfrist nach Ablauf der Probezeit und den Eintritt der Unkündbarkeit wird weder in § 2 Abs. 4 S. 1 TVöD/TV-L (§ 5 BAT) noch in § 34 Abs. 1 S. 1 TVöD/TV-L (§ 53 Abs. 1 BAT) auf § 34 Abs. 3 TVöD/TV-L (§ 19 BAT) verwiesen.[324] Für den Bereich des **Baugewerbes** ist dagegen die großzügige Zusammenrechnungsvorschrift des § 11 Nr. 1.2 S. 3 BRTV-Bau 2018, nach der für die Berechnung der tarifvertraglichen Kündigungsfristen eine nicht vom Arbeitnehmer veranlasste **Unterbrechung von bis zu sechs Monaten unschädlich** ist, auch für die Berechnung der Wartezeit heranzuziehen.[325]

111 Einen engen sachlichen Zusammenhang zwischen zwei Arbeitsverhältnissen hat das BAG **bspw.** in einem Fall **bejaht,** in dem der Arbeitnehmer vom Arbeitgeber wegen Arbeitsmangels entlassen worden war und vier Tage nach Beendigung des vorherigen Arbeitsverhältnisses ein neues Arbeitsverhältnis mit dem gleichen Arbeitgeber begründet wurde.[326] Weiterhin hat das BAG angenommen, ein enger sachlicher Zusammenhang könne auch dann noch bestehen, wenn Arbeitsverhältnisse mit demselben Arbeitgeber lediglich für die Dauer der sechswöchigen Schulferien oder eines mehr als dreiwöchigen Betriebsurlaubs unterbrochen und anschließend ohne besonderen Anlass wieder begründet werden.[327] Sind zwei Lehrer-Arbeitsverhältnisse lediglich durch die Sommerferien voneinander getrennt, wird ein enger sachlicher Zusammenhang ua dadurch indiziert, dass im ersten befristeten Arbeitsvertrag für die Zeit nach dessen Ablauf eine bevorzugte Berücksichtigung bei der Besetzung von Dauerarbeitsplätzen zugesagt war[328] bzw. im ersten Arbeitsverhältnis eine positive Leistungsbeurteilung erfolgt ist, auch wenn die

---

321 So zutr. BAG 10.5.1989 – 7 AZR 450/88, AP KSchG 1969 § 1 Wartezeit Nr. 7; ebenso Löwisch Anm. zu BAG 10.5.1989 – 7 AZR 450/88, EzA § 1 KSchG Nr. 46; Schüren AuR 1990, 235 (236); PVT Kündigung/Temming Rn. 982; APS/Vossen Rn. 40; aA Berger-Delhey NZA 1988, 790 (791); HK-KSchG/Dorndorf Rn. 104.

322 BAG 19.6.2007 – 2 AZR 94/06, AP KSchG 1969 § 1 Wartezeit Nr. 23; ErfK/Oetker Rn. 42; LSSW/Schlünder Rn. 59.

323 Zur Weitergeltung des BAT s. BAG 10.6.2009 – 4 AZR 194/08, AP BGB § 157 Nr. 38 Rn. 45 f.

324 Zutr. BAG 20.8.1998 – 2 AZR 83/98, AP KSchG 1969 § 1 Wartezeit Nr. 10; 16.3.2000 – 2 AZR 828/98, AP LPVG Sachsen-Anhalt § 67 Nr. 2; bestätigt von BAG 6.2.2003 – 2 AZR 623/01, EzA KSchG § 1 Soziale Auswahl Nr. 51 = BeckRS 2003, 40907.

325 BAG 20.6.2013 – 2 AZR 790/11, BeckRS 2013, 71024 Rn. 18 ff.

326 BAG 6.12.1976 – 2 AZR 470/75, AP KSchG 1969 § 1 Wartezeit Nr. 2.

327 BAG 4.4.1990 – 7 AZR 310/89, BeckRS 1990, 30733808.

328 BAG 20.8.1998 – 2 AZR 83/98, AP KSchG 1969 § 1 Wartezeit Nr. 9; siehe aber auch BAG 20.8.1998 – 2 AZR 83/98, AP KSchG 1969 § 1 Wartezeit Nr. 10, wo ein sachlicher Zusammenhang verneint wurde (Beschäftigung mit anderer Arbeitszeit an anderer Schule und anderem Schultyp nach der Unterbrechung); verneinend für diesen Fall auch BAG 28.8.2008 – 2 AZR 101/07, AP KSchG 1969 § 1 Nr. 88.

Arbeitsverträge durch unterschiedliche Schulämter geschlossen worden sind und sich die Wochenstundenzahl geändert hat.[329]

Bei einer Unterbrechung des Arbeitsverhältnisses von 2$^{2}/_{3}$ Monaten[330] bzw. fünf Monaten[331] wurde dagegen ein enger sachlicher **Zusammenhang** zu dem vorherigen befristeten Arbeitsverhältnis **verneint.** Für einen mehrfach befristet eingestellten Lehramtsbewerber wurde festgestellt, dass bereits die Zeit von zwei Monaten bzw. – unter Abzug von Schulferien – von einem Monat und zehn Tagen eine so erhebliche Unterbrechung darstellt, dass ein enger sachlicher Zusammenhang zwischen beiden Arbeitsverhältnissen ausscheidet.[332] Eine mehr als dreiwöchige Unterbrechung des Arbeitsverhältnisses stellt abgesehen von der besonderen Fallgruppe der Lehrer-Arbeitsverhältnisse im Allgemeinen einen erheblichen Zeitraum dar, der es ausschließt, von einer sachlich nicht ins Gewicht fallenden Unterbrechung zu sprechen.[333] Auch dies gilt jedoch nicht ausnahmslos, entscheidend sind stets die Umstände des Einzelfalls.[334] So steht nach Auffassung des LAG Hessen[335] eine fünfwöchige Unterbrechung der Annahme eines engen sachlichen Zusammenhangs nicht entgegen. Bei einer Unterbrechung von sieben Wochen bedarf es dagegen außergewöhnlich gewichtiger Umstände, um einen engen sachlichen Zusammenhang zu begründen. Daran fehlt es, wenn die Neueinstellung auf einer zugunsten des Arbeitnehmers ergangenen, sozialpolitisch motivierten Entscheidung einer Stadt und nicht auf einem für eine bestimmte Stelle erwarteten Beschäftigungsbedarf beruht, der nur aus technischen oder organisatorischen Gründen eine Unterbrechung erfuhr.[336] 112

Im Wege der **Auslegung** kann sich ferner ergeben, dass das neue Arbeitsverhältnis auch ohne ausdrückliche Vereinbarung von den Parteien als Fortsetzung des früheren gewollt ist bzw. dass der Arbeitnehmer verständigerweise (§ 157 BGB) zumindest das Verhalten des Arbeitgebers in diesem Sinn verstehen konnte. Das hat je nach Lage der Dinge zur Folge, dass eine vertraglich vereinbarte Übertragung der zurückgelegten Wartezeit auf das neue Arbeitsverhältnis zustande kommt oder dass die Berufung des Arbeitgebers auf die Unterbrechung treuwidrig oder sogar arglistig ist.[337] Dies gilt insbes. für Arbeitsverhältnisse in der saisonabhängigen Gastronomie, in der Arbeitnehmer häufig in den Wintermonaten mit der Aussicht auf Wiedereinstellung in den Sommermonaten gekündigt werden (zum Baugewerbe s. bereits → Rn. 110.) 113

Die **Zeit der Unterbrechung** selber ist auch bei einer Zusammenrechnung von Beschäftigungszeiten **nicht** auf die Wartezeit **anzurechnen.**[338] Das bedeutet, dass die Wartezeit nur dann erfüllt ist, wenn der Arbeitnehmer bei dem Arbeitgeber insgesamt sechs Monate in einem Arbeitsverhältnis gestanden hat. Der sachliche Zusammenhang zwischen zwei rechtlich selbständigen Arbeitsverhältnissen führt allein dazu, dass die Beschäftigungszeiten der beiden Arbeitsverhältnisse zu addieren sind. Lediglich für den Fall, dass die Parteien ausdrücklich vereinbart haben, die Zeit, in der kein Arbeitsverhältnis bestanden hat, solle als Wartezeit iSd Abs. 1 gelten, ist die Zeit der Unterbrechung bei der Berechnung der Wartezeit zu berücksichtigen (dazu noch → Rn. 120 ff.). 114

---

[329] BAG 19.6.2007 – 2 AZR 94/06, AP KSchG 1969 § 1 Wartezeit Nr. 23.

[330] BAG 11.11.1982 – 2 AZR 552/81, AP BGB § 620 Befristeter Arbeitsvertrag Nr. 71.

[331] BAG 22.9.2005 – 6 AZR 607/04, AP KSchG 1969 § 1 Wartezeit Nr. 20.

[332] BAG 15.12.1983 – 2 AZR 166/82, BeckRS 1983, 04770; 10.5.1989 – 7 AZR 450/88, AP KSchG 1969 § 1 Wartezeit Nr. 7.

[333] BAG 18.1.1979 – 2 AZR 254/77, AP KSchG 1969 § 1 Wartezeit Nr. 3 mAnm G. Hueck; 9.8.2000 – 7 AZR 339/99, BeckRS 2000, 30786110; 22.9.2005 – 6 AZR 607/04, AP KSchG 1969 § 1 Wartezeit Nr. 20; ebenso Schleusener Anm. zu BAG 20.8.1998 – 2 AZR 83/98, AP KSchG 1969 § 1 Wartezeit Nr. 10.

[334] BAG 4.4.1990 – 7 AZR 310/89, BeckRS 1990, 30733808; 20.8.1998 – 2 AZR 76/98, AP KSchG 1969 § 1 Wartezeit Nr. 9.

[335] LAG Hessen 25.8.1980 – 11 Sa 1002/79, NJW 1982, 1304.

[336] BAG 22.5.2003 – 2 AZR 426/02, AP KSchG 1969 § 1 Wartezeit Nr. 18.

[337] Ebenso HK-KSchG/Dorndorf Rn. 106.

[338] BAG 17.6.2003 – 2 AZR 257/02, AP BGB § 622 Nr. 61 unter B II; LAG Baden-Württemberg 17.2.1988 – 2 Sa 92/87, LAGE § 1 KSchG Nr. 7 = BeckRS 1988, 30862128; LAG Hamm 20.12.1996 – 5 Sa 1307/95, LAGE § 1 KSchG Nr. 10 = BeckRS 1996, 30900780; MüKoBGB/Hergenröder Rn. 36; HaKo-KSchR/Mayer Rn. 89; ErfK/Oetker Rn. 39; KR/Rachor Rn. 117; PVT Kündigung/Temming Rn. 983; APS/Vossen Rn. 41.

115 Die Wartezeit wird durch eine zwischenzeitlich ausgesprochene **Änderungskündigung nicht unterbrochen,** wenn diese nur zur Änderung der Arbeitsbedingungen und nicht zur Auflösung des Arbeitsverhältnisses führt.[339]

116 Die Zeit des (seit dem 1.7.2011 allerdings ausgesetzten) **Grundwehrdienstes,** einer **Wehrübung** oder **Eignungsübung** werden gem. § 6 Abs. 1 Hs. 1 ArbPlSchG bzw. § 6 EÜG auf die Betriebszugehörigkeit angerechnet. Dasselbe gilt nach § 6 Abs. 1 Hs. 1 iVm § 16 Abs. 7 ArbPlSchG für den **freiwilligen Wehrdienst** iSv § 58b SG sowie nach § 59 Abs. 1 BGSG für Männer, die ihre Dienstpflicht bei der Bundespolizei erfüllen. Mangels einer entsprechenden Verweisungsnorm werden, im Gegensatz zum bisherigen Zivildienst (§ 78 ZDG), die **Zeiten des Bundesfreiwilligendienstes nicht angerechnet.**[340] Für die im **Zivilschutz** mitwirkenden Helferinnen und Helfer hängt die Frage der Anrechnung der entsprechenden Zeiten gem. § 27 ZSKG von den jeweils einschlägigen landesrechtlichen Vorschriften ab. Für **Staatsangehörige eines Mitgliedstaates der EU,** die in der Bundesrepublik Deutschland beschäftigt sind, gelten nach Art. 7 der Verordnung (EU) Nr. 492/2011 über die Freizügigkeit der Arbeitnehmer innerhalb der Union die gleichen Kündigungsschutzbestimmungen wie für deutsche Arbeitnehmer. Bei anderen ausländischen Arbeitnehmern (bspw. türkischen Staatsbürgern) führt dagegen nur die Ableistung eines verkürzten Grundwehrdienstes nicht zu einer rechtlichen Unterbrechung des Arbeitsverhältnisses, weil in dieser Zeit das Arbeitsverhältnis ruht. Auf diese Arbeitnehmer ist das ArbPlSchG auch nicht analog anwendbar.[341] Allein die Zeit des verkürzten Grundwehrdienstes ist daher auf die Wartezeit des Abs. 1 anzurechnen. Die Fiktion des **§ 10 Abs. 2 S. 1 MuSchG aF,** nach der das Arbeitsverhältnis einer Frau bei der Ausübung des besonderen Eigenkündigungsrechts gem. § 10 Abs. 1 MuSchG und späterer Wiedereinstellung binnen eines Jahres als nicht unterbrochen galt, ist mit der Neuregelung des MuSchG mWv 1.1.2018 als durch die Einführung der Elternzeit überholt weggefallen.[342]

117 Ist ein Arbeitnehmer zum **Geschäftsführer einer GmbH aufgestiegen** und wird dann als Geschäftsführer abberufen, lebt das alte Arbeitsverhältnis in der Regel nicht wieder auf. Vereinbaren die Parteien jedoch nach der Kündigung des Geschäftsführervertrags eine Weiterbeschäftigung des Betreffenden – ohne wesentliche Änderung seiner Arbeitsaufgaben – im Rahmen eines Arbeitsverhältnisses, lässt dies mangels abweichender Vereinbarungen regelmäßig auf den Parteiwillen schließen, die Beschäftigungszeit als Geschäftsführer auf das neu begründete Arbeitsverhältnis anzurechnen.[343]

118 **g) Darlegungs- und Beweislast.** Der **Arbeitnehmer** ist darlegungs- und beweispflichtig für den persönlichen Geltungsbereich des KSchG.[344] Da der Ablauf der Wartezeit von sechs Monaten Voraussetzung des Kündigungsschutzes ist, muss grds. der Arbeitnehmer, der eine Kündigungsschutzklage erhebt, darlegen und ggf. beweisen, dass zwischen ihm und dem beklagten Arbeitgeber mehr als sechs Monate vor Zugang der Kündigung ein Arbeitsverhältnis zustande gekommen ist.[345] Macht der Arbeitgeber geltend, das vom Arbeitnehmer bewiesene Arbeitsverhältnis sei in der Zwischenzeit beendet und dann ein neues Arbeitsverhältnis begründet worden, und zwar zu einem Zeitpunkt, der noch nicht sechs Monate zurückliegt, erhebt er eine rechtsvernichtende Einwendung, für die er darlegungs- und beweispflichtig ist.[346] Der Arbeitnehmer trägt im Falle einer zuvor vom

---

[339] Ebenso ErfK/Oetker Rn. 39.

[340] Vgl. Schaub ArbR-HdB/Vogelsang § 177 Rn. 3.

[341] BAG 22.12.1982 – 2 AZR 282/82, AP BGB § 123 Nr. 23 mAnm Kramer; HK-KSchG/Dorndorf Rn. 113; KR/Rachor Rn. 130.

[342] Vgl. BT-Drs. 18/8963, S. 40.

[343] BAG 24.11.2005 – 2 AZR 614/04, AP KSchG 1969 § 1 Wartezeit Nr. 19 mAnm Kamanabrou.

[344] Dazu ausf. Ascheid Beweislastfragen S. 52 ff.

[345] BAG 16.3.1989 – 2 AZR 407/88, AP KSchG 1969 § 1 Wartezeit Nr. 6 mAnm Baumgärtel; DD/Deinert Rn. 40; HK-KSchG/Dorndorf Rn. 154; Prütting, Gegenwartsprobleme der Beweislast, 1983, 296 f; KR/Rachor Rn. 137; LSSW/Schlünder Rn. 67; APS/Vossen Rn. 49.

[346] Ebenso BAG 16.3.1989 – 2 AZR 407/88, AP KSchG 1969 § 1 Wartezeit Nr. 6; KR/Rachor Rn. 137; LSSW/Schlünder Rn. 67; APS/Vossen Rn. 50.

Arbeitgeber dargelegten und ggf. bewiesenen Unterbrechung die Beweislast für eine Anrechnungsvereinbarung.[347]

4. Abdingbarkeit

Die Wartezeit des Abs. 1 kann **weder einzelvertraglich noch durch Tarifvertrag**[348] **verlängert** werden.[349] Unwirksam sind deshalb Vereinbarungen, die eine Verlängerung der Wartezeit um die Zahl etwaiger Krankheitstage vorsehen.[350] Ist in einem auf unbestimmte Zeit abgeschlossenen Arbeitsvertrag eine Probezeit von mehr als sechs Monaten vereinbart, genießt der Arbeitnehmer ungeachtet dieser Vereinbarung nach Ablauf von sechs Monaten den vollen Kündigungsschutz.[351] Wird das Arbeitsverhältnis gem. § 14 Abs. 1 S. 2 Nr. 5 TzBfG befristet für die Dauer der Probezeit abgeschlossen, gelten die allgemeinen Regeln über die Befristung. Bei besonderen Anforderungen an einen Arbeitsplatz kann eine solche Befristung als Probezeit auch länger als sechs Monate dauern.[352] Mit der grundsätzlichen Möglichkeit einer sachgrundlosen Befristung nach § 14 Abs. 2 TzBfG kann der Arbeitgeber aber ohnehin faktisch eine Probezeit von bis zu zwei Jahren vorschalten. 119

Zugunsten des Arbeitnehmers ist die Wartezeit **abdingbar,** weil hierdurch der gesetzliche Kündigungsschutz erweitert und nicht eingeschränkt wird (→ Rn. 4). Die Wartezeit kann sowohl durch einzelvertragliche Vereinbarungen als auch durch tarifliche Regelungen verkürzt oder ausgeschlossen werden.[353] Aus diesem Grunde sind Vereinbarungen grds. zulässig, wonach der Kündigungsschutz schon vor Ablauf der sechs Monate, insbes. schon mit Abschluss des Arbeitsvertrags, einsetzen soll. Eine solche Abrede darf allerdings nicht die Rechtsstellung anderer Arbeitnehmer bei der Sozialauswahl rechtsmissbräuchlich verschlechtern (→ Rn. 922 ff.).[354] Daher ist in diesen Fällen ein sachlicher Grund wie bspw. das Vorliegen eines gerichtlichen Vergleichs für die Anrechnung als solche sowie insbes. auch für Anrechnung besonders langer außerbetrieblicher Beschäftigungszeiten erforderlich.[355] 120

Eine entsprechende Vereinbarung kann einzelvertraglich auch **stillschweigend** getroffen werden.[356] Allerdings genügt es dafür nicht, dass der Arbeitgeber im Rahmen des Einstellungsverfahrens von einer Dauerstellung spricht.[357] Dasselbe gilt für die Äußerung des Arbeitgebers im Vorstellungsgespräch, dass die Probezeit nur „pro forma“ in den Vertrag aufgenommen werde.[358] Ferner reicht es nicht aus, dass sich der Arbeitnehmer aus einem bereits bestandsgeschützten Arbeitsverhältnis abwerben lässt.[359] Die still- 121

---

347 Ebenso LAG Niedersachsen 25.11.2002 – 5 Sa 1183/02, NZA-RR 2003, 531; KR/Rachor Rn. 138; APS/Vossen Rn. 51.

348 BAG 14.5.1987 – 2 AZR 380/86, AP KSchG 1969 § 1 Wartezeit Nr. 5.

349 In diesem Sinne auch BAG 20.2.2014 – 2 AZR 859/11, AP KSchG 1969 § 1 Wartezeit Nr. 28 Rn. 44 mzustAnm Schwarze.

350 Vgl. APS/Vossen Rn. 23.

351 BAG 15.8.1984 – 7 AZR 228/82, AP KSchG 1969 § 1 Nr. 8 mAnm M. Wolf; HK-KSchG/Dorndorf Rn. 52; HaKo-KSchR/Mayer Rn. 58; APS/Vossen Rn. 29; Wilhelm NZA 2001, 818 (820 f.).

352 BAG 15.8.1984 – 7 AZR 228/82, AP KSchG 1969 § 1 Nr. 8 mAnm M. Wolf.

353 BAG 14.5.1987 – 2 AZR 380/86, AP KSchG 1969 § 1 Wartezeit Nr. 5; 28.2.1990 – 2 AZR 426/89, AP KSchG 1969 § 1 Wartezeit Nr. 8; 20.2.2014 – 2 AZR 859/11, AP KSchG 1969 § 1 Wartezeit Nr. 28 Rn. 44 mzustAnm Schwarze; 16.4.2014 – 5 AZR 739/11, AP BGB § 615 Nr. 133 Rn. 44; 23.2.2017 – 6 AZR 665/15, NZA 2017, 995 Rn. 38; DD/Deinert Rn. 38; HK-KSchG/Dorndorf Rn. 61; Kramer Kündigungsvereinbarungen S. 79 f.; KR/Rachor Rn. 101 ff.; APS/Vossen Rn. 23; gegen eine pauschale Erstreckung des Kündigungsschutzes auf Arbeitnehmer, die sich noch in der Wartezeit befinden, durch Tarifvertrag Löwisch DB 1998, 877 (881 f.); LSSW/Schlünder Rn. 52.

354 BAG 2.6.2005 – 2 AZR 480/04; AP KSchG 1969 soziale Auswahl Nr. 75.

355 BAG 2.6.2005 – 2 AZR 480/04; AP KSchG 1969 soziale Auswahl Nr. 75; SES/Schwarze Rn. 24; Schwarze Anm. zu BAG 20.2.2014 – 2 AZR 859/11, AP KSchG 1969 § 1 Wartezeit Nr. 28 unter II 1 a.

356 BAG 18.2.1967 – 2 AZR 114/66, AP KSchG § 1 Nr. 81; 8.6.1972 – 2 AZR 285/71, AP KSchG 1969 § 1 Nr. 1 mAnm Konzen; 16.4.2014 – 5 AZR 739/11, AP BGB § 615 Nr. 133 Rn. 44.

357 Ebenso ErfK/Oetker Rn. 34.

358 LAG Mecklenburg-Vorpommern 2.10.2021 – 5 Sa 22/21, NZA-RR 2022, 104 Rn. 23.

359 BAG 24.10.1996 – 2 AZR 874/95, BeckRS 1996, 30924467.

schweigende Vereinbarung vorzeitigen Kündigungsschutzes kann nur besonderen Umständen entnommen werden. Denn nicht jedem auf Dauer angelegten Arbeitsverhältnis wohnt eine entsprechende stillschweigende Vereinbarung inne, die auch vom Arbeitgeber so gewollt ist. Es müssen deshalb **besondere Umstände hinzutreten,** deren Deutung es im Einzelfall gestattet, ein auf Dauer angelegtes Arbeitsverhältnis mit einer solchen stillschweigenden Vereinbarung zu verbinden.[360] So kann sich eine stillschweigende Vereinbarung daraus ergeben, dass der Arbeitnehmer, wie dem neuen Arbeitgeber bekannt war, in seiner bisherigen Stellung schon Kündigungsschutz genossen hat, dem neuen Arbeitgeber vor Abschluss des Arbeitsvertrags erklärt, er lege besonderen Wert auf eine Dauerstellung, oder sonst zum Ausdruck bringt, dass sich die Sicherheit seines Arbeitsplatzes nicht verschlechtern dürfe, und der Arbeitgeber dem nicht widerspricht.[361] Ein Ausschluss der Wartezeit kann auch dann angenommen werden, wenn der Arbeitnehmer schon zuvor einmal beim selben Arbeitgeber beschäftigt war und sich beide einig sind, dass das frühere Arbeitsverhältnis zu den alten Bedingungen wieder aufgenommen werden soll.[362]

122 Eine **Zusammenrechnung kraft (stillschweigender) Vereinbarung,** nach der dem Arbeitnehmer die im früheren Unternehmen verbrachte Zeit in allen Fällen, in denen von der Dauer der Betriebszugehörigkeit Rechte abhängen (Kündigungsschutz, Urlaub, Pension etc), angerechnet werden soll,[363] liegt weiter insbes. bei einer **konzerninternen Versetzung** unter Abschluss eines neuen Arbeitsvertrags nahe.[364] Dies gilt erst recht, wenn es zu einer solchen **Weiterbeschäftigung im Konzern** dadurch kommt, dass sich die aufnehmende Gesellschaft für den Fall einer Kündigung durch die abgebende Gesellschaft zu einer Übernahme des Arbeitnehmers verpflichtet hat.[365] In beiden Fällen ist zudem eine rechtsgeschäftliche Vertragsübernahme denkbar, so dass sich die Frage einer Anrechnung der bereits zurückgelegten Wartezeit erübrigt (→ Rn. 97). Weiter kann auch beim pauschalen Übertritt einer größeren Gruppe von Arbeitnehmern, etwa im Rahmen eines Sanierungsfalls, von einer Anrechnungsvereinbarung ausgegangen werden.[366] Dagegen genügt eine 100 %ige Kapitalbeteiligung für sich genommen noch nicht, um bei einem Wechsel zur Tochtergesellschaft eine Anrechnung stets zu bejahen. Dies gilt jedenfalls dann nicht, wenn sich der Arbeitnehmer unter Beifügung eines Lebenslaufs förmlich um den neuen Arbeitsplatz beworben hat und im neuen Arbeitsvertrag eine Probezeit vereinbart worden ist.[367] IÜ muss letztlich auf den **konkreten Inhalt und Verlauf des Arbeitsverhältnisses** abgestellt werden, um entscheiden zu können, ob sich die Parteien auf eine unmittelbare Fortsetzung des früheren Arbeitsverhältnisses geeinigt haben.[368] Damit kommt es iErg tendenziell weniger auf die Worte „in demselben Betrieb oder Unternehmen", sondern primär auf die **Identität des Arbeitsverhältnisses** an. Sofern man in den Fällen, in denen dieselbe natürliche Person als Arbeitgeber zwei voneinander separierte Unternehmen führt, bei einer unternehmensübergreifenden Versetzung eine automatische Anrechnung verneint (→ Rn. 94), ist daher im Regelfall zumindest eine Zusammenrechnung kraft konkludenter Vereinbarung zu bejahen. Bei einem regelrechten Zusammenwirken verschiedener Arbeitgeber mit dem Ziel, den Eintritt von Kündi-

[360] BAG 8.6.1972 – 2 AZR 285/71, AP KSchG 1969 § 1 Nr. 1; 24.11.2005 – 2 AZR 614/04, AP KSchG 1969 § 1 Wartezeit Nr. 19 mAnm Kamanabrou, zur Anrechnung der Beschäftigungszeit als Geschäftsführer auf die Wartezeit eines nach Abberufung als Geschäftsführer begründeten Arbeitsverhältnisses.

[361] BAG 18.2.1967 – 2 AZR 114/66, AP KSchG § 1 Nr. 81 mAnm A. Hueck; HK-KSchG/Dorndorf Rn. 61; KR/Rachor Rn. 102; LSSW/Schlünder Rn. 51; APS/Vossen Rn. 24 f.

[362] LAG Baden-Württemberg 5.6.1974 – 7 Sa 34/74, BB 1974, 887; s. a. LAG Köln 15.12.2006 – 9 Ta 467/06, NZA-RR 2007, 293.

[363] Vgl. Helle, Konzernbedingte Kündigungsschranken, 1989, 174 ff.; Henssler, Der Arbeitsvertrag im Konzern, 1983, 117 ff.; Silberberger, Weiterbeschäftigungsmöglichkeit und Kündigungsschutz im Konzern, 1994, 31; Windbichler KonzernArbR S. 121 ff.

[364] HK-KSchG/Dorndorf Rn. 76.

[365] Vgl. Bayreuther NZA 2006, 819 (824).

[366] LSSW/Schlünder Rn. 62.

[367] LAG Hamm 23.7.2009 – 15 Sa 1511/08, BeckRS 2010, 65198.

[368] Vgl. Windbichler KonzernArbR S. 224 f.

gungsschutz zu verhindern, kann die Wartezeit sogar schon nach **§ 162 BGB** als erfüllt gelten.[369]

Ein **vertraglich vereinbarter „Verzicht auf die Probezeit"** kann ohne zusätzliche Anhaltspunkte regelmäßig nicht als Verzicht des Arbeitgebers auf die Wartezeit nach Abs. 1 ausgelegt werden. Vielmehr liegt darin lediglich ein Verzicht auf die verkürzte Kündigungsfrist des § 622 Abs. 3 BGB bzw. entsprechender tariflicher Vorschriften. Wegen der weitreichenden Folgen eines Verzichts auf die Wartezeit des Abs. 1 bedarf es hierfür weiterer konkreter Äußerungen des Arbeitgebers.[370] 123

Für das Zustandekommen einer Vereinbarung, welche die Wartezeit des Abs. 1 verkürzt, ist der Arbeitnehmer **darlegungs- und beweispflichtig.**[371] 124

IV. Lebensalter

Die ursprünglich geltende **Mindestaltersgrenze** von zunächst 20, später 18 Lebensjahren ist durch Gesetz v. 5.7.1976[372] **aufgehoben** worden. Das Lebensalter des Arbeitnehmers ist seither für den Kündigungsschutz ohne Bedeutung. 125

V. Kündigung

Die Kündigungsbeschränkungen des KSchG betreffen nur die **vom Arbeitgeber ausgehende ordentliche Kündigung.**[373] Kündigt der Arbeitnehmer selbst, kann er sich später nicht mit der Begründung auf den Schutz des KSchG berufen, durch die Eigenkündigung sei der allgemeine Kündigungsschutz „vereitelt" worden.[374] 126

1. Begriff der Kündigung

Unter einer Kündigung versteht man eine **einseitige,** empfangsbedürftige **Willenserklärung,** durch die der Wille, das Arbeitsverhältnis für die Zukunft aufzuheben, mit **rechtsgestaltender Wirkung** zum Ausdruck gebracht wird.[375] Eine Kündigung liegt nur vor, wenn der Kündigende **deutlich macht,** dass das Arbeitsverhältnis zu einem bestimmten Zeitpunkt **aufgelöst** werden soll. Gem. § 133 BGB ist bei der Beurteilung der Frage, ob eine bestimmte Erklärung eine Kündigung darstellt, darauf abzustellen, wie der Erklärungsempfänger nach Treu und Glauben mit Rücksicht auf die Verkehrssitte die Erklärung verstehen musste.[376] Dabei ist nicht an dem buchstäblichen Sinn des Wortes zu haften, sondern der wirkliche Wille des Erklärenden zu erforschen.[377] 127

Die Kündigung ist grds. **bedingungsfeindlich.** Die Verbindung einer Kündigungserklärung mit einer auflösenden Bedingung („Die Kündigung wird bei Neubeauftragung unserer Firma gegenstandslos") führt daher zur Unwirksamkeit der Kündigung.[378] Eine bedingte Kündigung ist nur dann zulässig, wenn der Eintritt der Bedingung ausschließlich vom Willen des Kündigungsempfängers abhängt (sog. **Potestativbedingung**). In 128

---

369 BAG 20.2.2014 – 2 AZR 859/11, AP KSchG 1969 § 1 Wartezeit Nr. 28 Rn. 47 mzustAnm Schwarze.

370 Ebenso MüKoBGB/Hergenröder Rn. 20; KR/Rachor Rn. 105; aA LAG Köln 15.2.2002 – 4(2) Sa 575/01, MDR 2002, 1323.

371 DD/Deinert Rn. 40; KR/Rachor Rn. 138.

372 BGBl. I S. 1769.

373 MHdB ArbR/Greiner § 107 Rn. 26.

374 LAG Hamm 22.10.1981 – 10 Sa 780/81, BB 1983, 61; zur Unwirksamkeit fristloser Eigenkündigungen auf Veranlassung des Arbeitgebers zur Vermeidung der Rechtsfolgen des § 613a BGB, BAG 28.4.1987 – 3 AZR 75/86, AP BetrAVG § 1 Betriebsveräußerung Nr. 5 mAnm Loritz; 29.11.1988 – 3 AZR 250/87, AP BetrAVG § 1 Betriebsveräußerung Nr. 7; näher MHdB ArbR/Richter § 143 Rn. 39 ff.

375 Vgl. zur Wirksamkeit von Kündigungserklärungen APS/Preis Grundlagen D.

376 BAG 19.6.1980 – 2 AZR 660/78, AP BGB § 620 Befristeter Arbeitsvertrag Nr. 55 unter 3b aa mzustAnm Kraft.

377 Vgl. näher ErfK/Müller-Glöge BGB § 620 Rn. 18 ff.; APS/Preis Grundlagen D Rn. 19 ff.

378 BAG 15.3.2001 – 2 AZR 705/99, AP BGB § 620 Bedingung Nr. 26.

einem solchen Fall hat es der Kündigungsempfänger in der Hand, die Bedingung anzunehmen oder abzulehnen und so für sich selbst alle Zweifel darüber zu beseitigen, ob das Arbeitsverhältnis endet oder nicht.[379] Hauptfall der Potestativbedingung ist die Änderungskündigung (→ § 2 Rn. 14). Das Angebot einer sozialverträglichen Personalüberleitung auf einen Dienstleister macht die Kündigung nicht zu einer unzulässigen bedingten Kündigung.[380]

129 Nicht erforderlich ist, dass der Kündigende ausdrücklich die **Worte „kündigen" oder „Kündigung"** gebraucht.[381] Der Arbeitgeber muss jedoch seinen Kündigungswillen hinreichend deutlich zum Ausdruck bringen, wobei sich aus der Erklärung oder den Umständen zudem ergeben muss, ob eine fristgemäße oder eine fristlose Kündigung gewollt ist.[382] Teilt der Arbeitgeber dem Arbeitnehmer lediglich mit, dass er einen befristeten Arbeitsvertrag nicht verlängern wolle, stellt dies regelmäßig keine Kündigung dar, sondern lediglich den Hinweis auf das bevorstehende Ende des Arbeitsverhältnisses gem. § 620 Abs. 1 BGB.[383] Auch die Mitteilung des Arbeitgebers, der Arbeitnehmer habe die Arbeit zu einem bestimmten Zeitpunkt eingestellt und deswegen betrachte er – der Arbeitgeber – das Arbeitsverhältnis zu diesem Zeitpunkt als beendet, enthält noch keine Kündigung des Arbeitgebers, sondern nur die Feststellung einer vermeintlichen Kündigung des Arbeitnehmers.[384] Bittet der Arbeitgeber einen erkrankten Arbeitnehmer schriftlich, sich nach der Wiedergenesung für einige Zeit arbeitslos zu melden, kann darin mangels hinreichender Abgrenzung von der bloßen Suspendierung keine Kündigung gesehen werden, wenn dem Arbeitnehmer überdies in Aussicht gestellt wird, im Falle der Geschäftsbelebung umgehend benachrichtigt zu werden.[385]

130 Die Kündigung bedarf gem. **§ 623 BGB** zu ihrer Wirksamkeit der **Schriftform** iSd § 126 Abs. 1 BGB. Dies dient der **Rechtssicherheit** sowie der **Beweiserleichterung**[386] und entfaltet zugleich eine **Warnfunktion.**[387] Durch das Schriftformerfordernis erledigen sich zahlreiche Zweifelsfälle, die typischerweise bei mündlichen Erklärungen auftreten. Die Urkunde muss vom Aussteller unterschrieben werden. Ein schlichtes Handzeichen genügt nur bei notarieller Beglaubigung.[388] Die elektronische Form iSd § 126a BGB ist nach § 623 Hs. 2 BGB ausdrücklich ausgeschlossen. Erst recht genügt keine Textform iSd § 126b BGB.[389] Ausgeschlossen sind damit Kündigungen via E-Mail, Telefax,[390] SMS, WhatsApp, iMessage etc. Das Vierte Bürokratieentlastungsgesetz v. 23.10.2024[391] hat hieran nichts geändert. Für eine **Schriftsatzkündigung** sieht der durch das Gesetz zur weiteren Digitalisierung der Justiz v. 12.7.2024[392] eingeführte § 46h ArbGG dagegen mWv 17.7.2024 nunmehr eine **Formfiktion** vor, nach der eine Willenserklärung als in schriftlicher Form zugegangen gilt, wenn sie erkennbar in einem vorbereitenden Schriftsatz enthalten ist, der als elektronisches Dokument nach § 46c ArbGG bei Gericht eingereicht und dem Empfänger zugestellt oder mitgeteilt wurde.[393] Diese Privilegierung kommt allerdings nur dem Arbeitgeberanwalt zugute, während der Arbeitgeber selbst

---

379 BAG 27.9.2001 – 6 AZR 404/00, EzA § 1 TVG Nr. 44 = BeckRS 2001, 41710.

380 BAG 24.5.2005 – 8 AZR 333/04, NZA 2006, 31.

381 BAG 19.1.1956 – 2 AZR 80/54, AP BGB § 620 Kündigungserklärung Nr. 1.

382 BAG 20.6.2013 – 6 AZR 805/11, AP BGB § 622 Nr. 68 Rn. 14 ff.; 10.4.2014 – 2 AZR 647/13, AP BGB § 622 Nr. 69 Rn. 14 ff.; 20.1.2016 – 6 AZR 782/14, AP BGB § 622 Nr. 72 Rn. 15 ff.; 15.12.2016 – 6 AZR 430/15, AP KSchG 1969 § 4 Nr. 85 Rn. 63.

383 BAG 15.3.1978 – 5 AZR 831/76, AP BGB § 620 Befristeter Arbeitsvertrag Nr. 45 unter II 1.

384 LAG Nürnberg 8.2.1994 – 2 Sa 766/93, BB 1994, 1290.

385 LAG Hamm 7.7.1994 – 8 Ta 303/94, AP BGB § 620 Kündigungserklärung Nr. 8.

386 S. nur BAG 23.2.2017 – 6 AZR 665/15, NZA 2017, 995 Rn. 24.

387 ErfK/Müller-Glöge BGB § 623 Rn. 1.

388 BAG 6.9.2012 – 2 AZR 858/11, NZA 2013, 524 Rn. 17 f.

389 Dazu im Hinblick auf Arbeitgeberkündigungen krit. Vielmeier DB 2018, 3051.

390 BAG 17.12.2015 – 6 AZR 709/14, NZA 2016, 361 Rn. 47.

391 BGBl. I Nr. 323.

392 BGBl. I Nr. 234.

393 Hierzu näher Bayreuther DB 2024, 1820 (mit Hinweis auf die grundsätzliche Zurückweisungsmöglichkeit gem. § 174 S. 1 BGB sowie auf Zugangsprobleme).

weiterhin die Schriftform des § 623 BGB einhalten muss. Für Plattformarbeit ordnet Art. 10 Abs. 5 RL (EU) 2024/2831 zudem ausdrücklich an, dass die Entscheidung über die Beendigung des Vertragsverhältnisses von einem Menschen zu treffen ist, eine Automatisierung mithin unzulässig ist.

Wird die Kündigung durch einen Vertreter unterschrieben, muss dies in der Kündigung **131** durch einen das Vertretungsverhältnis anzeigenden Zusatz hinreichend deutlich zum Ausdruck kommen. Sind in dem Kündigungsschreiben einer **Gesellschaft bürgerlichen Rechts** alle gesamtvertretungsberechtigten Gesellschafter sowohl im Briefkopf als auch maschinenschriftlich in der Unterschriftszeile aufgeführt, reicht es zur Wahrung der Schriftform nicht aus, wenn lediglich ein Teil der GbR-Gesellschafter ohne weiteren Vertretungszusatz das Kündigungsschreiben handschriftlich unterzeichnet.[394]

Die Kündigung bedarf zu ihrer Wirksamkeit grds. **nicht der Angabe eines Kündigungsgrundes** im Kündigungsschreiben (hierzu ausf. → Rn. 244 ff.). Ausnahmen von diesem Grundsatz gelten für die **Kündigung von Berufsausbildungsverhältnissen** (§ 22 Abs. 3 BBiG) und die **Kündigung von Frauen während des Mutterschutzes** (§ 17 Abs. 2 S. 2 MuSchG). Weitergehend bestimmen verschiedene **Tarifverträge,** wie bspw. § 54 BMT-G II, dass die Kündigung des Arbeitsverhältnisses unter Angabe der Kündigungsgründe zu erfolgen hat. Danach ist von Fall zu Fall zu entscheiden, in welchem Umfang die Kündigungsgründe im Kündigungsschreiben angegeben werden müssen.[395] Eine eingehende Schilderung der Gründe wie im Prozess wird dabei grds. nicht verlangt. Die Gründe müssen aber anhand von Tatsachen so genau bezeichnet sein, dass im Prozess nicht ernsthaft streitig werden kann, auf welchen Lebenssachverhalt die Kündigung gestützt ist. Die bloße Bezeichnung als „betriebsbedingte Kündigung" im Kündigungsschreiben erfüllt das Formerfordernis nicht.[396] Auch die bloße Bezugnahme im Kündigungsschreiben auf ein inhaltlich nicht näher umschriebenes Gespräch genügt nicht dem Formerfordernis. Eine solche Kündigung ist im Anwendungsbereich des § 54 BMT-G II nichtig.[397] **132**

Die Kündigung wird erst wirksam, wenn sie dem Arbeitnehmer **zugeht.**[398] Zugegangen **133** iSd § 130 BGB ist eine Willenserklärung dann, wenn sie so in den **Machtbereich des Empfängers** gelangt, dass dieser unter gewöhnlichen Umständen vom Inhalt der Willenserklärung Kenntnis nehmen kann.[399] Dies setzt voraus, dass der Erklärungsempfänger die Verfügungsgewalt über die verkörperte Erklärung erlangt, was nicht bereits dann der Fall ist, wenn nur die Möglichkeit zur Einsichtnahme besteht. Es genügt also nicht, wenn dem Arbeitnehmer das Kündigungsschreiben nur in Kopie übergeben und anlässlich der Übergabe der Kopie das Originalschreiben lediglich zur Ansicht und nicht zur Mitnahme vorgelegt wird („Nur gucken, nicht anfassen").[400] Wird das Kündigungsschreiben dagegen angereicht und – bei Ablehnung der Entgegennahme – so abgelegt, dass der Empfänger es an sich nehmen und dadurch zumindest zeitweise die tatsächliche Verfügungsgewalt erlangen kann, ist der Zugang bewirkt.[401] Ebenso liegt beim Einwurf eines Briefs in den **Hausbriefkasten** regelmäßig ein Zugang vor, weil der Empfänger dann im Anschluss an die üblichen Zustellzeiten vom Inhalt des Schreibens Kenntnis erlangen kann.[402] Dabei kommt es auf die allgemeinen Verhältnisse am Zustellort und

---

[394] BAG 21.4.2005 – 2 AZR 162/04, AP BGB § 623 Nr. 4; Schaich NZA 2023, 1226; dazu ausf. Spelge RdA 2016, 309.

[395] BAG 27.3.2003 – 2 AZR 173/02, AP BMT-G II § 54 Nr. 4.

[396] BAG 10.2.1999 – 2 AZR 848/98, AP BMT-G II § 54 Nr. 3.

[397] BAG 10.2.1999 – 2 AZR 176/98, AP BMT-G II § 54 Nr. 2.

[398] Zu Zugangsfragen s. Becker-Schaffner BB 1998, 422; Schaub ArbR-HdB/Linck § 123 Rn. 30 ff.; APS/Preis Grundlagen D Rn. 36 ff.; ausf. Vossen FS Moll, 2019, 683 ff. jeweils mwN.

[399] Vgl. MüKoBGB/Einsele § 130 Rn. 16 ff. mwN.

[400] LAG Düsseldorf 18.4.2007 – 12 Sa 132/07, BeckRS 2007, 45454; LAG Rheinland-Pfalz 5.2.2019 – 8 Sa 251/18, BeckRS 2019, 7610 unter II 2.

[401] BAG 26.3.2015 – 2 AZR 483/14, AP BGB § 130 Nr. 27 Rn 20.

[402] BAG 2.3.1989 – 2 AZR 275/88, AP BGB § 130 Nr. 17; 25.4.1996 – 2 AZR 13/95, AP KSchG 1969 § 4 Nr. 35 mAnm Ramrath; 22.8.2019 – 2 AZR 111/19, NZA 2019, 1490 Rn. 12; 20.6.2024 – 2 AZR 213/23, NZA

damit ggf. auf die Postzustellzeiten im Ausland an, sofern der Arbeitnehmer dort wohnt.[403] Das gilt auch, wenn der Arbeitnehmer im Urlaub ist[404] oder sich in Strafhaft befindet.[405] Leben Ehegatten in einer gemeinsamen Wohnung, sind sie wechselseitig als Empfangsboten zu qualifizieren. Wird das Kündigungsschreiben einem Ehegatten außerhalb der Wohnung übergeben, geht es dem anderen Ehegatten aber erst dann zu, wenn nach den üblichen Umständen mit einer Aushändigung zu rechnen ist.[406] Lehnt ein als Empfangsbote anzusehender Familienangehöriger des abwesenden Arbeitnehmers die Annahme eines Kündigungsschreibens des Arbeitgebers ab, muss der Arbeitnehmer nach Auffassung des BAG die Kündigung nur dann als zugegangen gegen sich gelten lassen, wenn er auf die Annahmeverweigerung, etwa durch vorherige Absprache mit dem Angehörigen, Einfluss genommen hat.[407]

134 Wird ein Kündigungsschreiben per **Einschreiben** versandt und der Adressat vom Postzusteller in seiner Wohnung nicht angetroffen, ist der Zugang mit dem Einlegen des Benachrichtigungszettels in den Hausbriefkasten noch nicht bewirkt. Durch den Benachrichtigungszettel wird der Empfänger lediglich in die Lage versetzt, das Einschreiben in seinen Machtbereich zu bringen. Zugegangen ist das Einschreiben erst mit der Aushändigung des Originalschreibens durch die Post.[408] Demgegenüber geht ein sog. **Einwurf-Einschreiben** dem Empfänger bereits mit Übergabe bzw. mit dem Einlegen in den Hausbriefkasten zu.[409]

135 Darüber hinaus kann eine Kündigung je nach den Umständen **nach § 242 BGB als rechtzeitig zugegangen** angesehen werden.[410] Dies ist anzunehmen, wenn der Arbeitnehmer während der gesamten Dauer des Arbeitsverhältnisses nur eine Wohnung als Adresse mitteilt, unter der er dann aber nicht erreichbar ist.[411] Wenn auch eine allgemeine Pflicht, Empfangsvorkehrungen zu treffen, nicht besteht und der Empfänger einer Benachrichtigung über die Niederlegung einer Zustellung auch nicht ohne Weiteres gehalten ist, das für ihn niedergelegte Schriftstück zeitnah abzuholen, muss sich unter Umständen ein Arbeitnehmer, wenn er das niedergelegte Schriftstück nicht abholt, doch so behandeln lassen, als sei es in seinen Machtbereich gelangt. Ein solcher Fall kann insbes. dann vorliegen, wenn ein schwerbehinderter Arbeitnehmer aus dem Verfahren vor dem Integrationsamt weiß, dass der Ausspruch einer fristlosen Kündigung durch seinen Arbeitgeber unmittelbar bevorsteht, und er den Benachrichtigungsschein über die Postzustellung des Kündigungsschreibens tatsächlich erhält oder die Unkenntnis von dessen Zugang zu vertreten hat und er dann das Kündigungsschreiben verspätet bei der Poststelle abholt.[412]

136 Für den Zugang der Kündigungserklärung ist der **Arbeitgeber darlegungs- und beweispflichtig.**[413] Mit dem Beweis, dass der Brief bei der Post eingeliefert wurde, ist der Beweis

---

2024, 1135 Rn. 11; krit. zur Anknüpfung des Zugangs an die üblichen Zustellzeiten Prütting FS Preis, 2021, 971 (975 f.), der selbst für einen Zugang bis 24 Uhr plädiert; für eine „Mittagstheorie" Bruns NJW 2019, 3618 (3619 f.): Zugang (stets und nur) bis 12 Uhr.

[403] BAG 22.8.2019 – 2 AZR 111/19, NZA 2019, 1490 Rn. 15 ff. (Dèpartement Bas-Rhin, Frankreich).

[404] BAG 16.3.1988 – 7 AZR 587/87, AP BGB § 130 Nr. 16; 24.6.2004 – 2 AZR 461/03, AP BGB § 620 Kündigungserklärung Nr. 22 unter B I 2.

[405] BAG 2.3.1989 – 2 AZR 275/88, AP BGB § 130 Nr. 17.

[406] BAG 9.6.2011 – 6 AZR 687/09, AP BGB § 130 Nr. 25. Zur Empfangsboteneigenschaft von Mitarbeitern einer JVA s. BAG 24.5.2018 – 2 AZR 72/18, NZA 2018, 1335.

[407] BAG 11.11.1992 – 2 AZR 328/92, AP BGB § 130 Nr. 18 mablA Bickel.

[408] BAG 25.4.1996 – 2 AZR 13/95, AP KSchG 1969 § 4 Nr. 35 mAnm Ramrath.

[409] Zur Problematik des Zugangsnachweises in diesen Fällen vgl. BAG 30.1.2025 – 2 AZR 68/24, NZA 2025, 483; LAG Hamm 22.5.2002 – 3 Sa 847/01, BeckRS 2002, 30460829; LAG Nürnberg 15.6.2023 – 5 Sa 1/23, NZA-RR 2023, 589; Bauer/Diller NJW 1998, 2795; Hohmeister JA 1999, 260; ferner LG Potsdam 27.7.2000 – 11 S 233/99, NJW 2000, 3722.

[410] BAG 22.9.2005 – 2 AZR 366/04, AP BGB § 130 Nr. 24.

[411] BAG 22.9.2005 – 2 AZR 366/04, AP BGB § 130 Nr. 24.

[412] BAG 7.11.2002 – 2 AZR 475/01, AP BGB § 620 Kündigungserklärung Nr. 19 mAnm Ramrath.

[413] LAG Bremen 5.9.1986 – 4 Ta 47/86, LAGE § 130 BGB Nr. 6 = BeckRS 1986, 30457143; APS/Preis Grundlagen D Rn. 60; Reinecke NZA 1989, 582 f.

des Zugangs des Schreibens nicht erbracht. Es gibt keine Vermutung und keinen Beweis des ersten Anscheins, dass eine zur Post gegebene Sendung den Empfänger auch erreicht.[414]

Der Arbeitgeber kann sich beim Ausspruch der Kündigung vertreten lassen. Bei einer solchen Kündigung durch einen Vertreter gelten die allgemeinen Vorschriften über die **Stellvertretung bei Rechtsgeschäften.**[415] Nach **§ 174 S. 1 BGB** ist ein einseitiges Rechtsgeschäft, das ein Bevollmächtigter einem anderen gegenüber vornimmt, unwirksam, wenn der Bevollmächtigte eine Vollmachtsurkunde nicht im Original[416] vorlegt und der andere das Rechtsgeschäft aus diesem Grunde unverzüglich zurückweist. In diesem Fall scheidet auch eine Genehmigung gem. § 180 S. 2 BGB aus. Die Zurückweisung der Kündigung ist allerdings nach **§ 174 S. 2 BGB** ausgeschlossen, wenn der Vollmachtgeber den Empfänger der Kündigung von der Bevollmächtigung in Kenntnis gesetzt hatte.[417] Diese Vorschrift gilt auch für Kündigungen, weil es sich hierbei um einseitige empfangsbedürftige Willenserklärungen handelt.[418] Wird die Kündigung durch einen Nichtberechtigten im eigenen Namen mit Zustimmung des Berechtigten erklärt, was nach § 185 Abs. 1 BGB grds. statthaft ist, kann der Arbeitnehmer die Kündigung gem. § 182 Abs. 3 iVm § 111 S. 2 BGB bzw. § 174 BGB analog unter denselben Voraussetzungen zurückweisen.[419] 137

Die **Anwendbarkeit des Kündigungsschutzes** hängt **nicht** davon ab, dass die Kündigung, abgesehen von ihrer Sozialwidrigkeit, **rechtsgültig** ist.[420] Dabei ist freilich zu unterscheiden, ob die Geltendmachung der Sozialwidrigkeit die sonstige Gültigkeit der Kündigung zur Voraussetzung hat, was zu verneinen ist, und ob sonstige Nichtigkeitsgründe auch außerhalb des KSchG die Wirksamkeit der Kündigung beeinträchtigen können, was nach § 13 Abs. 3 zu bejahen ist.[421] Die Klage des Arbeitnehmers geht nach § 4 auf Feststellung, dass das Arbeitsverhältnis durch die Kündigung nicht aufgelöst ist. Voraussetzung für diese Feststellung ist die Rechtsunwirksamkeit der Kündigung. Aus welchem Grunde die Rechtsunwirksamkeit eintritt, ist gleichgültig. Mithin kann sich der Arbeitnehmer auf verschiedene Gründe berufen, wie auch sonst anerkannt ist, dass mehrere Nichtigkeitsgründe nebeneinander geltend gemacht werden können, wenn die Nichtigkeit eines Rechtsgeschäftes in Frage steht (→ § 4 Rn. 17 ff.). Der Arbeitnehmer kann deshalb die Feststellungsklage gleichzeitig auf die Sozialwidrigkeit der Kündigung und einen anderen Nichtigkeitsgrund stützen und das Arbeitsgericht, wenn der andere Grund ohne Beweisaufnahme nicht geklärt werden kann, die Sozialwidrigkeit aber feststeht, der Klage stattgeben, ohne auf den anderen Grund einzugehen. Anders ist es allerdings, wenn die Auflösung des Arbeitsverhältnisses nach § 9 beantragt wird (→ § 9 Rn. 16 ff.). 138

Erhebt der Arbeitnehmer Kündigungsschutzklage mit dem Antrag festzustellen, dass das Arbeitsverhältnis durch eine näher bezeichnete Kündigung nicht aufgelöst worden 139

[414] BAG 14.7.1960 – 2 AZR 173/59, AP BGB § 130 Nr. 3 mAnm Schnorr von Carolsfeld. Daran hat das neue PostG v. 15.7.2024 mit seinen verbindlichen Laufzeitvorgaben (§ 18 PostG) nichts geändert, vgl. Ante NZA-RR 2024, 120.

[415] Dazu Schaub ArbR-HdB/Linck § 123 Rn. 14 ff.; APS/Preis Grundlagen D Rn. 74 ff.

[416] Vgl. LAG Düsseldorf 12.12.1994 – 12 Sa 1574/94, NZA 1995, 968.

[417] Zu den Voraussetzungen für ein Inkenntnissetzen iSd § 174 S. 2 BGB s. BAG 14.4.2011 – 6 AZR 727/09, AP BGB § 174 Nr. 21 mAnm Ramrath; 25.9.2014 – 2 AZR 567/13, AP BGB § 174 Nr. 23; 24.9.2015 – 6 AZR 492/14, AP BGB § 174 Nr. 24 mAnm Klostermann-Schneider.

[418] BAG 29.6.1989 – 2 AZR 482/88, AP BGB § 174 Nr. 7; 20.8.1997 – 2 AZR 518/96, AP BGB § 620 Kündigungserklärung Nr. 11; 18.10.2000 – 2 AZR 627/99, NZA 2001, 219; 10.2.2005 – 2 AZR 584/03, AP BGB § 174 Nr. 18; 8.12.2011 – 6 AZR 354/10, AP BGB § 174 Nr. 22; ausf. Linck AR-Blattei SD 1010.3 Rn. 166 ff.; APS/Preis Grundlagen D Rn. 77 ff. Zur Kündigung durch einen Vertreter ohne Vertretungsmacht ausf. Zimmermann ZTR 2007, 119.

[419] BAG 22.2.2020 – 2 AZR 570/19, NZA 2020, 1405 Rn. 46. Zur Vertretung der GbR beim Ausspruch einer Kündigung nach Inkrafttreten des MoPeG s. Schaich NZA 2023, 1226.

[420] Vgl. KR/Rachor Rn. 166; LSSW/Schlünder Rn. 71.

[421] Nicht ganz präzise auch BAG 14.10.1954 – 2 AZR 34/53, AP KSchG § 3 Nr. 6 mit insoweit krit. Anm. A. Hueck.

ist, hat er, wenn der Arbeitgeber den Ausspruch einer Kündigung bestreitet, zu **beweisen,** dass eine Kündigung ausgesprochen worden ist.[422] Die Kündigungsschutzklage ist nur dann schlüssig, wenn sie sich auf eine Kündigung bezieht. Ist der Bestand des Arbeitsverhältnisses aus anderen Gründen streitig, hat der Arbeitnehmer im Wege der allgemeinen Feststellungsklage nach § 256 ZPO auf Feststellung des Bestehens eines Arbeitsverhältnisses zu klagen. In diesem Verfahren ist dann der Arbeitgeber darlegungs- und beweispflichtig für die Tatsachen, aus denen sich eine Beendigung des Arbeitsverhältnisses ergeben soll (zum Verhältnis von § 4 zu § 256 ZPO → § 4 Rn. 144 ff.).[423]

2. Ordentliche Kündigung

140 Der allgemeine Kündigungsschutz des § 1 erstreckt sich grds. nur auf ordentliche Kündigungen des Arbeitgebers.[424] Die ordentliche Kündigung ist gem. § 622 BGB **grds. fristgebunden.** Eine ordentliche Kündigung liegt aber auch dann vor, wenn aufgrund der tarifvertraglichen Regelungen die Kündigung entfristet erfolgt, das Arbeitsverhältnis also mit sofortiger Wirkung beendet werden kann. Voraussetzung ist in diesen Fällen allerdings, dass in dem Tarifvertrag eine entfristete ordentliche Kündigung vorgesehen ist und der Arbeitgeber auch eine solche und keine außerordentliche Kündigung aus wichtigem Grunde iSd § 626 BGB ausgesprochen hat.[425] Auf ihre soziale Rechtfertigung zu überprüfen sind weiterhin ordentliche Kündigungen befristeter Arbeitsverhältnisse, sofern eine ordentliche Kündigung aufgrund eines entsprechend vereinbarten Kündigungsvorbehalts gem. § 15 Abs. 4 TzBfG überhaupt möglich ist. Von der ordentlichen Kündigung ist schließlich die außerordentliche Kündigung mit Auslauffrist abzugrenzen.[426] Die Wirksamkeit einer solchen Kündigung richtet sich grds. nach § 626 BGB und nicht nach § 1 KSchG.

3. Abgrenzung zur Nichtigkeit des Arbeitsvertrags

141 Die gesetzlichen Kündigungsbeschränkungen greifen nicht ein, wenn **kein rechtsgültiger Arbeitsvertrag** besteht und der Arbeitgeber die **Nichtigkeit** des Arbeitsverhältnisses geltend macht.[427] Dabei ist aber zu berücksichtigen, dass die rückwirkende Nichtigkeit eines Arbeitsverhältnisses, das auf fehlerhafter vertraglicher Grundlage durch tatsächliche Leistung der Arbeit in Kraft gesetzt ist, nur ausnahmsweise angenommen werden kann. Die Berufung auf einen Nichtigkeitsgrund führt stattdessen im Allgemeinen nur zur Beseitigung des Arbeitsverhältnisses für die Zukunft.[428] Anders ist dies freilich bei schwerwiegenden Nichtigkeitsgründen. So ist ein Arbeitsvertrag nicht nur nichtig, wenn er die Ausübung des ärztlichen Berufs zum Gegenstand hat und die erforderliche **Approbation nicht vorliegt** und auch nicht erteilt werden kann, sondern es besteht in diesem Falle nicht einmal ein faktisches Arbeitsverhältnis. Vielmehr kommt wegen der Schwere des Gesetzverstoßes nur die rückwirkende Nichtigkeit in Betracht. Die Rückabwicklung erfolgt dann nach Bereicherungsrecht.[429]

---

[422] Ebenso KR/Rachor Rn. 167.

[423] Vgl. Ascheid Beweislastfragen S. 197; HK-KSchG/Dorndorf Rn. 157.

[424] Vgl. zur Abgrenzung von außerordentlichen Kündigungen BAG 13.1.1982 – 7 AZR 757/79, AP BGB § 620 Kündigungserklärung Nr. 2.

[425] BAG 4.6.1987 – 2 AZR 416/86, AP KSchG 1969 § 1 Soziale Auswahl Nr. 16; 28.4.1988 – 2 AZR 750/87, AP BGB § 622 Nr. 25; vgl. auch APS/Linck BGB § 622 Rn. 79.

[426] Dazu ausf. Bröhl, Die außerordentliche Kündigung mit notwendiger Auslauffrist, 2005; KR/Fischermeier/Krumbiegel BGB § 626 Rn. 313 ff.; Schaub ArbR-HdB/Linck § 128 Rn. 20, 21.

[427] HK-KSchG/Dorndorf Rn. 124; KR/Fischermeier/Krumbiegel BGB § 626 Rn. 50; anders dagegen bei einem lediglich ruhenden Arbeitsverhältnis, BAG 9.9.2010 – 2 AZR 493/09, AP KSchG 1969 § 1 Betriebsbedingte Kündigung Nr. 185.

[428] BAG 15.11.1957 – 1 AZR 189/57, AP BGB § 125 Nr. 2; 19.6.1959 – 1 AZR 565/57, AP BGB § 611 Doppelarbeitsverhältnis Nr. 1; Boemke, Schuldvertrag und Arbeitsverhältnis, 1999, 475 ff.; Hönn ZfA 1987, 61 ff.; MüKoBGB/Spinner § 611a Rn. 557 ff.; ausf. Käßer, Der fehlerhafte Arbeitsvertrag, 1979; Staudinger/Fischinger (2022) BGB § 611a Rn. 696 ff.; aA NK-ArbR/Greiner KSchG § 1 Rn. 124.

[429] BAG 3.11.2004 – 5 AZR 592/03, AP BGB § 134 Nr. 25.

Eine Nichtigkeit des Arbeitsvertrags kommt von vornherein nur in Betracht, wenn die rechtsgeschäftliche Einigung an einem **Wirksamkeitsmangel** leidet. Dagegen führt auch ein von Anfang an bestehendes **Beschäftigungsverbot,** etwa das Fehlen einer erforderlichen Arbeitsgenehmigung gem. § 284 SGB III (wenn im Rahmen des Beitrittsvertrages eines Mitgliedstaates zur Europäischen Union abweichende Regelungen als Übergangsregelungen von der Arbeitnehmerfreizügigkeit anzuwenden sind, wohingegen EU-Ausländern der Zugang zu Beschäftigung bereits unmittelbar durch Art. 45 AEUV gewährt wird) oder § 4a AufenthG (für Angehörige aus Drittstaaten), nach § 311a Abs. 1 BGB nicht zur Nichtigkeit des Arbeitsvertrags, was sich für die Fälle der illegalen Ausländerbeschäftigung aus § 98a AufenthG ergibt.[430] Vielmehr ist der Arbeitsvertrag in einem solchen Fall wirksam und kann nur durch Kündigung beendet werden, die freilich im Allgemeinen als personenbedingte Kündigung (oder sogar als außerordentliche Kündigung) wirksam sein wird (→ Rn. 304 f.). Dies gilt erst recht bei nachträglich eintretenden objektiven Beschäftigungshindernissen.[431] 142

Die **Anfechtung** der zum Abschluss des Arbeitsvertrags führenden Willenserklärungen nach §§ 119, 123 BGB wirkt abweichend von § 142 Abs. 1 BGB grds. nur für die Zukunft, sofern das Arbeitsverhältnis in Kraft getreten ist, der Arbeitnehmer also bereits Arbeitsleistungen erbracht hat.[432] Dies gilt sowohl für die Irrtumsanfechtung nach § 119 BGB als auch für die Anfechtung wegen arglistiger Täuschung und Drohung nach § 123 BGB.[433] 143

War das **Arbeitsverhältnis** jedoch – aus welchen Gründen auch immer – **zwischenzeitlich außer Funktion gesetzt,** wirkt die Anfechtung auf den Zeitpunkt der Außerfunktionssetzung des Arbeitsvertrags zurück.[434] Die Rückwirkung der Anfechtung tritt dabei nicht nur in Fällen der Anfechtung wegen arglistiger Täuschung oder Bedrohung nach § 123 BGB ein, sondern darüber hinaus auch bei der Irrtumsanfechtung nach § 119 Abs. 1 BGB. Da die Anfechtung mit ex nunc-Wirkung eine Ausnahme von dem in § 142 BGB aufgestellten Grundsatz der ex tunc-Wirkung darstellt, muss es in allen Fällen, in denen das Arbeitsverhältnis nicht vollzogen wurde und deshalb auch keine Rückabwicklungsschwierigkeiten bestehen, bei der gesetzlichen Rechtsfolge der Rückwirkung der Anfechtung bleiben.[435] Dies gilt auch bei einer Anfechtung des Arbeitgebers im Anschluss an eine Arbeitsunfähigkeit des Arbeitnehmers.[436] 144

Ob man die auf einen Anfechtungsgrund gestützte, aber nur für die Zukunft wirkende Auflösungserklärung als **Anfechtung mit ex nunc-Wirkung oder als außerordentliche Kündigung** bezeichnen will, ist nicht nur eine Frage der Terminologie.[437] Wichtig ist insoweit, dass ein Anfechtungsgrund iSd §§ 119, 123 BGB grds. ohne Weiteres die sofortige Auflösung des Arbeitsverhältnisses rechtfertigt, weil es für eine weitere Bindung an einer wirksamen Willenserklärung fehlt. Deshalb bedarf es nicht eines besonderen zukunftsbezogenen (→ Rn. 172 ff.) Kündigungsgrundes iSd § 626 BGB[438] und 145

---

430 Dazu näher Deinert NZA 2018, 71 (72 ff.).

431 BAG 30.5.1978 – 2 AZR 630/76, AP BGB § 626 Nr. 70; DD/Deinert Rn. 88.

432 BAG 28.3.1974 – 2 AZR 92/73, AP BGB § 119 Nr. 3 mAnm Küchenhoff; 5.12.1957 – 1 AZR 594/56, AP BGB § 123 Nr. 2; 22.9.1961 – 1 AZR 241/60, AP BGB § 123 Nr. 15; Schaub ArbR-HdB/Linck § 34 Rn. 49 f.; Staudinger/Fischinger (2022) BGB § 611a Rn. 698 ff.; Strick NZA 2000, 695; M. Wolf/Gangel AuR 1982, 271 ff.; Zöllner/Loritz/Hergenröder ArbR § 14 Rn. 28; für eine durchgängige Rückabwicklung nach Bereicherungsrecht Sagan FS Preis, 2021, 1135 (1142 ff.).

433 BAG 13.4.1963 – 2 AZR 145/67, AP HGB § 63 Nr. 32 mablAnm Mayer-Maly; aA (keine ex nunc-Wirkung bei einer Drohung) MHdB ArbR/Benecke § 38 Rn. 53; NK-ArbR/Greiner KSchG § 1 Rn. 127.

434 BAG 16.9.1982 – 2 AZR 228/80, AP BGB § 123 Nr. 24; 29.8.1984 – 7 AZR 34/83, AP BGB § 123 Nr. 27; 20.2.1986 – 2 AZR 244/85, AP BGB § 123 Nr. 31.

435 Staudinger/Fischinger (2022) BGB § 611a Rn. 689, 699; ausf. Picker ZfA 1981, 1 (51 ff.); offengelassen von BAG 20.2.1986 – 2 AZR 244/85, AP BGB § 123 Nr. 31.

436 BAG 3.12.1998 – 2 AZR 754/97, AP BGB § 123 Nr. 49 unter Aufgabe der früheren Rspr.; 16.9.1986 – 2 AZR 244/85, AP BGB § 123 Nr. 31.

437 MüKoBGB/Müller-Glöge § 611 Rn. 636; näher Picker ZfA 1981, 1 ff.

438 BAG 5.12.1957 – 1 AZR 594/56, AP BGB § 123 Nr. 2; 19.5.1983 – 2 AZR 171/81, AP BGB § 123 Nr. 25; sowie Picker ZfA 1981, 1 (20 ff.).

auch keiner vorherigen Anhörung des Betriebsrats nach § 102 Abs. 1 BetrVG.[439] Im Einzelfall kann die Anfechtung des Arbeitsvertrags wegen arglistiger Täuschung allerdings gegen **Treu und Glauben verstoßen** und daher gem. § 242 BGB unwirksam sein. Das ist etwa dann anzunehmen, wenn der Anfechtungsgrund im Zeitpunkt der Anfechtungserklärung seine Bedeutung für die weitere Durchführung des Arbeitsverhältnisses verloren hat.[440]

146 Eine Anfechtung des Arbeitsvertrags wegen Irrtums über eine verkehrswesentliche Eigenschaft des Arbeitnehmers (§ 119 Abs. 2 BGB) ist nur dann **unverzüglich iSd § 121 Abs. 1 BGB** erklärt, wenn sie spätestens innerhalb einer Frist von zwei Wochen nach Kenntnis der für die Anfechtung maßgebenden Tatsachen erfolgt.[441] Andere Anfechtungsgründe können nicht nachgeschoben werden, wenn eine selbständige Anfechtung mit diesen Gründen nach § 121 Abs. 1 BGB verspätet wäre.[442] Bei der Anfechtung wegen Täuschung oder Drohung nach § 123 Abs. 1 BGB gilt auch im Arbeitsverhältnis die Jahresfrist des § 124 BGB.[443]

147 Wegen des grundsätzlichen Unterschieds zwischen Anfechtung und Kündigung braucht der Arbeitnehmer, wenn er gegen eine Anfechtung des Arbeitsvertrags seitens des Arbeitgebers vorgehen will, **nicht gem. §§ 13 Abs. 1, 4 binnen drei Wochen** nach Zugang der Anfechtungserklärung **Klage zu erheben.**[444] Das BAG hat diese Frage allerdings bislang ausdrücklich offengelassen.[445]

148 Zu beachten ist freilich, dass ein **Anfechtungsgrund** uU auch **als Kündigungsgrund,** dann meist als wichtiger Grund für eine außerordentliche Kündigung, in Betracht kommen kann.[446] Wählt in einem solchen Fall der Arbeitgeber den Weg der Kündigung, ist einerseits eine Anhörung des Betriebsrats nach § 102 Abs. 1 BetrVG, andererseits auch die Kündigungsschutzklage nach § 13 Abs. 1 S. 2 geboten. Spricht der Arbeitgeber vorsorglich sowohl eine Anfechtung als auch eine Kündigung aus, muss das Fehlen des (identischen) Anfechtungs- und Kündigungsgrundes wegen des inneren Zusammenhangs nach § 13 Abs. 1 S. 2 geltend gemacht werden; dagegen kann die Anfechtung auch ohne Anhörung des Betriebsrats wirksam sein.

149 Das Arbeitsverhältnis endet schließlich nicht ohne Weiteres, wenn die **Geschäftsgrundlage wegfällt.** Das Kündigungsrecht verdrängt bei Dauerschuldverhältnissen die Grundsätze über die Störung der Geschäftsgrundlage (§ 313 BGB).[447] Dies gilt auch im Hinblick auf eine bloße Anpassung des Arbeitsvertrags.[448] Soweit eine Störung der Geschäftsgrundlage die Änderung der Arbeitsbedingungen notwendig macht, hat der Arbeitgeber daher eine Änderungskündigung auszusprechen.[449] Nur unter ganz außergewöhnlichen Umständen kann das Arbeitsverhältnis auch ohne ausdrückliche Erklärung

---

[439] Ebenso BAG 11.11.1993 – 2 AZR 467/93, AP BGB § 123 Nr. 38; PVT Kündigung/Preis Rn. 113; KR/Rinck BetrVG § 102 Rn. 51; aA Gamillscheg AcP 176 (1976), 197 (218); Hönn ZfA 1987, 61 (89 f.); M. Wolf/Gangel AuR 1982, 271 (275).

[440] BAG 18.9.1987 – 7 AZR 507/86, AP BGB § 123 Nr. 32 mzustAnm Conze; 28.5.1998 – 2 AZR 549/97, AP BGB § 123 Nr. 46; 20.5.1999 – 2 AZR 320/98, AP BGB § 123 Nr. 50; M. Wolf/Gangel AuR 1982, 271 (273); ausf. mit einer Fallgruppenbildung Picker ZfA 1981, 1 (65 ff.).

[441] BAG 14.12.1979 – 7 AZR 38/78, AP BGB § 119 Nr. 4.

[442] BAG 21.1.1981 – 7 AZR 1093/78, AP BGB § 119 Nr. 5.

[443] BAG 19.5.1983 – 2 AZR 171/81, AP BGB § 123 Nr. 25 mAnm Mühl.

[444] Ebenso HK-KSchG/Dorndorf Rn. 128; LSSW/Löwisch Vor § 1 Rn. 40; Picker ZfA 1981, 1 (107 ff.); PVT Kündigung/Preis Rn. 113; M. Wolf/Gangel AuR 1982, 271 (277); aA Brox, Die Einschränkung der Irrtumsanfechtung, 1960, 271; Hönn ZfA 1987, 61 (90 f.).

[445] BAG 14.12.1979 – 7 AZR 38/78, AP BGB § 119 Nr. 4 mAnm Mühl.

[446] BAG 28.3.1974 – 2 AZR 92/73, AP BGB § 119 Nr. 3; 14.12.1979 – 7 AZR 38/78, AP BGB § 119 Nr. 4; 5.4.2001 – 2 AZR 159/00, AP BGB § 626 Nr. 171; HK-KSchG/Dorndorf Rn. 129.

[447] BAG 9.2.1995 – 2 AZR 389/94, EzA § 1 KSchG Personenbedingte Kündigung Nr. 12 = NJW 1996, 1299; HK-KSchG/Dorndorf Rn. 202; LSSW/Löwisch Vor § 1 Rn. 41.

[448] BAG 12.1.2006 – 2 AZR 126/05, AP KSchG 1969 § 2 Nr. 82 unter II 5d mAnm Boemke; 8.10.2009 – 2 AZR 235/08, AP KSchG 1969 § 2 Nr. 143 Rn. 32; 20.10.2017 – 2 AZR 783/16, NZA 2018, 440 Rn. 30; KR/Kreft § 2 Rn. 103.

[449] BAG 16.5.2002 – 2 AZR 292/01, EzA KSchG § 2 Nr. 46 unter B II 5c = NJW 2003, 1139 (1141); 18.1.2007 – 2 AZR 731/05, AP KSchG 1969 § 1 Personenbedingte Kündigung Nr. 26.

wegen Wegfalls der Geschäftsgrundlage sein Ende finden.[450] Solche Umstände liegen nach der Rspr. des BAG vor, wenn der ganze Vertrag gegenstandslos geworden ist, weil der Zweck des Arbeitsverhältnisses durch äußere Ereignisse endgültig oder doch für unabsehbare Zeit, für Arbeitgeber und Arbeitnehmer erkennbar, unerreichbar geworden ist. In diesem Fall kann der Arbeitnehmer nicht mit der Begründung, es liege keine das Arbeitsverhältnis beendende Kündigungserklärung vor, den Fortbestand des Arbeitsverhältnisses geltend machen.

4. Insolvenz und Verlust der Rechtspersönlichkeit des Arbeitgebers

Wenn über das Vermögen des Arbeitgebers das **Insolvenzverfahren** eröffnet wird, 150
bleiben die Arbeitsverhältnisse in ihrem Bestand gem. § 108 InsO unberührt.[451] Dem Insolvenzverwalter steht auch bei noch nicht in Vollzug gesetzten Arbeitsverhältnissen kein Wahlrecht nach § 103 InsO zu, die Erfüllung zu verlangen oder abzulehnen.[452] Allerdings regelt § 113 InsO in allen Fällen, dass der Insolvenzverwalter (nicht aber der vorläufige „starke" Insolvenzverwalter)[453] die mit dem Arbeitgeber bestehenden Arbeitsverhältnisse mit einer Kündigungsfrist von drei Monaten zum Monatsende beenden kann, sofern nicht eine kürzere Kündigungsfrist maßgeblich ist. Diese Vorschrift begründet ein **Sonderkündigungsrecht,** schafft aber **keinen eigenständigen Kündigungsgrund der Insolvenz oder Sanierung.**[454] Vielmehr bleibt der Bestandsschutz nach dem KSchG grds. unberührt, wie sich nicht zuletzt aus § 125 Abs. 1 InsO ergibt, der – nur – bei einem zwischen Insolvenzverwalter und Betriebsrat vereinbarten Interessenausgleich mit Namensliste Modifikationen des § 1 vorsieht (→ Rn. 1025 ff.).

Zu einem vorläufigen Fortbestand der Arbeitsverhältnisse kommt es auch in den 151
Fällen der **Auflösung und Liquidation von Gesellschaften des Privatrechts.** Bis zur Vollbeendigung bleibt die aufgelöste Gesellschaft uneingeschränkt als Rechtssubjekt aufrechterhalten (vgl. § 69 Abs. 1 GmbHG, § 264 Abs. 3 AktG), so dass auch die Arbeitsverträge mit der Gesellschaft fortbestehen. Eine andere Regelung hat der Gesetzgeber für den Fall der durch das sog. Fairer-Kassenwettbewerb-Gesetz v. 22.3.2020[455] neu strukturierten **Auflösung oder Schließung von Krankenkassen** getroffen. Wenn eine Krankenkasse nach Maßgabe von § 159 SGB V geschlossen oder eine Betriebskrankenkasse nach Maßgabe von § 153 SGB V aufgelöst wird, endet die Rechtspersönlichkeit der Krankenkasse zu dem von der Aufsichtsbehörde bestimmten Zeitpunkt. Können die Dienstordnungsangestellten und die ordentlich unkündbaren Arbeitnehmer in einem solchen Fall nicht nach § 168 Abs. 2 SGB V bei einer anderen Krankenkasse (bzw. einem Landesverband der Krankenkassen) untergebracht werden, enden zu diesem Zeitpunkt gem. § 168 Abs. 3 S. 1 SGB V zugleich die Arbeitsverhältnisse der Beschäftigten.[456] Da diese Regelung nicht für ordentlich kündbare Arbeitnehmer gilt, stehen diese zumindest im Hinblick auf die Nichtanwendung des gesetzlichen Beendigungstatbestandes besser da als ordentlich unkündbare und damit an sich schutzwürdigere Beschäftigte.[457] Folgt man der Gegenansicht,[458] ist aus der grundrechtlichen Schutzpflicht nach Art. 12 Abs. 1 GG

[450] BAG 3.10.1961 – 3 AZR 138/60, AP BGB § 242 Geschäftsgrundlage Nr. 4; 12.3.1963 – 3 AZR 60/62, AP BGB § 242 Geschäftsgrundlage Nr. 5; 21.5.1963 – 3 AZR 138/62, AP BGB § 242 Geschäftsgrundlage Nr. 6; 24.8.1995 – 8 AZR 134/94, AP BGB § 242 Geschäftsgrundlage Nr. 17.

[451] S. nur Schaub ArbR-HdB/Linck § 91 Rn. 15.

[452] MüKoInsO/Caspers § 113 Rn. 12; PVT Kündigung/Vossen Rn. 2531; aA Lakies RdA 1997, 145 Fn. 10.

[453] BAG 20.1.2005 – 2 AZR 134/04, AP InsO § 113 Nr. 18.

[454] BAG 29.9.2005 – 8 AZR 647/04, AP KSchG 1969 § 1 Betriebsbedingte Kündigung Nr. 139; 20.9.2006 – 6 AZR 249/05, AP BGB § 613a Nr. 316 Rn. 39; ErfK/Müller-Glöge InsO § 113 Rn. 9.

[455] BGBl. I S. 604.

[456] Wolter FS Bepler, 2012, 675 (682 ff.), hält dies für verfassungswidrig; aA Gutzeit NZS 2012, 410 ff.

[457] BAG 21.11.2013 – 2 AZR 598/12, AP SGB V § 164 Nr. 3; Rolfs NZA 2013, 529 (532 ff.).

[458] LAG Baden-Württemberg 18.5.2012 – 7 Sa 13/12, BeckRS 2012, 71380; Gutzeit NZS 2012, 361 (364 ff.): „Tabula-Rasa-Lösung".

jedenfalls ein (Kündigungs- bzw. Auslauf-)Fristenschutz in Anlehnung an die Fristen gem. § 113 InsO herzuleiten, der von der Aufsichtsbehörde zu beachten ist.[459]

5. Änderungskündigung

152 Der Kündigungsschutz gilt auch für die **Änderungskündigung.** Diese hat in dem durch das 1. ArbRBereinigG eingefügten § 2 eine besondere Regelung erfahren und wird zusammenhängend in den Erl. zu § 2 behandelt.

6. Aussetzen der Arbeit

153 **Keine Kündigung** liegt vor, wenn das Arbeitsverhältnis nicht beendet, sondern lediglich die Arbeit ausgesetzt wird.[460] Das gilt auch für die Werksbeurlaubung[461] und die (suspendierende) Aussperrung als Maßnahme des Arbeitskampfs.[462] Das KSchG ist in einem solchen Falle nicht anwendbar, vorausgesetzt, der Arbeitgeber hat ein Recht zur Arbeitsaussetzung ohne Kündigung der Arbeitsverträge oder der Arbeitnehmer erklärt sich mit der Arbeitsaussetzung einverstanden. Trifft das nicht zu, kann uU eine Kündigung oder Änderungskündigung vorliegen, für die das KSchG gilt; doch hängt das vom Inhalt der Erklärung des Arbeitgebers ab.

C. Sozialwidrigkeit

154 Das KSchG schützt den Arbeitnehmer vor **sozial ungerechtfertigten** Kündigungen. Dies wird dadurch erreicht, dass das Gesetz innerhalb seines Anwendungsbereichs alle ordentlichen Kündigungen an das Vorliegen bestimmter Gründe bindet.

I. Entwicklung

155 **Vor 1951** war die ordentliche Kündigung grds. zulässig, dem Arbeitnehmer stand beim Vorliegen besonderer Gründe lediglich ein **Einspruchsrecht** zu. Dabei sah das BRG 1920 vier Einspruchsgründe vor. Das AOG enthielt dagegen nur eine Generalklausel: Die Kündigung durfte keine unbillige, durch die Verhältnisse des Betriebs nicht bedingte Härte darstellen. Sachlich lag kein wesentlicher Unterschied vor, weil das BRG als vierten Einspruchsgrund auch diese Generalklausel enthielt und die übrigen drei Einspruchsgründe von ihr – zumindest regelmäßig – umfasst wurden (→ Einl. Rn. 5 ff.).

156 Demgegenüber erkennt das KSchG in seinem Anwendungsbereich das **Recht des Arbeitnehmers auf den Fortbestand seines Arbeitsverhältnisses** grds. an und schützt dieses Recht ohne Rücksicht darauf, ob sein Verlust eine unbillige Härte bedeutet.[463] Der Arbeitsplatz kann dem Arbeitnehmer nur genommen werden, wenn **besondere Gründe die Kündigung rechtfertigen.**[464] Doch sollte dieser Unterschied zum alten Recht nicht überbewertet werden. Denn eine Kündigung, die weder durch Gründe in der Person oder in dem Verhalten des Arbeitnehmers noch durch dringende betriebliche Erfordernisse bedingt ist, wäre auch früher in aller Regel als unbillige Härte und damit als sozialwidrig

---

459 Vgl. Gutzeit NZS 2012, 410 (412), der sich selbst allerdings nur für eine Anlehnung an die Grundkündigungsfrist des § 622 Abs. 1 BGB ausspricht. Zu den einzelnen Personengruppen ausf. ErfK/Rolfs SGB V § 168 Rn. 4 ff.

460 Vgl. zur unbezahlten Freistellung Dikomey, Das ruhende Arbeitsverhältnis, 1991; Hemming Freistellung des Arbeitnehmers AR-Blattei SD 725; v. Hoyningen-Huene NJW 1981, 713.

461 Dazu Dikomey, Das ruhende Arbeitsverhältnis, 1991, 4 ff.

462 Dazu Erl. zu § 25.

463 Vgl. Bitter/Kiel RdA 1994, 333 (335).

464 Vgl. Begründung des Regierungsentwurfs zum KSchG 1951, BT-Drs. 2090, 11 (1. Wahlperiode) = RdA 1951, 61 (63).

angesehen worden. Gleiches gilt für eine Kündigung, gegen die sich der begründete Widerspruch des Betriebsrats richtet.

Immerhin bleibt von Bedeutung, dass der Gesetzgeber, wie die Begründung zum Regierungsentwurf ausdrücklich betont, den **Kündigungsschutz verstärken** wollte.[465] Das kommt auch in der gegenüber dem alten Recht veränderten Fassung des Gesetzes sowie in der besonderen Qualifizierung der betrieblichen Erfordernisse durch das Merkmal „dringend“ zum Ausdruck. 157

II. System der Kündigungsgründe

1. Allgemeines

Das KSchG hat schon in seiner ursprünglichen Fassung die Gründe, die eine Kündigung sozial rechtfertigen können, in Abs. 2 S. 1 allgemein gekennzeichnet und dabei **drei Fälle unterschieden:** Gründe in der Person des Arbeitnehmers, Gründe in dem Verhalten des Arbeitnehmers sowie dringende betriebliche Erfordernisse. Bei der Neufassung des Abs. 2 durch § 123 des BetrVG 1972 wurden in Abs. 2 in den **S. 2 u. 3** zunächst vier katalogmäßig aufgeführte weitere Fälle hinzugefügt, in denen die Kündigung „auch“ (ursprünglich hieß es „ferner“) sozial ungerechtfertigt ist. Ohne diese Regelung in ihrem sachlichen Gehalt wesentlich zu verändern, hat § 114 BPersVG aF sie auf den Bereich des öffentlichen Dienstes ausgedehnt und zugleich neu gegliedert: S. 2 des Abs. 2 nennt seitdem zwei der Gründe, und zwar inhaltlich übereinstimmend in zwei Untergruppen jeweils für den Bereich des privaten und des öffentlichen Rechts; S. 3 erstreckt diese Regelung auf zwei weitere Gründe, die dadurch gegenüber den vorher genannten als bloße Varianten gekennzeichnet werden. Gegenüber S. 1 enthalten die S. 2 u. 3 **speziellere Tatbestände.** 158

Damit werden die für die Beurteilung einer ordentlichen Kündigung maßgebenden Gesichtspunkte im Aufbau der Bestimmung schon äußerlich in **zwei Gruppen** gegliedert:[466] 159

In S. 1 des Abs. 2 werden die **allgemeinen Gründe** für eine sozial ungerechtfertigte Kündigung genannt, daneben werden in S. 2 u. 3 des Abs. 2 **besondere Gründe** für die Sozialwidrigkeit der Kündigung geregelt. Diese sog. **absolute Sozialwidrigkeit** unterscheidet sich von der in S. 1 des Abs. 2 geregelten **relativen Sozialwidrigkeit** vor allem dadurch, dass sie in Betrieben des privaten Rechts den ordnungsgemäßen Widerspruch des Betriebsrats nach § 102 Abs. 2 S. 1 BetrVG, in Betrieben und Verwaltungen des öffentlichen Rechts die Einwendung der zuständigen Personalvertretung voraussetzt. Bei berechtigtem Widerspruch bzw. Einwand ist die Kündigung stets sozialwidrig. Insbes. bedarf es keiner zusätzlichen Interessenabwägung (zu den Einzelheiten → Rn. 1044 ff.). Liegt dagegen ein ordnungsgemäßer Widerspruch nicht vor, kann sich der Arbeitnehmer nur auf die relative Sozialwidrigkeit der Kündigung nach Abs. 2 S. 1 berufen. 160

2. Der Kündigungsgrund des § 1 Abs. 2 S. 1

§ 1 Abs. 2 S. 1 bezeichnet die Kündigungsgründe nur unzureichend. Die dort enthaltene Aufzählung von Gründen beschreibt lediglich die verschiedenen Quellen der Störung des Arbeitsverhältnisses.[467] Konkrete, subsumierbare Tatbestandsmerkmale enthält das Gesetz nicht.[468] Die vom Gesetz beschriebenen Gründe stellen gewissermaßen den **Anlass** 161

---

[465] Vgl. Begründung des Regierungsentwurfs zum KSchG 1951, BT-Drs. 2090, 11 (1. Wahlperiode) = RdA 1951, 61 (63).

[466] Ebenso ErfK/Oetker Rn. 61; SES/Schwarze Rn. 342.

[467] So zutr. BAG 25.11.1982 – 2 AZR 140/81, AP KSchG 1969 § 1 Krankheit Nr. 7 unter B I 3; Herschel FS Schnorr v. Carolsfeld, 1972, 157 (171); ebenso MüKoBGB/Hergenröder Rn. 70; HaKo-KSchR/Pfeiffer Rn. 172.

[468] Ebenso ErfK/Oetker Rn. 70 f.

zur Kündigung dar. Dabei ist nach Abs. 2 S. 1 zwischen den Gründen in der Person oder dem Verhalten des Arbeitnehmers, also den Gründen in der **Sphäre des Arbeitnehmers** (zur Abgrenzung innerhalb dieser Sphäre → Rn. 282 ff.), und den dringenden betrieblichen Erfordernissen, die in der **Sphäre des Arbeitgebers** liegen, zu unterscheiden.[469]

162 a) **Unzumutbarkeit.** Kündigungsrechtlich relevant sind die in Abs. 2 S. 1 genannten Gründe nur dann, wenn durch sie eine konkrete Störung des Arbeitsverhältnisses erfolgt und deshalb dem Arbeitgeber eine **Fortsetzung des Arbeitsverhältnisses nicht zugemutet** werden kann.[470] Die Unzumutbarkeit der Fortsetzung des Arbeitsverhältnisses lässt sich daher in einem allgemeinen Sinne als der eigentliche Kündigungsgrund ansehen, der den in Abs. 2 S. 1 genannten Kündigungsanlässen zugrunde liegt.[471]

163 In Abs. 2 ist zwar nicht von der Unzumutbarkeit der Fortsetzung des Arbeitsverhältnisses als Kündigungsgrund die Rede. Da jedoch **Abs. 2 eine Konkretisierung des Grundsatzes von Treu und Glauben** aus § 242 BGB ist und das Prinzip der (Un-)Zumutbarkeit seine Rechtsgrundlage in § 242 BGB hat,[472] ergibt sich, dass die **Unzumutbarkeit der Fortsetzung des Arbeitsverhältnisses der wahre Kündigungsgrund** ist. Die Unzumutbarkeit als regulatives Prinzip[473] ist in Abs. 2 näher konkretisiert. Dem gesetzlichen Tatbestandsmerkmal „sozial ungerechtfertigt" in Abs. 2 ist dabei ein gewisser Sozialbezug zu entnehmen, der dazu führt, dass insbes. bei verhaltensbedingten Kündigungen die soziale Akzeptanz des Verhaltens des Arbeitnehmers zu berücksichtigen ist.

164 Die Unzumutbarkeit darf im Kündigungsschutzrecht allerdings nicht als ein psychologisches Phänomen verstanden werden.[474] Es kommt nicht darauf an, ob dem Arbeitgeber bzw. der konkret für ihn handelnden Person die Fortsetzung des Arbeitsverhältnisses subjektiv nicht zugemutet werden kann, was insbes. bei größeren Unternehmen in die Irre führen würde.[475] Stattdessen geht es bei der Unzumutbarkeit im Kern um eine **objektive Güter- und Interessenabwägung zwischen dem Auflösungsinteresse des Arbeitgebers und dem Bestandsschutzinteresse des Arbeitnehmers.**[476] Bei der Interessenabwägung sind freilich nicht alle beliebigen Arbeitgeber- und Arbeitnehmerinteressen abzuwägen. Erst recht ist keine allgemeine Billigkeitskontrolle durchzuführen. Vielmehr sind **allein die vom Gesetz getroffenen Wertungen** zu beachten (→ Rn. 214 ff.). In diesem Sinn lässt sich das Merkmal „sozial ungerechtfertigt" als ein rechtstechnischer Begriff verstehen, der für sich genommen noch nicht erkennen lässt, unter welchen Voraussetzungen eine Beendigungskündigung unwirksam ist (s. aber auch → Rn. 163 aE).[477] Weiterhin ist zu berücksichtigen, dass die Beendigung des Arbeitsverhältnisses durch eine Kündigung das **letzte Mittel** ist und nach dem **Grundsatz der Verhältnismäßigkeit** (→ Rn. 182 ff.) nur in Betracht kommt, wenn den Interessen des Arbeitgebers nicht mit milderen Mitteln Genüge geleistet werden kann, die Fortsetzung des Arbeitsverhältnisses also auch zu ggf. geänderten Bedingungen unzumutbar ist.

165 b) **Abgrenzung zur außerordentlichen Kündigung.** Die in diesem Sinne erforderliche Unzumutbarkeit der Weiterbeschäftigung als Voraussetzung für die ordentliche Kündigung ist von derjenigen des § 626 Abs. 1 BGB abzugrenzen. Bei einer außerordentlichen Kündigung muss zwar auch – wie bei der ordentlichen nach Abs. 2 – ein Grund vor-

---

[469] Ebenso Ascheid KSchR Rn. 53 ff.

[470] Ebenso MüKoBGB/Hergenröder Rn. 113.

[471] Ebenso Herschel FS Müller, 1981, 191 (204 f.); ferner BTM/Mayer Rn. 80; HaKo-KSchR/Pfeiffer Rn. 172; krit. MHdB ArbR/Berkowsky, 3. Aufl. 2009, § 110 Rn. 41; Mikosch RdA 1996, 253; Preis Prinzipien Rn. 294 ff., 329 ff., 381 f.

[472] Dazu v. Hoyningen-Huene Billigkeit S. 92 ff.

[473] Vgl. Henkel FS Mezger, 1954, 249 ff.; v. Hoyningen-Huene Billigkeit S. 95 mwN.

[474] Dazu auch HK-KSchG/Dorndorf Rn. 163, 197.

[475] Gegen eine subjektiv verstandene Unzumutbarkeit auch Herschel FS Müller, 1981, 191 (194 f.).

[476] Dazu APS/Preis Grundlagen H Rn. 23 ff.; Preis Prinzipien Rn. 484 ff.; krit. LSSW/Schlünder Rn. 78 ff.

[477] PVT Kündigung/Temming Rn. 987; ähnlich BAG 20.1.1961 – 2 AZR 495/59, AP KSchG § 1 Betriebsbedingte Kündigung Nr. 7 unter 2. Gegen jede Relevanz des Merkmals „sozial ungerechtfertigt" offenbar Wank FS v. Hoyningen-Huene, 2014, 561 (564).

liegen, der die Fortsetzung des Arbeitsverhältnisses unzumutbar erscheinen lässt. Darüber hinaus muss dem Arbeitgeber aber auch die Einhaltung der Kündigungsfrist unzumutbar sein. Die außerordentliche Kündigung nach § 626 Abs. 1 BGB erfordert damit eine **doppelte Unzumutbarkeit:**[478] Die Unzumutbarkeit, das Arbeitsverhältnis überhaupt fortsetzen zu können (Unzumutbarkeit des Grundes), und die Unzumutbarkeit, die Kündigungsfrist einzuhalten (zeitliche Unzumutbarkeit). Demgegenüber genügt für die ordentliche Kündigung eine **einfache Unzumutbarkeit,** nämlich die in Abs. 2 näher konkretisierte Unzumutbarkeit, das Arbeitsverhältnis fortzusetzen.[479] Eine **Ausnahme** gilt indes für die **Verdachtskündigung,** die auch als ordentliche Kündigung nur dann statthaft ist, wenn eine außerordentliche Kündigung ebenfalls gerechtfertigt wäre, um nicht einen „minderen Verdacht" für eine Beendigung des Arbeitsverhältnisses genügen zu lassen (→ Rn. 438).

Die ordentliche und die außerordentliche Kündigung unterscheiden sich damit in der **166** **Erheblichkeit der Störung des Arbeitsverhältnisses.** Eine sofortige Beendigung des Arbeitsverhältnisses durch eine außerordentliche Kündigung ist nur dann geboten, wenn aus der eingetretenen Störung des Arbeitsverhältnisses geschlossen werden kann, dass jede weitere Zusammenarbeit mit dem Arbeitnehmer für den Arbeitgeber unzumutbar ist.[480] Ob die für die außerordentliche Kündigung erforderliche doppelte Unzumutbarkeit vorliegt oder nur eine einfache Unzumutbarkeit für die Rechtfertigung einer ordentlichen Kündigung, kann stets erst nach einer umfassenden Abwägung der geschützten Güter und Interessen beider Vertragsteile festgestellt werden.[481]

Die Abgrenzung der beiden Kündigungsarten, ordentliche und außerordentliche Kün- **167** digung, erfolgt nach der **Schwere und Intensität der Vertragsstörung.**[482] Die im Schrifttum vorgeschlagene Unterscheidung zwischen „innervertraglichen Durchführungsstörungen", die der ordentlichen Kündigung zugrunde liegen sollen, und einer vorsätzlichen „den Vertrag negierenden Haltung", die zur außerordentlichen Kündigung berechtige,[483] besagt iErg nichts anderes. Auch bei einer vorsätzlichen Vertragsverletzung muss nach der Erheblichkeit der Störung des Arbeitsverhältnisses gefragt werden, weil erst dann entschieden werden kann, ob ein Grund zur ordentlichen oder auch zur außerordentlichen Kündigung des Arbeitsverhältnisses besteht. Nur so ist feststellbar, ob dem Arbeitgeber die Einhaltung der Kündigungsfrist noch zugemutet werden kann oder nicht.

Entsprechendes gilt für die außerordentliche personenbedingte und betriebsbedingte **168** Kündigung. So hat der Arbeitgeber nach der Rspr. des BAG vor einer **außerordentlichen betriebsbedingten Kündigung** gegenüber einem tariflich „unkündbaren" Arbeitnehmer mit allen zumutbaren Mitteln eine Weiterbeschäftigung des Arbeitnehmers zu versuchen.[484] Im Verhältnis zur ordentlichen Kündigung gelten insoweit verschärfte Anforderungen, so dass der Arbeitgeber ggf. auch durch Umorganisation oder Freimachen geeigneter Arbeitsplätze eine Weiterbeschäftigung versuchen muss.[485] Eine außerordentliche krankheitsbedingte Kündigung tariflich unkündbarer Arbeitnehmer kommt gleichfalls nur in Ausnahmefällen in Betracht.[486]

---

[478] Ebenso wohl BAG 20.1.1994 – 8 AZR 269/93, AP BGB § 626 Einigungsvertrag Nr. 1 unter B II 2; MüKoBGB/Hergenröder Rn. 72; aA Reuter FS Richardi, 2007, 361 (362 ff., 369 ff.).

[479] Ähnlich Staudinger/Temming (2022) BGB § 626 Rn. 74.

[480] Vgl. Ascheid KSchR Rn. 126; Staudinger/Temming (2022) BGB § 626 Rn. 82.

[481] BAG 18.2.1993 – 2 AZR 526/92, AP KSchG 1969 § 15 Nr. 35; 21.1.1999 – 2 AZR 665/98, AP BGB § 626 Nr. 151 mzustAnm v. Hoyningen-Huene; Staudinger/Temming (2022) BGB § 626 Rn. 73.

[482] Vgl. MüKoBGB/Hergenröder Rn. 72; Staudinger/Temming (2022) BGB § 626 Rn. 82 ff.

[483] So Ascheid KSchR Rn. 128 ff.

[484] S. nur BAG 27.6.2019 – 2 AZR 50/19, NZA 2019, 1345; 27.4.2021 – 2 AZR 357/20, NZA 2021, 1252.

[485] BAG 17.9.1998 – 2 AZR 419/97, AP BGB § 626 Nr. 148; 8.4.2003 – 2 AZR 355/02, AP BGB § 626 Nr. 181; 29.3.2007 – 8 AZR 538/06, AP BGB § 613a Widerspruch Nr. 4; Linck/Scholz AR-Blattei SD 1010.7 Rn. 129 ff.

[486] BAG 9.7.1998 – 2 AZR 201/98, EzA § 626 BGB Unkündbarkeit Nr. 1; 16.9.1999 – 2 AZR 123/99, AP BGB § 626 Nr. 159; 18.1.2001 – 2 AZR 616/99, AP LPVG Niedersachsen § 28 Nr. 1.

169 Im Rahmen der Interessenabwägung zur Feststellung der Unzumutbarkeit der Fortsetzung des Arbeitsverhältnisses ist die **Erheblichkeit des Verschuldens** ein wesentlicher, aber kein allein entscheidender Gesichtspunkt.[487] Weder bedingter noch direkter Vorsatz rechtfertigen ohne Weiteres den Schluss, der Arbeitnehmer sei unwillig, sodass deshalb jede weitere Zusammenarbeit unzumutbar sei. Kommt ein Arbeitnehmer bspw. wiederholt absichtlich eine Minute zu spät, mag dies eine ordentliche Kündigung rechtfertigen, ohne Hinzutreten weiterer Umstände aber regelmäßig keine außerordentliche Kündigung. Die Intensität der Vertragsstörung ist hier nicht so erheblich, dass dem Arbeitgeber nicht mehr die Einhaltung der Kündigungsfrist zugemutet werden kann. Es fehlt hier an der zeitlichen Unzumutbarkeit (→ Rn. 165).

170 c) **Erheblichkeit der Störung des Arbeitsverhältnisses.** Kündigungsrechtlich relevant sind nur **erhebliche Störungen des Arbeitsverhältnisses.**[488] Damit ist zum einen ausgesagt, dass nur eine Beeinträchtigung des arbeitsvertraglichen Pflichtenprogramms im Sinne einer negativen Abweichung der tatsächlichen Durchführung von der gesollten Durchführung, nicht aber ein Umstand, der sich nicht nachteilig auf dieses Programm auswirkt, einen Kündigungsgrund darstellen kann.[489] Alle Kündigungsgründe müssen somit **arbeitsvertragsbezogen** sein,[490] es müssen arbeitsvertraglich geschützte Interessen des Arbeitgebers gestört werden. Ein Kündigungsgrund lässt sich dagegen nicht aus einer allgemeinen Interessenabwägung herleiten. Zum anderen muss die Störung eine gewisse Erheblichkeit aufweisen. Geringfügige Beeinträchtigungen sind vom Arbeitgeber grds. hinzunehmen, wie auch die verhältnismäßige Geringfügigkeit der noch nicht erbrachten Leistung nach § 320 Abs. 2 BGB noch nicht zur Verweigerung der Gegenleistung berechtigt.[491] Die Beeinträchtigungen müssen aber nicht so schwerwiegend sein, dass dem Arbeitgeber die Fortsetzung des Arbeitsverhältnisses überhaupt nicht mehr zugemutet werden kann. In diesem Falle könnte der Arbeitgeber bereits nach § 626 Abs. 1 BGB außerordentlich ohne Einhaltung einer Kündigungsfrist kündigen (→ Rn. 165 ff.). IÜ darf das Element der Erheblichkeit nicht dahin missverstanden werden, dass eine noch so intensive Verletzung arbeitsvertraglicher Pflichten keine Rolle spielt, wenn es zu keinen über die Pflichtverletzung hinausgehenden negativen Folgen kommt, also etwa eine beharrliche Arbeitsverweigerung dann irrelevant ist, wenn im Betrieb objektiv gerade „nichts zu tun" ist.[492]

171 Durch das Erfordernis der Beeinträchtigung bzw. Störung des Arbeitsverhältnisses oder der betrieblichen oder wirtschaftlichen Interessen des Arbeitgebers scheiden als Kündigungsgründe insb. solche Umstände aus, durch die allein die **Privatsphäre des Arbeitgebers** verletzt wird.[493] Kündigungsrelevant sind nur Störungen des Leistungsbereichs (bspw. durch Schlechtleistung oder Unpünktlichkeit), des Betriebsablaufs oder des Vertrauensverhältnisses zwischen Arbeitnehmer und Arbeitgeber sowie wirtschaftliche Beeinträchtigungen des Arbeitgebers etwa durch Entgeltfortzahlungskosten. Diese Beeinträchtigungen können zusammenfassend als **Beeinträchtigungen unternehmerischer Interessen** bezeichnet werden.[494] Bei der betriebsbedingten Kündigung „stört" der Arbeitgeber die Fortsetzung des Arbeitsverhältnisses, indem er durch eine unternehmerische Entscheidung den Wegfall von Beschäftigungsmöglichkeiten herbeiführt.[495] Im Bereich

---

487 BAG 21.1.1999 – 2 AZR 665/98, AP BGB § 626 Nr. 151 mzustAnm v. Hoyningen-Huene.
488 Statt vieler SES/Schwarze Rn 49; APS/Vossen Rn. 64.
489 ErfK/Oetker Rn. 68.
490 DD/Deinert Rn. 53.
491 Ebenso DD/Deinert Rn. 62.
492 In diesem Sinne auch ErfK/Oetker Rn. 68.
493 Zutr. Preis Prinzipien Rn. 491; ferner Belling FS Kissel, 1994, 11 (21 f.).
494 Vgl. DD/Deinert Rn. 54; Joost Anm. zu BAG 15.2.1984 – 2 AZR 573/82, EzA § 1 KSchG Krankheit Nr. 15; Betrieb S. 360; Oetker Anm. zu BAG 6.9.1989 – 2 AZR 224/89, EzA § 1 KSchG Krankheit Nr. 28; Tschöpe DB 1987, 1042 (1044); ähnlich schon Herschel FS Müller, 1981, 191 (205); Ide AuR 1980, 228; ferner Preis Prinzipien Rn. 498.
495 Vgl. ErfK/Oetker Rn. 71.

des öffentlichen Dienstes sowie der Kirchen sollte man terminologisch stattdessen besser von der **Beeinträchtigung dienstlicher Interessen** sprechen.

3. Negative Prognose

Voraussetzung für die soziale Rechtfertigung einer ordentlichen Kündigung ist stets die **zukünftige Beeinträchtigung des Arbeitsverhältnisses.** Erst wenn die Verfolgung betrieblicher oder wirtschaftlicher Zwecke durch den Arbeitnehmer oder durch dringende betriebliche Erfordernisse unzumutbar beeinträchtigt wird, billigt die Rechtsordnung die Beendigung des Arbeitsverhältnisses durch arbeitgeberseitige Kündigung. Die Fortsetzung des Arbeitsverhältnisses ist dem Arbeitgeber aber nur dann nicht zuzumuten, wenn er in Zukunft weitere Beeinträchtigungen des Arbeitsverhältnisses befürchten muss. Dies kann ausschließlich aufgrund einer Prognose festgestellt werden.[496] **172**

a) **Zukunftsbezogenheit der Kündigungsgründe.** Die Zukunftsbezogenheit der Kündigungsgründe[497] ergibt sich aus dem **Wesen des Arbeitsverhältnisses** als Dauerschuldverhältnis.[498] Die Arbeitsvertragsparteien sind vertraglich auf unbestimmte Zeit (Ausnahme: Befristeter Arbeitsvertrag) aneinandergebunden. Eine vorzeitige Beendigung dieser vertraglichen Bindung kommt daher nur in Frage, wenn Gründe vorliegen, die einer weiteren Fortsetzung des Vertragsverhältnisses entgegenstehen. Da Inhalt des Arbeitsverhältnisses der Austausch von Arbeitsleistung gegen Entgelt ist (vgl. § 611a BGB), besteht nur dann ein Grund zur Beendigung dieses Austauschverhältnisses, wenn es aus Gründen, die in der Person oder dem Verhalten des Arbeitnehmers liegen oder aus dringenden betrieblichen Erfordernissen dem Arbeitgeber nicht zuzumuten ist, die vertraglich vereinbarte Gegenleistung weiterhin zu erbringen und das Arbeitsverhältnis fortzusetzen. Dies kommt auch im Wortlaut von Abs. 2 zum Ausdruck: Die dort genannten Gründe müssen einer **Weiterbeschäftigung entgegenstehen.** Entsprechend fordert § 626 Abs. 1 BGB für eine außerordentliche Kündigung die **Unzumutbarkeit der Fortsetzung des Dienstverhältnisses.**[499] **173**

Der **Arbeitgeber** muss im Geltungsbereich des KSchG (§§ 1 Abs. 1, 23 Abs. 1) die **Gründe** für die Kündigung des Arbeitsverhältnisses **darlegen und ggf. beweisen** (Abs. 2 S. 4). Im Streitfall hat er zu begründen, weshalb eine Fortsetzung des auf unbestimmte Zeit geschlossenen Arbeitsverhältnisses für ihn nicht in Betracht kommt. Bei einer außerordentlichen Kündigung muss er zusätzlich darlegen, dass ihm eine Fortsetzung des Arbeitsverhältnisses bis zum Ablauf der Kündigungsfrist nicht zuzumuten ist. Der **Arbeitnehmer** braucht dagegen bei einer fristgemäßen Kündigung nicht zu begründen, warum er das Arbeitsverhältnis nicht fortsetzen möchte. Für ihn gilt der Grundsatz der Kündigungsfreiheit. **174**

Zur **Begründung der Negativprognose** kann sich der Arbeitgeber insbes. auf zurückliegende Umstände berufen. Diese sind von Bedeutung, soweit sie den Schluss zulassen, auch künftig werde es zu vergleichbaren Störungen kommen oder das für die weitere **175**

---

[496] So auch BVerfG 21.2.1995 – 1 BvR 1397/93, AP Einigungsvertrag Anlage I Kap. XIX Nr. 44; 13.2.1998 – 1 BvR 743/96, EzA Art. 20 Einigungsvertrag Nr. 61; sowie Ascheid KSchR Rn. 28 ff.; DD/Deinert Rn. 55; HK-KSchG/Dorndorf Rn. 288; KR/Fischermeier/Krumbiegel BGB § 626 Rn. 118; MüKoBGB/Hergenröder Rn. 113 ff.; Herschel FS Müller, 1981, 191 (202 f.); Hillebrecht ZfA 1991, 87 (120); v. Hoyningen-Huene NZA 1994, 1009 f.; ErfK/Oetker Rn. 78 ff.; HaKo-KSchR/Pfeiffer Rn. 173; APS/Preis Grundlagen H Rn. 74 ff.; Prinzipien Rn. 762 ff.; HWK/Quecke Rn. 62; LSSW/Schlünder Rn. 97; APS/Vossen Rn. 73; aA Adam NZA 1998, 284; ZTR 1999, 113; Kraft ZfA 1994, 463 (475); Rüthers/Müller Anm. zu BAG 16.8.1991 – 2 AZR 604/90, EzA § 1 KSchG Verhaltensbedingte Kündigung Nr. 41; diff. Gentgens, Prognoseprobleme im Kündigungsschutzrecht, 1995, passim; Wank RdA 1993, 79 (83).

[497] So bereits Herschel FS Müller, 1981, 191 (202 f.).

[498] Ebenso MüKoBGB/Hergenröder Rn. 113; verfehlt deshalb Rüthers NJW 1998, 1433, der in der Verwendung des Prognoseprinzips eine ideologische Kontinuität zu nationalsozialistischen Rechtsprinzipien sieht; dagegen zu Recht nachdrücklich Hanau NJW 1998, 1895; v. Hoyningen-Huene FS 50 Jahre Arbeitsgerichtsbarkeit Rheinland-Pfalz, 1999, 215 (222); Löwisch BB 1998, 1793; Preis NJW 1998, 1889.

[499] Zutr. APS/Preis Grundlagen H Rn. 74.

Zusammenarbeit notwendige Vertrauen sei entfallen.[500] Erforderlich ist, dass die künftig zu erwartenden arbeitsvertragsbezogenen Störungen die unternehmerischen (bzw. dienstlichen) Interessen des Arbeitgebers (→ Rn. 170 f.) erheblich beeinträchtigen. Maßgeblich für die Beurteilung ist insoweit die objektive Sachlage zum Zeitpunkt der Kündigung iSd Zugangs der Kündigungserklärung (→ Rn. 225 f.).[501]

176 So können zwar bspw. häufige **krankheitsbedingte Fehlzeiten** aus der Vergangenheit zunächst die Besorgnis begründen, es werde auch in Zukunft zu häufigen Erkrankungen kommen.[502] Eine solche Vermutung scheidet bei krankheitsbedingten Kündigungen aber aus, wenn den Zeiten der Arbeitsunfähigkeit solche Erkrankungen des Arbeitnehmers zugrunde lagen, die keine Wiederholungsgefahr in sich bergen (→ Rn. 349).[503] Kündigungsrelevant für personenbedingte Kündigungsgründe sind nur Tatsachen, aus denen sich eine **negative Prognose für die weitere Zusammenarbeit** zwischen Arbeitgeber und Arbeitnehmer herleiten lässt.

177 Auch die **verhaltensbedingte Kündigung** ist zukunftsbezogen und stellt keine Sanktion für zurückliegende Vertragsverletzungen des Arbeitnehmers dar.[504] Zur Begründung der negativen Prognose bedarf es grds. einer vorangegangenen Abmahnung (→ Rn. 479 ff.). Auch die **einmalige schwere Verfehlung** des Arbeitnehmers, die sich in dieser Form aller Wahrscheinlichkeit nach künftig nicht wiederholen wird, kann allerdings eine negative Prognose für die weitere Zusammenarbeit begründen.[505] Denn eine erhebliche Vertragsverletzung kann je nach den Umständen des Einzelfalls das für die weitere Zusammenarbeit notwendige Vertrauen zerstören und damit einer Fortsetzung des Arbeitsverhältnisses entgegenstehen (→ Rn. 467).[506]

178 Bei **betriebsbedingten Kündigungen** ist ein **künftiger Personalüberhang** Voraussetzung für die soziale Rechtfertigung der Kündigung.[507] In diesem Zusammenhang ist es ausreichend, wenn die betrieblichen Umstände bereits greifbare Formen angenommen haben (→ Rn. 733).[508]

179 **b) Wahrscheinlichkeitsgrad.** Die vom Arbeitgeber für die soziale Rechtfertigung der Kündigung zu erstellende negative Prognose ist naturgemäß einigen Unwägbarkeiten ausgesetzt, weil sich nicht mit letzter Sicherheit feststellen lässt, was zukünftig sein wird. Möglich sind nur **Wahrscheinlichkeitsurteile,** die auf den zum Zeitpunkt der Kündigung vorliegenden Tatsachen zu beruhen haben.[509]

---

[500] Ebenso Ascheid KSchR Rn. 45 ff., 57 ff.; MüKoBGB/Hergenröder Rn. 115; ErfK/Oetker Rn. 78; HaKo-KSchR/Pfeiffer Rn. 173; APS/Preis Grundlagen H Rn. 78; MHdB ArbR/Zimmermann § 114 Rn. 2, 18 (zur Negativprognose bei der verhaltensbedingten Kündigung).

[501] Ebenso HK-KSchG/Dorndorf Rn. 298 ff.; MüKoBGB/Hergenröder Rn. 117; HaKo-KSchR/Pfeiffer Rn. 174; HWK/Quecke Rn. 62; LSSW/Schlünder Rn. 95; PVT Kündigung/Temming Rn. 999 f.; Wank FS v. Hoyningen-Huene, 2014, 561 (577).

[502] BAG 5.7.1990 – 2 AZR 154/90, AP KSchG 1969 § 1 Krankheit Nr. 26; 12.12.1996 – 2 AZR 7/96, EzA § 1 KSchG Krankheit Nr. 41 = BeckRS 1996, 30368035; 20.11.2014 – 2 AZR 755/13, NZA 2015, 612 Rn. 17; 13.5.2015 – 2 AZR 565/14, NZA 2015, 1249 Rn. 14.

[503] Dazu anschaulich BAG 14.1.1993 – 2 AZR 343/92, NZA 1994, 309.

[504] Ebenso BAG 10.11.1988 – 2 AZR 215/88, AP KSchG 1969 § 1 Abmahnung Nr. 3; 17.1.1991 – 2 AZR 375/90, AP KSchG 1969 § 1 Verhaltensbedingte Kündigung Nr. 25; 26.1.1995 – 2 AZR 649/94, AP KSchG 1969 § 1 Verhaltensbedingte Kündigung Nr. 34 mzustAnm Fleck; 12.1.2006 – 2 AZR 179/05, AP KSchG 1969 § 1 Verhaltensbedingte Kündigung Nr. 54; 19.11.2015 – 2 AZR 217/15, NZA 2016, 540 Rn. 24; Ascheid KSchR Rn. 29; DD/Deinert Rn. 55; HK-KSchG/Dorndorf Rn. 293; Hillebrecht ZfA 1991, 78 (120); ErfK/Niemann BGB § 626 Rn. 1; ErfK/Oetker Rn. 80; HaKo-KSchR/Pfeiffer Rn. 173; APS/Preis Grundlagen H Rn. 81; HWK/Quecke Rn. 61; KR/Rachor Rn. 438; MHdB ArbR/Zimmermann § 114 Rn. 2; aA Heinze FS Söllner, 1990, 63 (69); Popp DB 1981, 2611 (2615); Weller ArbRdGgnw 20 (1982), 77 (79).

[505] BAG 8.6.2000 – 2 AZR 638/99, AP BGB § 626 Nr. 163: Kündigung nach vorsätzlichem Tötungsdelikt; aA Loritz RdA 1996, 114.

[506] BAG 10.2.1999 – 2 ABR 31/98, AP KSchG 1969 § 15 Nr. 42.

[507] Dazu ausf. v. Hoyningen-Huene NZA 1994, 1009 (1011); Preis NZA 1995, 241 (246 f.).

[508] BAG 19.6.1991 – 2 AZR 127/91, AP KSchG 1969 § 1 Betriebsbedingte Kündigung Nr. 53; 7.7.2005 – 2 AZR 447/04, AP KSchG 1969 § 1 Betriebsbedingte Kündigung Nr. 136.

[509] Vgl. v. Hoyningen-Huene Anm. zu BAG 9.4.1987 – 2 AZR 210/86, EzA § 1 KSchG Krankheit Nr. 18; Preis Prinzipien Rn. 792 ff.; ausf. zu Wahrscheinlichkeitsurteilen Nell, Wahrscheinlichkeitsurteile in juristischen Entscheidungen, 1983.

180 Bislang kaum erörtert wird in diesem Zusammenhang die Frage, welcher **Wahrscheinlichkeitsgrad** vorliegen muss, damit eine negative Prognose bejaht werden kann.[510] Bei der aus Anlass einer geplanten Betriebsstilllegung ausgesprochenen betriebsbedingten Kündigung fordert das BAG zur sozialen Rechtfertigung, dass die betrieblichen Umstände bereits greifbare Formen angenommen haben und eine vernünftige betriebswirtschaftliche Betrachtung die Prognose rechtfertigt, dass bis zum Abschluss der Kündigungsfrist der Arbeitnehmer entbehrt werden kann.[511] Bei verhaltens- oder personenbedingten Kündigungen finden sich zum Wahrscheinlichkeitsgrad keine näheren Darlegungen in der Rspr. Besonders deutlich wird die Problematik bei krankheitsbedingten Kündigungen. Genügt hier eine „gewisse Wahrscheinlichkeit" dafür, dass es zukünftig zu erheblichen krankheitsbedingten Fehlzeiten kommen wird, oder ist eine „überwiegende Wahrscheinlichkeit" oder gar eine „an Sicherheit grenzende Wahrscheinlichkeit" erforderlich? [512]

181 Zur Beantwortung dieser Frage ist davon auszugehen, dass der **Beweis einer Negativprognose** iSd § 286 ZPO nur erbracht ist, wenn die fragliche Prognose zumindest wahrscheinlicher als unwahrscheinlicher ist. Eine bloß gewisse Wahrscheinlichkeit genügt nicht.[513] Da gem. Abs. 2 S. 4 der Kündigungsgrund und damit auch die negative Prognose vom Arbeitgeber bewiesen werden und zur Überzeugung des Gerichts feststehen muss (§ 286 Abs. 1 ZPO), ist aber auch eine nur überwiegende Wahrscheinlichkeit der Negativprognose nicht ausreichend.[514] Sie genügt den Anforderungen an eine Glaubhaftmachung, nicht aber den Voraussetzungen für die Erbringung eines Beweises.[515] Erforderlich ist vielmehr eine an Sicherheit grenzende Wahrscheinlichkeit des Eintritts der fraglichen Tatsache, also bspw. der zukünftig zu erwartenden krankheitsbedingten Fehlzeiten.[516] Im Rahmen der richterlichen Überzeugungsbildung ist allerdings auch zu berücksichtigen, dass es um die Wahrscheinlichkeit des Eintritts künftiger Ereignisse geht, die mangels hellseherischer Fähigkeiten niemand mit absoluter Sicherheit vorhersagen kann. Die Anforderungen an die richterliche Überzeugung iSd § 286 ZPO dürfen deshalb auch nicht überspannt werden.[517] Vernünftige Zweifel müssen schweigen.[518] Ob aufgrund der vorgetragenen Umstände aus der Vergangenheit und ggf. der vorliegenden Sachverständigengutachten ein solches Wahrscheinlichkeitsurteil erfolgen kann, ist letztlich nicht anders als die Beweisführung über zurückliegende Umstände eine Tatfrage.

III. Grundsatz der Verhältnismäßigkeit

1. Kündigung als ultima ratio

182 Für die Kontrolle der Kündigung auf ihre soziale Rechtfertigung gilt der **Grundsatz der Verhältnismäßigkeit.** Die Legitimation für diesen Kontrollmaßstab ergibt sich zum einen

[510] S. aber HK-KSchG/Dorndorf Rn. 311 ff.

[511] BAG 19.6.1991 – 2 AZR 127/91, AP KSchG 1969 § 1 Betriebsbedingte Kündigung Nr. 53; 11.3.1998 – 2 AZR 414/97, AP BetrVG 1972 § 111 Nr. 43; 16.2.2012 – 8 AZR 693/10, AP KSchG 1969 § 1 Betriebsbedingte Kündigung Nr. 188 Rn. 38; 29.8.2013 – 2 AZR 809/12, AP KSchG 1969 § 1 Betriebsbedingte Kündigung Nr. 202 Rn. 14.

[512] Vgl. zu den Wahrscheinlichkeitsgraden allg. Baumgärtel FS 600 Jahre Universität zu Köln, 1988, 165 ff. (176 ff.); Bender FS Baur, 1981, 247 ff.; Greger, Beweis und Wahrscheinlichkeit, 1978, 38 ff.; v. Hoyningen-Huene/Boemke NJW 1994, 1758; Huber, Das Beweismaß im Zivilprozeß, 1983, 114 f.; BLP/Laumen Beweislast Kap. 4 Rn. 37 ff.; Nell, Wahrscheinlichkeitsurteile in juristischen Entscheidungen, 1983, 21 ff.; Prütting, Gegenwartsprobleme der Beweislast, 1983, 74 ff.

[513] Ebenso MüKoBGB/Hergenröder Rn. 115; grds. BGH 17.2.1970 – III ZR 139/67, BGHZ 53, 245 (255 f.) – „Anastasia-Fall".

[514] Gegen das sog. Überwiegensprinzip zutr. Prütting, Gegenwartsprobleme der Beweislast, 1983, 77 ff.; Walter, Freie Beweiswürdigung, 1979, 173 ff.

[515] Zutr. Prütting, Gegenwartsprobleme der Beweislast, 1983, 79 f.

[516] Ebenso HK-KSchG/Dorndorf Rn. 316; HaKo-KSchR/Pfeiffer Rn. 174; HWK/Quecke Rn. 62.

[517] ErfK/Oetker Rn. 81.

[518] Ebenso MüKoBGB/Hergenröder Rn. 115.

aus dem Text des KSchG, konkret aus dem Tatbestandsmerkmal „bedingt" in Abs. 2 S. 1,[519] bei der betriebsbedingten Kündigung darüber hinaus aus dem Merkmal „dringend".[520] Zum anderen lässt sich aus dem Ziel des KSchG, den Bestand des Arbeitsverhältnisses als Grundlage der wirtschaftlichen und sozialen Existenz des Arbeitnehmers zu sichern (→ Einl. Rn. 70),[521] ableiten, dass das Arbeitsverhältnis seitens des Arbeitgebers nur dann beendet werden darf, wenn die Kündigung eine verhältnismäßige Reaktion auf eine Störung des Arbeitsverhältnisses darstellt.

183 Eine weitere Ausprägung des Verhältnismäßigkeitsgrundsatzes ist **§ 2 Abs. 2 SGB III.** Nach dieser Vorschrift haben die Arbeitgeber bei ihren Entscheidungen verantwortungsvoll deren Auswirkungen auf die Beschäftigung der Arbeitnehmer und von Arbeitslosen und damit die Inanspruchnahme von Leistungen der Arbeitsförderung einzubeziehen (Satz 1). Sie sollen dabei insbes. vorrangig durch betriebliche Maßnahmen die Inanspruchnahme von Leistungen der Arbeitsförderung sowie Entlassungen von Arbeitnehmern vermeiden (Satz 2 Nr. 2). Mit dieser Bestimmung wird der gesetzliche Kündigungsschutz freilich weder intensiviert noch gegenständlich ausgedehnt.[522] Vielmehr begründet § 2 Abs. 2 SGB III für sich genommen nur öffentlich-rechtliche Pflichten des Arbeitgebers, die als solche keine Auswirkungen auf den Kündigungsschutz haben.[523] Immerhin bestätigt die Regelung, dass sich die Rspr. mit ihrem strikten Kurs bei der Handhabung des Grundsatzes der Verhältnismäßigkeit im Rahmen des KSchG auf dem richtigen Weg befindet.[524]

184 Aufgrund seiner Verankerung im KSchG kommt dem Verhältnismäßigkeitsgrundsatz **außerhalb des gesetzlichen Kündigungsschutzes keine Bedeutung** zu. Deshalb lässt sich bei einer Kündigung eines Arbeitsverhältnisses, das nicht dem Geltungsbereich des KSchG unterliegt, ein Verstoß gegen Treu und Glauben (§ 242 BGB) nicht schon daraus ableiten, dass der Kündigung keine vergebliche Abmahnung voranging.[525]

185 In inhaltlicher Hinsicht besagt der Grundsatz der Verhältnismäßigkeit, dass eine Beendigungskündigung, gleichgültig, ob sie auf betriebs-, personen- oder verhaltensbedingte Gründe gestützt wird, nur dann zulässig ist, wenn sie zur Beseitigung betrieblicher Beeinträchtigungen **geeignet** und **erforderlich** sowie im Verhältnis zu dem verfolgten Zweck **angemessen** ist.[526] Dabei spielt das Element der Erforderlichkeit eine besondere Rolle, weil sich aus ihm ergibt, dass eine arbeitgeberseitige Kündigung nur **ultima ratio** sein kann.[527] Der ultima-ratio-Grundsatz verlangt somit die Prüfung, ob

---

[519] BAG 15.8.2002 – 2 AZR 514/01, AP KSchG 1969 § 1 Verhaltensbedingte Kündigung Nr. 42; 20.11.2014 – 2 AZR 753/13, AP KSchG 1969 § 1 Krankheit Nr. 52 Rn. 24.

[520] BAG 29.8.2013 – 2 AZR 809/12, AP KSchG 1969 § 1 Betriebsbedingte Kündigung Nr. 202 Rn. 22; 8.5.2014 – 2 AZR 1001/12, AP KSchG 1969 § 1 Betriebsbedingte Kündigung Nr. 204 Rn. 12; 26.3.2015 – 2 AZR 417/14, NZA 2015, 1083 Rn. 26. Zum Verhältnis beider Merkmale s. a. Stückmann/Kohlepp RdA 2000, 331 (335).

[521] Vgl. Begründung des Regierungsentwurfs zum KSchG 1951, BT-Drs. 2090, 11 (1. Wahlperiode) = RdA 1951, 61 (63).

[522] Ebenso Bauer/Haußmann NZA 1997, 1100; Bitter DB 1999, 1214 (1218); Ettwig NZA 1997, 1152; MüKoBGB/Hergenröder Rn. 96; HaKo-KSchR/Pfeiffer Rn. 178; NK-SGB III/Schmidt-De Caluwe, 7. Aufl. 2021, § 2 Rn. 21; diff. Löwisch NZA 1998, 729; Preis NZA 1998, 449 (454 f.); aA Schaub NZA 1997, 810; vgl. zu arbeitsrechtlichen Folgen dieser Bestimmung Gagel FS Dieterich, 1999, 169 ff.

[523] Zutr. Fischermeier NZA 1997, 1089 (1091); Rolfs NZA 1998, 17 (18 f.); ähnlich Gagel BB 2001, 358.

[524] S. a. ErfK/Oetker Rn. 74: Integration des Regelungsziels in die Auslegung der §§ 1 u. 2.

[525] BAG 21.2.2001 – 2 AZR 579/99, AP BGB § 611 Abmahnung Nr. 26; 28.8.2003 – 2 AZR 333/02, AP BGB § 242 Kündigung Nr. 17.

[526] Vgl. HK-KSchG/Dorndorf Rn. 268 ff.; APS/Vossen Rn. 66 sowie allg. Dey, Grundsatz der Verhältnismäßigkeit, 1989, 17 ff.; MüKoBGB/Hergenröder Rn. 92 f.; Hirschberg, Der Grundsatz der Verhältnismäßigkeit, 1981, 19 ff.; Preis Prinzipien Rn. 603 ff.; FS Dieterich, 1999, 429 ff.; Wank RdA 1987, 129 (136).

[527] Grdl. BAG 30.5.1978 – 2 AZR 630/76, AP BGB § 626 Nr. 70 mAnm G. Hueck; ebenso BAG 27.9.1984 – 2 AZR 62/83, AP KSchG 1969 § 2 Nr. 8 mAnm v. Hoyningen-Huene; 17.1.1991 – 2 AZR 375/90, AP KSchG 1969 § 1 Verhaltensbedingte Kündigung Nr. 25; 15.12.1994 – 2 AZR 320/94, NZA 1995, 413 = EzA § 1 KSchG Betriebsbedingte Kündigung Nr. 76 iErg mzustAnm v. Hoyningen-Huene; 25.4.2002 – 2 AZR 260/01, AP KSchG 1969 § 1 Betriebsbedingte Kündigung Nr. 121; 26.6.2008 – 2 AZR 1109/06, AP KSchG 1969 § 1 Betriebsbedingte Kündigung Nr. 180; Bitter/Kiel RdA 1994, 333 (337 f.); Boewer NZA 1988, 678 (679); FS Gaul, 1992, 19 ff.; DD/Deinert Rn. 62; Dey, Grundsatz der Verhältnismäßigkeit, 1989, 22 ff.; HK-KSchG/Dorndorf Rn. 270; MHdB ArbR/Kiel § 113 Rn. 22; Beschäftigungsmöglichkeit S. 39 f.; Preis Prinzipien Rn. 672 ff.; KR/Rachor Rn. 222; LSSW/Schlünder Rn. 89; SES/Schwarze Rn. 55; PVTKündigung/Temming Rn. 990 ff.; APS/Vossen Rn. 65 ff.; Wank

Störungen des Arbeitsverhältnisses nicht auf andere, weniger einschneidende Weise als durch eine Beendigungskündigung begegnet werden kann.[528]

Aus dem Verhältnismäßigkeitsgrundsatz (bzw. dem ultima-ratio-Grundsatz) wird **bspw.** hergeleitet, dass der Arbeitgeber bei einem nur **vorübergehenden Arbeitsmangel** grds. – vorbehaltlich der Zustimmung des Betriebsrats – durch die Einführung von Kurzarbeit versuchen muss, betriebsbedingte Kündigungen zu vermeiden (→ Rn. 741 ff.).[529] Bei einem nur vorübergehenden Arbeitsmangel wird freilich in der Regel schon deshalb kein betriebsbedingter Kündigungsgrund vorliegen, weil hierfür ein dauerhafter Wegfall der Beschäftigungsmöglichkeiten erforderlich ist.[530] Bei **lange andauernden Erkrankungen** eines Arbeitnehmers folgt aus dem Grundsatz der Verhältnismäßigkeit, dass der Arbeitgeber zunächst durch zumutbare anderweitige Maßnahmen, wie Einstellung einer Aushilfskraft oder vorübergehende Einführung von Überstunden oder Mehrarbeit versuchen muss, die Zeit des krankheitsbedingten Arbeitsausfalls zu überbrücken.[531] Schließlich ist wegen des Verhältnismäßigkeitsgrundsatzes vor Ausspruch einer **verhaltensbedingten Kündigung** regelmäßig eine **Abmahnung** erforderlich (→ Rn. 480).[532] 186

Eine Kündigung verstößt weiterhin dann gegen den Verhältnismäßigkeitsgrundsatz, wenn der Arbeitgeber ein von ihm **selbst festgelegtes Verfahren vor Ausspruch der Kündigung nicht beachtet.** Legt ein Arbeitgeber in einer Dienstanweisung iE fest, wie er auf bestimmte Pflichtverstöße des Arbeitnehmers zu reagieren beabsichtigt, bindet er sich damit selbst und muss sich im konkreten Fall an das in der Dienstanweisung festgelegte Verfahren halten.[533] 187

So hat bspw. die Katholische Kirche in Art. 7 Abs. 5 der **Grundordnung** des kirchlichen Dienstes von 2022 geregelt, dass im Rahmen kirchlicher Arbeitsverhältnisse bei Verstößen gegen Loyalitätsobliegenheiten vor Ausspruch einer Kündigung mit dem kirchlichen Mitarbeiter zunächst ein Beratungsgespräch bzw. ein „klärendes Gespräch" zu führen ist. Eine Kündigung, die der Arbeitgeber ausspricht, ohne zuvor ein solches Gespräch zu führen, verstößt regelmäßig gegen den Verhältnismäßigkeitsgrundsatz und ist deshalb sozialwidrig.[534] Sieht eine **Dienstanweisung** städtischer Verkehrsbetriebe vor, dass Busfahrer bei Verkehrsverstößen nachzuschulen sind, ist eine Kündigung, die ohne vorherige Nachschulung ausgesprochen wird, in der Regel unwirksam.[535] 188

2. Anderweitige Beschäftigungsmöglichkeit

a) Allgemeines. Die Verpflichtung des Arbeitgebers, vor der Beendigungskündigung anderweitige Beschäftigungsmöglichkeiten zu prüfen, wurde vom BAG schon auf der 189

RdA 1987, 129 (134 ff.); RdA 1993, 79 (80 f.); einschränkend ErfK/Oetker Rn. 74: keine eigene Subsumierbarkeit; abl. Annuß Betriebsbedingte Kündigung S. 118; NZA 2005, 443; für eine klare Unterscheidung zwischen ultima-ratio-Prinzip und Erforderlichkeitsgrundsatz Stückmann/Kohlepp RdA 2000, 331 (337 f.).

528 BAG 10.10.2002 – 2 AZR 472/01, AP KSchG 1969 § 1 Verhaltensbedingte Kündigung Nr. 44 mkritAnm Adam.

529 BAG 25.6.1964 – 2 AZR 382/63, AP KSchG § 1 Betriebsbedingte Kündigung Nr. 14; Hillebrecht ZIP 1985, 257 (260 f.); Preis Prinzipien Rn. 958 ff.; offengelassen von BAG 7.2.1985 – 2 AZR 91/84, AP KSchG 1969 § 1 Soziale Auswahl Nr. 9; aA BAG 4.3.1986 – 2 AZR 382/63, AP BetrVG 1972 § 87 Kurzarbeit Nr. 3; 11.9.1986 – 2 AZR 564/85, EzA KSchG § 1 Betriebsbedingte Kündigung Nr. 54 = BeckRS 1986, 30718256; krit. Wank RdA 1987, 129 (142 f.).

530 Ebenso ErfK/Oetker Rn. 76; Seidler/Josephs NZA 2020, 1227 (1228); relativierend aber Däubler FS Schmidt, 2021, 709 (714).

531 BAG 29.4.1999 – 2 AZR 431/98, AP KSchG 1969 § 1 Krankheit Nr. 36.

532 BAG 10.11.1988 – 2 AZR 215/88, AP KSchG 1969 § 1 Abmahnung Nr. 3; 17.2.1994 – 2 AZR 616/93, AP BGB § 626 Nr. 116; 12.1.2006 – 2 AZR 179/05, AP KSchG 1969 § 1 Verhaltensbedingte Kündigung Nr. 54; näher v. Hoyningen-Huene RdA 1990, 193 (197 f.) mwN.

533 BAG 25.4.1996 – 2 AZR 74/95, AP KSchG 1969 § 1 Personenbedingte Kündigung Nr. 18; 16.9.1999 – 2 AZR 712/98, AP GrO kath. Kirche Art. 4 Nr. 1 mkritAnm Thüsing.

534 BAG 16.9.1999 – 2 AZR 712/98, AP GrO kath. Kirche Art. 4 Nr. 1 mkritAnm Thüsing.

535 BAG 25.4.1996 – 2 AZR 74/95, AP KSchG 1969 § 1 Personenbedingte Kündigung Nr. 18.

Grundlage des KSchG 1951 bejaht[536] und dann im Rahmen des KSchG 1969 und seiner Erweiterung im Jahr 1972 fortgesetzt und erweitert.[537] In methodischer Hinsicht ergibt sich die vorrangige Pflicht zur Weiterbeschäftigung nicht erst aus einer allgemeinen Interessenabwägung,[538] zu der es bei der betriebsbedingten Kündigung ohnehin nicht mehr kommt (→ Rn. 215). Vielmehr kann diese Pflicht unmittelbar auf die Tatbestände des Abs. 2 S. 2 u. 3 gestützt werden, die als weitere **Konkretisierungen des kündigungsschutzrechtlichen Verhältnismäßigkeitsgrundsatzes** anzusehen sind.[539] Besteht die Möglichkeit einer **Weiterbeschäftigung** des Arbeitnehmers auf einem anderen **freien Arbeitsplatz,** scheidet eine Beendigungskündigung somit als nicht erforderlich schon nach Abs. 2 S. 1 iVm S. 2 Nr. 1b grds. aus.[540] Anderweitige Beschäftigungsmöglichkeiten sind also nicht nur in einem allgemeinen Sinne als mildere Mittel einzustufen.[541]

190 In rechtstechnischer Hinsicht handelt es sich bei der Weiterbeschäftigungsmöglichkeit bzw. ihrer Prüfung um eine **Obliegenheit,**[542] weil die Rechtsfolge ihrer Verletzung „nur" in der Unwirksamkeit der Kündigung besteht. Aus Abs. 2 S. 2 Nr. 1b lässt sich **kein eigenständiger Anspruch** iSv §§ 194 Abs. 1, 241 Abs. 1 BGB des Arbeitnehmers auf Weiterbeschäftigung ableiten.[543] Weder der Text noch die Entstehungsgeschichte des KSchG liefern hierfür genügende Anhaltspunkte. Zudem müsste man mit der ungewöhnlichen Vorstellung arbeiten, dass ein solcher gesetzlicher Anspruch des Arbeitnehmers gegen seinen vertraglichen Arbeitgeber bzw. gegen einen Dritten (Konzernmutter) auf Versetzung oder (im Konzern) auf Neuabschluss bzw. Verschaffung eines Arbeitsvertrags offenbar erst durch den Ausspruch einer Kündigung seitens des Vertragsarbeitgebers aktiviert werden soll, weil der Arbeitnehmer schwerlich losgelöst von einer Kündigung bzw. Kündigungsbedrohtheit berechtigt sein kann, jederzeit eine Versetzung oder (im Konzern) einen anderen Arbeitsvertrag zu verlangen.

191 Aufgrund der Entstehungsgeschichte sowie von Sinn und Zweck der Regelung in **Abs. 2 S. 2 u. 3** sind die dort genannten Unwirksamkeitsgründe für die Prüfung der sozialen Rechtfertigung auch dann beachtlich, wenn der **Betriebsrat** der Kündigung **nicht widersprochen** hat (→ Rn. 1049).[544] Kann der Arbeitnehmer seinen Fähigkeiten nach auf einem geeigneten, freien Arbeitsplatz im Unternehmen beschäftigt werden, so ist eine Beendigungskündigung deshalb bereits nach dieser Bestimmung ohne Rücksicht darauf aus-

---

[536] BAG 25.9.1956 – 3 AZR 102/54, AP KSchG § 1 Nr. 18; 4.12.1959 – 1 AZR 382/57, AP KSchG § 1 Betriebsbedingte Kündigung Nr. 2; 7.5.1968 – 1 AZR 407/67, AP KSchG § 1 Betriebsbedingte Kündigung Nr. 18; 23.11.1968 – 2 AZR 76/68, AP KSchG § 1 Betriebsbedingte Kündigung Nr. 19.

[537] Grdl. BAG 13.9.1973 – 2 AZR 601/72, AP KSchG 1969 § 1 Nr. 2 mAnm G. Hueck; 17.5.1984 – 2 AZR 109/83, AP KSchG 1969 § 1 Betriebsbedingte Kündigung Nr. 21 mAnm v. Hoyningen-Huene; 27.9.1984 – 2 AZR 62/83, AP KSchG 1969 § 2 Nr. 8 mkritAnm v. Hoyningen-Huene; ferner BAG 18.10.1984 – 2 AZR 543/83, AP KSchG 1969 § 1 Soziale Auswahl Nr. 6 mAnm Löwisch; bestätigt in BAG 30.11.1989 – 2 AZR 197/89, AP BetrVG 1972 § 102 Nr. 53; 29.3.1990 – 2 AZR 369/89, AP KSchG 1969 § 1 Betriebsbedingte Kündigung Nr. 50.

[538] So noch BAG 13.9.1973 – 2 AZR 601/72, AP KSchG 1969 § 1 Nr. 2 mAnm G. Hueck.

[539] BAG 15.12.1994 – 2 AZR 327/94, AP KSchG 1969 § 1 Betriebsbedingte Kündigung Nr. 67 unter B II 1; 25.4.2002 – 2 AZR 260/01, AP KSchG 1969 § 1 Betriebsbedingte Kündigung Nr. 121; 24.6.2004 – 2 AZR 326/03, AP KSchG 1969 § 1 Nr. 76; 8.5.2014 – 2 AZR 1001/12, AP KSchG 1969 § 1 Betriebsbedingte Kündigung Nr. 204 Rn. 12; näher Preis Prinzipien Rn. 675 ff.

[540] Ebenso im Ansatz auch BAG 10.5.2007 – 2 AZR 263/06, AP KSchG 1969 § 1 Betriebsbedingte Kündigung Nr. 165 Rn. 26 f. S. aber auch Bieder, Das ungeschriebene Verhältnismäßigkeitsprinzip als Schranke privater Rechtsausübung, 2007, S. 253 ff., 307 f., 334 f., der § 1 Abs. 2 S. 2 nicht als Ausdruck des Verhältnismäßigkeitsgrundsatzes begreift.

[541] So BAG 17.5.1984 – 2 AZR 109/83, AP KSchG 1969 § 1 Betriebsbedingte Kündigung Nr. 21 mAnm v. Hoyningen-Huene; 27.9.1984 – 2 AZR 62/83, AP KSchG 1969 § 2 Nr. 8 mkritAnm v. Hoyningen-Huene. Zur dogmatischen Grundlage s. a. Bitter/Kiel RdA 1994, 333 (342).

[542] Ebenso ausdr. BAG 15.12.2016 – 2 AZR 867/15, AP KSchG 1969 § 1 Betriebsbedingte Kündigung Nr. 211 Rn. 19; 26.1.2017 – 2 AZR 61/16, AP KSchG 1969 § 1 Betriebsbedingte Kündigung Nr. 212 Rn. 42; ferner APS/Kiel Rn. 542; APS/Vossen Rn. 110.

[543] So aber Temming RdA 2018, 84 (89 f.); ausf. Temming, Der vertragsbeherrschende Dritte, 2015, S. 390 ff.

[544] StRspr, grdl. BAG 13.9.1973 – 2 AZR 601/72, AP KSchG 1969 § 1 Nr. 2 mzustAnm G. Hueck; ebenso etwa BAG 17.5.1984 – 2 AZR 109/83, AP KSchG 1969 § 1 Betriebsbedingte Kündigung Nr. 21 unter C III 1 mzustAnm v. Hoyningen-Huene; 15.12.1994 – 2 AZR 327/94, AP KSchG 1969 § 1 Betriebsbedingte Kündigung Nr. 67; 29.8.2013 – 2 AZR 721/12, NZA-RR 2014, 325 Rn. 15; ferner MüKoBGB/Hergenröder Rn. 98; KR/Rachor Rn. 229; HK-KSchG/Weller/Dorndorf Rn. 895.

geschlossen, ob der Betriebsrat widerspricht oder der Kündigung sogar zustimmt oder aber es gar keinen Betriebsrat gibt.[545] Dabei ist die Möglichkeit einer anderweitigen Weiterbeschäftigung unabhängig vom Kündigungsgrund zu prüfen,[546] also etwa auch vor dem Ausspruch einer personenbedingten Kündigung. Zentrale Aspekte der insoweit geltenden Grundsätze sollen daher bereits an dieser Stelle angesprochen werden. Ihre größte Bedeutung hat die Frage der Weiterbeschäftigung indes bei der betriebsbedingten Kündigung, sodass sie in jenem Kontext noch einmal gezielt aufzugreifen ist (→ Rn. 750 ff.).

Für eine Weiterbeschäftigung kommen von vornherein nur **freie vergleichbare oder ungünstigere Arbeitsplätze** im Unternehmen in Betracht (→ Rn. 750 ff.). Es gibt nach überwiegender Ansicht **keine Verpflichtung,** den Arbeitnehmer zur Vermeidung einer Beendigungskündigung auf einer **Beförderungsstelle** weiterzubeschäftigen.[547] Um eine Beförderungsstelle in diesem Sinne handelt es sich nach Auffassung des BAG jedoch nicht, wenn der andere höher vergütete Arbeitsplatz neu eingerichtet wurde und dort jedenfalls ganz überwiegend die gleiche Arbeit wie zuvor zu verrichten ist.[548] Dasselbe gilt im Ergebnis im Verhältnis von Teilzeit zu Vollzeit, sodass einem teilzeitbeschäftigten Arbeitnehmer ggf. eine vergleichbare Vollzeitstelle angeboten werden muss, sofern der Arbeitgeber die Vollzeitstelle nicht teilen will.[549] Hat der Arbeitgeber trotz bestehender Weiterbeschäftigungsmöglichkeit auf einem freien Arbeitsplatz[550] eine Beendigungskündigung ausgesprochen, ist die Kündigung von vornherein nicht sozial gerechtfertigt. Dagegen besteht keine Pflicht, den Arbeitnehmer allein zum Zweck der Qualifikation weiterzubeschäftigen, ohne dass ein geeigneter Arbeitsplatz in absehbarer Zeit frei wird.[551] 192

Als anderweitige Beschäftigungsmöglichkeiten sind nur **Tätigkeiten im Rahmen eines Arbeitsverhältnisses** in Betracht zu ziehen. Dies ergibt sich zunächst aus dem Wortlaut des Abs. 2 S. 2 u. 3, wo von Arbeitnehmern die Rede ist. Arbeitnehmer ist aber nur der Beschäftigte, der in einem Arbeitsverhältnis steht. IÜ wird durch das KSchG allein das zwischen Arbeitgeber und Arbeitnehmer bestehende Arbeitsverhältnis vor einer Beendigung oder inhaltlichen Veränderung (§ 2) geschützt. Dagegen ist es nicht Ziel des KSchG, Tätigkeitsbeziehungen anderer Art zwischen Arbeitgeber und Arbeitnehmer zu begründen. Demzufolge muss der Arbeitgeber dem Arbeitnehmer vor Ausspruch einer Kündigung nicht die Weiterbeschäftigung im Rahmen eines freien Mitarbeiterverhältnisses oder eines anderen Dienst- oder Geschäftsbesorgungsverhältnisses anbieten. 193

Ferner ist der Arbeitgeber bei längerer Arbeitsunfähigkeit des Arbeitnehmers auch nicht verpflichtet, eine Beschäftigung im Rahmen eines **Wiedereingliederungsverhältnisses nach § 74 SGB V**[552] zu offerieren. Hierbei handelt es sich um ein Rechtsverhältnis eigener Art, bei dem nicht die Arbeitsleistung, sondern Gesichtspunkte der Rehabilitati- 194

---

[545] Vgl. v. Hoyningen-Huene Anm. zu BAG 27.9.1984 – 2 AZR 62/83, AP KSchG 1969 § 2 Nr. 8; Kempff DB 1978, 1400; PVT Kündigung/Temming Rn. 1100; Wank RdA 1987, 129 (137); RdA 1993, 79 (81).

[546] BAG 10.3.1977 – 2 AZR 79/76, AP KSchG 1969 § 1 Krankheit Nr. 4; 22.7.1982 – 2 AZR 30/81, AP KSchG 1969 § 1 Verhaltensbedingte Kündigung Nr. 5 mAnm Otto; 10.11.1988 – 2 AZR 215/88, AP KSchG 1969 § 1 Abmahnung Nr. 3; 29.3.1990 – 2 AZR 369/89, AP KSchG 1969 § 1 Betriebsbedingte Kündigung Nr. 50; 24.6.2004 – 2 AZR 326/03, AP KSchG 1969 § 1 Nr. 76; 21.4.2005 – 2 AZR 132/04, AP KSchG 1969 § 2 Nr. 79; 29.8.2013 – 2 AZR 721/12, NZA-RR 2014, 325 Rn. 15; 21.10.2018 – 7 AZR 394/17, NZA 2019, 309 Rn. 35 ff.; Hönn SAE 1986, 221; HaKo-KSchR/Pfeiffer Rn. 179; Plander NZA 1993, 1057; KR/Rachor Rn. 228; Stahlhacke DB 1994, 1361; Wagner NZA 1986, 632 f.

[547] BAG 29.3.1990 – 2 AZR 369/89, AP KSchG 1969 § 1 Betriebsbedingte Kündigung Nr. 50; 10.11.1994 – 2 AZR 242/94, AP KSchG 1969 § 1 Betriebsbedingte Kündigung Nr. 65; 23.2.2010 – 2 AZR 656/08, AP KSchG 1969 § 15 Nr. 66 Rn. 40; Kiel FS Kreutz, 2010, 211 (219 f.); ErfK/Oetker Rn. 252; HWK/Quecke Rn. 276; aA Annuß Betriebsbedingte Kündigung S. 134 ff.; Deinert FS Preis, 2021, 171 (178 ff.); Houben NZA 2008, 851 (852 ff.): Einschränkung des weitergehenden Wortlauts in Abs. 2 S. 3 nicht hinreichend begründbar; undeutlich PVT Kündigung/Temming Rn. 1106.

[548] BAG 5.10.1995 – 2 AZR 269/95, AP KSchG 1969 § 1 Betriebsbedingte Kündigung Nr. 71; idS auch BAG 10.7.2008 – 2 AZR 1111/06, AP KSchG 1969 § 1 Betriebsbedingte Kündigung Nr. 181 Rn. 37.

[549] BAG 26.3.2015 – 2 AZR 417/14, NZA 2015, 1083 Rn. 41.

[550] BAG 29.3.1990 – 2 AZR 369/89, AP KSchG 1969 § 1 Betriebsbedingte Kündigung Nr. 50.

[551] BAG 8.5.2014 – 2 AZR 1001/12, AP KSchG 1969 § 1 Betriebsbedingte Kündigung Nr. 204 Rn. 21.

[552] Dazu v. Hoyningen-Huene NZA 1992, 49.

on im Vordergrund stehen.[553] Das Wiedereingliederungsverhältnis ist gegenüber dem Arbeitsverhältnis ein aliud. Wegen des besonderen Rehabilitationszwecks scheidet eine Pflicht zur Beschäftigung des Arbeitnehmers in einem Wiedereingliederungsverhältnis zur Vermeidung einer Kündigung des Arbeitsverhältnisses daher aus. Von vornherein kein milderes Mittel gegenüber der Kündigung ist die **Durchführung eines betrieblichen Eingliederungsmanagements** (bEM) iSv § 167 Abs. 2 SGB IX (→ Rn. 340 ff.). Mit Hilfe des bEM können aber mildere Mittel als die Beendigung des Arbeitsverhältnisses und damit auch Weiterbeschäftigungsmöglichkeiten ausfindig gemacht werden.[554]

195 Die Weiterbeschäftigungsobliegenheit kann **tarifvertraglich konkretisiert bzw. erweitert,** aufgrund des zwingenden Charakters des KSchG (→ Rn. 4 ff.) aber **nicht eingeschränkt** werden. Um eine solche Regelung handelt es sich aber nicht, wenn ein Tarifvertrag dem Arbeitnehmer unter bestimmten Voraussetzungen einen Unterbringungsanspruch durch Abschluss eines neuen Arbeitsvertrags einräumt, weil hierdurch gerade an eine wirksame Kündigung angeknüpft wird.[555] Daraus ergibt sich zugleich, dass ein solcher vertraglicher Unterbringungsanspruch erst dann zum Tragen kommt, wenn eine Weiterbeschäftigung iSv Abs. 2 S. 2 Nr. 1b bzw. Nr. 2b nicht möglich ist.[556]

196 **b) Unternehmensbezogenheit der Weiterbeschäftigungsmöglichkeit.** Entsprechend der Regelung des Abs. 2 S. 2 Nr. 1b ist die Weiterbeschäftigungsmöglichkeit **unternehmensbezogen** zu prüfen (→ Rn. 751).[557] Die Kündigung ist also nicht sozial gerechtfertigt, wenn in einem anderen Betrieb des Unternehmens freie Arbeitsplätze vorhanden sind, und zwar unabhängig davon, ob der Betriebsrat aus diesem Grund widersprochen hat oder der Arbeitnehmer für das gesamte Unternehmen eingestellt worden ist.[558] (Zu den sich aus § 132 Abs. 2 UmwG (bis 28.2.2023: § 323 Abs. 1 UmwG) ergebenden Folgen einer Spaltung nach §§ 123 ff. UmwG → § 23 Rn. 18. Zum Gemeinschaftsbetrieb mehrerer Unternehmen → Rn. 752).

197 Entsprechendes gilt nach Abs. 2 S. 2 Nr. 2b in der **öffentlichen Verwaltung,** wenn der Arbeitnehmer zwar nicht an einem anderen Arbeitsplatz in derselben Dienststelle, jedoch in einer anderen Dienststelle desselben Verwaltungszweiges an demselben Dienstort einschließlich seines Einzugsbereichs weiterbeschäftigt werden kann (→ Rn. 785). Hier ist die Gesamtheit der Dienststellen in dem umschriebenen Bereich dem Unternehmen im Bereich der Privatwirtschaft gleichgestellt.[559]

198 Eine Weiterbeschäftigungsmöglichkeit besteht nicht, wenn der **Betriebsrat** des aufnehmenden Betriebes **seine Zustimmung** zur vorgesehenen Einstellung wirksam **verweigert** hat.[560] Die Durchführung eines Zustimmungsersetzungsverfahrens nach § 99 Abs. 4 BetrVG ist dem Arbeitgeber in der Regel nicht zuzumuten.[561]

199 Kann ein **schwerbehinderter Mensch** aufgrund seiner Behinderung nicht mehr auf seinem bisherigen Arbeitsplatz beschäftigt werden, hat der Arbeitgeber gem. § 164

---

[553] BAG 29.1.1992 – 5 AZR 37/91, AP SGB V § 74 Nr. 1; 19.4.1994 – 9 AZR 462/92, AP SGB V § 74 Nr. 2 mAnm Gitter/Boerner.

[554] Vgl. BAG 20.11.2014 – 2 AZR 755/13, NZA 2015, 612 Rn. 38; 18.11.2021 – 2 AZR 138/21, NZA 2022, 253 Rn. 13.

[555] Vgl. BAG 15.12.2016 – 2 AZR 867/15, AP KSchG 1969 § 1 Betriebsbedingte Kündigung Nr. 211 Rn. 19 ff.

[556] BAG 26.1.2017 – 2 AZR 61/16, AP KSchG 1969 § 1 Betriebsbedingte Kündigung Nr. 212 Rn. 42.

[557] BAG 17.5.1984 – 2 AZR 109/83, AP KSchG 1969 § 1 Betriebsbedingte Kündigung Nr. 21 mAnm v. Hoyningen-Huene; 22.5.1986 – 2 AZR 612/85, AP KSchG 1969 § 1 Konzern Nr. 4; 5.10.1995 – 2 AZR 269/95, EzA § 1 KSchG Betriebsbedingte Kündigung Nr. 82 = NZA 1996, 524; MüKoBGB/Hergenröder Rn. 111; Joost Betrieb S. 354 ff.; KR/Rachor Rn. 229; LSSW/Schlünder Rn. 346; Wank RdA 1987, 129 (138); Weller AuR 1986, 225 (228 f.); HK-KSchG/Weller/Dorndorf Rn. 889.

[558] BAG 22.11.1973 – 2 AZR 543/72, AP KSchG § 1 Betriebsbedingte Kündigung Nr. 22 unter I 3a mAnm Meisel; 14.10.1982 – 2 AZR 568/80, AP KSchG 1969 § 1 Konzern Nr. 1 unter B II 3 mAnm Wiedemann; 15.12.1994 – 2 AZR 320/94, AP KSchG 1969 § 1 Betriebsbedingte Kündigung Nr. 66.

[559] BAG 17.5.1984 – 2 AZR 109/83, AP KSchG 1969 § 1 Betriebsbedingte Kündigung Nr. 21 unter C II mAnm v. Hoyningen-Huene; 15.12.1994 – 2 AZR 320/94, AP KSchG 1969 § 1 Betriebsbedingte Kündigung Nr. 66 unter B II 1; s. a. BAG 6.2.1997 – 2 AZR 50/96, BeckRS 1997, 30766958.

[560] BAG 22.1.1991 – 1 ABR 18/90, AP BetrVG 1972 § 99 Nr. 86.

[561] BAG 29.1.1997 – 2 AZR 9/96, AP KSchG 1969 § 1 Krankheit Nr. 32.

Abs. 4 S. 1 Nr. 1 SGB IX zu prüfen, ob er ihn auf einem anderen geeigneten Arbeitsplatz weiterbeschäftigen kann. Hierbei sind auch Arbeitsplätze in anderen Betrieben des Unternehmens in Betracht zu ziehen. Aus § 164 Abs. 4 S. 1 Nr. 1 SGB IX ergibt sich allerdings keine Pflicht des Arbeitgebers zur Rückgängigmachung seiner Organisationsentscheidung, um den bisherigen Arbeitsplatz zu erhalten. Erst recht kann nicht die Schaffung eines zusätzlichen Arbeitsplatzes verlangt werden, um hierdurch die Kündigung zu Fall zu bringen.[562] Soweit für die Erfüllung des schwerbehindertenrechtlichen Beschäftigungsanspruchs eine Versetzung erforderlich ist, hat der schwerbehinderte Mensch einen Anspruch darauf, dass der Arbeitgeber die hierfür nach § 99 BetrVG erforderliche Zustimmung des Betriebsrats einholt. Wird diese verweigert und steht nicht fest, dass dem Betriebsrat objektiv Zustimmungsverweigerungsgründe nach § 99 Abs. 2 BetrVG zustehen, hat der Arbeitnehmer nach Auffassung des BAG einen Anspruch auf Durchführung des gerichtlichen Zustimmungsersetzungsverfahrens nach § 99 Abs. 4 BetrVG.[563] Damit überspannt der Neunte Senat jedoch die Anforderungen. Insoweit hat der Zweite Senat für den vergleichbaren Fall der Umsetzung eines Arbeitnehmers, der dauerhaft nicht mehr in der Lage ist, seine geschuldete Arbeitsleistung zu erbringen, zutreffend entschieden, dem Arbeitgeber sei die Durchführung eines Zustimmungsersetzungsverfahrens regelmäßig **nicht zumutbar.**[564] Der Arbeitgeber muss auch sonst keine Rechtsstreitigkeiten mit ungewissem Ausgang führen, um eine Beendigungskündigung zu vermeiden.[565]

Ist ein **freier Arbeitsplatz nur in einem im Ausland gelegenen Betrieb** des Unterneh- **200**
mens vorhanden, besteht nach hM grds. keine Weiterbeschäftigungspflicht auf diesem Arbeitsplatz.[566] Das BAG begründet seine Ansicht zum einen damit, dass das KSchG nur für die im Inland gelegenen Betriebe gilt.[567] Zum anderen würde zumindest in bestimmten Fällen die Abstimmung mit dem auf die Arbeitnehmer im ausländischen Betrieb regelmäßig anwendbaren ausländischen Arbeitsrecht erhebliche Schwierigkeiten aufwerfen. Allerdings erkennt auch das BAG von diesem Grundsatz Ausnahmen an, wie etwa die Verlagerung von Aufgaben im „kleinen Grenzverkehr", oder hält sie doch zumindest für möglich, wie bei einer rechtswirksamen Versetzungsklausel bzw. dann, wenn auch sämtliche im Ausland tätigen Beschäftigten aufgrund einer Rechtswahlvereinbarung (→ Einl. Rn. 111) deutschem Kündigungsrecht unterliegen.[568] Da die Weiterbeschäftigungspflicht unternehmensbezogen und nicht betriebsbezogen ist, spricht freilich mehr dafür, das **Regel-Ausnahme-Verhältnis umzukehren** und den im Ausland befindlichen freien Arbeitsplatz nur dann nicht berücksichtigen, wenn tatsächlich Inkonsistenzen zu erwarten sind.[569] Dass es bei einer dauerhaften Beschäftigung im Ausland vorbehaltlich einer abweichenden Rechtswahl nach Maßgabe von Art. 3 u. 8 VO (EG) Nr. 593/2008 (Rom I-VO) zu einem Statutenwechsel kommt und der Arbeitnehmer hierdurch künftig aus dem Geltungsbereich des KSchG herausfällt, steht der Berücksichtigung eines freien

---

562 BAG 16.5.2019 – 6 AZR 329/18, NZA 2019, 1198 Rn. 33 ff.; dazu krit. Düwell FS Preis 2021, 181 (184 ff.), unter dem Blickwinkel der Pflicht zur Umverteilung der vorhandenen Arbeit.

563 BAG 3.12.2002 – 9 AZR 481/01, AP SGB IX § 81 Nr. 2.

564 BAG 29.1.1997 – 2 AZR 9/96, AP KSchG 1969 § 1 Krankheit Nr. 32.

565 BAG 24.9.2015 – 2 AZR 3/14, AP KSchG 1969 § 1 Betriebsbedingte Kündigung Nr. 209 Rn. 25 f. mkritAnm Schrader/Felsmann; dazu auch Kleinert RdA 2017, 52 (54).

566 BAG 29.8.2013 – 2 AZR 809/12, AP KSchG 1969 § 1 Betriebsbedingte Kündigung Nr. 202 Rn. 31 ff. mablAnm Deinert; 24.9.2015 – 2 AZR 3/14, AP KSchG 1969 § 1 Betriebsbedingte Kündigung Nr. 209 Rn. 18 mkritAnm Schrader/Felsmann; LAG Berlin-Brandenburg 5.5.2011 – 5 Sa 219/11, BeckRS 2011, 75511; 5.5.2011 – 5 Sa 220/11, BeckRS 2011, 75993; LAG Hamburg 11.5.2011 – 5 Sa 1/11, BeckRS 2011, 74172; Fuhlrott DB 2014, 1198 (1199); Hoffmann-Remy/Zaumseil DB 2012, 1624 (1625 ff.); Leuchten ZESAR 2014, 319 (320 f.).

567 BAG 17.1.2008 – 2 AZR 902/06, AP KSchG 1969 § 23 Nr. 40; 26.3.2009 – 2 AZR 883/07, AP KSchG 1969 § 23 Nr. 45.

568 BAG 29.8.2013 – 2 AZR 809/12, AP KSchG 1969 § 1 Betriebsbedingte Kündigung Nr. 202 Rn. 37, 39. Zur Beschäftigung bei einem ausländischen konzernangehörigen Unternehmen s. a. BAG 21.1.1999 – 2 AZR 648/97, AP KSchG 1969 § 1 Konzern Nr. 9.

569 Für eine prinzipielle Berücksichtigung auch ausländischer freier Arbeitsplätze LAG Hamburg 22.3.2011 – 1 Sa 2/11, BeckRS 2011, 76012; DD/Deinert Rn. 413; SES/Schwarze Rn. 315; PVT Kündigung/Temming Rn. 1123; Winkler v. Mohrenfels FS Magnus, 2014, 549 (564 f.).

Arbeitsplatzes in einem im Ausland gelegenen Betrieb nicht prinzipiell entgegen, weil es noch um die Frage der Wirksamkeit einer deutschem Kündigungsschutzrecht unterliegenden Kündigung geht. Zudem sieht auch das BAG insoweit offenbar kein Hindernis, wenn es eine Weiterbeschäftigungspflicht im Ausland im Wege einer Nebenpflicht des Arbeitgebers zur Vertragsänderung durchaus für möglich hält.[570] Es sollte deshalb Sache des Arbeitnehmers sein, darüber zu entscheiden, ob er sich auf einen Statutenwechsel sowie ggf. auch auf eine Anpassung an das übliche Entgeltniveau der Ortskräfte einlässt.

201 c) **Grundsätzlich keine Konzernbezogenheit.** Der Vorrang der Weiterbeschäftigung (ohne oder mit Änderungskündigung) vor der Beendigungskündigung gilt grds. nur, wenn innerhalb des Unternehmens ein geeigneter freier Arbeitsplatz vorhanden ist. Die Berücksichtigung von Beschäftigungsmöglichkeiten im **Konzern** ist dagegen im Allgemeinen **nicht erforderlich.**[571]

202 Gegen eine generelle konzernbezogene Weiterbeschäftigungspflicht spricht zunächst der **Wortlaut des KSchG,** der an keiner Stelle erkennen lässt, dass der allgemeine Kündigungsschutz von vornherein eine unternehmensübergreifende Dimension haben soll, obwohl andere arbeitsgesetzliche Regelungen (bspw. § 12a Abs. 2 TVG, §§ 54 ff. BetrVG, § 5 MitbestG) und sogar das KSchG selber (§ 17 Abs. 3a) das Phänomen des Konzerns durchaus berücksichtigen und der Gesetzgeber mehrfach die Möglichkeit nicht genutzt hat, eine entsprechende Erweiterung auch im KSchG vorzusehen. Der Grund für diese prinzipiell auf das Unternehmen beschränkte Sichtweise liegt in der **rechtlichen Selbständigkeit der Konzernunternehmen.**[572] Der Konzern als solcher ist nicht Rechtssubjekt und kann deshalb für sich genommen auch nicht Arbeitsvertragspartei sein.[573] Die Schwierigkeit eines ausnahmsweise über das Unternehmen hinausgreifenden Kündigungsschutzes besteht deshalb darin, dass die Rechtsstellung eines am Arbeitsvertrag nicht beteiligten Dritten berührt wird.[574] Die Weiterbeschäftigung in einem anderen Konzernunternehmen läuft somit regelmäßig auf einen **Wechsel des Vertragsarbeitgebers** hinaus.[575] Als milderes Mittel gegenüber einer Kündigung kann nämlich nicht etwa eine dauerhafte Konzernleihe angesehen werden (s. aber auch → Rn. 210 aE).[576] Daher stellt

---

[570] BAG 24.9.2015 – 2 AZR 3/14, AP KSchG 1969 § 1 Betriebsbedingte Kündigung Nr. 209 Rn. 29 mkritAnm Schrader/Felsmann; dazu auch Kleinert RdA 2017, 52 (56).

[571] Grdl. BAG 14.10.1982 – 2 AZR 568/80, AP KSchG 1969 § 1 Konzern Nr. 1 mAnm Wiedemann; ferner BAG 22.5.1986 – 2 AZR 612/85, AP KSchG 1969 § 1 Konzern Nr. 4; 27.11.1991 – 2 AZR 255/91, AP KSchG 1969 § 1 Konzern Nr. 6 mAnm Windbichler; 10.1.1994 – 2 AZR 489/93, AP KSchG 1969 § 1 Konzern Nr. 8; 21.1.1999 – 2 AZR 648/97, AP KSchG 1969 § 1 Konzern Nr. 9; 22.3.2001 – 8 AZR 565/00, AP GG Art. 101 Nr. 59 unter B II 4e aa; 18.9.2003 – 2 AZR 79/02, AP KSchG 1969 § 17 Nr. 14; 23.11.2004 – 2 AZR 24/04, AP KSchG 1969 § 1 Betriebsbedingte Kündigung Nr. 132; 23.3.2006 – 2 AZR 162/05, AP KSchG 1969 § 1 Konzern Nr. 13; 26.6.2008 – 2 AZR 1109/06, AP KSchG 1969 § 1 Betriebsbedingte Kündigung Nr. 180; 24.5.2012 – 2 AZR 62/11, AP KSchG 1969 § 1 Betriebsbedingte Kündigung Nr. 194 Rn. 27; 18.10.2012 – 6 AZR 41/11, AP KSchG 1969 § 1 Betriebsbedingte Kündigung Nr. 196 Rn. 56; 22.11.2012 – 2 AZR 673/11, AP BGB § 626 Unkündbarkeit Nr. 2 Rn. 39; 16.4.2014 – 5 AZR 739/11, AP BGB § 615 Nr. 133 Rn. 46; MüKoBGB/Hergenröder Rn. 111, 304; APS/Kiel Rn. 550; MHdB ArbR/Kreft § 115 Rn. 51 ff.; Kukat BB 2000, 1242; Lingemann/v. Steinau-Steinrück DB 1999, 2161; ErfK/Oetker Rn. 246; KR/Rachor Rn. 577; HK-KSchG/Weller/Dorndorf Rn. 899; näher Bayreuther NZA 2006, 819; Fiebig DB 1993, 582; Helle, Konzernbedingte Kündigungsschranken, 1989, 49 ff.; Henssler, Der Arbeitsvertrag im Konzern, 1983, 129 ff.; Ingenfeld, Die Betriebsausgliederung aus der Sicht des Arbeitsrechts, 1992, 350 ff.; Kiel Beschäftigungsmöglichkeit S. 137 ff.; Konzen ZfA 1982, 259 (306 f.); RdA 1984, 65 (82); FS 50 Jahre Arbeitsgerichtsbarkeit Rheinland-Pfalz, 1999, 171 (183 ff.); Martens FS 25 Jahre BAG, 1979, 367 (376); Braun/Wisskirchen/Röhrborn, Konzernarbeitsrecht, 2015, Abschnitt 3 Rn. 67 ff.; Rost FS Schwerdtner, 2003, 169; Silberberger, Weiterbeschäftigungsmöglichkeiten und Kündigungsschutz im Konzern, 1994, 147 ff., 185 ff.; Windbichler KonzernArbR S. 156 f., 259 ff.; zur Frage, inwieweit im öffentlichen Dienst die kündigungsrechtliche Konzernproblematik entsteht, s. v. Hoyningen-Huene Anm. zu BAG 17.5.1984 – 2 AZR 109/83, AP KSchG 1969 § 1 Betriebsbedingte Kündigung Nr. 21 unter 6c; zT aA Abbrent BB 1988, 756 (759 f.); Coen RdA 1983, 348 (351 ff.); Henssler, Der Arbeitsvertrag im Konzern, 1983, 134 ff.; Temming RdA 2018, 84 (86 ff.); ausf. Temming, Der vertragsbeherrschende Dritte, 2015, 1105 ff.

[572] BAG 14.10.1982 – 2 AZR 568/80, AP KSchG 1969 § 1 Konzern Nr. 1; 27.11.1991 – 2 AZR 255/91, AP KSchG 1969 § 1 Konzern Nr. 6; APS/Kiel Rn. 550; Preis DB 1988, 1387 (1393); LSSW/Schlünder Rn. 351.

[573] MHdB ArbR/Temming § 25 Rn. 1; Windbichler RdA 1999, 146 (149).

[574] Rost FS Schwerdtner, 2003, 169 (170).

[575] BAG 23.3.2006 – 2 AZR 162/05, AP KSchG 1969 § 1 Konzern Nr. 13.

[576] Rid NZA 2011, 1121 (1126).

sich in erster Linie die Frage, unter welchen Voraussetzungen und bis zu welchem Grad der bisherige Arbeitgeber gehalten ist, auf einen solchen Vertragspartnerwechsel hinzuwirken.

Vor diesem Hintergrund ist ein **konzerndimensionaler Kündigungsschutz** zunächst in dem Ausnahmefall zu bejahen, dass der Arbeitnehmer zwar nur einen einzigen Arbeitsvertrag geschlossen hat, an diesem Arbeitsvertrag aber neben dem unmittelbaren Arbeitgeber auch ein anderes konzernangehöriges Unternehmen als Vertragsarbeitgeber beteiligt ist (**einheitliches Arbeitsverhältnis,** → Rn. 76 f.).[577] Das Arbeitsverhältnis muss dann von beiden Mitgliedern der Arbeitgebergruppe gemeinsam gekündigt werden, wofür es in beiden Unternehmen eines Kündigungsgrundes bedarf.[578] Daher kommt es in einem solchen Fall schon nach allgemeinen Grundsätzen darauf an, ob in einem der beiden Unternehmen eine Weiterbeschäftigungsmöglichkeit besteht.[579] 203

Wenn der Arbeitnehmer **gleichzeitig mit zwei Konzernunternehmen** (A und B) **verschiedene Arbeitsverträge geschlossen** hat, von denen der Vertrag mit A zugunsten des Vertrags mit B suspendiert ist, kann der Arbeitsvertrag mit B dagegen eigenständig gekündigt werden. Allerdings ist A in diesem Fall arbeitsvertraglich verpflichtet, den Arbeitnehmer wieder aufzunehmen. Ob und wie sich diese Pflicht von A auf die Wirksamkeit einer Kündigung seitens B auswirkt, hängt davon ab, ob B aus den zum Arbeitnehmer bestehenden Rechtsbeziehungen eine Einstandspflicht trifft, ihn ggf. bei einem anderen Konzernunternehmen unterzubringen, ob B zumindest einen – ernsthaften – Versuch dazu unternehmen muss oder ob B die Initiative vollständig dem Arbeitnehmer überlassen kann. Insoweit gelten dieselben Grundsätze wie in den zumeist diskutierten Fällen, in denen (noch) kein Arbeitsvertrag zum anderen Konzernunternehmen besteht. 204

Sofern bislang nur ein Arbeitsvertrag zum bisherigen konzernangehörigen Arbeitgeber vorhanden ist, dessen Kündigung in Rede steht, hängt die Konzernbezogenheit der Weiterbeschäftigungspflicht nach stRspr des BAG[580] und hL[581] im Grundsatz von **zwei Voraussetzungen** ab: Erstens bedarf es der Begründung einer solchen Weiterbeschäftigungspflicht in Form **vertraglicher Zusagen** oder zumindest einer **Selbstbindung kraft Vertrauensschutzes.** Allerdings trifft das BAG dabei nicht immer eine klare Unterscheidung zwischen den Rechten und Pflichten der einzelnen Konzernunternehmen. Zweitens muss der kündigende Arbeitgeber in der Lage sein, die **Weiterbeschäftigung** des Arbeitnehmers beim aufnehmenden Unternehmen rechtlich oder zumindest faktisch **durchzusetzen.** Auch dieses Kriterium ist indes nicht zweifelsfrei. 205

Richtigerweise ist zunächst darauf abzustellen, ob den **kündigenden Arbeitgeber** dem Grunde nach eine Pflicht bzw. Obliegenheit (→ Rn. 190) trifft, **für eine Unterbringung des Arbeitnehmers bei einem anderen konzernangehörigen Unternehmen zu sorgen.** Eine solche Pflicht kann sich aus einer **ausdrücklichen arbeitsvertraglichen Zusage,** aber auch aus einer **Konzernbetriebsvereinbarung**[582] oder einer **tarifvertraglichen Regelung**[583] er- 206

---

[577] BAG 27.3.1981 – 7 AZR 523/78, AP BGB § 611 Arbeitgebergruppe Nr. 1.

[578] APS/Kiel Rn. 552; Rost FS Schwerdtner, 2003, 169 (171); ebenso offenbar KR/Rachor Rn. 579.

[579] DD/Deinert Rn. 425; Windbichler KonzernArbR S. 135 ff., 172 ff.

[580] BAG 14.10.1982 – 2 AZR 568/80, AP KSchG 1969 § 1 Konzern Nr. 1 mAnm Wiedemann; ebenso BAG 22.5.1986 – 2 AZR 612/85, AP KSchG 1969 § 1 Konzern Nr. 4; 27.11.1991 – 2 AZR 255/91, AP KSchG 1969 § 1 Konzern Nr. 6 mAnm Windbichler; 10.1.1994 – 2 AZR 489/93, AP KSchG 1969 § 1 Konzern Nr. 8; 21.1.1999 – 2 AZR 648/97, AP KSchG 1969 § 1 Konzern Nr. 9; 18.9.2003 – 2 AZR 79/02, AP KSchG 1969 § 17 Nr. 14; 23.11.2004 – 2 AZR 24/04, AP KSchG 1969 § 1 Betriebsbedingte Kündigung Nr. 132; 23.3.2006 – 2 AZR 162/05, AP KSchG 1969 § 1 Konzern Nr. 13; 26.6.2008 – 2 AZR 1109/06, AP KSchG 1969 § 1 Betriebsbedingte Kündigung Nr. 180; 18.10.2012 – 6 AZR 41/11, AP KSchG 1969 § 1 Betriebsbedingte Kündigung Nr. 196 Rn. 57.

[581] APS/Kiel Rn. 551; Lingemann FS Bauer, 2010, 661 (662 ff.); KR/Rachor Rn. 577 ff.; Rost FS Schwerdtner, 2003, 169 (170 ff.); LSSW/Schlünder Rn. 351 f.; SES/Schwarze Rn. 317.

[582] LAG Köln 17.12.2007 – 14 Sa 654/07, BeckRS 2008, 52385; Bachner NZA 2006, 1309 (1311); Lingemann FS Bauer, 2010, 661 (664).

[583] BAG 10.5.2007 – 2 AZR 626/05, AP BGB § 626 Unkündbarkeit Nr. 1 Rn. 32 ff.; LAG Köln 7.8.2006 – 14 Sa 84/06, BeckRS 2006, 45084; Bachner NZA 2006, 1309 (1311); Lingemann FS Bauer, 2010, 661 (665).

geben. Von einer konkludenten Zusage ist auszugehen, wenn der Arbeitnehmer nach dem Arbeitsvertrag von vornherein für den Bereich des gesamten Konzerns eingestellt worden ist oder sich arbeitsvertraglich mit einer Versetzung innerhalb der Unternehmensgruppe einverstanden erklärt hat (**Konzernversetzungsklausel**).[584] Eine hinreichende Bindung des Arbeitgebers kann sich weiter aus **Vertrauensschutzgründen** infolge einer in der Vergangenheit geübten Praxis der Abordnung in andere konzernangehörige Unternehmen ergeben.[585] Problematisch ist freilich, wenn das BAG ohne nähere Erläuterungen die Übernahmeerklärung eines anderen Konzernunternehmens ausreichen lässt,[586] weil offenbleibt, warum sich aus der Zusage eines Dritten eine Pflicht des kündigenden Arbeitgebers ergeben soll, sich um einen Wechsel des Arbeitnehmers zu dem anderen Unternehmen zu bemühen. Überzeugender ist es dagegen, wenn das BAG die wiederholte einvernehmliche Beschäftigung bei einem anderen Konzernunternehmen als mögliche Grundlage eines hinreichenden Vertrauenstatbestandes einstuft,[587] weil in einem solchen Fall nicht nur das aufnehmende Unternehmen, sondern auch der kündigende Arbeitgeber an der Schaffung des entsprechenden Tatbestandes beteiligt ist. Entscheidend muss daher stets sein, ob **dem kündigenden Arbeitgeber der Rechtsgrund,** der einen Konzernbezug des Kündigungsschutzes rechtfertigt, **zugerechnet werden kann,** was nur dann der Fall ist, wenn das Unternehmen selbst rechtsgeschäftlich gebunden ist oder beim Arbeitnehmer zumindest ein schutzwürdiges Vertrauen hervorgerufen hat.[588] Handelt es sich nur um sporadische Einsätze, die sich als **Konzernleihe iSd § 1 Abs. 3 Nr. 2 AÜG** darstellen, wird ein Vertrauenstatbestand freilich kaum begründet werden.[589] Von vornherein unzureichend ist es auch, wenn es in der Vergangenheit lediglich zu einem vor allem in **Matrixstrukturen** üblichen Erteilen von Weisungen über Konzerngrenzen hinweg gekommen ist.[590]

207 Als weitere Voraussetzung einer unternehmensübergreifenden Weiterbeschäftigungspflicht fordert die hM, dass der kündigende Vertragsarbeitgeber die **Weiterbeschäftigung in einem anderen konzernangehörigen Unternehmen durchsetzen** kann. Die Entscheidung darüber darf allein nicht dem aufnehmenden Unternehmen vorbehalten sein.[591] Dies ist insofern ungenau, als der Bestand einer Pflicht im Allgemeinen nicht von ihrer Erfüllbarkeit abhängt[592] und es deshalb durchaus denkbar ist, dass ein Arbeitgeber ausnahmsweise eine **Garantie für die Unterbringung des Arbeitnehmers** in einem konzernangehörigen Unternehmen übernimmt.[593] In einem solchen Fall ist der Arbeitgeber nicht nur dazu verpflichtet, sich um anderweitige Beschäftigung zu bemühen. Vielmehr hat der Arbeitgeber jedenfalls bis zu einem gewissen Grad das Risiko übernommen, dass seine Bemühungen erfolglos bleiben. Nicht anders als in der vergleichbaren Konstellation des vertraglichen Ausschlusses einer ordentlichen Kündigung ist beim Scheitern einer Wei-

---

[584] BAG 18.10.1976 – 3 AZR 576/75, AP KSchG 1969 § 1 Betriebsbedingte Kündigung Nr. 3; 21.1.1999 – 2 AZR 648/97, AP KSchG 1969 § 1 Konzern Nr. 9; 18.9.2003 – 2 AZR 79/02, AP KSchG 1969 § 17 Nr. 14; 23.11.2004 – 2 AZR 24/04, AP KSchG 1969 § 1 Betriebsbedingte Kündigung Nr. 132; 23.3.2006 – 2 AZR 162/05, AP KSchG 1969 § 1 Konzern Nr. 13; Kiel Beschäftigungsmöglichkeit S. 146 ff.; KR/Rachor Rn. 579; PVT Kündigung/Temming Rn. 1115; Windbichler KonzernArbR S. 156 ff.; HaKo-KSchR/Zimmermann Rn. 697; zur Versetzung in ein anderes Konzernunternehmen s. v. Hoyningen-Huene/Boemke, Die Versetzung, 1991, 216 ff.

[585] BAG 23.3.2006 – 2 AZR 162/05, AP KSchG 1969 § 1 Konzern Nr. 13 Rn. 27; 26.6.2008 – 2 AZR 1109/06, AP KSchG 1969 § 1 Betriebsbedingte Kündigung Nr. 180.

[586] BAG 14.10.1982 – 2 AZR 568/80, AP KSchG 1969 § 1 Konzern Nr. 1; 23.4.2008 – 2 AZR 1110/06, AP KSchG 1969 § 1 Betriebsbedingte Kündigung Nr. 177; 26.6.2008 – 2 AZR 1109/06, AP KSchG 1969 § 1 Betriebsbedingte Kündigung Nr. 180; 24.5.2012 – 2 AZR 62/11, AP KSchG 1969 § 1 Betriebsbedingte Kündigung Nr. 194 Rn. 27.

[587] BAG 27.11.1991 – 2 AZR 255/91, AP KSchG 1969 § 1 Konzern Nr. 6 mAnm Windbichler.

[588] Zutr. Bayreuther NZA 2006, 819 (822).

[589] BAG 18.9.2003 – 2 AZR 79/02, AP KSchG 1969 § 17 Nr. 14.

[590] BAG 23.3.2006 – 2 AZR 162/05, AP KSchG 1969 § 1 Konzern Nr. 13 Rn. 27.

[591] BAG 23.3.2006 – 2 AZR 162/05, AP KSchG 1969 § 1 Konzern Nr. 13; 23.4.2008 – 2 AZR 1110/06, AP KSchG 1969 § 1 Betriebsbedingte Kündigung Nr. 177.

[592] Windbichler Anm. zu BAG 27.11.1991 – 2 AZR 255/91, AP KSchG 1969 § 1 Konzern Nr. 6.

[593] Krit. zum sog. Durchsetzungskriterium PVT Kündigung/Temming Rn. 1114; RdA 2018, 84 (86 ff.); differenzierend Bayreuther NZA 2006, 819 (820 ff.).

terbeschäftigung dann nur noch eine außerordentliche Kündigung möglich.[594] Im Regelfall ist der kündigende Arbeitgeber aber nur dazu verpflichtet, **im Rahmen seiner Möglichkeiten** den ernsthaften Versuch einer Unterbringung des betroffenen Arbeitnehmers zu unternehmen. Eine darüber hinaus gehende Pflicht kann insbes. bei einem auf Vertrauensschutz gegründeten Kündigungsschutz nicht angenommen werden.[595] Die dem kündigenden Arbeitgeber zur Verfügung stehenden Möglichkeiten begrenzen also nicht eine an sich weitergehende Pflicht. Vielmehr schuldet der Arbeitgeber von vornherein nur die Ausschöpfung dieser Möglichkeiten. Allerdings ist es zu streng, einen Vertrauenstatbestand allein deshalb zu verneinen, weil der Arbeitnehmer um die fehlende Möglichkeit des Arbeitgebers zur rechtlichen Durchsetzbarkeit der Weiterbeschäftigung weiß.[596] Eine Weiterbeschäftigungsmöglichkeit für den gekündigten Arbeitnehmer außerhalb des Unternehmens des Arbeitgebers führt somit im Allgemeinen nur dann zur Unwirksamkeit der Kündigung, wenn der Arbeitgeber hinreichende (gesellschafts-)rechtliche (bspw. aufgrund des Weisungsrechts gem. § 37 Abs. 1 GmbHG bzw. § 308 Abs. 1 AktG im Falle eines Beherrschungsvertrags iSd § 291 Abs. 1 S. 1 AktG oder aber infolge einer konkreten Vereinbarung) bzw. faktische Möglichkeiten[597] hat, dem Drittunternehmen gegenüber die Weiterbeschäftigung dieses Arbeitnehmers durchzusetzen,[598] er diese Möglichkeiten aber nicht hinreichend ausschöpft.

Wenn das BAG in diesem Zusammenhang erneut die Frage einer **Selbstbindung des anderen konzernangehörigen Unternehmens** ins Spiel bringt,[599] ist dies wiederum ungenau, weil eine solche Selbstbindung des Dritten für sich genommen die Reichweite der Pflichten des kündigenden Unternehmens nicht beeinflussen kann, sondern grds. nur zu einem gegen das andere Unternehmen gerichteten Anspruch des Arbeitnehmers auf Einstellung führt. Denkbar ist lediglich, dass sich der kündigende Arbeitgeber das Verhalten des anderen konzernangehörigen Unternehmens zurechnen lassen muss. Außerdem ist der kündigende Arbeitgeber gehalten, das aufnehmende Unternehmen an etwaige rechtliche Pflichten gegenüber dem Arbeitnehmer zu erinnern, sodass der geschuldete Versuch einer Unterbringung des Arbeitnehmers um so eher zu einem Erfolg führen wird, je deutlicher eine solche Selbstbindung des anderen Unternehmens besteht. **208**

Fehlt es auf Seiten des kündigenden Arbeitgebers an einer wie auch immer hergeleiteten Grundlage für einen konzerndimensionalen Kündigungsschutz, so entsteht dieser **nicht allein dadurch,** dass das Unternehmen einen **bestimmenden Einfluss** auf andere konzernangehörige Unternehmen hat.[600] **209**

Ein Teil der Lit. will eine konzernbezogene Weiterbeschäftigungspflicht über die Fälle einer Bindung kraft Vertrags oder Vertrauens ausdehnen. Zum Teil wird aus einer konzernweiten Arbeitnehmermobilität allgemein auf eine damit korrespondierende kündigungsschutzrechtliche **Gesamtkonzernverantwortung** geschlossen.[601] Mangels einer Rechtssubjektivität sind diese Gestaltungen indes besser in Rechte und Pflichten der einzelnen konzernangehörigen Unternehmen zu gliedern. Andere Stimmen wollen für den (weiteren) Fall einen konzernweiten Kündigungsschutz bejahen, dass sich ein **kon-** **210**

594 Vgl. Bayreuther NZA 2006, 819 (822 f.).

595 Für eine Beschränkung des Durchsetzungskriteriums auf Vertrauenstatbestände sogar Gallner FS Düwell, 2011, 208 (215 ff.).

596 In diese Richtung aber BAG 23.3.2006 – 2 AZR 162/05, AP KSchG 1969 § 1 Konzern Nr. 13 Rn. 27; zust. Lingemann FS Bauer, 2010, 661 (666 f.).

597 BAG 24.5.2012 – 2 AZR 62/11, AP KSchG 1969 § 1 Betriebsbedingte Kündigung Nr. 194 Rn. 27.

598 BAG 21.2.2002 – 2 AZR 749/00, EzA § 1 KSchG Wiedereinstellungsanspruch Nr. 7; 23.3.2006 – 2 AZR 162/05, AP KSchG 1969 § 1 Konzern Nr. 13; 26.6.2008 – 2 AZR 1109/06, AP KSchG 1969 § 1 Betriebsbedingte Kündigung Nr. 180.

599 BAG 23.11.2004 – 2 AZR 24/04, AP KSchG 1969 § 1 Betriebsbedingte Kündigung Nr. 132 unter B III 2b bb.

600 BAG 23.4.2008 – 2 AZR 1110/06, AP KSchG 1969 § 1 Betriebsbedingte Kündigung Nr. 177.

601 Martens FS 25 Jahre BAG, 1979, 367 (375); Preis Prinzipien Rn. 750; noch weitergehend Coen RdA 1983, 348 (351 ff.).

zernspezifisches Risiko der Arbeitsaufgabenverlagerung realisiert[602] bzw. die **Konzernspitze die Personalhoheit an sich gezogen** hat.[603] In diese Richtung bewegt sich auch die weit ausholende Konzeption von Temming eines unternehmensübergreifenden Weiterbeschäftigungsanspruchs aus § 280 Abs. 1 iVm §§ 311 Abs. 2 Nr. 3, 241 Abs. 2 BGB gegen die beherrschende Konzernmutter („obligatio in dominando adversus tertium"), der freilich auf der Annahme eines (hier abgelehnten → Rn. 190) materiell-rechtlichen Anspruchs auf Weiterbeschäftigung (gegen den Vertragsarbeitgeber) beruht, für den die Konzernmutter einzustehen hat.[604] Das BAG ist diesen Ansätzen bislang nicht gefolgt, sondern hat sie nur mit skeptischem Unterton erörtert.[605] Allerdings wurde bei der schlichten Zwischenschaltung eines Konzernunternehmens ohne eine reale Veränderung der Arbeitsstrukturen eine missbräuchliche Unternehmerentscheidung bejaht und die betriebsbedingte Kündigung damit schon auf dieser Stufe zu Fall gebracht.[606] Von einer kündigungsschutzrechtlichen Selbstbindung kann in diesen Gestaltungen jedenfalls nicht gesprochen werden.[607] Dies gilt erst recht für die Entstehung eines Konzerntatbestandes durch **Unternehmensaufspaltung.**[608] Der kündigungsrechtliche Arbeitnehmerschutz wird insoweit allein durch **§ 132 Abs. 2 UmwG** (bis 28.2.2023: § 323 Abs. 1 UmwG) realisiert. Diese Regelung ist dahin zu interpretieren, dass es für die Dauer von zwei Jahren auch auf Weiterbeschäftigungsmöglichkeiten im anderen Unternehmen ankommt (→ § 23 Rn. 18).[609] Dass die Gesetzesbegründung zu § 323 UmwG aF nur auf das Absinken des Schwellenwertes eingeht,[610] ist kein hinreichender Grund, die Reichweite der Norm auf diese (praktisch zumeist irrelevanten) Fälle zu beschränken. Allerdings bleibt es auch in dieser Gestaltung dabei, dass der kündigende Arbeitgeber im Allgemeinen nur dazu verpflichtet ist, sich ernsthaft um eine Unterbringung des betroffenen Arbeitnehmers zu bemühen, was im Regelfall lediglich innerhalb eines Konzernverbundes Aussicht auf Erfolg haben dürfte.[611] Damit entfällt freilich zugleich das Argument, dass eine Weiterbeschäftigungsmöglichkeit deshalb von vornherein keine Rolle spielen könne, weil es der Arbeitgeber nicht in der Hand habe, diese einseitig durchzusetzen.[612] IÜ kann es als Folge eines (tarif-)vertraglichen Sonderkündigungsschutzes zu stärkeren Bindungen kommen, indem der Arbeitgeber etwa gehalten ist, den Arbeitnehmer bei einem konzernrechtlich verbundenen Unternehmen im Wege der **Personalgestellung** unterzubringen.[613] Erst recht kann den Arbeitgeber in einem solchen Fall die Obliegenheit treffen, den Arbeitnehmer vorübergehend einem anderen Konzernunternehmen zu über-

---

[602] Vgl. Martens FS 25 Jahre BAG, 1979, 367 (379 ff.); HK-KSchG/Weller/Dorndorf Rn. 902; de lege ferenda Caspers, in Rieble/Junker/Giesen (Hrsg.), Arbeitsrecht im Konzern, 2010, 15 (32 ff.); einen „strukturellen Weiterbeschäftigungsanspruch" ausdrücklich abl. Lingemann FS Bauer, 2010, 661 (670 f.).

[603] Vgl. Konzen RdA 1984, 65 (86); ZHR 151 (1987), 566 (601 f.); FS 50 Jahre Arbeitsgerichtsbarkeit Rheinland-Pfalz, 1999, 171 (184 f.).

[604] Temming RdA 2018, 84 (89 ff.); ebenso jetzt auch PVT Kündigung/Temming Rn. 1117 ff.; ausf. Temming, Der vertragsbeherrschende Dritte, 2015, S. 1105 ff.

[605] Vgl. BAG 23.3.2006 – 2 AZR 162/05, AP KSchG 1969 § 1 Konzern Nr. 13; s. aber Rost FS Schwerdtner, 2003, 169 (177), „durchaus erwägenswert"; offengelassen in BAG 22.9.2016 – 2 AZR 276/16, AP KSchG 1969 § 17 Nr. 52 Rn. 66, wo der Ansatz von Temming als „sehr weitgehend" bezeichnet wird.

[606] BAG 26.9.2002 – 2 AZR 636/01, AP KSchG 1969 § 1 Betriebsbedingte Kündigung Nr. 124 mkritAnm Bengelsdorf.

[607] So aber DD/Deinert Rn. 430; HK-KSchG/Weller/Dorndorf Rn. 902.

[608] So aber DD/Deinert Rn. 431.

[609] NK-GA/Boecken UmwG § 323 Rn. 24; Däubler RdA 1995, 136 (143); Hager GS Heinze, 2005, 311 (317 f.); LSSW/Schlünder Rn. 350; ebenso (aber krit.) Kallmeyer ZIP 1994, 1746 (1757); aA KR/Horcher UmwG § 132 Rn. 28; ErfK/Oetker UmwG § 132 Rn. 7; Lutter/Sagan, UmwG, 7. Aufl. 2023, § 132 Rn. 28 („Schwellenwertmodell"); APS/Steffan UmwG § 132 Rn. 12; WHSS/Willemsen/Sittard Rn. H 154; ferner anscheinend Rieble FS Wiese, 1998, 453 (474 f.); offenlassend BAG 24.5.2012 – 2 AZR 62/11, AP KSchG 1969 § 1 Betriebsbedingte Kündigung Nr. 194 Rn. 39.

[610] Vgl. BT-Drs. 12/6699, 175.

[611] Für einen Anspruch des Arbeitgebers gegen den anderen beteiligten Rechtsträger auf Aufnahme des Arbeitnehmers aus der durch § 133 Abs. 1 UmwG angeordneten gesamtschuldnerischen Haftung der an der Spaltung beteiligten Rechtsträger für die bestehenden Verbindlichkeiten des übertragenden Rechtsträgers aber Hager GS Heinze, 2005, 311 (318).

[612] In diesem Sinne WHSS/Willemsen/Sittard Rn. H 154.

[613] BAG 29.3.2007 – 8 AZR 538/06, AP § 613a Widerspruch Nr. 4 Rn. 42.

lassen, bis beim ursprünglichen Arbeitgeber eine Weiterbeschäftigungsmöglichkeit entstanden ist.[614]

Sofern nicht ausnahmsweise eine unbedingte Einstandspflicht des kündigenden Arbeitgebers für eine konzernweite Weiterbeschäftigung besteht, muss sich der Arbeitgeber nur **ernsthaft um eine Unterbringung des Arbeitnehmers bemühen.** Erfüllt der Arbeitgeber den Anspruch des Arbeitnehmers auf Verschaffung des Arbeitsplatzes nicht bzw. unternimmt er keine hinreichenden Bemühungen, obwohl diese zu einem Erfolg geführt hätten,[615] ist die Kündigung sozialwidrig.[616] Vermag der Arbeitgeber die Weiterbeschäftigung des Arbeitnehmers in dem Drittunternehmen trotz aller Bemühungen nicht durchzusetzen, führt ein dort vorhandener freier Arbeitsplatz dagegen auch dann nicht zur Sozialwidrigkeit einer betriebsbedingten Kündigung, wenn der Arbeitgeber lediglich einen Unterbringungsversuch schuldet und die Weiterbeschäftigung letztlich nur am entgegenstehenden Willen des anderen Konzernunternehmens scheitert.[617] Der **ursprüngliche Arbeitsvertrag** kann ferner dann **wirksam gekündigt** werden, wenn es zu einem Übertritt in das neue Unternehmen kommt. Mehr als eine Weiterbeschäftigung bei einem neuen Arbeitgeber (zu den bisherigen Konditionen) kann der Arbeitnehmer nicht verlangen. An der parallelen Aufrechterhaltung des bisherigen Arbeitsvertrags besteht kein schutzwürdiges Interesse.[618] 211

Dasselbe gilt iErg, wenn der Arbeitnehmer über eine **rechtsverbindliche Einstellungszusage** eines anderen Konzernunternehmens verfügt und er aufgrund der Weigerung, diese Zusage zu erfüllen, gegen dieses Unternehmen vorgeht[619] oder aus Vertrauensschutzgründen ein (Wieder-)Einstellungsanspruch besteht.[620] Sofern der Arbeitnehmer erfolgreich ist, kann das bisherige Arbeitsverhältnis beendet werden, weil sich alle auf die Unterbringung des Arbeitnehmers gerichteten Bemühungen des ehemaligen Arbeitgebers durch Zweckerreichung erledigt haben. 212

d) **Weiterbeschäftigungsangebot.** Soweit es um das Verfahren geht, war der Arbeitgeber nach früherer Rspr. des BAG verpflichtet, dem Arbeitnehmer **vor Ausspruch der Kündigung ein Weiterbeschäftigungsangebot zu machen,** wenn die Möglichkeit einer anderweitigen Beschäftigung besteht.[621] Hiervon ist der Zweite Senat des BAG mittlerweile abgerückt. Zu Recht geht das BAG nunmehr davon aus, dass der Arbeitgeber nicht verpflichtet ist, in jedem Fall mit dem Arbeitnehmer eine einvernehmliche Lösung zu suchen. Der Arbeitgeber kann vielmehr auch ohne vorherige Verhandlungen mit dem Arbeitnehmer direkt eine Änderungskündigung aussprechen (→ § 2 Rn. 73 ff.).[622] Lediglich in den soeben erörterten Fällen eines konzerndimensionalen Kündigungsschutzes scheidet eine Änderungskündigung aus, weil es regelmäßig um den Abschluss eines neuen Arbeitsvertrags bzw. um eine Vertragsübernahme geht.[623] Inhaltlich genügt es, wenn der Arbeitgeber in einem ersten Schritt einen objektiv vergleichbaren und zumutbaren freien Arbeitsplatz anbietet. Weitere Arbeitsplätze muss der Arbeitgeber erst dann anbieten, wenn der Arbeitnehmer entsprechende Vorstellungen äußert und insbes. erkennen lässt, welche Verschlechterungen der Arbeitskonditionen er hinzunehmen bereit ist.[624] 213

---

[614] So BAG 17.9.1998 – 2 AZR 419/97, AP BGB § 626 Nr. 148 unter 6.

[615] Zur Darlegungs- und Beweislast Rid NZA 2011, 1121 (1127).

[616] Gallner FS Düwell, 2011, 208 (218).

[617] BAG 21.2.2002 – 2 AZR 749/00, EzA § 1 KSchG Wiedereinstellungsanspruch Nr. 7; Lingemann FS Bauer, 2010, 661 (672).

[618] Ebenso Bayreuther NZA 2006, 819 (824); Lingemann FS Bauer, 2010, 661 (673).

[619] Dazu auch Bayreuther NZA 2006, 819 (824); KR/Rachor Rn. 581.

[620] BAG 21.2.2002 – 2 AZR 749/00, EzA § 1 KSchG Wiedereinstellungsanspruch Nr. 7.

[621] BAG 27.9.1984 – 2 AZR 62/83, AP KSchG 1969 § 2 Nr. 8 mablAnm v. Hoyningen-Huene; näher v. Hoyningen-Huene/Linck, 13. Aufl. 2002, Rn. 145.

[622] BAG 21.4.2005 – 2 AZR 132/04, AP KSchG 1969 § 2 Nr. 79.

[623] Rid NZA 2011, 1121 (1126).

[624] Dazu umf. und krit. Wank RdA 2012, 139.

IV. Interessenabwägung

214 Zur Feststellung der Sozialwidrigkeit einer Kündigung ist im Ausgangspunkt eine **umfassende Interessenabwägung** erforderlich.[625] Dabei ergibt sich die Erforderlichkeit einer solchen Interessenabwägung im Grundansatz aus dem eigentlichen Kündigungsgrund, nämlich der Unzumutbarkeit der Fortsetzung des Arbeitsverhältnisses (→ Rn. 162 ff.).[626] Um nicht in eine „die Konturen auflösende richterliche Interessenabwägung“[627] zu verfallen, ist es allerdings erforderlich, die **vom Gesetzgeber selbst getroffenen Wertungen** zu beachten.[628] Dem entspricht iÜ auch die Begründung zum Regierungsentwurf des KSchG. Danach setzt der Schutz des Gesetzes ein, wenn einer der in Abs. 2 genannten Gründe nicht vorliegt, „ohne dass noch für eine Abwägung Raum wäre, ob der Verlust des Arbeitsplatzes aus sonstigen, außerhalb des Arbeitsverhältnisses liegenden Gründen den Arbeitnehmer mehr oder weniger hart treffen würde“.[629] Aus der Anknüpfung an die gesetzlichen Wertungen folgt, dass bei der Durchführung der Interessenabwägung zwischen der **betriebsbedingten Kündigung** einerseits und der **verhaltens- und personenbedingten Kündigung** andererseits **zu unterscheiden** ist.[630]

215 Gesetzliche Anhaltspunkte dafür, wie der Konflikt zwischen dem Bestandsschutzinteresse des Arbeitnehmers und dem Auflösungsinteresse des Arbeitgebers zu bewerten ist, enthält Abs. 2 S. 1 für die **betriebsbedingte Kündigung.**[631] Danach geht das Unternehmerinteresse an der Auflösung des Arbeitsverhältnisses dem Bestandsschutzinteresse des Arbeitnehmers vor, wenn **dringende** betriebliche Erfordernisse der Weiterbeschäftigung des Arbeitnehmers entgegenstehen. Für eine darüber hinausgehende Interessenabwägung ist hier kein Raum. Allein im Rahmen der nach Abs. 3 vorzunehmenden sozialen Auswahl sind die Bestandsschutzinteressen der vom Wegfall der Arbeitsplätze betroffenen Arbeitnehmer zu berücksichtigen. Bei einer „an sich“ betriebsbedingten Kündigung bedarf es zur sozialen Rechtfertigung daher keiner zusätzlichen Interessenabwägung.[632]

---

[625] Vgl. grdl. BAG 20.10.1954 – 1 AZR 193/54, AP KSchG § 1 Nr. 6; 13.9.1973 – 2 AZR 601/72, AP KSchG 1969 § 1 Nr. 2; 12.8.1976 – 2 AZR 237/75, AP KSchG 1969 § 1 Nr. 3; 7.3.1980 – 7 AZR 1093/77, AP KSchG 1969 § 1 Betriebsbedingte Kündigung Nr. 9; 22.7.1982 – 2 AZR 30/81, AP KSchG 1969 § 1 Verhaltensbedingte Kündigung Nr. 5; Bitter/Kiel RdA 1994, 333 (336 ff.); DD/Deinert Rn. 63; HK-KSchG/Dorndorf Rn. 283; MüKoBGB/Hergenröder Rn. 119; HWK/Quecke Rn. 64; KR/Rachor Rn. 219; Rüthers/Henssler ZfA 1984, 31 (33); v. Stebut, Der soziale Schutz als Regelungsproblem des Vertragsrechts, 1982, 51 ff.; MHdB ArbR/Zimmermann § 114 Rn. 57 ff..; krit. Ascheid KSchR Rn. 205 ff.; Boewer FS Gaul, 1992, 19 (24 ff.); Reuter FS Richardi, 2007, 361 (371); LSSW/Schlünder Rn. 78 ff.; Stückmann/Kohlepp RdA 2000, 331 (334).

[626] Ebenso APS/Preis Grundlagen H Rn. 30.

[627] So Bötticher FS Molitor, 1962, 123 (127); krit. ferner Herschel FS Schnorr v. Carolsfeld, 1972, 163 ff.

[628] Ebenso Bötticher FS Molitor, 1962, 123 (127); Boewer NZA 1988, 678 (681); Herschel FS Schnorr v. Carolsfeld, 1972, 157 (163 ff.); ErfK/Oetker Rn. 82; Anm. zu BAG 6.9.1989 – 2 AZR 224/89, EzA § 1 KSchG Krankheit Nr. 28; Preis Prinzipien Rn. 430 ff.; Anm. zu BAG 29.3.1990 – 2 AZR 369/89, EzA § 1 KSchG Soziale Auswahl Nr. 29; Wank RdA 1987, 129 (136); RdA 1993, 79 (82).

[629] Begründung des Regierungsentwurfs zum KSchG 1951, BT-Drs. 2090, 11 (1. Wahlperiode) = RdA 1951, 61 (63).

[630] So auch BAG 30.4.1987 – 2 AZR 184/86, AP KSchG 1969 § 1 Betriebsbedingte Kündigung Nr. 42 unter IV 1 u. 2; 18.1.1990 – 2 AZR 183/89, AP KSchG 1969 § 2 Nr. 27 unter B I 2 c; MHdB ArbR/Berkowsky, 3. Aufl. 2009, § 110 Rn. 43; HK-KSchG/Dorndorf Rn. 283 ff.; ErfK/Oetker Rn. 82; KR/Rachor Rn. 220; PVT Kündigung/Temming Rn. 1001 f.; Wank RdA 1993, 79 (81 f.).

[631] Darauf weist auch das BAG zu Recht hin, BAG 29.3.1990 – 2 AZR 369/89, AP KSchG 1969 § 1 Betriebsbedingte Kündigung Nr. 50; ebenso ErfK/Oetker Rn. 82.

[632] So auch iGrds BAG 16.1.1987 – 7 AZR 495/85, BB 1987, 2302 (2303); 30.4.1987 – 2 AZR 184/86, AP KSchG 1969 § 1 Betriebsbedingte Kündigung Nr. 42; 18.1.1990 – 2 AZR 183/89, AP KSchG 1969 § 2 Nr. 27; 16.6.2005 – 6 AZR 476/04, AP ATG § 3 Nr. 13, „kaum mehr Raum für eine praktische Anwendung einer solchen Interessenabwägung“; Bitter/Kiel RdA 1994, 333 (346); HK-KSchG/Dorndorf Rn. 286; Joost Anm. zu BAG 15.2.1984 – 2 AZR 573/82, EzA § 1 KSchG Krankheit Nr. 15; MHdB ArbR/Kreft § 115 Rn. 41 f.; HaKo-KSchR/Pfeiffer Rn. 180; Preis Prinzipien Rn. 440 ff.; Anm. zu BAG 29.3.1990 – 2 AZR 369/89, EzA § 1 KSchG Soziale Auswahl Nr. 29; SES/Schwarze Rn. 56; PVT Kündigung/Temming Rn. 1001; APS/Vossen Rn. 80; Wank RdA 1987, 129 (136 f.); HK-KSchG/Weller/Dorndorf Rn. 942; gänzlich abl. ErfK/Oetker Rn. 82; KR/Rachor Rn. 219, 587; einschränkend BTM/Mayer Rn. 96; aA DD/Deinert Rn. 303; Kühling AuR 2003, 92 (98); Stein AuR 2003, 99 (101); AuR 2013, 243 (245 ff.).

Für die **Kündigung aus Gründen in der Person oder dem Verhalten** des Arbeitnehmers enthält das Gesetz dagegen keine eigene Wertung. Hier bedarf es deshalb zur Feststellung der sozialen Rechtfertigung der Kündigung und damit der Unzumutbarkeit der Fortsetzung des Arbeitsverhältnisses einer umfassenden Abwägung zwischen dem Bestandsschutzinteresse des Arbeitnehmers und dem Interesse des Arbeitgebers an der Beendigung des Arbeitsverhältnisses (→ Rn. 277 ff.; → 470 ff.).[633] Entscheidend ist, ob die aus der Sphäre des Arbeitnehmers herrührenden betrieblichen oder wirtschaftlichen Beeinträchtigungen des Arbeitgebers so gewichtig sind, dass sie die wirtschaftlichen und sozialen Interessen des Arbeitnehmers am Fortbestand des Arbeitsverhältnisses aufwiegen.[634] 216

V. Verzeihung, Verzicht und Verwirkung

Im Einzelfall kann sich die Heranziehung eines Kündigungsgrundes als **unzulässige Rechtsausübung** (§ 242 BGB) erweisen, so wenn der Arbeitgeber dem Arbeitnehmer ein bestimmtes Verhalten verziehen hat.[635] Als **Verzeihung** ist jede ausdrückliche oder konkludente Erklärung anzusehen, aus der sich ergibt, dass der Kündigungsberechtigte über ein bestimmtes Fehlverhalten des Arbeitnehmers hinwegsehen und darauf keine Kündigung mehr stützen will.[636] Die Verzeihung ist nicht anfechtbar, weil sie keine Willenserklärung, sondern eine sog. Gesinnungserklärung darstellt.[637] 217

Neben einer Verzeihung kommt auch ein ausdrücklicher oder konkludenter einseitiger **Verzicht** auf Kündigungsgründe in Betracht.[638] Folge des Verzichts ist, dass der Arbeitgeber die dem Verzicht zugrunde liegenden Gründe zur Begründung der Kündigung nicht mehr heranziehen kann. Eine hierauf gestützte Kündigung wäre dann als unzulässige Rechtsausübung unwirksam.[639] In der Erteilung einer **Abmahnung** liegt regelmäßig der konkludente Verzicht auf eine spätere verhaltensbedingte Kündigung aus dem gerügten Grund (→ Rn. 508). Eine betriebsbedingte Kündigung wird hiervon im Allgemeinen aber nicht erfasst.[640] Mit dem Ausspruch einer **Verdachtskündigung** (→ Rn. 434 ff.) verzichtet der Arbeitgeber ferner nicht auf den Ausspruch einer auf ergänzte Tatsachen gestützten weiteren Verdachtskündigung.[641] 218

Schließt der Arbeitgeber mit einem Arbeitnehmer einen **Aufhebungsvertrag** aus Anlass einer Pflichtverletzung des Arbeitnehmers, liegt darin allein weder ein Verzeihen von 219

---

633 Vgl. aus der Rspr. zur krankheitsbedingten Kündigung BAG 6.9.1989 – 2 AZR 19/89, AP KSchG 1969 § 1 Krankheit Nr. 21; 6.9.1989 – 2 AZR 118/89, AP KSchG 1969 § 1 Krankheit Nr. 22; 6.9.1989 – 2 AZR 224/89, AP KSchG 1969 § 1 Krankheit Nr. 23; 29.4.1999 – 2 AZR 431/98, AP KSchG 1969 § 1 Krankheit Nr. 36; zur verhaltensbedingten Kündigung BAG 17.1.1991 – 2 AZR 375/90, AP KSchG 1969 § 1 Verhaltensbedingte Kündigung Nr. 25; 27.2.1997 – 2 AZR 302/96, AP KSchG 1969 § 1 Verhaltensbedingte Kündigung Nr. 36; HWK/Quecke Rn. 64; KR/Rachor Rn. 288 ff., 443 ff.; PVT Kündigung/Temming Rn. 1002; APS/Vossen Rn. 80.

634 Vgl. Ide AuR 1980, 225 (228); Joost Anm. zu BAG 15.2.1984 – 2 AZR 573/82, EzA § 1 KSchG Krankheit Nr. 15; Preis Prinzipien Rn. 434 ff.; krit. zur Interessenabwägung auch in Fällen krankheitsbedingter Kündigungen Ascheid KSchR Rn. 425; Boewer NZA 1988, 678 (682); Oetker Anm. zu BAG 6.9.1989 – 2 AZR 224/89, EzA § 1 KSchG Krankheit Nr. 28.

635 Vgl. Ascheid KSchR Rn. 106; ähnlich HWK/Quecke Rn. 72; umf. nunmehr Kleinert Selbstbindung S. 66 ff.

636 Ebenso HK-KSchG/Dorndorf Rn. 323; ErfK/Müller-Glöge BGB § 620 Rn. 31; KR/Rachor Rn. 263; aA LSSW/Schlünder Rn. 111, der meint, die Verwendung dieses Begriffs führe in die Irre; dabei wird freilich nicht hinreichend beachtet, dass es sich um einen Gesetzesbegriff handelt (vgl. §§ 532, 2337, 2343 BGB).

637 Ebenso ErfK/Müller-Glöge BGB § 620 Rn. 31; vgl. allg. MüKoBGB/Lange § 2337 Rn. 7 mwN; Staudinger/Olshausen (2021) BGB § 2337 Rn. 13.

638 BAG 13.12.2007 – 6 AZR 145/07, AP KSchG 1969 § 1 Nr. 83 Rn. 23; 19.11.2015 – 2 AZR 217/15, NZA 2016, 540 Rn. 28; ebenso HK-KSchG/Dorndorf Rn. 322; LSSW/Schlünder Rn. 111.

639 ErfK/Müller-Glöge BGB § 620 Rn. 30; s. a. LAG Bremen 22.11.1983 – 4 Sa 167/82, BB 1984, 473, wonach eine außerordentliche Kündigung unwirksam ist, wenn der Arbeitgeber zwei Tage vor Ausspruch der Kündigung dem Arbeitnehmer ein ausnahmslos positives Zeugnis ausgestellt hat; aA NK-ArbR/Greiner KSchG § 1 Rn. 261: Kündigungsgrund fehlt.

640 BAG 24.9.2015 – 2 AZR 3/14, AP KSchG 1969 § 1 Betriebsbedingte Kündigung Nr. 209 Rn. 33 mkritAnm Schrader/Felsmann.

641 BAG 27.1.2011 – 2 AZR 825/09, AP BGB § 626 Verdacht strafbarer Handlung Nr. 49 Rn. 19 mAnm Walker.

Kündigungsgründen noch ein Verzicht auf den Ausspruch einer Kündigung wegen nachträglich bekannt werdender Kündigungsgründe. Eine solche Kündigung bleibt daher zulässig.[642]

220 Wenn der Arbeitgeber nach einer Pflichtwidrigkeit des Arbeitnehmers nicht sogleich eine Kündigung ausspricht, sondern hiermit noch einige Zeit zuwartet, kann allein darin grds. weder ein Verzicht auf den Kündigungsgrund noch eine **Verwirkung** des Kündigungsrechts gesehen werden. Hierzu bedarf es vielmehr weiterer Umstände.[643] Im Gegensatz zur außerordentlichen Kündigung (§ 626 Abs. 2 BGB) ist der Arbeitgeber bei der ordentlichen Kündigung nämlich nicht verpflichtet, innerhalb einer bestimmten Frist nach Kenntnis der kündigungsrelevanten Umstände zu kündigen. Je länger der Arbeitgeber die Kündigung hinausschiebt, desto eingehender ist es allerdings darzulegen, dass die Fortsetzung des Arbeitsverhältnisses aufgrund der zurückliegenden Pflichtwidrigkeit des Arbeitnehmers tatsächlich unzumutbar ist (näher zur Zumutbarkeit → Rn. 162 ff.). Zurückliegende Kündigungsgründe können freilich stets unterstützend für den Nachweis einer negativen Prognose bei der Würdigung eines neuen Kündigungssachverhalts berücksichtigt werden.

221 Das Recht des Arbeitgebers zur ordentlichen Kündigung verwirkt, wenn er in Kenntnis eines Kündigungsgrundes längere Zeit untätig bleibt, dh die Kündigung nicht ausspricht, obwohl ihm dies möglich und zumutbar wäre (**sog. Zeitmoment**), wenn er dadurch beim Arbeitnehmer das berechtigte Vertrauen erweckt, die Kündigung werde unterbleiben und wenn der Arbeitnehmer sich deshalb auf den Fortbestand des Arbeitsverhältnisses einrichtet (**sog. Umstandsmoment**). Diese Voraussetzungen müssen kumulativ vorliegen.[644] So kann es trotz einer einjährigen Kenntnis von einer Vertragspflichtverletzung des Arbeitnehmers aufgrund zwischenzeitlicher Aktivitäten des Arbeitgebers am Umstandsmoment fehlen.[645] Bei der Prüfung der Verwirkung ist zu berücksichtigen, dass es mit **Art. 12 Abs. 1 GG** nicht zu vereinbaren wäre, wenn der Arbeitgeber einen Kündigungsgrund über längere Zeit vorhalten könnte, um bei passend erscheinender Gelegenheit ein ansonsten beanstandungsfrei fortgesetztes Arbeitsverhältnis kündigen zu können.[646] Kündigt der Arbeitgeber, obwohl der Kündigungsgrund verwirkt ist, ist dies eine unzulässige Rechtsausübung; die Kündigung ist dann nach Treu und Glauben (§ 242 BGB) rechtsunwirksam.[647]

VI. Gleichbehandlungsgrundsatz

222 Der **Gleichbehandlungsgrundsatz** ist im Kündigungsrecht **grds. nicht anwendbar.**[648] Es steht dem Arbeitgeber vielmehr frei, einzelnen Arbeitnehmern zu kündigen und anderen

---

642 BAG 29.1.1997 – 2 AZR 292/96, AP BGB § 626 Nr. 131; 5.4.2001 – 2 AZR 217/00, AP BGB § 626 Verdacht strafbarer Handlung Nr. 34.

643 BAG 20.1.1994 – 8 AZR 274/93, AP Einigungsvertrag Art. 20 Nr. 10; HK-KSchG/Dorndorf Rn. 322; HaKo-KSchR/Pfeiffer Rn. 188; KR/Rachor Rn. 264.

644 BAG 15.8.2002 – 2 AZR 514/01, AP KSchG 1969 § 1 Verhaltensbedingte Kündigung Nr. 42; 23.1.2014 – 2 AZR 638/13, AP KSchG 1969 § 1 Verhaltensbedingte Kündigung Nr. 70 Rn. 25; 15.12.2016 – 2 AZR 42/16, AP KSchG 1969 § 1 Verhaltensbedingte Kündigung Nr. 76 Rn. 31.

645 BAG 23.1.2014 – 2 AZR 638/13, AP KSchG 1969 § 1 Verhaltensbedingte Kündigung Nr. 70 Rn. 26.

646 BAG 28.4.1994 – 8 AZR 157/93, AP Einigungsvertrag Art. 20 Nr. 13; 20.8.1998 – 2 AZR 736/97, ZTR 1998, 565; 15.8.2002 – 2 AZR 514/01, AP KSchG 1969 § 1 Verhaltensbedingte Kündigung Nr. 42; LAG Düsseldorf 1.7.2010 – 5 Sa 996/09, LAGE § 611 BGB 2002 Kirchliche Arbeitnehmer Nr. 4 = BeckRS 2010, 70725.

647 BAG 20.8.1998 – 2 AZR 736/97, ZTR 1998, 565.

648 BAG 21.10.1969 – 1 AZR 93/68, AP GG Art. 9 Arbeitskampf Nr. 41 mAnm Rüthers; 28.4.1982 – 7 AZR 1139/79, AP KSchG 1969 § 2 Nr. 3 mAnm v. Hoyningen-Huene; 7.5.2020 – 2 AZR 678/19, NZA 2020, 1110 Rn. 32; 14.12.2023 – 2 AZR 55/23, NZA 2024, 262 Rn. 24; Ascheid KSchR Rn. 16; Buchner RdA 1970, 225 ff.; DD/Deinert Rn. 68; G. Hueck, Der Grundsatz der gleichmäßigen Behandlung im Privatrecht, 1958, 356 ff.; ErfK/Oetker Rn. 90 f.; HWK/Quecke Rn. 71; KR/Rachor Rn. 246; APS/Vossen Rn. 67; zT aA LAG Thüringen 28.9.1993 – 5/4 Sa 143/93, LAGE § 620 BGB Gleichbehandlung Nr. 1; MHdB ArbR/Fischinger § 14 Rn. 23; Marhold/Beckers AR-Blattei SD 800.1 Rn. 189; Maute Gleichbehandlung S. 164 ff.; Preis Prinzipien Rn. 883 ff., 906 ff.; PVT Kündigung/Temming Rn. 328 ff.

nicht. Ob ein Grund zur Kündigung eines Arbeitsverhältnisses vorliegt, beurteilt sich allein nach den jeweiligen Rechtsbeziehungen zwischen dem Arbeitgeber und dem gekündigten Arbeitnehmer.[649] So ist bei der personen- und verhaltensbedingten Kündigung stets eine einzelfallbezogene Interessenabwägung vorzunehmen, die der Anwendung des Gleichbehandlungsgrundsatzes regelmäßig entgegensteht.

Bei den im Zusammenhang mit dem Gleichbehandlungsgrundsatz erörterten Fall- **223** gestaltungen geht es letztlich nicht um die Anwendung des Gleichbehandlungsgrundsatzes, sondern um die **Feststellung der Unzumutbarkeit** der Fortsetzung des Arbeitsverhältnisses unter Berücksichtigung der Umstände des Einzelfalls.[650] Kündigt nämlich der Arbeitgeber bei gleichen Pflichtwidrigkeiten mehrerer Arbeitnehmer nicht allen Arbeitnehmern, sondern nur einem (**sog. herausgreifende Kündigung**), kann hieraus zu schließen sein, dass es dem Arbeitgeber zumutbar ist, auch das Arbeitsverhältnis des gekündigten Arbeitnehmers fortzusetzen.[651]

Unter der Voraussetzung, dass zwei Arbeitnehmern gleiche Pflichtwidrigkeiten vor- **224** geworfen werden, aber nur ein Arbeitnehmer gekündigt wird, hat der Arbeitgeber deshalb besonders **darzulegen,** weshalb ihm die Fortsetzung des Arbeitsverhältnisses mit dem gekündigten Arbeitnehmer unzumutbar ist, während der andere Arbeitnehmer weiterbeschäftigt wird.[652] Differenzierungsgründe können bspw. unterschiedliche Betriebszugehörigkeit und vorausgegangene Abmahnungen sein. In Betracht kommen auch betriebliche Gesichtspunkte, wie bspw., dass der Arbeitgeber auf einen der beiden Störer wegen dessen Spezialkenntnissen besonders angewiesen ist.[653]

VII. Beurteilungsmaßstab und -zeitpunkt

Maßgebliche Beurteilungsgrundlage für die Rechtmäßigkeit einer Kündigung sind die **225** **objektiven Verhältnisse** im Zeitpunkt des Zugangs der Kündigungserklärung.[654] Das subjektive Wissen sowie die subjektive Einschätzung des Arbeitgebers sind unerheblich.[655] Die Kündigungsgründe müssen ein solches Gewicht haben, dass sie bei verständiger Würdigung in **Abwägung der rechtlich geschützten Interessen der Vertragsparteien** und des Betriebs die Kündigung als billigenswert und angemessen erscheinen lassen und daher dem Arbeitgeber die Fortsetzung des Arbeitsverhältnisses nicht zuzumuten ist.[656] Sie müssen damit allerdings im Gegensatz zur außerordentlichen Kündigung nach § 626 Abs. 1 BGB nicht so erheblich sein, dass sie dem Arbeitgeber auch die vorübergehende

[649] Vgl. zur Bedeutung des Gleichbehandlungsgrundsatzes für die Auswahlentscheidung bei einer sog. Bedarfskündigung nach den Sonderkündigungsbestimmungen des Einigungsvertrages BAG 29.8.1996 – 8 AZR 35/95, AP Einigungsvertrag Anlage I Kap. XIX Nr. 62.

[650] IErg ebenso KR/Rachor Rn. 246.

[651] So BAG 22.2.1979 – 2 AZR 115/78, DB 1979, 1659 (1660); LAG Nürnberg 9.1.2007 – 7 Sa 79/06, LAGE § 1 KSchG Verhaltensbedingte Kündigung Nr. 95 = BeckRS 2007, 41506; LAG Düsseldorf 1.7.2010 – 5 Sa 996/09, LAGE § 611 BGB 2002 Kirchliche Arbeitnehmer Nr. 4 = BeckRS 2010, 70725 (insoweit in concreto abl. aber BAG 8.9.2011 – 2 AZR 543/10, AP KSchG 1969 § 1 Nr. 92 Rn. 42); LAG Thüringen 3.5.2022 – 1 Sa 18/21, BeckRS 2022, 10306 Rn. 63; ähnlich BAG 17.2.1994 – 8 AZR 68/93, BeckRS 1994, 30916113 unter B III 4 zu einer Kündigung wegen mangelnder persönlicher Eignung nach den Sonderkündigungsvorschriften des Einigungsvertrags; ebenso DD/Deinert Rn. 68; HK-KSchG/Dorndorf Rn. 319; KR/Fischermeier/Krumbiegel BGB § 626 Rn. 325; HaKo-KSchR/Pfeiffer Rn. 185; HWK/Quecke Rn. 71.

[652] Ebenso KR/Fischermeier/Krumbiegel BGB § 626 Rn. 325; Staudinger/Temming (2025) BGB § 626 Rn. 96; APS/Vossen Rn. 67.

[653] ErfK/Oetker Rn. 90.

[654] BAG 23.10.2014 – 2 AZR 644/13, AP BGB § 626 Nr. 252 Rn. 21; 17.2.2016 – 2 AZR 613/14, NJOZ 2016, 866 Rn. 26; 13.6.2019 – 6 AZR 459/18, NZA 2019, 1638 Rn. 34.

[655] BAG 15.8.1984 – 7 AZR 536/82, AP KSchG 1969 § 1 Krankheit Nr. 16; 18.9.1997 – 2 AZR 36/97, AP BGB § 626 Nr. 138; 17.6.1999 – 2 AZR 639/98, AP KSchG 1969 § 1 Krankheit Nr. 37; HK-KSchG/Dorndorf Rn. 298; MüKoBGB/Hergenröder Rn. 75; LSSW/Schlünder Rn. 96; PVT Kündigung/Temming Rn. 1329.

[656] BAG 7.10.1954 – 2 AZR 6/54, AP KSchG § 1 Nr. 5; 22.7.1982 – 2 AZR 30/81, AP KSchG 1969 § 1 Verhaltensbedingte Kündigung Nr. 5; KR/Rachor Rn. 215; APS/Vossen Rn. 69; krit. PVT Kündigung/Temming Rn. 1329.

Fortsetzung des Arbeitsverhältnisses bis zum Ablauf der Kündigungsfrist nicht mehr zumutbar erscheinen lassen (→ Rn. 165).

226 Maßgeblicher Zeitpunkt für die Beurteilung der Sozialwidrigkeit ist der **Zugang der Kündigung.**[657] Hinter einer teilweise divergierenden Wortwahl des BAG (Ausspruch der Kündigung)[658] steht keine abweichende Ansicht. Daher können theoretisch auch Umstände, die zwischen dem Zeitpunkt der Abgabe und dem Zugang der Kündigungserklärung eintreten, zur Rechtfertigung der Kündigung herangezogen werden.[659] Für die bei der Kündigung anzustellende Prognose (→ Rn. 172) ergibt sich daraus, dass die tatsächlichen Prognosegrundlagen zum Zeitpunkt des Zugangs der Kündigung vorliegen müssen.[660] Dies folgt aus der Rechtsnatur der Kündigung als einer einseitigen empfangsbedürftigen Willenserklärung mit Gestaltungswirkung. Nach dem Zugang (§ 130 BGB), dh dem Wirksamwerden der Erklärung, eintretende Umstände können als solche denknotwendigerweise keinen Einfluss auf die Wirksamkeit der Kündigung haben.[661] Dies gilt insbes. für das Prozessverhalten des Arbeitnehmers. Nachträglich eingetretene Umstände können allerdings den Lebenssachverhalt, der zur Kündigung geführt hat, in einem neuen Licht erscheinen lassen, wobei das BAG dies vor allem im Hinblick auf die Wirksamkeit außerordentlicher Kündigungen ausgesprochen hat.[662] Hiervon abgesehen kann auf solche nachträglichen Umstände ggf. eine weitere – hilfsweise – Kündigung gestützt werden. Sofern die nachträglich eingetretenen Umstände in einem Zusammenhang mit der Kündigung oder dem Kündigungsschutzprozess stehen, kommt darüber hinaus eine Auflösung des Arbeitsverhältnisses nach § 9 in Betracht (näher Erl. zu § 9). Umstände aus der Zeit vor Abschluss des Arbeitsvertrags können dagegen zur Begründung einer Kündigung herangezogen werden, wenn dem Arbeitgeber bei Vertragsschluss diese Gründe nicht bekannt waren.[663] Daneben kommt in diesen Fällen auch eine Anfechtung nach §§ 119 und 123 BGB in Betracht (→ Rn. 148). Von alledem zu unterscheiden ist ein etwaiges „Nachtatverhalten" des Arbeitnehmers vor dem Zugang einer Kündigung, etwa eine Entschuldigung als Ausdruck der Einsicht in ein Fehlverhalten, durch das die Wiederholungsgefahr entfallen kann.[664]

VIII. Wiedereinstellungsanspruch

Schrifttum: Elz, Der Wiedereinstellungsanspruch des Arbeitnehmers nach Wegfall des Kündigungsgrundes, 2002; Germakowski, Der allgemeine Wiedereinstellungsanspruch, 2004; Krüll, Der Wiedereinstellungsanspruch des Arbeitnehmers, 2003; Nädler, Der Wiedereinstellungsanspruch des Arbeitnehmers nach Wegfall des Kündigungsgrundes, 2004; B. M. Schmidt, Der Wiedereinstellungsanspruch nach Beendigung des Arbeitsverhältnis, 2003; Steinacker, Der Wiedereinstellungsanspruch des Arbeitnehmers, 2017; Strathmann, Der Wiedereinstellungsanspruch eines wirksam gekündigten Arbeitnehmers, 2001; Westera, Der Wiedereinstellungsanspruch nach wirksamer Kündigung, 2001.

[657] BAG 15.8.1984 – 7 AZR 536/82, AP KSchG 1969 § 1 Krankheit Nr. 16; 18.9.1997 – 2 AZR 36/97, AP BGB § 626 Nr. 138; 17.6.1999 – 2 AZR 639/98, AP KSchG 1969 § 1 Krankheit Nr. 37; 13.2.2008 – 2 AZR 543/06, AP KSchG 1969 § 1 Betriebsbedingte Kündigung Nr. 175; 23.2.2010 – 2 AZR 268/08, AP KSchG 1969 § 18 Nr. 5; 24.3.2011 – 2 AZR 790/09, AP KSchG 1969 § 1 Personenbedingte Kündigung Nr. 33; 18.10.2012 – 6 AZR 41/11, AP KSchG 1969 § 1 Betriebsbedingte Kündigung Nr. 196 Rn. 66; DD/Deinert Rn. 57; HK-KSchG/Dorndorf Rn. 298; MüKoBGB/Hergenröder Rn. 76; HaKo-KSchR/Pfeiffer Rn. 184; KR/Rachor Rn. 248; LSSW/Schlünder Rn. 95; PVT Kündigung/Temming Rn. 999; ausf. S. Schmidt Beurteilungszeitpunkt S. 29 ff.

[658] Etwa BAG 27.2.1997 – 2 AZR 160/96, NZA 1997, 757.

[659] APS/Vossen Rn. 70; aA Herschel Anm. zu BAG 4.11.1957 – 2 AZR 57/56, AP KSchG § 1 Nr. 39.

[660] Zutr. HK-KSchG/Dorndorf Rn. 301; MüKoBGB/Hergenröder Rn. 117.

[661] BAG 10.6.2010 – 2 AZR 541/09, AP BGB § 626 Nr. 229 mAnm Preis. Tendenziell anders LAG Berlin-Brandenburg 20.1.2016 – 4 Sa 1076/15, BeckRS 2016, 67407 Rn. 32: Tatsächliches Arbeitnehmerverhalten nach Ausspruch der Kündigung als Kriterium für die Verifizierung oder Falsifizierung der negativen Verhaltensprognose.

[662] Grdl. BAG 15.12.1955 – 2 AZR 228/54, NJW 1956, 807. Für Fälle ordentlicher Kündigungen in concreto abl. BAG 20.6.2013 – 2 AZR 483/12, NZA 2013, 1345 Rn. 30; 21.9.2017 – 2 AZR 865/15, Rn. 14. Zur „Erhellungsrechtsprechung" ausf. und krit. S. Schmidt Beurteilungszeitpunkt S. 174 ff.

[663] Ebenso BAG 5.4.2001 – 2 AZR 159/00, AP BGB § 626 Nr. 171; KR/Rachor Rn. 249.

[664] Vgl. BAG 20.11.2014 – 2 AZR 651/13, NZA 2015, 294 Rn. 31.

Erweist sich die vom Arbeitgeber erstellte Prognose aufgrund von Umständen, die erst nach Zugang der Kündigung eingetreten sind, als falsch, kommt im Einzelfall ein **Wiedereinstellungsanspruch** des gekündigten Arbeitnehmers in Betracht.[665] 227

1. Rechtsgrundlage

Als Rechtsgrundlage für einen Anspruch auf Wiedereinstellung wird von der Rspr. 228
eine **vertragliche Nebenpflicht** (§ 241 Abs. 2 BGB) aus dem bis zum Kündigungstermin fortbestehenden Arbeitsverhältnis angenommen,[666] während andere den **Grundsatz des Vertrauensschutzes** (§ 242 BGB) heranziehen.[667] Am ehesten wird man von einer **systemimmanenten Rechtsfortbildung** auszugehen haben.[668] In der Sache ist der Wiedereinstellungsanspruch (zum Sonderfall der Verdachtskündigung → Rn. 237 ff.) ein **notwendiges Korrektiv** dafür, dass aus Gründen der Rechtssicherheit für die Wirksamkeit der Kündigung nur die Umstände maßgeblich sind, die zum Zeitpunkt des Zugangs der Kündigungserklärung die **Prognose** rechtfertigen, mit Ablauf der Kündigungsfrist bestehe keine Weiterbeschäftigungsmöglichkeit mehr,[669] mithin eine „Vorverlagerung" des Prüfungszeitpunkts stattfindet.[670] Denn der Arbeitnehmer kann in der Regel darauf vertrauen, dass es nur dann zu einer Beendigung des Arbeitsverhältnisses kommt, wenn die vom Arbeitgeber angegebenen Kündigungsgründe zum Zeitpunkt des Ablaufs der Kündigungsfrist auch noch bestehen.[671] Entfallen nachträglich die Umstände, die Grundlage der negativen Prognose und damit der Kündigung waren, und liegen diese Umstände in der Sphäre des Arbeitgebers, kann es gerechtfertigt sein, dem Arbeitnehmer einen Wiedereinstellungsanspruch zu gewähren. Dies findet eine Parallele im Wohnungsmietrecht, wo bei einer Eigenbedarfskündigung nach § 573 Abs. 2 Nr. 2 BGB die Kündigung sogar unwirksam wird, wenn der Kündigungsgrund während der Kündigungsfrist nachträglich wegfällt.[672] Da der Wiedereinstellungsanspruch die Reaktion auf einen **geänderten Lebenssachverhalt** darstellt, besteht er aber nicht, wenn gar keine neuen Umstände eingetreten sind, sondern das urteilende Gericht rechtsfehlerhaft eine negative Prognose rechtskräftig bejaht hat.[673] Auch scheidet ein solcher Anspruch dann aus, wenn das Arbeitsverhältnis nicht dem KSchG unterfällt und die Kündigung daher nicht an Abs. 2 zu messen ist.[674]

---

665 BAG 15.3.1984 – 2 AZR 24/83, AP KSchG 1969 § 1 Soziale Auswahl Nr. 2 mAnm; 29.1.1987 – 2 AZR 109/86, AP BGB § 620 Saisonarbeit Nr. 1 mAnm Löwisch; 27.2.1997 – 2 AZR 160/96, AP KSchG 1969 § 1 Wiedereinstellung Nr. 1; 6.8.1997 – 7 AZR 557/96, AP KSchG 1969 § 1 Wiedereinstellung Nr. 2; 4.12.1997 – 2 AZR 140/97, AP KSchG 1969 § 1 Wiedereinstellung Nr. 4; 17.6.1999 – 2 AZR 639/98, AP KSchG 1969 § 1 Krankheit Nr. 37; 28.6.2000 – 7 AZR 904/98, AP KSchG 1969 § 1 Wiedereinstellung Nr. 6 mAnm Otto; 26.1.2017 – 2 AZR 61/168, AP KSchG 1969 § 1 Betriebsbedingte Kündigung Nr. 212 Rn. 33; 19.10.2017 – 8 AZR 845/15, NZA 2018, 436 Rn. 15; eingehend Steinacker Wiedereinstellungsanspruch passim; Überblick bei Aszmons/Beck NZA 2015, 1098; aA Annuß Betriebsbedingte Kündigung S. 377 ff.; Boemke, Schuldvertrag und Arbeitsverhältnis, 1999, 372 f.

666 BAG 28.6.2000 – 7 AZR 904/98, AP KSchG 1969 § 1 Wiedereinstellung Nr. 6; 9.11.2006 – 2 AZR 509/05, AP BGB § 311a Nr. 1; 23.10.2007 – 8 AZR 989/06, AP BGB § 613a Wiedereinstellung Nr. 2 Rn. 21; 15.12.2011 – 8 AZR 197/11, AP BGB § 613a Nr. 423 Rn. 37; 20.10.2015 – 9 AZR 743/14, AP KSchG 1969 § 1 Wiedereinstellung Nr. 15 Rn. 31 f.; 19.10.2017 – 8 AZR 845/15, NZA 2018, 436 Rn. 15; 25.5.2022 – 6 AZR 224/21, NZA 2022, 1201 Rn. 32.

667 So etwa Preis Prinzipien Rn. 822.

668 Krieger/Willemsen NZA 2011, 1128 (1128); Raab RdA 2000, 147 (152); KR/Rachor Rn. 823.

669 Ebenso BAG 27.2.1997 – 2 AZR 160/96, AP KSchG 1969 § 1 Wiedereinstellung Nr. 1; 6.8.1997 – 7 AZR 557/96, AP KSchG 1969 § 1 Wiedereinstellung Nr. 2; 28.6.2000 – 7 AZR 904/98, AP KSchG 1969 § 1 Wiedereinstellung Nr. 6 mAnm Otto; 9.11.2006 – 2 AZR 509/05, AP BGB § 311a Nr. 1; 26.1.2017 – 2 AZR 61/168, AP KSchG 1969 § 1 Betriebsbedingte Kündigung Nr. 212 Rn. 33; HWK/Quecke Rn. 75; LSSW/Schlünder Rn. 106; Wank FS v. Hoyningen-Huene, 2014, 561 (577).

670 Vgl. BAG 23.10.2007 – 8 AZR 989/06, AP BGB § 613a Wiedereinstellung Nr. 2 Rn. 21.

671 Ebenso Boewer NZA 1999, 1121 (1128); Hergenröder Anm. zu BAG 4.12.1997 – 2 AZR 140/97, EzA § 1 KSchG Wiedereinstellungsanspruch Nr. 3; MüKoBGB/Hergenröder Rn. 79.

672 BGH 9.11.2005 – VIII ZR 339/04, BGHZ 165, 75 = NJW 2006, 220.

673 So BAG 20.10.2015 – 9 AZR 743/14, AP KSchG 1969 § 1 Wiedereinstellung Nr. 15 Rn. 24. Daher lässt sich allein aus der Verletzung der EMRU kein Wiedereinstellungsanspruch begründen.

674 BAG 19.10.2017 – 8 AZR 845/15, NZA 2018, 436 Rn. 17 f.

229 Dem **Vertrauen des Arbeitnehmers** darauf, dass die vom Arbeitgeber angegebenen Kündigungsgründe auch noch zum Zeitpunkt des Wirksamwerdens der Kündigung bestehen, steht freilich das **Vertrauen des Arbeitgebers in die bestehende Rechtslage** entgegen. Dh der Arbeitgeber kann seinerseits davon ausgehen, dass die Kündigung wirksam ist, wenn zum Zeitpunkt des Zugangs der Kündigung Gründe für die soziale Rechtfertigung der Kündigung vorlagen.[675] Dieses Vertrauen des Arbeitgebers auf die Wirksamkeit der Kündigung ist allerdings nur dann gegenüber dem Vertrauen des Arbeitnehmers auf ein Fortbestehen der Kündigungsgründe schutzwürdig, wenn der Arbeitgeber im Hinblick auf die zunächst gegebene Wirksamkeit der Kündigung Dispositionen getroffen hat.[676]

230 Zu Recht hat das BAG ein **überwiegendes schutzwürdiges Interesse des Arbeitgebers an der Beendigung des Arbeitsverhältnisses bejaht,** wenn er im Hinblick auf die Beendigung des Arbeitsverhältnisses bspw. bei einer krankheitsbedingten Kündigung im guten Glauben an die Wirksamkeit der Kündigung den Arbeitsplatz neu besetzt hat.[677] Ebenso wenig ist es dem Arbeitgeber grds. zumutbar, wirksam gekündigten Arbeitnehmern die Fortsetzung des Arbeitsverhältnisses zu den bisherigen Arbeitsbedingungen anzubieten, wenn sich eine nach dem Kündigungszeitpunkt unerwartet ergebende Möglichkeit, den Betrieb zu veräußern, vom Erwerber davon abhängig gemacht wird, dass die Rationalisierungsmaßnahmen durchgeführt werden. Denn ohne die Umsetzung dieser Maßnahmen würde der Verkauf scheitern und es müsste deshalb zu der von Anfang an geplanten Betriebsstilllegung kommen.[678] Der Arbeitgeber darf sich auf die Wiederbesetzung des Arbeitsplatzes nach dem Rechtsgedanken des § 162 BGB aber dann nicht berufen, wenn er den Wiedereinstellungsanspruch hierdurch **treuwidrig vereiteln** würde.[679] Hiervon ist dann auszugehen, wenn der Arbeitgeber einen gekündigten Arbeitnehmer über eine berücksichtigungsfähige (→ Rn. 189 ff.) Weiterbeschäftigungsmöglichkeit nicht informiert hat (zum Weiterbeschäftigungsangebot → Rn. 213) und der Arbeitnehmer gerade deshalb sein Wiedereinstellungsverlangen nicht rechtzeitig vor der Neubesetzung des Arbeitsplatzes artikulieren konnte. Von vornherein **kein Wiedereinstellungsanspruch** besteht nach neuerer Judikatur des BAG in der **Insolvenz** des Arbeitgebers.[680]

2. Befristung des Anspruchs

231 Ein Wiedereinstellungsanspruch kommt grds. nur im bestehenden Arbeitsverhältnis bis zum **Ablauf der Kündigungsfrist** in Betracht (zu den Besonderheiten der Verdachtskündigung → Rn. 237).[681] Da der Rechtsgrund des Wiedereinstellungsanspruchs in dem

[675] Zutr. Raab RdA 2000, 147 (152).

[676] Ebenso iErg BAG 27.2.1997 – 2 AZR 160/96, AP KSchG 1969 § 1 Wiedereinstellung Nr. 1; 4.12.1997 – 2 AZR 140/97, AP KSchG 1969 § 1 Wiedereinstellung Nr. 4; einschränkend BAG 28.6.2000 – 7 AZR 904/98, AP KSchG 1969 § 1 Wiedereinstellung Nr. 6 mAnm Otto; iErg zust. Boewer NZA 1999, 1121 (1131 f.); Raab RdA 2000, 147 (155); KR/Rachor Rn. 824; LSSW/Schlünder Rn. 99 ff.; HK-KSchG/Weller/Dorndorf Rn. 946 ff.; iErg auch Oetker ZIP 2000, 643 (647), der ausgehend von einer Interessenwahrungspflicht des Arbeitgebers eine Interessenabwägung vornimmt; zust. für betriebsbedingte Kündigungen Nicolai/Noack ZfA 2000, 87 (96 ff.); ErfK/Preis BGB § 611a Rn. 351; aA Adam ZTR 1999, 113 ff.; Boemke AR-Blattei SD 220.10 Rn. 165 ff.; Kaiser ZfA 2000, 205 (216 ff.); Otto FS Kraft, 1998, 451 (463 f.); Ricken NZA 1998, 460; APS/Vossen Rn. 74a.

[677] Berkowsky, Die personen- und verhaltensbedingte Kündigung, 4. Aufl. 2005, § 28 Rn. 15.

[678] BAG 27.2.1997 – 2 AZR 160/96, AP KSchG 1969 § 1 Wiedereinstellung Nr. 1.

[679] BAG 28.6.2000 – 7 AZR 904/98, AP KSchG 1969 § 1 Wiedereinstellung Nr. 6 mAnm Otto; 9.11.2006 – 2 AZR 509/05, AP BGB § 311a Nr. 1.

[680] BAG 25.5.2022 – 6 AZR 224/21, NZA 2022, 1201 Rn. 34 ff.; ErfK/Preis BGB § 613a Rn. 165a; aA Thoms RdA 2024, 227 (229 ff.).

[681] Ebenso BAG 6.8.1997 – 7 AZR 557/96, AP KSchG 1969 § 1 Wiedereinstellung Nr. 2; 28.6.2000 – 7 AZR 904/98, AP KSchG 1969 § 1 Wiedereinstellung Nr. 6; 27.6.2001 – 7 AZR 662/99, AP KSchG 1969 § 1 Wiedereinstellung Nr. 10 mkritAnm Ricken; 20.10.2015 – 9 AZR 743/14, AP KSchG 1969 § 1 Wiedereinstellung Nr. 15 Rn. 32; offenlassend BAG 4.12.1997 – 2 AZR 140/97, AP KSchG 1969 § 1 Wiedereinstellung Nr. 4; wie hier Boewer NZA 1999, 1177 (1178); MüKoBGB/Hergenröder Rn. 80; Kania Anm. zu BAG 27.2.1997 – 2 AZR 160/96, EzA § 1 KSchG Wiedereinstellungsanspruch Nr. 1; Meinel/Bauer NZA 1999, 575 (579 f.); Oetker ZIP 2000, 643 (646); ErfK/Oetker Rn. 94; HWK/Quecke Rn. 81; KR/Rachor Rn. 827; LSSW/Schlünder Rn. 104; vom Stein NZA 2018, 745 (767 f.); PVT Kündigung/Temming Rn. 1131; HK-KSchG/Weller/Dorndorf Rn. 946a; DD/Yalcin

Vertrauen des Arbeitnehmers darauf zu sehen ist, dass der Kündigungsgrund auch noch zum Zeitpunkt des Ablaufs der Kündigungsfrist besteht, begründen danach eintretende Umstände kein schutzwürdiges Vertrauen des Arbeitnehmers. Nach Ablauf der Kündigungsfrist darf vielmehr der Arbeitgeber grds. darauf vertrauen, dass dann eintretende Umstände die Wirksamkeit der Kündigung nicht mehr beeinflussen.[682] Gleiches gilt, wenn man – wie das BAG – den Rechtsgrund des Weiterbeschäftigungsanspruchs in einer vertraglichen Nebenpflicht des Arbeitgebers sieht, weil nach der Beendigung des Arbeitsverhältnisses keine vertragliche Beziehung mehr als Grundlage des Wiedereinstellungsanspruchs besteht.[683]

Dem steht nicht entgegen, dass es auch nach Beendigung des Arbeitsverhältnisses **nachwirkende Nebenpflichten des Arbeitgebers** gibt.[684] Diese beziehen sich nur auf die Abwicklung des beendeten Arbeitsverhältnisses und betreffen im Wesentlichen Bescheinigungen, Auskünfte und Herausgabeansprüche.[685] Ein Anspruch auf Wiedereinstellung kann hierauf grds. nicht gestützt werden. Schließlich ist es auch aus Gründen der Rechtssicherheit geboten, den Wiedereinstellungsanspruch zeitlich zu begrenzen.[686] Für einen Wiedereinstellungsanspruch kommt daher grds. nur eine Veränderung der tatsächlichen Umstände in Betracht, die noch während der laufenden Kündigungsfrist eintritt. Der Arbeitgeber ist nach § 242 BGB verpflichtet, den Arbeitnehmer über die veränderten Umstände zu **unterrichten.**[687] 232

Soweit schließlich eingewandt wird, die zeitliche Begrenzung des Wiedereinstellungsanspruchs auf die Dauer der Kündigungsfrist führe bei einer **Massenentlassung** dazu, dass der Arbeitgeber nur die Arbeitnehmer wiedereinstellen müsste, deren Kündigungsfrist im Zeitpunkt der Änderung der Beschäftigungsmöglichkeiten noch nicht abgelaufen sei,[688] kann auch dies kein anderes Ergebnis begründen. Denn mit zunehmender Dauer der Betriebszugehörigkeit verfestigen sich die Bindungen der Arbeitsvertragsparteien, was im Kündigungsrecht und auch im Arbeitsförderungsrecht zu zahlreichen Differenzierungen je nach Dauer des Arbeitsverhältnisses führt. Auf die verlängerten Kündigungsfristen (§ 622 Abs. 2 BGB), die Abfindungsfestsetzung nach § 10 KSchG sowie die geringere Anrechnung von Abfindungen auf das Arbeitslosengeld bei längerer Betriebszugehörigkeit nach § 158 Abs. 2 S. 3 SGB III sei beispielhaft hingewiesen. Mit dieser Verfestigung der Vertragsbindung erhöht sich das schutzwürdige Vertrauen des Arbeitnehmers. Dies rechtfertigt auch unterschiedliche zeitliche Grenzen für den Weiterbeschäftigungsanspruch. 233

Die geschilderten Grundsätze gelten prinzipiell auch dann, wenn sich die Weiterbeschäftigungsmöglichkeit aus einem nach dem Ausspruch einer betriebsbedingten Kündigung stattfindenden **Betriebs(teil)übergang** ergibt. Ein Wiedereinstellungsanspruch kommt daher grds. nur dann in Betracht, wenn der Betrieb(steil) noch während des Laufs der Kündigungsfrist auf einen neuen Inhaber übergeht.[689] Das BAG hat hiervon allerdings Ausnahmen erkennen lassen. Dies gilt zunächst für den Fall, dass ein 234

Einl. Rn. 361; aA wegen der Besonderheiten des Betriebsübergangs bei Übernahme der Hauptbelegschaft BAG 13.11.1997 – 8 AZR 295/95, AP BGB § 613a Nr. 169; 12.11.1998 – 8 AZR 265/97, AP KSchG 1969 § 1 Wiedereinstellung Nr. 5 mzustAnm Gussen; vgl. auch Darstellung bei BBAKKNSV/Ahrendt Rn. 72a ff.; Bram/Rühl NZA 1990, 753 (757); Nicolai/Noack ZfA 2000, 87 (105); APS/Vossen Rn. 75; Walker SAE 1998, 103 (106); Zwanziger BB 1997, 42 (45).

682 Vgl. Raab RdA 2000, 147 (155); Preis Anm. zu LAG Köln 10.1.1989 – 4/2 Sa 860/88, LAGE § 611 BGB Einstellungsanspruch Nr. 1, die insoweit den Zweck der Kündigung als erfüllt ansehen.

683 BAG 28.6.2000 – 7 AZR 904/98, AP KSchG 1969 § 1 Wiedereinstellung Nr. 6.

684 So aber Walker SAE 1998, 103 (106).

685 Vgl. näher Boemke AR-Blattei SD 220.10 Rn. 62 ff.

686 Zutr. Bartel SAE 1998, 318; HWK/Quecke Rn. 81.

687 Ebenso Boewer NZA 1999, 1177 (1180); APS/Kiel Rn. 755; HWK/Quecke Rn. 85; Raab RdA 2001, 243 (251); aA Berkowsky, Die betriebsbedingte Kündigung, 6. Aufl. 2008, § 19 Rn. 22.

688 So Kiel/Koch Die betriebsbedingte Kündigung, 2000, Rn. 860.

689 BAG 25.9.2008 – 8 AZR 607/07, AP BGB § 613a Nr. 355 Rn. 33; 15.12.2011 – 8 AZR 197/11, AP BGB § 613a Nr. 423 Rn. 37.

Betriebs(teil)übergang bereits während der Kündigungsfrist beschlossen, aber erst nach deren Ablauf vollzogen wird.[690] In diesen Konstellationen ist die ursprüngliche negative Prognose streng genommen schon während des Laufs der Kündigungsfrist unzutreffend geworden. Jedenfalls aber kann man den Betriebserwerber gem. § 242 BGB so behandeln, als wäre der Betriebs(teil)übergang bereits während der Kündigungsfrist erfolgt, zumal Manipulationen ansonsten Tür und Tor geöffnet wäre.[691] Eine weitere Ausnahme akzeptiert das BAG in einer allerdings nicht sehr klaren Weise unter Berufung auf die Betriebsübergangsrichtlinie 2001/23/EG für die Gestaltung, dass ein Betriebsübergang durch die willentliche Übernahme der Hauptbelegschaft erfolgt.[692] Für den Fall des Betriebsübergangs nach Ablauf der Kündigungsfrist durch die Übernahme materieller und/oder immaterieller Betriebsmittel hat das BAG anlässlich einer insolvenzbedingten Kündigung einen Wiedereinstellungsanspruch dagegen verneint.[693] Diese Position erscheint letztlich insgesamt kohärenter, weil in diesen Situationen die auf den Zeitpunkt des Ablaufs der Kündigungsfrist bezogene Prognose nicht widerlegt wird.[694] Daran kann auch die Betriebsübergangsrichtlinie 2001/23/EG nichts ändern, denn sie schützt nur die im Zeitpunkt des Betriebsübergangs noch bestehenden Arbeitsverhältnisse.[695]

235 Liegen bei einem **Betriebs(teil)übergang** die Voraussetzungen für einen Wiedereinstellungsanspruch vor, muss der Arbeitnehmer sein Fortsetzungsverlangen gegenüber dem Betriebserwerber (außergerichtlich) geltend machen. Hierfür gilt in Anlehnung an § 613a Abs. 6 BGB eine **Frist von einem Monat ab Erlangung der Kenntnis** von den für den Betriebs(teil)übergang maßgeblichen tatsächlichen Umständen.[696] Geht es um eine Wiedereinstellung nach einer sonstigen betriebsbedingten Kündigung, sollte wegen der Ähnlichkeit dieser Gestaltung dieselbe Frist angenommen werden, während in allen anderen Fällen die Drei-Wochen-Frist des § 4 als Richtgröße heranzuziehen ist.[697]

3. Auswahlentscheidung

236 Kommt es bei einer Kündigung wegen beabsichtigter Betriebsteilstilllegung während der Kündigungsfrist zu einer eingeschränkten Fortführung des von der Stilllegung bedrohten Betriebsteils und kann der Arbeitgeber deshalb einzelne der gekündigten Arbeitnehmer wieder einstellen, hat er **eine Auswahl unter den Gekündigten vorzunehmen.**[698] Hierbei sind zwar nicht nach Abs. 3,[699] wohl aber nach § 315 BGB neben betrieblichen

[690] BAG 25.10.2007 – 8 AZR 989/06, AP BGB § 613a Wiedereinstellung Nr. 2 Rn. 24; 15.12.2011 – 8 AZR 197/11, AP BGB § 613a Nr. 423 Rn. 37; 19.10.2017 – 8 AZR 845/15, NZA 2018, 436 Rn. 16.

[691] Ebenso vom Stein FS Willemsen, 2018, 575 (582 f.).

[692] BAG 13.11.1997 – 8 AZR 295/95, AP BGB § 613a Nr. 169; 12.11.1998 – 8 AZR 265/97, AP KSchG 1969 § 1 Wiedereinstellung Nr. 5 mzustAnm Gussen; LAG Düsseldorf 18.2.2009 – 12 Sa 1544/008, LAGE § 613a BGB 2002 Nr. 26; iE ebenso Langenbucher ZfA 1999, 299 (306 ff.); Nicolai/Noack ZfA 2000, 87 (97 f.); Raab RdA 2000, 147 (154 f.); Oberhofer RdA 2006, 92 (94); KR/Treber/Schlünder BGB § 613a Rn. 106; DD/Voigt BGB § 613a Rn. 268.

[693] BAG 13.5.2004 – 8 AZR 198/03, AP BGB § 613a Nr. 264; 28.10.2004 – 8 AZR 199/04, EzA § 613a BGB 2002 Nr. 30 = NZA 2005, 405; ebenso Annuß ZInsO 2001, 49 (59); Schubert ZIP 2002, 554 (558).

[694] ErfK/Preis BGB § 613a Rn. 163, 165; APS/Steffan BGB § 613a Rn. 184; vom Stein FS Willemsen, 2018, 575 (581).

[695] Vgl. EuGH 7.2.1985 – 19/83, BeckRS 2004, 72129 Rn. 13 – Wendelboe.

[696] BAG 25.10.2007 – 8 AZR 989/06, AP BGB § 613a Wiedereinstellung Nr. 2 Rn. 21; 21.8.2008 – 8 AZR 201/07, NZA 2009, 29; 27.1.2011 – 8 AZR 326/09, NZA 2011, 1162 Rn. 36 f.; ErfK/Preis BGB § 613a Rn. 165; KR/Rachor Rn. 837.

[697] APS/Kiel Rn. 759; Oberhofer RdA 2006, 92 (96); sogar für eine gerichtliche Geltendmachung innerhalb dieser Frist Meinel/Bauer NZA 1999, 575 (580 f.); aA Raab RdA 2000, 147 (154); KR/Rachor Rn. 836: nur Verwirkung.

[698] BAG 4.12.1997 – 2 AZR 140/97, AP KSchG 1969 § 1 Wiedereinstellung Nr. 4; 2.12.1999 – 2 AZR 757/98, AP KSchG 1969 § 1 Soziale Auswahl Nr. 45; 28.6.2000 – 7 AZR 904/98, AP KSchG 1969 § 1 Wiedereinstellung Nr. 6; ebenso Beckschulze DB 1998, 417 (420); Boewer NZA 1999, 1177 (1179); Oetker ZIP 2000, 643 (651); aA Raab RdA 2000, 147 (157), der dem Arbeitgeber freies Ermessen zubilligt.

[699] So jedoch Nicolai/Noack ZfA 2000, 87 (107 f.); ErfK/Oetker Rn. 94; HK-KSchG/Weller/Dorndorf Rn. 947; Zwanziger BB 1997, 42 (43).

Belangen auch soziale Gesichtspunkte wie Alter, Betriebszugehörigkeit und Unterhaltspflichten zu berücksichtigen.[700] Die Auswahl hat freilich nur unter den gekündigten Arbeitnehmern zu erfolgen und nicht zusätzlich unter Einbeziehung der ungekündigt Weiterbeschäftigten.[701]

4. Einzelfälle

Bei einer Kündigung wegen des **Verdachts einer strafbaren Handlung** (→ Rn. 434 ff.) kommt ein Wiedereinstellungsanspruch in Betracht, wenn sich später die Unschuld des Arbeitnehmers herausstellt bzw. nachträglich Umstände bekannt werden, die den bestehenden Verdacht vollständig beseitigen.[702] Die bloße Einstellung des staatsanwaltschaftlichen Ermittlungsverfahrens nach § 170 Abs. 2 S. 1 StPO begründet jedoch noch keinen Wiedereinstellungsanspruch. Denn die Einstellungsverfügung stellt lediglich eine vorläufige Beurteilung durch die staatlichen Ermittlungsbehörden dar, der keinerlei Bindungswirkung für ein Arbeitsgerichtsverfahren zukommt.[703] Gelingt dem Arbeitgeber in dem bei Einstellung des Ermittlungsverfahrens noch nicht abgeschlossenen arbeitsgerichtlichen Verfahren der Nachweis, dass alle Voraussetzungen einer wirksamen Verdachtskündigung vorliegen, ist kein schutzwürdiges Interesse des Arbeitnehmers verletzt, wenn der Arbeitgeber trotz der formellen Einstellung des Ermittlungsverfahrens auf dem Ergebnis der wirksam ausgesprochenen Verdachtskündigung beharrt und der Arbeitnehmer nicht wieder eingestellt wird. 237

Als **zeitliche Grenze** kann hier **nicht auf die Dauer der Kündigungsfrist** abgestellt werden. Der Arbeitnehmer kann im Falle einer Verdachtskündigung auch noch nach Ablauf der Kündigungsfrist einen Wiedereinstellungsantrag stellen. Diese **Ausnahme** ist gerechtfertigt, weil eine Kündigung, die mit einem letztlich ungerechtfertigten Verdacht einer Straftat begründet worden ist, zu einer erheblichen **Verletzung des allgemeinen Persönlichkeitsrechts** des Arbeitnehmers führt. Im Hinblick darauf muss der Arbeitnehmer die Möglichkeit haben, bei erwiesener Unrichtigkeit der erhobenen Vorwürfe voll rehabilitiert zu werden und an seinen Arbeitsplatz zurückkehren zu können.[704] 238

Maßgebliche zeitliche Grenze ist die **Dauer des Kündigungsschutzprozesses,** weil der Arbeitgeber in dieser Zeit nicht darauf vertrauen kann, der Arbeitnehmer werde die Kündigung hinnehmen. Für die Prozessdauer als zeitliche Grenze spricht auch, dass das Kündigungsschutzverfahren Gelegenheit gibt, die Verdachtsmomente iE zu überprüfen. Ferner wird in dieser Zeit auch in den meisten Fällen ein staatsanwaltschaftliches Ermittlungsverfahren abgeschlossen sein, wobei insoweit zusätzlich eine Aussetzung des Verfahrens nach § 149 ZPO zu erwägen ist. Hat der Arbeitnehmer keine Kündigungsschutzklage erhoben, kann der Wiedereinstellungsanspruch bei einer Verdachtskündigung bis zur Grenze der Verwirkung geltend gemacht werden. 239

Bei einer **krankheitsbedingten Kündigung** (→ Rn. 332 ff.) kommt ein Wiedereinstellungsanspruch in Betracht, wenn noch innerhalb der Kündigungsfrist eine positive Gesund- 240

---

[700] BAG 28.6.2000 – 7 AZR 904/98, AP KSchG 1969 § 1 Wiedereinstellung Nr. 6; APS/Kiel Rn. 753; HWK/Quecke Rn. 84; Strathmann DB 2003, 2438 (2440); eine Ergebnisgleichheit beider Ansätze annehmend KR/Rachor Rn. 832.

[701] BAG 4.12.1997 – 2 AZR 140/97, AP KSchG 1969 § 1 Wiedereinstellung Nr. 4.

[702] BAG 14.12.1956 – 1 AZR 29/55, AP BGB § 611 Fürsorgepflicht Nr. 3; 20.8.1997 – 2 AZR 620/96, AP BGB § 626 Verdacht strafbarer Handlungen Nr. 27; Belling RdA 1996, 223 (238); BBAKKNSV/Ahrendt Rn. 75 f.; MHdB ArbR/Benecke § 32 Rn. 81; HK-KSchG/Dorndorf Rn. 849; Fischermeier FS 25 Jahre ARGE Arbeitsrecht im DAV, 2006, 275 (286 f.); Preis Prinzipien Rn. 841; KR/Rachor Rn. 835; LSSW/Schlünder Rn. 275; aA Niemann FS Preis, 2021, 927 (934 ff.), unter Berufung darauf, dass ein Wiedereinstellungsanspruch die Rechtskraft eines die Kündigungsschutzklage abweisenden Urteils bzw. die Fiktionswirkung des § 7 Hs. 1 unterlaufe und allenfalls unter den engen Vorausetzungen von § 826 BGB zugelassen werden könne; für einen Rekurs (nur) auf § 826 BGB auch von Bar AcP 179 (1979), 452 (472 ff.).

[703] BAG 20.8.1997 – 2 AZR 620/96, AP BGB § 626 Verdacht strafbarer Handlungen Nr. 27.

[704] Ähnlich Fischermeier FS 25 Jahre ARGE Arbeitsrecht im DAV, 2006, 275 (286 f.); Nicolai/Noack ZfA 2000, 87 (101 f.); Oetker ZIP 2000, 643 (649); Otto FS Kraft, 1998, 451 (461); HWK/Quecke Rn. 82; KR/Rachor Rn. 835; Ricken NZA 1998, 460 (464).

heitsprognose festgestellt wird.[705] Für die Begründung des Wiedereinstellungsanspruchs genügt es dagegen nicht, dass der darlegungs- und beweispflichtige Arbeitnehmer Tatsachen vorträgt, welche die negative Gesundheitsprognose lediglich erschüttern.[706] Bei einer **betriebsbedingten Kündigung** ist für den Fall, dass bei einer begrenzten Anzahl von Weiterbeschäftigungsmöglichkeiten ein unter sozialen Aspekten vorrangig zu berücksichtigender Arbeitnehmer die Weiterbeschäftigung nach dem Zugang der Kündigung ablehnt, ein Wiedereinstellungsanspruch zugunsten des nachrangigen Arbeitnehmers denkbar.[707]

241 Schließen Arbeitgeber und Arbeitnehmer nach Ausspruch der Kündigung innerhalb der Kündigungsfrist einen **Vergleich** oder beenden sie das Arbeitsverhältnis einvernehmlich durch **Aufhebungsvertrag,** ist hierdurch nach der Rspr. des BAG ein Wiedereinstellungsanspruch nicht ausgeschlossen. Diese Vereinbarungen seien vielmehr grds. nach den Regeln über den Wegfall der Geschäftsgrundlage (§ 313 BGB) der geänderten Lage anzupassen.[708] Dies überzeugt nicht. Denn mit dem Vergleich bzw. dem Aufhebungsvertrag beseitigen Arbeitgeber und Arbeitnehmer die bestehenden Unsicherheiten über den Bestand des Arbeitsverhältnisses. Zu diesen Unsicherheiten gehören aber typischerweise auch die Gesichtspunkte, die später einen Wiedereinstellungsanspruch begründen können. Der Arbeitgeber zahlt dem Arbeitnehmer eine Abfindung dafür, dass der Arbeitnehmer mit der Beendigung einverstanden ist und somit ein „Schlussstrich" unter das Arbeitsverhältnis gezogen werden kann.[709]

242 Nach Ablauf eines wirksam **befristeten Arbeitsvertrags** besteht kein Anspruch des Arbeitnehmers auf Wiedereinstellung, sofern nicht tarifvertraglich oder einzelvertraglich etwas anderes vereinbart ist.[710] Zu Recht hat das BAG darauf hingewiesen, dass der in einem befristeten Arbeitsverhältnis beschäftigte Arbeitnehmer gegenüber einem Arbeitnehmer in einem unbefristeten Arbeitsverhältnis einen geringeren Bestandsschutz erwirbt. Durch die Kündigung eines unbefristeten Arbeitsverhältnisses wird dem Arbeitnehmer ein auf Dauer angelegter Besitzstand entzogen. Dagegen befindet sich der in einem wirksam befristeten Arbeitsverhältnis stehende Arbeitnehmer aufgrund eigener privater Disposition in einem Arbeitsverhältnis von begrenzter Dauer.[711]

5. Prozessuale Fragen

243 **Prozessual** ist der Wiedereinstellungsantrag auf die **Abgabe einer Willenserklärung,** nämlich auf die Annahme des Angebots des Arbeitnehmers auf Abschluss eines Arbeitsvertrags zu den bisherigen Bedingungen gerichtet.[712] Diese sind im Klageantrag gem. § 253 Abs. 2 Nr. 1 ZPO näher zu bezeichnen. Hierzu kann auf den bisherigen Arbeitsvertrag Bezug genommen werden. Dabei ist nach der neueren Rspr. des BAG eine rückwirkende Verurteilung zum Abschluss eines in der Vergangenheit liegenden Arbeitsvertrags möglich.[713] Mit der Einführung von § 311a Abs. 1 BGB hat sich die abweichende

---

[705] BAG 17.6.1999 – 2 AZR 639/98, AP KSchG 1969 § 1 Krankheit Nr. 37; 27.6.2001 – 7 AZR 662/99, AP KSchG 1969 § 1 Wiedereinstellung Nr. 10 mkritAnm Ricken; zust. Aszmons/Beck NZA 2015, 1098 (1102 f.); Oberhober RdA 2006, 92 (93); näher Lepke NZA-RR 2002, 617; grds. abl. ErfK/Preis BGB § 611a Rn. 352; PVT Kündigung/Temming Rn. 1359 f.; ebenso Meinel/Bauer NZA 1999, 575, mit Differenzierung zwischen Veränderungsprognose und Stabilitätsprognose.

[706] BAG 17.6.1999 – 2 AZR 639/98, AP KSchG 1969 § 1 Krankheit Nr. 37.

[707] BAG 27.7.2017 – 2 AZR 476/16, AP KSchG 1969 § 1 Betriebsbedingte Kündigung Nr. 213 Rn. 44.

[708] BAG 27.2.1997 – 2 AZR 160/96, AP KSchG 1969 § 1 Wiedereinstellung Nr. 1; 4.12.1997 – 2 AZR 140/97, AP KSchG 1969 § 1 Wiedereinstellung Nr. 4; sowie einschränkend auch BAG 28.6.2000 – 7 AZR 904/98, AP KSchG 1969 § 1 Wiedereinstellung Nr. 6; zust. Hergenröder Anm. zu BAG 4.12.1997 – 2 AZR 140/97, EzA § 1 KSchG Wiedereinstellungsanspruch Nr. 3; Oetker ZIP 2001, 1787 (1789); LSSW/Schlünder Rn. 105.

[709] Zutr. Zwanziger BB 1997, 42 (45).

[710] BAG 20.2.2002 – 7 AZR 600/00, AP KSchG 1969 § 1 Wiedereinstellung Nr. 11; ebenso HWK/Quecke Rn. 78; KR/Rachor Rn. 825; aA Auktor ZTR 2003, 550.

[711] BAG 20.2.2002 – 7 AZR 600/00, AP KSchG 1969 § 1 Wiedereinstellung Nr. 11.

[712] Ebenso BAG 27.2.1997 – 2 AZR 160/96, AP KSchG 1969 § 1 Wiedereinstellung Nr. 1; 28.6.2000 – 7 AZR 904/98, AP KSchG 1969 § 1 Wiedereinstellung Nr. 6 mAnm Otto; ErfK/Preis BGB § 611a Rn. 323; ausf. Ziemann MDR 1999, 716.

[713] BAG 9.11.2006 – 2 AZR 509/05, AP BGB § 311a Nr. 1.

Sichtweise der früheren Judikatur[714] erledigt. Die Vollstreckung der Annahmeerklärung des Arbeitgebers richtet sich nach § 894 ZPO. Soweit der Arbeitgeber den aus dem rückwirkend abgeschlossenen Arbeitsvertrag resultierenden Pflichten nicht nachkommt, richten sich die Rechtsfolgen nach den allgemeinen Vorschriften. Die Darlegungs- und Beweislast für das Vorliegen der tatsächlichen Voraussetzungen der Wiedereinstellung trifft den Arbeitnehmer.[715]

IX. Mitteilung der Kündigungsgründe

1. Grundsatz

Die Mitteilung der Kündigungsgründe ist **nicht Wirksamkeitsvoraussetzung** der Kündigung.[716] Dies ergibt sich mittelbar aus § 626 Abs. 2 S. 3 BGB. Danach ist bei einer außerordentlichen Kündigung dem Gekündigten nur auf dessen Verlangen der Kündigungsgrund mitzuteilen, wobei für eine analoge Anwendung dieser Regelung auf die ordentliche Kündigung kein Raum ist.[717] Wenn damit nicht einmal die schwerer wiegende außerordentliche Kündigung einer Begründung bedarf, muss dies erst recht für die ordentliche Kündigung gelten, obwohl nicht zu verkennen ist, dass es dem Arbeitnehmer hierdurch erschwert wird, die Erfolgsaussichten einer Kündigungsklage einzuschätzen, und im Einzelfall auch Kostenrisiken drohen. Eine allgemeine Begründungspflicht für Kündigungen lässt sich von vornherein nicht aus Nr. 7 lit. b der rechtlich unverbindlichen **europäischen Säule sozialer Rechte** (dazu bereits → Einl. Rn. 65), aber auch nicht aus Art. 18 Abs. 2 RL (EU) 2019/1152 herleiten.[718] Vielmehr setzt die dort vorgesehene Pflicht des Arbeitgebers zur schriftlichen Darlegung der Kündigungsgründe voraus, dass es Indizien für einen Zusammenhang zwischen der Ausübung von Rechten nach der RL (EU) 2019/1152 und der Kündigung gibt.[719] Soweit es um Plattformarbeit geht, schreibt Art. 11 Abs. 1 UAbs. 2 RL (EU) 2024/2831 nunmehr vor, dass der Plattformbetreiber die von einem automatisierten Entscheidungssystem unterstützte Entscheidung über die Beendigung des Vertragsverhältnisses unverzüglich und spätestens am Tag des Wirksamwerdens der Entscheidung schriftlich begründen muss, wobei sich aus der gewählten Formulierung wie auch im Umkehrschluss aus Art. 11 Abs. 3 RL (EU) 2024/2831 freilich ergibt, dass der Verstoß gegen die Begründungspflicht nicht zur Rechtswidrigkeit der Entscheidung selbst führt.[720] Ferner lässt sich aus dem Recht auf einen wirksamen Rechtsbehelf gem. Art. 47 GRCh, den der EuGH im Zusammenhang mit der Frage einer Kündigungsbegründung bei befristeten Arbeitsverträgen herangezogen hat,[721] keine allgemeine Begründungspflicht für Kündigungen ableiten. Dass der EuGH eine Pflicht des Arbeitgebers zur schriftlichen Begründung bejaht hat, beruht auf dem Umstand, dass das berührte mitgliedstaatliche Recht (im konkreten Fall das polnische Recht) bei unbefristeten Arbeitsverträgen eine solche Pflicht vorsieht und die Befris- 244

[714] BAG 28.6.2000 – 7 AZR 904/98, AP KSchG 1969 § 1 Wiedereinstellung Nr. 6 mzustAnm Otto; ebenso Boewer NZA 1999, 1177 (1182).

[715] Ebenso BAG 17.6.1999 – 2 AZR 639/98, AP KSchG 1969 § 1 Krankheit Nr. 37; Boewer NZA 1999, 1177 (1183).

[716] BAG 27.2.1958 – 2 AZR 445/55, AP KSchG § 1 Betriebsbedingte Kündigung Nr. 1; 21.3.1959 – 2 AZR 375/56, AP KSchG § 1 Nr. 55; 18.9.1997 – 2 AZR 36/97, AP BGB § 626 Nr. 138; Ascheid KSchR Rn. 5; DD/Däubler Einl. Rn. 113; HK-KSchG/Dorndorf Rn. 342; KR/Rachor Rn. 251; zur Angabe von Kündigungsgründen aufgrund Tarifvertrags MüKoBGB/Hergenröder Rn. 42.

[717] Vgl. Otto FS Wiese, 1998, 353 (372), der sich aber für ein auf die Fürsorgepflicht (Rücksichtnahmepflicht) des Arbeitgebers gestütztes Recht des Arbeitnehmers auf Angabe des Kündigungsmotivs auf Verlangen ausspricht (aaO S. 372 f.).

[718] Preis/Morgenbrodt ZESAR 2020, 409 (416); andere Tendenz (aber jeweils krit.) Kolbe EuZA 2020, 35 (42 f.); May BB 2022, 2232 (2234); C. Picker ZEuP 2020, 305 (319 ff.); zurückhaltender C. Picker/Rathmann RdA 2022, 61 (72 f.).

[719] Gräf SR 2025, 14 (34).

[720] Preis/Morgenbrodt ZESAR 2020, 409 (416).

[721] EuGH 20.2.2024 – C-715/20, NZA 2024, 459 – X sp. z oo.

tungs-Richtlinie 1999/70/EG eine Schlechterstellung von befristet Beschäftigten verbietet, die nicht sachlich gerechtfertigt werden kann. Eine allein auf Art. 47 GRCh gestützte allgemeine Arbeitgeberpflicht zur Begründung sämtlicher ordentlicher Kündigungen lässt daraus nicht folgern.[722] Eine generelle Begründungspflicht ergibt sich auch nicht aus der EMRK.[723]

245 Eine **Ausnahme** von diesem Grundsatz gilt gem. § 22 Abs. 3 BBiG für die **Kündigung von Berufsausbildungsverhältnissen** und gem. § 17 Abs. 2 S. 2 MuSchG für die ausnahmsweise zulässige **Kündigung von Frauen während des Mutterschutzes.** Danach ist die Begründung der Kündigung ein zwingendes Formerfordernis. Ein Verstoß hiergegen hat gem. § 125 BGB die Nichtigkeit der Kündigung zur Folge.[724]

2. Vereinbarte Begründungspflicht

246 Durch einzelvertragliche oder kollektivrechtliche Vereinbarungen kann der Arbeitgeber verpflichtet werden, die Kündigung zu begründen. Durch Auslegung der getroffenen Vereinbarung ist dabei zu ermitteln, ob es sich hierbei um ein **konstitutives oder deklaratorisches Formerfordernis** handelt. Nur soweit die Begründung tatsächlich Wirksamkeitsvoraussetzung für die Kündigung sein soll, führt eine Verletzung der Begründungspflicht nach § 125 BGB zur Nichtigkeit der Kündigung. Zur Frage des Umfangs der Begründung ist hier zweckmäßigerweise auf die anerkannten Grundsätze zur Begründung nach § 22 Abs. 3 BBiG zurückzugreifen.[725] Die Kündigungsgründe müssen so konkret bezeichnet sein, dass der Gekündigte hinreichend genau erkennen kann, weshalb ihm gekündigt wurde. Eine so eingehende Substantiierung wie im Prozess ist im Allgemeinen nicht erforderlich. Die bloße Bezeichnung der Kündigung im Kündigungsschreiben als „betriebsbedingt" genügt allerdings ebenso wenig den Anforderungen wie die Bezugnahme auf ein inhaltlich nicht näher umschriebenes Gespräch.[726]

3. Schadensersatzpflicht des Arbeitgebers

247 Verletzt der Arbeitgeber durch die fehlende Angabe der Kündigungsgründe eine ihm gegenüber dem Arbeitnehmer obliegende Pflicht, kann dies zu Schadensersatzansprüchen des Arbeitnehmers führen.[727] Voraussetzung hierfür ist aber stets, dass den Arbeitgeber eine **Pflicht zur Mitteilung** der Kündigungsgründe trifft. Gesetzlich geregelt sind derartige Auskunftspflichten in § 626 Abs. 2 S. 3 BGB und § 1 Abs. 3 S. 1 Hs. 2. Daneben kommen aber auch tarifliche und einzelvertragliche Vereinbarungen in Betracht.

248 Ist danach eine Schadensersatzpflicht zu bejahen, bedeutet das freilich nicht, dass der Gekündigte so gestellt werden muss, als sei ihm nicht gekündigt worden, sondern lediglich so, als sei ihm der Kündigungsgrund rechtzeitig mitgeteilt worden. Denn der zum Schadensersatz verpflichtende Umstand iSd § 249 BGB ist nicht die Kündigung, sondern die Nichtangabe des Kündigungsgrundes. Nur das **negative Interesse** ist daher Gegenstand des Schadensersatzanspruchs.[728] Zu einem erstattungsfähigen Schaden können insbes. die Kosten eines Kündigungsschutzprozesses zählen, den der Arbeitnehmer bei Kenntnis der maßgebenden Umstände nicht angestrengt hätte.[729] Zum erstattungs-

---

[722] Ebenso Klengel/Schlachter AuR 2024, 343 (346).
[723] Vgl. EGMR 10.7.2012 – Nr. 19554/11 – KMC/Ungarn Rn. 34 f.; großzügigere Interpretation durch Lörcher AuR 2020, 303 (307).
[724] BAG 22.2.1972 – 2 AZR 205/71, AP BBiG § 15 Nr. 1; 17.6.1998 – 2 AZR 741/97, BeckRS 1998, 13916.
[725] So zutr. KR/Rachor Rn. 254.
[726] BAG 25.8.1977 – 3 AZR 705/75, AP BMT-G II § 54 Nr. 1; 10.2.1999 – 2 AZR 176/98, AP BMT-G II § 54 Nr. 2; 10.2.1999 – 2 AZR 848/98, AP BMT-G II § 54 Nr. 3; 27.3.2003 – 2 AZR 173/02, AP BMT-G II § 54 Nr. 4; näher Schaub ArbR-HdB/Linck § 123 Rn. 54 f., 57 ff.
[727] Ebenso KR/Rachor Rn. 252.
[728] Ebenso ErfK/Oetker Rn. 66.
[729] BAG 21.3.1959 – 2 AZR 375/56, AP KSchG § 1 Nr. 55 mAnm A. Hueck.

fähigen Schaden gehören dabei allerdings nicht die Rechtsanwaltskosten im ersten Rechtszug, weil diese wegen § 12a ArbGG jede Partei selbst zu tragen hat.[730]

4. Nachschieben von Kündigungsgründen im Prozess

Aus der im Allgemeinen fehlenden Verpflichtung, eine Kündigung zum Zeitpunkt des Ausspruches zu begründen, folgt weiter, dass der Arbeitgeber im Kündigungsschutzprozess grds. **uneingeschränkt Kündigungsgründe nachschieben** kann, die bereits zum Zeitpunkt des Zugangs der Kündigung vorlagen, dem Arbeitnehmer aber gleichwohl noch nicht mitgeteilt wurden.[731] Denn für die Beurteilung der Sozialwidrigkeit der Kündigung kommt es allein auf die objektiven Umstände zum Zeitpunkt des Zugangs der Kündigung an (→ Rn. 266). **249**

Eine wichtige **Ausnahme** von diesem Grundsatz gilt für **Betriebe mit Betriebsrat.**[732] **250** Wegen der Pflicht, den Betriebsrat vor Ausspruch der Kündigung nach § 102 Abs. 1 BetrVG anzuhören, kann sich der Arbeitgeber im Kündigungsschutzprozess nicht auf Kündigungsgründe berufen, die ihm bei Ausspruch der Kündigung bekannt waren, die er dem Betriebsrat jedoch nicht mitgeteilt hat. Eine in diesem Sinne unvollständige Anhörung verwehrt es dem Arbeitgeber, im Kündigungsschutzprozess Gründe nachzuschieben, die über eine Erläuterung des mitgeteilten Sachverhalts hinausgehen.[733] Dies gilt auch dann, wenn der Betriebsrat der beabsichtigten Kündigung zuvor auf der Grundlage der ihm mitgeteilten Gründe zugestimmt hat.[734] Eine Kündigung ist zwar nicht schon deshalb rechtsunwirksam, weil der Arbeitgeber Kündigungsgründe nachschiebt. Teilt der Arbeitgeber dem Betriebsrat objektiv kündigungsrechtlich erhebliche Tatsachen nicht mit, weil er die Kündigung darauf nicht stützen will oder weil er sie bei seinem Kündigungsentschluss für unerheblich oder entbehrlich hält, ist die Anhörung nach § 102 Abs. 1 BetrVG ordnungsgemäß erfolgt.[735] Wenn der mitgeteilte Sachverhalt zur sozialen Rechtfertigung der Kündigung nicht ausreicht, hat die in objektiver Hinsicht unvollständige Unterrichtung des Betriebsrats jedoch zur Folge, dass es dem Arbeitgeber verwehrt ist, weitere Gründe nachzuschieben, die nicht Gegenstand der Betriebsratsanhörung waren. Der Arbeitgeber kann sich im Kündigungsschutzprozess lediglich auf die dem Betriebsrat im Anhörungsverfahren mitgeteilten Kündigungsgründe stützen. Eine Ausnahme gilt für den Fall, dass dem Betriebsrat diese Umstände bereits bekannt sind.[736]

Kündigungsgründe, die bei Ausspruch der Kündigung bereits objektiv vorlagen, **dem** **251** **Arbeitgeber aber erst später bekannt geworden** sind, können noch in den Kündigungsschutzprozess eingeführt werden. Dabei kommt es in personeller Hinsicht grds. darauf an, ob der Kündigungsberechtigte bzw. ein Gesamtvertreter im Kündigungszeitpunkt noch keine hinreichende Kenntnis hatte. Ist ein Gesamtvertreter selber in die maßgeblichen Handlungen verstrickt, ist auf die Kenntnis der „undolosen" Vertreter abzustellen.[737] Erforderlich ist zudem eine vorherige Unterrichtung des Betriebsrats über die neuen Umstände.[738]

---

[730] BAG 30.4.1992 – 8 AZR 288/91, AP ArbGG 1979 § 12a Nr. 6.

[731] Ebenso BAG 11.4.1985 – 2 AZR 239/84, AP BetrVG 1972 § 102 Nr. 39; 4.6.1997 – 2 AZR 362/96, AP BGB § 626 Nachschieben von Kündigungsgründen Nr. 5; 6.9.2007 – 2 AZR 264/06, AP BGB § 626 Nr. 208; 18.6.2015 – 2 AZR 256/14, AP KSchG 1969 § 1 Verhaltensbedingte Kündigung Nr. 74 Rn. 46; HaKo-KSchR/Pfeiffer Rn. 192; PVT Kündigung/Preis Rn. 152; KR/Rachor Rn. 256.

[732] Vgl. DD/Deinert Einl. Rn. 256; APS/Koch BetrVG § 102 Rn. 166 ff.; Schaub ArbR-HdB/Linck § 124 Rn. 42 ff.; KR/Rinck BetrVG § 102 Rn. 239 ff.; Richardi/Thüsing BetrVG § 102 Rn. 125 ff.

[733] BAG 11.12.2003 – 2 AZR 536/02, AP KSchG 1969 § 1 Soziale Auswahl Nr. 65; 15.7.2004 – 2 AZR 376/03, AP KSchG 1969 § 1 Soziale Auswahl Nr. 68.

[734] BAG 26.9.1991 – 2 AZR 132/91, AP KSchG 1969 § 1 Krankheit Nr. 28.

[735] BAG 24.2.2000 – 8 AZR 167/99, AP KSchG 1969 § 1 Soziale Auswahl Nr. 47; 11.12.2003 – 2 AZR 536/02, AP KSchG 1969 § 1 Soziale Auswahl Nr. 65.

[736] BAG 27.2.1997 – 2 AZR 302/96, AP KSchG 1969 § 1 Verhaltensbedingte Kündigung Nr. 36; 11.12.2003 – 2 AZR 536/02, AP KSchG 1969 § 1 Soziale Auswahl Nr. 65.

[737] BAG 18.6.2015 – 2 AZR 256/14, AP KSchG 1969 § 1 Verhaltensbedingte Kündigung Nr. 74 Rn. 48.

[738] BAG 11.4.1985 – 2 AZR 239/84, AP BetrVG 1972 § 102 Nr. 39; 18.6.2015 – 2 AZR 256/14, AP KSchG 1969 § 1 Verhaltensbedingte Kündigung Nr. 74 Rn. 47.

252 Uneingeschränkt zulässig ist nur eine **Konkretisierung** der dem Betriebsrat mitgeteilten Kündigungsgründe durch Erläuterung und Ergänzung des Kündigungssachverhalts.[739]

X. Mehrere Kündigungsgründe und sog. Mischtatbestände

253 Das Gesetz nennt in Abs. 2 S. 1 **drei Gründe,** welche die Kündigung sozial rechtfertigen können. Das bedeutet, dass bei der Prüfung der sozialen Rechtfertigung einer ausgesprochenen Kündigung der Sachverhalt grds. einem der drei Kündigungsgründe zugeordnet werden muss.[740]

1. Mehrere Kündigungssachverhalte

254 In manchen Fällen ist es nicht möglich, die vom Arbeitgeber angeführten Kündigungsgründe nur einem der drei Kündigungstatbestände zuzuordnen. So ist denkbar, dass eine Kündigung sowohl wegen hoher krankheitsbedingter Fehlzeiten als auch wegen häufigen Zuspätkommens ausgesprochen wird. Man kann hier von einem **Doppeltatbestand** sprechen, weil die Kündigung auf einen personen- und auf einen verhaltensbedingten Grund gestützt wird, mithin also auf zwei voneinander unabhängige Sachverhalte. In diesem Fall ist zunächst für jeden einzelnen Kündigungssachverhalt getrennt zu prüfen, ob er für sich allein geeignet ist, die Kündigung zu begründen (**Grundsatz der Einzelprüfung**).[741]

255 Sind die vom Arbeitgeber vorgetragenen Kündigungssachverhalte für sich allein nicht geeignet, eine Kündigung sozial zu rechtfertigen, so ist nach Auffassung des BAG „im Wege einer **einheitlichen Betrachtungsweise** zu prüfen, ob die einzelnen Kündigungsgründe in ihrer Gesamtheit Umstände darstellen, die bei verständiger Würdigung in Abwägung der Interessen der Vertragsparteien und des Betriebes die Kündigung als billigenswert und angemessen erscheinen lassen".[742] Das ist in dieser Allgemeinheit indes problematisch, weil es für eine derartige Gesamtabwägung bei betriebsbedingten Kündigungen keine Grundlage gibt (→ Rn. 215).

256 Richtigerweise ist hier zwischen den Gründen, die in der Sphäre des Arbeitnehmers liegen, und solchen, die in der Sphäre des Arbeitgebers liegen, zu **differenzieren.** Denn die Dreiteilung der Kündigungsgründe in Abs. 2 S. 1 gibt nur die Richtung an, aus der die Störung kommt (→ Rn. 161). Bei den Gründen in der Person oder dem Verhalten kommt die Störung des Arbeitsverhältnisses aus der **Sphäre des Arbeitnehmers,** bei den dringenden betrieblichen Erfordernissen liegt die Ursache für die Veränderung in der **Sphäre des Arbeitgebers.** Zur Feststellung der Unzumutbarkeit der Fortsetzung des Arbeitsverhältnisses können nur die aus der jeweiligen Sphäre herrührenden Störungen berücksichtigt werden. Dem Arbeitnehmer können nur Gründe in seiner Person oder seinem Verhalten zugerechnet werden, nicht aber unternehmerische Entscheidungen des Arbeitgebers.[743]

---

[739] BAG 24.2.2000 – 8 AZR 167/99, AP KSchG 1969 § 1 Soziale Auswahl Nr. 47.

[740] BAG 17.5.1984 – 2 AZR 109/83, AP KSchG 1969 § 1 Betriebsbedingte Kündigung Nr. 21 mAnm v. Hoyningen-Huene; 21.11.1985 – 2 AZR 21/85, AP KSchG 1969 § 1 Nr. 12.

[741] BAG 22.7.1982 – 2 AZR 30/81, AP KSchG 1969 § 1 Verhaltensbedingte Kündigung Nr. 5 mAnm Otto; 10.12.1992 – 2 AZR 271/92, AP GG Art. 140 Nr. 41 unter III 3c aa; 20.11.1997 – 2 AZR 643/96, AP KSchG 1969 § 1 Nr. 43; zur außerordentlichen Kündigung BAG 17.6.1998 – 2 AZR 599/97, BeckRS 2009, 68420; ErfK/Oetker Rn. 95; KR/Rachor Rn. 271; APS/Vossen Rn. 85.

[742] BAG 22.7.1982 – 2 AZR 30/81, AP KSchG 1969 § 1 Verhaltensbedingte Kündigung Nr. 5 mAnm Otto; 9.8.1990 – 2 AZR 623/89, BeckRS 1990, 30916765; 20.11.1997 – 2 AZR 643/96, AP KSchG 1969 § 1 Nr. 43; für eine Einzelprüfung dagegen Ascheid KSchR Rn. 224; DD/Deinert Rn. 82; HK-KSchG/Dorndorf Rn. 331; ErfK/Oetker Rn. 95; HaKo-KSchR/Pfeiffer Rn. 182; HWK/Quecke Rn. 69; Rüthers/Henssler ZfA 1988, 31 (33); LSSW/Schlünder Rn. 91; PVT Kündigung/Temming Rn. 1004 ff.

[743] Vgl. zu dieser Unterscheidung nach Sphären: v. Hoyningen-Huene Anm. zu BAG 17.5.1984 – 2 AZR 109/83, AP KSchG 1969 § 1 Betriebsbedingte Kündigung Nr. 21; Meisel ZfA 1985, 213 (215 f.).

Soweit also **mehrere Kündigungssachverhalte,** die **verschiedene Kündigungstatbestände** betreffen, für sich allein betrachtet noch nicht so gewichtig sind, dass sie eine Kündigung sozial rechtfertigen, können sie gleichwohl zusammengefasst und einheitlich bewertet werden, wenn sie in der Person und dem Verhalten des Arbeitnehmers liegen und die hiervon ausgehenden Störungen des Arbeitsverhältnisses insgesamt so erheblich sind, dass dem Arbeitgeber eine Fortsetzung des Arbeitsverhältnisses nicht zuzumuten ist.[744] Es können damit die auf personen- und verhaltensbedingte Kündigungssachverhalte zurückzuführenden Beeinträchtigungen betrieblicher und wirtschaftlicher Interessen des Arbeitgebers gewissermaßen **„addiert"** werden. 257

Voraussetzung ist allerdings, dass die zugrunde liegenden **tatsächlichen Umstände an sich für eine Kündigung geeignet** sind, ihre betrieblichen Auswirkungen nur noch nicht so erheblich sind, dass sie im Rahmen der Interessenabwägung jeweils für sich allein die Kündigung rechtfertigen können. Soweit ein Kündigungssachverhalt jedoch nicht nur bei Abwägung der beiderseitigen Interessen für sich genommen nicht gewichtig genug ist, eine Kündigung zu rechtfertigen, sondern darüber hinaus auch an qualitativen Mängeln leidet, wie bspw. an einer fehlenden Abmahnung bei verhaltensbedingten Kündigungsgründen oder an der fehlenden negativen Prognose bei der krankheitsbedingten Kündigung, scheidet eine solche einheitliche Bewertung aus. 258

Dem steht die im Schrifttum[745] immer wieder beschworene Sorge einer weiteren Rechtsunsicherheit und Aufweichung der Dogmatik der Kündigungsgründe **nicht entgegen.** Die Gesamtbetrachtung personen- und verhaltensbedingter Kündigungsgründe wirft das KSchG nicht in eine konturenlose Billigkeitsabwägung zurück.[746] Die zu den einzelnen Kündigungsgründen entwickelte Systematik bleibt vielmehr erhalten, wenn eine Gesamtbetrachtung nur erfolgt, wenn nach einer Einzelprüfung ein Kündigungsgrund bejaht wird und nur die Interessenabwägung bei der Einzelprüfung zur Unwirksamkeit der Kündigung führt. Durch die Gesamtbetrachtung wird damit der Interessenabwägung lediglich ein weiterer Gesichtspunkt hinzugefügt. Die Abwägung auch komplexer Sachverhalte gehört zur klassischen richterlichen Aufgabe in jedem Kündigungsschutzverfahren, so dass die Gesamtbetrachtung in der praktischen Auswirkung an der im Kündigungsschutzprozess ohnehin bestehenden Rechtsunsicherheit kaum etwas verändert. 259

Die Gesamtabwägung vermeidet hingegen mit dem **Zweck des KSchG** nicht zu vereinbarende Ergebnisse. Es ist kaum begründbar, die Kündigung eines Arbeitnehmers, der wegen häufiger Kurzerkrankungen mit prognostizierten entgeltfortzahlungspflichtigen Fehlzeiten von ca. 40 Tagen, wiederholten Zuspätkommens und nicht rechtzeitig erfolgter Anzeige der Arbeitsunfähigkeit (§ 5 Abs. 1 EFZG) trotz jeweils einschlägiger Abmahnungen gekündigt worden ist, als sozial nicht gerechtfertigt anzusehen, nur weil bei einer Einzelbetrachtung der jeweilige Kündigungsgrund im Hinblick auf das Lebensalter und die Dauer der Betriebszugehörigkeit nicht gewichtig genug erscheint. Damit würden die aus der Sphäre des Arbeitnehmers herrührenden Störungen des Arbeitsverhältnisses, die Grund der Kündigung sind, bei der Abwägung nicht in ihrer Gesamtheit erfasst. Die Interessenabwägung fiele zum Nachteil des Arbeitgebers unvollständig aus. 260

Die hier vertretene Auffassung berücksichtigt dagegen den Zweck des KSchG. Nach der **Begründung zum Regierungsentwurf** des Kündigungsschutzgesetzes 1951 soll durch das Gesetz der Schutz des Arbeitnehmers vor Kündigungen verbessert werden, ohne dass damit allerdings wirklich notwendige Kündigungen verhindert oder auch nur erschwert werden sollten: „Das Gesetz wendet sich nicht gegen Entlassungen, die aus triftigen Gründen erforderlich sind, sondern lediglich gegen solche Kündigungen, die hinreichen- 261

[744] Ebenso BTM/Mayer Rn. 104; KR/Rachor Rn. 273; APS/Vossen Rn. 86; Wank RdA 1993, 79 (88).
[745] Vgl. LSSW/Schlünder Rn. 91; PVT Kündigung/Temming Rn. 1005 f.
[746] So aber PVT Kündigung/Temming Rn. 1006.

der Begründung entbehren und deshalb als willkürliche Durchschneidung des Bandes der Betriebszugehörigkeit erscheinen."[747]

262 Zusätzlich zu den personen- oder verhaltensbedingten Beeinträchtigungen des Arbeitsverhältnisses können im Rahmen der Interessenabwägung indes **keine Umstände berücksichtigt** werden, die ihre Ursache in der **Sphäre des Arbeitgebers** haben. Solche Umstände sind dem Arbeitnehmer nicht zuzurechnen, weil er auf sie keinerlei Einfluss nehmen kann. Das bedeutet, dass eine Kündigung, die auf schlechte Arbeitsleistungen gestützt wird, die für sich allein jedoch nicht so gravierend sind, dass sie eine personen- oder verhaltensbedingte Kündigung rechtfertigen könnten, nicht zusätzlich damit begründet werden kann, die Ertragslage des Unternehmens sei schlecht. Dieser Gesichtspunkt liegt in der Arbeitgebersphäre und hat daher bei der Prüfung der durch den Arbeitnehmer verursachten betrieblichen Beeinträchtigungen außer Betracht zu bleiben. Dagegen können bei betriebsbedingten Kündigungen iRd Abs. 3 S. 2 auch Leistungspunkte Berücksichtigung finden (→ Rn. 964 ff.).

2. Sog. Mischtatbestände

263 Von der Problematik der Zuordnung mehrerer Kündigungssachverhalte zu den einzelnen Kündigungstatbeständen des Abs. 2 S. 1 sind die sog. Mischtatbestände zu unterscheiden. Hierunter verbergen sich bei genauerer Betrachtung zwei verschiedene Fragestellungen, die teilweise auch terminologisch klar getrennt werden.[748] Gemeint sind damit zunächst in einem allgemeinen Sinne solche Fälle, in denen die Kündigung mit einem **einzigen zusammenhängenden Kündigungssachverhalt** begründet wird, der zugleich **mehrere** der in Abs. 2 S. 1 geregelten **Gründe** berührt. Das BAG geht in diesen Konstellationen im Grundsatz davon aus, dass sich der Prüfungsmaßstab danach richtet, aus welchem der im Gesetz genannten Bereiche die unmittelbare Störungsquelle herrührt, die sich auf das Arbeitsverhältnis nachteilig auswirkt (**„Sphärentheorie"**).[749] Ob die Störung des Arbeitsverhältnisses einerseits auf weitere entferntere Ursachen rückführbar ist[750] oder andererseits zu weiteren Störungen führt,[751] ist unerheblich, wobei es eine andere Frage ist, ob sich das BAG stets selbst an diese Grundsätze gehalten hat.[752] In der Sache legt das BAG in diesen Fällen im Ausgangspunkt also eine „normenverdrängende Gesetzeskonkurrenz"[753] zugrunde. Hierfür kommt es iE darauf an, auf welchen konkreten Teilaspekt des Lebenssachverhalts der Arbeitgeber die Kündigung vorwiegend stützt.[754] Dieser Ansatz einer grundsätzlichen exklusiven Zuordnung eines einheitlichen Lebenssachverhalts zu einem Kündigungsgrund wird allerdings teilweise dadurch relativiert, dass das BAG Elemente des an sich verdrängten Kündigungsgrundes hinzuzieht.[755]

---

[747] Begründung des Regierungsentwurfs zum KSchG 1951, BT-Drs. 2090, 11 (1. Wahlperiode) = RdA 1951, 61 (63).

[748] So SES/Schwarze Rn. 59 f., der schon äußerlich zwischen (teil-)identischen Sachverhalten und Mischtatbeständen unterscheidet.

[749] BAG 17.5.1984 – 2 AZR 109/83, AP KSchG 1969 § 1 Betriebsbedingte Kündigung Nr. 21 mAnm v. Hoyningen-Huene; 21.11.1985 – 2 AZR 21/85, AP KSchG 1969 § 1 Nr. 12; 6.11.1997 – 2 AZR 94/97, AP KSchG 1969 § 1 Nr. 42; 20.11.1997 – 2 AZR 643/96, AP KSchG 1969 § 1 Nr. 43; 10.7.2008 – 2 AZR 1111/06, AP KSchG 1969 § 1 Betriebsbedingte Kündigung Nr. 181 Rn. 23; 18.9.2008 – 2 AZR 976/06, NZA 2009, 425; LAG Köln 11.9.1987 – 9 Sa 222/87, LAGE § 1 KSchG Verhaltensbedingte Kündigung Nr. 14; zust. Birk JuS 1986, 375; KR/Rachor Rn. 270.

[750] BAG 10.7.2008 – 2 AZR 1111/06, AP KSchG 1969 § 1 Betriebsbedingte Kündigung Nr. 181 Rn. 23.

[751] BAG 29.1.1997 – 2 AZR 9/96, AP KSchG 1969 § 1 Krankheit Nr. 32.

[752] BAG 6.11.1997 – 2 AZR 94/97, AP KSchG 1969 § 1 Nr. 42, wo rein zeitlich auf die unternehmerische Organisationsentscheidung als „letzte und eigentliche Ursache des Kündigungsentschlusses" abgestellt wurde, obwohl die „Störquelle" primär in der gesundheitlichen Disposition des Arbeitnehmers lag; insoweit krit. deshalb HWK/Quecke Rn. 70. S. ferner BAG 20.6.2013 – 2 AZR 583/12, AP KSchG 1969 § 1 Nr. 93: Prüfung einer außerdienstlichen Straftat als personen- und als verhaltensbedingte Kündigung (allerdings veranlasst durch die Ausführungen der Vorinstanz).

[753] So HK-KSchG/Dorndorf Rn. 332 ff.

[754] BAG 10.7.2008 – 2 AZR 1111/06, AP KSchG 1969 § 1 Betriebsbedingte Kündigung Nr. 181 Rn. 23.

[755] BAG 17.5.1984 – 2 AZR 109/83, AP KSchG 1969 § 1 Betriebsbedingte Kündigung Nr. 21 mAnm v. Hoyningen-Huene; 20.11.1997 – 2 AZR 643/96, AP KSchG 1969 § 1 Nr. 43.

264 Beide Aussagen des BAG können nicht oder doch nur eingeschränkt überzeugen. So spricht auf der einen Seite nichts dagegen, auch einen **einheitlichen Sachverhalt aus der Perspektive unterschiedlicher Kündigungsgründe** darauf hin **zu untersuchen,** ob eine Kündigung gerechtfertigt ist.[756] Dem KSchG kann nicht entnommen werden, dass der Arbeitgeber oder das Gericht ein- und denselben Lebenssachverhalt nur auf einen Kündigungsgrund stützen kann. Auf der anderen Seite können wegen der Möglichkeit der Addition betrieblicher Beeinträchtigungen im Rahmen der Interessenabwägung bei Gründen in der Person und im Verhalten des Arbeitnehmers (→ Rn. 257 ff.) nur solche Aspekte übergreifend in Rechnung gestellt werden, die aus der Sphäre des Arbeitnehmers stammen. Eine darüber hinausgehende Kombination unterschiedlicher Kündigungsgründe, die Elemente von personen- bzw. verhaltensbedingter Kündigung einerseits und betriebsbedingte Kündigung andererseits verknüpft, ist dagegen abzulehnen.[757]

D. Gründe in der Person des Arbeitnehmers (Abs. 2 S. 1)

Schrifttum: Berkowsky, Die personen- und verhaltensbedingte Kündigung, 4. Aufl. 2005; Ebeling, Die Kündigung wegen Verdachts, 2006; Hoefs, Die Verdachtskündigung, 2001; Jedzig, Der Bestandsschutz des Arbeitsverhältnisses im Krankheitsfall, 1984; Lepke, Kündigung bei Krankheit, 16. Aufl. 2018; Zborowska, Die außerordentliche Verdachtskündigung, 2015.

265 Von den Gründen, die eine Kündigung rechtfertigen können, nennt das Gesetz an erster Stelle Gründe, die **in der Person des Arbeitnehmers** liegen. Die Eigenheit der **personenbedingten Kündigung** besteht darin, dass ein auf die Person des Arbeitnehmers rückführbarer Umstand (**„Störquelle“**)[758] zu einer **schweren Störung des Austauschverhältnisses** von Leistung und Gegenleistung führt (zu Einzelfällen personenbedingter Kündigungsgründe → Rn. 287 ff.).

I. Voraussetzungen

1. Fehlende Eignung und negative Prognose

266 Grundvoraussetzung für eine personenbedingte Kündigung ist, dass der Arbeitnehmer aufgrund seiner **persönlichen Fähigkeiten und Eigenschaften** nicht (mehr) in der Lage ist, künftig seine arbeitsvertraglichen Verpflichtungen ganz oder teilweise zu erfüllen.[759] Die Erreichung des Vertragszwecks muss hierdurch nicht nur vorübergehend zumindest teilweise unmöglich sein.[760] Der Kündigungsgrund liegt in der **Sphäre des Arbeitneh-**

[756] Benecke RdA 2025, 141 (146 f.); ErfK/Oetker Rn. 96; Preis DB 1988, 1444 (1449 f.); Rüthers/Henssler ZfA 1988, 31 (36 ff.); LSSW/Schlünder Rn. 92 ff.; PVT Kündigung/Temming Rn. 1006; APS/Vossen Rn. 83.

[757] Insoweit ebenso HK-KSchG/Dorndorf Rn. 340; ferner DD/Deinert Rn. 81, wobei aber unklar bleibt, ob nur die Kombination verschiedener Elemente oder auch die „Sphärentheorie“ als solche kritisiert wird; für eine strikte „Trennungstheorie“ Preis DB 1988, DB 1988, 1444 (1450).

[758] Vgl. BAG 13.3.1987 – 7 AZR 724/85, NZA 1987, 629; 24.3.2011 – 2 AZR 790/09, NZA 2011, 1084 Rn. 13; 23.5.2013 – 2 AZR 120/12, NZA 2013, 1211 Rn. 21.

[759] Ebenso BAG 20.5.1988 – 2 AZR 682/87, NZA 1989, 464; 24.2.2005 – 2 AZR 211/04, NZA 2005, 759; 18.1.2007 – 2 AZR 731/05, AP KSchG 1969 § 1 Personenbedingte Kündigung Nr. 26 unter B I 1; 18.9.2008 – 2 AZR 976/06, EzA § 1 KSchG Personenbedingte Kündigung Nr. 23 unter B II 2 a; 28.1.2010 – 2 AZR 764/08, AP AGG § 3 Nr. 4 unter I 1 mAnm Mohr; 6.9.2012 – 2 AZR 372/11, NZA-RR 2013, 441 Rn. 19; 20.6.2013 – 2 AZR 583/12, NZA 2013, 1345 Rn. 14; 10.4.2014 – 2 AZR 684/13, NZA 2014, 1197 Rn. 26; Berkowsky, Die personen- und verhaltensbedingte Kündigung, 4. Aufl. 2005, § 4 Rn. 9; DD/Deinert Rn. 85; HK-KSchG/Dorndorf Rn. 171; MüKoBGB/Hergenröder Rn. 145; ErfK/Oetker Rn. 99; KR/Rachor Rn. 281; Rüthers/Henssler ZfA 1988, 31 (44); APS/Vossen Rn. 118; HaKo-KSchR/Weigert Rn. 465; Weller ArbRdGgnw 20 (1982), 77 (79).

[760] BAG 10.10.2002 – 2 AZR 472/01, AP KSchG 1969 § 1 Verhaltensbedingte Kündigung Nr. 44 mablAnm Adam; 18.9.2008 – 2 AZR 976/06, EzA § 1 KSchG Personenbedingte Kündigung Nr. 23 unter B II 2 a; 28.1.2010 – 2 AZR 764/08, AP AGG § 3 Nr. 4 unter I 1 mAnm Mohr.

mers.[761] Ein Verschulden des Arbeitnehmers ist nicht erforderlich (zur Abgrenzung von der verhaltensbedingten Kündigung → Rn. 282 ff.).

267 Auch bei der personenbedingten Kündigung ist eine **negative Prognose** erforderlich.[762] Die personenbedingte Kündigung ist nur dann sozial gerechtfertigt, wenn der Arbeitgeber in der Zukunft mit unzumutbaren Belastungen des Arbeitsverhältnisses zu rechnen hat. Die Kündigung aus Gründen in der Person des Arbeitnehmers ist **keine Sanktion für vergangene Störungen des Arbeitsverhältnisses.** Es kommt deshalb auch nicht darauf an, ob die fragliche Fähigkeit oder Eigenschaft in der Vergangenheit vorhanden war und nunmehr weggefallen ist.[763] Eine Abmahnung ist zur Begründung der negativen Prognose nicht erforderlich, weil der personenbedingten Kündigung kein steuerbares Verhalten zugrunde liegt (→ Rn. 283).

2. Konkrete betriebliche/wirtschaftliche Beeinträchtigungen

268 Zum Kündigungsgrund der personenbedingten Kündigung gehört weiterhin, dass durch die personenbedingten Gründe **betriebliche oder wirtschaftliche Interessen des Arbeitgebers künftig beeinträchtigt** werden.[764] Erforderlich ist eine konkrete und erhebliche Störung des Arbeitsverhältnisses, die im Zeitpunkt des Zugangs der Kündigung noch andauert und auch zukünftig zu befürchten ist.[765] Die Beeinträchtigung kann auf mangelnder Arbeitsfähigkeit, mangelnder persönlicher Eignung oder Mängeln in der fachlichen Eignung beruhen. Dabei ist zu prüfen, ob dem Arbeitnehmer die Fähigkeit oder die Eignung, die geschuldete Arbeitsleistung zu erbringen, im Kündigungszeitpunkt fehlt oder ob sie erheblich eingeschränkt ist und ob mit ihrer baldigen Wiederherstellung gerechnet werden kann. An der Erheblichkeit fehlt es, wenn die Störung allein darin besteht, dass der Einsatz eines Arbeitnehmers aufgrund möglicher künftiger Fehlzeiten nur eingeschränkt geplant werden kann.[766] Mögliche **Überbrückungsmaßnahmen,** durch die die an sich eintretende Störung des Arbeitsverhältnisses ausgeglichen werden kann, will das BAG teilweise ausdrücklich erst bei der abschließenden Interessenabwägung (→ Rn. 277 ff.) berücksichtigen,[767] teilweise offenkundig nur beim Kündigungsgrund[768] und teilweise sowohl beim Kündigungsgrund als auch bei der Interessenabwägung,[769] wobei letzteres freilich zu einer unklaren Doppelzuordnung derselben Umstände führt, die das BAG an sich zu vermeiden

---

761 BAG 21.11.1985 – 2 AZR 21/85, AP KSchG 1969 § 1 Nr. 12; 13.3.1987 – 7 AZR 724/85, AP KSchG 1969 § 1 Betriebsbedingte Kündigung Nr. 37; 21.4.2016 – 2 AZR 609/15, NZA 2016, 941 Rn. 35; PVT Kündigung/Temming Rn. 1350.

762 StRspr, BAG 22.9.1994 – 2 AZR 719/93, NZA 1995, 119; 4.6.1997 – 2 AZR 526/96, NZA 1997, 1281; 20.1.2000 – 2 AZR 378/99, NZA 2000, 768; 24.11.2005 – 2 AZR 514/04, NZA 2006, 665; Ascheid KSchR Rn. 365 ff.; Bitter/Kiel RdA 1995, 26 (30); DD/Deinert Rn. 93; MüKoBGB/Hergenröder Rn. 149; MHdB ArbR/Kiel § 113 Rn. 3, 9 f.; ErfK/Oetker Rn. 105; KR/Rachor Rn. 281; PVT Kündigung/Temming Rn. 1357; APS/Vossen Rn. 124; HaKo-KSchR/Weigert Rn. 474 f.

763 APS/Vossen Rn. 118a.

764 BAG 20.5.1988 – 2 AZR 682/87, AP KSchG 1969 § 1 Personenbedingte Kündigung Nr. 9; 20.7.1989 – 2 AZR 114/87, AP KSchG 1969 § 1 Sicherheitsbedenken Nr. 2 unter II 2b bb; 28.2.1990 – 2 AZR 401/89, AP KSchG 1969 § 1 Krankheit Nr. 25; 26.9.1991 – 2 AZR 132/91, AP KSchG 1969 § 1 Krankheit Nr. 28; Ascheid KSchR Rn. 384 ff.; Berkowsky, Die personen- und verhaltensbedingte Kündigung, 4. Aufl. 2005, § 4 Rn. 10 ff.; Preis Prinzipien Rn. 1033.

765 BAG 10.10.2002 – 2 AZR 472/01, AP KSchG 1969 § 1 Verhaltensbedingte Kündigung Nr. 44 mablAnm Adam.

766 Vgl. BAG 25.4.2018 – 2 AZR 6/18, NZA 2018, 1056 Rn. 26.

767 BAG 15.2.1984 – 2 AZR 573/82, AP KSchG 1969 § 1 Krankheit Nr. 14 unter B II 2; 20.5.1988 – 2 AZR 682/87, AP KSchG 1969 § 1 Personenbedingte Kündigung Nr. 9 unter B III 3a mAnm Rüthers/Henssler und Anm. Kohte; iErg auch BAG 15.11.1984 – 2 AZR 613/83, AP BGB § 626 Nr. 87 unter II 2 c; ebenso KR/Rachor Rn. 291; SES/Schrader Rn. 89; APS/Vossen Rn. 182; HaKo-KSchR/Weigert Rn. 484.

768 BAG 22.9.1984 – 2 AZR 719/93, AP KSchG § 1 Nr. 25 unter II 1a u. 2; 29.4.1999 – 2 AZR 431/98, AP KSchG 1969 § 1 Krankheit Nr. 36 unter II 4 a; 20 23.5.2013 – 2 AZR 120/12, AP KSchG 1969 § 1 Personenbedingte Kündigung Nr. 36 Rn. 26.

769 BAG 16.2.1989 – 2 AZR 299/88, AP KSchG 1969 § 1 Krankheit Nr. 20 unter B I 2a mAnm Preis; 2.11.1989 – 2 AZR 23/89, BeckRS 1989, 30732323 unter B I 2 a; ebenso offenbar ErfK/Oetker Rn. 130 u. 149; wohl auch Bitter/Kiel RdA 1995, 26 (29 f.).

sucht.[770] Am meisten überzeugt eine **einheitliche Zuordnung zum Kündigungsgrund.** Wird die Störung tatsächlich überbrückt, führt kein Weg daran vorbei, dass es schon an einer erheblichen Betriebsablaufstörung und damit insoweit an einem Kündigungsgrund fehlt.[771] Dann aber sollte auch die Frage, ob dem Arbeitgeber Maßnahmen zur Überbrückung des Arbeitsausfalls möglich und zumutbar sind, bereits abschließend zum Kündigungsgrund gerechnet werden, ohne dass es im Rahmen der Interessenabwägung nochmals auf „weitergehende Überbrückungsmaßnahmen"[772] ankommen kann. Damit korrespondiert die Sichtweise des BAG, dass es sowohl für die Interessenabwägung als auch bereits für die Erheblichkeit der Störung des Austauschverhältnisses eine Rolle spielen soll, ob der Arbeitnehmer die Arbeitsverhinderung zu vertreten hat,[773] was nur dann einen Sinn ergibt, wenn man das Kriterium der Zumutbarkeit von Überbrückungsmaßnahmen bereits im Kündigungsgrund verortet. In inhaltlicher Hinsicht kommt es für die Unzumutbarkeit im Wesentlichen darauf an, ob der Arbeitgeber auf eine dauerhafte Besetzung der Stelle angewiesen ist,[774] wobei es zu seinen Gunsten wirkt, wenn er bereits über einen längeren Zeitraum versucht hat, den Arbeitsausfall zu überbrücken[775]. In neueren Entscheidungen betont das BAG zudem die Probleme, die dem Arbeitgeber angesichts der Grenzen der sachgrundlosen Befristung gem. § 14 Abs. 2 TzBfG erwachsen, wenn es um die Überbrückung einer voraussichtlich mehr als zweijährigen Abwesenheit geht.[776]

3. Fehlende Weiterbeschäftigungsmöglichkeit

Weiterhin darf es keine Weiterbeschäftigungsmöglichkeit auf einem anderen **freien** 269
Arbeitsplatz geben, bei dem die Mängel nicht mehr oder nur unbedeutend relevant werden.[777] Als frei sind dabei solche Arbeitsplätze anzusehen, die zum Zeitpunkt des Zugangs der Kündigung unbesetzt sind oder die mit hinreichender Sicherheit bis zum Ablauf der Kündigungsfrist frei werden.[778] Der Arbeitgeber muss auch prüfen, ob der Arbeitsplatz in zumutbarer Weise umgestaltet werden kann und so der beeinträchtigten Leistungsfähigkeit des Arbeitnehmers gerecht wird. Hierzu zählen vor allem arbeitsschutzrechtlich gebotene Maßnahmen. Insbes. bei der Prüfung der Zumutbarkeit sind auch wirtschaftliche Gesichtspunkte zu berücksichtigen.[779] Sofern gem. Abs. 2 S. 3 eine Weiterbeschäftigung nach einer Umschulungs- oder Fortbildungsmaßnahme in Betracht kommt, setzt dies einen freien Arbeitsplatz zum Zeitpunkt der Beendigung der Umschulungsmaßnahme voraus.[780] (Zum Präventionsverfahren nach § 167 Abs. 1 SGB IX so-

---

[770] Vgl. BAG 7.11.1985 – 2 AZR 657/84, AP KSchG 1969 § 1 Krankheit Nr. 17 unter B II 4 zur Verortung der Unzumutbarkeit gegen BAG 25.11.1982 – 2 AZR 140/81, AP KSchG 1969 § 1 Krankheit Nr. 7 unter B I 3.

[771] BAG 2.11.1989 – 2 AZR 23/89, BeckRS 1989, 30732323 unter B I 2 a.

[772] So BAG 16.2.1989 – 2 AZR 299/88, AP KSchG 1969 § 1 Krankheit Nr. 20 unter B I 2 a mAnm Preis; 2.11.1989 – 2 AZR 23/89, BeckRS 1989, 30732323 unter B I 2 a.

[773] BAG 24.3.2011 – 2 AZR 790/09, AP KSchG 1969 § 1 Personenbedingte Kündigung Nr. 33 Rn. 15; 23.5.2013 – 2 AZR 120/12, AP KSchG 1969 § 1 Personenbedingte Kündigung Nr. 36 Rn. 27.

[774] Vgl. BAG 22.9.1994 – 2 AZR 719/93, AP KSchG 1969 Nr. 25 unter II 1 b.

[775] S. BAG 15.2.1984 – 2 AZR 573/82, AP KSchG 1969 § 1 Krankheit Nr. 14 unter B II 5 (vier Jahre), 15.8.1984 – 7 AZR 228/82, AP KSchG 1969 § 1 Nr. 8 unter III 3 (nahezu zwei Jahre) mAnm M. Wolf; iErg auch BAG 20.11.2014 – 2 AZR 664/13, NZA 2015, 931 Rn. 55 (vier Jahre ohne Arbeitsleistungen).

[776] BAG 25.11.2010 – 2 AZR 984/08, AP KSchG 1969 § 1 Personenbedingte Kündigung Nr. 32 mAnm Schwarze; 23.5.2013 – 2 AZR 120/12, AP KSchG 1969 § 1 Personenbedingte Kündigung Nr. 36 Rn. 37; tendenziell großzügiger noch BAG 25.11.1982 – 2 AZR 140/81, AP KSchG 1969 § 1 Krankheit Nr. 7 Ls 3.

[777] BAG 10.3.1977 – 2 AZR 79/76, AP KSchG 1969 § 1 Krankheit Nr. 4; 20.5.1988 – 2 AZR 682/87, AP KSchG 1969 § 1 Personenbedingte Kündigung Nr. 9 mAnm Rüthers/Henssler und Anm. Kohte; 7.2.1991 – 2 AZR 205/90, AP KSchG 1969 § 1 Umschulung Nr. 1 unter B II 1 a; 24.11.2005 – 2 AZR 514/04, AP KSchG 1969 § 1 Krankheit Nr. 43; 20.6.2013 – 2 AZR 583/12, AP KSchG 1969 § 1 Nr. 93 Rn. 19 ff.; 29.8.2013 – 2 AZR 721/12, AP KSchG 1969 § 1 Personenbedingte Kündigung Nr. 37 Rn. 14; ErfK/Oetker Rn. 106; KR/Rachor Rn. 287; HK-KSchG/Weller/Dorndorf Rn. 368.

[778] BAG 29.3.1990 – 2 AZR 369/89, AP KSchG 1969 § 1 Betriebsbedingte Kündigung Nr. 50 unter B II 5 a; 29.8.2013 – 2 AZR 721/12, AP KSchG 1969 § 1 Personenbedingte Kündigung Nr. 37 Rn. 17.

[779] LSSW/Schlünder Rn. 232.

[780] BAG 7.2.1991 – 2 AZR 205/90, AP KSchG 1969 § 1 Umschulung Nr. 1 unter B II 2 a.

wie zum betrieblichen Eingliederungsmanagement nach § 167 Abs. 2 SGB IX vor Ausspruch krankheitsbedingter Kündigungen → Rn. 335 ff.).

270 Nach stRspr des BAG[781] ist der Arbeitgeber, wenn der Arbeitnehmer auf Dauer nicht mehr in der Lage ist, die geschuldete Arbeitsleistung auf seinem bisherigen Arbeitsplatz zu erbringen, dazu verpflichtet, einen **anderen geeigneten Arbeitsplatz durch Ausübung seines Direktionsrechts „freizumachen"** und so durch eine Art „Ringtausch" eine Weiterbeschäftigungsmöglichkeit für den erkrankten Arbeitnehmer zu schaffen. Könne bspw. ein Arbeitnehmer (A) wegen einer Allergie auf seinem bisherigen Arbeitsplatz nicht weiterbeschäftigt werden und bestehe die Möglichkeit der vertragsgemäßen Beschäftigung auf einem anderen geeigneten Arbeitsplatz, habe der Arbeitgeber zu prüfen, ob der andere Arbeitnehmer (B) auf den von dem erkrankten Arbeitnehmer (A) besetzten Arbeitsplatz im Wege des Direktionsrechts versetzt werden könne.

271 Die Auffassung des BAG, der Arbeitgeber habe einen geeigneten Arbeitsplatz durch Ausübung seines Direktionsrechts „freizumachen", stößt allerdings auf **erhebliche Bedenken.**[782] Die Versetzung des Dritten auf den Arbeitsplatz des zu Kündigenden durch Ausübung des Weisungsrechts ist nur zulässig, wenn die Weisung billigem Ermessen (§ 106 GewO) entspricht. Dies ist jedoch nicht der Fall, wenn die Zuweisung des anderen Arbeitsplatzes ausschließlich im Interesse eines außerhalb des Arbeitsverhältnisses stehenden anderen Arbeitnehmers erfolgt.[783]

272 Darüber hinaus hat die Rspr. des BAG zur Folge, dass auf den Arbeitgeber uU ein **Rechtsstreit mit dem versetzten Arbeitnehmer** zukommt, der nicht im Interesse des Arbeitgebers liegt, weil er diesen überhaupt nicht versetzen wollte. Im Einzelfall kann auch durchaus streitig sein, ob eine Versetzung noch im Wege des Weisungsrechts durchgeführt werden kann oder ob hierzu eine Änderungskündigung erforderlich ist, zu deren Ausspruch der Arbeitgeber allerdings auch nach Auffassung des BAG nicht verpflichtet wäre (→ Rn. 273, vgl. zur Abgrenzung → § 2 Rn. 30 ff.). Weiter ist denkbar, dass mehrere leidensgerechte Arbeitsplätze für den erkrankten Arbeitnehmer als geeignet in Betracht kommen und der versetzte Arbeitnehmer einwendet, nicht er, sondern ein anderer, nach sozialen Gesichtspunkten weniger schutzwürdiger oder körperlich leistungsfähigerer Arbeitnehmer hätte versetzt werden müssen.[784] Dies hätte dann wohl auch nach der Rspr. des BAG die Unbilligkeit der erfolgten Versetzung zur Folge. Ungeklärt ist letztlich, wie viele Versetzungen der Arbeitgeber zur Vermeidung der Kündigung durchführen muss.[785] Im Allgemeinen **geht die Sichtweise des BAG daher zu weit.** Anders ist aber zu entscheiden, wenn sich der andere Arbeitnehmer mit einer Versetzung zugunsten eines erkrankten Kollegen einverstanden erklärt, weil die Interessen des anderen Arbeitnehmers dann nicht mehr gegen die Obliegenheit des Arbeitgebers zur Umorganisation ins Feld geführt werden können. Der Arbeitgeber ist daher gehalten, auf eine Verständigung mit dem anderen Arbeitnehmer hinzuwirken.

273 Zu Recht ist das BAG der im Schrifttum[786] gelegentlich vertretenen Auffassung entgegengetreten, der Arbeitgeber habe ggf. durch **Freikündigung** unter Anwendung der Grundsätze des Abs. 3 einen freien Arbeitsplatz für den erkrankten Arbeitnehmer zu

---

[781] BAG 29.1.1997 – 2 AZR 9/96, AP KSchG 1969 § 1 Krankheit Nr. 32; 29.10.1998 – 2 AZR 666/97, AP BGB § 615 Nr. 77; 12.7.2007 – 2 AZR 716/06, AP KSchG 1969 § 1 Personenbedingte Kündigung Nr. 28 mAnm Rolfs/de Groot; 10.12.2009 – 2 AZR 400/08, AP KSchG 1969 § 1 Krankheit Nr. 48; 30.9.2010 – 2 AZR 88/09, AP KSchG 1969 § 1 Krankheit Nr. 49 mzustAnm Nebe; 20.11.2014 – 2 AZR 664/13, NZA 2015, 931 Rn. 29; ebenso Backmeister/Trittin/Mayer Rn. 118; Bernardi NZA 1999, 683; MHdB ArbR/Kiel § 113 Rn. 26; ErfK/Oetker Rn. 106a; HaKo-KSchR/Weigert Rn. 480; HK-KSchG/Weller/Dorndorf Rn. 368a.

[782] Generell abl. Lingemann BB 1998, 1106 (1107); LSSW/Schlünder Rn. 233; Streckel Anm. zu BAG 29.1.1997 – 2 AZR 9/96, EzA § 1 KSchG Krankheit Nr. 42.

[783] Ebenso LSSW/Schlünder Rn. 233; aA Kania Anm. zu BAG 12.7.1995 – 2 AZR 762/94, EzA § 626 BGB nF Nr. 156.

[784] Hierauf könnte der Betriebsrat auch einen Widerspruch nach § 99 Abs. 2 Nr. 4 BetrVG stützen; ebenso HaKo-KSchR/Weigert Rn. 482.

[785] Zutr. Lingemann BB 1998, 1106 (1107), der zu Recht mehr als eine Versetzung für unzumutbar hält; weitergehend Bernardi NZA 1999, 683 (685).

[786] Vgl. Pflüger DB 1995, 1761 (1764 f.), durch Einordnung dieser Fälle als betriebsbedingte Kündigung.

schaffen, sofern die Gesundheitsbeeinträchtigung betriebliche Ursachen (Betriebsunfall, Berufskrankheit) hat. Auch in einem solchen Fall liegt die unmittelbare Störung des Arbeitsverhältnisses darin, dass der Arbeitnehmer – persönlich – nicht mehr in der Lage ist, die geschuldete Arbeitsleistung uneingeschränkt zu erbringen. Eine **entsprechende Anwendung von Abs. 3 auf derartige Kündigungen kommt nicht in Betracht.** Bei personenbedingten Kündigungen (und auch bei verhaltensbedingten Kündigungen) steht nämlich der zu kündigende Arbeitnehmer bereits aufgrund der kündigungsrelevanten fehlenden Eignung (oder des zur Kündigung führenden Fehlverhaltens) fest, weshalb eine Auswahlentscheidung zur personellen Konkretisierung des zu kündigenden Arbeitnehmers nicht erforderlich ist.[787] Eine Pflicht zur Freikündigung scheidet sogar dann aus, wenn der zu kündigende Arbeitnehmer schwerbehindert ist.[788]

Für die Weiterbeschäftigung kommen grds. nur **vergleichbare freie Arbeitsplätze** in Betracht, dh Arbeitsplätze, die dem Arbeitnehmer im Wege des Direktionsrechts zugewiesen werden können. Verfügt der Arbeitgeber nur über einen geeigneten geringerwertigen Arbeitsplatz, hat er dem Arbeitnehmer eine Weiterbeschäftigung zu geänderten Bedingungen anzubieten bzw. eine Änderungskündigung auszusprechen.[789] Dagegen hat der Arbeitnehmer keinen Anspruch auf Beförderung auf einen höherwertigen Arbeitsplatz.[790] **274**

Falls die Weiterbeschäftigung des Arbeitnehmers eine Versetzung iSd § 95 Abs. 3 BetrVG darstellen würde, hat sich der Arbeitgeber **um die Erteilung der Zustimmung des Betriebsrats nach § 99 Abs. 1 BetrVG zu bemühen.** Dagegen ist der Arbeitgeber im Allgemeinen zur Durchführung eines Zustimmungsersetzungsverfahrens gem. § 99 Abs. 4 BetrVG nicht verpflichtet.[791] Etwas anderes gilt nur bei einem offensichtlich unbegründeten Widerspruch des Betriebsrats oder im Falle eines kollusiven Zusammenwirkens zwischen Arbeitgeber und Betriebsrat.[792] **275**

Die **Darlegungs- und Beweislast** dafür, dass die Kündigung nicht durch Weiterbeschäftigung auf einem anderen Arbeitsplatz vermieden werden kann, trägt gem. Abs. 2 S. 4 der Arbeitgeber. Insoweit gilt jedoch eine abgestufte Darlegungs- und Beweislast.[793] Der Umfang der Darlegungslast des Arbeitgebers hinsichtlich einer möglichen und zumutbaren Weiterbeschäftigungsmöglichkeit hängt im Kündigungsschutzprozess davon ab, wie sich der gekündigte Arbeitnehmer auf die Kündigung einlässt. Bestreitet der Arbeitnehmer bspw. nur seine dauernde Leistungsunfähigkeit, genügt der allgemeine Vortrag des Arbeitgebers, eine Weiterbeschäftigung auf einem anderen leidensgerechten Arbeitsplatz sei nicht möglich. Es obliegt dem Arbeitnehmer konkret darzustellen, wie er sich eine anderweitige Beschäftigung vorstellt, falls die Weiterarbeit auf seinem bisherigen Arbeitsplatz tatsächlich nicht möglich sein sollte. Hierbei ist es allerdings nicht erforderlich, dass der Arbeitnehmer ganz bestimmte Arbeitsplätze im Betrieb oder Unternehmen benennt. Wohl aber muss der Arbeitnehmer dartun, dass er zur Ausübung der alternativen Tätigkeit trotz der personenbedingten Einschränkungen in der Lage ist. Erst nach einem solchen konkreten Sachvortrag des Arbeitnehmers hat der Arbeitgeber iE darzulegen und zu beweisen, aus welchen wirtschaftlichen, organisatorischen oder tech- **276**

---

[787] BAG 29.1.1997 – 2 AZR 9/96, AP KSchG 1969 § 1 Krankheit Nr. 32; 20.11.2014 – 2 AZR 664/13, NZA 2015, 931 Rn. 30 ff.; ebenso MüKoBGB/Hergenröder Rn. 155; Lingemann BB 1998, 1106 (1107); ErfK/Oetker Rn. 106a.

[788] BAG 20.11.2014 – 2 AZR 664/13, NZA 2015, 931 Rn. 30 ff. (jedenfalls bei eigenem Kündigungsschutz des Stelleninhabers); Boecken RdA 2012, 210 (215); Mückl/Hiebert NZA 2010, 1259 (1263).

[789] BAG 27.9.1984 – 2 AZR 62/83, AP KSchG 1969 § 2 Nr. 8; 24.11.2005 – 2 AZR 514/04, AP KSchG 1969 § 1 Krankheit Nr. 43.

[790] Zutr. BAG 19.4.2007 – 2 AZR 239/06, AP KSchG 1969 § 1 Krankheit Nr. 45 unter B I 2b bb (2); allg. Dütz FS Kissel, 1994, 161 ff.

[791] BAG 29.1.1997 – 2 AZR 9/96, AP KSchG 1969 § 1 Krankheit Nr. 32.

[792] BAG 22.9.2005 – 2 AZR 519/04, AP SGB IX § 81 Nr. 10.

[793] BAG 29.10.1998 – 2 AZR 666/97, AP BGB § 615 Nr. 77; 12.7.2007 – 2 AZR 716/06, AP KSchG 1969 § 1 Personenbedingte Kündigung Nr. 28 mAnm Rolfs/de Groot; 10.12.2009 – 2 AZR 400/08, AP KSchG 1969 § 1 Krankheit Nr. 48; 30.9.2010 – 2 AZR 88/09, AP KSchG 1969 § 1 Krankheit Nr. 49 mzustAnm Nebe; 29.8.2013 – 2 AZR 721/12, AP KSchG 1969 § 1 Personenbedingte Kündigung Nr. 37 Rn. 19.

nischen Gründen eine solche anderweitige Beschäftigung nicht möglich ist. (Zu den Besonderheiten bei der Darlegungs- und Beweislast bei Nichtdurchführung eines erforderlichen Präventionsverfahrens nach § 167 Abs. 1 SGB IX bzw. eines betrieblichen Eingliederungsmanagements nach § 167 Abs. 2 SGB IX → Rn. 339, 343 f.).

4. Interessenabwägung

277 Wird eine Kündigung auf Gründe in der Person des Arbeitnehmers gestützt, ist im Rahmen einer Interessenabwägung zu prüfen, ob die auf den Unzulänglichkeiten des Arbeitnehmers beruhenden Beeinträchtigungen **betrieblicher und/oder wirtschaftlicher Interessen** des Arbeitgebers so gewichtig sind, dass sie das berechtigte Bestandsschutzinteresse des Arbeitnehmers überwiegen,[794] wobei das BAG insoweit zumeist von der Unzumutbarkeit der Fortsetzung des Arbeitsverhältnisses spricht[795] bzw. danach fragt, ob eine billigerweise nicht mehr hinzunehmende Belastung des Arbeitgebers vorliegt[796].

278 Die **Interessenabwägung** gehört **nicht** zum **Kündigungsgrund.**[797] Vor einer Interessenabwägung ist daher die Feststellung erheblicher betrieblicher und/oder wirtschaftlicher Beeinträchtigungen aus Gründen, die in der Person des Arbeitnehmers liegen, erforderlich. Nur so kann eine konturlose Interessenabwägung bei der Prüfung der sozialen Rechtfertigung einer Kündigung verhindert werden.

279 Da personenbedingte Kündigungsgründe vom Arbeitnehmer regelmäßig nicht schuldhaft herbeigeführt werden, sondern zumeist auf nicht zurechenbarer mangelnder Eignung und fehlender Befähigung sowie krankheits- oder altersbedingten Leistungsschwächen beruhen, ist der Arbeitnehmer grds. **schutzwürdiger als bei einem schuldhaft herbeigeführten verhaltensbedingten Kündigungsgrund.**[798] Dies gilt freilich nicht ausnahmslos: Hat ein Berufskraftfahrer nach einer privaten Trunkenheitsfahrt die Fahrerlaubnis verloren, liegt zwar ein personen- und kein verhaltensbedingter Kündigungsgrund vor (→ Rn. 284). Gleichwohl ist der Arbeitnehmer nicht besonders schutzwürdig. Dasselbe gilt bei einer haftbedingten Arbeitsverhinderung (→ Rn. 427). Demgegenüber besteht eine besonders hohe Schutzwürdigkeit, wenn der Kündigungsgrund – wie eine auf betriebliche Ursachen zurückzuführende Erkrankungen des Arbeitnehmers – vom Arbeitgeber verursacht worden ist.[799] Der Ursache der mangelnden Eignung des Arbeitnehmers ist im Rahmen der Abwägung Rechnung zu tragen.[800]

280 **Abwägungsgesichtspunkte auf Seiten des Arbeitnehmers** sind grds. alle Umstände, die mit dem Arbeitsverhältnis in Zusammenhang stehen.[801] Dementsprechend kommt neben

[794] BAG 7.2.1990 – 2 AZR 359/89, AP KSchG 1969 § 1 Personenbedingte Kündigung Nr. 14; DD/Deinert Rn. 93; ErfK/Oetker Rn. 108; KR/Rachor Rn. 288 ff.; APS/Vossen Rn. 126; HaKo-KSchR/Weigert Rn. 483; HK-KSchG/Weller/Dorndorf Rn. 372; zT enger Preis Prinzipien Rn. 1034; LSSW/Schlünder Rn. 225 f.; PVT Kündigung/Temming Rn. 1362 ff.

[795] BAG 5.7.1990 – 2 AZR 154/90, AP KSchG 1969 § 1 Krankheit Nr. 26 unter II; 24.3.2011 – 2 AZR 790/09, AP KSchG 1969 § 1 Personenbedingte Kündigung Nr. 33 Rn. 15.

[796] BAG 20.1.2000 – 2 AZR 378/99, AP KSchG 1969 § 1 Krankheit Nr. 38 unter B III 2; 13.5.2015 – 2 AZR 564/14, AP KSchG 1969 § 1 Krankheit Nr. 54 Rn. 12.

[797] BAG 15.11.1984 – 2 AZR 613/83, AP BGB § 626 Nr. 87; 20.5.1988 – 2 AZR 682/87, AP KSchG 1969 § 1 Personenbedingte Kündigung Nr. 9; 16.2.1989 – 2 AZR 299/88, AP KSchG 1969 § 1 Krankheit Nr. 20 mAnm Preis; 6.9.1989 – 2 AZR 224/89, AP KSchG 1969 § 1 Krankheit Nr. 23; 17.1.1991 – 2 AZR 375/90, AP KSchG 1969 § 1 Verhaltensbedingte Kündigung Nr. 25; 29.7.1993 – 2 AZR 155/93, AP KSchG 1969 § 1 Krankheit Nr. 27; MüKoBGB/Hergenröder Rn. 156; ErfK/Oetker Rn. 108; Weller ArbRdGgnw 20 (1982), 77 (81).

[798] BAG 10.3.1977 – 2 AZR 79/76, AP KSchG 1969 § 1 Krankheit Nr. 4; G. Hueck Anm. zu BAG 22.2.1980 – 7 AZR 295/78, AP KSchG 1969 § 1 Krankheit Nr. 6; s. a. KR/Rachor Rn. 288, die eine besonders sorgfältige, nicht aber besonders strenge Abwägung fordert.

[799] BAG 7.11.2002 – 2 AZR 599/01, AP KSchG 1969 § 1 Krankheit Nr. 40. Eingehend dazu jetzt Kraayvanger Mitverantwortung des Arbeitgebers S. 253 ff., 298 f.

[800] Ebenso MüKoBGB/Hergenröder Rn. 156; LSSW/Schlünder Rn. 227; PVT Kündigung/Temming Rn. 1363; HK-KSchG/Weller/Dorndorf Rn. 373.

[801] Ebenso Ascheid in Henssler/Moll, Kündigung und Kündigungsschutz, 2000, Rn. 37; ErfK/Oetker Rn. 109; Preis Prinzipien Rn. 491 ff.; PVT Kündigung/Temming Rn. 1363; HK-KSchG/Weller/Dorndorf Rn. 372; vgl. zu den Abwägungsgesichtspunkten auch BAG 6.9.1989 – 2 AZR 224/89, AP KSchG 1969 § 1 Krankheit Nr. 23; KR/Rachor Rn. 290 f.; HaKo-KSchR/Weigert Rn. 484.

dem Alter des Arbeitnehmers insbes. der Betriebszugehörigkeit eine große Bedeutung zu.[802] Zugunsten des Arbeitnehmers ist auch zu berücksichtigen, wenn das Nachlassen der Leistungsfähigkeit auf betriebliche Ursachen zurückzuführen ist[803] oder auf veränderte Arbeitsanforderungen, die der Arbeitgeber nicht gem. § 81 Abs. 3 BetrVG ausreichend mit dem Arbeitnehmer erörtert hat.[804] Weiter ist zugunsten des Arbeitnehmers eine bestehende **Behinderung** zu berücksichtigen, was praktisch freilich nur in den Fällen zum Tragen kommt, in denen der Sonderkündigungsschutz gem. §§ 168 ff. SGB IX nicht eingreift, weil der erforderliche Grad der Behinderung nicht vorliegt oder die Schwerbehinderteneigenschaft (oder die Gleichstellung) nicht rechtzeitig beantragt bzw. dem Arbeitgeber nicht rechtzeitig mitgeteilt worden ist.[805] Schließlich sind nach der Ansicht des BAG[806] auch die bestehenden Unterhaltspflichten in Rechnung zu stellen. Zur Begründung verweist die Rspr. darauf, dass der Arbeitnehmer mit seinem Arbeitsverhältnis erkennbar gerade auch das Ziel verfolge, seinen Unterhaltspflichten nachkommen zu können.[807] Dies ist prima facie nicht unbedenklich, weil es der Arbeitnehmer dadurch in der Hand hat, die für die Aufrechterhaltung seines Arbeitsverhältnisses ins Gewicht fallenden Interessen autonom durch allein in seiner Privatsphäre liegende Umstände zu erhöhen,[808] korrespondiert aber mit dem gleichlautenden Auswahlkriterium bei der Sozialauswahl und bringt den über das vertragliche Austauschverhältnis hinausweisenden Charakter des Arbeitsverhältnisses zum Ausdruck. Zudem wird das Gewicht dieses Kriteriums dadurch verringert, dass es auch nach Auffassung der Rspr. vernachlässigt werden kann, wenn die Abwägung der arbeitsvertraglich relevanten Interessen zu einem eindeutigen Ergebnis führt.[809]

Auf Seiten des Arbeitgebers sind alle vom Arbeitnehmer ausgehenden betrieblichen **281**
und wirtschaftlichen Beeinträchtigungen berücksichtigungsfähig. Das bedeutet, dass neben personenbedingten Störungen, wie bspw. krankheitsbedingten Fehlzeiten in der Vergangenheit, auch solche Umstände zu berücksichtigen sind, die ihre Ursache im Verhalten des Arbeitnehmers haben und für eine verhaltensbedingte Kündigung an sich geeignet, aber nicht gewichtig genug sind (ausf. → Rn. 254 ff.).

II. Abgrenzung

Die Gründe in der Person des Arbeitnehmers sind **in erster Linie von den Gründen im** **282**
Verhalten des Arbeitnehmers abzugrenzen. Einer klaren Abgrenzung bedarf es zum einen deshalb, weil die Anforderungen an eine personenbedingte Kündigung grds. deutlich höher als an eine verhaltensbedingte Kündigung sind. Der dadurch bewirkte Bestandsschutz darf nicht durch eine unreflektierte Annahme umfassender Nebenpflichten des Arbeitnehmers zur Erhaltung bzw. Wiederherstellung einer uneingeschränkten Leistungsfähigkeit ausgehöhlt werden (aber → Rn. 285, 420 ff.). Zum anderen ist nur bei der verhaltensbedingten Kündigung vor dem Ausspruch der Kündigung regelmäßig eine

---

[802] Ebenso BAG 21.5.1992 – 2 AZR 399/91, AP KSchG 1969 § 1 Krankheit Nr. 30; Backmeister/Trittin/Mayer Rn. 120; ErfK/Oetker Rn. 109; KR/Rachor Rn. 290; PVT Kündigung/Temming Rn. 1363; HaKo-KSchR/Weigert Rn. 484; HK-KSchG/Weller/Dorndorf Rn. 374; aA LSSW/Schlünder Rn. 227.

[803] BAG 6.9.1989 – 2 AZR 118/89, AP KSchG 1969 § 1 Krankheit Nr. 22; 5.7.1990 – 2 AZR 154/90, AP KSchG 1969 § 1 Krankheit Nr. 26; 7.11.2002 – 2 AZR 599/01, AP KSchG 1969 § 1 Krankheit Nr. 40.

[804] Dazu Löwisch BB 1988, 1953 (1954).

[805] BAG 20.1.2000 – 2 AZR 378/99, AP KSchG 1969 § 1 Krankheit Nr. 38.

[806] Ebenso BAG 5.7.1990 – 2 AZR 154/90, AP KSchG 1969 § 1 Krankheit Nr. 26; 29.7.1993 – 2 AZR 155/93, AP KSchG 1969 § 1 Krankheit Nr. 27; 20.1.2000 – 2 AZR 378/99, AP KSchG 1969 § 1 Krankheit Nr. 38; ebenso DD/Deinert Rn. 93; KR/Rachor Rn. 290; HaKo-KSchR/Weigert Rn. 484.

[807] BAG 20.1.2000 – 2 AZR 378/99, AP KSchG 1969 § 1 Krankheit Nr. 38.

[808] Gegen eine Berücksichtigung von Unterhaltspflichten deshalb LSSW/Schlünder Rn. 227; PVT Kündigung/Temming Rn. 1363; HK-KSchG/Weller/Dorndorf Rn. 431.

[809] BAG 20.1.2000 – 2 AZR 378/99, AP KSchG 1969 § 1 Krankheit Nr. 38.

Abmahnung (→ Rn. 479 ff.) erforderlich.[810] Sofern der Arbeitnehmer wegen mangelnder Befähigung für die geschuldete Arbeitsleistung nicht geeignet ist, geht die Abmahnung dagegen ins Leere.[811]

283 Das BAG vertritt gleichwohl die Auffassung, eine Abmahnung sei auch bei einer personenbedingten Kündigung erforderlich, wenn der Arbeitnehmer den **Grund in seiner Person** (in casu eine Wiederherstellung des Vertrauens) **durch ein steuerbares Verhalten beseitigen könne.**[812] Dem kann indes nicht gefolgt werden. Abmahnungsfähig ist allein ein vertragswidriges Verhalten des Arbeitnehmers. Nur dann erfüllt die Abmahnung ihre Rüge- und Warnfunktion (→ Rn. 477). Die mangelnde Eignung und Befähigung ist als solche aber gerade kein vertragswidriges Verhalten. Wenn ein Arbeitnehmer zur Erbringung der arbeitsvertraglich geschuldeten Leistung aktuell nicht imstande ist, kann man nicht davon ausgehen, dass er ein behebbares Defizit unter allen Umständen beseitigen und deshalb durch eine Abmahnung dazu angehalten werden muss. Lediglich wenn zugleich eine Verletzung arbeitsvertraglicher Pflichten vorliegt, kann eine Abmahnung vor Ausspruch der Kündigung erforderlich sein.[813] In diesem Fall liegt ein sog. Mischtatbestand vor (→ Rn. 263), bei dem festzustellen ist, ob die Störung des Arbeitsverhältnisses überwiegend durch verhaltensbedingte oder personenbedingte Gründe verursacht wird.[814] Ist die überwiegende Störungsursache in der Person des Arbeitnehmers zu sehen, ist vor Ausspruch der Kündigung eine Abmahnung nicht nötig. Mit seiner Sichtweise **verwischt das BAG die Grenze zwischen verhaltensbedingter und personenbedingter Kündigung.**[815] Sie führt auch schon deshalb zu Friktionen, weil sie den Arbeitgeber dazu anhält, selbst bei Erkrankungen oÄ vorsorglich Abmahnungen auszusprechen, um zu verhindern, dass eine spätere Kündigung am Einwand scheitert, der Arbeitnehmer hätte zunächst abgemahnt werden müssen, um ihm eine „Steuerung" seiner Ausfallzeiten, etwa durch eine gesundere Lebensweise zu ermöglichen.

284 Ein Grund in der Person des Arbeitnehmers liegt damit vor, wenn die Störung des Arbeitsverhältnisses darin besteht, dass der Arbeitnehmer die **arbeitsvertraglich geschuldete Leistung nicht erbringen kann,** und wenn auch keine Pflicht besteht, sich in den Zustand der Leistungsfähigkeit zu versetzen. Hat der Arbeitnehmer demgegenüber die Störung des Arbeitsverhältnisses durch ein vertragswidriges willensgesteuertes Handeln herbeigeführt oder hält er die Störung durch ein vertragswidriges willensgesteuertes Handeln aufrecht, liegt die Ursache im Verhalten und nicht in der Person des Arbeitnehmers. Schlagwortartig gesagt: Ein Grund in der Person liegt vor, wenn der **Arbeitnehmer will, aber nicht kann;** ein Grund im Verhalten ist demgegenüber gegeben, wenn der **Arbeitnehmer kann, aber nicht will.** Zur personenbedingten Kündigung zählen allerdings auch noch diejenigen Fälle, in denen der Arbeitnehmer die **arbeitsvertraglich geschuldete Leistung nicht erbringen will,** ohne dass ihm dies zum Vorwurf gemacht werden kann, wie es insbes. bei einem unvermeidbaren Glaubens- oder Gewissenskonflikt (→ Rn. 325 ff.) der Fall ist. Entscheidend für die Abgrenzung ist daher letztlich die **Reichweite der arbeitsvertraglichen Pflichten.** Diesem kündigungsrechtlichen (engen) Verständnis der arbeitsrechtlichen Nebenpflichten iSd § 241 Abs. 2 BGB steht nicht

---

[810] APS/Vossen Rn. 120; näher v. Hoyningen-Huene Anm. zu BAG 4.11.1981 – 7 AZR 264/79, AP KSchG 1969 § 1 Verhaltensbedingte Kündigung Nr. 4 unter 1 d; v. Hoyningen-Huene Anm. zu BAG 21.1.1999 – 2 AZR 665/98, AP BGB § 626 Nr. 151.

[811] Ebenso MüKoBGB/Hergenröder Rn. 147; PVT Kündigung/Temming Rn. 1352; HWK/Thies Rn. 97 f.; APS/Vossen Rn. 131; HaKo-KSchR/Weigert Rn. 466; HK-KSchG/Weller/Dorndorf Rn. 371a; diff. KR/Rachor Rn. 284 f.

[812] BAG 15.8.1984 – 7 AZR 228/82, AP KSchG 1969 § 1 Nr. 8 mAnm M. Wolf; gleichsinnig BAG 4.6.1997 – 2 AZR 526/96, AP BGB § 626 Nr. 137 mzustAnm Felderhoff; ferner pauschal auch BAG 30.9.1993 – 2 AZR 283/93, AP KSchG 1969 § 2 Nr. 33 unter B V; ebenso LAG Mecklenburg-Vorpommern 17.4.2012 – 5 Sa 191/11, BeckRS 2012, 74634; zust. DD/Deinert BGB § 314 Rn. 15; KR/Rachor Rn. 282; differenzierend MHdB ArbR/Kiel § 113 Rn. 69.

[813] Zutr. HK-KSchG/Weller/Dorndorf Rn. 371a.

[814] Ebenso HaKo-KSchR/Zimmermann Rn. 255.

[815] Abl. daher auch MHdB ArbR/Berkowsky, 3. Aufl. 2009, § 115 Rn. 3; MüKoBGB/Hergenröder Rn. 147; APS/Vossen Rn. 120, 131; HaKo-KSchR/Weigert Rn. 466; s. a. Rüthers/Henssler ZfA 1988, 31 (43 f.).

entgegen, dass im allgemeinen Leistungsstörungsrecht eine andere Sichtweise vorherrscht und die Nichterbringung der Leistung infolge eines Leistungshindernisses gem. § 275 BGB als solche bereits als Pflichtverletzung iSd §§ 280, 283 BGB gewertet wird,[816] weil Abs. 2 S. 1 um der Abschirmung der Privatsphäre des Arbeitnehmers willen einer eigenständigen Teleologie folgt.[817] Dies bedeutet: Wenn der Arbeitnehmer eine Vertragspflichtverletzung begeht, kommt eine verhaltensbedingte Kündigung in Betracht, auch wenn die Pflichtverletzung zu einem personenbedingten Leitungshindernis führt. Beruht das personenbedingte Leitungshindernis (etwa die Verbüßung einer Freiheitsstrafe) dagegen auf einem zwar willensgesteuerten, aber nicht vertragswidrigen Verhalten, kommt nur eine personenbedingte Kündigung in Betracht.[818] Entsprechendes gilt, wenn eine außerdienstliche Straftat zwar nicht zu einem die Arbeitsleistung per se hindernden Freiheitsentzug führt, wohl aber die Eignung des Arbeitnehmers für die Wahrnehmung hoheitlicher Aufgaben im öffentlichen Dienst beseitigt.[819] Diese Abgrenzung zwischen personenbedingter und verhaltensbedingter Kündigung markiert zugleich die Grenze des Abmahnungserfordernisses.

Die abweichende Ansicht des BAG beruht offenkundig auf einem vergleichsweise **285** weiten Begriff der personenbedingten Kündigung, der sämtliche Mängel in der Eignung des Arbeitnehmers zur Erfüllung der vertraglich geschuldeten Tätigkeit unabhängig davon einbezieht, ob sie unbehebbar oder behebbar sind. Sofern man nach Maßgabe der jeweiligen Umstände eine **selbständige Nebenpflicht des Arbeitnehmers** bejaht, behebbare persönliche Defizite, die einer ordnungsgemäßen Vertragserfüllung entgegenstehen, auch tatsächlich zu beseitigen,[820] folgt das Abmahnungserfordernis indes schlicht daraus, dass es **in Wirklichkeit um eine verhaltensbedingte Kündigung** geht. Allerdings besteht keine pauschale Nebenpflicht des Arbeitnehmers zur Beseitigung entsprechender Mängel. So ist der Arbeitnehmer etwa nicht verpflichtet, seinen Jahresurlaub aufzuwenden, um durch private Trainingsmaßnahmen Eignungsmängel auszugleichen. Zwar ist es verständlich, wenn man dem Arbeitnehmer die Chance einräumen will, auf eigene Initiative durch überobligationsmäßige Anstrengungen, deren Unterlassen also nicht arbeitsvertragswidrig ist, das Arbeitsverhältnis gegen eine personenbedingte Kündigung abzusichern. Um diese Fallgruppe angemessen zu bewältigen, bedarf es indes keines regelrechten Abmahnungserfordernisses, weil es bei einem Arbeitnehmer, der im Begriff ist, seine Eignungsmängel zu beseitigen, an einer negativen Prognose künftiger Störungen des Arbeitsverhältnisses fehlt. Ferner kann im Allgemeinen davon ausgegangen werden, dass Leistungsdefizite und sonstige personenbedingte Störungen der Vertragsdurchführung im Vorfeld einer personenbedingten Kündigung thematisiert werden, sofern der Mangel nicht ohnehin offenkundig ist. Eine „Abmahnung" im Sinne eines förmlichen Hinweises auf eine drohende Kündigung ist also regelmäßig nicht deshalb notwendig, weil der Arbeitnehmer vom Ausspruch einer personenbedingten Kündigung sonst überrascht werden könnte und er hierdurch die Möglichkeit einbüßen würde, durch ein überobligationsmäßiges Verhalten einer solchen Kündigung zuvorzukommen. Anders mag dies nur in den seltenen Fällen sein, in denen es für den Arbeitnehmer nicht zu erkennen ist, dass er mit seinem Leistungsverhalten den vertraglichen Anforderungen nicht gerecht wird. In einer solchen Konstellation lässt sich aus dem **Grundsatz der Verhältnismäßigkeit** die Obliegenheit des Arbeitgebers ableiten, dem Arbeitnehmer zunächst einen entsprechenden **Hinweis** zu geben, bei dem es sich aber nicht um eine Abmahnung im technischen Sinne handelt.[821]

---

[816] So aber Kaiser FS Otto, 2008, 173 (185 ff.).

[817] Schwarze Anm. zu BAG 25.11.2010 – 2 AZR 984/08, AP KSchG 1969 § 1 Personenbedingte Kündigung Nr. 32.

[818] BAG 25.11.2010 – 2 AZR 984/08, AP KSchG 1969 § 1 Personenbedingte Kündigung Nr. 32 mAnm Schwarze; 24.3.2011 – 2 AZR 790/09, AP KSchG 1969 § 1 Personenbedingte Kündigung Nr. 33.

[819] BAG 10.4.2014 – 2 AZR 684/13, AP KSchG 1969 § 1 Verhaltensbedingte Kündigung Nr. 72 Rn. 26.

[820] HK-KSchG/Weller/Dorndorf Rn. 371a.

[821] LAG Hamm 25.9.2012, 9 Sa 702/12, BeckRS 2012, 75238; LAG Rheinland-Pfalz 25.3.2014 – 6 Sa 357/13, BeckRS 2014, 68672; APS/Vossen Rn. 131.

Da iÜ auch das BAG das Erfordernis einer vorherigen Abmahnung verneint, wenn der Arbeitnehmer keine ernsthafte Bereitschaft zeigt, an der an sich möglichen Behebung des personenbedingten Leistungshindernisses mitzuwirken,[822] bestehen iErg ohnehin nur geringe Unterschiede zur hier vertretenen Ansicht.

286 Ausnahmsweise bedarf es auch einer **Abgrenzung zur betriebsbedingten Kündigung.** Wenn nämlich ein Verbot der Beschäftigung eines bestimmten Arbeitnehmers allein aus einer verweigerten Zustimmung des Betriebsrats zur Einstellung gem. § 99 BetrVG resultiert, ergibt sich daraus nicht ein personenbedingter, sondern ein betriebsbedingter Kündigungsgrund.[823] Dasselbe gilt, wenn der Arbeitgeber eine Umorganisation vornimmt, sich hierdurch das Anforderungsprofil einer Stelle ändert und der Arbeitgeber die Kündigung nunmehr auf die gewachsenen Anforderungen stützt.[824]

III. Einzelne personenbedingte Kündigungsgründe

287 Nachfolgend werden die wichtigsten personenbedingten Kündigungsgründe in **alphabetischer Reihenfolge** dargestellt. Dabei ist zu beachten, dass bei Anwendung der jeweiligen Rechtssätze auf den konkreten Fall die Umstände des Einzelfalls stets besonders zu berücksichtigen sind.

1. AIDS, HIV-Infektion

288 Die Kündigung AIDS-erkrankter Arbeitnehmer richtet sich im Wesentlichen nach den Rechtsgrundsätzen, die das BAG für die krankheitsbedingte Kündigung entwickelt hat (→ Rn. 332 ff.).[825] Demzufolge rechtfertigt allein die Tatsache, dass ein Arbeitnehmer **HIV-infiziert** ist, grds. noch keine Kündigung iSd Abs. 2 S. 1.[826] Wenn sich jedoch aus der Tätigkeit des Arbeitnehmers die Gefahr der Infizierung anderer Arbeitnehmer oder Dritter ergibt, ist auch die Infektion als solche geeignet, eine Kündigung aus Gründen in der Person des Arbeitnehmers sozial zu rechtfertigen.[827] Dies gilt allerdings nur dann, wenn eine Versetzung auf einen anderen Arbeitsplatz, bei dem die Gefahr der Infizierung anderer ausgeschlossen ist, ausscheidet.[828] **Nach Ausbruch der Krankheit** kommt regelmäßig eine personenbedingte Kündigung in Betracht, die nach den Umständen des Einzelfalls entsprechend den Grundsätzen für häufige Kurzerkrankungen oder lang andauernde Krankheiten zu beurteilen ist (→ Rn. 345 ff., 389 ff.).

289 Kündigt der Arbeitgeber das Arbeitsverhältnis eines HIV-infizierten Arbeitnehmers, der aufgrund noch nicht vollendeter Wartezeit (Abs. 1) noch nicht den allgemeinen Kündigungsschutz genießt, handelt er zwar **nicht automatisch sittenwidrig** iSd § 138 Abs. 1 BGB. Eine solche Kündigung ist auch nicht nach § 242 BGB treuwidrig und verstößt ferner nicht gegen das Maßregelungsverbot des § 612a BGB.[829] Dass durch die HIV-Infektion das Arbeitsverhältnis noch nicht beeinträchtigt wird, steht der Kündigung innerhalb der Wartezeit für sich genommen nicht entgegen. Eine solche Beeinträchtigung ist

---

[822] BAG 18.9.2008 – 2 AZR 976/06, EzA § 1 KSchG Personenbedingte Kündigung Nr. 23; 28.1.2010 – 2 AZR 764/08, AP AGG § 3 Nr. 4 mAnm Mohr.

[823] LAG Baden-Württemberg 31.7.2009 – 7 Sa 48/09, LAGE § 101 BetrVG 2001 Nr. 2 = BeckRS 2009, 72962.

[824] BAG 7.7.2005 – 2 AZR 399/04, AP KSchG 1969 § 1 Betriebsbedingte Kündigung Nr. 138; 10.7.2008 – 2 AZR 1111/06, AP KSchG 1969 § 1 Betriebsbedingte Kündigung Nr. 181.

[825] Vgl. Haesen RdA 1988, 158 (162); MHdB ArbR/Kiel § 113 Rn. 93 ff.; Klak BB 1987, 1382 (1386 f.); Lepke Kündigung Rn. 406 ff.; DB 1987, 1299 ff.; RdA 2000, 87 ff.; Löwisch DB 1987, 936 (941); Löwisch in Schünemann/Pfeiffer (Hrsg.) Die Rechtsprobleme von AIDS, 1988, 307, 324 ff.; Richardi NZA 1988, 73 (78 f.); Wollenschläger/Kreßel AuR 1988, 198 (204 ff.).

[826] Ebenso ErfK/Oetker Rn. 152; HK-KSchG/Weller/Dorndorf Rn. 448.

[827] Ausf. Lepke RdA 2000, 87 (90 f.).

[828] Ebenso Lepke DB 1987, 1299 (1300); RdA 2000, 87 (91 f.); Richardi NZA 1988, 73 (78); HK-KSchG/Weller/Dorndorf Rn. 449.

[829] BAG 16.2.1989 – 2 AZR 347/88, AP BGB § 138 Nr. 46 mzustAnm Kramer; Lepke Kündigung Rn. 435; Lepke DB 1987, 1301; aA APS/Vossen Rn. 225.

lediglich zur Begründung der sozialen Rechtfertigung nach § 1 Abs. 2 erforderlich. Wird die Kündigung aber gerade **wegen der HIV-Infektion** ausgesprochen, liegt eine **Diskriminierung wegen einer Behinderung iSd § 1 AGG** vor, die zur Unwirksamkeit der Kündigung nach § 134 BGB iVm § 7 Abs. 1, §§ 1, 3 Abs. 1 AGG führt (→ Einl. Rn. 101).[830]

Erfährt die Belegschaft von der HIV-Erkrankung eines Mitarbeiters und verlangt sie vom Arbeitgeber die Kündigung dieses Arbeitnehmers, rechtfertigt dies nicht ohne Weiteres eine Kündigung durch den Arbeitgeber. Nach den Grundsätzen der sog. **Druckkündigung** (→ Rn. 313 ff.) kommt in diesem Fall eine Kündigung des HIV-Infizierten nur dann in Betracht, wenn der Arbeitgeber zuvor mit allen möglichen und ihm zumutbaren Mitteln versucht hat, die Drucksituation zu beseitigen.[831] Der Arbeitgeber ist in diesen Fällen verpflichtet, sich zunächst schützend vor den Arbeitnehmer zu stellen. Nur wenn ihm unbillige und für seinen Betrieb unzumutbare Nachteile erwachsen, er wirtschaftlich schwer geschädigt oder gar in seiner Existenz bedroht wird, bspw. durch Streiks, Massenkündigungen anderer Arbeitnehmer oder durch die Androhung von Kunden oder Geschäftspartnern, Geschäftsverbindungen abzubrechen, ist der Arbeitgeber berechtigt, einem HIV-infizierten Arbeitnehmer zu kündigen.[832] Aufgrund eines zunehmend rationaleren Umgangs mit HIV-Erkrankungen dürfte dieses Problem aber mittlerweile weitgehend gegenstandslos geworden sein. 290

2. Alkohol- und Drogensucht

Alkoholsucht liegt vor, wenn der gewohnheitsmäßige, übermäßige Alkoholgenuss trotz besserer Einsicht nicht aufgegeben oder verringert werden kann.[833] Wird eine Kündigung wegen einer Alkoholsucht des Arbeitnehmers und der daraus resultierenden Störungen des Arbeitsverhältnisses ausgesprochen, sind hierauf die Grundsätze für die Überprüfung krankheitsbedingter Kündigungen anzuwenden (→ Rn. 332 ff.), sofern sich der Alkoholsüchtige in einem Stadium befindet, in dem der **Trunksucht ein medizinischer Krankheitswert zukommt.**[834] Ein solches Stadium ist bei psychischer und physischer Abhängigkeit vom Alkohol erreicht, also dann, wenn der Arbeitnehmer die Fähigkeit zur Selbstkontrolle verloren hat.[835] 291

An die für eine krankheitsbedingte Kündigung erforderliche **negative Gesundheitsprognose** sind bei Suchterkrankungen nach der Rspr. geringere Anforderungen zu stellen. Dies ist allerdings ungenau. Richtigerweise sind an die negative Prognose dieselben Anforderungen wie bei sonstigen Erkrankungen zu stellen. Nur kann die Prognose bei der Alkoholsucht genauer gestellt werden, weil deren Auswirkungen auf die Persönlichkeit des Arbeitnehmers aufgrund zahlreicher medizinischer Erkenntnisse präziser feststellbar sind.[836] 292

Insbes. bei **Rückfällen** nach abgeschlossenen Alkoholtherapien ist in der Regel davon auszugehen, dass sich an der Sucht und damit dem Gesundheitszustand auch in Zukunft 293

---

830 BAG 19.12.2013 – 6 AZR 190/12, AP AGG § 2 Nr. 3 mkritAnm Stenslik (stattdessen für eine unionsrechtskonforme Auslegung der zivilrechtlichen Generalklauseln); MHdB ArbR/Kiel § 113 Rn. 94; HaKo-KSchR/Weigert Rn. 496; iErg auch KR/Rachor Rn. 298 (unter Heranziehung von § 242 BGB); Wendeling-Schröder/Stein/Stein, Allgemeines Gleichbehandlungsgesetz, 2008, § 1 Rn. 54 (unter Heranziehung von §§ 138, 242 BGB); zurückhaltend DD/Deinert Rn. 160. Für die Qualifikation einer symptomlosen HIV-Infektion als Behinderung auch VG Berlin 23.9.2022 – 5 K 322.18, NVwZ 2023, 531.

831 Vgl. MHdB ArbR/Kreft § 115 Rn. 91; Lepke RdA 2000, 87 (92); HK-KSchG/Weller/Dorndorf Rn. 450 f.

832 Ebenso Bruns MDR 1988, 353 (357); Lepke Kündigung Rn. 431 ff.; DB 1987, 1299 (1301); RdA 2000, 92 f.; Löwisch DB 1987, 936 (942).

833 Lepke Kündigung Rn. 88 f.; HWK/Thies Rn. 119; HaKo-KSchR/Weigert Rn. 500.

834 BAG 9.4.1987 – 2 AZR 210/86, AP KSchG 1969 § 1 Krankheit Nr. 18; BAG 13.12.1990 – 2 AZR 336/90, EzA § 1 KSchG Krankheit Nr. 33; Bengelsdorf NZA-RR 2002, 57 ff.; Berkowsky, Die personen- und verhaltensbedingte Kündigung, 4. Aufl. 2005, § 4 Rn. 112 ff.; DD/Deinert Rn. 162 ff.; Fleck/Körkel BB 1995, 722; Hagen/de Vivie ZTR 1988, 33 ff.; Künzl BB 1993, 1581; BB 1993, 1876; Lepke Kündigung Rn. 89, 358 ff.; DB 2001, 269; KR/Rachor Rn. 300 ff.; Sasse NZA-RR 2019, 513 (517 f.); PVT Kündigung/Temming Rn. 1366; Willemsen DB 1988, 2304.

835 BAG 1.6.1983 – 5 AZR 536/80, AP LohnFG § 1 Nr. 52 mAnm Baumgärtel; näher Lepke NZA-RR 1999, 57 (60).

836 Zutr. Berkowsky, Die personen- und verhaltensbedingte Kündigung, 4. Aufl. 2005, § 4 Rn. 114.

nichts ändern wird.[837] Allerdings können auch hier die Besonderheiten des Einzelfalls eine andere Beurteilung begründen. Insoweit ist zu berücksichtigen, dass die Alkoholsucht selbst nicht heilbar ist. Eine erfolgreiche Heilbehandlung, die zur dauerhaften Abstinenz führt, beseitigt die Symptome, ohne die Krankheit selbst zu kurieren.[838] Deshalb kann jedenfalls bei einem durch ganz erhebliche, außergewöhnliche psychische Belastungen (bspw. plötzlicher Tod des Ehegatten oder eines Kindes) ausgelösten Rückfall nicht ohne Weiteres eine negative Prognose bejaht werden.[839]

294 Aus dem Verlust der Selbstkontrolle beim Alkoholabhängigen folgt, dass einem alkoholsüchtigen Arbeitnehmer, der während der Arbeitszeit Alkohol zu sich nimmt und infolgedessen nicht oder nicht ordnungsgemäß arbeitet, **nicht verhaltensbedingt gekündigt** werden kann.[840] Der Pflichtverstoß beruht hier nämlich nicht auf einem steuerbaren Verhalten, sondern auf der Unfähigkeit des Arbeitnehmers zur Abstinenz.[841] Nach Auffassung des BAG kommt eine **verhaltensbedingte Kündigung Alkoholsüchtiger** deshalb nur dann in Betracht, wenn der Arbeitgeber darlegt und beweist, dass der Arbeitnehmer die Sucht schuldhaft herbeigeführt hat (→ Rn. 540 ff.).[842]

295 Vor Ausspruch einer personenbedingten Kündigung wegen Alkoholsucht hat der Arbeitgeber den Arbeitnehmer **in der Regel aufzufordern, eine Entziehungskur durchzuführen.**[843] Dies ergibt sich aus dem Grundsatz der Verhältnismäßigkeit (→ Rn. 182 ff.). IÜ lässt sich die notwendige negative Gesundheitsprognose in der Regel auch nur dann stellen, wenn der Arbeitnehmer nicht therapiebereit ist[844] oder eine bereits durchgeführte Therapie erfolglos war.[845] Hat der Arbeitnehmer den Arbeitgeber in sog. Fehlzeitengesprächen vor Ausspruch der Kündigung nicht über seine Alkoholerkrankung unterrichtet und hat der Arbeitgeber auch aus sonstigen Umständen keine Kenntnis von der Alkoholsucht des Arbeitnehmers, kann sich der Arbeitnehmer nach Erhalt der Kündigung nicht mehr darauf berufen, der Arbeitgeber habe ihm die Möglichkeit einer Entziehungskur einräumen müssen. Das Verheimlichen der Sucht lässt vielmehr darauf schließen, dass der Arbeitnehmer bis zur Kündigung nicht therapiebereit war.[846]

296 Unterzieht sich der Arbeitnehmer einer Entziehungskur, muss der Arbeitgeber grds. deren **Erfolg abwarten.**[847] Eine Ausnahme von diesem Grundsatz ist nur dann anzuerkennen, wenn dem zwingende betriebliche Gründe entgegenstehen. Die Aufforderung, sich einer ärztlichen Behandlung zu unterziehen, ist entbehrlich, wenn sich der Arbeitnehmer bereits Entgiftungsbehandlungen unterzogen hat und der Arbeitgeber ihm in der Vergangenheit mitgeteilt hat, dass er im Falle einer Fortsetzung der Trunksucht mit einer Kündigung zu rechnen habe.[848]

---

[837] BAG 16.9.1999 – 2 AZR 123/99, AP BGB § 626 Nr. 159; 20.3.2014 – 2 AZR 565/12, AP KSchG 1969 § 1 Krankheit Nr. 51 Rn. 15; LAG Köln 17.5.2010 – 5 Sa 1072/09, NZA-RR 2010, 518: mehrfache, erfolglose, sich über Jahre erstreckende Therapieversuche; einschränkend LAG Berlin-Brandenburg 17.8.2009 – 10 Sa 506/09, LAGE § 1 KSchG Personenbedingte Kündigung Nr. 24 Rn. 66.

[838] Vgl. Lepke Kündigung Rn. 380 mwN.

[839] S. (tendenziell noch großzügiger) LAG Hamm 4.9.2001 – 11 Sa 1918/00, LAGE § 1 KSchG Krankheit Nr. 33; LAG Berlin-Brandenburg 5.9.2012 – 15 Sa 911/12, BeckRS 2012, 75041; KR/Rachor Rn. 301; HaKo-KSchR/Weigert Rn. 501; s. a. Fleck/Körkel BB 1995, 722.

[840] BAG 9.4.1987 – 2 AZR 210/86, AP KSchG 1969 § 1 Krankheit Nr. 18; s. a. LAG Berlin 1.7.1985 – 9 Sa 29/85, DB 1985, 2690.

[841] Zu Alkoholmissbrauch und Kündigung vgl. v. Hoyningen-Huene DB 1995, 142; einschränkend Bengelsdorf FS Hromadka, 2008, 10 ff.

[842] BAG 9.4.1987 – 2 AZR 210/86, AP KSchG 1969 § 1 Krankheit Nr. 18.

[843] Ebenso BAG 17.6.1999 – 2 AZR 639/98, AP KSchG 1969 § 1 Krankheit Nr. 37; ErfK/Oetker Rn. 153; KR/Rachor Rn. 302; APS/Vossen Rn. 233; HK-KSchG/Weller/Dorndorf Rn. 444; einschränkend Lepke Kündigung Rn. 379; DB 2001, 269 (277). im Hinblick auf die relativ hohe Abbruchquote von ca. 50 %.

[844] BAG 9.4.1987 – 2 AZR 210/86, AP KSchG 1969 § 1 Krankheit Nr. 18; 20.3.2014 – 2 AZR 565/12, AP KSchG 1969 § 1 Krankheit Nr. 51 Rn. 15; Künzl NZA 1998, 122 (126); ErfK/Oetker Rn. 153.

[845] LAG Hamm 2.5.1986 – 16 Sa 1987/85, LAGE § 1 KSchG Personenbedingte Kündigung Nr. 4.

[846] BAG 17.6.1999 – 2 AZR 639/98, AP KSchG 1969 § 1 Krankheit Nr. 37.

[847] DD/Deinert Rn. 164; ErfK/Oetker Rn. 153; HaKo-KSchR/Weigert Rn. 502.

[848] BAG 13.12.1990 – 2 AZR 336/90, EzA § 1 KSchG Krankheit Nr. 33.

Erklärt sich ein Arbeitnehmer erst **nach Ausspruch der Kündigung zu einer Entziehungskur bereit,** kann dies eine zum Zeitpunkt des Zugangs der Kündigung vorliegende negative Gesundheitsprognose nicht mehr beseitigen, weil es für deren Beurteilung allein auf die Umstände zum Zeitpunkt der Kündigung ankommt.[849] Hat der Arbeitnehmer in der Vergangenheit bereits eine Entziehungskur durchgeführt, dies aber dem Arbeitgeber verschwiegen, rechtfertigt dies keine Kündigung.[850] Der Arbeitnehmer ist gleichfalls grds. nicht verpflichtet, dem Arbeitgeber bei Arbeitsbeginn seine Alkoholsucht mitzuteilen, es sei denn, er ist aufgrund der Sucht nicht in der Lage, seine arbeitsvertraglichen Verpflichtungen ordnungsgemäß zu erfüllen, wie dies etwa bei Berufskraftfahrern der Fall ist.[851] 297

Die für eine krankheitsbedingte Kündigung erforderlichen **erheblichen betrieblichen Beeinträchtigungen** ergeben sich bei einer Kündigung wegen Alkoholsucht nicht nur und nicht einmal in erster Linie aus zu erwartenden Fehlzeiten, sondern häufig aus Gründen der Selbstgefährdung des Arbeitnehmers sowie der Fremdgefährdung anderer Personen etwa durch Nichteinhaltung von Unfallverhütungsvorschriften.[852] Hierdurch ist die Einsatzfähigkeit eines an Trunksucht erkrankten Arbeitnehmers erheblich eingeschränkt.[853] Der Arbeitgeber kann auch nicht darauf verwiesen werden, den Arbeitnehmer dauerhaft auf unerlaubten Alkoholkonsum zu kontrollieren, um dessen gefahrlosen Einsatz zu gewährleisten.[854] 298

Die Kündigung **drogensüchtiger Arbeitnehmer** richtet sich nach den gleichen Grundsätzen wie die Kündigung Alkoholsüchtiger.[855] Aus Gründen der Verhältnismäßigkeit kommt auch hier eine Kündigung grds. nur dann in Betracht, wenn der Arbeitgeber den Arbeitnehmer zuvor aufgefordert hat, eine Entziehungskur durchzuführen oder wenn eine zuvor durchgeführte Entziehungskur erfolglos verlaufen ist. Maßgeblicher Zeitpunkt für die Beurteilung der Therapiebereitschaft ist hierbei nach allgemeinen Grundsätzen der Zeitpunkt des Zugangs der Kündigung. 299

Der Arbeitnehmer ist grds. nicht verpflichtet, sich einer **Blutuntersuchung zur Klärung eines möglichen Alkohol- bzw. Drogenmissbrauchs** zu unterziehen (→ Rn. 354 ff.).[856] Gleichwohl kann die Weigerung im Einzelfall nachteilige Folgen haben. Ist der Arbeitnehmer bspw. in einem Bewachungsunternehmen als Wachmann beschäftigt und fordert das Drittunternehmen, in dessen Betrieb er eingesetzt ist, regelmäßige Blutuntersuchungen zum Nachweis fehlender Alkohol- bzw. Drogenabhängigkeit, läuft er Gefahr, nach verweigerter Blutuntersuchung vom Arbeitgeber bei dessen Auftraggeber nicht mehr eingesetzt werden zu können. Der Arbeitgeber müsste dann Weiterbeschäftigungsmöglichkeiten auf anderen Arbeitsplätzen prüfen. Sind solche nicht vorhanden, kommt eine betriebsbedingte Kündigung in Betracht. 300

3. Alter

Das Erreichen einer bestimmten Altersgrenze ist für sich **allein kein** in der Person des Arbeitnehmers liegender **Kündigungsgrund** iSd Abs. 2 S. 1.[857] Dies ergibt sich unmittel- 301

849 So zutr. BAG 9.4.1987 – 2 AZR 210/86, AP KSchG 1969 § 1 Krankheit Nr. 18; 13.12.1990 – 2 AZR 336/90, EzA § 1 KSchG Krankheit Nr. 33; 17.6.1999 – 2 AZR 639/98, AP KSchG 1969 § 1 Krankheit Nr. 37.

850 LAG Baden-Württemberg 7.7.1981 – 1 Sa 30/80, AP BGB § 616 Nr. 53.

851 Ebenso KR/Rachor Rn. 303.

852 BAG 20.3.2014 – 2 AZR 565/12, AP KSchG 1969 § 1 Krankheit Nr. 51.

853 Vgl. insbes. BAG 13.12.1990 – 2 AZR 336/90, EzA § 1 KSchG Krankheit Nr. 33; 16.9.1999 – 2 AZR 123/99, AP BGB § 626 Nr. 159; 20.3.2014 – 2 AZR 565/12, AP KSchG 1969 § 1 Krankheit Nr. 51; LAG Thüringen 17.8.2010 – 7 Sa 417/09, LAGE § 1 KSchG Verhaltensbedingte Kündigung Nr. 107.

854 BAG 20.12.2012 – 2 AZR 32/1, AP KSchG 1969 § 1 Krankheit Nr. 50 Rn. 35.

855 Ebenso Berkowsky, Die personen- und verhaltensbedingte Kündigung, 4. Aufl. 2005, § 4 Rn. 123 f.; KR/Rachor Rn. 304; HaKo-KSchR/Weigert Rn. 505.

856 BAG 12.8.1999 – 2 AZR 55/99, AP KSchG 1969 § 1 Verhaltensbedingte Kündigung Nr. 41; näher zu Drogenscreenings Diller/Powietzka NZA 2001, 1227.

857 BAG 28.9.1961 – 2 AZR 428/60, AP KSchG § 1 Personenbedingte Kündigung Nr. 1 mAnm Zöllner; 25.3.1971 – 2 AZR 185/70, AP BetrVG § 57 Nr. 5 unter III 2d mAnm Schmidt-Räntsch; Berkowsky, Die personen-

bar aus § 41 Abs. 1 S. 1 SGB VI, wonach die Tatsache, dass ein Arbeitnehmer berechtigt ist, eine Rente wegen Alters zu beanspruchen, nicht als ein Grund anzusehen ist, der die Kündigung des Arbeitsverhältnisses durch den Arbeitgeber nach Abs. 2 S. 1 bedingt (zum altersbedingten Leistungsabfall → Rn. 419). Auch die Möglichkeit zur Inanspruchnahme von Altersteilzeit stellt nach § 8 Abs. 1 Hs. 1 ATG keinen Kündigungsgrund dar.[858]

302 In Anlehnung an die Rspr. des EuGH[859] und des BAG[860] zur Wirksamkeit von Altersgrenzen für die Beendigung von Arbeitsverhältnissen sowie unter Berücksichtigung von § 10 S. 3 Nr. 5 AGG kommt eine **Kündigung bei Erreichen des Alters, das zum Bezug der Regelaltersrente (§ 35 SGB VI) berechtigt, in Betracht,** wenn die Kündigung erfolgt, um einen angemessenen Altersaufbau der Belegschaft zu erreichen und Aufstiegschancen innerhalb des Unternehmens zu eröffnen. Die Kündigung erfolgt in diesem Fall in erster Linie aus betrieblichen und nicht aus personenbedingten Gründen.[861] Daher greift das Verbot der – personenbedingten – Kündigung gem. § 41 Abs. 1 S. 1 SGB VI nicht ein. Allerdings gelten die allgemeinen Regeln über betriebsbedingte Kündigungen,[862] sodass insbes. eine Austauschkündigung nicht zulässig ist, also etwa ein älterer gegen einen jüngeren Arbeitnehmer durch Kündigung des älteren Arbeitnehmers **nicht unmittelbar** ausgetauscht werden darf. Das bloße altersbedingte Nachlassen der Leistungsfähigkeit allein rechtfertigt noch keine personenbedingte Kündigung, sofern nicht die Grenzen der Kündigung wegen Leistungsschwäche überschritten werden (→ Rn. 419).

303 Allein das Erreichen eines bestimmten Alters als personenbedingter Kündigungsgrund wäre dagegen mit dem **Verbot der Diskriminierung wegen des Alters** in Art. 6 Abs. 1 RL 2000/78/EG nicht vereinbar.[863]

4. Arbeitsgenehmigung/Aufenthaltstitel

304 Das Fehlen einer Arbeitsgenehmigung nach § 284 SGB III (früher: § 19 Abs. 1 AFG) [864] bzw. §§ 4 Abs. 2 u. 3, 18 AufenthG (für Angehörige aus Drittstaaten) führt nicht zur Nichtigkeit des Arbeitsvertrags nach § 134 BGB, sondern nur zu einem **Beschäftigungsverbot** des Arbeitnehmers.[865] Lediglich wenn beide Parteien den Arbeitsvertrag in Kennt-

---

und verhaltensbedingte Kündigung, 4. Aufl. 2005, § 5 Rn. 2; ErfK/Oetker Rn. 154; KR/Rachor Rn. 305; LSSW/Schlünder Rn. 259; PVT Kündigung/Temming Rn. 1368; HaKo-KSchR/Weigert Rn. 506; HK-KSchG/Weller/Dorndorf Rn. 452; näher Bauer/Lingemann NZA 1993, 625; Peter AuR 1993, 387; Schlüter/Belling NZA 1988, 297; Schröder, Altersbedingte Kündigungen und Altersgrenzen im Individualarbeitsrecht, 1984; Simitis NJW 1994, 1453; Stahlhacke DB 1989, 2329; Stindt DB 1993, 1361; Temming, Alterdiskriminierung im Arbeitsleben, 2008, 220 ff.

[858] Vgl. Diller NZA 1996, 847.

[859] EuGH 16.10.2007 – C-411/05, AP Richtlinie 2000/78/EG Nr. 8 – Palacios de la Villa; 5.3.2009 – C-388/07, AP Richtlinie 2000/78/EG Nr. 12 – Age Concern England; 12.10.2010 – C-45/09, AP Richtlinie 2000/78/EG Nr. 18 – Rosenbladt = NJW 2010, 3767 mAnm Bauer/v. Medem; 18.11.2010 – C-250/09, AP Richtlinie 2000/78/EG Nr. 19 – Georgiev; 5.7.2012 – C-141/11, AP Richtlinie 2000/78/EG Nr. 26 – Hörnfeldt.

[860] BAG 27.7.2005 – 7 AZR 443/04, AP BGB § 620 Altersgrenze Nr. 27; 18.6.2008 – 7 AZR 116/07, AP TzBfG § 14 Nr. 48; 8.12.2010 – 7 AZR 438/09, AP TzBfG § 14 Nr. 77; 5.3.2013 – 1 AZR 417/12, AP BetrVG 1972 § 77 Nr. 105 mAnm Polloczek; 12.6.2013 – 7 AZR 917/11, NZA 2013, 1428; 13.10.2015 – 1 AZR 853/13, AP BetrVG 1972 § 77 Nr. 109; s. a. BAG 25.4.2024 – 8 AZR 140/23, NZA 2024, 988 (zulässige Verweigerung der Wiedereinstellung nach Beendigung des Arbeitsverhältnisses wegen Erreichens der Regelaltersgrenze).

[861] BAG 28.9.1961 – 2 AZR 428/60, AP KSchG § 1 Personenbedingte Kündigung Nr. 1; 25.3.1971 – 2 AZR 185/70, AP BetrVG § 57 Nr. 5; Bauer/Lingemann NZA 1993, 625 (626 ff.); ErfK/Oetker Rn. 154; Stindt DB 1993, 1361 (1363 ff.); aA DD/Deinert Rn. 168; Peter AuR 1993, 384; PVT Kündigung/Temming Rn. 1368; Trittin AuR 1995, 51; HK-KSchG/Weller/Dorndorf Rn. 453.

[862] ErfK/Oetker Rn. 154.

[863] Vgl. Linsenmaier RdA 2003 Sonderbeilage zu Heft 5, 22 (32).

[864] Die Regelung ist derzeit nicht mehr relevant, weil von der Möglichkeit, die Freizügigkeit kroatischer Staatsangehöriger und ihrer freizügigkeitsberechtigten Familienangehörigen zu begrenzen, seit 1.7.2015 durch die Bundesregierung kein Gebrauch gemacht wird. EU-Ausländern wird der Zugang zum deutschen Arbeitsmarkt bereits unmittelbar durch Art. 21, 45 AEUV gewährt.

[865] BAG 13.1.1977 – 2 AZR 423/75, AP AFG § 19 Nr. 2; 19.1.1977 – 3 AZR 66/75, AP AFG § 19 Nr. 3; 16.12.1976 – 3 AZR 716/75, AP AFG § 19 Nr. 4; 7.2.1990 – 2 AZR 359/89, AP KSchG 1969 § 1 Personenbedingte Kündigung Nr. 14; LAG Baden-Württemberg 25.6.1998 – 6 Sa 1/98, NZA-RR 1998, 492; Kasseler/Braasch

nis der Genehmigungspflicht von vornherein in der Absicht geschlossen haben, ihn ohne Arbeitsgenehmigung zu vollziehen, ist der Vertrag nach § 134 BGB nichtig.[866] Sofern die Arbeitsvertragsparteien einen gezielten Gesetzesverstoß begehen wollen, verhilft auch § 311a Abs. 1 BGB ihrer Einigung nicht zur Wirksamkeit.[867]

Das Fehlen oder Erlöschen der Arbeitsgenehmigung nach § 284 SGB III bzw. §§ 4 Abs. 2 u. 3, 18 AufenthG kann als ein in der Person des ausländischen Arbeitnehmers liegendes **rechtliches Beschäftigungshindernis** eine Kündigung rechtfertigen.[868] Ist die Arbeitsgenehmigung zum Zeitpunkt der Kündigung rechtskräftig versagt worden, so ist die Kündigung regelmäßig sozial gerechtfertigt, weil der Arbeitnehmer dann zur Leistung der geschuldeten Dienste nicht im Stande ist.[869] Sofern über die Arbeitsgenehmigung noch nicht rechtskräftig entschieden wurde, ist in Anlehnung an die Grundsätze zur Kündigung wegen lang andauernder Erkrankungen (→ Rn. 389 ff.) darauf abzustellen, ob für den Arbeitgeber bei objektiver Beurteilung im Zeitpunkt des Zugangs der Kündigung mit der Erteilung der Arbeitsgenehmigung in absehbarer Zeit nicht zu rechnen war und der Arbeitsplatz für den Arbeitnehmer ohne erhebliche betriebliche Beeinträchtigungen nicht freigehalten werden konnte.[870] In einer solchen Kündigung liegt keine Diskriminierung aufgrund von „Rasse" oder ethnischer Herkunft.[871] 305

5. Arbeitszeit

Kann der Arbeitgeber einem Arbeitnehmer, den er als Zeitungszusteller ausschließlich am Sonntag beschäftigt, keinen **Ersatzruhetag nach § 11 Abs. 3 ArbZG** gewähren, weil der Arbeitnehmer von Montag bis Samstag in einem anderen Arbeitsverhältnis tätig ist, darf ihn der Arbeitgeber nicht beschäftigen. Dass die Arbeit von Montag bis Samstag bei einem anderen Arbeitgeber geleistet wird, steht dem nicht entgegen. Die gesetzlichen Vorschriften über Sonntagsarbeit gelten arbeitgeberübergreifend. In diesem Fall besteht für den Arbeitgeber, der den Arbeitnehmer für die Sonntagsarbeit eingestellt hat, in der Regel ein Grund zur ordentlichen Kündigung aus personenbedingten Gründen.[872] 306

6. Außerdienstliches Verhalten (Straftaten und politische Aktivitäten)

Die mangelnde Eignung des Arbeitnehmers kann sich auch aus **außerdienstlichen Straftaten** des Arbeitnehmers ergeben (→ Rn. 591 ff.).[873] **Lehrer oder Erzieher,** die Sittlichkeits- oder Sexualdelikte begangen haben, sind für ihre Tätigkeit regelmäßig ungeeignet. Hier liegen Charaktermängel vor, die es unzumutbar erscheinen lassen, solche Personen weiter als Erzieher einzusetzen.[874] Dasselbe ist im Falle von Vergehen eines 307

Kap. 1.2 Rn. 107 ff.; unrichtig Kretz AR-Blattei SD 330 Rn. 133, der hier ein faktisches Arbeitsverhältnis annimmt, obwohl der Arbeitsvertrag wirksam ist.

[866] BAG 30.5.1969 – 5 AZR 256/68, AP AVAVG § 35 Nr. 4.

[867] Vgl. MüKoBGB/Ernst § 311a Rn. 27; aA DD/Deinert Rn. 88; ErfK/Oetker Rn. 155.

[868] BAG 13.1.1977 – 2 AZR 423/75, AP AFG § 19 Nr. 2; 19.1.1977 – 3 AZR 66/75, AP AFG § 19 Nr. 3; 7.2.1990 – 2 AZR 359/89, AP KSchG 1969 § 1 Personenbedingte Kündigung Nr. 14; Kasseler/Braasch Kap. 1.2 Rn. 172 ff.; Deinert NZA 2018, 71 (74 f.); Engels RdA 1976, 165 (174); Hanau FS 25 Jahre BAG, 1979, 169 (188 ff.); MHdB ArbR/Kiel § 113 Rn. 97; ErfK/Oetker Rn. 155; KR/Rachor Rn. 306; LSSW/Schlünder Rn. 263 f.; J. Schubert AuR 2015, 430 (436); PVT Kündigung/Temming Rn. 1369.

[869] Ebenso Kasseler/Braasch Kap. 1.2 Rn. 172.

[870] So zutr. BAG 7.2.1990 – 2 AZR 359/89, AP KSchG 1969 § 1 Personenbedingte Kündigung Nr. 14; LAG Köln 18.4.1997 – 11 (8) Sa 1268/96, LAGE § 1 KSchG Personenbedingte Kündigung Nr. 15; LAG Hamm 9.2.1999 – 6 Sa 1700/98, LAGE § 1 KSchG Personenbedingte Kündigung Nr. 16.

[871] HaKo-AGG/Däubler § 7 Rn. 257.

[872] BAG 24.2.2005 – 2 AZR 211/04, NZA 2005, 759.

[873] BAG 26.3.1992 – 2 AZR 519/91, AP BGB § 626 Verdacht strafbarer Handlung Nr. 23 unter B III 2 a; 10.9.2009 – 2 AZR 257/08, AP KSchG 1969 § 1 Verhaltensbedingte Kündigung Nr. 60 Rn. 24; LAG Berlin-Brandenburg 25.10.2011 – 19 Sa 1075/11, BeckRS 2011, 100044; Preis Prinzipien Rn. 1151; PVT Kündigung/Temming Rn. 1375.

[874] LAG Berlin 15.12.1989 – 2 Sa 29/89, LAGE § 626 BGB Nr. 45.

Erziehers gegen das Betäubungsmittelgesetz anzunehmen.[875] Gleiches gilt für Personen, die Bargeld für den Arbeitgeber verwalten (bspw. **Bankkassierer**) und außerbetrieblich Vermögensdelikte begehen. Auch hier ist dem Arbeitgeber in der Regel eine Fortsetzung des Arbeitsverhältnisses nicht zuzumuten.[876] Einem **Leiter einer Kfz-Prüfstelle** fehlt die erforderliche Eignung, wenn er mit einem Blutalkoholgehalt von 1,9 Promille einen Unfall verursacht, im Anschluss daran Fahrerflucht begeht und die Fahrerlaubnis daraufhin entzogen wird.[877] Nichts anderes gilt im Fall der Verurteilung wegen einer Trunkenheitsfahrt bei einem Berufskraftfahrer.[878] Ungeeignet ist ferner ein **Angestellter einer Finanzbehörde,** wenn er Steuern in erheblicher Höhe hinterzogen hat, und zwar auch dann, wenn er die Hinterziehung nach § 371 AO selbst angezeigt hat.[879] Gleiches gilt bei einem Ladendiebstahl einer bei der Staatsanwaltschaft angestellten Gerichtshelferin.[880] Ebenso fehlt Eignung eines Wachpolizisten, der unerlaubt Partydrogen herstellt (zur zusätzlichen Würdigung als verhaltensbedingte Kündigung → Rn. 598).[881] Dasselbe ist bei einem **Beschäftigten der Arbeitsverwaltung** anzunehmen, der unerlaubt mit Kokain handelt.[882] Vergleichbare Grundsätze gelten für **außerdienstliche politische Aktivitäten** bei im **öffentlichen Dienst** tätigen Arbeitnehmern, die dann zur mangelnden Eignung führen, wenn sie begründete Zweifel an deren Verfassungstreue wecken. IE kommt es darauf an, inwieweit diese Aktivitäten in die Dienststelle hineinwirken und entweder die allgemeine Aufgabenstellung des öffentlichen Arbeitgebers oder das konkrete Aufgabengebiet des Arbeitnehmers berühren.[883] Während es nicht genügt, dass der Arbeitnehmer die verfassungsfeindliche Ziele einer Partei oder Organisation lediglich „für richtig hält", ist die Schwelle bei einem bei einem im Internet verbreiteten **Aufruf zu einem gewaltsamen Volksaufstand** eindeutig überschritten.[884] Ungeeignet ist auch ein mit der Überwachung von Generalkonsulaten und jüdischen Einrichtungen betrauter Angestellter im Polizeidienst, der sich wesentliche Teile der **„Reichsbürgerideologie"** zu eigen macht.[885] Nicht ausreichend ist dagegen die allgemeine Besorgnis eines Arbeitgebers, ein der **Mitgliedschaft in einer terroristischen Vereinigung („Islamischer Staat") verdächtiger Arbeitnehmer** stelle ein Sicherheitsrisiko dar.[886] (Zu MfS-Tätigkeit s. → Voraufl. Rn. 410 ff.).

7. Behördliche Berufsausübungserlaubnis

308 Sofern zur Ausübung bestimmter Berufe besondere behördliche Erlaubnisse erforderlich sind, kann das Fehlen oder der spätere Wegfall dieser Erlaubnisse grds. eine personenbedingte Kündigung rechtfertigen. Ähnlich wie bei fehlender Arbeitserlaubnis führt das Fehlen einer behördlichen Berufsausübungserlaubnis **nicht zur Nichtigkeit des Arbeitsvertrags.** Dem betroffenen Arbeitnehmer wird vielmehr beim Fehlen der behördli-

[875] BAG 23.9.1976 – 2 AZR 309/75, AP KSchG 1969 § 1 Wartezeit Nr. 1 mAnm G. Hueck; 18.10.2000 – 2 AZR 131/00, NZA 2001, 383.

[876] BAG 20.11.1997 – 2 AZR 643/96, AP KSchG 1969 § 1 Nr. 43.

[877] LAG Köln 25.8.1988 – 8 Sa 1334/87, LAGE § 626 BGB Nr. 34.

[878] BAG 22.8.1963 – 2 AZR 114/63, AP BGB § 626 Nr. 51; 30.5.1978 – 2 AZR 630/76, AP BGB § 626 Nr. 70 mAnm G. Hueck; 16.8.1990 – 2 AZR 182/90, BeckRS 1990, 30734838; LAG Schleswig-Holstein 16.6.1986 – 4 (5) Sa 684/85, NZA 1987, 669.

[879] BAG 21.6.2001 – 2 AZR 325/00, AP BAT § 54 Nr. 5; LAG Düsseldorf 20.5.1980 – 19 Sa 624/79, EzA § 626 BGB nF Nr. 72.

[880] LAG Hessen 4.7.1985 – 12 Sa 1329/84, LAGE § 626 BGB Nr. 22.

[881] BAG 20.6.2013 – 2 AZR 583/12, AP KSchG 1969 § 1 Nr. 93 Rn. 15.

[882] BAG 10.4.2014 – 2 AZR 684/13, AP KSchG 1969 § 1 Verhaltensbedingte Kündigung Nr. 72 Rn. 25 ff.

[883] BAG 6.6.1984 – 7 AZR 456/82, AP KSchG 1969 § 1 Verhaltensbedingte Kündigung Nr. 11; 20.7.1989 – 2 AZR 114/87, AP KSchG 1969 § 1 Sicherheitsbedenken Nr. 2; 28.9.1989 – 2 AZR 317/86, AP KSchG 1969 § 1 Verhaltensbedingte Kündigung Nr. 24; 12.5.2011 – 2 AZR 479/09, NZA-RR 2012, 43, jeweils auch zur Abgrenzung von verhaltens- und personenbedingter Kündigung in diesen Fällen.

[884] BAG 6.9.2012 – 2 AZR 372/11, NZA-RR 2013, 441 Rn. 28.

[885] LAG Hamburg 22.4.2022 – 7 Sa 49/21, BeckRS 2022, 37160.

[886] LAG Niedersachsen 12.3.2018 – 15 Sa 319/17, NZA-RR 2018, 421 (429 ff.). Dazu näher Plum NZA 2019, 497.

chen Genehmigung das Erbringen der vertraglich geschuldeten Arbeitsleistung rechtlich unmöglich. Dieser personenbedingte Umstand ist an sich geeignet, eine ordentliche Kündigung sozial zu rechtfertigen, wenn im Zeitpunkt des Zugangs der Kündigung weder mit einer Erneuerung der Erlaubnis in absehbarer Zeit zu rechnen noch eine Weiterbeschäftigung zu geänderten Arbeitsbedingungen möglich ist,[887] weil der Arbeitgeber nicht arbeitsvertraglich zur Entgegennahme einer Arbeitsleistung gezwungen werden kann, wenn er hierdurch gegen ein gesetzliches Verbot verstößt.[888]

Von der Rspr. entschieden wurde, dass das Fehlen einer notwendigen **schulaufsichtlichen Genehmigung** zur Beschäftigung eines Arbeitnehmers als Lehrer eine personenbedingte Kündigung rechtfertigen kann.[889] Gleiches gilt bei der **Entziehung der gesetzlich vorgeschriebenen Fahrerlaubnis eines Berufskraftfahrers**[890] oder der **Fahrberechtigung für Triebfahrzeuge,**[891] während der **Verlust einer innerbetrieblichen Fahrerlaubnis** jedenfalls dann nicht genügt, wenn die Regeln über die Entziehung dieser Erlaubnis unklar sind.[892] Weiter kommt eine personenbedingte Kündigung bei Nichtverlängerung der **Fluglizenz eines Verkehrsflugzeugführers** in Betracht.[893] Besteht allerdings die Aussicht, dass ein Pilot die Erneuerung seiner Erlaubnis zum Führen eines Verkehrsflugzeugs in absehbarer Zeit ggf. nach einer Wiederholungsprüfung erlangen kann, hat ihm die Fluggesellschaft in der Regel dazu die Gelegenheit zu geben, bevor sie das Arbeitsverhältnis kündigt.[894] Ebenso kann der Entzug der zur Berufsausübung als **Wachmann** notwendigen polizeilichen Befugnisse eine personenbedingte Kündigung rechtfertigen.[895] Dasselbe gilt, wenn einem Arbeitnehmer die sog. **Verschlusssachenbefugnis** entzogen wird und es um Tätigkeiten geht, die dem Sicherheitsüberprüfungsgesetz des Bundes (SÜG)[896] unterliegen.[897] 309

Vor Ausspruch der Beendigungskündigung ist stets zu prüfen, ob der Arbeitnehmer auf einem anderen **freien Arbeitsplatz ohne die behördliche Erlaubnis** weiterbeschäftigt werden kann. Verliert ein Arbeitnehmer, zu dessen arbeitsvertraglich geschuldeter Leistungspflicht notwendigerweise auch das Führen von Kraftfahrzeugen gehört (bspw. Berufskraftfahrer, Außendienstmitarbeiter) die Fahrerlaubnis, kann er freilich nicht geltend machen, er lasse sich für die Dauer des Fahrerlaubnisentzugs von einem Dritten, bspw. seinem Ehegatten, fahren. Hierauf braucht sich der Arbeitgeber nicht einzulassen, weil der Arbeitnehmer nach § 613 S. 1 BGB seine Arbeitsleistung – wozu in diesen Fällen auch das Führen eines Kraftfahrzeugs gehört – grds. in Person zu erbringen hat.[898] Ein Arbeitnehmer darf seine Arbeit grds. nicht durch eine andere Person verrichten lassen.[899] IÜ ist dem Arbeitgeber ein solcher Einsatz Dritter in der Regel wegen der haftungsrechtlichen Risiken nicht zuzumuten. Der Arbeitgeber ist des Weiteren weder verpflichtet 310

---

[887] BAG 7.12.2000 – 2 AZR 459/99, AP KSchG 1969 § 1 Personenbedingte Kündigung Nr. 23; 20.6.2024 – 2 AZR 134/23, NZA 2024, 1372 Rn. 21.

[888] BAG 21.4.2016 – 2 AZR 609/15, NZA 2016, 941 Rn. 45.

[889] BAG 11.7.1980 – 7 AZR 552/78, AP BGB § 611 Lehrer, Dozenten Nr. 18 mAnm v. Hoyningen-Huene; 11.12.1987 – 7 AZR 709/85, BeckRS 1987, 30724215.

[890] BAG 30.5.1978 – 2 AZR 630/76, AP BGB § 626 Nr. 70 mAnm G. Hueck; 14.2.1991 – 2 AZR 525/90, BeckRS 1991, 30736490; LAG Schleswig-Holstein 16.6.1986 – 4 (5) Sa 684/85, NZA 1987, 669; LAG Niedersachsen 9.9.2003 – 13 Sa 699/03, LAGE § 1 KSchG Personenbedingte Kündigung Nr. 19; LAG Mecklenburg-Vorpommern 17.1.2023 – 5 Sa 82-22, NZA-RR 2023, 334.

[891] BAG 20.6.2024 – 2 AZR 134/23, NZA 2024, 1372.

[892] BAG 25.4.1996 – 2 AZR 74/95, AP KSchG 1969 § 1 Personenbedingte Kündigung Nr. 18; 5.6.2008 – 2 AZR 984/06, AP BGB § 626 Nr. 212.

[893] BAG 31.1.1996 – 2 AZR 68/95, AP KSchG 1969 § 1 Personenbedingte Kündigung Nr. 17; 7.12.2000 – 2 AZR 459/99, AP KSchG 1969 § 1 Personenbedingte Kündigung Nr. 23.

[894] BAG 7.12.2000 – 2 AZR 459/99, AP KSchG 1969 § 1 Personenbedingte Kündigung Nr. 23.

[895] BAG 18.3.1981 – 5 AZR 1096/78, AP BGB § 611 Arbeitsleistung Nr. 2.

[896] Überblick bei Riegel ZTR 1994, 316.

[897] BAG 26.11.2009 – 2 AZR 272/08, AP BGB § 626 Nr. 225; restriktiv Däubler SR 2012, 57 (66 ff.); dazu auch Engelien-Schulz DÖD 2011, 102.

[898] Ebenso LAG Schleswig-Holstein 16.6.1986 – 4 (5) Sa 684/85, NZA 1987, 669; offengelassen von BAG 14.2.1991 – 2 AZR 525/90, BeckRS 1991, 30736490; aA HaKo-KSchR/Weigert Rn. 519.

[899] Vgl. Staudinger/Fischinger (2022) BGB § 613 Rn. 4.

noch berechtigt, zur Überbrückung einen Auszubildenden als Fahrer eines Elektroanlageninstallateurs einzusetzen.[900]

8. Corona-Pandemie

311 Die Corona-Pandemie (COVID-19-Pandemie) hat zu verschiedenen Gestaltungen geführt, in denen sich die Frage nach der Wirksamkeit (ordentlicher) Kündigungen stellt(e). Neben verhaltensbedingten Gründen kamen auch personenbedingte Gründe in Betracht. So liegt ein personenbedingter Grund bei einem Verstoß gegen eine betrieblich (wirksam) angeordnete Maskenpflicht vor, wenn der Arbeitnehmer aus gesundheitlichen Gründen nicht in der Lage ist, eine solche Mund-Nasen-Bedeckung zu tragen.[901] In diesem Fall besteht der Sache nach eine krankheitsbedingte Arbeitsunfähigkeit, sodass die Grundsätze über die krankheitsbedingte Kündigung gelten (→ Rn. 332 ff.). Eine vorherige Abmahnung ist entbehrlich, weil die medizinischen Gründe nicht durch ein Verhalten des Arbeitnehmers beeinflussbar sind. Vor Ausspruch der Kündigung müssen aber mildere Mittel erwogen werden. Hierzu gehört die Möglichkeit von Homeoffice allerdings nur dann, wenn ein entsprechender Arbeitsplatz bereits eingerichtet ist oder die betriebliche Einführung von Homeoffice bevorsteht, weil der Arbeitgeber durch den Verhältnismäßigkeitsgrundsatz nicht zur Schaffung eines neuen Arbeitsplatzes angehalten wird (vgl. → Rn. 755).[902]

312 Konnte ein Arbeitnehmer den nach § 28b Abs. 1 S. 1 IfSG a. F. (gültig vom 24.11.2021 bis 19.3.2022) vorgeschriebenen 3G-Status nicht nachweisen, konnte im Einzelfall eine personenbedingte Kündigung gerechtfertigt sein, wenn der Arbeitnehmer dadurch für eine verhältnismäßig erhebliche Zeit nicht in der Lage war, seine arbeitsvertraglichen Pflichten zu erfüllen und auch kein Homeoffice in Betracht kam.[903] Allerdings dürfte wegen der Kürze der Frist nur selten eine Negativprognose begründet gewesen sein (zur verhaltensbedingten Kündigung → Rn. 619).[904] Weiter stellt das Fehlen einer Corona-Impfung grds. keinen personenbedingten Kündigungsgrund dar.[905] Bestand jedoch aufgrund der einrichtungsbezogenen Impf- und Nachweispflicht (für die Zeit vom 15.3.2022 bis zum 31.12.2022) gem. § 20a IfSG ein Tätigkeitsverbot, konnte ggf. eine personenbedingte Kündigung erklärt werden (zur verhaltensbedingten Kündigung → Rn. 620).[906] Probleme traten wegen der Befristung der Regelung bis 31.12.2022 aber wiederum in Bezug auf die Negativprognose auf, weil nur dann eine negative Prognose gestellt werden kann, wenn nicht in absehbarer Zeit mit einer Wiederherstellung der Arbeitsfähigkeit zu rechnen ist.[907] In Ausnahmefällen kann auch eine echte Druckkündigung wegen des Fehlens der Corona-Impfung rechtmäßig sein.[908] Zu beachten sind indes die engen Voraussetzungen für die soziale Rechtfertigung einer Druckkündigung (→ Rn. 313 ff.). Zudem bestehen datenschutzrechtliche Bedenken hinsichtlich der Bekanntgabe des Impfstatus der Arbeitnehmer an Kunden.

9. Druckkündigung

313 Von einer Druckkündigung spricht man, wenn **Dritte** unter Androhung von Nachteilen für den Arbeitgeber von diesem **die Kündigung eines Arbeitnehmers verlangen.**[909]

[900] LAG Niedersachsen 9.9.2003 – 13 Sa 699/03, LAGE § 1 KSchG Personenbedingte Kündigung Nr. 19.
[901] Harländer/Otte NZA 2022, 160 (165); Schmidt COVID-19/Felz, § 29 Rn. 14.
[902] LAG Hamm 22.7.2009 – 3 Sa 1630/08, BeckRS 2009, 73608 unter I 2.4.3; Müller NZA 2022, 1096 (1098).
[903] Harländer/Otte NZA 2022, 160 (161); Fuhlrott GWR 2022, 22 (24).
[904] Harländer/Otte NZA 2022, 160 (161).
[905] Fuhlrott/Fischer NJW 2021, 657 (659 f.); Gutzeit DB 2021, 955 (958); Stöhr NZA 2021, 1215 (1219); wohl aA Giesen ZfA 2021, 440 (450).
[906] Harländer/Otto NZA 2022, 160 (163 f.); Fuhlrott GWR 2022, 22 (24).
[907] Peisker/Bleckmann BB 2022, 635 (636 f.); Stöbe AuR 2022, 159 (160); für eine erfolgreiche Negativprognose: Fuhlrott GWR 2022, 22 (24).
[908] Fuhlrott/Fischer NJW 2021, 657 (660); Stöhr NZA 2021, 1215 (1219).
[909] BAG 19.6.1986 – 2 AZR 563/85, AP KSchG 1969 § 1 Betriebsbedingte Kündigung Nr. 33 mAnm Gamillscheg; 4.10.1990 – 2 AZR 201/90, AP BGB § 626 Druckkundigung Nr. 12; 10.12.1992 – 2 AZR 271/92, AP GG

Das Kündigungsverlangen kann dabei sowohl aus Kreisen der Belegschaft, von Kunden,[910] Auftraggebern oder Lieferanten sowie von Seiten des Betriebsrats (§ 104 BetrVG) [911] (→ Rn. 738) kommen.[912]

Bei der Druckkündigung sind **zwei Fallgruppen** zu unterscheiden:[913] Das Verlangen Dritter kann gegenüber dem Arbeitgeber durch ein Verhalten des Arbeitnehmers oder einen in der Person des Arbeitnehmers liegenden Grund objektiv gerechtfertigt sein (**unechte Druckkündigung**). In diesem Falle liegt es im Ermessen des Arbeitgebers, eine Kündigung auszusprechen.[914] Fehlt dagegen ein objektiver Kündigungsgrund, kann das Verlangen Dritter, einen bestimmten Arbeitnehmer zu kündigen, eine Kündigung unter sehr eingeschränkten Voraussetzungen gleichsam als „Notmaßnahme" zur Abwehr schwerer Schäden für den Betrieb sozial rechtfertigen (**echte Druckkündigung**).[915] **314**

Der Arbeitgeber hat sich beim Fehlen eines objektiven Kündigungsgrundes, nicht aber bei einem schwerwiegenden Fehlverhalten,[916] zunächst **schützend vor den Arbeitnehmer zu stellen** und alles ihm Zumutbare zu versuchen, um Dritte von deren Drohung abzubringen.[917] Dabei genügt es nicht, bloße Gespräche zu führen und Beratungen zwischen den Konfliktparteien zu moderieren. Vielmehr muss der Arbeitgeber aktiv tätig werden, um den Druck von dem kündigungsbedrohten Arbeitnehmer zu nehmen, und argumentativ verdeutlichen, dass aus seiner Sicht kein Kündigungsgrund vorliegt.[918] Dies gilt in besonderem Maße, wenn andere Beschäftigte ihre Arbeit rechtswidrig niedergelegt haben und wenn der Druckausübung eine bereits rechtskräftig für unwirksam erklärte Kündigung vorausgegangen ist.[919] Ein Mediationsverfahren muss allerdings nicht zwingend durchgeführt werden, sofern sich die betroffenen Arbeitnehmer einem solchen Verfahren ersichtlich von vornherein verschließen.[920] Nur dann, wenn diese Versuche des Arbeitgebers keinen Erfolg haben, die Belegschaft also bspw. ernsthaft die Zusammenarbeit mit dem betroffenen Arbeitnehmer verweigert[921] bzw. mit Streik oder Mas- **315**

Art. 140 Nr. 41 unter III 3c dd; 31.1.1996 – 2 AZR 158/95, AP BGB § 626 Druckkundigung Nr. 13; 18.7.2013 – 6 AZR 420/13, NZA 2014, 109 Rn. 39; 19.7.2016 – 2 AZR 637/15, NZA 2017, 116 Rn. 28; 15.12.2016 – 2 AZR 431/15, NZA 2017, 500 Rn. 11; außerdem BAG 10.10.1957 – 2 AZR 32/56, AP BGB § 626 Druckkündigung Nr. 1; 11.2.1960 – 5 AZR 210/58, AP BGB § 626 Druckkündigung Nr. 3; 26.1.1962 – 2 AZR 244/61, AP BGB § 626 Druckkündigung Nr. 8; 18.9.1975 – 2 AZR 311/74, AP BGB § 626 Druckkündigung Nr. 10; Ascheid KSchR Rn. 168 ff.; Birk JuS 1986, 539; Blaese DB 1988, 178; Breucker NZA 2008, 1046; Deinert RdA 2007, 275; Insam DB 2005, 2298; MHdB ArbR/Kreft § 115 Rn. 175; KR/Krumbiegel BGB § 626 Rn. 187; KR/Rachor Rn. 512; Rahmstorf, Die Druckkündigung des Arbeitsverhältnisses, 1998; LSSW/Schlünder Rn. 406 f.; PVT Kündigung/Temming Rn. 1080; Wolf, Druckkündigungen mit diskriminierendem Hintergrund, 2012.

[910] ArbG Köln 13.2.2015 – 1 Ca 5954/14, NZA-RR 2015, 296.

[911] Dazu APS/Linck BetrVG § 104 Rn. 16 ff.

[912] Zum Sonderfall der Verpflichtung des Arbeitgebers gegenüber einer ausländischen Aufsichtsbehörde zur Kündigung eines bestimmten Arbeitnehmers LAG Hessen 13.7.2016 – 18 Sa 1498/15, BeckRS 2016, 106752.

[913] Ebenso BAG 4.10.1990 – 2 AZR 201/90, AP BGB § 626 Druckkündigung Nr. 12 unter II 1; 18.7.2013 – 6 AZR 420/13, NZA 2014, 109 Rn. 37 ff.; ErfK/Oetker Rn. 182 f.; KR/Rachor Rn. 512 f.; HaKo-KSchR/Weigert Rn. 528.

[914] BAG 26.1.1962 – 2 AZR 244/61, AP BGB § 626 Druckkündigung Nr. 8 mAnm Herschel; 18.9.1975 – 2 AZR 311/74, AP BGB § 626 Druckkündigung Nr. 10 mAnm Hölters.

[915] HM, BAG 19.6.1986 – 2 AZR 563/85, AP KSchG 1969 § 1 Betriebsbedingte Kündigung Nr. 33; 18.7.2013 – 6 AZR 420/13, NZA 2014, 109 Rn. 39; 19.7.2016 – 2 AZR 637/15, NZA 2017, 116 Rn. 28; 15.12.2016 – 2 AZR 431/15, NZA 2017, 500 Rn. 11; grds. gegen die Anerkennung der unechten Druckkündigung („Recht muss dem Unrecht nicht weichen") DD/Deinert Rn. 350; Hamacher NZA 2014, 134; PVT Kündigung/Temming Rn. 1080; HK-KSchG/Weller/Dorndorf Rn. 998; E. M. Wolf, Druckkündigungen mit diskriminierendem Hintergrund, 2012, S. 37 ff.

[916] BAG 27.1.2011 – 2 AZR 825/09, AP BGB § 626 Verdacht strafbarer Handlung Nr. 49 Rn. 42 mAnm Walker (sexueller Missbrauch von Kindern eines Kollegen); s. aber auch BAG 15.12.2016 – 2 AZR 431/15, NZA 2017, 500 Rn. 11 ff. (Missbrauch eines Kindes ohne Bezug zum Arbeitsverhältnis).

[917] BAG 19.6.1986 – 2 AZR 563/85, AP KSchG 1969 § 1 Betriebsbedingte Kündigung Nr. 33; LAG Nürnberg 9.12.2003 – 6 Sa 676/02, NZA-RR 2004, 298; LAG Hessen 8.9.2010 – 3 Sa 2008/09, BeckRS 2011, 72753.

[918] BAG 19.7.2016 – 2 AZR 637/15, NZA 2017, 116 Rn. 28; LAG Nürnberg 12.12.2023 – 7 Sa 61/23, BB 2024, 789.

[919] BAG 15.12.2016 – 2 AZR 431/15, NZA 2017, 500 Rn. 13 f.

[920] BAG 19.7.2016 – 2 AZR 637/15, NZA 2017, 116.

[921] BAG 10.12.1992 – 2 AZR 271/92, AP GG Art. 140 Nr. 41 unter III 3 c dd (2); sowie LAG Düsseldorf 28.6.2000 – 12 Sa 851/99, BeckRS 2000, 40858.

senkündigungen droht[922] oder Geschäftspartner des Arbeitgebers den Abbruch der Geschäftsbeziehungen ernstlich in Aussicht stellen,[923] kann eine Kündigung des betreffenden Arbeitnehmers sozial gerechtfertigt sein.[924] Die **vorherige Anhörung** des Arbeitnehmers ist dabei nicht Wirksamkeitsvoraussetzung für eine Druckkündigung.[925]

316 Der Arbeitgeber kann sich grds. nicht auf eine die Kündigung herbeiführende Drucksituation berufen, wenn er die **Drucksituation selbst in vorwerfbarer Weise herbeigeführt** hat.[926] Dies ergibt sich aus dem Rechtsgedanken des § 162 BGB.[927] Wird die Kündigung gleichwohl in einem solchen Fall unvermeidbar, ist der Arbeitgeber dem Arbeitnehmer nach § 280 Abs. 1 BGB bzw. nach § 628 BGB schadenersatzpflichtig.[928] Gegenüber Dritten können dem Arbeitnehmer im Einzelfall Schadensersatzansprüche aus § 826 BGB zustehen.[929] Sofern die Dritten völlig **willkürlich** agieren oder sogar aus einem **unzulässigen (diskriminierenden) Motiv** handeln, wird man die Druckkündigung sogar **ganz auszuschließen** haben,[930] zumal den Arbeitgeber im letzteren Fall die Schutzpflicht aus § 12 AGG trifft[931]. In den meisten Gestaltungen dürfte es indes darum gehen, dass der Arbeitnehmer durch eigenes Verhalten zu Spannungen und Zerwürfnissen als Hintergrund des ausgeübten Drucks beigetragen hat, die strengen Anforderungen an eine verhaltensbedingte Kündigung aber nicht vollständig erfüllt sind bzw. vom Arbeitgeber nicht eindeutig nachgewiesen werden können.[932]

317 Rechtsdogmatisch wird die Druckkündigung **überwiegend als betriebsbedingte Kündigung** eingeordnet.[933] Dies scheint indes zweifelhaft, weil der eigentliche Grund, der zur Kündigung des betreffenden Arbeitnehmers führt, nicht dem Betrieb zuzurechnen ist, sondern der Person des betroffenen Arbeitnehmers.[934] Es erscheint daher richtiger, die Druckkündigung als **personenbedingte Kündigung** zu verstehen, weil die Person des Arbeitnehmers der eigentliche Anlass für den von Dritten ausgeübten Druck auf den Arbeitgeber ist.[935] In diesem Sinne hat auch das BAG in einer älteren Entscheidung anerkannt, dass eine Druckkündigung personenbedingt sein kann.[936] Stütze der Arbeitgeber die Kündigung auf eine Drucksituation, die auf persönliche Umstände des Arbeitnehmers zurückzuführen sei, wie bspw. **autoritärer Führungsstil und mangelnde Fähigkeit zur Menschenführung,** komme eine personenbedingte Druckkündigung in Betracht, wenn Dritte unter Androhung von erheblichen Nachteilen für den Arbeitgeber nachhaltig die Entlassung des Arbeitnehmers fordern.

---

922 BAG 4.10.1990 – 2 AZR 201/90, AP BGB § 626 Druckkündigung Nr. 12, 31.1.1996 – 2 AZR 158/95, AP BGB § 626 Druckkündigung Nr. 13.

923 BAG 19.6.1986 – 2 AZR 563/85, AP KSchG 1969 § 1 Betriebsbedingte Kündigung Nr. 33; 26.6.1997 – 2 AZR 502/96, BeckRS 2009, 55111.

924 Ebenso APS/Kiel Rn. 505 f.; KR/Krumbiegel BGB § 626 Rn. 191; ErfK/Niemann BGB § 626 Rn. 185; KR/Rachor Rn. 626; SES/Schwarze Rn. 340; APS/Vossen BGB § 626 Rn. 339.

925 BAG 4.10.1990 – 2 AZR 201/90, AP BGB § 626 Druckkündigung Nr. 12; ErfK/Oetker Rn. 186.

926 BAG 26.1.1962 – 2 AZR 244/61, AP BGB § 626 Druckkündigung Nr. 8; 19.7.2016 – 2 AZR 637/15, NZA 2017, 116 Rn. 28; KR/Krumbiegel BGB § 626 Rn. 192.

927 Vgl. DD/Däubler BGB § 626 Rn. 296.

928 Ebenso MüKoBGB/Hergenröder Rn. 296; LSSW/Schlünder Rn. 408; ausf. Schleusener NZA 1999, 1078; s. a. MüKoBGB/Schwerdtner, 3. Aufl. 1997, BGB § 626 Rn. 181, der in diesen Fällen §§ 9, 10 KSchG analog anwenden will.

929 BAG 4.6.1998 – 8 AZR 786/96, AP BGB § 823 Nr. 7 mAnm Edenfeld; Schleusener NZA 1999, 1078 (1080).

930 PVT Kündigung/Temming Rn. 1080; iErg auch Deinert RdA 2007, 275 (281 ff.).

931 Vgl. HWK/Quecke Rn. 257.

932 Anschaulich LAG Baden-Württemberg 26.8.2016 – 1 Sa 14/16, BeckRS 2016, 72971 Rn. 56.

933 BAG 19.6.1986 – 2 AZR 563/85, AP KSchG 1969 § 1 Betriebsbedingte Kündigung Nr. 33; 4.10.1990 – 2 AZR 201/90, AP BGB § 626 Druckkündigung Nr. 12 unter III 1 b; 18.7.2013 – 6 AZR 420/13, NZA 2014, 109 Rn. 44 ff.; Bergwitz/Vollstädt DB 2015, 2635; MHdB ArbR/Kreft § 115 Rn. 175; LSSW/Schlünder Rn. 406; SES/Schwarze Rn. 340; HWK/Thies Rn. 126.

934 Krit. auch MHdB ArbR/Berkowsky, 3. Aufl. 2009, § 112 Rn. 72; Gamillscheg Anm. zu BAG 19.6.1986 – 2 AZR 563/85, AP KSchG 1969 § 1 Betriebsbedingte Kündigung Nr. 33; MüKoBGB/Hergenröder Rn. 295; ErfK/Oetker Rn. 184; Wisskirchen, Außerdienstliches Verhalten von Arbeitnehmern, 1999, S. 90 ff.

935 Ebenso ErfK/Oetker Rn. 184; anders ist dies nur für den Sonderfall des § 104 S. 2 BetrVG zu beurteilen, vgl. BAG 28.3.2017 – 2 AZR 551/16, NZA 2017, 985 Rn. 22 ff.

936 BAG 31.1.1996 – 2 AZR 158/95, AP BGB § 626 Druckkündigung Nr. 13.

10. Eheschließung und Ehescheidung

Die Eheschließung und die Ehescheidung sind per se nicht geeignet, einen personenbedingten Kündigungsgrund zu bilden. Sog. **Zölibatsklauseln** in Arbeitsverträgen verstoßen gegen Art. 6 Abs. 1 GG und sind deshalb unwirksam.[937] Ein Kündigungsgrund liegt gleichfalls nicht vor, wenn die Ehe von Personen, die zugleich Vertragspartner eines Arbeitsverhältnisses sind, **zerrüttet** ist.[938] 318

11. Ehrenamt

Die **Übernahme eines öffentlichen Ehrenamts** und die dadurch bedingte Versäumung von Arbeitszeit sind nicht geeignet, eine Kündigung sozial zu rechtfertigen.[939] So ist in verschiedenen Landesverfassungen eine ausdrückliche Pflicht zur Übernahme von Ehrenämtern festgelegt.[940] Auch wenn keine direkte Pflicht zur Übernahme solcher Ämter besteht, darf der Arbeitnehmer nicht wegen der Übernahme durch Kündigung benachteiligt werden. Für Abgeordnete des Bundestags, der Länder, Kreis- und Gemeindeparlamente gibt es besondere Kündigungsverbote (bspw. Art. 48 Abs. 2 GG und § 2 Abs. 3 AbgeordnetenG).[941] 319

12. Eignungsmängel

Die **fehlende körperliche und geistige Eignung** eines Arbeitnehmers zur Ausführung der arbeitsvertraglich vereinbarten Arbeitsleistung stellt grds. einen Kündigungsgrund in der Person des Arbeitnehmers dar.[942] Die fehlende Eignung ist dabei von der unzureichenden Arbeitsleistung zu unterscheiden, die eine verhaltensbedingte Kündigung rechtfertigen kann (→ Rn. 660 ff.).[943] Die Grenzen sind freilich fließend. Oftmals wird die Schlechtleistung sowohl auf mangelnder Eignung als auch auf Unwilligkeit beruhen (zur Abgrenzung → Rn. 282 ff.). Wichtig ist die Unterscheidung jedoch für die Frage, ob vor Ausspruch der Kündigung eine Abmahnung erforderlich ist. Da die Abmahnung nur dann Sinn hat, wenn der Abgemahnte sein Verhalten ändern kann, also der Leistungsmangel auf einem steuerbaren Verhalten beruht,[944] ist sie bei unbehebbaren Leistungsmängeln entbehrlich.[945] 320

Nicht behebbare veranlagungsbedingte Mängel im Ansatz des Musikinstruments können ohne vorherige Abmahnung einen personenbedingten Grund zur Kündigung eines 1. Hornisten darstellen.[946] Es kann allerdings nicht davon ausgegangen werden, dass Eignungsmängel im **subjektiv-künstlerischen Bereich eines Orchestermusikers** überhaupt nicht behebbar seien und eine Abmahnung wegen Nutzlosigkeit stets entbehrlich sei.[947] IÜ ist in diesem Sektor im Hinblick auf die Feststellung von Eignungsmängeln die Kunst- 321

---

[937] BAG 10.5.1957 – 1 AZR 249/56, AP GG Art. 6 Abs. 1 Ehe und Familie Nr. 1.

[938] BAG 9.2.1995 – 2 AZR 389/94, NZA 1996, 249; LAG Köln 28.11.2002 – 5 Sa 566/02, NZA-RR 2003, 416; aA LAG Köln 26.1.1994 – 7 (2) Sa 738/93, BeckRS 1994, 30462229.

[939] LAG Düsseldorf 7.1.1966 – (9) 4 Sa 605/65, BB 1966, 288; LSSW/Löwisch Rn. 282; ErfK/Oetker Rn. 161; KR/Rachor Rn. 319.

[940] Vgl. bspw. Art. 121 Bayer. Verfassung: „Alle Bewohner Bayerns sind zur Übernahme von Ehrenämtern, insbes. Als Vormund, Waisenrat, Jugendpfleger, Schöffe und Geschworener verpflichtet“.

[941] BAG 30.6.1994 – 8 AZR 94/93, AP Einigungsvertrag Art. 9 Nr. 2.

[942] BAG 11.12.2003 – 2 AZR 667/02, AP KSchG 1969 § 1 Verhaltensbedingte Kündigung Nr. 48 mAnm Mauer; 19.4.2012 – 2 AZR 233/11, AP KSchG 1969 § 1 Personenbedingte Kündigung Nr. 33 (fehlende Programmierkenntnisse); Becker-Schaffner DB 1981, 1775; Hunold NZA 2000, 802; BB 2004, 1686; Leuchten/Zimmer BB 1999, 1973; KR/Rachor Rn. 320 ff.; LSSW/Schlünder Rn. 283 ff.

[943] BAG 11.12.2003 – 2 AZR 667/02, AP KSchG 1969 § 1 Verhaltensbedingte Kündigung Nr. 48.

[944] Vgl. v. Hoyningen-Huene RdA 1990, 193 (199 ff.).

[945] BAG 18.1.1980 – 7 AZR 75/78, AP KSchG 1969 § 1 Verhaltensbedingte Kündigung Nr. 3; PVT Kündigung/Temming Rn. 1337, 1373.

[946] LAG Brandenburg 21.3.1994 – 4 (5/4) Sa 369/92, LAGE § 1 KSchG Personenbedingte Kündigung Nr. 12 = BeckRS 1994, 30456422.

[947] BAG 15.8.1984 – 7 AZR 228/82, AP KSchG 1969 § 1 Nr. 8 mAnm M. Wolf.

freiheit (Art. 5 Abs. 3 S. 1 GG) gebührend zu berücksichtigen.[948] **Mangelnde Sprachkenntnisse** – also bspw. unzureichende Deutschkenntnisse ausländischer Arbeitnehmer oder mangelhafte Fremdsprachenkenntnisse deutscher Arbeitnehmer – können gleichfalls eine personenbedingte Kündigung rechtfertigen, wenn die Sprachkenntnisse Gegenstand des vertraglich Vereinbarten sind oder der Arbeitgeber sein Weisungsrecht dahingehend ausübt und der Arbeitnehmer nicht in der Lage ist, sich die erforderlichen Kenntnisse anzueignen.[949] Lassen sich die mangelhaften Arbeitsleistungen, wie bspw. **unzureichende Führungsqualitäten,** nicht eindeutig auf eine fehlende Eignung zurückführen, ist allerdings im Zweifel vor Ausspruch der Kündigung eine Abmahnung erforderlich.[950] Ein Eignungsmangel kann auch in der Unzuverlässigkeit eines Straßenbahnbediensteten liegen (vgl. § 10 Abs. 1 Nr. 3 BOStrab). Hierfür genügt aber regelmäßig noch nicht eine einmalige außerdienstliche Trunkenheitsfahrt, auch wenn es dabei zu einem (geringfügigen) Auffahrunfall gekommen ist (zur Kündigung wegen Entziehung der Fahrerlaubnis → Rn. 309).[951] Zudem ist nach Auffassung des BAG in diesen Fällen eine vorherige Abmahnung erforderlich, sofern es sich um ein steuerbares Verhalten handelt (zur Kritik an dieser Rspr. → Rn. 283).[952]

322 Beruht der Eignungsmangel auf einer **Behinderung,** gelten verschärfte Anforderungen, weil eine Kündigung, die unmittelbar an die behinderungsbedingte Unfähigkeit anknüpft, die geschuldete Arbeitsleistung zu erbringen (und nicht nur an behinderungsbedingte Fehlzeiten → Rn. 333), eine unmittelbare Ungleichbehandlung iSd deutschen und europäischen Antidiskriminierungsrechts darstellt.[953] Hierbei gilt für den betroffenen Arbeitnehmer der jeweils günstigere nationale oder supranationale Behindertenbegriff, sodass etwa eine symptomlose HIV-Infektion aufgrund der damit verbundenen sozialen Stigmatisierung als Behinderung zu qualifizieren ist.[954] Konsequenz des Vorliegens einer Behinderung ist, dass der Arbeitgeber zunächst versuchen muss, das Beschäftigungshindernis durch **angemessene Vorkehrungen** zu überwinden. Dies folgt bei schwerbehinderten Menschen iSd § 2 Abs. 2 SGB IX (einschließlich gleichgestellt behinderter Menschen iSd § 2 Abs. 3 SGB IX) bereits aus § 164 Abs. 4 Nr. 4 und 5 SGB IX, während sich eine vergleichbare Obliegenheit für Menschen mit „einfachen" Behinderungen iSd § 2 Abs. 1 SGB IX (nur) aus einer unionsrechtskonformen Auslegung zur Umsetzung der Vorgaben aus Art. 5 RL 2000/78/EG (ausgelegt im Licht auch von Art. 21 und 26 GRCh) iVm Art. 27 Abs. 1 S. 2 Buchst. i und Art. 2 UAbs. 4 UN-BRK ergibt.[955] Zu diesen Vorkehrungen kann auch die Versetzung auf einen „leidensgerechten" Arbeitsplatz gehören.[956] Unterlässt der Arbeitgeber die danach gebotenen Maßnahmen, beruht die Störung auf seiner Untätigkeit und rechtfertigt deshalb keine Kündigung.[957] Eine Grenze ist erst dann erreicht, wenn die Vorkehrungen den Arbeitgeber unverhältnismäßig belasten würden. Das Antidiskriminierungsrecht will Barrieren abbauen, verlangt aber nicht, dass die Beschäftigung eines Menschen mit Behinderungen für den Arbeitgeber zu einem „Zuschussgeschäft" wird.[958] Sind keine angemessenen Vorkehrungen möglich oder zumutbar, ist eine Kündigung zulässig, wenn das Fehlen der

---

[948] Dazu näher MHdB ArbR/Kiel § 113 Rn. 108.

[949] BAG 28.1.2010 – 2 AZR 764/08, AP AGG § 3 Nr. 4 mAnm Mohr; zur Abgrenzung zur betriebsbedingten Kündigung vgl. LAG Hessen 19.7.1999 – 16 Sa 1898/98, LAGE § 1 KSchG Betriebsbedingte Kündigung Nr. 55 mkritAnm Schwarze; LAG Hamm 17.7.2008 – 16 Sa 544/08, LAGE § 1 KSchG Nr. 14.

[950] BAG 29.7.1976 – 3 AZR 50/75, AP KSchG § 1 Verhaltensbedingte Kündigung Nr. 9 mAnm Boden zu fehlenden Führungseigenschaften eines Konzertmeisters; LAG Köln 23.5.2002 – 7 Sa 71/02, NZA-RR 2003, 305.

[951] BAG 4.6.1997 – 2 AZR 526/96, AP BGB § 626 Nr. 137.

[952] BAG 4.6.1997 – 2 AZR 526/96, AP BGB § 626 Nr. 137; strenger noch BAG 22.8.1963 – 2 AZR 114/63, AP BGB § 626 Nr. 51.

[953] BAG 19.12.2013 – 6 AZR 190/12, AP AGG § 2 Nr. 3 Rn. 46.

[954] BAG 19.12.2013 – 6 AZR 190/12, AP AGG § 2 Nr. 3 Rn. 60 ff., 70 ff.

[955] BAG 19.12.2013 – 6 AZR 190/12, AP AGG § 2 Nr. 3 Rn. 50 ff.

[956] EuGH 10.2.2022 – C-485/20, NZA 2022, 335 Rn. 39 ff. – HR Rail.

[957] EuGH 18.1.2024 – C-631/22, NZA 2024, 536 – Ca Na Negreta SA.

[958] BAG 19.12.2013 – 6 AZR 190/12, AP AGG § 2 Nr. 3 Rn. 90.

Behinderung eine wesentliche und entscheidende berufliche Anforderung iSd § 8 Abs. 1 AGG darstellt.

Eine Besonderheit gilt in den Fällen, in denen die mangelnde Eignung des Arbeitnehmers auf eine **Änderung des Anforderungsprofils** an bestimmte Stellen durch den Arbeitgeber zurückzuführen ist. Insoweit handelt es sich nämlich um eine grds. freie unternehmerische Entscheidung, durch die der Bedarf für eine Beschäftigung von solchen Arbeitnehmern entfällt, die den neuen Anforderungen nicht mehr gerecht werden, sodass (auch) ein betriebsbedingter Grund für eine Kündigung vorliegt. Das BAG ordnet derartige Fälle unter Zugrundelegung der „Sphärentheorie", nach der es bei Berührung verschiedener Bereiche allein auf die primäre Störquelle ankommen soll (→ Rn. 263), lediglich als betriebsbedingte Kündigung ein.[959] Demgegenüber ist es überzeugender, solche Konstellationen sowohl nach den Grundsätzen über eine personenbedingte Kündigung als auch nach den Regeln für eine betriebsbedingte Kündigung zu würdigen (→ Rn. 802). 323

Wenn der **Studentenstatus** Voraussetzung für eine ordnungsgemäße Beschäftigung als „wissenschaftliche Hilfskraft ohne abgeschlossene Hochschulausbildung" ist, führt eine **Exmatrikulation** dazu, dass eine personenbedingte Kündigung des Arbeitsverhältnisses regelmäßig gerechtfertigt ist.[960] Sofern ein Student aufgrund überlanger Studiendauer seine Sozialversicherungsfreiheit verliert, stellt dies dagegen keinen in der Person des Arbeitnehmers liegenden Grund für die Beendigung des Arbeitsverhältnisses dar, weil der Arbeitnehmer in einem solchen Fall nach wie vor in der Lage ist, die vertraglich geschuldete Arbeitsleistung zu erbringen.[961] 324

13. Glaubens- oder Gewissensentscheidung

Sieht sich ein Arbeitnehmer aufgrund einer **Glaubens- oder Gewissensentscheidung (Art. 4 Abs. 1 GG)** nicht in der Lage, die ihm zugewiesene Arbeit zu verrichten, besteht hierin ein in der Person des Arbeitnehmers liegender Grund, der geeignet ist, eine personenbedingte Kündigung sozial zu rechtfertigen.[962] Voraussetzung der sozialen Rechtfertigung einer solchen Kündigung ist, dass für den betreffenden Arbeitnehmer eine **andere Beschäftigungsmöglichkeit nicht besteht.**[963] Eine solche Kündigung **verstößt nicht gegen § 7 Abs. 1 iVm §§ 1, 3 Abs. 1 AGG,** weil sie nicht wegen der Religionszugehörigkeit, sondern deshalb erfolgt, weil der Arbeitnehmer außerstande ist, die arbeitsvertraglich eingegangenen Pflichten zu erfüllen.[964] 325

Bei der Bestimmung des Begriffs der Gewissensentscheidung geht das BAG[965] in Übereinstimmung mit der Rspr. des BVerfG[966] und des BVerwG[967] von einem **subjektiven Gewissensbegriff** aus. Danach ist Gewissen ein real erfahrbares seelisches Phänomen, 326

---

[959] BAG 16.12.2004 – 2 AZR 66/04, AP KSchG 1969 § 1 Betriebsbedingte Kündigung Nr. 133; 7.7.2005 – 2 AZR 399/04, AP KSchG 1969 § 1 Betriebsbedingte Kündigung Nr. 138; 10.7.2008 – 2 AZR 1111/06, AP KSchG 1969 § 1 Betriebsbedingte Kündigung Nr. 181.

[960] BAG 18.9.2008 – 2 AZR 976/06, EzA § 1 KSchG Personenbedingte Kündigung Nr. 23.

[961] BAG 29.7.1976 – 3 AZR 50/75, AP KSchG § 1 Verhaltensbedingte Kündigung Nr. 9.

[962] BAG 24.5.1989 – 2 AZR 285/88, AP BGB § 611 Gewissensfreiheit Nr. 1 mAnm Kraft/Raab und Berger-Delhey; 24.2.2011 – 2 AZR 636/09, AP GG Art. 4 Nr. 9 mAnm Greiner; zum Leistungsverweigerungsrecht nach § 275 Abs. 3 BGB vgl. Schaub ArbR-HdB/Linck § 45 Rn. 41; s. dazu auch Kamanabrou GS Zachert, 2010, 400 ff.

[963] BAG 24.2.2011 – 2 AZR 636/09, AP GG Art. 4 Nr. 9 mAnm Greiner; DD/Deinert Rn. 202; ErfK/Oetker Rn. 165; KR/Rachor Rn. 331; LSSW/Schlünder Rn. 280.

[964] BAG 24.2.2011 – 2 AZR 636/09, AP GG Art. 4 Nr. 9 Rn. 45 mAnm Greiner.

[965] BAG 20.12.1984 – 2 AZR 436/83, AP BGB § 611 Direktionsrecht Nr. 27 mAnm Brox; 24.5.1989 – 2 AZR 285/88, AP BGB § 611 Gewissensfreiheit Nr. 1 mAnm Kraft/Raab und Berger-Delhey; 22.5.2003 – 2 AZR 426/02, AP KSchG 1969 § 1 Wartezeit Nr. 18; 24.2.2011 – 2 AZR 636/09, AP GG Art. 4 Nr. 9 mAnm Greiner; ebenso MHdB ArbR/Kiel § 113 Rn. 110; Kohte NZA 1989, 161 (163); Mayer AuR 1985, 105 (108); Preuß AuR 1986, 382 (383); Rüfner RdA 1992, 1 (2 ff.); Wendeling-Schröder BB 1988, 1742 (1744); krit. Brox Anm. zu BAG 20.12.1984 – 2 AZR 436/83, AP BGB § 611 Direktionsrecht Nr. 27; Kissel NZA 1988, 145 (151); Kraft AcP 163 (1963), 472 (484); Leuze RdA 1993, 16 (17 ff.).

[966] BVerfG 13.4.1978 – 2 BvF 1/77, 2 BvF 2/77, 2 BvF 4/77, 2 BvF 5/77, BVerfGE 48, 127 (173) = NJW 1978, 1245; 24.4.1985 – 2 BvF 2/83, 2 BvF 3/83, 2 BvF 4/83, 2 BvF 2/84, BVerfGE 69, 1 (23) = NJW 1985, 1519.

[967] BVerwG 1.10.1958 – IV C 48.58, BVerwGE 7, 242 (246) = BeckRS 1958, 103321; 3.12.1986 – 6 C 115/83, BVerwGE 75, 188 (195) = NVwZ 1987, 691; 3.2.1988 – 6 C 3/86, BVerwGE 79, 24 (27) = NVwZ 1989, 60.

dessen Forderungen, Mahnungen und Warnungen für den Menschen unmittelbar evidente Gebote unbedingten Sollens darstellen. Als Gewissensentscheidung ist jede ernste sittliche, dh an den Kategorien von „gut" und „böse" orientierte Entscheidung anzusehen, die der Einzelne in einer bestimmten Lage innerlich als für sich bindend und unbedingt verpflichtend erfährt, sodass er gegen sie nicht ohne ernste Gewissensnot handeln kann.[968] Die Gewissensentscheidung des Arbeitnehmers ist nicht an objektiven Kriterien zu messen, kann von den Gerichten also nicht als „falsch" oder „richtig" bewertet werden. Entsprechendes gilt für Glaubensentscheidungen, die ebenfalls keiner inhaltlichen Kontrolle anhand von Kriterien wie „irrig" oder „beachtlich" unterliegen.[969] Die Glaubens- bzw. Gewissensfreiheit legitimiert freilich keinen religiösen oder ethischen **Fundamentalismus.**[970]

327 Aus dem Glaubens- oder Gewissenskonflikt kann sich in Ausnahmefällen die **mangelnde Eignung** für die vertraglich geschuldete Arbeitsleistung als solche ergeben. Ein bei einem Arzneimittelhersteller beschäftigter Arzt, der sich aus Gewissensnot weigert, ein Medikament zu entwickeln, das insbes. in einem Atomkrieg eingesetzt werden soll, kann wegen fehlender Eignung die Arbeitsleistung nicht erbringen.[971] Nicht geeignet für die Beschäftigung als Friedhofsgärtner mit Bestattungsarbeiten ist weiterhin ein Sinti, dem aus religiösen Gründen die Ausübung der Tätigkeit eines Bestattungsgehilfen verboten ist.[972] Ungeeignet ist ferner eine Verkäuferin im Einzelhandel, die sich generell weigert, CDs der Musikgruppe „Böhse Onkelz" zu verkaufen, weil diese Gruppe sich aus ihrer Sicht nicht glaubhaft von der früheren Verbreitung rassistischer und neonazistischer Musik distanziert habe.[973] Schließlich ist auch ein Muslim für eine Tätigkeit in einem Getränkemarkt objektiv ungeeignet, wenn er sich aus religiösen Gründen dauerhaft außer Stande sieht, alkoholische Getränke in die Regale einzusortieren.[974]

328 Eine in einem Kaufhaus als Verkäuferin beschäftigte **Muslimin,** die aus religiöser Überzeugung während der Arbeit ein **Kopftuch** tragen will, ist für die vertraglich geschuldete Arbeitsleistung als Verkäuferin dagegen nicht ungeeignet.[975] Das Tragen des Kopftuchs macht weder Verkaufsgespräche unmöglich noch behindert es die von ihr betreuten Verkaufsvorgänge so, dass nicht mehr von einer branchenüblichen Tätigkeit einer Verkäuferin einerseits oder – ohne weitere detaillierte Darlegungen durch den Arbeitgeber – von einer wirtschaftlich wertlosen Arbeitsleistung oder einer den Arbeitgeber sogar schädigenden Tätigkeit andererseits gesprochen werden kann. Ein personenbedingter Kündigungsgrund liegt daher nicht vor[976] (zum verhaltensbedingten Kündigungsgrund → Rn. 646). Entscheidend ist also, ob sich der Glaubens- oder Gewissenskonflikt unmittelbar auf die Erbringung der Arbeitsleistung selbst (→ Rn. 327) oder nur auf ihre äußeren Umstände bezieht.

329 Wenn sich ein Arbeitnehmer durch eine von ihm getroffene Gewissensentscheidung in seiner Einsatzmöglichkeit eingeschränkt fühlt, ist vor Ausspruch einer Kündigung zu prüfen, ob der Arbeitnehmer zu den iÜ vereinbarten oder geänderten Arbeitsbedingungen **anderweitig beschäftigt** werden kann.[977] Scheidet eine Weiterbeschäftigungs-

[968] Ausf. zum Gewissensbegriff Derleder AuR 1991, 193 ff.; Denninger/Hohm AG 1989, 145 ff.; Häusele, Weisung und Gewissen im Arbeitsrecht, 1989, 6 ff.; Hohn, Die Freiheit des Gewissens, 1990, 257 ff.; Konzen/Rupp, Gewissenskonflikte im Arbeitsverhältnis, 1990, 102 ff.

[969] BAG 24.2.2011 – 2 AZR 636/09, AP GG Art. 4 Nr. 9 mAnm Greiner.

[970] ArbG Hamburg 22.10.2001 – 21 Ca 187/01, NZA-RR 2002, 87.

[971] BAG 24.5.1989 – 2 AZR 285/88, AP BGB § 611 Gewissensfreiheit Nr. 1.

[972] BAG 22.5.2003 – 2 AZR 426/02, AP KSchG 1969 § 1 Wartezeit Nr. 18.

[973] ArbG Hamburg 22.10.2001 – 21 Ca 187/01, NZA-RR 2002, 87.

[974] BAG 24.2.2011 – 2 AZR 636/09, AP GG Art. 4 Nr. 9 mAnm Greiner.

[975] BAG 10.10.2002 – 2 AZR 472/01, AP KSchG 1969 § 1 Verhaltensbedingte Kündigung Nr. 44 mkritAnm Adam; näher Hoevels NZA 2003, 701; Thüsing NJW 2003, 405.

[976] Bei der glaubensgestützten Verweigerung von Sonntagsarbeit soll es sich ebenfalls nicht um eine personenbedingten, sondern um einen verhaltensbedingten Kündigungsgrund handeln, vgl. LAG Hamm 8.11.2007 – 15 Sa 271/07, LAGE Art. 4 GG Nr. 5 = BeckRS 2008, 50009.

[977] BAG 24.2.2011 – 2 AZR 636/09, AP GG Art. 4 Nr. 9 mAnm Greiner; LAG Düsseldorf 7.8.1992 – 9 Sa 794/92, NZA 1993, 411 zur Kollision zwischen Kunst- und Gewissensfreiheit.

möglichkeit auf einem anderen Arbeitsplatz aus, ist im Rahmen der Interessenabwägung von Bedeutung, ob der Arbeitnehmer schon bei Vertragsabschluss mit der Zuweisung derartiger Tätigkeiten zu rechnen hatte und der Arbeitgeber aus betrieblichen Erfordernissen darauf bestehen kann, dass gerade der sich auf den Gewissenskonflikt berufende Arbeitnehmer den Auftrag ausführt. Schließlich kommt es darauf an, ob der Arbeitgeber in der Zukunft mit zahlreichen weiteren Gewissenskonflikten rechnen muss.[978]

Der **Arbeitnehmer,** der sich aufgrund einer Gewissensentscheidung weigert, bestimmte Arbeiten zu verrichten, hat diese Gewissensentscheidung iE **darzulegen** und zu erläutern. Dabei muss erkennbar sein, dass es sich um eine rational mitteilbare und ernsthafte Entscheidung handelt.[979] Nur in diesem Fall ist eine personenbedingte Kündigung zu prüfen; anderenfalls ist an eine verhaltensbedingte Kündigung wegen Arbeitsverweigerung zu denken (→ Rn. 581), die dann allerdings grds. eine vorherige Abmahnung erfordern würde. 330

14. Kirchliche Einrichtungen

Besonderheiten gelten für **Arbeitnehmer in kirchlichen Einrichtungen.** Verstößt ein Arbeitnehmer gegen die hier geltenden besonderen Loyalitätsanforderungen, liegt hierin eine Verletzung vertraglicher Nebenpflichten, die eine verhaltensbedingte Kündigung begründen kann (→ Rn. 631 ff.). 331

15. Krankheit

a) **Überblick.** Wenn sich eine Krankheit störend auf das Arbeitsverhältnis auswirkt, kann sie unter bestimmten Vorausetzungen eine Kündigung sozial rechtfertigen. Die sog. krankheitsbedingte Kündigung ist sogar mit weitem Abstand der **Hauptfall der ordentlichen personenbedingten Kündigung.**[980] Eine außerordentliche krankheitsbedingte Kündigung kommt hingegen nur **ausnahmsweise** in Betracht, wobei grds. eine der ordentlichen Kündigungsfrist entsprechende Auslauffrist einzuhalten ist (→ Rn. 409). In allen Fällen ist **nicht die Krankheit als solche der Kündigungsgrund.** Vielmehr ist die Krankheit nur die Ursache für die künftig zu erwartende Störung des Arbeitsverhältnisses durch Nicht- oder Schlechtleistung und eine daraus resultierende erhebliche Beeinträchtigung der betrieblichen Interessen.[981] Dabei zeigt § 8 EFZG eindeutig, dass der Gesetzgeber von der grundsätzlichen Möglichkeit einer krankheitsbedingten Kündigung ausgeht,[982] ohne indes Einzelheiten vorzugeben. Folgerichtig ist eine Krankheit des Arbeitnehmers erst recht **keine Kündigungssperre** für Kündigungen aus anderen Gründen.[983] Unter Krankheit ist **jeder regelwidrige Körper- und Geisteszustand** zu verstehen, der eine Heilbehandlung erforderlich macht.[984] Damit richtet sich sowohl die Kündigung wegen körperlicher Leiden als auch wegen seelischer Erkrankungen nach den Grundsätzen der krankheitsbedingten Kündigung.[985] Auch **Transsexualität** wurde von der (älteren) Rspr. 332

[978] BAG 22.5.2003 – 2 AZR 426/02, AP KSchG 1969 § 1 Wartezeit Nr. 18; 24.2.2011 – 2 AZR 636/09, AP GG Art. 4 Nr. 9 mAnm Greiner.

[979] BAG 24.5.1989 – 2 AZR 285/88, AP BGB § 611 Gewissensfreiheit Nr. 1; 24.2.2011 – 2 AZR 636/09, AP GG Art. 4 Nr. 9 mAnm Greiner; zur Beweislast vgl. auch Häusele, Weisung und Gewissen im Arbeitsrecht, 1989, 32 ff.; Reuter BB 1986, 385 (389).

[980] Dazu DD/Deinert Rn. 95 ff.; ErfK/Oetker Rn. 110; KR/Rachor Rn. 337 ff.; LSSW/Schlünder Rn. 240 ff.; PVT Kündigung/Temming Rn. 1378; HWK/Thies Rn. 136 ff.; HaKo-KSchR/Weigert Rn. 546 ff.; zur rechtsgeschichtlichen Entwicklung der krankheitsbedingten Kündigung vgl. Jedzig Bestandsschutz passim.

[981] Vgl. BAG 23.1.2014 – 2 AZR 582/13, AP BGB § 626 Krankheit Nr. 16 (außerordentliche Kündigung).

[982] Ebenso DD/Deinert Rn. 96; PVT Kündigung/Temming Rn. 1378; APS/Vossen Rn. 137.

[983] DD/Deinert Rn. 97; ErfK/Oetker Rn. 110; APS/Vossen Rn. 137; HaKo-KSchR/Weigert Rn. 546.

[984] BAG 5.4.1976 – 5 AZR 397/75, AP LohnFG § 1 Nr. 40; 25.6.1981 – 6 AZR 940/78, AP BGB § 616 Nr. 52; Boewer NZA 1988, 678 (683 f.); Lepke NZA-RR 1999, 57.

[985] Zu seelischen Erkrankungen BAG 6.10.1959 – 3 AZR 313/56, AP SchwBeschG § 14 Nr. 19; LAG Baden-Württemberg 22.12.1960 – 4 Sa 14/60, BB 1961, 333.

als Krankheit im medizinischen Sinne eingestuft.[986] Nach Ansicht des EuGH verstößt die Kündigung einer transsexuellen Person wegen der Umwandlung des Geschlechts jedoch gegen Art. 5 Abs. 1 der RL 76/207/EWG (heute: Art. 14 Abs. 1 Buchst. c der RL 2006/54/EG) und ist damit unwirksam.[987]

333 Die Grundsätze über die krankheitsbedingte Kündigung werden durch das **Verbot der Benachteiligung wegen einer Behinderung** berührt. Hierbei ist eine **Krankheit als solche** aber noch **keine Behinderung iSd RL 2000/78/EG,** sodass eine krankheitsbedingte Kündigung nicht stets begrifflich eine Benachteiligung wegen einer Behinderung darstellt.[988] Allerdings wird in den Konstellationen, in denen die an die Wirksamkeit einer krankheitsbedingten Kündigung nach nationalem Recht zu stellenden Anforderungen erfüllt sind, zumindest vielfach auch eine Behinderung des betroffenen Arbeitnehmers[989] vorliegen.[990] In diesen Fällen geht der EuGH davon aus, dass bei einer auf (prognostizierte) Fehlzeiten gestützten Kündigung zwar keine unmittelbare Benachteiligung,[991] wohl aber eine **mittelbare Benachteiligung** vorliegt bzw. indiziert wird, wenn hierbei auch solche Fehlzeiten eingerechnet werden, die auf eine Behinderung zurückzuführen sind, weil ein Arbeitnehmer mit Behinderungen dadurch einem höheren Kündigungsrisiko unterliegt als ein Arbeitnehmer ohne Behinderungen.[992] Der Arbeitgeber ist deshalb zunächst gehalten, **angemessene Vorkehrungen iSd Art. 5 RL 2000/78/EG** iVm Art. 27 Abs. 1 S. 2 Buchst. i und Art. 2 UAbs. 4 UN-BRK[993] zu treffen, um diesen Fehlzeiten entgegenzuwirken, wozu etwa auch eine Arbeitszeitverkürzung gehören kann. Anderenfalls würde eine auf die krankheitsbedingte Störung gestützte Kündigung gegen die Richtlinie verstoßen.[994] Da die Richtlinie vornehmlich durch das AGG umgesetzt worden ist und die Diskriminierungsverbote des AGG im Anwendungsbereich des KSchG bei der Auslegung von Abs. 1 u. Abs. 2 S. 1 zu berücksichtigen sind (Einl. → Rn. 99 ff.), ist eine krankheitsbedingte Kündigung, bei der die prognostizierten Fehlzeiten auf einer Behinderung beruhen, somit dann sozialwidrig, wenn es der Arbeitgeber unterlassen hat, dem Leistungsdefizit durch angemessene Vorkehrungen effektiv zu begegnen[995] bzw. den Arbeitnehmer mit Behinderungen auf einen leidensgerechten Arbeitsplatz zu versetzen, obwohl dies möglich und zumutbar gewesen und die Störung des Arbeitsverhältnisses hierdurch vermieden worden wäre.[996] Scheiden angemessene Vorkehrungen als Instrument zur Störungsbeseitigung aus, würde die rechtlich klarste Lösung in diesen Gestaltungen eigentlich darin bestehen, die behinderungsbedingten Fehlzeiten aus der Prognose

---

[986] LAG Berlin 21.1.1980 – 9 Sa 80/79, EzA § 1 KSchG Personenbedingte Kündigung Nr. 1; näher Lepke Kündigung Rn. 87.

[987] EuGH 30.4.1996 – C-13/94, NZA 1996, 695 – Cornwall County Council.

[988] EuGH 11.7.2006 – C-13/05, AP Richtlinie 2000/78/EG Nr. 3 – Chacón Navas; 11.4.2013 – C-335/11 u. C-337/11, AP Richtlinie 2000/78/EG Nr. 28– HK Danmark; BAG 28.4.2011 – 8 AZR 515/10, AP AGG § 15 Nr. 7.

[989] Zum unionsrechtlichen Begriff der Behinderung EuGH 18.12.2014 – C-354/13, NZA 2015, 33 Rn. 53 ff. – Kaltoft; 1.12.2016 – C-395/15, EuZW 2017, 263 Rn. 38 ff. – Daouidi; 18.1.2018 – C-270/16, NZA 2018, 159 Rn. 32 ff. – Ruiz Conejero; 11.9.2019 – C-397/18, NZA 2019, 1634 Rn. 39 ff. – Nobel Plastiques Ibérica; zur Einbeziehung psychischer Erkrankungen EuGH 9.3.2017 – C-406/15, NZA 2017, 439 Rn. 37 – Petya Milkova.

[990] Seiwerth NZA 2023, 1145 (1146), geht sogar davon aus, dass dies immer der Fall ist; aA ausdrücklich KR/Rachor Rn. 338 bezüglich häufiger Kurzerkrankungen.

[991] In diese Richtung aber DD/Deinert Rn. 98.

[992] EuGH 11.4.2013 – C-335/11 u. C-337/11, AP Richtlinie 2000/78/EG Nr. 28 Rn. 69 ff. – HK Danmark; 18.1.2018 – C-270/16, NZA 2018, 159 Rn. 37 ff. – Ruiz Conejero; 11.9.2019 – C-397/18, NZA 2019, 1634 Rn. 57 ff. – Nobel Plastiques Ibérica.

[993] Dazu ausf. Rabe-Rosendahl, Angemessene Vorkehrungen für behinderte Menschen im Arbeitsrecht, 2017.

[994] EuGH 11.7.2006 – C-13/05, AP Richtlinie 2000/78/EG Nr. 3 Rn. 48 ff. – Chacón Navas; 11.4.2013 – C-335/11 u. C-337/11, AP Richtlinie 2000/78/EG Nr. 28 Rn. 65 ff. – HK Danmark; 11.9.2019 – C-397/18, NZA 2019, 1634 Rn. 71 – Nobel Plastiques Ibérica; 15.7.2021 – C-795/19, NZA 2021, 1321 Rn. 50 – Tartu Vangla.

[995] In diesem Sinne auch Kohte AuR 2025, 56 (58); Stiebert/Pötters Anm. zu EuGH 11.4.2013 – C-335/11 u. C-337/11, EzA Richtlinie 2000/78 EG-Vertrag 1999 Nr. 31 unter IV 3 a; KR/Plum/Wullenkord AGG § 8 Rn. 19; im Umkehrschluss ebenso BAG 20.11.2014 – 2 AZR 664/13, NZA 2015, 931 Rn. 56 ff.; APS/Vossen Rn. 137a f.; ferner BAG 19.12.2013 – 6 AZR 190/12, AP AGG § 2 Nr. 3 Rn. 54 mkritAnm Stenslik (für einen Fall außerhalb des Anwendungsbereichs des KSchG); s. a. BAG 21.4.2016 – 8 AZR 402/14, SGB IX § 84 Nr. 6 Rn. 19.

[996] Vgl. LAG Berlin-Brandenburg 4.12.2008 – 26 Sa 343/08, LAGE § 3 AGG Nr. 1 unter II 1b aa = BeckRS 2011, 67066: Festlegung von Leistungsanforderungen (Einsatz in einem rollierenden Nachtschichtsystem), die überhaupt erst zu einer Negativprognose führen, als Verstoß gegen das AGG.

auszuklammern, was praktisch indes kaum zu bewerkstelligen sein dürfte. Daher kommt es auf die sachliche Rechtfertigung der mittelbaren Ungleichbehandlung an.[997] Insoweit lässt es der EuGH genügen, dass die Möglichkeit zu einer späteren krankheitsbedingten Kündigung dem Arbeitgeber einen Anreiz zur Einstellung und Weiterbeschäftigung von Menschen mit Behinderungen bietet.[998] Dieser Aspekt gilt aus der Perspektive des deutschen Rechts zwar streng genommen nur für diejenigen Fälle, in denen der Arbeitgeber einen Arbeitnehmer einstellt, der im Zeitpunkt des Arbeitsvertragsschlusses bereits Behinderungen aufweist, und er damit bewusst ein bestimmtes Fehlzeitenrisiko eingeht. Der Gedanke dürfte die Rechtsgrundsätze aus Gründen der Praktikabilität aber insgesamt tragen. Dagegen wirkt die weitere Überlegung des EuGH, als sachliche Rechtfertigung den „Kampf gegen Absentismus am Arbeitsplatz" zu akzeptieren,[999] im vorliegenden Kontext befremdlich.[1000] Festzuhalten bleibt jedenfalls, dass das europäische Antidiskriminierungsrecht angesichts der hohen Anforderungen an eine krankheitsbedingte Kündigung bereits nach nationalen Maßstäben letztlich zu keinen anderen Ergebnissen führt.[1001]

Bei der Prüfung krankheitsbedingter Kündigungen sind **vier Fallgruppen zu unterscheiden:** 334

(1) Kündigung wegen häufiger Kurzerkrankungen (→ Rn. 345 ff.).
(2) Kündigung wegen lang andauernder Erkrankung (→ Rn. 389 ff.).
(3) Kündigung wegen dauernder Arbeitsunfähigkeit (→ Rn. 400 ff.).
(4) Kündigung wegen krankheitsbedingter Leistungsminderung (→ Rn. 405 ff.).

b) Vorrang milderer Mittel, Präventionsverfahren, betriebliches Eingliederungsmanagement. Vor Ausspruch krankheitsbedingter Kündigungen ist wie bei jeder Kündigung entsprechend dem Verhältnismäßigkeitsgrundsatz zunächst zu prüfen, ob die Kündigung durch andere, mildere Mittel vermieden werden kann (→ Rn. 182 ff.). Dies kommt freilich nur in Betracht, wenn der Einsatz anderer Mittel, sei es eine Weiterbeschäftigung auf einem anderen Arbeitsplatz, eine Verringerung der Arbeitszeit oder eine Umgestaltung des Arbeitsplatzes, **aller Wahrscheinlichkeit nach zu einer Verringerung der krankheitsbedingten Fehlzeiten führt.**[1002] 335

Unter dieser Voraussetzung hat der Arbeitgeber zunächst Möglichkeiten der Umgestaltung des Arbeitsplatzes zu prüfen und die Weiterbeschäftigung auf einem gleichwertigen anderen **freien (leidensgerechten) Arbeitsplatz** in Betracht zu ziehen (→ Rn. 269 ff.). Denkbar ist auch die Herausnahme aus einem bestimmten, besonders belastenden Arbeitszeitmodell (rollierendes Nachtschichtsystem).[1003] Ist im Zeitpunkt des Kündigungszugangs eine Beschäftigungsmöglichkeit nicht (mehr) vorhanden, ist es dem Arbeitgeber nach dem Rechtsgedanken des § 162 BGB verwehrt, sich auf den Wegfall von Beschäftigungsmöglichkeiten im Kündigungszeitpunkt zu berufen, wenn er diesen Wegfall treuwidrig herbeigeführt hat und der durch voreilige Besetzung nicht mehr vakante Arbeitsplatz für den gekündigten Arbeitnehmer geeignet war. Eine treuwidrige Vereitelung der Weiterbeschäftigungsmöglichkeit kann dem Arbeitgeber aber nur dann vorgehalten werden, wenn sich ihm die Möglichkeit der Weiterbeschäftigung aufdrängen musste. Dagegen wäre es eine Überforderung des Arbeitgebers, wenn er 336

[997] Zur Unterscheidung beider Fallgruppen der Widerlegung einer indizierten mittelbaren Diskriminierung wegen der Behinderung EuGH 19.9.2018 – C-312/17, NZA 2018, 1268 Rn. 49 f. – Bedi.

[998] EuGH 11.4.2013 – C-335/11 u. C-337/11, AP Richtlinie 2000/78/EG Nr. 28 Rn. 78 ff. – HK Danmark.

[999] EuGH 18.1.2018 – C-270/16, NZA 2018, 159 Rn. 44 – Ruiz Conejero.

[1000] Distanzierend auch Bayreuther EuZW 2018, 212 (213).

[1001] Ebenso Bechtolf, Die unions- und völkerrechtlichen Anforderungen an den Kündigungsschutz von Arbeitnehmern mit Behinderungen, 2019, S. 160 ff.; DD/Deinert Rn. 98; Leder, Das Diskriminierungsverbot wegen einer Behinderung, 2006, S. 178 ff.; KR/Rachor Rn. 338; Seiwerth NZA 2023, 1145 (1147).

[1002] BAG 20.11.2014 – 2 AZR 755/13, NZA 2015, 612 Rn. 24; 18.11.2021 – 2 AZR 138/21, NZA 2022, 253 Rn. 12.

[1003] LAG Berlin-Brandenburg 4.12.2008 – 26 Sa 343/08, LAGE § 3 AGG Nr. 1 unter II 1 b bb = BeckRS 2011, 67066.

jederzeit vorsorglich die ständig wechselnden Beschäftigungsvakanzen mit den individuellen Einsatzmöglichkeiten erkrankter Arbeitnehmer abgleichen müsste.[1004] Ist ein gleichwertiger Arbeitsplatz nicht vorhanden, hat der Arbeitgeber dem Arbeitnehmer einen freien, geringwertigeren Arbeitsplatz anzubieten und ggf. eine Änderungskündigung auszusprechen (→ § 2 Rn. 73 ff.). Wenn kein freier Arbeitsplatz vorhanden ist, muss der Arbeitgeber nach Auffassung des BAG prüfen, ob ein Arbeitsplatztausch möglich ist (→ Rn. 270 ff.).

337 Diese allgemeinen Grundsätze, die sich aus dem ultima-ratio-Prinzip bzw. Abs. 2 S. 2 Nr. 1b u. 2b ergeben, werden durch § 167 Abs. 1 u. 2 SGB IX (§ 84 Abs. 1 u. 2 SGB IX a. F.) präzisiert. In diesen Vorschriften sind das **Präventionsverfahren (§ 167 Abs. 1 SGB IX)** und das **betriebliche Eingliederungsmanagement (§ 167 Abs. 2 SGB IX)** geregelt.

338 Das **Präventionsverfahren** nach § 167 Abs. 1 SGB IX (Konfliktprävention)[1005] gilt nur für schwerbehinderte Menschen und Gleichgestellte iSd § 2 Abs. 3 SGB IX. Sofern **personen-, verhaltens- oder betriebsbedingte Schwierigkeiten** auftreten, die zu einer **Gefährdung des Arbeitsverhältnisses** führen können, hat der Arbeitgeber möglichst frühzeitig die Schwerbehindertenvertretung, den Betriebs- oder Personalrat sowie das Integrationsamt einzuschalten, um gemeinsam auf eine Überwindung dieser Schwierigkeiten mit dem Ziel hinzuwirken, das Arbeitsverhältnis möglichst dauerhaft fortzusetzen. Das Präventionsverfahren betrifft somit nicht nur personenbedingte Kündigungen.

339 Mit mehreren Entscheidungen hat das BAG klargestellt, welche kündigungsschutzrechtlichen Folgen aus einer Verletzung von § 167 Abs. 1 SGB IX zu ziehen sind.[1006] So steht auf der einen Seite fest, dass die Durchführung des Präventionsverfahrens **keine formelle Wirksamkeitsvoraussetzung** für den Ausspruch einer Kündigung ist.[1007] Auf der anderen Seite bleibt ein Verstoß gegen die Vorschrift aber auch nicht völlig folgenlos.[1008] Vielmehr stellt diese Regelung eine **Konkretisierung des Verhältnismäßigkeitsgrundsatzes** dar. Der Arbeitgeber soll in einem frühzeitigen Stadium der Störung des Arbeitsverhältnisses dazu angehalten werden, nach Möglichkeiten Ausschau zu halten, um eine Kündigung zu verhindern. Damit hat die unterbliebene Durchführung eines Präventionsverfahrens Auswirkungen auf die **Darlegungs- und Beweislast** im Kündigungsschutzprozess. Während der Arbeitgeber im Allgemeinen erst dann konkret darlegen und beweisen muss, dass eine Weiterbeschäftigung des Arbeitnehmers nicht möglich ist, wenn der Arbeitnehmer dazu vorgetragen hat, muss der Arbeitgeber bei einer Verletzung von § 167 Abs. 1 SGB IX von vornherein konkret darlegen, dass auch durch technische oder organisatorische Veränderungen keine störungsfreie Weiterbeschäftigung möglich gewesen wäre.[1009] Dies bedeutet zunächst, dass ein Präventionsverfahren entbehrlich ist, wenn dem Arbeitnehmer Verhaltensverstöße zur Last gelegt werden, die von vornherein eine Kündigung rechtfertigen. Wenn ein Arbeitsverhältnis aufgrund eines einmaligen Vorfalls „kündigungsreif" ist, geht ein Präventionsverfahren ins Leere. Entsprechendes muss gelten, wenn ein personenbedingter Grund so geartet ist, dass er einem Präventionsverfahren nicht zugänglich ist (bspw. schlagartig eintretende dauerhafte Arbeitsunfähigkeit). Allein die Zustimmung des Integrationsamtes zur Kündigung begründet aber keine Vermutung dafür, dass ein Präventionsverfahren die Kündigung nicht hätte verhindern können.[1010] IÜ

[1004] BAG 24.11.2005 – 2 AZR 514/04, AP KSchG 1969 § 1 Krankheit Nr. 43.

[1005] Dazu etwa Brose RdA 2006, 149; Deinert NZA 2010, 969 (970 f.).

[1006] BAG 7.12.2006 – 2 AZR 182/06, AuR 2007, 275 mAnm Bogun = NJW 2007, 1995 mAnm Grobys; 28.6.2007 – 6 AZR 750/06, AP BGB § 307 Nr. 27 mablAnm Deinert; 8.11.2007 – 2 AZR 425/06, NZA 2008, 471; 24.1.2008 – 6 AZR 96/07, NZA-RR 2008, 404 Rn. 31 ff.

[1007] BAG 12.7.2007 – 2 AZR 716/06, NZA 2008, 173 Rn. 36; 20.11.2014 – 2 AZR 755/13, NZA 2015, 612 Rn. 38; LAG Rheinland-Pfalz 12.4.2021 – 3 Sa 363/20, BeckRS 2021, 45321 Rn. 139; aA Brose RdA 2006, 149 (154 ff.).

[1008] AA Namendorf/Natzel DB 2005, 1794 (1797 f.).

[1009] BAG 4.10.2005 – 9 AZR 632/04, AP SGB IX § 81 Nr. 9.

[1010] Ebenso Deinert NZA 2010, 969 (974); aA BAG 7.12.2006 – 2 AZR 182/06, NZA 2007, 617 Rn. 28; zweifelnd aber BAG 20.11.2014 – 2 AZR 664/13, NZA 2015, 931 Rn. 41; 15.12.2022 – 2 AZR 162/22, NZA 2023, 500 Rn. 29.

hat das BAG aus der Einbettung des Präventionsverfahrens in den nur im Geltungsbereich des KSchG zum Tragen kommenden Verhältnismäßigkeitsgrundsatz gefolgert, dass die unterbliebene Durchführung dieses Verfahrens keine kündigungsrechtlichen Folgen für die Kündigung von solchen Arbeitnehmern hat, die wegen Nichterfüllung der Wartezeit nicht unter den Anwendungsbereich des KSchG fallen.[1011]

Bei einem **betrieblichen Eingliederungsmanagement (bEM)** nach § 167 Abs. 2 SGB IX (Gesundheitsprävention)[1012] als ein Spezialfall von § 167 Abs. 1 SGX IX[1013] hat der Arbeitgeber als Träger der Initiativlast[1014] gemeinsam mit dem Betriebs- oder Personalrat, bei schwerbehinderten Menschen außerdem mit der Schwerbehindertenvertretung, mit Zustimmung und Beteiligung des betroffenen Arbeitnehmers aufzuklären, wie die Arbeitsunfähigkeit eines Beschäftigten möglichst überwunden werden und mit welchen Leistungen oder Hilfen erneuter Arbeitsunfähigkeit vorgebeugt und der Arbeitsplatz erhalten werden kann, wenn der Beschäftigte innerhalb eines Jahres länger als sechs Wochen ununterbrochen oder wiederholt arbeitsunfähig ist (S. 1). Seit dem 1.1.2022 haben Beschäftigte zudem das Recht, eine Vertrauensperson eigener Wahl hinzuziehen (S. 2), worauf der Arbeitgeber hinzuweisen hat.[1015] Soweit erforderlich, soll der Werks- oder Betriebsarzt hinzugezogen werden (S. 3). Der Betriebs- oder Personalrat, bei schwerbehinderten Menschen außerdem die Schwerbehindertenvertretung, können auch ihrerseits die Klärung der Umstände verlangen (S. 7),[1016] während dem Arbeitnehmer selbst kein individueller Anspruch auf die Durchführung eines bEM zusteht.[1017] Mit dem bEM soll ein **verlaufs- und ergebnisoffener „Suchprozess"**[1018] in Gang gesetzt werden, um individuelle Lösungen zur Stabilisierung von durch gesundheitliche Probleme bestandsgefährdeten Arbeitsverhältnissen zu ermitteln. 340

Das Erfordernis eines solchen bEM bei einer länger als sechs Wochen innerhalb eines Jahres andauernden Arbeitsunfähigkeit besteht **bei allen Arbeitnehmern,** nicht nur bei schwerbehinderten Menschen.[1019] Aus der Stellung der Vorschrift im SGB IX[1020] kann nicht geschlossen werden, das bEM sei nur bei schwerbehinderten Menschen erforderlich.[1021] Dem steht zwingend der Wortlaut des § 167 Abs. 2 S. 1 SGB IX entgegen, wonach arbeitsplatzerhaltende Maßnahmen mit der zuständigen Interessenvertretung iSd § 176 SGB IX (dh bei Arbeitnehmern Betriebs- oder Personalrat) und bei schwerbehinderten Menschen „außerdem" mit der Schwerbehindertenvertretung zu klären sind. Gleiches gilt für § 167 Abs. 2 S. 6 SGB IX. Auch nach der Gesetzesbegründung sollen krankheitsbedingte Kündigungen bei allen Arbeitnehmern durch das bEM verhindert 341

[1011] BAG 28.6.2007 – 6 AZR 750/06, AP BGB § 307 Nr. 27 mablAnm Deinert; 24.1.2008 – 6 AZR 96/07, NZA-RR 2008, 404; 21.4.2016 – 8 AZR 402/14, SGB IX § 84 Nr. 6 Rn. 27 ff.; 3.4.2025 – 2 AZR 178/24, BeckRS 2025, 17823 Rn. 15 ff.; aA LAG Köln 12.9.2024 – 6 SLa 76/24, BeckRS 2024, 23960 = RdA 2025, 49 mzustAnm Wietfeld; Deinert NZA 2010, 969 (970); widersprüchlich ErfK/Rolfs SGB IX § 167 Rn. 1 einerseits und Rn. 3 andererseits. Nach EuGH 10.2.2022 – C-485/20, NZA 2022, 335 Rn. 39 ff. – HR Rail, gilt der Vorrang angemessener Vorkehrungen jedenfalls auch während der Probezeit.

[1012] Dazu etwa Deinert NZA 2010, 969 (971 ff.); Gebhardt/Shelby DB 2024, 2761; Kempter/Steinat NZA 2015, 840; Kohte DB 2008, 582; Schiefer RdA 2016, 196; Schlewing ZfA 2005, 485; vom Stein ZfA 2016, 549; Welti NZS 2006, 623.

[1013] Brose RdA 2006, 149 (152).

[1014] Vgl. BAG 20.11.2014 – 2 AZR 755/13, AP KSchG 1969 Krankheit Nr. 52.

[1015] S. BT-Drs. 19/28834, 57. Anderenfalls gilt das bEM als nicht ordnungsgemäß durchgeführt, Düwell NZA 2021, 1614 (1616).

[1016] Dazu auch BAG 7.2.2012 – 1 ABR 46/10, NZA 2012, 744 (Überwachungsrecht des Betriebsrats).

[1017] BAG 7.9.2021 – 9 AZR 571/20, NZA 2022, 257.

[1018] Kohte DB 2008, 582 (583). Als reine Verfahrensregelung ist das bEM selbst keine angemessene Vorkehrung iSd Art. 5 RL 2000/78/EG, vgl. BAG 7.9.2021 – 9 AZR 571/20, NZA 2022, 257 Rn. 20.

[1019] BAG 12.7.2007 – 2 AZR 716/06, AP KSchG 1969 § 1 Personenbedingte Kündigung Nr. 28 mAnm Rolfs/de Groot; 30.9.2010 – 2 AZR 88/09, AP KSchG 1969 § 1 Krankheit Nr. 49 mzustAnm Nebe; 24.3.2011 – 2 AZR 170/10, EzA § 84 SGB IX Nr. 8; ebenso Cramer NZA 2004, 698 (703); Weyand/Düwell/Düwell, Das neue Arbeitsrecht, 2005, 217; Schlewing ZfA 2005, 484 (490); PVT Kündigung/Vossen Rn. 1634; unklar Gagel NZA 2004, 1394 ff.; aA Balders/Lepping NZA 2005, 854; Brose DB 2005, 390; Lepke Kündigung Rn. 243; Namendorf/Natzel DB 2005, 1794; ErfK/Rolfs SGB IX § 167 Rn. 4.

[1020] Dazu krit. Edenfeld NZA 2012, 713 (718).

[1021] So aber Brose DB 2005, 390.

werden.[1022] Im Verhältnis zum Präventionsverfahren nach § 167 Abs. 1 SGB IX ist das bEM nach § 167 Abs. 2 SGB IX somit teilweise spezieller, weil es sich nur auf (personenbedingte) Fälle länger andauernder Arbeitsunfähigkeit bezieht, teilweise aber auch allgemeiner, weil es sämtliche Arbeitnehmer erfasst.

342 Voraussetzung des bEM nach § 167 Abs. 2 SGB IX ist nicht, dass in dem Betrieb ein **Betriebsrat** existiert.[1023] Ein solches Erfordernis würde dem Präventionszweck der Vorschrift widersprechen, der unabhängig vom Bestehen eines Betriebsrats ist. Nur wenn in dem Betrieb ein Betriebsrat gebildet ist, hat der Arbeitgeber diesen hinzuzuziehen. Das betriebliche Eingliederungsmanagement ist durchzuführen, wenn der Arbeitnehmer **innerhalb eines Jahres** länger als sechs Wochen arbeitsunfähig ist. Das Gesetz stellt nicht auf das Kalenderjahr ab, sondern wählt den Begriff „Jahr". Das ist gem. § 191 BGB ein Zeitraum von 365 Tagen. Es ist somit der jeweils zurückliegende Jahreszeitraum maßgeblich.[1024] Ggf. muss der Arbeitgeber also ein weiteres bEM durchführen, weil die neuerlichen Fehlzeiten in einem früheren Verfahren noch nicht berücksichtigt werden konnten. Solange ein bEM noch andauert, können weitere Arbeitsunfähigkeitszeiten aber integriert werden.[1025] Bei alledem kommt es allein auf den Umfang, nicht aber die Ursache der Erkrankungen an.[1026] Werden diese Fehlzeiten nicht erreicht, ist kein bEM durchzuführen.[1027] Notwendige Voraussetzung des bEM ist, dass der **Arbeitnehmer mitwirkt.** Hierzu ist er allerdings nicht verpflichtet. Die Mitwirkung erfordert regelmäßig die Angabe der Krankheitsursachen. Diese muss der Arbeitnehmer dem Arbeitgeber aus Gründen des Persönlichkeitsschutzes aber nicht mitteilen.

343 Im Hinblick auf die kündigungsschutzrechtlichen Folgen im Zusammenhang mit einem bEM[1028] ist zu unterscheiden, ob der Arbeitgeber das Verfahren (ordnungsgemäß)[1029] durchgeführt hat oder nicht. Bei einer **ordnungsgemäßen Durchführung des bEM**[1030] hängt es von dessen Ergebnis ab, welche Konsequenzen sich daraus für die **Darlegungslast** ergeben. Sofern das bEM zu einem positiven Ergebnis geführt hat, muss der Arbeitgeber die empfohlenen Maßnahmen vor dem Ausspruch einer Kündigung grds. umsetzen.[1031] Unterlässt der Arbeitgeber dies, muss er dartun, dass die Maßnahmen nicht durchführbar waren oder nicht zum gewünschten Erfolg einer Verringerung der Ausfallzeiten geführt hätten. Hat das bEM dagegen zu einem negativen Ergebnis geführt, genügt es grds., wenn der Arbeitgeber auf dieses Verfahren hinweist und pauschal das Nichtvorhandensein von Alternativen behauptet. Es ist dann Sache des Arbeitnehmers konkret alternative Beschäftigungsmöglichkeiten darzutun. Allerdings darf der Arbeitnehmer nicht auf solche Möglichkeiten verweisen, die er bereits in das bEM hätte einbringen können. Insoweit entfaltet das bEM also eine Art **Präklusionswirkung.** Der Arbeitnehmer kann mithin nur solche Beschäftigungsalternativen aufzeigen, die sich zwischen dem Abschluss des bEM und dem Ausspruch der Kündigung ergeben haben.

344 Die **kündigungsrechtlichen Folgen eines Verstoßes** gegen die Verpflichtung zur (ordnungsgemäßen) Durchführung eines bEM sind durch die Judikatur des BAG mittlerweile geklärt und entsprechen denjenigen, die zum Präventivverfahren entwickelt worden

---

[1022] Vgl. BT-Drs. 15/1783, 15 f.

[1023] BAG 30.9.2010 – 2 AZR 88/09, AP KSchG 1969 § 1 Krankheit Nr. 49 mzustAnm Nebe.

[1024] BAG 18.11.2021 – 2 AZR 138/21, NZA 2022, 253 Rn. 25; Lepke Kündigung Rn. 244; aA Kempter/Steinat NZA 2015, 840 (842); zu weiteren Einzelheiten der Jahresfrist Kossens/von der Heide/Maaß/Kossens, SGB IX, 4. Aufl. 2015, § 84 Rn. 26.

[1025] BAG 18.11.2021 – 2 AZR 138/21, NZA 2022, 253 Rn. 25 ff.

[1026] BAG 20.11.2014 – 2 AZR 755/13, AP KSchG 1969 Krankheit Nr. 52 Rn. 42.

[1027] BAG 20.12.2012 – 2 AZR 32/1, AP KSchG 1969 § 1 Krankheit Nr. 50 Rn. 31; 20.3.2014 – 2 AZR 565/12, AP KSchG 1969 § 1 Krankheit Nr. 51 Rn. 32.

[1028] Dazu auch vom Stein NZA 2020, 753.

[1029] Zu den Anforderungen BAG 10.12.2009 – 2 AZR 400/08, AP KSchG 1969 § 1 Krankheit Nr. 48; 10.12.2009 – 2 AZR 198/09, AP SGB IX § 84 Nr. 3; 24.3.2011 – 2 AZR 170/10, AP ArbGG 1979 § 69 Nr. 6.

[1030] Dazu ausf. MHdB ArbR/Kiel § 113 Rn. 36 ff.; ferner Bissels/Falter DB 2018, 1405; Schiefer RdA 2016, 196.

[1031] Düwell JbArbR 43 (2006), 91 (104); Joussen DB 2009, 286 (290).

sind.[1032] Die Durchführung des bEM ist somit auf der einen Seite keine formelle Wirksamkeitsvoraussetzung für den Ausspruch einer Kündigung[1033] und erst recht kein Verbotsgesetz iSd § 134 BGB, auf der anderen Seite aber auch kein folgenloser Programmsatz oder eine reine Ordnungsvorschrift mit Appellcharakter.[1034] Vielmehr ist das bEM eine **Konkretisierung des Verhältnismäßigkeitsgrundsatzes** und dient iE dazu, diejenigen milderen Mittel wie bspw. eine Umgestaltung des Arbeitsplatzes oder eine Weiterbeschäftigung zu geänderten Arbeitsbedingungen zu ermitteln, durch die eine Kündigung letztlich vermieden werden kann. Das bEM ist im Verhältnis zur Kündigung also nicht selbst ein milderes Mittel, sondern es entfaltet seine Wirkung im Rahmen der **Darlegungs- und Beweislast.** Unterlässt der Arbeitgeber die gebotene Durchführung eines bEM, darf ihm dies keine darlegungs- und beweisrechtlichen Vorteile verschaffen. Daher muss der Arbeitgeber in einem solchen Fall abweichend von allgemeinen Grundsätzen umfassend und konkret vortragen, dass der Arbeitnehmer auf dem bisherigen Arbeitsplatz nicht mehr einsetzbar ist und dass weder eine leidensgerechte Anpassung dieses Arbeitsplatzes noch eine Weiterbeschäftigung auf einem anderen leidensgerechten Arbeitsplatz möglich ist, das bEM mithin objektiv nutzlos gewesen wäre. Ggf. muss dargetan werden, dass auch Maßnahmen der medizinischen Rehabilitation iSd § 42 SGB IX nicht zu einer wesentlichen Verringerung künftiger Fehlzeiten geführt hätten.[1035] Dasselbe gilt, wenn der Arbeitgeber zwar ein bEM durchgeführt hat, ihm hierbei aber Fehler unterlaufen sind, wobei es dann darauf ankommt, ob der Fehler Einfluss auf die Möglichkeit hatte oder hätte haben können, Maßnahmen zu identifizieren, die zu einer relevanten Verringerung der Arbeitsunfähigkeitszeiten des Arbeitnehmers hätten führen können.[1036] Dies alles sollte sich freilich nur auf ernsthafte und nicht auf jede theoretisch denkbare Alternative beziehen, um die Darlegungslast nicht zu überspannen. Die Zustimmung des Integrationsamtes zur Kündigung begründet allerdings nicht die Vermutung, dass ein bEM die Kündigung nicht hätte verhindern können.[1037] Wenn sich durch ein bEM ergeben hätte, dass eine Weiterbeschäftigung auf einem leidensgerechten freien Arbeitsplatz möglich gewesen wäre, kann sich der Arbeitgeber nach dem Rechtsgedanken des § 162 BGB nicht darauf berufen, dass dieser Arbeitsplatz mittlerweile besetzt worden ist.[1038] Diese damit an den Arbeitgeber herangetragenen Anforderungen sind durchaus erheblich, führen aber nicht zu einem Ende der krankheitsbedingten Kündigung.[1039] Aufgrund des Zusammenhangs mit dem Verhältnismäßigkeitsgrundsatz greifen diese Regeln nur im Anwendungsbereich des KSchG ein.[1040] Wird ein bEM deshalb nicht durchgeführt, weil sich der Arbeitnehmer weigert, hat es damit dann sein Bewenden, wenn der Arbeitnehmer zuvor über den Zweck dieses Verfahrens sowie über die er-

---

[1032] BAG 28.6.2007 – 6 AZR 750/06, AP BGB § 307 Nr. 27 mablAnm Deinert; 12.7.2007 – 2 AZR 716/06, AP KSchG 1969 § 1 Personenbedingte Kündigung Nr. 28 mAnm Rolfs/de Groot; 23.4.2008 – 2 AZR 1012/06, EzA § 1 KSchG Krankheit Nr. 55; 10.12.2009 – 2 AZR 400/08, AP KSchG 1969 § 1 Krankheit Nr. 48; 30.9.2010 – 2 AZR 88/09, AP KSchG 1969 § 1 Krankheit Nr. 49 mzustAnm Nebe; 24.3.2011 – 2 AZR 170/10, AP ArbGG 1979 § 69 Nr. 6; 20.11.2014 – 2 AZR 664/13, NZA 2015, 931; 20.11.2014 – 2 AZR 755/13, AP KSchG 1969 Krankheit Nr. 52; 13.5.2015 – 2 AZR 565/14, AP KSchG 1969 Krankheit Nr. 54; 18.11.2021 – 2 AZR 138/21, NZA 2022, 253; 15.12.2022 – 2 AZR 162/22, NZA 2023, 500.

[1033] So aber Brose DB 2005, 390 (393).

[1034] So aber Balders/Lepping NZA 2005, 854; Namendorf/Natzel DB 2005, 1794 (1798); Schlewing ZfA 2005, 485 (493 ff.).

[1035] BAG 20.11.2014 – 2 AZR 755/13, AP KSchG 1969 Krankheit Nr. 52 Rn. 47 ff.

[1036] BAG 18.11.2021 – 2 AZR 138/21, NZA 2022, 253 Rn. 16.

[1037] BAG 15.12.2022 – 2 AZR 162/22, NZA 2023, 500 Rn. 27 ff.; ebenso bereits Deinert NZA 2010, 969 (974); aA Baumeister/Richter ZfA 2010, 3 (23).

[1038] LAG Berlin-Brandenburg 17.8.2009 – 10 Sa 592/09, LAGE § 1 KSchG Krankheit Nr. 44a = BeckRS 2010, 68395.

[1039] Vgl. etwa BAG 20.3.2014 – 2 AZR 565/12, AP KSchG 1969 § 1 Krankheit Nr. 51 Rn. 35; in diese Richtung aber (mit abl. Tendenz) Hoffmann-Remy NZA 2016, 267 ff.; zur (angeblichen) Umwandlung des bEM zu einer eigenständigen Wirksamkeitsanforderung für die krankheitsbedingte Kündigung ferner Schiefer RdA 2016, 196 (204 f.). Zur Konkretisierung der Anforderungen s. a. LAG Baden-Württemberg 27.1.2015 – 15 Sa 52/14, BeckRS 2015, 69660; LAG Schleswig-Holstein 3.6.2015 – 6 Sa 396/14, BeckRS 2015, 72174.

[1040] BAG 28.6.2007 – 6 AZR 750/06, AP BGB § 307 Nr. 27 mablAnm Deinert; zust. ErfK/Rolfs SGB IX § 167 Rn. 11; APS/Vossen Rn. 197; aA Deinert NZA 2010, 969 (971).

forderliche Datenerhebung ordnungsgemäß informiert worden ist. Das Unterlassen des bEM ist dann **„kündigungsneutral".**[1041] Sofern der Arbeitgeber die Durchführung des Verfahrens aber davon abhängig macht, dass der Arbeitnehmer zuvor eine schriftliche Einwilligung in die Verarbeitung seiner Daten abgibt, bleibt es den Rechtsfolgen für den Fall eines nicht ordnungsgemäßen bEM.[1042]

345 c) **Häufige Kurzerkrankungen.** Die Wirksamkeit einer Kündigung wegen häufiger Kurzerkrankungen[1043] wird nach stRspr in **drei Stufen** geprüft:[1044]

- Nachweis einer negativen Gesundheitsprognose (→ Rn. 347 ff.).
- Zukünftige erhebliche Beeinträchtigung betrieblicher oder wirtschaftlicher Interessen des Arbeitgebers infolge der Fehlzeiten (→ Rn. 372 ff.).
- Interessenabwägung (→ Rn. 380 ff.).

346 Der **Kündigungsgrund** besteht aus der negativen Gesundheitsprognose und den deshalb zu erwartenden betrieblichen oder wirtschaftlichen Beeinträchtigungen.[1045]

347 (1) Eine **negative Gesundheitsprognose** liegt vor, wenn zum **Zeitpunkt des Zugangs der Kündigung** aufgrund **objektiver Tatsachen** damit zu rechnen ist, dass der Arbeitnehmer auch in Zukunft wiederholt arbeitsunfähig sein wird. Welchen subjektiven Informationsstand der Arbeitgeber hat, ist für die Wirksamkeit der Kündigung dagegen unerheblich. Analytisch ist somit zwischen den der Prognose zugrunde liegenden vergangenen und gegenwärtigen Tatsachen und der Prognose selber als der in die Zukunft gerichteten Schlussfolgerung aus diesen Tatsachen zu unterscheiden,[1046] wobei erst das Zusammenwirken beider Elemente die Negativprognose konstituiert. Krankheitsbedingte Fehlzeiten in der Vergangenheit sind deshalb nicht für sich genommen von Bedeutung, sondern nur insoweit, als sie die Gefahr zukünftiger Erkrankungen indizieren können.[1047] Dabei steht einer negativen Gesundheitsprognose nicht entgegen, dass die bisherigen Fehlzeiten auf unterschiedlichen Erkrankungen beruhen.[1048] Vielmehr kann eine solche Prognose auch dann gestellt werden, wenn in der Vergangenheit keine Fortsetzungserkrankungen iSd § 3 Abs. 1 S. 2 EFZG vorlagen.[1049] Entscheidend ist die voraussichtliche jährliche

---

[1041] BAG 24.3.2011 – 2 AZR 170/10, AP ArbGG 1979 § 69 Nr. 6. Für eine Berücksichtigung zugunsten des Arbeitgebers im Rahmen der Interessenabwägung Kempter/Steinat NZA 2015, 840 (842).

[1042] BAG 15.12.2022 – 2 AZR 162/22, NZA 2023, 500 Rn. 16 ff.

[1043] Dazu überblicksartig auch Inhester/Schimmelpfennig DB 2018, 124.

[1044] BAG 9.4.1987 – 2 AZR 210/86, AP KSchG 1969 § 1 Krankheit Nr. 18; 16.2.1989 – 2 AZR 299/88, AP KSchG 1969 § 1 Krankheit Nr. 20 mAnm Preis; 6.9.1989 – 2 AZR 19/89, AP KSchG 1969 § 1 Krankheit Nr. 21; 6.9.1989 – 2 AZR 118/89, AP KSchG 1969 § 1 Krankheit Nr. 22; 6.9.1989 – 2 AZR 224/89, AP KSchG 1969 § 1 Krankheit Nr. 23; 7.12.1989 – 2 AZR 225/89, EzA § 1 KSchG Krankheit Nr. 30; 10.5.1990 – 2 AZR 580/89, EzA § 1 KSchG Krankheit Nr. 31; 5.7.1990 – 2 AZR 154/90, AP KSchG 1969 § 1 Krankheit Nr. 26; 29.8.1991 – 2 AZR 220/91, AP BGB § 622 Nr. 32; 14.1.1993 – 2 AZR 343/92, NZA 1994, 309; 29.7.1993 – 2 AZR 155/93, AP KSchG 1969 § 1 Krankheit Nr. 27; 12.12.1996 – 2 AZR 7/96, EzA § 1 KSchG Krankheit Nr. 41 = BeckRS 1996, 30368035; 24.11.2005 – 2 AZR 514/04, AP KSchG 1969 § 1 Krankheit Nr. 43; 1.3.2007 – 2 AZR 217/06, AP SGB IX § 90 Nr. 2 mAnm Joussen; 8.11.2007 – 2 AZR 292/06, AP KSchG 1969 § 1 Personenbedingte Kündigung Nr. 29; 23.4.2008 – 2 AZR 1012/06, EzA § 1 KSchG Krankheit Nr. 55; 20.11.2014 – 2 AZR 755/13, AP KSchG 1969 Krankheit Nr. 52; 25.4.2018 – 2 AZR 6/18, NZA 2018, 1056 Rn. 19; 22.7.2021 – 2 AZR 125/21, NZA 2021, 1551 Rn. 11; ebenso APS/Vossen Rn. 138; HK-KSchG/Weller/Dorndorf Rn. 379; distanzierend ErfK/Oetker Rn. 139; abl. Kasper NJW 1994, 2979.

[1045] BAG 7.11.1985 – 2 AZR 657/84, AP KSchG 1969 § 1 Krankheit Nr. 17; 16.2.1989 – 2 AZR 299/88, AP KSchG 1969 § 1 Krankheit Nr. 20; 6.9.1989 – 2 AZR 224/89, AP KSchG 1969 § 1 Krankheit Nr. 23; 29.7.1993 – 2 AZR 155/93, AP KSchG 1969 § 1 Krankheit Nr. 27; APS/Vossen Rn. 139; Weller ArbRdGgnw 20 (1982), 77 (81).

[1046] ErfK/Oetker Rn. 117.

[1047] Ebenso BAG 16.2.1989 – 2 AZR 299/88, AP KSchG 1969 § 1 Krankheit Nr. 20; 6.9.1989 – 2 AZR 19/89, AP KSchG 1969 § 1 Krankheit Nr. 21; 6.9.1989 – 2 AZR 118/89, AP KSchG 1969 § 1 Krankheit Nr. 22; 6.9.1989 – 2 AZR 224/89, AP KSchG 1969 § 1 Krankheit Nr. 23; 29.7.1993 – 2 AZR 155/93, AP KSchG 1969 § 1 Krankheit Nr. 27; 12.12.1996 – 2 AZR 7/96, EzA § 1 KSchG Krankheit Nr. 41 = BeckRS 1996, 30368035; 7.11.2002 – 2 AZR 599/01, AP KSchG 1969 § 1 Krankheit Nr. 40; 10.11.2005 – 2 AZR 44/05, AP KSchG 1969 § 1 Krankheit Nr. 42; 8.11.2007 – 2 AZR 292/06, AP KSchG 1969 § 1 Personenbedingte Kündigung Nr. 29; Ascheid KSchR Rn. 365 ff.; Joost Anm. zu BAG 15.2.1984 – 2 AZR 573/82, EzA § 1 KSchG Krankheit Nr. 15; KR/Rachor Rn. 352; HK-KSchG/Weller/Dorndorf Rn. 383; teilweise krit. MHdB ArbR/Berkowsky, 3. Aufl. 2009, § 136 Rn. 40 f.

[1048] BAG 20.11.2014 – 2 AZR 755/13, AP KSchG 1969 Krankheit Nr. 52 Rn. 20.

[1049] AA Herbst/Wohlfahrt DB 1990, 1816 (1820).

Gesamtbelastung des Arbeitgebers durch krankheitsbedingte Fehlzeiten des Arbeitnehmers. Fehlt es an einer negativen Gesundheitsprognose, scheidet eine Kündigung aus. Die krankheitsbedingte Kündigung ist **keine Sanktion für Fehlzeiten in der Vergangenheit.**[1050] **Erschlichene Arbeitsunfähigkeitsbescheinigungen** rechtfertigen mangels einer negativen Gesundheitsprognose somit keine krankheitsbedingte, wohl aber eine verhaltensbedingte Kündigung.[1051]

Bezugspunkt für die negative Gesundheitsprognose ist grds. die **arbeitsvertraglich geschuldete Tätigkeit** auf dem Arbeitsplatz in seiner konkreten Ausgestaltung. Dass der Arbeitnehmer durch eine Umgestaltung des Arbeitsplatzes voraussichtlich nicht mehr oder nur in einem geringen Umfang arbeitsunfähig sein wird, ist (erst) eine Frage des Verhältnismäßigkeitsgrundsatzes und gehört strukturell zur Interessenabwägung als der dritten Stufe der krankheitsbedingten Kündigung. Dies gilt allerdings nur für solche Maßnahmen, die nicht schon durch das Arbeitsschutzrecht konkret vorgeschrieben sind. Wenn sich künftige Ausfallzeiten schon dadurch vermeiden lassen, dass der Arbeitgeber seinen **arbeitsschutzrechtlichen Pflichten** nachkommt, fehlt es somit bereits an einer negativen Gesundheitsprognose. 348

Zurückliegende Erkrankungen, denen ihrer Natur nach oder aufgrund ihrer Entstehung **keine Wiederholungsgefahr** beizumessen ist, können für eine negative Gesundheitsprognose nicht herangezogen werden. Dementsprechend scheiden einmalige, ausgeheilte **Gesundheitsschäden, die auf einem Unfall (auch Betriebsunfall) beruhen,** als Prognosebasis aus.[1052] Gleiches gilt für Arbeitsunfähigkeitszeiten, die auf akute Operationen (bspw. Blinddarm, Mandeln) zurückzuführen sind, oder ausgeheilte Krankheiten.[1053] Beruhen die zurückliegenden Fehlzeiten vor allem auf Erkältungs- oder Entzündungskrankheiten sowie auf Beschwerden des Bewegungsapparats, zeugt dies hingegen von einer generellen Anfälligkeit und begründet die Gefahr der Wiederholung, selbst wenn die akuten Erkrankungsfälle ausgeheilt sind.[1054] 349

Wiederholte unfallbedingte Fehlzeiten, insbes. wenn sie auf einer regelmäßigen Sportausübung beruhen, können im Einzelfall Rückschlüsse auf eine negative Gesundheitsprognose zulassen, bspw. weil sich damit der Arbeitnehmer als besonders verletzungsanfällig oder unvorsichtig erwiesen hat.[1055] Bei einer Vielzahl von sportunfallbedingten Fehlzeiten ist es Sache des Arbeitnehmers, darzulegen (bspw. unter konkreter Schilderung der Unfallhergänge), warum künftig keine weiteren unfallbedingten Fehlzeiten mehr auftreten werden,[1056] etwa durch die eindeutige Aufgabe bestimmter sportlicher Betätigungen.[1057] 350

Maßgeblich für die Prognose ist der **Zeitpunkt des Zugangs der Kündigung.**[1058] Zur Korrektur der Prognose kann nicht auf die **spätere Entwicklung einer Krankheit** bis zum 351

1050 BAG 23.6.1983 – 2 AZR 15/82, AP KSchG 1969 § 1 Krankheit Nr. 10 unter B III 4b aa.

1051 LAG Rheinland-Pfalz 10.3.2004 – 9 Sa 2137/03, BeckRS 2004, 30801619. Zum Umgang mit „Blaumacher-Fällen" s. a. Willemsen/Fritzsche DB 2012, 860.

1052 BAG 6.9.1989 – 2 AZR 19/89, AP KSchG 1969 § 1 Krankheit Nr. 21; 7.12.1989 – 2 AZR 225/89, EzA § 1 KSchG Krankheit Nr. 30; LAG Köln 28.3.2023 – 4 Sa 659/22, BeckRS 2023, 11395; HWK/Thies Rn. 142.

1053 Instruktiv insoweit BAG 14.1.1993 – 2 AZR 343/92, NZA 1994, 309; ebenso BAG 12.12.1996 – 2 AZR 7/96, EzA § 1 KSchG Krankheit Nr. 41 = BeckRS 1996, 30368035; 7.11.2002 – 2 AZR 599/01, AP KSchG 1969 § 1 Krankheit Nr. 40; 20.11.2014 – 2 AZR 755/13, AP KSchG 1969 § 1 Krankheit Nr. 52 Rn. 20; LAG Nürnberg 14.10.2008 – 6 Sa 272/08, LAGE § 1 KSchG Krankheit Nr. 42 = BeckRS 2008, 57823: keine negative Prognose auch bei noch nicht ausgeheilter Depression, solange keine Arbeitsunfähigkeits- und Ausfallzeiten zu prognostizieren sind; ErfK/Oetker Rn. 124.

1054 BAG 10.11.2005 – 2 AZR 44/05, AP KSchG 1969 § 1 Krankheit Nr. 42; 20.11.2024 – 2 AZR 755/13, AP KSchG 1969 Krankheit Nr. 52 Rn. 20; LAG Rheinland-Pfalz 21.11.2024 – 5 SLa 21/24, NZA 2025, 335 Rn. 31.

1055 BAG 2.11.1989 – 2 AZR 335/89, BeckRS 1989, 30732331 unter II 2b cc; 7.12.1989 – 2 AZR 225/89, EzA § 1 KSchG Krankheit Nr. 30 unter 2 d; LAG Baden-Württemberg 15.12.1987 – 14 Sa 67/87, NZA 1988, 436.

1056 BAG 2.11.1989 – 2 AZR 335/89, BeckRS 1989, 30732331.

1057 Vgl. LAG Baden-Württemberg 15.12.1987 – 14 Sa 67/87, LAGE § 1 KSchG Krankheit Nr. 10 = NZA 1988, 436.

1058 StRspr, BAG 6.9.1989 – 2 AZR 19/89, AP KSchG 1969 § 1 Krankheit Nr. 21; 29.7.1993 – 2 AZR 155/93, AP KSchG 1969 § 1 Krankheit Nr. 27; 7.11.2002 – 2 AZR 599/01, AP KSchG 1969 § 1 Krankheit Nr. 40; 23.1.2014 – 2 AZR 582/13, AP BGB § 626 Krankheit Nr. 16 Rn. 27; Ascheid KSchR Rn. 369; MHdB ArbR/Kiel § 113 Rn. 9 f.; KR/Rachor Rn. 349; Weber/Hoß DB 1993, 2429 (2430); HaKo-KSchR/Weigert Rn. 555.

Ende der letzten mündlichen Verhandlung in der Tatsacheninstanz zurückgegriffen werden.[1059] Hiergegen spricht, dass Streitgegenstand des Kündigungsschutzprozesses eine zu einem bestimmten Zeitpunkt ausgesprochene Kündigung ist.[1060] Demzufolge kann nur geprüft werden, ob zum Zeitpunkt des Zugangs der Kündigung die begründete ernste Besorgnis bestanden hat, es werde zukünftig zu erheblichen weiteren Erkrankungen kommen. Entscheidend ist dabei die ex-ante-Perspektive. Die spätere Entwicklung ist nach neuerer Auffassung des BAG allerdings mit zu berücksichtigen, soweit sie die Negativprognose[1061] oder aber auch eine Positivprognose[1062] im Kündigungszeitpunkt bestätigt (entschieden jeweils für außerordentliche krankheitsbedingte Kündigungen mit sozialer Auslauffrist).[1063]

352 Die tatsächliche Entwicklung des Krankheitsverlaufs nach Zugang der Kündigung ist jedenfalls dann nicht beachtlich, wenn sie auf einem **neuen Kausalverlauf** beruht.[1064] Das ist bspw. anzunehmen, wenn der Arbeitnehmer den Arzt wechselt und der neue Arzt eine andere, Erfolg versprechendere Therapie anwendet.[1065] Unbeachtlich ist weiterhin die erst nach Zugang der Kündigung erklärte Bereitschaft, eine zuvor abgelehnte Operation oder stationäre Behandlung durchzuführen oder sich einer zuvor verweigerten Entziehungskur zu unterziehen.[1066] Nicht berücksichtigt werden darf auch eine Änderung der Lebensführung (regelmäßig Sport treiben und Fitnessübungen verrichten) nach Zugang der Kündigung, auch wenn sich dies auf den Gesundheitszustand positiv auswirkt.[1067] Bei einer positiven Gesundheitsprognose nach Zugang der Kündigung während der noch laufenden Kündigungsfrist kann aber ein Wiedereinstellungsanspruch in Betracht kommen (→ Rn. 227 ff.).

353 Um die Prognoseentscheidung treffen zu können, ist der Arbeitgeber im eigenen Interesse gut beraten, sich beim Arbeitnehmer vor Ausspruch der Kündigung über dessen Erkrankungen zu erkundigen.[1068] IÜ hat er regelmäßig gem. § 167 Abs. 2 SGB IX vor Ausspruch der Kündigung ein betriebliches Eingliederungsmanagement durchzuführen (→ Rn. 340 ff.). Auch hieraus lässt sich jedoch **keine Erkundigungspflicht des Arbeitgebers** herleiten, deren Verletzung automatisch zur Unwirksamkeit der Kündigung führen würde.[1069] Dementsprechend gibt es grds. auch **keine außerprozessuale Auskunftspflicht des Arbeitnehmers** über seinen Gesundheitszustand, weil hierfür eine ausdrückliche Rechtsgrundlage fehlt.[1070]

[1059] Ebenso BAG 29.4.1999 – 2 AZR 431/98, AP KSchG 1969 § 1 Krankheit Nr. 36 unter Aufgabe seiner früheren Rspr. in BAG 10.11.1983 – 2 AZR 291/82, AP KSchG 1969 § 1 Krankheit Nr. 11; bestätigend BAG 21.2.2001 – 2 AZR 558/99, NZA 2001, 1071 (1072); 12.4.2002 – 2 AZR 148/01, AP KSchG 1969 § 1 Nr. 65 unter II 5 c; wie hier MüKoBGB/Hergenröder Rn. 195; MHdB ArbR/Kiel § 113 Rn. 11; ErfK/Oetker Rn. 118; S. Schmidt Beurteilungszeitpunkt S. 274; PVT Kündigung/Temming Rn. 1395; APS/Vossen Rn. 200; zT aA Voigt DB 1996, 526 (527); HaKo-KSchR/Weigert Rn. 557; HK-KSchG/Weller/Dorndorf Rn. 389.

[1060] Vgl. Boewer NZA 1988, 678 (685); Meisel Anm. zu BAG 25.11.1982 – 2 AZR 140/81, AP KSchG 1969 § 1 Krankheit Nr. 7; Sieg SAE 1984, 26 f.

[1061] BAG 13.5.2004 – 2 AZR 36/04, AP BGB § 626 Krankheit Nr. 12; 20.3.2014 – 2 AZR 288/13, NZA-RR 2015, 16 (20); ebenso LAG Köln 8.11.2022 – 4 Sa 297/21, BeckRS 2022, 41064 Rn. 27.

[1062] BAG 23.1.2014 – 2 AZR 582/13, AP BGB § 626 Krankheit Nr. 16 Rn. 32.

[1063] Zur dogmatischen Konstruktion dieser Judikatur ausf. und krit. S. Schmidt Beurteilungszeitpunkt S. 265 ff.

[1064] BAG 7.11.2002 – 2 AZR 599/01, AP KSchG 1969 § 1 Krankheit Nr. 40; v. Hoyningen-Huene Anm. zu BAG 9.4.1987 – 2 AZR 210/86, EzA § 1 KSchG Krankheit Nr. 18; Joost Anm. zu BAG 15.2.1984 – 2 AZR 573/82, EzA § 1 KSchG Krankheit Nr. 15; Preis Prinzipien Rn. 795 ff.; KR/Rachor Rn. 349.

[1065] BAG 27.11.1991 – 2 AZR 309/91, BeckRS 1991, 30739498 unter B III.

[1066] BAG 9.4.1987 – 2 AZR 210/86, AP KSchG 1969 § 1 Krankheit Nr. 18; 17.6.1999 – 2 AZR 639/98, AP KSchG 1969 § 1 Krankheit Nr. 37.

[1067] BAG 6.9.1989 – 2 AZR 118/89, AP KSchG 1969 § 1 Krankheit Nr. 22.

[1068] Zu Mitbestimmungsrechten des Betriebsrats bei Krankengesprächen BAG 8.11.1994 – 1 ABR 22/94, AP BetrVG 1972 § 87 Ordnung des Betriebes Nr. 24; Kraushaar NZA 2005, 913; Raab NZA 1993, 193.

[1069] BAG 10.3.1977 – 2 AZR 79/76, AP KSchG 1969 § 1 Krankheit Nr. 4; 22.2.1980 – 7 AZR 295/78, AP KSchG 1969 § 1 Krankheit Nr. 6; 25.11.1982 – 2 AZR 140/81, AP KSchG 1969 § 1 Krankheit Nr. 7 unter B I 1; 15.8.1984 – 7 AZR 536/82, AP KSchG 1969 § 1 Krankheit Nr. 16; 17.6.1999 – 2 AZR 639/98, AP KSchG 1969 § 1 Krankheit Nr. 37 unter I 2b aa; PVT Kündigung/Temming Rn. 1391; APS/Vossen Rn. 140; anders noch BAG 12.3.1968 – 1 AZR 413/67, AP KSchG § 1 Krankheit Nr. 1.

[1070] Ebenso BAG 25.11.1982 – 2 AZR 140/81, AP KSchG 1969 § 1 Krankheit Nr. 7; LAG Berlin 27.11.1989 – 9 Sa 82/89, DB 1990, 1621; offengelassen von BAG 12.4.2002 – 2 AZR 148/01, AP KSchG 1969 § 1 Nr. 65

Der Arbeitnehmer ist regelmäßig – abgesehen von tariflichen Verpflichtungen (bspw. § 3 Abs. 4 TVöD/§ 3 Abs. 5 TV-L, früher: § 7 Abs. 2 BAT, → Rn. 356) oder arbeitsvertraglichen Vereinbarungen (→ Rn. 355) – außerhalb des Kündigungsschutzprozesses auch **nicht verpflichtet,** sich einer **amtsärztlichen oder betriebsärztlichen Untersuchung** zur Feststellung seiner zukünftigen Eignung für die vertraglich geschuldete Arbeitsleistung zu unterziehen. Der Zweite Senat hat allerdings in einem Urteil aus dem Jahre 1997 angenommen, der Arbeitnehmer sei nach Treu und Glauben verpflichtet, bei Vorliegen eines berechtigten Interesses des Arbeitgebers seine behandelnden Ärzte von der Schweigepflicht zu entbinden.[1071] Zwei Jahre später hat das BAG dies jedoch eingeschränkt und entschieden, ein Arbeitnehmer sei regelmäßig nicht verpflichtet, im laufenden Arbeitsverhältnis routinemäßigen Blutuntersuchungen zur Klärung, ob er alkohol- oder drogenabhängig ist, zuzustimmen.[1072] Eine generelle arbeitsvertragliche Nebenpflicht zur ärztlichen Untersuchung lässt sich § 242 BGB richtigerweise nicht entnehmen.[1073] Das allgemeine Persönlichkeitsrecht des Arbeitnehmers (Art. 1 Abs. 1 iVm Art. 2 Abs. 1 GG) überwiegt insoweit in der Regel das Informationsinteresse des Arbeitsgebers an dem Gesundheitszustand des Arbeitnehmers. Nur bei Erkrankungen, die zu einer Gefährdung Dritter führen können, also insbes. ansteckenden Krankheiten, kommt eine Verpflichtung des Arbeitnehmers in Betracht, sich einer betriebsärztlichen Untersuchung zu unterziehen.[1074] 354

Anders ist zu entscheiden, wenn eine entsprechende **Verpflichtung zur betriebsärztlichen Untersuchung arbeitsvertraglich vereinbart** wurde. Gegen die Wirksamkeit einer vertraglichen Vereinbarung, die den Arbeitnehmer verpflichtet, sich auf Verlangen des Arbeitgebers beim Betriebsarzt auf seine Arbeitsfähigkeit untersuchen zu lassen, bestehen keine grds. Bedenken.[1075] Eine entsprechende AGB-Regelung ist nicht unangemessen (§ 307 Abs. 1 BGB). Der Arbeitnehmer muss sich zwar einer Untersuchung unterziehen, wodurch sein allgemeines Persönlichkeitsrecht (Art. 1 Abs. 1 iVm Art. 2 Abs. 1 GG) beeinträchtigt wird. Der Arbeitgeber erhält aber iErg nur Auskunft über die Eignung des Arbeitnehmers für die geschuldete Tätigkeit, weil der Betriebsarzt nach § 8 Abs. 1 S. 3 ASiG der ärztlichen Schweigepflicht unterliegt.[1076] An dieser Auskunft hat der Arbeitgeber ein berechtigtes Interesse. Die Zulässigkeit einer solchen Regelung folgt iÜ auch aus § 167 Abs. 2 S. 2 SGB IX (→ Rn. 340). Deshalb sind auch entsprechende **Betriebsvereinbarungen** zulässig. Im geschilderten Rahmen ist die Verarbeitung solcher **Gesundheitsdaten,** bei denen es sich um eine besondere Kategorie personenbezogener Daten handelt (vgl. Art. 4 Nr. 15, 9 Abs. 1 DSGVO), auch **datenschutzrechtlich** statthaft (Art. 9 Abs. 2 Buchst. b DSGVO, § 26 Abs. 3 S. 1 BDSG). 355

Der **öffentliche Arbeitgeber** kann nach § 3 Abs. 4 TVöD/§ 3 Abs. 5 TV-L bei gegebener Veranlassung die Dienstfähigkeit des Angestellten durch ärztliche Bescheinigung oder einen Betriebsarzt (früher nach § 7 Abs. 2 BAT durch einen Vertrauensarzt oder das Gesundheitsamt) feststellen lassen. Bestehen begründete Zweifel, ob der Arbeitnehmer nur vorübergehend durch Krankheit an der Arbeitsleistung verhindert oder auf Dauer berufs- oder erwerbsunfähig ist, hat er sich, wenn er schuldhaft keinen Rentenantrag stellt, nach § 33 Abs. 4, § 3 Abs. 4 TVöD/§ 33 Abs. 4, § 3 Abs. 5 TV-L (früher: § 59 Abs. 1 UAbs. 2, § 7 Abs. 2 BAT) auf Verlangen des Arbeitgebers einer ärztlichen Untersuchung zu unterziehen.[1077] 356

---

mAnm Schiefer im Fall einer Kündigung wegen lang andauernder Erkrankung; Boewer NZA 1988, 678 (684); Lepke Kündigung Rn. 150 ff.; ErfK/Oetker Rn. 121; HWK/Thies Rn. 137a; HK-KSchG/Weller/Dorndorf Rn. 385.

[1071] BAG 6.11.1997 – 2 AZR 801/96, NZA 1998, 326.

[1072] BAG 12.8.1999 – 2 AZR 55/99, AP KSchG 1969 § 1 Verhaltensbedingte Kündigung Nr. 41.

[1073] Ebenso LAG Berlin 27.11.1989 – 9 Sa 82/89, DB 1990, 1621; Lepke Kündigung Rn. 596; aA Bezani, Die Krankheitsbedingte Kündigung, 1994, 66 ff.; Keller NZA 1988, 561 (564); Wank RdA 1993, 79 (87).

[1074] Preis/Greiner SAE 2004, 12 (19).

[1075] Ebenso Lepke Kündigung Rn. 603; einschränkend Preis/Greiner SAE 2004, 12 (15).

[1076] Vgl. zu Vertragsmustern Preis/Schneider, Der Arbeitsvertrag, Teil II G 30.

[1077] BAG 6.11.1997 – 2 AZR 801/96, AP BGB § 626 Nr. 142.

357 Kommt der Arbeitnehmer einer begründeten Aufforderung des Arbeitgebers zur ärztlichen Untersuchung nicht nach, kann der Arbeitgeber ihn **auf Erfüllung in Anspruch** nehmen.[1078] Weiter kann der Arbeitgeber nach vorheriger Abmahnung eine – ggf. auch außerordentliche – **verhaltensbedingte Kündigung** des Arbeitsverhältnisses aussprechen.[1079] Darüber hinaus kommt auch ein **Schadensersatzanspruch** des Arbeitgebers wegen vergeblich aufgewandter Rechtsverfolgungskosten in Betracht.[1080]

358 Soweit **Zweifel an der Arbeitsunfähigkeit** bestehen, kann der Arbeitgeber nach § 275 Abs. 1 Nr. 3b SGB V auch eine Untersuchung durch den **Medizinischen Dienst der Krankenkassen** verlangen.[1081] Entsprechendes gilt, wenn arbeits- oder tarifvertragliche Regelungen eine solche Untersuchungspflicht ausdrücklich vorsehen.[1082] Mit privatversicherten Arbeitnehmern können entsprechende Vereinbarungen getroffen werden, weil für sie die Regelungen über den Medizinischen Dienst der Krankenkassen nicht gelten.

359 Im Kündigungsschutzprozess ist der **Arbeitgeber** für die negative Gesundheitsprognose **darlegungs- und beweispflichtig** (Abs. 2 S. 4). Sind dem Arbeitgeber – etwa aufgrund einer Mitteilung seitens des Arbeitnehmers oder einer ärztlichen Untersuchung – die Krankheitsursachen und der voraussichtlich weitere Krankheitsverlauf im Detail bekannt, genügt er mit deren Schilderung ohne Weiteres seiner Darlegungslast.[1083] In diesen Fällen dürfte es auch kaum dazu kommen, dass der Arbeitnehmer die Negativprognose noch bestreitet. Vielfach wird es dem Arbeitgeber aber an den entsprechenden Informationen fehlen und es werden ihm nur die ärztlichen Atteste über die Arbeitsunfähigkeit vorliegen. In solchen Situationen lässt es das BAG zur Erfüllung der Darlegungspflicht genügen, wenn der Arbeitgeber die **Fehlzeiten aus der Vergangenheit** auflistet und zudem behauptet, hieraus ergebe sich die **Gefahr weiterer Erkrankungen in der Zukunft.**[1084] Der Arbeitgeber kann sich also einerseits nicht damit begnügen, ohne die Schilderung objektiver Tatsachen lediglich eine negative Gesundheitsprognose als solche zu behaupten, sondern muss sie für eine schlüssige Darlegung bis zu einem gewissen Grade untermauern. Andererseits wird dem Arbeitgeber aber nicht abverlangt, Umstände über die gesundheitliche Disposition des Arbeitnehmers darzulegen, die er weder kennt noch kennen kann, was die krankheitsbedingte Kündigung jedenfalls wegen häufiger Kurzerkrankungen unmöglich machen würde. Diese Erleichterung auf der ersten Ebene der Darlegungslast beruht auf der Annahme des BAG, dass **häufige Kurzerkrankungen in der Vergangenheit ein entsprechendes Erscheinungsbild in der Zukunft indizieren können.**[1085] Der Arbeitgeber kann sich im ersten Zugriff also an statistischen Umständen orientieren, die regelmäßig den Anschein einer Negativprognose begründen.[1086] Anders ist dies nur dann, wenn der Arbeitgeber die Indizwirkung selbst untergräbt, indem er zugleich Umstände darlegt, aufgrund derer die bisherigen Fehlzeiten gerade keine Besorgnis weiterer Erkrankungen rechtfertigen, wie etwa die vollständige Ausheilung von Krankheiten (näher → Rn. 349). Bei der Angabe der bereits eingetretenen Fehlzeiten hat der Arbeitgeber **Dauer und Häufigkeit der Krankheitsperioden** anzugeben.[1087] Die alleinige Angabe der Gesamtfehltage ist dagegen nicht ausreichend, weil hieraus nicht

---

1078 BAG 12.4.2002 – 2 AZR 148/01, AP KSchG 1969 § 1 Nr. 65 mAnm Schiefer.

1079 BAG 6.11.1997 – 2 AZR 801/96, AP BGB § 626 Nr. 142; LAG Hessen 18.2.1999 – 12 Sa 716/97, LAGE § 1 KSchG Verhaltensbedingte Kündigung Nr. 70 = BeckRS 1999, 30448762.

1080 BAG 12.4.2002 – 2 AZR 148/01, AP KSchG 1969 § 1 Nr. 65 mAnm Schiefer.

1081 Zur Mitteilung des Ergebnisses an den Arbeitgeber vgl. § 277 Abs. 2 SGB V.

1082 Zu einer solchen tariflichen Regelung BAG 25.6.1992 – 6 AZR 279/91, AP BGB § 611 Musiker Nr. 21.

1083 ErfK/Oetker Rn. 119.

1084 BAG 16.2.1989 – 2 AZR 299/88, AP KSchG 1969 § 1 Krankheit Nr. 20; 6.9.1989 – 2 AZR 19/89, AP KSchG 1969 § 1 Krankheit Nr. 21; 23.9.1992 – 2 AZR 63/92, EzA § 1 KSchG Krankheit Nr. 37; 20.11.2014 – 2 AZR 755/13, AP KSchG 1969 Krankheit Nr. 52 Rn. 17.

1085 BAG 16.2.1989 – 2 AZR 299/88, AP KSchG 1969 § 1 Krankheit Nr. 20 unter B I 1; 16.8.1990 – 2 AZR 174/90, BeckRS 1990, 30734820 unter II 3 a; 17.6.1999 – 2 AZR 639/98, AP KSchG 1969 § 1 Krankheit Nr. 37 unter II 2b aa; 8.11.2007 – 2 AZR 292/06, AP KSchG 1969 § 1 Personenbedingte Kündigung Nr. 29 Rn. 16.

1086 LAG Köln 12.3.2015 – 7 Sa 1024/14, BeckRS 2015, 72902.

1087 Ebenso BAG 16.8.1990 – 2 AZR 174/90, BeckRS 1990, 30734820; KR/Rachor Rn. 353; HWK/Thies Rn. 143.

erkennbar ist, ob der Arbeitnehmer in der Vergangenheit häufig kurzzeitig erkrankt war oder ob eine lang andauernde Erkrankung vorlag, was für die Prognoseentscheidung von Bedeutung ist (→ Rn. 347 ff.). Für die Grundlage der negativen Prognose kann der Arbeitgeber auch auf die Fehlzeiten vor dem Ausspruch einer vorangegangenen Kündigung zurückgreifen. Dem steht auch ein zu der ersten Kündigungsschutzklage ergangenes stattgebendes Urteil nicht entgegen.[1088] Die früheren Fehlzeiten belegen vielmehr die Krankheitsanfälligkeit des Klägers.

Soweit im Schrifttum und in der Rspr. der Instanzgerichte die Auffassung vertreten 360 wird, der Arbeitgeber erfülle von vornherein nur dann seine Darlegungslast, wenn er über einen zurückliegenden Zeitraum von mindestens zwei Jahren krankheitsbedingte Fehlzeiten darlege,[1089] kann dem nicht gefolgt werden. Mit Recht hat das BAG angenommen, auch bei Kurzerkrankungen, die sich auf einen **Zeitraum von rund 15 Monaten seit Beginn des Arbeitsverhältnisses** erstreckten, könne eine hinreichende Indizwirkung für die negative Gesundheitsprognose gegeben sein.[1090] Im Hinblick auf die prozessuale Darlegungslast des Arbeitgebers ist es im Allgemeinen ausreichend, wenn er für einen Zeitraum von einem Jahr die krankheitsbedingten Fehlzeiten des gekündigten Arbeitnehmers darlegt. Denn auch für den Kündigungsgrund kommt es auf die im Laufe eines Jahres durch die Arbeitsunfähigkeit des Arbeitnehmers verursachten Beeinträchtigungen des Arbeitgebers an (→ Rn. 375). Bei einer außerordentlichen krankheitsbedingten Kündigung hat sich das BAG aber mittlerweile ausdrücklich auf einen regelmäßigen Referenzzeitraum von drei Jahren festgelegt.[1091]

Ein längerer Zeitraum als ein Jahr kann nicht mit dem Hinweis auf die möglichen 361 Erkrankungen an sich gesunder Menschen verlangt werden.[1092] Hierbei würde nicht genügend beachtet, dass die vom Arbeitgeber darzulegenden Fehlzeiten aus der Vergangenheit regelmäßig ohnehin keine hinreichende Begründung der Kündigung darstellen, sondern lediglich Indizwirkung haben.[1093] Kündigungsrechtlich **maßgeblich ist allein der prognostizierte Gesundheitszustand.** Wenn aber auch erhebliche Fehlzeiten, die über mehrere Jahre angefallen sind, für sich genommen keine hinreichende Begründung für die negative Prognose darstellen, ergibt die Forderung nach einem sich über mehrere Jahre erstreckenden Referenzzeitraum keinen Sinn (zur Ausnahme bei einer besonderen Anfälligkeit für bestimmte Krankheiten → Rn. 349). Letztlich ist daher nicht auf einen „starren" Zeitraum abzustellen,[1094] sondern darauf, ob der Arbeitgeber die Berechtigung einer negativen Prognose darlegen kann. Vor dem Hintergrund dieser Rechtslage kann man vom Arbeitgeber nicht verlangen, dass er in jedem Fall zunächst zwei oder noch mehr Jahre erhebliche krankheitsbedingte wirtschaftliche oder betriebliche Beeinträchtigungen hinzunehmen hat, bevor er eine Kündigung aussprechen kann. Dies widerspricht der Zukunftsbezogenheit des krankheitsbedingten Kündigungsgrundes. Vielmehr ist dieser Aspekt besser der abschließenden Interessenabwägung zuzuordnen. Es ist dem Arbeitgeber aber selbstverständlich nicht verwehrt, zur Absicherung seiner Negativprognose auf eine längere Zeitspanne (drei Jahre,[1095] sechs Jahre[1096]) zurückzugreifen.

1088 BAG 10.11.2005 – 2 AZR 44/05, AP KSchG 1969 § 1 Krankheit Nr. 42.

1089 LAG Hamm 4.12.1996 – 2 Sa 511/96, LAGE § 1 KSchG Krankheit Nr. 26 = BeckRS 1996, 30907627; LAG Düsseldorf 17.5.2022 – 14 Sa 825/21, NZA-RR 2022, 522 (525); KR/Rachor Rn. 354; HWK/Thies Rn. 142; HaKo-KSchR/Weigert Rn. 555; HK-KSchG/Weller/Dorndorf Rn. 391; unentschieden APS/Vossen Rn. 206 f.

1090 BAG 19.5.1993 – 2 AZR 598/92, BeckRS 1993, 30745033 unter II 2b (skeptisch zur Aussagekraft des Urteils SES/Schrader Rn. 95); iErg auch ErfK/Oetker Rn 150; mit Einschränkungen LSSW/Schlünder Rn. 245 f.

1091 BAG 25.4.2018 – 2 AZR 6/18, NZA 2018, 1056 Rn. 23; in diese Richtung bereits BAG 23.1.2014 – 2 AZR 582/13, AP BGB § 626 Krankheit Nr. 16 Rn. 32; ebenso für die ordentliche Kündigung LAG Köln 8.11.2022 – 4 Sa 297/21, BeckRS 2022, 41064 Rn. 27.

1092 So aber KR/Rachor Rn. 354.

1093 BAG 7.11.2002 – 2 AZR 599/01, AP KSchG 1969 § 1 Krankheit Nr. 40.

1094 BAG 10.11.2005 – 2 AZR 44/05, AP KSchG 1969 § 1 Krankheit Nr. 42 unter B I 2b aa (2); zust. DD/Deinert Rn. 117; Kock BB 2006, 1906; ErfK/Oetker Rn 123.

1095 BAG 23.1.2014 – 2 AZR 582/13, AP BGB § 626 Krankheit Nr. 16 Rn. 32.

1096 BAG 20.11.2014 – 2 AZR 755/13, AP KSchG 1969 Krankheit Nr. 52 Rn. 19.

362 Zur schlüssigen Darlegung einer negativen Gesundheitsprognose gehört weiterhin, dass die Fehlzeiten in der Vergangenheit eine **steigende oder zumindest eine im Wesentlichen gleichbleibend hohe Tendenz** hatten, während fallende Fehlzeiten die Prognose aushöhlen.[1097] Von Bedeutung für die Negativprognose ist schließlich, ob die Fehlzeiten mit einer gewissen Häufigkeit aufgetreten sind.[1098] Die Dauer der künftig zu erwartenden Fehlzeiten ist für die Negativprognose dagegen unerheblich.[1099] Die prognostizierten Ausfallzeiten sind erst für die Feststellung der Erheblichkeit der zu erwartenden betrieblichen oder wirtschaftlichen Beeinträchtigungen und die abschließende Interessenabwägung von Bedeutung. Je nach Stellung des Arbeitnehmers im Betrieb können auch geringere Fehlzeiten eine Kündigung rechtfertigen.[1100]

363 Nach der Darlegung der zurückliegenden krankheitsbedingten Fehlzeiten durch den Arbeitgeber muss sich der **Arbeitnehmer gem. § 138 Abs. 2 ZPO zur Negativprognose äußern.** Dabei dürfte das schlichte Bestreiten der Prognosegrundlage, dass es in der Vergangenheit überhaupt wiederholt zu krankheitsbedingten Fehlzeiten gekommen ist, angesichts der hierüber regelmäßig vorhandenen Unterlagen des Arbeitgebers sowie der prozessualen Wahrheitspflicht des Arbeitnehmers wohl nur von theoretischer Bedeutung sein. IÜ formuliert das BAG in diesem Zusammenhang häufig, dass der Arbeitnehmer dartun muss, warum trotz der vorhandenen Fehlzeiten mit einer baldigen Genesung zu rechnen sei.[1101] Der Arbeitnehmer muss insoweit allerdings **keinen Gegenbeweis** erbringen. Vielmehr genügt es, die **Indizwirkung der bisherigen Fehlzeiten zu erschüttern.**[1102] Dass es hierzu überhaupt kommen kann, liegt letztlich daran, dass das BAG für die negative Gesundheitsprognose in einem ersten Schritt auch ohne eine ausdrückliche gutachterliche Einschätzung des weiteren Krankheitsverlaufs das äußere Erscheinungsbild genügen lässt und einen allgemeinen Schluss von der vergangenen auf die zukünftige Entwicklung akzeptiert, der Arbeitnehmer aber in zweiten Schritt die Chance der Darlegung haben soll, dass sein spezieller Fall anders gelagert und ein solcher Schluss gerade nicht gerechtfertigt ist. Dies kann zunächst dadurch geschehen, dass der Arbeitnehmer selbst **zusätzliche objektive Tatsachen** vorträgt, die geeignet sind, die Indizwirkung der vergangenen Ausfälle zu erschüttern wie insbesondere das Ausheilen oder Abklingen seiner bisherigen Beschwerden aufzeigt.[1103] Der bloße Hinweis auf einen Kurantritt vor Ausspruch der Kündigung kann die durch hohe Krankheitszeiten indizierte negative Gesundheitsprognose dagegen jedenfalls dann nicht erschüttern, wenn der Arbeitnehmer an verschiedenen schwerwiegenden Erkrankungen leidet. Der Prozessvortrag ist nur dann erheblich, wenn der Arbeitnehmer konkret darlegt, welche Krankheiten durch die Kur günstig beeinflusst werden.[1104] Beruhen die Fehlzeiten in der Vergangenheit auf einer gewissen Anfälligkeit für bestimmte Erkrankungen (bspw. Erkältungen), reicht die Behauptung des Arbeitnehmers, die einzelnen Erkrankungen seien ausgeheilt, ebenfalls nicht aus.[1105] Vielmehr hat der Arbeitnehmer konkret darzulegen, warum die Krankheitsanfälligkeit als solche nicht mehr besteht, um die Indizwirkung der bisherigen Fehlzeiten zu erschüttern.[1106]

[1097] Vgl. BAG 23.1.2014 – 2 AZR 582/13, AP BGB § 626 Krankheit Nr. 16 Rn. 32.

[1098] BAG 6.9.1989 – 2 AZR 19/89, AP KSchG 1969 § 1 Krankheit Nr. 21.

[1099] Ebenso BAG 16.8.1990 – 2 AZR 174/90, BeckRS 1990, 30734820 unter II 4 b; KR/Rachor Rn. 356; APS/Vossen Rn. 209; HaKo-KSchR/Weigert Rn. 555; aA LAG Hamm 4.12.1996 – 2 Sa 511/96, LAGE § 1 KSchG Krankheit Nr. 26 = BeckRS 1996, 30907627.

[1100] BAG 29.8.1984 – 7 AZR 15/83, BeckRS 1984, 04594, zu einem Kraftfahrer im ärztlichen Notdienst, der im Durchschnitt der vergangenen vier Jahre eine Ausfallquote von 7,2 % hatte.

[1101] Bspw. BAG 16.2.1989 – 2 AZR 299/88, AP KSchG 1969 § 1 Krankheit Nr. 20 unter B I 1.

[1102] Ebenso BAG 23.6.1983 – 2 AZR 15/82, AP KSchG 1969 § 1 Krankheit Nr. 10 unter B III 2 c; 6.9.1989 – 2 AZR 19/89, AP KSchG 1969 § 1 Krankheit Nr. 21 unter B I 1 d; 16.8.1990 – 2 AZR 174/90, BeckRS 1990, 30734820 unter II 3 d.

[1103] BAG 6.9.1989 – 2 AZR 19/89, AP KSchG 1969 § 1 Krankheit Nr. 21 unter B I 1 d.

[1104] BAG 12.12.1996 – 2 AZR 7/96, EzA § 1 KSchG Krankheit Nr. 41 = BeckRS 1996, 30368035 unter II 2 a.

[1105] BAG 10.11.2005 – 2 AZR 44/05, AP KSchG 1969 § 1 Krankheit Nr. 42.

[1106] LAG Schleswig-Holstein 3.11.2005 – 3 Sa 320/05, NZA-RR 2006, 129.

Das BAG erleichtert dem Arbeitnehmer die Erschütterung der negativen Gesundheitsprognose dadurch, dass es bei unzureichender ärztlicher Aufklärung oder Kenntnis von seinem Gesundheitszustand ausreichen lässt, wenn der Arbeitnehmer **die Behauptung des Arbeitgebers zur künftigen Entwicklung bestreitet** und er die ihn behandelnden Ärzte **von der prozessualen Schweigepflicht (§ 383 Abs. 1 Nr. 6 ZPO) entbindet (§ 385 Abs. 2 ZPO).**[1107] Das BAG begründet dies damit, dass ein Arbeitnehmer regelmäßig nicht in der Lage sei, den Krankheitsbefund und die vermutliche Entwicklung hinreichend genau zu schildern.[1108] Ob die vom BAG genannte Voraussetzung für die Absenkung der Darlegungslast, nämlich die Unkenntnis des Arbeitnehmers, tatsächlich vorliegt, wird freilich soweit ersichtlich nicht eigenständig geprüft, sondern regelmäßig unterstellt. Der Arbeitnehmer muss allerdings auch nach Ansicht des BAG zumindest konkludent vortragen, die ihn behandelnden Ärzte hätten seine künftige gesundheitliche Entwicklung ihm gegenüber positiv beurteilt.[1109] Zudem nimmt das BAG an, dass es für eine Erschütterung der Indizwirkung regelmäßig erforderlich sein wird, den behandelnden Arzt als sachverständigen Zeugen zu vernehmen (§ 414 ZPO) oder von ihm eine schriftliche Zeugenaussage einzuholen (§ 377 Abs. 3 ZPO).[1110] Dagegen genügt es von vornherein nicht, wenn sich der Arbeitnehmer durch die bloße Berufung auf die ihn behandelnden Ärzte erst die Kenntnis über den weiteren (positiven) Verlauf seiner Erkrankung verschaffen will.[1111] In diesem Fall fehlt es nämlich an einem substantiierten Sachvortrag des Arbeitnehmers als Grundlage dafür, den behandelnden Arzt als sachverständigen Zeugen zu vernehmen.[1112] 364

Diese Rspr. zur Einschränkung der Darlegungslast des Arbeitnehmers **vermag indes nicht zu überzeugen.** Dagegen spricht, dass es dem Arbeitnehmer durchaus möglich ist, die vom Arzt bei der Untersuchung festgestellte Diagnose und Gesundheitsprognose zumindest laienhaft darzulegen. Hinzu kommt, dass der Arbeitnehmer durch Befragung des behandelnden Arztes und der Krankenkasse Informationen über die Krankheitsbefunde erlangen und dementsprechend substantiiert zu der Gesundheitsprognose Stellung nehmen kann.[1113] Hiergegen kann nicht vorgebracht werden, Ärzte seien nicht selten außerstande, den Patienten ihren Gesundheitszustand in verständlicher Form zu erklären.[1114] Denn der Arbeitnehmer hat nicht die medizinischen Einzelheiten und Zusammenhänge seiner Erkrankung zu schildern, sondern lediglich die vom Arzt festgestellte Diagnose und die daraus resultierende Gesundheitsprognose. Hierüber haben Ärzte die Patienten im Rahmen der Krankenbehandlung zu unterrichten. Auch der Hinweis auf die Gefahr von Missverständnissen und Übermittlungsfehlern bei einem medizinischen Laien[1115] geht fehl. Hierbei handelt es sich um allgemeine zivilprozessuale Risiken, die eine Prozesspartei zu tragen hat und die bei Beachtung der gebotenen Sorgfalt und ggf. Hinzuziehung von Prozessbevollmächtigten beherrscht werden können. 365

1107 BAG 23.6.1983 – 2 AZR 15/82, AP KSchG 1969 § 1 Krankheit Nr. 10; 7.11.1985– 2 AZR 657/84, AP KSchG 1969 § 1 Krankheit Nr. 17; 16.2.1989 – 2 AZR 299/88, AP KSchG 1969 § 1 Krankheit Nr. 20; 6.9.1989 – 2 AZR 19/89, AP KSchG 1969 § 1 Krankheit Nr. 21; 23.9.1992 – 2 AZR 63/92, EzA § 1 KSchG Krankheit Nr. 37; 7.11.2002 – 2 AZR 599/01, AP KSchG 1969 § 1 Krankheit Nr. 40; 10.11.2005 – 2 AZR 44/05, AP KSchG 1969 § 1 Krankheit Nr. 42; ähnlich Ascheid Beweislast S. 100 ff.; ErfK/Oetker Rn. 125; KR/Rachor Rn. 357; Weller ArbRdGgnw 20 (1982), 77 (90 f.).

1108 So BAG 16.2.1989 – 2 AZR 19/89, AP KSchG 1969 § 1 Krankheit Nr. 21.

1109 BAG 6.9.1989 – 2 AZR 19/89, AP KSchG 1969 § 1 Krankheit Nr. 21 unter B I 1b; 23.9.1992 – 2 AZR 63/92, EzA § 1 KSchG Krankheit Nr. 37; 17.6.1999 – 2 AZR 574/98, BeckRS 1999, 30779333; 17.6.1999 – 2 AZR 639/98, AP KSchG 1969 § 1 Krankheit Nr. 37; 7.11.2002 – 2 AZR 599/01, AP KSchG 1969 § 1 Krankheit Nr. 40; KR/Rachor Rn. 357; HWK/Thies Rn. 143; HaKo-KSchR/Weigert Rn. 556; HK-KSchG/Weller/Dorndorf Rn. 395.

1110 BAG 6.9.1989 – 2 AZR 19/89, AP KSchG 1969 § 1 Krankheit Nr. 21 unter B I 1 c.

1111 BAG 6.9.1989 – 2 AZR 19/89, AP KSchG 1969 § 1 Krankheit Nr. 21 unter B I 1 b; 16.8.1990 – 2 AZR 174/90, BeckRS 1990, 30734820 unter II 3b; 10.11.2005 – 2 AZR 44/05, AP KSchG 1969 § 1 Krankheit Nr. 42 unter B I 2b bb; 20.11.2014 – 2 AZR 755/13, AP KSchG 1969 Krankheit Nr. 52 Rn. 22.

1112 BAG 17.6.1999 – 2 AZR 639/98, AP KSchG 1969 § 1 Krankheit Nr. 37 unter II 2b aa.

1113 Ebenso APS/Vossen Rn. 211; ähnlich Tschöpe DB 1987, 1042 (1043); weitergehend Kasper NJW 1994, 2979 ff.

1114 So aber HK-KSchG/Weller/Dorndorf Rn. 393.

1115 HaKo-KSchR/Weigert Rn. 613.

Solche Risiken bestehen in jedem „normalen" Zivilprozess, in dem technische Fragen eine Rolle spielen, wie bspw. bei Schadensersatzklagen nach Verkehrsunfällen. Weiterhin ist der Arbeitnehmer regelmäßig auch in der Lage darzulegen, inwieweit Erkrankungen auf Unfälle und sonstige einmalige Ereignisse zurückzuführen sind. Denn hierbei handelt es sich um Fragen der eigenen Wahrnehmung iSd § 138 Abs. 4 ZPO.[1116] Die gegenteilige Auffassung des BAG weicht ohne Not von den Grundsätzen zur Einlassungspflicht nach § 138 Abs. 2 ZPO ab und führt zu **unzulässigen Ausforschungsbeweisen,** die auch die Rspr. eigentlich vermeiden will (→ Rn. 364 aE).

366 Trägt der Arbeitnehmer zum Sachvortrag des Arbeitgebers nicht hinreichend vor und wird er ggf. nicht einmal den geringeren Darlegungsvoraussetzungen des BAG gerecht, gilt der Vortrag des Arbeitgebers gem. § 138 Abs. 3 ZPO als zugestanden.[1117] Das Gericht hat dann allein auf der Grundlage des Arbeitgebervortrags zur Dauer und ggf. zu den Ursachen der in der Vergangenheit angefallenen krankheitsbedingten Fehlzeiten des Arbeitnehmers nach **§ 286 ZPO** zu entscheiden, ob diese Umstände die Annahme entsprechender Ausfälle in der Zukunft rechtfertigen.

367 Bei der Bewertung der Anhaltspunkte für die Besorgnis künftiger Fehlzeiten besteht ein **tatrichterlicher Ermessensspielraum.**[1118] Die Besorgnis künftiger Fehlzeiten ist für jede Erkrankung gesondert festzustellen. Über mehrere Jahre nicht mehr aufgetretene Erkrankungen können regelmäßig als ausgeheilt angesehen werden.[1119] Sofern der vorgetragene und unbestrittene Sachverhalt hinreichend aussagekräftig ist, kann das Gericht eine negative Gesundheitsprognose annehmen, ohne hierfür ein medizinisches Sachverständigengutachten einholen zu müssen.[1120] Bei bestehenden Unklarheiten über die künftige Gesundheitsentwicklung kann aber auch ein Sachverständigengutachten eingeholt werden (§§ 144, 402 ZPO), das die angesichts der vergangenen Fehlzeiten dem ersten Anschein nach berechtigte Negativprognose durchaus entkräften kann.[1121]

368 Hat der Arbeitnehmer durch seinen Vortrag die Indizwirkung der in der Vergangenheit liegenden Fehlzeiten erschüttert, ist es nunmehr Sache des Arbeitgebers, die **Berechtigung der negativen Gesundheitsprognose als Teil des Kündigungsgrundes gem. Abs. 2 S. 4 zu beweisen.** Dies kann durch **medizinische Sachverständige als Gutachter (§ 402 ZPO)** oder als **sachverständige Zeugen (§ 414 ZPO)** erfolgen.[1122] Der Begutachtung sind dabei alle zurückliegenden Erkrankungen zugrunde zu legen, soweit sie medizinische Rückschlüsse auf die künftige Gesundheitsentwicklung zulassen. Eine Beschränkung der Begutachtung auf Erkrankungen der letzten zwölf Monate lässt sich dem Verhältnismäßigkeitsgrundsatz nicht entnehmen[1123] und steht iÜ auch der Erstellung eines fundierten Sachverständigengutachtens entgegen.[1124] Da der Arbeitnehmer nicht beweisen muss, dass die Negativprognose nicht gerechtfertigt ist, sondern umgekehrt der Arbeitgeber eine negative Prognose beweisen muss, ist der Beweis schon dann nicht erbracht, wenn sich aus den Auskünften der behandelnden Ärzte ernstliche Zweifel an der Negativprognose ergeben.[1125] Insoweit geht ein non liquet daher zulasten des Arbeitgebers. Verhindert der Arbeitnehmer eine Überprüfung seiner Ein-

---

[1116] Zutr. HK-KSchG/Weller/Dorndorf Rn. 394.

[1117] BAG 6.9.1989 – 2 AZR 19/89, AP KSchG 1969 § 1 Krankheit Nr. 21 unter B II 2b aa; 10.11.2005 – 2 AZR 44/05, AP KSchG 1969 § 1 Krankheit Nr. 42 unter B I 2b bb; Ascheid Beweislast S. 102; ErfK/Oetker Rn. 125; KR/Rachor Rn. 359; PVT Kündigung/Temming Rn. 1397; gleichsinnig BAG 13.5.2015 – 2 AZR 565/14, AP KSchG 1969 Krankheit Nr. 54 Rn. 15.

[1118] BAG 6.9.1989 – 2 AZR 19/89, AP KSchG 1969 § 1 Krankheit Nr. 21; 7.12.1989 – 2 AZR 225/89, EzA § 1 KSchG Krankheit Nr. 30; 14.1.1993 – 2 AZR 343/92, NZA 1994, 309; 10.11.2005 – 2 AZR 44/05, AP KSchG 1969 § 1 Krankheit Nr. 42.

[1119] Vgl. anschaulich BAG 14.1.1993 – 2 AZR 343/92, NZA 1994, 309.

[1120] So ausdrücklich BAG 6.9.1989 – 2 AZR 19/89, AP KSchG 1969 § 1 Krankheit Nr. 21; LAG Köln 17.6.1994 – 4 Sa 249/94, LAGE § 1 KSchG Krankheit Nr. 18.

[1121] Vgl. LAG Köln 12.3.2015 – 7 Sa 1024/14, BeckRS 2015, 72902.

[1122] Lepke Kündigung Rn. 267.

[1123] So aber Herbst/Wohlfahrt DB 1990, 1816 (1820).

[1124] Ebenso HaKo-KSchR/Weigert Rn. 559.

[1125] BAG 7.11.2002 – 2 AZR 599/01, AP KSchG 1969 § 1 Krankheit Nr. 40.

lassungen, indem er sich weigert, die Ärzte von der Schweigepflicht (§ 383 Abs. 1 Nr. 6 ZPO) zu entbinden (§ 385 Abs. 2 ZPO), muss er in einem solchen Fall den Nachteil der Unaufklärbarkeit tragen, weil er den Arbeitgeber bewusst daran hindert, den ihm obliegenden Beweis der negativen Gesundheitsprognose zu führen,[1126] was sich am ehesten mit den **Grundsätzen über die Beweisvereitelung** begründen lässt.[1127] Dabei liegt nach Ansicht des BAG zwar bereits in der Benennung des Arztes durch den Arbeitnehmer als Zeugen dessen Entbindung von der Schweigepflicht.[1128] Dies dürfte jedoch im Hinblick auf die Bedeutung dieser Erklärung für den behandelnden Arzt zu weit gehen.

Besonderheiten gelten bei **schwangeren Arbeitnehmerinnen.** Hierbei sind **unionsrechtliche Vorgaben** bei der Auslegung zu beachten. Neben der Gleichbehandlungsrichtlinie 2006/54/EG (zuvor Richtlinie 76/207/EWG) ist hier die Richtlinie 92/85/EWG über die Durchführung von Maßnahmen zur Verbesserung der Sicherheit und des Gesundheitsschutzes von schwangeren Arbeitnehmerinnen, Wöchnerinnen und stillenden Arbeitnehmerinnen am Arbeitsplatz von Bedeutung. Der EuGH differenziert bei der gemeinschaftsrechtlichen Beurteilung von Kündigungen, die in einem Zusammenhang mit Schwangerschaften stehen, nach dem Zeitpunkt der Kündigung und dem Zeitraum, in dem die Erkrankung liegt.[1129] **369**

Während des **gesetzlichen Mutterschutzes** darf das schwangerschaftsbedingte Fernbleiben von der Arbeit nicht zur Entlassung der Arbeitnehmerin führen.[1130] Der Arbeitgeber darf in dieser Zeit nicht wegen schwangerschaftsbedingter Fehlzeiten kündigen. Bei Krankheiten, die erst **nach der Zeit des gesetzlichen Mutterschutzes auftreten,** ist dagegen nicht zwischen durch Schwangerschaft oder Entbindung verursachten Erkrankungen und anderen Krankheiten zu unterscheiden. Ein besonderer Schutz von Frauen besteht insoweit nicht. Denn Männer und Frauen sind grds. dem gleichen Krankheitsrisiko ausgesetzt, wenn auch bestimmte Gesundheitsstörungen spezifisch für das eine oder andere Geschlecht sind.[1131] **370**

Mit der Schwangerschaft zusammenhängende **Abwesenheitszeiten, die in dem Zeitraum vom Beginn der Schwangerschaft bis zum Ende des gesetzlichen Mutterschutzes liegen,** dürfen auch dann nicht zur Begründung einer Kündigung herangezogen werden, wenn die Kündigung erst nach Ablauf des gesetzlichen Mutterschutzes ausgesprochen wird. Dem steht Art. 10 RL 92/85/EWG über die Durchführung von Maßnahmen zur Verbesserung der Sicherheit schwangerer Arbeitnehmerinnen entgegen. Das Ziel dieser Richtlinie besteht nach der Rspr. des EuGH nämlich darin, dass schwangerschaftsbedingte Abwesenheitszeiten zur Rechtfertigung einer Entlassung nicht herangezogen werden dürfen und daher auch nach Beendigung des Mutterschutzes eine Kündigung nicht begründen können.[1132] Darüber hinaus verstößt die Berücksichtigung solcher Fehlzeiten auch gegen Art. 14 Abs. 1 RL 2006/54/EG[1133] und Art. 3 Abs. 1 Buchst. c RL 2000/78/EG. **371**

(2) Die prognostizierten Fehlzeiten sind nur dann geeignet, eine krankheitsbedingte Kündigung sozial zu rechtfertigen, wenn sie zu **erheblichen betrieblichen oder wirtschaftlichen Beeinträchtigungen** führen. Diese Beeinträchtigungen gehören ebenso wie die **372**

[1126] LAG München 12.2.1981 – 6 (8) Sa 500/80, BB 1982, 495 (496); Lepke Kündigung Rn. 279.

[1127] So zutr. Ascheid Beweislast S. 101 f.; ErfK/Oetker Rn. 126; SES/Schrader Rn. 97; HK-KSchG/Weller/Dorndorf Rn. 396; s. a. BAG 8.5.2014 – 2 AZR 75/13, AP KSchG 1969 § 1 Verhaltensbedingte Kündigung Nr. 71 Rn. 42.

[1128] BAG 12.1.1995 – 2 AZR 366/94, BeckRS 1995, 30925007; zust. SES/Schrader Rn. 97.

[1129] EuGH 8.11.1990 – C-179/88, AP EWG-Vertrag Art. 119 Nr. 24 – Hertz; 29.5.1997 – C-400/95, AP EWG-Richtlinie 76/207 Nr. 11 – Larsson; 30.6.1998 – C 394/96, AP EWG-Richtlinie 76/207 Nr. 16 – Mary Brown.

[1130] EuGH 30.6.1998 – C 394/96, AP EWG-Richtlinie 76/207 Nr. 16 – Mary Brown.

[1131] EuGH 8.11.1990 – C-179/88, AP EWG-Vertrag Art. 119 Nr. 24 – Hertz; 30.6.1998 – C 394/96, AP EWG-Richtlinie 76/207 Nr. 16 – Mary Brown.

[1132] EuGH 29.5.1997 – C-400/95, AP EWG-Richtlinie 76/207 Nr. 11 – Larsson.

[1133] EuGH 30.6.1998 – C 394/96, AP EWG-Richtlinie 76/207 Nr. 16 – Mary Brown; aA insoweit noch EuGH 29.5.1997 – C-400/95, AP EWG-Richtlinie 76/207 Nr. 11 – Larsson.

negative Gesundheitsprognose zum Kündigungsgrund.[1134] Eine personenbedingte Kündigung scheidet daher aus, wenn der Arbeitnehmer aus betriebsbedingten Gründen ohnehin nicht mehr beschäftigt werden kann.[1135] Allerdings ist in diesem Fall unter Umständen eine betriebsbedingte Kündigung möglich. Störungen im Produktionsablauf sind als Kündigungsgrund nur dann geeignet, wenn sie nicht durch mögliche und zumutbare Überbrückungsmaßnahmen, wie etwa Überstunden, Neueinstellung einer Aushilfskraft oder den Einsatz eines Arbeitnehmers aus einer vorgeschalteten Personalreserve, ausgeglichen werden können.[1136] Der Arbeitgeber ist aber **nicht verpflichtet, eine Personalreserve vorzuhalten.**[1137] Mit Recht hat das BAG entschieden, es sei eine freie unternehmerische Entscheidung, ob und in welchem Umfang der Arbeitgeber Springer zum Einsatz bringen möchte. Entscheidend ist, ob eine vorhandene Personalreserve tatsächlich herangezogen werden könnte, um die Ausfallzeiten des gekündigten Arbeitnehmers auszugleichen.[1138] Werden auf diese Weise oder durch den Einsatz von Leiharbeitnehmern Ausfälle überbrückt, liegt bereits objektiv keine Betriebsablaufstörung vor.[1139] Diese Lösung ist nach der Struktur der krankheitsbedingten Kündigung von vornherein nicht zu vermeiden, führt allerdings dazu, dass es ein vorausschauender Arbeitgeber mit einer flexiblen Personalplanung zumindest prima facie schwerer hat, eine solche Kündigung auszusprechen, als wenn er eine entsprechende Risikosteuerung unterlässt und es deshalb eher zu Betriebsablaufstörungen kommt. Nimmt der Arbeitgeber keine solchen Überbrückungsmaßnahmen vor, besteht aber dennoch kein Kündigungsgrund, wenn es zwar tatsächlich zu Betriebsablaufstörungen kommt, diese Störungen durch mögliche und zumutbare Maßnahmen jedoch vermieden worden wären. Entsprechende Erwägungen sind nicht erst im Rahmen der abschließenden Interessenabwägung (→ Rn. 381) anzustellen (dazu bereits → Rn. 268). Ist eine Betriebsablaufstörung auch mit zumutbaren Überbrückungsmaßnahmen nicht zu verhindern, bleibt zu prüfen, ob die Störung nur geringfügig oder **erheblich** ist.[1140]

373 Zu den **Betriebsablaufstörungen** gehören nicht nur Störungen im Produktionsprozess wie Stillstand von Maschinen oder Rückgang der Produktion, sondern auch die Überlastung der anderen Arbeitnehmer durch Mehrarbeit und der hierdurch gestörte Betriebsfrieden[1141] oder die nicht mehr gegebene Möglichkeit der Einplanung des Arbeitnehmers in einen Schichtplan.[1142] Erheblich sind ferner Verzögerungen bei der Auftragsabwicklung und daraus resultierende Schwierigkeiten mit Kunden. Die betriebliche Belastung kann sich auch aus der fehlenden Einplanbarkeit des Arbeitnehmers im Rahmen der Dienstplangestaltung eines Krankenhauses ergeben.[1143]

374 Es ist **Sache des Arbeitgebers,** iE konkret **darzulegen und** ggf. **zu beweisen,** welche erheblichen Betriebsbeeinträchtigungen durch die krankheitsbedingten Fehlzeiten eingetreten sind und durch die zu erwartenden Fehlzeiten voraussichtlich eintreten werden.[1144]

[1134] BAG 7.11.1985 – 2 AZR 657/84, AP KSchG 1969 § 1 Krankheit Nr. 17; 16.2.1989 – 2 AZR 299/88, AP KSchG 1969 § 1 Krankheit Nr. 20; 6.9.1989 – 2 AZR 224/89, AP KSchG 1969 § 1 Krankheit Nr. 23; 29.7.1993 – 2 AZR 155/93, AP KSchG 1969 § 1 Krankheit Nr. 27; 12.12.1996 – 2 AZR 7/96, EzA § 1 KSchG Krankheit Nr. 41 = BeckRS 1996, 30368035; 8.11.2007 – 2 AZR 292/06, AP KSchG 1969 § 1 Personenbedingte Kündigung Nr. 29.

[1135] LAG Berlin-Brandenburg 25.1.2007 – 6 Sa 1245/06, NZA-RR 2007, 465 (466).

[1136] BAG 16.2.1989 – 2 AZR 299/88, AP KSchG 1969 § 1 Krankheit Nr. 20 unter B I 2 a; 7.12.1989 – 2 AZR 225/89, EzA § 1 KSchG Krankheit Nr. 30; 10.5.1990 – 2 AZR 580/89, EzA § 1 KSchG Krankheit Nr. 31 unter II 1 c; 29.8.1991 – 2 AZR 220/91, AP BGB § 622 Nr. 32 unter II 2b aa.

[1137] BAG 29.7.1993 – 2 AZR 155/93, AP KSchG 1969 § 1 Krankheit Nr. 27.

[1138] BAG 2.11.1989 – 2 AZR 23/89, BeckRS 1989, 30732323.

[1139] BAG 17.6.1999 – 2 AZR 574/98, BeckRS 1999, 30779333.

[1140] BAG 7.12.1989 – 2 AZR 225/89, EzA § 1 KSchG Krankheit Nr. 30.

[1141] BAG 16.2.1989 – 2 AZR 299/88, NZA 1989, 923; 10.5.1990 – 2 AZR 580/89, EzA § 1 KSchG Krankheit Nr. 31.

[1142] BAG 6.2.1992 – 2 AZR 364/91, BeckRS 1992, 30740083 unter C I 5; s. aber auch LAG Berlin-Brandenburg 4.12.2008 – 26 Sa 343/08, LAGE § 3 AGG Nr. 1 unter II 1b = BeckRS 2011, 67066.

[1143] LAG Niedersachsen 24.8.1999 – 13 Sa 2831/98, LAGE § 626 BGB Unkündbarkeit Nr. 3 = BeckRS 1999, 30780211.

[1144] ErfK/Oetker Rn. 140; KR/Rachor Rn. 364.

Pauschale schlagwort- oder stichwortartige Angaben des Arbeitgebers (bspw. „Störung des Betriebsfriedens", „Ärger mit Kunden") genügen hierbei nicht.[1145] Der Arbeitgeber muss vielmehr die aufgetretenen Störungen genau beschreiben. Weiterhin hat er darzulegen, dass – soweit vorhanden – die an Durchschnittswerten ausgerichtete Personalreserve nicht in der Lage ist, die prognostizierten Fehlzeiten des gekündigten Arbeitnehmers zu überbrücken.[1146] Für die Frage, ob die betrieblichen Störungen erheblich sind, kommt es auch auf die vom Arbeitnehmer im Betrieb ausgeübte Funktion an.[1147]

Zu den **wirtschaftlichen Belastungen** des Arbeitgebers zählen neben den Kosten für die Beschäftigung von Aushilfskräften grds. auch die Entgeltfortzahlungskosten, die jährlich für einen Zeitraum von mehr als sechs Wochen, dh 30 Arbeitstagen bei einer Fünf-Tage-Woche aufzuwenden sind.[1148] Mit seinen Urteilen aus den Jahren 1989 und 1990 hat das BAG seine **frühere Rspr. präzisiert,** die zur Mindesthöhe der für eine Kündigung erforderlichen Entgeltfortzahlungskosten keine genauen Rechtsgrundsätze enthielt.[1149] Teile des Schrifttums lehnen diese Judikatur als mit § 612a BGB unvereinbar rundweg ab[1150] bzw. plädieren für eine deutlich höhere „Opfergrenze" des Arbeitgebers.[1151] Ein **Verstoß gegen § 612a BGB ist in der hM indes nicht zu sehen,** weil die Kündigung keine Maßregelung wegen der Ausübung eines Rechts durch den Arbeitnehmer ist, sondern der Arbeitgeber damit lediglich auf eine Äquivalenzstörung reagiert. Ferner besteht auch **kein Widerspruch zum EFZG.** Wenn dieses Gesetz dem Arbeitgeber außerhalb des Sonderfalls der Fortsetzungserkrankung bei häufigen Kurzerkrankungen eine nahezu schrankenlose Entgeltfortzahlungspflicht aufbürdet, soll der Arbeitnehmer im aufrechten Arbeitsverhältnis abgesichert werden. Dagegen besteht das Ziel des EFZG nicht darin, das Arbeitsverhältnis gegen den Willen des Arbeitgebers dauerhaft in ein Versorgungsverhältnis umzuwandeln. Entscheidend ist, ob die berechtigte Gleichwertigkeitserwartung des Arbeitgebers durch Entgeltfortzahlungskosten ohne Gegenleistung in einem unzumutbaren Maße unterschritten wird.[1152] 375

Erheblich und damit geeignet, einen Kündigungsgrund zu bilden, sind die **Entgeltfortzahlungskosten** bereits dann, wenn zu erwarten ist, dass sie zukünftig jeweils für **mehr als sechs Wochen im Jahr** anfallen werden.[1153] Dies bedeutet freilich nicht, dass bei einer 376

1145 BAG 2.11.1983 – 7 AZR 272/82, AP KSchG 1969 § 1 Krankheit Nr. 12; ebenso ErfK/Oetker Rn. 140; APS/Vossen Rn. 156; HaKo-KSchR/Weigert Rn. 616.

1146 BAG 7.12.1989 – 2 AZR 225/89, BeckRS 1989, 30732608 unter II 4b u. c.

1147 Zutr. ErfK/Oetker Rn. 140; LSSW/Schlünder Rn. 248; PVT Kündigung/Temming Rn. 1394.

1148 BAG 16.2.1989 – 2 AZR 299/88, AP KSchG 1969 § 1 Krankheit Nr. 20; 6.9.1989 – 2 AZR 19/89, AP KSchG 1969 § 1 Krankheit Nr. 21; 6.9.1989 – 2 AZR 224/89, AP KSchG 1969 § 1 Krankheit Nr. 23; 5.7.1990 – 2 AZR 154/90, AP KSchG 1969 § 1 Krankheit Nr. 26; 10.5.1990 – 2 AZR 580/89, EzA § 1 KSchG Krankheit Nr. 31; 29.7.1993 – 2 AZR 155/93, AP KSchG 1969 § 1 Krankheit Nr. 27; 20.1.2000 – 2 AZR 378/99, AP KSchG 1969 § 1 Krankheit Nr. 38; 10.11.2005 – 2 AZR 44/05, AP KSchG 1969 § 1 Krankheit Nr. 42; 8.11.2007 – 2 AZR 292/06, AP KSchG 1969 § 1 Personenbedingte Kündigung Nr. 29; 23.4.2008 – 2 AZR 1012/06, EzA § 1 KSchG Krankheit Nr. 55; 10.12.2009 – 2 AZR 400/08, AP KSchG 1969 § 1 Krankheit Nr. 48; zust. Joost Anm. zu BAG 15.2.1984 – 2 AZR 573/82, EzA § 1 KSchG Krankheit Nr. 15; Kraft Anm. zu BAG 23.6.1983 – 2 AZR 15/82, EzA § 1 KSchG Krankheit Nr. 12; ErfK/Oetker Rn. 142 ff.; KR/Rachor Rn. 365 f.; LSSW/Schlünder Rn. 250; HWK/Thies Rn. 145; Tschöpe DB 1987, 1042; APS/Vossen Rn. 159; Weber/Hoß DB 1992, 2429 (2432); HaKo-KSchR/Weigert Rn. 565; Weller ArbRdGgnw 20 (1982), 77 (85); HK-KSchG/Weller/Dorndorf Rn. 406; wohl auch Eich BB 1988, 204, sowie Schwerdtner DB 1990, 375 (376).

1149 BAG 2.11.1983 – 7 AZR 272/82, AP KSchG 1969 § 1 Krankheit Nr. 12: der bloße Hinweis des Arbeitgebers auf eine Fehlquote von 40 % in den letzten viereinhalb Jahren vor Ausspruch der Kündigung sei keine ausreichende Darlegung der betrieblichen Auswirkungen der Krankheit; BAG 15.2.1984 – 2 AZR 573/82, AP KSchG 1969 § 1 Krankheit Nr. 14: die Darlegung einer zukünftig zu erwartenden krankheitsbedingten Ausfallzeit von 35 % sowie von Entgeltfortzahlungskosten iHv rund 30.000 DM in den letzten vier Jahren sei ausreichend.

1150 MHdB ArbR/Berkowsky, 3. Aufl. 2009, § 115 Rn. 33 ff.; DD/Deinert Rn. 129; Preis Anm. zu BAG 16.2.1989 – 2 AZR 299/88, AP KSchG 1969 § 1 Krankheit Nr. 20; PVT Kündigung/Temming Rn. 1392; krit. zuvor schon Ide AuR 1980, 225 (229); Popp DB 1986, 1461 (1464 ff.); Preis DB 1988, 1444 (1445); A. Stein AuR 1987, 388.

1151 Greiner RdA 2007, 22 (32 f.): Entgeltfortzahlung an 1/3 der jährlichen Arbeitstage erforderlich.

1152 BAG 25.4.2018 – 2 AZR 6/18, NZA 2018, 1056 Rn. 36; 22.7.2021 – 2 AZR 125/21, NZA 2021, 1551 Rn. 17.

1153 Vgl. grds. BAG 16.2.1989 – 2 AZR 299/88, AP KSchG 1969 § 1 Krankheit Nr. 20 unter B III 1–3; sowie BAG 29.7.1993 – 2 AZR 155/93, AP KSchG 1969 § 1 Krankheit Nr. 27; zuletzt BAG 10.11.2005 – 2 AZR 44/05, AP KSchG 1969 § 1 Krankheit Nr. 42; 8.11.2007 – 2 AZR 292/06, AP KSchG 1969 § 1 Personenbedingte

zu erwartenden Entgeltfortzahlungsdauer von mehr als sechs Wochen stets eine Kündigung sozial gerechtfertigt ist. Hierzu bedarf es vielmehr noch einer Interessenabwägung, in deren Rahmen alle anderen Umstände, wie insbes. die Höhe und die Dauer der diese Grenze überschreitenden Entgeltfortzahlungskosten und die Betriebszugehörigkeit zu berücksichtigen sind (→ Rn. 380 ff.).[1154]

377 Die zeitliche Mindestgrenze für die Entgeltfortzahlung von mehr als sechs Wochen gilt freilich nur dann, wenn die Entgeltfortzahlungskosten die einzigen störenden Auswirkungen der Krankheit sind.[1155] Bei **gleichzeitigen Störungen des Betriebsablaufs** können schon jährliche Ausfallzeiten von weniger als sechs Wochen kündigungsrelevant sein.[1156] Entscheidend sind dabei die **Kosten des Arbeitsverhältnisses** und nicht die Gesamtbelastung des Unternehmens mit Entgeltfortzahlungskosten.[1157] Insbesondere ist es unerheblich, ob der Arbeitgeber einen Großbetrieb führt und hohe Gewinne erzielt.[1158] Auf die Möglichkeit des Arbeitgebers, sich zu refinanzieren, kommt es deshalb ebenfalls nicht an. Daher spielt es keine Rolle, wenn die für die Entgeltfortzahlung aufzuwendenden Beträge zT aus einem Spielbanktronc entnommen werden.[1159] Dasselbe gilt für die Refinanzierungsmöglichkeit nach § 1 Abs. 1 Nr. 1 AAG. Die personenbedingte Kündigung ist eine dem Arbeitgeber zur Verfügung gestellte Reaktion auf ein unverschuldetes Missverhältnis in der konkreten Austauschbeziehung.[1160] Hierzu passt kein Abstellen auf die allgemeine Fähigkeit des Arbeitgebers, die Entgeltfortzahlungskosten wirtschaftlich abzuwälzen oder zu tragen. Anderenfalls wäre eine auf die Kosten der Entgeltfortzahlung gestützte krankheitsbedingte Kündigung in größeren Unternehmen niemals möglich, weil das im einzelnen Arbeitsverhältnis anfallende Entgelt sich auf die Kostenkalkulation des gesamten Unternehmens naturgemäß nur in einem geringen Maße auswirkt.

378 Ist der Arbeitgeber nach dem Tarifvertrag verpflichtet, Arbeitnehmern mit längerer Betriebszugehörigkeit im Krankheitsfall über den gesetzlichen Sechs-Wochen-Zeitraum hinaus für bestimmte Zeiträume einen **Zuschuss zum Krankengeld** zu bezahlen, kann allein daraus noch nicht gefolgert werden, dass Ausfallzeiten, die sechs Wochen im Jahr übersteigen, grds. nicht geeignet seien, eine ordentliche Kündigung sozial zu rechtfertigen.[1161] Umgekehrt sind diese tariflichen Leistungen nicht bei der Bemessung der wirtschaftlichen Belastung zu berücksichtigen, sondern als „kündigungsneutral" einzustufen.[1162]

379 Ob tarifliche Leistungen wie **Urlaubsgeld oder Jahressonderzahlungen,** die trotz fortdauernder Arbeitsunfähigkeit zu gewähren sind, als Beeinträchtigung wirtschaftlicher Interessen anerkannt werden können, hat das BAG zunächst ausdrücklich offengelassen.[1163] Mittlerweile differenziert das BAG dahingehend, dass nur **reine arbeitsleistungsbezogene Sondervergütungen** als Bestandteil des nach §§ 3, 4 EFZG fortzuzahlenden Arbeitsentgelts **„kündigungsrelevant"** sind, während Leistungen, die ausschließlich die Betriebstreue belohnen oder die Mischcharakter haben, keine Rolle spielen sollen, weil

---

Kündigung Nr. 29; 23.4.2008 – 2 AZR 1012/06, EzA § 1 KSchG Krankheit Nr. 55; 10.12.2009 – 2 AZR 400/08, AP KSchG 1969 § 1 Krankheit Nr. 48; 25.4.2018 – 2 AZR 6/18, NZA 2018, 1056 Rn. 36; 22.7.2021 – 2 AZR 125/21, NZA 2021, 1551 Rn. 22.

[1154] Zutr. BAG 13.6.1990 – 2 AZR 527/89, BeckRS 1990, 30734383; 5.7.1990 – 2 AZR 154/90, AP KSchG 1969 § 1 Krankheit Nr. 26 unter II 2 a.

[1155] BAG 29.7.1993 – 2 AZR 155/93, AP KSchG 1969 § 1 Krankheit Nr. 27.

[1156] BAG 6.9.1989 – 2 AZR 224/89, AP KSchG 1969 § 1 Krankheit Nr. 23; 29.8.1991 – 2 AZR 220/91, AP BGB § 622 Nr. 32 unter II 3 f; 6.9.1989 – 2 AZR 224/89, AP KSchG 1969 § 1 Krankheit Nr. 23.

[1157] BAG 16.2.1989 – 2 AZR 299/88, AP KSchG 1969 § 1 Krankheit Nr. 20 unter B I 2 b.

[1158] BAG 22.5.1986 – 2 AZR 502/85, BeckRS 1986, 30716945.

[1159] BAG 8.11.2007 – 2 AZR 292/06, AP KSchG 1969 § 1 Personenbedingte Kündigung Nr. 29; krit. DD/Deinert Rn. 127.

[1160] BAG 8.11.2007 – 2 AZR 292/06, AP KSchG 1969 § 1 Personenbedingte Kündigung Nr. 29.

[1161] BAG 6.9.1989 – 2 AZR 224/89, AP KSchG 1969 § 1 Krankheit Nr. 23; 25.4.2018 – 2 AZR 6/18, NZA 2018, 1056 Rn. 30.

[1162] BAG 25.4.2018 – 2 AZR 6/18, NZA 2018, 1056 Rn. 31; 22.7.2021 – 2 AZR 125/21, NZA 2021, 1551 Rn. 19; aA LSSW/Schlünder Rn. 251, sowie Voraufl.

[1163] BAG 21.5.1992 – 2 AZR 399/91, AP KSchG 1969 § 1 Krankheit Nr. 30 unter III 3.

sie das Gegenseitigkeitsverhältnis von vornherein nicht berühren bzw. § 4a EFZG unabhängig vom Vorliegen einer Kürzungsvereinbarung eine abschließende Risikozuweisung enthält.[1164]

(3) Ist sowohl von einer negativen Gesundheitsprognose als auch von erheblichen betrieblichen oder wirtschaftlichen Beeinträchtigungen durch die prognostizierten Fehlzeiten auszugehen, liegt an sich ein Kündigungsgrund in der Person des Arbeitnehmers vor. Auf einer dritten Stufe ist nun noch im Rahmen der bei jeder personenbedingten Kündigung gebotenen **Interessenabwägung** zu prüfen, ob die betrieblichen Beeinträchtigungen aufgrund der Besonderheiten des Einzelfalls vom Arbeitgeber noch hinzunehmen sind oder ob sie bereits ein solches Ausmaß erreicht haben, dass sie ihm nicht mehr zuzumuten sind.[1165] Hierbei sind die Interessen des Arbeitgebers an einer Beendigung des Arbeitsverhältnisses mit den Bestandsschutzinteressen des Arbeitnehmers abzuwägen. **380**

Auf **Seiten des Arbeitgebers** sind dabei neben den krankheitsbedingt verursachten betrieblichen Beeinträchtigungen und der **Höhe der Entgeltfortzahlungskosten** auch sonstige vom Arbeitnehmer ausgehende betriebliche Beeinträchtigungen von Bedeutung (→ Rn. 373 ff.). Auch der Vorhalt einer Personalreserve und die damit zusammenhängenden Kosten sind auf Seiten des Arbeitgebers bei der Abwägung zu berücksichtigen, weil damit Störungen im Betriebsablauf vermieden werden können.[1166] Erheblich ist weiter, wenn die Entgeltfortzahlungskosten in dem gekündigten Arbeitsverhältnis deutlich über denen von vergleichbaren Arbeitnehmern liegen.[1167] Von **zentraler Bedeutung** ist ferner, **ob bzw. wie lange das Arbeitsverhältnis zunächst ungestört verlaufen** ist. Denn der Arbeitgeber schuldet einem Arbeitnehmer, der 20 Jahre zur Zufriedenheit gearbeitet hat und dann häufig erkrankt, erheblich mehr Rücksichtnahme als einem Arbeitnehmer, der seit dem ersten Jahre der Betriebszugehörigkeit erhebliche und steigende krankheitsbedingte Ausfälle gehabt hat.[1168] Ein ungestörter Verlauf des Arbeitsverhältnisses liegt nicht schon dann vor, wenn der Arbeitnehmer im Jahr nicht länger als sechs Wochen arbeitsunfähig krank gewesen ist. Im Rahmen der Interessenabwägung sind vielmehr auch solche Ausfallzeiten zu berücksichtigen, die nicht nur geringfügig waren, sondern an der Mindestgrenze von 30 Tagen lagen,[1169] und bei denen keine Wiederholungsgefahr bestand.[1170] **381**

Nach der Rspr. des BAG ist die weitere Beschäftigung des Arbeitnehmers, wenn die **Beeinträchtigungen des Arbeitgebers allein auf Entgeltfortzahlungskosten beruhen,** nur dann unzumutbar, wenn die Entgeltfortzahlungskosten „außergewöhnlich" hoch sind. Das BAG hat dies in einem Fall angenommen, in dem Entgeltfortzahlungskosten für durchschnittlich 60 Arbeitstage zu erwarten waren.[1171] In einer anderen Entscheidung hat das BAG eine Überschreitung der Sechs-Wochen-Grenze um 50 %, dh zu erwartende krankheitsbedingte Fehlzeiten von durchschnittlich 45 Tagen, als „erheblich" qualifiziert.[1172] Unter Berücksichtigung der weiteren Umstände des Einzelfalls war dem Arbeitgeber die Fortsetzung des Arbeitsverhältnisses nicht zuzumuten, die Kündigung daher sozial gerechtfertigt. **382**

[1164] BAG 22.7.2021 – 2 AZR 125/21, NZA 2021, 1551 Rn. 18 und 20 f.; DD/Deinert Rn. 128; HK-KSchG/Weller/Dorndorf Rn. 408; aA APS/Vossen Rn. 162 sowie Voraufl.

[1165] StRspr; zuletzt BAG 23.4.2008 – 2 AZR 1012/06, EzA § 1 KSchG Krankheit Nr. 55; 10.12.2009 – 2 AZR 400/08, AP KSchG 1969 § 1 Krankheit Nr. 48; 20.11.2014 – 2 AZR 755/13, AP KSchG 1969 Krankheit Nr. 52 Rn. 16; MüKoBGB/Hergenröder Rn. 210; MHdB ArbR/Kiel § 113 Rn. 21; ErfK/Oetker Rn. 146 ff.; Preis Prinzipien Rn. 1056 ff.; KR/Rachor Rn. 374; PVT Kündigung/Temming Rn. 1400 ff.; HaKo-KSchR/Weigert Rn. 573 ff.

[1166] BAG 16.2.1989 – 2 AZR 299/88, AP KSchG 1969 § 1 Krankheit Nr. 20; 29.7.1993 – 2 AZR 155/93, AP KSchG 1969 § 1 Krankheit Nr. 27.

[1167] BAG 15.2.1984 – 2 AZR 573/82, AP KSchG 1969 § 1 Krankheit Nr. 14 unter B II 3 b; 10.5.1990 – 2 AZR 580/89, EzA § 1 KSchG Krankheit Nr. 31 unter III 2 b u. c; 7.11.2002 – 2 AZR 493/01, AP BGB § 620 Kündigungserklärung Nr. 18 unter II 3 d; aA Schwerdtner DB 1990, 375 (378 ff.).

[1168] BAG 6.9.1989 – 2 AZR 224/89, AP KSchG 1969 § 1 Krankheit Nr. 23.

[1169] BAG 16.2.1989 – 2 AZR 299/88, AP KSchG 1969 § 1 Krankheit Nr. 20; 6.9.1989 – 2 AZR 224/89, AP KSchG 1969 § 1 Krankheit Nr. 23.

[1170] BAG 2.11.1989 – 2 AZR 335/89, BeckRS 1989, 30732331.

[1171] BAG 5.7.1990 – 2 AZR 154/90, AP KSchG 1969 § 1 Krankheit Nr. 26 unter II 3 a.

[1172] BAG 6.9.1989 – 2 AZR 19/89, AP KSchG 1969 § 1 Krankheit Nr. 21 mAnm Preis.

383 Auf **Seiten des Arbeitnehmers** ist neben dem Lebensalter[1173] insbes. die Betriebszugehörigkeit zu berücksichtigen. Hierbei ist spiegelbildlich ebenfalls von Bedeutung, ob bzw. wie lange das Arbeitsverhältnis zunächst ungestört verlaufen ist.[1174] Das BAG hat unter Berücksichtigung dieser Grundsätze die Kündigung eines 25-jährigen Arbeitnehmers mit einer Betriebszugehörigkeit von sechs Jahren, einem zu erwartenden jährlichen lohnfortzahlungspflichtigen Ausfall von 45 Arbeitstagen und Lohnfortzahlungskosten für 382 Arbeitstage in den sechs Jahren der Beschäftigung iHv seinerzeit rund 81.000 DM gebilligt.[1175]

384 Im Rahmen der Interessenabwägung ist weiter von erheblicher Bedeutung, ob die **Krankheit** des Arbeitnehmers auf **betriebliche Ursachen** zurückzuführen ist.[1176] Ein Indiz für betriebliche Ursachen kann dabei in einer ähnlich hohen Ausfallquote von Arbeitnehmern, die vergleichbare Tätigkeiten verrichten, gesehen werden.[1177] Erst recht zugunsten des Arbeitnehmers besonders zu berücksichtigen sind Erkrankungen, die auf unverschuldeten Arbeitsunfällen beruhen.[1178]

385 Beruft sich der Arbeitnehmer auf betriebliche Ursachen für seine Krankheit, muss er im **Kündigungsschutzprozess** den Ursachenzusammenhang zwischen seiner Tätigkeit und der Erkrankung darlegen. Wegen der in der Regel vorhandenen medizinischen Unkenntnis genügt der Arbeitnehmer seiner Darlegungslast dadurch, dass er seine Beschwerden und seine Tätigkeit schildert und darüber hinaus den ihn behandelnden Arzt von der Schweigepflicht entbindet. Es ist dann Sache des Arbeitgebers, die fehlende Kausalität zwischen Arbeitsbedingungen und Erkrankung zu beweisen. Bleibt die Frage auch nach der Beweisaufnahme ungeklärt, so geht dies zulasten des Arbeitgebers.[1179]

386 Hat der Arbeitgeber bei der Einstellung **Kenntnis von einer chronischen Erkrankung** des Arbeitnehmers, führt das entgegen der Auffassung des BAG nicht dazu, dass der Arbeitgeber in diesem Fall längere Fehlzeiten hinnehmen muss als bei anderen Arbeitnehmern.[1180] Denn ebenso wie die Kündigung wegen Krankheit keine Bestrafung des Arbeitnehmers darstellt,[1181] darf die bewusste Einstellung chronisch Erkrankter zu keiner Bestrafung des Arbeitgebers führen.[1182] Der Arbeitgeber verhält sich auch nicht widersprüchlich, wenn er einen chronisch kranken Arbeitnehmer einstellt und später wegen hoher Fehlzeiten eine Kündigung ausspricht. Denn in der Regel wird der Arbeitgeber bei der Einstellung die Hoffnung haben, dass sich die Fehlzeiten trotz der Erkrankung in Grenzen halten. Es ist durch das Gesetz nicht vorgegeben und wäre beschäftigungspolitisch verfehlt, einem Arbeitgeber, der einem chronisch Kranken in Kenntnis der Erkrankung einen Arbeitsplatz anbietet, später die krankheitsbedingte Kündigung über das ohnehin bestehende Maß zu erschweren. Nur dann, wenn die Erkrankung zur Anerkennung des Arbeitnehmers als schwerbehinderter Mensch bzw. Mensch mit Behinderungen führt, ergeben sich weiterreichende Pflichten des Arbeitgebers (→ Rn. 333).

[1173] BAG 17.6.1999 – 2 AZR 639/98, AP KSchG 1969 § 1 Krankheit Nr. 37; 7.11.2002 – 2 AZR 599/01, AP KSchG 1969 § 1 Krankheit Nr. 40; ErfK/Oetker Rn. 151; KR/Rachor Rn. 383; aA LSSW/Schlünder Rn. 227; HaKo-KSchR/Weigert Rn. 574; HK-KSchG/Weller/Dorndorf Rn. 420.

[1174] BAG 15.2.1984 – 2 AZR 573/82, AP KSchG 1969 § 1 Krankheit Nr. 14; 6.9.1989 – 2 AZR 224/89, AP KSchG 1969 § 1 Krankheit Nr. 23; 7.11.2002 – 2 AZR 493/01, AP BGB § 620 Kündigungserklärung Nr. 18.

[1175] BAG 6.9.1989 – 2 AZR 19/89, AP KSchG 1969 § 1 Krankheit Nr. 21.

[1176] BAG 7.11.1985 – 2 AZR 657/84, AP KSchG 1969 § 1 Krankheit Nr. 17; 6.9.1989 – 2 AZR 118/89, AP KSchG 1969 § 1 Krankheit Nr. 22; 5.7.1990 – 2 AZR 154/90, AP KSchG 1969 § 1 Krankheit Nr. 26; 7.11.2002 – 2 AZR 599/01, AP KSchG 1969 § 1 Krankheit Nr. 40; Preis Prinzipien Rn. 1072 ff.; LSSW/Schlünder Rn. 227; 1263 ff. PVT Kündigung/Temming Rn. 1401.

[1177] BAG 16.2.1989 – 2 AZR 299/88, AP KSchG 1969 § 1 Krankheit Nr. 20; 10.5.1990 – 2 AZR 580/89, EzA § 1 KSchG Krankheit Nr. 31; Kohte AiB 1990, 125 (130); 6.9.1989 – 2 AZR 224/89, AP KSchG 1969 § 1 Krankheit Nr. 23; krit. Schwerdtner DB 1990, 375 (377 f.).

[1178] BAG 6.9.1989 – 2 AZR 118/89, AP KSchG 1969 § 1 Krankheit Nr. 22; 5.7.1990 – 2 AZR 154/90, AP KSchG 1969 § 1 Krankheit Nr. 26.

[1179] BAG 6.9.1989 – 2 AZR 118/89, AP KSchG 1969 § 1 Krankheit Nr. 22.

[1180] So aber BAG 10.6.1969 – 2 AZR 94/68, AP KSchG § 1 Krankheit Nr. 2 mAnm Gitter; ebenso KR/Rachor Rn. 382; HaKo-KSchR/Weigert Rn. 575.

[1181] So zutr. Boewer NZA 1988, 678 (684); Weller ArbRdGgnw 20 (1982), 77 (79).

[1182] Krit. auch PVT Kündigung/Temming Rn. 1401.

(4) Im Rahmen des **Anhörungsverfahrens nach § 102 Abs. 1 BetrVG** hat der Arbeitgeber dem Betriebsrat bei krankheitsbedingten Kündigungen die konkreten Ausfallzeiten der einzelnen Jahre mitzuteilen, damit dieser sich über die Häufigkeit der Erkrankungen in einem Jahr ein Bild machen kann. Es genügt nicht, wenn bei häufigen Kurzerkrankungen die Fehlzeiten addiert gebündelt angegeben werden.[1183] Nicht zu beanstanden ist, wenn der Arbeitgeber dem Betriebsrat die jeweilige Krankheitsdauer in Kalendertagen mitteilt.[1184] Da bei der krankheitsbedingten Kündigung die erhebliche Beeinträchtigung betrieblicher Interessen Teil des Kündigungsgrundes ist, muss der Arbeitgeber den Betriebsrat auch über die ihm hierzu bekannten und für ihn maßgeblichen Tatsachen informieren.[1185] Der Arbeitgeber hat den Betriebsrat daher über die Betriebsablaufschwierigkeiten und/oder die durch die Fehlzeiten verursachten Entgeltfortzahlungskosten zu unterrichten.[1186] Stützt sich der Arbeitgeber zur Begründung der Kündigung ersichtlich auf das Gesamtbild häufiger krankheitsbedingter Fehlzeiten seit einem bestimmten Zeitpunkt ohne Rücksicht darauf, welche Krankheitsursachen iE zugrunde lagen, ändert sich das Gesamtbild der Fehlzeiten nicht, wenn in einem weiter zurückliegenden Jahr zwei Krankheitsperioden auf Betriebsunfälle zurückgehen.[1187] **387**

Die Kündigung ist auch nicht nach § 102 Abs. 1 BetrVG unwirksam, wenn der Arbeitgeber dem Betriebsrat neben der Aufstellung der Fehltage für sämtliche Arbeitsunfähigkeitszeiten die **Entgeltfortzahlungskosten ohne Aufschlüsselung in einem Betrag** mitteilt. In diesem Fall hält der Arbeitgeber eben diese Belastung für unzumutbar und will deshalb hierauf die Kündigung stützen. Aus der Zusammenschau der Krankheitstage und der Fortzahlungskosten lassen sich hier für den Betriebsrat in ausreichendem Maße Rückschlüsse auf die Belastung des Arbeitgebers ziehen.[1188] Legt der Arbeitgeber dem Betriebsrat eine Aufstellung der Fehlzeiten unter Angabe der jährlichen Entgeltfortzahlungsbeträge vor, kann er im späteren Kündigungsschutzprozess diese Kosten weiter auf die einzelnen Arbeitsunfähigkeitszeiten aufschlüsseln und damit den Kündigungsgrund zulässigerweise konkretisieren.[1189] **388**

d) **Lang andauernde Erkrankung.** Von der Kündigung wegen häufiger Kurzerkrankungen ist die Kündigung wegen lang andauernder Erkrankung zu unterscheiden.[1190] Eine Kündigung wegen lang andauernder Erkrankung ist sozial gerechtfertigt, wenn **389**

- der Arbeitnehmer zum Zeitpunkt des Zugangs der Kündigung arbeitsunfähig erkrankt und damit zu rechnen ist, dass er auch weiterhin auf **nicht absehbare Zeit arbeitsunfähig** sein wird (→ Rn. 390 ff.);
- weiterhin zu erwarten ist, dass es durch die prognostizierte Arbeitsunfähigkeit zu **erheblichen betrieblichen Beeinträchtigungen** kommen wird (→ Rn. 395 ff.)
- und schließlich bei Abwägung der **beiderseitigen Interessen** dem Arbeitgeber Überbrückungsmaßnahmen nicht zuzumuten sind (→ Rn. 398).

1183 BAG 18.9.1986 – 2 AZR 638/85, BeckRS 1986, 30718426 unter II 3 a; APS/Koch BetrVG § 102 Rn. 121; KR/Rinck BetrVG § 102 Rn. 98.

1184 BAG 7.11.2002 – 2 AZR 599/01, AP KSchG 1969 § 1 Krankheit Nr. 40.

1185 BAG 24.11.1983 – 2 AZR 347/82, AP BetrVG 1972 § 102 Nr. 30; 18.10.1984 – 2 AZR 489/83, BB 1985, 661 = BeckRS 1980, 40982; 9.4.1987 – 2 AZR 210/86, AP KSchG 1969 § 1 Krankheit Nr. 18.

1186 BAG 24.11.1983 – 2 AZR 347/82, AP BetrVG 1972 § 102 Nr. 30; 2.11.1989 – 2 AZR 366/89, BeckRS 1989, 30732349; 7.11.2002 – 2 AZR 493/01, AP BGB § 620 Kündigungserklärung Nr. 18.

1187 BAG 7.11.2002 – 2 AZR 599/01, AP KSchG 1969 § 1 Krankheit Nr. 40.

1188 BAG 7.11.2002 – 2 AZR 599/01, AP KSchG 1969 § 1 Krankheit Nr. 40.

1189 BAG 23.9.1992 – 2 AZR 150/92, BeckRS 1992, 30742467 unter II 1c bb.

1190 BAG 22.2.1980 – 7 AZR 295/78, AP KSchG 1969 § 1 Krankheit Nr. 6 mAnm G. Hueck; 25.11.1982 – 2 AZR 140/81, AP KSchG 1969 § 1 Krankheit Nr. 7 mAnm Meisel; 15.8.1984 – 7 AZR 536/82, AP KSchG 1969 § 1 Krankheit Nr. 16; 6.2.1992 – 2 AZR 364/91, BeckRS 1992, 30740083; 21.5.1992 – 2 AZR 399/91, AP KSchG 1969 § 1 Krankheit Nr. 30; 29.4.1999 – 2 AZR 431/98, AP KSchG 1969 § 1 Krankheit Nr. 36; 21.2.2001 – 2 AZR 558/99, NZA 2001, 1071; 12.4.2002 – 2 AZR 148/01, AP KSchG 1969 § 1 Nr. 65 mAnm Schiefer; 8.11.2007 – 2 AZR 425/06, AP KSchG 1969 § 1 Personenbedingte Kündigung Nr. 30; 13.5.2015 – 2 AZR 564/14, AP KSchG 1969 § 1 Krankheit Nr. 54. Für eine Einordnung dieser Fälle als Unmöglichkeit außerhalb des KSchG Aden RdA 1981, 280; dagegen Herschel BB 1982, 253.

390 aa) Zum Zeitpunkt des Zugangs der Kündigung muss der Arbeitnehmer arbeitsunfähig sein, weil ansonsten zu dem maßgeblichen Beurteilungszeitpunkt – Zugang der Kündigung – keine (**negative**) **Gesundheitsprognose** erstellt werden kann.[1191] Wie lange der Arbeitnehmer bereits in der Vergangenheit arbeitsunfähig erkrankt war, ist freilich ohne Bedeutung.[1192] Auch nach Auffassung des BAG ist die zurückliegende Krankheitsdauer nur zur begrifflichen Bestimmung der Kündigung wegen lang andauernder Erkrankung als einer Unterform der Kündigung wegen Krankheit von Bedeutung.[1193]

391 Soweit im Schrifttum demgegenüber die Auffassung vertreten wird, eine Kündigung komme erst nach **Ablauf der Sechswochenfrist** für die Entgeltfortzahlung im Krankheitsfall (§ 3 EFZG) in Betracht,[1194] kann dem in dieser Allgemeinheit nicht gefolgt werden. Diese Auffassung beachtet nicht genügend, dass auch bei der Kündigung wegen lang andauernder Krankheit Kündigungsgrund nicht die bisherigen Krankheitszeiten und die daraus resultierenden Belastungen sind, sondern die betrieblichen Folgen zukünftiger langer Arbeitsunfähigkeit.[1195] Steht die lang andauernde Arbeitsunfähigkeit bereits vorher fest, bspw. aufgrund eines schweren Unfalls, kann der Arbeitgeber auch vor Ablauf der Sechswochenfrist eine Kündigung aussprechen.[1196] Dass den Arbeitgeber in diesem Fall möglicherweise gem. § 8 Abs. 1 EFZG eine Entgeltfortzahlungspflicht bis zum Ablauf der Sechswochenfrist trifft, steht der Wirksamkeit der Kündigung nicht entgegen.

392 Ist der Arbeitnehmer zum Zeitpunkt des Zugangs der Kündigung arbeitsunfähig krank, ist weiter erforderlich, dass nach den zum Zeitpunkt des Zugangs der Kündigungserklärung vorliegenden objektiven Umständen die Wiederherstellung der Arbeitsfähigkeit des Arbeitnehmers ungewiss und ein **Ende der Arbeitsunfähigkeit somit nicht absehbar** ist.[1197] Beurteilungskriterien für die Prognoseentscheidung sind insbes. Art und Ursache der Erkrankung, das Alter des Arbeitnehmers sowie die Häufigkeit früherer gleichartiger Erkrankungen. Die **Dauer der bisherigen Arbeitsunfähigkeit** allein sagt jedoch noch nichts darüber aus, ob der Arbeitnehmer auch in Zukunft auf nicht absehbare Zeit arbeitsunfähig krank sein wird. Der bisherigen Krankheitsdauer kann zwar eine gewisse Indizwirkung entnommen werden.[1198] Ein Erfahrungssatz des Inhalts, bei lang andauernden Krankheiten sei für die Zukunft mit ungewisser Fortdauer der Krankheit zu rechnen, besteht freilich nicht.[1199] Auch die Rentenbewilligung wegen Erwerbsminderung erlaubt nicht den Schluss auf eine unabsehbare Arbeitsunfähigkeit des Arbeitnehmers.[1200] In der Regel wird daher – wie bei häufigen Kurzerkrankungen (→ Rn. 367 ff.) – zur Erstellung der Prognose ein medizinisches Sachverständigengutachten erforderlich sein.

[1191] Vgl. G. Hueck Anm. zu BAG 22.2.1980 – 7 AZR 295/78, AP KSchG 1969 § 1 Krankheit Nr. 6.

[1192] BAG 12.4.2002 – 2 AZR 148/01, AP KSchG 1969 § 1 Nr. 65.

[1193] BAG 29.4.1999 – 2 AZR 431/98, AP KSchG 1969 § 1 Krankheit Nr. 36.

[1194] So etwa Bezani, Die krankheitsbedingte Kündigung, 1994, 38; Neumann NJW 1978, 1838 (1840); LSSW/Schlünder Rn. 243; s. a. LAG Köln 25.8.1995 – 13 Sa 440/95, LAGE § 4 KSchG Nr. 30 = NZA-RR 1996, 247, das eine seit zwei Monaten andauernde Krankheit bei einem fünfjährigen Arbeitsverhältnis nicht als lang andauernd ansieht.

[1195] Ebenso MüKoBGB/Hergenröder Rn. 206; MHdB ArbR/Kiel § 113 Rn. 15; Kraft Anm. zu BAG 29.4.1999 – 2 AZR 431/98, EzA § 1 KSchG Krankheit Nr. 46; Lepke Kündigung Rn. 162; Popp DB 1981, 2611 (2615); KR/Rachor Rn. 393; APS/Vossen Rn. 145; HaKo-KSchR/Weigert Rn. 578; Weller ArbRdGgnw 20 (1982), 77 (79 f.); HK-KSchG/Weller/Dorndorf Rn. 426.

[1196] ErfK/Oetker Rn. 131.

[1197] BAG 22.2.1980 – 7 AZR 295/78, AP KSchG 1969 § 1 Krankheit Nr. 6; 25.11.1982 – 2 AZR 140/81, AP KSchG 1969 § 1 Krankheit Nr. 7; 15.8.1984 – 7 AZR 536/82, AP KSchG 1969 § 1 Krankheit Nr. 16; 29.4.1999 – 2 AZR 431/98, AP KSchG 1969 § 1 Krankheit Nr. 36; 21.2.2001 – 2 AZR 558/99, NZA 2001, 1071; 12.4.2002 – 2 AZR 148/01, AP KSchG 1969 § 1 Nr. 65 mAnm Schiefer; zu den Auswirkungen einer möglichen Stufenweisen Wiedereingliederung nach dem SGB LAG Schleswig-Holstein 9.9.2009 – 3 Sa 133/09, LAGE § 1 KSchG Krankheit Nr. 45 = BeckRS 2011, 66395.

[1198] BAG 13.5.2015 – 2 AZR 565/14, AP KSchG 1969 Krankheit Nr. 54 Rn. 20.

[1199] BAG 12.4.2002 – 2 AZR 148/01, AP KSchG 1969 § 1 Nr. 65 mAnm Schiefer; 13.5.2015 – 2 AZR 565/14, AP KSchG 1969 Krankheit Nr. 54 Rn. 20.

[1200] BAG 13.5.2015 – 2 AZR 565/14, AP KSchG 1969 Krankheit Nr. 54 Rn. 21. S. in diesem Zusammenhang aber die automatische Beendigung des Arbeitsverhältnisses gem. § 33 Abs. 2–4 TVöD/TV-L; dazu krit. Kohte AuR 2025, 56 (58); Rauch/Kepler ZESAR 2024, 257 (259).

Befand sich der Arbeitnehmer zum **Zeitpunkt der Kündigung bereits in ärztlicher Behandlung,** genügt zur Erschütterung der negativen Prognose nicht der allgemeine Vortrag des Arbeitnehmers, bei der derzeitigen Behandlung bestehe eine konkrete Heilungschance. Erforderlich ist vielmehr die Darlegung konkreter Tatsachen, aus denen sich ergibt, dass nicht nur eine allgemeine Besserung des Krankheitszustandes zu erwarten ist, sondern weitergehend eine Wiederherstellung der Arbeitsfähigkeit, und zwar bezogen auf die vertraglich geschuldete Arbeitsleistung.[1201] Eine solche Darlegung kann sich insbes. aus den ärztlichen Feststellungen über eine stufenweise Wiedereingliederung gem. § 74 SGB V ergeben. 393

Das BAG spricht im Zusammenhang mit einer Kündigung wegen lang andauernder Erkrankung häufig davon, dass die Ungewissheit der Wiederherstellung der Arbeitsfähigkeit **der dauerhaften Leistungsunfähigkeit dann gleichzusetzen** sei, wenn in den nächsten 24 Monaten nach Zugang der Kündigung mit einer anderen Prognose als der Arbeitsunfähigkeit nicht gerechnet werden könne, wobei vor der Kündigung liegende Krankheitszeiten in den Prognosezeitraum von 24 Monaten nicht einzurechnen seien.[1202] Bei einer Gesamtschau der Judikate bleibt freilich unklar, ob dieser Prognosezeitraum bereits auf der 1. Stufe der Negativprognose als solcher[1203] oder erst auf der 2. Stufe der erheblichen betrieblichen Beeinträchtigungen[1204] eine Rolle spielt. Richtigerweise sollte man diesen Aspekt erst der 2. Stufe zuordnen. Zum einen würde es eine **Überspannung der Anforderungen** an die soziale Rechtfertigung der Kündigung wegen lang andauernder Arbeitsunfähigkeit darstellen, wenn man vom Arbeitgeber von vornherein ausnahmslos eine mindestens zwei Jahre umfassende negative Prognose verlangen würde, zumal nur wenige Fälle denkbar sind, in denen für den Zeitraum von 24 Monaten eine solche Prognose gestellt werden kann, ohne dass zugleich ein Fall dauerhafter Arbeitsunfähigkeit vorliegt. Zum anderen führt ein Rekurs auf die erleichterte Befristungsmöglichkeit nach § 14 Abs. 2 TzBfG (früher § 1 BeschFG) nicht weiter, weil dieser Aspekt erst für die Bewertung der betrieblichen Beeinträchtigungen als Folge der Arbeitsunfähigkeit von Gewicht ist.[1205] Allein in diesem Kontext können mögliche Überbrückungsmaßnahmen nämlich von Bedeutung sein.[1206] Mit der Gesundheitsprognose hat die Befristungsmöglichkeit dagegen nichts zu tun. Zudem ergibt die Aussage des BAG, dass sich die Beeinträchtigung betrieblicher Interessen auch **aus anderen Umständen** als der negativen Prognose gerade für die nächsten 24 Monate ergeben kann,[1207] nur dann einen Sinn, wenn eine entsprechend lang ausgerichtete Negativprognose nicht bereits auf der 1. Stufe vorliegen muss, weil es auf die 2. Stufe dann erst gar nicht ankommt. Letztlich würde das zwingende Erfordernis einer mindestens zwei Jahre umfassenden negativen Prognose die vom BAG selbst aus systematischen Gründen geforderte Unterscheidung zwischen der Kündigung wegen Langzeiterkrankungen und der Kündigung wegen dauernder Arbeitsunfähigkeit[1208] weitgehend aufheben, obwohl zwischen beiden Unterformen der krankheitsbedingten Kündigung durchaus Unterschiede bestehen. 394

bb) Eine Kündigung wegen lang andauernder Erkrankung erfordert weiter, dass es wegen der zu erwartenden Arbeitsunfähigkeit **zu erheblichen betrieblichen Belastungen** 395

[1201] BAG 19.5.1993 – 2 AZR 539/92, BeckRS 1993, 30745025.

[1202] BAG 29.4.1999 – 2 AZR 431/98, AP KSchG 1969 § 1 Krankheit Nr. 36; 12.4.2002 – 2 AZR 148/01, AP KSchG 1969 § 1 Nr. 65 mAnm Schiefer; 12.7.2007 – 2 AZR 716/06, NZA 2008, 173; 30.9.2010 – 2 AZR 88/09, AP KSchG 1969 § 1 Krankheit Nr. 49 Rn. 11 mzustAnm Nebe; 25.11.2010 – 2 AZR 984/08, NZA 2011, 686; 20.11.2014 – 2 AZR 664/13, NZA 2015, 931 Rn. 14; 13.5.2015 – 2 AZR 564/14, AP KSchG 1969 § 1 Krankheit Nr. 54 Rn. 12.

[1203] So offenbar BAG 12.7.2007 – 2 AZR 716/06, NZA 2008, 173.

[1204] So offenbar BAG 13.5.2015 – 2 AZR 564/14, AP KSchG 1969 § 1 Krankheit Nr. 54 Rn. 17 ff.

[1205] Zutr. Kraft Anm. zu BAG 29.4.1999 – 2 AZR 431/98, EzA § 1 KSchG Krankheit Nr. 46.

[1206] Insoweit zutr. BAG 29.4.1999 – 2 AZR 431/98, AP KSchG 1969 § 1 Krankheit Nr. 36 unter II 4; vgl. dazu iÜ BAG 16.2.1989 – 2 AZR 299/88, AP KSchG 1969 § 1 Krankheit Nr. 20 unter B I 2a zur Kündigung wegen häufiger Kurzerkrankungen.

[1207] BAG 12.4.2002 – 2 AZR 148/01, AP KSchG 1969 § 1 Nr. 65 unter II 7b mAnm Schiefer.

[1208] Diese Unterscheidung nochmals bestätigend BAG 19.4.2007 – 2 AZR 239/06, AP KSchG 1969 § 1 Krankheit Nr. 45 Rn. 22.

kommt. Bei der Kündigung wegen lang andauernder Krankheit liegen die Beeinträchtigungen des Arbeitgebers allerdings weniger im wirtschaftlichen Bereich, weil die Entgeltfortzahlungspflicht nach sechs Wochen endet. Die Beeinträchtigung des Arbeitgebers ist vielmehr in erster Linie darin zu sehen, dass das vertragliche Austauschverhältnis auf nicht absehbare Zeit gestört und damit sinnentleert ist. Der Arbeitgeber ist auf unabsehbare Zeit gehindert, sein Direktionsrecht auszuüben. Zudem ist der Einsatz von Vertretungskräften erschwert, weil unklar ist, wann der erkrankte Arbeitnehmer an seinen Arbeitsplatz zurückkehrt.[1209]

396 Die **Erheblichkeit der betrieblichen Beeinträchtigungen** bestimmt sich bei Kündigungen wegen lang andauernder Arbeitsunfähigkeit in erster Linie nach der voraussichtlichen Dauer der Arbeitsunfähigkeit und der Ungewissheit des Heilungsverlaufs. Hiervon hängt es ab, ob der erkrankte Arbeitnehmer durch eine Aushilfskraft oder durch Mehrarbeit der übrigen Arbeitnehmer ersetzt werden kann. Die Durchführbarkeit solcher Überbrückungsmaßnahmen hängt weiter von der Stellung und Aufgabe des erkrankten Arbeitnehmers ab. Fachkräfte oder Mitarbeiter in leitender Position sind schwerer zu ersetzen als Hilfskräfte.[1210] Für Tätigkeiten, die eine qualifizierte Ausbildung voraussetzen, gibt es auf dem Arbeitsmarkt regelmäßig wenige geeignete Aushilfskräfte. Ebenso dürfte die Betriebsgröße eine erhebliche Rolle spielen, weil kleinen Betrieben die Überbrückung regelmäßig schwerer fällt. Der Arbeitgeber hat darzulegen und ggf. zu beweisen, dass die Einstellung einer Ersatzkraft nicht möglich ist.[1211] Dies kann bspw. darauf beruhen, dass an sich geeignete Fachkräfte nicht bereit sind, ein solchermaßen befristetes Arbeitsverhältnis einzugehen. Hierzu müsste der Arbeitgeber anhand von Absagen von Bewerbern sein vergebliches Bemühen um eine Stellenbesetzung aufzeigen.

397 Zur leichteren Feststellung einer erheblichen Beeinträchtigung betrieblicher Interessen hat das BAG die bereits erwähnte (→ Rn. 394) **typisierende Regel** entwickelt, dass hiervon auch ohne weitere Darlegungen des Arbeitgebers auszugehen ist, wenn **im Kündigungszeitpunkt für die nächsten 24 Monate nicht mit einer Wiederherstellung der Arbeitsfähigkeit zu rechnen** ist.[1212] Die Begründung hierfür liegt in der Überlegung, dass (nur) für diesen Zeitraum gem. **§ 14 Abs. 2 TzBfG** eine Ersatzkraft zur Überbrückung einstellen werden könne, während dies bei einem längeren Zeitraum nicht der Fall sei. Hierbei wird freilich nicht näher berücksichtigt, dass der Arbeitgeber nach § 14 Abs. 1 Nr. 3 TzBfG zur Vertretung eines erkrankten Arbeitnehmers einen Arbeitnehmer befristet eingestellt kann, der Arbeitgeber auf die Möglichkeit einer sachgrundlosen Befristung nach § 14 Abs. 2 TzBfG also nicht zwingend angewiesen ist. Würde bspw. feststehen, dass ein langzeiterkrankter Arbeitnehmer nach 30 Monaten wieder zurückkehren wird, so ist durchaus fraglich, ob sich erhebliche betriebliche Beeinträchtigungen allein damit begründen lassen, dass sich der Arbeitgeber für die Überbrückung der gesamten Zeit nicht auf § 14 Abs. 2 TzBfG stützen kann. Immerhin ist der Rspr. zuzugeben, dass die genannte Regel zur Rechtssicherheit beiträgt. Allerdings wird sie vom BAG nicht als exklusiver Weg zur Feststellung einer erheblichen Beeinträchtigung betrieblicher Interessen bei Langzeiterkrankungen verstanden. Vielmehr soll es dem Arbeitgeber in diesen Fällen durchaus offenstehen, sich auch bei einer weniger weit reichenden negativen Prognose auf erhebliche betriebliche Beeinträchtigungen zu berufen, die dann aber nach Maßgabe der aufgelisteten Kriterien (→ Rn. 396) konkret dargetan werden müssen.[1213]

[1209] BAG 21.5.1992 – 2 AZR 399/91, AP KSchG 1969 § 1 Krankheit Nr. 30.

[1210] BAG 22.2.1980 – 7 AZR 295/78, AP KSchG 1969 § 1 Krankheit Nr. 6; 25.11.1982 – 2 AZR 140/81, AP KSchG 1969 § 1 Krankheit Nr. 7; 29.4.1999 – 2 AZR 431/98, AP KSchG 1969 § 1 Krankheit Nr. 36; 12.4.2002 – 2 AZR 148/01, AP KSchG 1969 § 1 Nr. 65 mAnm Schiefer.

[1211] Insoweit zutr. BAG 29.4.1999 – 2 AZR 431/98, AP KSchG 1969 § 1 Krankheit Nr. 36; 12.4.2002 – 2 AZR 148/01, AP KSchG 1969 § 1 Nr. 65 mAnm Schiefer; zust. Gitter SAE 2000, 18 (20).

[1212] Ansatzweise bereits BAG 29.4.1999 – 2 AZR 431/98, AP KSchG 1969 § 1 Krankheit Nr. 36; deutlich dann in BAG 12.4.2002 – 2 AZR 148/01, AP KSchG 1969 § 1 Nr. 65 mAnm Schiefer; ferner etwa BAG 20.11.2014 – 2 AZR 664/13, NZA 2015, 931 Rn. 14.

[1213] BAG 12.4.2002 – 2 AZR 148/01, AP KSchG 1969 § 1 Nr. 65 unter II 7b mAnm Schiefer.

cc) Nach der Feststellung der negativen Prognose und der Erheblichkeit der betrieblichen Beeinträchtigungen ist eine **Interessenabwägung** vorzunehmen.[1214] Die Interessenabwägung ist nicht Bestandteil des Kündigungsgrundes,[1215] sondern entspricht vielmehr dem allgemeinen Gebot bei jeder personen- oder verhaltensbedingten Kündigung (→ Rn. 216). Im Rahmen der Abwägung sind auf Seiten des Arbeitgebers neben den akuten betrieblichen Beeinträchtigungen auch krankheitsbedingte Fehlzeiten aus der Vergangenheit und das sonstige Arbeitsverhalten des Arbeitnehmers zu berücksichtigen. Auf Seiten des Arbeitnehmers sind neben dem Lebensalter vor allem die Ursache der Erkrankung, bspw. Betriebsunfall, die Betriebszugehörigkeit und die Unterhaltspflichten[1216] zu beachten. Unter Abwägung dieser Gesichtspunkte ist dann zu prüfen, ob die Belastungen vom Arbeitgeber billigerweise nicht mehr hinzunehmen sind. 398

dd) Hinsichtlich der **Darlegungs- und Beweislast** gelten im Wesentlichen die gleichen Grundsätze wie bei der Kündigung wegen häufiger Kurzerkrankungen (→ Rn. 359, 373). Der Arbeitgeber hat dementsprechend vorzutragen, dass der Arbeitnehmer an einer lang andauernden Krankheit erkrankt ist, und die ihm bekannten Tatsachen darzulegen. Soweit er hierzu neben den bisherigen Fehlzeiten keine näheren Informationen hat, ist es sodann Sache des Arbeitnehmers, den Vortrag des Arbeitgebers substantiiert zu bestreiten und gleichzeitig die ihn behandelnden Ärzte von der Schweigepflicht zu entbinden. Fehlt es an einem hinreichenden Bestreiten des Arbeitnehmers, gilt der Vortrag des Arbeitgebers als zugestanden. 399

e) **Dauernde Arbeitsunfähigkeit.** Die krankheitsbedingte dauernde Unfähigkeit des Arbeitnehmers, die vertraglich geschuldete Arbeitsleistung zu erbringen, berechtigt den Arbeitgeber zur ordentlichen Kündigung des Arbeitsverhältnisses.[1217] Die Wirksamkeit einer Kündigung wegen dauernder Arbeitsunfähigkeit ist ebenso wie die Kündigung wegen häufiger Kurzerkrankungen oder wegen lang andauernder Arbeitsunfähigkeit in **drei Stufen zu prüfen.** Erforderlich ist zunächst eine negative Gesundheitsprognose. Zum Zeitpunkt der Kündigung muss prognostiziert werden können, dass der Arbeitnehmer die geschuldete Arbeitsleistung künftig nicht mehr erbringen wird. Steht die dauerhafte Arbeitsunfähigkeit fest, wird die negative Prognose aber nicht nur „indiziert".[1218] Weiterhin ist erforderlich, dass es deswegen zu einer erheblichen Beeinträchtigung betrieblicher Interessen kommt, die drittens für den Arbeitgeber die Fortsetzung des Arbeitsverhältnisses unzumutbar erscheinen lässt. Die nur befristete Gewährung einer Erwerbsunfähigkeitsrente und das sich hieraus ergebende **Ruhen des Arbeitsverhältnisses** (bspw. § 33 Abs. 2 S. 6 TVöD/§ 33 Abs. 2 S. 6 TV-L, früher § 59 Abs. 1 BAT) schließen eine Kündigung wegen dauerhafter Arbeitsunfähigkeit des Arbeitnehmers nicht aus.[1219] 400

Kann der Arbeitnehmer künftig die geschuldete Arbeitsleistung nicht mehr erbringen, liegt eine **erhebliche betriebliche Beeinträchtigung** vor.[1220] Das Arbeitsverhältnis als Austauschverhältnis von Leistung und Gegenleistung ist sinnentleert, wenn es nicht mehr vollzogen werden kann. Es besteht dann nur noch als „leere Hülle".[1221] Der Darlegung 401

1214 BAG 22.2.1980 – 7 AZR 295/78, AP KSchG 1969 § 1 Krankheit Nr. 6; 25.11.1982 – 2 AZR 140/81, AP KSchG 1969 § 1 Krankheit Nr. 7; 15.8.1984 – 7 AZR 536/82, AP KSchG 1969 § 1 Krankheit Nr. 16; 21.5.1992 – 2 AZR 399/91, AP KSchG 1969 § 1 Krankheit Nr. 30; 29.4.1999 – 2 AZR 431/98, AP KSchG 1969 § 1 Krankheit Nr. 36; 12.4.2002 – 2 AZR 148/01, AP KSchG 1969 § 1 Nr. 65 mAnm Schiefer; 8.11.2007 – 2 AZR 425/06, AP KSchG 1969 § 1 Personenbedingte Kündigung Nr. 30.

1215 BAG 7.11.1985 – 2 AZR 657/84, AP KSchG 1969 § 1 Krankheit Nr. 17; anders noch BAG 25.11.1982 – 2 AZR 140/81, AP KSchG 1969 § 1 Krankheit Nr. 7.

1216 BAG 20.1.2000 – 2 AZR 378/99, NZA 2000, 768; 10.11.2005 – 2 AZR 44/05, AP KSchG 1969 § 1 Krankheit Nr. 42.

1217 BAG 30.1.1986 – 2 AZR 668/84, NZA 1987, 555; 28.2.1990 – 2 AZR 401/89, AP KSchG 1969 § 1 Krankheit Nr. 25; 23.9.1992 – 2 AZR 150/92, BeckRS 1992, 30742467; 12.7.1995 – 2 AZR 762/94, NZA 1995, 1100; 20.11.2014 – 2 AZR 664/13, NZA 2015, 931 Rn. 13.

1218 So aber BAG 20.11.2014 – 2 AZR 664/13, NZA 2015, 931 Rn. 14.

1219 BAG 3.12.1998 – 2 AZR 773/97, AP KSchG 1969 § 1 Krankheit Nr. 33.

1220 BAG 18.1.2007 – 2 AZR 759/05, BeckRS 2011, 78833; 19.4.2007 – 2 AZR 239/06, AP KSchG 1969 § 1 Krankheit Nr. 45.

1221 BAG 28.2.1990 – 2 AZR 401/89, AP KSchG 1969 § 1 Krankheit Nr. 25.

weiterer betrieblicher Beeinträchtigungen bedarf es in diesem Falle grds. nicht.[1222] Auf die Möglichkeit einer Vertretung des dauernd arbeitsunfähigen Arbeitnehmers kommt es nicht an.[1223] Nur in dem eher theoretischen Fall, in dem die Arbeitsleistung des Arbeitnehmers für den Arbeitgeber überhaupt keinen Wert hätte, dh überflüssig wäre, entstünde durch die dauernde Arbeitsunfähigkeit keine Beeinträchtigung.[1224] Für einen solchen Ausnahmetatbestand wäre der Arbeitnehmer darlegungs- und beweispflichtig. Steht ein Arbeitnehmer noch durchschnittlich zwei Drittel der Jahresarbeitszeit für die vertraglich geschuldete Arbeitsleistung zur Verfügung, soll dies nach Auffassung des BAG der dauernden Unmöglichkeit der Arbeitsleistung allerdings nicht gleichstehen.[1225]

402 Bei dauernder Leistungsunfähigkeit besteht regelmäßig **kein schützenswertes Interesse des Arbeitnehmers an der Fortsetzung** des Arbeitsverhältnisses. Es überwiegt vielmehr das Interesse des Arbeitgebers an einer Beendigung dieses sinnentleerten Vertragsverhältnisses.[1226] Auch besondere persönliche Umstände des Arbeitnehmers können regelmäßig keine abweichende Beurteilung rechtfertigen.[1227]

403 **Legt der Arbeitnehmer ein ärztliches Attest vor,** aus dem hervorgeht, dass bei einer Weiterbeschäftigung zu den bestehenden Arbeitsbedingungen eine Verschlechterung des Gesundheitszustandes zu befürchten ist, hat der Arbeitgeber zu prüfen, ob der Arbeitsplatz mit zumutbarem Aufwand umgestaltet werden kann oder eine Versetzung auf einen anderen Arbeitsplatz in Betracht kommt.[1228] Eine besondere Fallgruppe der krankheitsbedingten **Kündigung aus Fürsorgegründen** ist damit freilich **nicht geschaffen** worden.[1229] § 618 BGB normiert lediglich Rechtspflichten des Arbeitgebers und schafft keine zusätzlichen Gläubigerrechte.[1230] Auch das vorgelegte ärztliche Attest allein rechtfertigt noch nicht die Kündigung.[1231] Erforderlich ist vielmehr, dass die allgemeinen Voraussetzungen einer krankheitsbedingten Kündigung wegen dauerhafter Arbeitsunfähigkeit vorliegen (→ Rn. 400).

404 Ist ein Arbeitnehmer bereits längere Zeit arbeitsunfähig krank und ist im Zeitpunkt der Kündigung die **Wiederherstellung der Arbeitsfähigkeit völlig ungewiss,** kann diese Ungewissheit wie eine feststehende dauernde Arbeitsunfähigkeit zu einer erheblichen Beeinträchtigung betrieblicher Interessen führen und deshalb eine Kündigung sozial rechtfertigen.[1232] Die Ungewissheit, wann der Arbeitnehmer wieder in der Lage ist, die vertraglich geschuldete Arbeitsleistung zu erbringen, ist dem auf gesundheitlichen Gründen beruhenden dauernden Unvermögen zur Arbeitsleistung gleichzustellen. Wenn nämlich die Wiederherstellung der Leistungsfähigkeit des Arbeitnehmers überhaupt nicht absehbar ist, hindert dies den Arbeitgeber auf nicht absehbare Zeit, sein arbeitsvertragliches Direktionsrecht auszuüben. Er kann weder den Einsatz des arbeitsunfähigen Arbeitnehmers noch den von Vertretungskräften planen.[1233] Damit ist der Vertragszweck, die Disposition über die Arbeitskraft des Arbeitnehmers, in Frage gestellt und nur noch zu prüfen, wie lange dem Arbeitgeber die Hinnahme dieser Ungewissheit zuzumu-

---

[1222] BAG 12.4.2002 – 2 AZR 148/01, AP KSchG 1969 § 1 Nr. 65 unter II 5c mAnm Schiefer; HaKo-KSchR/Weigert Rn. 587.

[1223] BAG 19.4.2007 – 2 AZR 239/06, AP KSchG 1969 § 1 Krankheit Nr. 45.

[1224] BAG 28.2.1990 – 2 AZR 401/89, AP KSchG 1969 § 1 Krankheit Nr. 25; 3.12.1998 – 2 AZR 773/97, AP KSchG 1969 § 1 Krankheit Nr. 33; KR/Rachor Rn. 403; APS/Vossen Rn. 192.

[1225] BAG 17.6.1999 – 2 AZR 574/98, BeckRS 1999, 30779333.

[1226] BAG 28.2.1990 – 2 AZR 401/89, AP KSchG 1969 § 1 Krankheit Nr. 25; KR/Rachor Rn. 405; krit. Basedau AuR 1991, 299 ff.

[1227] BAG 21.2.1985 – 2 AZR 72/84, BeckRS 1985, 30712909; LAG Hamburg 30.6.1999 – 8 Sa 19/99, BeckRS 1999 30459315.

[1228] BAG 12.7.1995 – 2 AZR 762/94, AP BGB § 626 Krankheit Nr. 7.

[1229] BAG 12.7.1995 – 2 AZR 762/94, AP BGB § 626 Krankheit Nr. 7; MHdB ArbR/Berkowsky, 3. Aufl. 2009, § 115 Rn. 58 ff.; missverständlich BAG 28.2.1990 – 2 AZR 401/89, AP KSchG 1969 § 1 Krankheit Nr. 25.

[1230] So zutr. MHdB ArbR/Berkowsky, 3. Aufl. 2009, § 115 Rn. 58; Kania Anm. zu BAG 12.7.1995 – 2 AZR 762/94, EzA § 626 BGB nF Nr. 156.

[1231] Ebenso Bezani Anm. zu BAG 12.7.1995 – 2 AZR 762/94, AP BGB § 626 Krankheit Nr. 7.

[1232] BAG 21.5.1992 – 2 AZR 399/91, NZA 1993, 497; 29.4.1999 – 2 AZR 431/98, AP KSchG 1969 § 1 Krankheit Nr. 36.

[1233] BAG 21.5.1992 – 2 AZR 399/91, AP KSchG 1969 § 1 Krankheit Nr. 30.

ten ist.[1234] Das BAG hatte eine solche Unzumutbarkeit zunächst in einem Fall angenommen, in dem der Arbeitnehmer bereits eineinhalb Jahre arbeitsunfähig und die Wiederherstellung der Arbeitsfähigkeit völlig ungewiss war.[1235] In seiner späteren Rspr. hat das BAG die Anforderungen konkretisiert und nimmt eine Ungewissheit der Wiederherstellung der Arbeitsfähigkeit dann an, wenn über einen Zeitraum von 24 Monaten nicht mit einer anderen als einer negativen Prognose gerechnet werden könne (→ Rn. 394).[1236]

f) **Krankheitsbedingte Leistungsminderung.** Auch die krankheitsbedingte Minderung der Leistungsfähigkeit des Arbeitnehmers kann einen in der Person des Arbeitnehmers liegenden Grund zur sozialen Rechtfertigung einer Kündigung darstellen.[1237] Die Wirksamkeit einer solchen Kündigung ist ebenso wie die soziale Rechtfertigung der übrigen krankheitsbedingten Kündigungen wiederum in **drei Stufen zu prüfen.** **405**

Zunächst ist zu prüfen, ob eine **negative Prognose** zum Zeitpunkt der Kündigung vorliegt. Erforderlich ist, dass zum Zeitpunkt der Kündigung prognostiziert werden kann, der Arbeitnehmer werde auch künftig in erheblichem Umfange Minderleistungen erbringen.[1238] **406**

Weitere Voraussetzung ist, dass es aufgrund des prognostizierten schlechten Gesundheitszustandes des Arbeitnehmers zu **erheblichen betrieblichen Beeinträchtigungen** kommt. Mit Recht weist das BAG insoweit darauf hin, dass bei eingeschränkter Leistungsfähigkeit des Arbeitnehmers in erster Linie eine wirtschaftliche Belastung des Arbeitgebers eintreten wird, weil der Arbeitnehmer im Leistungslohn nicht mehr eingesetzt werden kann und der Zahlung des vollen Zeitlohns keine betriebswirtschaftlichen und arbeitswissenschaftlichen Grundsätzen entsprechende Arbeitsleistung gegenübersteht. Für die Annahme einer erheblichen Beeinträchtigung betrieblicher Interessen genügt freilich nicht jede Minderleistung (→ Rn. 418 ff.). Das BAG hat eine Minderleistung von 2/3 der Normalleistung als erhebliche betriebliche Beeinträchtigung angesehen.[1239] **407**

Auf der dritten Stufe ist schließlich eine **Interessenabwägung** vorzunehmen. Dabei ist insbes. die Ursache der Krankheit, die Dauer der Betriebszugehörigkeit, der Verlauf des Arbeitsverhältnisses und das Lebensalter des Arbeitnehmers zu berücksichtigen.[1240] Von Bedeutung ist in diesem Zusammenhang auch, welche Anstrengungen der Arbeitgeber unternommen hat, um den Arbeitnehmer seiner körperlichen Konstitution entsprechend einzusetzen.[1241] **408**

g) **Unkündbare Arbeitnehmer.** Eine außerordentliche krankheitsbedingte Kündigung kommt ausnahmsweise auch bei tariflich unkündbaren Arbeitnehmern in Betracht.[1242] Da die Einhaltung der Kündigungsfrist dem Arbeitgeber regelmäßig zumutbar sein dürfte, ist grds. die der ordentlichen Kündigungsfrist entsprechende **Auslauffrist** einzuhalten.[1243] **409**

1234 Zutr. Hromadka SAE 1994, 5 (6).

1235 BAG 21.5.1992 – 2 AZR 399/91, AP KSchG 1969 § 1 Krankheit Nr. 30.

1236 BAG 29.4.1999 – 2 AZR 431/98, AP KSchG 1969 § 1 Krankheit Nr. 36; 12.4.2002 – 2 AZR 148/01, AP KSchG 1969 § 1 Nr. 65 mAnm Schiefer.

1237 BAG 5.8.1976 – 3 AZR 110/75, AP KSchG 1969 § 1 Krankheit Nr. 1; 26.9.1991 – 2 AZR 132/91, NZA 1992, 1073; DD/Deinert Rn. 210; ErfK/Oetker Rn. 167; KR/Rachor Rn. 412; LSSW/Schlünder Rn. 252; PVT Kündigung/Temming Rn. 1408; HaKo-KSchR/Weigert Rn. 598; HK-KSchG/Weller/Dorndorf Rn. 436.

1238 BAG 26.9.1991 – 2 AZR 132/91, AP KSchG 1969 § 1 Krankheit Nr. 28; zust. Raab Anm. zu BAG 26.9.1991 – 2 AZR 132/91, EzA § 1 KSchG Personenbedingte Kündigung Nr. 10; Schiefer/Köster SAE 1993, 234 (235).

1239 BAG 26.9.1991 – 2 AZR 132/91, AP KSchG 1969 § 1 Krankheit Nr. 28.

1240 BAG 26.9.1991 – 2 AZR 132/91, AP KSchG 1969 § 1 Krankheit Nr. 28.

1241 LAG Berlin-Brandenburg 4.12.2008 – 26 Sa 343/08, LAGE § 3 AGG Nr. 1 = BeckRS 2011, 67066.

1242 BAG 9.9.1992 – 2 AZR 190/92, AP BGB § 626 Krankheit Nr. 3; 12.7.1995 – 2 AZR 762/94, AP BGB § 626 Krankheit Nr. 7; 9.7.1998 – 2 AZR 201/98, EzA § 626 BGB Krankheit Nr. 1; 16.9.1999 – 2 AZR 123/99, AP BGB § 626 Nr. 159; 18.10.2000 – 2 AZR 627/99, AP BGB § 626 Krankheit Nr. 9; 27.11.2003 – 2 AZR 601/02, AP BGB § 626 Krankheit Nr. 11; 12.1.2006 – 2 AZR 242/05, AP BGB § 626 Krankheit Nr. 13; 23.1.2014 – 2 AZR 582/13, AP BGB § 626 Krankheit Nr. 16; 20.3.2014 – 2 AZR 288/13, AP BGB § 626 Krankheit Nr. 17; 22.3.2018 – 8 AZR 190/17, NZA 2018, 1191; 25.4.2018 – 2 AZR 6/18, NZA 2018, 1056.

1243 BAG 16.9.1999 – 2 AZR 123/99, AP BGB § 626 Nr. 159; 18.10.2000 – 2 AZR 627/99, AP BGB § 626 Krankheit Nr. 9.

Vor Ausspruch der Kündigung hat der Arbeitgeber nach leidensgerechten Beschäftigungsmöglichkeiten für den Arbeitnehmer zu suchen. An die Bemühungen des Arbeitgebers sind dabei hohe Anforderungen zu stellen.[1244] Ist das Arbeitsverhältnis als Austauschverhältnis auf Dauer umfassend gestört („sinnentleert"), weil aufgrund der Erkrankung des Arbeitnehmers **auf nicht mehr absehbare Zeit kein Leistungsaustausch** mehr erfolgen wird, kann auch eine Kündigung aus wichtigem Grund gerechtfertigt sein.[1245] Die **Unfähigkeit des Arbeitnehmers, einen Teil der geschuldeten Arbeitsleistung zu erbringen,** ist dagegen in der Regel nicht geeignet, eine außerordentliche krankheitsbedingte Kündigung zu rechtfertigen.[1246] Möglich ist eine außerordentliche Kündigung tariflich Unkündbarer wegen **Alkoholsucht.** Hier ist bei der Prüfung der drei Stufen (negative Prognose hinsichtlich des voraussichtlichen Gesundheitszustandes; erhebliche Beeinträchtigung der betrieblichen Interessen; Interessenabwägung) den hohen Anforderungen Rechnung zu tragen, die an eine außerordentliche Kündigung zu stellen sind.[1247] Eine Kündigung wegen **häufiger Kurzerkrankungen** hat das BAG bei tariflich unkündbaren Arbeitnehmern ausnahmsweise zugelassen,[1248] sofern eine gravierende Störung des Äquivalenzverhältnisse von Leistung und Gegenleistung (Entgeltfortzahlung bei mehr als einem Drittel der jährlichen Arbeitstage) zu erwarten ist,[1249] bei Betriebsratsmitgliedern jedoch grds. abgelehnt.[1250]

410–417 (Einstweilen nicht belegt.)

16. Schlecht- und Minderleistung

418 Eine dauerhafte **Schlecht- bzw. Minderleistung** kann je nach Fallgestaltung eine personenbedingte, aber auch eine verhaltensbedingte Kündigung rechtfertigen (zur Kündigung wegen Eignungsmängeln → Rn. 321 ff.). Eine verhaltensbedingte Kündigung kommt in Betracht, wenn dem Arbeitnehmer (neudeutsch: **„Low-Performer"**) die Minderleistung vorwerfbar ist, der Arbeitnehmer also weniger arbeitet, als er müsste und könnte (→ Rn. 660 ff.). Ein personenbedingter Kündigungsgrund liegt dagegen vor, wenn die Arbeitsleistung die berechtigte Gleichwertigkeitserwartung des Arbeitgebers in einem Maße unterschreitet, dass ihm ein Festhalten an dem (unveränderten) Arbeitsvertrag unzumutbar wird und künftig nicht mit einer Wiederherstellung des Gleichgewichts von Leistung und Gegenleistung zu rechnen ist, ohne dass dem Arbeitnehmer die Leistungsschwäche vorgeworfen werden kann.[1251] Vor Ausspruch der Kündigung ist zu prüfen, ob durch eine Beschäftigung zu geänderten Vertragsbedingungen das Vertragsgleichgewicht wieder hergestellt werden kann. Bei der Interessenabwägung muss dem Schutz älterer, langjährig beschäftigter und unverschuldet – womöglich durch betriebliche Veranlassung – erkrankter Arbeitnehmer besonders Rechnung getragen werden.[1252]

419 Eine unzumutbare Minderleistung hat das BAG in einem Fall angenommen, in dem eine schwerbehinderte Arbeitnehmerin die dem Umfang nach unstreitige Normalleistung dauerhaft **um ein Drittel unterschritten** hatte.[1253] Ein Nachlassen der Leistungsfähigkeit

[1244] BAG 13.5.2004 – 2 AZR 36/04, AP BGB § 626 Krankheit Nr. 12.

[1245] BAG 21.3.1996 – 2 AZR 455/95, AP BGB § 626 Krankheit Nr. 8; 27.11.2003 – 2 AZR 601/02, AP BGB § 626 Krankheit Nr. 11; 20.3.2014 – 2 AZR 288/13, AP BGB § 626 Krankheit Nr. 17 Rn. 18; 22.3.2018 – 8 AZR 190/17, NZA 2018, 1191 Rn. 25; s. a. BAG 12.1.2006 – 2 AZR 242/05, AP BGB § 626 Krankheit Nr. 13 zur Entgeltzahlungspflicht bis zur Pensionsgrenze ohne nennenswerte Gegenleistung.

[1246] BAG 12.7.1995 – 2 AZR 762/94, AP BGB § 626 Krankheit Nr. 7.

[1247] BAG 9.7.1998 – 2 AZR 201/98, BeckRS 1998, 13908; 16.9.1999 – 2 AZR 123/99, AP BGB § 626 Nr. 159.

[1248] BAG 9.9.1992 – 2 AZR 190/92, AP BGB § 626 Krankheit Nr. 3.

[1249] BAG 25.4.2018 – 2 AZR 6/18, NZA 2018, 1056 Rn. 37 ff.

[1250] BAG 18.2.1993 – 2 AZR 526/92, AP KSchG 1969 § 15 Nr. 35.

[1251] BAG 11.12.2003 – 2 AZR 667/02, AP KSchG 1969 § 1 Verhaltensbedingte Kündigung Nr. 48 mAnm Mauer; 3.6.2004 – 2 AZR 386/03, AP KSchG 1969 § 23 Nr. 33; 17.1.2008 – 2 AZR 536/06, NZA 2008, 693; LAG Köln 17.10.2006 – 9 Sa 370/06, NZA-RR 2007, 294; LAG Nürnberg 12.6.2007 – 6 Sa 37/07, NZA-RR 2008, 178; s. a. Schul/Wichert DB 2005, 1906; Tschöpe BB 2006, 213.

[1252] LAG Köln 26.2.1999 – 11 Sa 1216/98, NZA-RR 2000, 25; LAG Köln 17.10.2006 – 9 Sa 370/06, NZA-RR 2007, 294; LAG Sachsen 1.10.2008 – 3 Sa 298/08, BB 2009, 165.

[1253] BAG 26.9.1991 – 2 AZR 132/91, AP KSchG 1969 § 1 Krankheit Nr. 28.

im Alter ist nur dann geeignet, eine Kündigung sozial zu rechtfertigen, wenn der Leistungsabfall gegenüber vergleichbaren älteren Arbeitnehmern erheblich stärker ausfällt, weil der Arbeitgeber grds. einen gewissen altersbedingten Abfall der Leistungsfähigkeit hinzunehmen hat.[1254] Hierdurch wird die berechtigte Erwartung eines Gleichgewichts von Leistung und Gegenleistung nicht unzumutbar gestört.

Probleme bereitet die Bestimmung der berechtigten Leistungserwartung des Arbeitgebers. Nach Auffassung des BAG schuldet der Arbeitnehmer eine **„individuelle Normalleistung“.**[1255] Der Inhalt des Leistungsversprechens sei nach dem vom Arbeitgeber durch Ausübung des Direktionsrechts festgelegten Arbeitsinhalt und nach dem persönlichen, subjektiven Leistungsvermögen des Arbeitnehmers zu bestimmen. Die Leistungspflicht sei nicht starr, sondern dynamisch und orientiere sich an der Leistungsfähigkeit des Arbeitnehmers. Ein objektiver Maßstab sei nicht anzusetzen. Der Zweite Senat formuliert griffig: „Der Arbeitnehmer muss tun, was er soll, und zwar so gut, wie er kann.“[1256] Der Arbeitgeber könne bei der personenbedingten Kündigung durch die Darlegung erheblich unterdurchschnittlicher Leistungen des Arbeitnehmers eine schwerwiegende Störung des Vertragsgleichgewichts begründen.[1257] Kenne der Arbeitgeber lediglich die objektiv messbaren Arbeitsergebnisse, genüge er seiner Darlegungslast, wenn er Tatsachen vortrage, aus denen ersichtlich werde, dass die Leistungen des Arbeitnehmers die Durchschnittsleistung erheblich unterschreiten. Habe der Arbeitgeber dies ausgeführt, sei es Sache des Arbeitnehmers, ggf. das Zahlenwerk und seine Aussagefähigkeit iE zu bestreiten und/oder darzulegen, warum er mit seiner deutlich unterdurchschnittlichen Leistung dennoch seine persönliche Leistungsfähigkeit ausschöpfe. Hier könnten altersbedingte Leistungsdefizite, Beeinträchtigungen durch Krankheit, aber auch betriebliche Umstände eine Rolle spielen. Lege der Arbeitnehmer derartige Umstände plausibel dar, sei es alsdann Sache des Arbeitgebers, sie zu widerlegen. Trage der Arbeitnehmer hingegen derartige Umstände nicht vor, gelte das schlüssige Vorbringen des Arbeitgebers als zugestanden (§ 138 Abs. 3 ZPO). Es sei dann davon auszugehen, der Arbeitnehmer schöpfe seine Leistungsfähigkeit nicht aus. 420

Diese **Rspr. überzeugt nicht.**[1258] Es ist kein hinreichender Grund ersichtlich, im Arbeitsverhältnis die erbrachte Arbeitsleistung nicht nach objektiven Maßstäben zu beurteilen. Der personale Charakter des Arbeitsverhältnisses, auf den das Schrifttum abstellt,[1259] und die aus § 613 S. 1 BGB folgende Verpflichtung, die Arbeitsleistung in Person zu erbringen, lassen nicht den Schluss zu, Qualität und Quantität der Arbeitsleistung seien allein am Maßstab der individuellen Fähigkeiten des Arbeitnehmers zu bestimmen. § 613 S. 1 BGB ist nur zu entnehmen, dass der Arbeitnehmer die Arbeit höchstpersönlich zu leisten hat. Keine weiteren Erkenntnisse zur geschuldeten Leistung bringt ferner die Feststellung des BAG, der Arbeitsvertrag als Dienstvertrag begründe **keine Erfolgshaftung** des Arbeitnehmers, der Arbeitnehmer schulde das Wirken und nicht das Werk.[1260] So zutreffend diese Aussage abstrakt ist, so wenig ist ihr zu entnehmen, welche Qualität das Wirken des Arbeitnehmers haben muss. 421

[1254] BAG 16.3.1961 – 2 AZR 539/59, AP KSchG § 1 Verhaltensbedingte Kündigung Nr. 2 mAnm A. Hueck; DD/Deinert Rn. 209; MüKoBGB/Hergenröder Rn. 214; KR/Rachor Rn. 413; LSSW/Schlünder Rn. 259.

[1255] BAG 20.3.1969 – 2 AZR 283/68, AP GewO § 123 Nr. 27 mzustAnm Canaris; 17.7.1970 – 3 AZR 423/69, AP MuSchG 1968 § 11 Nr. 3; 11.12.2003 – 2 AZR 667/02, AP KSchG 1969 § 1 Verhaltensbedingte Kündigung Nr. 48 mAnm Mauer; 17.1.2008 – 2 AZR 536/06, NZA 2008, 693; MHdB ArbR/Reichold § 40 Rn. 44 ff. mwN.

[1256] BAG 11.12.2003 – 2 AZR 667/02, AP KSchG 1969 § 1 Verhaltensbedingte Kündigung Nr. 48 unter B II 2 b.

[1257] BAG 11.12.2003 – 2 AZR 667/02, AP KSchG 1969 § 1 Verhaltensbedingte Kündigung Nr. 48 unter B III 2d; 3.6.2004 – 2 AZR 386/03, AP KSchG 1969 § 23 Nr. 33; 17.1.2008 – 2 AZR 536/06, NZA 2008, 693.

[1258] Krit. auch Berkowsky, Die personen- und verhaltensbedingte Kündigung, 4. Aufl. 2005, § 6 Rn. 39 ff.; Mauer Anm. zu BAG 11.12.2003 – 2 AZR 667/02, AP KSchG 1969 § 1 Verhaltensbedingte Kündigung Nr. 48; ferner Kaiser FS Otto, 2008, 173 (188).

[1259] So MHdB ArbR/Reichold § 40 Rn. 44.

[1260] So aber BAG 11.12.2003 – 2 AZR 667/02, AP KSchG 1969 § 1 Verhaltensbedingte Kündigung Nr. 48 unter B II 2b; 17.1.2008 – 2 AZR 536/06, NZA 2008, 693 unter B I 2 c.

422 Geht man mit der Rspr. davon aus, dass der Arbeitnehmer nur eine individuelle Normalleistung schulde, die allein vom persönlichen Leistungsvermögen des Arbeitnehmers abhänge, wäre eine **personenbedingte Kündigung** wegen mangelnder Arbeitsleistung nicht möglich, wenn der Arbeitnehmer unter angemessener Anspannung seiner Kräfte und Fähigkeiten diese Arbeitsleistung erbringt, damit aber aufgrund seiner Konstitution erheblich unterhalb einer objektiven Normalleistung bliebe. Denn damit würde der Arbeitnehmer sein Leistungsversprechen erfüllen, sodass der Arbeitgeber berechtigterweise nicht mehr verlangen könnte. Hinzu kommt, dass der Arbeitgeber kaum weiß und deshalb häufig nicht darlegen und schon gar nicht beweisen kann, welches subjektive Leistungsvermögen der Arbeitnehmer zum Kündigungszeitpunkt besitzt.

423 Das BAG überwindet diese Schwierigkeiten, indem es bei der Verteilung der Darlegungs- und Beweislast bei der personenbedingten Kündigung – zur verhaltensbedingten Kündigung (→ Rn. 662) – dem Arbeitgeber ohne nähere Begründung die Möglichkeit eröffnet, die **Störung des Gleichgewichts von Leistung und Gegenleistung** durch die Darlegung erheblicher unterdurchschnittlicher Leistungen des Arbeitnehmers[1261] zu begründen.[1262] Damit kommt auch das BAG iErg über den Umweg der Darlegungs- und Beweislastverteilung zu einer **Verobjektivierung der Leistungsanforderungen.** Denn unterdurchschnittliche Leistungen orientieren sich gerade nicht am individuellen Leistungsvermögen des einzelnen Arbeitnehmers, sondern am Leistungsvermögen der anderen Beschäftigten.[1263]

424 Richtigerweise liegt eine ordnungsgemäße Erfüllung der arbeitsvertraglichen Leistungspflicht vor, wenn der Arbeitnehmer eine **objektive Normalleistung** (Grundgedanke des § 243 BGB) erbringt.[1264] Dies ist regelmäßig **Inhalt der vertraglichen Vereinbarung.** Der Arbeitgeber hat, sofern arbeitsvertraglich nichts Abweichendes vereinbart ist, bei verständiger Auslegung des Arbeitsvertrags nach § 157 BGB einen Anspruch auf eine objektive Normalleistung des Arbeitnehmers und nicht nur darauf, dass der Arbeitnehmer die Arbeitsleistung im Rahmen des persönlichen Leistungsvermögens unter angemessener Anspannung seiner Kräfte und Fähigkeiten bewirkt.[1265] Unter Normalleistung ist die Arbeitsleistung zu verstehen, die ein durchschnittlicher Arbeitnehmer nach vollzogener Einarbeitung bei menschengerechter Gestaltung der Arbeitsbedingungen ohne Rücksicht auf Geschlecht, Alter und tägliches Schwanken der Arbeitsleistungen dauerhaft ohne gesteigerte Anstrengung und ohne gesundheitliche Risiken erbringen kann.

17. Sicherheitsbedenken

425 Durch Gründe in der Person des Arbeitnehmers ist die Kündigung auch dann bedingt, wenn der Arbeitgeber sich nur durch eine solche Kündigung gegen den Verrat von Betriebsgeheimnissen durch einen Arbeitnehmer, der mit dem Inhaber eines Konkurrenzunternehmens verwandt oder eng befreundet ist, wehren kann.[1266] Dass es bereits zum Verrat von Betriebsgeheimnissen gekommen ist, wird dabei nicht vorausgesetzt, weil dies bereits unter dem Gesichtspunkt der verhaltensbedingten Kündigung zu würdigen wäre. Erforderlich ist jedoch, dass **konkrete Tatsachen** vorliegen, welche die **Sicherheitsbeden-**

[1261] Zur Feststellung von Minderleistungen mittels technischer Programme Kraus DB 2018, 701.

[1262] BAG 11.12.2003 – 2 AZR 667/02, AP KSchG 1969 § 1 Verhaltensbedingte Kündigung Nr. 48 unter B III 2 d; ebenso BAG 3.6.2004 – 2 AZR 386/03, AP KSchG 1969 § 23 Nr. 33; 17.1.2008 – 2 AZR 536/06, NZA 2008, 693.

[1263] So deutlich BAG 3.6.2004 – 2 AZR 386/03, AP KSchG 1969 § 23 Nr. 33.

[1264] Ebenso MHdB ArbR/Berkowsky, 3. Aufl. 2009, § 114 Rn. 20 ff.

[1265] So aber BAG 20.3.1969 – 2 AZR 283/68, AP GewO § 123 Nr. 27; 17.7.1970 – 3 AZR 423/69, AP MuSchG 1968 § 11 Nr. 3; 21.5.1992 – 2 AZR 551/91, AP KSchG 1969 § 1 Verhaltensbedingte Kündigung Nr. 28; Bitter AR-Blattei SD 190 Rn. 72; Staudinger/Fischinger (2022) BGB § 611a Rn. 1066; MHdb ArbR/Reichold § 40 Rn. 44.

[1266] LAG Baden-Württemberg 19.12.1952 – II Sa 138/52, BB 1953, 236; LAG Baden-Württemberg 27.11.1967 – 4 Sa 107/67, DB 1968, 359 (Ls.); LAG Hamburg 27.3.1969 – 2 Sa 17/69, BB 1970, 1096.

ken des Arbeitgebers rechtfertigen.[1267] Von Bedeutung sind hier Stellung und Funktion des Arbeitnehmers. Je herausgehobener die Funktion des Arbeitnehmers ist und je sensibler die Vorgänge sind, mit denen der Arbeitnehmer befasst ist, desto eher wird man die Gefahr der Weitergabe von Betriebsgeheimnissen bejahen können. Allein die **Lebensgemeinschaft einer Arbeitnehmerin** mit einem bei einem Konkurrenzunternehmen in leitender Stellung Beschäftigten stellt noch keinen ausreichenden Anhaltspunkt dafür dar, dass mit einer Illoyalität zu rechnen ist.[1268]

Auch die Kündigung eines **Arbeitnehmers der Bundeswehr** wegen Sicherheitsbedenken 426 kann nicht allein auf die Behauptung der Dienststelle, es bestünden Sicherheitsbedenken, gestützt werden. Erforderlich ist vielmehr, dass tatsächliche Umstände vorgebracht werden, aus denen sich die Bedenken ergeben.[1269] Erhebliche finanzielle Belastungen, die auf rechtskräftige Verurteilungen wegen Vermögensdelikten zurückgehen, können solche kündigungsrelevanten Sicherheitsbedenken gegenüber einer Schreibkraft im Bundesministerium der Verteidigung begründen.[1270] Die Verhandlung vor dem Arbeitsgericht hat dann uU nach § 172 Nr. 1 GVG unter Ausschluss der Öffentlichkeit zu erfolgen, wenn eine Gefährdung der Staatssicherheit zu besorgen ist.

18. Straf- und Untersuchungshaft

Bei der Kündigung eines Arbeitnehmers wegen Arbeitsverhinderung infolge der Ver- 427 büßung einer Freiheitsstrafe als solche handelt es sich grds. nicht um einen verhaltens-, sondern um einen personenbedingten Kündigungsgrund.[1271] Hiervon zu unterscheiden ist eine personenbedingte Kündigung aufgrund des in der Straftat zum Ausdruck kommenden Eignungsmangels (→ Rn. 307). Abzugrenzen ist ferner eine verhaltensbedingte Kündigung wegen der Straftat selbst, sofern sie einen Bezug zum Arbeitsverhältnis aufweist, ausnahmsweise auch bei mutwilliger Inkaufnahme eines längeren haftbedingten Arbeitsausfalls,[1272] sowie wegen des Unterlassens der unverzüglichen Information des Arbeitgebers über eine Inhaftierung.[1273] Ob die haftbedingte Nichterfüllung der Arbeitspflicht eine ordentliche oder sogar außerordentliche Kündigung[1274] zu rechtfertigen vermag, hängt von Art und Ausmaß der betrieblichen Auswirkungen ab.[1275] Da der Arbeitgeber für die Dauer der Strafhaft keine Entgeltfortzahlung zu leisten hat, kommen allein **Störungen im Produktionsablauf oder im Personaleinsatz** als betriebliche Beeinträchtigungen in Betracht.[1276] Sofern der Arbeitnehmer im Kündigungszeitpunkt noch eine Freiheitsstrafe von mehr als zwei Jahren zu verbüßen hat und weder ein Freigängerstatus noch eine vorzeitige Entlassung zu erwarten sind, muss der Arbeitgeber im Allgemeinen keine Überbrückungsmaßnahmen vornehmen, um den Arbeitsplatz freizuhalten.[1277] Zur

[1267] BAG 27.9.1960 – 3 AZR 171/58, AP KSchG § 1 Sicherheitsbedenken Nr. 1; 28.2.1963 – 2 AZR 342/62, AP KSchG § 1 Sicherheitsbedenken Nr. 3; 26.10.1978 – 2 AZR 24/77, AP KSchG 1969 § 1 Sicherheitsbedenken Nr. 1; 20.7.1989 – 2 AZR 114/87, AP KSchG 1969 § 1 Sicherheitsbedenken Nr. 2; ausf. Meyer, Die Kündigung wegen Sicherheitsbedenken, 1997; ferner Däubler SR 2012, 57 (66 ff.).

[1268] LAG Hamm 29.1.1997 – 14 Sa 1862/96, NZA 1999, 656.

[1269] BAG 21.3.1996 – 2 AZR 479/95, BeckRS 1996, 30760766; BVerwG 12.12.1985 – 1 WB 8.85, BVerwGE 83, 90 (95); s. a. LAG Hessen 25.2.2021 – 17 Sa 1435/19, BeckRS 2021, 10064 (Flugbegleiterin bei der Lufthansa).

[1270] LAG Köln 9.5.1996 – 10 Sa 22/96, BeckRS 1996, 30462889.

[1271] BAG 15.11.1984 – 2 AZR 613/83, NZA 1985, 661; 22.9.1994 – 2 AZR 719/93, AP KSchG 1969 § 1 Nr. 25; 9.3.1995 – 2 AZR 497/94, NZA 1995, 777; 25.11.2010 – 2 AZR 984/08, NZA 2011, 686; 24.3.2011 – 2 AZR 790/09, AP KSchG 1969 § 1 Personenbedingte Kündigung Nr. 33; 23.5.2013 – 2 AZR 120/12, AP KSchG 1969 § 1 Personenbedingte Kündigung Nr. 36; LAG Rheinland-Pfalz 12.4.1999 – 7 Sa 61/99, BeckRS 1999 30466948; DD/Deinert Rn. 203; ErfK/Oetker Rn. 172; KR/Rachor Rn. 335 f.; LSSW/Schlünder Rn. 279; PVT Kündigung/Temming Rn. 1401; HaKo-KSchR/Weigert Rn. 544.

[1272] ErfK/Oetker Rn. 172; C. Picker RdA 2012, 40 (48 ff.).

[1273] BAG 26.3.2015 – 2 AZR 517/14, NZA 2015, 1180 Rn. 24.

[1274] BAG 9.3.1995 – 2 AZR 497/94, AP BGB § 626 Nr. 123.

[1275] Dazu Bettinghausen BB 2018, 1524.

[1276] Vgl. ErfK/Oetker Rn. 172; APS/Vossen Rn. 243; zur Darlegungslast des Arbeitgebers BAG 20.11.1997 – 2 AZR 805/96, BeckRS 1997, 30772496; 25.11.2010 – 2 AZR 984/08, NZA 2011, 686.

[1277] BAG 25.11.2010 – 2 AZR 984/08, AP KSchG 1969 § 1 Personenbedingte Kündigung Nr. 32 mAnm Schwarze; 24.3.2011 – 2 AZR 790/09, AP KSchG 1969 § 1 Personenbedingte Kündigung Nr. 33; 23.5.2013 –

Vermeidung betrieblicher Beeinträchtigungen kann der Arbeitgeber unter Umständen aber gehalten sein, an der Erlangung des Freigängerstatus mitzuwirken.[1278]

428 Nach der zutreffenden Auffassung des BAG ist bei der **Interessenabwägung** eine Gleichstellung der Arbeitsverhinderung wegen Verbüßung einer Freiheitsstrafe mit den Fällen der Arbeitsverhinderung wegen lang andauernder Krankheit verfehlt, weil die krankheitsbedingten Fehlzeiten auf einem „Schicksalsschlag" beruhen, während die Strafhaft durch schuldhaftes strafbares Verhalten des Arbeitnehmers verursacht wurde.[1279]

429 Für die Arbeitsverhinderung infolge der Anordnung von **Untersuchungshaft** gelten die gleichen Grundsätze.[1280]

19. Tendenzbetriebe

430 Das KSchG findet auf Arbeitsverhältnisse in Tendenzunternehmen Anwendung. Im Unterschied zum BetrVG kennt das KSchG keine dem § 118 BetrVG vergleichbare Bestimmung. Für die kündigungsrechtliche Beurteilung der Eignung und Leistungsmängel eines Arbeitnehmers gelten in Tendenzbetrieben gleichwohl **Besonderheiten.** So bildet in Presseunternehmen § 1 zwar eine grds. zulässige Schranke für die durch Art. 5 Abs. 1 S. 2 GG geschützte Pressefreiheit. Die Reichweite dieser Schranke ist ihrerseits jedoch durch die Bedeutung der Pressefreiheit für einen freiheitlich-demokratischen Staat beschränkt. Das hat zur Folge, dass weder den unmittelbar für die Berichterstattung der Zeitschrift tätigen Mitarbeitern der arbeitsrechtliche Bestandsschutz generell versagt werden darf, noch die Regeln des KSchG in einer Weise angewendet werden dürfen, die das durch die Verfassung geschützte Recht der Presseunternehmen, frei von fremder Einflussnahme über die Auswahl, Einstellung und Beschäftigung dieser Mitarbeiter zu bestimmen, unberücksichtigt lässt.[1281]

431 **Tendenzbetriebe** dienen unmittelbar oder überwiegend politischen,[1282] koalitionspolitischen, konfessionellen, karitativen, erzieherischen, wissenschaftlichen oder künstlerischen Bestimmungen oder Zwecken der Berichterstattung oder Meinungsäußerung.[1283] **Tendenzträger** in einem Tendenzunternehmen sind Arbeitnehmer, die tendenzbezogene Aufgaben wahrnehmen. Der Tendenzträger muss in verantwortlicher Stellung tätig sein und unmittelbar einen maßgeblichen Einfluss auf die Tendenzverwirklichung haben. Daran fehlt es, wenn sein Gestaltungsspielraum stark eingeschränkt ist. Unschädlich ist allerdings, wenn der Tendenzträger im Einzelfall nach vorgegebenen allgemeinen Richtlinien und Weisungen arbeiten muss.[1284] Nicht zu den Tendenzträgern zählen solche Mitarbeiter, die Tätigkeiten verrichten, die unabhängig von der Eigenart des Tendenzbetriebes in jedem Betrieb anfallen, wie bspw. Buchhalter, Lagerarbeiter, Registratoren, Sekretariatskräfte, Techniker.[1285] Allgemein anerkannt ist dagegen, dass die Funktionsinhaber (hauptamtliche Funktionäre) bei den Parteien und Koalitionen Tendenzträger sind.[1286]

---

2 AZR 120/12, AP KSchG 1969 § 1 Personenbedingte Kündigung Nr. 36 Rn. 37; 23.5.2013 – 2 AZR 120/12, AP KSchG 1969 § 1 Personenbedingte Kündigung Nr. 36 Rn. 26 (mehrjährige haftbedingte Abwesenheit).

[1278] BAG 9.3.1995 – 2 AZR 497/94, AP BGB § 626 Nr. 123; 25.11.2010 – 2 AZR 984/08, AP KSchG 1969 § 1 Personenbedingte Kündigung Nr. 32.

[1279] BAG 9.3.1995 – 2 AZR 497/94, AP BGB § 626 Nr. 123; 24.3.2011 – 2 AZR 790/09, AP KSchG 1969 § 1 Personenbedingte Kündigung Nr. 33; 23.5.2013 – 2 AZR 120/12, AP KSchG 1969 § 1 Personenbedingte Kündigung Nr. 36 Rn. 27 ff.

[1280] BAG 22.9.1994 – 2 AZR 719/93, AP KSchG 1969 § 1 Nr. 25; LAG Berlin 19.8.1985 – 9 Sa 56/85, RzK I 6a Nr. 14.

[1281] BAG 16.1.1997 – 2 AZR 98/96, BeckRS 1997, 30368190.

[1282] BAG 28.8.2003 – 2 ABR 48/02, AP BetrVG 1972 § 103 Nr. 49.

[1283] Vgl. § 118 Abs. 1 BetrVG; zur Rundfunkfreiheit siehe zusf. Wrede NZA 1999, 1019.

[1284] BAG 28.10.1986 – 1 ABR 16/85, AP BetrVG 1972 § 118 Nr. 32 mAnm Mummenhoff.

[1285] Ebenso LAG Berlin-Brandenburg 19.7.2021 – 21 Sa 1291/20, BB 2022, 697 (700) = MMR 2022, 319 (322): Technischer Leiter in einer Flüchtlingsunterkunft, der allein mit wirtschaftlichen und organisatorischen Fragen betraut ist.

[1286] BAG 28.8.2003 – 2 ABR 48/02, AP BetrVG 1972 § 103 Nr. 49.

Kündigungsrechtlich erhebliche tendenzbezogene Mängel liegen nur dann vor, wenn die von einem Tendenzträger erbrachte Arbeitsleistung bzw. dessen persönliche Eignung als solche dem Tendenzzweck zuwider läuft.[1287] Von einem Tendenzträger kann während seiner Tätigkeit eine gewisse Zurückhaltung bei solchen Betätigungen verlangt werden, die der Tendenz des Unternehmens nachhaltig zuwiderlaufen und damit betriebliche Interessen des Unternehmens erheblich berühren.[1288] Bei der Prüfung des Kündigungsgrundes ist es erforderlich, die vom Arbeitgeber verfolgte Tendenz und die sich daraus ergebenden Anforderungen an das Arbeitsverhältnis des Tendenzträgers näher zu konkretisieren. Es spricht keine tatsächliche Vermutung dafür, dass die Kündigung eines Tendenzträgers stets aus tendenzbezogenen Gründen erfolgt und deshalb eine tendenzbezogene Maßnahme ist.[1289] Namentlich im **kirchlichen und karitativen Bereich** (vgl. § 118 Abs. 2 BetrVG) spielen tendenzbezogene Eignungsmängel kündigungsrechtlich immer wieder eine große Rolle (→ Rn. 631 ff.). 432

Aus personenbedingten Gründen sozial gerechtfertigt war die Kündigung einer **DGB-Gewerkschaftssekretärin,** die Mitglied im Kommunistischen Bund Westdeutschland (KBW) war.[1290] Der DGB ist wegen seiner koalitionspolitischen Bestimmung als ein Tendenzunternehmen anzusehen, dessen Beschäftigte, soweit sie wie Gewerkschaftssekretäre Tendenzträger sind, in ihrem außerdienstlichen Verhalten und in ihrem Privatleben einer weitergehenden Bindung unterliegen als in anderen Arbeitsverhältnissen. Entgegen der Auffassung des BAG liegt hier aber kein Grund im Verhalten der Arbeitnehmerin vor, sondern ein personenbedingter Kündigungsgrund, weil ihr aufgrund der Mitgliedschaft im KBW die persönliche Eignung für die auszuübende Tätigkeit fehlt. 433

20. Verdachtskündigung

Steht der Arbeitnehmer in dem dringenden Verdacht, eine schwerwiegende Pflichtwidrigkeit gegen den Arbeitgeber begangen zu haben, kann dies im Einzelfall eine **außerordentliche Kündigung**[1291] wie auch eine **ordentliche Kündigung**[1292] begründen. Nach der zutreffenden Rspr. des BAG ist die Kündigung wegen des Verdachts einer Pflichtverletzung von der Kündigung wegen einer vom Arbeitgeber als erwiesen angesehenen Pflichtverletzung **abzugrenzen.**[1293] Kündigungsgrund der Verdachtskündigung ist letztlich der Verlust des für die Fortsetzung des Arbeitsverhältnisses erforderlichen **Vertrau-** 434

[1287] BAG 6.12.1979 – 2 AZR 1055/77, AP KSchG 1969 § 1 Verhaltensbedingte Kündigung Nr. 2 mzustAnm Kunze; 3.11.1982 – 7 AZR 5/81, NJW 1983, 1221.

[1288] BAG 28.8.2003 – 2 ABR 48/02, AP BetrVG 1972 § 103 Nr. 49.

[1289] BAG 28.8.2003 – 2 ABR 48/02, AP BetrVG 1972 § 103 Nr. 49.

[1290] BAG 6.12.1979 – 2 AZR 1055/77, AP KSchG 1969 § 1 Verhaltensbedingte Kündigung Nr. 2 mAnm Kunze.

[1291] StRspr, erstmals BAG 12.5.1955 – 2 AZR 77/53, AP BGB § 626 Verdacht strafbarer Handlung Nr. 1; zuletzt BAG 21.11.2013 – 2 AZR 797/11, AP BGB § 626 Verdacht strafbarer Handlung Nr. 53 mAnm Bayreuther; 2.3.2014 – 2 AZR 1037/12, AP BGB § 626 Verdacht strafbarer Handlung Nr. 54; 18.6.2015 – 2 AZR 256/14, AP KSchG 1969 § 1 Verhaltensbedingte Kündigung Nr. 74; 17.3.2016 – 2 AZR 110/15, BeckRS 2016, 72235; 2.3.2017 – 2 AZR 698/15, AP BGB § 626 Verdacht strafbarer Handlung Nr. 55 mAnm Lembke; s. a. BAG 12.2.2015 – 6 AZR 845/13, AP BBiG § 22 Nr. 1 mAnm Lunk; Ascheid KSchR Rn. 160 ff.; Ascheid Beweislastfragen S. 135 ff.; HK-KSchG/Dorndorf Rn. 842 ff.; HaKo-KSchR/Gieseler/Dubon BGB § 626 Rn. 51 ff.; Grunsky Anm. zu BAG 27.1.1972 – 2 AZR 157/71, AP BGB § 626 Ausschlußfrist Nr. 2; MüKoBGB/Hergenröder Rn. 222 ff.; KR/Krumbiegel BGB § 626 Rn. 193 ff.; ErfK/Niemann BGB § 626 Rn. 173 ff.; PVT Kündigung/Preis Rn. 810 ff.; LSSW/Schlünder Rn. 273 ff.; Staudinger/Temming (2025) BGB § 626 Rn. 223 ff.; Überblicke bei Eylert NZA-RR 2014, 393; Fuhlrott/Oltmanns DB 2015, 1719; Lembke RdA 2013, 82; Wißler/Spuhl BB 2019, 692; aA DD/Däubler BGB § 626 Rn. 259 ff.; Deinert AuR 2005, 285; Dörner NZA 1992, 865; Naujok AuR 1998, 398; KR/Rachor Rn. 423; MHdB ArbR/Rachor § 126 Rn. 28; APS/Vossen BGB § 626 Rn. 345 ff.

[1292] So ausdrücklich BAG 27.11.2008 – 2 AZR 98/07, AP KSchG 1969 § 1 Nr. 90; 31.1.2019 – 2 AZR 426/18, NZA 2019, 893 Rn. 26.

[1293] BAG 26.3.1992 – 2 AZR 519/91, AP BGB § 626 Verdacht strafbarer Handlung Nr. 23; 13.9.1995 – 2 AZR 587/94, AP BGB § 626 Verdacht strafbarer Handlung Nr. 25; 18.11.1999 – 2 AZR 743/98, AP BGB § 626 Verdacht strafbarer Handlung Nr. 32; 10.2.2005 – 2 AZR 189/04, AP KSchG 1969 § 1 Nr. 79; 27.11.2008 – 2 AZR 98/07, AP KSchG 1969 § 1 Nr. 90; 23.6.2009 – 2 AZR 474/07, NZA 2009, 1136 Rn. 55; 10.6.2010 – 2 AZR 541/09, NZA 2010, 1227 Rn. 23; 27.1.2011 – 2 AZR 825/09, AP BGB § 626 Verdacht strafbarer Handlung Nr. 49 Rn. 26 mAnm Walker; 23.5.2013 – 2 AZR 102/12, AP BGB § 626 Verdacht strafbarer Handlung Nr. 52 Rn. 20.

ens des Arbeitgebers in die Person des Arbeitnehmers durch den Verdacht eines strafbaren bzw. vertragswidrigen Verhaltens. Deshalb kann mit einem gewissen Recht auch von einer „Vertrauenskündigung" gesprochen werden.[1294] Dabei geht es allerdings nicht um das psychologische Phänomen des Vertrauens einer konkreten Person (bspw. Vorgesetzter), sondern um das für eine gelingende Arbeitsbeziehung notwendige **funktionale Vertrauen in die Redlichkeit des Vertragspartners.**[1295] Entscheidend ist, ob der Arbeitnehmer aufgrund der im Kündigungszeitpunkt **objektiv vorliegenden Tatsachen** seine **Vertrauenswürdigkeit eingebüßt** hat. Der verdachtsbedingte Vertrauensfortfall stellt gegenüber dem Vorwurf, der Arbeitnehmer habe die Tat begangen, einen eigenständigen Kündigungsgrund dar, der in dem Tatvorwurf nicht enthalten ist.[1296] Die Verdachtskündigung ist daher keine „unterentwickelte Tatkündigung".[1297] Das Bedürfnis nach der Anerkennung eines solchen Kündigungsgrundes verdankt sich nicht zuletzt den hohen Anforderungen, die von der arbeitsgerichtlichen Praxis an einen Tatnachweis gestellt werden.[1298] Die Verdachtskündigung und die Tatkündigung stehen gleichwohl nicht beziehungslos nebeneinander. Stellt sich im Prozess das Vorliegen einer Pflichtwidrigkeit heraus, kann das Gericht diesen Umstand seiner Entscheidung zugrunde legen (zur Betriebsratsanhörung → Rn. 453).[1299]

435 Der Verdacht ist ein **personenbedingter und nicht ein verhaltensbedingter Kündigungsgrund,** denn das vorgeworfene Verhalten ist nicht erwiesen.[1300] Daher ist auch eine Abmahnung (→ Rn. 479 ff.) entbehrlich. Beim bloßen Verdacht liegt kein steuerbares Verhalten des Arbeitnehmers vor, das von einer Abmahnung beeinflusst werden könnte.[1301] Demgegenüber ist bei der Kündigung wegen einer nachgewiesenen strafbaren Handlung eben diese Handlung und der damit verbundene Vertrauensverlust, also ein Verhalten des Arbeitnehmers der Kündigungsgrund.[1302] Aus diesem Grunde handelt es sich bei der Frage des Verhältnisses zwischen der Verdachtskündigung und der Kündigung wegen eines nachgewiesenen vertragswidrigen Verhaltens auch nicht allein um ein Problem der Beweislastverteilung.[1303] Vielmehr geht es um einen kraft richterlicher Rechtsfortbildung entwickelten materiell-rechtlichen Tatbestand.[1304]

436 Im Schrifttum ist gegen die Zulässigkeit der Verdachtskündigung eingewandt worden, sie verstoße gegen die **Unschuldsvermutung des Grundgesetzes** sowie des **Art. 6 Abs. 2 EMRK,** weil niemand ohne Schuldnachweis bestraft werden dürfe. Auch werde die Verdachtskündigung nicht auf Tatsachen gestützt, weil der Verdacht keine Tatsache,

---

[1294] Vgl. Gilberg RdA 2015, 209; Kalb ZfA 2016, 467; krit. aber Eylert NZA-RR 2014, 393 (395).

[1295] Ähnlich BAG 31.1.2019 – 2 AZR 426/18, NZA 2019, 893 Rn. 22 u. 32: „vertragsnotwendiges Vertrauen".

[1296] BAG 14.9.1994 – 2 AZR 164/94, AP BGB § 626 Verdacht strafbarer Handlung Nr. 24; 13.9.1995 – 2 AZR 587/94, AP BGB § 626 Verdacht strafbarer Handlung Nr. 25; 12.8.1999 – 2 AZR 923/98, AP BGB § 626 Verdacht strafbarer Handlung Nr. 28; 18.11.1999 – 2 AZR 743/98, AP BGB § 626 Verdacht strafbarer Handlung Nr. 32, 6.3.2003 – 2 AZR 631/02, AP BGB § 626 Verdacht strafbarer Handlung Nr. 39; 27.11.2008 – 2 AZR 98/07, AP KSchG 1969 § 1 Nr. 90; 23.6.2009 – 2 AZR 474/07, NZA 2009, 1136; 21.11.2013 – 2 AZR 797/11, AP BGB § 626 Verdacht strafbarer Handlung Nr. 53 Rn. 16; krit. Enderlein RdA 2000, 325 (329); APS/Vossen BGB § 626 Rn. 346 ff.

[1297] Zust. BAG 31.1.2019 – 2 AZR 426/18, NZA 2019, 893 Rn. 23.

[1298] So Eylert NZA-RR 2014, 393 (394).

[1299] BAG 23.6.2009 – 2 AZR 474/07, NZA 2009, 1136 Rn. 55; 10.6.2010 – 2 AZR 541/09, NZA 2010, 1227 Rn. 23.

[1300] BAG 31.1.2019 – 2 AZR 426/18, NZA 2019, 893 Rn. 24; ebenso Appel/Gerken AuR 1995, 201 (205 f.); Belling FS Kissel, 1994, 11 (24 f.); Fischermeier FS 25 Jahre ARGE Arbeitsrecht im DAV, 2006, 275 (280); PVT Kündigung/Preis Rn. 810; LSSW/Schlünder Rn. 276; Temming RdA 2019, 102 (103); aA Henssler Anm. zu LAG Köln 16.1.1990 – 11 Sa 853/89, LAGE § 1 KSchG Verhaltensbedingte Kündigung Nr. 27; diff. KR/Krumbiegel BGB § 626 Rn. 194; aA KR/Rachor Rn. 423; MHdB ArbR/Rachor § 126 Rn. 28: Einordnung „kaum widerspruchsfrei möglich".

[1301] Ebenso iErg BDDH/Kerwer Rn. 668.

[1302] BAG 26.3.1992 – 2 AZR 519/91, AP BGB § 626 Verdacht strafbarer Handlung Nr. 23, zu einer Kündigung nach erfolgter Verurteilung im Strafprozess.

[1303] So aber Grunsky ZfA 1977, 167 (179 ff.); dagegen zutr. MHdB ArbR/Berkowsky, 3. Aufl. 2009, § 119 Rn. 2.

[1304] Zu den verschiedenen Erklärungsansätzen Prütting FS Moll, 2019, 553, der sich selbst für eine prozessuale Rechtsfortbildung im Sinne einer Absenkung des Beweismaßes auf überwiegende Wahrscheinlichkeit ausspricht.

sondern nur eine Schlussfolgerung sei.[1305] Diese Bedenken sind ernst zu nehmen, können iErg freilich nicht überzeugen, geht es doch bei der Verdachtskündigung nicht um die Verhängung einer Strafe durch einen Richter, sondern um die **Beendigung eines privatrechtlichen Dauerschuldverhältnisses** durch den Arbeitgeber. Insoweit ist der Hinweis auf die EMRK als Argument gegen einen vollständigen Ausschluss der Verdachtskündigung nicht einschlägig (s. aber noch → Rn. 442).[1306]

Die Zulässigkeit einer Kündigung wegen des Verdachts strafbarer Handlungen **verstößt auch nicht gegen Art. 12 Abs. 1 GG.** Bei der Auslegung der unbestimmten Rechtsbegriffe „soziale Rechtfertigung" bzw. „wichtiger Grund" ist zu berücksichtigen, dass das für die Fortsetzung eines Arbeitsverhältnisses notwendige Vertrauen[1307] erheblich gestört sein kann, wenn der Arbeitgeber gegen einen Mitarbeiter den dringenden Verdacht hat, dieser habe strafbare Handlungen begangen. Dem Arbeitgeber hier das Recht zur Kündigung und damit zu einer effektiven Abwehr künftiger Schädigungen zu verweigern, würde gerade umgekehrt einen Eingriff in dessen Grundrechte aus Art. 12 u. 14 GG darstellen,[1308] wobei sich zugunsten des Arbeitnehmers aus Art. 12 Abs. 1 GG freilich strenge Anforderungen an die Wirksamkeit einer Verdachtskündigung ergeben (→ Rn. 440). Ferner ist zu betonen, dass nicht der Verdacht allein Grund der Kündigung ist. Kündigungsrelevant sind die den Verdacht auslösenden Umstände nur, soweit sie objektiv geeignet sind, das Vertrauen des Arbeitgebers in den Arbeitnehmer zu zerstören. Wenn die arbeitsgerichtliche Rspr. seit Jahrzehnten am Institut der Verdachtskündigung festhält, spricht dies iÜ dafür, dass im Arbeitsleben offenbar ein manifestes Bedürfnis besteht, bei einem hinreichend begründeten Verlust des Vertrauens in die Redlichkeit des Arbeitnehmers das Arbeitsverhältnis beenden zu können. Schließlich hat das BVerfG jedenfalls die **„Verdachtsauflösung"** auf der Grundlage von § 9 Abs. 1 S. 2 als **verfassungskonform** angesehen.[1309] 437

Eine **Verdachtskündigung liegt nur vor,** wenn der Arbeitgeber die Kündigung damit begründet, gerade der zum Zeitpunkt der Kündigung vorliegende Verdacht habe das für die Fortsetzung des Arbeitsverhältnisses erforderliche Vertrauen zerstört.[1310] Dagegen liegt keine Verdachtskündigung vor, wenn der Arbeitgeber, obwohl er nur einen Verdacht hegt, die Verfehlung des Arbeitnehmers als sicher hinstellt und mit dieser Begründung kündigt.[1311] 438

Eine Kündigung ist nur dann unter dem Gesichtspunkt der Verdachtskündigung zu beurteilen, wenn der **Arbeitgeber** die Kündigung auch, zumindest hilfsweise, **auf den entsprechenden Verdacht stützt.** Dies kann sowohl vor dem Prozess, etwa im Kündigungsschreiben oder in der Betriebsratsanhörung (→ Rn. 452), als auch später in den Tatsacheninstanzen geschehen.[1312] Beruft sich der Arbeitgeber im Prozess zur Begründung der Kündigung nicht wenigstens auch hilfsweise auf den Verdacht der Pflichtverletzung, ist der Kündigungsschutzklage iErg stattzugeben, wenn der Arbeitgeber die be- 439

[1305] Vgl. Deinert AuR 2005, 285 (291 ff.); Naujok AuR 1998, 398 (401); Schütte NZA 1991 Beil. 2, 17 (22).

[1306] Ebenso BAG 14.9.1994 – 2 AZR 164/94, AP BGB § 626 Verdacht strafbarer Handlung Nr. 24; 6.12.2001 – 2 AZR 496/00, AP BGB § 626 Verdacht strafbarer Handlung Nr. 36; 12.2.2015 – 6 AZR 845/13, AP BBiG § 22 Nr. 1 Rn 30 mAnm Lunk; 31.1.2019 – 2 AZR 426/18, NZA 2019, 893 Rn. 25; Fischermeier FS 25 Jahre ARGE Arbeitsrecht im DAV, 2006, 275 (278); ErfK/Oetker Rn. 129; PVT Kündigung/Preis Rn. 811; s. a. BVerfG 29.5.1990 – 2 BvR 254/88, 2 BvR 1343/88, BVerfGE 82, 106 = NJW 1990, 2741: Unschuldsvermutung schließt es nicht aus, Entscheidung über Auslagenerstattung auf Tatverdacht zu stützen.

[1307] Dazu iE Belling FS Kissel, 1994, 11 (24 ff.).

[1308] Zutr. BAG 14.9.1994 – 2 AZR 164/94, AP BGB § 626 Verdacht strafbarer Handlung Nr. 24; ebenso Belling FS Kissel, 1994, 11 (14); SAE 1994, 210 ff.; Moll/Hottgenroth Anm. zu BAG 29.7.1993 – 2 AZR 90/93, EzA § 626 BGB Ausschlussfrist Nr. 4; PVT Kündigung/Preis Rn. 811.

[1309] BVerfG 15.12.2008 – 1 BvR 347/08, BeckRS 2011, 87024; s. a. BVerfG 4.11.2008 – 1 BvR 2587/06, NZA 2009, 53.

[1310] BAG 14.9.1994 – 2 AZR 164/94, AP BGB § 626 Verdacht strafbarer Handlung Nr. 24; 13.9.1995 – 2 AZR 587/94, AP BGB § 626 Verdacht strafbarer Handlung Nr. 25; 6.11.2003 – 2 AZR 631/02, AP BGB § 626 Verdacht strafbarer Handlung Nr. 39; 10.2.2005 – 2 AZR 189/04, AP KSchG 1969 § 1 Nr. 79.

[1311] BAG 26.3.1992 – 2 AZR 519/91, AP BGB § 626 Verdacht strafbarer Handlung Nr. 23.

[1312] BAG 3.4.1986 – 2 AZR 324/85, AP BGB § 626 Verdacht strafbarer Handlung Nr. 18; 20.8.1997 – 2 AZR 620/96, AP BGB § 626 Verdacht strafbarer Handlung Nr. 27.

hauptete Pflichtwidrigkeit nicht durch objektive Umstände beweisen kann oder überhaupt keine objektiven Umstände für den Tatvorwurf vorliegen, sondern der Vorwurf nur auf Schlussfolgerungen des Arbeitgebers beruht.[1313] Bleibt am Ende eines solchen Kündigungsschutzprozesses nur ein, wenn auch dringender Verdacht übrig, kann dies die ausgesprochene Kündigung nicht rechtfertigen, wenn der Arbeitgeber sich nicht wenigstens hilfsweise auf diesen Verdacht und die dadurch verursachte Zerstörung des Vertrauensverhältnisses berufen hat.

440 An die Voraussetzungen einer Verdachtskündigung sind **strenge Anforderungen** zu stellen.[1314] Die Verdachtsmomente müssen so schwer wiegen, dass dem Arbeitgeber die Fortsetzung des Arbeitsverhältnisses überhaupt nicht zugemutet werden kann, er also eine außerordentliche Kündigung aussprechen könnte.[1315] Nur unter dieser Voraussetzung lässt sich die Rechtsfigur der Verdachtskündigung gegenüber dem Bestandsinteresse des Arbeitnehmers aus Art. 12 Abs. 1 GG legitimieren.[1316] Dies heißt freilich nicht, dass der Arbeitgeber eine Verdachtskündigung stets als fristlose außerordentliche Kündigung erklären muss.[1317] Der Arbeitgeber kann vielmehr auch unter Einhaltung und Beachtung der Kündigungsfrist kündigen, nur muss der Verdacht so gravierend sein, dass er eine außerordentliche Kündigung aus wichtigem Grund rechtfertigen könnte. Daher ist die – deutlich umfangreichere – Rspr. zur außerordentlichen Verdachtskündigung auch für die ordentliche Verdachtskündigung von Interesse. Der Verdacht einer strafbaren Handlung kann eine außerordentliche Kündigung auch dann rechtfertigen, wenn der Arbeitnehmer bereits von der Arbeitspflicht freigestellt ist.[1318] Eine Verdachtskündigung ist auch dann nicht von vornherein ausgeschlossen, wenn im Anstellungsvertrag eines Lehrers die Anwendung der beamtenrechtlichen Grundsätze vereinbart wird, soweit diese nicht auf der Eigenart des öffentlichen Dienstes beruhen.[1319]

441 Der **Verdacht** muss **dringend** sein, dh es muss eine große Wahrscheinlichkeit für die Pflichtwidrigkeit des gekündigten Arbeitnehmers bestehen.[1320] Die Verdachtsmomente müssen auf **objektiven Tatsachen** beruhen; auf die subjektive Wertung des Arbeitgebers kommt es nicht an.[1321] Der dringende Verdacht eines vertragswidrigen Verhaltens kann auch dann bestehen, wenn der Arbeitnehmer selbst nicht durch eigenes schuldhaftes Verhalten einen berechtigten Grund für die Annahme des Verdachts gegeben hat.[1322] Allein aus der Entlassung aus einer eintägigen Untersuchungshaft kann nicht geschlossen werden, dass kein dringender Tatverdacht mehr besteht.[1323] Die verdachtsbegründenden Umstände müssen auf **datenschutzrechtlich ordnungsgemäße Weise (Art. 5 ff. DSGVO, § 26 BDSG) gewonnen** worden sein.[1324] Wenn sich der Arbeitgeber auf einen bestimmten Umstand für eine Tatkündigung nicht stützen dürfte, kann dieser Umstand auch nicht

---

[1313] BAG 3.4.1986 – 2 AZR 324/85, AP BGB § 626 Verdacht strafbarer Handlung Nr. 18.

[1314] BAG 13.9.1995 – 2 AZR 587/94, AP BGB § 626 Verdacht strafbarer Handlung Nr. 25; 27.11.2008 – 2 AZR 98/07, AP KSchG 1969 § 1 Nr. 90; HK-KSchG/Dorndorf Rn. 847.

[1315] Ebenso BAG 27.11.2008 – 2 AZR 98/07, AP KSchG 1969 § 1 Nr. 90 Rn. 22; 21.11.2013 – 2 AZR 797/11, AP BGB § 626 Verdacht strafbarer Handlung Nr. 53 mAnm Bayreuther; 18.6.2015 – 2 AZR 256/14, AP KSchG 1969 § 1 Verhaltensbedingte Kündigung Nr. 74 Rn. 22; LSSW/Schlünder Rn. 276.

[1316] BAG 21.11.2013 – 2 AZR 797/11, AP BGB § 626 Verdacht strafbarer Handlung Nr. 53 Rn. 33 mAnm Bayreuther.

[1317] Ebenso BAG 27.11.2008 – 2 AZR 98/07, AP KSchG 1969 § 1 Nr. 90; LAG Hessen 24.11.1994 – 3 Sa 1716/93, LAGE § 626 BGB Nr. 83; Weber SAE 1996, 57 (60); ferner BAG 3.7.2003 – 2 AZR 437/02, AP BGB § 626 Verdacht strafbarer Handlung Nr. 38; 10.2.2005 – 2 AZR 189/04, AP KSchG 1969 § 1 Nr. 79.

[1318] BAG 5.4.2001 – 2 AZR 217/00, AP BGB § 626 Verdacht strafbarer Handlung Nr. 34.

[1319] BAG 6.12.2001 – 2 AZR 496/00, AP BGB § 626 Verdacht strafbarer Handlung Nr. 36.

[1320] BAG 4.6.1964 – 2 AZR 310/63, AP BGB § 626 Verdacht strafbarer Handlung Nr. 13; 10.2.2005 – 2 AZR 189/04, AP KSchG 1969 § 1 Nr. 79; 29.11.2007 – 2 AZR 724/06, AP BGB § 626 Verdacht strafbarer Handlung Nr. 40.

[1321] Ebenso BAG 20.8.1997 – 2 AZR 620/96, AP BGB § 626 Verdacht strafbarer Handlung Nr. 27; 29.11.2007 – 2 AZR 724/06, AP BGB § 626 Verdacht strafbarer Handlung Nr. 40; 27.11.2008 – 2 AZR 98/07, AP KSchG 1969 § 1 Nr. 90; HK-KSchG/Dorndorf Rn. 847.

[1322] BAG 4.11.1957 – 2 AZR 57/56, AP KSchG § 1 Nr. 39.

[1323] BAG 6.11.2003 – 2 AZR 631/02, AP BGB § 626 Verdacht strafbarer Handlung Nr. 39.

[1324] Dazu ausf. Clemenz FS Preis, 2021, 133.

für eine Verdachtskündigung herangezogen werden. Im Hinblick auf die Frage eines Sachvortrags- und Beweisverwertungsverbots gelten für die Verdachtskündigung die gleichen Grundsätze wie für die Tatkündigung.[1325]

Der Wirksamkeit einer Verdachtskündigung steht die **Einstellung des gegen den Arbeitnehmer geführten Ermittlungsverfahrens** durch die Staatsanwaltschaft nach § 170 Abs. 2 S. 1 StPO nicht entgegen. Die Wirksamkeit der Kündigung ist grds. nicht von der strafrechtlichen Würdigung des Sachverhalts abhängig.[1326] Diese Grundsätze scheinen durch die neuere Judikatur des EGMR ins Wanken geraten zu sein. Danach folgt aus **Art. 6 Abs. 2 EMRK,**[1327] dass ein Arbeitsgericht die im Rahmen eines Strafverfahrens festgestellte Unschuld nicht in Frage stellen darf und die Unschuldsvermutung auch außerhalb von Strafverfahren in anderen (gerichtlichen) Verfahren (jedenfalls) dann gilt, wenn diese gleichzeitig stattfinden und in einem Zusammenhang mit dem strafrechtlichen Prozess stehen.[1328] Hieraus könnte man den Schluss ziehen, dass in einem Fall, in dem es um einen strafrechtlich relevanten Vorwurf geht, eine Verdachtskündigung unzulässig ist, weil eine solche Kündigung notwendigerweise darauf aufbaut, dass der Arbeitnehmer eine bestimmte Tat begangen haben könnte, dies aber vorbehaltlich einer rechtskräftigen Verurteilung des Arbeitnehmers gerade nicht zugrunde gelegt werden darf.[1329] Dieser Schlussfolgerung kann man nicht einfach dadurch entkommen, dass man den Vertrauensverlust als Kern der Verdachtskündigung verabsolutiert und die Frage, ob der Arbeitnehmer die Tat begangen hat, vollständig ausblendet.[1330] Allerdings wird man die Entscheidungen des EGMR dahin zu verstehen haben, dass nur abweichende bzw. voreilige strafrechtliche Bewertungen untersagt sind, nicht aber rein arbeitsrechtliche Würdigungen.[1331] Hierfür spricht auch die Überlegung, dass eine Verdachtskündigung ansonsten zwar nicht mehr bei „doppelrelevanten" Handlungen zulässig wäre, wohl aber nach wie vor bei solchen schweren Vertragsverletzungen, die nicht zugleich Straftaten sind, ein geringerer Unrechtsgehalt also zu einschneidenderen Rechtsfolgen führen würde. Umgekehrt begründen die Einleitung eines staatsanwaltschaftlichen Ermittlungsverfahrens, eine Anklageerhebung, eine richterliche Durchsuchungsanordnung oder der Erlass eines Haftbefehls für sich genommen noch keinen dringenden Tatverdacht.[1332] 442

Zur Wirksamkeit einer Verdachtskündigung ist weiterhin erforderlich, dass der Arbeitgeber alles ihm Zumutbare zur Aufklärung des Sachverhalts getan hat.[1333] Dies setzt regelmäßig die **Anhörung des Arbeitnehmers** voraus, die als Ausprägung des Verhält- 443

[1325] Clemenz FS Preis, 2021, 133 (140 ff.). Zu den allgemeinen Grundsätzen s. nur BAG 29.6.2023 – 2 AZR 296/22, NZA 2023, 1105; Fuhlrott NZA 2023, 1073; Fuhlrott/Schröder NZA 2017, 278; Niemann JbArbR 55 (2018), 41; dazu jetzt auch die Vorlage des LAG Niedersachsen 8.5.2024 – 8 Sa 688/23, EuZW 2024, 1077, an den EuGH (C-484/24 – NTH Haustechnik).

[1326] BAG 21.6.1995 – 2 AZR 735/94, BeckRS 1995, 30924190; 20.8.1997 – 2 AZR 620/96, AP BGB § 626 Verdacht strafbarer Handlung Nr. 27.

[1327] Zur Bindungswirkung von Art. 6 Abs. 2 EMRK s. nur BAG 15.11.2012 – 6 AZR 339/11, AP BGB § 138 Nr. 69 Rn. 26; 20.10.2015 – 9 AZR 743/14, AP KSchG 1969 § 1 Wiedereinstellung Nr. 15.

[1328] EGMR 18.10.2016 – 21107/07, BeckRS 2016, 116648 – Alkaşi/Türkei; 28.3.2017 – 45028/07, BeckRS 2017, 162677 – Kemal Coşkun/Türkei; 23.1.2018 – 15374/11, BeckRS 2018, 32242 – Güç/Türkei; 27.11.2028 – 53561/09 und 13952/11, BeckRS 2018, 56263 – Urat/Türkei; 27.6.2023 – 11643/20, BeckRS 2023, 14944 – Ispiryan/Litauen.

[1329] In diese Richtung Wömper AuR 2024, 117 (118 f.); zurückhaltender Klocke AuR 2019, 119 (130 f.).

[1330] So anscheinend Lembke Anm. zu BAG 2.3.2017 – 2 AZR 698/15, AP BGB § 626 Verdacht strafbarer Handlung Nr. 55 unter III 2.

[1331] IErg auch BAG 31.1.2019 – 2 AZR 426/18, NZA 2019, 893 Rn. 25; ErfK/Niemann BGB § 626 Rn. 176 (allerdings mit einem diffusen Rekurs auf im Zivilprozess angeblich geringeres Beweismaß).

[1332] BAG 29.11.2007 – 2 AZR 724/06, AP BGB § 626 Verdacht strafbarer Handlung Nr. 40; 27.1.2011 – 2 AZR 825/09, AP BGB § 626 Verdacht strafbarer Handlung Nr. 49 Rn. 17 mAnm Walker; 25.10.2012 – 2 AZR 700/11, AP BGB § 626 Verdacht strafbarer Handlung Nr. 51 Rn. 16; 24.5.2012 – 2 AZR 206/11, AP BGB § 626 Verdacht strafbarer Handlung Nr. 50 Rn. 26; 2.3.2017 – 2 AZR 698/15, AP BGB § 626 Verdacht strafbarer Handlung Nr. 55 Rn. 23.

[1333] Bspw. BAG 10.2.2005 – 2 AZR 189/04, AP KSchG 1969 § 1 Nr. 79; 29.11.2007 – 2 AZR 724/06, AP BGB § 626 Verdacht strafbarer Handlung Nr. 40; 25.11.2010 – 2 AZR 801/09, AP BGB § 626 Verdacht strafbarer Handlung Nr. 48.

nismäßigkeitsgrundsatzes begriffen werden kann,[1334] während es bei der Tatkündigung Sache des Arbeitgebers ist, welche Aufklärungsmaßnahmen er im Vorfeld der Kündigung ergreift.[1335] Durch die Anhörung soll der Arbeitnehmer in die Lage versetzt werden, den gegen ihn bestehenden Verdacht zu entkräften, damit es möglichst nicht zur Kündigung eines „Unschuldigen" kommt. Ziel der Anhörung ist die Aufklärung des Sachverhalts, wohingegen dem Arbeitnehmer nicht die Gelegenheit verschafft werden soll, den Sachverhalt zu vertuschen.[1336] Für die Anhörung ist keine bestimmte Form vorgeschrieben, sodass sie **mündlich oder schriftlich** erfolgen kann.[1337] Entsprechend ihrem Zweck muss sie sich aber auf einen konkretisierten Sachverhalt beziehen. Es reicht daher nicht aus, wenn der Arbeitgeber den Arbeitnehmer lediglich mit einer pauschalen Wertung konfrontiert. Vielmehr muss der Arbeitnehmer die Möglichkeit haben, sich zum Verdachtsvorwurf und den ihn tragenden Verdachtsmomenten substantiiert zu äußern. Der Arbeitgeber darf deshalb dem Betroffenen keine wesentlichen Erkenntnisse vorenthalten, die er im Anhörungszeitpunkt bereits besitzt. Er muss vielmehr alle relevanten Umstände angeben, aus denen er den Verdacht ableitet.[1338] Eine wie auch immer geartete **Pflicht des Arbeitnehmers, sich** zu den Verdachtsmomenten **zu äußern, besteht nicht.** Insbesondere muss sich der Arbeitnehmer nicht selbst belasten (nemo tenetur-Grundsatz) und dem Arbeitgeber überhaupt erst das Tatsachenmaterial liefern, das der Kündigung zur Wirksamkeit verhilft,[1339] zumal dies der Beweislastregelung des Abs. 2 S. 4 widersprechen würde.[1340] Erst recht verletzt der Arbeitnehmer durch eine unterlassene Mitwirkung keine arbeitsvertragliche Nebenpflicht, die dann als Grundlage für eine verhaltensbedingte Kündigung dienen könnte.[1341]

444 Entscheidet sich der Arbeitgeber für eine **mündliche Anhörung,** setzt deren Wirksamkeit zwar **nicht generell** voraus, dass dem Arbeitnehmer das **Anhörungsthema vorab mitgeteilt** wird, weil dies die Gefahr einer Verdunkelung der Tat heraufbeschwören würde.[1342] Bei komplexen Sachverhalten, bei denen ohne Vorbereitung keine adäquate Einlassung des Arbeitnehmers erwartet werden kann, wird man vom Arbeitgeber dagegen schon vor einer mündlichen Anhörung eine **nähere Umschreibung** der dem Arbeitnehmer zur Last gelegten Vorfälle verlangen müssen.[1343] Zudem ist auf Wunsch des Arbeitnehmers ein weiterer Anhörungstermin anzuberaumen, der es ihm erlaubt, in seinen eigenen Unterlagen nachzuforschen.[1344] Denkbar ist aber auch die Einräumung der Möglichkeit zu einer **schriftlichen Stellungnahme,** die freilich nur dann angemessen ist, wenn der Arbeitgeber seine Verdachtsmomente dem Arbeitnehmer ebenfalls in verschriftlichter Form überlässt. Ein konkreter Fragenkatalog ist indes nicht erforderlich.[1345] Auch bedarf es für eine wirksame Anhörung keines Hinweises auf das Risiko einer Kündigung.[1346]

[1334] BAG 23.5.2013 – 2 AZR 102/12, AP BGB § 626 Verdacht strafbarer Handlung Nr. 52 Rn. 31; 20.3.2014 – 2 AZR 1037/12, AP BGB § 626 Verdacht strafbarer Handlung Nr. 54 Rn. 23.

[1335] BAG 23.6.2009 – 2 AZR 474/07, NZA 2009, 1136 Rn. 57: Anhörung keine Wirksamkeitsvoraussetzung für eine Tatkündigung.

[1336] BAG 24.5.2012 – 2 AZR 206/11, AP BGB § 626 Verdacht strafbarer Handlung Nr. 50 Rn. 33.

[1337] Eylert NZA-RR 2014, 393 (402); Lange/Vogel DB 2010, 1066 (1068).

[1338] BAG 26.9.2002 – 2 AZR 424/01, AP BGB § 626 Verdacht strafbarer Handlung Nr. 37; 13.3.2008 – 2 AZR 961/06, AP BGB § 626 Verdacht strafbarer Handlung Nr. 43; 23.6.2009 – 2 AZR 474/07, NZA 2009, 1136; Busch MDR 1995, 217 (218).

[1339] BAG 23.10.2008 – 2 AZR 483/07, AP BGB § 626 Nr. 218 Rn. 32; Fischer BB 2003, 522 (524).

[1340] Vgl. Eufinger BB 2023, 1010 (1012).

[1341] BAG 23.10.2008 – 2 AZR 483/07, AP BGB § 626 Nr. 218 Rn. 32.

[1342] BAG 12.2.2015 – 6 AZR 845/13, AP BBiG § 22 Nr. 1 Rn. 58 ff. mAnm Lunk; Dzida NZA 2013, 412 (414 f.); NZA 2014, 809 (813); Fuhlrott/Oltmanns DB 2015, 1719 (1721); Lembke RdA 2013, 82 (88); Lücke BB 1998, 2259 (2261); aA LAG Berlin-Brandenburg 30.3.2012 – 10 Sa 2272/11, NZA-RR 2012, 353 (355); Eylert NZA-RR 2014, 393 (402); Eylert/Friedrichs DB 2007, 2203 (2205); Lange/Vogel DB 2010, 1066 (1069).

[1343] In diese Richtung auch Lücke BB 1998, 2259 (2261); sehr weitgehend LAG Hessen 4.9.2003 – 9 Sa 1399/02, BeckRS 30451600: schriftliche Darstellung aller einzelnen Vorgänge.

[1344] Dzida NZA 2013, 412 (414); NZA 2014, 809 (814).

[1345] BAG 24.5.2012 – 2 AZR 206/11, AP BGB § 626 Verdacht strafbarer Handlung Nr. 50 Rn. 35.

[1346] BAG 24.5.2012 – 2 AZR 206/11, AP BGB § 626 Verdacht strafbarer Handlung Nr. 50 Rn. 38; aA Fischer BB 2003, 522 (523).

Insgesamt sollte die Rechtsprechung davon absehen, die gebotene Anhörung mit immer neuen Kautelen zu versehen, an denen jede Verdachtskündigung zuverlässig scheitert, sondern sich daran orientieren, ob sich der Arbeitgeber von einem ernsthaften Aufklärungsinteresse hat leiten lassen. Dies bedeutet freilich, dass eine Einladung zu einer mündlichen Anhörung nicht unter Vorspiegelung falscher Tatsachen erfolgen darf.[1347] Ferner darf eine Anhörung nicht unter unfairen Rahmenbedingungen erfolgen und auf eine Überrumpelung des Arbeitnehmers hinauslaufen.[1348] Allerdings ist der Arbeitgeber im Rahmen der Sachverhaltsaufklärung nicht gehalten, den betroffenen Arbeitnehmer mit Belastungszeugen zu konfrontieren oder ihm Gelegenheit zu geben, an den Befragungen teilzunehmen.[1349] Erklärt der Arbeitnehmer nach Vorhalt der Vorwürfe, er habe schon bei der Vernehmung durch die Polizei nichts gesagt und wolle auch hier nichts sagen, ist die Anhörung abgeschlossen und der Arbeitgeber nicht verpflichtet, die Vorwürfe noch weiter zu konkretisieren.[1350]

Die Anhörung des Arbeitnehmers muss bei der außerordentlichen Kündigung zur **445** Wahrung der Zweiwochenfrist des § 626 Abs. 2 BGB regelmäßig innerhalb einer **Frist von einer Woche** nach Abschluss der Ermittlungen erfolgen.[1351] Im Einzelfall kann der Lauf dieser Frist wegen Urlaub oder Arbeitsunfähigkeit des Arbeitnehmers gehemmt sein.[1352] Bei einer ordentlichen Verdachtskündigung gilt die Erklärungsfrist des § 626 Abs. 2 BGB nicht analog;[1353] ein längeres Zuwarten des Arbeitgebers spricht jedoch gegen den Verlust des vertragsnotwendigen Vertrauens als Kündigungsgrund.[1354] Wird dem Arbeitnehmer eine Frist zur schriftlichen Stellungnahme eingeräumt, muss diese angemessen sein, ohne dass aber insoweit eine Mindestfrist besteht.[1355] **Datenschutzrechtlich** ist die Anhörung **unproblematisch.** Zwar geht es dabei um eine Erhebung personenbezogener Daten. Die Datenerhebung ist durch die Vorgaben der Rspr. zur Verdachtskündigung aber gem. Art. 6 Abs. 1 UAbs. 1 Buchst. f DSGVO gerechtfertigt, während § 26 Abs. 1 S. 2 BDSG von vornherein nicht einschlägig ist, weil es nicht um eine Überwachung zur Aufdeckung von Straftaten geht.[1356] Ein etwaiger Verstoß des Arbeitgebers gegen die Informationspflicht gem. Art. 13 DSGVO führt nicht zur Unwirksamkeit der Verdachtskündigung.[1357] Schiebt der Arbeitgeber während des Kündigungsschutzprozesses neue verdachtsverstärkende Tatsachen nach, die im Kündigungszeitpunkt objektiv bereits vorlagen, ihm aber unbekannt waren, bedarf es – anders als bei Anhörung des Betriebsrats gem. § 102 Abs. 1 BetrVG – keiner erneuten Anhörung des Arbeitnehmers.[1358] Aufgrund der zentralen Bedeutung der Anhörung für den Fortbestand des Arbeitsverhältnisses ist dem Arbeitnehmer – neben seinem Recht zur Beiziehung eines **Betriebsratsmitglieds** (§ 82 Abs. 2 S. 2 BetrVG) – auch das Recht zuzubilligen, alternativ einen **Rechtsanwalt**[1359] oder einen **Gewerkschaftssekre-**

1347 LAG Düsseldorf 25.6.2009 – 5 TaBV 87/09, NZA-RR 2010, 184; LAG Berlin-Brandenburg 16.12.2010 – 2 Sa 2022/10, BeckRS 2011, 68001; Eylert NZA-RR 2014, 393 (402); Lembke RdA 2013, 82 (88).

1348 Eylert NZA-RR 2014, 393 (402); Lembke RdA 2013, 82 (88).

1349 BAG 27.11.2008 – 2 AZR 98/07, AP KSchG 1969 § 1 Nr. 90.

1350 BAG 6.11.2003 – 2 AZR 631/02, AP BGB § 626 Verdacht strafbarer Handlung Nr. 39.

1351 BAG 6.7.1972 – 2 AZR 386/71, AP BGB § 626 Ausschlußfrist Nr. 3; Fischer BB 2003, 522 (522 ff.); KR/Krumbiegel BGB § 626 Rn. 302; HWK/Sandmann BGB § 626 Rn. 294; APS/Vossen BGB § 626 Rn. 362a; zur Frist s. a. Weidenfäller DB 2025, 323.

1352 Dazu Köhler/Schürgers BB 2023, 308 (310 f.); KR/Krumbiegel BGB § 626 Rn. 301; Mennemeyer/Dreymüller NZA 2005, 382; restriktiv aber LAG Baden-Württemberg 12.12.2024 – 12 Sa 25/24, NZA-RR 2025, 263 Rn. 26 ff.

1353 BAG 29.6.2023 – 2 AZR 296/22, NZA 2023, 1105 Rn. 59.

1354 BAG 31.1.2019 – 2 AZR 426/18, NZA 2019, 893 Rn. 31 f.

1355 BAG 24.5.2012 – 2 AZR 206/11, AP BGB § 626 Verdacht strafbarer Handlung Nr. 50 Rn. 36.

1356 BAG 12.2.2015 – 6 AZR 845/13, AP BBiG § 22 Nr. 1 Rn. 68 ff. mAnm Lunk (noch zu § 32 BDSG aF); Clemenz FS Preis, 2021, 131 (137); aA offenbar Lembke RdA 2013, 82 (87 f.).

1357 Clemenz FS Preis, 2021, 131 (138).

1358 BAG 23.5.2013 – 2 AZR 106/12, AP BGB § 626 Verdacht strafbarer Handlung Nr. 52 Rn. 28 ff.; Behrens/Rinsdorf FS Küttner, 2006, 277 (278 ff.); KR/Krumbiegel BGB § 626 Rn. 203.

1359 BAG 13.3.2008 – 2 AZR 961/06, AP BGB § 626 Verdacht strafbarer Handlung Nr. 43 Rn. 18; LAG Berlin-Brandenburg 6.11.2009 – 6 Sa 1121/09, LAGE § 626 BGB 2002 Verdacht strafbarer Handlung Nr. 8; Eylert NZA-

tär[1360] hinzuzuziehen. Äußert der Arbeitnehmer einen entsprechenden Wunsch erst in der Anhörung, hat der Arbeitgeber ggf. eine zweite Anhörung durchzuführen oder mindestens die Möglichkeit zur schriftlichen Stellungnahme einzuräumen.[1361]

446 Die **schuldhaft unterlassene Anhörung** des Arbeitnehmers zu den vorliegenden Verdachtsmomenten führt regelmäßig zur Unwirksamkeit der Verdachtskündigung.[1362] Dies lässt sich auf den Verhältnismäßigkeitsgrundsatz stützen.[1363] Die Anhörung des Arbeitnehmers kann freilich unterbleiben, wenn der Arbeitnehmer von vornherein nicht bereit ist, sich zu den Verdachtsgründen konkret zu äußern und hierfür auch keine relevanten Gründe benennt (bspw. vorheriges Nachprüfen von Unterlagen).[1364] Eine weitere Anhörung ist deshalb nicht erforderlich, wenn der Arbeitnehmer mitteilt, er kenne die Gründe und wolle vorerst keine Stellungnahme abgeben.[1365] Das Unterbleiben einer Anhörung ist sogar dann unschädlich, wenn der Arbeitnehmer sich krankheitsbedingt nicht äußern kann, sofern der Arbeitgeber davon ausgehen darf, dass sich an diesem Zustand auf absehbare Zeit nichts ändern wird.[1366]

447 Kündigt der Arbeitgeber **nach rechtskräftiger Verurteilung des Arbeitnehmers** in einem Strafverfahren mit der Begründung, der Arbeitnehmer habe die ihm vorgeworfene Straftat tatsächlich begangen, ist die Wirksamkeit der Kündigung nicht nach den Grundsätzen der Verdachtskündigung zu beurteilen. Kündigungsgrund ist hier vielmehr die vom Arbeitgeber behauptete strafbare Handlung des Arbeitnehmers und die hieraus folgende Unzumutbarkeit der Fortsetzung des Arbeitsverhältnisses.[1367]

448 Bestreitet der Arbeitnehmer in dem Kündigungsschutzprozess trotz rechtskräftiger Verurteilung weiterhin die Tatbegehung, hat das **Arbeitsgericht ohne Bindung an das strafgerichtliche Urteil**[1368] festzustellen, ob der Tatvorwurf begründet ist oder nicht. Dabei ist die Verwertung einzelner Beweisergebnisse des Strafverfahrens im Wege des Urkundenbeweises gem. §§ 415, 417 ZPO zulässig.[1369] Die Parteien des Kündigungsschutzprozesses haben jedoch das Recht, anstelle des Urkundenbeweises unmittelbaren Zeugen- bzw. Sachverständigenbeweis anzutreten.[1370] Wird von einer Partei die Vernehmung eines Zeugen verlangt, ist eine Verwertung der im Strafurteil wiedergegebenen Aussagen im Wege des Urkundenbeweises unzulässig.[1371]

449 Ein Kündigungsgrund liegt **bspw.** vor beim dringenden Verdacht der Bestechlichkeit bei der Vergabe von Aufträgen,[1372] des sexuellen Missbrauchs von Töchtern eines Kollegen,[1373] der vorsätzlichen Begehung einer Straftat (Exhibitionismus) während der Dienstzeit unter Nutzung der Diensträume,[1374] der bewussten Verursachung eines Un-

---

RR 2014, 393 (403 f.); Fischer BB 2003, 522 (524); Lange/Vogel DB 2010, 1066 (1068 ff.); einschränkend Lembke RdA 2013, 82 (88).

1360 Fischer BB 2003, 522 (524).

1361 Dzida NZA 2013, 412 (414 f.); Eylert NZA-RR 2014, 393 (404).

1362 BAG 11.4.1985 – 2 AZR 239/84, AP BetrVG 1972 § 102 Nr. 39; 13.9.1995 – 2 AZR 587/94, AP BGB § 626 Verdacht strafbarer Handlung Nr. 25; 18.11.1999 – 2 AZR 743/98, AP BGB § 626 Verdacht strafbarer Handlung Nr. 32; 28.11.2007 – 5 ZR 952/06, NZA-RR 2008, 344 unter II 1b cc; HK-KSchG/Dorndorf Rn. 848; KR/Krumbiegel BGB § 626 Rn. 204; LSSW/Schlünder Rn. 274; aA Ascheid KSchR Rn. 163; Lücke BB 1997, 1847; Preis DB 1988, 1444 (1448 f.).

1363 BAG 23.6.2009 – 2 AZR 474/07, NZA 2009, 1136 Rn. 51.

1364 BAG 30.4.1987 – 2 AZR 283/86, AP BGB § 626 Verdacht strafbarer Handlung Nr. 19; 13.9.1995 – 2 AZR 587/94, AP BGB § 626 Verdacht strafbarer Handlung Nr. 25; 13.3.2008 – 2 AZR 961/06, AP BGB § 626 Verdacht strafbarer Handlung Nr. 43.

1365 BAG 26.9.2002 – 2 AZR 424/01, AP BGB § 626 Verdacht strafbarer Handlung Nr. 37.

1366 BAG 20.3.2014 – 2 AZR 1037/12, AP BGB § 626 Verdacht strafbarer Handlung Nr. 54 Rn. 28.

1367 BAG 26.3.1992 – 2 AZR 519/91, NZA 1992, 1121; s. a. BAG 5.6.2008 – 2 AZR 25/07, AP BGB § 626 Verdacht strafbarer Handlung Nr. 45.

1368 BAG 20.8.1997 – 2 AZR 620/96, AP BGB § 626 Verdacht strafbarer Handlung Nr. 27.

1369 BAG 23.10.2014 – 2 AZR 865/13, AP BGB § 626 Nr. 248 Rn. 26.

1370 BAG 26.3.1992 – 2 AZR 519/91, AP BGB § 626 Verdacht strafbarer Handlung Nr. 23.

1371 Vgl. BAG 23.10.2014 – 2 AZR 865/13, AP BGB § 626 Nr. 248 Rn. 29.

1372 BAG 24.5.2012 – 2 AZR 206/11, AP BGB § 626 Verdacht strafbarer Handlung Nr. 50.

1373 BAG 27.1.2011 – 2 AZR 825/09, AP BGB § 626 Verdacht strafbarer Handlung Nr. 49.

1374 BAG 5.6.2008 – 2 AZR 234/07, AP BGB § 626 Verdacht strafbarer Handlung Nr. 44.

falls mit dem Ziel, die Haftpflichtversicherung des Arbeitgebers zu schädigen,[1375] Begünstigung von Spielteilnehmern durch einen angestellten Croupier,[1376] Hehlerei gestohlener Handys auf dem Firmenparkplatz,[1377] der unberechtigten Buchung von Meilen-Gutschriften im miles & more-Programm einer Fluggesellschaft,[1378] des Diebstahls durch eine Verkäuferin,[1379] der Erschleichung von Beihilfeleistungen,[1380] der Vorteilsnahme eines Arbeitnehmers für die Ausführung vertraglicher Aufgaben,[1381] der Unterschlagung von Kundengeldern durch einen Bankangestellten,[1382] der Veruntreuung von Geldern[1383] sowie der sexuellen Belästigung.[1384]

Für die Wirksamkeit der Verdachtskündigung kommt es entsprechend den allgemeinen Grundsätzen allein auf die **objektiven Tatsachen** an, die zum **Zeitpunkt des Zugangs der Kündigungserklärung** bereits vorgelegen haben. Ein großer Teil des Schrifttums zieht daraus den Schluss, dass es nur darauf ankommt, ob zum Zeitpunkt der Kündigung wegen der dem Arbeitgeber bereits bekannten Tatsachen ein dringender Verdacht gegeben war, der die Weiterbeschäftigung unzumutbar erscheinen ließ.[1385] Später aufgedeckte Tatsachen könnten nichts mehr daran ändern, dass der Arbeitgeber zum Zeitpunkt der Kündigung aufgrund des Verdachts kein Vertrauen mehr in den Arbeitnehmer hatte. Kündigungsgrund ist jedoch weniger das subjektiv nicht mehr vorhandene Vertrauen des Arbeitgebers, sondern der aufgrund objektiver Umstände eingetretene **Verlust der Vertrauenswürdigkeit des Arbeitnehmers** (→ Rn. 434). Daher ist dem BAG zuzustimmen, wenn es im Rahmen des Kündigungsschutzprozesses für das Vorliegen des dringenden Tatverdachts alle im Kündigungszeitpunkt objektiv vorliegenden Anhaltspunkte unabhängig davon berücksichtigen will, ob sie den Verdacht verstärken oder abschwächen und ob sie dem Arbeitgeber bereits bekannt waren.[1386] Dies erleichtert gerade bei entlastenden Umständen die Rechtsanwendung, weil die Kündigung ansonsten wirksam wäre, obwohl sie einen „Unschuldigen“ treffen würde, der Arbeitnehmer aber aufgrund von im Kündigungszeitpunkt schon vorliegenden Momenten umgehend eine **Wiedereinstellung** verlangen könnte (→ Rn. 237). Umgekehrt wäre es nicht einsehbar, wenn der Arbeitgeber durch bereits vorhandene und nur nachträglich bekanntwerdende Umstände zwar eine Tatkündigung, nicht aber eine Verdachtskündigung rechtfertigen könnte. Hält der Arbeitnehmer entlastende Umstände im Prozess bis zum letzten möglichen Moment willkürlich zurück, ist nicht die Wirksamkeit der Verdachtskündigung, sondern die Auflösung des Arbeitsverhältnisses gem. § 9 Abs. 1 S. 2 das Mittel der Wahl.[1387] Bei Tatsachen, die erst nach dem Kündigungszeitpunkt eintreten, kommt freilich nur entweder – bei belastenden Umständen – eine neuerliche Kündigung oder aber – bei entlastenden Umständen – ein Wiedereinstellungsanspruch in Betracht. 450

[1375] BAG 29.11.2007 – 2 AZR 724/06, AP BGB § 626 Verdacht strafbarer Handlung Nr. 40.

[1376] BAG 10.2.2005 – 2 AZR 189/04, AP KSchG 1969 § 1 Nr. 79.

[1377] BAG 6.11.2003 – 2 AZR 631/02, AP BGB § 626 Verdacht strafbarer Handlung Nr. 39.

[1378] BAG 3.7.2003 – 2 AZR 437/02, AP BGB § 626 Verdacht strafbarer Handlung Nr. 38.

[1379] BAG 27.3.2003 – 2 AZR 51/02, AP BetrVG 1972 § 87 Überwachung Nr. 36; sowie BAG 12.8.1999 – 2 AZR 923/98, AP BGB § 626 Verdacht strafbarer Handlung Nr. 28.

[1380] BAG 6.12.2001 – 2 AZR 496/00, AP BGB § 626 Verdacht strafbarer Handlung Nr. 36.

[1381] BAG 21.6.2001 – 2 AZR 30/00, EzA § 626 BGB Unkündbarkeit Nr. 7; 26.9.2002 – 2 AZR 424/01, AP BGB § 626 Verdacht strafbarer Handlung Nr. 37.

[1382] BAG 5.4.2001 – 2 AZR 217/00, AP BGB § 626 Verdacht strafbarer Handlung Nr. 34.

[1383] BAG 6.7.2000 – 2 AZR 454/99, BeckRS 2000, 30785693.

[1384] BAG 8.6.2000 – 2 ABR 1/00, AP BeschSchG § 2 Nr. 3.

[1385] Ascheid KSchR Rn. 165; Belling FS Kissel, 1994, 11 (27 f.); MHdB ArbR/Berkowsky, 3. Aufl. 2009, § 119 Rn. 17; Busch MDR 1995, 217 (222); Grunsky ZfA 1977, 167 (170 f.); BDDH/Kerwer Rn. 683; LSSW/Schlünder Rn. 275; Toma/Reiter NZA 2015, 460 (462 ff.); Weber SAE 1996, 57 (61); ebenso Voraufl.

[1386] BAG 30.4.1987 – 2 AZR 283/86, AP BGB § 626 Verdacht strafbarer Handlung Nr. 19; 14.9.1994 – 2 AZR 164/94, AP BGB § 626 Verdacht strafbarer Handlung Nr. 24; 6.11.2003 – 2 AZR 631/02, AP BGB § 626 Verdacht strafbarer Handlung Nr. 39; 24.5.2012 – 2 AZR 206/11, AP BGB § 626 Verdacht strafbarer Handlung Nr. 50 Rn. 41 f.; 23.5.2013 – 2 AZR 102/12, AP BGB § 626 Verdacht strafbarer Handlung Nr. 52 Rn. 25; 23.10.2014 – 2 AZR 644/13, AP BGB § 626 Nr. 252 Rn. 21; 18.6.2015 – 2 AZR 256/14, AP KSchG 1969 § 1 Verhaltensbedingte Kündigung Nr. 74 Rn. 46.

[1387] Lembke Anm. zu BAG 2.3.2017 – 2 AZR 698/15, AP BGB § 626 Verdacht strafbarer Handlung Nr. 55 unter III 3.

451 Spricht der Arbeitgeber wegen eines bestimmten Sachverhalts eine Verdachtskündigung aus, ist er im Kündigungsschutzprozess materiell-rechtlich nicht gehindert, sich darauf zu berufen, **die den Verdacht begründenden Pflichtwidrigkeiten rechtfertigten eine Tatkündigung.**[1388] Zwar stellt der Verdacht einer strafbaren Handlung oder eines vertragswidrigen Verhaltens gegenüber dem Tatvorwurf einen eigenständigen Kündigungsgrund dar (→ Rn. 434). Gleichwohl stehen die beiden Kündigungsgründe des Verdachts und des Vorwurfs einer Pflichtwidrigkeit nicht beziehungslos nebeneinander. Wird die Kündigung zunächst nur mit dem Verdacht eines pflichtwidrigen Handelns begründet, steht jedoch nach Überzeugung des Gerichts (bspw. aufgrund einer Beweisaufnahme) die Pflichtwidrigkeit fest, lässt dies die Wirksamkeit der Kündigung aus materiell-rechtlichen Gründen unberührt. Das Gericht ist deshalb nicht gehindert (genauer gesagt sogar verpflichtet),[1389] die nachgewiesene Pflichtwidrigkeit als wichtigen Grund anzuerkennen, auch wenn der Arbeitgeber im Kündigungsschutzprozess keine Tatkündigung nachgeschoben hat.[1390]

452 Da es sich bei dem Verdacht eines pflichtwidrigen Verhaltens um einen eigenständigen Kündigungsgrund handelt, muss der Arbeitgeber dem **Betriebsrat** vor Ausspruch einer Kündigung gem. § 102 Abs. 1 BetrVG auch mitteilen, dass er die Kündigung auf den Verdacht der Pflichtwidrigkeit stützt.[1391] Begründet der Arbeitgeber gegenüber dem Betriebsrat die beabsichtigte Kündigung allein damit, er halte die Pflichtwidrigkeit für erwiesen, kann er sich im späteren Kündigungsschutzprozess nicht mehr auf den Tatverdacht stützen, weil der Betriebsrat zu diesem Kündigungsgrund nicht angehört wurde.[1392] Auf die Wirksamkeit der Betriebsratsanhörung nach § 102 BetrVG hat die Beschränkung des Kündigungssachverhalts auf die für nachgewiesen gehaltene Straftat dagegen keine Auswirkung; dadurch wird nur ein Nachschieben anderer Kündigungsgründe ausgeschlossen.[1393] Erst recht problemlos ist es, wenn der Arbeitgeber im Anschluss an die Anhörung des Betriebsrats die Kündigung auf einzelne Tatsachen beschränkt.[1394] Der Arbeitgeber kann den Betriebsrat auch zu beiden Kündigungsgründen anhören; aus der Unterrichtung muss dies nur deutlich hervorgehen.[1395]

453 Hat der Arbeitgeber den Betriebsrat **nur zur Verdachtskündigung angehört** und stellt sich im Prozess, bspw. nach einer Beweisaufnahme, heraus, dass der Arbeitnehmer die Tat begangen hat, ist eine weitere Anhörung des Betriebsrats zur Tatkündigung nicht erforderlich.[1396] Eine solche Anhörung ist überflüssig. Dem Betriebsrat ist aufgrund der erfolgten Anhörung zur Verdachtskündigung der Sachverhalt einschließlich der Erwägungen des Arbeitgebers zur Begründung des wegen des Verdachts zerstörten Vertrauens bekannt.[1397]

[1388] BAG 6.12.2001 – 2 AZR 496/00, AP BGB § 626 Verdacht strafbarer Handlung Nr. 36; 3.7.2003 – 2 AZR 437/02, AP BGB § 626 Verdacht strafbarer Handlung Nr. 38.

[1389] Vgl. Bayreuther Anm. zu BAG 21.11.2013 – 2 AZR 797/11, AP BGB § 626 Verdacht strafbarer Handlung Nr. 53 unter III.

[1390] BAG 3.7.2003 – 2 AZR 437/02, AP BGB § 626 Verdacht strafbarer Handlung Nr. 38; 23.6.2009 – 2 AZR 474/07, NZA 2009, 1136; 10.6.2010 – 2 AZR 541/09, NZA 2010, 1227; 27.1.2011 – 2 AZR 825/09, AP BGB § 626 Verdacht strafbarer Handlung Nr. 49 Rn. 26 mAnm Walker; 21.11.2013 – 2 AZR 797/11, AP BGB § 626 Verdacht strafbarer Handlung Nr. 53 Rn. 39 mAnm Bayreuther; KR/Krumbiegel BGB § 626 Rn. 198.

[1391] Zu den Anforderungen s. etwa BAG 23.4.2008 – 2 ABR 71/07, AP BetrVG 1972 § 103 Nr. 56 Rn. 24; 12.2.2015 – 6 AZR 845/13, AP BBiG § 22 Nr. 1 Rn. 97 mAnm Lunk.

[1392] BAG 3.4.1986 – 2 AZR 324/85, AP BGB § 626 Verdacht strafbarer Handlung Nr. 18 unter II 1; 2.3.1989 – 2 AZR 280/88, AP BGB § 626 Nr. 101 unter I 2a ee; 26.3.1992 – 2 AZR 519/91, NZA 1992, 1121; 20.8.1997 – 2 AZR 620/96, AP BGB § 626 Verdacht strafbarer Handlung Nr. 27.

[1393] BAG 2.3.1989 – 2 AZR 280/88, AP BGB § 626 Nr. 101.

[1394] BAG 27.11.2008 – 2 AZR 98/07, AP KSchG 1969 § 1 Nr. 90.

[1395] Ebenso MHdB ArbR/Rachor § 126 Rn. 18.

[1396] BAG 23.6.2009 – 2 AZR 474/07, NZA 2009, 1136; Griese BB 1990, 1899 (1901); APS/Koch BetrVG § 102 Rn. 128; HaKo-KSchR/Nägele/König BetrVG § 102 Rn. 103; GK-BetrVG/Raab § 102 Rn. 101; KR/Rinck, BetrVG § 102 Rn. 103; anders noch KR/Etzel, 10. Aufl. 2013, BetrVG § 102 Rn. 64b; GK-BetrVG/Raab § 102 Rn. 140.

[1397] BAG 10.6.2010 – 2 AZR 541/09, NZA 2010, 1227 Rn. 24.

21. Verschuldung des Arbeitnehmers

Die Verschuldung des Arbeitnehmers rechtfertigt **grds. keine Kündigung,** weil die finanzielle Lage eines Arbeitnehmers in der Regel in keinem Zusammenhang mit den arbeitsvertraglichen Pflichten steht. Die persönliche Eignung eines Arbeitnehmers für die vertraglich vereinbarte Arbeitsaufgabe kann jedoch entfallen, wenn der Arbeitnehmer eine Vertrauensstellung innehat und ohne eine Notlage in ungeordneten wirtschaftlichen Verhältnissen lebt.[1398] **454**

Soweit der Arbeitnehmer bei seiner Arbeit **direkten oder indirekten Zugriff auf das Vermögen des Arbeitgebers hat,** kann der Arbeitgeber geordnete wirtschaftliche Verhältnisse als persönliche Eignungsvoraussetzung für die auszuübende Tätigkeit verlangen. So kann bspw. die hohe Verschuldung eines Einkäufers, die in relativ kurzer Zeit zu mehreren Lohnpfändungen geführt hat, die Eignung für die Tätigkeit als Einkäufer entfallen lassen. Je nach Lage der Umstände kann hier für den Arbeitgeber die begründete Sorge bestehen, dass der Arbeitnehmer sich von Zulieferern bestechen lässt. Dagegen entfällt die persönliche Eignung einer Sekretärin grds. auch nach mehreren Lohnpfändungen noch nicht. Es fehlt hier regelmäßig an der besonderen Vertrauensposition (→ Rn. 650).[1399] **455**

22. Wehrdienst ausländischer Arbeitnehmer

Hat ein ausländischer Arbeitnehmer seinen vollen Wehrdienst zu leisten und kann er deshalb seine arbeitsvertraglichen Pflichten nicht erfüllen, so ist dies als ein in seiner Person liegender Grund iSd Abs. 2 S. 1 anzusehen, der an sich eine personenbedingte Kündigung rechtfertigen kann. Dies gilt jedenfalls für Ausländer, die nicht Angehörige eines Mitgliedstaates der EU sind und nicht im Geltungsbereich des ArbPlSchG arbeiten (→ Rn. 116). Ein personenbedingter Kündigungsgrund liegt allerdings nur dann vor, wenn der Ausländer den **vollen ausländischen Wehrdienst ableistet** und nicht von der Möglichkeit eines verkürzten Wehrdienstes – wie ihn etwa die Türkei für die Dauer von zwei Monaten vorsieht – Gebrauch macht.[1400] **456**

Ähnlich wie die Kündigung wegen der Verbüßung von Strafhaft ist der durch einen längeren Wehrdienst bedingte Ausfall eines ausländischen Arbeitnehmers nur dann geeignet, eine Kündigung sozial zu rechtfertigen, wenn die Abwesenheit des Arbeitnehmers zu einer **erheblichen Beeinträchtigung betrieblicher Interessen** führt, die nicht durch zumutbare personelle oder organisatorische Maßnahmen zu überbrücken ist.[1401] Dies wurde in einem Fall bejaht, in dem der ausländische Arbeitnehmer mit einem anderen Mitarbeiter gemeinsam eine Tätigkeit zu verrichten hatte, bei der unbedingt zwei Arbeitskräfte benötigt wurden und der Wehrdienst des ausländischen Arbeitnehmers 12 Monate andauerte.[1402] **457**

E. Gründe im Verhalten des Arbeitnehmers (Abs. 2 S. 1)

Schrifttum: Benecke, Mobbing, 2005; Berkowsky, Die personen- und verhaltensbedingte Kündigung, 4. Aufl. 2005; Berthold, Whistleblowing in der Rechtsprechung des Bundesarbeitsgerichts, 2010; Brobeil, Die Auswirkungen der Richtlinie (EU) 2019/1937 auf Arbeitnehmer-Hinweisgeber, 2022; Buchwald, Whistleblowing und Kündigungsschutz, 2024; Düsel, Gespaltene Loyalität, 2009;

[1398] BAG 15.10.1992 – 2 AZR 188/92, EzA § 1 KSchG Verhaltensbedingte Kündigung Nr. 45 = BeckRS 1992, 30742857.
[1399] BAG 15.10.1992 – 2 AZR 188/92, EzA § 1 KSchG Verhaltensbedingte Kündigung Nr. 45 = BeckRS 1992, 30742857.
[1400] BAG 22.12.1982 – 2 AZR 282/82, NJW 1983, 2782; 7.9.1983 – 7 AZR 433/82, AP KSchG 1969 § 1 Verhaltensbedingte Kündigung Nr. 7 mAnm Ortlepp; 20.5.1988 – 2 AZR 682/87, AP KSchG 1969 § 1 Personenbedingte Kündigung Nr. 9 mAnm Rüthers/Henssler und Anm. Kohte.
[1401] BAG 20.5.1988 – 2 AZR 682/87, AP KSchG 1969 § 1 Personenbedingte Kündigung Nr. 9.
[1402] BAG 20.5.1988 – 2 AZR 682/87, AP KSchG 1969 § 1 Personenbedingte Kündigung Nr. 9.

Eberhardt, Das neue deutsche Wistleblowing – Recht 2024; Feldner, Kündigungsschutz für Whistleblower im Wandel, 2024; Glöckner, Nebentätigkeitsverbote im Individualarbeitsrecht, 1993; Haas, Recht und Praxis der verhaltensbedingten Kündigung, 2013; Kreis, Whistleblowing als Beitrag zur Rechtsdurchsetzung, 2017; Manger, Kritik im Arbeitsverhältnis und ihre Grenzen, 2011; Müller, Die verhaltensbedingte Kündigung, 2013; Neumann, Whistleblowing und die Frage nach dem rechtspolitischen Erfordernis einer gesetzlichen Schutzregelung, 2010; Özen, Der gute Glaube eines Wistleblowers, 2024; Quecke, Verhaltensbedingte Kündigung und Abmahnung, 5. Aufl. 2016; Rieger, Hinweisgeberschutz, 2025; Rost, Verhaltensbedingte Kündigung, in Henssler/Moll, Kündigung und Kündigungsschutz in der betrieblichen Praxis, 2000, S. 35; Schmitt, Whistleblowing – „Verpfeifen" des Arbeitgebers, 2003; Schulz, Whistleblowing in der Wissenschaft, 2008; Schuster, Die Internetnutzung als Kündigungsgrund, 2009; Wisskirchen, Außerdienstliches Verhalten von Arbeitnehmern, 1999.

458 Neben Gründen in der Person können auch Gründe, die **im Verhalten des Arbeitnehmers** liegen, eine Kündigung rechtfertigen. Grundvoraussetzung für eine **verhaltensbedingte Kündigung** ist die Verletzung arbeitsvertraglicher Pflichten durch ein – regelmäßig steuer- und zurechenbares – Verhalten des Arbeitnehmers als **„Störquelle"** (zur Abgrenzung von der personenbedingten Kündigung → Rn. 282 ff.; zu Einzelfällen verhaltensbedingter Kündigungsgründe → Rn. 534 ff.). Ein Verhalten ist steuerbar, wenn es vom **Willen des Arbeitnehmers beeinflussbar** ist.[1403]

I. Voraussetzungen

1. Verletzung vertraglicher Pflichten

459 Zu den Kündigungsgründen im Verhalten des Arbeitnehmers gehören **Vertragsverletzungen verschiedenster Art.** Es kann sich hierbei zum einen um die Verletzung von Hauptleistungspflichten sowie zum anderen um die Verletzung vertraglicher oder gesetzlicher Nebenpflichten handeln.[1404]

460 Darüber hinaus hat es das BAG in älteren Entscheidungen im Zusammenhang mit außerdienstlichem Verhalten als Grund für eine verhaltensbedingte Kündigung ausreichen lassen, dass das Arbeitsverhältnis durch das beanstandete Verhalten **konkret berührt** wird.[1405] Dies ist freilich zu unbestimmt und zu weit.[1406] Denn der Arbeitnehmer ist in seinem Verhalten grds. frei. Nur soweit er sich vertraglich gegenüber dem Arbeitgeber zu einem bestimmten Verhalten verpflichtet hat, ist er in seinem Handeln beschränkt. Der Arbeitgeber kann vom Arbeitnehmer – vorbehaltlich gesetzlicher Regelungen – lediglich aufgrund einer vertraglichen Vereinbarung ein bestimmtes Verhalten verlangen. **Kündigungsrelevant** kann daher **nur ein vertragswidriges Verhalten** sein.[1407]

[1403] Vgl. v. Hoyningen-Huene Anm. zu BAG 21.1.1999 – 2 AZR 665/98, AP BGB § 626 Nr. 151.

[1404] BAG 16.8.1991 – 2 AZR 604/90, NZA 1993, 17; BAG 2.3.2006 – 2 AZR 53/05, AP BGB § 626 Krankheit Nr. 14; 10.9.2009 – 2 AZR 257/08, AP KSchG 1969 § 1 Verhaltensbedingte Kündigung Nr. 60; 28.10.2010 – 2 AZR 293/09, AP KSchG 1969 § 1 Verhaltensbedingte Kündigung Nr. 62; 15.12.2016 – 2 AZR 42/16, AP KSchG 1969 § 1 Verhaltensbedingte Kündigung Nr. 76 Rn. 11; DD/Däubler Rn. 685; HK-KSchG/Dorndorf Rn. 514 ff.; Dütz Anm. zu BAG 20.9.1984 – 2 AZR 633/82, EzA § 626 BGB nF Nr. 91; ErfK/Oetker Rn. 189; Preis DB 1990, 630 (632); PVT Kündigung/Temming Rn. 1326; MHdB ArbR/Zimmermann § 114 Rn. 7 f.; zur Bedeutung der Vertragspflichten ausf. Dorndorf ZfA 1989, 345.

[1405] Bspw. BAG 4.11.1981 – 7 AZR 264/79, NJW 1982, 1062; 6.6.1984 – 7 AZR 456/82, AP KSchG 1969 § 1 Verhaltensbedingte Kündigung Nr. 11; 20.9.1984 – 2 AZR 233/83, AP KSchG 1969 § 1 Verhaltensbedingte Kündigung Nr. 13; 24.9.1987 – 2 AZR 26/87, NJW 1988, 2261; zur „Berührungstheorie" s. a. BAG 16.8.1991 – 2 AZR 604/90, AP KSchG 1969 § 1 Verhaltensbedingte Kündigung Nr. 27 unter III 3b dd; nur als zusätzliches Kriterium neben der Verletzung einer Vertragspflicht dagegen BAG 16.9.2004 – 2 AZR 406/03, AP KSchG 1969 § 1 Verhaltensbedingte Kündigung Nr. 50; ebenso offenbar KR/Rachor Rn. 429.

[1406] Krit. auch HK-KSchG/Dorndorf Rn. 536 f.; MüKoBGB/Hergenröder Rn. 234; Hillebrecht ZfA 1991, 87 (119); ErfK/Oetker Rn. 189; Otto, Personale Freiheit und soziale Bindung, 1978, 65; Preis DB 1990, 630 (632 f.); PVT Kündigung/Temming Rn. 1326; HaKo-KSchR/Zimmermann Rn. 209.

[1407] Vgl. BAG 24.6.2004 – 2 AZR 63/03, AP KSchG 1969 § 1 Verhaltensbedingte Kündigung Nr. 49 unter B II 1.

Bei der Prüfung der sozialen Rechtfertigung einer verhaltensbedingten Kündigung ist es deshalb erforderlich, zunächst den Inhalt der vertraglichen Haupt- und Nebenpflichten möglichst exakt zu bestimmen.[1408] Damit ist auch die früher häufige Unterteilung in vier Fallgruppen (Störungen im Leistungsbereich, im Bereich der betrieblichen Verbundenheit, im Vertrauensbereich und im Unternehmensbereich)[1409] als nicht erkenntnisfördernd hinfällig geworden[1410] und wird in der neueren Rspr. zu Recht nicht mehr verwendet.

Die **vertraglichen Nebenpflichten** ergeben sich aus den jeweils ausdrücklich vereinbar- 461
ten einzelvertraglichen Regelungen sowie den einschlägigen kollektivrechtlichen und gesetzlichen Bestimmungen. Zu den gesetzlichen Nebenpflichten gehören insbes. die in § 5 Abs. 1 EFZG enthaltenen Anzeige- und Nachweispflichten bei Arbeitsunfähigkeit[1411] sowie das Wettbewerbsverbot für kaufmännische Angestellte nach § 60 HGB. Darüber hinaus hat der Arbeitnehmer gem. § 241 Abs. 2 BGB auf die Rechte, Rechtsgüter und Interessen des Arbeitgebers Rücksicht zu nehmen.[1412] Hierzu gehört es, dafür Sorge zu tragen, dass Personen sowie das Eigentum und sonstige Rechtsgüter des Arbeitgebers bei der Durchführung des Arbeitsverhältnisses nicht verletzt werden.[1413] Der Arbeitnehmer hat grds. alles zu unterlassen, was die Funktionsfähigkeit des Betriebs und die betriebliche Ordnung konkret beeinträchtigt.[1414] Zudem ist er gehalten, auch außerhalb des Vertragsverhältnisses Handlungen zu unterlassen, die geeignet sind, den Vertragszweck zu untergraben, insbes. das gegenseitige, vertragsnotwendige Vertrauen zu erschüttern (zum außerdienstlichen Verhalten → Rn. 593 ff.),[1415] wobei die vertragliche Rücksichtnahmepflicht aus § 241 Abs. 2 BGB im Lichte der im jeweiligen Einzelfall beachtlichen Grundrechte zu konkretisieren ist.[1416] Verletzt der Arbeitnehmer diese Nebenpflichten und beeinträchtigt dadurch Integritätsinteressen des Arbeitgebers, erweist er sich als unzuverlässig und enttäuscht damit **berechtigtes Vertrauen des Arbeitgebers** in die Loyalität des Arbeitnehmers.[1417]

Die durch den Arbeitsvertrag begründete Nebenpflicht zur Loyalität enthält insbes. 462
das Verbot, den Arbeitgeber rechtswidrig und vorsätzlich durch eine **Straftat** zu schädigen.[1418] Straftaten des Arbeitnehmers zum Nachteil des Arbeitgebers beeinträchtigen in massiver Weise das schutzwürdige Vertrauen des Arbeitgebers in die Verlässlichkeit der Beschäftigten und sind deshalb als Kündigungsgrund geeignet. Dementsprechend ist die **rechtswidrige und vorsätzliche Verletzung des Eigentums oder Vermögens** des Arbeitgebers stets als Kündigungsgrund an sich geeignet, selbst wenn die Sachen nur einen

---

1408 Hillebrecht ZfA 1991, 87 (119).

1409 Bspw. BAG 20.9.1984 – 2 AZR 233/83, AP KSchG 1969 § 1 Verhaltensbedingte Kündigung Nr. 13; 16.9.2004 – 2 AZR 406/03, AP KSchG 1969 § 1 Verhaltensbedingte Kündigung Nr. 50.

1410 Ebenso KR/Rachor Rn. 430; APS/Vossen Rn. 269a.

1411 Dazu Schaub ArbR-HdB/Linck § 98 Rn. 94 ff.; MüKoBGB/Müller-Glöge EFZG § 5 Rn. 3 ff.

1412 BAG 24.6.2004 – 2 AZR 63/03, NZA 2005, 158; 2.3.2006 – 2 AZR 53/05, NZA-RR 2006, 636; 28.10.2010 – 2 AZR 293/09, NZA 2011, 112 Rn. 19; 20.6.2013 – 2 AZR 583/12, NZA 2013, 1345 Rn. 24; 19.11.2015 – 2 AZR 217/15, NZA 2016, 540 Rn. 24; 5.12.2019 – 2 AZR 240/19, NZA 2020, 646 Rn. 75; 30.7.2020 – 2 AZR 43/20, NZA 2020, 1427 Rn. 44.

1413 Vgl. v. Hoyningen-Huene Anm. zu BAG 4.11.1981 – 7 AZR 264/79, AP KSchG 1969 § 1 Verhaltensbedingte Kündigung Nr. 4; ausf. Zu den arbeitsvertraglichen Nebenpflichten Schaub ArbR-HdB/Linck § 53 Rn. 3 ff.; MüKoBGB/Müller-Glöge § 611 Rn. 1074 ff.; MHdB ArbR/Reichold § 53 Rn. 11 ff.; MHdB ArbR/Zimmermann § 114 Rn. 8.

1414 Zutr. MüKoBGB/Spinner § 611a Rn. 981 ff.; MHdB ArbR/Zimmermann § 114 Rn. 8.

1415 BAG 12.1.2006 – 2 AZR 21/05, AP KSchG 1969 § 1 Verhaltensbedingte Kündigung Nr. 53; 27.11.2008 – 2 AZR 98/07, AP KSchG 1969 § 1 Nr. 90; 28.10.2010 – 2 AZR 293/09, AP KSchG 1969 § 1 Verhaltensbedingte Kündigung Nr. 62; Dütz Anm. zu BAG 20.9.1984 – 2 AZR 633/82, EzA § 626 BGB nF Nr. 91; ebenso ErfK/Oetker Rn. 190; zum Verhältnis des „Rechts auf Privatleben" zu den vertraglichen Nebenpflichten Grunsky JuS 1989, 593 ff.

1416 Vgl. zur Glaubensfreiheit BAG 10.10.2002 – 2 AZR 472/01, AP KSchG 1969 § 1 Verhaltensbedingte Kündigung Nr. 44; BVerfG 30.7.2003 – 1 BvR 792/03, AP GG Art. 12 Nr. 134; zur Meinungsfreiheit BAG 24.6.2004 – 2 AZR 63/03, AP KSchG 1969 § 1 Verhaltensbedingte Kündigung Nr. 49.

1417 BAG 11.3.1999 – 2 AZR 507/98, AP BGB § 626 Nr. 149; Belling FS Kissel, 1994, 11 (22); Enderlein RdA 2000, 325 ff.

1418 BAG 11.12.2003 – 2 AZR 36/03, AP BGB § 626 Nr. 179; Oetker SAE 1985, 171 (175).

geringen Wert besitzen (→ Rn. 623).[1419] Dem steht nicht entgegen, dass im Strafrecht der Diebstahl geringwertiger Sachen als Bagatelldelikt behandelt und die Strafverfolgung vielfach – aber keineswegs stets – wegen geringer Schuld nach §§ 153 ff. StPO eingestellt wird.[1420] Die strafrechtliche und arbeitsrechtliche Behandlung von Straftaten verfolgen unterschiedliche Zwecke. Die Durchsetzung des Strafanspruchs des Staates dient dem Schuldausgleich sowie dem Schutz der Gemeinschaft vor weiteren Straftaten. Hierzu ist es nicht erforderlich, alle geringfügigen Eigentums- und Vermögensdelikte strafrechtlich zu verfolgen. Demgegenüber geht es bei der Kündigung von Arbeitsverhältnissen um die Frage, ob dem Arbeitgeber ein Festhalten am Arbeitsvertrag trotz der Straftat zugemutet werden kann.

463 Auch vor **Beginn des Arbeitsverhältnisses liegende Ereignisse und Umstände** können eine Kündigung ausnahmsweise rechtfertigen, wenn sie das Arbeitsverhältnis erheblich beeinträchtigen und dem Kündigenden nicht schon bei Vertragsschluss bekannt waren.[1421] Eine verhaltensbedingte Kündigung setzt allerdings voraus, dass bereits eine (andere) Rechtsbeziehung bestanden hat und die frühere Vertragsverletzung auf das Folgearbeitsverhältnis „durchschlägt".[1422] Zu einem solchen „Durchschlagen" kommt es aber nicht schon allein deshalb, weil der Arbeitnehmer früher bei einem anderen Konzernunternehmen beschäftigt gewesen ist.[1423] IÜ ist lediglich eine personenbedingte Kündigung möglich, sofern durch das vorvertragliche Verhalten das berechtigte Vertrauen des Arbeitgebers in die Zuverlässigkeit und Redlichkeit des Arbeitnehmers irreparabel zerstört ist.[1424]

2. Verschulden

464 Eine verhaltensbedingte Kündigung kommt **grds. nur bei schuldhaftem, dh vorsätzlichem oder fahrlässigem** (§ 276 Abs. 1 BGB) **Verhalten** in Betracht. Die Pflichtverletzung muss regelmäßig vorwerfbar sein.[1425] Unter besonderen Umständen kann allerdings auch ein nicht schuldhaftes Verhalten genügen.[1426] Gefährdet der Arbeitnehmer durch sein Fehlverhalten die Sicherheit des Betriebs oder stört durch fortlaufende Tätlichkeiten, massive Beleidigungen etc schwerwiegend die betriebliche Ordnung, muss der Arbeitgeber die Möglichkeit haben, das Arbeitsverhältnis zu beenden, weil eine Weiterbeschäftigung des betreffenden Arbeitnehmers bereits aufgrund des objektiven Fehlverhaltens des Arbeitnehmers unzumutbar ist. Gerade weil auch der verhaltensbedingte Kündi-

[1419] BAG 12.8.1999 – 2 AZR 923/98, AP BGB § 626 Verdacht strafbarer Handlung Nr. 28; 6.7.2000 – 2 AZR 454/99, BeckRS 2000, 30785693; 11.12.2003 – 2 AZR 36/03, AP BGB § 626 Nr. 179; 10.6.2010 – 2 AZR 541/09, NZA 2010, 1227; 31.7.2014 – 2 AZR 407/13, AP BGB § 626 Nr. 251 Rn. 27; ebenso HaKo-KSchR/Zimmermann Rn. 219.

[1420] BAG 10.6.2010 – 2 AZR 541/09, NZA 2010, 1227; ebenso Reichel AuR 2004, 250 (251); Schlachter NZA 2005, 433 (435); s. a. Walker NZA 2009, 921 (925); NZA 2011, 1 (2); aA DD/Däubler BGB § 626 Rn. 82 ff.

[1421] BAG 17.8.1972 – 2 AZR 415/71, AP BGB § 626 Nr. 65; 5.4.2001 – 2 AZR 159/00, AP BGB § 626 Nr. 171; 20.3.2014 – 2 AZR 1071/12, AP BGB § 123 Nr. 73 Rn. 58 mAnm Kort.

[1422] BAG 17.8.1972 – 2 AZR 415/71, AP BGB § 626 Nr. 65; 5.4.2001 – 2 AZR 159/00, AP BGB § 626 Nr. 171; LAG Berlin-Brandenburg 28.6.2023 – 23 Sa 1107/22, BeckRS 2023, 15324 Rn. 32 ff., 64; 4.4.2024 – 5 Sa 894/23, NZA-RR 2024, 351 Rn. 55.

[1423] Vielmeier NZA 2020, 1510 (1513 ff.); zurückhaltend bei gleichzeitig bestehenden Vertragsbeziehungen zu verschiedenen Konzernunternehmen auch BAG 24.11.2008 – 2 AZR 193/07, NZA 2009, 671 Rn. 24 f.; zu großzügig daher LAG Köln 28.3.2001 – 8 Sa 405/00, NZA-RR 2002, 85.

[1424] BAG 20.3.2014 – 2 AZR 1071/12, AP BGB § 123 Nr. 73 Rn. 58 mAnm Kort; LAG Rheinland-Pfalz 18.2.2021 – 5 Sa 238/20, BeckRS 2021, 8964 Rn. 25.

[1425] BAG 25.10.1989 – 2 AZR 633/88, AP BGB § 611 Direktionsrecht Nr. 36; 2.2.2006 – 2 AZR 222/05, AP KSchG 1969 § 1 Verhaltensbedingte Kündigung Nr. 52; 19.11.2015 – 2 AZR 217/15, NZA 2016, 540 Rn. 24; generell abl. Kaiser FS Otto, 2008, 173 (179 ff.).

[1426] BAG 4.11.1957 – 2 AZR 57/56, AP KSchG § 1 Nr. 39; 27.7.1961 – 2 AZR 255/60, AP BGB § 611 Ärzte, Gehaltsansprüche Nr. 24; 21.1.1999 – 2 AZR 665/98, NZA 1999, 863; Bengelsdorf FS Hromadka, 2008, 9 (29 f.); MüKoBGB/Hergenröder Rn. 248; KR/Rachor Rn. 431; SES/Schwarze Rn. 180 f.; APS/Vossen Rn. 276; dagegen HK-KSchG/Dorndorf Rn. 530; ErfK/Oetker Rn. 191; LSSW/Schlünder Rn. 117; HaKo-KSchR/Zimmermann Rn. 230, die stets ein schuldhaftes Verhalten verlangen; offenlassend BAG 3.11.2011 – 2 AZR 748/10, AP KSchG 1969 § 1 Verhaltensbedingte Kündigung Nr. 65 Rn. 21.

gungsgrund **zukunftsbezogen** ist und **keinen Sanktionscharakter** hat (→ Rn. 467), ist ein Verschulden des Arbeitnehmers keine notwendige Voraussetzung für eine wirksame verhaltensbedingte Kündigung. Erst recht sind die Grundsätze über die beschränkte Arbeitnehmerhaftung nicht auf das Kündigungsrecht übertragbar.[1427]

Auch ein **Irrtum des Arbeitnehmers** über die Zulässigkeit seines Verhaltens schließt die Kündigung nicht ohne Weiteres aus (→ Rn. 586).[1428] Dies gilt jedenfalls dann, wenn der Arbeitnehmer sich nicht mit der gebotenen Sorgfalt erkundigt hat, oder wenn er ein ihm bekanntes ausdrückliches Verbot in der Meinung überschritten hat, dazu befugt zu sein, weil er dann auf eigene Gefahr handelt.[1429] Ein Kündigungsgrund besteht weiter, wenn die objektive Pflichtverletzung besonders schwer wiegt und die Gefahr ihrer Fortdauer (Wiederholung) besteht.[1430] Bei einem unverschuldeten Rechtsirrtum wird die negative Prognose freilich nur schwer feststellbar sein.[1431] Geringe Sorgfaltspflichtverletzungen sind im Rahmen der Interessenabwägung zu berücksichtigen.[1432] 465

Nimmt der Arbeitnehmer irrtümlich an, es lägen die Voraussetzungen für eine Verweigerung der Arbeitsleistung vor, ist das Verschulden ausgeschlossen, wenn der **Tatsachenirrtum nicht auf Fahrlässigkeit beruht.** Beruft sich der Arbeitnehmer zur Entschuldigung seines Fehlverhaltens auf einen Rechtsirrtum, muss er die tatsächlichen Umstände, aus denen er den Entschuldigungsgrund herleitet, substanziiert darlegen. Der Arbeitnehmer hat daher konkret vorzutragen, wie und bei wem er sich nach der Rechtslage erkundigt und welche Auskünfte er erhalten hat.[1433] 466

3. Negative Prognose

Zur sozialen Rechtfertigung einer verhaltensbedingten Kündigung ist eine negative Prognose erforderlich (eing. → Rn. 172 ff.).[1434] Auch die verhaltensbedingte Kündigung hat **keinen Sanktionscharakter.**[1435] Es geht nicht um die Ahndung eines in der Vergangenheit liegenden Verhaltens, das für die künftige Durchführung des Arbeitsverhältnisses keine Bedeutung hat. Vielmehr ist die verhaltensbedingte Kündigung ebenso wie die anderen Kündigungsarten **zukunftsgerichtet.** Dabei sollen in erster Linie weitere Vertragsverletzungen verhindert werden, was voraussetzt, dass im Zeitpunkt der Kündi- 467

1427 LSSW/Schlünder Rn. 119.

1428 BAG 27.4.2006 – 2 AZR 415/05, AP BGB § 626 Nr. 203; ausf. Kliemt/Vollstädt NZA 2003, 357.

1429 BAG 12.4.1973 – 2 AZR 291/72, AP BGB § 611 Direktionsrecht Nr. 24 mAnm Schnorr v. Carolsfeld; 14.2.1978 – 1 AZR 76/76, NJW 1979, 236; 22.10.2015 – 2 AZR 569/14, AP BGB § 626 Nr. 256 Rn. 42 ff.; LAG Düsseldorf 25.1.1993 – 19 Sa 1360/92, LAGE § 626 BGB Nr. 70; LAG Hessen 13.6.1995 – 9 Sa 2054/94, LAGE § 1 KSchG Verhaltensbedingte Kündigung Nr. 49; KR/Rachor Rn. 431; Rüthers/Henssler ZfA 1988, 31 (50); APS/Vossen Rn. 277.

1430 LAG Düsseldorf 29.8.2001 – 12 Sa 827/01, AnwBl 2002, 607.

1431 Zutr. ErfK/Oetker Rn. 192; ähnlich BAG 10.6.2010 – 2 AZR 541/09, NZA 2010, 1227.

1432 BAG 27.4.2006 – 2 AZR 415/05, AP BGB § 626 Nr. 203; HK-KSchG/Dorndorf Rn. 527; PVT Kündigung/Temming Rn. 1326; APS/Vossen Rn. 277.

1433 LAG Düsseldorf 29.8.2001 – 12 Sa 827/01, AnwBl 2002, 607; näher Kliemt/Vollstädt NZA 2003, 357.

1434 StRspr, BAG 17.1.1991 – 2 AZR 375/90, NZA 1991, 557; 16.8.1991 – 2 AZR 604/90, NZA 1993, 17; 26.1.1995 – 2 AZR 649/94, AP KSchG 1969 § 1 Verhaltensbedingte Kündigung Nr. 34; 16.9.2004 – 2 AZR 406/03, AP KSchG 1969 § 1 Verhaltensbedingte Kündigung Nr. 50; 12.1.2006 – 2 AZR 21/05, AP KSchG 1969 § 1 Verhaltensbedingte Kündigung Nr. 53 Rn. 54; 31.5.2007 – 2 AZR 200/06, NZA 2007, 922; 10.6.2010 – 2 AZR 541/09, NZA 2010, 1227; 23.1.2014 – 2 AZR 638/13, AP KSchG 1969 § 1 Verhaltensbedingte Kündigung Nr. 70 Rn. 16; 31.7.2014 – 2 AZR 434/13, AP KSchG 1969 § 1 Verhaltensbedingte Kündigung Nr. 73 Rn. 19; Ascheid KSchR Rn. 436; Bitter/Kiel RdA 1995, 26 (34); HK-KSchG/Dorndorf Rn. 545; Hillebrecht ZfA 1991, 87 (120); Preis Prinzipien Rn. 767 ff.; DB 1990, 630 (634 f.); KR/Rachor Rn. 438; PVT Kündigung/Temming Rn. 1342; APS/Vossen Rn. 272a; HaKo-KSchR/Zimmermann Rn. 236 ff.; krit. Gentges, Prognoseprobleme im Kündigungsschutzrecht, 1994, 239 ff.; Kraft ZfA 1994, 463 (475 f.); LSSW/Schlünder Rn. 124.

1435 BAG 12.1.2006 – 2 AZR 21/05, AP KSchG 1969 § 1 Verhaltensbedingte Kündigung Nr. 53 Rn. 54; 13.12.2007 – 2 AZR 818/06, AP KSchG 1969 § 4 Nr. 64; 23.6.2009 – 2 AZR 103/08, AP KSchG 1969 § 1 Verhaltensbedingte Kündigung Nr. 59; 23.6.2009 – 2 AZR 283/08, AP KSchG 1969 § 1 Abmahnung Nr. 5; 26.11.2009 – 2 AZR 751/08, AP KSchG 1969 § 1 Verhaltensbedingte Kündigung Nr. 61; Ascheid KSchR Rn. 436; DD/Däubler Rn. 691; HK-KSchG/Dorndorf Rn. 548; ErfK/Oetker Rn. 196; Preis Prinzipien Rn. 767 ff.; PVT Kündigung/Temming Rn. 1342; HaKo-KSchR/Zimmermann Rn. 195; krit. Rüthers/Müller Anm. zu BAG 16.8.1991 – 2 AZR 604/90, EzA § 1 KSchG Verhaltensbedingte Kündigung Nr. 41; ausdrücklich für einen vergangenheitsorientierten Sanktionscharakter Popp DB 1981, 2611 (2615); ebenso offenbar Weller ArbRdGgnw 20 (1982), 77 (79).

gung die objektiv begründete Gefahr bestehen muss, es werde künftig zu **weiteren Vertragsverletzungen** kommen.[1436] Durch die zurückliegende Pflichtwidrigkeit kann aber das notwendige **Vertrauen des Arbeitgebers** in die für eine Vertragsdurchführung erforderliche Loyalität so **nachhaltig gestört** sein, dass eine weitere Zusammenarbeit für den Arbeitgeber bei verständiger Würdigung objektiv ausgeschlossen ist. Die **Negativprognose** darf also **nicht zu eng verstanden** und **mit der konkreten Gefahr der Wiederholung gleichartiger Vertragsverletzungen gleichgesetzt** werden, die im Einzelfall je nach Sachlage praktisch ausgeschlossen sein kann.[1437] Etwas anderes hat die Rspr. freilich auch nie behauptet, sodass es nicht erforderlich ist, die Zukunftsgerichtetheit der verhaltensbedingten Kündigung bei schweren Vertragsverletzungen aufzugeben, um zu angemessenen Ergebnissen zu gelangen.[1438] Im Einzelnen sprechen für eine negative Prognose insbes. wiederholte Vertragsverletzungen trotz vorangegangener Abmahnungen und Rügen,[1439] die Beharrlichkeit vergangener Vertragsverletzungen und das Maß des Verschuldens[1440] sowie ein Vertragsverstoß trotz eines klaren Hinweises des Arbeitgebers, dass er ein bestimmtes Fehlverhalten mit einer Kündigung beantworten werde.[1441]

4. Beeinträchtigung des Arbeitsverhältnisses

468 Die Verletzung vertraglicher Pflichten ist nach vorheriger Abmahnung (→ Rn. 479 ff.) grds. geeignet, eine Kündigung sozial zu rechtfertigen. Eine darüber hinausgehende **Beeinträchtigung betrieblicher Interessen** gehört **nicht zu den Erfordernissen des Kündigungsgrundes,** sondern ist allein im Rahmen der Interessenabwägung zu berücksichtigen.[1442] In der Verletzung vertraglicher Pflichten liegt bereits der erforderliche Bezug des beanstandeten Verhaltens zum Arbeitsverhältnis.[1443] Dies gilt sowohl für die Verletzung von Hauptpflichten als auch bei Verstößen gegen eine der vielfältigen Nebenpflichten. Bei einem **außerdienstlichen Verhalten** kann die Verletzung einer Nebenpflicht allerdings regelmäßig nur festgestellt werden, wenn man die **negativen Auswirkungen auf den Betrieb in die Würdigung einbezieht.**[1444]

5. Fehlende Weiterbeschäftigungsmöglichkeit

469 **Umsetzungs- und Versetzungsmöglichkeiten** sind grds. auch bei verhaltensbedingten Kündigungen zu prüfen.[1445] Dies hängt von den Ursachen und der Schwere des Pflichtenverstoßes sowie von den Anforderungen des neuen Arbeitsplatzes ab.[1446] Eine anderwei-

[1436] BAG 21.11.1996 – 2 AZR 357/95, AP BGB § 626 Nr. 130 mAnm Bernstein; 12.1.2006 – 2 AZR 21/05, AP KSchG 1969 § 1 Verhaltensbedingte Kündigung Nr. 53; 13.12.2007 – 2 AZR 818/06, AP KSchG 1969 § 4 Nr. 64; 23.6.2009 – 2 AZR 103/08, AP KSchG 1969 § 1 Verhaltensbedingte Kündigung Nr. 59; 23.6.2009 – 2 AZR 283/08, AP KSchG 1969 § 1 Abmahnung Nr. 5; 26.11.2009 – 2 AZR 751/08, AP KSchG 1969 § 1 Verhaltensbedingte Kündigung Nr. 61; HK-KSchG/Dorndorf Rn. 553; ErfK/Oetker Rn. 197 f.; KR/Rachor Rn. 438; HaKo-KSchR/Zimmermann Rn. 236 ff.

[1437] Insoweit zutr. Willemsen RdA 2017, 115 (116, 127); s. a. Schmitz-Scholemann FS Moll, 2019, 607 (608).

[1438] So aber Willemsen RdA 2017, 115 (116, 127).

[1439] BAG 26.1.1995 – 2 AZR 649/94, AP KSchG 1969 § 1 Verhaltensbedingte Kündigung Nr. 34; HK-KSchG/Dorndorf Rn. 561; v. Hoyningen-Huene DB 1995, 142 (145 f.).

[1440] BAG 10.2.1999 – 2 ABR 31/98, AP KSchG 1969 § 15 Nr. 42.

[1441] LAG Nürnberg 9.1.2007 – 7 Sa 79/06, LAGE § 1 KSchG Verhaltensbedingte Kündigung Nr. 95 (Verweigerung berechtigterweise angeordneter Überstunden).

[1442] BAG 17.1.1991 – 2 AZR 375/90, NZA 1991, 557; 16.8.1991 – 2 AZR 604/90, NZA 1993, 17; 5.11.1992 – 2 AZR 287/92, BeckRS 1992, 30742996; 27.2.1997 – 2 AZR 302/96, NJW 1997, 2540; iErg ebenso Bitter/Kiel RdA 1995, 26 (34); PVT Kündigung/Temming Rn. 1347; zT aA noch BAG 17.3.1988 – 2 AZR 576/87, NZA 1989, 261.

[1443] Nur iGrds ebenso KR/Rachor Rn. 438.

[1444] Vgl. BAG 10.4.2014 – 2 AZR 684/13, AP KSchG 1969 § 1 Verhaltensbedingte Kündigung Nr. 72 Rn. 14.

[1445] BAG 22.7.1982 – 2 AZR 30/81, NJW 1983, 700; 26.3.1992 – 2 AZR 519/91, NZA 1992, 1121; 16.1.1997 – 2 AZR 98/96, BeckRS 1997, 30368190; 6.10.2005 – 2 AZR 280/04, AP KSchG 1969 § 1 Personenbedingte Kündigung Nr. 25; 23.1.2014 – 2 AZR 638/13, AP KSchG 1969 § 1 Verhaltensbedingte Kündigung Nr. 70 Rn. 16; Kiel, Anderweitige Beschäftigungsmöglichkeit, 1990, 48 ff.; Moritz DB 1985, 229; Preis DB 1990, 685; PVT Kündigung/Temming Rn. 1344; APS/Vossen Rn. 273.

[1446] BAG 31.3.1993 – 2 AZR 492/92, AP BGB § 626 Ausschlußfrist Nr. 32.

tige Weiterbeschäftigung ist in erster Linie bei Schlechtleistungen, dh bei arbeitsplatzbezogenen Mängeln in Betracht zu ziehen. Bei Störungen im sog. Vertrauensbereich sowie bei Verstößen gegen die betriebliche Ordnung, bspw. Nichtbeachtung von Alkoholverboten oder der Anzeige- und Nachweispflichten bei Arbeitsunfähigkeit oder Unpünktlichkeit ist eine Weiterbeschäftigungsmöglichkeit auf einem anderen Arbeitsplatz in der Regel nicht weiter zu prüfen, weil davon auszugehen ist, dass es auch auf einem anderen Arbeitsplatz zu diesen Vertragsverletzungen kommen wird. In Einzelfällen verfährt das BAG insoweit aber durchaus großzügig.[1447] Bei einer erheblich verschuldeten Vertragspflichtverletzung wie bspw. einer Tätlichkeit ist dem Arbeitgeber eine Versetzung bzw. Umsetzung in der Regel aber nicht zumutbar.[1448]

6. Interessenabwägung

Zur sozialen Rechtfertigung der verhaltensbedingten Kündigung ist neben der Feststellung der Vertragsverletzung, der negativen Prognose und der fehlenden Weiterbeschäftigungsmöglichkeit eine **umfassende Interessenabwägung unter Beachtung des Verhältnismäßigkeitsgrundsatzes** erforderlich (→ Rn. 214 ff.).[1449] Im Wege der Interessenabwägung ist zu ermitteln, ob dem Arbeitgeber die Fortsetzung des Arbeitsverhältnisses noch zugemutet werden kann (zur Zumutbarkeit → Rn. 162 f.). Dabei ist nicht von dem subjektiven Standpunkt des jeweiligen Arbeitgebers auszugehen. Vielmehr gilt ein **objektiver Maßstab.**[1450] Die Anforderungen an die Schwere des Kündigungsgrunds sind nicht so hoch wie bei der personenbedingten Kündigung, weil es der Arbeitnehmer bei verhaltensbedingten Gründen selbst in der Hand hat, sich vertragstreu zu verhalten.[1451] Dies gilt insbes. dann, wenn den Arbeitnehmer ein hohes Eigenverschulden trifft.[1452] 470

Bei der Abwägung sind die **Intensität und Beharrlichkeit** der Vertragsverletzung, die Auswirkungen der Vertragsverletzung, etwa im Hinblick auf das Maß des Vertrauensverlustes, frühere Pflichtwidrigkeiten des Arbeitnehmers, die Wiederholungsgefahr sowie das Maß des Verschuldens des Arbeitnehmers von Bedeutung.[1453] **Betriebliche Beeinträchtigungen,** wie bspw. Betriebsablaufstörungen, Vermögensschäden, Rufschädigung sind ebenfalls gewichtige, aber nicht notwendige Abwägungsgesichtspunkte.[1454] **Betriebsablaufstörungen** müssen keinen bestimmten Intensitätsgrad erreichen, um im Rahmen der Interessenabwägung zulasten des Arbeitnehmers berücksichtigt werden zu 471

[1447] Bspw. BAG 20.6.2013 – 2 AZR 583/12, KSchG 1969 § 1 Nr. 93 Rn. 28 f. (Prüfung einer Versetzung nach einer Verurteilung wegen unerlaubten Herstellens von Betäubungsmitteln durch Wachpolizisten).

[1448] BAG 6.10.2005 – 2 AZR 280/04, AP KSchG 1969 § 1 Personenbedingte Kündigung Nr. 25.

[1449] Ebenso DD/Däubler Rn. 707; HK-KSchG/Dorndorf Rn. 705; MüKoBGB/Hergenröder Rn. 258; KR/Rachor Rn. 443; APS/Vossen Rn. 274; iGrds auch LSSW/Schlünder Rn. 84; PVT Kündigung/Temming Rn. 1346; krit. Kaiser FS Otto, 2008, 173 (201); ErfK/Oetker Rn. 201 ff.; Willemsen RdA 2017, 115 (122 ff.); MHdB ArbR/Zimmermann § 114 Rn. 57.

[1450] BAG 21.11.1996 – 2 AZR 357/95, AP BGB § 626 Nr. 130; KR/Rachor Rn. 443; LSSW/Schlünder Rn. 100; krit. zum Kriterium der Objektivität („reine Fiktion") und für eine Orientierung am „verständigen Arbeitgeber" dagegen Schmitz-Scholemann FS Moll, 2019, 607 (611, 613 f.).

[1451] Dazu Birk JuS 1986, 537; ähnlich MüKoBGB/Hergenröder Rn. 258; KR/Rachor Rn. 444; krit. ErfK/Oetker Rn. 201.

[1452] BAG 25.4.1991 – 2 AZR 624/90, AP BGB § 626 Nr. 104 zur außerordentlichen Kündigung; BAG 20.8.1997 –2 AZR 42/97, BeckRS 1997, 30941003 zur Falschbeantwortung einer Frage nach früherer Tätigkeit für das MfS; HK-KSchG/Dorndorf Rn. 710; Preis DB 1990, 630 (632); KR/Rachor Rn. 445.

[1453] HM, BAG 21.1.1999 – 2 AZR 665/98, AP BGB § 626 Nr. 151; 27.4.2006 – 2 AZR 415/05, AP BGB § 626 Nr. 203 (zum guten Glauben an das Fehlen einer Vertragsverletzung); 29.8.2013 – 2 AZR 273/12, AP BGB § 626 Nr. 245 Rn. 37; 22.10.2015 – 2 AZR 569/14, AP BGB § 626 Nr. 256 Rn. 46; HK-KSchG/Dorndorf Rn. 710; KR/Rachor Rn. 445; LSSW/Schlünder Rn. 84; PVT Kündigung/Temming Rn. 1346; HaKo-KSchR/Zimmermann Rn. 325.

[1454] So auch BAG 17.1.1991 – 2 AZR 375/90, AP KSchG 1969 § 1 Verhaltensbedingte Kündigung Nr. 25 unter II 3a bb; Bitter/Kiel RdA 1995, 26 (33); Börgmann SAE 1989, 192; LSSW/Schlünder Rn. 84; PVT Kündigung/Temming Rn. 1347; Willemsen Anm. zu BAG 17.3.1988 – 2 AZR 576/87, EzA § 626 BGB Nr. 116; aA noch BAG 7.12.1988 – 7 AZR 122/88, EzA § 1 KSchG Verhaltensbedingte Kündigung Nr. 26 unter II 3.

können.[1455] Im Einzelfall ist auch das Interesse des Arbeitgebers an der **Aufrechterhaltung der betrieblichen Ordnung** in Rechnung zu stellen.[1456] So kann sich bspw. das unerlaubte Fernbleiben von der Arbeit nachteilig auf die Betriebsdisziplin und den Betriebsfrieden auswirken. Diese möglichst konkret darzulegende Gefahr der Störung von Betriebsdisziplin und/oder Betriebsfrieden ist dann im Rahmen der Interessenabwägung zu berücksichtigen.[1457] In einem Handelsunternehmen, dessen Waren den Arbeitnehmern anvertraut sind, kann es aus Gründen der Abschreckung der anderen Arbeitnehmer erforderlich sein, in Diebstahlsfällen konsequent durchzugreifen.[1458]

472 Abwägungsrelevant ist weiterhin die **Dauer der – ungestörten – Betriebszugehörigkeit.**[1459] Einem langjährig Beschäftigten, der sich stets vertragstreu verhalten hat, ist eine einmalige Entgleisung eher nachzusehen, als einem erst kurze Zeit tätigen Arbeitnehmer.[1460] Dies ist keine mittelbare Diskriminierung jüngerer Arbeitnehmer wegen des Alters.[1461] Der Aspekt der langjährigen Betriebszugehörigkeit darf freilich nicht dahin missverstanden werden, dass der Arbeitnehmer damit die „Befugnis" erwirbt, einmal eine schwere Straftat begehen zu dürfen, ohne den Bestand seines Arbeitsverhältnisses zu riskieren. Man sollte das Kriterium daher nicht in einem ersten Schritt überzeichnen, um es anschließend in einem zweiten Schritt völlig zu verwerfen,[1462] sondern statt dessen auf seinen berechtigten Kern zurückführen, in Grenzfällen zur Entscheidung beizutragen, ob es objektiv zu einem nachhaltigen Vertrauensverlust gekommen ist. Dem **Lebensalter** als solchem kommt bei verhaltensbedingten Kündigungen allerdings nur eine untergeordnete Bedeutung zu.[1463] Schließlich ist eine etwaige **Mitverantwortung des Arbeitgebers** zu berücksichtigen.[1464]

473 Unerheblich sind demgegenüber grds. die **Unterhaltspflichten,** weil sie in der Regel keinen Bezug zum verhaltensbedingten Kündigungsgrund haben.[1465] Nur wenn die Unterhaltspflichten ausnahmsweise in einem Zusammenhang mit dem verhaltensbedingten Kündigungsgrund stehen, können sie Berücksichtigung finden. Dies ist etwa anzunehmen, wenn der Arbeitnehmer zu spät zur Arbeit kommt, weil er zu Hause noch sein krankes Kind versorgt hat.[1466] Andererseits sind Unterhaltspflichten im Rahmen der Interessenabwägung unerheblich, wenn der Arbeitnehmer den Arbeitgeber bestohlen hat, und zwar auch dann, wenn er mit dem gestohlenen Geld Geschenke für seine Kinder kauft.[1467] Gleiches gilt bei der eigenmächtigen Urlaubsnahme.[1468] Hier fehlt jeder rechtlich erhebliche Zusammenhang zwischen der Vertragsverletzung und den Unterhaltspflichten.

[1455] BAG 27.2.1997 – 2 AZR 302/96, NZA 1997, 761.

[1456] BAG 4.6.1997 – 2 AZR 526/96, AP BGB § 626 Nr. 137; 11.12.2003 – 2 AZR 36/03, AP BGB § 626 Nr. 179; krit. PVT Kündigung/Temming Rn. 1347.

[1457] BAG 16.8.1991 – 2 AZR 604/90, AP KSchG 1969 § 1 Verhaltensbedingte Kündigung Nr. 27.

[1458] BAG 11.12.2003 – 2 AZR 36/03, AP BGB § 626 Nr. 179.

[1459] BAG 13.12.1984 – 2 AZR 454/83, AP BGB § 626 Nr. 81; 31.3.1993 – 2 AZR 492/92, AP BGB § 626 Ausschlußfrist Nr. 32 unter III 2 d; 30.9.1993 – 2 AZR 665/98, EzA § 626 BGB Nr. 152; 27.4.2006 – 2 AZR 415/05, AP BGB § 626 Nr. 203; 10.6.2010 – 2 AZR 541/09, NZA 2010, 1227; LAG Köln 11.5.2007 – 11 Sa 258/07, LAGE § 1 KSchG Verhaltensbedingte Kündigung Nr. 98 = BeckRS 2007, 47282.

[1460] Ebenso LSSW/Schlünder Rn. 84.

[1461] BAG 7.7.2011 – 2 AZR 355/10, AP BGB § 626 Nr. 237.

[1462] In diese Richtung aber Willemsen RdA 2017, 115 (116 ff.).

[1463] BAG 5.4.2001 – 2 AZR 159/00, AP BGB § 626 Nr. 171.

[1464] Vertiefend dazu jetzt Kraayvanger Mitverantwortung des Arbeitgebers S. 299 ff., 327.

[1465] ErfK/Oetker Rn. 203; Rüthers/Frank Anm. zu BAG 17.1.1991 – 2 AZR 375/90, EzA § 1 KSchG Verhaltensbedingte Kündigung Nr. 37; PVT Kündigung/Temming Rn. 1347; APS/Vossen Rn. 434; für eine eingeschränkte Berücksichtigung allerdings BAG 2.3.1989 – 2 AZR 280/88, AP BGB § 626 Nr. 101; 5.4.2001 – 2 AZR 159/00, AP BGB § 626 Nr. 171; 16.12.2004 – 2 ABR 7/04, AP BGB § 626 Nr. 191; 27.4.2006 – 2 AZR 415/05, AP BGB § 626 Nr. 203; aA KR/Rachor Rn. 445.

[1466] So ErfK/Oetker Rn. 203; ähnlich BAG 27.2.1997 – 2 AZR 302/96, AP KSchG 1969 § 1 Verhaltensbedingte Kündigung Nr. 36.

[1467] Ebenso Rost in Henssler/Moll, Kündigung und Kündigungsschutz, 2000, 35 (43).

[1468] BAG 16.3.2000 – 2 AZR 75/99, AP BetrVG 1972 § 102 Nr. 114: allenfalls marginale Bedeutung.

II. Abmahnung

Schrifttum: Beckerle, Die Abmahnung, 14. Aufl. 2024; Hauer, Die Abmahnung im Arbeitsverhältnis, 1990; Kammerer, Personalakte und Abmahnung, 3. Aufl. 2001; Kleinebrink, Abmahnung, 3. Aufl. 2017; Koffka, Die arbeitsrechtliche Abmahnung als Rechtsinstitut, 1993; Meyer, Betriebliche Rügen und ihre Folgen, 5. Aufl. 1992; Pflaum, Die Abmahnung im Arbeitsrecht als Vorstufe zur Kündigung, 1992; Wolf, Die Abmahnung als Voraussetzung der verhaltensbedingten Kündigung durch den Arbeitgeber, 1990.

Im Allgemeinen rechtfertigt ein pflichtwidriges Verhalten des Arbeitnehmers **nur dann eine Kündigung,** wenn der Arbeitgeber ihm mit einer vorausgegangenen Abmahnung Gelegenheit gegeben hat, sein Verhalten zu korrigieren.[1469] Das Erfordernis einer vergeblichen Abmahnung ist Bestandteil des Kündigungsgrundes (zur Entbehrlichkeit bei schweren Pflichtverletzungen → Rn. 482 ff.).[1470] 474

1. Rechtsgrundlage

Die grds. Obliegenheit zur Abmahnung vor Ausspruch einer verhaltensbedingten Kündigung wird von der hM zunächst aus § 323 Abs. 1 BGB und dem Grundsatz der Verhältnismäßigkeit abgeleitet.[1471] Genau genommen folgt die Obliegenheit zur Abmahnung aus dem in §§ 281 Abs. 1, 314 Abs. 2, §§ 541, 543 Abs. 3 BGB konkretisierten **Übermaßverbot,**[1472] das auch in § 12 Abs. 3 AGG seinen Ausdruck findet.[1473] Diesen Vorschriften ist im Wege der Rechtsanalogie der allgemeine Gedanke zu entnehmen, dass der Gläubiger (Arbeitgeber) bei einem Fehlverhalten des Schuldners (Arbeitnehmer) diesem vor einer einseitigen Einwirkung auf den Bestand oder den Inhalt des Vertrags durch Beendigungskündigung oder Änderungskündigung grds. Gelegenheit zu einem künftig wieder vertragsgerechten Verhalten geben muss, indem er das vertragswidrige Verhalten zunächst abmahnt.[1474] 475

Das Übermaßverbot fordert vom Arbeitgeber allerdings nicht, vor Ausspruch einer Kündigung eine in einer Arbeitsordnung vorgesehene **Betriebsbuße** zu verhängen.[1475] Abmahnung und Betriebsbuße verfolgen unterschiedliche Ziele. Während eine Abmahnung den Arbeitnehmer zu vertragstreuem Verhalten anmahnt, dient eine Betriebsbuße der Aufrechterhaltung der betrieblichen Ordnung (§ 87 Abs. 1 Nr. 1 BetrVG). Betriebsbußen haben einen **Sanktionscharakter,** der dem Kündigungsrecht fremd ist. 476

[1469] BAG 18.1.1980 – 7 AZR 75/78, AP KSchG 1969 § 1 Verhaltensbedingte Kündigung Nr. 3; 9.8.1984 – 2 AZR 400/83, NZA 1985, 124; 10.11.1988 – 2 AZR 215/88, NZA 1989, 633; 23.6.2009 – 2 AZR 283/08, AP KSchG 1969 § 1 Abmahnung Nr. 5 Rn. 14; 23.6.2009 – 2 AZR 103/08, AP KSchG 1969 § 1 Verhaltensbedingte Kündigung Nr. 59 Rn. 32; 15.12.2016 – 2 AZR 42/16, AP KSchG 1969 § 1 Verhaltensbedingte Kündigung Nr. 76 Rn. 11; 13.12.2018 – 2 AZR 370/18, NZA 2019, 445 Rn. 30.

[1470] BAG 21.2.2001 – 2 AZR 579/99, AP BGB § 611 Abmahnung Nr. 26.

[1471] BAG 9.8.1984 – 2 AZR 400/83, AP KSchG 1969 § 1 Verhaltensbedingte Kündigung Nr. 12; 10.11.1988 – 2 AZR 215/88, AP KSchG 1969 § 1 Abmahnung Nr. 3; 26.1.1995 – 2 AZR 649/94, NZA 1995, 517 (519 f.); 21.2.2001 – 2 AZR 579/99, AP BGB § 611 Abmahnung Nr. 26; 12.1.2006 – 2 AZR 21/05, AP KSchG 1969 § 1 Verhaltensbedingte Kündigung Nr. 53 Rn. 54; Ascheid KSchR Rn. 85 f.; Becker-Schaffner DB 1985, 650; Bock AuR 1987, 217 (218); HK-KSchG/Dorndorf Rn. 575; Hauer, Die Abmahnung im Arbeitsverhältnis, 1990, 47 ff.; Kammerer, Personalakte und Abmahnung, 3. Aufl. 2001, 123; Kleinebrink, Abmahnung, 3. Aufl. 2017, Rn. 13; KR/Krumbiegel BGB § 626 Rn. 230; Oetker SAE 1985, 175 (176 f.); Pauly NZA 1995, 449 (450); Preis Prinzipien Rn. 1112; LSSW/Schlünder Rn. 102; APS/Vossen Rn. 343; s. a. Kaiser FS Otto, 2008, 173 (189); krit. Walker NZA 1995, 601 (602 f.).

[1472] Vgl. Heinze FS Söllner, 1990, 63 (79); v. Hoyningen-Huene RdA 1990, 193 (197 f.).

[1473] BAG 20.11.2014 – 2 AZR 651/13, AP BGB § 626 Nr. 249 Rn. 23; LAG Niedersachsen 29.11.2008 – 1 Sa 547/08, LAGE § 12 AGG Nr. 1.

[1474] Ähnlich KR/Krumbiegel BGB § 626 Rn. 228; Wolf, Abmahnung, 1990, 102 ff.

[1475] BAG 17.1.1991 – 2 AZR 375/90, NZA 1991, 557; ebenso LSSW/Schlünder Rn. 130.

2. Funktionen

477 Mit der Abmahnung moniert der Arbeitgeber eine Verletzung vertraglicher Pflichten durch den Arbeitnehmer und fordert ein in Zukunft vertragstreues Verhalten ein (**Rüge- bzw. Erinnerungsfunktion**).[1476] Weiter soll der Arbeitnehmer davor gewarnt werden, dass er bei einem fortgesetzten Fehlverhalten mit Konsequenzen für das Arbeitsverhältnis rechnen müsse (**Warnfunktion**).[1477] Ferner dient die Abmahnung dazu, den beanstandeten Vorfall für den Arbeitgeber festzustellen (**Dokumentationsfunktion**).[1478] Eine weitergehende Beweisfunktion kommt der Abmahnung allerdings nicht zu, weil sie nicht selbständig den Beweis für einen Pflichtverstoß des Arbeitnehmers erbringt.[1479] Aus der Rügefunktion ergibt sich, dass eine (berechtigte) Abmahnung zwar kein Verschulden des Arbeitnehmers, wohl aber einen objektiven Verstoß gegen vertragliche (einschließlich gesetzlicher) Pflichten voraussetzt. Dementsprechend genügt der bloße Verdacht einer Vertragspflichtverletzung nicht.[1480] Für die Zulässigkeit einer „Verdachtsabmahnung" gibt es kein legitimes Arbeitgeberinteresse.[1481] Allerdings kann der Arbeitgeber den Arbeitnehmer auf den durch den Verdacht begründeten Vertrauensverlust hinweisen und hierdurch auf die Interessenabwägung im Rahmen einer späteren Kündigung Einfluss nehmen.[1482]

478 Darüber hinaus hat die Abmahnung **keine Sanktionsfunktion.** Der Arbeitnehmer soll durch die Abmahnung nicht bestraft, sondern zu einem künftig vertragsgemäßen Verhalten angehalten werden.[1483] Die grds. Notwendigkeit einer Abmahnung kann daher nicht durch den Gedanken einer „milderen Sanktion" gegenüber einer Kündigung legitimiert werden.[1484] Die Abmahnung dient auch **nicht zur Abschreckung anderer Arbeitnehmer,** denen deutlich gemacht werden soll, dass der Arbeitgeber bestimmte Pflichtwidrigkeiten nicht hinnimmt.[1485] Damit sind solche reflexartig eintretenden Wirkungen einer Abmahnung freilich nicht ausgeschlossen.[1486]

3. Erforderlichkeit

479 Nach der älteren Rspr. war eine Abmahnung vor Ausspruch einer verhaltensbedingten Kündigung grds. nur bei Pflichtwidrigkeiten im **Leistungsbereich** erforderlich, während bei Störungen im **Vertrauensbereich** der Arbeitnehmer nur ausnahmsweise vor der Kündigung abzumahnen war.[1487] Diese **Differenzierung** zwischen Leistungsbereich und

---

[1476] BAG 27.11.2008 – 2 AZR 675/07, AP BGB § 611 Abmahnung Nr. 33 Rn. 14; 19.7.2012 – 2 AZR 782/11, AP BGB § 611 Abmahnung Nr. 34 Rn. 20 mAnm Kleinebrink.

[1477] BAG 18.1.1980 – 7 AZR 75/78, AP KSchG 1969 § 1 Verhaltensbedingte Kündigung Nr. 3; 10.11.1988 – 2 AZR 215/88, AP KSchG 1969 § 1 Abmahnung Nr. 3; 21.5.1992 – 2 AZR 551/91, AP KSchG 1969 § 1 Verhaltensbedingte Kündigung Nr. 28; 17.2.1994 – 2 AZR 616/93, AP BGB § 626 Nr. 116; 16.9.2004 – 2 AZR 406/03, AP KSchG 1969 § 1 Verhaltensbedingte Kündigung Nr. 50; 19.7.2012 – 2 AZR 782/11, AP BGB § 611 Abmahnung Nr. 34 Rn. 20 mAnm Kleinebrink; HK-KSchG/Dorndorf Rn. 581; KR/Krumbiegel BGB § 626 Rn. 241 ff.; ErfK/Niemann BGB § 626 Rn. 29a; HaKo-KSchR/Zimmermann Rn. 243; ausf. v. Hoyningen-Huene RdA 1990, 193 (198) mwN.

[1478] BAG 19.7.2012 – 2 AZR 782/11, AP BGB § 611 Abmahnung Nr. 34 Rn. 20 mAnm Kleinebrink.

[1479] Zutr. BAG 13.3.1987 – 7 AZR 601/85, AP KSchG 1969 § 1 Verhaltensbedingte Kündigung Nr. 18.

[1480] LAG Hessen 24.1.2014 – 14 Sa 776/13, BeckRS 2014, 72380 Rn. 39; LAG Rheinland-Pfalz 4.12.2019 – 7 Sa 35/19; BeckRS 2019, 41399 Rn. 67; ErfK/Niemann BGB § 626 Rn. 34.

[1481] AA Baumgarten DB 2021, 1875 (1877 ff.); Ritter NZA 2012, 19 (20 f.).

[1482] Vgl. ErfK/Niemann, BGB § 626 Rn. 34.

[1483] Ebenso Bader ZTR 1999, 200 (204); HK-KSchG/Dorndorf Rn. 582; MüKoBGB/Hergenröder Rn. 241; KR/Krumbiegel BGB § 626 Rn. 242; Pauly NZA 1995, 449 (451); HaKo-KSchR/Zimmermann Rn. 250; aA BAG 10.11.1988 – 2 AZR 215/88, NZA 1989, 633; Kraft NZA 1989, 777 (780); ferner DD/Deinert BGB § 314 Rn. 3: Spezialprävention.

[1484] Binkert NZA 2016, 721.

[1485] Ebenso DD/Deinert BGB § 314 Rn. 3; Kammerer, Personalakte und Abmahnung, 3. Aufl. 2001, 125; Koffka Abmahnung als Rechtsinstitut S. 59 f.; HaKo-KSchR/Zimmermann Rn. 249; aA BAG 13.11.1991 – 5 AZR 74/91, NZA 1992, 690.

[1486] Insoweit richtig HK-KSchG/Dorndorf Rn. 583.

[1487] Vgl. BAG 18.11.1986 – 7 AZR 674/84, AP KSchG 1969 § 1 Verhaltensbedingte Kündigung Nr. 17; 10.11.1988 – 2 AZR 215/88, AP KSchG 1969 § 1 Abmahnung Nr. 3; 17.2.1994 – 2 AZR 616/93, AP BGB § 626

Vertrauensbereich ist jedoch **abzulehnen.**[1488] Da die Abmahnung dem Arbeitnehmer Gelegenheit zu künftigen vertragsgerechten Verhalten geben soll, ist es bei jedem vertragswidrigen Verhalten grds. erforderlich, den Arbeitnehmer vor Ausspruch einer verhaltensbedingten Kündigung zunächst abzumahnen.[1489]

Dem entspricht nunmehr iErg auch weitgehend die **neuere Rspr. des BAG.** Danach ist das Abmahnungserfordernis bei jeder Kündigung zu prüfen, die wegen eines steuerbaren Fehlverhaltens des Arbeitnehmers ausgesprochen werden soll, das der Arbeitnehmer zukünftig beseitigen kann. Die jüngere Rspr. beruft sich hierfür auf die Annahme eines **Zusammenhangs zwischen Abmahnung und künftigem Arbeitnehmerverhalten.** So sei grds. davon auszugehen, dass sich der Arbeitnehmer durch die Androhung von Folgen für den Bestand des Arbeitsverhältnisses **positiv beeinflussen** lasse.[1490] Auf diese Weise sei, so das BAG schon seit Längerem, eine **Wiederherstellung des Vertrauens des Arbeitgebers in die Vertragstreue des Arbeitnehmers** zu erwarten.[1491] Dies ist bspw. dann der Fall, wenn sich der Arbeitnehmer über den Inhalt seiner Vertragspflichten geirrt hat und mit vertretbaren Gründen annehmen konnte, sein Verhalten sei nicht vertragswidrig.[1492] Entsprechendes gilt, wenn der Arbeitgeber **private Telefongespräche** in einem „gewissen" Umfang duldet. Hier ist – von Extremfällen abgesehen – unklar, von welchem konkreten Umfang der Privattelefonate an die Grenze vom Arbeitgeber als überschritten angesehen wird. Der Arbeitgeber hat deshalb vor Ausspruch einer Kündigung wegen übermäßig vieler privater Telefonate eine Abmahnung auszusprechen (→ Rn. 658; zur Internetnutzung → Rn. 629).[1493] Unter diesem Blickwinkel entspricht das grds. Erfordernis einer Abmahnung also dem **Verhältnismäßigkeitsgrundsatz (Übermaßverbot)** (→ Rn. 182 ff.). 480

Daneben bildet die Verknüpfung mit der für die soziale Rechtfertigung einer späteren verhaltensbedingten Kündigung erforderlichen negativen Prognose (→ Rn. 467) die weitere Legitimation für das Abmahnungserfordernis. So ist eine Abmahnung in der Regel notwendig, um die Negativprognose begründen zu können.[1494] Im Allgemeinen wird nämlich erst nach einer erfolglosen Abmahnung die erforderliche Wahrscheinlichkeit dafür bestehen, dass sich der Arbeitnehmer auch in Zukunft nicht vertragstreu verhalten wird. Die Abmahnung dient somit der **Objektivierung der negativen Prog-** 481

Nr. 116; ebenso Burger DB 1992, 836 f.; Kammerer, Personalakte und Abmahnung, 3. Aufl. 2001, 139 ff.; Schmid NZA 1985, 409 (412).

[1488] Ebenso Ascheid KSchR Rn. 68; DD/Deinert BGB § 314 Rn. 25; Falkenberg NZA 1988, 489 (490 f.); Gerhards BB 1996, 794; MüKoBGB/Hergenröder Rn. 244; Koffka Abmahnung als Rechtsinstitut S. 66 f.; KR/Krumbiegel BGB § 626 Rn. 233; Preis Prinzipien Rn. 1153.; DB 1990, 685 (687); Walker NZA 1995, 601 (604); Wolf, Abmahnung, 1990, 181 ff.; MHdB ArbR/Zimmermann § 114 Rn. 34 f.

[1489] Ausf. V. Hoyningen-Huene RdA 1990, 193 (200).

[1490] Erstmals in BAG 10.6.2010 – 2 AZR 541/09, NZA 2010, 1227, ferner BAG 9.6.2011 – 2 AZR 284/10, AP KSchG 1969 § 1 Verhaltensbedingte Kündigung Nr. 64 Rn. 35; 11.7.2013 – 2 AZR 994/12, AP KSchG 1969 § 1 Verhaltensbedingte Kündigung Nr. 69 Rn. 21; 23.1.2014 – 2 AZR 638/13, AP KSchG 1969 § 1 Verhaltensbedingte Kündigung Nr. 70 Rn. 16; 31.7.2014 – 2 AZR 434/136, AP KSchG 1969 § 1 Verhaltensbedingte Kündigung Nr. 73 Rn. 39; 20.11.2014 – 2 AZR 651/13, AP BGB § 626 Nr. 249 Rn. 22; sachlich bereits Schlachter NZA 2005, 433 (435).

[1491] BAG 4.6.1997 – 2 AZR 526/96, NZA 1997, 1281; 10.2.1999 – 2 ABR 31/98, AP KSchG 1969 § 15 Nr. 42; 11.3.1999 – 2 AZR 427/98, AP BGB § 626 Nr. 150; 27.11.2003 – 2 AZR 692/02, AP ZPO § 319 Nr. 27; 10.6.2010 – 2 AZR 541/09, NZA 2010, 1227; zust. Bergwitz DB 1998, 2310 (2312 ff.); KR/ /Krumbiegel BGB § 626 Rn. 233; ähnlich bereits BAG 30.6.1983 – 2 AZR 524/81, AP GG Art. 140 Nr. 15 unter A IV 1 mAnm Richardi; 7.10.1993 – 2 AZR 226/93, AP BGB § 626 Nr. 114.

[1492] BAG 14.2.1996 – 2 AZR 274/95, AP BGB § 626 Verdacht strafbarer Handlung Nr. 26.

[1493] BAG 27.11.2003 – 2 AZR 692/02, AP ZPO § 319 Nr. 27.

[1494] Zutr. BAG 17.1.1991 – 2 AZR 375/90, AP KSchG 1969 § 1 Verhaltensbedingte Kündigung Nr. 25 unter II 2c; 26.1.1995 – 2 AZR 649/94, AP KSchG 1969 § 1 Verhaltensbedingte Kündigung Nr. 34; 12.1.2006 – 2 AZR 21/05, AP KSchG 1969 § 1 Verhaltensbedingte Kündigung Nr. 53 Rn. 54; 13.12.2007 – 2 AZR 818/06, AP KSchG 1969 § 4 Nr. 64; 23.6.2009 – 2 AZR 103/08, AP KSchG 1969 § 1 Verhaltensbedingte Kündigung Nr. 59; 23.6.2009 – 2 AZR 283/08, AP KSchG 1969 § 1 Abmahnung Nr. 5; 10.6.2010 – 2 AZR 541/09, NZA 2010, 1227; HK-KSchG/Dorndorf Rn. 585; KR/Krumbiegel BGB § 626 Rn. 234; Heinze FS Söllner, 1990, 63 (78 f.) für die ordentliche Kündigung, abl. aber für die außerordentliche Kündigung Heinze FS Söllner, 1990, 63 (67 ff.); v. Hoyningen-Huene DB 1995, 142 (145 f.); ErfK/Oetker Rn. 199; PVT Kündigung/Temming Rn. 1342; Wolf, Abmahnung, 1990, 181.

nose.[1495] Im Zweifel ist daher vor jeder verhaltensbedingten Kündigung eine Abmahnung auszusprechen.[1496] In diesen Kontext gehört auch die These von der positiven Beeinflussbarkeit des Arbeitnehmers durch eine Abmahnung, die allerdings streng genommen als ein überflüssiger Zwischenschritt erscheint, weil die Kündigung nicht erst durch eine positive Prognose ausgeschlossen wird, sondern es für die Kündigung gerade umgekehrt einer negativen Prognose bedarf.[1497]

482 Unter bestimmten Voraussetzungen ist die Abmahnung allerdings **entbehrlich.** Dies ist nach einer seit einiger Zeit gebräuchlichen Formulierung der Rspr. dann der Fall, wenn entweder bereits ex ante erkennbar ist, dass eine **Verhaltensänderung** seitens des Arbeitnehmers durch eine Abmahnung **nicht zu erwarten** ist, oder aber die Pflichtverletzung so schwerwiegend ist, dass selbst deren **erstmalige Hinnahme durch den Arbeitgeber nach objektiven Maßstäben unzumutbar** und damit **für den Arbeitnehmer erkennbar offensichtlich ausgeschlossen** ist, wobei sich das BAG insoweit auf den in § 314 Abs. 2 iVm § 323 Abs. 2 BGB zum Ausdruck kommenden Verhältnismäßigkeitsgrundsatz beruft.[1498]

483 Die erste Fallgruppe ist unproblematisch und fügt sich gleichermaßen in die entsprechende Anwendung des § 323 Abs. 2 Nr. 1 BGB (ernsthafte und endgültige Weigerung, den vertraglichen Pflichten nachzukommen) wie in das Erfordernis einer negativen Prognose ein. Denn wenn der Arbeitnehmer **nicht einsichtsfähig** und **nicht gewillt** ist, **sich vertragsgerecht zu verhalten,** er also bspw. seine Vertragsverletzungen hartnäckig und uneinsichtig fortsetzt, obwohl er die Vertragswidrigkeit seines Verhaltens kannte, ist eine Negativprognose auch ohne eine Abmahnung gerechtfertigt. Sofern also keine Verhaltensänderung seitens des Arbeitnehmers zu erwarten ist, müsste der Arbeitgeber auch bei Ausspruch einer Abmahnung mit weiteren erheblichen Pflichtverletzungen rechnen.[1499] In diesen Fällen liefe die Warnfunktion leer. Hierfür kann insbes. das Verhalten des Arbeitnehmers nach der Pflichtverletzung (**„Nachtatverhalten“**) bis zum Ausspruch der Kündigung eine Rolle spielen.[1500] Während eine Leugnung, Vertuschung oder Bagatellisierung der Pflichtverletzung die negative Prognose bestärken kann, wird sie durch „echte Reue“ abgeschwächt.[1501] Daneben ist eine Abmahnung folgerichtig auch bei personenbedingten Kündigungen nicht erforderlich (→ Rn. 282 ff.).[1502]

484 Die zweite Fallgruppe ist schwieriger zu greifen, weil sie zwar mit § 323 Abs. 2 Nr. 3 BGB (besondere Umstände, die unter Abwägung der beiderseitigen Interessen die sofortige Kündigung rechtfertigen) harmoniert, aber zumindest prima facie nicht zum Erforder-

---

[1495] BAG 19.4.2007 – 2 AZR 180/06, AP BGB § 174 Nr. 20; 23.6.2009 – 2 AZR 283/08, AP KSchG 1969 § 1 Abmahnung Nr. 5; 23.6.2009 – 2 AZR 103/08, AP KSchG 1969 § 1 Verhaltensbedingte Kündigung Nr. 59; 24.3.2011 – 2 AZR 282/10, AP BGB § 626 Nr. 233 Rn. 14.

[1496] V. Hoyningen-Huene Anm. zu BAG 4.11.1981 – 7 AZR 264/79, AP KSchG 1969 § 1 Verhaltensbedingte Kündigung Nr. 4.

[1497] Ähnlich Binkert NZA 2016, 721 (724).

[1498] BAG 9.6.2011 – 2 AZR 284/10, NZA-RR 2012, 12 Rn. 35; 11.7.2013 – 2 AZR 994/12, NZA 2014, 250 Rn. 21; 23.1.2014 – 2 AZR 638/13, NZA 2014, 965 Rn. 16; 31.7.2014 – 2 AZR 434/13, NZA 2015, 358 Rn. 39; 19.11.2015 – 2 AZR 217/15, NZA 2016, 540 Rn. 24; 13.12.2018 – 2 AZR 370/18, NZA 2019, 445 Rn. 30; 5.12.2019 – 2 AZR 240/19, NZA 2020, 646 Rn. 75; 16.12.2021 – 2 AZR 356/21, NZA 2022, 407 Rn. 12.

[1499] BAG 3.2.1982 – 7 AZR 907/79, Ap BPersVG § 72 Nr. 1 mAnm Herschel; 30.6.1983 – 2 AZR 524/81, AP GG Art. 140 Nr. 15; 12.7.1984 – 2 AZR 320/83, AP BetrVG 1972 § 102 Nr. 32; 18.5.1994 – 2 AZR 626/93, AP BPersVG § 108 Nr. 3 unter B I 1b; 26.1.1995 – 2 AZR 649/94, AP KSchG 1969 § 1 Verhaltensbedingte Kündigung Nr. 34; 12.1.2006 – 2 AZR 21/05, AP KSchG 1969 § 1 Verhaltensbedingte Kündigung Nr. 53; 19.4.2007 – 2 AZR 180/06, AP BGB § 174 Nr. 20; 19.4.2012 – 2 AZR 258/11, AP BGB § 626 Nr. 238 Rn. 15; Falkenberg NZA 1988, 489 (490); Hauer, Die Abmahnung im Arbeitsverhältnis, 1990, 78 ff.; v. Hoyningen-Huene RdA 1990, 193 (201); KR/Krumbiegel BGB § 626 Rn. 237; ErfK/Niemann BGB § 626 Rn. 29c; LSSW/Schlünder Rn. 126; Schmid NZA 1985, 409 (412); PVT Kündigung/Temming Rn. 1337; APS/Vossen Rn. 369; Wolf, Abmahnung, 1990, 185 ff.; HaKo-KSchR/Zimmermann Rn. 257.

[1500] Vgl. BAG 9.6.2011 – 2 AZR 323/10, AP BGB § 626 Nr. 236 Rn. 39; 20.11.2014 – 2 AZR 651/13, AP BGB § 626 Nr. 249 Rn. 31; Binkert NZA 2016, 721 (724 f.).

[1501] LAG Hamburg 30.7.2014 – 5 Sa 22/14, BeckRS 2014, 71869.

[1502] Ebenso Adam AuR 2001, 41 (44); PVT Kündigung/Temming Rn. 1352; APS/Vossen Rn. 267; HK-KSchG/Weller/Dorndorf Rn. 371a; HaKo-KSchR/Zimmermann Rn. 255; aA BAG 4.6.1997 – 2 AZR 526/96, NZA 1997, 1281.

nis einer negativen Prognose passt, denn auch bei einer schweren Pflichtverletzung können die Umstände dafür sprechen, dass sich eine entsprechende Störung nicht wiederholen wird.[1503] Will man am Erfordernis einer Negativprognose auch in diesen Fällen festhalten, muss man deshalb zum einen an das (irreparabel) zerstörte Vertrauen des Arbeitgebers in die ordnungsgemäße Vertragserfüllung durch den Arbeitnehmer[1504] sowie zum anderen an die Unzumutbarkeit anknüpfen, eine weitere Vertragsverletzung derselben Schwere zu riskieren, die vor dem Hintergrund des Umstandes, dass der Arbeitnehmer schon einmal ein entsprechendes Verhalten an den Tag gelegt hat, zwar sehr unwahrscheinlich sein mag, aber angesichts der menschlichen Willensfreiheit jedenfalls nicht vollständig („naturgesetzlich") ausgeschlossen werden kann.[1505] Danach ist eine **sofortige Kündigung ohne vorherige Abmahnung** möglich, wenn die Pflichtverletzung nach Art, Schwere und Folgen objektiv erheblich ist, dem Arbeitnehmer die Rechtswidrigkeit seines Handelns ohne Weiteres erkennbar ist und er mit dessen Billigung durch den Arbeitgeber offensichtlich nicht rechnen kann.[1506] In diesen Fällen setzt der Arbeitnehmer seinen Arbeitsplatz bewusst aufs Spiel. Einer Warnung bedarf es deshalb nicht. Bei schweren Pflichtverletzungen des Arbeitnehmers ist nur dann eine Abmahnung erforderlich, wenn der Arbeitnehmer mit vertretbaren Gründen annehmen konnte, sein Verhalten werde nicht als erhebliches, den Bestand des Arbeitsverhältnisses gefährdendes Verhalten angesehen.[1507]

Liegen die Voraussetzungen für eine verhaltensbedingte Kündigung ohne vorherige Abmahnung vor, werden freilich häufig zugleich auch die Anforderungen an eine **außerordentliche Kündigung** gem. § 626 BGB erfüllt sein.[1508] Die außerordentliche Kündigung unterscheidet sich von der ordentlichen Kündigung darin, dass der Kündigungsgrund so erheblich sein muss, dass dem Arbeitgeber nicht nur die Fortsetzung des Arbeitsverhältnisses überhaupt, sondern darüber hinaus auch die Fortsetzung des Arbeitsverhältnisses bis zum Ablauf der Kündigungsfrist nicht zuzumuten ist (doppelte Unzumutbarkeit, → Rn. 165). Hierzu bedarf es einer ganz erheblichen Verletzung vertraglicher Pflichten. Liegt ein solcher Kündigungssachverhalt vor, ist es regelmäßig unerheblich, ob zuvor schon einmal eine Abmahnung erfolgt ist.[1509] Die außerordentliche Kündigung verstößt dann auch nicht gegen das Übermaßverbot, weil die Beeinträchtigung in Gestalt der Unzumutbarkeit der Fortsetzung des Arbeitsverhältnisses bis zum Ablauf der Kündigungsfrist durch eine Abmahnung nicht mehr beseitigt werden kann. **485**

Eine Abmahnung vor Ausspruch einer Kündigung kann bspw. bei einer **exzessiven Privatnutzung des Internets während der Arbeitszeit** entbehrlich sein,[1510] ebenso wenn der Arbeitnehmer Mitarbeiterinnen **sexuell belästigt** hat (§ 3 Abs. 4 AGG),[1511] als **Kirchenmusiker sexuelle Handlungen mit einer Minderjährigen** vorgenommen,[1512] als **486**

[1503] Zutr. Binkert NZA 2016, 721 (724); Willemsen RdA 2017, 115 (119 ff.); s. a. Schmitz-Scholemann FS Moll, 2019, 607 (608).

[1504] Ebenso BAG 9.6.2011 – 2 AZR 381/10, AP BGB § 626 Nr. 234 Rn. 20; 19.4.2012 – 2 AZR 156/11, AP KSchG 1969 § 1 Verhaltensbedingte Kündigung Nr. 67 Rn. 19; 15.12.2016 – 2 AZR 42/16, AP KSchG 1969 § 1 Verhaltensbedingte Kündigung Nr. 76 Rn. 26; KR/Krumbiegel BGB § 626 Rn. 239; insoweit zutr. Willemsen RdA 2017, 115 (120 ff.).

[1505] Binkert NZA 2016, 721 (725 f.).

[1506] Bock AuR 1987, 217 (219); MüKoBGB/Hergenröder Rn. 245; KR/Krumbiegel BGB § 626 Rn. 239; LSSW/Schlünder Rn. 127; APS/Vossen Rn. 369; MHdB ArbR/Zimmermann § 114 Rn. 34 f.

[1507] BAG 21.6.2001 – 2 AZR 325/00, AP BAT § 54 Nr. 5; 11.12.2003 – 2 AZR 36/03, AP BGB § 626 Nr. 179; 2.3.2006 – 2 AZR 53/05, AP BGB § 626 Krankheit Nr. 14.

[1508] Ebenso Ascheid KSchR Rn. 72; Heinze FS Söllner, 1990, 63 (66); Staudinger/Temming (2025) BGB § 626 Rn. 119.

[1509] Etwa BAG 11.3.1999 – 2 AZR 427/98, AP BGB § 626 Nr. 150; 26.9.2013 – 2 AZR 741/12, AP BGB § 626 Nr. 246 Rn. 20.

[1510] BAG 7.7.2005 – 2 AZR 581/04, AP BGB § 626 Nr. 192; 27.4.2006 – 2 AZR 386/05, AP BGB § 626 Nr. 202 Rn. 21; anders aber bei kurzfristigen Aufrufen von Erotikseiten während der Arbeitszeit, vgl. BAG 31.5.2007 – 2 AZR 200/06, NZA 2007, 922.

[1511] BAG 9.1.1986 – 2 ABR 24/85, AP BGB § 626 Ausschlußfrist Nr. 20; 25.3.2004 – 2 AZR 341/03, AP BGB § 626 Nr. 189; s. aber auch BAG 20.11.2014 – 2 AZR 651/13, AP BGB § 626 Nr. 249 Rn. 25 ff., 36.

[1512] BAG 26.9.2013 – 2 AZR 741/12, AP BGB § 626 Nr. 246 Rn. 20.

Grundschullehrerin Schülern die Münder mit Tesafilm verklebt[1513] oder **Vorgesetzte und Kollegen** in unflätiger Weise fortgesetzt **beschimpft** hat bzw. diesen gegenüber **handgreiflich** wird.[1514] Gleiches gilt, wenn ein Arbeitnehmer während der **Arbeitsunfähigkeit einer Nebentätigkeit oder einem Sport nachgeht,** die bzw. der den Genesungsprozess verzögert,[1515] oder er sich fast ein Jahr lang **hartnäckig weigert,** einer Anordnung des Arbeitgebers nachzukommen, deren Rechtmäßigkeit das Arbeitsgericht bereits rechtskräftig festgestellt hat.[1516] Einer Abmahnung bedarf es auch dann nicht, wenn ein Angestellter des öffentlichen Dienstes[1517] oder eine Altenpflegekraft[1518] **Geldgeschenke** (auch ungenehmigte Annahme einer Erbschaft) annimmt. Eine Abmahnung ist ferner entbehrlich, wenn ein Lehrer im Schulunterricht den **Nationalsozialismus verharmlost** und einen „Juden-Witz" erzählt.[1519] Eine – außerordentliche – Kündigung ohne vorherige Abmahnung kommt weiter in Betracht, wenn ein leitender Mitarbeiter versucht, den Arbeitgeber durch die **Androhung von Presseveröffentlichungen** von einer Versetzung oder Kündigung abzuhalten.[1520] Ohne vorherige Abmahnung kann auch gekündigt werden, wenn ein **Kraftfahrer mit schwerer Schuld,** die am oberen Rand der mittleren Fahrlässigkeit liegt, einen Verkehrsunfall mit einem Totalschaden iHv 60.000 DM verursacht hat.[1521] Ein Angestellter, der innerhalb seines Aufgabenbereichs eine **wirtschaftlich nicht unbedeutende Verantwortung** zu tragen hat, kann bei wiederholtem fahrlässigen Versagen und dadurch verursachten schweren Schäden ohne vorherige Abmahnung gekündigt werden, weil dadurch das zur Fortsetzung des Arbeitsverhältnisses notwendige Vertrauen nachhaltig zerstört ist.[1522] Die Kündigung eines **Sparkassenangestellten** ohne vorherige Abmahnung kann gerechtfertigt sein, wenn dieser Auszahlungen in erheblicher Höhe an einen Kunden lediglich vorgetäuscht hat, das Geld an den Berechtigten nicht auszahlt und die Beträge zu seinen Gunsten bzw. zugunsten seiner Ehefrau verwendet.[1523] Dasselbe gilt bei der **Manipulation von Akten** zur Vertuschung eigener Fehler.[1524] Ein in einem Warenhausbetrieb beschäftigter Arbeitnehmer muss normalerweise davon ausgehen, dass er mit einem **Diebstahl oder einer Unterschlagung auch geringwertiger Sachen** im Betrieb seines Arbeitgebers seinen Arbeitsplatz aufs Spiel setzt.[1525] Dasselbe gilt bei einem **systematischen Arbeitszeitbetrug**[1526] sowie einer **vorsätzlich falschen Spesenabrechnung.**[1527] Bei schwerwiegenden Verstößen gegen die Tendenz, insbes. solchen, bei denen der **Tendenzträger** offensichtlich und erheblich gegen die der unternehmerischen Betätigung zugrunde liegenden Grundrechts- und Verfassungswerte verstößt, kann eine Kündigung – auch ohne Abmahnung – in Betracht kommen.[1528] Sofern ein Arbeitnehmer – wegen einer **nicht genehmigten Nebentätigkeit** – bereits abgemahnt worden ist, bedarf es bei einer erneuten Zuwiderhandlung **keiner erneuten Abmahnung**[1529] (zum Erfordernis einer wiederholten Abmahnung aber → Rn. 505). Eine Abmahnung ist dagegen selbst bei Störungen des Vertrauensbereichs durch Eigentums- und Vermögensdelikte **ausnahmsweise nicht entbehrlich,** wenn der

---

[1513] BAG 19.4.2012 – 2 AZR 156/11, AP KSchG 1969 § 1 Verhaltensbedingte Kündigung Nr. 67 Rn. 19.
[1514] BAG 12.7.1984 – 2 AZR 320/83, AP BetrVG 1972 § 102 Nr. 32.
[1515] BAG 26.8.1993 – 2 AZR 154/93, AP BGB § 626 Nr. 112; 2.3.2006 – 2 AZR 53/05, AP BGB § 626 Krankheit Nr. 14.
[1516] BAG 18.5.1994 – 2 AZR 626/93, AP BpersVG § 108 Nr. 3.
[1517] BAG 15.11.2001 – 2 AZR 605/00, AP BGB § 626 Nr. 175.
[1518] BAG 17.6.2003 – 2 AZR 62/02, EzA § 1 KSchG Verhaltensbedingte Kündigung Nr. 59.
[1519] BAG 5.11.1992 – 2 AZR 287/92, BeckRS 1992, 30742996.
[1520] BAG 11.3.1999 – 2 AZR 507/98, AP BGB § 626 Nr. 149.
[1521] LAG Köln 26.8.1986 – 1 Sa 525/86, LAGE § 611 BGB Abmahnung Nr. 4.
[1522] BAG 4.7.1991 – 2 AZR 79/91, BeckRS 1991, 30738141.
[1523] BAG 3.7.2003 – 2 AZR 327/02, BeckRS 2003, 30370804.
[1524] BAG 23.1.2014 – 2 AZR 638/13, AP KSchG 1969 § 1 Verhaltensbedingte Kündigung Nr. 70 Rn. 19.
[1525] BAG 11.12.2003 – 2 AZR 36/03, AP BGB § 626 Nr. 179.
[1526] BAG 9.6.2011 – 2 AZR 381/10, AP BGB § 626 Nr. 234 Rn. 20.
[1527] BAG 11.7.2013 – 2 AZR 994/12, AP KSchG 1969 § 1 Verhaltensbedingte Kündigung Nr. 69 Rn. 22.
[1528] BAG 28.8.2003 – 2 ABR 48/02, AP BetrVG 1972 § 103 Nr. 49.
[1529] BAG 19.4.2007 – 2 AZR 180/06, AP BGB § 174 Nr. 20.

Arbeitnehmer aufgrund besonderer Umstände annehmen durfte, der Arbeitgeber werde das Fehlverhalten nicht zum Anlass für eine Beendigung des Arbeitsverhältnisses nehmen. Dies ist etwa der Fall, wenn der Arbeitgeber das Verbot einer Barauszahlung bei einer Sachbezugsregelung in der Vergangenheit nicht konsequent gehandhabt hat und beim Arbeitnehmer deshalb der Eindruck entstanden ist, dass auch ein objektiv pflichtwidriges Verhalten hingenommen werde.[1530]

Bestehen zwischen Arbeitnehmern Spannungen, ist der Arbeitgeber **nicht** gehalten, **anstelle einer Umsetzung eine Abmahnung** auszusprechen. Der Arbeitgeber kann aufgrund seines Weisungsrechts einem Arbeitnehmer vielmehr auch einen anderen Aufgabenbereich zuweisen und so den Konflikt lösen.[1531] 487

4. Verhältnismäßigkeit der Abmahnung

Da der Arbeitgeber durch die Abmahnung den Bestand des Arbeitsverhältnisses gefährdet und damit in bestehende Rechtspositionen des Arbeitnehmers eingreift, setzt die Abmahnung eine **gewisse Intensität** des Fehlverhaltens voraus.[1532] Die Abmahnung darf im Vergleich zu dem beanstandeten Verhalten des Arbeitnehmers nicht unverhältnismäßig sein. Dass der Arbeitgeber über den Vorfall hätte hinwegsehen können, führt freilich noch nicht zur Unverhältnismäßigkeit der Abmahnung.[1533] In der Sache geht es nur um die Wahrung des Übermaßverbots.[1534] So reicht eine einmalige geringfügige Pflichtverletzung, wie bspw. das Überziehen der Pause um nur wenige Minuten, für eine Abmahnung grds. nicht aus.[1535] Bei wiederholten geringfügigen Pflichtwidrigkeiten, etwa mehrfachem Überziehen der Pausen, ist dagegen eine Abmahnung möglich, weil dann insgesamt die Geringfügigkeitsgrenze überschritten ist.[1536] 488

Ob das beanstandete Verhalten im Hinblick auf die ordnungsgemäß erfüllten arbeitsvertraglichen Pflichten **verhältnismäßig geringfügig** erscheint, bestimmt sich nach dem in **§ 320 Abs. 2 BGB** enthaltenen allgemeinen Rechtsgedanken.[1537] In diesem Zusammenhang ist zu beachten, dass die Erbringung der Arbeitsleistung die vertragliche Hauptleistungspflicht des Arbeitnehmers ist. Arbeitet der Arbeitnehmer nicht, handelt es sich daher regelmäßig um einen erheblichen Verstoß. Nur in Ausnahmefällen wird man daher eine Verletzung der Hauptleistungspflicht als geringfügig bezeichnen können, so zB, wenn der Arbeitnehmer zu Beginn der Arbeit kurz über private Belange spricht. Diese Verhaltensweisen sind **sozialadäquat** und daher vom Arbeitgeber zu tolerieren.[1538] Hiervon abgesehen unterliegen Abmahnungen selber **nicht dem kündi-** 489

[1530] BAG 23.6.2009 – 2 AZR 103/08, AP KSchG 1969 § 1 Verhaltensbedingte Kündigung Nr. 59; 10.6.2010 – 2 AZR 541/09, NZA 2010, 1227.

[1531] BAG 24.4.1996 – 5 AZR 1031/94, AP BGB § 611 Direktionsrecht Nr. 48.

[1532] BAG 13.11.1991 – 5 AZR 74/91, NZA 1992, 690; 31.8.1994 – 7 AZR 893/93, NZA 1995, 225; 11.12.2001 – 9 AZR 464/00, AP BGB § 611 Nebentätigkeit Nr. 8; 15.6.2021 – 9 AZR 413/19, NZA 2021, 1780 Rn. 57; HK-KSchG/Dorndorf Rn. 632; KR/Krumbiegel BGB § 626 Rn. 250; PVT Kündigung/Preis Rn. 20; Wetzling/Habel BB 2011, 1077 (1083); aA LAG Köln 12.5.1995 – 13 Sa 137/95, NZA-RR 1996, 204; LAG Schleswig-Holstein 29.11.2005 – 2 Sa 350/05, NZA-RR 2006, 180; 3.6.2008 – 2 Sa 66/08, BeckRS 2011, 66361; Buchner RdA 2003, 177; ErfK/Niemann BGB § 626 Rn. 34; Walker NZA 1995, 601 (605); Weber SAE 2003, 364 (368); MHdB ArbR/Zimmermann § 114 Rn. 31 f.

[1533] BAG 10.11.1993 – 7 AZR 682/92, AP BetrVG 1972 § 78 Nr. 4; 31.8.1994 – 7 AZR 893/93, NZA 1995, 225 (228); KR/Krumbiegel BGB § 626 Rn. 250.

[1534] BAG 13.11.1991 – 5 AZR 74/91, NZA 1992, 690; LAG Schleswig-Holstein 11.5.2004 – 5 Sa 170c/02, NZA-RR 2005, 244.

[1535] LAG Berlin 22.10.1984 – 12 Sa 66/84, BB 1985, 271 (272); LAG Hamm 17.4.1985 – 3 Sa 1723/84, DB 1985, 2691 (2692); LAG Bremen 28.6.1989 – 2 Sa 39/89, DB 1990, 742; KR/Krumbiegel BGB § 626 Rn. 245; Schaub NJW 1990, 872 (874); APS/Vossen Rn. 393; aA LAG Düsseldorf 24.1.1990 – 12 Sa 1169/89, LAGE § 611 BGB Abmahnung Nr. 27; LAG Hamm 16.4.1992 – 4 Sa 83/92, LAGE § 611 BGB Abmahnung Nr. 32 = BeckRS 1992, 30740855.

[1536] BAG 16.9.2004 – 2 AZR 406/03, AP KSchG 1969 § 1 Verhaltensbedingte Kündigung Nr. 50; HK-KSchG/Dorndorf Rn. 638.

[1537] Ebenso HaKo-KSchR/Zimmermann Rn. 281.

[1538] Vgl. v. Hoyningen-Huene Anm. zu BAG 13.11.1991 – 5 AZR 74/91, AR-Blattei ES 20 Nr. 23.

gungsrechtlichen ultima-ratio-Prinzip.[1539] Der Arbeitgeber ist also nicht gehalten, zunächst eine mündliche Abmahnung auszusprechen, bevor er eine schriftliche Abmahnung erklärt.[1540]

490 Soweit die Auffassung vertreten wird, eine Abmahnung sei nur zulässig, wenn das abgemahnte Verhalten im **Wiederholungsfall eine verhaltensbedingte Kündigung** begründen könnte,[1541] vermag dies nicht zu überzeugen.[1542] Dabei wird nicht berücksichtigt, dass im Einzelfall für die erforderliche negative Prognose auch mehrere Abmahnungen notwendig sein können (→ Rn. 505).[1543] Ob die abgemahnte Pflichtverletzung im Zusammenhang mit einer nachfolgenden Vertragsverletzung eine Kündigung sozial rechtfertigt, hängt ganz wesentlich von der weiteren Pflichtwidrigkeit ab und kann deshalb nicht zuverlässig im Voraus beurteilt werden.[1544] Der Arbeitgeber hat bei geringfügigen Vertragsverletzungen des Arbeitnehmers stets die Möglichkeit, den Arbeitnehmer ohne Androhung von Konsequenzen für das Arbeitsverhältnis zu vertragsgerechtem Verhalten zu ermahnen und das allgemeine vertragliche Rügerecht auszuüben.[1545]

5. Inhaltliche Anforderungen

491 Eine Abmahnung setzt inhaltlich voraus, dass der Arbeitgeber den Arbeitnehmer **ernsthaft ermahnt** und ihn auffordert, ein genau bezeichnetes Fehlverhalten aufzugeben oder zu ändern, und für den Wiederholungsfall **Konsequenzen für den Inhalt und den Bestand des Arbeitsverhältnisses androht.**[1546] Das Wort „Abmahnung" muss nicht verwendet werden, obwohl sich dies zur Klarheit empfiehlt. Andererseits folgt allein aus der Verwendung des Begriffs „Abmahnung" noch nicht, dass unabhängig vom weiteren Inhalt tatsächlich eine wirksame Abmahnung und ein damit verbundener Verzicht auf das Kündigungsrecht wegen dieser Vertragsverletzung vorliegen.[1547] Entscheidend ist, ob durch Auslegung festgestellt werden kann, dass die abgegebene Erklärung eine Abmahnung sein soll.[1548]

492 In der Abmahnung muss das missbilligte Verhalten so **genau bezeichnet** werden, dass der Arbeitnehmer klar erkennen kann, durch welches Tun oder Unterlassen er den Arbeitsvertrag verletzt hat.[1549] Pauschale Wertungen, wie „Leistungsmängel" oder „Unpünktlichkeit" genügen grds. nicht.[1550]

493 Zur Wirksamkeit einer Abmahnung ist es nicht erforderlich, dass der Arbeitgeber ausdrücklich eine Kündigung androht.[1551] Vielmehr genügt es, wenn der Arbeitnehmer deutlich darauf hingewiesen wird, dass bei wiederholtem Fehlverhalten der gerügten Art

---

[1539] PVT Kündigung/Preis Rn. 20.

[1540] BAG 13.11.1991 – 5 AZR 74/91, NZA 1992, 690.

[1541] So LAG Düsseldorf 2.11.1990 – 9 Sa 1189/90, DB 1991, 975; KR/Krumbiegel BGB § 626 Rn. 250; APS/Vossen Rn. 393.

[1542] Ebenso BAG 13.11.1991 – 5 AZR 74/91, NZA 1992, 690; 30.5.1996 – 6 AZR 537/95, AP BGB § 611 Nebentätigkeit Nr. 2; HK-KSchG/Dorndorf Rn. 638; krit. ErfK/Niemann BGB § 626 Rn. 34.

[1543] Ebenso HaKo-KSchR/Zimmermann Rn. 281; gegen jede Einschränkung insoweit Heinze FS Söllner, 1990, 63 (86).

[1544] ErfK/Niemann BGB § 626 Rn. 34.

[1545] Vgl. KR/Fischermeier/Krumbiegel BGB § 626 Rn. 224; näher zur Ermahnung Kranz DB 1998, 1464 ff.

[1546] BAG 18.1.1980 – 7 AZR 75/78, AP KSchG 1969 § 1 Verhaltensbedingte Kündigung Nr. 3; 26.1.1995 – 2 AZR 649/94, AP KSchG 1969 § 1 Verhaltensbedingte Kündigung Nr. 34; Becker-Schaffner DB 1985, 650; Bock AuR 1987, 217 (219); HK-KSchG/Dorndorf Rn. 625 ff.; v. Hoyningen-Huene RdA 1990, 193 (206); Hunold BB 1986, 2050; ErfK/Niemann BGB § 626 Rn. 29a; LSSW/Schlünder Rn. 133; Schmid NZA 1985, 409 (410); Wolf, Abmahnung, 1990, 160 ff.

[1547] BAG 6.3.2003 – 2 AZR 128/02, AP BGB § 611 Abmahnung Nr. 30.

[1548] V. Hoyningen-Huene RdA 1990, 193 (206).

[1549] Vgl. Bader ZTR 1999, 200 (201 ff.); HK-KSchG/Dorndorf Rn. 626; APS/Vossen Rn. 350.

[1550] BAG 27.11.2008 – 2 AZR 675/07, AP BGB § 611 Abmahnung Nr. 33 Rn. 17; LAG Baden-Württemberg 17.10.1990 – 12 Sa 98/89, LAGE § 611 BGB Abmahnung Nr. 25.

[1551] BAG 18.1.1980 – 7 AZR 75/78, AP KSchG 1969 § 1 Verhaltensbedingte Kündigung Nr. 3; 31.1.1985 – 2 AZR 486/83, NZA 1989, 138; 19.4.2012 – 2 AZR 258/11, AP BGB § 626 Nr. 238 Rn. 23.

der **Inhalt oder der Bestand des Arbeitsverhältnisses gefährdet** sei,[1552] was schon dann der Fall ist, wenn „arbeitsrechtliche Konsequenzen“ in Aussicht gestellt werden.[1553]

Gem. **§ 3 Abs. 6 S. 4 TV-L** muss der Beschäftigte **vor einer Abmahnung,** die in die Personalakte genommen werden soll, **angehört werden** (früher § 13 Abs. 2 BAT[1554]). Der Angestellte kann nicht auf sein Recht zur Gegendarstellung (§ 3 Abs. 6 S. 5 TV-L) oder auf sein Recht zur Überprüfung der inhaltlichen Unrichtigkeit der Abmahnung verwiesen werden.[1555] Gleichwohl entfaltet auch eine wegen Nichtanhörung des Arbeitnehmers nach § 3 Abs. 6 S. 4 TV-L formell unwirksame Abmahnung regelmäßig die vor einer verhaltensbedingten Kündigung erforderliche Warnfunktion.[1556] Denn auch im Geltungsbereich des TV-L kann der Arbeitgeber eine Abmahnung mündlich aussprechen, so dass ungeachtet der Regelung in (§ 3 Abs. 6 S. 4 TV-L dem Erfordernis der Warnfunktion Genüge getan wäre. Der TVöD enthält keine dem § 3 Abs. 6 S. 4 TV-L entsprechende Regelung.[1557] **494**

Für den Bereich der Privatwirtschaft gibt es – soweit ersichtlich – keine § 3 Abs. 6 S. 4 TV-L entsprechenden Tarifbestimmungen zur **Anhörung des Arbeitnehmers vor der Abmahnung.** Aus § 82 BetrVG lässt sich eine Verpflichtung des Arbeitgebers zur Anhörung des Arbeitnehmers vor einer Abmahnung nicht herleiten.[1558] Diese Bestimmung gibt dem Arbeitnehmer zwar das Recht, in betrieblichen Angelegenheiten, die seine Person betreffen, von den zuständigen Personen angehört zu werden. Dies erfordert allerdings ein entsprechendes Verlangen des Arbeitnehmers. Der Arbeitgeber ist nach dieser Bestimmung nicht verpflichtet, von sich aus den Arbeitnehmer anzuhören. Demgemäß verlangt das BAG zutreffend auch nicht vor Ausspruch einer Kündigung – mit Ausnahme der Verdachtskündigung – die Anhörung des Arbeitnehmers zu den Kündigungsgründen.[1559] Die Anhörung des Arbeitnehmers vor der Abmahnung ist deshalb grds. nicht Wirksamkeitsvoraussetzung der Abmahnung. **495**

Als **geschäftsähnliche Handlung** muss die Abmahnung zu ihrer Wirksamkeit dem Arbeitnehmer gem. § 130 BGB **zugehen.**[1560] Nach Auffassung der Rspr. ist hierfür auch die tatsächliche Kenntnis des Empfängers vom Inhalt der Abmahnung erforderlich. Der Empfänger einer Abmahnung müsse sich jedoch dann so behandeln lassen, als sei ihm ihr Inhalt bekannt, wenn es ihm nach Treu und Glauben verwehrt sei, sich auf die fehlende Kenntnis zu berufen.[1561] Sobald die Abmahnung zugegangen ist, kann sie vom Arbeitgeber **nicht mehr einseitig zurückgenommen** werden.[1562] Die Abmahnung unterliegt iÜ **keiner besonderen Form,** sie kann daher auch mündlich erfolgen; aus Beweisgründen empfiehlt sich freilich die Schriftform.[1563] **496**

[1552] BAG 18.1.1980 – 7 AZR 75/78, AP KSchG 1969 § 1 Verhaltensbedingte Kündigung Nr. 3 unter 2a; 17.2.1994 – 2 AZR 616/93, AP BGB § 626 Nr. 116; HK-KSchG/Dorndorf Rn. 581; KR/Krumbiegel BGB § 626 Rn. 244; HaKo-KSchR/Zimmermann Rn. 244; aA Bader ZTR 1999, 200 (201 f.).

[1553] BAG 19.4.2012 – 2 AZR 258/11, AP BGB § 626 Nr. 238 Rn. 23; DD/Deinert BGB § 314 Rn. 60; strenger HaKo-KSchR/Zimmermann Rn. 244: „kündigungsrechtliche Konsequenzen“ erforderlich.

[1554] Zur Weitergeltung des BAT s. BAG 10.6.2009 – 4 AZR 194/08, AP BGB § 157 Nr. 38 Rn. 45 f.

[1555] BAG 16.11.1989 – 6 AZR 64/88, AP BAT § 13 Nr. 2 mAnm Conze.

[1556] Vgl. (zu § 13 Abs. 2 S. 1 BAT) BAG 21.5.1992 – 2 AZR 551/91, AP KSchG 1969 § 1 Verhaltensbedingte Kündigung Nr. 28; 15.12.1994 – 2 AZR 251/94, BeckRS 1994, 30752404; Bahntje AuR 1996, 250 (254). Anders dagegen bei fehlender sachlicher Berechtigung, s. BAG 19.2.2009 – 2 AZR 603/07, NZA 2009, 894; dies offenlassend aber BAG 23.6.2009 – 2 AZR 283/08, AP NSchG 1969 § 1 Abmahnung Nr. 5 Rn. 21.

[1557] Vgl. Grimm in Groeger (Hrsg.), Arbeitsrecht im öffentlichen Dienst, 2020, Rn. 11.5.

[1558] Ebenso Beckerle, Die Abmahnung, 14. Aufl. 2024, 210; Kleinebrink, Abmahnung, 3. Aufl. 2017, Rn. 427; Wilhelm NZA-RR 2002, 449; HaKo-KSchR/Zimmermann Rn. 287; aA ArbG Frankfurt/Oder 7.4.1999 – 6 Ca 61/99, BeckRS 9998, 79599; DD/Deinert BGB § 314 Rn. 96; HK-KSchG/Dorndorf Rn. 645; Schaub NJW 1990, 876.

[1559] BAG 23.3.1972– 2 AZR 226/71, AP BGB § 626 Nr. 63; 18.9.1997 – 2 AZR 36/97, AP BGB § 626 Nr. 138.

[1560] Ebenso HK-KSchG/Dorndorf Rn. 643; KR/Krumbiegel BGB § 626 Rn. 240; LSSW/Schlünder Rn. 136; APS/Vossen Rn. 406.

[1561] BAG 9.8.1984 – 2 AZR 400/83, AP KSchG 1969 § 1 Verhaltensbedingte Kündigung Nr. 12 mkritAnm Bickel; ebenso DD/Deinert BGB § 314 Rn. 76; KR/Krumbiegel BGB § 626 Rn. 240; MHdB ArbR/Zimmermann § 114 Rn. 39; aA LSSW/Schlünder Rn. 136; APS/Vossen Rn. 406; näher v. Hoyningen-Huene RdA 1990, 193 (206 f.) mwN.

[1562] LAG Berlin 16.2.2006 – 10 Sa 1618/05, LAGE § 611 BGB 2002 Abmahnung Nr. 4 = BeckRS 2006, 42096.

[1563] Ebenso DD/Deinert BGB § 314 Rn. 64; MüKoBGB/Hergenröder Rn. 247; HaKo-KSchR/Zimmermann Rn. 270.

497 Als **abmahnungsberechtigte Personen** kommen nicht nur Kündigungsberechtigte, sondern alle Mitarbeiter in Betracht, die befugt sind, verbindliche Anweisungen bzgl. des Ortes, der Zeit sowie der Art und Weise der arbeitsvertraglich geschuldeten Arbeitsleistung zu erteilen.[1564] Eine Abmahnung kann auch durch einen bevollmächtigten Rechtsanwalt erfolgen.[1565]

498 Die Abmahnungsbefugnis des Arbeitgebers ist grds. **nicht durch besondere Fristen zeitlich begrenzt.**[1566] Sie kann freilich **verwirken,** wenn der Arbeitnehmer aufgrund des Verhaltens des Arbeitgebers annehmen durfte, dieser werde von seiner Abmahnungsbefugnis keinen Gebrauch machen. Der bloße Zeitablauf genügt für die Annahme der Verwirkung nicht.[1567] Je länger der Zeitraum zwischen der dem Arbeitgeber bekannten Pflichtverletzung und der Abmahnung ist, desto geringer sind jedoch die Anforderungen an das erforderliche Umstandsmoment.[1568] Das Recht zur Abmahnung unterliegt freilich nicht einzelvertraglichen oder tariflichen **Ausschlussfristen,** weil es sich hierbei nicht um einen Anspruch iSd § 194 BGB handelt.[1569]

499 Eine **vorweggenommene Kündigungsandrohung** durch Aushang am „Schwarzen Brett", Rundschreiben oder im Arbeitsvertrag, durch die der Arbeitgeber pauschal darauf hinweist, dass er ein bestimmtes, näher bezeichnetes Verhalten nicht duldet und für den Fall der Pflichtwidrigkeit die Kündigung des Arbeitsverhältnisses ankündigt, genügt grds. nicht den Anforderungen einer Abmahnung.[1570] Die besondere Warn- und Hinweisfunktion wird regelmäßig nur erfüllt, wenn der Arbeitgeber auf eine konkrete Vertragsverletzung reagiert und diese Pflichtwidrigkeit zum Anlass nimmt, den Arbeitnehmer an die Einhaltung der Vertragspflichten zu erinnern und damit die Kündigungsandrohung verbindet. Eine vorweggenommene Kündigungsandrohung wird in der Regel nicht dem der Abmahnung zugrunde liegenden Übermaßverbot gerecht, weil dem Arbeitnehmer bei einer Vertragsverletzung keine weitere Gelegenheit zu vertragsgerechtem Verhalten mehr gegeben wird. Gleichwohl sind solche Erklärungen nicht völlig bedeutungslos, weil sie im Einzelfall bei schwereren Vertragsverletzungen eine Abmahnung entbehrlich machen können.[1571] Besteht zwischen Arbeitgeber und Arbeitnehmer Streit über den Inhalt der Arbeitsaufgaben und verlangt der Arbeitnehmer die Freistellung von der Arbeitspflicht bis zur gerichtlichen Klärung des Streits, kann der Arbeitgeber den Arbeitnehmer durch die Androhung einer Kündigung für den Fall der Arbeitseinstellung wirksam vorab abmahnen.[1572]

[1564] BAG 18.1.1980 – 7 AZR 75/78, AP KSchG 1969 § 1 Verhaltensbedingte Kündigung Nr. 3; 5.7.1990 – 2 AZR 8/90, AP SchwbG 1986 § 15 Nr. 1 unter I 4c aa; LAG Hamburg 20.5.2015 – 6 Sa 83/14, NZA-RR 2016, 70 Rn. 54; Ascheid KSchR Rn. 84; MüKoBGB/Hergenröder Rn. 247; v. Hoyningen-Huene RdA 1990, 193 (206); Hunold BB 1986, 2050 (2051); KR/Krumbiegel BGB § 626 Rn. 248; ErfK/Niemann BGB § 626 Rn. 30; LSSW/Schlünder Rn. 135; Schmid NZA 1985, 409 (411); APS/Vossen Rn. 408; aA Adam DB 1996, 476; DD/Deinert BGB § 314 Rn. 72; HK-KSchG/Dorndorf Rn. 641; Kammerer, Personalakte und Abmahnung, 3. Aufl. 2001, 134; Koffka Abmahnung als Rechtsinstitut S. 110 ff.; Schaub NJW 1990, 872 (873); HaKo-KSchR/Zimmermann Rn. 279; MHdB ArbR/Zimmermann § 114 Rn. 30.

[1565] BAG 15.7.1992 – 7 AZR 466/91, AP BGB § 611 Abmahnung Nr. 9.

[1566] BAG 15.1.1986 – 5 AZR 70/84, NZA 1986, 138; LAG Köln 23.9.2003 – 13 (12) Sa 1137/02, BeckRS 2004, 40607.

[1567] Ebenso LSSW/Schlünder Rn. 134; MHdB ArbR/Zimmermann § 114 Rn. 40.

[1568] LAG Köln 28.3.1988 – 5 Sa 90/88, LAGE § 611 BGB Abmahnung Nr. 10 zur Verwirkung bei einem einjährigen Zuwarten des Arbeitgebers; LAG Nürnberg 14.6.2005 – 6 Sa 367/05, LAGE § 611 BGB 2002 Abmahnung Nr. 3 zur Verwirkung bei einem Zuwarten von sechs Monaten.

[1569] BAG 14.12.1994 – 5 AZR 137/94, AP BGB § 611 Abmahnung Nr. 15.

[1570] Ebenso Adam AuR 2001, 41 (42); DD/Deinert BGB § 314 Rn. 75; HK-KSchG/Dorndorf Rn. 628; LSSW/Schlünder Rn. 133; PVT Kündigung/Temming Rn. 1339; HaKo-KSchR/Zimmermann Rn. 272; aA KR/Krumbiegel BGB § 626 Rn. 237.

[1571] Zutr. Deshalb LAG Köln 6.8.1999 – 11 Sa 1085/98, LAGE § 626 BGB Nr. 127 = NZA-RR 2000, 24, zum mehrfachen Diebstahl von Lebensmitteln in einem Großhandel; zu weitgehend allerdings LAG Hamm 16.12.1982 – 10 Sa 965/82, BB 1983, 1601; LAG Köln 12.11.1993 – 13 Sa 726/93, LAGE § 1 KSchG Verhaltensbedingte Kündigung Nr. 40, zur Kündigung bei nicht rechtzeitiger Vorlage einer Arbeitsunfähigkeitsbescheinigung.

[1572] BAG 5.4.2001 – 2 AZR 580/99, AP BetrVG 1972 § 99 Einstellung Nr. 32.

6. Mitbestimmung des Betriebsrats

Die Ausübung des Abmahnungsrechts durch den Arbeitgeber unterliegt als individualrechtliche Rüge **nicht der Mitbestimmung des Betriebsrats.**[1573] Insoweit ist die Abmahnung von den nach § 87 Abs. 1 Nr. 1 BetrVG mitbestimmungspflichtigen Betriebsbußen abzugrenzen.[1574] Gegen den Willen des Arbeitgebers kann auch nicht durch Beschluss der Einigungsstelle bestimmt werden, dass Abmahnungen in entsprechender Anwendung von § 99 BetrVG mitbestimmungspflichtig sind.[1575] Je nach landesrechtlicher Regelung in den einzelnen PersVG bestehen jedoch Beteiligungsrechte des **Personalrats.** So ist bspw. gem. § 74 Abs. 2 S. 1 LPVG NRW dem Personalrat vor Abmahnungen Gelegenheit zur Stellungnahme zu geben. Der Leiter der Dienststelle hat die beabsichtigte Maßnahme zu begründen (§ 74 Abs. 2 S. 2 LPVG NRW).[1576] **500**

7. Abmahnung und Kündigung

Nach vorheriger Abmahnung kann ein weiterer Pflichtverstoß zur Kündigung berechtigen, wenn der erneute Pflichtverstoß **gleichartig** ist.[1577] Das ergibt sich aus der Warn- und Erinnerungsfunktion der Abmahnung. Diese Funktionen würden nicht erfüllt, wenn jedes weitere Fehlverhalten zur Wirksamkeit der Kündigung führen würde. Pflichtverletzungen sind dann gleichartig, wenn sie in einem inneren Bezug zu der der Kündigung zugrunde liegenden negativen Zukunftseinschätzung stehen.[1578] Sie müssen sich unter einem **einheitlichen Gesichtspunkt zusammenfassen** lassen können.[1579] Die abgemahnten Vertragsverletzungen müssen freilich nicht mit dem der Kündigung zugrunde liegenden Sachverhalt praktisch identisch sein.[1580] **501**

In der **älteren Rspr. des BAG** waren die Anforderungen an die Gleichartigkeit der Pflichtverletzungen recht streng. So hat das BAG bei vorhandenen Abmahnungen wegen Arbeitszeitverstößen und Fernbleiben von einem Besprechungstermin eine Kündigung wegen nicht termingerechter Fertigstellung von Berichten wegen fehlender einschlägiger Abmahnung für unwirksam gehalten.[1581] Gleiches gilt für die Kündigung einer Angestellten in einem Gastronomiebetrieb wegen fehlender Freundlichkeit gegenüber den Gästen, schlechter Qualität des von ihr zubereiteten Essens, Minusbeträgen bei Abrechnungen sowie wegen vorzeitigen Verlassens des Arbeitsplatzes, weil der Arbeitgeber zuvor nur wegen der nicht rechtzeitigen Vorlage der Arbeitsunfähigkeitsbescheinigung zwei Abmahnungen erteilt hatte.[1582] **502**

In seiner jüngeren Rspr. stellt das BAG zu Recht weniger auf die einzelne vertragswidrige Handlung ab, sondern vor allem auf die darin zum Ausdruck kommende **Unzuverlässig-** **503**

[1573] BAG 5.12.1975 – 1 AZR 94/74, AP BetrVG 1972 § 87 Betriebsbuße Nr. 1 mAnm Konzen; 19.7.1983 – 1 AZR 307/81, AP BetrVG 1972 § 87 Betriebsbuße Nr. 5 mAnm Herschel; 17.10.1989 – 1 ABR 100/88, AP BetrVG 1972 § 87 Betriebsbuße Nr. 12; DD/Deinert BGB § 314 Rn. 78; HK-KSchG/Dorndorf Rn. 586; kraft NZA 1989, 777 (781); KR/Krumbiegel BGB § 626 Rn. 249; Pflaum Abmahnung im Arbeitsrecht als Vorstufe S. 249 ff.; Schaub NJW 1990, 872 (876); Stoffels/Lembke BetrV § 14 Rn. 65; MHdB ArbR/Zimmermann § 114 Rn. 30.

[1574] BAG 7.11.1979 – 5 AZR 962/77, AP BetrVG 1972 § 87 Betriebsbuße Nr. 3.

[1575] BAG 30.8.1995 – 1 ABR 4/95, AP BetrVG 1972 § 87 Überwachung Nr. 29.

[1576] Dazu OVG Münster 12.6.1995 – 1 A 2179/92.PVL, ZTR 1996, 44 = BeckRS 2015, 44526.

[1577] BAG 27.2.1985 – 7 AZR 525/83, BeckRS 1985, 30712941; 21.5.1987 – 2 AZR 313/86, DB 1987, 2367 = BeckRS 1987, 30721673; Bader ZTR 1999, 200 (204 f.); Beckerle, Die Abmahnung, 14. Aufl. 2024, 173 ff.; DD/Deinert BGB § 314 Rn. 85; HK-KSchG/Dorndorf Rn. 649; v. Hoyningen-Huene RdA 1990, 193 (207 f.); Hunold BB 1986, 2050 (2054 f.); Koffka Abmahnung als Rechtsinstitut S. 129 ff.; KR/Krumbiegel BGB § 626 Rn. 252; Pflaum Abmahnung im Arbeitsrecht als Vorstufe S. 237 f.; LSSW/Schlünder Rn. 138; APS/Vossen Rn. 425; HaKo-KSchR/Zimmermann Rn. 262 ff.; aA Heinze FS Söllner, 1990, 63 (83 ff.); Kammerer, Personalakte und Abmahnung, 3. Aufl. 2001, 145; Kraft ZfA 1994, 463 (471); Sibben NZA 1993, 583 (585); Walker NZA 1995, 601 (606).

[1578] BAG 16.9.2004 – 2 AZR 406/03, AP KSchG 1969 § 1 Verhaltensbedingte Kündigung Nr. 50.

[1579] Vgl. v. Hoyningen-Huene RdA 1990, 193 (207 f.).

[1580] So aber MüKoBGB/Hergenröder Rn. 250.

[1581] BAG 27.2.1985 – 7 AZR 525/83, BeckRS 1985, 30712941; weiterführend Beckerle, Die Abmahnung, 14. Aufl. 2024, 173 ff.

[1582] BAG 16.1.1992 – 2 AZR 412/91, NZA 1992, 1023.

keit des Arbeitnehmers.[1583] Abmahnungen, die wegen einer Verspätung und eines Verstoßes gegen die Anzeigepflicht bei Arbeitsunfähigkeit ausgesprochen werden, betreffen gleichartige Pflichtverletzungen. Beide Vertragsverletzungen sind Ausdruck einer spezifischen Unzuverlässigkeit. Sie zeigen, dass der Arbeitnehmer es nicht so genau hält und pünktliches Erscheinen zur Arbeit oder, falls das nicht möglich ist, die Unterrichtung über absehbares Nichterscheinen für sich nicht als Verpflichtung begreift, sondern als eher unverbindlichen Vorschlag, dem man nicht immer folgen muss.[1584] Die Verletzung der Anzeigepflicht bei Arbeitsunfähigkeit und die spätere Weigerung des Arbeitnehmers, während der Arbeitszeit zu einem Gespräch mit dem Vorgesetzten zu erscheinen, sind gleichartige Pflichtverstöße.[1585] Das mehrfache verspätete Aufsuchen und zu frühe Verlassen des Arbeitsplatzes, das vorzeitige Verlassen einer Baustelle sowie Kartenspielen während der Arbeitszeit sind ebenfalls gleichartige Pflichtverletzungen.[1586] Auch verschiedene Straßenverkehrsdelikte eines Berufskraftfahrers stellen gleichartige Pflichtwidrigkeiten dar.[1587]

504 Ist der Arbeitnehmer in der Vergangenheit **wegen einer Vielzahl verschiedenartiger Pflichtverletzungen abgemahnt** worden, kann bei einer weiteren Pflichtverletzung, die mit den bereits abgemahnten nicht gleichartig ist, auch eine Kündigung ohne weitere Abmahnung in Betracht kommen. Entscheidend ist, dass sich der Arbeitnehmer aufgrund der verschiedenen Abmahnungen als unzuverlässig erwiesen hat und deshalb eine weitere ungestörte Vertragserfüllung nicht zu erwarten ist.[1588] Die Warnfunktion ist bei einer Vielzahl von Abmahnungen auch dann erfüllt, wenn eine einschlägige Abmahnung fehlt, weil dem Arbeitnehmer deutlich gemacht wurde, dass der Arbeitgeber nicht gewillt ist, Vertragsverletzungen hinzunehmen.

505 Eine bestimmte **Anzahl von Abmahnungen** ist grds. nicht erforderlich.[1589] Da es aber für das Vorliegen eines Kündigungsgrundes nach Abs. 2 auf eine negative Prognose ankommt, kann es freilich je nach Schwere der Pflichtwidrigkeit nicht ausreichend sein, wenn der Arbeitnehmer nur einmal abgemahnt wurde. Insbes. wenn der abgemahnte Vorfall längere Zeit zurückliegt und nicht gravierend war, ist im Einzelfall zu prüfen, ob vor Ausspruch der Kündigung noch eine weitere Abmahnung erforderlich ist.[1590]

506 Die **Warnfunktion einer Abmahnung** kann erheblich dadurch **abgeschwächt** werden, dass der Arbeitgeber bei ständig neuen gleichartigen Pflichtverletzungen des Arbeitnehmers **stets nur mit einer Kündigung droht,** ohne jemals arbeitsrechtliche Konsequenzen folgen zu lassen. Eine Abmahnung kann nur dann die Warnfunktion erfüllen, wenn der Arbeitnehmer diese Drohung ernst nehmen muss. Dies kann je nach den Umständen nicht mehr der Fall sein, wenn jahrelang die Kündigung stets nur angedroht wird. Es handelt sich dann um eine leere Drohung. Der Arbeitgeber muss dann die letzte Abmahnung vor Ausspruch einer Kündigung besonders eindringlich gestalten, um dem Arbeitnehmer klarzumachen, dass weitere derartige Pflichtverletzungen nunmehr zum Ausspruch einer Kündigung führen werden.[1591] Angesichts der verbreiteten Praxis, bei als leichter empfundenen Vertragsverstößen einer Kündigung mehrere Abmahnungen vorausgehen zu lassen, kann allerdings in aller Regel nicht bereits die dritte Abmahnung als entwertet angesehen werden.[1592]

[1583] BAG 16.9.2004 – 2 AZR 406/03, AP KSchG 1969 § 1 Verhaltensbedingte Kündigung Nr. 50; ebenso Heinze FS Söllner, 1990, 63 (83); ErfK/Niemann BGB § 626 Rn. 24; HaKo-KSchR/Zimmermann Rn. 264.

[1584] BAG 16.9.2004 – 2 AZR 406/03, AP KSchG 1969 § 1 Verhaltensbedingte Kündigung Nr. 50.

[1585] LAG Hessen 7.7.1997 – 16 Sa 2328/96, NZA 1998, 822.

[1586] LAG Berlin 18.1.1988 – 9 Sa 118/87, LAGE § 626 BGB Nr. 31.

[1587] AA LAG Schleswig-Holstein 16.6.1986 – 4 (5) Sa 684/85, NZA 1987, 669 (670) zu einer Trunkenheitsfahrt und Unfallflucht.

[1588] Bader ZTR 1999, 200 (204); HK-KSchG/Dorndorf Rn. 652; APS/Vossen Rn. 428.

[1589] Ebenso DD/Deinert BGB § 314 Rn. 89; HK-KSchG/Dorndorf Rn. 657; KR/Krumbiegel BGB § 626 Rn. 231; PVT Kündigung/Temming Rn. 1334; HaKo-KSchR/Zimmermann Rn. 266.

[1590] Ebenso BAG 15.11.2001 – 2 AZR 609/00, AP KSchG 1969 § 1 Abmahnung Nr. 4; LAG Hamm 25.9.1997 – 8 Sa 557/97, LAGE § 1 KSchG Verhaltensbedingte Kündigung Nr. 59 = BeckRS 1997, 31016974; HK-KSchG/Dorndorf Rn. 657; MHdB ArbR/Zimmermann § 114 Rn. 43.

[1591] BAG 15.11.2001 – 2 AZR 609/00, NZA 2002, 968; krit. Auch Kammerer BB 2002, 1747.

[1592] BAG 16.9.2004 – 2 AZR 406/03, AP KSchG 1969 § 1 Verhaltensbedingte Kündigung Nr. 50.

Der Arbeitgeber kann grds. ohne zeitliche Verzögerung nach erfolgter Abmahnung bei der nächsten gleichartigen Pflichtverletzung eine Kündigung aussprechen. Nach der Abmahnung ist dem Arbeitnehmer nur dann **ausnahmsweise Zeit zur Korrektur seines Verhaltens** einzuräumen, wenn eine Änderung des Fehlverhaltens nicht ohne Weiteres sofort möglich ist.[1593] Das ist bspw. anzunehmen, wenn der Arbeitnehmer mit anderen, nicht beim gleichen Arbeitgeber beschäftigten, unpünktlichen Personen zur Arbeit fährt und er nach erfolgter Abmahnung wegen häufigen Zuspätkommens eine andere Fahrgemeinschaft bilden möchte. IÜ besteht bei den meisten Vertragsverletzungen keine Veranlassung, dem Arbeitnehmer längere Zeit zur Veränderung seines Verhaltens einzuräumen, weil das vertragswidrige Verhalten ohne Weiteres abgestellt werden kann. 507

Hat der Arbeitgeber einen Pflichtenverstoß zunächst zum Anlass für eine Abmahnung genommen, kann er später wegen dieser Pflichtwidrigkeit keine Kündigung aussprechen. Der Arbeitgeber **verzichtet** mit der Abmahnung konkludent auf sein **Kündigungsrecht** wegen der Gründe, die Gegenstand der Abmahnung sind, wenn sich die für die Kündigung maßgebenden Umstände nach der Abmahnung nicht geändert haben.[1594] Dies ergibt sich aus der Warnfunktion der Abmahnung. Der Arbeitgeber gibt mit der Abmahnung regelmäßig zu erkennen, er werde Konsequenzen für das Arbeitsverhältnis erst aus einem weiteren Fehlverhalten ziehen. Damit gibt er dem Arbeitnehmer nochmals Gelegenheit zu vertragsgerechtem Verhalten. Dass der Arbeitgeber eine Abmahnung anstelle einer Kündigung möglicherweise deshalb ausgesprochen hat, um das Risiko der Unwirksamkeit der Kündigung (zunächst) zu vermeiden, ändert nichts an dem aus der Sicht des Arbeitnehmers als Erklärungsempfänger zu beurteilenden objektiven Erklärungsgehalt.[1595] Die Abmahnung entfaltet auch dann konkludente Verzichtswirkung, wenn sie von einem **Vorgesetzten** ausgesprochen wird, der **nur abmahnungsberechtigt, nicht** aber **kündigungsberechtigt** ist.[1596] Der Arbeitgeber kann die Abmahnung nach Zugang auch **nicht einfach einseitig zurücknehmen,** um hierdurch den Boden für eine Kündigung zu bereiten.[1597] Der abgemahnte Pflichtenverstoß kann für sich genommen deshalb grds. nicht mehr zum Anlass der Kündigung genommen werden. Der Kündigungsverzicht erfasst allerdings nicht solche Umstände, die zu den abgemahnten Gründen **hinzutreten oder erst nach dem Ausspruch der Abmahnung bekannt** werden.[1598] Sofern der Arbeitgeber auf diese Umstände eine Kündigung stützt, kann er zusätzlich auf die bereits abgemahnten Gründe zurückgreifen.[1599] Neue Umstände in diesem Sinne liegen allerdings nicht schon dann vor, wenn sich herausstellt, dass die Fehlleistungen des Arbeitnehmers lediglich quantitativ umfangreicher sind, als sie der Abmahnung zugrunde lagen, und sich hierdurch keine neue Qualität des Kündigungsgrundes ergibt.[1600] Ein Kündigungsverzicht kann allerdings nur dann angenommen werden, wenn 508

1593 Ebenso iGrds LAG Hessen 26.4.1999 – 16 Sa 1409/98, LAGE § 1 KSchG Verhaltensbedingte Kündigung Nr. 71 = NZA-RR 1999, 637; Beckerle, Die Abmahnung, 14. Aufl. 2024, 170 f.; ErfK/Oetker Rn. 198; PVT Kündigung/Temming Rn. 1337; HaKo-KSchR/Zimmermann Rn. 261.

1594 BAG 10.11.1988 – 2 AZR 215/88, NZA 1989, 633; 6.3.2003 – 2 AZR 128/02, AP BGB § 611 Abmahnung Nr. 30; 2.2.2006 – 2 AZR 222/05, AP KSchG 1969 § 1 Verhaltensbedingte Kündigung Nr. 52; 13.12.2007 – 6 AZR 145/07, AP KSchG 1969 § 1 Nr. 83 Rn. 24; 26.11.2009 – 2 AZR 751/08, AP KSchG 1969 § 1 Verhaltensbedingte Kündigung Nr. 61 Rn. 12; 19.11.2015 – 2 AZR 217/15, NZA 2016, 540 Rn. 28; ebenso für den Sonderfall einer Kündigung während der Wartezeit BAG 13.12.2007 – 6 AZR 145/07, NZA 2008, 403; ferner Beckerle, Die Abmahnung, 14. Aufl. 2024, 181 f.; DD/Deinert BGB § 314 Rn. 89; HK-KSchG/Dorndorf Rn. 666; v. Hoyningen-Huene RdA 1990, 193 (208); KR/Krumbiegel BGB § 626 Rn. 237; ErfK/Oetker Rn. 199; PVT Kündigung/Temming Rn. 1335; aA Raab FS Buchner, 2009, 704 (715 ff.).

1595 BAG 26.11.2009 – 2 AZR 751/08, AP KSchG 1969 § 1 Verhaltensbedingte Kündigung Nr. 61; aA Raab FS Buchner, 2010, 704 (716 ff.).

1596 LAG Hamburg 20.5.2015 – 6 Sa 83/14, NZA-RR 2016, 70.

1597 LAG Berlin 16.2.2006 – 10 Sa 1618/05, LAGE § 611 BGB 2002 Abmahnung Nr. 4 = BeckRS 2006, 42096.

1598 BAG 26.11.2009 – 2 AZR 751/08, AP KSchG 1969 § 1 Verhaltensbedingte Kündigung Nr. 61 Rn. 15; 12.5.2011 – 2 AZR 479/09, NZA-RR 2012, 43 Rn. 56.

1599 BAG 26.11.2009 – 2 AZR 751/08, AP KSchG 1969 § 1 Verhaltensbedingte Kündigung Nr. 61 Rn. 15; LAG Mecklenburg-Vorpommern 15.1.2015 – 5 Sa 219/14, NZA-RR 2015, 348 (351): „einfache Logik".

1600 LAG Berlin 16.2.2006 – 10 Sa 1618/05, LAGE § 611 BGB 2002 Abmahnung Nr. 4 = BeckRS 2006, 42096.

der Arbeitgeber **mit hinreichender Deutlichkeit zu erkennen gibt,** dass er den Vorgang mit der Abmahnung als „erledigt" ansieht.[1601] Ein Verzicht ist daher abzulehnen, wenn sich der Arbeitgeber das Recht zur Kündigung wegen des Fehlverhaltens zumindest unter bestimmten Voraussetzungen **ausdrücklich vorbehält.**[1602] IÜ „verbraucht" eine bloße **Ermahnung** nicht das Kündigungsrecht, weil ihr die Kündigungsandrohung fehlt.[1603]

509 Die Abmahnung kann durch **längeren Zeitablauf ihre kündigungsrechtliche Wirkung verlieren.** Dies lässt sich jedoch nicht anhand einer bestimmten Regelfrist beurteilen, sondern nur aufgrund aller Umstände des Einzelfalls.[1604] Maßgeblich ist, ob für den Arbeitnehmer aufgrund des eingetretenen Zeitablaufs oder aufgrund neuer Umstände (bspw. einer späteren unklaren Reaktion des Arbeitgebers auf ähnliche Pflichtverletzungen anderer Arbeitnehmer) wieder ungewiss sein könnte, was der Arbeitgeber von ihm erwartet bzw. wie er auf eine etwaige Pflichtverletzung reagieren werde.[1605] Dabei macht es auch einen Unterschied, ob sich ein Arbeitnehmer nur eine kleinere Pflichtwidrigkeit hat zuschulden kommen lassen oder ob er wegen eines besonders schweren Fehlverhaltens abgemahnt worden ist. Allerdings ist es zulässig, nach § 88 BetrVG eine freiwillige Betriebsvereinbarung abzuschließen, die bestimmte Fristen zur Entfernung vorsieht, bspw. bei leichten Verstößen zwei Jahre, bei schwereren Verstößen drei oder fünf Jahre.[1606]

510 Der Arbeitgeber darf einen Arbeitnehmer **nach erfolgloser Kündigung** wegen desselben unstreitigen – für eine Kündigung aber nicht ausreichenden – Sachverhalts abmahnen. Durch eine sozialwidrige Kündigung verliert der Arbeitgeber nicht das Recht zur Abmahnung.[1607] Die Unwirksamkeit der Kündigung ist nicht notwendig gleichbedeutend mit der Unwirksamkeit der Abmahnung, weil beide unterschiedliche Voraussetzungen haben.

511 Der Arbeitgeber braucht in diesem Fall allerdings nicht unbedingt eine erneute Abmahnung auszusprechen. Eine **frühere Kündigung erfüllt die Funktion einer Abmahnung** jedenfalls dann, wenn der Kündigungssachverhalt feststeht und die Kündigung aus anderen Gründen, bspw. wegen fehlender Abmahnung, als sozialwidrig erachtet worden ist.[1608] Kündigt der Arbeitgeber nach der erfolglosen Kündigung erneut wegen einer gleichartigen Pflichtverletzung, erfüllt die vorangegangene Kündigung die Funktion einer Abmahnung. Denn durch diese vorangehende Kündigung ist der Arbeitnehmer ausreichend gewarnt.

[1601] BAG 2.2.2006 – 2 AZR 222/05, AP KSchG 1969 § 1 Verhaltensbedingte Kündigung Nr. 52; 13.12.2007 – 6 AZR 145/07, AP KSchG 1969 § 1 Nr. 83.

[1602] LAG Schleswig-Holstein 19.10.2004 – 5 Sa 279/04, LAGE § 1 KSchG Verhaltensbedingte Kündigung Nr. 86.

[1603] BAG 9.3.1995 – 2 AZR 644/94, NZA 1996, 875 (878); Krause Anm. zu LAG Hamm 8.3.1994 – 6 Sa 1839/93, LAGE § 123 BGB Nr. 19; HaKo-KSchR/Zimmermann Rn. 260; aA BAG 10.11.1988 – 2 AZR 215/88, AP KSchG 1969 § 1 Abmahnung Nr. 3; widersprüchlich HK-KSchG/Dorndorf Rn. 666; offengelassen von BAG 6.3.2003 – 2 AZR 128/02, AP BGB § 611 Abmahnung Nr. 30.

[1604] BAG 18.11.1986 – 7 AZR 674/84, AP KSchG 1969 § 1 Verhaltensbedingte Kündigung Nr. 17; 21.5.1987 – 2 AZR 313/86, DB 1987, 2367 = BeckRS 1987, 30721673; 14.12.1994 – 5 AZR 137/94, AP BGB § 611 Abmahnung Nr. 15; BVerfG 16.10.1998 – 1 BvR 1685/92, AP BGB § 611 Abmahnung Nr. 24; Beckerle, Die Abmahnung, 14. Aufl. 2024, 166 ff.; DD/Deinert BGB § 314 Rn. 89; HK-KSchG/Dorndorf Rn. 663; Kraft NZA 1989, 777 (781); KR/Krumbiegel BGB § 626 Rn. 245; ErfK/Niemann BGB § 626 Rn. 25; Schaub NJW 1990, 872 (874); Walker NZA 1995, 601 (607); Wolf, Abmahnung, 1990, 150 ff.; HaKo-KSchR/Zimmermann Rn. 276; abl. Brill NZA 1985, 109 (110); Conze DB 1987, 889 (890); Falkenberg NZA 1988, 489 (492).

[1605] BAG 24.6.2004 – 2 AZR 565/03, AP BGB § 626 Nr. 180, drei Jahre zurückliegende Abmahnung wurde berücksichtigt.

[1606] Vgl. v. Hoyningen-Huene RdA 1990, 193 (210).

[1607] BAG 7.9.1988 – 5 AZR 625/87, NZA 1989, 272; HK-KSchG/Dorndorf Rn. 667; krit. Wolf, Abmahnung, 1990, 158 f.

[1608] BAG 31.8.1989 – 2 AZR 13/89, AP KSchG 1969 § 1 Verhaltensbedingte Kündigung Nr. 23; LAG Köln 11.5.2007 – 11 Sa 258/07, LAGE § 1 KSchG Verhaltensbedingte Kündigung Nr. 98; HK-KSchG/Dorndorf Rn. 668; MüKoBGB/Hergenröder Rn. 262; aA DD/Deinert BGB § 314 Rn. 62.

8. Abmahnung von Betriebsratsmitgliedern

Eine Abmahnung von Betriebsratsmitgliedern kommt in Betracht, wenn das Betriebsratsmitglied durch sein Verhalten jedenfalls auch seine **arbeitsvertraglichen Pflichten verletzt** hat. Da ein Betriebsratsmitglied grds. in gleicher Weise wie andere Arbeitnehmer zur Arbeitsleistung verpflichtet ist, besteht für eine Ungleichbehandlung hinsichtlich der Abmahnungsmöglichkeit keine Rechtfertigung.[1609] Eine Abmahnung scheidet jedoch aus, wenn dem Betriebsratsmitglied nur eine Verletzung seiner Amtspflichten vorzuwerfen ist.[1610] Insoweit kommt lediglich die Durchführung eines Ausschlussverfahrens nach § 23 Abs. 1 BetrVG in Betracht (zur außerordentlichen Kündigung von Betriebsratsmitgliedern wegen Amtspflichtverletzung und dem Zusammentreffen mit Vertragspflichtverletzungen → § 15 Rn. 102 ff.).[1611] 512

Die **Verteilung gewerkschaftlichen Werbematerials** durch ein freigestelltes Betriebsratsmitglied an einen Arbeitskollegen während dessen Arbeitszeit stellt nach Auffassung des BVerfG allerdings ein grds. durch Art. 9 Abs. 3 GG geschütztes Verhalten und deshalb nicht per se eine Arbeitsvertragsverletzung dar, obwohl dies mit der Betriebsratstätigkeit nichts zu tun hat.[1612] 513

Eine Arbeitsvertragsverletzung liegt vor, wenn ein nicht freigestelltes Betriebsratsmitglied an einer **Gerichtsverhandlung** in einem Kündigungsrechtsstreit zwischen dem Arbeitgeber und einem gekündigten Arbeitnehmer teilnimmt.[1613] Das Betriebsratsmitglied kann sich dabei nicht darauf berufen, vom Betriebsrat als Gremium zum Besuch dieser Gerichtsverhandlung bestimmt worden zu sein. Denn der Entsendungsbeschluss des Betriebsrats bewirkt weder die Arbeitsbefreiung noch entlastet er das Betriebsratsmitglied von einer selbständigen Überprüfung der Rechtslage hinsichtlich des Bestehens einer Betriebsratsaufgabe und deren Erforderlichkeit.[1614] Eine Abmahnung ist des Weiteren zulässig, wenn der Arbeitnehmer eine Betriebsratsschulung besucht und gem. § 37 Abs. 6 BetrVG erkennbar eine Teilnahme an der Schulungsveranstaltung nicht in Betracht kommt[1615] oder wenn das Betriebsratsmitglied sich entgegen seiner Pflicht aus § 37 Abs. 2 BetrVG nicht vor Aufnahme der Betriebsratstätigkeit abmeldet.[1616] Unzulässig kann die Abmahnung aber sein, wenn das Betriebsratsmitglied mit vertretbaren Gründen, aber objektiv unrichtig annimmt, eine Betriebsratsaufgabe wahrzunehmen.[1617] 514

9. Rechtsschutz

Wird eine sachlich unbegründete Abmahnung zu den Personalakten genommen, ist der Arbeitnehmer dadurch in seinem **allgemeinen Persönlichkeitsrecht verletzt.** Nach st. Rspr. steht dem Arbeitnehmer in diesen Fällen ein Anspruch auf Widerruf der Abmahnung und Entfernung des Abmahnungsschreibens aus der Personalakte zu, den das BAG bis in die jüngste Zeit auf eine entsprechende Anwendung von **§§ 242, 1004 BGB** 515

[1609] BAG 15.7.1992 – 7 AZR 466/91, NZA 1993, 220; 10.11.1993 – 7 AZR 682/92, AP BetrVG 1972 § 78 Nr. 4 (nicht erforderliche Schulungsteilnahme); 31.8.1994 – 7 AZR 893/93, NZA 1995, 225 (Besuch einer Gerichtsverhandlung).

[1610] BAG 26.1.1994 – 7 AZR 640/92, BeckRS 1994, 30915379; 9.9.2015 – 7 ABR 69/13, AP BetrVG 1972 § 87 Nr. 15 Rn. 41.

[1611] Zur „betriebsverfassungsrechtlichen Abmahnung" vgl. Kania DB 1996, 374; Schleusener NZA 2001, 640; ferner Verstege/Schürgers BB 2022, 692 (694 f.).

[1612] BVerfG 14.11.1995 – 1 BvR 601/92, EzA Art. 9 GG Nr. 60 mzustAnm Thüsing = AR-Blattei ES 20 Nr. 33 mablAnm v. Hoyningen-Huene, unter Aufhebung der Entscheidung des BAG 13.11.1991 – 5 AZR 74/91, AP BGB § 611 Abmahnung Nr. 7 = SAE 1992, 316 mAnm van Venrooy = AR-Blattei ES 20 Nr. 23 mAnm v. Hoyningen-Huene.

[1613] BAG 31.8.1994 – 7 AZR 893/93, NZA 1995, 225.

[1614] BAG 31.8.1994 – 7 AZR 893/93, NZA 1995, 225.

[1615] BAG 10.11.1993 – 7 AZR 682/92, AP BetrVG 1972 § 78 Nr. 4.

[1616] BAG 15.7.1992 – 7 AZR 466/91, AP BGB § 611 Abmahnung Nr. 9.

[1617] BAG 31.8.1994 – 7 AZR 893/93, NZA 1995, 225, im konkreten Fall des Besuchs einer Gerichtsverhandlung verneint.

stützt.[1618] Sofern die **Personalakte digitalisiert** (automatisiert) oder in einem **Dateisystem gespeichert** ist (Art. 2 Abs. 1, Art. 4 Nr. 6 DSGVO) ergibt sich der Löschungsanspruch nunmehr zusätzlich aus **Art. 17 Abs. 1 Buchst. d bzw. Buchst. a DSGVO** (s. a. Art. 1 Abs. 1 S. 2, 35 Abs. 1 BDSG), weil die Abmahnung personenbezogene Daten des betroffenen Arbeitnehmers enthält.[1619] Geht es um eine Abmahnung, die von diesen Vorschriften unmittelbar nicht erfasst wird, können jedenfalls die Grundgedanken der Regelungen trotz § 26 Abs. 7 BDSG, der in einem solchen Fall ausdrücklich nur § 26 Abs. 1 bis 6 BDSG für anwendbar erklärt, herangezogen werden.[1620] Der Betriebsrat hat dagegen keinen aus § 78 S. 1 BetrVG folgenden Anspruch auf Entfernung einer Abmahnung aus der Personalakte eines seiner Mitglieder, da es sich hierbei um ein höchstpersönliches Recht des betroffenen Betriebsratsmitglieds handelt.[1621]

516 Auch **nach der Entfernung einer Abmahnung aus der Personalakte** ist der Arbeitnehmer nicht generell gehindert, einen Anspruch auf Widerruf der in der Abmahnung abgegebenen Erklärungen gerichtlich geltend zu machen. Eine Klage auf Widerruf der in der Abmahnung abgegebenen Erklärungen ist jedoch nur begründet, wenn die Abmahnung zu Unrecht erfolgt ist, die hierdurch bewirkte Rechtsbeeinträchtigung andauert und durch den begehrten Widerruf beseitigt werden kann. Eine fortdauernde Rechtsbeeinträchtigung fehlt, wenn der Arbeitgeber erklärt hat, er werde die Abmahnung nicht zur Begründung späterer arbeitsrechtlicher Maßnahmen heranziehen.[1622]

517 Bei **mündlichen Abmahnungen** scheidet zwar ein Anspruch des Arbeitnehmers auf Entfernung der Abmahnung aus der Personalakte aus. Der Arbeitnehmer kann in diesen Fällen jedoch auf Widerruf der Abmahnung klagen.[1623]

518 Soweit der Beschäftigte vor der Erteilung einer Abmahnung nicht gem. § 3 Abs. 6 S. 4 TV-L angehört worden ist (→ Rn. 494), begründet allein schon der **Verstoß gegen diese Anhörungspflicht** einen Anspruch auf Entfernung der Abmahnung, weil der Arbeitgeber in einem solchen Fall mit der Aufnahme einer Abmahnung in die Personalakte eine tarifvertraglich bzw. kraft Bezugnahme geltende Nebenpflicht verletzt.[1624] Daneben stehen das Recht des Arbeitnehmers auf Gegenäußerung nach § 3 Abs. 6 S. 5 TV-L sowie die Möglichkeit, die missbilligende Äußerung des Arbeitgebers gerichtlich überprüfen zu lassen.

519 Das BAG bejaht für Klagen auf Widerruf oder Entfernung unberechtigter Abmahnungen aus der Personalakte grds. das **Rechtsschutzinteresse,** weil der Arbeitnehmer durch unberechtigte Vorwürfe in seinem **beruflichen Fortkommen behindert** werde. Auch werde hierdurch regelmäßig das **Persönlichkeitsrecht** des Arbeitnehmers **beeinträchtigt.**[1625] Auch **nach Beendigung des Arbeitsverhältnisses** hat der Arbeitnehmer grds. noch

---

[1618] BAG 27.11.1985 – 5 AZR 101/84, NZA 1986, 227; 15.1.1986 – 5 AZR 70/84, NZA 1986, 421; 13.4.1988 – 5 AZR 537/86, AP BGB § 611 Fürsorgepflicht Nr. 100 mzustAnm Conze; 5.8.1992 – 5 AZR 531/91, AP BGB § 611 Abmahnung Nr. 8; 14.9.1994 – 5 AZR 632/93, AP BGB § 611 Abmahnung Nr. 13; 11.12.2001 – 9 AZR 464/00, AP BGB § 611 Nebentätigkeit Nr. 8; 18.2.2003 – 1 AZR 142/02, AP GG Art. 9 Arbeitskampf Nr. 163; 19.7.2012 – 2 AZR 782/11, AP BGB § 611 Abmahnung Nr. 34 Rn. 13 mAnm Kleinebrink; 20.1.2015 – 9 AZR 860/13, AP BetrVG 1972 Nr. 15 Rn. 39; ferner DD/Deinert BGB § 314 Rn. 91 f.; HK-KSchG/Dorndorf Rn. 669 ff.; KR/Krumbiegel BGB § 626 Rn. 246; LSSW/Schlünder Rn. 143; HaKo-KSchR/Zimmermann Rn. 298; eing. zu den Anspruchsgrundlagen Conze Anm. zu BAG 13.4.1988 – 5 AZR 537/86, AP BGB § 611 Fürsorgepflicht Nr. 100; DB 1989, 778 ff.; Hauer, Die Abmahnung im Arbeitsverhältnis, 1990, 158 ff.; v. Hoyningen-Huene RdA 1990, 193 (209 ff.); Koffka Abmahnung als Rechtsinstitut S. 148 ff.; zum Rechtsschutz des Arbeitnehmers ausf. Beckerle, Die Abmahnung, 14. Aufl. 2024, 205 ff.; Kammerer, Personalakte und Abmahnung, 3. Aufl. 2001, 96 ff.

[1619] LAG Sachsen-Anhalt 23.11.2018 – 5 Sa 7/17, NZA-RR 2019, 355; LAG Baden-Württemberg 28.7.2023 – 9 Sa 73/21, BeckRS 2023, 28186; Herberger NZA 2020, 1665; Kleinebrink, Abmahnung, 3. Aufl. 2017, Rn. 70 ff.; Kort FS v. Hoyningen-Huene, 2014, 201 (210); Schrader/Dohnke NZA-RR 2012, 617 (620); zur Darlegungs- und Beweislast bei Entfernungsklagen Oehlschläger NZA 2024, 671.

[1620] Ebenso Kort FS v. Hoyningen-Huene, 2014, 201 (211 f.) zu § 35 BDSG aF.

[1621] BAG 20.1.2015 – 9 AZR 860/13, AP BetrVG 1972 Nr. 15 Rn. 25.

[1622] BAG 15.4.1999 – 7 AZR 716/97, AP BGB § 611 Abmahnung Nr. 22.

[1623] Ebenso DD/Deinert BGB § 314 Rn. 91; HK-KSchG/Dorndorf Rn. 676; HaKo-KSchR/Zimmermann Rn. 311.

[1624] Vgl. BAG 16.11.1989 – 6 AZR 64/88, AP BAT § 13 Nr. 2 mAnm Conze (zu § 13 Abs. 2 BAT).

[1625] Hierzu grds. BAG 27.11.1985 – 5 AZR 101/84, AP BGB § 611 Fürsorgepflicht Nr. 93 unter I 3b u. 4.

ein **Rechtsschutzinteresse** an einer Klage auf Entfernung einer unberechtigten Abmahnung aus der Personalakte. Solche Klagen sind daher zulässig, waren nach früherer Rspr. allerdings regelmäßig unbegründet, weil das berufliche Fortkommen bei dem bisherigen Arbeitgeber durch die Abmahnung nicht mehr behindert werden kann.[1626] Etwas anderes konnte sich freilich immer schon für den öffentlichen Dienst ergeben, weil dort Stellenbewerber häufig aufgefordert werden, sich mit der Einsicht in die beim bisherigen öffentlichen Arbeitgeber geführte Personalakte einverstanden zu erklären. Der Arbeitnehmer hat daher in diesen Fällen auch nach Beendigung des Arbeitsverhältnisses ein Interesse daran, dass die bei dem bisherigen öffentlichen Arbeitgeber geführte Personalakte inhaltlich richtig ist. Darüber hinaus wird man aus **Art. 17 Abs. 1 Buchst. d bzw. Buchst. a DSGVO** (→ Rn. 515) im Anwendungsbereich der DSGVO nunmehr **regelmäßig einen Löschungsanspruch** ableiten können, weil dieses „Recht auf Vergessenwerden" nicht unter dem Vorbehalt steht, dass die weitere Speicherung der personenbezogenen Daten das berufliche Fortkommen des Arbeitnehmers beeinträchtigt.[1627]

Der Anspruch des Arbeitnehmers auf Entfernung einer Abmahnung aus der Personal- 520
akte unterliegt **keinen einzelvertraglichen** oder **tariflichen Ausschlussfristen.**[1628] Es wäre zum einen nicht stimmig, dass der Arbeitgeber ohne Rücksicht auf eine Verfallfrist (→ Rn. 498) eine Abmahnung aussprechen kann, während dem Arbeitnehmer nur innerhalb bestimmter Ausschlussfristen das Recht zustehen soll, deren Entfernung aus der Personalakte verlangen zu können.[1629] Zum anderen hat das BAG zu Recht darauf hingewiesen, dass die von einer unberechtigten Abmahnung ausgehende Persönlichkeitsrechtsverletzung nicht auf den Zeitpunkt des Zugangs der Abmahnung beschränkt ist, sondern den Arbeitnehmer fortwährend beeinträchtigt. Insoweit liegt ein Dauertatbestand vor, der dem Ablauf von Ausschlussfristen entgegensteht.

Werden in einem Abmahnungsschreiben **mehrere Pflichtverletzungen gleichzeitig ge-** 521
rügt und treffen davon nur einige, aber nicht alle zu, muss das Abmahnungsschreiben auf Verlangen des Arbeitnehmers vollständig aus der Personalakte entfernt werden. Es kann in diesem Falle auch nicht teilweise aufrechterhalten bleiben, weil es dem Arbeitgeber überlassen bleiben muss, ob er an der Abmahnung festhalten will, wenn sich einzelne Vorwürfe als unzutreffend erweisen.[1630]

Nach stRspr sind auch **sachlich zutreffende Abmahnungen aus der Personalakte zu** 522
entfernen, wenn der Arbeitgeber **kein schutzwürdiges Interesse** mehr am Verbleib der Abmahnung in der Personalakte hat.[1631] Während der Grundsatz als solcher nicht umstritten ist, besteht Uneinigkeit über die Frage, unter welchen Voraussetzungen dies der Fall ist. Teilweise bejaht man eine solche Situation schon dann, wenn die Abmahnung ihre kündigungsrechtliche Warnfunktion durch einen störungsfreien weiteren Verlauf des Arbeitsverhältnisses eingebüßt hat.[1632] Demgegenüber hat das BAG jedenfalls in seiner neueren Judikatur klargestellt, dass es nicht nur darauf ankommt, ob die Abmah-

---

[1626] BAG 14.9.1994 – 5 AZR 632/93, AP BGB § 611 Abmahnung Nr. 13; 19.4.2012 – 2 AZR 233/11, AP KSchG 1969 § 1 Personenbedingte Kündigung Nr. 33 Rn. 51; LAG Thüringen 24.10.2023 – 5 Sa 424/22, NJ 2014, 136.

[1627] LAG Sachsen-Anhalt 23.11.2018 – 5 Sa 7/17, NZA-RR 2019, 355; LAG Baden-Württemberg 23.7.2023 – 9 Sa 73/21, BeckRS 2023, 28186; aA für Personalakten in Papierform LAG Niedersachsen 4.5.2021 – 11 Sa 1180/20, BeckRS 2021, 24370 Rn. 50; LAG Sachsen 31.3.2023 – 4 Sa 117/21, NZA-RR 2023, 344 (346).

[1628] BAG 14.12.1994 – 5 AZR 137/94, AP BGB § 611 Abmahnung Nr. 15 unter Aufgabe von BAG 8.2.1989 – 5 AZR 47/88, BeckRS 1989, 30729744.

[1629] Vgl. v. Hoyningen-Huene RdA 1990, 193 (211).

[1630] BAG 13.3.1991 – 5 AZR 133/90, NZA 1991, 768; LAG Hamm 10.1.2006 – 19 Sa 1258/05, NZA-RR 2006, 290; LAG Düsseldorf 23.2.1996 – 17 Sa 1168/95, LAGE § 611 BGB Abmahnung Nr. 45 = NZA-RR 1997, 81; HK-KSchG/Dorndorf Rn. 681; Kammerer BB 1991, 1926 ff.; LSSW/Schlünder Rn. 143.

[1631] BAG 27.1.1988 – 5 AZR 604/86, BeckRS 1988, 30724778; 13.4.1988 – 5 AZR 537/86, NZA 1988, 654; 8.2.1989 – 5 AZR 40/88, BeckRS 1989, 30729736; 11.12.2001 – 9 AZR 464/00, AP BGB § 611 Nebentätigkeit Nr. 8; 19.7.2012 – 2 AZR 782/11, AP BGB § 611 Abmahnung Nr. 34 Rn. 32 mAnm Kleinebrink; ebenso HK-KSchG/Dorndorf Rn. 685; HaKo-KSchR/Zimmermann Rn. 304.

[1632] Conze DB 1987, 889 (890); DD/Deinert BGB § 314 Rn. 93; iErg ebenso Brill NZA 1985, 109 (110); Schmid NZA 1985, 409 (413); offenbar auch Falkenberg NZA 1988, 489 (492).

nung noch ihre Warnfunktion entfaltet.[1633] Tatsächlich geht es bei Abmahnungen nicht nur um ihre Warnfunktion im Rahmen der erforderlichen negativen Prognose für den Kündigungsgrund einer verhaltensbedingten Kündigung. Vielmehr soll eine **Personalakte** grds. ein **vollständiges Bild des Arbeitnehmers in dienstlicher und persönlicher Hinsicht vermitteln.** Denn zum einen hat der Arbeitgeber auch im Hinblick auf Zeugnisse und andere Personalentscheidungen als Kündigungen ein berechtigtes Interesse an einem vollständigen Bild des Arbeitnehmers.[1634] Zum anderen kann es bei der Kündigung eines schon längere Zeit bestehenden Arbeitsverhältnisses für die Interessenabwägung durchaus bedeutsam sein, ob das Arbeitsverhältnis frei von Abmahnungen war oder nicht.[1635] So stellt das BAG im Rahmen der Interessenabwägung vor allem bei der außerordentlichen Kündigung in st. Rspr. darauf ab, ob das Arbeitsverhältnis in der Vergangenheit störungsfrei verlaufen ist.[1636] Allerdings greift es zu weit, ein schutzwürdiges Interesse des Arbeitgebers an einem dauerhaften Verbleib der Abmahnung in der Personalakte anzunehmen und mit dieser Begründung einen Entfernungsanspruch kategorisch auszuschließen.[1637] Vielmehr kann ein weniger gravierender und lange zurückliegender Pflichtenverstoß durchaus überholt sein und deshalb jegliche Bedeutung verloren haben, so dass eine darauf bezogene Abmahnung zu entfernen ist.[1638] Besteht danach ein Entfernungsanspruch, hat die Abmahnung jegliche Kündigungsrelevanz eingebüßt.[1639] Diese Grundsätze halten sich im Rahmen von Art. 17 Abs. 1 Buchst. a DSGVO, was indes nichts daran ändert, dass im Zweifel der EuGH angerufen werden muss.

523 Der Arbeitnehmer ist **nicht verpflichtet,** gegen eine Abmahnung **gerichtlich vorzugehen.** Hat er davon abgesehen, die Wirksamkeit einer Abmahnung gerichtlich überprüfen zu lassen, ist er grds. nicht daran gehindert, die abgemahnte Pflichtwidrigkeit in einem späteren Kündigungsschutzprozess zu bestreiten.[1640] Aus der Untätigkeit des Arbeitnehmers kann der Arbeitgeber nicht schließen, die für die Kündigung relevanten Umstände seien in einem späteren Kündigungsschutzprozess unstreitig. Des Weiteren ist zu berücksichtigen, dass es dem Arbeitnehmer nicht zugemutet werden kann, sein Arbeitsverhältnis durch eine Klage auf Widerruf und Entfernung der Abmahnung gegen den Arbeitgeber zusätzlich zu belasten.

524 Eine **Klage des Arbeitgebers** auf Feststellung der Wirksamkeit der Abmahnung ist unzulässig.[1641] Hierfür fehlt das nach § 256 Abs. 1 ZPO erforderliche rechtliche Interesse.

525 Wird in einem **gerichtlichen Vergleich** vereinbart, eine Abmahnung sei nach Ablauf einer bestimmten Frist aus der Personalakte zu entfernen, liegt darin nach der Auffassung des LAG Hamm mangels einer entsprechenden ausdrücklichen Erklärung des Arbeitnehmers keine Anerkennung der Begründetheit der Abmahnung, weshalb das ihr zugrunde

---

[1633] BAG 19.7.2012 – 2 AZR 782/11, AP BGB § 611 Abmahnung Nr. 34 Rn. 32 mAnm Kleinebrink.

[1634] BVerfG 16.10.1998 – 1 BvR 1685/92, AP BGB § 611 Abmahnung Nr. 24 unter II 2b bb; v. Hoyningen-Huene RdA 1990, 193 (211); Kraft NZA 1989, 777 (781); Walker NZA 1995, 601 (608); Wilhelm NZA-RR 2002, 449 (451).

[1635] Wie hier Eich NZA 1988, 759 (761); Heinze FS Söllner, 1990, 63 (90); v. Hoyningen-Huene RdA 1990, 193 (210 f.); Kraft NZA 1989, 777 (781); Tschöpe NZA 1990 Beil. 2, 10 (16); Walker NZA 1995, 601 (608); MHdB ArbR/Zimmermann § 114 Rn. 49.

[1636] Bspw. BAG 10.6.2010 – 2 AZR 541/09, NZA 2010, 1227; 7.7.2011 – 2 AZR 355/10, AP BGB § 626 Nr. 237 Rn. 20.

[1637] So aber Ritter Novava/Knierim NJW 2011, 1175 (1176 ff.); DB 2011, 175 (176 f.); Schrader/Dohnke NZA-RR 2012, 617 (620).

[1638] BAG 19.7.2012 – 2 AZR 782/11, AP BGB § 611 Abmahnung Nr. 34 Rn. 32 mAnm Kleinebrink; dazu auch Salamon/Rogge NZA 2013, 363.

[1639] Wohl strenger LSSW/Schlünder Rn. 143, der offenbar eine Verurteilung zur Entfernung der Abmahnung verlangt.

[1640] BAG 13.3.1987 – 7 AZR 601/85, AP KSchG 1969 § 1 Verhaltensbedingte Kündigung Nr. 18; ebenso Ascheid KSchR Rn. 88; HK-KSchG/Dorndorf Rn. 686; v. Hoyningen-Huene RdA 1990, 193 (211); Kraft NZA 1989, 777 (781); KR/Krumbiegel BGB § 626 Rn. 255; ErfK/Niemann BGB § 626 Rn. 35; Reinecke NZA 1989, 577 (585); LSSW/Schlünder Rn. 144; MHdB ArbR/Zimmermann § 114 Rn. 48; aA Hunold BB 1986, 2050 (2054); Wank RdA 1993, 79 (86).

[1641] Zutr. Jurkat DB 1990, 2218; HWK/Quecke Rn. 207; aA Tschöpe NZA 1990 Beil. 2, 10 (18 ff.).

liegende Fehlverhalten in einem nachfolgenden Kündigungsprozess noch bestritten werden könne.[1642]

Die **Darlegungs- und Beweislast** für das Vorliegen einer wirksamen Abmahnung trägt 526 der Arbeitgeber sowohl im Rechtsstreit um die Entfernung einer Abmahnung aus der Personalakte als auch im Rechtsstreit um eine verhaltensbedingte Kündigung, weil er nach Abs. 2 S. 4 für die Kündigungsgründe und damit auch für die Abmahnung als Voraussetzung einer verhaltensbedingten Kündigung beweispflichtig ist.[1643] Pauschale Behauptungen, wie „der Arbeitnehmer sei wegen eines bestimmten Verhaltens wiederholt abgemahnt oder ständig gerügt worden", sind dabei für einen schlüssigen Sachvortrag nach § 138 Abs. 2 ZPO nicht ausreichend. Erforderlich ist vielmehr, die Pflichtverletzung nach Ort und Zeit substantiiert darzulegen.[1644] Rechtfertigungsgründe für sein Verhalten, wie eine Genehmigung durch den Vorgesetzten, muss der Arbeitnehmer konkret vortragen. Erst dann hat der Arbeitgeber darzulegen und ggf. zu beweisen, dass diese Gründe nicht vorliegen.[1645] Für die Voraussetzungen eines Entfernungsanspruchs nach Beendigung des Arbeitsverhältnisses ist der Arbeitnehmer darlegungs- und beweispflichtig.[1646]

Erweisen sich die vom Arbeitgeber zur Begründung der Abmahnung angeführten 527 Gründe als unzutreffend, kann er **keine anderen Abmahnungsgründe nachschieben.**[1647] Hiergegen spricht entscheidend, dass es im Rechtsstreit über die Entfernung der Abmahnung aus der Personalakte darum geht, ob durch die streitgegenständliche Abmahnung das Persönlichkeitsrecht des Arbeitnehmers verletzt ist.[1648]

III. Darlegungs- und Beweislast

Im Kündigungsschutzprozess trägt der **Arbeitgeber** die Darlegungs- und Beweislast für 528 das vertragswidrige Verhalten des Arbeitnehmers (Abs. 2 S. 4). Die Vertragsverletzung ist vom Arbeitgeber anhand von Tatsachen konkret darzulegen. Sofern **Abmahnungen** erfolgt sind, hat der Arbeitgeber diese vorzutragen und im Falle des Bestreitens durch den Arbeitnehmer zu beweisen, dass die Abmahnungen wirksam waren. Der Arbeitgeber hat daher darzulegen, dass die Abmahnungen in der gebotenen Form erfolgten (→ Rn. 491 f.) und ein Grund zur Abmahnung bestand. Die widerspruchslose Hinnahme einer Abmahnung durch den Arbeitnehmer ist kein Eingeständnis der Wirksamkeit der Abmahnung, weil der Arbeitnehmer nicht verpflichtet ist, gegen eine Abmahnung vorzugehen (→ Rn. 523).[1649]

Der Arbeitgeber hat auch die **Rechtswidrigkeit der Vertragsverletzung** zu beweisen.[1650] 529 Grund hierfür ist, dass keine Vertragsverletzung vorliegt, wenn das Verhalten des Arbeitnehmers nach dem Vertrag oder den Umständen des Einzelfalls erlaubt war. Diese Grundsätze gelten auch dann, wenn das in Rede stehende Verhalten des Arbeitnehmers zugleich den Tatbestand der üblen Nachrede iSd § 186 StGB erfüllt, weil die strafrecht-

---

[1642] LAG Hamm 5.2.1990 – 2 Sa 1487/89, LAGE § 611 BGB Abmahnung Nr. 20.

[1643] LAG Hessen 31.10.1986 – 13 Sa 613/86, LAGE § 611 BGB Abmahnung Nr. 5; Burger DB 1992, 836 (839); DD/Deinert BGB § 314 Rn. 3; HK-KSchG/Dorndorf Rn. 699; MüKoBGB/Hergenröder Rn. 65; Kammerer, Personalakte und Abmahnung, 3. Aufl. 2001, 169 f.

[1644] Zutr. Ascheid Beweislastfragen S. 117 f.

[1645] LAG Bremen 6.3.1992 – 4 Sa 295/91, LAGE § 611 BGB Abmahnung Nr. 31.

[1646] BAG 14.9.1994 – 5 AZR 632/93, AP BGB § 611 Abmahnung Nr. 13.

[1647] So aber LAG Berlin 21.8.1989 – 9 Sa 45/89, BeckRS 9998, 21026.

[1648] Ebenso Beckerle, Die Abmahnung, 14. Aufl. 2024, 220 f.; v. Hoyningen-Huene RdA 1990, 193 (210); Leisten AuR 1991, 206 (207).

[1649] BAG 13.3.1987 – 7 AZR 601/85, AP KSchG 1969 § 1 Verhaltensbedingte Kündigung Nr. 18.

[1650] BAG 24.11.1983 – 2 AZR 327/82, AP BGB § 626 Nr. 76 mAnm Baumgärtel; 6.8.1987 – 2 AZR 226/87, AP BGB § 626 Nr. 97 mAnm Baumgärtel; 26.8.1993 – 2 AZR 154/93, AP BGB § 626 Nr. 112 mAnm Berning; 17.6.2003 – 2 AZR 123/02, AP ZPO 1977 § 543 Nr. 13; 28.8.2008 – 2 AZR 15/07, AP BGB § 626 Nr. 214; Ascheid Beweislastfragen S. 118 ff.; HK-KSchG/Dorndorf Rn. 726; MüKoBGB/Hergenröder Rn. 65; ErfK/Oetker Rn. 208; HaKo-KSchR/Zimmermann Rn. 328.

liche Bewertung für die Frage, ob ein Kündigungsgrund vorliegt, unerheblich ist.[1651] Den Arbeitgeber trifft in einem solchen Fall also die Beweislast für die Unwahrheit der ehrenrührigen Tatsachenbehauptung.

530 Zur schlüssigen Begründung der sozialen Rechtfertigung der Kündigung braucht der Arbeitgeber aber **nicht von vornherein alle denkbaren Rechtfertigungsgründe bzw. Entschuldigungsgründe auszuschließen.**[1652] Die Darlegungslast des Arbeitgebers im Kündigungsschutzprozess richtet sich vielmehr danach, wie sich der Arbeitnehmer auf die vom Arbeitgeber zunächst behaupteten Kündigungsgründe einlässt.[1653] Nach § 138 Abs. 2 ZPO hat der Arbeitnehmer den Vorwurf einer Vertragsverletzung unter konkreter Angabe der Gründe, aus denen er die Berechtigung zu dem vorgeworfenen Verhalten herleiten will, zu bestreiten. Erst die substantiierte Einlassung des Arbeitnehmers ermöglicht dem Arbeitgeber die Überprüfung der tatsächlichen Angaben und den ggf. erforderlichen Beweisantritt.[1654]

531 Begründet der Arbeitnehmer das **Fernbleiben von der Arbeit** damit, ihm sei an einem bestimmten Tag von einer dazu berechtigten Person Urlaub erteilt worden, muss der Arbeitgeber diesen Vortrag widerlegen, wenn er die Kündigung des Arbeitsverhältnisses auf das – unerlaubte – Fernbleiben des Arbeitnehmers in dem vermeintlichen Urlaubszeitraum stützen will.[1655] Kündigt der Arbeitgeber wegen einer **Tätlichkeit des Arbeitnehmers** und trägt der Arbeitnehmer iE schlüssig eine Notwehrlage vor, hat der Arbeitgeber darzulegen und zu beweisen, dass eine solche Notwehrlage nicht vorgelegen hat.[1656] Beruft sich der Arbeitnehmer für sein Fehlen auf eine **Krankheit,** hat er, solange ein ärztliches Attest nicht vorliegt, vorzutragen, welche tatsächlichen physischen oder psychischen Hinderungsgründe vorgelegen haben und wo er sich zum fraglichen Zeitpunkt aufgehalten hat. Dies hat dann der Arbeitgeber zu widerlegen.[1657]

532 Wird die Kündigung des Arbeitsverhältnisses vom Arbeitgeber damit begründet, der Arbeitnehmer habe sich eine **Arbeitsunfähigkeitsbescheinigung erschlichen** und sei in Wahrheit nicht arbeitsunfähig gewesen, muss der Arbeitgeber die Umstände, die gegen die Arbeitsunfähigkeit sprechen, näher darlegen und notfalls beweisen, um den Beweiswert der Arbeitsunfähigkeitsbescheinigung zu erschüttern (→ Rn. 578).[1658] Gelingt es dem Arbeitgeber, den Beweiswert der ärztlichen Arbeitsunfähigkeitsbescheinigung zu erschüttern bzw. zu entkräften, tritt hinsichtlich der Darlegungs- und Beweislast wieder derselbe Zustand ein, wie er vor Vorlage des Attestes bestand. Es ist dann Sache des Arbeitnehmers substantiiert vorzutragen, welche Krankheiten vorgelegen und welche gesundheitlichen Einschränkungen bestanden haben, welche Verhaltensmaßregeln und Medikamente der Arzt verordnet hat. Erst wenn der Arbeitnehmer seiner Substantiierungspflicht nachgekommen ist und die behandelnden Ärzte von ihrer Schweigepflicht entbunden hat, muss der Arbeitgeber aufgrund der ihm obliegenden Beweislast den konkreten Sachvortrag des Arbeitnehmers widerlegen.[1659] Mit dem behandelnden Arzt

[1651] BAG 16.12.2021 – 2 AZR 356/21, NZA 2022, 407 Rn. 30; ErfK/Niemann BGB § 626 Rn. 236; aA ErfK/Oetker Rn. 208.
[1652] BAG 21.5.1992 – 2 AZR 10/92, NZA 1993, 115.
[1653] BAG 12.8.1976 – 2 AZR 237/75, AP KSchG 1969 § 1 Nr. 3 mAnm E. Schneider; 22.7.1982 – 2 AZR 30/81, AP KSchG 1969 § 1 Verhaltensbedingte Kündigung Nr. 5 mAnm Otto; 18.10.1990 – 2 AZR 204/90, BeckRS 1990, 30735282; 26.8.1993 – 2 AZR 154/93, AP BGB § 626 Nr. 112 mAnm Berning; 3.11.2011 – 2 AZR 748/10, AP KSchG 1969 § 1 Verhaltensbedingte Kündigung Nr. 65 Rn. 23; 27.9.2012 – 2 AZR 646/11, AP BGB § 626 Nr. 240 Rn. 28.
[1654] BAG 19.12.1991 – 2 AZR 367/91, BeckRS 2009, 55110; 26.8.1993 – 2 AZR 154/93, AP BGB § 626 Nr. 112; 17.6.2003 – 2 AZR 123/02, AP ZPO 1977 § 543 Nr. 13.
[1655] BAG 19.12.1991 – 2 AZR 367/91, BeckRS 1987, 55110.
[1656] BAG 31.5.1990 – 2 AZR 535/89, BeckRS 1990, 30917151.
[1657] BAG 17.6.2003 – 2 AZR 123/02, AP ZPO 1977 § 543 Nr. 13; 3.11.2011 – 2 AZR 748/10, AP KSchG 1969 § 1 Verhaltensbedingte Kündigung Nr. 65.
[1658] BAG 26.8.1993 – 2 AZR 154/93, AP BGB § 626 Nr. 112 mAnm Berning; 7.12.1995 – 2 AZR 849/94, BeckRS 1995, 30923615; 17.6.2003 – 2 AZR 123/02, AP ZPO 1977 § 543 Nr. 13.
[1659] BAG 7.12.1995 – 2 AZR 849/94, BeckRS 1995, 30923615; 17.6.2003 – 2 AZR 123/02, AP ZPO 1977 § 543 Nr. 13.

und ggf. einem ergänzenden Sachverständigengutachten stehen dem nach Abs. 2 S. 4 beweisbelasteten Arbeitgeber geeignete Beweismittel zur Widerlegung der behaupteten Arbeitsunfähigkeit zur Verfügung.

Sofern die Umstände, die den Beweiswert des ärztlichen Attests erschüttern, so gravierend sind, dass sie ein ihrerseits starkes Indiz für die Behauptung des Arbeitgebers darstellen, die Krankheit sei nur vorgetäuscht worden, hat der Arbeitnehmer dieses Indiz zu entkräften.[1660] Im Rahmen der **tatrichterlichen Würdigung nach § 286 ZPO** hat das Gericht dann festzustellen, ob an der vom Arbeitgeber behaupteten vorgetäuschten Arbeitsunfähigkeit keine vernünftigen Zweifel mehr bestehen. Eine absolute Gewissheit kann hier im Hinblick auf die Grenzen menschlicher Erkenntnisfähigkeit nicht verlangt werden. Das Berufungsgericht ist verpflichtet, einen erstinstanzlich gehörten Zeugen erneut zu vernehmen, wenn es seine Glaubwürdigkeit anders als die Richter erster Instanz beurteilt und dies die Tatsachenfeststellung beeinflusst.[1661] 533

IV. Einzelne verhaltensbedingte Kündigungsgründe

Die nachfolgende **Übersicht über Einzelfälle** kann nur Beispiele für verhaltensbedingte Kündigungsgründe nennen. Die denkbaren Verhaltensweisen und die jeweils zu berücksichtigenden Begleitumstände sind so vielgestaltig, dass eine umfassende Darstellung nicht möglich ist. Vor allem ist eine schematische Zuordnung konkreter Verhaltensweisen zu generell festgelegten Tatbeständen ausgeschlossen, weil jeweils eine **Gesamtwürdigung aller Umstände des Einzelfalls** geboten ist, so dass gleiches oder ähnliches Verhalten in einem Fall eine Kündigung rechtfertigen kann, in einem anderen dagegen nicht. Auch die eine Kündigung ausschließende Möglichkeit, den Arbeitnehmer trotz seines Verhaltens noch in anderer Weise auf einem anderen Arbeitsplatz, vielleicht in einer anderen Betriebsabteilung weiterzubeschäftigen, kann nur im Einzelfall beurteilt werden. 534

1. Abkehrwille

Trifft der Arbeitnehmer **ernstzunehmende Vorbereitungen, das Arbeitsverhältnis von sich aus zu lösen** (sog. Abkehrwille),[1662] kann hierin ein kündigungsrelevantes Verhalten liegen. Im Hinblick auf die durch Art. 12 Abs. 1 GG gewährleistete Berufsfreiheit vermag freilich allein der innere Wille des Arbeitnehmers zur Lösung des Arbeitsverhältnisses eine Kündigung nicht sozial zu rechtfertigen.[1663] Es müssen vielmehr weitere Umstände hinzutreten.[1664] So kommt eine Kündigung dann in Betracht, wenn der Arbeitnehmer seine Pflichten aus dem bestehenden Arbeitsverhältnis zugunsten seiner künftigen Tätigkeit vernachlässigt.[1665] Ein Arbeitnehmer, der sich selbständig machen will, darf sein künftiges Handelsgewerbe daher zwar schon vor der Beendigung des Arbeitsverhältnisses vorbereiten und insbes. solche Maßnahmen treffen, die auf die Schaffung der formalen und organisatorischen Voraussetzungen für das geplante Eigenunternehmen gerichtet sind. Unzulässig sind jedoch Vorbereitungshandlungen, die schon als Teil der werbenden Tätigkeit aufzufassen sind, weil sie unmittelbar in die Interessen des Arbeitgebers eingreifen.[1666] 535

[1660] BAG 26.8.1993 – 2 AZR 154/93, AP BGB § 626 Nr. 112.
[1661] BAG 17.6.2003 – 2 AZR 123/02, AP ZPO 1977 § 543 Nr. 13.
[1662] Näher Opolony AR-Blattei SD 1020.7.
[1663] LAG Mannheim 12.12.1952 – Sa 71/52, BB 1953, 356.
[1664] BAG 22.10.1964 – 2 AZR 515/63, AP KSchG § 1 Betriebsbedingte Kündigung Nr. 16 mAnm A. Hueck; LAG Hessen 11.4.1985 – 3 Sa 119/84, BeckRS 1985, 30878543; DD/Deinert Rn. 254 f.; ErfK/Niemann BGB § 626 Rn. 61; PVT Kündigung/Preis Rn. 713; KR/Rachor Rn. 449; LSSW/Schlünder Rn. 154.
[1665] LAG Mecklenburg-Vorpommern 5.3.2013 – 3 Sa 106/12, BeckRS 2013, 67292; 22.10.2015 – 5 Sa 89/14, BeckRS 2015, 68009.
[1666] LAG Köln 25.2.2004 – 4 Sa 1311/03, BeckRS 2004, 41341.

536 Ein kündigungsrelevantes Verhalten liegt bspw. vor, wenn der Arbeitnehmer schon konkrete Beziehungen zu einem neuen Arbeitgeber, der Inhaber eines **Konkurrenzunternehmens** ist, aufgenommen hat und die Gefahr besteht, dass er dem Konkurrenten Auskünfte über Vorgänge in seinem bisherigen Betrieb zukommen lässt.[1667] Gleiches gilt, wenn er versucht, andere Arbeitnehmer abzuwerben (→ Rn. 539), oder durch Kontaktaufnahme mit Kunden oder Vertragspartnern des Arbeitgebers die Geschäftsinteressen des Arbeitgebers unmittelbar gefährdet.[1668] Auch wenn es noch nicht zu einem nachweisbaren Verrat eines Geschäftsgeheimnisses gekommen ist, kann es im Einzelfall dem Arbeitgeber bei einem konkreten Verdacht des Verrats von Geheimnissen nach den allgemeinen Grundsätzen über die Verdachtskündigung (→ Rn. 434 ff.) nicht verwehrt werden, eine Kündigung auszusprechen.[1669]

537 Im Zusammenhang mit dem Abkehrwillen des Arbeitnehmers ist eine Kündigung nach Ansicht der älteren Rspr. aus **dringenden betrieblichen Erfordernissen** sozial gerechtfertigt, wenn der Arbeitnehmer auf ausdrückliches Befragen bestätigt, dass er beabsichtigt, aus dem Betrieb auszuscheiden, und wenn es sich bei der besetzten Stelle um einen Arbeitsplatz in einem **Spezial- oder Mangelberuf** handelt, für den erfahrungsgemäß nur schwer eine gute Ersatzkraft zu finden ist, der Arbeitgeber aber gerade die Gelegenheit hat, eine solche Ersatzkraft einzustellen.[1670] Eine soziale Auswahl habe in diesem Falle nicht zu erfolgen, weil der Abkehrwille die Vergleichbarkeit mit anderen Arbeitnehmern ausschließt.[1671] Diese Fallgruppe fügt sich allerdings nicht in die Struktur der betriebsbedingten Kündigung ein, weil es sowohl an einer unternehmerischen Entscheidung als auch an einem Personalüberhang fehlt.[1672]

2. Abtretungsverbot

538 Verstößt ein Arbeitnehmer gegen ein einzel- oder tarifvertraglich vereinbartes Verbot, die Arbeitsentgeltansprüche abzutreten, kann dies nur **ausnahmsweise** eine Kündigung rechtfertigen, wenn der Arbeitgeber im Rahmen der Interessenabwägung eine erhebliche Störung des Betriebsablaufs darlegen kann.[1673] Dies dürfte bei einer digital betriebenen Personalverwaltung nur selten der Fall sein.

3. Abwerbung

539 Versucht ein Arbeitnehmer im Zusammenhang mit der Vorbereitung des eigenen Ausscheidens aus dem Betrieb andere Mitarbeiter **abzuwerben,**[1674] kann dies grds. eine (außerordentliche) Kündigung sozial rechtfertigen.[1675] Der Abwerbungsversuch wird aber erst dann kündigungsrelevant, wenn besondere Begleitumstände vorliegen, weil der Arbeitgeber einen Arbeitsplatzwechsel seiner Arbeitnehmer nicht verhindern kann.[1676] Eine vertragswidrige Abwerbung liegt vor, wenn der Arbeitnehmer auf Arbeitskollegen einwirkt, um sie zu veranlassen, das bisherige Arbeitsverhältnis aufzugeben und für den

---

[1667] BAG 28.9.1989 – 2 AZR 97/89, BeckRS 1989, 30914925; 26.1.1995 – 2 AZR 355/94, EzA § 626 BGB Nr. 155.

[1668] BAG 11.11.1980 – 6 AZR 292/78, nv; LAG Köln 25.2.2004 – 4 Sa 1311/03, BeckRS 2004, 41341.

[1669] AA HK-KSchG/Dorndorf Rn. 774.

[1670] BAG 22.10.1964 – 2 AZR 515/63, AP KSchG § 1 Betriebsbedingte Kündigung Nr. 16; zust. LAG Mecklenburg-Vorpommern 5.3.2013 – 3 Sa 106/12, BeckRS 2013, 67292; 22.10.2015 – 5 Sa 89/14, BeckRS 2015, 68009; ebenso v. Hoyningen-Huene/Linck, 14. Aufl. 2007.

[1671] LAG Freiburg 10.11.1955 – I Sa 79/55, AP KSchG § 1 Nr. 16; ausf. Opolony AR-Blattei SD 1020.7 Rn. 58 ff.

[1672] Abl. deshalb DD/Deinert Rn. 437; HK-KSchG/Dorndorf Rn. 774; SVP/Preis Rn. 934; KR/Rachor Rn. 451; LSSW/Schlünder Rn. 154.

[1673] MüKoBGB/Hergenröder Rn. 267.

[1674] Ausf. Busch/Dendorfer BB 2002, 301; Röder/Schabenberger AR-Blattei SD 30 Rn. 120 ff.; Schmiedl BB 2003, 1120.

[1675] PVT Kündigung/Preis Rn. 714; MHdB ArbR/Reichold § 54 Rn. 69; KR/Rachor Rn. 453.

[1676] BAG 22.11.1965 – 3 AZR 130/65, AP BGB § 611 Abwerbung Nr. 1; s. a. LAG Schleswig-Holstein 6.7.1989 – 4 Sa 601/88, LAGE § 626 BGB Nr. 42.

Abwerbenden oder für einen anderen Arbeitgeber tätig zu werden.[1677] Dies gilt erst recht, wenn der Arbeitnehmer versucht, andere Arbeitnehmer zum Arbeitsplatzwechsel unter Vertragsbruch, dh ohne Einhaltung der Kündigungsfristen zu bewegen,[1678] oder wenn der Arbeitnehmer versucht, ein Konkurrenzunternehmen zu seinem jetzigen Arbeitgeber zu gründen und hierfür Kollegen abwirbt.[1679] Die gelegentliche Frage an einen Kollegen, ob er mitkomme, wenn er sich selbständig mache, reicht indes nicht aus.[1680]

4. Alkohol- und Drogenkonsum

Der Verstoß gegen allgemeine **betriebliche oder einzelvertragliche Alkoholverbote** ist 540 regelmäßig geeignet, eine Kündigung sozial zu rechtfertigen.[1681] Unerheblich ist, ob der Arbeitnehmer alkoholisiert zur Arbeit erscheint oder erst im Betrieb alkoholische Getränke zu sich nimmt.[1682] Betriebliche Alkoholverbote bedürfen in Betrieben mit Betriebsrat grds. der Zustimmung des Betriebsrats nach § 87 Abs. 1 Nr. 1 BetrVG.[1683] In der Regel ist vor Ausspruch der Kündigung wegen eines Verstoßes gegen ein Alkoholverbot eine Abmahnung erforderlich.[1684]

Eine verhaltensbedingte Kündigung wegen Alkohol- oder Drogenmissbrauchs ist 541 von einer personenbedingten Kündigung aufgrund **Alkoholabhängigkeit oder Drogensucht** und dadurch bedingter Störungen des Arbeitsverhältnisses abzugrenzen (→ Rn. 291 ff.).[1685] Eine verhaltensbedingte Kündigung scheidet nach Ansicht des BAG nämlich regelmäßig aus, weil Alkoholsüchtige ihr auf den Alkoholkonsum gerichtetes Verhalten nicht mehr steuern können.[1686] Nach Ansicht des BAG kommt eine **verhaltensbedingte Kündigung Alkoholabhängiger** im Allgemeinen deshalb nur dann in Betracht, wenn der Arbeitgeber darlegt und beweist, dass der Arbeitnehmer die Sucht schuldhaft herbeigeführt hat,[1687] was dem Arbeitgeber freilich kaum gelingen wird, weil es keinen Erfahrungssatz dafür gibt, dass Alkoholabhängigkeit in der Regel selbstverschuldet ist.[1688] Nach medizinischen Erkenntnissen beruht die Alkoholsucht vielmehr zumeist auf einem Ursachenbündel, dessen einzelne Komponenten vom Süchtigen häufig nicht erkannt werden.[1689] Dies schließt freilich nicht aus, dass einzelne Handlungen eines Alkoholabhängigen (bspw. Ausschreitungen) für sich genommen

---

[1677] LAG Baden-Württemberg 21.2.2002 – 6 SA 83/01, LAGE § 60 HGB Nr. 8.

[1678] BAG 22.11.1965 – 3 AZR 130/65, AP BGB § 611 Abwerbung Nr. 1.

[1679] BAG 11.11.1980 – 6 AZR 292/78, nv; LAG Saarland 20.1.1965 – Sa 143/63, DB 1965, 518 = BeckRS 1965, 30467473; LAG Köln 25.2.2004 – 4 Sa 1311/03, BeckRS 2004, 41341.

[1680] LAG Baden-Württemberg 30.9.1970 – 4 Sa 21/70, DB 1970, 1538; LAG Rheinland-Pfalz 7.2.1992 – 6 Sa 528/91, NZA 1993, 265.

[1681] BAG 22.7.1982 – 2 AZR 30/81, NJW 1983, 700; 26.1.1995 – 2 AZR 649/94, AP KSchG 1969 § 1 Verhaltensbedingte Kündigung Nr. 34; LAG Berlin 1.7.1985 – 9 Sa 29/85, LAGE § 1 KSchG Verhaltensbedingte Kündigung Nr. 4; LAG Köln 11.9.1987 – 9 Sa 222/87, LAGE § 1 KSchG Verhaltensbedingte Kündigung Nr. 14; LAG Hamm 15.12.1989 – 18 Sa 814/89, LAGE § 1 KSchG Verhaltensbedingte Kündigung Nr. 26; 11.11.1996 – 10 Sa 1789/95, LAGE § 1 KSchG Verhaltensbedingte Kündigung Nr. 56; Bengelsdorf NZA 2001, 993; HK-KSchG/Dorndorf Rn. 778 ff.; v. Hoyningen-Huene DB 1995, 142; Künzl AuR 1995, 206; PVT Kündigung/Preis Rn. 717; KR/Rachor Rn. 456; Sasse NZA-RR 2019, 513 (518).

[1682] BAG 26.1.1995 – 2 AZR 649/94, AP KSchG 1969 § 1 Verhaltensbedingte Kündigung Nr. 34; LAG Hamm 11.11.1996 – 10 Sa 1789/95, LAGE § 1 KSchG Verhaltensbedingte Kündigung Nr. 56.

[1683] BAG 23.9.1986 – 1 AZR 83/85, AP BPersVG § 75 Nr. 20.

[1684] LAG Hessen 20.3.1986 – 12 Sa 182/85, LAGE § 1 KSchG Verhaltensbedingte Kündigung Nr. 9; LAG Hamm 15.12.1989 – 18 Sa 814/89, LAGE § 1 KSchG Verhaltensbedingte Kündigung Nr. 26.

[1685] LAG Thüringen 17.8.2010 – 7 Sa 417/09, LAGE § 1 KSchG Verhaltensbedingte Kündigung Nr. 107 hinsichtlich der Abgrenzung zur krankheitsbedingten Kündigung wegen Alkoholabhängigkeit, die im Prozess substantiiert eingewandt werden muss.

[1686] BAG 9.4.1987 – 2 AZR 210/86, AP KSchG 1969 § 1 Krankheit Nr. 18; 20.12.2012 – 2 AZR 32/11, AP KSchG 1969 § 1 Krankheit Nr. 50 Rn. 16; s. a. LAG Berlin 1.7.1985 – 9 Sa 29/85, DB 1985, 2690; einschränkend Bengelsdorf FS Hromadka, 2008, 10.

[1687] BAG 9.4.1987 – 2 AZR 210/86, AP KSchG 1969 § 1 Krankheit Nr. 18; APS/Vossen Rn. 230; ausf. Lepke, Kündigung bei Krankheit, Rn. 370 ff.

[1688] BAG 9.4.1987 – 2 AZR 210/86, AP KSchG 1969 § 1 Krankheit Nr. 18.

[1689] BAG 1.6.1983 – 5 AZR 536/80, AP LohnFG § 1 Nr. 52 unter II 1; PVT Kündigung/Temming Rn. 1233; krit. Lepke DB 2001, 269 (275 f.) mwN; zur verhaltensbedingten Kündigung nach einem Rückfall vgl. LAG München 13.12.2005 – 8 Sa 739/05, NZA-RR 2006, 350.

verschuldet sind und daher eine verhaltensbedingte Kündigung rechtfertigen können.[1690]

542 Auch wenn kein betriebliches oder einzelvertragliches Alkoholverbot vereinbart ist, besteht die **vertragliche Nebenpflicht** des Arbeitnehmers, seine Arbeitsfähigkeit nicht durch Alkoholgenuss zu beeinträchtigen. Es ist dann zwar erlaubt, in den Pausenzeiten alkoholische Getränke zu sich zu nehmen. Durch den Alkoholgenuss darf der Arbeitnehmer allerdings keinen Zustand herbeiführen, in dem er seine Arbeitspflichten nicht mehr vertragsgemäß erfüllen kann und sich oder andere gefährdet.[1691]

543 **Der Inhalt dieser vertraglichen Nebenpflicht** hängt zum einen von der ausgeübten Tätigkeit des Arbeitnehmers und zum anderen von dessen Position ab. So hat ein leitender Mitarbeiter, der von Kunden oder Geschäftspartnern als Repräsentant seines Arbeitgebers betrachtet wird, das Ansehen des Unternehmens zu fördern. Wenn eine Führungskraft bei Kundengesprächen mit deutlicher Alkoholfahne auftritt oder sich bei vom Arbeitgeber finanzierten Fortbildungskursen stark betrinkt, kann hierin eine Nebenpflichtverletzung liegen, die zur Kündigung berechtigt.[1692] Bei Tätigkeiten im sicherheitsrelevanten Bereich kann schon bei sehr geringen Alkoholmengen eine Pflichtwidrigkeit vorliegen.[1693] In diesen Fällen ist freilich vor Ausspruch der Kündigung in der Regel eine Abmahnung erforderlich, weil nur dann die zur sozialen Rechtfertigung der verhaltensbedingten Kündigung erforderliche negative Prognose besteht.[1694]

544 Bei **besonderen Personengruppen,** deren Tätigkeit bei vorherigem Alkoholgenuss Gefahren für andere Arbeitnehmer oder Dritte mit sich bringt, wie bspw. bei Kraftfahrern, Kranführern, Gerüstbauern und Chirurgen, kann uU bereits ein einmaliger Verstoß gegen ein Alkoholverbot eine verhaltensbedingte Kündigung begründen.[1695] Auf eine konkrete Beeinträchtigung der Fahrtüchtigkeit kommt es dabei nicht an.[1696] Ein nach einiger Fahrzeit festgestellter Blut-Alkohol-Wert von 0,46 Promille kann bei einem Busfahrer, der mit diesem Promille-Wert Personen im öffentlichen Nahverkehr transportiert, die außerordentliche Kündigung ohne vorangegangene Abmahnung auch dann rechtfertigen, wenn der Promillewert auf Alkoholgenuss vom Vorabend beruht.[1697] Darüber hinaus ist auch der **wiederholte Verstoß** gegen die weitergehende arbeitsvertragliche Verpflichtung, nicht in alkoholisiertem Zustand im Dienst zu erscheinen, geeignet, nach vorheriger Abmahnung eine Kündigung zu rechtfertigen.[1698] Sofern maßvoller Alkoholgenuss „branchenüblich" und nicht durch Betriebsvereinbarung oder Arbeitsvertrag generell verboten ist oder der Arbeitgeber den Alkoholgenuss konkludent durch den Verkauf alkoholischer Getränke in der Kantine billigt, ist der Alkoholgenuss dagegen erst bei feststellbaren Ausfallerscheinungen kündigungsrelevant.[1699]

545 Im Kündigungsrechtsstreit muss der **Arbeitgeber** nach Abs. 2 S. 4 **darlegen und beweisen,** dass der Arbeitnehmer alkoholbedingt nicht in der Lage war, seine arbeitsvertraglichen Pflichten ordnungsgemäß zu erfüllen. Zum Nachweis einer starken Alkoholisierung kann nach Auffassung des BAG der Arbeitnehmer vom Arbeitgeber wegen des verfassungsmäßig garantierten Grundrechts auf körperliche Integrität weder zu einer

---

[1690] BAG 30.9.1993 – 2 AZR 188/93, EzA § 626 BGB nF Nr. 152.

[1691] BAG 26.1.1995 – 2 AZR 649/94, AP KSchG 1969 § 1 Verhaltensbedingte Kündigung Nr. 34; Hemming BB 1998, 1998 (2000); v. Hoyningen-Huene DB 1995, 142; Künzl BB 1993, 1581 (1586).

[1692] Vgl. v. Hoyningen-Huene DB 1995, 142.

[1693] BAG 26.1.1995 – 2 AZR 649/94, AP KSchG 1969 § 1 Verhaltensbedingte Kündigung Nr. 34.

[1694] Vgl. v. Hoyningen-Huene DB 1995, 142 (145); Künzl AuR 1995, 206 (209).

[1695] BAG 23.9.1986 – 1 AZR 83/85, AP BpersVG § 75 Nr. 20; LAG Hamm 23.8.1990 – 16 Sa 293/90, LAGE § 626 BGB Nr. 52; PVT Kündigung/Preis Rn. 718.

[1696] Vgl. (bei Konsum „harter" Drogen) BAG 20.10.2016 – 6 AZR 471/15, AP BGB § 626 Nr. 258 mAnm Arnold/Husemann.

[1697] LAG Nürnberg 17.12.2002 – 6 Sa 480/01, LAGE § 626 BGB Nr. 147.

[1698] LAG Nürnberg 13.7.1987 – 4 Sa 105/85, LAGE § 1 KSchG Verhaltensbedingte Kündigung Nr. 19 (Bedienstete einer Justizvollzugsanstalt); zum Abmahnungserfordernis in diesem Zusammenhang BAG 4.6.1997 – 2 AZR 526/96, AP BGB § 626 Nr. 137.

[1699] LAG Köln 11.9.1987 – 9 Sa 222/87, LAGE § 1 KSchG Verhaltensbedingte Kündigung Nr. 14.

Blutprobe noch zu einer Mitwirkung an einer Atemalkoholanalyse gezwungen werden (→ Rn. 547 f.).[1700]

546 Zur Darlegung des Alkoholgenusses kann der Arbeitgeber tatsächliche Umstände, wie **Atemalkoholgeruch,**[1701] **verwaschene bzw. lallende Aussprache, unsicherer Gang** oder ähnliche Tatbestände vortragen und unter **Zeugenbeweis** stellen. Die Behauptung, der Arbeitnehmer habe eine „Fahne" gehabt, wird nicht in jedem Falle ausreichend sein, weil sich hieraus keine genauen Erkenntnisse über den Grad der Alkoholisierung und damit die Schwere der Pflichtverletzung ergeben.[1702] Sofern der Arbeitgeber eine Atemalkoholanalyse vorgenommen hat, kann auch das Ergebnis dieses Tests als Beweismittel verwendet werden. Kündigungsrelevant ist dabei nicht wie im Strafrecht die Überschreitung einer bestimmten Promillegrenze. Die Weigerung des Arbeitnehmers, sich einer Blutalkoholuntersuchung zu unterziehen, kann im Rahmen der freien Beweiswürdigung (§ 286 ZPO) zulasten des Arbeitnehmers berücksichtigt werden.[1703] Entscheidend ist, ob bezogen auf Tätigkeit und Funktion des Arbeitnehmers im Einzelfall eine Pflichtwidrigkeit zu bejahen ist.[1704]

547 Ein Arbeitnehmer ist grds. nicht verpflichtet, im laufenden Arbeitsverhältnis **routinemäßigen Blutuntersuchungen oder Drogenscreenings** zur Klärung, ob er **alkohol- oder drogenabhängig** ist, zuzustimmen (→ Rn. 300).[1705] Die Zustimmung kann zwar grds. bereits im Arbeitsvertrag erteilt werden. Da es um die Verarbeitung von **Gesundheitsdaten** und damit um eine besondere Kategorie personenbezogener Daten geht (vgl. Art. 4 Nr. 15, Art. 9 Abs. 1 DSGVO), werden die datenschutzrechtlichen Anforderungen an eine wirksame Einwilligung (Art. 7 DSGVO, § 26 Abs. 2 iVm Abs. 3 S. 2 BDSG) aber häufig nicht erfüllt sein. Allerdings kann sich der Arbeitgeber dann auf die gesetzliche Erlaubnis nach Art. 9 Abs. 2 Buchst. b DSGVO, § 26 Abs. 3 S. 1 BDSG stützen, wenn er an den Untersuchungen, bspw. wegen der Gefährlichkeit der Tätigkeit, ein berechtigtes Interesse hat.[1706] Dem allgemeinen Persönlichkeitsrecht des Arbeitnehmers (Art. 1 Abs. 1 iVm Art. 2 Abs. 1 GG) und dem dadurch gewährleisteten Schutz vor der Erhebung und Weitergabe von Daten über den Gesundheitszustand, die seelische Verfassung und den Charakter des Arbeitnehmers ist in der Weise Rechnung zu tragen, dass sich die Begutachtung lediglich auf solche Umstände beziehen darf, die bei vernünftiger, lebensnaher Einschätzung geeignet sind, die ernsthafte Besorgnis zu begründen, bei dem betreffenden Arbeitnehmer liege eine Alkohol- bzw. Drogenabhängigkeit vor.

548 Von der Routinekontrolle, die einen auch längere Zeit zurückliegenden Alkohol- oder Drogenkonsum nachweisen soll, ist die **Kontrolle der Nüchternheit im Einzelfall während der Arbeit** zu unterscheiden. Der Arbeitnehmer ist zur Mitwirkung an einem Alkohol- oder Drogentest verpflichtet, wenn der Arbeitgeber nach § 21 Abs. 1 SGB VII Kontrollen zur Einhaltung absoluter unfallversicherungsrechtlicher Alkohol- oder Drogenverbote durchführt.[1707]

549 Weigert sich der Arbeitnehmer, routinemäßige Drogentests durchzuführen und hat er eine Zustimmung hierzu im Arbeitsvertrag nicht erteilt, läuft er allerdings im Einzelfall **Gefahr, betriebsbedingt gekündigt zu werden.** Dies kann bspw. bei Dienstleistern, wie Bewachungsunternehmen oder privaten Busunternehmen, die den öffentlichen Personen- und Nahverkehr durchführen, der Fall sein, wenn der Auftraggeber vom Auftragnehmer

---

[1700] BAG 26.1.1995 – 2 AZR 649/94, AP KSchG 1969 § 1 Verhaltensbedingte Kündigung Nr. 34; v. Hoyningen-Huene DB 1995, 142 (145); Künzl BB 1993, 1581 (1584); Willemsen/Brune DB 1988, 2304 (2306).

[1701] Vgl. Krasney AuR 2000, 125.

[1702] LAG Niedersachsen 31.10.2003 – 16 Sa 1211/03, MDR 2004, 638 = BeckRS 2004, 40353.

[1703] LAG Hamm 11.11.1996 – 10 Sa 1789/95, LAGE § 1 KSchG Verhaltensbedingte Kündigung Nr. 56; KR/Rachor Rn. 461.

[1704] BAG 26.1.1995 – 2 AZR 649/94, AP KSchG 1969 § 1 Verhaltensbedingte Kündigung Nr. 34; v. Hoyningen-Huene DB 1995, 142 (143).

[1705] BAG 12.8.1999 – 2 AZR 55/99, AP KSchG 1969 § 1 Verhaltensbedingte Kündigung Nr. 41; Diller/Powietzka NZA 2001, 1227 (1229 f.); v. Hoyningen-Huene DB 1995, 142 (145); Sasse NZA-RR 2019, 513 (515).

[1706] Vgl. Diller/Powietzka NZA 2001, 1227 (1231 f.).

[1707] Vgl. BAG 12.8.1999 – 2 AZR 55/99, AP KSchG 1969 § 1 Verhaltensbedingte Kündigung Nr. 41.

bei dem eingesetzten Personal die Durchführung regelmäßiger Drogenscreenings verlangt. Der Arbeitgeber könnte dann den Arbeitnehmer, der den Test verweigert, bei dem Auftraggeber nicht mehr einsetzen. Der Arbeitgeber müsste dann Weiterbeschäftigungsmöglichkeiten auf anderen Arbeitsplätzen prüfen. Sofern dies ausscheidet, kommt nach entsprechender Sozialauswahl eine betriebsbedingte Kündigung in Betracht.

550 **Weigert sich ein Arbeitnehmer, eine Entziehungskur durchzuführen** oder bricht er eine Entziehungskur ab, stellt dies eine persönliche Entscheidung dar, durch die keine Arbeitspflicht verletzt wird. Eine verhaltensbedingte Kündigung scheidet deshalb aus.[1708]

551 Ebenso wie Alkoholmissbrauch kann auch **Drogenkonsum** während der Arbeitszeit eine Kündigung rechtfertigen, wenn hierdurch die Arbeitsleistung beeinträchtigt wird oder Gesundheitsgefahren am Arbeitsplatz bestehen.[1709] Durch die **Teillegalisierung von Cannabis** hat sich die Wahrscheinlichkeit entsprechender Fälle erhöht, wobei insoweit dieselben Grundsätze wie beim Konsum von Alkohol gelten.[1710] Bei Einnahme „harter“ Drogen durch einen Berufskraftfahrer bedarf es dagegen keiner Feststellung einer konkreten Beeinträchtigung der Fahrtüchtigkeit.[1711] Dem Arbeitgeber bleibt es zudem unbenommen – ggf. mit Zustimmung des Betriebsrats – jeden Drogenkonsum, auch soweit es sich um legale Drogen handelt, im Betrieb zu untersagen. Besteht ein solches Verbot, kommt nach vorheriger Abmahnung ebenfalls eine Kündigung auch ohne nachgewiesene Beeinträchtigung der Arbeitsleistung in Betracht.

5. Anzeigen gegen den Arbeitgeber (Whistleblowing)

552 Ob Anzeigen gegen den Arbeitgeber sowie sonstige Informationen außenstehender Dritte (insbes. Medien) über – angebliche – innerbetriebliche Rechtsverstöße und andere Missstände (**externes „Whistleblowing“**)[1712] einen Kündigungsgrund bilden, ist ein schon seit Langem diskutiertes Thema. Die gegenwärtige Rechtslage ist durch ein kompliziertes Mehrebenensystem gekennzeichnet.[1713] Im Mittelpunkt steht nunmehr das **Gesetz für einen besseren Schutz hinweisgebender Personen** (Hinweisgeberschutzgesetz – HinSchG) v. 31.5.2023,[1714] mit dem die **Whistleblowingrichtlinie (EU) 2019/1937** (verzögert)[1715] umgesetzt worden ist[1716] und das innerhalb seines Anwendungsbereichs bei Erfüllung der für den Schutz erforderlichen Voraussetzungen durch das Verbot von Repressalien (§ 36 Abs. 1 HinSchG) zu einem eigenständigen Kündigungsverbot von Hinweisgebern führt. Sind die Schutzvoraussetzungen des HinSchG nicht erfüllt oder handelt es sich um eine Gestaltung, die gegenständlich von vornherein weder vom HinSchG noch von einer (nach § 4 Abs. 1 HinSchG vorrangigen) sektorspezifischen Vorschrift (bspw. § 3b Abs. 5 BörsG, §§ 48 Abs. 1, 53 Abs. 5 GwG, § 23 Abs. 3 WpHG) erfasst wird, sind dagegen weiterhin die **allgemeinen Grundsätze anwendbar,** die sich im Laufe der Zeit in der Rechtsprechung des BAG unter dem Einfluss von BVerfG und EGMR herausgebildet haben (→ Rn. 557 ff.).

553 Aus kündigungsschutzrechtlicher Sicht geht es zentral um das **Verbot von Repressalien gegenüber hinweisgebenden Personen** aus § 36 Abs. 1 S. 1 HinSchG. Unter den Begriff der Repressalien fallen alle erdenklichen Nachteile und damit unstreitig die (verhaltens-

[1708] Ebenso LAG Düsseldorf 25.2.1997 – 8 Sa 1673/96, LAGE § 1 KSchG Verhaltensbedingte Kündigung Nr. 57 = NZA-RR 1997, 381; Künzl NZA 1998, 123; aA Gottwald NZA 1997, 635; NZA 1999, 180.

[1709] Bengelsdorf NZA-RR 2004, 113 (121); Berkowsky NZA-RR 2001, 57 (63); einschränkend LAG Baden-Württemberg 19.10.1993 – 11 Ta BV 9/93, NZA 1994, 175 in einem Zustimmungsersetzungsverfahren zur Kündigung eines Betriebsratsmitglieds, das im Betriebsratsbüro wiederholt Haschisch konsumiert hat.

[1710] Dazu näher Müller NZA 2024, 577 (583 f.); Pepping BB 2024, 2357 (2362 ff.).

[1711] BAG 20.10.2016 – 6 AZR 471/15, AP BGB § 626 Nr. 258 mAnm Arnold/Husemann.

[1712] Hierzu ausf. Gerdemann, Transatlantic Whistleblowing, 2018.

[1713] Dazu ausf. Buchwald Whistleblowing und Kündigungsschutz; s. a. Feldner Kündigungsschutz für Whistleblower.

[1714] BGBl. I Nr. 140.

[1715] Vgl. EuGH 6.3.2025 – C-149/23, MMR 2025, 510 – Kommission/Deutschland.

[1716] Dazu Bayreuther DB 2023, 1537; Bruns NJW 2023, 1609; Ceesay ZIP 2024, 1101. Zu Umsetzungsdefiziten s. COM (2024) 269 final; Gerdemann ZRP 2024, 170.

bedingte) Kündigung eines Arbeitsvertrages, die ggf. nach § 134 BGB unwirksam ist.[1717] Das Kündigungsverbot greift unabhängig von der Erfüllung der Wartezeit sowie in Kleinbetrieben ein.[1718] Dies alles gilt auch für eine Abmahnung (→ Rn. 474 ff.).[1719] Voraussetzung für den Schutz ist, dass der Nachteil kausal auf dem Hinweis (Meldung oder Offenlegung iSd § 3 Abs. 4 und 5 HinSchG) beruht, die Benachteiligung muss also die Folge des Hinweises sein.[1720] Dies wird dem Hinweisgeber durch die in § 36 Abs. 2 HinSchG angeordnete **Beweislastumkehr** erleichtert. Hiernach muss der Whistleblower nur den Anwendungsbereich und die Schutzvoraussetzungen sowie die Benachteiligung im Zusammenhang mit der beruflichen Tätigkeit dartun und ggf. beweisen. Sofern dies gelingt, wird das Vorliegen einer Repressalie iSd § 3 Abs. 6 HinSchG, also ein ungerechtfertiger Nachteil als Reaktion auf einen Hinweis, vermutet. Es ist dann Sache des Arbeitgebers, diese Vermutung durch den **Beweis des Gegenteils (§ 292 ZPO)** zu widerlegen.[1721]

Das Kündigungsverbot setzt im Ausgangspunkt voraus, dass der **persönliche und** 554
sachliche Anwendungsbereich eröffnet ist. In persönlicher Hinsicht werden infolge der weit gefassten Regelung des § 1 HinSchG alle hinweisgebenden Arbeitnehmer einbezogen, sodass der Schutz insoweit nicht hinter § 1 zurückbleibt. In sachlicher Hinsicht werden gem. § 2 Abs. 1 HinSchG zunächst alle Informationen über Verstöße erfasst, die strafbewehrt sind (Nr. 1) oder die bußgeldbewehrt sind, soweit die verletzte Vorschrift dem Schutz von Leben, Leib, Gesundheit oder dem Schutz der Rechte von Beschäftigten oder ihrer Vertretungsorgane dient (Nr. 2)[1722]. Hinzu kommen zahlreiche weitere Verstöße (Nr. 3–10 und Abs. 2). Zur Vermeidung von Wertungswidersprüchen innerhalb des deutschen Rechtssystems geht der **sachliche Anwendungsbereich des HinSchG damit weiter** als die Wistleblowingrichtlinie (EU) 2019/1937, die sich aus Kompetenzgründen auf Verstöße gegen (bestimmte) Vorschriften des Unionsrechts beschränkt.[1723]

Damit das Verbot von Repressalien und damit das Kündigungsverbot eingreift, müs- 555
sen die allgemeinen Voraussetzungen für einen Schutz der hinweisgebenden Person iSd § 33 Abs. 1 HinSchG (oder der Sonderfall des § 33 Abs. 2 HinSchG) vorliegen. Dazu muss erstens die hinweisgebende Person zum Zeitpunkt der Meldung oder Offenlegung **hinreichenden Grund zu der Annahme** gehabt haben, dass die von ihr gemeldeten oder offengelegten Informationen der **Wahrheit** entsprechen (Nr. 2). Zweitens müssen die Informationen Verstöße betreffen, die (objektiv) **in den Anwendungsbereich des HinSchG** fallen, oder die hinweisgebende Person muss zum Zeitpunkt der Meldung oder Offenlegung (subjektiv) **hinreichenden Grund zu der Annahme** gehabt haben, dass dies der Fall sei (Nr. 7). Soweit es danach einer Gutgläubigkeit bedarf, spricht das meiste für einen subjektiv-objektiven Maßstab, sodass die entsprechende Annahme des Arbeitnehmers auf tatsächlichen Anhaltspunkten beruhen muss.[1724] Dagegen kommt es – im Gegensatz zu den vom BAG wie auch vom EGMR entwickelten allgemeinen Grundsätzen (→ Rn. 563) – **nicht auf das Motiv des hinweisgebenden Arbeitnehmers** an.[1725]

Weiter sind – ebenfalls im Gegensatz zu den allgemeinen Grundsätzen (→ Rn. 559) – 556
die interne und die externe Meldung gleichrangig, wodurch der Vorrang der internen

[1717] BT-Drs. 20/3442, 95; LAG Niedersachsen 11.11.2024 – 7 SLa 306/24, NZA-RR 2025, 199; Lieder/Ceesay/Lieder/Wagner HinSchG § 36 Rn. 13 u. 21. Zur Kündigung ab Repressalie s. a. LAG Hamburg 30.1.2025 – 3 SLa 19/24, BeckRS 2025, 7303 Rn. 68 ff. (verneint); Lutke/Gramlich NZA 2025, 599; ferner LAG Düsseldorf 14.1.2025 – 3 SLa 537/24, NZA-RR 2025, 313 Rn. 49 (verneint).

[1718] APS/Greiner HinSchG § 36 Rn. 33; s. a. Bayreuther DB 2023, 1537 (1545 f.).

[1719] Lieder/Ceesay/Lieder/Wagner HinSchG § 36 Rn. 13 u. 21.

[1720] Lieder/Ceesay/Lieder/Wagner HinSchG § 36 Rn. 7.

[1721] Näher Dzida/Seibt NZA 2023, 657 (664); Zimmer/Schwung NZA 2022, 1067.

[1722] Dazu krit. Dzida NZA 2024, 281.

[1723] Vgl. BT-Drs. 20/3442, 57.

[1724] Lieder/Ceesay/Lieder/Wagner HinSchG § 33 Rn. 33 f.; in diesem Sinne auch LAG Thüringen 19.4.2023 – 4 Sa 269/22, BeckRS 2023, 16558 Rn. 36.

[1725] Bayreuther DB 2023, 1537 (1542); APS/Greiner HinSchG § 36 Rn. 22 (aber krit.); Thüsing/Lüneborg HinSchG § 33 Rn. 38; Lieder/Ceesay/Lieder/Wagner HinSchG § 33 Rn. 74.

Meldung beseitigt wird. Dabei steht das Wahlrecht gem. § 7 Abs. 1 S. 1 HinSchG allein dem Arbeitnehmer zu. Der Gesetzgeber appelliert durch § 7 Abs. 1 S. 2 HinSchG zwar an die hinweisgebende Person, die interne Meldung zu bevorzugen, sofern dies erfolgversprechend ist und keine Repressalien zu befürchten sind. Insoweit handelt es sich aber um eine unverbindliche Vorgabe.[1726] Sofern einem Verstoß aufgrund interner Meldung abgeholfen wurde, ist das Melderecht hingegen verbraucht, wie sich aus einem Umkehrschluss aus § 7 Abs. 1 S. 3 HinSchG ergibt (anders nur im Fall von § 22 Abs. 1 S. 2 HinSchG).[1727] Die **Weitergabe von Informationen an die Öffentlichkeit** fällt dagegen nur unter den engen Voraussetzungen des § 32 Abs. 1 HinSchG unter den Schutz des HinSchG. Dazu muss etwa auf eine externe Meldung keine hinreichende Reaktion der Meldestelle erfolgt sein (Nr. 1) oder hinreichender Grund zu der Annahme der Gefahr von irreversiblen Schäden oder von Repressalien bei externer Meldung bestanden haben (Nr. 2). Hierbei kann die Anzeige einer Straftat bei der Polizei oder der Staatsanwaltschaft allerdings nicht als Offenlegung behandelt, sondern muss der Meldung an eine externe Meldestelle gleichgestellt werden.[1728] In personeller Hinsicht sind nach Maßgabe von § 34 HinSchG ggf. auch noch **weitere unterstützende Arbeitnehmer** vor einer verhaltensbedingten Kündigung **geschützt.**

557 Außerhalb des durch das HinSchG gewährten Kündigungsschutzes (sowie verstreuter sektorspezifischer Regelungen → Rn. 552)[1729] sind die von der Rechtsprechung entwickelten allgemeinen Grundsätze weiterhin anwendbar. Dies betrifft zum einen diejenigen Fälle, die an sich vom HinSchG erfasst werden, bei denen die Schutzvoraussetzungen aber nicht erfüllt sind, sodass das Kündigungsverbot nicht greift. Zum anderen geht es um diejenigen Fälle, bei denen der Hinweisgegenstand von vornherein nicht vom HinSchG erfasst wird.[1730] In allen Konstellationen ist danach zu fragen, ob der Arbeitnehmer durch die Anzeige oder Offenlegung von (vermeintlichen) betriebsinternen Missständen seine **vertragliche Rücksichtspflicht (§ 241 Abs. 2 BGB) verletzt** hat.[1731] So hat der Arbeitnehmer auf die geschäftlichen Interessen des Arbeitgebers Rücksicht zu nehmen und eine Schädigung grds. zu unterlassen. Dabei konkretisiert das BAG im Anschluss an die Vorgaben des BVerfG[1732] den Inhalt der Rücksichtnahmepflicht zutreffend unter Berücksichtigung der widerstreitenden **Grundrechtspositionen von Arbeitgeber und Arbeitnehmer.**[1733] So nimmt der Arbeitnehmer mit der Erstattung einer Strafanzeige (§ 158 StPO) ein von der Rechtsordnung eingeräumtes Grundrecht (Art. 2 Abs. 1 GG iVm dem Rechtsstaatsprinzip gem. Art. 20 Abs. 3 GG) wahr. Dieses Grundrecht kollidiert mit der durch Art. 12 Abs. 1 GG geschützten Unternehmerfreiheit des Arbeitgebers und dem daraus abzuleitenden Recht, vom Arbeitnehmer die Einhaltung eines gewissen Maßes von Rücksicht auf seine Interessen verlangen zu können. Unter Berücksichtigung dieses Rahmens darf die Anzeige des Arbeitnehmers keine **unverhältnismäßige Reaktion** auf ein Verhalten des Arbeitgebers oder seines Repräsentanten darstellen.[1734]

558 Mit einer Reihe von Entscheidungen hat der **EGMR** auf Seiten des Arbeitnehmers zusätzlich die **konventionsrechtlich gem. Art. 10 Abs. 1 EMRK geschützte Meinungsfreiheit** ins Spiel gebracht und einen Test entwickelt, der die Kündigung als einen Eingriff

---

1726 BeckOK HinSchG/Colneric/Gerdemann HinSchG § 7 Rn. 6 ff.; Lieder/Ceesay/Lieder/Wagner HinSchG § 7 Rn. 21.

1727 Dzida/Seibt NZA 2023, 657 (660); Lieder/Ceesay/Lieder/Wagner HinSchG § 7 Rn. 20; Thüsing/Lüneborg HinSchG § 7 Rn. 12.

1728 Ceesay ZIP 2024, 1101 (1104 f.); aA Rieger Hinweisgeberschutz § 47 f. mwN.

1729 Überblick bei Lieder/Ceesay HinSchG Kapitel III.

1730 S. Bayreuther DB 2023, 1537 (1545); Buchwald Whistleblowing und Kündigungsschutz S. 292 ff.; Ceesay ZIP 2024, 1101 (1105); PVT Kündigung/Preis Rn. 728.

1731 BAG 3.7.2003 – 2 AZR 235/02, AP KSchG 1969 § 1 Verhaltensbedingte Kündigung Nr. 45 mAnm Otto.

1732 BVerfG 2.7.2001 – 1 BvR 2049/00, AP BGB § 626 Nr. 170.

1733 BAG 3.7.2003 – 2 AZR 235/02, AP KSchG 1969 § 1 Verhaltensbedingte Kündigung Nr. 45 mAnm Otto.

1734 BAG 3.7.2003 – 2 AZR 235/02, AP KSchG 1969 § 1 Verhaltensbedingte Kündigung Nr. 45 unter II 3 b dd mAnm Otto; 7.12.2006 – 2 AZR 400/05, AP KSchG 1969 § 1 Verhaltensbedingte Kündigung Nr. 55 Rn. 18; 15.12.2016 – 2 AZR 42/16, AP KSchG 1969 § 1 Verhaltensbedingte Kündigung Nr. 76 Rn. 14; in diesem Sinne bereits BAG 4.7.1991 – 2 AZR 80/91, BeckRS 1991, 30738133 unter II 1.

in die Meinungsäußerungsfreiheit des Arbeitnehmers qualifiziert und danach fragt, ob dieser Eingriff zu dem verfolgten berechtigten Ziel, nämlich der Sicherung von Loyalität, Zurückhaltung und Vertraulichkeit, verhältnismäßig ist. Dabei nennt der EGMR seit der Guja/Moldawien-Leitentscheidung, die einen Fall der Offenlegung von Informationen gegenüber der Presse betraf,[1735] sechs Abwägungskriterien, nämlich das öffentliche Interesse an der jeweiligen Information, die Fundiertheit der Information, die anderweitige Abhilfemöglichkeit, den möglichen Schaden für den Arbeitgeber, die Beweggründe für die Handlungsweise des Arbeitnehmers (Motiv und guter Glaube) sowie die Schwere der dem Arbeitnehmer auferlegten Sanktion,[1736] wobei die Liste einen abschließenden Charakter hat und die Beurteilungskriterien gleichrangig sind.[1737] Vor allem die Entscheidung in der Rechtssache „Heinisch", bei der es um eine Strafanzeige einer Pflegekraft gegen den Betreiber eines Altenheims wegen angeblichen Betrugs ging, hat die Bedeutung der EMRK auch für das deutsche Whistleblowingrecht in das allgemeine Bewusstsein rücken lassen. Die vom EGMR aufgezählten Aspekte entsprechen weithin den im deutschen Recht entwickelten Kriterien, zumal auch die **grundrechtlich gem. Art. 5 Abs. 1 GG geschützte Meinungsfreiheit** auf Seiten des Arbeitnehmers grds. zu Buche schlägt.[1738] Immerhin zeigte sich der EGMR jedenfalls in der Rechtssache „Heinisch" bei der Gewichtung der Aspekte **tendenziell arbeitnehmerfreundlicher** als die frühere deutsche Judikatur.[1739] Allerdings spielte der Umstand, dass der Arbeitgeber in jenem Fall eine fristlose Kündigung und damit, so der EGMR, „die härteste Sanktion, die nach dem Arbeitsrecht möglich ist", erklärt hatte, bei der konkreten Abwägung eine nicht unerhebliche Rolle.[1740] Geht es lediglich um eine ordentliche verhaltensbedingte Kündigung, fällt der Aspekt der Schwere der Sanktion dagegen weniger stark ins Gewicht. Zudem betraf der Fall den besonders sensiblen Bereich der Altenpflege, bei dem Informationen über etwaige Mängel von besonderem öffentlichen Interesse sind, um diesen Missständen abzuhelfen.[1741] Nachfolgende Entscheidungen des EGMR betonen die Nachforschungspflicht[1742] bzw. die Prüfungspflicht[1743] des Whistleblowers (wenn auch mit im konkreten Fall unterschiedlichen Ergebnissen) und fordern im Übrigen stets eine eingehende Auseinandersetzung mit den aufgestellten Rechtsprechungsgrundsätzen.[1744] Die EMRK und die Judikatur des EGMR sind infolge des Grundsatzes der völkerrechtsfreundlichen Auslegung bei der Anwendung und Interpretation des KSchG zu berücksichtigen,[1745] wobei freilich in Rechnung zu stellen ist, dass die EMRK bei „mehrpoligen Rechtsverhältnissen" nur einen „Korridor" vorgibt.[1746]

Die Anzeige ist im nicht unionsrechtlich vorgeprägten Bereich regelmäßig unverhältnismäßig, wenn der Arbeitnehmer keine **vorherige innerbetriebliche Klärung** der Angele- 559

[1735] EGMR 12.2.2008 – 14277/04, BeckRS 2011, 77277 – Guja/Moldau I; s. a. EGMR 27.2.2018 – 1085/10, NJW 2019, 1273 – Guja/Moldau II.

[1736] EGMR 12.2.2008 – 14277/04, BeckRS 2011, 77277 – Guja/Moldau I; 21.7.2011 – 28274/08, NZA 2011, 1269 – Heinisch/Deutschland; 16.2.2021 – 23922/19, NZA 2021, 851 – Gawlik/Liechtenstein; 14.2.2023 – 21884/18, NZA 2023, 555 – Halet/Luxemburg; zur Abgrenzung s. EGMR 17.9.2015 – 144464/11, NZA 2017, 237 – Langner/Deutschland: Diffamierende Kritik an Arbeitgeber auf Personalversammlung kein Fall von Whistleblowing.

[1737] Eingehende Darstellung und Analyse der Judikatur des EGMR bei Buchwald Whistleblowing und Kündigungsschutz S. 37 ff.

[1738] Vgl. BAG 15.12.2016 – 2 AZR 42/16, AP KSchG 1969 § 1 Verhaltensbedingte Kündigung Nr. 76 Rn. 14; anders aber bei anonymen Anzeigen, BAG 3.7.2003 – 2 AZR 235/02, AP KSchG 1969 § 1 Verhaltensbedingte Kündigung Nr. 45 unter II 3b cc (1) mAnm Otto.

[1739] Zust. Ulber NZA 2011, 962.

[1740] EGMR 21.7.2011 – 28274/08, NZA 2011, 1269 Rn. 91 – Heinisch/Deutschland.

[1741] Dazu ausf. Kreis, Whistleblowing als Beitrag zur Rechtsdurchsetzung, 2017.

[1742] Vgl. EGMR 16.2.2021 – 23922/19, NZA 2021, 851 Rn. 77 f. – Gawlik/Liechtenstein; zust. Dzida/Seibt NZA 2023, 657 (663 f.); krit. Colneric AuR 2021, 419 (421 f.); Gerdemann NJW 2021, 2324 (2326 f.); Häußinger EuZA 2021, 368 (373 ff.); Rolfs/Wolf EuZA 2022, 263 (270 f.).

[1743] Vgl. EGMR 14.2.2023 – 21884/18, NZA 2023, 555 Rn. 126 f. – Halet/Luxemburg.

[1744] EGMR 8.10.2024 – 41675/12, NZA 2025, 239 – Aghajayan/Armenien.

[1745] Vgl. BAG 20.10.2015 – 9 AZR 743/1415, AP KSchG 1969 § 1 Wiedereinstellung Nr. 15 (mit Betonung auch der Grenzen); 15.12.2016 – 2 AZR 42/16, NZA 2017, 703 Rn. 14.

[1746] S. Buchwald Whistleblowing und Kündigungsschutz S. 100 ff.

genheit versucht hat.[1747] Insoweit enthält § 17 Abs. 2 S. 1 ArbSchG einen verallgemeinerungsfähigen Rechtsgedanken. Konventionsrechtlich hält sich dies innerhalb des den Mitgliedstaaten zustehenden „Korridors".[1748] Die abweichende Wertung in § 7 Abs. 1 S. 1 HinSchG beansprucht für Fälle außerhalb ihres Anwendungsbereichs keine Geltung.[1749] Eine solche Obliegenheit trifft den Arbeitnehmer allerdings dann nicht, wenn ihm eine innerbetriebliche Klärung **nicht zugemutet** werden kann. Dies ist anzunehmen, falls er Kenntnis von Straftaten erhält, durch deren Nichtanzeige er sich selbst einer Strafverfolgung aussetzen würde. Entsprechendes gilt auch bei schwerwiegenden Straftaten oder vom Arbeitgeber (Geschäftsführer) persönlich begangenen Straftaten, weil hier eine Abhilfe berechtigterweise nicht zu erwarten ist.[1750] Dagegen ist eine innerbetriebliche Klärung nicht allein deshalb unzumutbar, weil der Arbeitnehmer von der – vermeintlichen – Straftat selbst betroffen ist.[1751] Hat der Arbeitnehmer den Arbeitgeber auf die gesetzeswidrige Praxis im Unternehmen hingewiesen, sorgt dieser jedoch nicht für Abhilfe, besteht keine weitere vertragliche Rücksichtnahmepflicht mehr.[1752] Anderes gilt, wenn nicht der Arbeitgeber oder sein gesetzlicher Vertreter, sondern ein Mitarbeiter seine Pflichten verletzt oder strafbar handelt, weil hierdurch in der Regel auch der Arbeitgeber geschädigt wird.

560 Bestehen im Betrieb des Arbeitgebers aus Sicht des Arbeitnehmers **Sicherheits- oder Gesundheitsbedenken,** ist der Arbeitnehmer grds. berechtigt, diese Umstände den zuständigen Behörden anzuzeigen. Auch in diesem ist er allerdings in der Regel gehalten, zuvor bei innerbetrieblichen Stellen auf Abhilfe hinzuwirken (vgl. § 17 Abs. 2 S. 1 ArbSchG),[1753] was freilich nur dann zum Tragen kommt, wenn die Konstellation nicht unter das HinSchG fällt. Gelingt es dem Arbeitnehmer nicht, innerbetrieblich die Sicherheits- und Gesundheitsgefährdung zu beseitigen und zeigt er den Sachverhalt bei den zuständigen Behörden an, rechtfertigt diese Anzeige grds. keine verhaltensbedingte Kündigung.[1754] Deshalb liegt kein Kündigungsgrund vor, wenn ein Kraftfahrer den ihm zugeteilten Lkw der Polizei zur Überprüfung der Verkehrstüchtigkeit vorstellt, wenn er konkrete Gründe zu Zweifeln hat und er zuvor vergeblich versucht hat, den Arbeitgeber zur Beseitigung der Mängel zu veranlassen.[1755] Sind dem Arbeitgeber die rechtswidrigen Zustände bekannt und billigt er sie, bedarf es regelmäßig keiner vorherigen Unterrichtung des Arbeitgebers.[1756]

561 Besteht für den Arbeitnehmer die Gefahr, bei Untätigkeit sich **selbst strafrechtlich verantwortlich** zu machen, so war er schon nach bisheriem Recht auch ohne vorherige Unterrichtung des Arbeitgebers befugt, die Ermittlungsbehörden einzuschalten, wenn der Arbeitgeber auf dem die Strafbarkeit begründenden Handlungen des Arbeitnehmers besteht.[1757] Diese Fälle dürften nunmehr ausnahmslos unter das HinSchG fallen. Ist ein Arbeitnehmer als **Sicherheitsingenieur** für die Sicherheit betrieblicher Einrichtungen ver-

---

[1747] BAG 3.7.2003 – 2 AZR 235/02, AP KSchG 1969 § 1 Verhaltensbedingte Kündigung Nr. 45 mAnm Otto; Bayreuther DB 2023, 1535 (1545); KR/Krumbiegel BGB § 626 Rn. 360; Müller NZA 2002, 424 (435).

[1748] EGMR 21.7.2011 – 28274/08, NZA 2011, 1269 Rn. 73 – Heinisch/Deutschland; 16.2.2021 – 23922/19, NZA 2021, 851 Rn. 121 ff. – Gawlik/Liechtenstein; Colneric SR 2018, 232 (236 f.).

[1749] Lieder/Ceesay/Bicker HinSchG § 2 Rn. 85.

[1750] BAG 3.7.2003 – 2 AZR 235/02, AP KSchG 1969 § 1 Verhaltensbedingte Kündigung Nr. 45 mAnm Otto; 7.12.2006 – 2 AZR 400/05, AP KSchG 1969 § 1 Verhaltensbedingte Kündigung Nr. 55; HaKo-KSchR/Zimmermann Rn. 367.

[1751] BAG 15.12.2016 – 2 AZR 42/16, AP KSchG 1969 § 1 Verhaltensbedingte Kündigung Nr. 76 Rn. 20.

[1752] Preis DB 1988, 1444 (1448); MHdB ArbR/Reichold § 54 Rn. 41.

[1753] ArbG Berlin 29.5.1990 – 18 Ca 47/90, EzA § 1 KSchG Verhaltensbedingte Kündigung Nr. 31; ebenso MHdB ArbR/Reichold § 54 Rn. 41.

[1754] Ebenso HK-KSchG/Dorndorf Rn. 449; Preis DB 1990, 630 (633); Preis/Reinfeld AuR 1989, 361 ff.; ähnlich LAG Hessen 12.2.1987 – 12 Sa 1249/86, LAGE § 626 BGB Nr. 28; zu weitgehend daher LAG Baden-Württemberg 20.10.1976 – 6 Sa 51/76, EzA § 1 KSchG Verhaltensbedingte Kündigung Nr. 8 mablAnm Weiss.

[1755] LAG Köln 23.2.1996 – 11 (13) Sa 976/95, LAGE § 626 BGB Nr. 94.

[1756] Zutr. LAG Baden-Württemberg 3.2.1987 – 7 (13) Sa 95/86, NZA 1987, 756.

[1757] Zutr. LAG Hamm 12.11.1990 – 19 (16) Sa 6/90, LAGE § 626 BGB Nr. 54, zu einer Anzeige wegen Steuerhinterziehung nach § 371 AO durch den tatbeteiligten Angestellten; HK-KSchG/Dorndorf Rn. 800; KR/Rachor Rn. 462.

antwortlich, hat er das Recht, Bedenken gegen den sicheren Zustand der von ihm zu beaufsichtigenden Einrichtungen bei allen verantwortlichen Stellen in der gehörigen Form zu erheben, wenn seine Sicherheitsbedenken zuvor innerbetrieblich nicht ausgeräumt werden konnten.[1758] Gleiches gilt, wenn Berufskraftfahrer ihren Arbeitgeber anzeigen, weil sie **überladene Lkw** führen müssen und der Arbeitgeber in vorangegangenen Gesprächen hierauf bestanden hat.[1759] Denn in diesem Fall machen sich die Arbeitnehmer als Fahrzeugführer selbst strafbar.

Ein Kündigungsgrund liegt dagegen vor, wenn der Arbeitnehmer in einer Strafanzeige gegen den Arbeitgeber oder einen seiner Repräsentanten **wissentlich (vorsätzlich) oder leichtfertig (grob fahrlässig) falsche Angaben** gemacht hat.[1760] Deshalb ist die außerordentliche Kündigung eines Taxifahrers wirksam, der über den Taxinotruf die Polizei mit der unzutreffenden Behauptung ruft, er werde von seinem Arbeitgeber bedroht, nach Eintreffen der Polizei diese Behauptung wiederholt, so dass der Arbeitgeber vorläufig festgenommen wird, und im Anschluss daran über den Taxifunk unter Namensnennung seines Arbeitgebers sich damit brüstet, er habe „den Chef verhaften" lassen.[1761] Gleiches gilt, wenn ein Arbeitnehmer seinen Arbeitgeber zu Unrecht leichtfertig wegen einer versuchten Anstiftung zum Mord anzeigt.[1762] Eine spätere Verurteilung des Arbeitgebers ist regelmäßig ein Indiz dafür, dass eine Strafanzeige vom Arbeitnehmer nicht leichtfertig erstattet worden ist. Dies bedeutet aber nicht umgekehrt, dass eine Verletzung der arbeitsvertraglichen Rücksichtnahmepflicht nur dann entfällt, wenn es zu einer Verurteilung des Arbeitgebers kommt. Entscheidend ist allein, ob der Arbeitnehmer eine arbeitsvertragliche Pflicht gegenüber dem Arbeitgeber verletzt hat.[1763] **562**

Im nicht europarechtlich präformierten Bereich stellt das **Motiv des Arbeitnehmers (konventionskonform) ein Abwägungskriterium** dar.[1764] Sofern es nicht um die Meldung einer angeblichen Steuerstraftat geht (die unter § 2 Abs. 1 Nr. 1 HinSchG fällt), besteht daher ein Kündigungsgrund, wenn der Arbeitnehmer wegen der Zerrüttung privater Beziehungen zum Arbeitgeber aus niederen Beweggründen dem **Finanzamt Tatsachen mitteilt,** die eine Steuerfahndung auslösen.[1765] Hier liegt keine Wahrnehmung berechtigter eigener Interessen des Arbeitnehmers vor, sondern ausschließlich der Wunsch, dem Arbeitgeber Schaden zuzufügen. Aus diesem Grunde stellt auch das Anschwärzen des Arbeitgebers bei Behörden und die **Drohung, die Presse auf angebliche Missstände aufmerksam zu machen,** als Reaktion auf die Enttäuschung der Erwartung auf eine Gehaltserhöhung einen – uU außerordentlichen – Kündigungsgrund dar, wenn tatsächlich keine gesetzwidrigen Zustände vorliegen und der Arbeitnehmer dies durch rechtskundige Beratung unschwer hätte erkennen können,[1766] wobei diese Konstellation heute je nach konkreter Gestaltung zunächst nach dem HinSchG zu beurteilen wäre. Daneben kann auch ein „innerbetriebliches Whistleblowing", bei dem der Arbeitnehmer dem Arbeitgeber angebliche Missstände (Verstöße gegen interne Richtlinien) anzeigt, um Vorgesetzten oder Kollegen zu schaden, eine Kündigung rechtfertigen.[1767] **563**

Wenn ein Arbeitnehmer nicht leichtfertig seinen **Arbeitgeber bei der Strafverfolgungsbehörde anzeigt,** kann die darin liegende Wahrnehmung staatsbürgerlicher Rechte im **564**

[1758] BAG 14.12.1972 – 2 AZR 115/72, AP KSchG § 1 Verhaltensbedingte Kündigung Nr. 8.

[1759] Ebenso KR/Krumbiegel BGB § 626 Rn. 371.

[1760] BAG 3.7.2003 – 2 AZR 235/02, AP KSchG 1969 § 1 Verhaltensbedingte Kündigung Nr. 45 mAnm Otto; LAG Rheinland-Pfalz 24.10.2007 – 7 Sa 451/07, BeckRS 2008, 51400; LAG Köln 2.2.2012 – 6 Sa 304/11, NZA-RR 2012, 298 (300); LAG Sachsen 27.6.2024 – 4 Sa 245/23, BeckRS 2024, 25226.

[1761] LAG Bremen 17.7.2003 – 3 Sa 275/02, NZA-RR 2004, 128.

[1762] LAG Hamm 28.11.2003 – 10 Sa 1036/03, NZA-RR 2004, 475.

[1763] BAG 7.12.2006 – 2 AZR 400/05, AP KSchG 1969 § 1 Verhaltensbedingte Kündigung Nr. 55.

[1764] S. BAG 3.7.2003 – 2 AZR 235/02, AP KSchG 1969 § 1 Verhaltensbedingte Kündigung Nr. 45 (unter II 3 b dd (1)).

[1765] BAG 4.7.1991 – 2 AZR 80/91, BeckRS 1991, 30738133.

[1766] LAG Köln 10.6.1994 – 13 Sa 237/94, LAGE § 626 BGB Nr. 78.

[1767] Vgl. BAG 27.9.2012 – 2 AZR 646/11, AP BGB § 626 Nr. 240 Rn. 28 Rn. 36 ff.

Strafverfahren regelmäßig nicht zu einer Verletzung der arbeitsvertraglichen Pflichten führen und eine deswegen erklärte Kündigung sozial rechtfertigen.[1768] Dies gilt unabhängig von der Stellung des Arbeitnehmers innerhalb des Betriebs.[1769] Mit der verfassungsrechtlichen Pflicht des Staates, eine funktionsfähige Strafrechtspflege zu gewährleisten ist es nach der Rspr. des BVerfG nicht vereinbar, wenn derjenige, der diese ihm gesetzlich auferlegten Pflichten erfüllt und nicht wissentlich unwahre oder leichtfertig falsche Angaben macht, dadurch zivilrechtliche Nachteile erleidet. Es liegt deshalb kein Kündigungsgrund vor, wenn ein Arbeitnehmer im Rahmen eines staatsanwaltlichen Ermittlungsverfahrens gegen seinen Arbeitgeber als Zeuge ausgesagt und der Staatsanwaltschaft auf Nachfrage Unterlagen übergeben hat.[1770] Eine Strafanzeige kann jedoch unverhältnismäßig sein und einen Kündigungsgrund darstellen, wenn trotz objektiv richtiger Darstellung des angezeigten Sachverhalts der zugleich erhobene strafrechtliche Vorwurf völlig haltlos ist.[1771]

565 Mit dem **Gesetz zum Schutz von Geschäftsgeheimnissen** v. 18.4.2019[1772] hat der Gesetzgeber in Umsetzung der **Geschäftsgeheimnisrichtlinie (EU) 2016/943** für den Fall der Offenlegung eines Geschäftsgeheimnisses iSd § 2 Nr. 1 GeschGeh,[1773] das nach der Logik der Regelungen offenbar auch in rechtswidrigen Praktiken bestehen kann,[1774] ein eigenständiges Regime geschaffen. Gem. **§ 5 Nr. 2 GeschGehG** ist die Aufdeckung einer rechtswidrigen Handlung oder eines beruflichen oder sonstigen Fehlverhaltens aus dem **Verbotstatbestand des § 4 GeschGehG ausgenommen,** sofern der Arbeitnehmer in der Absicht handelt, das allgemeine öffentliche Interesse zu schützen.[1775] Ferner ist das Handeln des Arbeitnehmers nach **§ 5 Nr. 3 GeschGehG** auch dann ausgeklammert, wenn er ein Geschäftsgeheimnis gegenüber der Arbeitnehmervertretung offenlegt, falls dies erforderlich ist, damit die Arbeitnehmervertretung ihre Aufgaben erfüllen kann.[1776] Allerdings ist fraglich, ob diese speziellen Vorschriften, die keinen allgemeinen Vorrang des internen vor dem externen Whistleblowing vorsehen,[1777] zu einem eigenständigen arbeitsrechtlichen Schutz von Whistleblowern führen.[1778] Statt dessen spricht mehr dafür, dass § 5 GeschGehG nur den Zweck hat, den Whistleblower vor den Rechtsfolgen des GeschGehG zu bewahren, zumal nach § 1 Abs. 3 Nr. 4 GeschGehG die Rechte und Pflichten aus dem Arbeitsverhältnis gerade unberührt bleiben sollen,[1779] sodass im Übrigen die vorstehend geschilderten Regelungen und Grundsätze anwendbar sind. Außerhalb des Anwendungsbereichs des GeschGehG gelten ohnehin die allgemeinen Regeln.[1780]

[1768] BAG 4.7.1991 – 2 AZR 80/91, BeckRS 1991, 30738133; 3.7.2003 – 2 AZR 235/02, AP KSchG 1969 § 1 Verhaltensbedingte Kündigung Nr. 45; LAG Niedersachsen 13.6.2005 – 5 Sa 137/02, LAGReport 2005, 301 = BeckRS 2005, 42738; P. Stein BB 2004, 1961.

[1769] BAG 7.12.2006 – 2 AZR 400/05, AP KSchG 1969 § 1 Verhaltensbedingte Kündigung Nr. 55 („schlichter Kraftfahrer").

[1770] BVerfG 2.7.2001 – 1 BvR 2049/00, AP BGB § 626 Nr. 170; dazu Bürkle DB 2004, 2158; Deiseroth AuR 2002, 161; Müller NZA 2002, 424; Schmitt Whistleblowing S. 39.

[1771] BAG 15.12.2016 – 2 AZR 42/16, AP KSchG 1969 § 1 Verhaltensbedingte Kündigung Nr. 76 Rn. 22 ff.

[1772] BGBl. I S 466.

[1773] Zu den Anforderungen s. BAG 17.10.2024 – 8 AZR 172/23, NZA 2025, 112 Rn. 24 ff.; zur Definition des Geschäftsgeheimnisses im GeschGehG insgesamt krit. Karthaus NZA 2018, 1180.

[1774] Ebenso – zur RL (EU) 2016/943 – Oetker ZESAR 2017, 257 (261 f.); Schnabel CR 2016, 342 (347 f.); in diese Richtung auch Preis/Seiwerth RdA 2019, 351 (354 f.); aA Schmitt RdA 2017, 365 (369); NZA-Beil. 2020, 50 (53); EUArbR/Schubert, RL 2016/943/EU Art. 5 Rn. 8 ff.

[1775] Vgl. BT-Drs. 19/4724, 10, 29.

[1776] Vgl. BT-Drs. 19/4724, 10, 29.

[1777] Fuhlrott/Hiéramente DB 2019, 967 (969); Sprenger ZTR 2019, 414 (420); ebenso – zur RL (EU) 2016/943 – Bissels/Schroeder/Ziegelmayer DB 2016, 2295 (2298); Eufinger ZRP 2016, 229 (231); Kalbfus GRUR 2016, 1009 (1015).

[1778] So Trebeck/Schulte-Wissermann NZA 2018, 1175 (1179); ferner Reinhardt-Kasperek/Kaindl BB 2018, 1332 (1334).

[1779] Krause SR 2019, 138 (149); Naber/Paukert/Seeger NZA 2019, 583 (586); ebenso – zur RL (EU) 2016/943 – Oetker ZESAR 2017, 257 (263).

[1780] Naber/Paukert/Seeger NZA 2019, 583 (585).

6. Arbeitskampf

Die bloße Teilnahme eines Arbeitnehmers an **rechtmäßigen Arbeitskampfmaßnahmen** rechtfertigt keine verhaltensbedingte Kündigung, weil die Arbeitsniederlegung bei rechtmäßigen Arbeitskämpfen keinen Arbeitsvertragsbruch darstellt (→ § 25 Rn. 1 ff.).[1781] Die Teilnahme an **rechtswidrigen wilden Streiks** stellt demgegenüber einen Arbeitsvertragsbruch dar, der grds. nach vorheriger Abmahnung eine verhaltensbedingte Kündigung rechtfertigen kann.[1782] 566

7. Arbeitspapiere

Verstößt der Arbeitnehmer gegen seine Pflicht, dem Arbeitgeber die **Arbeitspapiere,** also die steuerliche Identifikationsnummer sowie ggf. weitere Dokumente (Gesundheitszeugnis, Arbeitserlaubnis),[1783] vorzulegen bzw. mitzuteilen, kann dies nach vorheriger wiederholter Abmahnung eine verhaltensbedingte Kündigung rechtfertigen.[1784] Denn ohne die erforderlichen Papiere bzw. Informationen kann der Arbeitgeber seinen gesetzlichen Pflichten zur Abführung der Lohnsteuer sowie etwaigen weiteren Kontrollpflichten nicht ordnungsgemäß nachkommen. Mit der Ablösung des Sozialversicherungsausweises und der Einführung des obligatorischen Abrufs der Sozialversicherungsnummer im elektronischen Arbeitgebermeldeverfahren (vgl. § 28a Abs. 3a SGB IV nF) ist die frühere Vorlagepflicht durch die Beschäftigten dagegen zum 1.1.2023 entfallen,[1785] sodass eine daran anknüpfende Kündigung nicht mehr möglich ist. 567

8. Arbeitsunfähigkeit

Im Falle der **Arbeitsunfähigkeit** ist der Arbeitnehmer nach **§ 5 Abs. 1 S. 1 EFZG** verpflichtet, dem Arbeitgeber die Arbeitsunfähigkeit und deren voraussichtliche Dauer unverzüglich anzuzeigen. Dauert die Arbeitsunfähigkeit länger als drei Kalendertage, hat der Arbeitnehmer im Grundsatz gem. **§ 5 Abs. 1 S. 2 EFZG** spätestens am darauffolgenden Arbeitstag eine ärztliche Arbeitsunfähigkeitsbescheinigung vorzulegen, wobei seit dem 1.1.2023 für gesetzlich krankenversicherte Arbeitnehmer allerdings nach **§ 5 Abs. 1a EFZG** besondere Regelungen gelten (→ Rn. 572).[1786] 568

Der **Pflicht zur unverzüglichen Anzeige der Arbeitsunfähigkeit** genügt der Arbeitnehmer nur dann, wenn er dem Arbeitgeber die Arbeitsunfähigkeit ohne schuldhaftes Zögern (vgl. § 121 BGB) mitteilt. Hierfür sind die Umstände des Einzelfalls maßgebend. Grds. hat der Arbeitnehmer den Arbeitgeber zu Arbeitsbeginn telefonisch über die Arbeitsunfähigkeit zu unterrichten. Geht der Arbeitnehmer zum Arzt, hat er vor dem Arztbesuch dem Arbeitgeber seine Arbeitsunfähigkeit anzuzeigen. Der Arbeitnehmer handelt dann nicht mehr unverzüglich, wenn er erst nach einer ärztlichen Diagnose den Arbeitgeber von seiner Arbeitsunfähigkeit unterrichtet. Entscheidend ist der Zugang der Anzeige, weshalb eine briefliche Anzeige in der Regel nicht als unverzüglich anzusehen ist.[1787] 569

Die Anzeigepflicht besteht nicht nur bei Beginn, sondern auch beim **Fortbestehen der Arbeitsunfähigkeit** über den zunächst angenommenen Zeitraum hinaus.[1788] Wenn der 570

1781 Dazu grdl. BAG GS 28.1.1955 – GS 1/54, NJW 1955, 882.

1782 BAG 21.10.1969 – 1 AZR 93/68, NJW 1970, 486; 17.12.1976 – 1 AZR 605/75, AP GG Art. 9 Arbeitskampf Nr. 51 mAnm Rüthers; 29.11.1983 – 1 AZR 469/82, AP BGB § 626 Nr. 78 mAnm Herschel; einschränkend DD/Däubler Rn. 730.

1783 Vgl. BT-Drs. 20/3900, 63, 65, 67 u. 101.

1784 LAG Düsseldorf 23.2.1961 – 2 Sa 3/61, BB 1961, 677; KR/Rachor Rn. 467.

1785 Vgl. Schaub ArbR-HdB/Linck § 33 Rn. 1.

1786 Zu den Anzeige- und Nachweispflichten s. Schaub ArbR-HdB/Linck § 98 Rn. 94 ff. u. 99 ff.; Schmitt/Küfner-Schmitt EFZG § 5 Rn. 23 ff.

1787 BAG 31.8.1989 – 2 AZR 13/89, AP KSchG 1969 § 1 Verhaltensbedingte Kündigung Nr. 23; 16.8.1991 – 2 AZR 604/90, NZA 1993, 17; 23.9.1992 – 2 AZR 199/92, EzA § 1 KSchG Verhaltensbedingte Kündigung Nr. 44.

1788 BAG 7.12.1988 – 7 AZR 122/88, EzA § 1 KSchG Verhaltensbedingte Kündigung Nr. 26; 16.8.1991 – 2 AZR 604/90, AP KSchG 1969 § 1 Verhaltensbedingte Kündigung Nr. 27 (jeweils zur Rechtslage vor Inkrafttreten

Arbeitnehmer weiß, dass die Arbeitsunfähigkeit fortdauert, hat er dies dem Arbeitgeber unverzüglich mitzuteilen. Der Arbeitnehmer ist auch dann zur unverzüglichen Anzeige der Arbeitsunfähigkeit verpflichtet, wenn Entgeltfortzahlungsansprüche nicht bestehen, also bspw. in der Wartezeit (§ 3 Abs. 3 EFZG), bei Fortsetzungserkrankungen (§ 3 Abs. 1 S. 2 EFZG) oder nach Ablauf des Entgeltfortzahlungszeitraums von sechs Wochen.[1789] Denn die Anzeigepflicht besteht, damit der Arbeitgeber in seinem Betrieb das Personal disponieren kann. Die hierzu notwendigen Maßnahmen wie Versetzungen, Überstundenanordnungen oder Versagung von Urlaubswünschen wegen der krankheitsbedingten Abwesenheit eines Arbeitnehmers haben mit dem Bestehen der Entgeltfortzahlungsverpflichtung nichts zu tun.

571 Verstößt der Arbeitnehmer gegen die gesetzlichen oder vertraglichen Anzeigepflichten, ist dieser Verstoß jedenfalls nach **vorheriger Abmahnung** geeignet, eine ordentliche Kündigung sozial zu rechtfertigen.[1790] Dabei ist freilich stets zu prüfen, ob der Arbeitnehmer wegen Art und Schwere der Erkrankung überhaupt in der Lage war, den Arbeitgeber pflichtgemäß zu unterrichten. Eine **Störung des Betriebsablaufs ist nicht Voraussetzung** für die Wirksamkeit der Kündigung. Solche Betriebsablaufstörungen sind nur – soweit eingetreten – im Rahmen der Interessenabwägung zulasten des Arbeitnehmers zu berücksichtigen.[1791] Umgekehrt ist das Fehlen von betrieblichen Ablaufstörungen zugunsten des Arbeitnehmers in Rechnung zu stellen.[1792]

572 Die **Verpflichtung zum Nachweis der Arbeitsunfähigkeit** durch eine ärztliche Bescheinigung ist im Ausgangspunkt in § 5 Abs. 1 S. 2 EFZG geregelt. Verstößt ein Arbeitnehmer gegen die gesetzliche Nachweispflicht, ist auch dieser Verstoß nach vorheriger Abmahnung grds. geeignet, eine Kündigung sozial zu rechtfertigen.[1793] Unter besonderen Umständen kann bei Verletzung der bestehenden Nachweispflicht auch eine außerordentliche Kündigung in Betracht kommen.[1794] Die Nachweispflicht besteht auch noch nach Ablauf der Sechswochenfrist des § 3 Abs. 1 S. 1 EFZG,[1795] während der Dauer eines Kündigungsschutzprozesses dagegen nicht mehr nach dem Ablauf der Kündigungsfrist.[1796] IÜ rechtfertigt auch ein mehrfacher Verstoß gegen die vertragliche Pflicht, ab dem ersten Krankheitstag eine Arbeitsunfähigkeitsbescheinigung vorzulegen (vgl. § 5 Abs. 1 S. 3 EFZG), nicht ohne Weiteres eine außerordentliche Kündigung, weil die Verletzung der Nachweispflicht das Dispositionsinteresse des Arbeitgebers weniger stark berührt als die Verletzung der Anzeigepflicht.[1797] Darüber hinaus **entfällt die Pflicht zur Vorlage einer ärztlichen Bescheinigung seit dem 1.1.2023** gem. § 5 Abs. 1a S. 1 EFZG im Grundsatz für gesetzlich krankenversicherte Arbeitnehmer (zu Ausnahmen s. § 5 Abs. 1a S. 3 EFZG). Stattdessen sind die Arbeitnehmer nach § 5 Abs. 1a S. 2 EFZG nur dazu verpflichtet, die Arbeitsunfähigkeit sowie deren voraussichtliche Dauer ärztlich

---

des EFZG); 7.5.2020 – 2 AZR 619/19, NZA 2020, 1022 Rn. 17; Hanau/Kramer DB 1995, 94; Lepke, Kündigung bei Krankheit, Rn. 514; NZA 1995, 1084 (1085); MüKoBGB/Müller-Glöge EFZG § 5 Rn. 9; ErfK/Reinhard EFZG § 5 Rn. 19.

[1789] Ebenso LAG Sachsen-Anhalt 24.4.1996 – 3 Sa 449/95, NZA 1997, 772; LAG Hamm 22.2.2013 – 10 Sa 960/12, BeckRS 2013, 68321; Berkowsky NZA-RR 2001, 57 (58); ErfK/Reinhard EFZG § 5 Rn. 3; HK-KSchG/Dorndorf Rn. 752; Lepke, Kündigung bei Krankheit, Rn. 514; Vogelsang, Entgeltfortzahlung, 2003, Rn. 267; in diese Richtung auch BAG 11.7.2013 – 2 AZR 241/12, AP KSchG 1969 § 9 Nr. 69 Rn. 29.

[1790] BAG 31.8.1989 – 2 AZR 13/89, AP KSchG 1969 § 1 Verhaltensbedingte Kündigung Nr. 23; 16.8.1991 – 2 AZR 604/90, AP KSchG 1969 § 1 Verhaltensbedingte Kündigung Nr. 27; 7.5.2020 – 2 AZR 619/19, NZA 2020, 1022 Rn. 16; HK-KSchG/Dorndorf Rn. 753; ErfK/Oetker Rn. 121; HWK/Quecke Rn. 232; KR/Rachor Rn. 514.

[1791] BAG 16.8.1991 – 2 AZR 604/90, AP KSchG 1969 § 1 Verhaltensbedingte Kündigung Nr. 27; aA Noch BAG 7.12.1988 – 7 AZR 122/88, EzA § 1 KSchG Verhaltensbedingte Kündigung Nr. 26.

[1792] BAG 7.5.2020 – 2 AZR 619/19, NZA 2020, 1022 Rn. 37.

[1793] KR/Rochor Rn. 518.

[1794] BAG 15.1.1986 – 7 AZR 128/83, AP BGB § 626 Nr. 93.

[1795] LAG Sachsen-Anhalt 24.4.1996 – 3 Sa 449/95, NZA 1997, 772.

[1796] BAG 24.11.1994 – 2 AZR 179/94, AP BGB § 615 Nr. 60 unter II 2 b; 24.9.2014 – 5 AZR 593/12, AP TVG § 4 Ausschlussfristen Nr. 206 Rn. 44.

[1797] LAG Köln 17.11.2000 – 4 Sa 1066/00, NZA-RR 2001, 367; s. a. LAG Sachsen-Anhalt 24.4.1996 – 3 Sa 449/95, NZA 1997, 772.

feststellen und sich bescheinigen zu lassen.[1798] Hintergrund ist das neue elektronische Melde- und Abrufverfahren (§ 295 SGB V, § 109 SGB IV). Eine verhaltensbedingte Kündigung kann daher insoweit nicht mehr auf eine Verletzung der Vorlagepflicht, sondern nur noch darauf gestützt werden, dass der Arbeitnehmer den Abruf einer elektronischen Arbeitsunfähigkeitsbescheinigung durch den Arbeitgeber vereitelt.

Meldet sich der Arbeitnehmer **nach Ablauf der Arbeitsunfähigkeit** nicht wieder beim Arbeitgeber zur Arbeitsaufnahme zurück, kann dies nach vorheriger Abmahnung ebenfalls grds. eine ordentliche Kündigung rechtfertigen, bei langfristigen Verzögerungen auch eine außerordentliche Kündigung. Durch das unerlaubte Fernbleiben von der Arbeit verletzt der Arbeitnehmer seine Arbeitspflicht. Dies ist der Kündigungsgrund. Betriebsablaufstörungen sind nicht notwendige Voraussetzung der sozialen Rechtfertigung, sondern nur ein Teilaspekt der Interessenabwägung.[1799] 573

Verstößt der Arbeitnehmer während der Zeit der Arbeitsunfähigkeit gegen **ärztliche Anordnungen** (bspw. Bettruhe), kann auch dies eine Kündigung rechtfertigen.[1800] Dabei ist freilich zu beachten, dass geringfügige Verstöße gegen ärztliche Anordnungen und Verhaltensregelungen, durch die der Heilungsprozess weder verzögert noch die Krankheit verschlimmert wird, für eine Kündigung nicht ausreichen. Erforderlich ist vielmehr ein genesungswidriges Verhalten des Arbeitnehmers, das eine Verlängerung der Krankheitszeit verursachen kann.[1801] Maßgeblich ist, wie intensiv und hartnäckig sich das genesungswidrige Verhalten darstellt und welches Maß an Rücksichtslosigkeit der Arbeitnehmer gegenüber dem Arbeitgeber erkennen lässt.[1802] 574

So ist **bspw.** nach Auffassung des LAG Hamm[1803] der mehrstündige Besuch eines **Spielcasinos** mit einer längeren An- und Abfahrt im Pkw am Abend des Tages, an dem der Arbeitnehmer durch seinen Hausarzt krankgeschrieben wurde, geeignet, eine ordentliche Kündigung zu rechtfertigen. Erbringt der krankgeschriebene Arbeitnehmer während der Zeit der Arbeitsunfähigkeit **Arbeitsleistungen für Dritte,** ist auch dies geeignet, eine Kündigung zu begründen.[1804] Verstößt ein Arbeitnehmer gegen die ärztliche Weisung, sich ruhig zu verhalten, indem er in seiner Freizeit am Wochenende als **Linienrichter bei einem Fußballspiel** tätig wird, ist dies nach Auffassung des LAG Niedersachsen ein Grund für eine ordentliche Kündigung.[1805] Gleiches gilt, wenn ein Arbeitnehmer während der Zeit ärztlich bescheinigter Arbeitsunfähigkeit in der **Gaststätte des Ehepartners hinter der Theke steht** und während der vollen Öffnungszeit Bier ausschenkt.[1806] Ohne vorherige Abmahnung soll dagegen eine Kündigung unwirksam sein, wenn ein Arbeitnehmer während der Arbeitsunfähigkeit einen **Freund bei der Wohnungsrenovierung unterstützt.**[1807] Betätigt sich ein als Reinigungskraft in der Spülküche eines Hotels beschäftigter Arbeitnehmer während der Arbeitsunfähigkeit wegen eines schweren **LWS-Syndroms** als Fahrer eines Busses für Menschen mit Behinderungen mit der Verpflichtung, den Fahrgästen beim 575

1798 Zur Neuregelung Broll NZA-RR 2024, 633 (635); Schaub ArbR-HdB/Linck § 98 Rn. 108a f.; ErfK/Reinhard EFZG § 5 Rn. 10.

1799 BAG 16.8.1991 – 2 AZR 604/90, AP KSchG 1969 § 1 Verhaltensbedingte Kündigung Nr. 27.

1800 BAG 13.11.1979 – 6 AZR 934/77, AP KSchG 1969 § 1 Krankheit Nr. 5 mAnm Herschel; 26.8.1993 – 2 AZR 154/93, AP BGB § 626 Nr. 112 unter B I 3 mAnm Berning; LAG Hamm 28.8.1991 – 15 Sa 437/91, LAGE § 1 KSchG Verhaltensbedingte Kündigung Nr. 34; MHdB ArbR/Reichold § 55 Rn. 46; NZA-RR 2001, 57 (59); KR/Rachor Rn. 520 f.; LSSW/Schlünder Rn. 200; HaKo-KSchR/Zimmermann Rn. 395; aA DD/Däubler Rn. 781; HK-KSchG/Dorndorf Rn. 763.

1801 BAG 2.3.2006 – 2 AZR 53/05, AP BGB § 626 Krankheit Nr. 14, sogar außerordentliche Kündigung gerechtfertigt, wenn angestellter und für die Begutachtung von Arbeitsunfähigkeitsbescheinigungen zuständiger Arzt trotz Hirnhautentzündung im Hochgebirge Ski läuft und sich dabei das Bein bricht.

1802 LAG Köln 19.4.2012 – 7 Sa 1399/11, BeckRS 2013, 69791.

1803 LAG Hamm 11.5.1982 – 13 Sa 85/82, DB 1983, 235.

1804 BAG 26.8.1993 – 2 AZR 154/93, AP BGB § 626 Nr. 112; LAG Düsseldorf 25.6.1981 – 3 Sa 220/81, BB 1981, 1522; LAG München 9.9.1982 – 6 Sa 96/82, DB 1983, 1931; zur Erstattung von Detektivkosten BAG 17.9.1998 – 8 AZR 5/97, AP BGB § 611 Haftung des Arbeitnehmers Nr. 113; Frölich NZA 1996, 464; Lingemann/Göpfert DB 1997, 374.

1805 LAG Niedersachsen 1.9.1983 – 11 Sa 20/83, BB 1984, 1233.

1806 LAG Hamm 28.5.1998 – 4 Sa 1550/97, LAGE § 1 KSchG Verhaltensbedingte Kündigung Nr. 69.

1807 LAG Köln 9.10.1998 – 11 Sa 400/98, LAGE § 1 KSchG Verhaltensbedingte Kündigung Nr. 73.

Ein- und Aussteigen behilflich zu sein, liegt ein erhebliches genesungswidriges Verhalten vor, das eine außerordentliche Kündigung rechtfertigt.[1808]

576 Weigert sich der Arbeitnehmer, sich von einem durch den Arbeitgeber bestimmten **Arzt untersuchen zu lassen,** begründet dies grds. keine Kündigung.[1809] Nur wenn eine Verpflichtung zur ärztlichen Untersuchung, etwa aus einem Tarifvertrag (bspw. § 3 Abs. 4 TVöD/§ 3 Abs. 5 TV-L bzw. früher § 7 Abs. 2 BAT),[1810] besteht, hat sich der Arbeitnehmer ärztlich untersuchen zu lassen (→ Rn. 354). Die Weigerung kann dann nach vorheriger Abmahnung eine Kündigung begründen.[1811]

577 Eine ordentliche Kündigung ist weiterhin auch dann sozial gerechtfertigt, wenn der Arbeitnehmer für den Fall, dass ihm ein bestimmter Wunsch nicht erfüllt wird, **androht, er werde sich krankschreiben lassen.**[1812] Die ernst gemeinte Ankündigung eines Arbeitnehmers, bei Nichtgewährung von Urlaub für einen bestimmten Tag notfalls einen „gelben Schein" zu nehmen, ist sogar geeignet, eine außerordentliche Kündigung des Arbeitnehmers zu rechtfertigen.[1813] Hierin liegt – unabhängig von einer Strafbarkeit wegen Nötigung nach § 240 StGB – ein Verstoß gegen die arbeitsvertragliche Rücksichtnahmepflicht (§ 241 Abs. 2 BGB), der das Vertrauensverhältnis der Arbeitsvertragsparteien erheblich beeinträchtigt. Der Kündigungsgrund besteht auch dann, wenn der Arbeitnehmer später eine – objektiv zutreffende – Arbeitsunfähigkeitsbescheinigung vorlegt. Denn Kündigungsgrund ist die Drohung und Druckausübung, nicht jedoch der Zweifel an der Arbeitsunfähigkeit. Da kein vernünftiger Arbeitnehmer annehmen kann, der Arbeitgeber werde eine solche Drohung hinnehmen, ist eine Abmahnung vor Ausspruch der Kündigung nicht erforderlich.[1814]

578 Ein Grund für eine verhaltensbedingte Kündigung liegt ferner vor, wenn der Arbeitnehmer die Krankheit vortäuscht und sich so eine ärztliche **Arbeitsunfähigkeitsbescheinigung erschleicht.**[1815] In diesem Fall liegt in der Regel ein Betrug zum Nachteil des Arbeitgebers vor, weil dieser durch die Vorlage der Arbeitsunfähigkeitsbescheinigung dazu veranlasst wird, Entgeltfortzahlung zu leisten. Täuscht ein Arbeitnehmer seine Arbeitsunfähigkeit vor, liegt hierin zugleich ein schwerer Verstoß gegen die Arbeitspflicht, der eine – ggf. auch außerordentliche – Kündigung ohne vorherige Abmahnung rechtfertigen kann. So rechtfertigen häufige Urlaubserkrankungen, die ordnungsgemäß durch Arbeitsunfähigkeitsbescheinigungen nachgewiesen sind, für sich allein noch nicht eine ordentliche Kündigung, und zwar auch nicht unter dem Gesichtspunkt einer Verdachtskündigung.[1816] Besteht indes aufgrund weiterer Umstände der dringende Verdacht, dass ein Arbeitnehmer eine Arbeitsunfähigkeitsbescheinigung erschlichen hat, dh dass er den Arzt mit unredlichen Mitteln zur Ausstellung der Bescheinigung beeinflusst hat, kommt grds. eine Kündigung in Betracht.[1817] Der Arbeitgeber ist dabei nicht darauf beschränkt, den

---

[1808] LAG Rheinland-Pfalz 11.1.2002 – 8 Sa 1159/01, BeckRS 2002, 30466558.

[1809] BAG 23.2.1967 – 2 AZR 124/66, AP BAT § 7 Nr. 1 mAnm A. Hueck; Hunold, Krankheit des Arbeitnehmers, 3. Aufl. 1994, 101 f.

[1810] Vgl. zu der gleichlautenden Vorschrift in § 4 Abs. 2 Tarifvertrag für Musiker in Kulturorchestern BAG 25.6.1992 – 6 AZR 279/91, AP BGB § 611 Musiker Nr. 21; LAG Hessen 18.2.1999 – 12 Sa 716/97, BeckRS 1999 30448762.

[1811] BAG 6.11.1997 – 2 AZR 801/96, AP BGB § 626 Nr. 142.

[1812] BAG 5.11.1992 – 2 AZR 147/92, NZA 1993, 308; 17.6.2003 – 2 AZR 123/02, AP ZPO 1977 § 543 Nr. 13; LAG Hamm 23.5.1984 – 5 (8) Sa 226/84, DB 1985, 49; LAG Düsseldorf 17.12.1980 – 5 Sa 1186/80, DB 1981, 1094; HK-KSchG/Dorndorf Rn. 756; HWK/Quecke Rn. 234; KR/Rachor Rn. 524; einschränkend LAG Köln 1.4.1998 – 7 Sa 1362/97, BeckRS 9998, 79481; 26.2.1999 – 11 Sa 1216/98, BeckRS 9998, 79675.

[1813] LAG Köln 12.12.2002 – 5 Sa 1055/02, NZA-RR 2004, 242.

[1814] BAG 5.11.1992 – 2 AZR 147/92, NZA 1993, 308; zur Möglichkeit einer Verdachtskündigung in diesen Fällen vgl. Gaul NZA 1993, 865 (869 ff.).

[1815] BAG 26.8.1993 – 2 AZR 154/93, NZA 1994, 63; 17.6.2003 – 2 AZR 123/02, AP ZPO 1977 § 543 Nr. 13; 23.6.2009 – 2 AZR 532/08, EzA § 1 KSchG Verhaltensbedingte Kündigung Nr. 76; LAG Schleswig-Holstein 3.11.1997 – 2 Sa 373/97, BeckRS 1997, 30818292; vgl. Künzl/Weinmann AuR 1996, 256.

[1816] LAG Düsseldorf 15.1.1986 – 6 Sa 1446/85, DB 1986, 1180; LAG Hessen 22.9.1983 – 12 Sa 201/83, ARSt 1984, 54.

[1817] LAG Düsseldorf 3.6.1981 – 22 Sa 203/81, DB 1981, 1731; LAG Schleswig-Holstein 28.11.1983 – 5 Sa 234/83, DB 1984, 1355; LAG Rheinland-Pfalz 22.4.2022 – 1 Sa 484/21, BeckRS 2022, 18216.

Beweis dafür, dass der Arbeitnehmer nicht arbeitsunfähig krank war, unmittelbar, dh etwa durch Vernehmung des Arztes zu führen. Vielmehr ist – entsprechend den allgemeinen Beweisregeln – auch ein Indizienbeweis zulässig, also ein Beweis über (Hilfs-) Tatsachen, aus denen auf das Vorliegen der zu beweisenden rechtserheblichen Tatsache zu schließen ist.[1818]

Der Arbeitgeber hat nach Abs. 2 S. 4 darzulegen und im Streitfall zu beweisen, dass der Arbeitnehmer die Arbeitsunfähigkeitsbescheinigung erschlichen hat.[1819] Hierzu muss der Arbeitgeber zunächst den **Beweiswert der ärztlichen Arbeitsunfähigkeitsbescheinigung erschüttern.**[1820] Dies ist dann anzunehmen, wenn ein Arzt eine Arbeitsunfähigkeitsbescheinigung zunächst ohne Untersuchung des Arbeitnehmers ausstellt und bei einer späteren Untersuchung keinen Krankheitsbefund mehr feststellt,[1821] ein Arbeitnehmer die Arbeitsunfähigkeit im Kollegenkreis vorher ankündigt,[1822] beantragter Urlaub nicht gewährt wird und für dessen Dauer eine Arbeitsunfähigkeitsbescheinigung vorgelegt wird,[1823] der Arbeitnehmer bei Arbeitsunfähigkeit aufgrund von Kniebeschwerden an Spielen seines Fußballvereins teilnimmt[1824] oder während der Arbeitsunfähigkeit einer ähnlich beanspruchenden Nebenbeschäftigung nachgeht.[1825] Je ähnlicher arbeitsvertragliche Tätigkeit und ausgeübte Nebentätigkeit sind, desto naheliegender ist es, dass die vom Arzt bescheinigte Erkrankung – insbes. bei fehlender Objektivierbarkeit der behaupteten Beschwerden – gar nicht vorgelegen oder der Arzt die Auswirkungen der Erkrankung auf die Arbeitsfähigkeit des Patienten unrichtig beurteilt hat.[1826] Der Beweiswert der ärztlichen Arbeitsunfähigkeitsbescheinigungen ist ferner erschüttert, wenn ein Arbeitnehmer nach einer Auseinandersetzung mit dem Arbeitgeber den Betrieb verlässt und in den folgenden zwei Monaten Arbeitsunfähigkeitsbescheinigungen von fünf Ärzten vorlegt, die er zeitlich lückenlos nacheinander wegen jeweils anderer Beschwerden konsultiert hat.[1827] Dagegen wird der Beweiswert einer Arbeitsunfähigkeitsbescheinigung nicht dadurch erschüttert, dass die Arbeitnehmerin am letzten Tag ihrer Erkrankung am Reitstall angetroffen wird.[1828] Je nach Krankheitsbefund kann auch eine Reise während der Arbeitsunfähigkeit nach Südtirol zum Skifahren unschädlich sein.[1829] **579**

In seiner neueren Judikatur hat das BAG für den Bereich der **Entgeltfortzahlung im Krankheitsfall** die **Anforderungen an die Erschütterung** des Beweiswertes der Arbeitsunfähigkeitsbescheinigung **abgesenkt.**[1830] Diese Rechtsprechungsänderung lässt das **Kündigungsrecht nicht unberührt,** wobei es allerdings dabei bleibt, dass der Arbeitgeber die Tatsachen zu beweisen hat, welche die Kündigung bedingen. Es kann bei einem non **580**

1818 LAG Baden-Württemberg 9.5.2000 – 10 Sa 85/97, NZA-RR 2000, 514.

1819 BAG 26.8.1993 – 2 AZR 154/93, AP BGB § 626 Nr. 112; 7.12.1995 – 2 AZR 849/94, BeckRS 1995, 30923615; zum Beweiswert der Arbeitsunfähigkeitsbescheinigung BAG 15.7.1992 – 5 AZR 312/91, AP LohnFG § 1 Nr. 98; 27.4.1994 – 5 AZR 747/93, NZA 1994, 683; BAG 19.2.1997 – 5 AZR 83/96, AP EntgeltFG § 3 Nr. 4 mAnm Schmitt; 19.2.1997 – 5 AZR 747/93, NZA 1997, 705; 1.10.1997 – 5 AZR 499/96, AP EntgeltFG § 5 Nr. 4; 17.6.2003 – 2 AZR 123/02, AP ZPO 1977 § 543 Nr. 13; EuGH 3.6.1992 – C 45/90, NZA 1992, 735 – Paletta I; 2.5.1996 – C-206/94, NZA 1996, 635 – Paletta II; Abele NZA 1996, 631; Leipold FS Kissel, 1994, 629.

1820 Systematisierung der Fallgruppen bei Broll NZA-RR 2024, 633 (636 ff.): Art des Zustandekommens der Arbeitsunfähigkeitsbescheinigung, das Verhalten des Arbeitnehmers vor und Verhalten während der Arbeitsunfähigkeit.

1821 BAG 23.6.2009 – 2 AZR 103/08, EzA § 1 KSchG Verhaltensbedingte Kündigung Nr. 59.

1822 LAG Hamm 22.7.2004 – 8 Sa 478/04, BeckRS 2004, 31042917.

1823 LAG Düsseldorf 25.8.1999 – 17 Sa 812/99, NZA-RR 2000, 13; LAG Niedersachsen 8.7.2024 – 15 SLa 127/24, BeckRS 2024, 21569.

1824 LAG Rheinland-Pfalz 11.11.2015 – 7 Sa 672/14, BeckRS 2016, 66299.

1825 LAG Rheinland-Pfalz 11.1.2002 – 8 Sa 1159/01, BeckRS 2002, 30466558.

1826 LAG Hamm 18.12.2003 – 8 Sa 1401/03, BeckRS 2003, 31031411.

1827 LAG Hamm 10.9.2003 – 18 Sa 721/03, NZA-RR 2004, 292.

1828 LAG Hessen 27.1.2023 – 14 Sa 359/22, BeckRS 2023, 27030.

1829 LAG Rheinland-Pfalz 24.5.2024 – 2 Sa 181/23, BeckRS 2024, 31574 Rn. 41.

1830 BAG 8.9.2021 – 5 AZR 149/21, NZA 2022, 39; 28.6.2023 – 5 AZR 335/22, NZA 2023, 1535 (formale Mängel der Arbeitsunfähigkeitsrichtlinie iSd § 92 Abs. 1 S. 2 Nr. 7 SGB V); 13.12.2023 – 5 AZR 137/23, NZA 2024, 539; 21.8.2024 – 5 AZR 248/23, NZA 2025, 41; 18.9.2024 – 5 AZR 29/24, NZA 2025, 100; 15.1.2025 – 5 AZR 284/24, NZA 2025, 559; dazu Barrein/Fuhlrott NZA 2024, 1377; Ricken RdA 2022, 235; Schulte/Tisch NZA 2020, 761; Uffmann NZA 2024, 217; RdA 2025, 45; krit. Krüger BB 2022, 2676 (2678 f.).

liquet also dazu kommen, dass eine Kündigung unwirksam ist, während der Arbeitnehmer zugleich keinen Anspruch auf Entgeltfortzahlung hat.[1831] Gelingt dem Arbeitgeber die Erschütterung, ist es Sache des Arbeitnehmers, im Rahmen der sekundären Darlegungslast (§ 138 Abs. 2 ZPO) zumindest laienhaft zu schildern, welche Krankheiten ihn an der Arbeitsleistung gehindert haben.[1832] Erst wenn der Arbeitnehmer seiner Substantiierungspflicht nachgekommen ist und ggf. die behandelnden Ärzte von ihrer Schweigepflicht entbunden hat, muss der Arbeitgeber aufgrund der ihm obliegenden Beweislast den konkreten Sachvortrag des Arbeitnehmers widerlegen. Dagegen genügt es nicht, die Ärzte lediglich von der Schweigepflicht zu entbinden und sich iÜ auf die Nennnung der sog. ICD-10-GM-Codes zu beschränken.[1833] Dabei kommt es aber immer auf eine Gesamtwürdigung an, sodass etwa auch diejenigen Umstände, die den Beweiswert des ärztlichen Attests erschüttern, ein Indiz für die Behauptung des Arbeitgebers darstellen können, die Krankheit sei nur vorgetäuscht gewesen.[1834] Wird ein Arbeitnehmer, der nachts schwere Lkw mit Hänger zu fahren hat, wegen eines grippalen Infekts krankgeschrieben, spricht die Tatsache, dass er als Nebenerwerbslandwirt ca. 30 Minuten einen Trecker mit Hänger auf seiner Hauskoppel fährt, noch nicht dafür, dass er tatsächlich nicht arbeitsunfähig war.[1835]

9. Arbeitsverweigerung

581 Weigert sich ein Arbeitnehmer, die von ihm vertraglich geschuldete Arbeit zu leisten, rechtfertigt dies grds. eine verhaltensbedingte Kündigung.[1836] Bei **beharrlicher Arbeitsverweigerung** kommt zudem eine außerordentliche Kündigung in Betracht.[1837] Die beharrliche Arbeitsverweigerung setzt voraus, dass der Arbeitnehmer die ihm übertragene Arbeit bewusst und nachhaltig nicht leisten will. Hierzu genügt grds. nicht, dass er nur eine Weisung unbeachtet lässt, erforderlich ist vielmehr grds., dass eine intensive Weigerung vorliegt. Beharrlichkeit ist bei einer einmaligen Arbeitsverweigerung anzunehmen, wenn der Arbeitnehmer zuvor wegen eines gleichartigen Falles abgemahnt worden ist.[1838] Der Arbeitsverweigerung steht das **systematische Vortäuschen einer Aufgabenerfüllung** gleich, das ebenfalls eine verhaltensbedingte ordentliche oder sogar außerordentliche Kündigung rechtfertigt.[1839]

582 Voraussetzung der Arbeitsverweigerung ist, dass der Arbeitgeber berechtigt war, dem Arbeitnehmer die Arbeit zuzuweisen, die der Arbeitnehmer verweigert hat. Durch Ausübung des **Weisungsrechts** (§ 106 GewO) konkretisiert der Arbeitgeber die vertraglich nur rahmenmäßig vereinbarte Arbeitspflicht nach Zeit, Ort und Art der Arbeitsleistung.[1840] Unter Beachtung billigen Ermessens kann der Arbeitgeber dem Arbeitnehmer Arbeiten zuweisen, soweit das Weisungsrecht nicht durch Gesetz, Tarifvertrag, Betriebsvereinbarung oder Einzelarbeitsvertrag eingeschränkt ist.[1841] Hierfür kann der Arbeit-

[1831] Barrein/Fuhlrott NZA 2024, 1377 (1380).
[1832] BAG 26.8.1993 – 2 AZR 154/93, AP BGB § 626 Nr. 112 unter B I 1c cc; 17.6.2003 – 2 AZR 123/02, AP ZPO 1977 § 543 Nr. 13 unter II 2b bb; 8.9.2021 – 5 AZR 149/21, NZA 2022, 39 Rn. 15.
[1833] LAG Köln 1.12.2022 – 6 Sa 583/22, BeckRS 2022, 55330.
[1834] BAG 26.8.1993 – 2 AZR 154/93, AP BGB § 626 Nr. 112 unter B I 1c cc.
[1835] LAG Schleswig-Holstein 29.1.2002 – 3 Sa 556/01, BeckRS 2002, 30794820.
[1836] BAG 31.1.1985 – 2 AZR 486/83, NZA 1986, 138; 21.5.1992 – 2 AZR 10/92, NZA 1993, 115; 13.3.2008 – 2 AZR 88/07, AP KSchG 1969 § 1 Nr. 87; ErfK/Niemann BGB § 626 Rn. 69; Staudinger/Temming (2025) BGB § 626 Rn. 138; HWK/Quecke Rn. 223; KR/Rachor Rn. 469; MHdB ArbR/Zimmermann § 114 Rn. 8; zum Inaussichtstellen künftiger Arbeitsverweigerung Rumpenhorst NZA 1995, 111.
[1837] Bspw. BAG 22.10.2015 – 2 AZR 569/14, AP BGB § 626 Nr. 256 Rn. 22 mAnm Schwarze; 29.1.2016 – 2 AZR 449/15, AP BGB § 626 Nr. 257 Rn. 29; 14.12.2017 – 2 AZR 86/17, NZA 2018, 646 Rn. 29.
[1838] BAG 9.5.1996 – 2 AZR 387/95, AP BGB § 273 Nr. 5; 21.11.1996 – 2 AZR 357/95, AP BGB § 626 Nr. 130.
[1839] BAG 9.6.2011 – 2 AZR 284/10, AP KSchG 1969 § 1 Verhaltensbedingte Kündigung Nr. 64.
[1840] BAG 30.3.2000 – 6 AZR 680/98, AP BAT-O § 15 Nr. 2.
[1841] BAG 5.4.2001 – 2 AZR 580/99, AP BetrVG 1972 § 99 Einstellung Nr. 32; 2.2.2006 – 2 AZR 222/05, AP KSchG 1969 § 1 Verhaltensbedingte Kündigung Nr. 52; HK-KSchG/Dorndorf Rn. 732; HaKo-KSchR/Zimmermann Rn. 372.

geber auch auf **Künstliche Intelligenz** zurückgreifen. Durch das Direktionsrecht (§ 106 GewO) wird der arbeitsvertragliche Pflichtenkreis nicht erweitert, sondern lediglich konkretisiert.[1842] An eine **unbillige Weisung** ist der Arbeitnehmer **nicht gebunden.** Das BAG hat seine zwischenzeitlich vertretene **gegenteilige Auffassung**[1843] mittlerweile zu Recht wieder **aufgegeben.**[1844] In Not- und Katastrophenfällen ist der Arbeitnehmer allerdings verpflichtet, andere Tätigkeiten als vereinbart oder Mehrarbeit zu leisten.[1845] IÜ muss der Arbeitnehmer nach einer vom Arbeitgeber behaupteten Beendigung des Arbeitsverhältnisses keine Arbeitsleistung mehr erbringen, sodass keine Arbeitsverweigerung vorliegt, wenn er nach dem Ablauf der Kündigungsfrist bis zum Eintritt der Rechtskraft der Entscheidung in einem Kündigungsschutzprozess davon absieht, tätig zu werden.[1846]

An einer rechtswidrigen Arbeitsverweigerung fehlt es, wenn der Arbeitnehmer **berechtigterweise von einem Zurückbehaltungsrecht Gebrauch gemacht** hat.[1847] Dies ist dann der Fall, wenn am Arbeitsplatz durch die Überschreitung bestimmter Konzentrations- oder Toleranzwerte eine **unmittelbare Gefahr für Leben und Gesundheit** des Arbeitnehmers besteht. Gleiches gilt, wenn der Arbeitgeber die vorgeschriebenen Messungen nicht vornimmt.[1848] Geht die Gefährdung des Arbeitnehmers davon aus, dass er in gefahrstoffbelasteten Räumen arbeitet, ergibt sich das Zurückbehaltungsrecht aus §§ 273 Abs. 1, 618 Abs. 1 BGB.[1849] Daneben kann auch ein **Entfernungsrecht gem. § 9 Abs. 3 ArbSchG** bestehen. Eine Kündigung wegen Arbeitsverweigerung kommt hier wegen des Vorliegens eines gesetzlichen Rechtfertigungsgrundes nicht in Betracht. Allerdings berechtigen Bagatellverstöße gegen öffentlich-rechtliche Arbeitsschutznormen den Arbeitnehmer noch nicht zur Arbeitsverweigerung.[1850] Dagegen scheidet eine Kündigung aus, wenn der Arbeitnehmer die Arbeit verweigert, weil der Arbeitgeber das **Persönlichkeitsrecht des Arbeitnehmers** in erheblicher Weise verletzt und mit weiteren Verletzungen zu rechnen ist, wobei insoweit neben § 273 Abs. 1 BGB auch ein Leistungsverweigerungsrecht nach § 275 Abs. 3 BGB in Betracht kommt.[1851] Für ein Zurückbehaltungsrecht genügt aber nicht die pauschale Berufung auf einen „Mobbingsachverhalt".[1852] Weiter ist der Arbeitnehmer befugt, wegen **offenstehender Vergütungsansprüche** ein Zurückbehaltungsrecht hinsichtlich der Erbringung von Arbeitsleistungen auszuüben.[1853] Das Zurückbehaltungsrecht besteht indes nicht, wenn der Lohnrückstand verhältnismäßig geringfügig ist (§ 320 Abs. 2 BGB analog),[1854] nur eine kurzfristige Verzögerung eintritt, dem Arbeitgeber ein unverhältnismäßig hoher Schaden entsteht oder der Lohnanspruch auf andere Weise gesichert ist.[1855] In allen Fällen eines Zurückbehaltungsrechts muss der Arbeitneh- 583

1842 BAG 12.4.1973 – 2 AZR 291/72, AP BGB § 611 Direktionsrecht Nr. 24 mAnm Schnorr v. Carolsfeld; vgl. zum Direktionsrecht → § 2 Rn. 31 ff.

1843 BAG 22.2.2012 – 5 AZR 249/11, AP BGB § 615 Nr. 127 Rn. 24.

1844 BAG 18.10.2017 – 10 AZR 330/16, AP GewO § 106 Nr. 38 mAnm Schmitt-Rolfes; s. a. BAG 14.9.2017 – 5 AS 7/17, AP GewO § 106 Nr. 37.

1845 ArbG Leipzig 4.2.2003 – 7 Ca 6866/02, DB 2003, 1279.

1846 BAG 23.5.2013 – 2 AZR 54/12, AP BGB § 23 Nr. 50 Rn. 39.

1847 BAG 9.5.1996 – 2 AZR 387/95, AP BGB § 273 Nr. 5; 13.3.2008 – 2 AZR 88/07, AP KSchG 1969 § 1 Nr. 87; 29.1.2016 – 2 AZR 449/15, AP BGB § 626 Nr. 257 Rn. 51 ff.

1848 BAG 2.2.1994 – 5 AZR 273/93, AP BGB § 273 Nr. 4.

1849 BAG 8.5.1996 – 5 AZR 315/95, AP BGB § 618 Nr. 23; 19.2.1997 – 5 AZR 982/94, AP BGB § 618 Nr. 24 unter teilweiser Aufgabe der in BAG 2.2.1994 – 5 AZR 273/93, AP BGB § 273 Nr. 4, aufgestellten Rechtsgrundsätze.

1850 BAG 28.6.2018 – 2 AZR 436/17, NZA 2018, 1259 Rn. 23.

1851 Zu beiden Ansätzen s. BAG 22.10.2015 – 2 AZR 569/14, AP BGB § 626 Nr. 256 Rn. 25 ff. u. 36 ff. mAnm Schwarze.

1852 BAG 13.3.2008 – 2 AZR 88/07, AP KSchG 1969 § 1 Nr. 87.

1853 BAG 25.10.1984 – 2 AZR 417/83, AP BGB § 273 Nr. 3; 9.5.1996 – 2 AZR 387/95, AP BGB § 273 Nr. 5.

1854 ArbG Hannover 11.12.1996 – 9 Ca 138/96, EzA § 273 BGB Nr. 6: 1,5 Monatsverdienste sind erheblich; LAG Thüringen 19.1.1999 – 5 Sa 895/97, LAGE § 273 BGB Nr. 1: 60 % eines Monatsverdienstes sind erheblich; LAG Nürnberg 1.6.2021 – 7 Sa 473/20, BeckRS 2021, 24375 Rn. 57 ff.: Betrag von deutlich unter einem Bruttomonatsgehalt ist unerheblich; 12.9.2023 – 7 Sa 8/23, BeckRS 2023, 40493 Rn. 73 ff.

1855 Einzelheiten bei HWK/Krause BGB § 614 Rn. 12 ff.

mer dem Arbeitgeber die geltend gemachte Gegenforderung klar und eindeutig mitteilen, damit dieser den erhobenen Anspruch überprüfen und ggf. erfüllen kann.[1856]

584 Die Arbeitsverweigerung kann **im Einzelfall gerechtfertigt** sein, wenn sich etwa eine Arbeitnehmerin gegenüber der bestehenden Arbeitspflicht auf eine **Pflichtenkollision** wegen der Personensorge für ihr Kind (§ 1627 BGB) und damit auf ein Leistungsverweigerungsrecht (§ 275 Abs. 3 BGB) beruft.[1857] Ein solches Leistungsverweigerungsrecht kommt jedoch nur dann in Betracht, wenn die eingetretene Pflichtenkollision tatsächlich zu einer Zwangslage geführt hat und diese Zwangslage vom Arbeitnehmer nicht verschuldet ist. Hierfür ist der Arbeitnehmer darlegungspflichtig. Nach den Grundsätzen der abgestuften Darlegungs- und Beweislast kann sich der Arbeitgeber im Kündigungsschutzprozess zunächst darauf beschränken, den objektiven Tatbestand einer Pflichtverletzung darzulegen. Hierzu hat sich der Arbeitnehmer gem. § 138 Abs. 2 ZPO zu erklären und die Rechtfertigungs- bzw. Entschuldigungsgründe konkret vorzutragen.[1858] Liegen die Voraussetzungen des § 45 Abs. 3 S. 1 SGB V für eine Freistellung zur Pflege oder Begleitung eines erkrankten Kindes vor und verweigert der Arbeitgeber rechtswidrig die Freistellung des Arbeitnehmers, kann die Kündigung auch gegen das Maßregelungsverbot des § 612a BGB verstoßen und unwirksam sein.[1859]

585 Zu einer berechtigten Arbeitsverweigerung kann es auch aus **Glaubens- oder Gewissensgründen** kommen. Das BAG berücksichtigt das Grundrecht gem. Art. 4 Abs. 1 GG allerdings bereits bei der Ausübung des Weisungsrechts. Danach kann das Beharren des Arbeitgebers auf einer Vertragserfüllung ermessensfehlerhaft iSd § 106 S. 1 GewO iVm Art. 4 Abs. 1 GG sein.[1860] Fehlt es an einer wirksamen und damit verbindlichen Weisung, kann der Arbeitnehmer durch seine Weigerung, eine bestimmte Tätigkeit auszuführen, auch keine vertraglichen Pflichten verletzen. Demgegenüber ist es konstruktiv überzeugender, dem Arbeitnehmer das **Leistungsverweigerungsrecht nach § 275 Abs. 3 BGB** zuzubilligen, falls sich der Glaubens- oder Gewissenskonflikt unmittelbar auf die arbeitsvertraglich geschuldete Tätigkeit bezieht,[1861] während auf § 106 S. 1 GewO iVm Art. 4 Abs. 1 GG nur dann zurückzugreifen ist, wenn es um die Modalitäten der Arbeitserfüllung wie etwa Bekleidungsanordnungen geht, die mit religiösen Vorschriften kollidieren (→ Rn. 328, 646 f.). Sofern der Arbeitnehmer das Leistungsverweigerungsrecht gem. § 275 Abs. 3 BGB wirksam geltend macht, scheidet eine verhaltensbedingte Kündigung aus. Allerdings kommt stattdessen eine personenbedingte Kündigung in Betracht (→ Rn. 329 ff.). Beruft sich der Arbeitnehmer iErg zu Unrecht auf seine Glaubens- oder Gewissensfreiheit, was trotz des subjektiven Maßstabs (→ Rn. 326) etwa denkbar ist, wenn der Arbeitnehmer einen Konflikt nicht plausibel machen kann oder er sich sehenden Auges in einen Konflikt mit seiner Arbeitspflicht hineinbegibt, liegt eine Pflichtverletzung vor, so dass es um eine verhaltensbedingte Kündigung geht. Dasselbe ist anzunehmen, wenn die glaubensbasierte Arbeitsverweigerung auf eine unzulässige **Diskriminierung Dritter** hinausläuft.[1862]

586 Kommt der Arbeitnehmer dem rechtmäßig ausgeübten Direktionsrecht des Arbeitgebers nicht nach, stellt dies ein vertragswidriges Verhalten dar. Glaubt der Arbeitneh-

---

[1856] BAG 22.10.2015 – 2 AZR 569/14, AP BGB § 626 Nr. 256 Rn. 37 mAnm Schwarze; 29.1.2016 – 2 AZR 449/15, AP BGB § 626 Nr. 257 Rn. 52.

[1857] BAG 21.5.1992 – 2 AZR 10/92, AP KSchG 1969 § 1 Verhaltensbedingte Kündigung Nr. 29; ausf. Treichel NZA 2016, 459 ff.

[1858] BAG 21.5.1992 – 2 AZR 10/92, AP KSchG 1969 § 1 Verhaltensbedingte Kündigung Nr. 29.

[1859] So LAG Köln 13.10.1993 – 7 Sa 690/93, LAGE § 612a BGB Nr. 5; näher zur Unwirksamkeit von Kündigungen bei Verstößen gegen § 612a BGB APS/Linck BGB § 612a Rn. 17 ff.

[1860] BAG 20.12.1984 – 2 AZR 436/83, NZA 1986, 21; 24.5.1989 – 2 AZR 285/88, NZA 1990, 144; 22.5.2003 – 2 AZR 426/02, AP KSchG 1969 § 1 Wartezeit Nr. 18; 24.2.2011 – 2 AZR 636/09, NZA 2011, 1087; ebenso LAG Hamm 8.11.2007 – 15 Sa 271/07, LAGE Art. 4 GG Nr. 5.

[1861] Vgl. Schaub ArbR-HdB/Linck § 45 Rn. 48; Richardi SAE 1012, 7 (9 f.): Scholl BB 2012, 53 (54).

[1862] S. EGMR 15.1.2013 – 48420/10 ua, NJW 2014, 1935 – Eweida ua/United Kingdom (Weigerung eines Umgangs mit gleichgeschlechtlichen Partnerschaften).

mer hierzu berechtigt zu sein, so trägt er das Risiko des **Irrtums über die Rechtslage.**[1863] Für die Reichweite der Arbeitspflicht ist nämlich die objektive Rechtslage maßgeblich.[1864] Macht der Arbeitnehmer einen unverschuldeten Rechtsirrtum geltend, muss er nachweisen, dass er sich besonders sorgfältig über die Rechtslage hinsichtlich der Berechtigung des von ihm eingenommenen Rechtsstandpunktes informiert hat.[1865] In diesem Fall hat er konkret vorzutragen, wie und bei wem er sich nach der Rechtslage erkundigt und welche Auskünfte er erhalten hat. Der Arbeitnehmer kann sich auf einen unverschuldeten Rechtsirrtum nur dann berufen, wenn er mit einem Unterliegen im Rechtsstreit nach sorgfältiger Prüfung der Sach- und Rechtslage nicht zu rechnen brauchte.[1866] Der Rechtsirrtum kann dann bereits einer negativen Prognose entgegenstehen und zur Unwirksamkeit der Kündigung führen. Der Umstand, dass der Rechtsirrtum auf falsche anwaltliche Beratung zurückgeht und für den Arbeitnehmer unverschuldet ist, führt aber dann nicht zur Unwirksamkeit der Kündigung, wenn die Pflichtverletzung besonders schwer wiegt und die Gefahr ihrer Fortdauer bzw. Wiederholung besteht.[1867]

Wird ein Arbeitnehmer in individualrechtlich zulässiger Weise, aber **unter Verletzung des Mitbestimmungsrechts** des Betriebsrats nach § 99 BetrVG auf einen anderen Arbeitsplatz **versetzt,** ist der Arbeitnehmer nach Auffassung des BAG berechtigt, die Beschäftigung auf dem neuen Arbeitsplatz zu verweigern.[1868] Diese Auffassung steht in Einklang mit der Rspr. des BAG, wonach betriebsverfassungswidrige Versetzungen nach § 134 BGB unwirksam sind.[1869] Dabei wird aber nicht hinreichend beachtet, dass die betriebsverfassungsrechtliche Versetzung von der zugrunde liegenden individualrechtlichen Regelung zu trennen ist.[1870] **587**

Betriebsverfassungsrechtlich ist die Versetzung nur der **tatsächliche Vorgang** der Veränderung des Arbeitsbereichs, ohne dass es auf den individualrechtlichen Akt (arbeitsvertragliche Weisung, Änderungsvertrag oder Änderungskündigung) ankäme; daher bleibt auch die einverständliche Versetzung mitbestimmungspflichtig. Demzufolge kann auch die tatsächliche Zuweisung eines anderen Arbeitsbereichs rechtlich nicht unwirksam sein. Unwirksam kann lediglich der individualrechtliche Akt sein, also bspw. die nach § 106 GewO unwirksame Ausübung des Direktionsrechts.[1871] Dass das Zustimmungserfordernis zur Versetzung nach § 99 BetrVG keine Wirksamkeitsvoraussetzung für die personelle Einzelmaßnahme ist, zeigt sich darin, dass in § 101 BetrVG als Sanktion für ein betriebsverfassungswidriges Verhalten des Arbeitgebers dem Betriebsrat lediglich die Möglichkeit eingeräumt wurde, die Aufhebung der betriebsverfassungswidrigen Maßnahme beim Arbeitsgericht zu beantragen. Im Gegensatz zu § 102 Abs. 1 BetrVG enthält § 99 BetrVG keine individualrechtliche Rechtsfolge. **588**

Ist daher die Zuweisung einer anderen Arbeit **individualrechtlich zulässig,** kann der Arbeitnehmer entgegen der Auffassung des BAG nicht unter Hinweis auf einen möglichen Verstoß gegen § 99 BetrVG die Arbeit verweigern. Eine betriebsverfassungswidrige **589**

[1863] BAG 12.4.1973 – 2 AZR 291/72, AP BGB § 611 Direktionsrecht Nr. 24; 29.11.1983 – 1 AZR 469/82, NZA 1984, 34; 29.8.2013 – 2 AZR 273/12, AP BGB § 626 Nr. 245 Rn. 32; 14.12.2017 – 2 AZR 86/17, NZA 2018, 646 Rn. 29; LAG Düsseldorf 25.1.1993 – 19 Sa 1360/92, LAGE § 626 BGB Nr. 70; LAG Berlin 17.5.1993 – 9 Sa 141/92, LAGE § 626 BGB Nr. 72; LAG Hessen 13.6.1995 – 9 Sa 2054/94, LAGE § 1 KSchG Verhaltensbedingte Kündigung Nr. 49; Berkowsky NZA-RR 2001, 1 (8); ausf. Kliemt/Vollstädt NZA 2003, 357.

[1864] BAG 29.8.2013 – 2 AZR 273/12, AP BGB § 626 Nr. 245 Rn. 32; 22.10.2015 – 2 AZR 569/14, AP BGB § 626 Nr. 256 Rn. 22 mAnm Schwarze.

[1865] BAG22.10.2015 – 2 AZR 569/14, AP BGB § 626 Nr. 256 Rn. 43 mAnm Schwarze; LAG Berlin 6.12.1993 – 9 Sa 12/93, LAGE § 1 KSchG Verhaltensbedingte Kündigung Nr. 42.

[1866] BAG 29.8.2013 – 2 AZR 273/12, AP BGB § 626 Nr. 245 Rn. 34; 22.10.2015 – 2 AZR 569/14, AP BGB § 626 Nr. 256 Rn. 43 mAnm Schwarze; LAG Nürnberg 11.4.2016 – 2 Sa 502/15, BeckRS 2016, 69456 Rn. 60.

[1867] LAG Düsseldorf 29.8.2001 – 12 Sa 827/01, AnwBl 2002, 607.

[1868] So BAG 30.9.1993 – 2 AZR 283/93, NZA 1994, 615; 17.2.1998 – 9 AZR 130/97, AP BGB § 618 Nr. 27; 7.11.2002 – 2 AZR 650/00, AP BGB § 615 Nr. 98; LAG Baden-Württemberg 10.1.1985 – 11 Sa 104/84, NZA 1985, 326; DD/Deinert Rn. 392; HK-KSchG/Dorndorf Rn. 734; KR/Rachor Rn. 470.

[1869] BAG 26.1.1988 – 1 AZR 531/86, AP BetrVG 1972 § 99 Nr. 50.

[1870] Näher v. Hoyningen-Huene/Boemke, Die Versetzung, 1991, 195 ff.; Stoffels/Lembke BetrVR § 16 Rn. 87.

[1871] Dazu v. Hoyningen-Huene NZA 1993, 145 ff.; Anm. zu BAG 30.9.1993 – 2 AZR 283/93, AR-Blattei ES 1700 Nr. 21.

personelle Einzelmaßnahme berührt die individualrechtliche Stellung des betroffenen Arbeitnehmers nicht. Eine verhaltensbedingte Kündigung wegen Arbeitsverweigerung wäre in diesem Fall daher nicht ausgeschlossen.[1872]

590 IErg ebenso beurteilt das BAG die Rechtsfolgen der **fehlenden Zustimmung des Betriebsrats zu einer Einstellung.**[1873] Da das Mitbestimmungsrecht bei der Einstellung dem Schutz kollektiver Interessen diene und grds. nicht der Wahrung der Interessen des betroffenen Arbeitnehmers,[1874] sei der Arbeitnehmer im Falle einer Zustimmungsverweigerung des Betriebsrats zu der beabsichtigten Einstellung nicht berechtigt, die Arbeitsleistung zu verweigern. Zutreffend weist das BAG darauf hin, dass die verweigerte Zustimmung zur beabsichtigten Einstellung die Wirksamkeit des Arbeitsvertrags unberührt lässt und lediglich ein betriebsverfassungsrechtliches Beschäftigungsverbot begründet. Hierauf kann sich der Arbeitnehmer aber nur berufen, wenn der Betriebsrat selbst nach § 101 BetrVG die Aufhebung der Einstellung betreibt. Fehlt es hieran, steht dem Arbeitnehmer ein Recht zur Arbeitsverweigerung nicht zu.[1875]

10. Außerdienstliches Verhalten

591 Das außerdienstliche Verhalten (zu den Besonderheiten bei Tendenzbetrieben → Rn. 430 ff.) ist **kündigungsrechtlich grds. irrelevant,** weil zwischen dienstlichem und privatem Lebensbereich des Arbeitnehmers regelmäßig klar zu trennen ist und der Arbeitsvertrag nur Rechte und Pflichten des Arbeitsverhältnisses begründet.[1876] Vorgänge im Privatbereich stellen daher nur ausnahmsweise Verletzungen der vertraglichen Rücksichtnahmepflicht nach § 241 Abs. 2 BGB dar, die allein geeignet sind, eine ordentliche Kündigung sozial zu rechtfertigen.[1877]

592 Ist bspw. eine Angestellte, die in der Betreuung und psychologischen Beratung von Familien, Alleinstehenden, Kindern und Jugendlichen in akuten Krisensituationen tätig ist, aktives Mitglied in der **Scientology Organisation,** kann dies eine Kündigung des Anstellungsverhältnisses rechtfertigen.[1878] Dem steht das Verbot der Benachteiligung wegen der Religion oder Weltanschauung nach §§ 1, 7 Abs. 1 AGG nicht entgegen, weil es sich bei der Scientology Organisation nicht um eine Religionsgemeinschaft handelt.[1879]

593 Den Arbeitnehmer trifft grds. keine arbeitsvertragliche Pflicht zu einem ordentlichen **gesitteten Lebenswandel.**[1880] Nach dem Wegfall des Kündigungsgrundes „liederlicher Lebenswandel" in § 123 Abs. 1 Nr. 2 GewO im Jahre 1969 ist Kündigungen wegen außerehelicher Schwangerschaft oder intimen Beziehungen zwischen volljährigen Mitarbeitern und Mitarbeiterinnen der Boden entzogen.[1881] Lediglich dann, wenn durch die intimen Beziehungen von Arbeitskollegen die Arbeitsleistung oder die betriebliche Zu-

---

[1872] Ausf. v. Hoyningen-Huene/Boemke, Die Versetzung, 1991, 197 ff.

[1873] BAG 5.4.2001 – 2 AZR 580/99, AP BetrVG 1972 § 99 Einstellung Nr. 32.

[1874] Offengelassen von BAG 28.3.2000 – 1 ABR 16/99, AP BetrVG 1972 § 99 Einstellung Nr. 27.

[1875] BAG 5.4.2001 – 2 AZR 580/99, AP BetrVG 1972 § 99 Einstellung Nr. 32.

[1876] Vgl. DD/Däubler Rn. 750; HK-KSchG/Dorndorf Rn. 808; MüKoBGB/Hergenröder Rn. 281; ErfK/Niemann BGB § 626 Rn. 82; Otto, Personale Freiheit und soziale Bindung, 1978, 63; PVT Kündigung/Preis Rn. 731; Prinzipien Rn. 1135 ff.; KR/Rachor Rn. 489; LSSW/Schlünder Rn. 211.

[1877] Ascheid KSchR Rn. 135; Dütz Anm. zu BAG 20.9.1984 – 2 AZR 633/82, EzA § 626 BGB nF Nr. 91; ausf. Zu den einzelnen Nebenpflichten des Arbeitnehmers Staudinger/Fischinger (2022) BGB § 611a Rn. 1205 ff.; MüKoBGB/Spinner § 611a Rn. 993 ff.

[1878] LAG Berlin 11.6.1997 – 13 Sa 19/97, LAGE § 626 BGB Nr. 112 = NZA-RR 1997, 422.

[1879] BAG 22.3.1995 – 5 AZB 21/94, AP ArbGG 1979 § 5 Nr. 21; im Schrifttum zum AGG wird allerdings auf teilweise abweichende Bewertungen in anderen Ländern hingewiesen, vgl. Bauer/Krieger/Günther, AGG/EntgTranspG, 5. Aufl. 2018, AGG § 1 Rn. 33; Thüsing, Arbeitsrechtlicher Diskriminierungsschutz, 2. Aufl. 2013, Rn. 184 ff.

[1880] LAG Berlin 3.11.1964 – 3 Sa 118/64, DB 1965, 1291; LAG Baden-Württemberg 3.4.1967 – 4 Sa 13/67, BB 1967, 757 zu einer außerordentlichen Kündigung; HK-KSchG/Dorndorf Rn. 819; MüKoBGB/Hergenröder Rn. 281; KR/Rachor Rn. 492.

[1881] LAG Düsseldorf 24.2.1969 – 11 Sa 60/69, DB 1969, 667; Otto, Personale Freiheit und soziale Bindung, 1978, 71 ff. mwN.

sammenarbeit konkret gestört werden, oder das Verhältnis zwischen Vorgesetzten und Auszubildenden bzw. jugendlichen Mitarbeitern besteht, kommt eine Kündigung in Betracht.[1882] **Spielbankbesuche** des Zweigstellenleiters einer Bank stellen keinen Kündigungsgrund dar, sofern sie ohne Auswirkungen auf das Arbeitsverhältnis bleiben.[1883] Ein Kündigungsgrund liegt ferner nicht vor, wenn sich eine Arbeitnehmerin in einer **„softpornographischen" Zeitschrift** („Praline") unbekleidet ablichten lässt.[1884] Die Kündigung eines Mitarbeiters eines Wehrtechnikunternehmens, die darauf gestützt wird, dass er seine chinesische Lebensgefährtin geheiratet hat und nunmehr ein **Sicherheitsrisiko** darstelle, ist nicht nur nicht sozial gerechtfertigt, sondern sogar gem. § 138 BGB iVm Art. 6 Abs. 1 GG sittenwidrig.[1885]

Für den **öffentlichen Dienst** war früher in § 8 Abs. 1 S. 1 BAT die Pflicht des Angestellten normiert, sich so zu verhalten, wie es von Angehörigen des öffentlichen Dienstes erwartet wird, was sich auch auf das außerdienstliche Verhalten bezog. Durch § 41 S. 1 TVöD/§ 3 Abs. 1 S. 1 TV-L haben die Tarifvertragsparteien diesen besonderen Pflichtenmaßstab aufgegeben und das Arbeitsverhältnis der Arbeitnehmer des öffentlichen Dienstes nunmehr in eine weitgehend **normale Leistungsaustauschbeziehung** umgestaltet.[1886] Im Ausgangspunkt gelten daher die gleichen Grundsätze wie in der Privatwirtschaft.[1887] Allerdings kann auch ein außerdienstliches Verhalten die berechtigten Interessen des Arbeitgebers beeinträchtigen und damit gegen die vertragliche Rücksichtnahmepflicht nach § 241 Abs. 2 BGB verstoßen. Insoweit nimmt das BAG nach wie vor mit Recht an, dass die Öffentlichkeit das Verhalten eines öffentlichen Bediensteten mit einem strengeren Maßstab misst als das Verhalten privat Bediensteter. Wenn ein wegen **Zuhälterei** verurteilter Arbeitnehmer seine Tat auf sein angeblich zu geringes Einkommen im öffentlichen Dienst zurückführt, verletzt er in erheblichem Maße das Integritätsinteresse seines Arbeitgebers und kann daher – auch ohne eine vorige Abmahnung – ordentlich gekündigt werden. Betreibt eine Grundschullehrerin ca. 70 km vom Schulort entfernt einen **„Swingerclub" (Partnertauschclub)** einschließlich sexueller Betätigung in diesem Club, rechtfertigt dies nach Auffassung des LAG Hamm allerdings selbst unter dem früheren Maßstab des § 8 Abs. 1 S. 1 BAT keine Kündigung.[1888] 594

Im Hinblick auf **politische Loyalitätspflichten** gelten für Angehörige des öffentlichen Dienstes gem. § 41 S. 2 TVöD/§ 3 Abs. 1 S. 2 TV-L trotz Aufhebung von § 8 Abs. 1 S. 1 BAT nach wie vor **strengere Grundsätze** als für Arbeitnehmer in der Privatwirtschaft, auch wenn die „einfache" politische Treuepflicht nicht an die beamtenrechtliche Treuepflicht heranreicht.[1889] Dementsprechend kann die Verantwortung für die **Verbreitung ausländerfeindlicher Pamphlete** einen außerordentlichen Kündigungsgrund darstellen.[1890] Trägt der Arbeitnehmer seinen Dienstausweis sichtbar auf einer politischen Demonstration, verletzt er damit die ihm obliegenden Loyalitäts- und Rücksichtnahmepflicht, wenn der Arbeitgeber bereits verdeutlicht hat, dass er mit den (radikalen) politischen Aktivitäten und Ansichten des Mitarbeiters nicht in Verbindung gebracht 595

[1882] Vgl. HK-KSchG/Dorndorf Rn. 820; KR/Rachor Rn. 492; ausf. Deinert/Kolle AuR 2006, 177.

[1883] LAG Hamm 14.1.1998 – 3 Sa 1087/97, LAGE § 626 BGB Nr. 119.

[1884] ArbG Passau 11.12.1997 – 2 Ca 711/97, NZA 1998, 427.

[1885] LAG Schleswig-Holstein 22.6.2011 – 3 Sa 95/11, AuR 2011, 374.

[1886] BAG 10.9.2009 – 2 AZR 257/08, AP KSchG 1969 § 1 Verhaltensbedingte Kündigung Nr. 60; 28.10.2010 – 2 AZR 293/09, AP KSchG 1969 § 1 Verhaltensbedingte Kündigung Nr. 62; 20.6.2013 – 2 AZR 583/12, KSchG 1969 § 1 Nr. 93 Rn. 25; Bredendieck/Fritz/Tewes ZTR 2005, 230 (237); Bröhl ZTR 2006, 174 (177).

[1887] Tendenziell weitergehend v. Hoyningen-Huene/Linck, 14. Aufl. 2007.

[1888] LAG Hamm 19.1.2001 – 5 Sa 491/00, AuR 2002, 433. S. a. EGMR 13.2.2025 – 56310/15, NLMR 2025, 57 – P./Polen, zur Bedeutung von Art. 10 EMRK bei Kündigung eines Lehrers wegen erotischer Blogeinträge über die eigene Homosexualität.

[1889] BAG 6.9.2012 – 2 AZR 372/11, NZA-RR 2013, 441 Rn. 16 f.; s. a. BAG 12.5.2011 – 2 AZR 479/09, NZA-RR 2012, 43 Rn. 28.

[1890] Vgl. (aus der älteren Rspr. und Lit.) BAG 14.2.1996 – 2 AZR 274/95, AP BGB § 626 Verdacht strafbarer Handlung Nr. 26; zu weiteren Beispielen vgl. Lansnicker/Schwirtzek DB 2001, 865; Polzer/Powietzka NZA 2000, 970 (974 f.); Scheuring ZTR 1999, 387 mwN.

werden will, sodass nach Abmahnung ein Kündigungsgrund vorliegt.[1891] Bezeichnet ein Arbeitnehmer des öffentlichen Dienstes in einer außerdienstlich verfassten und ua im Internet verbreiteten Pressemitteilung die **Anschläge des 11.9.2001 als „längst überfällige Befreiungsaktion"**, billigt er damit die Terroranschläge. Ein derartiges Verhalten ist als ein Angriff auf die Menschenwürde der Opfer und ihrer Hinterbliebenen zu bewerten. Der Arbeitgeber ist daher berechtigt, das Arbeitsverhältnis ohne vorherige Abmahnung wegen des hierdurch entstandenen Vertrauensverlustes zu kündigen.[1892] Eine **Bewährungshelferin,** die einen vom Hafturlaub nicht zurückgekehrten Verurteilten für ein Wochenende in ihre Wohnung aufnimmt und intime Beziehungen zu ihm pflegt, kann ordentlich gekündigt werden, auch wenn sie nicht selbst die Bewährungshelferin des Verurteilten ist.[1893] Eine **Steuerhinterziehung** in erheblicher Höhe ist bei einem Angestellten einer Finanzbehörde als wichtiger Grund zur fristlosen Kündigung an sich auch dann geeignet, wenn der Angestellte die Hinterziehung gem. § 371 AO selbst angezeigt hat.[1894] Begeht ein im öffentlichen Dienst Beschäftigter ein **vorsätzliches Tötungsdelikt,** das zu einer Verurteilung zu einer Freiheitsstrafe von zwei Jahren auf Bewährung geführt hat, ist es dem öffentlichen Arbeitgeber in der Regel unzumutbar, den Arbeitnehmer weiterzubeschäftigen, und zwar auch dann, wenn der Arbeitnehmer tariflich unkündbar ist.[1895]

596 Die **DKP-Zugehörigkeit** eines Arbeitnehmers im öffentlichen Dienst und die damit verbundenen Aktivitäten sind nach der Rspr. nur dann kündigungsrelevant, wenn hierdurch das Arbeitsverhältnis konkret beeinträchtigt wird. Erforderlich sind dabei Störungen im Arbeitsablauf, im Bereich der Verbundenheit der in der Dienststelle beschäftigten Mitarbeiter oder im persönlichen Vertrauensbereich.[1896] Dies ist iErg zutreffend, weil sich auch Angestellte des öffentlichen Dienstes in ihrem Gesamtverhalten zur freiheitlich demokratischen Grundordnung bekennen müssen.[1897] Für eine Kündigung bedarf es allerdings letztlich einer Verfolgung oder aktiven Unterstützung verfassungsfeindlicher Ziele, wobei im Einzelfall sogar ein Eignungsmangel und damit eine personenbedingte Kündigung (→ Rn. 278) statthaft ist (im konkreten Fall **Einsatz für die NPD** und ein damit verbundener **Aufruf zu einem gewaltsamen Volksaufstand**), während es nicht genügt, dass der Arbeitnehmer verfassungsfeindliche Ansichten lediglich passiv „für richtig hält".[1898] Ebenso wenig reicht der – wenn auch dringende – **Verdacht der Mitgliedschaft** eines Arbeitnehmers **in einer terroristischen Vereinigung („Islamischer Staat")**, sofern keine konkrete Beeinträchtigung des Arbeitsverhältnisses vorliegt.[1899] Dasselbe gilt iErg, wenn ein Lehrer im schulischen Umfeld zwar **rechtsextremistische Tattoos** zur Schau trägt, der Arbeitgeber aber in der Anhörung des Personalrats selbst darauf hingewiesen hat, dass sich der Arbeitnehmer eindeutig vom nationalsozialistischen Gedankengut distanziert habe.[1900]

597 Eine verhaltensbedingte Kündigung ist weiter möglich, wenn ein **Vorgesetzter im öffentlichen Dienst** außerhalb der Dienstzeiten und Diensträume mit Stellenbewerbern ohne sachlichen Grund in den Abendstunden auf seine Veranlassung hin **in einem Sauna-**

[1891] LAG Nürnberg 11.8.2017 – 6 Sa 76/17, BeckRS 2017, 125518 Rn. 61.

[1892] LAG Schleswig-Holstein 6.8.2002 – 2 Sa 150/02, NZA-RR 2004, 351; aA LAG Nürnberg 13.1.2004 – 6 Sa 128/03, NZA-RR 2004, 347; s. a. LAG Düsseldorf 8.10.2024 – 3 LSa 313/24, NZA-RR 2025, 256 = Kündigung wegen antisemitischer Äußerungen auf Facebook in Privatwirtschaft unwirksam.

[1893] LAG Sachsen 17.12.1997 – 2 Sa 648/97, LAGE § 1 KSchG Verhaltensbedingte Kündigung Nr. 61.

[1894] BAG 21.6.2001 – 2 AZR 325/00, AP BAT § 54 Nr. 5.

[1895] BAG 8.6.2000 – 2 AZR 638/99, AP BGB § 626 Nr. 163; s. aber auch BAG 10.3.1977 – 4 AZR 675/75, AP ZPO § 313 Nr. 9: Zweifel an außerordentlicher Kündigung eines Arbeitnehmers, der Frau und Kind erschießt und anschließend erfolglos einen Selbstmordversuch begeht.

[1896] BAG 6.6.1984 – 7 AZR 456/82, AP KSchG 1969 § 1 Verhaltensbedingte Kündigung Nr. 11; 20.7.1989 – 2 AZR 114/87, AP KSchG 1969 § 1 Sicherheitsbedenken Nr. 2; s. a. EGMR 26.9.1995 – 7/1994/454/535, NJW 1996, 375 – Vogt/Deutschland; Preis/Stoffels RdA 1996, 210 ff.

[1897] BAG 13.10.1988 – 6 AZR 144/85, AP BGB § 611 Abmahnung Nr. 4.

[1898] BAG 6.9.2012 – 2 AZR 372/11, NZA-RR 2013, 441 Rn. Rn. 18 ff.

[1899] LAG Niedersachsen 12.3.2018 – 15 Sa 319/17, NZA-RR 2018, 421 (427 ff.). Dazu näher Plum NZA 2019, 497.

[1900] LAG Berlin-Brandenburg 11.12.2019 – 14 Sa 96/19, NZA-RR 2020, 133.

betrieb Bewerbungsgespräche führt. Hierbei wird der dringende Verdacht erweckt, dass nicht nur sachliche Gesichtspunkte bei der Bewerberauswahl maßgeblich sind und damit in hohem Maße gegen die dienstliche Verpflichtung verstoßen, alles zu unterlassen, was in der Öffentlichkeit den Eindruck erweckt, dienstliche Angelegenheiten würden mit zweifelhaften privaten Wünschen verquickt.[1901]

Außerdienstliche Straftaten des Arbeitnehmers sind nur ausnahmsweise geeignet, eine Kündigung zu rechtfertigen.[1902] Entscheidend ist hier, ob der Arbeitnehmer durch das außerdienstliche Verhalten gegen die ihm obliegende Pflicht verstoßen hat, alles zu unterlassen, was das gegenseitige vertragsnotwendige Vertrauen erschüttern kann.[1903] Dies ist offenkundig bei außerdienstlichen **Vermögensdelikten von Kassierern** oder bei **Sexualdelikten von Lehrern oder Erziehern.** Richtigerweise liegt in diesen Fällen allerdings kein verhaltensbedingter Kündigungsgrund vor, sondern ein Grund in der Person des Arbeitnehmers, weil diesem aufgrund der außerdienstlichen Verhaltensweisen die Eignung für die Erfüllung der Arbeitsleistung fehlt.[1904] **Betrügereien und andere erhebliche Vermögensdelikte** im außerdienstlichen Bereich stellen jedenfalls bei einem öffentlich Bediensteten erhebliche (Neben-)Pflichtverletzungen dar und sind deshalb grds. geeignet, eine verhaltensbedingte Kündigung zu rechtfertigen, wenn hierdurch das notwendige Vertrauen in den Arbeitnehmer zerstört wird.[1905] **Haschischkonsum** ohne Auswirkung auf das Arbeitsverhältnis rechtfertigt nach Auffassung des LAG Baden-Württemberg dagegen keine Kündigung.[1906] Nimmt ein **Lkw-Fahrer „harte“ Drogen** ein und führt zwei Tage später ein Fahrzeug des Arbeitgebers, so stellt dies wegen der massiven Gefährdung der Fahrtüchtigkeit eine erhebliche Pflichtverletzung und somit einen Kündigungsgrund dar, ohne dass es darauf ankommt, wie sich der Drogenkonsum konkret auf die Fahrtüchtigkeit ausgewirkt hat.[1907] Die strafrechtliche Verurteilung der **Kassiererin einer Bank** wegen illegaler **Einfuhr und Handels mit Betäubungsmitteln** und die damit festgestellte fehlende Zuverlässigkeit iSd § 14 GwG aF stellt einen wichtigen Grund für eine außerordentliche Kündigung dar.[1908] Fertigt ein **Wachpolizist unerlaubt Partydrogen** an, rechtfertigt dies eine verhaltensbedingte ordentliche Kündigung (zur zusätzlichen Würdigung als personenbedingte Kündigung → Rn. 307).[1909] Steht ein Arbeitnehmer im dringenden Verdacht des **sexuellen Missbrauchs** eines elfjährigen Jungen, ist angesichts der Schwere des Tatvorwurfs regelmäßig von einer nachhaltigen Störung des Betriebsfriedens auszugehen, so dass auch die Kündigung eines Lagerarbeiters, der beruflich nicht mit Jugendlichen zu tun hat, begründet sein kann.[1910] Die außerdienstliche **Teilnahme an Geldwäschegeschäften** durch eine Bankangestellte stellt nach § 241 Abs. 2 BGB die Verletzung einer arbeitsvertraglichen Nebenpflicht dar und kann sogar eine außerordentliche Kündigung rechtfertigen.[1911] **598**

Der **Diebstahl** eines Arbeitnehmers in einem Betrieb eines anderen **Konzernunternehmens** ist keine strafbare Handlung gegen den Arbeitgeber, sondern ein außerdienstliches Fehlverhalten, weil die Konzernbindung des Arbeitgebers den Pflichtenrahmen des Ar- **599**

[1901] LAG Berlin 15.8.1989 – 13 Sa 50/89, LAGE § 1 KSchG Verhaltensbedingte Kündigung Nr. 24.

[1902] BAG 20.9.1984 – 2 AZR 233/83, AP KSchG 1969 § 1 Verhaltensbedingte Kündigung Nr. 13; 10.9.2009 – 2 AZR 257/08, AP KSchG 1969 § 1 Verhaltensbedingte Kündigung Nr. 60; LAG Hamm 15.11.1990 – 7 Sa 942/90, LAGE § 626 BGB Nr. 53.

[1903] So zutr. Dütz Anm. zu BAG 20.9.1984 – 2 AZR 633/82, EzA § 626 BGB nF Nr. 91; ähnlich BAG 20.6.2013 – 2 AZR 583/12, KSchG 1969 § 1 Nr. 93 Rn. 26; 10.4.2014 – 2 AZR 684/13, AP KSchG 1969 § 1 Verhaltensbedingte Kündigung Nr. 72 Rn. 26.

[1904] Vgl. Preis Prinzipien Rn. 1151; KR/Rachor Rn. 546.

[1905] BAG 20.11.1997 – 2 AZR 643/96, AP KSchG 1969 § 1 Nr. 43; HK-KSchG/Dorndorf Rn. 834.

[1906] LAG Baden-Württemberg 19.10.1993 – 11 Ta BV 9/93, NZA 1994, 175, zur außerordentlichen Kündigung eines Zeitungszustellers; auch BAG 18.10.2000 – 2 AZR 131/00, AP BGB § 626 Nr. 169 zum Cannabiskonsum eines Heimerziehers.

[1907] BAG 20.10.2016 – 6 AZR 471/15, AP BGB § 626 Nr. 258 mAnm Arnold/Husemann.

[1908] ArbG Freiburg 28.5.2002 – 13 Ca 82/02, LAGE § 626 BGB Nr. 141a.

[1909] LAG Berlin-Brandenburg 25.10.2011 – 19 Sa 1075/11, BB 2011, 2868.

[1910] LAG Schleswig-Holstein 18.6.2002 – 5 Sa 53a/02, SchlHA 2003, 302.

[1911] LAG Berlin-Brandenburg 23.10.2014 – 21 Sa 800/14, NZA-RR 2015, 241.

beitnehmers grds. nicht konzerndimensional erweitert.[1912] Eine Kündigung ist in diesem Fall daher nur sozial gerechtfertigt, wenn durch den Diebstahl das Vertrauensverhältnis zum Arbeitgeber erheblich beeinträchtigt worden ist. Allgemein kann als Anhaltspunkt dafür, welche strafbaren Handlungen wegen ihrer Schwere und ihres engen Zusammenhangs mit dem Arbeitsverhältnis für eine Kündigung von Bedeutung sind, die Rspr. zur Offenbarung von Vorstrafen bei der Einstellung herangezogen werden.[1913]

11. Bedrohung

600 Die Bedrohung des Arbeitgebers durch den Arbeitnehmer, „ihm die Schnauze einzuschlagen", „ihn kaputt zu schlagen", stellt einen an sich geeigneten Kündigungsgrund iSd § 626 Abs. 1 BGB dar.[1914] Droht ein leitender Mitarbeiter einer Bank dem Arbeitgeber mit Unannehmlichkeiten in der Öffentlichkeit, und zwar durch **Information der Presse** über „Dinge im Zusammenhang mit Luxemburg", um eine Versetzung oder eine in Betracht gezogene Kündigung zu verhindern, lässt er die unverzichtbare Loyalität zur Kooperation mit seinem Arbeitgeber vermissen. Es handelt sich hierbei um eine grobe Pflichtwidrigkeit, durch die das bei einer Führungskraft für die weitere Zusammenarbeit notwendige Vertrauen nachhaltig zerstört wird. In einem solchen Fall kommt eine ordentliche Kündigung auch ohne vorherige Abmahnung in Betracht.[1915] Gleiches gilt, wenn ein Arbeitnehmer dem Arbeitgeber mit der Einreichung eines Schriftsatzes bestimmten Inhalts bei Gericht droht, um den Abschluss eines Vergleichs zu erreichen und in dem Schriftsatz bewusst oder leichtfertig falsche Tatsachenbehauptungen aufgestellt würden oder der darin eingenommene rechtliche Standpunkt gänzlich unvertretbar ist.[1916] Droht ein Arbeitnehmer damit, dass er eine Kündigung „natürlich entsprechend beantworten werde" und in diesem Fall „Detailwissen" hinsichtlich der „desaströsen finanziellen Situation" des Arbeitgebers „zu Verteidigungszwecken notfalls einsetzen" werde, wodurch dieser seinen „guten Ruf" verlieren werde, so rechtfertigt dies eine außerordentliche Kündigung.[1917] Eine außerordentliche Kündigung kommt auch dann in Betracht, wenn der Arbeitnehmer eine **Selbstmord- und Amokdrohung** abgibt, um bestimmte eigene Interessen oder Forderungen durchzusetzen.[1918] Eine **Drohung mit einem externen Whistleblowing** rechtfertigt dagegen dann keine Kündigung, wenn auch das Whistleblowing selbst keine Kündigung legitimieren würde (→ Rn. 552 ff.), es sei denn, dass sich der Arbeitnehmer mit der Drohung persönliche Vorteile verschaffen will. Dasselbe gilt entsprechend für den Hinweis des Arbeitnehmers „auf Rechtsprechung" sowie die Inanspruchnahme anwaltlichen Rates.[1919]

12. Beleidigung und Ehrverletzung

601 **Beleidigungen** oder **Ehrverletzungen gegenüber dem Arbeitgeber, Vorgesetzten oder Kollegen** sind grds. geeignet, eine Kündigung sozial zu rechtfertigen. Im Einzelfall kommt in diesen Fällen auch eine außerordentliche Kündigung in Betracht. Entsprechendes gilt für bewusst wahrheitswidrig aufgestellte ehrverletzende Tatsachenbehauptungen,[1920] ins-

[1912] Zutr. BAG 20.9.1984 – 2 AZR 233/83, AP KSchG 1969 § 1 Verhaltensbedingte Kündigung Nr. 13; Windbichler KonzernArbR S. 142; zur Kündigungen wegen Pflichtverletzungen bei anderen Konzerngesellschaften ausf. Vielmeier NZA 2020, 1510.

[1913] BAG 15.1.1970 – 2 AZR 64/69, AP KSchG § 1 Verhaltensbedingte Kündigung Nr. 7 mAnm Herschel; BAG 20.5.1999 – 2 AZR 320/98, AP BGB § 123 Nr. 50.

[1914] LAG Düsseldorf 16.7.2003 – 12 Sa 690/03, LAGE § 280 BGB 2002 Nr. 1.

[1915] BAG 11.3.1999 – 2 AZR 507/98, AP BGB § 626 Nr. 149.

[1916] Vgl. BAG 8.5.2014 – 2 AZR 249/13, AP BGB § 626 Nr. 247.

[1917] LAG Rheinland-Pfalz 17.11.2016 – 5 Sa 275/16, BeckRS 2016, 112640.

[1918] BAG 29.6.2017 – 2 AZR 47/16, AP BGB § 626 Nr. 265; s. a. BAG 5.12.2019 – 2 AZR 240/19, NZA 2020, 646 Rn. 76.

[1919] Vgl. BAG 30.7.2020 – 2 AZR 43/20, NZA 2020, 1427 Rn. 52.

[1920] BAG 2.4.1987 – 2 AZR 418/86, AP BGB § 626 Nr. 96; 11.7.1991 – 2 AZR 633/90, AP LPVG Bayern Art. 6 Nr. 1 unter II 3d; 6.2.1997 – 2 AZR 38/96, BeckRS 1997, 30368988; 21.1.1999 – 2 AZR 665/98, AP BGB § 626

bes. dann, wenn die Erklärungen den Tatbestand der üblen Nachrede erfüllen.[1921] Bei der Prüfung der negativen Prognose und der Interessenabwägung ist ggf. eine vorangegangene Auseinandersetzung mit dem Arbeitgeber zu berücksichtigen.[1922] Von Bedeutung sind weiterhin der betriebliche bzw. der branchenübliche Umgangston, die Gesprächssituation, dh die Ernsthaftigkeit der Äußerung sowie die Frage, ob Dritte von der Beleidigung Kenntnis genommen haben. Dies alles gilt gleichermaßen auch für die in den letzten Jahren immer wichtiger gewordene Fallgruppe beleidigender Äußerungen in **sozialen Netzwerken** (Facebook, Instagram, WhatsApp etc).[1923]

Maßgebend sind die jeweiligen **Umstände des Einzelfalls.** Erst eine umfassende Klä- 602
rung ermöglicht die Beurteilung, ob die beleidigende Äußerung eines Arbeitnehmers so schwerwiegend ist, dass sie eine Kündigung rechtfertigt. Wie schwerwiegend die Ehrverletzung zu bewerten ist, hängt davon ab, ob die Kritik an dem Arbeitgeber, dem Betrieb oder dem Vorgesetzten nur in der Betriebsöffentlichkeit oder in Anwesenheit betriebsfremder Personen erfolgt ist.[1924] Bei Angehörigen des öffentlichen Dienstes kommt hinzu, dass diese sich so zu verhalten haben, wie es von öffentlich Bediensteten erwartet wird. Eine überzogene Kritik in Anwesenheit Dritter kann deshalb auch eine erhebliche Verletzung dieser Verhaltenspflicht darstellen. Dies gilt bspw. für den auf einer Personalversammlung erhobenen Vorwurf der Rechtsbeugung gegenüber einem Beigeordneten.[1925]

Der **Vergleich betrieblicher Verhältnisse und Vorgehensweisen mit dem nationalsozia-** 603
listischen Terrorsystem und erst recht mit den in Konzentrationslagern begangenen Verbrechen bildet in der Regel einen wichtigen Grund zur Kündigung.[1926] Die Gleichsetzung noch so umstrittener betrieblicher Vorgänge und der Vergleich des Arbeitgebers oder der für ihn handelnden Menschen mit den vom Nationalsozialismus geförderten Verbrechen und den Menschen, die diese Verbrechen begingen, stellt eine grobe Beleidigung der damit angesprochenen Personen und zugleich eine Verharmlosung des in der Zeit des Faschismus begangenen Unrechts und eine Verhöhnung seiner Opfer dar. Anders ist dies dagegen zu bewerten, wenn sich der Arbeitnehmer – in ungehöriger und besonders geschmackloser Weise – mit den Opfern des Nationalsozialismus vergleicht, den Arbeitgeber hierbei aber nicht in die Nähe dieses Terrorregimes rückt.[1927]

Bei der kündigungsrechtlichen Bewertung verbaler Entgleisungen ist stets das **Grund-** 604
recht auf freie Meinungsäußerung (Art. 5 Abs. 1 GG) zu beachten.[1928] Dieses Grundrecht gibt jedem das Recht, seine Meinung in Wort, Schrift und Bild frei zu äußern. Der

---

Nr. 151 mit zust. Anm v. Hoyningen-Huene; 17.2.2000 – 2 AZR 927/98, BeckRS 2000, 30783188; 24.6.2004 – 2 AZR 63/03, AP KSchG 1969 § 1 Verhaltensbedingte Kündigung Nr. 49; 12.1.2006 – 2 AZR 21/05, AP KSchG 1969 § 1 Verhaltensbedingte Kündigung Nr. 53; 10.12.2009 – 2 AZR 534/08, AP BGB § 626 Nr. 226; LAG Hessen 13.2.1984 – 11 Sa 1509/83, NZA 1984, 200 (Ls.) = BeckRS 1984, 31179942; 31.10.1986 – 13 Sa 63/85, LAGE § 626 BGB Nr. 27; HK-KSchG/Dorndorf Rn. 811; HWK/Quecke Rn. 229; KR/Rachor Rn. 500; LSSW/Schlünder Rn. 204; Staudinger/Temming (2025) BGB § 626 Rn. 162 f.; ausf. Schmitz-Scholemann BB 2000, 926.

[1921] BAG 31.7.2014 – 2 AZR 505/13, AP KSchG 1969 § 15 Nr. 76 Rn. 41; 18.12.2014 – 2 AZR 265/14, BGB § 626 Nr. 250 Rn. 16.

[1922] BAG 19.12.1958 – 2 AZR 390/58, AP GewO § 133b Nr. 1; LAG Düsseldorf 9.12.1971 – 3 Sa 449/71, DB 1972, 51; LAG Köln 7.12.1995 – 10 Sa 717/95, LAGE § 1 KSchG Verhaltensbedingte Kündigung Nr. 50.

[1923] Dazu etwa BAG 24.8.2023 – 2 AZR 17/23, NZA 2023, 1595 (Beleidigungen von Betriebsangehörigen in privater Chat-Gruppe); LAG Baden-Württemberg 22.6.2016 – 4 Sa 5/16, BeckRS 2016, 71236 (Beleidigung von Vorgesetzten auf Facebook mittels Emoticons); Bauer/Günther NZA 2013, 67; Biedermann/Blumauer NZA 2024, 785; Dzida/Förster BB 2017, 757; Kock/Dittrich DB 2013, 934; Kort NZA 2012, 1321; s. a. Fuhlrott/Oltmanns NZA 2016, 785.

[1924] BAG 24.6.2004 – 2 AZR 63/03, AP KSchG 1969 § 1 Verhaltensbedingte Kündigung Nr. 49; 12.1.2006 – 2 AZR 21/05, AP KSchG 1969 § 1 Verhaltensbedingte Kündigung Nr. 53.

[1925] BAG 6.11.2003 – 2 AZR 177/02, AP KSchG 1969 § 1 Verhaltensbedingte Kündigung Nr. 46; bestätigt durch EGMR 17.9.2015 – 14464/11, NZA 2017, 237 – Langner/Deutschland.

[1926] BAG 24.11.2005 – 2 AZR 584/04, AP BGB § 626 Nr. 198; s. a. LAG Hessen 27.3.2009 – 5 Sa 739/09, LAGE § 103 BetrVG 2001 Nr. 7: betriebliche Zustände „schlimmer als in einem KZ“.

[1927] BAG 5.12.2019 – 2 AZR 240/19, NZA 2020, 646 Rn. 105.

[1928] BVerfG 10.10.1995 – 1 BvR 1476/91 u. a., BVerfGE 93, 266 (289) = NJW 1995, 3303; 16.10.1998 – 1 BvR 1685/92, AP BGB § 611 Abmahnung Nr. 24; 29.7.2003 – 1 BvR 2145/02, NJW 2003, 3760; BAG 24.11.2005 – 2 AZR 584/04, AP BGB § 626 Nr. 198; 12.1.2006 – 2 AZR 21/05, AP KSchG 1969 § 1 Verhaltensbedingte

Grundrechtsschutz besteht unabhängig davon, ob eine Äußerung rational oder emotional, begründet oder grundlos ist und ob sie von anderen für nützlich oder schädlich, wertvoll oder wertlos gehalten wird. Dagegen fallen **Schmähkritik** und **Formalbeleidigungen** sowie **bewusst unwahre Tatsachenbehauptungen** von vornherein aus dem Schutzbereich des Grundrechts heraus.[1929] Die Bezeichnung eines Vorgesetzten als „Ausbeuter" stellt aber keine Schmähkritik dar, wenn noch ein Sachbezug erkennbar ist.[1930] Auch wenn eine Äußerung in den Schutzbereich der Meinungsfreiheit fällt, gilt das Grundrecht aus Art. 5 Abs. 1 GG nicht schrankenlos. Vielmehr ist es gem. Art. 5 Abs. 2 GG durch die **allgemeinen Gesetze** und das **Recht der persönlichen Ehre** beschränkt.[1931] Zu den allgemeinen Gesetzen iSd Art. 5 Abs. 2 GG gehört insbes. die Pflicht zur gegenseitigen Rücksichtnahme auf die Interessen der anderen Vertragspartei (§ 241 Abs. 2 BGB).[1932] Weiter können sich Einschränkungen der Meinungsfreiheit aus Art. 12 Abs. 1 GG ergeben, der die wirtschaftliche Betätigungsfreiheit des Arbeitgebers vor Störungen des Arbeitsablaufs und des Betriebsfriedens schützt.[1933] Wenn sich die Äußerung als **Angriff auf die Menschenwürde** darstellt, muss das Grundrecht der Meinungsfreiheit regelmäßig zurücktreten.[1934]

605 Die **grundrechtsbeschränkenden Normen sind ihrerseits wieder im Licht der Meinungsfreiheit auszulegen** und anzuwenden („Wechselwirkungslehre").[1935] Hierbei kommt es insbes. auf die Schwere der Beeinträchtigung des betroffenen Rechtsguts an. Hierzu ist der Sinn der Meinungsäußerung richtig zu erfassen. Die Auslegung darf den sprachlichen Kontext, in dem die Meinungsäußerung steht, sowie die für den Empfänger erkennbaren Begleitumstände, unter denen sie gefallen ist, nicht unberücksichtigt lassen. Einer Äußerung darf kein Sinn beigelegt werden, den sie nicht besitzt; bei mehrdeutigen Äußerungen muss eine ebenfalls mögliche (harmlose) Deutung mit überzeugenden Gründen ausgeschlossen werden.[1936] Äußert sich ein Arbeitnehmer außerdienstlich in einem gewerkschaftlichen Intranet polemisch zu Personen und Vorgängen im Betrieb des Arbeitgebers, liegt kein Kündigungsgrund vor, solange die Äußerungen des Arbeitnehmers weder nach ihrer Form noch nach ihrem Inhalt ein strafrechtlich relevantes Verhalten darstellen.[1937]

606 Das BAG hat die **Grenze von sachlicher Kritik zu Schmähkritik überschritten** gesehen, als ein Arbeitnehmer einen Vorgesetzten mit Ausdrücken wie Gemeinheit, Schikane und dem Vorwurf, er habe jahrelang Günstlingswirtschaft betrieben und dadurch das Klima vergiftet, beleidigt hat.[1938] Gleiches gilt für Beschimpfungen des Geschäftsführers oder Vorgesetzten als „Betrüger, Gauner und Halsabschneider",[1939] „alter Sack",[1940] „Arsch-

---

Kündigung Nr. 53; 18.12.2014 – 2 AZR 265/14, BGB § 626 Nr. 250 Rn. 17; Hülsmann RdA 2022, 228; Schmitz-Scholemann BB 2000, 926.

[1929] BAG 17.2.2000 – 2 AZR 927/98, BeckRS 2000, 30783188; 6.11.2003 – 2 AZR 177/02, AP KSchG 1969 § 1 Verhaltensbedingte Kündigung Nr. 46; 24.6.2004 – 2 AZR 63/03, AP KSchG 1969 § 1 Verhaltensbedingte Kündigung Nr. 49; 10.12.2009 – 2 AZR 534/08, AP BGB § 626 Nr. 226; 18.12.2014 – 2 AZR 265/14, BGB § 626 Nr. 250 Rn. 17; aus verfassungsrechtlicher Perspektive ebenso Cremer NVwZ 2023, 1463 (1465 ff.): „einstufige Konzeption".

[1930] BVerfG 30.5.2018 – 1 BvR 1149/17, NZA 2018, 924.

[1931] BVerfG 16.10.1998 – 1 BvR 1685/92, AP BGB § 611 Abmahnung Nr. 24; BAG 10.12.2009 – 2 AZR 534/08, AP BGB § 626 Nr. 226.

[1932] BAG 24.6.2004 – 2 AZR 63/03, AP KSchG 1969 § 1 Verhaltensbedingte Kündigung Nr. 49.

[1933] BVerfG 10.10.1995 – 1 BvR 1476/91 u. a., BVerfGE 93, 266 (289) = NJW 1995, 3303; BAG 12.1.2006 – 2 AZR 21/05, AP KSchG 1969 § 1 Verhaltensbedingte Kündigung Nr. 53 Rn. 49.

[1934] BAG 24.11.2005 – 2 AZR 584/04, AP BGB § 626 Nr. 198.

[1935] BVerfG 16.10.1998 – 1 BvR 1685/92, AP BGB § 611 Abmahnung Nr. 24.

[1936] Dazu insbes. BAG 24.11.2005 – 2 AZR 584/04, AP BGB § 626 Nr. 198; 31.7.2014 – 2 AZR 505/13, AP KSchG 1969 § 15 Nr. 76 Rn. 46; ferner BVerfG 25.8.1994 – 1 BvR 1423/92, NJW 1994, 2943.

[1937] BAG 24.6.2004 – 2 AZR 63/03, AP KSchG 1969 § 1 Verhaltensbedingte Kündigung Nr. 49.

[1938] BAG 22.10.1964 – 2 AZR 479/63, AP KSchG § 1 Verhaltensbedingte Kündigung Nr. 4; 2.4.1987 – 2 AZR 418/86, AP BGB § 626 Nr. 96; sowie LAG Köln 24.3.1993 – 7 Sa 54/92, LAGE § 1 KSchG Verhaltensbedingte Kündigung Nr. 39.

[1939] BAG 6.2.1997 – 2 AZR 38/96, BeckRS 1997, 30368988.

[1940] LAG Köln 7.12.1995 – 10 Sa 717/95, BB 1996, 1225 = BeckRS 1995, 30462156.

loch",[1941] „Sie haben doch nur Bumsen im Kopf"[1942] oder eines leitenden Angestellten mit den Worten „Du Schwein", „Ich stecke Deine Hütte über Deinem Kopf in Brand".[1943] Ein Kündigungsgrund besteht des Weiteren, wenn ein Vorgesetzter nach Vorhalten als „Fähnleinführer, Menschenschinder, Hurensohn" beschimpft wird.[1944]

Illoyales Verhalten und falsche Verdächtigungen können gleichfalls eine Kündigung rechtfertigen. Ein Arbeitnehmer in einer Leitungsposition eines Theaters, der beim Wechsel des Intendanten schon im unmittelbaren Anschluss an erste Vorgespräche über die künftige Zusammenarbeit mit falschen Verdächtigungen in die Öffentlichkeit geht und der Presse mitteilt, der neue Intendant beabsichtige durch einen „Federstrich nach Gutsherrenart" einen rigorosen Personalabbau bis hin zur Schließung, zerstört regelmäßig das Vertrauen in eine ordnungsgemäße Zusammenarbeit.[1945] **607**

Weiterhin ist die **Beleidigung anderer Mitarbeiter** geeignet, eine Kündigung zu begründen.[1946] Die wahrheitswidrige Behauptung einer sexuellen Belästigung durch einen Vorgesetzten ist ehrverletzend und kann eine Kündigung rechtfertigen.[1947] Gleiches gilt für die wahrheitswidrige Behauptung eines Arbeitnehmers, eine verheiratete Kollegin und ihr Vorgesetzter hätten ein Verhältnis miteinander.[1948] **608**

Rassistische und ausländerfeindliche Äußerungen („hate speech") gegenüber ausländischen Arbeitskollegen stellen einen geeigneten Kündigungsgrund dar.[1949] Auch ist es insbes. einem Arbeitgeber, der Jugendliche ausbildet, grds. nicht zuzumuten, einen Arbeitnehmer zu beschäftigen, der ausländerfeindliche Tendenzen zur Schau trägt.[1950] In diesem Zusammenhang hat der Arbeitgeber zudem die §§ 3 Abs. 3, 7 Abs. 1, 12 Abs. 3 AGG zu beachten. **609**

Auch **Beleidigungen gegenüber Kunden** können als Schlechtleistung eine Kündigung rechtfertigen. Die Äußerung einer **Verkäuferin** zu einer Kundin „Nun werden Sie aber nicht so pissig" kann eine Kündigung rechtfertigen, sofern die Verkäuferin nicht durch Beleidigungen der Kundin provoziert wurde.[1951] Beschimpft ein ordentlich unkündbarer **Linienbusfahrer,** der selbst zuvor an einer von seiner Arbeitgeberin für ihr gesamtes Fahrpersonal zweitägig durchgeführten Kundendienstschulungen teilgenommen hat, während seines Dienstes ohne rechtfertigenden Grund einen Fahrgast mit „Armleuchter" und droht er zudem diesem Fahrgast Schläge an, kommt sogar eine außerordentliche Kündigung in Betracht.[1952] Einer **Altenpflegehelferin** kann ohne vorherige Abmahnung außerordentlich gekündigt werden, wenn sie in Ausübung ihrer Tätigkeit zwei Heimbewohner angeschrien und wüst beschimpft hat: „Reiß endlich Dein Maul auf, ich will die Zähne einsetzen" und: „Nimm endlich den Arsch hoch."[1953] Unhöfliches **610**

[1941] ArbG Berlin 11.5.2001 – 88 Ca 5714/01, NZA-RR 2002, 129, nach Zahlungsrückstand; LAG Mecklenburg-Vorpommern 20.7.2006 – 1 Sa 69/06, nv; LAG Köln 18.4.2006 – 9 Sa 1623/05, ZTR 2006, 556.

[1942] LAG Köln 30.1.1998 – 4 Sa 930/97, BeckRS 9998, 81475.

[1943] LAG Berlin 14.7.1997 – 9 Sa 52/97, LAGE § 626 BGB Nr. 108.

[1944] LAG Hessen 7.11.1996 – 3 Sa 1915/95, NZA-RR 1997, 383.

[1945] BAG 13.4.2000 – 2 AZR 259/99, NZA 2001, 277.

[1946] BAG 15.12.1977 – 3 AZR 184/76, AP BGB § 626 Nr. 69; LAG Düsseldorf 19.12.2023 – 3 Sa 210/23, NZA 2024, 908 Rn. 34 ff. („Bastard"); ausf. v. Hoyningen-Huene BB 1991, 2215.

[1947] LAG Rheinland-Pfalz 16.2.1996 – 10 Sa 1090/95, NZA-RR 1997, 169.

[1948] ArbG Frankfurt a. M. 6.3.2001 – 4 Ca 5471/00, NZA-RR 2002, 301.

[1949] BAG 14.2.1996 – 2 AZR 274/95, AP BGB § 626 Verdacht strafbarer Handlung Nr. 26; 1.7.1999 – 2 AZR 676/98, AP BBiG § 15 Nr. 11: „Arbeit macht frei – Türkei schönes Land"; LAG Hamm 11.11.1994 – 10 (19) Sa 100/94, LAGE § 626 BGB Nr. 82 = BeckRS 9998, 81389; LAG Köln 11.8.1995 – 12 Sa 426/95, NZA-RR 1996, 128: Auschwitz-Lüge; LAG Rheinland-Pfalz 10.6.1997 – 6 Sa 309/97, LAGE § 1 KSchG Verhaltensbedingte Kündigung Nr. 62 = NZA-RR 1998, 118, „Wir hängen Euch"; LAG Köln 14.12.1998 – 12 Sa 896/98, BeckRS 1998, 30462106: „Witzesammlung"; LAG Baden-Württemberg 15.1.2020 – 4 Sa 19/19, NZA-RR 2020, 253; LAG Düsseldorf 10.12.2020 – 5 Sa 231/20, NZA-RR 2021, 298; s. a. ArbG Hannover 22.4.1993 – 11 Ca 633/92, BB 1993, 1218 mablAnm Däubler, das die Wirksamkeit der Kündigung unzutr. von einer vorherigen Abmahnung abhängig macht; näher Korinth AuR 1993, 105; Krummel/Küttner NZA 1996, 67; Polzer/Powietzka NZA 2000, 970 (972); Schmitz-Scholemann BB 2000, 926 (929 ff.).

[1950] BVerfG 2.1.1995 – 1 BvR 320/94, AP GG Art. 103 Nr. 53.

[1951] LAG Schleswig-Holstein 5.10.1998 – 5 Sa 309/98, BeckRS 1998, 30467944.

[1952] LAG Hamm 22.11.2001 – 17 Sa 1178/01, ZTR 2002, 240 = BeckRS 2001, 30459705.

[1953] LAG Schleswig-Holstein 17.5.2001 – 5 Sa 315/00, PflR 2002, 27.

und inkorrektes Verhalten eines **Bildberichterstatters einer Nachrichtenagentur** bei Ausübung seiner Tätigkeit gegenüber Polizisten ist vertragswidrig, genügt aber regelmäßig erst nach einer Abmahnung für eine verhaltensbedingte Kündigung.[1954] Die Verharmlosung des Holocaust gegenüber Kunden ist zwar keine Beleidigung, führt aber zu einer Rufschädigung des Arbeitgebers und kann sogar eine außerordentliche Kündigung rechtfertigen.[1955]

611 Werden ehrverletzende Äußerungen des Arbeitnehmers in **vertraulichen Gesprächen unter Arbeitskollegen** gemacht, sollen diese **nach hM von vornerein nicht geeignet** sein, eine Kündigung zu rechtfertigen. Die vertrauliche Kommunikation werde durch das allgemeine Persönlichkeitsrecht (Art. 1 Abs. 1 GG iVm Art. 2 Abs. 1 GG) geschützt, solange der Betroffene die Vertraulichkeit nicht selbst aufhebt. Der Arbeitnehmer dürfe in diesen Fällen regelmäßig darauf vertrauen, dass seine Äußerungen nicht nach außen getragen würden. Daher werde der Betriebsfrieden nicht gestört bzw. das Vertrauensverhältnis der Arbeitsvertragsparteien nicht zerstört. Der Arbeitnehmer sei nicht gehalten, sich in der Privatsphäre nur positiv über seinen Arbeitgeber zu äußern. Hebt der Gesprächspartner die Vertraulichkeit gegen den Willen des sich negativ äußernden Arbeitnehmers auf, dürfe dies nicht zulasten des Arbeitnehmers gehen.[1956] Das gilt nach der hM im Grundsatz auch für Äußerungen, die in nur aus Betriebsangehörigen bestehenden **Chat-Gruppen** getätigt werden.[1957] Diese **Auffassung geht** freilich **zu weit** und wird auch durch die Rspr. des BVerfG zur strafrechtsfreien Kommunikationssphäre[1958] nicht gedeckt. Anstelle eines regelrechten Kündigungshindernisses bei beleidigenden Äußerungen, die nicht im engsten Familien- und Freundeskreis, sondern im Kollegenkreis fallen, ist der Aspekt der Vertraulichkeit besser im Rahmen der abschließenden Interessenabwägung zu berücksichtigen.[1959] Die in einem innerbetrieblichen Gespräch geäußerte Meinung einer Busfahrerin, bei ihren Fahrgästen handele es sich zum größten Teil um Abschaum, rechtfertigt daher keine Kündigung, solange die innere Einstellung der Arbeitnehmerin sich nicht auf die Arbeitsleistung auswirkt.[1960] In seiner neueren Rechtsprechung scheint das BAG den Vertraulichkeitseinwand je nach dem Inhalt der Äußerungen flexibel handhaben und deshalb einschränken zu wollen, wenn diese in besonderer Weise beleidigend und menschenverachtend sind,[1961] wodurch es sich jedenfalls iErg der hier vertretenen Position annähert.

612 Nach Auffassung des BAG ist eine verhaltensbedingte Kündigung auch dann sozial gerechtfertigt, wenn ein Arbeitnehmer die nach Dienstschluss im Kollegenkreis geübte Kritik eines Kollegen an einem Vorgesetzten diesem hinterbringt und damit den **Arbeitskollegen denunziert.**[1962] Etwas anderes hat freilich dann zu gelten, wenn der Arbeitnehmer dem Arbeitgeber Mitteilung über strafrechtlich relevante Missstände im Betrieb macht.[1963] Dies ergibt sich schon deshalb, weil sich anderenfalls der Arbeitnehmer möglicherweise schadensersatzpflichtig machen würde.

[1954] BAG 23.6.2009 – 2 AZR 283/08, AP KSchG 1969 § 1 Abmahnung Nr. 5.

[1955] LAG Berlin-Brandenburg 17.1.2020 – 9 Sa 434/19, NZA-RR 2020, 247.

[1956] BAG 30.11.1972 – 2 AZR 79/72, AP BGB § 626 Nr. 66; 17.2.2000 – 2 AZR 927/98, BeckRS 2000, 30783188; 10.10.2002 – 2 AZR 418/01, NJOZ 2003, 3169; 10.12.2009 – 2 AZR 534/08, AP BGB § 626 Nr. 226; LAG Rheinland-Pfalz 8.9.2009 – 1 Sa 230/09, LAGE § 626 BGB 2002 Nr. 22 = NZA-RR 2010, 212; KR/Krumbiegel BGB § 626 Rn. 378; PVT Kündigung/Preis Rn. 750; HWK/Quecke Rn. 230; KR/Rachor Rn. 503.

[1957] BAG 24.8.2023 – 2 AZR 17/23, NZA 2023, 1595 Rn. 29 f.; LAG Berlin-Brandenburg 19.7.2021 – 21 Sa 1291/20, MMR 2022, 319 Rn. 71 ff.

[1958] Grdl. BVerfG 11.4.1973 – 2 BvR 701/72, BVerfGE 35, 35 (40); ferner BVerfG 16.6.1976 – 2 BvR 97/76, BVerfGE 42, 234 (236 f.); 5.2.1981 – 2 BvR 646/08, BVerfGE 57, 170 (178 f.); 26.4.1994 – 1 BvR 1968/88, BVerfGE 90, 255 (260 ff.).

[1959] Ausf. Krause FS v. Hoyningen-Huene, 2014, 219 ff.

[1960] Vgl. – unter dem Blickwinkel einer personenbedingten Kündigung – LAG Düsseldorf 19.12.1995 – 8 Sa 1345/95, NZA-RR 1996, 166.

[1961] BAG 24.8.2023 – 2 AZR 17/23, NZA 2023, 1595 Rn. 30 ff.; dazu krit. Schröder NJW 2024, 1002 (1004).

[1962] BAG 21.10.1965 – 2 AZR 2/65, AP KSchG § 1 Verhaltensbedingte Kündigung Nr. 5; zust. HK-KSchG/Dorndorf Rn. 814; PVT Kündigung/Preis Rn. 730; KR/Rachor Rn. 503.

[1963] BAG 18.6.1970 – 1 AZR 520/69, NJW 1970, 1861.

13. Betriebsfrieden

Als Kündigungsgrund ist in Rspr. und Lit. auch die **Störung des Betriebsfriedens** anerkannt.[1964] Die Störung des Betriebsfriedens ist allerdings nur dann kündigungsrelevant, wenn ihr ein dem Arbeitnehmer vorwerfbares Verhalten bzw. eine ihm **vorwerfbare Pflichtverletzung zugrunde liegt** (→ Rn. 460 ff.). Dagegen reicht die bloße Störung des Betriebsfriedens als solche zur Annahme eines verhaltensbedingten Kündigungsgrundes nicht aus.[1965] Unter Betriebsfrieden wird vom BAG die Summe aller derjenigen Faktoren verstanden, die unter Einschluss des Arbeitgebers das Zusammenleben und Zusammenwirken der im Betrieb tätigen Betriebsangehörigen ermöglichen, erleichtern oder nur erträglich machen. Erforderlich ist ein **kollektiver Bezug,** mögen von der Störung unmittelbar auch nur wenige Arbeitnehmer betroffen sein.[1966] Es müssen nicht die gesamte oder die Mehrheit der Belegschaft oder ganze Betriebsabteilungen über einen Vorgang im Betrieb in Unruhe geraten, in Empörung ausbrechen oder ihren Unmut in spontanen Kundgebungen äußern.[1967] Kündigungsrelevante Störungen des Betriebsfriedens können durch bewusstes Verbreiten wahrheitswidriger Behauptungen oder Gerüchten über die Geschäftsentwicklung des Arbeitgebers,[1968] Werbung für die „Scientology Church“ innerhalb des Betriebs,[1969] durch ausländerfeindliches Verhalten[1970] oder durch das Anzetteln einer Intrige unter Vereinsmitgliedern mit dem Ziel der Abwahl des Vereinsvorstands (Störung des „Vereinsfriedens“)[1971] erfolgen. 613

Das Zusammenwirken der Arbeitnehmer kann des Weiteren durch **politische Betätigung** im Betrieb gestört werden.[1972] Das Tragen politischer Plaketten ist allerdings nur dann kündigungsrelevant, wenn dadurch im Betrieb eine erhebliche Unruhe entsteht, durch die wiederum der Arbeitsablauf beeinträchtigt wird. Dabei kommt es auch auf die Größe, Farbe und Auffälligkeit der Plakette insgesamt an.[1973] Da das in § 74 Abs. 2 S. 3 BetrVG enthaltene Verbot der parteipolitischen Betätigung im Betrieb nur für Arbeitgeber und Betriebsrat gilt,[1974] nicht dagegen für die übrigen Arbeitnehmer, kann das Tragen einer politischen Plakette allenfalls gegen das vertragliche Rücksichtnahmegebot aus § 241 Abs. 2 BGB verstoßen. Ob ein solcher Verstoß im Einzelfall vorliegt, ist unter Berücksichtigung des Grundrechts zur freien Meinungsäußerung aus Art. 5 Abs. 1 GG und der durch Art. 12 Abs. 1 GG geschützten unternehmerischen Betätigungsfreiheit festzustellen.[1975] Wird durch die politische Betätigung im Betrieb der Arbeitsablauf gestört oder gegen arbeitsvertragliche Pflichten verstoßen, kommt eine verhaltensbedingte Kündigung grds. erst dann infrage, wenn der Arbeitnehmer zuvor abgemahnt wurde. 614

[1964] BAG 13.10.1977 – 2 AZR 387/76, NJW 1978, 1872; BAG 9.12.1982 – 2 AZR 620/80, NJW 1984, 1142; 1.6.2017 – 6 AZR 720/15, AP BGB § 626 Nr. 264 Rn. 49; MüKoBGB/Hergenröder Rn. 290; ErfK/Niemann BGB § 626 Rn. 155; PVT Kündigung/Preis Rn. 753; KR/Rachor Rn. 506 ff.; LSSW/Schlünder Rn. 180; krit. MHdB ArbR/Zimmermann § 114 Rn. 8.

[1965] BAG 24.6.2004 – 2 AZR 63/03, AP KSchG 1969 § 1 Verhaltensbedingte Kündigung Nr. 49; 30.7.2020 – 2 AZR 43/20, NZA 2020, 1427 Rn. 47.

[1966] BAG 13.10.1977 – 2 AZR 387/76, AP KSchG 1969 § 1 Verhaltensbedingte Kündigung Nr. 1; 9.12.1982 – 2 AZR 620/80, AP BGB § 626 Nr. 73.

[1967] BAG 9.12.1982 – 2 AZR 620/80, AP BGB § 626 Nr. 73.

[1968] BAG 10.12.2009 – 2 AZR 534/08, AP BGB § 626 Nr. 226.

[1969] ArbG Ludwigshafen 12.5.1993 – 3 Ca 3165/92, BB 1994, 861.

[1970] BAG 1.7.1999 – 2 AZR 676/98, AP BBiG § 15 Nr. 11.

[1971] BAG 1.6.2017 – 6 AZR 720/15, AP BGB § 626 Nr. 264 Rn. 50.

[1972] BAG 9.12.1982 – 2 AZR 620/80, AP BGB § 626 Nr. 73; 12.1.2006 – 2 AZR 21/05, AP KSchG 1969 § 1 Verhaltensbedingte Kündigung Nr. 53; EGMR 26.9.1995 – 7/1994/454/535, NJW 1996, 375 – Vogt/Deutschland; Buchner ZfA 1982, 49; v. Hoyningen-Huene/Hofmann BB 1984, 1050; Mummenhoff DB 1981, 2539; Preis/Stoffels RdA 1996, 210; LSSW/Schlünder Rn. 183.

[1973] BAG 9.12.1982 – 2 AZR 620/80, AP BGB § 626 Nr. 73; v. Hoyningen-Huene/Hofmann BB 1984, 1050 (1054); Löwisch/Schönfeld Anm. zu BAG 9.12.1982 – 2 AZR 620/80, EzA § 626 nF BGB Nr. 86.

[1974] Dazu ausf. Hofmann, Das Verbot der parteipolitischen Betätigung im Betrieb, 1984.

[1975] BVerfG 19.5.1992 – 1 BvR 126/85, NJW 1992, 2409; Kissel NZA 1988, 145 ff.

14. Betriebs- und Geschäftsgeheimnis

615 Den Arbeitnehmer trifft die vertragliche Nebenpflicht (§ 241 Abs. 2 BGB), **Betriebs- und Geschäftsgeheimnisse** zu wahren.[1976] Für Betriebsratsmitglieder folgt dies aus § 79 BetrVG.[1977] Für das Vorliegen eines Geschäftsgeheimnisses gilt nunmehr die Legaldefinition aus § 2 Nr. 1 GeschGehG. Die Neueinführung des GeschGehG ändert aber nichts daran, dass die Weitergabe von Interna eine arbeitsvertragliche Nebenpflichtverletzung darstellt.[1978] Daher ist eine verhaltensbedingte Kündigung schon bei der unerlaubten Preisgabe von Informationen und nicht erst bei einem Verstoß gegen den Straftatbestand des § 23 GeschGehG möglich.[1979] Die Verschwiegenheitspflicht des Arbeitnehmers (zum Spannungsverhältnis von Geheimnisschutz und Whistleblowing → Rn. 565) ist grds. auf die Dauer des Arbeitsverhältnisses begrenzt.[1980] Ohne Bindung durch ein Wettbewerbsverbot ist der Arbeitnehmer nach Beendigung des Arbeitsverhältnisses in der Verwendung seiner beruflichen Kenntnisse und seines erworbenen Erfahrungswissens grds. frei.[1981] Verstößt der Arbeitnehmer gegen seine Verschwiegenheitspflicht, ist dies grds. geeignet, eine ordentliche Kündigung (häufig sogar eine außerordentliche Kündigung) zu rechtfertigen.[1982] Besteht lediglich der Verdacht, ein Arbeitnehmer habe aufgrund verwandtschaftlicher Beziehungen zu Angestellten eines Konkurrenzunternehmens Geschäftsgeheimnisse weitergegeben, kommt unter Umständen auch eine personenbedingte Kündigung in Betracht (→ Rn. 425 f.).

15. Corona-Pandemie

616 Die **Corona-Pandemie** hat zu einer Reihe verschiedener Konstellationen geführt, in denen es um die Wirksamkeit einer (außerordentlichen) verhaltensbedingten Kündigung ging, von denen aber nur wenige das BAG erreicht haben.[1983] Eine verhaltensbedingte Kündigung kann wegen eines **Verstoßes gegen eine wirksam betrieblich angeordnete Maskenpflicht** gerechtfertigt sein.[1984] Bei der Beurteilung der Rechtmäßigkeit der Kündigung sind jeweils insbes. der Grad des Verschuldens, Häufigkeit, Dauer, Folgen des Pflichtverstoßes und die Wiederholungsgefahr miteinzubeziehen. Zudem muss der Kündigung in der Regel eine Abmahnung vorausgehen.[1985] Aufgrund des Ausnahmecharakters der Pandemie ist es für Arbeitnehmer nämlich nicht ohne Weiteres erkennbar, dass ihr Verhalten zu einer Kündigung führen kann.[1986] Dagegen scheidet eine Versetzung ins Homeoffice als milderes Mittel in diesen Fällen aus.[1987] Gleiches gilt bei der **Verletzung von Abstandsregeln,** die im Zusammenhang mit der Corona-Pandemie eingeführt wurden.[1988] Auch ein **Verstoß gegen eine betrieblich angeordnete Testpflicht**[1989] kann nach

---

[1976] BAG 26.9.1990 – 2 AZR 602/89, BeckRS 1990, 30735096; ausf. Schaub ArbR-HdB/Linck § 53 Rn. 47.

[1977] BAG 26.2.1987 – 6 ABR 46/84, NZA 1988, 63.

[1978] BeckOK GeschGehG/Fuhlrott § 1 GeschGehG Rn. 34; Fuhlrott/Hiéramente DB 2019, 967 (970); Preis/Seiwerth RdA 2019, 351 (356); Schmitt NZA-Beil. 2020, 50 (53).

[1979] BeckOK GeschGehG/Fuhlrott § 1 GeschGehG Rn. 35; in diesem Sinne auch LAG Hamm 5.7.2024 – 12 Sa 1210/13, BeckRS 2024, 22032 Rn. 45.

[1980] ErfK/Niemann BGB § 626 Rn. 154b.

[1981] BAG 15.6.1993 – 9 AZR 558/91, AP BGB § 611 Konkurrenzklausel Nr. 40; 19.5.1998 – 9 AZR 394/97, AP BGB § 611 Treuepflicht Nr. 11; 22.9.2018 – 2 AZR 848/15, AP BGB § 626 Nr. 259 Rn. 17: Manipulation mittels „Musterpfandflasche" im Wert von 3,25 Euro.

[1982] BAG 4.4.1974 – 2 AZR 452/73, AP BGB § 626 Arbeitnehmervertreter im Aufsichtsrat Nr. 1; 26.9.1990 – 2 AZR 602/89, BeckRS 1990, 30735096; DD/Däubler Rn. 794; ErfK/Niemann BGB § 626 Rn. 154; KR/Rachor Rn. 536; LSSW/Schlünder Rn. 188; HaKo-KSchR/Zimmermann Rn. 459.

[1983] Überblicke bei Franzmann/Best AuR 2021, 121; Oltmanns NZA-RR 2022, 57; Pieper NZA-RR 2022, 449; Stück MDR 2021, 268.

[1984] LAG Niedersachsen 22.12.2021 – 13 Sa 275/21, BeckRS 2021, 48704 Rn. 43.

[1985] Harländer/Otte NZA 2022, 160 (165).

[1986] Franzmann/Best AuR 2021, 112 (113).

[1987] Kleinebrink NZA 2020, 1361 (1365).

[1988] Vgl. LAG Düsseldorf 27.4.2021 – 3 Sa 646/20, NZA-RR 2021, 664 Rn. 53.

[1989] Die Zulässigkeit bejahend BAG 1.6.2022 – 5 AZR 28/22, NZA 2022, 1387 Rn. 34 ff.

einer Abmahnung eine verhaltensbedingte Kündigung rechtfertigen.[1990] Entsprechendes galt für die vollständige Verweigerung, den **3G-Status** (einschließlich des „getestet") nachzuweisen (dazu bereits → Rn. 312; s. aber auch → Rn. 619).[1991]

Legt der Arbeitnehmer ein **ärztliches Attest** vor, aus dem hervorgeht, dass er aus medizinischen Gründen von der Maskenpflicht befreit ist, besteht kein verhaltensbedingter Kündigungsgrund. In dem Fall kann aber eine personenbedingte Kündigung gerechtfertigt sein (→ Rn. 312). Eine pauschal attestierte Maskenbefreiung allerdings genügt nicht, damit ein Anspruch besteht, im Betrieb ohne Maske zu arbeiten.[1992] Ob die Rspr. der Verwaltungsgerichte zu den Anforderungen an ein Attest zur Befreiung von der Maskenpflicht in der Schule[1993] uneingeschränkt herangezogen werden kann, wurde bisher nicht höchstrichterlich entschieden.[1994] Mindestanforderung an ein Attest ist jedenfalls dessen Nachvollziehbarkeit.[1995] **617**

Hält ein Arbeitnehmer trotz vorheriger Abmahnung **testwillige Kollegen gezielt von einem freiwilligen Corona-Schnelltest ab,** kann eine verhaltensbedingte Kündigung gerechtfertigt sein.[1996] Gleiches gilt, wenn ein Arbeitnehmer gegenüber Kollegen **äußert, er werde auch mit Corona-Symptomen zur Arbeit erscheinen.**[1997] In einem solchen Verhalten liegt eine Störung des Betriebsfriedens. Lediglich testkritische Äußerungen genügen dagegen nicht.[1998] **618**

Soweit es um die **Corona-Impfung selbst** geht, hat sich ein Teil des Schrifttums für die grundsätzliche Möglichkeit einer verhaltensbedingten Kündigung ausgesprochen, sofern sich der Arbeitnehmer weigert, einer im Einzelfall als rechtmäßig anzusehenden Weisung des Arbeitgebers, sich impfen zu lassen, nachzukommen.[1999] Dies sollte insb. auch für den Fall eines Tätigkeitsverbots wegen eines Verstoßes gegen die **einrichtungsbezogene Impf- und Nachweispflicht gem. § 20a IfSG aF** (für die Zeit vom 15.3.2022 bis zum 31.12.2022) gelten, weil das Tätigkeitsverbot stets auf das pflichtwidrige Unterlassen des Vorlegens des Nachweises zurückgehe und insoweit die Erbringung der Arbeitsleistung gefährdet bzw. verhindert werde (zur personenbedingten Kündigung → Rn. 312).[2000] Sieht man die Ablehnung der Impfung gegen das Coronavirus als eine im verfassungsrechtlich geschützten Selbstbestimmungsrecht (Art. 2 Abs. 2 S. 1 GG) wurzelnde **höchstpersönliche Entscheidung des Arbeitnehmers** an,[2001] die der Arbeitgeber zu respektieren hat, scheiden indes sowohl eine Abmahnung[2002] als auch folgerichtig eine verhaltensbedingte Kündigung aus. **619**

Legt ein Arbeitnehmer eine **gefälschte Impfunfähigkeitsbescheinigung** vor, verstößt er gegen seine arbeitsvertragliche Nebenpflicht aus § 20a Abs. 2 S. 1 IfSG, sodass eine (außerordentliche) verhaltensbedingte Kündigung gerechtfertigt sein kann.[2003] **620**

[1990] ArbG Hamburg 24.11.2021 – 27 Ca 208/21, NZA-RR 2022, 19 Rn. 50.

[1991] Harländer/Otte NZA 2022, 160 (162).

[1992] Vgl. ArbG Bremen-Bremerhaven 4.11.2021 – 3 Ca 3052/21, BeckRS 2021, 55821 Rn. 52.

[1993] S. etwa OVG Lüneburg 5.5.2021 – 2 ME 75/21, BeckRS 2021, 10292 Rn. 11.

[1994] Offengelassen von LAG Niedersachsen 22.12.2021 – 13 Sa 275/21, BeckRS 2021, 48704 Rn. 56; dafür ArbG Cottbus 17.6.2021 – 11 Ca 10390/20, NZA-RR 2021, 475 Rn. 25; ArbG Köln 17.6.2021 – 12 Ca 450/21, COVuR 2021, 569 Rn. 23.

[1995] LAG Berlin-Brandenburg 7.10.2021 – 10 Sa 867/21, BeckRS 2021, 29624 Rn. 50 f.; LAG Niedersachsen 22.12.2021 – 13 Sa 275/21, BeckRS 2021, 48704 Rn. 56.

[1996] Vgl. LAG Düsseldorf 19.1.2022 – 4 Sa 933/21, BeckRS 2022, 57738 Rn. 33.

[1997] Vgl. LAG Düsseldorf 19.1.2022 – 4 Sa 933/21, BeckRS 2022, 57738 Rn. 36.

[1998] LAG Düsseldorf 19.1.2022 – 4 Sa 933/21, BeckRS 2022, 57738 Rn. 33.

[1999] Fuhlrott/Fischer NJW 2021, 657 Rn. 19; Giesen ZfA 2021, 440 (449 f.), Gutzeit DB 2021, 955 (958); für eine sich bereits aus dem Arbeitsvertrag ergebene Verpflichtung für Arbeitnehmer zur Impfung, die in Kontakt mit vulnerablen Dritten kommen, Peisker/Bleckmann BB 2022, 635 (638).

[2000] Harländer/Otte NZA 2022, 160 (164); Stöhr NZA 2021, 1215 (1218); aA Fuhlrott GWR 2022, 22 (24); Stöbe AuR 2022, 159 (160).

[2001] Vgl. BVerfG 27.4.2022 – 1 BvR 2649/21, BVerfGE 161, 299 = NVwZ 2022, 950 Rn. 221.

[2002] BAG 19.6.2024 – 5 AZR 192/23, NZA 2024, 1351 Rn. 46 ff.

[2003] BAG 14.12.2023 – 2 AZR 55/23, NZA 2024, 260; 14.12.2023 – 2 AZR 66/23, NZA 2024, 262; zu den beiden zweitinstanzlichen Urteilen Kamanabrou RdA 2023, 188.

621 Bei außerbetrieblichen Verstößen von Arbeitnehmern gegen Corona-Schutzvorschriften kommt nur dann eine verhaltensbedingte Kündigung in Betracht, wenn dadurch das Arbeitsverhältnis konkret beeinträchtigt wird. Von einer solchen kündigungsrechtlichen Relevanz wird bspw. ausgegangen, wenn ein Arbeitnehmer in einer leitenden Position trotz gesetzlichen Verbots an einer Zusammenkunft oder Ansammlung im öffentlichen Raum beteiligt gewesen ist, trotz bestehender Verpflichtung keine Mund-Nasen-Bedeckung getragen, im öffentlichen Personennahverkehr keine Mund-Nasen-Bedeckung genutzt oder an einer Party mit dem Ziel der Infizierung mit dem Corona-Virus („Corona-Party") teilgenommen hat.[2004]

622 **Weigert** sich ein Arbeitnehmer die **Arbeitsleistung wegen der bestehenden Infektionsgefahren** im Betrieb zu erbringen, kann eine verhaltensbedingte Kündigung zulässig sein.[2005] Gleiches gilt bei einer ungerechtfertigten Weigerung, zu einem Präsenztermin in den Betrieb zu kommen.[2006] Mit einzubeziehen ist allerdings, ob es sich bei dem Arbeitnehmer um einen Risikopatienten handelt.[2007] Auch die **eigenmächtige Verbringung von Arbeitsmitteln in das pandemiebedingte Homeoffice** kann eine verhaltensbedingte Kündigung rechtfertigen.[2008] Dabei ist im Rahmen der Interessenabwägung zu berücksichtigen, ob der Arbeitnehmer das Arbeitsmittel nur vorübergehend für die Homeoffice-Tätigkeit nutzen und es danach wieder zurückbringen wollte.

16. Diebstahl, Untreue

623 Der Diebstahl zum Nachteil des Arbeitgebers ist ein an sich geeigneter Grund zur verhaltensbedingten Kündigung. Dies gilt auch für den **Diebstahl geringwertiger Sachen.**[2009] Auf die strafrechtliche Einordnung seines Verhaltens kommt es nicht entscheidend an.[2010] Nimmt bspw. eine Verkäuferin eines Warenhauses 62 Miniflaschen Alkoholika weg, die nicht mehr als reguläre Ware verkauft werden konnten und schon abgeschrieben waren, können diese Miniflaschen für den Arbeitgeber gleichwohl einen wirtschaftlichen Wert darstellen, sodass deren Diebstahl eine außerordentliche Kündigung rechtfertigen kann.[2011] Unerheblich ist, ob der Diebstahl im Beschäftigungsbetrieb oder in einem anderen, räumlich entfernten Betrieb des Arbeitgebers begangen wird.[2012] Nach Ansicht des LAG Düsseldorf beeinträchtigt die unberechtigte Wegnahme einer Wurst durch einen in einer Metzgerei beschäftigten Arbeitnehmer das Arbeitsverhältnis allerdings nicht so sehr, dass dies eine außerordentliche, sondern nur eine ordentliche Kündigung rechtfertigt.[2013] Dagegen kann bei der Ansichnahme von zur Entsorgung bereitgestelltem Müll die ungeklärte Rechtslage sogar von vornherein

---

[2004] Kleinebrink NZA 2020, 1361 (1367).

[2005] ArbG Kiel 11.3.2021 – 6 Ca 1912 c/20, BeckRS 2021, 7859 Rn. 41; Schmidt COVID-19/Felz, § 29 Rn. 12.

[2006] ArbG Heilbronn 23.3.2022 – 2 Ca 14/22, BeckRS 2022, 13206 Rn. 65 ff.; Müller, NZA 2022, 1096 (1099).

[2007] ArbG Kiel 11.3.3031 – 6 Ca 1912 c/20, BeckRS 2021, 7859 Rn. 78.

[2008] ArbG Köln 18.1.2022 – 16 Ca 4198/21, BeckRS 2022, 275 Rn. 47; Müller NZA 2022, 1096 (1099).

[2009] Hierzu Reichel AuR 2004, 250 ff.; Schlachter NZA 2005, 433 ff.

[2010] BAG 6.7.2000 – 2 AZR 454/99, BeckRS 2000, 30785693; 10.6.2010 – 2 AZR 541/09, NZA 2010, 1227.

[2011] BAG 11.12.2003 – 2 AZR 36/03, AP BGB § 626 Nr. 179; ebenso BAG 17.5.1984 – 2 AZR 3/83, AP BGB § 626 Verdacht strafbarer Handlung Nr. 14: Verzehr eines Stück Bienenstichkuchens einer Verkäuferin hinter der Bedienungstheke; BAG 20.9.1984 – 2 AZR 633/82, NZA 1985, 286: Drei Kiwi-Früchte; BAG 3.4.1986 – 2 AZR 324/85, AP BGB § 626 Verdacht strafbarer Handlung Nr. 18, Diebstahl eines Lippenstiftes zum Kaufpreis von 9 DM; BAG 12.8.1999 – 2 AZR 923/98, AP BGB § 626 Verdacht strafbarer Handlung Nr. 28; 10.6.2010 – 2 AZR 541/09, NZA 2010, 1227; 31.7.2014 – 2 AZR 407/13, AP BGB § 626 Rn. 251 Rn. 27: Entwenden von „Abfalldieselöl"; ArbG Lörrach 16.10.2009 – 4 Ca 248/09, AuR 2010, 79 = BeckRS 2009, 73055: Diebstahl von sechs Maultaschen; LAG Baden-Württemberg 10.2.2010 – 13 Sa 59/09, LAGE § 626 BGB 2002 Nr. 27 mAnm Wendeling-Schröder: Weisungswidrige Aneignung eines als Müll entsorgten Kinderreisebettes; krit. DD/Däubler BGB § 626 Rn. 108 f.; Zuber NZA 1999, 1142 (1144).

[2012] BAG 20.9.1984 – 2 AZR 633/82, AP BGB § 626 Nr. 80; 20.9.1984 – 2 AZR 233/83, AP KSchG 1969 § 1 Verhaltensbedingte Kündigung Nr. 13: Diebstahl zulasten einer Konzernschwester der Arbeitgeberin.

[2013] LAG Düsseldorf 19.2.1992 – 11 Sa 1370/91, LAGE § 626 BGB Nr. 66; ähnlich LAG Köln 24.8.1995 – 5 Sa 504/95, LAGE § 626 BGB Nr. 86 = NZA-RR 1996, 86: Mitnahme von zwei gebratenen Fischstücken im Wert von 10 DM, die nach Schließung der Kantine vom Mittagessen übriggeblieben waren; 6.8.1999 – 11 Sa 1085/98, LAGE § 626 BGB Nr. 127 = NZA-RR 2000, 24: Diebstahl von jeweils einem Glas mit sechs Wiener Würstchen an drei

den Vorsatz ausschließen.[2014] Das schuldhafte Kopieren von Daten aus dem Bestand des Arbeitgebers auf einen privaten Datenträger steht dem Diebstahl gleich, sog. **„Datenklau“.**[2015]

Bei der Bewertung des Diebstahls und der Prüfung der Frage, ob eine außerordentliche Kündigung, eine ordentliche Kündigung oder nur eine Abmahnung in Betracht kommt, spielen die **Umstände des Einzelfalls** eine erhebliche Rolle. Dabei kann insbes. von Bedeutung sein, ob der Arbeitnehmer nach seinem Arbeitsvertrag eine besondere Obhutspflicht für das Vermögen des Arbeitgebers hatte (bspw. Kassierer) oder der Arbeitnehmer die strafbare Handlung nur gelegentlich seiner Arbeitsleistungen verübt hat.[2016] So kann es eine außerordentliche Verdachtskündigung (→ Rn. 434) rechtfertigen, wenn der Leiter eines Zugrestaurants von Gästen den Gesamtverkaufswert von 24,90 DM abkassiert, ohne diese Umsätze zuvor pflichtgemäß über die Datenkasse zu bonieren und das Geld für sich behält.[2017] Entsprechendes gilt beim Verdacht des Diebstahls von drei Kaffeebechern aus Porzellan (jeder im Wert von 3,28 DM), zwei Packungen Westfälischer Knochenschinken von je 100g (im Wert von jeweils 2,69 DM) und eine 1-Liter-Dose Livio-Pflanzenöl (im Wert von 4,75 DM) durch den Leiter eines Zugrestaurants.[2018] Bei einem Diebstahl eines Angestellten in einem Einzelhandelsbetrieb ist zu berücksichtigen, wie es sich auf das Verhalten anderer Arbeitnehmer auswirkt, wenn der Arbeitgeber derartige Eigentumsdelikte in seinem Betrieb ohne weitere Konsequenzen zulässt. In einem Handelsunternehmen, dessen Waren den Arbeitnehmern anvertraut sind, kann es nicht zuletzt aus Gründen der Abschreckung der anderen Arbeitnehmer erforderlich sein, in Diebstahlsfällen hart durchzugreifen.[2019] Der Diebstahl von 100 Liter Kraftstoff durch einen Schiffsführer kann deshalb auch die fristlose Kündigung eines langjährigen Arbeitsverhältnisses rechtfertigen.[2020] Gleiches gilt bei Entwendung von acht belegten Brötchenhälften.[2021] Die für die Dauer von ein bis zwei Stunden vorübergehende Entnahme von Geld aus einer Kasse soll dagegen eine Kündigung nur nach vorheriger Abmahnung rechtfertigen können.[2022] Erhebliches Gewicht kommt bei alledem der Frage bei, ob das Verhalten des Arbeitnehmers auf Heimlichkeit angelegt ist und ob eine **längere, beanstandungsfreie Betriebszugehörigkeit** bestand, weil in einem solchen Fall nicht stets davon ausgegangen werden kann, dass eine langjährige ungestörte Vertrauensbeziehung bereits durch einen einmaligen Vorfall vollständig und unwiederbringlich zerstört wird (Fall „Emmely“).[2023] Dabei sollte man mit dem Bild eines „Vorrats an Vertrauen“ allerdings vorsichtig umgehen, weil hierdurch die – vom BAG in einem älteren Urteil[2024] ausdrücklich zurückgewiesene – Fehlvorstellung gefördert wird, dass sich der Arbeitnehmer auf diese Weise das „Recht“ verschafft, eine einzelne Straftat ohne das Risiko einer Kündigung zu begehen, weil sein Verhalten lediglich bedeute, einen zunächst aufgebauten „Vorrat an Vertrauen“ wieder abzubauen.[2025] 624

Tagen; 30.9.1999 – 5 Sa 872/99, NZA-RR 2001, 83: Diebstahl von drei Briefumschlägen im Gesamtwert von 0,03 DM rechtfertigt ohne Abmahnung grds. keine Kündigung.

2014 LAG Düsseldorf 19.12.2023 – 3 Sa 210/23, NZA 2024, 908 Rn. 50 ff.

2015 LAG Sachsen 14.7.1999 – 2 Sa 34/99, LAGE § 626 BGB Nr. 129 = BeckRS 2000, 40368; 17.1.2007 – 2 Sa 808/05, LAGE § 1 KSchG Verhaltensbedingte Kündigung Nr. 96 = BeckRS 9998, 52685, Kündigung wegen vorsätzlicher Löschung eines Computerprogrammes auf dem Notebook des Arbeitgebers wirksam.

2016 So zutr. BAG 20.9.1984 – 2 AZR 633/82, AP BGB § 626 Nr. 80; 12.8.1999 – 2 AZR 923/98, AP BGB § 626 Verdacht strafbarer Handlung Nr. 28; 10.6.2010 – 2 AZR 541/09, NZA 2010, 1227.

2017 BAG 6.7.2000 – 2 AZR 454/99, BeckRS 2000, 30785693.

2018 BAG 12.8.1999 – 2 AZR 923/98, NZA 2000, 421.

2019 BAG 11.12.2003 – 2 AZR 36/03, AP BGB § 626 Nr. 179.

2020 LAG Rheinland-Pfalz 27.3.1996 – 2 Sa 381/95, LAGE § 626 BGB Nr. 113.

2021 ArbG Hamburg 1.7.2015 – 27 Ca 87/15, NZA-RR 2015, 471 (konkret aber unverhältnismäßig).

2022 LAG Sachsen-Anhalt 29.9.1998 – 8 Sa 902/97, BeckRS 9998, 79602.

2023 BAG 10.6.2010 – 2 AZR 541/09, NZA 2010, 1227.

2024 BAG 16.10.1986 – 2 AZR 695/85, BeckRS 2009, 55835 unter II 4.

2025 Krit. auch Schrader NJW 2012, 342 (343); Stoffels NJW 2011, 118 (121 f.); Walker NZA 2011, 1 (3 f.); Willemsen RdA 2017, 115 (116 ff.); s. aber Schmitz-Scholemann NZA 2012, 1001 (1008 f.); übertriebene Begriff-

17. Doping

625 Steht ein **Sportler** in einem Arbeitsverhältnis, wie bspw. ein Lizenzfußballer[2026] oder ein Eishockeyspieler zu seinem Verein oder ein Radfahrer zu seinem Team bzw. dessen Rechtsträger, besteht für den Sportler, auch wenn kein ausdrückliches Verbot vereinbart ist, die **vertragliche Nebenpflicht, keine Dopingmittel einzunehmen.**[2027] Ein vorsätzlicher Verstoß hiergegen hat regelmäßig eine außerordentliche Kündigung zur Folge.[2028] Hat der Arbeitgeber auf der Einnahme verbotener Dopingmittel bestanden, liegt hierin ein Verstoß gegen § 3 AntiDopG, wonach es verboten ist, Dopingmittel ohne medizinische Indikation bei sich in der Absicht, sich in einem Wettbewerb des organisierten Sports einen Vorteil zu verschaffen, anzuwenden, anwenden zu lassen, zu erwerben oder zu besitzen. Eine diesem Verbot widersprechende Vereinbarung ist gem. § 134 BGB nichtig. Der Arbeitnehmer handelt deshalb auch dann rechtswidrig, wenn er mit dem Arbeitgeber die Einnahme von Dopingmitteln vereinbart hat. Gleichwohl besteht in diesem Falle kein Kündigungsgrund, weil sich der Arbeitgeber in Widerspruch zu seinem eigenen Verhalten setzen würde (§ 242 BGB).[2029]

18. Eigenmächtiger Urlaubsantritt

626 Bei eigenmächtigem Urlaubsantritt oder eigenmächtiger Urlaubsverlängerung ohne vorherige Zustimmung des Arbeitgebers ist eine ordentliche Kündigung **regelmäßig sozial gerechtfertigt.**[2030] Im Einzelfall kommt auch eine außerordentliche Kündigung in Betracht.[2031] Fehlt der Arbeitnehmer unentschuldigt, beginnt die Ausschlussfrist des § 626 Abs. 2 BGB für eine hierauf gestützte außerordentliche Kündigung frühestens mit dem Ende der unentschuldigten Fehlzeit, weil es sich bei dem unentschuldigten Fernbleiben von der Arbeit um einen Dauertatbestand handelt.[2032]

627 Die **Vertragsverletzung** ergibt sich aus § 7 Abs. 1 BUrlG, wonach der Urlaub grds. vom Arbeitgeber zu gewähren ist und nicht vom Arbeitnehmer einseitig genommen werden kann.[2033] Der Arbeitnehmer, der sich selbst beurlaubt, verletzt die Hauptpflicht zur Arbeitsleistung, von der er mangels einer Urlaubserteilung durch den Arbeitgeber nicht wirksam entbunden ist. Der eigenmächtige Urlaubsantritt des Arbeitnehmers wird auch dann nicht zu einer gerechtfertigten Vertragsverletzung, wenn der Arbeitgeber dem Urlaubsverlangen des Arbeitnehmers hätte nachkommen müssen. Es liegt vielmehr grds. eine beharrliche Arbeitsverweigerung vor, wenn sich der Arbeitnehmer trotz der Ablehnung seines Urlaubsantrags selbst beurlaubt und damit vorsätzlich seiner Arbeitspflicht nicht nachkommt.[2034] Eine Kündigung wegen eigenmächtigem Urlaubsantritt kann allerdings im Einzelfall unwirksam sein, wenn bspw. wegen einer Auslandsbeschäftigung

---

lichkeit bei Ritter DB 2011, 175 (177): „Vertrauenskonto", „Vertrauensgutschrift", wirksame Abmahnung als „Vertrauensauszahlungsquittung"; ferner Kleinebrink BB 2011, 2617.

[2026] BAG 8.12.1998 – 9 AZR 623/97, AP BGB § 611 Berufssport Nr. 15; näher Schaub ArbR-HdB/Treber § 188 Rn. 4 ff.

[2027] Fischer FA 2002, 98; Horst/Jacobs RdA 2003, 215 (219); ErfK/Niemann BGB § 626 Rn. 92; Teschner NZA 2001, 1233 (1235).

[2028] Fischer FA 2002, 134 (135).

[2029] Zutr. Teschner NZA 2001, 1233 (1235); ebenso ErfK/Niemann BGB § 626 Rn. 92.

[2030] BAG 25.2.1983 – 2 AZR 298/81, AP BGB § 626 Ausschlußfrist Nr. 14; 5.11.1992 – 2 AZR 147/92, NZA 1993, 308; 20.1.1994 – 2 AZR 521/93, AP BGB § 626 Nr. 115; 31.1.1996 – 2 AZR 282/95, EzA § 1 KSchG Verhaltensbedingte Kündigung Nr. 47; 22.1.1998 – 2 ABR 19/97, AP BGB § 626 Ausschlußfrist Nr. 38; 16.3.2000 – 2 AZR 75/99, AP BetrVG 1972 § 102 Nr. 114; 20.5.2021 – 2 AZR 457/20, NZA 2021, 1092 Rn. 28; LAG Hessen 16.6.1983 – 4 Sa 1446/82, BB 1984, 786; LAG Hamm 25.6.1985 – 6 Sa 287/85, LAGE § 1 KSchG Verhaltensbedingte Kündigung Nr. 5; LAG Schleswig-Holstein 9.2.1988 – 1 Sa 814/87, BB 1988, 1531.

[2031] BAG 20.1.1994 – 2 AZR 521/93, AP BGB § 626 Nr. 115; 22.1.1998 – 2 ABR 19/97, AP BGB § 626 Ausschlußfrist Nr. 38; LAG Köln 16.3.2001 – 11 Sa 1479/00, NZA-RR 2001, 533.

[2032] BAG 22.1.1998 – 2 ABR 19/97, AP BGB § 626 Ausschlußfrist Nr. 38.

[2033] Vgl. BKZ/Bayreuther BUrlG § 7 Rn. 30.

[2034] BAG 22.1.1998 – 2 ABR 19/97, AP BGB § 626 Ausschlußfrist Nr. 38.

des Arbeitnehmers gerichtliche Hilfe zur Durchsetzung des Urlaubsanspruchs nicht rechtzeitig in Anspruch genommen werden kann.[2035] Außerdem ist eine unberechtigte Urlaubsverweigerung durch den Arbeitgeber bei der Interessenabwägung zugunsten des Arbeitnehmers zu berücksichtigen.[2036]

Bei einer Erkrankung während des Urlaubs tritt **keine automatische Urlaubsverlängerung** um die Krankheitstage ein. Der Arbeitnehmer hat sich vielmehr nach Ablauf des vereinbarten Urlaubs beim Arbeitgeber zurückzumelden oder zuvor mit ihm eine Urlaubsverlängerung abzustimmen.[2037] Bei eigenmächtigem Urlaubsantritt oder eigenmächtiger Urlaubsverlängerung ist vor Ausspruch der Kündigung eine **Abmahnung** grds. **nicht erforderlich.**[2038] Denn der Arbeitnehmer kann nicht davon ausgehen, der Arbeitgeber werde dieses vertragswidrige Verhalten hinnehmen (zur Beweislast → Rn. 531).[2039] 628

19. Internetnutzung und E-Mails

Die **private Nutzung des Internets** während der Arbeitszeit ist **auch ohne ausdrückliches Verbot untersagt.**[2040] Besteht kein ausdrückliches Verbot der privaten Nutzung des Internets, kann allenfalls eine sporadische private Nutzung während der Arbeitszeit als noch hinnehmbar angesehen werden. Die Erlaubnis kann durch den Arbeitgeber ausdrücklich erklärt werden, aber auch auf einer Duldung der Privatnutzung durch den Arbeitgeber beruhen.[2041] Die private Nutzung des Internets kann schließlich auch in einer Betriebsvereinbarung geregelt sein. Eine nicht näher konkretisierte Erlaubnis der privaten Internetnutzung erstreckt sich nicht auf eine grenzenlose, sondern nur auf eine zeitlich und inhaltlich angemessene Nutzung während der Arbeitszeit. Bei einer **exzessiven privaten Nutzung** des Internets während der Arbeitszeit kann der Arbeitnehmer nicht mit der Billigung durch den Arbeitgeber rechnen.[2042] 629

In der bisherigen Rspr. haben sich vor allem **drei Fallgruppen** von Pflichtverletzungen im Zusammenhang mit der privaten Nutzung des Internets herauskristallisiert.[2043] Erstens geht es beim unzulässigen privaten Surfen im Internet darum, dass der Arbeitnehmer während dieser Zeit seine arbeitsvertraglich geschuldete **Arbeitsleistung nicht erbringt** und sich die Zeiten, die er verbotswidrig ohne Kenntnis seines Arbeitgebers am Arbeitsplatz mit privaten Dingen verbracht hat, als Arbeitszeit bezahlen lässt. Insoweit verletzt der Arbeitnehmer also nicht nur eine Nebenpflicht aus dem Arbeitsverhältnis, sondern seine Hauptleistungspflicht zur Arbeit. Sofern keine Anhaltspunkte dafür vorliegen, dass der Arbeitgeber dem Arbeitnehmer nicht in ausreichendem Umfang Arbeiten zugewiesen hat, hat der Arbeitgeber nicht iE darzulegen, ob und inwiefern die Arbeitsleistung des Arbeitnehmers unter seinen Privatbeschäftigungen während der Dienstzeit gelitten 630

2035 BAG 20.1.1994 – 2 AZR 521/93, AP BGB § 626 Nr. 115; krit. Hunold DB 1994, 2497 f.

2036 BAG 20.1.1994 – 2 AZR 521/93, AP BGB § 626 Nr. 115; LAG Köln 28.6.2013 – 4 Sa 8/13, NZA-RR 2014, 13 (14).

2037 BAG 5.11.1992 – 2 AZR 147/92, AP BGB § 626 Krankheit Nr. 4; ErfK/Gallner BUrlG § 9 Rn. 6; BKZ/Kiel BUrlG § 9 Rn. 32.

2038 BAG 5.11.1992 – 2 AZR 147/92, AP BGB § 626 Krankheit Nr. 4; 20.1.1994 – 2 AZR 521/93, AP BGB § 626 Nr. 115; HWK/Quecke Rn. 253; aA HK-KSchG/Dorndorf Rn. 840.

2039 Zutr. LAG Hamm 25.6.1985 – 6 Sa 287/85, LAGE § 1 KSchG Verhaltensbedingte Kündigung Nr. 5; enger BAG 22.1.1998 – 2 ABR 19/97, AP BGB § 626 Ausschlußfrist Nr. 38.

2040 BAG 7.7.2005 – 2 AZR 581/04, AP BGB § 626 Nr. 192; 19.4.2012 – 2 AZR 186/11, AP KSchG 1969 § 14 Nr. 13 Rn. 28; Beckschulze DB 2003, 2777; Elschner, Rechtsfragen der Internet- und E-Mail-Nutzung am Arbeitsplatz, 2004, 39 f.; Ernst NZA 2004, 585 f.; Kramer NZA 2006, 194 (196); NZA 2013, 311 ff.; Mengel NZA 2005, 752 (753); Müller-Thele MDR 2006, 428 (429); aA LAG Köln 11.2.2005 – 4 Sa 1018/04, MDR 2006, 36 = BeckRS 2005, 41459.

2041 Zur Frage einer Erlaubnis kraft betrieblicher Übung ausf. (und abl.) Kort FS Wank, 2014, 259 ff.

2042 BAG 7.7.2005 – 2 AZR 581/04, AP BGB § 626 Nr. 192; zur Darlegungs- und Beweislast LAG Rheinland-Pfalz 26.2.2010 – 6 Sa 682/09, NZA-RR 2010, 297; LAG Hessen 28.5.2014 – 12 Sa 404/15, BeckRS 2015, 70401 Rn. 28; Hanau/Hoeren, Private Internetnutzung durch Arbeitnehmer, 2003, 24, 29.

2043 BAG 7.7.2005 – 2 AZR 581/04, AP BGB § 626 Nr. 192; 27.4.2006 – 2 AZR 386/05, AP BGB § 626 Nr. 202; 31.5.2007 – 2 AZR 200/06, AP KSchG 1969 § 1 Verhaltensbedingte Kündigung Nr. 57.

hat.[2044] Zweitens können dem Arbeitgeber durch die private Nutzung möglicherweise auch **zusätzliche Kosten** entstehen. Ist dies wegen einer Flatrate nicht der Fall, bleibt als Kündigungsgrund jedenfalls die Arbeitspflichtverletzung. Drittens besteht eine Pflichtverletzung im **Herunterladen einer erheblichen Menge von Daten** aus dem Internet auf betriebliche Datensysteme (unbefugter download), weil hierdurch die Funktionsfähigkeit des betrieblichen Datensystems gefährdet werden kann.[2045] Zudem kann bei der Privatnutzung des Internets eine kündigungsrelevante **Rufschädigung** des Arbeitgebers durch das Aufrufen von Seiten mit pornografischen (nicht lediglich erotischen) Inhalten entstehen (Integritätsinteresse). Dies kann die Gefahr einer Rückverfolgung an den Nutzer (= Arbeitgeber) mit sich bringen und damit den Eindruck erwecken, der Arbeitgeber befasse sich anstatt mit seinen unternehmerischen bzw. dienstlichen Aufgaben mit Pornografie. Auf die strafrechtliche Bewertung des entsprechenden Pflichtverstoßes durch die Staatsanwaltschaft kommt es nicht entscheidend an.[2046] Weiter kann aufgrund eines solchen Verhaltens die Eignung des Arbeitnehmers in Frage gestellt sein. Entsprechendes gilt für Internetseiten mit nationalsozialistischen oder gewaltverherrlichenden Inhalten. Ebenso wie eine ausschweifende Internetnutzung ist das **gehäufte Schreiben privater E-Mails** zu bewerten (zu privaten Telefonaten → Rn. 658). Schließlich kann auch die wiederholte unerlaubte Nutzung dienstlicher IT-Ressourcen eine Kündigung rechtfertigen.[2047]

20. Kirchenrechtliche Loyalitätsanforderungen

631 Für die zahlenmäßig große Gruppe von Arbeitsverhältnissen in **kirchlichen Einrichtungen**[2048] gelten besondere Regelungen und Grundsätze.[2049] Dabei ist die Rechtslage zunehmend komplexer geworden, weil neben dem **Kündigungsrecht** und dem **Verfassungsrecht** in bestimmten Fällen auch die **EMRK** sowie vor allem das **Antidiskriminierungsrecht** berücksichtigt werden müssen und damit insgesamt vier Höchstgerichte (BAG, BVerfG, EGMR und EuGH) mit ihren jeweils eigenen Herangehensweisen zur Rechtsbildung in diesem Bereich beitragen.[2050]

632 Innerhalb des deutschen Rechtssystems ist zunächst zu berücksichtigen, dass sich ein kirchlicher Arbeitgeber beim Abschluss von Arbeitsverträgen nicht nur wie jedermann an der durch das staatliche Arbeitsrecht begrenzten Privatautonomie zur Begründung (und Beendigung) von Arbeitsverhältnissen beteiligt, sondern **zugleich von der institu-**

[2044] BAG 27.4.2006 – 2 AZR 386/05, AP BGB § 626 Nr. 202; zust. Mengel NJW 2006, 2942.

[2045] BAG 12.1.2006 – 2 AZR 179/05, AP KSchG 1969 § 1 Verhaltensbedingte Kündigung Nr. 54 zur unerlaubten Installation einer Anonymisierungssoftware; LAG Nürnberg 17.6.2016 – 3 Sa 158/15, BeckRS 2016, 117436 Rn. 47.

[2046] BAG 7.7.2005 – 2 AZR 581/04, AP BGB § 626 Nr. 192 unter A III 2; 27.4.2006 – 2 AZR 386/05, AP BGB § 626 Nr. 202; teilweise aA Däubler, Digitalisierung und Arbeitsrecht, 8. Aufl. 2022, § 11 Rn. 25 ff.; die Notwendigkeit einer Interessenabwägung betonend aber BAG 19.4.2012 – 2 AZR 186/11, AP KSchG 1969 § 14 Nr. 13 Rn. 28.

[2047] BAG 16.7.2015 – 2 AZR 85/15, AP BGB § 626 Nr. 255 (Herstellung von Raubkopien von Musik-CDs und Film-DVDs); dazu Kramer NZA 2016, 341 ff.

[2048] Manche Schätzungen gehen von mehr als 1,7 Mio. Menschen aus, vgl. P. Stein, Das kirchliche Selbstbestimmungsrecht im Arbeitsrecht und seine Grenzen, 2023, 22.

[2049] Ausführliche Überblicke bei Hammer, Kirchliches Arbeitsrecht, 2002; Richardi/Spelge, Arbeitsrecht in der Kirche, 9. Aufl. 2025; Thüsing, Kirchliches Arbeitsrecht, 2006.

[2050] Vgl. Brune/Schmidt-Scholemann NZA 2022, 1646: „sprachliche und rechtsdogmatische Hausmannskost der 50er-Jahre ist inzwischen einer verfassungs- und europarechtlich aufgeladenen juristischen Molekularküche gewichen"; s. zum Folgenden auch Krause, Bitburger Gespräche Jahrbuch 2017, 2018, 75; umfassende Analyse bei Morgenbrodt, Loyalitätsobliegenheiten und Grundrechte, 2021; ferner Giehl, Die Europäisierung des kirchlichen Individualarbeitsrechts, 2022; Herbolsheimer, Arbeitsrecht in kirchlicher Selbstbestimmung – Das kirchenspezifische Arbeitsrecht im Spannungsverhältnis von verfassungsrechtlicher Schutzpflicht und kirchlichem Selbstbestimmungsrecht, 2019; Krewerth, Besondere Loyalitätsobliegenheiten in kirchlichen Arbeitsverhältnissen – Eine verfassungsrechtliche Betrachtung im Kontext jüngerer Rechtsentwicklungen und zunehmender religiöser Pluralisierung, 2022; Sperber, Kirchenrechtliches Arbeitsrecht – Regelungen zu Loyalitätsobliegenheiten und Mitarbeitervertretungen und ihre Folgen in der staatlichen Rechtsordnung, 2019; s. a. P. Stein, Das kirchliche Selbstbestimmungsrecht im Arbeitsrecht und seine Grenzen, 2023.

tionellen Garantie Gebrauch macht, die es Kirchen ermöglicht, ihre Angelegenheiten nach **Art. 140 GG iVm Art. 137 Abs. 3 S. 1 WRV** selbstständig innerhalb der Schranken der für alle geltenden Gesetze zu ordnen und zu verwalten. Arbeitsverhältnisse mit Glaubensgemeinschaften und deren Einrichtungen unterfallen zwar dem staatlichen Arbeitsrecht und damit im Ausgangspunkt auch dem Geltungsbereich des KSchG. Dieser Umstand – so der zentrale Gedanke – hebt die Zugehörigkeit zu den „eigenen Angelegenheiten" der Kirche aber nicht auf.[2051] Bei der Anwendung des staatlichen Arbeitsrechts muss die **verfassungsrechtlich geschützte Eigenart des kirchlichen Dienstes** daher gebührend berücksichtigt werden. Das verfassungsrechtlich garantierte Selbstbestimmungsrecht der Kirchen gem. Art. 140 GG iVm Art. 137 WRV, das durch den Schutz der korporativen Religionsfreiheit kraft Art. 4 Abs. 1 und 2 GG zusätzlich abgesichert wird,[2052] bleibt für die Ausgestaltung der Arbeitsverhältnisse wesentlich.

Dabei umfasst das kirchliche Selbstbestimmungsrecht nicht nur die Kirche selbst, **633** sondern erstreckt sich auf alle sonstigen **Einrichtungen,** die nach **kirchlichem Selbstverständnis** ihrem Zweck oder ihrer Aufgabe entsprechend berufen sind, einen Teil des kirchlichen Auftrags in der Welt wahrzunehmen und zu erfüllen.[2053] Für die Zuordnung einer rechtlich selbständigen Einrichtung zur Kirche ist ein Mindestmaß an **Einflussmöglichkeiten der Kirche** erforderlich, um auf Dauer eine Übereinstimmung der religiösen Betätigung der Einrichtung mit kirchlichen Vorstellungen gewährleisten zu können. Der ordnende Einfluss der Kirche bedarf zwar keiner satzungsmäßigen Absicherung. Die Kirche muss jedoch in der Lage sein, einen etwaigen Dissens in religiösen Angelegenheiten zwischen ihr und der Einrichtung unterbinden zu können.[2054] In der Sache betrifft dies Arbeitsverhältnisse insbes. in **karitativen Einrichtungen** der Kranken- und Altenpflege, kirchlichen Krankenhäusern[2055] sowie kirchlichen bzw. karitativen Schulen[2056] und Kindergärten. Dies gilt auch dann, wenn der Träger ein bürgerlich-rechtlicher Verein ist.[2057] Ein auf die Verwirklichung des christlichen Auftrags gerichtetes, von einem Mitglied des Diakonischen Werkes oder der Caritas betriebenes Krankenhaus ist somit eine karitative Einrichtung einer Religionsgemeinschaft.[2058] Entsprechendes gilt für Einrichtungen, in denen Jugendliche betreut werden.[2059]

Aus der fortbestehenden Zuordnung der kirchlichen Arbeitsverhältnisse zu den „eige- **634** nen Angelegenheiten" und damit zum kirchlichen Selbstbestimmungsrecht folgt, dass die Arbeitsgerichte im Streitfall die vorgegebenen **kirchlichen Maßstäbe für die Bewertung vertraglicher Loyalitätspflichten bzw. Loyalitätsobliegenheiten** (**Loyalitätsanforderungen**) zugrunde zu legen haben, soweit die Verfassung das Recht der Kirchen anerkennt, hierüber selbst zu befinden und sich die Gerichte durch die Anwendung der kirchlichen Maßstäbe nicht in Widerspruch zu den Grundprinzipien der Rechtsordnung setzen, wie sie im allgemeinen Willkürverbot (Art. 3 Abs. 1 GG) sowie in den Begriffen der guten Sitten (§ 138 Abs. 1 BGB) und des ordre public (Art. 6 EGBGB) ihren Niederschlag gefunden haben. Besonderheit der Loyalitätsobliegenheiten ist, dass sie nicht primär und unmittelbar die Erbringung der arbeitsvertraglich als Hauptleistung geschuldeten Arbeitspflicht betreffen, sondern Verhaltensweisen zum Gegenstand haben, die im Bereich

---

2051 BVerfG 4.6.1985 – 2 BvR 1703/83, NJW 1986, 367; 22.10.2014 – 2 BvR 661/12, NZA 2014, 1387 Rn. 110; BAG 10.12.1992 – 2 AZR 271/92, AP GG Art. 140 Nr. 41; 16.9.1999 – 2 AZR 712/98, AP GrO Kath. Kirche Art. 4 Nr. 1; 8.9.2011 – 2 AZR 543/10, AP KSchG 1969 § 1 Nr. 92.

2052 Dazu näher BVerfG 22.10.2014 – 2 BvR 661/12, NZA 2014, 1387 Rn. 82 ff.

2053 Richardi/Spelge/Richardi, Arbeitsrecht in der Kirche, 9. Aufl. 2025, § 3 Rn. 8 f.

2054 BAG 30.4.1997 – 7 ABR 60/95, AP BetrVG 1972 § 118 Nr. 60.

2055 BAG 9.2.1982 – 1 ABR 36/80, AP BetrVG 1972 § 118 Nr. 24; 7.10.1993 – 2 AZR 226/93, AP BGB § 626 Nr. 114.

2056 BVerfG 31.1.2001 – 1 BvR 619/92, NZA 2001, 717.

2057 BAG 31.10.1984 – 7 AZR 232/83, AP GG Art. 140 Nr. 20.

2058 BAG 31.7.2002 – 7 ABR 12/01, AP BetrVG 1972 § 118 Nr. 70; 8.9.2011 – 2 AZR 543/10, AP KSchG 1969 § 1 Nr. 92.

2059 BAG 14.4.1988 – 6 ABR 36/86, AP BetrVG 1972 § 118 Nr. 36.

der Nebenpflichten oder sogar ausschließlich in der privaten Sphäre liegen.[2060] Die Religionsgemeinschaften dürfen allerdings keine unannehmbaren Anforderungen an die Loyalität ihrer Arbeitnehmer stellen.[2061]

635 Diese Rspr. des BAG beruht zunächst auf der **ersten grundlegenden Entscheidung des BVerfG von 1985.**[2062] Danach haben die Kirchen in den Schranken der für alle geltenden Gesetze das Recht, den kirchlichen Dienst nach ihrem Selbstverständnis zu regeln und die spezifischen Obliegenheiten kirchlicher Arbeitnehmer verbindlich zu bestimmen. Welche kirchlichen Grundverpflichtungen als Gegenstand des Arbeitsverhältnisses bedeutsam sein können, richtet sich nach den von der verfassten Kirche anerkannten Maßstäben. Dagegen kommt es weder auf die Auffassung der einzelnen betroffenen kirchlichen Einrichtungen, bei denen die Meinungsbildung von den verschiedensten Motiven beeinflusst sein kann, noch auf diejenige breiter Kreise unter den Kirchenmitgliedern oder gar einzelner bestimmten Tendenzen verbundener Mitarbeiter an. Vielmehr bleibt es der verfassten Kirche überlassen, verbindlich zu bestimmen, was „Glaubwürdigkeit der Kirche und ihrer Verkündung erfordert", was „spezifisch kirchliche Aufgaben" sind, was „Nähe" zu ihnen bedeutet, welches die „wesentlichen Grundsätze der Glaubens- und Sittenlehre" sind und was als – ggf. schwerer – Verstoß gegen diese anzusehen ist. Mit der **zweiten grundlegenden Entscheidung des BVerfG von 2014** sind diese Grundsätze im Ausgangspunkt bestätigt worden. Allerdings hat das BVerfG zum einen den Prüfungsmaßstab bei den Loyalitätsobliegenheiten um eine Plausibilitätskontrolle angereichert. Zum anderen hat das BVerfG die zusätzliche Anforderung eingeführt, dass das Selbstbestimmungsrecht der Kirchen und die Rechte und Interessen des Arbeitnehmers einander in einer „offenen Gesamtabwägung" gegenüberzustellen sind, wobei hierbei aber wiederum die vorgegebenen kirchlichen Maßstäbe für die Gewichtung des Loyalitätsverstoßes zugrunde gelegt werden müssen.[2063]

636 Vor diesem Hintergrund können die christlichen Kirchen der Mitarbeit im kirchlichen Dienst das besondere **Leitbild einer christlichen Dienstgemeinschaft**[2064] zugrunde legen, wie dies schon seit vielen Jahren sowohl in der evangelischen Kirche (aktuell: § 2 S. 1 Mitarbeitsrichtlinie 2024)[2065] als auch in der katholischen Kirche (aktuell: Art. 2 Abs. 2 und 3 Grundordnung 2022)[2066] geschehen ist. Denn die Glaubwürdigkeit der Kirchen hängt nicht zuletzt davon ab, dass ihre Mitarbeiter die kirchliche Ordnung – auch in ihrer persönlichen Lebensführung – beachten.[2067]

637 Die an kirchliche Mitarbeiter gestellten höheren Loyalitätsanforderungen und ihre etwaige Durchsetzung mittels einer Kündigung müssen sich allerdings zunächst an den **Vorgaben der EMRK** messen lassen. Dabei sind vergleichbare Abwägungsvorgänge vorzunehmen. So schützt auf der einen Seite **Art. 9 EMRK iVm Art. 11 EMRK** die **Eigenständigkeit von Religionsgemeinschaften** gegen unzulässige staatliche Einmischung. Auf der anderen Seite müssen die Arbeitsgerichte nach der Rspr. des EGMR in besonders sorgfältiger Weise das Recht der Religionsgemeinschaften gegen das **Recht des Arbeit-**

[2060] BAG 16.9.1999 – 2 AZR 712/98, AP GrO Kath. Kirche Art. 4 Nr. 1.

[2061] BAG 24.4.1997 – 2 AZR 268/96, AP BGB § 611 Kirchendienst Nr. 27 mAnm Thüsing zur Mormonenkirche; 21.2.2001 – 2 AZR 139/00, AP BGB § 611 Kirchendienst Nr. 29.

[2062] BVerfG 4.6.1985 – 2 BvR 1703/83, NJW 1986, 367, mAnm Rüthers NJW 1986, 356 und H. Weber NJW 1986, 370; 7.3.2002 – 1 BvR 1962/01, NJW 2002, 2771; s. a. Dütz NZA 1986 Beil. 1, 11; Richardi NZA 1986 Beil. 1, 3; ferner Fischermeier RdA 2014, 257.

[2063] BVerfG 22.10.2014 – 2 BvR 661/12, NZA 2014, 1387 Rn. 112 ff. Hierzu krit. MHdB ArbR/Mestwerdt § 116 Rn. 14: „Abwägungsprozess … ist tatsächlich keiner mehr".

[2064] Dazu ausf. Richardi/Spelge/Spelge, Arbeitsrecht in der Kirche, 9. Aufl. 2025, § 4 Rn. 7 ff.; zur Begriffsgeschichte Beese ZevKR 68 (2024), 41; s. a. Sprenger ZTR 2021, 607 (608 f.).

[2065] Näher Richardi/Spelge/Spelge, Arbeitsrecht in der Kirche, 9. Aufl. 2025, § 4 Rn. 53 ff.

[2066] Näher Richardi/Spelge/Spelge, Arbeitsrecht in der Kirche, 9. Aufl. 2025, § 4 Rn. 32 ff.; s. a. Eder ZTR 2023, 444; Zeller KuR 2023, 26.

[2067] BAG 16.9.1999 – 2 AZR 712/98, AP GrO Kath. Kirche Art. 4 Nr. 1; 8.9.2011 – 2 AZR 543/10, AP KSchG 1969 § 1 Nr. 92; LAG Düsseldorf 1.7.2010 – 5 Sa 996/09, LAGE § 611 BGB 2002 Kirchliche Arbeitnehmer Nr. 4 = BeckRS 2010, 70725.

nehmers auf Achtung des Privat- und Familienlebens nach Art. 8 EMRK abwägen.[2068]

Darüber hinaus spielt das (**europäische**) **Antidiskriminierungsrecht** eine immer stärkere Rolle, die dann zum Tragen kommt, wenn die Kirchen bei ihren Personalentscheidungen (Kündigungen oder Einstellungsverweigerungen) an „verbotene" Merkmale anknüpfen. So interpretiert der EuGH Art. 4 Abs. 2 UAbs. 1 RL 2000/78/EG unter Berufung u. a. auf Art. 9 und 10 RL 2000/78/EG sowie auf den Grundsatz wirksamen Rechtsschutzes gem. Art. 47 GRCh trotz der Kirchenkausel des Art. 17 AEUV[2069] dahingehend, dass eine effektive gerichtliche Kontrolle der Kriterien stattzufinden hat, von deren Einhaltung die Rechtmäßigkeit des Merkmals der **Religion** als Beschäftigungsanforderung abhängt.[2070] Danach setzt die Rechtmäßigkeit einer Ungleichbehandlung einen objektiv überprüfbaren Zusammenhang zwischen der aufgestellten beruflichen Anforderung und der fraglichen Tätigkeit voraus. Weiter muss die berufliche Anforderung „wesentlich, rechtmäßig und gerechtfertigt" sein. Zudem verlangt der EuGH, dass die berufliche Anforderung verhältnismäßig (angemessen und erforderlich) ist.[2071] Dies alles gilt nach Ansicht des EuGH auch dann, wenn es um (sonstige) Loyalitätsanforderungen iSd Art. 4 Abs. 2 UAbs. 2 RL 2000/78/EG geht, sofern diese mit einer Ungleichbehandlung wegen der Religion verknüpft sind.[2072] Beide Entscheidungen haben eine außerordentlich umfangreiche Resonanz erfahren[2073] und sind vom BAG in einer die Besserstellung der Kirchen im Antidiskriminierungsrecht durch § 9 AGG zurückdrängenden Weise umgesetzt worden.[2074] In der Tat lässt sich die frühere hM einer weitgehenden antidiskriminierungsrechtlichen Privilegierung der Kirchen[2075] – vorbehaltlich einer verfassungsrechtlichen Identitätskontrolle bzw. einer ultra-vires-Kontrolle durch das BVerfG, das denselben Fall, der dem zweiten Urteil des EuGH zugrunde lag, seinerzeit anders entschieden hatte (→ Rn. 639) – nicht mehr aufrechterhalten.[2076] Eine noch strengere Sicht ist angesichts von Art. 4 Abs. 2 UAbs. 1 S. 2 RL 2000/78/EG für andere Kriterien zu erwarten, wobei aber wohl nur das Merkmal der **sexuellen Orientierung** praktisch Bedeutung erlangen dürfte. Konsequenz dieses Paradigmenwechsels ist, dass die Kirchen bei ihren Loyalitätsanforderungen als Grundlage etwaiger Kündigungen genauer als bislang herausarbeiten müssen, warum es für eine bestimmte Tätigkeit auf ein bestimmtes Merkmal bzw. ein bestimmtes Verhalten ankommt, was nur bei **verkündigungsnahen Tätigkeiten** gelingen wird und jedenfalls im Anwendungsbereich des Antidiskriminierungsrechts zumindest in der Stoßrichtung auf einen bloßen Tendenzschutz hinausläuft. 638

Im Zentrum stehen die Fälle, in denen die kirchliche Einrichtung **Anstoß an der persönlichen Lebensführung** genommen hat, wobei die entsprechenden Gestaltungen teilweise nicht nur als verhaltensbedingte, sondern – auch – als personen- und betriebsbedingte Kündigungen eingestuft wurden. Allerdings ist die rechtliche Beurteilung nicht 639

2068 EGMR 23.9.2010 – 425/03, NZA 2011, 277 – Obst/Deutschland; 23.9.2010 – 1620/03, NZA 2011, 279 – Schüth/Deutschland; 3.2.2011 – 18136/02, NZA 2012, 199 – Siebenhaar/Deutschland; 12.6.2014 – 56030/07, NZA 2015, 533 – Fernández Martinez/Spanien; 4.10.2016 – 75581/13, NJOZ 2018, 515 – Travas/Kroatien; eing. Joussen RdA 2011, 173; Kämper/Puttler (Hrsg.), Straßburg und das kirchliche Arbeitsrecht, 2013.

2069 Dazu Nebeling/Lankes RdA 2023, 33 (35 ff.).

2070 Grdl. EuGH 17.4.2018 – C-414/16, NZA 2018, 569 Rn. 42 ff. mAnm Fuhlrott – Egenberger.

2071 Grdl. EuGH 17.4.2018 – C-414/16, NZA 2018, 569 Rn. 60 ff. mAnm Fuhlrott – Egenberger.

2072 EuGH 11.9.2018 – C-68/17, NZA 2018, 1187 Rn. 43 ff. – IR.

2073 Vgl. Fremuth EuZW 2018, 723 (727 ff.); Fuhlrott EuZW 2018, 857; Greiner jM 2018, 233; NZA 2018, 1289; Joussen EuZA 2018, 421 (427 ff.); Junker NJW 2018, 1850; Kirchhof ZFA 2019, 163; Klein/Bustami ZESAR 2019, 18; Klocke/Wolters BB 2018, 1460; Malorny EuZA 2019, 441; Reichold/Beer NZA 2018, 681; Sagan EuZW 2018, 386; Schneedorf NJW 2019, 177; J. Schubert EuZA 2020, 320; P. Stein AuR 2020, 7; Thüsing/Mathy BB 2018, 2805; Wienbracke NZA-RR 2018, 349.

2074 BAG 25.10.2018 – 8 AZR 501/14, NZA 2019, 455 (Egenberger) (Unanwendbarkeit von § 9 Abs. 1 Alt. 1 AGG, unionsrechtskonforme Auslegung von § 9 Abs. 1 Alt. 2 AGG) (Verfassungsbeschwerde eingelegt unter Az. 2 BvR 934/19); BAG 20.2.2019 – 2 AZR 746/14, NZA 2019, 901 (IR) (unionsrechtskonforme Auslegung von § 9 Abs. 2 AGG).

2075 Vgl. BAG 8.9.2011 – 2 AZR 543/10, AP KSchG 1969 § 1 Nr. 92; Hanau/Thüsing, Europarecht und kirchliches Arbeitsrecht, 2001; Reichold NZA 2001, 1054; Schliemann NZA 2003, 407; Thüsing JZ 2004, 172.

2076 So letztlich auch Krewerth RdA 2023, 298 (303); Nebeling/Lankes RdA 2023, 33 (42).

nur durch das Antidiskriminierungsrecht verändert worden. Vielmehr haben auch die Kirchen selbst ihre eigenen Maßstäbe weiterentwickelt, sodass bei der Heranziehung älterer Entscheidungen in diesem Bereich besondere Zurückhaltung geboten ist und manche (teilweise heftig kritisierten)[2077] Bewertungen vielfach gegenstandslos geworden sind. Im Grundsatz stellt die **Heirat eines im kirchlichen (katholischen) Dienst stehenden Mitarbeiters mit einer geschiedenen katholischen Frau** nach wie vor einen schwerwiegenden Verstoß gegen den nach kanonischem Recht bestehenden Grundsatz der Unauflöslichkeit der Ehe dar. Dieser Verstoß war nach der älteren Auffassung des BAG aber nur dann geeignet, eine Kündigung zu rechtfertigen, wenn der kirchliche Mitarbeiter in einem spezifischen Näheverhältnis zu der von der betreffenden kirchlichen Institution wahrzunehmenden Aufgabe steht, wie dies etwa bei Kindergartenleiterinnen und Lehrern anzunehmen ist.[2078] Fehlte es bei der Ausübung der beruflichen Tätigkeit an einer solchen spezifischen Nähe zur kirchlichen Aufgabe, wie etwa bei Handwerkern, Schreibkräften, Reinigungs- und Küchenpersonal, war auch eine nach kanonischem Recht unwirksame Eheschließung grds. kein personen- oder verhaltensbedingter Kündigungsgrund.[2079] In einer neueren Entscheidung hat das BAG im Falle der **Wiederverheiratung eines katholischen Chefarztes** die Maßstäbe der katholischen Kirche dagegen zunächst umfänglich anerkannt, dann allerdings im Rahmen der Interessenabwägung relativiert,[2080] was verfassungsrechtlich indes so nicht haltbar ist, weil das BVerfG zwar eine „offene Gesamtabwägung“ verlangt, hierbei das kirchliche Selbstbestimmungsrecht aber nicht in Frage gestellt werden darf (zur Aushebelung dieser Konzeption durch das Antidiskriminierungsrecht s. aber → Rn. 638).[2081] Infolge einer Veränderung der kirchenrechtlichen Maßstäbe (schon durch die Novellierung der Grundordnung 2015, noch stärker nach Art. 7 Abs. 2 S. 3 GrO 2022[2082]) als Folge gewandelter Wertvorstellungen hat sich diese Fallgruppe indes praktisch erledigt. Dagegen ist einer katholischen Schule die Weiterbeschäftigung einer **Lehrerin, die jahrelang in einer heimlichen Beziehung zu einem als Schulleiter fungierenden Mönch** einer Benediktinerabtei stand und diese Beziehung nun öffentlich gemacht hat, wohl nach wie vor nicht zumutbar, wenn hierdurch die Gefahr eines nicht hinnehmbaren Glaubwürdigkeitsverlustes der Kirche in der Öffentlichkeit entsteht.[2083]

640 Der **Ehebruch eines Dekanatskirchenmusikers** einer katholischen Kirchengemeinde kann in bestimmten Fällen immer noch eine ordentliche Kündigung rechtfertigen. Während der Ehebruch bereits als solcher wegen der Qualifikation als eine schwerwiegende persönliche sittliche Verfehlung iS älterer Fassungen der Grundordnung früher einen geeigneten Kündigungsgrund darstellte,[2084] bedarf es bei einem außerdienstlichen Verhalten nunmehr gem. Art. 7 Abs. 2 S. 2 GrO 2022 einer öffentlichen Wahrnehmbarkeit und einer dadurch hervorgerufenen Beeinträchtigung der Glaubwürdigkeit der katholischen Kirche. Dies ändert indes nichts daran, dass zu den Grundsätzen der katholischen Glaubens- und Sittenlehre nach wie vor die herausragende Bedeutung der Ehe gehört,

---

[2077] Aus neuerer Zeit vor allem Stein, Das kirchliche Selbstbestimmungsrecht im Arbeitsrecht und seine Grenzen, 2023.

[2078] BAG 25.4.1978 – 1 AZR 70/76, AP GG Art. 140 Nr. 2; 4.3.1980 – 1 AZR 125/78, AP GG Art. 140 Nr. 3; 31.10.1984 – 7 AZR 232/83, AP GG Art. 140 Nr. 20; 18.11.1986 – 7 AZR 274/85, AP GG Art. 140 Nr. 35; strenger noch BAG 31.1.1956 – 3 AZR 67/54, BAGE 2, 279 (Anstreicher-Urteil); zur Zustimmung zur Kündigung nach § 18 Abs. 1 BErzGG aF in diesen Fällen OLG Düsseldorf 17.10.1991 – 18 U 78/91, BB 1992, 775 mAnm Rust.

[2079] BAG 14.10.1980 – 1 AZR 1274/79, AP GG Art. 140 Nr. 7; s. a. LAG Rheinland-Pfalz 12.9.1991 – 4 Sa 72/91, NZA 1992, 648, das im Falle der Wiederverheiratung einer bei der Caritas beschäftigten geschiedenen Altenpflegerin nach Interessenabwägung einen Kündigungsgrund verneint hat.

[2080] BAG 8.9.2011 – 2 AZR 543/10, AP KSchG 1969 § 1 Nr. 92 Rn. 40 ff.; dazu Stöhr RdA 2012, 376 ff.

[2081] BVerfG 22.10.2014 – 2 BvR 661/12, NZA 2014, 1387 Rn. 176.

[2082] Art. 7 Abs. 2 S. 3 GrO 2022 lautet: „Der Kernbereich privater Lebensgestaltung, insbesondere Beziehungsleben und Intimsphäre, bleibt rechtlichen Bewertungen entzogen.“ S. dazu auch die Bischöflichen Erläuterungen zum kirchlichen Dienst (unter VIII 1).

[2083] Vgl. BVerfG 31.1.2001 – 1 BvR 619/92, NZA 2001, 717.

[2084] BAG 16.9.1999 – 2 AZR 712/98, AP GrO kath. Kirche Art. 4 Nr. 1.

die nicht nur ein Bund und ein Vertrag ist, sondern auch als ein Sakrament angesehen wird. Entsprechendes gilt für den **Ehebruch des Leiters einer Kirchengemeinde der Mormonenkirche,** der eine außerordentliche Kündigung rechtfertigen kann.[2085] Mit dem Ehebruch verstößt der Arbeitnehmer gegen die Verpflichtung, die hohen moralischen Grundsätze seiner Kirche einzuhalten und jegliches Verhalten zu unterlassen, das diese Grundsätze in Frage stellen könnte. Ein wesentlicher Glaubensgrundsatz der Mormonenkirche ist die absolute Treue zum Ehepartner. Ehebruch ist in dieser Glaubensgemeinschaft nach Mord das schwerste Verbrechen. Diese Vorgaben der Religionsgemeinschaft tragen den anerkannten Maßstäben der verfassten Kirchen Rechnung und stehen nicht im Widerspruch zu den Grundprinzipien der Rechtsordnung, weil der Ehe in den verfassten Kirchen und in den Weltreligionen ebenfalls eine herausragende Bedeutung zukommt. Das kirchliche Verständnis der Ehe hat auch in Art. 6 Abs. 1 GG seinen Niederschlag gefunden, auch wenn dies in der gelebten Praxis vielfach anders gesehen wird. In diesen Fällen bedarf es vor dem Hintergrund der **strengen Anforderungen des EGMR** allerdings einer besonders sorgfältigen Interessenabwägung. In diese Abwägung der auf dem Spiel stehenden Konventionsrechte gem. Art. 8 und 12 EMRK sind etwa einzustellen die Frage, ob sich der Arbeitnehmer bewusst gegen eine kirchliche Position ausgesprochen hat oder ihr lediglich in seiner persönlichen Lebenspraxis nicht folgen kann, ob der Fall in die Öffentlichkeit gelangt ist und hierdurch das Ansehen der kirchlichen Einrichtung beeinträchtigt hat und welche Chancen der betroffene Arbeitnehmer angesichts seiner beruflichen Qualifikationen auf dem allgemeinen Arbeitsmarkt hat. Dies hat den EGMR dazu geführt, im Fall des Ehebruchs eines Dekanatskirchenmusikers eine Kündigung als Verstoß gegen die EMRK anzusehen,[2086] während er die auf denselben Grund gestützte Kündigung des Leiters einer Kirchengemeinde der Mormonenkirche akzeptiert hat[2087].

Als eine weitere wichtige Fallgruppe ist der **Kirchenaustritt** zu nennen. Während dies in der älteren Rspr. durchgängig als ein geeigneter Kündigungsgrund bejaht wurde[2088] und auch die Kirchen im Grundsatz daran festhalten (vgl. § 6 Abs. 2 Mitarbeitsrichtlinie 2024, Art. 7 Abs. 4 GrO 2022[2089]), zweifelt das BAG nunmehr unter einem antidiskriminierungsrechtlichen Blickwinkel (→ Rn. 638) daran, ob die Beendigung der Mitgliedschaft in einer verfassten Kirche für sich allein genommen den Schluss auf eine künftig fehlende Bereitschaft oder Fähigkeit und deshalb eine Kündigung rechtfertigt und hat die Frage (nochmals)[2090] dem EuGH vorgelegt[2091]. 641

Nimmt ein in einem katholischen Krankenhaus angestellter Arzt öffentlich für den **legalen Schwangerschaftsabbruch** Stellung, kann dies eine Kündigung rechtfertigen.[2092] Weiterhin wurde die im außerdienstlichen Bereich praktizierte **Homosexualität** eines im Dienst des Diakonischen Werkes einer evangelischen Landeskirche stehenden, im Bereich der Konfliktberatung eingesetzten Arbeitnehmers noch Anfang der 1980er Jahre als grds. geeigneter Kündigungsgrund angesehen, sofern der Arbeitnehmer vorher erfolglos 642

2085 BAG 24.4.1997 – 2 AZR 268/96, AP BGB § 611 Kirchendienst Nr. 27 mAnm Thüsing.

2086 EGMR 23.9.2010 – 1620/03, NZA 2011, 279 – Schüth/Deutschland; dazu krit. Richardi/Spelge/Richardi, Arbeitsrecht in der Kirche, 9. Aufl. 2025, § 7 Rn. 32.

2087 EGMR 23.9.2010 – 425/03, NZA 2011, 277 – Obst/Deutschland.

2088 BVerfG 4.6.1985 – 2 BvR 1703/83, NJW 1986, 367 mAnm Rüthers NJW 1986, 356 und H. Weber NJW 1986, 370; BAG 4.3.1980 – 1 AZR 1151/78, AP GG Art. 140 Nr. 4; 12.12.1984 – 7 AZR 418/83, AP GG Art. 140 Nr. 21 mAnm Dütz; 25.4.2013 – 2 AZR 579/12, AP BGB § 626 Nr. 243 mAnm Schoenauer; zust. Pallasch RdA 2014, 103; ferner LAG Rheinland-Pfalz 9.1.1997 – 11 Sa 428/96, NZA 1998, 149; LSSW/Schlünder Rn. 218; dazu auch Rüthers NJW 1986, 356; H. Weber NJW 1986, 367. S. a. Thüsing/Völkerding ZAT 2020, 135.

2089 S. dazu auch die Bischöflichen Erläuterungen zum kirchlichen Dienst (unter VIII 5): Ausnahme bei einem schwerwiegenden Grund.

2090 Ein früheres Vorlageverfahren des BAG (21.7.2022 – 2 AZR 130/21 (A), NZA 2022, 1674) an den EuGH (C-630/22) hat sich infolge eines Anerkenntnisses erledigt.

2091 BAG 1.2.2024 – 2 AZR 196/22 (A), NZA 2024, 543; restriktiv nunmehr EuGH Schlussanträge der GA in Medina 10.7.2025 – C-258/24, BeckRS 2025, 16012.

2092 BVerfG 4.6.1985 – 2 BvR 1703/83, NJW 1986, 367, mAnm Rüthers NJW 1986, 356 und H. Weber NJW 1986, 370, unter Aufhebung von BAG 21.10.1982 – 2 AZR 591/80, NJW 1984, 826.

abgemahnt worden sei.[2093] Das BAG hatte allerdings die Kündigung zu Unrecht Gründen im Verhalten des Arbeitnehmers zugeordnet. Demgegenüber hätte geprüft werden müssen, ob Homosexualität ein Grund in der Person des Arbeitnehmers ist, der eine Kündigung sozial zu rechtfertigen vermag, was schon damals richtigerweise zu verneinen gewesen wäre.[2094] Mittlerweile stellt Homosexualität als solche schon nach den eigenen Grundsätzen sowohl in der evangelischen Kirche als auch in der katholischen Kirche (vgl. Art. 7 Abs. 2 S. 3 GrO) als unantastbarer Kernbereich der Persönlichkeit keinen Kündigungsgrund mehr dar.[2095]

643 Der Arbeitnehmer, der durch seine vertragliche Arbeitsleistung Funktionen der Kirche wahrnimmt und an der Erfüllung ihres Auftrags mitwirkt, hat aber weiterhin die **grundlegenden Gesetze der Kirche zu beachten.** Deshalb muss auch ein Arzt in einem katholischen Krankenhaus bei den von ihm durchgeführten Behandlungen das Kirchenrecht und die vom Lehramt der katholischen Kirche anerkannten Maßstäbe für ärztliches Handeln wahren. Ein Verstoß hiergegen, wie etwa bei einer künstlichen Insemination, kann daher nach Abmahnung eine außerordentliche Kündigung rechtfertigen.[2096]

644 Die **Loyalität zu kirchlichen Glaubensgemeinschaften** verbietet regelmäßig die Mitgliedschaft und Mitarbeit in Organisationen, deren Grundauffassung, Zielsetzung oder praktische Arbeit im Widerspruch zu dem Auftrag der Kirche stehen. Tritt ein Arbeitnehmer eines evangelischen Kindergartens, der arbeitsvertraglich zur Loyalität gegenüber der Evangelischen Landeskirche verpflichtet ist, in der Öffentlichkeit werbend für eine andere Glaubensgemeinschaft auf, die von den Glaubenssätzen der evangelischen Kirche erheblich abweicht, verstößt er gegen die vertraglich vereinbarte Loyalitätspflicht. Ein solches Verhalten kann eine – auch außerordentliche – verhaltensbedingte Kündigung rechtfertigen.[2097] Dies ist mit Art. 9 und 14 EMRK vereinbar.[2098]

21. Kleidung

645 Der Arbeitgeber kann von Arbeitnehmern mit Kundenkontakt grds. verlangen, sich dem Charakter des Geschäfts und dessen Kundenstamm entsprechend **branchenüblich zu kleiden.** Dadurch werden zwar den durch das allgemeine Persönlichkeitsrecht (Art. 1 Abs. 1 iVm Art. 2 Abs. 1 GG) dem Arbeitnehmer garantierten Möglichkeiten der freien Gestaltung seines Äußeren und seiner Kleidung Grenzen gesetzt. Dies ist aber gerechtfertigt, wenn hierdurch dem berechtigten Interesse des Arbeitgebers nach einem einheitlichen Erscheinungsbild und den Erwartungen der Kundschaft Rechnung getragen wird.[2099] Insbes. kann der Arbeitgeber den „Stil des Hauses" vorgeben und grds. durch Einzelanweisungen die Arbeitsverhältnisse seiner Mitarbeiter ausgestalten.[2100]

646 Das **weisungswidrige Tragen eines islamischen Kopftuchs** allein rechtfertigt regelmäßig noch nicht die verhaltensbedingte Kündigung einer Verkäuferin in einem Kaufhaus (zur personenbedingten Kündigung → Rn. 328). Das Weisungsrecht ist gem. § 106 S. 1 GewO nach billigem Ermessen auszuüben. Hierbei ist die **durch Art. 4 Abs. 1 GG geschützte Glaubens- und Bekenntnisfreiheit** der Arbeitnehmerin zu berücksichtigen. Kollidiert dieses Grundrecht der Arbeitnehmerin mit der grundrechtlich geschützten unternehmerischen Betätigungsfreiheit (Art. 12 Abs. 1 GG) des Arbeitgebers, ist im Rahmen der Anwendung der Generalklausel des § 106 S. 1 GewO ein grundrechtskonformer Ausgleich der Rechtspositionen herbeizuführen. Wegen des hohen Stellenwerts

2093 BAG 30.6.1983 – 2 AZR 524/81, AP GG Art. 140 Nr. 15 mAnm Richardi.
2094 Hierzu auch Pallasch NZA 2013, 1176 ff.
2095 Vgl. Richardi/Spelge/Spelge, Arbeitsrecht in der Kirche, 9. Aufl. 2025, § 6 Rn. 84 ff.
2096 BAG 7.10.1993 – 2 AZR 226/93, AP BGB § 626 Nr. 114.
2097 BAG 21.2.2001 – 2 AZR 139/00, AP BGB § 611 Kirchendienst Nr. 29; die Verfassungsbeschwerde der Klägerin wurde nicht zur Entscheidung angenommen, vgl. BVerfG 7.3.2002 – 1 BvR 1962/01, NZA 2002, 609.
2098 EGMR 3.2.2011 – 18136/02, NZA 2012, 199 – Siebenhaar/Deutschland.
2099 Vgl. ErfK/Schmidt GG Art. 2 Rn. 87; ausf. Brose/Greiner/Preis NZA 2011, 369.
2100 LAG Hamm 22.10.1991 – 13 TaBV 36/91, LAGE § 611 BGB Direktionsrecht Nr. 11 = BB 1992, 430.

des Grundrechts der Glaubens- und Religionsfreiheit hat der Arbeitgeber **konkret** darzulegen, warum die Gefahr betrieblicher Störungen oder wirtschaftlicher Einbußen besteht, wenn eine muslimische Verkäuferin während der Arbeit ein Kopftuch trägt. Nach der Lebenserfahrung ist es nicht „naheliegend", dass sich diese Befürchtungen realisieren.[2101] Für den **Schulbereich** bedarf es nach der neueren Judikatur des BVerfG ebenfalls einer **konkreten Gefährdung für andere Schutzgüter (Schulfrieden)**, sodass die Missachtung eines allgemeinen landesgesetzlich geregelten Neutralitätsgebots durch das Tragen eines islamischen Kopftuchs nicht genügt, um arbeitsrechtliche Sanktionen (Abmahnung, Kündigung) zu rechtfertigen.[2102]

Aus dem Blickwinkel des **Antidiskriminierungsrechts** hat der EuGH durch eine Reihe von Entscheidungen,[2103] die ein ausgesprochen lebhaftes Echo ausgelöst haben,[2104] zur Klärung beigetragen.[2105] Zunächst hat der EuGH judiziert, dass ein **generelles Verbot** des Tragens politischer, philosophischer oder religiöser Zeichen während der Arbeit keine unmittelbare, sondern **lediglich eine mittelbare Benachteiligung wegen der Religion** iSd Art. 2 Abs. 2 Buchst. b RL 2000/78/EG ist.[2106] Eine **unmittelbare Benachteiligung** liegt aber dann vor, wenn gezielt ein Kopftuchverbot ausgesprochen oder das Verbot auf das Tragen auffälliger großflächiger Zeichen beschränkt wird. Dabei kann eine Rechtfertigung nicht auf Art. 4 Abs. 1 RL 2000/78/EG gestützt werden, wenn es dem Arbeitgeber nur darum geht, hierdurch einem **Kundenwunsch** Rechnung zu tragen, weil dies **keine wesentliche und entscheidende berufliche Anforderung** konstituiert. Dagegen kann eine lediglich mittelbare Ungleichbehandlung im Ausgangspunkt dadurch legitimiert werden, dass der Arbeitgeber im Verhältnis zu Kunden oder auch zur Vermeidung von Konflikten eine unternehmensinterne **Neutralitätspolitik („Unternehmenslaizismus")** anordnet, wobei der EuGH die unternehmerische Freiheit gem. Art. 16 GRCh sowie in Erziehungseinrichtungen das elterliche Erziehungsrecht gem. Art. 14 Abs. 3 GRCh ins Feld führt. Während der EuGH hierfür anfangs nur forderte, dass diese Politik kohärent und systematisch verfolgt und auf das unbedingte Erforderliche (etwa auf Kundenkontakte) beschränkt wird,[2107] betont er mittlerweile zusätzlich, dass der Arbeitgeber ein „wirkliches Bedürfnis" nachzuweisen hat, er also anderenfalls nachteilige Konsequenzen (erhebliche Konflikte, Umsatzeinbuße) zu tragen hätte.[2108] Soweit es im öffentlichen Dienst um die Schaffung eines **neutralen Verwaltungsumfeldes („exklusive Neutralität")** geht, zeigt sich der EuGH bei einem Kopftuchverbot freilich großzügiger, wohl um den unterschiedlichen mitgliedstaatlichen Traditionen Rechnung zu tragen.[2109] Zugleich ist davon auszugehen, dass es der EuGH wegen der von ihm betonten Möglichkeit güns- 647

[2101] BAG 10.10.2002 – 2 AZR 472/01, NZA 2003, 483; näher Hoevels NZA 2003, 701; P. Stein SR 2018, 107; Thüsing NJW 2003, 405.

[2102] BVerfG 27.1.2015 – 1 BvR 471/10 u. a., NJW 2015, 1359; 18.10.2016 – 1 BvR 354/11, NZA 2016, 1522; dem folgend BAG 27.8.2020 – 8 AZR 62/19, NZA 2021, 189; dazu Sagan RdA 2021, 371; anders noch (abstrakte Gefahr ausreichend) BAG 20.8.2009 – 2 AZR 499/08, NZA 2010, 227; 10.12.2009 – 2 AZR 55/09, NZA-RR 2010, 383; 12.8.2010 – 2 AZR 593/09, NZA-RR 2011, 162. Abweichend für eine Rechtsreferendarin BVerfG 14.1.2020 – 2 BvR 1333/17, NJW 2020, 1049.

[2103] EuGH 14.3.2017 – C-157/15, NZA 2017, 373 – G4S Secure Solutions; 14.3.2017 – C-188/15, NZA 2017, 375 – Bougnaoui u. ADDH; 15.7.2021 – C-804/18 u. C-341/19, NZA 2021, 1085 – WABE u. MH Müller Handel; 13.10.2022 – C-344/20, NZA 2022, 1521 – S. C. R.L.; 28.11.2023 – C-148/22, NZA 2023, 1588 – Commune d'Ans.

[2104] Berka EuZA 2017, 465; Brors AuR 2018, 112; Croon-Gestefeld ZEuP 2022, 967; Hartmann EuZA 2022, 393; Klein NVwZ 2017, 920; Neugebauer/Sura RdA 2018, 350; Mangold/Payandeh EuR 2017, 700; Meyer EuZA 2020, 206; Mohr NZA Beilage 1/2019, 34; Preis/Morgenbrodt ZESAR 2017, 309; Rudnik/Wieg NZA 2022, 1515; Sagan EuZW 2017, 457; Sandhu KJ 2017, 517; Schlachter EuZ 2018, 173; J. Schubert NJW 2017, 2582; A. Stein NZA 2017, 828; P. Stein RdA 2021, 163; SR 2021, 221; Sura EuZW 2022, 65; Wagner EuR 2018, 724; Walter/Tremml NZA 2021, 1453.

[2105] Für Zusammenfassungen aus jüngerer Zeit s. Brigola RdA 2023, 304; K. Klocke NZA 2024, 740.

[2106] Eine unmittelbare Benachteiligung annehmend aber zB Mangold/Payandeh EuR 2017, 700 (704 ff.); Preis/Morgenbrodt ZESAR 2017, 309 (311 ff.); Sagan EuZW 2017, 457 (459).

[2107] EuGH 14.3.2017 – C-157/15, NZA 2017, 373 Rn. 37 ff. – G4S Secure Solutions.

[2108] EuGH 15.7.2021 – C-804/18 u. C-341/19, NZA 2021, 1085 Rn. 64 ff. – WABE u. MH Müller Handel; 13.10.2022 – C-344/20, NZA 2022, 1521 Rn. 40 f. – S. C. R.L.

[2109] EuGH 28.11.2023 – C-148/22, NZA 2023, 1588 Rn. 33 ff. – Commune d'Ans.

tigerer nationaler Vorschriften nach Art. 8 Abs. 1 RL 2000/78/EG[2110] akzeptiert, wenn ein Mitgliedstaat die maßgebliche Grenze nicht schon bei einem Bekundungsverbot, sondern erst bei einem Missionierungsverbot[2111] bzw. bei einer konkreten Störung oder zumindest Gefährdung des Betriebsfriedens[2112] zieht. Den zusätzlichen Umstand, dass es bei Kopftuchverboten um eine **intersektionelle Diskriminierung** geht, weil hiervor nur Frauen betroffen sind, hat der EuGH bislang noch nicht eigenständig thematisiert. Als Konsequenz dieser Einordnung wird man an die Legitimation eines Verbots (noch) strengere Anforderungen zu stellen haben.[2113] Bei alledem ist wiederum das Konventionsrecht zu beachten. So würde eine Kündigung aufgrund des beharrlichen Tragens eines unaufdringlichen Kreuzes gegen **Art. 9 EMRK** verstoßen, anders hingegen, wenn es um den Schutz von Patienten in einem Krankenhaus geht.[2114]

648 Erst recht kommt eine verhaltensbedingte Kündigung in Betracht, wenn sich ein Arbeitnehmer weigert, einer Weisung zum **Tragen von Schutzausrüstungen** nachzukommen. Sofern das Tragen nicht bereits durch Arbeitsschutzvorschriften angeordnet wird, muss die Ausübung des Direktionsrechts aber billigem Ermessen (§ 106 GewO) entsprechen.[2115]

22. Lohnbetrug

649 Der **versuchte Lohnbetrug** durch Abgabe von Akkordabrechnungen für Arbeiten, die gar nicht ausgeführt wurden, rechtfertigt regelmäßig eine ordentliche verhaltensbedingte Kündigung.[2116] Entsprechendes gilt, wenn ein **Croupier** einer Spielbank einem Gast unberechtigt Jetons zusteckt.[2117] Durch wiederholte **Urkundenfälschungen** wird in der Regel der Vertrauensbereich so nachhaltig erschüttert, dass es auf eine Wiederholungsgefahr nicht ankommt.[2118] Eine für eine Kündigung grds. ausreichende Verletzung der Rücksichtnahmepflicht liegt auch dann vor, wenn der Arbeitnehmer dem Arbeitgeber drohende Schäden nicht anzeigt. Hierzu zählen auch Eigenschäden des Arbeitgebers durch eine dem Arbeitnehmer offenkundige Entgeltüberzahlung (konkret: fast dreijährige Lohnzahlung ohne jede Gegenleistung). Eine schuldhafte Pflichtverletzung scheidet indes aus, wenn der Arbeitnehmer seine Arbeitskraft mehrfach gegenüber dem Personalleiter angeboten hat und deshalb aus vertretbaren Gründen davon ausgehen durfte, dass die Zahlungen nicht rechtsgrundlos erfolgt sind.[2119]

23. Lohnpfändungen

650 Häufige Lohnpfändungen rechtfertigen nur ausnahmsweise eine verhaltensbedingte Kündigung.[2120] Eine Kündigung wegen häufiger Lohnpfändungen ist **lediglich dann sozial gerechtfertigt,** wenn die Lohnpfändungen oder -abtretungen beim Arbeitgeber als Drittschuldner iSd §§ 828 ff. ZPO einen derartigen Arbeitsaufwand verursachen, dass dies nach objektiver Beurteilung zu wesentlichen Störungen im Arbeitsablauf (etwa in

[2110] S. EuGH 15.7.2021 – C-804/18 u. C-341/19, NZA 2021, 1085 Rn. 86 ff. – WABE u. MH Müller Handel.

[2111] Vgl. Wagner EuR 2018, 724 (751).

[2112] LAG Baden-Württemberg 12.11.2024 – 11 Sa 443/24, NZA 2025, 331 Rn. 38 ff.

[2113] Klus EuZA 2022, 73 (86). S. a. Weinberg EuZA 2020, 60.

[2114] EGMR 15.1.2013 – 482400/10 ua, NJW 2014, 1935 – Eweida ua/United Kingdom. Zu islamischen Kopftüchern s. a. EGMR 15.2.2001 – 42393/98, NJW 2001, 2871 – Dahlab/Schweiz; 26.11.2015 – 64846/11, NZA-RR 2017, 62 – Ebrahimian/Frankreich.

[2115] LAG Köln 12.12.2008 – 11 Sa 777/08, LAGE § 1 KSchG Verhaltensbedingte Kündigung Nr. 103; LAG Düsseldorf 21.5.2024 – 3 SLa 224/24, BeckRS 2024, 10769 (Arbeitshose in roter Signalfarbe).

[2116] LAG Hamm 5.7.1988 – 6 Sa 1642/87, LAGE § 1 KSchG Verhaltensbedingte Kündigung Nr. 23.

[2117] BAG 15.8.2002 – 2 AZR 514/01, AP KSchG 1969 § 1 Verhaltensbedingte Kündigung Nr. 42.

[2118] BAG 29.1.1997 – 2 AZR 292/96, AP BGB § 626 Nr. 131.

[2119] BAG 28.8.2008 – 2 AZR 15/07, AP BGB § 626 Nr. 214.

[2120] BAG 4.11.1981 – 7 AZR 264/79, NJW 1982, 1062; 15.10.1992 – 2 AZR 188/92, EzA § 1 KSchG Verhaltensbedingte Kündigung Nr. 45 = BeckRS 1992, 30742857; ebenso HK-KSchG/Dorndorf Rn. 830; KR/Rachor Rn. 498; LSSW/Schlünder Rn. 215; aA Pfarr/Struck BlStSozArbR 1982, 289; PVT Kündigung/Preis Rn. 760; Prinzipien Rn. 1148 ff.; DB 1990, 630 (632).

der Lohnbuchhaltung oder in der Rechtsabteilung) oder in der betrieblichen Organisation führt. Dabei ist stets auch eine umfassende Abwägung der Interessen beider Vertragsparteien erforderlich, weshalb sich eine schematische Prüfung der sozialen Rechtfertigung, wie etwa durch Abstellen auf eine bestimmte Anzahl von Lohnpfändungen, verbietet.[2121] Die Kündigung wegen häufiger Lohnpfändungen stellt nach zutreffender hM eine **verhaltensbedingte Kündigung wegen außerdienstlichen Verhaltens** dar.[2122] Durch sein außerdienstliches Ausgabeverhalten und die dadurch verursachten Lohnpfändungen greift der Arbeitnehmer mittelbar in die Betriebsorganisation ein, indem er Mehrbelastungen in der Lohnbuchhaltung verursacht. Damit verstößt der Arbeitnehmer gegen seine Pflicht, Beeinträchtigungen des Betriebsablaufs – hier der Lohnbuchhaltung – zu unterlassen.[2123]

Entgegen der Auffassung des BAG[2124] ist vor Ausspruch einer Kündigung wegen **651**
häufiger Lohnpfändungen eine **Abmahnung erforderlich.**[2125] Entscheidender Kündigungsgrund ist nicht die Lohnpfändung als solche, sondern die sich hieraus beim Arbeitgeber ergebenden erheblichen Betriebsstörungen. Wann die Beeinträchtigungen für den Arbeitgeber kündigungsrelevant werden, ist jedoch für den Arbeitnehmer nicht erkennbar. Es ist daher erforderlich, dem Arbeitnehmer durch eine Abmahnung vor Ausspruch der Kündigung deutlich zu machen, dass neue zu Lohnpfändungen führende Verbindlichkeiten eine Kündigung nach sich ziehen können. Es liegt dann am Arbeitnehmer, sein Ausgabeverhalten entsprechend einzustellen, um so eine negative Prognose zu verhindern.

24. Missbrauch von Kontrolleinrichtungen

Der Missbrauch von Kontrolleinrichtungen, wie elektronischen Zeiterfassungsgeräten, **652**
Stempeluhren, Stundenbescheinigungen, Besuchsberichten oÄ **rechtfertigt regelmäßig eine verhaltensbedingte Kündigung,** wobei im Einzelfall auch eine außerordentliche Kündigung in Betracht kommt.[2126] Es stellt einen schweren Vertrauensbruch dar, wenn der Arbeitnehmer den Arbeitgeber vorsätzlich dadurch täuscht, dass er einen anderen Arbeitnehmer veranlasst, an seiner Stelle die Stempeluhr zu betätigen. Wegen der Schwere des Verstoßes ist in diesen Fällen in der Regel eine Abmahnung nicht erforderlich.[2127]

[2121] Unzutr. daher LAG Hamm 21.9.1977 – 2 Sa 1122/77, DB 1977, 2237 = BeckRS 2014, 71979.

[2122] BAG 4.11.1981 – 7 AZR 264/79, AP KSchG 1969 § 1 Verhaltensbedingte Kündigung Nr. 4 mAnm v. Hoyningen-Huene; aA Nickel SAE 1983, 207 (208); Reuter JuS 1982, 544, die sich für einen Kündigungsgrund in der Person des Arbeitnehmers aussprechen; offengelassen von BAG 15.10.1992 – 2 AZR 188/92, EzA § 1 KSchG Verhaltensbedingte Kündigung Nr. 45 = BeckRS 1992, 30742857.

[2123] Vgl. v. Hoyningen-Huene Anm. zu BAG 4.11.1981 – 7 AZR 264/79, AP KSchG 1969 § 1 Verhaltensbedingte Kündigung Nr. 4.

[2124] BAG 4.11.1981 – 7 AZR 264/79, AP KSchG 1969 § 1 Verhaltensbedingte Kündigung Nr. 4.

[2125] Vgl. v. Hoyningen-Huene Anm. zu BAG 4.11.1981 – 7 AZR 264/79, AP KSchG 1969 § 1 Verhaltensbedingte Kündigung Nr. 4; ebenso Berkowsky NZA-RR 2001, 57 (68); HK-KSchG/Dorndorf Rn. 831; MüKoBGB/Hergenröder Rn. 312; Lepke RdA 1980, 185 (194); ErfK/Niemann BGB § 626 Rn. 153; Nickel SAE 1983, 207 (209); KR/Rachor Rn. 499; HaKo-KSchR/Zimmermann Rn. 419.

[2126] BAG 27.1.1977 – 2 ABR 77/76, AP BetrVG 1972 § 103 Nr. 7 (heimliches Verlassen des Betriebsgeländes nach Betätigung der Stempeluhr); 13.8.1987 – 2 AZR 629/86, BeckRS 1987, 30722425, 12.8.1999 – 2 AZR 832/98, AP BGB § 123 Nr. 51; 21.4.2005 – 2 AZR 255/04, AP SGB IX § 91 Nr. 4; 24.11.2005 – 2 AZR 39/05, AP BGB § 626 Nr. 197 (Manipulation der Stempeluhr); 7.12.2006 – 2 AZR 182/06, NJW 2007, 1995 mAnm Grobys; 9.6.2011 – 2 AZR 381/10, AP BGB § 626 Nr. 234 Rn. 14; 26.9.2013 – 2 AZR 682/12, AP KSchG 1969 § 4 Nr. 77 Rn. 55 mAnm Lingemann/Weingarth (Arbeitszeitbetrug zugunsten des Ehemanns); 13.12.2018 – 2 AZR 370/18, NZA 2019, 445; LAG Schleswig-Holstein 5.6.1986 – 4 (5) Sa 297/84, RzK I 6a Nr. 20 (unrichtige Eintragungen in der Zeitsummenkarte bei Gleitzeitregelung); LAG Köln 22.5.2003 – 6 (3) Sa 194/03, LAGE § 626 BGB Nr. 150 (Manipulation beim Ausfüllen von Gleitzeitformularen); 5.11.2003 – 3 Sa 315/02, BeckRS 2003, 41909 (Arbeitszeitmanipulation eines Außendienstmitarbeiters durch Falschausfüllen der Tagesberichte); LAG Thüringen 3.5.2022 – 1 Sa 18/21, BeckRS 2022, 10306 (beharrliche Verstöße gegen Dokumentationspflichten und daraus folgenden Arbeitszeitbetrugs).

[2127] BAG 13.8.1987 – 2 AZR 629/86, BeckRS 1987, 30722425; 21.4.2005 – 2 AZR 255/04, AP SGB IX § 91 Nr. 4; 24.11.2005 – 2 AZR 39/05, AP BGB § 626 Nr. 197.

25. Mobbing

653 Das sog. **Mobbing**[2128] kann auch ohne Abmahnung und unabhängig davon, ob es in diesem Zusammenhang zu einer Störung des Betriebsfriedens gekommen ist, die Kündigung eines Arbeitsverhältnisses rechtfertigen, wenn dadurch das **allgemeine Persönlichkeitsrecht,** die Ehre oder die Gesundheit des Mobbingopfers in schwerwiegender Weise **verletzt** werden. Je intensiver das Mobbing erfolgt, umso schwerwiegender und nachhaltiger wird die Vertrauensgrundlage für die Fortführung des Arbeitsverhältnisses gestört.[2129] Vor Ausspruch der Kündigung ist zu prüfen, ob das Mobbing durch andere mildere Mittel, wie bspw. eine Versetzung, vermieden werden kann. Eine vorherige Abmahnung ist regelmäßig erforderlich und nur dann entbehrlich, wenn dem Täter die Folgen seines Handelns für das Mobbingopfer erkennbar waren und er sein Tun gleichwohl fortgesetzt hat.[2130] Dieselben Grundsätze gelten für ein sog. **Stalking.**[2131]

26. Nebentätigkeiten

654 Eine Nebentätigkeit des Arbeitnehmers rechtfertigt **grds. keine Kündigung.**[2132] Soweit eine tarifvertragliche Vereinbarung über das Verbot von Nebentätigkeiten oder über deren Genehmigungspflicht besteht, ist dieses unter Beachtung von Art. 12 Abs. 1 GG verfassungskonform dahin auszulegen, dass nur solche Nebentätigkeiten verboten sind bzw. einer Genehmigung des Arbeitgebers bedürfen, an deren Unterlassung der Arbeitgeber ein berechtigtes Interesse hat.[2133] Gleiches gilt nach Auffassung des BAG für Nebentätigkeitsverbote in Betriebsvereinbarungen.[2134] Die arbeitsvertragliche Klausel, eine Nebenbeschäftigung bedürfe der Zustimmung des Arbeitgebers, stellt die Aufnahme einer beruflichen Tätigkeit unter Erlaubnisvorbehalt. Der Arbeitnehmer hat Anspruch auf Zustimmung des Arbeitgebers, wenn die Aufnahme der Nebentätigkeit betriebliche Interessen nicht beeinträchtigt.[2135] Die Ausübung einer Nebentätigkeit kann eine Kündigung nur rechtfertigen, wenn die vertraglich geschuldeten Leistungen durch die Nebentätigkeit erheblich beeinträchtigt werden.[2136] Beeinträchtigt die angezeigte Nebentätigkeit hingegen nicht die betrieblichen Interessen des Arbeitgebers, so muss der Arbeitnehmer mit der Ausübung auch nicht bis zu einer gerichtlichen Entscheidung über ihre Zulässigkeit abwarten.[2137]

655 Eine solche **Beeinträchtigung der Arbeitgeberinteressen** ist insbes. dann anzunehmen, wenn aufgrund der Beanspruchung durch die Nebentätigkeit der Arbeitnehmer bei der Erbringung der vertraglich geschuldeten Arbeitsleistung gegenüber dem Arbeitgeber beeinträchtigt wird.[2138] Eine Nebentätigkeit während der Arbeitsunfähigkeit kann den

---

[2128] Zur Konkretisierung dieses Begriffs anhand von § 3 Abs. 3 AGG: BAG 25.10.2007 – 8 AZR 593/06, AP BGB § 611 Mobbing Nr. 6 Rn. 57 ff.; 28.10.2010 – 8 AZR 546/09, AP BGB § 611 Mobbing Nr. 7 Rn. 17 ff.

[2129] LAG Thüringen (5. Kammer) 15.2.2001 – 5 Sa 102/00, NZA-RR 2001, 577; hiergegen zutr. LAG Thüringen (1. Kammer) 10.6.2004 – 1 Sa 148/01, LAGE Art. 2 GG Persönlichkeitsrecht Nr. 8a; Benecke NZA-RR 2003, 225; v. Hoyningen-Huene BB 1991, 2215; Kollmer AR-Blattei SD 1215.

[2130] BAG 25.10.2007 – 8 AZR 593/06, AP BGB § 611 Mobbing Nr. 6 Rn. 71 f.; Benecke NZA-RR 2003, 225 (231); Benecke, Mobbing, 2005, Rn. 292; Rieble/Klumpp ZIP 2002, 369 (379).

[2131] Vgl. BAG 19.4.2012 – 2 AZR 258/11, AP BGB § 626 Nr. 238.

[2132] Ausf. zur Nebentätigkeit Gaul/Khanian MDR 2006, 68; sowie Wank Nebentätigkeit, 1995; Wertheimer/Krug BB 2000, 1462.

[2133] BAG 18.11.1988 – 8 AZR 12/86, NZA 1989, 389; 26.6.2001 – 9 AZR 343/00, AP TVG § 1 Tarifverträge: Verkehrsgewerbe Nr. 8; LAG Hamburg 4.11.1994 – 3 Sa 25/94, LAGE § 1 TVG Nebentätigkeit Nr. 1; iErg ebenso Glöckner, Nebentätigkeitsverbote im Individualarbeitsrecht, 1993, 74 ff.; Schaub ArbR-HdB/Linck § 42 Rn. 10; MHdB ArbR/Reichold § 55 Rn. 50 ff.

[2134] BAG 15.3.1990 – 2 AZR 484/89, BeckRS 1990, 30733581.

[2135] BAG 11.12.2001 – 9 AZR 464/00, NZA 2002, 965; s. a. Kappes/Aabadi DB 2003, 938.

[2136] BAG 26.8.1976 – 2 AZR 377/75, AP BGB § 626 Nr. 68 mAnm Löwisch/Röder; zur ungenehmigten Nebentätigkeit im öffentlichen Dienst BAG 30.5.1996 – 6 AZR 537/95, AP BGB § 611 Nebentätigkeit Nr. 2.

[2137] BAG 13.5.2015 – 2 ABR 38/14, AP KSchG 1969 § 15 Nr. 77 Rn. 20 mAnm Wiese.

[2138] BAG 21.9.1999 – 9 AZR 759/98, NZA 2000, 723 (kein Anspruch eines DGB-Rechtsschutzsekretärs auf Zustimmung zur Aufnahme einer Nebentätigkeit als Rechtsanwalt); 24.6.1999 – 6 AZR 605/97, AP BGB § 611 Nebentätigkeit Nr. 5 mAnm Wank (zur Nebentätigkeit eines Hörfunksprechers des NDR bei einem privaten

Heilungsverlauf verzögern und deshalb Arbeitgeberinteressen beeinträchtigen.[2139] Bedarf ein leitender Angestellter iSd § 5 Abs. 3 BetrVG für die Ausübung einer Nebentätigkeit nach dem Arbeitsvertrag der Zustimmung des Arbeitgebers, kann bei vertragswidriger Nebentätigkeit und vorheriger Abmahnung eine Kündigung gerechtfertigt sein.[2140] Wenn ein technischer Angestellter in hoher Stellung mit den Zulieferern des Arbeitgebers vertragswidrig Geschäfte macht und das verheimlicht, liegt uU sogar ein Grund zur außerordentlichen Kündigung vor.[2141] Keine Beeinträchtigung liegt dagegen vor, wenn ein Arbeitnehmer ein Amt als Beisitzer von Einigungsstellen anderer Betriebe des Arbeitgebers wahrnimmt.[2142]

Eine unerlaubte Nebentätigkeit liegt regelmäßig auch vor, wenn der Arbeitnehmer durch seine Nebentätigkeit dem Arbeitgeber **Konkurrenz** macht (→ Rn. 682 ff.). Dies ergibt sich für Handlungsgehilfen aus dem in **§ 60 Abs. 1 HGB** ausdrücklich normierten Wettbewerbsverbot und für alle übrigen Beschäftigten aus der aus **§ 242 BGB abzuleitenden vertraglichen Nebenpflicht** bzw. aus **analoger Anwendung des § 60 Abs. 1 HGB.**[2143] Ein Verstoß hiergegen rechtfertigt regelmäßig eine verhaltensbedingte Kündigung, im Einzelfall kommt dabei auch eine außerordentliche Kündigung in Betracht.[2144] Verstößt ein Arbeitnehmer gegen eine (tarifvertraglich) bestehende **Anzeigepflicht,** wonach eine Nebentätigkeit von einer schriftlichen Einwilligung des Vorgesetzten abhängig ist, kann dies – unabhängig davon, ob der Arbeitgeber die Einwilligung erteilen muss – nach einer vorherigen Abmahnung eine verhaltensbedingte Kündigung rechtfertigen, weil der Arbeitnehmer hierdurch seine arbeitsvertragliche Pflicht verletzt, es dem Arbeitgeber zu ermöglichen, zu prüfen, ob seine berechtigten Interessen durch die Nebentätigkeit beeinträchtigt werden.[2145] 656

27. Personaleinkauf

Der Arbeitnehmer, der sich beim Personaleinkauf einen Preisnachlass auf Waren geben lässt, die **nicht für den Eigenbedarf, sondern für Nachbarn** bestimmt sind, handelt vertragswidrig. Dies ergab sich früher aus § 9 Nr. 3 RabattG.[2146] Seit dem Außerkrafttreten des RabattG zum 31.7.2001 kommt eine Kündigung in Betracht, wenn nach dem Arbeitsvertrag der Personaleinkauf nur zur Deckung des Eigenbedarfs erfolgen darf und der Arbeitnehmer hiergegen verstößt. Dasselbe gilt, wenn der Arbeitnehmer ein Barauszahlungsverbot unterläuft.[2147] 657

28. Private Telefongespräche

Umfangreiche unerlaubt und heimlich geführte **Privattelefonate auf Kosten des Arbeitgebers** können eine – ggf. auch außerordentliche – Kündigung rechtfertigen (zur Internet- 658

Fernsehsender); 26.6.2001 – 9 AZR 343/00, AP TVG § 1 Tarifverträge: Verkehrsgewerbe Nr. 8 (Verbot von Nebentätigkeiten bei Busfahrern, die mit dem Lenken von Kraftfahrzeugen verbunden sind).

[2139] BAG 26.8.1993 – 2 AZR 154/93, AP BGB § 626 Nr. 112; LAG Köln 7.1.1993 – 10 Sa 632/92, LAGE § 626 BGB Nr. 69.

[2140] BAG 20.5.1988 – 2 AZN 153/88, WM 1988, 1524 = BeckRS 1988, 05514; LAG Berlin 25.1.1988 – 9 Sa 108/87, WM 1988, 1519 = BeckRS 1988, 30905308.

[2141] LAG Köln 24.11.1993 – 7 Sa 754/93, LAGE § 626 BGB Nr. 75.

[2142] BAG 13.5.2015 – 2 ABR 38/14, AP KSchG 1969 § 15 Nr. 77 Rn. 19 f. mAnm Wiese.

[2143] BAG 17.10.1969 – 3 AZR 442/68, AP BGB § 611 Treuepflicht Nr. 7 mAnm Canaris; 16.6.1976 – 3 AZR 73/75, AP BGB § 611 Treuepflicht Nr. 8; 3.5.1983 – 3 AZR 62/81, AP HGB § 60 Nr. 10; 16.8.1990 – 2 AZR 113/90, AP BGB § 611 Treuepflicht Nr. 10; LAG Schleswig-Holstein 30.5.1991 – 4 Sa 83/91, DB 1991, 1990 = BeckRS 1991, 30468623; MüKoHGB/Thüsing § 60 Rn. 8.

[2144] BAG 6.8.1987 – 2 AZR 226/87, AP BGB § 626 Nr. 97 mAnm Baumgärtel; 16.8.1990 – 2 AZR 113/90, AP BGB § 611 Treuepflicht Nr. 10; LAG Köln 11.9.1996 – 8 Sa 292/96, LAGE § 626 BGB Nr. 103; LAG Hessen 6.11.1996 – 12 Sa 962/86, LAGE § 1 KSchG Verhaltensbedingte Kündigung Nr. 10.

[2145] Vgl. BAG 15.6.2021 – 9 AZR 413/19, NZA 2021, 1780 Rn. 20.

[2146] LAG Hamm 26.1.1995 – 4 Sa 1205/94, LAGE § 1 KSchG Verhaltensbedingte Kündigung Nr. 47; Kircher, Der Personalkauf, 1997, 118 f.

[2147] BAG 23.6.2009 – 2 AZR 103/08, AP KSchG 1969 § 1 Verhaltensbedingte Kündigung Nr. 59.

nutzung → Rn. 629 f.).[2148] Auch wenn private Telefongespräche vom Arbeitgeber stillschweigend geduldet werden, kann häufiges, ausschweifendes Telefonieren zu privaten Zwecken eine Vertragsverletzung darstellen.[2149] Bei der Gewichtung der Vertragsverletzung sind nicht nur die entstandenen **Telefongebühren** zu berücksichtigen, sondern auch die **eingesetzte Arbeitszeit.** In der Regel ist freilich vor Ausspruch der Kündigung eine Abmahnung erforderlich, so etwa wenn ein Arbeitnehmer 142 Minuten in vier Monaten telefoniert und nach der Arbeitsordnung private Telefonate „in dringenden Fällen" erlaubt sind.[2150] Das vielfache Führen privater Sex-Telefonate während der Arbeitszeit auf Kosten des Arbeitgebers von einem Dienstanschluss kann eine außerordentliche Kündigung rechtfertigen.[2151]

29. Rauchverbot

659 Der wiederholte Verstoß gegen ein **betriebliches Rauchverbot** kann nach **vorangegangenen Abmahnungen** auch die Kündigung eines langjährig beschäftigten Arbeitnehmers rechtfertigen.[2152] Wird gegen das Rauchverbot in einem Betrieb mit hoher Brandgefahr verstoßen, so kann auch eine außerordentliche Kündigung gerechtfertigt sein.[2153]

30. Schlecht- und Minderleistung

660 Erbringt ein Arbeitnehmer nur **unzureichende Arbeitsleistungen,** kann auch dies nach vorheriger Abmahnung eine verhaltensbedingte Kündigung rechtfertigen.[2154] Dabei kann es im Einzelfall schwierig sein festzustellen, ob die unzureichende Arbeitsleistung auf einem steuerbaren Verhalten des Arbeitnehmers beruht oder auf einer unzureichenden Eignung. Im letzteren Fall käme eine personenbedingte Kündigung in Betracht (→ Rn. 418 ff.). In Zweifelsfällen ist vor dem Ausspruch der Kündigung eine Abmahnung erforderlich,[2155] und zwar auch bei einem leitenden Mitarbeiter,[2156] weil der Arbeitnehmer eine faire Chance zur Leistungsverbsserung erhalten muss.[2157]

661 Ob eine Leistung als Schlechtleistung anzusehen ist, beurteilt sich nach den **vertraglichen Vereinbarungen der Parteien.** Ist die Arbeitsleistung im Vertrag, wie meistens, der Menge und der Qualität nach nicht oder nicht näher beschrieben, richtet sich der Gegenstand der Arbeitspflicht nach dem vom Arbeitgeber durch Ausübung des Direktions-

[2148] BAG 4.3.2004 – 2 AZR 147/03, AP BetrVG 1972 § 103 Nr. 50 (18 Stunden in sieben Wochen nach Mauritius für 1.355,76 EUR).

[2149] LAG Köln 2.7.1998 – 6 Sa 42/98, LAGE § 1 KSchG Verhaltensbedingte Kündigung Nr. 66.

[2150] LAG Nürnberg 6.8.2002 – 6 (5) Sa 472/01, NZA-RR 2003, 191; bestätigt durch BAG 27.11.2003 – 2 AZR 692/02, AP ZPO § 319 Nr. 27; s. a. LAG Niedersachsen 13.1.1998 – 13 Sa 1235/97, LAGE § 1 KSchG Verhaltensbedingte Kündigung Nr. 63 = NZA-RR 1998, 259 (Telefongebühren iHv rund 175 DM in dreieinhalb Monaten); LAG Köln 2.7.1998 – 6 Sa 42/98, LAGE § 1 KSchG Verhaltensbedingte Kündigung Nr. 66 (Telefongebühren iHv rund 580 DM in zehn Monaten); LAG Hamm 30.5.2005 – 8 (17) Sa 1773/04, NZA-RR 2006, 353.

[2151] LAG Köln 13.3.2002 – 7 Sa 380/01, NZA-RR 2002, 577; LAG Hamm 30.5.2005 – 8 (17) Sa 1773/04, NZA-RR 2006, 353.

[2152] LAG Düsseldorf 17.6.1997 – 16 Sa 346/97, LAGE § 1 KSchG Verhaltensbedingte Kündigung Nr. 58; LAG Köln 1.8.2008 – 4 Sa 590/08, LAGE § 1 KSchG Verhaltensbedingte Kündigung Nr. 101a; LAG Düsseldorf 9.11.2011 – 12 Sa 956/11, AuR 2012, 224 = BeckRS 2011, 79287.

[2153] BAG 27.9.2012 – 2 AZR 955/11, AP KSchG 1969 § 15 Nr. 74 Rn. 35.

[2154] BAG 22.7.1982 – 2 AZR 30/81, AP KSchG 1969 § 1 Verhaltensbedingte Kündigung Nr. 5 mAnm Otto; 15.8.1984 – 7 AZR 228/82, AP KSchG 1969 § 1 Nr. 8 mAnm M. Wolf; 21.5.1992 – 2 AZR 551/91, AP KSchG 1969 § 1 Verhaltensbedingte Kündigung Nr. 28; 11.12.2003 – 2 AZR 667/02, AP KSchG 1969 § 1 Verhaltensbedingte Kündigung Nr. 48; 17.1.2008 – 2 AZR 536/06, NZA 2008, 693; LAG Schleswig-Holstein 24.2.2010 – 6 Sa 399/09, NZA-RR 2010, 466; dies gilt aber nicht, wenn eine Einarbeitungszeit vereinbart ist, vgl. LAG Hamm 5.6.2008 – 15 Sa 1970/07, BeckRS 2008, 56019; Becker-Schaffner BlStSozArbR 1981, 1775; HK-KSchG/Dorndorf Rn. 743; Leuchten/Zimmer BB 1999, 1973; LSSW/Schlünder Rn. 168 f.; Tschöpe BB 2006, 213; MHdB ArbR/Zimmermann § 114 Rn. 8; zur alkoholbedingten Schlechtleistung vgl. LAG Hessen 20.3.1986 – 12 Sa 182/85, BB 1986, 2271.

[2155] BAG 27.9.1976 – 3 AZR 50/75, AP KSchG § 1 Verhaltensbedingte Kündigung Nr. 9 mAnm Boden; LAG Rheinland-Pfalz 25.1.2006 – 9 Sa 786/05, BeckRS 2006, 41322; LAG Nürnberg 12.6.2007 – 6 Sa 37/07, NZA-RR 2008, 178.

[2156] LAG Köln 23.5.2002 – 7 Sa 71/02, NZA-RR 2003, 305.

[2157] LAG Rheinland-Pfalz 5.11.2020 – 5 Sa 167/20, BeckRS 2020, 38967 Rn. 29.

rechts festzulegenden Arbeitsinhalt. Nach Auffassung des BAG ist auf das persönliche, subjektive Leistungsvermögen des Arbeitnehmers abzustellen (→ Rn. 420 ff.).[2158] Der Arbeitnehmer müsse unter angemessener Ausschöpfung seiner persönlichen Leistungsfähigkeit arbeiten. Dass der Arbeitnehmer unterdurchschnittliche Leistungen erbringe, bedeute nicht zwangsläufig, dass er seine persönliche Leistungsfähigkeit nicht ausschöpfe.[2159] Das deutliche und längerfristige Unterschreiten des von vergleichbaren Arbeitnehmern erreichten Mittelwerts sei allerdings oft der einzige für den Arbeitgeber erkennbare Hinweis darauf, dass der schwache Ergebnisse erzielende Arbeitnehmer Reserven nicht ausschöpfe. Der Arbeitgeber genüge deshalb seiner Darlegungslast zunächst, wenn er Tatsachen vortrage, aus denen ersichtlich sei, dass die Leistungen des betreffenden Arbeitnehmers deutlich hinter denen vergleichbarer Arbeitnehmer zurückblieben.[2160] Das sei anzunehmen, wenn der Arbeitnehmer die Durchschnittsleistung um deutlich mehr als 1/3 unterschreite. Der Arbeitnehmer habe hierauf zu entgegnen, ggf. das Zahlenwerk iE zu bestreiten und/oder darzulegen, warum er mit seiner deutlich unterdurchschnittlichen Leistung dennoch seine persönliche Leistungsfähigkeit ausschöpfe. Hier könnten altersbedingte Leistungsdefizite, Beeinträchtigungen durch Krankheit, aber auch betriebliche Umstände eine Rolle spielen. Lege der Arbeitnehmer derartige Umstände plausibel dar, habe der Arbeitgeber sie zu widerlegen. Trage der Arbeitnehmer hingegen derartige Umstände nicht vor, gelte das schlüssige Vorbringen des Arbeitgebers als zugestanden (§ 138 Abs. 3 ZPO). Diese **Rspr. überzeugt nicht.** Über den Umweg der Verteilung der Darlegungs- und Beweislast kommt das BAG in allen Fällen der Schlechtleistung, die nicht auf besonderen Umständen wie Krankheit, Alter etc beruhen, in der Sache zwar auch zu einem objektiven Maßstab. Richtiger aber wäre es, eine Leistung mittlerer Art und Güte (§ 243 Abs. 1 BGB) zu fordern und hierbei Besonderheiten des Einzelfalles angemessen zu berücksichtigen (→ Rn. 424 ff.).[2161]

Eine Kündigung wegen unzureichender Arbeitsleistung setzt stets die substantiierte **662**
Darlegung des Arbeitgebers voraus, der betreffende Arbeitnehmer erbringe **unterdurchschnittliche Arbeitsleistungen,** obwohl er zu besseren Leistungen in der Lage sei. Dazu ist zunächst erforderlich, die durchschnittliche Arbeitsleistung genau zu bestimmen. Dies kann sich allerdings als problematisch erweisen, weil in einer sehr guten Arbeitsgruppe schon der an sich gute Arbeitnehmer bezogen auf diese sehr gute Gruppe unterdurchschnittliche Arbeitsleistungen erbringt.[2162] Der Arbeitgeber ist deshalb gehalten, Tatsachen darzulegen, aus denen sich feststellen lässt, welche Leistungen von einem vergleichbaren Arbeitnehmer durchschnittlich erwartet werden können und welche Leistungen der gekündigte Arbeitnehmer tatsächlich auf längere Zeit erbracht hat.[2163] Hierfür können auch Zielvereinbarungen, die mit dem Gekündigten und vergleichbaren Arbeitnehmern getroffen wurden, herangezogen werden. Weicht die tatsächliche Arbeitsleistung von der berechtigterweise durchschnittlich zu fordernden Arbeitsleistung erheblich ab, kann die Kündigung nach vorheriger Abmahnung sozial gerechtfertigt sein, sofern keine Weiterbeschäftigungsmöglichkeit auf einem anderen Arbeitsplatz besteht.

Eine mangelhafte Arbeitsleistung liegt **bspw.** vor, wenn sich ein Vertriebsmitarbeiter **663**
bei einem Kundenbesuch negativ über die Produkte seines Arbeitgebers äußert und dem **Kunden die Anschrift eines Konkurrenzunternehmens nennt** sowie telefonisch einen Kontakt zwischen dem Kunden und dem Konkurrenten herstellt.[2164] Eine **Vollmachtsüberschreitung** und damit einhergehende gravierende Vermögensgefährdung des Arbeit-

[2158] BAG 11.12.2003 – 2 AZR 667/02, AP KSchG 1969 § 1 Verhaltensbedingte Kündigung Nr. 48; 3.6.2004 – 2 AZR 386/03, AP KSchG 1969 § 23 Nr. 33; 17.1.2008 – 2 AZR 536/06, NZA 2008, 693.
[2159] BAG 22.7.1982 – 2 AZR 30/81, AP KSchG 1969 § 1 Verhaltensbedingte Kündigung Nr. 5.
[2160] So besonders deutlich BAG 3.6.2004 – 2 AZR 386/03, AP KSchG 1969 § 23 Nr. 33; 17.1.2008 – 2 AZR 536/06, NZA 2008, 693.
[2161] Wie hier iErg MüKoBGB/Hergenröder Rn. 325.
[2162] Zutr. BAG 22.7.1982 – 2 AZR 30/81, AP KSchG 1969 § 1 Verhaltensbedingte Kündigung Nr. 5.
[2163] Dazu eing. HaKo-KSchR/Zimmermann Rn. 389.
[2164] LAG Sachsen 25.6.1996 – 9 Sa 257/96, LAGE § 626 BGB Nr. 102.

gebers durch einen Vertriebsleiter/Produktmanager ist geeignet, das für ein Arbeitsverhältnis notwendige Vertrauen des Arbeitgebers zu zerstören und kann deshalb eine außerordentliche Kündigung begründen.[2165] Nach **Ende der Elternzeit** kann der Arbeitgeber nicht gleich wegen schlechter Leistungen kündigen, er hat vielmehr für einen im Einzelfall zu bestimmenden angemessenen Zeitraum Einarbeitungsschwierigkeiten hinzunehmen.[2166] Keiner vorherigen Abmahnung bedarf die Kündigung eines **Lehrers, der im Schulunterricht menschenverachtende Witze erzählt.**[2167] Die pädagogische Leistung eines solchen Lehrers ist unzureichend, wenn er die Schüler nicht im Sinne eines humanen, die Würde des Individuums achtenden Weltbildes erzieht, sondern die Opfer des Holocaust verhöhnt. Einer Abmahnung vor Ausspruch der Kündigung bedarf es hier nicht, weil der Lehrer mit einer Billigung seines Verhaltens nicht rechnen konnte. Die wiederholte **körperliche Züchtigung von Kleinkindern durch eine Krippenerzieherin** in einer Kindertagesstätte (Schläge ins Gesicht und auf den Mund) stellt einen außerordentlichen Kündigungsgrund dar. Dem steht weder eine Betriebszugehörigkeit der Arbeitnehmerin von 14 Jahren noch eine personelle Unterbesetzung aufgrund krankheitsbedingter Ausfallzeiten anderer Erzieherinnen entgegen.[2168] Ein außerordentlicher Kündigungsgrund liegt auch bei einem Küchenleiter vor, der seine **Kontrollpflichten bezüglich der Einhaltung der Hygienevorschriften** sowie der Sauberkeit des Küchenbereichs derart verletzt, dass von der zuständigen Behörde das Herstellen und In-Verkehr-Bringen von Lebensmitteln untersagt wird.[2169] Die **Aufforderung eines Hoteldieners** an eine Passantin, im Hotel der Prostitution nachzugehen, kann ebenfalls ein Kündigungsgrund sein.[2170] Dagegen rechtfertigt die **Abweichung von einem Speiseplan** durch einen Koch in der Küche eines Altenheimes („Fleischbällchen gedünstet statt gebraten") keine Kündigung.[2171]

31. Schmiergeld, Bestechung

664 Die Annahme von Schmiergeld und sonstigen nicht nur geringfügigen Geschenken, wie bspw. Kugelschreibern oder Kalendern,[2172] stellt unabhängig von der strafrechtlichen Bewertung regelmäßig einen **Grund zur ordentlichen oder außerordentlichen Kündigung** dar.[2173] Auf eine Schädigung des Arbeitgebers kommt es dabei nicht an.[2174] Es reicht vielmehr aus, dass der gewährte Vorteil die Gefahr begründet, der Annehmende werde nicht mehr allein die Interessen des Geschäftsherrn wahrnehmen. Der Kündigungsgrund liegt hier weniger in der Verletzung vertraglicher Pflichten, sondern in der damit zu Tage getretenen Einstellung des Arbeitnehmers, unbedenklich eigene Vorteile bei der Erfüllung von Aufgaben wahrnehmen zu wollen, obwohl er sie allein im Interesse des Arbeitgebers durchzuführen hat. Durch sein gezeigtes Verhalten zerstört er das Vertrauen in seine Zuverlässigkeit und Redlichkeit.[2175] Bei besonders schwerwiegenden Verstößen ist eine Abmahnung entbehrlich.

[2165] BAG 11.3.1999 – 2 AZR 51/98, BeckRS 1999, 15024; einschränkend LAG Mecklenburg-Vorpommern 15.12.1999 – 2 Sa 178/99, NZA-RR 2000, 240 zur Überschreitung von Wertgrenzen für den Abschluss von Verträgen durch den Verwaltungsleiter eines Kreiskrankenhauses.

[2166] LAG Nürnberg 8.3.1999 – 6 Sa 259/9, NZA 2000, 263.

[2167] BAG 5.11.1992 – 2 AZR 287/92, BeckRS 1992, 30742996.

[2168] Verfehlt LAG Schleswig-Holstein 14.1.2004 – 3 SA 302/03, LAGE § 626 BGB 2002 Nr. 3 mablAnm Graverhorst.

[2169] LAG Schleswig-Holstein 27.6.2013 – 5 Sa 31/13, BeckRS 2013, 71567.

[2170] LAG Köln 21.2.2006 – 9 (7) Sa 668/05, LAGE § 1 Verhaltensbedingte Kündigung Nr. 91.

[2171] LAG Hamm 16.11.2005 – 3 Sa 1713/05, NZA-RR 2006, 128.

[2172] Vgl. KR/Rachor Rn. 537.

[2173] BAG 21.6.2001 – 2 AZR 30/00, EzA § 626 BGB Unkündbarkeit Nr. 7; 17.8.1972 – 2 AZR 415/71, AP BGB § 626 Nr. 65 mAnm Birk; LAG Düsseldorf 12.8.1980 – 8 Sa 235/80, EzA § 626 BGB nF Nr. 73; LAG Köln 4.1.1984 – 5 Sa 1217/83, DB 1984, 1101 = BeckRS 1984, 30462279.

[2174] BAG 15.11.1995 – 2 AZR 974/94, AP BetrVG 1972 § 102 Nr. 73; LAG Hessen 18.6.1997 – 8 Sa 977/96, LAGE § 626 BGB Nr. 114; LAG Rheinland-Pfalz 26.2.2016 – 1 Sa 358/15, BeckRS 2016, 68356 Rn. 46; HK-KSchG/Dorndorf Rn. 828; Staudinger/Temming (2025) BGB § 626 Rn. 204.

[2175] BAG 21.6.2001 – 2 AZR 30/00, EzA § 626 BGB Unkündbarkeit Nr. 7.

Der Verstoß eines **Angestellten im öffentlichen Dienst** gegen das Verbot, ohne Zustimmung des Arbeitgebers Belohnungen, Geschenke, Provisionen oder sonstige Vergünstigungen in Bezug auf seine dienstliche Tätigkeit anzunehmen (§ 3 Abs. 2 TVöD/§ 3 Abs. 3 TV-L), stellt einen wichtigen Grund zur außerordentlichen Kündigung dar.[2176] Geldgeschenke in einer Größenordnung von 50,00 Euro pro Fall, können auch bei großzügigster Auslegung nicht mehr als bloße Aufmerksamkeiten eher symbolischer Natur gewertet werden, die der öffentliche Arbeitgeber regelmäßig toleriere. Was der Arbeitnehmer mit dem pflichtwidrig erworbenen Geld macht, ist unerheblich, weil die Pflichtwidrigkeit schon in dem Erwerb des Geldes liegt. Es kommt deshalb nicht darauf an, ob er das Geld für sich verwendet oder einer „Kaffeekasse" zuführt.[2177] 665

Das Verbot, Belohnungen oder Geschenke ohne Zustimmung des Arbeitgebers anzunehmen, gilt insbes. im Pflegebereich auch für die **Begünstigung durch letztwillige Verfügungen.** Es kommt nicht darauf an, ob die Zuwendung aus der Sicht des Zuwendenden und des Begünstigten in Bezug auf die dienstliche Tätigkeit erfolgt. Ausreichend ist, dass objektiv ein enger Zusammenhang zwischen dem Geschenk und der dienstlichen Tätigkeit besteht.[2178] 666

Keine Annahme von Schmiergeld liegt dagegen nach Auffassung des BAG vor, wenn ein Arbeitnehmer, der nicht mit der Einstellung von Personal befasst ist, für die Vermittlung der Einstellung eines anderen Arbeitnehmers eine **Vermittlungsprovision** erhält.[2179] Hierbei handele es sich um außerdienstliches Verhalten, das nur bei einer konkreten Beeinträchtigung des Arbeitsverhältnisses geeignet sei, eine Kündigung sozial zu rechtfertigen. 667

32. Sexuelle Belästigung

Die **Beeinträchtigung der sexuellen Selbstbestimmung** einer Arbeitnehmerin durch einen männlichen Arbeitnehmer ist gem. § 7 Abs. 3 AGG eine Verletzung arbeitsvertraglicher Pflichten und stellt einen (ggf. außerordentlichen) Kündigungsgrund dar.[2180] Die Begriffsbestimmung der „sexuellen Belästigung" aus § 3 Abs. 4 AGG ist auch kündigungsrechtlich maßgebend. Die danach erforderliche Unerwünschtheit des fraglichen sexuellen Verhaltens richtet sich nach der subjektiven Vorstellung der Betroffenen, muss aber nach außen in Erscheinung treten und für den Handelnden erkennbar sein.[2181] Eine Ablehnung ist erkennbar, wenn aus dem Verhalten der oder des Betroffenen für einen neutralen Beobachter die Ablehnung hinreichend deutlich geworden ist. Unter Umständen kann daher auch ein rein passives Verhalten in der Form eines zögernden, zurückhaltenden Geschehenlassens gegenüber einem drängenden, durchsetzungsfähigen Belästiger, insbes. einem Vorgesetzten, zur Erkennbarkeit einer ablehnenden Haltung ausreichen.[2182] 668

Die Kündigung als Reaktion auf eine sexuelle Belästigung muss dem **Grundsatz der Verhältnismäßigkeit** entsprechen.[2183] Die vom Arbeitgeber gem. § 12 AGG zu treffenden 669

[2176] BAG 15.11.2001 – 2 AZR 605/00, AP BGB § 626 Nr. 175; zu Einzelheiten – auch zur Verschärfung gegenüber § 10 BAT – s. Grimm in Groeger (Hrsg.), Arbeitsrecht im öffentlichen Dienst, 2020, Rn. 3.6 ff.

[2177] BAG 10.2.1999 – 2 ABR 31/98, AP KSchG 1969 § 15 Nr. 42; 15.11.2001 – 2 AZR 605/00, AP BGB § 626 Nr. 175.

[2178] BAG 17.6.2003 – 2 AZR 62/02, EzA § 1 KSchG Verhaltensbedingte Kündigung Nr. 59.

[2179] BAG 24.9.1987 – 2 AZR 26/87, NJW 1988, 2261.

[2180] BAG 25.3.2004 – 2 AZR 341/03, AP BGB § 626 Nr. 189; 9.6.2011 – 2 AZR 323/10, AP BGB § 626 Nr. 236; 20.5.2021 – 2 AZR 596/20, NZA 2021, 1178; LAG Hamm 10.3.1999 – 18 Sa 2328/98, NZA-RR 1999, 623; LAG Düsseldorf 19.12.2023 – 3 Sa 210/23, NZA 2024, 908 Rn. 56 ff.; vgl. Berkowsky NZA-RR 2001, 57 (63 f.); sowie ausf. Groß DB 2015, 2755; Köhler/Koops BB 2015, 2807; Mästle BB 2002, 250; Marzodko/Rinne ZTR 2000, 305; Schlachter NZA 2001, 121.

[2181] BAG 20.11.2014 – 2 AZR 651/13, AP BGB § 626 Nr. 249 Rn. 18; ErfK/Schlachter AGG § 3 Rn. 20.

[2182] BAG 25.3.2004 – 2 AZR 341/03, AP BGB § 626 Nr. 189.

[2183] LAG Hamm 22.10.1996 – 6 Sa 730/96, NZA 1997, 769; LAG Hamburg 21.10.1998 – 4 Sa 53/98, LAGE § 4 BSchG Nr. 3; LAG Hamm 10.3.1999 – 18 Sa 2328/98, LAGE § 1 KSchG Verhaltensbedingte Kündigung Nr. 75; LAG Niedersachsen 29.11.2008 – 1 Sa 547/08, LAGE § 12 AGG Nr. 1.

vorbeugenden Schutzmaßnahmen gegen sexuelle Belästigung am Arbeitsplatz berechtigen ihn nicht, der sexuellen Belästigung beschuldigte Arbeitnehmer zu entlassen, wenn ihnen eine entsprechende Tat nicht nachgewiesen werden kann. § 12 Abs. 3 AGG gewährt insoweit kein Kündigungsrecht.[2184]

670 Ein **Kündigungsgrund besteht insbes.** bei einer sexuellen Belästigung einer Auszubildenden durch einen Ausbilder, weil der Arbeitgeber auf die moralische Integrität seiner Ausbilder vertrauen können muss.[2185] Bei monatelanger sexueller Belästigung durch körperliche Berührungen und Bemerkungen sexuellen Inhalts kann das Arbeitsverhältnis regelmäßig auch ohne vorherige Abmahnung außerordentlich gekündigt werden.[2186] Ein Kündigungsgrund liegt des Weiteren vor, wenn ein Arbeitnehmer nach erfolglosen mehrmaligen Annäherungsversuchen per Telefon und SMS einer Auszubildenden in seinem Betrieb eine ehrverletzende, einschüchternde sexuell belästigende SMS schickt.[2187] Entsprechendes gilt, wenn ein Rettungssanitäter einer Praktikantin mehrmals einen Klaps auf den Po gibt.[2188]

671 Die **sexuelle Belästigung einer Mitarbeiterin einer Kundenfirma** kann die Kündigung eines angestellten Verkäufers rechtfertigen. Hierzu ist erforderlich, dass der Arbeitgeber konkret darlegt, durch welche Handlungen, Gesten oder Worte es zu den Übergriffen des gekündigten Arbeitnehmers gekommen ist. Der pauschale Hinweis auf eine sexuelle Belästigung genügt nicht.[2189] Eine kündigungsrelevante sexuelle Belästigung liegt weiter vor, wenn der technische Leiter eines Kurbades **im Umkleidebereich „spannt“,**[2190] ein Arbeitnehmer **unter anzüglichen Bemerkungen die Brust einer Arbeitnehmerin vorsätzlich berührt,**[2191] ein Arbeitnehmer einem anderen Arbeitnehmer – auch ohne sexuelle Motivation – **zielgerichtet in den Genitalbereich fasst**[2192] oder ein Arbeitnehmer die Genitalien eines Leiharbeitnehmers entblößt.[2193] Dasselbe gilt bei der Übergabe von Vibratoren an Betriebsratsmitglieder als „Geschenk“[2194] sowie dann, wenn ein Vorgesetzter nachgeordneten Mitarbeiterinnen den Anschein einer dienstlichen Anordnung zum gemeinsamen Verbringen von Freizeit und Alkoholkonsum zu zweit vermittelt, mehrfach unerwünschte nächtliche Nachrichten versendet und nächtliche Anrufe tätigt.[2195]

33. Spesenbetrug

672 Ein Spesenbetrug des Arbeitnehmers ist grds. **auch bei verhältnismäßig geringen Beträgen** geeignet, eine Kündigung zu begründen.[2196] Dies gilt auch dann, wenn der Arbeitnehmer Spesen nicht hatte abrechnen wollen, eine Abrechnung jedoch auf Aufforderung durch seinen Arbeitgeber aus dem Gedächtnis erstellt und den Arbeitgeber nicht auf Zweifel an der Richtigkeit der Abrechnung hinweist.[2197] Bewusste und damit

[2184] BAG 8.6.2000 – 2 ABR 1/00, AP BeschSchG § 2 Nr. 3 (zu dem inzwischen außer Kraft getretenen Beschäftigtenschutzgesetz).
[2185] BAG 9.1.1986 – 2 ABR 24/85, AP BGB § 626 Ausschlußfrist Nr. 20.
[2186] LAG Hessen 27.1.2004 – 13 TaBV 113/03, BeckRS 2004, 30448550.
[2187] LAG Rheinland-Pfalz 24.10.2001 – 9 Sa 853/01, BeckRS 2001, 30898234.
[2188] LAG Sachsen 10.3.2000 – 2 Sa 635/99, NZA-RR 2000, 468; LAG Köln 7.7.2005 – 7 Sa 508/04, NZA-RR 2006, 237.
[2189] BAG 26.6.1997 – 2 AZR 502/96, BeckRS 2009, 55111.
[2190] LAG Niedersachsen 15.3.2002 – 10 Sa 1570/01, NZA-RR 2003, 20.
[2191] BAG 20.11.2014 – 2 AZR 651/13, AP BGB § 626 Nr. 249 Rn. 18. Dazu Köhler/Koops BB 2015, 2807. S. a. LAG Hessen 20.8.1995 – 3 Sa 636/94, BeckRS 1995, 30867500.
[2192] BAG 29.6.2017 – 2 AZR 302/16, NJW 2017, 3018 mAnm Koops.
[2193] BAG 20.5.2021 – 2 AZR 596/20, NZA 2021, 1178.
[2194] LAG Düsseldorf 19.12.2023 – 3 Sa 210/23, NZA 2024, 908 Rn. 56 ff.
[2195] LAG Berlin-Brandenburg 25.9.2020 – 9 Sa 500/20, BeckRS 2020, 32379 Rn. 102 ff.
[2196] BAG 2.6.1960 – 2 AZR 91/58, AP BGB § 626 Nr. 42; 22.11.1962 – 2 AZR 42/62, AP BGB § 626 Nr. 49; 6.9.2007 – 2 AZR 264/06, AP BGB § 626 Nr. 208; s. a. LAG Hessen 5.7.1988 – 5 Sa 585/88, LAGE § 1 KSchG Verhaltensbedingte Kündigung Nr. 20, wonach im Einzelfall bei langjähriger beanstandungsfreier Beschäftigung und einem geringen Schaden – hier 25 DM – auch eine ordentliche Kündigung unwirksam sein kann; zu manipulierten Reisekostenabrechnungen vgl. LAG Köln 2.3.1999 – 13 Sa 687/98, BeckRS 1999, 40850.
[2197] LAG Nürnberg 28.3.2003 – 4 Sa 136/02, LAGE § 626 BGB Nr. 149.

vorsätzliche Falschangaben bei Spesenabrechnungen sind zwar von der Erklärung versehentlich falscher Angaben zu unterscheiden, liegen jedoch dann schon vor, wenn der Arbeitnehmer die Unrichtigkeit und den auf ihr beruhenden rechtwidrigen Erfolg für möglich gehalten und billigend in Kauf genommen hat.[2198] Die Kündigung wegen betrügerischer Reisekostenabrechnung ist nicht schon deshalb unwirksam, weil der Arbeitgeber diesen Kündigungsgrund mit detektivischen Mitteln ausfindig gemacht hat, um das Arbeitsverhältnis beenden zu können, und er sich normalerweise nicht um die Abrechnungsweise des Arbeitnehmers gekümmert hätte.[2199] Mit dem Unterlassen von Kontrollen erteilt der Arbeitgeber dem Arbeitnehmer keinen „Freibrief" für die Spesenabrechnungen, sondern bringt ihm im Gegenteil besonderes Vertrauen entgegen.

34. Strafbare Handlungen

Die kündigungsrechtliche Bedeutung strafbarer Handlungen hängt grds. davon ab, ob die strafbare Handlung im Privatbereich verübt wurde oder bei der Erbringung der Arbeitsleistung. Strafbare Handlungen **im außerdienstlichen Bereich** sind kündigungsrechtlich grds. nur insoweit von Relevanz, als durch sie die Eignung des Arbeitnehmers in Frage gestellt ist (→ Rn. 307). In diesen Fällen kommt daher eine personenbedingte Kündigung in Betracht. Erfährt der Arbeitgeber von außerdienstlichen Vorwürfen gegen den Arbeitnehmer und konfrontiert er ihn damit, so stellt die **Weigerung des Arbeitnehmers,** an der Aufklärung des Sachverhalts aktiv mitzuwirken, keine Verletzung einer vertraglichen Nebenpflicht dar.[2200] Lediglich in Ausnahmefällen, insbes. bei Angehörigen des öffentlichen Dienstes kann eine außerdienstliche Straftat als Verletzung einer vertraglichen Nebenpflicht gewertet werden und eine verhaltensbedingte Kündigung rechtfertigen (→ Rn. 594 f.). 673

Straftaten im Betrieb, die zum Nachteil des Arbeitgebers begangen werden, rechtfertigen hingegen grds. eine ordentliche bzw. auch eine außerordentliche Kündigung, weil durch sie das Vertrauensverhältnis zwischen Arbeitgeber und Arbeitnehmer erheblich beeinträchtigt wird.[2201] Dies gilt insbes., wenn sich der Arbeitnehmer eine im Eigentum des Arbeitgebers stehende Sache durch einen **Diebstahl** aneignet (→ Rn. 623 f.) oder der Arbeitgeber bei **Spesenabrechnungen** (→ Rn. 672) oder **Arbeitszeitaufzeichnungen** (→ Rn. 652) betrogen wird. 674

35. Tätlichkeiten

Tätliche Auseinandersetzungen[2202] rechtfertigen grds. eine verhaltensbedingte Kündigung.[2203] Dabei ist insbes. bei unprovozierten Tätlichkeiten eine Abmahnung nicht erforderlich.[2204] Bei der Prüfung der Sozialwidrigkeit einer fristgerechten Kündigung wegen eines tätlichen Angriffs auf einen Arbeitskollegen darf nicht allein auf die Frage 675

[2198] BAG 11.7.2013 – 2 AZR 994/12, AP KSchG 1969 § 1 Verhaltensbedingte Kündigung Nr. 69 Rn. 22.

[2199] Ebenso LAG Nürnberg 28.3.2003 – 4 Sa 136/02, LAGE § 626 BGB Nr. 149; aA OLG Köln 4.11.2002 – 19 U 38/02, EzA § 626 BGB 2002 Nr. 1; dagegen mit Recht Diller NZA 2006, 569 ff.; Küttner FS Bartenbach, 2005, 599 ff.

[2200] BAG 23.10.2008 – 2 AZR 483/07, AP BGB § 626 Nr. 218 Rn. 33.

[2201] Vgl. DD/Däubler Rn. 816; KR/Krumbiegel BGB § 626 Rn. 409; PVT Kündigung/Preis Rn. 789; zum Diebstahl aus Beweisnot vgl. Haller BB 1997, 202.

[2202] S. dazu auch das ILO-Übereinkommen 190 über die Beseitigung von Gewalt und Belästigung in der Arbeitswelt von 2019, das 2023 von Deutschland ratifiziert worden ist, BGBl. II Nr. 142.

[2203] BAG 12.7.1984 – 2 AZR 320/83, AP BetrVG 1972 § 102 Nr. 32; 12.3.1987 – 2 AZR 176/86, AP BetrVG 1972 § 102 Nr. 47; 31.3.1993 – 2 AZR 492/92, AP BGB § 626 Ausschlußfrist Nr. 32; 30.9.1993 – 2 AZR 188/93, EzA § 626 BGB nF Nr. 152; 6.10.2005 – 2 AZR 280/04, AP KSchG 1969 § 1 Personenbedingte Kündigung Nr. 25; vgl. Berkowsky NZA-RR 2001, 57 (65 f.).

[2204] BAG 12.7.1984 – 2 AZR 320/83, AP BetrVG 1972 § 102 Nr. 32; 6.10.2005 – 2 AZR 280/04, NZA 2006, 431; LAG Hamm 29.7.1994 – 18 (2) Sa 2015/93, LAGE § 1 KSchG Verhaltensbedingte Kündigung Nr. 43; 20.9.1995 – 18 Sa 124/95, LAGE § 626 BGB Nr. 89; LAG Rheinland-Pfalz 14.7.2015 – 6 Sa 22/15, BeckRS 2015, 71668 Rn. 37; aA LAG Hessen 23.7.1987 – 9 Sa 1/87, DB 1988, 763 zu einer Auseinandersetzung, die ihre Ursache in einer privaten Liebesbeziehung zwischen der Arbeitnehmerin und ihrem Vorgesetzten hatte.

abgestellt werden, ob und ggf. wann der Arbeitgeber mit einem weiteren Angriff des betreffenden Arbeitnehmers auf diesen oder einen anderen Arbeitskollegen mit einer gewissen Wahrscheinlichkeit zu rechnen hat. Da der Arbeitgeber alle Arbeitnehmer seines Betriebs vor tätlichen Angriffen zu schützen hat, muss seine Reaktion auf eine Tätlichkeit im Betrieb geeignet sein, weitere Vorfälle künftig zuverlässig zu verhindern. Der Arbeitgeber darf deshalb auch berücksichtigen, wie es sich auf das Verhalten der übrigen Arbeitnehmer auswirkt, wenn er von einer Kündigung absieht. Schon ein einmaliger tätlicher Angriff auf einen Arbeitskollegen kann deshalb eine Kündigung rechtfertigen, auch wenn der Arbeitgeber nicht in der Lage ist, zu der Frage der Wiederholungsgefahr weitere Umstände vorzutragen.[2205] Auch bei einer verhaltensbedingten Kündigung wegen Tätlichkeiten unter Arbeitskollegen sind im Rahmen einer Interessenabwägung alle Umstände des Einzelfalls zu berücksichtigen, insbes. auch die Dauer der Betriebszugehörigkeit und das bisherige Verhalten im Betrieb.[2206]

676 Gießt ein Müllwerker im Verlaufe einer Auseinandersetzung eine **Tasse heißen Tee über seinem Kollegen** aus, liegt darin selbst dann ein wichtiger Grund zur außerordentlichen Kündigung, wenn der angegriffene Kollege den Streit provoziert und zuvor seinerseits dem anderen Arbeitnehmer warmen Kaffee ins Gesicht geschüttet hat. Jeder Arbeitnehmer, der sich mit Angriffswillen an einer tätlichen Auseinandersetzung unter Kollegen beteiligt, ohne dass eine eindeutige Notwehrlage bestanden hat, bewirkt oder fördert eine ernstliche Störung des Betriebsfriedens und der betrieblichen Ordnung. Das gilt uneingeschränkt auch dann, wenn der Umgangston unter den Arbeitnehmern (Müllwerker) als „etwas rauer" zu bezeichnen ist.[2207] Eine Tätlichkeit gegenüber dem Arbeitgeber rechtfertigt regelmäßig eine außerordentliche Kündigung auch eines langjährig beschäftigten Arbeitnehmers, weil der Arbeitnehmer dadurch zeigt, dass er den Arbeitgeber missachtet und dessen Autorität untergräbt.[2208]

36. Überstundenverweigerung

677 Weigert sich ein Arbeitnehmer, Überstunden zu verrichten, kommt eine – ggf. auch außerordentliche – Kündigung nur in Betracht, wenn der Arbeitgeber vom Arbeitnehmer die Leistung der Mehrarbeit verlangen konnte.[2209] Hierfür bedarf es grds. einer **besonderen Rechtsgrundlage**, weil der zeitliche Umfang der Arbeitspflicht nicht dem Weisungsrecht des Arbeitgebers unterliegt.[2210] Die Grenzen des ArbZG sind vom Arbeitgeber stets zu beachten. Als Rechtsgrundlage kommen der Arbeitsvertrag, eine Betriebsvereinbarung oder ein Tarifvertrag in Betracht. In besonderen Notsituationen kann der Arbeitnehmer nach Treu und Glauben (§ 242 BGB) zur Leistung von Überstunden verpflichtet sein.[2211] Liegt der Überstundenanordnung ein kollektiver Tatbestand zugrunde, ist in Betrieben mit Betriebsrat nach § 87 Abs. 1 Nr. 3 BetrVG die vorherige Zustimmung des Betriebsrats Wirksamkeitsvoraussetzung für die Anordnung der Überstunden.[2212]

678 Auch wenn der Arbeitnehmer an sich verpflichtet ist, Überstunden zu leisten, ist weiterhin stets zu prüfen, ob die **Anordnung der Überstunden in der konkreten Situation billigem Ermessen (§ 315 BGB) entspricht.** Dabei kommt es insbes. auf die familiären Umstände des Arbeitnehmers (bspw. teilzeitbeschäftigte Mutter, die ihr Kind aus dem

[2205] BAG 24.10.1996 – 2 AZR 900/95, BeckRS 1996, 30367673.
[2206] LAG Köln 12.12.2001 – 7 Sa 670/01, BeckRS 2001, 30794391.
[2207] LAG Niedersachsen 5.8.2002 – 5 Sa 517/02, LAGE § 626 BGB Nr. 142 = NZA-RR 2003, 75; etwas weniger streng LAG Köln 11.12.2002 – 7 Sa 726/02, NZA-RR 2003, 470.
[2208] LAG Niedersachsen 27.9.2002 – 10 Sa 626/02, NZA-RR 2003, 76.
[2209] LAG Köln 27.4.1999 – 13 Sa 1380/98, LAGE § 626 BGB Nr. 126 mkritAnm Adam = NZA 2000, 39; Berkowsky NZA-RR 2001, 1 (10); HK-KSchG/Dorndorf Rn. 742; KR/Rachor Rn. 476; LSSW/Schlünder Rn. 162; MHdB ArbR/Zimmermann § 114 Rn. 8.
[2210] BAG 3.6.2003 – 1 AZR 349/02, AP BetrVG 1972 § 77 Tarifvorbehalt Nr. 19.
[2211] LAG Schleswig-Holstein 26.6.2001 – 3 Sa 224/01, BeckRS 2001, 30791864; ArbG Leipzig 4.2.2003 – 7 Ca 6866/02, NZA-RR 2003, 365.
[2212] Vgl. Fitting BetrVG § 87 Rn. 143 ff.

Kindergarten zu einer bestimmten Zeit abholen muss), die betrieblichen Notwendigkeiten und die Dauer der Überstunden an. Weiterhin ist von Bedeutung, wie kurzfristig die Überstunden angeordnet wurden. Demzufolge bedarf die Kündigung wegen der Verweigerung von Überstunden einer sehr sorgfältigen Interessenabwägung.

37. Unentschuldigtes Fehlen

Wiederholtes **unentschuldigtes Fehlen und Entfernen vom Arbeitsplatz** können – ggf. nach entsprechender Abmahnung – eine Kündigung rechtfertigen.[2213] Dies gilt auch bei geringfügigen Fehlzeiten. Der Arbeitgeber muss hierzu darlegen und erforderlichenfalls beweisen, dass der Arbeitnehmer unberechtigt der Arbeit ferngeblieben ist. Meint der Arbeitnehmer, ein Recht zum Fernbleiben gehabt zu haben, hat er dies gem. § 138 Abs. 2 ZPO anhand von Tatsachen konkret darzulegen. Der Arbeitgeber hat dann seinerseits hierauf zu erwidern und das Fehlen der vom Arbeitnehmer behaupteten Rechtfertigungsgründe zu beweisen (→ Rn. 528 ff.). **679**

38. Verdachtskündigung

Der **Verdacht** einer gegen den Arbeitgeber gerichteten **schweren Pflichtverletzung,** insbes. einer strafbaren Handlung, ist nach hM **grds. geeignet, eine ordentliche Kündigung zu rechtfertigen** (ausf. → Rn. 434 ff.). Die Verdachtskündigung wird allerdings von der hM zu Unrecht als verhaltensbedingte Kündigung behandelt. Kündigungsgrund ist nicht die dem Arbeitnehmer vorgeworfene Pflichtwidrigkeit, sondern der Verdacht, der auf dem Arbeitnehmer lastet und zur Zerstörung des Vertrauensverhältnisses zum Arbeitgeber geführt hat. Der zur Zerstörung des Vertrauensverhältnisses führende Verdacht ist ein in der Person des Arbeitnehmers liegender Grund, weil dem Arbeitnehmer wegen des für den Arbeitgeber unerträglichen Verdachts die Eignung zur Fortsetzung des Arbeitsverhältnisses fehlt. Die Verdachtskündigung ist daher als personenbedingte Kündigung zu qualifizieren. **680**

39. Vorstrafen

Hat der Arbeitnehmer bzw. Bewerber auf die zulässige Frage nach Vorstrafen eine wahrheitswidrige Antwort gegeben, kann hierauf später eine verhaltensbedingte Kündigung gestützt werden.[2214] Voraussetzung ist in diesen Fällen allerdings, dass die **Frage nach Vorstrafen zulässig** war.[2215] Hierzu gilt zunächst der Grundsatz, dass der Arbeitgeber nur Informationen über solche Vorstrafen einholen darf, die nach der Art des zu besetzenden Arbeitsplatzes von Bedeutung sind (so etwa Vermögensdelikte eines Kassierers oder Straßenverkehrsdelikte eines Berufskraftfahrers). Darüber hinaus darf der Arbeitnehmer solche Vorstrafen verschweigen, hinsichtlich derer er sich nach Maßgabe von § 53 BZRG als nicht vorbestraft bezeichnen darf.[2216] Da es sich bei Befragungen des Arbeitnehmers um eine **Datenerhebung** handelt, richtet sich die Zulässigkeit formal nach **Art. 5 ff. DSGVO, § 26 BDSG** (soweit anwendbar), so dass konzeptionell ein **Informationserhebungsverbot mit Erlaubnisvorbehalt** besteht.[2217] **681**

[2213] BAG 17.3.1988 – 2 AZR 576/87, NZA 1989, 261; LAG Berlin 12.8.1996 – 9 Sa 47/96, LAGE § 1 KSchG Verhaltensbedingte Kündigung Nr. 55; s. a. LAG Mecklenburg-Vorpommern 29.5.2015 – 5 Sa 121/14, BeckRS 2015, 70045 (einseitige unwirksame Reduktion der Arbeitszeit).

[2214] BAG 15.1.1970 – 2 AZR 64/69, AP KSchG § 1 Verhaltensbedingte Kündigung Nr. 7 mAnm Herschel; zur Anfechtung in diesen Fällen BAG 20.5.1999 – 2 AZR 320/98, AP BGB § 123 Nr. 50; 20.3.2014 – 2 AZR 1071/12, NZA 2014, 1131.

[2215] Dazu näher MHdB ArbR/Benecke § 33 Rn. 116 ff.

[2216] BAG 20.3.2014 – 2 AZR 1071/12, NZA 2014, 1131.

[2217] Vgl. Riesenhuber NZA 2012, 771.

40. Wettbewerbsverbot

682 Für die Dauer des Arbeitsverhältnisses und des Berufsausbildungsverhältnisses[2218] besteht für kaufmännische Angestellte nach **§ 60 Abs. 1 HGB** ein Wettbewerbsverbot. Für die übrigen Arbeitnehmer folgt dies als **vertragliche Nebenpflicht aus § 242 BGB** bzw. aus **analoger Anwendung des § 60 Abs. 1 HGB.**[2219] Das Wettbewerbsverbot verbietet dem Arbeitnehmer für die Dauer des Arbeitsverhältnisses jede Tätigkeit, die für seinen Arbeitgeber Konkurrenz bedeutet.[2220] Das ist anzunehmen, wenn der Arbeitnehmer im eigenen Namen und im eigenen wirtschaftlichen Interesse seine Dienste und Leistungen im Marktbereich des Arbeitgebers anbietet,[2221] was auch über ein soziales Netzwerk (XING) erfolgen kann.[2222] Dem Arbeitnehmer ist nicht nur eine Konkurrenztätigkeit im eigenen Namen und Interesse untersagt, sondern ihm ist gleichfalls nicht gestattet, einem Arbeitskollegen bei einer konkurrierenden Tätigkeit zu helfen oder einen Wettbewerber des Arbeitgebers zu unterstützen.[2223] Das Wettbewerbsverbot erstreckt sich freilich nicht auf reine Hilfstätigkeiten bei einem Konkurrenten ohne jeden Wettbewerbsbezug.[2224] Erst recht muss der Arbeitgeber einmalige oder nur ganz sporadisch ausgeübte reine Freundschaftsdienste im Marktbereich des Arbeitgebers regelmäßig hinnehmen, wenn diese den arbeits- und wertmäßigen Umfang einer geringfügigen Gefälligkeit nicht übersteigen und unentgeltlich durchgeführt wurden.[2225] Verstößt ein Zeitungsredakteur allerdings gegen ein tarifvertragliches Verbot, ohne vorherige Zustimmung des Vorgesetzten Artikel bei einer anderen Zeitung zu veröffentlichen, kommt nach einer vorherigen Abmahnung eine verhaltensbedingte Kündigung jedenfalls dann in Betracht, wenn der Arbeitnehmer in dem Beitrag Informationen verwendet, die er bei seiner Tätigkeit für den Arbeitgeber erhalten hat.[2226]

683 Der Arbeitnehmer verstößt auch dann gegen ein Wettbewerbsverbot, wenn er für eigene Zwecke **in der Kundschaft des Arbeitgebers Werbung betreibt** oder die Vermittlung und den Abschluss von Geschäften für eigene oder fremde Rechnung in Angriff nimmt, deren Vermittlung und Abschluss ihm nach dem Arbeitsvertrag für Rechnung des Arbeitgebers obliegt. Nur vorbereitende Maßnahmen für die Aufnahme eines konkurrierenden Handelsgeschäftes nach Beendigung des Arbeitsverhältnisses fallen nicht unter das Wettbewerbsverbot.[2227] Ihre Grenze finden solche vorbereitenden Maßnahmen allerdings dort, wo die geschäftlichen Interessen des Arbeitgebers beeinträchtigt werden können. Das ist regelmäßig bei einer nach außen wirkenden, werbenden Tätigkeit der Fall. Bereits ein „Vorfühlen" bei potentiellen Kunden ist eine unzulässige Vorbereitungshandlung, und zwar selbst dann, wenn der Arbeitnehmer sich darauf beschränkt, Kontakte herzustellen, und noch davon abgesehen hat, bereits Geschäfte abzuschließen.[2228] Die Versendung von Einladungen für eine geplante Veranstaltung, die den Tätigkeitsbereich des Arbeitgebers betreffen, ist nicht mehr Vorbereitungshandlung, sondern stellt

---

[2218] BAG 20.9.2006 – 10 AZR 439/05, AP HGB § 60 Nr. 13.

[2219] BAG 17.10.1969 – 3 AZR 442/68, AP BGB § 611 Treuepflicht Nr. 7 mAnm Canaris; 16.6.1976 – 3 AZR 73/75, AP BGB § 611 Treuepflicht Nr. 8; 3.5.1983 – 3 AZR 62/81, AP HGB § 60 Nr. 10; 16.8.1990 – 2 AZR 113/90, AP BGB § 611 Treuepflicht Nr. 10; 26.1.1995 – 2 AZR 355/94, EzA § 626 BGB nF Nr. 155; 28.1.2010 – 2 AZR 1008/08, AP BGB § 626 Nr. 227 Rn. 22; MüKoHGB/Thüsing § 60 Rn. 8 f.

[2220] LAG Rheinland-Pfalz 1.12.1997 – 9 Sa 949/97, BeckRS 9998, 79466: Reiseleitung und Reisevermittlung eines Reisebüroangestellten; ausf. MüKoHGB/Thüsing § 60 Rn. 31 ff. mwN.

[2221] BAG 16.8.1990 – 2 AZR 113/90, AP BGB § 611 Treuepflicht Nr. 10.

[2222] LAG Köln 7.2.2017 – 12 Sa 745/16, NZA-RR 2017, 353.

[2223] BAG 21.11.1996 – 2 AZR 852/95, EzA § 626 BGB nF Nr. 162; 23.4.1998 – 2 AZR 442/97, nv.

[2224] MüKoHGB/Thüsing § 60 Rn. 47; in diese Richtung nunmehr auch BAG 24.3.2010 – 10 AZR 66/09, AP GG Art. 12 Nr. 141; tendenziell anders noch BAG 24.6.1999 – 6 AZR 605/97, AP BGB § 611 Nebentätigkeit Nr. 5 Rn. 30.

[2225] LAG Schleswig-Holstein 3.12.2002 – 5 Sa 299b/02, LAGE § 60 HGB Nr. 9.

[2226] Vgl. BAG 15.6.2021 – 9 AZR 413/19, NZA 2021, 1780 Rn. 20, 37 f.

[2227] MüKoHGB/Thüsing § 60 Rn. 37 mwN.

[2228] BAG 28.9.1989 – 2 AZR 97/89, BeckRS 1989, 30914925.

bereits eine Konkurrenztätigkeit dar, die eine außerordentliche Kündigung begründen kann.[2229]

Ein Kündigungsgrund liegt nach Auffassung des BAG weiter vor, wenn die Wettbewerbshandlungen **nach Ablauf der Kündigungsfrist während des laufenden Kündigungsschutzprozesses** erfolgen.[2230] Wenn die Wettbewerbstätigkeit aber erst durch die unwirksame Kündigung seitens des Arbeitgebers ausgelöst wurde, ist dies bei der Interessenabwägung zugunsten des Arbeitnehmers zu berücksichtigen.[2231] Auch die Beteiligung an einem Unternehmen, das zu dem des Arbeitgebers in Konkurrenz steht, kann bereits Wettbewerb darstellen.[2232] Der Arbeitgeber ist in diesem Zusammenhang nicht nur für das Vorliegen einer Konkurrenztätigkeit darlegungs- und beweispflichtig, sondern darüber hinaus auch für die Tatsachen, welche die vom gekündigten Arbeitnehmer behauptete Rechtfertigung durch Einwilligung ausschließen.[2233] 684

41. Wohnsitzvereinbarung

Verletzt ein Arbeitnehmer eine vertragliche Wohnsitzvereinbarung, indem er seinen Wohnsitz nicht an dem vereinbarten Ort nimmt und weigert er sich beharrlich, dies auch künftig zu tun, so kann das eine ordentliche Kündigung rechtfertigen.[2234] Erforderlich ist freilich stets eine **Abmahnung** des Arbeitnehmers. 685

42. Zuspätkommen

Wiederholte Unpünktlichkeiten eines Arbeitnehmers oder unerlaubtes Fernbleiben von der Arbeit sind grds. nach vorheriger Abmahnung geeignet, eine verhaltensbedingte Kündigung zu rechtfertigen.[2235] Bereits die Unpünktlichkeit als solche bewirkt eine Störung des Arbeitsverhältnisses im Leistungsbereich. Durch die nicht rechtzeitige Aufnahme der Arbeit verletzt der Arbeitnehmer seine Hauptleistungspflicht und beeinträchtigt so das Verhältnis von Leistung und Gegenleistung. Ob es darüber hinaus zu konkreten Störungen des Betriebsablaufs oder des Betriebsfriedens kommt, ist im Rahmen der Interessenabwägung zu berücksichtigen.[2236] 686

Die Kündigung ist aber nur wirksam, wenn zu befürchten ist, dass es auch zu **künftigen Vertragsverstößen** kommen wird.[2237] Für die hier anzustellende Prognose sind Häufigkeit und Ursache des Zuspätkommens in der Vergangenheit von erheblicher Bedeutung. Im Rahmen der Interessenabwägung sind insbes. die Anzahl der Pflichtwidrigkeiten und Abmahnungen, die möglichen Beeinträchtigungen des Betriebsablaufs sowie die Betriebszugehörigkeit zu berücksichtigen. 687

2229 LAG Berlin 28.8.2002 – 9 Sa 659/02, NZA-RR 2003, 362.

2230 BAG 25.4.1991 – 2 AZR 624/90, AP BGB § 626 Nr. 104; 23.10.2014 – 2 AZR 644/13, AP BGB § 626 Nr. 252 Rn. 29; ausf. Nägele NZA 2016, 271.

2231 BAG 23.10.2014 – 2 AZR 644/13, AP BGB § 626 Nr. 252 Rn. 30 ff.

2232 LAG Hessen 28.4.1998 – 9 Sa 2007/97, LAGE § 1 KSchG Verhaltensbedingte Kündigung Nr. 65 = BB 1998, 1899 mablAnm Hohmeister.

2233 BAG 6.8.1987 – 2 AZR 226/87, AP BGB § 626 Nr. 97.

2234 LAG München 9.1.1991 – 5 Sa 31/90, LAGE § 1 KSchG Verhaltensbedingte Kündigung Nr. 32.

2235 BAG 13.3.1987 – 7 AZR 601/85, NZA 1987, 518; 17.3.1988 – 2 AZR 576/87, NZA 1989, 261; 24.3.1988 – 2 AZR 680/87, BeckRS 1988, 30725596; 17.1.1991 – 2 AZR 375/90, NZA 1991, 557; 27.2.1997 – 2 AZR 302/96, NJW 1997, 2540; LAG München 5.12.1988 – 8 Sa 272/88, LAGE § 1 KSchG Verhaltensbedingte Kündigung Nr. 16; LAG Hamm 8.10.1997 – 18 Sa 539/97, LAGE § 1 KSchG Verhaltensbedingte Kündigung Nr. 60; LAG Schleswig-Holstein 28.11.2006 – 5 Sa 271/06, LAGE § 1 KSchG Verhaltensbedingte Kündigung Nr. 94 = NZA-RR 2007, 129; 31.8.2021 – 1 Sa 70 öD/21, BeckRS 2021, 27256.

2236 BAG 17.3.1988 – 2 AZR 576/87, AP BGB § 626 Nr. 99 unter II 4 d; 17.1.1991 – 2 AZR 375/90, AP KSchG 1969 § 1 Verhaltensbedingte Kündigung Nr. 25 unter II 2 a; LAG Schleswig-Holstein 28.11.2006 – 5 Sa 271/06, LAGE § 1 KSchG Verhaltensbedingte Kündigung Nr. 94 unter III = NZA-RR 2007, 129; zust. Börgmann SAE 1989, 192; krit. zu dieser Unterscheidung Kraft/Raab u. Willemsen Anm. zu BAG 17.3.1988 – 2 AZR 576/87, EzA § 626 nF BGB Nr. 116.

2237 BAG 10.11.1988 – 2 AZR 215/88, AP KSchG 1969 § 1 Abmahnung Nr. 3 unter II 2 d bb; 17.1.1991 – 2 AZR 375/90, AP KSchG 1969 § 1 Verhaltensbedingte Kündigung Nr. 25 unter II 2 c; Hillebrecht ZfA 1991, 87 (120).

688 Zu Recht hat das BAG auch entschieden, von einem einschlägig abgemahnten Arbeitnehmer könne erwartet werden, dass er in **erhöhtem Maße Vorsorge gegen die Wiederholung von Verspätungen** treffe, etwa durch Überprüfung der Fahrtüchtigkeit seines Kfz am Abend oder durch rechtzeitiges Wecken am Morgen. Wer wiederholt den Wecker überhört und verschläft, hat (lebenspraktisch) für einen lauteren Wecker oder für ein Aufwecken durch zuverlässige Dritte zu sorgen oder frühzeitig zu Bett zu gehen.[2238]

F. Dringende betriebliche Erfordernisse (Abs. 2 S. 1)

Schrifttum: Annuß, Betriebsbedingte Kündigung und arbeitsvertragliche Bindung, 2004; Berkowsky, Die betriebsbedingte Kündigung, 6. Aufl. 2008; Däubler, Die Unternehmerfreiheit im Arbeitsrecht – eine unantastbare Größe?, 2012; Dathe, Der Tatbestand der betriebsbedingten Kündigung nach § 1 Abs. 2 S. 1 KSchG und sein Verhältnis zu dem Dogma der freien Unternehmerentscheidung, 2007; Daub, Das Erwerberkonzept, 2013; Deneke, Die betriebsbedingte Kündigung im Rahmen der übertragenen Sanierung, 2009; Ennemann, Betriebsbedingte Kündigung, 1999; v. Finckenstein, Freie Unternehmerentscheidung und dringende betriebliche Erfordernisse bei der betriebsbedingten Kündigung, 2005; Hasler-Hagedorn, Die „Austauschkündigung" und die „Freikündigung" im Rahmen der betriebsbedingten Kündigung, 2012; Hauffe, Die unternehmerische Entscheidungsfreiheit bei der betriebsbedingten Kündigung nach dem KSchG und beim Teilzeitanspruch nach den TzBfG, 2007; Helle, Konzernbedingte Kündigungsschranken, 1989; Hinze, Mildere Mittel zur Vermeidung betriebsbedingter Kündigung, 2002; Hoins, Die Kündigung von Berufsausbildungsverhältnissen, insbesondere aus betrieblichen Gründen, 2009; Holthausen, Betriebliche Personalpolitik und „freie" Unternehmerentscheidung, 2003; Kiel, Die anderweitige Beschäftigungsmöglichkeit im Kündigungsschutz, 1990; Kiel/Koch, Die betriebsbedingte Kündigung, 2000; Kosanović, Regulierung und Bestandsschutz bei betriebsbedingter Beendigung des Arbeitsverhältnisses, 2019; Kreitner, Kündigungsrechtliche Probleme beim Betriebsinhaberwechsel, 1989; Polzer, Die Unternehmerentscheidung im Kündigungsschutzrecht, 2003; Praß, Die betriebsbedingte Kündigung von Leiharbeitnehmern, 2016; Quecke, Betriebsbedingte Kündigung und Sozialauswahl, 7. Aufl. 2022; Roesgen, Die betriebsbedingte Kündigung im öffentlichen Dienst, 2008; Rohr, Teilzeitarbeit und Kündigungsrecht, 2003; Rost, Die betriebsbedingte Kündigung in der Unternehmenskrise und bei Insolvenz, 1987; Schott, Arbeitgeberentscheidungen über betriebsbedingte Kündigungen, 2011; Temme, Die betriebsbedingte Kündigung nach dem Kündigungsschutzgesetz, 2015; Thum, Betriebsbedingte Kündigung und unternehmerische Entscheidungsfreiheit, 2002; Wettzel, Die unternehmerische Entscheidungsfreiheit im Rahmen der betriebsbedingten Kündigung, 2006; Wisskirchen, Die rechtssichere betriebsbedingte Kündigung, 2008; Wolter, Der Schutz des Arbeitnehmers vor betriebsbedingter Kündigung, 1980; Yong Wu, Die betriebsbedingte Kündigung in Deutschland und China, 2019.

689 Die Kündigung kann auch gerechtfertigt sein, wenn **dringende betriebliche Erfordernisse** einer Weiterbeschäftigung des Arbeitnehmers entgegenstehen. Die **„Störquelle"** der betriebsbedingten Kündigung stammt somit aus der **Sphäre des Arbeitgebers.**

I. Überblick

690 **Grundlage der betriebsbedingten Kündigung** sind **betriebsbezogene Umstände oder Vorgänge,** die von der Person bzw. dem Verhalten des betroffenen Arbeitnehmers unabhängig sind. Dadurch unterscheidet sich die betriebsbedingte Kündigung von der personen- und verhaltensbedingten Kündigung (→ Rn. 265 ff.; → Rn. 458 ff.).

691 Basis der betriebsbedingten Kündigung ist stets eine **unternehmerische Entscheidung** (im öffentlichen Dienst eine dienstliche Entscheidung), die zum **Wegfall von Beschäftigungsmöglichkeiten** für einen oder mehrere Arbeitnehmer in dem bisher wahrgenommenen Aufgabenbereich führt. Dies gilt auch dann, wenn die unternehmerische Entscheidung durch äußere Umstände (Extremfall: vollständige Zerstörung der Betriebs-

[2238] So zutr. BAG 27.2.1997 – 2 AZR 302/96, AP KSchG 1969 § 1 Verhaltensbedingte Kündigung Nr. 36 unter II 4.

stätte) erzwungen wird (→ Rn. 694 ff.). Das allein rechtfertigt eine Kündigung jedoch nicht. Erforderlich ist weiterhin, dass der Arbeitnehmer auch nicht **auf einem anderen freien Arbeitsplatz weiterbeschäftigt** werden kann (→ Rn. 750 ff.). Nur unter dieser weiteren Voraussetzung kann eine Kündigung gem. Abs. 2 S. 1 durch dringende betriebliche Erfordernisse bedingt sein. Soll von mehreren Arbeitnehmern, die unter betrieblichen Gesichtspunkten gleichermaßen für eine Kündigung in Betracht kommen, nur eine geringere Zahl von Arbeitnehmern gekündigt werden, muss zudem gem. Abs. 3 S. 1 eine **Auswahl nach den dort genannten Gesichtspunkten** erfolgen (→ Rn. 865 ff.). Wird hiergegen verstoßen, ist trotz des Vorliegens ausreichender betrieblicher Gründe die Kündigung gegenüber dem falsch ausgewählten Arbeitnehmer sozialwidrig.

Dies führt zu einer **dreistufigen Prüfung** der betriebsbedingten Kündigung: Zunächst ist der Wegfall von Beschäftigungsbedarf aufgrund einer Unternehmerentscheidung festzustellen, sodann das Fehlen einer Weiterbeschäftigungsmöglichkeit. Schließlich ist immer dann, wenn diese Voraussetzungen bei mehreren Arbeitnehmern zutreffen, denen aber nicht allen gekündigt werden soll, eine soziale Auswahl vorzunehmen. 692

Dringende betriebliche Erfordernisse rechtfertigen **regelmäßig nur eine ordentliche Arbeitgeberkündigung.** Eine außerordentliche betriebsbedingte Kündigung ist lediglich ausnahmsweise zulässig, wenn bspw. der Arbeitgeber beim Ausschluss einer ordentlichen Kündigungsmöglichkeit gezwungen wäre, über viele Jahre hinweg ein sinnentleertes Arbeitsverhältnis allein durch Entgeltzahlungen aufrechtzuerhalten (→ Rn. 168).[2239] 693

II. Die unternehmerische Entscheidung

1. Inhalt und Bedeutung, Verhältnis zur Kündigung

Zu den Hauptproblemen der betriebsbedingten Kündigung zählt die Frage nach der **Reichweite der gerichtlichen Kontrollbefugnis.** In diesem Kontext dient die Aufspaltung der betriebsbedingten Kündigung in verschiedene Elemente vorrangig dem Zweck, die unterschiedliche Kontrolldichte der einzelnen Aspekte plausibel zu machen, während es weniger darum geht, ein exaktes empirisches Abbild des unternehmerischen Entscheidungsprozesses, der regelmäßig aus zahlreichen Erwägungen und Schritten besteht, zu liefern. Erst vor diesem Hintergrund erschließt sich, warum Rspr. und hL konzeptionell zwischen der – grds. kontrollfreien – **gestaltenden unternehmerischen Entscheidung** und der – umfassender Kontrolle unterliegenden – **umsetzenden unternehmerischen Entscheidung** differenzieren.[2240] 694

Ausgangspunkt der Überlegungen ist, dass jeder (von einem privatwirtschaftlich tätigen Unternehmen erklärten) betriebsbedingten Kündigung eine **unternehmerische Entscheidung zugrunde liegt,** die sich im weitesten Sinne als eine **Entscheidung über eine Organisationsveränderung** begreifen lässt,[2241] wobei das BAG den Begriff der Organisationsentscheidung allerdings enger versteht und ihn vor allem in seiner jüngeren Judikatur als „Agieren" vom bloßen „Reagieren" auf eine bestimmte betriebswirtschaftliche Situation abgrenzt.[2242] Erst als Folge dieser gestaltenden unternehmerischen Entscheidung wird eine Kündigung als umsetzende unternehmerische Entscheidung ausgesprochen, die den An- 695

[2239] BAG 5.2.1998 – 2 AZR 227/97, AP BGB § 626 Nr. 143; 30.9.2004 – 8 AZR 462/03, AP BGB § 613a Nr. 275 unter II 2b aa mAnm Moll/Henke; 21.4.2005 – 2 AZR 125/04, AP KSchG 1969 § 1 Betriebsbedingte Kündigung Nr. 134; 15.2.2007 – 8 AZR 310/06, AP BGB § 613a Widerspruch Nr. 2 Rn. 28; 18.3.2010 – 2 AZR 337/08, NZA-RR 2011, 18 Rn. 17; 22.11.2012 – 2 AZR 673/11, NZA 2013, 730 Rn. 14; 24.1.2013 – 2 AZR 453/11, NZA 2013, 959 Rn. 22; 20.6.2013 – 2 AZR 379/12, NZA 2014, 139 Rn. 15; 23.1.2014 – 2 AZR 372/13, NZA 2014, 895 Rn. 17; 18.6.2015 – 2 AZR 480/14, NZA 2015, 1315 Rn. 30; 27.6.2019 – 2 AZR 50/19, NZA 2019, 1345 Rn. 13.

[2240] Statt vieler APS/Kiel Rn. 461.

[2241] S. statt aller ausf. Annuß Betriebsbedingte Kündigung S. 39 ff.

[2242] Vgl. BAG 18.7.2013 – 6 AZR 420/12, NZA 2014, 109 Rn. 45; 28.3.2017 – 2 AZR 551/16, NZA 2017, 985 Rn. 24.

forderungen des Abs. 2 S. 1 entsprechen muss, für die also „dringende betriebliche Erfordernisse“ vorliegen müssen.[2243] Ein betriebliches Erfordernis zur Kündigung entsteht somit nicht unmittelbar und allein ohne jedes Zutun des Arbeitgebers durch bestimmte wirtschaftliche Entwicklungen oder sonstige Ereignisse, sondern erst aufgrund einer von ihm veranlassten Organisationsentscheidung.[2244] Dies gilt sogar bei einer vollständigen Zerstörung der Betriebsstätte etwa durch einen Brand, weil der Arbeitgeber dann immer noch die Entscheidung treffen muss, entweder die betriebliche Tätigkeit endgültig einzustellen oder uU kurzfristig auf andere Räumlichkeiten auszuweichen.

696 Mit der unternehmerischen Entscheidung reagiert der Arbeitgeber vielfach auf einen Rückgang der Nachfrage nach den angebotenen Produkten oder Dienstleistungen, einen Umsatzrückgang oder einen Gewinnverfall, kurz gesagt, auf mangelnde Rentabilität des Betriebs.[2245] Das BAG bezeichnet diese Umstände seit dem Urteil v. 7.12.1978 als **außerbetriebliche Gründe.**[2246] Diese Umstände führen in der Regel indes nicht unmittelbar zum Wegfall eines Arbeitsplatzes.[2247] So kann der Arbeitgeber auf einen Umsatzrückgang mit einem Personalabbau reagieren, er kann hiervon aber auch absehen und auf „Halde“ produzieren. Auf einen Umsatzrückgang kann er des Weiteren mit der Herstellung eines neuen Produkts oder der Erschließung neuer Märkte reagieren und hierfür ggf. sogar neue Mitarbeiter einstellen.[2248] Die Kündigung ist also keineswegs die notwendige Folge bestimmter außerbetrieblicher Umstände. Vielmehr sind diese Umstände lediglich der Anlass für eine unternehmerische Entscheidung, die eben auch im Abbau von Arbeitsplätzen bestehen kann.[2249] Entschließt sich der Arbeitgeber wegen der außerbetrieblichen Umstände zur Verringerung des Personalbestands, liegt hierin die maßgebliche unternehmerische Entscheidung.[2250]

697 Nur dann, wenn der Arbeitgeber (bspw. bei der Personalbemessung für eine Verpackungsabteilung) **die Mitarbeiterzahl von vornherein an bestimmte Umsatzzahlen gekoppelt** hat, bewirkt ein Umsatzrückgang (und damit eine Verringerung der zu verpackenden Artikel) an sich automatisch auch ein betriebliches Erfordernis.[2251] Dasselbe gilt nach Auffassung des BAG ebenso in anderen Fällen einer unmittelbaren Verknüpfung von Auftragsbestand und Arbeitskräftebedarf, wie etwa bei einem Reinigungsunternehmen bei endgültigem Wegfall des Reinigungsauftrags im Hinblick auf die in einem bestimmten Objekt eingesetzten Reinigungskräfte[2252] oder bei einem Verleiher bei dauerhaftem Auftragsrückgang im Hinblick auf die Leiharbeitnehmer[2253]. Genau genommen liegt freilich auch in diesen Konstellationen eine Unternehmerentscheidung zur Umsetzung der veränderten Auftragslage vor. Denn die Entscheidung zur betriebsbedingten Kündigung hat

---

[2243] Vgl. v. Hoyningen-Huene FS 50 Jahre BAG, 2004, 369 (370 f.); ebenso ErfK/Oetker Rn. 219.

[2244] BAG 24.6.2004 – 2 AZR 326/03, AP KSchG 1969 § 1 Nr. 76; 18.10.2006 – 2 AZR 676/05, AP KSchG 1969 § 1 Betriebsbedingte Kündigung Nr. 163; Kaiser NZA 2005 Beil. 1, 31 (32); Reuter RdA 2004, 161 (164).

[2245] BAG 11.10.1989 – 2 AZR 61/89, AP KSchG 1969 § 1 Betriebsbedingte Kündigung Nr. 47 mit abl. Anm. Berger-Delhey.

[2246] BAG 7.12.1978 – 2 AZR 155/77, NJW 1979, 1902; aus jüngerer Zeit BAG 24.5.2012 – 2 AZR 124/11, NZA 2012, 1223 Rn. 21; 18.7.2013 – 6 AZR 420/12, NZA 2014, 109 Rn. 45; 28.3.2017 – 2 AZR 551/16, NZA 2017, 985 Rn. 24.

[2247] Vgl. v. Hoyningen-Huene FS 50 Jahre BAG, 2004, 369 (371); ErfK/Oetker Rn. 219; Walker ZfA 2004, 501 (516).

[2248] APS/Kiel Rn. 461; KR/Rachor Rn. 555.

[2249] In diesem Sinne auch BAG 16.12.2004 – 2 AZR 66/04, AP KSchG 1969 § 1 Betriebsbedingte Kündigung Nr. 133 unter B II 1; ferner HK-KSchG/Dorndorf Rn. 857; Franzen NZA 2001, 805 (809); v. Hoyningen-Huene FS 50 Jahre BAG, 2004, 369 (371); Kaiser NZA 2005 Beil. 1, 31 (32).

[2250] BAG 24.10.1979 – 2 AZR 940/77, AP KSchG 1969 § 1 Betriebsbedingte Kündigung Nr. 8; 17.6.1999 – 2 AZR 456/98, AP KSchG 1969 § 1 Betriebsbedingte Kündigung Nr. 103; Annuß Betriebsbedingte Kündigung S. 48; Ascheid DB 1987, 1144 (1147 f.); Franzen NZA 2001, 805 (809); Preis DB 1988, 1387 (1388 f.); Rommé/Pauker NZA-RR 2000, 281 (283).

[2251] BAG 15.6.1989 – 2 AZR 600/88, NZA 1990, 65; näher Ascheid DB 1987, 1144 (1147 f.); krit. Rommé/Pauker NZA-RR 2000, 281 (288 ff.).

[2252] BAG 12.4.2002 – 2 AZR 256/01, AP KSchG 1969 § 1 Betriebsbedingte Kündigung Nr. 120 unter II 3 b; krit. Bauer/Baeck RdA 2003, 173; Hergenröder Anm. zu BAG 12.4.2002 – 2 AZR 256/01, EzA § 1 KSchG Betriebsbedingte Kündigung Nr. 118.

[2253] BAG 18.5.2006 – 2 AZR 412/05, AP AÜG § 9 Nr. 7.

stets ein unternehmerisches Motiv, bspw. Kosteneinsparung wegen des Auftragsrückgangs. Es handelt sich in solchen Fällen um eine vorverlagerte bzw. verdeckte Unternehmerentscheidung,[2254] deren Eigenheit darin besteht, dass sich der Arbeitgeber durch einen entsprechenden Vortrag im Kündigungsschutzprozess selbst bindet.[2255]

Die Entscheidung, die Anzahl der Beschäftigten von konkreten Umsatzzahlen bzw. vom konkreten Auftragsbestand abhängig zu machen, stellt somit regelmäßig eine **vorweggenommene gestaltende Unternehmerentscheidung** dar, die im Kündigungszeitpunkt nur noch vollzogen wird und zum Ausspruch der Kündigung führt. Will der Arbeitgeber die Kündigung auf diese Weise begründen, hat er im Kündigungsschutzprozess die Verknüpfung zwischen der Mitarbeiterzahl und den Umsätzen etc konkret darzulegen und ggf. zu beweisen.[2256] Diese **„Selbstbindung"** betrifft freilich nur die Frage, was der Arbeitgeber darzulegen und zu beweisen hat, wenn er sich in entsprechender Weise einlässt. Dagegen ist der Arbeitgeber an eine dahingehende Personalbedarfsplanung rechtlich nicht gebunden. Vielmehr kann er sich von einer solchen Koppelung von Mitarbeiterzahl und Umsatz etc im Vorfeld einer Kündigung jederzeit wieder lösen. Auch ist der Arbeitgeber selbst bei einer an sich fortbestehenden Verknüpfung nicht gezwungen, das Schicksal einer Kündigung an den Nachweis externer Sachzwänge zu binden. Stattdessen kann er umschwenken und den Umsatz- oder Auftragsrückgang zum Anlass nehmen, nunmehr eine (neue) gestaltende Unternehmerentscheidung zu treffen und darauf die Kündigung zu stützen. Dieser Weg ist dem Arbeitgeber erst dann verbaut, wenn er sich dahingehend eingelassen hat, er habe vor der Kündigung keine (erneute) Unternehmerentscheidung getroffen, sondern halte lediglich an seiner alten Entscheidung fest. 698

Nach der Rspr. des BAG können sich betriebliche Erfordernisse weiter auch aus **innerbetrieblichen Gründen,** dh unternehmerischen Entscheidungen, wie bspw. Rationalisierungsmaßnahmen, Umstellung oder Einschränkung der Produktion ergeben.[2257] Dies ist freilich ungenau. Vielmehr ist zwischen den innerbetrieblichen Gründen als solchen und der Unternehmerentscheidung zu unterscheiden. Innerbetriebliche Gründe betreffen den Betrieb und dessen Arbeitsorganisation. Zu denken ist bspw. an veraltete personalintensive Maschinen oder aufgeblähte Verwaltungsstrukturen. Diese innerbetrieblichen Gründe können ebenso wie außerbetriebliche Gründe Anlass für eine unternehmerische Entscheidung sein.[2258] Insbes. kann der Arbeitgeber auch bei gleichbleibenden außerbetrieblichen Umständen, wie bspw. unveränderter Umsatz- und Gewinnsituation, ineffektive Arbeitsabläufe straffen, technische Neuerungen einführen und überflüssige Hierarchieebenen streichen. Aus diesen unternehmerischen Entscheidungen, die durch äußere Faktoren nicht „erzwungen" werden,[2259] kann sich dann im Einzelfall ein dringendes betriebliches Erfordernis für die Kündigung eines Arbeitsverhältnisses ergeben (dazu noch → Rn. 710). 699

Die inner- und außerbetrieblichen Gründe für die Unternehmerentscheidung sind damit von der Entscheidung selbst zu trennen. Sie bilden nur den **Anlass für gestaltende betriebsorganisatorische Maßnahmen.** Diese stellen die eigentliche unternehmerische Entscheidung dar. Allein aus den inner- und außerbetrieblichen Gründen folgt noch kein betriebliches Erfordernis iSd Abs. 2 S. 1. Maßgeblich ist vielmehr die durch die wirtschaftliche Entwicklung veranlasste Organisationsentscheidung des Arbeitgebers.[2260] Für 700

[2254] BAG 30.5.1985 – 2 AZR 321/84, AP KSchG 1969 § 1 Betriebsbedingte Kündigung Nr. 24 mAnm Schmidt.

[2255] Zutr. Ascheid KSchR Rn. 238; ErfK/Oetker Rn. 219; ebenso Franzen NZA 2001, 805 (809); v. Hoyningen-Huene NZA 1994, 1009 (1011); Kaiser NZA 2005 Beil. 1, 31 (32); KR/Rachor Rn. 555; LSSW/Schlünder Rn. 317; HaKo-KSchR/Zimmermann Rn. 664; grds. abl. Rommé/Pauker NZA-RR 2000, 281 (289 ff.).

[2256] BAG 15.6.1989 – 2 AZR 600/88, AP KSchG 1969 § 1 Betriebsbedingte Kündigung Nr. 45; 18.5.2006 – 2 AZR 412/05, AP AÜG § 9 Nr. 7.

[2257] BAG 26.6.1997 – 2 AZR 494/96, AP KSchG 1969 § 1 Betriebsbedingte Kündigung Nr. 86; 17.6.2003 – 2 AZR 134/02, AP BGB § 613a Nr. 260; 22.11.2012 – 2 AZR 673/11, NZA 2013, 730 Rn. 15; 20.6.2013 – 2 AZR 379/12, NZA 2014, 139 Rn. 18.

[2258] Vgl. v. Hoyningen-Huene FS 50 Jahre BAG, 2004, 369 (372); Kaiser NZA 2005 Beil. 1, 31 (34).

[2259] So BAG 20.6.2013 – 2 AZR 379/12, NZA 2014, 139 Rn. 18; 18.6.2015 – 2 AZR 480/14, NZA 2015, 1315 Rn. 20.

[2260] BAG 16.12.2004 – 2 AZR 66/04, AP KSchG 1969 § 1 Betriebsbedingte Kündigung Nr. 133.

die Darlegungs- und Beweislast im Kündigungsschutzprozess hat das zur Folge, dass der Arbeitgeber den Inhalt der Unternehmerentscheidung und deren Auswirkungen im betrieblichen Bereich, dh die sich hieraus ergebenden betrieblichen Erfordernisse vorzutragen und im Streitfall zu beweisen hat (→ Rn. 786). Nicht zu Unrecht wird deshalb im Schrifttum darauf hingewiesen, dass es sich als **anwaltlicher Kunstfehler** erweisen kann, wenn im Kündigungsschutzprozess vom Bevollmächtigten des Arbeitgebers umfangreich zum Nachfragerückgang oder Auftragsverlust vorgetragen wird, nicht aber dargelegt wird, welche gestaltende Unternehmerentscheidung als Folge dieser außerbetrieblichen Umstände getroffen worden ist.[2261]

701 Die kündigungsrechtlich relevanten unternehmerischen Entscheidungen[2262] lassen sich phänomenologisch im Wesentlichen danach einteilen, ob sie eine **Beendigung bzw. Beschränkung der betrieblichen Tätigkeit** bezwecken oder der **Optimierung der betrieblichen Produktivität** dienen:[2263]

- **Stilllegung des Betriebs**[2264] oder von Betriebsabteilungen;[2265]
- Auslagerung von betrieblichen Tätigkeiten auf Fremdfirmen (**„outsourcing“**);[2266]
- **Konzentration der betrieblichen Aktivitäten an einem Standort;**[2267]
- **Aufgabenverlagerung zu einem konzernangehörigen Drittunternehmen;**[2268]
- **Produktionsverlagerung ins Ausland;**[2269]
- im öffentlichen Dienst die **Stellenstreichung im Haushaltsplan,** soweit es um eine nach sachlichen Merkmalen bestimmte Stelle geht;[2270]
- **Rationalisierungsmaßnahmen,** wie etwa eine umfassende Reorganisation[2271] oder die Einführung schlankerer Führungsstrukturen;[2272]
- **Zusammenlegung von Abteilungen;**[2273]
- **Streichung von Hierarchieebenen**[2274] oder **eines einzelnen Arbeitsplatzes** unter **Umverteilung von Aufgaben;**[2275]

[2261] Willemsen/Hohenstatt/Schweibert/Seibt/Willemsen/Sittard, Umstrukturierung und Übertragung von Unternehmen H Rn. 14; insoweit signifikant BAG 18.5.2006 – 2 AZR 412/05, AP AÜG § 9 Nr. 7.

[2262] Ältere chronologische Auflistung bei Bitter DB 2000, 1760 f.

[2263] Vgl. v. Hoyningen-Huene FS 50 Jahre BAG, 2004, 369 (378 ff.).

[2264] BAG 19.6.1991 – 2 AZR 127/91, AP KSchG 1969 § 1 Betriebsbedingte Kündigung Nr. 53; 10.10.1996 – 2 AZR 477/95, AP KSchG 1969 § 1 Betriebsbedingte Kündigung Nr. 81; 23.11.2004 – 2 AZR 24/04, AP KSchG 1969 § 1 Betriebsbedingte Kündigung Nr. 132; 10.5.2007 – 2 AZR 263/06, AP KSchG 1969 § 1 Betriebsbedingte Kündigung Nr. 165; 12.7.2007 – 2 AZR 722/05, AP KSchG 1969 § 1 Betriebsbedingte Kündigung Nr. 168; 11.3.1998 – 2 AZR 414/97, AP BetrVG 1972 § 111 Nr. 43; 16.2.2012 – 8 AZR 693/10, NZA-RR 2012, 465 Rn. 37; 18.10.2012 – 6 AZR 41/11, NZA 2013, 1007 Rn. 47; 14.3.2013 – 8 AZR 154/12, NJOZ 2013, 1990 Rn. 25; 24.9.2015 – 2 AZR 3/14, NZA 2015, 1457 Rn. 13.

[2265] BAG 5.10.1995 – 2 AZR 269/95, NZA 1996, 524; 7.5.1998 – 2 AZR 536/97, NZA 1998, 933; 25.10.2012 – 2 AZR 552/11, NZA-RR 2013, 632 Rn. 24 ff.

[2266] BAG 30.4.1987 – 2 AZR 184/86, AP KSchG 1969 § 1 Betriebsbedingte Kündigung Nr. 42; 17.6.1999 – 2 AZR 522/98, AP KSchG 1969 § 1 Betriebsbedingte Kündigung Nr. 102; 26.9.2002 – 2 AZR 636/01, AP KSchG 1969 § 1 Betriebsbedingte Kündigung Nr. 124; 23.4.2008 – 2 AZR 1110/06, AP KSchG 1969 § 1 Betriebsbedingte Kündigung Nr. 177; 9.9.2010 – 2 AZR 493/09, AP KSchG 1969 § 1 Betriebsbedingte Kündigung Nr. 185; 12.11.1998 – 2 AZR 91/98, AP KSchG 1969 § 2 Nr. 51; 22.11.2012 – 2 AZR 673/11, NZA 2013, 730 Rn. 17; 20.11.2014 – 2 AZR 512/13, NZA 2015, 679.

[2267] BAG 27.9.2001 – 2 AZR 389/00, NZA 2002, 1171; 18.10.2006 – 2 AZR 676/05, AP KSchG 1969 § 1 Betriebsbedingte Kündigung Nr. 163; 12.8.2010 – 2 AZR 945/08, AP KSchG 1969 § 2 Nr. 147 Rn. 30 ff.

[2268] BAG 28.2.2023 – 2 AZR 227/22, NZA 2023, 578.

[2269] BAG 18.9.1997 – 2 AZR 657/96, EzA § 1 KSchG Betriebsbedingte Kündigung Nr. 97; Feudner DB 2004, 982; Wisskirchen/Goebel DB 2004, 1937.

[2270] BAG 3.5.1978 – 4 AZR 698/76, AP KSchG 1969 § 1 Betriebsbedingte Kündigung Nr. 5 mAnm Göller; 18.11.1999 – 2 AZR 77/99, NZA 2000, 484.

[2271] BAG 22.9.2005 – 2 AZR 208/05, AP KSchG 1969 § 1 Betriebsbedingte Kündigung Nr. 141.

[2272] BAG 21.6.1995 – 2 ABR 28/94, AP KSchG 1969 § 15 Nr. 36 mkritAnm Preis.

[2273] BAG 6.11.1997 – 2 AZR 94/97, AP KSchG 1969 § 1 Nr. 42.

[2274] BAG 21.6.1995 – 2 ABR 28/94, AP KSchG 1969 § 15 Nr. 36 mkritAnm Preis; 10.10.2002 – 2 AZR 598/01, AP KSchG 1969 § 1 Betriebsbedingte Kündigung Nr. 123; 13.2.2008 – 2 AZR 1041/06, AP KSchG 1969 § 1 Betriebsbedingte Kündigung Nr. 174; 16.12.2010 – 2 AZR 770/09, AP KSchG 1969 § 1 Betriebsbedingte Kündigung Nr. 186.

[2275] BAG 20.12.2012 – 2 AZR 867/11, NZA 2013, 1003 Rn. 35 f.; 31.7.2014 – 2 AZR 422/13, NZA 2015, 101 Rn. 18.

- **Verkleinerung eines Orchesters;**[2276]
- **Erhöhung der Arbeitsdichte** durch Umorganisation des Arbeitsablaufs;[2277]
- Änderung oder Einführung **neuer Fertigungsmethoden,**[2278]
- **Einführung von Wechselschichtarbeit;**[2279]
- **Einführung eines neuen Vertriebssystems** und Umgestaltung der zugrunde liegenden Vertragsform für die Vertriebsmitarbeiter (freies Mitarbeiterverhältnis statt Arbeitsverhältnis);[2280]
- Neubestimmung des **Anforderungsprofils** für einen eingerichteten Arbeitsplatz;[2281]
- Entscheidung, die anfallenden Arbeiten auf **Vollzeit- oder Teilzeitarbeitsplätzen** erledigen zu lassen;[2282]
- **Umwandlung eines Halbtagsarbeitsplatzes** in einen Ganztagsarbeitsplatz.[2283]

Werden in dem **Anstellungsvertrag eines Pfarrers** in der evangelischen Kirche (§ 108 **702** PfDG.EKD) die Wartestandsregelungen (§§ 83 ff. PfDG.EKD) ausgeschlossen, ist der Beschluss des Kirchenrats, eine Pfarrstelle aufzulösen, eine der bindenden Unternehmerentscheidung vergleichbare Entscheidung, die zum Wegfall der Beschäftigungsmöglichkeit für den Pfarrer führt.[2284]

Die **Kündigung** selbst ist **nicht die freie unternehmerische Entscheidung.**[2285] Andern- **703** falls wäre der vom Gesetz gewollte Schutz der Arbeitnehmer gegen betriebsbedingte Kündigungen weitgehend ausgehebelt. Denn der Arbeitgeber könnte sich dann, von Fällen des offenbaren Missbrauchs abgesehen, stets erfolgreich mit dem Hinweis verteidigen, die Kündigung stelle eine von den Gerichten nicht zu überprüfende Unternehmerentscheidung dar.[2286] Die Kündigung ist vielmehr Folge der betrieblichen Umsetzung einer freien unternehmerischen Entscheidung.[2287]

2. Zuständiges Organ

Besteht die Unternehmerentscheidung in dem Entschluss, den Betrieb stillzulegen, ist **704** hierfür bei einer GmbH bzw. einer Kommanditgesellschaft **kein formell gültiger Be-**

[2276] BAG 27.1.2011 – 2 AZR 9/10, AP KSchG 1969 § 1 Betriebsbedingte Kündigung Nr. 187.

[2277] BAG 26.6.1975 – 2 AZR 499/74, AP KSchG 1969 § 1 Betriebsbedingte Kündigung Nr. 1; 24.4.1997 – 2 AZR 352/96, NZA 1997, 1047; 17.6.1999 – 2 AZR 522/98, AP KSchG 1969 § 1 Betriebsbedingte Kündigung Nr. 102; 17.6.1999 – 2 AZR 456/98, NZA 1999, 1157.

[2278] BAG 29.1.1997 – 2 AZR 49/96, BeckRS 1997, 30368548; 26.6.1997 – 2 AZR 494/96, AP KSchG 1969 § 1 Betriebsbedingte Kündigung Nr. 86.

[2279] BAG 18.1.1990 – 2 AZR 183/89, NZA 1990, 734; 18.12.1997 – 2 AZR 709/96, AP KSchG 1969 § 2 Nr. 46.

[2280] BAG 9.5.1996 – 2 AZR 438/95, NZA 1996, 1145; 26.9.1996 – 2 AZR 200/96, AP KSchG 1969 § 1 Betriebsbedingte Kündigung Nr. 80.

[2281] BAG 10.11.1994 – 2 AZR 242/94, NZA 1995, 566; 30.8.1995 – 1 ABR 11/95, AP BetrVG 1972 § 99 Versetzung Nr. 5; 7.11.1996 – 2 AZR 811/95, AP KSchG 1969 § 1 Betriebsbedingte Kündigung Nr. 82; 24.6.2004 – 2 AZR 326/03, AP KSchG 1969 § 1 Nr. 76; 16.12.2004 – 2 AZR 66/04, AP KSchG 1969 § 1 Betriebsbedingte Kündigung Nr. 133; 7.7.2005 – 2 AZR 399/04, AP KSchG 1969 § 1 Betriebsbedingte Kündigung Nr. 138; 10.7.2008 – 2 AZR 1111/06, AP KSchG 1969 § 1 Betriebsbedingte Kündigung Nr. 181; 27.7.2017 – 2 AZR 476/16, NZA 2018, 234 Rn. 32; LAG Hessen 19.7.1999 – 16 Sa 1898/98, LAGE § 1 KSchG Betriebsbedingte Kündigung Nr. 55 mkritAnm Schwarze = BeckRS 1999, 30450604.

[2282] BAG 19.5.1993 – 2 AZR 584/92, NZA 1993, 1075; 3.12.1998 – 2 AZR 341/98, NJW 1999, 1732; 22.4.2004 – 2 AZR 385/03, NZA 2004, 1158.

[2283] LAG Rheinland-Pfalz 10.5.1988 – 9 Sa 21/88, NZA 1989, 273; Ascheid KSchR Rn. 287; s. a. LAG Hamburg 20.11.1996 – 4 Sa 56/96, LAGE § 2 KSchG Nr. 25 = BeckRS 1996, 30458741.

[2284] BAG 2.2.2006 – 2 AZR 154/05, AP BGB § 611 Kirchendienst Nr. 46.

[2285] Zutr. BAG 20.2.1986 – 2 AZR 212/85, AP KSchG 1969 § 1 Nr. 11; 20.3.1986 – 2 AZR 294/85, NZA 1986, 824; 17.6.1999 – 2 AZR 141/99, AP KSchG 1969 § 1 Betriebsbedingte Kündigung Nr. 101; 17.6.1999 – 2 AZR 522/98, AP KSchG 1969 § 1 Betriebsbedingte Kündigung Nr. 102; 22.5.2003 – 2 AZR 326/02, AP KSchG 1969 § 1 Betriebsbedingte Kündigung Nr. 128; 1.3.2007 – 2 AZR 650/05, AP KSchG 1969 § 1 Betriebsbedingte Kündigung Nr. 164; 31.7.2014 – 2 AZR 422/13, NZA 2015, 101 Rn. 34; KR/Rachor Rn. 562.

[2286] DD/Deinert Rn. 374; v. Hoyningen-Huene FS 50 Jahre BAG, 2004, 369 (373); Löwisch Anm. zu BAG 21.12.1967 – 2 AZR 84/67, EzA § 1 KSchG Nr. 6; Preis DB 1988, 1387 (1389).

[2287] Vgl. Ascheid KSchR Rn. 235; Franzen NZA 2001, 805 (810); Kaiser NZA 2005 Beil. 1, 31 (36 f.).

schluss des zuständigen Organs erforderlich.[2288] Die Wirksamkeit der unternehmerischen Entscheidung zur Betriebsstilllegung durch ein Organ der Gesellschaft ist unter gesellschaftsrechtlicher Betrachtung eine Frage des „Dürfens“, kündigungsrechtlich aber nur eine Frage des „Könnens“. Die Überschreitung des gesellschaftsrechtlich internen Dürfens durch das die Betriebsstilllegung betreibende Organ der Gesellschaft kann lediglich dann zur Unwirksamkeit der Kündigung führen, wenn die Rechtsordnung dies zum Schutz der Arbeitnehmer vorsieht. § 49 Abs. 2 GmbHG bezweckt indes ausschließlich den Schutz der Gesellschaft bzw. der Gesellschafter, nicht jedoch der Arbeitnehmer. Eine betriebsbedingte Kündigung ist daher nicht allein deshalb unwirksam, weil der zur Stilllegung des Betriebs nach § 49 Abs. 2 GmbHG erforderliche Beschluss der Gesellschafter fehlt und die Entscheidung hierüber nur der Geschäftsführer getroffen hat.[2289] Dasselbe gilt bei der Entscheidung über ein Outsourcing.[2290]

705 Anders ist freilich zu entscheiden, wenn der Vorstand einer Aktiengesellschaft entgegen § 111 Abs. 4 AktG **ohne Zustimmung des Aufsichtsrats** eine Betriebsstilllegung beschließt. Die Beteiligung des Aufsichtsrats an dieser Entscheidung dient dem Schutz der Arbeitnehmer, weil diese über ihre Vertreter im Aufsichtsrat auf die unternehmerische Entscheidung Einfluss nehmen können sollen. In diesem Fall liegt ein beachtlicher Rechtsverstoß (→ Rn. 707) vor.[2291]

3. Gerichtliche Kontrolle

706 a) **Rechtskontrolle.** Der Überprüfung unterliegt zunächst, ob die behauptete **Unternehmerentscheidung zum Kündigungszeitpunkt überhaupt (noch) vorgelegen hat.**[2292] Beruft sich der Arbeitgeber zur Begründung der Kündigung auf Reorganisationsmaßnahmen, muss sein nicht auf Schlagworte beschränkter Vortrag erkennen lassen, dass aufgrund einer vor der Kündigung getroffenen unternehmerischen Entscheidung das Bedürfnis an der Tätigkeit des gekündigten Arbeitnehmers weggefallen ist.[2293]

707 Weiter wird die vom Arbeitgeber dargelegte unternehmerische Entscheidung vom Arbeitsgericht auf ihre **Durchführbarkeit** überprüft.[2294] Gemeint ist damit zumindest im Ausgangsgpunkt eine **Rechtskontrolle** (s. aber auch → Rn. 719).[2295] So darf die Umsetzung der Unternehmerentscheidung **nicht gegen zwingende Gesetze oder Tarifverträge verstoßen.**[2296] Allerdings muss die verletzte Norm dem Bestandsschutz dienen.[2297] Daher ist eine unternehmerische Konzeption nicht tragfähig, nach der ein interner durch einen externen Datenschutzbeauftragten ersetzt werden soll, wenn es an einem wichtigen Grund für die Abberufung iSd § 6 Abs. 4 S. 1 BDSG nF (§ 4f Abs. 3 S. 4 BDSG aF)

[2288] BAG 11.3.1998 – 2 AZR 414/97, AP BetrVG 1972 § 111 Nr. 43; 25.3.2004 – 2 AZR 295/03, AP MuSchG 1968 § 9 Nr. 36; DD/Deinert Rn. 452; Ehmann/Krebber Anm. zu BAG 17.6.1999 – 2 AZR 522/98, AP KSchG 1969 § 1 Betriebsbedingte Kündigung Nr. 102; aA LAG Berlin 10.8.1987 – 9 Sa 59/87, LAGE § 1 KSchG Betriebsbedingte Kündigung Nr. 13 = BeckRS 1987, 30455858; Plander NZA 1999, 505; HK-KSchG/Dorndorf Rn. 878.

[2289] BAG 5.4.2001 – 2 AZR 696/99, AP KSchG 1969 § 1 Betriebsbedingte Kündigung Nr. 117.

[2290] BAG 20.11.2014 – 2 AZR 512/13, NZA 2015, 679 Rn. 22; s. a. BAG 31.7.2014 – 2 AZR 422/13, NZA 2015, 101 Rn. 35.

[2291] Ebenso DD/Deinert Rn. 385; HK-KSchG/Weller/Dorndorf Rn. 972; ferner APS/Kiel Rn. 469 (Satzungsverstoß).

[2292] BAG 17.6.1999 – 2 AZR 456/98, AP KSchG 1969 § 1 Betriebsbedingte Kündigung Nr. 103; 13.6.2002 – 2 AZR 589/01, AP ZPO § 284 Nr. 4; 16.12.2004 – 2 AZR 66/04, AP KSchG 1969 § 1 Betriebsbedingte Kündigung Nr. 133; Ehmann/Krebber Anm. zu BAG 17.6.1999 – 2 AZR 522/98, AP KSchG 1969 § 1 Betriebsbedingte Kündigung Nr. 102; 31.7.2014 – 2 AZR 422/13, NZA 2015, 101 Rn. 36; MüKoBGB/Hergenröder Rn. 322 f.; LSSW/Schlünder Rn. 261; Zepter DB 2000, 474 (475); HaKo-KSchR/Zimmermann Rn. 669.

[2293] BAG 13.6.2002 – 2 AZR 589/01, AP ZPO § 284 Nr. 4; s. a. Kleinebrink DB 2008, 1858.

[2294] LSSW/Schlünder Rn. 261.

[2295] APS/Kiel Rn. 469; ErfK/Oetker Rn. 240; Polzer S. 194; PVT Kündigung/Temming Rn. 1017.

[2296] Ebenso HK-KSchG/Dorndorf Rn. 878; KR/Rachor Rn. 561; dazu eing. Däubler DB 2012, 2100.

[2297] BAG 17.6.1999 – 2 AZR 456/98, AP KSchG 1969 § 1 Betriebsbedingte Kündigung Nr. 103; 7.12.2000 – 2 AZR 391/99, AP KSchG 1969 § 1 Betriebsbedingte Kündigung Nr. 113; 7.10.2004 – 2 AZR 122/04, AP KSchG 1969 § 1 Betriebsbedingte Kündigung Nr. 129; s. a. BAG 2.6.2005 – 2 AZR 480/04, AP KSchG 1969 § 1 Soziale Auswahl Nr. 75 unter B I 2 a: Verstoß gegen Richtlinien der AA über das zahlenmäßige Verhältnis von Auszubildenden und Ausbildern grds. unerheblich.

fehlt.[2298] Weiter verstößt ein Änderungsangebot zur Lage der Arbeitszeit, das eine teilzeitbeschäftigte Arbeitnehmerin gegenüber den Vollzeitbeschäftigten benachteiligt, gegen § 4 Abs. 1 TzBfG, was zur Sozialwidrigkeit der entsprechenden Änderungskündigung führt (→ § 2 Rn. 195 f.).[2299] Darüber hinaus ist ganz allgemein eine diskriminierende Organisationsentscheidung rechtswidrig und liefert deshalb keine tragfähige Grundlage für eine betriebsbedingte Kündigung.[2300] Eine betriebsbedingte Änderungskündigung, mit der eine tarifwidrige Arbeitszeitgestaltung (Samstagsarbeit) eingeführt werden soll, ist ebenfalls unwirksam.[2301] Gleiches gilt für eine Änderungskündigung, mit welcher der Arbeitgeber die wöchentliche tarifliche Arbeitszeit von 35 Stunden auf 38,5 Stunden bei einer Lohnerhöhung von 3 % heraufzusetzen versucht (→ § 2 Rn. 197).[2302] Ferner ist ggf. zu prüfen, ob die unternehmerische Entscheidung satzungsgemäß ist.[2303] Dagegen hindert der Beschäftigungsanspruch schwerbehinderter Menschen gem. § 164 Abs. 4 S. 1 Nr. 1 SGB IX den Arbeitgeber nicht von Rechts wegen daran, eine Organisationsentscheidung zu treffen, die zum Fortfall des Arbeitsplatzes eines schwerbehinderten Menschen führt. Dies gilt nach Ansicht des BAG auch dann, wenn der Arbeitgeber hierdurch nicht mehr die Pflichtquote des § 154 SGB IX erreicht.[2304]

Zur Rechtskontrolle gehört auch die Prüfung, ob Gegenstand der unternehmerischen **708** Entscheidung eine **vertragswidrige Beschäftigung der im Betrieb noch tätigen Arbeitnehmer** ist. So dürfen Fachkräften nicht nur Hilfstätigkeiten übertragen werden.[2305]

Grds. nicht nachzuprüfen ist dagegen, ob der für den Arbeitgeber maßgebende **Anlass** **709** **die getroffene organisatorische Maßnahme erforderlich gemacht hat** und ob sie geeignet ist, den mit ihr verfolgten wirtschaftlichen Zweck zu erreichen, ob also etwa tatsächlich Kosten eingespart werden.[2306] Dies gilt jedenfalls dann, wenn dem Prozessvortrag des Arbeitgebers eine solche Verknüpfung nicht zu entnehmen ist. Macht er hingegen selbst geltend, der Personalabbau solle proportional zum Umsatzrückgang durchgeführt werden, ist durch das Gericht zu prüfen, ob die getroffene organisatorische Maßnahme diesem Zweck entspricht oder darüber hinausgeht (→ Rn. 698).

b) Missbrauchskontrolle. Von der Arbeitsgerichtsbarkeit ist **nicht zu überprüfen, ob** **710** **die beabsichtigte Maßnahme betriebswirtschaftlich sinnvoll** ist, sondern nur, ob sie **offenbar unsachlich, unvernünftig oder willkürlich** ist.[2307] Dabei lassen sich diese drei Begriffe nicht sinnvoll unterscheiden, sondern sind unter den gemeinsamen **Oberbegriff der Missbrauchskontrolle** zu fassen.[2308] Die Gestaltung der Arbeitsabläufe sowie die

---

2298 APS/Kiel Rn. 469 unter Berufung auf BAG 23.3.2011 – 10 AZR 562/09, AP BDSG § 4f Nr. 3.

2299 BAG 24.4.1997 – 2 AZR 352/96, NZA 1997, 1047.

2300 BAG 16.5.2019 – 6 AZR 239/18, NZA 2019, 1198 Rn. 44; Däubler FS Preis, 2021, 159 (168 f.).

2301 BAG 18.12.1997 – 2 AZR 709/96, AP KSchG 1969 § 2 Nr. 46; aA Kaiser NZA 2005 Beil. 1, 31 (38).

2302 BAG 10.2.1999 – 2 AZR 422/98, AP KSchG 1969 § 2 Nr. 52, das in diesem Fall die Nichtigkeit der Kündigung nach § 134 BGB iVm § 4 Abs. 3 TVG wegen der Abweichung vom Tarifvertrag angenommen hat.

2303 BAG 7.12.2000 – 2 AZR 391/99, AP KSchG 1969 § 1 Betriebsbedingte Kündigung Nr. 113, wonach der Bundesvorstand des DGB nach der Satzung befugt war, die Entscheidung zur Übertragung der Rechtsschutzaufgaben auf die DGB-Rechtsschutz GmbH zu treffen.

2304 BAG 16.5.2019 – 6 AZR 329/18, NZA 2019, 1198 Rn. 36 u. 47.

2305 BAG 17.6.1999 – 2 AZR 522/98, AP KSchG 1969 § 1 Betriebsbedingte Kündigung Nr. 102.

2306 BAG 30.4.1987 – 2 AZR 184/86, AP KSchG 1969 § 1 Betriebsbedingte Kündigung Nr. 42; 17.6.1999 – 2 AZR 456/98, AP KSchG 1969 § 1 Betriebsbedingte Kündigung Nr. 103; 20.11.2014 – 2 AZR 512/13, NZA 2025, 679 Rn. 26; 28.2.2023 – 2 AZR 227/22, NZA 2023, 578 Rn. 17, 23.

2307 StRspr, s. nur BAG 17.6.1999 – 2 AZR 141/99, AP KSchG 1969 § 1 Betriebsbedingte Kündigung Nr. 101; 13.3.2008 – 2 AZR 1037/06, NZA 2008, 878; BAG 18.9.2008 – 2 AZR 560/07, AP KSchG 1969 § 1 Nr. 89; 23.4.2008 – 2 AZR 1110/06, AP KSchG 1969 § 1 Betriebsbedingte Kündigung Nr. 177; 20.6.2013 – 2 AZR 379/12, NZA 2014, 139 Rn. 20; 29.8.2013 – 2 AZR 809/12, NZA 2014, 730 Rn. 13; 8.5.2014 – 2 AZR 1005/12, NZA 2015, 889 Rn. 17; 31.7.2014 – 2 AZR 422/13, NZA 2015, 101 Rn. 31; 16.5.2019 – 6 AZR 329/18, NZA 2019, 1198 Rn. 39; 28.2.2023 – 2 AZR 227/22, NZA 2023, 578 Rn. 12; ebenso Berkowsky, Die betriebsbedingte Kündigung, 6. Aufl. 2008, § 6 Rn. 58 ff.; MüKoBGB/Hergenröder Rn. 322 f.; v. Hoyningen-Huene FS 50 Jahre BAG, 2004, 369 (374); APS/Kiel Rn. 463; KR/Rachor Rn. 559; Rieble Anm. zu BAG 17.6.1999 – 2 AZR 141/99, EzA § 1 KSchG Betriebsbedingte Kündigung Nr. 102; LSSW/Schlünder Rn. 260; HaKo-KSchR/Zimmermann Rn. 667.

2308 BAG 23.4.2008 – 2 AZR 1110/06, AP KSchG 1969 § 1 Betriebsbedingte Kündigung Nr. 177; 27.1.2011 – 2 AZR 9/10, AP KSchG 1969 § 1 Betriebsbedingte Kündigung Nr. 187; Krause RdA 2016, 49 (50); KR/Rachor

Entscheidung, eine Abteilung stillzulegen, bestimmte Arbeiten an ein anderes Unternehmen zur selbständigen Erledigung zu vergeben und/oder an einem bestimmten Standort zu konzentrieren, unterliegt somit nur einer Überprüfung auf Missbrauch.[2309] Erhebliche Teile des Schrifttums plädieren zwar schon seit Langem für eine weitergehende Kontrolle der betriebsbedingten Kündigung auf ihre wirtschaftliche Notwendigkeit, wobei hierfür der Text des KSchG sowie die Schutzpflichtfunktion der Grundrechte ins Feld geführt werden.[2310] Das BAG hat diese abweichende Konzeption indes zutreffend abgelehnt.[2311] Zum einen lässt sich aus dem Wortlaut des Abs. 2 S. 1 **nicht ableiten,** dass sich das Tatbestandsmerkmal „dringlich" auf die unternehmerische Ebene bezieht (→ Rn. 734). Zum anderen folgt dies aus der durch Art. 12, 14 und Art. 2 Abs. 1 GG **verfassungsrechtlich geschützten unternehmerischen Entscheidungsfreiheit.**[2312] Die vom BVerfG aus Art. 12 Abs. 1 GG hergeleitete Pflicht zur Gewährleistung eines wirksamen Kündigungsschutzes[2313] ändert hieran nichts, weil auch das BVerfG davon ausgeht, dass der durch das KSchG gewährleistete Schutz den Anforderungen des Art. 12 Abs. 1 GG genügt.[2314] In diese Richtung deuten weiter die Regelungen über die Beteiligungsrechte des Betriebsrats bei Betriebsänderungen gem. §§ 111 ff. BetrVG.[2315] Wenn der Arbeitgeber seine unternehmerische Entscheidung letztlich gegen den Willen des Betriebsrats durchsetzen kann und im Falle einer Verletzung oder Versäumung eines Interessenausgleichs nach § 112 BetrVG den betroffenen Arbeitnehmern gem. § 113 BetrVG nur einen Nachteilsausgleich schulde, spricht dies dafür, dass die Unternehmerentscheidung auch im Kündigungsschutzverfahren nicht vollumfänglich nachprüfbar ist. Hinzu kommt wesentlich der Aspekt der **zutreffenden Rollenverteilung zwischen Gericht und Arbeitgeber bei der Unternehmenssteuerung.** So **trägt der Arbeitgeber nach der bestehenden Wirtschafts- und Sozialordnung das wirtschaftliche Risiko** für die zweckmäßige Einrichtung und Gestaltung des Betriebs. Zudem wären die Gerichte überfordert, wenn sie dem Arbeitgeber eine „bessere" oder „richtigere" Betriebs- oder Unternehmensstruktur vorschreiben und damit in die Kostenkalkulation eingreifen wollten.[2316] Damit zusammenhängend ist der individuelle Kündigungsschutzprozess grds. ungeeignet, die Frage nach der betriebswirtschaftlichen Sinnhaftigkeit von solchen Maßnahmen zu klären, die sich auf

---

Rn. 561; s. aber auch APS/Kiel Rn. 448–462 mit dem Versuch einer Systematisierung; grds. krit. Quecke NZA 1999, 1247 (1250 f.).

2309 Vgl. v. Hoyningen-Huene FS 50 Jahre BAG, 2004, 369 (374 ff.).

2310 So wenn auch mit Unterschieden iErg Absenger FS Preis, 2021, 7 (14 ff.); Annuß Betriebsbedingte Kündigung S. 101 ff., Boeddinghaus AuR 2001, 8 (11); Colnernic, in Otto Brenner Stiftung (Hrsg.), Betriebsbedingte Kündigungen im Widerstreit, 1998, S. 11 (31 ff.); Däubler, Die Unternehmerfreiheit im Arbeitsrecht – eine unantastbare Größe?, 2012, S. 21 ff.; AuR 2013, 9; FS Preis, 2021, 158 (164 ff.); Kühling AuR 2003, 92; Preis NZA 1995, 241 (248 ff.); HaKo-ArbR/Schubert Rn. 421 ff.; P. Stein BB 2000, 457; AuR 2003, 99; AuR 2013, 243 (248 f.); Wolter AuR 2008, 325 (329 ff.); differenzierend B. Preis DB 2000, 1122 (1124 ff.) (dagegen Bitter DB 2000, 1760 (1765 f.); ferner HK-KSchG/Dorndorf Rn. 883a ff., der in Abhängigkeit von der Nähe zwischen Organisationsentscheidung und Kündigungsentschluss erhöhte Begründungsanforderungen postuliert; s. a. DD/Deinert Rn. 259; Kittner FS Preis, 2021, 615.

2311 BAG 20.6.2013 – 2 AZR 379/12, NZA 2014, 139 Rn. 20; ebenso BAG 8.5.2014 – 2 AZR 1005/12, NZA 2015, 889 Rn. 17; 31.7.2014 – 2 AZR 422/13, NZA 2015, 101 Rn. 31; 18.6.2015 – 2 AZR 480/14, NZA 2015, 1315 Rn. 20; dazu ausf. Krause RdA 2016, 49.

2312 Ebenso Bitter DB 1999, 1214 (1217); Feudner NZA 2000, 1136 (1142); v. Hoyningen-Huene FS 50 Jahre BAG, 2004, 369 (374); APS/Kiel Rn. 445 ff.; Rost JbArbR 39 (2002), 83 (86); Schrader/Siebert NZA-RR 2013, 113 (116); Singer/v. Finckenstein SAE 2000, 282; Walker ZfA 2004, 501 (514).

2313 BVerfG 24.4.1991 – 1 BvR 1341/90, AP GG Art. 12 Nr. 70; 21.2.1995 – 1 BvR 1397/93, AP Einigungsvertrag Anlage I Kap. XIX Nr. 44; 27.1.1998 – 1 BvL 15/87, AP KSchG 1969 § 23 Nr. 17; dazu auch Dieterich RdA 1995, 129 (134).

2314 Ebenso APS/Kiel Rn. 466; aA insbes. Kühling AuR 2003, 92.

2315 Vgl. v. Hoyningen-Huene NZA 1994, 1009 (1011); Kaiser NZA 2005 Beil. 1, 31 (33); Schaub NZA 1987, 217 (218); Stahlhacke DB 1994, 1361 (1365); ähnlich KR/Rachor Rn. 560.

2316 BAG 7.2.1985 – 2 AZR 91/84, AP KSchG 1969 § 1 Soziale Auswahl Nr. 9; 21.6.1995 – 2 ABR 28/94, AP KSchG 1969 § 15 Nr. 36 mkritAnm Preis; 17.6.1999 – 2 AZR 522/98, AP KSchG 1969 § 1 Betriebsbedingte Kündigung Nr. 102; 22.11.2012 – 2 AZR 673/11, NZA 2013, 730 Rn. 21; 29.8.2013 – 2 AZR 809/12, NZA 2014, 730 Rn. 17; 28.2.2023 – 2 AZR 227/22, NZA 2023, 578 Rn. 12; Gilberg NZA 2003, 817 (819); s. a. BAG 20.2.1986 – 2 AZR 212/85, AP KSchG 1969 § 1 Nr. 11 unter B II 2 b: Unternehmerisches Ermessen als „Bestimmung der der Geschäftsführung zugrundeliegenden Unternehmenspolitik".

größere Einheiten wie den ganzen Betrieb und das ganze Unternehmen beziehen, um unter Umständen erst nach Jahren festzustellen, dass eine Umstrukturierung oder gar eine Betriebsstilllegung kündigungsschutzrechtlich unbeachtlich ist.[2317] Daneben dürfte für die Rspr. – abgesehen vom Aspekt der Kontinuität der Judikatur – zumindest im Hintergrund auch die Annahme eine Rolle spielen, dass ein zu starker Eingriff in das Wirtschaftsgeschehen durch gerichtliche Vorgaben für die zutreffende Personalstärke von Unternehmen und damit für das Arbeitskräftevolumen auf lange Sicht eher kontraproduktive Wirkung hätte.[2318]

Der Arbeitgeber ist nach alledem somit **bis an die Grenze der Willkür**[2319] berechtigt, seine betrieblichen Aktivitäten einzuschränken und bestimmte bisher in seinem Betrieb verrichtete Arbeiten an Dritte fremd zu vergeben.[2320] Hierzu gehört das Recht, sein Unternehmen aufzugeben bzw. selbst darüber zu entscheiden, welche Größenordnung es haben und welche unternehmerischen Ziele es verfolgen soll,[2321] sowie die Wahl des Produktionsstandorts[2322]. Zu diesem Entscheidungsspielraum des Arbeitgebers gehört auch die Befugnis, die Zahl der Arbeitskräfte zu bestimmen, mit denen eine Arbeitsaufgabe erledigt werden soll. Der Arbeitgeber kann daher grds. sowohl das Arbeitsvolumen (Menge der zu erledigenden Arbeit) als auch das diesem zugeordnete Arbeitskraftvolumen (Arbeitnehmer-Stunden) und damit auch das Verhältnis dieser beiden Größen zueinander festlegen.[2323] Das Kündigungsschutzgesetz verpflichtet den Arbeitgeber nicht dazu, betriebliche Organisationsstrukturen und -abläufe oder Standorte beizubehalten und geplante Organisationsänderungen nicht durchzuführen.[2324] Eine gerichtliche Kontrolle dahingehend, dass die Umorganisation der betrieblichen Abläufe nur zulässig ist, wenn sie zu einer Effizienzsteigerung führt, ist vor dem Hintergrund der grundrechtlich geschützten unternehmerischen Freiheit nicht zulässig.[2325] Entsprechendes gilt bspw. für die Organisationsentscheidung über die Ausgestaltung von Vertretungsstunden in Grundschulen, die nicht auf ihre pädagogische Sinnhaftigkeit zu untersuchen ist.[2326] Dementsprechend kann die Entscheidung, ein Orchester zu verkleinern, nicht deshalb als willkürlich bezeichnet werden, weil sich hierdurch der künstlerische Anspruch verringert.[2327] Dies alles gilt auch dann, wenn die in Rede stehende Maßnahme des Arbeitgebers die Folge einer früheren unternehmerischen Fehlentscheidung ist. Da unternehmerisches Handeln stets unter Unsicherheit erfolgt, lässt ein etwaiger Fehlschlag die Befugnis des Arbeitgebers, der eingetretenen neuen Situation ggf. durch eine betriebsbedingte Kündigung Rechnung zu tragen, nicht entfallen.[2328] Die unternehmerische Entscheidung ist allerdings **kein Selbstzweck**, sondern betrifft die **Stellung des Unternehmens am Markt.** Ihre Funktion besteht darin, dass der Unternehmer frei von arbeitsgerichtlicher Kontrolle darüber befinden soll, wie er am Markt bestehen kann. Dagegen hat die Kontrollfreiheit nicht den Zweck, den Unternehmer kündigungsrechtlich pauschal „freizustellen“.[2329] Daher ist es eine unternehmerische 711

2317 KR/Rachor Rn. 560.

2318 Hierzu näher Krause RdA 2016, 49 (56 f.), dort auch zum Kontinuitätsaspekt.

2319 Zum Begriff v. Hoyningen-Huene FS 50 Jahre BAG, 2004, 369 (390 f.).

2320 BAG 22.11.2012 – 2 AZR 673/11, NZA 2013, 730 Rn. 17; 20.6.2013 – 2 AZR 379/12, NZA 2014, 139 Rn. 21; 20.11.2014 – 2 AZR 512/13, NZA 2015, 679 Rn. 26; 18.6.2015 – 2 AZR 480/14, NZA 2015, 1315 Rn. 20 f.

2321 BAG 12.11.1998 – 2 AZR 91/98, AP KSchG 1969 § 2 Nr. 51; 23.4.2008 – 2 AZR 1110/06, AP KSchG 1969 § 1 Betriebsbedingte Kündigung Nr. 177; 20.6.2013 – 2 AZR 379/12, NZA 2014, 139 Rn. 21.

2322 BAG 27.9.2001 – 2 AZR 389/00, NZA 2002, 1171; 29.8.2013 – 2 AZR 809/12, NZA 2014, 730 Rn. 17.

2323 BAG 22.5.2003 – 2 AZR 326/02, AP KSchG 1969 § 1 Betriebsbedingte Kündigung Nr. 128.

2324 BAG 13.6.2002 – 2 AZR 589/01, AP ZPO § 284 Nr. 4; 28.2.2023 – 2 AZR 227/22, NZA 2023, 578 Rn. 12; LAG Hamm 24.7.2007 – 12 Sa 320/07, NZA-RR 2008, 239.

2325 BAG 27.9.2001 – 2 AZR 389/00, NZA 2002, 1171.

2326 BAG 29.11.2007 – 2 AZR 388/06, AP KSchG 1969 § 2 Nr. 136.

2327 BAG 27.1.2011 – 2 AZR 9/10, AP KSchG 1969 § 1 Betriebsbedingte Kündigung Nr. 187.

2328 LAG Köln 25.8.1994 – 6 Sa 152/94, NZA 1995, 792; Kraayvanger Mitverantwortung des Arbeitgebers S. 328 ff., 360 ff.

2329 LAG Berlin-Brandenburg 25.11.2010 – 2 Sa 707/10, LAGE § 1 KSchG Betriebsbedingte Kündigung Nr. 89 = BeckRS 2011, 70898.

Entscheidung wie etwa eine Betriebsstilllegung oder eine Betriebsverlagerung willkürlich und damit kündigungsrechtlich unbeachtlich, wenn sie lediglich dazu dient, eine Betriebsratswahl zu verhindern.[2330]

712 Aus der Anerkennung der nur beschränkt nachprüfbaren freien unternehmerischen Entscheidung folgt des Weiteren, dass bei der betriebsbedingten Kündigung auch **keine allgemeine Interessenabwägung** vorzunehmen ist.[2331] Von den Gerichten ist deshalb im Kündigungsschutzprozess nicht nachzuprüfen, ob die vom Arbeitgeber nach Ausspruch der Kündigung erwarteten Vorteile zu den Nachteilen, die sich für den betroffenen Arbeitnehmer ergeben, in einem vernünftigen Verhältnis stehen.[2332] Die besondere soziale Schutzwürdigkeit der betroffenen Arbeitnehmer ist im Rahmen der sozialen Auswahl nach Abs. 3 (→ Rn. 865 ff.) zu berücksichtigen.

713 Liegt der gestaltenden unternehmerischen Entscheidung das Ziel zugrunde, den Gewinn zu steigern, führt dies allein grds. noch nicht zur Annahme willkürlichen Handelns. Dies löst zwar ein erhebliches Unbehagen aus.[2333] Nach der geltenden Wirtschaftsordnung ist die Erzielung von Gewinn als Unternehmenszweck aber verfassungsrechtlich geschützt.[2334] Wie das Unternehmen einen erzielten Gewinn verwendet, etwa zu weiteren notwendigen Investitionen, zur „Abwehr feindlicher Übernahmen" oder zum Vorteil der Eigner, unterliegt keiner gerichtlichen Kontrolle.[2335] Da eine Abwägung zwischen den aufgrund der unternehmerischen Entscheidung erwarteten Vorteilen und den sich für den Arbeitnehmer ergebenden Nachteilen nicht erfolgt (→ Rn. 712), sind Umstrukturierungen, die eine Gewinnsteigerung zum Ziel haben, zwar unpopulär, aber nicht per se willkürlich und damit wirksam.[2336] Es gibt keine rechtssichere (absolute) Grenze für den Umfang des (noch) „gerechten" bzw. „sozialadäquaten" Gewinns.[2337] Immerhin kommt in Betracht, die Entscheidung, eine doppelt so hohe Kapitalrendite wie in der Branche üblich erzielen zu wollen, mit der Folge als sittenwidrig zu qualifizieren, dass betriebsbedingte Kündigungen, die der Umsetzung einer solchen unternehmerischen Planung dienen, die erforderliche Grundlage in Form einer wirksamen unternehmerischen Entscheidung fehlt.[2338]

714 Das BAG hat sich in einer Reihe von Entscheidungen mit der Frage befasst, wann die **Übertragung von Aufgaben des Unternehmens auf Dritte rechtsmissbräuchlich** ist. Nach Auffassung des BAG handelt derjenige Arbeitgeber missbräuchlich, der durch die Bildung separater betrieblicher Organisationsstrukturen seinen Betrieb in mehrere Teile aufspaltet, um Arbeitnehmern den allgemeinen Kündigungsschutz zu entziehen und

---

[2330] Vgl. KR/Rachor Rn. 561; aA offenbar Rieble, Arbeitsmarkt und Wettbewerb, 1996, Rn. 1009.

[2331] v. Hoyningen-Huene SAE 1991, 124 (125); NZA 1994, 1009 (1011); APS/Kiel Rn. 651 ff.; Beschäftigungsmöglichkeit S. 128; Oetker SAE 1991, 1518; ErfK/Oetker Rn. 236; KR/Rachor Rn. 566; Stahlhacke DB 1994, 1361 (1362); PVT Kündigung/Temming Rn. 1001; krit. Däubler FS Preis, 2021, 158 (164 ff.); DD/Deinert Rn. 412 ff.; Kühling AuR 2003, 92 (97); P. Stein BB 2000, 457 (463 ff.).

[2332] BAG 30.4.1987 – 2 AZR 184/86, AP KSchG 1969 § 1 Betriebsbedingte Kündigung Nr. 42; 19.12.1991 – 2 AZR 402/91, BeckRS 1991, 30915183; 20.1.2005 – 2 AZR 500/03, AP BErzGG § 18 Nr. 8; 20.6.2013 – 2 AZR 379/12, NZA 2014, 139 Rn. 20; zur früheren Judikatur BAG 4.2.1960 – 3 AZR 25/58, AP KSchG § 1 Betriebsbedingte Kündigung Nr. 5; 3.5.1978 – 4 AZR 698/76, AP KSchG 1969 § 1 Betriebsbedingte Kündigung Nr. 5, 7.3.1980 – 7 AZR 1093/77, AP KSchG 1969 § 1 Betriebsbedingte Kündigung Nr. 9; 17.10.1980 – 7 AZR 675/78, AP KSchG 1969 § 1 Betriebsbedingte Kündigung Nr. 10.

[2333] So auch Bitter DB 1999, 1214 (1215).

[2334] Berkowsky, Die betriebsbedingte Kündigung, 6. Aufl. 2008, § 6 Rn. 52; APS/Kiel Rn. 462.

[2335] LSSW/Schlünder Rn. 266.

[2336] Ebenso Berkowsky, Die betriebsbedingte Kündigung, 6. Aufl. 2008, § 6 Rn. 52; Franzen NZA 2001, 805 (810); Gilberg NZA 2003, 817 (819); MüKoBGB/Hergenröder Rn. 352; Hillebrecht ZfA 1991, 87 (110); Kaiser NZA 2005 Beil. 1, 31 (33); APS/Kiel Rn. 462; Rieble Anm. zu BAG 17.6.1999 – 2 AZR 141/99, EzA § 1 KSchG Betriebsbedingte Kündigung Nr. 102; LSSW/Schlünder Rn. 266; SES/Schwarze Rn. 296; Stahlhacke DB 1994, 1361 (1364 f.); einschränkend Annuß Betriebsbedingte Kündigung S. 111 f.; DD/Deinert Rn. 475; Feudner NZA 2000, 1136 (1143); Preis NZA 1995, 241 (248 f.) PVT Kündigung/Temming Rn. 1034; aA ArbG Gelsenkirchen 28.10.1997 – 2 Ca 3762/96, NZA 1998, 944; Kühling AuR 2003, 92 (94); Quecke NZA 1999, 1247 (1251); Roth ZIP 2009, 1845 (1850); P. Stein BB 2000, 457 (464); AuR 2003, 99.

[2337] So zutr. B. Preis NZA 1997, 625 (628 f.); APS/Kiel Rn. 462; MHdB ArbR/Kreft § 115 Rn. 17.

[2338] Vgl. Krause, Standortsicherung und Arbeitsrecht, 2007, S. 37; gegen eine Kündigung bei feststehender überdurchschnittlicher Rendite auch Roth ZIP 2009, 1845 (1850 f.).

ihnen „frei" kündigen zu können.[2339] Die Umstellung eines Vertriebssystems („Weight-Watchers"), in dem an Stelle von Arbeitnehmern selbständige Partner tätig werden, hat das BAG dagegen zu Recht nicht als missbräuchlich beanstandet, weil das Unternehmen die Arbeitsverhältnisse tatsächlich in freie Mitarbeiterverhältnisse übergeleitet hatte, in denen kein arbeitsvertragliches Weisungsrecht bestand.[2340] Hieran hat das BAG in einem späteren vergleichbaren Fall („Moskito-Anschläger") festgehalten.[2341] Entsprechendes gilt für die Übertragung von Arbeitsaufgaben auf Mitglieder von Vertretungsorganen[2342] bzw. für die Entscheidung einer Kommune, die Aufgaben einer Gleichstellungsbeauftragten künftig ehrenamtlich ausführen zu lassen[2343]. Die Auslagerung des gewerkschaftlichen Rechtsschutzes auf die DGB-Rechtsschutz GmbH ist trotz der kapitalmäßigen Verflechtung mit dem DGB ebenfalls nicht missbräuchlich gewesen.[2344] Von der Fremdvergabe von Tätigkeiten an Dritte muss der Arbeitgeber auch dann nicht absehen, wenn dadurch einem ordentlich nicht mehr kündbaren Arbeitsverhältnis die Grundlage entzogen wird. Dies gilt sogar dann, wenn es sich um die Vergabe von Tätigkeiten nur eines einzelnen ordentlich unkündbaren Arbeitnehmers handelt.[2345]

Dagegen handelt es sich um eine **unzulässige und damit unwirksame Austauschkündigung,** wenn nur die formale Arbeitgeberstellung aufgegeben werden soll und der Arbeitgeber (Reederei) gegenüber dem gekündigten und künftig bei einem Drittunternehmen (Crewing-Firma) angestellten Arbeitnehmer (Kapitän) weiterhin die maßgeblichen Weisungen ausspricht und ihn in ihren (Schiffs-)Betrieb eingliedert.[2346] In derartigen Gestaltungen geht es allerdings weniger um eine rechtsmissbräuchliche unternehmerische Entscheidung[2347] als vielmehr darum, dass es nicht zu einem dauerhaften Wegfall von Beschäftigungsmöglichkeiten kommt (dazu → Rn. 723 ff., 728).[2348] Von einer Austauschkündigung in Form eines Umgehungsgeschäfts ist auch dann auszugehen, wenn ein Unternehmen der Pflegebranche die Aufgaben einer Sozialarbeiterin dadurch entfallen lässt, dass diese Aufgaben dem Mehrheitsgesellschafter, einem Rechtsanwalt, zur selbständigen Ausführung übertragen werden und dieser hierfür in seiner Kanzlei eine Sozialarbeiterin neu einstellt.[2349] Eine unternehmerische Entscheidung ist hingegen **missbräuchlich,** wenn es dem Unternehmen nicht um die organisatorische Maßnahme als solche, sondern darum geht, eine Stelle zu streichen, um auf diese Weise einen missliebigen Arbeitnehmer loszuwerden.[2350] Dies gilt erst recht, wenn die Umorganisation nur dazu dient, die gem. § 612a BGB unzulässige **Maßregelung** eines Mitarbeiters zu kaschieren.[2351] Dagegen ist es nicht missbräuchlich, wenn die Unzufriedenheit mit der Arbeitsleistung eines Arbeitnehmers den Arbeitgeber zur Fremdvergabe einer Tätigkeit 715

[2339] BAG 12.2.2004 – 2 AZR 307/03, AP KSchG 1969 § 1 Nr. 75; 23.4.2008 – 2 AZR 1110/06, AP KSchG 1969 § 1 Betriebsbedingte Kündigung Nr. 177.

[2340] BAG 9.5.1996 – 2 AZR 438/95, NZA 1996, 1145; ebenso LAG Köln 28.6.1996 – 11 (12) Sa 296/96, LAGE § 1 KSchG Betriebsbedingte Kündigung Nr. 40 = NZA-RR 1997, 130; Kaiser NZA 2005 Beil. 1, 31 (35); MHdB ArbR/Kreft § 115 Rn. 168; KR/Rachor Rn. 640; LSSW/Schlünder Rn. 324; HaKo-KSchR/Zimmermann Rn. 669; krit. DD/Deinert Rn. 472; B. Preis AuR 1997, 60 (65 f.); Preis NZA 1997, 1073 (1079); FS Bauer, 2010, 827 (839 ff.).

[2341] BAG 13.3.2008 – 2 AZR 1037/06, NZA 2008, 878.

[2342] BAG 31.7.2014 – 2 AZR 422/13, NZA 2015, 101 Rn. 41 f.

[2343] BAG 18.9.2008 – 2 AZR 560/07, AP KSchG 1969 § 1 Nr. 89.

[2344] BAG 7.12.2000 – 2 AZR 391/99, AP KSchG 1969 § 1 Betriebsbedingte Kündigung Nr. 113.

[2345] BAG 20.6.2013 – 2 AZR 379/12, NZA 2014, 139 Rn. 21; 18.6.2015 – 2 AZR 480/14, NZA 2015, 1315 Rn. 20 f.

[2346] BAG 26.9.1996 – 2 AZR 200/96, AP KSchG 1969 § 1 Betriebsbedingte Kündigung Nr. 80; ebenso LAG Niedersachsen 13.6.2003 – 3 Sa 1520/02, NZA-RR 2003, 577.

[2347] In diese Richtung offenbar BAG 2.3.2017 – 2 AZR 546/16, NZA 2017, 905 Rn. 21.

[2348] BAG 16.12.2004 – 2 AZR 66/04, AP KSchG 1969 § 1 Betriebsbedingte Kündigung Nr. 133 unter B II 2 b aa; ErfK/Oetker Rn. 275; vergleichbar BAG 26.11.2009 – 2 AZR 658/08, NJOZ 2010, 1533 Rn. 25; zu den verschiedenen Begründungswegen s. LAG Hamburg 17.8.2006 – 1 Sa 10/06, NZA-RR 2007, 630 (631 f.).

[2349] LAG Berlin-Brandenburg 1.3.2007 – 2 Sa 18/07, LAGE § 1 KSchG Betriebsbedingte Kündigung Nr. 77a.

[2350] BAG 24.10.1979 – 2 AZR 940/77, AP KSchG 1969 § 1 Betriebsbedingte Kündigung Nr. 8; LAG Berlin-Brandenburg 25.11.2010 – 2 Sa 707/10, LAGE § 1 KSchG Betriebsbedingte Kündigung Nr. 89 = BeckRS 2011, 70898; LSSW/Schlünder Rn. 265.

[2351] BAG 22.4.2004 – 2 AZR 385/03, AP KSchG 1969 § 2 Nr. 74 unter B II 1.

motiviert.[2352] Erschöpft sich die unternehmerische Entscheidung darin, eine Hierarchieebene abzubauen oder überhaupt nur Personal einzusparen und die Aufgaben neu zu verteilen, muss diese Entscheidung deshalb konkretisiert werden, um eine Überprüfung auf Rechtsmissbrauch zu ermöglichen.[2353] Hierzu gehört die Darlegung, wie die Aufgaben künftig vom verbleibenden Personal ohne überobligationsmäßige Anstrengungen erledigt werden können (s. dazu auch noch → Rn. 719).

716 In einem vieldiskutierten Urteil hat das BAG die Entscheidung eines Unternehmers für unwirksam gehalten, einen Betriebsteil – **Servicebereiche einer Rheumaklinik** – durch eine noch zu gründende, finanziell, wirtschaftlich und organisatorisch in sein Unternehmen voll eingegliederte Organgesellschaft iSd § 2 Abs. 2 Nr. 2 S. 1 UStG mit von dieser neu einzustellenden Arbeitnehmern weiter betreiben zu lassen. Es sei rechtsmissbräuchlich, wenn der Arbeitgeber ein unternehmerisches Konzept zur Kostenreduzierung wähle, das faktisch nicht zu Änderungen in den betrieblichen Abläufen, jedoch bei allen Arbeitnehmern der betroffenen Abteilungen erklärtermaßen zum Verlust ihres Arbeitsplatzes führen solle, obwohl nach wie vor ein – allenfalls reduzierter – Beschäftigungsbedarf bestehe. Die gewählte Organisationsform diene in erster Linie dem Zweck, den Arbeitnehmern der betroffenen Bereiche ihren Kündigungsschutz zu nehmen und sich von ihnen „frei" zu trennen, um die Arbeit in Zukunft von anderen und schlechter bezahlten Arbeitnehmern verrichten zu lassen. Hierdurch werde der Kündigungsschutz umgangen.[2354]

717 Auf den ersten Blick scheint diese Entscheidung[2355] dem „Weight-Watcher-Urteil"[2356] und der Entscheidung zur Zulässigkeit der Überführung des gewerkschaftlichen Rechtsschutzes auf die DGB-Rechtsschutz GmbH[2357] zu widersprechen, weil der Beschäftigungsbedarf als solcher nach den Kündigungen auch hier fortbestand. Dies ist freilich bei jeder Fremdvergabe von zunächst im eigenen Unternehmen ausgeführten Aufgaben letztlich der Fall. Entscheidend ist für die Abgrenzung daher, ob die **rechtlichen Veränderungen** (etwa die Zwischenschaltung eines anderen Unternehmens) **nur pro forma** erfolgen[2358] und die **Arbeitsabläufe und Weisungsstrukturen tatsächlich im Wesentlichen unangetastet** bleiben. Demnach bleiben **echte Aufgabenverlagerungen innerhalb eines Konzerns zulässig,**[2359] ohne dass es darauf ankommt, ob hierdurch Kosten eingespart werden, wobei das BAG für den verfassungsrechtlich gebotenen Mindestschutz auf § 613a BGB, §§ 322 ff. UmwG sowie die Rspr. zum Gemeinschaftsbetrieb verweist.[2360] Wenn es dagegen in wirtschaftlicher Hinsicht nur um den Austausch von einzelnen Arbeitnehmern oder auch von ganzen Belegschaften geht, handelt es sich um eine missbräuchliche und somit unbeachtliche Unternehmerentscheidung bzw. fehlt es am Erfordernis eines weggefallenen Beschäftigungsbedarfs. Hierzu gehört auch etwa der Fall, dass der Arbeitgeber seinen Betrieb mit langjährig beschäftigten „teuren" Arbeitnehmern stilllegt und daneben ein neues Unternehmen mit vergleichbarem Zuschnitt und günstigeren Arbeitskräften aufbaut, sofern eine solche Maßnahme nicht ohnehin bereits als Betriebsübergang (§ 613a BGB) zu werten ist[2361] (zum Austausch von eigenen Arbeitnehmern gegen Leiharbeitnehmer → Rn. 841 f.).

[2352] BAG 18.6.2015 – 2 AZR 480/14, NZA 2015, 1315 Rn. 36; s. a. LAG Mecklenburg-Vorpommern 7.12.2021 – 5 Sa 113/21, BeckRS 2021, 44146 Rn. 33.

[2353] BAG 10.10.2002 – 2 AZR 598/01, AP KSchG 1969 § 1 Betriebsbedingte Kündigung Nr. 123 unter C I 4; 23.2.2012 – 2 AZR 548/10, NZA 2012, 845 Rn. 18.

[2354] BAG 26.9.2002 – 2 AZR 636/01, NZA 2003, 549; Annuß NZA 2003, 783; v. Hoyningen-Huene FS 50 Jahre BAG, 2004, 369 (387); Reuter RdA 2004, 161.

[2355] Zust. DD/Deinert Rn. 377; ErfK/Oetker Rn. 273; krit. v. Hoyningen-Huene FS 50 Jahre BAG, 2004, 369 (387); Kaiser NZA 2005 Beil. 1, 31 (35); Thüsing/Stelljes EzA § 1 KSchG Betriebsbedingte Kündigung Nr. 124, Walker ZfA 2004, 501 (520 f.).

[2356] BAG 9.5.1996 – 2 AZR 438/95, AP KSchG 1969 § 1 Betriebsbedingte Kündigung Nr. 79.

[2357] BAG 7.12.2000 – 2 AZR 391/99, AP KSchG 1969 § 1 Betriebsbedingte Kündigung Nr. 113.

[2358] Insoweit auch Reuter RdA 2004, 161 (167), „rechtskonstruktiver Schein"; ferner BAG 18.9.2008 – 2 AZR 560/07, AP KSchG 1969 § 1 Nr. 89 Rn. 21.

[2359] BAG 23.4.2008 – 2 AZR 1110/06, AP KSchG 1969 § 1 Betriebsbedingte Kündigung Nr. 177.

[2360] BAG 28.2.2023 – 2 AZR 227/22, NZA 2023, 578 Rn. 17. Dazu Maron/Groh NZA 2023, 1099.

[2361] ArbG Berlin 17.2.2000 – 4 Ca 32471/99, AuR 2001, 72; APS/Kiel Rn. 487.

4. Darlegungs- und Beweislast

Darlegungs- und beweispflichtig dafür, dass die unternehmerische Entscheidung offenbar unsachlich, unvernünftig oder willkürlich und damit missbräuchlich ist, ist der **Arbeitnehmer.**[2362] Das BAG begründet dies damit, für eine beschlossene und tatsächlich durchgeführte Unternehmerentscheidung spreche die Vermutung, die Entscheidung sei aus sachlichen Gründen erfolgt, Rechtsmissbrauch sei also die Ausnahme.[2363] Zur Begründung der Darlegungs- und Beweislastverteilung bedarf es dieser Vermutung freilich nicht. Denn bei der Frage, ob die Unternehmerentscheidung unsachlich, unvernünftig oder willkürlich ist, handelt es sich in der Sache um den Einwand rechtsmissbräuchlichen Verhaltens (§ 242 BGB). Dessen tatsächliche Voraussetzungen hat derjenige darzulegen, der sich hierauf beruft.[2364] Aus diesem Grund sind auch nicht die Grundsätze der Darlegungs- und Beweislastverteilung für das Nichtvorliegen von Rechtfertigungsgründen bei der verhaltensbedingten Kündigung (→ Rn. 528 ff.) heranzuziehen. 718

Die nach Ansicht des BAG für unternehmerische Entscheidungen an sich geltende, wenn auch nach dem soeben Gesagten nicht erforderliche Vermutung, sie seien aus sachlichen Gründen getroffen worden, greift nicht ein, wenn die Organisationsentscheidung des Arbeitgebers und sein Kündigungsentschluss **dem äußeren Erscheinungsbild nach praktisch deckungsgleich** sind.[2365] Dies ist anzunehmen, wenn sich die unternehmerische Entscheidung in dem Entschluss erschöpft, Personalkosten zu sparen bzw. die Personalstärke um eine bestimmte Arbeitnehmerzahl zu reduzieren. Wegen der Nähe zum bloßen Kündigungsentschluss, dessen Durchsetzung wegen Abs. 2 S. 1 nicht lediglich auf Unsachlichkeit oder Willkür zu überprüfen ist, muss der Arbeitgeber nach Auffassung des BAG in diesen Fällen darlegen, in welchem Umfang sich der Arbeitsanfall reduzieren wird und wie diese Arbeiten von dem verbliebenen Personal ohne überobligatorische Leistungen und damit rechtswidrige Überforderung erledigt werden können.[2366] In anderen Entscheidungen ist etwas allgemeiner davon die Rede, dass der Arbeitgeber die **organisatorische Durchführbarkeit** und **zeitliche Nachhaltigkeit** („Dauer") zu verdeutlichen habe.[2367] Dasselbe gilt für eine **auf Konzernebene getroffene Entscheidung,** die in einem Konzernunternehmen zum Wegfall eines Arbeitsplatzes führt und nicht als außerbetrieblicher Umstand, sondern als innerbetriebliche Organisationsentscheidung des Arbeitgebers zu werten ist.[2368] Genau genommen handelt es sich hierbei jedoch nicht um eine Frage der Substantiierung des Sachvortrags. Vielmehr ist der bloße Entschluss, 719

[2362] Ebenso BAG 24.10.1979 – 2 AZR 940/77, AP KSchG 1969 § 1 Betriebsbedingte Kündigung Nr. 8; 9.5.1996 – 2 AZR 438/95, NZA 1996, 1145; 27.9.2001 – 2 AZR 389/00, EzA § 2 KSchG Nr. 41 = NZA 2002, 1171; 23.4.2008 – 2 AZR 1110/06, AP KSchG 1969 § 1 Betriebsbedingte Kündigung Nr. 177; 28.2.2023 – 2 AZR 227/22, NZA 2023, 578 Rn. 15; zweifelnd allerdings BAG 17.6.1999 – 2 AZR 141/99, AP KSchG 1969 § 1 Betriebsbedingte Kündigung Nr. 101; 17.6.1999 – 2 AZR 522/98, AP KSchG 1969 § 1 Betriebsbedingte Kündigung Nr. 102; 18.6.2015 – 2 AZR 480/14, NZA 2015, 1315 Rn. 35; Bitter DB 1999, 1214 (1217).

[2363] BAG 30.4.1987 – 2 AZR 184/86, AP KSchG 1969 § 1 Betriebsbedingte Kündigung Nr. 42; 9.5.1996 – 2 AZR 438/95, AP KSchG 1969 § 1 Betriebsbedingte Kündigung Nr. 79; 17.6.1999 – 2 AZR 456/98, AP KSchG 1969 § 1 Betriebsbedingte Kündigung Nr. 103; 27.9.2001 – 2 AZR 389/00, EzA § 2 KSchG Nr. 41 = NZA 2002, 1171; 29.11.2007 – 2 AZR 388/06, AP KSchG 1969 § 2 Nr. 136; 23.4.2008 – 2 AZR 1110/06, AP KSchG 1969 § 1 Betriebsbedingte Kündigung Nr. 177; 31.7.2014 – 2 AZR 422/13, NZA 2015, 101 Rn. 44.

[2364] Ebenso Franzen NZA 2001, 805 (810); Rommé/Pauker NZA-RR 2000, 281 (284); hierzu generell Baumgärtel/Laumen/Prütting Beweislast-HdB/Repgen BGB § 242 Rn. 2; MüKoBGB/Schubert § 242 Rn. 169.

[2365] BAG 12.4.2002 – 2 AZR 740/00, EzA § 1 KSchG Betriebsbedingte Kündigung Nr. 117; 29.11.2007 – 2 AZR 388/06, AP KSchG 1969 § 2 Nr. 136; 10.7.2008 – 2 AZR 1111/06, AP KSchG 1969 § 1 Betriebsbedingte Kündigung Nr. 181; 16.12.2010 – 2 AZR 770/09, EzA § 1 KSchG Betriebsbedingte Kündigung Nr. 165.

[2366] BAG 17.6.1999 – 2 AZR 141/99, AP KSchG 1969 § 1 Betriebsbedingte Kündigung Nr. 101; 17.6.1999 – 2 AZR 522/98, AP KSchG 1969 § 1 Betriebsbedingte Kündigung Nr. 102; 22.5.2003 – 2 AZR 326/02, AP KSchG 1969 § 1 Betriebsbedingte Kündigung Nr. 128; 22.4.2004 – 2 AZR 385/03, AP KSchG 1969 § 2 Nr. 74; 18.9.2008 – 2 AZR 560/07, AP KSchG 1969 § 1 Nr. 89; 23.2.2012 – 2 AZR 548/10, NZA 2012, 852 Rn. 18; 24.5.2012 – 2 AZR 124/11, NZA 2012, 1223 Rn. 22 f.; 20.12.2012 – 2 AZR 867/11, NZA 2013, 1003 Rn. 34; 20.2.2014 – 2 AZR 346/12, NZA 2014, 1069, Rn. 16.

[2367] BAG 18.9.2008 – 2 AZR 560/07, AP KSchG 1969 § 1 Nr. 89; 23.2.2012 – 2 AZR 548/10, NZA 2012, 852; 24.5.2012 – 2 AZR 124/11, NZA 2012, 1223 Rn. 22; 16.5.2019 – 6 AZR 329/18, NZA 2019, 1198 Rn. 43.

[2368] LAG Niedersachsen 25.1.2011 – 13 Sa 1039/10, LAGE § 1 KSchG Betriebsbedingte Kündigung Nr. 91.

künftig mit weniger Personal zu arbeiten, schon keine betriebsorganisatorische Maßnahme, die als freie unternehmerische Entscheidung nur der eingeschränkten gerichtlichen Kontrolle unterliegt.[2369] Eine solche Begründung der sozialen Rechtfertigung einer Kündigung ist daher unschlüssig. Stattdessen muss der Arbeitgeber eine Einschränkung oder Straffung der betrieblichen Aktivitäten als unternehmerische Entscheidung und damit als Grundlage der betriebsbedingten Kündigung darlegen. Darüber hinaus spricht vieles dafür, dass der Arbeitgeber für die unternehmerische Entscheidung durchgängig irgendeinen **plausiblen Grund** anzugeben hat, um hierdurch dem verfassungsrechtlich gebotenen Mindestschutz des Arbeitnehmers angemessen Rechnung zu tragen.[2370]

III. Wegfall von Beschäftigungsmöglichkeiten

1. Betriebsbezug

720 Dringende betriebliche Erfordernisse für eine Kündigung liegen dann vor, wenn die zumindest eingeleitete Durchführung der unternehmerischen Entscheidung im Betrieb zum **Wegfall einer Beschäftigungsmöglichkeit** führt.[2371] Die unternehmerische Organisationsentscheidung muss sich auf die betrieblichen Einsatzmöglichkeiten des gekündigten Arbeitnehmers auswirken, sie muss ursächlich für den vom Arbeitgeber behaupteten Wegfall des Beschäftigungsbedürfnisses sein.[2372] Bei der Prüfung des Wegfalls von Beschäftigungsmöglichkeiten sind die Verhältnisse des konkreten Betriebs heranzuziehen, weil der gesetzliche Kündigungsschutz grds. betriebsbezogen ausgestaltet ist.[2373] Wenn ein Unternehmen mit mehreren Betrieben eine unternehmerische Entscheidung trifft, ist daher zu prüfen, wie sich diese unternehmerische Entscheidung auf die Beschäftigungsmöglichkeiten in dem jeweiligen Betrieb auswirkt, in dem die Kündigungen ausgesprochen werden.[2374]

721 Im Bereich des **öffentlichen Dienstes** entspricht die Dienststelle dem Betrieb. Dies folgt aus Abs. 2 S. 2 Nr. 2.[2375]

722 Eine Beschränkung der Überprüfung auf die Verhältnisse eines **Betriebsteils** ist nach dem Wortlaut des Abs. 2 S. 1 **nicht möglich.**[2376] Sie würde dem System des KSchG widersprechen, das grds. betriebsbezogen ausgestaltet ist.[2377] Die Schließung einer Betriebsabteilung führt deshalb nicht notwendig zur Kündigung der in dieser Abteilung beschäftigten Arbeitnehmer, wenn für die betroffenen Arbeitnehmer in anderen Abteilungen noch Beschäftigungsmöglichkeiten bestehen. Auch die nach Abs. 3 durchzuführende Sozialauswahl hat betriebsbezogen zu erfolgen, so dass auch ein sozial weniger schutzwürdiger Arbeitnehmer aus einer anderen Abteilung gekündigt werden kann (→ Rn. 872 ff.).

2. Dauerhafter Wegfall von Beschäftigungsmöglichkeiten im Betrieb

723 Die Umsetzung der unternehmerischen Entscheidung muss den Beschäftigungsbedarf **grds. auf Dauer entfallen lassen.**[2378] Der Arbeitgeber hat darzulegen, dass es nicht nur um

[2369] Zutr. Kaiser NZA 2005 Beil. 1, 31 (37).
[2370] Vgl. Krause RdA 2016, 49 (55).
[2371] Ascheid KSchR Rn. 236; v. Hoyningen-Huene NZA 1994, 1009 (1011); Preis NZA 1995, 241 (243).
[2372] BAG 24.6.2004 – 2 AZR 326/03, AP KSchG 1969 § 1 Nr. 76.
[2373] HK-KSchG/Dorndorf Rn. 866; APS/Kiel Rn. 482; KR/Rachor Rn. 553; LSSW/Schlünder Rn. 250.
[2374] BAG 11.10.1989 – 2 AZR 61/89, AP KSchG 1969 § 1 Betriebsbedingte Kündigung Nr. 47; Buchner DB 1984, 504 (505 f.); Hofmann ZfA 1984, 295 (309); Mayer-Maly ZfA 1988, 209 (216 f.).
[2375] BAG 17.5.1984 – 2 AZR 109/83, AP KSchG 1969 § 1 Betriebsbedingte Kündigung Nr. 21 mAnm v. Hoyningen-Huene.
[2376] BAG 11.10.1989 – 2 AZR 61/89, AP KSchG 1969 § 1 Betriebsbedingte Kündigung Nr. 47 mablAnm Berger-Delhey; BAG 20.8.1998 – 2 AZR 84/98, NZA 1999, 255; HK-KSchG/Dorndorf Rn. 869; APS/Kiel Rn. 482; ErfK/Oetker Rn. 216.
[2377] Vgl. Begründung des Regierungsentwurfs zum KSchG 1951, RdA 1951, 61 (63).
[2378] BAG 7.5.1998 – 2 AZR 536/97, AP KSchG 1969 § 1 Betriebsbedingte Kündigung Nr. 94; 17.6.1999 – 2 AZR 141/99, AP KSchG 1969 § 1 Betriebsbedingte Kündigung Nr. 101; 17.6.1999 – 2 AZR 522/98, AP KSchG

die Bewältigung kurzfristiger Produktions- und Auftragsschwankungen geht (zur Bedeutung von Kurzarbeit im Betrieb → Rn. 741 ff.).[2379] Beruft sich der Arbeitgeber für die Kündigung auf einen Auftragsrückgang und damit auf einen außerbetrieblichen Umstand, muss er den dauerhaften Auftragsrückgang anhand seiner Auftrags- und Personalplanung im Einzelnen darstellen und den Rückgang des Arbeitsvolumens unter Heranziehung einschlägiger Daten aus repräsentativen Referenzperioden belegen.[2380] Das Erfordernis eines dauerhaften Wegfalls von Beschäftigungsmöglichkeiten hat das BAG insbes. bei Unternehmerentscheidungen, die auf eine Arbeitsverdichtung gerichtet waren, in den Vordergrund gestellt.[2381] Ausnahmsweise kann freilich auch die Entscheidung, den Betrieb vorübergehend zu schließen, eine Kündigung sozial rechtfertigen, wenn der Beschäftigungsbedarf für eine nicht unerhebliche Zeit entfällt.[2382] Auch bei witterungsbedingten Arbeitsunterbrechungen im Baugewerbe, Gartenbau etc sind nach der Rspr. des BAG betriebsbedingte Kündigungen nicht ausgeschlossen (→ Rn. 820 f.).[2383] Für die Wirksamkeit einer betriebsbedingten Kündigung ist es nicht erforderlich, dass der Arbeitgeber mit der Zahl der Entlassenen den Umfang des Rückgangs des Beschäftigungsbedürfnisses voll ausschöpft. Vielmehr liegt es in seinem unternehmerischen Ermessen, ob er im Verhältnis zu dem fehlenden Arbeitskräftebedarf Personal abbaut oder nur einen Teil der überzähligen Arbeitnehmer entlässt und die übrigen zum Beispiel als Personalreserve behält.[2384]

3. Überhang an Arbeitskräften

Die Umsetzung der Unternehmerentscheidung muss sich auf die Beschäftigungsmöglichkeiten des gekündigten Arbeitnehmers auswirken.[2385] Dabei müssen die dringenden betrieblichen Erfordernisse aber **nicht zum Wegfall gerade des von ihm besetzten Arbeitsplatzes führen.**[2386] Vielmehr ist bei einer betriebsbedingten Kündigung auf der ersten Stufe lediglich zu prüfen, ob nach Umsetzung der unternehmerischen Entscheidung **im Betrieb überhaupt rechnerisch ein Überhang an Arbeitskräften** entstanden ist, durch den unmittelbar oder mittelbar das **Bedürfnis zur Weiterbeschäftigung eines oder mehrerer Arbeitnehmer entfällt.**[2387] Die Frage, welcher bzw. welche Arbeitnehmer aus einer (größeren) Gruppe vergleichbarer Beschäftigter letztlich zu kündigen ist bzw. sind, ist erst auf der zweiten Stufe im Rahmen der Sozialauswahl zu prüfen.[2388] An einem solchen 724

1969 § 1 Betriebsbedingte Kündigung Nr. 102; 22.5.2003 – 2 AZR 326/02, AP KSchG 1969 § 1 Betriebsbedingte Kündigung Nr. 128; 23.2.2012 – 2 AZR 548/10, NZA 2012, 852; 18.5.2006 – 2 AZR 412/05, AP AÜG § 9 Nr. 7, zur Kündigung wegen Auftragsrückgangs; LAG Köln 12.12.2006 – 9 Sa 1059/06, NZA-RR 2007, 362, zur Kündigung wegen sinkender Schülerzahlen.

[2379] BAG 23.2.2012 – 2 AZR 548/10, NZA 2012, 852.

[2380] BAG 23.2.2012 – 2 AZR 482/11, BeckRS 2012, 72167; 20.2.2014 – 2 AZR 346/12, NZA 2014, 1069 Rn. 14.

[2381] Vgl. insbes. BAG 17.6.1999 – 2 AZR 141/99, AP KSchG 1969 § 1 Betriebsbedingte Kündigung Nr. 101; 17.6.1999 – 2 AZR 522/98, AP KSchG 1969 § 1 Betriebsbedingte Kündigung Nr. 102.

[2382] BAG 27.4.1995 – 8 AZR 200/94, EzA § 1 KSchG Betriebsbedingte Kündigung Nr. 83 (dreiviertel Jahr ist erheblich).

[2383] BAG 7.3.1996 – 2 AZR 180/95, NZA 1996, 931.

[2384] BAG 18.9.1997 – 2 AZR 657/96, EzA § 1 KSchG Betriebsbedingte Kündigung Nr. 97; LAG Niedersachsen 16.8.2002 – 10 Sa 409/02, NZA-RR 2003, 578 (580).

[2385] BAG 24.6.2004 – 2 AZR 326/03, AP KSchG 1969 § 1 Nr. 76; 16.12.2004 – 2 AZR 66/04, AP KSchG 1969 § 1 Betriebsbedingte Kündigung Nr. 133.

[2386] BAG 30.5.1985 – 2 AZR 321/84, AP KSchG 1969 § 1 Betriebsbedingte Kündigung Nr. 24 mAnm Schmidt; 16.12.2004 – 2 AZR 66/04, AP KSchG 1969 § 1 Betriebsbedingte Kündigung Nr. 133; 18.10.2006 – 2 AZR 676/05, AP KSchG 1969 § 1 Betriebsbedingte Kündigung Nr. 163; in diese Richtung aber noch BAG 7.12.1978 – 2 AZR 155/77, NJW 1979, 1902.

[2387] BAG 30.5.1985 – 2 AZR 321/84, AP KSchG 1969 § 1 Betriebsbedingte Kündigung Nr. 24 mAnm Schmidt; 15.6.1989 – 2 AZR 600/88, NZA 1990, 65; 7.3.1996 – 2 AZR 180/95, AP KSchG 1969 § 1 Betriebsbedingte Kündigung Nr. 76; 17.6.1999 – 2 AZR 141/99, AP KSchG 1969 § 1 Betriebsbedingte Kündigung Nr. 101; 17.6.1999 – 2 AZR 522/98, AP KSchG 1969 § 1 Betriebsbedingte Kündigung Nr. 102; 17.6.1999 – 2 AZR 456/98, AP KSchG 1969 § 1 Betriebsbedingte Kündigung Nr. 103; 24.2.2005 – 2 AZR 214/04, AP KSchG 1969 § 1 Gemeinschaftsbetrieb Nr. 4; Ascheid KSchR Rn. 233 f.; APS/Kiel Rn. 477; MHdB ArbR/Kreft § 115 Rn. 14 ff; KR/Rachor Rn. 584.

[2388] BAG 18.10.2006 – 2 AZR 676/05, AP KSchG 1969 § 1 Betriebsbedingte Kündigung Nr. 163.

Überhang an Arbeitskräften fehlt es, wenn ein nebenberuflich tätiger Teilzeitarbeitnehmer gekündigt wird, um einem Arbeitslosen Platz zu machen. Dass der (öffentliche) Arbeitgeber hierfür **arbeitsmarkt-, beschäftigungs- oder sozialpolitische Gründe** ins Feld führt, verschafft ihm kein betriebliches Erfordernis iSd Abs. 2 S. 1.[2389] Vielmehr handelt es sich der Sache nach um eine **unzulässige sog. Austauschkündigung** (→ Rn. 715).

725 Das Beschäftigungsbedürfnis entfällt, wenn im Betrieb **keine Möglichkeit mehr zu vertragsgemäßer Weiterbeschäftigung** besteht.[2390] Ist bspw. ein Arbeitnehmer nach dem Arbeitsvertrag als Maler beschäftigt und entscheidet sich das Unternehmen (Wohnungsgenossenschaft), Malerarbeiten nicht mehr mit eigenen Kräften ausführen zu lassen, entfällt der vertragliche Beschäftigungsbereich des Arbeitnehmers. Dem steht nicht entgegen, dass der Arbeitnehmer jahrelang auch andere Tätigkeiten ausgeübt hat, sofern hierdurch nicht – konkludent – der Vertragsinhalt abgeändert worden ist. Verlangt der Arbeitnehmer im Prozess die Weiterbeschäftigung als „Maler", steht dies der Annahme einer Vertragsänderung entgegen.[2391]

726 Zur **Begründung eines Überhangs an Arbeitskräften** hat der Arbeitgeber darzulegen und ggf. zu beweisen, welche Arbeitsplätze in welchem Umfang von der unternehmerischen Entscheidung betroffen sind. Er hat im Prozess vorzutragen, in welchem Umfang die betriebliche Umsetzung der Unternehmerentscheidung zu einem Rückgang der Arbeitsmenge führt. Den sich hieraus ergebenden Überhang an Arbeitskräften und die damit verbundenen Folgen für die betroffenen Arbeitnehmer hat der Arbeitgeber darzulegen.[2392] Im Verwaltungsbereich muss dargelegt werden, dass durch den Wegfall einzelner Arbeitsaufgaben der verbleibende Arbeitsanfall in kürzerer Zeit bewältigt werden kann, so dass die Einsparung einer bestimmten Zahl von Arbeitskräften möglich ist. Die weggefallenen Aufgaben müssen im zeitlichen Umfang nachvollziehbar dargestellt werden, damit das Einsparungspotential annähernd bestimmt werden kann.

727 Ist Gegenstand der unternehmerischen Entscheidung der **Abbau einer Hierarchieebene bzw. einer einzelnen Stelle** verbunden mit einer Neuverteilung der dem betroffenen Arbeitnehmer bisher zugewiesenen Aufgaben, hat der Arbeitgeber darzulegen, in welchem Umfang die bisher vom Arbeitnehmer ausgeübten Tätigkeiten zukünftig im Vergleich zum bisherigen Zustand entfallen werden. Der Arbeitgeber muss hierzu aufzeigen, wie sich aufgrund seiner unternehmerischen Vorgaben die Arbeitsmenge voraussichtlich entwickeln wird. Er hat weiterhin vorzutragen, wie die anfallenden Arbeiten vom verbliebenen Personal ohne überobligatorische Leistungen erledigt werden können.[2393] Will der Arbeitgeber etwa ¾ der Arbeiten des gekündigten Arbeitnehmers einem weiterbeschäftigten Arbeitnehmer übertragen, spricht dies für eine **nicht vertragsgemäße Beschäftigung,** wenn der Arbeitgeber nicht zugleich verdeutlicht, dass in der Vergangenheit eine erhebliche Unterbeschäftigung vorlag bzw. infolge der unternehmerischen Entscheidung ein bedeutender Teil der bisherigen Tätigkeit des weiterbeschäftigten Arbeitnehmers entfallen ist.[2394]

728 Beabsichtigt der Arbeitgeber zur **Senkung der Personalkosten** die Belegschaftsstärke zu reduzieren und Betriebsabläufe neu zu organisieren, hat er im Kündigungsschutzprozess

---

[2389] BAG 13.3.1987 – 7 AZR 724/85, NZA 1987, 629.

[2390] BAG 12.4.2002 – 2 AZR 740/00, EzA § 1 KSchG Betriebsbedingte Kündigung Nr. 117.

[2391] BAG 12.4.2002 – 2 AZR 740/00, EzA § 1 KSchG Betriebsbedingte Kündigung Nr. 117.

[2392] Ebenso BAG 17.6.1999 – 2 AZR 141/99, AP KSchG 1969 § 1 Betriebsbedingte Kündigung Nr. 101; 17.6.1999 – 2 AZR 522/98, AP KSchG 1969 § 1 Betriebsbedingte Kündigung Nr. 102; 10.10.2002 – 2 AZR 598/01, AP KSchG 1969 § 1 Betriebsbedingte Kündigung Nr. 123; 26.11.2009 – 2 AZR 658/08, AP KSchG 1969 § 2 Nr. 144; HK-KSchG/Dorndorf Rn. 883; Franzen NZA 2001, 805 (809); Zepter DB 2000, 474 (475).

[2393] BAG 17.6.1999 – 2 AZR 522/98, AP KSchG 1969 § 1 Betriebsbedingte Kündigung Nr. 102; 27.9.2001 – 2 AZR 176/00, AP KSchG 1969 § 14 Nr. 6; 10.10.2002 – 2 AZR 598/01, AP KSchG 1969 § 1 Betriebsbedingte Kündigung Nr. 123; 13.2.2008 – 2 AZR 1041/06, AP KSchG 1969 § 1 Betriebsbedingte Kündigung Nr. 174; 16.12.2010 – 2 AZR 770/09, EzA § 1 KSchG Betriebsbedingte Kündigung Nr. 165; 24.5.2012 – 2 AZR 124/11, NZA 2012, 1223 Rn. 23; 20.12.2012 – 2 AZR 867/11, NZA 2013, 1003 Rn. 35; 20.2.2014 – 2 AZR 346/12, NZA 2014, 1069 Rn. 17.

[2394] BAG 17.6.1999 – 2 AZR 456/98, AP KSchG 1969 § 1 Betriebsbedingte Kündigung Nr. 103.

darzulegen, welche betrieblichen Folgen sich aus der Stellenstreichung ergeben (→ Rn. 804 ff.). Hierzu ist einsichtig und nachprüfbar aufzuzeigen, was mit den von dem bisherigen Arbeitsplatzinhaber wahrgenommenen Aufgaben zukünftig geschieht, ob und ggf. in welchem Umfang diese also bspw. wegfallen, an Drittfirmen vergeben oder auf die verbleibende Belegschaft verteilt werden. Der Arbeitnehmer hat dann unter Berücksichtigung dieses Vortrags des Arbeitgebers näher darzulegen, warum diese Planung nicht umsetzbar ist, also bspw., warum Tätigkeiten durch Facharbeiter nicht plan- und konzeptmäßig durchgeführt werden können. Nur soweit der Arbeitnehmer keinen Einblick in die betrieblichen Abläufe hat, kommt auch ein Bestreiten des Arbeitnehmers mit Nichtwissen (§ 138 Abs. 4 ZPO) in Betracht.[2395] Werden die bislang von den Arbeitnehmern des Betriebs ausgeführten Tätigkeiten nicht zur selbständigen Erledigung auf einen Dritten oder auf ein Organmitglied übertragen, kommt es nicht zum Wegfall der bisherigen betrieblichen Arbeitsplätze. Vielmehr liegt dann eine **unzulässige sog. Austauschkündigung** vor (→ Rn. 715). Ggf. bedarf es daher einer Abgrenzung zwischen einer echten Fremdvergabe zur selbständigen Erledigung und einer verdeckten Arbeitnehmerüberlassung.[2396]

4. Identität und Kontinuität des Arbeitsplatzes

Die bisherigen Beschäftigungsmöglichkeiten entfallen nicht nur, wenn Arbeitsplätze ersatzlos gestrichen werden, sondern auch dann, wenn **Identität und Kontinuität des bisherigen Arbeitsplatzes** nicht mehr gegeben sind.[2397] Für die rechtliche Beurteilung kommt es nicht darauf an, ob an dem bisherigen Arbeitsplatz noch irgendeine Arbeit geleistet werden kann, sondern ob die nach der unternehmerischen Entscheidung an dem Arbeitsplatz zu verrichtende Arbeit eine weitgehend identische Tätigkeit ist.[2398] Eine betriebsbedingte Kündigung ist also auch dann zulässig, wenn sich die numerische Anzahl der Arbeitsplätze insgesamt nicht ändert. Die Identität der Tätigkeit kann durch eine **erhebliche Änderung des Anforderungsprofils** des Arbeitsplatzes aufgehoben werden (→ Rn. 730). Es unterliegt dabei grds. der freien unternehmerischen Entscheidung des Arbeitgebers, die Anforderungen an einen eingerichteten Arbeitsplatz neu festzulegen.[2399] Der Entschluss, bestimmte Tätigkeiten nur von Arbeitnehmern mit besonderer Qualifikation ausführen zu lassen, ist zu respektieren, wenn die Qualifikationsmerkmale einen nachvollziehbaren Bezug zur Organisation der auszuführenden Arbeiten haben. Ändert der Arbeitgeber das Anforderungsprofil eines Arbeitsplatzes, der mit einem langjährig beschäftigten Arbeitnehmer besetzt ist, so muss der Arbeitgeber allerdings dartun, dass die Verschärfung der Qualifikation nicht nur eine „wünschenswerte Voraussetzung" ist, sondern ein sachlich gebotenes, arbeitsplatzbezogenes Stellenmerkmal darstellt.[2400] 729

[2395] BAG 17.6.1999 – 2 AZR 522/98, AP KSchG 1969 § 1 Betriebsbedingte Kündigung Nr. 102; krit. Quecke NZA 1999, 1247 (1250); Zepter DB 2000, 474 (476).

[2396] Vgl. LAG Berlin-Brandenburg 5.3.2013 – 12 Sa 1624/12, NZA-RR 2013, 466.

[2397] Vgl. v. Hoyningen-Huene NZA 1994, 1009 (1011); Anm. zu BAG 10.11.1994 – 2 AZR 242/94, EzA § 1 KSchG Betriebsbedingte Kündigung Nr. 77.

[2398] BAG 10.11.1994 – 2 AZR 242/94, AP KSchG 1969 § 1 Betriebsbedingte Kündigung Nr. 65; 5.10.1995 – 2 AZR 269/95, AP KSchG 1969 § 1 Betriebsbedingte Kündigung Nr. 71; 18.10.2000 – 2 AZR 465/99, AP KSchG 1969 § 9 Nr. 39; 22.9.2005 – 2 AZR 208/05, AP KSchG 1969 § 1 Betriebsbedingte Kündigung Nr. 141: Gesamtkonzept zur Umgestaltung der Arbeitsplätze und zur Verringerung des Arbeitsvolumens; s. a. BAG 30.8.1995 – 1 ABR 11/95, AP BetrVG 1972 § 99 Versetzung Nr. 5.

[2399] BAG 7.11.1996 – 2 AZR 811/95, NZA 1997, 253; BAG 18.10.2000 – 2 AZR 465/99, AP KSchG 1969 § 9 Nr. 39; 24.6.2004 – 2 AZR 326/03, AP KSchG 1969 § 1 Nr. 76; 16.12.2004 – 2 AZR 66/04, AP KSchG 1969 § 1 Betriebsbedingte Kündigung Nr. 133; 7.7.2005 – 2 AZR 399/04, AP KSchG 1969 § 1 Betriebsbedingte Kündigung Nr. 138.

[2400] BAG 24.5.2012 – 2 AZR 124/11, NZA 2012, 1223 Rn. 25 f.; 20.6.2013 – 2 AZR 295/12, NZA 2014, 208 Rn. 18 = BB 2014, 569 mAnm Thieken; 2.3.2017 – 2 AZR 546/16, NZA 2017, 905 Rn. 23; LAG Hamm 1.2.2024 – 15 Sa 1222/22, BeckRS 2024, 3452 Rn. 71.

730 Ob die Identität eines Arbeitsplatzes verändert wurde, bestimmt sich ua nach der **Stellenbeschreibung des Arbeitsplatzes** und der zugrunde liegenden unternehmerischen Entscheidung. Die Identität des Arbeitsplatzes ändert sich bspw., wenn der Arbeitgeber sich entschließt, die Arbeitsaufgaben nicht mehr durch Arbeitnehmer, sondern durch freie Mitarbeiter ausführen zu lassen.[2401] Zu berücksichtigen ist ferner, wie der einschlägige Tarifvertrag die jeweiligen Tätigkeiten bewertet. Hierfür ist die tariflich vorgesehene Vergütung ein wichtiges Kriterium.[2402] Ist die neue Stelle nach Bedeutung und Verantwortung nicht nur unerheblich anspruchsvoller, fehlt es an der Identität des Arbeitsplatzes.[2403] Nach Auffassung des BAG entfällt allerdings der bisherige Beschäftigungsbedarf nicht ohne Weiteres, wenn der Arbeitgeber bei im Wesentlichen gleichbleibender Tätigkeit einen Arbeitsplatz so umstrukturiert, dass dieser zu einer Beförderungsstelle wird. Bleibe die Tätigkeit im Wesentlichen bestehen, liege allein in einer Umwidmung des Arbeitsplatzes in eine Beförderungsstelle kein dringendes betriebliches Erfordernis zur Kündigung, wenn der Arbeitnehmer seinen Fähigkeiten und seiner Vorbildung nach geeignet sei, die Arbeitsleistung auf dem umgestalteten Arbeitsplatz zu erbringen.[2404] Hiergegen spricht indes, dass der Arbeitnehmer aus dem Wegfall seines bisherigen Arbeitsplatzes keinen Anspruch auf eine höherwertige Tätigkeit herleiten kann. Das Kündigungsschutzgesetz schützt nur den Bestand des vertraglich vereinbarten Arbeitsverhältnisses.

731 Das BAG hat einen betriebsbedingten Kündigungsgrund in einem Fall verneint, in dem ein Flugunternehmen seinen **Flugzeugpark von Propellermaschinen auf Jets umgestellt** und dem bisher beschäftigten Piloten betriebsbedingt gekündigt hatte.[2405] Die Beschäftigungsmöglichkeit für den gekündigten Piloten sei nicht entfallen, weil der Arbeitgeber trotz der Außerdienststellung der Propellermaschinen noch Beschäftigungsbedarf für den Piloten hatte. Diese Begründung überzeugt nicht. Entgegen der Auffassung des BAG war hier zwar die Beschäftigungsmöglichkeit für den Piloten der Propellermaschine entfallen, weil der Pilot keine Musterberechtigung für Düsenjets besaß und der Arbeitgeber den Flugbetrieb mit Propellermaschinen eingestellt hatte.[2406] Der Arbeitgeber war jedoch nach Abs. 2 S. 3 verpflichtet, dem Piloten eine Fortbildungsmaßnahme anzubieten, die ihm den Erwerb der Fluglizenz für Düsenjets ermöglicht hätte.[2407] Eine solche Fortbildungs- oder Umschulungsmaßnahme wäre dem Arbeitgeber im Hinblick auf die ständigen Veränderungen im Flugzeugbau auch grds. zuzumuten gewesen (→ Rn. 1093).[2408] Nachdem er dem Piloten diese Umschulungsmaßnahme nicht angeboten hatte, war die Kündigung aus diesem Grund sozial ungerechtfertigt.

732 Besteht die unternehmerische Entscheidung im Wesentlichen darin, eine Abteilung des Betriebs zu schließen und die dort bisher erledigten Arbeiten nach einer Umorganisation des Arbeitsablaufs **neuen Stellen einer anderen Abteilung zuzuordnen,** entfällt dadurch nicht die Identität des Arbeitsplatzes und damit der Beschäftigungsbedarf für die in der umstrukturierten Abteilung bisher beschäftigten Arbeitnehmer.[2409] Wird der neu geschaffene Arbeitsplatz allerdings gegenüber dem bisherigen inhaltlich umgestaltet mit der Folge, dass zusätzlich zu den bisherigen weitere Arbeitsaufgaben zu erfüllen sind und wird aus diesem Grunde die Stelle auch höher vergütet, sind Identität und Kontinuität

---

[2401] BAG 9.5.1996 – 2 AZR 438/95, AP KSchG 1969 § 1 Betriebsbedingte Kündigung Nr. 79.

[2402] BAG 5.10.1995 – 1 ABR 11/95, AP BetrVG 1972 § 99 Versetzung Nr. 5; 18.10.2000 – 2 AZR 465/99, AP KSchG 1969 § 9 Nr. 39.

[2403] Insoweit auch APS/Kiel Rn. 480.

[2404] BAG 18.10.2000 – 2 AZR 465/99, AP KSchG 1969 § 9 Nr. 39; 5.10.1995 – 1 ABR 11/95, AP BetrVG 1972 § 99 Versetzung Nr. 5; 10.7.2008 – 2 AZR 1111/06, AP KSchG 1969 § 1 Betriebsbedingte Kündigung Nr. 181; ebenso APS/Kiel Rn. 480; HaKo-KSchR/Zimmermann Rn. 685.

[2405] BAG 7.5.1968 – 1 AZR 407/67, AP KSchG § 1 Betriebsbedingte Kündigung Nr. 18.

[2406] Ebenso APS/Kiel Rn. 481.

[2407] Ähnlich nunmehr BAG 30.8.1995 – 1 ABR 11/95, AP BetrVG 1972 § 99 Versetzung Nr. 5.

[2408] Vgl. Birk FS Kissel, 1994, 51 (62).

[2409] BAG 10.11.1994 – 2 AZR 242/94, AP KSchG 1969 § 1 Betriebsbedingte Kündigung Nr. 65; 5.10.1995 – 2 AZR 269/95, AP KSchG 1969 § 1 Betriebsbedingte Kündigung Nr. 71; APS/Kiel Rn. 477.

des bisherigen Arbeitsplatzes nicht mehr gegeben. Aufgrund der unternehmerischen Entscheidung ist vielmehr der bisherige Arbeitsplatz weggefallen.[2410]

5. Geplante Umsetzung der unternehmerischen Entscheidung

Die unternehmerische Entscheidung muss nicht bereits zum Zeitpunkt der Kündigung **733**
zum Wegfall von Beschäftigungsmöglichkeiten führen. Es reicht vielmehr aus, wenn die Umsetzung der Entscheidung bereits **greifbare Formen angenommen** hat und eine vernünftige und betriebswirtschaftliche Betrachtung die Prognose begründet, bis zum Ablauf der Kündigungsfrist werde die geplante Maßnahme durchgeführt und der Arbeitnehmer damit entbehrlich sein (→ Rn. 788). Dafür, dass die geplanten Maßnahmen bereits greifbare Formen angenommen haben, ist der Arbeitgeber darlegungs- und beweispflichtig.[2411]

IV. Dringlichkeit

1. Dringlichkeit der betrieblichen Erfordernisse

Gemäß Abs. 2 S. 1 können nur dringende betriebliche Erfordernisse eine betriebs- **734**
bedingte Kündigung sozial rechtfertigen. Die **Dringlichkeit bezieht sich auf die betrieblichen Erfordernisse.** Das folgt aus dem Wortlaut des Abs. 2 S. 1. Es kommt daher nicht auf die Dringlichkeit der Unternehmerentscheidung an, sondern auf die Folgen der Durchführung dieser Unternehmerentscheidung auf der betrieblichen Ebene.[2412] Maßgeblich ist allein, ob zur Durchführung der Unternehmerentscheidung die Kündigung unvermeidbar ist.[2413] Die unternehmerische Entscheidung selbst unterliegt nur der Rechts- und Missbrauchskontrolle durch die Gerichte, nicht aber einer Kontrolle auf betriebswirtschaftliche Notwendigkeit (→ Rn. 706 ff.). Deshalb kann auch der im Schrifttum vertretenen Auffassung nicht gefolgt werden, die Unternehmerentscheidung sei nicht dringend, wenn dem wirtschaftlichen Interesse des Unternehmers durch andere, den Arbeitnehmer weniger belastende Maßnahmen, Rechnung getragen werden könne.[2414] Die der betriebsbedingten Kündigung zugrunde liegende unternehmerische Entscheidung muss nicht mit Rentabilitätsinteressen gerechtfertigt werden, sie ist vielmehr grds. auch dann wirksam, wenn sie zum Zwecke der Gewinnsteigerung erfolgt (→ Rn. 713). Umgekehrt ist die Dringlichkeit nicht allein deshalb zu verneinen, weil der Arbeitgeber nicht dartun kann, dass eine Maßnahme wie etwa die Entscheidung über die Fremdvergabe von Arbeiten tatsächlich zu einer Kostenersparnis führt.[2415] In einem solchen Fall muss allerdings der Frage nachgegangen werden, ob der Arbeitgeber die Organisationsentscheidung nur deshalb trifft, um einen Arbeitnehmer loszuwerden (→ Rn. 714).

2. Dringlichkeit und Grundsatz der Verhältnismäßigkeit

Ob die zur Kündigung vom Arbeitgeber angeführten betrieblichen Erfordernisse drin- **735**
gend sind, ist anhand des Grundsatzes der Verhältnismäßigkeit zu beurteilen.[2416] Die

[2410] BAG 18.10.2000 – 2 AZR 465/99, AP KSchG 1969 § 9 Nr. 39; v. Hoyningen-Huene Anm. zu BAG 10.11.1994 – 2 AZR 242/94, EzA § 1 KSchG Betriebsbedingte Kündigung Nr. 77.

[2411] BAG 19.6.1991 – 2 AZR 127/91, AP KSchG 1969 § 1 Betriebsbedingte Kündigung Nr. 53.

[2412] BAG 20.6.2013 – 2 AZR 379/12, NZA 2014, 139 Rn. 20; 16.5.2019 – 6 AZR 329/18, NZA 2019, 1198 Rn. 39; 28.2.2023 – 2 AZR 227/22, NZA 2023, 578 Rn. 12; ebenso Ascheid KSchR Rn. 284; Ascheid NZA 1991, 873 (877); MüKoBGB/Hergenröder Rn. 352; APS/Kiel Rn. 561; Reuter RdA 2004, 161 (165); Wank RdA 1987, 129 (136); aA Feudner NZA 2000, 1136 (1142).

[2413] Ascheid NZA 1991, 873 (877); Henssler in Henssler/Moll, Kündigung und Kündigungsschutz, 2000, Rn. 25; APS/Kiel Rn. 558; ErfK/Oetker Rn. 234; KR/Rachor Rn. 565; LSSW/Schlünder Rn. 272.

[2414] So aber Annuß Betriebsbedingte Kündigung S. 111.

[2415] BAG 20.11.2014 – 2 AZR 512/13, NZA 2015, 679 Rn. 26; 28.2.2023 – 2 AZR 227/22, NZA 2023, 578 Rn. 17, 23; nicht überzeugend daher LAG Düsseldorf 11.10.2001 – 13 (14) Sa 997/01, NZA-RR 2002, 352.

[2416] BAG 18.1.1990 – 2 AZR 183/89, AP KSchG 1969 § 2 Nr. 27; 29.3.1990 – 2 AZR 369/89, AP KSchG 1969 § 1 Betriebsbedingte Kündigung Nr. 50; 3.4.2008 – 2 AZR 500/06, AP KSchG 1969 § 2 Nr. 137; 29.8.2013 –

Prüfung der betriebsbedingten Kündigung am Maßstab des Verhältnismäßigkeitsgrundsatzes reduziert sich wegen der vorgegebenen unternehmerischen Entscheidung im Wesentlichen auf die **Überprüfung der Erforderlichkeit der Kündigung bei der Umsetzung der** vom Arbeitgeber getroffenen **Unternehmerentscheidung.** Zu prüfen ist, ob es mildere Mittel gibt, die gleich geeignet sind, das vorgegebene unternehmerische Ziel zu erreichen. Zum Vergleich können nicht solche milderen Mittel herangezogen werden, die zur beabsichtigten Zweckerreichung weniger geeignet oder sogar ungeeignet sind. Die vom Arbeitgeber beabsichtigte unternehmerische Organisationsentscheidung würde sonst eine andere Gestalt annehmen. Sie muss vielmehr als Fixpunkt hingenommen werden. In Betracht kommen daher nur solche anderen Mittel, die für den Arbeitnehmer zwar weniger belastend sind, aber die als Vorgabe hinzunehmende unternehmerische Entscheidungen nicht verändern.[2417]

736 Aus **§ 2 Abs. 2 S. 2 Nr. 2 SGB III** ergeben sich keine Folgerungen für die Auslegung des Merkmals „dringende betriebliche Erfordernisse". Nach dieser Bestimmung sollen die Arbeitgeber vorrangig durch betriebliche Maßnahmen die Inanspruchnahme von Leistungen der Arbeitsförderung sowie Entlassungen von Arbeitnehmern vermeiden. Hierbei handelt es sich schon nach dem Wortlaut des Gesetzes („sollen") nur um einen Programmsatz, an den keine konkreten Rechtsfolgen anknüpfen.[2418] IÜ ist § 2 Abs. 2 S. 2 Nr. 2 SGB III auch seinem Wortlaut nach nicht zu entnehmen, dass betriebsbedingte Kündigungen aus weiteren als den im KSchG geregelten Gründen unwirksam sein sollen. § 2 Abs. 2 S. 2 Nr. 2 SGB III wiederholt vielmehr lediglich das, was ohnehin schon rechtens ist.[2419]

737 Eine Überprüfung der Kündigung auf ihre **Verhältnismäßigkeit im engeren Sinne, dh** die Angemessenheit der Maßnahme im Verhältnis zu dem erstrebten Ziel, findet nicht statt.[2420] Da die unternehmerische Maßnahme nicht auf Zweckmäßigkeit und Notwendigkeit kontrolliert werden kann, ist sie als feste Größe hinzunehmen. Die vom Unternehmer verfolgten Ziele können nicht gegen die für die betroffenen Arbeitnehmer entstehenden Nachteile abgewogen werden. Für eine allgemeine Interessenabwägung ist bei der betriebsbedingten Kündigung kein Raum (→ Rn. 712).[2421]

3. Anforderungen an die Dringlichkeit

738 Die betrieblichen Erfordernisse sind dringlich, wenn es dem Arbeitgeber nicht möglich ist, der betrieblichen Lage durch **andere Maßnahmen auf technischem, organisatorischem oder wirtschaftlichem Gebiet** als durch eine Kündigung gerecht zu werden. Die Kündigung muss wegen der betrieblichen Lage unvermeidbar sein.[2422] Das ist dann anzunehmen, wenn die Umsetzung der Unternehmerentscheidung zwangsläufig zum Wegfall von Beschäftigungsmöglichkeiten führt und das unternehmerische Konzept kon-

---

2 AZR 809/12, NZA 2014, 730 Rn. 22; Ascheid NZA 1991, 873 (877); DD/Deinert Rn. 406; APS/Kiel Rn. 559; ErfK/Oetker Rn. 235; KR/Rachor Rn. 565; Wank RdA 1987, 129 (136); HK-KSchG/Weller/Dorndorf Rn. 887; HaKo-KSchR/Zimmermann Rn. 687; ähnlich Hillebrecht ZIP 1985, 257 (259 ff.); Preis Prinzipien Rn. 701 ff.

2417 BAG 27.9.2001 – 2 AZR 389/00, EzA § 2 KSchG Nr. 41 = NZA 2002, 1171; 8.11.2007 – 2 AZR 418/06, EzA § 1 KSchG Betriebsbedingte Kündigung Nr. 157.

2418 Ebenso Bauer/Haußmann NZA 1997, 1100; Bitter DB 1999, 1214 (1218); Ettwig NZA 1997, 1152; MüKoBGB/Hergenröder Rn. 353; MHdB ArbR/Kreft § 115 Rn. 32 ff.; KR/Rachor Rn. 567; diff. APS/Kiel Rn. 529; Löwisch NZA 1998, 729; Preis NZA 1998, 449 (454 f.); zumindest grds. aA DD/Deinert Rn. 248; FS Kohte, 2016, 259 (273 f.); Kittner NZA 1997, 968 (975); Schaub NZA 1997, 810; zweifelnd Bepler AuR 1999, 219 (221); zu sonstigen arbeitsrechtlichen Folgen dieser Bestimmung Gagel FS Dieterich, 1999, 169.

2419 Zutr. Fischermeier NZA 1997, 1089 (1091); Rolfs NZA 1998, 17 (18 f.); ähnlich Gagel BB 2001, 358.

2420 Ebenso APS/Kiel Rn. 529; Preis Prinzipien Rn. 701; LSSW/Schlünder Rn. 323; HK-KSchG/Weller/Dorndorf Rn. 886; einschränkend Ascheid KSchR Rn. 284; Wank RdA 1987, 129 (136 f.).

2421 Unreflektiert abweichend von der sonstigen Rspr. allerdings BAG 5.12.2002 – 2 AZR 571/01, AP KSchG 1969 § 1 Betriebsbedingte Kündigung Nr. 125 unter II 1; iErg mzustAnm Stück = EzA § 1 KSchG Betriebsbedingte Kündigung Nr. 125 mkritAnm Nicolai = RdA 2003, 230 mkritAnm P. Hanau.

2422 BAG 26.6.1997 – 2 AZR 494/96, AP KSchG 1969 § 1 Betriebsbedingte Kündigung Nr. 86; 8.11.2007 – 2 AZR 418/06, EzA § 1 KSchG Betriebsbedingte Kündigung Nr. 157.

sequent umgesetzt wird.[2423] Wird einem Entlassungsverlangen des Betriebsrats im **Verfahren nach § 104 S. 2 BetrVG** rechtskräftig stattgegeben, begründet dies automatisch ein dringendes betriebliches Erfordernis iSd Abs. 2 S. 1,[2424] während das Verlangen als solches noch keinen Kündigungsgrund schafft, sondern einen solchen Grund voraussetzt.[2425]

Trifft der Arbeitgeber die organisatorische Entscheidung, für einzelne Arbeitsgruppen eines Betriebs **Wechselschicht einzuführen,** ist dies als freie unternehmerische Entscheidung von den Gerichten hinzunehmen, weil die Einführung von Wechselschicht grds. nicht willkürlich ist.[2426] Weigert sich ein Arbeitnehmer aus persönlichen Gründen, in Wechselschicht zu arbeiten, und beabsichtigt der Arbeitgeber deshalb eine betriebsbedingte Kündigung, hat das Arbeitsgericht nur zu prüfen, ob der Entschluss zur Kündigung in den Rahmen der umgestalteten Betriebsorganisation passt oder ob diese auch ohne die Kündigung verwirklicht werden kann.[2427] Dabei fehlt es an der Dringlichkeit, wenn sich der Arbeitnehmer in einer kurzfristigen persönlichen Zwangslage befindet und der Arbeitgeber in vier anderen Fällen ebenfalls Arbeitnehmer im Einschichtbetrieb belassen hatte, ohne dadurch sein Konzept, künftig Wechselschicht einzuführen, als gefährdet anzusehen.[2428] **739**

Dringende betriebliche Erfordernisse liegen nicht vor, wenn im Betrieb von vergleichbaren Arbeitnehmern ständig und nicht nur zur Abdeckung eines vorübergehenden Engpasses **Überstunden** geleistet werden.[2429] An der Dringlichkeit fehlt es weiter, wenn der Arbeitgeber die Möglichkeit hat, **Guthabenstunden aus Arbeitszeitkonten** abzubauen, die gerade mit dem Ziel geschaffen worden sind, durch eine Flexibilisierung der Jahresarbeitszeit betriebsbedingte Kündigungen in Zeiten des geringeren Arbeitsanfalls zu vermeiden.[2430] Gleiches gilt regelmäßig auch dann, wenn im Betrieb **Leiharbeitnehmer** nicht lediglich vertretungsweise auf vergleichbaren Arbeitsplätzen tätig sind, sondern das (Sockel-)Arbeitsvolumen abdecken (dazu auch noch → Rn. 761).[2431] Anders ist nur dann zu entscheiden, wenn ein spezifisches unternehmerisches Konzept den längerfristigen Einsatz gerade von Zeitarbeitnehmern erfordert, wie es bei wechselnden Fachkräften mit spezifischen Kenntnissen der Fall sein kann.[2432] Ein solches Konzept liegt indes weder im bloßen Willen des Arbeitgebers, bestimmte Dauerarbeitsplätze mit Leiharbeitnehmern zu besetzen,[2433] noch in der rein tatsächlichen Beschäftigung von Zeitarbeitnehmern[2434] oder im bloßen Motiv, durch den Einsatz von Leiharbeit Kosten zu sparen.[2435] Auch wenn die zum 1.4.2017 in Kraft getretene Regelung der Überlassungshöchstdauer von grds. 18 Monaten (§ 1 Abs. 1b S. 1 AÜG) arbeitnehmerbezogen zu verstehen ist,[2436] kann eine unternehmerische Entscheidung, die darauf hinausläuft, Arbeitnehmer wei- **740**

2423 Zutr. ErfK/Oetker Rn. 237 f.

2424 BAG 28.3.2017 – 2 AZR 551/16, NZA 2017, 985 Rn. 22 ff.; dazu Husemann/Tophof NZA 2017, 1242.

2425 BAG 15.3.1997 – 2 AZR 519/96, NZA 1997, 1106 (1107).

2426 BAG 18.1.1990 – 2 AZR 183/89, AP KSchG 1969 § 2 Nr. 27.

2427 Zutr. BAG 18.1.1990 – 2 AZR 183/89, NZA 1990, 734; APS/Kiel Rn. 528; MHdB ArbR/Kreft § 115 Rn. 158 ff.; dies verkennen B. Preis DB 2000, 1122 (1124); P. Stein BB 2000, 457 (459 ff.).

2428 BAG 18.1.1990 – 2 AZR 183/89, NZA 1990, 734.

2429 Vgl. DD/Deinert Rn. 297; Hillebrecht ZIP 1985, 257 (260); APS/Kiel Rn. 531; MHdB ArbR/Kreft § 115 Rn. 105 f.; Schaub NZA 1987, 217 (219); LSSW/Schlünder Rn. 374; PVT Kündigung/Temming Rn. 1128; HK-KSchG/Weller/Dorndorf Rn. 940.

2430 BAG 8.11.2007 – 2 AZR 418/06, EzA § 1 KSchG Betriebsbedingte Kündigung Nr. 157.

2431 BAG 15.12.2011 – 2 AZR 42/10, NZA 2012, 1044 Rn. 25 ff.; 18.10.2012 – 6 AZR 289/11, NZA-RR 2013, 68 Rn. 23; Bayreuther NZA 2016, 1304 (1308); DD/Deinert Rn. 300; Gaul/Ludwig DB 2010, 2334 (2337); Hamann NZA 2010, 1211 (1215 f.); APS/Kiel Rn. 532; ErfK/Oetker Rn. 256; PVT Kündigung/Temming Rn. 1103; HK-KSchG/Weller/Dorndorf Rn. 940.

2432 Bitter/Kiel FS Etzel, 2011, 57 (66 f.); Horcher NZA-RR 2006, 393 (401); APS/Kiel Rn. 532; KR/Rachor Rn. 231; aA offenbar BAG 18.10.2012 – 6 AZR 289/11, NZA-RR 2013, 68 Rn. 23.

2433 Insoweit auch APS/Kiel Rn. 532; aA LSSW/Schlünder Rn. 337; HaKo-KSchR/Zimmermann Rn. 704; ebenso v. Hoyningen-Huene/Linck, 14. Aufl. 2007.

2434 So aber Feudner DB 2007, 2034 f.; Moll/Ittmann RdA 2008, 321 (325 ff.); Simon/Greßlin BB 2007, 2454 (2455).

2435 Insoweit anders Bitter/Kiel FS Etzel, 2011, 57 (67); APS/Kiel Rn. 532.

2436 S. nur Erfk/Wank § 1 AÜG Rn. 68 mwN.

sungsabhängig zu beschäftigen, gleichzeitig aber auf die formale Arbeitgeberstellung zu verzichten, jedenfalls kündigungsrechtlich nicht dazu führen, die von Zeitarbeitnehmern eingenommenen dauerhaften Arbeitsplätze unberücksichtigt zu lassen.[2437] Der **Abbau von Überstunden bzw. Guthabenstunden und Leiharbeitsverhältnissen** hat damit Vorrang vor dem Ausspruch betriebsbedingter Kündigungen, soweit dadurch die betriebliche Umsetzung unternehmerischer Entscheidungen nicht beeinträchtigt wird.

4. Einführung von Kurzarbeit als mildere Maßnahme

741 Als mildere Maßnahme gegenüber einer betriebsbedingten Kündigung kann **im Einzelfall** auch die Einführung von Kurzarbeit in Betracht kommen,[2438] was insb. während der Corona-Pandemie eine erhebliche Rolle gespielt hat.

742 Zwar wäre es verfehlt, in der Einführung von Kurzarbeit stets ein mögliches Hilfsmittel zu sehen. Die Einführung von Kurzarbeit als milderes Mittel ist nämlich nur bei einem **vorübergehenden Arbeitsmangel** denkbar (vgl. § 96 Abs. 1 SGB III), während die betriebsbedingte Kündigung ein dauerhaftes Entfallen von Beschäftigungsbedarf erfordert (→ Rn. 723).[2439] Besteht der Arbeitsmangel aber nicht nur vorübergehend, ist grds. ein betriebsbedingter Kündigungsgrund gegeben.[2440] Dennoch schließen sich die Voraussetzungen einer betriebsbedingten Kündigung sowie von Kurzarbeit nicht wechselseitig aus, sodass Kurzarbeit aus diesem Grund kein milderes Mittel sein könnte.[2441] Vielmehr kann aus einer kündigungsrechtlichen Perspektive von einem (voraussichtlichen) dauerhaften Wegfall von Beschäftigungsmöglichkeiten schon dann die Rede sein, wenn aus einer kurzarbeitsrechtlichen Perspektive noch ein vorübergehender Arbeitsausfall besteht (vgl. die Bezugsdauer von KuG gem. § 104 Abs. 1 S. 1 SGB III: bis 12 Monate)[2442]. Denn für eine betriebsbedingte Kündigung kann es ausnahmsweise schon genügen, dass ein Fortfall von Beschäftigungsmöglichkeiten für die nächsten neun Monate zu erwarten ist (→ Rn. 723).[2443] Vor diesem Hintergrund können sich die Voraussetzungen von betriebsbedingter Kündigung und Kurzarbeit überschneiden, sodass Kurzarbeit durchaus ein milderes Mittel gegenüber einer betriebsbedingten Kündigung sein kann.

743 Ein vorübergehender Arbeitsmangel liegt vor, wenn aufgrund der Auftragslage des Unternehmens davon ausgegangen werden kann, dass in absehbarer Zeit wieder genügend Arbeit zur Vollzeitbeschäftigung der Arbeitnehmer vorhanden sein wird. In diesem Zusammenhang ist freilich zu beachten, dass es der Arbeitgeber in der Hand hat, die Einführung von Kurzarbeit auch bei einem vorübergehenden Arbeitsmangel auszuschlie-

---

[2437] LAG Bremen 2.12.1997 – 1 (2) Sa 340/96, LAGE § 1 KSchG Betriebsbedingte Kündigung Nr. 47 = BeckRS 9998, 42223; LAG Hamm 5.3.2007 – 11 Sa 1338/06, LAGE § 1 KSchG Betriebsbedingte Kündigung Nr. 78 mkritAnm Bieder = BeckRS 2007, 45377; 6.8.2007 – 8 Sa 2311/04, NZA-RR 2008, 180; 21.12.2007 – 4 Sa 1892/06, LAGE § 1 KSchG Betriebsbedingte Kündigung Nr. 81 = BeckRS 2008, 53299; LAG Berlin-Brandenburg 3.3.2009 – 12 Sa 2468/08, LAGE § 1 KSchG Betriebsbedingte Kündigung Nr. 85 = BeckRS 2009, 67921; ferner DD/Deinert Rn. 401; Düwell/Dahl DB 2007, 1699; APS/Kiel Rn. 532; HWK/Quecke Rn. 272; PVT Kündigung/Temming Rn. 1103.

[2438] BAG 8.11.1956 – 2 AZR 302/54, AP KSchG § 1 Nr. 19; 25.6.1964 – 2 AZR 382/63, AP KSchG § 1 Betriebsbedingte Kündigung Nr. 14 mAnm Herschel; offengelassen in BAG 7.2.1985 – 2 AZR 91/84, NZA 1986, 260; 15.6.1989 – 2 AZR 600/88, NZA 1990, 65; aA allerdings BAG 4.3.1986 – 2 AZR 382/63, AP BetrVG 1972 § 87 Kurzarbeit Nr. 3 mAnm Wiese; 11.9.1986 – 2 AZR 564/85, EzA KSchG § 1 Betriebsbedingte Kündigung Nr. 54; Ascheid KSchR Rn. 255 ff.; Barnhofer, Kurzarbeit zur Vermeidung betriebsbedingter Kündigung, 1995, 81 ff.; BBAKKNSV/Volk Rn. 289 ff.; Däubler FS Schmidt, 2021, 709 (713); DD/Deinert Rn. 295 ff.; Denck ZfA 1985, 249 (254 ff.); Hillebrecht ZIP 1985, 257 (260 f.); ZfA 1991, 87 (101 ff.); APS/Kiel Rn. 535 ff.; MHdB ArbR/Kreft § 115 Rn. 107 ff.; Löwisch FS Wiese, 1998, 249; Meinhold BB 1988, 623 ff.; ErfK/Oetker Rn. 287 ff.; Preis Prinzipien Rn. 958 ff.; DB 1988, 1387 (1390 f.); KR/Rachor Rn. 569; LSSW/Schlünder Rn. 369 ff.; Vollmer DB 1982, 1933 ff.; Wahlig/Jeschke NZA 2010, 607 (608); Wank RdA 1987, 129 (142 f.); HK-KSchG/Weller/Dorndorf Rn. 933 ff.; aA Kliemt FS Preis, 2021, 639 (646, 653); Seidler/Josephs NZA 2020, 1227 (1228).

[2439] APS/Kiel Rn. 536; ErfK/Oetker Rn. 287; KR/Rachor Rn. 569; LSSW/Schlünder Rn. 369.

[2440] Vgl. BAG 26.6.1997 – 2 AZR 494/96, AP KSchG 1969 § 1 Betriebsbedingte Kündigung Nr. 86; 23.2.2012 – 2 AZR 548/10, NZA 2012, 852 Rn. 21.

[2441] So aber Kliemt FS Preis, 2021, 639 (646); Seidler/Josephs NZA 2020, 1227 (1228).

[2442] Nach der 3. KugBeV sogar 24 Monate, BGBl. I 2024 Nr. 432.

[2443] Vgl. BAG 27.4.1995 – 8 AZR 200/94, EzA KSchG § 1 Betriebsbedingte Kündigung Nr. 83.

ßen, wenn er aufgrund eines Umsatzrückgangs die unternehmerische Entscheidung trifft, einen bestimmten Betriebsteil endgültig aufzugeben und zu schließen.[2444] Denn damit entfällt der Beschäftigungsbedarf auf Dauer.

Soweit ein vorübergehender Arbeitsmangel vorliegt, kann Kurzarbeit nur durch Massenänderungskündigungen, einvernehmliche Vertragsänderung oder kollektivrechtliche Vereinbarung **eingeführt** werden.[2445] Dabei hat der Arbeitgeber das Mitbestimmungsrecht des Betriebsrats nach § 87 Abs. 1 Nr. 3 BetrVG zu beachten.[2446] Sofern keine einvernehmliche Vertragsänderung mit den betroffenen Arbeitnehmern zustande kommt, kann Kurzarbeit durch Abschluss einer Betriebsvereinbarung eingeführt werden.[2447] Eine formlose Regelungsabrede genügt dagegen nicht.[2448] Das **Direktionsrecht** des Arbeitgebers ist ebenfalls grds. **keine ausreichende Rechtsgrundlage** für die Einführung von Kurzarbeit (zur Ausnahmeregelung nach § 19, → § 19 Rn. 13 ff.). 744

Dies gilt auch dann, wenn eine **tarifvertragliche Regelung** – wie bspw. § 15 Abs. 5 BAT-O aF – die Einführung von Kurzarbeit durch den Arbeitgeber erlaubt, ohne jedoch Regelungen über Voraussetzungen, Umfang und Höchstmaß dieser Maßnahme zu treffen. Eine solche **tarifvertragliche Regelung** eröffnet dem Arbeitgeber kein einseitiges Gestaltungsrecht, das ihn berechtigen würde, ohne Bindung an Kündigungsfristen und Kündigungsgründe einseitig in den Kernbereich des Arbeitsverhältnisses eingreifen zu können. Dies wäre unzulässig, weil hierdurch der Umfang der Arbeitsleistung einseitig zur Disposition des Arbeitgebers gestellt und damit der gesetzliche Kündigungsschutz gem. § 2 umgangen würde.[2449] 745

Der Arbeitgeber ist nicht verpflichtet, zur Vermeidung betriebsbedingter Kündigungen **die Arbeitszeit aller oder mehrerer Arbeitnehmer auf Dauer zu verkürzen.**[2450] 746

Sofern ein nur vorübergehender Arbeitsmangel vorliegt, hat der Arbeitgeber Kurzarbeit einzuführen, wenn der **Betriebsrat zustimmt.** Vom Arbeitgeber kann aus Gründen der Verhältnismäßigkeit nicht verlangt werden, Kurzarbeit gegen den Willen des Betriebsrats durch Anrufung einer Einigungsstelle einzuführen.[2451] Die kündigungsrechtliche Beantwortung der Frage, ob Kurzarbeit als milderes Mittel zur Vermeidung betriebsbedingter Kündigungen in Betracht kommt, ist daher wegen des Mitbestimmungsrechts aus § 87 Abs. 1 Nr. 3 BetrVG vom Verhalten des Betriebsrats abhängig.[2452] Allerdings geht es zu weit, Kurzarbeit als milderes Mittel schon dann auszuklammern, wenn der Betriebsrat nicht von seinem Initiativrecht Gebrauch gemacht hat,[2453] weil der Arbeitgeber immerhin den Versuch einer einvernehmlichen Einführung von Kurzarbeit unternehmen kann. 747

Ist nach Ansicht des Arbeitgebers, die er aufgrund einer ernstlich vorgenommenen Prüfung gewonnen hat und die er im Streitfall sachlich belegen muss, die Einführung von **Kurzarbeit** für den Betrieb **technisch oder organisatorisch nicht möglich oder nicht tragbar,** unterliegt die objektive Richtigkeit dieses Urteils nicht der Nachprüfung durch das Gericht.[2454] Es handelt sich hierbei um Fragen des wirtschaftlichen Ermessens, die nur 748

[2444] Zutr. Preis NZA 1995, 241 (247).

[2445] BAG 12.10.1994 – 7 AZR 398/93, AP BetrVG 1972 § 87 Arbeitszeit Nr. 66; zu den Rechtsgrundlagen vgl. weiterhin Fitting BetrVG § 87 Rn. 151 ff.; Schaub ArbR-HdB/Linck § 47 Rn. 2 ff.; sowie ausf. Barnhofer, Kurzarbeit zur Vermeidung betriebsbedingter Kündigung, 1995, 65 ff.

[2446] Vgl. Fitting BetrVG § 87 Rn. 151 ff.; Stoffels/Lembke BetrVR § 14 Rn. 77 ff.

[2447] BAG 12.10.1994 – 7 AZR 398/93, AP BetrVG 1972 § 87 Arbeitszeit Nr. 66; aA Heinze RdA 1998, 14 (22).

[2448] BAG 14.2.1991 – 2 AZR 415/90, AP BGB § 615 Kurzarbeit Nr. 4.

[2449] BAG 17.1.1994 – 6 AZR 541/93, AP BAT-O § 15 Nr. 1; 18.10.1994 – 1 AZR 503/93, AP BGB § 615 Kurzarbeit Nr. 11.

[2450] So aber ArbG Bocholt 22.6.1982 – 2 Ca 605/82, DB 1982, 1938, abgeändert durch LAG Hamm 15.12.1982 – 12 Sa 993/82, DB 1983, 506 f.; wie hier APS/Kiel Rn. 541; MHdB ArbR/Kreft § 115 Rn. 117 f.; KR/Rachor Rn. 568; Wank RdA 1987, 129 (143); HK-KSchG/Weller/Dorndorf Rn. 938.

[2451] Ebenso MüKoBGB/Hergenröder Rn. 357; APS/Kiel Rn. 537; ErfK/Oetker Rn. 288; Quecke Rn. 272; KR/Rachor Rn. 569; LSSW/Schlünder Rn. 371; Wank RdA 1987, 129 (143); HK-KSchG/Weller/Dorndorf Rn. 935.

[2452] Ebenso RGRK/Weller BGB Vor § 620 Rn. 219; aA Ascheid KSchR Rn. 255.

[2453] So aber BAG 4.3.1986 – 1 ABR 15/84, AP BetrVG 1972 § 87 Kurzarbeit Nr. 3 unter B II 3 g; 11.9.1986 – 2 AZR 564/85, EzA KSchG § 1 Betriebsbedingte Kündigung Nr. 54 unter I 4c bb.

[2454] Vgl. v. Hoyningen-Huene SAE 1991, 124 (125).

der Unternehmer entscheiden kann. Das Gericht hat daher nur zu prüfen, ob trotz des Vorliegens eines nur vorübergehenden Arbeitsmangels zum Zeitpunkt der Kündigung vom damaligen Standpunkt des Unternehmers dessen Entscheidung, statt der Einführung von Kurzarbeit eine betriebsbedingte Kündigung auszusprechen, offensichtlich unsachlich, unvernünftig oder willkürlich war.[2455] Hält der Arbeitgeber die Einführung von Kurzarbeit für technisch, organisatorisch oder wirtschaftlich nicht tragbar und trifft er deswegen die unternehmerische Entscheidung, seinen Betrieb umzustrukturieren und Arbeitsplätze aufzugeben, ist dies hinzunehmen.[2456]

749 IÜ sind betriebsbedingte Kündigungen auch **nach Einführung von Kurzarbeit nicht stets ausgeschlossen.**[2457] Zwar spricht die Anordnung von Kurzarbeit im Allgemeinen dafür, dass die Betriebsparteien von einem nur vorübergehenden Arbeitsmangel ausgehen.[2458] Gleichwohl kann es im Einzelfall für von der Kurzarbeit betroffene Arbeitnehmer zu einem dauerhaft gesunkenen Beschäftigungsbedarf kommen.[2459] Voraussetzung ist in diesem Fall allerdings, dass zusätzlich zu den Gründen, die zu der Einführung der Kurzarbeit geführt haben, weitere organisatorische Maßnahmen auf betrieblicher Ebene vom Arbeitgeber ergriffen werden, die Beschäftigungsmöglichkeiten auf Dauer entfallen lassen. Zudem liegt ein dringendes betriebliches Kündigungserfordernis nur dann vor, wenn der Arbeitgeber die Möglichkeit zur Arbeitszeitreduzierung zunächst voll ausgeschöpft hat und gleichwohl noch ein Beschäftigungsüberhang besteht.[2460] Auch darf sich der Arbeitgeber nicht widersprüchlich verhalten, indem innerhalb einer Betriebsabteilung Kurzarbeit für einen Teil der Arbeitnehmer eingeführt und gleichzeitig gegenüber einem weiteren Teil der Arbeitnehmer betriebsbedingte Beendigungskündigungen erklärt, weil sich die beiden Prognosen inhaltlich gegenseitig ausschließen.[2461]

V. Fehlende Weiterbeschäftigungsmöglichkeit

750 Der Wegfall von Beschäftigungsmöglichkeiten allein genügt nicht für die soziale Rechtfertigung einer betriebsbedingten Kündigung. Dringende betriebliche Erfordernisse, die zum Wegfall eines Arbeitsplatzes geführt haben, sind nach Abs. 2 S. 1 nur dann zur sozialen Rechtfertigung einer Kündigung geeignet, wenn **keine Möglichkeit zur anderweitigen Beschäftigung** des Arbeitnehmers besteht. Dies setzt voraus, dass ein freier vergleichbarer (gleichwertiger) Arbeitsplatz oder ein geeigneter freier Arbeitsplatz mit geänderten (schlechteren) Arbeitsbedingungen vorhanden ist und der Arbeitnehmer über die hierfür erforderlichen Fähigkeiten und Kenntnisse verfügt.[2462]

1. Unternehmensbezug

751 Nach dem Wortlaut des Gesetzes ist die Weiterbeschäftigungsmöglichkeit nur betriebsbezogen zu prüfen. Dringende betriebliche Erfordernisse müssen gem. Abs. 2 S. 1 einer Weiterbeschäftigung des Arbeitnehmers „in diesem Betrieb" entgegenstehen. Aufgrund

---

2455 Ebenso Denck ZfA 1985, 249 (261); v. Hoyningen-Huene SAE 1991, 124 (125); Stahlhacke DB 1994, 1361 (1367); Vollmer DB 1982, 1933 (1934); RGRK/Weller BGB Vor § 620 Rn. 219; aA APS/Kiel Rn. 537; LSSW/Schlünder Rn. 370, PVT/Temming Rn. 1126, die von einer uneingeschränkten Überprüfungsmöglichkeit ausgehen.

2456 Ebenso PVT Kündigung/Temming Rn. 1126.

2457 BAG 26.6.1997 – 2 AZR 494/96, AP KSchG 1969 § 1 Betriebsbedingte Kündigung Nr. 86; insoweit sehr streng noch BAG 17.10.1980 – 7 AZR 675/78, AP KSchG 1969 § 1 Betriebsbedingte Kündigung Nr. 10; s. a. Kliemt FS Preis, 2021, 639 (646 ff.); Seidler/Josephs NZA 2020, 1227.

2458 BAG 23.2.2012 – 2 AZR 548/10, NZA 2012, 852 Rn. 21; 29.8.2013 – 2 AZR 721/12, NZA-RR 2014, 325 Rn. 26.

2459 BAG 23.2.2012 – 2 AZR 548/10, NZA 2012, 852 Rn. 21.

2460 BAG 23.2.2012 – 2 AZR 548/10, NZA 2012, 852 Rn. 22, 27. Großzügiger Wahlig/Jeschke NZA 2010, 607 (612).

2461 LAG München 5.5.2021 – 5 Sa 938/20, BeckRS 2021, 15259 Rn. 41.

2462 StRspr, s. etwa BAG 24.6.2004 – 2 AZR 326/03, AP KSchG 1969 § 1 Nr. 76; 5.6.2008 – 2 AZR 107/07, AP KSchG 1969 § 1 Betriebsbedingte Kündigung Nr. 178; 31.7.2014 – 2 AZR 422/13, NZA 2015, 101 Rn. 51.

der Neufassung des Abs. 2 S. 2 u. 3 im Jahre 1972 ist die Weiterbeschäftigungsmöglichkeit jedoch generell auf das **gesamte Unternehmen** zu erstrecken (→ Rn. 1085).[2463] Die Möglichkeit einer anderweitigen Beschäftigung ist damit auf alle Betriebe des Arbeitgebers bezogen (zur Frage von im Ausland befindlichen Arbeitsplätzen → Rn. 200). Ein Widerspruch des Betriebsrats gegen die Kündigung ist nicht erforderlich (→ Rn. 1048).[2464] Zu den Auswirkungen bei einer Betriebsspaltung nach § 132 Abs. 2 UmwG (bis 28.2.2023: § 323 Abs. 1 UmwG) → Rn. 210, § 23 Rn. 17 ff.

Unterhalten mehrere Unternehmen einen **Gemeinschaftsbetrieb,** ist vor der Kündigung **752** eines in dem Gemeinschaftsbetrieb beschäftigten Arbeitnehmers zu prüfen, ob in dem gesamten Gemeinschaftsbetrieb ein geeigneter freier Arbeitsplatz vorhanden ist, auf dem der Arbeitnehmer weiterbeschäftigt werden könnte, ohne dass es darauf ankommt, in welchem der beteiligten Unternehmen der Arbeitsplatz besteht.[2465] Insoweit hat der Kündigungsschutz eine den Vertragsarbeitgeber übergreifende Dimension.[2466] Besteht der Arbeitsvertrag zu einem an dem Gemeinschaftsbetrieb beteiligten Unternehmen, sind deshalb die Weiterbeschäftigungsmöglichkeiten sowohl in dem Gemeinschaftsbetrieb als auch in etwaigen weiteren Betrieben dieses Unternehmens zu berücksichtigen. Weitere Betriebe der anderen an dem Gemeinschaftsbetrieb beteiligten Unternehmen bleiben dagegen unberücksichtigt, weil insoweit keine arbeitsvertragliche Verbindung besteht.[2467]

Eine Weiterbeschäftigungsmöglichkeit im gemeinschaftlichen Betrieb besteht nur **bis** **753** **zu dessen Auflösung.** Ist im Zeitpunkt der Kündigung einer der beiden Betriebe, die einen Gemeinschaftsbetrieb gebildet haben, stillgelegt, sind damit die Arbeitgeberfunktionen im Bereich der sozialen und personellen Angelegenheiten dem vormals einheitlichen Leitungsapparat der beteiligten Unternehmen entzogen, so dass die „gemeinsame Klammer" entfallen ist. Gleiches gilt, wenn im Zeitpunkt der Kündigung der eine der beiden Betriebe, die zusammen einen Gemeinschaftsbetrieb gebildet haben, zwar noch nicht stillgelegt ist, aufgrund einer unternehmerischen Entscheidung, die bereits greifbare Formen angenommen hat, jedoch feststeht, dass er bei Ablauf der Kündigungsfrist des Arbeitnehmers stillgelegt sein wird.[2468] Eine Weiterbeschäftigung in dem Gemeinschaftsbetrieb scheidet aus, weil ab dem Stilllegungszeitpunkt nur noch ein Betrieb besteht, in dessen Führung der Unternehmer, dessen Betrieb stillgelegt worden ist, nicht mehr eingreifen kann. Der Inhaber des stillzulegenden Betriebs ist nicht mehr in der Lage, eine Weiterbeschäftigung seiner Arbeitnehmer, denen wegen der Stilllegung betriebsbedingt zu kündigen ist, in dem fortgeführten Betrieb des anderen Unternehmers rechtlich durchzusetzen.[2469]

[2463] BAG 13.9.1973 – 2 AZR 601/72, AP KSchG 1969 § 1 Nr. 2 mAnm G. Hueck; 17.5.1984 – 2 AZR 109/83, NZA 1985, 489; 15.12.1994 – 2 AZR 320/94, NJW 1996, 339; 24.6.2004 – 2 AZR 326/03, AP KSchG 1969 § 1 Nr. 76; 23.11.2004 – 2 AZR 24/04, AP KSchG 1969 § 1 Betriebsbedingte Kündigung Nr. 132; Bitter/Kiel RdA 1994, 333 (349 ff.); Bodenstedt/Schnabel BB 2014, 1525 (1528) (zu Matrixstrukturen); MüKoBGB/Hergenröder Rn. 361; v. Hoyningen-Huene/Linck DB 1993, 1185 (1186); APS/Kiel Rn. 548; ErfK/Oetker Rn. 246; KR/Rachor Rn. 576; LSSW/Schlünder Rn. 346; PVT Kündigung/Temming Rn. 1100; Wank RdA 1987, 129 (137); HK-KSchG/Weller/Dorndorf Rn. 889; aA Annuß Betriebsbedingte Kündigung S. 121.

[2464] StRspr, grdl. BAG 13.9.1973 – 2 AZR 601/72, AP KSchG 1969 § 1 Nr. 2 mzustAnm G. Hueck; ebenso etwa BAG 25.4.2002 – 2 AZR 260/01, AP KSchG 1969 § 1 Betriebsbedingte Kündigung Nr. 121; 23.11.2004 – 2 AZR 24/04, AP KSchG 1969 § 1 Betriebsbedingte Kündigung Nr. 132; 24.6.2004 – 2 AZR 326/03, AP KSchG 1969 § 1 Nr. 76.

[2465] BAG 13.6.1985 – 2 AZR 452/84, AP KSchG 1969 § 1 Nr. 10 mAnm Wiedemann; 5.5.1994 – 2 AZR 917/93, AP KSchG 1969 § 1 Soziale Auswahl Nr. 23 mAnm Mummenhoff; 18.10.2000 – 2 AZR 465/99, AP KSchG 1969 § 9 Nr. 39; 15.2.2007 – 8 AZR 310/06, AP BGB § 613a Widerspruch Nr. 2 Rn. 31 ff.; MüKoBGB/Hergenröder Rn. 361; APS/Kiel Rn. 545; KR/Rachor Rn. 579; LSSW/Schlünder Rn. 347; einschränkend Annuß Betriebsbedingte Kündigung S. 126 ff.

[2466] BAG 15.2.2007 – 8 AZR 310/06, AP BGB § 613a Widerspruch Nr. 2 Rn. 31.

[2467] DD/Deinert Rn. 417; APS/Kiel Rn. 546.

[2468] BAG 27.11.2003 – 2 AZR 48/03, AP KSchG 1969 § 1 Soziale Auswahl Nr. 64.

[2469] BAG 18.9.2003 – 2 AZR 79/02, AP KSchG 1969 § 17 Nr. 14; 23.3.2006 – 2 AZR 162/05, AP KSchG 1969 § 1 Konzern Nr. 13 Rn. 35; 18.10.2012 – 6 AZR 41/11, NZA 2013, 1007 Rn. 53.

754 Aus der arbeitgeberbezogenen Prüfung der Weiterbeschäftigungsmöglichkeiten ergibt sich, dass eine weitere Ausdehnung der Prüfung über das Unternehmen hinaus auf andere Unternehmen in einem Konzern grds. ausscheidet. Die Weiterbeschäftigungsmöglichkeit ist grds. **nicht konzernbezogen** (iE → Rn. 201 ff.).

2. Freier Arbeitsplatz

755 Die Verpflichtung zur Weiterbeschäftigung besteht für den Arbeitgeber nur dann, wenn er über freie Arbeitsplätze verfügt. Der Arbeitnehmer hat keinen Anspruch auf die **Einrichtung neuer Arbeitsplätze,** es müssen vielmehr vorhandene Arbeitsplätze frei sein.[2470] Daher kann auch nicht etwa die Einrichtung eines bislang nicht existierenden Homeoffice-Arbeitsplatzes verlangt werden.[2471] Der Arbeitnehmer kann im Rahmen der Prüfung der unternehmensbezogenen Weiterbeschäftigungsmöglichkeit nicht die **„Freikündigung"** eines anderen besetzten Arbeitsplatzes verlangen.[2472] Dies gilt auch zulasten eines schwerbehinderten Arbeitnehmers, selbst wenn dessen Schwerbehinderung betrieblich verursacht ist, zumindest in den Fällen, in denen der für eine „Freikündigung" in Betracht kommende Stelleninhaber seinerseits dem allgemeinen Kündigungsschutz unterfällt.[2473]

756 Die Weiterbeschäftigungsmöglichkeit auf einem freien Arbeitsplatz ist grds. nach den Umständen zum **Zeitpunkt der Kündigung** zu beurteilen.[2474] Eine Weiterbeschäftigungsmöglichkeit besteht allerdings auch auf Arbeitsplätzen, die im Laufe der für den zu kündigenden Arbeitnehmer geltenden Kündigungsfrist mit hinreichender Sicherheit frei werden, bspw. durch altersbedingtes Ausscheiden oder Eigenkündigung eines anderen Arbeitnehmers.[2475] Der sozialen Rechtfertigung einer betriebsbedingten Kündigung steht entgegen, wenn zum Zeitpunkt der Kündigung feststeht, dass in absehbarer Zeit **nach Ablauf der Kündigungsfrist** vergleichbare Arbeitsplätze frei werden und dem Arbeitgeber die Überbrückung dieses Zeitraums zuzumuten ist.[2476] Der dem Arbeitgeber zuzumutende Überbrückungszeitraum bestimmt sich nach der Einarbeitungszeit, die ein anderer Stellenbewerber benötigen würde. Hierbei kommt es auf die konkreten Arbeitsanforderungen an.[2477] Dagegen braucht der Arbeitgeber dem Arbeitnehmer die Beschäftigung auf einem freien Arbeitsplatz nicht anzubieten, wenn bereits im Kündigungszeitpunkt feststeht oder mit hinreichender Wahrscheinlichkeit absehbar ist, dass auch dieser Arbeitsplatz bei Ablauf der Kündigungsfrist oder alsbald danach wegfallen wird.[2478]

[2470] BAG 3.2.1977 – 2 AZR 476/75, AP KSchG 1969 § 1 Betriebsbedingte Kündigung Nr. 4; 29.3.1990 – 2 AZR 369/89, AP KSchG 1969 § 1 Betriebsbedingte Kündigung Nr. 50; 15.12.1994 – 2 AZR 327/94, NZA 1995, 521; 1.3.2007 – 2 AZR 650/05, AP KSchG 1969 § 1 Betriebsbedingte Kündigung Nr. 164; s. a. LAG Köln 17.8.2007 – 11 Sa 592/07, LAGE § 1 KSchG Betriebsbedingte Kündigung Nr. 80 zur Berücksichtigung von Saisonarbeitsplätzen; ferner APS/Kiel Rn. 558; KR/Rachor Rn. 233.

[2471] Müller NZA 2022, 1096 (1098).

[2472] Ebenso DD/Deinert Rn. 396; MüKoBGB/Hergenröder Rn. 365; Horcher NZA-RR 2006, 393 ff.; ErfK/Oetker Rn. 251; LSSW/Schlünder Rn. 337; zur Kündigung von Betriebsratsmitgliedern BAG 18.10.2000 – 2 AZR 494/99, AP KSchG 1969 § 15 Nr. 49.

[2473] BAG 20.11.2014 – 2 AZR 664/13, NZA 2015, 931 Rn. 30 ff; 16.5.2019 – 6 AZR 329/18, NZA 2019, 1198 Rn. 36.

[2474] BAG 27.9.1984 – 2 AZR 309/83, AP BGB § 613a Nr. 39; 15.12.1994 – 2 AZR 327/94, AP KSchG 1969 § 1 Betriebsbedingte Kündigung Nr. 67; 25.4.2002 – 2 AZR 260/01, AP KSchG 1969 § 1 Betriebsbedingte Kündigung Nr. 121; KR/Rachor Rn. 230; Wank SAE 1986, 151 (153); HK-KSchG/Weller/Dorndorf Rn. 904.

[2475] BAG 6.6.1984 – 7 AZR 451/82, AP KSchG 1969 § 1 Betriebsbedingte Kündigung Nr. 16; 29.3.1990 – 2 AZR 369/89, AP KSchG 1969 § 1 Betriebsbedingte Kündigung Nr. 50; 1.3.2007 – 2 AZR 650/05, AP KSchG 1969 § 1 Betriebsbedingte Kündigung Nr. 164; 26.3.2015 – 2 AZR 417/14, NZA 2015, 1083 Rn. 27.

[2476] BAG 15.12.1994 – 2 AZR 327/94, NZA 1995, 521; 2.2.2006 – 2 AZR 38/05, AP KSchG 1969 § 1 Betriebsbedingte Kündigung Nr. 142; DD/Deinert Rn. 409; MHdB ArbR/Kreft § 115 Rn. 68; ErfK/Oetker Rn. 250; HK-KSchG/Weller/Dorndorf Rn. 905; aA Schiefer NZA 1995, 662 (666 f.).

[2477] BAG 15.12.1994 – 2 AZR 327/94, NZA 1995, 521; v. Hoyningen-Huene Anm. zu BAG 10.11.1994 – 2 AZR 242/94, EzA § 1 KSchG Betriebsbedingte Kündigung Nr. 77; LAG Schleswig-Holstein 28.1.2014 – 1 Sa 230/13, NZA-RR 2014, 472 (474).

[2478] LAG Hamm 6.8.2007 – 8 Sa 2311/04, NZA-RR 2008, 180.

Ist ein Arbeitsplatz **mit einem arbeitsunfähigen Arbeitnehmer besetzt,** ist er nicht frei. Die Erkrankung ändert nichts an den weiter bestehenden vertraglichen Bindungen. Selbst dann, wenn es wahrscheinlich ist oder gar feststeht, dass der erkrankte Arbeitnehmer nicht zurückkehren wird, ist allein dadurch der betreffende Arbeitsplatz nicht als frei anzusehen, solange der Arbeitsvertrag besteht.[2479] Etwas anderes gilt nur dann, wenn der Arbeitgeber eine Neueinstellung vornimmt oder die infolge der Arbeitsunfähigkeit nicht erledigte Arbeit so umverteilt, dass sie von den im Betrieb verbliebenen Arbeitnehmern nur unter Verstoß gegen dem Schutz der Arbeitnehmer dienende gesetzliche oder tarifvertragliche Vorschriften ausgeführt werden kann. 757

Besteht im Betrieb ein **Vertretungsbedarf,** der vom Arbeitgeber in der Weise gedeckt wird, dass er Rahmenverträge mit Arbeitnehmern abschließt, auf deren Grundlage er sodann Arbeitsverträge über die jeweilige Vertretung vereinbart, so steht das hierdurch geregelte Beschäftigungsvolumen für eine Weiterbeschäftigung nicht zur Verfügung.[2480] 758

Weiter ist es nicht ausreichend, wenn lediglich nach den Erfahrungen des Betriebs mit einiger Sicherheit in absehbarer Zeit mit dem Freiwerden eines Arbeitsplatzes gerechnet werden kann. Der Arbeitgeber kann deshalb auch nicht auf die allgemeine **Personalfluktuation** verwiesen werden.[2481] 759

Den Arbeitgeber trifft hinsichtlich der Weiterbeschäftigungsmöglichkeit **keine Prüfungspflicht** im Sinne einer Wirksamkeitsvoraussetzung für die betriebsbedingte Kündigung.[2482] Entscheidend ist vielmehr, ob die Umsetzung des gekündigten Arbeitnehmers auf einen anderen freien Arbeitsplatz **tatsächlich möglich** ist.[2483] 760

Die Weiterbeschäftigungsmöglichkeit kann sich auch auf Arbeitsplätze beziehen, die aktuell mit **Leiharbeitnehmern besetzt** sind. Dies ist zwar nicht der Fall, wenn Zeitarbeitnehmer lediglich zur Abdeckung von „Auftragsspitzen" oder als Personalreserve für Vertretungsfälle eingesetzt werden. Die Arbeitsplätze sind aber im Allgemeinen dann als frei anzusehen, sofern mit den Leiharbeiternehmern ein ständiges vorhandenes (Sockel-)Arbeitsvolumen abgedeckt werden soll.[2484] Dieser Grundsatz ist nur dann zu modifizieren, wenn ausnahmsweise ein beachtliches unternehmerisches Konzept vorliegt, die dort anfallenden Arbeiten von Zeitarbeitnehmern ausführen zu lassen (→ Rn. 740). Da der Arbeitgeber beim Einsatz von Leiharbeit das Weisungsrecht behält und lediglich die formale Vertragspartnerstellung abstreift, ist dieser Fall anders zu behandeln als die unternehmerische Entscheidung, Arbeitsaufgaben künftig nicht mehr durch Arbeitnehmer, sondern durch Selbständige ausführen zu lassen. 761

Etwas anderes gilt ferner, wenn der Arbeitgeber im Betrieb **Subunternehmen** einsetzt. Ein Arbeitsplatz in einem anderen Unternehmen ist kein anderer Arbeitsplatz im selben Betrieb, und zwar auch dann, wenn das Subunternehmen aufgrund eines **Werkvertrags** auf dem Betriebsgelände tätig ist.[2485] Ebenso ist der Arbeitgeber nicht verpflichtet, einen neuen Arbeitsplatz im Betrieb erst zu schaffen, indem er dem aufgrund eines Werkvertrags tätigen Subunternehmer Aufgaben entzieht und diese – wieder – durch Arbeitnehmer des Betriebs erledigen lässt.[2486] 762

2479 BAG 2.2.2006 – 2 AZR 38/05, AP KSchG 1969 § 1 Betriebsbedingte Kündigung Nr. 142; 1.3.2007 – 2 AZR 650/05, AP KSchG 1969 § 1 Betriebsbedingte Kündigung Nr. 164.

2480 BAG 1.3.2007 – 2 AZR 650/05, AP KSchG 1969 § 1 Betriebsbedingte Kündigung Nr. 164.

2481 Ebenso BAG 15.8.2002 – 2 AZR 195/01, AP BGB § 613a Nr. 241; MüKoBGB/Hergenröder Rn. 365; APS/Kiel Rn. 558; MHdB ArbR/Kreft § 115 Rn. 68; aA LAG München 25.4.1975 – 5 Sa 722/74, DB 1975, 1803.

2482 BAG 18.1.1990 – 2 AZR 357/89, AP KSchG 1969 § 1 Soziale Auswahl Nr. 19 unter II 3b aa; v. Hoyningen-Huene SAE 1991, 124 (126).

2483 BAG 3.2.1977 – 2 AZR 476/75, AP KSchG 1969 § 1 Betriebsbedingte Kündigung Nr. 4; APS/Kiel Rn. 544.

2484 BAG 15.12.2011 – 2 AZR 42/10, NZA 2012, 1044 Rn. 25 ff.; 18.10.2012 – 6 AZR 289/11, NZA-RR 2013, 68 Rn. 23; LAG Hamm 6.8.2007 – 8 Sa 2311/04, NZA-RR 2008, 180; LAG Rheinland-Pfalz 19.5.2015 – 8 Sa 368/14, BeckRS 2015, 70220; LAG Köln 2.9.2020 – 5 Sa 14/20, BeckRS 2020, 28471.

2485 ErfK/Oetker Rn. 256.

2486 Ebenso BAG 11.5.2000 – 2 AZR 54/99, AP BetrVG 1972 § 102 Weiterbeschäftigung Nr. 13, zum Widerspruch nach § 102 Abs. 3 Nr. 3 BetrVG.

763 Der Weiterbeschäftigungsmöglichkeit steht grds. nicht entgegen, dass der Arbeitgeber andere **außenstehende Bewerber** für die Besetzung einer freien Stelle vorgesehen hat, sofern jedenfalls der zu kündigende Arbeitnehmer den Anforderungen dieses Arbeitsplatzes genügt. Insoweit geht der Bestandsschutz den Interessen der Arbeitsuchenden vor.[2487] Gegenüber anderen **innerbetrieblichen** Bewerbern um diese Stelle, etwa Auszubildenden, die übernommen werden sollen, oder befristet zur Probe Beschäftigten oder sonstigen innerbetrieblichen Bewerbern genießt der zu kündigende Arbeitnehmer dagegen grds. keinen Vorrang.[2488] Hier ist vielmehr der letztlich zu kündigende Arbeitnehmer unter den vergleichbaren Arbeitnehmern des Betriebs im Wege der **sozialen Auswahl** nach Abs. 3 zu bestimmen (→ Rn. 780 ff.).

764 Bestehen im Betrieb freie vergleichbare Arbeitsplätze, kann der Arbeitgeber den Kündigungsschutz nicht dadurch umgehen, dass er zunächst diese Arbeitsplätze durch **Neueinstellungen** oder im Wege einer einvernehmlichen Änderung der Arbeitsverträge anderer Arbeitnehmer besetzt und erst dann die Arbeitsverhältnisse der verbleibenden Arbeitnehmer kündigt. Der Arbeitgeber kann sich nach dem **Rechtsgedanken des § 162 BGB** nicht auf einen von ihm selbst treuwidrig durch eine vorgezogene Stellenbesetzung verursachten Wegfall freier Arbeitsplätze im Kündigungszeitpunkt berufen.[2489] Im Hinblick auf den insoweit anzulegenden Maßstab finden sich in der Rspr. allerdings unterschiedliche Nuancierungen. Teilweise wird formuliert, dass es (nur) um solche Konstellationen geht, bei denen die Besetzung der freien Stelle und die Kündigung „uno actu" aufgrund eines einheitlichen Entschlusses des Arbeitgebers erfolgt.[2490] Teilweise soll es ausreichen, wenn für den Arbeitgeber zum Zeitpunkt der Stellenbesetzung ein Ende der Beschäftigungsmöglichkeiten für den später gekündigten Arbeitnehmer bereits absehbar gewesen sei.[2491] Richtig erscheint eine mittlere Linie, nach der es gleichermaßen erforderlich wie ausreichend ist, wenn sich dem Arbeitgeber die **Möglichkeit der Weiterbeschäftigung** geradezu **aufdrängen** musste.[2492] Dagegen greift es zu kurz, den gekündigten Arbeitnehmer von vornherein nur auf die Sozialauswahl zu verweisen.[2493] Hiergegen spricht, dass § 162 BGB jedenfalls dann anzuwenden ist, wenn es um die Besetzung vergleichbarer neuer Stellen in **anderen Betrieben des Unternehmens** geht, weil die Grundsätze der sozialen Auswahl lediglich innerhalb des Betriebs gelten.[2494] Es leuchtet aber nicht ein, den gekündigten Arbeitnehmer stärker zu schützen, wenn es (nur) um die vorzeitige Besetzung eines Arbeitsplatzes in einem anderen Betrieb geht, als wenn die freie Stelle ursprünglich im selben Betrieb vorhanden war. Falls der Arbeitgeber im Anschluss an die unwirksame betriebsbedingte Kündigung aufgrund der tatsächlich erfolgten Besetzung des Arbeitsplatzes erneut eine bedingte Kündigung ausspricht, führt an der Sozialauswahl indes nunmehr kein Weg vorbei.

[2487] BAG 26.11.2009 – 2 AZR 658/08, AP KSchG 1969 § 2 Nr. 144; 26.3.2015 – 2 AZR 417/14, NZA 2015, 1083 Rn. 31; APS/Kiel Rn. 558; Preis DB 1988, 1387 (1392); LSSW/Schlünder Rn. 339; HK-KSchG/Weller/Dorndorf Rn. 911.

[2488] Vgl. v. Hoyningen-Huene/Linck DB 1993, 1185 (1187); LSSW/Schlünder Rn. 339; aA DD/Deinert Rn. 410; Gehlhaar DB 2008, 2831; Stoffels FS Preis, 2021, 1301 (1309 f.) (jeweils anders nur bei einem Übernahmeanspruch bspw. gem. § 78a BetrVG); zur Bedeutung des Anforderungsprofils einer Stellenausschreibung LAG Baden-Württemberg 27.5.1993 – 11 Sa 8/93, NZA 1994, 557.

[2489] BAG 10.11.1994 – 2 AZR 242/94, NZA 1995, 566; 21.9.2000 – 2 AZR 440/99, AP KSchG 1969 § 1 Betriebsbedingte Kündigung Nr. 112; 15.8.2002 – 2 AZR 195/01, AP BGB § 613a Nr. 241; 1.2.2007 – 2 AZR 710/05, AP BGB § 162 Nr. 6: Erst-Recht-Schluss für den Fall, dass die bisherige Beschäftigungsmöglichkeit betroffen ist; 5.6.2008 – 2 AZR 107/07, AP KSchG 1969 § 1 Betriebsbedingte Kündigung Nr. 178; 26.3.2015 – 2 AZR 417/14, NZA 2015, 1083 Rn. 27; zur Änderungskündigung BAG 12.8.2010 – 2 AZR 945/08, AP KSchG 1969 § 2 Nr. 147.

[2490] BAG 10.11.1994 – 2 AZR 242/94, NZA 1995, 566.

[2491] BAG 25.4.2002 – 2 AZR 260/01, AP KSchG 1969 § 1 Betriebsbedingte Kündigung Nr. 121; 12.8.2010 – 2 AZR 945/08, AP KSchG 1969 § 2 Nr. 147; 26.3.2015 – 2 AZR 417/14, NZA 2015, 1083 Rn. 27.

[2492] BAG 5.6.2008 – 2 AZR 107/07, AP KSchG 1969 § 1 Betriebsbedingte Kündigung Nr. 178; zur Änderungskündigung; ebenso zur krankheitsbedingten Kündigung BAG 24.11.2005 – 2 AZR 514/04, AP KSchG 1969 § 1 Krankheit Nr. 43.

[2493] AA LSSW/Schlünder Rn. 340; ebenso v. Hoyningen-Huene/Linck, 14. Aufl. 2007.

[2494] Insoweit auch v. Hoyningen-Huene/Linck, 14. Aufl. 2007.

Handelt es sich bei der im Betrieb neu besetzten Stelle um eine **echte Beförderungsstelle,** die der Arbeitgeber mit einem Arbeitnehmer besetzt, der bei einer späteren Kündigung ohne die zwischenzeitlich erfolgte Versetzung in die Sozialauswahl einbezogen werden müsste, liegt kein Fall des § 162 BGB vor. Denn es steht dem Arbeitgeber frei, Beförderungsstellen mit Arbeitnehmern seiner Wahl zu besetzen.[2495] Auf einen solchen Arbeitsplatz kann sich ein später gekündigter Arbeitnehmer weder im Hinblick auf – vormals – gegebene Weiterbeschäftigungsmöglichkeiten berufen, noch ist der neue Stelleninhaber im Rahmen der Sozialauswahl in den Sozialvergleich einzubeziehen.[2496] Es fehlt hier an der arbeitsplatzbezogenen Vergleichbarkeit. Ein Fall der treuwidrigen Bedingungsvereitelung iSd § 162 BGB ist daher nicht gegeben. 765

Bei einem bevorstehenden **Übergang eines Betriebsteils** muss der Arbeitgeber nach Auffassung des BAG einem davon betroffenen Arbeitnehmer die Weiterbeschäftigung auf einem freien Arbeitsplatz anbieten, sobald er damit rechnen muss, der Arbeitnehmer werde dem Übergang seines Arbeitsverhältnisses widersprechen.[2497] Das sei jedenfalls ab der Unterrichtung des Arbeitnehmers von dem bevorstehenden Betriebsübergang anzunehmen. Das BAG hat dabei im Interesse der betrieblichen Handhabbarkeit erwogen, den Zeitraum, innerhalb dessen Weiterbeschäftigungsmöglichkeiten für Arbeitnehmer berücksichtigt werden müssen, auf die Zeit zwischen der Unterrichtung iSd § 613a Abs. 5 BGB und dem Ablauf der Frist des § 613a Abs. 6 S. 1 BGB zu begrenzen.[2498] 766

3. Vergleichbarkeit der Arbeitsplätze

Die Möglichkeit einer anderweitigen Beschäftigung ist grds. nur bzgl. vergleichbarer Arbeitsplätze zu prüfen.[2499] Der Arbeitnehmer muss daher unter Berücksichtigung angemessener Einarbeitungszeiten den Anforderungen des neuen Arbeitsplatzes entsprechen. Ein **Anspruch auf Beförderung** auf einen besseren Arbeitsplatz zur Vermeidung der Kündigung besteht nicht (→ Rn. 192). 767

Der Arbeitnehmer muss über die für den freien Arbeitsplatz erforderlichen Fähigkeiten und Kenntnisse verfügen.[2500] Dabei unterliegt die Gestaltung des **Anforderungsprofils** für den freien Arbeitsplatz der lediglich auf offenbare Unsachlichkeit zu überprüfenden Unternehmerdisposition des Arbeitgebers.[2501] Die Entscheidung des Arbeitgebers, bestimmte Tätigkeiten nur von Arbeitnehmern mit bestimmten Qualifikationen ausführen zu lassen, ist von den Arbeitsgerichten zu respektieren, wenn die Qualifikationsmerkmale einen nachvollziehbaren Bezug zu den auszuführenden Arbeiten haben (→ Rn. 729).[2502] 768

Im Einzelfall kann der Arbeitgeber verpflichtet sein, für den betroffenen Arbeitnehmer **Umschulungs- oder Fortbildungsmaßnahmen** durchzuführen.[2503] Der Arbeitgeber ist freilich nur dann zu einer Umschulungsmaßnahme verpflichtet, wenn der Arbeitnehmer 769

[2495] Zutr. BAG 22.1.1998 – 8 AZR 243/95, AP BGB § 613a Nr. 173; einschränkend BAG 18.10.2000 – 2 AZR 465/99, AP KSchG 1969 § 9 Nr. 39.

[2496] Ebenso BAG 29.3.1990 – 2 AZR 369/89, AP KSchG 1969 § 1 Betriebsbedingte Kündigung Nr. 50.

[2497] BAG 25.4.2002 – 2 AZR 260/01, AP KSchG 1969 § 1 Betriebsbedingte Kündigung Nr. 121; 15.8.2002 – 2 AZR 195/01, AP BGB § 613a Nr. 241 mkritAnm Franzen; krit. auch Lunk/Möller NZA 2004, 9; Pomberg DB 2003, 2177.

[2498] Ebenso APS/Kiel Rn. 499; Rost NZA 2004 Beil. 1, 34 (37).

[2499] BAG 29.3.1990 – 2 AZR 369/89, AP KSchG 1969 § 1 Betriebsbedingte Kündigung Nr. 50.

[2500] BAG 18.10.2000 – 2 AZR 465/99, AP KSchG 1969 § 9 Nr. 39; 25.4.2002 – 2 AZR 260/01, AP KSchG 1969 § 1 Betriebsbedingte Kündigung Nr. 121.

[2501] BAG 29.8.2013 – 2 AZR 721/12, NZA-RR 2024, 325 Rn. 18; 27.7.2018 – 2 AZR 476/16, NZA 2018, 234 Rn. 32.

[2502] BAG 24.6.2004 – 2 AZR 326/03, AP KSchG 1969 § 1 Nr. 76; 16.12.2004 – 2 AZR 66/04, AP KSchG 1969 § 1 Betriebsbedingte Kündigung Nr. 133; 7.7.2005 – 2 AZR 399/04, AP KSchG 1969 § 1 Betriebsbedingte Kündigung Nr. 138; 20.6.2013 – 2 AZR 295/12, NZA 2014, 208 Rn. 17.

[2503] BAG 7.5.1968 – 1 AZR 407/67, AP KSchG § 1 Betriebsbedingte Kündigung Nr. 18 mAnm A. Hueck; 13.9.1973 – 2 AZR 601/72, AP KSchG 1969 § 1 Nr. 2 mAnm G. Hueck; 29.7.1976 – 3 AZR 11/75, AP ZPO § 373 Nr. 1; 29.3.1990 – 2 AZR 369/89, AP KSchG 1969 § 1 Betriebsbedingte Kündigung Nr. 50; 7.2.1991 – 2 AZR 205/90, AP KSchG 1969 § 1 Umschulung Nr. 1; 5.6.2008 – 2 AZR 107/07, AP KSchG 1969 § 1 Betriebs-

umschulungswillig ist, die Maßnahme für den Arbeitgeber zumutbar ist und im Anschluss an die Maßnahme eine Weiterbeschäftigung im Unternehmen möglich ist (→ Rn. 1092).[2504] Die Zumutbarkeit bestimmt sich insbes. nach dem zu erwartenden Kostenaufwand für die Umschulungsmaßnahme, der Umschulungsfähigkeit des Arbeitnehmers, also der Frage, ob zu erwarten ist, dass sich der Betroffene die erforderlichen neuen Techniken und Fertigkeiten aneignet, und der Dauer der Betriebszugehörigkeit. Bedarf es nach dem Stellenprofil bestimmter **behördlicher Erlaubnisse oder Genehmigungen,** muss im Kündigungszeitpunkt die berechtigte Erwartung bestehen, dass der Arbeitnehmer hierüber in zumutbarer Zeit verfügen wird. Dagegen genügt es nicht, dass insoweit nur eine gewisse Wahrscheinlichkeit besteht.[2505]

770 Für die Frage der Weiterbeschäftigungsmöglichkeit ist nicht erheblich, ob die Zuweisung der neuen Tätigkeit durch Ausübung des **Direktionsrechts** erfolgen kann oder ob hierfür eine **Änderungskündigung** erforderlich ist.[2506] Aus Abs. 2 S. 2 u. 3 folgt, dass der Arbeitgeber vor Ausspruch einer Beendigungskündigung stets auch eine Weiterbeschäftigung zu geänderten verschlechterten Arbeitsbedingungen in Betracht ziehen muss, sofern ein geeigneter freier Arbeitsplatz vorhanden ist.[2507] Es gilt insoweit der Vorrang der Änderungskündigung vor der Beendigungskündigung (→ § 2 Rn. 73 ff.).

771 Nach der neueren Auffassung des BAG ist es nicht Sache des Arbeitgebers, sich über die Zumutbarkeit der neuen Arbeitsbedingungen für den Arbeitnehmer Gedanken zu machen. Das Angebot darf **nur in Extremfällen entfallen** (bspw. Angebot einer Pförtnerstelle an den bisherigen Personalchef).[2508] Grds. hat der Arbeitnehmer selbst zu entscheiden, ob er eine Weiterbeschäftigung unter möglicherweise erheblich verschlechterten Arbeitsbedingungen für zumutbar hält oder nicht. Deshalb darf etwa das Angebot einer Teilzeitbeschäftigung, wenn es die einzige Alternative zu einer Beendigungskündigung darstelle, nicht mit der Begründung unterbleiben, mit dem verbleibenden Einkommen könne der Arbeitnehmer seine Familie nicht ernähren. Ob die Möglichkeit eines Zuverdienstes bestehe oder ob gerade eine Teilzeitbeschäftigung den Interessen des Arbeitnehmers entgegenkomme, kann nur der Arbeitnehmer selbst beurteilen.[2509]

772 Diese Judikatur trägt dem Umstand Rechnung, dass viele Gründe den Arbeitnehmer dazu bewegen können, eine (sichere) Weiterbeschäftigung zu schlechteren Konditionen einer (unsicheren) Zukunft auf dem allgemeinen Arbeitsmarkt vorzuziehen. Insoweit ist es nicht Aufgabe des Arbeitgebers, darüber zu entscheiden, was dem Arbeitnehmer zumutbar ist. Auch aus dem Verhältnismäßigkeitsgrundsatz lässt sich schwerlich ableiten, dass bestimmte mildere Mittel auszublenden und lediglich objektiv zumutbare Arbeitsplätze anzubieten sind.[2510] Allerdings ist in Rechnung zu stellen, dass der Arbeitgeber ein schutzwürdiges Interesse daran hat, unnötige Spannungen zu vermeiden. Daher sind solche Arbeitsplätze auszuschließen, bei denen eine **Statusverschlechterung offenkundig zu Problemen führen** wird. Eine vorhandene Weiterbeschäftigungsmöglichkeit wird daher regelmäßig als offensichtlich ungeeignet auszuschließen sein, wenn ein **vor-**

---

bedingte Kündigung Nr. 178; Birk FS Kissel, 1994, 51 ff.; Gaul BB 1995, 2422 ff.; APS/Kiel Rn. 565; MHdB ArbR/Kreft § 115 Rn. 78; LSSW/Schlünder Rn. 359; HK-KSchG/Weller/Dorndorf Rn. 923.

[2504] BAG 7.2.1991 – 2 AZR 205/90, AP KSchG 1969 § 1 Umschulung Nr. 1.

[2505] BAG 27.7.2017 – 2 AZR 476/16, NZA 2018, 234 Rn. 31.

[2506] So auch BAG 29.3.1990 – 2 AZR 369/89, AP KSchG 1969 § 1 Betriebsbedingte Kündigung Nr. 50; näher v. Hoyningen-Huene/Linck DB 1993, 1185 (1187 f.).

[2507] BAG 27.9.1984 – 2 AZR 62/83, AP KSchG 1969 § 2 Nr. 8 mAnm v. Hoyningen-Huene; 21.4.2005 – 2 AZR 132/04, AP KSchG 1969 § 2 Nr. 79 mkritAnm Wank; 5.6.2008 – 2 AZR 107/07, AP KSchG 1969 § 1 Betriebsbedingte Kündigung Nr. 178.

[2508] BAG 21.4.2005 – 2 AZR 132/04, AP KSchG 1969 § 2 Nr. 79 mkritAnm Wank; 22.9.2005 – 2 AZR 519/04, AP SGB IX § 81 Nr. 10; 21.9.2006 – 2 AZR 607/05, AP KSchG 1969 § 2 Nr. 130; 23.2.2010 – 2 AZR 656/08, AP KSchG 1969 § 15 Nr. 66 Rn. 57; 29.8.2013 – 2 AZR 809/12, NZA 2014, 730 Rn. 23; zust. APS/Kiel Rn. 632 f.; SES/Schwarze Rn. 331; HK-KSchG/Weller/Dorndorf Rn. 918 f.; anders noch BAG 28.10.2004 – 8 AZR 391/03, AP KSchG 1969 § 1 Soziale Auswahl Nr. 69 unter II 2 b.

[2509] BAG 21.4.2005 – 2 AZR 132/04, AP KSchG 1969 § 2 Nr. 79 mkritAnm Wank.

[2510] Anders v. Hoyningen-Huene/Linck, 14. Aufl. 2007.

mals leitender Mitarbeiter, bspw. Bereichsleiter, nur noch als Sachbearbeiter tätig wäre und ehemals untergebene Abteilungs- und Teamleiter nunmehr direkte Vorgesetzte wären. In einem solchen Fall sind Konflikte vorprogrammiert, weil sich ein ehemaliger Vorgesetzter nicht ohne Weiteres den Weisungen vormals untergebener Mitarbeiter unterwerfen wird.[2511]

Dagegen scheidet eine Weiterbeschäftigung nicht allein deshalb aus, weil es um einen **geringervergüteten Arbeitsplatz mit ggf. verkürzter Wochenarbeitszeit** geht. Ebenso wird eine Weiterbeschäftigungsmöglichkeit nicht dadurch ausgeschlossen, dass der freie Arbeitsplatz nur für einen **begrenzten Zeitraum** zur Verfügung steht. Ggf. muss das zunächst unbefristete Arbeitsverhältnis nachträglich befristet werden.[2512] Dies gilt allerdings nur dann, wenn diese Befristung nach § 14 Abs. 1 TzBfG wirksam wäre, während eine sachgrundlose Befristung wegen des Vorbeschäftigungsverbots gem. § 14 Abs. 2 S. 2 TzBfG ausscheidet.[2513] Wäre eine Befristung aus diesem Grund unwirksam, muss dem betroffenen Arbeitnehmer der freie Arbeitsplatz unbefristet angeboten werden. Das unternehmerische Konzept, einen dauerhaften Beschäftigungsbedarf mit Arbeitnehmern zu decken, deren Arbeitsverträge sachgrundlos befristet (bzw. verlängert) werden können, würde in dieser Gestaltung auf eine **unzulässige Austauschkündigung** (→ Rn. 715 mwN) hinauslaufen und kann sich gegenüber dem Bestandsschutzinteresse des kündigungsbedrohten Arbeitnehmers nicht durchsetzen.[2514] 773

4. Auswahl bei mehreren Weiterbeschäftigungsmöglichkeiten

Wenn in einem Unternehmen ein Arbeitsplatz wegfällt, gleichzeitig aber ein oder mehrere vergleichbare Arbeitsplätze vorhanden sind, stellt sich das Problem, in welcher **Reihenfolge** der Arbeitgeber die erforderlichen personellen Maßnahmen zu treffen hat.[2515] Schlagwortartig gilt in diesen Fällen der **Vorrang der Ausübung des Weisungsrechts gegenüber der Änderungskündigung** bzw. **der Änderungsvereinbarung.** 774

Sofern der Arbeitgeber dem vom Wegfall seines Arbeitsplatzes betroffenen Arbeitnehmer einen freien vergleichbaren Arbeitsplatz im Wege des **Direktionsrechts (§ 106 GewO)** zuweisen kann, scheidet eine Änderungskündigung aus. Bestehen also zwei freie Arbeitsplätze, von denen der eine im Wege des Direktionsrechts dem betroffenen Arbeitnehmer zugewiesen werden kann und der andere nur durch Änderungskündigung, hat der Arbeitgeber den Arbeitnehmer durch Ausübung seines Weisungsrechts auf den neuen Arbeitsplatz zu versetzen und ihn dort weiterzubeschäftigen.[2516] Ist der Arbeitnehmer damit nicht einverstanden, kann er auf Feststellung der Unwirksamkeit der im Wege des Direktionsrechts erfolgenden Versetzung klagen. 775

Der Arbeitnehmer kann vom Arbeitgeber nicht die Weiterbeschäftigung auf einem Arbeitsplatz verlangen, auf den er nicht durch Ausübung des Direktionsrechts versetzt werden könnte, sofern ihm ein anderer Arbeitsplatz im Wege des Weisungsrechts zugewiesen werden kann. Denn der Arbeitnehmer hat nur einen Anspruch auf **vertragsgemäße Beschäftigung,** die wiederum vom Arbeitgeber durch Ausübung des Weisungsrechts konkretisiert wird.[2517] Gibt es mehrere geeignete freie Arbeitsplätze, die dem 776

[2511] Insoweit zutr. Bauer/Winzer BB 2006, 266 (267 f.).

[2512] BAG 26.3.2015 – 2 AZR 417/14, NZA 2015, 1083 Rn. 39; KR/Rachor Rn. 242; Stoffels FS Preis, 2021, 1301 (1307).

[2513] BAG 26.3.2015 – 2 AZR 417/14, NZA 2015, 1083 Rn. 40; aA Löwisch BB 2005, 1625 (1626); LSSW/Schlünder Rn. 365, die unter dem Blickwinkel der Vermeidung einer Beendigungskündigung stets einen Sachgrund bejahen.

[2514] BAG 26.3.2015 – 2 AZR 417/14, NZA 2015, 1083 Rn. 40; APS/Kiel Rn. 558, 577.

[2515] BAG 10.11.1994 – 2 AZR 242/94, AP KSchG 1969 § 1 Betriebsbedingte Kündigung Nr. 65; 15.12.1994 – 2 AZR 320/94, NZA 1995, 413; 21.9.2000 – 2 AZR 385/99, AP KSchG 1969 § 1 Betriebsbedingte Kündigung Nr. 111; 25.4.2002 – 2 AZR 260/01, AP KSchG 1969 § 1 Betriebsbedingte Kündigung Nr. 121; ausf. Bauer/Winzer BB 2006, 266 (268 ff.); Haas/Salomon NZA 2006, 1192; v. Hoyningen-Huene/Linck DB 1993, 1185 (1188 ff.); Schmitt, Sozialauswahl bei Konkurrenz um anderweitige Beschäftigung, 2000.

[2516] Vgl. v. Hoyningen-Huene/Linck DB 1993, 1185 (1188).

[2517] Vgl. Berkowsky NJW 1996, 291 (292 ff.); APS/Kiel Rn. 580.

Arbeitnehmer zugewiesen werden können, hat der Arbeitgeber dem Arbeitnehmer, vorbehaltlich entgegenstehender betrieblicher Gründe, grds. die Tätigkeit zuzuweisen, die dem Arbeitnehmer nach seinen Fähigkeiten am ehesten gerecht wird. Nur dann entspricht die Weisung billigem Ermessen iSd § 106 GewO.

777 Kommt die Zuweisung eines anderen Arbeitsplatzes durch Ausübung des Direktionsrechts nicht in Betracht, besteht aber die Möglichkeit der Weiterbeschäftigung auf einem Arbeitsplatz, der dem Arbeitnehmer im Wege der **Änderungskündigung** angeboten werden kann, hat der Arbeitgeber dem Arbeitnehmer ein entsprechendes Änderungsangebot zu unterbreiten.[2518]

778 Bestehen **mehrere geeignete Weiterbeschäftigungsmöglichkeiten,** hat der Arbeitgeber dem Arbeitnehmer den Arbeitsplatz anzubieten, dessen Arbeitsbedingungen sich am wenigsten weit von den bisherigen entfernen. Nur dann ist das konkrete Änderungsangebot erforderlich.[2519]

779 Dabei kommt es freilich zu Schwierigkeiten, wenn die **Bewertung der Arbeitsplätze nicht eindeutig** ist. So wird im Schrifttum beispielhaft der Fall erörtert, in dem eine Versicherung am Standort Köln einen Bereich auflöst und deshalb die Stelle des Bereichsleiters entfällt. Der Betroffene könnte in Köln als Schadenssachbearbeiter zu 50 % der bisherigen Vergütung oder in Göttingen als Abteilungsleiter zu 75 % der bisherigen Vergütung beschäftigt werden.[2520] Folgt man der neuen Rspr. des BAG (→ Rn. 780),[2521] scheidet keiner der beiden freien Arbeitsplätze von vornherein aus. Es ist vielmehr Sache des Arbeitnehmers zu entscheiden, welche der beiden Tätigkeiten für ihn in Betracht kommt. Bei Anwendung des Verhältnismäßigkeitsgrundsatzes stellte die Sachbearbeiterstelle in Köln dagegen im Zweifel keine objektiv geeignete Weiterbeschäftigungsmöglichkeit dar, weil sie für den ehemaligen Bereichsleiter im selben Betrieb mit einem ganz erheblichen Abstieg in der Hierarchie verbunden wäre (→ Rn. 782). Sollte der Arbeitsplatz in Köln gleichwohl objektiv geeignet sein, wäre nicht eindeutig, welche Beschäftigungsmöglichkeit sich am wenigsten weit von der bisherigen entfernt. Stellt man auf den Arbeitsort ab, wäre der Arbeitsplatz in Köln anzubieten, stellt man auf die Arbeitsvergütung ab, wäre es der Arbeitsplatz in Göttingen. Diesen Bewertungsproblemen kann der Arbeitgeber entgehen, indem er eine Änderungskündigung ausspricht, und dem Arbeitnehmer alternativ und hinreichend bestimmt beide Beschäftigungsmöglichkeiten anbietet.[2522] Es ist dann Sache des Arbeitnehmers, sich für eine der beiden Varianten zu entscheiden.

5. Konkurrenz um Weiterbeschäftigungsmöglichkeiten

780 Fallen in einem Betriebsteil Beschäftigungsmöglichkeiten weg, gibt es jedoch in anderen Betriebsteilen oder Betrieben eine geringere Zahl freier Arbeitsplätze, hat der Arbeitgeber in entsprechender Anwendung von Abs. 3 zuerst dem **sozial schutzwürdigsten Arbeitnehmer,** für den eine Beschäftigungsmöglichkeit entfallen ist, die Weiterbeschäftigung auf einem freien Arbeitsplatz anzubieten.[2523] Zwar ist im KSchG nicht ausdrücklich geregelt, wie eine solche Konkurrenzsituation aufzulösen ist. Die somit bestehende

---

[2518] Vgl. v. Hoyningen-Huene/Linck DB 1993, 1185 (1188); HK-KSchG/Weller/Dorndorf Rn. 914.

[2519] BAG 22.9.2005 – 2 AZR 519/04, AP SGB IX § 81 Nr. 10; Bauer/Winzer BB 2006, 266 (269); zur außerordentlichen Änderungskündigung BAG 17.3.2005 – 2 ABR 2/04, AP KSchG 1969 § 15 Nr. 58.

[2520] Vgl. Bauer/Winzer BB 2006, 266 (268 f.).

[2521] BAG 21.4.2005 – 2 AZR 132/04, AP KSchG 1969 § 2 Nr. 79 mkritAnm Wank; ebenso BAG 22.9.2005 – 2 AZR 519/04, AP SGB IX § 81 Nr. 10.

[2522] Zu dieser Möglichkeit BAG 28.10.1999 – 2 AZR 437/98, AP KSchG 1969 § 15 Nr. 44 unter II 3.

[2523] BAG 25.4.2002 – 2 AZR 260/01, AP KSchG 1969 § 1 Betriebsbedingte Kündigung Nr. 121; 12.8.2010 – 2 AZR 945/08, AP KSchG 1969 § 2 Nr. 147 Rn. 40; 27.7.2017 – 2 AZR 476/16, NZA 2018, 234 Rn. 38; s. a. LAG München 15.11.2007 – 3 Sa 303/07, LAGE § 626 BGB 2002 Unkündbarkeit Nr. 4 = BeckRS 2009, 67740; ebenso DD/Deinert Rn. 676 ff.; HK-KSchG/Dorndorf Rn. 1032; MüKoBGB/Hergenröder Rn. 369; v. Hoyningen-Huene Anm. zu BAG EzA § 1 KSchG Betriebsbedingte Kündigung Nr. 75–77; v. Hoyningen-Huene/Linck DB 1993, 1185 (1189); APS/Kiel Rn. 585; Beschäftigungsmöglichkeit S. 90; ErfK/Oetker Rn. 253; KR/Rachor Rn. 584; LSSW/Schlünder Rn. 348; Weller AuR 1986, 225 (230); HK-KSchG/Weller/Dorndorf Rn. 915; diff. Haas/

planwidrige Regelungslücke ist aber in möglichst enger Anlehnung an das geltende Recht zu schließen. Hierfür bietet sich eine analoge Anwendung von Abs. 3 an, weil die dort geregelten Grundsätze der sozialen Auswahl den Maßstab für eine Auswahlentscheidung des Arbeitgebers angeben. Der frühere Rekurs des BAG auf § 315 BGB[2524] ist mittlerweile überholt. Wenn also bspw. in einem Betrieb von sieben vergleichbaren Maschinenarbeitsplätzen für Metallfacharbeiter vier Arbeitsplätze weg, gibt es aber in einem anderen Betriebsteil einen freien vergleichbaren Arbeitsplatz für einen Metallfacharbeiter und eine unbesetzte Stelle für einen angelernten Hilfsarbeiter, hat der Arbeitgeber unter den Metallfacharbeitern eine soziale Auswahl vorzunehmen und dem sozial schutzwürdigsten die freie Stelle im Wege des Direktionsrechts zuzuweisen. Die freie Stelle des angelernten Hilfsarbeiters ist dem nächst schutzwürdigen Facharbeiter qua Angebot oder im Wege der Änderungskündigung anzubieten. Den anderen Arbeitnehmern können Beendigungskündigungen ausgesprochen werden, die nicht allein deshalb unwirksam sind, weil für den Fall der Ablehnung der Weiterbeschäftigung als angelernter Hilfsarbeiter durch den sozial schutzwürdigsten Facharbeiter die Chance eines sozial weniger schutzwürdigen Facharbeiters auf ein „Nachrücken" bestanden hat. Einer endgültigen Ablehnung des Weiterbeschäftigungsangebots ist stattdessen durch einen Wiedereinstellungsanspruch (→ Rn. 210 ff.) Rechnung zu tragen.[2525] Wird eine Auswahl nach Abs. 3 analog unterlassen oder fehlerhaft durchgeführt, ist eine Beendigungskündigung gleichwohl dann nicht unwirksam, wenn der Arbeitgeber „zufällig" eine im Ergebnis vertretbare Auswahlentscheidung getroffen hat.[2526] Zudem wird man im Anschluss an die Aufgabe der „Dominotheorie" bei der eigentlichen Sozialauswahl (→ Rn. 1004 ff.) auch bei der sozialen Auswahl im Rahmen der Weiterbeschäftigung die „eingeschränkte Kausalitätsprüfung" anzuwenden haben.[2527] Der Arbeitgeber kann damit darlegen, dass der gekündigte Arbeitnehmer auch bei einer fehlerfreien Sozialauswahl nicht einen der wenigen freien Arbeitsplätze erhalten hätte.

6. Mitbestimmung des Betriebsrats

Die Zuweisung einer anderen Tätigkeit erfüllt regelmäßig den Tatbestand der **Versetzung iSd § 95 Abs. 3 BetrVG,** weshalb zur Durchführung dieser Maßnahme gem. § 99 BetrVG die Zustimmung des Betriebsrats erforderlich ist. Wird dem Arbeitnehmer die Weiterbeschäftigung zu geänderten Arbeitsbedingungen im Wege einer Änderungskündigung angeboten, hat der Arbeitgeber den Betriebsrat nach § 102 Abs. 1 BetrVG sowohl über die Kündigungsgründe als auch über das Änderungsangebot zu unterrichten.[2528] Erfolgt die Versetzung innerhalb eines Unternehmens zwischen zwei Betrieben, müssen gem. § 99 Abs. 1 BetrVG der Betriebsrat des abgebenden Betriebs (Versetzung) und der Betriebsrat des aufnehmenden Betriebs (Einstellung) die Zustimmung erteilen. Nur wenn die Versetzung auf Dauer im Einverständnis mit dem Arbeitnehmer erfolgt, ist die Zustimmung des abgebenden Betriebs zur Versetzung nicht erforderlich, sondern nur die Zustimmung zur Einstellung.[2529] **781**

Die **fehlende Zustimmung des Betriebsrats nach § 99 BetrVG** zu der beabsichtigten Versetzung des Arbeitnehmers führt nicht zur Unwirksamkeit der Änderungskündigung. Denn die Sozialwidrigkeit der Änderungskündigung beurteilt sich unabhängig **782**

Salamon NZA 2006, 1192 (1195). aA Lück, Sozialauswahl, 1993, 14 ff.; ausf. Schmitt, Sozialauswahl bei Konkurrenz um anderweitige Beschäftigung, 2000, 57 ff.

2524 BAG 15.12.1994 – 2 AZR 320/94, AP KSchG 1969 § 1 Betriebsbedingte Kündigung Nr. 66.

2525 BAG 27.7.2017 – 2 AZR 476/16, NZA 2018, 234 Rn. 43 f.; näher (jeweils mit konkreten Beispielen) Hertzfeld/Steffens NZA 2020, 1063; Lunk/Seidler NZA 2018, 201.

2526 BAG 27.7.2017 – 2 AZR 476/16, NZA 2018, 234 Rn. 41.

2527 Hertzfeld/Steffens NZA 2020, 1063 (1070).

2528 BAG 12.8.2010 – 2 AZR 104/09, EzA § 2 KSchG Nr. 79; 16.12.2010 – 2 AZR 576/09, AP KSchG 1969 § 2 Nr. 150; KR/Rinck BetrVG § 102 Rn. 104.

2529 BAG 20.9.1990 – 1 ABR 37/90, AP BetrVG 1972 § 99 Nr. 84; 26.1.1993 – 1 AZR 303/92, AP BetrVG 1972 § 99 Nr. 102.

von dem Mitbestimmungsverfahren des § 99 BetrVG allein nach §§ 1 u. 2 (iE → § 2 Rn. 211 ff.).[2530]

783 Der Arbeitgeber braucht im Rahmen von **§ 102 Abs. 1 BetrVG** den Betriebsrat nur pauschal vom Fehlen einer anderweitigen Beschäftigungsmöglichkeit zu unterrichten. Besteht aus der Sicht des Arbeitgebers keine Möglichkeit, den zu kündigenden Arbeitnehmer auf einem anderen Arbeitsplatz weiterzubeschäftigen (Abs. 2 S. 2 Nr. 1b u. 2b), genügt der Arbeitgeber seiner Anhörungspflicht nach § 102 BetrVG in der Regel schon durch den ausdrücklichen oder konkludenten Hinweis auf fehlende Weiterbeschäftigungsmöglichkeiten.[2531] Der weitere Vortrag im Prozess stellt dann eine zulässige Konkretisierung dar.[2532]

784 Verlangt jedoch der Betriebsrat vor Einleitung des Anhörungsverfahrens **Auskunft über Weiterbeschäftigungsmöglichkeiten** für den zu kündigenden Arbeitnehmer auf einem konkreten, kürzlich frei gewordenen Arbeitsplatz, muss der Arbeitgeber dem Betriebsrat nach § 102 Abs. 1 S. 2 BetrVG mitteilen, warum aus seiner Sicht eine Weiterbeschäftigung des Arbeitnehmers auf diesem Arbeitsplatz nicht möglich ist. Der lediglich pauschale Hinweis auf fehlende Weiterbeschäftigungsmöglichkeiten im Betrieb reicht dann nicht aus. Diese erweiterte Mitteilungspflicht gilt nur dann nicht, wenn der Betriebsrat schon entsprechende Kenntnisse besitzt. Hat der Arbeitgeber den Betriebsrat über Weiterbeschäftigungsmöglichkeiten auf dem vom Betriebsrat benannten Arbeitsplatz zunächst irrtümlich objektiv falsch informiert und rügt der Betriebsrat dies innerhalb der Frist des § 102 Abs. 2 BetrVG unter Angabe des zutreffenden Sachverhalts, ist der Arbeitgeber verpflichtet, dem Betriebsrat ergänzend mitzuteilen, warum aus seiner Sicht trotzdem eine Weiterbeschäftigung des Arbeitnehmers auf diesem Arbeitsplatz nicht in Betracht kommt. Unterlässt er dies, ist die Kündigung nach § 102 Abs. 1 S. 3 BetrVG unwirksam.[2533]

7. Weiterbeschäftigungsmöglichkeit im öffentlichen Dienst

785 Die Weiterbeschäftigungspflicht im öffentlichen Dienst erstreckt sich auf Arbeitsplätze in **derselben Dienststelle** oder in einer **anderen Dienststelle desselben Verwaltungszweigs** an demselben Dienstort einschließlich seines Einzugsgebiets.[2534] Dies ergibt sich aus der Einschränkung, die der Gesetzgeber in Abs. 2 S. 2 Nr. 2b getroffen hat. Was zum Dienstort einschließlich seines Einzugsgebiets gehört, ergibt sich aus dem Verweis in § 78 Abs. 1 Nr. 6 BPersVG auf die Regelungen des Umzugskostenrechts. Nach § 3 Abs. 1 Nr. 1 Buchst. c BUKG gehört zum Einzugsgebiet das Gebiet, das auf einer üblicherweise befahrenen Strecke weniger als 30 km von der neuen Dienststätte entfernt ist oder im neuen Dienstort liegt. Die Gesamtheit der Dienststellen in dem umschriebenen Gebiet ist dem Unternehmen im Bereich der Privatwirtschaft gleichgestellt.[2535] Ebenso wie in der Privatwirtschaft muss bei der Kündigung im Bereich des öffentlichen Dienstes zusätzlich zu dem Wegfall von Beschäftigungsmöglichkeiten eine Weiterbeschäftigungsmöglichkeit in dem in Abs. 2 S. 2 Nr. 2b genannten Gebiet fehlen.[2536] Auf einen Widerspruch des Personalrats kommt es hierbei ebenso wenig an wie auf einen Widerspruch des Betriebsrats.[2537]

[2530] BAG 30.9.1993 – 2 AZR 283/93, NZA 1994, 615.

[2531] BAG 17.2.2000 – 2 AZR 913/98, AP BetrVG 1972 § 102 Nr. 113; 21.9.2000 – 2 AZR 385/99, AP KSchG 1969 § 1 Betriebsbedingte Kündigung Nr. 111.

[2532] BAG 29.3.1990 – 2 AZR 369/89, AP KSchG 1969 § 1 Betriebsbedingte Kündigung Nr. 50; 21.9.2000 – 2 AZR 385/99, AP KSchG 1969 § 1 Betriebsbedingte Kündigung Nr. 111; ausf. Bitter NZA 1991 Beil. 3, 16 ff.

[2533] BAG 17.2.2000 – 2 AZR 913/98, AP BetrVG 1972 § 102 Nr. 113.

[2534] BAG 23.11.2004 – 2 AZR 38/04, AP KSchG 1969 § 1 Soziale Auswahl Nr. 70; 12.8.2010 – 2 AZR 558/09, AP KSchG 1969 § 2 Nr. 146.

[2535] BAG 15.12.1994 – 2 AZR 320/94, NJW 1996, 339; APS/Kiel Rn. 554; Lingemann/Grothe NZA 1999, 1072 (1074); KR/Rachor Rn. 153; HK-KSchG/Weller/Dorndorf Rn. 932.

[2536] BAG 6.12.2001 – 2 AZR 695/00, EzA § 1 KSchG Betriebsbedingte Kündigung Nr. 115.

[2537] BAG 17.5.1984 – 2 AZR 109/83, NZA 1985, 489.

8. Darlegungs- und Beweislast

Bezüglich der Möglichkeit einer anderweitigen Beschäftigung gilt im Kündigungsschutzprozess eine **abgestufte Darlegungs- und Beweislast.**[2538] Dabei ist davon auszugehen, dass nach Abs. 2 S. 4 der Arbeitgeber beweispflichtig ist, er also die Feststellungslast trägt. Der Umfang seiner Darlegungslast ist nach § 138 Abs. 2 ZPO davon abhängig, wie sich der Prozessgegner auf seinen Vortrag einlässt. Der Arbeitgeber genügt zunächst seiner Darlegungslast, wenn er allgemein vorträgt, eine Weiterbeschäftigung des Arbeitnehmers sei nicht möglich.[2539] Es ist dann Sache des Arbeitnehmers, konkrete Vorstellungen zur Möglichkeit anderweitiger Beschäftigung zu äußern und deutlich zu machen, wie er sich seine Tätigkeit vorstellt. Vom Arbeitnehmer wird dabei freilich nicht verlangt, einen konkreten freien Arbeitsplatz zu benennen.[2540] Die Behauptung des Arbeitnehmers, der Arbeitgeber könne ihn ohne Weiteres in vielfältiger Weise anderweitig beschäftigen, geht jedoch nicht über einfaches Bestreiten der fehlenden Beschäftigungsmöglichkeit hinaus und genügt deshalb nicht den Anforderungen.[2541] Auf nähere Darlegungen des Arbeitnehmers, wie er sich eine anderweitige Beschäftigung vorstellt, muss der Arbeitgeber dann eingehend erläutern, aus welchem Grund eine Beschäftigung auf einem entsprechenden Arbeitsplatz nicht möglich gewesen sei.[2542] Dies gilt grds. auch, wenn sich der Arbeitnehmer auf einen nur ausnahmsweise anzuerkennenden konzernweiten Kündigungsschutz, also bspw. auf eine Weiterbeschäftigung in einem Tochterunternehmen, beruft (→ Rn. 720 f.).[2543] 786

VI. Beurteilungszeitpunkt

Maßgeblicher Zeitpunkt für die Beurteilung der sozialen Rechtfertigung betriebsbedingter Kündigungen ist grds. – wie bei allen Kündigungen – der Zeitpunkt des **Zugangs der Kündigungserklärung** (→ Rn. 226).[2544] 787

Wird die Kündigung auf die **künftige Entwicklung der betrieblichen Verhältnisse** gestützt, muss der Arbeitgeber mit der Kündigung allerdings nicht bis zum Abschluss der Entwicklung warten. Beabsichtigt er bspw. einen Betriebsteil zu einem bestimmten in der Zukunft liegenden Zeitpunkt stillzulegen, ist der Arbeitgeber nicht gehalten, die Kündigung erst nach Durchführung der Stilllegung auszusprechen. Es kommt auch eine Kündigung wegen beabsichtigter Stilllegung in Betracht (dazu noch → Rn. 815). Erforderlich 788

[2538] BAG 18.1.1990 – 2 AZR 357/89, NZA 1990, 729; BAG 29.3.1990 – 2 AZR 369/89, AP KSchG 1969 § 1 Betriebsbedingte Kündigung Nr. 50; 21.9.2000 – 2 AZR 385/99, AP KSchG 1969 § 1 Betriebsbedingte Kündigung Nr. 111; 15.8.2002 – 2 AZR 195/01, AP BGB § 613a Nr. 241; 25.10.2012 – 2 AZR 552/11, NZA-RR 2013, 632 Rn. 30; 29.8.2013 – 2 AZR 809/12, NZA 2014, 730 Rn. 24; ausf. Ascheid Beweislastfragen S. 151 ff.; ferner Kleinebrink DB 2013, 2448; APS//Vossen Rn. 111.

[2539] BAG 10.1.1994 – 2 AZR 489/93, AP KSchG 1969 § 1 Konzern Nr. 8; 15.8.2002 – 2 AZR 195/01, AP BGB § 613a Nr. 241; 1.3.2007 – 2 AZR 650/05, AP KSchG 1969 § 1 Betriebsbedingte Kündigung Nr. 164.

[2540] BAG 25.2.1988 – 2 AZR 500/87, BeckRS 1988, 30725279 unter B II 2 c dd; BAG 15.8.2002 – 2 AZR 195/01, AP BGB § 613a Nr. 241; 1.3.2007 – 2 AZR 650/05, AP KSchG 1969 § 1 Betriebsbedingte Kündigung Nr. 164; eing. Ascheid Beweislastfragen S. 156 ff.

[2541] Zutr. BAG 24.2.2000 – 8 AZR 167/99, AP KSchG 1969 § 1 Soziale Auswahl Nr. 47; LAG Nürnberg 4.11.2008 – 6 Sa 225/08, LAGE § 2 KSchG Nr. 62 = BeckRS 2009, 50010; LAG Schleswig-Holstein 24.11.2010 – 4 Sa 250/10, BeckRS 2011, 68537: rechtsmissbräuchliche Kündigung mit zweijähriger Frist, weil dem Arbeitnehmer die Möglichkeit zu einem entsprechenden Vortrag genommen werde.

[2542] BAG 17.9.1998 – 2 AZR 419/97, AP BGB § 626 Nr. 148; 21.9.2000 – 2 AZR 385/99, AP KSchG 1969 § 1 Betriebsbedingte Kündigung Nr. 111; 15.8.2002 – 2 AZR 195/01, AP BGB § 613a Nr. 241; 1.3.2007 – 2 AZR 650/05, AP KSchG 1969 § 1 Betriebsbedingte Kündigung Nr. 164.

[2543] BAG 10.1.1994 – 2 AZR 489/93, AP KSchG 1969 § 1 Konzern Nr. 8.

[2544] BAG 10.10.1996 – 2 AZR 477/95, AP KSchG 1969 § 1 Betriebsbedingte Kündigung Nr. 81; 27.2.1997 – 2 AZR 160/96, AP KSchG 1969 § 1 Wiedereinstellung Nr. 1; 4.12.1997 – 2 AZR 140/97, AP KSchG 1969 § 1 Wiedereinstellung Nr. 4; 12.4.2002 – 2 AZR 256/01, AP KSchG 1969 § 1 Betriebsbedingte Kündigung Nr. 120; 17.6.2003 – 2 AZR 134/02, AP BGB § 613a Nr. 260; 1.2.2007 – 2 AZR 710/05, AP BGB § 162 Nr. 6; 13.2.2008 – 2 AZR 75/06, AP KSchG 1969 § 1 Betriebsbedingte Kündigung Nr. 173; KR/Rachor Rn. 588; HK-KSchG/Weller/Dorndorf Rn. 943.

ist dann, dass zum Kündigungszeitpunkt aufgrund einer vernünftigen betriebswirtschaftlichen Betrachtung davon auszugehen ist, mit Ablauf der einzuhaltenden Kündigungsfrist werde die geplante Maßnahme durchgeführt und der Arbeitnehmer damit entbehrlich sein.[2545] Dabei muss die der Prognose zugrunde liegende **Entscheidung bereits getroffen** sein. Ggf. handelt es sich insoweit lediglich um einen inneren Willensbildungsprozess einer einzelnen Person, dessen Vorliegen vom Gericht im Bestreitensfall nach § 286 ZPO zu beurteilen ist.[2546] An einer abschließenden Entscheidung fehlt es, wenn vor Ausspruch der Kündigung ein Kaufinteressent ein Angebot unterbreitet, das vom kündigenden Arbeitgeber nicht mit einer Absage wegen endgültiger Stilllegung beantwortet wird, sondern mit der Aufnahme konkreter Verhandlungen (→ Rn. 816).[2547] Dasselbe gilt iErg, wenn der Arbeitgeber einerseits eine Stellenstreichung plant, andererseits aber den Fall einer Nachbesetzung derart detailliert vorbereitet, dass sogar schon Festlegungen zum Verfahren getroffen werden.[2548] Läuft ein befristeter Dienstleistungsvertrag aus und bewirbt sich der Dienstleister um eine erneute Auftragserteilung, liegt nach Auffassung des BAG noch keine endgültige Entscheidung über den Wegfall der Beschäftigungsmöglichkeiten vor (→ Rn. 779).[2549] Vergleichbare Grundsätze gelten für eine bloße Betriebseinschränkung bzw. für den Abbau einzelner Arbeitsplätze. Auch insoweit ist zu prüfen, ob zum Zeitpunkt des Kündigungsausspruchs konkrete Anhaltspunkte dafür bestanden, dass zum Zeitpunkt des Kündigungstermins eine Beschäftigungsmöglichkeit für den gekündigten Arbeitnehmer nicht mehr gegeben sein würde.[2550]

789 Auch wenn es für die Beurteilung der sozialen Rechtfertigung grds. auf den Zeitpunkt des Zugangs der Kündigung ankommt, ist hierdurch nicht ausgeschlossen, aus dem **tatsächlichen Eintritt der prognostizierten Entwicklung** Rückschlüsse auf die Ernsthaftigkeit und Plausibilität der Prognose zu ziehen. Hieraus ergibt sich, dass der Arbeitgeber nach der Kündigung eben das getan hat, was er zuvor beschlossen hatte.[2551] Zur Bestätigung einer Beschäftigungsbedarfsprognose ist deshalb ein Rückgriff auf die später eintretende tatsächliche Entwicklung zulässig.[2552]

790 Liegen zum Zeitpunkt der Kündigung dringende betriebliche Erfordernisse iSd Abs. 2 S. 1 für eine Kündigung vor, wird die Kündigung **nicht nachträglich unwirksam,** wenn sich die betrieblichen Verhältnisse bspw. durch eine unerwartet gute Entwicklung der Auftragslage im Nachhinein verändern.[2553] In diesem Fall kann dem gekündigten Arbeitnehmer aber unter Umständen ein **Wiedereinstellungsanspruch** zustehen (ausf. → Rn. 227 ff.).[2554]

791 Eine **unzulässige Vorratskündigung** liegt vor, wenn der Arbeitgeber eine Kündigung ausspricht und die Umstände, die zu einem Arbeitskräfteüberhang führen, erst später eintreten, sei es durch eine **spätere Reorganisation,** sei es durch den Wegfall eines

---

[2545] BAG 12.4.2002 – 2 AZR 256/01, AP KSchG 1969 § 1 Betriebsbedingte Kündigung Nr. 120; 27.11.2003 – 2 AZR 48/03, AP KSchG 1969 § 1 Soziale Auswahl Nr. 64; 24.2.2005 – 2 AZR 214/04, AP KSchG 1969 § 1 Gemeinschaftsbetrieb Nr. 4; 13.2.2008 – 2 AZR 75/06, AP KSchG 1969 § 1 Betriebsbedingte Kündigung Nr. 173; 23.2.2010 – 2 AZR 268/08, AP KSchG 1969 § 18 Nr. 5; 20.2.2014 – 2 AZR 346/12, NZA 2014, 1069 Rn. 18.

[2546] BAG 31.7.2014 – 2 AZR 422/13, NZA 2015, 101 Rn. 36; 20.11.2014 – 2 AZR 512/13, NZA 2015, 679 Rn. 17.

[2547] BAG 29.9.2005 – 8 AZR 647/04, AP KSchG 1969 § 1 Betriebsbedingte Kündigung Nr. 139.

[2548] LAG Berlin-Brandenburg 29.9.2010 – 15 Sa 654/10, LAGE § 1 KSchG Betriebsbedingte Kündigung Nr. 88 = BeckRS 2010, 75069.

[2549] BAG 12.4.2002 – 2 AZR 256/01, AP KSchG 1969 § 1 Betriebsbedingte Kündigung Nr. 120; 13.2.2008 – 2 AZR 75/06, AP KSchG 1969 § 1 Betriebsbedingte Kündigung Nr. 173.

[2550] BAG 4.12.1986 – 2 AZR 23/86, BeckRS 1986, 30719456.

[2551] BAG 27.11.2003 – 2 AZR 48/03, AP KSchG 1969 § 1 Soziale Auswahl Nr. 64; 23.11.2004 – 2 AZR 24/04, AP KSchG 1969 § 1 Betriebsbedingte Kündigung Nr. 132; 7.7.2005 – 2 AZR 447/04, AP KSchG 1969 § 1 Betriebsbedingte Kündigung Nr. 136; 12.7.2007 – 2 AZR 666/05, AP ZPO § 551 Nr. 64; 12.7.2007 – 2 AZR 722/05, AP KSchG 1969 § 1 Betriebsbedingte Kündigung Nr. 168.

[2552] BAG 2.6.2005 – 2 AZR 480/04, AP KSchG 1969 § 1 Soziale Auswahl Nr. 75; 23.2.2012 – 2 AZR 548/10, NZA 2012, 852.

[2553] BAG 28.4.1988 – 2 AZR 623/87, NZA 1989, 265; 10.10.1996 – 2 AZR 477/95, AP KSchG 1969 § 1 Betriebsbedingte Kündigung Nr. 81; Wank SAE 1986, 151 (153); HK-KSchG/Weller/Dorndorf Rn. 945.

[2554] KR/Rachor Rn. 590.

Auftrags.[2555] In diesem Fall erweist sich die ausgesprochene Kündigung zwar im Nachhinein aus Sicht des Arbeitgebers als zweckmäßig, ihre Sozialwidrigkeit kann aber nicht nachträglich entfallen.

Der **Entschluss des Arbeitgebers, ab sofort keine Aufträge mehr anzunehmen,** allen 792
Arbeitnehmern schnellstmöglich zum nächstmöglichen Kündigungstermin zu kündigen und zur Abarbeitung der vorhandenen Aufträge keine eigenen Arbeitnehmer mehr oder diese nur noch während der Kündigungsfrist einzusetzen, ist als unternehmerische Entscheidung grds. geeignet, ein betriebsbedingtes Erfordernis für eine Kündigung zu begründen.[2556] Gleiches gilt, wenn sich ein Gebäudereinigungsunternehmen nach der Kündigung des Auftrags durch den Auftraggeber entschließt, sich nicht an der neuen Ausschreibung des Reinigungsauftrags zu beteiligen. Dann steht fest, dass der Arbeitgeber die in diesem Reinigungsobjekt tätigen Arbeitnehmer nicht mehr wird beschäftigen können.[2557] Eine Kündigung wegen Betriebsschließung ist allerdings nicht gerechtfertigt, solange der Arbeitgeber den Stilllegungsbeschluss lediglich erwägt oder plant, aber noch nicht gefasst hat.[2558]

VII. Gerichtliche Überprüfungsmöglichkeiten

Bei betriebsbedingten Kündigungen ist die **unternehmerische Entscheidung,** die der 793
ausgesprochenen Kündigung zugrunde liegt, nur darauf nachprüfbar, ob sie offenbar unsachlich, unvernünftig oder willkürlich und damit rechtsmissbräuchlich ist.[2559] Hierfür ist der Arbeitnehmer darlegungs- und beweispflichtig (→ Rn. 718; s. aber auch → Rn. 719 aE). Die arbeitgeberseitige Kündigung selbst ist keine Unternehmerentscheidung, die von den Gerichten im Kündigungsschutzprozess als bindend hinzunehmen wäre (→ Rn. 703). Dementsprechend ist zwischen der Unternehmerentscheidung selbst, deren Umsetzung auf betrieblicher Ebene und der als Folge der daraus resultierenden dringenden betrieblichen Erfordernisse ausgesprochenen Kündigung zu unterscheiden (→ Rn. 703).

In der Regel entsteht das **betriebliche Erfordernis nicht unmittelbar und allein durch** 794
bestimmte wirtschaftliche Entwicklungen (Produktionsrückgang etc), sondern aufgrund einer durch wirtschaftliche Entwicklungen oder fiskalische Überlegungen veranlassten unternehmerischen Entscheidung des Arbeitgebers. Die schlechte Auftragslage oder ein erheblicher Umsatzrückgang sind dann lediglich Anlass der unternehmerischen Entscheidung, Betriebsteile stillzulegen oder Rationalisierungsvorhaben einzuleiten.[2560] Folge der betrieblichen Durchführung der Unternehmerentscheidung sind dann ggf. betriebsbedingte Kündigungen.

Gegenstand der gerichtlichen Überprüfung ist, ob die vom Arbeitgeber behauptete 795
unternehmerische **Entscheidung überhaupt vor Ausspruch der Kündigung** getroffen

---

[2555] BAG 13.6.2002 – 2 AZR 589/01, AP ZPO § 284 Nr. 4; 13.2.2008 – 2 AZR 75/06, AP KSchG 1969 § 1 Betriebsbedingte Kündigung Nr. 173; LAG Berlin-Brandenburg 29.9.2010 – 15 Sa 654/10, LAGE § 1 KSchG Betriebsbedingte Kündigung Nr. 88 = BeckRS 2010, 75069.

[2556] BAG 18.1.2001 – 2 AZR 514/99, AP KSchG 1969 § 1 Betriebsbedingte Kündigung Nr. 115 mzustAnm Schrader; 23.11.2004 – 2 AZR 24/04, AP KSchG 1969 § 1 Betriebsbedingte Kündigung Nr. 132; 7.7.2005 – 2 AZR 447/04, AP KSchG 1969 § 1 Betriebsbedingte Kündigung Nr. 136.

[2557] BAG 15.7.2004 – 2 AZR 376/03, AP KSchG 1969 § 1 Soziale Auswahl Nr. 68.

[2558] BAG 12.4.2002 – 2 AZR 256/01, AP KSchG 1969 § 1 Betriebsbedingte Kündigung Nr. 120; 10.10.1996 – 2 AZR 477/95, AP KSchG 1969 § 1 Betriebsbedingte Kündigung Nr. 81.

[2559] StRspr, BAG 7.12.1978 – 2 AZR 155/77, AP KSchG 1969 § 1 Betriebsbedingte Kündigung Nr. 6; 24.10.1979 – 2 AZR 940/77, AP KSchG 1969 § 1 Betriebsbedingte Kündigung Nr. 8; 17.6.1999 – 2 AZR 141/99, AP KSchG 1969 § 1 Betriebsbedingte Kündigung Nr. 101; 17.6.1999 – 2 AZR 522/98, AP KSchG 1969 § 1 Betriebsbedingte Kündigung Nr. 102; 17.6.1999 – 2 AZR 456/98, AP KSchG 1969 § 1 Betriebsbedingte Kündigung Nr. 103; 26.9.2002 – 2 AZR 636/01, AP KSchG 1969 § 1 Betriebsbedingte Kündigung Nr. 124; 16.12.2004 – 2 AZR 66/04, AP KSchG 1969 § 1 Betriebsbedingte Kündigung Nr. 133.

[2560] BAG 26.6.1997 – 2 AZR 494/96, AP KSchG 1969 § 1 Betriebsbedingte Kündigung Nr. 86; 7.10.2004 – 2 AZR 122/04, AP KSchG 1969 § 1 Betriebsbedingte Kündigung Nr. 129.

wurde[2561] und ob der **Beschäftigungsbedarf** für den gekündigten Arbeitnehmer infolge dieser Entscheidung entfallen ist.[2562] Ob die vom Arbeitgeber behaupteten Gründe (bspw. Umsatzrückgang) für die Unternehmerentscheidung vorliegen, ist grds. (zur Ausnahme → Rn. 697) nicht vom Arbeitgeber darzulegen.[2563] Diese Motive sind nur von Bedeutung für die Frage, ob die unternehmerische Entscheidung willkürlich war, was wiederum erst nach entsprechenden Darlegungen des Arbeitnehmers gerichtlich nachzuprüfen ist.

796 Behauptet der Arbeitgeber, bereits **außerbetriebliche Gründe** allein hätten das Bedürfnis für eine Weiterbeschäftigung entfallen lassen, hat das Gericht nachzuprüfen, ob zum Zeitpunkt des Kündigungsausspruchs feststand, dass **zum Zeitpunkt des Ablaufs der Kündigungsfrist** eine Beschäftigungsmöglichkeit für den gekündigten Arbeitnehmer nicht mehr vorhanden sein würde.[2564] Das gilt insbes. dann, wenn sich aus dem Vortrag des Arbeitgebers eine Selbstbindung dahin ergibt, dass er Personal nur soweit abbauen will, wie es der Umsatzrückgang erfordert.[2565] Für diese Gründe der Kündigung ist der Arbeitgeber iE darlegungs- und beweispflichtig.[2566] Dies gilt auch für den Fall, dass sich eine parlamentarische Fraktion für die Kündigung eines Fraktionsmitarbeiters zum Ende der Legislaturperiode auf den ungewissen Wahlausgang beruft.[2567]

797 Ob die vom Arbeitgeber getroffene unternehmerische Entscheidung (bspw. Produktionseinstellung oder -verlagerung) wirtschaftlich sinnvoll oder zweckmäßig war, unterliegt nicht der Überprüfung durch die Gerichte. Diesen obliegt insoweit nur einer **Missbrauchskontrolle** (→ Rn. 710).[2568] Eine betriebsbedingte Kündigung kann daher nicht mit der Begründung als sozial ungerechtfertigt angesehen werden, der Arbeitgeber hätte anstelle einer teilweisen Stilllegung des Betriebs Rationalisierungsmaßnahmen durchführen müssen.[2569]

VIII. Einzelfälle

798 Im Folgenden werden die wichtigsten Fallgestaltungen betriebsbedingter Kündigungen in **alphabetischer Reihenfolge** dargestellt.

1. Altersteilzeit

799 Ist Block-Altersteilzeit vereinbart und befindet sich der Arbeitnehmer bereits in der **Freistellungsphase,** stellt die Stilllegung des Betriebs in der Insolvenz nach Auffassung

[2561] Dazu insbes. BAG 13.6.2002 – 2 AZR 589/01, AP ZPO § 284 Nr. 4; ferner BAG 29.8.2013 – 2 AZR 809/12, NZA 2014, 730 Rn. 14; 31.7.2014 – 2 AZR 422/13, NZA 2015, 101 Rn. 36.

[2562] BAG 15.6.1989 – 2 AZR 600/88, NZA 1990, 65; 19.5.1993 – 2 AZR 584/92, NZA 1993, 1075; 17.6.1999 – 2 AZR 522/98, AP KSchG 1969 § 1 Betriebsbedingte Kündigung Nr. 102; 7.10.2004 – 2 AZR 122/04, AP KSchG 1969 § 1 Betriebsbedingte Kündigung Nr. 129; 16.12.2004 – 2 AZR 66/04, AP KSchG 1969 § 1 Betriebsbedingte Kündigung Nr. 133; 24.5.2012 – 2 AZR 124/11, NZA 2012, 1223 Rn. 21; 29.8.2013 – 2 AZR 809/12, NZA 2014, 730 Rn. 13; Hillebrecht ZfA 1991, 87 (97); v. Hoyningen-Huene NZA 1994, 1009 (1011 f.).

[2563] Zutr. Rommé/Pauker NZA-RR 2000, 281 (284, 290).

[2564] So zutr. BAG 15.6.1989 – 2 AZR 600/88, AP KSchG 1969 § 1 Betriebsbedingte Kündigung Nr. 45 unter II 1 a; ErfK/Oetker Rn. 293; s. a. Ascheid NZA 1991, 873 (876).

[2565] BAG 11.9.1986 – 2 AZR 564/85, EzA KSchG § 1 Betriebsbedingte Kündigung Nr. 54; Hillebrecht ZfA 1991, 87 (97).

[2566] Grdl. BAG 7.12.1978 – 2 AZR 155/77, AP KSchG 1969 § 1 Betriebsbedingte Kündigung Nr. 6; s. hierzu auch Ascheid Beweislastfragen S. 146 f.

[2567] Vgl. LAG München 26.9.2024 – 3 SLa 46/24, NZA-RR 2025, 36 (zu § 4 Abs. 2 S. 2 BayFraktG).

[2568] Dazu insbes. BAG 26.9.2002 – 2 AZR 636/01, NZA 2003, 549; v. Hoyningen-Huene FS 50 Jahre BAG, 2004, 369 (387); Reuter RdA 2004, 161; sowie BAG 7.12.1978 – 2 AZR 155/77, AP KSchG 1969 § 1 Betriebsbedingte Kündigung Nr. 6 mAnm Reuter; 29.3.1990 – 2 AZR 369/89, AP KSchG 1969 § 1 Betriebsbedingte Kündigung Nr. 50; 17.6.1999 – 2 AZR 141/99, AP KSchG 1969 § 1 Betriebsbedingte Kündigung Nr. 101; 17.6.1999 – 2 AZR 522/98, AP KSchG 1969 § 1 Betriebsbedingte Kündigung Nr. 102; 17.6.1999 – 2 AZR 456/98, AP KSchG 1969 § 1 Betriebsbedingte Kündigung Nr. 103; 19.5.1993 – 2 AZR 584/92, AP KSchG 1969 § 2 Nr. 31; v. Hoyningen-Huene SAE 1991, 124 f.; NZA 1994, 1009 (1010).

[2569] BAG 24.10.1979 – 2 AZR 940/77, AP KSchG 1969 § 1 Betriebsbedingte Kündigung Nr. 8.

des BAG kein dringendes betriebliches Erfordernis dar, das die betriebsbedingte Kündigung sozial rechtfertigen kann.[2570] Der Arbeitnehmer habe hier seine volle, vertraglich geschuldete Arbeitsleistung bereits erbracht. Während der Freistellungsphase brauche der Arbeitgeber den Arbeitnehmer nicht zu beschäftigen. Damit liege kein dringendes betriebliches Erfordernis vor, das einer Weiterbeschäftigung des Arbeitnehmers in dem Betrieb entgegenstehe. Die vom Arbeitgeber während der Freistellungsphase zu erbringende Leistung bestehe allein noch in der Gehaltszahlung. Für die Erfüllung dieser Verpflichtung spiele es keine Rolle, ob der Betrieb weiterlaufe oder stillgelegt werde. Dagegen stellt die Stilllegung des Betriebs ein dringendes betriebliches Erfordernis iSd Abs. 2 S. 1 dar, wenn sich der Arbeitnehmer in der **Arbeitsphase** der Altersteilzeit nach dem Blockmodell befindet.[2571]

2. Anforderungsprofil

Die Gestaltung des Anforderungsprofils für freie Arbeitsplätze unterliegt grds. der **800** lediglich auf offenbare Unsachlichkeit zu überprüfenden Unternehmerentscheidung des Arbeitgebers.[2572] Soweit für die sachgerechte Erledigung der Arbeitsaufgabe bestimmte persönliche oder sachliche Voraussetzungen erforderlich sind, können die von ihm gestellten Anforderungen **nur auf offenbare Unsachlichkeit gerichtlich überprüft** werden. Die Entscheidung des Arbeitgebers, bestimmte Tätigkeiten nur von Arbeitnehmern mit bestimmten Qualifikationen ausführen zu lassen, ist von den Arbeitsgerichten zu respektieren, wenn die Qualifikationsmerkmale einen nachvollziehbaren Bezug zur Organisation der auszuführenden Arbeiten haben.[2573] Die Grenze zur Willkür ist dann erreicht, wenn die Festlegung der für einen konkreten Arbeitsplatz erforderlichen persönlichen Fähigkeiten und Eigenschaften keinen Bezug mehr zur konkreten Arbeitsaufgabe hat.[2574] Außerdem dürfen selbstverständlich keine Merkmale verlangt werden, die auf eine unzulässige Diskriminierung iSd AGG hinauslaufen.

Relevant ist diese Freiheit des Arbeitgebers zur Bestimmung des Anforderungsprofils **801** zum einen im Hinblick auf Weiterbeschäftigungsmöglichkeiten (→ Rn. 767 f.). So kann bspw. das **Vorhandensein einer Waffenerlaubnis** vom Arbeitgeber für die freie Position eines „bewaffneten" Wachmanns festgelegt werden.[2575] Dasselbe gilt im Hinblick auf **langjährige Erfahrung als Verkäufer** als sachliches Anforderungskriterium für die Frage, ob ein Kaufmann, dessen Stelle aufgrund einer Umorganisation entfallen ist, auf einer anderen freien Stelle weiter beschäftigt werden muss.[2576] Der Arbeitgeber verhält sich allerdings widersprüchlich (§ 242 BGB), wenn er zur Zeit der Kündigung andere vergleichbare freie Stellen mit Arbeitnehmern besetzt, die nicht über eine mehrjährige Berufserfahrung im Verkauf verfügen.[2577]

Zum anderen kann der Arbeitgeber auch das **Anforderungsprofil besetzter Arbeits-** **802** **plätze neu bestimmen,** was besonders brisant ist, weil sich damit die Frage stellt, ob eine betriebsbedingte oder eine personenbedingte Kündigung vorliegt, wenn der Arbeitnehmer den neuen Anforderungen nicht mehr gerecht wird. Das BAG tendiert in Fällen

[2570] BAG 5.12.2002 – 2 AZR 571/01, AP KSchG 1969 § 1 Betriebsbedingte Kündigung Nr. 125 iErg mzustAnm Stück; ebenso APS/Kiel Rn. 467; Stück NZA 2000, 749 (751).
[2571] BAG 16.6.2005 – 6 AZR 476/04, AP ATG § 3 Nr. 13.
[2572] BAG 24.6.2004 – 2 AZR 326/03, AP KSchG 1969 § 1 Nr. 76; 16.12.2004 – 2 AZR 66/04, AP KSchG 1969 § 1 Betriebsbedingte Kündigung Nr. 133; 7.7.2005– 2 AZR 399/04, AP KSchG 1969 § 1 Betriebsbedingte Kündigung Nr. 138; 10.7.2008 – 2 AZR 1111/06, AP KSchG 1969 § 1 Betriebsbedingte Kündigung Nr. 181; 22.10.2015 – 2 AZR 582/14, NZA 2016, 33 Rn. 15.
[2573] BAG 10.11.1994 – 2 AZR 242/94, AP KSchG 1969 § 1 Betriebsbedingte Kündigung Nr. 65; 18.10.2000 – 2 AZR 465/99, AP KSchG 1969 § 9 Nr. 39; 24.6.2004 – 2 AZR 326/03, AP KSchG 1969 § 1 Nr. 76; 10.7.2008 – 2 AZR 1111/06, AP KSchG 1969 § 1 Betriebsbedingte Kündigung Nr. 181; 24.5.2012 – 2 AZR 124/11, NZA 2012, 1223 Rn. 24.
[2574] BAG 24.6.2004 – 2 AZR 326/03, AP KSchG 1969 § 1 Nr. 76.
[2575] BAG 27.7.2018 – 2 AZR 476/10, NZA 2018, 234 Rn. 32.
[2576] BAG 24.6.2004 – 2 AZR 326/03, AP KSchG 1969 § 1 Nr. 76.
[2577] BAG 24.6.2004 – 2 AZR 326/03, AP KSchG 1969 § 1 Nr. 76.

dieser Art, in denen der Arbeitgeber in Ausübung seiner unternehmerischen Gestaltungsfreiheit eine Veränderung der Stellenanforderungen festlegt, unter Zugrundelegung der „Sphärentheorie“, nach der es bei Berührung verschiedener Bereiche allein auf die primäre Störquelle ankommen soll (→ Rn. 263 f.), zur Einordnung – nur – als betriebsbedingte Kündigung.[2578] Demgegenüber überzeugt es mehr, diese Konstellationen unter dem Blickwinkel sowohl einer betriebsbedingten als auch einer personenbedingten Kündigung zu würdigen, wobei die zusätzliche Beurteilung unter dem Blickwinkel einer personenbedingten Kündigung aber regelmäßig zu keiner Erweiterung der sozialen Rechtfertigung der Kündigung führt. Vielmehr kommt es in diesen Fällen gerade umgekehrt zu einer **Verschärfung des Kontrollmaßstabs,** um den Kündigungsschutz nicht durch eine nachträgliche Veränderung des Anforderungsprofils auszuhebeln. Allerdings ist nicht ganz klar, ob dies stets gelten soll[2579] oder nur dann, wenn es um die Änderung des Anforderungsprofils für einen Arbeitsplatz geht, der mit einem langjährig beschäftigten Arbeitnehmer besetzt ist.[2580] Dagegen dürfte es wohl keinen Unterschied machen, wenn das BAG teilweise „nur“ vom Erfordernis eines **nachvollziehbaren**[2581] und teilweise von einem **sachlich gebotenen Kriterium für die Aufgabenerledigung**[2582] spricht, weil in jedem Fall die **Abgrenzung zu einem bloß „wünschenswerten“ Stellenmerkmal** erfolgt. Dementsprechend hat das LAG Köln gehobene Englischkenntnisse „fließend in Wort und Schrift“ angesichts der konkreten betrieblichen Verhältnisse (Deutsch als Verwaltungssprache) nicht für erforderlich gehalten.[2583] Weiter hat das LAG Hamm die Impfung zutreffend nicht als arbeitsplatzbezogenes Kriterium für eine Monteurstätigkeit bei Kunden akzeptiert.[2584] IÜ ist teilweise zusätzlich davon die Rede, dass der betriebliche Anlass für die Neubestimmung des Profils im Einzelnen dargelegt werden muss.[2585] Außerdem hat der Arbeitgeber aufzuzeigen, dass die Kündigung nicht durch mildere Mittel, insbes. Umschulung und Fortbildung des Arbeitnehmers zu vermeiden war. Welche zeitliche Dauer für eine Fortbildung des bisherigen Arbeitsplatzinhabers im Hinblick auf nunmehr gesteigerte Arbeitsplatzanforderungen dem Arbeitgeber zumutbar ist, hängt vom Einzelfall ab und ist für Führungspositionen und mehr oder weniger untergeordnete Tätigkeiten ggf. unterschiedlich zu bewerten.[2586] Ist die Arbeitskapazität nach wie vor vorhanden, die Arbeitsleistung nunmehr aber an einem umgestalteten Arbeitsplatz zu erbringen, liegt ein dringendes betriebliches Erfordernis zur Kündigung vor, wenn der Arbeitnehmer nach seinen Fähigkeiten und seiner Vorbildung nicht den Anforderungen des umgestalteten Arbeitsplatzes entspricht.[2587] So ist denkbar, dass ein Unternehmen infolge einer Neuausrichtung neue Märkte im Ausland erschließt, die tatsächlich besondere Sprachkenntnisse der Vertriebsmitarbeiter erfordern. In einem solchen Fall hat der Arbeitgeber dem Arbeitnehmer gem. Abs. 2 S. 3 zunächst Sprachkurse anzubieten. Ist der Arbeitnehmer hiermit jedoch nicht einverstanden oder erweist er sich hierfür als nicht geeignet, kommt eine betriebsbedingte Kündigung in Betracht.

[2578] BAG 16.12.2004 – 2 AZR 66/04, AP KSchG 1969 § 1 Betriebsbedingte Kündigung Nr. 133; 7.7.2005 – 2 AZR 399/04, AP KSchG 1969 § 1 Betriebsbedingte Kündigung Nr. 138; 10.7.2008 – 2 AZR 1111/06, AP KSchG 1969 § 1 Betriebsbedingte Kündigung Nr. 181; zust. Vogt/Oltmanns NZA 2012, 599 (601 f.).

[2579] So offenbar BAG 2.3.2017 – 2 AZR 546/16, NZA 2017, 905 Rn. 23.

[2580] So offenbar BAG 24.5.2012 – 2 AZR 124/11, NZA 2012, 1223 Rn. 26; 24.5.2012 – 2 AZR 163/11, NZA-RR 2013, 74 Rn. 26; 20.6.2013 – 2 AZR 295/12, NZA 2014, 208 Rn. 18.

[2581] BAG 10.7.2008 – 2 AZR 1111/06, AP KSchG 1969 § 1 Betriebsbedingte Kündigung Nr. 181; 24.5.2012 – 2 AZR 163/11, NZA-RR 2013, 74 Rn. 26; 2.3.2017 – 2 AZR 546/16, NZA 2017, 905 Rn. 23.

[2582] BAG 24.5.2012 – 2 AZR 124/11, NZA 2012, 1223 Rn. 26; 20.6.2013 – 2 AZR 295/12, NZA 2014, 208 Rn. 18.

[2583] LAG Köln 14.3.2019 – 6 Sa 489/18, BeckRS 2019, 12382 Rn. 36 ff.

[2584] LAG Hamm 1.2.2024 – 15 Sa 1222/22, BeckRS 2024, 3452 Rn. 74 ff.; gleichsinnig APS/Kiel Rn. 479; Peisker/Bleckmann BB 2022, 635 (640); zurückhaltend auch Stöhr NZA 2021, 1215 (1218 f.); im Ausgangspunkt großzügiger Fuhlrott/Fischer NJW 2021, 657 (660).

[2585] BAG 2.3.2017 – 2 AZR 546/16, NZA 2017, 905 Rn. 23.

[2586] BAG 7.7.2005 – 2 AZR 399/04, AP KSchG 1969 § 1 Betriebsbedingte Kündigung Nr. 138.

[2587] BAG 16.12.2004 – 2 AZR 66/04, AP KSchG 1969 § 1 Betriebsbedingte Kündigung Nr. 133.

Bei **drittfinanzierten Arbeitsverträgen** wird das Anforderungsprofil oftmals bereits durch den Drittmittelgeber festgelegt. Deshalb ist anerkannt, dass bei drittfinanzierten Arbeitsverträgen die Entscheidung des Drittmittelgebers, die Fördermittel zu streichen bzw. zu kürzen, Anlass einer betriebsbedingten Kündigung sein kann. Führt der Drittmittelempfänger die bisher geförderte Maßnahme nicht – etwa aus eigenen Mitteln – fort, liegt darin für die dort betroffenen Arbeitnehmer an sich ein Grund für eine betriebsbedingte Kündigung (→ Rn. 835).[2588] Auch soweit der Drittmittelgeber versucht, auf die Besetzung der finanzierten Arbeitsplätze im Betrieb des Drittmittelempfängers Einfluss zu nehmen und dabei insbes. eine bestimmte Mindestqualifikation der Arbeitnehmer durchzusetzen, haben sich die unternehmerischen Entscheidungen des Drittmittelempfängers stets an dem Recht des Drittmittelgebers zu orientieren, die Fördermittel zu streichen und ggf. andere Institutionen zu fördern.[2589] 803

3. Arbeitsverdichtung

Der Entschluss des Arbeitgebers, die **vorhandene Arbeit neu zu organisieren und künftig mit weniger Personal zu erledigen,** ist eine freie Unternehmerentscheidung. Zutreffend hat das BAG angenommen, der möglichst rationelle Einsatz der Arbeitskräfte sei Sache des Arbeitgebers.[2590] Der Arbeitgeber kann grds. sowohl das Arbeitsvolumen (Menge der zu erledigenden Arbeit) als auch das diesem zugeordnete Arbeitskraftvolumen (Arbeitnehmer-Stunden) und damit auch das Verhältnis dieser beiden Größen zueinander festlegen. Der bloße Wunsch, fortan mit weniger Beschäftigten zu arbeiten, stellt freilich nicht die unternehmerische Entscheidung dar.[2591] Erforderlich ist vielmehr eine Neuordnung der Arbeitsabläufe.[2592] Tritt infolge der neuen Aufgabenverteilung eine Leistungsverdichtung ein, ist dies nicht zu beanstanden, soweit das unternehmerische Konzept nicht gesetz-, tarif- oder vertragswidrig ist. Eine unzulässige Leistungsverdichtung liegt bspw. vor, wenn die zu erledigenden Aufgaben von den verbleibenden Arbeitnehmern nur durch Überstunden bewältigt werden können.[2593] 804

Erfolgt die Arbeitsverdichtung durch den **Abbau einer Hierarchieebene** verbunden mit einer Neuverteilung der dem betroffenen Arbeitnehmer bisher zugewiesenen Aufgaben, hat der Arbeitgeber darzulegen, in welchem Umfang die bisher vom Arbeitnehmer ausgeübten Tätigkeiten zukünftig im Vergleich zum bisherigen Zustand entfallen. Er muss aufgrund seiner unternehmerischen Vorgaben die zukünftige Entwicklung der Arbeitsmenge anhand einer näher konkretisierten Prognose darstellen und angeben, wie die anfallenden Arbeiten vom verbliebenen Personal ohne überobligationsmäßige Leistungen erledigt werden können (→ Rn. 727 mwN). 805

Die Bestimmung, wie in einem Ausbildungsbetrieb die jeweiligen Auszubildenden mit welcher Intensität von den Ausbildern betreut werden sollen, gehört zum Bereich der von den Arbeitsgerichten nur beschränkt überprüfbaren „Unternehmenspolitik". Dies gilt auch in den Fällen, in denen die **Richtlinien der Agenturen für Arbeit „Schlüsselzahlen"** für das Verhältnis von Auszubildenden und Ausbildern festgelegt haben. Weicht der Arbeitgeber von diesen Zahlen ab, ist die unternehmerische Organisationsmaßnahme 806

[2588] BAG 30.10.1987 – 7 AZR 138/87, BeckRS 1987, 30723552.

[2589] BAG 7.11.1996 – 2 AZR 811/95, AP KSchG 1969 § 1 Betriebsbedingte Kündigung Nr. 82.

[2590] So zutr. BAG 24.4.1997 – 2 AZR 352/96, AP KSchG 1969 § 2 Nr. 42; 17.6.1999 – 2 AZR 141/99, AP KSchG 1969 § 1 Betriebsbedingte Kündigung Nr. 101; 17.6.1999 – 2 AZR 522/98, AP KSchG 1969 § 1 Betriebsbedingte Kündigung Nr. 102; Franzen NZA 2001, 805 (810); Hillebrecht ZfA 1991, 87 (107); v. Hoyningen-Huene NZA 1994, 1009 (1010 f.); APS/Kiel Rn. 520 ff.; Singer/v. Finckenstein SAE 2000, 282 (284 ff.); LSSW/Schlünder Rn. 312; Stahlhacke DB 1994, 1361 (1364 f.); Tenczer/Stahlhacke Anm. zu LAG Bremen 3.5.1996 – 4 Sa 259/95, LAGE § 1 KSchG Soziale Auswahl Nr. 16.

[2591] Zutr. Kaiser NZA 2005 Beil. 1, 31 (36); APS/Kiel Rn. 541; aA Hümmerich/Spirolke NZA 1998, 797 (799).

[2592] BAG 17.6.1999 – 2 AZR 141/99, AP KSchG 1969 § 1 Betriebsbedingte Kündigung Nr. 101; 17.6.1999 – 2 AZR 522/98, AP KSchG 1969 § 1 Betriebsbedingte Kündigung Nr. 102; 22.5.2003 – 2 AZR 326/02, AP KSchG 1969 § 1 Betriebsbedingte Kündigung Nr. 128.

[2593] BAG 12.3.2009 – 2 AZR 418/07, NZA 2009, 1023 Rn. 24.

nicht ohne Weiteres unwirksam, weil rahmenrechtliche Regelungen oder auch vertragliche Abreden dieser Art mit Dritten keinen arbeitnehmerschützenden Charakter haben. Die Abweichung von den „Schlüsselzahlen" kann allerdings mittelbar Bedeutung hinsichtlich der voll zu überprüfenden Frage der dauerhaften Umsetzung der Organisationsentscheidung gewinnen, wenn offensichtlich ist, dass der Dritte diese Maßnahme nicht hinnehmen wird.[2594]

807 Nicht erforderlich ist, dass die unternehmerische Entscheidung auch zu einer Reduzierung der Arbeitsmenge führt.[2595] Die unternehmerische Entscheidungsfreiheit umfasst notwendigerweise auch die **Freiheit, Arbeitsabläufe zu verändern,** um möglichst wirtschaftlich und marktgerecht arbeiten zu können. Der Unternehmer ist nicht an eine einmal getroffene Organisationsentscheidung gebunden. Soweit die eintretende Leistungsverdichtung nicht von vornherein gesetz-, tarif- oder vertragswidrig ist und von den betroffenen Arbeitnehmern keine überobligatorischen Leistungen verlangt werden, ist die unternehmerische Entscheidung bindend.

4. Auftragsvergabe

808 Für **Dienstleistungsunternehmen,** wie Reinigungs- oder Bewachungsunternehmen, stellt sich immer wieder die Frage, ob eine Kündigung möglich ist, wenn der befristete Dienstleistungsauftrag ausläuft und sich das Unternehmen im Rahmen des Vergabeverfahrens um die erneute Auftragserteilung bewirbt. Dies ist deshalb von praktischer Bedeutung, weil Auftraggeber oftmals erst kurz vor Ablauf des Vertrags über die Vergabe des neuen Auftrags entscheiden. Nach Auffassung des BAG kommt in diesen Fällen eine betriebsbedingte Kündigung erst in Betracht, wenn feststeht, dass das Unternehmen den Dienstleistungsauftrag nicht erneut erhält. Vorher liege keine endgültige Entscheidung über den Wegfall von Beschäftigungsmöglichkeiten vor. Solange das Unternehmen an der Ausschreibung teilnehme und über den Zuschlag nicht entschieden sei, gebe es keine greifbaren Anhaltspunkte für die Annahme, die Arbeitnehmer könnten zum Kündigungstermin entbehrt werden.[2596]

809 Dies ist nicht unbedenklich, weil die Frage, ob ein neuer Auftrag erteilt wird, **nicht in der Hand des Arbeitgebers** liegt. Insoweit unterscheidet sich diese Gestaltung entgegen der Auffassung des BAG von den sonstigen Fällen betriebsbedingter Kündigungen nach gestaltenden unternehmerischen Entscheidungen, bei denen es infolge der vom Arbeitgeber getroffenen Maßnahmen zum Wegfall von Beschäftigungsmöglichkeiten kommt. Allerdings geht es zu weit, bei jeder niemals ganz auszuschließenden Ungewissheit über eine Auftragsneuerteilung vom Wegfall der Beschäftigungsmöglichkeiten mit Ablauf des Auftrags auszugehen und die Arbeitnehmer vollständig auf einen Wiedereinstellungsanspruch zu verweisen.[2597] Auch außerhalb von förmlichen Vergabeverfahren können sich Unternehmen über den weiteren Kundenzuspruch häufig nicht sicher sein, ohne dass sich daraus bereits ein Grund für eine betriebsbedingte Kündigung ergibt. Vielmehr ist eine Kündigung wegen der zu erwartenden Entwicklung erst dann statthaft, wenn es **konkrete Anhaltspunkte** dafür gibt, dass **mit einem erneuten Zuschlag für den Anschlussauftrag nicht mehr gerechnet werden** kann.[2598] Ansonsten läge der Sache nach eine Vorratskündigung vor. Dabei ist der Prüfungsmaßstab für das Vorliegen eines dringenden betriebsbedingten Grundes nicht deshalb zu reduzieren, weil ein gemeinnütziger Arbeitgeber zahlreiche Arbeitnehmer mit langen Kündigungsfristen hat. Denn der

[2594] BAG 2.6.2005 – 2 AZR 480/04, AP KSchG 1969 § 1 Soziale Auswahl Nr. 75.

[2595] Ebenso Ehmann/Krebber Anm. zu BAG 17.6.1999 – 2 AZR 522/98, AP KSchG 1969 § 1 Betriebsbedingte Kündigung Nr. 102; Hümmerich/Spirolke NZA 1998, 797 ff.; aA Ascheid DB 1987, 1144 (1146); Preis NZA 1995, 2241 (2247).

[2596] BAG 12.4.2002 – 2 AZR 256/01, NZA 2002, 1205; 13.2.2008 – 2 AZR 75/06, AP KSchG 1969 § 1 Betriebsbedingte Kündigung Nr. 173.

[2597] AA Bauer/Baeck RdA 2002, 173; ebenso v. Hoyningen-Huene/Linck, 14. Aufl. 2007.

[2598] APS/Kiel Rn. 474.

Sinn längerer Kündigungsfristen würde in sein Gegenteil verkehrt, wenn bei der Kündigung der betroffenen Arbeitnehmer geringere Anforderungen an den betriebsbedingten Grund zu stellen wären als bei Arbeitnehmern mit kürzeren Kündigungsfristen, die in der Regel kürzer beschäftigt und jünger sind.[2599]

5. Auslagerung von Arbeitsaufgaben („Outsourcing")

Entschließt sich ein Unternehmen, **bisher selbst wahrgenommene Aufgaben an Drittfirmen zu übertragen,** ist hierin eine grds. bindende Unternehmerentscheidung zu sehen (zur Übertragung von Aufgaben auf Leiharbeitnehmer → Rn. 841 f.)[2600] Die Vergabe von bisher im Betrieb durchgeführten Arbeiten an ein anderes Unternehmen kann zum Wegfall von Arbeitsplätzen führen und ein dringendes betriebliches Erfordernis für eine betriebsbedingte Kündigung darstellen.[2601] Allerdings müssen diese Arbeiten dem anderen Unternehmen **zur selbständigen Durchführung übertragen** werden. Behält der Arbeitgeber das Weisungsrecht über die Personen, welche die Aufgaben künftig wahrnehmen, führt eine solche organisatorische Gestaltung noch nicht zum Wegfall der bisherigen betrieblichen Arbeitsplätze; es liegt vielmehr eine unzulässige sog. Austauschkündigung vor (→ Rn. 715 mwN). Der ernsthafte und endgültige Entschluss zur Fremdvergabe von Tätigkeiten berechtigt den Arbeitgeber nicht erst dann zur Kündigung, wenn ein Vertrag mit der Drittfirma über die Aufgabenübertragung geschlossen wurde, vielmehr reicht es aus, wenn der Arbeitgeber auf Grundlage bereits eingeholter Angebote berechtigterweise annehmen durfte, die Kündigungsfrist biete für den Vertragsschluss ausreichend Zeit.[2602] 810

Zu diesen oftmals im Zusammenhang mit Fragen des Betriebsübergangs behandelten Fällen gehören bspw. die Ausgliederung der **Lohnbuchhaltung** an eine Steuerberatungsgesellschaft, die Vergabe von **Reinigungsarbeiten,**[2603] **Wachschutzaufgaben,**[2604] **Hausmeisterdiensten,**[2605] der **Kantinenbewirtschaftung**[2606] oder der **Servicetechnik**[2607] an Dienstleistungsunternehmen sowie die Vergabe von einfachen **Bauarbeiten** an spezialisierte Subunternehmen.[2608] Gleiches gilt für die Entscheidung eines Krankenhausträgers, das eigene **Labor** zu schließen und die bisher im Krankenhaus durchgeführten Laborarbeiten durch ein Fremdlabor erbringen zu lassen,[2609] für die **Übertragung von Rechtsschutzaufgaben des DGB** auf die DGB-Rechtsschutz GmbH[2610] sowie für die **Verlagerung von Aufgaben auf ein konzernangehöriges Unternehmen.**[2611] 811

Die Folge der Verlagerung von Aufgaben auf andere Unternehmen ist, dass für die bisher mit den Aufgaben beschäftigten Arbeitnehmer das **Bedürfnis für die Weiterbeschäftigung als Arbeitnehmer wegfällt.**[2612] Von den Gerichten ist in diesen Fällen nachzuprüfen, ob das unternehmerische Konzept auch tatsächlich umgesetzt wird, dh ob 812

2599 BAG 13.2.2008 – 2 AZR 75/06, AP KSchG 1969 § 1 Betriebsbedingte Kündigung Nr. 173.

2600 BAG 7.3.1980 – 7 AZR 1093/77, AP KSchG 1969 § 1 Betriebsbedingte Kündigung Nr. 9; 30.4.1987 – 2 AZR 184/86, AP KSchG 1969 § 1 Betriebsbedingte Kündigung Nr. 42; 17.6.1999 – 2 AZR 522/98, AP KSchG 1969 § 1 Betriebsbedingte Kündigung Nr. 102; 16.12.2004 – 2 AZR 66/04, AP KSchG 1969 § 1 Betriebsbedingte Kündigung Nr. 133; MüKoBGB/Hergenröder Rn. 394; APS/Kiel Rn. 509; ErfK/Oetker Rn. 273; HK-KSchG/Weller/Dorndorf Rn. 961.

2601 StRspr, s. nur BAG 9.9.2010 – 2 AZR 493/09, AP KSchG 1969 § 1 Betriebsbedingte Kündigung Nr. 185.

2602 BAG 20.11.2014 – 2 AZR 512/13, NZA 2015, 679 Rn. 24.

2603 BAG 11.12.1997 – 8 AZR 729/96, AP BGB § 613a Nr. 172; 7.12.2006 – 2 AZR 748/05, AP KSchG 1969 § 1 Soziale Auswahl Nr. 88; 20.6.2013 – 2 AZR 379/12, NZA 2014, 139.

2604 BAG 22.1.1998 – 8 AZR 775/96, AP BGB § 613a Nr. 174.

2605 BAG 20.11.2014 – 2 AZR 512/13, NZA 2015, 679.

2606 BAG 11.12.1997 – 8 AZR 426/94, AP BGB § 613a Nr. 171; 26.9.2002 – 2 AZR 636/01, AP KSchG 1969 § 1 Betriebsbedingte Kündigung Nr. 124.

2607 BAG 22.11.2012 – 2 AZR 673/11, NZA 2013, 730.

2608 BAG 17.6.1999 – 2 AZR 522/98, AP KSchG 1969 § 1 Betriebsbedingte Kündigung Nr. 102.

2609 BAG 27.6.2002 – 2 AZR 489/01, EzA § 1 KSchG Betriebsbedingte Kündigung Nr. 119; dazu Schrader/Schubert NZA-RR 2004, 393.

2610 BAG 7.12.2000 – 2 AZR 391/99, AP KSchG 1969 § 1 Betriebsbedingte Kündigung Nr. 113.

2611 BAG 28.2.2023 – 2 AZR 227/22, NZA 2023, 578.

2612 BAG 9.5.1996 – 2 AZR 438/95, AP KSchG 1969 § 1 Betriebsbedingte Kündigung Nr. 79; 7.12.2006 – 2 AZR 748/05, AP KSchG 1969 § 1 Soziale Auswahl Nr. 88.

die Aufgaben tatsächlich weggefallen sind.[2613] Bei der Einführung eines Franchise-Systems ist überprüfbar, ob die Gekündigten wirklich selbständig tätig sind oder ob in Wahrheit ein verschleiertes Arbeitsverhältnis und somit sog. „Scheinselbständigkeit" vorliegt.[2614] Das BAG hat allerdings die Entscheidung des Unternehmers, einen Betriebsteil durch eine noch zu gründende, finanziell, wirtschaftlich und organisatorisch in sein Unternehmen voll eingegliederte Organgesellschaft mit von dieser neu einzustellenden Arbeitnehmern weiter betreiben zu lassen, nicht als dringendes betriebliches Erfordernis iSd § 1 Abs. 2 anerkannt, weil eine solche Entscheidung rechtsmissbräuchlich sei (→ Rn. 714).[2615]

813 Demgegenüber hat das BAG in dem **„Weight-Watchers-Urteil"** zu Recht eine wirksame Umgestaltung der zugrunde liegenden Vertragsform für die Vertriebsmitarbeiter von einem Arbeitsverhältnis in ein freies Mitarbeiterverhältnis angenommen.[2616] Dasselbe gilt, wenn bestimmte Aufgaben künftig durch einen – nicht in Wirklichkeit als Arbeitnehmer einzuordnenden – Geschäftsführer wahrgenommen werden sollen.[2617] Im **„Crewing-Fall"** kam das BAG dagegen zu dem Ergebnis, dass Ziel der unternehmerischen Entscheidung nicht die Übertragung von Aufgaben an Dritte zur selbständigen Erledigung war.[2618] Die beauftragte Drittfirma sollte vielmehr lediglich für den Arbeitgeber Personal auswählen und zur Verfügung stellen. Das so ausgewählte Personal – hier: Kapitän eines Seeschiffes – wurde dann in den Schiffsbetrieb des Arbeitgebers eingegliedert und dem Weisungsrecht des Arbeitgebers und nicht der Drittfirma unterworfen. Hierin sah das BAG eine unzulässige Austauschkündigung. Entscheidend für die Wirksamkeit der Kündigung ist damit die schlüssige Darlegung des geänderten Personalkonzepts und dessen Umsetzung durch den Arbeitgeber.[2619]

6. Betriebsstilllegung

814 Eine Betriebsstilllegung setzt den **ernstlichen und endgültigen Entschluss** des Unternehmers voraus, die Betriebs- und Produktionsgemeinschaft zwischen Arbeitgeber und Arbeitnehmer aufzuheben.[2620] Der Arbeitgeber muss entschlossen sein, die bisherige wirtschaftliche Betätigung in der ernstlichen Absicht einzustellen, den bisherigen Betriebszweck dauernd oder für eine ihrer Dauer nach unbestimmte, wirtschaftlich nicht unerhebliche Zeitspanne nicht weiterzuverfolgen.[2621] Erforderlich ist die **Prognose,** dass mit Ablauf der Kündigungsfrist für eine nicht unerhebliche Zeit keine Beschäftigungsmöglichkeit für den Arbeitnehmer mehr besteht. Bei alsbaldiger Wiedereröffnung des Betriebs spricht dagegen eine tatsächliche Vermutung gegen die ernsthafte Stilllegungsabsicht.[2622] Ob eine nur vorübergehende Betriebsstilllegung vorliegt, deren Überbrückung dem Arbeitgeber zugemutet werden kann, ist nach den konkreten Umständen des

---

[2613] BAG 16.12.2004 – 2 AZR 66/04, AP KSchG 1969 § 1 Betriebsbedingte Kündigung Nr. 133.

[2614] Zutr. APS/Kiel Rn. 514 f.

[2615] BAG 26.9.2002 – 2 AZR 636/01, AP KSchG 1969 § 1 Betriebsbedingte Kündigung Nr. 124.

[2616] BAG 9.5.1996 – 2 AZR 438/95, NZA 1996, 1145; ebenso BAG 13.3.2008 – 2 AZR 1037/06, NZA 2008, 878; 18.9.2008 – 2 AZR 560/07, AP KSchG 1969 § 1 Nr. 89; LAG Köln 28.6.1996 – 11 (12) Sa 296/96, LAGE § 1 KSchG Betriebsbedingte Kündigung Nr. 40; KR/Rachor Rn. 640; LSSW/Schlünder Rn. 393; HaKo-KSchR/Zimmermann Rn. 770; krit. DD/Deinert Rn. 356; B. Preis AuR 1997, 60 (65 f.); Preis NZA 1997, 1073 (1079); PVT Kündigung/Temming Rn. 1055.

[2617] BAG 31.7.2014 – 2 AZR 422/13, NZA 2015, 101 R. 41 f.

[2618] BAG 26.9.1996 – 2 AZR 200/96, AP KSchG 1969 § 1 Betriebsbedingte Kündigung Nr. 80.

[2619] So zutr. APS/Kiel Rn. 516.

[2620] StRspr, BAG 21.6.2001 – 2 AZR 137/00, AP KSchG 1969 § 15 Nr. 50; 7.7.2005 – 2 AZR 447/04, AP KSchG 1969 § 1 Betriebsbedingte Kündigung Nr. 136; 26.4.2007 – 8 AZR 695/05, AP InsO § 125 Nr. 4; aus neuerer Zeit BAG 27.2.2020 – 8 AZR 215/19, NZA 2020, 1303 Rn. 73; 14.5.2020 – 6 AZR 235/19, NZA 2020, 1091 Rn. 90.

[2621] So die stRspr, BAG 11.3.1998 – 2 AZR 414/97, AP BetrVG 1972 § 111 Nr. 43; 27.11.2003 – 2 AZR 48/03, AP KSchG 1969 § 1 Soziale Auswahl Nr. 64; 16.2.2012 – 8 AZR 693/10, NZA-RR 2012, 465 Rn. 37; 18.10.2012 – 6 AZR 41/11, NZA 2013, 1007 Rn. 47.

[2622] BAG 27.9.1984 – 2 AZR 309/83, AP BGB § 613a Nr. 39; APS/Kiel Rn. 481.

Einzelfalls zu beurteilen (zur witterungsbedingten Kündigung → Rn. 820).[2623] Das BAG hat einen Zeitraum von neun Monaten als erheblich angesehen.[2624]

815 Der Arbeitgeber kann die Kündigung wegen beabsichtigter Stilllegung bereits dann erklären, wenn die betrieblichen Umstände einer Betriebsstilllegung schon **greifbare Formen** angenommen haben und eine vernünftige, betriebswirtschaftliche Betrachtung die Prognose rechtfertigt, dass bis zum Ablauf der einzuhaltenden Kündigungsfrist die Stilllegung durchgeführt sein wird.[2625] Solche greifbaren Umstände liegen vor, wenn im Zeitpunkt des Kündigungsausspruchs aufgrund einer vernünftigen betriebswirtschaftlichen Betrachtung davon auszugehen ist, zum Zeitpunkt des Kündigungstermins werde mit einiger Sicherheit der Eintritt des die Entlassung erforderlich machenden betrieblichen Grundes vorliegen.[2626] Im Kündigungsschutzprozess muss der Arbeitgeber iE darlegen, dass und zu welchem Zeitpunkt er organisatorische Maßnahmen geplant hat, die sich als Betriebsstilllegung darstellen.[2627] So sind die Bekanntgabe des Stilllegungsbeschlusses gegenüber Kunden und Lieferanten sowie die Kündigung von Versicherungen oder Lieferverträgen starke Indizien für einen ernsthaften Stilllegungsentschluss.[2628] Dasselbe gilt, wenn der Arbeitgeber allen Arbeitnehmern kündigt, Mietverträge zum nächstmöglichen Zeitpunkt auflöst, die Betriebsmittel, über die er verfügen kann, veräußert oder zurückgibt und die Betriebstätigkeit vollständig einstellt.[2629] Ferner sprechen der Abschluss eines Interessenausgleichs und eines Sozialplans für eine ernsthafte und endgültige Stilllegungsabsicht.[2630] Die Eröffnung des Insolvenzverfahrens bedeutet dagegen noch keine Betriebsstilllegung, weil der Verwalter den Betrieb weiterführen kann.[2631] Bei alledem erweckt die Rspr. des BAG den Eindruck, dass neben der endgültigen Entscheidung über die Stilllegung des Betriebs die Maßnahme selbst bereits greifbare Formen im Sinne einer bereits begonnenen Umsetzung angenommen haben muss.[2632] Auch wenn erste Umsetzungsmaßnahmen die erforderliche Prognose stützen, wird man hierin indes keine eigenständige Voraussetzung einer betriebsbedingten Kündigung erblicken können, zumal das BAG in anderen Gestaltungen den ernsthaften und endgültigen Entschluss zur Durchführung der jeweiligen organisatorischen Änderung hat genügen lassen[2633] und insbesondere zusätzliche vorbereitende Maßnahmen für entbehrlich erklärt hat[2634].

816 Hingegen **fehlt es an einem endgültigen Entschluss** zur Betriebsstilllegung, wenn der Arbeitgeber im Zeitpunkt der Kündigung noch in Verhandlungen über eine Veräußerung des Betriebs steht und gleichwohl wegen Betriebsstilllegung kündigt.[2635] Der Stilllegungs-

---

2623 BAG 21.6.2001 – 2 AZR 137/00, AP KSchG 1969 § 15 Nr. 50.

2624 BAG 27.4.1995 – 8 AZR 200/94, EzA § 1 KSchG Betriebsbedingte Kündigung Nr. 83.

2625 BAG 19.6.1991 – 2 AZR 127/91, NZA 1991, 891; 15.12.1994 – 2 AZR 320/94, NJW 1996, 339; 27.2.1997 – 2 AZR 160/96, AP KSchG 1969 § 1 Wiedereinstellung Nr. 1; 29.9.2005 – 8 AZR 647/04, AP KSchG 1969 § 1 Betriebsbedingte Kündigung Nr. 139; 13.2.2008 – 2 AZR 75/06, AP KSchG 1969 § 1 Betriebsbedingte Kündigung Nr. 173; 20.6.2013 – 6 AZR 805/11, NZA 2013, 1137 Rn. 47; 21.5.2015 – 8 AZR 409/13, NZG 2016, 35 Rn. 52 f.; 14.5.2020 – 6 AZR 235/19, NZA 2020, 1091 Rn. 91.

2626 BAG 27.11.2003 – 2 AZR 48/03, AP KSchG 1969 § 1 Soziale Auswahl Nr. 64; 23.11.2004 – 2 AZR 24/04, AP KSchG 1969 § 1 Betriebsbedingte Kündigung Nr. 132; 26.4.2007 – 8 AZR 695/05, AP InsO § 125 Nr. 4; 13.2.2008 – 2 AZR 75/06, AP KSchG 1969 § 1 Betriebsbedingte Kündigung Nr. 173.

2627 BAG 23.3.1984 – 7 AZR 409/82, AP KSchG 1969 § 1 Betriebsbedingte Kündigung Nr. 38; 19.6.1991 – 2 AZR 127/91, AP KSchG 1969 § 1 Betriebsbedingte Kündigung Nr. 53; 26.4.2007 – 8 AZR 695/05, AP InsO § 125 Nr. 4.

2628 BAG 19.6.1991 – 2 AZR 127/91, AP KSchG 1969 § 1 Betriebsbedingte Kündigung Nr. 53.

2629 BAG 26.4.2007 – 8 AZR 695/05, AP InsO § 125 Nr. 4; 21.5.2015 – 8 AZR 409/13, NZG 2016, 35 Rn. 55.

2630 BAG 20.6.2013 – 6 AZR 805/11, NZA 2013, 1137 Rn. 52.

2631 BAG 27.11.1986 – 2 AZR 706/85, BeckRS 1986, 30719309; 16.2.2012 – 8 AZR 693/10, NZA-RR 2012, 465 Rn. 48.

2632 Bspw. BAG 23.2.2010 – 2 AZR 268/08, AP KSchG 1969 § 18 Nr. 5 Rn. 18; 21.5.2015 – 8 AZR 409/13, NZG 2016, 35 Rn. 53; 27.2.2020 – 8 AZR 215/19, NZA 2020, 1303 Rn. 75.

2633 BAG 20.2.2014 – 2 AZR 346/12, NZA 2014, 1069 Rn. 18.

2634 BAG 20.11.2014 – 2 AZR 512/13, NZA 2015, 679 Rn. 24.

2635 BAG 10.10.1996 – 2 AZR 477/95, AP KSchG 1969 § 1 Betriebsbedingte Kündigung Nr. 81; 29.9.2005 – 8 AZR 647/04, AP KSchG 1969 § 1 Betriebsbedingte Kündigung Nr. 139; 13.2.2008 – 2 AZR 75/06, AP KSchG 1969 § 1 Betriebsbedingte Kündigung Nr. 173; 14.3.2013 – 8 AZR 154/12, NJOZ 2013, 1990 Rn. 26; 27.2.2020 – 8 AZR 215/19, NZA 2020, 1303 Rn. 77.

absicht des Arbeitgebers steht die Absicht, den **Betrieb zu veräußern,** nämlich entgegen. Die Veräußerung des Betriebs ist – wie sich aus § 613a BGB ergibt – keine Stilllegung, weil die Identität des Betriebs gewahrt bleibt und lediglich ein Betriebsinhaberwechsel stattfindet. Betriebsveräußerung und Betriebsstilllegung schließen sich wechselseitig aus.[2636] Jedoch ist es möglich, dass ein Betriebsteil veräußert und der „Restbetrieb" stillgelegt wird, wobei es für die Wirksamkeit der Kündigung dann darauf ankommt, welchem Betriebsteil der Arbeitnehmer zuzuordnen ist.[2637] Sofern im Zeitpunkt des Zugangs der Kündigung die Betriebsstilllegung endgültig geplant und bereits eingeleitet ist, behält sich der Arbeitgeber aber eine Betriebsveräußerung vor, falls sich eine Chance biete, und gelingt dann später doch noch eine Betriebsveräußerung, bleibt es bei der sozialen Rechtfertigung der Kündigung.[2638] Es kommt allerdings ein **Wiedereinstellungsanspruch** in Betracht (→ Rn. 234).[2639]

817 Die Stilllegung des Betriebs **ist eine unternehmerische Maßnahme,** die im Kündigungsschutzprozess nicht auf ihre Notwendigkeit oder Zweckmäßigkeit nachzuprüfen ist. Die Motive des Arbeitgebers für die Betriebsstilllegung sind grds. unerheblich.[2640] Es unterliegt nicht der gerichtlichen Kontrolle, ob die vom Arbeitgeber erwarteten Vorteile in einem vernünftigen Verhältnis zu den Nachteilen stehen, die der Arbeitnehmer durch die Kündigung erleidet (→ Rn. 712).[2641] Der Arbeitgeber ist auch nicht aus Gründen der Verhältnismäßigkeit gezwungen, den Betrieb zu veräußern statt ihn stillzulegen.[2642] In Bezug auf die Prüfung der sozialen Rechtfertigung nach Abs. 2 steht der völligen Stilllegung des Betriebes die **Stilllegung von Betriebsteilen oder einzelner Maschinen** gleich, mögen diese auch keine selbständigen Abteilungen ausmachen.[2643]

818 Der Entschluss des Arbeitgebers, **schnellstmöglich den Betrieb zu schließen** und deshalb ab sofort keine Aufträge mehr anzunehmen, kann eine Kündigung sozial rechtfertigen. Dem steht nicht entgegen, dass die gekündigten Arbeitnehmer in ihrer jeweiligen Kündigungsfrist noch für die Abarbeitung vorhandener Aufträge eingesetzt werden, anstatt ihre Arbeiten sofort einzustellen.[2644] Der Arbeitgeber erfüllt damit gegenüber den tatsächlich eingesetzten Arbeitnehmern lediglich seine auch im bereits gekündigten Arbeitsverhältnis bestehende Beschäftigungspflicht. Bei einem derartigen unternehmerischen Stilllegungskonzept entfällt auch das Erfordernis einer sozialen Auswahl gem. Abs. 3 (→ Rn. 870). Nichts anderes gilt, wenn die unternehmerische Entscheidung nicht eine völlige Betriebsstilllegung betrifft, sondern der Arbeitgeber eines Produktionsbetriebs sich entschließt, die Produktion zwar schnellstmöglich stillzulegen, eine kleinere Betriebsabteilung jedoch zunächst fortzuführen.[2645] Der Entscheidung zur schnellstmöglichen Stilllegung eines Baubetriebs steht nicht entgegen, dass der Arbeitgeber bereits

[2636] BAG 16.5.2002 – 8 AZR 319/01, AP BGB § 613a Nr. 237; 26.4.2007 – 8 AZR 695/05, AP InsO § 125 Nr. 4; 30.10.2008 – 8 AZR 397/07, AP BGB § 613a Nr. 358 mAnm Willemsen; 27.2.2020 – 8 AZR 215/19, NZA 2020, 1303 Rn. 78; LAG Hamm 10.3.2010 – 2 Sa 1323/09, LAGE § 613a BGB 2002 Nr. 30.

[2637] BAG 14.5.2020 – 6 AZR 235/19, NZA 2020, 1091 Rn. 91.

[2638] BAG 19.6.1991 – 2 AZR 127/91, AP KSchG 1969 § 1 Betriebsbedingte Kündigung Nr. 53; 7.3.1996 – 2 AZR 298/95, BeckRS 1996, 30922766; 29.9.2005 – 8 AZR 647/04, AP KSchG 1969 § 1 Betriebsbedingte Kündigung Nr. 139; LAG Hamm 10.3.2010 – 2 Sa 1323/09, LAGE § 613a BGB 2002 Nr. 30, zu einem entsprechenden Vorbehalt des Insolvenzverwalters.

[2639] BAG 13.11.1997 – 8 AZR 295/95, AP BGB § 613a Nr. 169; 12.11.1998 – 8 AZR 265/97, AP KSchG 1969 § 1 Wiedereinstellung Nr. 5; 29.9.2005 – 8 AZR 647/04, AP KSchG 1969 § 1 Betriebsbedingte Kündigung Nr. 139; 27.2.2020 – 8 AZR 215/19, NZA 2020, 1303 Rn. 79.

[2640] Zutr. Feudner NZA 2000, 1136 (1140).

[2641] BAG 30.4.1987 – 2 AZR 184/86, AP KSchG 1969 § 1 Betriebsbedingte Kündigung Nr. 42.

[2642] Ebenso Feudner NZA 2000, 1136 (1141); B. Preis NZA 1997, 625 (629 f.).

[2643] Vgl. zur Stilllegung von Betriebsteilen BAG 11.10.1989 – 2 AZR 61/89, AP KSchG 1969 § 1 Betriebsbedingte Kündigung Nr. 47 mAnm Berger-Delhey.

[2644] BAG 18.1.2001 – 2 AZR 514/99, AP KSchG 1969 § 1 Betriebsbedingte Kündigung Nr. 115; 7.7.2005 – 2 AZR 447/04, AP KSchG 1969 § 1 Betriebsbedingte Kündigung Nr. 136; 8.11.2007 – 2 AZR 554/05, AP KSchG 1969 § 17 Nr. 28; 16.2.2012 – 8 AZR 693/10, NZA-RR 2012, 465 Rn. 37; 20.6.2013 – 6 AZR 805/11, NZA 2013, 1137 Rn. 53; 27.2.2020 – 8 AZR 215/19, NZA 2020, 1303 Rn. 76; LAG Köln 24.4.2007 – 9 Sa 28/07, LAGE § 1 KSchG Betriebsbedingte Kündigung Nr. 78a.

[2645] BAG 7.7.2005 – 2 AZR 447/04, AP KSchG 1969 § 1 Betriebsbedingte Kündigung Nr. 136.

übernommene Aufträge nicht mehr vollständig erledigen kann. Hierdurch werden nur seine schuldrechtlichen Verpflichtungen gegenüber den Auftraggebern berührt und nicht der Entschluss zur Betriebsstilllegung in Frage gestellt.[2646]

Ist die schnellstmögliche Stilllegung Gegenstand der unternehmerischen Entscheidung, braucht der Arbeitgeber im Kündigungsschutzprozess den Wegfall der **Beschäftigungsmöglichkeit nicht individuell und arbeitsvertragsbezogen darzulegen.** Lässt der Unternehmer Restarbeiten durch Subunternehmen ausführen, steht dies den dringenden betrieblichen Erfordernissen nicht entgegen. Mögliche Beschäftigungsmöglichkeiten außerhalb des Unternehmens bleiben außer Betracht. Unerheblich ist auch, wenn es nach Ausspruch der Kündigungen wegen eines nicht vorhersehbaren extrem hohen Krankenstandes zu Verzögerungen in der Auftragsabwicklung kommt. Setzt der Arbeitgeber deshalb planwidrig Leiharbeitnehmer ein, ändert dies nichts am zuvor gefassten Stilllegungsbeschluss.[2647] 819

Die **witterungsbedingte vorübergehende Unterbrechung** eines Betriebs, der Strom- und Fernmeldekabel unter der Erde verlegt, für die Dauer der winterlichen Frostperiode von etwa drei Monaten rechtfertigt grds. keine betriebsbedingte Beendigungskündigung, wenn der Arbeitgeber beabsichtigt, den Betrieb im Frühjahr wieder unverändert weiterzuführen.[2648] Zwar ist der Entschluss des Arbeitgebers, seinen Betrieb für einen vorübergehenden Zeitraum zu schließen, eine freie unternehmerische Entscheidung. Diese rechtfertigt freilich nur dann nach Abs. 2 S. 1 eine betriebsbedingte Kündigung, wenn sich hieraus ein dringendes betriebliches Erfordernis ergibt, das einer Weiterbeschäftigung des Arbeitnehmers auf Dauer entgegensteht (→ Rn. 734 ff.). Hieran fehlt es jedoch, wenn feststeht, dass der Arbeitgeber den Betrieb nach der Winterpause unverändert weiterführt. Denn auch wenn hier wegen der nicht vorhersehbaren Temperaturentwicklung in den Wintermonaten der Zeitpunkt der Arbeitsaufnahme im Frühjahr nicht auf den Tag genau bestimmbar ist, steht doch fest, dass der Betrieb nicht endgültig stillgelegt werden soll, sondern nur für eine verhältnismäßig kurze Zeit. 820

Das anzuerkennende unternehmerische Ziel, die Frostperiode wegen vorübergehend fehlender Beschäftigungsmöglichkeiten ohne Pflicht zur Arbeitsvergütung zu überbrücken, erfordert in diesem Fall nicht eine Beendigung des Arbeitsverhältnisses. Der Arbeitgeber kann dieses Ziel auch durch eine **befristete Suspendierung der Hauptpflichten** aus dem Arbeitsverhältnis erreichen. Der Arbeitgeber hat daher eine Änderungskündigung mit dem Angebot auszusprechen, das Arbeitsverhältnis für die Zeit der voraussichtlichen Betriebsunterbrechung ohne Vergütungspflicht ruhen zu lassen.[2649] Es ist dann Sache des Arbeitnehmers, dieses Angebot – ggf. unter Vorbehalt – anzunehmen oder abzulehnen. Im Baugewerbe ist durch § 11 Nr. 2 BRTV-Bau 2018 in der Zeit v. 1.12. bis zum 31.3. (Schlechtwetterzeit) die Kündigung aus Witterungsgründen ausgeschlossen. Die Arbeitnehmer in der Bauwirtschaft haben bei einem witterungsbedingten Arbeitsausfall Ansprüche auf Saison-Kurzarbeitergeld nach § 101 SGB III. 821

7. Betriebsübergang

Im Zusammenhang mit Betriebsübergängen werden oftmals **betriebsbedingte Kündigungen** ausgesprochen.[2650] Grund hierfür ist häufig, dass der Erwerber eine neue Organisationsstruktur schaffen und dabei Personal abbauen will. 822

[2646] BAG 18.1.2001 – 2 AZR 514/99, AP KSchG 1969 § 1 Betriebsbedingte Kündigung Nr. 115.
[2647] BAG 18.1.2001 – 2 AZR 514/99, AP KSchG 1969 § 1 Betriebsbedingte Kündigung Nr. 115.
[2648] Ebenso DD/Deinert Rn. 334; HK-KSchG/Weller/Dorndorf Rn. 974; LAG Berlin-Brandenburg 11.12.2008 – 26 Sa 1440/08, LAGE § 1 KSchG Betriebsbedingte Kündigung Nr. 83 zur witterungsbedingten Kündigung als Etikett zur Kündigung zwecks Personalreduzierung aufgrund eines witterungsunabhängigen Auftragsrückgang; aA BAG 7.3.1996 – 2 AZR 180/95, NZA 1996, 931; APS/Kiel Rn. 526; KR/Rachor Rn. 602.
[2649] Vgl. KR/Kreft § 15 Rn. 123, der dem Arbeitgeber bei einer bis zu dreimonatigen Betriebsunterbrechung das Recht zubilligt, einseitig die Arbeitsverhältnisse der Betriebsratsmitglieder unter Wegfall der Vergütung zu suspendieren.
[2650] Vgl. zu kündigungsrechtlichen Problemen im Zusammenhang mit einem Betriebsübergang insbes. Ascheid NZA 1991, 873 (877 ff.); Hillebrecht NZA 1989 Beil. 4, 10; MHdB ArbR/Kreft § 115 Rn. 174; Kreitner, Kündi-

823 Erfolgt die Kündigung wegen des Betriebsübergangs, ist sie nach § 613a Abs. 4 S. 1 BGB unwirksam. Diese Vorschrift konkretisiert nicht nur Abs. 2 S. 1, sondern enthält ein **eigenständiges Kündigungsverbot** und erstreckt sich damit auch auf nicht unter den allgemeinen Kündigungsschutz fallende Arbeitnehmer.[2651] Die Bedeutung der Unterscheidung ist mit der Einbeziehung auch anderer Unwirksamkeitsgründe in den Anwendungsbereich der Dreiwochenfrist des § 4 (→ Einl. Rn. 59) aber geringer geworden.

824 Werden im Zusammenhang mit der **Umwandlung** des Unternehmens betriebsbedingte Kündigungen ausgesprochen, folgt die Anwendbarkeit des § 613a BGB nicht bereits aus § 35a Abs. 2 UmwG (bis 28.2.2023: § 324 UmwG). Die Voraussetzungen des Betriebsübergangs sind auch im Falle der Umwandlung selbständig zu prüfen.[2652] § 35a UmwG enthält eine **Rechtsgrundverweisung.**[2653]

825 Ein **Betriebsübergang liegt vor,** wenn ein neuer Rechtsträger die wirtschaftliche Einheit unter Wahrung von deren Identität fortführt. Ob ein im Wesentlichen unveränderter Fortbestand der organisierten Gesamtheit Betrieb bei dem neuen Inhaber anzunehmen ist, richtet sich nach den Umständen des konkreten Falles. Zu den maßgebenden Tatsachen hierfür zählen insbes. die Art des betreffenden Betriebs, der Übergang der materiellen Betriebsmittel wie Gebäude und bewegliche Güter sowie deren Wert und Bedeutung, die Übernahme der immateriellen Betriebsmittel und der vorhandenen Organisation, der Grad der Ähnlichkeit mit der Betriebstätigkeit des bisherigen Inhabers, die Weiterbeschäftigung der Hauptbelegschaft, der Übergang von Kundschaft und Lieferantenbeziehungen sowie die Dauer einer eventuellen Unterbrechung der Betriebstätigkeit. Der Betriebsübergang tritt mit dem Wechsel in der Person des Inhabers des Betriebs ein. Der bisherige Inhaber muss seine wirtschaftliche Betätigung in dem Betrieb oder Betriebsteil einstellen. Einer besonderen Übertragung einer irgendwie gearteten Leitungsmacht bedarf es daneben nicht. Allerdings tritt der Wechsel der Inhaberschaft nicht ein, wenn der neue Inhaber den Betrieb gar nicht führt.[2654]

826 Eine im Zusammenhang mit dem Übergang des Betriebs erfolgte Kündigung ist nur dann nach § 613a Abs. 4 S. 1 BGB unwirksam, wenn der Betriebsübergang der **tragende Beweggrund** für die Kündigung war.[2655] Dies ist bspw. anzunehmen, wenn die Kündigung damit begründet wird, der neue Betriebsinhaber habe die Übernahme eines bestimmten Arbeitnehmers, dessen Arbeitsplatz erhalten bleibe, abgelehnt, weil er „ihm zu teuer“ sei.[2656]

827 § 613a Abs. 4 S. 1 BGB gewährt keinen absoluten Bestandsschutz gegen **Kündigungen im Zusammenhang mit einem Betriebsübergang.** Diese Bestimmung verbietet nur, gerade den Betriebsübergang als solchen[2657] zum Anlass für eine Kündigung zu nehmen.[2658] Dagegen schützt das Kündigungsverbot nicht vor Risiken, die sich jederzeit unabhängig

---

gungsrechtliche Probleme beim Betriebsinhaberwechsel, 1989; Lipinski, Sonderkündigungsschutz bei Betriebsübergang, 2001; Lipinski NZA 2002, 75; Meyer NZA 2003, 244; Müller-Glöge NZA 1999, 449; Sprenger AuR 2005, 175; Wickler, Die Arbeitgeberkündigung beim rechtsgeschäftlichen Betriebsinhaberwechsel, 1985.

[2651] StRspr, BAG 31.1.1985 – 2 AZR 530/83, AP BGB § 613a Nr. 40; 27.10.2005 – 8 AZR 568/04, AP BGB § 613a Nr. 292; 20.7.2023- 6 AZR 228/22, NZA 2023, 1457 Rn. 22; Staudinger/Annuß (2025) BGB § 613a Rn. 389; ArbRBGB/Ascheid § 613a Rn. 130; Hillebrecht NZA 1989, Beil. 4, 10 (13); Kreitner, Kündigungsrechtliche Probleme beim Betriebsinhaberwechsel, 1989, 45 ff.; ErfK/Preis BGB § 613a Rn. 153; KR/Schlünder BGB § 613a Rn. 85; APS/Steffan BGB § 613a Rn. 171;HK-KSchG/Weller/Dorndorf Rn. 983.

[2652] BAG 25.5.2000 – 8 AZR 416/99, AP BGB § 613a Nr. 209.

[2653] BAG 6.10.2005 – 2 AZR 424/76, AP BetrVG 1972 § 102 Nr. 150 unter B II 1 c; 19.10.2017 – 8 AZR 63/16, NZA 2018, 370; Rn. 26; 12.6.2019 – 1 AZR 154/17, NZA 2019, 1203 Rn. 39; MüKoBGB/Müller-Glöge § 613a Rn. 63; ErfK/Preis BGB § 613a Rn. 181; Kallmeyer/Willemsen/Müller-Bonanni, UmwG, 8. Aufl. 2024, § 35a Rn. 4 ff.

[2654] StRspr, statt aller BAG 25.1.2018 – 8 AZR 309/16, NZA 2018, 933 mwN.

[2655] BAG 12.11.1998 – 8 AZR 265/97, AP KSchG 1969 § 1 Wiedereinstellung Nr. 5; 20.3.2003 – 8 AZR 97/02, AP BGB § 613a Nr. 250; 24.5.2005 – 8 AZR 333/04, NZA 2006, 31; MüKoBGB/Müller-Glöge § 613a Rn. 188.

[2656] BAG 26.5.1983 – 2 AZR 477/81, AP BGB § 613a Nr. 34.

[2657] Zur Frage der Anwendung von § 613a Abs. 4 S. 1 BGB auf einen bloß wirtschaftlichen Inhaberwechsel abl. BAG 12.8.1990 – 2 AZR 39/90, AP BGB § 613a Nr. 87; befürwortend DD/Yalcin BGB § 613a Rn. 9.

[2658] BAG 27.10.2005 – 8 AZR 45/05, AP BGB § 613a Nr. 293.

vom Betriebsübergang aktualisieren können, und führt insbes. nicht zum Ausschluss der als notwendig erachteten unternehmerischen Maßnahmen.[2659] Eine Kündigung erfolgt nicht wegen des Betriebsübergangs, wenn dieser nur der äußere Anlass für die Kündigung ist. Das Kündigungsverbot nach § 613a Abs. 4 S. 1 BGB kommt daher nicht zur Anwendung, wenn einem vom Übergang anderer Betriebsteile nicht betroffenen Arbeitnehmer gekündigt wird, weil durch den Übergang der anderen Betriebsteile – denen der Gekündigte nicht angehört – der Beschäftigungsbedarf für ihn zurückgeht oder entfällt.[2660] Vor allem aber ist § 613a Abs. 4 S. 1 BGB nicht einschlägig, wenn es neben dem Betriebsübergang einen **sachlichen Grund** gibt, der aus sich heraus die Kündigung zu rechtfertigen vermag. Dementsprechend bleibt das Recht des Arbeitgebers zur Kündigung aus anderen Gründen gem. § 613a Abs. 4 S. 2 BGB unberührt.

Der Betriebsveräußerer kann somit zunächst aufgrund eines **eigenen Sanierungskonzepts** betriebsbedingte Kündigungen aussprechen, ohne hierdurch gegen § 613a Abs. 4 S. 1 BGB zu verstoßen, auch wenn die Kündigungen ausschließlich dazu dienen, den Betrieb verkaufsfähig zu machen.[2661] Darüber hinaus ist aber auch eine Kündigung seitens des Veräußerers aufgrund eines **Erwerberkonzepts** statthaft, die dann nicht gegen § 613a Abs. 4 S. 1 BGB verstößt, wenn ein verbindliches Konzept oder ein Sanierungsplan des Erwerbers vorliegt, dessen Durchführung im Zeitpunkt des Zugangs der Kündigungserklärung bereits **greifbare Formen** angenommen hat.[2662] Das Kündigungsverbot des § 613a Abs. 4 S. 1 BGB bezweckt keine „künstliche Verlängerung" des Arbeitsverhältnisses bei einer mit dem Betriebsübergang vorhersehbar fehlenden Beschäftigungsmöglichkeit des Arbeitnehmers beim Erwerber.[2663] Das ist schon deshalb sinnvoll, weil es auch sonst kündigungsrechtlich keine Rolle spielt, ob der Arbeitgeber sein unternehmerisches Konzept selbst entwickelt oder sich von einem Dritten fertigen lässt. Dabei hängt die Wirksamkeit der Kündigung durch den Veräußerer iSd Abs. 2 S. 1 nicht davon ab, ob das Konzept „selbsttragend" ist, also auch beim Veräußerer hätte durchgeführt werden können oder ob das betriebliche Bedürfnis erst aus den Verhältnissen beim Erwerber resultiert.[2664] Dies ist mit Art. 4 Abs. 1 RL 2001/23/EG vereinbar. Allerdings ist das Erwerberkonzept für sich genommen kein „Freibrief" für betriebsbedingte Kündigungen. Vielmehr ist wie auch sonst im Einzelnen zu prüfen, ob dieses Konzept tatsächlich zu einem Wegfall von Beschäftigungsmöglichkeiten führt.[2665] Daran fehlt es etwa, wenn nach dem ursprünglichen Erwerberkonzept die in Rede stehende Stelle erhalten bleiben soll und sich der Erwerber auf eine nachträgliche Änderung seines Konzepts beruft.[2666] Darüber hinaus sind auch sonstige **Weiterbeschäftigungsmöglichkeiten beim Erwerber** zu berücksichtigen.[2667] Der Veräußerer kann auf diese Arbeitsplätze zwar nicht zugreifen. Wenn Sanierungskündigungen mit Rücksicht auf den beim Erwerber künftig herrschenden Arbeitskräfteüberhang „vorgezogen" werden können, müssen folgerichtig auch entgegenstehende Umstände aus der Erwerbersphäre einbezogen werden (zur Sozialauswahl → Rn. 881). 828

Eine Kündigung wegen des Betriebsübergangs iSd § 613a Abs. 4 S. 1 BGB liegt weiter nicht vor, wenn sie der Verkleinerung des Betriebs zur allgemeinen **Verbesserung der Verkaufschancen** dient und der Betrieb ohne die Rationalisierung stillgelegt werden 829

[2659] BAG 20.3.2003 – 8 AZR 97/02, AP BGB § 613a Nr. 250.

[2660] BAG 17.6.2003 – 2 AZR 134/02, AP BGB § 613a Nr. 260.

[2661] BAG 20.9.2006 – 6 AZR 249/05, AP BGB § 613a Nr. 316.

[2662] BAG 20.3.2003 – 8 AZR 97/02, AP BGB § 613a Nr. 250; zust. Annuß/Stamer NZA 2003, 1247; Gaul/Bonanni/Naumann DB 2003, 1902; ebenso Gaul FS Schwerdtner, 2003, 653 (657); KR/Rachor Rn. 613; abl. HaKo-ArbR/Karthaus/Richter, BGB § 613a Rn. 251 ff.

[2663] BAG 20.3.2003 – 8 AZR 97/02, AP BGB § 613a Nr. 250 unter II 1c bb; Kiel Rn. 494.

[2664] So aber noch BAG 26.5.1983 – 2 AZR 477/81, AP BGB § 613a Nr. 34; zu Recht anders – jedenfalls bei einer Insolvenz – BAG 20.3.2003 – 8 AZR 97/02, AP BGB § 613a Nr. 250; ferner Kiel Rn. 494; PVT Kündigung/Temming Rn. 1075; HWK/Willemsen/Müller-Bonanni BGB § 613a Rn. 314.

[2665] Vgl. A. Otto DB 2014, 1871 (1872).

[2666] LAG Köln 11.9.2013 – 5 Sa 1128/12, BeckRS 2014, 65169.

[2667] HWK/Willemsen/Müller-Bonanni BGB § 613a Rn. 314.

müsste. Der Betriebsinhaber muss nicht beabsichtigen, den Betrieb selbst auf Dauer fortzuführen.[2668]

830 Stützt der Arbeitgeber eine Kündigung im Zusammenhang mit einem Betriebsübergang auf dringende betriebliche Erfordernisse iSd Abs. 2 S. 1 und bestreitet der Arbeitnehmer diese Gründe, ist der Arbeitgeber gem. Abs. 2 S. 4 für die betrieblichen Gründe **beweispflichtig.** Er hat also darzulegen, dass die im Zusammenhang mit dem Betriebsübergang erfolgte Kündigung durch einen sachlichen Grund iSd § 613a Abs. 4 S. 2 BGB gerechtfertigt ist. Gelingt dem Arbeitgeber dieser Nachweis, und hängt die Unwirksamkeit der Kündigung nur davon ab, ob das Kündigungsverbot des § 613a Abs. 4 S. 1 BGB eingreift, muss der Arbeitnehmer die Voraussetzungen dieser Vorschrift darlegen und beweisen.[2669]

831 Ob eine Kündigung wegen des Übergangs eines Betriebs iSd § 613a Abs. 4 S. 1 BGB erfolgt ist, beurteilt sich nach den Verhältnissen zum **Zeitpunkt der Kündigung.**[2670] Dabei kommt es nicht darauf an, ob zu diesem Zeitpunkt der Betriebsübergang bereits erfolgt ist.[2671] Entscheidend ist vielmehr, ob der Arbeitgeber zum Zeitpunkt der Kündigung den Betriebsübergang bereits geplant und dieser greifbare Formen angenommen hat, so dass die Kündigung aus Sicht des Arbeitgebers ausgesprochen wird, um den geplanten Betriebsübergang zu erleichtern.[2672] Ein späteres Scheitern des erwarteten und eingeleiteten Betriebsübergangs führt nicht zum Wegfall des Unwirksamkeitsgrundes des § 613a Abs. 4 S. 1 BGB, weil es für die Beurteilung jeglicher Kündigung maßgebend auf den Zeitpunkt der Kündigung ankommt.[2673] Scheitert der geplante Betriebsübergang, hat der Arbeitgeber die Möglichkeit, wegen einer ggf. erforderlich werdenden Betriebsstilllegung eine weitere betriebsbedingte Kündigung auszusprechen.

832 Kommt es dagegen bei einer zum Zeitpunkt der Kündigung endgültig geplanten und bereits eingeleiteten oder teilweise durchgeführten Betriebsstilllegung **nachträglich** doch zu einem **Betriebsübergang,** ist die Kündigung nicht nach § 613a Abs. 4 S. 1 BGB unwirksam.[2674] Entscheidend sind auch hier die Verhältnisse zum Zeitpunkt der Kündigung, weshalb in einem solchen Fall allein zu prüfen ist, ob ungeachtet der später erfolgten Betriebsveräußerung zum Zeitpunkt der Kündigung die Voraussetzungen für eine betriebsbedingte Kündigung wegen Betriebsstilllegung vorlagen. Dem Arbeitnehmer steht in diesem Fall allerdings ein **Wiedereinstellungsanspruch** zu (→ Rn. 234).[2675]

833 Der Betriebsübergang führt mit dem Übergang der Arbeitsverhältnisse auch zu einem **Übergang der Kündigungsbefugnis.** Daher ist eine Kündigungsschutzklage gegen den Veräußerer grds. unschlüssig, die der Arbeitnehmer allein darauf stützt, dass der Betrieb bereits vor der Kündigung auf den Erwerber übergegangen sei. Allerdings kann sich der Arbeitnehmer das Vorbringen des Arbeitgebers, es habe kein Betriebsübergang stattgefunden, hilfsweise zu eigen machen.[2676]

[2668] BAG 18.7.1996 – 8 AZR 127/94, AP BGB § 613a Nr. 147.

[2669] BAG 5.12.1985 – 2 AZR 3/85, AP BGB § 613a Nr. 47; 22.6.2011 – 2 AZR 530/83, AP BGB § 613a Nr. 408; 18.10.2012 – 6 AZR 41/11, NZA 2013, 1007 Rn. 39; APS/Kiel Rn. 496; zweifelnd nunmehr BAG 27.2.2020 – 8 AZR 215/19, NZA 2020, 1303 Rn. 168.

[2670] BAG 28.4.1988 – 2 AZR 623/87, AP BGB § 613a Nr. 74; 19.5.1988 – 2 AZR 596/87, AP BGB § 613a Nr. 75; 3.9.1998 – 8 AZR 306/97, NZA 1999, 147 (149); 24.5.2005 – 8 AZR 333/04, NZA 2006, 31.

[2671] BAG 31.1.1985 – 2 AZR 530/83, AP BGB § 613a Nr. 40; 19.5.1988 – 2 AZR 596/87, AP BGB § 613a Nr. 75.

[2672] BAG 19.6.1991 – 2 AZR 127/91, NZA 1991, 891; 13.11.1997 – 8 AZR 295/95, AP BGB § 613a Nr. 169; 12.11.1998 – 8 AZR 265/97, AP KSchG 1969 § 1 Wiedereinstellung Nr. 5.

[2673] BAG 19.5.1988 – 2 AZR 596/87, AP BGB § 613a Nr. 75.

[2674] BAG 28.4.1988 – 2 AZR 623/87, AP BGB § 613a Nr. 74; 19.6.1991 – 2 AZR 127/91, AP KSchG 1969 § 1 Betriebsbedingte Kündigung Nr. 53 unter II 3; 13.11.1997 – 8 AZR 295/95, AP BGB § 613a Nr. 169; 12.11.1998 – 8 AZR 265/97, AP KSchG 1969 § 1 Wiedereinstellung Nr. 5; offengelassen noch in BAG 27.9.1984 – 2 AZR 309/83, AP BGB § 613a Nr. 39.

[2675] BAG 13.11.1997 – 8 AZR 295/95, AP BGB § 613a Nr. 169; 12.11.1998 – 8 AZR 265/97, AP KSchG 1969 § 1 Wiedereinstellung Nr. 5; 29.9.2005 – 8 AZR 647/04, AP KSchG 1969 § 1 Betriebsbedingte Kündigung Nr. 139; 27.2.2020 – 8 AZR 215/19, NZA 2020, 1303 Rn. 79.

[2676] BAG 26.7.2007 – 8 AZR 769/06, AP BGB § 613a Nr. 324.

Wird der Arbeitnehmer über den Betriebsübergang **nicht ordnungsgemäß nach § 613a Abs. 5 BGB unterrichtet,** ist eine nach erfolgtem Widerspruch des Arbeitnehmers gegen den Betriebsübergang vom Veräußerer ausgesprochene betriebsbedingte Kündigung nicht schon wegen der unzureichenden Unterrichtung unwirksam. Die Verletzung der Unterrichtungspflicht nach § 613a Abs. 5 BGB führt auch unter Berücksichtigung des Grundsatzes von Treu und Glauben (§ 242 BGB) nicht zur Unwirksamkeit der Kündigung. Das Entstehen des betriebsbedingten Kündigungsgrundes ist nicht Folge der unvollständigen Unterrichtung durch den Arbeitgeber, sondern der privatautonomen Entscheidung des Arbeitnehmers, von seinem Widerspruchsrecht gem. § 613a Abs. 6 BGB Gebrauch zu machen.[2677] 834

8. Drittmittelfinanzierte Arbeitsverhältnisse

Bei drittmittelfinanzierten Arbeitsverträgen stellt die Entscheidung des Drittmittelgebers, die **Zuwendungen zu kürzen,** für sich allein noch keinen betriebsbedingten Kündigungsgrund dar. Vielmehr muss der Drittmittelempfänger entscheiden, ob ein derart subventioniertes Arbeitsverhältnis fortgeführt oder eingestellt werden soll.[2678] Führt der Drittmittelempfänger die bisher geförderte Maßnahme nicht – etwa aus eigenen Mitteln – fort, liegt darin für die dort beschäftigten Arbeitnehmer ein Grund für eine betriebsbedingte Kündigung.[2679] Die unternehmerische Entscheidung des Drittmittelempfängers unterliegt insoweit nur einer Missbrauchs- oder Willkürkontrolle. Die bloße **Ungewissheit über den Wegfall** oder die Bewilligung weiterer Drittmittel genügt nicht zur sozialen Rechtfertigung einer etwaigen betriebsbedingten Kündigung. Erforderlich ist zum Zeitpunkt der Kündigung die sichere Prognose, dass mit Ablauf der Kündigungsfrist keine weiteren Drittmittel für die Beschäftigung des Arbeitnehmers zur Verfügung stehen.[2680] 835

Entfallen die Beschäftigungsmöglichkeiten wegen des Wegfalls der Drittmittel und der darauf beruhenden Einstellung des geförderten Projekts, ist weiter zu prüfen, ob die **Möglichkeit der Weiterbeschäftigung auf einem anderen Arbeitsplatz** besteht.[2681] Hierbei kommt es nicht darauf an, ob dieser andere Arbeitsplatz ebenfalls aus Drittmitteln oder aus allgemeinen Haushaltsmitteln finanziert wird.[2682] Lehnt der Leiter eines anderen mit Drittmitteln geförderten Forschungsvorhabens die Übernahme des Arbeitnehmers ab, steht dies bei Universitäten wegen der in den hochschulrechtlichen Regelungen garantierten Freiheit der Personalwahl grds. einer Weiterbeschäftigung bei diesem Forschungsvorhaben entgegen. Die Personalentscheidung des Projektleiters ist nur darauf zu überprüfen, ob sie willkürlich oder offenbar unsachlich oder unvernünftig ist. Da durch Drittmittel finanzierte Stellen an Hochschulen und Forschungseinrichtungen praktisch ausnahmslos nach § 2 Abs. 2 WissZeitVG befristet werden, spielen betriebsbedingte Kündigungen in diesem Bereich aber praktisch keine Rolle. 836

9. Gemeinschaftsbetrieb

Im Falle des Wegfalls von Beschäftigungsmöglichkeiten eines in einem Gemeinschaftsbetrieb beschäftigten Arbeitnehmers kann sich dieser auf freie **Arbeitsplätze im gesamten** 837

[2677] BAG 24.5.2005 – 8 AZR 398/04, AP BGB § 613a Nr. 284.
[2678] BAG 20.2.1986 – 2 AZR 212/85, AP KSchG 1969 § 1 Nr. 11; 30.10.1987 – 7 AZR 138/87, BeckRS 1987, 30723552; 24.8.1989 – 2 AZR 653/88, BeckRS 1989, 30731783; 7.11.1996 – 2 AZR 811/95, AP KSchG 1969 § 1 Betriebsbedingte Kündigung Nr. 82; APS/Kiel Rn. 502; ErfK/Oetker Rn. 284; KR/Rachor Rn. 623; LSSW/Schlünder Rn. 385; PVT Kündigung/Temming Rn. 1085; HK-KSchG/Weller/Dorndorf Rn. 990; ausf. Lakies NZA 1995, 296 (299 f.); Plander DB 1982, 1216 (1218 ff.).
[2679] BAG 7.11.1997 – 2 AZR 811/95, AP KSchG 1969 § 1 Betriebsbedingte Kündigung Nr. 82; 30.10.1987 – 7 AZR 138/87, BeckRS 1987, 30723552.
[2680] BAG 24.8.1989 – 2 AZR 653/88, BeckRS 1989, 30731783.
[2681] BAG 21.6.1990 – 2 AZR 641/89, BeckRS 1990, 30916773; APS/Kiel Rn. 503; ErfK/Oetker Rn. 284.
[2682] APS/Kiel Rn. 503.

gemeinsamen Betrieb unabhängig davon berufen, welchem Unternehmen sie zugeordnet sind (→ Rn. 752 mwN). Besteht der Arbeitsvertrag nur zu einem an dem Gemeinschaftsbetrieb beteiligten Unternehmen, sind neben den Weiterbeschäftigungsmöglichkeiten in dem Gemeinschaftsbetrieb auch freie Arbeitsplätze in anderen Betrieben dieses Unternehmens zu berücksichtigen. Weitere Betriebe der anderen an dem Gemeinschaftsbetrieb beteiligten Unternehmen bleiben dagegen unberücksichtigt, weil insoweit keine arbeitsvertragliche Verbindung besteht (→ Rn. 752 mwN).

838 Wird **einer der den Gemeinschaftsbetrieb bildenden Teile stillgelegt,** ist die Kündigung gegenüber den Arbeitnehmern dieses Teils durch dringende betriebliche Erfordernisse bedingt, wenn mit der Stilllegung des Betriebsteils auch die Auflösung des Gemeinschaftsbetriebs, insbes. der einheitlichen personellen Leitung verbunden ist, und im Unternehmen des Arbeitgebers keine Weiterbeschäftigungsmöglichkeit besteht (→ Rn. 753 mwN).[2683]

839 Gleiches gilt, wenn im Zeitpunkt der Kündigung der eine der beiden Betriebe, die zusammen einen Gemeinschaftsbetrieb gebildet haben, zwar noch nicht stillgelegt ist, aufgrund einer unternehmerischen Entscheidung, die bereits **greifbare Formen** angenommen hat, aber feststeht, dass er bei Ablauf der Kündigungsfrist des Arbeitnehmers stillgelegt sein wird.[2684] Kündigungsgrund ist in einem solchen Fall das dringende betriebliche Erfordernis, das einer Weiterbeschäftigung des Arbeitnehmers in dem stillzulegenden Betrieb nach Ablauf seiner Kündigungsfrist entgegensteht. Der Inhaber des stillzulegenden Betriebs ist nicht mehr in der Lage, eine Weiterbeschäftigung seiner Arbeitnehmer, denen wegen der Stilllegung betriebsbedingt zu kündigen ist, in dem fortgeführten Betrieb des anderen Unternehmers rechtlich durchzusetzen.[2685]

10. Leiharbeitnehmer

840 **Kündigt ein Zeitarbeitsunternehmen** einen bei ihm angestellten Leiharbeitnehmer, war nach der früheren Fassung des § 9 Nr. 3 AÜG eine Kündigung des Verleihers unwirksam, wenn er den Leiharbeitnehmer innerhalb von drei Monaten erneut einstellte. Daraus wurde abgeleitet, dem Verleiher seien Nichteinsatzzeiten von bis zu drei Monaten zumutbar und eine betriebsbedingte Kündigung insoweit ausgeschlossen.[2686] Dieser Judikatur ist durch den Wegfall des § 9 Nr. 3 AÜG die Grundlage entzogen worden.[2687] Deshalb gelten auch hier die allgemeinen Regeln. Das Leiharbeitsunternehmen hat damit aufzuzeigen, dass sich die Auftragslage für den Einsatzbereich des zu kündigenden Arbeitnehmers insgesamt nachhaltig verschlechtert hat.[2688] Hierzu kann der Arbeitgeber ggf. auch auf Referenzperioden verweisen.[2689] Dabei reicht der Vortrag des Verleihers regelmäßig nicht aus, der bisherige Auftrag, in dessen Rahmen der Leiharbeitnehmer eingesetzt worden sei, sei beendet und es lägen keine Anschlussaufträge vor. Kurzfristige Auftragslücken gehören nämlich zum typischen Unternehmensrisiko eines Verleiharbeitgebers und sind nicht geeignet, eine betriebsbedingte Kündigung zu rechtfertigen.[2690]

841 Eine andere Frage ist, ob in dem Entschluss des Arbeitgebers, **künftig Arbeiten nicht mehr durch eigene Arbeitnehmer, sondern durch Leiharbeitnehmer ausführen zu lassen,**

[2683] BAG 24.2.2005 – 2 AZR 214/04, AP KSchG 1969 § 1 Gemeinschaftsbetrieb Nr. 4; 18.10.2012 – 6 AZR 41/11, NZA 2013, 1007, 1012 Rn. 53.

[2684] BAG 22.9.2005 – 6 AZR 526/04, AP UmwG § 323 Nr. 1.

[2685] BAG 27.11.2003 – 2 AZR 48/03, AP KSchG 1969 § 1 Soziale Auswahl Nr. 64.

[2686] LAG Hessen 17.11.1983 – 9 Sa 599/83, EzAÜG KSchG Nr. 2.

[2687] Insoweit auch Bayreuther NZA 2016, 1304, der stattdessen die Dreimonatsgrenze des § 1 Abs. 1b S. 2 AÜG ins Spiel bringt.

[2688] BAG 18.5.2006 – 2 AZR 412/05, AP AÜG § 9 Nr. 7.

[2689] Dahl DB 2003, 1626 (1628); APS/Kiel Rn. 476.

[2690] BAG 18.5.2006 – 2 AZR 412/05, AP AÜG § 9 Nr. 7; zur Darlegungslast des Arbeitgebers in diesem Fall LAG Köln 12.1.2009 – 2 Sa 1116/08, LAGE § 1 KSchG Betriebsbedingte Kündigung Nr. 84 = BeckRS 2009, 56102; LAG Berlin-Brandenburg 20.1.2017 – 2 Sa 1188/16, NZA-RR 2017, 587 Rn. 25 mAnm Möllenkamp; ferner Bayreuther NZA 2016, 1304; Fuhlrott/Fabritius NZA 2014, 122 (123); Hiekel FS 25 Jahre ARGE Arbeitsrecht im DAV, 2006, 333; APS/Kiel Rn. 476.

eine bindende unternehmerische Entscheidung zu sehen ist, deren Umsetzung ein dringendes betriebliches Erfordernis zur Kündigung darstellt. Die überwiegende Ansicht stuft den Ersatz eigener Beschäftigte durch Leiharbeitnehmer zutreffend als **unzulässige Austauschkündigung** ein.[2691] Geht man davon aus, dass der Arbeitgeber grds. zunächst den Einsatz von bereits vorhandener Leiharbeit zurückfahren muss, bevor er betriebsbedingte Kündigungen ausspricht (→ Rn. 740), kann er folgerichtig auch keine betriebsbedingten Kündigungen erklären, um die entlassenen Arbeitnehmer durch Zeitarbeitnehmer zu ersetzen. Insoweit lässt sich keine Parallele zur freien Entscheidung des Arbeitgebers herstellen, bestimmte zunächst im Betrieb erledigte Aufgaben künftig nicht mehr durch eigene Arbeitnehmer, sondern – bspw. im Rahmen von Franchise-Verträgen – durch Selbständige[2692] ausführen zu lassen.[2693]

Der entscheidende Unterschied liegt darin, dass der Austausch von eigenen Beschäftigten durch Leiharbeitnehmer nichts daran ändert, dass der Arbeitgeber die jeweiligen Aufgaben nach wie vor **innerhalb seiner eigenen betrieblichen Organisation** durch abhängig Beschäftigte erledigen lässt. Zeitarbeitnehmer sind nicht anders als Vertragsarbeitnehmer in vollem Umfang im Betrieb des Arbeitgebers eingegliedert und unterliegen dessen Weisungsrecht. Zwar besteht beim Einsatz von Leiharbeitnehmern kein Arbeitsvertrag zwischen dem Entleiher und dem Leiharbeitnehmer. Die Veränderung betrifft aber nur die rechtsformale Ebene, während die materiellen Entscheidungsstrukturen vor und nach der Kündigung identisch bleiben. Diese Sichtweise wird durch die Auffassung des BAG unterstützt, das es abgelehnt hat, die für einen späteren Zeitpunkt geplante Besetzung eines Arbeitsplatzes mit einem Leiharbeitnehmer als sachlichen Grund iSd § 14 Abs. 1 S. 2 Nr. 1 TzBfG für die Befristung des Arbeitsvertrags mit einem vorübergehend auf diesem Arbeitsplatz eingesetzten Arbeitnehmer anzuerkennen.[2694] Auch in diesem Fall bleibt der betriebliche Beschäftigungsbedarf nämlich in vollem Umfang aufrechterhalten. Die betriebsbedingte Kündigung hat aber nicht die Funktion, die Beendigung von Arbeitsverträgen auch dann zu ermöglichen, wenn der Arbeitgeber nur die Stellung als Vertragspartei abstreifen, die vom gekündigten Arbeitnehmer ausgeübten Tätigkeiten aber nach wie vor innerhalb der eigenen betrieblichen Organisation durchführen lassen will. Anders ist nur in dem Ausnahmefall zu entscheiden, dass der Arbeitgeber ein plausibles Konzept darlegt, warum es aus betrieblichen Gründen künftig eines ständigen personellen Austausches durch Zeitarbeitnehmer (bspw. spezialisierte Fachkräfte mit unterschiedlichen Kenntnissen und Fertigkeiten) bedarf. Der schlichte Abschluss eines langfristigen Vertrags mit einem (gewerblichen) Zeitarbeitsunternehmen kann indes nicht ausreichen.[2695] 842

11. Öffentlicher Dienst

Für betriebsbedingte Kündigungen im Bereich des öffentlichen Dienstes gelten im Wesentlichen die gleichen Grundsätze wie in der Privatwirtschaft.[2696] Im öffentlichen Dienst liegt eine der unternehmerischen Entscheidung des privaten Arbeitgebers ver- 843

[2691] LAG Bremen 2.12.1997 – 1 (2) Sa 340/96, LAGE § 1 KSchG Betriebsbedingte Kündigung Nr. 47 = BeckRS 9998, 42223; LAG Hamm 24.7.2007 – 12 Sa 320/07, NZA-RR 2008, 239; 6.8.2007 – 8 Sa 2311/04, NZA-RR 2008, 180; Bayreuther NZA 2016, 1304 (1307); Bertzbach FS Hanau, 1999, 173; DD/Deinert Rn. 353; MüKoBGB/Hergenröder Rn. 395; MHdB ArbR/Kreft § 115 Rn. 172; PVT Kündigung/Temming Rn. 1055; HaKo-KSchR/Zimmermann Rn. 771; ebenso grds. BAG 12.3.2009 – 2 AZR 418/07, NZA 2009, 1023; skeptisch Moll/Ittmann RdA 2008, 321 (322 f.): nur „praktisch hinzunehmen"; ebenso v. Hoyningen-Huene/Linck, 14. Aufl. 2007.

[2692] So das „Weight-Watchers-Urteil" BAG 9.5.1996 – 2 AZR 438/95, AP KSchG 1969 § 1 Betriebsbedingte Kündigung Nr. 79; ebenso BAG 13.3.2008 – 2 AZR 1037/06, NJW 2008, 2872 mAnm Dzida – „Moskito-Anschläger"; 18.9.2008 – 2 AZR 560/07, AP KSchG 1969 § 1 Nr. 89.

[2693] AA v. Hoyningen-Huene/Linck, 14. Aufl. 2007.

[2694] BAG 17.1.2007 – 7 AZR 20/06, AP TzBfG § 14 Nr. 30.

[2695] So aber Kiel FS Reuter, 2010, 589 (597).

[2696] Vgl. Hantel ZTR 1998, 145; Lakies NZA 1997, 745; Lingemann/Grothe NZA 1999, 1072; s. a. Hirdina NZA 2012, 885.

gleichbare Entscheidung darin, dass in einem **Haushaltsplan eine Stelle gestrichen,** ein sog. **kw-Vermerk** (= künftig wegfallend) angebracht oder aus einem **Personalbedarfsplan** der Wegfall einer Stelle ersichtlich wird.[2697] In der Streichung einer konkreten, nach sachlichen Merkmalen bestimmten Stelle in einem Haushaltsplan liegt die von den Arbeitsgerichten nicht nachprüfbare unternehmerische Entscheidung, die bezeichnete Stelle sei für die Dienststelle – zukünftig – entbehrlich.[2698] Entsprechendes gilt auch für die Entscheidungen der **Stationierungsstreitkräfte,** die zum Wegfall von Arbeitsplätzen des zivilen Gefolges führen.[2699] Eine nicht nachprüfbare Entscheidung liegt ferner in Verwaltungsstrukturänderungen[2700] wie auch im Beschluss eines Stadtrates, eine bestimmte Aufgabe künftig nur noch ehrenamtlich wahrnehmen zu lassen.[2701]

844 Stellt der **demokratisch legitimierte Haushaltsgesetzgeber** nur noch eine begrenzte Auswahl von Stellen zur Verfügung, unterliegt diese Entscheidung keiner gerichtlichen Zweckmäßigkeitskontrolle.[2702] Es obliegt der politischen Entscheidungsprärogative des Haushaltsgesetzgebers, welchen Schlüssel er zur Berechnung des Personalbedarfs zugrunde legt und mit welchen personellen Mitteln er seine Pflichtaufgaben wie intensiv erfüllen lassen will. Wird eine Haushaltsstelle gestrichen, entfällt ohne Weiteres das Beschäftigungsbedürfnis für den entsprechenden Bereich.[2703] Der öffentliche Arbeitgeber braucht deshalb grds. nicht mehr iE zur organisatorischen Umsetzbarkeit der Maßnahmen vorzutragen, wenn die Stelle im Haushaltsplan gestrichen worden ist und keine Anhaltspunkte vorliegen, dass ein Missbrauch des Kündigungsrechts gegeben sein könnte. Dies könnte sich bspw. daraus ergeben, dass gleichzeitig oder im unmittelbaren Zusammenhang mit der Kündigung die Arbeitszeiten anderer Arbeitnehmer erhöht bzw. andere Arbeitnehmer neu eingestellt werden würden.

845 Fasst ein Stadtrat den Beschluss, die Anzahl der in den kommunalen **Kindertagesstätten zu beschäftigenden Erzieherinnen** um zwei zu reduzieren, weil bei Anwendung des gesetzlich vorgegebenen Personalschlüssels ein Überhang von 2,13 Vollzeitstellen bestehe, handelt es sich nicht um einen nur allgemeinen Beschluss zur Personalreduzierung, der den Beschäftigungsbedarf für die Erzieherinnen unberührt lässt. Der Ratsbeschluss reduziert vielmehr unmittelbar das Beschäftigungsvolumen im Bereich der erzieherischen Fachkräfte. Ein solcher Beschluss enthält den Auftrag an die Verwaltung, zwei Kündigungen vorzubereiten. Er ist nicht unsachlich, weil er sich an dem gesetzlichen Personalschlüssel orientiert.[2704]

846 Der im Haushaltsplan angebrachte **kw-Vermerk** konkretisiert noch nicht den Wegfall eines Beschäftigungsbedürfnisses auf bestimmte Stellen. Denn die Wirkung der kw-Vermerke besteht grds. darin, dass über Ausgaben und Stellen, die der Haushaltsplan als künftig wegfallend bezeichnet, von dem Zeitpunkt an, zu dem die im Haushaltsplan bezeichnete Voraussetzung für den Wegfall erfüllt ist, nicht mehr verfügt werden darf (§ 47 BHO).[2705] Ein dringendes betriebliches Erfordernis zur Kündigung entsteht in

[2697] BAG GS 28.11.1956 – GS 3/56, AP KSchG § 1 Nr. 20; 3.5.1978 – 4 AZR 698/76, AP KSchG 1969 § 1 Betriebsbedingte Kündigung Nr. 5; 21.1.1993 – 2 AZR 330/92, AP MitbestG Schleswig-Holstein § 52 Nr. 1; 18.11.1999 – 2 AZR 77/99, AP KSchG 1969 § 2 Nr. 55 mAnm Feudner; BAG 22.5.2003 – 2 AZR 326/02, AP KSchG 1969 § 1 Betriebsbedingte Kündigung Nr. 128; 23.11.2004 – 2 AZR 38/04, AP KSchG 1969 § 1 Soziale Auswahl Nr. 70; 7.12.2006 – 2 AZR 748/05, AP KSchG 1969 § 1 Soziale Auswahl Nr. 88; APS/Kiel Rn. 518; KR/Rachor Rn. 634.

[2698] BAG 5.12.2002 – 2 AZR 522/01, AP KSchG 1969 § 1 Betriebsbedingte Kündigung Nr. 126.

[2699] BAG 18.5.2006 – 2 AZR 245/05, AP KSchG 1969 § 1 Betriebsbedingte Kündigung Nr. 157; s. a. BAG 15.12.2016 – 2 AZR 867/15, NZA 2017, 518 Rn. 14 ff.

[2700] BAG 10.5.2007 – 2 AZR 263/06, AP KSchG 1969 § 1 Betriebsbedingte Kündigung Nr. 165; 12.8.2010 – 2 AZR 558/09, AP KSchG 1969 § 2 Nr. 146.

[2701] BAG 18.9.2008 – 2 AZR 560/07, AP KSchG 1969 § 1 Nr. 89.

[2702] BAG 23.11.2004 – 2 AZR 38/04, AP KSchG 1969 § 1 Soziale Auswahl Nr. 70; 12.8.2010 – 2 AZR 558/09, AP KSchG 1969 § 2 Nr. 146.

[2703] BAG 23.11.2004 – 2 AZR 38/04, AP KSchG 1969 § 1 Soziale Auswahl Nr. 70; APS/Kiel Rn. 534.

[2704] BAG 22.5.2003 – 2 AZR 326/02, AP KSchG 1969 § 1 Betriebsbedingte Kündigung Nr. 128.

[2705] BAG 6.9.1978 – 4 AZR 84/77, AP KSchG 1969 § 1 Nr. 4; LSSW/Schlünder Rn. 409; näher Teske FS Stahlhacke, 1995, 569 (580 ff.).

diesen Fällen erst aufgrund eines auf den Stellenbedarf der jeweiligen Dienststelle zugeschnittenen Konzepts der zuständigen Verwaltung.[2706] Die konkrete Verteilung des Bedarfs innerhalb der Verwaltungseinrichtungen ist Teil der unternehmerischen Entscheidung, die nur auf Willkür überprüft werden kann. Enthält der kw-Vermerk keine Zeitangaben, wird der Zeitpunkt des Wegfalls offengehalten. Ein solcher kw-Vermerk ohne nähere Angaben stellt nur einen „Merkposten" für die nächste Haushaltsverhandlung dar. Bei dieser Rechtslage kommt das Ausbringen eines derartigen kw-Vermerks wegen allgemeiner Einsparungsmaßnahmen weder einer Stellenstreichung gleich noch führt diese Maßnahme mit Sicherheit dazu, dass eine bestimmte Stelle entfällt, da der kw-Vermerk auch wieder aufgehoben werden kann.[2707]

Werden im Haushaltsplan nicht ganz bestimmte Stellen gestrichen, sondern erfolgt nur 847
eine **allgemeine Einsparung von personellen Mitteln für bestimmte Dienststellen,** bedarf es ebenfalls einer Umsetzung dieser haushaltsrechtlichen Vorgaben als „unternehmerische Entscheidung" auf Dienststellenebene.[2708] Dies entspricht in der Privatwirtschaft der Durchführung der unternehmerischen Entscheidung auf betrieblicher Ebene (→ Rn. 720 ff.).

Unabhängig von haushaltsrechtlichen Vorgaben können im Bereich der öffentlichen 848
Verwaltung auch Rationalisierungsmaßnahmen vorgenommen werden, die zum Wegfall von Arbeitsplätzen führen. Die vorherige Streichung von Stellen im Haushaltsplan der Körperschaft ist hierfür nicht Wirksamkeitsvoraussetzung, weil die Körperschaft nicht verpflichtet ist, alle im Haushalt ausgewiesenen Stellen zu besetzen.[2709]

Die Organisationsentscheidung des öffentlichen Arbeitgebers, eine Angestelltenstelle, 849
auf der hoheitliche Aufgaben erledigt werden, **in eine Beamtenstelle umzuwandeln** und mit einem Beamten zu besetzen, kann ein dringendes betriebliches Erfordernis zur Kündigung des bisherigen Stelleninhabers darstellen, wenn dieser nicht über die Voraussetzungen für eine Übernahme in ein Beamtenverhältnis verfügt.[2710] Erfüllt der bisherige Stelleninhaber jedoch das Anforderungsprofil der neu geschaffenen Beamtenstelle, besteht nach Auffassung des BAG[2711] kein dringendes betriebliches Erfordernis zur Kündigung des bisherigen Stelleninhabers. Der öffentliche Arbeitgeber könne sich nach dem in § 162 Abs. 1 u. 2 BGB normierten Rechtsgedanken nicht darauf berufen, dass er die Stelle mit einem – möglicherweise aus seiner Sicht geeigneteren – externen Bewerber besetzt habe. Dem stehe gleich, wenn der öffentliche Arbeitgeber dem bisherigen Stelleninhaber unwirksam gekündigt, dann eine Ersatzkraft eingestellt habe und diese Ersatzkraft nunmehr anstelle des bisherigen Stelleninhabers auf der neu geschaffenen Beamtenstelle zum Beamten ernannt werde.

Dies überzeugt nicht, weil das BAG den **unterschiedlichen Status von Angestellten** 850
und Beamten nicht genügend berücksichtigt. Das KSchG schützt den Bestand des Arbeitsverhältnisses und nicht ein Tätigwerden für den Arbeitgeber in irgendeiner Beschäftigungsform. Entschließt sich der öffentliche Arbeitgeber hoheitliche Aufgaben nicht mehr von Angestellten ausführen zu lassen, sondern diese Aufgaben Beamten zu übertragen, ist er bei der Besetzung dieser Stelle nicht durch das KSchG eingeschränkt.

[2706] BAG 19.3.1998 – 8 AZR 626/96, AP Einigungsvertrag Anlage 1 Kap. XIX Nr. 76; 18.11.1999 – 2 AZR 77/99, AP KSchG 1969 § 2 Nr. 55; 17.2.2000 – 2 AZR 109/99, BeckRS 2000, 30783170; Hantel ZTR 1998, 145 (152); APS/Kiel Rn. 518; ErfK/Oetker Rn. 290; KR/Rachor Rn. 636; PVT Kündigung/Temming Rn. 1084.

[2707] BAG 6.9.1978 – 4 AZR 84/77, AP KSchG 1969 § 1 Nr. 4.

[2708] Vgl. APS/Kiel Rn. 518; KR/Rachor Rn. 634; Teske FS Stahlhacke, 1995, 569 (574 ff.).

[2709] BAG 26.6.1975 – 2 AZR 499/74, AP KSchG 1969 § 1 Betriebsbedingte Kündigung Nr. 1; 27.2.1987 – 7 AZR 652/85, AP KSchG 1969 § 1 Betriebsbedingte Kündigung Nr. 41; LSSW/Schlünder Rn. 411; HaKo-KSchR/Zimmermann Rn. 805.

[2710] BAG 26.2.1957 – 3 AZR 278/54, AP KSchG § 1 Nr. 23; 21.9.2000 – 2 AZR 440/99, AP KSchG 1969 § 1 Betriebsbedingte Kündigung Nr. 112.

[2711] BAG 21.9.2000 – 2 AZR 440/99, AP KSchG 1969 § 1 Betriebsbedingte Kündigung Nr. 112.

12. Produktionsverlagerung

851 Zum wesentlichen Inhalt der freien unternehmerischen Entscheidung gehört die **Festlegung des Produktionsstandorts.** Die Entscheidung des Arbeitgebers, einen bestimmten Geschäftsbereich an einem Standort zu konzentrieren und den Betrieb an dem anderen Standort teilweise stillzulegen, ist von den Gerichten nicht auf ihre Zweckmäßigkeit zu überprüfen.[2712] Gleiches gilt für die Entscheidung, Teile der **Produktion ins Ausland zu verlagern.**[2713] In dem Maße, in dem Arbeitskapazitäten ins Ausland verlagert werden, entstehen im heimischen Betrieb Überkapazitäten und dementsprechend das Bedürfnis zur Kündigung einer entsprechenden Anzahl von Arbeitnehmern.

13. Rationalisierungsmaßnahmen

852 Rationalisierungsmaßnahmen sind eine häufige Ursache für betriebsbedingte Kündigungen. Sie können der Sache nach sehr **unterschiedlichen Inhalt** haben und sowohl vorwiegend technischer Art sein, etwa Einführung arbeitssparender Maschinen, Umstellung auf neuartige Fertigungstechniken oder sonstige Änderung der Arbeitsmethoden, als auch mehr betriebsorganisatorischen Charakter haben, wie Straffung des Arbeitsablaufs, Bildung neuer oder Auflösung bestehender Betriebsabteilungen bis hin zur Aufgabe oder Ausgliederung ganzer Funktionsbereiche.[2714] Dabei greifen technische und organisatorische Maßnahmen oft ineinander.

853 Der Entschluss des Arbeitgebers, Rationalisierungsmaßnahmen durchzuführen, ist der **gerichtlichen Kontrolle weitgehend entzogen,** da es sich hierbei um eine nur auf Willkür und Missbrauch beschränkt nachkontrollierbare Unternehmerentscheidung handelt (→ Rn. 710 f.). Durch die Gerichte nachprüfbar ist allein, ob tatsächlich Rationalisierungsmaßnahmen durchgeführt wurden und wie sie sich auf den Arbeitsplatz des gekündigten Arbeitnehmers auswirken.[2715]

14. Ruhendes Arbeitsverhältnis

854 Auch ruhende Arbeitsverhältnisse können grds. betriebsbedingt gekündigt werden.[2716] Wenn der Beschäftigungsbedarf etwa infolge der Auslagerung von Arbeitsaufgaben auf ein anderes Unternehmen weggefallen ist, kann auch solchen Arbeitnehmern gekündigt werden, deren Arbeitsverhältnisse (vorübergehend) **außer Funktion gesetzt** worden sind. Dass neben dem Fortfall von Beschäftigungsmöglichkeiten ein weiterer Umstand zur Funktionslosigkeit des Arbeitsverhältnisses führt, steht einer betriebsbedingten Kündigung nicht entgegen. Die vom BAG abgelehnte Möglichkeit einer betriebsbedingten Kündigung während der Freistellungsphase bei einer Block-Altersteilzeit (→ Rn. 799)[2717] ist ein Sonderfall, der auf der vollständigen Erbringung der Arbeitsleitung durch den Arbeitnehmer in der Arbeitsphase beruht und der nicht verallgemeinert werden kann. Die betriebsbedingte Kündigung setzt ferner nicht voraus, dass ihr Unterbleiben den

---

[2712] BAG 27.9.2001 – 2 AZR 389/00, NZA 2002, 1171; zust. Berkowsky RdA 2002, 375.

[2713] BAG 18.9.1997 – 2 AZR 657/96, EzA § 1 KSchG Betriebsbedingte Kündigung Nr. 97; 29.8.2013 – 2 AZR 809/12, NZA 2014, 730 Rn. 17.

[2714] Vgl. v. Hoyningen-Huene NZA 1994, 1009 (1010); APS/Kiel Rn. 523; ErfK/Oetker Rn. 294; KR/Rachor Rn. 640; PVT Kündigung/Temming Rn. 1088; HK-KSchG/Weller/Dorndorf Rn. 1003 f.; HaKo-KSchR/Zimmermann Rn. 808.

[2715] Vgl. zur Kündigung wegen Rationalisierungsmaßnahmen BAG 3.5.1978 – 4 AZR 698/76, AP KSchG 1969 § 1 Betriebsbedingte Kündigung Nr. 5; 7.12.1978 – 2 AZR 155/77, AP KSchG 1969 § 1 Betriebsbedingte Kündigung Nr. 6; 10.12.1979 – 7 AZR 959/77, AP KSchG 1969 § 1 Betriebsbedingte Kündigung Nr. 7; 24.10.1979 – 2 AZR 940/77, AP KSchG 1969 § 1 Betriebsbedingte Kündigung Nr. 8; 30.4.1987 – 2 AZR 184/86, AP KSchG 1969 § 1 Betriebsbedingte Kündigung Nr. 42; 19.5.1993 – 2 AZR 584/92, AP KSchG 1969 § 2 Nr. 31; 9.5.1996 – 2 AZR 438/95, NZA 1996, 1145.

[2716] BAG 9.9.2010 – 2 AZR 493/09, AP KSchG 1969 § 1 Betriebsbedingte Kündigung Nr. 185.

[2717] BAG 5.12.2002 – 2 AZR 571/01, AP KSchG 1969 § 1 Betriebsbedingte Kündigung Nr. 125 iErg mzustAnm Stück.

Arbeitgeber regelrecht schädigt. Der Kündigung kann daher nicht entgegengehalten werden, dass sie den Arbeitgeber wirtschaftlich nicht entlastet, weil er ohnehin kein Entgelt zu zahlen hat (zur Frage der Sozialauswahl → Rn. 932 f.).[2718]

15. Teilzeitarbeit

Entschließt sich ein Unternehmer zur Ausweitung seiner Produktion und Geschäftsaktivitäten, kann dies auch die **Umwandlung eines Halbtagsarbeitsplatzes in einen Ganztagsarbeitsplatz** zur Folge haben. Hierbei kollidiert die unternehmerische Entscheidung zur Arbeitszeitgestaltung mit dem in **§ 8 TzBfG** geregelten Anspruch des Arbeitnehmers auf Verringerung der Arbeitszeit. Auch wenn der Neunte Senat einen Widerspruch seiner Rspr. zum Teilzeitanspruch zur Rspr. des Zweiten Senats zur freien Unternehmerentscheidung im Kündigungsrecht verneint,[2719] besteht doch ein Spannungsverhältnis zwischen den Anforderungen, die an die wirksame Ablehnung eines Teilzeitverlangens gestellt werden, und der Kündigungsrechtsprechung zur betriebsbedingten Kündigung.[2720] 855

Nach § 8 Abs. 4 S. 1 TzBfG hat der Arbeitgeber dem **Teilzeitverlangen des Arbeitnehmers** zu entsprechen, soweit dem Anspruch auf Verringerung der Arbeitszeit betriebliche Gründe nicht entgegenstehen. Der Neunte Senat lässt hierfür allerdings nicht jeden rational nachvollziehbaren Grund ausreichen, sondern fordert „Gründe von hinreichendem Gewicht". Widerspreche der Arbeitszeitwunsch des Arbeitnehmers dem Organisationskonzept des Arbeitgebers, könne der Arbeitgeber das Änderungsverlangen des Arbeitnehmers nur ablehnen, wenn sich hieraus „wesentliche Beeinträchtigungen" der Arbeitsorganisation ergeben.[2721] Demgegenüber gehört nach der Rspr. des Zweiten Senats die Bestimmung, ob ein umfangmäßig konkretisierter Dienstleistungsbedarf nur mit Volltags- oder teilweise auch mit Halbtagsbeschäftigungen abgedeckt werden soll, zum Bereich der nicht nachprüfbaren „Unternehmenspolitik".[2722] 856

Das Spannungsverhältnis zwischen § 8 Abs. 4 S. 1 TzBfG und § 1 Abs. 2 ist **nicht durch Anhebung der Anforderungen** an eine kündigungsrechtlich beachtliche Unternehmerentscheidung zu beseitigen.[2723] Die durch Art. 12 Abs. 1 GG geschützte Berufsfreiheit des Arbeitgebers erfasst auch die Organisationsentscheidungen, die der Arbeitgeber in seinem Betrieb trifft (→ Rn. 710). Beruht das Personalkonzept des Arbeitgebers auf einer nicht offensichtlich unsachlichen, willkürlichen Organisationsentscheidung, ist dies richtigerweise nicht nur kündigungsrechtlich, sondern auch als Ablehnungsgrund nach § 8 Abs. 4 S. 1 TzBfG maßgeblich.[2724] Prozessual genügt freilich nicht der pauschale Hinweis des Arbeitgebers, der jeweilige Arbeitsplatz sei nach seinem Organisationskonzept als Vollzeitarbeitsplatz ausgestaltet. Der Arbeitgeber hat vielmehr ein von plausiblen technischen, wirtschaftlichen oder organisatorischen Gründen getragenes Organisationskonzept darzulegen, wenn er die Arbeitszeitdauer verändern will.[2725] Dieses Organisationskonzept des Arbeitgebers ist bindend und unterliegt keiner Zweckmäßigkeitskontrolle. 857

[2718] BAG 9.9.2010 – 2 AZR 493/09, AP KSchG 1969 § 1 Betriebsbedingte Kündigung Nr. 185.

[2719] BAG 18.2.2003 – 9 AZR 164/02, AP TzBfG § 8 Nr. 2 zu B III 5 der Gründe mit insoweit zu Recht krit. Anm. Heyn.

[2720] So auch Rost JbArbR 39 (2002), 83 (100); ausf. Rohr, Teilzeitarbeit und Kündigungsrecht, 2003, 60 ff.; s. a. Bayreuther DB 2004, 1726 (1730 f.).

[2721] BAG 18.2.2003 – 9 AZR 164/02, AP TzBfG § 8 Nr. 2; 21.6.2005 – 9 AZR 409/04, AP TzBfG § 8 Nr. 14; 20.1.2015 – 9 AZR 735/13, NZA 2015, 816 Rn. 18; krit. Annuß/Thüsing/Mengel, 3. Aufl. 2012, TzBfG § 8 Rn. 138, 152; MüKoBGB/Müller-Glöge TzBfG § 8 Rn. 27; ErfK/Preis TzBfG § 8 Rn. 26 f. (bloße Missbrauchskontrolle).

[2722] BAG 19.5.1993 – 2 AZR 584/92, AP KSchG 1969 § 2 Nr. 31.

[2723] Ebenso ErfK/Preis TzBfG § 8 Rn. 26a; aA TZA/Buschmann, Das Recht der Teilzeitarbeit, 2. Aufl. 2001, TzBfG § 8 Rn. 32; DD/Deinert Rn. 325.

[2724] Ebenso Meinel/Heyn/Herms/Heyn, TzBfG § 8 Rn. 50a ff.; Annuß/Thüsing/Mengel, 3. Aufl. 2012, TzBfG § 8 Rn. 152 f.; MüKoBGB/Müller-Glöge TzBfG § 8 Rn. 27; ErfK/Preis TzBfG § 8 Rn. 26; Rohr, Teilzeitarbeit und Kündigungsrecht, 2003, 87.

[2725] MüKoBGB/Hergenröder Rn. 380 f.; Meinel/Heyn/Herms/Heyn, TzBfG § 8 Rn. 53; APS/Kiel Rn. 525; ErfK/Preis TzBfG § 8 Rn. 26; Rost JbArbR 39 (2002), 83 (100); ähnlich Preis/Gotthardt DB 2000, 2065 (2068).

858 Dem entspricht auch die kündigungsrechtliche Rspr. zur Vergleichbarkeit von Vollzeit- und Teilzeitbeschäftigten bei der Sozialauswahl (→ Rn. 913). Das BAG macht die Einbeziehung von Vollzeitbeschäftigten in die soziale Auswahl bei betriebsbedingten Kündigungen von Teilzeitbeschäftigten von der **betrieblichen Organisation** abhängig. Hat der Arbeitgeber ein nachvollziehbares unternehmerisches Konzept der Arbeitszeitgestaltung konkret dargelegt,[2726] das für bestimmte Arbeiten Vollzeitkräfte vorsieht, kann diese Entscheidung als sog. freie Unternehmerentscheidung nur darauf überprüft werden, ob sie offenbar unsachlich, unvernünftig oder willkürlich ist.[2727] Liegt eine solche Entscheidung vor, sind bei der Kündigung einer Teilzeitkraft die Vollzeitkräfte nicht in die Sozialauswahl einzubeziehen.

16. Umsatz- und Auftragsrückgang

859 Umsatz- und Auftragsrückgänge können eine betriebsbedingte Kündigung rechtfertigen, wenn dadurch der Arbeitsanfall so weit zurückgeht, dass für einen oder mehrere Arbeitnehmer das **Bedürfnis zur Weiterbeschäftigung entfällt.**[2728] In der Regel bedarf es vor Ausspruch der Kündigung einer **unternehmerischen Entscheidung,** mit welcher der Arbeitgeber auf den Umsatzrückgang reagiert. Erst wenn infolge der Durchführung dieser Unternehmerentscheidung im Betrieb Beschäftigungsbedarf entfällt, liegt ein betriebsbedingter Kündigungsgrund vor (→ Rn. 720).

860 Von diesem Grundsatz ist allerdings dann eine **Ausnahme** zu machen, wenn der Arbeitgeber seinen Betrieb so organisiert hat, dass er die Anzahl der benötigten Arbeitnehmer unmittelbar aus dem Umsatz errechnet. In diesem Fall kann der Arbeitgeber ohne eine zwischengeschaltete neuerliche Unternehmerentscheidung unmittelbar aus der Verringerung des Umsatzes auf eine Veränderung der Beschäftigungsmöglichkeiten schließen.[2729] Hierin liegt freilich iErg kein Verzicht auf die sonst geforderte Unternehmerentscheidung.[2730] Die unternehmerische Entscheidung ist in diesem Fall vielmehr bereits im Vorfeld bei der Festlegung der entsprechenden Betriebsorganisation getroffen worden (vorverlagerte oder verdeckte Unternehmerentscheidung), wonach sich die Anzahl der Arbeitnehmer an bestimmten Umsatzzahlen zu orientieren hat (→ Rn. 697).

861 Bei einer betriebsbedingten Kündigung wegen Umsatzrückgangs unterliegt die organisatorische Maßnahme, die der Arbeitgeber trifft, um seinen Betrieb der veränderten Auftragslage anzupassen, nur der **eingeschränkten Missbrauchskontrolle.** Dabei ist der Arbeitnehmer für die Umstände, aus denen sich ein Missbrauch ergeben soll, darlegungs- und beweispflichtig.[2731]

862 Kündigt der Arbeitgeber mit der Begründung, die Auftragslage habe sich verschlechtert und der Umsatz sei rückläufig, hat er iE darzulegen, wie sich der noch vorhandene Auftragsbestand auf die Beschäftigungslage auswirkt und dass nicht nur eine kurzfristige Abwärtsbewegung, sondern ein dauerhafter Auftragsrückgang zu erwarten ist.[2732]

[2726] BAG 3.12.1998 – 2 AZR 341/98, AP KSchG 1969 § 1 Soziale Auswahl Nr. 39; 17.1.2002 – 2 AZR 15/01, EzA § 1 KSchG Soziale Auswahl Nr. 47; 15.7.2004 – 2 AZR 376/03, AP KSchG 1969 § 1 Soziale Auswahl Nr. 68.

[2727] Zust. Kort SAE 1999, 278 (281); Oetker RdA 1999, 267 (268); krit. Bauer/Klein BB 1999, 1162 (1164).

[2728] BAG 7.12.1978 – 2 AZR 155/77, AP KSchG 1969 § 1 Betriebsbedingte Kündigung Nr. 6; 24.10.1979 – 2 AZR 940/77, AP KSchG 1969 § 1 Betriebsbedingte Kündigung Nr. 8; 15.6.1989 – 2 AZR 600/88, AP KSchG 1969 § 1 Betriebsbedingte Kündigung Nr. 45; 11.9.1986 – 2 AZR 564/85, EzA KSchG § 1 Betriebsbedingte Kündigung Nr. 54; 18.5.2006 – 2 AZR 412/05, AP AÜG § 9 Nr. 7.

[2729] BAG 15.6.1989 – 2 AZR 600/88, NZA 1990, 65; Ascheid DB 1987, 1144 (1147); KR/Rachor Rn. 604; s. a. BAG 29.1.1997 – 2 AZR 49/96, BeckRS 1997, 30368548, wo das BAG unzutr. einen außerbetrieblichen Grund angenommen hat, obwohl Strukturveränderungen und damit innerbetriebliche Gründe für den Wegfall der Beschäftigungsmöglichkeit maßgeblich waren.

[2730] So aber Rotter Anm. zu BAG 15.6.1989 – 2 AZR 600/88, EzA § 1 KSchG Betriebsbedingte Kündigung Nr. 63.

[2731] BAG 24.10.1979 – 2 AZR 940/77, AP KSchG 1969 § 1 Betriebsbedingte Kündigung Nr. 8; 27.2.1987 – 7 AZR 652/85, AP KSchG 1969 § 1 Betriebsbedingte Kündigung Nr. 41; 9.5.1996 – 2 AZR 438/95, NZA 1996, 1145.

[2732] BAG 20.2.2014 – 2 AZR 346/12, NZA 2014, 1069 Rn. 14.

Schlagwortartige Umschreibungen wie „Umsatzrückgang", „Gewinnverlust" oder „einschneidende Rationalisierungsmaßnahmen" **genügen nicht.**[2733] Darüber hinaus hat der Arbeitgeber darzulegen, wie sich die von ihm behaupteten Umstände unmittelbar oder mittelbar auf den Arbeitsplatz des gekündigten Arbeitnehmers auswirken.[2734]

17. Unrentabilität und Gewinnverfall

Die Unrentabilität eines Unternehmens berechtigt den Arbeitgeber grds. zu organisatorischen Maßnahmen zur Abwendung des Gewinnverfalls.[2735] Nur wenn der Arbeitgeber die **Unrentabilität zum Anlass einer unternehmerischen Entscheidung** nimmt, die sich auf den Arbeitskräftebedarf auswirkt, kann eine Kündigung durch dringende betriebliche Erfordernisse bedingt sein.[2736] Die Unternehmerentscheidung ist dabei nur darauf zu überprüfen, ob sie offenbar unsachlich oder willkürlich erscheint. IÜ gelten die gleichen Grundsätze wie bei einer Kündigung wegen Umsatzrückgangs (→ Rn. 859 ff.). **863**

18. Verkaufskonzept

Der Entschluss eines Einzelhandelsunternehmens, sein **Verkaufskonzept** von einem beratungsorientierten Facheinzelhandel mit ansprechender Warenpräsentation und vielfältigem Angebot zu einem beratungsarmen Discountgeschäft mit eingeschränktem Warenangebot umzuwandeln, stellt eine freie Unternehmerentscheidung dar. Wegen des Wegfalls der Beratungsaufgaben führt diese Maßnahme zum Wegfall von Beschäftigungsmöglichkeiten und stellt insoweit ein dringendes betriebliches Erfordernis zur Kündigung dar.[2737] Dem kann nicht entgegengehalten werden, es habe die Möglichkeit bestanden, an der bisherigen Form der Arbeitsteilung nach Fachgebieten festzuhalten. Ebenso wie dem Arbeitgeber vorbehalten ist, die Zahl der Arbeitnehmer, die Menge der zu verrichtenden Arbeit, das Verhältnis dieser Größen zueinander und die Arbeitszeiten festzulegen, kann er die Aufteilung der zu erledigenden Aufgaben auf die einzelnen Arbeitsplätze bestimmen (→ § 2 Rn. 153). **864**

G. Soziale Auswahl (Abs. 3)

Schrifttum: Bauer, Die Sozialauswahl als Stolperstein betriebsbedingter Kündigungen in Henssler/Moll (Hrsg.), Kündigung und Kündigungsschutz in der betrieblichen Praxis, 2000; Bütefisch, Die Sozialauswahl, 2000; Fenski, Beteiligungsrechte des Betriebsrats bei der Sozialauswahl, 1989; C. Fischer, Weiterbeschäftigung durch Arbeitsplatzverschaffung, 2007; Graj, Unkündbarkeitsklauseln in der Sozialauswahl, 2009; Kreitner, Kündigungsrechtliche Probleme beim Betriebsinhaberwechsel, 1989; Linck, Die soziale Auswahl bei betriebsbedingter Kündigung, 1990; Lück, Probleme der Sozialauswahl nach § 1 III KSchG, 1993; Müller, Die Sozialauswahl im Kündigungsrecht, 2008; Pape, Die tarifvertragliche Unkündbarkeit, 2002; Quecke/Beseler, Betriebsbedingte Kündigung und Sozialauswahl, 8. Aufl. 2025; Rass, Die Sozialauswahl bei betriebsbedingter Kündigung, 1986; Richter, Benachteiligung wegen des Alters im Erwerbsleben, 2012; Schmitt, Sozialauswahl bei Konkurrenz um anderweitige Beschäftigung, 2000; Schneider, Kollisionen zwischen allgemeinem und besonderem gesetzlichen Kündigungsschutz, 2018; Schulz, Die Berücksichtigung schwerbehinderter und ihnen gleichgestellter Arbeitnehmer im Rahmen der Sozialauswahl, 2009; Wienker, Die Herausnahme von Arbeitnehmern aus der Sozialauswahl, 2012; Wilhelm, Die Sozialauswahl unter Teilzeit- und Vollzeitarbeitnehmern, 2006.

[2733] BAG 7.12.1978 – 2 AZR 155/77, AP KSchG 1969 § 1 Betriebsbedingte Kündigung Nr. 6; Ascheid Beweislastfragen S. 146 f.

[2734] S. insbes. BAG 11.9.1986 – 2 AZR 564/85, EzA KSchG § 1 Betriebsbedingte Kündigung Nr. 54; 15.6.1989 – 2 AZR 600/88, AP KSchG 1969 § 1 Betriebsbedingte Kündigung Nr. 45.

[2735] BAG 24.10.1979 – 2 AZR 940/77, AP KSchG 1969 § 1 Betriebsbedingte Kündigung Nr. 8.

[2736] BAG 26.1.1995 – 2 AZR 371/94, AP KSchG 1969 § 2 Nr. 36 mAnm Enderlein.

[2737] BAG 23.6.2005 – 2 AZR 642/04, AP KSchG 1969 § 2 Nr. 81; 22.9.2005 – 2 AZR 208/05, AP KSchG 1969 § 1 Betriebsbedingte Kündigung Nr. 141.

I. Allgemeines

1. Gesetzesentwicklung

865 Auch wenn dringende betriebliche Erfordernisse für eine Kündigung vorliegen, kann diese gleichwohl sozialwidrig sein, wenn der Arbeitgeber bei der Auswahl des gekündigten Arbeitnehmers die in Abs. 3 S. 1 genannten Gesichtspunkte nicht ausreichend berücksichtigt hat. Dieses Erfordernis einer **Auswahl nach sozialen Gesichtspunkten** bei betrieblich bedingten Kündigungen war schon in § 13 der DemobilmachungsVO v. 12.2.1920 enthalten (→ Einl. Rn. 9).[2738]

866 Das Recht der sozialen Auswahl ist zwischen 1996 und 2004 **mehrfach geändert** worden. Bis zum 30.9.1996 war eine Auswahl allgemein nach „sozialen Gesichtspunkten" durchzuführen. Durch das zum 1.10.1996 in Kraft getretene Gesetz zur Förderung von Wachstum und Beschäftigung v. 25.9.1996 (**Arbeitsrechtliches Beschäftigungsförderungsgesetz**) wurde die Sozialauswahl auf die sog. Kerndaten Betriebszugehörigkeit, Lebensalter und Unterhaltspflichten begrenzt. Mit dem zum 1.1.1999 in Kraft getretenen Gesetz zu Korrekturen in der Sozialversicherung und zur Sicherung der Arbeitnehmerrechte v. 19.12.1998 (**Korrekturgesetz**) stellte der Gesetzgeber in Abs. 3 wieder den Rechtszustand her, der bis zum 30.9.1996 galt. Die Regelung in Abs. 4 knüpfte an die durch das Arbeitsrechtliche Beschäftigungsförderungsgesetz v. 25.9.1996 zum 1.10.1996 in Kraft getretene Bestimmung an. Abs. 5 idF des Arbeitsrechtlichen Beschäftigungsförderungsgesetzes v. 25.9.1996 wurde durch die Neuregelung zum 1.1.1999 ersatzlos aufgehoben. Nach Auffassung des Gesetzgebers hatte diese Vorschrift das angestrebte Ziel, die Rechte des Betriebsrats zu stärken, nicht erreicht. Die Vereinbarung von Namenslisten sei schon auf der Grundlage des vor dem 1.10.1996 geltenden Rechts möglich gewesen, ohne die Rechte der von einer betriebsbedingten Kündigung betroffenen Arbeitnehmer zu verkürzen. Abs. 5 habe dem Interesse an einer dem Prinzip der Einzelfallgerechtigkeit folgenden arbeitsgerichtlichen Entscheidung nicht ausreichend Rechnung getragen und den individuellen Kündigungsschutz verkürzt.[2739]

867 Durch das **Gesetz zu Reformen am Arbeitsmarkt v. 24.12.2003** ist mWv 1.1.2004 erneut eine Beschränkung der Auswahlgesichtspunkte erfolgt. Die drei Kriterien Betriebszugehörigkeit, Lebensalter und Unterhaltspflichten, die vormals durch das Arbeitsrechtliche Beschäftigungsförderungsgesetz v. 25.9.1996 in Abs. 3 eingefügt wurden, sind dabei um das Merkmal Schwerbehinderung ergänzt worden.

2. Zweck

868 Die soziale Auswahl dient der **personellen Konkretisierung** der zur Kündigung führenden dringenden betrieblichen Erfordernisse des Abs. 2 S. 1 (**„Individualisierungsfunktion"**).[2740] Sie hat den Zweck festzulegen, welchen von mehreren vergleichbaren Arbeitnehmern des Betriebs die Kündigung zu treffen hat, wenn das dringende betriebliche Erfordernis nur der Weiterbeschäftigung eines von diesen Arbeitnehmern entgegensteht[2741] oder – anders formuliert – wenn die Zahl der von einem Rückgang des Beschäftigungsbedarfs betroffenen Arbeitnehmer die Zahl der verbleibenden Arbeits-

---

[2738] Zur geschichtlichen Entwicklung näher Bütefisch Sozialauswahl S. 1 ff.; Linck Auswahl S. 5 ff.

[2739] Vgl. BT-Drs. 14/151.

[2740] BAG 7.2.1985 – 2 AZR 91/84, AP KSchG 1969 § 1 Soziale Auswahl Nr. 9; 5.5.1994 – 2 AZR 917/93, AP KSchG 1969 § 1 Soziale Auswahl Nr. 23; DD/Deinert Rn. 455; APS/Kiel Rn. 592; ErfK/Oetker Rn. 300; Rieble NJW 1991, 65; PVT Kündigung/Temming Rn. 1143.

[2741] BAG 2.6.2005 – 2 AZR 158/04, AP KSchG 1969 § 1 Soziale Auswahl Nr. 73; 18.10.2006 – 2 AZR 676/05, AP KSchG 1969 § 1 Betriebsbedingte Kündigung Nr. 163; 31.5.2007 – 2 AZR 276/06, AP KSchG 1969 § 1 Soziale Auswahl Nr. 94.

plätze übersteigt[2742]. Da bei betriebsbedingten Kündigungen der Kündigungsgrund in der Sphäre des Arbeitgebers liegt, ist es nicht gerechtfertigt, in jedem Fall denjenigen Arbeitnehmer zu kündigen, dessen konkreter Arbeitsplatz weggefallen ist. Nach der gesetzgeberischen Wertung des Abs. 3 hat der Arbeitgeber vielmehr unter Berücksichtigung der gesetzlichen Auswahlgesichtspunkte denjenigen Arbeitnehmer zu ermitteln, den die Kündigung relativ am wenigsten hart trifft, weil er auf das Arbeitsverhältnis am wenigsten angewiesen ist.[2743] Damit soll eine Art **„verteilender Gerechtigkeit"** hergestellt werden. Anders gesagt wird das Risiko des Arbeitsplatzverlustes „sozialisiert".[2744] Mit der Anordnung einer Sozialauswahl bestätigt der Gesetzgeber, dass für eine betriebsbedingte Kündigung der Wegfall von Beschäftigungsbedarf als solcher ausreicht und die dringenden betrieblichen Erfordernisse nicht unmittelbar zum Wegfall des Arbeitsplatzes gerade desjenigen Arbeitnehmers führen müssen, dem gekündigt wird (→ Rn. 724). Auch wenn hierdurch letztlich ein Arbeitnehmer seinen Arbeitsplatz verlieren kann, der von der unternehmerischen Entscheidung, bestimmte Stellen zu streichen, zunächst nur mittelbar betroffen ist, handelt es sich bei dieser „Verdrängung"[2745] **nicht um eine unzulässige Austauschkündigung.**[2746] Dies alles gilt auch für die **außerordentliche betriebsbedingte Kündigung tariflich unkündbarer Arbeitnehmer** (→ Rn. 931). Die Begrenzung der Sozialauswahl auf die vier Auswahlgesichtspunkte soll für Arbeitgeber und Arbeitnehmer **Rechtssicherheit** bringen.[2747] IÜ nimmt Abs. 3 am allgemeinen Charakter von § 1 als **zwingendes Recht** teil und kann deshalb weder einzelvertraglich noch kollektivvertraglich abbedungen werden.[2748]

3. Geltungsbereich

Bei **betriebsbedingten Kündigungen** hat der Arbeitgeber nach Abs. 3 eine soziale Aus- **869**
wahl vorzunehmen, während bei personen- oder verhaltensbedingten Kündigungen eine Sozialauswahl ausscheidet.[2749] Das folgt bereits aus dem Wortlaut des Abs. 3 S. 1, der sich nur auf betriebsbedingte Kündigungen bezieht. IÜ steht bei personen- und verhaltensbedingten Kündigungen der zu kündigende Arbeitnehmer bereits auf Grund der kündigungsrelevanten fehlenden Eignung oder des zur Kündigung führenden Fehlverhaltens fest, weshalb eine Auswahlentscheidung zur personellen Konkretisierung des zu kündigenden Arbeitnehmers nicht in Betracht kommt.

Entschließt sich der Arbeitgeber, den **gesamten Betrieb „schnellstmöglich" stillzulegen,** **870**
und kündigt er deshalb allen Arbeitnehmern zeitgleich zum Ablauf der jeweils für sie geltenden Kündigungsfristen (→ Rn. 818), hat er ebenfalls **keine Sozialauswahl** durchzuführen.[2750] Die Verteilung der noch zu erledigenden Restaufgaben nach sozialen Gesichtspunkten und nicht nach der Dauer der jeweiligen Kündigungsfrist hätte iErg lediglich eine Verlängerung der Kündigungsfristen bei sozial schutzwürdigeren Arbeitnehmern zur Folge. Abs. 3 bezweckt jedoch nicht die Verlängerung der Kündigungsfrist,

---

[2742] BAG 27.4.2017 – 2 AZR 67/16, NZA 2017, 902 Rn. 15; 27.6.2019 – 2 AZR 50/19, NZA 2019, 1345 Rn. 20.

[2743] BAG 4.5.2006 – 8 AZR 299/05, AP BGB § 613a Nr. 304; 27.4.2017 – 2 AZR 67/16, NZA 2017, 902 Rn. 15; 27.6.2019 – 2 AZR 50/19, NZA 2019, 1345 Rn. 20; 8.12.2022 – 6 AZR 31/22, NZA 2023, 692 Rn. 24; APS/Kiel Rn. 592; ErfK/Oetker Rn. 300.

[2744] SES/Eylert Rn. 349; DFL/Kaiser Rn. 117.

[2745] Vgl. BAG 27.6.2019 – 2 AZR 38/19, NZA 2019, 1427 Rn. 26.

[2746] So aber LAG Köln 29.9.1993 – 7 Sa 241/93, LAGE § 1 KSchG Soziale Auswahl Nr. 7.

[2747] Vgl. BT-Drs. 15/1204, 11.

[2748] BAG 20.6.2013 – 2 AZR 271/12, NZA 2013, 837 Rn. 15; 27.9.2016 – 2 AZR 50/19, NZA 2019, 1345 Rn. 19.

[2749] So zutr. BAG 23.9.1992 – 2 AZR 63/92, EzA § 1 KSchG Krankheit Nr. 37 unter III 3 b bb; LAG Baden-Württemberg 30.9.1982 – 1 Sa 25/82, AP KSchG 1969 § 1 Personenbedingte Kündigung Nr. 1; DD/Deinert Rn. 460; Linck Auswahl S. 14; Meisel DB 1991, 92; HaKo-KSchR/Zimmermann Rn. 813; krit. zur Beschränkung auf betriebsbedingte Kündigungen Gamillscheg IndArbR S. 496.

[2750] BAG 7.7.2005 – 2 AZR 447/04, AP KSchG 1969 § 1 Betriebsbedingte Kündigung Nr. 136; 4.5.2006 – 8 AZR 299/05, AP BGB § 613a Nr. 304 Rn. 24; 21.5.2015 – 8 AZR 409/13, NZG 2016, 35 Rn. 58; 22.8.2024 – 2 AZR 251/23, NZA 2025, 241 Rn. 63.

sondern zielt darauf ab, sozial schutzbedürftigeren Arbeitnehmern den Arbeitsplatz längerfristig zu erhalten. Hinzu kommt, dass mit einer Verlängerung der Kündigungsfristen bei sozial schutzwürdigeren Arbeitnehmern – gemessen an den die Arbeitsgerichte bindenden unternehmerischen Vorgaben – ein Arbeitskräfteüberhang entsteht. Dies hinzunehmen, ist der Arbeitgeber aber durch Abs. 3 nicht verpflichtet.[2751] Dasselbe gilt, wenn der Arbeitgeber die Betriebsstilllegung in der Weise durchführt, dass er den Arbeitnehmern entsprechend den jeweiligen unterschiedlich langen Kündigungsfristen gestaffelt zum selben Termin kündigt.[2752] In beiden Gestaltungen werden die Arbeitnehmer gleichbehandelt, sodass es keiner personellen Konkretisierung bedarf.[2753] Eine Sozialauswahl entfällt auch dann, wenn zwar nicht der gesamte Betrieb geschlossen wird, aber eine Kategorie von Arbeitnehmern, die mit keiner anderen im Betrieb beschäftigten Kategorie von Arbeitnehmern vergleichbar ist, vollständig abgebaut werden soll. Wenn – anders gewendet – sämtlichen untereinander vergleichbaren Arbeitnehmern gekündigt werden soll, ist eine Sozialauswahl funktionslos und damit entbehrlich.[2754]

871 Demgegenüber bedarf es einer Sozialauswahl, wenn der Arbeitgeber die **Betriebsstilllegung etappenweise** durchführt.[2755] Sollen nach der beschlossenen Stilllegung des Betriebs einzelne Arbeitnehmer noch mit Abwicklungsaufgaben beschäftigt werden, hat der Arbeitgeber daher den Kreis der bis zum Abschluss der Betriebsstilllegung weiterbeschäftigten Arbeitnehmer gem. Abs. 3 zu bestimmen. Dies gilt auch dann, wenn der Arbeitgeber zwar allen Arbeitnehmern gleichzeitig kündigt, sich bei der Beendigung der Arbeitsverhältnisse aber nicht an den Kündigungsfristen, sondern an den sich sukzessive verringernden Beschäftigungsmöglichkeiten im Rahmen einer „Ausproduktion" orientiert.[2756]

II. Personenkreis

1. Betriebsbezogenheit

872 a) **Betriebliche Vergleichbarkeit.** Die soziale Auswahl ist grds. auf alle vergleichbaren **Arbeitnehmer des Betriebs** zu erstrecken.[2757] Demzufolge scheidet eine Beschränkung der Auswahl auf Mitarbeiter eines Betriebsteils oder einer Betriebsabteilung nach der gefestigten und zutreffenden Rspr. des BAG aus.[2758] Dies gilt gleichfalls bei einer beabsichtigten **Teilbetriebsstilllegung und einem Teilbetriebsübergang.** Auch in diesem Fall ist

[2751] BAG 7.3.2002 – 2 AZR 147/01, EzA § 1 KSchG Betriebsbedingte Kündigung Nr. 116.

[2752] BAG 10.10.1996 – 2 AZR 651/95, NZA 1997, 92; 27.10.2005 – 8 AZR 568/04, AP BGB § 613a Nr. 292 Rn. 32.

[2753] BAG 8.12.2022 – 6 AZR 31/22, NZA 2023, 692 Rn. 66.

[2754] Vgl. LAG Köln 9.1.2020 – 6 Sa 494/19, BeckRS 2020, 10713 Rn. 35 f.

[2755] BAG 10.1.1994 – 2 AZR 489/93, AP KSchG 1969 § 1 Konzern Nr. 8; 10.10.1996 – 2 AZR 651/95, NZA 1997, 92; 8.12.2022 – 6 AZR 31/22, NZA 2023, 692 Rn. 67; ErfK/Oetker Rn. 304.

[2756] BAG 8.12.2022 – 6 AZR 31/22, NZA 2023, 692 Rn. 68.

[2757] StRspr, vgl. BAG 2.6.2005 – 2 AZR 158/04, AP KSchG 1969 § 1 Soziale Auswahl Nr. 73 mAnm Löwisch; 18.10.2006 – 2 AZR 676/05, AP KSchG 1969 § 1 Betriebsbedingte Kündigung Nr. 163; 31.5.2007 – 2 AZR 276/06, NZA 2008, 33; 14.3.2013 – 8 AZR 154/12, AP KSchG 1969 § 1 Betriebsbedingte Kündigung Nr. 199 Rn. 36; DD/Deinert Rn. 471; MüKoBGB/Hergenröder Rn. 402 f.; APS/Kiel Rn. 595; Künzl ZTR 1996, 385 (386); Meisel DB 1991, 92 (93); ErfK/Oetker Rn. 318; Preis DB 1988, 1387 (1394); KR/Rachor Rn. 652; Schiefer NZA-RR 2002, 169 (170); LSSW/Schlünder Rn. 419; HaKo-KSchR/Zimmermann Rn. 820; aA Berkowsky NZA 1996, 290 (292), der allein auf das vertragliche Weisungsrecht abstellt; dagegen zu Recht APS/Kiel Rn. 596.

[2758] BAG 25.4.1985 – 2 AZR 140/84, AP KSchG 1969 § 1 Soziale Auswahl Nr. 7; 8.8.1985 – 2 AZR 464/84, AP KSchG 1969 § 1 Soziale Auswahl Nr. 10; 15.6.1989 – 2 AZR 580/88, AP KSchG 1969 § 1 Soziale Auswahl Nr. 18; 5.5.1994 – 2 AZR 917/93, AP KSchG 1969 § 1 Soziale Auswahl Nr. 23; 17.2.2000 – 2 AZR 142/99, AP KSchG 1969 § 1 Soziale Auswahl Nr. 46; 17.1.2002 – 2 AZR 15/01, EzA § 1 KSchG Soziale Auswahl Nr. 47; 31.5.2007 – 2 AZR 276/06, NZA 2008, 33; 14.3.2013 – 8 AZR 154/12, AP KSchG 1969 § 1 Betriebsbedingte Kündigung Nr. 199 Rn. 36; HK-KSchG/Dorndorf Rn. 1022 f.; APS/Kiel Rn. 595; Linck AR-Blattei SD 1020.1.2 Rn. 14; ErfK/Oetker Rn. 319; Schiefer NZA-RR 2002, 169 (170); LSSW/Schlünder Rn. 419; Weller AuR 1986, 225 (230); aA Kassen Anm. zu BAG 17.2.2000 – 2 AZR 142/99, AP KSchG 1969 § 1 Soziale Auswahl Nr. 46; Wank Anm. zu BAG 15.6.1989 – 2 AZR 580/88, AR-Blattei Kündigungsschutz Entsch. 304; RdA 1987, 129 (138 f.).

eine auf den gesamten Betrieb, einschließlich des später übergehenden Betriebsteils, bezogene Sozialauswahl durchzuführen.[2759] Dies entspricht dem Willen des Gesetzgebers, weil die betriebsbedingte Kündigung nach Abs. 2 S. 1 auf den Betrieb bezogen ist, also die Verhältnisse im Betrieb zum Zeitpunkt der Kündigung Anknüpfungspunkt für die Beurteilung der Sozialwidrigkeit der Kündigung und damit auch für die soziale Auswahl sind.[2760]

Hat ein **Betrieb mehrere Betriebsteile oder Betriebsabteilungen,** ist die soziale Auswahl grds. auch dann auf den gesamten Betrieb zu erstrecken, wenn die einzelnen Betriebsstätten räumlich entfernt sind und deshalb nach § 4 Abs. 1 Nr. 1 BetrVG als selbständige Betriebe gelten.[2761] Für den Betriebsbegriff iSd KSchG kommt es in erster Linie auf die Einheit der Organisation und nicht auf die räumliche Einheit an. Eine mögliche betriebsverfassungsrechtliche Eigenständigkeit einzelner Betriebsteile steht einer betriebsteilübergreifenden Sozialauswahl ebenso wenig entgegen wie die räumliche Entfernung zwischen Hauptbetrieb und Niederlassung von 70 km.[2762] Fällt in einem Reinigungsbetrieb mit zahlreichen Beschäftigten in verschiedenen Objekten ein Reinigungsobjekt durch Nichtverlängerung des Reinigungsauftrages weg, genügt der Arbeitgeber deshalb seiner Pflicht zur Sozialauswahl regelmäßig nicht, wenn er nach Wegfall des Reinigungsauftrags sämtlichen in dem wegfallenden Reinigungsobjekt Beschäftigten kündigt, ohne zu prüfen, ob in anderen Reinigungsobjekten vergleichbare Arbeitnehmer beschäftigt werden.[2763] Dem entspricht es, dass sich die Sozialauswahl bei einer Kündigung von **Leiharbeitnehmern** nicht auf die einsatzfreien Arbeitnehmer beschränkt, sondern auch die im Einsatz befindlichen Arbeitnehmer umfasst.[2764] Eine Beschränkung der Sozialauswahl auf eine einzelne Betriebsstätte kann sich allerdings aus einer vertraglich vereinbarten Begrenzung des Direktionsrechts ergeben (→ Rn. 888). 873

Bilden mehrere Unternehmen einen **gemeinschaftlichen Betrieb,** ist die Sozialauswahl bis zu einer etwaigen Auflösung des Gemeinschaftsbetriebs auf den gesamten Betrieb zu erstrecken.[2765] Für die rechtliche Zusammenfassung mehrerer Betriebsstätten ohne gemeinsame räumliche Unterbringung zu einem Gemeinschaftsbetrieb ist entscheidend, ob die wesentlichen Arbeitgeberfunktionen im personellen oder sozialen Bereich von derselben institutionellen Leitung ausgeübt werden. Von Bedeutung ist insoweit, wer das arbeitsvertragliche Weisungsrecht ausübt oder wer die Dienstpläne oder Urlaubspläne erstellt (→ § 23 Rn. 15).[2766] Für das Vorliegen eines gemeinschaftlichen Betriebes trägt der Arbeitnehmer die Darlegungs- und Beweislast.[2767] Dabei kommen ihm arbeitsgerichtliche Entscheidungen im betriebsverfassungsrechtlichen Beschlussverfahren nicht 874

[2759] BAG 28.10.2004 – 8 AZR 391/03, AP KSchG 1969 § 1 Soziale Auswahl Nr. 69; 14.3.2013 – 8 AZR 154/12, AP KSchG 1969 § 1 Betriebsbedingte Kündigung Nr. 199 Rn. 37; v. Hoyningen-Huene RdA 2006, 44; KR/Rachor Rn. 656.

[2760] Tendenziell aA LAG Hamm 18.2.2004 – 2 Sa 1372/03, NZA-RR 2005, 189 (192), das auch bei einem nur unmittelbar bevorstehenden Teilbetriebsübergang die hiervon erfassten Arbeitnehmer nicht in die Sozialauswahl einbeziehen will.

[2761] Ebenso BAG 21.6.1995 – 2 AZR 693/94, AP BetrVG 1972 § 1 Nr. 16 unter II 3 b aa; LAG Sachsen-Anhalt 11.1.2000 – 8 Sa 449/99, NZA-RR 2001, 81; LAG Düsseldorf 18.4.2007 – 12 Sa 132/07, LAGE § 130 BGB 2002 Nr. 5 für räumlich eng verbundene Organisationseinheiten; v. Hoyningen-Huene FS Stahlhacke, 1995, 173 (181); APS/Kiel Rn. 599; KR/Rachor Rn. 652; Schiefer NZA-RR 2002, 169 (170 f.); Schröder ZTR 1995, 394 (395); ausf. Bütefisch Sozialauswahl S. 47 ff.

[2762] BAG 3.6.2004 – 2 AZR 577/03, AP BetrVG 1972 § 102 Nr. 141.

[2763] BAG 17.1.2002 – 2 AZR 15/01, EzA § 1 KSchG Soziale Auswahl Nr. 47.

[2764] BAG 20.6.2013 – 2 AZR 271/12, NZA 2013, 837 Rn. 19.

[2765] BAG 13.6.1985 – 2 AZR 452/84, AP KSchG 1969 § 1 Nr. 10; 13.9.1995 – 2 AZR 954/94, AP KSchG 1969 § 1 Betriebsbedingte Kündigung Nr. 72; 24.2.2005 – 2 AZR 214/04, AP KSchG 1969 § 1 Gemeinschaftsbetrieb Nr. 4; 15.2.2007 – 8 AZR 310/06, AP KSchG 1969 § 1 Gemeinschaftsbetrieb Nr. 6; 14.8.2007 – 8 AZR 1043/06, NZA 2007, 1431; 29.11.2007 – 2 AZR 763/06, AP KSchG 1969 § 1 Soziale Auswahl Nr. 95; Fuhlrott/Hoppe BB 2012, 253 (255); MüKoBGB/Hergenröder Rn. 370; APS/Kiel Rn. 602; KR/Rachor Rn. 653; LSSW/Schlünder Rn. 421; aA Annuß/Hohenstatt NZA 2004, 420 (422).

[2766] LAG Köln 19.6.1998 – 11 Sa 1503/97, LAGE § 1 KSchG Soziale Auswahl Nr. 25 = BeckRS 1998, 30462952.

[2767] BAG 18.10.2006 – 2 AZR 434/05, NZA 2007, 552.

zugute.[2768] Selbst Abgrenzungsverfahren nach § 18 Abs. 2 BetrVG entfalten im Kündigungsschutzprozess keine Rechtskraft.[2769]

875 Der Kreis der in allen Betriebsstätten nach arbeitsplatzbezogenen Merkmalen (→ Rn. 905 f.) vergleichbaren Arbeitnehmer findet dabei **im Direktionsrecht des Arbeitgebers seine Grenze.**[2770] Der vom Wegfall seines Arbeitsplatzes betroffene Arbeitnehmer ist nur dann mit einem Arbeitnehmer eines anderen, räumlich entfernten Betriebsteils vergleichbar, wenn der Arbeitgeber ihn im Wege des Direktionsrechts (→ Rn. 888) in die entfernt liegende Betriebsstätte versetzen könnte.[2771]

876 Eine unternehmensübergreifende Sozialauswahl ist im Gemeinschaftsbetrieb dann nicht vorzunehmen, wenn zum Zeitpunkt der Kündigung der **Gemeinschaftsbetrieb nicht mehr besteht.**[2772] Wird nach der Auflösung des Gemeinschaftsbetriebs der Einzelbetrieb stillgelegt, sind die Arbeitnehmer des früheren Gemeinschaftsbetriebs nicht in die Sozialauswahl einzubeziehen.[2773] Gleiches gilt, wenn im Zeitpunkt der Kündigung der eine der beiden Betriebe zwar noch nicht stillgelegt ist, auf Grund einer unternehmerischen Entscheidung, die bereits greifbare Formen angenommen hat, aber feststeht, dass er bei Ablauf der Kündigungsfrist des Arbeitnehmers stillgelegt sein wird. Eine Weiterbeschäftigung des Arbeitnehmers in dem Gemeinschaftsbetrieb kommt dann nicht mehr in Betracht, weil mit der Stilllegung des einen Betriebs auch die gemeinsame Leitungsstruktur beseitigt wird und damit nur noch ein Betrieb fortbesteht. Der Inhaber des stillzulegenden Betriebs kann dann wegen der nicht mehr vorhandenen gemeinsamen Leitungsebene eine Weiterbeschäftigung seiner Arbeitnehmer in dem fortgeführten Betrieb des anderen Unternehmers rechtlich nicht mehr durchsetzen.[2774]

877 Die soziale Auswahl erstreckt sich **nicht auf andere Betriebe des Unternehmens oder gar des Konzerns.**[2775] Dies folgt schon aus der grds. nur betriebsbezogenen Ausgestaltung des gesetzlichen Kündigungsschutzes, der lediglich bzgl. der Weiterbeschäftigungsmöglichkeit nach Abs. 2 S. 2 u. 3 ausnahmsweise unternehmensbezogen ist (→ Rn. 196 ff., 751 ff.).[2776] Gegen einen Konzernbezug der sozialen Auswahl spricht darüber hinaus entscheidend, dass dadurch ein selbständiges Unternehmen wegen dringender betrieblicher Erfordernisse, die zum Wegfall eines Arbeitsplatzes in einem anderen Unternehmen geführt haben, zu einer Kündigung und gleichzeitig zu einer Neueinstellung gezwungen würde. Dies ist jedoch mit der rechtlichen Selbständigkeit einzelner Konzernunternehmen nicht zu vereinbaren.

[2768] BAG 18.10.2006 – 2 AZR 434/05, NZA 2007, 552.

[2769] BAG 18.10.2006 – 2 AZR 434/05, NZA 2007, 552; Gaul/Lunk NZA 2004, 184 (186); Krause, Rechtskrafterstreckung im kollektiven Arbeitsrecht, 1996, 379 f.; Rieble FS Wiese, 1998, 453 (458).

[2770] Ebenso Berkowsky NZA 1996, 290 (292).

[2771] BAG 21.6.1995 – 2 AZR 693/94, AP BetrVG 1972 § 1 Nr. 16.

[2772] BAG 24.2.2005 – 2 AZR 214/04, AP KSchG 1969 § 1 Gemeinschaftsbetrieb Nr. 4; 29.11.2007 – 2 AZR 763/06, AP KSchG 1969 § 1 Soziale Auswahl Nr. 95, dort auch zu den Voraussetzungen einer Auflösung des Gemeinschaftsbetriebes, Rn. 26 ff.

[2773] BAG 13.9.1995 – 2 AZR 954/94, AP KSchG 1969 § 1 Betriebsbedingte Kündigung Nr. 72; APS/Kiel Rn. 602.

[2774] BAG 18.9.2003 – 2 AZR 79/02, AP KSchG 1969 § 17 Nr. 14; 27.11.2003 – 2 AZR 48/03, AP KSchG 1969 § 1 Soziale Auswahl Nr. 64; 24.2.2005 – 2 AZR 214/04, AP KSchG 1969 § 1 Gemeinschaftsbetrieb Nr. 4; 14.8.2007 – 8 AZR 1043/06, NZA 2007, 1431; 21.5.2008 – 8 AZR 84/07, NZA 2008, 753 Rn. 32; APS/Kiel Rn. 602.

[2775] BAG 13.6.1985 – 2 AZR 452/84, AP KSchG 1969 § 1 Nr. 10 mAnm Wiedemann; 22.5.1986 – 2 AZR 612/85, NZA 1987, 125; 27.11.1991 – 2 AZR 255/91, NZA 1992, 644; 15.12.1994 – 2 AZR 320/94, AP KSchG 1969 § 1 Betriebsbedingte Kündigung Nr. 66; DD/Deinert Rn 471; D. Gaul NZA 1992, 673 (674); MüKoBGB/Hergenröder Rn. 372 f.; APS/Kiel Rn. 601; ErfK/Oetker Rn. 319; KR/Rachor Rn. 651; LSSW/Schlünder Rn. 346; weitergehend PVT Kündigung/Temming Rn. 1168, der sich nach Maßgabe der unternehmerischen Entscheidung für einen „tätigkeitsbezogenen Betriebsbegriff" ausspricht; zust. Wank FS v. Hoyningen-Huene, 2014, 561 (574 f.); näher Bütefisch Sozialauswahl S. 68 ff.; Linck Auswahl S. 19 ff.; Windbichler KonzernArbR S. 159 ff., 263 ff. Anderes folgt auch nicht aus dem Antidiskriminierungsrecht, verfehlt deshalb (obgleich mit krit. Tendenz) Neef/Neef NZA 2006, 1241 (1244).

[2776] BAG 22.5.1986 – 2 AZR 612/85, AP KSchG 1969 § 1 Konzern Nr. 4; Schulin SAE 1986, 279 (280); Weller AuR 1986, 225 (230).

Auch bei einer entsprechenden **Ausweitung des Direktionsrechts** des Arbeitgebers (→ Rn. 889 ff.) ist die Auswahl nicht unternehmensbezogen.[2777] Eine Sozialauswahl, die vergleichbare Arbeitnehmer mehrerer, möglicherweise weit auseinander liegender Betriebe des Unternehmens einbezieht, würde die Vorbereitung eines Kündigungsentschlusses durch den Arbeitgeber und dessen Nachprüfung durch die Gerichte ohne ausreichende gesetzliche Grundlage über Gebühr erschweren. Dasselbe gilt erst recht bei einer auf den ganzen Konzern bezogenen Versetzungsklausel. Zugleich würde sich eine entsprechende Klausel aus der Perspektive des „verdrängten" Arbeitnehmers als ein Vertrag zulasten Dritter auswirken und den Grundsatz aushebeln, dass sich das Kündigungsrisiko auf den Betrieb beschränkt.[2778] **878**

Bei einer **Spaltung oder Teilübertragung** nach §§ 123 ff. bzw. §§ 174 ff. UmwG soll sich gem. § 132 Abs. 2 UmwG (bis 28.2.2023: § 323 Abs. 1 UmwG) die Stellung eines Arbeitnehmers, der vor der Umstrukturierung zu dem übertragenen Rechtsträger in einem Arbeitsverhältnis steht, aufgrund der Spaltung oder Teilübertragung für einen Zeitraum von zwei Jahren nicht verschlechtern. Diese Regelung führt allerdings nicht dazu, dass nunmehr automatisch eine unternehmensübergreifende Sozialauswahl durchzuführen ist, wenn die Kündigung als unmittelbare Folge der Spaltung oder Teilübertragung erfolgt.[2779] Es fällt schon schwer, die bloße Chance, dass ein Arbeitnehmer im jeweils anderen Unternehmen[2780] tatsächlich sozial weniger schutzbedürftig ist, als kündigungsrechtliche Stellung des gekündigten Arbeitnehmers zu begreifen. Zudem werden die in einem der beiden Unternehmen tätigen Arbeitnehmer von der im anderen Unternehmen getroffenen Entscheidung, die dort zu einem Wegfall von Beschäftigungsmöglichkeiten führt, an sich nicht berührt. Vor allem aber kann der Rechtsträger des einen Unternehmens für den Fall, dass ein im anderen Unternehmen tätiger Arbeitnehmer sozial weniger schutzwürdig sein sollte, diesem Arbeitnehmer mangels Kündigungsbefugnis nicht kündigen. Sollen die beiden Unternehmen kündigungsrechtlich handlungsfähig bleiben, wären sie beim Erfordernis einer in jedem Fall durchzuführenden unternehmensübergreifenden Sozialauswahl daher gezwungen, sich auf eine vorübergehende gemeinschaftliche Betriebsführung zu verständigen.[2781] Ein solcher mittelbarer Eingriff in die unternehmerische Organisationsautonomie kann § 132 Abs. 2 UmwG indes nicht entnommen werden. **879**

Wird von den an einer Spaltung oder Teilübertragung beteiligten Unternehmen ein **Betrieb gemeinsam weitergeführt,** gilt dieser gem. § 132 Abs. 1 UmwG (bis 28.2.2023: § 322 UmwG) als Betrieb iSd KSchG. Das hat zur Folge, dass bei betriebsbedingten Kündigungen alle vergleichbaren Arbeitnehmer des Betriebs in die soziale Auswahl einzubeziehen sind, mögen sie auch bei verschiedenen Unternehmen beschäftigt sein.[2782] Somit ergibt sich auch aus dieser Regelung im Umkehrschluss, dass ohne eine Einigung der betroffenen Unternehmen auf eine gemeinschaftliche Betriebsführung gerade keine unternehmensübergreifende Sozialauswahl durchzuführen ist. **880**

[2777] BAG 2.6.2005 – 2 AZR 158/04, AP KSchG 1969 § 1 Soziale Auswahl Nr. 73; 15.12.2005 – 6 AZR 199/05, AP KSchG 1969 § 1 Soziale Auswahl Nr. 76; 18.10.2006 – 2 AZR 676/05, AP KSchG 1969 § 1 Betriebsbedingte Kündigung Nr. 163; 31.5.2007 – 2 AZR 276/06, NZA 2008, 33 Rn. 16; 22.10.2015 – 2 AZR 582/14, NZA 2016, 33 Rn. 23; zust. Gaul/Bonanni NZA 2006, 289 (291); nicht überzeugend daher LAG Rheinland-Pfalz 16.3.2005 – 9 Sa 994/04, NZA-RR 2005, 588.

[2778] BAG 27.6.2019 – 2 AZR 38/19, NZA 2019, 1427 Rn. 26.

[2779] BAG 22.9.2005 – 6 AZR 526/04, AP UmwG § 323 Nr. 1; KR/Horcher UmwG § 132 Rn. 29; ErfK/Oetker Rn. 321; Rieble FS Wiese, 1998, 453 (474 f.); Lutter/Sagan UmwG, 7. Aufl. 2023, § 132 Rn. 28; APS/Steffan UmwG § 132 Rn. 13; Willemsen NZA 1996, 791 (799 f.); Kallmeyer/Willemsen/Müller-Bonanni, UmwG, 8. Aufl. 2024, § 132 Rn. 21; aA Bachner NJW 1995, 2881 (2884); Düwell NZA 1996, 393 (397); Kallmeyer ZIP 1994, 1746 (1757); DD/Yalcin UmwG § 132 Rn. 21; wohl auch Däubler RdA 1995, 136 (143); ebenso v. Hoyningen-Huene/Linck, 14. Aufl. 2007.

[2780] Zur Erstreckung des Schutzbereichs von § 132 Abs. 2 UmwG sowohl auf solche Arbeitnehmer, die auf den neuen Rechtsträger übergehen, als auch auf solche Arbeitnehmer, die beim bisherigen Rechtsträger verbleiben, s. nur APS/Steffan UmwG § 132 Rn. 9.

[2781] APS/Steffan UmwG § 132 Rn. 13.

[2782] KR/Horcher UmwG § 132 Rn. 7; APS/Kiel Rn. 600; LSSW/Schlünder Rn. 347; zum Verhältnis von § 132 Abs. 1 und Abs. 2 UmwG vgl. Lutter/Sagan UmwG, 7. Aufl. 2023, § 132 Rn. 11 ff.

881 b) **Sonderfall Betriebsübergang.** Auch bei betriebsbedingten Kündigungen im Zusammenhang mit Betriebsübergängen nach § 613a BGB ist eine soziale Auswahl vorzunehmen.[2783] Für die Bestimmung des **auswahlrelevanten Personenkreises** sind allerdings verschiedene Zeitpunkte zu unterscheiden:

882 Kündigt bei einem beabsichtigten Betriebsübergang der **bisherige Arbeitgeber** vor Abschluss des Übernahmevertrags Arbeitnehmern aus betriebsbedingten Gründen, sind nur die Arbeitnehmer des zu veräußernden Betriebs in die soziale Auswahl einzubeziehen.[2784] Gleiches gilt bei einer betriebsbedingten Kündigung durch den bisherigen Arbeitgeber nach Abschluss, aber **vor Inkrafttreten des Übernahmevertrags** nach § 613a BGB.[2785] Einer Einbeziehung der Arbeitnehmer des übernehmenden Betriebs in die soziale Auswahl steht hier entgegen, dass es dem bisherigen Arbeitgeber gar nicht möglich ist, diese Arbeitnehmer des Übernehmerbetriebs zu kündigen, da er zu diesen Arbeitnehmern in keinem Vertragsverhältnis steht.[2786] Maßgeblich sind die Verhältnisse im Zeitpunkt des Zugangs der Kündigung.[2787] Sofern sich der Veräußerer für seine Kündigung aber allein auf das **Erwerberkonzept** stützt (→ Rn. 828), sind konsequenterweise alle Arbeitnehmer des künftig vereinten Betriebs in die Sozialauswahl einzubeziehen.[2788] Umgesetzt werden kann diese Anforderung in der Weise, dass Veräußerer und Erwerber gemeinsam eine Auswahl durchführen und jeder dann die bei ihm beschäftigten, sozial am wenigsten schutzbedürftigen Arbeitnehmer kündigt.[2789] § 613a Abs. 4 S. 1 BGB steht dem nicht entgegen.

883 Bei einem **Teilbetriebsübergang** ist zumindest nach bisheriger Rspr. eine auf den gesamten Betrieb, einschließlich des später übergehenden Betriebsteils, bezogene Sozialauswahl durchzuführen, wenn der **Veräußerer** vor dem Vollzug des Übergangs kündigt.[2790] Sofern der Veräußerer nach dem Vollzug des Teilbetriebsübergangs kündigt, beschränkt sich die Sozialauswahl dagegen auf jeden Fall auf den „Restbetrieb".[2791]

884 **Nach vollzogenem Betriebsübergang** ist die Sozialauswahl bei einer Kündigung durch den **Erwerber** ebenfalls betriebsbezogen vorzunehmen. Wird der übernommene Betrieb getrennt von anderen Betrieben des Übernehmerunternehmens fortgeführt, ergibt sich bereits aus der Betriebsbezogenheit der Sozialauswahl, dass der neue Arbeitgeber nur unter den Arbeitnehmern des übernommenen Betriebs eine Sozialauswahl vorzunehmen hat.[2792] Anders ist die Rechtslage, wenn der übernommene Betrieb oder Betriebsteil in einen anderen Betrieb des übernehmenden Unternehmens eingegliedert wird. In diesem Fall sind bei einer betriebsbedingten Kündigung des Übernehmers alle vergleichbaren Arbeitnehmer des Übernehmerbetriebs in die Sozialauswahl einzubeziehen, weil ande-

---

[2783] Vgl. Bauer DB 1983, 713 (714); Commandeur NJW 1996, 2537 ff.; Hanau, Gutachten E für den 54. DJT, 1982, 39; Helpertz DB 1990, 1596; Henckel ZGR 1984, 225 (234 f.); Hilger ZGR 1984, 258 (260); Kreitner Betriebsinhaberwechsel S. 115 ff.; Linck Auswahl S. 31 ff.

[2784] BAG 26.5.1983 – 2 AZR 477/81, AP BGB § 613a Nr. 34 mAnm Grunsky; KR/Rachor Rn. 656; Schmädicke NZA 2014, 515 (517 f.).

[2785] Ebenso iErg HK-KSchG/Dorndorf Rn. 1036; Hanau, Gutachten E für den 54. DJT, 1982, 40; Henckel ZGR 1984, 225 (234); Hess/Glotters BlStSozArbR 1984, 74 (75); Kreitner Betriebsinhaberwechsel S. 166; Linck AR-Blattei SD 1020.1.2 Rn. 15; Vossen BB 1984, 1557 (1560).

[2786] Für eine Einbeziehung dieser Arbeitnehmer jedoch Bütefisch Sozialauswahl S. 99 f.; Hilger ZGR 1984, 258 (260); APS/Kiel Rn. 605; Loritz RdA 1987, 65 (84); Wickler, Arbeitgeberkündigung bei Betriebsinhaberwechsel, 1985, 101 f.

[2787] AA Annuß/Stamer NZA 2003, 1247 (1249), die bei einer Kündigung nach dem Erwerberkonzept auf den Kündigungstermin abstellen.

[2788] APS/Kiel Rn. 605; Schmädicke NZA 2014, 515 (518 f.); Schumacher/Mohr NZA 2004, 629 (633); HWK/Willemsen/Müller-Bonanni BGB § 613a Rn. 314; aA Lipinski NZA 2002, 75 (79); Sieger/Hasselbach DB 1999, 430 (434).

[2789] APS/Kiel Rn. 605.

[2790] BAG 28.10.2004 – 8 AZR 391/03, AP KSchG 1969 § 1 Soziale Auswahl Nr. 69; 14.3.2013 – 8 AZR 153/12, BeckRS 2013, 74879 Rn. 37; 21.5.2015 – 8 AZR 409/13, AP BGB § 613a Nr. 462 Rn. 58; zweifelnd aber BAG 27.2.2020 – 8 AZR 215/19, NZA 2020, 1303 Rn. 157.

[2791] BAG 14.5.2020 – 6 AZR 235/19, NZA 2020, 1091 Rn. 80.

[2792] Ebenso iErg APS/Kiel Rn. 605; Kreitner Betriebsinhaberwechsel S. 116; Linck Auswahl S. 33.

renfalls der Grundsatz der Betriebsbezogenheit der sozialen Auswahl durchbrochen würde.[2793]

Widerspricht ein Arbeitnehmer gem. § 613a Abs. 6 BGB dem Übergang seines Arbeits- **885**
verhältnisses auf den Erwerber, geht das Arbeitsverhältnis nicht auf den Übernehmer über, sondern besteht mit dem bisherigen Arbeitgeber fort.[2794] Sofern für den widersprechenden Arbeitnehmer in dem **nicht übergegangenen Betriebsteil** jedoch keine Beschäftigungsmöglichkeiten mehr bestehen, kann der Arbeitgeber das Arbeitsverhältnis betriebsbedingt kündigen. Nach früherer Rspr. zu der bis zum 31.12.2003 geltenden Fassung des Abs. 3[2795] verlor der Arbeitnehmer hierdurch zwar nicht generell das Recht, sich auf eine fehlerhafte Sozialauswahl zu berufen. Allerdings war zu berücksichtigen, dass der widersprechende Arbeitnehmer seine bisherige Arbeitsmöglichkeit aus freien Stücken aufgegeben und erst dadurch ein dringendes betriebliches Erfordernis für die Kündigung geschaffen hat. Der soziale Besitzstand des gekündigten Arbeitnehmers könne nicht unabhängig von den Gründen beurteilt werden, aus denen er die Fortsetzung des Arbeitsverhältnisses mit einem anderen Arbeitgeber abgelehnt habe. Sollte statt seiner ein anderer Arbeitnehmer gekündigt werden, der die Möglichkeit der Fortsetzung des Arbeitsverhältnisses nicht gehabt habe, müssten berechtigte Gründe des Arbeitnehmers vorliegen, der sich auf die soziale Auswahl zulasten des Arbeitskollegen berufe.[2796]

Hieran kann seit der zum **1.1.2004 in Kraft getretenen Neufassung des Abs. 3 nicht mehr** **886**
festgehalten werden.[2797] Während der Widerspruch des Arbeitnehmers gegen den Betriebsübergang bei der Auswahlentscheidung nach der bis zum 31.12.2003 bestehenden Rechtslage als sozialer Gesichtspunkt zum Nachteil des Widersprechenden berücksichtigt werden konnte, benennt das Gesetz nunmehr vier Auswahlgesichtspunkte, denen der Widerspruch gegen einen Betriebsübergang nicht zugeordnet werden kann. Diese Auflistung der Auswahlgesichtspunkte ist abschließend (→ Rn. 937 f.). Des Weiteren ist zu bedenken, dass das Widerspruchsrecht des Arbeitnehmers inzwischen in § 613a Abs. 6 BGB gesetzlich verankert ist und der Arbeitnehmer wegen der Ausübung dieses Rechts gem. § 612a BGB nicht gemaßregelt werden darf.[2798] Dieser gesetzliche Gesamtzusammenhang verdeutlicht, dass der Widerspruch grds. nicht zum Nachteil des widersprechenden Arbeitnehmers berücksichtigt werden darf, soll das Widerspruchsrecht nicht faktisch ins Leere gehen. Auch wenn die Einbeziehung des Widerspruchs in die Auswahlentscheidung nicht unmittelbar zur Unwirksamkeit der Kündigung führt, weil der Arbeitgeber die gesetzlichen Auswahlgesichtspunkte nur ausreichend berücksichtigen muss und fehlerhafte Überlegungen nur beachtlich sind, wenn das Auswahlergebnis nicht mehr vertretbar ist (→ Rn. 999), kann der Widerspruch im Lichte der vorstehenden Überlegungen regelmäßig nur bei im Wesentlichen gleich schutzwürdigen Arbeitnehmern Berücksichtigung finden.[2799] Eine generelle Herausnahme widersprechender Arbeitnehmer aus der Sozialauswahl nach Abs. 3 S. 2 ist nicht möglich, weil diese Bestimmung auf die individuellen Verhältnisse abstellt.[2800] Da-

---

2793 MüKoBGB/Hergenröder Rn. 407; APS/Kiel Rn. 605; Linck Auswahl S. 33 f.; ErfK/Oetker Rn. 315; KR/Rachor Rn. 656; Wickler, Arbeitgeberkündigung bei Betriebsinhaberwechsel, 1985, 101; aA Henckel ZGR 1984, 225 (235); Kreitner Betriebsinhaberwechsel S. 117 f.

2794 ErfK/Preis BGB § 613a Rn. 105.

2795 Zur Entwicklung iE v. Hoyningen-Huene/Linck, 13. Aufl. 2002, Rn 441a ff.

2796 BAG 18.3.1999 – 8 AZR 190/98, AP KSchG 1969 § 1 Soziale Auswahl Nr. 41; 24.2.2000 – 8 AZR 167/99, AP KSchG 1969 § 1 Soziale Auswahl Nr. 47; 5.12.2002 – 2 AZR 522/01, AP KSchG 1969 § 1 Betriebsbedingte Kündigung Nr. 126; 22.4.2004 – 2 AZR 244/03, AP KSchG 1969 § 1 Soziale Auswahl Nr. 67.

2797 BAG 31.5.2007 – 2 AZR 276/06, NZA 2008, 33; ebenso Gaul NZA 2005, 730 (732); APS/Kiel Rn. 606; Löw AuR 2006, 224 (225); MüKoBGB/Müller-Glöge § 613a Rn. 128; für eine Fortführung der bisherigen Rechtsprechung Nicolai BB 2006, 1162 (1165); Rolfs SozFort 2006, 34 (38); für eine uneingeschränkte Herausnahme aus der Sozialauswahl, weil der Arbeitnehmer nach dem Widerspruch weder dem Erwerber- noch dem Veräußererrestbetrieb angehöre, Lipinski DB 2002, 1214 (1216).

2798 Gaul NZA 2005, 730 (733).

2799 Weitergehend Staudinger/Annuss (2025) BGB § 613a Rn. 332; APS/Steffan § 613a Rn. 228, die nur bei einem sachlich begründeten Widerspruch zur Einbeziehung in die Sozialauswahl gelangen.

2800 Ebenso Gaul NZA 2005, 730 (733); aA Lunk/Möller NZA 2004, 9 (13 f.); zuvor bereits Ingelfinger ZfA 1996, 591 (608).

gegen haben widersprechende Arbeitnehmer bei einer **Übertragung des gesamten Betriebs** kein Recht darauf, nunmehr einem anderen Betrieb des Veräußerers zugeordnet zu werden, um hierdurch bei einer anschließenden Kündigung in den Genuss einer Sozialauswahl zu kommen[2801] oder aber von einen zweiten Betriebswerber übernommen zu werden[2802].

2. Vergleichbarkeit der Arbeitnehmer

887 Die Betriebsbezogenheit der Sozialauswahl führt nicht dazu, dass bei betriebsbedingten Kündigungen stets alle Arbeitnehmer des Betriebes in den Sozialvergleich einzubeziehen sind. Die soziale Auswahl ist vielmehr auf **vergleichbare Arbeitnehmer desselben Betriebs** beschränkt.[2803] Dies ergibt sich aus den Folgen der sozialen Auswahl. Auch wenn bei betriebsbedingten Kündigungen nicht zwingend derjenige Arbeitnehmer zu kündigen ist, dessen Arbeitsplatz wegfällt (bspw. bei Stilllegung einer konkreten Maschine) (→ Rn. 724), kann dieser Arbeitnehmer doch nur mit solchen anderen Beschäftigten des Betriebs verglichen werden, deren Tätigkeit auch der vom Wegfall des Arbeitsplatzes unmittelbar Betroffene ausüben könnte. Wenn dem Arbeitgeber eine Kündigung des sozial schutzwürdigeren Arbeitnehmers untersagt werden soll, macht dies nur dann Sinn, wenn dieser Arbeitnehmer auf einem der verbleibenden Arbeitsplätze weiterarbeiten kann, weil der Arbeitskräfteüberhang ansonsten fortbesteht.

888 a) **Arbeitsvertragliche Austauschbarkeit.** Vergleichbar mit dem vom Wegfall von Beschäftigungsmöglichkeiten betroffenen Arbeitnehmer sind grds. nur solche Arbeitnehmer, deren Arbeitsaufgaben dem an sich zu kündigenden Arbeitnehmer im Wege des **Direktionsrechts** zugewiesen werden können.[2804] Der arbeitsvertraglich vereinbarten Tätigkeit kommt damit bei der Bestimmung des auswahlrelevanten Personenkreises erhebliche Bedeutung zu.

889 Die Arbeitsvertragsparteien sind grds. frei, durch **vertragliche Vereinbarung** den Umfang des Weisungsrechts zu bestimmen.[2805] Jedenfalls beim Vorliegen sachlicher Gründe können sie das Direktionsrecht des Arbeitgebers auch auf bestimmte Arbeitsplätze begrenzen, die nach rein arbeitsplatzbezogenen Merkmalen miteinander vergleichbar sind.[2806] Mit dieser Einschränkung sollen willkürliche Vertragsgestaltungen im Zusammenhang mit betriebsbedingten Kündigungen verhindert werden.[2807]

890 Soweit im Schrifttum gegen die Begrenzung der Vergleichbarkeit durch das Weisungsrecht **eingewendet** wird, das Ziel der Sozialauswahl, im Verhältnis der Arbeitnehmer zueinander Gerechtigkeit bei dem gravierenden Eingriff des Arbeitsplatzverlustes zu schaffen, verbiete es, die soziale Auswahl davon abhängig zu machen, ob der Arbeitgeber die nach objektiven Kriterien vergleichbaren Arbeitnehmer entsprechend ihrem jeweiligen Arbeitsvertrag um- oder versetzen könne,[2808] überzeugt dies nicht.

[2801] Steffan NZA 2016, 608 (614).

[2802] BAG 21.2.2013 – 8 AZR 878/11, NZA 2013, 617 Rn. 49.

[2803] Vgl. insbes. BAG 29.3.1990 – 2 AZR 369/89, AP KSchG 1969 § 1 Betriebsbedingte Kündigung Nr. 50; 5.5.1994 – 2 AZR 917/93, AP KSchG 1969 § 1 Soziale Auswahl Nr. 23 mkritAnm Mummenhoff; 17.9.1998 – 2 AZR 725/97, AP KSchG 1969 § 1 Soziale Auswahl Nr. 36; 3.12.1998 – 2 AZR 341/98, AP KSchG 1969 § 1 Soziale Auswahl Nr. 39; 3.6.2004 – 2 AZR 577/03, AP BetrVG 1972 § 102 Nr. 141.

[2804] Ebenso BAG 17.9.1998 – 2 AZR 725/97, AP KSchG 1969 § 1 Soziale Auswahl Nr. 36; 3.12.1998 – 2 AZR 341/98, AP KSchG 1969 § 1 Soziale Auswahl Nr. 39; 21.1.1999 – 2 AZR 624/98, AP KSchG 1969 § 1 Namensliste Nr. 3; 17.2.2000 – 2 AZR 142/99, AP KSchG 1969 § 1 Soziale Auswahl Nr. 46; 18.10.2006 – 2 AZR 676/05, AP KSchG 1969 § 1 Betriebsbedingte Kündigung Nr. 163; 7.12.2006 – 2 AZR 748/05, AP KSchG 1969 § 1 Soziale Auswahl Nr. 88; 31.5.2007 – 2 AZR 306/06, AP KSchG 1969 § 1 Soziale Auswahl Nr. 93; 5.6.2008 – 2 AZR 907/06, AP KSchG 1969 § 1 Betriebsbedingte Kündigung Nr. 179; 20.6.2013 – 2 AZR 271/12, NZA 2013, 837 Rn. 12; Berkowsky NZA 1996, 290 (292 ff.); DD/Deinert Rn. 496; APS/Kiel Rn. 610; MHdB ArbR/Kreft § 115 Rn. 212; ErfK/Oetker Rn. 326; FS Wiese, 1998, 333 (346 ff.); KR/Rachor Rn. 668; PVT Kündigung/Temming Rn. 1157; HaKo-KSchR/Zimmermann Rn. 831.

[2805] BAG 2.3.2006 – 2 AZR 23/05, AP KSchG 1969 § 1 Soziale Auswahl Nr. 81.

[2806] BAG 17.2.2000 – 2 AZR 142/99, AP KSchG 1969 § 1 Soziale Auswahl Nr. 46.

[2807] Gutzeit Anm. BAG EzA § 1 KSchG Soziale Auswahl Nr. 36; PVT Kündigung/Temming Rn. 1157.

[2808] HK-KSchG/Dorndorf Rn. 1043a; LSSW/Schlünder Rn. 429 f.

Wenn die Austauschbarkeit nämlich auch auf solche Arbeitsplätze ausgedehnt wird, bei denen es zwar einer Vertragsänderung bedarf, zu welcher der kündigungsbedrohte Arbeitnehmer aber seine Bereitschaft erklärt hat, berücksichtigt dies nicht in hinreichendem Maße, dass dem **Arbeitnehmer durch die Eingrenzung seiner Arbeitspflicht ein Vorteil erwächst** und durch eine erneute Vertragsänderung, die erst im Zusammenhang mit der Kündigung vorgenommen wird, Rechte Dritter berührt werden.[2809] Die inhaltliche Bestimmung der Arbeitsaufgaben ist Sache der Arbeitsvertragsparteien. Der Arbeitsvertrag begründet und begrenzt die beiderseitigen Rechte und Pflichten. Eine weit gefasste Tätigkeitsbeschreibung gestattet dem Arbeitgeber im bestehenden Arbeitsverhältnis einen flexiblen Personaleinsatz und verpflichtet ihn im Gegenzug im Falle einer betriebsbedingten Kündigung zu einer ausgedehnten Sozialauswahl. Umgekehrt steht dem Vorteil einer eng gefassten Regelung der geschuldeten Arbeitsleistung – aus Sicht des Arbeitnehmers – der Nachteil einer nur begrenzten Austauschbarkeit iRd Abs. 3 gegenüber. Verengt sich die vereinbarte Leistungspflicht des Arbeitnehmers auf einen einzigen Arbeitsplatz, kann er folglich ohne soziale Auswahl entlassen werden, wenn diese Position entfällt. **891**

Die abweichende Auffassung beachtet nicht hinreichend, dass das Einverständnis des von der Entlassung bedrohten Arbeitnehmers zur Versetzung letztlich ein **unzulässiger Vertrag zulasten Dritter** wäre.[2810] Schließlich bliebe nach der Gegenauffassung der auswahlrelevante Personenkreis entgegen der gesetzlichen Konzeption nicht auf den von dem betrieblichen Erfordernis betroffenen betrieblichen Bereich beschränkt, sondern würde durch eine subjektive Entscheidung des Arbeitnehmers auf andere Bereiche ausgedehnt. Für den verdrängten Beschäftigten würde erst durch diese Entschließung und nicht durch den betrieblichen Umstand ein Kündigungsgrund geschaffen.[2811] **892**

Der Umfang des Direktionsrechts dient schließlich auch der **Abgrenzung** zwischen unzulässiger **vertikaler Vergleichbarkeit** und zulässiger **horizontaler Vergleichbarkeit.** Arbeitsplätze mit ungünstigeren Arbeitsbedingungen, die dem Arbeitnehmer nur im Wege der Änderungskündigung zugewiesen werden könnten, sind nicht in die Sozialauswahl einzubeziehen.[2812] Anders ist freilich zu entscheiden, wenn der Arbeitnehmer nach seinem Arbeitsvertrag oder dem auf das Arbeitsverhältnis anwendbaren Tarifvertrag ausnahmsweise verpflichtet ist, auch einfachere Arbeiten dauerhaft auszuführen und ihm deshalb solche Aufgaben im Wege des Weisungsrechts zugewiesen werden können.[2813] **893**

Probleme ergeben sich, wenn der Arbeitsvertrag neben der konkret bezeichneten Tätigkeit eine **allgemeine Versetzungsklausel** enthält, wonach der Arbeitnehmer verpflichtet ist, andere zumutbare Tätigkeiten zu verrichten. Hierdurch soll das Weisungsrecht des Arbeitgebers erweitert werden, wenn diese Klausel so auszulegen ist, dass sie auch dauerhafte Versetzungen auf andere Arbeitsplätze erfasst. Dies hätte für die Sozialauswahl zur Konsequenz, dass weitere Arbeitnehmer in die Auswahl einzubeziehen wären. Eine Beschränkung auf Arbeitnehmer, die Tätigkeiten verrichten, die der arbeitsvertraglich vereinbarten des gekündigten Arbeitnehmers entsprechen, käme nicht mehr in Betracht.[2814] **894**

[2809] So zutr. BAG 17.2.2000 – 2 AZR 142/99, AP KSchG 1969 § 1 Soziale Auswahl Nr. 46 mAnm Kassen.

[2810] So BAG 17.2.2000 – 2 AZR 142/99, AP KSchG 1969 § 1 Soziale Auswahl Nr. 46; D. Gaul NZA 1992, 673 (676); MHdB ArbR/Kreft § 115 Rn. 214; Oetker FS Wiese, 1998, 333 (347); aA Kittner Anm. zu BAG 17.2.2000 – 2 AZR 142/99, EzA § 1 KSchG Soziale Auswahl Nr. 43.

[2811] Zutr. bereits BAG 29.3.1990 – 2 AZR 369/89, AP KSchG 1969 § 1 Betriebsbedingte Kündigung Nr. 50.

[2812] BAG 15.6.1989 – 2 AZR 580/88, AP KSchG 1969 § 1 Soziale Auswahl Nr. 18; 29.3.1990 – 2 AZR 369/89, AP KSchG 1969 § 1 Betriebsbedingte Kündigung Nr. 50; 21.6.1995 – 2 AZR 693/94, AP BetrVG 1972 § 1 Nr. 16; D. Gaul NZA 1992, 673; Hergenröder Anm. zu BAG 15.6.1989 – 2 AZR 580/88, EzA § 1 KSchG Soziale Auswahl Nr. 27; Künzl ZTR 1996, 385 (387); Linck Auswahl S. 58; ErfK/Oetker Rn. 326; KR/Rachor Rn. 668; Schröder ZTR 1995, 394 (397); Schulin Anm. zu BAG 7.2.1985 – 2 AZR 91/84, EzA § 1 KSchG Soziale Auswahl Nr. 20; krit. HK-KSchG/Dorndorf Rn. 1045.

[2813] Ebenso APS/Kiel Rn. 612; MHdB ArbR/Kreft § 115 Rn. 214.

[2814] Berkowsky, Die betriebsbedingte Kündigung, 6. Aufl. 2008, § 7 Rn. 82.

895 Allerdings unterliegen **solche Klauseln** in Formulararbeitsverträgen der AGB-Kontrolle (§§ 305 ff. BGB). Dabei sind solche Klauseln ohne Weiteres wirksam, die sich darauf beschränken, das ohnehin schon aus dem Arbeitsvertrag folgende allgemeine Weisungsrecht zu wiederholen.[2815] Dasselbe gilt für **unechte Direktionsrechtserweiterungen,** die umfangreichere Änderungen zulassen, sich hierbei aber letztlich noch innerhalb des Arbeitsvertrags halten.[2816] Selbst **echte Direktionsrechtserweiterung,** die über den arbeitsvertraglichen Rahmen hinausgehen, können unter bestimmten Voraussetzungen wirksam sein.[2817] Unzulässig sind nach Ansicht des BAG aber solche Direktionsrechtserweiterungen, die es dem Arbeitgeber gestatten, dem Arbeitnehmer **eine geringwertigere Tätigkeit zuzuweisen.**[2818]

896 Wenn eine Versetzungsklausel wirksam ist, führt sie infolge der umfassenderen Einsetzbarkeit des von einer Kündigung bedrohten Arbeitnehmers auf fortbestehenden Arbeitsplätzen grds. zu einer **Erweiterung des auswahlrelevanten Personenkreises.**[2819] Dies gilt allerdings nur innerhalb des jeweiligen Betriebs. Hierzu gehören auch **Homeoffice-Arbeitsplätze,** sofern der kündigungsbedrohte Arbeitnehmer dorthin versetzt werden könnte. Soll der Homeoffice-Arbeitsplatz selbst abgebaut werden, ist es aber unerheblich, ob die in der Betriebsstätte tätigen Arbeitnehmer dahin hätten versetzt werden können. Hat nur der Arbeitnehmer ein Recht, im Homeoffice tätig zu sein, ist er nicht mit denjenigen Arbeitnehmern vergleichbar, die in der Betriebsstätte arbeiten müssen, weil ihn der Arbeitgeber dann nicht einseitig dorthin versetzen könnte.[2820] Eine unternehmensweite Versetzungsklausel spielt für die Sozialauswahl von vornherein keine Rolle. Dasselbe gilt erst recht für eine konzernweite Versetzungsklausel, die für die Reichweite der Sozialauswahl ebenfalls unerheblich ist (→ Rn. 878), den Kreis der für eine Weiterbeschäftigung zu berücksichtigenden freien Arbeitsplätze aber erweitern kann (→ Rn. 206).

897 Sofern eine Versetzungsklausel im Einzelfall unwirksam ist, stellt sich die vom BAG bislang offengelassene[2821] Frage, ob sich im Kündigungsfall der **Arbeitgeber hierauf berufen** kann. Der Arbeitnehmer wird hieran kein Interesse haben, weil die Klausel in diesem Fall – anders als im bestehenden Arbeitsverhältnis – für ihn wegen der Ausweitung des Kreises der vergleichbaren Arbeitnehmer günstig ist. Grds. kann sich zwar der Verwender von AGB nicht auf die Unwirksamkeit einer von ihm gestellten Klausel berufen.[2822] Manche Stimmen wollen daher eine erweiterte Sozialauswahl durchführen.[2823] Im vorliegenden Zusammenhang ist jedoch zu beachten, dass die Frage der Wirksamkeit oder Unwirksamkeit der Versetzungsklausel nicht nur das Verhältnis des Arbeitgebers zu einem Arbeitnehmer betrifft, sondern davon über die Sozialauswahl auch die Rechtsstellung anderer Arbeitnehmer berührt wird. Dies hat zur Folge, dass die Klausel nur einheitlich behandelt werden kann, wenn sie in den Prozess eingeführt worden ist.[2824] Gelangt man zur Unwirksamkeit der Klausel, beschränkt sich die Sozial-

---

[2815] BAG 11.4.2006 – 9 AZR 557/05, AP BGB § 307 Nr. 17; 13.6.2007 – 5 AZR 564/06, AP BGB § 611 Film Nr. 11; 3.12.2008 – 5 AZR 62/08, AP BGB § 307 Nr. 42.

[2816] BAG 13.3.2007 – 9 AZR 433/06, AP BGB § 307 Nr. 26; 13.4.2010 – 9 AZR 36/09, AP BGB § 307 Nr. 45; 25.8.2010 – 10 AZR 275/09, AP GewO § 106 Nr. 11 mAnm Bonin; 19.1.2011 – 10 AZR 738/09, AP BGB § 307 Nr. 50; 26.9.2012 – 10 AZR 311/11, NZA-RR 2013, 403 Rn 19; 28.8.2013 – 10 AZR 569/12, NZA-RR 2014, 181 Rn 20; 22.9.2016 – 2 AZR 509/15, NZA 2016, 1461 Rn 12; 30.11.2016 – 10 AZR 11/16, NZA 2017, 1394 Rn. 19.

[2817] BAG 25.8.2010 – 10 AZR 275/09, AP GewO § 106 Nr. 11 mAnm Bonin; s. a. BAG 26.1.2012 – 2 AZR 102/11, NZA 2012, 856 Rn 22.

[2818] BAG 9.5.2006 – 9 AZR 424/0, AP BGB § 307 Nr. 21.

[2819] BAG 11.4.2006 – 9 AZR 557/05, AP BGB § 307 Nr. 17 Rn. 37; 13.3.2007 – 9 AZR 433/06, AP BGB § 307 Nr. 26 Rn. 42; Lingemann NZA 2002, 181 (191); Schnitker/Grau BB 2002, 2120 (2125).

[2820] So offenbar auch LAG Hamm 24.2.2016 – 4 Sa 681/15, BeckRS 2016, 72220 Rn. 54; S. Müller NZA 2022, 1096 (1099).

[2821] Vgl. BAG 15.12.2005 – 6 AZR 199/05, AP KSchG 1969 § 1 Soziale Auswahl Nr. 76 Rn. 26; s. a. BAG 3.4.2008 – 2 AZR 879/06, AP KSchG 1969 § 1 Namensliste Nr. 17 Rn. 36.

[2822] BGH 4.12.1986 – VII ZR 354/85, BGHZ 99, 160 (161); 30.10.1990 – IX ZR 9/90, NJW 1991, 353 (354); BAG 27.10.2005 – 8 AZR 3/05, AP BGB § 310 Nr. 5.

[2823] ErfK/Oetker Rn. 323; Repey NZA 2016, 1444 (1445 f.).

[2824] Salamon RdA 2011, 266 (279 f.).

auswahl daher auf diejenigen Arbeitnehmer, die solche Tätigkeiten ausüben, die der im Arbeitsvertrag konkret bestimmten Arbeitsaufgabe des gekündigten Arbeitnehmers entsprechen.[2825]

Eine Einschränkung des auswahlrelevanten Personenkreises hat die Rspr. bspw. angenommen, als einer Arbeitnehmerin zunächst unter Abänderung ihres Arbeitsvertrags die Leitung einer kleinen **Gaststätte in einem Sanatorium** übertragen wurde und der Arbeitgeber später wegen der Schließung der Gaststätte betriebsbedingt kündigte. In diesem Fall waren die ehemals vergleichbaren, ohne Leitungsfunktion in anderen Arbeitsbereichen beschäftigten Arbeitnehmer nicht in die soziale Auswahl einzubeziehen.[2826] Kann die **Redakteurin eines großen Verlagshauses** nach ihrem Arbeitsvertrag nur innerhalb der Redaktion der von ihr betreuten Zeitschrift eingesetzt werden, ist bei einer nach Einstellung der Zeitschrift erforderlichen betriebsbedingten Kündigung keine Sozialauswahl unter Einbeziehung der vom Tätigkeitsfeld vergleichbaren Arbeitnehmer anderer Redaktionen durchzuführen.[2827] Ist der Arbeitnehmer nach seinem Arbeitsvertrag nur für **Tätigkeiten in einem bestimmten Betriebsteil** eingestellt worden, beschränkt sich sein Beschäftigungsanspruch nur auf diesen Betriebsteil. Der Arbeitnehmer ist lediglich mit den Arbeitnehmern dieses Betriebsteils, nicht aber mit den Arbeitnehmern anderer Betriebsteile vergleichbar. Die Sozialauswahl bleibt auf den betroffenen Betriebsteil beschränkt bzw. entfällt ganz, wenn der Betriebsteil stillgelegt worden ist.[2828] Ist ein Arbeitnehmer bei einer Beschäftigungsförderungsgesellschaft als **„Ausbilder im Bereich Bürokaufleute"** angestellt, ist er mit einem **„Ausbilder für die Groß- und Außenhandelskaufleute"** nicht vergleichbar. Um den Arbeitnehmer als Ausbilder in dem anderen Bereich einsetzen zu können, hätte es einer Vertragsänderung oder einer Änderungskündigung bedurft.[2829] Einer Vergleichbarkeit kann auch die einzelvertraglich vereinbarte unterschiedliche **Lage der Arbeitszeit** entgegenstehen (Schichtbetrieb mit Sonntags- und Feiertagsarbeit einerseits und allgemeine Bürozeiten andererseits).[2830] 898

Bedarf die individualrechtlich auf Grund des bestehenden Weisungsrechts zulässige Zuweisung eines anderen Arbeitsplatzes nach § 99 Abs. 1 BetrVG der **Zustimmung des Betriebsrats,** weil hierin zugleich eine Versetzung iSd § 95 Abs. 3 BetrVG liegt, steht ein Widerspruch des Betriebsrats der Vergleichbarkeit der Arbeitnehmer grds. entgegen. Der Arbeitgeber ist dann aus Rechtsgründen gehindert, dem sozial schutzwürdigeren Arbeitnehmer den anderen Arbeitsplatz zuzuweisen.[2831] Er kann auch nicht auf das Zustimmungsersetzungsverfahren nach § 99 Abs. 4 BetrVG bzw. das Verfahren nach § 100 BetrVG verwiesen werden. Nur wenn der Widerspruch des Betriebsrats offensichtlich nicht die formalen Anforderungen des § 99 Abs. 3 BetrVG erfüllt, sich also bspw. in einer Wiedergabe des Wortlauts des Gesetzes erschöpft oder offensichtlich auf keinen der gesetzlichen Verweigerungsgründe Bezug nimmt und deshalb unbeachtlich ist,[2832] kann der Arbeitgeber dem von der Kündigung bedrohten Arbeitnehmer einen anderen Arbeitsplatz zuweisen. 899

Die Bestimmung des auswahlrelevanten Personenkreises nach Maßgabe des arbeitsvertraglichen Weisungsrechts ist problematisch, wenn der Arbeitsplatz eines sozial besonders schutzwürdigen Arbeitnehmers wegfällt, dessen Tätigkeit sich auf Grund langjähriger Betriebszugehörigkeit und weiterer Umstände zwischenzeitlich auf einen bestimmten **Arbeitsplatz konkretisiert** hat und der allein auf Grund der eingetretenen 900

[2825] IErg ebenso Dzida/Schramm BB 2007, 1221 (1224); Geelhaar NJW 2010, 2550; HWK/Quecke Rn. 361; KR/Rachor Rn. 669; Zaumseil NZA 2016, 1112 (1114 ff.).

[2826] BAG 17.9.1998 – 2 AZR 725/97, NZA 1998, 1332.

[2827] BAG 17.2.2000 – 2 AZR 142/99, AP KSchG 1969 § 1 Soziale Auswahl Nr. 46 mAnm Kassen.

[2828] BAG 3.6.2004 – 2 AZR 577/03, AP BetrVG 1972 § 102 Nr. 141.

[2829] BAG 2.6.2005 – 2 AZR 480/04, AP KSchG 1969 § 1 Soziale Auswahl Nr. 75.

[2830] BAG 24.5.2005 – 8 AZR 333/04, NZA 2006, 31.

[2831] ErfK/Oetker Rn. 326; LSSW/Schlünder Rn. 433; aA Bütefisch Sozialauswahl S. 191; PVT Kündigung/Temming Rn. 1197.

[2832] BAG 6.8.2002 – 1 ABR 49/01, AP BetrVG 1972 § 99 Eingruppierung Nr. 27; Fitting BetrVG § 99 Rn. 262.

Konkretisierung der Arbeitsbedingungen nicht mehr kraft Direktionsrechts auf einen anderen Arbeitsplatz versetzt werden kann.[2833] In diesen Fällen ist eine teleologische Korrektur erforderlich.[2834] Würde sich wegen einer langjährigen Tätigkeit auf einem Arbeitsplatz eine an sich vom vertraglichen Versetzungsrecht gedeckte Ausübung des Direktionsrechts als unbillig iSd § 106 GewO erweisen, würde sich der hierdurch bewirkte Schutz vor einseitigen Versetzungen im Falle betriebsbedingter Kündigungen zum Nachteil des Arbeitnehmers auswirken. Wenn aber die Einschränkung des Weisungsrechts lediglich auf schutzwürdigem Vertrauen des Arbeitnehmers (§ 242 BGB) beruht, kann sich hieraus nicht eine Beschränkung des gesetzlichen Kündigungsschutzes ergeben. Eine solche Folge kann nur eintreten, wenn der Arbeitnehmer durch eine ausdrückliche vertragliche Vereinbarung seine Arbeitspflicht konkretisiert.[2835] Deshalb ist es sachgerecht, arbeitsvertragliche Konkretisierungen hinsichtlich des ganz konkreten Arbeitsplatzes bei der Prüfung der horizontalen Vergleichbarkeit unberücksichtigt zu lassen.[2836]

901 Kann einem vom Wegfall seines Arbeitsplatzes betroffenen Arbeitnehmer ein anderer Arbeitsplatz im Wege des Weisungsrechts zugewiesen werden (→ Rn. 888), ist weiter erforderlich, dass der kündigungsbedrohte Arbeitnehmer die Funktion eines anderen Arbeitnehmers, dessen Arbeitsplatz nicht weggefallen ist, wahrnehmen kann.[2837] Die Vergleichbarkeit der Arbeitnehmer vollzieht sich hierbei nur auf derselben Ebene der Betriebshierarchie (**horizontale Vergleichbarkeit**).[2838] Erforderlich ist, dass der Arbeitgeber den Arbeitnehmer einseitig auf den fraglichen anderen Arbeitsplatz um- oder versetzen kann.[2839] In die soziale Auswahl sind grds. nicht solche Arbeitnehmer einzubeziehen, die auf unterschiedlicher betriebshierarchischer Ebene stehen.[2840] Dies ergibt sich in der Regel bereits aus dem jeweiligen Arbeitsvertrag und dem daraus folgenden Weisungsrecht.[2841] Der Arbeitgeber ist bei Wegfall des bisherigen Arbeitsgebietes eines Arbeitnehmers deshalb **nicht gehalten,** diesem zur Vermeidung einer Beendigungskündigung eine **„Beförderungsstelle"** anzubieten. Abs. 3 S. 1 gebietet nicht, einem sozial schutzwürdigeren Arbeitnehmer eine Weiterbeschäftigung zu günstigeren Bedingungen anzubieten, um für ihn durch Kündigung eines anderen sozial bessergestellten Arbeitnehmers, mit dem der Gekündigte erst durch Vertragsänderung vergleichbar wird, eine Beschäftigungsmöglichkeit zu schaffen.[2842]

902 Eine **vertikale Vergleichbarkeit** von Arbeitnehmern wird auch nicht durch die Bereitschaft hergestellt, zu verschlechterten Arbeitsbedingungen weiterzuarbeiten.[2843] Hier-

---

[2833] Bütefisch Sozialauswahl S. 64 ff.; MüKoBGB/Hergenröder Rn. 411; Hergenröder Anm. zu BAG 15.6.1989 – 2 AZR 580/88, EzA § 1 KSchG Soziale Auswahl Nr. 27; APS/Kiel Rn. 613; PVT Kündigung/Temming Rn. 1171; aA LSSW/Schlünder Rn. 430 ff.

[2834] BAG 3.6.2004 – 2 AZR 577/03, AP BetrVG 1972 § 102 Nr. 141; APS/Kiel Rn. 613; offengelassen in BAG 15.8.2002 – 2 AZR 195/01, AP BGB § 613a Nr. 241; 28.8.2003 – 2 AZR 368/02, AP InsO § 125 Nr. 1; aA LAG Hamm 7.12.2000 – 12 Sa 1150/00, LAGE § 1 KSchG Soziale Auswahl Nr. 35; Schröder ZTR 1995, 394 (398).

[2835] Ebenso APS/Kiel Rn. 613; exemplarisch BAG 17.9.1998 – 2 AZR 725/97, NZA 1998, 1332.

[2836] Vgl. v. Hoyningen-Huene NZA 1994, 1009 (1013); APS/Kiel Rn. 613; Linck AR-Blattei SD 1020.1.2 Rn. 59 f.; aA Schröder ZTR 1995, 394 (398).

[2837] BAG 7.2.1985 – 2 AZR 91/84, AP KSchG 1969 § 1 Soziale Auswahl Nr. 9; 15.6.1989 – 2 AZR 580/88, AP KSchG 1969 § 1 Soziale Auswahl Nr. 18; 29.3.1990 – 2 AZR 369/89, AP KSchG 1969 § 1 Betriebsbedingte Kündigung Nr. 50; Bütefisch Sozialauswahl S. 173 ff.; DD/Deinert Rn. 495; D. Gaul NZA 1992, 673 (674); Mummenhoff Anm. zu BAG 5.5.1994 – 2 AZR 917/93, AP KSchG 1969 § 1 Soziale Auswahl Nr. 23.

[2838] Vgl. Bitter/Kiel RdA 1994, 353 f.; MüKoBGB/Hergenröder Rn. 409; APS/Kiel Rn. 607 ff.; ErfK/Oetker Rn. 323; KR/Rachor Rn. 660 ff.; Rost ZIP 1982, 1396 (1402); LSSW/Schlünder Rn. 426 ff.; HaKo-KSchR/Zimmermann Rn. 828.

[2839] BAG 3.6.2004 – 2 AZR 577/03, AP BetrVG 1972 § 102 Nr. 141; 20.6.2013 – 2 AZR 271/12, NZA 2013, 837 Rn. 12.

[2840] BAG 7.2.1985 – 2 AZR 91/84, AP KSchG 1969 § 1 Soziale Auswahl Nr. 9; 29.3.1990 – 2 AZR 369/89, AP KSchG 1969 § 1 Betriebsbedingte Kündigung Nr. 50 unter B III 3 b; 4.2.1993 – 2 AZR 463/92, BeckRS 2010, 69073; Boewer NZA 1988, 1 (3).

[2841] Berkowsky, Die betriebsbedingte Kündigung, 6. Aufl. 2008, § 7 Rn. 79.

[2842] Zutr. BAG 29.3.1990 – 2 AZR 369/89, AP KSchG 1969 § 1 Betriebsbedingte Kündigung Nr. 50; 21.1.1999 – 2 AZR 624/98, AP KSchG 1969 § 1 Namensliste Nr. 3.

[2843] BAG 29.3.1990 – 2 AZR 369/89, AP KSchG 1969 § 1 Betriebsbedingte Kündigung Nr. 50; 17.9.1998 – 2 AZR 725/97, AP KSchG 1969 § 1 Soziale Auswahl Nr. 36; Boewer NZA 1988, 1 (3); HK-KSchG/Dorndorf Rn. 1042; Färber SAE 1988, 149 (150); D. Gaul NZA 1992, 673 (675); APS/Kiel Rn. 612; Linck Auswahl S. 55 ff.;

gegen spricht, dass sonst letztlich ein **„Verdrängungswettbewerb nach unten“**[2844] ausgelöst würde. Für den verdrängten Beschäftigten würde erst durch diese Entschließung und nicht durch den betrieblichen Umstand ein Kündigungsgrund geschaffen.[2845] Der Verdrängungswettbewerb könnte äußerstenfalls dazu führen, dass wegen des Wegfalls einer Abteilungsleiterstelle letztendlich der Pförtner gekündigt wird, weil sich die Arbeitnehmer der dazwischenliegenden betriebshierarchischen Ebenen jeweils bereit erklärt haben, geringerwertige Tätigkeiten auszuüben.

Hat der Arbeitgeber einen neu geschaffenen **arbeitsplatzbezogen vergleichbaren** Arbeitsplatz vor Ausspruch der Kündigung mit einem außenstehenden Bewerber besetzt, hat der Arbeitgeber auch diesen Stelleninhaber in die Sozialauswahl einzubeziehen.[2846] Dies gilt auch dann, wenn diese Stelle erst kurze Zeit vor Ausspruch der Kündigung besetzt wurde.[2847] Hierin liegt keine treuwidrige Bedingungsvereitelung iSd § 162 BGB, weil der Arbeitgeber durch die Neueinstellung die Sozialauswahl nicht verhindern kann.[2848] 903

Besetzt der Arbeitgeber vor Ausspruch der Kündigung eine neu geschaffene Stelle, die mit dem Arbeitsplatz des gekündigten Arbeitnehmers nicht identisch ist, weil sie bspw. **nach Bedeutung und Verantwortlichkeit anspruchsvoller** ist und dementsprechend auch höher vergütet wird, fehlt es an der Austauschbarkeit der Stelleninhaber.[2849] Denn der Arbeitgeber kann Beförderungsstellen jederzeit mit einem Arbeitnehmer seiner Wahl besetzen, weil der einzelne Arbeitnehmer grds. keinen Anspruch auf Beförderung hat.[2850] Der neu eingestellte Arbeitnehmer ist daher in diesem Fall nicht in die Sozialauswahl einzubeziehen. 904

b) **Qualifikationsmäßige Austauschbarkeit.** Auf der Grundlage der arbeitsvertraglich bestimmten Arbeitsaufgabe und des sich hieraus ergebenden Direktionsrechts ist festzustellen, ob der vom Wegfall der Beschäftigungsmöglichkeiten betroffene Arbeitnehmer persönlich und fachlich auf Grund seiner **Kenntnisse und Fähigkeiten** in der Lage ist, eine an sich vergleichbare Arbeit auszuführen. Wesentliche Kriterien zur Feststellung der Austauschbarkeit sind die Berufsausbildung sowie die im Laufe der Beschäftigung gewonnenen beruflichen Erfahrungen und betrieblichen Spezialisierungen. 905

Dabei ist zu berücksichtigen, dass jeder Arbeitnehmer auf seinem Arbeitsplatz einen „Routinevorsprung“ hat,[2851] so dass bei einem Arbeitsplatzwechsel dem neuen Stelleninhaber eine gewisse **Einarbeitungszeit** zuzugestehen ist.[2852] Zutreffend verlangt das 906

Pottmeyer SAE 1991, 210 (214); KR/Rachor Rn. 672; LSSW/Schlünder Rn. 436; Schulin Anm. zu BAG 7.2.1985 – 2 AZR 91/84, EzA § 1 KSchG Soziale Auswahl Nr. 20; PVT Kündigung/Temming Rn. 1183; Wank RdA 1987, 129 (143); HaKo-KSchR/Zimmermann Rn. 833; aA noch die ältere Rspr., BAG 4.12.1959 – 2 AZR 543/72, AP KSchG § 1 Betriebsbedingte Kündigung Nr. 2; 19.4.1979 – 2 AZR 425/77, EzA § 1 KSchG Betriebsbedingte Kündigung Nr. 11; ferner Dudenbostel DB 1984, 826 (828); Hillebrecht VAA S. 119; Meisel ZfA 1985, 213 (234 f.); Rost ZIP 1982, 1396 (1402).

2844 LSSW/Schlünder Rn. 436; dagegen Berkowsky, Die betriebsbedingte Kündigung, 6. Aufl. 2008, § 7 Rn. 78.

2845 BAG 7.2.1985 – 2 AZR 91/84, AP KSchG 1969 § 1 Soziale Auswahl Nr. 9; 29.3.1990 – 2 AZR 369/89, AP KSchG 1969 § 1 Betriebsbedingte Kündigung Nr. 50; 17.9.1998 – 2 AZR 725/97, AP KSchG 1969 § 1 Soziale Auswahl Nr. 36.

2846 Vgl. v. Hoyningen-Huene Anm. zu BAG 10.11.1994 – 2 AZR 242/94, EzA § 1 KSchG Betriebsbedingte Kündigung Nr. 77.

2847 BAG 29.3.1990 – 2 AZR 369/89, AP KSchG 1969 § 1 Betriebsbedingte Kündigung Nr. 50; v. Hoyningen-Huene Anm. zu BAG 10.11.1994 – 2 AZR 242/94, EzA § 1 KSchG Betriebsbedingte Kündigung Nr. 77.

2848 So aber BAG 10.11.1994 – 2 AZR 242/94, AP KSchG 1969 § 1 Betriebsbedingte Kündigung Nr. 65; 5.10.1995 – 2 AZR 269/95, AP KSchG 1969 § 1 Betriebsbedingte Kündigung Nr. 71.

2849 Vgl. v. Hoyningen-Huene Anm. zu BAG 10.11.1994 – 2 AZR 242/94, EzA § 1 KSchG Betriebsbedingte Kündigung Nr. 77; Linck AR-Blattei SD 1020.1.2 Rn. 56; aA BAG 10.11.1994 – 2 AZR 242/94, AP KSchG 1969 § 1 Betriebsbedingte Kündigung Nr. 65; 5.10.1995 – 2 AZR 269/95, AP KSchG 1969 § 1 Betriebsbedingte Kündigung Nr. 71; 18.10.2000 – 2 AZR 465/99, NZA 2001, 437, für den Fall, dass die Stellen im Wesentlichen gleich sind.

2850 Dazu iE Dütz FS Kissel, 1994, 161 ff.

2851 Vgl. BAG 19.12.2013 – 6 AZR 790/12, NZA-RR 2014, 185 Rn. 45.

2852 StRspr, BAG 5.5.1994 – 2 AZR 917/93, AP KSchG 1969 § 1 Soziale Auswahl Nr. 23; 18.10.2006 – 2 AZR 676/05, AP KSchG 1969 § 1 Betriebsbedingte Kündigung Nr. 163; 7.12.2006 – 2 AZR 748/05, AP KSchG 1969

BAG eine „alsbaldige Substituierbarkeit".[2853] Diese ist bspw. nicht mehr gegeben, wenn die veranschlagte Einarbeitungszeit zur Aneignung erforderlicher CAD und PC-Kenntnisse drei Monate beträgt.[2854] Umgekehrt wird die Austauschbarkeit nicht schon dadurch ausgeschlossen, dass der unmittelbar kündigungsbedrohte Arbeitnehmer nur einen untergeordneten Arbeitsvorgang nicht ausführen kann.[2855]

907 Der gleichen **tariflichen Eingruppierung** kommt bei einfachen Tätigkeiten ein gewisser Indizwert für die Annahme einer vergleichbaren Tätigkeit zu.[2856] Dabei wird die Vergleichbarkeit nicht dadurch in Frage gestellt, dass der Arbeitnehmer kraft individueller Vereinbarung oder betrieblicher Üblichkeit eine höhere Vergütung erhält, als es der tariflichen Eingruppierung entspricht. Mit steigender beruflicher Qualifikation der Arbeitnehmer verliert die tarifliche Eingruppierung indes ihren Aussagewert, weil die betriebliche Spezialisierung trotz gleicher Eingruppierung bei höher qualifizierten Tätigkeiten häufig einer Austauschbarkeit entgegenstehen wird.

908 Andererseits deutet eine **unterschiedliche Eingruppierung** auf fehlende Vergleichbarkeit hin, weil der niedriger Eingruppierte grds. keinen Anspruch auf Beförderung hat (→ Rn. 904). Umgekehrt können dem höher Eingruppierten regelmäßig nicht im Wege des Weisungsrechts Tätigkeiten zugewiesen werden, die eine niedrigere Eingruppierung begründen.[2857] Auch durch die erklärte Bereitschaft, zu ungünstigeren Arbeitsbedingungen arbeiten zu wollen, kann der Arbeitnehmer den Auswahlkreis nicht erweitern (→ Rn. 941).[2858]

909 Bei einer betriebsbedingten Kündigung eines im **öffentlichen Dienst** beschäftigten Angestellten sind in die Sozialauswahl nach Abs. 3 grds. nur Angestellte **derselben Vergütungsgruppe** einzubeziehen.[2859] Anderes gilt im Falle eines Bewährungsaufstiegs, weil dann die höhere Vergütung nicht auf einer anderen Tätigkeit beruht.[2860] Der betroffene Arbeitnehmer bleibt dann mit den Arbeitnehmern der niedrigeren Vergütungsgruppe vergleichbar.

910 Gleiches gilt für die **Berufsausbildung.** Aufgrund der im Laufe der Beschäftigung gewonnenen unterschiedlichen beruflichen Erfahrung und der damit verbundenen Spezialisierungen sind bspw. nicht alle Maschinenbauingenieure eines Betriebs vergleichbar.[2861] Auch bei gleicher Berufsausbildung kann von einer alsbaldigen Substituierbarkeit nur dann die Rede sein, wenn der Arbeitnehmer, dessen Arbeitsplatz wegfällt, noch vorhandene Arbeitsaufgaben an einem anderen Arbeitsplatz auf Grund seiner persönlichen Fähigkeiten innerhalb einer kurzen Einarbeitungszeit wahrnehmen kann. Bedarf der betroffene Arbeitnehmer erst einer qualifizierten Fortbildung oder gar Umschulung, besteht keine Vergleichbarkeit.[2862]

---

§ 1 Soziale Auswahl Nr. 88; 31.5.2007 – 2 AZR 306/06, AP KSchG 1969 § 1 Soziale Auswahl Nr. 93; 5.6.2008 – 2 AZR 907/06, AP KSchG 1969 § 1 Betriebsbedingte Kündigung Nr. 179; 10.6.2010 – 2 AZR 420/09, AP KSchG 1969 § 1 Soziale Auswahl Nr. 98; 19.7.2012 – 2 AZR 386/11, NZA 2013, 333 Rn. 44; 19.12.2013 – 6 AZR 790/12, NZA-RR 2014, 185 Rn. 45; DD/Deinert Rn. 506; HK-KSchG/Dorndorf Rn. 1047; v. Hoyningen-Huene NZA 1994, 1009 (1013); APS/Kiel Rn. 609; Linck AR-Blattei SD 1020.1.2 Rn. 48 ff.; ErfK/Oetker Rn. 325; B. Preis DB 1984, 2244 (2247); KR/Rachor Rn. 667; LSSW/Schlünder Rn. 427; PVT Kündigung/Temming Rn. 1166.

[2853] BAG 5.5.1994 – 2 AZR 917/93, AP KSchG 1969 § 1 Soziale Auswahl Nr. 23.

[2854] BAG 5.5.1994 – 2 AZR 917/93, AP KSchG 1969 § 1 Soziale Auswahl Nr. 23; s. a. PVT Kündigung/Temming Rn. 1166, der eine Höchsteinarbeitungszeit von drei bis sechs Wochen annimmt.

[2855] BAG 5.6.2008 – 2 AZR 907/06, AP KSchG 1969 § 1 Betriebsbedingte Kündigung Nr. 179 Rn. 25.

[2856] BAG 25.4.1985 – 2 AZR 140/84, AP KSchG 1969 § 1 Soziale Auswahl Nr. 7; 15.6.1989 – 2 AZR 580/88, AP KSchG 1969 § 1 Soziale Auswahl Nr. 18; 12.3.2009 – 2 AZR 418/07, NZA 2009, 1023; APS/Kiel Rn. 608; KR/Rachor Rn. 665; PVT Kündigung/Temming Rn. 1165; dagegen Lück Sozialauswahl S. 76 ff.

[2857] LAG Berlin 7.11.2003 – 6 Sa 1391/03, NZA-RR 2004, 353.

[2858] BAG 17.3.2005 – 2 AZR 4/04, AP KSchG 1969 § 1 Soziale Auswahl Nr. 71.

[2859] BAG 23.11.2004 – 2 AZR 38/04, AP KSchG 1969 § 1 Soziale Auswahl Nr. 70; 31.5.2007 – 2 AZR 306/06, AP KSchG 1969 § 1 Soziale Auswahl Nr. 93.

[2860] BAG 2.2.2006 – 2 AZR 38/05, AP KSchG 1969 § 1 Soziale Auswahl Nr. 80; LAG Köln 18.11.2009 – 8 Sa 374/09, LAGE § 1 KSchG Soziale Auswahl Nr. 60; Bröhl BB 2006, 1050 (1051).

[2861] BAG 5.5.1994 – 2 AZR 917/93, AP KSchG 1969 § 1 Soziale Auswahl Nr. 23.

[2862] Ebenso APS/Kiel Rn. 609; Linck Auswahl S. 52; KR/Rachor Rn. 667; LSSW/Schlünder Rn. 427.

Gesundheitliche Leistungsmängel stehen der Vergleichbarkeit von Arbeitnehmern grds. nicht entgegen.[2863] Eine Beschränkung der sozialen Auswahl auf gesundheitlich beeinträchtigte Arbeitnehmer unterläuft iErg die Anforderungen an die in Abs. 3 S. 2 aufgeführten Belange des Arbeitgebers, die der Auswahl nach Abs. 3 S. 1 entgegenstehen können, weil dann von vornherein nur unter den leistungsschwachen Arbeitnehmern eine Sozialauswahl stattfindet. Das Interesse des Arbeitgebers an einer leistungsstarken Belegschaft und damit an der Kündigung von leistungsschwachen Arbeitnehmern ist allein iRd Abs. 3 S. 2 zu berücksichtigen (→ Rn. 964 f.).[2864] 911

3. Besondere Arbeitnehmergruppen

a) **Teilzeitbeschäftigte.** Die Pflicht zur sozialen Auswahl bezieht sich grds. auch auf **Teilzeitbeschäftigte.**[2865] Dabei ist zu beachten, dass die Teilzeitbeschäftigung als solche gem. § 4 Abs. 1 TzBfG auch bei der Sozialauswahl nicht zum Nachteil des Arbeitnehmers berücksichtigt werden darf. Erforderlich ist vielmehr die Berücksichtigung aller Umstände des Einzelfalles.[2866] Nach Auffassung des EuGH steht die Gleichbehandlungsrichtlinie 76/207/EWG (mittlerweile Richtlinie 2006/54/EG) einer im Einzelfall fehlenden Vergleichbarkeit von teilzeit- und vollzeitbeschäftigten Arbeitnehmern nicht entgegen.[2867] 912

Die Einbeziehung von Vollzeitbeschäftigten in die Sozialauswahl bei betriebsbedingten Kündigungen von Teilzeitbeschäftigten ist von der **betrieblichen Organisation** abhängig.[2868] Geht es dem Arbeitgeber nur ganz allgemein um eine Verringerung des Arbeitszeitvolumens, stehen die unterschiedlichen Arbeitszeiten einer Vergleichbarkeit von Vollzeitkräften und Teilzeitkräften nicht entgegen. Hat der Arbeitgeber dagegen ein nachvollziehbares unternehmerisches Konzept der Arbeitszeitgestaltung konkret dargelegt, auf Grund dessen für bestimmte Tätigkeiten bestimmte Arbeitszeiten vorgesehen sind, kann diese Entscheidung als freie Unternehmerentscheidung nur darauf überprüft werden, ob sie offenbar unsachlich, unvernünftig oder willkürlich ist.[2869] Liegt eine solche beachtliche Entscheidung vor, sind bei der Kündigung einer Teilzeitkraft die Vollzeitkräfte nicht in die Sozialauswahl einzubeziehen und umgekehrt. 913

Dem steht der Anspruch des Arbeitnehmers auf **Verringerung der Arbeitszeit nach § 8 Abs. 1 TzBfG** nicht entgegen. Diesem Anspruch können nach § 8 Abs. 4 S. 1 TzBfG vom Arbeitgeber betriebliche Gründe entgegengehalten werden. Der Neunte Senat lässt hierfür allerdings nicht jeden rational nachvollziehbaren Grund ausreichen, sondern fordert „Gründe von hinreichendem Gewicht". Widerspreche der Arbeitszeitwunsch des Arbeitnehmers dem Organisationskonzept des Arbeitgebers, könne der Arbeitgeber das Änderungsverlangen des Arbeitnehmers nur ablehnen, wenn sich hieraus „wesentliche Beeinträchtigungen" der Arbeitsorganisation ergeben.[2870] Demgegenüber gehört nach 914

2863 Diff. APS/Kiel Rn. 609; aA Jobs DB 1986, 538; Lück Sozialauswahl S. 104 f.

2864 Vgl. HK-KSchG/Dorndorf Rn. 1050; MüKoBGB/Hergenröder Rn. 412; Linck Auswahl S. 53 f.; W. Müller DB 1975, 2130 (2134); KR/Rachor Rn. 666; LSSW/Schlünder Rn. 428; PVT Kündigung/Temming Rn. 1161.

2865 BAG 3.12.1998 – 2 AZR 341/98, NZA 1999, 431; 12.8.1999 – 2 AZR 12/99, AP KSchG 1969 § 1 Soziale Auswahl Nr. 44; LAG Köln 20.8.1993 – 12 Sa 380/93, DB 1994, 147; GK-TzA/Becker § 2 Rn. 265; MüKoBGB/Hergenröder Rn. 413; APS/Kiel Rn. 614; MHdB ArbR/Kreft § 115 Rn. 215 f.; Künzl ZTR 1996, 385 (388); Linck Auswahl S. 59 ff.; AR-Blattei 1020.1.2 Rn. 63 ff.; H. J. Meyer, Kapazitätsorientierte variable Arbeitszeit, 1989, 148 ff.; ErfK/Oetker Rn. 327; KR/Rachor Rn. 673; Reinfelder/Zwanziger DB 1996, 677; Rühle DB 1994, 834; Wank ZIP 1986, 206 (214 ff.); HaKo-KSchR/Zimmermann Rn. 836; aA Schröder ZTR 1995, 394 (397 f.).

2866 Vgl. näher Bauer/Klein BB 1999, 1162; Linck Auswahl S. 59 ff.; Wank ZIP 1986, 206 (214 ff.).

2867 EuGH 26.9.2000 – C 322/98, NZA 2000, 1155 – Kachelmann.

2868 BAG 3.12.1998 – 2 AZR 341/98, NZA 1999, 431; 12.8.1999 – 2 AZR 12/99, AP KSchG 1969 § 1 Soziale Auswahl Nr. 44; 17.1.2002 – 2 AZR 15/01, EzA § 1 KSchG Soziale Auswahl Nr. 47; 7.12.2006 – 2 AZR 748/05, AP KSchG 1969 § 1 Soziale Auswahl Nr. 88; MüKoBGB/Hergenröder Rn. 413; ErfK/Oetker Rn. 327; HaKo-KSchR/Zimmermann Rn. 836.

2869 BAG 7.12.2006 – 2 AZR 748/05, AP KSchG 1969 § 1 Soziale Auswahl Nr. 88; 20.11.2014 – 2 AZR 512/13, NZA 2015, 679 Rn. 48; zust. Kort SAE 1999, 278 (281); Oetker RdA 1999, 267 (268); PVT Kündigung/Temming Rn. 1194; krit. Bauer/Klein BB 1999, 1162 (1164).

2870 BAG 18.2.2003 – 9 AZR 164/02, AP TzBfG § 8 Nr. 2; 15.8.2006 – 9 AZR 30/06, AP TzBfG § 8 Nr. 16; 8.5.2007 – 9 AZR 1112/06, AP TzBfG § 8 Nr. 21; 13.10.2009 – 9 AZR 910/08, AP TzBfG § 8 Nr. 29; 13.11.2012 – 9 AZR 259/11, NZA 2013, 373 Rn. 23; 20.1.2015 – 9 AZR 725/13, NZA 2015, 816 Rn. 18.

der Rspr. des Zweiten Senats die Bestimmung, ob ein umfangmäßig konkretisierter Dienstleistungsbedarf nur mit Volltags- oder teilweise auch mit Halbtagsbeschäftigten abgedeckt werden soll, zum Bereich der nicht nachprüfbaren „Unternehmenspolitik".[2871] Dieses Spannungsverhältnis zwischen § 8 Abs. 4 S. 1 TzBfG und § 1 Abs. 2 ist **nicht durch Anhebung der Anforderungen** an eine kündigungsrechtlich beachtliche Unternehmerentscheidung zu beseitigen.[2872] Die durch Art. 12 Abs. 1 GG geschützte Berufsfreiheit erfasst auch die Organisationsentscheidungen, die der Arbeitgeber in seinem Betrieb trifft. Beruht das Personalkonzept des Arbeitgebers auf einer nicht offensichtlich unsachlichen, willkürlichen Organisationsentscheidung, spricht mehr dafür, dass dies nicht nur kündigungsrechtlich maßgeblich ist, sondern auch als Ablehnungsgrund nach § 8 Abs. 4 S. 1 TzBfG ausreichend ist.[2873] Prozessual genügt freilich nicht der pauschale Hinweis des Arbeitgebers, der jeweilige Arbeitsplatz sei nach seinem Organisationskonzept als Vollzeitarbeitsplatz ausgestaltet. Der Arbeitgeber hat vielmehr ein von plausiblen technischen, wirtschaftlichen oder organisatorischen Gründen getragenes Organisationskonzept darzulegen, wenn er auf bestimmten Arbeitsplätzen eine bestimmte Präsenz verlangt.[2874] Dieses Organisationskonzept des Arbeitgebers ist bindend und unterliegt keiner Zweckmäßigkeitskontrolle. Vergleichbares gilt für den **Anspruch auf Brückenteilzeit gem. § 9a TzBfG.**

915 Liegt eine die Vergleichbarkeit ausschließende Organisationsentscheidung des Arbeitgebers vor, kann der teilzeitbeschäftigte Arbeitnehmer die Vergleichbarkeit mit Vollzeitbeschäftigten nicht durch seine bloße **Bereitschaft, als Vollzeitbeschäftigter arbeiten zu wollen,** herbeiführen. Unabhängig von der Beurteilung, ob die Vollzeitbeschäftigung tatsächlich zu einer Besserstellung des Teilzeitbeschäftigten führt[2875] oder nicht, steht dem jedenfalls entgegen, dass die Bestimmung des auswahlrelevanten Personenkreises nicht von Erklärungen des Arbeitnehmers abhängen kann.[2876]

916 Entfällt in einer Betriebsabteilung, in der zwei vergleichbare Vollzeitarbeitnehmer und zwei damit vergleichbare Halbtagsbeschäftigte vormittags tätig sind, der Beschäftigungsbedarf für einen Vollzeitarbeitnehmer und trifft der Arbeitgeber zugleich die willkürfreie organisatorische Entscheidung, auch zukünftig vier Arbeitnehmer vormittags zu beschäftigen, kann er **zwei Änderungskündigungen gegenüber den Vollzeitarbeitnehmern** aussprechen. Diese können sich dann nicht darauf berufen, dass die Halbtagsbeschäftigten sozial weniger schutzwürdig seien und deshalb gem. Abs. 3 S. 1 hätten vorrangig gekündigt werden müssen. Es handelt sich hier nicht um ein Problem der Sozialauswahl, vielmehr bedingt die innerbetriebliche Organisationsentscheidung gem. Abs. 2 eine Verteilung der verringerten Gesamtarbeitszeit auf zwei Arbeitnehmer. Die Sozialauswahl nach Abs. 3 kann nur innerhalb dieser Vorgabe erfolgen.[2877]

917 Die Grundsätze über die Einbeziehung von Teilzeit- und Vollzeitbeschäftigten in die Sozialauswahl gelten auch für die soziale Auswahl zwischen **Teilzeitbeschäftigten mit unterschiedlichen Arbeitszeiten.**[2878]

[2871] BAG 19.5.1993 – 2 AZR 584/92, AP KSchG 1969 § 2 Nr. 31.

[2872] So aber BAG 18.2.2003 – 9 AZR 164/02, AP TzBfG § 8 Nr. 2; ebenso TzA/Buschmann, Das Recht der Teilzeitarbeit, 2. Aufl. 2001, TzBfG § 8 Rn. 32; DD/Deinert Rn. 325; Rost JbArbR 39 (2002), 83 (100); wie hier Bayreuther DB 2004, 1726; ErfK/Preis TzBfG § 8 Rn. 26a.

[2873] Ebenso Meinel/Heyn/Herms/Heyn, TzBfG § 8 Rn. 50a ff.; Annuß/Thüsing/Mengel, 3. Aufl. 2012, TzBfG § 8 Rn. 152 f.; MüKoBGB/Müller-Glöge TzBfG § 8 Rn. 27; ErfK/Preis TzBfG § 8 Rn. 26a; Rohr, Teilzeitarbeit und Kündigungsrecht, 2003, 87.

[2874] MüKoBGB/Hergenröder Rn. 380 f.; Meinel/Heyn/Herms/Heyn, TzBfG § 8 Rn. 53; APS/Kiel Rn. 524; ErfK/Preis TzBfG § 8 Rn. 26 f.; Rost JbArbR 39 (2002), 83 (100); ähnlich Preis/Gotthardt DB 2000, 2065 (2068).

[2875] BAG 3.12.1998 – 2 AZR 341/98, AP KSchG 1969 § 1 Soziale Auswahl Nr. 39.

[2876] So bereits BAG 29.3.1990 – 2 AZR 369/89, AP KSchG 1969 § 1 Betriebsbedingte Kündigung Nr. 50; 17.9.1998 – 2 AZR 725/97, AP KSchG 1969 § 1 Soziale Auswahl Nr. 36; ebenso MüKoBGB/Hergenröder Rn. 440 f.; Kort SAE 1999, 278 (279).

[2877] BAG 19.5.1993 – 2 AZR 584/92, NZA 1993, 1075.

[2878] BAG 15.7.2004 – 2 AZR 376/03, AP KSchG 1969 § 1 Soziale Auswahl Nr. 68.

b) **Arbeitnehmer mit gesetzlichem Sonderkündigungsschutz.** In die soziale Auswahl sind Arbeitnehmer nicht einzubeziehen, bei denen zum Zeitpunkt der Kündigung **von Gesetzes wegen die ordentliche arbeitgeberseitige Kündigung ausgeschlossen** ist. Gesetzliche Kündigungsverbote gehen dem allgemeinen Kündigungsschutz als spezialgesetzliche Regelungen vor.[2879] Dies gilt auch dann, wenn im Zeitpunkt der beabsichtigten Kündigung der Sonderkündigungsschutz voraussichtlich alsbald auslaufen wird und auf Grund der kurzen Kündigungsfrist das Arbeitsverhältnis des besonders geschützten Arbeitnehmers zu demselben Termin beendet werden könnte, zu dem auch das Arbeitsverhältnis des konkurrierenden, sozial schwächeren Arbeitnehmers gekündigt werden kann.[2880] **918**

Nicht einzubeziehen sind deshalb Amtsträger im Rahmen der Betriebsverfassung bzw. Personalvertretung und damit insbes. gem. § 15 Abs. 1 Mitglieder eines **Betriebsrats**[2881] oder gem. § 15 Abs. 2 Mitglieder eines **Personalrats**[2882] ebenso wie Wahlvorstandsmitglieder (§ 15 Abs. 3), Wahlbewerber (§ 15 Abs. 3) und Wahlinitiatoren (§ 15 Abs. 3a), es sei denn, dass ein Fall von § 15 Abs. 4 oder 5 vorliegt.[2883] Dagegen gehören Vorfeld-Initiatoren einer Betriebsratswahl (§ 15 Abs. 3b) nicht hierzu, weil bei diesem Personenkreis nur die ordentliche personen- und verhaltensbedingte Kündigung, nicht aber die betriebsbedingte Kündigung ausgeschlossen ist. Aus der Sozialauswahl auszuklammern sind weiter gem. § 58b SG iVm § 16 Abs. 7, 2 Abs. 1 ArbPlSchG **freiwilligen Wehrdienst Leistende** sowie **Vertrauenspersonen für Schwerbehinderte** nach § 179 Abs. 3 SGB IX.[2884] Dasselbe gilt für **„Beauftragte"**, soweit sie Sonderkündigungsschutz genießen (bspw. Datenschutzbeauftragter: §§ 6 Abs. 4 S. 2 u. 3, 38 Abs. 2 BDSG, Immissionsschutzbeauftragter: § 58 Abs. 2 BImSchG, Störfallbeauftragter: § 58d iVm § 58 Abs. 2 BImSchG, Abfallbeauftragter: § 60 Abs. 3 S. 1 KrWG iVm § 58 Abs. 2 BImSchG, Gewässerschutzbeauftragter: § 66 WHG iVm § 58 Abs. 2 BImSchG, Gleichstellungsbeauftragte in Bundesbehörden: § 28 Abs. 4 BGleiG iVm § 15 Abs. 2).[2885] Diese Vorschriften gehen dem allgemeinen Kündigungsschutz nach § 1 als spezialgesetzliche Regelungen vor. Durch sie ist die Möglichkeit einer ordentlichen betriebsbedingten Kündigung der von ihnen geschützten Arbeitnehmergruppen von vornherein von Gesetzes wegen ausgeschlossen. Der Ausschluss von Betriebsratsmitgliedern aus der Sozialauswahl gilt auch in der Insolvenz.[2886] **919**

Ist die ordentliche Kündigung dagegen nicht generell ausgeschlossen, sondern nur zusätzlich von der **Zustimmung der zuständigen Behörde abhängig** (vgl. § 17 Abs. 2 MuSchG; § 168 SGB IX; § 18 Abs. 1 S. 2 BEEG; § 5 Abs. 2 S. 1 PflegeZG), ist unter der Voraussetzung der Zustimmung der zuständigen Behörde eine ordentliche betriebsbedingte Kündigung dieser Arbeitnehmer möglich. Diese Arbeitnehmer sind demzufolge in die soziale Auswahl einzubeziehen, wenn die Zustimmung der zuständigen Behörde vorliegt.[2887] Der Arbeitgeber ist aber nicht verpflichtet, die Zustimmung zu beantragen.[2888] **920**

2879 Bröhl BB 2006, 1050 (1052); APS/Kiel Rn. 622; KR/Rachor Rn. 717; LSSW/Schlünder Rn. 440; PVT Kündigung/Temming Rn. 1184.

2880 BAG 21.4.2005 – 2 AZR 241/04, AP KSchG 1969 § 1 Soziale Auswahl Nr. 74 m. zust. Anm. von Koppenfels-Spies; einschränkend Bröhl, Die außerordentliche Kündigung mit notwendiger Auslauffrist, 2005, 222.

2881 BAG 17.6.1999 – 2 AZR 456/98, AP KSchG 1969 § 1 Betriebsbedingte Kündigung Nr. 103.

2882 BAG 18.11.1999 – 2 AZR 77/99, AP KSchG 1969 § 2 Nr. 55.

2883 BAG 28.10.1999 – 2 AZR 437/98, AP KSchG 1969 § 15 Nr. 44.

2884 Ascheid KSchR Rn. 323; DD/Deinert Rn. 486; HK-KSchG/Dorndorf Rn. 1054; APS/Kiel Rn. 622; MHdB ArbR/Kreft § 115 Rn. 202; ErfK/Oetker Rn. 311; KR/Rachor Rn. 717; LSSW/Schlünder Rn. 440; PVT Kündigung/Temming Rn. 1184.

2885 SES/Eylert Rn. 376.

2886 BAG 17.11.2005 – 6 AZR 118/05, AP KSchG 1969 § 15 Nr. 60.

2887 Berkowsky, Die betriebsbedingte Kündigung, 6. Aufl. 2008, § 7 Rn. 130; HK-KSchG/Dorndorf Rn. 1053; Weyand/Düwell/Düwell, Das neue Arbeitsrecht, 2005, 151; MüKoBGB/Hergenröder Rn. 419; APS/Kiel Rn. 623; ErfK/Oetker Rn. 310; Quecke RdA 2004, 86 (87); KR/Rachor Rn. 717; LSSW/Schlünder Rn. 440; HaKo-KSchR/Zimmermann Rn. 848; krit. Bitter/Kiel RdA 1994, 333 (355); diff. Bütefisch Sozialauswahl S. 133 ff.; aA Gajewski FS Gaul, 1987, 311 (319); Lück Sozialauswahl S. 51.

2888 Ascheid RdA 1997, 333 (335); Bauer/Powietzka NZA-RR 2004, 505 (510); MüKoBGB/Hergenröder Rn. 419; APS/Kiel Rn. 623; LSSW/Schlünder Rn. 440; aA Berkowsky, Die betriebsbedingte Kündigung, 6. Aufl. 2008, § 7 Rn. 130.

921 **Befristet beschäftigte Arbeitnehmer,** deren Arbeitsverhältnis nicht auf Grund einer entsprechenden Vereinbarung nach § 15 Abs. 4 TzBfG ordentlich kündbar ist, sind bei betriebsbedingten Kündigungen ebenfalls nicht in die Sozialauswahl einzubeziehen.[2889] Auch in diesen Fällen ist von Gesetzes wegen eine ordentliche Kündigung ausgeschlossen, weil nach § 15 Abs. 1 TzBfG das befristete Arbeitsverhältnis grds. mit Zeitablauf endet und nach Abs. 4 nur dann der ordentlichen Kündigung unterliegt, wenn dies einzelvertraglich oder tariflich vereinbart ist.[2890] Die Befristungsabrede bietet den Arbeitnehmern daher grds. einen umfassenden Schutz vor betriebsbedingten Kündigungen.

922 c) **Arbeitnehmer mit vereinbartem Kündigungsschutz.** Ein besonderes **Spannungsverhältnis** an der **Schnittstelle von Austauschgerechtigkeit und Verteilungsgerechtigkeit**[2891] besteht zwischen **tariflichen, betrieblichen und einzelvertraglichen Regelungen über einen Sonderkündigungsschutz einerseits** und der **Sozialauswahl andererseits,** weil jede Einschränkung des auswahlrelevanten Personenkreises das Kündigungsrisiko für die verbleibenden und nach allgemeinen Grundsätzen unter Umständen sozial schutzbedürftigeren Arbeitnehmer erhöht, während umgekehrt eine Einbeziehung der unkündbaren Arbeitnehmer in die Sozialauswahl Gefahr läuft, die Vereinbarung über den Sonderkündigungsschutz auszuhöhlen. Praktisch kommen solche „Unkündbarkeitsklauseln", die sachlich (nur) die ordentliche Kündigung ausschließen,[2892] im Wesentlichen in **zwei Ausprägungen** vor: Erstens als Schutzbestimmungen zugunsten älterer Arbeitnehmer (**Senioritätsregelungen**) und zweitens als **Bestandteil von Beschäftigungssicherungsvereinbarungen** (insbes. betrieblichen Bündnissen für Arbeit). Dabei hat sich die Diskussion in der Vergangenheit vor allem an der Unkündbarkeitsregelung des § 4.4 S. 1 MTV der Metallindustrie Nordwürttemberg/Nordbaden entzündet. Nach dieser Bestimmung sind Arbeitnehmer nach Vollendung des 53. Lebensjahres und einer Betriebszugehörigkeit von mindestens drei Jahren nur noch aus wichtigem Grund kündbar. Die Anwendung dieser Vorschrift kann theoretisch dazu führen, dass ein 52-jähriger Arbeitnehmer mit einer Betriebszugehörigkeit von 30 Jahren und vier unterhaltsberechtigten Kindern vor einem gerade 53-jährigen ledigen Arbeitnehmer mit nur drei Jahren Betriebszugehörigkeit betriebsbedingt zu kündigen wäre.[2893] Eine Herausnahme tariflich geschützter Arbeitnehmer aus der sozialen Auswahl kann daher zumindest in bestimmten Fällen zu Ergebnissen führen, die dem Sinn des Abs. 3 diametral entgegenstehen.[2894]

923 Für den **Sonderfall der Insolvenz** sieht **§ 113 InsO** vor, dass eine vereinbarte Unkündbarkeit verdrängt wird. Diese Vorschrift gilt nicht nur für einzelvertragliche, sondern insbes. auch für tarifvertragliche Unkündbarkeitsregelungen,[2895] selbst wenn sie Teil eines Standortsicherungsabkommen sind.[2896] Gleiches gilt für betriebliche Unkündbar-

---

[2889] Ebenso Berkowsky, Die betriebsbedingte Kündigung, 6. Aufl. 2008, § 6 Rn. 111; APS/Kiel Rn. 631; ErfK/Oetker Rn. 310; PVT Kündigung/Temming Rn. 1185; aA LSSW/Schlünder Rn. 444.

[2890] BAG 19.6.1980 – 2 AZR 660/78, AP BGB § 620 Befristeter Arbeitsvertrag Nr. 55.

[2891] Treffend HWK/Quecke Rn. 343.

[2892] Zur Unabdingbarkeit des Rechts zur außerordentlichen Kündigung s. nur BAG 20.6.2013 – 2 AZR 379/12, NZA 2014, 139 Rn. 16.

[2893] Ähnliches Beispiel in BAG 20.6.2013 – 2 AZR 295/12, NZA 2014, 208 Rn. 49.

[2894] Generell ebenso BAG 5.6.2008 – 2 AZR 907/06, AP KSchG 1969 § 1 Betriebsbedingte Kündigung Nr. 179 Rn. 31; ArbG Cottbus 17.5.2000 – 6 Ca 38/00, AP KSchG § 1 Soziale Auswahl Nr. 48; Ehler BB 1994, 2068; D. Gaul NZA 1992, 673 (675); APS/Kiel Rn. 626 ff.; MHdB ArbR/Kreft § 115 Rn. 204 f.; Linck Auswahl S. 39; Löwisch/Rieble, TVG, 4. Aufl. 2017, § 1 Rn. 2256; Oetker FS Wiese, 1998, 333 (341 f.); Pauly AuR 1997, 97; Säcker/Oetker, Grundlagen und Grenzen der Tarifautonomie, 1992, S. 186 ff.; LSSW/Schlünder Rn. 441; zu § 4.4 S. 1 MTV der Metallindustrie Nordwürttemberg/Nordbaden s. a. LAG Baden-Württemberg 15.3.2007 – 21 Sa 97/06, BeckRS 2009, 54503; 30.7.2007 – 15 Sa 29/07, AuR 2007, 406.

[2895] BAG 19.1.2000 – 4 AZR 70/99, AP InsO § 113 Nr. 5; 16.6.2005 – 6 AZR 476/04, AP ATG § 3 Nr. 13; 20.9.2006 – 6 AZR 249/05, AP BGB § 613a Nr. 316; 27.2.2014 – 6 AZR 301/12, NZA 2014, 897 Rn. 10; DD/Däubler InsO § 113 Rn. 21; Fischermeier NZA 1997, 1089 (1098); ErfK/Müller-Glöge InsO § 113 Rn. 6; Rost FS Etzel, 2011, 329 (339); KR/Spelge InsO § 113 Rn. 41; aA Lohkemper KTS 1996, 1 (8), ferner unter Berufung auf einen Verstoß gegen Art. 9 Abs. 3 GG HK-KSchG/Dorndorf Rn. 145.

[2896] BAG 17.11.2005 – 6 AZR 107/05, AP InsO § 113 Nr. 19; zur Wirkung von § 113 InsO bei Bindung von Kündigungen an die Zustimmung des Betriebsrats s. BAG 19.1.2000 – 4 AZR 911/98, BeckRS 2009, 68954; LAG Düsseldorf 18.11.2015 – 4 Sa 478/15, NZI 2016, 368.

keitsklauseln.[2897] § 113 InsO ist gem. § 279 S. 1 InsO auch bei einer sog. Eigenverwaltung durch den Schuldner anwendbar und erfasst zudem Kündigungen vor Dienstantritt.[2898] Sofern ein Kündigungsgrund vorliegt, kann der Insolvenzverwalter das Arbeitsverhältnis also ohne Rücksicht auf die vereinbarte Unkündbarkeit durch ordentliche Kündigung beenden, so dass im Fall einer betriebsbedingten Kündigung ggf. eine Sozialauswahl unter Einbeziehung der ordentlich an sich unkündbaren Arbeitnehmer durchzuführen ist. Diese Regelung trägt den besonderen Gegebenheiten in der Insolvenz des Arbeitgebers Rechnung, indem sie die Insolvenzmasse entlastet sowie Sanierungen erleichtert und ist deshalb einer Verallgemeinerung nicht zugänglich. Immerhin erlaubt sie den Umkehrschluss, dass der Gesetzgeber Unkündbarkeitsregelungen nicht per se als unzulässige Beeinträchtigung der Sozialauswahl qualifiziert.

Zur Auflösung des **Spannungsverhältnisses zwischen vertraglichem Sonderkündigungsschutz und gesetzlicher Sozialauswahl** wird vereinzelt vorgeschlagen, dass der tariflich unkündbare Arbeitnehmer in einem ersten Schritt gedanklich in die Sozialauswahl einbezogen und dem Arbeitgeber dann für den Fall, dass sich der kündigungsgeschützte Arbeitnehmer als sozial weniger schutzbedürftig herausstellt, in einem zweiten Schritt im Sinne einer **„Verzichtstheorie“**[2899] eine (ordentliche) Kündigung versagt wird.[2900] Dieser Ansatz hätte indes jedenfalls dann eine **überschießende Wirkung,** wenn er dazu führen würde, dass der Arbeitgeber trotz fehlender Beschäftigungsmöglichkeiten letztlich keinem Arbeitnehmer kündigen darf.[2901] Die wohl überwiegende Ansicht löst den Konflikt deshalb im Sinne einer **„Verdrängungstheorie“**[2902] in der Weise, dass die durch Unkündbarkeitsregelungen geschützten Arbeitnehmer **von vornherein aus der Sozialauswahl auszuklammern** seien.[2903] Begründet wird dies im Wesentlichen damit, dass sich die Belastung der übrigen Arbeitnehmer nur als eine Reflexwirkung darstelle, gegen die Abs. 3 keinen Schutz gewähre. Unzulässig seien lediglich solche Unkündbarkeitsklauseln, die gezielt im Vorfeld betriebsbedingter Kündigungen ohne sachlichen Grund vereinbart werden, um bestimmte Arbeitnehmer der Sozialauswahl zu entziehen.[2904] Die Gegenauffassung hält unter Berufung auf den zwingenden Charakter von Abs. 3 sowie den Gedanken der Unzulässigkeit von Verträgen zulasten Dritten[2905] entsprechende Vereinbarungen für unwirksam oder zumindest unanwendbar, soweit sie zu Ergebnissen führen, die mit Abs. 3 nicht kompatibel sind.[2906] 924

Demgegenüber überzeugt es am meisten, im Spannungsverhältnis zwischen vereinbarten Unkündbarkeitsregelungen und Sozialauswahl im Ausgangspunkt zunächst die **Wertung des Abs. 4** heranzuziehen, der den Tarifvertragsparteien und Betriebsparteien die Vereinbarung von Auswahlrichtlinien über die Frage erlaubt, wie die sozialen Gesichtspunkte nach Abs. 3 S. 1 zueinander zu bewerten sind, wobei diese Bewertung nur auf **grobe Fehlerhaftigkeit** überprüft werden kann.[2907] Diese Bestimmung belegt, dass die 925

[2897] BAG 22.9.2005 – 6 AZR 526/04, AP UmwG § 323 Nr. 1.
[2898] BAG 23.2.2017 – 6 AZR 665/15, NZA 2017, 995 Rn. 29 f.
[2899] Begriff nach HWK/Quecke Rn. 343.
[2900] ErfK/Franzen TVG § 1 Rn. 68; Lerch/Weinbrenner NZA 2011, 1388 (1390 f.).
[2901] Graj Unkündbarkeitsklauseln S. 225 ff.; MHdB ArbR/Kreft § 115 Rn. 206; KR/Rachor Rn. 723.
[2902] Begriff nach HWK/Quecke Rn. 343.
[2903] LAG Brandenburg 29.10.1998 – 3 Sa 229/98, NZA-RR 1999, 360; DD/Deinert Rn. 489; HK-KSchG/Dorndorf Rn. 1055; Fuhlrott/Hoppe BB 2012, 253 (254); Herschel AuR 1977, 137 (143); Künzl ZTR 1996, 385 (389); Künzl/Fink NZA 2011, 1385 (1386 ff.); Meisel DB 1991, 92 (94); RdA 1997, 333 (335); KR/Rachor Rn. 723; Schwerdtner FS Kissel, 1994, 1077 (1093); PVT Kündigung/Temming Rn. 1187; Weller RdA 1986, 222 (230); Zöllner FS G. Müller, 1981, 665 (684) Fn. 64; Zwanziger DB 2000, 2166; idS BAG 17.5.1984 – 2 AZR 161/83, AP BAT § 55 Nr. 3; tendenziell anders aber BAG 8.8.1985 – 2 AZR 464/84, AP KSchG 1969 § 1 Soziale Auswahl Nr. 10 unter III 2c cc.
[2904] LAG Sachsen 28.3.1996 – 6 Sa 1026/95, LAGE § 1 KSchG Soziale Auswahl Nr. 18 = BeckRS 1996, 30845663; 10.10.2001 – 2 Sa 744/00, NZA 2002, 905.
[2905] So insbes. HWK/Quecke Rn. 344.
[2906] Adam NZA 1999, 846 (847 f.); Kania/Kramer RdA 1995, 287 (288 f.); Oetker ZfA 2001, 287 (325 ff., 339); Rieble NZA 2003, 1243 (1244).
[2907] BAG 20.6.2013 – 2 AZR 295/12, NZA 2014, 208 Rn. 50; Bröhl FS Küttner, 2006, 287 (297 ff.); SES/Eylert Rn. 379; APS/Kiel Rn. 626.

Kollektivvertragsparteien bis zu einer gewissen Grenze über den materiellen Kündigungsschutz disponieren können. Auch wenn Unkündbarkeitsregelungen nicht als eine besondere Form von Auswahlrichtlinien qualifiziert werden können,[2908] kommen sie ihnen doch faktisch gleich.[2909] Mit dem Maßstab der groben Fehlerhaftigkeit wird auch dem hinter dem Kündigungsschutz stehenden **grundrechtlichen Schutzpflichten** (→ Einl. Rn. 61 ff.) Rechnung getragen. Den nicht durch Unkündbarkeitsklauseln geschützten Arbeitnehmern muss nämlich auf der einen Seite aus verfassungsrechtlichen Gründen (Art. 12 Abs. 1 GG) ein bestimmter Mindestschutz zuteilwerden, der sich auch auf die soziale Auswahl bezieht[2910] und der nicht mit der Begründung ausgehebelt werden kann, dass sich Vereinbarungen über den Ausschluss der Kündbarkeit für bestimmte Arbeitnehmergruppen nur „reflexartig" auf das Kündigungsrisiko sozial besonders schutzbedürftiger Arbeitnehmer auswirkten.[2911] Insoweit bedürfen Unkündbarkeitsklauseln daher einer **verfassungskonformen Begrenzung,** um das grundrechtlich gebotene Untermaß zu wahren.[2912] Auf der anderen Seite ist das durch Abs. 3 gewährte Schutzniveau nicht verfassungsfest, so dass Arbeitnehmer, die durch Unkündbarkeitsregelungen benachteiligt werden, insbes. gegenüber im Rahmen der Tarifautonomie (Art. 9 Abs. 3 GG) zustande gekommenen Vereinbarungen lediglich eine Überprüfung auf grobe Fehlerhaftigkeit beanspruchen können.[2913] Diese Grenze ist erreicht, wenn die Anwendung einer Regelung im konkreten Fall die Wertung des Abs. 3 „auf den Kopf stellt", wozu es bei der erwähnten Unkündbarkeitsregelung des § 4.4 S. 1 MTV der Metallindustrie Nordwürttemberg/Nordbaden durchaus, wenn auch nur selten kommen kann.[2914]

926 Eine besondere Problematik ergibt sich weiter daraus, dass tarifliche Unkündbarkeitsklauseln regelmäßig unmittelbar oder (sofern das Merkmal der Betriebszugehörigkeit verwendet wird) mittelbar an das Kriterium „Alter" anknüpfen und sich damit bei solchen Regelungen die zusätzliche Frage stellt, ob sie eine unzulässige **Benachteiligung wegen des Alters** enthalten und deshalb gem. § 7 Abs. 2 AGG unwirksam sind.[2915] Für das Spannungsverhältnis dieses Typus von Unkündbarkeitsregelungen zum grundsätzlichen Verbot der Altersdiskriminierung hatte der Gesetzgeber ursprünglich in **§ 10 S. 3 Nr. 7 AGG aF** eine spezielle Vorschrift vorgesehen. Danach konnte eine unterschiedliche Behandlung wegen des Alters die individual- oder kollektivrechtliche Vereinbarung der Unkündbarkeit von Beschäftigten eines bestimmten Alters und einer bestimmten Betriebszugehörigkeit einschließen, soweit dadurch nicht der Kündigungsschutz anderer Beschäftigter im Rahmen der Sozialauswahl nach Abs. 3 **grob fehlerhaft** gemindert wurde. Zwar galt diese Regelung nur in der Zeit v. 18.8.2006 bis zu ihrer Aufhebung zum 12.12.2006 (→ Einl. Rn. 99). Es spricht indes einiges dafür, die in dieser Vorschrift zum Ausdruck kommenden Wertungen, bei denen antidiskriminierungsrechtliche und kündigungsschutzrechtliche Aspekte verschmelzen, trotz ihrer Aufhebung weiterhin heranzuziehen.[2916] Dieser Prüfungsmaßstab hält sich noch im Rahmen der unionsrechtlichen Vorgaben in Form von **Art. 6 Buchst. a RL 2000/78/EG,** der bei der europarechtskonformen Auslegung des nationalen Kündigungsrechts berücksichtigt werden

[2908] BAG 8.8.1985 – 2 AZR 464/84, AP KSchG 1969 § 1 Soziale Auswahl Nr. 10 unter III 2 d aa.

[2909] BAG 20.6.2013 – 2 AZR 295/12, NZA 2014, 208 Rn. 50.

[2910] BVerfG 27.1.1998 – 1 BvL 15/87, AP KSchG 1969 § 23 Nr. 17 unter B I 3 b cc.

[2911] APS/Kiel Rn. 630; NZA 2005, Beil. 1, 18 (27 f.); ebenso Graj Unkündbarkeitsklauseln S. 309 ff.; aA P. Stein GS Zachert, 2010, 663 (667).

[2912] BAG 20.6.2013 – 2 AZR 295/12, NZA 2014, 208 Rn. 49 ff.; LAG Niedersachsen 11.6.2001 – 5 Sa 1832/00, LAGE § 1 KSchG Soziale Auswahl Nr. 37; APS/Kiel Rn. 630; Kiel NZA 2005 Beil. 1, 18 (27 f.); strikt gegen eine die Tarifnorm aufrechterhaltende Korrektur Löwisch/Rieble, TVG, 4. Aufl. 2017, § 1 Rn. 2257.

[2913] AA HWK/Quecke Rn. 345 ff., der jede Reflexwirkung auf die sonstigen Arbeitnehmer ablehnt; iErg ebenso offenbar Rolfs NZA 2008, Beil. 1, 8 (15).

[2914] BAG 5.6.2008 – 2 AZR 907/06, AP KSchG 1969 § 1 Betriebsbedingte Kündigung Nr. 179 Rn. 31; s. a. BAG 5.6.2014 – 2 AZR 418/13, NJOZ 2015, 215 Rn. 18.

[2915] Bejahend Löwisch/Rieble, TVG, 4. Aufl. 2017, § 1 Rn. 2258.

[2916] BAG 5.6.2008 – 2 AZR 907/06, AP KSchG 1969 § 1 Betriebsbedingte Kündigung Nr. 179 Rn. 31; 20.6.2013 – 2 AZR 295/12, NZA 2014, 208 Rn. 50; Körner NZA 2008, 497 (501); Thüsing, Arbeitsrechtlicher Diskriminierungsschutz, 2. Aufl. 2013, Rn. 450 ff.; Wendeling-Schröder NZA 2007, 1399 (1404).

muss (→ Einl. Rn. 99 f.). Danach können die Mitgliedstaaten vorsehen, dass Ungleichbehandlungen wegen des Alters keine Diskriminierung darstellen, sofern sie objektiv und angemessen sind und im Rahmen des nationalen Rechts durch ein legitimes Ziel gerechtfertigt sind und die Mittel zur Erreichung dieses Ziels angemessen und erforderlich sind. Diesen Anforderungen wurde § 10 S. 3 Nr. 7 AGG aF gerecht.[2917] Zu den nach der Rahmenrichtlinie 2000/78/EG gerechtfertigten Ungleichbehandlungen gehören gem. Art. 6 Buchst. a RL 2000/78/EG auch Entlassungsbedingungen, die dazu dienen, den **Schutz älterer Arbeitnehmer** sicherzustellen.

Die üblichen tariflichen Unkündbarkeitsregelungen sind grds. geeignet, ältere Arbeit- 927
nehmer vor Kündigungen zu schützen. Sie bauen auf dem Erfahrungswert auf, dass die **Arbeitsmarktchancen** älterer Arbeitnehmer regelmäßig signifikant geringer sind als diejenigen jüngerer Arbeitnehmer (→ Rn. 946). Die Tarifparteien dürfen an diesen Erfahrungswert anknüpfen, wobei ihnen nicht zuletzt um der auch europarechtlich gewährleisteten Tarifautonomie willen (vgl. Art. 28 GRCh) eine **Einschätzungsprärogative** sowie die **Befugnis zu einer Typisierung** einzuräumen ist. Im Allgemeinen werden tarifliche Unkündbarkeitsklauseln daher nicht gegen das Verbot der Altersdiskriminierung unter dem Blickwinkel der Benachteiligung jüngerer Arbeitnehmer verstoßen.[2918] Ein solcher Verstoß ist erst dann anzunehmen, wenn für den Kündigungsausschluss in einer Weise auf das Alter abgestellt wird, die keinen nachvollziehbaren Bezug zu den Verhältnissen auf dem Arbeitsmarkt mehr erkennen lässt. Sofern die Regelung als solche wirksam ist, spielt es dagegen keine Rolle mehr, wie sich die Arbeitsmarktchancen des an sich unkündbaren Arbeitnehmers und des bei Berücksichtigung der Unkündbarkeit an sich zu kündigenden Arbeitnehmers im konkreten Fall einer betriebsbedingten Kündigung darstellen.[2919] Soll die Befugnis der Tarifparteien zu einer Pauschalierung nicht konterkariert werden, muss es **mit ihrer Einschätzung sein Bewenden** haben. Die Ausklammerung von kündigungsgeschützten Arbeitnehmern aus der Sozialauswahl ist also unter dem diskriminierungsrechtlichen Blickwinkel nicht schon deshalb fehlerhaft, weil die Chancen der betroffenen Arbeitnehmer auf dem Arbeitsmarkt in einer konkreten Kündigungssituation (möglicherweise) anders gelagert sind, als die Tarifvertragsparteien dies prognostiziert haben. Hiervon zu unterscheiden ist die besondere Schutzbedürftigkeit eines jüngeren Arbeitnehmers unter dem kündigungsschutzrechtlichen Blickwinkel etwa wegen zahlreicher Unterhaltspflichten. Insoweit kann die Anwendung eines tariflichen Kündigungsausschlusses in einzelnen Fällen in der Tat zu einem grob fehlerhaften und mit dem verfassungsrechtlich gebotenen Mindestkündigungsschutz nicht mehr zu vereinbarendem Ergebnis führen. Dagegen sind tarifliche Unkündbarkeitsregelungen nicht mit einer closed-shop-Klausel vergleichbar und deshalb nicht per se wegen Verstoßes gegen die negative Koalitionsfreiheit unwirksam, wenn und soweit sie nur Gewerkschaftsmitgliedern zugutekommen.[2920]

Bei den Rechtsfolgen ist somit zu unterscheiden. Wenn der tarifliche Sonderkündi- 928
gungsschutz aus antidiskriminierungsrechtlichen Gründen – ausnahmsweise – unwirksam ist, entfaltet er von vornherein keine Wirkung, so dass die ihm unterfallenden Arbeitnehmer **uneingeschränkt in die Sozialauswahl einzubeziehen** sind, auch wenn es im Einzelfall an einem besonders hart getroffenen jüngeren Arbeitnehmer fehlt.[2921]

2917 In diese Richtung auch Bertelsmann ZESAR 2005, 242 (247); Löwisch BB 2006, 2189 (2191); KR/Rachor Rn. 722; Waltermann NZA 2005, 1265 (1269).

2918 Bauer/Krieger/Günther, AGG/EntgTranspG, 5. Aufl. 2018, AGG § 10 Rn. 48; aA Wulfers/Hecht ZTR 2007, 475 (480); ferner krit. HaKo-AGG/Brors § 10 Rn. 66 f.; Graj Unkündbarkeitsklauseln S. 329 ff.; ebenso Rieble/Zedler ZfA 2006, 273 (299), dort auch zur Frage einer Diskriminierung unter dem Aspekt einer Benachteiligung der älteren Arbeitnehmer, indem ein (hoher) Sozialschutz potenzielle Arbeitgeber möglicherweise von einer Einstellung abhält; einschränkend aber Kamanabrou NZA 2006 Beil. 1, 138 (146), soweit es um Arbeitnehmer unter 55 Jahren geht.

2919 So aber DD/Deinert Rn. 491, was praktisch freilich kaum durchführbar sein dürfte.

2920 Däubler/Klein TVG § 1 Rn. 915; aA Löwisch/Rieble, TVG, 4. Aufl. 2017, § 1 Rn. 2236.

2921 Für eine vollständige Unwirksamkeit diskriminierender Unkündbarkeitsklauseln unabhängig vom konkreten Einzelfall auch Kamanabrou NZA 2006, Beil. 3, 138 (146).

Sofern die Unkündbarkeitsklausel dagegen antidiskriminierungsrechtlich als solche wirksam ist, sind die hierdurch geschützten Arbeitnehmer grds. aus der Sozialauswahl auszuklammern. Allerdings kann dies im Einzelfall den Wertmaßstäben des Abs. 3 grob zuwiderlaufen und den verfassungsrechtlich geforderten Mindestkündigungsschutz eines anderen Arbeitnehmers aushöhlen. In einer solchen Konstellation ist die Regelung deshalb ausnahmsweise insoweit **unanwendbar,** als es um die Herausnahme des tariflich unkündbaren Arbeitnehmers aus der Sozialauswahl geht. Im Verhältnis zum Arbeitgeber bleibt es indes beim verstärkten Bestandsschutz, so dass dem betroffenen Arbeitnehmer lediglich aus **wichtigem Grund gem. § 626 Abs. 1 BGB** unter Einhaltung der gesetzlichen oder tariflichen Kündigungsfrist betriebsbedingt gekündigt werden kann.[2922]

929 Vergleichbare Grundsätze gelten für den **vereinbarten Ausschluss der ordentlichen Kündigung durch Betriebsvereinbarung.**[2923] Entsprechende Regelungen sind nicht etwa mangels Regelungskompetenz von vornherein unzulässig.[2924] Vielmehr haben die Betriebsparteien in personellen Angelegenheiten eine umfassende Regelungskompetenz.[2925] In einer freiwilligen Betriebsvereinbarung können daher auch Fragen der Beendigung von Arbeitsverhältnissen und somit Einschränkungen der Kündbarkeit von Arbeitsverhältnissen durch den Arbeitgeber geregelt werden.[2926] Allerdings wird eine solche Betriebsvereinbarung vielfach wegen Verstoßes gegen den Tarifvorbehalt des § 77 Abs. 3 BetrVG unwirksam sein, wobei dann allerdings denkbar ist, einen besonderen Kündigungsschutz im Wege der Umdeutung (§ 140 BGB) auf der arbeitsvertraglichen Ebene als Gesamtzusage aufrechtzuerhalten.[2927]

930 Für den **einzelvertraglich vereinbarten Ausschluss der ordentlichen Kündigung** gilt im Grundsatz dasselbe.[2928] Im Ausgangspunkt sind solche Regelungen durch die **Vertragsfreiheit** gedeckt.[2929] Die Verkleinerung des auswahlrelevanten Personenkreises im Rahmen der Sozialauswahl ist grds. hinzunehmen. Eine Grenze ist auf der einen Seite dann erreicht, wenn die Regelung mit dem Ziel erfolgt, die Grundsätze über die soziale Auswahl im Hinblick auf bevorstehende betriebsbedingte Kündigungen zu manipulieren, was vor allem dann naheliegt, wenn der Arbeitgeber bestimmten Arbeitnehmern ohne eine Gegenleistung einen zeitlich beschränkten Verzicht auf eine ordentliche Kündigung zusagt.[2930] Umgekehrt ist eine entsprechende Abrede im Hinblick auf eine Einschränkung der Sozialauswahl nicht allein deshalb wirkungslos, weil sie **Bestandteil einer Beschäftigungssicherungsvereinbarung** ist und ein Teil der Belegschaft eine Entgeltreduzierung im Gegenzug gegen einen befristeten Kündigungsausschluss akzeptiert hat, während andere Arbeitnehmer dies nicht getan haben.[2931] Dies gilt allerdings nur dann, wenn der Arbeitgeber allen betroffenen Arbeitnehmern eine solche Absprache angeboten hat.[2932] Die durch die Ausklammerung der kündigungsgeschützten Arbeitnehmer aus der Sozialauswahl bewirkte Verschlechterung der kündigungsschutzrechtlichen Position der

---

[2922] In diese Richtung auch BAG 20.6.2013 – 2 AZR 295/12, NZA 2014, 208 Rn. 35 ff., 57; Emmert/Daneshian DB 2017, 2673 (2674 ff.); APS/Kiel Rn. 626 ff.; MHdb/Kreft § 115 Rn. 206; Sprenger BB 2014, 1781 (1783 ff.); ferner Berg/Natzel ZfA 2012, 65 (75); Waltermann ZfA 2006, 305 (323); aA offenbar KR/Rachor Rn. 724.

[2923] SES/Eylert Rn. 380; APS/Kiel Rn. 740; KR/Rachor Rn. 723; s. a. LAG München 15.11.2007 – 3 Sa 303/07, LAGE § 626 BGB 2002 Unkündbarkeit Nr. 4 = BeckRS 2009, 67740.

[2924] So aber Rieble NZA 2003, 1243 (1245); ebenso ErfK/Oetker Rn. 312.

[2925] BAG GS 7.11.1989 – GS 3/85, AP BetrVG 1972 § 77 Nr. 46 unter C I 2.

[2926] BAG 18.3.2010 – 2 AZR 337/08, AP BGB § 626 Nr. 228 Rn. 32; SES/Eylert Rn. 380; APS/Kiel Rn. 740; insoweit auch Kania/Kramer RdA 1995, 287 (290).

[2927] BAG 18.3.2010 – 2 AZR 337/08, AP BGB § 626 Nr. 228 Rn. 33 ff.

[2928] LAG Brandenburg 29.10.1998 – 3 Sa 229/98, LAGE § 1 KSchG Soziale Auswahl Nr. 29 = AuR 1999, 284 mablAnm Pauly; DD/Deinert Rn. 492; SES/Eylert Rn. 381; APS/Kiel Rn. 740.

[2929] BAG 25.3.2004 – 2 AZR 153/03, AP BGB § 138 Nr. 60.

[2930] LAG Sachsen 10.10.2001 – 2 Sa 744/00, NZA 2002, 905.

[2931] Graj Unkündbarkeitsklauseln S. 345 ff.; Künzel/Fink NZA 2011, 1385 (1387 f.); aA Lerch/Weinbrenner NZA 2011, 1388 (1390 f.).

[2932] LAG Berlin-Brandenburg 20.4.2010 – 3 Sa 2323/09, BeckRS 2010, 74481; Graj Unkündbarkeitsklauseln S. 348; s. a. LAG Sachsen 28.3.1996 – 6 Sa 1026/95, LAGE § 1 KSchG Soziale Auswahl Nr. 18 = BeckRS 1996, 30845663.

anderen Arbeitnehmer kann nicht als eine faktische „Bestrafung" für die Ablehnung des Änderungsangebots qualifiziert werden.[2933] Vielmehr muss jeder Arbeitnehmer grds. für sich selbst entscheiden, für wie hoch er die Wahrscheinlichkeit hält, dass der Betrieb eine wirtschaftliche Durststrecke auch ohne eine Verschlechterung der Arbeitsbedingungen durchsteht. Die Folgen der Entscheidung, sich nicht an einem betrieblichen Bündnis für Arbeit zu beteiligen, müssen selbst getragen und dürfen nicht auf andere Arbeitnehmer abgewälzt werden, zumal davon auszugehen ist, dass die Einbußen der anderen Arbeitnehmer die Anzahl der insgesamt ausgesprochenen Kündigungen verringert. Fraglich ist allenfalls, ob dies auch dann gelten kann, wenn es auf diese Weise iErg zu einer **Unterscheidung zwischen organisierten und nicht organisierten Arbeitnehmern** kommt, weil die organisierten Arbeitnehmer von vornherein nicht in der Lage sind, rechtswirksam auf tarifliche Entgeltbestandteile zu verzichten, während die nicht organisierten Arbeitnehmer auf entsprechende einzelvertraglichen Entgeltbestandteile verzichten können, selbst wenn es der Arbeitgeber nicht gezielt auf eine Schlechterstellung von Gewerkschaftsmitgliedern anlegt. Insoweit spricht vieles dafür, eine von den organisierten Arbeitnehmer nicht abwendbare mittelbare Benachteiligung grds. als **Verstoß gegen Art. 9 Abs. 3 S. 2 GG** anzusehen.[2934] Anders ist dagegen zu entscheiden, wenn der Arbeitgeber auch mit der zuständigen Gewerkschaft verhandelt und diese den Abschluss eines Beschäftigungssicherungstarifvertrags abgelehnt hat, weil das erhöhte Kündigungsrisiko dann nur das Ergebnis von Kollektivverhandlungen ist, die sich die organisierten Arbeitnehmer zurechnen lassen müssen. Insoweit kann nichts anderes gelten, als wenn umgekehrt eine Gewerkschaft einen Sanierungstarifvertrag mit einem vorübergehenden Ausschluss betriebsbedingter Kündigungen vereinbart und Außenseiter, die sich einer entsprechenden Abrede verweigern, hierdurch sehenden Auges ein erhöhtes Kündigungsrisiko in Kauf nehmen.

Bei der nur ausnahmsweise zulässigen außerordentlichen betriebsbedingten Kündigung **einzel- oder kollektivvertraglich unkündbarer Arbeitnehmer** ist der Arbeitgeber ggf. zu einer sozialen Auswahl entsprechend Abs. 3 verpflichtet.[2935] Da die außerordentliche Kündigung in derartigen Fällen nur die tariflich ausgeschlossene ordentliche Kündigung ersetzt, würde es einen Wertungswiderspruch darstellen, wollte man zugunsten des besonders geschützten Arbeitnehmers nicht zumindest die Kündigungsschranken beachten, die ihn im Fall einer ordentlichen Kündigung schützen würden. Eine Sozialauswahl ist ferner auch dann vorzunehmen, wenn ein Tarifvertrag die Möglichkeit einer **entfristeten ordentlichen Kündigung** vorsieht.[2936] **931**

d) Ruhende Arbeitsverhältnisse. Umstritten ist, ob Arbeitnehmer, deren **Arbeitsverhältnisse ruhen,** in die Sozialauswahl einzubeziehen sind. Dies hat das BAG für Arbeitnehmer in Betrieben des Baugewerbes, die nach § 9 des Bundesrahmen-Tarifvertrags für das Baugewerbe (BRTV-Bau 2018) an eine Arbeitsgemeinschaft (ARGE) abgestellt worden sind, verneint.[2937] Dem kann jedoch nicht gefolgt werden. Zunächst steht, wie auch das BAG zu Recht feststellt, der Einbeziehung dieser Arbeitnehmer in die soziale Auswahl nicht bereits die Betriebsbezogenheit der Sozialauswahl entgegen.[2938] Das Arbeits- **932**

[2933] In diesem Sinne aber LAG Niedersachsen 17.4.2009 – 12 Sa 1553/08, LAGE § 2 KSchG Nr. 63 = BeckRS 2009, 62443; LAG Berlin-Brandenburg 1.6.2010 – 12 Sa 403, 531/10, BeckRS 2011, 67197; LAG Berlin-Brandenburg 10.8.2010 – 7 Sa 903/10, LAGE § 1 KSchG Betriebsbedingte Kündigung Nr. 87 = BeckRS 2010, 73664.

[2934] DD/Deinert Rn. 489, 493; Wiedemann RdA 2007, 65 (67).

[2935] BAG 5.2.1998 – 2 AZR 227/97, NZA 1998, 771; 17.9.1998 – 2 AZR 419/97, NZA 1999, 258; 20.6.2013 – 2 AZR 295/12, NZA 2014, 208 Rn. 30; 27.6.2019 – 2 AZR 50/19, NZA 2019, 1345 Rn. 18; HK-KSchG/Dorndorf Rn. 1019; Groeger NZA 1999, 850.

[2936] BAG 4.6.1987 – 2 AZR 416/86, AP KSchG 1969 § 1 Soziale Auswahl Nr. 16.

[2937] BAG 26.2.1987 – 2 AZR 177/86, AP KSchG 1969 § 1 Soziale Auswahl Nr. 15; ferner APS/Kiel Rn. 620; Lück Sozialauswahl S. 41 f.; KR/Rachor Rn. 725; ebenso für ins Ausland entsandte Arbeitnehmer Monz, BB 2014, 250 (253 f.).

[2938] So allerdings unzutr. LAG Berlin 28.2.1983 – 9 Sa 128/82, DB 1984, 673 (674); Meisel DB 1991, 92 (93); dagegen insoweit zutr. Lück Sozialauswahl S. 42.

verhältnis und die Betriebszugehörigkeit zum Stammbetrieb bestehen während der Zeit der Abordnung zur ARGE fort.[2939] Es ruhen lediglich die beiderseitigen Hauptpflichten, wie sich aus § 9 Nr. 2.1 BRTV-Bau 2018 ergibt.

933 Der Ausschluss der an eine ARGE abgestellten Arbeitnehmer aus der Sozialauswahl kann auch nicht damit begründet werden, dass die Kündigung eines Arbeitnehmers, dessen Arbeitsverhältnis ruht, für den Arbeitgeber nicht die gewünschte **finanzielle Entlastung** bringt. Dieser Gesichtspunkt ist stattdessen iRd Abs. 3 S. 2 (analog) zu berücksichtigen.[2940] Daher spielt es keine Rolle, ob der Arbeitgeber den betreffenden Arbeitnehmer kurzfristig zurückbeordern kann.[2941] Erst recht kann man aus § 9 Nr. 2.1 BRTV-Bau 2018 nicht ableiten, dass eine betriebsbedingte Kündigung während der Dauer der Abstellung an die ARGE durch den Stammarbeitgeber geradezu ausgeschlossen sein soll.[2942] Das gilt für andere Ruhenstatbestände (bspw. eine längerfristige Beurlaubung) entsprechend. Auch ruhende Arbeitsverhältnisse sind deshalb in die soziale Auswahl einzubeziehen.[2943] Dies korrespondiert mit der auch vom BAG anderenorts vertretenen Ansicht, dass ruhende Arbeitsverhältnisse betriebsbedingt gekündigt werden können (→ Rn. 854).[2944] Damit wird iÜ auch das kaum vertretbare Ergebnis vermieden, dass sozial weniger schutzwürdige freigestellte Arbeitnehmer aus der Sozialauswahl ausgenommen bleiben, obwohl die Wiederaufnahme der Arbeit im Stammbetrieb unmittelbar bevorsteht. Eine in Kürze auslaufende Freistellung kann zur Folge haben, dass das wirtschaftliche Bedürfnis an der Kündigung des schutzwürdigeren, nicht freigestellten Arbeitnehmers hinter den sozialen Belangen dieses Arbeitnehmers zurückzustehen hat. In diesem Fall müsste daher der freigestellte Arbeitnehmer gekündigt werden.

934 e) **Kurzzeitig beschäftigte Arbeitnehmer.** Arbeitnehmer, die noch **nicht die Wartezeit des Abs. 1 erfüllt** haben, sind im Rahmen der sozialen Auswahl nach Abs. 3 S. 1 bei betriebsbedingten Kündigungen grds. vor Arbeitnehmern zu kündigen, die bereits den allgemeinen Kündigungsschutz genießen. Derart kurzzeitig Beschäftigte dürfen daher nicht Arbeitnehmern mit Kündigungsschutz vorgezogen werden, es sei denn, es lägen die Voraussetzungen des Abs. 3 S. 2 vor.[2945]

935 f) **Vorläufig weiterbeschäftigte Arbeitnehmer.** In die soziale Auswahl einzubeziehen sind allerdings die nach § 102 Abs. 5 BetrVG **vorläufig weiterbeschäftigten Arbeitnehmer.**[2946] Die vorläufig weiterbeschäftigten Arbeitnehmer gehören nach wie vor dem Betrieb an und sind daher auch nicht besserzustellen als Arbeitnehmer in einem ungekündigten Arbeitsverhältnis. Es ist daher möglich, dass bei entsprechendem Ergebnis der Auswahlentscheidung gegenüber dem vorläufig weiterbeschäftigten Arbeitnehmer eine betriebsbedingte Kündigung ausgesprochen und dadurch das Weiterbeschäftigungsverhältnis beendet wird.

[2939] Insoweit auch Schwab NZA-RR 2008, 169 (171).
[2940] Ebenso PVT Kündigung/Temming Rn. 1190.
[2941] Hierauf abstellend SES/Eylert Rn. 373; ErfK/Oetker Rn. 314.
[2942] In diesem Sinne aber Schwab NZA-RR 2008, 169 (173).
[2943] Dazu näher Linck Auswahl S. 28 ff.; ebenso Bütefisch Sozialauswahl S. 150; HK-KSchG/Dorndorf Rn. 1052; PVT Kündigung/Temming Rn. 1190; widersprüchlich DD/Deinert Rn. 475, 494.
[2944] BAG 9.9.2010 – 2 AZR 493/09, AP KSchG 1969 § 1 Betriebsbedingte Kündigung Nr. 185.
[2945] BAG 25.4.1985 – 2 AZR 140/84, AP KSchG 1969 § 1 Soziale Auswahl Nr. 7 unter Aufgabe der früheren Rspr.; BAG 20.1.1961 – 2 AZR 495/59, AP KSchG § 1 Betriebsbedingte Kündigung Nr. 7; wie hier Bütefisch Sozialauswahl S. 155; APS/Kiel Rn. 619; ErfK/Oetker Rn. 309; KR/Rachor Rn. 715; LSSW/Schlünder Rn. 438; PVT Kündigung/Temming Rn. 1191; krit. Oetker FS Wiese, 1998, 333 (337).
[2946] Ebenso HK-KSchG/Dorndorf Rn. 1058; APS/Kiel Rn. 621; Künzl ZTR 1996, 385 (387); Linck Auswahl S. 48 f.; KR/Rachor Rn. 726; Schwerdtner/Brill, Weiterbeschäftigungsanspruch, 1986, S. 81; PVT Kündigung/Temming Rn. 1192.

III. Auswahlgesichtspunkte

1. Abschließende gesetzliche Aufzählung

Der Arbeitgeber hat seit dem 1.1.2004 gem. Abs. 3 S. 1 bei der Auswahl des Arbeitnehmers die Dauer der **Betriebszugehörigkeit,** das **Lebensalter,** die **Unterhaltspflichten** und die **Schwerbehinderung** des Arbeitnehmers ausreichend zu berücksichtigen (zur Entwicklung dieser Vorschrift → Rn. 865 ff.).[2947] Diese Kriterien waren mit Ausnahme der Schwerbehinderung bereits in § 13 Demobilmachungsverordnung v. 20.2.1920 ausdrücklich als Auswahlgesichtspunkte genannt.[2948] 936

Die Aufzählung der Auswahlgesichtspunkte im Gesetz ist **abschließend.** Soweit es in der Gesetzesbegründung heißt, die Beschränkung auf die vier Grunddaten schließe die Beachtung unbilliger Härten im Einzelfall nicht aus, zusätzlich erfassbare Tatsachen müssten jedoch in einem unmittelbaren spezifischen Zusammenhang mit den Grunddaten stehen oder sich aus solchen betrieblichen Gegebenheiten herleiten, die evident einsichtig seien, was bspw. bei Berufskrankheiten und einem vom Arbeitnehmer nicht verschuldeten Arbeitsunfall anzunehmen sei,[2949] hat dies im Wortlaut des Gesetzes keinen Niederschlag gefunden. Die Gesetzesbegründung ist des Weiteren mit dem allgemeinen Zweck der Gesetzesänderung, nämlich die Sozialauswahl rechtssicher auszugestalten,[2950] nicht zu vereinbaren.[2951] Denn mit den sonstigen in der Gesetzesbegründung aufgeführten Auswahlgesichtspunkten sind letztlich alle praktisch und nicht nur theoretisch relevanten Kriterien angesprochen.[2952] Wären diese Gesichtspunkte auch weiterhin zu berücksichtigen, würde die Neuregelung keinerlei Veränderung bringen. Schließlich unterschreitet die Beschränkung auf die vier genannten Grunddaten nicht den verfassungsrechtlich gebotenen Mindestschutz.[2953] Der Arbeitgeber **muss daher keine weiteren Kriterien berücksichtigen.**[2954] 937

Hiervon zu unterscheiden ist die Frage, ob der Arbeitgeber **nach freiem Ermessen weitere soziale Kriterien berücksichtigen kann.** Hierfür spricht sich eine im Schrifttum verbreitete Auffassung aus, sofern nur die vier im Gesetz genannten Gesichtspunkte nach Abs. 3 S. 1 dabei ausreichend Berücksichtigung gefunden haben.[2955] Dies wird dem Ziel der Neuregelung indes nicht gerecht. Zudem wird durch die Berücksichtigung weiterer Kriterien einem anderen Arbeitnehmer möglicherweise der ihm kraft Gesetzes zustehende Kündigungsschutz entzogen, ohne dass sich der Arbeitgeber hierfür auf eine hinreichende Legitimation stützen kann. In diesem Sinne hat sich das BAG (im Rahmen einer Sozialauswahl bei einer Änderungskündigung) klar dagegen ausgesprochen, weitere Gesichtspunkte wie etwa Unterhaltsleistungen ohne gesetzliche Verpflichtung als zusätzliches Auswahlkriterien zuzulassen. In Betracht käme lediglich die Berücksichtigung von solchen ergänzenden Faktoren, die sich unmittelbar auf die Grunddaten beziehen würden.[2956] 938

2947 Zur früheren Rechtslage v. Hoyningen-Huene/Linck, 13. Aufl. 2002, Rn. 462 ff.

2948 Dazu Linck Auswahl S. 5 ff.

2949 BT-Drs. 15/1204, 11.

2950 Dazu auch BAG 31.5.2007 – 2 AZR 276/06, AP KSchG 1969 § 1 Soziale Auswahl Nr. 94 mAnm Meyer.

2951 Ebenso Löwisch BB 2004, 154; LSSW/Schlünder Rn. 413; skeptisch auch SES/Eylert Rn. 395; mit Einschränkungen ferner APS/Kiel Rn. 653 f.

2952 Ausf. zu den möglichen „sozialen" Auswahlgesichtspunkten Bütefisch Sozialauswahl S. 196 ff.; Linck Auswahl S. 86 ff.

2953 SES/Eylert Rn. 396; APS/Kiel Rn. 653; KR/Rachor Rn. 728; aA DD/Deinert Rn. 524; Kittner AuR 1997, 182 (183).

2954 BAG 9.11.2006 – 2 AZR 812/05, AP KSchG 1969 § 1 Soziale Auswahl Nr. 87 mAnm Lingemann/Beck; ErfK/Oetker Rn. 336, KR/Rachor Rn. 751.

2955 DD/Deinert Rn. 524 ff.; KR/Rachor Rn. 752 (unter Verweis auf die ansonsten überflüssigen § 2 Abs. 2 S. 2 ArbPlSchG, § 8 Abs. 1 Hs. 2 ATG); mit Einschränkungen auch Bader NZA 2004, 65 (74); APS/Kiel Rn. 653; Quecke RdA 2004, 86 (88); Willemsen/Annuß NJW 2004, 177 (178).

2956 BAG 12.8.2010 – 2 AZR 945/08, AP KSchG 1969 § 2 Nr. 147 Rn. 46; in diesem Sinne auch BAG 24.10.2013 – 6 AZR 854/11, NZA 2014, 46 Rn. 35; 29.1.2015 – 2 AZR 164/14, NZA 2015, 426 Rn. 12.

Zwar führt die Einbeziehung weiterer Kriterien nicht ohne Weiteres zur Unwirksamkeit der Kündigung, wenn sich der Fehler des Arbeitgebers bei der Auswahlentscheidung letztlich nicht auswirkt.[2957] Im Streitfall hat der Arbeitgeber dies jedoch iE aufzuzeigen. Die Berücksichtigung weiterer Kriterien kann deshalb nicht empfohlen werden.[2958]

2. Die einzelnen Auswahlgesichtspunkte

939 a) **Dauer der Betriebszugehörigkeit.** Der Dauer der **Betriebszugehörigkeit** kommt bei der Auswahl zwar kein absoluter Vorrang zu,[2959] sie hat aber nach wie vor große Bedeutung.[2960] Sie verleiht dem Arbeitnehmer besonderen Schutz, weil mit zunehmender Betriebszugehörigkeit im Allgemeinen auch der Beitrag wächst, den der Arbeitnehmer zum Wert des Unternehmens leistet bzw. geleistet hat. Außerdem nimmt typischerweise die persönliche Bindung zu, die etwa in einer arbeitsplatzbezogenen Wahl des Wohnorts zum Ausdruck kommen kann.[2961]

940 Das Auswahlkriterium der Betriebszugehörigkeit führt auf den ersten Blick zu einer **mittelbaren Benachteiligung jüngerer Arbeitnehmer** iSd Art. 2 Abs. 2 Buchst. b RL 2000/78/EG, weil diese regelmäßig geringere Zeiten der Betriebszugehörigkeit als ältere Arbeitnehmer aufzuweisen haben. Allerdings haben ältere Arbeitnehmer nach wie vor im Regelfall schlechtere Chancen auf dem Arbeitsmarkt (→ Rn. 946). Vor allem aber passt sich die Qualifikation eines Arbeitnehmers mit zunehmender Betriebszugehörigkeit immer stärker den Bedürfnissen des jeweiligen Betriebs an und wird deshalb bei einem Arbeitsplatzwechsel häufig entwertet, weil sie bei einem anderen Arbeitgeber oftmals nicht oder nur in einem erheblich verminderten Maße genutzt werden kann. Daher ist ein an die Betriebszugehörigkeit anknüpfender stärkerer Kündigungsschutz **sachlich gerechtfertigt** sowie **angemessen** und **erforderlich.**[2962] Insoweit gelten dieselben Wertungen wie bei Sozialplänen, bei denen Abfindungen für den Verlust des Arbeitsplatzes entsprechend § 10 S. 3 Nr. 6 AGG aF ebenfalls nach der Betriebszugehörigkeit gestaffelt werden können.[2963] Aus den gleichen Gründen folgt, dass die Berücksichtigung der Betriebszugehörigkeit auch keine mittelbare Diskriminierung von Frauen iSd Art. 3 Abs. 2 GG sowie Art. 2 Abs. 1 Buchst. b, 14 Abs. 1 Buchst. c RL 2006/54/EG darstellt.[2964]

941 Für die Berechnung der Dauer der Betriebszugehörigkeit ist die **Beschäftigung bei demselben Arbeitgeber** iSd ununterbrochen rechtlichen Bestandes des Arbeitsverhältnisses entscheidend, auch wenn der Arbeitnehmer in **verschiedenen Betrieben** beschäftigt gewesen ist.[2965] Insoweit ist der in Abs. 3 S. 1 verwendete **Begriff der Betriebszugehörigkeit** also **ungenau.**[2966] Denn auch mit einer nicht allein an den Betrieb anknüpfenden, sondern arbeitgeberbezogenen Bindung sind wirtschaftliche und soziale Wirkungen verbunden. Insoweit sind die Grundsätze heranzuziehen, nach denen sich die Bemessung

---

[2957] BAG 24.2.2005 – 2 AZR 214/04, AP KSchG 1969 § 1 Gemeinschaftsbetrieb Nr. 4.

[2958] So auch Willemsen/Annuß NJW 2004, 177 (178); zurückhaltend ferner APS/Kiel Rn. 653 aE.

[2959] BAG 5.12.2002 – 2 AZR 549/01, AP KSchG 1969 § 1 Soziale Auswahl Nr. 59; 2.6.2005 – 2 AZR 480/04, AP KSchG 1969 § 1 Soziale Auswahl Nr. 75.

[2960] BAG 6.2.2003 – 2 AZR 623/01, EzA KSchG § 1 Soziale Auswahl Nr. 51; ebenso HK-KSchG/Dorndorf Rn. 1066, 1070; v. Hoyningen-Huene Anm. zu BAG 18.10.1984 – 2 AZR 543/83, EzA § 1 KSchG Betriebsbedingte Kündigung Nr. 34; APS/Kiel Rn. 635; ErfK/Oetker Rn. 331; KR/Rachor Rn. 730; PVT Kündigung/Temming Rn. 1202; ausf. Linck Auswahl S. 86 ff.; allg. zur Seniorität im Arbeitsrecht vgl. Däubler FS Gnade, 1992, 95.

[2961] BAG 6.2.2003 – 2 AZR 623/01, EzA KSchG § 1 Soziale Auswahl Nr. 51.

[2962] SES/Eylert Rn. 402.

[2963] BAG 26.5.2009 – 1 AZR 198/08, AP BetrVG 1972 § 112 Nr. 200 mzustAnm Löwisch; 12.4.2011 – 1 AZR 743/09, AP BetrVG 1972 § 112 Nr. 215 mzustAnm Thüsing/Pötters.

[2964] SES/Eylert Rn. 402; APS/Kiel Rn. 635; P. Stein FS Pfarr, 2010, 279 (288); PVT Kündigung/Temming Rn. 1204; aA Horstkötter/Schiek AuR 1998, 227 (230 f.).

[2965] BAG 6.2.2003 – 2 AZR 623/01, EzA KSchG § 1 Soziale Auswahl Nr. 51; MüKoBGB/Hergenröder Rn. 426 f.; APS/Kiel Rn. 633; ErfK/Oetker Rn. 331; KR/Rachor Rn. 730; LSSW/Schlünder Rn. 448; PVT Kündigung/Temming Rn. 1202 f.

[2966] Bader NZA 1996, 1125 (1128): Redaktionsversehen; ebenso Kittner AuR 1997, 182 (154); LSSW/Schlünder Rn. 448: missverständlicher Begriff.

der Wartezeit gem. Abs. 1 richtet (→ Rn. 108 ff.). Zeiten eines früheren Arbeitsverhältnisses mit demselben Arbeitgeber sind somit (nur) anzurechnen, wenn das neue Arbeitsverhältnis dazu in einem engen zeitlichen und sachlichen Zusammenhang steht, während Beschäftigungszeiten als Leiharbeitnehmer oder als freier Mitarbeiter nicht zu berücksichtigen sind. Die Festsetzung der „Beschäftigungszeit“ nach § 34 Abs. 3 TVöD/TV-L bzw. § 19 BAT/BAT-O erlaubt nicht, sie ohne Weiteres als den für die Dauer der Betriebszugehörigkeit maßgeblichen Zeitraum anzusehen.[2967] Zu berücksichtigen sind weiterhin – ebenso wie bei Abs. 1 – **Berufsausbildungszeiten** sowie gem. § 613a Abs. 1 S. 1 BGB Beschäftigungszeiten vor einem **Betriebsübergang** beim Veräußerer.[2968] Zeiten, in denen das Arbeitsverhältnis geruht hat, zählen ebenfalls zur Betriebszugehörigkeit. Dies folgt für **Wehr- und Zivildienstzeiten** aus § 6 Abs. 1 S. 1 ArbPlSchG (ggf. iVm § 78 Abs. 1 Nr. 1 ZDG). Auch die **Elternzeit** nach dem BEEG gehört zur Betriebszugehörigkeit, weil durch die Inanspruchnahme von Elternzeit das Arbeitsverhältnis nicht unterbrochen wird und die Nichtberücksichtigung auf einen Verstoß gegen Art. 6 GG hinausliefe.[2969] Dasselbe gilt für die Dauer einer **Pflegezeit** bzw. **Familienpflegezeit.**

Eine weitergehende Berücksichtigung früherer Beschäftigungszeiten oder von Zeiten 942
der Beschäftigung bei anderen (bspw. konzernangehörigen) Unternehmen ist nur möglich, wenn dies **vertraglich vereinbart** wurde. Die sich zulasten anderer Arbeitnehmer auswirkende Individualvereinbarung darf jedoch nicht rechtsmissbräuchlich sein und nur die kollusive Umgehung einer konkret anstehenden Sozialauswahl bezwecken. Darüber hinaus muss zur Auflösung des Spannungsverhältnisses zwischen der Vertragsfreiheit einerseits und dem verfassungsrechtlich durch Art. 12 Abs. 1 GG gebotenen Kündigungsschutz für eine Berücksichtigung der vertraglich vereinbarten Betriebszugehörigkeitszeiten ein sachlicher Grund vorliegen.[2970] Ein sachlicher Grund ist anzunehmen, wenn der Berücksichtigung früherer Beschäftigungszeiten ein arbeitsgerichtlicher Vergleich wegen eines streitigen Betriebsübergangs zugrunde liegt.[2971] Dasselbe gilt grds. für Zeiten eines früheren Beschäftigungsverhältnisses beim selben Arbeitgeber, soweit nicht ohnehin schon kraft Gesetzes eine Anrechnung zu erfolgen hat.[2972] Gleiches ist für eine zuvor ausgeübte Tätigkeit als Organmitglied zu bejahen.[2973]

b) Lebensalter. Die Berücksichtigung des **Lebensalters** bei der Sozialauswahl ist **ambi-** 943
valent.[2974] Einerseits ist das Lebensalter des Arbeitnehmers bei der Sozialauswahl ein bedeutender Auswahlgesichtspunkt, weil mit zunehmendem Alter angesichts der sich zunehmend verschlechternden Chancen auf dem Arbeitsmarkt grds. die soziale Schutzwürdigkeit steigt. Andererseits vermindert sich die Schutzbedürftigkeit ab einem gewissen Alter wieder, wenn nur noch ein geringer Zeitraum bis zum Erreichen einer sozialversicherungsrechtlichen Absicherung durch Rentenbezug überbrückt werden muss und damit das Arbeitsverhältnis als regelmäßig primäre Einkommensquelle an Bedeutung verliert.[2975] Schließlich ist zu beachten, dass auch jüngere Arbeitnehmer vor allem in der Existenz- und Familienaufbauphase von einer Kündigung hart getroffen sein kön-

---

[2967] BAG 6.2.2003 – 2 AZR 623/01, EzA KSchG § 1 Soziale Auswahl Nr. 51.

[2968] Ebenso APS/Kiel Rn. 714; Schiefer NZA-RR 2002, 169 (178); PVT Kündigung/Temming Rn. 1202; HaKo-KSchR/Zimmermann Rn. 863.

[2969] APS/Kiel Rn. 634; LSSW/Schlünder Rn. 450.

[2970] BAG 2.6.2005 – 2 AZR 480/04, AP KSchG 1969 § 1 Soziale Auswahl Nr. 75 unter B I 4 b aa; APS/Kiel Rn. 634; KR/Rachor Rn. 731; HaKo/Zimmermnan Rn. 863; gegen jede Berücksichtigung fiktiver Beschäftigungszeiten Dathe NZA 2007, 1205; LSSW/Schlünder Rn. 449.

[2971] BAG 2.6.2005 – 2 AZR 480/04, AP KSchG 1969 § 1 Soziale Auswahl Nr. 75 unter B I 4 b aa; ebenso Künzl ZTR 1996, 385 (390); Schröder ZTR 1995, 394 (400).

[2972] APS/Kiel Rn. 634.

[2973] LAG Rheinland-Pfalz 19.1.2005 – 10 Sa 849/04, BeckRS 2005, 41772, in concreto aber keine entsprechende Vereinbarung feststellbar.

[2974] BAG 18.1.1990 – 2 AZR 357/89, AP KSchG 1969 § 1 Soziale Auswahl Nr. 19; Bauer/Lingemann NZA 1993, 625 (628); APS/Kiel Rn. 636; Preis RdA 1999, 311 (316); KR/Rachor Rn. 733; Stindt DB 1993, 1361 (1366).

[2975] BAG 8.12.2022 – 6 AZR 31/22, NZA 2023, 692 Rn. 26 ff.

nen.[2976] Die Diskussion über die Berücksichtigung des Lebensalters bei der Sozialauswahl hatte zudem vor dem Hintergrund des sich aus der Rahmenrichtlinie 2000/78/EG ergebenden **Verbots der Altersdiskriminierung** zwischenzeitlich neuen Zündstoff erhalten.[2977] Nicht zuletzt durch das Urteil des EuGH zur Unwirksamkeit der Befristung nach § 14 Abs. 3 S. 4 TzBfG aF[2978] ist das Schrifttum sensibilisiert worden.[2979]

944 Der Gesetzgeber hatte die Bedenken gegen die Berücksichtigung des Lebensalters bei der Sozialauswahl aufgegriffen. Mit **§ 10 S. 3 Nr. 6 AGG aF** sollte ihnen in Ausführung von Art. 6 Buchst. a RL 2000/78/EG Rechnung getragen werden. Danach sollte eine unterschiedliche Behandlung wegen des Alters bei der Sozialauswahl zulässig sein, soweit dem Alter kein genereller Vorrang gegenüber anderen Auswahlkriterien zukommt, sondern die Besonderheiten des Einzelfalls und die individuellen Unterschiede zwischen den vergleichbaren Beschäftigten, insbes. die Chancen auf dem Arbeitsmarkt entscheiden. Diese Regelung ist durch Art. 8 Abs. 1 des Zweiten Gesetzes zur Änderung des Betriebsrentengesetzes zum 12.12.2006 allerdings wieder gestrichen worden.

945 Das sowohl im europäischen als auch im deutschen Recht verankerte Verbot einer Diskriminierung spielt formal auf **unterschiedlichen rechtlichen Ebenen** eine Rolle. Erstens geht es um die Grundsatzfrage, ob die vom deutschen Gesetzgeber im Rahmen der Sozialauswahl ausdrücklich angeordnete Berücksichtigung überhaupt noch unionsrechtlich zulässig ist. Zweitens sind, sofern man diese Frage nicht generell verneint, die Vorgaben des europäischen Rechts bei der Auslegung des AGG und damit bei der Konkretisierung des Begriffs der Sozialwidrigkeit zu berücksichtigen. Drittens sind die vom Arbeitgeber ausgesprochenen einzelnen Kündigungen einschließlich der sie vorbereitenden Maßnahmen wie Auswahlrichtlinien gem. Abs. 4 und Interessenausgleich mit Namensliste gem. Abs. 5 daraufhin zu befragen, ob sie sich im Rahmen des – unionrechtskonform interpretierten – deutschen Rechts halten oder der rechtlichen Unwirksamkeit anheimfallen (→ Einl. Rn. 100 ff.). Materiell-rechtlich geht es auf allen Ebenen letztlich um die Frage, ob die Berücksichtigung des Auswahlgesichtspunkts Lebensalter deshalb keine unzulässige Diskriminierung darstellt, weil sie durch ein **legitimes Ziel gerechtfertigt** ist und die **Mittel zur Erreichung dieses Ziels angemessen und erforderlich** sind. Insoweit decken sich die Maßstäbe von Art. 6 Buchst. a RL 2000/78/EG und von § 10 S. 1 u. 2 AGG. Zu Unterschieden kann es allenfalls insoweit kommen, als die kontrollierenden Gerichte (EuGH und BAG) den unterschiedlichen Akteuren (Gesetzgeber, Tarifparteien, Betriebsparteien, Arbeitgeber) uU verschieden weit reichende Einschätzungsprärogative und Beurteilungsspielräume zubilligen.

946 In inhaltlicher Hinsicht ist Dreh- und Angelpunkt die Frage, ob es überhaupt einen **Zusammenhang zwischen Lebensalter und Arbeitsmarktchancen** gibt, weil nur unter dieser Prämisse eine Differenzierung bei der Auswahl der zu kündigenden Arbeitnehmer nach dem Lebensalter in Betracht kommt. Eine solche Korrelation wird zwar teilweise grds. bestritten,[2980] kann nach dem zur Verfügung stehenden statistischen Material[2981] aber nicht generell bezweifelt werden.[2982] Daran ändert die Regelung für die erleichterte

---

[2976] BAG 24.3.1983 – 2 AZR 21/82, AP KSchG 1969 § 1 Betriebsbedingte Kündigung Nr. 12; 8.8.1985 – 2 AZR 464/84, AP KSchG 1969 § 1 Soziale Auswahl Nr. 10; bestätigt von BAG 18.1.1990 – 2 AZR 357/89, AP KSchG 1969 § 1 Soziale Auswahl Nr. 19; ebenso APS/Kiel Rn. 636; ErfK/Oetker Rn. 332a.

[2977] Vgl. Linsenmaier RdA 2003 Sonderbeilage zu Heft 5, 22; Löwisch FS Schwerdtner, 2003, 769 (772); Richardi DB 2004, 486 (487); Schmidt/Senne RdA 2002, 80 (84); Waltermann ZfA 2006, 305 (317, 322); Wiedemann/Thüsing NZA 2002, 1234 (1241).

[2978] EuGH 22.11.2005 – C 144/04, AP Richtlinie 2000/78/EG Nr. 1 – Mangold.

[2979] Vgl. Annuß BB 2006, 325, einschränkend aber Bröhl BB 2006, 1050 (1053).

[2980] DD/Deinert Rn. 538; Kaiser/Dahm NZA 2010, 473; Uffmann SAE 2013, 1 (3 ff.).

[2981] Vgl. die Angaben in BAG 12.4.2011 – 1 AZR 743/09, AP BetrVG 1972 § 112 Nr. 215 Rn. 24 mzustAnm Thüsing/Pötters; aktualisiert in BAG 8.12.2022 – 6 AZR 31/22, NZA 2023, 692 Rn. 27. S. a. BA, Berichte: Blickpunkt Arbeitsmarkt – Situation Älterer am Arbeitsmarkt, November 2024, 20 ff.

[2982] Ebenso BAG 6.11.2008 – 2 AZR 523/07, AP KSchG 1969 § 1 Betriebsbedingte Kündigung Nr. 182; 5.11.2009 – 2 AZR 676/08, AP KSchG 1969 § 1 Betriebsbedingte Kündigung Nr. 183; 18.3.2010 – 2 AZR 468/08, AP KSchG 1969 § 1 Betriebsbedingte Kündigung Nr. 184; 15.12.2011 – 2 AZR 42/10, NZA 2012, 1044

Befristung von Arbeitsverhältnissen älterer Arbeitnehmer gem. § 14 Abs. 3 TzBfG nichts.[2983] Diese Bestimmung ist gerade Ausdruck der größeren Beschäftigungsprobleme älterer Arbeitnehmer. Somit liegt dem Grunde nach ein legitimes Ziel für die Bevorzugung älterer Arbeitnehmer vor, das mit einem erforderlichen und angemessenen Mittel verfolgt wird.[2984] Fraglich kann daher lediglich sein, wie präzise dieser Zusammenhang nachgewiesen werden muss, um eine Unterscheidung nach dem Lebensalter rechtfertigen zu können. Insoweit empfiehlt sich eine mittlere Linie, nach der – neben dem Gesetzgeber – auch die anderen Akteure, nämlich die Tarifparteien, Betriebsparteien sowie nicht zuletzt der einzelne Arbeitgeber, im Grundsatz von einem entsprechenden Erfahrungssatz ausgehen dürfen. Eine Grenze ist erst dann erreicht, wenn klare Anhaltspunkte dafür vorliegen, dass es bei einer bestimmten Berufsgruppe und ggf. in einer bestimmten Region und/oder Branche für ältere Arbeitnehmer keine geringeren Chancen auf dem Arbeitsmarkt gibt.[2985]

Eine Altersdifferenzierung in jedem Fall an gruppenbezogene Erhebungen über die Lage am Arbeitsmarkt zu binden,[2986] stellt **zu hohe Wirksamkeitsanforderungen** und **überschätzt** vor allem die **Aussagekraft einzelner Statistiken.**[2987] Zudem können sich die Verhältnisse am Arbeitsmarkt relativ schnell ändern, sofern man nur einen entsprechend kleinteiligen Bezugsrahmen wählt. Eine solche Sichtweise würde etwa zu dem wenig überzeugenden Ergebnis führen, dass beim ersten größeren Personalabbau eines Solarzellenherstellers auf der Grundlage einer entsprechenden Punktetabelle eine Altersdifferenzierung vorgenommen werden dürfte, während dieselbe Punktetabelle beim Personalabbau eines weiteren Solarzellenherstellers einen Monat später bereits rechtswidrig wäre. Der Rechtssicherheit erst recht abträglich wäre es, auf die individuellen Arbeitsmarktchancen des einzelnen Arbeitnehmers abzustellen und dabei sämtliche eine Vermittlung fördernden und hemmenden Faktoren berücksichtigen zu müssen, um anschließend uU nach dem Lebensalter differenzieren zu dürfen.[2988] Nicht außer Acht lassen sollte man schließlich, dass einem älteren Arbeitnehmer ein Arbeitsplatzwechsel weniger leicht fällt als einem jungen Arbeitnehmer.[2989] Dies gilt besonders dann, wenn mit einem Wechsel des Arbeitsplatzes ein Wohnortwechsel verbunden ist (vgl. die Zumutbarkeitsregelung in § 140 Abs. 4 SGB III).[2990] Ältere Menschen sind häufiger durch Grundeigentum und familiäre Bindungen an einen Wohnort gebunden als jüngere („Einen alten Baum verpflanzt man nicht"). 947

IE kann – vorbehaltlich klar erkennbarer besonderer Gegebenheiten auf dem Arbeitsmarkt – das Lebensalter grds. durch eine **lineare Anknüpfung** berücksichtigt werden.[2991] Eine „Neutralisierung" durch eine Altersgruppenbildung ist statthaft (→ Rn. 979 ff.), diskriminierungsrechtlich aber nicht geboten.[2992] Abs. 3 S. 1 ist mit anderen Worten **unionsrechtskonform.**[2993] Allerdings darf das Lebensalter **kein allein ausschlaggebender Faktor** sein, der die anderen Auswahlkriterien verdrängt. Daher spricht einiges dafür, 948

Rn. 53; 27.9.2012 – 2 AZR 520/11, BeckRS 2013, 68122 Rn. 52; 8.12.2022 – 6 AZR 31/22, NZA 2023, 692 Rn. 27; APS/Kiel Rn. 641; PVT Kündigung/Temming Rn. 1208.

[2983] AA MüKoBGB/Hergenröder Rn. 428 f.

[2984] Bauer/Krieger FS Richardi, 2007, 177 (181); SES/Eylert Rn. 405; Lingemann/Beck NZA 2009, 577 (578); Spinner RdA 2008, 153 (156); Waltermann NZA 2005, 1265 (1269).

[2985] APS/Kiel Rn. 641.

[2986] In diesem Sinne Berkowsky FS Etzel, 2011, 35 (50); Hamacher/Ulrich NZA 2007, 657 (662); Hein NZA 2008, 1033 (1037); Kamanabrou RdA 2007, 199 (202); KR/Rachor Rn. 732; aA DD/Deinert Rn. 539 f.

[2987] Insoweit krit. auch Linsenmeier FS Etzel, 2011, 239 (244).

[2988] Insoweit abl. auch KR/Rachor Rn. 732; Willemsen/Scheibert NJW 2006, 2583 (2586).

[2989] Ebenso iGrds Annuß BB 2006, 325 (326); ferner ErfK/Oetker Rn. 332.

[2990] LSSW/Schlünder Rn. 451.

[2991] BAG 5.11.2009 – 2 AZR 676/08, AP KSchG 1969 § 1 Betriebsbedingte Kündigung Nr. 183 Rn. 27; 18.3.2010 – 2 AZR 468/08, AP KSchG 1969 § 1 Betriebsbedingte Kündigung Nr. 184 Rn. 17; Bauer/Krieger/Günther, AGG/EntgTranspG, 5. Aufl. 2018, AGG § 10 Rn. 45i ff.

[2992] BAG 5.11.2009 – 2 AZR 676/08, AP KSchG 1969 § 1 Betriebsbedingte Kündigung Nr. 183 Rn. 27; 18.3.2010 – 2 AZR 468/08, AP KSchG 1969 § 1 Betriebsbedingte Kündigung Nr. 184 Rn. 21.

[2993] BAG 15.12.2011 – 2 AZR 42/10, NZA 2012, 1044 Rn. 52 ff.; Rachor FS Preis, 2021, 991 (1000).

dem Lebensalter in der **Altersgruppe bis etwa 40 Jahre** kein erhebliches Gewicht beizumessen. In diesem Sinne hat das BAG angenommen, ein Lebensaltersunterschied von zehn Jahren sei jedenfalls in der Altersgruppe der 25- bis 35-jährigen grds. nicht erheblich. Dies gelte insbes. bei Frauen, weil je nach den Umständen und der Einstellung des betreffenden Arbeitgebers sogar die Chancen einer 35-jährigen Frau am Arbeitsmarkt besser zu beurteilen sein können als die einer 25-jährigen.[2994] Mit steigendem Alter nimmt dann die Bedeutung dieses Gesichtspunkts zu. Daher ist der Altersunterschied zwischen zwei 40- und 50-jährigen Arbeitnehmern durchaus bedeutsam.[2995] Dasselbe gilt für den Altersunterschied zwischen einer 50-jährigen und einer 37-jährigen Frau.[2996]

949 Bei der Gewichtung des Auswahlgesichtspunkts Lebensalter kann der Arbeitgeber die absehbare soziale Absicherung des Arbeitnehmers durch **Rentenberechtigung** bzw. **Rentennähe** berücksichtigen. Insoweit geht es nicht um ein weiteres – gesetzesfremdes – Auswahlkriterium,[2997] sondern darum, das gesetzlich vorgehene Kriterium des Alters im Hinblick auf die reale Bedeutung des Arbeitsplatzverlustes zu kontextualisieren.[2998] Zudem spricht die Aufhebung des früheren § 41 Abs. 4 S. 2 SGB VI, nach dem der Anspruch des Arbeitnehmers auf eine vorgezogene Altersrente im Rahmen der sozialen Auswahl ausdrücklich nicht zu seinen Lasten in Rechnung gestellt werden durfte, tendenziell dafür, rentenbezogene Aspekte bei der Sozialauswahl zu berücksichtigen.[2999] Dabei sind drei Abstufungen zu treffen: Falls der Arbeitnehmer aufgrund seines Alters bereits die Möglichkeit hat, eine **Regelaltersrente (§§ 35, 235 SGB VI)** zu beziehen, kann dieser Umstand auf jeden Fall zu seinen Lasten in Rechnung gestellt werden.[3000] Die hierdurch bewirkte Einschränkung des Kündigungsschutzes bestimmter Gruppen älterer Arbeitnehmer entspricht der Wertung des § 10 Abs. 2 S. 2 und ist weder europarechtswidrig noch verfassungswidrig.[3001] Dasselbe gilt, wenn auch abgeschwächt, sofern sich der Arbeitnehmer bereits in der Nähe der Altersgrenze für den Bezug der Regelaltersrente befindet (Rentennähe).[3002] Hat ein älterer Arbeitnehmer nur noch einen überschaubaren Zeitraum zu überbrücken und würde die Kündigung des jüngeren Arbeitnehmers etwa die Ausbildungsmöglichkeiten seiner Kinder in Frage stellen, ist es legitim, den jüngeren Arbeitnehmer zu bevorzugen.[3003] Voraussetzung hierfür ist allerdings – offenbar entgegen dem BAG[3004] – eine **nahtlose Versorgung bis zum Renteneintritt durch einen Anspruch auf Arbeitslosengeld** (derzeit gem. § 147 Abs. 2 SGB III für Arbeitnehmer nach Vollendung des 58. Lebensjahres bis zu 24 Monate).[3005] Insoweit bilden die Intensität des Sozialschutzes im Rahmen der Sozialauswahl und der Umfang des Sozialschutzes durch Arbeitslosengeld kommunizierende Röhren. Darüber hinaus wird man das Vorhandensein von „jüngeren" älteren Beschäftigten verlangen müssen, um die Schlechterstellung eines rentennahen Arbeitnehmers zu legitimieren.[3006] Von einer Rentennähe ist ebenfalls dann auszugehen, wenn andere Altersrenten innerhalb von zwei Jahren abschlagsfrei bezogen werden können (§§ 36 S. 1, 38, 40 SGB VI).[3007] Anders ist dies

[2994] BAG 21.1.1999 – 2 AZR 624/98, AP KSchG 1969 § 1 Namensliste Nr. 3.
[2995] Ebenso Bütefisch Sozialauswahl S. 220.
[2996] BAG 17.1.2008 – 2 AZR 405/06, AP KSchG 1969 § 1 Soziale Auswahl Nr. 96 Rn. 22.
[2997] So aber Preis/Sagan/Preis/Reuter EuArbR, 3. Aufl., Rn. 6.90.
[2998] Vgl. BAG 8.12.2022 – 6 AZR 31/22, NZA 2023, 692 Rn. 30; Koch FS Preis, 2021, 655 (662).
[2999] BAG 8.12.2022 – 6 AZR 31/22, NZA 2023, 692 Rn. 33.
[3000] BAG 27.4.2017 – 2 AZR 67/16, NZA 2017, 902 Rn. 14 ff.; KR/Rachor Rn. 733. aA BeckOGK/Seiwerth SGB VI § 41 Rn. 29 ff.; PVT Kündigung/Temming Rn. 1221.
[3001] BAG 27.4.2017 – 2 AZR 67/16, NZA 2017, 902 Rn. 17, 19 ff.
[3002] BAG 8.12.2022 – 6 AZR 31/22, NZA 2023, 692 Rn. 38; LAG Niedersachsen 23.5.2005 – 5 Sa 198/05, NZA-RR 2005, 584; aA LAG Köln 2.2.2006 – 6 Sa 1287/05, LAGE § 1 KSchG Soziale Auswahl Nr. 51a = BeckRS 2006, 42543; offenlassend BAG 23.7.2015 – 6 AZR 457/14, NZA 2015, 1380 Rn. 40.
[3003] Bauer/Lingemann NZA 1993, 625 (628); DD/Deinert Rn. 541; Gravenhorst FS Leinemann, 2007, 325 (328 ff.); APS/Kiel Rn. 642; Mohr ZfA 2007, 361 (388); KR/Rachor Rn. 733; ähnlich bereits Gagel AuR 1992, 225 (230); Hanau DB 1992, 2625 (2652); Stindt DB 1993, 1361 (1366); aA PVT Kündigung/Temming Rn. 1221.
[3004] Vgl. BAG 8.12.2022 – 6 AZR 31/22, NZA 2023, 692 Rn. 37, 43 (Arbeitslosengeld nur Reflex).
[3005] LAG Niedersachsen 23.5.2005 – 5 Sa 198/05, NZA-RR 2005, 584; Schwarze RdA 2024, 114 (116 f.).
[3006] Schwarze RdA 2024, 114 (117).
[3007] BAG 8.12.2022 – 6 AZR 31/22, NZA 2023, 692 Rn. 39.

dagegen im Hinblick auf die Möglichkeit der vorzeitigen Inanspruchnahme einer Altersrente (§ 36 S. 2 SGB VI) zu bewerten. Die Entscheidung für diese Option, die zu Versorgungsnachteilen führt, muss dem Arbeitnehmer überlassen bleiben und darf ihm nicht über den Weg einer für ihn nachteiligen Sozialauswahl aufgedrängt werden.[3008] Als Abwägungskriterium auszuklammern ist weiter die Möglichkeit des Bezugs einer Altersrente für schwerbehinderte Menschen gem. § 37 SGB VI, weil dies zu einer unzulässigen mittelbaren Benachteiligung wegen einer Behinderung führen würde.[3009] Ferner darf die Möglichkeit der Inanspruchnahme von Altersteilzeit nach § 8 Abs. 1 Hs. 2 ATG bei der Sozialauswahl ausdrücklich nicht zum Nachteil des Arbeitnehmers berücksichtigt werden. Soweit nach dem Vorstehenden eine Bevorzugung des jüngeren Arbeitnehmers zulässig ist, trifft den Arbeitgeber hierzu aber keine regelrechte Pflicht.[3010] Vielmehr kann er es bei einer nicht näher differenzierenden Abwägung belassen.

c) **Gesetzliche Unterhaltspflichten.** Als dritter wesentlicher Auswahlgesichtspunkt sind **950** **gesetzliche Unterhaltspflichten** zu beachten. Hierdurch soll dem Umstand Rechnung getragen werden, dass von der Ertragskraft des Arbeitsverhältnisses neben dem Arbeitnehmer häufig auch noch unterhaltsberechtigte Angehörige wirtschaftlich abhängen. Rechtlicher Hintergrund ist der aus Art. 6 Abs. 1 GG folgende staatliche Auftrag zum Schutz von Ehe und Familie. Berücksichtigungsfähig sind nur bestehende gesetzliche Unterhaltspflichten (§§ 1360 ff., 1569 ff., 1601 ff. BGB; §§ 5, 12, 16 LPartG),[3011] wobei es allerdings keine Rolle spielt, ob ihnen der Arbeitnehmer nachkommt.[3012] Familienrechtliche Unterhaltspflichten existieren gegenüber ehelichen wie nichtehelichen oder adoptierten Kindern, dem Ehepartner, dem geschiedenen Ehegatten und gegenüber den Eltern, wenn diese bedürftig sind. Erheblich sind ferner die gesetzlichen Unterhaltspflichten eingetragener gleichgeschlechtlicher Lebenspartnerschaften nach dem Lebenspartnerschaftsgesetz.[3013] Aus Art. 6 Abs. 1 GG folgt, dass auch im Ausland zu erfüllende Unterhaltspflichten zu berücksichtigen sind.[3014] Dasselbe gilt im Hinblick auf in den Haushalt aufgenommene, im Rahmen der elektronischen Lohnsteuerabzugsmerkmale (ELStAM) berücksichtigte Pflegekinder, für die ein Pflegeelternteil zum Vormund bestellt und für die insoweit eine Dauerpflegschaft eingeräumt wurde.[3015]

Freiwillige Unterhaltsleistungen fallen hingegen nicht unter Abs. 3.[3016] Daher bleiben **951** Unterhaltszahlungen in einer **nichtehelichen Lebensgemeinschaft** unberücksichtigt, weil hierfür keine Rechtspflicht besteht. Für die Sozialauswahl unerheblich ist weiter, wenn der Partner einer Bedarfsgemeinschaft **„Arbeitslosengeld II"** beantragt und nach § 9 Abs. 2 SGB II das Einkommen des erwerbstätigen Partners bei der Feststellung der Bedürftigkeit berücksichtigt wird. Denn hierdurch knüpft der Gesetzgeber lediglich an einen tatsächlichen Lebenssachverhalt an. Eine rechtliche Unterhaltspflicht wird hierdurch jedoch nicht begründet.

[3008] BAG 8.12.2022 – 6 AZR 31/22, NZA 2023, 692 Rn. 42; KR/Rachor Rn. 733; aA NK-ArbR/Weber/Gräf Rn. 1341.

[3009] BAG 8.12.2022 – 6 AZR 31/22, NZA 2023, 692 Rn. 41; APS/Kiel Rn. 642.

[3010] LAG Düsseldorf 21.1.2004 – 12 Sa 1188/03, LAGE § 1 KSchG Soziale Auswahl Nr. 43 = BeckRS 2007, 47691; LAG Düsseldorf 13.7.2005 – 12 Sa 616/05, LAGE § 1 KSchG Soziale Auswahl Nr. 51 = BeckRS 2005, 42896; DD/Deinert Rn. 541; Lingemann/Beck NZA 2009, 577 (580 f.); ErfK/Oetker Rn. 332a; PVT Kündigung/Temming Rn. 1208.

[3011] Ebenso BAG 12.8.2010 – 2 AZR 945/08, AP KSchG 1969 § 2 Nr. 147; LAG Köln 7.4.1995 – 13 Sa 1258/94, LAGE § 1 KSchG Betriebsbedingte Kündigung Nr. 33 = NZA-RR 1996, 46; Falkenberg DB 1984, 1988; MüKoBGB/Hergenröder Rn. 431; APS/Kiel Rn. 643 f.; Linck Auswahl S. 91 f.; KR/Rachor Rn. 735 f.; LSSW/Schlünder Rn. 435 f.; PVT Kündigung/Temming Rn. 1209; HaKo-KSchR/Zimmermann Rn. 866.

[3012] Fischermeier NZA 1997, 1089 (1094).

[3013] Dazu Powietzka BB 2002, 146.

[3014] LAG Niedersachsen 12.12.2003 – 10 Sa 247/03, NZA-RR 2005, 524; ErfK/Oetker Rn. 333a.

[3015] LAG Schleswig-Holstein 17.12.2008 – 3 Sa 290/08, BeckRS 2009, 54448 (noch zur Lohnsteuerkarte).

[3016] BAG 12.8.2010 – 2 AZR 945/08, AP KSchG 1969 § 2 Nr. 147 Rn. 48; SES/Eylert Rn. 409; APS/Kiel Rn. 645; für die Statthaftigkeit einer Berücksichtigung nicht geschuldeten Unterhalts eindringlich DD/Deinert Rn. 544.

952 Aus Gründen der Rechtssicherheit ist allein auf die im **Kündigungszeitpunkt bestehenden Unterhaltspflichten** abzustellen.[3017] Damit ist sowohl die künftige Entstehung[3018] als auch der künftige Wegfall von Unterhaltsleistungen unerheblich.[3019] Ebenso wenig kommt es darauf an, ob der Arbeitnehmer seinen gesetzlichen Unterhaltspflichten nachkommt oder nicht.[3020] Das Rangverhältnis der Unterhaltsansprüche gem. § 1609 BGB lässt die kündigungsrechtliche Sozialauswahl unberührt.[3021] Es steht dem Arbeitgeber aber frei, sich danach zu richten.

953 Maßgeblich ist nicht nur die Anzahl der Unterhaltsberechtigten, sondern in welcher **Höhe** der Arbeitnehmer diesen Unterhaltsberechtigten zum Unterhalt verpflichtet ist.[3022] So macht es bspw. einen erheblichen Unterschied, ob ein ausländischer Arbeitnehmer seinen im Ausland lebenden Kindern zu dem dortigen relativ niedrigen Lebensunterhalt verpflichtet ist oder ein Kollege für seine in Deutschland lebenden Kinder einen weitaus höheren Unterhalt leisten muss. Berücksichtigt der Arbeitgeber die Unterhaltspflichten nur nach Köpfen, ist das jedoch „ausreichend" iSd Abs. 3 S. 1.[3023]

954 Besondere Probleme stellen sich im Zusammenhang mit Unterhaltspflichten gegenüber einem Ehegatten, wenn dieser über ein eigenes regelmäßiges Einkommen insbesondere aus einem Arbeitsverhältnis verfügt, häufig (missverständlich) **„Doppelverdienst"** genannt. Rein familienrechtlich bleibt die Unterhaltsberechtigung des Ehegatten von einem eigenen Verdienst unberührt,[3024] wobei präziser ohnehin von einer wechselseitigen Verpflichtung beider Ehegatten gem. § 1360 BGB gesprochen sprechen muss, zum Familienunterhalt beizutragen.[3025] Dies führt manchmal dazu, eine Berücksichtigung des Doppelverdienstes zum Nachteil des Arbeitnehmers generell abzulehnen.[3026] Für die Zulässigkeit einer Berücksichtigung spricht indes, dass die soziale Schutzbedürftigkeit des betroffenen Arbeitnehmers jedenfalls faktisch geringer ist, wenn ein weiteres relevantes Einkommen vorhanden ist.[3027] Dagegen lässt sich auch nicht die Überlegung einwenden, dass die Berücksichtigung des Doppelverdienstes eine mittelbare Diskriminierung von Frauen bewirke, weil das Lohnniveau von Frauen statistisch gesehen nach wie vor unter dem der Männer liege („gender pay gap") und verheiratete Frauen deshalb Gefahr liefen, unter Hinweis darauf gekündigt zu werden, auf das niedrigere Einkommen der Ehefrau könne leichter verzichtet werden als auf das in der Regel höhere Einkommen des Ehemannes.[3028] Bei der Sozialauswahl kommt es mangels Vergleichbarkeit der betroffenen Arbeitsplätze nämlich regelmäßig erst gar nicht zu einem solchen Vergleich von „gut" verdienenden Männern und „schlecht" verdienenden Frauen.[3029]

955 Allerdings ist der Arbeitgeber **nicht verpflichtet**, den Doppelverdienst zulasten des Arbeitnehmers zu berücksichtigen. Dies würde darauf hinauslaufen, einen verheirateten Arbeitnehmer allein wegen seiner familiären Bindungen zu kündigen, was mit Art. 6

[3017] BAG 29.1.2015 – 2 AZR 164/14, NZA 2015, 426 Rn. 23.

[3018] Gaul/Lunk NZA 2004, 184 (185); aA ErfK/Oetker Rn. 333; offengelassen in BAG 23.11.2000 – 2 AZR 533/99, AP KSchG 1969 § 1 Betriebsbedingte Kündigung Nr. 114.

[3019] SES/Eylert Rn. 412; Kaiser FS Birk, 2008, 283 (307); APS/Kiel Rn. 646; aA KR/Rachor Rn. 740; PVT Kündigung/Temming Rn. 1209.

[3020] ErfK/Oetker Rn. 333a.

[3021] KR/Rachor Rn. 736; aA Kaiser NZA 2008, 665 (668 ff.); FS Birk, 2008, 283 (290 f.); zust. SES/Eylert Rn. 410.

[3022] Ebenso HK-KSchG/Dorndorf Rn. 1075; KR/Rachor Rn. 737; PVT Kündigung/Temming Rn. 1210; aA Fischermeier NZA 1997, 1089 (1094); Kaiser FS Birk, 2008, 283 (291).

[3023] SES/Eylert Rn. 412.

[3024] Vgl. BAG 28.6.2012 – 6 AZR 682/10, NZA 2012, 1090 Rn. 53; Kaiser FS Birk, 2008, 283 (298).

[3025] S. etwa Grüneberg/v. Pückler BGB § 1360 Rn. 2.

[3026] Kaiser FS Birk, 2008, 283 (298 f.).

[3027] BAG 8.8.1985 – 2 AZR 464/84, AP KSchG 1969 § 1 Soziale Auswahl Nr. 10; 5.12.2002 – 2 AZR 549/01, AP KSchG 1969 § 1 Soziale Auswahl Nr. 59; LAG Düsseldorf 4.11.2004 – 11 Sa 957/04, DB 2005, 454= BeckRS 2004, 42148; Bader NZA 1996, 1125 (1128); DD/Deinert Rn. 547; HK-KSchG/Dorndorf Rn. 1076; MüKoBGB/Hergenröder Rn. 434; ErfK/Oetker Rn. 333a; LSSW/Schlünder Rn. 456.

[3028] So Horstkötter/Schiek AuR 1998, 227 (229 f.); ferner (aber nicht ganz stringent) Künzl ZTR 1996, 385 (390 f.); ebenso wohl BAG 29.1.2015 – 2 AZR 164/14, NZA 2015, 426 Rn. 23; APS/Kiel Rn. 647.

[3029] S. Kaiser FS Birk, 2008, 283 (299); abl. auch DD/Deinert Rn. 547.

Abs. 1 GG nicht zu vereinbaren wäre.[3030] Daher kann auch eine Unterhaltsberechtigung nicht etwa zulasten des Arbeitnehmers wirken.[3031] Die Bedeutung des Doppelverdienstes bei der sozialen Auswahl ist allerdings eher gering anzusetzen, weil er iErg nur einen beschränkten Aussagewert hat. Wegen des Arbeitsplatzrisikos des Zweitverdieners kann diese Einkommensquelle plötzlich wegfallen und sich die Auswahlentscheidung im Nachhinein schnell als falsch erweisen.[3032]

d) Schwerbehinderung. Als viertes Kriterium hat der Arbeitgeber die **Schwerbehinderung** des Arbeitnehmers zu berücksichtigen. Hierdurch wird der durch das Zustimmungsverfahren nach §§ 168 ff. SGB IX bestehende Schutz schwerbehinderter Menschen vor Kündigungen ergänzt.[3033] Geschützt sind nicht nur die nach § 2 Abs. 2 SGB IX anerkannten Schwerbehinderten mit einem GdB von mindestens 50, sondern auch die nach § 2 Abs. 3 SGB IX **Gleichgestellten,** weil die Gleichstellung gerade zum Zwecke des Bestandsschutzes erfolgt.[3034] Die Antragstellung ist nur erforderlich, soweit es um die Zustimmung des Integrationsamts nach §§ 168 ff. SGB IX zur Kündigung geht.[3035] Eine objektiv vorliegende und dem Arbeitgeber bekannte Schwerbehinderung **ist zu berücksichtigen.**[3036] Bei der Gleichstellung bedarf es dagegen definitionsgemäß einer behördlichen Entscheidung.[3037] Sonstige Behinderungen müssen und dürfen (→ Rn. 937) nicht in Rechnung gestellt werden.[3038] Damit kommt es für Abs. 3 S. 1 nicht auf den unionsrechtlich geprägten weiteren Behinderungsbegriff iSd AGG[3039] an.[3040] Ein Verstoß gegen Art. 2 Abs. 2 Buchst. a RL 2000/78/EG ist darin nicht zu sehen.[3041] Die besondere Besserstellung – nur – von Schwerbehinderten und Gleichgestellten lässt sich als positive Maßnahme iSd Art. 7 RL 2000/78/EG auffassen.[3042] 956

3. Gewichtung

Nach der Gesetzesbegründung haben die **drei Grunddaten Betriebszugehörigkeit, Lebensalter und Unterhaltspflichten gleiches Gewicht.**[3043] Damit haben sich zunächst alle Ansätze der älteren Rspr. erledigt, einem von diesen drei Kriterien von vornherein ein größeres Gewicht einzuräumen.[3044] Allerdings hatte sich das BAG schon zuvor von dieser Judikatur verabschiedet und von der Entwicklung fallübergreifender Maßstäbe 957

[3030] BAG 5.12.2002 – 2 AZR 549/01, AP KSchG 1969 § 1 Soziale Auswahl Nr. 59; 29.1.2015 – 2 AZR 164/14, NZA 2015, 426 Rn. 23; APS/Kiel Rn. 647.

[3031] BAG 29.1.2015 – 2 AZR 164/14, NZA 2015, 426 Rn. 23; APS/Kiel Rn. 647.

[3032] Vgl. v. Hoyningen-Huene NZA 1986, 449 (451); Linck Auswahl S. 95; Pfarr/Bertelsmann, Gleichbehandlungsgesetz, 1983, Rn. 290.

[3033] Dazu Düwell DB 2003, 1574; krit. PVT Kündigung/Temming Rn. 1213: zusätzliche Berücksichtigung im Rahmen der Sozialauswahl neben dem Sonderkündigungsschutz überflüssig.

[3034] Ebenso Löwisch BB 2004, 154; KR/Rachor Rn. 742; LSSW/Schlünder Rn. 457.

[3035] Gaul/Lunk NZA 2004, 184 (185).

[3036] SES/Eylert Rn. 418; KR/Rachor Rn. 742; Spinner RdA 2008, 153 (157); aA PVT Kündigung/Temming Rn. 1213.

[3037] Bauer/Powietzka NZA-RR 2004, 505 (508); KR/Rachor Rn. 742.

[3038] APS/Kiel Rn. 651; KR/Rachor Rn. 743; aA Hako-AGG/Däubler § 7 Rn. 298; in diese Richtung unter Berufung auf Art. 5 RL 2000/78/EG auch DD/Deinert Rn. 554. Die Entscheidung BAG 17.3.2005 – 2 AZR 4/04, AP KSchG 1969 § 1 Soziale Auswahl Nr. 71, wonach der Arbeitgeber eine bestehende Behinderung des in die Auswahl einbezogenen Arbeitnehmers auch ohne Feststellung der Schwerbehinderung berücksichtigen kann, betraf die Gesetzeslage vor dem 1.1.2004.

[3039] Dazu etwa BAG 19.12.2013 – 6 AZR 190/12, NZA 2014, 372 (symptomlose HIV-Erkrankung); zum Unionsrecht s. EuGH 11.4.2013 – C-335/11, C-337/11, NZA 2013, 553 Rn. 36 ff. – Ring; 18.12.2014 – C-354/13, NZA 2015, 33 Rn. 53 ff. – Kaltoft.

[3040] APS/Kiel Rn. 651; MHdB ArbR/Kreft § 115 Rn. 250.

[3041] LSSW/Schlünder Rn. 457.

[3042] DD/Deinert Rn. 554; Leder, Diskriminierungsverbot wegen einer Behinderung, 2006, S. 181.

[3043] BT-Drs. 15/1204, 11; s. ferner bereits BAG 5.12.2002 – 2 AZR 549/01, AP KSchG 1969 § 1 Soziale Auswahl Nr. 59.

[3044] BAG 26.6.1964 – 2 AZR 373/63, AP KSchG § 1 Betriebsbedingte Kündigung Nr. 15, ansatzweise Lebensalter; 18.10.1984 – 2 AZR 543/83, AP KSchG 1969 § 1 Soziale Auswahl Nr. 6, Betriebszugehörigkeit; 18.1.1990 – 2 AZR 357/89, AP KSchG 1969 § 1 Soziale Auswahl Nr. 19, Betriebszugehörigkeit.

für die Gewichtung der Sozialdaten Abstand genommen.[3045] Für eine nunmehr bereits abstrakt stärkere Gewichtung der Unterhaltspflichten unter Berufung auf den demographischen Wandel[3046] besteht kein hinreichender Anlass.[3047] Weiter ist auch das **Merkmal der Schwerbehinderung nicht geringer zu gewichten.**[3048] Da dieses Kriterium erst im Lauf des Gesetzgebungsverfahrens eingefügt wurde,[3049] kann aus der erwähnten Gesetzesbegründung kein gegenteiliger Schluss gezogen werden. Gerechtfertigt wird eine schon abstrakt geringere Gewichtung auch nicht durch den präventiven Kündigungsschutz für Schwerbehinderte nach § 168 SGB IX, weil es nicht zur Aufgabe des Integrationsamts gehört, zur Sozialauswahl Stellung zu nehmen.[3050] Zum Wertungsspielraum des Arbeitgebers sowie zur damit zusammenhängenden gerichtlichen Überprüfungsmöglichkeit der Auswahlentscheidung → Rn. 999 ff.

4. Ermittlung der Auswahlgesichtspunkte

958 Da der Arbeitgeber nach Abs. 3 S. 1 bei der Auswahl die dort genannten Gesichtspunkte berücksichtigen muss und es auf die tatsächlichen Verhältnisse ankommt, hat er sich insoweit vor Ausspruch der Kündigung **kundig zu machen.**[3051] **Datenschutzrechtlich** ist dem Arbeitgeber dies nach Art. 5 ff. DSGVO, § 26 BDSG gestattet. Dabei bereiten **Betriebszugehörigkeit** und **Alter** des Arbeitnehmers regelmäßig **keine Probleme.**

959 Etwas schwieriger kann die Sachlage im Hinblick auf bestehende **Unterhaltspflichten** sein. Insoweit kommt es nicht allein auf die (elektronisch, vgl. § 39e EStG) gespeicherten Lohnsteuerabzugsmerkmale an. Hierbei sind erkennbar nicht unbedingt alle möglicherweise bestehenden Unterhaltspflichten, wie etwa gegenüber einem geschiedenen Ehepartner, berücksichtigt.[3052] Die Rspr. zur Berechnung von Sozialplanabfindungen, wonach die Betriebspartner für die Bestimmung der Abfindungshöhe auf die Angaben auf der (früheren) Lohnsteuerkarte abstellen dürfen,[3053] kann nicht herangezogen werden. Dagegen spricht, dass Arbeitgeber und Betriebsrat bei der Sozialplangestaltung ein sehr weites Ermessen haben, das in dieser Form dem Arbeitgeber bei der Sozialauswahl nicht zusteht.[3054] Entsprechendes gilt für den Doppelverdienst.[3055] Nach Ansicht des BAG darf der Arbeitgeber gleichwohl im Ausgangspunkt auf die Angaben auf der Lohnsteuerkarte (jetzt wohl: auf die gespeicherten Lohnsteuerabzugsmerkmale) vertrauen, sofern er keine Anhaltspunkte dafür hat, dass die Daten unzutreffend sind.[3056] Demgegenüber erscheint es richtiger, von einer generellen **Obliegenheit** des Arbeitgebers auszugehen, die Unterhaltspflichten zeitnah vor dem Ausspruch der Kündigung abzufragen.[3057] Hierdurch wird sichergestellt, dass alle drei Kriterien auch tatsächlich in die Auswahlentscheidung einfließen. Eine Erkundigungspflicht des Arbeitgebers zu verneinen, ihm dann aber eine

[3045] BAG 5.12.2002 – 2 AZR 549/01, AP KSchG 1969 § 1 Soziale Auswahl Nr. 59.

[3046] So noch APS/Kiel 4. Aufl. 2012 Rn. 738; Kopke NJW 2006, 1040.

[3047] Abl. auch SES/Eylert Rn. 421.

[3048] SES/Eylert Rn. 421; PVT Kündigung/Temming Rn. 1222; aA v. Hoyningen-Huene/Linck, 14. Aufl. 2007.

[3049] Vgl. BT-Drs. 15/1587, 4, 8, 27.

[3050] KR/Rachor Rn. 743.

[3051] Ebenso MüKoBGB/Hergenröder Rn. 438; APS/Kiel Rn. 655; ErfK/Oetker Rn. 306; KR/Rachor Rn. 746; abl. Kleinebrink DB 2005, 2522 (2524); näher Linck Auswahl S. 80 ff.

[3052] Bütefisch Sozialauswahl S. 238 ff.; Gaul/Lunk NZA 2004, 184 (187); in diese Richtung auch BAG 17.1.2008 – 2 AZR 405/06, AP KSchG 1969 § 1 Soziale Auswahl Nr. 96; aA Fischermeier NZA 1997, 1089 (1094); KR/Rachor Rn. 746; Schiefer/Worzalla NZA 2004, 345 (347); LSSW/Schlünder Rn. 466; HaKo-KSchR/Zimmermann Rn. 871; unentschieden PVT Kündigung/Temming Rn. 1212.

[3053] BAG 12.3.1997 – 10 AZR 648/96, AP BetrVG 1972 § 112 Nr. 111.

[3054] Vgl. Bütefisch Sozialauswahl S. 240; Gaul/Lunk NZA 2004, 184 (187).

[3055] LAG Düsseldorf 4.11.2004 – 11 Sa 957/04, DB 2005, 454 = BeckRS 2004, 42148.

[3056] BAG 17.1.2008 – 2 AZR 405/06, AP KSchG 1969 § 1 Soziale Auswahl Nr. 96; 28.6.2012 – 6 AZR 682/10, NZA 2012, 1090.

[3057] LAG Hamm 29.3.1985 – 2 Sa 560/85, LAGE § 1 KSchG Soziale Auswahl Nr. 1 = BeckRS 1985 30460887; LAG Rheinland-Pfalz 12.7.2006 – 10 Sa 121/06, NZA-RR 2007, 247; DD/Deinert Rn. 544; Kaiser FS Birk, 2008, 283 (310); APS/Kiel Rn. 651; MHdB ArbR/Kreft § 115 Rn. 229; HWK/Quecke Rn. 377; aA KR/Rachor Rn. 746; HaKo-KSchR/Zimmermann Rn. 871; einschränkend auch SES/Eylert Rn. 426 f.: nur bei Zweifeln an der Aktualität der Grunddaten.

nachträgliche Korrektur der Sozialauswahl aufzuerlegen, wenn der Arbeitnehmer innerhalb der Klagefrist des § 4 zusätzliche Unterhaltspflichten geltend macht,[3058] ist dagegen inkonsequent.

Der Arbeitgeber ist im eigenen Interesse gehalten, vor Ausspruch der Kündigung die für eine Sozialauswahl in Betracht kommenden Arbeitnehmer nach einer **Schwerbehinderung** zu befragen. Da es sich hierbei um ein gesetzliches Auswahlkriterium handelt, ist der **Arbeitgeber berechtigt,** einen Arbeitnehmer vor Ausspruch der Kündigung hiernach zu fragen.[3059] Dies führt nicht zu einer nach § 164 Abs. 2 SGB IX, §§ 1, 7 Abs. 1 AGG verbotenen Benachteiligung Schwerbehinderter. Die Frage nach einer Schwerbehinderung vor Ausspruch der Kündigung ist iÜ nicht nur im Hinblick auf die Sozialauswahl von Bedeutung, sondern auch wegen der erforderlichen Zustimmung des Integrationsamts (§ 168 SGB IX) vor Ausspruch der Kündigung. **960**

Verweigert der Arbeitnehmer auf eine **Frage des Arbeitgebers** die Auskunft über seine sozialen Verhältnisse, was er wegen seines Rechts auf informationelle Selbstbestimmung darf,[3060] oder macht er unvollständige Angaben, hat dies zur Folge, dass sich der Arbeitnehmer im Prozess nicht mehr auf die Tatsachen berufen kann, die er dem Arbeitgeber auf dessen Frage hin verschwiegen hat (§ 242 BGB).[3061] Der Arbeitgeber hat dann bei der Auswahl die Gesichtspunkte berücksichtigt, die er kannte. Mehr kann man von ihm nicht verlangen. **961**

IV. Herausnahme von Arbeitnehmern aus der Sozialauswahl (Abs. 3 S. 2)

Nach Abs. 3 S. 2 sind in die soziale Auswahl Arbeitnehmer **nicht einzubeziehen,** deren Weiterbeschäftigung, insbes. wegen ihrer Kenntnisse, Fähigkeiten und Leistungen (**individuelle Gründe**) oder zur Sicherung einer ausgewogenen Personalstruktur des Betriebs (**strukturelle Gründe**), im **berechtigten betrieblichen Interesse** liegt. Außerbetriebliche Interessen (bspw. familiäre oder freundschaftliche Verbindungen, gesellschaftspolitische Vorstellungen) können eine Herausnahme von Arbeitnehmern aus der Sozialauswahl für sich genommen dagegen nicht rechtfertigen, sofern sie sich nicht zu betrieblichen Interessen verdichten (→ Rn. 966).[3062] Wenn ein neben zahlreichen anderen Aufgaben auch für den Brandschutz zuständiger öffentlicher Arbeitgeber einen Arbeitnehmer ausklammert, um dessen jederzeitigen Einsatz in der Freiwilligen Feuerwehr sicherzustellen, ist dies aber kein außerbetrieblicher, sondern ein betrieblicher Belang.[3063] **962**

Auf Abs. 3 S. 2 kann sich **nur der Arbeitgeber berufen.**[3064] Denn diese Bestimmung besteht ausschließlich in seinem Interesse. Ob der Arbeitgeber sich hierauf stützen will oder nicht, ist daher grds. seine freie Entscheidung (zur Beweislastverteilung im Kündigungsschutzprozess → Rn. 988). Wenn der Arbeitgeber bestimmte Kriterien aufstellt, können allerdings andere Arbeitnehmer auf der Basis des **Gleichbehandlungsgrundsatzes** uU ebenfalls verlangen, aus der Sozialauswahl ausgeklammert zu werden.[3065] **963**

[3058] So LAG Köln 29.7.2004 – 5 Sa 63/04, LAGE § 1 KSchG Soziale Auswahl Nr. 45a = BeckRS 2004, 30463314.

[3059] BAG 16.2.2012 – 6 AZR 553/10, NZA 2012, 555 Rn. 14; ebenso offenbar Weyand/Düwell/Düwell, Das neue Arbeitsrecht, 2005, 153.

[3060] APS/Kiel Rn. 655.

[3061] Ebenso LAG Köln 3.5.2000 – 2 Sa 272/00, NZA-RR 2001, 247; MüKoBGB/Hergenröder Rn. 438; v. Hoyningen-Huene NZA 1986, 449 (452); APS/Kiel Rn. 656 f.; Linck Auswahl S. 82; ErfK/Oetker Rn. 306; KR/Rachor Rn. 747; PVT Kündigung/Temming Rn. 1212 f.

[3062] BAG 7.12.2006 – 2 AZR 748/05, AP KSchG 1969 § 1 Soziale Auswahl Nr. 88; KR/Rachor Rn. 678.

[3063] BAG 7.12.2006 – 2 AZR 748/05, AP KSchG 1969 § 1 Soziale Auswahl Nr. 88.

[3064] Ebenso HK-KSchG/Dorndorf Rn. 1101; SES/Eylert Rn. 436; MHdB ArbR/Kreft § 115 Rn. 253; ErfK/Oetker Rn. 343; KR/Rachor Rn. 679; Thüsing/Wege RdA 2005, 12 (13); aA Buschmann AuR 1996, 285 (287); Kittner AuR 1997, 182 (188).

[3065] SES/Eylert Rn. 436; APS/Kiel Rn. 749; HWK/Quecke Rn. 393; Thüsing/Wege RdA 2005, 12 (13 f.); HaKo-KSchR/Zimmermann Rn. 883; enger DD/Deinert Rn. 585: nur bei diskriminierenden Motiven bzw. Maßregelung (§ 612a BGB).

1. Leistungsträger

964 Aus der Sozialauswahl auszunehmen sind nach Abs. 3 S. 2 (Fallgruppe 1) zunächst die sog. **Leistungsträger.**[3066] Dies sind Arbeitnehmer, die zwar an sich vergleichbar sind (da sie ansonsten schon aus diesem Grunde nicht zum auswahlrelevanten Personenkreis gehören würden), die aber über **zusätzliche Qualitäten** verfügen. Dabei beziehen sich **Kenntnisse** auf erworbenes Wissen in der Ausbildung, dem Studium oder sonstigen Fort- und Weiterbildungsmaßnahmen (bspw. Sprachkenntnisse,[3067] Ausbildungsberechtigung, besondere EDV-Kenntnisse, Schweißberechtigungen etc). **Fähigkeiten** sind Eigenschaften des Arbeitnehmers, die losgelöst von erworbenen Kenntnissen bestehen (bspw. besondere soziale Kompetenzen, Verkaufstalent, Fleiß, Beständigkeit, Führungsqualitäten). Hierzu gehört auch die plausibel darzulegende Absicht, einen besonders befähigten Mitarbeiter in absehbarer Zeit mit Führungsaufgaben betrauen zu wollen.[3068] Die besonderen Qualifikationen müssen für den Betrieb von Bedeutung sein, was konkret darzulegen ist.[3069] Allerdings genügt es, wenn ein entsprechender Bedarf sporadisch anfällt, wie etwa bei Vertretungsarbeiten und Spezialaufträgen (bspw. gelegentliche Fremdsprachenkorrespondenz).[3070] Sind die Qualitäten weitergehend erforderlich, wird regelmäßig schon die Vergleichbarkeit der Arbeitnehmer fehlen.

965 **Leistungen** beziehen sich auf die geschuldete Arbeitsleistung und das hierbei erzielte Arbeitsergebnis. In der Leistung drücken sich in Qualität und Quantität die umgesetzten Kenntnisse und Fähigkeiten aus.[3071] Berücksichtigung finden bspw. Schnelligkeit, Einsatzbereitschaft, Zuverlässigkeit, Fehlerquoten oder Verkaufszahlen. Leistungen können Ausdruck finden in Prämienzahlungen, internen Beurteilungen oder Zielvereinbarungen.[3072] Gerade die Konkretisierung dieses Merkmals bereitet erhebliche Probleme. Die überwiegende Ansicht behilft sich mit der Formel, dass nur **erhebliche Leistungsunterschiede** genügen können, um die Sozialauswahl nicht zu einer reinen Leistungsauswahl werden zu lassen.[3073] Gegenüber dieser auf einen Vergleich zwischen den Arbeitnehmern abstellenden Betrachtungsweise scheint eine an die Leistungsanforderungen an bestimmten Arbeitsplätzen anknüpfende Sicht[3074] zu klareren Ergebnissen zu führen und ist deshalb vorzugswürdig. Das Kriterium Leistung stellt **keine mittelbare Benachteiligung von Menschen mit Behinderungen** iSd Art. 2 Abs. 2 Buchst. a RL 2000/78/EG dar,[3075] weil keineswegs davon ausgegangen werden kann, dass Behinderte regelmäßig geringere Leistungen erbringen.[3076]

966 Das betriebliche Interesse kann sich auch daraus ergeben, dass für bestimmte Tätigkeiten ein besonderes Vertrauensverhältnis zu **Ehegatten** oder **Familienangehörigen** erforderlich ist oder ein Familienmitglied als künftige Führungskraft aufgebaut werden soll.[3077] Eine pauschale Ausklammerung von Personen, die im weitesten Sinne mit dem Arbeitgeber verwandt sind, ist nicht gerechtfertigt.[3078] Allerdings sind an die Darlegung eines konkreten Interesses keine überhöhten Anforderungen zu stellen.

3066 Dazu aus jüngerer Zeit mit Beispielen Krieger/Reinecke DB 2013, 1906 ff.

3067 Vgl. BAG 19.7.2013 – 2 AZR 352/11, NZA 2013, 86 Rn. 39: verhandlungssichere Englischkenntnisse zur Kommunikation mit spanischer Vorgesetzten.

3068 LAG Hamm 5.2.1987 – 10 Sa 1500/86, LAGE § 1 KSchG Soziale Auswahl Nr. 2; PVT Kündigung/Temming Rn. 1238.

3069 Streng BAG 20.6.2013 – 2 AZR 295/12, NZA 2014, 208 Rn. 31: Allgemeiner Hinweis auf universelle Einetzbarkeit eines Arbeitnehmers nicht ausreichend.

3070 APS/Kiel Rn. 670; LSSW/Schlünder Rn. 470 f.; PVT Kündigung/Temming Rn. 1237.

3071 ErfK/Oetker Rn. 346.

3072 PVT Kündigung/Temming Rn. 1234 f.

3073 BAG 24.3.1983 – 2 AZR 21/82, AP KSchG 1969 § 1 Betriebsbedingte Kündigung Nr. 12; 20.10.1983 – 2 AZR 211/82, AP KSchG 1969 § 1 Betriebsbedingte Kündigung Nr. 13; SES/Eylert Rn. 448; KR/Rachor Rn. 688.

3074 PVT Kündigung/Temming Rn. 1234.

3075 In diese Richtung HaKo-AGG/Däubler § 7 Rn. 301.

3076 DD/Deinert Rn. 593; KR/Rachor Rn. 688.

3077 APS/Kiel Rn. 673.

3078 AA Bauer NZA 2004 Sonderbeilage zu Heft 18, 38 (42).

Da die Auflistung in Abs. 3 S. 2 nicht abschließend ist („insbesondere"), können prinzipiell auch andere Aspekte ein berechtigtes betriebliches Interesse an der Weiterbeschäftigung eines Arbeitnehmers begründen. Die Regelung erlaubt aber **keine „Negativauslese"** in dem Sinne, dass der Arbeitgeber bestimmte Arbeitnehmer aufgrund ihnen anhaftender Nachteile vorrangig kündigen darf. Vielmehr kommt es nach der Struktur der Vorschrift allein darauf an, ob bestimmte Arbeitnehmer dem Betrieb hinreichend gewichtige Vorteile vermitteln. Daher spielen **Verhaltensmängel** des sozial schutzbedürftigeren Arbeitnehmers keine Rolle.[3079] Dasselbe gilt für **krankheitsbedingte Fehlzeiten** eines schutzbedürftigeren Arbeitnehmers.[3080] Eine damit begründete Herausnahme anderer Arbeitnehmer würde die strengen Anforderungen an eine krankheitsbedingte Kündigung aushöhlen.[3081] Hiervon zu unterscheiden ist der Fall, dass es auf bestimmten Arbeitsplätzen auf eine möglichst durchgängige Anwesenheit ankommt, so dass ein Arbeitnehmer mit einem absehbar hohen Krankenstand diese Position nicht ohne erhebliche Beeinträchtigungen für den Betrieb ausfüllen kann.[3082] Hierfür hat der Arbeitgeber darzulegen, dass auf dem Arbeitsplatz wiederholte Fehlzeiten zu Betriebsstörungen führen, die durch Vertretungskräfte nur unzureichend aufgefangen werden können. 967

Finanzielle Aspekte stellen für sich genommen **keine berechtigten betrieblichen Interessen** iSd Abs. 3 S. 2 dar. Dies gilt insbes. für geringere Personalkosten des weniger schutzbedürftigen Arbeitnehmers.[3083] Das Gleiche gilt für in der Vergangenheit aufgewendete Fortbildungskosten, die sich beim Ausscheiden eines weniger schutzbedürftigen Arbeitnehmers als vergeblich herausstellen würden.[3084] Allerdings liegt es gerade in diesem Fall nahe, dass der betreffende Arbeitnehmer nunmehr zu den Leistungsträgern gehört. Schließlich ist auch die drohende Pflicht zur Zahlung einer Karenzentschädigung (§ 74 Abs. 2 HGB) unerheblich.[3085] Anders ist dagegen im Hinblick auf eine zu erwartende Konkurrenztätigkeit als solche zu entscheiden.[3086] Keine Rolle spielt schließlich die **allgemeine wirtschaftliche Situation des Betriebs.** Es können also nicht umso mehr Arbeitnehmer zu Leistungsträgern deklariert werden, je schlechter die wirtschaftliche Lage ist.[3087] 968

Betriebliche Ablaufstörungen im Zusammenhang mit einer **Massenkündigung** können gleichfalls einer Auswahl nach Abs. 3 S. 1 entgegenstehen. Als Folge der sozialen Auswahl bei Massenkündigungen kann es wegen der damit verbundenen zahlreichen Wechsel von Arbeitnehmern aus stillgelegten Abteilungen in fortgeführte Betriebsteile nämlich zu erheblichen **Betriebsablaufschwierigkeiten** kommen. Um diese gerade für Unternehmen in wirtschaftlicher Notlage fatale Folge zu begrenzen, ist der Arbeitgeber bei Massenkündigungen berechtigt, nicht alle Arbeitnehmer des fortgeführten Betriebsteils auszutauschen, die etwas weniger schutzwürdig sind als die vergleichbaren Arbeitnehmer der stillgelegten Betriebsabteilungen.[3088] 969

Der Arbeitgeber kann die **Anzahl der auszutauschenden Arbeitnehmer** bei Massenkündigungen **begrenzen.** Die sich aus dem Austausch ergebenden betrieblichen Ablaufs- 970

[3079] LSSW/Schlünder Rn. 475; Thüsing/Wege RdA 2005, 12 (15).

[3080] BAG 24.3.1983 – 2 AZR 21/82, AP KSchG 1969 § 1 Betriebsbedingte Kündigung Nr. 12, zur alten Rechtslage; BAG 31.5.2007 – 2 AZR 306/06, AP KSchG 1969 § 1 Soziale Auswahl Nr. 93; APS/Kiel Rn. 674; KR/Rachor Rn. 686; LSSW/Schlünder Rn. 476; PVT Kündigung/Temming Rn. 1236; Thüsing/Wege RdA 2005, 12 (15); HaKo-KSchR/Zimmermann Rn. 890; aA auch v. Hoyningen-Huene/Linck, 14. Aufl. 2007.

[3081] BAG 24.3.1983 – 2 AZR 21/82, AP KSchG 1969 § 1 Betriebsbedingte Kündigung Nr. 12; tendenziell auch BAG 31.5.2007 – 2 AZR 306/06, AP KSchG 1969 § 1 Soziale Auswahl Nr. 93.

[3082] BAG 31.5.2007 – 2 AZR 306/06, AP KSchG 1969 § 1 Soziale Auswahl Nr. 93; PVT Kündigung/Temming Rn. 1236; insoweit großzügig Gillen/Vahle NZA 2013, 534 (536 ff.); aA KR/Rachor Rn. 686.

[3083] PVT Kündigung/Temming Rn. 1245.

[3084] KR/Rachor Rn. 687; PVT Kündigung/Temming Rn. 1246; aA LSSW/Schlünder Rn. 474.

[3085] DD/Deinert Rn. 609; KR/Rachor Rn. 689; aA PVT Kündigung/Temming Rn. 1240.

[3086] KR/Rachor Rn. 689; LSSW/Schlünder Rn. 474; PVT Kündigung/Temming Rn. 1240.

[3087] Thüsing/Wege RdA 2005, 12 (17 f.).

[3088] BAG 25.4.1985 – 2 AZR 140/84, AP KSchG 1969 § 1 Soziale Auswahl Nr. 7; s. a. HK-KSchG/Dorndorf Rn. 1167; v. Hoyningen-Huene NZA 1994, 1009 (1015 f.); APS/Kiel Rn. 677; B. Preis DB 1984, 2244 (2248 ff.); I. Weber RdA 1986, 341 (343 ff.).

törungen im Zusammenhang mit einer **Massenkündigung** können einer Auswahl nach sozialen Gesichtspunkten gem. Abs. 3 S. 1 entgegenstehen. Die mit einer Massenkündigung verbundenen Schwierigkeiten erlauben es dem Arbeitgeber aber **nicht,** völlig von einer Auswahl nach Abs. 3 S. 1 abzusehen. Er muss vielmehr darlegen und ggf. unter Beweis stellen, wie viele Arbeitnehmer der unterschiedlichen Qualifikationsstufen in der fortgeführten Betriebsabteilung ausgetauscht werden können, ohne dass dadurch der Arbeitsprozess ernsthaft gefährdet würde. Je nach Struktur des Betriebs und der Qualifikationsstufe der vergleichbaren Arbeitnehmer wird die Zahl der Arbeitnehmer, die ohne Beeinträchtigung des ordnungsgemäßen Betriebsablaufs im Rahmen der sozialen Auswahl ausgetauscht werden können, unterschiedlich groß sein.

971 Nach Auffassung des BAG spricht grds. eine Vermutung dafür, dass soziale Gesichtspunkte nicht ausreichend berücksichtigt wurden, wenn der Arbeitgeber betriebsweit den **größeren Teil der Arbeitnehmer** (im entschiedenen Fall 70 %) aus betriebstechnischen Gründen von der Austauschbarkeit generell ausgenommen und die Sozialauswahl auf den kleineren, verbleibenden Teil der Restbelegschaft beschränkt hat.[3089] Der Arbeitgeber müsse in jeder Qualifikationsstufe die Anzahl der austauschbaren Arbeitnehmer ermitteln und diejenigen Arbeitnehmer bestimmen, die sozial am wenigsten schutzbedürftig seien. Entsprechend sei in der stillzulegenden Abteilung die gleiche Anzahl der schutzbedürftigen austauschbaren Arbeitnehmer zu bestimmen. Auf diese Zahl von Arbeitnehmern beschränke sich dann die soziale Auswahl.[3090] Der Arbeitgeber genügt seiner Darlegungslast, wenn er anhand von Tatsachen die begrenzten Austauschmöglichkeiten plausibel darlegt. Nicht zu verlangen ist, dass er eine mathematisch genaue Anzahl noch austauschbarer Arbeitnehmer angibt.[3091]

972 Das BAG und die hL gehen davon aus, dass das Interesse des sozial schwächeren Arbeitnehmers iRd Abs. 3 S. 2 gegen das betriebliche Interesse an der Herausnahme des „Leistungsträgers" **abzuwägen** sei: Je schwerer dabei das soziale Interesse wiege, umso gewichtiger müssten die Gründe für die Ausklammerung des Leistungsträgers sein.[3092] Indem der Gesetzgeber das bloße betriebliche Interesse nicht ausreichen lasse, sondern einschränkend fordere, das Interesse müsse „berechtigt" sein, gebe er zu erkennen, dass nach seiner Vorstellung auch ein vorhandenes betriebliches Interesse „unberechtigt" sein könne. Das setze aber voraus, dass nach dem Gesetz gegenläufige Interessen denkbar und zu berücksichtigen seien, die einer Ausklammerung von Leistungsträgern aus der Sozialauswahl auch dann entgegenstehen können, wenn sie bei isolierter Betrachtung des betrieblichen Interesses gerechtfertigt wären.

973 Im Schrifttum wird dagegen vielfach die Auffassung vertreten, besonders kenntnisreiche, befähigte oder leistungsstarke Arbeitnehmer im Sinne dieser Bestimmung seien von vornherein **nicht in den Kreis der vergleichbaren Arbeitnehmer einzubeziehen.**[3093] Diese Sichtweise trifft im Grundsatz zu. Tatsächlich spricht schon der Wortlaut des Abs. 3 S. 2, wonach die besonders qualifizierten Arbeitnehmer in die Auswahl nicht einzubeziehen sind, gegen eine einzelfallbezogene Interessenabwägung. Einer solchen Abwägung bedarf es auch nicht deshalb, weil sich nur so die Berechtigung des Arbeitgeberinteresses ermitteln ließe. Denn das Interesse des Arbeitgebers ist schon dann

---

[3089] BAG 5.12.2002 – 2 AZR 697/01, AP KSchG 1969 § 1 Soziale Auswahl Nr. 60. Thüsing/Wege RdA 2005, 12 (18 f.), sehen die maßgebliche Grenze bereits bei 15 %.

[3090] Ebenso bereits BAG 25.4.1985 – 2 AZR 140/84, AP KSchG 1969 § 1 Soziale Auswahl Nr. 7.

[3091] BAG 5.12.2002 – 2 AZR 697/01, AP KSchG 1969 § 1 Soziale Auswahl Nr. 60.

[3092] BAG 12.4.2002 – 2 AZR 706/00, AP KSchG 1969 § 1 Soziale Auswahl Nr. 56, zur alten Rechtslage; 7.12.2006 – 2 AZR 748/05, AP KSchG 1969 § 1 Soziale Auswahl Nr. 88; 5.6.2008 – 2 AZR 907/06, AP KSchG 1969 § 1 Betriebsbedingte Kündigung Nr. 179; 10.6.2010 – 2 AZR 420/09, AP KSchG 1969 § 1 Soziale Auswahl Nr. 98 Rn. 29; 22.3.2012 – 2 AZR 167/11, AP KSchG 1969 § 1 Soziale Auswahl Nr. 99; 19.7.2012 – 2 AZR 352/11, NZA 2013, 86 Rn. 36; Brors AuR 2005, 41 (42); DD/Deinert Rn. 581; APS/Kiel Rn. 675; MHdB ArbR/Kreft § 115 Rn. 255; ErfK/Oetker Rn. 342a; KR/Rachor Rn. 675.

[3093] Bader NZA 2004, 65 (73); Bauer/Krieger KündigungsR Reformen Rn. 37; Gillen/Vahle NZA 2013, 534 (539); Klosterkemper FS Buchner, 2009, 441 (444 ff.); PVT Kündigung/Temming Rn. 1228; Thüsing/Wege RdA 2005, 12 (15 ff.); Willemsen/Annuß NJW 2004, 177 (179).

berechtigt, wenn der von ihm durch die Nichteinbeziehung eines Arbeitnehmers in die Sozialauswahl erstrebte Vorteil so gewichtig erscheint, dass er ein Abweichen vom Grundprinzip der Sozialauswahl rechtfertigt.[3094] Für den Verzicht auf eine umfassende einzelfallbezogene Interessenabwägung spricht nicht zuletzt der Wille des Reformgesetzgebers, Rechtunsicherheit zu beseitigen.[3095] Eine Grenze bildet freilich der **verfassungsrechtlich gebotene Mindestschutz,** der auch den Gesetzgeber bindet. Ähnlich wie bei der Unkündbarkeitsregelungen (→ Rn. 925) darf dieser Mindestschutz bei der Sozialauswahl[3096] nicht unterschritten werden. Daher darf ein an sich berechtigtes betriebliches Interesse ausnahmsweise dann nicht die Oberhand behalten, wenn die Schutzbedürftigkeit eines dadurch zur Kündigung anstehenden Arbeitnehmers evident überwiegt.

Das Konzept der hM legt es nahe, dass zunächst eine umfassende Sozialauswahl zu erfolgen hat und anschließend einzelfallbezogen geprüft wird, ob im Hinblick auf einen an sich zu kündigenden Arbeitnehmer ein berechtigtes betriebliches Interesse iSd Abs. 3 S. 2 an der Weiterbeschäftigung besteht, welches das Interesse des an sich schutzwürdigeren Arbeitnehmers überwiegt. Überzeugender erscheint es dagegen, nach der grundsätzlichen Festlegung des auswahlrelevanten Personenkreises zunächst danach zu fragen, ob im Hinblick auf bestimmte Arbeitnehmer ein **berechtigtes betriebliches Interesse iSd Abs. 3 S. 2 an einer prinzipiellen Verdrängung der Sozialauswahl besteht.**[3097] Sofern dies bejaht werden kann, kommt es nur noch darauf an, ob den aus diesem Grund zur Kündigung anstehenden Arbeitnehmern der grundrechtlich gebotene Mindestschutz zuteil wird. 974

Gibt es **mehr Leistungsträger als benötigt** werden, muss unter diesen Arbeitnehmern wiederum eine **Sozialauswahl nach den allgemeinen Kriterien** durchgeführt werden.[3098] 975

2. Ausgewogene Personalstruktur

Nach Abs. 3 S. 2 (Fallgruppe 2) sind weiterhin Arbeitnehmer nicht in die soziale Auswahl einzubeziehen, deren Weiterbeschäftigung zur Sicherung einer ausgewogenen Personalstruktur des Betriebs im berechtigten betrieblichen Interesse liegt. Damit hat der Gesetzgeber die Erhaltung einer ausgewogenen Personalstruktur ausdrücklich als ein **berechtigtes betriebliches Interesse** anerkannt.[3099] Dies trägt dem Umstand Rechnung, dass insbes. bei Massenentlassungen eine Auswahl allein anhand der gesetzlichen Kriterien häufig dazu führt, dass sich die bisherige Personalstruktur in einer die Leistungsfähigkeit des Betriebs nachhaltig beeinträchtigenden Weise verändert. Ohne die Ausnahmevorschrift des Abs. 3 S. 2 ließe sich daher bei der Kündigung eines erheblichen Teils der Arbeitnehmer insbes. eine den berechtigten betrieblichen Interessen zuwiderlaufende Überalterung der Belegschaft kaum vermeiden.[3100] 976

Der Begriff der Personalstruktur bezieht sich in erster Linie auf die **Altersstruktur.** Daneben sind aber auch noch **andere Strukturelemente denkbar.** Die insoweit als Beispiel genannte Zusammensetzung der Belegschaft nach dem Geschlecht[3101] dürfte indes regelmäßig am Diskriminierungsverbot der Art. 2 Abs. 1 Buchst. a, 14 Abs. 1 Buchst. c RL 2006/54/EG scheitern, sofern das Geschlecht nicht ausnahmsweise eine wesentliche und entscheidende berufliche Anforderung im Hinblick auf die im Betrieb ausgeübten Tätig- 977

3094 Bader NZA 2004, 65 (73 f.); PVT Kündigung/Temming Rn. 1228.
3095 BT-Drs. 15/1204, 8.
3096 BVerfG 27.1.1998 – 1 BvL 15/87, AP KSchG 1969 § 23 Nr. 17 unter B I 3b cc.
3097 Insoweit ebenso ErfK/Oetker Rn. 344; aA MHdB ArbR/Kreft § 115 Rn. 255 f.
3098 Ascheid RdA 1997, 333 (339); SES/Eylert Rn. 436; ErfK/Oetker Rn. 349; aA Bader NZA 2004, 65 (74): entsprechende Anwendung von § 315 BGB.
3099 Ausf. Küttner FS 50 Jahre BAG, 2004, 409.
3100 BAG 9.11.2006 – 2 AZR 509/05, AP BGB § 311a Nr. 1 Rn. 55.
3101 SES/Eylert Rn. 455; KR/Rachor Rn. 701; Thüsing/Wege RdA 2005, 12 (23).

keiten darstellt (bspw. Sicherheitsdienst mit Personenkontrolle).[3102] Soweit es um das Verhältnis von Vollzeit- und Teilzeitkräften geht,[3103] wird es auf Abs. 3 S. 2 regelmäßig nicht mehr ankommen, weil und soweit schon das betriebliche Organisationskonzept einer Vergleichbarkeit dieser Arbeitnehmergruppen iSd Abs. 3 S. 1 entgegensteht (→ Rn. 913). Dies gilt erst recht hinsichtlich der weiter genannten Aspekte Ausbildung und Qualifikation der Arbeitnehmer,[3104] die schon bei der Vergleichsgruppenbildung eine maßgebliche Rolle spielen (→ Rn. 905) und deshalb grds. nicht noch einmal in Rechnung gestellt zu werden brauchen. In Betracht kommen daher nur Qualifikationsbereiche und eingespielte Teams innerhalb an sich vergleichbarer Arbeitnehmergruppen, wobei das den Strukturmerkmalen zugrunde liegende unternehmerische Konzept nur einer Missbrauchskontrolle unterliegt.[3105] Weiter ist die Berücksichtigung des Krankenstandes innerhalb der Belegschaft zwar nicht per se ausgeschlossen,[3106] entfällt aber letztlich deshalb, weil hierfür eine auf alle betroffenen Arbeitnehmer bezogene Prognose über die künftigen Krankheitszeiten erforderlich wäre, was praktisch nicht darstellbar ist.[3107] Eine Unterscheidung nach der Leistungsstärke (überdurchschnittlich, durchschnittlich, unterdurchschnittlich) erscheint möglich und ist auch nicht als eine Umgehung der Leistungsträgerklausel anzusehen.[3108] Dagegen scheidet eine Differenzierung nach der Vertragstreue (Arbeitnehmer ohne und mit Abmahnung) aus.[3109]

978 Indem das Gesetz nur die **Sicherung einer ausgewogenen Personalstruktur** als betriebliches Interesse anerkennt, bringt es zum Ausdruck, dass Abs. 3 S. 2 dem Arbeitgeber keine Handhabe dafür bietet, im Zuge einer Massenkündigung die bisherige Personalstruktur des Betriebs zu verbessern (dazu noch → Rn. 981).[3110] Hierfür spricht auch der Vergleich mit § 125 Abs. 1 Nr. 2 InsO, der dem Insolvenzverwalter die Befugnis einräumt, eine ausgewogene Personalstruktur zu „schaffen". Sodann zeigt der Begriff der **Personalstruktur des Betriebes,** dass eine **erhebliche Veränderung der Belegschaftszusammensetzung** in Rede stehen muss, wenn das Grundprinzip der sozialen Auswahl überspielt werden soll.[3111] Insoweit zeigt sich das BAG großzügig und lässt auch relativ kleine Bezugsgruppen innerhalb eines Betriebs als Grundlage für eine Altersgruppenbildung genügen.[3112] Darüber hinaus gibt die Judikatur zu erkennen, dass sie das Erreichen der Zahlenstaffel des § 17 in jedem Fall für ausreichend hält,[3113] obwohl sich in Großbetrieben mit Tausenden von Beschäftigten eine Massenentlassung iSd § 17 nicht zwangsläufig auf die Belegschaftsstruktur auswirken muss. Eher noch kann eine Orientierung an den Größenordnungen des § 112a BetrVG als Anhaltspunkt dienen.[3114] Dagegen ergibt sich aus dem Begriff der **ausgewogenen** Personalstruktur nicht, dass die Belegschaft im Zeitpunkt der Kündigung eine ausgewogene Zusammensetzung aufwei-

[3102] Vgl. DD/Deinert Rn. 606; Thüsing/Wege RdA 2005, 12 (23 f.); generell abl. Janzen AuR 2013, 203 (208); Preis NZA 1997, 1073 (1084).

[3103] SES/Eylert Rn. 455; Quecke RdA 2004, 86 (88); Thüsing/Wege RdA 2005, 12 (23).

[3104] So BAG 28.8.2003 – 2 AZR 368/02, AP InsO § 125 Nr. 1 unter B II 3b bb (3), 19.12.2013 – 6 AZR 790/12, NZA-RR 2014, 185 Rn. 49.

[3105] BAG 19.12.2013 – 6 AZR 790/12, NZA-RR 2014, 185 Rn. 49 f.

[3106] Ebenso LSSW/Schlünder Rn. 482; PVT Kündigung/Temming Rn. 1236; aA Bär AuR 2004, 169 (171); SES/Eylert § Rn. 436; Janzen AuR 2013, 203 (208); APS/Kiel Rn. 682; HWK/Quecke Rn. 400.

[3107] KR/Rachor Rn. 700; Thüsing/Wege RdA 2005, 12 (24).

[3108] KR/Rachor Rn. 698; Thüsing/Wege RdA 2005, 12 (23); aA unter Berufung auf mangelnde Typisierbarkeit SES/Eylert Rn. 455; APS/Kiel Rn. 682.

[3109] APS/Kiel Rn. 682; KR/Rachor Rn. 699.

[3110] BAG 23.11.2000 – 2 AZR 533/99, AP KSchG 1969 § 1 Betriebsbedingte Kündigung Nr. 114; 22.1.2009 – 8 AZR 906/07, AP AGG § 15 Nr. 1 Rn. 57; DD/Deinert Rn. 598; Küttner FS 50 Jahre BAG, 2004, 409 (419); Thüsing/Wege RdA 2005, 12 (21).

[3111] LAG Baden-Württemberg 10.4.2008 – 11 Sa 80/07, BeckRS 2008, 55301; HK-KSchG/Dorndorf Rn. 1117; HWK/Quecke Rn. 401; PVT Kündigung/Temming Rn. 1252; Thüsing/Wege RdA 2005, 12 (21); großzügiger KR/Rachor Rn. 693.

[3112] BAG 6.9.2007 – 2 AZR 387/06, AP KSchG 1969 § 1 Betriebsbedingte Kündigung Nr. 169, fünf von elf Arbeitsplätzen in einer Abteilung.

[3113] BAG 18.3.2010 – 2 AZR 468/08, AP KSchG 1969 § 1 Betriebsbedingte Kündigung Nr. 184; 15.12.2011 – 2 AZR 42/10; 22.3.2012 – 2 AZR 167/11, AP KSchG 1969 § 1 Soziale Auswahl Nr. 99.

[3114] Küttner FS 50 Jahre BAG, 2004, 409 (417 f.); aA DD/Deinert Rn. 597.

sen muss[3115] und eine unausgewogene Personalstruktur nicht mehr vor einer weiteren nachteilhaften Verschiebung geschützt werden darf.[3116]

Die Sicherung einer ausgewogenen Altersstruktur als der in der Praxis offenbar allein vorkommende Fall erfolgt üblicherweise durch die **Bildung von Altersgruppen.**[3117] Das Ziel besteht darin, das zahlenmäßige Verhältnis von älteren und jüngeren Arbeitnehmern vor und nach dem Personalabbau im Wesentlichen beizubehalten. Erreicht wird dieses Ziel dadurch, dass eine **soziale Auswahl** nach den Kriterien des Abs. 3 S. 1 **nur innerhalb der jeweiligen Altersgruppe** vorgenommen wird. 979

Die Einschränkung der Sozialauswahl durch Altersgruppenbildung bedarf schon kündigungsrechtlich einer gewissen Rechtfertigung (zur diskriminierungsrechtlichen Rechtfertigung → Rn. 983).[3118] Das betriebliche Erfordernis einer Beibehaltung der bisherigen Altersstruktur mittels Altersgruppenbildung versteht sich nicht von selbst und folgt insbes. nicht schon seinerseits aus diskriminierungsrechtlichen Grundsätzen.[3119] Vielmehr muss der Arbeitgeber grds. iE darlegen, welche **konkreten Nachteile** entstünden, wenn er die zu kündigenden Arbeitnehmer allein nach dem Maßstab des Abs. 3 S. 1 auswählen würde. Dabei ist zum einen darzulegen, in welchem Umfang sich die Durchführung der Sozialauswahl allein anhand der gesetzlichen Kriterien überhaupt auf die Personalstruktur auswirkt. Zum anderen ist darzulegen, welche Nachteile dem Betrieb hieraus erwachsen würden. Schließlich bedarf es der Darlegung des vom Arbeitgeber zur Abwehr dieser Nachteile gewählten Konzepts, dh wie die einzelnen Kündigungen auf die Altersgruppen verteilt worden sind, damit die bislang bestehende Altersstruktur erhalten bleibt.[3120] Bei alledem billigt die Rspr. dem Arbeitgeber **Erleichterungen** zu, wenn die **Altersgruppenbildung im Zusammenhang mit einer Massenentlassung** erfolgt. Zur Konkretisierung zieht das BAG die **Zahlenstaffel des § 17** heran, wobei es allerdings ausdrücklich offenlässt, ob der Schwellenwert des § 17 KSchG für die Beweiserleichterung innerhalb der jeweiligen Vergleichsgruppe oder lediglich bezogen auf die Entlassungszahl im gesamten Betrieb erreicht sein muss.[3121] Hintergrund dieser Judikatur ist der Erfahrungssatz, dass eine ungebremste Sozialauswahl in einem solchen Fall typischerweise zu erheblichen Nachteilen für den Betrieb führt, indem die Nachwuchsplanung beeinträchtigt, die Weitergabe von Erfahrungswissen von älteren Beschäftigten an jüngere Arbeitnehmer gefährdet und dem Betrieb das aktuelle Fachwissen jüngerer Arbeitnehmer entzogen wird. Der Arbeitnehmer kann eine solche Vermutung im Einzelfall aber entkräften. Unterhalb der Schwelle des § 17 ist das Bestehen eines betrieblichen Erfordernisses an der Altersgruppenbildung nicht ausgeschlossen, muss vom Arbeitgeber aber iE konkret und schlüssig dargelegt werden.[3122] Der grundsätzlichen Stoßrichtung des BAG ist **zuzustimmen,** wobei für das Eingreifen der Beweiserleichterung auf die Gesamtzahl der Entlassungen im Betrieb abzustellen ist.[3123] Allerdings kann die Orientierung an den Größenordnungen des § 17 in größeren Betrieben nicht völlig überzeugen. Insoweit liegt eine **Anlehnung an die Zahlenstaffel des § 112a BetrVG** näher.[3124] 980

3115 So aber Kittner AuR 1997, 182 (189).

3116 DD/Deinert Rn. 598; SES/Eylert Rn. 457; HWK/Quecke Rn. 399; KR/Rachor Rn. 691.

3117 Dazu mit Beispielen Göpfert/Stark ZIP 2015, 155; Krieger/Reinecke DB 2013, 1906 (1909 ff.); Lingemann/Otte NZA 2016, 65; Lunk/Seidler NZA 2014, 455.

3118 Zur Unterscheidung s. BAG 18.3.2010 – 2 AZR 468/08, AP KSchG 1969 § 1 Betriebsbedingte Kündigung Nr. 184 Rn. 22.

3119 BAG 18.3.2010 – 2 AZR 468/08, AP KSchG 1969 § 1 Betriebsbedingte Kündigung Nr. 184 Rn. 21.

3120 BAG 20.4.2005 – 2 AZR 201/04, NZA 2005, 877.

3121 BAG 22.3.2012 – 2 AZR 167/11, AP KSchG 1969 § 1 Soziale Auswahl Nr. 99 Rn. 31; 19.7.2012 – 2 AZR 352/11, NZA 2013, 86 Rn. 29; 24.10.2013 – 6 AZR 854/11, NZA 2014, 46 Rn. 56; s. a. BAG 26.3.2015 – 2 AZR 478/13, NZA 2015, 1122 Rn. 14.

3122 BAG 18.3.2010 – 2 AZR 468/08, AP KSchG 1969 § 1 Betriebsbedingte Kündigung Nr. 184; 15.12.2011 – 2 AZR 42/10, NZA 2012, 1044; 22.3.2012 – 2 AZR 167/11, AP KSchG 1969 § 1 Soziale Auswahl Nr. 99.

3123 Ebenso APS/Kiel Rn. 685; Lingemann/Otte NZA 2016, 65 (66).

3124 LAG Köln 2.2.2006 – 6 Sa 1287/05, LAGE § 1 KSchG Soziale Auswahl Nr. 51a = BeckRS 2006, 42543; Bütefisch Sozialauswahl S. 331.

981 Da die Abweichung von den Grundsätzen der Sozialauswahl nur zur Sicherung der vorhandenen Altersstruktur zulässig ist, hat die Ermittlung der zu kündigenden Arbeitnehmer in **drei gedanklichen Schritten** zu erfolgen: Zunächst müssen innerhalb der jeweiligen Vergleichsgruppe nach sachlichen Kriterien Altersgruppen gebildet werden (Schritt 1). Sodann bedarf es der Feststellung der prozentualen Verteilung der Belegschaft auf die Altersgruppen (Schritt 2). Schließlich muss die Verteilung der Gesamtzahl der auszusprechenden Kündigungen entsprechend diesem Proporz auf die einzelnen Altersgruppen verteilt werden (Schritt 3).[3125] Das BAG fordert somit eine streng proportionale Beteiligung der Altersgruppen am Personalabbau im Sinne einer schlichten „Arithmetik".[3126] Hieraus schließt die Rspr., dass in jeder Altersgruppe mindestens eine Kündigung ausgesprochen werden muss, weil es sonst an der proportionalen Beteiligung einer Altersgruppe fehlt.[3127]

982 Das KSchG macht dem Arbeitgeber **keine detaillierten Vorgaben** für die konkrete Bildung der Altersgruppen. Der Arbeitgeber hat bei der Bildung der Altersgruppen daher einen gewissen Beurteilungsspielraum. Verbreitet und statthaft sind Zehnjahresschritte.[3128] Möglich sind aber auch Fünfjahresschritte. Dass es hierdurch zu einer gewissen Verzerrung des Gesamtbildes bei den zu berücksichtigenden sozialen Gesichtspunkten führt, steht der Zulässigkeit einer solchen Gruppenbildung nicht entgegen.[3129] Eine gewisse Verzerrung der sozialen Auswahl ist jeder Gruppenbildung – egal in welchen Altersschritten – immanent. Eine mögliche Verzerrung wäre sogar unter Umständen bei Arbeitnehmern, die an den Grenzen von weiter gefassten Altersgruppen angesiedelt sind, noch größer und gravierender.[3130] Bildet der Arbeitgeber Altersgruppen, hat er innerhalb jeder Gruppe eine Sozialauswahl durchzuführen. Der Arbeitgeber könnte somit bspw. **folgende Altersgruppen** bilden:[3131]

1. Arbeitnehmer bis zum 30. Lebensjahr
2. Arbeitnehmer bis zum 40. Lebensjahr
3. Arbeitnehmer bis zum 50. Lebensjahr
4. Arbeitnehmer bis zum 60. Lebensjahr
5. Arbeitnehmer ab dem 61. Lebensjahr.

983 Die Altersgruppenbildung ist auch **diskriminierungsrechtlich zulässig.**[3132] Man kann schon darüber streiten, ob die Relativierung einer Benachteiligung wegen des (jüngeren) Alters von Arbeitnehmern, zu der es bei der allgemeinen Sozialauswahl gem. Abs. 3 S. 1 kommt und die ihrerseits einer diskriminierungsrechtlichen Rechtfertigung bedarf, bei wertender Betrachtung selbst als eine Benachteiligung wegen des Alters qualifiziert werden kann.[3133] Freilich werden sich zumindest theoretisch immer Fälle bilden lassen, in denen Arbeitnehmer abgesehen vom Alter eine gleiche soziale Schutzbedürftigkeit aufweisen, aber unterschiedlichen Altersgruppen angehören und sie deshalb (uU) unterschiedlich behandelt werden, indem dem einen Arbeitnehmer gekündigt wird, dem anderen aber nicht.[3134] In jedem Fall aber ist diese unterschiedliche Behandlung durch

---

[3125] BAG 26.3.2015 – 2 AZR 478/13, NZA 2015, 1122 Rn. 24.

[3126] So ausdrücklich BAG 26.3.2015 – 2 AZR 478/13, NZA 2015, 1122 Rn. 15.

[3127] BAG 22.3.2012 – 2 AZR 167/11, AP KSchG 1969 § 1 Soziale Auswahl Nr. 99 Rn. 34; 19.7.2012 – 2 AZR 352/11, NZA 2013, 86 Rn. 32; etwas großzügiger LAG Rheinland-Pfalz 29.1.2015 – 5 Sa 486/14, BeckRS 2015, 67846; gänzlich abl. Lingemann/Otte NZA 2016, 65 (68 ff.).

[3128] BAG 6.7.2006 – 2 AZR 442/05, AP KSchG 1969 § 1 Soziale Auswahl Nr. 82; 12.3.2009 – 2 AZR 418/07, AP KSchG 1969 § 1 Soziale Auswahl Nr. 97.

[3129] BAG 23.11.2000 – 2 AZR 533/99, AP KSchG 1969 § 1 Betriebsbedingte Kündigung Nr. 114.

[3130] BAG 20.4.2005 – 2 AZR 201/04, NZA 2005, 877.

[3131] Weitere Beispiele bei Röder/Krieger DB 2005, 2578 (2579); ferner BAG 6.11.2008 – 2 AZR 523/07, AP KSchG 1969 § 1 Betriebsbedingte Kündigung Nr. 182 (Grenzen bei 25./35./45./55. Lebensjahr).

[3132] Zum Folgenden bereits Krause Anm. zu ArbG Osnabrück 29.1.2007 – 3 Ca 728/06, LAGE § 2 AGG Nr. 1.

[3133] Vgl. Hanau FS Otto, 2008, 127 (131 f.); Hein NZA 2008, 1033 (1037); Mohr ZfA 2007, 361 (381); Thüsing, Arbeitsrechtlicher Diskriminierungsschutz, 2. Aufl. 2013, Rn. 459.

[3134] So BAG 6.11.2008 – 2 AZR 523/07, AP KSchG 1969 § 1 Betriebsbedingte Kündigung Nr. 182 Rn. 49 mzustAnm Stenslik und Temming.

ein **legitimes Ziel iSd § 10 AGG bzw. Art. 6 RL 2000/78/EG gerechtfertigt,** wobei die **Mittel zur Erreichung dieses Ziels angemessen und erforderlich** sind.[3135] Sachlich gelten insoweit im Wesentlichen dieselben Überlegungen, die auch im Rahmen des Kündigungsrechts die Einschränkung der Sozialauswahl rechtfertigen (→ Rn. 976). Insbesondere liegt die Erhaltung einer altersgemischten Belegschaft nicht nur im individuellen Interesse des Arbeitgebers, was nach der Rspr. des EuGH nicht genügen würde,[3136] sondern auch im Interesse der Gesamtbelegschaft, indem keine Abschottung zulasten der jüngeren Arbeitnehmer erfolgt, sondern auch für diese Mitarbeiter Karrierewege offen bleiben. Nicht umsonst spricht Erwägungsgrund Nr. 25 RL 2000/78/EG von der „Vielfalt im Bereich der Beschäftigung".[3137]

Auch die **Pauschalierung,** die das BAG bei Massenentlassungen vornimmt, ist **unionsrechtlich hinzunehmen.** Gewisse Typisierungen sind unvermeidlich, wenn größere Entlassungswellen praktikabel gehandhabt werden sollen. In jedem Fall ein unternehmerisches Konzept im Hinblick auf eine bestimmte Altersstruktur der Belegschaft oder einen Nachweis der Arbeitsmarktchancen der unterschiedlichen Altersgruppen zu verlangen,[3138] würde den Arbeitgeber überfordern. Immerhin billigt auch der EuGH es den Mitgliedstaaten zu, den Arbeitgebern bei der Rechtfertigung von Ausnahmen vom grundsätzlichen Verbot der Altersdiskriminierung „einen gewissen Grad an Flexibilität" einzuräumen.[3139] Hält man sich mit der Gewährung von Darlegungserleichterungen für den Arbeitgeber zurück bzw. erlaubt dem Arbeitnehmer die Entkräftung der Vermutung, wenn es sich um einen Betrieb handelt, bei dem der Wissensaustausch zwischen älteren und jüngeren Arbeitnehmern keine Rolle spielt, bildet das europäische Diskriminierungsrecht kein Hindernis. Dagegen würde eine zu weitgehende Lockerung in einen Konflikt mit dem Verbot der Diskriminierung wegen des Alters geraten. Lediglich zur Sanierung insolventer Unternehmen erscheint es gerechtfertigt, einen disproportionalen Ausspruch von Kündigungen zuzulassen, sodass auch die durch § 125 Abs. 1 S. 1 Nr. 2 Hs. 2 InsO eröffnete Möglichkeit der Schaffung einer ausgewogenen Altersstruktur unionsrechtskonform ist.[3140] Eine abschließende Entscheidung des EuGH zur unionsrechtlichen Zulässigkeit der Altersgruppenbildung steht allerdings noch aus. Der Vorlagebeschluss des ArbG Siegburg,[3141] der zu einer Klärung hätte führen können, hat sich durch Vergleichsschluss erledigt. 984

V. Auskunftsanspruch des Arbeitnehmers (Abs. 3 S. 1 Hs. 2)

Der Arbeitgeber ist nach Abs. 3 S. 1 Hs. 2 verpflichtet, dem Arbeitnehmer auf Verlangen die Gründe mitzuteilen, die zu der getroffenen sozialen Auswahl geführt haben. Der Arbeitnehmer soll hierdurch in die Lage versetzt werden, die Erfolgsaussichten einer 985

[3135] Grdl. BAG 6.11.2008 – 2 AZR 523/07, AP KSchG 1969 § 1 Betriebsbedingte Kündigung Nr. 182; ebenso BAG 12.3.2009 – 2 AZR 418/07, NZA 2009, 1023; 5.11.2009 – 2 AZR 676/08, AP KSchG 1969 § 1 Betriebsbedingte Kündigung Nr. 183; 15.12.2011 – 2 AZR 42/10, EzA § 1 KSchG Soziale Auswahl Nr. 84 = NZA 2012, 1044 Rn. 59 ff.; 28.6.2012 – 6 AZR 682/10, NZA 2012, 1090 Rn. 28 ff.; ferner SES/Eylert Rn. 466; Fahrig BB 2010, 2569; von Hoff SAE 2009, 293 (297 f.); Jacobs/Krois Anm. zu BAG 6.11.2008 – 2 AZR 523/07, EzA § 1 KSchG Soziale Auswahl Nr. 82; Kamanabrou RdA 2007, 199 (203); APS/Kiel Rn. 724; Temming, Altersdiskriminierung, 2008, S. 207; Wendeling-Schröder Anm. zu LAG Niedersachsen 13.7.2007 – 16 Sa 269/07, AuR 2007, 389 (390 f.) = BeckRS 2007, 47296.

[3136] EuGH 5.3.2009 – C-388/07, NZA 2009, 305 – Age Concern England.

[3137] Dazu auch APS/Kiel Rn. 725; s. ferner EuGH 21.7.2011 – C-159/10 ua, AP Richtlinie 200/78/EG Nr. 21 Rn. 50 ff. – Fuchs ua.

[3138] Vgl. Annuß BB 2006, 1629 (1634); Benecke AuR 2009, 326 (331); DD/Deinert Rn. 603; v. Medem, Kündigungsschutz und Allgemeines Gleichbehandlungsgesetz, 2008, 559 ff.; KR/Rachor Rn. 695; gänzlich abl. sogar HaKo-AGG/Brors § 10 Rn. 57 ff.; Buschmann FS Wank, 2014, 63 (70).

[3139] EuGH 5.3.2009 – C-388/07, NZA 2009, 305 – Age Concern England.

[3140] BAG 19.12.2013 – 6 AZR 790/12, NZA-RR 2014, 185 Rn. 24 ff.

[3141] ArbG Siegburg 27.1.2010 – 2 Ca 2144/09, LAGE § 1 KSchG Soziale Auswahl Nr. 61 = BeckRS 2010, 66327.

Kündigungsschutzklage besser einschätzen zu können.[3142] Entsprechend dem Wortlaut der Vorschrift gilt der Grundsatz der **subjektiven Determination.**[3143] Gegenstand des Auskunftsanspruchs sind also (nur) die tatsächlichen Erwägungen des Arbeitgebers, nicht aber diejenigen, die ggf. richtigerweise hätten angestellt werden müssen. Der Arbeitgeber hat die Auswahlkriterien einschließlich ihrer Gewichtung mitzuteilen.[3144] Hierzu zählen auch die Namen und Sozialdaten der vom Arbeitgeber in die soziale Auswahl einbezogenen Arbeitnehmer.[3145] Gegen die Weitergabe dieser Daten bestehen keine datenschutzrechtlichen Bedenken.[3146] Die gesetzlich normierte Auskunftspflicht ist eine rechtliche Verpflichtung iSd Art. 6 Abs. 1 Buchst. c DSGVO. Mitzuteilen sind ferner auch die **betrieblichen Bedürfnisse,** welche nach Auffassung des Arbeitgebers einer Auswahl nach sozialen Gesichtspunkten entgegenstehen.[3147] Aus dem Rechtsgedanken des § 626 Abs. 2 S. 3 BGB folgt, dass der Arbeitgeber auf das Auskunftsverlangen unverzüglich zu reagieren hat.[3148] Beide Fälle sind vergleichbar, weil beide Mitteilungspflichten dem Zweck dienen, den Arbeitnehmer möglichst rasch nach Zugang der Kündigung in die Lage zu versetzen, die in einem Kündigungsrechtsstreit zu erwartenden Prozessrisiken abzuwägen.

986 Verletzt der Arbeitgeber seine Mitteilungspflicht, ist er dem Arbeitnehmer gem. § 280 Abs. 1 BGB **schadensersatzpflichtig** (zu den Folgen für die Verteilung der Darlegungslast → Rn. 995). Zu dem erstattungsfähigen Schaden gehören hierbei – mit Ausnahme der nach § 12a Abs. 1 S. 1 ArbGG nicht ersetzbaren Kosten für die Hinzuziehung eines Prozessbevollmächtigten in der ersten Instanz[3149] – insbes. die Kosten eines Kündigungsschutzprozesses, den der Arbeitnehmer bei Kenntnis der für die Sozialauswahl maßgebenden Umstände nicht angestrengt hätte.[3150] Darüber hinaus ist die Erfüllung der Mitteilungspflicht allerdings **keine Wirksamkeitsvoraussetzung** für die betriebsbedingte Kündigung.

VI. Darlegungs- und Beweislast

987 Nach Abs. 3 S. 3 hat der Arbeitnehmer die **Tatsachen** zu beweisen, welche die Kündigung als sozial ungerechtfertigt iSd Satzes 1 erscheinen lassen. Wenn teilweise verkürzt davon die Rede ist, dass der Arbeitnehmer „die Fehlerhaftigkeit der Sozialauswahl nachweisen" muss, ist dies ungenau, weil die Frage, ob die soziale Auswahl fehlerhaft ist, lediglich eine rechtliche Schlussfolgerung aus den zu berücksichtigenden tatsächlichen Umständen (Vorhandensein mindestens eines vergleichbaren sozial weniger schutzbedürftigen ungekündigten Arbeitnehmers) darstellt.[3151] Nichtsdestotrotz ergibt sich aus Abs. 3 S. 3 eindeutig, dass die fehlerhafte Sozialauswahl wie eine Einwendung gegen die Wirksamkeit der betriebsbedingten Kündigung wirkt. Während es gem. Abs. 2 S. 4 Sache des Arbeitgebers ist, die Umstände darzulegen und zu beweisen, welche die

[3142] APS/Kiel Rn. 663.
[3143] BAG 24.3.1983 – 2 AZR 21/82, AP KSchG 1969 § 1 Betriebsbedingte Kündigung Nr. 12; DD/Deinert Rn. 652; APS/Kiel Rn. 664; PVT Kündigung/Temming Rn. 1258; krit. Westhoff DB 1983, 2465.
[3144] APS/Kiel Rn. 664.
[3145] BAG 24.3.1983 – 2 AZR 21/82, AP KSchG 1969 § 1 Betriebsbedingte Kündigung Nr. 12; PVT Kündigung/Temming Rn. 1258.
[3146] BAG 24.3.1983 – 2 AZR 21/82, AP KSchG 1969 § 1 Betriebsbedingte Kündigung Nr. 12; APS/Kiel Rn. 663; KR/Rachor Rn. 758; LSSW/Schlünder Rn. 493; näher Achenbach NZA 1984, 278; Linck Auswahl S. 78 ff.; aA Rasch DB 1982, 2296 (2297).
[3147] Ebenso BAG 21.7.1988 – 2 AZR 75/88, NZA 1989, 264; 10.2.1999 – 2 AZR 716/98, AP KSchG 1969 § 1 Soziale Auswahl Nr. 40; DD/Deinert Rn. 652; HK-KSchG/Dorndorf Rn. 1169; MüKoBGB/Hergenröder Rn. 450; APS/Kiel Rn. 664; Linck Auswahl S. 174; ErfK/Oetker Rn. 340 f.; KR/Rachor Rn. 758; LSSW/Schlünder Rn. 493.
[3148] Ebenso Brill AuR 1984, 140 (142); HK-KSchG/Dorndorf Rn. 1171; KR/Rachor Rn. 756; PVT Kündigung/Temming Rn. 1258.
[3149] ErfK/Oetker Rn. 341; BAG 30.4.1992 – 8 AZR 288/91, AP ArbGG 1979 § 12a Nr. 6.
[3150] Ebenso HK-KSchG/Dorndorf Rn. 1173; APS/Kiel Rn. 665; KR/Rachor Rn. 759; LSSW/Schlünder Rn. 495.
[3151] Zutr. KR/Rachor Rn. 766.

Kündigung bedingen, trifft den Arbeitnehmer die Darlegungs- und Beweislast für diejenigen Umstände, aus denen sich die Fehlerhaftigkeit der Sozialauswahl ergibt. Von sich aus muss der Arbeitgeber im Kündigungsschutzprozess hierzu nichts vortragen. Sofern sich der Arbeitnehmer zur Frage der sozialen Auswahl nicht äußert, ist die Wirksamkeit einer betriebsbedingten Kündigung auch dann schlüssig dargetan, wenn der Arbeitgeber diesen Aspekt in seinem Vortrag vollständig übergeht.

Für den Nachweis der den sozialen Gesichtspunkten **nach Abs. 3 S. 2 entgegenstehenden Belange** ist demgegenüber der **Arbeitgeber** darlegungs- und beweispflichtig.[3152] Wenn sich der Arbeitgeber auf die Leistungsträgerklausel stützt (→ Rn. 964 ff.), muss er daher konkrete Tatsachen vortragen, aus denen sich die Erforderlichkeit der Weiterbeschäftigung einzelner Arbeitnehmer ergibt. Hierzu sind die ggf. besonderen Kenntnisse und Qualifikationen und deren Bedeutung für den Betrieb aufzuzeigen. Beruft sich der Arbeitgeber auf Leistungsunterschiede, hat er die Arbeitsleistungen der betroffenen Arbeitnehmer sowie den Bewertungsmaßstab substantiiert darzulegen. Geht es um die Sicherung einer ausgewogenen Personalstruktur, können dem Arbeitgeber nach Ansicht des BAG bei Massenentlassungen allerdings Darlegungserleichterungen zugutekommen (→ Rn. 980). Von Relevanz sind die Einschränkungen des Abs. 3 S. 2 freilich nur dann, wenn die Ordnungsgemäßheit der Sozialauswahl überhaupt Gegenstand des Kündigungsschutzprozesses ist. **988**

Ausgangspunkt hierfür ist nach hM, dass der Arbeitnehmer im Kündigungsschutzverfahren **die Fehlerhaftigkeit der Sozialauswahl rügen** muss.[3153] Insbesondere dürften nur die Sozialdaten der vom gekündigten Arbeitnehmer benannten Arbeitnehmer zum Gegenstand der gerichtlichen Kontrolle gemacht werden. Während dies anfangs noch mit dem Beibringungsgrundsatz begründet wurde,[3154] stellt das BAG nunmehr darauf ab, dass von Amts wegen keine Überprüfung der sozialen Auswahl zu erfolgen hat.[3155] Wenn damit gemeint ist, dass das Gericht nicht von sich aus Nachforschungen darüber anzustellen hat, ob der Arbeitgeber soziale Gesichtspunkte nicht oder nicht ausreichend berücksichtigt hat, ist dem zuzustimmen. Zweifelhaft ist dagegen die mit dieser Anforderung offenbar verbundene weitere Vorstellung, dass es der Arbeitnehmer in der Hand haben soll, die vom Gericht aus dem unstreitigen Tatsachenstoff zu ziehenden rechtlichen Schlussfolgerungen zu beschränken.[3156] Halten lässt sich eine solche Sonderregel auf den ersten Blick allenfalls mit der Überlegung, dass sich eine erfolgreiche Rüge der sozialen Auswahl im Regelfall zulasten eines Arbeitskollegen auswirken wird und dem Arbeitnehmer die Entscheidung darüber vorbehalten bleiben soll, ob er seinen Arbeitsplatz auf Kosten bestimmter Kollegen verteidigen oder ob er sich darauf beschränken will, im Rahmen einer Kündigungsschutzklage das Bestehen eines dringenden betrieblichen Erfordernisses für die Kündigung in Frage zu stellen. Letztlich **trägt aber auch dieser Gedanke nicht.** Selbst wenn nämlich in einem Vorprozess ein bestimmter Arbeitnehmer „geschont" und nur geklärt wird, ob der gekündigte Arbeitnehmer im Verhältnis zu anderen nicht gekündigten Arbeitnehmern sozial schwächer ist, kann ein infolgedessen entlassener Arbeitnehmer ohne Weiteres rügen, im Vergleich zum „geschonten" **989**

3152 BAG 28.3.1957 – 2 AZR 307/55, AP KSchG § 1 Nr. 25; 10.1.1994 – 2 AZR 489/93, AP KSchG 1969 § 1 Konzern Nr. 8 unter B III 3 c; 10.2.1999 – 2 AZR 716/98, AP KSchG 1969 § 1 Soziale Auswahl Nr. 40; 5.6.2008 – 2 AZR 907/06, AP KSchG 1969 § 1 Betriebsbedingte Kündigung Nr. 179; LAG Hamm 21.10.2008 – 9 Sa 966/08, LAGE § 1 KSchG Soziale Auswahl Nr. 57a = BeckRS 2009, 52332; Ascheid Beweislastfragen S. 181; HK-KSchG/Dorndorf Rn. 1174; SES/Eylert Rn. 450, 470; APS/Kiel Rn. 703; Linck Auswahl S. 167; Reinecke, Die Beweislastverteilung im Bürgerlichen Recht und im Arbeitsrecht als rechtspolitische Regelungsaufgabe, 1976, 171; HaKo-KSchR/Zimmermann Rn. 923.

3153 BAG 18.10.1984 – 2 AZR 543/83, AP KSchG 1969 § 1 Soziale Auswahl Nr. 6 mAnm Löwisch; 18.10.2006 – 2 AZR 473/05, AP KSchG 1969 § 1 Soziale Auswahl Nr. 86 Rn. 33 mAnm Wilhelm; SES/Eylert Rn. 468; APS/Kiel Rn. 703.

3154 BAG 24.3.1983 – 2 AZR 21/82, AP KSchG 1969 § 1 Betriebsbedingte Kündigung Nr. 12 mAnm Meisel.

3155 BAG 18.10.1984 – 2 AZR 543/83, AP KSchG 1969 § 1 Soziale Auswahl Nr. 6 mAnm Löwisch; 18.10.2006 – 2 AZR 473/05, AP KSchG 1969 § 1 Soziale Auswahl Nr. 86 Rn. 33 mAnm Wilhelm.

3156 Abl. deshalb Dudenbostel DB 1986, 1175; APS/Kiel Rn. 703; PVT Kündigung/Temming Rn. 1262.

Arbeitnehmer seinerseits schutzwürdiger zu sein.[3157] Zudem ist der Arbeitgeber von vornherein verpflichtet, bei einer neuerlichen betriebsbedingten Kündigung ohne Rücksicht auf den Vorprozess sämtliche vergleichbaren Arbeitnehmer in die soziale Auswahl einzubeziehen.

990 Davon abgesehen hat es der Arbeitnehmer in der Hand, die gerichtliche Überprüfung der Sozialauswahl dadurch zu steuern, dass er **nur für bestimmte andere Arbeitnehmer deren Vergleichbarkeit und deren Sozialdaten vorträgt.**[3158] Da Arbeitnehmer regelmäßig versuchen werden, die ihnen erklärte Kündigung unter jedem in Betracht kommenden rechtlichen Blickwinkel zu Fall zu bringen (und es zudem ein anwaltlicher Kunstfehler wäre, dies zu unterlassen), spielt diese Einschränkung allerdings zumeist nur eine untergeordnete Rolle.

991 Im Vordergrund steht daher die Frage, welche Anforderungen an die Substantiierungslast des Arbeitnehmers iE zu stellen sind. Insoweit hat das BAG im Laufe der Zeit eine **abgestufte Darlegungslast** zwischen Arbeitnehmer und Arbeitgeber entwickelt, mit der es der häufig fehlenden Unkenntnis des Arbeitnehmers über die für die Sozialauswahl relevanten Tatsachen Rechnung trägt. Grundlage hierfür sind der materiell-rechtliche Auskunftsanspruch nach Abs. 3 S. 1 Hs. 2 sowie die Grundsätze über die prozessuale Darlegungslast gem. § 138 ZPO.[3159] Bei alledem ist zu berücksichtigen, dass Abs. 3 **kein** wie auch immer geartetes **Tätigwerden des Arbeitgebers** verlangt, **sondern – nur – ein „richtiges" Ergebnis.**[3160] Selbst wenn das Auswahlverfahren an Mängeln leidet (bspw. Bildung eines zu kleinen auswahlrelevanten Personenkreises, unvollständige Sammlung von Sozialdaten) bzw. der Arbeitgeber irrtümlich oder sogar bewusst von einer Sozialauswahl abgesehen hat, kann das Ergebnis immer noch zutreffend sein, indem der Arbeitgeber „zufällig" gerade denjenigen Arbeitnehmer betriebsbedingt gekündigt hat, der sozial am wenigsten schutzbedürftig ist.[3161]

992 Im Ausgangspunkt ist danach zu unterscheiden, ob dem Arbeitnehmer die für die Sozialauswahl **rechtserheblichen Tatsachen bekannt oder noch unbekannt sind.** Soweit der Arbeitnehmer über diejenigen Informationen verfügt, aus denen sich die Unrichtigkeit der sozialen Auswahl ergibt, muss er diese Umstände sämtlich vortragen.[3162] Dies ergibt sich schon aus § 138 ZPO. Der pauschale Vortrag, die Sozialauswahl sei fehlerhaft, genügt in einem solchen Fall von vornherein nicht. Ein vollständiger Vortrag würde demnach verlangen, dass der Arbeitnehmer die Tatsachen vorträgt, aus denen sich die Vergleichbarkeit sowie die geringere soziale Schutzbedürftigkeit mindestens eines anderen nicht gekündigten konkreten Arbeitnehmers ergibt (zum Zusatzproblem der Kausalität eines Auswahlfehlers bei Massenentlassungen → Rn. 1004 ff.).

993 Wenn der Arbeitnehmer, wie es vielfach der Fall sein wird, die für die soziale Auswahl erheblichen Tatsachen nicht kennt, genügt es, wenn er in einem ersten Schritt **pauschal behauptet, die Sozialauswahl sei fehlerhaft,** weil mindestens ein vergleichbarer und sozial

---

[3157] Vgl. Dudenbostel DB 1986, 1175 (1177).

[3158] BAG 18.1.2007 – 2 AZR 796/05, AP KSchG 1969 § 1 Soziale Auswahl Nr. 89; APS/Kiel Rn. 703.

[3159] Dazu grdl. BAG 23.3.1983 – 2 AZR 21/82, AP KSchG 1969 § 1 Betriebsbedingte Kündigung Nr. 12; sowie BAG 21.7.1988 – 2 AZR 75/88, AP KSchG 1969 § 1 Soziale Auswahl Nr. 17; 15.6.1989 – 2 AZR 580/88, AP KSchG 1969 § 1 Soziale Auswahl Nr. 18; 5.5.1994 – 2 AZR 917/93, AP KSchG 1969 § 1 Soziale Auswahl Nr. 23; 24.2.2000 – 8 AZR 167/99, AP KSchG 1969 § 1 Soziale Auswahl Nr. 47; 18.1.2007 – 2 AZR 796/05, AP KSchG 1969 § 1 Soziale Auswahl Nr. 89; 19.12.2013 – 6 AZR 790/12, NZA-RR 2014, 185 Rn. 52 f.; Becker-Schaffner BB 1992, 560 ff.; DD/Deinert Rn. 654; HK-KSchG/Dorndorf Rn. 1175 ff.; v. Hoyningen-Huene SAE 1991, 124 (126 f.); APS/Kiel Rn. 703 ff.; ErfK/Oetker Rn. 371; KR/Rachor Rn. 760 ff.; ausf. Ascheid Beweislastfragen S. 162 ff.; Bütefisch Sozialauswahl S. 374 ff.; Haug, Informationelle Strategien im Arbeitsrecht, 1988, 144 ff.; Linck DB 1990, 1866 ff.

[3160] BAG 24.2.2000 – 8 AZR 167/99, AP KSchG 1969 § 1 Soziale Auswahl Nr. 47; sowie bereits BAG 24.3.1983 – 2 AZR 21/82, AP KSchG 1969 § 1 Betriebsbedingte Kündigung Nr. 12; 15.6.1989 – 2 AZR 580/88, NZA 1990, 226.

[3161] BAG 24.2.2000 – 8 AZR 167/99, AP KSchG 1969 § 1 Soziale Auswahl Nr. 47; 10.6.2010 – 2 AZR 420/09, AP KSchG 1969 § 1 Soziale Auswahl Nr. 98 Rn. 19; 20.9.2012 – 6 AZR 483/11, NZA 2013, 94 Rn. 25; 8.12.2022 – 6 AZR 31/22, NZA 2023, 692 Rn. 71; 29.5.2024 – 2 AZR 313/22, NZA 2024, 1157 Rn. 18.

[3162] BAG 5.12.2002 – 2 AZR 697/01, AP KSchG 1969 § 1 Soziale Auswahl Nr. 60.

stärkerer Arbeitnehmer als er vorhanden sei, und zugleich vom Arbeitgeber verlangt, ihm die **Gründe mitzuteilen,** die diesen zur getroffenen Auswahlentscheidung veranlasst haben. Mit diesem auf Abs. 3 S. 1 Hs. 2 gestützten Auskunftsverlangen geht die Darlegungslast auf den Arbeitgeber über.[3163] Der Arbeitgeber hat nun vollständig und wahrheitsgemäß (§ 138 Abs. 1 ZPO) seine subjektiven, tatsächlich angestellten Überlegungen zur getroffenen Sozialauswahl darzutun. Für das weitere Schicksal der Kündigungsschutzklage kommt es dann darauf an, wie sich der Arbeitgeber auf das Auskunftsbegehren des Arbeitnehmers einlässt (→ Rn. 995 ff.).

Das Ausmaß der vom Arbeitnehmer in einem ersten Schritt geforderten Substantiierung hängt damit streng genommen von dessen Kenntnisstand ab. Allerdings werden im Allgemeinen weder das Gericht noch der Arbeitgeber über den ursprünglichen Kenntnisstand des Arbeitnehmers iE informiert sein.[3164] In der Praxis bereitet dieser Aspekt indes offenbar nur geringe Probleme, weil ein Arbeitnehmer schon im eigenen Interesse alle ihm bekannten Umstände vortragen wird, aus denen die Unrichtigkeit der Sozialauswahl folgt (Vergleichbarkeit und Sozialdaten anderer Arbeitnehmer). Anders kann dies zu beurteilen sein, wenn sich ein Arbeitnehmer in seinem eigenen Vorbringen verfängt.[3165] Von umso größerer Bedeutung ist, dass die Absenkung der Anforderungen an die Substanziierung des Arbeitnehmervortrags zur Fehlerhaftigkeit der Sozialauswahl aufgrund des letztlich kaum kontrollierbaren Informationsdefizits auf der Arbeitnehmerseite an die Voraussetzung gekoppelt ist, dass der Arbeitnehmer **vom Arbeitgeber weitere Informationen einfordert.** Unterlässt der Arbeitnehmer dies, **fehlt es an einer ordnungsgemäßen Rüge der Sozialauswahl.**[3166] Das in einem solchen Fall somit notwendige (innerprozessuale) Auskunftsverlangen zielt auf dieser (**ersten**) **Stufe** auf denselben Gegenstand wie der außerprozessuale Informationsanspruch, nämlich auf die Mitteilung der Umstände, die den Arbeitgeber tatsächlich zur Auswahl bewogen haben (subjektive Determination → Rn. 985). Dabei sind an die Aufforderung keine übertriebenen formalen Anforderungen zu stellen.[3167] So liegt ein hinreichendes Auskunftsbegehren regelmäßig bereits im Vortrag des Arbeitnehmers, mangels näherer Informationen zu einer weiteren Substantiierung nicht in der Lage zu sein.[3168] Die bloße Erhebung der Kündigungsschutzklage als solche genügt dagegen nicht.[3169] **994**

Gibt der **Arbeitgeber keine oder keine vollständige Auskunft** über seine subjektiven Erwägungen zur Sozialauswahl, kann der Arbeitnehmer bei fehlender eigener Kenntnis der Gründe für die getroffene Auswahlentscheidung seiner Last zur Substantiierung der Tatsachen, aus denen sich die Unrichtigkeit der sozialen Auswahl ergibt, nicht genügen. In diesem Fall ist sein pauschaler Vortrag, es sei mindestens ein vergleichbarer und sozial stärkerer Arbeitnehmer als er vorhanden, schlüssig und zugleich als unstreitig anzusehen.[3170] Der Kündigungsschutzklage ist dann stattzugeben. Während eine regelrechte Auskunftsverweigerung unproblematisch ist, kann fraglich sein, ob die Auskunft des Arbeitgebers unvollständig ist oder nicht. Da der Arbeitgeber den Arbeitnehmer materiell-rechtlich nur darüber zu informieren hat, von welchen für die Sozialauswahl relevanten Tatsachen er subjektiv ausgegangen ist und wie er die Sozialdaten gewichtet hat, liegt eine nachweislich unvollständige Auskunft nur in dem eher unwahrscheinlichen Fall **995**

3163 Vgl. instruktiv BAG 24.2.2000 – 8 AZR 167/99, AP KSchG 1969 § 1 Soziale Auswahl Nr. 47; 19.12.2013 – 6 AZR 790/12, NZA-RR 2014, 185 Rn. 52.

3164 S. aber BAG 18.1.2007 – 2 AZR 796/05, AP KSchG 1969 § 1 Soziale Auswahl Nr. 89 Rn. 44, das die – angeblich – mangelnde Kenntnis des Arbeitnehmers als „wenig lebensnah" bezeichnet.

3165 BAG 18.1.2007 – 2 AZR 796/05, AP KSchG 1969 § 1 Soziale Auswahl Nr. 89 Rn. 44.

3166 BAG 24.2.2000 – 8 AZR 167/99, AP KSchG 1969 § 1 Soziale Auswahl Nr. 47.

3167 BAG 18.1.2007 – 2 AZR 796/05, AP KSchG 1969 § 1 Soziale Auswahl Nr. 89 Rn. 44.

3168 BAG 8.8.1985 – 2 AZR 464/84, AP KSchG 1969 § 1 Soziale Auswahl Nr. 10.

3169 PVT Kündigung/Temming Rn. 1260; aA Herschel Anm. zu BAG 3.2.1982 – 7 AZR 907/79, AP BPersVG § 72 Nr. 1.

3170 BAG 21.7.1988 – 2 AZR 75/88, NZA 1989, 264; 15.6.1989 – 2 AZR 580/88, AP KSchG 1969 § 1 Soziale Auswahl Nr. 18; 18.1.2007 – 2 AZR 796/05, AP KSchG 1969 § 1 Soziale Auswahl Nr. 89; 19.12.2013 – 6 AZR 790/12, NZA-RR 2014, 185 Rn. 53; KR/Rachor Rn. 763; PVT Kündigung/Temming Rn. 1263.

vor, dass sich aus dem Arbeitgebervorbringen selbst ergibt, dass er tatsächlich angestellte Auswahlüberlegungen verschweigt. Dagegen ist eine Auskunft nicht schon dann unvollständig, wenn der Arbeitgeber nicht die Sozialdaten aller objektiv vergleichbaren Arbeitnehmer seines Betriebs auflistet, weil er dazu nach Abs. 3 S. 1 Hs. 2 nicht verpflichtet ist.[3171] Der Arbeitgeber genügt vielmehr schon dann seiner Auskunftspflicht, wenn er sich auf die Arbeitnehmer beschränkt, die er subjektiv als vergleichbar erachtet hat, selbst wenn sich aus dem Inhalt seiner Auskunft die materielle Unrichtigkeit seiner Auffassung ergibt.[3172]

996 Kommt der Arbeitgeber dem Auskunftsverlangen des Arbeitnehmers in genügendem Umfang nach und ergänzt dementsprechend seinen Vortrag (was auch möglich ist, wenn er zunächst aus nachvollziehbaren Gründen von einer Sozialauswahl abgesehen hat und deshalb nunmehr also eine hypothetische Sozialauswahl vornimmt),[3173] hängt das weitere Vorgehen davon ab, **welche rechtlichen Schlussfolgerungen aus den vorgebrachten Tatsachen zu ziehen** sind. Wenn sich bereits aus dem Vortrag des Arbeitgebers die objektive Fehlerhaftigkeit der Sozialauswahl ergibt, indem etwa einem vergleichbaren jüngeren Arbeitnehmer mit geringerer Betriebszugehörigkeit ohne Unterhaltspflichten nicht gekündigt wurde, genügt es, wenn sich der Arbeitnehmer diesen Tatsachenvortrag (stillschweigend) zu Eigen macht. Eine **weitere Substantiierung ist nicht erforderlich.**[3174] Eine namentliche Benennung genau desjenigen Arbeitnehmers, der nach Ansicht des gekündigten Arbeitnehmers vorrangig hätte gekündigt werden sollen, was dann zum Tragen käme, wenn mehrere andere vergleichbare Arbeitnehmer sozial weniger schutzbedürftig sind, ist entgegen der Ansicht des BAG[3175] nicht zu verlangen.[3176] Vielmehr genügt es, wenn eindeutig feststeht, welche anderen Arbeitnehmer sozial weniger schutzbedürftig sind.

997 Wenn der Vortrag des Arbeitgebers bei isolierter Betrachtung keine Unrichtigkeit der Sozialauswahl zu erkennen gibt, muss der Arbeitnehmer, der an der Rüge der Fehlerhaftigkeit der Sozialauswahl festhalten will, seinen **Vortrag weiter substantiieren.** Dies kann zum einen dadurch geschehen, dass er darlegt, dass die vom Arbeitgeber in die Auswahl einbezogenen Arbeitnehmer in Wirklichkeit sozial weniger schutzbedürftig sind. Zum anderen kann der Arbeitnehmer vortragen, dass weitere Arbeitnehmer in die Auswahl hätten einbezogen werden müssen.[3177] Insoweit muss der Arbeitnehmer den oder die anderen Arbeitnehmer in irgendeiner Form spezifizieren und sich bzgl. der Einzelheiten wiederum darauf berufen, dass ihm nähere Informationen fehlen. Dies gilt insbes. für den Verweis auf eine bestimmte Gruppe von Arbeitnehmern, die der Arbeitgeber vollständig ausgeklammert hat.[3178] Allerdings wird man insoweit verlangen müssen, dass die vom Arbeitnehmer geforderte Einbeziehung sonstiger Arbeitnehmer in die Sozialauswahl nicht von vornherein unplausibel ist. Ergänzt der Arbeitnehmer seinen Sachvortrag in einer Weise, die Auswahlfehler einerseits als möglich erscheinen lässt, andererseits aber für sich genommen noch nicht schlüssig darlegt, löst dies eine weitere prozessuale Erklärungslast des Arbeitgebers gem. § 138 Abs. 1 ZPO aus. Kommt der

[3171] BAG 5.12.2002 – 2 AZR 697/01, AP KSchG 1969 § 1 Soziale Auswahl Nr. 60; 18.1.2007 – 2 AZR 796/05, AP KSchG 1969 § 1 Soziale Auswahl Nr. 89.

[3172] BAG 21.12.1983 – 7 AZR 421/82, AP KSchG 1969 § 1 Soziale Auswahl Nr. 4; 8.8.1985– 2 AZR 464/84, AP KSchG 1969 § 1 Soziale Auswahl Nr. 10; 21.7.1988 – 2 AZR 75/88, AP KSchG 1969 § 1 Soziale Auswahl Nr. 17; 15.6.1989 – 2 AZR 580/88, AP KSchG 1969 § 1 Soziale Auswahl Nr. 18; 18.1.2007 – 2 AZR 796/05, AP KSchG 1969 § 1 Soziale Auswahl Nr. 89.

[3173] Vgl. BAG 8.12.2022 – 6 AR 32/22, NZA 2023, 625 Rn. 23.

[3174] KR/Rachor Rn. 764; PVT Kündigung/Temming Rn. 1262.

[3175] BAG 24.3.1983 – 2 AZR 21/82, AP KSchG 1969 § 1 Betriebsbedingte Kündigung Nr. 12; 18.10.2006 – 2 AZR 676/05, AP KSchG 1969 § 1 Betriebsbedingte Kündigung Nr. 163 Rn. 33; ErfK/Oetker Rn. 371; KR/Rachor Rn. 765.

[3176] Ebenso Bütefisch Sozialauswahl S. 382 f.; Dudenbostel DB 1986, 1175; APS/Kiel Rn. 762; ausf. Linck Auswahl S. 176 ff.

[3177] PVT Kündigung/Temming Rn. 1263.

[3178] BAG 15.6.1989 – 2 AZR 580/88, AP KSchG 1969 § 1 Soziale Auswahl Nr. 18; 5.5.1994 – 2 AZR 917/93, AP KSchG 1969 § 1 Soziale Auswahl Nr. 23.

Arbeitgeber der Erklärungslast auf dieser (**zweiten**) **Stufe** nicht nach, ist der nicht weiter konkretisierbare Vortrag des Arbeitnehmers, soziale Gesichtspunkte seien nicht ausreichend berücksichtigt, wiederum als schlüssig und unstreitig anzusehen. Trägt der Arbeitgeber die erforderlichen Informationen vor, kann sich auf deren Grundlage wiederum die Fehlerhaftigkeit oder die Richtigkeit der Sozialauswahl ergeben. Hält der Arbeitnehmer an der Rüge der Fehlerhaftigkeit der sozialen Auswahl fest, muss er nunmehr die konkreten Tatsachen beweisen, aus denen diese Unrichtigkeit folgen soll. Die Abstufung der Darlegungslast ändert nichts daran, dass der **Arbeitnehmer letztlich beweisbelastet bleibt,** wenn der Arbeitgeber sich stets in hinreichender Weise erklärt.

In zahlreichen Entscheidungen ist zudem von einer **„Vermutung der Unrichtigkeit der** 998
Sozialauswahl" bzw. der **„Vermutung für ein sozialwidriges Auswahlergebnis"** die Rede. Dies soll etwa dann der Fall sein, wenn der Arbeitgeber nach entsprechender Aufforderung des Arbeitnehmers nur Gründe vorträgt, die erkennen lassen, dass er die soziale Auswahl ausschließlich nach betrieblichen Interessen vorgenommen hat.[3179] Gleiches soll gelten, wenn der Arbeitgeber dem Arbeitnehmer nur abstrakt die Auswahlgesichtspunkte mitteilt, ohne ihm darüber hinaus die vergleichbaren Arbeitnehmer namentlich zu benennen und Auskunft über die konkret berücksichtigten Sozialdaten zu geben.[3180] Schließlich soll diese Vermutung greifen, wenn der Arbeitgeber unstreitig gar keine Sozialauswahl vorgenommen hat.[3181] Der Sinn einer solchen Vermutung ist allerdings unklar. Legt man die Möglichkeiten zugrunde, die sich aus der materiell-rechtlichen Auskunftspflicht nach Abs. 3 S. 3 sowie aus der prozessualen Erklärungspflicht nach § 138 ZPO ergeben, ist eine zusätzliche Vermutung entbehrlich.[3182] Jedenfalls kann sie das Gericht nicht davon entlasten, auf der Grundlage des vorgetragenen Tatsachenstoffs selbst darüber zu entscheiden, ob soziale Gesichtspunkte nicht ausreichend berücksichtigt worden sind.

VII. Gerichtliche Überprüfungsmöglichkeiten

1. Wertungsspielraum des Arbeitgebers

Der Arbeitgeber hat bei der Auswahl des zu kündigenden Arbeitnehmers nach dem 999
Wortlaut von Abs. 3 S. 1 soziale Gesichtspunkte nur „ausreichend" zu berücksichtigen. Hierdurch trägt der Gesetzgeber dem Umstand Rechnung, dass auch eine sorgfältige Sozialauswahl kein einfacher Subsumtionsvorgang ist, sondern verschiedene, letztlich inkommensurable Größen wertend abgewogen werden müssen. Dies ändert freilich nichts daran, dass sich das Gebot der ausreichenden Rücksichtnahme auf soziale Aspekte auf das **Ergebnis der Auswahl** bezieht, nicht aber darauf, ob sich der Arbeitgeber beim Verfahren der Sozialauswahl hinreichend sorgfältig verhalten hat. Ein bestimmtes Tätigwerden des Arbeitgebers ist nach Abs. 3 S. 1 weder erforderlich noch ausreichend.[3183] Dennoch ist ein sorgfältiges Vorgehen des Arbeitgebers die beste Gewähr dafür, dass sich Fehler beim Auswahlverfahren nicht in einem unrichtigen Auswahlergebnis niederschlagen.

3179 BAG 18.10.1984 – 2 AZR 61/83, AP KSchG 1969 § 1 Betriebsbedingte Kündigung Nr. 18; idS auch KR/Rachor Rn. 763.

3180 BAG 18.10.1984 – 2 AZR 61/83, AP KSchG 1969 § 1 Betriebsbedingte Kündigung Nr. 18; APS/Kiel Rn. 704; KR/Rachor Rn. 763.

3181 BAG 17.1.2002 – 2 AZR 15/01, EzA § 1 KSchG Soziale Auswahl Nr. 47; 24.2.2005 – 2 AZR 214/04, AP KSchG 1969 § 1 Gemeinschaftsbetrieb Nr. 4; 3.4.2008 – 2 AZR 879/06, AP KSchG 1969 § 1 Namensliste Nr. 17 Rn. 30; 20.9.2012 – 6 AZR 483/11, NZA 2013, 94 Rn. 27; APS/Kiel Rn. 762; s. aber auch BAG 24.2.2000 – 8 AZR 167/99, AP KSchG 1969 § 1 Soziale Auswahl Nr. 47, wonach der (alleinige) Vortrag des Arbeitnehmers, der Arbeitgeber habe keine Sozialauswahl durchgeführt, gerade kein fehlerhaftes Auswahlergebnis indizieren soll.

3182 Ebenso PVT Kündigung/Temming Rn. 1264.

3183 BAG 2.6.2005 – 2 AZR 480/04, AP KSchG 1969 § 1 Soziale Auswahl Nr. 75.

1000 Im Hinblick auf das Ergebnis der Sozialauswahl besteht das gesetzgeberische Konzept darin, dem Arbeitgeber keine starren Leitlinien vorzugeben, sondern ihm bei der **Gewichtung der Sozialkriterien** (nicht aber bei der Festlegung des auswahlrelevanten Personenkreises oder bei der Ermittlung der Sozialdaten) einen gewissen **Wertungsspielraum** zuzubilligen.[3184] Alle früheren Ansätze der Rspr., diese Gewichtung in bestimmte Bahnen zu lenken, haben sich erledigt (→ Rn. 957). Korrespondierend zum Wertungsspielraum ist die Auswahlentscheidung des Arbeitgebers durch die Gerichte nur beschränkt nachprüfbar. Die Auswahlentscheidung muss lediglich vertretbar sein und nicht unbedingt der Entscheidung entsprechen, die das Gericht getroffen hätte, wenn es eigenverantwortlich soziale Erwägungen hätte anstellen müssen. Der Arbeitgeber muss mit anderen Worten nicht die nach den Vorstellungen des Gerichts „bestmögliche Sozialauswahl" vorgenommen haben.[3185] Der dem Arbeitgeber vom Gesetz eingeräumte Wertungsspielraum führt dazu, dass nur **deutlich schutzwürdigere Arbeitnehmer** mit Erfolg die Fehlerhaftigkeit der sozialen Auswahl rügen können.[3186] Daher können sich mehrere Entscheidungen als zutreffend erweisen. So hat der Arbeitgeber nach Auffassung des BAG bspw. die Auswahlgesichtspunkte noch ausreichend berücksichtigt, wenn der gekündigte Arbeitnehmer im Vergleich zu dem nicht gekündigten zwar eine erheblich höhere Betriebszugehörigkeit (acht Jahre gegenüber drei Jahren) aufweist, er aber erheblich jünger ist (42 Jahre gegenüber 55 Jahren).[3187] Dagegen ist eine Sozialauswahl nicht mehr ausreichend, wenn der gekündigte Arbeitnehmer 40 Jahre alt ist, eine Betriebszugehörigkeit von sechs Jahren aufzuweisen hat und gegenüber der Ehefrau und zwei Kindern unterhaltspflichtig ist, während eine vergleichbare Arbeitnehmerin 42 Jahre alt und drei Jahre länger beschäftigt, aber ledig und kinderlos ist.[3188]

1001 Die begrenzte gerichtliche Kontrollmöglichkeit ist Folge der Verwendung des **unbestimmten Rechtsbegriffs „ausreichend"** und damit keine erst nachträglich an das Gesetz herangetragene Einschränkung. Eine weitere Rücknahme der gerichtlichen Überprüfungsmöglichkeiten würde indes dem zwingenden Charakter des Abs. 3 S. 1 zuwiderlaufen.[3189] Deshalb steht dem Arbeitgeber bei der Sozialauswahl kein weiter Ermessensspielraum zu.[3190] Zudem belegen Abs. 4 u. 5 im Umkehrschluss, dass die allein vom Arbeitgeber durchgeführte soziale Auswahl nicht nur auf grobe Fehlerhaftigkeit überprüft werden kann. Eine klare Grenze zwischen der Überprüfungsmöglichkeit auf einfache Auswahlfehler nach Abs. 3 und grobe Auswahlfehler nach Abs. 4 bzw. 5 lässt sich allerdings nur schwer ziehen.[3191]

1002 Der Arbeitgeber wird durch Abs. 3 nicht daran gehindert, zur Durchführung der sozialen Auswahl selbst entwickelte bzw. von der beratenden Praxis angebotene **Punktetabellen** zu verwenden. Hierbei verlangte die Rspr. früher eine individuelle Abschlussprüfung („Handsteuerung").[3192] Mit der abschließenden Beschränkung auf die vier Grunddaten des Abs. 3 S. 1 (→ Rn. 937) ist die **Notwendigkeit einer solchen Abschluss-**

[3184] BAG 2.6.2005 – 2 AZR 480/04, AP KSchG 1969 § 1 Soziale Auswahl Nr. 75; 6.7.2006 – 2 AZR 442/05, AP KSchG 1969 § 1 Soziale Auswahl Nr. 82; 18.1.2007 – 2 AZR 796/05, AP KSchG 1969 § 1 Soziale Auswahl Nr. 89; 29.1.2015 – 2 AZR 164/14, NZA 2015, 426 Rn. 11; APS/Kiel Rn. 658; ErfK/Oetker Rn. 330; KR/Rachor Rn. 749.

[3185] BAG 6.7.2006 – 2 AZR 442/05, AP KSchG 1969 § 1 Soziale Auswahl Nr. 82; 20.6.2013 – 2 AZR 271/12, NZA 2013, 837 Rn. 13.

[3186] BAG 5.12.2002 – 2 AZR 549/01, AP KSchG 1969 § 1 Soziale Auswahl Nr. 59; 2.6.2005 – 2 AZR 480/04, AP KSchG 1969 § 1 Soziale Auswahl Nr. 75; 31.5.2007 – 2 AZR 276/06, AP KSchG 1969 § 1 Soziale Auswahl Nr. 94; 20.6.2013 – 2 AZR 271/12, NZA 2013, 837 Rn. 13; 29.1.2015 – 2 AZR 164/14, NZA 2015, 426 Rn. 11; SES/Eylert Rn. 422; APS/Kiel Rn. 658; PVT Kündigung/Temming Rn. 1223.

[3187] BAG 2.6.2005 – 2 AZR 480/04, AP KSchG 1969 § 1 Soziale Auswahl Nr. 75.

[3188] BAG 29.1.2015 – 2 AZR 164/14, NZA 2015, 426 Rn. 15 ff.

[3189] PVT Kündigung/Temming Rn. 1223.

[3190] APS/Kiel Rn. 658; Preis KündigungsR S. 430 f.; Preis RdA 1999, 311 (317); aA Buchner DB 1984, 504 (509 f.); Meisel ZfA 1985, 213 (240 f.); DB 1991, 92 (96); Möhn BB 1995, 563 (564).

[3191] DD/Deinert Rn. 563; Preis RdA 1999, 311 (317 f.).

[3192] BAG 18.1.1990 – 2 AZR 357/89, AP KSchG 1969 § 1 Soziale Auswahl Nr. 19; 5.12.2002 – 2 AZR 549/01, AP KSchG 1969 § 1 Soziale Auswahl Nr. 59.

prüfung indes entfallen.[3193] Diese autonomen Punkteschemata dürfen nicht mit kollektivrechtlichen Auswahlrichtlinien iSd Abs. 4 (→ Rn. 1007 ff.) verwechselt werden. Insbesondere partizipieren einseitige Punktetabellen nicht am Privileg der gerichtlichen Überprüfbarkeit auf grobe Fehlerhaftigkeit, die sich allein dadurch rechtfertigt, dass die Arbeitnehmerseite den Inhalt jener Auswahlrichtlinien beeinflussen kann.[3194] Die Aufstellung solcher Punktetabellen ist gem. § 95 Abs. 1 BetrVG mitbestimmungspflichtig. Dabei ist nach Auffassung des BAG ein Punkteschema für die soziale Auswahl auch dann eine **mitbestimmungspflichtige Auswahlrichtlinie,** wenn es der Arbeitgeber nicht generell auf alle künftigen betriebsbedingten Kündigungen, sondern nur auf konkret bevorstehende Kündigungen anwenden will.[3195] Eine Missachtung des Beteiligungsrechts des Betriebsrats führt allerdings nicht zur Unwirksamkeit der Kündigung.[3196] Vielmehr kann sich nur der Betriebsrat auf der Grundlage des allgemeinen Unterlassungsanspruchs gegen die Verletzung des Mitbestimmungsrechts zur Wehr setzen.[3197] Die Gerichte selbst dürfen **schematisierende Punktetabellen** zur Überprüfung der sozialen Auswahl **nicht verwenden,** weil sie nur die Überschreitung des Wertungsspielraums im Einzelfall überprüfen dürfen.[3198] Hat der Arbeitgeber eine Sozialauswahl ohne Punktetabelle durchgeführt, können **anerkannte Schemata aber im Nachhinein als Indiz** dafür herangezogene werden, ob die Auswahl iErg zutreffend ist. Freilich bedarf es in einem solchen Fall stets einer Bewertung der Sozialdaten der konkret konkurrierenden Arbeitnehmer.[3199]

Folgende einseitig aufgestellte **Punktetabelle** hat das BAG **nicht beanstandet:**[3200] 1003

Lebensalter:	1 Punkt bis maximal 55 Jahre
Betriebszugehörigkeit:	bis zu zehn Jahren 1 Punkt; ab dem 11. Jahr 2 Punkte
Unterhaltspflichten:	je unterhaltsberechtigtem, auf der Lohnsteuerkarte eingetragenem Kind 3 Punkte
Familienstand:	verheiratet 4 Punkte
Schwerbehinderteneigenschaft:	ab 50 % 5 Punkte, darüber pro je weiteren 10 % MDE jeweils 1 weiterer Punkt

2. Aufgabe der „Dominotheorie"

Auch bei Massenkündigungen hat der Arbeitgeber im Ausgangspunkt eine **individuelle Sozialauswahl** vorzunehmen. Dabei können Auswahlrichtlinien nach Abs. 4 die soziale Auswahl erheblich erleichtern. Besondere Schwierigkeiten bereiten Massenkündigungen, weil sich wegen der individualrechtlichen Konzeption des Kündigungsschutzes grds. beliebig viele sozial schwächere Arbeitnehmer zur gleichen Zeit darauf berufen können, dass ein sozial stärkerer Arbeitnehmer nicht gekündigt wurde und daher die soziale Auswahl fehlerhaft sei.[3201] Dies könnte im Einzelfall dazu führen, dass Hunderte von Kündigungen sozialwidrig sind, wenn auch nur ein nicht gekündigter Arbeitnehmer 1004

3193 BAG 9.11.2006 – 2 AZR 812/05, AP KSchG 1969 § 1 Soziale Auswahl Nr. 87; 24.10.2013 – 6 AZR 854/11, NZA 2014, 46 Rn. 39; SES/Eylert Rn. 423; APS/Kiel Rn. 659; Löwisch BB 2004, 154; HWK/Quecke Rn. 388; KR/Rachor Rn. 751; aA DD/Deinert Rn. 566.

3194 SES/Eylert Rn. 484; APS/Kiel Rn. 660.

3195 BAG 26.7.2005 – 1 ABR 29/04, AP BetrVG 1972 § 95 Nr. 43; 24.10.2013 – 6 AZR 854/11, NZA 2014, 46 Rn. 34; Fitting BetrVG § 95 Rn. 23; einschränkend Quecke RdA 2007, 335 (336 ff.).

3196 BAG 6.7.2006 – 2 AZR 442/05, AP KSchG 1969 § 1 Soziale Auswahl Nr. 82; 9.11.2006 – 2 AZR 812/05, NJW 2007, 2429 mAnm Oelkers; DD/Deinert Rn. 571; SES/Eylert Rn. 424; Gaul/Bonanni/Naumann BB 2006, 549 (552).

3197 BAG 26.7.2005 – 1 ABR 29/04, AP BetrVG 1972 § 95 Nr. 43; Fitting BetrVG § 95 Rn. 8; sehr krit. Bengelsdorf ZfA 2007, 277 (290 ff.).

3198 BAG 24.3.1983 – 2 AZR 21/82, AP KSchG 1969 § 1 Betriebsbedingte Kündigung Nr. 12 mAnm Meisel; aA Fenski DB 1990, 1917 (1918).

3199 BAG 29.1.2015 – 2 AZR 164/14, NZA 2015, 426 Rn. 24; LAG Hamm 21.10.2008 – 9 Sa 966/08, LAGE § 1 KSchG Soziale Auswahl Nr. 57a = BeckRS 2009, 52332.

3200 BAG 9.11.2006 – 2 AZR 812/05, AP KSchG 1969 § 1 Soziale Auswahl Nr. 87. Weitere akzeptierte Punktetabelle in BAG 6.11.2008 – 2 AZR 523/07, AP KSchG 1969 § 1 Betriebsbedingte Kündigung Nr. 182.

3201 BAG 18.10.1984 – 2 AZR 543/83, AP KSchG 1969 § 1 Soziale Auswahl Nr. 6 mAnm Löwisch; 25.4.1985 – 2 AZR 140/84, AP KSchG 1969 § 1 Soziale Auswahl Nr. 7.

weniger sozial schutzwürdig ist als die übrigen gekündigten Arbeitnehmer (**„Domino-Theorie"**).[3202] Der Arbeitgeber müsste dann eine Unzahl neuer Kündigungen aussprechen.

1005 Um dieses Ergebnis zu vermeiden, neigte das BAG zunächst dazu, dem Arbeitgeber die Möglichkeit einzuräumen, Fehler in der **Sozialauswahl nachträglich im Kündigungsschutzprozess zu korrigieren,** indem er den sozial weniger betroffenen Arbeitnehmern nachträglich kündigt und einer entsprechenden Anzahl von Arbeitnehmern die Fortsetzung des Arbeitsverhältnisses anbietet.[3203] Hiergegen spricht jedoch die Gesetzessystematik, nach der die soziale Rechtfertigung einer Kündigung nach den Umständen zum Zeitpunkt des Zugangs der Kündigung zu beurteilen ist.[3204]

1006 Eine vernünftige Möglichkeit, die auftretenden Schwierigkeiten zu überwinden, ist die im Schrifttum vorgeschlagene und vom BAG übernommene **„eingeschränkte Kausalitätsprüfung"**.[3205] Kann der Arbeitgeber im Kündigungsschutzprozess aufzeigen, dass der gekündigte Arbeitnehmer auch bei zutreffender Sozialauswahl zur Kündigung angestanden hätte, ist die Kündigung nicht unwirksam.[3206] Entschieden wurde dies bislang allerdings nur für **kollektive Auswahlschemata,** mit deren Hilfe eine soziale Rangliste der Arbeitnehmer erstellt worden ist. Wurde kein Punkteschema verwendet, kann der Arbeitgeber im Grundsatz zwar immer noch mangelnde Kausalität des Auswahlfehlers einwenden, wird aber kaum begründen können, dass auch jede andere ordnungsgemäße Sozialauswahl zur Kündigung des sozial schwächeren Arbeitnehmers geführt hätte.[3207]

H. Sozialauswahlrichtlinien (Abs. 4)

1007 Nach Abs. 4 kann in einem Tarifvertrag, in einer Betriebsvereinbarung oder in einer Richtlinie nach den Personalvertretungsgesetzen festgelegt werden, wie die Gesichtspunkte nach Abs. 3 S. 1 im Verhältnis zueinander zu bewerten sind. Die Vorschrift zielt darauf ab, Kündigungen für den Arbeitgeber einfacher und besser berechenbar zu machen.[3208] Dies wird durch eine Zurückdrängung der Einzelfallbeurteilung sowie durch die Beschränkung der gerichtlichen Kontrolle der Auswahlrichtlinien auf grobe Fehlerhaftigkeit bewirkt. Zugleich trägt die Regelung zu größerer Verteilungsgerechtigkeit bei der Sozialauswahl bei, indem die Arbeitnehmerseite am Zustandekommen der Richtlinien beteiligt ist. **Tarifvertragliche Auswahlrichtlinien** sind Betriebsnormen iSd § 3 Abs. 2 TVG.[3209] Sie gelten deshalb unabhängig von der Tarifbindung der Arbeitnehmer für alle Betriebe, deren Arbeitgeber tarifgebunden ist. **Betriebsvereinbarungen** müssen

---

[3202] Begriffsbildung zurückgehend auf Bitter/Kiel RdA 1994, 333 (358): Domino-Stein-Effekt".

[3203] BAG 18.10.1984 – 2 AZR 543/83, AP KSchG 1969 § 1 Soziale Auswahl Nr. 6; zust. HK-KSchG/Dorndorf Rn. 1165.

[3204] Ebenso Bütefisch Sozialauswahl S. 352; v. Hoyningen-Huene Anm. zu BAG 18.10.1984 – 2 AZR 543/83, EzA § 1 KSchG Betriebsbedingte Kündigung Nr. 34; v. Hoyningen-Huene NZA 1994, 1009 (1015); APS/Kiel Rn. 702; Linck AR-Blattei SD 1020.1.2 Rn. 183 ff.; Löwisch Anm. zu BAG 18.10.1984 – 2 AZR 543/83, AP KSchG 1969 § 1 Soziale Auswahl Nr. 6; Rieble NJW 1991, 65 (70); Bedenken auch bei Bitter/Kiel RdA 1994, 333 (358); DD/Deinert Rn. 672.

[3205] BAG 9.11.2006 – 2 AZR 812/05, NZA 2007, 549; 5.11.2009 – 2 AZR 676/08, AP KSchG 1969 § 1 Betriebsbedingte Kündigung Nr. 183 Rn. 32; 20.6.2013 – 2 AZR 271/12, NZA 2013, 837 Rn. 18; 27.7.2017 – 2 AZR 476/16, NZA 2018, 234 Rn. 41; präzisierend LAG Hamm 21.10.2008 – 9 Sa 966/08, LAGE § 1 KSchG Soziale Auswahl Nr. 57a = BeckRS 2009, 52332; ebenso LAG Hamm 21.1.2009 – 2 Sa 1351/08, NZA-RR 2009, 587; Bauer/Gotham BB 2007, 1729; SES/Eylert Rn. 473; APS/Kiel Rn. 701; ErfK/Oetker Rn. 308; KR/Rachor Rn. 711; idS auch Bütefisch Sozialauswahl S. 354 ff.

[3206] Zur konkreten Durchführung der Kausalitätsprüfung s. APS/Kiel Rn. 701.

[3207] HWK/Quecke Rn. 332; NK-ArbR/Weber/Gräf Rn. 1446.

[3208] BT-Drs. 13/4612, 14.

[3209] Ebenso Ascheid RdA 1997, 333 (340); HK-KSchG/Dorndorf Rn. 1126; Fischermeier NZA 1997, 1089 (1095); Gamillscheg IndArbR S. 594; APS/Kiel Rn. 695; ErfK/Oetker Rn. 352; Wiedemann/Thüsing, TVG, 8. Aufl. 2019, § 1 Rn. 709; aA Buschmann AuR 1996, 285 (288).

mit dem zuständigen Betriebs- oder Gesamtbetriebsrat abgeschlossen werden und grds. den formalen Anforderungen des § 77 Abs. 2 BetrVG entsprechen. Dabei genügt es, wenn sie Bestandteil eines Sozialplans sind (§ 112 Abs. 1 S. 3 BetrVG).[3210] Eine nachwirkende Betriebsvereinbarung ist ausreichend, wenn sie nach § 95 Abs. 2 BetrVG erzwingbar ist. Formlose Regelungsabreden zwischen Arbeitgeber und Betriebsrat werden von Abs. 4 nach herrschender Ansicht dagegen nicht erfasst,[3211] auch wenn noch ungeklärt ist, ob Auswahlrichtlinien iSd § 95 BetrVG formlos vereinbart werden können.[3212] Zur insoweit textgleichen alten Gesetzesfassung, die vom 1.10.1996 bis 31.12.1998 galt, hatte das BAG allerdings einige Sympathie mit der Anwendung von Abs. 4 auch auf Regelungsabreden erkennen lassen, weil sie ebenfalls mit gewählten Arbeitnehmervertretern abgestimmt seien.[3213] Den Betriebsvereinbarungen des BetrVG sind **Dienstvereinbarungen** im Personalvertretungsrecht gleichgestellt. Bei Auswahlrichtlinien in einem **Interessenausgleich** ist Abs. 4 analog anzuwenden.[3214] Hierfür spricht, dass der Arbeitnehmerseite kein geringerer Einfluss auf den Inhalt der Regelung als bei einer Betriebsvereinbarung zukommt. Der eingeschränkte Kontrollmaßstab des Abs. 4 gilt dagegen nicht für **einseitig vom Arbeitgeber erlassene Auswahlrichtlinien** (→ Rn. 1002). Zumindest zweifelhaft und vom Wortlaut nicht gedeckt ist eine Anwendung auf kirchliche Mitarbeitervertretungsregelungen.[3215] Dagegen spielt es für die Anwendung von Abs. 4 keine Rolle, ob der Arbeitgeber bei der Aufstellung der Auswahlrichtlinien auf **Künstliche Intelligenz** zurückgegriffen hat (vgl. § 95 Abs. 2a BetrVG).[3216]

Um als Auswahlrichtlinie zu gelten, muss eine Regelung in gegenständlicher Hinsicht 1008
grds. das Verhältnis der vier Grunddaten Betriebszugehörigkeit, Lebensalter, Unterhaltspflichten und Schwerbehinderung zueinander regeln.[3217] Sofern die Vereinbarungsparteien einen dieser Aspekte vollständig übergehen, führt dies **nicht automatisch zur Unwirksamkeit** und damit zur Unbeachtlichkeit der Regelung.[3218] Insoweit kann nichts anderes gelten, als wenn in der Auswahlrichtlinie ausdrücklich geregelt wird, dass ein Gesichtspunkt nicht zu berücksichtigen sei. Für diesen Fall hat das BAG zutreffend ausgeführt, dass ein Arbeitnehmer, auf den das Merkmal nicht zutrifft, was der Sache nach nur bei den Grunddaten Unterhaltspflichten und Schwerbehinderung der Fall sein kann, nicht damit gehört wird, auch die übrigen in der Auswahlrichtlinie aufgestellten Bewertungsmaßstäbe dürften nicht herangezogen werden.[3219] Umgekehrt ist in einer Auswahlrichtlinie kein Platz für weitere Gesichtspunkte, weil Abs. 3 S. 1 eine abschließende Auflistung der zu berücksichtigenden Kriterien enthält (→ Rn. 937).[3220] In diesem Sinne ist auch die Gesetzesbegründung zu verstehen.[3221] Enthält die Auswahlrichtlinie sonstige Faktoren, ist nicht etwa nur dieser zusätzliche Inhalt wirkungslos. Vielmehr genügt eine derartige Auswahlrichtlinie **insgesamt nicht mehr den gesetzlichen Vorgaben** mit der Folge, dass auf den allgemeinen gerichtlichen Kontrollmaßstab des Abs. 3 S. 1 zurückzugreifen ist.[3222]

3210 SES/Eylert Rn. 482.

3211 Bader NZA 1999, 64 (69); HK-KSchG/Dorndorf Rn. 1126a; APS/Kiel Rn. 693.

3212 BAG 17.11.2010 – 7 ABR 120/09, AP BetrVG § 99 Versetzung Nr. 50 Rn. 32.

3213 BAG 5.12.2002 – 2 AZR 549/01, AP KSchG 1969 § 1 Soziale Auswahl Nr. 59.

3214 Vgl. BAG 24.10.2013 – 6 AZR 854/11, NZA 2014, 46 Rn. 30 ff.; Bader NZA 1999, 64 (70); APS/Kiel Rn. 693; Kittner AuR 1997, 182 (186); HWK/Quecke Rn. 408; PVT Kündigung/Temming Rn. 1268; aA KR/Rachor Rn. 772; tendenziell auch LAG Düsseldorf 17.3.2000 – 9 (6) Sa 84/00, NZA-RR 2000, 421.

3215 Skeptisch auch SES/Eylert Rn. 483; offengelassen, obgleich tendenziell eher positiv, BAG 5.12.2002 – 2 AZR 549/01, AP KSchG 1969 § 1 Soziale Auswahl Nr. 59.

3216 S. dazu etwa Herberger ZFA 2023, 367; Rieger RdA 2024, 205.

3217 SES/Eylert Rn. 487; MüKoBGB/Hergenröder Rn. 454; ErfK/Oetker Rn. 355.

3218 So aber anscheinend ErfK/Oetker Rn. 355.

3219 BAG 18.10.2006 – 2 AZR 473/05, AP KSchG 1969 § 1 Soziale Auswahl Nr. 86 mAnm Wilhelm.

3220 Bader NZA 2004, 65 (75); SES/Eylert Rn. 489; APS/Kiel Rn. 690; LSSW/Schlünder Rn. 488.

3221 Vgl. BT-Drs. 15/1204, 11.

3222 BAG 12.8.2010 – 2 AZR 945/08, AP KSchG 1969 § 2 Nr. 147 Rn. 45 ff.; tendenziell ebenso SES/Eylert Rn. 489; aA offenbar HWK/Quecke Rn. 409.

1009 Die Auswahlrichtlinien unterliegen **uneingeschränkt einer Rechtskontrolle.**[3223] Dies gilt insbes. für die gesetzlichen **Diskriminierungsverbote.** Die Richtlinien sind also nicht etwa nur daraufhin zu überprüfen, ob sie dem Diskriminierungsrecht grob fehlerhaft zuwiderlaufen. So verstößt etwa die Ausklammerung aller Gewerkschaftsmitglieder aus einer betrieblichen Auswahlrichtlinie gegen § 75 BetrVG.[3224] Für das insoweit im Vordergrund stehende Kriterium Alter gelten freilich iErg dieselben Grundsätze wie im Rahmen einer Sozialauswahl, die ein Arbeitgeber autonom durchführt (→ Rn. 943 ff.). So erlaubt der im Allgemeinen geltende Erfahrungssatz der schlechteren Arbeitsmarktchancen älterer Arbeitnehmer, durchaus ein gewisses Gewicht auf dieses Merkmal zu legen.[3225] Weiter betrifft die Beschränkung des gerichtlichen Kontrollmaßstabs **nur die Gewichtung der Sozialdaten zueinander,** nicht aber die Festlegung des auswahlrelevanten Personenkreises sowie die Frage entgegenstehender betrieblicher Belange iSd Abs. 3 S. 2.[3226] Dies ergibt sich im Umkehrschluss aus dem weiter gefassten Abs. 5. Es ist deshalb nicht unproblematisch, wenn das BAG die Altersgruppenbildung offenbar noch dem von Abs. 4 abgesteckten Bereich zurechnet,[3227] obwohl dieser Aspekt im Allgemeinen als ein Fall von Abs. 3 S. 2 eingestuft wird.

1010 Allerdings können durch **Richtlinien nach § 95 BetrVG** Grundsätze zur Vergleichbarkeit von Arbeitnehmern sowie zur Frage berechtigter betrieblicher Bedürfnisse einschließlich einer Altersgruppenbildung geregelt werden. Für derartige Richtlinien gilt indes nicht der eingeschränkte Prüfungsmaßstab des Abs. 4.[3228]

1011 Soweit es um die Gewichtung der Sozialdaten zueinander geht, kann die Bewertung nur auf **grobe Fehlerhaftigkeit** überprüft werden. Die Betriebspartner haben somit einen **weiten Bewertungsspielraum,** der es grds. erlaubt, einzelne Kriterien hervorzuheben.[3229] Ob die soziale Auswahl grob fehlerhaft ist, bestimmt sich verschuldensunabhängig nach objektiven Merkmalen.[3230] Die Bewertung der Auswahlgesichtspunkte ist grob fehlerhaft, wenn eines der gesetzlichen Auswahlkriterien nicht berücksichtigt worden ist oder wenn die Gewichtung der Kriterien **jede Ausgewogenheit vermissen** lässt.[3231]

1012 **Nicht grob fehlerhaft** sind Auswahlrichtlinien, die Unterhaltspflichten gegenüber dem Ehepartner unabhängig davon berücksichtigen, ob dieser über eigenes Einkommen verfügt.[3232] Der vom Gesetzgeber weit gefasste Beurteilungsspielraum der Betriebspartner lässt es auch zu, bei der Gewichtung der Sozialkriterien das Schwergewicht auf die Unterhaltspflichten der betroffenen Arbeitnehmer zu legen.[3233] Dieser vom BAG zu Abs. 5 S. 2 aufgestellte Grundsatz gilt auch für eine Sozialauswahl nach Abs. 4, weil der gerichtliche Prüfungsmaßstab für die soziale Auswahl in beiden Bestimmungen die grobe Fehlerhaftigkeit ist.[3234] Umgekehrt darf die Pflicht zur Gewährung von Familienunterhalt nach § 1360 BGB nicht gänzlich außer Betracht bleiben.[3235]

1013 In Auswahlrichtlinien sollte **abschließend festgelegt** werden, wie die Gesichtspunkte nach Abs. 3 S. 1 im Verhältnis zueinander zu bewerten sind.[3236] Eine individuelle Einzel-

---

[3223] Vgl. Bader NZA 1999, 64 (69); ErfK/Oetker Rn. 357.

[3224] LAG Köln 29.7.2004 – 5 Sa 63/04, LAGE § 1 KSchG Soziale Auswahl Nr. 45a = BeckRS 2004, 30463314.

[3225] BAG 19.6.2007 – 2 AZR 304/06, AP KSchG 1969 § 1 Namensliste Nr. 16 Rn. 44 f.

[3226] BAG 5.6.2008 – 2 AZR 907/06, AP KSchG 1969 § 1 Betriebsbedingte Kündigung Nr. 179 Rn. 31; DD/Deinert Rn. 574; APS/Kiel Rn. 697; HWK/Quecke Rn. 409; PVT Kündigung/Temming Rn. 1271; aA Lingemann/Rolf NZA 2005, 264 (266 f.).

[3227] BAG 19.6.2007 – 2 AZR 304/06, AP KSchG 1969 § 1 Namensliste Nr. 16 Rn. 43 ff.

[3228] APS/Kiel Rn. 692.

[3229] BAG 24.10.2013 – 6 AZR 854/11, NZA 2014, 46 Rn. 43; LSSW/Schlünder Rn. 487.

[3230] APS/Kiel Rn. 697; ErfK/Oetker Rn. 358.

[3231] BAG 2.12.1999 – 2 AZR 757/98, AP KSchG 1969 § 1 Soziale Auswahl Nr. 45; 5.12.2002 – 2 AZR 697/01, AP KSchG 1969 § 1 Soziale Auswahl Nr. 60; 5.6.2008 – 2 AZR 907/06, AP KSchG 1969 § 1 Betriebsbedingte Kündigung Nr. 179; 24.10.2013 – 6 AZR 854/11, NZA 2014, 46 Rn. 26.

[3232] BAG 21.1.1999 – 2 AZR 624/98, AP KSchG 1969 § 1 Namensliste Nr. 3.

[3233] BAG 2.12.1999 – 2 AZR 757/98, AP KSchG 1969 § 1 Soziale Auswahl Nr. 45.

[3234] Ebenso LSSW/Schlünder Rn. 487.

[3235] BAG 28.6.2012 – 6 AZR 682/10, NZA 2012, 1090 Rn. 52 ff.; APS/Kiel Rn. 698.

[3236] Ebenso Bader NZA 2004, 65 (75); Löwisch BB 1999, 102 (103); PVT Kündigung/Temming Rn. 1265.

fallprüfung ist nicht erforderlich. Nur so wird Rechtssicherheit als Zweck der Auswahlrichtlinie verwirklicht.[3237] Folgerichtig kann sich der Arbeitgeber in einem solchen Fall darauf beschränken, die Auswahlrichtlinie schlicht anzuwenden. Wenn die Betriebspartner gleichwohl zur Vermeidung besonderer Härtefälle eine **Einzelfallprüfung** vorsehen, haben sie sinnvollerweise die von ihnen ins Auge gefassten Tatbestände jedenfalls allgemein zu bezeichnen. Weiterhin ist zweckmäßigerweise zu bestimmen, wie viele Punkte hierfür maximal vergeben werden sollen. Fehlen solche Regelungen, ist die Punktetabelle nicht nur weitgehend wertlos, sondern führt darüber hinaus auch zu erheblicher Rechtsunsicherheit. Gekündigte Arbeitnehmer könnten dann nämlich im Kündigungsschutzprozess geltend machen, bei ihnen liege ein besonderer Härtefall vor, der mit einer hohen Punktzahl zu bewerten sei. Hierüber wäre dann im Prozess zu entscheiden. Ist die Möglichkeit einer Einzelfallprüfung nicht vereinbart, kann der Arbeitgeber von einer wirksamen Richtlinie **auch nicht ausnahmsweise abweichen**, sondern ist an die vorgegebene Bewertung gebunden.[3238] Ansonsten läge nach Abs. 2 S. 2 Nr. 1a bzw. Nr. 2a ein absoluter Unwirksamkeitsgrund vor.[3239] Dies gilt auch dann, wenn die Abweichung nur „marginal" ist.[3240] Die eingeschränkte gerichtliche Kontrollbefugnis bezieht sich auf die Auswahlrichtlinie, nicht aber auf die Anwendung der Auswahlrichtlinie durch den Arbeitgeber in einem konkreten Fall.[3241] Dagegen können sich die Betriebsparteien im Einzelfall durch einen Interessenausgleich mit Namensliste gemeinsam über von ihnen vereinbarte Auswahlrichtlinien hinwegsetzen.[3242]

Nach Auffassung des BAG darf der Arbeitgeber bei einer abschließenden individuellen Prüfung der sozialen Schutzwürdigkeit berücksichtigen, dass ein nach den vereinbarten Auswahlrichtlinien schutzwürdigerer und deshalb nicht zur Kündigung vorgesehener Arbeitnehmer bereit ist, für den Fall der Weiterbeschäftigung seines zur Kündigung vorgesehenen Sohnes auf den **Arbeitsplatz zu verzichten.**[3243] Nähme der Arbeitgeber ein solches Angebot des Vaters an, führe die Weiterbeschäftigung des Sohnes in der Regel nicht zur Fehlerhaftigkeit der Sozialauswahl, weil nach § 1606 BGB Abkömmlinge vorrangig zum Unterhalt verpflichtet seien. 1014

Diese Rspr. überzeugt nicht.[3244] Der abstrakten gesetzlichen Regelung über die Rangordnung der Unterhaltspflichtigen aus § 1606 BGB ist nicht zu entnehmen, ob der **Sohn tatsächlich gegenüber dem Vater unterhaltspflichtig** ist. Denn eine Unterhaltspflicht der Kinder gegenüber den Eltern besteht nach § 1602 Abs. 1 BGB nur dann, wenn der nach der Gesetzeslage an sich Unterhaltsberechtigte auch wirklich bedürftig ist. Dies ist im Einzelfall unter Berücksichtigung der gesamten Einkommens- und Vermögenslage festzustellen. Arbeitslosengeld ist dem Unterhaltsberechtigten dabei im Gegensatz zum Bürgergeld (bis 31.12.2022: Arbeitslosengeld II) als Einkommen zuzurechnen, weil es sich hierbei nicht um eine subsidiäre Sozialleistung handelt.[3245] Weiterhin liegt hier auch ein Verstoß des Arbeitgebers gegen die mit dem Betriebsrat nach § 95 BetrVG vereinbarten Auswahlrichtlinien vor, weil entgegen der Auffassung des BAG nicht nur eine Einzelfallkorrektur des Ergebnisses der Vorauswahl erfolgt ist. Der Arbeitgeber hat vielmehr die Auswahlentscheidung ohne die in den Richtlinien mit dem Betriebsrat vereinbarten Kriterien durchgeführt und einen sozial nicht so schutzwürdigen Arbeitnehmer bevorzugt. Die Kündigung ist damit nach Abs. 2 S. 2 Nr. 1a sozial ungerechtfertigt. 1015

[3237] Gaul/Lunk NZA 2004, 184 (188); s. a. BAG 9.11.2006 – 2 AZR 812/05, NZA 2007, 549.

[3238] BAG 5.6.2008 – 2 AZR 907/06, AP KSchG 1969 § 1 Betriebsbedingte Kündigung Nr. 179 Rn. 19; 18.3.2010 – 2 AZR 468/08, AP KSchG 1969 § 1 Betriebsbedingte Kündigung Nr. 184 Rn. 13; 24.10.2013 – 6 AZR 854/11, NZA 2014, 46 Rn. 40; Löwisch BB 1999, 102 (103); BB 2004, 154 (155); KR/Rachor Rn. 778.

[3239] Vgl. PVT Kündigung/Temming Rn. 1265.

[3240] Nicht überzeugend daher BAG 17.1.2008 – 2 AZR 405/06, AP KSchG 1969 § 1 Soziale Auswahl Nr. 96.

[3241] Zutr. SES/Eylert Rn. 500.

[3242] BAG 15.12.2011 – 2 AZR 42/10, NZA 2012, 1044 Rn. 45; 24.10.2013 – 6 AZR 854/11, NZA 2014, 46 Rn. 42; Lingemann/Rolf NZA 2005, 264 (268).

[3243] BAG 7.12.1995 – 2 AZR 1008/94, NZA 1996, 473.

[3244] Abl. auch Keppeler BB 1996, 1994; APS/Kiel Rn. 648; Preis NZA 1997, 1073 (1083).

[3245] Vgl. Grüneberg/v. Pückler BGB § 1361 Rn. 24 f.; Erman/Hammermann BGB § 1602 Rn. 37 f.

1016 Die grundsätzliche Pflicht des Arbeitgebers zur strikten Befolgung der Auswahlrichtlinie hindert ihn nicht daran, sich gem. Abs. 3 S. 2 auf berechtigte betriebliche Bedürfnisse an einer Weiterbeschäftigung bestimmter Arbeitnehmer zu berufen.[3246] Etwas anderes gilt nur dann, wenn eine Richtlinie nach § 95 BetrVG eine bindende Konkretisierung dieser Erfordernisse vorsieht.[3247]

1017 Wenn eine **Auswahlrichtlinie unwirksam** ist, entfällt zwar die Privilegierung des Abs. 4. Die **Kündigung** kann auf der Basis von Abs. 3 aber immer noch **wirksam** sein, weil auch ein fehlerhaftes Auswahlverfahren „zufällig" zu einem richtigen Auswahlergebnis führen kann.[3248]

1018 Das BAG hat in der Vergangenheit folgende **Punktetabellen nicht beanstandet:**

1019 **1. Urteil vom 18.1.1990:**[3249]

(1) Dienstjahre bis zehn Dienstjahre je Dienstjahr	1 Punkt,
ab dem 11. Dienstjahr je Dienstjahr	2 Punkte.
Es werden nur Zeiten der Betriebszugehörigkeit bis zum vollendeten 55. Lebensjahr berücksichtigt, dh es sind maximal möglich	70 Punkte.
(2) Lebensalter für jedes volle Lebensjahr	1 Punkt,
maximal möglich	55 Punkte.
(3) Je unterhaltsberechtigtem Kind	4 Punkte,
Verheiratet	8 Punkte,
(4) Schwerbehinderung bis 50 GdB	5 Punkte,
über 50 GdB je 10 GdB Erwerbsminderung	1 Punkt.

2. Urteil vom 23.11.2000:[3250]

(1) Beschäftigungszeit je volles Beschäftigungsjahr				1 Punkte
(2) Lebensalter vollendete Lebensjahre	bis zu	20 Jahren	0 Punkte	
	bis zu	30 Jahren	1 Punkt	
	bis zu	40 Jahren	3 Punkte	
	bis zu	50 Jahren	6 Punkte	
	bis zu	57 Jahren	8 Punkte	
	über	57 Jahren	10 Punkte	
(3) Unterhaltsverpflichtungen				
			1. Ehegatte	3 Punkte
			2. je Kind	3 Punkte

3. Urteil vom 19.6.2007[3251]

Betriebszugehörigkeit:	bis zehn Jahre 1 Punkt/Jahr ab 11 Jahre 2 Punkte/Jahr max. 70 Punkte
Lebensalter:	1 Punkt/Jahr max. 55 Punkte
Unterhalt:	5 Punkte/Kind (nachweispflichtig), keine Deckelung 5 Punkte/Kind pro anerkannter Pflegestufe, max. 15 Punkte (betrifft nur die Punkte bei der Pflegestufe)

3246 APS/Kiel Rn. 692; KR/Rachor Rn. 779.

3247 APS/Kiel Rn. 692; KR/Rachor Rn. 779.

3248 KR/Rachor Rn. 778; PVT Kündigung/Temming Rn. 1277.

3249 BAG 18.1.1990 – 2 AZR 357/89, AP KSchG 1969 § 1 Soziale Auswahl Nr. 19; iGrds bestätigt durch BAG 5.12.2002 – 2 AZR 549/01, AP KSchG 1969 § 1 Soziale Auswahl Nr. 59.

3250 BAG 23.11.2000 – 2 AZR 533/99, AP KSchG 1969 § 1 Betriebsbedingte Kündigung Nr. 114.

3251 BAG 19.6.2007 – 2 AZR 304/06, AP KSchG 1969 § 1 Namensliste Nr. 16.

Verheiratet/ Eingetragene Lebenspartnerschaft	4 Punkte
Schwerbehinderte/Gleichgestellte:	5 Punkte 1 Punkt je 10 % GdB über 50 % GdB
besondere Härtefälle:	bis 10 Punkte

4. Urteil vom 12.3.2009:[3252]

- Pro Beschäftigungsjahr erhält der Arbeitnehmer 2 Punkte.
- Für jedes Lebensjahr erhält der Arbeitnehmer 1 Punkt, maximal 59 Punkte.
- Für jedes unterhaltsberechtigte Kind erhält der Arbeitnehmer 10 Punkte, für jede andere unterhaltsberechtigte Person 5 Punkte. Maßgebend ist der Lohnsteuereintrag vom (Stichtag), es sei denn, es werden bis zum (Stichtag) durch entsprechende Unterlagen abweichende Verhältnisse nachgewiesen.
- Arbeitnehmer mit einem Schwerbehinderungsgrad ≥ 50 % oder Gleichgestellte erhalten 10 Punkte.

I. Interessenausgleich mit Namensliste bei Betriebsänderungen (Abs. 5)

I. Allgemeines

Sind bei einer Kündigung auf Grund einer Betriebsänderung nach § 111 BetrVG die Arbeitnehmer, denen gekündigt werden soll, in einem Interessenausgleich zwischen Arbeitgeber und Betriebsrat **namentlich bezeichnet,** wird nach Abs. 5 S. 1 vermutet, dass die Kündigung durch dringende betriebliche Erfordernisse iSd Abs. 2 S. 1 bedingt ist. Die soziale Auswahl der Arbeitnehmer kann in diesem Fall gem. Abs. 5 S. 2 nur auf grobe Fehlerhaftigkeit überprüft werden. Dies gilt nach Abs. 5 S. 3 nicht, wenn sich die Sachlage nach Zustandekommen des Interessenausgleichs wesentlich geändert hat. Der Interessenausgleich mit Namensliste ersetzt gem. Abs. 5 S. 4 die Stellungnahme des Betriebsrats nach § 17 Abs. 3 S. 2. 1020

Diese Vorschrift gilt seit dem **1.1.2004.** Die Regelung zielt darauf ab, Kündigungen **für den Arbeitgeber rechtssicherer zu machen,**[3253] wobei sie in ihren Auswirkungen auf den individuellen Kündigungsschutz der betroffenen Arbeitnehmer in mehrfacher Hinsicht über Abs. 4 noch deutlich hinausgeht. Eine wortgleiche Bestimmung war bereits durch das Arbeitsrechtliche Beschäftigungsförderungsgesetz v. 25.9.1996 zum 1.10.1996 in Kraft gesetzt worden (→ Rn. 866). Sie galt bis zu ihrer Aufhebung am 31.12.1998 durch das sog. Korrekturgesetz v. 19.12.1998. Inhaltlich entspricht Abs. 5 weitgehend § 125 InsO, wobei in § 125 Abs. 1 S. 1 Nr. 2 InsO aber der Auswahlgesichtspunkt „Schwerbehinderung" nicht enthalten ist. 1021

Die Regelung ist aufgrund der mit ihr verbundenen Einschränkung des individuellen Kündigungsschutzes der Arbeitnehmer von Anfang an **verfassungsrechtlichen Bedenken** ausgesetzt gewesen. Das BAG hat diese Bedenken indes **mit guten Gründen zurückgewiesen.** Abs. 5 verstößt weder gegen die grundrechtliche Schutzpflicht aus Art. 12 Abs. 1 GG noch gegen das aus Art. 20 Abs. 3 GG abzuleitende Gebot eines fairen Verfahrens.[3254] Dass das Ansinnen des Arbeitgebers an den Betriebsrat, an der Aufstellung einer Namensliste mitzuwirken, diesen in eine schwierige Situation bringt und 1022

[3252] BAG 12.3.2009 – 2 AZR 418/07, NZA 2009, 1023.

[3253] BT-Drs. 15/1204, 11.

[3254] BAG 6.9.2007 – 2 AZR 715/06, AP KSchG 1969 § 1 Betriebsbedingte Kündigung Nr. 170 mAnm Schiefer; 27.9.2012 – 2 AZR 516/11, NZA 2013, 559 Rn. 27; s. a. BAG 17.3.2016 – 2 AZR 182/15, NZA 2016, 1072 Rn. 36; ebenso SES/Eylert Rn. 505; APS/Kiel Rn. 707; HWK/Quecke Rn. 419; KR/Rachor Rn. 783; Thüsing/Stelljes BB 2003, 1673 (1676); aA Buschmann AuR 2004, 1 (2).

zudem die Gefahr sachfremder Entscheidungen zulasten einzelner Arbeitnehmer heraufbeschwört, steht auf einem anderen Blatt.[3255]

II. Voraussetzungen

1. Anwendungsbereich

1023 Die Regelung des Abs. 5 gilt nach ihrem Wortlaut nur in Betrieben mit Betriebsrat und **nicht im Geltungsbereich des Personalvertretungsrechts** sowie in **kirchlichen Einrichtungen** mit kirchlichen Mitarbeitervertretungen.[3256]

2. Betriebsänderung

1024 Abs. 5 setzt tatbestandlich eine **Betriebsänderung** iSd § 111 BetrVG voraus.[3257] Unerheblich ist, welcher der Tatbestände des § 111 BetrVG erfüllt ist. Ein freiwilliger Interessenausgleich ohne Betriebsänderung ist dagegen nicht ausreichend.[3258] Auf Tendenzunternehmen ist die Regelung anwendbar, wenn der Unternehmer auf den Ausschluss des Interessenausgleichs verzichtet,[3259] was grds. zulässig ist.[3260] Dass eine Betriebsänderung vorlag und für die Kündigung ursächlich war, hat der Arbeitgeber darzulegen und ggf. zu beweisen.[3261]

3. Interessenausgleich

1025 Erforderlich ist weiterhin ein **wirksam vereinbarter Interessenausgleich.** Nach § 112 Abs. 1 S. 1 BetrVG ist der Interessenausgleich schriftlich niederzulegen und vom Arbeitgeber und Betriebsrat zu unterzeichnen. Will der Arbeitnehmer geltend machen, der Betriebsratsvorsitzende habe den Interessenausgleich ohne vorherigen wirksamen Beschluss des Betriebsratsgremiums unterzeichnet, hat er dies substantiiert darzulegen. Ein Bestreiten mit Nichtwissen genügt nicht.[3262] Erforderlich ist eine Regelung, die sich auf die gesamte konkret beabsichtigte und den Kündigungen zugrunde liegende Betriebsänderung (bspw. einen reinen Personalabbau) erstreckt,[3263] wobei es aber ausreichend erscheint, wenn ein solcher Interessenausgleich stufenweise abgeschlossen wird, falls die geplanten Kündigungen in „Wellen" erfolgen sollen.[3264] Vereinbaren die Betriebspartner einheitlich einen Interessenausgleich und Sozialplan, steht dies der Anwendbarkeit des Abs. 5 nicht entgegen, soweit der Sozialplan nicht durch Spruch einer Einigungsstelle zustande gekommen ist.[3265] Die Zuständigkeit des Betriebsrats, Gesamt- oder Konzernbetriebsrats bestimmt sich nach allgemeinen Grundsätzen.[3266]

[3255] Dazu DD/Deinert Rn. 611; Preis RdA 2003, 65; ferner Kremer/Zeibig WSI Mitteilungen 2008, 321 ff.

[3256] Krit. deshalb Richardi DB 2004, 486 (488).

[3257] BAG 21.2.2001 – 2 AZR 39/00, EzA § 1 KSchG Interessenausgleich Nr. 8; 21.2.2002 – 2 AZR 581/00, EzA § 1 KSchG Interessenausgleich Nr. 10; Thüsing/Wege BB 2005, 213 (214 ff.).

[3258] Ebenso SES/Eylert Rn. 516; Gaul BB 2004, 2686; APS/Kiel Rn. 708; PVT Kündigung/Temming Rn. 1284; Thüsing/Wege BB 2005, 213 (214 ff.); Willemsen/Annuß NJW 2004, 177 (180).

[3259] ErfK/Kania BetrVG § 118 Rn. 18; Thüsing/Wege BB 2005, 213 (215); aA einerseits (generelle Anwendbarkeit) LAG Köln 13.2.2012 – 5 Sa 303/11, BeckRS 2012, 70129; Gaul BB 2004, 2686 f.; KR/Rachor Rn. 782; DKW/Wedde, BetrVG, 19. Aufl. 2024, § 118 Rn. 70; andererseits (generelle Unanwendbarkeit) MüKoBGB/Hergenröder Rn. 470; PVT Kündigung/Temming Rn. 1283; Willemsen/Annuß NJW 2004, 177 (180).

[3260] Zum Verzicht auf den betriebsverfassungsrechtlichen Tendenzschutz s. BAG 5.10.2000 – 1 ABR 14/00, AP BetrVG 1972 § 118 Nr. 69; Fitting BetrVG § 118 Rn. 49.

[3261] BAG 22.1.2004 – 2 AZR 111/02, AP BetrVG 1972 § 112 Namensliste Nr. 1; 6.7.2006 – 2 AZR 520/05, AP KSchG 1969 § 1 Nr. 80; 31.5.2007 – 2 AZR 254/06, AP BetrVG 1972 § 111 Nr. 65.

[3262] BAG 21.2.2002 – 2 AZR 581/00, EzA § 1 KSchG Interessenausgleich Nr. 10.

[3263] BAG 17.3.2016 – 2 AZR 182/15, NZA 2016, 1072 Rn. 34 ff.

[3264] Offengelassen in BAG 17.3.2016 – 2 AZR 182/15, NZA 2016, 1072 Rn. 37.

[3265] Fischermeier NZA 1997, 1089 (1097); KR/Rachor Rn. 791.

[3266] Gaul BB 2004, 2686 (2687); Göpfert/Stark ZIP 2015, 155; s. etwa BAG 19.7.2012 – 2 AZR 386/11, NZA 2013, 333 Rn. 21 ff. (Gesamtbetriebsrat); aA Fischer BB 2004, 1001.

Die Namensliste ist grds. **Teil des Interessenausgleichs** und muss deshalb vom **Schriftformerfordernis** des § 112 Abs. 1 S. 1 BetrVG gedeckt sein. Insoweit gelten die §§ 125, 126 BGB. Unproblematisch ist eine Namensliste, die von vornherein integraler Bestandteil des Textes eines formwirksam vereinbarten Interessenausgleichs ist. Häufig wird es sich bei Namensliste und Interessenausgleich aber um zwei körperlich verschiedene Schriftstücke handeln. Um Missbräuche auszuschließen, ist in diesen Fällen wie folgt zu unterscheiden: Wird die Namensliste zeitlich vor der Unterzeichnung des Interessenausgleichs erstellt, so genügt es, wenn sie mit dem Interessenausgleich eine einheitliche Urkunde bildet. Dies kann dadurch geschehen, dass sie mit dem später unterzeichneten Interessenausgleich mittels Heftmaschine fest verbunden ist.[3267] Schließt die Namensunterschrift eine aus mehreren Bestandteilen bestehende Urkunde räumlich ab, erfordert die Schriftform des § 126 BGB nicht einmal die körperliche Verbindung der einzelnen Blätter der Urkunde, wenn sich deren Einheit aus fortlaufender Paginierung, fortlaufender Nummerierung der einzelnen Bestimmungen, einheitlicher grafischer Gestaltung, inhaltlichem Zusammenhang des Textes oder vergleichbaren Merkmalen zweifelsfrei ergibt.[3268] Liegt eine solche ursprüngliche Urkundeneinheit vor, muss die Namensliste nicht eigens unterschrieben sein.[3269] Vielfach wird die Namensliste aber erst zeitlich nach der Unterzeichnung des Interessenausgleichs als Anlage erstellt werden. Dies ist nicht von vornherein ausgeschlossen.[3270] Allerdings muss es sich um eine **zeitnahe Ergänzung** handeln, ohne dass jedoch eine Art Ausschlussfrist besteht.[3271] Drei Wochen[3272] oder auch sechs Wochen[3273] sind regelmäßig unschädlich. Dagegen kann eine wirksame Namensliste **in keinem Fall erst nach dem Ausspruch der Kündigungen** aufgestellt werden.[3274] Eine nachträglich angefertigte Namensliste muss zum einen von den Betriebsparteien unterschrieben werden. Zum anderen verlangt die neuere Judikatur zutreffend eine **wechselseitige Inbezugnahme der beiden Schriftstücke,**[3275] während frühere Entscheidungen es ausreichen ließen, dass in der Namensliste auf den Interessenausgleich oder im Interessenausgleich auf die Namensliste Bezug genommen wurde.[3276] Werden diese Voraussetzungen eingehalten, ist auch die Ergänzung einer bereits existierenden Namensliste prinzipiell denkbar.[3277] Dagegen genügt es nicht, wenn ein Dritter (Personalleiter) eine von den Betriebsparteien nachträglich erstellte, aber nicht unterschriebene Namensliste an den Interessenausgleich anheftet.[3278] Weiter müssen die Arbeitnehmer in dem Interessenausgleich bzw. der Liste „positiv" **namentlich bezeichnet** sein. Namentliche Bezeichnung bedeutet, dass die zu kündigenden Arbeitnehmer mit ihren Namen – grds. also Vor- und Nachname – zu benennen sind. Eine abstrakte Umschreibung, wie 1026

3267 BAG 7.5.1998 – 2 AZR 55/98, AP KSchG 1969 § 1 Namensliste Nr. 1; 21.2.2001 – 2 AZR 39/00, EzA § 1 KSchG Interessenausgleich Nr. 8; 22.1.2004 – 2 AZR 111/02, AP BetrVG 1972 § 112 Namensliste Nr. 1; 6.7.2006 – 2 AZR 520/05, AP KSchG 1969 § 1 Nr. 80; 19.7.2012 – 2 AZR 352/11, NZA 2013, 86 Rn. 20; 19.7.2012 – 2 AZR 386/11, NZA 2013, 333 Rn. 26; zur Darlegungs- und Beweislast des Arbeitgebers s. a. BAG 13.2.2008 – 2 AZR 79/06, BeckRS 2009, 67930.

3268 BAG 7.5.1998 – 2 AZR 55/98, AP KSchG 1969 § 1 Namensliste Nr. 1 unter II 1 b.

3269 BAG 6.12.2001 – 2 AZR 422/00, EzA § 1 KSchG Interessenausgleich Nr. 9; 6.7.2006 – 2 AZR 520/05, AP KSchG 1969 § 1 Nr. 80.

3270 BAG 22.1.2004 – 2 AZR 111/02, AP BetrVG 1972 § 112 Namensliste Nr. 1; 19.6.2007 – 2 AZR 304/06, AP KSchG 1969 § 1 Namensliste Nr. 16 mAnm Wallner, aA Janzen AuR 2013, 203 (205).

3271 BAG 26.3.2009 – 2 AZR 296/07, AP KSchG 1969 § 1 Namensliste Nr. 19 Rn. 25; 19.7.2012 – 2 AZR 352/11, NZA 2013, 86 Rn. 20; aA KR/Rachor Rn. 789.

3272 BAG 19.6.2007 – 2 AZR 304/06, AP KSchG 1969 § 1 Namensliste Nr. 16 Rn. 35 mAnm Wallner.

3273 BAG 26.3.2009 – 2 AZR 296/07, AP KSchG 1969 § 1 Namensliste Nr. 19 Rn. 25; 19.7.2012 – 2 AZR 352/11, NZA 2013, 86 Rn. 21.

3274 LAG Rheinland-Pfalz 17.10.1997 – 9 Sa 401/97, LAGE § 1 KSchG Interessenausgleich Nr. 2 = BeckRS 1997, 30899638; KR/Rachor Rn. 789.

3275 BAG 12.5.2010 – 2 AZR 551/08, NZA 2011, 114.

3276 BAG 22.1.2004 – 2 AZR 111/02, AP BetrVG 1972 § 112 Namensliste Nr. 1; 19.6.2007 – 2 AZR 304/06, AP KSchG 1969 § 1 Namensliste Nr. 16 Rn. 32 mAnm Wallner; 26.3.2009 – 2 AZR 296/07, AP KSchG 1969 § 1 Namensliste Nr. 19 Rn. 20.

3277 LAG Rheinland-Pfalz 11.12.2008 – 10 Sa 383/08, BeckRS 2009, 54543.

3278 BAG 6.7.2006 – 2 AZR 520/05, AP KSchG 1969 § 1 Nr. 80 Rn. 36 f.

bspw. nach der Kostenstelle oder der Abteilung, genügt nicht.[3279] Ebenso wenig reicht eine „negative" Auflistung derjenigen Arbeitnehmer aus, die nicht gekündigt werden sollen.[3280] Die Gründe für die soziale Auswahl müssen nicht schriftlich niedergelegt werden,[3281] was an der Pflicht der Betriebsparteien, sich an den Grunddaten iSd Abs. 3 S. 1 zu orientieren, aber nichts ändert.[3282] Ferner beraubt ein allgemeiner Änderungsvorbehalt der Betriebsparteien einen Interessenausgleich mit Namensliste der Wirkung des Abs. 5.[3283]

1027 Abs. 5 verlangt, dass die **zu kündigenden Arbeitnehmer** im Interessenausgleich **abschließend genannt** werden. Nur wenn sich Arbeitgeber und Betriebsrat auf die namentliche Nennung der zu kündigenden Arbeitnehmer endgültig geeinigt haben, ist es gerechtfertigt, die Überprüfung der Sozialauswahl zu beschränken. Denn nur so besteht die Gewähr, dass sich die Betriebspartner iE Gedanken darüber gemacht haben, welche Arbeitnehmer als vergleichbar für eine Sozialauswahl in Betracht kommen, welche soziale Rangfolge zwischen ihnen besteht und wer aus der Sozialauswahl auszuscheiden hat. Deshalb löst eine Namensliste, in die Arbeitnehmer aufgenommen werden, die gar nicht gekündigt werden sollen, sondern freiwillig aus dem Betrieb ausscheiden, nicht die intendierten Wirkungen des Abs. 5 aus.[3284] Folgerichtig schadet es umgekehrt nicht, wenn solche Arbeitnehmer gerade nicht aufgelistet werden, auch wenn sie von der geplanten Betriebsänderung betroffen sind.[3285] Weiter kann eine **„Teil-Namensliste"**, die nur einen Teil der zu kündigenden Arbeitnehmer enthält, grds. **nicht ausreichen,** weil in einem solchen Fall nicht davon ausgegangen werden kann, dass sich die Betriebsparteien abschließend mit dem dringenden betrieblichen Erfordernis für die Kündigungen sowie mit der Sozialauswahl befasst haben.[3286] Anders ist dies nur dann zu beurteilen, wenn eine auf einer einheitlichen Planung beruhende Betriebsänderung in mehreren „Wellen" erfolgen soll. In diesem Fall wird die Vermutungswirkung der Namensliste nicht dadurch beeinträchtigt, dass die Betriebspartner für die später durchzuführenden Maßnahmen noch keine Listen aufgestellt haben bzw. sich die Namen auf verschiedenen Listen befinden.[3287]

III. Rechtsfolgen

1. Vermutung dringender betrieblicher Erfordernisse (Abs. 5 S. 1)

1028 Abs. 5 enthält eine **gesetzliche Vermutung iSd § 292 ZPO** für das Vorliegen dringender betrieblicher Erfordernisse iSd Abs. 2 S. 1, deren Basis (Betriebsänderung nach § 111 BetrVG, Kausalität der Betriebsänderung für die Kündigung des Arbeitnehmers, namentliche Auflistung des Arbeitnehmers in einem ordnungsgemäß zustande gekommenen Interessenausgleich) vom Arbeitgeber darzulegen und ggf. zu beweisen ist.[3288] Greift diese Vermutung, so erstreckt sich ihre Wirkung neben dem Wegfall von Beschäftigungs-

[3279] PVT Kündigung/Temming Rn. 1289.

[3280] DD/Deinert Rn. 624; SES/Eylert Rn. 527; Janzen AuR 2013, 203 (205); Löwisch BB 2004, 154 (156); ErfK/Oetker Rn. 362; PVT/Temming Rn. 1290; aA KR/Rachor Rn. 790; Schiefer/Worzalla NZA 2004, 345 (353).

[3281] ErfK/Oetker Rn. 362.

[3282] Göpfert/Stark ZIP 2015, 155 (155 f.).

[3283] ArbG Stuttgart 25.2.2010 – 9 Ca 416/09, NZA-RR 2010, 350 (354); Göpfert/Stark ZIP 2015, 155; ErfK/Oetker Rn. 362.

[3284] BAG 26.3.2009 – 2 AZR 296/07, AP KSchG 1969 § 1 Namensliste Nr. 19 Rn. 37 f.; 19.7.2012 – 2 AZR 386/11, NZA 2013, 333 Rn. 31.

[3285] BAG 19.6.2007 – 2 AZR 304/06, AP KSchG 1969 § 1 Namensliste Nr. 16 Rn. 36 mAnm Wallner.

[3286] DD/Deinert Rn. 625; SES/Eylert Rn. 529; Gaul BB 2004, 2686 (2688); APS/Kiel Rn. 713; tendenziell abl. auch BAG 26.3.2009 – 2 AZR 296/07, AP KSchG 1969 § 1 Namensliste Nr. 19; aA LAG Köln 22.2.2007 – 6 Sa 974/06, BeckRS 2007, 44257; Jaeger FS 25 Jahre ARGE Arbeitsrecht im DAV, 2006, 889 (897); Piehler NZA 1998, 970; Richter/Riem NZA 2011, 1254 (1257 ff.).

[3287] BAG 22.1.2004 – 2 AZR 111/02, AP BetrVG 1972 § 112 Namensliste Nr. 1; 19.7.2012 – 2 AZR 352/11, NZA 2013, 86 Rn. 22; 17.3.2016 – 2 AZR 182/15, NZA 2016, 1072 Rn. 33.

[3288] BAG 3.4.2008 – 2 AZR 879/06, AP KSchG 1969 § 1 Namensliste Nr. 17 Rn. 21.

möglichkeiten nach dem ausdrücklichen Willen des Gesetzgebers[3289] auch auf das Nichtvorliegen einer anderweitigen Beschäftigungsmöglichkeit für den Arbeitnehmer im Betrieb, wie es in § 125 Abs. 1 S. 1 Nr. 1 InsO sogar ausdrücklich angeordnet ist.[3290] Das Fehlen einer Weiterbeschäftigungsmöglichkeit in anderen Betrieben des Unternehmens wird jedenfalls dann vermutet, wenn der (zuständige) Gesamtbetriebsrat den Interessenausgleich mit Namensliste vereinbart hat.[3291] Im Falle eines Betriebsübergangs erstreckt sich diese Vermutung im Insolvenzverfahren auch darauf, dass die Kündigung der Arbeitsverhältnisse nicht wegen des Betriebsübergangs erfolgt (§ 128 Abs. 2 InsO).[3292]

Stellt das Gesetz, wie Abs. 5 S. 1, für das Vorhandensein einer Tatsache – hier die **1029** Betriebsbedingtheit der Kündigung – eine Vermutung auf, ist nach § 292 ZPO der **Beweis des Gegenteils** zulässig.[3293] Dieser Beweis des Gegenteils ist seiner Natur nach Hauptbeweis, also erst dann geführt, wenn die Unwahrheit der vermuteten Tatsache voll bewiesen ist. Der Arbeitnehmer hat deshalb darzulegen und zu beweisen, dass der vermutete Rechtszustand – die Betriebsbedingtheit der Kündigung – nicht besteht. Ein Anscheinsbeweis (prima-facie-Beweis) reicht nicht aus. Liegen die Voraussetzungen des Abs. 5 vor, muss der Arbeitnehmer deshalb im Grundsatz darlegen, dass eine Beschäftigungsmöglichkeit für ihn nicht weggefallen sei. Es ist ein substantiierter Tatsachenvortrag unter Beweis zu stellen, der den gesetzlich vermuteten Umstand nicht nur in Zweifel zieht, sondern ausschließt. Andernfalls liegt der Versuch eines unzulässigen Ausforschungsbeweises vor.[3294] Das bedeutet, dass der Arbeitgeber, wenn er die Voraussetzungen des Abs. 5 dargelegt und im Streitfall bewiesen hat, zur Rechtfertigung der Kündigung keine weiteren Tatsachen vorzutragen braucht. Es ist vielmehr im Ausgangspunkt Sache des Arbeitnehmers, durch konkreten Sachvortrag darzulegen und im Streitfall zu beweisen, dass keine dringenden betrieblichen Erfordernisse für die Kündigung vorliegen bzw. dass eine Weiterbeschäftigungsmöglichkeit besteht. Dies kann etwa dadurch geschehen, dass der Arbeitnehmer das Vorliegen einer „Austauschkündigung" nachweist.[3295] Allerdings betont die neuere Rspr., dass die Grundsätze über die **prozessuale Darlegungslast nach § 138 ZPO** durch die Vermutungswirkung des Abs. 5 nicht ausgeschaltet werden, zumal es gerade diese Erleichterungen sind, die einen verfassungsrechtlichen „Überdruck" abbauen.[3296] Deshalb kann es in einem ersten Schritt durchaus genügen, wenn der Arbeitnehmer greifbare Anhaltspunkte für die Möglichkeit einer Weiterbeschäftigung vorträgt.[3297] Die abgestufte Darlegungslast sollte freilich nicht so gehandhabt werden, dass sie den Sinn und Zweck der gesetzlichen Vermutung wieder aufhebt.[3298]

[3289] Vgl. BT-Drs. 15/1204, 11.

[3290] BAG 7.5.1998 – 2 AZR 536/97, AP KSchG 1969 § 1 Betriebsbedingte Kündigung Nr. 94; 21.2.2002 – 2 AZR 581/00, EzA § 1 KSchG Interessenausgleich Nr. 10; 22.1.2004 – 2 AZR 111/02, AP BetrVG 1972 § 112 Namensliste Nr. 1; 23.10.2008 – 2 AZR 163/07, AP KSchG 1969 § 1 Namensliste Nr. 18 Rn. 54; ErfK/Oetker Rn. 365.

[3291] BAG 19.6.2007 – 2 AZR 304/06, AP KSchG 1969 § 1 Namensliste Nr. 16 mAnm Wallner; 6.9.2007 – 2 AZR 715/06, AP KSchG 1969 § 1 Betriebsbedingte Kündigung Nr. 170 mAnm Schiefer; 7.7.2011 – 6 AZR 248/10, AP BetrVG 1972 § 102 Nr. 165 Rn. 25; LAG Rheinland-Pfalz 2.2.2006 – 1 Sa 673/05, NZA-RR 2006, 296; KR/Rachor Rn. 795; aA DD/Deinert Rn. 628; für § 125 Abs. 1 S. 1 Nr. 1 InsO generell bejahend BAG 20.9.2012 – 6 AZR 263/11, NZA 2013, 797 Rn. 53 ff.

[3292] BAG 29.9.2005 – 8 AZR 647/04, AP KSchG 1969 § 1 Betriebsbedingte Kündigung Nr. 139.

[3293] Gaul BB 2004, 2686 (2689).

[3294] BAG 7.5.1998 – 2 AZR 536/97, AP KSchG 1969 § 1 Betriebsbedingte Kündigung Nr. 94.

[3295] BAG 12.3.2009 – 2 AZR 418/07, NZA 2009, 1023 Rn. 24.

[3296] BAG 6.9.2007 – 2 AZR 715/06, AP KSchG 1969 § 1 Betriebsbedingte Kündigung Nr. 170 mAnm Schiefer; 12.3.2009 – 2 AZR 418/07, NZA 2009, 1023; 5.11.2009 – 2 AZR 676/08, AP KSchG 1969 § 1 Betriebsbedingte Kündigung Nr. 183.

[3297] BAG 23.10.2008 – 2 AZR 163/07, AP KSchG 1969 § 1 Namensliste Nr. 18 Rn. 54 (etwas strenger aber Rn. 37); strikter (substantiierter Tatsachenvortrag muss Vermutung ausschließen) auch BAG 15.12.2011 – 2 AZR 42/10, NZA 2012, 1044 Rn. 17; 19.7.2012 – 2 AZR 386/11, NZA 2013, 333 Rn. 35; ferner LAG Köln 20.7.2015 – 2 Sa 185/15, BB 2015, 2874 = BeckRS 2015, 71439 Rn. 17 (Besetzung eines Dauerarbeitsplatzes mit einem Leiharbeitnehmer); näher APS/Kiel Rn. 727 ff.

[3298] Zutr. KR/Rachor Rn. 796.

2. Eingeschränkte Überprüfbarkeit der Sozialauswahl (Abs. 5 S. 2)

1030 Liegen die Voraussetzungen des Abs. 5 vor, kann die **soziale Auswahl** der Arbeitnehmer gem. Abs. 5 S. 2 nur auf grobe Fehlerhaftigkeit überprüft werden. Die Beschränkung der Überprüfungsmöglichkeit erfasst im Gegensatz zu Abs. 4 nach der insoweit eindeutigen Gesetzesbegründung[3299] alle Aspekte der Sozialauswahl. Sie bezieht sich damit zunächst auf die Auswahlgesichtspunkte und deren Gewichtung (→ Rn. 936 ff.).[3300] Weiterhin ist aber auch die **Bildung der auswahlrelevanten Gruppe** nur auf grobe Fehlerhaftigkeit zu überprüfen.[3301] Gleiches gilt schließlich für die **Herausnahme von Arbeitnehmern aus einer Vergleichsgruppe**[3302] jedenfalls insoweit, als dies gem. Abs. 3 S. 2 der Sicherung einer ausgewogenen Personalstruktur dient.[3303] Soweit es um **unzulässige Diskriminierungen** geht, ist dagegen eine **umfassende gerichtliche Rechtskontrolle** geboten.[3304] Abs. 5 S. 2 hat nicht die Funktion, den Betriebsparteien unter Überschreitung ihrer Regelungskompetenz Diskriminierungen zu ermöglichen, sofern sie nur nicht „evident" sind. Allerdings schadet es nicht, wenn jede unzulässige Diskriminierung zugleich als grob fehlerhaft bezeichnet wird.[3305]

1031 Die Sozialauswahl ist **grob fehlerhaft,** wenn sie **evident unangemessen** ist und **jede Ausgewogenheit vermissen** lässt.[3306] Dies ist etwa der Fall, wenn vergleichbare Arbeitnehmer schlicht übersehen wurden.[3307] Gleiches soll gelten, wenn eine Altersgruppe die Last eines Personalabbaus in einem weit überdurchschnittlichen Maße zu tragen hat,[3308] was allerdings für den Fall nicht stimmen kann, dass die Betriebsparteien die gesetzlichen Wertmaßstäbe des Abs. 3 S. 1, die auf eine stärkere Belastung jüngerer Arbeitnehmer hinauslaufen, lediglich nachvollziehen. Wenn ein Interessenausgleich mit Namensliste im Hinblick auf die soziale Auswahl zu einem grob fehlerhaften Ergebnis führt, ist nicht die gesamte Namensliste „unwirksam", sodass die Vermutung der Betriebsbedingtheit der Kündigung fortbesteht.[3309]

1032 Auch wenn ein Arbeitnehmer in eine Namensliste gem. Abs. 5 aufgenommen worden ist, ist der Arbeitgeber nach Auffassung des BAG gem. Abs. 3 S. 1 Hs. 2 verpflichtet, dem Arbeitnehmer auf dessen Verlangen die Gründe mitzuteilen, die zu der getroffenen **sozialen Auswahl** geführt haben. Insoweit bestehe eine abgestufte Darlegungslast. Erst nach Erfüllung der Auskunftspflicht trage der Arbeitnehmer die volle Darlegungslast für die Fehlerhaftigkeit der Sozialauswahl.[3310] Komme der Arbeitgeber dem Auskunftsver-

---

[3299] BT-Drs. 15/1204, 12.

[3300] BAG 2.12.1999 – 2 AZR 757/98, AP KSchG 1969 § 1 Soziale Auswahl Nr. 45; 28.8.2003 – 2 AZR 368/02, AP InsO § 125 Nr. 1; 12.3.2009 – 2 AZR 418/07, NZA 2009, 1023 = SAE 2009, 293 mAnm von Hoff; 5.11.2009 – 2 AZR 676/08, AP KSchG 1969 § 1 Betriebsbedingte Kündigung Nr. 183.

[3301] BAG 7.5.1998 – 2 AZR 536/97, AP KSchG 1969 § 1 Betriebsbedingte Kündigung Nr. 94; 2.12.1999 – 2 AZR 757/98, AP KSchG 1969 § 1 Soziale Auswahl Nr. 45; 17.11.2005 – 6 AZR 118/05, NZA 2006, 370; 12.3.2009 – 2 AZR 418/07, NZA 2009, 1023; 5.11.2009 – 2 AZR 676/08, AP KSchG 1969 § 1 Betriebsbedingte Kündigung Nr. 183.

[3302] BAG 10.6.2010 – 2 AZR 420/09, AP KSchG 1969 § 1 Soziale Auswahl Nr. 98; ebenso MüKoBGB/Hergenröder Rn. 476; APS/Kiel Rn. 719 f.; ErfK/Oetker Rn. 366; Röder/Krieger DB 2005, 2578 (2580); skeptisch DD/Deinert Rn. 632, 726; aA PVT Kündigung/Temming Rn. 1301; ferner Buschmann FS Wank, 2014, 63 (71 ff.).

[3303] Ebenso zu § 125 InsO BAG 28.8.2003 – 2 AZR 368/02, AP InsO § 125 Nr. 1.

[3304] PVT Kündigung/Temming Rn. 1295; s. etwa LAG Niedersachsen 17.4.2009 – 12 Sa 1553/08, LAGE § 2 KSchG Nr. 63 = BeckRS 2009, 62443: Verstoß gegen § 75 BetrVG.

[3305] In diesem Sinne etwa BAG 6.11.2008 – 2 AZR 523/07, AP KSchG 1969 § 1 Betriebsbedingte Kündigung Nr. 182 Rn. 21.

[3306] StRspr, BAG 3.4.2008 – 2 AZR 879/06, AP KSchG 1969 § 1 Namensliste Nr. 17 Rn. 16; 23.10.2008 – 2 AZR 163/07, AP KSchG 1969 § 1 Namensliste Nr. 18 Rn. 61; 24.10.2013 – 6 AZR 854/11, NZA 2014, 46 Rn. 26 (zu § 125 Abs. 1 S. 2 Nr. 2 InsO); 26.3.2015 – 2 AZR 478/13, NZA 2015, 1122 Rn. 27; 8.12.2022 – 6 AZR 31/22, NZA 2023, 692 Rn. 22.

[3307] DD/Deinert Rn. 634; Löwisch BB 2004, 154 (156).

[3308] BAG 19.6.2007 – 2 AZR 304/06, AP KSchG 1969 § 1 Namensliste Nr. 16 Rn. 48.

[3309] BAG 6.11.2008 – 2 AZR 523/07, AP KSchG 1969 § 1 Betriebsbedingte Kündigung Nr. 182 Rn. 21; 12.3.2009 – 2 AZR 418/07, NZA 2009, 1023 Rn. 18; 5.11.2009 – 2 AZR 676/08, AP KSchG 1969 § 1 Betriebsbedingte Kündigung Nr. 183 Rn. 15; aA Mohr SAE 2007, 353 (354).

[3310] BAG 10.2.1999 – 2 AZR 716/98, AP KSchG 1969 § 1 Soziale Auswahl Nr. 40; 21.2.2002 – 2 AZR 581/00, EzA § 1 KSchG Interessenausgleich Nr. 10.

langen des Arbeitnehmers nicht nach, sei die Kündigung sozialwidrig und damit unwirksam.[3311]

3. Besonderheit hinsichtlich der Betriebsratsanhörung

Beim Vorliegen eines Interessenausgleichs mit Namensliste gem. Abs. 5 ist nach § 102 BetrVG eine **Betriebsratsanhörung** erforderlich. Diese Anhörung kann der Arbeitgeber mit den Verhandlungen über den Interessenausgleich verbinden.[3312] Die Betriebsratsanhörung unterliegt auch beim Vorliegen eines Interessenausgleichs mit Namensliste keinen erleichterten Anforderungen. Soweit der Kündigungssachverhalt dem Betriebsrat allerdings schon aus den Verhandlungen über den Interessenausgleich bekannt ist, braucht er ihm bei der Anhörung nach § 102 BetrVG zumindest dann nicht erneut mitgeteilt zu werden, wenn zwischen Interessenausgleich und Anhörung ein überschaubarer Zeitraum liegt.[3313] Solche Vorkenntnisse des Betriebsrats muss der Arbeitgeber im Prozess hinreichend konkret darlegen und ggf. beweisen.[3314] 1033

4. Nicht genannte Arbeitnehmer

Ob Arbeitnehmern, die in der Namensliste nicht genannt werden, trotzdem gekündigt werden kann, hängt zunächst davon ab, ob sich aus dem Interessenausgleich eine **entsprechende Beschränkung** ergibt. Außerdem kommt es darauf an, ob die Betriebsparteien eine solche Beschränkung ausnahmsweise (in der Form einer Betriebsvereinbarung) normativ regeln wollten.[3315] Nur wenn das der Fall ist, besteht ein Kündigungshindernis. Ansonsten darf der Arbeitgeber grds. kündigen, wobei ihm dabei aber natürlich nicht das Privileg des Abs. 5 zugutekommt. 1034

IV. Nachträgliche Änderung der Sachlage

Die Vermutung der Betriebsbedingtheit der Kündigung und der geänderte Prüfungsmaßstab für die Sozialauswahl nach Abs. 5 S. 3 kommen nur dann nicht zur Anwendung, wenn sich die **Sachlage nach dem Zustandekommen des Interessenausgleichs so wesentlich geändert** hat, dass von einem Wegfall der Geschäftsgrundlage (§ 313 BGB) auszugehen ist. Maßgebender Zeitpunkt für die Beurteilung der wesentlichen Änderung ist der Kündigungszeitpunkt. Wesentlich ist die Änderung dann, wenn nicht ernsthaft bezweifelt werden kann, dass beide Betriebspartner oder einer von ihnen den Interessenausgleich in Kenntnis der späteren Änderung nicht oder mit anderem Inhalt geschlossen hätten. Dies ist etwa der Fall, wenn sich nachträglich ergibt, dass keine oder eine andere Betriebsänderung durchgeführt werden soll oder dass die Anzahl der mit ihr verbundenen Kündigungen erheblich verringert werden soll.[3316] Ändert sich nach dem Zugang der Kündigung die Sachlage, kommt allenfalls ein **Wiedereinstellungsanspruch** in Betracht.[3317] 1035

3311 BAG 22.1.2004 – 2 AZR 111/02, AP BetrVG 1972 § 112 Namensliste Nr. 1; krit. Röder/Krieger DB 2005, 2578 (2581).

3312 Zum Erfordernis einer gesonderten Anhörung in Sonderfällen LAG Rheinland-Pfalz 18.10.2007 – 2 Sa 458/07, NZA-RR 2008, 356; LAG Hamm 25.11.2010 – 8 Sa 1054/10, LAGE § 1 KSchG Interessenausgleich Nr. 18.

3313 BAG 20.5.1999 – 2 AZR 532/98, AP KSchG 1969 § 1 Namensliste Nr. 5; 21.2.2002 – 2 AZR 581/00, EzA § 1 KSchG Interessenausgleich Nr. 10; 28.8.2003 – 2 AZR 377/02, AP BetrVG 1972 § 102 Nr. 134; 22.1.2004 – 2 AZR 111/02, AP BetrVG 1972 § 112 Namensliste Nr. 1; 23.10.2008 – 2 AZR 163/07, AP KSchG 1969 § 1 Namensliste Nr. 18; 5.11.2009 – 2 AZR 676/08, AP KSchG 1969 § 1 Betriebsbedingte Kündigung Nr. 183.

3314 BAG 20.5.1999 – 2 AZR 532/98, AP KSchG 1969 § 1 Namensliste Nr. 5; LAG Düsseldorf 14.12.2010 – 16 Sa 513/10, LAGE § 1 KSchG Interessenausgleich Nr. 19.

3315 Vgl. Matthes FS Kreutz, 2010, 301 (312).

3316 BAG 22.1.2004 – 2 AZR 111/02, AP BetrVG 1972 § 112 Namensliste Nr. 1; 23.10.2008 – 2 AZR 163/07, AP KSchG 1969 § 1 Namensliste Nr. 18; 12.3.2009 – 2 AZR 418/07, NZA 2009, 1023; SES/Eylert Rn. 550 f.; APS/Kiel Rn. 726; KR/Rachor Rn. 799.

3317 BAG 21.2.2001 – 2 AZR 39/00, EzA § 1 KSchG Interessenausgleich Nr. 8; APS/Kiel Rn. 726; PVT Kündigung/Temming Rn. 1292.

V. Insolvenz des Arbeitgebers (§ 125 InsO)

1036 In § 125 InsO sind die **Auswirkungen eines Interessenausgleichs** geregelt, den der Insolvenzverwalter bei einer geplanten Betriebsänderung mit dem Betriebsrat vereinbaren kann. Diese Bestimmung entspricht in ihren Voraussetzungen und Wirkungen im Wesentlichen Abs. 5 (→ Rn. 1020 ff.). Der Gesetzgeber hat bei der zum 1.1.2004 in Kraft getretenen Neufassung des Abs. 3 die in § 125 Abs. 1 S. 1 Nr. 2 InsO genannten Auswahlgesichtspunkte allerdings nicht um die Schwerbehinderteneigenschaft ergänzt. Für eine erweiternde Auslegung von § 125 Abs. 1 S. 1 Nr. 2 InsO besteht daher keine Notwendigkeit. Das Instrument des Interessenausgleichs gem. § 125 Abs. 1 InsO steht nur dem Insolvenzverwalter,[3318] nicht aber dem vorläufigen Insolvenzverwalter zur Verfügung.[3319] Ein vom vorläufigen Insolvenzverwalter abgeschlossener Interessenausgleich mit Namenliste kann aber vom endgültigen Insolvenzverwalter mit Rückwirkung auf den Zeitpunkt der Verfahrenseröffnung genehmigt werden.[3320]

1037 Soweit es um die **Kontrolle der** – auch im Insolvenzverfahren durchzuführenden[3321] – **Sozialauswahl auf grobe Fehlerhaftigkeit** geht, ist die vom Insolvenzverwalter wegen Stilllegung eines Geschäftsbereichs ausgesprochene Kündigung nicht gem. § 125 Abs. 1 S. 1 Nr. 2 InsO sozial ungerechtfertigt, wenn die Betriebsparteien in einem Interessenausgleich mit Namensliste die Sozialauswahl auf einen der Geschäftsbereiche beschränken, weil dort die Arbeitnehmer anderer Geschäftsbereiche nicht ohne Einarbeitungszeit beschäftigt werden können.[3322] Auch eine Verkennung des Betriebsbegriffs ist dann nicht grob fehlerhaft, wenn die Betriebsparteien ihre Einschätzung auf nachvollziehbare Gründe stützen und kein Missbrauch ersichtlich ist.[3323] Dagegen ist eine Sozialauswahl grob fehlerhaft, wenn sie lediglich abteilungsbezogen und nicht betriebsbezogen durchgeführt wird.[3324] Dasselbe gilt in dem Fall, dass einem bei allen Grunddaten schutzwürdigeren Arbeitnehmer deshalb gekündigt wird, weil die Betriebsparteien bei einem anderen Arbeitnehmer das gesetzlich nicht vorgesehen Kriterium psychische Erkrankung berücksichtigt haben.[3325] Grobe Fehlerhaftigkeit liegt ferner dann vor, wenn praktisch allein auf die Rentennähe abgestellt und dadurch eine vierzig Jahre längere Betriebszugehörigkeit ausgeblendet wird[3326] oder die Betriebsparteien die familiäre Unterhaltspflicht gegenüber dem Ehegatten gänzlich außer Betracht lassen. Eine Beschränkung auf die den Lohnsteuerunterlagen (mittlerweile: gespeicherten Lohnsteuerabzugsmerkmalen) zu entnehmenden Unterhaltspflichten gegenüber Kindern soll jedoch zulässig sein (s. aber → Rn. 959).[3327]

1038 § 126 InsO eröffnet dem Insolvenzverwalter die Möglichkeit, in einem **arbeitsgerichtlichen Beschlussverfahren** die soziale Rechtfertigung der betriebsbedingten Kündigung einzelner namentlich benannter Arbeitnehmer feststellen zu lassen.[3328] Diese Bestimmung ergänzt § 125 InsO, indem sie dem Insolvenzverwalter die Einleitung des Beschlussver-

---

3318 Hierzu zählt bei grenzüberschreitenden Insolvenzen kraft unionsrechtskonformer Auslegung auch der Administrator iSd englischen Insolvensrechts, vgl. BAG 20.9.2012 – 6 AZR 263/11, NZA 2013, 797 Rn. 32 ff.

3319 LAG Hamm 22.5.2002 – 2 Sa 1560/01, NZA-RR 2003, 378; LAG Hamm 7.7.2005 – 4 Sa 1548/04, BeckRS 2006, 42103; DD/Däubler InsO § 113 Rn. 54; KR/Spelge InsO § 125 Rn. 8; aA MüKoInsO/Caspers Vor §§ 113–128 Rn. 30 f.

3320 Mückl/Krings ZIP 2012, 106 (109 ff.); aA LAG Hamm 7.7.2005 – 4 Sa 1548/04, BeckRS 2006, 42103.

3321 Vgl. BAG 28.10.2004 – 8 AZR 391/03, AP KSchG 1969 § 1 Soziale Auswahl Nr. 69 unter II 3 b bb; LAG Hamm 10.9.2021 – 16 Sa 143/21, NZA-RR 2022, 187 Rn. 31.

3322 BAG 17.11.2005 – 6 AZR 107/05, AP InsO § 113 Nr. 19; aA LAG Niedersachsen 17.1.2008 – 7 Sa 730/06, BeckRS 2011, 66893; LAG Düsseldorf 6.7.2011 – 7 Sa 1859/10, BeckRS 2011, 76738; s. ferner LAG Köln 11.12.2006 – 2 Sa 807/06, LAGE § 125 InsO Nr. 10 = BeckRS 2007, 41715.

3323 BAG 20.9.2012 – 6 AZR 483/11, NZA 2013, 94 Rn. 20 ff.

3324 LAG Niedersachsen 17.1.2008 – 7 Sa 730/06, BeckRS 2011, 66893.

3325 LAG Düsseldorf 6.7.2011 – 7 Sa 1859/10, BeckRS 2011, 76738.

3326 BAG 8.12.2022 – 6 AZR 31/22, NZA 2023, 692 Rn. 57.

3327 BAG 28.6.2012 – 6 AZR 682/10, NZA 2012, 1090 Rn. 46 u. 52.

3328 BAG 20.1.2000 – 2 ABR 30/99, AP InsO § 126 Nr. 1.

fahrens ermöglicht, wenn nicht innerhalb von drei Wochen nach Verhandlungsbeginn oder schriftlicher Aufforderung zur Aufnahme von Verhandlungen ein Interessenausgleich zustande gekommen ist. Das Verfahren nach § 126 InsO ist auch zulässig, wenn die Kündigung der im Antrag bezeichneten Arbeitnehmer bereits vor Einleitung des Verfahrens ausgesprochen worden ist.[3329] Ferner kann das Beschlussverfahren auch dann eingeleitet werden, wenn im Betrieb kein Betriebsrat besteht.

Nach § 126 Abs. 2 InsO finden die Vorschriften des ArbGG über das Beschlussverfahren, also die **§§ 80 ff. ArbGG, entsprechende Anwendung.** In dem Beschlussverfahren nach § 126 InsO gilt, wie in jedem Beschlussverfahren, gem. § 83 Abs. 1 ArbGG der Untersuchungsgrundsatz[3330] und nicht, wie im Kündigungsschutzprozess, der Beibringungsgrundsatz. Beteiligte des Verfahrens sind der Insolvenzverwalter, der Betriebsrat und die im Antrag bezeichneten Arbeitnehmer, soweit sie nicht mit der Beendigung oder der Änderung des Arbeitsverhältnisses einverstanden sind. Der Antrag des Insolvenzverwalters ist nach § 126 Abs. 2 S. 2 iVm § 122 Abs. 2 S. 3 InsO von den Arbeitsgerichten nach Maßgabe von § 61a Abs. 3–6 ArbGG vorrangig zu erledigen. Für die Kosten, die dem Insolvenzverwalter und den Arbeitnehmern im Verfahren des ersten Rechtszugs entstehen, gilt § 12a Abs. 1 S. 1 u. 2 ArbGG entsprechend. Die Kosten des Betriebsrats hat der Arbeitgeber gem. § 40 BetrVG zu tragen. 1039

Die rechtskräftige Entscheidung in dem Beschlussverfahren nach § 126 InsO ist für die Parteien in einem **späteren Kündigungsschutzprozess nach § 127 Abs. 1 InsO bindend,** soweit sich die Sachlage nicht nach dem Schluss der letzten mündlichen Verhandlung wesentlich geändert hat.[3331] Eine solche wesentliche Änderung ist bspw. gegeben, wenn der Betrieb ursprünglich stillgelegt werden sollte und nach dieser Entscheidung der Insolvenzverwalter einen Käufer findet, der den Betrieb übernimmt und fortführt. 1040

Hat der Arbeitnehmer schon vor der Rechtskraft der Entscheidung im Beschlussverfahren nach § 126 InsO Klage erhoben, ist nach § 127 Abs. 2 InsO die Verhandlung über die Klage auf Antrag des Verwalters **auszusetzen.** Ein Ermessensspielraum, wie bei der Aussetzung nach § 148 ZPO, besteht hier für das Arbeitsgericht nicht.[3332] 1041

Gegen den Beschluss des Arbeitsgerichts im Verfahren nach § 126 InsO sind nur **eingeschränkt Rechtsmittel** gegeben. Nach § 126 Abs. 2 S. 2 iVm § 122 Abs. 3 InsO findet die Beschwerde zum LAG nicht statt. Um das Verfahren zu beschleunigen, ist allein die Rechtsbeschwerde zum BAG statthaft, wenn sie in dem Beschluss des Arbeitsgerichts zugelassen wird.[3333] Die Nichtzulassungsbeschwerde ist nicht gegeben;[3334] eine entsprechende Verweisung in § 122 Abs. 3 InsO auf § 72a ArbGG fehlt. Angesichts der Tragweite, die der Entscheidung des Arbeitsgerichts zukommt, erscheint jedenfalls der Ausschluss der Nichtzulassungsbeschwerde rechtspolitisch verfehlt. 1042

In **Abweichung vom Rechtsbeschwerdeverfahren nach § 92 ArbGG** ist die Rechtsbeschwerde innerhalb eines Monats nach Zustellung des in vollständiger Form abgesetzten Urteils des Arbeitsgerichts einzulegen und zu begründen. 1043

[3329] BAG 29.6.2000 – 8 ABR 44/99, AP InsO § 126 Nr. 2.
[3330] Ebenso HWK/Annuß InsO § 126 Rn. 5; ErfK/Gallner InsO § 126 Rn. 3; Lakies RdA 1997, 145 (152).
[3331] Vgl. MHdB ArbR/Krumbiegel § 122 Rn. 59 ff.; ausf. Caspers, Personalabbau und Betriebsänderung im Insolvenzverfahren, 1998, Rn. 269 ff.
[3332] Ebenso APS/Künzl InsO § 127 Rn. 50.
[3333] BAG 20.1.2000 – 2 ABR 30/99, AP InsO § 126 Nr. 1.
[3334] BAG 14.8.2001 – 2 ABN 20/01, AP ArbGG 1979 § 72a Divergenz Nr. 44.

J. Die besonderen – absoluten – Gründe für die Sozialwidrigkeit der Kündigung (Abs. 2 S. 2 u. 3)

I. Allgemeines

1044 Ihrem **sachlichen Gehalt** nach ist die Regelung des Abs. 2 S. 2 u. 3 durch § 123 BetrVG in das KSchG eingefügt worden (→ Einl. Rn. 31 ff.); die heutige Fassung beruht auf § 114 BPersVG (→ Einl. Rn. 40), der sie auf den Bereich des öffentlichen Dienstes erstreckt hat. Die hier besonders genannten Tatbestände begründen „auch" die Sozialwidrigkeit der Kündigung, falls darauf ein Widerspruch des Betriebsrats bzw. Einwendungen der zuständigen Personalvertretung gestützt worden sind. Die beiden Grundtatbestände legt S. 2 fest. Es handelt sich um den Verstoß gegen Richtlinien über die personelle Auswahl nach § 95 BetrVG bzw. § 80 Abs. 1 Nr. 12 BPersVG (S. 2 Nr. 1a u. 2a) sowie die Möglichkeit der Weiterbeschäftigung des Arbeitnehmers an einem anderen Arbeitsplatz (S. 2 Nr. 1b u. 2b). Lediglich zwei besondere Unterfälle der Letzteren fügt S. 3 hinzu, die Weiterbeschäftigung nach zumutbaren Umschulungs- oder Fortbildungsmaßnahmen sowie unter geänderten Arbeitsbedingungen.

1045 Die Regelung des Abs. 2 S. 2 u. 3 stellt sich inhaltlich als **Verweisungsvorschrift** auf § 102 Abs. 3 Nr. 2–5 BetrVG dar. Voraussetzung für die Sozialwidrigkeit der Kündigung ist nämlich ein nach § 102 Abs. 3 Nr. 2–5 BetrVG begründeter und ordnungsgemäß eingelegter Widerspruch des Betriebsrats. Ist der Widerspruch des Betriebsrats unbegründet oder nicht fristgerecht eingelegt worden, so ist die ausgesprochene Kündigung allein am Maßstab des Abs. 2 S. 1 zu prüfen.

1046 Die Regelung für die **Arbeitnehmer im öffentlichen Dienst** entspricht in dem hier behandelten kündigungsschutzrechtlichen Zusammenhang der Sache nach ganz derjenigen für Arbeitnehmer in privaten Betrieben. Deshalb beschränkt sich die folgende Darstellung zur Vereinfachung und im Interesse der Übersichtlichkeit auf die Rechtslage in privaten Betrieben. Die Ausführungen gelten entsprechend für den Bereich des öffentlichen Dienstes. Soweit sich aus Unterschieden zwischen Betriebsverfassungsrecht und Personalvertretungsrecht Besonderheiten ergeben, wird darauf hingewiesen. Für das Letztere wird allein das BPersVG zugrunde gelegt.

II. Sinn und Zweck

1047 Durch Abs. 2 S. 2 u. 3 soll der **individualrechtliche Kündigungsschutz** des Arbeitnehmers für den Fall **verstärkt** werden, dass sich der Arbeitgeber über die fristgemäß vorgebrachten und durch die objektive Rechtslage begründeten Einwendungen des Betriebsrats zum Nachteil des Arbeitnehmers hinwegsetzt.[3335] Bei einem ordnungsgemäßen und begründeten Widerspruch des Betriebsrats nach § 102 Abs. 3 Nr. 2–5 BetrVG ist die Kündigung sozialwidrig, ohne dass es einer weiteren Interessenabwägung bedarf.[3336]

III. Verhältnis von Abs. 2 S. 1 u. 2

1048 Fraglich ist, welche **rechtliche Bedeutung** das Nebeneinander von S. 1 u. 2 des Abs. 2 hat. **Abs. 2 S. 2** wurde **zunächst als abschließende Regelung** für die Geltendmachung

[3335] BAG 6.6.1984 – 7 AZR 451/82, AP KSchG 1969 § 1 Betriebsbedingte Kündigung Nr. 16; ErfK/Oetker Rn. 374.

[3336] Dazu grdl. BAG 13.9.1973 – 2 AZR 601/72, AP KSchG 1969 § 1 Nr. 2 mAnm G. Hueck; KR/Rachor § 1 Rn. 203, 802; PVT Kündigung/Temming Rn. 1413; APS/Vossen Rn. 92; s. a. BAG 6.6.1984 – 7 AZR 451/82, AP KSchG 1969 § 1 Betriebsbedingte Kündigung Nr. 16.

und Berücksichtigung der dort aufgezählten speziellen Tatbestände im Kündigungsschutzprozess angesehen.[3337] Gestützt wurde das ganz allgemein auf den betriebsbezogenen Charakter der speziellen Widerspruchsgründe, weiter vor allem auf den Wortlaut des Satzes 2, der den abschließend aufgezählten Widerspruchsgründen eine äußerlich abgehobene Sonderstellung gegenüber den Gesichtspunkten einräumt, die nach S. 1 für die allgemeine Prüfung der Sozialwidrigkeit maßgebend sind. Auch der Umstand, dass der Widerspruchsgrund des § 102 Abs. 3 Nr. 1 BetrVG nur zur allgemeinen Nachprüfung der sozialgerechten Auswahl führt, während für die weiteren Widerspruchsgründe eine Sonderregelung in das KSchG eingefügt worden ist, kann für eine Differenzierung im Sinne dieser strengen Auslegung des Abs. 2 S. 2 herangezogen werden. Die Folge ist, dass nach dieser Auffassung die Sozialwidrigkeit einer Kündigung auf die in S. 2 aufgeführten Tatbestände nur dann gestützt werden kann, wenn ein form- und fristgerechter Widerspruch vorliegt; dagegen sollen diese Tatbestände ganz außer Betracht bleiben, und zwar auch im Rahmen der allgemeinen Abwägung nach Abs. 2 S. 1 und Abs. 3, wenn der Widerspruch fehlt, somit immer auch dann, wenn gar kein Betriebsrat besteht.

Demgegenüber ist aber mit der heute praktisch **einhelligen Meinung**[3338] zu beachten: 1049
Abs. 2 S. 2 enthält in den Nr. 1b u. 2b ebenso wie S. 3 Tatbestände, die – zumindest großenteils – vor der Neuregelung bereits im Rahmen der allgemeinen Prüfung der Sozialwidrigkeit nach Abs. 2 S. 1 und Abs. 3 berücksichtigt worden sind und die nach der Rspr. des BAG auch ohne den heutigen Abs. 2 S. 2 zur Unwirksamkeit einer betriebsbedingten Kündigung führen konnten.[3339] Für den Tatbestand der Nr. 1a u. 2a galt das in dieser Form naturgemäß nicht, weil es Auswahlrichtlinien in diesem Sinn noch nicht gab. Wohl aber ist davon auszugehen, dass gerade solche Gesichtspunkte, die schon früher für die Beurteilung betriebsbedingter Kündigungen bedeutsam waren, zum Inhalt von Auswahlrichtlinien gemacht und so ebenfalls in den Geltungsbereich von Abs. 2 S. 2 gerückt werden; als Folge tritt dann für sie dieselbe Situation ein wie in den Fällen der Nr. 1b u. 2b sowie des S. 3.[3340] Würde man der strengen Auslegung folgend alle diese Tatbestände ausschließlich Abs. 2 S. 2 u. 3 unterstellen, ihre Berücksichtigung im Kündigungsprozess damit strikt an den Widerspruch des Betriebsrats binden, so würden dadurch die individuellen Verteidigungsmöglichkeiten des Arbeitnehmers gegen eine Kündigung beim Fehlen des Widerspruchs beträchtlich eingeschränkt. Bei dem Widerspruchsgrund der Nr. 1a u. 2a (Richtlinienverstoß) würde dieser Effekt zulasten der Arbeitnehmer sogar umso stärker hervortreten, je mehr und je genauer an sich schon für die Sozialwidrigkeit einer Kündigung maßgebende Gesichtspunkte auch in die Auswahlrichtlinien aufgenommen und damit automatisch in den Bereich der Widerspruchsgründe nach Abs. 2 S. 2 verwiesen werden.

Eine **solche Beschränkung** des individuellen, auch ohne Widerspruch des Betriebsrats 1050
realisierbaren Kündigungsschutzes wird dadurch **nicht aufgewogen,** dass die Neuregelung den Kündigungsschutz im Falle des Widerspruchs in mancher Hinsicht erweitert, so vor allem in Nr. 1b durch die generelle Ausdehnung auch auf andere Betriebe desselben Unternehmens. Auch der Hinweis auf eine durch das BetrVG 1972 bewirkte Verschiebung des Gewichts zugunsten der Mitwirkungsbefugnisse des Betriebsrats im Rahmen des iÜ nach wie vor individualrechtlich ausgestalteten Kündigungsschutzes vermag nicht

[3337] LAG Hamm 8.11.1972 – 5 Sa 349/72, DB 1973, 482 f.; LAG Hessen 21.3.1973 – 7 Sa 667/72, DB 1973, 1806; Gumpert BB 1972, 49 f.; Maus KSchG 1972 Rn. 256 f.; Meisel DB 1972, 1679; Anm. zu BAG 22.11.1973 – 2 AZR 543/72, AP KSchG § 1 Betriebsbedingte Kündigung Nr. 22; Wagener BB 1972, 1373.

[3338] BAG 13.9.1973 – 2 AZR 601/72, AP KSchG 1969 § 1 Nr. 2 mAnm G. Hueck; 17.5.1984 – 2 AZR 109/83, NZA 1985, 489; 15.12.1994 – 2 AZR 320/94, NJW 1996, 339; 21.9.2000 – 2 AZR 385/99, AP KSchG 1969 § 1 Betriebsbedingte Kündigung Nr. 111; 25.4.2002 – 2 AZR 260/01, AP KSchG 1969 § 1 Betriebsbedingte Kündigung Nr. 121; 23.11.2004 – 2 AZR 24/04, AP KSchG 1969 § 1 Betriebsbedingte Kündigung Nr. 132; Berkowsky, Die betriebsbedingte Kündigung, 6. Aufl. 2008, § 9 Rn. 4 ff.; FS Etzel, 2011, 35 (44); DD/Deinert Rn. 379 f.; SES/Eylert Rn. 315; HK-KSchG/Höland Rn. 1194; APS/Kiel Rn. 544; ErfK/Oetker Rn. 376; LSSW/Schlünder Rn. 563; Wank RdA 1987, 129 (137); HK-KSchG/Weller/Dorndorf Rn. 895.

[3339] Dazu ausf. G. Hueck Anm. zu BAG 13.9.1973 – 2 AZR 601/72, AP KSchG 1969 § 1 Nr. 2.

[3340] Insoweit allerdings einschränkend Gumpert BB 1972, 49 (50).

zu überzeugen. Denn trotz der naturgemäß starken Betonung des kollektiven Elements kann eine bis zur Einschränkung des individuell geltend zu machenden Kündigungsschutzes (wenn auch zugunsten einer Abhängigkeit von Entscheidungen betrieblicher Organe) reichende Intention den Materialien zum BetrVG nicht entnommen werden. In ihnen ist vielmehr gerade von einer „Erweiterung" bzw. „Verbesserung des Kündigungsschutzes" die Rede.[3341] Damit wäre eine Einschränkung des vorher möglichen Vorbringens gegen eine Kündigung nicht vereinbar. Die Erweiterung der Mitwirkungsbefugnisse des Betriebsrats bei Kündigungen soll vielmehr die Position des gekündigten Arbeitnehmers stärken, sie aber nicht durch eine neu begründete Abhängigkeit von der Stellungnahme des Betriebsrats schwächen.

1051 Der **Wortlaut des Abs. 2 S. 2,** auf den sich die strenge Auslegung vornehmlich stützt, steht einer solchen Deutung nicht entgegen. Zum einen lassen sich die Tatbestände des Abs. 2 S. 2 u. 3 als **Konkretisierungen des kündigungsschutzrechtlichen Verhältnismäßigkeitsgrundsatzes** begreifen.[3342] Zum anderen behält das Tatbestandsmerkmal des Widerspruchs des Betriebsrats seinen Sinn, indem die Kündigung beim Vorliegen eines begründeten Widerspruchs absolut sozialwidrig ist, bei der personenbedingten und bei der verhaltensbedingten Kündigung also keine zusätzliche Interessenabwägung mehr stattfindet (→ Rn. 1058), während es bei der betriebsbedingten Kündigung immerhin zu einer gewissen Erleichterung der Darlegungslast für den Arbeitnehmer kommt.[3343] Eine weite Auslegung wird dem gesetzgeberischen Ziel, den Kündigungsschutz zu erweitern, besser gerecht und entspricht gleichwohl dem Normzweck als Sanktion für den Widerspruch des Betriebsrats ebenso gut wie die strenge Auslegung, fügt sich aber besser in das System des geltenden individualrechtlichen Kündigungsschutzes ein. Ihr ist daher der Vorzug zu geben.

1052 **Somit ergibt sich:** Die Aufnahme bestimmter Tatbestände als Widerspruchsgründe in Abs. 2 S. 2 u. 3 **schließt nicht aus,** dass diese Tatbestände in gleicher Weise wie vor der Neufassung der Bestimmung auch im Rahmen der allgemeinen Prüfung der Sozialwidrigkeit nach Abs. 2 S. 1 und Abs. 3 mitberücksichtigt werden. Das gilt auch und gerade dann, wenn kein Widerspruch gegen die Kündigung erhoben worden ist, wenn der Betriebsrat der Kündigung sogar zugestimmt hat oder wenn kein Betriebsrat vorhanden ist. Letzteres ist wichtig, um auch in betriebsratsfähigen Betrieben, in denen aber (noch) kein Betriebsrat gebildet worden ist, den Arbeitnehmern den vollen Kündigungsschutz zu sichern. Weitere Folge ist, dass auch leitende Angestellte (mit den Schranken des § 14 Abs. 2) den vollen Kündigungsschutz genießen, obwohl für sie nach §§ 5 Abs. 3, 105 BetrVG ein Widerspruch des Betriebsrats nicht in Betracht kommt.

1053 **Abs. 2 S. 2 u. 3** können für sich genommen dagegen nur dann zur **Sozialwidrigkeit** einer Kündigung führen, wenn der Betriebsrat oder eine andere zuständige Arbeitnehmervertretung dieser Kündigung form- und fristgerecht widersprochen hat.[3344] Der Widerspruch ist notwendige Voraussetzung für die Anwendung dieser Bestimmung. Er hat zur Folge, dass sich die Prüfung des Gerichts im **Kündigungsschutzprozess** – jedenfalls zunächst – **auf die sachliche Berechtigung des Widerspruchs beschränkt.**

IV. Widerspruch des Betriebsrats als Voraussetzung

1054 Voraussetzung für die Sozialwidrigkeit einer Kündigung nach Abs. 2 S. 2 u. 3 ist der form- und fristgerechte **Widerspruch des Betriebsrats** oder einer anderen nach dem

[3341] Vgl. insbes. Begründung zu § 124 RegE – nunmehr § 123 BetrVG – BT-Drs. VI/1786, 59; ferner Ausschussbericht BT-Drs. zu VI/2729, 7.

[3342] BAG 15.12.1994 – 2 AZR 327/94, NZA 1995, 521; 25.4.2002 – 2 AZR 260/01, AP KSchG 1969 § 1 Betriebsbedingte Kündigung Nr. 121; 24.6.2004 – 2 AZR 326/03, AP KSchG 1969 § 1 Nr. 76; näher Preis Prinzipien Rn. 675 ff.

[3343] Vgl. APS/Kiel Rn. 544.

[3344] BAG 6.6.1984 – 7 AZR 451/82, AP KSchG 1969 § 1 Betriebsbedingte Kündigung Nr. 16.

BetrVG insoweit zuständigen Arbeitnehmervertretung gegen diese Kündigung. Dadurch wird die unmittelbare Verbindung zur Regelung der Mitwirkung des Betriebsrats bei der Kündigung hergestellt. Der Widerspruch erfolgt im Rahmen des Anhörungsverfahrens nach § 102 BetrVG. Zuständig ist in erster Linie der Betriebsrat. Die Behandlung von Kündigungen kann auch dem Betriebsausschuss nach § 27 BetrVG oder einem daneben gebildeten weiteren Ausschuss nach § 28 BetrVG, etwa einem Personalausschuss, zur selbständigen Erledigung übertragen werden.[3345]

Der Widerspruch ist an die **Frist des § 102 Abs. 2 S. 1 BetrVG** gebunden; er muss also innerhalb einer Woche erhoben werden. Die Frist beginnt mit der Mitteilung der beabsichtigten Kündigung (unter Angabe der Einzelheiten, vor allem der in Betracht gezogenen Kündigungsgründe) durch den Arbeitgeber an den Betriebsrat, wobei letzterer durch seinen Vorsitzenden oder ein sonstiges zur Entgegennahme ermächtigtes Mitglied vertreten wird. Für die Berechnung der Frist gelten iÜ §§ 187 ff. BGB.[3346] 1055

Nach Abs. 2 S. 2 muss der **Widerspruch schriftlich** erfolgen, also nach § 126 BGB schriftlich abgefasst und vom Betriebsratsvorsitzenden oder einer anderen zur Vertretung des Betriebsrats bzw. des zuständigen Ausschusses berechtigten Person unterzeichnet sein. Form und Frist gelten für den Widerspruch als solchen und damit auch für seine Begründung.[3347] Ein Telefax ist ausreichend.[3348] Die **Begründung** muss erkennen lassen, welchen der Widerspruchsgründe, ggf. auch mehrere, der Betriebsrat als gegeben ansieht und auf welche tatsächlichen Umstände er sich dabei stützt; ein bestimmter Wortlaut oder eine Bezeichnung nach dem Gesetz ist nicht erforderlich. Eine reine Wiederholung des Gesetzeswortlauts ohne Angabe konkreter Tatsachen stellt jedoch keinen ordnungsgemäßen Widerspruch dar.[3349] Gleiches gilt, wenn der Betriebsrat gegen die Kündigung lediglich Bedenken anmeldet.[3350] Nach der Widerspruchsbegründung muss es möglich erscheinen, dass einer der im Gesetz genannten Widerspruchsgründe geltend gemacht wird.[3351] 1056

Für einen ordnungsgemäßen **Widerspruch des Betriebsrats nach § 102 Abs. 3 Nr. 3 BetrVG wegen bestehender Weiterbeschäftigungsmöglichkeiten** muss der Betriebsrat konkret darlegen, auf welchem freien Arbeitsplatz eine Weiterbeschäftigung des Arbeitnehmers in Betracht kommt (zu den inhaltlichen Anforderungen an Weiterbeschäftigungsmöglichkeiten → Rn. 751 ff.). Dabei muss der andere Arbeitsplatz in bestimmbarer Weise bezeichnet werden.[3352] Hierzu genügt der allgemeine Hinweis auf Personalmangel und Überstunden nicht. Gleichfalls unzureichend ist es, wenn der Betriebsrat auf Personalengpässe bei Arbeiten hinweist, die im Betrieb von einem Subunternehmer auf Grund eines Werkvertrags erledigt werden. Ein Arbeitsplatz bei einem anderen Unternehmer ist kein freier Arbeitsplatz iSd § 102 Abs. 3 Nr. 3 BetrVG. Der Arbeitgeber ist auch nicht verpflichtet, einen neuen Arbeitsplatz im Betrieb zu schaffen, indem er dem aufgrund des 1057

[3345] BAG 4.8.1975 – 2 AZR 266/74, AP BetrVG 1972 § 102 Nr. 4; 12.7.1984 – 2 AZR 320/83, AP BetrVG 1972 § 102 Nr. 32; KR/Rinck BetrVG § 102 Rn. 133.

[3346] Vgl. APS/Koch BetrVG § 102 Rn. 130.

[3347] BAG 30.5.1985 – 2 AZR 321/84, AP KSchG 1969 § 1 Betriebsbedingte Kündigung Nr. 24 unter B IV; GK-BetrVG/Raab § 102 Rn. 154; KR/Rinck BetrVG § 102 Rn. 184; die von Göttling/Hoentges/Zepp RdA 1972, 284, Gester/Zachert von Göttling ArbRdGgnw 12 (1974), 96, vertretene Auffassung, dass auch ein mündlicher Widerspruch zur Fristwahrung ausreiche, wenn die schriftliche Erklärung nachgeholt wird, findet im Gesetz keine Stütze.

[3348] Ebenso Fitting BetrVG § 102 Rn. 64.

[3349] Dazu näher LAG Nürnberg 27.10.1992 – 6 Sa 496/92, LAGE § 102 BetrVG 1972 Beschäftigungspflicht Nr. 11 = BeckRS 1992, 30465332; LAG Brandenburg 15.12.1992 – 1 Ta 61/92, LAGE § 102 BetrVG 1972 Beschäftigungspflicht Nr. 13 = BeckRS 1992, 30979501; Fitting BetrVG § 102 Rn. 71; KR/Rinck BetrVG § 102 Rn. 186 f.

[3350] GK-BetrVG/Raab § 102 Rn. 153; KR/Rinck BetrVG § 102 Rn. 178.

[3351] LAG München 17.8.1994 – 6 Sa 439/04, LAGE § 102 BetrVG 1972 Beschäftigungspflicht Nr. 18 mAnm Pallasch = NZA-RR 2005, 255; LAG München 16.8.1995 – 9 Sa 543/95, LAGE § 102 BetrVG 1972 Beschäftigungspflicht Nr. 22 = BeckRS 1995, 30851583; LAG Schleswig-Holstein 5.3.1996 – 1 Ta 16/96, LAGE § 102 BetrVG 1972 Beschäftigungspflicht Nr. 23 = BeckRS 1996, 30468403.

[3352] BAG 17.6.1999 – 2 AZR 608/98, AP BetrVG 1972 § 102 Nr. 11; 11.5.2000 – 2 AZR 54/99, NZA 2000, 1055.

Werkvertrags tätigen Subunternehmer Aufgaben entzieht und diese wieder durch Arbeitnehmer des eigenen Betriebes ausführen lässt.

V. Folgen eines Widerspruchs des Betriebsrats

1058 Ist der **Widerspruch sachlich berechtigt,** liegt also der damit geltend gemachte Tatbestand aus dem Bereich des Abs. 2 S. 2 oder 3 vor, so ist die **Kündigung** nach dieser Bestimmung **sozialwidrig.** Einer allgemeinen Prüfung nach Abs. 2 S. 1 und evtl. Abs. 3 und der damit verbundenen allgemeinen Interessenabwägung (→ Rn. 214 ff.) bedarf es daneben nicht.[3353] Das bedeutet allerdings nicht, dass überhaupt keine Interessenabwägung stattfindet; sie ist aber in die Prüfung des Widerspruchsgrundes einbezogen und dementsprechend auf den geltend gemachten Tatbestand beschränkt.[3354] Das Gericht hat danach nur zu prüfen, ob die tatsächlichen Voraussetzungen des erhobenen Widerspruchs, der auch auf mehrere der in S. 2 u. 3 aufgeführten Widerspruchsgründe gleichzeitig gestützt sein kann, gegeben sind und ob der Widerspruch gegen die konkrete Kündigung wirklich durchgreift.[3355]

1059 In diesem Zusammenhang müssen dann allerdings auch die **Gründe für diese Kündigung** gewürdigt werden. Denn die Beschränkung des Widerspruchs auf bestimmte, fest umschriebene Tatbestände in § 102 Abs. 3 BetrVG und ganz entsprechend dann auch in Abs. 2 S. 2 u. 3 hat zur Folge, dass nicht gegen jede Kündigung Widerspruch erhoben werden kann; vielmehr muss ein Zusammenhang zwischen Kündigungsgrund und Widerspruchsgrund bestehen. So kann der Widerspruch gegen eine personenbedingte Kündigung nicht mit der Verletzung von Auswahlrichtlinien begründet werden, weil diese nur für die betriebsbedingte Kündigung aufgestellt werden können (→ Rn. 1075). Die Möglichkeit der Weiterbeschäftigung kann den Widerspruch gegen eine betriebsbedingte, je nach Lage der Dinge aber auch gegen eine personen- oder verhaltensbedingte Kündigung rechtfertigen.[3356] Allgemein kann man freilich feststellen, dass sich die Widerspruchsgründe des § 102 Abs. 3 BetrVG schon wegen ihres kollektiven, betriebsbezogenen Charakters in erster Linie gegen die betriebsbedingte Kündigung richten, wenn sie auch teilweise (Nr. 3–5) so allgemein gefasst sind, dass sie nicht notwendig ganz auf diese beschränkt bleiben (→ Rn. 1061 ff.).

1060 Ergibt die Prüfung, dass der **Widerspruch nicht sachlich berechtigt** ist, so folgt daraus allein noch keineswegs, dass die Kündigung sozial gerechtfertigt ist. Der individuelle Kündigungsschutz des betroffenen Arbeitnehmers ist nicht durch den Widerspruch des Betriebsrats bedingt und auch nicht auf die damit geltend gemachten Widerspruchsgründe beschränkt. Deshalb hat das Arbeitsgericht **nunmehr** die Kündigung nach den **allgemeinen Regeln des Abs. 2 S. 1** zu würdigen und danach zu entscheiden, ob sie sozial gerechtfertigt ist.

1061 Dem Wortlaut des Abs. 2 S. 2 könnte man entnehmen, dass der **Widerspruch,** wenn er auch **nur auf einen der in Nr. 1 oder in S. 3 genannten Gründe gestützt** wird, zur Anwendung der ganzen Vorschrift führt mit der Folge, dass für die Kündigung automatisch auch die anderen Widerspruchsgründe zu prüfen sind, wenn der mit dem Widerspruch geltend gemachte Grund tatsächlich nicht vorliegt.[3357] Danach könnte die Sozialwidrigkeit der Kündigung unter Ausschluss von Abs. 2 S. 1 auf jeden der in S. 2 u. 3

[3353] BAG 13.9.1973 – 2 AZR 601/72, AP KSchG 1969 § 1 Nr. 2 unter II 7 a; 6.6.1984 – 7 AZR 451/82, AP KSchG 1969 § 1 Betriebsbedingte Kündigung Nr. 16; DD/Deinert Rn. 376; APS/Vossen Rn. 92.

[3354] Ebenso Birk FS Kissel, 1994, 51 (59) Fn. 36; Preis Prinzipien Rn. 334 ff.

[3355] BAG 6.6.1984 – 7 AZR 451/82, AP KSchG 1969 § 1 Betriebsbedingte Kündigung Nr. 16.

[3356] BAG 10.3.1977 – 2 AZR 79/76, AP KSchG 1969 § 1 Krankheit Nr. 4; 22.7.1982 – 2 AZR 30/81, AP KSchG 1969 § 1 Verhaltensbedingte Kündigung Nr. 5; ebenso Brox FS 25 Jahre BAG, 1979, 37 (48); Moritz DB 1985, 229 ff.

[3357] So Adomeit DB 1971, 2363; Hoechst AuR 1973, 328 (330).

aufgezählten Tatbestände gestützt werden, wenn auch nur einer von ihnen im Wege des Widerspruchs geltend gemacht worden ist.

Dem ist allerdings entgegenzuhalten, dass damit der Widerspruch rein formal zum auslösenden Moment für die Anwendung des Abs. 2 S. 2 u. 3 gemacht würde, während sein eigentlicher Zweck, der in der **Bindung an bestimmte betriebsbezogene Tatbestände** zum Ausdruck kommt und dem die Regeln über die Begründung des Widerspruchs Rechnung tragen, dabei vernachlässigt wird. Denn in dem Widerspruch soll die größere Sachkenntnis und der bessere Überblick des Betriebsrats über die betrieblichen Verhältnisse zum Tragen kommen.[3358] Das trifft aber für die Gründe gerade nicht zu, auf die der Betriebsrat den Widerspruch nicht gestützt hat, deren Vorliegen er also im Zweifel verneint. Im Rahmen von Abs. 2 S. 2 u. 3 können deshalb nur **diejenigen Gründe berücksichtigt werden, auf die der Betriebsrat seinen Widerspruch gegen die konkrete Kündigung gestützt hat.**[3359] Der Unterschied zwischen beiden Auffassungen ist allerdings nicht so groß, wie er zunächst erscheinen mag: Der Betriebsrat kann den Widerspruch auf mehrere Widerspruchsgründe gleichzeitig stützen, wenn er sie für gegeben hält, und er braucht die Widerspruchsgründe nicht nach dem Gesetz zu bezeichnen. Deshalb hat das Gericht die zur Begründung des Widerspruchs angeführten Tatsachen nach Abs. 2 S. 2 u. 3 unter allen dafür in Betracht kommenden rechtlichen Gesichtspunkten zu würdigen, darf in tatsächlicher Hinsicht aber nicht über die Widerspruchsbegründung hinausgehen. 1062

Auch die Neufassung durch das **BPersVG** hat an dem Verhältnis von Abs. 2 S. 1 u. 2 (u. 3) nichts geändert. Gerade hier beschränkt sich das BPersVG vielmehr ganz darauf, die Regelung des BetrVG nachzuvollziehen und die Kündigungsmitwirkung samt ihrer Sanktion im individual-rechtlichen Kündigungsschutz auf den öffentlichen Dienst zu übertragen. So stimmen die Gründe, auf die der Personalrat nach § 85 Abs. 1 S. 3 BPersVG (bis 14.6.2021: § 79 Abs. 1 S. 3 BPersVG) Einwendungen gegen eine Kündigung stützen kann, völlig mit den Widerspruchsgründen in § 102 Abs. 3 BetrVG überein; und dementsprechend ist Abs. 2 nur auf den öffentlichen Dienst ausgedehnt und redaktionell angepasst, dagegen im sachlichen Gehalt nicht verändert worden. Auch iÜ lässt nichts darauf schließen, dass hier eine Abweichung von der 1972 durch das BetrVG getroffenen Gestaltung beabsichtigt sein könnte. Deshalb gilt das oben (→ Rn. 1048 ff.) Ausgeführte ganz entsprechend auch im Anwendungsbereich des BPersVG.[3360] 1063

VI. Das Widerspruchsverfahren nach dem BPersVG

Im Rahmen des Mitwirkungsverfahrens nach §§ 81, 85 BPersVG kann der Personalrat grds. **Einwendungen** aller Art gegen eine geplante Kündigung erheben; das entspricht der Äußerung von Bedenken durch den Betriebsrat nach § 102 Abs. 2 BetrVG. Die in diesem Zusammenhang wesentliche **Widerspruchswirkung** haben jedoch nur Einwendungen, die auf die in § 85 Abs. 1 S. 3 BPersVG abschließend aufgezählten Gesichtspunkte gestützt werden;[3361] diese stimmen mit den Widerspruchsgründen nach § 102 Abs. 3 BetrVG sachlich überein. Abweichend von der Wochenfrist des BetrVG beträgt hier die **Frist** zur Erhebung von Einwendungen nach § 81 Abs. 2 BPersVG zehn Arbeitstage. Als solche kommen heute bei den meisten Dienststellen nur die Werktage von Montag bis Freitag in Betracht. Anders als Abs. 2 S. 2 Nr. 1 für den Widerspruch des Betriebsrats verlangt Nr. 2 für die Einwendungen des Personalrats **nicht** ausdrücklich die **Schrift-** 1064

[3358] Vgl. BT-Drs. zu VI/2729, 7 unter IV 3.
[3359] Ebenso BAG 6.6.1984 – 7 AZR 451/82, AP KSchG 1969 § 1 Betriebsbedingte Kündigung Nr. 16; Meisel Mitwirkung und Mitbestimmung des Betriebsrats, 5. Aufl. 1984, Rn. 543.
[3360] BAG 17.5.1984 – 2 AZR 109/83, AP KSchG 1969 § 1 Betriebsbedingte Kündigung Nr. 21; 6.6.1984 – 7 AZR 451/82, AP KSchG 1969 § 1 Betriebsbedingte Kündigung Nr. 16.
[3361] KR/Rinck BPersVG § 128 Rn. 57 f.

form; auch die Verfahrensregeln in § 81 BPersVG sehen diese nicht ausdrücklich vor.[3362] Allerdings setzt die Verpflichtung zur abschriftlichen Mitteilung der Stellungnahme des Personalrats an den Arbeitnehmer nach § 85 Abs. 1 S. 4 BPersVG notwendig voraus, dass jedenfalls die hier allein wesentlichen Einwendungen mit Widerspruchswirkung schriftlich zu erheben sind und zwar im Hinblick auf den Zweck dieser Bestimmung gerade auch hinsichtlich der nach § 81 Abs. 2 S. 3 BPersVG erforderlichen Begründung. Gleichwohl kann man den Unterschied zwischen Nr. 1 und Nr. 2 des § 1 Abs. 2 S. 1 nicht als bloßes Redaktionsversehen werten, sondern wird daraus folgern müssen, dass es für die kündigungsschutzrechtliche Wirkung nicht auf die schriftliche Abfassung der Einwendungen ankommen soll.[3363]

1065 Eine Besonderheit gegenüber dem privaten Bereich ergibt sich schließlich daraus, dass das Personalvertretungsrecht dem hierarchischen Aufbau der Verwaltung durch die Bildung von **Stufenvertretungen** Rechnung trägt, §§ 88 ff. BPersVG.[3364] Je nach der Stellung der Beschäftigungsdienststelle im Behördenaufbau kann daher das Mitwirkungsverfahren nach § 82 Abs. 1 BPersVG durch Vorlage bei übergeordneten Dienststellen, bei denen Stufenvertretungen bestehen, in einer zweiten und uU auch dritten Stufe fortgesetzt werden. Das hat zur Folge, dass eine Kündigung erst nach Abschluss des ganzen Mitwirkungsverfahrens wirksam ausgesprochen werden kann. Andererseits ist die Widerspruchswirkung der Einwendungen des Personalrats davon abhängig, dass sie die Stufenvertretung in der Verhandlung mit der übergeordneten Dienststelle aufrechterhalten hat. § 1 Abs. 2 S. 2 Nr. 2 aE hebt das ausdrücklich hervor. Im privaten Bereich gibt es hierzu keine Parallele. Diese Wertung gilt auch, soweit in den Personalvertretungsgesetzen der Länder dem Personalrat ein echtes Mitbestimmungsrecht eingeräumt ist und die Einigungsstelle die verweigerte Zustimmung ersetzt hat. Die (ursprünglichen) Einwendungen des Personalrats sind kündigungsrechtlich dann unbeachtlich.[3365]

VII. Die Widerspruchsgründe des § 102 Abs. 3 BetrVG

1066 Die in Abs. 2 S. 2 u. 3 genannten **Widerspruchsgründe** entsprechen im sachlichen Gehalt genau denjenigen des **§ 102 Abs. 3 Nr. 2–5 BetrVG** (§ 85 Abs. 1 S. 3 Nr. 2–5 BPersVG). Nur ein hierauf gestützter Widerspruch erfüllt die Voraussetzungen des § 1 Abs. 2 S. 2 u. 3. Die Aufzählung ist abschließend. Ein **Widerspruch nach § 102 Abs. 3 Nr. 1 BetrVG** (mangelhafte Berücksichtigung sozialer Gesichtspunkte bei der Auswahl) reicht dagegen nicht aus. Ein form- und fristgerechter Widerspruch nach § 102 Abs. 3 Nr. 1 BetrVG löst freilich – ebenso wie die anderen Widerspruchsgründe des § 102 Abs. 3 BetrVG – die Rechtsfolgen der Abs. 4 u. 5 des § 102 BetrVG aus, dh der Arbeitgeber hat dem Arbeitnehmer die Stellungnahme des Betriebsrats zuzuleiten und der Arbeitnehmer kann nach Erhebung der Kündigungsschutzklage Weiterbeschäftigung bis zum rechtskräftigen Abschluss des Kündigungsschutzprozesses verlangen.

1. Grundsätze

1067 Der Betriebsrat kann einer Kündigung gleichzeitig aus mehreren Gründen widersprechen. Dabei kann auch ein Widerspruch nach § 102 Abs. 3 Nr. 1 BetrVG mit einem solchen nach den Nr. 2–5 (= § 1 Abs. 2 S. 2 u. 3 KSchG) zusammentreffen. Dann ist zu beachten: Der Widerspruch nach Nr. 3–5 bedeutet, dass nach Auffassung des Betriebsrats die Kündigung gar nicht betriebsbedingt (bzw. personenbedingt) ist, weil der Arbeitnehmer in anderer Weise weiterbeschäftigt werden kann. Dagegen setzt der Widerspruch

[3362] Vgl. KR/Rinck BPersVG § 128 Rn. 41.
[3363] Ebenso APS/Koch BPersVG § 86 Rn. 32; HaKo-KSchR/Pfeiffer Rn. 932; KR/Rinck BPersVG § 128 Rn. 60; aA RDW/Benecke BPersVG § 79 Rn. 61.
[3364] Dazu KR/Rinck BPersVG § 128 Rn. 48 ff.; RDW/Schwarze BPersVG Vorb. zu § 53.
[3365] BAG 6.6.1984 – 7 AZR 451/82, AP KSchG 1969 § 1 Betriebsbedingte Kündigung Nr. 16.

nach Nr. 1 streng genommen die **Betriebsbedingtheit der Kündigung** bereits voraus, denn nur dann findet überhaupt nach § 1 Abs. 2 S. 1 und Abs. 3 eine Auswahl nach sozialen Gesichtspunkten statt, deren Missachtung mit dem Widerspruch gerügt wird. Gleichwohl schließen sich die Widerspruchsgründe nicht gegenseitig aus.[3366]

Möglich ist auch, dass der Betriebsrat gleichzeitig geltend macht, primär sei die **1068** Kündigung angesichts von Weiterbeschäftigungsmöglichkeiten nicht betriebsbedingt (Nr. 3–5), jedenfalls aber sei der dafür in Aussicht genommene Arbeitnehmer selbst bei Annahme einer Betriebsbedingtheit unter Verletzung sozialer Gesichtspunkte aus der in Betracht kommenden Gruppe ausgewählt worden. Ein solches **Eventualvorbringen** kann man dem Betriebsrat umso weniger versagen, als er durch die Fristbindung des § 102 Abs. 3 BetrVG gehalten ist, alle in Betracht kommenden Widerspruchsgründe gleichzeitig geltend zu machen.

Wird nun ein Widerspruch sowohl auf § 102 Abs. 3 Nr. 1 BetrVG als auch auf eine **1069** oder mehrere der Nr. 2–5 gestützt, so führt die Sonderstellung der letztgenannten Gründe in § 1 Abs. 2 S. 2 u. 3 dazu, dass im Kündigungsschutzprozess das Gericht sich zunächst auf die **Prüfung dieser Gründe** zu beschränken hat, während der Mangel der sozialen Auswahl erst bei einer Würdigung nach den allgemeinen Gesichtspunkten des Abs. 2 S. 1 und Abs. 3 eine Rolle spielt, zu der es nur kommt, wenn der Widerspruch nach Abs. 2 S. 2 u. 3 sachlich nicht begründet ist (→ Rn. 1058).

Die Widerspruchsgründe des § 102 Abs. 3 BetrVG (§ 85 Abs. 1 S. 3 BPersVG) betref- **1070** fen der Sache nach vor allem Fälle betriebsbedingter Kündigungen; hier ist ihr Hauptanwendungsgebiet. Daraus ergibt sich jedoch **keine generelle Beschränkung des Widerspruchsrechts** auf diesen Bereich. Sie kann weder aus der Entstehungsgeschichte der Bestimmung noch aus dem Normzweck oder aus einem inneren Zusammenhang der verschiedenen Widerspruchsgründe abgeleitet werden. Deshalb wird heute die Möglichkeit eines Widerspruchs auch bei personen- und verhaltensbedingten Kündigungen überwiegend anerkannt.[3367]

Die **Widerspruchsmöglichkeiten gegenüber den drei Arten von Kündigungsgründen** **1071** müssen freilich, wie das heute auch regelmäßig geschieht, für die verschiedenen Widerspruchsgründe gesondert beurteilt werden.[3368]

2. Verstoß gegen eine Auswahlrichtlinie

Abs. 2 S. 2 Nr. 1a u. 2a: Im Rahmen der Mitwirkung und Mitbestimmung in all- **1072** gemeinen personellen Angelegenheiten macht § 95 Abs. 1 BetrVG die Aufstellung von **Richtlinien über die personelle Auswahl bei** Einstellungen, Versetzungen, Umgruppierungen und **Kündigungen** von der Zustimmung des Betriebsrats abhängig (→ Rn. 1007 ff.).[3369] Danach ist der Arbeitgeber zwar nicht gehalten, solche Richtlinien überhaupt aufzustellen. Beabsichtigt er das aber, so bedarf die Einführung und als Konsequenz auch die Änderung der Richtlinien der Zustimmung des Betriebsrats. Kommt es dabei zu keiner Einigung, so kann der Arbeitgeber eine verbindliche Entscheidung der Einigungsstelle (§ 76 BetrVG) herbeiführen. Wegen der besonderen Bedeutung der Auswahlrichtlinien vor allem für größere Betriebe räumt § 95 Abs. 2 BetrVG in Betrieben mit mehr als 500 Arbeitnehmern auch dem Betriebsrat das Initiativrecht für die notfalls erzwingbare Einführung von Auswahlrichtlinien ein. Ganz entsprechend sieht § 80 Abs. 1 Nr. 12 BPersVG für den **öffentlichen Dienst** die Mitbestimmung des

---

[3366] LAG Düsseldorf 23.5.1975 – 8 Sa 152/75, EzA BetrVG 1972 § 102 Beschäftigungspflicht Nr. 4; KR/Rinck BetrVG § 102 Rn. 194.

[3367] BAG 22.7.1982 – 2 AZR 30/81, AP KSchG 1969 § 1 Verhaltensbedingte Kündigung Nr. 5 mAnm Otto; 24.3.1988 – 2 AZR 680/67, BeckRS 1988, 30725596; Feichtinger Die Betriebsratsanhörung bei Kündigung, 1994, Rn. 179 f.; Fitting BetrVG § 102 Rn. 77; HK-KSchG/Höland Rn. 1189; Moritz DB 1985, 229; ErfK/Oetker Rn. 374; HaKo-KSchR/Pfeiffer Rn. 934; GK-BetrVG/Raab § 102 Rn. 157; KR/Rinck BetrVG § 102 Rn. 193.

[3368] Dazu im Einzelnen Kommentare zu § 102 BetrVG.

[3369] Zu Begriff und Rechtsnatur der Auswahlrichtlinien Zöllner FS G. Müller, 1981, 665 ff.

Personalrats beim Erlass von Richtlinien über die personelle Auswahl bei Kündigungen vor.[3370]

1073 Das Gesetz bestimmt den **Begriff der Auswahlrichtlinien** nicht näher. Gemeint sind Regeln, die losgelöst vom Einzelfall die Gesichtspunkte generell festlegen, nach denen bei einer personellen Maßnahme der genannten Art, also auch bei einer Kündigung, die Entscheidung zwischen mehreren in Betracht kommenden Personen getroffen werden soll. Die Auswahlrichtlinien sind damit ein besonders für Großbetriebe, aber auch in Betrieben mittlerer Größe nützliches Instrument zur Vereinheitlichung und Rationalisierung von Personalentscheidungen. Sie können wesentlich zu deren Versachlichung wie auch zur Transparenz der Entscheidungsvorgänge beitragen.[3371] Auch wenn Auswahlrichtlinien nach § 95 BetrVG zumeist für eine unbestimmte Vielzahl von künftigen Kündigungen vereinbart werden, genügt es, wenn sie für eine konkret anstehende Entlassungswelle beschlossen werden.[3372] Ob solche Auswahlrichtlinien die Form einer Betriebsvereinbarung haben müssen oder auch formlos vereinbart werden können, ist bislang noch nicht abschließend geklärt.[3373] Jedenfalls kann der Begriff nicht anders als im Rahmen von Abs. 4 interpretiert werden. Den Auswahlrichtlinien nach § 95 BetrVG sind Kündigungsrichtlinien, die im Rahmen eines Interessenausgleichs nach § 112 Abs. 1 BetrVG vereinbart werden, gleichzustellen.[3374] Wenn eine Dienstvereinbarung über Fragen der personellen Auswahl im Rahmen der Durchführung eines Verwaltungsstruktur-Reformgesetzes keine Regelungen über etwaige Kündigungen trifft, sondern nur einen Appell an den Übernehmer bestimmter Aufgaben richtet, handelt es sich dagegen nicht um eine Auswahlrichtlinie iSd Abs. 2 S. 2 Nr. 2a.[3375]

1074 Auswahlrichtlinien stehen als Regelung auf Betriebsebene im Rang unter dem Gesetz; zwingende gesetzliche Bestimmungen gehen ihnen stets vor. Deshalb kann in Kündigungsrichtlinien im Grundsatz auch nicht von den zugunsten der Arbeitnehmer **zwingenden Regeln des Kündigungsschutzrechts** abgewichen werden, so dass die Auswahlrichtlinien für Kündigungen insbes. an den durch Abs. 2 u. 3 gesetzten Rahmen gebunden sind.[3376] Innerhalb dieses Rahmens können die Kündigungsrichtlinien für den Kündigungsschutz wesentliche Gesichtspunkte präzisieren und so vor allem die soziale Auswahl erleichtern und transparent machen (→ Rn. 1007 ff.). Dabei sieht Abs. 4 eine Beschränkung der gerichtlichen Kontrolle auf grobe Fehlerhaftigkeit vor, soweit es um die Bewertung der sozialen Gesichtspunkte im Verhältnis zueinander geht (→ Rn. 1011). Dagegen sind Auswahlrichtlinien nicht geeignet, materiell den Kündigungsschutz über das Gesetz hinaus zu erweitern.

1075 Kündigungsrichtlinien nach § 95 BetrVG (§ 80 Abs. 1 Nr. 12 BPersVG) haben nur im Bereich der **betriebsbedingten Kündigung** Bedeutung. Hier schreibt § 1 Abs. 3 ausdrücklich eine Auswahl nach sozialen Gesichtspunkten vor (→ Rn. 865 ff.), und gerade für die Auswahl zwischen mehreren für eine personelle Maßnahme in Betracht kommenden Personen sieht § 95 BetrVG (§ 80 Abs. 1 Nr. 12 BPersVG) die Einführung von Richtlinien vor. Dagegen ist eine Kündigung aus Gründen in der Person oder im Verhalten des Arbeitnehmers schon vom Kündigungsgrund her auf die Person eines bestimmten Arbeitnehmers beschränkt, so dass eine personelle Auswahl gar nicht stattfindet. Deshalb

---

3370 Dazu RDW/Kersten BPersVG § 76 Rn. 189 ff.

3371 Vgl. BT-Drs. VI/1786, 50.

3372 BAG 26.7.2005 – 1 ABR 29/04, AP BetrVG 1972 § 95 Nr. 43.

3373 BAG 17.11.2010 – 7 ABR 120/09, AP BetrVG § 99 Versetzung Nr. 50 Rn. 32.

3374 BAG 20.10.1983 – 2 AZR 211/82, AP KSchG 1969 § 1 Betriebsbedingte Kündigung Nr. 13 mAnm v. Hoyningen-Huene; 18.1.1990 – 2 AZR 357/89, NZA 1990, 729.

3375 BAG 10.5.2007 – 2 AZR 263/06, AP KSchG 1969 § 1 Betriebsbedingte Kündigung Nr. 165.

3376 BAG 11.3.1976 – 2 AZR 43/75, AP BetrVG 1972 § 95 Nr. 1 mzustAnm G. Hueck; 20.10.1983 – 2 AZR 211/82, AP KSchG 1969 § 1 Betriebsbedingte Kündigung Nr. 13 mzustAnm v. Hoyningen-Huene; 15.6.1989 – 2 AZR 580/88, AP KSchG 1969 § 1 Soziale Auswahl Nr. 18; 18.1.1990 – 2 AZR 357/89, NZA 1990, 729; Linck Auswahl S. 130 ff.; HaKo-KSchR/Pfeiffer Rn. 935; KR/Rinck BetrVG § 102 Rn. 204 f.; APS/Vossen Rn. 97; Zöllner FS G. Müller, 1981, 665 (686 f.).

sind nach überwiegender Auffassung die Kündigungsrichtlinien grds. auf betriebsbedingte Kündigungen beschränkt.[3377]

Inhalt der Auswahlrichtlinien für Kündigungen können sowohl Verfahrensregeln als auch materielle Gesichtspunkte für die Auswahl der zu kündigenden Arbeitnehmer sein.[3378] Als **Verfahrensregel** kann bspw. eine im Gesetz nicht vorgeschriebene vorherige Anhörung der vielleicht betroffenen Arbeitnehmer vorgesehen werden, die ihnen die Möglichkeit zur Schilderung ihrer sozialen Verhältnisse eröffnet; oder etwa eine neben den allgemeinen Informationsrechten des BetrVG stehende spezielle Unterrichtung des Betriebsrats über freie Arbeitsplätze im gesamten Unternehmen, die ihm auch als Entscheidungsgrundlage für einen Widerspruch nach § 102 Abs. 3 Nr. 3–5 BetrVG dient mit der Folge, dass bei einer Verschleierung solcher Umstände statt dessen ein Widerspruch nach Nr. 2 des § 102 Abs. 3 BetrVG erfolgen kann, der ebenfalls zur Anwendung von Abs. 2 S. 2 (Nr. 1a bzw. Nr. 2a statt Nr. 1b bzw. Nr. 2b oder S. 3) führt. Solche Verfahrensregelungen sind auch auf personen- und verhaltensbedingte Kündigungen anwendbar. 1076

In materieller Hinsicht stehen bei den Kündigungsrichtlinien die **sozialen Auswahlkriterien** naturgemäß ganz im Vordergrund.[3379] Die Auswahlgesichtspunkte können durch die Richtlinien in ihrer Bedeutung für die besonderen Verhältnisse des konkreten Betriebes, auch im Hinblick auf die spezifische soziale Struktur der Belegschaft verdeutlicht und in ein bestimmtes Verhältnis zueinander gebracht werden. Abschließende Punktetabellen sind zulässig (→ Rn. 1013). 1077

In Auswahlrichtlinien kann auch bestimmt werden, welche Arbeitnehmer im Rahmen der sozialen Auswahl als **vergleichbar** anzusehen sind.[3380] Zu Recht hat das BAG darauf hingewiesen, dass bspw. in Auswahlrichtlinien geregelt werden kann, dass bei einem Wechsel von einer spezialisierten Tätigkeit in eine andere auf Grund der gemachten Erfahrungen die Vergleichbarkeit nach Ablauf eines bestimmten Zeitraumes als nicht mehr gegeben zu erachten sein kann, weil eine erneute Einarbeitungszeit als zu lang zu beurteilen ist.[3381] Insoweit unterfallen Auswahlrichtlinien allerdings nicht dem Privileg einer nur begrenzten gerichtlichen Kontrolle gem. Abs. 4 (→ Rn. 1010). 1078

3. Möglichkeit der Weiterbeschäftigung auf einem anderen Arbeitsplatz

Unter bestimmten Voraussetzungen haben Rspr. und Lit. schon nach früherem Recht die Wirksamkeit betriebsbedingter, teilweise auch personenbedingter Kündigungen dann verneint, wenn der Arbeitnehmer auf einem anderen Arbeitsplatz weiterbeschäftigt werden konnte (→ Rn. 189). In den **Widerspruchsgründen** des § 102 Abs. 3 Nr. 3–5 BetrVG (§ 85 Abs. 1 S. 3 Nr. 3–5 BPersVG) und entsprechend des Abs. 2 S. 2 Nr. 1b u. 2b sowie S. 3 ist das übernommen, präzisiert und teilweise, so vor allem durch die Erstreckung auf den Unternehmensbereich (im öffentlichen Dienst auf den Bereich des Verwaltungszweiges am Dienstort), ausgebaut und erweitert worden. Dies gilt im Rahmen von Abs. 2 S. 2 Nr. 1b u. 2b nur, wenn der Betriebsrat bzw. die zuständige Personalvertretung der Kündigung mit entsprechender Begründung widersprochen hat (→ Rn. 1061 ff.), während die anderweitige Beschäftigungsmöglichkeit beim Fehlen eines Widerspruchs bei der Beurteilung der Kündigung nach den allgemeinen Grundsätzen des Abs. 2 S. 1 zu berücksichtigen ist (→ Rn. 1049 ff.). 1079

[3377] HM, HK-KSchG/Höland Rn. 1200; Richardi FS Stahlhacke, 1995, 447 (452); KR/Rinck BetrVG § 102 Rn. 203; Richardi/Thüsing BetrVG § 95 Rn. 38; Zöllner FS G. Müller, 1981, 665 (676); aA Fitting BetrVG § 95 Rn. 24.

[3378] Fitting BetrVG § 95 Rn. 24; ähnlich Zöllner FS G. Müller, 1981, 665 (681 f.).

[3379] BAG 20.10.1983 – 2 AZR 211/82, NJW 1984, 1648; 15.6.1989 – 2 AZR 580/88, AP KSchG 1969 § 1 Soziale Auswahl Nr. 18; 18.1.1990 – 2 AZR 357/89, NZA 1990, 729.

[3380] BAG 15.6.1989 – 2 AZR 580/88, NZA 1990, 226; Meisel DB 1991, 92 (97 f.); Rieble NJW 1991, 65 (69 f.).

[3381] BAG 15.6.1989 – 2 AZR 580/88, AP KSchG 1969 § 1 Soziale Auswahl Nr. 18.

1080 Während materielle Kündigungsrichtlinien nach § 95 BetrVG grds. nur für betriebsbedingte Kündigungen in Betracht kommen (→ Rn. 1075), besteht bei der Weiterbeschäftigungsmöglichkeit kein so enger **Anwendungsbereich:** Zwar wird auch hier der Widerspruch gegen betriebsbedingte Kündigungen praktisch im Vordergrund stehen, doch ist ein Widerspruch gegen eine personen- oder verhaltensbedingte Kündigung hier weder begrifflich noch durch die insoweit allgemein gehaltene Formulierung der gesetzlichen Regelung ausgeschlossen.[3382] Bei einer verhaltensbedingten Kündigung kommt die Weiterbeschäftigung auf einem anderen Arbeitsplatz und dementsprechend ein darauf gestützter Widerspruch freilich nur ausnahmsweise in Betracht (str. → Rn. 469, 1059); so am ehesten im Grenzbereich zur personenbedingten Kündigung, etwa bei unverschuldeter Schlechtleistung, wenn der Arbeitnehmer den geringeren Anforderungen eines anderen Arbeitsplatzes noch genügen kann. Selbst nach schuldhaftem Verhalten des Arbeitnehmers ist eine Weiterbeschäftigungsmöglichkeit jedoch nicht gänzlich ausgeschlossen. Der allgemeine Gesichtspunkt, dass vor Ausspruch einer Kündigung zumutbare Umsetzungsmöglichkeiten zu prüfen sind (→ Rn. 189 ff.), gilt an sich unabhängig vom Verschulden; allerdings wird nach schuldhaftem Fehlverhalten des Arbeitnehmers nur selten eine Umsetzung Abhilfe schaffen können. Immerhin ist es denkbar, dass das Fehlverhalten rein arbeitsplatzbedingt war, wie das etwa bei Differenzen mit ganz bestimmten Mitarbeitern, auch unmittelbaren Vorgesetzten der Fall sein kann.

1081 Die Weiterbeschäftigung setzt voraus, dass ein **anderer freier, vergleichbarer Arbeitsplatz** in demselben Betrieb, wenn auch in einer anderen Betriebsabteilung, oder in einem anderen Betrieb desselben Unternehmens verfügbar ist.[3383] **Vergleichbar** ist ein Arbeitsplatz in erster Linie dann, wenn der Arbeitnehmer dort die gleiche oder eine ähnliche Tätigkeit wie bisher zu im Wesentlichen gleichen Arbeitsbedingungen auszuüben hat (→ Rn. 767 ff.). Die Beförderung auf einen höherwertigen, freien Arbeitsplatz kann der Arbeitnehmer nicht verlangen.[3384] Abs. 2 S. 3 erweitert das jedoch erheblich sowohl in Richtung einer anders gearteten Tätigkeit als auch in Bezug auf veränderte Arbeitsbedingungen.

1082 Es muss sich um einen **anderen Arbeitsplatz** handeln. Der Widerspruch kann nicht mit der Möglichkeit der Weiterbeschäftigung auf dem bisherigen Arbeitsplatz begründet werden.[3385] Ein argumentum a maiore, dass der Widerspruch, da er auf die Möglichkeit der Weiterbeschäftigung an einem anderen Arbeitsplatz gestützt werden kann, „erst recht" auf den gleichen Arbeitsplatz bezogen werden könne, verstößt nicht nur gegen den klaren Wortlaut von § 102 Abs. 3 Nr. 3 BetrVG, § 85 Abs. 1 S. 3 Nr. 3 BPersVG sowie Abs. 2 S. 2 Nr. 1b u. 2b, sondern vor allem auch gegen den Sinn der Regelung. Dadurch würde die Widerspruchsmöglichkeit iErg auf alle denkbaren Fälle der Sozialwidrigkeit erstreckt; denn mit dem Vorbringen, dass eine weitere Beschäftigung auf dem gleichen Arbeitsplatz möglich sei, wird nichts anderes als das Fehlen des Kündigungsgrundes selbst geltend gemacht. Eine so weitgehende Ausdehnung des Widerspruchsrechts ist jedoch mit der Nennung ganz bestimmter Widerspruchsgründe im Gesetz und der damit beabsichtigten Kompetenzzuweisung ebenso unvereinbar wie mit der Unterscheidung zwischen allgemeinen Kündigungsrechtfertigungsgründen in Abs. 2 S. 1 und besonderen, an spezielle Tatbestände gebundenen, absolut wirkenden Gründen für die Sozialwidrigkeit in S. 2 u. 3.

[3382] BAG 22.7.1982 – 2 AZR 30/81, AP KSchG 1969 § 1 Verhaltensbedingte Kündigung Nr. 5; 31.3.1993 – 2 AZR 492/92, AP BGB § 626 Ausschlußfrist Nr. 32.

[3383] BAG 29.3.1990 – 2 AZR 369/89, AP KSchG 1969 § 1 Betriebsbedingte Kündigung Nr. 50; für den öffentlichen Dienst vgl. LAG Baden-Württemberg 27.5.1993 – 11 Sa 8/93, NZA 1994, 557.

[3384] BAG 29.3.1990 – 2 AZR 369/89, AP KSchG 1969 § 1 Betriebsbedingte Kündigung Nr. 50.

[3385] HM, BAG 12.9.1985 – 2 AZR 324/84, AP BetrVG 1972 § 102 Weiterbeschäftigung Nr. 7; 11.5.2000 – 2 AZR 54/99, AP BetrVG 1972 § 102 Weiterbeschäftigung Nr. 13 unter II 4, LAG München 5.10.1994 – 5 Sa 698/94, LAGE BetrVG 1972 § 102 Beschäftigungspflicht Nr. 19; DD/Deinert Rn. 395; HaKo-KSchR/Pfeiffer Rn. 937; KR/Rinck BetrVG § 102 Rn. 210; APS/Vossen Rn. 98; aA Brox FS 25 Jahre BAG, 1979, 37 (50); Fitting BetrVG § 102 Rn. 90.

Nur in den **Sonderfällen** der Weiterbeschäftigung nach Umschulungs- oder Fortbildungsmaßnahmen (Abs. 2 S. 3) kann ausnahmsweise auch der bisherige Arbeitsplatz des betroffenen Arbeitnehmers, dann aber entsprechend verändert und in diesem Sinn eben doch als anderer Arbeitsplatz, für eine Weiterbeschäftigung in Betracht kommen.[3386] Entsprechendes gilt bei Schichtarbeit für die Weiterbeschäftigung des Arbeitnehmers auf dem gleichen Arbeitsplatz in einer anderen Schicht.[3387] 1083

Der Widerspruch setzt weiter voraus, dass ein anderer geeigneter **Arbeitsplatz** bereits **vorhanden und unbesetzt** ist (→ Rn. 755). Der Arbeitgeber ist nicht etwa verpflichtet, nur zum Zweck der Weiterbeschäftigung einen neuen Arbeitsplatz zu schaffen.[3388] Auch eine Weiterbeschäftigung, die nur durch die Entlassung eines anderen Arbeitnehmers ermöglicht wird, scheidet aus. Dementsprechend genügt zur Begründung des Widerspruchs nicht ein allgemeiner Hinweis auf denkbare Weiterbeschäftigungsmöglichkeiten; vielmehr müssen diese unter Angabe des offenen Arbeitsplatzes konkretisiert werden (→ Rn. 1057).[3389] Im eigenen Betrieb wird der Betriebsrat regelmäßig selbst den erforderlichen Überblick haben oder sich verschaffen können (dazu § 80 Abs. 2 BetrVG). Auf der Ebene des Unternehmens kann er die Hilfe der anderen Betriebsräte, auch unter Einschaltung des Gesamtbetriebsrats, in Anspruch nehmen. 1084

Für die Weiterbeschäftigungsmöglichkeit sind nicht nur freie Arbeitsplätze im selben Betrieb, sondern auch solche in **anderen Betrieben desselben Unternehmens** (in anderen Dienststellen desselben Verwaltungszweiges an demselben Dienstort) zu berücksichtigen. Ausdrücklich ist das zwar nur in § 102 Abs. 3 Nr. 3 BetrVG (§ 85 Abs. 1 S. 3 Nr. 3 BPersVG) für den Normalfall der Weiterbeschäftigung auf einem dem bisherigen entsprechenden Arbeitsplatz bestimmt, doch muss dasselbe auch für die Sonderfälle der Weiterbeschäftigung nach Umschulungs- oder Fortbildungsmaßnahmen bzw. unter geänderten Arbeitsbedingungen gelten.[3390] Hierfür spricht schon der Gesetzeswortlaut, der sprachlich die beiden Sonderfälle mit dem Grundfall verknüpft. Besonders deutlich wird das in Abs. 2 seit der Änderung von 1974 durch § 114 BPersVG, denn S. 3 verweist nunmehr für die Sonderfälle ganz allgemein auf den Normalfall. Vor allem aber besteht sachlich kein Grund, in dieser Hinsicht zu differenzieren. Vielmehr wird gerade die Umsetzung in einen anderen Betrieb häufig auch Umschulungsmaßnahmen erfordern oder geänderte Arbeitsbedingungen mit sich bringen. Voraussetzung für die Weiterbeschäftigungsmöglichkeit in dem anderen Betrieb des Unternehmens ist allerdings die Zustimmung des dortigen Betriebsrats nach § 99 BetrVG. Wird die Zustimmung verweigert,[3391] so ist eine Weiterbeschäftigung auf diesem Arbeitsplatz des anderen Betriebs nicht möglich.[3392] 1085

Nicht in Betracht kommt hingegen eine Ausdehnung über das einzelne Unternehmen hinaus auf den **Bereich des Konzerns** (→ Rn. 201).[3393] 1086

Die Umsetzung zur **Weiterbeschäftigung auf einem anderen Arbeitsplatz** kann, soweit sie den Rahmen des Direktionsrechts überschreitet und auch nicht vertraglich vorgese- 1087

[3386] Ebenso HaKo-KSchR/Pfeiffer Rn. 937.

[3387] ArbG Ludwigshafen 6.3.1972 – 2 Ca 173/72, BB 1972, 446; Fitting BetrVG § 102 Rn. 90; GK-BetrVG/Raab § 102 Rn. 164.

[3388] BAG 3.2.1977 – 2 AZR 476/75, AP KSchG 1969 § 1 Betriebsbedingte Kündigung Nr. 4; 29.3.1990 – 2 AZR 369/89, AP KSchG 1969 § 1 Betriebsbedingte Kündigung Nr. 50 unter B II 5; 7.2.1991 – 2 AZR 205/90, NZA 1991, 806; ErfK/Oetker Rn. 383; HaKo-KSchR/Pfeiffer Rn. 938; APS/Vossen Rn. 98.

[3389] BAG 19.6.1999 – 2 AZR 608/98, AP BetrVG 1972 § 102 Nr. 11; 11.5.2000 – 2 AZR 54/99, NZA 2000, 1055; LAG Düsseldorf 26.6.1980 – 3 Sa 242/80, DB 1980, 2043; KR/Rinck BetrVG § 102 Rn. 208; aA BAG 31.8.1978 – 3 AZR 989/77, AP BetrVG 1972 § 102 Weiterbeschäftigung Nr. 1 unter II mkritAnm Grunsky.

[3390] Ebenso Birk FS Kissel, 1994, 51 (63); Gaul BB 1995, 2422; HaKo-KSchR/Pfeiffer Rn. 939; APS/Vossen Rn. 99.

[3391] BAG 22.1.1991 – 1 ABR 18/90, AP BetrVG 1972 § 99 Nr. 86.

[3392] Ebenso KR/Rinck BetrVG § 102 Rn. 212.

[3393] Ebenso BAG 14.10.1982 – 2 AZR 568/80, AP KSchG 1969 § 1 Konzern Nr. 1 mAnm Wiedemann; zu Ausnahmen BAG 21.1.1999 – 2 AZR 648/97, AP KSchG 1969 § 1 Konzern Nr. 9; ErfK/Oetker Rn. 385; APS/Vossen Rn. 102; ausf. Kiel, Die anderweitige Beschäftigungsmöglichkeit, 1990, 130 ff.; Martens FS 25 Jahre BAG, 1979, 377 ff.; Windbichler KonzernArbR S. 259 ff.

hen ist, nur mit Zustimmung des betroffenen Arbeitnehmers durchgeführt werden. Dasselbe gilt erst recht für die Verwirklichung von Umschulungs- bzw. Fortbildungsmaßnahmen und für die Veränderung der Arbeitsbedingungen. Dabei sind zwei Gestaltungen zu unterscheiden: Das Gesetz macht nur bei einer Veränderung der Arbeitsbedingungen den Widerspruch gegen die Kündigung davon abhängig, dass der Arbeitnehmer sein Einverständnis erklärt hat, § 102 Abs. 3 Nr. 5 BetrVG, § 85 Abs. 1 S. 3 Nr. 5 BPersVG, § 1 Abs. 2 S. 3.

1088 Macht der Betriebsrat die Möglichkeit der Weiterbeschäftigung zu geänderten Vertragsbedingungen geltend, ist die **Einverständniserklärung des Arbeitnehmers** Wirksamkeitsvoraussetzung für den Widerspruch.[3394] Der Arbeitnehmer hat sein Einverständnis gegenüber dem Betriebsrat zu erklären. Anderenfalls ist der Widerspruch nicht etwa nur sachlich nicht berechtigt, sondern unwirksam. Nicht erforderlich ist, dass der Arbeitgeber zuvor ein entsprechendes Angebot macht. Vielmehr kann der Betriebsrat von sich aus die Initiative ergreifen.

1089 Das Einverständnis des Arbeitnehmers kann auch unter dem Vorbehalt erklärt werden, dass die Änderung der Arbeitsbedingungen sozial gerechtfertigt ist; ein unbedingtes Einverständnis verlangt das Gesetz nicht.[3395] Im Falle eines solchen Vorbehalts muss der Arbeitgeber, wenn er sich den Änderungsvorschlag des Betriebsrats zu eigen macht, eine **Änderungskündigung** aussprechen. Der Arbeitnehmer kann dann nach §§ 2, 4 S. 2 auf Feststellung der Sozialwidrigkeit der geänderten Arbeitsbedingungen klagen, wird aber vorläufig zu den von ihm im Vorhinein, wenn auch mit Vorbehalt angenommenen Arbeitsbedingungen weiterbeschäftigt. Bei vorbehaltlosem Einverständnis des Arbeitnehmers kann dagegen die Kündigung ganz entfallen, wenn Arbeitgeber und Arbeitnehmer sich über die geänderten Arbeitsbedingungen einigen. Kündigt der Arbeitgeber indes, ohne auf den Änderungsvorschlag des Betriebsrats einzugehen, so treten die allgemeinen Folgen des Widerspruchs, auch die Weiterbeschäftigung nach § 102 Abs. 5 BetrVG zu den alten Arbeitsbedingungen ein.

1090 Im Unterschied zur Weiterbeschäftigung unter geänderten Arbeitsbedingungen ist in den anderen Fällen das **Einverständnis des Arbeitnehmers nicht Voraussetzung für den Widerspruch.**[3396] Will der Arbeitgeber auf den mit dem Widerspruch geltend gemachten Umsetzungsvorschlag des Betriebsrats eingehen und kann er ihn nicht kraft Direktionsrechts oder besonderer Vertragsregelung einseitig verwirklichen, so bedarf es der Einigung mit dem betroffenen Arbeitnehmer über ein entsprechendes Angebot.[3397] Lehnt der Arbeitnehmer das Angebot ab, verweigert er also seine Zustimmung, oder steht bereits vorher fest, dass er nicht zustimmen wird, so kann der Arbeitgeber kündigen. Der Widerspruch erweist sich dann als sachlich nicht begründet, da die vorgeschlagene Weiterbeschäftigung nicht verwirklicht werden kann. Dagegen ergibt sich daraus nicht, dass der Widerspruch unzulässig, unwirksam oder einfach unbeachtlich ist, wie die Gegner der hier vertretenen Auffassung annehmen. Angebot und Kündigung kann der Arbeitgeber im Wege der Änderungskündigung miteinander verbinden (→ § 2 Rn. 24 ff.).

1091 Die im Gesetz geregelten drei Fälle der Weiterbeschäftigungsmöglichkeit stehen in einer gewissen **Rangordnung.** Den **Normalfall** bildet die Weiterbeschäftigung auf einem anderen vergleichbaren Arbeitsplatz zu den bisherigen Arbeitsbedingungen, § 102 Abs. 3 Nr. 3 BetrVG, § 85 Abs. 1 S. 3 Nr. 3 BPersVG, § 1 Abs. 2 S. 2 Nr. 1b, 2b. Setzt die Weiterbeschäftigung auf einem anderen oder dem bisherigen, aber technisch oder in sonstiger Weise sachlich veränderten Arbeitsplatz voraus, dass der Arbeitnehmer an

---

[3394] HM, BAG 27.9.1984 – 2 AZR 62/83, AP KSchG 1969 § 2 Nr. 8 unter B II 3c bb mAnm v. Hoyningen-Huene; Fitting BetrVG § 102 Rn. 95; ErfK/Oetker Rn. 386; GK-BetrVG/Raab § 102 Rn. 182.

[3395] Ebenso Fitting BetrVG § 102 Rn. 96; GK-BetrVG/Raab § 102 Rn. 183; KR/Rinck BetrVG § 102 Rn. 224; aA Adomeit DB 1971, 2363.

[3396] Ebenso Gussone AuR 1994, 245 (250); aA Birk FS Kissel, 1994, 51 (68); KR/Rinck BetrVG § 102 Rn. 218.

[3397] Dazu v. Hoyningen-Huene/Boemke, Die Versetzung, 1991, 73 ff.

Umschulungs- bzw. Fortbildungsmaßnahmen teilnimmt, so liegt der Sonderfall der Nr. 4 des § 102 Abs. 3 BetrVG und des § 85 Abs. 1 S. 3 BPersVG, entsprechend Abs. 2 S. 3 Alt. 1 vor. Der Widerspruch kann dann auch nur auf diese Bestimmung gestützt werden.

Eine Umschulung iSd Abs. 2 S. 3 soll den Arbeitnehmer zu einer **anderen beruflichen Tätigkeit befähigen** (vgl. § 1 Abs. 5 BBiG). Da Abs. 2 S. 3 seinem Wortlaut nach uneingeschränkt dem Arbeitnehmer – vorbehaltlich der Zumutbarkeit – jede Möglichkeit zu einer beruflichen Neuorientierung eröffnet, ist das Merkmal Umschulung nicht auf den Erwerb eines Abschlusses in einem anerkannten Ausbildungsberuf beschränkt.[3398] Im Unterschied zur Fortbildung ist die Umschulung nicht auf eine Verbesserung der beruflichen Qualifikation bezogen. Begrifflich erfasst die Umschulung vielmehr jede Veränderung der beruflichen Kenntnisse und Fähigkeiten und damit auch geringerwertigere Qualifikationen.[3399] Darin liegt auch der Unterschied zur Einarbeitung, die im Vorfeld der Umschulung liegt. Im Rahmen der Einarbeitung werden keine neuen beruflichen Qualifikationen erworben, sondern vorhandene Fähigkeiten bzgl. einer neuen Tätigkeit vertieft. 1092

Die **Umschulungs- bzw. Fortbildungsmaßnahmen** (dazu §§ 53, 58 BBiG) müssen sowohl dem Arbeitnehmer als auch dem Arbeitgeber **zumutbar** sein.[3400] Ersterem wird schon dadurch Rechnung getragen, dass sie ohne Zustimmung des Arbeitnehmers für ihn gar nicht in Betracht kommen (→ Rn. 1085).[3401] Die Zumutbarkeit für den Arbeitgeber kann nur nach den Umständen des Einzelfalles beurteilt werden, wobei das Vorhandensein betrieblicher oder außerbetrieblicher Schulungseinrichtungen, Dauer, Umfang des erforderlichen Aufwandes, auch Größe und wirtschaftliche Lage des Betriebes, Erfolgsaussichten der Maßnahme im Hinblick auf Eignung des Arbeitnehmers, Beschäftigungsdauer etc eine Rolle spielen können.[3402] 1093

Der Arbeitgeber ist nur dann nach Abs. 2 S. 3 zur Umschulung verpflichtet, wenn der Arbeitnehmer nach Durchführung der Maßnahme auf einem der Umschulung entsprechenden vorhandenen **freien Arbeitsplatz** beschäftigt werden kann. Hieran fehlt es, wenn bei Ausspruch der Kündigung kein entsprechender Arbeitsplatz frei ist und auch nicht mit hinreichender Sicherheit voraussehbar ist, dass nach Abschluss der Maßnahmen eine Beschäftigungsmöglichkeit besteht, die der neu erworbenen Qualifikation entspricht.[3403] 1094

Im Kündigungsschutzprozess genügt der Arbeitnehmer seiner **Darlegungslast** nicht, wenn er nur behauptet, das Vorhandensein eines freien Arbeitsplatzes könne nicht mit Sicherheit ausgeschlossen werden. Es müssen vielmehr tatsächliche Anhaltspunkte einer Weiterbeschäftigungsmöglichkeit dargelegt werden.[3404] Die in mittleren oder größeren Betrieben übliche Fluktuation der Belegschaft begründet für sich allein noch nicht eine hinreichende Wahrscheinlichkeit dafür, dass eine Beschäftigungsmöglichkeit bestehen wird.[3405] 1095

Die Umschulungspflicht gilt grds. für alle **betriebs- und personenbedingten Kündigungen.** Bei verhaltensbedingten Kündigungen wird dem Arbeitgeber im Hinblick auf die 1096

3398 Zutr. Birk FS Kissel, 1994, 51 (56 f.); ebenso iErg APS/Vossen Rn. 105.

3399 Ebenso Birk FS Kissel, 1994, 51 (56); enger ErfK/Oetker Rn. 388, gleiche allgemeine Qualifikationsanforderungen.

3400 BAG 7.2.1991 – 2 AZR 205/90, NZA 1991, 806; Birk FS Kissel, 1994, 51; DD/Deinert Rn. 438 ff.; Gaul BB 1995, 2422.

3401 S. a. ErfK/Oetker Rn. 389, der deshalb die Zumutbarkeit für den Arbeitnehmer nicht für erforderlich hält; ferner DD/Deinert Rn. 443: Frage „praktisch unerheblich“.

3402 Vgl. Birk FS Kissel, 1994, 51 (58 ff.); ErfK/Oetker Rn. 390; Preis Prinzipien Rn. 335 ff.; Singe RdA 2017, 230; ausf. Fracke, Die betriebliche Weiterbildung, 2003, 309 ff.

3403 BAG 7.2.1991 – 2 AZR 205/90, AP KSchG 1969 § 1 Umschulung Nr. 1.

3404 Ebenso Kraft/Raab Anm. zu BAG 7.2.1991 – 2 AZR 205/90, EzA § 1 KSchG Personenbedingte Kündigung Nr. 9.

3405 Ebenso BAG 24.2.2000 – 8 AZR 167/99, AP KSchG 1969 § 1 Soziale Auswahl Nr. 47 unter II 2 b; Birk FS Kissel, 1994, 51 (64); Gaul BB 1995, 2422 (2423).

Vertragspflichtverletzung des Arbeitnehmers dagegen regelmäßig eine Umschulungsmaßnahme nicht zumutbar sein.[3406]

1097 An letzter Stelle ist die Möglichkeit der Weiterbeschäftigung unter **geänderten Vertragsbedingungen** genannt, § 102 Abs. 3 Nr. 5 BetrVG, § 85 Abs. 1 S. 3 Nr. 5 BPersVG, § 1 Abs. 2 S. 3 Alt. 2. Dieser Widerspruchsgrund kann auch gleichzeitig mit dem zuvor behandelten geltend gemacht werden, wenn etwa eine Weiterbeschäftigung zu gleichen Arbeitsbedingungen nur nach einer Umschulung, ohne diese aber eine Weiterbeschäftigung zu geänderten Bedingungen möglich ist. Ein auf diesen letzten Grund gestützter Widerspruch setzt, wie oben (→ Rn. 1087) bereits dargelegt, als Wirksamkeitsvoraussetzung das vorher eingeholte Einverständnis des Arbeitnehmers voraus, bei dessen Fehlen der Widerspruch nicht wirksam erhoben ist. Dadurch wird dem Umstand Rechnung getragen, dass dem Arbeitnehmer keinesfalls ohne sein Einverständnis andere Vertragsbedingungen, die für ihn nicht selten ungünstiger sind, aufgezwungen werden können. Aber auch dem Arbeitgeber muss die Weiterbeschäftigung dieses Arbeitnehmers unter geänderten Vertragsbedingungen zugemutet werden können. Das ist besonders sorgfältig zu prüfen, wobei seine Eignung und sonstige einzelfallbedingte Umstände berücksichtigt werden müssen.

VIII. Darlegungs- und Beweislast

1098 Die **Beweislastregel des Abs. 2 S. 4** gilt grds. auch für den Nachweis der Gründe für die absolute Sozialwidrigkeit nach Abs. 2 S. 2 u. 3. Es ist allerdings zu differenzieren. Zunächst hat der Arbeitnehmer die Tatsache des Widerspruchs darzulegen und ggf. zu beweisen, da es sich hierbei um eine für ihn günstige Tatsache handelt.[3407] Steht fest, dass der Betriebsrat der Kündigung widersprochen hat, greift die allgemeine Beweislastregel des Abs. 2 S. 4 ein. Der Arbeitgeber hat daher sodann darzulegen, dass der Widerspruch unbegründet oder verspätet ist.[3408] IÜ ist nach den einzelnen Widerspruchsgründen zu unterscheiden.

1099 Stützt der Arbeitnehmer seine Klage auf einen Widerspruch, der mit einer Weiterbeschäftigungsmöglichkeit begründet ist (Abs. 2 S. 2 Nr. 1b u. 2b sowie S. 3, § 102 Abs. 3 Nr. 3–5 BetrVG, § 85 Abs. 1 S. 3 Nr. 3–5 BPersVG), so hat der Arbeitgeber zu beweisen, dass für den Arbeitnehmer **keine Weiterbeschäftigungsmöglichkeit** besteht. Mit dem Widerspruch wird hier nämlich gerade ein wesentliches Element des Kündigungsgrundes selbst bestritten.

1100 Hat der Betriebsrat einen **Verstoß gegen eine Auswahlrichtlinie** gerügt (Abs. 2 S. 2 Nr. 1a u. 2a, § 102 Abs. 3 Nr. 2 BetrVG, § 85 Abs. 1 S. 3 Nr. 2 BPersVG), so hat der Arbeitgeber darzulegen und zu beweisen, dass er die in den Auswahlrichtlinien bestimmten Verfahrensregeln und vorgegebenen Auswahlkriterien eingehalten hat.[3409] Ist der Arbeitgeber bei der getroffenen sozialen Auswahl von den Auswahlrichtlinien abgewichen, obliegt ihm der Nachweis, dass diese Abweichung erforderlich war, um den gesetzlichen Erfordernissen des Abs. 3 zu genügen. Hat der Arbeitgeber die Sozialauswahl im Einklang mit den vereinbarten Auswahlrichtlinien vorgenommen und behauptet der Arbeitnehmer nun die Unvereinbarkeit der Auswahlrichtlinien mit Abs. 3, so ist er hierfür gem. Abs. 3 S. 3 darlegungs- und beweispflichtig.

[3406] Ebenso Birk FS Kissel, 1994, 51 (66 ff.); Gaul BB 1995, 2422 (2426).
[3407] Zutr. Ascheid Beweislastfragen S. 193; ebenso HaKo-KSchR/Pfeiffer Rn. 940.
[3408] § 102 Abs. 2 S. 1 BetrVG; vgl. Ascheid Beweislastfragen S. 193.
[3409] Ascheid Beweislastfragen S. 194.

K. Gesamtsystem der Darlegungs- und Beweislast des § 1

Das KSchG enthält anders als das frühere Recht ausdrückliche Regelungen der Beweislast.[3410] Es stellt **zwei allgemeine Regeln** hierfür auf und unterscheidet damit zumindest im Grundsatz zwei Bereiche: Der **Arbeitgeber** hat die Tatsachen zu beweisen, welche die Kündigung bedingen, Abs. 2 S. 4. Er trägt damit die **Beweislast für den Kündigungsgrund,** ist also im Kündigungsschutzprozess in erster Linie beweispflichtig. Dagegen trifft den **Arbeitnehmer die Beweislast für eine fehlerhafte soziale Auswahl** bei betriebsbedingter Kündigung, Abs. 3 S. 3. 1101

Besonderheiten der Darlegungs- und Beweislast zu den einzelnen Kündigungsgründen sind jeweils am Ende der entsprechenden Kommentierung dargestellt. Allgemein gelten die **folgenden Grundsätze in drei Stufen:** 1102

1. In der Kündigungsschutzklage muss der **Arbeitnehmer** zunächst **die Voraussetzungen für die Anwendung des KSchG** darlegen, wenn er behauptet, die Kündigung sei sozialwidrig. Er hat folglich darzutun, dass er gem. Abs. 1 länger als sechs Monate zum beklagten Arbeitgeber in einem Arbeitsverhältnis gestanden hat (→ Rn. 81 ff.) und dass der beklagte Arbeitgeber in der Regel mehr als zehn Arbeitnehmer beschäftigt (§ 23 Abs. 1 S. 2). Zur Bestimmung des Streitgegenstandes nach § 253 Abs. 2 Nr. 2 ZPO hat er weiterhin die Kündigung, gegen die er vorgeht, genau zu bezeichnen. 1103

2. Steht die Anwendbarkeit des KSchG auf die erfolgte Kündigung fest, so hat der **Arbeitgeber** nunmehr auf der zweiten Stufe gem. Abs. 2 S. 4 die **Gründe darzulegen,** welche die Kündigung sozial rechtfertigen sollen. 1104

a) Bei **personenbedingten Kündigungen** hat der Arbeitgeber darzulegen, dass der gekündigte Arbeitnehmer aus Gründen in seiner Person künftig, nicht nur vorübergehend, die geschuldete Arbeitsleistung nicht mehr erbringen wird und deshalb zukünftig erhebliche betriebliche oder wirtschaftliche Beeinträchtigungen zu erwarten sind. Bei **verhaltensbedingten Kündigungen** hat der Arbeitgeber die Pflichtwidrigkeit des Arbeitnehmers, deren negative Auswirkungen auf das Arbeitsverhältnis, die sich hieraus ergebende negative Zukunftsprognose und erforderlichenfalls die erfolgten Abmahnungen konkret vorzutragen. 1105

Bei **betriebsbedingten Kündigungen** muss der Arbeitgeber substantiiert die getroffene unternehmerische Entscheidung darlegen, die bei ihrer Durchführung auf betrieblicher Ebene zu einem Überhang an Arbeitskräften geführt hat. Behauptet der Arbeitnehmer, die unternehmerische Entscheidung, die zum Ausspruch der Kündigung geführt hat, sei willkürlich oder offenbar unsachlich, so hat er dies konkret darzulegen und zu beweisen.[3411] 1106

b) Bei allen drei Kündigungsgründen hat der Arbeitgeber weiterhin das **Fehlen einer Weiterbeschäftigungsmöglichkeit** zu beweisen. Zu näheren Darlegungen für diesen Negativbeweis ist der Arbeitgeber aber erst verpflichtet, wenn der Arbeitnehmer konkret vorträgt, wie er sich eine Weiterbeschäftigung vorstellt, wobei er nicht einen bestimmten Arbeitsplatz anzugeben braucht. Der Arbeitgeber kann daher zunächst pauschal behaupten, dass eine Weiterbeschäftigung des gekündigten Arbeitnehmers nicht möglich sei.[3412] 1107

3. Auf der dritten Stufe des Systems der Darlegungs- und Beweislast muss zwischen Kündigungsgründen, die einerseits aus der **Sphäre des Arbeitnehmers** und andererseits aus der **Sphäre des Arbeitgebers** stammen, unterschieden werden: 1108

[3410] Dazu v. Altrock FS Gaul, 1987, 293; DB 1987, 433; Ascheid Beweislastfragen S. 61 ff.; Haug, Informationelle Strategien im Arbeitsrecht, 1988, 133 ff.; v. Hoyningen-Huene SAE 1991, 125; Prütting, Gegenwartsprobleme der Beweislast, 1983, 296 ff.; Reinecke, Die Beweislastverteilung im Bürgerlichen Recht und dem Arbeitsrecht als rechtspolitische Regelungsaufgabe, 1976, 166 ff.; NZA 1989, 577.

[3411] BAG 18.1.1990 – 2 AZR 357/89, AP KSchG 1969 § 1 Soziale Auswahl Nr. 19 unter II 2 b; 9.5.1996 – 2 AZR 438/95, AP KSchG 1969 § 1 Betriebsbedingte Kündigung Nr. 79; v. Hoyningen-Huene SAE 1991, 124 (126).

[3412] BAG 29.3.1990 – 2 AZR 369/89, AP KSchG 1969 § 1 Betriebsbedingte Kündigung Nr. 50 unter B II 4.

1109 Bei **personen- und verhaltensbedingten** Gründen hat der Arbeitgeber noch die Umstände darzulegen, aus denen sich ein Vorrang seines Interesses an der Auflösung des Arbeitsverhältnisses gegenüber den Interessen des Arbeitnehmers am Fortbestand des Arbeitsverhältnisses ergibt (→ Rn. 277 ff., 470 ff.).

1110 Da bei **betriebsbedingten Kündigungen** eine Interessenabwägung nicht vorzunehmen ist (→ Rn. 215, 712), erübrigen sich dazu nähere Darlegungen des Arbeitgebers. Zu der bei betriebsbedingten Kündigungen vorzunehmenden **Sozialauswahl** hat sich der Arbeitgeber erst näher einzulassen, wenn die Auswahl vom Arbeitnehmer konkret beanstandet wird oder der Arbeitnehmer ihn auffordert, ihm seine Gründe für die getroffene Auswahlentscheidung mitzuteilen (→ Rn. 985).

§ 1a Abfindungsanspruch bei betriebsbedingter Kündigung

(1) [1]**Kündigt der Arbeitgeber wegen dringender betrieblicher Erfordernisse nach § 1 Abs. 2 Satz 1 und erhebt der Arbeitnehmer bis zum Ablauf der Frist des § 4 Satz 1 keine Klage auf Feststellung, dass das Arbeitsverhältnis durch die Kündigung nicht aufgelöst ist, hat der Arbeitnehmer mit dem Ablauf der Kündigungsfrist Anspruch auf eine Abfindung.** [2]**Der Anspruch setzt den Hinweis des Arbeitgebers in der Kündigungserklärung voraus, dass die Kündigung auf dringende betriebliche Erfordernisse gestützt ist und der Arbeitnehmer bei Verstreichenlassen der Klagefrist die Abfindung beanspruchen kann.**

(2) [1]**Die Höhe der Abfindung beträgt 0,5 Monatsverdienste für jedes Jahr des Bestehens des Arbeitsverhältnisses.** [2]**§ 10 Abs. 3 gilt entsprechend.** [3]**Bei der Ermittlung der Dauer des Arbeitsverhältnisses ist ein Zeitraum von mehr als sechs Monaten auf ein volles Jahr aufzurunden.**

Schrifttum: Fahl, Die Abfindungszahlung bei Beendigung des Arbeitsverhältnisses mit Beteiligung des einzelnen Arbeitnehmers, 2011; Fröhlich, Betriebsgrößenunabhängigkeit und Monetarisierung des arbeitsrechtlichen Bestandsschutzes, 2008; Kraus, Abfindungen zur Ablösung des Kündigungsschutzes – § 1a KSchG n. F., 2005.

Übersicht

1. Allgemeines

1 § 1a ist zum **1.1.2004 neu** in das KSchG eingefügt worden. Nach dieser Vorschrift kann der Arbeitnehmer bei betriebsbedingter Kündigung vom Arbeitgeber mit dem

Ablauf der Kündigungsfrist eine **Abfindung** verlangen, wenn er nicht innerhalb der Dreiwochenfrist des § 4 S. 1 Kündigungsschutzklage erhebt, der Arbeitgeber in der Kündigungserklärung darauf hinweist, dass die Kündigung auf dringende betriebliche Erfordernisse gestützt wird und der Arbeitnehmer bei Verstreichenlassen der Klagefrist eine Abfindung beanspruchen kann. In diesem Fall beträgt die Abfindung gem. Abs. 2 0,5 Monatsverdienste für jedes Jahr des Bestehens des Arbeitsverhältnisses. Mit dieser Regelung wollte der Gesetzgeber den Arbeitsvertragsparteien ein einfach zu handhabendes und unbürokratisches Verfahren zur Verfügung stellen, das einen fairen Interessenausgleich ermöglicht, ohne die Arbeitsgerichte anrufen zu müssen.[1] Die **Bedeutung** dieser – rechtspolitisch ohnehin zweifelhaften[2] – Vorschrift in der Praxis ist allerdings **gering** geblieben.[3]

2. Allgemeine Voraussetzungen des Abfindungsanspruchs

Das Gesetz regelt in Abs. 1 die **Voraussetzungen des Abfindungsanspruchs** und in Abs. 2 dessen **Höhe.** 2

a) **Ordentliche betriebsbedingte Kündigung.** § 1a gilt nur für ordentliche **betriebsbedingte Kündigungen.** Der Arbeitgeber muss die Kündigung auf dringende betriebliche Erfordernisse iSd § 1 Abs. 2 S. 1 stützen und die Kündigung in der Erklärung selbst[4] **als betriebsbedingt bezeichnen.**[5] Einer näheren Begründung bedarf es aber nicht.[6] Erst recht ist es für den Abfindungsanspruch unerheblich, ob betriebsbedingte Gründe die Kündigung tatsächlich rechtfertigen.[7] In einem Prozess, in dem der Arbeitnehmer die Zahlung der Abfindung nach § 1a verlangt, wird gerade nicht geprüft, ob dringende betriebliche Erfordernisse die Kündigung bedingt haben. 3

Die Regelung des § 1a ist auch auf betriebsbedingte **Änderungskündigungen** anwendbar, wenn der Arbeitnehmer das Änderungsangebot ausschlägt oder die Frist zur Annahme unter Vorbehalt verstreichen lässt. Denn in diesem Fall wirkt die Änderungskündigung als Beendigungskündigung.[8] 4

Dagegen gilt § 1a **nicht für personen- oder verhaltensbedingte Kündigungen.** Gibt der Arbeitgeber im Zusammenhang mit einer solchen Kündigung einen § 1a Abs. 1 entsprechenden Hinweis ab, löst das Verstreichenlassen der Klagefrist durch den Arbeitnehmer keinen Abfindungsanspruch iSd § 1a aus. Die Erklärung kann aber als Angebot auf Abschluss eines Abfindungsvertrags ausgelegt werden, das vom Arbeitnehmer freilich angenommen werden muss, damit ihm ein Anspruch zusteht, was indes auch konkludent erfolgen kann.[9] 5

b) **Außerordentliche Kündigungen mit Auslauffrist.** Wegen der **vergleichbaren Interessenlage** ist § 1a auch auf außerordentliche betriebsbedingte Kündigungen unkündbarer Arbeitnehmer mit Auslauffrist entsprechend anwendbar.[10] Der gesetzliche Verweis auf § 1 Abs. 2 S. 1 sowie die Gesetzesbegründung, die den Abfindungsanspruch auf ordent- 6

[1] BT-Drs. 15/1204, 9, 12.
[2] Ebenso HWK/Quecke Rn. 2; PVT Kündigung/Temming Rn. 1302 jeweils mwN.
[3] Vgl. Bauer/Krieger NZA 2004, 77; KR/Spilger Rn. 11; Wolff BB 2004, 378.
[4] Raab RdA 2005, 1 (6).
[5] ErfK/Oetker Rn. 3; KR/Spilger Rn. 31; Willemsen/Annuß NJW 2004, 177 (182).
[6] BT-Drs. 15/1204, 12; PVT Kündigung/Temming Rn. 1307; DD/Yalcin Rn. 10.
[7] Giesen/Besgen NJW 2004, 185 (186); MüKoBGB/Hergenröder Rn. 11; KR/Spilger Rn. 31; PVT Kündigung/Temming Rn. 1307; MHdB ArbR/Waskow § 133 Rn. 4; Willemsen/Annuß NJW 2004, 177 (182).
[8] BAG 13.12.2007 – 2 AZR 663/06, NZA 2008, 528; MüKoBGB/Hergenröder Rn. 10; Kögel RdA 2009, 358 (361); HaKo-KSchR/Nägele/König Rn. 3; Quecke RdA 2004, 86 (96); KR/Spilger Rn. 27; PVT Kündigung/Temming Rn. 1307; Wolff BB 2004, 378 (379); DD/Yalcin Rn. 7.
[9] ErfK/Oetker Rn. 2; MHdB ArbR/Waskow § 133 Rn. 5.
[10] LAG Rheinland-Pfalz 19.1.2023 – 5 Sa 135/22, BeckRS 2023, 4490 Rn. 29; Bader NZA 2004, 65 (70); Biebl, Das neue Kündigungs- und Befristungsrecht, 2004, Rn. 43; MüKoBGB/Hergenröder Rn. 9; ErfK/Oetker Rn. 5; Preis DB 2004, 70 (73); Quecke RdA 2004, 86 (96); Raab RdA 2005, 1 (5); SES/Schwarze Rn. 7; KR/Spilger Rn. 25; Willemsen/Annuß NJW 2004, 177 (182).

liche Kündigungen beschränken will, können eine analoge Anwendung der Vorschrift nicht sperren.[11] Zudem gäbe man dem Arbeitnehmer Steine statt Brot, wenn man nach dem Verstreichenlassen der Klagefrist das Zahlungsbegehren des Arbeitnehmers mit der Begründung abweisen würde, dieser Fall sei von der Vorschrift nicht erfasst.

3. Rechtlicher Charakter des Anspruchs

7 Der **rechtliche Charakter des Abfindungsanspruchs** und damit zusammenhängend die **Rechtsnatur** des Arbeitgeberhinweises sowie des Verstreichenlassens der Klagefrist durch den Arbeitnehmer sind im Schrifttum äußerst umstritten,[12] während das BAG diese Frage bislang offengelassen hat.[13] Dabei lassen sich im Wesentlichen drei Grundpositionen unterscheiden: Nach einer Ansicht handelt es sich jeweils um **rechtsgeschäftliche Willenserklärungen.** Der Hinweis enthält das Angebot des Arbeitgebers auf Zahlung einer Abfindung, das vom Arbeitnehmer durch Verstreichenlassen der Klagefrist gem. § 151 BGB konkludent angenommen wird.[14] Folgerichtig ergibt sich der Abfindungsanspruch aus einer **rein rechtsgeschäftlichen Vereinbarung.** Eine zweite Sichtweise stuft den Arbeitgeberhinweis als rechtsgeschäftliche Willenserklärung ein, während das Unterlassen des Arbeitnehmers ein tatsächlicher Umstand ist, der hinzutreten muss, damit der Anspruch auf die Abfindung als **einseitige rechtsgeschäftliche Verpflichtung** entsteht.[15] Nach der dritten Auffassung ist der Arbeitgeberhinweis lediglich als rechtsgeschäftsähnliche Handlung einzustufen, während das Verstreichenlassens der Klagefrist je nach Kenntnis der maßgeblichen Umständen durch den Arbeitnehmer entweder ebenfalls eine rechtsgeschäftsähnliche Handlung oder sogar nur einen schlichten Realakt darstellt.[16] Für diese Sichtweise spricht, dass das Gesetz zum einen nur einen „Hinweis", nicht aber ein Angebot iSd § 145 BGB verlangt, während es zum anderen das Untätigbleiben des Arbeitnehmers (im Gegensatz zu den §§ 416 Abs. 1 S. 2 Hs. 1, 455 S. 2, 516 Abs. 2 S. 2 BGB) gerade nicht als Willenserklärung behandelt. Der Abfindungsanspruch nach § 1a ist daher – nicht zuletzt in Übereinstimmung mit der Gesetzesbegründung[17] – als ein **rein gesetzlicher Anspruch** anzusehen. Wichtigste Konsequenz dieser Konzeption ist, dass die zur Anspruchsentstehung erforderlichen Handlungen nicht wegen Irrtums über die mit ihnen verbundenen rechtlichen Folgen angefochten werden können.[18] Allerdings schließt der Mechanismus des § 1a die vertragliche Vereinbarung einer Abfindung als Gegenleistung für den Verzicht auf die Erhebung einer Kündigungsschutzklage nicht aus (→ Rn. 19).

4. Hinweis auf die Abfindung

8 Der Abfindungsanspruch setzt den **Hinweis des Arbeitgebers auf die Abfindung** voraus. Der Hinweis hat nach Abs. 1 S. 2 in der Kündigungserklärung zu erfolgen und bedarf deshalb gem. § 623 BGB der **Schriftform.** Eine schriftliche Kündigung mit einem mündlichen Abfindungsangebot erfüllt nicht die gesetzlichen Voraussetzungen.[19]

---

[11] AA DD/Yalcin Rn. 6.
[12] Eing. KR/Spilger Rn. 34 ff.
[13] BAG 19.6.2007 – 1 AZR 340/06, NZA 2007, 1357; 16.12.2010 – 6 AZR 423/09, AP KSchG 1969 § 1a Nr. 10.
[14] Kögel RdA 2009, 358 (359 f.); Preis DB 2004, 70 (71); Rolfs ZIP 2004, 333 (337); LSSW/Schlünder Rn. 8; PVT Kündigung/Temming Rn. 1302; Thüsing/Stelljes BB 2003, 1673 (1677).
[15] Bader NZA 2004, 65 (70); Giesen/Besgen NJW 2004, 185; Grobys DB 2003, 2174; ErfK/Oetker Rn. 8 ff.; ebenso Düwell ZTR 2004, 130 (132) (schlüssiges Verhalten kraft gesetzlicher Fiktion, ähnlich § 625 BGB); ferner Raab RdA 2005, 1 (3 f.), der eine Parallele zur Auslobung nach § 657 BGB zieht; Quecke RdA 2004, 86 (94): Gewinnzusage gem. § 661a BGB.
[16] SES/Schwarze Rn. 3, KR/Spilger Rn. 36 ff.; Willemsen/Annuß NJW 2004, 177 (182).
[17] Vgl. BT-Drs. 15/1204, 12.
[18] SES/Schwarze Rn. 3.
[19] MüKoBGB/Hergenröder Rn. 13; PVT Kündigung/Temming Rn. 1308.

Der Hinweis des Arbeitgebers muss die **Abfindungshöhe nicht zwingend** angeben.[20] 9
Die Höhe der Abfindung ergibt sich unmittelbar aus Abs. 2. Praktisch wird der Arbeitgeber allerdings die Höhe der Abfindung beziffern, weil der Arbeitnehmer regelmäßig genau wissen will, wie hoch die Abfindung ist. Sofern der Arbeitgeber einen zu niedrigen Betrag nennt, gleichzeitig aber zu verstehen gibt, eine Abfindung in der gesetzlichen vorgesehenen Höhe zahlen zu wollen, richtet sich der Umfang des Anspruchs nach § 1a.[21] Dasselbe gilt im Grundsatz freilich auch im umgekehrten Fall der Nennung eines zu hohen Betrags. Allerdings ist hier besonders sorgfältig zu prüfen, ob die Bezifferung aus der Sicht des Arbeitnehmers als Erklärungsempfänger erkennbar nur einen informatorischen Charakter haben soll.[22] Hat der Arbeitgeber im Kündigungsschreiben dem Arbeitnehmer mitgeteilt, dieser habe bei Rechtskraft der Kündigung einen Anspruch auf eine Abfindung, deren Höhe sich nach dem Sozialplan richte, liegt darin kein Hinweis auf eine Abfindung nach § 1a.[23]

5. Verstreichenlassen der Klagefrist

Weiter muss es der Arbeitnehmer unterlassen haben, innerhalb der Frist des § 4 S. 1 10
die Unwirksamkeit der Kündigung geltend zu machen. Eine solche Geltendmachung kann durch eine Kündigungsschutzklage, aber auch durch eine allgemeine Feststellungsklage erfolgen.[24] Entscheidend ist allein, ob sich der Arbeitnehmer **gegen den rechtlichen Bestand der Kündigung wendet** und damit eine entsprechende Unsicherheit beim Arbeitgeber auslöst. Daher ist eine Klage unschädlich, mit welcher der Arbeitnehmer lediglich die richtige Kündigungsfrist geltend macht.[25] Dasselbe gilt, wenn der Arbeitnehmer ein Anschlussarbeitsverhältnis mit einem anderen Anstellungsträger derselben Landeskirche begründet.[26] Hingegen steht die Geltendmachung eines Wiedereinstellungsanspruchs dem Abfindungsanspruch entgegen.[27] Da es für die Anspruchsentstehung lediglich auf das Verstreichenlassen der Klagefrist als solches ankommt, spielt es keine Rolle, aus welchen Gründen der Arbeitnehmer eine Klageerhebung unterlässt bzw. ob er das Abfindungsangebot des Arbeitgebers überhaupt kannte.[28]

6. Sonderfälle

a) **Rücknahme der Kündigungsschutzklage.** Nimmt der Arbeitnehmer eine zunächst 11
erhobene Kündigungsschutzklage zurück, gilt die Klage gem. § 269 Abs. 3 ZPO als nicht anhängig geworden. Gleichwohl besteht in diesem Fall **kein Abfindungsanspruch** nach § 1a, weil es nach dieser Vorschrift auf die tatsächlichen Umstände und nicht die gesetzlich fingierte Rechtslage ankommt. Dies entspricht auch dem Zweck des Gesetzes. Der Arbeitgeber bietet dem Arbeitnehmer einen Abfindungsanspruch dafür an, dass er dem Arbeitgeber erspart, sich mit der Kündigungsschutzklage auseinander zu setzen.[29]

b) **Antrag auf nachträgliche Zulassung.** Ob bereits ein Antrag auf **nachträgliche Zu-** 12
lassung der Kündigungsschutzklage nach § 5 anspruchsschädlich ist oder erst die Zu-

[20] BAG 19.6.2007 – 1 AZR 340/06, NZA 2007, 1357; 13.12.2007 – 2 AZR 807/06, AP KSchG 1969 § 1a Nr. 6; ErfK/Oetker Rn. 11; KR/Spilger Rn. 58; PVT Kündigung/Temming Rn. 1308.
[21] BAG 19.6.2007 – 1 AZR 340/06, NZA 2007, 1357; MüKoBGB/Hergenröder Rn. 14.
[22] Vgl. SES/Schwarze Rn. 37, der im Zweifel ein Angebot iSd § 145 BGB annimmt.
[23] LAG Hamm 7.6.2005 – 12 Sa 2165/04, NZA 2005, 1123; APS/Hesse/Tiedemann Rn. 10.
[24] DD/Yalcin Rn. 12.
[25] Quecke RdA 2004, 86 (97 f.); SES/Schwarze Rn. 15.
[26] LAG Hessen 2.10.2015 – 14 Sa 1538/14, BeckRS 2016, 65654 Rn. 15.
[27] Rolfs ZIP 2004, 333 (339); SES/Schwarze Rn. 33; aA ErfK/Oetker Rn. 16.
[28] Düwell ZTR 2004, 130 (132); SES/Schwarze Rn. 18.
[29] BAG 13.12.2007 – 2 AZR 971/06, NZA 2008, 696; 20.8.2009 – 2 AZR 267/08, AP KSchG 1969 § 1a Nr. 9; LAG Sachsen-Anhalt 28.9.2005 – 3 Sa 850/04, LAGE § 1a KSchG Nr. 2; Giesen/Besgen NJW 2004, 185 (188); MüKoBGB/Hergenröder Rn. 14; Kögel RdA 2009, 358 (363); HaKo-KSchR/Nägele/König Rn. 7; ErfK/Oetker Rn. 14; Rolfs ZIP 2004, 333 (337); LSSW/Schlünder Rn. 11; KR/Spilger Rn. 79; PVT Kündigung/Temming Rn. 1312; Willemsen/Annuß NJW 2004, 177 (182); DD/Yalcin Rn. 13.

lassung der Kündigungsschutzklage, ist umstritten. Ein Teil des Schrifttums vertritt die Auffassung, mit Verstreichenlassen der Frist des § 4 S. 1 sei der Abfindungsanspruch auflösend bedingt entstanden. Auflösende Bedingung in diesem Sinne sei die nachträgliche Zulassung der Klage.[30] Diese Auffassung widerspricht dem **Zweck des § 1a.** Mit dem im Gesetz geregelten Abfindungsanspruch wollte der Gesetzgeber den Arbeitsvertragsparteien ein Verfahren zur Verfügung stellen, das einen fairen Interessenausgleich ohne Anrufung der Arbeitsgerichte ermöglicht. Bei einem Antrag auf nachträgliche Zulassung der Klage wird der Arbeitgeber jedoch in eine gerichtliche Auseinandersetzung gezogen und damit der Zweck der Regelung nicht erreicht. Dies spricht dafür, den Abfindungsanspruch dann zu versagen (dh ihn wieder untergehen zu lassen), wenn der Arbeitnehmer einen Antrag nach § 5 stellt.[31]

13 c) **Verlängerte Anrufungsfrist.** Einem Abfindungsanspruch steht ferner entgegen, wenn der Arbeitnehmer zunächst innerhalb der Dreiwochenfrist eine Leistungsklage und dann nach § 6 Kündigungsschutzklage erhebt.[32]

7. Rechtsfolgen

14 a) **Abfindungsanspruch.** Unter den Voraussetzungen des Abs. 1 hat der Arbeitnehmer einen Abfindungsanspruch, der **nach Abs. 2 zu berechnen** ist.

15 b) **Entstehen und Fälligkeit des Anspruchs.** Der Abfindungsanspruch entsteht nach dem Wortlaut des Gesetzes mit **Ablauf der Kündigungsfrist.**[33] Zu diesem Zeitpunkt ist er auch fällig. Kündigt der Arbeitgeber mit zu kurzer Frist, entsteht der Anspruch mit Ablauf der zutreffenden Kündigungsfrist.[34] Verstirbt der Arbeitnehmer vor Ablauf der Kündigungsfrist oder endet das Arbeitsverhältnis zuvor durch eine außerordentliche Kündigung, besteht hingegen kein Abfindungsanspruch.[35] Dasselbe gilt, wenn die Parteien noch vor dem Ablauf der Kündigungsfrist einen anderen Beendigungstatbestand vereinbaren.[36]

16 c) **Abfindungshöhe.** Nach § 1a Abs. 2 beträgt die Höhe der Abfindung **0,5 Monatsverdienste für jedes Jahr** des Bestehens des Arbeitsverhältnisses. Bei der Ermittlung der Dauer des Arbeitsverhältnisses ist ein Zeitraum von mehr als sechs Monaten auf ein volles Jahr aufzurunden. Die Abfindungshöhe richtet sich nach § 10 Abs. 3. Maßgeblich ist damit der Bruttoarbeitsverdienst in dem Monat, in dem das Arbeitsverhältnis endet. Zu berücksichtigen sind dabei auch Sachbezüge, wie zB der geldwerte Vorteil eines privat genutzten Dienstwagens. Ein dreizehntes Monatsgehalt ist anteilig zu berücksichtigen.

17 d) **Steuer- und sozialversicherungsrechtliche Behandlung.** Die Abfindung nach § 1a ist **einkommenssteuerrechtlich** nach §§ 34, 24 Nr. 1 Buchst. b EStG zu behandeln.[37] Geht

[30] BBAKKNSV/Bader Rn. 17; Giesen/Besgen NJW 2004, 185 (188); Grobys DB 2003, 2174 (2175); KR/Spilger Rn. 76; Wolff BB 2004, 378 (380); DD/Yalcin Rn. 12.

[31] BAG 13.12.2007 – 2 AZR 971/06, NZA 2008, 696; 20.8.2009 – 2 AZR 267/08, AP KSchG 1969 § 1a Nr. 9, dort zugleich auch zum Sonderfall einer verspäteten Klageerhebung, die nicht mit einem Antrag nach § 5 KSchG verbunden ist; ebenso MüKoBGB/Hergenröder Rn. 15; Kögel RdA 2009, 358 (363 f.); ErfK/Oetker Rn. 14; Preis DB 2004, 70 (74); Raab RdA 2005, 1 (9); LSSW/Schlünder Rn. 20; PVT Kündigung/Temming Rn. 1313; Willemsen/Annuß NJW 2004, 177 (183); Wolff BB 2004, 378 (380).

[32] Ebenso Preis DB 2004, 70 (74); Raab RdA 2005, 1 (9 f.); PVT Kündigung/Temming Rn. 1314; Willemsen/Annuß NJW 2004, 177 (183); Wolff BB 2004, 378 (380).

[33] BAG 13.12.2007 – 2 AZR 971/06, NZA 2008, 696; LAG Hamm 8.11.2005 – 19 Sa 1491/05, BeckRS 2007, 48155; Raab RdA 2005, 1 (10); KR/Spilger Rn. 87 ff.; Willemsen/Annuß NJW 2004, 177 (181).

[34] BAG 10.5.2007 – 2 AZR 45/06, AP KSchG 1969 § 1a Nr. 3; Bauer/Krieger NZA 2004, 77; KR/Spilger Rn. 89.

[35] BAG 10.5.2007 – 2 AZR 45/06, AP KSchG 1969 § 1a Nr. 3; Bader NZA 2004, 65 (71); Giesen/Besgen NJW 2004, 185 (186); MüKoBGB/Hergenröder Rn. 21; HaKo-KSchR/Nägele/König Rn. 8; Preis DB 2004, 70 (72); Quecke RdA 2004, 86 (98); Raab RdA 2005, 1 (10); KR/Spilger Rn. 87; Willemsen/Annuß NJW 2004, 177 (181); Wolff BB 2004, 378 (381); aA LSSW/Schlünder Rn. 28.

[36] Vgl. LAG Rheinland-Pfalz 18.1.2017 – 7 Sa 210/16, BeckRS 2017, 109466 Rn. 49.

[37] Dazu Tschöpe NZA 2006, 23.

der Arbeitgeber nach § 1a vor und gab es keine Vorabsprachen zwischen den Beteiligten, hat dies unter Berücksichtigung der Rspr. des BSG zum Abwicklungsvertrag[38] **sozialversicherungsrechtlich** keine **Sperrzeit** nach § 159 Abs. 1 Nr. 1 SGB III zur Folge.[39] Die Abfindung nach § 1a zählt auch nicht als Entlassungsentschädigung iSd § 158 Abs. 1 S. 4 SGB III (§ 143a Abs. 1 S. 4 SGB III aF), sodass auch kein Ruhen des Anspruchs auf Arbeitslosengeld bis zum Ablauf einer fiktiv einzuhaltenden Kündigungsfrist von einem Jahr eintritt.[40]

e) **Vererblichkeit.** Der Abfindungsanspruch ist **nach seinem Entstehen** vererblich.[41] Die Erben können deshalb dann nicht vom Arbeitgeber die Zahlung der Abfindung verlangen, wenn der Erblasser vor Ablauf der Kündigungsfrist verstorben ist.[42] 18

8. Andere Vereinbarungen

§ 1a **schließt andere Abfindungsvereinbarungen mit niedrigeren oder höheren Beträgen nicht aus.** Dies ergibt sich aus der **allgemeinen Vertragsfreiheit.**[43] Wenn im Schrifttum zuweilen ein anderer Eindruck erweckt wird,[44] kann das sinnvollerweise nur bedeuten, dass der Mechanismus des § 1a zwingend zu einer Abfindung nach Abs. 2 führt.[45] Dabei kann der Arbeitgeber die Zahlung einer Abfindung auch unter die Bedingung stellen, dass der Arbeitnehmer nicht gerichtlich gegen die Kündigung vorgeht.[46] Der Arbeitgeber kann dem Arbeitnehmer daher auch ein **niedrigeres Abfindungsangebot** unterbreiten. Sofern die Anforderungen von § 1a an sich erfüllt sind, muss der Arbeitgeber dabei allerdings deutlich machen, dass er nicht nach Maßgabe der gesetzlichen Regelung vorgehen will, weil die Abfindung ansonsten nach der zwingenden Berechnungsformel des Abs. 2 zu berechnen ist.[47] Insoweit fungiert die Norm also als „Zweifelsregelung".[48] Mithin bedarf die Erklärung des Arbeitgebers der Auslegung.[49] Die im Schrifttum vertretene Auffassung, bereits in der Nennung einer geringeren Abfindungshöhe komme deutlich genug zum Ausdruck, dass der Arbeitgeber nicht nach Maßgabe von § 1a vorgehen will,[50] führt demgegenüber zur Bedeutungslosigkeit der Regelung in Abs. 2.[51] Unterbreitet der Arbeitgeber dagegen trotz eines Hinweises iSd § 1a unmissverständlich ein Angebot mit einer niedrigeren als der gesetzlich vorgesehenen Abfindung, liegt hierin das Angebot auf Abschluss eines Abwicklungsvertrags, das nach den allgemeinen Regeln der Rechtsgeschäftslehre zu behandeln ist.[52] Durch das Verstreichen- 19

[38] BSG 12.7.2006 – B 11a AL 47/05 R, AP SGB III § 144 Nr. 8.
[39] PVT Kündigung/Temming Rn. 1321 ff.; näher Lilienfeld/Spellbrink RdA 2005, 88; Peters-Lange/Gagel NZA 2005, 740; Preis/Schneider NZA 2006, 1297; so auch die Dienstanweisung 159.1.1.1 Abs. 4 der BA v. 20.4.2018.
[40] BSG 8.12.2016 – B 11 AL 5/15 R, NZS 2017, 310 Rn. 23 ff.; ebenso die Dienstanweisung 158.1.3 der BA v. 20.7.2017.
[41] MüKoBGB/Hergenröder Rn. 21.
[42] LAG Hamm 8.11.2005 – 19 Sa 1491/05, BeckRS 2007, 48155.
[43] Kögel RdA 2009, 358 (365). Zu „Abfindungsplänen" und „Freiwilligenprogrammen" s. Däubler NZA 2020, 10.
[44] Vgl. Rolfs ZIP 2004, 333 (340): „Abfindungshöhe steht zwingend fest".
[45] S. aber Meinel DB 2003, 1438 (1439): „Abwicklungsvertrag mit niedrigerem Faktor wäre wegen Umgehung der gesetzlichen Vorschriften teilweise unwirksam".
[46] BAG 15.2.2005 – 9 AZR 116/04, AP BGB § 612a Nr. 15.
[47] BAG 19.6.2007 – 1 AZR 340/06, NZA 2007, 1357; 13.12.2007 – 2 AZR 807/06, AP KSchG 1969 § 1a Nr. 6; 10.7.2008 – 2 AZR 209/07, AP KSchG 1969 § 1a Nr. 8; 19.7.2016 – 2 AZR 536/15, NZA 2017, 121 Rn. 14; LAG Sachsen 30.5.2008 – 2 Sa 841/06, LAGE § 1a KSchG Nr. 5; LAG Sachsen-Anhalt 27.6.2019 – 2 Sa 308/16, BeckRS 2019, 18606; Biebl, Das neue Kündigungs- und Befristungsrecht, 2004, Rn. 56; Grobys DB 2003, 2174 (2176); APS/Hesse/Tiedemann Rn. 3; HaKo-KSchR/Nägele/König Rn. 12; Preis DB 2004, 70 (73); Thüsing/Stelljes BB 2003, 1673 (1677).
[48] PVT Kündigung/Teming Rn. 1309.
[49] Hierzu HaKo-KSchR/Nägele/König Rn. 12 ff.
[50] Thüsing/Wege JuS 2006, 97 (102); Willemsen/Annuß NJW 2004, 177 (183); trotz eines engeren Ausgangspunktes iErg großzügig auch LAG Hamm 7.5.2015 – 15 Sa 1769/14, BeckRS 2015, 71658 Rn. 10 ff.
[51] In diesem Sinne auch LAG Hamm 12.12.2005 – 16 Sa 493/05, BeckRS 2006, 42958; Preis DB 2004, 70 (73); LSSW/Schlünder Rn. 26; ähnlich Meinel DB 2003, 1438 (1439).
[52] Düwell ZTR 2004, 130 (131); MüKoBGB/Hergenröder Rn. 14; APS/Hesse/Tiedemann Rn. 11; HWK/Quecke Rn. 12; Thüsing/Wege JuS 2006, 97 (102).

lassen der Klagefrist entsteht in einem solchen Fall kein gesetzlicher Anspruch nach § 1a. Allerdings erlangt der Arbeitnehmer den gegenüber Abs. 2 niedrigeren Abfindungsanspruch nur dann, wenn er das Angebot des Arbeitgebers annimmt.[53] Eine Analogie zu § 1a mit der Folge, dass das schlichte Schweigen des Arbeitnehmers als Annahmeerklärung gewertet wird,[54] ist ausgeschlossen.[55] Freilich bedarf die Annahme des Abfindungsangebots durch den Arbeitnehmer gem. § 151 S. 1 BGB keines Zugangs beim Arbeitgeber.[56] Zudem sind an den Annahmewillen niedrige Voraussetzungen zu stellen, weil es mit Ablauf der Klagefrist nur noch darum geht, ob dem Arbeitnehmer überhaupt eine Abfindung zusteht[57] und der Arbeitnehmer sonst zwischen die Stühle geraten würde, wenn er im Vertrauen auf das Angebot des Arbeitgebers die Klagefrist verstreichen ließe und er dann weder die gesetzliche noch die vertragliche Abfindung erhielte.

20 Falls der Arbeitgeber einen **höheren Betrag** nennt, ist im Zweifel davon auszugehen, dass es sich um ein von § 1a abweichendes Angebot handeln soll.[58] Ein solches Angebot bedarf ebenfalls der Annahme, wenn ein vertraglicher Anspruch entstehen soll. Eine Anwendung von § 1a ist nicht möglich.[59] Allerdings sind an den Annahmewillen wiederum nur geringe Anforderungen zu stellen.[60] Scheitert die vertragliche Einigung an einem Dissens der Parteien, kann dem Arbeitnehmer in entsprechender Anwendung von § 140 BGB immer noch ein Anspruch gem. § 1a zustehen. Wenn die Bezifferung erkennbar nur einen informatorischen Charakter haben soll, wird dagegen von vornherein lediglich eine Abfindung in der gesetzlichen Höhe begründet.[61]

§ 2 Änderungskündigung

[1]Kündigt der Arbeitgeber das Arbeitsverhältnis und bietet er dem Arbeitnehmer im Zusammenhang mit der Kündigung die Fortsetzung des Arbeitsverhältnisses zu geänderten Arbeitsbedingungen an, so kann der Arbeitnehmer dieses Angebot unter dem Vorbehalt annehmen, daß die Änderung der Arbeitsbedingungen nicht sozial ungerechtfertigt ist (§ 1 Abs. 2 Satz 1 bis 3, Abs. 3 Satz 1 und 2). [2]Diesen Vorbehalt muß der Arbeitnehmer dem Arbeitgeber innerhalb der Kündigungsfrist, spätestens jedoch innerhalb von drei Wochen nach Zugang der Kündigung erklären.

Schrifttum: Berkowsky, Die Änderungskündigung, 2004; Berkowsky, Die betriebsbedingte Änderungskündigung, 2000; Berkowsky, Die betriebsbedingte Kündigung, 6. Aufl. 2008; Breuckmann, Entgeltreduzierung unter besonderer Berücksichtigung der Änderungskündigung, 2004; v. Hoyningen-Huene/Boemke, Die Versetzung, 1991; Kalf, Die Änderungskündigung im Lichte des Verhältnismäßigkeitsprinzips, 2013; Küttner, Ausgewählte Probleme der Änderungskündigung, in Henssler/Moll (Hrsg.), Kündigung und Kündigungsschutz in der betrieblichen Praxis, 2000; Leinemann, Änderung von Arbeitsbedingungen durch Betriebsvereinbarung, in Hromadka (Hrsg.), Änderung von Arbeitsbedingungen, 1990, 145; A. Müller, Die Änderungskündigung, 2001; Otto, Die Änderungskündigung zur Entgeltreduzierung, 2001; Precklein, Prüfungsmaßstab bei der Änderungskündigung, 1995; Ratajczak, Die Änderungskündigung des Arbeitgebers, 1984; Rost, Aktuelle Probleme der Änderungskündigung, in Brennpunkte des Arbeitsrechts, 2002, 75; Rücker, Die betriebsbedingte Änderungskündigung zur Entgeltsenkung, 2003; Schaub, Die Änderungskündigung, in Hromadka (Hrsg.), Änderung von Arbeitsbedingungen, 1990, 73; Schröder, Das Verhältnis von Direktionsrecht

[53] KR/Spilger Rn. 60.
[54] So offenbar LAG Baden-Württemberg 26.6.2006 – 4 Sa 24/06, BeckRS 2006, 42642 unter II 2 c.
[55] Düwell ZTR 2004, 130 (131); ErfK/Oetker Rn. 2; SES/Schwarze Rn. 44.
[56] SES/Schwarze Rn. 39; Thüsing/Wege JuS 2006, 97 (102).
[57] SES/Schwarze Rn. 39. Für eine Kombination aus gesetzlichem Sockelbetrag und ergänzendem Abwicklungsvertrag KR/Spilger Rn. 59.
[58] SES/Schwarze Rn. 37.
[59] Im Erg. ebenso Bader NZA 2004, 65 (72); APS/Hesse/Tiedemann Rn. 3; Rolfs ZIP 2004, 333 (340); aA (nur Mindestbestimmung) MüKoBGB/Hergenröder Rn. 14; Kögel RdA 2009, 358 (365); Thüsing/Wege JuS 2006, 97 (102 f.).
[60] Bader NZA 2004, 65 (72 f.).
[61] In diesem Sinne auch APS/Hesse/Tiedemann Rn. 11; aA Bauer/Krieger NZA 2004, 77 (78).

und Änderungskündigung, 2012; Schwerdtner, Die Änderungskündigung, in Brennpunkte des Arbeitsrechts 1993, 235; Söllner, Die Änderung der Arbeitsbedingungen durch Weisung, in Hromadka (Hrsg.), Änderung von Arbeitsbedingungen, 1990, 13; Spirolke/Regh, Die Änderungskündigung, 2004; Wallner, Die Änderungskündigung, 2005; Wank, Einvernehmliche Änderung von Arbeitsbedingungen, in Hromadka (Hrsg.), Änderung von Arbeitsbedingungen, 1990, 35.

Übersicht

I. Allgemeines

1 Der die Änderungskündigung durch den Arbeitgeber[1] betreffende § 2 ist 1969 durch das 1. Arb-BereinigG **neu eingefügt** worden. Die Änderungskündigung war bis dahin nicht gesetzlich geregelt, obwohl ihre Zulässigkeit von der hM seit Langem anerkannt war und sie seit jeher sowohl in der Praxis als auch im Schrifttum eine erhebliche Rolle spielte.[2] § 2 iVm den im Jahre 1969 gleichzeitig neu geschaffenen §§ 4 S. 2, 7 Hs. 2 und 8 regeln eine ganze Reihe der sie betreffenden Fragen, lassen jedoch ungeklärt, ob und in welcher Weise das Angebot des Arbeitgebers, das Arbeitsverhältnis zu anderen Bedingungen fortzusetzen, bei der Prüfung der Sozialwidrigkeit der Änderungskündigung als Kündigung zu berücksichtigen ist (→ Rn. 121).

II. Sinn und Zweck

2 Die Vorschrift des § 2 dient – zumindest primär – dem **Vertragsinhaltsschutz,** während § 1 auf den Bestandsschutz des Arbeitsverhältnisses abzielt.[3] Ausgangspunkt ist der Umstand, dass die vertraglich vereinbarten Arbeitsbedingungen für Arbeitgeber und Arbeitnehmer grds. bindend sind. Keine der beiden Arbeitsvertragsparteien kann einzelne Vertragsbedingungen einseitig gegen den Willen der anderen Vertragspartei ändern, sofern nicht ein wirksamer Änderungsvorbehalt vereinbart worden ist (→ Rn. 31 ff.). Wenn der Arbeitgeber **einzelne Vertragsbestandteile verändern** will, er also bspw. beabsichtigt, das Arbeitsentgelt zu senken oder den Arbeitnehmer an einem anderen als dem vertraglich vereinbarten Arbeitsort zu beschäftigen, hat er eine Änderungskündigung auszusprechen. Die Änderungskündigung ist damit auf der einen Seite das Instru-

[1] Zur Änderungskündigung durch den Arbeitnehmer s. Hromadka RdA 1992, 234 (261); KR/Kreft Rn. 10; APS/Künzl Rn. 13; Löwisch NZA 1988, 633 (634).

[2] Vgl. insbes. Bötticher FS Molitor, 1962, 123, der die wesentlichen Anregungen für die gesetzliche Regelung gegeben hat.

[3] BAG 7.6.1973 – 2 AZR 450/72, AP BGB § 626 Änderungskündigung Nr. 1 mAnm Löwisch/Knigge und Anm. Lieb; 19.5.1993 – 2 AZR 584/92, AP KSchG 1969 § 2 Nr. 31 mAnm Waas; 23.6.2005 – 2 AZR 642/04, AP KSchG 1969 § 2 Nr. 81; KR/Kreft Rn. 6; APS/Künzl Rn. 3; LSW/Löwisch Vor § 1 Rn. 14; HWK/Molkenbur Rn. 2; DD/Wollgast Rn. 146; aA ErfK/Oetker Rn. 3; HaKo-KSchR/Pfeiffer Rn. 1, die den Zweck allein in der Möglichkeit einer gerichtlichen Überprüfung der vom Arbeitgeber beabsichtigten Vertragsänderung sehen; s. a. PVT Kündigung/Temming Rn. 1424; aA ferner Stoffels ZfA 2002, 401 (403), der den Zweck mindestens gleichrangig im Bestandsschutz sieht.

ment zur Änderung von Arbeits**vertrags**bedingungen, nicht aber zur Änderung von Arbeitsbedingungen unterhalb der Schwelle einer Modifikation des Arbeitsvertrags.[4] Auf der anderen Seite zielt sie zumindest im Grundansatz auf eine **Diskontinuität des Arbeitsvertrags** bei gleichzeitiger **Kontinuität des Arbeitsverhältnisses** ab.[5] Hierbei ist allerdings von vornherein klarzustellen, dass die Änderungskündigung entgegen ihrer – leicht missverständlichen – Bezeichnung auch beim Vorliegen hinreichender Gründe nicht unmittelbar zu einer Änderung der arbeitsvertraglichen Konditionen führt, sondern die Kündigung nur das Druckmittel bildet, um den Arbeitnehmer zu einer Zustimmung zur Vertragsänderung zu bewegen.[6] IÜ spielt es keine Rolle, ob der Arbeitgeber die Änderungskündigung **„offensiv"** als Instrument nutzt, um von ihm gewollte arbeitsvertragliche Konditionen herbeizuführen, oder ob er nur **„defensiv"** von ihr Gebrauch macht, weil eine vorrangig gewollte Beendigungskündigung aufgrund der Möglichkeit zur Weiterbeschäftigung zu geänderten Arbeitsbedingungen unwirksam wäre (→ § 1 Rn. 741 ff.).

Das Gesetz verwirklicht den Vertragsinhaltsschutz durch **zwei Mechanismen:** Zum 3
einen bedarf die Änderungskündigung – sofern das KSchG gem. §§ 1 Abs. 1, 23 Abs. 1 Anwendung findet – nach § 2 zu ihrer Wirksamkeit der sozialen Rechtfertigung. Zum anderen wird dem Arbeitnehmer die Möglichkeit eröffnet, das mit der Änderungskündigung verbundene Angebot zur Änderung des Arbeitsvertrags in Abweichung von § 150 Abs. 2 BGB unter dem Vorbehalt anzunehmen, dass die Änderung der Arbeitsvertragsbedingungen nicht sozial ungerechtfertigt (oder aus anderen Gründen unwirksam) ist (→ Rn. 104 ff.). Dies führt zu einer **Begrenzung des Prozessrisikos des Arbeitnehmers,** denn im Falle des Unterliegens im Änderungskündigungsschutzprozess verliert er nicht seinen Arbeitsplatz, sondern kann – immerhin – zu den geänderten Arbeitsbedingungen weiterarbeiten.[7] Dagegen enthält § 2 für sich genommen **keine Legitimationsgrundlage** für eine Änderung der Arbeitsbedingungen.[8]

III. Grundlagen der Änderungskündigung

1. Begriffsbestimmung

Eine Änderungskündigung iSv § 2 S. 1 liegt vor, wenn der Arbeitgeber das Arbeits- 4
verhältnis kündigt und dem Arbeitnehmer im Zusammenhang mit der Kündigung die Fortsetzung des Arbeitsverhältnisses zu geänderten Arbeitsvertragsbedingungen anbietet. Eine Änderungskündigung ist nach der Legaldefinition in § 2 S. 1 ein **aus zwei Willenserklärungen zusammengesetztes Rechtsgeschäft:** Sie enthält eine Kündigung des Arbeitsverhältnisses und damit verbunden ein Angebot zur Fortsetzung des Arbeitsverhältnisses zu geänderten Vertragsbedingungen.[9] Eine Kündigungserklärung **ohne ein Änderungsangebot,** auf das in der Kündigung Bezug genommen wird, ist nicht als Änderungskündigung, sondern als Beendigungskündigung zu werten. Ob eine Änderungskündi-

[4] BAG 26.1.2012 – 2 AZR 102/11, NZA 2012, 856 Rn. 12; 17.12.2015 – 2 AZR 304/15, NZA 2016, 568 Rn. 16; Hromadka NZA 2012, 896; Künzl/von der Ehe NZA 2015, 1217 (1219); Reuter/Sagan/Witschen NZA 2013, 935 (936).

[5] Niemann RdA 2016, 339 (340); Verstege RdA 2010, 302 (303); im Ansatz auch Raab ZfA 1995, 479 (512): „völlig neue Vereinbarung", zurückhaltender aber Raab SAE 1995, 71 (73 f.).

[6] Prägnant Raab SAE 1995, 71 (73).

[7] APS/Künzl Rn. 3; Stoffels FS Hromadka, 2008, 463 (467).

[8] So aber Krois ZfA 2009, 575 (597); in diese Richtung auch Hromadka NZA 1996, 1 (3): § 2 erlaube eine Durchbrechung des Grundsatzes der Vertragstreue; dagegen zutr. APS/Künzl Rn. 3; DD/Wollgast Rn. 146.

[9] BAG 17.5.2001 – 2 AZR 460/00, EzA § 620 BGB Kündigung Nr. 3, 105; 16.9.2004 – 2 AZR 628/03, AP KSchG 1969 § 2 Nr. 78; 10.9.2009 – 2 AZR 822/07, AP KSchG 1969 § 2 Nr. 142; 16.12.2010 – 2 AZR 576/09, AP KSchG 1969 § 2 Nr. 150; 20.2.2014 – 2 AZR 346/12, NZA 2014, 1069 Rn. 38; 17.2.2016 – 2 AZR 613/14, NJOZ 2016, 866 Rn. 18; 21.5.2019 – 2 AZR 26/19, NZA 2019, 1143 Rn. 30; MüKoBGB/Hergenröder Rn. 5; KR/Kreft Rn. 14; ErfK/Oetker Rn. 6; HaKo-KSchR/Pfeiffer Rn. 5; PVT Kündigung/Temming Rn. 1425; abl. Sagan ZFA 2020, 584 (619): Nebeneinander von Kündigung und Änderungsangebot.

gung oder eine Beendigungskündigung gewollt und erklärt wurde, ist durch **Auslegung** (§§ 133, 157 BGB) zu ermitteln.[10]

2. Form

5 Die Änderungskündigung ist aufgrund ihres Potenzials zur Beendigung von Arbeitsvertrag und Arbeitsverhältnis unabhängig von der konkreten Form der rechtlichen Verknüpfung von Kündigung und Angebot (→ Rn. 13) und unabhängig von der Reaktion des Arbeitnehmers (→ Rn. 94) eine „echte Kündigung".[11] Daran ändert auch der Umstand nichts, dass die Kündigung bei einer Annahme des Änderungsangebots durch den Arbeitnehmer zumindest nach Auffassung des BAG „gegenstandslos" wird[12] bzw. ihre Beendigungswirkung einbüßt.[13] Folglich bedarf die Änderungskündigung **gem. § 623 BGB der Schriftform.** Dieses Formerfordernis erstreckt sich nicht nur auf die in der Änderungskündigung enthaltene Kündigungserklärung, sondern auch auf das Änderungsangebot.[14] Kündigung und Angebot bilden bei der Änderungskündigung eine Einheit. Es handelt sich insoweit um ein einheitliches Rechtsgeschäft. Wird die Änderungskündigung nicht insgesamt schriftlich ausgesprochen, ist sie nach § 125 BGB nichtig (s. aber auch → Rn. 10). Dabei kann die Unwirksamkeit wegen fehlender Schriftform auch noch nach Ablauf der Dreiwochenfrist des § 4 S. 1 geltend gemacht werden, weil die Klagefrist nur für schriftliche Kündigungen gilt.

6 Das Formerfordernis ist gewahrt, wenn der Inhalt des Änderungsangebots **im Kündigungsschreiben hinreichenden Anklang gefunden** hat. Hinsichtlich des Inhalts eines (Änderungs-)Angebots ist der wirkliche Wille des Erklärenden zu erforschen (§ 133 BGB).[15] Deshalb können und müssen auch außerhalb des Kündigungsschreibens liegende, zur Erforschung des Angebotsinhalts geeignete Umstände herangezogen und mitberücksichtigt werden. Dieser Notwendigkeit trägt im allgemeinen Zivilrecht bei formbedürftigen Rechtsgeschäften die sog. Andeutungstheorie Rechnung. Danach sind auch Urkunden über formbedürftige Rechtsgeschäfte nach allgemeinen Grundsätzen auszulegen. Außerhalb der Urkunde liegende Umstände dürfen berücksichtigt werden, sofern der einschlägige rechtsgeschäftliche Wille des Erklärenden in der formgerechten Urkunde einen wenn auch nur unvollkommenen oder andeutungsweisen Ausdruck gefunden hat.[16] Sofern durch das Änderungsangebot AGB in den Arbeitsvertrag implementiert werden sollen, wird man schon das Änderungsangebot nach AGB-rechtlichen Grundsätzen auszulegen haben,[17] wodurch aber keine zusätzlichen Formprobleme ausgelöst werden. Zu sonstigen Anforderungen an die Wirksamkeit des Kündigungselements der Änderungskündigung wie vor allem der **Sonderkündigungsschutz** besonders geschützter Personen → Rn. 191.

---

[10] BAG 17.5.2001 – 2 AZR 460/00, EzA § 620 BGB Kündigung Nr. 3; 21.4.2005 – 2 AZR 132/04, AP KSchG 1969 § 2 Nr. 79 unter B I 2.

[11] Vgl. BAG 27.9.2001 – 2 AZR 487/00, EzA § 15 KSchG Nr. 54 unter II 2; 20.2.2014 – 2 AZR 346/12, NZA 2014, 1069 Rn. 38; 22.10.2015 – 2 AZR 124/14, NZA 2016, 225 Rn. 29.

[12] So BAG 26.1.1995 – 2 AZR 371/94, AP KSchG 1969 § 2 Nr. 36 unter B II 3.

[13] BAG 22.10.2015 – 2 AZR 124/14, NZA 2016, 225 Rn. 30; vorsichtiger BAG 24.10.2013 – 2 AZR 320/13, NZA 2014, 486 Rn. 15: „Beendigungswirkung … steht … nicht mehr im Streit.".

[14] BAG 16.9.2004 – 2 AZR 628/03, AP KSchG 1969 § 2 Nr. 78; 10.9.2009 – 2 AZR 822/07, AP KSchG 1969 § 2 Nr. 142; 28.10.2010 – 2 AZR 688/09, AP KSchG 1969 § 2 Nr. 148; 16.12.2010 – 2 AZR 576/09, AP KSchG 1969 § 2 Nr. 150; 18.10.2018 – 2 AZR 374/18, NZA 2019, 246 Rn. 17; 21.5.2019 – 2 AZR 26/19, NZA 2019, 1143 Rn. 30; ebenso DFL/Kaiser Rn. 9; KR/Kreft Rn. 49; ErfK/Müller-Glöge BGB § 623 Rn. 16; PVT Kündigung/Temming Rn. 1426; aA Caspers RdA 2001, 28 (30 f.); KR/Spilger BGB § 623 Rn. 138; LSSW/Wertheimer Rn. 16.

[15] BAG 16.12.2010 – 2 AZR 576/09, AP KSchG 1969 § 2 Nr. 150.

[16] BAG 16.9.2004 – 2 AZR 628/03, AP KSchG 1969 § 2 Nr. 78; 10.9.2009 – 2 AZR 822/07, AP KSchG 1969 § 2 Nr. 142; 16.12.2010 – 2 AZR 576/09, AP KSchG 1969 § 2 Nr. 150; 21.5.2019 – 2 AZR 26/19, NZA 2019, 1143 Rn. 30.

[17] CKK/Hoefs BGB § 305 Rn. 55 ff.

3. Arten der Änderungskündigung

a) **Ordentliche Änderungskündigung.** Die Änderungskündigung nach § 2 muss die Erklärung einer ordentlichen Kündigung des Arbeitsverhältnisses enthalten. Die **Kündigungserklärung** muss auf die Beendigung des Arbeitsverhältnisses gerichtet sein. Für den Arbeitnehmer als Empfänger der Kündigungserklärung muss deutlich erkennbar sein, dass das Arbeitsverhältnis enden soll, wenn er das Änderungsangebot nicht annimmt.[18] 7

Ob das Arbeitsverhältnis für den Fall der Ablehnung des Änderungsangebots tatsächlich gekündigt werden soll, ist durch **Auslegung der Erklärung** zu ermitteln. Wie bei der Beendigungskündigung ist hierbei gem. § 133 BGB darauf abzustellen, wie der Erklärungsempfänger, dh der gekündigte Arbeitnehmer, nach Treu und Glauben mit Rücksicht auf die Verkehrssitte die Erklärung verstehen musste.[19] So stellt **bspw.** die Erklärung des Arbeitgebers, die Akkordsätze würden gekündigt und um 20 % gesenkt, keine Kündigung des Arbeitsverhältnisses dar. Vielmehr liegt hierin lediglich eine unzulässige Teilkündigung einzelner Arbeitsbedingungen (→ Rn. 55 ff.). Entsprechendes gilt für die Erklärung: „Schichtarbeit ist nicht mehr erforderlich. Wir kündigen Ihnen deshalb Ihre Schichtarbeit zum… Ab… können Sie nur noch in Normalschicht beschäftigt werden."[20] 8

Für die Änderungskündigung gelten die jeweils einschlägigen **Kündigungsfristen.** Diese ergeben sich aus dem Arbeitsvertrag, aus dem auf das Arbeitsverhältnis anwendbaren Tarifvertrag oder – soweit ansonsten keine Regelung besteht – aus § 622 BGB.[21] Eine ordentliche Änderungskündigung, deren Änderungsangebot auf eine vor Ablauf der Kündigungsfrist des betreffenden Arbeitnehmers wirksam werdende Vertragsänderung zielt, ist sozial ungerechtfertigt.[22] Eine Umdeutung in eine fristgerechte Änderung der Arbeitsbedingungen ist ausgeschlossen, weil für den Arbeitnehmer bei Zugang der Kündigung die ihm angesonnenen Vertragsänderungen zuverlässig feststehen müssen.[23] 9

Fehlt eine Kündigungserklärung, liegt lediglich ein Angebot des Arbeitgebers zur einvernehmlichen Änderung des Arbeitsvertrages vor. Dem Arbeitnehmer steht es frei, dieses Angebot anzunehmen oder abzulehnen. Dasselbe gilt bei einer Formunwirksamkeit der Änderungskündigung, weil das Änderungselement für sich genommen nicht § 623 BGB unterfällt. Lehnt der Arbeitnehmer den Antrag ab oder äußert er sich nicht innerhalb der gesetzten Annahmefrist (§§ 147 ff. BGB), erlischt das Angebot. Eine Änderung der Arbeitsbedingungen kommt dann nicht zustande. Vielmehr besteht das Arbeitsverhältnis unverändert fort. 10

b) **Außerordentliche Änderungskündigung.** Nach hM gilt § 2 nicht nur für die ordentliche Änderungskündigung, sondern auch für die außerordentliche Änderungskündigung (→ Rn. 184 ff.).[24] § 2 bezieht sich seinem Wortlaut nach zwar nur auf die ordentliche Änderungskündigung. Da der Gesetzgeber das Problem der außerordentlichen Änderungskündigung aber offenbar übersehen hat, liegt eine Regelungslücke vor. Diese Regelungslücke ist durch eine **analoge Anwendung des § 2** zu schließen (zur Vorbehalts- 11

---

[18] BAG 30.5.1980 – 7 AZR 215/78, AP BGB § 611 Arzt-Krankenhaus-Vertrag Nr. 8; 27.5.1982 – 2 AZR 96/80, DB 1984, 620 = BeckRS 2009, 58456.

[19] BAG 10.12.1992 – 2 AZR 269/92, AP BGB § 611 Arzt-Krankenhaus-Vertrag Nr. 27; MüKoBGB/Hergenröder Rn. 6.

[20] ArbG Mannheim 9.12.1981 – 5 Ca 325/80, BB 1982, 1613.

[21] BAG 12.1.1994 – 4 AZR 152/93, AP BGB § 622 Nr. 43; APS/Linck BGB § 622 Rn. 20.

[22] BAG 21.9.2006 – 2 AZR 120/06, AP KSchG 1969 § 2 Nr. 86.

[23] DFL/Kaiser Rn. 36; aA Löwisch NZA 1988, 633 (636).

[24] Vgl. grds. BAG 7.6.1973 – 2 AZR 450/72, AP BGB § 626 Änderungskündigung Nr. 1; ferner sowie BAG 4.10.1990 – 2 AZR 201/90, AP BGB § 626 Druckkündigung Nr. 12; 21.6.1995 – 2 ABR 28/94, AP KSchG 1969 § 15 Nr. 36; 31.1.1996 – 2 AZR 158/95, AP BGB § 626 Druckkündigung Nr. 13; 2.3.2006 – 2 AZR 64/05, AP KSchG 1969 § 2 Nr. 84; 28.5.2009 – 2 AZR 844/07, AP BGB § 626 Nr. 222 mAnm Oetker; 28.10.2010 – 2 AZR 688/09, AP KSchG 1969 § 2 Nr. 148 Rn. 12; 19.7.2012 – 2 AZR 25/11, NZA 2012, 1038 Rn. 19; 27.4.2021 – 2 AZR 357/20, NZA 2021, 1252 Rn. 13; Bröhl, Die außerordentliche Kündigung mit notwendiger Auslauffrist, 2005, 170 ff.; KR/Kreft Rn. 52; HWK/Molkenbur Rn. 84; ErfK/Oetker Rn. 8; HaKo-KSchR/Pfeiffer Rn. 81; PVT Kündigung/Preis Rn. 618; MHdB ArbR/Rennpferdt § 117 Rn. 21; DD/Wollgast Rn. 236.

erklärung → Rn. 108). Eine solche Analogie ist zulässig, weil § 2 zu entnehmen ist, dass dem Arbeitnehmer mit der Annahme des Änderungsangebots unter Vorbehalt ein Mittel zur Verfügung gestellt werden sollte, das es ihm ermöglicht, die Wirksamkeit der vom Arbeitgeber angestrebten Änderung der Arbeitsbedingungen gerichtlich überprüfen zu lassen, ohne den Arbeitsplatz aufs Spiel zu setzen.[25]

12 c) **Vorsorgliche Änderungskündigung.** Sowohl die ordentliche als auch die außerordentliche Änderungskündigung kann als **vorsorgliche Änderungskündigung** ausgesprochen werden. Hierbei geht es zumeist um die Fälle, in denen aus der Arbeitgebersicht unklar ist, ob die erstrebte Änderung der Arbeitsbedingungen nicht schon aus anderen Rechtsgründen, wie bspw. einer vertraglichen Abrede, folgt oder zumindest einseitig durch Ausübung des Direktionsrechts oder eines wirksamen Vorbehalts herbeigeführt werden kann,[26] weil eine Änderungskündigung dann wegen Unverhältnismäßigkeit unwirksam wäre.[27] Der Arbeitgeber kann die Änderungskündigung dann unter eine entsprechende Bedingung stellen. Vergleichbares gilt für eine Änderungskündigung, die nur für den Fall der Unwirksamkeit einer zuvor ausgesprochenen Beendigungskündigung Rechtswirkungen entfalten soll. Hierbei handelt sich ebenso um eine **rechtlich zulässige Rechtsbedingung.**[28] Die Fristen der §§ 2 S. 2, 4 S. 2 beginnen auch in diesen Konstellationen bereits mit dem Zugang der Änderungskündigung und nicht erst in dem Augenblick, in dem der Eintritt der Rechtsbedingung rechtskräftig feststeht.[29]

4. Änderungsangebot

13 a) **Rechtliche Verknüpfung von Kündigung und Angebot.** Neben der Kündigung des Arbeitsverhältnisses erfordert eine wirksame Änderungskündigung ein **Angebot iSv § 145 BGB** zur Fortsetzung des Arbeitsverhältnisses unter geänderten Bedingungen. Die Kündigung und das Änderungsangebot können **auf verschiedene Weise rechtlich miteinander verknüpft** werden. Dabei geht das Gesetz grds. davon aus, dass eine **unbedingte Kündigung** des Arbeitsverhältnisses erklärt und gleichzeitig das Angebot ausgesprochen wird, das Arbeitsverhältnis unter geänderten Bedingungen fortzusetzen.[30]

14 Der Arbeitgeber kann nach ganz hM aber auch eine **bedingte Kündigung** erklären, mit der die Rechtswirkung der Änderungskündigung **an die Reaktion des Arbeitnehmers geknüpft** werden soll.[31] Dies ist zum einen in der Weise möglich, dass die Kündigung unter die die **auflösende Bedingung** (§ 158 Abs. 2 BGB) der **Annahme des Änderungsangebots** seitens des Arbeitnehmers gestellt wird.[32] Denkbar ist aber auch die **aufschiebende Bedingung** (§ 158 Abs. 1 BGB) der **Ablehnung des Änderungsangebots** durch den Arbeitnehmer.[33] Der Zulässigkeit einer solchen bedingten Kündigung steht nicht entgegen, dass die Kündigung als einseitiges Rechtsgeschäft **grds. bedingungsfeindlich** ist.[34]

[25] BAG 17.5.1984 – 2 AZR 161/83, AP BAT § 55 Nr. 3; HK-KSchG/Weller/Hauck Rn. 14.

[26] BAG 11.3.1998 – 2 AZR 325/97, BeckRS 1998, 30369081 unter II 3; 17.12.2015 – 2 AZR 204/15, NZA 2016, 568 Rn. 16; Hromadka NZA 2012, 896 (897); KR/Kreft Rn. 90; Niemann RdA 2016, 339 (346); ErfK/Oetker Rn. 7; MHdB ArbR/Rennpferdt § 117 Rn. 25 f.; Reuter/Sagan/Witschen NZA 2013, 935 (940); B. Schmidt FS Wank, 2014, 545 (554 ff.); Wallner NZA 2017, 1562 (1565).

[27] S. nur BAG 6.9.2007 – 2 AZR 368/06, AP KSchG 1969 § 2 Nr. 135; 22.9.2016 – 2 AZR 509/15, NZA 2016, 1461 Rn. 12.

[28] BAG 3.4.2008 – 2 AZR 500/06, AP KSchG 1969 § 2 Nr. 137 Rn. 22; s. a. BAG 18.10.2018 – 2 AZR 374/18, NZA 2019, 246.

[29] MHdB ArbR/Rennpferdt § 117 Rn. 25; Reuter/Sagan/Witschen NZA 2013, 935 (940); B. Schmidt FS Wank, 2014, 545 (555).

[30] BAG 10.12.1975 – 4 AZR 41/75, AP BAT §§ 22, 23 Nr. 90.

[31] Dies ist nach Schwerdtner FS 25 Jahre BAG, 1979, 555 (556), im Zweifel gewollt.

[32] Brehm Anm. zu BAG 28.5.1999 – 2 AZR 591/90, EzA § 2 KSchG Nr. 29; KR/Kreft Rn. 18 f.; FS Preis, 2021, 711 (713 f.); Krois Anm. zu BAG 10.2.2009 – 2 AZR 591/90, EzA § 2 KSchG Nr. 74 unter B I 2 a; Niemann RdA 2016, 339 (340).

[33] BAG 27.9.2001 – 6 AZR 404/00, EzA § 1 TVG Nr. 44; Benecke NZA 2005, 1092 (1093); Niemann RdA 2016, 339 (340); ErfK/Oetker Rn. 11; Wallner, Die Änderungskündigung, 2005, Rn. 233 ff.; dazu krit. KR/Kreft Rn. 18 f.

[34] BAG 15.3.2001 – 2 AZR 705/99, AP BGB § 620 Bedingung Nr. 26.

Eine Kündigung kann nämlich ausnahmsweise unter einer Bedingung ausgesprochen werden, wenn der Eintritt der Bedingung ausschließlich vom Willen des Kündigungsempfängers abhängt, sog. **Potestativbedingung.**[35] Denn in einem solchen Fall hat es der Kündigungsempfänger in der Hand, die Bedingung anzunehmen bzw. abzulehnen und so für sich selbst alle Zweifel darüber zu beseitigen, ob das Arbeitsverhältnis endet oder nicht. Die bedingte Änderungskündigung erfüllt diese Anforderungen, weil der Eintritt der Bedingung, dh die Ablehnung bzw. Annahme des Änderungsangebots, allein vom Arbeitnehmer abhängt.[36]

Ein Teil des Schrifttums hält eine dergestalt bedingte Änderungskündigung allerdings für unzulässig und beruft sich hierfür auf die §§ 2 und 4, aus denen sich ergeben soll, dass es zwingend einer Prüfung des Kündigungselements bedürfe, das bei einer (aufschiebenden oder auflösenden) Bedingung entfalle.[37] Daran ist richtig, dass die Einbettung einer bedingten anstelle einer unbedingten Kündigung in das Regelungsgefüge der §§ 2 und 4 gewisse Schwierigkeiten bereitet. Insoweit ist die Aussage des BAG, dass es sachlich unerheblich sei, ob der Arbeitgeber eine unbedingte oder eine bedingte Kündigung ausspricht,[38] in der Tat zu pauschal. Diese **Schwierigkeiten** sind indes **überwindbar.** So fangen bei einer auflösend bedingten Kündigung alle Fristen ohne Weiteres sofort an zu laufen. Dasselbe ist – obgleich in erster Linie aus Praktikabilitätsgründen – auch bei einer aufschiebend bedingten Kündigung anzunehmen.[39] Vor allem aber lässt sich den §§ 2 und 4 nicht entnehmen, dass dem Arbeitgeber Gestaltungsoptionen, die ihm nach allgemeinem Zivilrecht zustehen, nur deshalb verschlossen sein sollen, weil sie zusätzliche Konstruktionsprobleme mit sich bringen. Insbesondere gibt es keinen Grund, es dem Arbeitgeber zu verwehren, nicht nur das Arbeitsverhältnis, sondern auch den alten Arbeitsvertrag – wenn auch unter geänderten Bedingungen – fortzusetzen, zumal dies den Arbeitnehmer nicht belastet, sondern eher noch besserstellt. Da der Arbeitgeber und der Arbeitnehmer jederzeit einen Änderungsvertrag abschließen können, sollten die §§ 2 und 4 nicht so interpretiert werden, dass den Arbeitsvertragsparteien die Möglichkeit vorenthalten wird, mittels entsprechend konditionierter Willenserklärungen neben einer **Kontinuität des Arbeitsverhältnisses** auch eine **Kontinuität des Arbeitsvertrags** zu bewerkstelligen. 15

b) Zeitlicher Zusammenhang von Kündigung und Angebot. Der durch den Wortlaut von § 2 nicht ausdrücklich vorgegebene erforderliche Zusammenhang zwischen Kündigung und Änderungsangebot liegt zum einen dann vor, wenn beide Erklärungen dem Arbeitnehmer mit **demselben Schriftstück** zugehen oder aber mit **zwei Schriftstücken zeitgleich** zugehen, wobei in diesem Fall in der Kündigungserklärung auf das Änderungsangebot Bezug genommen werden muss, um Zweifel darüber auszuschließen, dass weder eine schlichte Beendigungskündigung noch ein schlichtes Änderungsangebot gewollt ist. 16

Zum anderen kann der Arbeitgeber das **Änderungsangebot** aber auch bereits **vor der Kündigung** abgeben. Er muss dann bei Ausspruch der Kündigung nur klarstellen, dass er das zuvor abgegebene Änderungsangebot aufrechterhält.[40] Das **Schriftformerfordernis** des § 623 BGB ist bei einem solchen vorangehenden Änderungsangebot nur erfüllt, wenn sowohl die Kündigungserklärung als auch das Angebot schriftlich erfolgen.[41] 17

[35] Schwerdtner FS 25 Jahre BAG, 1979, 555 (556).

[36] BAG 27.9.2001 – 6 AZR 404/00, EzA § 1 TVG Nr. 44; Benecke NZA 2005, 1092 (1093); MüKoBGB/Hergenröder Rn. 5; KR/Kreft Rn. 17; APS/Künzl Rn. 11 f.; ErfK/Oetker Rn. 5; LSSW/Wertheimer Rn. 24.

[37] Berkowsky Änderungskündigung § 2 Rn. 31 ff.; Die betriebsbedingte Kündigung § 11 Rn. 20 ff.; MHdB ArbR/Rennpferdt § 117 Rn. 8.

[38] BAG 30.5.1980 – 7 AZR 215/78, AP BGB § 611 Arzt-Krankenhaus-Vertrag Nr. 8 unter I 1 b; ebenso APS/Künzl Rn. 11.

[39] APS/Künzl Rn. 12; insoweit krit. KR/Kreft Rn. 18 f.

[40] BAG 27.9.1984 – 2 AZR 62/83, AP KSchG 1969 § 2 Nr. 8; 7.12.2000 – 2 AZR 391/99, AP KSchG 1969 § 1 Betriebsbedingte Kündigung Nr. 113; 17.5.2001 – 2 AZR 460/00, EzA § 620 BGB Kündigung Nr. 3; Krois ZfA 2009, 575 (590 f.); ErfK/Oetker Rn. 11; MHdB ArbR/Rennpferdt § 117 Rn. 11 f.; HK-KSchG/Weller/Hauck Rn. 22.

[41] BBAKKNSV/Ahrendt Rn. 66.

18 Der Arbeitgeber ist indes nicht verpflichtet, dem Arbeitnehmer **vor der Kündigung ein Änderungsangebot** vorzulegen (→ Rn. 73 ff.). Er kann vielmehr unmittelbar eine Änderungskündigung aussprechen, ohne dem Arbeitnehmer zuvor ein Änderungsangebot unterbreitet zu haben.[42] Der Arbeitnehmer ist folgerichtig auch nicht verpflichtet, sich vor Ausspruch einer Kündigung innerhalb einer bestimmten Frist zu einem etwaigen Änderungsangebot zu äußern.[43]

19 Das Änderungsangebot muss dem Arbeitnehmer allerdings **spätestens mit dem Zugang der Kündigungserklärung zugehen.** Ein nach diesem Zeitpunkt unterbreitetes Änderungsangebot ist nicht mehr zu berücksichtigen. Ansonsten würden in die Bewertung der Kündigung Umstände einbezogen, die im Zugangszeitpunkt noch gar nicht vorlagen. Dies wäre unvereinbar mit dem Grundsatz, dass die Wirksamkeit einer Kündigung nur nach den objektiven Verhältnissen im Zeitpunkt des Kündigungszugangs zu beurteilen ist.[44] Eine unbedingte Kündigungserklärung ohne gleichzeitiges oder vorausgegangenes Änderungsangebot, auf das in der Kündigung Bezug genommen wird, ist deshalb nicht als Änderungskündigung, sondern als Beendigungskündigung zu behandeln.[45]

20 Ein nachfolgendes Änderungsangebot ist auch dann **nicht zu berücksichtigen,** wenn es dem Arbeitnehmer **noch innerhalb der Kündigungsfrist bis zum Ablauf der Klagefrist** zugeht.[46] Hierdurch hätte es der Arbeitgeber in der Hand, die dem Arbeitnehmer gesetzlich eingeräumte Überlegungsfrist beliebig zu verkürzen, indem er mit dem Änderungsangebot bis zum letzten Tag der Frist wartet. Dem kann auch nicht durch eine Modifikation der Erklärungsfrist des § 2 S. 2 und einer Verlängerung der Frist für die Erhebung der Kündigungsschutzklage begegnet werden. Die Dreiwochenfrist des § 4 S. 1 ist aus Gründen der Rechtssicherheit einer Verlängerung nicht zugänglich. Geht mit der Kündigung kein bestimmtes Änderungsangebot zu, liegt nur eine Beendigungskündigung vor, die am Maßstab des § 1 Abs. 2 u. 3 auf ihre soziale Rechtfertigung zu überprüfen ist.

21 Bei einem nachgeschobenen Änderungsangebot ist allerdings zu prüfen, ob hierin eine **neue Änderungskündigung** gesehen werden kann. Das ist durch Auslegung der Erklärung festzustellen (§ 133 BGB). Erforderlich ist, dass die Erklärung des Arbeitgebers hinreichend deutliche Anhaltspunkte für eine Kündigung des Arbeitsverhältnisses enthält. Der Arbeitnehmer muss den Kündigungswillen des Arbeitgebers erkennen können. Denn nur dann kann dem Arbeitnehmer angesonnen werden, innerhalb der Dreiwochenfrist des § 4 S. 1 Klage zu erheben, um den Eintritt der Fiktionswirkung des § 7 zu verhindern.[47]

22 c) **Inhalt und Bestimmtheit.** Da § 2 einen Mechanismus bereitstellt, der eine Fortsetzung des Arbeitsverhältnisses ermöglichen soll, muss sich das Angebot auf die Änderung von Arbeitsvertragsbedingungen beziehen. Dagegen ist das Angebot einer künftigen Beschäftigung auf der Basis einer **freien Mitarbeit** weder erforderlich[48] noch ausreichend.

23 Weiter muss das Angebot zur Fortsetzung des Arbeitsverhältnisses unter geänderten Bedingungen so bestimmt sein, dass der **Inhalt des neuen Arbeitsverhältnisses hinreichend deutlich erkennbar** ist. Es muss nach allgemeiner Rechtsgeschäftslehre deshalb so

[42] BAG 21.4.2005 – 2 AZR 132/04, AP KSchG 1969 § 2 Nr. 79; 21.9.2006 – 2 AZR 607/05, AP KSchG 1969 § 2 Nr. 130.

[43] Ebenso v. Hoyningen-Huene Anm. zu BAG 27.9.1984 – 2 AZR 62/83, AP KSchG 1969 § 2 Nr. 8.

[44] BAG 21.4.2005 – 2 AZR 132/04, AP KSchG 1969 § 2 Nr. 79; ErfK/Oetker Rn. 12.

[45] BAG 10.12.1975 – 4 AZR 41/75, AP BAT §§ 22, 23 Nr. 90; 17.5.2001 – 2 AZR 460/00, EzA § 620 BGB Kündigung Nr. 3; BBAKKNSV/Ahrendt Rn. 67; KR/Kreft Rn. 33; APS/Künzl Rn. 28; HWK/Molkenbur Rn. 39; ErfK/Oetker Rn. 11; HaKo-KSchR/Pfeiffer Rn. 11; PVT Kündigung/Temming Rn. 1425; DD/Wollgast Rn. 123.

[46] KR/Kreft Rn. 33; Krois ZfA 2009, 575 (589 f.); APS/Künzl Rn. 27 f.; MHdB ArbR/Rennpferdt § 117 Rn. 13; aA Löwisch NZA 1988, 6333 (634); Schaub in Hromadka, Änderung von Arbeitsbedingungen, 1990, 73 (75 f.); LSSW/Wertheimer Rn. 25.

[47] KR/Kreft Rn. 32; APS/Künzl Rn. 29; ErfK/Oetker Rn. 12; MHdB ArbR/Rennpferdt § 117 Rn. 14; DD/Wollgast Rn. 164.

[48] BAG 21.2.2001 – 2 AZR 556/ 00, EzA KSchG § 2 Nr. 45 unter II 4.

konkret gefasst sein, dass es einer Annahme durch den Arbeitnehmer ohne Weiteres zugänglich ist. Für diesen muss zum Zeitpunkt des Zugangs der Kündigung zweifelsfrei deutlich werden, welche Arbeitsbedingungen zukünftig gelten sollen. Nur so kann er eine fundierte Entscheidung über die Annahme oder Ablehnung des Angebots treffen.[49] Es reicht weder aus, dass das Angebot nachträglich durch den Arbeitgeber klargestellt wird, noch dass sich der gekündigte Arbeitnehmer die jeweils für ihn günstigsten Teile heraussuchen kann. Dieser muss vielmehr bereits zum Zeitpunkt des Zugangs der Kündigung hinreichend deutlich erkennen können, welchen konkreten Inhalt das Angebot hat.[50] Das Änderungsangebot genügt dem Bestimmtheitserfordernis der §§ 145 ff. BGB, wenn es der Arbeitnehmer mit einem schlichten „Ja" annehmen kann und der Inhalt des neuen Vertrags damit feststeht.[51] Unklarheiten gehen zulasten des Arbeitgebers und führen zur Unwirksamkeit der Änderungskündigung.[52] Insbesondere ist eine Änderungskündigung sozial nicht gerechtfertigt, wenn der Arbeitnehmer nicht erkennen kann, welche Arbeitsleistung er künftig erbringen soll. Dabei ist die Unbestimmtheit des Änderungsangebots kein von der fehlenden sozialen Rechtfertigung zu trennender eigenständiger Unwirksamkeitsgrund.[53] Auch wird die Unwirksamkeit der Änderungskündigung infolge mangelnder Bestimmtheit nicht etwa dadurch „geheilt", dass der Arbeitnehmer das Änderungsangebot unter Vorbehalt annimmt.[54]

Unzureichend ist es bspw., wenn dem Arbeitnehmer mit der Kündigung die Fortset- **24**
zung des Arbeitsverhältnisses in einer **niedrigeren Vergütungsgruppe** angeboten wird, ohne dass die angestrebte Vergütungsgruppe konkret angegeben oder erkennbar ist.[55] Gleiches gilt für ein Änderungsangebot, das auf **unterschiedliche tarifliche Regelungen** Bezug nimmt und unklare Kollisionsregelungen enthält.[56] Spricht der Arbeitgeber zur Durchsetzung einer Änderung der Arbeitsbedingungen in mehreren Punkten **für jede einzelne Änderung eine gesonderte Kündigung** aus, muss jede der Kündigungen das Änderungsangebot deutlich und zweifelsfrei abbilden. Erklärt er, die „sonstigen Arbeitsbedingungen" blieben unverändert, und weist er den Arbeitnehmer in der Kündigung zugleich darauf hin, dass er zeitgleich noch weitere Änderungskündigungen erhalten werde, ist dies widersprüchlich und führt zur Unwirksamkeit der Kündigung.[57] Das Risiko des Arbeitgebers, die von ihm angestrebten Änderungen im Fall der Unverhältnismäßigkeit einer von ihnen insgesamt nicht durchsetzen zu können, entbindet ihn nicht von der Verpflichtung, dem Arbeitnehmer mit jeder Kündigung ein in sich klares und annahmefähiges Änderungsangebot zu machen.[58] Das Bestimmtheitserfordernis ist allerdings gewahrt, wenn der Arbeitgeber mehrere Änderungsangebote unterbreitet, die **jeweils für sich betrachtet hinreichend bestimmt** formuliert sind und nicht ineinander verschränkt sind. Ist etwa für den Arbeitgeber nicht klar feststellbar, welches von mehreren möglichen Änderungsangeboten für den Arbeitnehmer am wenigsten belastend ist, kann er mit der Änderungskündigung Alternativangebote unterbreiten (→ Rn. 85).[59]

[49] BAG 10.9.2009 – 2 AZR 822/07, AP KSchG 1969 § 2 Nr. 142; 17.2.2016 – 2 AZR 613/14, NJOZ 2016, 866 Rn. 18.
[50] BAG 15.1.2009 – 2 AZR 641/07, AP KSchG 1969 § 2 Nr. 141; 29.9.2011 – 2 AZR 523/10, NZA 2012, 628 Rn. 29; 25.4.2013 – 2 AZR 960/11, NJOZ 2013, 1835 Rn. 31; 20.6.2013 – 2 AZR 396/12, NZA 2013, 1409 Rn. 18.
[51] LAG Berlin 13.1.2000 – 10 Sa 2194/99, LAGE § 2 KSchG Nr. 37 = NZA-RR 2000, 302.
[52] BAG 15.1.2009 – 2 AZR 641/07, AP KSchG 1969 § 2 Nr. 141; 10.9.2009 – 2 AZR 822/07, AP KSchG 1969 § 2 Nr. 142; 20.6.2013 – 2 AZR 396/12, NZA 2013, 1409 Rn. 18; 17.2.2016 – 2 AZR 613/14, NJOZ 2016, 866 Rn. 18.
[53] BAG 26.1.2017 – 2 AZR 68/16, NZA 2017, 499 Rn. 12; 21.5.2019 – 2 AZR 26/19, NZA 2019, 1143 Rn. 28.
[54] BAG 21.5.2019 – 2 AZR 26/19, NZA 2019, 1143 Rn. 37.
[55] LAG Rheinland-Pfalz 6.2.1987 – 6 Sa 372/86, LAGE § 2 KSchG Nr. 6 = BeckRS 9998, 80382.
[56] BAG 15.1.2009 – 2 AZR 641/07, AP KSchG 1969 § 2 Nr. 141.
[57] Zu Unrecht krit. insoweit Krois Anm. zu BAG 10.9.2009 – 2 AZR 822/07, EzA § 2 KSchG Nr. 74; Wallner Anm. zu BAG 10.9.2009 – 2 AZR 822/07, AP KSchG 1969 § 2 Nr. 142.
[58] BAG 10.9.2009 – 2 AZR 822/07, AP KSchG 1969 § 2 Nr. 142.
[59] BAG 28.10.1999 – 2 AZR 437/98, AP KSchG 1969 § 15 Nr. 44.

Wird in dem Änderungsangebot die neue Tätigkeit mit „kaufmännischer Sachbearbeiter der zentralen Serviceorganisation, Abteilung Ersatzteilwesen" in Verbindung mit der neuen Vergütung bezeichnet, genügt das dem Bestimmtheitserfordernis. Eine **Tätigkeitsbeschreibung** muss weder sämtliche tatsächlichen Einsatzbedingungen noch zusätzlich die Über- und Unterstellungsverhältnisse bezeichnen. Diese Arbeitsbedingungen kann der Arbeitgeber gem. § 106 GewO im Wege des Direktionsrechts nämlich fortlaufend verändern.[60] Dagegen ist es nicht ausreichend, wenn neben einer Auflistung verschiedener Hilfstätigkeiten auch der pauschale Vorbehalt von „Einsätzen auf Baustellen" Teil des Angebots ist.[61]

25 **d) Befristetes Weiterbeschäftigungsangebot.** Umstritten ist, ob im Wege der Änderungskündigung ein zunächst auf unbestimmte Zeit eingegangenes Arbeitsverhältnis nachträglich befristet werden kann. Das **BAG hatte dies zunächst verneint** und die Auffassung vertreten, eine Änderungskündigung iSv § 2 setze das Angebot zur Fortsetzung des Arbeitsverhältnisses auf unbestimmte Zeit voraus. Die Befristung könne nicht auf ihre soziale Rechtfertigung überprüft werden, wie dies jedoch von § 2 iVm § 1 Abs. 2 gefordert werde. Für die Wirksamkeit der Befristung sei vielmehr maßgebend, ob ein sachlicher Grund vorliege.[62] Diese Entscheidung des BAG ist im Schrifttum zu Recht auf **Kritik** gestoßen.[63] Das BAG hat seine **Rspr. daraufhin geändert** und sieht Änderungskündigungen mit dem Ziel der Änderung eines unbefristeten Arbeitsverhältnisses in ein befristetes Arbeitsverhältnis nicht mehr als von vornherein ausgeschlossen an.[64]

26 Es geht nicht darum, ob das Befristungsangebot am Maßstab des § 1 Abs. 2 gemessen werden kann, sondern um die **Frage, ob die Änderung der Arbeitsbedingungen sozial gerechtfertigt ist.** Mit der Ablehnung der angebotenen Vertragsänderung oder deren Annahme unter Vorbehalt kann das Änderungsangebot auf seine soziale Rechtfertigung überprüft werden. Dabei ist zunächst zu prüfen, ob das Beschäftigungsbedürfnis für den Arbeitnehmer zu den bisherigen Vertragsbedingungen entfallen ist. Im zweiten Schritt ist festzustellen, ob ihm in Anwendung des Verhältnismäßigkeitsgrundsatzes die am wenigsten beeinträchtigende Änderung angeboten wurde (→ Rn. 124 ff.). In diesem Zusammenhang ist auch zu prüfen, ob das Angebot einer nur befristeten Weiterbeschäftigung – u. a. nach § 14 TzBfG – sachlich gerechtfertigt ist. Fehlt es daran, muss der Arbeitnehmer die Änderung der Arbeitsbedingungen billigerweise nicht hinnehmen, was die Sozialwidrigkeit der Änderung der Arbeitsbedingungen iSv §§ 1, 2 zur Folge hat. Sind diese Anforderungen dagegen erfüllt, liegt keine unzulässige Vorratskündigung vor.[65]

27 Eine Änderungskündigung kann nach diesen Grundsätzen sozial gerechtfertigt sein, wenn der Arbeitgeber dem Arbeitnehmer **aus sozialen Erwägungen eine befristete Beschäftigung** im Sinne einer Übergangsregelung ermöglichen will und diese Gründe das tragende Motiv für das Änderungsangebot darstellen.[66] Unter diesen Voraussetzungen ist das Angebot einer befristeten Weiterbeschäftigung im Rahmen eines Altersteilzeitarbeitsverhältnisses sachlich gerechtfertigt und auch nicht nach § 8 Abs. 1 ATG unwirksam. Diese Vorschrift schließt nicht aus, dem Arbeitnehmer bei eigentlich drohendem

---

[60] LAG Nürnberg 13.9.2005 – 6 Sa 902/04, NZA-RR 2006, 133.

[61] BAG 26.1.2017 – 2 AZR 68/16, NZA 2017, 499 Rn. 14 ff.

[62] BAG 17.5.1984 – 2 AZR 109/83, AP KSchG 1969 § 1 Betriebsbedingte Kündigung Nr. 21 mAnm v. Hoyningen-Huene; zust. Ascheid, Kündigungsschutzrecht, Rn. 467; Schulin SAE 1986, 279.

[63] Vgl. v. Hoyningen-Huene Anm. zu BAG 17.5.1984 – 2 AZR 109/83, AP KSchG 1969 § 1 Betriebsbedingte Kündigung Nr. 21; Plander NZA 1993, 1057 (1060 ff.); Schaub in Hromadka, Änderung von Arbeitsbedingungen, 1990, 73, 74.

[64] BAG 25.4.1996 – 2 AZR 609/95, AP KSchG 1969 § 1 Betriebsbedingte Kündigung Nr. 78; bestätigt von BAG 16.12.2010 – 2 AZR 576/09, AP KSchG 1969 § 2 Nr. 150; 26.3.2015 – 2 AZR 417/14, NZA 2015, 1083 Rn. 39.

[65] BAG 16.12.2010 – 2 AZR 576/09, AP KSchG 1969 § 2 Nr. 150; APS/Künzl Rn. 254c; HaKo-KSchR/Pfeiffer Rn. 9; SES/Schwarze Rn. 7; LSSW/Wertheimer Rn. 11; grds. zustimmend, aber restriktiv KR/Kreft Rn. 202; MHdB ArbR/Rennpferdt § 119 Rn. 66 ff.; abl. BBAKKNSV/Ahrendt Rn. 162; APS/Backhaus TzBfG § 14 Rn. 25; ErfK/Oetker Rn. 50; PVT Kündigung/Temming Rn. 1430.

[66] KR/Kreft Rn. 202.

Arbeitsplatzverlust einen sozialverträglichen Übergang in den Ruhestand zu ermöglichen.[67]

28 Greift der Arbeitnehmer die Änderungskündigung nicht mit einer Änderungsschutzklage an, verliert er nicht das **Recht, die Wirksamkeit der Befristung überprüfen** zu lassen. Der Arbeitnehmer hat sowohl die Möglichkeit, durch Annahme des Änderungsangebots unter Vorbehalt die soziale Rechtfertigung der Änderung der Arbeitsbedingungen im Wege der Änderungsschutzklage überprüfen zu lassen als auch bei vorbehaltloser Annahme des Änderungsangebots weiterhin später eine Befristungskontrollklage nach § 17 TzBfG zu erheben. Er ist nicht gezwungen, das im Rahmen einer Änderungskündigung ausgesprochene Änderungsangebot nur unter Vorbehalt anzunehmen und Änderungsschutzklage zu erheben.[68]

29 Eine Änderungskündigung kann auch die **befristete Änderung einzelner Vertragsbedingungen** zum Inhalt haben. Das BAG hat bis zum Inkrafttreten der AGB-Kontrolle vorformulierter Vertragsbedingungen angenommen, die Befristung einzelner Vertragsbedingungen könne den gesetzlichen Änderungskündigungsschutz objektiv umgehen. Sie bedürfe dann, ebenso wie die Befristung des Arbeitsverhältnisses selbst, eines die Befristung rechtfertigenden Sachgrunds. Das gelte jedenfalls für solche Vertragsbedingungen, die im Fall der unbefristeten Vereinbarung dem Änderungskündigungsschutz nach § 2 unterlägen, weil sie das Verhältnis von Leistung und Gegenleistung maßgeblich beeinflussten.[69] Von dieser Rspr. ist das BAG inzwischen zu Recht abgerückt. Die Inhaltskontrolle der Befristungsabrede hat nach der allgemeinen Regelung in § 307 Abs. 1 S. 1 BGB zu erfolgen.[70] Voraussetzung einer Änderungskündigung, durch die einzelne Vertragsbedingungen befristet geändert werden sollen, ist deshalb neben der sozialen Rechtfertigung nach § 2 iVm § 1 Abs. 2, dass die angebotene Befristung angemessen iSv § 307 Abs. 1 BGB ist.

IV. Abgrenzungen

30 Nicht jede Änderung bestehender Arbeitsbedingungen bedarf einer Änderungskündigung. Es gibt vielmehr neben der **einvernehmlichen Änderung** auch noch **andere einseitige Gestaltungsmittel** des Arbeitgebers sowie verwandte Instrumente, die von der Änderungskündigung abzugrenzen sind.

1. Direktionsrecht

31 a) **Allgemeines.** Zur Veränderung der Arbeitsbedingungen bedarf es keiner Änderungskündigung, wenn die Änderung gem. § 106 GewO im Wege des Weisungsrechts durch den Arbeitgeber herbeigeführt werden kann.[71] Durch das untrennbar mit dem Arbeitsvertrag verbundene[72] Weisungsrecht, auch Direktionsrecht genannt, wird die vereinbarte **Arbeitspflicht nach Inhalt, Durchführung, Zeit und Ort der Tätigkeit konkretisiert** (§ 611a Abs. 1 S. 2 BGB). Dem Arbeitnehmer werden im Wege des Weisungsrechts

[67] BAG 16.12.2010 – 2 AZR 576/09, AP KSchG 1969 § 2 Nr. 150.

[68] BAG 8.7.1998 – 7 AZR 245/97, AP BGB § 620 Befristeter Arbeitsvertrag Nr. 201; 2.8.2017 – 7 AZR 601/15, AP BGB § 611 Bühnenengagementsvertrag Nr. 6 Rn. 43; Arnold/Gräfl/Gräfl TzBfG § 14 Rn. 9; APS/Künzl Rn. 254d; ErfK/Müller-Glöge TzBfG § 14 Rn. 14; MHdB ArbR/Rennpferdt § 119 Rn. 69; aA APS/Backhaus TzBfG § 14 Rn. 265; KR/Bubach TzBfG § 14 Rn. 89; KR/Kreft Rn. 48; Meinel/Heyn/Herms/Meinel TzBfG § 14 Rn. 74.: Entfristungsklage muss innerhalb von drei Wochen nach Zugang der Änderungskündigung erhoben werden.

[69] BAG 13.6.1986 – 7 AZR 650/84, AP KSchG 1969 § 2 Nr. 19; 21.4.1993 – 7 AZR 297/92, AP KSchG 1969 § 2 Nr. 34; 4.6.2003 – 7 AZR 406/02, AP TzBfG § 17 Nr. 1; Hromadka RdA 1992, 234 (244); Löwisch ZfA 1986, 1 (6 f.); HK-KSchG/Weller/Hauck Rn. 84 ff.

[70] BAG 27.7.2005 – 7 AZR 486/04, AP BGB § 307 Nr. 6; 15.12.2011 – 7 AZR 394/10, AP TzBfG § 14 Nr. 89; näher Schaub ArbR-HdB/Koch § 38 Rn. 19.

[71] Dazu umf. Schröder Verhältnis S. 221 ff.

[72] Vgl. BAG 30.11.2022 – 5 AZR 336/21, NZA 2023, 429 Rn. 18.

konkrete Arbeiten zur Erledigung zugeteilt.[73] Je allgemeiner die vom Arbeitnehmer zu leistenden Dienste oder der Ort der Arbeitsleistung im Arbeitsvertrag festgelegt sind, desto weiter geht die Befugnis des Arbeitgebers, dem Arbeitnehmer unterschiedliche Aufgaben oder einen anderen Ort im Wege des Direktionsrechts zuzuweisen (zu Einzelfällen → Rn. 43 ff.). Bei einer engen Bestimmung der Tätigkeit oder Festlegung des Orts der Leistungspflicht wird das Direktionsrecht hingegen eingeschränkt. Der Arbeitgeber kann dem Arbeitnehmer dann nur die betreffenden Aufgaben am betreffenden Ort zuweisen. Eine Veränderung des konkret vereinbarten Tätigkeitsbereichs oder des Orts der Arbeitsleistung kann er in einem solchen Fall nur einvernehmlich oder durch eine Änderungskündigung herbeiführen.[74] Vom Direktionsrecht nach § 106 GewO erfasst ist auch die Weisung, die den Arbeitnehmer zur **Teilnahme an Gesprächen** verpflichtet, in denen er weitere Arbeitsanweisungen vorbereiten, erteilen oder ihre Nichteinhaltung beanstanden will. Die Teilnahme an Gesprächen, die mit den im Gesetz genannten Inhalten nicht im Zusammenhang stehen, wie zB Gespräche mit dem einzigen Ziel einer vom Arbeitnehmer bereits abgelehnten Vertragsänderung, kann der Arbeitgeber dagegen nicht durch einseitige Anordnung zu einer nach § 106 GewO verbindlichen Dienstpflicht erheben.[75]

32 Die durch Ausübung des Direktionsrechts erfolgte Konkretisierung der Arbeitspflicht muss nach § 106 GewO **billigem Ermessen** entsprechen. Es bedarf deshalb stets einer sorgfältigen Abwägung der Interessen beider Vertragsparteien unter Einbeziehung verfassungsrechtlicher Wertentscheidungen (zB Art. 6 GG).[76] So muss der Arbeitgeber bei der Bestimmung der Lage der Arbeitszeit etwa auch auf die **Personensorgepflichten** (§§ 1626, 1627 BGB) des Arbeitnehmers Rücksicht nehmen, soweit einer vom Arbeitnehmer gewünschten Verteilung der Arbeitszeit nicht betriebliche Gründe oder berechtigte Belange anderer Arbeitnehmer entgegenstehen.[77] Zu weit geht es indes, wenn angenommen wird, in die Abwägung seien auch die beiderseitigen Bedürfnisse, **außervertragliche Vor- und Nachteile,** Vermögens- und Einkommensverhältnisse sowie soziale Lebensverhältnisse einzubeziehen,[78] weil hierdurch uneingeschränkt und ohne Anbindung an verfassungsrechtliche Wertentscheidungen außervertragliche Umstände berücksichtigt werden.[79] IÜ führt selbst eine „Ermessensreduzierung auf Null" nicht zu einer Änderung des Arbeitsvertrags.[80] Für den Bereich des öffentlichen Dienstes ist zu beachten, dass sich eine Verwaltung in der Ausübung ihres Ermessens insbes. durch entsprechende **Verwaltungsvorschriften** selbst binden kann.[81] Eine Selbstbindung ist aber auch ohne entsprechende Verwaltungsvorschriften möglich, vor allem durch eindeutige mündliche Erklärungen.[82] Knüpft der Arbeitgeber bspw. die endgültige Übertragung einer höherwertigen Tätigkeit an bestimmte Voraussetzungen, verhielte er sich widersprüchlich und verstieße damit gegen das Gebot von Treu und Glauben (§ 242 BGB), wenn er bei Vorliegen dieser Voraussetzung ohne das Hinzutreten neuer Umstände von seiner ursprünglichen Entscheidung Abstand nähme.[83] Bestehen im Betrieb Konflikte innerhalb der Belegschaft, ist es grds. Sache des Arbeitgebers, unter mehreren angemessenen Reaktionsmöglichkeiten die effektivste zu bestimmen. Er ist deshalb nicht gehalten, anstelle

[73] Zum Weisungsrecht KR/Kreft Rn. 59 ff.; APS/Künzl Rn. 50 ff.; HWK/Lembke GewO § 106 Rn. 12 ff.; Schaub ArbR-HdB/Linck § 45 Rn. 14 ff.; ErfK/Preis GewO § 106 Rn. 2 ff.; DD/Wollgast Rn. 4 ff.

[74] BAG 19.1.2011 – 10 AZR 738/09, AP BGB § 307 Nr. 50. Zur Einführung agiler Arbeit s. Günther/Böglmüller NZA 2019, 273 (277); Hoffmann-Remy DB 2018, 2757 (2758).

[75] BAG 23.6.2009 – 2 AZR 606/08, AP GewO § 106 Nr. 3.

[76] BAG 18.10.2017 – 10 AZR 330/16, NZA 2017, 1452 Rn. 45.

[77] BAG 19.1.2011 – 10 AZR 738/09, AP BGB § 307 Nr. 50; LAG Rheinland-Pfalz 19.1.2005 – 10 Sa 820/04, DB 2005, 1522 = BeckRS 2005, 41798.

[78] So aber BAG 13.4.2010 – 9 AZR 36/09, AP BGB § 307 Nr. 45.

[79] Ebenso ErfK/Preis GewO § 106 Rn. 10.

[80] BAG 16.12.2014 – 9 AZR 915/13, NZA 2015, 825 Rn. 19.

[81] BAG 11.10.1995 – 5 AZR 1009/94, AP BGB § 611 Direktionsrecht Nr. 45.

[82] BAG 17.12.1997 – 5 AZR 332/96, AP BGB § 611 Direktionsrecht Nr. 52; 2.3.2006 – 2 AZR 23/05, AP KSchG 1969 § 1 Soziale Auswahl Nr. 81.

[83] BAG 16.3.2010 – 3 AZR 31/09, AP GewO § 106 Nr. 8.

einer Versetzung zunächst eine Abmahnung auszusprechen, sondern kann zur Beilegung eines Konflikts einen Arbeitnehmer unmittelbar in eine andere Station desselben Krankenhauses[84] bzw. in andere Filiale versetzen[85] oder von einer Fachleitertätigkeit an einem Gymnasium abberufen[86].

Da das Weisungsrecht nur der Konkretisierung der arbeitsvertraglichen Pflichten dient, sind Anordnungen, die in den kündigungsrechtlich geschützten **Kernbereich des Arbeitsverhältnisses** eingreifen, unwirksam.[87] Der Arbeitgeber kann demzufolge Kurzarbeit mit entsprechender Lohnminderung nicht aufgrund seines Direktionsrechts einführen (→ § 1 Rn. 735); hierzu bedarf es vielmehr entweder einer Betriebsvereinbarung (§ 87 Abs. 1 Nr. 3 BetrVG), einer einvernehmlichen Vertragsänderung oder einer Änderungskündigung (→ Rn. 149).[88] 33

b) Einzelvertragliche Erweiterung des Direktionsrechts. Einzelvertragliche **Erweiterungen des Direktionsrechts** und dabei vor allem **Versetzungsvorbehalte** sind nicht von vornherein ausgeschlossen. Die Rspr. hatte allerdings früher angenommen, eine arbeitsvertragliche Vereinbarung, die bei arbeitszeitabhängiger Vergütung den Arbeitgeber berechtige, die festgelegte **Arbeitszeit einseitig nach Bedarf zu reduzieren,** stelle eine objektive Umgehung zwingender Vorschriften des Kündigungsschutzrechts (§§ 1 u. 2) dar und sei deshalb gem. § 134 BGB nichtig. Der Arbeitgeber habe in diesen Fällen eine Änderungskündigung auszusprechen, die nach § 2 KSchG auf ihre soziale Rechtfertigung überprüft werden könne.[89] Die Verkürzung der Arbeitszeit durch Ausübung des Weisungsrechts war nach Auffassung des BAG allerdings dann zulässig, wenn die Arbeitsvertragsparteien nicht eine bestimmte Wochenstundenzahl vereinbart hatten, sondern eine Halbtagsbeschäftigung im Rahmen eines Job-Sharing-Arbeitsverhältnisses. Bei einer solchen Vereinbarung konnte der Arbeitgeber bei einer Verkürzung der tariflichen Wochenarbeitszeit von 40 auf 39 Stunden kraft seines Direktionsrechts die Arbeitszeit einer Halbtagskraft jedenfalls dann von 20 auf 19,5 Wochenstunden herabsetzen, wenn dies nicht zu einer Kürzung der Vergütung führte.[90] 34

In **Formulararbeitsverträgen** vereinbarte Leistungsbestimmungsrechte des Arbeitgebers unterliegen der Kontrolle nach §§ 305 ff. BGB.[91] Gem. § 307 Abs. 3 S. 1 BGB gelten die Abs. 1 u. 2 sowie die §§ 308, 309 BGB dabei nur für Bestimmungen in Allgemeinen Geschäftsbedingungen, durch die von Rechtsvorschriften abweichende oder diese ergänzende Regelungen vereinbart werden. Einseitige Leistungsbestimmungsrechte, die dem Verwender das Recht einräumen, die Hauptleistungspflichten einzuschränken, zu verändern, auszugestalten oder zu modifizieren, unterliegen einer Inhaltskontrolle. Sie weichen von dem allgemeinen Grundsatz „pacta sunt servanda“ (Verträge sind einzuhalten) ab. Der Vertrag und die sich aus ihm ergebenden Verpflichtungen sind für jede Seite bindend.[92] Ergibt die Vertragsauslegung, dass die Klausel materiell dem Inhalt der gesetzlichen Regelung des Direktionsrechts in § 106 GewO entspricht oder zugunsten des Arbeitnehmers davon abweicht, unterliegt sie keiner Angemessenheitskontrolle iSd § 307 Abs. 1 S. 1 BGB, sondern allein einer **Transparenzkontrolle** nach § 307 Abs. 1 S. 2 BGB.[93] Behält sich dagegen der Arbeitgeber vor, einseitig ohne den Ausspruch einer Änderungskündigung die vertraglich vereinbarte Tätigkeit unter Einbeziehung geringer- 35

---

[84] BAG 24.4.1996 – 5 AZR 1031/94, AP BGB § 611 Direktionsrecht Nr. 48.

[85] LAG Hessen 6.9.2011 – 12 Sa 1839/10, BeckRS 2014, 66409.

[86] BAG 24.10.2018 – 10 AZR 19/18, NZA 2019, 619 Rn. 30 ff.

[87] BAG 12.12.1984 – 7 AZR 509/83, NZA 1985, 321; 21.4.1993 – 7 AZR 297/92, NZA 1994, 476.

[88] BAG 15.12.1961 – 1 AZR 207/59, AP BGB § 615 Kurzarbeit Nr. 1; 14.2.1991 – 2 AZR 415/90, AP BGB § 615 Kurzarbeit Nr. 4; 27.1.1994 – 6 AZR 541/93, AP BAT-O § 15 Nr. 1; 18.10.1994 – 1 AZR 503/93, AP BGB § 615 Kurzarbeit Nr. 11; zur Zulässigkeit arbeitsvertraglicher Kurzarbeitsklauseln vgl. Klocke RdA 2020, 331; Schaub ArbR-HdB/Linck § 47 Rn. 7.

[89] BAG 12.12.1984 – 7 AZR 509/83, AP KSchG 1969 § 2 Nr. 6.

[90] BAG 21.2.1991 – 2 AZR 432/90, BeckRS 2009, 69342.

[91] Zu Einzelheiten Staudinger/Krause (2022) BGB Anh zu §§ 305–310 Rn. K 196 ff.

[92] BAG 12.1.2005 – 5 AZR 364/04, AP BGB § 308 Nr. 1.

[93] BAG 13.4.2010 – 9 AZR 36/09, AP BGB § 307 Nr. 45.

wertiger Tätigkeiten zulasten des Arbeitnehmers ändern zu können, liegt darin regelmäßig eine unangemessene Benachteiligung iSd § 307 Abs. 1 S. 1 iVm § 307 Abs. 2 Nr. 1 BGB.[94]

36 Nach § 307 Abs. 1 S. 1 BGB sind Bestimmungen in Allgemeinen Geschäftsbedingungen unwirksam, wenn sie den Vertragspartner des Verwenders **entgegen den Geboten von Treu und Glauben unangemessen benachteiligen.** Gem. § 307 Abs. 2 Nr. 1 BGB ist eine unangemessene Benachteiligung im Zweifel anzunehmen, wenn eine Bestimmung mit wesentlichen Grundgedanken der gesetzlichen Regelung, von der abgewichen wird, nicht zu vereinbaren ist. Von maßgeblicher Bedeutung ist insoweit, ob die dispositive gesetzliche Regelung nicht nur auf Zweckmäßigkeitserwägungen beruht, sondern eine Ausprägung des Gerechtigkeitsgebots darstellt.[95] Eine solche Regelung ist § 615 BGB. Hiernach trägt der Arbeitgeber grds. das **Risiko, den Arbeitnehmer nicht beschäftigen zu können.** Kann der Arbeitgeber den Arbeitnehmer wegen Auftragsmangels nicht beschäftigen, wird er nicht von seiner Gegenleistungspflicht befreit. Der Arbeitgeber bleibt vielmehr zur Entgeltzahlung verpflichtet (Wirtschaftsrisiko).[96]

37 Eine Klausel in einem Arbeitsvertrag, die dem **Arbeitgeber das Recht einräumt, einseitig die Arbeitszeitdauer zu verändern,** weicht von wesentlichen Grundgedanken der in § 615 BGB geregelten Verteilung des Wirtschaftsrisikos ab. Eine solche Regelung in vorformulierten Arbeitsverträgen ist dann gem. § 307 Abs. 1 S. 1 BGB unwirksam, wenn die Abweichung den Vertragspartner des Verwenders entgegen den Geboten von Treu und Glauben unangemessen benachteiligt. Das Interesse des Arbeitgebers an einer Flexibilisierung der Arbeitszeitdauer und das Interesse des Arbeitnehmers an einer festen Regelung der Dauer der Arbeitszeit und der sich daraus ergebenden Arbeitsvergütung sind hierbei angemessen zum Ausgleich zu bringen. Das BAG hatte insoweit entschieden, dass die vom Arbeitgeber über die fest vereinbarte Sockelarbeitszeit hinausgehende abrufbare Arbeitsleistung des Arbeitnehmers deshalb nicht mehr als 25 % der wöchentlichen Mindestarbeitszeit betragen dürfe. Bei einer Vereinbarung über die Verringerung der vereinbarten Sockelarbeitszeit beträgt das reduzierbare Volumen nicht mehr als 20 % der wöchentlichen Höchstarbeitszeit.[97] Durch § 12 Abs. 2 TzBfG ist diese Judikatur mWv 1.1.2019 als einseitig zwingendes Recht (vgl. § 22 Abs. 1 TzBfG) **kodifiziert** worden, wobei diese Regelung unmittelbar allerdings nur für Teilzeitarbeitsverhältnisse gilt[98] und iÜ als gesetzliches Leitbild fungiert.[99] Ist in einem vorformulierten Arbeitsvertrag vereinbart, dass eine Vergütung nur für geleistete Arbeit gezahlt wird, liegt im Zweifel (§ 305c Abs. 2 BGB) kein Verzicht auf die Ansprüche gem. § 615 BGB vor.[100] Hiervon zu unterscheiden sind die Fälle, in denen die Arbeitspflicht für einen vorher bestimmten Zeitraum ruht. Derartige Vereinbarungen sind wirksam, wenn der Arbeitgeber ein berechtigtes Interesse daran aufzeigen kann und von vornherein feststeht, in welcher Zeit das Arbeitsverhältnis ruht. Das BAG hat deshalb eine Klausel in einem Arbeitsvertrag einer Gebäudereinigerin, die in einer Schule eingesetzt und deren Arbeitsverhältnis in den Schulferien ruhen sollte, als wirksam angesehen.[101]

---

[94] BAG 25.8.2010 – 10 AZR 275/09, AP GewO § 106 Nr. 11.

[95] BGH 9.5.1996 – III ZR 209/95, NJW-RR 1996, 1009; BAG 24.10.2007 – 10 AZR 825/06, AP BGB § 307 Nr. 32.

[96] BAG 23.6.1994 – 6 AZR 853/93, AP BGB § 615 Nr. 56; 7.12.2005 – 5 AZR 535/04, NZA 2006, 423 (427); MüKoBGB/Henssler § 615 Rn. 98; HWK/Krause BGB § 615 Rn. 112; ErfK/Preis/Greiner BGB § 615 Rn. 121.

[97] BAG 7.12.2005 – 5 AZR 535/04, NZA 2006, 423 (427 f.); zust. Bauer/Günther DB 2006, 950; Preis/Lindemann NZA 2006, 632; abl. Decruppe/Utess AuR 2006, 347, die allerdings verkennen, dass seit Inkrafttreten des § 12 TzBfG diese Vorschrift Abrufarbeit erlaubt und deshalb eine Umgehung des § 2 KSchG ausscheidet; § 12 TzBfG geht § 2 KSchG als speziellere Regelung vor.

[98] CKK/Klumpp BGB § 307 Rn. 109; ErfK/Preis TzBfG § 12 Rn. 4; HWK/Rennpferdt TzBfG § 12 Rn. 5; so bereits LAG Hessen 17.1.1997 – 13 Sa 2250/95, NZA-RR 1997, 487 (zu § 4 Abs. 2 BeschFG aF); aA Bayreuther NZA 2022, 951 (952); MHdb ArbR/Schüren § 45 Rn. 9.

[99] Stoffels/Hultzsch NZA 2020, 977 (980 f.).

[100] BAG 9.7.2008 – 5 AZR 810/07, AP BGB § 615 Nr. 123.

[101] BAG 10.1.2007 – 5 AZR 84/06, AP BGB § 611 Ruhen des Arbeitsverhältnisses Nr. 6.

c) **Tarifvertragliche Erweiterung des Direktionsrechts.** Weiter kann der Arbeitgeber durch tarifliche Umsetzungs- oder Versetzungsklauseln das Recht erhalten, dem Arbeitnehmer eine andere als die arbeitsvertraglich vereinbarte Tätigkeit zuweisen zu können. So erlaubt im **öffentlichen Dienst** § 4 TVöD (früher § 12 Abs. 1 BAT) dem Arbeitgeber Versetzungen und Abordnungen, dh die Zuweisung einer auf Dauer bestimmten Beschäftigung bei einer anderen Dienststelle oder einem anderen Betrieb desselben Arbeitgebers bzw. die Zuweisung einer vorübergehenden Beschäftigung bei einer anderen Dienststelle oder einem anderen Betrieb desselben Arbeitgebers oder eines anderen Arbeitgebers, beides unter Fortsetzung des bestehenden Arbeitsverhältnisses. Die im öffentlichen Dienst in Arbeitsverträgen mit angestellten Lehrkräften enthaltene Angabe einer bestimmten Schule schließt in der Regel das Recht des Landes, den Lehrer an eine andere Schule umzusetzen, nicht aus. Der Angabe einer Schule kann nicht entnommen werden, dass damit zugleich das tarifvertraglich bestehende Versetzungs- oder Abordnungsrecht des Arbeitgebers abbedungen worden ist.[102] 38

Nach der **älteren Rspr.** konnten Tarifverträge dem Arbeitgeber ohne Weiteres das Recht einräumen, die Arbeitsbedingungen des Arbeitnehmers im Wege des Direktionsrechts im Kernbereich einseitig zu verändern, indem dem Arbeitnehmer auf Dauer eine niedriger vergütete Tätigkeit übertragen wird. Die tariflich vorgesehenen Rechtsfolgen seien lediglich die Auswirkung von Maßnahmen, die der Arbeitgeber aufgrund einer ihm durch Tarifvertrag eingeräumten Rechtsposition von Fall zu Fall treffe. Wenn der Arbeitgeber im Rahmen der tariflichen Grenzen von diesen Möglichkeiten Gebrauch mache und dem Arbeitnehmer eine andere Tätigkeit zuweise, bedürfe es dazu keiner Kündigung.[103] Diese Rspr. ist auf **Kritik** gestoßen, weil dem Arbeitgeber damit das Recht eingeräumt wird, den Kernbereich der vertraglichen Hauptleistungspflichten zu ändern, ohne dass die Voraussetzungen und Grenzen bestimmt sind.[104] Inzwischen hat sich zu Recht eine **differenziertere Betrachtung** durchgesetzt:[105] 39

Das BAG geht zwar weiterhin von der Befugnis der Tarifvertragsparteien aus, das Direktionsrecht erweitern zu können. Entsprechende Tarifregelungen beruhten auf der grundrechtlichen Gewährleistung des Art. 9 Abs. 3 GG, die es den Koalitionen als Träger dieses Grundrechts erlaube, die Arbeitsbedingungen ihrer Mitglieder zu regeln. Die Regelungsbefugnis der Tarifvertragsparteien sei allerdings durch entgegenstehendes Gesetzesrecht begrenzt, das seinerseits mit Art. 9 Abs. 3 GG in Einklang stehen müsse. Eine **tarifvertragliche Erweiterung des Direktionsrechts müsse mit den Wertungen des § 2 übereinstimmen.** Aufgrund ihrer Einschätzungsprärogative in Bezug auf die tatsächlichen Gegebenheiten und betroffenen Interessen könnten die Tarifvertragsparteien die jeweiligen kündigungsschutzrechtlichen Wertvorstellungen konkretisieren und einen angemessenen Ausgleich zwischen den Interessen des Arbeitnehmers an einem unveränderten Fortbestand seines Arbeitsverhältnisses und dem Interesse des Arbeitgebers an einer flexiblen Gestaltung der Arbeitsbedingungen vornehmen. Ein angemessener Interessenausgleich fehle, wenn der Tarifvertrag dem Arbeitgeber ohne jede Vorgabe Einschränkungen bis hin zur Suspendierung des Arbeitsverhältnisses gestatte.[106] Dementsprechend sind Tarifnormen, die ohne Grenzziehungen im Hinblick auf die Voraussetzungen, den Umfang und die Dauer den Arbeitgeber ermächtigen, **durch einseitige Anordnung Kurz-** 40

---

[102] BAG 29.10.1997 – 5 AZR 573/96, AP BGB § 611 Direktionsrecht Nr. 51; LAG Berlin 29.11.1999 – 9 Sa 1277/99, LAGE § 2 KSchG Nr. 36 = NZA-RR 2000, 131.

[103] BAG 22.5.1985 – 4 AZR 88/84, AP TVG § 1 Tarifverträge: Bundesbahn Nr. 6; 22.5.1985 – 4 AZR 427/83, AP TVG § 1 Tarifverträge: Bundesbahn Nr. 7 mAnm Weiss; 26.6.1985 – 4 AZR 585/83, AP TVAL II § 9 Nr. 4; zust. Plüm DB 1992, 735 ff.; einschränkend KR/Kreft Rn. 93 ff.

[104] Vgl. MHdB ArbR/Hanau, 2. Aufl. 2000, § 62 Rn. 105; KR/Kreft Rn. 93 ff.; APS/Künzl Rn. 99; Weiss Anm. zu BAG 22.5.1985 – 4 AZR 88/84, AP TVG § 1 Tarifverträge: Bundesbahn Nr. 6 u. 22.5.1985 – 4 AZR 427/83, AP TVG § 1 Tarifverträge: Bundesbahn Nr. 7; HK-KSchG/Weller/Hauck Rn. 65 f.; eing. Rost FS Dieterich, 1999, 505.

[105] BAG 19.11.2002 – 3 AZR 591/01, AP TVG § 1 Tarifverträge: Papierindustrie Nr. 18; 23.9.2004 – 6 AZR 442/03, AP BMT-G II § 27 Nr. 1.

[106] BAG 23.9.2004 – 6 AZR 442/03, AP BMT-G II § 27 Nr. 1.

arbeit einzuführen, wegen objektiver Umgehung zwingender Vorschriften des Kündigungsrechts unwirksam.[107]

41 Eine Erweiterung des Direktionsrechts ist mit kündigungsschutzrechtlichen Vorschriften vereinbar, wenn die Ausübung des Weisungsrechts **nach Grund und Umfang an konkrete Voraussetzungen geknüpft** ist. Das BAG hat deshalb zu Recht eine Tarifregelung als wirksam angesehen, die dem Arbeitgeber das Recht einräumt, den Arbeitnehmer vorübergehend in eine niedrigere Vergütungsgruppe einzuweisen, wenn Arbeitsmangel oder an anderer Stelle ein dringend notwendiger Bedarf besteht, und zugleich den Arbeitgeber verpflichtet, für zwei Wochen das Entgelt der bisherigen Vergütungsgruppe weiterzuzahlen. Eine solche Maßnahme ist zeitlich begrenzt und darf gegenüber dem betroffenen Arbeitnehmer höchstens so lange aufrechterhalten werden, wie die Gründe für die Einweisung bestehen. Hierdurch wird ausgeschlossen, dass der Inhalt des bestehenden Arbeitsvertrags auf Dauer verändert wird. Daher ist es unschädlich, dass die Norm nicht ausdrücklich regelt, um wie viele Lohngruppen die übertragene Tätigkeit niedriger bewertet sein darf als die regelmäßig ausgeübte.[108]

42 d) **Konkretisierung.** Das Direktionsrecht des Arbeitgebers kann nachträglich, auch stillschweigend, eingeschränkt worden sein, wenn sich die Arbeitspflicht auf eine bestimmte Tätigkeit konkretisiert hat. In diesem Fall entspricht die Zuweisung anderer Tätigkeiten nicht mehr billigem Ermessen.[109] Eine derartige Konkretisierung tritt allerdings nicht allein dadurch ein, dass ein Arbeitnehmer längere Zeit eine bestimmte Arbeit verrichtet. Allein aufgrund der **Nichtausübung des Direktionsrechts** über einen längeren Zeitraum kann der Arbeitnehmer nicht darauf vertrauen, der Arbeitgeber werde von seinem vertraglich und/oder gesetzlich eingeräumten Recht keinen Gebrauch mehr machen. Die Nichtausübung des Direktionsrechts hat für sich allein betrachtet keinen Erklärungswert. Allein aus dem Umstand, dass der Arbeitnehmer über einen Zeitraum von mehreren Wochen hinweg ausschließlich in der Nachtschicht eingesetzt worden ist, kann nach Treu und Glauben daher nicht auf einen Verpflichtungswillen des Arbeitgebers geschlossen werden, diese Regelung auch künftig unverändert beizubehalten.[110] Nur beim Hinzutreten besonderer Umstände, aufgrund derer der Arbeitnehmer darauf vertrauen darf, dass er nicht in anderer Weise eingesetzt werden soll, kann es durch konkludentes Verhalten zu einer vertraglichen Beschränkung der Ausübung des Direktionsrechts kommen.[111]

43 e) **Einzelfälle.** Die Befugnis, kraft Direktionsrechts **Zeit und Ort der Arbeitsleistung** festzulegen, ist nicht dadurch eingeschränkt, dass der Arbeitgeber bei Abschluss des Arbeitsvertrags auf die für den Arbeitsbereich des Arbeitnehmers geltende betriebliche Regelung über Zeit und Ort des Beginns und Endes der täglichen Arbeit hingewiesen hat. Dies gilt auch dann, wenn der Arbeitgeber danach über längere Zeit von seinem dahingehenden Direktionsrecht keinen Gebrauch macht.[112] Vereinbaren die Arbeitsvertragsparteien bei Abschluss des Arbeitsvertrags die zu diesem Zeitpunkt im Betrieb geltende Regelung über Beginn und Ende der täglichen Arbeitszeit (7.00 Uhr bis 16.00 Uhr) und die Verteilung der **Arbeitszeit** auf die einzelnen Wochentage (Montag bis Freitag), ist dies dahin auszulegen, dass die vereinbarte Arbeitsleistung zu den jeweiligen wirksam bestimmten betrieblichen Arbeitszeiten zu erbringen ist. Der Arbeitgeber ist daher aufgrund seines **Weisungsrechts berechtigt,** einseitig die im Arbeitsvertrag vereinbarte Arbeitspflicht des Arbeitnehmers hinsichtlich der Arbeitszeit näher zu bestimmen und

[107] BAG 27.1.1994 – 6 AZR 541/93, AP BAT-O § 15 Nr. 1; 18.10.1994 – 1 AZR 503/93, AP BGB § 615 Kurzarbeit Nr. 11.

[108] BAG 23.9.2004 – 6 AZR 442/03, AP BMT-G II § 27 Nr. 1.

[109] BAG 15.8.2002 – 2 AZR 195/01, AP BGB § 613a Nr. 241.

[110] LAG Hamm 13.1.2012 – 10 Sa 1225/11, BeckRS 2012, 66739.

[111] BAG 13.3.2007 – 9 AZR 433/06, AP BGB § 307 Nr. 26; 15.9.2009 – 9 AZR 757/08, AP GewO § 106 Nr. 7; 17.8.2011 – 10 AZR 202/10, NZA 2012, 265; 30.11.2022 – 5 AZR 336/21, NZA 2023, 429 Rn. 22.

[112] BAG 7.12.2000 – 6 AZR 444/99, AP BGB § 611 Direktionsrecht Nr. 61.

Wechselschichten einzuführen, in denen die Arbeitszeit im dreiwöchentlichen Wechsel von 6.00 Uhr bis 15.00 Uhr, 7.00 Uhr bis 16.00 Uhr und 13.00 Uhr bis 22.00 Uhr besteht. Dieses Weisungsrecht unterliegt kollektivrechtlich dem Mitbestimmungsrecht des Betriebsrats aus § 87 Abs. 1 Nr. 2 BetrVG.[113] Darüber hinaus ist der Arbeitgeber vorbehaltlich einer Billigkeitskontrolle grds. berechtigt. in einem Mehrschichtbetrieb Arbeitnehmer zwischen der Tag- und der Nachtschicht umzusetzen, sofern dies vertraglich nicht ausgeschlossen wurde.[114]

Wird die zu leistende Arbeit **generalisierend umschrieben** („Hilfsarbeiter", „kaufmännischer Angestellter"), ist hiervon jede gleichwertige Art von Tätigkeit erfasst, die innerhalb des Betriebs von der bezeichneten Personengruppe zu leisten ist.[115] Die **Gleichwertigkeit** als typische Voraussetzung für die Übertragung einer anderweitigen „zumutbaren" Arbeitsaufgabe mittels Direktionsrechts orientiert sich bei Anwendung eines tariflichen Vergütungssystems regelmäßig an diesem System.[116] Nicht mehr vom Direktionsrecht gedeckt ist eine Weisung des Arbeitgebers, die zu einer dauerhaften Absenkung des qualitativen Niveaus der Arbeitsleistung führt.[117] Zur geschuldeten Tätigkeit gehören auch die üblichen Nebenarbeiten, die in einem inneren Zusammenhang mit der vertraglich vereinbarten Arbeitsleistung stehen.[118] 44

Bei einer **fachlichen Umschreibung** der Tätigkeit des Arbeitnehmers („Verkäufer", „Schlosser") kann der Arbeitgeber aufgrund seines Weisungsrechts nur die sich innerhalb des üblichen Berufsbilds bewegenden Arbeiten zuweisen. Hierzu kann für den Bereich des Handwerks zur Konkretisierung auf die Verordnung zur Bestimmung des Berufsbildes nach § 45 Nr. 1 HandwO zurückgegriffen werden. IÜ können die Ausbildungsverträge nach § 11 BBiG Anhaltspunkte geben.[119] Dementsprechend kann bspw. ein als **Verkäufer** eingestellter Arbeitnehmer, soweit sein Aufgabenbereich nicht weiter vertraglich spezifiziert ist, kraft Weisungsrecht von der Kinder- in die Herrenabteilung eines Bekleidungshauses oder von der Abteilungsgruppe Sport eines Warenhauses in die Abteilungsgruppe Schuhe versetzt werden.[120] Ist im Arbeitsvertrag die Beschäftigung als **kaufmännischer Angestellter** vereinbart, wird der Arbeitnehmer nicht zur Ausübung einer bestimmten Tätigkeit, sondern für einen allgemein umschriebenen Aufgabenbereich eingestellt, der lediglich durch die Nennung der Vergütungsgruppe konkretisiert wird.[121] Deshalb ist die einseitige Umsetzung von der Arbeitsvorbereitung in die Buchhaltung und umgekehrt im Wege des Weisungsrechts zulässig.[122] Demgegenüber kann ein **Buchhalter** nicht gegen seinen Willen als Verkäufer eingesetzt werden.[123] Ein als **Fleischbeschauer** eingestellter Tierarzt kann nicht zur Trichinenschau herangezogen werden.[124] Dagegen kann der Arbeitgeber einen als **Fleischer** beschäftigten Arbeitnehmer im Wege des Direktionsrechts aus dem Bereich „Materialvorbereitung" in den Bereich „Rohwurst" versetzen.[125] Soweit einer **Redakteurin** nach ihrem Arbeitsvertrag andere redaktionelle oder journalistische Aufgaben zugewiesen werden dürfen, berechtigt dies den 45

---

[113] BAG 23.6.1992 – 1 AZR 57/92, AP BGB § 611 Arbeitszeit Nr. 1.

[114] Vgl. BAG 16.4.2014 – 10 AZR 637/13, NZA 2014, 719 Rn. 25 ff.; s. a. BAG 16.4.2014 – 5 AZR 483/12, NZA 2014, 1262 Rn. 18; 10.12.2014 – 10 AZR 63/14, NZA 2015, 483 Rn. 27 ff.

[115] BAG 27.3.1980 – 2 AZR 506/78, AP BGB § 611 Direktionsrecht Nr. 26 mAnm Löwisch; LAG Hamm 7.8.1962 – 2 Sa 182/62, BB 1962, 1160; Falkenberg DB 1981, 1087 (1088); zusf. v. Hoyningen-Huene/Boemke, Die Versetzung, 1991, 84 ff.

[116] BAG 23.2.2012 – 2 AZR 44/11, AP KSchG 1969 § 2 Nr. 154.

[117] LAG Hamm 13.12.1990 – 16 Sa 1297/90, LAGE § 611 BGB Direktionsrecht Nr. 7.

[118] BAG 29.8.1991 – 6 AZR 593/88, AP BGB § 611 Direktionsrecht Nr. 38.

[119] Ebenso APS/Künzl Rn. 56.

[120] LAG Köln 26.10.1984 – 6 Sa 740/84, NZA 1985, 258; LAG Düsseldorf 28.1.1987 – 6 TaBV 116/86, NZA 1988, 69 f.

[121] LAG Hamm 8.3.2005 – 19 Sa 2128/04, NZA-RR 2005, 462.

[122] LAG Rheinland-Pfalz 13.10.1987 – 3 Sa 457/87, NZA 1988, 471 f.

[123] Neumann-Duesberg Anm. zu LAG Düsseldorf 4.1.1955 – 2b Sa 265/54, AP BGB § 611 Direktionsrecht Nr. 1.

[124] BAG 8.9.1994 – 6 AZR 254/94, AP BGB § 611 Fleischbeschauer-Dienstverhältnis Nr. 18.

[125] BAG 23.2.2012 – 2 AZR 44/11, AP KSchG 1969 § 2 Nr. 154.

Arbeitgeber nicht zur Versetzung in eine Service- und Entwicklungsredaktion, wenn sie dort für neue Verlagsprodukte ausschließlich Testbeiträge erarbeiten muss. Entwicklungstätigkeit ist nach allgemeinem Verständnis keine redaktionelle oder journalistische Aufgabe.[126]

46 Zu den **Nebenarbeiten,** die in innerem Zusammenhang mit der geschuldeten Arbeitsleistung stehen und deshalb vom Arbeitnehmer auszuführen sind, gehört die **Durchführung von Dienstreisen** mit einem vom Angestellten selbst zu führenden Dienstwagen.[127] Der Arbeitgeber kann von einer qualifizierten **Sekretärin** auch die Teilnahme an einer Schulung für ein neues Schreibsystem verlangen.[128] Eine **Bäckereifachverkäuferin** ist auf Anordnung des Arbeitgebers verpflichtet, zeitweise die im Verkaufsraum installierte automatische Brötchenbackanlage einschließlich vorgeschalteten Gärschranks zu bedienen.[129] **Sekretariatskräfte** haben Besucher zu empfangen und bei Bedarf zu bewirten.[130]

47 Soweit nach dem Arbeitsvertrag die **Einstellung für eine bestimmte Tätigkeit** erfolgt, wird diese Vertragsinhalt,[131] so dass uU kein Raum mehr für die Zuweisung einer anderen Tätigkeit im Wege des Weisungsrechts verbleibt.[132] Erfolgt also bspw. die Einstellung eines Verkäufers ausdrücklich für die Warengruppe Sport, dann ist die Versetzung in den Verkaufsbereich Schuhe nicht mehr vom Weisungsrecht des Arbeitgebers gedeckt.[133] Der Tätigkeitsbereich kann im Arbeitsvertrag sogar so genau fixiert sein, dass jede Zuweisung einer anderen Tätigkeit eine Änderung des Arbeitsvertrages bedeuten würde.[134]

48 Wird der Arbeitnehmer für einen **bestimmten Arbeitsort eingestellt,** ist die Zuweisung inhaltlich gleicher Tätigkeiten an einem anderen Arbeitsort vom Direktionsrecht regelmäßig nicht mehr gedeckt (zur abweichenden Rechtslage bei einem tarifvertraglich erweiterten Direktionsrecht → Rn. 38). Gleiches gilt bei der vertraglichen Vereinbarung eines Versetzungsverbots.[135] Dagegen verhindert die Kombination aus einer Festlegung eines bestimmten Orts mit einer im Arbeitsvertrag geregelten Einsatzmöglichkeit im gesamten Unternehmen die Beschränkung des Direktionsrechts auf einen bestimmten Ort.[136] Es macht keinen Unterschied, ob im Arbeitsvertrag auf eine Festlegung des Orts der Arbeitsleistung verzichtet und diese dem Arbeitgeber im Rahmen von § 106 GewO vorbehalten bleibt oder ob der Ort der Arbeitsleistung bestimmt, aber die Möglichkeit der Zuweisung eines anderen Orts vereinbart wird. In diesem Fall wird lediglich klargestellt, dass § 106 S. 1 GewO gelten und eine Versetzungsbefugnis an andere Arbeitsorte bestehen soll.[137] Dabei ist es nicht zwingend notwendig, Ankündigungsfristen oder den zulässigen Entfernungsradius in die Vertragsklauseln aufzunehmen. Der Arbeitnehmer wird insoweit durch die vom Gericht nach § 106 GewO durchzuführende Ausübungskontrolle vor unbilliger Überforderung geschützt.[138] Fehlt es an einer vertraglichen Bestimmung des Arbeitsorts, unterliegt die Zuweisung der Arbeitsstätte dem billigen Ermessen des Arbeitgebers.[139] Dabei ist das Weisungsrecht nach einer neueren

---

[126] BAG 23.2.2010 – 9 AZR 3/09, AP GewO § 106 Nr. 9.

[127] BAG 29.8.1991 – 6 AZR 593/88, AP BGB § 611 Direktionsrecht Nr. 38.

[128] ArbG Bonn 4.7.1990 – 4 Ca 751/90, NZA 1991, 512.

[129] LAG Hamm 8.6.1994 – 14 Sa 2054/93, LAGE § 611 BGB Direktionsrecht Nr. 20 = BeckRS 2009, 56014.

[130] Ebenso Hromadka DB 1995, 2601 (2602).

[131] Berger-Delhey DB 1990, 2266 (2267).

[132] Vgl. Gumpert BB 1960, 907 (908).

[133] LAG Düsseldorf 28.1.1987 – 6 TaBV 116/86, NZA 1988, 69 f.

[134] BAG 10.11.1955 – 2 AZR 591/54, NJW 1956, 359.

[135] Vgl. v. Hoyningen-Huene/Boemke, Die Versetzung, 1991, 87 f.

[136] BAG 30.10.2016 – 10 AZR 11/16, NZA 2017, 1394 Rn. 19 (wirksame Versetzung einer Flugbegleiterin von Hamburg nach Frankfurt).

[137] BAG 19.1.2011 – 10 AZR 738/09, AP BGB § 307 Nr. 50; Fliss NZA-RR 2008, 225; Preis/Genenger NZA 2008, 969 (970).

[138] BAG 13.4.2010 – 9 AZR 36/09, AP BGB § 307 Nr. 45.

[139] BAG 11.4.2006 – 9 AZR 557/05, AP BGB § 307 Nr. 17; 10.7.2013 – 10 AZR 915/12, NZA 2013, 1142 Rn. 18 f.

Entscheidung des BAG nicht auf Arbeitsorte innerhalb der Grenzen Deutschlands beschränkt.[140]

Werden im Rahmen einer Umstrukturierung **Arbeitsaufgaben an einen anderen Arbeitsort verlagert,** besteht regelmäßig ein berechtigtes Interesse des Arbeitgebers, diese Aufgaben am neuen Arbeitsort weiter durch das eingearbeitete Personal wahrnehmen zu lassen. Dieses Interesse ist abzuwägen gegen das Interesse des Arbeitnehmers an einer Weiterbeschäftigung am bisherigen Arbeitsort. Macht der Arbeitnehmer geltend, es gebe eine Möglichkeit der Weiterbeschäftigung am bisherigen Arbeitsort, ist der Arbeitgeber verpflichtet, diese zu prüfen und sie ggf. in die Abwägung der wechselseitigen Interessen mit einzubeziehen.[141] Den sozialrechtlichen Regeln über die Zumutbarkeit einer Beschäftigung (§ 140 Abs. 4 SGB III) kann dabei kein belastbarer Maßstab für die arbeitsrechtliche Beurteilung des Ermessensgebrauchs nach § 106 S. 1 GewO entnommen werden. Diese bestimmen das Rechtsverhältnis zwischen dem Arbeitslosen und der Arbeitsverwaltung und dienen der Bekämpfung von Leistungsmissbrauch und der Erhöhung der Verantwortung des Arbeitslosen für die Beendigung der Arbeitslosigkeit. Demgegenüber geht es bei der Ausübung billigen Ermessens darum, im Einzelfall eine Entscheidung herbeizuführen, die den wechselseitigen Interessen der Arbeitsvertragsparteien angemessen Rechnung trägt. Dies setzt eine individuelle Abwägung aller betroffenen Interessen voraus und schließt eine starre Anwendung sozialrechtlicher Zumutbarkeitsregeln aus.[142] 49

Bei außergewöhnlichen Umständen und in **Notfällen** ist der Arbeitgeber auch ohne entsprechenden Vorbehalt berechtigt, dem Arbeitnehmer zumutbare Arbeiten zuzuweisen, die vertraglich nicht geschuldet sind.[143] Eine außergewöhnliche Sachlage kann freilich nur dann angenommen werden, wenn es sich um Engpässe handelt, die durch rechtzeitige Personalplanung nicht ohne Weiteres behoben werden können. Insoweit kann auf die in § 14 ArbZG niedergelegten Kriterien verwiesen werden.[144] Allgemeine Dispositionsschwierigkeiten, wie regelmäßige Eilaufträge oder permanenter Arbeitskräftemangel reichen hierfür nicht aus.[145] Zur Leistung unbezahlter Überstunden ist der Arbeitnehmer allerdings auch in Notfällen nicht verpflichtet.[146] 50

Umfasst nach dem Arbeitsvertrag eines **Außendienstmitarbeiters** das Arbeitsgebiet einen bestimmten Außendienstbezirk, kann das für eine vertragliche Festlegung sprechen. Auch die Vereinbarung der Domizilklausel kann im Verständnis einer Branche, die ihren Vertrieb über einen Außendienst organisiert, ein Indiz für eine gewollte vertragliche Festlegung des Arbeitsorts sein.[147] Behält sich der Arbeitgeber bei Außendienstmitarbeitern im Arbeitsvertrag eine Änderung des zugewiesenen Bezirks aus organisatorischen Gründen vor, ist er aus sachlichen Gründen, zB wegen einer Angleichung an Gemeindegrenzen oder einer Verlegung des Standortes des Außendienstmitarbeiters in die Mitte des Bezirkes, zur Neueinteilung der Bezirke seiner Außendienstmitarbeiter berechtigt.[148] 51

Das **Direktionsrecht des Arbeitgebers im öffentlichen Dienst** erstreckt sich bei einer Vertragsgestaltung, die den vertraglichen Aufgabenbereich allein durch eine allgemeine Tätigkeitsbezeichnung und die Nennung der Vergütungsgruppe beschreibt, auf solche 52

---

[140] BAG 30.11.2022 – 5 AZR 336/21, NZA 2023, 429 Rn. 26 (wirksame Versetzung eines Piloten von Nürnberg nach Bologna); zurückhaltender aber BAG 29.8.2013 – 2 AZR 809/12, NZA 2014, 730 Rn. 20.

[141] BAG 17.8.2011 – 10 AZR 202/10, NZA 2012, 265.

[142] BAG 17.8.2011 – 10 AZR 202/10, NZA 2012, 265.

[143] BAG 8.10.1962 – 2 AZR 550/61, AP BGB § 611 Direktionsrecht Nr. 18; 3.12.1980 – 5 AZR 477/78, AP BGB § 615 Böswilligkeit Nr. 4; MüKoBGB/Spinner § 611a Rn. 934.

[144] Vgl. Berger-Delhey DB 1990, 2266 (2268); Birk, Die arbeitsrechtliche Leitungsmacht, 1973, 282; Hromadka DB 1995, 2601 (2602).

[145] MHdB ArbR/Blomeyer, 2. Aufl. 2000, § 48 Rn. 35; HWK/Lembke GewO § 106 Rn. 21.

[146] ArbG Leipzig 4.2.2003 – 7 Ca 6866/02, NZA-RR 2003, 365; ErfK/Preis GewO § 106 Rn. 6.

[147] BAG 19.1.2011 – 10 AZR 738/09, AP BGB § 307 Nr. 50.

[148] BAG 7.10.1982 – 2 AZR 455/80, AP BGB § 620 Teilkündigung Nr. 5 mit krit. Anm. M. Wolf; s. a. BAG 19.5.1971 – 5 AZR 368/70, AP BGB § 611 Fleischbeschauer-Dienstverhältnis Nr. 12.

Tätigkeiten des allgemein umschriebenen Aufgabenbereichs, welche die Merkmale der Vergütungsgruppe erfüllen, in die der Arbeitnehmer eingestuft ist. Dem Arbeitnehmer können andere, dem allgemein umschriebenen Aufgabenbereich zuzuordnende Tätigkeiten nur zugewiesen werden, soweit sie den Merkmalen dieser Vergütungsgruppe entsprechen. Die Übertragung einer Tätigkeit, die geringere Qualifikationsmerkmale erfüllt, ist auch dann nicht zulässig, wenn der Arbeitgeber des öffentlichen Dienstes die der bisherigen Tätigkeit entsprechende höhere Vergütung weiterzahlt. Auch die Zuweisung einer Tätigkeit, die nur im Wege des Bewährungsaufstiegs die Eingruppierung in die ursprünglich maßgebende Vergütungsgruppe ermöglicht, ist regelmäßig nicht vom Direktionsrecht gedeckt.[149] Dagegen darf eine höherwertige Tätigkeit vorübergehend zugewiesen werden.[150]

53 Das Weisungsrecht des Arbeitgebers nach § 106 GewO erstreckt sich auf die Anordnung, **Sicherheitsschuhe** zu tragen.[151] Kraft seines Direktionsrechts ist der Arbeitgeber grds. ebenso befugt, Mitarbeitern im Verkaufsbereich **Kleidervorschriften** zu machen. Ein Arbeitgeber, der Möbel gehobener Qualität vertreibt, kann seinen im Verkauf tätigen Arbeitnehmern untersagen, in Gegenwart von Kunden in Jeans, Turnschuhen, mit offenem Kragen, ohne Krawatte und ohne Sakko aufzutreten.[152] Ein **Schmuckverbot für Pflegehelfer** in Fachkliniken ist aus Sicherheitsgründen wirksam.[153] Die Ausgestaltung einer bestehenden Dienstkleidungspflicht unterliegt nach § 87 Abs. 1 Nr. 1 BetrVG der Mitbestimmung des Betriebsrats.[154] Bei einer Weisung des Arbeitgebers, einheitliche Arbeitskleidung zu tragen, ist dessen betriebliches Interesse mit dem sich aus Art. 1 Abs. 1 iVm Art. 2 Abs. 1 GG ergebenden allgemeinen Persönlichkeitsrecht abzuwägen. Eine dies einschränkende Anordnung muss geeignet, erforderlich und unter Berücksichtigung der gewährleisteten Freiheitsrechte angemessen sein, um den erstrebten Zweck zu erreichen.[155] Eine Verletzung des Persönlichkeitsrechts ist anzunehmen, wenn die Firmenkleidung so beschaffen ist, dass die Arbeitnehmer der Lächerlichkeit preisgegeben werden.[156]

54 **f) Gerichtliche Kontrolle.** Ob die Grenzen billigen Ermessens nach § 106 GewO bei der Ausübung des Weisungsrechts beachtet worden sind, unterliegt gem. § 315 Abs. 3 S. 2 BGB der gerichtlichen Kontrolle.[157] Der Arbeitnehmer kann eine **allgemeine Feststellungsklage** (§ 256 ZPO) erheben. Die Darlegungs- und Beweislast dafür, dass die Ausübung des Direktionsrechts billigem Ermessen entspricht, trägt der Arbeitgeber. Denn nach § 315 BGB hat die Partei, der das Recht zur einseitigen Leistungsbestimmung zusteht, zu beweisen, dass die von ihr getroffene Leistungsbestimmung billigem Ermessen entspricht.[158] Dazu gehört nicht nur, dass der Arbeitgeber darlegt und ggf. beweist, dass seine Entscheidung billigem Ermessen entspricht, sondern auch, dass die Versetzung im Rahmen der gesetzlichen, arbeitsvertraglichen und kollektivrechtlichen Grenzen

[149] BAG 17.8.2011 – 10 AZR 322/10, NZA-RR 2012, 106.
[150] Vgl. BAG 16.4.2015 – 6 AZR 242/14, NZA-RR 2015, 532 Rn. 20.
[151] LAG Köln 12.12.2008 – 11 Sa 777/08, LAGE § 1 KSchG Verhaltensbedingte Kündigung Nr. 103 = BeckRS 2009, 62438.
[152] LAG Hamm 22.10.1991 – 13 TaBV 36/91, DB 1992, 280.
[153] LAG Schleswig-Holstein 26.10.1995 – 4 Sa 467/95, BB 1996, 222.
[154] BAG 1.12.1992 – 1 AZR 260/92, NZA 1993, 711; 13.2.2007 – 1 ABR 18/06, AP BetrVG 1972 § 87 Ordnung des Betriebes Nr. 40; 17.1.2012 – 1 ABR 45/10, NZA 2012, 687.
[155] BAG 13.2.2007 – 1 ABR 18/06, AP BetrVG 1972 § 87 Ordnung des Betriebes Nr. 40; ausf. LAG Köln 18.8.2010 – 3 TaBV 15/10, NZA-RR 2011, 85; Brose/Greiner/Preis NZA 2011, 369.
[156] BAG 1.12.1992 – 1 AZR 260/92, AP BetrVG 1972 § 87 Ordnung des Betriebes Nr. 20; LAG Hamm 7.7.1993 – 14 Sa 435/93, LAGE § 611 BGB Direktionsrecht Nr. 14.
[157] BAG 23.1.1992 – 6 AZR 87/90, AP BGB § 611 Direktionsrecht Nr. 39; 24.4.1996 – 5 AZR 1031/94, AP BGB § 611 Direktionsrecht Nr. 48; 17.8.2011 – 10 AZR 202/10, NZA 2012, 265; 28.8.2013 – 10 AZR 569/12, NZA-RR 2014, 181 Rn. 20; 30.11.2016 – 10 AZR 11/16, NZA 2017, 1394 Rn. 28; 18.10.2017 – 10 AZR 330/16, NZA 2017, 1452 Rn. 44 ff.; 24.10.2018 – 10 AZR 19/18, NZA 2019, 619 Rn. 26; 30.11.2022 – 5 AZR 336/21, NZA 2023, 429 Rn. 37 ff.
[158] BAG 11.2.1987 – 4 AZR 145/86, AP BAT 1975 § 22 Nr. 131; 11.10.1995 – 5 AZR 1009/94, AP BGB § 611 Direktionsrecht Nr. 45.

erfolgt ist.[159] Wie das BAG nach zwischenzeitlichen Irritationen[160] klargestellt hat, ist der Arbeitnehmer an eine Weisung, die (nur) unbillig ist, von vornherein nicht gebunden und nicht erst dann nicht mehr, wenn die Unverbindlichkeit gerichtlich rechtskräftig festgestellt worden ist.[161]

2. Teilkündigung

Von der Änderungskündigung, durch die das gesamte Arbeitsverhältnis gekündigt wird, ist die **Teilkündigung** zu unterscheiden. Eine Teilkündigung ist eine Willenserklärung, mit der der Kündigende **einzelne Vertragsbedingungen** gegen den Willen der anderen Vertragspartei einseitig ändern will. Von der Kündigung unterscheidet sich die Teilkündigung dadurch, dass die Kündigung das Arbeitsverhältnis in seinem ganzen Bestand erfasst, während die Teilkündigung unter Aufrechterhaltung des Arbeitsverhältnisses iÜ nur einzelne Rechte und Pflichten aus dem Arbeitsvertrag beseitigen soll.[162] 55

Teilkündigungen sind grds. **unzulässig.** Da der Arbeitsvertrag aus einer Vielzahl unterschiedlicher Regelungen besteht, die in ihrer Gesamtheit ein ausgewogenes Vertragswerk darstellen, können weder Arbeitgeber noch Arbeitnehmer einzelne dieser Vertragsbedingungen einseitig kündigen und iÜ das Arbeitsverhältnis fortbestehen lassen. Eine Teilkündigung würde das vereinbarte Äquivalenz- und Ordnungsgefüge des Vertrags stören und ist daher im Grundsatz nicht zulässig.[163] Eine einseitige Änderung der Arbeitsbedingungen kann daher grds. nur erreicht werden, wenn das gesamte Vertragsverhältnis gekündigt und gleichzeitig der Abschluss eines neuen Arbeitsvertrags zu geänderten Arbeitsbedingungen angeboten wird. Allerdings kann ein Teilkündigungsrecht einzelvertraglich vereinbart werden, sofern hierdurch nicht zwingendes Kündigungsschutzrecht umgangen wird, weil das ursprüngliche Äquivalenzgefüge des Arbeitsvertrags unverändert bleibt. Dementsprechend ist dies zulässig etwa im Hinblick auf den Berechnungsmodus für die Kostenerstattung in einem Chefarztvertrag[164] sowie im Hinblick auf eine Vereinbarung zur Pauschalierung von Erschwerniszuschlägen[165]. Statthaft ist es auch, in einer Betriebsvereinbarung über alternierende Telearbeit ein Teilkündigungsrecht aufzunehmen.[166] 56

Bei einer Teilkündigung ist zudem stets zu prüfen, ob die Erklärung der Teilkündigung **als Widerruf ausgelegt** werden kann. Dies wird vielfach anzunehmen sein, weil der Wille des Erklärenden (§ 133 BGB) dahingeht, eine einzelne Vertragsklausel zu beseitigen, ohne den Vertrag insgesamt in Frage zu stellen.[167] Da ein Widerruf nur bei einem vereinbarten Widerrufsvorbehalt möglich ist, bedarf es einer entsprechenden vertraglichen Vereinbarung. Hat sich der Arbeitgeber das Recht zur Teilkündigung vertraglich vorbehalten, liegt es deshalb nahe, diese Vereinbarung als Widerrufsvorbehalt auszule- 57

---

[159] BAG 13.3.2007 – 9 AZR 433/06, AP BGB § 307 Nr. 26.

[160] BAG 13.3.2007 – 9 AZR 433/06, AP BGB § 307 Nr. 26.

[161] BAG 14.9.2017 – 5 AS 7/17, NZA 2017, 1452; 18.10.2017 – 10 AZR 330/16, NZA 2017, 1451. S. a. BAG 28.11.2019 – 8 AZR 125/18, NZA 2020, 589: Schadensersatzanspruch des Arbeitnehmers gem. § 280 Abs. 1 BGB auf Ersatz zusätzlicher Reisekosten wegen Befolgung einer unwirksamen Versetzung.

[162] BAG 7.10.1982 – 2 AZR 455/80, AP BGB § 620 Teilkündigung Nr. 5 mAnm M. Wolf; 23.8.1989 – 5 AZR 569/88, AP BGB § 565e Nr. 3; 15.2.1990 – 6 AZR 386/88, AP BAT § 17 Nr. 17; 14.11.1990 – 5 AZR 509/89, AP BGB § 611 Arzt-Krankenhaus-Vertrag Nr. 25; 22.1.1997 – 5 AZR 658/95, AP BGB § 620 Teilkündigung Nr. 6; G. Hueck RdA 1968, 201 ff.

[163] BAG 7.10.1982 – 2 AZR 455/80, AP BGB § 620 Teilkündigung Nr. 5; 23.8.1989 – 5 AZR 569/88, AP BGB § 565e Nr. 3; 13.3.2007 – 9 AZR 612/05, AP BDSG § 4f Nr. 1; 29.9.2010 – 10 AZR 588/09, AP BDSG § 4f Nr. 2; 23.3.2011 – 10 AZR 562/09, AP BDSG § 4f Nr. 3; 18.5.2017 – 2 AZR 721/16, NZA 2017, 1195 Rn. 17; 6.6.2023 – 9 AZR 621/19, NZA 2023, 1314 Rn. 28; BBAKKNSV/Ahrendt Rn. 49; DFL/Kaiser Rn. 1; KR/Kreft Rn. 85 ff.; APS/Künzl Rn. 81; ErfK/Müller-Glöge BGB § 620 Rn. 49; HaKo-KSchR/Pfeiffer Rn. 25; LSSW/Wertheimer Rn. 8; einschränkend Wank in Hromadka, Änderung von Arbeitsbedingungen, 1990, 35, 48 ff.; DD/Wollgast Rn. 151.

[164] BAG 14.11.1990 – 5 AZR 509/89, AP BGB § 611 Arzt-Krankenhaus-Vertrag Nr. 25.

[165] BAG 18.5.2017 – 2 AZR 721/16, NZA 2017, 1195 Rn. 19.

[166] LAG Nürnberg 11.5.2021 – 7 Sa 289/20, BeckRS 2021, 26228.

[167] BAG 7.10.1982 – 2 AZR 455/80, AP BGB § 620 Teilkündigung Nr. 5; 14.11.1990 – 5 AZR 509/89, AP BGB § 611 Arzt-Krankenhaus-Vertrag Nr. 25.

gen.[168] Das gilt auch für Regelungen in vorformulierten Arbeitsverträgen. Dem steht die Unklarheitenregel des § 305c Abs. 2 BGB nicht entgegen. Das vorbehaltene „Recht zur Kündigung“ bezieht sich nicht auf die Kündigung des Arbeitsverhältnisses, die der sozialen Rechtfertigung bedürfte, sondern auf die Beseitigung der unter dem Vorbehalt gewährten Leistung. Das als Recht zum Widerruf auszulegende Kündigungsrecht des Arbeitgebers muss allerdings den Anforderungen genügen, die an einen Widerrufsvorbehalt in vorformulierten Arbeitsverträgen gestellt werden (→ Rn. 59 ff.).

58 Der **Übertragung eines besonderen Amtes,** wie etwa der Bestellung zum Datenschutzbeauftragten, liegt regelmäßig die Vereinbarung der Arbeitsvertragsparteien zugrunde, dass die Wahrnehmung des Amtes und die damit verbundene Tätigkeit Teil der vertraglich geschuldeten Leistung sein sollen. Diese Vereinbarung kann konkludent erfolgen, indem der Arbeitnehmer das angetragene Amt annimmt. Damit erweitern sich die arbeitsvertraglichen Rechte und Pflichten des Arbeitnehmers um die Tätigkeit, die mit der Wahrnehmung des Amtes verbunden sind. Wird die Bestellung nach §§ 6 Abs. 4 S. 1, 38 Abs. 2 BDSG (früher § 4f Abs. 3 S. 4 BDSG) aus wichtigem Grund widerrufen, ist die Tätigkeit nicht mehr Bestandteil der vertraglich geschuldeten Leistung. Damit entfällt insoweit der arbeitsvertragliche Beschäftigungsanspruch. Einer Teilkündigung bedarf es dann nicht mehr.[169]

3. Widerruf

59 Eine einseitige Änderung von Arbeitsbedingungen ohne Ausspruch einer Änderungskündigung ist ausnahmsweise zulässig, wenn Arbeitgeber und Arbeitnehmer für einzelne vertragliche Leistungen einen **Widerrufsvorbehalt** vereinbart haben. Hierdurch behält sich der Arbeitgeber das Recht vor, die versprochene Leistung einseitig zu ändern. Der Widerrufsvorbehalt in AGB stellt eine von Rechtsvorschriften abweichende Regelung iSv § 307 Abs. 3 S. 1 BGB dar, weil ein Vertrag grds. bindend ist. Er ist gem. § 308 Nr. 4 BGB zumutbar, wenn der Widerruf nicht grundlos erfolgen soll, sondern als Instrument der Anpassung an sich ändernde Verhältnisse notwendig ist. Ein Widerrufsvorbehalt muss den formellen Anforderungen von § 308 Nr. 4 BGB gerecht werden. Bei den Widerrufsgründen muss deshalb zumindest die Richtung angegeben werden, aus der der Widerruf möglich sein soll, zB wirtschaftliche Gründe, Leistung oder Verhalten des Arbeitnehmers.[170] Dabei ist zu beachten, dass der Verwender vorgibt, was ihn zum Widerruf berechtigen soll.[171] Neben der Inhaltskontrolle besteht weiterhin die Ausübungskontrolle im Einzelfall gem. § 315 BGB. Der konkrete Widerruf muss im Einzelfall billigem Ermessen entsprechen.[172]

60 Namentlich bei **freiwilligen Leistungen** des Arbeitgebers[173] sowie bei der Überlassung eines **Dienstwagens** zur privaten Nutzung[174] finden sich in der Praxis häufig Widerrufsvorbehalte.[175] Ob ein Widerrufsvorbehalt vereinbart wurde, ist ggf. durch Auslegung (§§ 133, 157 BGB) zu ermitteln. Sind in einer Zusatzvereinbarung zum Arbeitsvertrag Sonderregelungen getroffen worden, ist zu prüfen, ob diese Regelungen in der Weise mit dem Arbeitsvertrag verbunden sind, dass ein für die Sonderregelung vereinbartes Kündi-

[168] In diesem Sinne auch BAG 18.5.2017 – 2 AZR 721/16, NZA 2017, 1195 Rn. 22 ff.

[169] BAG 29.9.2010 – 10 AZR 588/09, AP BDSG § 4f Nr. 2; 23.3.2011 – 10 AZR 562/09, AP BDSG § 4f Nr. 3; anders noch BAG 13.3.2007 – 9 AZR 612/05, AP BDSG § 4f Nr. 1; dazu Gehlhaar NZA 2010, 373.

[170] BAG 12.1.2005 – 5 AZR 364/04, AP BGB § 308 Nr. 1; 11.10.2006 – 5 AZR 721/05, AP BGB § 308 Nr. 6.

[171] BAG 20.4.2011 – 5 AZR 191/10, AP BGB § 308 Nr. 9.

[172] BAG 12.1.2005 – 5 AZR 364/04, AP BGB § 308 Nr. 1.

[173] BAG 12.1.2005 – 5 AZR 364/04, AP BGB § 308 Nr. 1; 11.10.2006 – 5 AZR 721/05, AP BGB § 308 Nr. 6; zur Verknüpfung mit einem Freiwilligkeitsvorbehalt BAG 30.7.2008 – 10 AZR 606/07, AP BGB § 611 Gratifikation Nr. 274; 8.12.2010 – 10 AZR 671/09, AP BGB § 242 Betriebliche Übung Nr. 91.

[174] BAG 19.12.2006 – 9 AZR 294/06, AP BGB § 611 Sachbezüge Nr. 21; 13.4.2010 – 9 AZR 113/09, AP BGB § 308 Nr. 8; 21.3.2012 – 5 AZR 651/10, AP BGB § 611 Sachbezüge Nr. 24; 12.2.2025 – 5 AZR 171/24, NZA 2025, 646.

[175] Zu einem Widerrufsvorbehalt in einer Betriebsvereinbarung BAG 1.2.2006 – 5 AZR 187/05, AP BetrVG 1972 § 77 Betriebsvereinbarung Nr. 28.

gungsrecht einen wesentlichen Eingriff in das Ordnungs- und Äquivalenzgefüge des gesamten Arbeitsverhältnisses darstellt. Ist das zu verneinen, kann der Arbeitgeber die Zusatzvereinbarung einseitig beenden.[176]

Die Vereinbarung des Widerrufsrechts ist gem. § 308 Nr. 4 BGB **zumutbar,** wenn der Widerruf nicht grundlos erfolgen soll, sondern wegen der unsicheren Entwicklung der Verhältnisse als Instrument der Anpassung notwendig ist.[177] Wegen der Ungewissheit der wirtschaftlichen Entwicklung des Unternehmens und der allgemeinen Entwicklung des Arbeitsverhältnisses hat der Arbeitgeber ein anerkennenswertes Interesse daran, bestimmte Leistungen, insbes. Zusatzleistungen flexibel auszugestalten. Dadurch darf aber das Wirtschaftsrisiko des Unternehmers nicht unangemessen auf den Arbeitnehmer verlagert werden. Eingriffe in den Kernbereich des Arbeitsvertrags sind nach der Wertung des § 307 Abs. 2 BGB nicht zulässig. Danach ist die Vereinbarung eines Widerrufsvorbehalts zulässig, soweit der im Gegenseitigkeitsverhältnis stehende widerrufliche Teil des Gesamtverdienstes unter 25 % liegt und der Tariflohn nicht unterschritten wird, während bei sonstigen Leistungen bis zu 30 % des Gesamtverdienstes widerruflich gestellt werden dürfen.[178] Wenn nichts anderes vereinbart ist, muss der Arbeitgeber **keine Ankündigungs- bzw. Auslauffrist** einhalten. Hierfür gibt es keinen Ansatz im Gesetz. Die Einräumung einer Auslauffrist ist vielmehr erst bei der Ausübungskontrolle in Betracht zu ziehen.[179] 61

Ob die Ausübung des Widerrufsvorbehalts billigem Ermessen entspricht, unterliegt der **gerichtlichen Nachprüfung** gem. § 315 Abs. 3 BGB. Der Arbeitnehmer kann im Wege der allgemeinen Feststellungsklage (§ 256 ZPO) auf Feststellung der billigen Leistung durch das Gericht nach § 315 Abs. 3 S. 2 BGB klagen. Hierbei ist er nicht an die Klagefrist des § 4 gebunden.[180] Die Darlegungs- und Beweislast dafür, dass die Leistungsbestimmung der Billigkeit entspricht, hat der Bestimmungsberechtigte zu tragen,[181] im Falle eines Widerrufsvorbehalts also der Arbeitgeber.[182] 62

4. Störung der Geschäftsgrundlage

Das Kündigungsrecht enthält gegenüber einer Anpassung wegen Störung der Geschäftsgrundlage nach § 313 BGB die **spezielleren Regelungen** und verdrängt damit in seinem Geltungsbereich grds. die allgemeinen zivilrechtlichen Vorschriften (→ § 1 Rn. 149).[183] Derartige Sachverhalte sind iRd §§ 1 u. 2 zu würdigen.[184] 63

5. Änderung durch Tarifautomatik

Nach dem bei der Eingruppierung nach einer tariflichen Vergütungsordnung geltenden Grundsatz der Tarifautomatik „wird" der Arbeitnehmer nicht durch eine erst noch vorzunehmende Handlung des Arbeitgebers eingruppiert, er „ist" vielmehr allein aufgrund der Geltung der Vergütungsordnung für sein Arbeitsverhältnis und der von ihm auszuübenden Tätigkeit automatisch in die einschlägige Entgeltgruppe eingruppiert.[185] Des- 64

[176] BAG 14.11.1990 – 5 AZR 509/89, AP BGB § 611 Arzt-Krankenhaus-Vertrag Nr. 25.
[177] BAG 21.3.2012 – 5 AZR 651/10, AP BGB § 611 Sachbezüge Nr. 24 mwN.
[178] BAG 11.10.2006 – 5 AZR 721/05, AP BGB § 308 Nr. 6; 21.3.2012 – 5 AZR 651/10, AP BGB § 611 Sachbezüge Nr. 24; 24.1.2017 – 1 AZR 774/14, NZA 2017, 777 Rn. 25.
[179] BAG 21.3.2012 – 5 AZR 651/10, AP BGB § 611 Sachbezüge Nr. 24; 24.1.2017 – 1 AZR 774/14, NZA 2017, 777 Rn. 23; 18.5.2017 – 2 AZR 721/16, NZA 2017, 1195 Rn. 28.
[180] BAG 7.10.1982 – 2 AZR 455/80, AP BGB § 620 Teilkündigung Nr. 5.
[181] BAG 12.10.2011 – 10 AZR 746/10, NZA 2012, 450.
[182] BAG 10.11.1995 – 5 AZR 1009/94, AP BGB § 611 Direktionsrecht Nr. 45.
[183] BAG 12.1.2006 – 2 AZR 126/05, AP KSchG 1969 § 2 Nr. 82; 8.10.2009 – 2 AZR 235/08, AP KSchG 1969 § 2 Nr. 143 Rn. 32; 5.6.2014 – 2 AZR 615/13, NZA 2015, 40 Rn. 23.
[184] BAG 12.1.2006 – 2 AZR 126/05, AP KSchG 1969 § 2 Nr. 82 unter II 5 d mAnm Boemke; 8.10.2009 – 2 AZR 235/08, AP KSchG 1969 § 2 Nr. 143 Rn. 32; 20.10.2017 – 2 AZR 783/16, NZA 2018, 440 Rn. 30; KR/Kreft Rn. 103.
[185] Dazu Schaub ArbR-HdB/Treber § 64 Rn. 10 ff.

halb ist eine Änderungskündigung nicht erforderlich, wenn nach dem einschlägigen Tarifvertrag die Höhe der **Arbeitsvergütung von Führungskräften von der Zahl der unterstellten Mitarbeiter abhängig** ist und sich diese verringert (zur korrigierenden Rückgruppierung bei fehlerhafter Eingruppierung → Rn. 67 ff.). Wenn dagegen arbeitsvertraglich die Tätigkeit als Filialleiter vereinbart ist, ändert sich an dieser Arbeitsaufgabe nichts, wenn die Zahl der unterstellten Mitarbeiter abnimmt. Im Rahmen der unverändert gebliebenen Tätigkeit als Filialleiter hat sich zwar ein nach dem Tarifvertrag vergütungsrelevanter Umstand geändert. Dieser geänderte Umstand betrifft jedoch nicht die arbeitsvertragliche Rechtsposition des Filialleiters. Diese war und ist unverändert: Der Arbeitnehmer schuldet dem Arbeitgeber eine Tätigkeit als Filialleiter, und der Arbeitgeber schuldet dem Arbeitnehmer eine Vergütung, deren Höhe sich nach den tariflichen Vorschriften richtet. Etwas anderes gilt nur dann, wenn arbeitsvertraglich die Tätigkeit als Leiter einer Filiale in einer näher bestimmten Mindestgröße vereinbart worden ist.[186]

65 Anders ist allerdings zu entscheiden, wenn **angestellte Lehrkräfte** nach dem maßgeblichen Tarifvertrag in die Vergütungsgruppe eingruppiert sind, die der Besoldungsgruppe entspricht, in welche sie eingestuft wären, wenn sie in einem Beamtenverhältnis stünden.[187] In diesem Fall liegt in der dauerhaften Übertragung einer **Schulleiterstelle** zugleich die Begründung eines arbeitsvertraglichen Anspruchs auf die der übertragenen Stelle entsprechende Vergütung, weil nach beamtenrechtlichen Grundätzen (§ 19 Abs. 2 BBesG) dem Beamten das mit der Planstelle verbundene höherwertige Amt vom Dienstherrn übertragen wird. Soweit sich die Zuordnung eines Amtes zu einer Besoldungsgruppe nach einem gesetzlich festgelegten Bewertungsmaßstab – etwa der Anzahl der Schüler an einer Schule – richtet, genügt danach allein die Erfüllung dieser Funktionsmerkmale nicht, um eine Besoldung aus dem entsprechenden Amt zu verlangen. Auch in einem solchen Fall bedarf es der Übertragung des Amtes. Dieser Grundsatz gilt ebenso umgekehrt bei der Übertragung einer niedriger bewerteten Tätigkeit. Ist ein Beamter einmal in ein Amt eingewiesen, das die Erfüllung eines gesetzlich festgelegten Bewertungsmaßstabes voraussetzt, verliert er dieses Amt nicht bereits dadurch, dass die Voraussetzungen aufgrund einer Änderung der tatsächlichen Verhältnisse – wie etwa durch ein Absinken von Schülerzahlen unter eine bestimmte Grenze – nicht mehr gegeben sind. Bei der Eingruppierung angestellter Lehrkräfte kommt es deshalb nicht zu der „klassischen" Tarifautomatik, weil diese den Grundsätzen des Berufsbeamtentums widerspräche.[188] Bei einem Absinken der Schülerzahlen unter den für die Eingruppierung maßgeblichen Schwellenwert ist daher grds. die mit der ursprünglich übertragenen Funktion verbundene Vergütung fortzuzahlen. Eine Herabgruppierung erfordert eine Änderungsvereinbarung oder eine sozial gerechtfertigte Änderungskündigung.[189]

66 Haben die Arbeitsvertragsparteien einzelvertraglich die **Beschäftigung des Arbeitnehmers im außertariflichen Angestelltenverhältnis vereinbart**, bleibt der Arbeitgeber hieran auch dann gebunden, wenn die Tätigkeit des AT-Angestellten nach einer Neuordnung des tariflichen Gehaltssystems anders als zuvor nunmehr von den Merkmalen einer tariflichen Vergütungsgruppe erfasst wird. Das Interesse eines tarifgebundenen Arbeitgebers, die Arbeitsbedingungen der im Betrieb beschäftigten Arbeitnehmer zu vereinheitlichen, ist kein Kündigungsgrund iSd § 1 Abs. 2 S. 1. Es liegt auch keine irrtümlich erfolgte zu hohe Eingruppierung vor, weil die Tätigkeit bei Vertragsschluss in der maßgeblichen tariflichen Gehaltsgruppenordnung nicht abgebildet war. Eine Vertragsanpassung nach den iRd § 2 zu beachtenden Grundsätzen des Wegfalls der Geschäftsgrundlage kommt in einem solchen Fall nicht in Betracht, weil es im Risikobereich des Arbeitgebers

---

[186] BAG 7.11.2001 – 4 AZR 724/00, AP TVG § 1 Tarifverträge: Einzelhandel Nr. 78, 5.9.2002 – 8 AZR 620/01, AP BAT §§ 22, 23 Lehrer Nr. 93.
[187] BAG 29.9.2011 – 2 AZR 451/10, NZA-RR 2012, 158.
[188] BAG 12.3.2008 – 4 AZR 93/07, AP BAT-O §§ 22, 23 Nr. 35.
[189] BAG 29.9.2011 – 2 AZR 451/10, NZA-RR 2012, 158; 18.6.2014 – 10 AZR 625/13, NJOZ 2014, 1816 Rn. 18; 3.7.2014 – 6 AZR 753/12, NJOZ 2015, 70 Rn. 18.

liegt, dass er die Tätigkeit des Arbeitnehmers im Rahmen eines frei ausgehandelten Vertrags höher dotiert, als dies einer späteren tariflichen Bewertung entspricht.[190]

6. Korrigierende Rückgruppierung

Ist ein Arbeitnehmer zu hoch eingruppiert, sind **zwei Fallgruppen** zu unterscheiden.[191] 67

Ist der Arbeitnehmer ausnahmsweise **bewusst zu hoch eingruppiert** worden, kann eine 68 Herabgruppierung nur im Wege der Änderungskündigung erfolgen, weil die vereinbarte Vergütungsgruppe übereinstimmend gewollt war. Die Darlegungs- und Beweislast dafür, dass eine übertarifliche Vergütung vereinbart worden ist, liegt bei dem, der daraus für sich Rechte herleitet.[192]

Hat der Arbeitgeber den Arbeitnehmer **irrtümlich zu hoch eingruppiert** und ist im 69 Arbeitsvertrag nur auf das Tarifrecht verwiesen, kann der Arbeitgeber im Rahmen des Tarifrechts eine erneute tarifvertragliche Zuordnung der zu bewertenden Tätigkeit auch zulasten des Angestellten vornehmen, sog. korrigierende Rückgruppierung.[193] Einer Änderungskündigung bedarf es dann nicht (zur überflüssigen Änderungskündigung → Rn. 88 ff.). Der Arbeitgeber kann die überhöhte Vergütungszahlung einstellen. Die Angabe der Vergütungsgruppe in Arbeitsverträgen des öffentlichen Dienstes kann dabei grds. nicht dahin ausgelegt werden, dem Arbeitnehmer solle ein eigenständiger, von den tariflichen Bestimmungen unabhängiger arbeitsvertraglicher Anspruch auf eine bestimmte Vergütung zustehen.[194] Der Arbeitgeber des öffentlichen Dienstes will und darf grds. im Wege des Normenvollzuges nur das gewähren, was dem Arbeitnehmer tarifvertraglich zusteht.[195] Die wiederholte korrigierende Rückgruppierung des Arbeitnehmers bei unveränderter Tätigkeit und Tarifrechtslage ist allerdings regelmäßig treuwidrig.[196]

Im Streitfall kann sich der Angestellte zunächst auf die ihm vom Arbeitgeber mit- 70 geteilte Vergütungsgruppe berufen. Sodann muss der Arbeitgeber die **objektive Fehlerhaftigkeit** der mitgeteilten Vergütungsgruppe darlegen und beweisen. Dies erfordert nicht den Vortrag, auf welchem konkreten Irrtum die fehlerhafte Eingruppierung beruht, sondern nur, dass die bisher als tarifgerecht angenommene Eingruppierung objektiv fehlerhaft ist, es also an zumindest einer tariflichen Voraussetzung hierfür fehlt.[197] Für eine korrigierende Rückgruppierung reicht es nicht aus, überhaupt einen Fehler aufzuzeigen, sondern die Vermeidung des aufgezeigten Fehlers muss dazu führen, dass die mitgeteilte Vergütungsgruppe nicht diejenige ist, in der der Angestellte tarifgerecht eingruppiert ist. Denn es muss – den Vortrag des Arbeitgebers als richtig unterstellt – die mitgeteilte Vergütungsgruppe deswegen unrichtig sein, weil keines der Tätigkeitsmerkmale dieser Vergütungsgruppe erfüllt ist. Mit anderen Worten: Der darzulegende Fehler muss sich so auswirken, dass die Bezahlung nach der mitgeteilten Vergütungsgruppe nicht tarifgerecht ist.[198] Dies kann auch auf einer neuen tariflichen Bewertung der Tätigkeit beruhen.[199] Die objektive Fehlerhaftigkeit liegt bereits vor, wenn auch nur eine der tariflichen Voraussetzungen für die bisherige Eingruppierung fehlt.[200]

---

190 BAG 8.10.2009 – 2 AZR 235/08, AP KSchG 1969 § 2 Nr. 143.

191 Wirges ZTR 1998, 62.

192 BAG 16.2.2000 – 4 AZR 62/99, AP NachwG § 2 Nr. 3.

193 Dazu Schaub ArbR-HdB/Treber § 64 Rn. 84 ff.

194 BAG 16.2.2000 – 4 AZR 62/99, EzA § 4 TVG Rückgruppierung Nr. 1; Rieble Anm. zu BAG 15.3.1991 – 2 AZR 591/90, EzA § 2 KSchG Nr. 17; aA BAG 15.3.1991 – 2 AZR 582/90, AP KSchG 1969 § 2 Nr. 28.

195 StRspr, BAG 23.8.1995 – 4 AZR 353/94, ZTR 1996, 169 = BeckRS 1995, 30925015; 8.8.1996 – 6 AZR 1013/94, AP BAT §§ 22, 23 Lehrer Nr. 46; 28.5.1997 – 10 AZR 383/95, ZTR 1997, 457 = BeckRS 1997, 13447; 9.7.1997 – 4 AZR 635/95, AP BAT 1975 §§ 22, 23 Nr. 223; 18.2.1998 – 4 AZR 581/96, AP BAT 1975 §§ 22, 23 Nr. 239; 5.6.2014 – 6 AZR 1008/12, AP TV-L § 16 Nr. 7 Rn. 12.

196 BAG 23.9.2009 – 4 AZR 220/08, AP BAT §§ 22, 23 Rückgruppierung Nr. 6 mwN.

197 BAG 7.5.2008 – 4 AZR 206/07, AP BAT-O §§ 22, 23 Nr. 34.

198 BAG 5.11.2003 – 4 AZR 689/02, AP BAT §§ 22, 23 Rückgruppierung Nr. 2.

199 BAG 25.9.2002 – 4 AZR 339/01, AP BAT §§ 22, 23 Rückgruppierung Nr. 1.

200 BAG 16.2.2000 – 4 AZR 62/99, AP NachwG § 2 Nr. 3; 17.5.2000 – 4 AZR 232/99, AP BAT-O §§ 22, 23 Nr. 18; 20.6.2001 – 4 AZR 575/99, AP BAT-O §§ 22, 23 Nr. 19.

71 Hat der Arbeitgeber die Voraussetzungen für die sog. korrigierende Rückgruppierung schlüssig dargelegt und ggf. bewiesen, ist es **Sache des Angestellten,** die Tatsachen darzulegen und ggf. zu beweisen, aus denen folgt, dass ihm die begehrte höhere Vergütung gleichwohl zusteht. Aus dem **Nachweisgesetz** und der **Nachweisrichtlinie 91/533/EWG** (abgelöst durch die Arbeitsbedingungenrichtlinie (EU) 2019/1152) ergeben sich nach Auffassung des BAG für die sog. korrigierende Rückgruppierung weder eine weitergehende Darlegungs- oder Beweislast des Arbeitgebers noch weitergehende Erleichterungen der Darlegungs- und Beweislast für den Angestellten.[201]

72 Die korrigierende Rückgruppierung ist mitbestimmungspflichtig.[202] Hat der Arbeitgeber bei der korrigierenden Rückgruppierung das **Mitbestimmungsrecht des Personalrats** verletzt, folgt hieraus allerdings nicht, dass er die bisherige Vergütung weiterzahlen muss. Vielmehr hat der Arbeitnehmer nur dann einen entsprechenden Anspruch, wenn die höhere Vergütung vertraglich vereinbart ist oder eine tarifliche Rechtsgrundlage besteht.[203]

V. Verhältnis zu anderen Instrumenten

1. Verhältnis zur Beendigungskündigung

73 a) **Weiterbeschäftigungsangebot vor Ausspruch der Kündigung.** Der Arbeitgeber hat vor einer Beendigungskündigung nach dem **Verhältnismäßigkeitsgrundsatz** eine Änderungskündigung auszusprechen, wenn die Möglichkeit der Weiterbeschäftigung zu anderen Arbeitsbedingungen besteht (→ § 1 Rn. 189 ff.). In seiner **früheren Rspr. hatte das BAG** angenommen, der Arbeitgeber müsse dem Arbeitnehmer vor Ausspruch einer Kündigung zunächst ein zumutbares Weiterbeschäftigungsangebot unterbreiten, wenn eine Weiterbeschäftigung zu geänderten Bedingungen möglich sei.[204] Er habe gegenüber dem Arbeitnehmer in einem klärenden Gespräch eindeutig und unmissverständlich zum Ausdruck zu bringen, dass er das Arbeitsverhältnis beenden werde, wenn der Arbeitnehmer das Änderungsangebot ablehne. Dieses müsse vollständig die neuen Vertragsbedingungen enthalten. Ein Änderungsangebot ohne den damit verbundenen Hinweis, dass der Bestand des Arbeitsverhältnisses auf dem Spiel stehe, rechtfertige im Fall der Ablehnung nicht den Ausspruch einer Beendigungskündigung. Der Arbeitgeber müsse dem Arbeitnehmer eine **Überlegungsfrist** einräumen. Diese diene dem Schutz des Arbeitnehmers vor übereilten Entscheidungen. Sie sei auf eine Woche zu bemessen, weil der Arbeitnehmer auch bei einer vom Betriebsrat nach § 1 Abs. 2 S. 3 angeregten Änderung der Vertragsbedingungen mit Rücksicht auf die Frist zur Stellungnahme des Betriebsrats nach § 102 Abs. 2 S. 1 BetrVG innerhalb dieser Zeit seine Entscheidung treffen müsse.[205] Nehme der Arbeitnehmer das Angebot unter einem dem § 2 entsprechenden **Vorbehalt** an, müsse der Arbeitgeber eine Änderungskündigung erklären. Eine Beendigungskündigung könne er nur aussprechen, wenn der Arbeitnehmer das Änderungsangebot vorbehaltlos und endgültig **ablehne.** Dem Arbeitnehmer sei es dann verwehrt, den Arbeitgeber bei einer daraufhin ausgesprochenen Beendigungskündigung auf eine Änderungskündigung mit dem abgelehnten Inhalt zu verweisen. **Unterbleibe** ein mögliches und zumutbares Angebot vor Kündigungsausspruch, sei die Kündigung sozial ungerechtfertigt, wenn der Arbeitnehmer einem vor der Kündigung gemachten entsprechenden Änderungsangebot zumindest unter Vorbehalt zugestimmt hätte. Für Letzteres

[201] BAG 16.2.2000 – 4 AZR 62/99, AP NachwG § 2 Nr. 3; s. a. EuGH 14.12.1997 – C 253–258/96, AP EWG-Richtlinie 91/533 Nr. 3 – Kampelmann ua.
[202] BVerwG 10.7.1995 – 6 P 14.93, AP BPersVG § 75 Nr. 59.
[203] BAG 30.5.1990 – 4 AZR 74/90, AP BPersVG § 75 Nr. 31; 26.8.1992 – 4 AZR 210/92, AP BPersVG § 75 Nr. 37.
[204] BAG 27.9.1984 – 2 AZR 62/83, NZA 1985, 455.
[205] BAG 27.9.1984 – 2 AZR 62/83, AP KSchG 1969 § 2 Nr. 8.

trage der Arbeitnehmer die Darlegungs- und Beweislast, während der Arbeitgeber die Unterbreitung eines zumutbaren Angebots unter Einräumung einer Überlegungsfrist darlegen und beweisen müsse.[206]

Der Zweite Senat des BAG ist **von dieser Rspr. zutreffend abgerückt.** Zu Recht geht das BAG nunmehr davon aus, dass der Arbeitgeber nicht verpflichtet ist, in jedem Fall mit dem Arbeitnehmer eine einvernehmliche Lösung zu suchen. Er kann vielmehr auch ohne vorherige Verhandlungen mit dem Arbeitnehmer direkt eine Änderungskündigung aussprechen. Es ist auch nicht einzusehen, weshalb dem Arbeitnehmer bei einem Änderungsangebot ohne gleichzeitige Kündigung eine Überlegungsfrist von einer Woche eingeräumt wird, während ihm bei einer Änderungskündigung die in der Regel deutlich längere Überlegungsfrist des § 2 S. 2 zur Verfügung steht.[207] **74**

Dies schließt freilich nicht aus, dass der Arbeitgeber mit dem Arbeitnehmer vor Ausspruch der Änderungskündigung ein **Gespräch über eine Weiterbeschäftigung zu geänderten Bedingungen** führt und ein Angebot zur einvernehmlichen Vertragsänderung macht.[208] Solche Verhandlungen über eine Änderung der Arbeitsbedingungen sind aus personalpolitischen Gründen sinnvoll, rechtlich aber nicht erforderlich. Nimmt der Arbeitnehmer das Änderungsangebot vorbehaltlos an, bedarf es keiner Änderungskündigung. Erklärt der Arbeitnehmer sein Einverständnis mit den neuen Bedingungen vor Ausspruch der Kündigung unter Vorbehalt, muss der Arbeitgeber eine Änderungskündigung aussprechen. **75**

Im Falle einer **Ablehnung des Angebots** kommt kein Änderungsvertrag zustande. Der Arbeitgeber muss dann vor Ausspruch einer Beendigungskündigung keine Änderungskündigung aussprechen. Erforderlich ist allerdings, dass die Ablehnung **vorbehaltlos und endgültig** erfolgt. Hierzu muss der Arbeitnehmer unmissverständlich zu erkennen geben, dass er unter keinen Umständen bereit sei, zu den geänderten Arbeitsbedingungen zu arbeiten. In diesem Fall ist es dem Arbeitnehmer verwehrt, den Arbeitgeber nach einer ausgesprochenen Beendigungskündigung auf eine mögliche Änderungskündigung mit dem abgelehnten Inhalt zu verweisen. Hat der Arbeitnehmer erkennen lassen, dass er das Änderungsangebot auf keinen Fall annehmen werde, ist sein Verhalten widersprüchlich, wenn er sich später auf eine mögliche Änderungskündigung beruft.[209] **76**

Allein die Ablehnung eines der Kündigung vorangegangenen Angebots auf einvernehmliche Abänderung des Arbeitsverhältnisses durch den Arbeitnehmer soll den Arbeitgeber jedoch nach Auffassung des BAG noch nicht von der Verpflichtung zum Ausspruch einer Änderungskündigung entbinden. Nur wenn der Arbeitnehmer bei der Ablehnung des Änderungsangebots unmissverständlich zu erkennen gebe, **unter gar keinen Umständen** – auch nicht unter dem Vorbehalt der sozialen Rechtfertigung – bereit zu sein, zu den geänderten Arbeitsbedingungen zu arbeiten, könne der Arbeitgeber eine Beendigungskündigung aussprechen. Die Ablehnung der einverständlichen Abänderung schließe nicht die Bereitschaft des Arbeitnehmers aus, zu den geänderten Bedingungen weiterzuarbeiten, wenn sich in einem Änderungsschutzverfahren die Berechtigung der Änderung herausstelle.[210] **77**

---

206 BAG 27.9.1984 – 2 AZR 62/83, AP KSchG 1969 § 2 Nr. 8; 7.12.2000 – 2 AZR 391/99, AP KSchG 1969 § 1 Betriebsbedingte Kündigung Nr. 113.

207 BAG 21.4.2005 – 2 AZR 132/04, AP KSchG 1969 § 2 Nr. 79; 21.4.2005 – 2 AZR 244/04, AP KSchG 1969 § 2 Nr. 80; ebenso BAG 21.9.2006 – 2 AZR 607/05, AP KSchG 1969 § 2 Nr. 130; zust. KR/Kreft Rn. 23 ff.; ErfK/Oetker Rn. 4; PVT Kündigung/Temming Rn. 1108; APS/Vossen § 1 Rn. 88b; iErg auch Annuß NZA 2005, 443; zuvor bereits v. Hoyningen-Huene Anm. zu BAG 27.9.1984 – 2 AZR 62/83, AP KSchG 1969 § 2 Nr. 8; v. Hoyningen-Huene/Linck DB 1993, 1185 (1188 f.); abl. Bauer/Winzer BB 2006, 266; DFL/Kaiser Rn. 8 ff.; Lelley/Sabin DB 2006, 1110, Rieble/Kolbe SAE 2008, 241, Wank Anm. zu BAG 21.4.2005 – 2 AZR 132/04, AP KSchG 1969 § 2 Nr. 79.

208 Ebenso Annuß/Bartz NJW 2006, 2153; Berkowsky NZA 2006, 697 (700); KR/Kreft Rn. 28.

209 BAG 21.4.2005 – 2 AZR 132/04, AP KSchG 1969 § 2 Nr. 79; aA Buchner Anm. zu BAG 21.4.2005 – 2 AZR 244/04, EzA § 2 KSchG Nr. 52.

210 BAG 7.12.2000 – 2 AZR 391/99, AP KSchG 1969 § 1 Betriebsbedingte Kündigung Nr. 113; 21.4.2005 – 2 AZR 132/04, AP KSchG 1969 § 2 Nr. 79; dazu auch BAG 3.4.2008 – 2 AZR 500/06, AP KSchG 1969 § 2 Nr. 137; APS/Kiel KSchG § 1 Rn. 578.

78 Das BAG stellt damit **sehr hohe Anforderungen an die endgültige Ablehnung.**[211] In dem am 21.4.2005 entschiedenen Fall lehnte ein Hauptabteilungsleiter, der ein Jahreseinkommen von rund 140.000 EUR bezog, ein Änderungsangebot, das die Beschäftigung als Prozesskoordinator Umwelt/Technik zu einem Jahresgehalt von rund 70.000 EUR vorsah, mit der Begründung ab, er sei allenfalls mit einer Gehaltsreduzierung auf 100.000 EUR plus privater Dienstwagennutzung einverstanden. Das BAG sah hierin keine endgültige Ablehnung. Zwar habe der Kläger eine Einigung über die Änderung der Weiterbeschäftigung als Prozesskoordinator eindeutig abgelehnt, indem er das Änderungsangebot nicht unterschrieben habe. Damit stehe aber nicht zugleich fest, dass der Kläger auch für den Fall des Ausspruchs einer Änderungskündigung nicht bereit gewesen sei, zu den angebotenen Bedingungen zu arbeiten. Der Kläger habe sich nicht prinzipiell gegen die Weiterarbeit zu geänderten Vertragsbedingungen gewehrt, sondern lediglich das konkrete Angebot zur einvernehmlichen Vertragsänderung als unzumutbar abgelehnt. Es sei jedoch gerade Sinn des Verfahrens nach § 2, die Frage der Zumutbarkeit der geänderten Vertragsbedingungen zu überprüfen.[212]

79 Damit **überspannt die Rspr. indes die Anforderungen.** Wenn der Arbeitnehmer ein ihm unterbreitetes Angebot unter dem Vorbehalt der sozialen Rechtfertigung annehmen will, hat er dies zum Ausdruck zu bringen. Dafür ist erforderlich aber auch ausreichend, dass der Arbeitnehmer deutlich macht, das Änderungsangebot gerichtlich überprüfen lassen zu wollen. Daran fehlt es jedoch, wenn er das Änderungsangebot ablehnt und ein Gegenangebot macht.[213] Unterbreitet der Arbeitgeber dem Arbeitnehmer vor Ausspruch der Kündigung ein Änderungsangebot, wird er bei Beachtung der Auffassung des BAG nunmehr sicherheitshalber im Falle der Ablehnung vom Arbeitnehmer die ausdrückliche Erklärung verlangen, das Angebot auch keinesfalls unter Vorbehalt annehmen zu wollen.[214]

80 **b) Zumutbarkeit der Weiterbeschäftigung.** Eine ordentliche Beendigungskündigung ist nach dem **Grundsatz der Verhältnismäßigkeit** ausgeschlossen, wenn die Möglichkeit besteht, den Arbeitnehmer auf einem anderen freien Arbeitsplatz auch zu geänderten Arbeitsbedingungen weiterzubeschäftigen.

81 Nach Auffassung des BAG ist es nicht Sache des Arbeitgebers, sich über die Zumutbarkeit der neuen Arbeitsbedingungen für den Arbeitnehmer Gedanken zu machen. Das Angebot dürfe **nur in „Extremfällen"** entfallen, also wenn der Arbeitgeber bei vernünftiger Betrachtung nicht mit einer Annahme des neuen Vertragsangebots durch den Arbeitnehmer rechnen könne und ein derartiges Angebot eher beleidigenden Charakter gehabt hätte (zB Angebot einer Pförtnerstelle an den bisherigen Personalchef).[215] Grundsätzlich habe der Arbeitnehmer selbst zu entscheiden, ob er eine Weiterbeschäftigung unter möglicherweise erheblich verschlechterten Arbeitsbedingungen für zumutbar halte oder nicht. Ein wesentliches Indiz für das Vorliegen einer „Extremsituation" sei das Verhalten des Arbeitnehmers nach Ausspruch einer Beendigungskündigung und während des Kündigungsschutzprozesses. Berufe er sich nicht zeitnah auf eine ihm bekannte Beschäftigungsmöglichkeit, spreche dies dafür, dass er selbst keine zumutbaren Weiterbeschäftigungsperspektiven mehr sehe und der Arbeitgeber ein entsprechendes Änderungsangebot nicht unterbreiten musste.[216] Auch indiziere dies, dass der Arbeitnehmer das betreffende Angebot schon vor Ausspruch der Kündigung nicht – auch nicht unter Vorbehalt – angenommen hätte.[217]

---

[211] Ebenso Berkowsky NZA 2006, 697 (700).

[212] BAG 21.4.2005 – 2 AZR 132/04, AP KSchG 1969 § 2 Nr. 79.

[213] Krit. zur Rspr. insoweit auch Annuß/Bartz NJW 2006, 2153 (2154); Bauer/Winzer BB 2006, 266 (268); Berkowsky NZA 2006, 697 (700).

[214] Annuß/Bartz NJW 2006, 2153 (2154); Bauer/Winzer BB 2006, 266 (268); ähnlich Edenfeld RdA 2006, 177 (180).

[215] BAG 21.9.2006 – 2 AZR 607/05, AP KSchG 1969 § 2 Nr. 130; 26.6.2008 – 2 AZR 1109/06, AP KSchG 1969 § 1 Betriebsbedingte Kündigung Nr. 180; 26.3.2015 – 2 AZR 417/14, NZA 2015, 1083 Rn. 28.

[216] BAG 26.3.2015 – 2 AZR 417/14, NZA 2015, 1083 Rn. 28.

[217] BAG 21.9.2006 – 2 AZR 607/05, AP KSchG 1969 § 2 Nr. 130; 23.2.2010 – 2 AZR 656/08, AP KSchG 1969 § 15 Nr. 66.

Gegen eine nahezu uneingeschränkte Pflicht, Weiterbeschäftigungsmöglichkeiten anzubieten, bestehen indes **Bedenken.**[218] Will der Arbeitgeber vor Ausspruch der Kündigung klären, ob der Arbeitnehmer bereit ist, zu geänderten Bedingungen zu arbeiten, hat er dem Arbeitnehmer ein dem **Grundsatz der Verhältnismäßigkeit** entsprechendes Angebot zu machen, denn dieser bestimmt Inhalt und Grenzen der Weiterbeschäftigungspflicht. Dieser Prüfungsmaßstab wird vom BAG nicht genügend in den Blick genommen, wenn der Umfang der Weiterbeschäftigungsmöglichkeiten allein davon abhängig gemacht wird, ob sich der Arbeitnehmer die geänderten Arbeitsbedingungen subjektiv zumuten möchte oder nicht. Die Änderungen müssen daher zunächst geeignet sein, den Inhalt des Arbeitsvertrags den geänderten Beschäftigungsmöglichkeiten anzupassen. Dies ist objektiv zu bestimmen. **Geeignet** ist ein Änderungsangebot, wenn der **Arbeitnehmer persönlich und fachlich in der Lage** ist, die geänderten Arbeitsaufgaben zu erledigen. Hierfür sind neben „harten" Faktoren, wie bspw. der Ausbildung und besonderen arbeitsplatzbezogenen Kenntnissen und Fähigkeiten, auch „weiche" Faktoren von Bedeutung. Eine vorhandene Weiterbeschäftigungsmöglichkeit wird danach regelmäßig ungeeignet sein, wenn ein vormals leitender Mitarbeiter, zB Bereichsleiter, nur noch als Sachbearbeiter tätig sein könnte und ehemals untergebene Abteilungs- und Teamleiter nunmehr direkte Vorgesetzte wären. Hier sind Konflikte vorprogrammiert. Ein ehemaliger Vorgesetzter wird sich nicht ohne Weiteres Weisungen vormals nachgeordneter Mitarbeiter unterwerfen.[219] 82

Ein anderer freier Arbeitsplatz wird allerdings in der Regel auch dann als **objektiv geeignet** anzusehen sein, wenn die Änderung der Arbeitsbedingungen eine erheblich geringere Vergütung und eine verkürzte Wochenarbeitszeit zur Folge hat, sofern der Arbeitnehmer die „harten" und „weichen" Eignungsanforderungen erfüllt. Allein ein geringeres Einkommen, bedingt durch kürzere Arbeitszeit und niedrigere Stundenvergütung, schließt die objektive Eignung noch nicht aus. Deshalb kann das **Angebot einer Teilzeitbeschäftigung,** wenn es die einzige Alternative zu einer Beendigungskündigung darstellt, seitens des Arbeitgebers nicht mit der Begründung unterbleiben, mit dem verbleibenden Einkommen könne der Arbeitnehmer seine Familie nicht ernähren. Entgegen der Auffassung des BAG ist hierfür allerdings nicht maßgebend, dass allein der Arbeitnehmer beurteilen könne, ob die Möglichkeit eines Zuverdienstes bestehe oder ob eine Teilzeitbeschäftigung seinen Interessen entgegenkomme.[220] Entscheidend ist vielmehr, dass eine Weiterbeschäftigung zu geänderten Arbeitsbedingungen mit einer geringeren Vergütung objektiv geeignet ist, den Inhalt des Arbeitsverhältnisses den geänderten Beschäftigungsmöglichkeiten anzupassen, sofern die neue Tätigkeit keine erhebliche Änderung der Unterstellungsverhältnisse zur Folge hat und deshalb wegen der damit einhergehenden Spannungen ungeeignet ist.[221] Ein entsprechendes Änderungsangebot ist im Sinne des Verhältnismäßigkeitsgrundsatzes auch erforderlich und angemessen, wenn es keine andere Beschäftigungsmöglichkeit mehr gibt, es also „alternativlos" ist. 83

c) **Mehrere Weiterbeschäftigungsmöglichkeiten.** Bestehen mehrere geeignete Weiterbeschäftigungsmöglichkeiten, hat der Arbeitgeber dem Arbeitnehmer grds. den Arbeitsplatz anzubieten, dessen Arbeitsbedingungen sich am wenigsten weit von den bisherigen entfernen. Nur dann ist das konkrete Änderungsangebot erforderlich.[222] Schwierigkeiten bestehen, wenn die **Bewertung der Arbeitsplätze nicht eindeutig** ist. So wird im Schrifttum beispielhaft der Fall erörtert, in dem eine Versicherung am Standort Köln einen 84

---

[218] Krit. Annuß/Bartz NJW 2006, 2153 (2155); Bauer/Winzer BB 2006, 266 (267 f.); Schrader/Straube DB 2006, 1678 f.; Wank Anm. zu BAG 21.4.2005 – 2 AZR 132/04, AP KSchG 1969 § 2 Nr. 79.

[219] Annuß/Bartz NJW 2006, 2153 (2155); Bauer/Winzer BB 2006, 266 (267 f.); krit. Wank Anm. zu BAG 21.4.2005 – 2 AZR 132/04, AP KSchG 1969 § 2 Nr. 79.

[220] BAG 21.4.2005 – 2 AZR 244/04, AP KSchG 1969 § 2 Nr. 80.

[221] AA insoweit Bauer/Winzer BB 2006, 266 (267 f.).

[222] BAG 22.9.2005 – 2 AZR 519/04, AP SGB IX § 81 Nr. 10; zur außerordentlichen Änderungskündigung BAG 17.3.2005 – 2 ABR 2/04, AP KSchG 1969 § 15 Nr. 58.

Bereich auflöst und deshalb der bisherige Arbeitsplatz eines Mitarbeiters entfällt. Der Betroffene könnte in Köln auf einem niedriger bewerteten Arbeitsplatz zu 50 % der bisherigen Vergütung oder in Göttingen auf einem Arbeitsplatz zu 75 % der bisherigen Vergütung beschäftigt werden.[223]

85 Folgt man der neuen Rspr. des BAG, scheidet keiner der beiden freien Arbeitsplätze von vornherein aus. Es ist vielmehr **Sache des Arbeitnehmers** zu entscheiden, welche der beiden Tätigkeiten für ihn in Betracht kommt. Auch bei Anwendung des Verhältnismäßigkeitsgrundsatzes ergibt sich kein klares Ergebnis. Beide Weiterbeschäftigungsmöglichkeiten sind geeignet. Nicht eindeutig ist jedoch zu beantworten, welche der beiden Alternativen sich am wenigsten weit von den bisherigen Arbeitsbedingungen entfernt und deshalb das erforderliche und angemessene Angebot darstellt. Stellt man auf den Arbeitsort ab, wäre der Arbeitsplatz in Köln anzubieten, hält man dagegen die Arbeitsvergütung für maßgeblich, wäre es der Arbeitsplatz in Göttingen. Diesen Bewertungsproblemen kann der Arbeitgeber entgehen, indem er eine Änderungskündigung ausspricht, und dem Arbeitnehmer alternativ und hinreichend bestimmt **beide Beschäftigungsmöglichkeiten anbietet.**[224] Es ist dann Sache des Arbeitnehmers, sich für eine der beiden Varianten zu entscheiden.[225] Dem steht entgegen einer im Schrifttum vertretenen Auffassung[226] das Bestimmtheitsgebot (→ Rn. 23 f.) nicht entgegen. Das BAG hat in der dort in Bezug genommenen Entscheidung v. 15.1.2009[227] in einer anders gelagerten Fallkonstellation das Änderungsangebot als nicht hinreichend bestimmt erachtet. Der Arbeitgeber hatte dem Arbeitnehmer „ein" Änderungsangebot in Gestalt eines neuen Arbeitsvertrags gemacht, in dem wiederum zwei kollektive Regelungen – nämlich die der (früheren) „Tarifverträge" CGZP und die der BZA – gleichzeitig angeboten und in ein unklares Alternativverhältnis gestellt wurden. Ein solches Angebot ist unklar. Es ist aber von dem hier angesprochenen Fall zu unterscheiden, in dem der Arbeitgeber dem Arbeitnehmer in der Änderungskündigung mehrere in sich geschlossene und jeweils für sich betrachtet hinreichend bestimmte Angebote macht und dem Arbeitnehmer die Entscheidung überlässt, eines der Angebote anzunehmen. Hier kann der Arbeitnehmer eine fundierte Entscheidung über die Annahme oder Ablehnung der Angebote treffen.

86 Noch komplizierter wird es, wenn infolge einer unternehmerischen Entscheidung in mehreren Betrieben eines Unternehmens Arbeitsplätze wegfallen und der Arbeitgeber für eine **Mehrzahl von Arbeitnehmern** mehrere, gleichwohl jedoch nicht genügend freie Arbeitsplätze hat. In diesem Fall hat der Arbeitgeber zunächst eine Reihung der Arbeitnehmer vorzunehmen. Das BAG hatte in der Vergangenheit eine Auswahl ausreichen lassen, die den Anforderungen des § 315 BGB entspricht.[228] In seiner neuen Rspr. ist der Zweite Senat jedoch zu Recht hiervon abgerückt und zieht die Grundsätze der Sozialauswahl nach § 1 Abs. 3 entsprechend heran.[229]

87 Dem **sozial schutzwürdigsten Arbeitnehmer** hat der Arbeitgeber einen für diesen Arbeitnehmer objektiv geeigneten Arbeitsplatz anzubieten, dessen Arbeitsbedingungen am wenigsten weit von den bisherigen entfernt liegen. In Zweifelsfällen empfiehlt sich auch eine Änderungskündigung mit Alternativangeboten.[230]

---

[223] Bauer/Winzer BB 2006, 266 (268 f.).

[224] Ebenso Kiel FS Kreutz, 2010, 211 (218); APS/Kiel KSchG § 1 Rn. 580; APS/Künzl Rn. 17; Wagner NZA 2008, 1333; abl. ErfK/Oetker Rn. 10a.

[225] BAG 28.10.1999 – 2 AZR 437/98, AP KSchG 1969 § 15 Nr. 44 zu II 3 der Gründe.

[226] ErfK/Oetker Rn. 10a.

[227] BAG 15.1.2009 – 2 AZR 641/07, AP KSchG 1969 § 2 Nr. 141.

[228] BAG 21.9.2000 – 2 AZR 385/99, AP KSchG 1969 § 1 Betriebsbedingte Kündigung Nr. 111.

[229] BAG 22.9.2005 – 2 AZR 544/04, AP KSchG 1969 § 15 Nr. 59; 12.8.2010 – 2 AZR 945/08, AP KSchG 1969 § 2 Nr. 147; 27.7.2017 – 2 AZR 476/16, NZA 2018, 234 Rn. 38; ebenso APS/Kiel KSchG § 1 Rn. 584; Lunk/Seidler NZA 2018, 201 (203).

[230] Anschaulich Bauer/Winzer BB 2006, 266 (271 f.); s. a. Kock NJW 2006, 728.

2. „Überflüssige“ Änderungskündigung

Nach dem im Kündigungsschutzrecht geltenden **Grundsatz der Verhältnismäßigkeit** darf der Arbeitgeber erst dann eine Änderungskündigung aussprechen, wenn keine Möglichkeit besteht, die beabsichtigte Änderung mit weniger einschneidenden Mitteln zu erreichen. Sofern der Arbeitgeber daher seinen Änderungswunsch auch durch Ausübung seines Direktionsrechts umsetzen kann, verstößt er gegen den Grundsatz der Verhältnismäßigkeit, wenn er stattdessen eine Änderungskündigung erklärt. Eine solche Änderungskündigung ist wegen der damit verbundenen Bestandsgefährdung **unwirksam.**[231] Hierbei bleibt es uneingeschränkt, wenn der Arbeitnehmer das mit der Änderungskündigung verbundene Angebot nicht annimmt, sondern rundheraus ablehnt.[232] In solchen Gestaltungen scheidet auch eine Umdeutung (§ 140 BGB) der unverhältnismäßigen und deshalb unwirksamen Änderungskündigung in eine wirksame Weisung[233] nicht zuletzt aufgrund der damit verbundenen Kostenbelastung des im Änderungsschutzprozess dann unterliegenden Arbeitnehmers aus.[234] 88

Etwas anderes soll nach Auffassung des BAG aber dann gelten, wenn der Arbeitnehmer das **mit der „überflüssigen“ Änderungskündigung verbundene Angebot unter Vorbehalt annimmt.** In diesem Fall soll eine Änderungsschutzklage iSd § 4 S. 2 nämlich keinen Erfolg haben. Der Verstoß gegen den Verhältnismäßigkeitsgrundsatz wirke sich nicht aus, wenn zu dem Termin, zu welchem die Änderungskündigung ausgesprochen werde, die Änderung der Arbeitsbedingungen aufgrund anderer Umstände, wie etwa einer Vereinbarung der Arbeitsvertragsparteien, der wirksamen Ausübung des Direktionsrechts durch den Arbeitgeber oder wegen der normativen Wirkung eines Kollektivvertrags (Tarifvertrag oder Betriebsvereinbarung), bereits eingetreten sei. Zur Begründung beruft sich das BAG auf sein grundsätzliches Verständnis des Gegenstands der Änderungsschutzklage in den Fällen, in denen der Arbeitnehmer das Änderungsangebot unter Vorbehalt annimmt (dazu auch noch → Rn. 222). In einer solchen Situation gehe es nämlich nicht mehr um den Bestand des Arbeitsverhältnisses, sondern lediglich um dessen Inhalt. Streitgegenstand einer Änderungsschutzklage iSv § 4 S. 2 sei daher nicht die Wirksamkeit der Änderungskündigung. Vielmehr ziele die Änderungsschutzklage auf die Feststellung, dass für das Arbeitsverhältnis nicht die Arbeitsbedingungen gelten, die in dem mit der Kündigung verbundenen Änderungsangebot des Arbeitgebers enthalten seien. Eine derartige Feststellung könne das Gericht indes nicht treffen, wenn die Änderung der Arbeitsbedingungen unabhängig von der Änderungskündigung bereits aus anderen Gründen eingetreten sei.[235] Die Begründetheit einer Änderungsschutzklage nach § 4 S. 2 setze nämlich voraus, dass in dem Zeitpunkt, zu welchem die Änderungskündigung ausgesprochen wird, das Arbeitsverhältnis nicht ohnehin schon zu den Bedingungen bestehe, die dem Arbeitnehmer mit der Kündigung angetragen werden.[236] Das BAG 89

---

[231] BAG 26.1.1995 – 2 AZR 428/94, AP KSchG 1969 § 2 Nr. 37; 9.7.1997 – 4 AZR 635/95, AP BAT 1975 §§ 22, 23 Nr. 233; 24.6.2004 – 8 AZR 22/03, ZTR 2004, 579 = BeckRS 2004, 41457; 6.9.2007 – 2 AZR 368/06, AP KSchG 1969 § 2 Nr. 135; 22.9.2016 – 2 AZR 509/15, NZA 2016, 1461 Rn. 12; KR/Kreft Rn. 40; FS Preis, 2021, 711 (712); APS/Künzl Rn. 116.

[232] BAG 22.9.2016 – 2 AZR 509/15, NZA 2016, 1461 Rn. 12.

[233] Hierfür LAG Berlin 29.11.1999 – 9 Sa 1277/99, LAGE § 2 KSchG Nr. 36 = NZA-RR 2000, 131; Hromadka NZA 2008, 1338 (1340); Lakies BB 2003, 364 f.; offenlassend BAG 28.5.2009 – 2 AZR 844/07, AP BGB § 626 Nr. 222 mAnm Oetker unter II I 3.

[234] LAG Niedersachsen 2.12.2010 – 5 Sa 1183/10, BeckRS 2011, 69355; Berkowsky NZA 1999, 293 (298); KR/Kreft Rn. 41; APS/Künzl Rn. 119a f.; ErfK/Oetker Rn. 14a; Reuter/Sagan/Witschen NZA 2013, 935 (940).

[235] BAG 21.2.1991 – 2 AZR 432/90, BeckRS 2009, 69342; 26.1.1995 – 2 AZR 371/94, AP KSchG 1969 § 2 Nr. 36; 9.7.1997 – 4 AZR 635/95, AP BAT 1975 §§ 22, 23 Nr. 233; 24.6.2004 – 8 AZR 22/03, ZTR 2004, 579 = BeckRS 2004, 41457; 24.8.2004 – 1 AZR 419/03, AP KSchG 1969 § 2 Nr. 77; 23.2.2012 – 2 AZR 44/11, AP KSchG 1969 § 2 Nr. 154; ebenso Fischermeier NZA 2000, 737 (739); KR/Kreft Rn. 39; ErfK/Oetker Rn. 14a.

[236] BAG 26.8.2008 – 1 AZR 353/07, AP KSchG 1969 § 2 Nr. 139; 29.9.2011 – 2 AZR 523/10, NZA 2012, 628; 26.1.2012 – 2 AZR 102/11, NZA 2012, 856 Rn. 13, 23; 19.7.2012 – 2 AZR 25/11, NZA 2012, 1038 Rn. 20 f.; 25.4.2013 – 2 AZR 960/11, NJOZ 2013, 1835 Rn. 29; 28.8.2013 – 10 AZR 569/12, NZA-RR 2014, 181 Rn. 48.

geht sogar noch weiter und hält eine Klage schon dann für unbegründet, wenn der Arbeitgeber rechtlich in der Lage gewesen wäre, die Änderung einseitig durchzusetzen, ohne dass er diese Befugnis bereits ausgeübt haben muss.[237]

90 Dies überzeugt nicht.[238] Die Rspr. berücksichtigt nicht genügend, dass **Kündigung und Änderungsangebot eine Einheit** bilden. Entscheidend ist, dass der Arbeitgeber mit dem Mittel einer Kündigung eine Änderung der Arbeitsvertragsbedingungen herbeizuführen versucht. Die Wirksamkeit der Kündigung bestimmt sich nach den Umständen zum Zeitpunkt ihres Zugangs. Erst **nach dem Zugang** der Änderungskündigung entscheidet sich jedoch der Arbeitnehmer, ob er das Änderungsangebot, ggf. unter Vorbehalt, annimmt. Mit Zugang der Änderungskündigung tritt die Gefährdung des Arbeitsverhältnisses ein. Zu diesem Zeitpunkt erweist sich die Maßnahme des Arbeitgebers als unverhältnismäßig. Der vom Arbeitnehmer später erklärte Vorbehalt kann hieran nichts mehr ändern.[239] Es ist ungereimt, wenn die Änderungskündigung bei Ablehnung des Änderungsangebots durch den Arbeitnehmer wegen Unverhältnismäßigkeit unwirksam ist (→ Rn. 88), dieser Umstand aber dann keine Rolle mehr spielen soll, wenn der Arbeitnehmer das Änderungsangebot unter Vorbehalt annimmt.[240] Weiter ist die Konzeption des BAG in den Fällen der **Existenz eines inhaltsgleichen Kollektivvertrags** von vornerein unstimmig. Selbst wenn man als Gegenstand der Änderungsschutzklage bei einer Annahme des Änderungsangebots unter Vorbehalt lediglich den Streit um den Inhalt der vom Arbeitgeber angestrebten Arbeitsvertragsbedingungen ansieht, würde dies weder die Überflüssigkeit der Änderungskündigung noch die Unbegründetheit der Änderungsschutzklage zur Folge haben. In einem derartigen Fall ginge es nämlich darum, dass der Arbeitgeber die kollektivvertraglich vereinbarten Arbeitsbedingungen zugleich einzelvertraglich festschreiben will und damit um eine Änderung von Arbeitsvertragsbedingungen. Eine solcher angestrebter **„Rechtsquellenwechsel"** kann aber problemlos auf seine soziale Rechtfertigung kontrolliert werden.[241] Schließlich würde die im Verständnis des BAG angelegte Ausblendung des Kündigungselements an sich dazu führen, dass alle auf die Wirksamkeit der Kündigung bezogenen Umstände im Änderungsschutzprozess nicht mehr geprüft werden dürften. Der Kündigungsschutz würde mit der Annahme unter Vorbehalt also vollständig leerlaufen. Der durch § 2 intendierte Schutz des Arbeitnehmers würde sich in sein Gegenteil verkehren, wenn die Nutzung dieser Option zwangsläufig mit einem Verzicht auf den gesamten Kündigungsschutz einhergehen würde bzw. sich der Arbeitnehmer diesen Schutz nur erhält, wenn er gerade nicht den durch § 2 eröffneten Weg wählt. Tatsächlich hat das BAG auch vereinzelt entsprechende Konsequenzen gezogen und etwa die Anhörung des Betriebsrats gem. § 102 Abs. 1 BetrVG für überflüssig gehalten.[242]

91 Im Allgemeinen schreckt das BAG vor dieser Konsequenz aber zurück. Denn obwohl die Beendigungswirkung der Kündigung bei einer Annahme unter Vorbehalt entfallen soll, bleibt es dem Arbeitnehmer nach Auffassung des BAG doch grds. unbenommen, sich auch auf **andere Mängel der Kündigungserklärung außerhalb der Sozialwidrigkeit** wie etwa auf einen Verstoß § 102 Abs. 1 BetrVG[243] zu berufen, was sich offenbar aus

[237] BAG 26.1.2012 – 2 AZR 102/11, NZA 2012, 856 Rn. 23; ebenso bereits Oetker Anm. zu BAG 28.5.2009 – 2 AZR 844/07, AP BGB § 626 Nr. 222 unter II 3.

[238] Abl. auch Hromadka NZA 2012, 896 (897); Künzl/von der Ehe NZA 2015, 1217 (1219 ff.); Niemann RdA 2016, 339 (342 f.); Preis NZA 2015, 1 (7 ff.); Preis/Schneider FS v. Hoyningen-Huene, 2014, 395 (400 ff.); MHdB ArbR/Rennpferdt § 118 Rn. 30 ff.; Reuter/Sagan/Witschen NZA 2013, 935 (936 ff.); Wallner NZA 2017, 1562 (1565).

[239] Ebenso Gaul DB 1998, 1913; APS/Künzl Rn. 118 f.; HaKo-KSchR/Pfeiffer Rn. 15; Wallner, Die Änderungskündigung, 2005, Rn. 123; mit zT anderer Begründung auch Benecke NZA 2005, 1092; Berkowsky NZA 1999, 293 (295 ff.); Verstege RdA 2010, 302 (305).

[240] Preis NZA 2015, 1 (8).

[241] Reuter/Sagan/Witschen NZA 2013, 935 (936); zust. MHdB ArbR/Rennpferdt § 118 Rn. 33.

[242] Vgl. BAG 19.7.2012 – 2 AZR 25/11, NZA 2012, 1038 Rn. 17.

[243] BAG 28.5.1998 – 2 AZR 615/97, AP KSchG 1969 § 2 Nr. 48 mAnm Löwisch; KR/Kreft Rn. 112; ErfK/Oetker Rn. 21.

einer Auslegung des vom Arbeitnehmer erklärten Vorbehalts ergeben soll, sodass dieser es in der Hand hat, die Reichweite der gerichtlichen Überprüfung der Änderungskündigung zu steuern (s. dazu auch noch → Rn. 104).[244] Dies soll auch in den Fällen der „überflüssigen" Änderungskündigung gelten.[245] Damit droht dem Arbeitnehmer die Klageabweisung in dieser Gestaltung auch nach Ansicht des BAG iErg nur dann, wenn der einzige Grund für die Unwirksamkeit der Änderungskündigung in deren Unverhältnismäßigkeit liegt, weil alle anderen Gründe als Teil des Vorbehalts zu prüfen sind, unter dem der Arbeitnehmer das Änderungsangebot angenommen hat. Damit gelangt das BAG letztlich ebenfalls dazu, dass der Änderungsschutzklage stattzugeben ist, obwohl die vom Arbeitgeber angestrebten Arbeitsbedingungen tatsächlich bereits gelten. Dies alles lässt sich indes einfacher dadurch erklären, dass die Wirksamkeit der Änderungskündigung stets und unabhängig von der mehr oder weniger geschickten Formulierung des Vorbehalts durch den Arbeitnehmer an die Einhaltung der allgemeinen Anforderungen an die Wirksamkeit des Kündigungselements geknüpft wird.

Die Sichtweise des BAG lässt sich ferner nicht durch die Überlegung stützen, dass in Fällen dieser Art „in Wirklichkeit" gar kein Angebot seitens des Arbeitgebers vorliege und damit auch keine Arbeitsvertragsänderung iSd §§ 2 S. 1, 4 S. 2 in Rede stehe, gegen die der Arbeitnehmer mit der Änderungsschutzklage zu Felde ziehen könne.[246] Denn auch wenn der Arbeitgeber zur Durchsetzung seines Ziels „an sich" keine Änderungskündigung benötigt, ändert dies nichts daran, dass er eine **Arbeitsvertragsänderung gewollt** und hierfür eine **Kündigung als Druckinstrument** eingesetzt, sich also genau der beiden Elemente bedient hat, aus der sich eine Änderungskündigung begrifflich zusammensetzt.[247] Wenn dies aber geschehen ist, spricht nichts dagegen, ggf. die Unwirksamkeit dieser Änderungskündigung auszusprechen, was nicht bedeutet, dass die vom Arbeitgeber erstrebten Arbeitsbedingungen als solche nicht schon gelten oder zumindest herbeigeführt werden können, nur eben nicht mittels einer Änderungskündigung. 92

Allerdings ist nicht zu verkennen, dass es für den Arbeitgeber ohne eigenes Verschulden unklar sein kann, ob bestimmte Arbeitsbedingungen etwa durch Ausübung des ggf. vertraglich erweiterten Weisungsrechts herbeigeführt werden können oder ob es hierfür einer Änderungskündigung bedarf. Dieser Rechtsunsicherheit ist dadurch zu begegnen, dass der Arbeitgeber **vorrangig** sein **Direktionsrecht** ausübt und **hilfsweise** eine („vorsorgliche") **Änderungskündigung** erklärt, die dann zulässigerweise unter einer Rechtsbedingung steht (→ Rn. 14). Der Arbeitnehmer wiederum kann in solchen Fällen in der Weise kontern, dass er eine **unbedingte Feststellungsklage** darauf erhebt, dass die ursprünglichen Arbeitsbedingungen weitergelten, die er im Anschluss an eine Vorbehaltsannahme mit einem **hilfsweise** erhobenen **Änderungsschutzantrag** kombiniert, mit dem er geltend macht, dass die neuen Arbeitsbedingungen auch nicht per Änderungskündigung herbeigeführt worden sind.[248] Dies ist verfahrensrechtlich dann zulässig, wenn und soweit nicht das gesamte Prozessrechtsverhältnis, sondern lediglich ein Prozessantrag innerhalb eines unbedingten Verfahrens unter eine Bedingung gestellt wird.[249] IÜ hat der **Arbeitgeber** gem. § 1 Abs. 2 S. 4 darzulegen und im Streitfall zu beweisen, dass die von ihm erstrebte Änderung nicht durch geeignete mildere Maßnahmen als die Änderungskündigung erreicht werden kann.[250] 93

---

[244] BAG 28.5.1998 – 2 AZR 615/97, AP KSchG 1969 § 2 Nr. 48 unter II 3 mAnm Löwisch.

[245] BAG 22.10.2015 – 2 AZR 124/14, NZA 2016, 225 Rn. 30 ff.

[246] So aber BAG 19.7.2012 – 2 AZR 25/11, NZA 2012, 1038 Rn. 21; 28.8.2013 – 10 AZR 569/12, NZA-RR 2014, 181 Rn. 48.

[247] Reuter/Sagan/Witschen NZA 2013, 935 (937).

[248] BAG 17.12.2015 – 2 AZR 204/15, NZA 2016, 568 Rn. 15 ff.; MHdB ArbR/Rennpferdt § 118 Rn. 32; Reuter/Sagan/Witschen NZA 2013, 935 (940 f.); Wallner NZA 2017, 1562 (1565); s. a. BAG 30.11.2022 – 5 AZR 336/21, Rn. 6 u. 8 (nicht abgedruckt in NZA 2023, 429).

[249] BAG 17.12.2015 – 2 AZR 204/15, NZA 2016, 568 Rn. 22 ff.

[250] BAG 26.1.1995 – 2 AZR 428/94, AP KSchG 1969 § 2 Nr. 37.

VI. Reaktionsmöglichkeiten des Arbeitnehmers

1. Überblick

94 Der Arbeitnehmer hat im Falle einer Änderungskündigung **drei Reaktionsmöglichkeiten.** Die Überprüfung der Änderungskündigung richtet sich dabei jeweils nach dem Verhalten des Arbeitnehmers.

95 Der Arbeitnehmer kann das in der Änderungskündigung liegende **Angebot vorbehaltlos annehmen.** Das Arbeitsverhältnis besteht dann zu den geänderten Bedingungen fort.

96 Der Arbeitnehmer kann das **Änderungsangebot** nach § 2 **unter Vorbehalt annehmen** und eine Änderungsschutzklage nach § 4 S. 2 erheben (zum Fall der – an sich fehlerhaften – Erhebung einer Klage nach § 4 S. 1 → Rn. 228). In diesem Rechtsstreit geht es dann ausschließlich um die Wirksamkeit der Änderung der Arbeitsbedingungen. Zu einer Beendigung des Arbeitsverhältnisses kommt es in diesem Falle nicht, weil der Arbeitnehmer das Änderungsangebot unter dem Vorbehalt der gerichtlichen Nachprüfung angenommen hat.

97 Der Arbeitnehmer kann das **Änderungsangebot ablehnen** und gegen die Kündigung eine Kündigungsschutzklage erheben. Im Kündigungsschutzprozess wird dann allein über die Wirksamkeit der Beendigung des Arbeitsverhältnisses gestritten.

2. Annahme ohne Vorbehalt

98 Nimmt der Arbeitnehmer das Änderungsangebot vorbehaltlos an, besteht das **Arbeitsverhältnis zu den geänderten Arbeitsbedingungen** fort.[251] Die Annahme des Änderungsangebots ist eine empfangsbedürftige Willenserklärung (zur Annahme durch schlüssiges Verhalten → Rn. 102). Sie bedarf anders als die Änderungskündigung **nicht der Schriftform** nach § 623 BGB.[252] Die Änderung hat man sich im Ausgangspunkt in der Weise vorzustellen, dass das Arbeitsverhältnis auf eine neue arbeitsvertragliche Grundlage gestellt, also nicht nur ein schlichter Änderungsvertrag geschlossen wird.[253] Nach der gesetzlichen Konzeption der Änderungskündigung findet also **grds. ein Vertragsaustausch** statt, wobei freilich alle nicht geänderten Vertragsbedingungen als Besitzstand erhalten bleiben. Die Kündigung des Arbeitsvertrags ist damit nicht hinfällig, sondern gerade Voraussetzung für den Vertragsaustausch, wobei sich ihre Wirksamkeit uU erst daraus ergibt, dass der Arbeitnehmer sie nicht innerhalb der Frist des § 4 S. 1 angreift. Betriebsverfassungsrechtlich liegt bei einer solchen Gestaltung streng genommen ein Fall des § 99 BetrVG unter dem Aspekt einer Einstellung vor. Der Arbeitgeber kann aber auch eine auflösend bedingte Kündigung erklären (→ Rn. 14 f.). Nimmt der Arbeitnehmer in einem solchen Fall das Änderungsangebot vorbehaltlos an, besteht mangels einer Kündigung sogar der ursprüngliche Arbeitsvertrag wenn auch unter geänderten Vertragsbedingungen fort. Es gibt keinen hinreichenden Grund, eine der beiden möglichen privatautonomen Varianten für die einzig statthafte zu halten.

99 Im Gesetz ist nicht ausdrücklich geregelt, **bis zu welchem Zeitpunkt** die vorbehaltlose Annahme des Änderungsangebots wirksam erklärt werden kann. Nach Auffassung des BAG ist die vorbehaltlose Annahme des in einer Änderungskündigung enthaltenen Änderungsangebots nicht an die Höchstfrist von drei Wochen nach Zugang der Kündigung (§ 2 S. 2) gebunden.[254] Erhebe der Arbeitnehmer gegen die Kündigung nach § 4

[251] BAG 19.6.1986 – 2 AZR 565/85, AP KSchG 1969 § 2 Nr. 16; APS/Künzl Rn. 173; ErfK/Oetker Rn. 28.
[252] BBAKKNSV/Ahrendt Rn. 57; Spirolke/Regh Änderungskündigung S. 110.
[253] Niemann RdA 2016, 339 (340); Verstege RdA 2010, 302 (303); aA offenbar ErfK/Oetker Rn. 19.
[254] BAG 6.2.2003 – 2 AZR 674/01, AP KSchG 1969 § 2 Nr. 71; 1.2.2007 – 2 AZR 44/06, AP KSchG 1969 § 2 Nr. 132 Rn. 13; ebenso BBAKKNSV/Ahrendt Rn. 83; MüKoBGB/Hergenröder Rn. 82; DFL/Kaiser Rn. 11; KR/Kreft Rn. 135; ErfK/Oetker Rn. 30; HaKo-KSchR/Pfeiffer Rn. 29; PVT Kündigung/Temming Rn. 1436; LSSW/Wertheimer Rn. 31.

S. 1 rechtzeitig Klage, müsse allein für die Durchführung des Kündigungsschutzverfahrens feststehen, ob der Arbeitnehmer die neuen Bedingungen unter dem Vorbehalt ihrer sozialen Rechtfertigung annehme oder nicht. Dies rechtfertige es, die Überlegungsfrist, die der Gesetzgeber auch in § 2 S. 2 grds. mit der Kündigungsfrist gleichsetze, auf einen der Klagefrist des § 4 S. 1 entsprechenden Zeitraum zu verkürzen. Anders sei es, wenn der Arbeitnehmer die Kündigung als solche nicht angreifen wolle und nur überlege, ob er nach Ablauf der Kündigungsfrist zu den neuen Bedingungen weiterarbeiten wolle oder nicht. Nach Ablauf der Klagefrist des § 4 S. 1 wisse der Arbeitgeber regelmäßig, dass nur noch zwei Möglichkeiten bestehen: Entweder arbeite der Arbeitnehmer zu den neuen Bedingungen weiter oder das Arbeitsverhältnis ende mit Ablauf der Kündigungsfrist. Entspreche es für den Arbeitnehmer erkennbar dem Planungsinteresse des Arbeitgebers, längere Zeit vor Ablauf der Kündigungsfrist zu erfahren, wie sich der Arbeitnehmer entscheide, verkürze dies nach der flexiblen Regelung des § 147 Abs. 2 BGB die Überlegungsfrist entsprechend den konkreten Umständen des Einzelfalls.[255]

Darüber hinaus könne der Arbeitgeber **nach § 148 BGB eine seine besonderen Interessen berücksichtigende Frist setzen.** Kündige der Arbeitgeber lange vor dem Zeitpunkt, zu dem er unter Einhaltung der ordentlichen Kündigungsfrist zu dem beabsichtigten Kündigungstermin noch hätte kündigen können, könne er regelmäßig nicht erwarten, dass der Arbeitnehmer die existentielle Entscheidung, ob er sein Arbeitsverhältnis aufgebe oder zu geänderten Arbeitsbedingungen weiterarbeite, in kürzester Frist treffe. Die Fristbestimmung iSv § 148 BGB könne dabei nicht nur durch die Festlegung eines konkreten Termins erfolgen, sondern sich auch aus den Umständen ergeben. So könne die Frist dadurch verkürzt werden, dass der Arbeitgeber den Arbeitnehmer zu einer „sofortigen" bzw. „raschen" oder „umgehenden" Annahme auffordere. Für die Dauer der festgelegten Annahmefrist gebe es grds. keine Grenze, doch müsse im Hinblick auf § 2 S. 2 die Mindestannahmefrist drei Wochen betragen. Eine zu kurz bemessene Frist führe nicht zur Unwirksamkeit der Änderungskündigung,[256] an deren Stelle trete vielmehr die Frist des § 2 S. 2.[257] Habe der Arbeitgeber nicht durch eine Fristsetzung nach § 148 BGB auf sein Interesse an einer schnellen Entscheidung des Arbeitnehmers hingewiesen, sei es ausreichend, wenn der Arbeitnehmer zu dem Änderungsangebot noch vor dem Tag Stellung nehme, an dem der Arbeitgeber unter Einhaltung der Kündigungsfrist letztmalig hätte kündigen können. Der Arbeitnehmer könne in jedem Fall die Annahme vorbehaltlos oder unter Vorbehalt innerhalb der Frist des § 2 S. 2 erklären.[258] 100

Dies überzeugt nur teilweise. Richtig ist lediglich, dass der Arbeitgeber die gesetzliche Frist des § 2 S. 2 nicht einseitig verkürzen kann, wobei die Setzung einer zu kurzen Annahmefrist nicht zur Unwirksamkeit der Änderungskündigung führt, sondern (nur) die Frist des § 2 S. 2 auslöst. IÜ **konkretisiert die Frist des § 2 S. 2 die Annahmefrist des § 147 Abs. 2 BGB.**[259] Zwar enthält § 2 S. 2 nur eine Regelung für die Erklärung des Vorbehalts. Der Vorbehalt nach § 2 ist jedoch nicht ohne Annahmeerklärung denkbar.[260] Der Arbeitgeber kann gem. § 147 Abs. 2 BGB nicht nur erwarten, dass der Arbeitnehmer – wie vom Gesetz verlangt – innerhalb der Frist des § 2 S. 2 entscheidet, ob er das Änderungsangebot unter Vorbehalt annimmt und Klage erhebt, sondern darüber hinaus auch erklärt, ob er das Änderungsangebot vorbehaltlos annimmt. Ein verständig handelnder Arbeitnehmer wird innerhalb dieser Frist nicht nur entschieden haben, ob er das Angebot unter Vorbehalt annimmt, sondern ob er es vorbehaltlos 101

[255] BAG 6.2.2003 – 2 AZR 674/01, AP KSchG 1969 § 2 Nr. 71.
[256] So aber LAG Köln 21.6.2002 – 11 Sa 1418/01, NZA-RR 2003, 247 (248).
[257] BAG 18.5.2006 – 2 AZR 230/05, AP KSchG 1969 § 2 Nr. 83 Rn. 20 ff.; 1.2.2007 – 2 AZR 44/06, AP KSchG 1969 § 2 Nr. 132 Rn. 16; 18.10.2018 – 2 AZR 374/18, NZA 2019, 246 Rn. 29; LSSW/Wertheimer Rn. 29.
[258] BAG 18.5.2006 – 2 AZR 230/05, AP KSchG 1969 § 2 Nr. 83.
[259] Ebenso LAG Baden-Württemberg 30.10.1990 – 8 Sa 39/90, BB 1991, 69 f.; APS/Künzl Rn. 173a; Raab Anm. zu BAG 6.2.2003 – 2 AZR 674/01, AP KSchG 1969 § 2 Nr. 71; Wallner, Die Änderungskündigung, 2005, Rn. 289.
[260] Wallner, Die Änderungskündigung, 2005, Rn. 289.

annehmen möchte. Soweit das BAG ausführt, der Arbeitgeber könne nicht erwarten, dass der Arbeitnehmer die existentielle Entscheidung, ob er sein Arbeitsverhältnis aufgebe oder zu geänderten Arbeitsbedingungen weiterarbeite, in kürzester Frist treffe, wird nicht genügend berücksichtigt, dass das Gesetz vom Arbeitnehmer auch verlangt, sich innerhalb von drei Wochen zu entscheiden, ob er Klage erheben will oder nicht. Dies ist eine weitaus „existentiellere" Entscheidung. Hinzu kommt, dass die Frist des § 2 S. 2 Rechtssicherheit schaffen soll. Der Verweis auf § 148 BGB ist zwar an sich zutreffend, verkompliziert aber letztlich das Verfahren. Im Hinblick auf die weitreichenden Folgen der Fristsetzung nach § 148 BGB ist entgegen der Auffassung des BAG jedenfalls zu fordern, dass der Arbeitgeber die Frist konkret datumsmäßig bestimmt, damit der Arbeitnehmer weiß, wie lange er überlegen kann. Dem werden allgemeine Formulierungen wie „umgehend" oder „rasch" nicht gerecht.[261]

102 Die Annahmeerklärung kann **ausdrücklich oder auch durch schlüssiges Verhalten** erfolgen. Folgt man der Auffassung des BAG, wonach für die vorbehaltlose Annahme des Änderungsangebots nicht die Frist des § 2 S. 2 gilt, kann in der widerspruchs- und vorbehaltlosen Weiterarbeit zu geänderten Arbeitsbedingungen nach Ablauf der Kündigungsfrist regelmäßig die konkludente Annahme des Änderungsangebots gesehen werden, wenn sich die neuen Arbeitsbedingungen unmittelbar auf das Arbeitsverhältnis auswirken und die Überlegungsfrist des § 2 S. 2 abgelaufen ist. Ist die Kündigungsfrist kürzer als die Dreiwochenfrist des § 4 Abs. 1, ist bereits in der vorbehaltlosen Weiterarbeit nach Ablauf der Kündigungsfrist eine konkludente Annahme zu sehen.[262] Vor Ablauf der Überlegungsfrist des § 2 S. 2 kann in der Weiterarbeit zu noch unveränderten Arbeitsbedingungen grds. keine konkludente Annahmeerklärung gesehen werden.[263] Nach der hier vertretenen Auffassung wäre ein solches konkludentes Angebot verspätet, weil die vorbehaltlose Annahme innerhalb der Frist des § 2 S. 2 erklärt werden muss.[264]

103 Die nicht rechtzeitige vorbehaltlose Annahme führt nach § 146 BGB zum Erlöschen des Änderungsangebots.[265] Nach § 150 Abs. 1 BGB gilt die **verspätete Annahme** als neuer Antrag, den der Arbeitgeber annehmen kann. Die Annahme kann dabei in der Entgegennahme der geänderten Arbeitsleistung und ggf. in der geänderten Vergütung des Arbeitnehmers gesehen werden. Geht dem Arbeitgeber innerhalb der Frist des § 2 S. 2 keine Annahmeerklärung zu und erhebt der Arbeitnehmer auch nicht innerhalb der Dreiwochenfrist Kündigungsschutzklage, endet das Arbeitsverhältnis durch die ausgesprochene Änderungskündigung.[266] Versäumt der Arbeitnehmer dagegen lediglich die Annahmefrist des § 2 S. 2, erhebt aber rechtzeitig innerhalb der Frist des § 4 KSchG eine Änderungsschutzklage, ist in der hierin enthaltenen verspäteten Annahmeerklärung gem. § 150 Abs. 1 BGB ein Antrag des Arbeitnehmers auf Abschluss eines Änderungsvertrags zu sehen, der seinerseits vom Arbeitgeber angenommen werden kann.

3. Annahme unter Vorbehalt

104 a) **Die Vorbehaltserklärung.** § 2 S. 1 eröffnet dem Arbeitnehmer bei einer Änderungskündigung die Möglichkeit, das Änderungsangebot unter dem **Vorbehalt** anzunehmen, dass die **Kündigung nicht sozial ungerechtfertigt** ist. Im Wege der Änderungsschutzklage nach § 4 S. 2 kann der Arbeitnehmer die Änderung der Arbeitsbedingungen gerichtlich überprüfen lassen, ohne für den Fall eines Unterliegens im Prozess den Verlust des

[261] So aber BAG 1.2.2007 – 2 AZR 44/06, AP KSchG 1969 § 2 Nr. 132; mit Recht krit. Berkowsky RdA 2007, 295 (297).
[262] BAG 19.6.1986 – 2 AZR 565/85, AP KSchG 1969 § 2 Nr. 16; 27.3.1987 – 7 AZR 790/85, AP KSchG 1969 § 2 Nr. 20; LAG Hamm 30.1.1997 – 8 Sa 1148/96, LAGE § 2 KSchG Nr. 26 = NZA-RR 1997, 419; MüKoBGB/Hergenröder Rn. 81; KR/Kreft Rn. 115 f.; APS/Künzl Rn. 172; ErfK/Oetker Rn. 29.
[263] LAG Hamm 30.1.1997 – 8 Sa 1148/96, LAGE § 2 KSchG Nr. 26 = NZA-RR 1997, 419; DFL/Kaiser Rn. 10.
[264] Zutr. HaKo-KSchR/Pfeiffer Rn. 29.
[265] BAG 1.2.2007 – 2 AZR 44/06, AP KSchG 1969 § 2 Nr. 132.
[266] BAG 1.2.2007 – 2 AZR 44/06, AP KSchG 1969 § 2 Nr. 132.

Arbeitsplatzes befürchten zu müssen. Dies gilt auch dann, wenn man – wie das BAG – den Vorbehalt zusätzlich auf **sonstige Unwirksamkeitsgründe** der Kündigung bezieht, weil nur dies dem Arbeitnehmer die Möglichkeit erhalte, solche Gründe im Änderungsschutzprozess geltend zu machen, um hierdurch die Änderungskündigung zu Fall zu bringen.[267] Man kann die §§ 2 S. 1, 4 S. 2 nicht so interpretieren, dass der Änderungsvertrag bei einem derartigen Vorbehalt nicht zustande kommt und der Arbeitnehmer deshalb bei einem Prozessverlust auch seinen Arbeitsplatz einbüßt.[268] Ferner kann auch der in einem **Kleinbetrieb** iSd § 23 Abs. 1 beschäftigte Arbeitnehmer eine Änderungskündigung unter Vorbehalt annehmen. Dies folgt aus dem Verweis in § 23 Abs. 1 S. 2 auf § 4.[269]

Mit der Annahme des Änderungsangebots unter dem Vorbehalt der sozialen Recht- **105** fertigung kommt eine Vertragsänderung zustande, die unter der gem. § 8 **rückwirkenden auflösenden Bedingung** (§ 158 Abs. 2 BGB) gerichtlich festzustellender Unwirksamkeit wegen fehlender sozialer Rechtfertigung oder aus anderen Gründen steht. Der Vorbehalt erlischt mit der Abweisung der Änderungsschutzklage. Das Arbeitsverhältnis besteht dann zu den geänderten Bedingungen fort.[270] Dies gilt auch, wenn die Klage als unzulässig abgewiesen wird.[271] Konstruktiv gelten wiederum dieselben Überlegungen wie im Fall einer vorbehaltlosen Annahme (→ Rn. 98).

Die Erklärung des Vorbehalts ist eine **Willenserklärung.** Sie muss daher hinreichend **106** bestimmt sein. Die Erklärung der Annahme unter Vorbehalt muss dem Arbeitgeber zugehen (§ 130 BGB). Die Vorbehaltserklärung ist **nicht an eine bestimmte Form** gebunden. Der Vorbehalt kann deshalb auch konkludent, mündlich oder per Telefax erfolgen. Aus Beweisgründen sollte der Vorbehalt jedoch schriftlich erklärt werden.[272]

Eine **Klage** mit dem Antrag, die Sozialwidrigkeit der Änderung der Arbeitsbedingun- **107** gen festzustellen, enthält zwar regelmäßig eine Vorbehaltserklärung.[273] Wird der Vorbehalt jedoch nicht nochmals gesondert gegenüber dem Arbeitgeber erklärt, besteht die Gefahr, dass die Zustellung der Klage erst nach Ablauf der Erklärungsfrist des § 2 S. 2 erfolgt und damit die Vorbehaltserklärung dem Arbeitgeber verspätet zugeht (→ Rn. 109 ff.).

Hat der Arbeitnehmer das Änderungsangebot unter dem Vorbehalt des § 2 angenom- **108** men und Änderungsschutzklage erhoben, kann er den **Vorbehalt nicht mehr einseitig zurücknehmen** und im Wege der Klageänderung eine Kündigungsschutzklage nach § 4 S. 1 KSchG führen. Denn mit dem Zugang der Erklärung der Annahme unter Vorbehalt kommt ein auflösend bedingter Änderungsvertrag zustande (→ Rn. 105), der beide Parteien bis zum Abschluss des Änderungsschutzverfahrens bindet. Will sich der Arbeitnehmer hiervon einseitig lösen, muss er seinerseits – unter Einhaltung der Kündigungsfrist – das Arbeitsverhältnis kündigen.[274] Dagegen erscheint eine Änderung des Streitgegenstands bei Einverständnis des Arbeitgebers möglich.[275]

Der Vorbehalt unterliegt einer **Erklärungsfrist.** Er muss gem. § 2 S. 2 innerhalb der **109** Kündigungsfrist, spätestens jedoch innerhalb von drei Wochen nach Zugang der Kündigung erklärt werden. Ist die Kündigungsfrist kürzer als drei Wochen, ist nach dem

[267] BAG 22.20.2015 – 2 AZR 124/14, NZA 2016, 225 Rn. 28 ff.

[268] So aber Löwisch Anm. zu BAG 28.5.1998 – 2 AZR 615/97, AP KSchG 1969 § 2 Nr. 48.

[269] LAG Köln 9.4.2009 – 7 Sa 1467/08, BeckRS 2009, 72394; DFL/Kaiser Rn. 15; MHdB ArbR/Rennpferdt § 118 Rn. 20.

[270] BAG 27.9.1984 – 2 AZR 62/83, AP KSchG 1969 § 2 Nr. 8; 24.3.2004 – 5 AZR 355/03, AP EntgeltFG § 3 Nr. 22; MüKoBGB/Hergenröder Rn. 70; DFL/Kaiser Rn. 15; KR/Kreft Rn. 107; ErfK/Oetker Rn. 33; HaKo-KSchR/Pfeiffer Rn. 32; LSSW/Wertheimer Rn. 24; DD/Wollgast Rn. 175; krit. Enderlein ZfA 1992, 21 ff.

[271] BAG 24.3.2004 – 5 AZR 355/03, AP EntgeltFG § 3 Nr. 22; dazu Berkowsky NZA 2004, 1140.

[272] KR/Kreft Rn. 126; APS/Künzl Rn. 212; ErfK/Oetker Rn. 34; HaKo-KSchR/Pfeiffer Rn. 33 f.; PVT Kündigung/Temming Rn. 1437; LSSW/Wertheimer Rn. 37.

[273] APS/Künzl Rn. 219; HaKo-KSchR/Pfeiffer Rn. 33.

[274] LAG Köln 6.12.2001 – 6 Sa 874/01, NZA-RR 2003, 82; BBAKKNSV/Ahrendt Rn. 93; KR/Kreft Rn. 132; APS/Künzl Rn. 230.

[275] KR/Kreft Rn. 132; APS/Künzl Rn. 230; PVT Kündigung/Vossen Rn. 2428; aA Kiel/Koch Die betriebsbedingte Kündigung, 2000, Rn. 424.

eindeutigen Wortlaut des Gesetzes nur sie allein maßgeblich.[276] Das kann zur Folge haben, dass bei einer Weiterarbeit zu den geänderten Bedingungen nach Ablauf der Kündigungsfrist durch eine darin zu sehende konkludente Annahme des Änderungsangebots (→ Rn. 102) die Vertragsänderung wirksam wird, bevor die Klagefrist von drei Wochen abgelaufen ist.

110 Entscheidend für die Fristwahrung ist gem. § 130 BGB der **Zugang der Vorbehaltserklärung beim Arbeitgeber.** Innerhalb der Kündigungsfrist, spätestens jedoch drei Wochen nach Zugang der Kündigung muss die Vorbehaltserklärung dem Arbeitgeber zugehen. Die Fristberechnung erfolgt nach den §§ 187 ff. BGB. Für den rechtzeitigen Zugang der Vorbehaltserklärung nach § 2 gelten die allgemeinen Regeln über den Zugang von Willenserklärungen. Ein Telefax an die Personalabteilung einer Behörde, das am letzten Tag der dreiwöchigen Frist des § 2 S. 2 nach 18.00 Uhr eingeht, geht nicht mehr rechtzeitig zu, weil nach der Verkehrsanschauung nicht damit gerechnet werden kann, dass dann noch gearbeitet und das Telefaxgerät auf eingehende Sendungen überwacht wird.[277]

111 Die **fristgerechte (§ 4 S. 2) Einreichung der Klage** bei Gericht genügt nicht, wenn die Klage nicht innerhalb der Dreiwochenfrist dem Arbeitgeber zugestellt wird. Während gem. § 46 Abs. 2 ArbGG iVm §§ 495, 167 ZPO die Dreiwochenfrist für die Klageerhebung nach § 4 auch dann gewahrt wird, wenn die Klage vor Fristablauf bei Gericht eingereicht worden ist, die Zustellung an den Beklagten jedoch erst danach erfolgt (§ 167 ZPO: „demnächst"), gilt dies nicht für die Frist des § 2 S. 2. **§ 167 ZPO** findet nur dann Anwendung, wenn zur Wahrung der Frist eine Klageerhebung oder eine Prozesshandlung erforderlich ist. Das ist bei der Vorbehaltserklärung nach § 2 S. 2 nicht der Fall, weil sie nicht gegenüber dem Gericht abzugeben ist, sondern gegenüber dem Arbeitgeber.[278] Dem steht nicht entgegen, dass nach der Rspr. des BGH § 167 ZPO auch in den Fällen anwendbar ist, in denen durch die Zustellung eine Frist gewahrt werden soll, die auch durch außergerichtliche Geltendmachung eines Anspruchs gewahrt werden kann.[279] Gegenstand der Vorbehaltserklärung ist nicht die Geltendmachung eines Anspruchs, sondern eine Willenserklärung, die auf den Abschluss eines Änderungsvertrags unter der mit Rückwirkung ausgestatteten auflösenden Bedingung gerichtet ist, dass die fehlende soziale Rechtfertigung der Arbeitsvertragsänderungen gerichtlich festgestellt wird.[280] Daran kann die Rspr. des BAG zur Übertragung von § 167 ZPO auf die Frist des § 15 Abs. 4 S. 1 AGG[281] nichts ändern, zumal das BAG § 167 ZPO im Hinblick auf die Wahrung anderer Fristen gerade nicht anwendet.[282] Es ist daher nicht ratsam, die Vorbehaltserklärung in der Kündigungsschutzklage abzugeben, weil die Klageschriften dem Arbeitgeber häufig erst nach Ablauf der Dreiwochenfrist zugestellt werden.

112 Eine **nachträgliche Zulassung** des Vorbehalts nach § 5 oder eine **Wiedereinsetzung** in den vorigen Stand nach §§ 233 ff. ZPO ist bei Versäumung der Frist des § 2 S. 2 nicht statthaft.[283]

113 **Versäumt der Arbeitnehmer die Frist** zur Erklärung des Vorbehalts, verliert er das Recht aus § 2, das Angebot des Arbeitgebers unter Vorbehalt anzunehmen und die damit

[276] BAG 19.6.1986 – 2 AZR 565/85, AP KSchG 1969 § 2 Nr. 16; 18.5.2006 – 2 AZR 230/05, AP KSchG 1969 § 2 Nr. 83; KR/Kreft Rn. 124; APS/Künzl Rn. 221; ErfK/Oetker Rn. 35b; PVT Kündigung/Vossen Rn. 2424; LSSW/Wertheimer Rn. 38; DD/Wollgast Rn. 173; aA Schwerdtner FS 25 Jahre BAG, 1979, 555 (571); Wenzel MDR 1969, 968 (975 f.).

[277] LAG Brandenburg 11.3.1998 – 7 Sa 216/97, MDR 1999, 368 = BeckRS 1998, 30456367.

[278] BAG 17.6.1998 – 2 AZR 336/97, AP KSchG 1969 § 2 Nr. 49; BBAKKNSV/Ahrendt Rn. 95; APS/Künzl Rn. 227 f.; HaKo-KSchR/Pfeiffer Rn. 35; PVT Kündigung/Vossen Rn. 2423; HK-KSchG/Weller/Hauck Rn. 103; LSSW/Wertheimer Rn. 38; aA KR/Kreft Rn. 129 für den Fall, dass die Kündigungsfrist erst nach Ablauf der Dreiwochenfrist endet; Ratajczak Änderungskündigung S. 54 f.; Richardi ZfA 1971, 73 (99).

[279] BGH 17.7.2008 – I ZR 109/05, NJW 2009, 765.

[280] Gehlhaar NZA-RR 2011, 169 (171 f.); aA Nägele/Gertler NZA 2010, 1377 (1378); ErfK/Oetker Rn. 35 ff.

[281] BAG 22.5.2014 – 8 AZR 662/13, NZA 2014, 924.

[282] Vgl. BAG 21.10.2014 – 3 AZR 937/12, AP BetrAVG § 16 Nr. 106 Rn. 12 ff. (Rügefrist nach § 16 BetrAVG); 16.3.2016 – 4 AZR 421/15, NZA 2016, 1154 Rn. 26 ff. (tarifliche Ausschlussfristen).

[283] KR/Kreft Rn. 126; APS/Künzl Rn. 225; PVT Kündigung/Vossen Rn. 2425.

einhergehenden Vergünstigungen des § 2 (→ Rn. 104). Die verspätete Annahme unter Vorbehalt ist allerdings nicht völlig unbeachtlich, sondern gem. § 150 Abs. 1 BGB als Angebot des Arbeitnehmers auf Abschluss eines Änderungsvertrags unter Vorbehalt zu verstehen. Dieses kann der Arbeitgeber seinerseits annehmen. Der Arbeitgeber kann sich folglich auch nachträglich auf eine verspätete Annahme unter Vorbehalt einlassen.[284] Nach Ablauf der Frist zur Erklärung des Vorbehalts kann der Arbeitnehmer das Angebot des Arbeitgebers nach Auffassung des BAG allerdings uU noch vorbehaltlos annehmen (→ Rn. 100 ff.).

b) Besonderheiten der außerordentlichen Änderungskündigung. Der Arbeitnehmer kann auch eine außerordentliche Änderungskündigung unter Vorbehalt annehmen (zu den Kündigungsgründen → Rn. 180 ff.). § 2 S. 1 findet auf die außerordentliche Änderungskündigung entsprechend Anwendung. Der Arbeitnehmer muss den Vorbehalt allerdings **unverzüglich,** dh ohne schuldhaftes Zögern (§ 121 Abs. 1 S. 2 BGB) erklären.[285] Das BAG hat eine Vorbehaltserklärung, die dem Arbeitgeber unter Einschluss des Wochenendes fünf Tage nach der außerordentlichen Änderungskündigung zuging, als noch wirksam erachtet, weil der Arbeitnehmer noch am Tage der Kündigung, einem Freitag, seinen Anwalt zu erreichen versuchte, ihm dies aber erst am darauffolgenden Montag nach Feierabend gelang.[286] 114

Die **sofortige widerspruchslose Weiterarbeit** des Arbeitnehmers auf dem ihm mit der fristlosen Kündigung angebotenen neuen Arbeitsplatz ist in der Regel so lange nicht als vorbehaltlose Annahme des Änderungsangebots und damit als Verzicht auf die Geltendmachung der Unwirksamkeit der außerordentlichen Änderungskündigung zu verstehen, wie der Arbeitnehmer noch ohne schuldhaftes Zögern einen Vorbehalt erklären kann. 115

Erfolgt eine außerordentliche Änderungskündigung mit **Auslauffrist,** kann der Vorbehalt entsprechend § 2 S. 2 bis zum Ende der Auslauffrist, spätestens bis zum Ablauf der Dreiwochenfrist erklärt werden. Nur so wird verhindert, dass der unkündbare Arbeitnehmer schlechter steht als der ordentlich kündbare.[287] 116

c) Keine vorläufige Weiterbeschäftigung zu den alten Arbeitsbedingungen. Nimmt der Arbeitnehmer das Änderungsangebot unter Vorbehalt an, gelten für ihn nach Ablauf der Kündigungsfrist vorläufig bis zur rechtskräftigen Entscheidung über die Änderungsschutzklage **die neuen Arbeitsbedingungen.** Der Arbeitnehmer muss also bspw. zu geänderter Arbeitszeit, an einem anderen Arbeitsplatz oder zu einer geringeren Vergütung arbeiten.[288] War die Kündigung bedingt ausgesprochen, steht nunmehr fest, dass die Bedingung (Ablehnung des Angebots) nicht eintritt. Aber auch bei einer unbedingten Kündigung besteht kein Anspruch auf Weiterbeschäftigung zu den bisherigen Arbeitsbedingungen. Für die Rspr. ergibt sich dies letztlich schlicht daraus, dass die Kündigung bei Vorbehaltsannahme keine Beendigungswirkung entfalten soll. Da sich der Widerspruch des Betriebsrats gegen die Kündigung richtet, geht er im Falle der Annahme des Änderungsangebots unter Vorbehalt ins Leere. Schon aus diesem Grund kommt eine Anwendung von § 102 Abs. 5 BetrVG (§ 85 Abs. 2 BPersVG) nicht in Betracht. Dem entspricht, dass § 102 Abs. 5 BetrVG (§ 85 Abs. 2 BPersVG) tatbestandlich ausdrücklich die Erhebung einer Kündigungsschutzklage nach § 4 S. 1 voraussetzt und dieser die Änderungsschutzklage nach § 4 S. 2 nicht gleichzusetzen ist. Auch würde die Geltung 117

[284] BAG 17.6.1998 – 2 AZR 336/97, AP KSchG 1969 § 2 Nr. 49; 28.10.2010 – 2 AZR 688/09, AP KSchG 1969 § 2 Nr. 148.

[285] BAG 19.6.1986 – 2 AZR 565/85, AP KSchG 1969 § 2 Nr. 16; 27.3.1987 – 7 AZR 790/85, AP KSchG 1969 § 2 Nr. 20; KR/Kreft Rn. 56; APS/Künzl Rn. 223; ErfK/Oetker Rn. 35b.

[286] BAG 27.3.1987 – 7 AZR 790/85, AP KSchG 1969 § 2 Nr. 20; s. a. KR/Kreft Rn. 56: unverzüglich; APS/Künzl Rn. 223: höchstens eine Woche; HaKo-KSchR/Pfeiffer Rn. 83: bis zu drei Tage.

[287] Ebenso KR/Kreft Rn. 56; offengelassen von BAG 28.10.2010 – 2 AZR 688/09, NZA-RR 2011, 167 Rn. 14; 27.4.2021 – 2 AZR 357/20, NZA 2021, 1252 Rn. 13.

[288] BAG 27.3.1987 – 7 AZR 790/85, AP KSchG 1969 § 2 Nr. 20; 18.1.1990 – 2 AZR 183/89, AP KSchG 1969 § 2 Nr. 27; 28.5.2009 – 2 AZR 844/07, AP BGB § 626 Nr. 222 mAnm Oetker.

der früheren Arbeitsbedingungen der – wenn auch unter Vorbehalt erklärten – Annahme der neuen Arbeitsbedingungen durch den Arbeitnehmer zuwiderlaufen und dem Zweck des § 2 S. 1 widersprechen. Aus diesem Grunde scheidet eine vorläufige Weiterbeschäftigung zu den alten Arbeitsbedingungen nach § 102 Abs. 5 BetrVG aus.[289]

118 Ebenso wie eine vorläufige Weiterbeschäftigung nach § 102 Abs. 5 BetrVG bei Änderungskündigungen nicht in Betracht kommt, scheidet auch eine Weiterbeschäftigung zu den alten Arbeitsbedingungen aufgrund des **allgemeinen Weiterbeschäftigungsanspruchs** aus.[290] Dem Beschäftigungsinteresse des Arbeitnehmers wird durch die tatsächliche Beschäftigung – wenn auch zu anderen Arbeitsbedingungen – hinreichend Rechnung getragen.

4. Ablehnung des Angebots

119 Der Arbeitnehmer kann das Änderungsangebot **ausdrücklich ablehnen.** Dem steht das schlichte **Verstreichenlassen einer vom Arbeitgeber gesetzten Frist** zur Annahme des Angebots (§ 148 BGB) gleich. Ob nach Ablauf der Dreiwochenfrist das Angebot noch vorbehaltlos angenommen werden kann, wird in Rspr. und Schrifttum unterschiedlich beurteilt (→ Rn. 99 ff.).

120 Lehnt der Arbeitnehmer das Änderungsangebot ab, bleibt ihm die Möglichkeit, gegen die in der Änderungskündigung enthaltene Kündigung eine Kündigungsschutzklage zu erheben. Es geht dann um die **Beendigung des Arbeitsverhältnisses** (→ Rn. 121 ff.). Unterbleibt eine form- und fristgerechte Kündigungsschutzklage, endet bei Ablehnung des Änderungsangebots das Arbeitsverhältnis mit Ablauf der Kündigungsfrist. Erhebt der Arbeitnehmer eine Kündigungsschutzklage, gelten für die Frage der Weiterbeschäftigung zu den alten Arbeitsbedingungen während des Kündigungsschutzprozesses die allgemeinen Regeln.[291]

VII. Soziale Rechtfertigung bei Ablehnung des Änderungsangebots

1. Grundsätze

121 Lehnt der Arbeitnehmer das Änderungsangebot des Arbeitgebers ab und erhebt er innerhalb der Dreiwochenfrist des § 4 S. 1 Kündigungsschutzklage, wird allein über die Beendigung des Arbeitsverhältnisses durch die in der Änderungskündigung enthaltene Kündigungserklärung gestritten. Dabei stellt die **Ablehnung des Änderungsangebots** als solche **keinen geeigneten Kündigungsgrund** dar.[292] Auch wenn der Arbeitnehmer das Änderungsangebot ablehnt, wird das Arbeitsverhältnis nur dann wirksam beendet, wenn die Möglichkeit der Weiterbeschäftigung des betreffenden Arbeitnehmers zu den bisherigen Vertragsbedingungen aus personen-, verhaltens- oder betriebsbedingten Gründen entfallen ist und sich der Arbeitgeber bei dem an sich anerkennenswerten Anlass für das Änderungsangebot darauf beschränkt hat, lediglich solche Änderungen vorzuschlagen, die der Arbeitnehmer billigerweise hätte hinnehmen müssen (→ Rn. 125).[293]

122 Bei der Prüfung der sozialen Rechtfertigung ist zu berücksichtigen, dass das Änderungsangebot und die Kündigung bei der Änderungskündigung eine **innere Einheit**

[289] KR/Kreft Rn. 213 f.; APS/Künzl Rn. 232; MHdB ArbR/Rennpferdt § 118 Rn. 15; PVT Kündigung/Vossen Rn. 2433; aA Enderlein ZfA 1992, 21 (51 ff.).

[290] BAG 28.3.1985 – 2 AZR 548/83, AP ZPO § 767 Nr. 4; 18.1.1990 – 2 AZR 183/89, AP KSchG 1969 § 2 Nr. 27; APS/Künzl Rn. 232; Oetker SAE 1991, 15 (21); MHdB ArbR/Rennpferdt § 118 Rn. 15; LSSW/Wertheimer Rn. 125.

[291] KR/Kreft Rn. 212; APS/Künzl Rn. 205 f.; MHdB ArbR/Rennpferdt § 118 Rn. 50.

[292] BAG 7.6.1973 – 2 AZR 450/72, AP BGB § 626 Änderungskündigung Nr. 1; 27.9.1984 – 2 AZR 62/83, AP KSchG 1969 § 2 Nr. 8; KR/Kreft Rn. 166.

[293] StRspr, s. etwa BAG 3.7.2003 – 2 AZR 617/02, AP KSchG 1969 § 2 Nr. 73; 23.6.2005 – 2 AZR 642/04, AP KSchG 1969 § 2 Nr. 81; 20.6.2013 – 2 AZR 396/12, NZA 2013, 1409 Rn. 16; 10.4.2014 – 2 AZR 812/12, NZA 2014, 653 Rn. 24; 22.10.2015 – 2 AZR 550/14, NZA-RR 2016, 243 Rn. 24.

bilden und deshalb zusammen betrachtet werden müssen. Auch im Falle der Ablehnung des Änderungsangebots ist im Kündigungsschutzprozess auf dessen soziale Rechtfertigung abzustellen.[294] Der Arbeitnehmer, der ein zumutbares Angebot zur Fortsetzung des Arbeitsverhältnisses unter veränderten Vertragsbedingungen ablehnt, schlägt selbst eine Alternative zur Kündigung aus. Auf die in der Änderungskündigung angebotenen veränderten Arbeitsbedingungen kann sich der Arbeitnehmer im Kündigungsschutzprozess dann nicht mehr berufen. Denn man kann nicht einerseits bei der Überprüfung einer Änderungskündigung das Änderungsangebot unberücksichtigt lassen, weil es der Arbeitnehmer abgelehnt hat, und andererseits im Rahmen des Kündigungsschutzprozesses dem Arbeitgeber vorhalten, er habe ein Angebot zur anderweitigen Beschäftigung nicht abgegeben.[295]

Nach **anderer Auffassung im Schrifttum** genügt es nicht, dass das Änderungsangebot **123** sozial gerechtfertigt ist. Vielmehr müsse geprüft werden, ob die Kündigung als solche durch Gründe nach § 1 Abs. 2 bedingt sei. Lehne der Arbeitnehmer die Änderung der Arbeitsbedingungen ab, bleibe nur die Kündigung übrig, und es komme dann allein darauf an, ob diese durch dringende betriebliche Erfordernisse oder Gründe in der Person oder im Verhalten des Arbeitnehmers gerechtfertigt sei.[296] Daran ist richtig, dass die nach Ablehnung des Änderungsangebots verbleibende Kündigung dem Kündigungsschutz nach § 1 unterliegt. Daraus folgt jedoch nicht, dass die soziale Rechtfertigung der Änderungskündigung in keiner Weise anders beurteilt werden darf, als die einer Beendigungskündigung ohne Änderungsangebot. Damit würde dem Arbeitnehmer im Kündigungsschutzprozess die Möglichkeit eröffnet, sich auf die zuvor abgelehnte Weiterbeschäftigung zu den im Änderungsangebot enthaltenen geänderten Arbeitsbedingungen zu berufen. Dies aber ist ein unhaltbares Ergebnis.[297]

2. Zweistufiges Prüfungsverfahren

Aus der Einbeziehung des Änderungsangebots in die Prüfung der sozialen Rechtfer- **124** tigung der Änderungskündigung bei Ablehnung des Änderungsangebots ergibt sich ein **zweistufiges Prüfungsverfahren.**[298]

Zunächst ist zu prüfen, ob ein Grund vorliegt, der **an sich geeignet** ist, eine **Änderung** **125** **des Vertragsinhalts** sozial zu rechtfertigen.[299] Dies können grds. alle die Gründe sein, die an sich geeignet sind, nach § 1 Abs. 2 eine ordentliche Kündigung zu begründen. Die Änderung der Arbeitsbedingungen muss aus Gründen in der Person oder im Verhalten des Arbeitnehmers oder aus dringenden betrieblichen Erfordernissen unabweisbar geworden sein.

Auf der zweiten Stufe ist zu prüfen, ob der Arbeitnehmer die ihm angebotene Vertrags- **126** änderung **billigerweise hätte annehmen müssen.** Hierbei handelt es sich jedoch nicht um eine allgemeine Billigkeitskontrolle. Maßstab ist vielmehr der **Grundsatz der Verhält-**

---

[294] BAG 26.11.2009 – 2 AZR 658/08, AP KSchG 1969 § 2 Nr. 144; 12.8.2010 – 2 AZR 945/08, AP KSchG 1969 § 2 Nr. 147; KR/Kreft Rn. 144; Krois ZfA 2009, 575 (598); APS/Künzl Rn. 182; PVT Kündigung/Temming Rn. 1446.

[295] Ebenso KR/Kreft Rn. 143.

[296] Vgl. Boewer BB 1996, 2618 (2620); Herschel FS Müller, 1981, 191 (206 f.); Löwisch/Knigge Anm. zu BAG 7.6.1973 – 2 AZR 450/72, AP BGB § 626 Änderungskündigung Nr. 1; Precklein Prüfungsmaßstab S. 62 ff.; Schwerdtner FS 25 Jahre BAG, 1979, 555 (566 ff.).

[297] Ebenso KR/Kreft Rn. 145; APS/Künzl Rn. 183.

[298] BAG 18.1.1990 – 2 AZR 183/89, AP KSchG 1969 § 2 Nr. 27; 19.5.1993 – 2 AZR 584/92, AP KSchG 1969 § 2 Nr. 31; 3.7.2003 – 2 AZR 617/02, AP KSchG 1969 § 2 Nr. 73; 23.6.2005 – 2 AZR 642/04, AP KSchG 1969 § 2 Nr. 81; 12.8.2010 – 2 AZR 945/08, AP KSchG 1969 § 2 Nr. 147; 20.6.2013 – 2 AZR 396/12, NZA 2013, 1409 Rn. 16; 10.4.2014 – 2 AZR 812/12, NZA 2014, 653 Rn. 24; MüKoBGB/Hergenröder Rn. 83; DFL/Kaiser Rn. 32; KR/Kreft Rn. 148 f.; APS/Künzl Rn. 191; HaKo-KSchR/Pfeiffer Rn. 39; PVT Kündigung/Temming Rn. 1447; HK-KSchG/Weller/Hauck Rn. 144 ff.; LSSW/Wertheimer Rn. 47; DD/Wollgast Rn. 189.

[299] BAG 23.2.2012 – 2 AZR 44/11, AP KSchG 1969 § 2 Nr. 154 Rn. 34; MHdB ArbR/Rennpferdt § 119 Rn. 4; Wallner NZA 2017, 1562 (1564).

nismäßigkeit (→ Rn. 82 ff.).[300] Die Änderungen müssen geeignet und erforderlich sein, um den Inhalt des Arbeitsvertrags den geänderten Beschäftigungsmöglichkeiten anzupassen. Ausgangspunkt ist die bisherige vertragliche Regelung.

127 Die angebotenen Änderungen dürfen sich nicht weiter vom Inhalt des bisherigen Arbeitsverhältnisses entfernen, als es zur Erreichung des angestrebten Zieles erforderlich ist. Diese Voraussetzungen müssen für **alle Vertragsänderungen** vorliegen.[301] Daran fehlt es bspw., wenn der Arbeitgeber dem Arbeitnehmer im Zusammenhang mit einer Änderungskündigung zur Gehaltsabsenkung die Vereinbarung einer sog. „doppelten" Schriftformklausel anträgt, ohne dass hierfür Gründe iSv § 2 S. 1, § 1 Abs. 2 vorliegen.[302] Maßgeblicher **Beurteilungszeitpunkt** ist der des **Kündigungszugangs.**[303] Das Gericht kann die Änderungskündigung nicht für teilweise wirksam erklären.[304] Das Änderungsangebot kann ebenso wenig in ein solches ohne die unwirksamen Arbeitsbedingungen umgedeutet werden, weil für den Arbeitnehmer bei Zugang der Änderungskündigung zweifelsfrei feststehen muss, zu welchen Arbeitsbedingungen er nach Auffassung des Arbeitgebers künftig weiterarbeiten soll.[305]

128 Dieser Prüfungsmaßstab führt dazu, dass an den Kündigungsgrund als solchen bei Änderungskündigungen **keine geringeren Anforderungen** zu stellen sind als an den bei Beendigungskündigungen. Der Arbeitnehmer ist vor einer Änderung der Arbeitsbedingungen geschützt, wenn kein Grund iSd § 1 Abs. 2 zur inhaltlichen Änderung des Arbeitsverhältnisses vorliegt.[306] Da sich der Arbeitnehmer nach Ablehnung eines zumutbaren Änderungsangebots im Kündigungsschutzprozess nicht mehr auf die Möglichkeit der Weiterbeschäftigung zu den zuvor abgelehnten geänderten Arbeitsbedingungen berufen kann, sind nur insoweit die Anforderungen an die Wirksamkeit der Änderungskündigung geringer als an eine Beendigungskündigung, der kein Änderungsangebot vorausging. Während bei der Beendigungskündigung eine solche Weiterbeschäftigungsmöglichkeit nach entsprechendem Vorbringen des Arbeitnehmers im Kündigungsschutzprozess zu prüfen ist, entfällt diese Prüfung, wenn der Arbeitnehmer das in der Änderungskündigung enthaltene Angebot abgelehnt hat.[307]

129 Im Rahmen der bei **personen- und verhaltensbedingten Kündigungen** erforderlichen Interessenabwägung ist das Änderungsangebot zu berücksichtigen. Liegt ein an sich geeigneter Kündigungsgrund vor, ist bei der Interessenabwägung zu prüfen, ob sich die angebotene Änderung nicht weiter als erforderlich vom bisherigen Vertragsinhalt entfernt.[308]

130 Bei der **betriebsbedingten Änderungskündigung** gilt hinsichtlich der im ersten Schritt zu prüfenden Betriebsbedingtheit (§ 1 Abs. 2 S. 1) grds. kein anderer Maßstab als bei der Beendigungskündigung.[309] In beiden Fällen ist eine unternehmerische Entscheidung

---

[300] BAG 29.11.2007 – 2 AZR 388/06, AP KSchG 1969 § 2 Nr. 136; 9.9.2010 – 2 AZR 936/08, AP KSchG 1969 § 2 Nr. 149; 23.2.2012 – 2 AZR 44/11, AP KSchG 1969 § 2 Nr. 154; 18.5.2017 – 2 AZR 606/16, BeckRS 2017, 118085 Rn. 11; ebenso Hromadka NZA 1996, 1 (12); KR/Kreft Rn. 151; APS/Künzl Rn. 195; PVT Kündigung/Temming Rn. 1447; aA Precklein Prüfungsmaßstab S. 41.

[301] BAG 21.1.1993 – 2 AZR 330/92, AP MitbestG Schleswig-Holstein § 52 Nr. 1; 3.7.2003 – 2 AZR 617/02, AP KSchG 1969 § 2 Nr. 73; 21.4.2005 – 2 AZR 244/04, AP KSchG 1969 § 2 Nr. 80; 23.6.2005 – 2 AZR 642/04, AP KSchG 1969 § 2 Nr. 81; 22.9.2005 – 2 AZR 519/04, AP SGB IX § 81 Nr. 10; 29.9.2011 – 2 AZR 523/10, NZA 2012, 628; BBAKKNSV/Ahrendt Rn. 116; APS/Künzl Rn. 194; HaKo-KSchR/Pfeiffer Rn. 40; Spirolke/Regh Änderungskündigung S. 126.

[302] BAG 29.9.2011 – 2 AZR 523/10, NZA 2012, 628.

[303] BAG 29.9.2011 – 2 AZR 451/10, NZA-RR 2012, 158.

[304] BAG 21.9.2006 – 2 AZR 120/06, AP KSchG 1969 § 2 Nr. 86; 10.9.2009 – 2 AZR 822/07, AP KSchG 1969 § 2 Nr. 142.

[305] DFL/Kaiser Rn. 36; KR/Kreft Rn. 171; PVT Kündigung/Temming Rn. 1447; aA Löwisch NZA 1988, 633 (636).

[306] BAG 6.3.1986 – 2 ABR 15/85, AP KSchG 1969 § 15 Nr. 19; 23.6.2005 – 2 AZR 642/04, AP KSchG 1969 § 2 Nr. 81; KR/Kreft Rn. 149.

[307] Vgl. v. Hoyningen-Huene/Linck DB 1993, 1185 ff.

[308] BAG 7.6.1973 – 2 AZR 450/72, AP BGB § 626 Änderungskündigung Nr. 1; Hromadka NZA 1996, 1 (11); APS/Künzl Rn. 200; Pauly DB 1997, 2378 (2382); wohl auch Kittner NZA 1997, 968 (970).

[309] Hromadka NZA 1996, 1 (8); Kittner NZA 1997, 968 (970); APS/Künzl Rn. 200.

erforderlich. Bei der Beendigungskündigung kommt es infolge der Durchführung der unternehmerischen Entscheidung zum Wegfall von Beschäftigungsmöglichkeiten, ohne dass die Möglichkeit einer anderweitigen Beschäftigung an einem anderen Arbeitsplatz oder zu anderen Arbeitsbedingungen besteht. Im Falle einer betriebsbedingten Änderungskündigung ist dagegen zwar das **Beschäftigungsbedürfnis** für den betreffenden Arbeitnehmer **zu den bisherigen Vertragsbedingungen entfallen.** Es bestehen jedoch anderweitige Beschäftigungsmöglichen zu geänderten Vertragsbedingungen. Sowohl bei der Beendigungs- als auch bei der Änderungskündigung ist damit der Wegfall bzw. die Änderung der bisherigen Beschäftigungsmöglichkeit durch eine grds. nicht nachprüfbare und hinzunehmende unternehmerische Entscheidung bedingt.[310] Die mit der Änderungskündigung angebotenen Änderungen müssen allerdings dem Verhältnismäßigkeitsgrundsatz entsprechen.[311]

VIII. Soziale Rechtfertigung bei der Annahme unter Vorbehalt

131 Die im Wege einer Änderungskündigung vom Arbeitgeber verfolgte Änderung der Arbeitsbedingungen muss gem. § 2 sozial gerechtfertigt sein, wenn **der Arbeitnehmer das Änderungsangebot unter Vorbehalt annimmt.** Bezüglich der Gründe für die soziale Rechtfertigung verweist § 2 S. 1 auf § 1 Abs. 2 u. 3. Die Änderung der Arbeitsbedingungen ist nicht sozial gerechtfertigt und deshalb unwirksam, wenn sie nicht durch Gründe in der Person oder im Verhalten des Arbeitnehmers oder durch dringende betriebliche Erfordernisse bedingt ist. Bei einer betriebsbedingten Änderungskündigung hat der Arbeitgeber noch zusätzlich – wie bei der betriebsbedingten Beendigungskündigung – gem. § 1 Abs. 3 eine Auswahl vorzunehmen (→ Rn. 180 ff.).

132 Ebenso wie bei der Ablehnung des Änderungsangebots ist auch bei dessen Annahme unter Vorbehalt **in einem zweistufigen Verfahren zu prüfen,** ob die angebotene Vertragsänderung sozial gerechtfertigt ist (→ Rn. 124 ff.). Am Maßstab von § 1 Abs. 2 S. 1 iVm § 2 ist festzustellen, ob ein Beschäftigungsbedürfnis für den Arbeitnehmer zu den bisherigen Vertragsbedingungen entfallen ist und ihm in Anwendung des Verhältnismäßigkeitsgrundsatzes die am wenigsten beeinträchtigende Änderung angeboten wurde.[312] Die Änderungen müssen geeignet und erforderlich sein, um den Inhalt des Arbeitsvertrags den geänderten Beschäftigungsmöglichkeiten anzupassen. Hierzu dürfen sie sich nicht weiter vom Inhalt des bisherigen Arbeitsverhältnisses entfernen, als es zur Erreichung des angestrebten Ziels erforderlich ist (→ Rn. 126).[313] Diese Voraussetzungen müssen für alle Vertragsänderungen vorliegen (→ Rn. 127).

1. Personenbedingte Gründe

133 Eine personenbedingte Änderungskündigung kommt insbes. bei einer **Erkrankung des Arbeitnehmers** in Betracht, wenn er etwa nach einem Unfall oder einer schweren Krankheit seine bisherige Tätigkeit nicht mehr ausführen kann. Das BAG hat die krankheitsbedingte Änderungskündigung einer in der Kleiderkammer einer Standortverwaltung der Bundeswehr beschäftigten Näherin als sozial gerechtfertigt angesehen, weil die Arbeitnehmerin an einer Wollallergie litt und deswegen immer wieder längere Zeit arbeitsunfähig war. Der Arbeitgeber konnte die Arbeitnehmerin auf dem bisherigen Arbeitsplatz aufgrund eines von der Arbeitnehmerin vorgelegten ärztlichen Gutachtens nicht

---

[310] BAG 8.10.2009 – 2 AZR 235/08, AP KSchG 1969 § 2 Nr. 143; 9.9.2010 – 2 AZR 936/08, AP KSchG 1969 § 2 Nr. 149.

[311] Dazu insbes. BAG 23.6.2005 – 2 AZR 642/04, AP KSchG 1969 § 2 Nr. 81.

[312] BAG 29.9.2011 – 2 AZR 451/10, NZA-RR 2012, 158.

[313] BAG 10.9.2009 – 2 AZR 822/07, AP KSchG 1969 § 2 Nr. 142; 8.10.2009 – 2 AZR 235/08, AP KSchG 1969 § 2 Nr. 143; 29.9.2011 – 2 AZR 523/10, NZA 2012, 628; 10.4.2014 – 2 AZR 812/12, NZA 2014, 653 Rn. 24; 22.10.2015 – 2 AZR 550/14, NZA-RR 2016, 243 Rn. 24 jeweils mwN.

weiterbeschäftigen. Das Änderungsangebot, Weiterbeschäftigung als Küchenhilfe zu einer verringerten Vergütung, war zumutbar, weil kein anderer Arbeitsplatz frei war.[314]

134 Ein krankheitsbedingter Grund zur Kündigung kann weiterhin bestehen, wenn ein bei einer Versicherung beschäftigter juristischer Sachbearbeiter für Kraftfahrzeugschäden aufgrund einer **psychischen Erkrankung** nicht mehr über genügend soziale Kompetenz, allgemeine Belastbarkeit, Arbeitsschnelligkeit und Entscheidungssicherheit verfügt und deshalb außerstande ist, als Schadenssachbearbeiter weiterzuarbeiten. Nach Auffassung des BAG kann der Arbeitgeber in diesem Fall allerdings keine Beendigungskündigung aussprechen, wenn in der Materialwirtschaft noch ein freier Arbeitsplatz vorhanden ist.[315]

135 Kann ein bei einem kommunalen Hafenbetrieb beschäftigter Arbeitnehmer nach einem **Arbeitsunfall** seine bisherige Tätigkeit als Rangierleiter wegen posttraumatischer Belastungsstörungen nicht mehr ausüben, kann der Arbeitgeber dem Arbeitnehmer eine andere, auch geringer vergütete Arbeit anbieten. Spricht er eine Änderungskündigung aus und bietet dem Arbeitnehmer eine Beschäftigung als Hilfsgärtner mit einer um rund 250 EUR geringeren Vergütung an, muss dies der Arbeitnehmer billigerweise hinnehmen, wenn es keine günstigere Beschäftigungsmöglichkeit gibt. Von einer solchen ist allerdings auszugehen, wenn der Arbeitgeber in vergleichbaren Fällen die Arbeitnehmer zwar mit geringwertigeren Arbeiten weiterbeschäftigt, aber unverändert vergütet. Denn ein Änderungsangebot, dessen Inhalt den arbeitsrechtlichen Gleichbehandlungsgrundsatz verletzt, widerspricht dem Grundsatz der Verhältnismäßigkeit.[316] Der Gleichbehandlungsgrundsatz ist freilich nicht verletzt, wenn der Arbeitgeber seine bisherige Praxis ab einem bestimmten Stichtag geändert hat und die neue Tätigkeit nur noch nach der entsprechenden tariflichen Entgeltgruppe vergütet.[317]

136 Kann ein **Schwimmmeister mit Rettungsaufgaben** wegen chronischer Erkrankungen des Herz- und Kreislauf- sowie des Stoffwechselsystems und einer ausgeprägten Adipositas seine Arbeitsaufgaben auf unabsehbare Dauer nicht mehr erfüllen, liegt ein (wichtiger) Grund für eine Änderungskündigung vor. Dem dauerhaften Fehlen der Eignung zum Einsatz als Schwimmmeister steht dabei nicht entgegen, dass das Schwimmbad wegen Renovierungsarbeiten längere Zeit geschlossen ist. Das Angebot, als Hilfsarbeiter auf dem Bauhof weiterbeschäftigt zu werden, entspricht dem Verhältnismäßigkeitsgrundsatz, wenn es sich hierbei um die einzige noch verbliebene Möglichkeit der Beschäftigung handelt.[318]

137 Auch bei **nachlassendem Leistungsvermögen** ist eine Änderungskündigung möglich. Nach hM kann im Wege der Änderungskündigung allerdings nur eine Änderung der Tätigkeit und in deren Folge eine Senkung der Vergütungshöhe herbeigeführt werden. Wird die Änderungskündigung auf eine **krankheitsbedingte Leistungsminderung** gestützt, ist im Ausgangpunkt – ebenso wie bei einer Beendigungskündigung (→ § 1 Rn. 332 ff.) – eine **dreistufige Prüfung** vorzunehmen, sodass beim Fehlen einer erheblichen Äquivalenzstörung keine Änderungskündigung möglich ist.[319] Von vornherein grds. unzulässig ist eine Änderungskündigung mit dem **alleinigen Ziel der Entgeltreduzierung** ohne Änderung der Tätigkeit, weil der Arbeitnehmer keinen bestimmten Leistungserfolg schuldet.[320] Eine Änderungskündigung ist allerdings in Betracht zu ziehen, wenn sie sich auf die **Streichung von Zulagen** bezieht, die einen Bezug zur Arbeitsleistung haben.[321] Möglich ist auch eine Änderungskündigung wegen **Sicherheitsbedenken** gegen-

---

[314] BAG 3.11.1977 – 2 AZR 277/76, AP BPersVG § 75 Nr. 1 mAnm Richardi.
[315] BAG 22.9.2005 – 2 AZR 519/04, AP SGB IX § 81 Nr. 10.
[316] BAG 3.7.2003 – 2 AZR 617/02, AP KSchG 1969 § 2 Nr. 73 mAnm Bengelsdorf.
[317] BAG 3.7.2003 – 2 AZR 617/02, AP KSchG 1969 § 2 Nr. 73 mAnm Bengelsdorf.
[318] BAG 28.10.2010 – 2 AZR 688/09, AP KSchG 1969 § 2 Nr. 148.
[319] BAG 22.10.2015 – 2 AZR 550/14, NZA-RR 2016, 243 Rn. 24 ff.
[320] Hromadka NZA 1997, 1 (11); APS/Künzl Rn. 243; Wallner, Die Änderungskündigung, 2005, Rn. 394 ff.; aA Tschöpe BB 2006, 213 (216); ferner BAG 11.12.2003 – 2 AZR 667/02, AP KSchG 1969 § 1 Verhaltensbedingte Kündigung Nr. 48, das beiläufig eine Vergütungsreduzierung in Betracht zieht.
[321] Ebenso Hromadka NZA 1997, 1 (11 f.).

über dem Arbeitnehmer[322] oder beim wirksamen Entzug der kanonischen Beauftragung bei einem kirchlichen Arbeitnehmer.[323]

2. Verhaltensbedingte Gründe

Bei Gründen im Verhalten des Arbeitnehmers kommt nur ausnahmsweise eine Änderungskündigung in Betracht. Zu denken ist an den Fall, dass es infolge **ständiger Streitereien** zwischen mehreren Arbeitnehmern zu Störungen im Betriebsablauf kommt und die Ursachen in persönlichen Unverträglichkeiten zwischen einzelnen Arbeitnehmern liegen. Möglich ist auch, dass Kunden des Arbeitgebers wegen persönlicher Differenzen, die nicht kündigungsrelevant sind, eine weitere Zusammenarbeit mit einem bestimmten Arbeitnehmer ablehnen. Spricht der Arbeitgeber in diesen Fällen eine Änderungskündigung mit dem Ziel einer Versetzung auf einen anderen Arbeitsplatz aus und lehnt der Arbeitnehmer dieses Änderungsangebot ab, kann dies zur Beendigung des Arbeitsverhältnisses führen, wenn keine anderen Versetzungsmöglichkeiten bestehen.[324] Zu beachten ist, dass auch bei einer verhaltensbedingten Änderungskündigung regelmäßig eine Abmahnung erforderlich ist (→ § 1 Rn. 474 ff.).[325] **138**

3. Betriebsbedingte Gründe

a) **Überblick.** Betriebsbedingte Änderungskündigungen, denen praktisch die meiste Bedeutung zukommt, sind sozial gerechtfertigt, wenn dringende betriebliche Erfordernisse iSd § 1 Abs. 2 das **Änderungsangebot bedingen,** dh der Bedarf an einer Weiterbeschäftigung zu den bisherigen Bedingungen zum Zeitpunkt des Zugangs der Kündigung voraussichtlich auf Dauer entfallen ist und sich der Arbeitgeber bei einem an sich anerkennenswerten Anlass zur Änderungskündigung darauf beschränkt hat, nur solche Änderungen anzubieten, die der Arbeitnehmer billigerweise hinnehmen muss.[326] Das Kündigungsschutzrecht verpflichtet den Unternehmer nicht dazu, Organisationsänderungen nur dann durchzuführen, wenn er Defizite vermeiden will. Es ist ausreichend, wenn er sie aus nicht willkürlichen Gründen für angezeigt erachtet. Es ist nicht Sache der Gerichte, dem Arbeitgeber eine bestimmte betriebliche oder unternehmerische Organisationsstruktur vorzuschreiben.[327] Der betriebsbedingte Grund kann deshalb auch auf einer unternehmerischen Entscheidung zur **Umstrukturierung** des gesamten Betriebs oder von Betriebsteilen oder einzelner Arbeitsplätze beruhen.[328] Dabei ist stets auf die Verhältnisse des Betriebs und nicht nur eines Betriebsteils abzustellen. Die **Unrentabilität** des Betriebs kann einer Weiterbeschäftigung des Arbeitnehmers zu unveränderten Arbeitsbedingungen entgegenstehen und ein dringendes betriebliches Erfordernis zur Änderung der Arbeitsbedingungen sein. Sollen ohne weitere Organisationsänderungen allein die Personalkosten gesenkt werden, ist erforderlich, dass hierdurch die Stilllegung des Betriebs oder eine deutliche Reduzierung der Belegschaft verhindert werden kann und die Kosten durch andere Maßnahmen nicht zu senken sind (→ Rn. 154 ff.).[329] **139**

---

[322] BAG 20.7.1989 – 2 AZR 114/87, AP KSchG 1969 § 1 Sicherheitsbedenken Nr. 2.

[323] BAG 10.4.2014 – 2 AZR 812/12, NZA 2014, 653 Rn. 26.

[324] BAG 22.7.1982 – 2 AZR 30/81, AP KSchG 1969 § 1 Verhaltensbedingte Kündigung Nr. 5 mAnm Otto; KR/Kreft Rn. 155; zur Umsetzung anstelle einer Abmahnung BAG 24.4.1996 – 5 AZR 1031/94, AP BGB § 611 Direktionsrecht Nr. 48.

[325] BAG 6.9.2007 – 2 AZR 368/06, AP KSchG 1969 § 2 Nr. 135.

[326] BAG 15.1.2009 – 2 AZR 641/07, AP KSchG 1969 § 2 Nr. 141; 9.9.2010 – 2 AZR 936/08, AP KSchG 1969 § 2 Nr. 149; 29.9.2011 – 2 AZR 451/10, NZA-RR 2012, 158. Zu den Auswirkungen von tariflichen Rationalisierungsschutzabkommen s. BAG 29.1.2015 – 2 AZR 1005/13, NZA-RR 2015, 523.

[327] BAG 9.9.2010 – 2 AZR 936/08, AP KSchG 1969 § 2 Nr. 149.

[328] StRspr, BAG 27.9.2001 – 2 AZR 389/00, NZA 2002, 117; 22.4.2004 – 2 AZR 385/03, AP KSchG 1969 § 2 Nr. 74; 23.6.2005 – 2 AZR 642/04, AP KSchG 1969 § 2 Nr. 81; 12.1.2006 – 2 AZR 126/05, AP KSchG 1969 § 2 Nr. 82; 19.9.2010 – 2 AZR 936/08, AP KSchG 1969 § 2 Nr. 149.

[329] BAG 10.9.2009 – 2 AZR 822/07, AP KSchG 1969 § 2 Nr. 142.

140 Stehen für das Änderungsangebot anderweitige **Beschäftigungsmöglichkeiten an mehreren Arbeitsorten** zur Verfügung, die vom bisherigen räumlich unterschiedlich weit entfernt liegen, hat der Arbeitgeber, wenn die Zahl der am näher gelegenen Arbeitsort zur Verfügung stehenden Arbeitsplätze geringer als die Zahl der insgesamt zu versetzenden Arbeitnehmer ist, im Rahmen einer sozialen Auswahl analog § 1 Abs. 3 zu entscheiden, welchem Arbeitnehmer er die Weiterbeschäftigung an dem näher gelegenen Ort anbietet (→ Rn. 86). Das gilt auch dann, wenn er Arbeitnehmern vor Ausspruch einer Änderungskündigung die einvernehmliche Versetzung auf einen der freien Arbeitsplätze anbietet. Der Arbeitgeber kann die Auswahlentscheidung nach § 1 Abs. 3 nicht dadurch vermeiden, dass er zunächst die freien, günstiger gelegenen Arbeitsplätze auf freiwilliger Basis besetzt. Erfolgen Stellenbesetzungen und spätere Änderungskündigungen aufgrund eines einheitlichen Entschlusses, sind vielmehr bei der Prüfung der Kündigungsvoraussetzungen beide Erklärungen des Arbeitgebers als Einheit zu würdigen.[330]

141 **b) Änderung des Arbeitsorts.** Der Entschluss eines Unternehmens, bestimmte Arbeiten an einem **Standort zu konzentrieren,** stellt eine freie unternehmerische Entscheidung dar (→ § 1 Rn. 694 ff.).[331] Der gesetzliche Kündigungsschutz verpflichtet weder den privaten noch den öffentlichen Arbeitgeber, eine bestimmte betriebliche Organisationsstruktur oder einen konkreten Standort beizubehalten. Dies gilt für den öffentlichen Arbeitgeber insbes. dann, wenn die Organisationsentscheidung durch ein parlamentarisches Gremium oder durch die demokratisch legitimierte Verwaltung getroffen worden ist.[332] Solche Organisationsentscheidungen können von den Gerichten inhaltlich nicht nachgeprüft werden, sie sind grds. als gegeben hinzunehmen.[333] Sie unterliegen lediglich einer **Missbrauchskontrolle.** Dazu hat der Arbeitnehmer im Kündigungsschutzprozess Umstände darzulegen, aus denen sich ergibt, dass die erfolgte Strukturänderung offensichtlich unsachlich, unvernünftig oder willkürlich ist.[334] Führt die unternehmerische Entscheidung dazu, dass im Betrieb des Arbeitnehmers die vertragsgemäße Beschäftigungsmöglichkeit entfällt, an einem anderen Standort des Unternehmens aber ein freier Arbeitsplatz vorhanden ist, hat der Arbeitgeber dem Arbeitnehmer diesen Arbeitsplatz im Wege der Änderungskündigung anzubieten. Dagegen kann der Arbeitnehmer nicht auf die Möglichkeit verweisen, die Tätigkeit künftig im **Homeoffice** zu erbringen, sofern dies nicht ohnehin schon im Betrieb praktiziert wird.[335] Dies gilt jedenfalls dann, wenn es zum unternehmerischen Konzept des Arbeitgebers gehört, bestimmte Arbeitsplätze in der Zentrale zu konzentrieren und kein Homeoffice anzubieten.[336]

142 Im Zusammenhang mit der **Corona-Pandemie (COVID-19-Pandemie)** ist vermehrt die (allgemeine) Frage des Einsatzes der Änderungskündigung sowohl im Hinblick auf die Einführung als auch die spätere Wiederabschaffung von Homeoffice (sowie mobiler Arbeit) aufgetreten. Soweit es um die – vom Direktionsrecht nicht gedeckte[337] – **Einführung von Homeoffice** geht, ist eine betriebsbedingte Änderungskündigung wegen des zu berücksichtigenden Grundrechts des Arbeitnehmers auf Unverletzlichkeit der Wohnung (Art. 13 Abs. 1 GG) nur ganz ausnahmsweise zur Verhinderung einer ansonsten drohenden Beendigungskündigung wegen der Schließung der betrieblichen Arbeitsstätte gerechtfertigt. Außerdem setzt die soziale Rechtfertigung voraus, dass der Arbeitgeber von

---

330 BAG 12.8.2010 – 2 AZR 945/08, AP KSchG 1969 § 2 Nr. 147.

331 StRspr, s. etwa BAG 29.3.2007 – 2 AZR 31/06, NZA 2007, 855; 12.8.2010 – 2 AZR 945/08, AP KSchG 1969 § 2 Nr. 147.

332 BAG 12.8.2010 – 2 AZR 558/09, AP KSchG 1969 § 2 Nr. 146.

333 BAG 10.5.2007 – 2 AZR 263/06, AP KSchG 1969 § 1 Betriebsbedingte Kündigung Nr. 165.

334 BAG 29.3.2007 – 2 AZR 31/06, NZA 2007, 855.

335 LAG München 29.7.2009 – 11 Sa 230/09, BeckRS 2009, 72351; LAG Hessen 10.6.2015 – 6 Sa 451/14, BeckRS 2016, 66605; LAG Baden-Württemberg 4.11.2024 – 9 Sa 42/24, NZA-RR 2025, 140 Rn. 37 ff.; aA Stück MDR 2021, 268 (272).

336 LAG Berlin-Brandenburg 24.3.2021 – 4 Sa 1243/20, BB 2021, 2231 (2235).

337 LAG Berlin-Brandenburg 14.11.2018 – 17 Sa 562/18, BeckRS 2018, 34001; anders bei Vorliegen von Gründen des Gesundheitsschutzes Schiefer DB 2021, 114 (115).

vornherein klarstellt, dass er die Kosten für die Einrichtung und Aufrechterhaltung des häuslichen Arbeitsplatzes übernimmt.[338] Die **Abschaffung von Homeoffice** durch Rückverlagerung der Arbeitsplätze in die Betriebsstätte ist indes regelmäßig bereits im Grundsatz vom Weisungsrecht umfasst,[339] sodass eine Änderungskündigung „überflüssig" ist. Sofern der Arbeitnehmer ein vertragliches Recht auf Arbeit im Homeoffice hat, bedarf es demgegenüber einer Änderungskündigung, die bei einem unternehmerischen Konzept der Konzentration der Arbeitsplätze in der jeweiligen Betriebsstätte aber grds. gerechtfertigt ist.[340]

Der Arbeitgeber ist nicht verpflichtet, dem Arbeitnehmer statt eines Arbeitsplatzes in **143** einem räumlich entfernt liegenden Betrieb (Neuß statt zuvor Kassel) am bisherigen Arbeitsort eine Tätigkeit als **freier Mitarbeiter anzubieten.** Das Gesetz verlangt ein Angebot zur Fortsetzung des – geänderten – Arbeitsverhältnisses.[341]

c) **Änderung der Arbeitszeit.** Dringende betriebliche Erfordernisse für eine Änderungs- **144** kündigung können sich aus der unternehmerischen Entscheidung ergeben, die betriebliche Arbeitszeit neu zu gestalten, wenn dadurch das Bedürfnis zur Weiterbeschäftigung eines oder mehrerer Arbeitnehmer zu der vertraglich vereinbarten Arbeitszeit entfällt. So kann bspw. die unternehmerische Entscheidung, den Betrieb vom **Einschichtsystem auf ein Zweischichtsystem umzustellen,** eine entsprechende Änderungskündigung des bisher vertraglich nur zur Arbeit im Einschichtsystem verpflichteten Arbeitnehmers bedingen. Zur sozialen Rechtfertigung einer solchen Änderungskündigung ist freilich erforderlich, dass das geänderte unternehmerische Konzept im Einzelfall nicht auch durch andere Maßnahmen verwirklicht werden kann.[342]

Auch die **Einführung von Samstagsarbeit** ist grds. eine hinzunehmende unternehmeri- **145** sche Entscheidung, die einen billigenswerten Anlass zur Änderung von Arbeitsbedingungen darstellen kann. Denn der Unternehmer ist darin frei zu entscheiden, wie er die Kapazitäten und Arbeitszeiten auf seine Produktion verteilt. Bei der Umsetzung der unternehmerischen Entscheidung hat er allerdings gesetzliche und tarifliche Arbeitszeitregelungen zu beachten. Eine Änderungskündigung, die auf einer tarifwidrigen Arbeitszeitgestaltung beruht, ist nichtig (→ Rn. 201).[343]

Der Arbeitgeber kann frei entscheiden, ob bestimmte Arbeitsleistungen nur mit **Voll- 146** **zeit- oder mit mehreren Teilzeitbeschäftigten** ausgeführt werden. Es unterliegt seiner – vom Gericht nur beschränkt überprüfbaren – Gestaltungsfreiheit, wie er auf einen Rückgang des Beschäftigungsbedarfs reagiert.[344] Der Verhältnismäßigkeitsgrundsatz zwingt den Arbeitgeber nicht, anstelle einer geringeren Zahl von Beendigungskündigungen eine größere Zahl von Änderungskündigungen bzw. anstelle einer größeren Anzahl von Änderungskündigungen eine geringere Anzahl von Beendigungskündigungen auszusprechen. Das Kündigungsschutzgesetz stellt für die Beurteilung der Kündigung auf die zweiseitige Rechtsbeziehung ab. Aus der arbeitsvertragsbezogenen Konzeption des Kündigungsschutzes ergibt sich, dass sich der Katalog milderer Maßnahmen regelmäßig auf die Rechtsbeziehung der streitenden Vertragsparteien beschränkt.[345] Deshalb ist es nicht zu beanstanden, wenn der öffentliche Arbeitgeber auf den **Rückgang von Schülerzahlen** in der Weise reagiert, dass er das verbleibende Arbeitsvolumen nicht von weniger voll-

---

338 IdS auch Müller NZA 2022, 1096 (1097); großzügiger offenbar Schiefer DB 2021, 114 (115).

339 Vgl. LAG Köln 11.7.2024 – 6 Sa 579/23, BeckRS 2024, 34207 Rn. 36 ff. (aber Unwirksamkeit wegen Unbilligkeit).

340 Möllenkamp NZA-RR 2025, 65 (68 ff.) (dort auch zur personen- und verhaltensbedingten Änderungskündigung zwecks Einschränkung von Homeoffice); Müller NZA 2022, 1096 (1098); s. a. Löwisch/Kurz BB 2020, 2804 (2806 f.).

341 BAG 21.2.2002 – 2 AZR 556/00, EzA § 2 KSchG Nr. 45.

342 BAG 18.1.1990 – 2 AZR 183/89, AP KSchG 1969 § 2 Nr. 27.

343 BAG 18.12.1997 – 2 AZR 709/96, AP KSchG 1969 § 2 Nr. 46; 10.2.1999 – 2 AZR 422/98, AP KSchG 1969 § 2 Nr. 52.

344 BAG 26.11.2009 – 2 AZR 658/08, AP KSchG 1969 § 2 Nr. 144.

345 BAG 19.5.1993 – 2 AZR 584/92, AP KSchG 1969 § 2 Nr. 31.

zeitbeschäftigten Lehrkräften, sondern von allen bislang beschäftigten Lehrern mit reduzierter Arbeitszeit erledigen lässt. Sieht allerdings das „Lehrerpersonalkonzept" vor, dass alle Lehrkräfte, die freiwillig bereit waren, ihre Arbeitszeit vertraglich auf zwei Drittel oder die Hälfte eines vollen Deputats zu verringern, bei darüber hinausgehendem Bedarf ein jeweils auf ein Schuljahr befristetes Angebot zur Aufstockung ihrer Arbeitszeit erhalten, kann ein dringendes betriebliches Erfordernis zur Reduzierung der Arbeitszeit von Lehrern, die nicht bereit waren, an diesem „Lehrerpersonalkonzept" teilzunehmen, nicht darauf gestützt werden, dass ein Bedürfnis an ihrer Lehrtätigkeit im vertraglich vereinbarten Umfang bei Berücksichtigung der Aufstockungsangebote nicht mehr besteht.[346]

147 Bietet der Arbeitgeber einer **vollzeitbeschäftigten Mitarbeiterin, die zwei Arbeitsgebiete für zwei leitende Mitarbeiter** zu betreuen hat, im Wege der Änderungskündigung eine Halbtagsbeschäftigung (20 Wochenstunden, montags bis freitags vormittags) mit entsprechend geringerer Vergütung in nur einem der beiden Bereiche an und stellt er für den anderen Aufgabenbereich eine Arbeitnehmerin neu ein, die gleichfalls halbtags und vormittags tätig ist, handelt es sich um eine im Ermessen des Arbeitgebers stehende wirksame unternehmerische Entscheidung. Gegenstand der Organisationsänderung ist die zeitgleiche Erledigung der anfallenden Arbeiten am Vormittag. Deshalb besteht ein Änderungsbedarf. Allein der Umstand, dass der Arbeitgeber die bisherigen Arbeitsabläufe hätte beibehalten können, macht die Neuorganisation nicht zu einer missbräuchlichen Unternehmerentscheidung. Unerheblich ist, ob zwei Teilzeitkräfte mehr leisteten als eine Vollzeitkraft oder auch bei einer Vollzeitbeschäftigung ausreichende Vertretungsmöglichkeiten bestünden. Es kommt auch nicht darauf an, ob es eine vormittags liegende „Hauptfunktionszeit" gibt und ob es ratsam ist, die hier betroffenen Aufgaben in dieser Zeit erledigen zu lassen. All diese Gesichtspunkte sind vom Gericht nicht zu überprüfen, weil es sich hierbei um Zweckmäßigkeitsüberlegungen handelt, die nicht der gerichtlichen Kontrolle unterliegen. Ein Missbrauch der unternehmerischen Organisationsfreiheit liegt allerdings vor, wenn sich die Umgestaltung der Arbeitsabläufe als rechtswidrige Maßregelung (§ 612a BGB) erweist oder das AGG verletzt wird.[347]

148 Eine Änderungskündigung, durch die eine **Teilzeitstelle in eine Vollzeitstelle** umgewandelt werden soll, ist sozial ungerechtfertigt, wenn keine betrieblichen Gründe iSv § 8 Abs. 4 S. 1 TzBfG vorliegen, die die Ablehnung eines Teilzeitbegehrens rechtfertigen würden.[348] Der Arbeitgeber hat dazu seine betriebliche Organisationsentscheidung plausibel darzulegen (→ § 1 Rn. 847). Will der Arbeitgeber eine vom Arbeitnehmer nach § 8 Abs. 5 S. 2 u. 3 TzBfG durchgesetzte **Arbeitszeitverringerung** mittels einer Änderungskündigung wieder **rückgängig machen,** kann er sich hierfür nicht auf Umstände stützen, die er bereits dem Teilzeitverlangen gem. § 8 Abs. 5 S. 1 TzBfG hätte entgegenhalten können.[349]

149 Sofern der Betrieb in ernstliche wirtschaftliche Schwierigkeiten gerät, die voraussichtlich nur vorübergehenden Charakter haben, und es an einer kollektiv- oder einzelvertraglichen Rechtsgrundlage fehlt, kann eine ordentliche Änderungskündigung mit dem Ziel der **Einführung von Kurzarbeit** dem Verhältnismäßigkeitsgrundsatz genügen. An eine solche Änderungskündigung sind geringere Anforderungen als an eine Änderungskündigung mit dem Ziel der Entgeltabsenkung (→ Rn. 157 ff.) zu stellen, weil bei Kurzarbeit das Äquivalenzverhältnis von Leistung und Gegenleistung gewahrt bleibt, die Vertragsänderung nur vorübergehenden Charakter hat und der Entgeltausfall grds. in erheblichem Umfang durch Kurzarbeitergeld (§§ 95 ff. SGB III) kompensiert wird.[350]

[346] BAG 26.11.2009 – 2 AZR 658/08, AP KSchG 1969 § 2 Nr. 144.

[347] BAG 22.4.2004 – 2 AZR 385/03, AP KSchG 1969 § 2 Nr. 74; zust. Spirolke/Regh BB 2004, 2820; enger noch BAG 23.11.2000 – 2 AZR 617/99, AP KSchG 1969 § 2 Nr. 63.

[348] LAG Nürnberg 23.2.2006 – 5 Sa 224/05, NZA-RR 2006, 294.

[349] BAG 20.1.2015 – 9 AZR 860/13, NZA 2015, 805 Rn. 37 f.

[350] Bauer/Günther NZA 2020, 419 (420 f.); idS auch Fuhlrott/Fischer NZA 2020, 345 (346); strenger Weller/König BB 2020, 953 (955 f.).

Folgerichtig sind die Anforderungen an die soziale Rechtfertigung deutlich höher anzusetzen und ist eine ansonsten drohende Reduzierung der Belegschaft oder sogar Betriebsschließung zu verlangen, sofern die Voraussetzungen für die Gewährung von Kurzarbeitergeld ausnahmsweise nicht vorliegen und die Beschäftigten deshalb umfassende finanzielle Einbußen erleiden.[351] Wenn der Arbeitgeber den betroffenen Arbeitnehmer in einem solchen Fall die Gewährung eines Zuschusses in Höhe des Kurzarbeitergelds zusagt, kann er hierdurch den Maßstab für die soziale Rechtfertigung der Änderungskündigung aber zu seinen Gunsten verändern.[352]

Wenn der Arbeitgeber eine **Vertrauensurlaubsregelung** ohne Widerrufsrecht eingeführt hat, kann er dieses Urlaubskonzept nur durch Änderungskündigung wieder abbauen und das auch nur dann, wenn er hierfür einen dringenden betrieblichen Grund oder einen im Verhalten des betroffenen Arbeitnehmers liegenden Grund anführen kann.[353] 150

d) **Arbeitsplatzneugestaltung und Leistungsverdichtung.** Eine unternehmerische Entscheidung zur Umstrukturierung des Betriebs oder der Arbeitsplätze kann auch das **Anforderungsprofil** einzelner Arbeitsplätze erfassen.[354] Dieses beschreibt die Anforderungen an die Fähigkeiten des Arbeitsplatzinhabers, die sich unmittelbar aus der übertragenen Arbeitsaufgabe und/oder aus einem vom Arbeitgeber festgelegten Stellenprofil ergeben. Davon zu unterscheiden ist die Festlegung von Tätigkeitsmerkmalen in einem tariflichen Entgeltgruppenschema und dessen Anwendung im Betrieb. Tarifliche Eingruppierungskriterien bestimmen, wo die zuvor vom Arbeitgeber ausgestaltete Tätigkeit des Arbeitnehmers in das tarifliche Entgeltschema einzureihen ist.[355] Nach diesen Grundsätzen stellt der Entschluss eines Einzelhandelsunternehmens, sein **Verkaufskonzept** von einem beratungsorientierten Facheinzelhandel mit ansprechender Warenpräsentation und vielfältigem Angebot zu einem beratungsarmen Discountgeschäft mit eingeschränktem Warenangebot umzuwandeln, zusammen mit dem Entschluss, das Anforderungsprofil der Arbeitsplätze dahin zu ändern, dass alle Arbeitnehmer alle anfallenden Arbeiten auszuführen haben, eine nicht rechtsmissbräuchliche Unternehmerentscheidung dar.[356] Das Unternehmen kann frei bestimmen, in welcher Art und Weise es die Waren präsentiert und wie beratungsintensiv der Verkauf gestaltet wird. Dabei kommt es nicht darauf an, ob der Verkauf in der bisherigen Form hätte fortgeführt werden können oder wirtschaftliche Gründe die Änderung veranlasst haben. Ebenso wie dem Arbeitgeber vorbehalten ist, die Zahl der Arbeitnehmer, die Menge der zu verrichtenden Arbeit, das Verhältnis dieser Größen zueinander und die Arbeitszeiten festzulegen, kann er die Aufteilung der zu erledigenden Aufgaben auf die einzelnen Arbeitsplätze bestimmen. Entschließt sich ein Land, im Rahmen des Konzepts **„Verlässliche Grundschule"** den Vertretungsbedarf an Grundschulen grds. mit pädagogischen Mitarbeitern und nicht mehr mit Lehrern abzudecken, entfällt aufgrund einer juristisch nicht zu beanstandenden organisatorischen Entscheidung das Bedürfnis für eine Beschäftigung von Vertretungslehrern.[357] Die pädagogische Sinnhaftigkeit dieser Entscheidung unterliegt nicht der gerichtlichen Kontrolle. 151

Sollen sowohl die **Tätigkeit des Arbeitnehmers als auch die Vergütung geändert** werden, ist das Änderungsangebot insgesamt am Verhältnismäßigkeitsgrundsatz zu messen.[358] Es muss geeignet und erforderlich sein, den Vertragsinhalt an die geänderte Beschäftigungsmöglichkeit anzupassen. Eine gesonderte Rechtfertigung der vorgeschla- 152

---

351 Vgl. Weller/König BB 2020, 953 (955 f.).

352 Im Grundsatz auch Weller/König BB 2020, 953 (956), die aber einen Arbeitgeberzuschuss in einem das gesamte bisherige Soll-Entgelt abdeckenden Maß verlangen.

353 Gaul/Kaule BB 2022, 757 (761).

354 BAG 10.7.2008 – 2 AZR 1111/06, AP KSchG 1969 § 1 Betriebsbedingte Kündigung Nr. 181.

355 BAG 8.10.2009 – 2 AZR 235/08, AP KSchG 1969 § 2 Nr. 143.

356 BAG 23.6.2005 – 2 AZR 642/04, AP KSchG 1969 § 2 Nr. 81.

357 BAG 29.11.2007 – 2 AZR 388/06, AP KSchG 1969 § 2 Nr. 136.

358 BAG 23.6.2005 – 2 AZR 642/04, AP KSchG 1969 § 2 Nr. 81; 2.3.2006 – 2 AZR 64/05, AP KSchG 1969 § 2 Nr. 84; grds. abl. Annuß/Bartz NJW 2006, 2153 (2156); krit. Schrader/Straube DB 2006, 1678.

genen Vergütung ist entbehrlich, wenn sich die neue Vergütung für die geänderte Tätigkeit aus einem im Betrieb angewandten Vergütungssystem ergibt (sog. „Tarifautomatik" → Rn. 64).[359]

153 Ausgangspunkt der Verhältnismäßigkeitsprüfung ist die **bisherige vertragliche Regelung.** Die angebotenen Änderungen dürfen sich nicht weiter vom Inhalt des bisherigen Arbeitsverhältnisses entfernen, als es zur Erreichung des angestrebten Zieles erforderlich ist.[360] Unter Zugrundelegung der Unternehmerentscheidung ist festzustellen, welche Arbeitspflichten sich geändert haben. Nur in Bezug auf diese Änderungen besteht ein Erfordernis zur Anpassung der Gegenleistung des Arbeitgebers. Der Arbeitgeber hat darzulegen, dass er auch unter Berücksichtigung der vertraglich eingegangenen Verpflichtungen alles Zumutbare unternommen hat, die durch die unternehmerische Entscheidung notwendig gewordenen Anpassungen auf das unbedingt erforderliche Maß zu beschränken.[361] Eine Entgeltreduzierung bei geändertem Arbeitsinhalt kann bspw. durch eine evident geringere Bewertung der neu angebotenen gegenüber der bisherigen Tätigkeit gerechtfertigt sein.[362] Wird im Zuge einer Änderung des Verkaufskonzepts im Einzelhandel das Anforderungsprofil der Arbeitsplätze dahin geändert, dass qualifizierte Beratertätigkeiten entfallen und alle Arbeitnehmer sämtliche ansonsten anfallenden Arbeiten auszuführen haben, ist eine Änderung des Arbeitsentgelts und ggf. eine Änderung der Arbeitszeiten erforderlich. Nicht erforderlich ist jedoch in diesem Zusammenhang die Änderung der Ausschlussfristen, das Streichen bezahlter Arbeitsbefreiungen aus besonderem Anlass sowie die Kürzung des Urlaubsanspruchs.[363] Hierzu bedürfte es einer weitergehenden wirtschaftlichen Begründung, die sich nicht auf die Umgestaltung des Verkaufskonzepts beschränkt.

154 Zweifelsfrei schwierig ist die Bemessung des Werts der Vergütungsminderung, wenn es im Betrieb **kein festes Vergütungssystem** gibt.[364] Der Arbeitgeber muss in diesem Fall darlegen, inwiefern sich der Wert der Arbeitsleistung gegenüber dem bisherigen Zustand verändert hat. Nur dann kann überprüft werden, ob die Anpassung der Vergütung erforderlich war.[365] Zur Bemessung des Werts der Arbeit ist – wie bei der Bestimmung der Sittenwidrigkeit der Vergütung – auf die übliche Vergütung abzustellen (§ 612 Abs. 2 BGB). Hierfür bietet die tarifliche Vergütung der Tätigkeit in der jeweiligen Branche am Arbeitsort einen wichtigen Anhaltspunkt.[366] Ggf. sind branchenähnliche Tarife heranzuziehen. Sind auf das Arbeitsverhältnis Tarifverträge nicht anwendbar, kann ein innerbetriebliches Vergütungssystem als Maßstab dienen. Besteht kein Entgeltsystem, sondern leistet der Arbeitgeber individuell vereinbarte Arbeitsvergütungen, kann ggf. die Gesamtschau dieser Vergütungen Aufschluss über den Wert der Arbeit geben. Der Arbeitgeber ist nicht verpflichtet, dem betroffenen Arbeitnehmer im Wege der Änderungskündigung die höchste für vergleichbare Tätigkeiten gezahlte Vergütung anzubieten. Er hat ihn vielmehr unter Berücksichtigung des Änderungsschutzes in das bestehende Vergütungsgefüge einzuordnen. Prozessual gelten die **Grundsätze der abgestuften Darlegungs- und Beweislast.** Bietet der Arbeitgeber dem Arbeitnehmer eine Vergütung an, welche die durchschnittlich gezahlte Vergütung merklich unterschreitet, hat er darzulegen, welche weiteren Gesichtspunkte ihn zu dieser Vergütungsfestsetzung bewogen haben und inwiefern er dabei den bestehenden Änderungsschutz hinreichend berücksichtigt hat. Bewegt sich demgegenüber die angebotene Vergütung verglichen mit

[359] BAG 23.6.2005 – 2 AZR 642/04, AP KSchG 1969 § 2 Nr. 81; 29.3.2007 – 2 AZR 31/06, NZA 2007, 855; 3.4.2008 – 2 AZR 500/06, AP KSchG 1969 § 2 Nr. 137; 9.9.2010 – 2 AZR 936/08, AP KSchG 1969 § 2 Nr. 149.
[360] BAG 23.6.2005 – 2 AZR 642/04, AP KSchG 1969 § 2 Nr. 81.
[361] BAG 3.4.2008 – 2 AZR 500/06, AP KSchG 1969 § 2 Nr. 137.
[362] BAG 29.3.2007 – 2 AZR 31/06, NZA 2007, 855; 29.11.2007 – 2 AZR 388/06, AP KSchG 1969 § 2 Nr. 136; 3.4.2008 – 2 AZR 500/06, AP KSchG 1969 § 2 Nr. 137.
[363] BAG 23.6.2005 – 2 AZR 642/04, AP KSchG 1969 § 2 Nr. 81.
[364] Dazu Schrader/Straube DB 2006, 1678.
[365] BAG 23.6.2005 – 2 AZR 642/04, AP KSchG 1969 § 2 Nr. 81.
[366] Vgl. MüKoBGB/Müller-Glöge § 612 Rn. 30.

der vergleichbarer Arbeitnehmer im oberen Bereich, deutet das darauf hin, dass diese vom Arbeitnehmer billigerweise hinzunehmen ist. Sieht er dies anders, hat er Tatsachen vorzutragen, die geeignet sind, unter Berücksichtigung des Änderungsschutzes und der geänderten Tätigkeit eine höhere Vergütung zu begründen.[367]

Beabsichtigt ein Unternehmen, das auch über eine Erlaubnis zur Arbeitnehmerüberlassung verfügt, Arbeitnehmer aus einer Betriebsabteilung, die dem Übergang ihrer Arbeitsverhältnisse nach § 613a Abs. 6 BGB widersprochen haben, **als Leiharbeitnehmer dem Erwerber auszuleihen,** damit sie dort wie bisher weiterarbeiten können, hat es Änderungskündigungen auszusprechen. Der Arbeitgeber kann – wenn dies nicht im Arbeitsvertrag vorgesehen ist – die Arbeitnehmer nicht ohne Änderung des Arbeitsvertrags im Wege des Direktionsrechts anweisen, als Leiharbeitnehmer zu arbeiten. Auch wenn ein Tarifvertrag für diese Tätigkeit beim Verleiher eine niedrigere Vergütung als für andere Tätigkeiten vorsieht, handelt es sich jedoch nicht um eine Änderungskündigung zur bloßen Entgeltsenkung, sondern um eine solche, die auf eine Änderung der Tätigkeit zielt, an die sodann die tarifliche Neufestsetzung des Lohns anknüpft.[368] **155**

Eine beachtliche unternehmerische Entscheidung kann weiter darin liegen, künftig mit weniger Personal zu arbeiten. Soweit hierdurch eine **Leistungsverdichtung** eintritt, ist dies als Folge der Unternehmerentscheidung hinzunehmen, weil die Ausgestaltung des rationellen Einsatzes der Beschäftigten Sache des Arbeitgebers ist.[369] **156**

e) **Entgeltabsenkung.** Eine betriebsbedingte Änderungskündigung mit dem Ziel, unter Beibehaltung der Arbeitsbedingungen iÜ die Lohnkosten zu senken, ist nur **eingeschränkt möglich.**[370] Mit der Änderungskündigung zur Entgeltsenkung greift der Arbeitgeber in das arbeitsvertraglich vereinbarte Verhältnis von Leistung und Gegenleistung ein. Geschlossene Verträge sind jedoch grds. einzuhalten. Geldmangel allein kann den Schuldner nicht entlasten, weil der Arbeitgeber das Wirtschaftsrisiko trägt.[371] Andererseits ist zu berücksichtigen, dass eine Senkung der Personalkosten und damit Entgeltreduzierungen wirtschaftlich durchaus sinnvoll sein können, wenn dadurch Beendigungskündigungen verhindert werden. Die Unrentabilität des Betriebs kann deshalb einer Weiterbeschäftigung des Arbeitnehmers zu unveränderten Entgeltbedingungen entgegenstehen und ein dringendes betriebliches Erfordernis zur Senkung der Lohnkosten darstellen, wenn hierdurch die Stilllegung des Betriebs oder die Reduzierung der Belegschaft verhindert werden kann und die Kosten durch andere Maßnahmen nicht zu senken sind. Eine Änderungskündigung zur Entgeltsenkung ist in diesen Fällen oft sogar das einzige dem Arbeitgeber zur Verfügung stehende Mittel zur Vermeidung von Beendigungskündigungen.[372] In Bezug auf tariflich unkündbare Arbeitnehmer kommt auch eine außerordentliche Änderungskündigung mit notwendiger Auslauffrist in Betracht.[373] **157**

Die Absicht des Arbeitgebers, die Lohnkosten durch Senkung der Arbeitsvergütung der Arbeitnehmer zu kürzen, ist allerdings keine unternehmerische Entscheidung, die der **158**

[367] BAG 3.4.2008 – 2 AZR 500/06, AP KSchG 1969 § 2 Nr. 137.

[368] BAG 9.9.2010 – 2 AZR 936/08, AP KSchG 1969 § 2 Nr. 149.

[369] BAG 24.4.1997 – 2 AZR 352/96, NZA 1997, 1047.

[370] BAG 26.6.2008 – 2 AZR 139/07, AP KSchG 1969 § 2 Nr. 138; 20.6.2013 – 2 AZR 396/12, NZA 2013, 1409 Rn. 31 mwN aus der Rspr.; Berger-Delhey DB 1991, 1571; Breuckmann, Entgeltreduzierung unter besonderer Berücksichtigung der Änderungskündigung, 2004, S. 70 ff.; Buchner FS Kraft, 1998, 23; Fischer FS 25 Jahre ARGE Arbeitsrecht im DAV, 2006, 257; Hromadka NZA 1996, 1 (8 ff.); DFL/Kaiser Rn. 42; Krause DB 1995, 574; Krois ZfA 2009, 575; APS/Künzl Rn. 257 ff.; ErfK/Oetker Rn. 60 ff.; Precklein Prüfungsmaßstab S. 85 ff.; Reiserer/Powietzka BB 2006, 1109; Rücker Änderungskündigung zur Entgeltsenkung S. 87 ff.; Stoffels ZfA 2002, 401 (411 ff.); PVT Kündigung/Temming Rn. 1451; Wallner, Die Änderungskündigung, 2005, Rn. 478 ff.; gänzlich abl. Berkowsky Änderungskündigung § 7 Rn. 42 ff.

[371] BAG 27.9.2001 – 2 AZR 236/00, AP TVG § 4 Nachwirkung Nr. 40; 16.5.2002 – 2 AZR 292/01, NJW 2003, 1139 (1141); 12.1.2006 – 2 AZR 126/05, AP KSchG 1969 § 2 Nr. 82.

[372] BAG 26.1.1995 – 2 AZR 371/94, AP KSchG 1969 § 2 Nr. 36; 20.8.1998 – 2 AZR 84/98, AP KSchG 1969 § 2 Nr. 50; 12.11.1998 – 2 AZR 91/98, AP KSchG 1969 § 2 Nr. 51; 1.7.1999 – 2 AZR 826/98, AP KSchG 1969 § 2 Nr. 53; 27.9.2001 – 2 AZR 236/00, AP TVG § 4 Nachwirkung Nr. 40; 12.1.2006 – 2 AZR 126/05, AP KSchG 1969 § 2 Nr. 82; zust. KR/Kreft Rn. 178; PVT Kündigung/Temming Rn. 1452.

[373] BAG 1.3.2007 – 2 AZR 580/05, AP BGB § 626 Nr. 207 mAnm Löwisch/Beck.

gerichtlichen Überprüfung entzogen ist.[374] Eine Änderungskündigung, die allein auf die Senkung des Arbeitsentgelts gerichtet ist und die übrigen Arbeitsbedingungen unberührt lässt, ist nur zu rechtfertigen, wenn sie dem **Grundsatz der Verhältnismäßigkeit** entspricht.[375] Sie muss deshalb unter Berücksichtigung der konkreten betrieblichen Umstände zur Vermeidung von Beendigungskündigungen geeignet und erforderlich sein und darf nicht zu einer im engeren Sinne unverhältnismäßigen Entgeltsenkung führen. Die mit der Änderungskündigung angestrebte Senkung der Personalkosten ist nicht geeignet, die wirtschaftliche Gefährdung des Betriebs zu beseitigen, wenn das Einsparpotential so gering ist, dass es sich auf die finanzielle Situation des Betriebs kaum auswirkt.[376] Erforderlich ist eine Änderungskündigung zur Entgeltsenkung, wenn bei einer Aufrechterhaltung der bisherigen Personalkostenstruktur weitere, betrieblich nicht mehr auffangbare Verluste entstehen, die absehbar zu einer **Reduzierung der Belegschaft** oder sogar zu einer **Schließung des Betriebs** führen.[377] Dem Arbeitgeber kann **keine Frist** vorgeschrieben werden, die er einhalten muss, bevor er zu einschneidenden Maßnahmen wie dem Ausspruch von Änderungskündigungen zum Zwecke der Entgeltreduzierung greifen darf. Erforderlich, aber auch ausreichend ist vielmehr, dass die von ihm angeführte konkrete Gefährdungssituation ein solches Ausmaß angenommen hat, dass auch bei Ausschöpfung sämtlicher milderer Mittel eine Sanierung des Betriebs zur Abwendung der konkret bedrohlichen Lage nur durch die arbeitsvertraglichen Änderungen möglich ist.[378]

159 Liegen diese Voraussetzungen vor und hat sich die große **Mehrheit der Arbeitnehmer mit der Reduzierung der Vergütung freiwillig einverstanden** erklärt, kann sich ein Arbeitnehmer, der die Vertragsänderung abgelehnt hat, im Kündigungsschutzprozess nicht mit Erfolg darauf berufen, die Änderungskündigung sei ihm gegenüber nicht mehr erforderlich, weil der Sanierungserfolg schon durch die freiwilligen Gehaltsreduzierungen erreicht sei.[379]

160 Der Arbeitgeber muss mit der Änderungskündigung **nicht warten, bis sein Ruin unmittelbar bevorsteht.**[380] Entscheidend ist, ob die schlechte Geschäftslage einer Weiterbeschäftigung des Arbeitnehmers zu unveränderten Bedingungen entgegensteht.[381] Dies ist bspw. anzunehmen, wenn ein Unternehmen längere Zeit nur Verluste erwirtschaftet hat, eine positive Veränderung aufgrund der bestehenden Marktlage nicht erkennbar ist und eine Änderung der wirtschaftlichen Situation zur Vermeidung der Insolvenz nur erreicht werden kann, wenn im Rahmen eines Sanierungskonzepts auch die Entgeltkosten gesenkt werden.[382] Um seine drohende Existenzgefährdung darzutun, muss der Arbeitgeber seine allgemeine Geschäftslage im Zeitpunkt des Zugangs der Kündigung nachprüfbar offenlegen. Das kann regelmäßig durch Vorlage der Bilanzen und dazugehöriger betriebswirtschaftlicher Auswertungen geschehen.[383]

161 Macht der Arbeitgeber geltend, die **Stilllegung der betreffenden Betriebsabteilung sei noch nicht beschlossen,** sondern nur als Alternative zu der beabsichtigten Änderungs-

---

[374] BAG 20.3.1986 – 2 ZR 294/85, AP KSchG 1969 § 2 Nr. 14; 11.10.1989 – 2 AZR 375/88, BeckRS 1989, 30732179; BBAKKNSV/Ahrendt Rn. 140 ff.; Fischermeier NZA 2000, 737 (752); KR/Kreft Rn. 180; HaKo-KSchR/Pfeiffer Rn. 44; PVT Kündigung/Temming Rn. 1453; LSSW/Wertheimer Rn. 82 f.

[375] BAG 26.6.2008 – 2 AZR 139/07, AP KSchG 1969 § 2 Nr. 138.

[376] BAG 12.1.1961 – 2 AZR 171/59, AP BGB § 620 Änderungskündigung Nr. 10; ErfK/Oetker Rn. 63.

[377] BAG 20.8.1998 – 2 AZR 84/98, AP KSchG 1969 § 2 Nr. 50; 12.11.1998 – 2 AZR 91/98, AP KSchG 1969 § 2 Nr. 51; 26.6.2008 – 2 AZR 139/07, AP KSchG 1969 § 2 Nr. 138; 20.6.2013 – 2 AZR 396/12, NZA 2013, 1409 Rn. 31; zur außerordentlichen Änderungskündigung zwecks Entgeltabsenkung s. BAG 20.10.2017 – 2 AZR 783/16, NZA 2018, 440 Rn. 40 ff. (drohende Insolvenz von Griechenland).

[378] BAG 29.11.2007 – 2 AZR 789/06, BeckRS 2011, 74166.

[379] BAG 26.6.2008 – 2 AZR 139/07, AP KSchG 1969 § 2 Nr. 138.

[380] BAG 1.7.1999 – 2 AZR 826/98, AP KSchG 1969 § 2 Nr. 53; 27.9.2001 – 2 AZR 236/00, AP TVG § 4 Nachwirkung Nr. 40; 12.1.2006 – 2 AZR 126/05, AP KSchG 1969 § 2 Nr. 82.

[381] BAG 1.7.1999 – 2 AZR 826/98, AP KSchG 1969 § 2 Nr. 53.

[382] BAG 26.4.1990 – 2 AZR 390/89, AP BergmVersSchG NRW § 9 Nr. 28; ähnlich BAG 30.10.1987 – 7 AZR 659/86, BeckRS 1987, 30723560; Hromadka RdA 1992, 234 (255 f.).

[383] BAG 10.9.2009 – 2 AZR 822/07, AP KSchG 1969 § 2 Nr. 142.

kündigung ins Auge gefasst worden, hat er nach Auffassung des BAG seine Gründe für die alternativ erwogene Abteilungsschließung schlüssig darzulegen, so dass festgestellt werden kann, ob die erwogenen Beendigungskündigungen iSv § 1 Abs. 2 sozial gerechtfertigt sind. Wenn unter Berücksichtigung dieses Vorbringens eine Beendigungskündigung möglich ist und der Arbeitgeber weiter darlegt, dass bei einer Aufrechterhaltung der bisherigen Personalkostenstruktur weitere, betrieblich nicht mehr auffangbare Verluste entstünden, kommt eine Änderungskündigung zur Lohnsenkung in Betracht.[384]

Bei der Prüfung, ob ein dringendes betriebliches Erfordernis zu einer Änderung der Arbeitsbedingungen einzelner Arbeitnehmer besteht, ist auf die **wirtschaftliche Situation des Gesamtbetriebs** und nicht nur auf die Lage eines unselbständigen Betriebsteils abzustellen.[385] Die Unrentabilität einer unselbständigen Betriebsabteilung stellt nur dann ein dringendes betriebliches Erfordernis dar, wenn sie auf das wirtschaftliche Ergebnis des Gesamtbetriebs durchschlägt und ohne Anpassung der Personalkosten Beendigungskündigungen nicht zu vermeiden wären.[386] Deshalb begründet die wirtschaftliche Notwendigkeit, eine unselbständige Betriebsabteilung (Werkstatt) wegen hoher Kostenbelastung zu sanieren, allein noch kein dringendes betriebliches Erfordernis für eine Änderungskündigung zum Zweck der Streichung außertariflicher Zulagen gegenüber den in der Werkstatt beschäftigten Arbeitnehmern; abzustellen ist vielmehr auf die wirtschaftlichen Verhältnisse im gesamten Betrieb.[387] Nicht ausreichend ist es ferner, wenn das Unternehmen **einmalige Verluste** gemacht hat oder nur einzelne Abteilungen rote Zahlen schreiben, sofern hieraus nicht auf eine den Bestand des gesamten Betriebs gefährdende wirtschaftliche Situation geschlossen werden kann.[388] 162

Eine Änderungskündigung zur Lohnsenkung bei Beibehaltung der Arbeitsbedingungen iÜ ist dagegen nicht erforderlich und damit ausgeschlossen, wenn der Betrieb wirtschaftlich nicht gefährdet ist und sie nur zur **Erhöhung der Rentabilität** erfolgt.[389] 163

Nach der Rspr. des BAG erfordert eine Änderungskündigung zur Entgeltreduzierung einen **umfassenden Sanierungsplan,** der alle gegenüber der beabsichtigten Änderungskündigung milderen Mittel ausschöpft. Im Prozess hat der Arbeitgeber die Finanzlage des Betriebs, den Anteil der Personalkosten, die Auswirkung der erstrebten Kostensenkungen für den Betrieb und für die Arbeitnehmer darzustellen und aufzuzeigen, warum andere Maßnahmen nicht in Betracht kommen.[390] Als mildere Mittel ist etwa an die Absenkung von freiwilligen Zulagen, Rationalisierungsmaßnahmen und sonstige Einsparungen zu denken. Dabei sind die Sanierungsfähigkeit des Betriebs und eigene Sanierungsbeiträge des Arbeitgebers bzw. Dritter (Banken) zu berücksichtigen.[391] 164

Das Erfordernis der **Verhältnismäßigkeit im engeren Sinn** kann im Einzelfall dazu führen, dass bei einem prognostizierten vorübergehenden Verlust die mit der Änderungskündigung angestrebte Entgeltkürzung nur zeitlich befristet erfolgen kann.[392] Die Entgeltminderung darf nicht über das hinausgehen, was nach dem unternehmerischen Sparkonzept notwendig ist. Deshalb sind betriebliche Erfordernisse für eine Änderungskündigung nicht als dringend angesehen worden, wenn einem prognostizierten Defizit von 165

---

[384] BAG 12.11.1998 – 2 AZR 91/98, AP KSchG 1969 § 2 Nr. 51; Fischermeier NZA 2000, 737 (743); krit. Löwisch Anm. zu BAG 12.11.1998 – 2 AZR 91/98, EzA § 2 KSchG Nr. 33; LSSW/Wertheimer Rn. 81.

[385] BAG 20.8.1998 – 2 AZR 84/98, AP KSchG 1969 § 2 Nr. 50; 1.7.1999 – 2 AZR 826/98, AP KSchG 1969 § 2 Nr. 53; zust. MHdB ArbR/Rennpferdt § 119 Rn. 50; aA APS/Künzl Rn. 261; Preis NZA 1995, 241 (249); SES/Schwarze Rn. 38; Stoffels ZfA 2002, 401 (416 f.); FS Hromadka, 2008, S. 463 (474).

[386] BAG 12.11.1998 – 2 AZR 91/98, AP KSchG 1969 § 2 Nr. 51.

[387] BAG 10.11.1989 – 2 AZR 61/89, AP KSchG 1969 § 1 Betriebsbedingte Kündigung Nr. 47.

[388] BAG 20.3.1986 – 2 AZR 294/85, AP KSchG 1969 § 2 Nr. 14.

[389] ErfK/Oetker Rn. 63.

[390] BAG 12.11.1998 – 2 AZR 91/98, AP KSchG 1969 § 2 Nr. 51; 20.1.2000 – 2 ABR 40/99, AP BetrVG 1972 § 103 Nr. 40; 27.9.2001 – 2 AZR 236/00, AP TVG § 4 Nachwirkung Nr. 40; 26.6.2008 – 2 AZR 139/07, AP KSchG 1969 § 2 Nr. 138; 20.6.2013 – 2 AZR 396/12, NZA 2013, 1409 Rn. 31; dazu krit. Stoffels ZfA 2002, 401 (417 f.).

[391] Thüsing Anm. zu BAG 20.8.1998 – 2 AZR 84/98, EzA § 2 KSchG Nr. 31.

[392] BAG 20.8.1998 – 2 AZR 84/98, AP KSchG 1969 § 2 Nr. 50; 12.11.1998 – 2 AZR 91/98, AP KSchG 1969 § 2 Nr. 51; Fischermeier NZA 2000, 737 (742); LSSW/Wertheimer Rn. 82.

4,5 Millionen EUR geplante Einsparungen (unter Einschluss der beabsichtigten Entgeltkürzungen iHv 3 Mio. EUR) iHv 6–6,5 Mio. EUR gegenüberstehen.[393]

166 **Zusammengefasst** ist damit zur sozialen Rechtfertigung einer Änderungskündigung zur Entgeltsenkung erforderlich,[394] dass

- die vorgelegten Bilanzen und betriebswirtschaftlichen Auswertungen eine drohende Existenzgefährdung erkennen lassen;
- die aufgrund der vorgelegten Zahlen prognostizierten Verluste in absehbarer Zeit zu einer Reduzierung eines erheblichen Teils der Belegschaft führen;
- das angestrebte Sanierungsziel nur durch Personalmaßnahmen zu erreichen ist und andere konkrete Einsparungsmaßnahmen nicht ausreichen, um die Stilllegung des Betriebs oder die Reduzierung der Belegschaft zu verhindern;
- ein umfassender Sanierungsplan vorliegt.

167 Der Arbeitgeber hat die Finanzlage des Betriebs, den Anteil der Personalkosten, die Auswirkung der erstrebten Kostensenkungen für den Betrieb und für die Arbeitnehmer darzulegen sowie aufzuzeigen, warum andere Maßnahmen nicht in Betracht kommen.

168 Eine Änderung der Arbeitsvergütung kommt bspw. in Betracht, wenn bei Autoverkäufern in einem Autohaus die **Provisionssätze und das Fixum gekürzt** werden, weil eine Verminderung der Verluste nur durch eine Herabsetzung von Fixum und Provision möglich ist und die Verluste nicht durch eine zu große Zahl von Verkäufern oder anderem Personal, sondern durch die unverhältnismäßig hohen Einkünfte der Verkäufer bedingt sind.[395] Die **Einführung einer neuen Lohnfindungsmethode** (Umstellung auf eine leistungsbezogene Vergütung) soll dagegen keinen betriebsbedingten Grund für eine Änderungskündigung gegenüber einem Arbeitnehmer darstellen, dessen Lohn sich aus dem Grundlohn und einer widerruflichen Gewinnbeteiligung zusammensetzt.[396] Zur Vermeidung einer Betriebsstilllegung oder Reduzierung der Belegschaft kommt auch eine **Reduzierung der „Fernauslösung"** für Monteure in Betracht.[397]

169 **f) Entdynamisierung einer Bezugnahmeklausel.** In der wechselvollen Geschichte des Schicksals dynamischer Bezugnahmeklauseln auf Tarifverträge[398] bei einem Betriebs(teil)übergang hat der EuGH in seiner letzten einschlägigen Entscheidung aus der RL 2001/23/EG iVm Art. 16 GRCh abgeleitet, dass die Dynamik nur dann fortbestehen darf, wenn das nationale Recht dem Erwerber eine **einseitige Anpassungsmöglichkeit** einräumt.[399] Das BAG hat diesen Ball in seinem abschließenden Urteil aufgegriffen und eine Änderungskündigung als grundsätzlich **taugliches Mittel zur Beseitigung der Dynamik einer Bezugnahmeklausel** herausgestellt.[400] Gegenüber dem vielfach erhobenen Einwand, eine solche Möglichkeit bestehe nur „theoretisch", nicht aber praktisch,[401] verweist das BAG darauf, dass es bei der Entdynamisierung nicht um eine Entgeltabsenkung, sondern lediglich um die Aufrechterhaltung des bisherigen Entgeltniveaus gehe.[402] Man wird dieses Argument dahin zu verstehen haben, dass an eine solche auf die

---

[393] BAG 12.12.1996 – 2 AZR 7/96, EzA § 2 KSchG Nr. 32.

[394] Vgl. Wallner Anm. zu BAG 10.9.2009 – 2 AZR 822/07, AP KSchG 1969 § 2 Nr. 142.

[395] BAG 20.3.1986 – 2 AZR 294/85, AP KSchG 1969 § 2 Nr. 14.

[396] LAG Rheinland-Pfalz 9.1.1997 – 5 Sa 992/96, NZA 1998, 598; ebenso LAG Berlin 21.8.1998 – 2 Sa 18/98, LAGE § 2 KSchG Nr. 34 = BeckRS 1998, 30455955.

[397] BAG 23.11.2000 – 2 AZR 690/99, BeckRS 2000, 30788293.

[398] Dazu aus jüngerer Zeit Eylert/Rinck RdA 2022, 146; Saeidy-Nory/Wank RdA 2022, 1.

[399] EuGH 27.4.2017 – C-680/15 u. C-681/15, NZA 2017, 571 – Asklepios.

[400] BAG 30.8.2017 – 4 AZR 95/14, NZA 2018, 255 Rn. 50 ff.; bestätigend BAG 27.3.2018 – 4 AZR 208/17, NZA 2018, 1264 Rn. 38; 16.5.2018 – 4 AZR 209/15, NZA 2018, 1489 Rn. 37; zust. MHdB ArbR/Rennpferdt § 119 Rn. 50; ebenso Eylert/Schinz RdA 2017, 140 (145 f.); für eine unionsrechtskonforme Auslegung von § 2 bereits Forst DB 2013, 1847 (1850).

[401] Busch/Gerlach BB 2017, 2356 (2361 ff.); Hartmann EuZA 2017, 521 (532); Latzel RdA 2014, 110 (116); Naber/Krois BB 2015, 1600; Sagan ZESAR 2016, 116 (120); Schiefer DB 2021, 509 (509 f.); Ubber/Massig BB 2017, 2230 (2231); Willemsen/Grau NJW 2014, 12 (15); Willemsen/Krois/Mehrens RdA 2018, 151 (162 f.); Wißmann/Niklas NZA 2017, 697 (701).

[402] S. aber auch Bayreuther NJW 2017, 2158 (2159): Herabsenkung von Arbeitsbedingungen.

Beseitigung einer Dynamik gerichtete Änderungskündigung deshalb niedrigere Anforderungen zu stellen sind, als an eine der Absenkung des Entgelts dienende Änderungskündigung.[403] Allerdings gibt es, wie das BAG zutreffend hervorhebt, keinen Grund, den Erwerber übermäßig zu privilegieren und ihm die Befugnis zu einer Änderungskündigung allein deshalb zu verschaffen, weil er es unterlassen hat, die Arbeitsvertragsbedingungen der übernommenen Arbeitnehmer hinreichend zu prüfen und die Belastungen aufgrund einer fortwirkenden Dynamik beim Aushandeln der Gegenleistung für den erworbenen Betrieb(steil) zu berücksichtigen („caveat emptor").[404] Gegen die Einschätzung der Änderungskündigung als angemessenes Instrument zur Entdynamisierung bestehen allerdings Bedenken, die sich nicht zuletzt daraus speisen, dass dieser Weg durch Sonderkündigungsschutz verbaut sein kann.[405] Auch sonst stellt die Änderungskündigung kaum das geeignete Mittel der Wahl dar, um Arbeitsvertragsklauseln anzupassen, die den sich weiterentwickelnden Wirksamkeitsanforderungen der Rechtsprechung nicht mehr Rechnung tragen.[406]

g) Nebenabreden. Ein Grund zur betriebsbedingten Änderung einer **Nebenabrede** kann bestehen, wenn eine Änderung der Umstände, die zum Abschluss der Nebenabrede geführt haben, eingetreten ist und bei Abschluss der Nebenabrede erkennbar war, dass die maßgeblichen Umstände nicht während der gesamten Dauer des Arbeitsverhältnisses gleichbleiben müssen. Für die Änderungskündigung zur Anpassung vertraglicher Nebenabreden an geänderte Rahmenbedingungen gelten nach der Rspr. des BAG nicht die strengen Maßstäbe wie für Änderungskündigungen zur Entgeltabsenkung.[407] 170

Vereinbarungen über **Nebenleistungen außerhalb des eigentlichen Gegenseitigkeitsverhältnisses** unterliegen in einem Dauerschuldverhältnis der Gefahr einer wesentlichen Änderung der Umstände, von denen die Parteien im Zeitpunkt der Vereinbarung ausgegangen sind. Hinzu kommt, dass Nebenleistungen nur zusätzlich zur Arbeitsvergütung gewährt werden. Der unvorhergesehene Eintritt besonderer Umstände kann das Verlangen einer Nebenleistung deshalb als unbillig und ungerechtfertigt erscheinen lassen. Dies kann eine Änderungskündigung rechtfertigen. Dem steht nicht entgegen, dass Nebenleistungen aus Sicht des Arbeitnehmers auch einen Entgeltbezug haben. Beabsichtigt der Arbeitgeber die Kürzung des vereinbarten Stundenlohns oder Monatsgehalts, greift er damit nachhaltig in das arbeitsvertragliche Verhältnis von Leistung und Gegenleistung ein. Bei Nebenabreden, die zwar einen gewissen Entgeltbezug haben, aber nur Randbereiche der vertraglichen Vereinbarungen betreffen, ändert sich dagegen das Entgelt der Arbeitnehmer für die geleistete Arbeit nicht. Dies rechtfertigt es, die strengen Grundsätze, die zur Entgeltkürzung durch betriebsbedingte Änderungskündigung entwickelt worden sind (→ Rn. 157 ff.), bei einer Absenkung von Nebenleistungen nicht heranzuziehen.[408] 171

Das betrifft bspw. die vertragliche Vereinbarung einer **pauschalen Überstundenabgeltung,** wenn der Arbeitgeber wegen veränderter Umstände nunmehr zur „Spitzabrechnung" der Mehrarbeitsvergütung übergehen will. Wird das zeitaufwändige Verfahren der Erfassung und Abrechnung individueller Überstunden durch eine neue elektronische Datenerfassung und -verarbeitung vereinfacht, macht eine Pauschalierung uU keinen 172

[403] In diese Richtung auch Greiner/Pionteck RdA 2020, 169 (178); Wahlig/Brune NZA 2018, 222 (226).

[404] Ebenso Eylert/Rinck RdA 2022, 146 (157); Eylert/Schinz RdA 2017, 140 (145); Greiner/Pionteck SR 2019, 45 (50); Klein EuZA 2014, 325 (329).

[405] Wahlig/Brune NZA 2018, 221 (226); zu weiteren Hemmnissen Busch/Gerlach BB 2018, 1780 (1781 f.); Hohenstatt FS Willemsen, 2018, 187 (193 f.); Kainer EuZA 2014, 230 (238); Willemsen/Krois/Mehrens RdA 2017, 150 (162 f.). Stattdessen für ein einseitiges Entdynamisierungsrecht des Erwerbers Lobinger FS v. Hoyningen-Huene, 2014, 271 (290 ff.); Löwisch/Rieble, TVG, 4. Aufl. 2017, § 3 Rn. 655.

[406] Skeptisch auch Hoffmann NZA-RR 2015, 337 (345); optimistischer Bieder RdA 2011, 142 (153).

[407] BAG 23.11.2000 – 2 AZR 547/99, AP KSchG 1969 § 2 Nr. 64; 26.7.2001 – 6 AZR 434/99, EzBAT § 8 BAT Direktionsrecht Nr. 50; 27.3.2003 – 2 AZR 74/02, AP KSchG 1969 § 2 Nr. 72; 20.6.2013 – 2 AZR 396/12, NZA 2013, 1409 Rn. 26.

[408] Ebenso K. Gamillscheg Anm. zu BAG 27.3.2003 – 2 AZR 9/02, AP KSchG 1969 § 9 Nr. 48; DFL/Kaiser Rn. 45; abl. Berkowsky NZA 2003, 1130.

Sinn mehr. Der Grund für die Pauschalierungsvereinbarung kann auch entfallen, wenn sich die Zahl der Überstunden so erheblich verändert, dass die Weiterzahlung des Pauschalzuschlags dem Zweck der lediglich einer Abrechnungsvereinfachung dienenden Pauschalabrede widerspricht. Ein Änderungsgrund kann schließlich vorliegen, wenn entgegen der tatsächlichen Situation bei Vereinbarung der Nebenabrede nunmehr das Abfeiern der Überstunden während der regelmäßigen Arbeitszeit möglich wird. Auch wenn die Parteien bei der Vereinbarung einer Überstundenpauschale wegen der möglichen späteren Änderung der tatsächlichen Verhältnisse sinnvollerweise einen Widerrufsvorbehalt vereinbaren sollten, kann – wenn dies nicht geschehen ist – die Veränderung der tatsächlichen Umstände, die der Vereinbarung der Nebenabrede zugrunde lagen, eine betriebsbedingte Änderungskündigung rechtfertigen.[409]

173 Entsprechendes gilt für einen **Mietzuschuss** des Arbeitgebers, der die Preisdifferenz zwischen einer günstigen Werkwohnung und einer Wohnung auf dem freien Markt ausgleichen soll. Die hierzu bislang ergangene ältere Rspr. ist allerdings sehr restriktiv. Sie bedarf vor dem Hintergrund der neueren Entscheidungen des BAG einer Überprüfung.[410]

174 Ein Verkehrsunternehmen kann seine **Kontrollschaffner** im Wege des Direktionsrechts aus wirtschaftlichen Gründen anweisen, die Kontrolltätigkeit nicht mehr an der ihrer Wohnung nächstgelegenen Haltestelle, sondern stets am Betriebshof aufzunehmen. Die gemeinsame Kontrolle zweier Schaffner ist objektiv geeignet, während der gesamten Arbeitszeit eine höhere Kontrollintensität zu bewirken und dadurch höhere Beförderungsentgelte zu erzielen. Wird ein Fahrzeug von mehreren Schaffnern gleichzeitig kontrolliert, ist die Chance, sich der Kontrolle zu entziehen, für Fahrgäste ohne gültigen Fahrausweis geringer als bei der Anwesenheit nur eines Schaffners. Dies rechtfertigt die Prognose, dass auf diese Weise höhere Beförderungsentgelte zu erzielen sind, sei es durch erhöhte Beförderungsentgelte durch Fahrgäste, die ohne gültige Fahrerlaubnis angetroffen werden oder dadurch, dass sich weniger Fahrgäste dem Risiko aussetzen, beim „Schwarzfahren" ertappt zu werden und deshalb den Fahrpreis vor Fahrtantritt entrichten.[411]

175 **h) Änderung der Tarifbindung.** Hat ein nicht tarifgebundener Arbeitgeber seine Arbeitnehmer zunächst nach dem Tarifvertrag X bezahlt und geht er dann dazu über, den Tarifvertrag Y anzuwenden, der für die Arbeitnehmer ein geringeres Gehalt vorsieht, rechtfertigt dies es allein noch nicht, den unter Vereinbarung des Tarifvertrags X eingestellten Arbeitnehmern nunmehr durch Änderungskündigung die schlechteren Arbeitsbedingungen des Tarifvertrags Y anzubieten, mit denen sich die neu eingestellten Arbeitnehmer einverstanden erklärt haben.[412]

176 Entsprechendes gilt, wenn ein **Zeitarbeitsunternehmen** mit einem Leiharbeitnehmer eine Vergütungsvereinbarung getroffen hat und im Hinblick auf den „Equal-Pay-Grundsatz" (§ 8 Abs. 1 AÜG) nach Beitritt zum Interessenverband deutscher Zeitarbeitsunternehmen (IGZ) den von diesem Verband mit der Gewerkschaft ver.di vereinbarten Tarifvertrag mit geringerer Vergütung dem Arbeitnehmer im Wege der Änderungskündigung anbietet. § 8 Abs. 1 und § 9 Nr. 2 AÜG dienen der Verbesserung der Stellung der Leiharbeitnehmer. Hierdurch soll für Leiharbeitnehmer ein angemessenes Schutzniveau gewährleistet werden. Diese gesetzlichen Regelungen sind deshalb nicht geeignet, ohne Rücksicht auf die wirtschaftliche Situation des Verleihbetriebs als dringendes betriebliches Erfordernis eine Entgeltkürzung der betroffenen Leiharbeitnehmer zu rechtfertigen. Wenn der Verleiher ohne einvernehmliche Regelung eine Anpassung des zuvor frei vereinbarten bzw. des gesetzlich festgelegten Entgelts an den neuen Tarifvertrag beabsich-

[409] BAG 23.11.2000 – 2 AZR 547/99, AP KSchG 1969 § 2 Nr. 64.
[410] BAG 1128.4.1982 – 7 AZR 1139/79, AP KSchG 1969 § 2 Nr. 3; 10.1989 - 2 AZR 375/88, BeckRS 1989, 30732179.
[411] BAG 26.7.2001 – 6 AZR 434/99, EzBAT § 8 BAT Direktionsrecht Nr. 50.
[412] BAG 25.10.2001 – 2 AZR 216/00, EzA § 626 BGB Änderungskündigung Nr. 2.

tigt, kann er dies nur unter den von der Rspr. aufgestellten Voraussetzungen für eine Änderungskündigung zur Entgeltkürzung (→ Rn. 157 ff.).[413]

i) **Gleichbehandlung.** Dem Arbeitgeber, der mit einzelnen Arbeitnehmern **einzelvertraglich eine höhere Vergütung vereinbart** hat, als sie dem betrieblichen Niveau entspricht, ist es verwehrt, die Vergütung unter Berufung auf den Gleichbehandlungsgrundsatz dem (niedrigeren) Entgelt der übrigen Arbeitnehmer anzupassen. Dies folgt schon daraus, dass beim Abschluss eines Arbeitsvertrags der Grundsatz der Vertragsfreiheit Vorrang vor dem arbeitsrechtlichen Gleichbehandlungsgrundsatz hat. Der Gleichbehandlungsgrundsatz dient allein zur Begründung von Rechten, nicht aber zu deren Einschränkung.[414] Das bloße Interesse des Arbeitgebers an der Vereinheitlichung der regelmäßigen wöchentlichen Arbeitszeit stellt kein dringendes betriebliches Erfordernis dar.[415] Deshalb genügt auch der Wunsch des Arbeitgebers, für alle Arbeitsverhältnisse gleiche Urlaubsansprüche und Ausschlussfristen herzustellen, nicht als Rechtfertigung für eine Änderung dieser Bedingungen durch Änderungskündigung.[416] 177

j) **Fehlerhafte Eingruppierung.** Auch die **irrtümliche – nicht jedoch die bewusste – Eingruppierung** eines Arbeitnehmers in eine zu hohe Vergütungsgruppe kann eine betriebsbedingte Änderungskündigung mit dem Ziel der Rückgruppierung in die richtige Vergütungsgruppe rechtfertigen, sofern der Arbeitnehmer aufgrund der fehlerhaften Eingruppierung einen vertraglichen Anspruch auf die zu hohe Vergütungsgruppe hat und die Voraussetzungen einer korrigierenden Rückgruppierung nicht vorliegen (→ Rn. 67 ff.).[417] 178

Sieht ein Tarifvertrag vor, dass sich die **Eingruppierung bei ansonsten gleicher Tätigkeit nach Schwellenwerten richtet** – hier: Durchschnittsbelegung von Kindertagesstätten –, bedarf es grds. keiner Änderungskündigung, wenn der Arbeitgeber die Vergütung des Angestellten bei Unterschreitung des Schwellenwertes entsprechend der geänderten Eingruppierung herabsetzt (→ Rn. 64 ff.).[418] 179

4. Soziale Auswahl und Namensliste

Bei betriebsbedingten Änderungskündigungen hat der Arbeitgeber gem. § 2 eine soziale Auswahl vorzunehmen. Dabei gelten die Grundsätze des § 1 Abs. 3 in **modifizierter Form.**[419] Die soziale Schutzwürdigkeit bestimmt sich nur nach den im Gesetz genannten vier Gesichtspunkten (→ § 1 Rn. 936 ff.). Weitere Gesichtspunkte können nach dem klaren Gesetzeswortlaut nicht berücksichtigt werden. Deshalb darf bei der Sozialauswahl nicht die Betreuungsbedürftigkeit von Kindern bis zur Vollendung des zwölften Lebensjahrs unabhängig vom Bestehen einer Unterhaltsverpflichtung berücksichtigt werden.[420] 180

Die in **§ 1 Abs. 4 u. 5** vorgesehenen Einschränkungen der gerichtlichen Überprüfung der Auswahl gelten nach Auffassung des BAG auch für Änderungskündigungen, obwohl 181

---

413 BAG 12.1.2006 – 2 AZR 126/05, AP KSchG 1969 § 2 Nr. 82; 15.1.2009 – 2 AZR 641/07, AP KSchG 1969 § 2 Nr. 141.

414 BAG 20.1.2000 – 2 ABR 40/99, AP BetrVG 1972 § 103 Nr. 40, 16.5.2002 – 2 AZR 292/01, NJW 2003, 1139 (1141); 12.1.2006 – 2 AZR 126/05, AP KSchG 1969 § 2 Nr. 82; 26.6.2008 – 2 AZR 139/07, AP KSchG 1969 § 2 Nr. 138.

415 BAG 10.9.2009 – 2 AZR 822/07, AP KSchG 1969 § 2 Nr. 142; aA ErfK/Oetker Rn. 65 und SES/Schwarze Rn. 46 für den Fall, dass die unterschiedlichen Arbeitsbedingungen Folge eines Betriebsübergangs sind.

416 LAG Nürnberg 26.7.2005 – 6 Sa 26/05, LAGE § 2 KSchG Nr. 52.

417 BAG 15.3.1991 – 2 AZR 582/90, EzA § 2 KSchG Nr. 16; 9.7.1997 – 4 AZR 635/95, AP BAT 1975 §§ 22, 23 Nr. 233; vgl. Kittner NZA 1997, 968 (972).

418 BAG 19.3.2003 – 4 AZR 391/02, NZA-RR 2004, 220.

419 BAG 18.10.1984 – 2 AZR 543/83, AP KSchG 1969 § 1 Soziale Auswahl Nr. 6 mAnm Löwisch; 13.6.1986 – 7 AZR 623/84, AP KSchG 1969 § 1 Soziale Auswahl Nr. 13; 19.5.1993 – 2 AZR 584/92, AP KSchG 1969 § 2 Nr. 31; 12.8.2010 – 2 AZR 945/08, AP KSchG 1969 § 2 Nr. 147; Berkowsky DB 1990, 834 ff.; KR/Kreft Rn. 161 ff.; Linck, Die soziale Auswahl bei betriebsbedingter Kündigung, 1990, 143 ff.; Löwisch GS Heinze, 2005, 565; HaKo-KSchR/Pfeiffer Rn. 50; Schwerdtner NJW 1987, 1607; LSSW/Wertheimer Rn. 92 ff.

420 BAG 12.8.2010 – 2 AZR 945/08, AP KSchG 1969 § 2 Nr. 147.

auf diese Absätze des § 1 in § 2 nicht verwiesen wird.[421] Dies sei nicht erforderlich, weil der Wortlaut des § 2 S. 1 die Anwendung des § 1 Abs. 4 u. 5 auf die Änderungskündigung decke. In § 2 sei kein eigener Begriff der sozialen Rechtfertigung enthalten. Die Vorschrift verweise vielmehr ohne Weiteres auf § 1 Abs. 2 S. 1–3 und Abs. 3 S. 1 u. 2. Zu den Tatbestandsmerkmalen einer sozial gerechtfertigten Kündigung gehöre bei einer betriebsbedingten Kündigung das Vorliegen dringender betrieblicher Erfordernisse, die einer Weiterbeschäftigung des Arbeitnehmers in diesem Betrieb entgegenstehen. Auf **außerordentliche Änderungskündigungen** findet § 1 Abs. 5 hingegen keine Anwendung.[422]

182 Im Rahmen der sozialen Auswahl sind Arbeitnehmer bei Änderungskündigungen nur dann **vergleichbar,** wenn sie sowohl hinsichtlich der bisherigen Tätigkeit austauschbar sind als auch – soweit mit der Änderungskündigung eine Versetzung auf einen anderen Arbeitsplatz verbunden ist – in der Lage sind, den neuen Arbeitsplatz auszufüllen. Da es bei einer betriebsbedingten Änderungskündigung um die soziale Rechtfertigung der Änderung der Arbeitsbedingungen geht, genügt es nicht, nur zu prüfen, welcher Arbeitnehmer für eine Beendigungskündigung in Betracht kommt. Erforderlich ist vielmehr auch die Ermittlung der Arbeitnehmer, denen eine Veränderung der Arbeitsbedingungen überhaupt möglich ist. Diese müssen auch für die Tätigkeit, die Gegenstand des Änderungsangebots ist, wenigstens annähernd gleich geeignet sein; die Austauschbarkeit muss sich deshalb auf den mit der Änderungskündigung angebotenen Arbeitsplatz beziehen.[423]

183 Bei der Feststellung der **sozialen Schutzbedürftigkeit** der Arbeitnehmer ist stets zu beachten, dass es nicht um die Beendigung des Arbeitsverhältnisses geht, sondern um eine Veränderung der Arbeitsbedingungen. Dies führt zu einer unterschiedlichen Bewertung der Auswahlkriterien, und zwar auch dann, wenn der Arbeitnehmer das Änderungsangebot nicht annimmt. Zu prüfen ist, ob der Arbeitgeber, statt die Arbeitsbedingungen des gekündigten Arbeitnehmers zu ändern, diese Änderung einem anderen vergleichbaren Arbeitnehmer hätte anbieten können, dem sie **eher zumutbar gewesen** wäre.[424] Bei einer Änderungskündigung sind bspw. Unterhaltsverpflichtungen des Arbeitnehmers ohne Bedeutung, wenn die Änderung der Arbeitsbedingungen nicht mit einer Einkommenseinbuße verbunden ist. Lebensalter und Betriebszugehörigkeit sind dagegen auch bei einer Veränderung der Arbeitsbedingungen ohne Verdiensteinbuße von Bedeutung, weil der Arbeitnehmer mit zunehmender Dauer seiner Beschäftigung einen erhöhten Schutz vor nicht einvernehmlichen Änderungen der Beschäftigung erwirbt. Mit zunehmendem Alter wird es für ihn schließlich auch immer schwerer, sich auf einen neuen Arbeitsplatz einzustellen.

IX. Außerordentliche Änderungskündigung Unkündbarer

1. Überblick

184 Der Arbeitgeber kann die Arbeitsbedingungen auch im Wege der außerordentlichen Änderungskündigung ändern (zur Vorbehaltsannahme → Rn. 114). Hierfür bedarf es

[421] BAG 19.6.2007 – 2 AZR 304/06, AP KSchG 1969 § 1 Namensliste Nr. 16; 12.8.2010 – 2 AZR 945/08, AP KSchG 1969 § 2 Nr. 147; 23.2.2012 – 2 AZR 44/11, AP KSchG 1969 § 2 Nr. 154; ebenso BBAKKNSV/Ahrendt Rn. 170; KR/Kreft Rn. 165; ErfK/Oetker Rn. 52; HaKo-KSchR/Pfeiffer Rn. 44; PVT Kündigung/Temming Rn. 1476; LSSW/Wertheimer Rn. 101, 103; DD/Wollgast Rn. 233; diff. APS/Künzl Rn. 294 ff.

[422] BAG 28.5.2009 – 2 AZR 844/07, AP BGB § 626 Nr. 222 mAnm Oetker.

[423] BAG 13.6.1986 – 7 AZR 623/84, AP KSchG 1969 § 1 Soziale Auswahl Nr. 13; 18.1.2007 – 2 AZR 796/05, AP KSchG 1969 § 1 Nr. 89; 9.9.2010 – 2 AZR 936/08, AP KSchG 1969 § 2 Nr. 149; BBAKKNSV/Ahrendt Rn. 167; KR/Kreft Rn. 162; HaKo-KSchR/Pfeiffer Rn. 51; LSSW/Wertheimer Rn. 94; DD/Wollgast Rn. 232; aA MHdB ArbR/Rennpferdt § 119 Rn. 20.

[424] BAG 18.1.2007 – 2 AZR 796/05, AP KSchG 1969 § 1 Nr. 89; 12.8.2010 – 2 AZR 945/08, AP KSchG 1969 § 2 Nr. 147; 29.1.2015 – 2 AZR 164/14, NZA 2015, 426 Rn. 12; KR/Kreft Rn. 162; ErfK/Oetker Rn. 52; aA APS/Künzl Rn. 285 mwN.

gem. § 626 BGB eines wichtigen Grundes. Nicht jede mit dem Festhalten am Vertragsinhalt verbundene Last bildet einen wichtigen Grund zur außerordentlichen Änderungskündigung. Diese ist vielmehr nur begründet, wenn neben der für den Arbeitgeber unabweisbar notwendigen alsbaldigen Änderung der Arbeitsbedingungen diese dem Gekündigten auch zumutbar sind.[425] Entscheidender Gesichtspunkt einer betriebsbedingten außerordentlichen Änderungskündigung ist, ob das geänderte unternehmerische Konzept die vorgeschlagenen Änderungen erzwingt, ob diese unabweisbar notwendig und dem Arbeitnehmer zumutbar sind, oder ob das Konzept im Wesentlichen auch ohne oder mit weniger einschneidenden Änderungen durchsetzbar bleibt.[426] Ist die wirtschaftliche Lage des Unternehmens so schlecht, dass der Arbeitgeber ohne die angestrebte Senkung der Personalkosten einen Insolvenzantrag stellen müsste, kann er je nach den Umständen auch von seinen ordentlich unkündbaren Arbeitnehmern einen Sanierungsbeitrag verlangen und im Wege der außerordentlichen Änderungskündigung zB eine Reduzierung der Jahressondervergütung durchsetzen. Dazu muss der Arbeitgeber im Prozess darlegen, dass die Sanierung mit dem angestrebten Eingriff in die Arbeitsverträge steht und fällt und alle gegenüber der beabsichtigten Änderungskündigung milderen Mittel ausgeschöpft sind.[427] Stehen mehrere Möglichkeiten der Änderung der Arbeitsbedingungen zur Verfügung, fordert der Verhältnismäßigkeitsgrundsatz, dass der Arbeitgeber dem Arbeitnehmer die auch ihm zumutbare Änderung anbietet, die den Gekündigten am wenigsten belastet.[428]

2. Änderungskündigung gegenüber Mitgliedern des Betriebsrats

Beabsichtigt der Arbeitgeber die Arbeitsbedingungen von **Betriebsratsmitgliedern** oder 185
der anderen in § 15 Abs. 1 genannten Amtsträger gegen deren Willen zu ändern, hat er eine außerordentliche Änderungskündigung auszusprechen. Dagegen ist das Recht zur ordentlichen Kündigung nach § 15 Abs. 1 grds. ausgeschlossen. Eine ordentliche Kündigung gegenüber den durch § 15 besonders geschützten Personen ist nur in den gesetzlich geregelten Ausnahmefällen des § 15 Abs. 4 u. 5 zulässig.[429]

Kann einem vergleichbaren Arbeitnehmer nur fristgerecht gekündigt werden, ist maß- 186
geblich, ob die vorgesehene Änderung der Arbeitsbedingungen des Betriebsratsmitglieds **für den Arbeitgeber unabweisbar und den Arbeitnehmer zumutbar** ist. Beabsichtigt der Arbeitgeber eine neue Betriebsorganisation einzuführen, ist es regelmäßig unabweisbar notwendig, in die neue Organisationsstruktur auch Amtsträger iSv § 15 Abs. 1 einzubeziehen. Deshalb ist die betriebsbedingte Änderungskündigung mit Auslauffrist eines als Aufsicht im Einzelhandel beschäftigten Betriebsratsmitglieds wirksam, wenn sich der Arbeitgeber zur Sicherung der Ertragskraft zur ersatzlosen Abschaffung der Position der Aufsichten in allen Niederlassungen entschlossen hat. Eine Aufspaltung der unternehmerischen Entscheidung in die Abschaffung der Tätigkeit einerseits und deren Vergütung andererseits ist ausgeschlossen, wenn sich die Eingruppierung nach dem anwendbaren Tarifvertrag automatisch aus der übertragenen Tätigkeit ergibt. Ist die Veränderung der Tätigkeit aufgrund der unternehmerischen Entscheidung unabweisbar und daher geeignet, eine außerordentliche Änderungskündigung zu rechtfertigen, gilt dies auch für die Änderung der Eingruppierung. Die bisherige Vergütung könnte nur unter Aufstockung der tariflichen Gehaltsgruppe um eine nicht anrechenbare außertarifliche Zulage erhalten werden. Das Gericht hat jedoch nicht zu prüfen, ob die angestrebte Einsparung einen

---

[425] BAG 28.10.2010 – 2 AZR 688/09, AP KSchG 1969 § 2 Nr. 148.

[426] BAG 27.11.2008 – 2 AZR 757/07, AP BAT § 55 Nr. 9.

[427] BAG 1.3.2007 – 2 AZR 580/05, AP BGB § 626 Nr. 207.

[428] BAG 6.3.1986 – 2 ABR 15/85, AP KSchG 1969 § 15 Nr. 19; 27.9.2001 – 2 AZR 487/00, EzA § 15 KSchG Nr. 54 = NJOZ 2002, 1756; 17.3.2005 – 2 ABR 2/04, AP KSchG 1969 § 15 Nr. 58; Bröhl, Die außerordentliche Kündigung mit notwendiger Auslauffrist, 2005, 170; KR/Fischermeier BGB § 626 Rn. 216; KR/Kreft Rn. 52 ff.; ErfK/Niemann BGB § 626 Rn. 191a.

[429] StRspr, BAG 7.10.2004 – 2 AZR 81/04, AP KSchG 1969 § 15 Nr. 56.

optimalen oder weniger optimalen Umfang erreicht und eine (noch) erhebliche Kostenersparnis erzielt wird.[430]

187 Auch bei der außerordentlichen Änderungskündigung ist allerdings der **Verhältnismäßigkeitsgrundsatz** zu beachten. Deshalb ist die beabsichtigte außerordentliche Änderungskündigung eines als Substitut (Verkaufsassistent) tätigen Betriebsratsmitglieds mit dem Ziel, ihn um zwei Gehaltsgruppen abzugruppieren, unwirksam, wenn die unternehmerische Entscheidung, die Hierarchiestufe des Substituten abzuschaffen, nur eine Abgruppierung um eine Gehaltsgruppe rechtfertigt.[431]

188 Erfolgt die Änderungskündigung aus Gründen, die bei vergleichbaren Arbeitnehmern ohne den Sonderkündigungsschutz des § 15 lediglich eine ordentliche Kündigung rechtfertigen, hat der Arbeitgeber bei dem Funktionsträger des § 15 eine **Auslauffrist** entsprechend der fiktiven Kündigungsfrist einzuhalten, damit sich der Sonderschutz nicht zulasten des besonders Geschützten auswirkt.[432]

189 **Ordentliche Massenänderungskündigungen,** die auch Betriebsratsmitglieder betreffen, sind unzulässig (→ § 15 Rn. 81). Der durch § 15 gewährte Schutz führt nicht zu einer ungerechtfertigten Bevorzugung von Mitgliedern des Betriebsrats iSv § 78 BetrVG. Ein wichtiger Grund zur außerordentlichen Kündigung gegenüber einem Mandatsträger liegt nur dann vor, wenn ohne die Änderung der Arbeitsbedingungen ein sinnlos gewordenes Arbeitsverhältnis über einen erheblichen Zeitraum nur durch Gehaltszahlungen fortgesetzt werden müsste und der Arbeitgeber möglicherweise sogar seine unternehmerische Entscheidung, bestimmte Arbeitsplätze einzusparen, wegen des Beschäftigungsanspruchs des Mandatsträgers nicht vollständig umsetzen könnte.[433]

3. Tariflich Unkündbare

190 Sofern der betroffene Arbeitnehmer tariflich unkündbar ist, kommt nur eine **außerordentliche betriebsbedingte Änderungskündigung** in Betracht. Nach der Rspr. des BAG gelten hierfür gegenüber der ordentlichen betriebsbedingten Änderungskündigung erheblich verschärfte Maßstäbe.[434] Allerdings ist auch in diesen Fällen die unternehmerische Entscheidung selbst nicht einer gerichtlichen Zweckmäßigkeitskontrolle zu unterwerfen.[435] Stehen mehrere Möglichkeiten der Änderung der Arbeitsbedingungen zur Verfügung, erfordert der Verhältnismäßigkeitsgrundsatz, dass der Arbeitgeber dem Arbeitnehmer diejenige auch ihm zumutbare Änderung anbietet, die den Gekündigten am wenigsten belastet.[436] Bei der außerordentlichen betriebsbedingten Änderungskündigung ist damit entscheidend, ob das geänderte unternehmerische Konzept die vorgeschlagene Änderung erzwingt oder ob es im Wesentlichen auch ohne oder mit weniger einschneidenden Änderungen im Arbeitsvertrag des Gekündigten durchsetzbar bleibt.[437] Sofern in absehbarer Zeit eine Tätigkeit zur Verfügung steht, die sich weniger weit vom bisherigen Vertragsinhalt entfernt, hat der Arbeitgeber nicht nur eine befristete weitergehende Änderung des Vertragsinhalts anzubieten. Vielmehr ist ihm eine Überbrückung zu den bisherigen vertraglichen Konditionen zumutbar.[438] Handelt es sich nur um eine vorüber-

[430] BAG 21.6.1995 – 2 ABR 28/94, AP KSchG 1969 § 15 Nr. 36; zweifelnd Bröhl, Die außerordentliche Kündigung mit notwendiger Auslauffrist, 2005, 173.

[431] BAG 17.3.2005 – 2 ABR 2/04, AP KSchG 1969 § 15 Nr. 58.

[432] BAG 6.3.1986 – 2 ABR 15/85, AP KSchG 1969 § 15 Nr. 19; 17.3.2005 – 2 ABR 2/04, AP KSchG 1969 § 15 Nr. 58.

[433] BAG 7.10.2004 – 2 AZR 81/04, AP KSchG 1969 § 15 Nr. 56; ebenso HK-KSchG/Dorndorf § 15 Rn. 69; KR/Kreft § 15 Rn. 38; APS/Linck § 15 Rn. 10; aA ErfK/Kiel § 15 Rn. 16; PVT Kündigung/Vossen Rn. 1896; LSSW/Wertheimer § 15 Rn. 76.

[434] BAG 28.5.2009 – 2 AZR 844/07, AP BGB § 626 Nr. 222 mAnm Oetker; 27.4.2021 – 2 AZR 357/20, NZA 2021, 1252 Rn. 21.

[435] BAG 26.3.2009 – 2 AZR 879/07, AP KSchG 1969 § 9 Nr. 57.

[436] BAG 1.3.2007 – 2 AZR 580/05, AP BGB § 626 Nr. 207 mAnm Löwisch/Beck; 28.5.2009 – 2 AZR 844/07, AP BGB § 626 Nr. 222 mAnm Oetker.

[437] BAG 2.3.2006 – 2 AZR 64/05, AP KSchG 1969 § 2 Nr. 84.

[438] BAG 27.4.2021 – 2 AZR 357/20, NZA 2021, 1252 Rn. 20.

gehende Umgestaltung der Organisation, muss die angebotene Vertragsänderung dem Rechnung tragen.[439] Im Prozess muss aus dem Vorbringen des Arbeitgebers erkennbar sein, dass er auch unter Berücksichtigung der vertraglich eingegangenen besonderen Verpflichtungen alles Zumutbare unternommen hat, die durch die unternehmerische Entscheidung notwendig gewordenen Anpassungen auf das unbedingt erforderliche Maß zu beschränken.[440]

Im Bereich des **öffentlichen Dienstes** gilt der in § 34 Abs. 2 TVöD/TV-L geregelte 191
Ausschluss der ordentlichen Kündigung auch für Änderungskündigungen. Diese Bestimmung weicht von der vor Inkrafttreten des TVöD/TV-L maßgeblichen Regelung des § 55 Abs. 2 UAbs. 2 S. 1 BAT ab.[441] Danach war eine betriebsbedingte Änderungskündigung mit dem Ziel einer Herabgruppierung ordentlich unkündbarer Arbeitnehmer nur um eine Vergütungsgruppe möglich. Eine Weitergeltung dieser Bestimmung folgt nicht aus § 34 Abs. 2 S. 2 TVöD/TV-L.[442] Danach verbleibt es für die bislang Beschäftigten nur bei der tariflichen Unkündbarkeit als solcher, nicht aber auch bei deren einzelnen Modalitäten. Des Weiteren ist die Protokollerklärung zum 3. Abschnitt des TVÜ-Bund, TVÜ-VKA und TVÜ-Länder zu beachten. Danach bleibt § 55 Abs. 2 UAbs. 2 S. 2 BAT – nicht jedoch § 55 Abs. 2 UAbs. 2 S. 1 BAT – in seinem bisherigen Geltungsbereich unberührt. Für die Angestellten im Tarifgebiet West bleibt es deshalb beim Ausschluss der ordentlichen Kündigung, wenn die Leistungsminderung Folge eines Arbeitsunfalls oder einer Berufskrankheit iSv §§ 8, 9 SGB VII ist oder auf einer durch die langjährige Beschäftigung verursachten Abnahme der körperlichen oder geistigen Kräfte und Fähigkeiten beruht. Die durch § 34 TVöD/TV-L bewirkte tarifliche Verschlechterung des Sonderkündigungsschutzes begegnet unter Vertrauensschutzerwägungen keinen Bedenken.[443] Damit gelten auch im öffentlichen Dienst grds. die gleichen Maßstäbe für die Kündigung „unkündbarer" Arbeitnehmer wie nach anderen tariflichen Regelungen.

§ 34 Abs. 2 TVöD/TV-L gilt allerdings nach dem klaren Wortlaut der Regelung **nicht** 192
in den neuen Bundesländern. Das ist mit Art. 3 Abs. 1 GG nicht vereinbar.[444] Bei einer personenbezogenen Ungleichbehandlung ist der Gleichheitssatz verletzt, wenn eine Gruppe von Normadressaten im Vergleich zu anderen Normadressaten anders behandelt wird, obwohl zwischen beiden Gruppen keine Unterschiede von solcher Art und solchem Gewicht bestehen, dass sie die ungleiche Behandlung rechtfertigen könnten. Bereits bei Abschluss des TVöD bzw. TV-L war kein Grund ersichtlich, der diese Unterscheidung erforderlich machte. Im Geltungsbereich des TVöD-Bund ist nunmehr über 25 Jahre nach der Wiedervereinigung schlechterdings nicht begründbar, warum eine Verwaltungsangestellte des BVerwG in Leipzig oder ein Angestellter des BAG in Erfurt nicht den besonderen tariflichen Kündigungsschutz erwerben kann, während Angestellte des BSG in Kassel oder des BGH in Karlsruhe nach einer Beschäftigungszeit von 15 Jahren und der Vollendung des 40. Lebensjahres unkündbar sind. Aber auch die Unterscheidung zwischen den Kommunen in den alten und neuen Ländern ist ebenso wenig sachlich begründbar wie die Differenzierung im TV-L nach den alten und neuen Bundesländern. Es mag zwar nach wie vor in den Städten und Gemeinden der neuen Bundesländer eine Notwendigkeit zur Personalreduzierung geben. Soweit das der Fall ist, beruht dies aber darauf, dass einzelne Gebietskörperschaften die bis zum Inkrafttreten des TVöD vergangenen 15 Jahre nicht für die erforderlichen Maßnahmen genutzt haben.

---

[439] Bröhl, Die außerordentliche Kündigung mit notwendiger Auslauffrist, 2005, 135.

[440] BAG 2.3.2006 – 2 AZR 64/05, AP KSchG 1969 § 2 Nr. 84; 18.5.2006 – 2 AZR 207/05, AP BAT § 55 Nr. 5, zur Erheblichkeit von Versetzungsmöglichkeiten.

[441] Dazu zuletzt BAG 28.5.2009 – 2 AZR 844/07, AP BGB § 626 Nr. 222 mAnm Oetker.

[442] BAG 27.11.2008 – 2 AZR 757/07, AP BAT § 55 Nr. 9.

[443] BAG 27.11.2008 – 2 AZR 757/07, AP BAT § 55 Nr. 9; 28.10.2010 – 2 AZR 688/09, AP KSchG 1969 § 2 Nr. 148.

[444] Schaub ArbR-HdB/Linck § 128 Rn. 32; zweifelnd auch Bröhl ZTR 2006, 174 (178); APS/Greiner TVöD § 34 Rn. 9; zurückhaltender BeckOK TVöD/Betz TVöD-AT § 34 Rn. 2.

Die Besonderheiten der Wiedervereinigung können die Unterscheidung deshalb nicht mehr begründen. Andere sachliche Gründe sind nicht erkennbar. Dass der Sonderkündigungsschutz aus Sicht der Arbeitgeber für notwendig gehaltene Personalanpassungsmaßnahmen erschwert, gilt im gesamten Bundesgebiet gleichermaßen.

193 **Autoritärer Führungsstil** und mangelnde Fähigkeit zur Menschenführung können bei einer tariflich unkündbaren Leiterin eines Kindergartens eine außerordentliche personenbedingte (Änderungs-)Druckkündigung mit dem Ziel der Weiterbeschäftigung als Gruppenleiterin rechtfertigen.[445]

X. Verstoß gegen gesetzliche oder tarifliche Vorschriften

194 Der Arbeitgeber darf mit seiner Änderungskündigung nicht gegen **zwingende** gesetzliche oder tarifliche Vorschriften verstoßen (zur Betriebsratsbeteiligung → Rn. 204 ff.).

1. Sonderkündigungsschutz

195 Der Arbeitgeber hat vor einer Änderungskündigung ebenso wie bei einer Beendigungskündigung den besonderen Kündigungsschutz des Arbeitnehmers zu beachten,[446] wobei Verstöße auch bei Annahme unter Vorbehalt wegen des hierdurch nicht entfallenden Kündigungselements zur Unwirksamkeit der Änderungskündigung führen (→ Rn. 90). Die Änderungskündigung eines **schwerbehinderten Menschen** bedarf daher gem. § 168 SGB IX der vorherigen Zustimmung des Integrationsamts.[447] Bei der Prüfung, ob die Beendigungskündigung eines schwerbehinderten Arbeitnehmers durch eine Änderungskündigung vermieden werden kann, ist auch zu berücksichtigen, dass der Arbeitgeber nach § 164 Abs. 4 S. 1 Nr. 1 SGB IX verpflichtet ist, dem Arbeitnehmer einen seinen Fähigkeiten und Kenntnissen entsprechenden Arbeitsplatz zuzuweisen. Widerspricht der Betriebsrat der Versetzung auf einen solchen Arbeitsplatz, ist in der Regel davon auszugehen, dass eine dem Arbeitgeber zumutbare Weiterbeschäftigungsmöglichkeit nicht besteht. Der Arbeitgeber hat dann kein Zustimmungsersetzungsverfahren nach § 99 Abs. 4 BetrVG durchzuführen.[448] Anderes kann allenfalls bei einem offensichtlich unbegründeten Widerspruch des Betriebsrats gelten.

196 Die Änderungskündigung einer Frau während der **Schwangerschaft** und bis zum Ablauf von vier Monaten nach der Entbindung ist gem. § 17 Abs. 1 MuSchG unzulässig, soweit nicht gem. § 17 Abs. 2 MuSchG eine Genehmigung der zuständigen Behörde erfolgt.[449] Entsprechendes gilt gem. § 18 Abs. 1 BEEG für eine Änderungskündigung während der **Elternzeit,**[450] gem. § 5 PflegeZG während der **Pflegezeit** und gem. § 2 Abs. 3 FPfZG iVm § 5 PflegeZG während der **Familienpflegezeit.**

197 **Betriebsratsmitglieder** sind nach § 15 Abs. 1–3 auch vor ordentlichen Änderungskündigungen geschützt (→ Rn. 185).

198 Schließlich sind Änderungskündigungen unabhängig von der Annahme des Änderungsangebots mit oder auch ohne Vorbehalt als **Entlassungen iSv § 17** anzusehen.[451] Daher ist die Änderungskündigung bei einem Verstoß jedenfalls dann unwirksam, wenn

---

[445] BAG 31.1.1996 – 2 AZR 158/95, AP BGB § 626 Druckkündigung Nr. 13.

[446] KR/Kreft Rn. 279; HaKo-KSchR/Pfeiffer Rn. 80; PVT Kündigung/Temming Rn. 1431.

[447] KR/Gallner/Vannucchi SGB IX § 173 Rn. 9; Karcher/Bachmann BB 2020, 2484 (2487); MHdB ArbR/Rennpferdt § 119 Rn. 80; APS/Vossen SGB IX § 168 Rn. 19; obiter ebenso BAG 22.10.2015 – 2 AZR 124/14, NZA 2016, 225 Rn. 30.

[448] BAG 22.9.2005 – 2 AZR 519/04, AP SGB IX § 81 Nr. 10.

[449] Buchner/Becker, Mutterschutzgesetz und Bundeselterngeld- und Elternzeitgesetz, 8. Aufl. 2008, MuSchG § 9 Rn. 27; APS/Rolfs MuSchG § 17 Rn. 71.

[450] Buchner/Becker, Mutterschutzgesetz und Bundeselterngeld- und Elternzeitgesetz, 8. Aufl. 2008, BEEG § 18 Rn. 6; ErfK/Gallner BEEG § 18 Rn. 1a; APS/Rolfs BEEG § 18 Rn. 17.

[451] BAG 20.2.2014 – 2 AZR 346/12, NZA 2014, 1069 Rn. 30 ff.

der Arbeitnehmer sie nicht unter Vorbehalt angenommen hat und es daher nur um ihre Beendigungswirkung geht.[452]

2. Benachteiligung Teilzeitbeschäftigter

Das BAG hat einen Verstoß gegen das gesetzliche Benachteiligungsverbot des § 2 Abs. 1 BeschFG (seit 1.1.2001: § 4 Abs. 1 TzBfG) in einem Fall angenommen, in dem einer **teilzeitbeschäftigten Verkäuferin in einem Kaufhaus** im Wege einer betriebsbedingten Änderungskündigung angeboten wurde, zu geänderten Arbeitszeiten an fünf Wochentagen, vorwiegend nachmittags, und an jedem Samstag zu arbeiten. Hierin liege eine nicht gerechtfertigte Benachteiligung der Teilzeitbeschäftigten, weil die Arbeitnehmerin durchgehend samstags arbeiten sollte, während alle Vollzeitbeschäftigten in einem rollierenden Arbeitszeitsystem alle sechs Wochen samstags frei hatten.[453] 199

Hiergegen ist einzuwenden, dass grds. von der **arbeitsrechtlichen Gleichwertigkeit aller Arbeitstage** auszugehen ist. Entgegen der Auffassung des BAG stellt die Teilzeitbeschäftigung eines Arbeitnehmers in den umsatzstärksten Zeiten keine ungerechtfertigte Benachteiligung der Teilbeschäftigten dar, weil sie sich am Beschäftigungsbedarf orientiert und damit sachlich gerechtfertigt ist. Vom Arbeitgeber kann nicht verlangt werden, dass er einen Teilzeitbeschäftigten zum Ausgleich für die Beschäftigung an umsatzstarken Tagen auch an umsatzschwachen Tagen einsetzt, obwohl in dieser Zeit kein Beschäftigungsbedarf besteht.[454] Zu Ende gedacht führt die Auffassung des BAG dazu, dass der Arbeitgeber für die umsatzstarken Spitzenzeiten am Samstag keine Teilzeitbeschäftigten einstellen darf, weil sich das Benachteiligungsverbot nach der stRspr des BAG nicht nur auf einseitige Handlungen des Arbeitgebers, sondern auch auf vertragliche Vereinbarungen bezieht. Dies ist sicherlich nicht Ziel des § 4 Abs. 1 TzBfG. 200

3. Änderung tariflich verbindlicher Arbeitsbedingungen

Eine Änderungskündigung, mit welcher der Arbeitgeber die **Erhöhung der tariflichen Arbeitszeit** eines tarifgebundenen Arbeitnehmers von 35 Stunden auf 38,5 Stunden bei einer Lohnerhöhung von 3 % durchzusetzen versucht, ist rechtsunwirksam. Änderungskündigungen sind nicht nur dann wegen Verstoßes gegen die zwingende Wirkung eines Tarifvertrags (§ 4 Abs. 1 TVG) unwirksam, wenn im Zeitpunkt des Kündigungszugangs ein tarifliches Kündigungsverbot besteht, sondern auch, wenn mit der Änderungskündigung gegen tarifliche Inhaltsnormen verstoßen und damit ein **tariflich unzulässiges Ziel** erstrebt wird. Das in der Änderungskündigung enthaltene Angebot des Arbeitgebers auf vertragliche Verlängerung der tariflichen Arbeitszeit mit nur teilweisem Lohnausgleich ist nach § 4 Abs. 3 TVG unwirksam, ebenso wie im Falle seiner Annahme durch den tarifgebundenen Arbeitnehmer dessen Einverständniserklärung mit der tarifwidrigen Arbeitszeit unwirksam wäre. Der Verstoß gegen tarifvertragliche Regelungen hat die Nichtigkeit der Änderungskündigung zur Folge.[455] 201

Die **Einführung von Samstagsarbeit** ist zwar eine unternehmerische Entscheidung, die an sich einen billigenswerten Anlass zur Änderung von Arbeitsbedingungen iSv § 2 darstellt. Die Umsetzung dieses unternehmerischen Entschlusses darf jedoch in tarif- 202

---

[452] Vgl. BAG 20.2.2014 – 2 AZR 346/12, NZA 2014, 1069 Rn. 48 f.; s. a. BAG 22.11.2012 – 2 AZR 371/11, NZA 2013, 845 (zu § 17 Abs. 1); 21.3.2013 – 2 AZR 60/12, NZA 2013, 966 (zu § 17 Abs. 2).

[453] BAG 24.4.1997 – 2 AZR 352/96, AP KSchG 1969 § 2 Nr. 42.

[454] IErg ebenso Henssler Anm. zu BAG 24.4.1997 – 2 AZR 352/96, EzA § 2 KSchG Nr. 26; Bedenken auch bei R. Weber SAE 1997, 336 (340).

[455] BAG 10.2.1999 – 2 AZR 422/98, AP KSchG 1969 § 2 Nr. 52; ebenso bereits BAG 10.3.1982 – 4 AZR 158/79, AP KSchG 1969 § 2 Nr. 2; Quecke NZA 2001, 812 ff.; Schleusener SAE 1999, 308 (310); Wendeling-Schröder AuR 1999, 327 (328); LSSW/Wertheimer Rn. 21 f.; aA Berkowsky DB 1999, 1606 (1608); ErfK/Oetker Rn. 56; Rieble RdA 2000, 40, die von der Sozialwidrigkeit der Kündigung ausgehen; die Unterscheidung ist von Bedeutung für Arbeitnehmer, auf deren Arbeitsverhältnis das KSchG keine Anwendung findet.

gebundenen Unternehmen nicht gegen tarifliche Arbeitszeitvorschriften verstoßen, die bspw. die Samstagsarbeit zeitlich begrenzen.[456]

203 Problematisch ist die Beurteilung von Änderungskündigungen, die sich auf tarifliche Regelungen beziehen, wenn das Unternehmen aus dem tarifschließenden **Arbeitgeberverband ausgetreten** ist. In diesem Fall bleibt gem. § 3 Abs. 3 TVG die Tarifgebundenheit des Arbeitgebers zunächst bestehen. Es tritt die verlängerte Tarifgebundenheit (Nachbindung) ein.[457] Die verlängerte Tarifgebundenheit endet, sobald eine Tarifnorm, die den Inhalt, den Abschluss oder die Beendigung des Arbeitsverhältnisses oder betriebliche oder betriebsverfassungsrechtliche Fragen regelt, geändert wird. Die Beendigung erfasst auch die unveränderten Tarifregelungen.[458] Mit dem Ende der verlängerten Tarifgebundenheit tritt die Nachwirkung des Tarifvertrags gem. § 4 Abs. 5 TVG ein.[459] Nach § 4 Abs. 5 TVG gelten die Rechtsnormen eines Tarifvertrags nach seinem Ablauf weiter, bis sie durch eine andere Abmachung ersetzt werden. Das kann auch eine einzelvertragliche Abmachung sein.[460] Eine einzelvertragliche Abmachung kommt auch dann zustande, wenn der Arbeitnehmer das in einer Änderungskündigung enthaltene Änderungsangebot unter Vorbehalt annimmt. Seine Vertragsfreiheit wird lediglich dadurch eingeschränkt, dass ihn der Arbeitgeber vor die Wahl stellt, entweder das Änderungsangebot anzunehmen oder den Arbeitsplatz zu verlieren. Akzeptiert der Arbeitnehmer die Änderungskündigung vorbehaltlos, steht dies ohnehin einem Änderungsvertrag gleich. Nimmt er das Änderungsangebot unter Vorbehalt an, liegt eine Zustimmung vor, die zu einer endgültigen Änderung der Arbeitsbedingungen führt, sobald die soziale Rechtfertigung der Änderungskündigung rechtskräftig festgestellt ist.[461]

XI. Beteiligung des Betriebsrats

1. Überblick

204 Wie bei jeder Beendigungskündigung ist der Betriebsrat nach **§ 102 Abs. 1 BetrVG** auch vor Ausspruch einer Änderungskündigung über die Kündigungsgründe zu unterrichten.[462] Sofern mit der Änderungskündigung eine **personelle Einzelmaßnahme iSv § 99 BetrVG** verbunden ist, der Arbeitnehmer also mit der Änderungskündigung versetzt oder umgruppiert werden soll, hat der Betriebsrat in Unternehmen mit mehr als 20 wahlberechtigten Arbeitnehmern zusätzlich gem. § 99 BetrVG mitzuwirken. Der Arbeitgeber kann dabei die Verfahren nach § 102 BetrVG und nach § 99 BetrVG einheitlich durchführen.[463]

205 Entsprechendes gilt im **Personalvertretungsrecht.** Zielt eine Änderungskündigung auf eine Versetzung iSd § 78 Abs. 1 Nr. 5 BPersVG oder eine Umsetzung iSd § 78 Abs. 1 Nr. 6 BPersVG, hat die Dienststelle hinsichtlich der Änderungskündigung das Mitwirkungsverfahren und hinsichtlich der Versetzung bzw. der Umsetzung das Mitbestimmungsverfahren einzuleiten. Entscheidet der Leiter der obersten Dienststelle im Stufenverfahren, aus Anlass einer von der Beschäftigungsdienststelle beabsichtigten Beendigungskündigung lediglich eine Änderungskündigung mit dem Ziel einer Versetzung iSd

456 BAG 18.12.1997 – 2 AZR 709/96, AP KSchG 1969 § 2 Nr. 46 mAnm Wiedemann.

457 BAG 4.4.2001 – 4 AZR 215/00, AP TVG § 3 Verbandsaustritt Nr. 9.

458 BAG 7.11.2001 – 4 AZR 703/00, AP TVG § 3 Verbandsaustritt Nr. 11.

459 BAG 18.3.1992 – 4 AZR 339/91, AP TVG § 3 Nr. 13; 17.5.2000 – 4 AZR 363/99, AP TVG § 3 Verbandsaustritt Nr. 8.

460 BAG 24.11.1999 – 4 AZR 666/98, AP TVG § 4 Nachwirkung Nr. 34; 17.5.2000 – 4 AZR 363/99, AP TVG § 3 Verbandsaustritt Nr. 8.

461 BAG 27.9.2001 – 2 AZR 236/00, AP TVG § 4 Nachwirkung Nr. 40.

462 BAG 30.11.1989 – 2 AZR 197/89, AP BetrVG 1972 § 102 Nr. 53; 30.9.1993 – 2 AZR 283/93, NZA 1994, 615; BAG 28.5.1998 – 2 AZR 615/97, AP KSchG 1969 § 2 Nr. 48 mAnm Löwisch; 27.9.2001 – 2 AZR 236/00, AP TVG § 4 Nachwirkung Nr. 40; 12.8.2010 – 2 AZR 945/08, AP KSchG 1969 § 2 Nr. 147; 12.8.2010 – 2 AZR 104/09, BeckRS 2011, 67804 Rn. 16; Kleinebrink DB 2022, 1897 (1901).

463 BAG 30.9.1993 – 2 AZR 283/93, NZA 1994, 615.

§ 78 Abs. 1 Nr. 5 BPersVG oder einer Umsetzung iSd § 78 Abs. 1 Nr. 6 BPersVG auszusprechen, steht das Mitbestimmungsrecht bei der Umsetzung der Hauptbetriebsvertretung zu.[464]

2. Unterrichtung nach § 102 BetrVG

Im Rahmen der Unterrichtung des Betriebsrats nach § 102 Abs. 1 BetrVG hat der Arbeitgeber den Betriebsrat sowohl über die **Art der Kündigung** – hier also Änderungskündigung – als auch über die **Gründe für die Änderungskündigung** und über das **Änderungsangebot** zu unterrichten.[465] Die Anhörung ist auch bei einer Annahme des Änderungsangebots unter Vorbehalt nicht „überflüssig" (→ Rn. 90 f.). Dabei ist die Mitteilung der Kündigungsgründe nach § 102 Abs. 1 S. 2 BetrVG „subjektiv determiniert". Das gilt auch für das Erfordernis einer sozialen Auswahl.[466] Der Arbeitgeber muss die Umstände mitteilen, die seinen Kündigungsentschluss tatsächlich bestimmt haben. Die Anhörung ist auch dann ordnungsgemäß erfolgt, wenn er dem Betriebsrat objektiv erhebliche Tatsachen nicht mitteilt, weil er darauf die Kündigung nicht oder zunächst nicht stützen will. Es ist ihm dann aber verwehrt, im Kündigungsschutzprozess Gründe nachzuschieben, die über die Erläuterung des mitgeteilten Sachverhalts hinausgehen.[467] 206

Will der Arbeitgeber im Wege der Änderungskündigung die Arbeitsbedingungen ändern und hat er dem Arbeitnehmer **vor Ausspruch der Änderungskündigung ein Änderungsangebot unterbreitet,** hat er den Betriebsrat über das Änderungsangebot zu unterrichten und, wenn er sich eine Beendigungskündigung für den Fall der Ablehnung dieses Angebots vorbehalten und dazu eine erneute Anhörung ersparen will, zugleich gegenüber dem Betriebsrat zu verdeutlichen, dass er im Falle der Ablehnung des Änderungsangebots durch den Arbeitnehmer die Beendigungskündigung beabsichtigt. Bleibt für den Betriebsrat offen, ob die Ablehnung des Änderungsangebots die Beendigungskündigung zur Folge haben soll, liegt zu der vom Arbeitgeber dann ausgesprochenen Beendigungskündigung keine ordnungsgemäße Anhörung des Betriebsrats iSd § 102 Abs. 1 BetrVG vor.[468] Der Arbeitgeber genügt seiner Unterrichtungspflicht jedoch, wenn der Ausspruch einer Änderungskündigung oder einer Beendigungskündigung allein davon abhängt, ob der Arbeitnehmer einem Betriebsübergang widerspricht oder nicht, und er dem Betriebsrat mitteilt, er wolle im Fall des Widerspruchs eine Beendigungskündigung und andernfalls eine Änderungskündigung erklären. Hierin liegt keine unzulässige „Anhörung auf Vorrat".[469] 207

Zur ordnungsgemäßen Anhörung des Betriebsrats gehört weiterhin die Angabe der **Kündigungsfristen** der betroffenen Arbeitnehmer, wenn sich erst daraus die Tragweite der personellen Maßnahme ermitteln lässt. Wenn also bspw. der Arbeitgeber versucht, im Wege von Massenänderungskündigungen das Weihnachtsgeld zu senken, sind dem Betriebsrat die Kündigungsfristen mitzuteilen, wenn der Betriebsrat nur so feststellen kann, ob und wie viele Arbeitnehmer von der beabsichtigten Reduzierung des Weihnachtsgeldanspruches überhaupt erfasst sind.[470] 208

Führt der Arbeitgeber das Anhörungsverfahren nicht oder nicht ordnungsgemäß durch, ist die Änderungskündigung gem. § 102 Abs. 1 BetrVG **unwirksam.** Lehnt der Arbeitnehmer das Angebot ab, hat er auch dann innerhalb der Dreiwochenfrist des § 4 209

---

[464] BAG 6.8.2002 – 1 ABR 47/01, AP BPersVG § 75 Nr. 80 (zur Umsetzung).
[465] BAG 10.3.1982 – 4 AZR 158/79, AP KSchG 1969 § 2 Nr. 2; 30.11.1989 – 2 AZR 197/89, AP BetrVG 1972 § 102 Nr. 53; 19.5.1993 – 2 AZR 584/92, AP KSchG 1969 § 2 Nr. 31; 27.9.2001 – 2 AZR 236/00, AP TVG § 4 Nachwirkung Nr. 40; 16.12.2010 – 2 AZR 576/09, AP KSchG 1969 § 2 Nr. 150.
[466] BAG 12.8.2010 – 2 AZR 945/08, AP KSchG 1969 § 2 Nr. 147.
[467] BAG 16.12.2010 – 2 AZR 576/09, AP KSchG 1969 § 2 Nr. 150.
[468] BAG 30.11.1989 – 2 AZR 197/89, AP BetrVG 1972 § 102 Nr. 53.
[469] BAG 22.4.2010 – 2 AZR 991/08, AP BetrVG 1972 § 102 Nr. 163.
[470] BAG 29.3.1990 – 2 AZR 420/89, AP BetrVG 1972 § 102 Nr. 56.

Kündigungsschutzklage zu erheben, wenn er sich nur auf die unzureichende Unterrichtung des Betriebsrats berufen will.

210 Bei einer **vorbehaltlosen Annahme des Änderungsangebots** wirkt sich ein Verstoß gegen § 102 Abs. 1 BetrVG nicht auf die **Wirksamkeit des Änderungsangebots** aus. Die Rechtsfolge der Unwirksamkeit nach § 102 Abs. 1 BetrVG betrifft nur die Kündigungserklärung. Das damit zusammenhängende Änderungsangebot ist gem. § 139 BGB wirksam, weil der Arbeitgeber mit der Änderungskündigung in erster Linie die Änderung der Arbeitsbedingungen herbeiführen will und die Kündigung nur als Hilfsmittel für den Fall einsetzt, dass es nicht zu einer Annahme des Angebots kommt. Es ist daher davon auszugehen, dass das Änderungsangebot auch für den Fall der Unwirksamkeit der Kündigung gewollt war.[471]

211 Bei einer Annahme des Änderungsangebots unter Vorbehalt hat der Arbeitnehmer auch bei einem Verstoß des Arbeitgebers gegen die Unterrichtungspflicht aus § 102 Abs. 1 BetrVG **zunächst zu den geänderten Bedingungen weiterzuarbeiten.** Der Änderungsvertrag ist jedoch auflösend bedingt durch die rechtskräftige Feststellung der Unwirksamkeit bzw. Sozialwidrigkeit der mit der Änderungskündigung angebotenen Änderung der Arbeitsbedingungen (→ Rn. 105). Die Unwirksamkeit kann sich dabei auch aus § 102 BetrVG ergeben, ohne dass es einer Prüfung der sozialen Rechtfertigung der Änderungskündigung bedarf. Mit der rechtskräftigen Feststellung der Unwirksamkeit der Änderung der Arbeitsbedingungen hat der Arbeitgeber den Arbeitnehmer wieder zu den ursprünglichen Arbeitsbedingungen zu beschäftigen.[472]

3. Beteiligung nach § 99 BetrVG

212 Beabsichtigt der Arbeitgeber mit der Änderungskündigung eine **Versetzung oder Umgruppierung** durchzuführen, hat er in Unternehmen mit mehr als 20 wahlberechtigten Arbeitnehmern zuvor den Betriebsrat gem. § 99 Abs. 1 BetrVG zu beteiligen. Das Mitwirkungsrecht des Betriebsrats nach § 99 Abs. 1 BetrVG geht weiter als das Anhörungsrecht nach § 102 Abs. 1 BetrVG, weil der Betriebsrat nach § 99 BetrVG durch Verweigerung der Zustimmung zu der beabsichtigten personellen Maßnahme die Durchführung dieser Maßnahme zunächst blockieren kann. Das Nebeneinander der Beteiligungsrechte aus § 99 BetrVG und § 102 BetrVG führt zu Konkurrenzproblemen. Dabei sind verschiedene Fallgestaltungen zu unterscheiden:

213 a) **Zustimmung zur Kündigung und Versetzung.** Unproblematisch ist zunächst, wenn der **Betriebsrat** sowohl der Kündigung als auch der personellen Maßnahme nach § 99 BetrVG **zustimmt bzw. nicht fristgerecht widerspricht.** In diesem Fall ist die Zustimmung erteilt bzw. gilt gem. § 102 Abs. 2 und § 99 Abs. 3 S. 2 BetrVG als erteilt. Der Arbeitgeber kann demzufolge die beabsichtigte Maßnahme durchführen.

214 b) **Zustimmung zur Versetzung und Widerspruch gegen Kündigung.** Der Arbeitgeber kann die beabsichtigte personelle Maßnahme auch dann durchführen, wenn der **Betriebsrat** ihr **nach § 99 Abs. 1 BetrVG zustimmt,** aber gleichwohl der ausgesprochenen **Kündigung widerspricht,** bspw. weil die Kündigung gegen eine Auswahlrichtlinie verstoße (§ 102 Abs. 3 Nr. 2 BetrVG). Der Widerspruch des Betriebsrats gegen die Kündigung hat zur Folge, dass der Arbeitnehmer im Falle der (vorbehaltlosen) Ablehnung des Änderungsangebots und der rechtzeitigen Erhebung einer Kündigungsschutzklage gem. § 102 Abs. 5 BetrVG einen Weiterbeschäftigungsanspruch erwirbt.[473]

---

[471] KR/Kreft Rn. 216; APS/Künzl Rn. 137; ErfK/Oetker Rn. 19; HaKo-KSchR/Pfeiffer Rn. 71; aA Schwerdtner FS 25 Jahre BAG, 1979, 555 (576); wohl auch Wallner, Die Änderungskündigung, 2005, Rn. 264.

[472] Ebenso PVT Kündigung/Vossen Rn. 2416.

[473] KR/Kreft Rn. 228; ErfK/Oetker Rn. 24; HaKo-KSchR/Pfeiffer Rn. 75; ferner Kempter DB 2021, 1128 (1130).

c) **Zustimmungsverweigerung zur Versetzung. Verweigert der Betriebsrat nach § 99 Abs. 2 BetrVG die Zustimmung** zur beabsichtigten Versetzung oder Umgruppierung, sind folgende Fallgestaltungen zu unterscheiden: 215

Der Arbeitgeber kann zunächst unabhängig von der Zustimmungsverweigerung die von ihm beabsichtigte Änderungskündigung aussprechen. **Lehnt der Arbeitnehmer das Änderungsangebot vorbehaltlos ab,** kommt es nicht zu der beabsichtigten Umgruppierung bzw. Versetzung. Das Verfahren nach § 99 BetrVG wird gegenstandslos. Zwischen Arbeitgeber und Arbeitnehmer steht dann nur noch die Beendigung des Arbeitsverhältnisses durch die Kündigung in Streit, die der Arbeitnehmer mit einer Kündigungsschutzklage anzufechten hat.[474] 216

Spricht der Arbeitgeber nach einer Zustimmungsverweigerung des Betriebsrats (§ 99 Abs. 2 BetrVG) eine Änderungskündigung aus und **nimmt der Arbeitnehmer das Änderungsangebot unter Vorbehalt an,** ist hinsichtlich der Rechtsfolgen zwischen Umgruppierung und Versetzung **weiter zu unterscheiden:** 217

Verweigert der Betriebsrat zu einer **Umgruppierung** seine Zustimmung, hat der Arbeitgeber nach § 99 Abs. 4 BetrVG ein Zustimmungsersetzungsverfahren durchzuführen. Dieses Verfahren hat auch individualrechtliche Folgen: Eine darin als zutreffend festgestellte Eingruppierung ist für den Arbeitgeber im Verhältnis zum betroffenen Arbeitnehmer verbindlich.[475] Der Arbeitnehmer ist allerdings hierdurch nicht gehindert, gegenüber dem Arbeitgeber eine noch günstigere als die im Beschlussverfahren angenommene Eingruppierung geltend zu machen.[476] Eine begrenzte Bindungswirkung besteht ebenso dann, wenn der Arbeitgeber mit seinem Zustimmungsersetzungsantrag erfolglos geblieben ist. Auch dann kann sich der Arbeitgeber im Verhältnis zum Arbeitnehmer nicht mehr auf die Maßgeblichkeit der von ihm für zutreffend erachteten Entgeltgruppe berufen. Dies gilt auch für einen Kündigungsrechtsstreit. Hier kann sich der Arbeitgeber weder unmittelbar zur Rechtfertigung der mit dem Ziel einer Umgruppierung erklärten Änderungskündigung auf die Maßgeblichkeit einer dem Ergebnis des Beschlussverfahrens widersprechenden Eingruppierung berufen noch entspricht ein der Entscheidung des Beschlussverfahrens entgegenstehendes Vertragsänderungsangebot dem Gebot der Verhältnismäßigkeit. Die Änderungskündigung ist in einem solchen Fall sozial ungerechtfertigt.[477] 218

Verweigert der Betriebsrat seine Zustimmung zu einer **Versetzung,** zu der auch die Zuweisung sowie die Beendigung von mobiler Arbeit (Homeoffice) zählt,[478] führt das nicht zur individualrechtlichen Unwirksamkeit der Änderungskündigung. Die Zustimmung des Betriebsrats zur Versetzung oder ihre gerichtliche Ersetzung sind als solche keine Wirksamkeitsvoraussetzungen. Hierfür spricht bereits, dass § 99 BetrVG im Unterschied zu § 102 Abs. 1 S. 2 BetrVG diese Rechtsfolge nicht anordnet. Die Zustimmungsverweigerung hat jedoch zur Folge, dass der Arbeitgeber die Maßnahme nicht durchführen kann, bis das Arbeitsgericht in einem Zustimmungsersetzungsverfahren nach § 99 Abs. 4 BetrVG die verweigerte Zustimmung ersetzt hat.[479] Andernfalls kann der Betriebsrat gem. § 101 BetrVG die Aufhebung der personellen Maßnahme verlangen, soweit der Arbeitgeber diese nicht nach Maßgabe von § 100 BetrVG vorläufig durchgeführt hat.[480] Der Arbeitnehmer ist nicht verpflichtet, einer entsprechenden Wei- 219

---

474 Vgl. KR/Kreft Rn. 229.

475 BAG 20.3.2014 – 2 AZR 840/12, NZA 2014, 1415 Rn. 24; aA BAG 13.5.1981 – 4 AZR 1076/78, AP HGB § 59 Nr. 24 mzustAnm v. Hoyningen-Huene.

476 BAG 3.5.1994 – 1 ABR 58/93, AP BetrVG 1972 § 99 Eingruppierung Nr. 2.

477 BAG 28.8.2008 – 2 AZR 967/06, AP KSchG 1969 § 2 Nr. 140.

478 LAG Düsseldorf 10.9.2014 – 12 Sa 505/14, BeckRS 2014, 73155; Bayreuther NZA 2021, 839 (841); Fitting BetrVG § 99 Rn. 138a f.

479 BAG 30.9.1993 – 2 AZR 283/93, NZA 1994, 615; 8.6.1995 – 2 AZR 739/94, BeckRS 1995, 30755177 unter II; 22.4.2010 – 2 AZR 491/09, AP KSchG 1969 § 2 Nr. 145; 18.5.2017 – 2 AZR 606/16, BeckRS 2017, 118085 Rn. 18; DFL/Kaiser Rn. 21; KR/Kreft Rn. 233; APS/Künzl Rn. 150; ErfK/Oetker Rn. 26; HaKo-KSchR/Pfeiffer Rn. 76; teilweise aA v. Hoyningen-Huene NZA 1993, 145 (150); v. Hoyningen-Huene/Boemke, Die Versetzung, 1991, 198; PVT Kündigung/Temming Rn. 1432.

480 BAG 23.6.2009 – 1 ABR 23/08, AP BetrVG 1972 § 99 Versetzung Nr. 48.

sung des Arbeitgebers nachzukommen. Bis zur Ersetzung der Zustimmung des Betriebsrats zur Versetzung steht ihm vielmehr ein Leistungsverweigerungsrecht zu.[481]

220 Probleme ergeben sich, wenn der Arbeitnehmer das Änderungsangebot unter Vorbehalt annimmt, die gegen die Änderungskündigung gerichtete **Änderungsschutzklage des Arbeitnehmers abgewiesen** wird und parallel dazu das vom Arbeitgeber nach Zustimmungsverweigerung des Betriebsrats durchgeführte Zustimmungsersetzungsverfahren nach **§ 99 Abs. 4 BetrVG mit einer Abweisung des Antrags** des Arbeitgebers endet. Ein solches Ergebnis ist prozessual möglich, weil die Streitgegenstände beider Verfahren verschieden sind.[482] Im Zustimmungsersetzungsverfahren nach § 99 Abs. 4 BetrVG geht es um die Zustimmungsverweigerung des Betriebsrats zu einer Versetzung. Dagegen ist Gegenstand des Änderungsschutzverfahrens die soziale Rechtfertigung der Änderungskündigung. Da die Wirksamkeit der Änderungskündigung nicht von der Zustimmung des Betriebsrats zu der beabsichtigten Versetzung abhängt, betrifft das Beschlussverfahren auch nicht eine Vorfrage des Änderungsschutzverfahrens. Die Entscheidung im Beschlussverfahren hat hierfür keine präjudizielle Wirkung.[483]

221 Entgegen der Auffassung des BAG kommt in diesem Fall individualrechtlich eine Weiterbeschäftigung des Arbeitnehmers zu den bisherigen Arbeitsbedingungen nicht in Betracht. Die Annahme des Änderungsangebots führt **nicht zu einer Erweiterung des Direktionsrechts** des Arbeitgebers, sondern zu einer Veränderung der arbeitsvertraglich geschuldeten Arbeitsleistung.[484] Gegenstand des Arbeitsvertrags sind vielmehr die neu vereinbarten Arbeitsbedingungen. Die unter Vorbehalt erklärte Annahme des in der Änderungskündigung enthaltenen Änderungsangebots hat zur Folge, dass der Arbeitnehmer individualrechtlich weder verpflichtet ist, seine zuvor ausgeübte Tätigkeit wieder aufzunehmen,[485] noch dies seinerseits beanspruchen kann. Eine Weiterbeschäftigung zu den Arbeitsbedingungen, wie sie vor Ausspruch der Änderungskündigung bestanden, kommt nur dann in Betracht, wenn sich die Parteien hierauf neu verständigen, ansonsten scheidet sie aus.[486]

222 Erweist sich nach rechtskräftigem Abschluss des Zustimmungsersetzungsverfahrens nach § 99 Abs. 4 BetrVG, dass der Betriebsrat die Zustimmung zur beabsichtigten Versetzung gem. § 99 Abs. 1 BetrVG zu Recht verweigert hat, liegt nach neuerer Rspr. des BAG kein Fall der **nachträglichen rechtlichen Unmöglichkeit iSd** § 275 Abs. 1 BGB bzgl. der Durchführung der beabsichtigten Vertragsänderung vor. Der Annahme der von § 275 Abs. 1 BGB geforderten dauerhaften Unmöglichkeit stehe entgegen, dass der Arbeitgeber jederzeit ein neues Verfahren nach § 99 Abs. 4 BetrVG einleiten könne. Er sei deshalb in der Lage, die kollektivrechtliche Sperre zu beseitigen, die ihn zunächst daran hindere, die Erfüllung einer durch die Änderungskündigung herbeigeführten neuen individualrechtlichen Leistungspflicht des Arbeitnehmers von diesem tatsächlich verlangen zu können.[487]

223 Hiergegen bestehen jedoch **Bedenken.** Zwar haben mehrere Zustimmungsersetzungsverfahren, die eine Versetzung betreffen, regelmäßig nicht denselben Verfahrensgegenstand. Auch wenn der Arbeitgeber hiermit das gleiche Rechtsschutzziel verfolgt, betrifft

---

[481] WPK/Preis § 99 Rn. 80; Richardi/Thüsing BetrVG § 99 Rn. 299; nach der Rspr. des BAG ist die Versetzung gem. § 134 BGB unwirksam, BAG 30.9.1993 – 2 AZR 283/93, NZA 1994, 615; 7.11.2002 – 2 AZR 650/00, AP BGB § 615 Nr. 98.

[482] BAG 22.4.2010 – 2 AZR 491/09, AP KSchG 1969 § 2 Nr. 145.

[483] BAG 20.3.2014 – 2 AZR 840/12, NZA 2014, 1415 Rn. 23; Boemke ZfA 1992, 473 (504); Anm. zu BAG 23.6.2009 – 1 ABR 23/08, AP BetrVG 1972 § 99 Versetzung Nr. 48; APS/Künzl Rn. 157.

[484] Wie hier Berkowsky NZA 2010, 250 (251); DFL/Kaiser Rn. 21; KR/Kreft Rn. 234; ErfK/Oetker Rn. 26; GK-BetrVG/Raab § 99 Rn. 186; Raab ZfA 1995, 479 (512); Waltermann SAE 1995, 367 (372); aA BAG 30.9.1993 – 2 AZR 283/93, NZA 1994, 615.

[485] S. aber auch KR/Kreft Rn. 234, der offenbar mit Rücksicht auf § 242 BGB eine Pflicht des Arbeitnehmers zur übergangsweisen Rückkehr auf seinen alten Arbeitsplatz für denkbar hält.

[486] Vgl. v. Hoyningen-Huene NZA 1993, 145 (150); Kania Anm. zu BAG 30.9.1993 – 2 AZR 283/93, EzA § 99 BetrVG 1972 Nr. 118; APS/Künzl Rn. 154; ErfK/Oetker Rn. 26; GK-BetrVG/Raab § 99 Rn. 186; DD/Wollgast Rn. 247.

[487] BAG 22.4.2010 – 2 AZR 491/09, AP KSchG 1969 § 2 Nr. 145.

ein späterer Antrag nicht denselben Vorgang und Lebenssachverhalt. Mit diesem gehen erneute Informationspflichten auf Seiten des Arbeitgebers, mögliche Veränderungen der Sachlage und eine erneute Beschlussfassung durch den Betriebsrat einher.[488] Der Arbeitgeber kann daher auch nach rechtskräftigem Abschluss eines Zustimmungsersetzungsverfahrens erneut den Versuch unternehmen, zu der beabsichtigten Versetzung die Zustimmung des Betriebsrats zu erlangen und im Falle der Verweigerung diese gerichtlich ersetzen zu lassen. Soweit das BAG allerdings meint, dem könne allenfalls Rechtsmissbrauch entgegenstehen, ist dies kaum vorstellbar, denn im Falle eines unterstellten rechtsmissbräuchlichen Verhaltens des Betriebsrats dürfte bereits dem Zustimmungsersetzungsantrag des Arbeitgebers zu entsprechen sein. Ausgangspunkt der Überlegungen muss vielmehr in Übereinstimmung mit der Auffassung des BAG sein, dass nach allgemeinen zivilrechtlichen Grundsätzen ein zeitweiliges Erfüllungshindernis einem dauernden gleichzusetzen ist, wenn durch das Hindernis die Erreichung des Vertragszwecks infrage gestellt ist und der einen oder anderen Partei bei billiger Abwägung der beiderseitigen Belange nicht mehr zugemutet werden kann, die Leistung dann noch zu fordern oder zu erbringen. Ob ein Leistungshindernis zu einer dauernden oder nur vorübergehenden Unmöglichkeit führt, beurteilt sich dabei nach dem Zeitpunkt des Eintritts des Hindernisses.[489] Geht man davon aus, dass das Hindernis in der verweigerten Zustimmung des Betriebsrats zur Versetzung liegt, folgt daraus, dass der Arbeitgeber nicht bereits aus diesem Grund einwenden kann, ihm sei die Durchführung der Versetzung unmöglich. Er ist vielmehr – anders als in den Fällen der Versetzung zur Vermeidung krankheitsbedingter Kündigungen[490] – zur Durchführung eines gerichtlichen Zustimmungsersetzungsverfahrens gehalten. Auch ist von ihm zu verlangen, den Rechtsweg auszuschöpfen. Wird nach rechtskräftigem Abschluss dieses Verfahrens jedoch die verweigerte Zustimmung des Betriebsrats nicht ersetzt, ist hinreichend manifestiert, dass die Versetzung nicht durchgeführt werden kann. Die erneute Durchführung eines derartigen Verfahrens ist dem Arbeitgeber nicht zuzumuten.[491] Angesichts des völlig ungewissen Ausgangs eines neuen Verfahrens und der bestehenden finanziellen Lasten des Arbeitgebers, der Annahmeverzugsansprüchen des Arbeitnehmers ausgesetzt ist, erscheint es bei billiger Abwägung der beiderseitigen Belange vielmehr geboten, die vorübergehende der dauerhaften Unmöglichkeit gleichzusetzen. Das hat zur Folge, dass der Arbeitgeber nach rechtskräftiger Abweisung des Zustimmungsersetzungsantrags auf der Grundlage der dann gegebenen tatsächlichen Umstände prüfen muss, ob er den Arbeitnehmer zu den alten oder sich zwischenzeitlich neu ergebenden anderen Arbeitsbedingungen, ggf. nach einer weiteren Änderungskündigung, weiterbeschäftigen kann. Scheidet dies aus, kann er eine Beendigungskündigung erklären.

4. Mitbestimmung nach § 87 BetrVG

Unterliegt die mit der Änderungskündigung beabsichtigte Änderung der Arbeitsbedingungen der Mitbestimmung nach § 87 Abs. 1 BetrVG (zB Änderung der Lage der Arbeitszeit bei Einführung von Schichtarbeit nach Nr. 2 oder Änderung der betrieblichen Lohngestaltung nach Nr. 10), ist umstritten, ob die **vorherige Zustimmung des Betriebsrats** zu dieser Änderung Wirksamkeitsvoraussetzung für die Kündigung ist. Der Erste Senat des BAG hatte 1984 noch die Auffassung vertreten, Änderungskündigungen mit dem Ziel der Umstellung des Vergütungsgruppensystems seien ohne vorherige Zustimmung des Betriebsrats oder einen diese ersetzenden Spruch der Einigungsstelle unwirksam.[492] 224

488 BAG 16.1.2007 – 1 ABR 16/06, AP BetrVG 1972 § 99 Einstellung Nr. 52.
489 BGH 19.10.2007 – V ZR 211/06, NJW 2007, 3777.
490 BAG 29.1.1997 – 2 AZR 9/96, AP KSchG 1969 § 1 Krankheit Nr. 32.
491 DLF/Kaiser Rn. 21; Kania Anm. zu BAG 22.4.2010 – 2 AZR 491/09, EzA § 2 KSchG Nr. 77; iErg auch MüKoBGB/Hergenröder Rn. 110; APS/Künzl Rn. 158 f.
492 BAG 31.1.1984 – 1 AZR 174/81, AP BetrVG 1972 § 87 Lohngestaltung Nr. 15.

225 Hiervon ist der Zweite Senat des BAG im Jahre 1998 abgerückt. Danach hat das Mitbestimmungsrecht des Betriebsrats aus § 87 Abs. 1 Nr. 10 BetrVG **keine Auswirkungen auf die Wirksamkeit einer Änderungskündigung.** Eine nicht mitbestimmte, aber sozial gerechtfertigte Änderung der Vertragsbedingungen könne der Arbeitgeber lediglich nicht durchsetzen, solange die Mitbestimmung nicht durchgeführt sei.[493] Diese Auffassung **überzeugt nicht.** Die vom BAG zu den kündigungsrechtlichen Folgen eines Verstoßes gegen § 99 Abs. 1 BetrVG entwickelten Grundsätze (→ Rn. 212 ff.) sind auf die Verletzung der Mitbestimmungsrechte aus § 87 Abs. 1 BetrVG nicht übertragbar. Denn das Mitbestimmungsrecht aus § 87 Abs. 1 BetrVG ist stärker als das Mitwirkungsrecht des Betriebsrats nach § 99 BetrVG. Im Unterschied zur Mitwirkung nach § 99 BetrVG führt die Verletzung des Mitbestimmungsrechts aus § 87 Abs. 1 BetrVG nach der Theorie der Wirksamkeitsvoraussetzung auf individualrechtlicher Ebene zur Unwirksamkeit der mitbestimmungswidrigen Maßnahme. Die einseitige Anordnung und damit auch die Kündigung ist gegenüber dem Arbeitnehmer unwirksam, wenn der Betriebsrat nicht zuvor zugestimmt hat. Daher ist entgegen der Auffassung des Zweiten Senats eine (Massen-)Änderungskündigung mit dem Ziel der Umstellung des Vergütungsgruppensystems ohne vorherige Zustimmung des Betriebsrats bereits nach § 87 Abs. 1 BetrVG unwirksam.[494]

226 Die Einführung des neuen Mitbestimmungstatbestandes gem. § 87 Abs. 1 Nr. 14 BetrVG durch das Betriebsrätemodernisierungsgesetz wirkt sich dagegen grds. nicht aus, weil sich der Mitbestimmungstatbestand nur auf die Ausgestaltung, nicht aber auf die Einführung bzw. die Beendigung von **mobiler Arbeit einschließlich Homeoffice** bezieht.[495] Sofern der Arbeitgeber im Zusammenhang mit der (erstmaligen) Einführung von mobiler Arbeit im Betrieb aber zugleich Fragen einseitig regeln will, die als deren Ausgestaltung der zwingenden Mitbestimmung des Betriebsrats unterliegen,[496] wäre eine darauf gerichtete (Massen-)Änderungskündigung entsprechend der Theorie der Wirksamkeitsvoraussetzung wiederum als unwirksam anzusehen.

XII. Prozessuale Fragen

1. Änderungsschutzklage

227 Will der Arbeitnehmer nach Annahme des Änderungsangebots unter Vorbehalt die Unwirksamkeit des Änderungsangebots geltend machen, hat er gem. § 4 S. 2 Klage auf Feststellung zu erheben, dass die Änderung der Arbeitsbedingungen sozial ungerechtfertigt oder aus anderen Gründen rechtsunwirksam ist. **Streitgegenstand** der Änderungsschutzklage ist **bei einer Annahme des Änderungsangebots** unter Vorbehalt nach st. Rspr. nicht die Wirksamkeit der Kündigung, sondern nur der Inhalt der Arbeitsbedingungen.[497] Dies ergebe sich daraus, dass mit der Angebotsannahme die Beendigungswirkung entfalle, wobei das BAG über die Hintertür der Auslegung des Vorbehalts mögliche Unwirksamkeitsgründe aber gleichwohl in den Änderungsschutzprozess hineinziehen will (→ Rn. 91). Demgegenüber überzeugt es mehr, das Kündigungselement als integraler Bestandteil der Änderungskündigung nicht auszublenden, weil eine wirk-

[493] BAG 17.6.1998 – 2 AZR 336/97, NZA 1998, 1225; 1.7.1999 – 2 AZR 826/98, AP KSchG 1969 § 2 Nr. 53; 23.11.2000 – 2 AZR 690/99, BeckRS 2000, 30788293; zust. Berkowsky Die betriebsbedingte Änderungskündigung S. 141; APS/Künzl Rn. 171; Wallner, Die Änderungskündigung, 2005, Rn. 206; HK-KSchG/Weller/Hauck Rn. 176; ähnlich LSSW/Wertheimer Rn. 152, schwebend unwirksame Änderungskündigung.

[494] Ebenso Fitting BetrVG § 102 Rn. 10; HaKo-KSchR/Pfeiffer Rn. 77; DD/Wollgast Rn. 254; krit. ErfK/Oetker Rn. 23, 27; aA KR/Kreft Rn. 243.

[495] Fitting BetrVG § 87 Rn. 589.

[496] Zur Abgrenzung Bayreuther NZA 2021, 839 (840); Fitting BetrVG § 87 Rn. 590; Witt NZA 2023, 1157.

[497] S. nur BAG 24.8.2004 – 1 AZR 419/03, AP KSchG 1969 § 2 Nr. 77 unter B I; 26.1.2012 – 2 AZR 102/11, NZA 2012, 856 Rn. 13; 23.2.2012 – 2 AZR 44/11, AP KSchG 1969 § 2 Nr. 154 Rn. 12; 19.7.2012 – 2 AZR 25/11, NZA 2012, 1038 Rn. 20; 25.4.2013 – 2 AZR 960/11, NJOZ 2013, 1835 Rn. 29; 28.8.2013 – 10 AZR 569/12, NZA-RR 2014, 181 Rn. 48.

same Änderungskündigung grds. auf einen Vertragsaustausch und damit auf eine Beendigung des alten Arbeitsvertrags hinausläuft (→ Rn. 98). Daher ist in einem Änderungsschutzprozess iSd § 4 S. 2 automatisch nicht nur die Sozialwidrigkeit der Änderung der Arbeitsbedingungen, sondern auch die Rechtswirksamkeit der Kündigung zu prüfen, sofern der Arbeitnehmer den Streitgegenstand nicht ausnahmsweise auf die Kontrolle der sozialen Rechtfertigung beschränkt.[498]

Hierbei muss der Arbeitnehmer aufgrund der seit dem 1.1.2004 geltenden Neufassung des § 4 S. 2 bis zu dem in § 6 S. 1 genannten Zeitpunkt **alle Gründe für die Unwirksamkeit** der Änderungskündigung in den Prozess einführen. In einer nach Ablauf der Dreiwochenfrist erhobenen Klage kann er sich – abgesehen von einem Verstoß gegen das Schriftformerfordernis (§ 623 iVm § 125 S. 1 BGB) – nicht mehr auf sonstige Unwirksamkeitsgründe berufen. Damit ist der zur Rechtslage vor dem 1.1.2004 ergangenen Rspr., wonach wegen sonstiger Unwirksamkeitsgründe auch noch nach Ablauf der Dreiwochenfrist mit Erfolg Klage erhoben werden konnte, die Grundlage entzogen.[499] Der **Klageantrag** sollte auf die Feststellung gerichtet sein, dass die Änderung der Arbeitsbedingungen durch die Änderungskündigung vom … unwirksam ist.[500] Sofern der Arbeitnehmer innerhalb der Dreiwochenfrist (irrtümlich) eine Kündigungsschutzklage gem. § 4 S. 1 erhebt, kann er den Klageantrag später noch auf einen Antrag nach § 4 S. 2 umstellen, ohne dass es einer analogen Anwendung von § 6 bedarf. Dem schutzwürdigen Interesse des Arbeitgebers an einer schnellen Klärung der Rechtslage wird auch dann hinreichend Rechnung getragen, wenn der Arbeitnehmer anfänglich nur die Kündigung als solche angreift.[501] 228

Unterliegt der Arbeitnehmer mit seiner Änderungsschutzklage, sind die zunächst nur vorläufig geltenden neuen Arbeitsbedingungen endgültig verbindlicher Vertragsinhalt. Dem Verlust des Prozesses steht gleich, wenn der Arbeitnehmer nach Erklärung des Vorbehalts die Änderungsschutzklage nicht rechtzeitig erhebt, weil dann gem. § 7 Hs. 2 KSchG der Vorbehalt des Arbeitnehmers erlischt. Das Gleiche gilt, wenn der Arbeitnehmer eine rechtzeitig erhobene Klage zurücknimmt (§ 269 ZPO). Der Arbeitnehmer hat dann zu den geänderten Bedingungen zu arbeiten.[502] Während das Arbeitsverhältnis in dieser Konstellation in jedem Fall fortbesteht, hängt das Schicksal des Arbeitsvertrags davon ab, ob der Arbeitgeber eine unbedingte oder eine (auflösend) bedingte Kündigung erklärt hat (→ Rn. 14 f.). Bei einer unbedingten Kündigung kommt es zu einem Vertragsaustausch mit umfassender Besitzstandswahrung im Hinblick auf alle nicht geänderten Arbeitsbedingungen. Bei einer durch die endgültige Annahme des Änderungsangebots auflösend bedingten Kündigung entfällt der Vorbehalt, unter dem die Annahme steht, mit der rechtskräftigen Feststellung der Rechtmäßigkeit der Änderungskündigung, sodass das Kündigungselement zugleich seine Wirkung verliert und es auf diese Weise nicht nur zu einer Kontinuität des Arbeitsverhältnisses, sondern auch zu einer Kontinuität des Arbeitsvertrags kommt.[503] 229

Stellt das Gericht auf die Änderungsschutzklage des Arbeitnehmers fest, dass die **Änderung der Arbeitsbedingungen sozial ungerechtfertigt** ist, gilt gem. § 8 die Änderungskündigung als von Anfang an rechtsunwirksam. Gemeint ist damit, dass die mit der Annahme unter Vorbehalt verbundene auflösende Bedingung rückwirkend eintritt. Der Arbeitnehmer muss dann so gestellt werden, als wäre die Änderungskündigung nicht erfolgt. Die früheren Arbeitsbedingungen sind gem. § 159 BGB wiederherzustellen. Bei 230

---

498 Künzl/von der Ehe NZA 2015, 1217 (1220); Niemann RdA 2016, 339 (342, 345); Preis NZA 2015, 1 (9); MHdB ArbR/Rennpferdt § 118 Rn. 26.

499 PVT Kündigung/Vossen Rn. 2429 ff.; zur früheren Rechtslage BAG 28.5.1998 – 2 AZR 615/97, AP KSchG 1969 § 2 Nr. 48 mAnm Löwisch; krit. zu dieser Entscheidung Berkowsky BB 1999, 1266.

500 Vgl. KR/Kreft Rn. 246; HaKo-KSchR/Pfeiffer Rn. 56; PVT Kündigung/Vossen Rn. 2429.

501 BAG 21.5.2019 – 2 AZR 26/19, NZA 2019, 1143 Rn. 17 ff.; 27.4.2021 – 2 AZR 357/20, NZA 2021, 1252 Rn. 14.

502 LAG Schleswig-Holstein 20.1.2005 – 4 Sa 428/04, NZA-RR 2005, 248.

503 Ähnlich Raab SAE 1995, 71 (73 f.).

einer Entgeltkürzung hat der Arbeitgeber den Differenzbetrag zwischen dem ursprünglichen Verdienst und dem tatsächlich gezahlten Arbeitsentgelt nachzuzahlen. War mit der Änderungskündigung eine Veränderung der Arbeitszeit oder die Versetzung an einen anderen Arbeitsplatz verbunden, hat der Arbeitgeber den Arbeitnehmer wieder zu den ursprünglichen Arbeitszeiten bzw. an dem ursprünglichen Arbeitsplatz zu beschäftigen.

2. Auflösungsantrag

231 Hat der Arbeitnehmer nach einer Änderungskündigung das Änderungsangebot unter Vorbehalt angenommen und Änderungsschutzklage erhoben, kann **von keiner der Parteien die** Auflösung des Arbeitsverhältnisses nach § 9 KSchG verlangt werden (→ § 9 Rn. 7).[504] Eine Auflösung ist nur möglich, wenn der Arbeitnehmer das Änderungsangebot nicht unter dem Vorbehalt des § 2 angenommen hat.[505]

§ 3 Kündigungseinspruch

[1]Hält der Arbeitnehmer eine Kündigung für sozial ungerechtfertigt, so kann er binnen einer Woche nach der Kündigung Einspruch beim Betriebsrat einlegen. [2]Erachtet der Betriebsrat den Einspruch für begründet, so hat er zu versuchen, eine Verständigung mit dem Arbeitgeber herbeizuführen. [3]Er hat seine Stellungnahme zu dem Einspruch dem Arbeitnehmer und dem Arbeitgeber auf Verlangen schriftlich mitzuteilen.

Übersicht

I. Allgemeines, Entstehung und rechtliche Bedeutung von § 3 KSchG

1 § 3 regelt die **Mitwirkung des Betriebsrats beim Kündigungsschutz,** dh nach Ausspruch der Kündigung. Sie tritt **neben** die Mitwirkung des Betriebsrats bei der Kündigung als solcher, die im **Anhörungsverfahren** nach § 102 BetrVG vor der Kündigung stattfindet. Dieses Nebeneinander ist trotz der wesentlichen Erweiterung der Mitwirkung bei der Kündigung durch das BetrVG 1972 in § 102 Abs. 7 ausdrücklich beibehalten worden, auch wenn die praktische Bedeutung nicht besonders groß ist.[1]

2 Gegenüber dem **BRG 1920** ist die Mitwirkung des Betriebsrats im Rahmen des heute ganz individualrechtlich ausgestalteten Kündigungsschutzes stark zurückgetreten. Damals musste ein Einspruch des Arbeitnehmers an den Arbeiter- oder Angestelltenrat (Gruppenrat) gerichtet werden. Nur wenn dieser den Einspruch für begründet erklärte, konnte das Gericht angerufen werden. Der Gruppenrat war also Sperrinstanz gegenüber unbegründeten Klagen. Diese Funktion hat schon das AOG beseitigt. Im Gegensatz zu verschiedenen Landesgesetzen aus der Zeit nach 1945 hat sie weder das KSchG noch das BetrVG wiederhergestellt. Der Arbeitnehmer kann Kündigungsschutzklage erheben, ohne den Betriebsrat fragen zu müssen. Das Vorhandensein eines Betriebsrats und seine Stellungnahme sind deshalb auch nicht Voraussetzung der Klage. Selbst eine ausdrück-

[504] BAG 24.10.2013 – 2 AZR 320/13, NZA 2014 Rn. 12 ff.
[505] BAG 29.1.1981 – 2 AZR 1055/78, AP KSchG 1969 § 9 Nr. 6; 27.9.2001 – 2 AZR 176/00, AP KSchG 1969 § 14 Nr. 6 unter B II 1.
[1] Ebenso APS/Künzl KSchG § 3 Rn. 3; KR/Klose KSchG § 3 Rn. 7.

liche Zustimmung des Betriebsrats zur Kündigung schließt die Klage nicht aus. Weiter hatte nach dem BRG 1920 der Gruppenrat die Befugnis, an Stelle des Arbeitnehmers die Klage zu erheben. Auch diese nicht gerade glückliche doppelte Klagemöglichkeit ist beseitigt.

Schließlich sah das BRG ein **obligatorisches Verständigungsverfahren** zwischen Gruppenrat und Arbeitgeber vor. Erst bei Scheitern der Verhandlungen war der Weg für die Klage frei. Der Gruppenrat war also auch Vermittlungsinstanz. Nur diese letztere Funktion hat das KSchG dem Betriebsrat eingeräumt, aber mit dem sehr wesentlichen Unterschied, dass der Arbeitnehmer ihn zwar um Vermittlung bitten kann, aber nicht dazu gezwungen ist, sondern unmittelbar Kündigungsschutzklage erheben kann. **Heute** besteht also nach Ausspruch der Kündigung nur noch eine **fakultative Vermittlungsfunktion des Betriebsrats.** 3

Neben dieser von der Initiative des Arbeitnehmers abhängigen Vermittlungsfunktion des Betriebsrats und unabhängig von ihr besteht das **Anhörungsrecht nach § 102 Abs. 1 S. 1 BetrVG,** dh das gegen den Arbeitgeber gerichtete Recht des Betriebsrats, vor jeder Kündigung gehört zu werden (zu den Einzelheiten vgl. Kommentare zu § 102 BetrVG). Für das **Verhältnis von Anhörungs- und Einspruchsverfahren** gilt: Die vorherige Anhörung des Betriebsrats durch den Arbeitgeber und selbst die Anhörung des Arbeitnehmers im Rahmen dieses Verfahrens durch den Betriebsrat nach § 102 Abs. 2 S. 4 BetrVG schließen die Pflicht des Betriebsrats zur Prüfung eines späteren Einspruchs des Arbeitnehmers gegen die erfolgte Kündigung nach § 3 nicht aus und ebenso wenig das Recht des Betriebsrats, wegen einer Verständigung über diesen Einspruch erneut mit dem Arbeitgeber zu verhandeln.[2] Dabei kommt es nicht darauf an, ob und in welchem Sinn sich der Betriebsrat im Anhörungsverfahren nach § 102 BetrVG bereits zu der Kündigung geäußert hat. Das ist schon deshalb sinnvoll, weil der Arbeitnehmer neue Gesichtspunkte gegen die Kündigung, insbesondere in Bezug auf seine Person oder sein Verhalten sowie die Berücksichtigung der sozialen Verhältnisse bei der Auswahl des zu Entlassenden vorbringen kann, die der Betriebsrat dann im Einspruchsverfahren nach § 3 aufgreifen und auch dem Arbeitgeber gegenüber geltend machen kann. 4

II. Kündigungseinspruch des Arbeitnehmers

Will der Arbeitnehmer die Vermittlung des Betriebsrats in Anspruch nehmen, hat er **binnen einer Woche** nach Zugang der Kündigung Einspruch bei ihm einzulegen. Diese Einspruchsfrist war nach dem BRG 1920 sehr bedeutsam, weil ihre Versäumung den Einspruch und damit auch die Klage ausschloss. Heute kommt ihr keine wesentliche Bedeutung mehr zu. Denn die Versäumung der Einspruchsfrist macht die Kündigungsschutzklage nicht unzulässig. Aber auch der Verständigungsversuch des Betriebsrats wird durch Versäumung der Frist nicht ausgeschlossen. Denn wenn der Arbeitnehmer sich nach Ablauf der Wochenfrist mit der Bitte um Vermittlung an den Betriebsrat wendet, ist dieser nicht gehindert, eine gütliche Einigung mit dem Arbeitgeber zu versuchen. Er wird vielmehr, wenn ein solcher Versuch aussichtsreich erscheint, zweckmäßig im Interesse aller Beteiligten auch jetzt noch diesen Schritt tun, um einen Prozess zu vermeiden. Bei Versäumung der Frist besteht allerdings für den Betriebsrat keine Rechtspflicht mehr, sich noch mit der Angelegenheit zu befassen.[3] Die Einlegung des Einspruchs binnen der Wochenfrist befreit den Arbeitnehmer nicht von der Einhaltung der in § 4 für die Erhebung der Kündigungsschutzklage vorgeschriebenen Dreiwochenfrist.[4] 5

---

[2] HM; vgl. statt anderer Brill AuR 1977, 109; APS/Künzl KSchG § 3 Rn. 5.
[3] APS/Künzl KSchG § 3 Rn. 24; LSSW/Spinner § 3 Rn. 4.
[4] ErfK/Kiel KSchG § 3 Rn. 1; APS/Künzl KSchG § 3 Rn. 10; LSSW/Spinner § 3 Rn. 4; KR/Klose KSchG § 3 Rn. 27.

6 Für den Einspruch ist **keine Form** vorgeschrieben.[5] Er kann also mündlich oder schriftlich eingelegt werden. Mitteilung an den Betriebsratsvorsitzenden genügt (§ 26 Abs. 2 S. 2 BetrVG). Nach § 86 BRG 1920 waren die Gründe für den Einspruch darzulegen und die Beweise ihrer Berechtigung vorzubringen. Das KSchG enthält darüber keine ausdrückliche Bestimmung, aber eine solche Begründung des Einspruchs ist auch heute noch, wenn nicht rechtlich, so doch praktisch erforderlich, da der Betriebsrat sonst keine Grundlagen für seine Stellungnahme hat. Es steht aber nichts im Wege, dass der Arbeitnehmer im Lauf des Verfahrens noch andere Gründe und Beweismittel nachreicht.

III. Behandlung des Kündigungseinspruchs durch den Betriebsrat

7 Wird rechtzeitig Einspruch eingelegt, muss der Betriebsrat den **Einspruch prüfen;** er wird dies auch bei verspäteter Einlegung tun (→ Rn. 5). Hält er den Einspruch für unbegründet, die Kündigung also für gerechtfertigt, braucht er, abgesehen von der nachfolgend in → Rn. 9 zu besprechenden schriftlichen Mitteilung seiner Stellungnahme an jede Partei des Arbeitsverhältnisses, die eine solche verlangt (Satz 3), keine weiteren Schritte zu unternehmen. Im anderen Fall dagegen ist er verpflichtet, die Herbeiführung einer **Verständigung mit dem Arbeitgeber** zu versuchen (Satz 2). Die Verständigung kann eine Rücknahme der Kündigung, Verlängerung der Kündigungsfrist, Zahlung einer Entschädigung durch den Arbeitgeber oder dergleichen zum Gegenstand haben. Stets ist die **Zustimmung beider Teile,** des Arbeitgebers und des Arbeitnehmers, erforderlich. Der Betriebsrat kann ohne Zustimmung des Arbeitnehmers nicht über dessen Recht verfügen, die Unwirksamkeit der Kündigung geltend zu machen. Das gilt auch bei der Rücknahme der Kündigung durch den Arbeitgeber, weil der Arbeitnehmer dadurch das Recht verliert, nach § 9 die Auflösung des Arbeitsverhältnisses und die Zahlung einer Entschädigung verlangen zu können.

8 In der Erhebung des Einspruchs durch den Arbeitnehmer liegt auch **nicht** eine **stillschweigende Bevollmächtigung des Betriebsrats,** für den Arbeitnehmer dem Arbeitgeber gegenüber bindende Erklärungen abzugeben, insbesondere einen Vergleich abzuschließen. Der Einspruch ermächtigt den Betriebsrat lediglich zu Verständigungsverhandlungen.[6]

IV. Schriftliche Stellungnahme des Betriebsrats zum Kündigungseinspruch

9 Jede Partei des Arbeitsverhältnisses kann verlangen, dass der Betriebsrat ihr seine **Stellungnahme schriftlich mitteilt** (Satz 3). Das gilt sowohl, wenn der Betriebsrat den Einspruch für unbegründet hält, wie auch, wenn er ihn für begründet erachtet und die Verständigung gescheitert ist. Die **Mitteilungspflicht** besteht auch, wenn im Fall eines Widerspruchs des Betriebsrats der Arbeitgeber nach § 102 Abs. 4 BetrVG bei einer gleichwohl ausgesprochenen Kündigung dem Arbeitnehmer bereits eine Abschrift der Stellungnahme des Betriebsrats im Anhörungsverfahren zugeleitet hat. Die Stellungnahme des Betriebsrats nach Satz 3 erfolgt in einem späteren Stadium des Kündigungsverfahrens aus anderem Anlass und braucht sich mit der früheren Stellungnahme nicht zu decken.[7] Noch wichtiger ist für den Arbeitnehmer die Mitteilung der neuerlichen Stellungnahme nach Satz 3, wenn der Betriebsrat keinen Kündigungswiderspruch erhoben hat; denn dann besteht weder für den Betriebsrat noch für den Arbeitgeber eine Verpflichtung, den Arbeitnehmer über die Äußerungen im Anhörungsverfahren zu unterrichten. Die Stellungnahme des Betriebsrats ist zunächst für die Entscheidung der beiden

[5] APS/Künzl KSchG § 3 Rn. 21; KR/Klose KSchG § 3 Rn. 11.
[6] Ebenso ErfK/Kiel KSchG § 3 Rn. 2; LSSW/Spinner § 3 Rn. 6; KR/Klose KSchG § 3 Rn. 22.
[7] Brill AuR 1977, 109; APS/Künzl KSchG § 3 Rn. 29; LSSW/Spinner § 3 Rn. 5; KR/Klose KSchG § 3 Rn. 24.

Parteien, ob sie es zum Prozess kommen lassen sollen, von Bedeutung. Sie spielt aber auch für den Prozess selbst eine Rolle, wenn sie auch für das Gericht nicht bindend ist; sie soll deshalb nach § 4 S. 3 vom Arbeitnehmer der Kündigungsschutzklage beigefügt werden (dazu → § 4 Rn. 139).

Ihrem Zweck entsprechend muss die Stellungnahme des Betriebsrats begründet werden. Es besteht eine **Begründungspflicht** des Betriebsrats. Dafür genügt nicht, dass die Zustimmung zur Kündigung mit allgemeinen Worten erklärt oder diese abgelehnt, etwa die Kündigung als sozialwidrig bezeichnet wird, sondern der Betriebsrat muss im Einzelnen darlegen, dass und warum die ihm vom Arbeitgeber schon im Anhörungsverfahren nach § 102 Abs. 1 BetrVG oder nunmehr in einer erneuten Verhandlung mitgeteilten Gründe nach seiner Ansicht die Kündigung rechtfertigen oder nicht rechtfertigen, und ob nach seiner Meinung auch bei der Auswahl des zu Entlassenden soziale Gesichtspunkte ausreichend berücksichtigt worden sind.[8] Nur eine so begründete Stellungnahme des Betriebsrats hat Aussicht, den Arbeitgeber oder den Arbeitnehmer vom Prozess abzuhalten und verständigungsbereit zu machen, nur sie wird auch für die Entscheidung des Gerichts, wenn es zum Prozess kommt, wirkliche Bedeutung gewinnen. 10

V. § 3 KSchG kein Schutzgesetz iSv § 823 Abs. 2 BGB

§ 3 ist kein Schutzgesetz iSv § 823 Abs. 2 BGB, weil durch § 3 keine Rechtsgutverletzungen verhindert werden sollen, sondern nur Pflichten des Betriebsrats konkretisiert werden.[9] 11

VI. Bedeutung von § 3 KSchG

Die Regelung des § 3 hat **keine unmittelbare rechtliche Bedeutung.** Ihre **praktische Bedeutung ist gering.**[10] Durch die Einschaltung des Betriebsrats wird beiden Parteien lediglich die tatsächliche und rechtliche Lage noch einmal eindringlich vor Augen geführt und so möglicherweise ihre Einstellung zu einem Kündigungsschutzprozess beeinflusst.[11] Hingegen begründet § 3 keine Beratungskompetenz von Betriebsratsmitgliedern in kündigungsrechtlichen Fragen. Der Norm lässt sich deshalb nicht entnehmen, der Betriebsrat sei eine zur Auskunft über das Erfordernis einer fristgerechten Kündigungsschutzklage geeignete Stelle (→ § 5 Rn. 12).[12] 12

§ 4 Anrufung des Arbeitsgerichtes

[1] Will ein Arbeitnehmer geltend machen, dass eine Kündigung sozial ungerechtfertigt oder aus anderen Gründen rechtsunwirksam ist, so muss er innerhalb von drei Wochen nach Zugang der schriftlichen Kündigung Klage beim Arbeitsgericht auf Feststellung erheben, dass das Arbeitsverhältnis durch die Kündigung nicht aufgelöst ist. [2] Im Falle des § 2 ist die Klage auf Feststellung zu erheben, daß die Änderung der Arbeitsbedingungen sozial ungerechtfertigt oder aus anderen Gründen rechtsunwirksam ist. [3] Hat der Arbeitnehmer Einspruch beim Betriebsrat eingelegt (§ 3), so soll er der Klage die Stellungnahme des Betriebsrates beifügen. [4] Soweit die Kündigung der Zustimmung einer

---

[8] Ebenso APS/Künzl KSchG § 3 Rn. 28; LSSW/Spinner § 3 Rn. 5; KR/Klose KSchG § 3 Rn. 25.

[9] Ebenso ErfK/Kiel KSchG § 3 Rn. 1; APS/Künzl KSchG § 3 Rn. 11; LSSW/Spinner § 3 Rn. 8; KR/Klose KSchG § 3 Rn. 34 ff.; aA Oehmann RdA 1953, 20, 21.

[10] Ebenso APS/Künzl KSchG § 3 Rn. 3; KR/Klose KSchG § 3 Rn. 7.

[11] Zu einer Hemmung der Drei-Wochen-Frist des § 4 de lege ferenda vgl. Fischer und Möhn NZA 1995, 113 und 1133.

[12] LAG Hamm 11.1.2022 – 14 Sa 938/21, BeckRS 2022, 2908.

Behörde bedarf, läuft die Frist zur Anrufung des Arbeitsgerichtes erst von der Bekanntgabe der Entscheidung der Behörde an den Arbeitnehmer ab.

Schrifttum: Arnhold-Zedelius, Die Rücknahme der Kündigung im arbeitsrechtlichen Kündigungsschutzprozess, 1986; Bandey, Die Kündigungsschutzklage nach dem Kündigungsschutzgesetz, Diss. Marburg, 1992; Besta, Die Regelung der Klageerhebungsfrist in den §§ 4–6 KSchG, Diss. Passau, 1987; Bihn, Die Frist zur Erhebung der Kündigungsschutzklage, Diss. Köln, 1999; Gabrys, Die Klagefrist im Falle einer Kündigung wegen des Betriebsübergangs, 2014; Holtermüller, Streitgegenstand, Rechtskraft und Präklusion im arbeitsgerichtlichen Kündigungsschutzverfahren, 1997; Köhler, Der Streitgegenstand im Kündigungsschutzprozess, 1991; Lehmann-Jessen, Die Kündigungsschutzklage nach § 4 S. 1 KSchG, Diss. Kiel, 1995.

Übersicht

I. Grundgedanken der prozessualen Ausgestaltung des Kündigungsschutzes

Für die Durchführung des Kündigungsschutzes ist die rechtzeitig beim ArbG eingehende, gegen die Kündigung gerichtete Klage des Arbeitnehmers von entscheidender Bedeutung. Macht er nicht innerhalb der Dreiwochenfrist des § 4 S. 1 im Weg der Kündigungsschutzklage gerichtlich geltend, dass die Kündigung sozial ungerechtfertigt oder aus anderen Gründen rechtsunwirksam ist, gilt die Kündigung – vorbehaltlich des Eingreifens von § 5 bzw. § 6 analog (dazu → § 6 Rn. 10 ff.) – nach § 7 als von Anfang an rechtswirksam. Eine nicht fristgerecht erhobene Kündigungsschutzklage muss deshalb als unbegründet abgewiesen werden.[1] Die Dreiwochenfrist des § 4 S. 1 ist eine **prozessuale Klageerhebungsfrist** und nicht eine materiell-rechtliche Ausschlussfrist. Die Versäumung dieser prozessualen Frist hat allerdings nach § 7 die materiell-rechtliche Wirkung, dass die Wirksamkeit der Kündigung nicht weiter überprüft werden kann und mögliche Mängel geheilt werden (→ Rn. 160).[2] Die Kündigungsschutzklage ist zwar nicht notwendig, um die Nichtigkeit der Kündigung herbeizuführen, sie ist aber erforderlich, um die bestehende Nichtigkeit aufrechtzuerhalten. Ein der Kündigungsschutzklage stattgebendes Urteil hat daher **keine rechtsgestaltende, sondern nur feststellende Wirkung.** Hierdurch wird nicht rückwirkend für die Zeit nach dem Kündigungstermin bis zur Rechtskraft des Urteils im Kündigungsschutzprozess ein Arbeitsverhältnis geschaffen, sondern nur dessen Fortbestehen festgestellt.[3] 1

§ 4 S. 1 ist durch das am 1.1.2004 in Kraft getretene **Gesetz zu Reformen am Arbeitsmarkt** vom 24.12.2003 (BGBl. I S. 3002) neu gefasst worden. Die Klagefrist von drei Wochen erstreckt sich nunmehr nicht nur auf die Geltendmachung der fehlenden sozialen Rechtfertigung, sondern erfasst alle Unwirksamkeitsgründe einer schriftlichen Kündigung (→ Rn. 17 ff.).[4] Sie findet auch dann Anwendung, wenn der Arbeitnehmer (ausschließlich) die Unwirksamkeit der Kündigung wegen Verstoßes gegen das **AGG** geltend macht. Die unionsrechtlichen **Grundsätze der Äquivalenz und der Effektivität** sind damit nicht verletzt.[5] 2

Der Arbeitgeber ist nicht verpflichtet, den Arbeitnehmer bei Ausspruch der Kündigung auf die Dreiwochenfrist **hinzuweisen.**[6] Es ist vielmehr Sache des Arbeitnehmers, sich über die geltende Rechtslage zu informieren. Die dreiwöchige Klagefrist läuft – mit der möglichen Folge der Wirksamkeitsfiktion nach § 7 – selbst dann an, wenn der Arbeitgeber ihn nicht ordnungsgemäß iSv § 2 Abs. 1 S. 2 Nr. 14 NachwG über sie unterrichtet hat. Eine andere Frage ist es, ob und ggf. unter welchen Voraussetzungen die Kündigungsschutzklage gemäß § 5 nachträglich zuzulassen ist, wenn der Arbeitgeber den Arbeitnehmer nicht (korrekt) über die Klagefrist informiert hat (→ § 5 Rn. 9). 3

II. Zweck der Fristbindung der Kündigungsschutzklage

Zweck der Befristung der Klagemöglichkeit und der nach Fristablauf eintretenden Fiktion des § 7 ist die Herstellung **alsbaldiger Klarheit** über Fortbestand oder Ende des 4

[1] BAG 1.10.2020 – 2 AZR 247/20, NZA 2021, 75; 26.9.2013 – 2 AZR 682/12, NZA 2014, 443; 6.9.2012 – 2 AZR 858/11, NZA 2013, 524.

[2] BAG 25.4.2018 – 2 AZR 493/17, NZA 2018, 1157; 11.12.2008 – 2 AZR 472/08, NZA 2009, 692; 24.6.2004 – 2 AZR 461/03, NZA 2004, 1330.

[3] BAG 17.7.2012 – 1 AZR 563/11, NZA 2012, 1432.

[4] Anders die bis zum 31.12.2003 geltende Rechtslage, vgl. BAG 21.6.2000 – 4 AZR 379/99, NZA 2001, 271.

[5] AA Bertelsmann NZA 2016, 855 (858 ff.).

[6] Ebenso BAG 26.8.1993 – 2 AZR 376/93, AP LPVG NW § 72 Nr. 8 mAnm Mummenhoff; PVT Kündigung/Vossen Rn. 2125; aA Valentin AuR 1990, 276 ff; krit. auch Fervers RdA 2016, 205.

Arbeitsverhältnisses.[7] § 4 S. 1 und § 7 schützen damit das Interesse des Arbeitgebers an einer alsbaldigen auch materiell-rechtlichen Rechtssicherheit in Bezug auf die Auflösung eines Arbeitsverhältnisses durch eine arbeitgeberseitige Kündigung.[8] Aus diesem Grund sieht § 4 eine einheitliche Klagefrist für die Geltendmachung aller Unwirksamkeitsgründe vor. Der Arbeitgeber soll nach Ablauf von drei Wochen nach Zugang der Kündigung und einer Zeitspanne für die Klagezustellung darauf vertrauen dürfen, dass seine Kündigung das Arbeitsverhältnis aufgelöst hat, wenn der Arbeitnehmer nicht rechtzeitig Klage erhoben hat.[9] Entsprechendes gilt für die Änderungsschutzklage gemäß S. 2 (dazu → Rn. 105 ff.).

5 Eine **Ausnahme** von dem Erfordernis einer fristgebundenen Klage gilt allerdings bei einem Verstoß gegen das in § 623 BGB normierte **Schriftformerfordernis,** weil § 4 S. 1 eine schriftliche Kündigung voraussetzt.[10] Damit soll dem gesetzlichen Schriftformerfordernis und der damit verbundenen Beweisfunktion Rechnung getragen und verhindert werden, dass der Arbeitgeber sich nach Ablauf der Dreiwochenfrist auf eine von ihm behauptete mündliche Kündigung wegen der Wirkung des § 7 mit Erfolg berufen kann.[11] Kündigt der Arbeitgeber mündlich, kann der Arbeitnehmer daher diesen Unwirksamkeitsgrund (§ 125 BGB) sowie ggf. weitere auch noch nach Ablauf der Dreiwochenfrist geltend machen. Zeitliche Grenze ist hier die Verwirkung.[12] Zu beachten ist, dass nach **§ 46h ArbGG** auch im elektronischen Rechtsverkehr eine Kündigung seit dem 17. Juli 2024 formwirksam erklärt werden kann, wenn sie klar erkennbar in dem betreffenden Schriftsatz enthalten ist (**Schriftsatzkündigung**).[13] Das Gesetz fingiert insofern den formwirksamen Zugang der Kündigung beim Empfänger, wenn ihm der betreffende Schriftsatz zugestellt oder mitgeteilt wurde. Ist der die Kündigung enthaltende Schriftsatz mit einer qualifizierten elektronischen Signatur auf einem „nichtsicheren" Übermittlungsweg beim Gericht eingereicht worden, bedarf es zur Formwahrung nicht des Zugangs der (nachprüfbaren) qualifizierten elektronischen Signatur beim Empfänger.[14]

6 Dem Arbeitnehmer steht gegen eine vom Arbeitgeber in Aussicht gestellte Kündigung **kein vorbeugender Rechtsschutz** zu.[15] Der Arbeitnehmer kann erst gegen eine ihm zugegangene Kündigung in zulässiger Weise Klage erheben. Zuvor besteht kein Feststellungsinteresse iSv § 256 Abs. 1 ZPO. Allerdings kann auch eine zunächst unzulässige Klage dem Arbeitgeber die von § 4 S. 1 bezweckte Klarheit verschaffen, dass der Arbeitnehmer die Unwirksamkeit einer bestimmten Kündigung gerichtlich geltend machen will.[16] So liegt es, wenn letzterer gegen eine ihm als sicher in Aussicht gestellte Kündigung Klage auf Feststellung der Unwirksamkeit erhoben hat und die Umstellung des Klagebegehrens auf eine Kündigungsschutzklage erst nach Ablauf der Dreiwochenfrist erfolgt.[17] Dann ist die Klagefrist jedenfalls in analoger Anwendung von § 6 (dazu → § 6 Rn. 10 ff.) gewahrt.

7 Eine **Klage des Arbeitgebers auf Feststellung der Wirksamkeit einer Kündigung** ist grundsätzlich unzulässig. Ihr fehlt regelmäßig das nach § 256 Abs. 1 ZPO erforderliche Feststellungsinteresse.[18] Dieses kann nicht mit Rechtsunsicherheit begründet werden. § 7

---

[7] Vgl. BAG 10.12.2020 – 2 AZR 308/20, NZA 2021, 293; 6.9.2012 – 2 AZR 858/11, NZA 2013, 524; 23.6.2009 – 2 AZR 474/07, NZA 2009, 1136; KR/Klose KSchG § 4 Rn. 12; HaKo-KSchR/Gallner KSchG § 4 Rn. 2; MüKoBGB/Hergenröder KSchG § 4 Rn. 1; APS/Hesse/Tiedemann KSchG § 4 Rn. 3.
[8] BAG 25.4.2018 – 2 AZR 493/17, NZA 2018, 1157.
[9] BAG 14.12.2017 – 2 AZR 86/17, NZA 2018, 646.
[10] BAG 28.6.2007 – 6 AZR 873/06, NZA 2007, 972.
[11] PVT Kündigung/Vossen Rn. 2029.
[12] Dazu BAG 2.12.1999 – 8 AZR 890/98, NZA 2000, 540; 20.5.1988 – 2 AZR 711/87, NZA 1989, 16.
[13] Dazu Bayreuther DB 2024, 1820 ff.; Düwell NZA 2024, 1169 (1171); Horcher FA 2025, 16 (18).
[14] Horcher FA 2025, 16 (18 f.); zur abweichenden Rechtslage vor dem 17. Juli 2024 vgl. BGH 27.11.2024 – VIII ZR 159/23, BeckRS 2024, 35889; 27.11.2024 – VIII ZR 155/23, BeckRS 2024, 37538 jeweils zu § 568 Abs. 1 BGB, der – anders als § 623 BGB – die elektronische Form nicht ausschließt.
[15] KR/Klose KSchG § 4 Rn. 13; APS/Hesse/Tiedemann KSchG § 4 Rn. 5.
[16] Vgl. BAG 1.10.2020 – 2 AZR 247/20, NZA 2021, 75.
[17] BAG 4.3.1980 – 1 AZR 125/78, NJW 1980, 2211.
[18] LSSW/Spinner § 4 Rn. 9.

gewährleistet, dass nach drei Wochen Klarheit über die Wirksamkeit der Kündigung besteht. Dies gilt nach der Neuregelung erst recht, weil sich die Fiktionswirkung nunmehr auf alle Unwirksamkeitsgründe bezieht. Anderes kann gelten, wenn fraglich ist, ob die betreffende Kündigung, was zur Auslösung der Rechtsfolgen nach §§ 4, 7 erforderlich ist, die Schriftform des § 623 BGB oder die Formfiktion des § 46h ArbGG[19] wahrt.

III. Geltungsbereich des § 4 KSchG

1. Zeitlicher Geltungsbereich von § 4 KSchG

Der Arbeitnehmer muss seit dem 1.1.2004 innerhalb der Dreiwochenfrist des § 4 S. 1 Klage erheben, wenn er die Rechtsunwirksamkeit einer **schriftlichen Kündigung** geltend machen will. Eine Übergangsregelung enthält das Gesetz zu Reformen am Arbeitsmarkt nicht. Die Dreiwochenfrist beginnt mit dem Inkrafttreten der neuen Fassung des § 4 S. 1 zum 1.1.2004.[20] 8

2. Sachlicher Geltungsbereich von § 4 KSchG

a) **Statthaftigkeit der Kündigungsschutzklage für Kündigungen im Geltungsbereich des KSchG.** Die Kündigungsschutzklage mit ihrem erweiterten punktuellen Streitgegenstand (→ Rn. 140 ff.) ist nur im Geltungsbereich des § 4 bzw. § 13 Abs. 1 und 3 zulässig.[21] Das Erfordernis der fristgebundenen Klage nach § 4 S. 1 gilt sowohl für die **ordentliche** als auch gemäß § 13 Abs. 1 S. 2 für die **außerordentliche Kündigung** (→ § 13 Rn. 7) eines Arbeitsverhältnisses (→ § 1 Rn. 39 ff.). 9

b) **Kündigungsschutzklage bei Kündigungen im Kleinbetrieb und in der Wartezeit.** Nach § 23 Abs. 1 S. 2 und 3 gilt die Dreiwochenfrist des § 4 S. 1 auch bei Kündigungen in **Kleinbetrieben** (→ § 23 Rn. 36).[22] Die Frist haben auch Arbeitnehmer zu beachten, die noch nicht die **Wartezeit** des § 1 Abs. 1 erfüllt haben.[23] Diese können sich zwar nicht auf die mangelnde soziale Rechtfertigung der Kündigung berufen, aber sonstige Unwirksamkeitsgründe, wie einen Verstoß gegen § 242 BGB oder § 17 MuSchG geltend machen. Nichts anderes gilt, wenn der Arbeitgeber innerhalb der Wartezeit eine außerordentliche Kündigung erklärt. § 13 Abs. 1 S. 2 verweist für die Geltendmachung der Rechtsunwirksamkeit einer außerordentlichen Kündigung einschränkungslos auf § 4 S. 1 und die §§ 5 bis 7.[24] Hinzu kommt, dass gemäß § 13 Abs. 3 die §§ 4 bis 7 auch auf eine Kündigung anwendbar sind, die aus anderen als den in § 1 Abs. 2 und 3 bezeichneten Gründen unwirksam ist. Weiterhin ist in § 13 Abs. 2 der S. 1 gestrichen worden, wonach die Sittenwidrigkeit einer Kündigung unabhängig von den Vorschriften des KSchG geltend gemacht werden konnte. Damit nimmt das Gesetz an keiner Stelle Arbeitnehmer vom Geltungsbereich der §§ 4 bis 7 aus, die noch nicht die Wartezeit des § 1 Abs. 1 erfüllt haben. Dies entspricht auch dem Zweck der Neuregelung, bei allen Kündigungen, unabhängig von der Erfüllung der Wartezeit des § 1 Abs. 1, alsbald Klarheit zu schaffen, ob die Wirksamkeit der Kündigung gerichtlich überprüft wird oder nicht.[25] 10

c) **Kündigungsschutzklage bei vorsorglicher oder hilfsweiser Kündigung.** Kündigt der Arbeitgeber „hilfsweise" oder „vorsorglich" ein weiteres Mal, macht er damit deutlich, dass er sich in erster Linie auf einen anderen Beendigungstatbestand beruft, auf dessen 11

[19] Dazu Bayreuther DB 2024, 1820 ff.
[20] BAG 9.2.2006 – 6 AZR 283/05, NZA 2006, 1207; Bader NZA 2004, 65 (68).
[21] BAG 10.11.2011 – 6 AZR 357/10, NZA 2012, 205; 28.11.2007 – 6 AZR 1108/06, NZA 2008, 348.
[22] BAG 28.6.2007 – 6 AZR 873/06, NZA 2007, 972; Richardi DB 2004, 486 (489); Däubler/Deinert/Callsen KSchG § 4 Rn. 6.
[23] BAG 15.12.2016 – 6 AZR 430/15, NZA 2017, 502; 9.2.2006 – 6 AZR 283/05, NZA 2006, 1207.
[24] BAG 28.6.2007 – 6 AZR 873/06, NZA 2007, 972.
[25] Vgl. BT-Drs. 15/1587.

Rechtswirkungen er nicht verzichten will. Eine „hilfsweise" oder „vorsorglich" erklärte Kündigung steht damit unter der – zulässigen – auflösenden Rechtsbedingung iSv § 158 Abs. 2 BGB, dass das Arbeitsverhältnis nicht schon aufgrund eines anderen Umstands endet.[26] Ihre Wirkung endigt, wenn feststeht, dass das Arbeitsverhältnis bereits durch den anderen Beendigungstatbestand aufgelöst worden ist. In diesem Fall liegt eine Kündigungserklärung als solche nicht mehr vor. Da eine gleichwohl aufrechterhaltende Kündigungsschutzklage unbegründet wäre, ist der entsprechende Kündigungsschutzantrag als unechter Hilfsantrag zu verstehen, mit dem sich der Kläger gegen die vorsorglich erklärte Kündigung seinerseits nur vorsorglich wehrt. Er fällt damit nicht zur Entscheidung an, wenn die erste Kündigung das Arbeitsverhältnis wirksam beendet hat und damit der Hauptantrag abgewiesen wird.[27] Entscheidet das Gericht gleichwohl über den Hilfsantrag, verletzt es § 308 Abs. 1 ZPO.[28] Typischer Fall einer vorsorglichen Kündigung ist die zusätzlich zu einer außerordentlichen Kündigung „hilfsweise" ausgesprochene ordentliche Kündigung. Des Weiteren gehören hierzu Kündigungen, die der Arbeitgeber im Lauf des Kündigungsschutzprozesses erklärt, weil zB fraglich geworden ist, ob zu der zunächst ausgesprochenen Kündigung der Betriebsrat nach § 102 Abs. 1 BetrVG ordnungsgemäß angehört wurde. Um den Eintritt der Fiktionswirkung des § 7 zu verhindern, muss der Arbeitnehmer auch gegen eine vorsorgliche Kündigung innerhalb der Dreiwochenfrist des § 4 S. 1 Kündigungsschutzklage erheben.[29] Dafür genügt ein unechter Hilfsantrag, weil dieser nicht aufschiebend bedingt für den Fall der Stattgabe des Hauptantrags, sondern für den Fall der Abweisung des Hauptantrags auflösend bedingt angebracht wird.[30] Zur bedingten Klagerhebung → Rn. 36. Zur auflösend bedingten – wenn auch rechtskräftigen – Entscheidung über einen Hilfsantrag → Rn. 166.

12 d) **Klagemöglichkeiten bei Änderungskündigung.** Im Fall einer Änderungskündigung ist zu unterscheiden: Lehnt der Arbeitnehmer das darin enthaltene Änderungsangebot vorbehaltlos ab, gilt § 4 S. 1 uneingeschränkt, weil über den Bestand des Arbeitsverhältnisses gestritten wird.[31] Im Fall der Vorbehaltsannahme gilt § 4 S. 2 (→ Rn. 105). Erklärt der Arbeitgeber – und sei es in einem Schreiben – mehrere Änderungskündigungen zu verschiedenen Terminen, kann der Arbeitnehmer in Bezug auf jede der Kündigungen entscheiden, ob er das mit ihr verbundene Vertragsangebot ablehnen oder mit bzw. ohne Vorbehalt annehmen möchte. Nimmt er alle drei Offerten unter dem Vorbehalt nach § 2 an, wird er die zeitlich als erstes wirkende mit einem Hauptantrag nach § 4 S. 2 und die beiden später wirkenden jeweils mit auflösend bedingten und deshalb die Klagefrist des § 4 S. 1 wahrenden unechten Hilfsanträgen gemäß § 4 S. 2 gerichtlich angreifen.[32]

13 e) **Kündigungsschutzklage bei Auszubildenden.** Bei der außerordentlichen Kündigung von Auszubildenden nach § 22 BBiG gilt aufgrund der Verweisung in § 10 Abs. 2 BBiG, § 13 Abs. 1 S. 2 auch die Dreiwochenfrist. Ggf. ist vorher ein Ausschuss nach § 111 Abs. 2 ArbGG zu beteiligen (→ § 13 Rn. 8). Für dessen Anrufung finden die Vorschriften des KSchG über die fristgebundene Klageerhebung indes keine Anwendung.[33]

14 f) **Kündigungsschutzklage bei streitigem Bestehen eines Arbeitsverhältnisses.** Erhebt der Arbeitnehmer eine Kündigungsschutzklage, ist der Rechtsweg zu den Arbeitsgerichten auch eröffnet, wenn der **Arbeitgeber das Bestehen eines Arbeitsverhältnisses bestreitet** und geltend macht, zwischen den Parteien sei ein Dienstvertrag vereinbart worden.

---

[26] BAG 20.1.2016 – 6 AZR 782/14, NZA 2016, 485; 10.4.2014 – 2 AZR 647/13, NZA 2015, 162; 21.11.2013 – 2 AZR 474/12, AP SGB V § 164 Nr. 1; Niemann NZA 2019, 65; dazu Schmidt FS Wank, 2014, 545 (548 ff.).

[27] Niemann NZA 2019, 65 (66).

[28] BAG 10.12.2020 – 2 AZR 308/20, NZA 2021, 293.

[29] HaKo-KSchR/Gallner KSchG § 4 Rn. 64; PVT Kündigung/Vossen Rn. 2032.

[30] BAG 1.10.2020 – 2 AZR 247/20, NZA 2021, 75; 21.11.2013 – 2 AZR 474/12, AP SGB V § 164 Nr. 1; Rachor FS Preis S. 991 (993).

[31] BAG 24.5.2018 – 2 AZR 67/18, NZA 2018, 1127; 10.4.2014 – 2 AZR 812/12, NZA 2014, 653.

[32] BAG 18.10.2018 – 2 AZR 374/18, NZA 2019, 246.

[33] Dazu BAG 23.7.2015 – 6 AZR 490/14, NZA-RR 2015, 628.

Im Rahmen einer Kündigungsschutzklage ist darüber zu entscheiden, ob überhaupt ein Arbeitsverhältnis bestanden hat.[34] Voraussetzung für die Feststellung, dass das Arbeitsverhältnis durch eine bestimmte Kündigung nicht aufgelöst worden ist, ist ua der Bestand eines Arbeitsverhältnisses im Zeitpunkt ihres Zugangs. Liegt diese Voraussetzung nicht vor, ist die Klage – ohne dass es auf die Prüfung der Wirksamkeit der Kündigung noch ankäme – als unbegründet abzuweisen (sic-non-Fall).[35] Eine Zuständigkeit der ArbG kann auch gegeben sein, wenn der Kläger mit seinem Antrag die Feststellung des Fortbestands des seiner Auffassung nach weiter bestehenden Arbeitsverhältnisses verlangt. Es handelt sich dann um einen Antrag, der nur begründet sein kann, wenn das Rechtsverhältnis als Arbeitsverhältnis einzuordnen ist und nach wirksamer Beendigung der Organstellung als solches fortbestand oder wieder auflebte. In diesem sic-non-Fall eröffnet bei streitiger Tatsachengrundlage die bloße Rechtsansicht des Klägers, es handele sich um ein Arbeitsverhältnis, den Rechtsweg zu den Arbeitsgerichten.[36]

g) **Weitere Anwendungsfälle der Klagefrist des § 4 S. 1 KSchG.** Die Dreiwochenfrist gilt ebenso bei Kündigungen, die auf die **Sonderkündigungsvorschriften des Einigungsvertrags** gestützt werden.[37] Die Unwirksamkeit einer **Befristung** muss gemäß § 17 TzBfG innerhalb von drei Wochen nach dem vereinbarten Ende des befristeten Arbeitsvertrags gerichtlich geltend gemacht werden. Entsprechendes gilt nach § 21 TzBfG, wenn der Arbeitnehmer die Unwirksamkeit einer auflösenden Bedingung seines Arbeitsvertrags reklamieren möchte. Die Dreiwochenfrist des § 4 S. 1 ist auch bei Kündigungen durch den **Insolvenzverwalter** zu beachten, nachdem mit Wirkung vom 1.1.2004 die Sonderregelung in § 113 Abs. 2 InsO gestrichen wurde.[38] 15

3. Von der Klagefrist des § 4 S. 1 nicht erfasste Tatbestände

Die Klagefrist des § 4 S. 1 ist nach dem klaren Wortlaut des Gesetzes **nicht zu beachten** bei einer Kündigung durch den Arbeitgeber, die nicht das **Schriftformerfordernis** des § 623 BGB[39] oder die **Formfiktion des § 46h ArbGG**[40] erfüllt, da nach § 4 S. 1 die Dreiwochenfrist nur ab Zugang der „schriftlichen" Kündigung zu laufen beginnt. Gleiches gilt für die **Eigenkündigung** durch den Arbeitnehmer[41] sowie bei Streitigkeiten über den Umfang des **Direktionsrechts**[42] und des **Widerrufsrechts.**[43] Auch eine Klage gegen die **Anfechtung** einer dem Arbeitsvertrag zugrunde liegenden Willenserklärung ist unabhängig von der Dreiwochenfrist möglich (→ § 1 Rn. 143 ff.). Die Geltendmachung der Unwirksamkeit eines **Aufhebungsvertrags** ist gleichfalls nicht an die Frist des § 4 S. 1 gebunden.[44] Von der Fristbindung der Klage nach § 4 ist deren Statthaftigkeit zu unterscheiden. Während der Arbeitnehmer zB im Fall einer Eigenkündigung,[45] der Anfechtung oder eines Aufhebungsvertrags[46] auf die allgemeine Feststellungsklage nach § 256 ZPO verwiesen ist, kann er im Rahmen einer Kündigungsschutzklage nach § 4 S. 1 auch die Unwirksamkeit einer Arbeitgeberkündigung gemäß § 125 BGB wegen Nichteinhaltung der Schriftform des § 623 BGB oder der Formfiktion des § 46h ArbGG rügen; er muss 16

[34] BAG 1.12.2020 – 9 AZR 102/20, NZA 2021, 552.
[35] BAG 30.11.2021 – 9 AZR 145/21, NZA 2022, 623; 8.11.2006 – 5 AZB 36/06, NZA 2007, 53; 17.2.2003 – 5 AZB 37/02, NZA 2003, 517; 20.9.2000 – 5 AZR 271/99, NZA 2001, 210.
[36] BAG 26.10.2012 – 10 AZB 60/12, NZA 2013, 54.
[37] BAG 24.9.1992 – 8 AZR 557/91, AP Einigungsvertrag Anlage I Kap. XIX Nr. 3 mit insoweit zust. Anm. v. Hoyningen–Huene.
[38] KR/Klose KSchG § 4 Rn. 19.
[39] BAG 28.6.2007 – 6 AZR 873/06, NZA 2007, 972.
[40] Dazu Bayreuther DB 2024, 1820 ff.
[41] BAG 21.9.2017 – 2 AZR 57/17, NZA 2017, 1524; APS/Hesse/Tiedemann KSchG § 4 Rn. 16.
[42] BAG 27.3.1980 – 2 AZR 506/78, AP BGB § 611 Direktionsrecht Nr. 26.
[43] KR/Klose KSchG § 4 Rn. 34; MüKoBGB/Hergenröder KSchG § 4 Rn. 8.
[44] MüKoBGB/Hergenröder KSchG § 4 Rn. 9; APS/Hesse/Tiedemann KSchG § 4 Rn. 16.
[45] BAG 1.10.2020 – 2 AZR 214/20, NZA 2020, 1637; 21.9.2017 – 2 AZR 57/17, NZA 2017, 1524.
[46] Das verkennt BAG 18.2.2021 – 6 AZR 92/19, NZA 2021, 446; zutr. Ziemann jurisPR-ArbR 39/2021 Anm. 6.

zur Geltendmachung dieses Unwirksamkeitsgrundes nicht eine allgemeine Feststellungsneben die Kündigungsschutzklage stellen.[47] Für die Kündigungsschutzklage könnte allenfalls das Rechtsschutzbedürfnis fehlen, weil es bei objektiver Betrachtung ausgeschlossen erscheint, dass eine die Schriftform des § 623 BGB oder die Formfiktion des § 46h ArbGG wahrende, ggf. der Wirksamkeitsfiktion des § 7 unterliegende Kündigung erklärt wurde und der Arbeitgeber sich auch nicht (mehr) des Gegenteils berühmt.[48]

IV. Geltendmachung der Rechtsunwirksamkeit der Kündigung durch Kündigungsschutzklage

17 Der Arbeitnehmer muss innerhalb der Dreiwochenfrist Kündigungsschutzklage erheben, wenn er die **fehlende soziale Rechtfertigung oder andere Unwirksamkeitsgründe** geltend machen will.

1. Kündigungsschutzklage bei sonstigen Unwirksamkeitsgründen

18 Zu den **sonstigen Unwirksamkeitsgründen** gehören nach der Begründung des Regierungsentwurfs zum Gesetz zu Reformen am Arbeitsmarkt[49] § 102 Abs. 1 S. 3 BetrVG, § 9 Abs. 1 S. 1 (nunmehr § 17 Abs. 1 S. 1) MuSchG, § 18 Abs. 1 S. 1 BEEG, § 85 (nunmehr § 168) SGB IX sowie die §§ 138, 242[50] und § 613a Abs. 4 BGB (→ Rn. 19). Weitere Unwirksamkeitsgründe ergeben sich aus § 15 Abs. 1 S. 1 iVm § 103 Abs. 1 BetrVG, § 85 Abs. 1 S. 1, Abs. 3 BPersVG sowie den entsprechenden landesrechtlichen Vorschriften, § 7 AGG[51], § 612a BGB[52], § 15 Abs. 3 TzBfG,[53] § 5 Abs. 1 PflegeZG, § 178 Abs. 2 S. 3 SGB IX[54] und tariflichen Regelungen über den Ausschluss der ordentlichen Kündigung,[55] nicht aber aus § 18 LGG NRW.[56] Hat der Arbeitnehmer innerhalb der Dreiwochenfrist Kündigungsschutzklage erhoben und geltend gemacht, die Kündigung sei sozial nicht gerechtfertigt iSd § 1 Abs. 2, kann er sich auch nach Ablauf dieser Frist noch auf einen sonstigen Unwirksamkeitsgrund, etwa auf die fehlende Zustimmung des Integrationsamtes nach § 168 SGB IX berufen, wenn er die erforderliche Rüge ordnungsgemäß (§ 6 KSchG) innerhalb des ersten Rechtszugs nachgeholt hat (→ § 6 Rn. 4 ff.).[57]

2. Kündigungsschutzklage bei Kündigung wegen Betriebsübergangs

19 Gegen die Einbeziehung der Unwirksamkeit einer Kündigung wegen eines Betriebsübergangs nach § 613a Abs. 4 BGB werden im Schrifttum **unionsrechtliche Bedenken** erhoben. Werde eine Betriebsstilllegung nur vorgeschoben und komme es nach Ausspruch der Kündigung zu einem Betriebsübergang, sei oftmals die Dreiwochenfrist bereits abgelaufen. Damit stehe dem Arbeitnehmer kein effektiver Rechtsschutz gegen Kündigungen wegen eines Betriebsübergangs zu, was mit Art. 4 Abs. 1 der Richtlinie 2001/23/EG vom 12.3.2001[58] nicht vereinbar sei.[59] Diesen Bedenken ist Rechnung zu

[47] Vgl. BAG 1.12.2020 – 9 AZR 102/20, NZA 2021, 552; Niemann NZA 2019, 65 (66 f.).
[48] Vgl. BAG 21.12.2022 – 7 AZR 489/21, NZA 2023, 493; 19.11.2019 – 7 AZR 582/17, NZA 2020, 374.
[49] BT-Drs. 15/1204 S. 13.
[50] APS/Hesse/Tiedemann KSchG § 4 Rn. 10a; KR/Klose KSchG § 4 Rn. 14.
[51] Dazu BAG 19.12.2013 – 6 AZR 190/12, NZA 2014, 372.
[52] Dabei handelt es sich um einen Sonderfall der Sittenwidrigkeit nach § 138 BGB, vgl. BAG 18.11.2021 – 2 AZR 229/21, NZA 2022, 200; 20.5.2021 – 2 AZR 560/20, NZA 2021, 1096.
[53] BAG 22.7.2010 – 6 AZR 480/09, NZA 2010, 1142.
[54] Bei Kündigung außerhalb des Geltungsbereichs des KSchG, vgl. BAG 13.12.2018 – 2 AZR 378/18, NZA 2019, 305.
[55] Vgl. zu Letzteren BAG 8.11.2007 – 2 AZR 314/06, NZA 2008, 936; PVT Kündigung/Vossen Rn. 2041.
[56] Vgl. Niemann FS Preis S. 927 (932 f.).
[57] BAG 9.6.2011 – 2 AZR 703/09, NZA-RR 2011, 516; 11.12.2008 – 2 AZR 395/07, NZA 2009, 556.
[58] ABl. L 82 v. 22.3.2001, S. 16.
[59] Vgl. Sprenger AuR 2005, 175; Kamanabrou NZA 2004, 950.

tragen, indem die Kündigungsschutzklage nach § 5 Abs. 1 nachträglich zuzulassen ist, wenn der Arbeitgeber den Arbeitnehmer arglistig über das Bestehen eines Betriebsübergangs getäuscht und so von einer fristgemäßen Klageerhebung abgehalten hat.[60] Ggf. ist dabei die Ausschlussfrist des § 5 Abs. 3 S. 2 unionsrechtskonform einschränkend auszulegen.[61]

3. Kündigungsschutzklage bei rechtsgeschäftlichen Mängeln

a) **Kündigungsschutzklage bei fehlender Geschäftsfähigkeit und Mangel der Schriftform bzw. der Formfiktion.** Umstritten ist die Behandlung rechtsgeschäftlicher Mängel der Kündigungserklärung. Ausgehend vom Zweck der Dreiwochenfrist des § 4 S. 1, rasch Klarheit über den Fortbestand oder das Ende des Arbeitsverhältnisses zu erhalten (→ Rn. 4), ist der Arbeitgeber nur schutzwürdig, wenn ihm die Kündigung überhaupt zugerechnet werden kann. Fehlt es hieran, kann ihm von vornherein kein schutzwürdiges Vertrauen in den Bestand der Kündigung zugesprochen werden.[62] Die Einbeziehung rechtsgeschäftlicher Mängel der Kündigungserklärung in den Geltungsbereich des § 4 S. 1 ist unter Zugrundelegung seines Regelungszwecks deshalb differenziert zu beurteilen: Ist der Arbeitgeber nach **§§ 104, 105 BGB** nicht geschäftsfähig, ist der durch diese Vorschriften intendierte Schutz dieser Personengruppen zu beachten.[63] Dieser würde unterlaufen, wenn die fehlende Einhaltung der Klagefrist nach § 7 die Fiktion der Wirksamkeit der Kündigung zur Folge hätte.[64] Entsprechendes gilt für das **Schriftformgebot des § 623 BGB** und die **Formfiktion des § 46h ArbGG**[65], die auch den Arbeitgeber vor Übereilung schützen sollen (→ § 9 Rn. 15). Zweckwidrig wäre es auch, § 4 S. 1 iVm § 7 auf die (fristlose) Eigenkündigung des Arbeitnehmers anzuwenden, der es sonst in der Hand hätte, einer materiell unwirksamen Kündigung selbst zur Wirksamkeit zu verhelfen, indem er nicht gegen sie klagt (→ Rn. 16).[66] 20

b) **Kündigungsschutzklage bei Kündigung durch Vertreter ohne Vertretungsmacht oder durch Nichtberechtigten.** Kündigt ein Vertreter des Arbeitgebers ohne Vertretungsmacht, ist die Kündigung nach **§ 180 S. 1 BGB** unwirksam. Rügt der Arbeitnehmer diesen Mangel unverzüglich, ist eine Genehmigung nicht möglich. In diesem Fall fehlt eine dem Arbeitgeber zurechenbare Kündigungserklärung, weshalb der Arbeitnehmer nicht die Klagefrist des § 4 S. 1 einhalten muss.[67] Beanstandet der Arbeitnehmer jedoch nicht unverzüglich (§§ 174, 121 Abs. 1 S. 1 BGB) die fehlende Vertretungsmacht des Kündigenden, ist gemäß § 180 S. 2 iVm § 177 Abs. 1 BGB eine Genehmigung der Kündigung durch den Arbeitgeber möglich.[68] Wird diese nicht erteilt, fehlt es wiederum an einer dem Arbeitgeber zurechenbaren Kündigungserklärung mit der Folge, dass die Frist des § 4 S. 1 nicht eingreift.[69] Die erforderliche Zurechenbarkeit wird erst durch eine (nachträglich) erteilte Genehmigung des Arbeitgebers hergestellt. In diesem Fall beginnt 21

[60] Ebenso Kamanabrou NZA 2004, 950, 951; Vossen FS Leinemann, 2006, S. 273 (277); Ulrici FS v. Hoyningen –Huene 501 (503); Willemsen/Annuß NJW 2004, 177 (184); für die Notwendigkeit einer gesetzgeberischen Korrektur Sprenger AuR 2005, 175, 177.
[61] Kamanabrou NZA 2004, 950, 952.
[62] HaKo-KSchR/Gallner KSchG § 4 Rn. 139; MüKoBGB/Hergenröder KSchG § 4 Rn. 12; APS/Hesse/Tiedemann KSchG § 4 Rn. 10c; krit. hierzu Ulrici FS v. Hoyningen–Huene 501 (508 ff.).
[63] Vgl. Bender/Schmidt NZA 2004, 358 (362); Fornasier/Werner NJW 2007, 2729 (2732); Genenger RdA 2010, 274 (277); APS/Hesse/Tiedemann KSchG § 4 Rn. 10c.
[64] KR-Treber/Rennpferdt KSchG § 13 Rn. 142 ff.; Genenger RdA 2010, 274 (277); HWK/Quecke KSchG § 4 Rn. 6.
[65] Dazu Bayreuther DB 2024, 1820 ff.
[66] BAG 21.9.2017 – 2 AZR 57/17, NZA 2017, 1524.
[67] BAG 26.3.2009 – 2 AZR 403/07, NZA 2009, 1146; Bender/Schmidt NZA 2004, 358 (362); Fornasier/Werner NJW 2007, 2729 (2732 f.); Hanau ZIP 2004, 1169 (1175); MüKoBGB/Hergenröder KSchG § 4 Rn. 12; LSSW/Spinner § 4 Rn. 62; Raab RdA 2004, 321 (324); Ulrici DB 2004, 250 (251).
[68] BAG 10.4.2014 – 2 AZR 684/13, NZA 2014, 1197; 13.12.2012 – 6 AZR 608/11, AP BGB § 620 Kündigungserklärung Nr. 23.
[69] APS/Hesse/Tiedemann KSchG § 4 Rn. 10c; PVT Kündigung/Vossen Rn. 2042.

die Klagefrist des § 4 S. 1 mit dem Zugang der Genehmigung beim Arbeitnehmer, weil es auf dessen Kenntnismöglichkeit ankommt. Die materiell-rechtliche Rückwirkung der Genehmigung (§ 184 Abs. 1 BGB)[70] ist für den Lauf der Klagefrist ohne Bedeutung. Bei einer Kündigung durch einen Vertreter ohne Vertretungsmacht beginnt die Dreiwochenfrist des § 4 S. 1 daher erst mit Zugang der Genehmigung der Kündigung beim Arbeitnehmer.[71] **Kündigt ein Dritter das Arbeitsverhältnis im eigenen Namen,** ohne hierzu vom Arbeitgeber nach § 185 Abs. 1 BGB ermächtigt zu sein,[72] kann dieser die Kündigung nicht nach § 185 Abs. 2 BGB genehmigen. § 185 Abs. 2 BGB ist auf einseitige Rechtsgeschäfte nicht anwendbar.[73] Gleichwohl könnte eine Klage nach § 4 S. 1 statthaft sein, wenn der Arbeitgeber die Kündigung für sich reklamiert.[74]

22 c) **Kündigungsschutzklage bei fehlender Vorlage einer Vollmachtsurkunde.** Weist der Arbeitnehmer die Kündigung nach **§ 174 BGB** unverzüglich zurück, weil der Vertreter des Arbeitgebers eine Vollmachtsurkunde nicht vorgelegt hat, führt das zur Unwirksamkeit der Kündigung.[75] Der Arbeitnehmer muss diesen sonstigen Unwirksamkeitsgrund innerhalb der Dreiwochenfrist gerichtlich geltend machen.[76] Anders als beim rechtsgeschäftlichen Vertretungsmangel nach § 180 BGB beruht die Unwirksamkeit der Kündigung im Fall der Zurückweisung nach § 174 BGB nicht auf der fehlenden Vertretungsmacht, sondern auf der fehlenden Vorlage einer Vollmachtsurkunde bzw. dem fehlenden Inkenntnissetzen nach § 174 S. 2 BGB. Die Kündigungserklärung kann dem Arbeitgeber daher von vornherein zugerechnet werden.

4. Kündigungsschutzklage bei Nichteinhaltung der Kündigungsfrist

23 a) **Auslegung der Kündigungserklärung.** Streitig ist, ob der Arbeitnehmer eine fristgerechte Kündigungsschutzklage erheben muss, wenn er geltend machen will, der Arbeitgeber habe die maßgebliche Kündigungsfrist nicht eingehalten. Die Beantwortung dieser Frage hängt zunächst davon ab, ob sich durch **Auslegung** nach §§ 133, 157 BGB feststellen lässt, dass der Kündigende die einschlägige Kündigungsfrist wahren wollte.[77] Zwar wird der Arbeitgeber regelmäßig zum objektiv zutreffenden Termin kündigen wollen. Doch gibt es Fälle, zB Betriebsübergang, Vorbeschäftigungszeiten, Anwendbarkeit tarifvertraglicher Fristen, in denen über die richtige Kündigungsfrist Streit herrscht. Hinzu kommt, dass bei einem eindeutig ohne weiteren Zusatz benannten Kündigungstermin das **Bestimmtheitsgebot** der Auslegung der Kündigungserklärung zu einem anderen Termin entgegensteht.[78] Es ist nicht die Aufgabe des Arbeitnehmers, darüber zu rätseln, zu welchem anderen als in der Kündigungserklärung angegebenen Termin der Arbeitgeber die Kündigung gewollt haben könnte.[79]

24 Verbindet der Arbeitgeber den angegebenen Kündigungstermin mit einem **Zusatz,** dem sich entnehmen lässt, **dass der Arbeitgeber mit der objektiv zutreffenden Frist kündigen möchte** (zB „fristgemäß“, „mit der gesetzlichen [tariflichen, vereinbarten] Kündigungsfrist zum …“), ist die Kündigung dahin auszulegen, dass sie nicht unbedingt zu dem angegebenen Termin wirken soll, sondern zu dem, der nach den für das Arbeits-

[70] BAG 21.5.2019 – 2 AZR 582/18, NZA 2019, 1052.
[71] BAG 6.9.2012 – 2 AZR 858/11, NZA 2013, 524; 26.3.2009 – 2 AZR 403/07, NZA 2009, 1146; ErfK/Kiel KSchG § 4 Rn. 7; LSSW/Spinner § 4 Rn. 63; Niemann NZA 2019, 65 (67).
[72] Dazu BAG 27.2.2020 – 2 AZR 570/19, NZA 2020, 1405.
[73] BGH 14.11.1996 – I ZR 201/94, NJW 1997, 1150; Niemann NZA 2019, 65 (68).
[74] Vgl. Niemann NZA 2019, 65 (68).
[75] Dazu Schaub ArbR HdB/Linck § 123 Rn. 19 ff.
[76] BAG 20.5.2021 – 2 AZR 596/20, NZA 2021, 1178; Bender/Schmidt NZA 2004, 358 (362); KR-Treber/Rennpferdt § 13 KSchG Rn. 133; HaKo-KSchR/Gallner KSchG § 4 Rn. 142; Genenger RdA 2010, 274 (279); MüKoBGB/Hergenröder KSchG § 4 Rn. 13; ErfK/Kiel KSchG § 4 Rn. 7; PVT Kündigung/Vossen Rn. 2042; Niemann NZA 2019, 65 (68); aA Hanau ZIP 2004, 1169 (1175); Raab RdA 2004, 321 (325); Ulrici DB 2004, 250 (251); offen gelassen von LAG Köln 2.5.2024 – 6 Sa 274/23, BeckRS 2024, 11785.
[77] Näher dazu APS/Linck BGB § 622 Rn. 42 ff.
[78] BAG 15.5.2013 – 5 AZR 130/12, NZA 2013, 1076; Schwarze Anm. zu BAG AP KSchG 1969 § 4 Nr. 71.
[79] BAG 1.9.2010 – 5 AZR 700/09, AP KSchG 1969 § 4 Nr. 71 mzustAnm Schwarze.

verhältnis maßgeblichen Bedingungen zutrifft. Entsprechendes gilt, wenn es in dem Kündigungsschreiben heißt, die Kündigung solle „hilfsweise zum nächstmöglichen Zeitpunkt" wirken.[80] Dies gilt jedenfalls, wenn dem Arbeitnehmer die **Dauer der Kündigungsfrist bekannt oder sie für ihn bestimmbar** ist und dies nicht umfassende tatsächliche Ermittlungen oder die Beantwortung schwieriger Rechtsfragen erfordert.[81] Die maßgebliche Kündigungsfrist kann sich aus Angaben im Kündigungsschreiben oder aus einer vertraglich in Bezug genommenen tariflichen Regelung ergeben.[82] Der zutreffende Kündigungstermin kann gleichfalls im Weg der Auslegung festgestellt werden, wenn es Anhaltspunkte für eine **Verzögerung bei der Versendung** des Kündigungsschreibens oder für Schreibfehler gibt. Beträgt die Kündigungsfrist beispielsweise vier Wochen zum Monatsende und geht das Kündigungsschreiben vom 28. März mit dem angegebenen Kündigungstermin des 30. April erst am 3. April zu, spricht dies deutlich für eine Auslegung der Erklärung als Kündigung zum nächst zulässigen Termin, sodass die Kündigung das Arbeitsverhältnis zum 31. Mai beendet. Wird eine **ordentliche Kündigung nur hilfsweise** für den Fall der Unwirksamkeit einer weiteren außerordentlichen fristlosen Kündigung erklärt, ist der Arbeitnehmer nicht im Unklaren darüber, wann das Arbeitsverhältnis nach Vorstellung des Arbeitgebers enden soll: Die Beendigung soll offensichtlich bereits mit Zugang der fristlosen Kündigung erfolgen. Unter diesen Umständen kommt es nicht darauf an, ob es dem Arbeitnehmer ohne Schwierigkeiten möglich ist, die Kündigungsfrist der hilfsweise erklärten ordentlichen Kündigung zu ermitteln.[83] In allen diesen Fällen kann der Arbeitnehmer die Nichteinhaltung der Kündigungsfrist auch noch nach Ablauf der Dreiwochenfrist des § 4 S. 1 geltend machen,[84] und zwar **mit einer allgemeinen Feststellungsklage nach § 256 Abs. 1 ZPO,** wenn er keinen Unwirksamkeitsgrund, sondern lediglich die zu kurz bemessene Kündigungsfrist geltend machen möchte.[85] Eine **Auslegung** der mit unzutreffender Frist erklärten Kündigung in eine Kündigung mit richtiger Frist **scheidet hingegen regelmäßig aus,** wenn das Kündigungsschreiben einen konkreten Beendigungszeitpunkt enthält und sich aus der Kündigungserklärung selbst oder außerhalb des Kündigungsschreibens liegenden Umständen keine Anhaltspunkte dafür ergeben, der Arbeitgeber habe die Kündigung auf jeden Fall zum rechtlich zulässigen Termin erklären wollen.[86] Allein der Umstand, dass der Arbeitgeber „ordentlich" zu einem bestimmten Termin kündigt, lässt noch nicht eine Auslegung dahin zu, dem Arbeitgeber sei es um die Einhaltung der maßgeblichen Kündigungsfrist gegangen.

b) Umdeutung der Kündigungserklärung. Scheidet eine Auslegung der Kündigungs- 25
erklärung als Kündigung zum nächst zulässigen Termin aus, ist die Kündigung zu dem angegebenen Termin unwirksam und gemäß § 140 BGB in eine Kündigung zum nächsten möglichen Termin **umzudeuten.**[87] Dies soll jedoch nur möglich sein, wenn der Arbeitnehmer die zu kurze Kündigungsfrist als anderen Rechtsunwirksamkeitsgrund mit der fristgebundenen Klage nach § 4 S. 1 oder § 6 S. 1 angegriffen und so den Eintritt der Fiktionswirkung des § 7 verhindert hat.[88] Ansonsten gelte die mit zu kurzer Frist erklärte Kündigung nach § 7 Hs. 1 als rechtswirksam und beende das Arbeitsverhältnis zum „falschen Termin".[89] Insoweit ist zu berücksichtigen, dass der Beendigungszeitpunkt

---

80 BAG 10.4.2014 – 2 AZR 647/13, NZA 2015, 162; 9.9.2010 – 2 AZR 714/08, NZA 2011, 343.
81 BAG 20.1.2016 – 6 AZR 782/14, NZA 2016, 485; 10.4.2014 – 2 AZR 647/13, NZA 2015, 162.
82 BAG 20.6.2013 – 6 AZR 805/11, NZA 2013, 1137.
83 BAG 20.1.2016 – 6 AZR 782/14, NZA 2016, 485.
84 BAG 15.5.2013 – 5 AZR 130/12, NZA 2013, 1076; 9.9.2010 – 2 AZR 714/08, NZA 2011, 343.
85 Niemann NZA 2019, 65 (68).
86 BAG 1.9.2010 – 5 AZR 700/09, NZA 2010, 1409.
87 BAG 1.9.2010 – 5 AZR 700/09, NZA 2010, 1409; ErfK/Müller-Glöge BGB § 622 Rn. 12; teilweise aA BAG 15.12.2005 – 2 AZR 148/05, NZA 2006, 791.
88 BAG 1.9.2010 – 5 AZR 700/09, NZA 2010, 1409.
89 BAG 15.12.2016 – 6 AZR 430/15, NZA 2017, 502; 15.5.2013 – 5 AZR 130/12, NZA 2013, 1076; Schwarze Anm. zu BAG AP KSchG 1969 § 4 Nr. 71.

notwendiger Bestandteil einer Kündigung ist; ohne ihn wäre die Kündigungserklärung mangels Bestimmtheit unwirksam. Eine Kündigung zum 31. 3. ist ein anderes Rechtsgeschäft als eine zum 30. 4. erklärte Kündigung.[90] Eine Kündigungserklärung kann deshalb nicht in ein „Ob" und „Wann" getrennt werden.[91] Macht der Arbeitnehmer allerdings – innerhalb der Frist des § 4 Satz 1 KSchG! – allein die Nichteinhaltung der maßgeblichen Kündigungsfrist geltend, kann er dies richtigerweise auch im möglichen Umdeutungsfall (nicht Auslegungsfall) mit einer allgemeinen Feststellungsklage nach § 256 Abs. 1 ZPO tun. Dieses Feststellungsbegehren impliziert die den Eintritt der Fiktionswirkung nach § 7 KSchG hindernde „Zwischenfeststellung", dass das Arbeitsverhältnis nicht aufgrund einer „unauslegbaren" Kündigung zu einem früheren Termin geendet hat.[92] Ist ein Kündigungsschutzantrag ausdrücklich auf eine außerordentliche Kündigung bezogen formuliert, umfasst er regelmäßig „automatisch" das Begehren festzustellen, das Arbeitsverhältnis werde auch nicht durch eine durch Umdeutung gewonnene ordentliche Kündigung aufgelöst (→ § 13 Rn. 16).[93] Dabei ist etwas kurios, dass der Arbeitnehmer mit dem zweiten Begehren zwingend unterliegen muss, weil die Umdeutung nach § 140 BGB voraussetzt, dass die ordentliche Kündigung sich als „rundum" wirksam erweist. Stellt sich eine außerordentliche Kündigung mit Auslauffrist als unwirksam dar, endet das Arbeitsverhältnis aber aufgrund einer durch Umdeutung gewonnenen ordentlichen Kündigung zum selben Termin, ist die Kündigungsschutzklage insgesamt abzuweisen.[94]

5. Kündigungsschutzklage bei Massenentlassungen

26 Ein **Verstoß gegen die Konsultationspflichten** bei Massenentlassungen nach § 17 Abs. 2 kann zur **Nichtigkeit der Kündigung gemäß § 134 BGB** führen (→ § 17 Rn. 142). Die Nichtigkeit der Kündigung ist dabei innerhalb der Dreiwochenfrist des § 4 S. 1 gerichtlich geltend zu machen.[95] Dies ist mit Unionsrecht vereinbar. Das **Fehlen oder** die **Fehlerhaftigkeit einer gebotenen Massenentlassungsanzeige** nach § 17 Abs. 1 und Abs. 3 KSchG führt richtigerweise – der Generalanwalt beim EuGH scheint dies freilich anders zu sehen[96] – nicht zur Nichtigkeit der Kündigung. Doch kann das Arbeitsverhältnis bis zur Nachholung einer ordnungsgemäßen Massenentlassungsanzeige mangels An- und damit Ablaufens der Sperrfrist nach § 18 KSchG vorerst nicht aufgelöst sein. Die **Sperrfrist** wirkt insofern wie eine **Mindestkündigungsfrist.**[97] Deren Nichteinhaltung kann der Arbeitnehmer mit dem Antrag nach § 4 S. 1 geltend machen, wenn er zudem einen Unwirksamkeitsgrund rügt. In diesem Fall hat das Gericht im Rahmen der Klage nach § 4 Satz 1 zunächst die geltend gemachten Unwirksamkeitsgründe zu prüfen. Liegt ein solcher vor, gibt es der Klage endgültig statt. Diese Prüfung hat aufgrund des materiellrechtlichen Vorrangverhältnisses (schon keine Gestaltungswirkung, „nur" – noch – keine Rechtswirkung) und der weitergehenden Rechtskraft Priorität. Andernfalls würde das Gericht den vom Kläger definierten Streitgegenstand (vorrangig „unrettbar" keine Auflösung des Arbeitsverhältnisses durch die angefochtene Kündigung) nicht ausschöpfen (§ 308 Abs. 1 ZPO). Liegt kein Unwirksamkeitsgrund vor, fehlt es aber bis zum Schluss

[90] Zutr. Schwarze Anm. zu BAG AP KSchG 1969 § 4 Nr. 71.

[91] Ebenso Schwarze Anm. zu BAG AP KSchG 1969 § 4 Nr. 71; aA BAG 15.12.2005 – 2 AZR 148/05, NZA 2006, 791.

[92] Ausführlich Niemann NZA 2019, 65 (69).

[93] BAG 27.6.2019 – 2 AZR 28/19, NZA 2019, 1343; ähnlich Niemann NZA 2019, 65 (68), der allerdings aufgrund des Wortlauts von § 140 BGB von zwei Kündigungserklärungen (der „nichtigen" und der „anderen") und deshalb – analog zur ausdrücklich hilfsweise erklärten ordentlichen Kündigung (→ Rn. 11) – von zwei Klageanträgen im Haupt- und Hilfsverhältnis ausgeht.

[94] BAG 18.6.2025 – 2 AZR 228/23, NZA 2025, 988.

[95] HaKo-KSchR/Gallner KSchG § 4 Rn. 144; ErfK/Kiel KSchG § 4 Rn. 4; APS/Moll § 18 KSchG Rn. 50 ff.; Vossen FS v. Hoyningen–Huene S. 521 (525); ders. Rn. 1834.

[96] EuGH Schlussanträge des GA Norkus 27.2.2025 – C-134/24, BeckRS 2025, 2728.

[97] BAG 1.2.2024 – 2 AS 22/23 (A), NZA 2024, 257; aA BAG 23.5.2024 – 6 AZR 152/22 (A), NZA 2024, 825.

der letzten mündlichen Verhandlung in den Tatsacheninstanzen[98] an einer (ordnungsgemäßen) Massenentlassungsanzeige bzw. einem die Arbeitsgerichte bindenden Sperrzeitbescheid, gibt es der Kündigungsschutzklage ebenfalls statt, weil das Arbeitsverhältnis der Parteien bislang nicht aufgelöst sein kann. Indes hindert die rechtskräftige gerichtliche Entscheidung den Arbeitgeber dann nicht daran, nach Erstattung einer ordnungsgemäßen Massenentlassungsanzeige und Ablauf (auch) der Sperrfrist die nunmehrige Auflösung des Arbeitsverhältnisses durch die „alte" Kündigung geltend zu machen.[99] Sieht der Arbeitnehmer das anders, muss er auf Feststellung (§ 256 Abs. 1 ZPO), Zahlung oder Beschäftigung klagen. Macht der Arbeitnehmer einzig die (derzeitige) Nichtauflösung des Arbeitsverhältnisses und keinen Unwirksamkeitsgrund geltend, hat er eine Klage nach § 256 Abs. 1 ZPO zu erheben oder auf Zahlung oder Beschäftigung zu klagen. Diese Klage kann (und sollte) er insoweit für erledigt erklären, wie zwischenzeitlich der Arbeitgeber eine ordnungsgemäße Anzeige nachgeholt hat und (auch) die Sperrfrist abgelaufen ist. Geht man mit dem **Generalanwalt beim EuGH** davon aus, dass eine ohne – ordnungsgemäße – vorherige Anzeige im Zug einer Massenentlassung erklärte **Kündigung** gemäß der bisherigen Rechtsprechung des Bundesarbeitsgerichts **„unrettbar" nichtig** ist (→ § 17 Rn. 140), kann (und muss) dieser Unwirksamkeitsgrund unproblematisch mit der Kündigungsschutzklage nach § 4 S. 1 geltend gemacht werden.[100] Zum Erfordernis separater Rügen betreffend die beiden Verfahrensabschnitte (Konsultation bzw. Anzeige), wenn man jeweils von Wirksamkeitserfordernissen für die Kündigung(en) ausgehen wollte → § 6 Rn. 7; kritisch dazu → § 17 Rn. 154.

V. Kündigungsschutzklage als Feststellungsklage

1. Allgemeines

Die Kündigungsschutzklage ist eine **Feststellungsklage und keine Rechtsgestaltungsklage** (so die Regelung im alten Recht nach BRG 1920 und AOG).[101] Das ist in § 4 ausdrücklich geregelt. Das Gericht soll feststellen, dass das Arbeitsverhältnis durch die Kündigung nicht aufgelöst ist, der Sache nach also, dass die Kündigung rechtsunwirksam ist; es soll dagegen nicht eine Änderung des bis zum Urteil bestehenden Rechtszustandes herbeiführen.[102] In der Sache handelt es sich um eine in das Gewand einer Feststellungsklage gekleidete Klage gegen das vom Arbeitgeber ausgeübte Gestaltungsrecht (**Gestaltungsgegenklage**), was Folgen für die Rechtskraft des Urteils im Kündigungsschutzprozess hat (→ Rn. 161). 27

2. Doppelte Rechtshängigkeit der Kündigungsschutzklage

Erhebt der Arbeitnehmer gegen dieselbe Kündigung zwei Kündigungsschutzklagen, ist die zweite wegen doppelter Rechtshängigkeit (§ 261 Abs. 3 Nr. 1 ZPO) unzulässig. Nimmt der Arbeitnehmer die zunächst erhobene Kündigungsschutzklage zurück (§ 269 ZPO), steht das Hindernis der anderweitigen Rechtshängigkeit der zweiten Klage nicht mehr entgegen. Sie ist damit ab dem Zeitpunkt des Wirksamwerdens der Rücknahme zulässig. Die durch § 4 bezweckte „Warnung" des Arbeitgebers, der Arbeitnehmer wolle 28

[98] Zum – teilweisen – Obsiegen des Arbeitgebers im Berufungsverfahren bei nachgeholter Massenentlassungsanzeige und inzwischen abgelaufener Entlassungssperre vgl. Bayreuther, NZA 2024, 813 (815).

[99] BAG 1.2.2024 – 2 AS 22/23 (A), NZA 2024, 257; aA BAG 23.5.2024 – 6 AZR 152/22 (A), NZA 2024, 825.

[100] EuGH Schlussanträge des GA Norkus 27.2.2025 – C-134/24, BeckRS 2025, 2728.

[101] Vgl. BAG 17.7.2012 – 1 AZR 563/11, NZA 2012, 1432.

[102] BAG (GS) 27.2.1985 – GS 1/84, NZA 1985, 702; Ascheid Kündigungsschutzrecht Rn. 716; Bandey S. 79 ff.; Boemke RdA 1995, 211, 213; KR/Klose KSchG § 4 Rn. 37 ff.; APS/Hesse/Tiedemann KSchG § 4 Rn. 18 f.; LSSW/Spinner § 4 Rn. 2; aA Berkowsky NJW 1982, 905 (908); Bötticher RdA 1951, 83; ders. BB 1981, 1954 ff.; Lehmann–Jessen S. 129.

sich gegen eine konkrete Kündigung zur Wehr setzen, wird grundsätzlich auch durch eine unzulässige Klage erreicht, wenn sie jedenfalls hinreichend bestimmt ist.[103]

3. Klageantrag bei der Kündigungsschutzklage

29 **a) Allgemeines zum Klageantrag bei der Kündigungsschutzklage.** Der Antrag einer Kündigungsschutzklage muss nach § 4 S. 1 auf die Feststellung gerichtet sein, „dass das Arbeitsverhältnis durch die Kündigung nicht aufgelöst ist". Eine derartige Antragstellung ist jedoch nur bei einer Kündigungsschutzklage im Anwendungsbereich des § 4 bzw. § 13 Abs. 1 und 3 zulässig.[104] Wird außerhalb dessen der Kündigungsschutzantrag angebracht, ist er regelmäßig dahin auszulegen, dass der Kläger damit nach § 256 ZPO die zulässige Feststellung begehrt, das Arbeitsverhältnis habe über den in Streit stehenden Beendigungstermin hinaus fortbestanden.[105] Ein dem **Gesetzeswortlaut entsprechender Klageantrag** ist stets hinreichend bestimmt iSd § 253 Abs. 2 Nr. 2 ZPO.[106] An Inhalt und Form der Kündigungsschutzklage sind keine hohen Anforderungen zu stellen.[107] Es genügt, wenn der Wille, eine Kündigungsschutzklage oder Änderungsschutzklage nach § 4 zu erheben, hinreichend deutlich zum Ausdruck kommt, insbesondere der Antrag nach dem Klagevorbringen in diesem Sinn auszulegen ist (ausführlich → Rn. 44).[108] Allerdings muss die Auslegung auch ergeben, dass gerade die Nichtauflösung eines Arbeitsverhältnisses reklamiert wird. Demgegenüber genügt es zur Fristwahrung nicht, wenn der Kläger zunächst den Fortbestand zB eines arbeitnehmerähnlichen freien Dienstverhältnisses geltend macht und erst außerhalb der Dreiwochenfrist den Streitgegenstand in Richtung eines Arbeitsverhältnisses ändert bzw. durch eine Antragstellung im Haupt- und Hilfsverhältnis erweitert. In diesem Fall ist auch § 6 in analoger Anwendung nicht einschlägig (→ § 6 Rn. 13).

30 So ist ein **Antrag auf Feststellung** der Unwirksamkeit einer bestimmten Kündigung der Sache nach regelmäßig als Antrag iSd § 4 zu verstehen, also auf die Feststellung gerichtet, dass durch diese Kündigung das Arbeitsverhältnis nicht aufgelöst worden ist. Das BAG[109] hat sogar eine Klage auf Gewährung einer Abfindung in diesem Sinn gedeutet, da in ihr denknotwendig der Antrag auf Feststellung der Unwirksamkeit der Kündigung enthalten sei.[110] Das dürfte auch nach Inkrafttreten des § 1a noch möglich sein, wenn die Klage erkennbar innerhalb der Dreiwochenfrist erhoben wurde und damit einen Abfindungsanspruch nach dieser Vorschrift gerade ausschließt. Dann kann es nur um eine den Erfolg einer Kündigungsschutzklage voraussetzende Abfindung nach §§ 9, 10 KSchG gehen, wenn nicht ein Abfindungsanspruch aus einem Sozialplan (§ 112 BetrVG) oder ein Nachteilsausgleich (§ 113 BetrVG) in Betracht kommt.

31 **b) Leistungsklage keine Kündigungsschutzklage.** Den Anforderungen des § 4 **genügt es nicht,** wenn der Arbeitnehmer im Hinblick auf das Fortbestehen des Arbeitsverhältnisses nur eine Leistungsklage erhebt, etwa **auf Entgeltzahlung klagt,** auch wenn dann als Voraussetzung des Lohnanspruchs vom Gericht inzident die Unwirksamkeit der Kündigung festzustellen ist.[111] In diesem Fall kann der Arbeitnehmer aber noch bis zum Schluss der mündlichen Verhandlung erster Instanz in entsprechender Anwendung von § 6 S. 1 die Unwirksamkeit der Kündigung geltend machen, wenn die Leistungsklage innerhalb

[103] Vgl. BAG 1.10.2020 – 2 AZR 247/20, NZA 2021, 75; 24.5.2018 – 2 AZR 67/18, NZA 2018, 1127; 16.7.2015 – 2 AZR 15/15, NZA 2016, 99; 26.9.2013 – 2 AZR 682/12, NZA 2014, 443.

[104] BAG 20.3.2014 – 2 AZR 1071/12, NZA 2014, 1131; 10.11.2011 – 6 AZR 357/10, NZA 2012, 205; eingehend dazu Niemann NZA 2019, 65.

[105] BAG 10.11.2011 – 6 AZR 357/10, NZA 2012, 205.

[106] BAG 10.12.2020 – 2 AZR 308/20, NZA 2021, 293; 13.12.2007 – 2 AZR 818/06, NZA 2008, 589.

[107] BAG 1.10.2020 – 2 AZR 247/20, NZA 2021, 75; 23.6.2009 – 2 AZR 474/07, NZA 2009, 1136.

[108] BAG 1.10.2020 – 2 AZR 247/20, NZA 2021, 75; 13.12.2007 – 2 AZR 818/06, NZA 2008, 589.

[109] BAG 13.12.1956 – 2 AZR 353/54, AP KSchG § 7 Nr. 5.

[110] Ebenso Däubler/Deinert/Callsen § 4 KSchG Rn. 49.

[111] BAG 21.7.2005 – 6 AZR 592/04, NZA 2006, 162; 25.3.1976 – 2 AZR 127/75, AP BGB § 626 Ausschlussfrist Nr. 10; KR/Klose KSchG § 4 Rn. 41.

der Dreiwochenfrist erhoben wurde (→ § 6 Rn. 11). Auch die **Klage auf Weiterbeschäftigung** genügt den Anforderungen des § 4 nicht,[112] kann aber ebenfalls eine analoge Anwendung von § 6 begründen (→ § 6 Rn. 12).

c) **Erhebung einer Einwendung stellt keine Kündigungsschutzklage dar.** Ebenso wenig **32** ist es ausreichend, wenn der Arbeitnehmer die Unwirksamkeit der Kündigung nur in Form eines **Einwands** geltend macht, etwa gegenüber einer Klage des Arbeitgebers auf Feststellung der Auflösung des Arbeitsverhältnisses.[113] Das folgt aus dem eindeutigen Wortlaut des § 4 und seinem Zweck, im Interesse der Rechtssicherheit möglichst bald (§ 61a ArbGG) eine unmittelbar durch die Ablehnung der Kündigung seitens des Arbeitnehmers veranlasste gerichtliche Entscheidung über deren Wirksamkeit herbeizuführen. Dafür spricht auch eine Parallele zur Rechtsgestaltungsklage. Schreibt das Gesetz für die Herbeiführung einer Rechtswirkung die Klage vor, kann das Gestaltungsrecht nur durch Klage oder Widerklage, nicht aber durch Einwendung oder Einrede geltend gemacht werden.[114] Der Entscheidung des BAG vom 21.12.1967[115] kann kein abweichender Standpunkt entnommen werden. Das BAG spricht hier nur zutreffend aus, dass in einem besonders gelagerten Fall, in dem der Arbeitnehmer rechtzeitig das Fehlen eines wichtigen Kündigungsgrundes durch einen Hilfsantrag in der Klageschrift geltend gemacht hatte, das bloße Nichtverlesen des Hilfsantrags nicht schade, wenn der Arbeitnehmer durch einen Antrag auf Abweisung einer Widerklage des Arbeitgebers den gleichen Erfolg erreichen könne.[116]

d) **Kündigungsschutzklage per Widerklage und als Hilfsantrag.** Die Anforderungen des **33** § 4 wahrt dagegen eine auf Feststellung der Nichtauflösung des Arbeitsverhältnisses gerichtete Widerklage des Arbeitnehmers, wenn sie **innerhalb der Dreiwochenfrist** erhoben wird.[117] Desgleichen genügt die Geltendmachung durch einen **Hilfsantrag** (zur vorsorglichen Kündigung → Rn. 11).[118] Ebenso reicht es aus, wenn in einen schon anhängigen Prozess innerhalb der Dreiwochenfrist der Kündigungsschutzantrag durch erstinstanzliche **Klageänderung** oder Klageerweiterung eingeführt wird.[119]

e) **Kündigungsschutzklage durch Klageerweiterung in der Berufungsinstanz.** Der Ar- **34** beitnehmer kann – je nach Ausgang des Rechtsstreits erster Instanz – einen (weiteren) Kündigungsschutzantrag fristwahrend iSv § 4 S. 1 entweder auf der Grundlage seiner eigenen Berufung[120] oder im Weg der – ihrerseits fristgebundenen – Anschließung an die Berufung des Arbeitgebers nach § 524 ZPO[121] in ein beim LAG anhängiges Berufungsverfahren einführen.[122] Zwar verlangt § 4 S. 1 eine fristgerechte Klageerhebung „beim Arbeitsgericht", was gemäß § 13 Abs. 1 S. 2 ebenso für die Klage gegen eine außerordentliche Kündigung gilt. Das steht jedoch der Erhebung einer Kündigungsschutzklage in einem zwischen den Parteien anhängigen Berufungsverfahren nicht entgegen, weil darin nur die Bezeichnung des üblicherweise zunächst anzurufenden Gerichts liegt.[123] Sowohl bei der Anbringung eines weiteren Kündigungsschutzantrags auf der Grundlage

[112] Zutr. M. Wolf/Pfeiffer AuR 1985, 33, 37f. sowie im Anschluss daran APS/Hesse/Tiedemann KSchG § 4 Rn. 22; KR/Klose KSchG § 4 Rn. 41.

[113] Ebenso HaKo-KSchR/Gallner KSchG § 4 Rn. 32; LSSW/Spinner § 4 Rn. 20.

[114] Dazu näher A. Hueck Anm. zu BAG AP KSchG § 3 Nr. 33; zum Charakter der Kündigungsschutzklage als Gestaltungsgegenklage im Gewand der Feststellungsklage vgl. BAG 20.12.2012 – 2 AZR 867/11, NZA 2013, 1003; Niemann FS Preis S. 927 (929).

[115] BAG 21.12.1967 – 2 AZR 105/67, AP KSchG § 3 Nr. 33 mzustAnm A. Hueck.

[116] Näheres dazu bei A. Hueck Anm. zu BAG AP KSchG § 3 Nr. 33; ebenso KR/Klose KSchG § 4 Rn. 46.

[117] KR/Klose KSchG § 4 Rn. 44; LSSW/Spinner § 4 Rn. 21.

[118] BAG 21.12.1967 – 2 AZR 105/67, AP KSchG § 3 Nr. 33; KR/Klose KSchG § 4 Rn. 44.

[119] BAG 9.3.1961 – 2 AZR 502/59, AP KSchG § 3 Nr. 31 mzustAnm A. Hueck; LSSW/Spinner § 4 Rn. 20.

[120] BAG 1.12.2020 – 9 AZR 102/20, NZA 2021, 552; 14.12.2017 – 2 AZR 86/17, NZA 2018, 646; 10.12.1970 – 2 AZR 82/70, AP KSchG § 3 Nr. 40 mzustAnm A. Hueck; LSSW/Spinner § 4 Rn. 20; PVT Kündigung/Vossen Rn. 2123; aA Däubler/Deinert/Callsen § 4 KSchG Rn. 35a.

[121] BAG 10.12.2020 – 2 AZR 308/20, NZA 2021, 293.

[122] BAG 16.12.2021 – 6 AZR 154/21, NJW 2022, 2428.

[123] BAG 18.12.2014 – 2 AZR 163/14, NZA 2015, 635.

der eigenen Berufung als auch per Anschlussberufung müssen grds. die Voraussetzungen des § 533 ZPO erfüllt sein, was freilich in aller Regel so sein wird.[124] Führt der Arbeitnehmer eine im Lauf des Berufungsverfahrens zugegangene Kündigung mit einem Antrag nach § 4 S. 1 in dieses ein, indem er einen in die zweite Instanz gelangten allgemeinen Feststellungsantrag gemäß § 256 Abs. 1 ZPO „punktualisiert", stellt dies nach § 264 Nr. 2 ZPO keine Klageänderung dar, sodass § 533 ZPO keine Anwendung findet.[125] Hat der Arbeitnehmer die Kündigungsschutzklage durch Anschlussberufung erhoben, kann er, nachdem die Anschließung infolge einer Berufungsrücknahme durch den Arbeitgeber (§ 516 ZPO) ihre Wirkung verloren hat (§ 524 Abs. 4 ZPO), mit einer die nämliche Kündigung betreffenden weiteren Kündigungsschutzklage zum ArbG in analoger Anwendung der in § 5 Abs. 3 S. 1 bestimmten Frist – nur – durchdringen, wenn er die neue Klage innerhalb von zwei Wochen ab Kenntnis vom Wirkungsverlust anhängig macht; andernfalls verwirkt er sein Recht, sich auf die fristwahrende Klagerhebung zum LAG und damit die Unwirksamkeit der Kündigung zu berufen.[126] Demgegenüber muss der Arbeitnehmer – anders als nach Rücknahme einer ersten Klage (→ § 5 Rn. 32) – die zweite Kündigungsschutzklage nicht mit einem Antrag auf nachträgliche Zulassung gemäß § 5 verbinden, weil der Wirkungsverlust der Anschließung nach § 524 Abs. 4 ZPO – anders als eine Klagerücknahme gemäß § 269 Abs. 3 ZPO (→ Rn. 102 und → § 7 Rn. 3) – nicht dazu führt, dass die durch die erste Klageerhebung vermiedene Wirksamkeitsfiktion nach § 7 „doch noch" eintritt.[127] Eine nachträgliche Zulassung auf Antrag des Arbeitnehmers analog § 5 kommt aber in Betracht, wenn dieser unverschuldet die Zweiwochenfrist zur Erhebung der zweiten Klage versäumt.[128]

35 f) **Kündigungsschutzklage und subjektive Klagehäufung.** Nach Auffassung des BAG ist die Dreiwochenfrist auch gewahrt, wenn der Arbeitnehmer im Hauptantrag fristgerecht den falschen Arbeitgeber verklagt, jedoch gleichfalls fristgerecht **hilfsweise** gegen den richtigen Arbeitgeber Kündigungsschutzklage erhebt.[129] Hierin liege zwar eine **unzulässige subjektive Klagehäufung.** Da dem hilfsweise verklagten richtigen Arbeitgeber jedoch mit Zustellung der Klageschrift bekannt gewesen sei, dass sich der Arbeitnehmer gegen die streitgegenständliche Kündigung zur Wehr setzen wolle, habe der Arbeitnehmer mit dieser unzulässigen Klage gleichwohl die Dreiwochenfrist gewahrt. Das ist nicht unproblematisch. Während der Beklagte bei einem in objektiver Hinsicht bedingten Klageantrag stets damit rechnen muss, dass diesem auch stattgegeben werden kann, wenn die innerprozessuale Bedingung nach Ansicht des erkennenden Gerichts eingetreten ist, darf er bei einem in subjektiver Hinsicht bedingten Klageantrag davon ausgehen, dass dieser – wegen der Unzulässigkeit der außerprozessualen Bedingung – unabhängig vom Schicksal der „Hauptklage", also selbst bei Eintritt der außerprozessualen Bedingung, unter die er gestellt ist, als unzulässig abgewiesen wird. Anders liegt es nur, wenn – was zurzeit der bedingten Klageerhebung indes vollkommen ungewiss ist – die „Hilfsklage" zu einer unbedingten Klage erstarkt, weil die „Hauptklage" rechtskräftig abgewiesen wird oder der Kläger die unzulässige Bedingung fallen lässt.[130] Der Arbeitnehmer muss sich deshalb vor Klageerhebung entscheiden, gegen wen er die Klage richten möchte. Gegebenenfalls besteht die Möglichkeit, einem eventuellen zweiten Arbeitgeber den Streit zu verkünden.[131]

---

[124] Eingehend Niemann NZA 2021, 1378 ff.; zur zweitinstanzlichen Klageerweiterung wg. Verzugsvergütung nach einer für unwirksam gehaltenen Arbeitgeberkündigung vgl. BAG 9.2.2022 – 5 AZR 347/21, NZA 2022, 653.

[125] BAG 16.12.2021 – 6 AZR 154/21, NJW 2022, 2428.

[126] BAG 10.12.2020 – 2 AZR 308/20, NZA 2021, 293; vgl. auch BAG 10.12.1970 – 2 AZR 82/70, AP KSchG § 3 Nr. 40; Francken NZA 2021, 545 ff.

[127] BAG 10.12.2020 – 2 AZR 308/20, NZA 2021, 293; aA LSSW/Spinner § 4 Rn. 20; an der entsprechenden, in der 16. Aufl. vertretenen Auffassung wird nicht festgehalten.

[128] BAG 10.12.2020 – 2 AZR 308/20, NZA 2021, 293.

[129] BAG 31.3.1993 – 2 AZR 467/92, NZA 1994, 237 = EzA § 4 KSchG nF Nr. 46 mablAnm Bakker; zust. LSSW/Spinner § 4 Rn. 46; HaKo-KSchR/Gallner KSchG § 4 Rn. 30 f.

[130] BAG 24.9.2015 – 2 AZR 562/14, NZA 2016, 366.

[131] Vgl. dazu Bakker Anm. zu BAG EzA § 4 KSchG nF Nr. 46.

g) **Bedingte Erhebung der Kündigungsschutzklage.** Erklärt der Arbeitgeber mehrere Kündigungen zu unterschiedlichen Beendigungszeitpunkten, muss der Arbeitnehmer zwar grundsätzlich jede der Kündigungen mit einer Kündigungsschutzklage angreifen. Erfolgt der Angriff durch Erweiterung einer bereits rechtshängigen Kündigungsschutzklage, sind die weiteren Kündigungsschutzanträge regelmäßig als unechte Hilfsanträge zu verstehen (→ Rn. 11).[132] Mit diesen will sich der Arbeitnehmer gegen die jeweils weitere Kündigung nur zur Wehr setzen, wenn das Arbeitsverhältnis nicht schon durch eine zeitlich früher wirksam gewordene Kündigung geendet hat. Dieses Verständnis einer auflösend bedingten Antragstellung entspricht bei mehreren – zu unterschiedlichen Beendigungszeitpunkten erklärten – Kündigungen dem (Kosten-)Interesse des Arbeitnehmers. Es berücksichtigt überdies, dass nach dem vom BAG zugrunde gelegten erweiterten punktuellen Streitgegenstand der Kündigungsschutzklage (→ Rn. 140 ff.) die Unwirksamkeit einer Kündigung nicht festgestellt werden kann, wenn die Auflösung des Arbeitsverhältnisses aufgrund eines anderen, vor oder gleichzeitig mit Ablauf der Kündigungsfrist wirkenden Beendigungstatbestands erfolgt. Gegen die Zulässigkeit eines entsprechend bedingten Antrags bestehen keine prozessualen Bedenken, weil er unter einer rein innerprozessualen, auflösenden Rechtsbedingung steht.[133] Der auflösend bedingte Hilfsantrag wahrt auch die Klagefrist des § 4 S. 1 (→ Rn. 11). Erklärt der Arbeitgeber eine „überholende" Kündigung und greift der Arbeitnehmer auch diese mit einem Kündigungsschutzantrag an, wird er dies mit einem Hauptantrag tun und den vormals alleinigen Antrag gegen die „überholte" Kündigung fortan als unechten Hilfsantrag verfolgen. Gegebenenfalls hat das Gericht nach § 139 Abs. 1 S. 2 ZPO auf eine entsprechende, sachdienliche Antragsreihung hinzuwirken.[134] 36

4. Bestimmtheit der Kündigungsschutzklage – Bezeichnung der Kündigung

a) **Inhalt der Klageschrift bei der Kündigungsschutzklage.** Der notwendige Inhalt der Klageschrift ergibt sich aus **§ 253 Abs. 2 ZPO.** Der Antrag einer Kündigungsschutzklage muss nach § 4 S. 1 auf die Feststellung gerichtet sein, „dass das Arbeitsverhältnis durch die Kündigung nicht aufgelöst ist" (→ Rn. 29). Das angerufene Gericht sowie die Parteien des Rechtsstreits müssen benannt sein (zur richtigen Bezeichnung des Arbeitgebers → Rn. 72 ff.). Weiterhin ist der Gegenstand der Klage zu bezeichnen. Hierfür genügt nach zutreffender hM, dass der Arbeitnehmer die Kündigung benennt, die er angreifen will. Nicht erforderlich ist, dass er darlegt, ob es sich hierbei um eine ordentliche oder außerordentliche Kündigung handelt.[135] Ist in der Klage das Datum der Kündigung nicht benannt, schadet dies nicht, wenn der Arbeitgeber nur eine Kündigung ausgesprochen hat und sich der Arbeitnehmer erkennbar gegen diese Kündigung wehren will.[136] Die Kündigungsschutzklage muss auch nicht als Klage bezeichnet sein, es ist vielmehr ausreichend, wenn sich der Arbeitnehmer an das ArbG mit einem „Einspruch gegen die sozial ungerechtfertigte Kündigung" richtet.[137] 37

b) **Kündigungsschutzklage bei mehreren Kündigungen.** Erklärt der Arbeitgeber mehrere Kündigungen, hat der Arbeitnehmer grundsätzlich jede einzelne mit der fristgebundenen Klage nach § 4 S. 1 anzugreifen. Ergibt jedoch die Auslegung zweier Kündigungsschreiben, dass der Arbeitgeber lediglich eine **(doppelt verlautbarte) Kündigungserklärung** abgegeben hat, deren Zugang er auf zwei verschiedenen Wegen sicherstellen wollte, 38

[132] Hierzu und zum Weiteren BAG 21.11.2013 – 2 AZR 474/12, AP SGB V § 164 Nr. 1; 21.11.2013 – 2 AZR 598/12, AP SGB V § 164 Nr. 3; ebenso mit Hinweisen zu revisionsrechtlichen Besonderheiten BAG 18.6.2015 – 2 AZR 480/14, NZA 2015, 1315.

[133] BAG 14.12.2017 – 2 AZR 86/17, NZA 2018, 646; näher dazu B. Schmidt FS Wank, 2014, 545 (548 ff.).

[134] Niemann NZA 2019, 65 (66).

[135] BAG 21.5.1981 – 2 AZR 133/79, NJW 1982, 1174; APS/Hesse/Tiedemann KSchG § 4 Rn. 109; LSSW/Spinner § 4 Rn. 22.

[136] BAG 21.5.1981 – 2 AZR 133/79, NJW 1982, 1174.

[137] KR/Klose KSchG § 4 Rn. 222.

reicht es, dass der Arbeitnehmer gegen diese doppelt verlautbarte Kündigungserklärung nur einmal rechtzeitig nach § 4 Klage erhebt. Dies gilt auch, wenn beide Kündigungsschreiben an zwei aufeinanderfolgenden Tagen abgeschickt werden und deshalb unterschiedliche Daten tragen.[138] Entsprechendes hat das BAG in einem Fall angenommen, in dem der Arbeitgeber den Vorwurf eines versuchten Betrugs und den Verdacht einer solchen Tat in zwei getrennten, vollständig ausformulierten Schreiben jeweils als Kündigungsgrund angeführt, und in denen er ausdrücklich jeweils eine außerordentliche, hilfsweise ordentliche Kündigung erklärt hat. Ausgehend von einem objektiven Empfängerhorizont (§ 157 BGB) sei das zwar regelmäßig so zu verstehen, dass der Arbeitgeber wegen eines jeden der angeführten Gründe eine eigenständige Kündigung aussprechen wollte. Erhebe der Arbeitnehmer ohne Differenzierung zwischen der Tat– und der Verdachtskündigung eine Kündigungsschutzklage gegen „die (nach Datum bezeichnete) Kündigung", sei dies im Einzelfall aber noch ausreichend, um für den Arbeitgeber und das Gericht innerhalb der Dreiwochenfrist des § 4 S. 1 deutlich zu machen, dass er gegen beide Kündigungen vorgehen wolle. Es sei lebensfremd anzunehmen, der Arbeitnehmer habe sich nur gegen eine der beiden Kündigungen wehren wollen.[139] Der Klageantrag sei deshalb in einem solchen Fall dahin auszulegen, dass er auf die Feststellung gerichtet sei, dass das Arbeitsverhältnis weder durch die eine noch durch die andere näher bezeichnete Kündigung aufgelöst worden sei. Bei einer derartigen Antragstellung führt die Abweisung der Kündigungsschutzklage bezüglich einer der beiden zeitgleich erklärten Kündigungen allerdings dazu, dass auch die Kündigungsschutzklage bezüglich der weiteren Kündigung abzuweisen ist.[140]

39 c) **Unterzeichnung und Einreichung der Kündigungsschutzklage; Übermittlung der Kündigungsschutzklage als elektronisches Dokument.** Die Kündigungsschutzklage ist gemäß §§ 253 Abs. 4, 130 Nr. 6 ZPO vom Kläger oder seinem Prozessbevollmächtigten eigenhändig zu unterschreiben.[141] Eine Unterschrift setzt einen individuellen Schriftzug voraus, der sich – ohne lesbar sein zu müssen – als Wiedergabe eines Namens darstellt und die Absicht einer vollen Unterschriftsleistung erkennen lässt. Ein Schriftzug, der als bewusste und gewollte Namenskürzung erscheint (Handzeichen, Paraphe), stellt demgegenüber keine formgültige Unterschrift dar. In Anbetracht der Variationsbreite, die selbst Unterschriften ein und derselben Person aufweisen, ist insoweit ein großzügiger Maßstab anzulegen, wenn die Autorenschaft gesichert ist.[142] In Betracht kommt gemäß § 46c ArbGG auch ein elektronisches Dokument mit elektronischer Signatur.[143] Außerhalb des Anwendungsbereichs des § 46c ArbGG stellt ein ohne eigenhändige Unterschrift eingereichtes Schriftstück grundsätzlich nur einen Klageentwurf dar.[144]

40 Eine ordnungsgemäße Klage liegt trotz fehlender Unterschrift allerdings vor, wenn sich aus einem dem Klageentwurf beigeschlossenen unterzeichneten Schriftstück ergibt, dass die Klage **mit Wissen und Wollen des Verfassers bei Gericht eingegangen** ist. Eine dem Klageentwurf beiliegende, vom Kläger eigenhändig unterschriebene Prozessvollmacht reicht hierfür freilich nicht.[145] Dem Formerfordernis des § 130 Nr. 6 ZPO genügt dagegen eine per Telefax oder Telekopie eingereichte Klage, wenn die Telekopievorlage oder das Fax unterzeichnet und die Unterschrift auf der Kopie wiederge-

[138] BAG 6.9.2007 – 2 AZR 264/06, NZA 2008, 636; siehe auch BAG 14.9.1994 – 2 AZR 182/94, NZA 1995, 417 zur Rechtslage vor Inkrafttreten des § 623 BGB für die Fälle nacheinander erklärter mündlicher und schriftlicher Kündigungen wegen desselben Sachverhalts.

[139] BAG 23.6.2010 – 2 AZR 474/07, NZA 2009, 1136.

[140] BAG 23.6.2010 – 2 AZR 474/07, NZA 2009, 1136; allgemein zu zum selben Zeitpunkt wirkendenden Kündigungen Niemann NZA 2019, 65 (66).

[141] APS/Hesse/Tiedemann KSchG § 4 Rn. 110; PVT Kündigung/Vossen Rn. 2095.

[142] BAG 13.2.2008 – 2 AZR 864/06, NZA 2008, 1055.

[143] MüKoBGB/Hergenröder KSchG § 4 Rn. 27.

[144] Vgl. BAG 1.10.2020 – 2 AZR 247/20, NZA 2021, 75.

[145] BAG 26.1.1976 – 2 AZR 506/74, AP KSchG 1969 § 4 Nr. 1 mablAnm Vollkommer; BAG 26.6.1986 – 2 AZR 358/85, NZA 1986, 761; KR/Klose KSchG § 4 Rn. 225; APS/Hesse/Tiedemann KSchG § 4 Rn. 110; LSSW/Spinner § 4 Rn. 23; aA J. Martens NJW 1976, 1991.

geben ist.[146] Ebenfalls ausreichend ist eine im E-Mail-to-Fax-Verfahren übermittelte Klageschrift, selbst wenn die Unterschrift in der an den Dienstleister übermittelten PDF-Datei nur eingescannt ist.[147] Bei Massenverfahren hat es das BAG ausreichen lassen, wenn einzelne Klagen eigenhändig unterschrieben sind, die meisten dagegen nur eine kopierte Unterschrift aufweisen, innerhalb der Dreiwochenfrist aber ein vom Prozessbevollmächtigten eigenhändig unterschriebener Schriftsatz in allen Kündigungsschutzverfahren eingeht.[148] Der Mangel der fehlenden Unterschrift nach § 130 Nr. 6 ZPO ist gemäß § 295 ZPO durch rügelose Einlassung des beklagten Arbeitgebers mit Rückwirkung heilbar.[149] Hingegen wirkt eine Behebung des Unterschriftenmangels durch Nachholung nur ex nunc.[150]

Nach § 46g S. 1 ArbGG müssen aktive[151] **Rechtsanwälte** – auch **Syndikusanwälte,** die für einen Verband nach § 11 Abs. 2 S. 2 Nr. 4 und Nr. 5, S. 3 ArbGG erlaubte Rechtsdienstleistungen gegenüber den Verbandsmitgliedern erbringen (§ 46 Abs. 5 S. 2 Nr. 2 BRAO),[152] nicht aber solche, die außerhalb ihres Arbeitsverhältnisses mit dem Verband als Rechtsanwalt zugelassen und vom Verband im konkreten Verfahren nicht mandatiert sind[153] – eine **Kündigungsschutzklage,** wenn sie sie nicht nach § 46 Abs. 2 ArbGG, § 496 ZPO durch die von ihnen vertretene Partei mündlich[154] zu Protokoll der Geschäftsstelle anbringen lassen möchten[155], **seit dem 1.1.2022 bundesweit**[156] **zwingend als elektronisches Dokument** im Dateiformat PDF[157] übermitteln; die Einreichung als Schriftstück oder Telefax ist seither nicht mehr wirksam.[158] Die gleiche Pflicht wird **Verbandsvertreter ab dem 1.1.2026** nach § 46g S. 2 iVm § 46c Abs. 4 S. 1 Nr. 4 ArbGG in der dann geltenden Fassung treffen.[159] Die Pflicht zur aktiven Nutzung des elektronischen Rechtsverkehrs für sog. professionelle Einreicher gilt auch in Verfahren ohne Anwaltszwang;[160] sie ist verfassungsgemäß.[161] Auf ihre im öffentlichen Interesse liegende[162] Einhaltung kann der Gegner weder verzichten noch sich rügelos einlassen.[163] 41

---

146 Vgl. BAG 14.1.1986 – 1 ABR 86/83, AP ArbGG 1979 § 94 Nr. 2; BGH 11.10.1989 – IVa ZB 7/89, NJW 1990, 188.

147 BAG 17.1.2023 – 3 AZR 158/22, NZA 2023, 525.

148 BAG 14.2.1978 – 1 AZR 154/76, AP GG Art. 9 Arbeitskampf Nr. 60 mAnm Konzen = SAE 1980, 129 mAnm Seiter = EzA § 102 BetrVG 1972 Nr. 33 mAnm Herschel.

149 So zutr. BAG 6.8.1987 – 2 AZR 553/86, BeckRS 1987, 30722328; 26.6.1986 – 2 AZR 358/85, NZA 1986, 761; LAG Baden-Württemberg 8.8.2003 – 11 Ta 6/03, NZA-RR 2004, 43; offen gelassen von BAG 30.7.2020 – 2 AZR 43/20, NZA 2020, 1417; 25.4.2013 – 6 AZR 49/12, NZI 2013, 758; 18.1.2012 – 7 AZR 211/09, NZA 2012, 691.

150 BAG 30.7.2020 – 2 AZR 43/20, NZA 2020, 1427; BGH 17.3.2016 – III ZR 200/15, NJW 2016, 2747.

151 KG Berlin 25.3.2022 – 3 Ws (B) 71/22 – 162 Ss 38/22, BeckRS 2022, 14453; Siegmund NJW 2023, 1681.

152 BAG 23.5.2023 – 10 AZB 18/22, NZA 2023, 786; aA Elking NZA 2022, 1009 ff. Zu einem Verbandsmitarbeiter, der zur Ausübung eines Nebenberufs als Rechtsanwalt zugelassen ist, im Rahmen seiner Verbandstätigkeit aber als nicht als solcher auftritt vgl. ArbG Stuttgart 18.7.2022 – 4 Ca 1688/22, BeckRS 2022, 18879: insoweit noch keine Pflicht zur aktiven Nutzung des elektronischen Rechtsverkehrs; zust. Tiedemann jurisPR-ArbR 5/2023 Anm. 6; Siegmund NJW 2023, 1681 (1682).

153 BAG 21.9.2023 – 10 AZR 512/20, NZA 2023, 1351.

154 Nicht fernmündlich, vgl. BGH 26.3.1981 – 1 StR 206/80, NJW 1981, 1627; OLG Schleswig 16.9.1983 – 1 W 184/23, ZIP 1984, 1017; OVG Magdeburg 30.5.2024 – 3 M 96/24, NVwZ 2024, 747.

155 Zum Fortbestehen dieser Möglichkeit vgl. OLG Oldenburg 25.2.2022 – 1 Ss 28/22, NStZ 2022, 767.

156 Zur Geltung von § 46g ArbGG in Schleswig-Holstein bereits seit dem 1.1.2020 vgl. LAG Schleswig-Holstein 13.10.2021 – 6 Sa 337/20, NZA-RR 2022, 148.

157 BAG 25.8.2022 – 6 AZR 499/21, NZA 2023, 58; LAG Niedersachsen 22.2.2023 – 4 Sa 833/22, NZA-RR 2023, 311; BVerwG 4.10.2022 – 20 F 15.22, NVwZ 2023, 1823; Müller NZA 2023, 89 ff.; Siegmund NJW 2023, 1681 (1686); aA BGH 19.10.2022 – 1 StR 262/22, NStZ 2023, 22; jedenfalls für die noch führende Papierakte auch BAG 29.6.2023 – 3 AZB 3/23, NZA 2023, 999; unentschieden Bader NZA 2023, 403 f.

158 Vgl. BGH 24.5.2022 – 2 StR 110/22, BeckRS 2022, 13931; BSG 16.2.2022 – B 5 R 198/21 B, NJW 2022, 1334; BFH 23.8.2022 – VIII S 3/22, NJW 2022, 2951.

159 Zum bereits seit dem 1.1.2022 zur Verfügung stehenden Bürger- und Organisationenpostfach (eBO) vgl. Schrade/Elking NZA 2021, 1675 ff.

160 Vgl. BGH 7.12.2022 – XII ZB 200/22, NJW 2023, 849; OLG Frankfurt aM 27.7.2022 – 26 W 4/22, BeckRS 2022, 20279.

161 BAG 25.8.2022 – 6 AZR 499/21, NZA 2023, 58; LAG Schleswig-Holstein 13.10.2021 – 6 Sa 337/20, NZA-RR 2022, 148.

162 OLG Braunschweig 28.10.2022 – 4 U 76/22, NJOZ 2022, 1497.

163 BT-Drs. 17/12634 S. 27; OLG Düsseldorf 23.3.2022 – I-12 U 61/21, NJW-RR 2022, 999.

Die Pflicht zur Nutzung des elektronischen Rechtsverkehrs kann auch nicht dadurch umgangen werden, dass der Prozessbevollmächtigte die Klage „als Bote" seiner Partei in Papierform einreicht[164] oder den betreffenden Schriftsatz im Termin zur mündlichen Verhandlung überreicht.[165] Die Übermittlung der Klage nach den allgemeinen Vorschriften, mithin gemäß §§ 129, 130 Nr. 6 ZPO in Schriftform oder per Fax, bleibt nur ausnahmsweise[166] zulässig, wenn, was zur Vermeidung von Missbrauch[167] bei der Ersatzeinreichung oder unverzüglich[168] danach[169] zwingend[170] durch eine nachvollziehbare, geschlossene, über einen unspezifischen Verweis auf den Gesetzestext hinausgehende und in sich widerspruchsfreie[171], laienverständliche[172] Tatsachenschilderung[173] iSv § 294 ZPO – zB durch eine anwaltliche Versicherung[174] und/oder einen Screenshot[175] oder einen Ausdruck einer Internetseite[176] – glaubhaft zu machen ist,[177] die – iSv eine[178] – elektronische Übermittlung, deren Voraussetzungen der Einreichende grundsätzlich rechtzeitig geschaffen hat,[179] aus technischen Gründen – auch solchen in der Sphäre des Einreichenden[180] – vorübergehend[181] nicht möglich ist (§ 46g S. 3 und 4 ArbGG), zB wegen eines Serverausfalls,[182] einer Störung des beA oder des EGVP oder des temporären Ausfalls der Netzwerkkarte,[183] nicht aber bei menschlichen Anwen-

---

[164] Vgl. AG Essen 24.5.2022 – 163 IK 66/22, NZI 2022, 840; AG Ludwigshafen 26.4.2022 – 3c IK 115/22, NZI 2022, 756.

[165] Siegmund NJW 2023, 1681 (1683); aA LAG Niedersachsen 6.7.2022 – 8 Sa 1150/22, BeckRS 2022, 26601.

[166] BGH 14.3.2024 – V ZB 2/23, BeckRS 2024, 7960.

[167] BGH 15.12.2022 – III ZB 18/22, NJW-RR 2023, 350.

[168] Dazu BAG 25.8.2022 – 6 AZR 499/21, NZA 2023, 58: unter normalen Umständen eine Woche ausreichend; ebenso OVG Koblenz 8.8.2022 – 8 A 10330/22, NVwZ-RR 2023, 117; Biallaß NJW 2023, 25 (27); noch strenger (zwei Tage) BGH 21.6.2023 – V ZB 15/22, NJW 2023, 2883; LG Berlin 6.7.2023 – 67 O 36/23, BeckRS 2023, GRUR-RS 2023, 16566; aA wohl OLG Köln 27.7.2022 – 16 U 117/20, NJW 2023, 305.

[169] Eine Glaubhaftmachung bereits mit der Ersatzeinreichung ist nicht grundsätzlich vorrangig: BAG 25.8.2022 – 6 AZR 499/21, NZA 2023, 58; OLG Braunschweig 28.10.2022 – 4 U 76/22, NJOZ 2022, 1497; Bader NZA 2023, 403 (406); Toussaint EWiR 2023, 221; offen gelassen von BGH 21.9.2022 – XII ZB 264/22, NJW 2022, 3647; aA BGH 10.1.2024 – AnwZ (Brfg) 15/23, NJOZ 2024, 762; 17.11.2022 – IX ZB 17/22, NJW 2023, 456; LAG Berlin-Brandenburg 2.8.2022 – 26 Ta 121/22, BeckRS 2022, 30137; OVG Koblenz 8.8.2022 – 8 A 10330/22, NVwZ-RR 2023, 117; Biallaß NJW 2023, 25 (27); vermittelnd BGH 25.7.2023 – X ZR 51/23, NJW 2023, 3367: Glaubhaftmachung am gleichen Tag wie die Ersatzeinreichung genügt in jedem Fall. Erfolgt die Glaubhaftmachung nachträglich, hat sie durch ein elektronisches Dokument zu erfolgen, wenn das zu diesem Zeitpunkt wieder möglich ist, vgl. Tiedemann jurisPR-ArbR 5/2023 Anm. 9.

[170] Vermeintlich auch bei Offenkundigkeit der Störung als solcher: BAG 25.8.2022 – 6 AZR 499/21, NZA 2023, 58; VGH Mannheim 5.12.2023 – A 12 S 1719/23, NVwZ 2024, 273; OLG Hamm 3.7.2023 – 31 U 71/23, NJOZ 2023, 1582; Biallaß NJW 2023, 25 (27); ausdrücklich offen gelassen von BGH 25.1.2024 – I ZB 51/23, BeckRS 2024, 2470; aA BGH 19.12.2024 – IX ZB 41/23, NJW 2025, 508.

[171] Vgl. OLG Köln 27.7.2022 – 16 U 117/20, NJW 2023, 305.

[172] BGH 17.1.2024 – XII ZB 88/23, BeckRS 2024, 2621.

[173] Dazu BGH 21.9.2022 – XII ZB 264/22, NJW 2022, 3647; 30.8.2022 – 4 StR 104/22, BeckRS 2022, 25316; OLG Braunschweig 28.10.2022 – 4 U 76/22, NJOZ 2022, 1497; OVG Koblenz 8.8.2022 – 8 A 10330/22, NVwZ-RR 2023, 117; LG Arnsberg 6.7.2022 – 3 Ns-360 Js 24/21–73/22, NStZ 2022, 639; Biallaß NJW 2023, 25 ff.

[174] BGH 21.9.2022 – XII ZB 264/22, NJW 2022, 3647; OLG Braunschweig 28.10.2022 – 4 U 76/22, NJOZ 2022, 1497.

[175] BGH 10.10.2023 – XI ZB 1/23, NJW 2023, 3799.

[176] BGH 25.1.2024 – I ZB 51/23, BeckRS 2024, 2470.

[177] Dazu LAG Schleswig-Holstein 13.10.2021 – 6 Sa 337/20, NZA-RR 2022, 148; VGH München 2.5.2022 – 6 ZB 22.30401, NJW 2022, 3239; Mantel ArbRB 2023, 188 (191); Oltmanns AE 2022, 91 (93 f.); Siegmund NJW 2023, 1681 (1684).

[178] OLG Düsseldorf 23.3.2022 – I-12 U 61/21, NJW-RR 2022, 999: qualifizierte elektronische Signatur nicht möglich, wohl aber eine Übermittlung mit einfacher elektronischer Signatur auf einem sicheren Übermittlungsweg.

[179] BGH 17.1.2024 – XII ZB 88/23, BeckRS 2024, 2621; OLG Hamm 4.4.2022 – 8 U 23/22, NJW-RR 2022, 1360; OLG Düsseldorf 23.3.2022 – I-12 U 61/21, NJW-RR 2022, 999; ArbG Frankfurt aM 1.4.2022 – 24 Ca 7293/21, BeckRS 2022, 8792; LG Arnsberg 6.7.2022 – 3 Ns-360 Js 24/21–73/22, NStZ 2022, 639; Siegmund NJW 2023, 1681 (1683).

[180] BAG 25.8.2022 – 6 AZR 499/21, NZA 2023, 58; VGH München 1.7.2022 – 15 ZB 22.286, NVwZ 2022, 789; OLG Düsseldorf 23.3.2022 – I-12 U 61/21, NJW-RR 2022, 999.

[181] BGH 25.7.2023 – X ZR 51/23, NJW 2023, 3367; 25.5.2023 – V ZR 134/22, NJW 2023, 2484; zum Erfordernis, im Störungsfall unverzüglich Abhilfe zu suchen vgl. BGH 7.12.2022 – 2 StR 140/22, NStZ-RR 2023, 115; OVG Münster 6.7.2022 – 16 B 413/22, BeckRS 2022, 23282; Mantel ArbRB 2023, 188 (189).

[182] OLG Düsseldorf 23.3.2022 – I-12 U 61/21, NJW-RR 2022, 999; weitere Beispiele für vorübergehende technische Störungen bei Schafhausen AE 2022, 95 (97).

[183] BGH 17.1.2024 – XII ZB 88/23, BeckRS 2024, 2621.

dungs- oder Bedienungsfehlern[184], fehlender Aktualisierung der Betriebssoftware[185], Nichtvorhalten einer gültigen beA-Karte[186] oder Erkrankung des Einreichers.[187] Die Glaubhaftmachung ist ungenügend, wenn sie auch den Schluss zulässt, dass die Unmöglichkeit der elektronischen Übermittlung nicht auf technischen, sondern in der Person des Einreichers liegenden Gründen beruht,[188] zB darauf, dass bei technischen Ausfällen nicht unverzüglich für Abhilfe gesorgt wurde.[189] Liegt eine vorübergehende technische Störung vor, darf der Anwender die Kündigungsschutzklage in herkömmlicher Form bereits zum Zeitpunkt der Störung an das Gericht übermitteln. § 46g ArbGG verlangt richtigerweise kein „Ausreizen" der Klagefrist in der Hoffnung, die Störung werde noch rechtzeitig vor Fristablauf beseitigt und eine elektronische Übermittlung wieder möglich sein.[190] Ansonsten wäre der Anwendungsbereich der Ersatzeinreichung – wie indes nicht – auf den Tag des Fristablaufs beschränkt.[191] Der Anwalt muss sich anschließend vor Fristablauf nicht weiter um eine elektronische Übermittlung bemühen. Eine solche hat nach Wegfall der Störung nur auf Anforderung des Gerichts zu erfolgen (§ 46g S. 4 Halbs. 2 ArbGG).[192] Ein Rechtsanwalt ist auch nicht verpflichtet, die nötigen technischen Mittel für die Übermittlung der Klage als elektronisches Dokument mehrfach vorzuhalten (zB eine zweite beA-Karte und einen zweiten Internetzugang).[193] Eine andere Frage ist es, ob ein Rechtsanwalt bei vorübergehender Unmöglichkeit der elektronischen Übermittlung dazu verpflichtet ist, einen anderen Übermittlungsweg (zB Telefax) zu wählen, wenn andernfalls die Frist des § 4 S. 1 zu verstreichen droht, oder ob ein für einen Verband tätiger Syndikusanwalt dann einen anderen, ohnehin von ihm bzw. dem Verband vorzuhaltenden elektronischen Übermittlungsweg wählen muss.[194] Dazu sowie allgemein zur nachträglichen Zulassung der Kündigungsschutzklage bei Übermittlungsfehlern im elektronischen Rechtsverkehr → § 5 Rn. 39 ff. Außerdem soll eine wirksame Ersatzeinreichung nur vorliegen, wenn die Klageschrift auf Anforderung durch das Gericht nach § 46g S. 4 ArbGG als elektronisches Dokument nachgereicht wird.[195] Bei **Nutzung des elektronischen Rechtsverkehrs** ist das **Erfordernis einer eigenhändigen Unterschrift** durch § 46c Abs. 3 S. 1 ArbGG dahin **modifiziert,** dass die als elektronisches Dokument eingereichte Klageschrift – nicht nur eine Anlage zu dieser[196] – entweder mit einer qualifizierten (nicht bloß fortgeschrittenen)[197] elektronischen Signatur[198] versehen oder von der sie verantwortenden Person – einfach oder fortgeschritten – signiert und von ihr auf einem sicheren Übertragungsweg iSv § 46c Abs. 4 ArbGG eingereicht werden muss. Nur dann sind Echtheit und Integrität des Dokuments gewährleistet.[199] Eine einfache Signatur kann durch eine maschinenschriftliche Angabe

[184] BAG 25.8.2022 – 6 AZR 499/21, NZA 2023, 58; VGH München 1.7.2022 – 15 ZB 22.286, NVwZ-RR 2022, 789; Biallaß NJW 2023, 25 (26); Siegmund NJW 2023, 1681 (1683); Tiedemann jurisPR-ArbR 4/2023 Anm. 9. Zum Vergessen eines Passworts und dem unauffindbaren Verlegen der beA-Karte Mantel ArbRB 2023, 188 (189); Müller NZA 2023, 89 (91).

[185] BGH 17.1.2024 – XII ZB 88/23, BeckRS 2024, 2621.

[186] BGH 14.3.2024 – V ZB 2/23, BeckRS 2023, 7960.

[187] BGH 25.1.2023 – IV ZB 7/22, NJW 2023, 1062.

[188] BGH 25.2.2025 – VI ZR 19/24, BeckRS 2025, 7280; 14.3.2024 – V ZB 2/23, NJW-RR 2024, 794; 17.1.2024 – XII ZB 88/23, BeckRS 2024, 2621.

[189] BGH 15.12.2023 – AnwZ (Brfg) 33/23, BeckRS 2023, 43801.

[190] Vgl. Mantel ArbRB 2023, 188 (190); Oltmanns AE 2022, 91 (94); Schafhausen AE 2022, 95 (96); Siegmund NJW 2023, 1681 (1684).

[191] Mantel ArbRB 2023, 188 (190).

[192] Vgl. BAG 5.3.2024 – 9 AZR 46/23, NZA 2024, 931; BGH 19.12.2024 – IX ZB 41/23, NJW 2025, 508; 25.1.2024 – I ZB 51/23, BeckRS 2024, 2470; 25.7.2023 – X ZR 51/23, NJW 2023, 3367; 25.5.2023 – V ZR 134/22, NJW 2023, 2484.

[193] Schafhausen AE 2022, 95 (97); einschränkend Biallaß NJW 2023, 25 (26).

[194] Zu Letzterem Natter/Bader NZA 2024, 165 (167).

[195] Vgl. OVG Münster 6.7.2022 – 16 B 413/22, BeckRS 2022, 23282; Biallaß NJW 2023, 25 (27).

[196] BGH 19.1.2023 – V ZB 28/22, NJW 2023, 1587.

[197] BGH 30.3.2022 – XII ZB 311/21, NJW 2022, 2415.

[198] Zur Unzulässigkeit einer sog. Container-Signatur, aber Zulässigkeit einer sog. einbettenden Signatur („enveloping signature") BGH 15.5.2024 – VIII ZR 52/23, NJW 2024, 2456; krit. bzgl. Letzterem Müller NJW 2024, 2437.

[199] BGH 19.1.2023 – V ZB 28/22, NJW 2023, 1587.

oder eine eingescannte Unterschrift erfolgen; in letzterem Fall muss die Unterschrift aber entzifferbar sein.[200] Es ist umstritten, ob die einfache Signatur am Ende des Textes erfolgen muss. Richtigerweise ist das nicht zwingend erforderlich. Entscheidend ist die Eignung, den Schriftsatz von einem bloßen Entwurf abzugrenzen.[201] Dafür reicht die Angabe auf dem Briefkopf für sich genommen selbst dann nicht, wenn dort kein anderer Rechtsanwalt genannt ist.[202] Hingegen genügt richtiger-, aber bestrittener Weise der maschinenschriftliche Abschluss der Klageschrift mit „Rechtsanwalt" (ohne Namenszusatz), wenn dieser nach dem Briefkopf als Einzelanwalt und durch den vertrauenswürdigen Herkunftsnachweis (VHN) als Nutzer des beA ausgewiesen ist.[203] Sieht das Gericht dies anders, muss es dem Kläger – wie bei jedem leicht erkennbaren Formmangel – einen Hinweis erteilen, wenn das dem ordnungsgemäßen Geschäftsgang entspricht und auf den Hinweis die Klagefrist noch gewahrt werden könnte.[204] Unterbleibt unter diesen Umständen ein Hinweis, ist die Klage ggf. nachträglich zuzulassen (→ § 5 Rn. 10). Wird die Klage elektronisch übermittelt, kann von dem Erfordernis einer qualifizierten elektronischen Signatur bzw. der persönlichen Anmeldung des Inhabers zur persönlichen Versendung aus dem für ihn eingerichteten Postfach iSv § 46c Abs. 4 S. 1 Nr. 2 ArbGG, § 31a BRAO (beA) selbst dann nicht abgesehen werden, wenn sich aus den begleitenden Umständen die Urheberschaft und der Wille des Rechtsanwalts hinreichend sicher ergeben, das elektronische Dokument in den Verkehr zu bringen.[205] Ein elektronisches Dokument, das ohne qualifizierte elektronische Signatur über das beA versandt wird, ist nur dann auf einem sicheren Übermittlungsweg eingereicht, wenn die ausweislich des VHN (nicht der DE.BRAK-SAFE-ID)[206] als Nutzer des beA ausgewiesene Person mit der Person identisch ist, die ausweislich der Signatur des Schriftsatzes[207] die inhaltliche Verantwortung für das Dokument übernimmt.[208] Die Übermittlung der Klageschrift mit einfacher Signatur über das beA muss durch den Inhaber des Postfachs persönlich – und nicht etwa durch einen Kanzleimitarbeiter – erfolgen.[209] Auch die Übermittlung des von einem Rechtsanwalt einfach signierten Schriftsatzes über das beA eines anderen Berufsträgers wahrt die erforderliche Form grds. nicht.[210] Wird die Kündigungsschutzklage über ein **beA für Berufsausübungsgesellschaften** (Kanzleipostfach) iSv § 46c Abs. 4 S. 1 Nr. 2, § 31b BRAO eingereicht, bedarf sie einer einfachen Signatur durch Wiedergabe des Namens des Rechtsanwalts, der sie verantworten will, wenn sie nicht qualifiziert signiert ist.[211] Für die Einreichung einer Klageschrift über das beA für Berufsausübungsgesellschaften wird eine qualifizierte elektronische Signatur empfohlen, um die Feststellung der Identität zwischen der den Schriftsatz verantwortenden und der ihn versendenden Person durch das empfangende Gericht zu ermöglichen.[212] Ein mit einer qualifizierten elektronischen Signatur versehe-

[200] BSG 16.2.2022 – B 5 R 198/21 B, NJW 2022, 1334.
[201] Müller NJW 2022, 1336.
[202] OLG Karlsruhe 6.9.2021 – 17 W 13/21, NJW 2021, 3733; vgl. auch OLG Hamm 28.4.2022 – 30 U 32/22, NJW-RR 2022, 1423.
[203] BAG 25.8.2022 – 2 AZN 234/22, NZA 2022, 1495; Siegmund NJW 2023, 1681 (1685); aA BGH 11.10.2024 – V ZR 261/23, NJW-RR 2025, 83; OLG Celle 8.4.2024 – 6 U 82/23, BeckRS 2024, 6608; OLG Karlsruhe 6.9.2021 – 17 W 13/21, NJW 2021, 3733; Bader NZA 2023, 403 (405); wohl auch BGH 7.9.2022 – XII ZB 215/22, NJW 2022, 3512; OLG Hamm 28.4.2022 – 30 U 32/32, NJW-RR 2022, 1423.
[204] Vgl. OLG Hamm 28.4.2022 – 30 U 32/32, NJW-RR 2022, 1423.
[205] BVerwG 12.10.2021 – 8 C 4/21, NVwZ 2022, 649; 25.4.2012 – 8 C 18/11, NVwZ 2012, 1262; BGH 14.1.2010 – VII ZB 112/08, NJW 2010, 2134.
[206] BSG 7.6.2023 – B 1 KR 11/22 B, BeckRS 2023, 19424.
[207] BGH 18.10.2022 – 3 StR 262/22, NStZ 2023, 22.
[208] BSG 16.2.2022 – B 5 R 198/21 B, NJW 2022, 1334; OLG Zweibrücken 21.3.2023 – 3 W 76/22, NJW-RR 2023, 1546.
[209] Vgl. BGH 20.6.2023 – 2 StR 39/23, NStZ 2024, 124.
[210] BGH 4.9.2024 – IV ZB 31/23, NJW-RR 2024, 1506; 7.5.2024 – VI ZB 22/23, BeckRS 2024, 13165; 6.6.2023 – 5 StR 164/23, BeckRS 2023, 13588.
[211] Vgl. OLG Bamberg 17.2.2022 – 2 UF 8/22, BeckRS 2858 für die Einreichung einer Beschwerdeschrift über das besondere elektronische Behördenpostfach (beBPo).
[212] Vgl. Dahns NJW-Spezial 2022, 703.

nes Dokument darf außer auf einem sicheren Übermittlungsweg (zB beA) auch an das EGVP übermittelt werden.[213] Es ist kein Problem, wenn zwar die einfache Signatur der Klageschrift und der Postfachinhaber des für die Übermittlung genutzten beA auseinanderfallen, der versendende Postfachinhaber[214] oder der nicht versendende Verfasser des Schriftsatzes[215] aber das elektronische Dokument mit einer qualifizierten elektronischen Signatur[216]versieht. Ohne eine qualifizierte elektronischen Signatur des Postfachinhabers ist die Einreichung hingegen nicht formgerecht.[217] Ein Schriftsatz soll **trotz Übermittlung mit qualifizierter elektronischer Signatur** nicht formwirksam eingereicht sein, wenn er auf allen Seiten in großer Schrift und deutlich erkennbar als **„Entwurf"** gekennzeichnet ist.[218] Wird die Klageschrift über ein **besonderes elektronisches Behördenpostfach (beBPo)** iSv. § 46c Abs. 4 S. 1 Nr. 3 ArbGG eingereicht, muss (und kann) die natürliche Person, die den Schriftsatz verantwortet, nicht selbst der Postfachinhaber sein; es handelt sich um einen sog. nicht-personengebundenen sicheren Übermittlungsweg. Ein als Syndikusanwalt zugelassener Verbandsvertreter nach § 11 Abs. 2 S. 2 Nr. 4 und Nr. 5, Satz 3 ArbGG darf als sicheren Übermittlungsweg nur nicht das eigene personenbezogene beA, sondern auch das nicht-personenbezogene elektronische Bürger- und Organisationenpostfach (eBO) des Verbands nutzen.[219] Wird die Klageschrift als nicht mit einer qualifizierten elektronischen Signatur versehenes elektronisches Dokument aus einem eBO übermittelt, das für eine juristische Person oder sonstige Vereinigung eingerichtet worden ist, muss die einfach signierende Person nicht gesetzlicher Vertreter des Postfachinhabers sein.[220]

d) **Abfassung der Kündigungsschutzklage in deutscher Sprache.** Die Klage ist schließlich in deutscher Sprache abzufassen, weil nach § 184 GVG die Gerichtssprache deutsch ist.[221] Eine Ausnahme gilt gemäß Anlage I Kapitel III Sachgebiet A Abschnitt III Nr. 1 Buchst r des Einigungsvertrags für **Sorben:** In den Heimatkreisen der sorbischen Bevölkerung, dh in der Lausitz (Brandenburg und Sachsen), sind Schriftsätze in sorbischer Sprache fristwahrend und von Amts wegen zu übersetzen.[222] 42

e) **Abgrenzung der ordnungsgemäßen Erhebung der Kündigungsschutzklage von deren Schlüssigkeit.** Von diesen Formalien einer ordnungsgemäßen Klageerhebung ist die schlüssige Darlegung der klagebegründenden Tatsachen zu trennen. So hat der Kläger, wenn er sich auf die fehlende soziale Rechtfertigung einer Kündigung nach § 1 Abs. 2 beruft, die Voraussetzungen zur Anwendung des KSchG (§§ 1 Abs. 1, 23 Abs. 1) schlüssig vorzutragen (dazu ausf. → § 1 Rn. 154 ff.).[223] Fehlen solche Angaben, führt dies nicht zur Unzulässigkeit, sondern zur Unbegründetheit der Klage, sofern nicht andere Unwirksamkeitsgründe dargetan sind.[224] 43

f) **Mindestanforderungen an fristwahrende Kündigungsschutzklage.** Die Klagefrist des § 4 S. 1 wird nicht nur durch eine in allen Punkten dem Prozessrecht genügende Klageerhebung gewahrt. Vielmehr können auch zunächst unzulässige Klagen zur Fristwahrung ausreichen. Das ist der Fall, wenn die **Klageerhebung wirksam** ist und sie dem Arbeitgeber **Klarheit** verschafft, **ob der Arbeitnehmer die Unwirksamkeit einer bestimm-** 44

[213] BGH 30.3.2022 – XII ZB 311/21, NJW 2022, 2415.
[214] BGH 28.2.2024 – IX ZB 30/23, NZA 2024, 647; BAG 24.10.2019 – 8 AZN 589/19, NZA 2019, 1661; Bader NZA 2023, 403 (404 f.); aA BGH 18.10.2022 – 3 StR 262/22, NStZ-RR 2023, 22.
[215] BGH 3.7.2024 – XII ZB 538/23, NJW 2024, 2996.
[216] BAG 24.10.2024 – 2 ABR 38/23, NZA 2024, 1735; BGH 6.4.2023 – I ZB 84/22, NJW-RR 2023, 906.
[217] BGH 7.5.2024 – VI ZB 22/23, NJW-RR 2024, 1058.
[218] BVerwG 21.12.2023 – 2 B 2.23, NVwZ 2023, 595; mit beachtlichen Gründen aA Schmid RDi 2024, 286.
[219] BAG 19.12.2024 – 8 AZB 22/24, NZA 2025, 207.
[220] BAG 28.1.2025 – 1 AZR 41/24, BeckRS 2025, 13510.
[221] Vgl. BAG 17.2.1982 – 7 AZR 846/79, AP SchwbG § 15 Nr. 1 mzustAnm Gröninger = SAE 1983, 3 mzustAnm Corts/Hege; KR/Klose KSchG § 4 Rn. 229; APS/Hesse/Tiedemann KSchG § 4 Rn. 112.
[222] Vgl. Zöller/Lückemann § 184 GVG Rn. 7.
[223] APS/Hesse/Tiedemann KSchG § 4 Rn. 108.
[224] Vgl. BAG 18.7.2013 – 6 AZR 420/12, NZA 2014, 109.

ten Kündigung gerichtlich geltend machen will. Danach ist die Klagefrist, ohne dass es auf eine rückwirkende Heilung nach § 295 ZPO (→ Rn. 40) oder eine nachträgliche Klagezulassung gemäß § 5 KSchG ankäme, von vornherein gewahrt, wenn die rechtzeitig eingereichte Klageschrift von einer postulationsfähigen Person unterzeichnet ist, die sie – als solche und nicht als bloßen Entwurf – verantwortet (§ 253 Abs. 4 iVm § 130 Nr. 6 ZPO), und aus ihr die Parteien (§ 253 Abs. 2 Nr. 1 ZPO), die angefochtene Kündigung (§ 253 Abs. 2 Nr. 2 ZPO) sowie der Wille des Arbeitnehmers, die Unwirksamkeit dieser Kündigung gerichtlich feststellen zu lassen, ersichtlich sind. Hingegen rechnen die in § 253 Abs. 4 iVm § 130 Nr. 1 bis 5 ZPO bestimmten Angaben weder zu den Mindestanforderungen an eine wirksame Klagerhebung noch werden sie von § 4 S. 1 verlangt. Deshalb kann eine Kündigungsschutzklage die Frist des § 4 S. 1 auch wahren, wenn der Arbeitnehmer in der Klage seinen Wohnort nicht angibt (sog. Klage aus dem Verborgenen).[225] Zu beachten ist freilich, dass der anfängliche Zulässigkeitsmangel im Zeitpunkt der letzten mündlichen Verhandlung behoben sein muss; andernfalls ist die wirksame Klage als unzulässig abzuweisen.

5. Feststellungsinteresse bei der Kündigungsschutzklage

45 Ein besonderes Feststellungsinteresse, wie es § 256 ZPO für allgemeine Feststellungsklagen verlangt, muss in der Kündigungsschutzklage grundsätzlich nicht dargelegt werden. Denn die Notwendigkeit, Klage zu erheben, um die Heilung der Unwirksamkeit nach **§ 7** zu verhindern, ergibt ohne Weiteres das **Feststellungsinteresse** des Arbeitnehmers.[226] Deshalb wird die Feststellungsklage auch durch die Möglichkeit, eine Leistungsklage (Lohnklage) zu erheben, nicht ausgeschlossen.

46 Das Feststellungsinteresse besteht auch, wenn der Arbeitnehmer inzwischen **ein neues Arbeitsverhältnis** eingegangen ist und deshalb nicht in das alte zurückkehren will.[227] Zwar hat er dann nur ein Interesse daran, den Lohn für die Zeit zwischen der sozialwidrigen Entlassung und dem Tag des Eintritts in das neue Arbeitsverhältnis zu erhalten (§ 12 S. 4), aber dieser Anspruch setzt voraus, dass nicht die Kündigung als solche schon das Arbeitsverhältnis aufgelöst hat. Zudem bedarf der Arbeitnehmer einer einem Antrag nach § 4 S. 1 stattgebenden Entscheidung, wenn er eine Auflösung des alten Arbeitsverhältnisses gegen Zahlung einer Abfindung nach §§ 9, 19 erreichen möchte (dazu, dass im Fall eines alsbald anderweitig begründeten Arbeitsverhältnisses die etwaige Abfindung nicht mit „null" festzusetzen ist → § 10 Rn. 18). Der Arbeitnehmer muss deshalb auch in diesem Fall eine rückwirkende Heilung der Unwirksamkeit der Kündigung verhindern, und dafür ist die Kündigungsschutzklage nötig. Entsprechendes gilt, wenn er im Hinblick auf eine von seinem früheren Arbeitgeber abgegebene Rückkehrgarantie gegen diesen parallel zur Kündigungsschutzklage in einem weiteren Rechtsstreit einen Wiedereinstellungsanspruch geltend macht.[228]

47 Das Interesse des Arbeitnehmers an der Feststellung der Unwirksamkeit einer Kündigung fehlt jedoch, wenn an dem begehrten Urteil kein schutzwürdiges Interesse besteht,[229] zB weil das Arbeitsverhältnis wegen eines vor oder gleichzeitig mit Ablauf der Kündigungsfrist wirksam werdenden **anderen Beendigungstatbestands** endet und diese Beendigung zwischen den Parteien unstreitig bzw. rechtskräftig festgestellt ist.[230] Gleiches gilt, wenn sich der Arbeitnehmer außergerichtlich in einem Vergleich zur Klagerücknahme

---

[225] Zu allem Vorstehenden BAG 1.10.2020 – 2 AZR 247/20, NZA 2021, 75.

[226] Ebenso BAG 11.2.1981 – 7 AZR 12/79, AP KSchG 1969 § 4 Nr. 8 mzustAnm M. Wolf; Boemke RdA 1995, 211, 215; KR/Klose KSchG § 4 Rn. 48; APS/Hesse/Tiedemann KSchG § 4 Rn. 24; PVT Kündigung/Vossen Rn. 2049; Niemann NZA 2019, 65 (66 ff.).

[227] BAG 14.1.1993 – 2 AZR 387/92, NZA 1993, 981.

[228] BAG 21.3.2012 – 6 AZR 596/10, NZA 2012, 1058.

[229] BAG 21.12.2022 – 7 AZR 489/21, NZA 2023, 493.

[230] BAG 17.8.2023 – 6 AZR 56/23, NZA 2024, 473; 11.2.1981 – 7 AZR 12/79, AP KSchG 1969 § 4 Nr. 8 mzustAnm M. Wolf; ebenso APS/Hesse/Tiedemann KSchG § 4 Rn. 25; LSSW/Spinner § 4 Rn. 49; offengelassen von BAG 29.1.2015 – 2 AZR 698/12, NZA 2015, 1022.

verpflichtet hat und sich der Arbeitgeber hierauf beruft.[231] Beim Zusammentreffen eines Kündigungsschutzprozesses mit einem Antrag auf Schadensersatz wegen Auflösungsverschuldens des Arbeitgebers (§ 628 Abs. 2 BGB) entfällt das Feststellungsinteresse für den Kündigungsschutzantrag nur, wenn der Arbeitnehmer unmissverständlich erklärt, auch für den Fall seines Unterliegens im Schadensersatzprozess weder das Arbeitsverhältnis fortsetzen zu wollen noch die gerichtliche Auflösung des Arbeitsverhältnisses gemäß §§ 9, 10 gegen Festsetzung einer Abfindung zu begehren.[232] Schließlich kann es, weil die Fiktion des § 7 KSchG nicht einzugreifen droht, an einem Feststellungsinteresse für eine Klage nach § 4 KSchG fehlen, wenn es objektiv bereits an einer Kündigungserklärung fehlt und der Arbeitgeber auch nichts Gegenteiliges für sich reklamiert.[233]

6. Auswirkungen der Kündigungsschutzklage auf Entgeltansprüche

a) **Auswirkungen der Kündigungsschutzklage auf die Verjährung.** Die Kündigungs- **48**
schutzklage hemmt nicht den Lauf der Verjährung (§ 204 BGB).[234] Die Verjährung eines Anspruchs kann zwar nach § 204 Abs. 1 Nr. 1 BGB durch die Erhebung einer Klage auf Feststellung des Anspruchs gehemmt werden. Erforderlich hierfür ist allerdings eine positive Feststellungsklage, deren Gegenstand das Bestehen des Anspruchs ist. Die Kündigungsschutzklage umfasst nach ihrem Streitgegenstand jedoch nicht die Annahmeverzugsansprüche des Arbeitnehmers. Mit ihr wird nicht über einen „Anspruch" iSd § 194 Abs. 1 BGB, sondern nur über den Fortbestand des Arbeitsverhältnisses als eine für das Bestehen von Annahmeverzugsansprüchen bedeutsame Vorfrage gestritten. Für die analoge Anwendung der §§ 203 ff. BGB ist mangels einer Regelungslücke kein Raum.[235] Hieran ist trotz des durch das BVerfG vorgegebenen veränderten Verständnisses von den Wirkungen einer Kündigungsschutzklage auf Ausschlussfristen[236] (→ Rn. 51 ff.) festzuhalten. Hierfür spricht insbesondere, dass die Verjährungsfrist für Arbeitsentgeltforderungen des Arbeitnehmers gemäß § 195 BGB drei Jahre beträgt und in der Regel ein Kündigungsschutzprozess innerhalb dieser Zeit abgeschlossen sein wird. Der Arbeitnehmer weiß daher regelmäßig vor Ablauf der Verjährungsfrist, ob ihm noch Annahmeverzugsansprüche zustehen. Damit ist das Kostenrisiko des Arbeitnehmers typischerweise deutlich geringer als in Bezug auf die wesentlich kürzeren Ausschlussfristen.

Wird auf die **erfolgreiche Verfassungsbeschwerde eines Arbeitnehmers** vom BVerfG **49**
ein die Kündigungsschutzklage abweisendes Urteil aufgehoben, ist dies keine „höhere Gewalt" iSd § 206 BGB.[237] Die Verjährungsfrist für vom Ausgang des Kündigungsschutzprozesses abhängige Annahmeverzugsansprüche wird hierdurch nicht gehemmt, wenn der Kläger keinerlei Anstrengungen zur Wahrung der Verjährungsfrist unternommen hat, obwohl er dazu in der Lage war. Wie immer man über den Streitgegenstand des Kündigungsschutzprozesses denken mag (dazu → Rn. 140 ff.), ist jedenfalls nicht der Vergütungsanspruch Gegenstand des Prozesses. Das der Kündigungsschutzklage stattgebende Urteil hat keine Feststellung des Entgeltanspruchs für die Zeit bis zum Erlass des Urteils zum Gegenstand, da ihm nicht zu entnehmen ist, in welcher Höhe ein Vergütungsanspruch besteht (vgl. dazu insbesondere § 11 KSchG).[238] Die Verjährung von Annahmeverzugsansprüchen wird auch nicht durch die Erhebung einer gegen die Abweisung der Kündigungsschutzklage gerichteten **Restitutionsklage** gehemmt. Die auf die Restitutionsklage des Arbeitnehmers aufgehobene zunächst rechtskräftige Abweisung der Kündigungsschutzklage ist für sich genommen gleichfalls keine höhere Gewalt iSv

[231] PVT Kündigung/Vossen Rn. 2051.
[232] BAG 11.2.1981 – 7 AZR 12/79, AP KSchG 1969 § 4 Nr. 8.
[233] BAG 21.12.2022 – 7 AZR 489/21, NZA 2023, 493.
[234] BAG 24.6.2015 – 5 AZR 509/13, AP BGB § 204 Nr. 1 mAnm Husemann/Weirauch.
[235] BAG 24.9.2014 – 5 AZR 593/12, NZA 2015, 35.
[236] BVerfG 1.12.2010 – 1 BvR 1682/07, NZA 2011, 354.
[237] BAG 7.11.2002 – 2 AZR 297/01, NZA 2003, 963.
[238] Für eine analoge Anwendung dagegen Becker/Bader BB 1981, 1709 (1716).

§ 206 BGB, wenn der Arbeitnehmer nicht auf die Richtigkeit der Entscheidung vertraute, sondern das Verfahren gegen die der Entscheidung zugrundeliegende Zustimmung des Integrationsamts fortführte.[239]

50 Es ist allerdings nicht zu verkennen, dass **dieses Ergebnis der hM nicht voll befriedigt.** Es ist verständlich, wenn ein Arbeitnehmer während der Dauer des Kündigungsschutzprozesses noch keine Zahlungsklage erhebt, obwohl ihre Verbindung mit der Feststellungsklage aus § 4 S. 1 möglich ist, sondern zunächst das Ergebnis des Kündigungsschutzprozesses abwarten will. Er wird es deshalb als Unrecht empfinden, wenn ihm nach Obsiegen im Kündigungsschutzprozess ein Teil seines Entgelts wegen Verjährung verweigert wird. Larenz[240] neigt deshalb zu der Annahme, dass, da die Unwirksamkeit der Kündigung solange nicht geltend gemacht werden kann, wie sie nicht auf eine Klage des Arbeitnehmers durch Urteil festgestellt ist, die Kündigung zunächst einmal wirksam sei und deshalb der Lohnanspruch erst mit Rechtskraft des die Nichtigkeit der Kündigung feststellenden Urteils entstehe und somit die Verjährung erst dann beginne.[241] Das widerspricht aber der klaren gesetzlichen Regelung, die von der sofortigen Unwirksamkeit der sozialwidrigen Kündigung ausgeht (vgl. → Rn. 1). Diese Ansicht würde auch zu der wenig erfreulichen Folge führen, dass der Arbeitgeber, der nach sozialwidriger Kündigung das Arbeitsentgelt verweigert, vor Rechtskraft des Urteils nicht in Schuldnerverzug geriete. **De lege ferenda** ist zu erwägen, ob man nicht für die Verjährung des Lohnanspruchs eine **Ablaufhemmung** (ähnlich wie in den §§ 210, 211 BGB) vorsehen sollte.[242] Einstweilen wird der Arbeitnehmer sich zur Kostenschonung damit behelfen müssen, seine (vermeintlichen) Annahmeverzugsansprüche mit einem auflösend bedingten unechten Hilfsantrag zu verfolgen und dadurch deren Verjährung zu hemmen.[243]

51 b) **Auswirkungen der Kündigungsschutzklage auf Ausschlussfristen.** Für die Frage, ob mit Erhebung einer Kündigungsschutzklage für Entgeltansprüche etwaige **Ausschlussfristen** gewahrt werden, gilt Folgendes:

52 aa) **Kündigungsschutzklage und einstufige Ausschlussfristen.** Verlangt eine Ausschlussfrist lediglich die **schriftliche Geltendmachung** des Anspruchs innerhalb einer bestimmten Frist, erfasst die fristgerecht erhobene Kündigungsschutzklage, ohne dass es einer bezifferten Geltendmachung bedarf, regelmäßig auch die Ansprüche, die für den Arbeitgeber erkennbar mit dem Fortbestand des Arbeitsverhältnisses im Normalfall verbunden sind,[244] einschließlich der darauf entfallenden Verzugszinsen nach §§ 286, 288 BGB.[245] Der Arbeitgeber kann hier erkennen, dass der Arbeitnehmer nicht nur den Bestand des Arbeitsverhältnisses, sondern auch die durch die Kündigung bedrohten regelmäßig fällig werdenden Einzelansprüche aus dem Arbeitsverhältnis sichern will. Dies gilt – vorbehaltlich des Textformerfordernisses aus § 309 Nr. 13 lit. b BGB – für vertraglich vereinbarte[246] ebenso wie für tarifvertragliche Ausschlussfristen.[247] Zahlungsansprüche, die zusätzlich auf eine unrichtige Eingruppierung gestützt werden, bedürfen allerdings zur Wahrung der Ausschlussfrist einer gesonderten, hierauf gestützten Geltendmachung, wenn sie während des Kündigungsrechtsstreits fällig werden.[248]

---

[239] BAG 24.9.2014 – 5 AZR 593/12, NZA 2015, 35.
[240] SAE 1960, 81.
[241] Ebenso Bötticher BB 1981, 1954 (1958).
[242] Vgl. A. Hueck Anm. zu BAG AP BGB § 209 Nr. 1; siehe auch KR/Klose KSchG § 4 Rn. 59, der dies bereits de lege lata annimmt.
[243] Vgl. Niemann NZA 2019, 65 (72).
[244] BAG 27.10.2021 – 9 AZR 531/19, NZA 2021, 504; 18.9.2019 – 5 AZR 240/18, NZA 2020, 174; 24.9.2014 – 5 AZR 593/12, NZA 2015, 35; 19.9.2012 – 5 AZR 627/11, NZA 2013, 101.
[245] BAG 24.6.2021 – 5 AZR 385/20, NZA 2021, 1488; vgl. auch BAG 23.2.2022 – 4 AZR 354/21, BeckRS 2022, 12373; 17.11.2021 – 4 AZR 77/21, NZA 2022, 798.
[246] BAG 18.9.2019 – 5 AZR 240/18, NZA 2020, 174; 19.5.2010 – 5 AZR 253/09, NZA 2010, 939 mwN.
[247] BAG 24.9.2014 – 5 AZR 593/12, NZA 2015, 35; 11.2.2009 – 5 AZR 168/08, NZA 2009, 687.
[248] BAG 18.9.2019 – 5 AZR 240/18, NZA 2020, 174; 14.12.2005 – 10 AZR 70/05, NZA 2006, 998.

Der Klageabweisungsantrag des Arbeitgebers in einem Kündigungsschutzrechtsstreit enthält demgegenüber nicht zugleich die schriftliche Geltendmachung für **Ansprüche des Arbeitgebers** auf Rückgewähr solcher Leistungen, die er für die Zeit nach der rechtskräftig festgestellten Beendigung des Arbeitsverhältnisses rechtsgrundlos dem Arbeitnehmer erbracht hat. Für diese beginnt die Ausschlussfrist erst mit Rechtskraft des Urteils.[249] 53

bb) Wahrung einer einstufigen Ausschlussfrist durch Kündigungsschutzklage; keine Geltung von § 167 ZPO. Verlangt eine tarifliche Ausschlussfrist die schriftliche Geltendmachung der Ansprüche gegenüber dem Arbeitgeber, wahrt eine Kündigungsschutzklage, die zwar vor dem Fristablauf beim ArbG eingeht, dem Arbeitgeber jedoch erst nach dem Fristablauf zugestellt wird, nicht die Frist. **§ 167 ZPO** findet jedenfalls auf die Wahrung einer in einem Tarifvertrag geregelten und durch ein einfaches Schreiben einzuhaltenden Ausschlussfrist **keine Anwendung.**[250] 54

cc) Kündigungsschutzklage und zweistufige Ausschlussfristen. Wird zur Wahrung einer zweistufigen Ausschlussfrist nach Ablehnung der Forderung durch den Arbeitgeber oder Verstreichenlassen einer näher bestimmten Frist die **gerichtliche Geltendmachung** von Ansprüchen verlangt, genügt hierfür die Erhebung einer Kündigungsschutzklage. Hiermit werden zugleich auch die hiervon abhängigen Zahlungsansprüche „gerichtlich geltend gemacht".[251] Hiervon geht das BAG nunmehr sowohl für in AGB vereinbarten Ausschlussfristen[252] als auch in Bezug auf tarifvertragliche Ausschlussfristen zu Recht aus.[253] An der anders lautenden früheren Rechtsprechung, die für die Wahrung der zweiten Stufe einer tariflichen Ausschlussfrist regelmäßig die Erhebung einer bezifferten Klage verlangte,[254] kann nach dem Beschluss des BVerfG vom 1.12.2010[255] nicht festgehalten werden.[256] Das BVerfG hat hierin entschieden, dass der Arbeitnehmer in seinem Grundrecht auf Gewährung effektiven Rechtsschutzes verletzt werde, wenn das tarifliche Erfordernis einer gerichtlichen Geltendmachung von Ansprüchen, die vom Ausgang einer Bestandsstreitigkeit abhängen, nach den bisherigen Grundsätzen des BAG ausgelegt und angewandt werde.[257] Tarifvertragliche Ausschlussfristen, die eine rechtzeitige gerichtliche Geltendmachung vorsehen, sind hiernach verfassungskonform dahingehend auszulegen, dass die vom Erfolg einer Bestandsschutzstreitigkeit abhängigen Ansprüche bereits mit der Klage in der Bestandsstreitigkeit gerichtlich geltend gemacht sind.[258] Die fristwahrende Wirkung der Bestandsschutzklage entfällt dabei nicht mit der formellen Rechtskraft eines Urteils, wenn nachfolgend nach einer erfolgreichen **Restitutionsklage** das Verfahren wieder aufgenommen wird.[259] Eine Regelung in einer **Betriebsvereinbarung,** die von den Arbeitnehmern bereits während eines laufenden Kündigungsschutzprozesses die gerichtliche Geltendmachung von Annahmeverzugsansprüchen verlangt, die vom Ausgang des Kündigungsschutzprozesses abhängen, belastet die Arbeitnehmer unverhältnismäßig und ist deshalb unwirksam.[260] 55

Für den Regelfall kann dahinstehen, ob bei Rücknahme der Kündigungsschutzklage der Verfall von mit ihr geltend gemachten Annahmeverzugsansprüchen analog § 204 56

[249] Vgl. BAG 19.1.1999 – 9 AZR 405/97, NZA 1999, 1040.
[250] BAG 16.3.2016 – 4 AZR 421/15, AP TVG § 4 Ausschlussfristen Nr. 208 mzustAnm Boemke.
[251] BAG 18.9.2019 – 5 AZR 240/18, NZA 2020, 174; 24.9.2014 – 5 AZR 593/12, NZA 2015, 35.
[252] BAG 19.5.2010– 5 AZR 253/09, AP BGB § 310 Nr. 13 mzustAnm Stein; BAG 19.3.2008 – 5 AZR 429/07, NZA 2008, 757; im Ergebnis auch Matthiessen NZA 2008, 1165; aA Schöne SAE 2009, 25.
[253] BAG 24.9.2014 – 5 AZR 593/12, NZA 2015, 35; ebenso Husemann Anm. AP TVG § 4 Ausschlussfristen Nr. 196.
[254] Vgl. BAG 26.4.2006 – 5 AZR 403/05, NZA 2006, 845.
[255] BVerfG 1.12.2010 – 1 BvR 1682/07, NZA 2011, 354.
[256] BAG 19.9.2012 – 5 AZR 627/11, NZA 2013, 101.
[257] BVerfG 1.12.2010 – 1 BvR 1682/07, NZA 2011, 354.
[258] BAG 19.9.2012 – 5 AZR 627/11, NZA 2013, 101.
[259] BAG 24.9.2014 – 5 AZR 593/12, NZA 2015, 35.
[260] BAG 12.12.2006 – 1 AZR 96/06, NZA 2007, 453.

Abs. 2 S. 1 BGB für weitere sechs Monate oder doch für die Länge der in Rede stehenden Ausschlussfrist gehindert wird.[261] Denn mit Rücknahme der Kündigungsschutzklage tritt mangels abweichender Regelung im KSchG gemäß § 269 Abs. 3 ZPO die Fiktion des § 7 ein, so dass die Kündigung als wirksam gilt (→ Rn. 102 und → § 7 Rn. 3) und Annahmeverzugsansprüche nicht bestehen können. Das Gleiche gilt in den Fällen von § 54 Abs. 5 S. 4 ArbGG.[262] Ansonsten entfällt die fristwahrende Wirkung der Kündigungsschutzklage weder iSv § 4 S. 1 noch iSd betreffenden Ausschlussfrist, wenn der Kündigungsschutzprozess ohne triftigen Grund nicht betrieben wird und deshalb in Stillstand gerät.[263] Auch dürfte die fristwahrende Wirkung der ersten Kündigungsschutzklage erhalten bleiben, wenn der Arbeitnehmer nach ihrer Rücknahme eine zweite Kündigungsschutzklage erhebt und diese ausnahmsweise gemäß § 5 nachträglich zuzulassen ist (→ § 5 Rn. 32). Überhaupt könnte eine nachträglich zugelassene, einer fristgerecht erhobenen Klage auch insoweit gleichzustellen sein, wie es um die Wahrung von Ausschlussfristen geht.

57 c) **Besonderheiten der Änderungsschutzklage im Hinblick auf Ausschlussfristen.** Die rechtzeitige Geltendmachung von Lohnansprüchen durch Erhebung der Kündigungsschutzklage ist im Fall der **Änderungskündigung,** bei der das Änderungsangebot vom Arbeitnehmer unter Vorbehalt angenommen wird, abweichend zu beurteilen. Die Annahme unter Vorbehalt nach § 2 bewirkt, nach hM dass die geänderten Arbeitsbedingungen als vorläufig vereinbart gelten; führt dann eine Kündigungsschutzklage gemäß § 8 zur Wiederherstellung der ursprünglichen Arbeitsbedingungen, wird die Differenz zwischen dem ursprünglichen und dem tatsächlich gezahlten Entgelt trotz der Rückwirkung des § 8 erst mit Rechtskraft der Entscheidung fällig, da die Rückwirkung lediglich fingiert wird. Dementsprechend kann vorher noch keine Ausschlussfrist laufen.[264]

7. Auswirkungen der Kündigungsschutzklage auf Urlaubsansprüche

58 Die Erhebung einer Kündigungsschutzklage und die damit verbundene Ungewissheit über den Fortbestand des Arbeitsverhältnisses stehen einer vorsorglichen Urlaubsgewährung durch den Arbeitgeber nicht entgegen.[265] Ein **Verfall von nicht gewährten Urlaubsansprüchen im gekündigten Arbeitsverhältnis** kommt nur in Betracht, wenn der Arbeitgeber erklärt, er sei trotz des Streits über die Wirksamkeit der Kündigung vorsorglich bereit, dem Arbeitnehmer über den vorgesehenen Beendigungstermin hinaus durch eine Freistellung und die Zahlung der Urlaubsvergütung vor Antritt des Urlaubs oder eine ihn bindende Zahlungszusage vorbehaltlos bezahlten Urlaub zu gewähren, und er auf die Befristung des Urlaubsanspruchs und den bei Fehlen eines Urlaubsverlangens mit Ablauf des Urlaubsjahrs oder Übertragungszeitraums eintretenden Verfall hinweist.[266] Die Mitwirkungsobliegenheit des Arbeitgebers betrifft jedoch nur die Verwirklichung des Urlaubsanspruchs, nicht auch die des Urlaubsabgeltungsanspruchs. Vielmehr trägt der Arbeitnehmer grundsätzlich auch dann selbst das Risiko, den Urlaubsabgeltungsanspruch (vorsorglich) rechtzeitig im Sinn einer tariflichen Ausschlussfrist geltend zu machen, wenn er eine Kündigungsschutzklage erhoben hat.[267] Der Urlaubsabgeltungsanspruch entsteht mit der rechtlichen Beendigung des Arbeitsverhältnisses und wird grundsätzlich gleichzeitig fällig. Ein vom Arbeitnehmer – erfolglos – eingeleitetes Kündigungsschutzverfahren verschiebt die Fälligkeit nicht nach hinten. Das gilt auch, wenn die

[261] Für Letzteres APS/Hesse/Tiedemann KSchG § 4 Rn. 157a.
[262] Zur Wirkung der Norm BAG 21.6.2023 – 7 AZR 234/22, BeckRS 2023, 30188.
[263] BAG 7.11.1991 – 2 AZR 34/91, NZA 1992, 521; zustimmend Schulin Anm. zu BAG EzA § 4 TVG Ausschlussfristen Nr. 93.
[264] Ebenso HaKo-KSchR/Gallner KSchG § 4 Rn. 160; LSSW/Spinner § 4 Rn. 86.
[265] BAG 25.8.2020 – 9 AZR 612/19, NZA 2020, 1633.
[266] BAG 27.10.2020 – 9 AZR 531/19, NZA 2021, 504; 25.8.2020 – 9 AZR 612/19, NZA 2020, 1633.
[267] BAG 27.10.2020 – 9 AZR 531/19, NZA 2021, 504.

Parteien sich durch gerichtlichen Vergleich auf die Beendigung des Arbeitsverhältnisses zum Kündigungstermin verständigen.[268] Die Erhebung einer **Kündigungsschutzklage** als solche hat grundsätzlich **nicht die Geltendmachung von Urlaubsabgeltungsansprüchen** zum Inhalt.[269] Der Anspruch auf Urlaubsabgeltung knüpft nicht an den Erfolg der Kündigungsschutzklage, den Fortbestand des Arbeitsverhältnisses, an, sondern setzt mit der Beendigung des Arbeitsverhältnisses gerade das Gegenteil voraus. Mit der Erhebung einer Bestandsschutzklage bringt der Arbeitnehmer deutlich zum Ausdruck, dass er das für den Anspruch auf Urlaubsabgeltung maßgebliche Tatbestandsmerkmal der rechtlichen Beendigung des Arbeitsverhältnisses gerade als nicht gegeben ansieht. Ohne weitere Anhaltspunkte (zB einen echten Hilfsantrag auf Urlaubsabgeltung) kann der Arbeitgeber einer Bestandsschutzklage als solcher nicht mit hinreichender Deutlichkeit entnehmen, dass der Arbeitnehmer (auch) auf die Erfüllung solcher Ansprüche besteht, die nicht an den mit seiner Klage bezweckten rechtlichen Fortbestand des Arbeitsverhältnisses anknüpfen. Das Erfordernis einer außergerichtlichen schriftlichen Geltendmachung des Urlaubsabgeltungsanspruchs steht im Einklang mit dem Gebot effektiven Rechtsschutzes.[270]

8. Vorbringen aller Unwirksamkeitsgründe im Rahmen der Kündigungsschutzklage

Eine Folge der im Gesetz verwirklichten Konstruktion der Kündigungsschutzklage ist, 59
dass der **Arbeitnehmer** im Kündigungsschutzprozess **alle Unwirksamkeitsgründe** in Bezug auf die streitgegenständliche Kündigung geltend machen muss.[271] Das Gericht entscheidet über deren Rechtswirksamkeit schlechthin, dh über die Frage, ob die Kündigung das Arbeitsverhältnis aufgelöst hat. Ein Urteil, das eine negative Feststellungsklage als unbegründet abweist, stellt das Bestehen des Rechtsverhältnisses rechtskräftig fest.[272] Das gilt allemal für die Kündigungsschutzklage, bei der es sich um eine „Gestaltungsgegenklage" im Gewand einer Feststellungsklage handelt.[273] Klagt der Arbeitnehmer also auf Feststellung, dass das Arbeitsverhältnis durch eine näher bezeichnete Kündigung nicht aufgelöst ist, und wird diese Klage abgewiesen, steht rechtskräftig die Wirksamkeit der Kündigung fest (vgl. → Rn. 159). Damit kann der Arbeitnehmer in einem neuen Prozess nicht mehr geltend machen, die Kündigung sei aus irgendeinem anderen Grund nichtig.[274]

Der Arbeitnehmer muss indes **nicht innerhalb der Dreiwochenfrist alle Unwirksamkeitsgründe vortragen.** 60
Hat er mit der Klage die fehlende soziale Rechtfertigung der Kündigung gerügt, kann er sich nach § 6 noch bis zum Schluss der mündlichen Verhandlung erster Instanz in den Grenzen von § 296 ZPO, § 61a Abs. 5 ArbGG auf andere Unwirksamkeitsgründe berufen. Entsprechendes gilt, wenn der Arbeitnehmer in der Klage nur einen sonstigen Unwirksamkeitsgrund geltend gemacht hat.

9. Kündigungsschutzklage bei Rücknahme der Kündigung

Die Kündigung ist als einseitige rechtsgestaltende empfangsbedürftige Willenserklärung 61
gemäß § 130 Abs. 1 S. 1 BGB in dem Zeitpunkt wirksam, in welchem sie dem

[268] BAG 27.10.2020 – 9 AZR 531/19, NZA 2021, 504.
[269] Hierzu und zum Folgenden BAG 17.10.2017 – 9 AZR 80/17, NZA 2018, 57; 21.2.2012 – 9 AZR 486/10, NZA 2012, 750.
[270] BAG 27.10.2020 – 9 AZR 531/19, NZA 2021, 504.
[271] BAG 12.6.1986 – 2 AZR 426/85, NZA 1987, 273 = EzA § 4 KSchG nF Nr. 31 mablAnm Teske; Ascheid Kündigungsschutzrecht Rn. 757; APS/Hesse/Tiedemann KSchG § 4 Rn. 114; Boemke RdA 1995, 211 (213 f.); KR/Klose KSchG § 4 Rn. 322; E. Habscheid RdA 1989, 88, 89 f.; aA Bettermann ZfA 1985, 5 (16).
[272] Vgl. Zöller/Vollkommer ZPO § 322 Rn. 11.
[273] Vgl. BAG 20.12.2012 – 2 AZR 867/11, NZA 2013, 1003; Niemann FS Preis S. 927 (929).
[274] BAG 12.6.1986 – 2 AZR 426/85, NZA 1987, 273; 12.1.1977 – 5 AZR 593/75, NJW 1977, 1895; Ascheid Kündigungsschutzrecht Rn. 783; Niemann FS Preis S. 927 (929 f.).

Arbeitnehmer zugeht.[275] Nach dem **Zugang** der Kündigungserklärung ist ein einseitiger Widerruf oder eine Rücknahme durch den Arbeitgeber grundsätzlich nicht möglich, weil die Gestaltungswirkung der Kündigung schon eingetreten ist.[276]

62 Der **Arbeitgeber kann die Unwirksamkeit seiner Kündigung nicht klageweise geltend machen.** Gemäß § 7 gilt die Kündigung als von Anfang an wirksam, wenn der Arbeitnehmer keine Kündigungsschutzklage erhebt. Daraus folgt, dass der Arbeitnehmer, der mit der Kündigung einverstanden ist, den Arbeitgeber „durch Untätigbleiben" an der Kündigung festhalten kann.[277]

63 **Erhebt der Arbeitnehmer Klage** auf Feststellung der Unwirksamkeit der Kündigung und erklärt der Arbeitgeber im Lauf des Prozesses die Rücknahme der Kündigung, liegt darin ein Angebot zur Fortsetzung des Arbeitsverhältnisses zu den bisherigen Bedingungen.[278] Dem Arbeitnehmer bleibt sodann die Wahl: Er kann dieses Angebot des Arbeitgebers entsprechend §§ 145 ff. BGB annehmen oder ablehnen. Dabei geht das BAG zu Recht davon aus, dass in der Erhebung der Kündigungsschutzklage nicht die vorweggenommene Annahmeerklärung zu sehen ist.[279] Nimmt der Arbeitnehmer das Angebot des Arbeitgebers an, ist der Rechtsstreit in der Hauptsache erledigt. Um eine kostenpflichtige Abweisung zu vermeiden, muss der Arbeitnehmer in diesem Fall die Klage in der Hauptsache für erledigt erklären.[280] Hat der Arbeitgeber den Antrag unter den Voraussetzungen des § 307 ZPO anerkannt, hat – in der Revision auf Antrag des Arbeitnehmers (§ 555 Abs. 3 ZPO) – ein Anerkenntnisurteil zu ergehen.

64 Im Fall der **Ablehnung des Angebots** des Arbeitgebers zur Fortsetzung des Arbeitsverhältnisses entfällt nicht unbedingt das Rechtsschutzinteresse an der Fortsetzung des Kündigungsschutzverfahrens. Dieses kann sich vielmehr aus der Möglichkeit ergeben, gemäß § 9 die Auflösung des Arbeitsverhältnisses unter Zahlung einer Abfindung zu beantragen. Dieses Recht kann ihm vom Arbeitgeber nicht einseitig durch „Rücknahme" der Kündigung genommen werden.[281] Gleiches gilt für das Auflösungsrecht nach § 12.

65 Entgegen einer im Schrifttum vertretenen Ansicht führt das nicht unverzügliche Stellen eines Auflösungsantrags nach § 9 nicht zu einer **konkludenten Annahme** des in der Rücknahme der Kündigung liegenden Angebots zur Fortsetzung des Arbeitsverhältnisses.[282] Ebenso wenig wie in der Kündigungsschutzklage die vorweggenommene Annahmeerklärung zu sehen ist, liegt in der bloßen Fortführung des Kündigungsschutzprozesses nach Kündigungsrücknahme eine stillschweigende Annahmeerklärung.[283] Der Arbeitnehmer ist allein gehalten, entsprechend §§ 145 ff. BGB das Angebot des Arbeitgebers zur Fortsetzung des Arbeitsverhältnisses umgehend anzunehmen, wenn er dies will. Eine solche Annahmeerklärung kann dabei beispielsweise darin liegen, dass er die Hauptsache für erledigt erklärt.[284]

66 Schließlich kann der Arbeitnehmer auch, wenn er inzwischen ein neues Arbeitsverhältnis eingegangen ist, gemäß **§ 12 die Fortsetzung** der Arbeit durch Erklärung gegen-

---

275 Dazu Schaub ArbR-HdB/Linck § 123 Rn. 30 ff.

276 BAG 6.2.1992 – 2 AZR 408/91, NJW 1992, 2173; 17.4.1986 – 2 AZR 308/85, NZA 1987, 17; 29.1.1981 – 2 AZR 1055/78, AP KSchG 1969 § 9 Nr. 6 mzustAnm Herschel = SAE 1982, 98 mit krit. Anm. Corts; KR/Klose KSchG § 4 Rn. 83; APS/Hesse/Tiedemann KSchG § 4 Rn. 126; APS/Preis Grundlagen C Rn. 123 ff.; ausf. zur Rücknahme von Kündigungen Arnhold–Zedelius Die Rücknahme der Kündigung im arbeitsrechtlichen Kündigungsschutzprozess 1986; Fischer NZA 1999, 459 ff.; Schwerdtner ZIP 1982, 639 ff.; Thüsing AuR 1996, 245 ff.

277 BAG 21.2.1957 – 2 AZR 410/54, AP KSchG § 1 Nr. 22; KR/Klose KSchG § 4 Rn. 85.

278 BAG 29.1.1981 – 2 AZR 1055/78, NJW 1982, 1118; KR/Klose KSchG § 4 Rn. 86; HaKo-KSchR/Gallner § 4 Rn. 79; APS/Hesse/Tiedemann KSchG § 4 Rn. 130.

279 BAG 19.8.1982 – 2 AZR 230/80, NJW 1983, 1628; ebenso HaKo-KSchR/Gallner KSchG § 4 Rn. 80; APS/Hesse/Tiedemann KSchG § 4 Rn. 131.

280 BAG 24.5.2018 – 2 AZR 67/18, NZA 2018, 1127.

281 BAG 26.3.2009 – 2 AZR 633/07, NZA 2011, 166; 19.8.1982 – 2 AZR 230/80, NJW 1983, 1628; KR/Klose KSchG § 4 Rn. 99 f.; LSSW/Spinner § 4 Rn. 101.

282 So aber KR/Klose KSchG § 4 Rn. 92, 101.

283 Wie hier APS/Hesse/Tiedemann KSchG § 4 Rn. 131; PVT Kündigung/Preis Rn. 230; Thüsing AuR 1996, 245 (248 f.).

284 BAG 17.4.1986 – 2 AZR 308/85, NZA 1987, 17; PVT Kündigung/Preis Rn. 230.

über dem alten Arbeitgeber **verweigern.** Auch daran kann ihn der Arbeitgeber nicht durch Anerkennung der Sozialwidrigkeit der Kündigung und „Rücknahme" derselben hindern.[285] Der Arbeitnehmer wird, falls sich der Arbeitgeber nicht freiwillig mit der Auflösung des Arbeitsverhältnisses einverstanden erklärt, in diesem Fall gut beraten sein, aufgrund des Anerkenntnisses des Arbeitgebers durch Anerkenntnisurteil (§ 307 ZPO) feststellen zu lassen, dass die Kündigung das Arbeitsverhältnis nicht aufgelöst habe, um danach die Erklärung nach § 12 abzugeben, die dann ihrerseits das Arbeitsverhältnis rechtsgestaltend auflöst.

10. Recht zur Erhebung der Kündigungsschutzklage bei Lohnpfändung, Abtretung und Vererbung

a) **Erhebung der Kündigungsschutzklage als höchstpersönliches Recht.** Das Recht zur Erhebung der Kündigungsschutzklage steht dem Arbeitnehmer höchstpersönlich zu.[286] Da es um den Bestand des ihn persönlich bindenden Arbeitsverhältnisses geht, muss sich der Arbeitnehmer hier frei entscheiden können. Die Zulässigkeit einer Prozessvollmacht für die Kündigungsschutzklage wird dadurch nicht berührt. 67

b) **Kündigungsschutzklage bei Insolvenz des Arbeitnehmers.** Wird im Fall der Insolvenz des Arbeitnehmers sein Arbeitsverhältnis gekündigt, bleibt die Entscheidung über eine Klageerhebung und die Prozessführungsbefugnis beim Schuldner und geht nicht auf den Treuhänder über.[287] 68

c) **Kündigungsschutzklage bei Abtretung von Entgeltforderungen.** Ein Gläubiger, der den Lohn- oder Gehaltsanspruch gepfändet hat, kann nicht von sich aus die Sozialwidrigkeit der Kündigung gerichtlich geltend machen, sondern muss abwarten, ob der Arbeitnehmer die Klage nach § 4 durchführt. Im Fall einer Abtretung von Lohn- oder Gehaltsansprüchen gilt das ebenso für den Zessionar.[288] Sollte der Gläubiger oder Zessionar, ehe das Gericht auf Klage des Arbeitnehmers das Fortbestehen des Arbeitsverhältnisses festgestellt hat, mit der Behauptung, die Kündigung sei sozialwidrig, auf Zahlung des Arbeitsentgelts klagen, müsste diese Klage als zurzeit unbegründet abgewiesen oder (zweckmäßiger) die Verhandlung nach § 227 ZPO vertagt oder, falls der Arbeitnehmer schon Kündigungsschutzklage erhoben hat, nach § 148 ZPO bis zur Entscheidung über diese Klage ausgesetzt werden. 69

d) **Kündigungsschutzklage bei Tod des Arbeitnehmers.** Anders ist die Rechtslage für den Erben des Arbeitnehmers. Stirbt der Arbeitnehmer nach Ablauf der Kündigungsfrist, aber vor Ablauf der Dreiwochenfrist des § 4 oder der nach §§ 5, 6 in Betracht kommenden längeren Frist, liegt kein Grund vor, den Arbeitgeber, der unwirksam gekündigt hat, daraus Vorteile ziehen zu lassen. Vielmehr steht nunmehr dem Erben das Recht zu, die Unwirksamkeit der Kündigung durch Feststellungsklage geltend zu machen und dann die Arbeitsvergütung für die Zeit bis zum Tod des Arbeitnehmers zu verlangen.[289] Das gilt erst recht für die Aufnahme des Kündigungsprozesses, wenn der Arbeitnehmer nach Klageerhebung stirbt. 70

Das Gesagte trifft nicht zu, wenn der **Arbeitnehmer noch vor Ablauf der Kündigungsfrist stirbt;** dann endet das Arbeitsverhältnis mit dem Tod des Arbeitnehmers und kann deshalb nicht mehr durch die Kündigung aufgelöst werden.[290] Hatte der Arbeitnehmer 71

[285] Fischer NZA 1999, 459 (461); KR/Klose KSchG § 4 Rn. 103; LSSW/Spinner § 4 Rn. 101.

[286] KR/Klose KSchG § 4 Rn. 105; LSSW/Spinner § 4 Rn. 33; PVT Kündigung/Vossen Rn. 2115; Däubler/Deinert/Callsen KSchG § 4 Rn. 21; ausf. Besta S. 95 ff.

[287] BAG 15.7.2021 – 6 AZR 460/20, NZA 2021, 1802; 20.6.2013 – 6 AZR 789/11, NZA 2013, 1147.

[288] HM; KR/Klose KSchG § 4 Rn. 106; LSSW/Spinner § 4 Rn. 33.

[289] Ebenso KR/Klose KSchG § 4 Rn. 114; HaKo-KSchR/Gallner § 4 Rn. 97; LAG Hamm 19.9.1986 – 16 Sa 833/86, NZA 1987, 669.

[290] BAG 15.12.1960 – 2 AZR 79/59, AP KSchG § 3 Nr. 21 mzustAnm A. Hueck.; KR/Klose KSchG § 4 Rn. 116; ErfK/Kiel KSchG § 4 Rn. 17.

schon Kündigungsschutzklage erhoben, ist diese in der Hauptsache erledigt; es kann nur noch eine Kostenentscheidung nach § 91a ZPO verlangt werden. Sollten die Erben des Arbeitnehmers nach der Unterbrechung (§ 239 ZPO) den Rechtsstreit in der Hauptsache fortsetzen, müsste die Klage abgewiesen werden. Das gilt auch für einen Antrag auf Zahlung einer Abfindung nach § 9 Abs. 1 S. 1.

11. Person des Beklagten der Kündigungsschutzklage

72 a) **Parteibezeichnung bei der Kündigungsschutzklage.** Die Klage ist **gegen den Arbeitgeber** zu richten. Verklagt der Arbeitnehmer eine falsche Person, wird hierdurch die Dreiwochenfrist gegenüber dem richtigen Arbeitgeber nicht gewahrt.[291] Nach Auffassung des BAG kann die Frist des § 4 S. 1 auch durch eine hilfsweise gegen den richtigen Arbeitgeber erhobene Kündigungsschutzklage gewahrt werden, obwohl eine eventuelle subjektive Klagehäufung unzulässig ist (→ Rn. 35).[292]

73 Der Arbeitnehmer hat in der Klage den **Arbeitgeber zu bezeichnen,** gegen den sich die Klage richten soll. Ist die Bezeichnung nicht eindeutig, ist die Partei durch Auslegung zu ermitteln. Selbst bei äußerlich eindeutiger, aber offenkundig unrichtiger Bezeichnung ist grundsätzlich diejenige Person als Partei angesprochen, die erkennbar durch die Parteibezeichnung betroffen werden soll. Es kommt darauf an, welcher Sinn der von der klagenden Partei in der Klageschrift gewählten Parteibezeichnung bei objektiver Würdigung des Erklärungsinhalts beizulegen ist.[293] Entscheidend ist die Wahrung der rechtlichen Identität. Bleibt die Partei nicht dieselbe, liegt grundsätzlich keine Berichtigung vor, sondern es wird im Weg der Parteiänderung eine andere Partei in den Prozess eingeführt.[294] Das Revisionsgericht hat die in der Klageschrift enthaltene Parteibezeichnung als prozessuale Willenserklärung selbst auszulegen.[295]

74 Die ungenaue oder **falsche Parteibezeichnung ist unschädlich** und kann jederzeit von Amts wegen richtiggestellt werden, wenn sich beispielsweise aus dem der Klageschrift beigefügten Kündigungsschreiben ergibt, wer als beklagte Partei gemeint ist.[296] Im Hinblick auf Art. 20 GG darf dabei der Zugang zu den Gerichten nicht in einer aus Sachgründen nicht mehr zu rechtfertigenden Weise erschwert werden.[297] Für eine Auslegung, der Arbeitnehmer wolle nicht gegen seinen Arbeitgeber, sondern gegen eine andere Einrichtung mit einer Kündigungsschutzklage vorgehen, bedarf es besonderer Anhaltspunkte.[298] Eine Berichtigung des Rubrums ist nach Auffassung des BAG auch möglich, wenn der Kläger im Rubrum der Klageschrift irrtümlich nicht seinen Arbeitgeber, sondern dessen Bevollmächtigten als Beklagten benennt.[299]

75 b) **Kündigungsschutzklage bei Personengesellschaften, Erbengemeinschaften und Wohnungseigentümergemeinschaften.** Ist der Arbeitgeber eine **offene Handelsgesellschaft** oder **Kommanditgesellschaft,** ist die Gesellschaft als solche unter ihrer Firma zu verklagen, da sie Partei des Arbeitsverhältnisses ist (§ 124 HGB). Damit kann eine Vergütungsklage gegen die einzelnen Gesellschafter verbunden werden, weil diese für die Schulden der Gesellschaft gemäß §§ 128, 161, 171 Abs. 1 HGB persönlich haften.[300]

---

[291] MüKoBGB/Hergenröder KSchG § 4 Rn. 31; PVT Kündigung/Vossen Rn. 2100.
[292] BAG 31.3.1993 – 2 AZR 467/92, NZA 1994, 237.
[293] BAG 1.3.2007 – 2 AZR 525/05, NZA 2007, 1013.
[294] Vgl. 20.2.2014 – 2 AZR 248/13, NZA-RR 2015, 380; 1.3.2007 – 2 AZR 525/05, NZA 2007, 1013; BGH 28.3.1995 – X ARZ 255/95, NJW-RR 1995, 764.
[295] BAG 28.8.2008 – 2 AZR 279/07, NZA 2009, 221.
[296] BAG 20.2.2014 – 2 AZR 248/13, NZA-RR 2015, 380; 1.3.2007 – 2 AZR 525/05, NZA 2007, 1013; 27.11.2003 – 2 AZR 692/02, NZA 2004, 452.
[297] BAG 20.2.2014 – 2 AZR 248/13, NZA-RR 2015, 380; 12.2.2004 – 2 AZR 136/03, AP KSchG 1969 § 4 Nr. 50.
[298] BAG 28.8.2008 – 2 AZR 279/07, NZA 2009, 221.
[299] BAG 21.2.2002 – 2 AZR 55/01, NJOZ 2003, 1396.
[300] Vgl. KR/Klose KSchG § 4 Rn. 122 f.; APS/Hesse/Tiedemann KSchG § 4 Rn. 45; PVT Kündigung/Vossen Rn. 2107.

Ebenso kann die Klage zugleich gegen die Gesellschafter gerichtet werden, wenn der Arbeitnehmer gemäß § 9 die Zahlung einer Abfindung verlangt, da auch für diese die Gesellschafter als Gesamtschuldner haften. Bei zweifelhafter Zahlungsfähigkeit der Gesellschaft kann es zweckmäßig sein, die Gesellschafter von vornherein mit zu verklagen, da nur dadurch die Vollstreckung in ihre Privatvermögen möglich wird (§ 129 Abs. 4 HGB). Es gibt keinen Grund, aus formalen Erwägungen die gleichzeitige Klage gegen Gesellschaft und Gesellschafter abzulehnen und so den Arbeitnehmer bei Zahlungsunfähigkeit der Gesellschaft zu einer weiteren Klage zu nötigen. Richtet der Arbeitnehmer seine Kündigungsschutzklage nicht gegen die Gesellschaft, sondern gegen einzelne Gesellschafter, ist durch Auslegung seines gesamten Vorbringens zu ermitteln, ob lediglich eine falsche Parteibezeichnung vorliegt. Lässt sich aus der Klageschrift oder den beigefügten Unterlagen entnehmen, dass die Gesellschaft als Arbeitgeberin gekündigt hat und der Arbeitnehmer mit seiner Kündigungsschutzklage gegen eine Kündigung seiner Arbeitgeberin vorgehen will, ist regelmäßig eine Klarstellung des Klagerubrums möglich und erforderlich. Dies gilt auch, wenn sich eine Kündigungsschutzklage gegen eine Partnerschaftsgesellschaft nach dem Partnerschaftsgesellschaftsgesetz oder die Partner einer solchen Gesellschaft richtet (dazu → Rn. 81).[301]

Der Wechsel auf der Beklagtenseite von der **Komplementär-GmbH auf die Kommanditgesellschaft** ist, wenn sich durch Auslegung der Klage nichts anderes ergibt, ein Parteiwechsel, der einer Rubrumsberichtigung nicht zugänglich ist.[302] **76**

Eine **Gesellschaft bürgerlichen Rechts** ist im Arbeitsgerichtsverfahren schon nach altem, bis zum 31.12.2023 geltenden Recht aktiv und passiv parteifähig gewesen.[303] Die Gesellschaft selbst und nicht ihre einzelnen Gesellschafter ist Träger der in ihrem Namen begründeten Rechte und Pflichten. Die gegen nur einen Gesellschafter einer Gesellschaft bürgerlichen Rechts gerichtete Kündigungsschutzklage ist unzulässig,[304] jedenfalls aber mangels dessen Arbeitgeberstellung unbegründet. So liegt es auch bei der **rechtsfähigen Gesellschaft bürgerlichen Rechts iSv § 705 Abs. 2 BGB in der aufgrund des Gesetzes zur Modernisierung des Personengesellschaftsrechts vom 10.8.2021** (**MoPeG**)[305] **seit dem 1.1.2024 geltenden Fassung.** Wenn eine **Erbengemeinschaft** Arbeitgeber ist, sind nach bislang überwiegend vertretener Auffassung alle Erben zu verklagen.[306] Zwar sind Passivprozesse im Allgemeinen gegen jeden Gesamthänder zulässig; das gilt namentlich für Feststellungsklagen. Anders aber ist es bei Gestaltungsklagen, wenn das Gestaltungsrecht gegenüber mehreren Personen besteht und nur durch Klage ausgeübt werden kann.[307] Das gilt entsprechend für die Kündigungsschutzklage als einer Gestaltungsgegenklage im Gewand einer Feststellungsklage.[308] War der gekündigte Arbeitnehmer – etwa als Hausmeister[309] – bei einer **Gemeinschaft von Wohnungseigentümern** (nicht: dem Verwalter) angestellt, ist nach § 9a Abs. 1 S. 1 WEG diese zu verklagen, und zwar vertreten durch den Verwalter, sofern ein solcher vorhanden ist (§ 9b Abs. 1 S. 1 WEG), ansonsten durch die Wohnungseigentümer gemeinschaftlich (§ 9b Abs. 1 S. 2 WEG). **77**

c) **Kündigungsschutzklage bei juristischen Personen.** Ist Arbeitgeber eine **juristische Person** (rechtsfähiger Verein, AG, GmbH, eingetragene Genossenschaft (vgl. § 17 Abs. 1 GenG), juristische Person des öffentlichen Rechts usw.), ist die Klage gegen diese zu **78**

---

301 BAG 1.3.2007 – 2 AZR 525/05, NZA 2007, 1013.
302 Thüringer LAG 10.12.1996 – 9 Ta 12/97, BeckRS 1997, 15231.
303 BAG 1.12.2004 – 5 AZR 597/03, NZA 2005, 318 im Anschluss an BGH 29.1.2001 – II ZR 331/00, NJW 2001, 1056; ebenso KR/Klose KSchG § 4 Rn. 125; MüKoBGB/Hergenröder KSchG § 4 Rn. 51; LSSW/Spinner § 4 Rn. 39; PVT Kündigung/Vossen Rn. 2103.
304 LAG Berlin 15.8.1997 – 6 Sa 51/97, NZA-RR 1998, 279.
305 BGBl. I S. 3436.
306 LAG Köln 10.10.1988, NZA 1989, 281, 282; MüKoBGB/Hergenröder KSchG § 4 Rn. 49; APS/Hesse/Tiedemann KSchG § 4 Rn. 47; LSSW/Spinner § 4 Rn. 38.
307 Vgl. Rosenberg/Schwab Zivilprozessrecht § 50 III, 1b aE.
308 Vgl. Niemann FS Preis S. 927 (929).
309 Vgl. BAG 6.3.2025 – 2 AZR 115/24, NZA 2025, 709.

richten.[310] Entsprechendes gilt nach § 50 Abs. 2 BGB für einen nicht rechtsfähigen Verein.[311] Die Parteifähigkeit einer GmbH endet weder allein durch Auflösung noch durch Eintragung der Auflösung. Eine aufgelöste juristische Person ist vielmehr zum Zweck der Schuldentilgung und Vermögensverteilung als fortbestehend zu behandeln.[312] Eine **Private Limited Company** englischen Rechts ist vertreten durch ihre directors zu verklagen.[313] Sie ist rechtsfähig und damit auch parteifähig.[314]

79 d) **Kündigungsschutzklage bei mittelbarem Arbeitsverhältnis.** Beim mittelbaren Arbeitsverhältnis (Näheres darüber → § 1 Rn. 78) ist Klagegegner der Mittelsmann;[315] beim **Leiharbeitsverhältnis** ist Arbeitgeber der Verleiher (→ § 1 Rn. 49).

80 e) **Kündigungsschutzklage bei Parlamentsfraktionen.** Diese sind kraft spezialgesetzlicher Regelungen in den Fraktionsgesetzen (zB § 46 AbgG – BGBl. I, 1994, S. 526; Art. 1 Abs. 2 S. 1 BayFraktG[316]) parteifähig.

81 f) **Kündigungsschutzklage bei Partnerschaftsgesellschaften.** Diese können nach § 7 Abs. 2 PartGG, § 124 HGB unter dem Namen ihrer Partnerschaft verklagt werden.

82 g) **Kündigungsschutzklage bei Stationierungsstreitkräften.** Zivile Arbeitskräfte bei den Stationierungsstreitkräften haben die Kündigungsschutzklage gemäß Art. 56 Abs. 8 ZA-NTS gegen die Bundesrepublik Deutschland als Prozessstandschafterin des Entsendestaats zu erheben. Eine gegen den kündigenden ausländischen militärischen Arbeitgeber gerichtete Klage ist nicht wegen Fristversäumnis, sondern mangels seiner Prozessführungsbefugnis abzuweisen.[317] Zur Klärung der richtigen Parteibezeichnung ist die Klageschrift sorgfältig auszulegen (→ Rn. 72 ff.).[318]

83 h) **Kündigungsschutzklage bei Betriebsübergang.** Im Fall des Zusammentreffens von Kündigung und Betriebsübergang nach § 613a BGB sind verschiedene Konstellationen denkbar, die jeweils auseinanderzuhalten sind und von denen nachfolgend nicht alle umfassend dargestellt werden können.

84 aa) **Kündigungsschutzklage bei Kündigung durch den Veräußerer vor dem Betriebsübergang zu einem Termin vor dem Betriebsübergang.** Kündigt der Veräußerer das Arbeitsverhältnis zu einem Termin vor dem Betriebsübergang, kann der Kündigungsschutzantrag allein gegen ihn gerichtet werden und es nach dem erfolgten Betriebsübergang bleiben.[319] Beruft sich der Erwerber auf die Wirksamkeit der Kündigung, kann der Arbeitnehmer den Kündigungsschutzantrag zugleich gegen ihn richten.[320] Das ist ratsam, wenn der Erwerber auch einen ggf. das unwirksam gekündigte Arbeitsverhältnis erfassenden Betriebsübergang bestreitet. Zwar kann im Rahmen des Kündigungsschutzantrags der Übergang des Arbeitsverhältnisses nicht festgestellt werden, weil er jenseits des von einem Antrag nach § 4 S. 1 erfassten Zeitraums, nämlich nach dem mit der Kündigung avisierten Auflösungstermin liegt. Doch kann der Arbeitnehmer mit einem unechten Hilfsantrag die Feststellung des Bestands eines Arbeitsverhältnisses mit dem Erwerber nach § 256 Abs. 1 ZPO verfolgen oder einen Weiterbeschäftigungsantrag gegen den ihn richten (zum richtigen Beklagten eines solchen Antrags → Rn. 184). Dabei

[310] KR/Klose KSchG § 4 Rn. 127 ff.; APS/Hesse/Tiedemann KSchG § 4 Rn. 39.
[311] Ebenso APS/Hesse/Tiedemann KSchG § 4 Rn. 41.
[312] BAG 24.6.2004 – 2 AZR 215/03, AP BGB § 613a Nr. 278.
[313] KR/Klose KSchG § 4 Rn. 128.
[314] Dazu BGH 13.3.2002 – VII ZR 370/98, NJW 2003, 1461.
[315] BAG 21.2.1990 – 5 AZR 162/89, AP BGB § 611 Abhängigkeit Nr. 57.
[316] Vgl. dazu BAG 26.8.1998 – 7 AZR 450/97, NZA 1999, 149.
[317] BAG 20.2.2014 – 2 AZR 248/13, NZA-RR 2015, 380; 13.7.1989 – 2 AZR 571/88, BeckRS 1989, 30731555.
[318] Dazu BAG 20.2.2014 – 2 AZR 248/13, NZA-RR 2015, 380.
[319] BAG 14.2.1978 – 1 AZR 154/76, NJW 1979, 233.
[320] BAG 24.6.2004 – 2 AZR 215/03, AP BGB § 613a Nr. 278.

handelt es sich um eine zulässige, objektive Eventualklage gegen den bereits mit dem Hauptantrag verklagten Erwerber.[321]

bb) Kündigungsschutzklage bei Kündigung durch den Veräußerer vor dem Betriebsübergang zu einem Termin nach dem Betriebsübergang. Kündigt der Veräußerer das Arbeitsverhältnis vor dem Betriebsübergang zu einem Termin nach diesem, ist die Kündigungsschutzklage nach **Ansicht des BAG** (allein) gegen den Veräußerer zu richten bzw. nach dem Betriebsübergang fortzusetzen.[322] Das gilt nicht nur für den Fall der Rechtshängigkeit der Klage vor dem Betriebsübergang,[323] sondern auch, wenn die Klage erst danach erhoben wird.[324] Die Rechtsprechung des BAG ist für alle Fälle sachgerecht und ausreichend, in denen der Übergang des Arbeitsverhältnisses auf ihn vom Erwerber nicht in Abrede gestellt wird. Die Feststellung der Unwirksamkeit der Kündigung wirkt analog §§ 265, 325 ZPO (Betriebsübergang nach RHK)[325] bzw. gemäß § 613a BGB (Betriebsübergang vor RHK)[326] gegen den Erwerber. 85

Nach der **Gegenansicht** ist die Kündigungsschutzklage (allein) gegen den Erwerber zu richten, wenn sie erst nach dem Betriebsübergang erhoben wird.[327] Dies übersieht, dass ein Teil des von einem Antrag nach § 4 S. 1 erfassten Zeitraums vor dem Betriebsübergang liegt und noch den Veräußerer betrifft. Es gibt keine Vorschrift, die dem Erwerber auch insoweit eine Prozessführungsbefugnis vermitteln und ggf. die rechtskräftige Feststellung des Bestands eines Arbeitsverhältnisses in der Zeit vom Zugang der Kündigung bis zum Betriebsübergang auf den nicht verklagten Veräußerer erstrecken könnte. § 613a BGB wirkt nur „in die andere Richtung“.[328] 86

Der Gegenansicht ist indes zuzugeben, dass der Arbeitnehmer ein berechtigtes Interesse haben kann, die **Kündigungsschutzklage auch gegen den Erwerber** zu richten. Die Rechtsprechung des BAG führt für sich genommen nicht zu befriedigenden Ergebnissen, wenn der Erwerber nicht nur die Kündigung des Veräußerers verteidigt, sondern auch den Übergang des ggf. unwirksam gekündigten Arbeitsverhältnisses auf sich leugnet. Eine Klage auf Erteilung einer Vollstreckungsklausel nach § 731 iVm § 727 ZPO, bei der es sich im Übrigen um ein weiteres, wenn auch vollstreckungsrechtliches Erkenntnisverfahren handelt, hilft dem Arbeitnehmer auch in den von §§ 265, 325 ZPO analog erfassten Fällen (→ Rn. 85) schon deshalb nicht weiter, weil der Feststellungstenor nach § 4 S. 1 keinen vollstreckungsfähigen, einer Klauselerteilung zugänglichen Titel darstellt.[329] Deshalb muss der Arbeitnehmer, möchte er einen weiteren „normalen“ Rechtsstreit vermeiden, die Klage zugleich gegen den vermeintlichen Erwerber richten. 87

Vor diesem Hintergrund wurde in der 16. Aufl. vorgeschlagen, der gekündigte Arbeitnehmer solle im Weg der unbedingten subjektiven Klagehäufung (§ 260 ZPO) gegen den vermeintlichen Erwerber eine allgemeine Feststellungsklage nach § 256 Abs. 1 ZPO erheben, die auf die Feststellung des Bestehens eines Arbeitsverhältnisses mit ihm 88

---

[321] Vgl. BAG 18.11.2021 – 2 AZR 229/21, NZA 2022, 200; 24.9.2015 – 2 AZR 562/14, NZA 2016, 366.

[322] BAG 16.2.2012 – 8 AZR 693/10, NZA-RR 2012, 465; 16.5.2002 – 8 AZR 319/01, NZA 2003, 93; 18.3.1999 – 8 AZR 306/98, NZA 1999, 706; Göttling FS Willemsen S. 133 (134); ErfK/Preis BGB § 613a Rn. 174; APS/Steffan BGB § 613a Rn. 249.

[323] So aber LSSW/Spinner § 4 Rn. 40.

[324] Ebenso BAG 16.2.2012 – 8 AZR 693/10, NZA-RR 2012, 465; 18.3.1999 – 8 AZR 306/98, NZA 1999, 706; AR/Bayreuther BGB § 613a Rn. 117; Göttling FS Willemsen S. 133 (136); APS/Hesse/Tiedemann KSchG § 4 Rn. 48; KR-Treber/Schlünder BGB § 613a Rn. 117; aA MüKoBGB/Müller-Glöge § 613a Rn. 205; LSSW/Spinner § 4 Rn. 40; ausf. hierzu Vossen FS Leinemann, 2006, S. 273 ff.

[325] BAG 15.7.2021 – 6 AZR 460/20, NZA 2021, 1802; 25.1.2018 – 8 AZR 309/16, NZA 2018, 933; 10.11.2011 – 6 AZR 342/10, AP BGB § 620 Aufhebungsvertrag Nr. 43; 18.5.2010 – 1 AZR 864/08, NZA 2010, 1198; Göttling FS Willemsen S. 133 (136 f.); MüKoBGB/Müller-Glöge § 613a Rn. 215; HaKo-KSchR/Wemheuer BGB § 613a Rn. 197; s. auch BAG 19.11.2014 – 4 AZR 761/12, NZA 2015, 950.

[326] Zur Nichtgeltung von §§ 265, 325 ZPO in diesen Fällen vgl. BAG 18.3.1999 – 8 AZR 306/98, NZA 1999, 706; 18.2.1999 – 8 AZR 485/97, NZA 1999, 648.

[327] LSSW/Spinner § 4 Rn. 4.

[328] Zu § 325 ZPO vgl. BAG 25.1.2018 – 8 AZR 309/16, NZA 2018, 933.

[329] Vgl. MüKoZPO/Wolfsteiner § 731 Rn. 11.

geht.[330] Doch sind Veräußerer und Erwerber in diesem Fall nur einfache Streitgenossen.[331]

89 Vorzugswürdig ist es daher, eine **Betriebsübergangs-Kündigungsschutzklage** wie folgt **gegen Veräußerer und Erwerber** zu richten: „Es wird festgestellt, dass das zwischen dem Kläger und der Beklagten zu 1. bestandene und am (…) auf die Beklagte zu 2. übergegangene Arbeitsverhältnis durch die ordentliche Kündigung der Beklagten zu 1. vom (…) zum (…) nicht aufgelöst worden ist.".[332] Bezogen auf einen solchen Antrag sind Veräußerer und Erwerber notwendige Streitgenossen aus materiell-rechtlichen Gründen iSv § 62 Abs. 1 Fall 2 ZPO, weil das Feststellungsbegehren auf das gesamte vom erweiterten punktuellen Streitgegenstand nach § 4 S. 1 erfasste Rechtsverhältnis bezogen und zwingend gegen Veräußerer und vermeintlichen Erwerber gemeinsam zu richten ist sowie aus Gründen des materiellen Rechts nur einheitlich hierüber entschieden werden kann.[333] Zugleich werden entsprechend der Funktion des Antrags nach § 4 S. 1 als „kleines Schleppnetz"[334] ein- und überholende Kündigungen sowohl des Veräußerers als auch des Erwerbers „eingefangen". Erklärt zB der Erwerber nach dem Betriebsübergang, aber noch in der Frist der vom Veräußerer erklärten ordentlichen Kündigung eine fristlose Kündigung, kann der Arbeitnehmer letztere mit einem „normalen" Kündigungsschutzantrag als Hauptantrag angreifen.[335] Diesen kann er ebenfalls gegen Veräußerer und Erwerber richten, die insoweit notwendige Streitgenossen aus prozessualen Gründen sind. Zwar hätte die Kündigungsschutzklage betreffend die überholende fristlose Kündigung auch allein gegen den Erwerber gerichtet werden können. Doch kommt der sie abweisenden Entscheidung die erga-omnes-Wirkung eines einer Gestaltungsklage des Erwerbers stattgebenden Urteils zu.[336] In solchen Fällen ist eine einheitliche Entscheidung iSv § 62 Abs. 1 Fall 1 ZPO nötig.[337] Die Betriebsübergangs-Kündigungsschutzklage hinsichtlich der ursprünglichen Kündigung kann der Arbeitnehmer dann als unechten, auch im Verhältnis zum Veräußerer rein objektiv bedingten Hilfsantrag weiterverfolgen.[338]

90 Der Nachteil der Betriebsübergangs-Kündigungsschutzklage liegt darin, dass der Arbeitnehmer den Übergang des Arbeitsverhältnisses auf den Erwerber zur zwingenden Voraussetzung einer stattgebenden Entscheidung erhebt. Dies kann der Arbeitnehmer, wenn der Übergang streitig ist, aber dadurch ausgleichen, dass er mit einem echten Hilfsantrag eine „normale" Kündigungsschutzklage allein gegen den „Veräußerer" für den Fall führt, dass das Gericht den Hauptantrag (nur) mangels Übergangs des Arbeitsverhältnisses auf den „Erwerber" abweisen sollte.[339]

91 **cc) Kündigungsschutzklage bei Kündigung durch den Erwerber vor dem Betriebsübergang.** Solange der Betriebsübergang nur geplant, aber noch nicht umgesetzt ist, ist der Erwerber nicht kündigungsberechtigt, weil er noch nicht in die Arbeitgeberstellung eingetreten ist. Er kann dann allenfalls als Vertreter des Veräußerers nach §§ 164 ff. BGB oder als von diesem Ermächtigter gemäß § 185 Abs. 1 BGB[340] kündigen. Ansonsten handelt es sich um die Kündigung eines Nichtberechtigten, die der Veräußerer nicht nach

---

330 Ebenso MüKoBGB/Müller-Glöge § 613a Rn. 206; PVT Kündigung/Vossen Rn. 2110.

331 Vgl. BAG 24.6.2004 – 2 AZR 215/03, AP BGB § 613a Nr. 278; 25.4.1996 – 5 AS 1/96, NZA 1996, 1062; 4.3.1993 – 2 AZR 507/92, NZA 1994, 260.

332 Roloff in Gaul Arbeitsrecht der Umstrukturierung § 20 Rn. 49.

333 Vgl. Lindacher JuS 1986, 379 (381); Stein/Jonas/Bork § 62 Rn. 14, 15 und 23; Wieser NJW 2000, 1163; Zöller/Althammer § 62 Rn. 9 und 21.

334 Vgl. BAG 16.12.2021 – 6 AZR 154/21, NJW 2022, 2428; 24.5.2018 – 2 AZR 67/18, NZA 2018, 1127.

335 Vgl. Niemann NZA 2019, 65 (66).

336 Vgl. BAG 20.12.2012 – 2 AZR 867/11, NZA 2013, 1003; Niemann FS Preis S. 927 (929).

337 Vgl. Lindacher JuS 1986, 379 (382); Stein/Jonas/Bork § 62 Rn. 5 und 7; Zöller/Althammer § 62 Rn. 4 und 16.

338 Vgl. Niemann NZA 2019, 65 (66).

339 Zur Zulässigkeit einer solch „konkreten" Bedingung vgl. BAG 17.12.2015 – 2 AZR 304/15, NZA 2016, 568.

340 Vgl. BAG 27.2.2020 – 2 AZR 570/29, NZA 2020, 1405.

§ 185 Abs. 2 BGB genehmigen kann.[341] Ist der Arbeitnehmer unsicher, ob sein Arbeitsverhältnis doch schon übergegangen war, wird er als Hauptantrag einen negativen Feststellungsantrag nach § 256 Abs. 1 ZPO (Nichtbestehen eines Arbeitsverhältnisses bei Zugang der Kündigung) gegen den Erwerber richten und mit einem echten Hilfsantrag Kündigungsschutzklage gegen ihn führen.

dd) Kündigungsschutzklage bei Kündigung durch den Veräußerer im eigenen Namen nach dem Betriebsübergang. Kündigt der Veräußerer das Arbeitsverhältnis nach dem Betriebsübergang im eigenen Namen, ist eine gegen ihn gerichtete Kündigungsschutzklage unschlüssig, wenn der Arbeitnehmer sie allein damit begründet, bei Zugang der Kündigung habe kein Arbeitsverhältnis zum Veräußerer mehr bestanden.[342] Auf die Kündigungsbefugnis des Veräußerers kommt es nicht an.[343] Allerdings kann der Arbeitnehmer sich hilfsweise das Vorbringen des Veräußerers zu Eigen machen, ein Betriebsübergang habe nicht stattgefunden. Dann ist die Kündigungsschutzklage zwar nach dem **Hauptvorbringen unschlüssig,** mit dem Hilfsvorbringen aber schlüssig, was den Bestand eines zu kündigenden Arbeitsverhältnisses anbelangt.[344] Besteht das Arbeitsverhältnis im Zeitpunkt der Kündigung nach den festgestellten Umständen tatsächlich nicht mehr, ist die Klage im Ergebnis unbegründet. Lag dagegen kein Betriebsübergang vor, bestand zum Zeitpunkt der Kündigung ein Arbeitsverhältnis, das nur durch eine wirksame Kündigung beendet werden konnte. Anders liegt es, wenn der Arbeitnehmer einem nach Zugang der Kündigung erfolgenden **Betriebsübergang wirksam widerspricht.** Da ein solcher Widerspruch auf den Zeitpunkt des Betriebsübergangs zurückwirkt,[345] ist das Arbeitsverhältnis so zu behandeln, als habe es während des gesamten Zeitraums mit dem bisherigen Arbeitgeber fortbestanden. Der Veräußerer hat damit als Berechtigter gekündigt.[346] 92

Bestreitet die Arbeitgeberseite den vom Arbeitnehmer angenommenen Übergang des Arbeitsverhältnisses, kann nach einer im **Schrifttum** vertretenen Auffassung der Arbeitnehmer den Veräußerer als kündigenden Arbeitgeber mit einem Hauptantrag auf die negative Feststellung verklagen, dass zu ihm im Kündigungszeitpunkt kein Arbeitsverhältnis mehr bestanden habe, um sodann mit einem objektiv bedingten Hilfsantrag Kündigungsschutzklage gegen ihn zu führen. Zusätzlich könne der Arbeitnehmer den potenziellen Erwerber auf die Feststellung verklagen, dass zwischen ihnen ein ungekündigtes Arbeitsverhältnis bestehe. Dagegen scheide eine eventuelle subjektive Klagehäufung, mit der ein Beklagter hilfsweise in Anspruch genommen werde, aus. Eine solche sei unzulässig, weil Hilfsanträge nur zulässig seien, wenn sie unter einer innerprozessualen Bedingung stünden.[347] 93

Der 2. Senat des BAG hat für diese Auffassung Sympathien gezeigt, zugleich aber darauf hingewiesen, dass die Gefahr widersprüchlicher Entscheidungen verbleibe, weil die Klageanträge, die nach §§ 59, 60 ZPO in selbständigen, bloß äußerlich zu einem Rechtsstreit verbundenen Prozessrechtsverhältnissen gestellt seien, während des Verfahrens „auseinanderlaufen" könnten.[348] Er hat stattdessen in einem nicht tragenden Teil der Entscheidungsgründe die Möglichkeit einer **Betriebsübergangs-Feststellungsklage** in den Raum gestellt. Diese sei mit dem Antrag gegen beide vermeintlichen Arbeitgeber zu richten „festzustellen, dass das Arbeitsverhältnis vor Zugang der Kündigung von der 94

---

341 Vgl. BGH 14.11.1996 – I ZR 201/94, NJW 1997, 1150; Göttling FS Willemsen S. 133 (145); Niemann NZA 2019, 65 (68).

342 BAG 15.12.2011 – 8 AZR 692/10, NZA-RR 2012, 570; 26.7.2007 – 8 AZR 769/06, NZA 2008, 112.

343 BAG 20.3.2014 – 8 AZR 1/13, NZA 2014, 1095; 15.12.2011 – 8 AZR 692/10, NZA-RR 2012, 570; 26.7.2007 – 8 AZR 769/06, NZA 2008, 112.

344 BAG 15.12.2011 – 8 AZR 692/10, NZA-RR 2012, 570; 27.6.2007 – 8 AZR 796/06, NZA 2008, 112; 15.12.2005 – 8 AZR 202/05, NZA 2006, 597; 18.4.2002 – 8 AZR 346/01, NZA 2002, 1207.

345 BAG 11.12.2014 – 8 AZR 943/13, NZA 2015, 481; ErfK/Preis BGB § 613a Rn. 105.

346 Göttling FS Willemsen S. 133 (138); APS/Steffan BGB § 613a Rn. 251.

347 HaKo-KSchR/Wemheuer BGB § 613a Rn. 207; ebenso Göttling FS Willemsen S. 133 (140).

348 BAG 24.9.2015 – 2 AZR 562/14, NZA 2016, 366.

Beklagten zu 1. auf die Beklagte zu 2. übergegangen ist" zu richten. Die Entscheidung über den zwingend gegen beide „Arbeitgeber" gemeinsam zu richtenden Antrag dürfe auch aus Gründen des materiellen Rechts nur einheitlich gegenüber beiden Beklagten ergehen (§ 62 Abs. 1 Fall 2 ZPO). Bei dem Übergang eines Arbeitsverhältnisses nach § 613a BGB falle der „Beendigungstatbestand" gegenüber dem Veräußerer mit dem „Begründungstatbestand" gegenüber dem Erwerber zusammen. Fehle es an dem einen, mangele es auch an dem anderen. Der Antrag sei auch dann insgesamt abzuweisen, wenn das Gericht annehmen sollte, das Arbeitsverhältnis sei zwar übergegangen, dies jedoch auf einen anderen Arbeitgeber als den Zweitbeklagten. Würde dem Antrag stattgegeben, stünde zweierlei fest: Die Kündigung des Veräußerers sei „ins Leere" gegangen und das Arbeitsverhältnis des Klägers habe für eine juristische Sekunde zum Erwerber bestanden.[349] Fraglich ist indes, ob der **„Übergang" eines Arbeitsverhältnisses,** was der 2. Senat bewusst offengelassen hat, ein **feststellungsfähiges Rechtsverhältnis iSv § 256 Abs. 1 ZPO** darstellt.[350] Hierfür könnte sprechen, dass der Übergang selbst bereits zu bestimmten Rechtsfolgen führt,[351] nämlich nach § 613a Abs. 1 S. 1 BGB zum Eintritt des Erwerbers in die Rechte und Pflichten aus dem Arbeitsverhältnis und gemäß § 613a Abs. 2 BGB zu einer Gesamtschuldnerschaft von Veräußerer und Erwerber. Daran vermag die weitere Entwicklung nichts mehr zu ändern. Freilich sind Veräußerer und Erwerber insofern nur noch einfache Streitgenossen.[352]

95 ee) **Kündigungsschutzklage bei Kündigung durch den Erwerber im eigenen Namen nach dem Betriebsübergang.** Kündigt der Erwerber das Arbeitsverhältnis nach einem das Arbeitsverhältnis unstreitig erfassenden Betriebsübergang im eigenen Namen, ist die Kündigungsschutzklage allein gegen ihn richten.[353] Eine Klage gegen den Veräußerer wäre mangels eines bei Zugang der Kündigung zu ihm bestehenden Arbeitsverhältnisses unbegründet. Kündigt der Erwerber das Arbeitsverhältnis in der Annahme im eigenen Namen, es sei auf ihn übergegangen, während der Arbeitnehmer einen solchen Übergang in Abrede stellt, wird letzterer als Hauptantrag einen negativen Feststellungsantrag nach § 256 Abs. 1 ZPO (Nichtbestehen eines Arbeitsverhältnisses bei Zugang der Kündigung) gegen den Erwerber richten und mit einem echten Hilfsantrag Kündigungsschutzklage gegen ihn führen. Höchstrichterlich ist noch nicht geklärt, welche Folgen es zeitigt, wenn der Arbeitnehmer nach Ausspruch einer Kündigung durch den Erwerber im eigenen Namen dem Übergang seines Arbeitsverhältnisses wirksam nach § 613a Abs. 6 BGB widerspricht. Da der **Widerspruch ex-tunc-Wirkung** entfalten soll,[354] dürfte es sich um die Kündigung des „von vornherein" beim Veräußerer verbliebenen Arbeitsverhältnisses handeln, die diesem zuzurechnen ist, wenn er den Erwerber zuvor entsprechend ermächtigt hatte (§ 185 Abs. 1 BGB).[355] Dann dürfte die Kündigungsschutzklage gegen den Veräußerer zu führen sein.[356] Das Gleiche könnte gelten, wenn der Veräußerer, der den Erwerber nicht zum Kündigungsausspruch ermächtigt hatte, die Kündigung – wenn auch rechtsirrig[357] – nach § 185 Abs. 2 BGB für sich reklamiert.[358]

96 ff) **Kündigungsschutzklage bei Geltendmachung eines Verstoßes gegen § 613a Abs. 4 S. 1 BGB.** Will der Arbeitnehmer mit seiner Klage einen Verstoß gegen § 613a Abs. 4 S. 1 BGB geltend machen, konnte er dies bis zum 31.12.2003 auch im Weg der allgemeinen Feststellungsklage nach § 256 ZPO gegenüber dem Erwerber tun. Denn

[349] BAG 24.9.2015 – 2 AZR 562/14, NZA 2016, 366.
[350] Verneinend BAG 25.1.2018 – 8 AZR 309/16, NZA 2018, 933; Göttling FS Willemsen S. 133 (142 f.).
[351] Vgl. BGH 7.3.2013 – VII ZR 233/11, NJW 2013, 1744.
[352] Vgl. BGH 10.7.1974 – IV ZR 212/72, NJW 1974, 2124; 13.7.1970 – VIII ZR 230/68, NJW 1970, 1740.
[353] Göttling FS Willemsen S. 133 (145); KR-Treber/Schlünder BGB § 613a Rn. 120.
[354] BAG 20.3.2008 – 8 AZR 1016/06, NZA 2008, 1354.
[355] Vgl. BAG 27.2.2020 – 2 AZR 570/19, NZA 2020, 1405; Wittek/Quantz DB 2022, 2549 (2552 f.).
[356] Wittek/Quantz DB 2022, 2549 (2553).
[357] BGH 14.11.1996 – I ZR 201/94, NJW 1997, 1150.
[358] Vgl. Niemann NZA 2019, 65 (68); Kündigung durch den „falschen" Arbeitgeber.

§ 613a Abs. 4 S. 1 BGB stellt ein eigenständiges Kündigungsverbot iSd § 134 BGB dar, das gemäß § 13 Abs. 3 aF auch außerhalb der Dreiwochenfrist des § 4 S. 1 geltend gemacht werden konnte.[359] Aufgrund der Neuregelung des § 4 S. 1 muss der Arbeitnehmer nunmehr zur Vermeidung der Fiktionswirkung des § 7 (auch) gegen den kündigenden Arbeitgeber Kündigungsschutzklage erheben.[360]

i) **Kündigungsschutzklage bei Insolvenz des Arbeitgebers.** Bei einer Kündigungsschutzklage gegen die **Kündigung durch den Insolvenzverwalter** ist dieser in seiner Eigenschaft als Partei kraft Amtes zu verklagen.[361] Wird versehentlich anstatt des Insolvenzverwalters der Schuldner verklagt, macht dies den Insolvenzverwalter nicht zur Partei. Eine solche Klage wahrt deshalb nicht die Klagefrist nach § 4 S. 1. Ist zum Zeitpunkt der Klageerhebung ein Insolvenzverwalter bestellt, ist eine Kündigungsschutzklage gegen diesen zu richten, und zwar auch, wenn die Kündigung noch vom Schuldner erklärt wurde.[362] Ist eine Parteibezeichnung nicht eindeutig, ist die Partei durch Auslegung zu ermitteln. Lässt sich der Klageschrift oder den beigefügten Unterlagen entnehmen, dass das Insolvenzverfahren gegen den Schuldner eröffnet worden ist, wird regelmäßig eine Klarstellung des Klagerubrums möglich sein. Dies gilt vor allem dann, wenn der Klageschrift das Kündigungsschreiben beigefügt ist, aus dem sich ergibt, dass die Kündigung vom Insolvenzverwalter ausgesprochen wurde.[363] Gibt es keine derartigen Anhaltspunkte, scheidet dagegen eine Klarstellung des Rubrums aus.[364] 97

Vor Eröffnung des Insolvenzverfahrens ist zu unterscheiden: Kündigt der **starke vorläufige Insolvenzverwalter,** ist die Kündigungsschutzklage gegen ihn zu richten, denn dieser besitzt gemäß § 22 Abs. 1 InsO die Verwaltungs- und Verfügungsbefugnis über das Vermögen des Schuldners.[365] Wird die Kündigung dagegen mit Zustimmung des **schwachen vorläufigen Verwalters** vom Schuldner erklärt, ist die Kündigungsschutzklage gegen den Schuldner zu richten, weil in diesem Fall dieser noch die Arbeitgeberfunktion innehat.[366] 98

Eine Kündigungsschutzklage ist auch nach Eröffnung des Insolvenzverfahrens gegen den Schuldner zu richten, wenn dieser eine selbständige Tätigkeit ausübt und der Insolvenzverwalter das Vermögen aus dieser Tätigkeit gemäß **§ 35 Abs. 2 InsO aus der Insolvenzmasse freigegeben** hat. Mit Zugang der Freigabeerklärung beim Schuldner fällt die Verwaltungs- und Verfügungsbefugnis über die zu diesem Zeitpunkt bestehenden Arbeitsverhältnisse ohne gesonderte Kündigung an den Schuldner zurück.[367] 99

Kündigungsschutzprozesse werden **durch die Eröffnung des Insolvenzverfahrens** über das Vermögen des beklagten Arbeitgebers **nach § 240 ZPO unterbrochen,** wenn durch die Klage ein Rechtsverhältnis zur Masse aufrechterhalten werden soll. Der unterbrochene Prozess kann nach § 86 Abs. 1 Nr. 3 InsO aufgenommen werden, wenn bei Obsiegen mit dem Kündigungsschutzantrag – mittelbar – Masseverbindlichkeiten entstehen können. Sollen hingegen mit der Kündigungsschutzklage nur noch Entgeltansprüche gesichert werden, die als Insolvenzforderungen zu befriedigen wären, zB weil das Arbeitsverhältnis unstreitig jedenfalls vor Insolvenzeröffnung beendet wurde, kann der Rechtsstreit nur gemäß §§ 87, 174 ff. InsO und damit nach Durchführung des insolvenzrechtlichen Feststellungsverfahrens aufgenommen werden.[368] 100

---

[359] Vgl. BAG 31.1.1985 – 2 AZR 530/83, NZA 1995, 593 = EzA § 613a BGB Nr. 42 mzustAnm Wank; Hillebrecht NZA 1989, Beil. 4 S. 10 (13).

[360] PVT Kündigung/Vossen Rn. 2110.

[361] BAG 18.10.2012 – 6 AZR 41/11, NZA 2013, 1007; 17.1.2002 – 2 AZR 57/01, NJOZ 2003, 1200; KR/Klose KSchG § 4 Rn. 136.

[362] BAG 21.11.2013 – 6 AZR 979/11, NZA 2014, 276.

[363] BAG 18.10.2012 – 6 AZR 41/11, NZA 2013, 1007.

[364] BAG 21.9.2006 – 2 AZR 573/05, NZA 2007, 404.

[365] Vgl. BAG 20.1.2005 – 2 AZR 134/04, NZA 2006, 1352; ErfK/Müller-Glöge InsO § 1 Rn. 80.

[366] Uhlenbruck/Ries/Zobel § 22 Rn. 64 f.; dazu auch BAG 10.10.2002 – 2 AZR 532/01, NZA 2003, 909.

[367] BAG 21.11.2013 – 6 AZR 979/11, NZA 2014, 276.

[368] Zu alledem BAG 25.5.2022 – 6 AZR 224/21, NZA 2022, 1201.

101 j) **Kündigungsschutzklage bei einheitlichem Arbeitsverhältnis.** Das BAG hat zuletzt offen gelassen, ob zwischen einem Arbeitnehmer und mehreren Arbeitgebern ein „einheitliches Arbeitsverhältnis" bestehen kann und ggf. eine Klage, auf die festgestellt werden soll, dass ein (nur) mit einem der Arbeitgeber bestehendes Arbeitsverhältnis durch eine von diesem erklärte Kündigung aufgelöst worden ist, mangels passiver Prozessführungsbefugnis des allein beklagten Arbeitgebers unzulässig oder ob sie – wofür vieles spricht – „lediglich" unbegründet ist, weil es ein vom Arbeitnehmer angenommenes Arbeitsverhältnis allein zu diesem Arbeitgeber nicht gibt.[369] Davon zu unterscheiden ist der Fall, dass der klagende Arbeitnehmer selbst von einem einheitlichen Arbeitsverhältnis" mit mehreren Arbeitgebern ausgeht und die auf dessen Nichtauflösung gerichtete Kündigungsschutzklage gleichwohl lediglich gegen einen von ihnen richtet, obwohl sie hinsichtlich des Bestands des Arbeitsverhältnisses notwendige Streitgenossen aus prozessualen Gründen iSv. § 62 Abs. 1 Fall 1 ZPO sein könnten.

12. Rücknahme der Kündigungsschutzklage

102 Nimmt der Arbeitnehmer die **Klage zurück**, ist der Rechtsstreit als nicht anhängig geworden anzusehen (§ 269 Abs. 3 ZPO). Dies hat mangels abweichender Regelung im KSchG, sofern inzwischen die Dreiwochenfrist verstrichen ist, zur Folge dass eine etwaige Unwirksamkeit der Kündigung nach § 7 geheilt, das Arbeitsverhältnis also durch eine von Anfang an wirksame Kündigung aufgelöst ist (ausführlich → § 7 Rn. 3).

13. Kündigungsschutzklage: Verzicht und Treuwidrigkeit

103 Verzichtet der Arbeitnehmer auf den Klageanspruch, ist auf Antrag des Beklagten die Klage abzuweisen (§ 306 ZPO). Damit steht fest, dass die Kündigung von Anfang an rechtswirksam war und das Arbeitsverhältnis mit Ablauf der Kündigungsfrist auflöst bzw. aufgelöst hat. Kein Verzicht iSd § 306 ZPO ist die außerhalb des Prozesses, zB in einer **Ausgleichsquittung,** abgegebene Erklärung des Arbeitnehmers, er verzichte in Bezug auf eine bestimmte Kündigung auf den Kündigungsschutz (→ § 1 Rn. 7 ff.). Eine solche Erklärung hat keine unmittelbare prozessuale, sondern materiell-rechtliche Bedeutung. Der Arbeitnehmer kann nach Erhalt der Kündigung grundsätzlich auch vor Ablauf der Dreiwochenfrist auf die Erhebung einer Kündigungsschutzklage verzichten.[370] Eine Kündigungsschutzklage ist nicht deshalb treuwidrig (§ 242 BGB), weil der **Arbeitnehmer mündlich** darum **gebeten** hat, **gekündigt zu werden.** Das käme einem unzulässigen Vorausverzicht auf die Klagerhebung gleich und umginge das auch für Eigenkündigungen des Arbeitnehmers geltende Schriftformerfordernis des § 623 BGB[371] bzw. die Formfiktion des § 46h ArbGG.[372]

104 Enthält ein **Abwicklungsvertrag** keine Beendigungsvereinbarung, sondern eine Klageverzichtsvereinbarung nach § 397 BGB, gilt nach Auffassung des BAG das Formerfordernis des § 623 BGB jedenfalls dann, wenn der Zusammenhang von Kündigung und Klageverzicht die Annahme rechtfertigt, beide seien gemeinsam nur ein anderes Mittel, um das Arbeitsverhältnis in Wirklichkeit im gegenseitigen Einvernehmen durch formbedürftigen Aufhebungsvertrag zu lösen.[373] Fehle es daran, werde das Arbeitsverhältnis nicht durch Vertrag aufgelöst, sondern durch die Kündigung des Arbeitgebers. Dem wird entgegengehalten, dass nicht der Klageverzicht die Beendigung des Arbeitsverhältnisses herbeiführe, sondern die Kündigung. Hieran knüpfe der Klageverzicht an. Das gelte auch, wenn die Wirksamkeit der Kündigung nur nach § 7 fingiert werde, weil der Arbeitnehmer wegen des Klageverzichts keine Klage erheben könne bzw. eine erhobene

[369] BAG 5.12.2019 – 2 AZR 147/19, NZA 2020, 505.
[370] BAG 19.4.2007 – 2 AZR 208/06, NZA 2007, 1227.
[371] Hessisches LAG 9.12.2019 – 16 Sa 839/19, BeckRS 2019, 40726.
[372] Dazu Bayreuther DB 2024, 1820 ff.
[373] BAG 25.9.2014 – 2 AZR 788/13, NZA 2015, 350; 19.4.2007 – 2 AZR 208/06, NZA 2007, 1227.

Klage abzuweisen sei („pactum de non petendo").[374] Der formularmäßige Verzicht auf eine Kündigungsschutzklage in AGB des Arbeitgebers ohne kompensatorische Gegenleistung hält nach Auffassung des BAG einer Inhaltskontrolle nach § 307 Abs. 1 S. 1 BGB nicht stand.[375] Dagegen spricht nicht, dass es sich hierbei um eine Hauptpflicht handelt.[376] Auch Hauptabreden sind der Inhaltskontrolle nach § 307 Abs. 1 S. 1 und Abs. 2 BGB durch § 307 Abs. 3 S. 1 BGB nur entzogen, wenn sie keine von Rechtsvorschriften abweichende oder diese ergänzende Regelung beinhalten. In dem Klageverzicht sieht das BAG aber eine von der dreiwöchigen Klagemöglichkeit nach § 4 S. 1 abweichende Bestimmung.[377]

VI. Besonderheiten der Klage gegen eine Änderungskündigung nach § 4 S. 2 KSchG (Änderungsschutzklage)

Die Ausführungen in den → Rn. 1–104 beziehen sich auf die ordentliche Beendigungs- 105
kündigung. Sie gelten aber im Wesentlichen ebenso, wenn der Arbeitgeber eine Änderungskündigung ausgesprochen und der Arbeitnehmer das Änderungsangebot gemäß § 2 unter Vorbehalt angenommen hat. An die Stelle der Kündigungsschutzklage nach § 4 S. 1 tritt dann die sog. **Änderungsschutzklage nach S. 2,** dh eine Klage auf Feststellung, dass die Änderung der Arbeitsvertragsbedingungen unwirksam ist. Die Klage nach S. 2 ist ebenfalls eine Feststellungsklage. Sie ist wie die Klage nach S. 1 erforderlich, um die Heilung der Sozialwidrigkeit der Kündigung bzw. hier der mit der Änderungskündigung verfolgten Änderung der Arbeitsbedingungen nach § 7 zu verhindern. Streitgegenstand der Änderungsschutzklage soll nicht die Wirksamkeit der Kündigung, sondern der Inhalt der für das Arbeitsverhältnis geltenden Vertragsbedingungen (→ § 2 Rn. 227).[378] Das entspricht, anders als das BAG meint, schon nicht dem Wortlaut des § 4 S. 2, der nach der Wirksamkeit der Änderung der Arbeitsvertragsbedingungen fragt, womit sowohl die Kündigung als auch das mit ihr verbundene Änderungsangebot eingeschlossen sind.[379] Jedenfalls gilt auch für die Änderungsschutzklage **der erweiterte punktuelle Streitgegenstand** (→ Rn. 140 ff.).[380]

Die Änderungsschutzklage nach S. 2 **unterscheidet sich** von der Kündigungsschutz- 106
klage dadurch, dass sie nicht die Auflösung des Arbeitsverhältnisses verhindern will, weil der Fortbestand des Arbeitsverhältnisses durch die, wenn auch unter einem Vorbehalt erklärte, Annahme des Angebots des Arbeitgebers seitens des Arbeitnehmers schon feststeht. Soweit bei den Ausführungen in den → Rn. 1–104 dieser Gesichtspunkt eine maßgebende Rolle spielt, scheidet deshalb ihre Anwendung auf die Klage nach S. 2 aus (zur „überflüssigen Änderungskündigung → § 2 Rn. 88 ff.). Da somit für die Änderungskündigung weitgehend das oben für die einfache Kündigung Ausgeführte entsprechend gilt, sind nachfolgend nur die Besonderheiten der Änderungskündigung hervorzuheben.

1. Vorbringen anderer Unwirksamkeitsgründe im Rahmen der Änderungsschutzklage nach § 4 S. 2 KSchG (zu → Rn. 59)

Nach § 4 S. 2 ist innerhalb der Dreiwochenfrist nicht nur die fehlende soziale Recht- 107
fertigung geltend zu machen. Der Arbeitnehmer hat die Frist vielmehr auch zu wahren,

[374] Ablehnend auch APS/Greiner BGB § 623 Rn. 8; KR/Spilger BGB § 623 Rn. 51.

[375] BAG 24.9.2015 – 2 AZR 347/14, NZA 2016, 351; 25.9.2014 – 2 AZR 788/13, NZA 2015, 350; 6.9.2007 – 2 AZR 722/06, NZA 2008, 219; zust. Ahrens RdA 2009, 111; Kroeschell NZA 2008, 560; Stoffels RdA 2016, 304; zusammenfassend Meyer BB 2016, 1589.

[376] So aber Krets FS Bauer, S. 601 (607); abl. auch Bauer/Günther Anm. zu AP KSchG 1969 § 4 Nr. 62; dies. NJW 2008, 1617; Rolfs/Marcelli Anm. zu AP KSchG 1969 § 4 Nr. 83; Worzalla SAE 2009, 31.

[377] BAG 24.9.2015 – 2 AZR 347/14, NZA 2016, 351.

[378] BAG 19.7.2012 – 2 AZR 25/11, NZA 2012, 1038.

[379] Vgl. Niemann RdA 2016, 339, 342.

[380] BAG 24.5.2018 – 2 AZR 67/18, NZA 2018, 1127 im Anschluss an Niemann RdA 2016, 339 (342 f.).

wenn er behauptet, die Änderung der Arbeitsvertragsbedingungen sei aus sonstigen Gründen unwirksam. Da bei der Änderungsschutzklage in gleicher Weise wie bei der Kündigungsschutzklage das Bedürfnis nach einer umfassenden Klärung der Wirksamkeit der Änderung der Arbeitsvertragsbedingungen besteht, ist als **Streitgegenstand** sowohl die Wirksamkeit der Kündigung als auch der Inhalt des mit ihr verbundenen Vertragsangebots und damit letztlich der unveränderte Fortbestand des Arbeitsverhältnisses[381] anzusehen.[382] Dementsprechend sollte der Arbeitnehmer den **Klageantrag** auf die Feststellung richten, dass die Änderung der Arbeitsbedingungen durch die Kündigung vom ... nicht sozial gerechtfertigt oder aus anderen Gründen unwirksam ist.[383] Ein Arbeitnehmer, der die ihm angebotene Vertragsänderung unter dem Vorbehalt des § 2 S. 1 annimmt, bringt damit in der Regel nicht zum Ausdruck, er wolle „andere Gründe“ iSv § 4 S. 2 Alt. 2, die zur Unwirksamkeit der Kündigungserklärung führen könnten, wie zB eine fehlerhafte Anhörung des Betriebsrats (§ 102 Abs. 1 BetrVG), das Fehlen einer vorherigen Zustimmung des Integrationsamts (§ 168 SGB IX) oder das Fehlen einer Zulässigerklärung durch die zuständige Stelle (§ 17 Abs. 2 MuSchG), nicht geltend machen. Wenn bei Ablehnung des Änderungsangebots die Kündigung aus „anderen Gründen“ unwirksam wäre und das Arbeitsverhältnis schon deshalb unverändert fortbestünde, soll diese Rechtsfolge auch eintreten, wenn der Arbeitnehmer die ihm mit Hilfe einer Kündigung „aufgezwungenen“ Änderungen der Arbeitsbedingungen vorläufig akzeptiert. Nur wenn sich aus einer entsprechenden Beschränkung des Vorbehalts oder dem Vorbringen des Arbeitnehmers im Prozess ergibt, dass die Wirksamkeit der Kündigungserklärung als solche nicht in Frage gestellt werden soll, ist Streitgegenstand gemäß § 4 S. 2 Alt. 1 allein der Inhalt der für das Arbeitsverhältnis geltenden Arbeitsbedingungen.[384]

2. Änderungsschutzklage nach § 4 S. 2 KSchG und Rücknahme der Kündigung (zu → Rn. 61 ff.)

108 Eine Beendigungskündigung kann der Arbeitgeber nicht zurücknehmen. Nach der Annahme des Änderungsangebots unter Vorbehalt wird man umgekehrt entscheiden müssen. Der Arbeitnehmer hat durch seine unter Vorbehalt erklärte Annahme des Angebots des Arbeitgebers selbst die Auflösung des Arbeitsverhältnisses ausgeschlossen. Er erhält, wenn der Arbeitgeber die Änderungskündigung „zurücknimmt“, alles, was er durch seinen Vorbehalt und eine Klage nach S. 2 erreichen könnte, nämlich die Fortsetzung des Arbeitsverhältnisses zu den bisherigen Vertragsbedingungen. Eine Auflösung des Arbeitsverhältnisses nach § 9 ist in diesem Fall nicht möglich (→ § 9 Rn. 7). Man kann daher in der **Vorbehaltserklärung die vorweggenommene Annahme** des in der Rücknahme der Kündigung liegenden Angebots des Arbeitgebers zur Fortsetzung des Arbeitsverhältnisses zu unveränderten Vertragsbedingungen sehen.[385]

109 Nimmt der Arbeitgeber die Änderungskündigung zurück, erklärt er dadurch sein Einverständnis mit der Fortdauer des Arbeitsverhältnisses zu den alten Bedingungen. Die Feststellungsklage ist deshalb in der **Hauptsache erledigt**, der Arbeitgeber muss im Fall übereinstimmender Erledigungserklärungen der Parteien die Kosten tragen.[386] Da das Arbeitsverhältnis ohnehin fortgesetzt werden sollte, bleibt es dabei. Der Arbeitgeber hat

[381] BAG 24.5.2018 – 2 AZR 67/18, NZA 2018, 1127.
[382] Zu eng BAG 19.7.2012 – 2 AZR 25/11, NZA 2012, 1038; 26.1.2012 – 2 AZR 102/11, NZA 2012, 856; 26.8.2008 – 1 AZR 353/07, NZA-RR 2009, 300.
[383] Vgl. MüKoBGB/Hergenröder KSchG § 4 Rn. 107; APS/Hesse/Tiedemann KSchG § 4 Rn. 117; KR/Kreft § 2 KSchG Rn. 246; PVT Kündigung/Vossen Rn. 2429; Niemann NZA 2019, 65 (79).
[384] BAG 22.10.2015 – 2 AZR 124/14, NZA 2016, 225.
[385] Ebenso KR/Klose KSchG § 4 Rn. 359; HWK/Quecke KSchG § 4 Rn. 39; MüKoBGB/Hergenröder KSchG § 4 Rn. 112.
[386] KR/Klose KSchG § 4 Rn. 360.

aber entsprechend § 8 dem Arbeitnehmer rückwirkend die früheren Arbeitsbedingungen zu gewähren, soweit das durchführbar ist.

Da der Prozess im Fall des § 2 iVm § 4 S. 2 nicht um die Auflösung des Arbeitsverhältnisses geführt wird, sondern nur darum, ob künftig die alten oder die neuen Arbeitsvertragsbedingungen gelten sollen, das Arbeitsverhältnis also auf jeden Fall fortgesetzt werden soll, darf der Arbeitnehmer nicht ein neues Arbeitsverhältnis eingehen. **§ 12 kommt nicht in Betracht.** 110

3. Recht zur Änderungsschutzklage nach § 4 S. 2 KSchG bei Vererbung (zu → Rn. 70 f.)

Das Arbeitsverhältnis wird spätestens mit dem Tod des Arbeitnehmers aufgelöst. Hatte der Arbeitnehmer schon eine Erklärung nach § 2 abgegeben, bleibt es dabei. Der Prozess geht dann lediglich um die Frage, ob für die Zeit zwischen dem Ablauf der Kündigungsfrist und dem Tod des Arbeitnehmers die alten oder die geänderten Arbeitsvertragsbedingungen gelten, was davon abhängt, ob die angebotene Änderung sozial gerechtfertigt war. Voraussetzung ist aber stets, dass der **Erbe ein geschütztes Interesse an der Feststellung hat.** Das ist namentlich der Fall, wenn die Änderung der Arbeitsbedingungen eine Verminderung der Vergütung, zB Herabsetzung des laufenden Arbeitsentgelts oder Fortfall einer Zulage, betrifft. Je nach Ausgang des Prozesses erhält in diesem Fall der Erbe anstelle des Erblassers die Vergütungsdifferenz.[387] 111

Hatte der Arbeitnehmer keine **Erklärung des Vorbehalts** nach § 2 abgegeben, kann sie sein **Erbe nicht nachholen,** weil eine Fortsetzung des Arbeitsverhältnisses nicht mehr möglich ist. Hatte dagegen der Arbeitnehmer den Vorbehalt erklärt, bleibt nach seinem Tod eine Klage auf Feststellung der Sozialwidrigkeit oder sonstigen Unwirksamkeit der Änderung der Arbeitsbedingungen möglich, sei es als Fortsetzung einer von ihm schon erhobenen Klage, sei es als neue Klage des Erben, sofern die Frist für eine Klageerhebung noch nicht verstrichen ist. Sie wird dann zweckmäßig mit einer Klage auf Auszahlung des Arbeitsentgelts bis zum Tod des Arbeitnehmers verbunden, bzw. wenn der Arbeitgeber das Entgelt nach den geänderten Vertragsbedingungen gezahlt hat, auf die Differenz zwischen den alten und den neuen Vertragsbedingungen. 112

VII. Die Frist für die Erhebung der Kündigungsschutzklage

1. Länge der Frist nach § 4 S. 1 KSchG

Die Klage muss binnen einer **Frist von drei Wochen** erhoben werden. Die Frist beginnt mit dem **Zugang** der Kündigung. Es gelten hier die allgemeinen Grundsätze des § 130 Abs. 1 BGB. Danach ist für den Zugang einer Kündigung erforderlich, dass die Kündigungserklärung so in den Machtbereich des Empfängers gelangt, dass er unter normalen Verhältnissen von ihr Kenntnis nehmen kann. Entscheidend ist insoweit die Verkehrsanschauung.[388] 113

Bei der **Fristberechnung** ist der Tag, an dem die Kündigung zugeht, nach § 222 Abs. 1 ZPO, § 187 Abs. 1 BGB nicht mitzurechnen, so dass die Frist mit dem Ablauf desjenigen Tages der dritten Woche endet, der durch seine Benennung dem Tag entspricht, an dem die Kündigung zuging (§ 188 Abs. 2 BGB). Sollte dieser Tag ein Samstag, Sonntag oder staatlich anerkannter Feiertag sein, tritt an seine Stelle der nächstfolgende Werktag (§ 222 Abs. 2 ZPO, § 193 BGB). Auf den Zeitpunkt, zu dem der Arbeitnehmer von der 114

[387] Vgl. KR/Klose KSchG § 4 Rn. 362.

[388] Zuletzt BAG 22.8.2019 – 2 AZR 111/19, NZA 2019, 1490; 24.5.2018 – 2 AZR 72/18, NZA 2018, 1335; 25.4.2018 – 2 AZR 493/17, NZA 2018, 1157; 9.6.2011 – 6 AZR 687/09, NZA 2011, 847; näher zum Zugang von Kündigungserklärungen Schaub ArbR-HdB/Linck § 123 Rn. 30 ff.; Vossen FS Moll S. 683 ff.

Kündigung tatsächlich Kenntnis erlangt, kommt es nicht an. Bei gesetzlichen Feiertagen ist das Feiertagsrecht des Bundeslands maßgebend, in dem die Klage zu erheben ist.[389]

2. Frist zur Erhebung der Kündigungsschutzklage als Ausschlussfrist

115 Die Dreiwochenfrist ist eine prozessuale Frist, die materiell-rechtliche Folgen nach sich zieht (→ Rn. 1), sie ist keine Verjährungsfrist, sondern eine spezialgesetzliche Konkretisierung des Verwirkungstatbestands.[390] Ihre Einhaltung ist deshalb vom Prozessgericht auch zu prüfen, wenn sich der Beklagte nicht darauf beruft.[391] Sie ist **zwingend** vorgeschrieben und kann deshalb durch Vereinbarung der Parteien nicht verlängert oder verkürzt werden, auch nicht durch Tarifvertrag oder Betriebsvereinbarung. Eine verspätet erhobene Kündigungsschutzklage muss als unbegründet abgewiesen werden.[392]

3. Wahrung der Frist zur Erhebung der Kündigungsschutzklage

116 Innerhalb der Dreiwochenfrist muss die **Klage beim ArbG erhoben** werden (zur notwendigen Form der Klage → Rn. 37 ff.). Maßgebend ist der Zeitpunkt, zu dem die Klage beim ArbG eingeht, nicht der Zeitpunkt, zu dem die Zustellung an den Beklagten erfolgt, sofern nur die Zustellung demnächst vorgenommen wird (§ 46 Abs. 2 ArbGG iVm §§ 495, 167 ZPO).[393] Die rechtzeitige Klageerhebung wird im Regelfall durch den Eingangsstempel des angerufenen Gerichts auf dem entsprechenden Schriftsatz nachgewiesen (§ 418 Abs. 1 ZPO). Der Gegenbeweis ist jedoch zulässig (§ 418 Abs. 2 ZPO). Gleiches gilt, wenn eine öffentliche Urkunde für die zu beweisende Tatsache fehlt. Der im Weg des Freibeweises zu führende (Gegen-)Beweis[394] erfordert mehr als bloße Glaubhaftmachung iSv § 294 Abs. 1 ZPO. Notwendig ist die volle Überzeugung des Gerichts von dem rechtzeitigen Eingang. Dabei dürfen die Anforderungen wegen der Beweisnot des Klägers, der nach allgemeinen Grundsätzen die Beweislast dafür trägt, dass die Klagefrist gewahrt ist, hinsichtlich gerichtsinterner Vorgänge nicht überspannt werden.[395] So ist der Beweis der rechtzeitigen Klageerhebung per Telefax erbracht, wenn die Statusberichte des sendenden und des empfangenden Faxgeräts übereinstimmen und das (empfangende) Faxgerät des Gerichts einen fehlerfreien Empfang protokolliert. Hieraus kann grundsätzlich auf den Zugang der im Original vorliegenden Klageschrift rückgeschlossen werden, auch wenn das Fax im ArbG nicht mehr auffindbar ist.[396] Bei Zweifeln am rechtzeitigen Eingang der Klageschrift kann das ArbG verpflichtet sein, die zur Aufklärung der gerichtsinternen Vorgänge nötigen Maßnahmen zu ergreifen; so kann es liegen, wenn das Telefaxgerät des Gerichts als „Empfangszeit" fälschlich den Zeitpunkt des vollständigen Ausdrucks der Klageschrift statt den ihres vollständigen Empfangs ausweisen könnte.[397] Eine **als elektronisches Dokument übermittelte Klageschrift** (→ Rn. 41) ist beim ArbG eingegangen, sobald das Dokument **auf der für den Empfang bestimmten Einrichtung des Gerichts eingegangen** ist. Das ist die für das betreffende Gericht eingerichtete Posteingangsschnittstelle der Intermediär-Software, die auf dem – ggf. von zahlreichen Gerichten in Anspruch genommenen – Intermediär-Server betrieben wird.[398] Ob es von dort rechtzeitig an andere Rechner innerhalb des Gerichtsnetzwerks weitergeleitet oder von solchen Rechnern abgeholt werden konnte, ist un-

[389] Vgl. BAG 24.8.2011 – 8 AZN 808/11, NZA 2012, 111; BGH 10.1.2012 – VI ZA 27/11, NJW-RR 2012, 254.
[390] BAG 10.12.2020 – 2 AZR 308/20, NZA 2021, 293.
[391] BAG 26.6.1986 – 2 AZR 358/85, NZA 1986, 761; KR/Klose KSchG § 4 Rn. 192; LSSW/Spinner § 4 Rn. 80.
[392] BAG 1.10.2020 – 2 AZR 247/20, NZA 2021, 75; 26.9.2013 – 2 AZR 682/12, NZA 2014, 443.
[393] Dazu BAG 10.12.2020 – 2 AZR 308/20, NZA 2021, 293.
[394] Vgl. BGH 29.6.2022 – VII ZB 52/21, NJW-RR 2022, 1579.
[395] BAG 18.1.2012 – 7 AZR 211/09, NZA 2012, 691 mwN.
[396] LAG Berlin-Brandenburg 15.12.2009 – 19 Sa 1658/09, BeckRS 2010, 70697.
[397] Vgl. BGH 8.3.2022 – VIII ZB 96/20, NJW-RR 2022, 644.
[398] BSG 27.9.2023 – B 2 U 1/23 R, BeckRS 2023, 28852; BGH 30.11.2022 – IV ZB 17/22, NJW-RR 2023, 351; *Beck* NJW 2023, 1537 (1538 f.).

erheblich. Hierbei handelt es sich um gerichtsinterne Vorgänge, die für den Zeitpunkt des Eingangs des Dokuments bedeutungslos sind.[399] Das gilt auch, wenn die mangelnde Weiterleitungsfähigkeit dadurch ausgelöst wurde, dass der Dateiname einen Umlaut enthält.[400] Ist eine als elektronisches Dokument übermittelte Klageschrift entgegen § 46c Abs. 2 ArbGG nicht für die Bearbeitung durch das Gericht geeignet, gilt die Klageerhebung unter den Voraussetzungen von § 46c Abs. 6 S. 2 ArbGG gleichwohl als rechtzeitig, auch wenn die Bearbeitungsfähigkeit vom Einreicher erst nach Ablauf der Frist des § 4 S. 1 hergestellt wird; auf eine nachträgliche Zulassung der Kündigungsschutzklage nach § 5 kommt es dann nicht an (→ § 5 Rn. 43).

Die Vorschrift des § 167 ZPO ist auf die Dreiwochenfrist anwendbar.[401] Die Zustel- 117
lung ist iSd Vorschrift noch als **„demnächst erfolgt"** anzusehen, wenn sie innerhalb einer den jeweiligen Umständen nach angemessenen Frist erfolgt.[402] Der Begriff „demnächst" in § 167 ZPO kennt keine absolute zeitliche Grenze. Ob davon die Rede sein kann, die Zustellung der Klage sei „demnächst" erfolgt, ist deshalb durch eine wertende Betrachtung der entsprechenden Umstände festzustellen. Verzögerungen im gerichtlichen Geschäftsbetrieb dürfen dabei nicht zu Lasten des Klägers gehen.[403] Einen durch die Sachbearbeitung des Gerichts verursachten Aufschub muss der Kläger sich grundsätzlich nicht zurechnen lassen. Dies gilt auch bei längeren Verzögerungen.[404] Zugleich darf die zeitliche Rückwirkung der Zustellung dem Empfänger nicht unzumutbar sein. Dies ist umso eher der Fall, je länger eine Zustellung durch den Kläger selbst in vorwerfbarer Weise verzögert wird. Geht es um Aufschübe, die vom Kläger zu vertreten sind, ist das Merkmal „demnächst" nur erfüllt, wenn sich diese in einem hinnehmbaren Rahmen halten. Das wiederum ist zumindest solange der Fall, wie die Verzögerung den Zeitraum von 14 Tagen nicht überschreitet, nicht dagegen, wenn die Zustellungsverzögerung 22 Tage beträgt.[405] Dabei ist auf die Zeitspanne abzustellen, um die sich die Zustellung der Klage als Folge der Nachlässigkeit gerade des Klägers verzögert hat.[406] Wird die Klage vor Ablauf der Frist des § 4 eingereicht, aber erst nach deren Ablauf zugestellt, sind bis zum Fristablauf eingetretene Versäumnisse nicht mit einzurechnen, weil der Kläger die ihm eingeräumte Frist bis zum letzten Tag ausnutzen darf.[407]

Die Frist des § 4 ist nach Auffassung des BAG auch gewahrt, wenn der Arbeitnehmer 118
gegen eine ihm als **sicher in Aussicht gestellte Kündigung Klage** auf Feststellung der Unwirksamkeit einer zu erwartenden Kündigung erhoben hatte und die Umstellung des Klageantrags auf eine Kündigungsschutzklage erst nach Ablauf der Dreiwochenfrist erfolgt.[408] Da sich das ursprüngliche Klagebegehren auf die dann schließlich ausgesprochene Kündigung beziehe, bedürfe es keiner erneuten Klage innerhalb der Frist des § 4. Diese sei überflüssig, weil der beklagte Arbeitgeber durch die schon vor dem Ausspruch der Kündigung erhobene Feststellungsklage wisse, dass der Arbeitnehmer die Kündigung nicht hinnehmen und gerichtlich gegen sie vorgehen werde. Dann ist die Klagefrist jedenfalls in analoger Anwendung von § 6 (dazu → § 6 Rn. 10 ff.) gewahrt (→ Rn. 6).

---

399 Vgl. BGH 31.5.2022 – 3 StR 122/22, NStZ-RR 2022, 285; 8.3.2022 – VI ZB 25/20, NJW 2022, 1820; 11.5.2021 – VIII ZB 9/20, NJW 2021, 2201; 25.8.2020 – VI ZB 79/19, NJW-RR 2020, 1519; BFH 25.5.2022 – X B 158/21, NJW 2022, 2872; Schafhausen AE 2022, 95 (97).

400 BGH 8.3.2022 – VI ZB 25/20, NJW 2022, 1820.

401 BAG 12.2.2004 – 2 AZR 136/03, AP KSchG 1969 § 4 Nr. 50.

402 Dazu und zum Folgenden BAG 20.2.2014 – 2 AZR 248/13, NZA-RR 2015, 380.

403 BAG 10.12.2020 – 2 AZR 308/20, NZA 2021, 293; 20.2.2014 – 2 AZR 248/13, NZA-RR 2015, 380; 23.8.2012 – 8 AZR 394/11, NZA 2013, 227; BGH 11.2.2011 – V ZR 136/10, NZM 2011, 752.

404 BAG 20.2.2014 – 2 AZR 248/13, NZA-RR 2015, 380 (Verstoß gegen die Hinweispflicht aus § 139 Abs. 3 ZPO); 15.2.2012 – 10 AZR 711/10, AP TVG § 1 Tarifverträge: Bau Nr. 340; BGH 7.4.2022 – V ZR 165/21, NJW-RR 2022, 1167.

405 LAG Düsseldorf 1.4.2010 – 13 Sa 1545/09, BeckRS 2010, 73250.

406 BAG 20.2.2014 – 2 AZR 248/13, NZA-RR 2015, 380; BGH 3.2.2012 – V ZR 44/11, NJW–RR 2012, 527; 10.2.2011 – VII ZR 185/07, NJW 2011, 1227.

407 BGH 21.3.2022 – VIa ZR 275/21, NJW 2022, 2196.

408 BAG 4.3.1980 – 1 AZR 125/78, AP GG Art. 140 Nr. 3 mAnm Stein; 14.9.1994 – 2 AZR 182/94, NZA 1995, 417; APS/Hesse/Tiedemann KSchG § 4 Rn. 96.

119 Zur Fristwahrung reicht es nicht aus, wenn der Kläger die Klage zwar rechtzeitig einreicht, zugleich aber **bittet, die Zustellung an den Beklagten vorläufig nicht zu bewirken,** weil noch Vergleichsverhandlungen schwebten;[409] eine auf diese Weise erheblich verzögerte Zustellung erfolgt nicht mehr „demnächst" iSv § 167 ZPO. Etwas anderes gilt, wenn die Klage alsbald zugestellt und nur vorerst von einer Terminbestimmung abgesehen wird. Zwar erfolgt die Terminbestimmung nach dem gemäß § 46 Abs. 2 ArbGG entsprechend anwendbaren § 216 ZPO unverzüglich von Amts wegen. Sollte aber gleichwohl nur die Zustellung der Klage, aber zunächst keine Terminbestimmung erfolgen, ist auch dadurch die Klage rechtsgültig erhoben,[410] die Dreiwochenfrist also gewahrt.

120 Die Dreiwochenfrist ist nicht gewahrt, wenn die als Anlage eines **Antrags auf Bewilligung von Prozesskostenhilfe** eingereichte Klageschrift in der Antragsbegründung ausdrücklich als Entwurf bezeichnet ist, und zwar auch dann nicht, wenn sie von einem Rechtsanwalt unterzeichnet ist.[411] Die Mittellosigkeit ist kein Hindernis für eine rechtzeitige Klageerhebung, weil an eine Kündigungsschutzklage nur geringe Anforderungen zu stellen sind, diese Klage mit Hilfe der Rechtsantragsstelle eines ArbG erhoben werden kann und nach § 11 GKG Kostenvorschüsse nicht verlangt werden (→ § 5 Rn. 25).[412]

121 Die Klage ist **beim zuständigen ArbG** zu erheben (zur Klageerweiterung im zweiten Rechtszug → Rn. 34). Das ist nicht der Fall, wenn die an ein unzuständiges ArbG adressierte Klageschrift als elektronisches Dokument auf einem Intermediär-Server eingeht, der auch von dem zuständigen ArbG genutzt wird.[413] Für die Wahrung der Frist genügt aber auch eine Klage vor einem örtlich unzuständigen ArbG, sofern gemäß § 48 Abs. 1 Nr. 1 ArbGG iVm § 17a Abs. 3 und 4 GVG die Sache an das zuständige Gericht verwiesen wird. Da nach § 17b Abs. 1 S. 2 GVG auch nach einer Verweisung die Wirkungen der Rechtshängigkeit bestehen bleiben, wahrt eine beim **ordentlichen Gericht erhobene Klage** die Dreiwochenfrist.[414] Rechtshängigkeit tritt allerdings nur ein, wenn die Klage bei dem (und sei es unzuständigen) Gericht erhoben wird, an das sie adressiert ist; ein versehentlich bei einem nicht vom Klägerwillen erfassten Gericht eingehender „Irrläufer" begründet keine Rechtshängigkeit.[415] Die „abgeirrte" Klage wahrt die Frist des § 4 S. 1 dann nur, wenn sie rechtzeitig an das vom Kläger gewollte (wenn auch unzuständige) Gericht weitergeleitet wird, was auch in elektronischen Rechtsverkehr – wie bei der Analogpost – ein paar Tage dauern kann.[416] Von der Fristwahrung ist die Formwirksamkeit der Klagerhebung iSv § 46g ArbGG zu unterscheiden. Ist die Klage ordnungsgemäß in elektronischer Form bei dem vom Kläger nicht gewollten Gericht eingegangen, entfällt die Formwahrung richtigerweise nicht dadurch, dass die Kommunikation zwischen diesem und dem vom Kläger gewollten Gericht postalisch (Medienwechsel) erfolgt. Das gilt auch, wenn die Klageschrift beim nicht gewollten Gericht mit einer einfachen Signatur per beA eingereicht wurde.[417] Bei der Formwahrung verbleibt es erst recht, wenn der Rechtsstreit vom bewusst angerufenen, aber unzuständigen Gericht an das zuständige Gericht verwiesen wird.

122 An die Stelle des ArbG tritt ein **Schiedsgericht,** wenn ein solches gültig vorgesehen ist.[418] Bei diesem ist dann innerhalb von drei Wochen Kündigungsschutzklage zu erhe-

[409] KR/Klose KSchG § 4 Rn. 199; APS/Hesse/Tiedemann KSchG § 4 Rn. 93.
[410] BGH 21.11.1953 – VI ZR 130/52, BGHZ 11, 175 (177); KR/Klose KSchG § 4 Rn. 201; LSSW/Spinner § 4 Rn. 77; PVT Kündigung/Vossen Rn. 2134.
[411] LAG Köln 11.3.1996 – 10 Ta 22/96, NZA-RR 1996, 453; HaKo-KSchR/Gallner KSchG § 4 Rn. 69.
[412] BAG 8.11.2004 – 3 AZB 54/03, BeckRS 2004, 30803475.
[413] Vgl. OLG Bamberg 2.5.2022 – 2 UF 16/22, NJW 2022, 3451.
[414] Ebenso LAG Sachsen-Anhalt 23.2.1995 – 3 Ta 162/94, BeckRS 1995, 30467716; LAG Köln 10.7.1998 – 6 Ta 150/98, NZA-RR 1998, 561; KR/Klose KSchG § 4 Rn. 251; HaKo-KSchR/Gallner KSchG § 4 Rn. 136; APS/Hesse/Tiedemann KSchG § 4 Rn. 54; LSSW/Spinner § 4 Rn. 29.
[415] Insoweit zutr. VG Halle 15.11.2021 – 5 A 235/21, NVwZ 2022, 1148 mAnm Müller.
[416] Beck NJW 2023, 1537 (1540 und 1542).
[417] Vgl. BGH 23.10.2024 – XII ZB 411/23, BeckRS 2024, 32010.
[418] BAG 24.9.1970 – 5 AZR 54/70, AP KSchG § 3 Nr. 37 mAnm Herschel; KR/Klose KSchG § 4 Rn. 254 ff.; zum DDR-SchiedsstellenG s. 11. Aufl. Rn. 4a f.

ben.[419] Die in § 101 Abs. 2 S. 3 ArbGG eröffnete Möglichkeit der einzelvertraglichen Vereinbarung einer Schiedsklausel ist nur für solche Arbeitsverhältnisse zulässig, die nach dem konkreten Inhalt der ausgeübten Tätigkeit einer Berufsgruppe zuzuordnen sind, für die nach § 101 Abs. 2 S. 1 ArbGG bei Tarifbindung der Vorrang der Schiedsgerichtsbarkeit wirksam geregelt werden kann.[420] Damit sind Schiedsklauseln nur für Bühnenkünstler, Filmschaffende und Artisten zulässig.[421] Kapitäne und Besatzungsmitglieder iSv §§ 2, 3 SeemG werden seit dem 1.8.2013 nicht mehr erfasst.[422]

4. Kündigungsschutzklage bei Erfordernis der behördlichen Zustimmung zur Kündigung (§ 4 S. 4 KSchG)

Bedarf die Kündigung der Zustimmung einer Behörde, läuft die Dreiwochenfrist gemäß § 4 S. 4 erst von der **Bekanntgabe der Entscheidung der Behörde an den Arbeitnehmer** ab. Das Gesetz enthält damit eine Regelung für die nach altem Recht vor 1951 sehr umstrittene Frage der Frist für die Widerrufsklage gegenüber einer zustimmungsbedürftigen Kündigung (Näheres dazu 7. Aufl. § 4 Rn. 33). Von Bedeutung ist diese Bestimmung heute für die Zustimmungserfordernisse nach § 17 Abs. 2 S. 1 MuSchG, § 18 Abs. 1 S. 4 BEEG, § 5 Abs. 2 S. 1 PflegeZG und §§ 168, 174 SGB IX. Eine entsprechende Anwendung von § 4 S. 4 kommt für Arbeitnehmer im Kirchendienst in Betracht, wenn kirchenrechtliche Vorschriften im Außenverhältnis die Wirksamkeit der Kündigung von der Zustimmung der Kirchenleitung abhängig machen.[423] 123

a) **Rechtslage bis zum 31.12.2003.** Für die Rechtslage bis zum 31.12.2003 wurde im Schrifttum überwiegend angenommen, § 4 S. 4 beziehe sich allein auf Fälle der **nachträglichen Zustimmung.**[424] Es sei kein Grund ersichtlich, die Dreiwochenfrist zulasten des Arbeitnehmers schon vor Zugang der Kündigung beginnen zu lassen. Dem ist das BAG zunächst im Grundsatz gefolgt. Nur wenn der behördliche Zustimmungsbescheid dem Arbeitnehmer ausnahmsweise nicht bereits vor, sondern erst nach Zugang der Kündigung zugestellt werde, sei es nach Sinn und Zweck des § 4 S. 4 geboten, hinsichtlich des Beginns der Klagefrist auf den Zeitpunkt der Bekanntgabe der behördlichen Entscheidung an den Arbeitnehmer abzustellen. Bis zu diesem Zeitpunkt könne deshalb ein schwerbehinderter Arbeitnehmer auf eine mögliche Unwirksamkeit der Kündigung nach § 12 SchwbG (nachfolgend: § 85 SGB IX, nunmehr § 168 SGB IX) vertrauen und daher von der Erhebung einer Kündigungsschutzklage absehen.[425] Lag die nach den Vorschriften des besonderen Kündigungsschutzes erforderliche behördliche Zustimmung vor Ausspruch der Kündigung nicht vor, war die Kündigung aus anderen Gründen iSv § 13 Abs. 3 aF unwirksam. Die Unwirksamkeit aus sonstigen Gründen konnte bis zum 31.12.2003 noch außerhalb der Dreiwochenfrist geltend gemacht werden. Die **praktische Bedeutung** des § 4 S. 4 war verhältnismäßig gering: Das Erfordernis der nachträglichen Zustimmung zur Kündigung ist nach Landesrecht vorgesehen für die Kündigung gegenüber politisch Verfolgten sowie gegenüber Inhabern von Bergmannsversorgungsscheinen.[426] 124

---

419 APS/Hesse/Tiedemann KSchG § 4 Rn. 55.

420 Vgl. BAG 6.8.1997 – 7 AZR 156/96, NZA 1998, 220.

421 Zur Klagefrist bei Kündigungen von Berufsausbildungsverhältnissen und dem Verhältnis zu § 111 Abs. 2 Satz 5 ArbGG → § 13 Rn. 8.

422 Art. 3 Abs. 1 des Gesetzes zur Umsetzung des Seearbeitsübereinkommens 2006 der Internationalen Arbeitsorganisation vom 20.4.2013, BGBl. I S. 868.

423 HaKo-KSchR/Gallner KSchG § 4 Rn. 115; Güntner DB 1976, 148 (149); dagegen MüKoBGB/Hergenröder KSchG § 4 Rn. 57; LAG Kiel 16.12.1953 – 1 Ta 51/53, AP KSchG § 3 Nr. 1 mablAnm Herschel.

424 Vgl. 13. Aufl. Rn. 61; KR/Friedrich 6. Aufl., KSchG § 4 Rn. 197.

425 BAG 17.2.1982 – 7 AZR 346/79, NJW 1982, 2630.

426 Nordrhein-Westfalen: § 11 des Ges. vom 20.12.1983, GVBl. 635; vgl. dazu RGRK–BGB/Boldt § 630 Anh. I, Erläuterungen zu §§ 10–12 BergmannversorgungsscheinG NRW; Saarland: § 11 des Ges. vom 11.7.1962/11.3.1970, ABl. S. 605/S. 267; dagegen verweist § 1 des niedersächsischen Ges. vom 6.1.1949, GVBl. Sb. I S. 741 auf das jeweils geltende Schwerbeschädigtenrecht.

125 b) **Rechtslage seit dem 1.1.2004.** Aufgrund der zum 1.1.2004 in Kraft getretenen **Änderung des § 4 S. 1** ist fraglich geworden, ob hieran festgehalten werden kann. Insoweit ist die Rechtsprechung des BAG zu § 113 Abs. 2 InsO in der bis zum 31.12.2003 geltenden Fassung von Bedeutung. Nach dieser Bestimmung hatte der Arbeitnehmer bei Kündigungen des Insolvenzverwalters alle Unwirksamkeitsgründe innerhalb von drei Wochen klageweise geltend zu machen. Nach § 113 Abs. 2 S. 2 InsO galt § 4 S. 4 entsprechend. Hierzu hat das BAG in einem Fall, in dem der Insolvenzverwalter einen Antrag auf Zulässigerklärung der Kündigung nach § 18 Abs. 1 BErzGG (seit 1.1.2007: BEEG) überhaupt nicht gestellt hatte, angenommen, die Dreiwochenfrist habe nicht zu laufen begonnen. Eine ohne Bekanntgabe der Zulässigkeitserklärung der Behörde dem Arbeitnehmer erklärte Kündigung setze den Lauf der Dreiwochenfrist wegen § 4 S. 4 KSchG nicht in Gang.[427] Der Arbeitnehmer könne deshalb ohne Beachtung der Dreiwochenfrist das Fehlen einer Zulässigerklärung nach § 18 Abs. 1 S. 2 BErzGG – bis zur Grenze der Verwirkung – jederzeit geltend machen, wenn ihm die diesbezügliche Entscheidung der zuständigen Behörde – welchen Inhalts auch immer – nicht bekannt gegeben worden sei.

126 Diese Rechtsprechung kann **nicht undifferenziert auf alle Fälle zustimmungsbedürftiger Kündigungen übertragen** werden. Auszugehen ist vielmehr vom Zweck des § 4 S. 4.[428] Die Bestimmung berücksichtigt, dass der Arbeitnehmer bis zur Bekanntgabe der Entscheidung der Behörde an ihn nicht immer sicher weiß, ob der Arbeitgeber die behördliche Zustimmung beantragt hat. Auch wenn der Arbeitnehmer hiervon Kenntnis hat, weil er in dem Verfahren beteiligt wurde, ist ihm jedenfalls bis zur Bekanntgabe nicht der Inhalt der Entscheidung der Behörde bekannt und damit, ob dem Arbeitgeber bereits rechtswirksam eine Zustimmung erteilt worden ist und aus welchen Gründen dies ggf. geschehen ist. Diesem Informationsdefizit trägt § 4 S. 4 Rechnung, indem die Klagefrist erst ab Bekanntgabe der behördlichen Entscheidung an den Arbeitnehmer zu laufen beginnt.[429] Der Zweck des § 4 S. 4 trifft jedoch nur zu, wenn der Arbeitgeber zum Zeitpunkt des Zugangs der Kündigung Kenntnis von den Tatsachen hat, die den Sonderkündigungsschutz begründen und das Zustimmungserfordernis auslösen.[430] § 4 S. 4 ist daher anwendbar, wenn der Arbeitgeber die Zustimmung zur Kündigung beantragt hat und sie ihm vor Ausspruch der Kündigung bekannt gemacht wurde, dem **Arbeitnehmer die Zustimmung aber erst nach Zugang der Kündigung mitgeteilt** wird.[431] In diesem Fall beginnt die Dreiwochenfrist gemäß 4 S. 4 mit dem Zeitpunkt der Bekanntgabe der Entscheidung der Behörde an den Arbeitnehmer.[432] Ein vom Arbeitnehmer gegen die behördliche Zulassung der Kündigung gerichteter Rechtsbehelf verlängert den Lauf der Dreiwochenfrist nicht.[433] Weiß der Arbeitgeber hingegen nicht, dass der gekündigte Arbeitnehmer schwerbehindert oder die gekündigte Arbeitnehmerin schwanger ist, bedarf der Arbeitnehmer bzw. die Arbeitnehmerin nicht des Schutzes des § 4 S. 4.[434] Das durch § 4 S. 1 geschützte Interesse des Arbeitgebers an baldiger Rechtsklarheit muss nicht dem Unterrichtungsinteresse des Arbeitnehmers weichen, wenn es für den Arbeitgeber keinen Grund gab, ein behördliches Zustimmungsverfahren einzuleiten. Der Arbeitnehmer kann nicht auf ein Zustimmungsverfahren hoffen, wenn er den Arbeitgeber

---

[427] BAG 3.7.2003 – 2 AZR 487/02, NZA 2003, 1335; dazu Schmidt NZA 2004, 79.

[428] Ebenso Joussen RdA 2008, 181 (185).

[429] BAG 3.7.2003 – 2 AZR 487/02, NZA 2003, 1335; HaKo-KSchR/Gallner KSchG § 4 Rn. 116; das übersehen Zeising/Kröpelin DB 2005, 1626 (1628).

[430] BAG 19.2.2009 – 2 AZR 286/07, NZA 2009, 980.

[431] Vgl. BAG 12.5.2005 – 2 AZR 159/04, NZA 2005, 1173 zur Bekanntmachung der Zustimmung nach § 91 Abs. 3 SGB IX aF zur außerordentlichen Kündigung eines schwerbehinderten Menschen vor Zugang des Zustimmungsbescheids.

[432] BAG 17.2.1982 – 7 AZR 846/79, NJW 1982, 2630; LSSW/Spinner § 4 Rn. 65.

[433] HaKo-KSchR/Gallner KSchG § 4 Rn. 121; MüKoBGB/Hergenröder KSchG § 4 Rn. 64.

[434] Hanau ZIP 2004, 1169 (1175); Löwisch BB 2004, 154 (159); Preis DB 2004, 70 (77); Quecke RdA 2004, 86 (100); Raab RdA 2004, 321 (331); Richardi DB 2004, 486 (489); Schmidt NZA 2004, 79 (80 f.); aA Bauer/Powietzka NZA-RR 2004, 505 (514); Schiefer/Worzalla NZA 2004, 345 (356); Zeising/Kröpelin DB 2005, 1626.

nicht über die erforderlichen tatsächlichen Umstände unterrichtet hat. Insoweit bedarf § 4 S. 4 einer teleologischen Reduktion.[435]

Dieser Gedanke **liegt auch § 5 Abs. 1 S. 2 zugrunde.** Erlangt eine Arbeitnehmerin aus einem von ihr nicht zu vertretenden Grund erst nach Ablauf der Dreiwochenfrist von ihrer Schwangerschaft Kenntnis, kann sie die nachträgliche Zulassung der Kündigungsschutzklage beantragen (→ § 5 Rn. 33 f.). Diese Vorschrift setzt damit voraus, dass in diesen Fällen bei einer Kündigung des Arbeitgebers die Dreiwochenfrist des § 4 S. 1 mit Zugang der Kündigung zu laufen begonnen hat.[436] § 5 Abs. 1 S. 2 ist deshalb auch keineswegs überflüssig,[437] weil in dem dort geregelten Fall § 4 S. 4 nicht anwendbar ist. § 4 S. 4 kann nicht unter Verzicht auf die zuvor dargestellte teleologische Reduktion (→ Rn. 126) im Licht der RL 92/85/EWG und des unionsrechtlichen Effektivitätsgebots buchstäblich verstanden werden, weil damit die eindeutige Regelung des § 5 Abs. 1 S. 2 gegenstandslos würde;[438] damit wären die Grenzen einer unionsrechtskonformen Auslegung des nationalen Rechts überschritten.[439] Der tragende Gedanke für die teleologische Reduktion von § 4 S. 4 ist – wie § 17 Abs. 1 MuSchG belegt – allein die Unkenntnis des Arbeitgebers von Schwangerschaft.[440] Dem vom EuGH[441] angemahnten effektiven Schutz der Schwangeren ist deshalb durch eine entsprechende Handhabung von § 5 Rechnung zu tragen (→ § 5 Rn. 33 f.).[442] Der EuGH hat das Erfordernis eines Antrags auf nachträgliche Klagezulassung als solches ausdrücklich nicht beanstandet.[443] 127

c) Einzelfälle zur Geltung von § 4 S. 4 KSchG bei behördlichen Zustimmungserfordernissen. Für die **einzelnen Zustimmungserfordernisse** bedeutet das Folgendes: 128

aa) Elternzeit. Befindet sich der Arbeitnehmer in Elternzeit, hat der Arbeitgeber hiervon wegen § 16 Abs. 1 S. 1 BEEG Kenntnis. Er hat daher gemäß § 18 Abs. 1 S. 4 BEEG die Zustimmung zur Kündigung zu beantragen. § 4 S. 4 ist in diesem Fall uneingeschränkt anwendbar.[444] 129

bb) Mutterschutz. Ist eine Arbeitnehmerin schwanger, beginnt die Dreiwochenfrist nach § 4 S. 1 mit Zugang der Kündigung zu laufen, wenn dem Arbeitgeber die **Schwangerschaft zum Zeitpunkt der Kündigung nicht bekannt** war und sie ihm auch nicht später oder von der Arbeitnehmerin verschuldet verspätet nach Kündigungszugang mitgeteilt worden ist.[445] Hat die Arbeitnehmerin die Klagefrist versäumt, weil sie aus von ihr nicht zu vertretenden Gründen keine Kenntnis von der Schwangerschaft hatte, kann sie gemäß § 5 Abs. 1 S. 2 nachträgliche Zulassung der Kündigungsschutzklage beantragen[446] (→ § 5 Rn. 33 f.). War dem Arbeitgeber dagegen zum Zeitpunkt der Kündigung die Schwangerschaft bekannt oder erfolgte die Kündigung innerhalb von vier Monaten nach der Entbindung in Kenntnis des Entbindungstermins, gilt § 4 S. 4. 130

cc) Schwerbehinderte Menschen. Etwas differenzierter ist die Rechtslage bei der Kündigung schwerbehinderter Menschen: Nach § 168 SGB IX (ex § 85 SGB IX) bedarf die ordentliche Kündigung der Zustimmung des Integrationsamts. Der besondere Kündigungsschutz schwerbehinderter Menschen gilt nach § 173 Abs. 3 SGB IX allerdings nicht, wenn zum Zeitpunkt der Kündigung die Schwerbehinderung nicht nach- 131

---

435 Raab RdA 2004, 321 (331); methodisch aA Joussen RdA 2008, 181 (186): „Schlichte Auslegung des § 4 S. 4 KSchG".
436 BAG 19.2.2009 – 2 AZR 286/07, NZA 2009, 980; MüKoBGB/Hergenröder KSchG § 4 Rn. 60; Raab RdA 2004, 321 (331); Schmidt NZA 2004, 79 (80 f.); LSSW/Spinner § 4 Rn. 70.
437 So aber Bader NZA 2004, 65 (68); Willemsen/Annuß NJW 2004, 177 (184).
438 Ebenso KR/Kreft § 5 Rn. 124.
439 IE wohl ebenso Sagan NJW 2024, 2677; aA ArbG Mainz 14.8.2024 – 4 Ca 1424/22, BeckRS 2024, 35460.
440 BAG 19.2.2009 – 2 AZR 286/07, NZA 2009, 980.
441 EuGH 27.6.2024 – C-284/23, NZA 2024, 969.
442 BAG 3.4.2025 – 2 AZR 156/24, NZA 2025, 697.
443 Das gesteht auch ArbG Mainz 14.8.2024 – 4 Ca 1424/22, BeckRS 2024, 35460 zu.
444 BAG 3.7.2003 – 2 AZR 487/02, NZA 2003, 1335; dazu Schmidt NZA 2004, 79.
445 BAG 19.2.2009 – 2 AZR 286/07, NZA 2009, 980; LAG Hamm 5.8.2009 – 3 Sa 1677/08, RDG 2010, 22.
446 LAG Düsseldorf 10.2.2005 – 15 Ta 26/05, NZA-RR 2005, 382.

gewiesen ist oder das Versorgungsamt nach Ablauf der Frist des § 152 Abs. 1 S. 3 SGB IX eine Feststellung wegen fehlender Mitwirkung nicht treffen konnte. Nachgewiesen in diesem Sinn ist die Eigenschaft auch, wenn die Behinderung offenkundig ist.[447] § 152 Abs. 1 S. 3 SGB IX verweist auf die Fristen des § 14 Abs. 2 S. 2 und 3 sowie auf § 17 Abs. 1 S. 1 und Abs. 2 S. 1 SGB IX und deren entsprechende Anwendung.[448] Hiernach hat der Rehabilitationsträger regelmäßig, wenn kein Gutachter beteiligt wird, innerhalb von drei Wochen nach Antragseingang über den Antrag zu entscheiden. Der Antrag der erwerbstätigen Person muss somit mindestens drei Wochen vor Zugang der Kündigung mit den erforderlichen Angaben gestellt worden sein, so dass über ihn eine positive Entscheidung vor Kündigungsausspruch bei ordnungsgemäßer Bearbeitung hätte ergehen können.[449] § 173 Abs. 3 2. Alt. SGB IX bestimmt damit eine Vorfrist, die eine missbräuchliche Antragstellung verhindern und der Rechtssicherheit dienen soll.[450]

132 Die **Zustimmung des Integrationsamts** zu einer Kündigung durch den Arbeitgeber ist deshalb **erforderlich,** wenn im Zeitpunkt des Zugangs der Kündigungserklärung die Schwerbehinderung des Arbeitnehmers positiv festgestellt ist oder offensichtlich besteht (**1. Alternative**).[451] Positive Feststellung und Offensichtlichkeit der Schwerbehinderung sind gleichzusetzen, weil die Schwerbehinderteneigenschaft kraft Gesetzes entsteht, wenn die in § 2 SGB IX genannten Voraussetzungen vorliegen. Der Feststellungsbescheid des Versorgungsamts hat nach § 2 Abs. 2, § 152 SGB IX keine konstitutive, sondern lediglich deklaratorische Wirkung.[452] Das Zustimmungserfordernis besteht ferner, wenn der Arbeitnehmer den Antrag auf Anerkennung der Schwerbehinderung (bzw. der Gleichstellung) mindestens drei Wochen vor Zugang der Kündigung gestellt hat (**2. Alternative**).[453] Das Zustimmungserfordernis des § 168 SGB IX **setzt nicht voraus, dass der Arbeitgeber die festgestellte Schwerbehinderung kennt.**[454] Ein entsprechender Vorschlag des Bundesrats im Gesetzgebungsverfahren ist nicht Gesetz geworden. Im Übrigen ergibt sich dies schon daraus, dass § 168 iVm § 2 SGB IX mit der „Schwerbehinderung" auf einen objektiven Grad der Behinderung und nicht auf dessen behördliche Feststellung abstellt.[455]

133 Bei **Unkenntnis des Arbeitgebers von der Schwerbehinderung bzw. der Antragstellung** zum Zeitpunkt des Ausspruchs der Kündigung trifft den Arbeitnehmer allerdings zur Wahrung des Sonderkündigungsschutzes die Obliegenheit, den Arbeitgeber rechtzeitig auf den besonderen Kündigungsschutz hinzuweisen. Anderenfalls ist das Recht **verwirkt.**[456] Als Maßstab für die Rechtzeitigkeit der Mitteilung ist von der Dreiwochenfrist des § 4 S. 1 auszugehen. Hinzuzurechnen ist die Zeitspanne, innerhalb derer der Arbeitnehmer den Zugang der Information beim Arbeitgeber zu bewirken hat. Hierbei darf es dem Arbeitnehmer auch nicht zum Nachteil gereichen, wenn er – etwa zu Beweiszwecken – eine schriftliche Mitteilung wählt. Eine Frist von einer Woche wird hierbei regelmäßig angemessen sein.[457] Teilt ein Arbeitnehmer seine Eigenschaft als schwerbehinderter Mensch allein in der bei Gericht eingereichten Klageschrift mit, kann er sich allerdings nicht auf den Rechtsgedanken des § 167 ZPO berufen, wenn die Zustellung außerhalb der für eine unmittelbare Übermittlung an den Arbeitgeber zuzugestehenden

---

[447] BAG 13.2.2008 – 2 AZR 864/06, NZA 2008, 1055.
[448] Dazu Schaub ArbR-HdB/Koch § 178 Rn. 15.
[449] BAG 6.9.2007 – 2 AZR 324/06, NZA 2008, 407; 1.3.2007 – 2 AZR 217/06, NZA 2008, 302.
[450] BAG 29.11.2007 – 2 AZR 613/06, NZA 2008, 361.
[451] BAG 20.1.2005 – 2 AZR 675/03, NZA 2005, 689.
[452] BAG 13.2.2008 – 2 AZR 864/06, NZA 2008, 1055.
[453] BAG 9.6.2011 – 2 AZR 703/09, NZA-RR 2011, 516; vgl. dazu auch Bitzer NZA 2006, 1082; Schlewing NZA 2005, 1218.
[454] BAG 9.6.2011 – 2 AZR 703/09, NZA-RR 2011, 516; KR/Gallner/Vannucchi SGB IX §§ 168–173 Rn. 16; APS/Vossen SGB IX § 168 Rn. 12.
[455] BAG 9.6.2011 – 2 AZR 703/09, NZA-RR 2011, 516; 13.2.2008 – 2 AZR 864/06, NZA 2008, 1055.
[456] BAG 22.9.2016 – 2 AZR 700/15, NZA 2017, 304; 23.2.2010 – 2 AZR 659/08, NZA 2011, 411.
[457] Schaub ArbR-HdB/Koch § 178 Rn. 11.

Zeitspanne erfolgt.[458] Erfolgt der Hinweis nicht zugleich mit der Kündigungsschutzklage, hat der Arbeitnehmer zusätzlich innerhalb der Dreiwochenfrist des § 4 S. 1 Kündigungsschutzklage zu erheben. Die fristgerechte Klageerhebung ist in diesem Fall erforderlich, weil dem Arbeitgeber zum Zeitpunkt des Zugangs der Kündigung der Sonderkündigungsschutz nicht bekannt war und er deshalb nicht die an sich erforderliche Zustimmung zur Kündigung beantragen konnte. § 4 S. 4 kommt hier nicht zur Anwendung, da der Arbeitgeber wegen fehlender Kenntnis von der Schwerbehinderung keine Zustimmung zur Kündigung einholen musste und deshalb dem Arbeitnehmer auch keine Entscheidung bekannt gegeben werden konnte.[459] Unterbleibt die fristgerechte Erhebung der Kündigungsschutzklage, gilt die Kündigung gemäß § 7 als wirksam.

Ist die **Schwerbehinderung des Arbeitnehmers für den Arbeitgeber offensichtlich** (zB Erblindung) und kann er deshalb auch ohne Kenntnis davon, ob der Arbeitnehmer einen Feststellungsantrag beim Versorgungsamt gestellt hat, vorsorglich die Zustimmung zur Kündigung beim Integrationsamt beantragen, besteht dagegen in den Grenzen des § 6 kein Grund für eine zeitliche Begrenzung des Rechts des Arbeitnehmers, sich auf den besonderen Kündigungsschutz des § 168 SGB IX zu berufen. Dies ist weder zur Vermeidung der Rechtsverwirkung noch aus Gründen des Vertrauensschutzes geboten.[460] Hat der Arbeitnehmer seine Anerkennung als schwerbehinderter Mensch nicht beantragt, reicht dem Arbeitgeber nach § 168 SGB IX zum Ausspruch der Kündigung das Negativattest des Integrationsamts.[461] 134

Für die **Beachtung der Dreiwochenfrist des § 4 S. 1** bedeutet dies **zusammengefasst** Folgendes: Der Arbeitnehmer hat diese einzuhalten, wenn dem Arbeitgeber die tatsächlichen Umstände, die das Zustimmungserfordernis nach § 168 SGB IX begründen, zum Zeitpunkt des Ausspruchs der Kündigung nicht bekannt waren und er deshalb die Zustimmung des Integrationsamts zur Kündigung nicht eingeholt hat. Dem Arbeitnehmer muss in diesem Fall klar sein, dass der Arbeitgeber kein Zustimmungsverfahren einleiten und das Integrationsamt deshalb auch keine Entscheidung bekannt geben konnte.[462] Kündigt der Arbeitgeber dagegen einem schwerbehinderten Arbeitnehmer in Kenntnis von dessen Schwerbehinderteneigenschaft, ohne zuvor nach § 168 SGB IX die erforderliche Zustimmung des Integrationsamts zur Kündigung einzuholen, kann der Arbeitnehmer die Unwirksamkeit der Kündigung bis zur Grenze der Verwirkung gerichtlich geltend machen. Nach § 4 S. 4 beginnt in derartigen Fällen die dreiwöchige Klagefrist erst ab der Bekanntgabe der Entscheidung der Behörde (hier des Integrationsamts) an den Arbeitnehmer.[463] 135

Der Arbeitgeber hat die Möglichkeit, den Arbeitnehmer **vor Ausspruch der Kündigung zu fragen, ob er schwerbehindert ist** oder einen Antrag auf Anerkennung der Schwerbehinderung (bzw. der Gleichstellung) gestellt hat. Eine solche Frage ist jedenfalls nach sechsmonatigem Bestehen des Arbeitsverhältnisses (§ 173 Abs. 1 Nr. 1 SGB IX), dh ggf. nach Erwerb des Kündigungsschutzes nach §§ 168 ff. SGB IX, zulässig.[464] Der Arbeitnehmer hat die Frage aufgrund seiner Rücksichtnahmepflicht gemäß § 241 Abs. 2 BGB wahrheitsgemäß zu beantworten. Hierin liegt keine unzulässige Benachteiligung wegen einer Behinderung iSd § 3 Abs. 1 AGG, denn die Frage dient der Wahrung der Rechte und Interessen der Schwerbehinderten und ist Voraussetzung dafür, dass der Arbeitgeber die Belange des schwerbehinderten Menschen bei Kündigungen überhaupt berücksichtigen kann. Die Frage ist auch nicht aus datenschutzrechtlichen Gründen untersagt. Die 136

[458] BAG 22.9.2016 – 2 AZR 700/15, NZA 2017, 304.
[459] BAG 13.2.2008 – 2 AZR 864/06, NZA 2008, 1055.
[460] BAG 9.6.2011 – 2 AZR 703/09, NZA-RR 2011, 516.
[461] BAG 13.2.2008 – 2 AZR 864/06, NZA 2008, 1055; zust. Hergenröder/v. Wickede Anm. zu BAG AP SGB IX § 85 Nr. 5.
[462] ErfK/Kiel KSchG § 4 Rn. 25.
[463] BAG 13.2.2008 – 2 AZR 864/06, NZA 2008, 1055; ErfK/Kiel KSchG § 4 Rn. 25.
[464] BAG 16.2.2012 – 6 AZR 553/10, NZA 2012, 555.

Datenerhebung ist in diesem Fall gemäß § 26 Abs. 1 S. 1 BDSG erforderlich, damit der Arbeitgeber seinen Rechten und Pflichten gegenüber Schwerbehinderten nach § 1 Abs. 3 und §§ 168 ff. SGB IX nachkommen kann.[465] Darüber hinaus dürften auch gegen ein Fragerecht in den ersten sechs Monaten (§ 1 Abs. 1) des Arbeitsverhältnisses keine Bedenken bestehen. Der Arbeitnehmer ist hier über § 612a BGB geschützt. Kann der Arbeitnehmer darlegen, dass die Kündigung im zeitlichen Zusammenhang mit der Frage nach einer Schwerbehinderung erfolgt ist, erfordert eine unionsrechtskonforme Auslegung eine entsprechende Anwendung der Beweislastregelung des § 22 AGG.[466] Für ein Fragerecht bereits in den ersten sechs Monaten streitet zudem, dass der Arbeitgeber auch vor einer Kündigung in der Wartezeit die Schwerbehindertenvertretung nach § 178 Abs. 2 SGB IX anzuhören hat. § 173 Abs. 1 S. 1 Nr. 1 SGB IX findet insofern weder direkte noch analoge Anwendung.[467]

137 Wird nach § 171 Abs. 5 bzw. § 174 Abs. 3 SGB IX die **Zustimmung des Integrationsamts zur Kündigung fingiert,** entfaltet der fingierte Verwaltungsakt alle Wirkungen einer erteilten Zustimmung. Die Fiktion hat Surrogatscharakter.[468] Dieser führt zur Anwendung aller Vorschriften und Grundsätze, die maßgebend wären, wenn das Integrationsamt die Zustimmung ausdrücklich erteilt hätte.[469] Dementsprechend hat es dem Arbeitgeber den Eintritt der Fiktion zu eröffnen und dem Arbeitnehmer insofern einen „Bescheid" mit Rechtsbehelfsbelehrung zu erteilen. Das tut es in der Praxis auch.[470] In diesem Fall greift § 4 S. 4 ohne weiteres ein. Sollte dem Arbeitnehmer die Zustimmungsfiktion einmal – gesetzwidrig – nicht vom Integrationsamt zur Kenntnis gebracht werden und diesem deshalb nicht bekannt sein, ob die Voraussetzungen des SGB IX für eine Kündigung des Arbeitsverhältnisses erfüllt sind, greift der Schutzzweck des § 4 S. 4 ebenfalls ein.[471] Zu berücksichtigen ist jedoch, dass mit der Zustimmungsfiktion das Verfahren beschleunigt werden soll, der Arbeitgeber also ein berechtigtes Interesse an alsbaldiger Klarheit über einen bevorstehenden Kündigungsschutzprozess hat. Diesen Interessen ist dadurch Rechnung zu tragen, dass an die Stelle der Bekanntgabe der Entscheidung der Behörde in § 4 S. 4 auch eine Unterrichtung durch den Arbeitgeber treten kann. Teilt der Arbeitgeber dem Arbeitnehmer im Kündigungsschreiben mit, die nach dem SGB IX erforderliche Zustimmung des Integrationsamts gelte wegen Zeitablaufs als erteilt, ist der Arbeitnehmer nicht mehr schutzwürdig und hat innerhalb der Dreiwochenfrist Klage zu erheben.

138 § 4 S. 4 gilt nicht nur für die ordentliche, sondern **auch für die außerordentliche Kündigung.**[472] Zwar verweist § 13 Abs. 1 S. 2 nur auf § 4 S. 1. Dies kann jedoch nicht als bewusste Entscheidung des Gesetzgebers gegen eine Anwendung von § 4 S. 4 auf außerordentliche Kündigungen verstanden werden. Hierfür gibt es in der Gesetzesbegründung keine Anhaltspunkte. Es ist vielmehr eher davon auszugehen, dass in dem Gesetzgebungsverfahren die Problematik des § 4 S. 4 in der Schärfe, wie sie durch das Urteil des Zweiten Senats vom 3.7.2003[473] zutage getreten ist, nicht erörtert worden ist.

---

[465] BAG 16.2.2012 – 6 AZR 553/10, NZA 2012, 555.
[466] Dazu näher APS/Linck BGB § 612a Rn. 27.
[467] BAG 13.12.2018 – 2 AZR 378/18, NZA 2019, 305.
[468] BAG 22.10.2015 – 2 AZR 381/14, NZA 2016, 482.
[469] BVerwG 12.7.2012 – 5 C 16/11, NZA 2013, 97.
[470] Vgl. nur den Sachverhalt bei BAG 22.7.2021 – 2 AZR 193/21, NZA 2021, 1409.
[471] Vgl. KR/Klose KSchG § 4 Rn. 277; HaKo-KSchR/Gallner KSchG § 4 Rn. 117; MüKoBGB/Hergenröder KSchG § 4 Rn. 63; Raab RdA 2004, 321 (331).
[472] KR-Treber/Rennpferdt KSchG § 13 Rn. 17; Raab RdA 2004, 321 (331); aA Quecke RdA 2004, 86 (100); PVT Kündigung/Vossen Rn. 2146.
[473] BAG 3.7.2003 – 2 AZR 487/02, NZA 2003, 1335.

VIII. Die Beifügung der Stellungnahme des Betriebsrats zur Kündigungsschutzklage (§ 4 S. 3 KSchG)

Der Arbeitnehmer soll, wenn er nach § 3 beim Betriebsrat Einspruch eingelegt hat, die schriftliche **Stellungnahme des Betriebsrats der Klage beifügen.** § 4 S. 3 enthält aber lediglich eine **Sollvorschrift.** Die Klage ist auch zulässig, wenn eine schriftliche Stellungnahme des Betriebsrats nicht beigefügt wird.[474] § 4 S. 3 bezieht sich nicht auf die dem Arbeitnehmer nach § 102 Abs. 4 BetrVG zu erteilende Abschrift der Stellungnahme des Betriebsrats im Fall eines Kündigungswiderspruchs. Doch ist der Arbeitnehmer nicht gehindert, auch diese der Klage beizufügen. **139**

IX. Streitgegenstand der Kündigungsschutzklage und Rechtskraft der Entscheidung über die Kündigungsschutzklage

1. Streitgegenstand der Kündigungsschutzklage nach § 4 S. 1 KSchG

Nach § 4 S. 1 ist die Kündigungsschutzklage auf die Feststellung zu richten, dass das Arbeitsverhältnis durch eine bestimmte Kündigung nicht aufgelöst ist. Damit wird der Streitgegenstand eines Kündigungsschutzantrags zwar durch die jeweils angegriffene Kündigung bestimmt.[475] Doch erfasst er nicht allein deren Wirksamkeit (und erst recht nicht das Vorliegen bestimmter Unwirksamkeitsgründe)[476]. Vielmehr erfordert die vom Arbeitnehmer begehrte Feststellung nicht nur die Überprüfung der Wirksamkeit der angegriffenen Kündigung, sondern auch eine Entscheidung über das **Bestehen eines Arbeitsverhältnisses zum Zeitpunkt des Zugangs der Kündigung.**[477] Es geht um die Auflösung bzw. Nichtauflösung dieses Arbeitsverhältnisses durch die angegriffene Kündigung zum in ihr vorgesehenen Termin, sog. **punktueller Streitgegenstand.**[478] **140**

a) **Erweiterter punktueller Streitgegenstand der Kündigungsschutzklage nach § 4 S. 1 KSchG.** Nach der **Rechtsprechung des BAG** umfasst die Kündigungsschutzklage auch die Frage, ob **das Arbeitsverhältnis am vorgesehenen Auflösungstermin einschließlich seiner selbst noch bestanden hat** und nicht durch einen während oder doch mit Ablauf der Kündigungsfrist wirkenden Umstand aufgelöst worden ist (sog. erweiterter punktueller Streitgegenstand).[479] Für nach dem Zugang, aber noch vor dem Beendigungstermin der angegriffenen Kündigung wirkende Tatbestände ist dies selbsterklärend. Die angefochtene Kündigung kann das Arbeitsverhältnis nicht aufgelöst haben, wenn es bereits zuvor aufgelöst wurde. Für Beendigungstatbestände, die zum selben Termin **141**

---

[474] LSSW/Spinner § 4 Rn. 4.

[475] BAG 16.12.2021 – 6 AZR 154/21, NJW 2022, 2428; 1.10.2020 – 2 AZR 247/20, NZA 2021, 75.

[476] BAG 14.5.2020 – 6 AZR 674/19, NZA 2020, 1324.

[477] BAG 21.4.2016 – 2 AZR 609/15, NZA 2016, 941.

[478] StRspr, vgl. BAG 20.12.2012 – 2 AZR 867/11, NZA 2013, 1003; 12.5.2005 – 2 AZR 426/04, NZA 2005, 1259; 13.3.1997 – 2 AZR 512/96, AP KSchG 1969 § 4 Nr. 38 mAnm Diller; Boemke RdA 1995, 211 (213); Boewer NZA 1997, 359 (360); KR/Klose KSchG § 4 Rn. 284 ff.; HaKo-KSchR/Gallner § 4 Rn. 45; W. Habscheid RdA 1958, 46 ff. und 95 ff.; E. Habscheid RdA 1989, 88 ff.; MüKoBGB/Hergenröder KSchG § 4 Rn. 18; APS/Hesse/Tiedemann KSchG § 4 Rn. 134; A. Hueck FS Nipperdey S. 99 ff.; ErfK/Kiel KSchG § 4 Rn. 30; LSSW/Spinner § 4 Rn. 15; Prütting FS Lüke, 1997, 617 (625 ff.); Stahlhacke FS Wlotzke, 1996, 173 (177 f.); PVT Kündigung/Vossen Rn. 2241; aA Bettermann ZfA 1985, 5 ff., der den Streitgegenstand bei der Klage nach § 4 allein auf die Sozialwidrigkeit der Kündigung beschränken will; aA weiterhin Bötticher FS Herschel, 1982, 181 ff.; ders. BB 1959, 1032 ff.; Güntner AuR 1974, 97 (108 ff.); ders. DB 1975, 1267 (1270 f.); Lüke JZ 1960, 203 ff.; Zeuner MDR 1956, 257 ff., die den Streitgegenstand im Bestand des Arbeitsverhältnisses im Zeitpunkt der letzten mündlichen Verhandlung erblicken.

[479] BAG 16.12.2021 – 6 AZR 154/21, NJW 2022, 2428; 24.5.2018 – 2 AZR 67/18, NZA 2018, 1127; 18.12.2014 – 2 AZR 163/14, NZA 2015, 635; 29.1.2015 – 2 AZR 698/12, NZA 2015, 1022 mwN; 26.9.2013 – 2 AZR 682/12, NZA 2014, 443; zust. NK-GA/Berger KSchG § 4 Rn. 203 ff.; Feldmann/Schuhmann JuS 2017, 214; KR/Klose KSchG § 4 Rn. 284 ff.; HaKo-KSchR/Gallner KSchG § 4 Rn. 46 ff.; APS/Hesse/Tiedemann KSchG § 4 Rn. 134; krit. Preis/Schneider FS Prütting, 2018, 467 (473 ff.); aA PVT Kündigung/Vossen Rn. 2246.

wirken sollen, liegt es nicht ganz so eindeutig. Immerhin könnte hier das Arbeitsverhältnis zumindest auch von der angegriffenen Kündigung aufgelöst werden. Allerdings erstrebt der Arbeitnehmer mit einer Klage nach § 4 S. 1 der Sache nach die Feststellung, dass sein Arbeitsverhältnis über den in der Kündigung vorgesehenen Auflösungstermin hinaus fortbesteht. Dafür spricht zum einen der Wortlaut der §§ 11, 12. Ihm zufolge „besteht" nach der einer Beendigungsschutzklage stattgebenden Entscheidung „das Arbeitsverhältnis fort".[480] Ein solcher Fortbestand ist aber nur denkbar, wenn auch zum Beendigungstermin ein Arbeitsverhältnis bestanden hat.[481] Zum anderen erhielte der Arbeitnehmer ansonsten ein bloßes Rechtsgutachten über die Wirksamkeit einer Kündigung, obgleich die Beendigung des Arbeitsverhältnisses der Parteien zu dem mit ihr angestrebten Termin aus anderen Gründen feststeht.[482] Der Bestand des Arbeitsverhältnisses vom Zugang der Kündigung bis einschließlich zum avisierten Auflösungstermin ist auch keine bloße Vorfrage in einem Kündigungsschutzverfahren, sondern Gegenstand des durch § 4 S. 1 definierten Urteilsausspruchs.[483]

142 **b) Behandlung von überholenden und einholenden Kündigungen im Rahmen der Kündigungsschutzklage.** Auch wenn Gegenstand einer Kündigungsschutzklage nach § 4 S. 1 die Feststellung ist, dass das Arbeitsverhältnis durch die bestimmte, mit der Klage angegriffene Kündigung zum vom Arbeitgeber vorgesehenen Termin nicht aufgelöst worden ist, liegt in ihr – für den beklagten Arbeitgeber in der Regel erkennbar – aufgrund ihres erweiterten punktuellen Streitgegenstands zugleich der Angriff gegen solche Kündigungen, die dem Arbeitnehmer noch während des Laufs der angefochtenen Kündigung ausgelösten Kündigungsfrist zugehen und innerhalb dieser Frist oder zeitgleich mit ihrem Ablauf Wirkung entfalten sollen.[484] Die Kündigungsschutzklage hat damit die **Wirkung eines „kleinen Schleppnetzes"**,[485] das vom Zugang der angegriffenen Kündigung bis einschließlich zum mit ihr avisierten Auflösungstermin reicht (also im Fall einer allein angefochtenen fristlosen Kündigung nicht allzu weit)[486] und insofern an die Stelle des „großen Schleppnetzes" tritt, das mit einem allgemeinen Feststellungsantrag nach § 256 Abs. 1 ZPO für die Zeiträume ausgeworfen wird, die nicht schon von einem Kündigungsschutzantrag erfasst sind (→ Rn. 149 f.).[487] Ergeben sich weder aus der Klagebegründung noch aus sonstigen Erklärungen des Arbeitnehmers oder in den Rechtsstreit eingeführten Umständen, dass er den Gegenstand der Kündigungsschutzklage auf die Wirksamkeit der konkret angegriffenen Kündigung beschränken will, muss der Arbeitgeber davon ausgehen, der Arbeitnehmer wende sich mit seiner Klage zugleich gegen die Beendigung seines Arbeitsverhältnisses durch mögliche andere Tatbestände bis einschließlich zu dem in der angegriffenen Kündigung vorgesehenen Auflösungstermin.[488] Hat der Arbeitgeber nach einer ordentlichen Kündigung während des Laufs der Kündigungsfrist den Arbeitsvertrag angefochten, hängt der Erfolg der Kündigungsschutzklage auch von der Wirksamkeit der **Anfechtung** ab, wenn diese – ihre Berechtigung unterstellt – auf einen Zeitpunkt wirkt, der vor dem Auflösungstermin der Kündigung liegt. Sie ist deshalb in aller Regel schon im Rahmen des Kündigungsschutzantrags zu überprüfen. Eines gesonderten allgemeinen Feststellungsantrags nach § 256 ZPO bedarf es nicht.[489] Wird der Kündigungsschutzklage stattgegeben, kann sich der Arbeitgeber deshalb in einem späteren Prozess grundsätzlich nicht darauf berufen, das Arbeitsverhältnis sei bereits zuvor aufgrund anderer Beendigungstatbestände aufgelöst worden

---

480 BAG 24.5.2018 – 2 AZR 67/18, NZA 2018, 1127; 18.12.2014 – 2 AZR 163/14, NZA 2015, 635.
481 Betz NZA-RR 2021, 281 (284).
482 Vgl. Niemann NZA 2019, 65 (66).
483 Betz NZA-RR 2021, 281 (284).
484 Vgl. zuletzt BAG 24.5.2018 – 2 AZR 67/18, NZA 2018, 1127.
485 Vgl. BAG 24.5.2018 – 2 AZR 67/18, NZA 2018, 1127.
486 Reinartz NZA 2020, 215 (216).
487 Vgl. Niemann NZA 2019, 65 (71).
488 BAG 18.12.2014 – 2 AZR 163/14, NZA 2015, 635; 20.3.2014 – 2 AZR 1071/12, NZA 2014, 1131.
489 BAG 20.3.2014 – 2 AZR 1071/12, NZA 2014, 1131.

(zur Rechtskraft des Urteils → Rn. 161 ff.). Vielmehr ist er zur Vermeidung dieser Rechtsfolge gehalten, etwaige weitere Beendigungstatbestände, die in den Lauf der Kündigungsfrist fallen, von sich aus in den Kündigungsrechtsstreit einzuführen.[490] Diese Überlegungen treffen **gleichermaßen** für einen fristgerecht gegen eine **Änderungskündigung** angebrachten **Antrag nach § 4 S. 2** zu. Ein solcher hat ebenfalls einen erweiterten punktuellen Streitgegenstand und wirkt deshalb gleichfalls als „kleines Schleppnetz" in Bezug auf Kündigungen, die das Arbeitsverhältnis vor oder bis einschließlich zu dem mit der ausdrücklich angegriffenen Kündigung avisierten „Änderungstermin" auflösen könnten.[491]

143 Aufgrund ihres erweiterten punktuellen Streitgegenstands und der damit verbundenen Wirkung als „kleines Schleppnetz" wahrt eine Kündigungsschutzklage die Klagefrist des § 4 S. 1 auch für weitere Kündigungen, die vor oder bis einschließlich zu dem Termin der ersten Kündigung wirksam werden sollen, jedenfalls dann, wenn der Kläger ihre Unwirksamkeit noch vor Schluss der mündlichen Verhandlung erster Instanz explizit geltend gemacht und mit einem separaten Antrag nach § 4 S. 1 erfasst hat. Dies folgt jedenfalls aus einer analogen Anwendung von § 6 (dazu → § 6 Rn. 10 ff.). Die Vorschrift zielt darauf ab, den Arbeitnehmer davor zu bewahren, seinen Kündigungsschutz aus formalen Gründen zu verlieren. Die Frist des § 4 S. 1 soll nicht nur durch eine punktuelle Feststellungsklage innerhalb von drei Wochen nach Zugang der Kündigungserklärung, sondern auch dadurch eingehalten werden können, dass der Arbeitnehmer auf anderem Weg die Unwirksamkeit der Kündigung geltend macht. Die Neufassung des § 6 entspricht der bis zum 31.12.2003 geltenden Regelung und nimmt lediglich auf die Änderung des § 13 Abs. 1 S. 2 Bedacht.[492] Ob es zur Fristwahrung erforderlich ist, dass der Arbeitnehmer die nachfolgende Kündigung noch vor dem Schluss der mündlichen Verhandlung in erster Instanz mit einem Antrag gemäß § 4 S. 1 erfasst, hat das BAG bislang offengelassen;[493] zuletzt hat es aber bekundet, dem zuzuneigen.[494] Diese für „über- oder doch einholende" Folgekündigungen entwickelten Grundsätze wendet das BAG auch auf **Kündigungen** an, die dem Arbeitnehmer schon **vor Klageerhebung zugegangen** sind, aber das Arbeitsverhältnis in dem vom angebrachten Kündigungsschutzantrag erfassten Zeitfenster (Zugang der angegriffenen Kündigung bis einschließlich zum mit ihr avisierten Beendigungstermin) auflösen sollen. Ein sachlicher Grund, bezüglich ihrer an die Klageanträge des Arbeitnehmers weitergehende Anforderungen zu stellen als bezüglich solcher Kündigungen, die erst während des schon laufenden Rechtsstreits erklärt werden, ist nicht erkennbar. Die Frage, ob durch einen Kündigungsschutzantrag nach § 4 S. 1 die Frist zur Klage gewahrt wird, ist vielmehr auch in diesem Fall allein danach zu beantworten, ob die weitere Kündigung vom Streitgegenstand der ursprünglichen Klage erfasst ist.[495] Zur gesetzeswidrigen, aber gleichwohl ggf. die Rechtskraft des Urteils einschränkenden „Ausklammerung" einzelner Kündigungen → Rn. 164 f.

2. Verbindung der Kündigungsschutzklage mit allgemeiner Feststellungsklage nach § 256 ZPO

144 Der Arbeitnehmer kann den Kündigungsschutzantrag nach § 4 S. 1 mit einem allgemeinen Feststellungsantrag verbinden (sog. Schleppnetzantrag bzw. „großes Schleppnetz").[496] Zwar ist § 4 S. 1 lex specialis im Verhältnis zu § 256 ZPO. Der Arbeitnehmer

490 BAG 26.9.2013 – 2 AZR 682/12, NZA 2014, 443.

491 BAG 16.12.2021 – 6 AZR 154/21, NJW 2022, 2428; 24.5.2018 – 2 AZR 67/18, NZA 2018, 1127.

492 BAG 26.9.2013 – 2 AZR 682/12, NZA 2014, 443.

493 BAG 18.12.2014 – 2 AZR 163/14, NZA 2015, 635.

494 BAG 24.5.2018 – 2 AZR 67/18, NZA 2018, 1127; dagegen HaKo-KSchR/Gallner KSchG § 4 Rn. 53; Gallner FS Wank, 2014, 117 (122 f.), die eine Anwendung des § 6 für entbehrlich hält.

495 BAG 18.12.2014 – 2 AZR 163/14, NZA 2015, 635 unter Verweis auf BAG 26.9.2013 – 2 AZR 682/12, NZA 2014, 443.

496 Vgl. BAG 16.12.2021 – 6 AZR 154/21, NJW 2022, 2428; 12.5.2005 – 2 AZR 426/04, NZA 2005, 1259; 10.10.2002 – 2 AZR 622/01, NZA 2003, 684; 13.3.1997 – 2 AZR 512/96, NZA 1997, 844; 7.12.1995 – 2 AZR

hat daher grundsätzlich die Unwirksamkeit der Kündigung im Weg der Kündigungsschutzklage geltend zu machen. Er kann aber den allgemeinen Feststellungsantrag nach § 256 ZPO mit dem Kündigungsschutzantrag nach § 4 S. 1 gemäß § 260 ZPO in einer Klage verbinden, um im Kündigungsschutzprozess nach § 46h ArbGG auch im elektronischen Rechtsverkehr formwirksam möglichen **Schriftsatzkündigungen** oder ständigen Wiederholungskündigungen wirksam zu begegnen,[497] die nicht schon von dem „kleinen Schleppnetz" eines bereits anhängigen Kündigungsschutzantrags erfasst sind. Er macht auf diese Weise grundsätzlich zwei selbständige prozessuale Ansprüche geltend.[498] Die Kombination der Anträge wirft allerdings einige Fragen auf.[499] Zudem ist zu beachten, dass die in einem elektronisch übermittelten Schriftsatz erklärte Kündigung nur nach § 46h ArbGG formwirksam ist, wenn sie in diesem – zB durch einen deutlichen Hinweis zu Beginn des Schriftsatzes – „klar erkennbar" ist.[500] Insoweit kann es bei dem allgemeinen Feststellungsantrag nicht mehr um die Abwehr „versteckter" Schriftsatzkündigungen gehen.

145 a) **Grundsätzliches zur Verbindung von Kündigungsschutzklage und allgemeiner Feststellungsklage.** Wird eine Kündigung mit einer Klage angegriffen, in der der Antrag nach § 4 S. 1 mit dem allgemeinen Feststellungsantrag nach § 256 ZPO verbunden wird (§ 260 ZPO), ist **Gegenstand des Rechtsstreits** auch die Frage, ob das Arbeitsverhältnis über einen bestimmten Termin hinaus bis zum Zeitpunkt der letzten mündlichen Verhandlung in der Tatsacheninstanz oder einem anderen in der Klageschrift näher bezeichneten Zeitpunkt fortbesteht.[501] Die allgemeine Feststellungsklage soll, soweit sie neben der Klage gemäß § 4 S. 1 erhoben wird, klären, ob das Arbeitsverhältnis aufgrund von Beendigungstatbeständen aufgelöst worden ist, die nicht schon vom Streitgegenstand der Kündigungsschutzklage und dem mit ihr ausgelegten „kleinen Schleppnetz" (→ Rn. 142) erfasst sind.[502] Durch die Verbindung der beiden Anträge nähert sich das BAG im Ergebnis der Auffassung, die allein für die Klage nach § 4 S. 1 den Bestand des Arbeitsverhältnisses zum Zeitpunkt der letzten mündlichen Verhandlung in der Tatsacheninstanz als Streitgegenstand angesehen hat.[503] Der genaue Inhalt der mit dem Antrag nach § 256 ZPO begehrten Feststellung ist durch Auslegung des Antrags zu ermitteln.

772/94, AP KSchG 1969 § 4 Nr. 33 mAnm Boemke; 16.3.1994 – 8 AZR 97/93, NZA 1994, 860 = EzA § 4 KSchG nF Nr. 49 mAnm Dütz/Singer; 27.1.1994 – 2 AZR 484/93, NZA 1994, 812 = EzA § 4 KSchG nF Nr. 48 mit krit. Anm. Franzen; 16.8.1990 – 2 AZR 113/90, NZA 1991, 141; 21.1.1988 – 2 AZR 581/86, NZA 1988, 651; Ascheid Kündigungsschutzrecht Rn. 761 ff.; Bitter DB 1997, 1407; KR/Klose KSchG § 4 Rn. 297 ff.; HaKo-KSchR/Gallner KSchG § 4 Rn. 51 ff.; MüKoBGB/Hergenröder KSchG § 4 Rn. 96 ff.; APS/Hesse/Tiedemann KSchG § 4 Rn. 138; ErfK/Kiel KSchG § 4 Rn. 34; Köhler S. 70; Kuchinke SAE 1979, 287; LSSW/Spinner § 4 Rn. 105; Pickart, Kündigungsschutz- und Kombinationsklage im arbeitsgerichtlichen Verfahren, Diss. Würzburg, 2004; Prütting FS Lüke S. 617 (627); Vollkommer/Weinland Anm. zu BAG EzA § 4 KSchG nF Nr. 33; Ch. Weber Anm. zu LAG Köln LAGE § 4 KSchG Nr. 15; Wenzel DB 1997, 1869; Zeuner FS Otto S. 647; aA Bakker Anm. zu BAG EzA § 4 KSchG nF Nr. 46.

[497] Vgl. BAG 16.12.2021 – 6 AZR 154/21, NJW 2022, 2428; 13.3.1997 – 2 AZR 512/96, NZA 1997, 844; 7.12.1995 – 2 AZR 772/94, NZA 1996, 334; 27.1.1994 – 2 AZR 484/93, NZA 1994, 812; zustimmend insoweit Ascheid Kündigungsschutzrecht Rn. 761; Bitter DB 1997, 1407 (1408 f.); Dütz/Singer Anm. zu BAG EzA § 4 KSchG nF Nr. 49; Prütting FS Lüke, 1997, 617 (628 f.); Teske Anm. zu BAG EzA § 4 KSchG nF Nr. 31.

[498] BAG 26.9.2013 – 2 AZR 682/12, NZA 2014, 443.

[499] Zu den Auswirkungen eines allgemeinen Feststellungsantrags auf die Möglichkeit, eine nach § 46h ArbGG formwirksam erklärte Schriftsatzkündigung nach § 174 BGB zurückweisen zu können, vgl. Bayreuther DB 2024, 1820 ff.; Horcher FA 2025, 16 ff.

[500] Dazu Bayreuther DB 2024, 1820 (1821); Düwell NZA 2024, 1169 (1171); Düwell jurisPR-ArbR 28/2024 Anm. 1; Horcher FA 2025, 16 (18).

[501] BAG 16.12.2021 – 6 AZR 154/21, NJW 2022, 2428; 18.12.2014 – 2 AZR 163/14, NZA 2015, 635; 12.5.2005 – 2 AZR 426/04, NZA 2005, 1259; 13.3.1997 – 2 AZR 512/96, NZA 1997, 844; 27.1.1994 – 2 AZR 484/93, NZA 1994, 812; 16.8.1990 – 2 AZR 113/90, NZA 1991, 141; 21.1.1988 – 2 AZR 581/86, NZA 1988, 651; 31.5.1979 – 2 AZR 473/77, ZPO § 256 Nr. 50; APS/Hesse/Tiedemann KSchG § 4 Rn. 140 f.; Dütz/Singer Anm. zu BAG EzA § 4 KSchG nF Nr. 48; KR/Klose KSchG § 4 Rn. 297; MüKoBGB/Hergenröder KSchG § 4 Rn. 99.

[502] BAG 18.12.2014 – 2 AZR 163/14, NZA 2015, 635; 20.3.2014 – 2 AZR 1071/12, NZA 2014, 1131; 26.9.2013 – 2 AZR 682/12, NZA 2014, 443.

[503] Ebenso PVT Kündigung/Vossen Rn. 2253; zu dieser Auffassung vgl. namentlich Bötticher FS Herschel, 1982, 181 ff.

b) Vorliegen eines allgemeinen Feststellungsantrags neben der Kündigungsschutzklage? Ob der klagende Arbeitnehmer überhaupt neben dem Kündigungsschutzantrag nach § 4 S. 1 einen allgemeinen Feststellungsantrag nach § 256 ZPO gestellt hat, ist durch Auslegung des **Antrags** und der Antragsbegründung festzustellen.[504] 146

aa) Berücksichtigung der Klagebegründung. Wird dem Kündigungsschutzantrag nach § 4 S. 1 der Zusatz „und fortbesteht" oder „und über den… fortbesteht" angehängt, ist unklar, ob damit ein zusätzlicher Feststellungsantrag nach § 256 ZPO gestellt ist.[505] Sofern hierzu in der **Klagebegründung** keine Darlegungen enthalten sind, wird dies zu verneinen und in dem Zusatz nur ein unselbstständiges Anhängsel zu sehen sein.[506] Maßgeblich sind die Umstände, die das Feststellungsbegehren innerhalb von drei Wochen nach Zugang der Kündigung deutlich machen.[507] Erhebt der Arbeitnehmer gegen eine zum 31.12.2021 erklärte Kündigung Kündigungsschutzklage und beantragt er zusätzlich zum Antrag nach § 4 S. 1 „Es wird festgestellt, dass das Arbeitsverhältnis zwischen den Parteien auch nicht durch andere Beendigungstatbestände endet, sondern zu unveränderten Bedingungen über den 31.12.2021 hinaus fortbesteht", bezieht sich letzterer Antrag auf andere Beendigungstatbestände als die von der Klage nach § 4 S. 1 erfassten Kündigungen.[508] 147

bb) Bestimmtheit der Antragstellung. Beabsichtigt der Kläger eine Verbindung der Kündigungsschutzklage nach § 4 S. 1 mit einer allgemeinen Feststellungsklage nach § 256 ZPO, empfiehlt es sich, dies klar und **eindeutig zu beantragen.** Ist ein solcher Feststellungsantrag (zB „Es wird festgestellt, dass zwischen den Parteien auch nach dem… ein Arbeitsverhältnis besteht") gestellt, genügt dies entgegen der Auffassung des BAG[509] auch, wenn dieser Antrag nicht begründet ist.[510] Ein nicht begründeter, aber hinreichend bestimmt gefasster Antrag ist nicht einfach hinfällig. Das Fehlen der Anspruchsbegründung führt gemäß § 253 Abs. 2 Nr. 2 ZPO zur Unzulässigkeit der Klage, nicht aber dazu, dass überhaupt keine Klage anhängig ist.[511] 148

cc) Verhältnis des allgemeinen Feststellungsantrags nach § 256 ZPO zum erweiterten punktuellen Streitgegenstand der Kündigungsschutzklage nach § 4 S. 1 KSchG.[512] Bei der Antragsauslegung ist des Weiteren zu berücksichtigen, dass nach Auffassung des BAG von dem Antrag nach § 4 S. 1 auch die Frage umfasst ist, ob das Arbeitsverhältnis am vorgesehenen Auflösungstermin einschließlich seiner selbst noch bestanden hat und nicht durch einen während oder doch mit Ablauf der Kündigungsfrist wirkenden Umstand aufgelöst worden ist (→ Rn. 141 ff.). Hat nun der Arbeitgeber neben der mit einer Kündigungsschutzklage nach § 4 S. 1 angegriffenen ordentlichen Kündigung während des Laufs der Kündigungsfrist eine weitere Kündigung erklärt, die zu einem früheren oder zum selben Zeitpunkt wirken soll, oder den Arbeitsvertrag mit Wirkung zu einem Zeitpunkt innerhalb des vom Kündigungsschutzantrag erfassten Zeitfensters angefoch- 149

---

[504] BAG 18.12.2014 – 2 AZR 163/14, NZA 2015, 635; 20.3.2014 – 2 AZR 1071/12, NZA 2014, 1131; 12.5.2005 – 2 AZR 426/04, NZA 2005, 1259; 7.12.1995 – 2 AZR 772/94, NZA 1996, 334; Diller NJW 1996, 2141; ders. NJW 1998, 663 (664); vgl. zur Auslegung in diesen Fällen auch BAG 16.8.1990 – 2 AZR 113/90, NZA 1991, 141; 31.5.1979 – 2 AZR 473/77, ZPO § 256 Nr. 50; Ch. Weber Anm. zu LAG Köln LAGE § 4 KSchG Nr. 15.

[505] Zum gebotenen Vorgehen des Gerichts in diesen Fällen vgl. Niemann NZA 2019, 65 (71).

[506] Ebenso BAG 21.12.2022 – 7 AZR 489/21, NZA 2023, 493; 27.4.2021 – 2 AZR 540/20, NZA 2021, 857; 15.3.2001 – 2 AZR 141/00, NZA 2001, 1267; BAG 27.1.1994 – 2 AZR 484/93, NZA 1994, 812; offengelassen von BAG 7.12.1995 – 2 AZR 772/94, NZA 1996, 334; dagegen bejahend Boemke RdA 1995, 211 (225).

[507] BAG 18.12.2014 – 2 AZR 163/14, NZA 2015, 635.

[508] Vgl. BAG 12.5.2005 – 2 AZR 426/04, NZA 2005, 1259.

[509] BAG 16.3.1994 – 8 AZR 97/93, NZA 1994, 860.

[510] Wie hier Bitter DB 1997, 1407 (1408); Boewer NZA 1997, 359 (362); Dauner-Lieb Anm. zu BAG EzA § 4 KSchG nF Nr. 57; Diller NJW 1996, 2142; Dütz/Singer Anm. zu BAG EzA § 4 KSchG nF Nr. 49; Stahlhacke FS Leinemann, 2006, 389 (403 f.); PVT Kündigung/Vossen Rn. 2259 f.; wohl auch BAG 7.12.1995 – 2 AZR 772/94, NZA 1996, 334.

[511] Ebenso PVT Kündigung/Vossen Rn. 2260.

[512] Dazu Vossen RdA 2015, 291.

ten, hängt der Erfolg der Kündigungsschutzklage auch von der Wirksamkeit der weiteren Kündigung bzw. der Anfechtung ab. Diese sind schon im Rahmen des Kündigungsschutzantrags zu überprüfen, sofern sie in den Kündigungsrechtsstreit eingeführt wurden (zur Rechtskraft des stattgebenden Urteils in diesen Fällen → Rn. 163). Hiervon ausgehend versteht das BAG das Feststellungsbegehren insoweit nicht als gesonderten eigenständigen Antrag, sondern legt es in der Regel zusammen mit dem Kündigungsschutzantrag als einheitlichen Antrag nach § 4 S. 1 aus. Sofern dies nicht möglich sei und der Kläger neben dem Kündigungsschutzantrag eine eigenständige allgemeine Feststellungsklage habe erheben wollen, sei diese unter die zulässige Rechtsbedingung gestellt, dass über die Wirksamkeit des weiteren Beendigungstatbestands (Folgekündigung oder Anfechtung) nicht bereits im Rahmen des Kündigungsschutzantrags zu entscheiden sei.[513] Überhaupt ist ein auf das Bestehen eines Arbeitsverhältnisses im Zeitpunkt der letzten mündlichen Verhandlung bezogener allgemeiner Feststellungsantrag regelmäßig als unechter Hilfsantrag für den Fall zu verstehen, dass das Arbeitsverhältnis nach Auffassung des Gerichts nicht schon vorher durch eine mit einem Antrag nach § 4 S. 1 KSchG angegriffene Kündigung aufgelöst worden ist.[514]

150 c) **Gegenstand des neben der Kündigungsschutzklage angebrachten allgemeinen Feststellungsantrags; Nebeneinander von kleinem und großem Schleppnetz; Rechtskraftwirkung der Entscheidung über den allgemeinen Feststellungsantrag.** Der Gegenstand des allgemeinen Feststellungsantrags ist ausgehend vom Streitgegenstand der Kündigungsschutzklage nach § 4 S. 1 zu bestimmen. Da nach Auffassung des BAG Gegenstand einer Kündigungsschutzklage mit einem Antrag nach § 4 S. 1 die Frage ist, ob das Arbeitsverhältnis der Parteien aus Anlass einer bestimmten Kündigung zu dem in ihr vorgesehenen Termin aufgelöst worden ist (sog. erweiterter punktueller Streitgegenstand → Rn. 141 ff.), ist Gegenstand der allgemeinen Feststellungsklage nach § 256 ZPO in der Regel der Fortbestand des Arbeitsverhältnisses über den in der angegriffenen Kündigung bestimmten Beendigungstermin hinaus bis zum Zeitpunkt der letzten mündlichen Verhandlung in der Tatsacheninstanz.[515] **Das kleine Schleppnetz des Kündigungsschutzantrags wirkt bis einschließlich zum beabsichtigten Beendigungstermin, das große Schleppnetz des allgemeinen Feststellungsantrags wirkt dann ab diesem Termin.**[516] Die Klage nach § 256 ZPO soll, soweit sie neben der Klage gemäß § 4 S. 1 erhoben wird, klären, ob das Arbeitsverhältnis aufgrund von Beendigungstatbeständen aufgelöst worden ist, die vom Streitgegenstand der Kündigungsschutzklage nicht erfasst sind.[517] Von einem solchen Antrag werden außer **sonstigen Auflösungstatbeständen,** wie Aufhebungsverträgen und Eigenkündigungen des Arbeitnehmers, auch alle weiteren Kündigungen erfasst, die der Arbeitgeber im nach § 256 ZPO streitbefangenen Zeitraum ausgesprochen hat.[518] Nicht erfasst werden von dem allgemeinen Feststellungsantrag allerdings Kündigungen des Arbeitgebers, die nach dem Schluss der mündlichen Verhandlung vor dem ArbG erklärt wurden und vom Arbeitnehmer mit einer gesonderten Kündigungsschutzklage angegriffen werden.[519] Möchte der Arbeitnehmer den Bestand eines Arbeitsverhältnisses für einen **Zeitraum vor Zugang der mit einem Antrag nach § 4 S. 1**

[513] BAG 20.3.2014 – 2 AZR 1071/12, NZA 2014, 1131.
[514] BAG 28.2.2023 – 2 AZN 22/23, NZA 2023, 719; 15.12.2021 – 7 AZR 530/20, NZA 2022, 774.
[515] BAG 16.12.2021 – 6 AZR 154/21, NJW 2022, 2428; 18.12.2014 – 2 AZR 163/14, NZA 2015, 635; 26.9.2013 – 2 AZR 682/12, NZA 2014, 443; vgl. auch Niemann NZA 2019, 65 (71).
[516] Treffend Reinartz NZA 2020, 215 (216).
[517] BAG 16.12.2021 – 6 AZR 154/21, NJW 2022, 2428; 1.12.2020 – 9 AZR 102/20, NZA 2021, 552; 18.12.2014 – 2 AZR 163/14, NZA 2015, 635; 20.3.2014 – 2 AZR 1071/12, NZA 2014, 1131.
[518] BAG 12.5.2005 – 2 AZR 426/04, NZA 2005, 1259; 13.3.1997 – 2 AZR 512/96, NZA 1997, 844; 7.12.1995 – 2 AZR 772/94, AP KSchG 1969 § 4 Nr. 33 mAnm Boemke; 16.3.1994 – 8 AZR 97/93, NZA 1994, 860; 27.1.1994 – 2 AZR 484/93, NZA 1994, 812; 16.8.1990 – 2 AZR 113/90, NZA 1991, 141; 21.1.1988 – 2 AZR 581/86, NZA 1988, 651; LAG Köln 9.11.1988 – 5 Ta 229/88, LAGE § 4 KSchG Nr. 15 mit insoweit zust. Anm. Ch. Weber; APS/Hesse/Tiedemann KSchG § 4 Rn. 140 f.; Künzl Erlanger FS Schwab S. 123 (142); Vollkommer/Weinland Anm. zu BAG EzA § 4 KSchG nF Nr. 33.
[519] BAG 10.10.2002 – 2 AZR 622/01, NZA 2003, 684.

angegriffenen Kündigung in der Rechtskraft fähiger Weise festgestellt wissen und meint er, hierfür trotz des Vergangenheitsbezugs und des grundsätzlichen Vorrangs einer Leistungsklage ein besonderes Feststellungsinteresse zu haben, kann er auch hierauf eine Klage gemäß § 256 ZPO richten. Die Rechtskraft einer stattgebenden Entscheidung über einen Kündigungsschutzantrag iSv § 322 Abs. 1 ZPO reicht – in die eine Richtung – nicht vor den Zugang der angegriffenen Kündigung zurück und – in die andere Richtung – nicht über den Ablauf der Kündigungsfrist hinaus (→ Rn. 163). Die Bezeichnung des allgemeinen Feststellungsantrags als großes Schleppnetz darf nicht darüber hinwegtäuschen, dass die **materielle Rechtskraftwirkung** eines ihn abweisenden oder ihm stattgebenden Urteils nur – rein punktuell – den Bestand oder Nichtbestand des Arbeitsverhältnisses im Zeitpunkt der letzten mündlichen Verhandlung erfasst.[520]

d) Analoge Anwendung von § 6 KSchG auf den allgemeinen Feststellungsantrag 151
(Schleppnetzantrag). Stellt der Arbeitnehmer neben dem Kündigungsschutzantrag nach § 4 S. 1 einen allgemeinen Feststellungsantrag nach § 256 ZPO, kann er sich nach Auffassung des BAG jedenfalls in erster Instanz auf die Unwirksamkeit weiterer Kündigungen berufen. Der Arbeitnehmer braucht die weiteren Kündigungen **nicht innerhalb von drei Wochen** in den Prozess einzuführen.[521] Dies folgt aus einer entsprechenden Anwendung des Grundgedankens des § 6 (→ § 6 Rn. 10 ff.), weil der Arbeitnehmer mit der Erhebung einer Feststellungsklage nach § 256 ZPO dem Arbeitgeber deutlich gemacht hat, dass er am Bestand des Arbeitsverhältnisses ungeachtet aller Kündigungs- bzw. Beendigungstatbestände festhalten möchte.[522] Durch die Frist des § 4 S. 1 soll allein sichergestellt werden, dass der Arbeitgeber, wenn ihm nicht alsbald nach Ablauf von drei Wochen nach Zugang der Kündigung eine gegen diese Kündigung gerichtete Klage zugestellt wird, auf die Wirksamkeit der Kündigung im Umfang der Fiktionswirkung des § 7 vertrauen kann. Ist durch eine Klageerhebung sichergestellt, dass der Arbeitgeber unter Wahrung der Frist des § 4 S. 1 gewarnt wird, ist die Funktion der Norm erfüllt. Es kommt dann nicht darauf an, welche Formulierung der Arbeitnehmer seinem Klageantrag gegeben hat.[523] Insoweit gilt für das „große Schleppnetz" des § 256 Abs. 1 ZPO nichts anderes als für das „kleine Schleppnetz" des § 4 S. 1 (→ Rn. 142 f.). Ob der Arbeitnehmer die Unwirksamkeit der Kündigung noch bis zum Schluss der mündlichen Verhandlung in der Berufungsinstanz geltend machen kann, hat das BAG für die bis zum 31.12.2003 geltende Rechtslage bejaht[524] und für die seit dem 1.1.2004 geltende Fassung des KSchG offengelassen.[525]

152 Die besseren Gründe dürften dafür sprechen, dass der Arbeitnehmer die Unwirksamkeit weiterer Beendigungstatbestände, die von der allgemeinen Feststellungsklage nach § 256 ZPO erfasst sind, **in entsprechender Anwendung von § 6 grundsätzlich nur im ersten Rechtszug** geltend machen kann. Hierfür spricht das gesetzliche Regelungsmodell, nach dem die Fiktionswirkung des § 7 nur durch eine Klage, die den Anforderungen des § 4 S. 1 entspricht, verhindert werden kann.[526] Der Arbeitnehmer hat daher jede Kündigung des Arbeitgebers mit einem Antrag nach § 4 S. 1 anzugreifen, wobei es ihm freisteht, ob er die bereits erhobene Klage erweitert oder eine neue Klage anbringt. Hat der

---

[520] BAG 21.12.2022 – 7 AZR 489/21, NZA 2023, 493.
[521] BAG 18.12.2014 – 2 AZR 163/14, NZA 2015, 635; 26.9.2013 – 2 AZR 682/12, NZA 2014, 443; 12.5.2005 – 2 AZR 426/04, NZA 2005, 1259; 13.3.1997 – 2 AZR 512/96, NZA 1997, 844; 21.1.1988 – 2 AZR 581/86, NZA 1988, 651; Dütz/Singer Anm. zu BAG EzA § 4 KSchG nF Nr. 49; HaKo-KSchR/Gallner KSchG § 4 Rn. 51; APS/Hesse/Tiedemann KSchG § 4 Rn. 140 f.; Vollkommer/Weinland Anm. zu BAG EzA § 4 KSchG nF Nr. 33; Ch. Weber Anm. zu LAG Köln LAGE § 4 KSchG Nr. 15.
[522] BAG 26.9.2013 – 2 AZR 682/12, NZA 2014, 443; 13.3.1997 – 2 AZR 512/96, NZA 1997, 844.
[523] BAG 12.5.2005 – 2 AZR 426/04, NZA 2005, 1259.
[524] BAG 13.3.1997 – 2 AZR 512/96, NZA 1997, 844; zust. Bitter DB 1997, 1407 (1408 f.); ebenso nunmehr APS/Hesse/Tiedemann KSchG § 4 Rn. 141; LSSW/Spinner § 4 Rn. 107; im Ergebnis auch HaKo-KSchR/Gallner KSchG § 4 Rn. 52.
[525] BAG 26.9.2013 – 2 AZR 682/12, NZA 2014, 443.
[526] Ebenso Boemke RdA 1995, 211 (220); ders. Anm. zu BAG AP KSchG 1969 § 4 Nr. 33; Franzen Anm. zu BAG EzA § 4 KSchG nF Nr. 48.

Arbeitnehmer die erste Kündigung mit dem Antrag nach § 4 S. 1 rechtzeitig angegriffen und zusätzlich den allgemeinen Feststellungsantrag gestellt, kann er nach Maßgabe von § 6 S. 1 noch bis zum Schluss der mündlichen Verhandlung erster Instanz einen gegen eine weitere Kündigung gerichteten Antrag nach § 4 S. 1 erheben. Die Fiktionswirkung des § 7 tritt dann nicht ein. Soweit das BAG dem Arbeitnehmer nach der bis zum 31.12.2003 geltenden Rechtslage das Recht einräumt hat, auch Kündigungen, die im Lauf des Verfahrens erster Instanz ausgesprochen wurden, noch im zweiten Rechtszug in den Prozess einzuführen,[527] ist dies angesichts der eindeutigen zeitlichen Begrenzung in § 6 S. 1 nicht zu rechtfertigen.[528] Dahin scheint für das „kleine Schleppnetz" des § 4 S. 1 inzwischen auch das BAG zu neigen (→ Rn. 143). Anderes gilt, wenn der allgemeine Feststellungsantrag mit in die Berufung gelangt,[529] für solche weiteren Kündigungen, die dem Arbeitnehmer erst nach dem Schluss der mündlichen Verhandlung erster Instanz zugehen.[530] Zur Anwendung von § 6 auf klageerweiternde Kündigungsschutzanträge im Berufungsverfahren → § 6 Rn. 23.

153 e) **Feststellungsinteresse für den allgemeinen Feststellungsantrag im Kündigungsschutzprozess.** Der Antrag nach § 256 ZPO ist nur zulässig, wenn der klagende Arbeitnehmer ein besonderes Feststellungsinteresse hat. Erforderlich hierfür ist, dass er durch **konkreten Tatsachenvortrag** weitere Kündigungen oder Beendigungstatbestände in den Prozess einführt oder wenigstens deren Möglichkeit konkret dartut und damit belegt, warum dieser, die Klage nach § 4 S. 1 erweiternde Antrag gerechtfertigt sein soll.[531] Maßgeblich ist der Zeitpunkt der letzten mündlichen Verhandlung in der betreffenden Instanz.[532] Das besondere Feststellungsinteresse besteht nicht schon deshalb, weil eine bestimmt bezeichnete Kündigung ausgesprochen wurde und ihretwegen ein Kündigungsrechtsstreit anhängig ist.[533] Die abstrakte Möglichkeit der Geltendmachung weiterer Auflösungstatbestände durch den Arbeitgeber, insbesondere die allgemeine Gefahr des Ausspruchs weiterer Kündigungen, genügt nicht zur Begründung des Feststellungsinteresses.[534] Bestehen Zweifel, hat das Gericht den Kläger gemäß § 139 Abs. 1 S. 2 ZPO auf die Erforderlichkeit der Darlegung weiterer Auflösungstatbestände hinzuweisen.[535] Ist der Arbeitnehmer zu entsprechendem Sachvortrag nicht in der Lage, ist die Klage hinsichtlich des allgemeinen Feststellungsantrags, sofern er anfällt, als unzulässig abzuweisen.[536] Bei alledem ist zu beachten, dass der Arbeitnehmer eine Folgekündigung letztlich ohnehin mit einem Antrag nach § 4 S. 1 erfassen muss (→ Rn. 152). Allerdings ermöglicht es auch eine (zunächst) mangels Feststellungsinteresses unzulässige allgemeine Feststellungsklage dem Arbeitnehmer, eine Kündigung in entsprechender Anwendung von § 6 noch außerhalb der Dreiwochenfrist erfolgversprechend mit einem Antrag nach § 4 S. 1 anzugreifen; das gilt auch noch im Berufungsverfahren, wenn der allgemeine Feststellungsantrag in die zweite Instanz gelangt ist; die Zulässigkeit des Antrags ist keine Voraussetzung dafür, dass er seine **„Schleppnetzwirkung"** entfaltet.[537] Das Feststellungsinteresse ist nur echte Prozessvoraussetzung für ein stattgebendes Urteil. Sein

---

[527] Vgl. BAG 13.3.1997 – 2 AZR 512/96, NZA 1997, 844.
[528] Krit. insoweit auch Bayreuther ZfA 2005, 391 (392); Boewer NZA 1997, 359 (364 f.).
[529] Dazu Reinartz NZA 2020, 215.
[530] Vgl. BAG 16.12.2021 – 6 AZR 154/21, NJW 2022, 2428.
[531] Vgl. BAG 1.12.2020 – 9 AZR 102/20, NZA 2021, 552; 26.9.2013 – 2 AZR 682/12, NZA 2014, 443; 13.3.1997 – 2 AZR 512/96, NZA 1997, 844; 27.1.1994 – 2 AZR 484/93, NZA 1994, 812; PVT Kündigung/Vossen Rn. 2261; zu großzügig LAG Köln 21.2.1989 – 3 Sa 1158/88, LAGE § 1 KSchG Krankheit Nr. 12; ausf. hierzu Stahlhacke FS Wlotzke, 1996, 173 ff.
[532] Für ein Abstellen (nur) auf die letzte mündliche Verhandlung erster Instanz MüKoBGB/Hergenröder KSchG § 4 Rn. 102; APS/Hesse/Tiedemann KSchG § 4 Rn. 140.
[533] BAG 13.3.1997 – 2 AZR 512/96, NZA 1997, 844.
[534] Zutr. Boemke RdA 1995, 211 (225); Boewer NZA 1997, 359, 363; MüKoBGB/Hergenröder KSchG § 4 Rn. 102; PVT Kündigung/Vossen Rn. 2262; Ch. Weber Anm. zu LAG Köln LAGE § 4 KSchG Nr. 15.
[535] Insoweit ebenso BAG 13.3.1997 – 2 AZR 512/96, NZA 1997, 844; 21.1.1988 – 2 AZR 581/86, NZA 1988, 651.
[536] Ebenso MüKoBGB/Hergenröder KSchG § 4 Rn. 102, 105; APS/Hesse/Tiedemann KSchG § 4 Rn. 140.
[537] BAG 16.12.2021 – 6 AZR 154/21, NJW 2022, 2428.

Vorliegen kann dahinstehen, wenn der allgemeine Feststellungsantrag eindeutig unbegründet ist.[538]

f) Empfangsvollmacht für Folgekündigungen aufgrund des allgemeinen Feststellungsantrags im Kündigungsschutzprozess. Der Prozessbevollmächtigte des Arbeitnehmers ist aufgrund der ihm zur Erhebung einer allgemeinen Feststellungsklage erteilten Vollmacht grundsätzlich zum Empfang von Folgekündigungen befugt, die in den Erfassungszeitraum des „großen Schleppnetzes" fallen.[539] Für „überholende" Kündigungen folgt seine Empfangsbefugnis schon aus der Prozessvollmacht zur Erhebung des gegen die „überholte" Kündigung gerichteten Kündigungsschutzantrags. 154

3. Keine doppelte Rechtshängigkeit bei Erhebung einer weiteren Kündigungsschutzklage

In der 16. Aufl. ist in den damaligen Rn. 143 ff. Kritik am vom BAG vertretenen erweiterten punktuellen Streitgegenstand der Kündigungsschutzklage unter Hinweis auf vermeintliche Probleme vorgebracht worden, die sich ergäben, wenn der Arbeitnehmer gegen eine Kündigung mit dem Antrag nach § 4 S. 1 nebst allgemeinem Feststellungsantrag nach § 256 ZPO vorgeht und später **gegen eine weitere Kündigung eine weitere Kündigungsschutzklage** erhebt. An der insofern vertretenen Auffassung, ggf. sei die weitere Kündigungsschutzklage wegen anderweitiger Rechtshängigkeit nach § 261 Abs. 3 Nr. 1 ZPO unzulässig, wird nicht festgehalten. Vielmehr stellt sich die Rechtslage wie folgt dar: 155

a) Keine doppelte Rechtshängigkeit bei weiterem Kündigungsschutzantrag im selben Prozess. Bringt der Arbeitnehmer die zweite Kündigungsschutzklage im selben Rechtsstreit im Weg der Klageerweiterung an, liegt in ihrer Erhebung zugleich eine gemäß § 264 Nr. 2 ZPO stets zulässige Beschränkung des allgemeinen Feststellungsantrags insoweit, wie dieser den Zeitraum betrifft, der nunmehr von dem neuen Kündigungsschutzantrag erfasst wird.[540] Insoweit kann es von vornherein nicht zu einer doppelten Rechtshängigkeit iSv § 261 Abs. 3 Nr. 1 ZPO kommen. 156

b) Keine doppelte Rechtshängigkeit bei weiterem Kündigungsschutzantrag in anderem Prozess. Erhebt der Arbeitnehmer hingegen eine gesonderte Kündigungsschutzklage, liegt allein darin keine Beschränkung des allgemeinen Feststellungsantrags in dem ersten Rechtsstreit nach § 264 Nr. 2 ZPO. Vielmehr muss in diesen Fällen zumindest hinzutreten, dass der Arbeitnehmer die Erhebung der weiteren Kündigungsschutzklage in dem ersten Prozess bekannt macht.[541] Kommt es nicht zu einer Beschränkung des allgemeinen Feststellungsantrags in dem ersten Verfahren, sondern bleibt dieser uneingeschränkt bestehen, hat dies entgegen der in der 16. Aufl. vertretenen Auffassung nicht etwa die Unzulässigkeit der weiteren Kündigungsschutzklage aufgrund anderweitiger Rechtshängigkeit nach § 261 Abs. 3 Nr. 1 ZPO zur Folge. Das gilt auch, wenn zwischen den Streitgegenständen des allgemeinen Feststellungsantrags und des weiteren Kündigungsschutzantrags Teilidentität bestehen sollte.[542] Denn der Einwand der anderweitigen Rechtshängigkeit als spezielle Ausprägung des Fehlens eines Rechtsschutzbedürfnisses greift jedenfalls nicht durch, wenn die spätere Klage gesetzlich gesondert vorgeschrieben ist und ihr Rechtschutzziel über das der ersten hinausgeht.[543] So liegt es im Verhältnis eines späteren Kündigungsschutzantrags zu einer früheren allgemeinen Feststellungskla- 157

[538] BAG 15.12.2021 – 7 AZR 530/20, NZA 2022, 774.

[539] Zuletzt BAG 1.10.2020 – 2 AZR 247/20, NZA 2021, 75.

[540] Vgl. BAG 16.12.2021 – 6 AZR 154/21, NJW 2022, 2428; 1.10.2020 – 2 AZR 247/20, NZA 2021, 75; 7.12.1995 – 2 AZR 772/94, NZA 1996, 334.

[541] BAG 1.10.2020 – 2 AZR 247/20, NZA 2021, 75.

[542] So Boewer RdA 2001, 380 (388); PVT Kündigung/Vossen Rn. 2268; Vollkommer/Weinland Anm. zu BAG EzA § 4 KSchG nF Nr. 33; vgl. auch BGH 11.12.1986 – IX ZR 165/86, NJW-RR 1987, 683.

[543] BAG 1.10.2020 – 2 AZR 247/20, NZA 2021, 75; BGH 4.7.2013 – VII ZR 52/12, NJW-RR 2013, 1105.

ge. § 4 S. 1 (ggf. iVm § 6) verlangt gerade eine auf die konkrete Kündigung bezogene (erweitert) punktuelle Klage. Zudem kann der Arbeitnehmer nur auf der Grundlage einer solchen mit einem auf die betreffende Kündigung bezogenen Auflösungsantrag gemäß § 9 Abs. 1 S. 1 durchdringen.[544] Damit ist nicht die weitere Kündigungsschutzklage wegen anderweitiger Rechtshängigkeit unzulässig.[545] Vielmehr wird eine unbeschränkt weiterverfolgte allgemeine Feststellungsklage bezogen auf den „Überschneidungszeitraum" unzulässig.[546] Es fehlt insoweit das Feststellungsinteresse.

158 c) **Keine doppelte Rechtshängigkeit bei weiterem Kündigungsschutzantrag gegen überholende Kündigung.** Entsprechendes gilt, wenn ein Arbeitnehmer eine gesonderte Klage nach § 4 S. 1 gegen eine „überholende" außerordentliche Kündigung erhebt, die schon von einer zuvor erhobenen Kündigungsschutzklage gegen eine ordentliche („überholte") Kündigung und deren erweitertem punktuellen Streitgegenstand erfasst war.[547] Auch insofern verlangt, jedenfalls aber gestattet § 4 S. 1 eine auf die weitere Kündigung bezogene Klage (→ Rn. 143). Überdies kann der Arbeitnehmer lediglich auf der Grundlage eines gesonderten Kündigungsschutzantrags mit einem auf die betreffende Kündigung bezogenen Auflösungsantrag gemäß § 9 Abs. 1 S. 1 durchdringen.[548]

4. Rechtskraft der Entscheidung über die Kündigungsschutzklage

159 a) **Rechtkraft des die Kündigungsschutzklage abweisenden Urteils.** Ist lediglich eine Kündigungsschutzklage mit dem gesetzlichen Antrag nach § 4 S. 1 erhoben und weist das Gericht diese rechtskräftig ab, weil es die Kündigung für wirksam hält, steht damit fest, dass das **Arbeitsverhältnis durch die Kündigung aufgelöst** ist. Die jeweilige Begründung einschließlich der Beurteilung der Vorfrage, ob das Arbeitsverhältnis durch eine frühere Kündigung zu einem davor liegenden Zeitpunkt aufgelöst worden ist, nimmt allerdings an der Rechtskraftwirkung des klageabweisenden Urteils im Kündigungsschutzprozess nicht teil.[549] Nach Rechtskraft eines solchen Urteils kann der Arbeitnehmer in einem weiteren Kündigungsschutzprozess gegen die angegriffene Kündigung keine anderen Mängel mehr erfolgreich geltend machen.[550] Der Arbeitnehmer kann deshalb auch keine **Annahmeverzugsvergütung** für die Zeit nach Ablauf der Kündigungsfrist mit der Begründung verlangen, die Kündigung sei wegen irgendeines anderen Mangels doch unwirksam gewesen.[551]

160 Im Schrifttum wurde früher die Ansicht vertreten, dass bei **Versäumung der Dreiwochenfrist** die Klage durch Prozessurteil als unzulässig abzuweisen sei, weil die Einhaltung der Frist eine echte Prozessvoraussetzung darstelle.[552] Dagegen ist nach stRspr des BAG und der hL eine Kündigungsschutzklage bei Versäumung der Dreiwochenfrist als **unbegründet** abzuweisen.[553] Dem ist zuzustimmen. Nach § 7 hat die **Versäumung der** pro-

---

[544] BAG 1.10.2020 – 2 AZR 247/20, NZA 2021, 75.

[545] So aber Dauner-Lieb Anm. zu BAG EzA § 4 KSchG nF Nr. 57; Dütz/Singer Anm. zu BAG EzA § 4 KSchG nF Nr. 49; Franzen Anm. zu BAG EzA § 4 KSchG nF Nr. 48; Stahlhacke FS Wlotzke S. 173 (186); Vollkommer/Weinland Anm. zu BAG § 4 KSchG nF Nr. 33; PVT Kündigung/Vossen Rn. 2268; Wilhelm NZA 1988 Beil. 3 S. 18 (21) sowie wohl auch Boewer NZA 1997, 359 (362); ähnlich bereits Bötticher FS Herschel, 1982, 181 (188 ff.).

[546] Vgl. BAG 1.10.2020 – 2 AZR 247/20, NZA 2021, 75; 16.8.1990 – 2 AZR 113/90, NZA 1991, 141; Boemke RdA 1995, 211 (225); LSSW/Spinner § 4 Rn. 108; einschränkend BAG 10.10.2002 – 2 AZR 622/01, NZA 2003, 684.

[547] Dies übersieht Betz NZA-RR 2021, 281 (285).

[548] BAG 1.10.2020 – 2 AZR 247/20, NZA 2021, 75.

[549] BAG 23.10.2008 – 2 AZR 131/07, AP KSchG 1969 § 23 Nr. 43.

[550] BAG 28.8.2008 – 2 AZR 63/07, NZA 2009, 275; 12.6.1986 – 2 AZR 426/85, NZA 1987, 273; 12.1.1977 – 5 AZR 593/75, NJW 1977, 1895; Ascheid Kündigungsschutzrecht Rn. 783; KR/Klose KSchG § 4 Rn. 310; LSSW/Spinner § 4 Rn. 91; PVT Kündigung/Vossen Rn. 2271; aA Bettermann ZfA 1985, 5, 16.

[551] Ascheid Kündigungsschutzrecht Rn. 784; Boemke RdA 1995, 211 (222); Niemann FS Preis, 2021, 927 (929 ff.).

[552] Herschel/Steinmann § 3 Rn. 12; Nikisch S. 779.

[553] Vgl. BAG 10.12.2020 – 2 AZR 308/20, NZA 2021, 293; 6.9.2012 – 2 AZR 858/11, NZA 2013, 524; 26.6.1986 – 2 AZR 358/85, NZA 1986, 761; APS/Hesse/Tiedemann KSchG § 4 Rn. 97; Besta S. 87 ff.; KR/Klose KSchG § 4 Rn. 190; HaKo-KSchR/Gallner KSchG § 4 Rn. 111; LSSW/Spinner § 4 Rn. 92; Otto Die Präklusion, 1970, S. 27 ff.; im Ergebnis auch Vollkommer AcP 161 (1962), 332 ff.

zessualen Frist des § 4 S. 1 die materiell-rechtliche Wirkung, dass die schriftliche Kündigung als von Anfang an rechtswirksam gilt;[554] anders ausgedrückt, eine etwaige Sozialwidrigkeit und sonstige Mängel werden geheilt. Eine nach Fristablauf erhobene Klage auf Feststellung, dass das Arbeitsverhältnis durch die Kündigung nicht aufgelöst sei, ist prozessrechtlich zulässig.[555] Sie kann aber – vorbehaltlich § 5 – nur Erfolg haben, wenn die Kündigung nicht schriftlich erfolgt ist. Eine verfristete Klage ist unbegründet und dementsprechend durch Sachurteil abzuweisen, weil etwaige Mängel der Kündigung durch § 7 geheilt sind. Würde die Klage durch Prozessurteil als unzulässig abgewiesen, würde die Rechtskraft des Urteils einer Klage, welche die Rechtsunwirksamkeit der Kündigung aus anderen Gründen behauptet, nicht entgegenstehen. Ein die Klage mit der Begründung abweisendes Sachurteil, die Kündigung gelte nach § 7 als wirksam, stellt dagegen die Auflösung des Arbeitsverhältnisses endgültig fest.

b) **Rechtskraft des der Kündigungsschutzklage stattgebenden Urteils.** Ein der Kündigungsschutzklage stattgebendes Urteil hat zwar **feststellende und nicht rechtsgestaltende Wirkung.** Hierdurch wird nicht rückwirkend für die Zeit nach dem Kündigungstermin bis zur Rechtskraft des Urteils im Kündigungsschutzprozess ein Arbeitsverhältnis geschaffen, sondern „nur“ dessen Fortbestehen festgestellt.[556] Doch handelt es sich in der Sache um eine „Gestaltungsgegenklage“, mit der der Arbeitnehmer das vom Arbeitgeber in Anspruch genommene Gestaltungsrecht zur gerichtlichen Überprüfung stellt. Die Rechtskraft einer Entscheidung, die nach materieller Prüfung des Kündigungsgrundes der Kündigungsschutzklage stattgibt, entspricht deshalb der Rechtskraftwirkung eines eine Gestaltungsklage des Arbeitgebers abweisenden Gestaltungsurteils.[557] Das hat Bedeutung für die Beurteilung von Wiederholungskündigungen (→ Rn. 170 ff.). **161**

Für die Bestimmung des Umfangs der Feststellung nach § 4 S. 1 ist der Streitgegenstand der Kündigungsschutzklage maßgeblich. Hieraus ergibt sich der Umfang der Rechtskraft eines in diesem Verfahren ergehenden Urteils. Da das Gericht über den prozessualen Anspruch entscheidet, sind Streitgegenstand und Urteilsgegenstand grundsätzlich identisch. Für die Rechtskraft gilt kein anderer Streitgegenstandsbegriff als für Klagehäufung, Klageänderung und Rechtshängigkeit. Der Urteilsgegenstand kann generell nicht enger gefasst sein als der Streitgegenstand.[558] Der Umfang des Streitgegenstands bildet die objektive Grenze der materiellen Rechtskraft.[559] Anderes gilt nur, wenn das Gericht ausnahmsweise bewusst – wenn auch vielleicht zu Unrecht – einzelne Gesichtspunkte des materiellen Rechts außer Betracht gelassen hat.[560] Ergibt sich derartiges aus den Entscheidungsgründen nicht, ergreift die materielle Rechtskraftwirkung den Streitgegenstand in vollem Umfang.[561] Hat ein Gericht den Streitgegenstand eines rechtskräftig entschiedenen Vorprozesses erneut zu prüfen, hat es deshalb seinem Urteil den Inhalt dieser Entscheidung zugrunde zu legen.[562] Eine erneute Klage mit identischem Streitgegenstand ist unzulässig. Identität der Streitgegenstände ist dabei nicht nur anzunehmen, wenn im zweiten Prozess der nämliche Streitgegenstand zwischen denselben Parteien nochmals rechtshängig gemacht wird, sondern auch, wenn dort das mit dem Rechtsausspruch im ersten Prozess unvereinbare „kontradiktorische Gegenteil“ begehrt wird.[563] **162**

[554] BAG 25.4.2018 – 2 AZR 493/17, NZA 2018, 1157; 11.12.2008 – 2 AZR 472/08, NZA 2009, 692; 24.6.2004 – 2 AZR 461/03, NZA 2004, 1330; ebenso zu § 17 TzBfG BAG 18.1.2012 – 7 AZR 211/09, NZA 2012, 691; HaKo-KSchR/Gallner KSchG § 4 Rn. 111; PVT Kündigung/Vossen Rn. 2138.

[555] Abweichend Boemke RdA 1995, 211 (216).

[556] BAG 19.2.2019 – 9 AZR 321/16, NZA 2019, 1043; 17.7.2012 – 1 AZR 563/11, NZA 2012, 1432.

[557] BAG 20.12.2012 – 2 AZR 867/11, NZA 2013, 1003; Niemann FS Preis, 2021, 927 (929).

[558] MüKoZPO/Gottwald ZPO § 322 Rn. 114.

[559] HK-ZPO/Sänger § 322 Rn. 24; Zöller/Vollkommer Vorbem. § 322 Rn. 42.

[560] Zöller/Vollkommer Vorbem. § 322 Rn. 42.

[561] Zöller/Vollkommer Vorbem. § 322 Rn. 43.

[562] BGH 22.9.2016 – V ZR 4/16, NJW 2017, 893.

[563] BGH 26.6.2003 – I ZR 269/00, NJW 2003, 3058.

163 Mit einer der Kündigungsschutzklage stattgebenden Entscheidung steht angesichts des erweiterten punktuellen Streitgegenstands nach § 4 S. 1 (→ Rn. 141 ff.) regelmäßig zugleich fest, dass das Arbeitsverhältnis bis einschließlich zum Kündigungstermin auch nicht aufgrund irgendeines anderen Umstands sein Ende gefunden hat.[564] Diese Rechtskraftwirkung tritt grundsätzlich unabhängig davon ein, ob andere Beendigungstatbestände von einer der Prozessparteien in den Prozess eingeführt wurden. Etwas anderes gilt nur, wenn der Kläger selbst den Gegenstand eines Kündigungsschutzantrags (konkludent) begrenzt hat und das Gericht auf die Unwirksamkeit einer später wirkenden Kündigung erkennt, ohne dass der Rechtsstreit über die Wirksamkeit einer früher wirkenden Kündigung bereits rechtskräftig entschieden wäre (sog. Ausklammerung → Rn. 164).[565] Steht dagegen rechtskräftig fest, dass das Arbeitsverhältnis bereits zu einem früheren oder doch demselben Zeitpunkt beendet wurde, als/wie mit der angegriffenen Kündigung avisiert, kann die Klage gegen letztere keinen Erfolg haben.[566] Entsprechendes gilt für eine Beendigung des Arbeitsverhältnisses bereits vor Zugang der Kündigung.[567] Selbst die „Ausklammerung" der vorgreiflichen Frage, ob ein früher wirkender Beendigungstatbestand vorliegt, aus dem Verfahren über den später wirkenden Tatbestand kommt nicht mehr in Betracht, wenn hierüber bereits rechtskräftig entschieden worden ist. Die Rechtskraft gemäß § 322 Abs. 1 ZPO schließt im Verhältnis der Parteien zueinander eine abweichende gerichtliche Feststellung in einem späteren Verfahren aus.[568] Die gerichtliche Feststellung, dass das Arbeitsverhältnis durch die angegriffene Kündigung nicht aufgelöst worden ist, hat zur Folge, dass der Arbeitgeber dem Arbeitnehmer gemäß § 611a Abs. 2, § 615 BGB das Entgelt fortzuzahlen hat (dazu Kommentierung zu § 11). Gegenüber dem Anspruch des Arbeitnehmers auf Zahlung der **Annahmeverzugsvergütung** kann der Arbeitgeber nicht nochmals die Wirksamkeit der Kündigung einwenden,[569] wohl aber diejenige eines zu einem späteren Termin wirkenden Beendigungstatbestands. Die Rechtskraft einer stattgebenden Entscheidung über einen Kündigungsschutzantrag iSv § 322 Abs. 1 ZPO reicht – in die eine Richtung – nicht vor den Zugang der angegriffenen Kündigung zurück und – in die andere Richtung – nicht über den Ablauf der Kündigungsfrist hinaus. Eine andere, nämlich nach dem materiellen Recht des § 142 Abs. 1 BGB zu beantwortende Frage ist es, ob nach einer der Kündigungsschutzklage rechtskräftig stattgebenden Entscheidung noch die Auflösung des Arbeitsverhältnisses aufgrund einer ggf. auf einen Zeitpunkt vor dem Zugang der betreffenden Kündigung zurückwirkenden Anfechtung festgestellt werden kann.[570]

164 c) **Kündigungsschutzklage und die sogenannte Ausklammerung.** Der Grundsatz, dass mit einer der Kündigungsschutzklage stattgebenden Entscheidung zugleich feststeht, dass das Arbeitsverhältnis bis einschließlich zum Kündigungstermin auch nicht aufgrund irgendeines anderen Umstands sein Ende gefunden hat, gilt ausnahmsweise nicht, wenn der Kläger selbst den Gegenstand eines Kündigungsschutzantrags (konkludent) begrenzt hat und das Gericht dementsprechend auf die Unwirksamkeit einer später wirkenden Kündigung erkennt, ohne dass der Rechtsstreit über die Wirksamkeit einer früher wirkenden Kündigung bereits rechtskräftig entschieden wäre.[571] Diese sog. Ausklammerung[572] ist – anders als verbreitet angenommen wird – keine Erfindung des 2. Senats des BAG. Mit der betreffenden Rechtsprechung ist auch nicht gesagt, dass der Kläger im

[564] BAG 18.12.2014 – 2 AZR 163/14, NZA 2015, 635.
[565] Dazu BAG 22.11.2012 – 2 AZR 732/11, NZA 2013, 665.
[566] BAG 29.1.2015 – 2 AZR 698/12, NZA 2015, 1022.
[567] Vgl. BAG 27.1.2011 – 2 AZR 826/09, NZA 2011, 804.
[568] BAG 29.1.2015 – 2 AZR 698/12, NZA 2015, 1022.
[569] BAG 7.11.1991 – 2 AZR 34/91, NZA 1992, 521.
[570] Verneinend BAG 18.2.2021 – 6 AZR 92/19, NZA 2021, 1036; iE ebenso Betz NZA-RR 2021, 281 (285).
[571] Dazu BAG 22.11.2012 – 2 AZR 732/11, NZA 2013, 665.
[572] BAG 26.9.2013 – 2 AZR 682/12, NZA 2014, 443; 23.5.2013 – 2 AZR 102/12, NZA 2013, 1416; 26.3.2009 – 2 AZR 633/07, NZA 2011, 166; 20.5.1999 – 2 AZR 278/98; nunmehr spricht der 2. Senat von einer Begrenzung des Gegenstands des Beendigungsschutzantrags, vgl. BAG 24.5.2018 – 2 AZR 67/18, NZA 2018, 1127.

Verbund mit dem Gericht befugt wäre, den nach der zwingenden gesetzlichen Vorgabe erweiterten punktuellen Streitgegenstand der Kündigungsschutzklage in Richtung eines rein punktuellen Streitgegenstands zu verengen und auf diese Weise ein reines Rechtsgutachten über die (Un-)Wirksamkeit einer Kündigung zu erhalten oder einer Entscheidung über die Aussetzung des Rechtsstreits nach § 148 ZPO auszuweichen.[573] Vielmehr entspricht sie dem allgemeinen Grundsatz (→ Rn. 162), dass die materielle Rechtskraft einer gerichtlichen Entscheidung nach § 322 Abs. 1 ZPO ausnahmsweise nicht den vollen Streitgegenstand der Klage erfasst, wenn das Gericht bewusst – wenn auch zu Unrecht – einzelne Gesichtspunkte des materiellen Rechts – hier: die vorherige oder gleichzeitige Auflösung des Arbeitsverhältnisses durch einen anderen Beendigungstatbestand – außer Betracht gelassen hat. Dann ist der Grundsatz der Identität von Streit- und Urteilsgegenstand ausnahmsweise durchbrochen; der Urteilsgegenstand bleibt gegenüber dem Streitgegenstand zurück.[574] Eine solche – gesetzeswidrige – Einschränkung des Streitgegenstands bedarf deutlicher Anhaltspunkte, die sich aus dem betreffenden Urteil selbst ergeben müssen.[575] Im Urteil keinen hinreichenden Anklang findende Umstände, die schon mit der Entscheidungsfindung des Gerichts zusammenhingen, müssen grundsätzlich außer Betracht bleiben. Andernfalls wäre es nicht möglich, den Umfang der Rechtskraft der Entscheidung (§ 322 Abs. 1 ZPO) zuverlässig zu bestimmen. Deshalb erscheint es problematisch, zur Bestimmung der „Ausklammerung" einer zeitlich früher wirkenden Kündigung aus dem Streitgegenstand der Klage gegen eine später wirkende Kündigung die Tatsache heranzuziehen, dass dieselbe Kammer des ArbG am selben Tag über beide Kündigungen entschieden hat,[576] wenn dieser Umstand in dem betreffenden Urteil keine Erwähnung gefunden hat. Allerdings ist das praktische Bedürfnis nicht zu verkennen, in ihrer Rechtskraft „überschießende" Entscheidungen stets zu beschränken, wenn das ArbG bei gesetzeskonformem Vorgehen entweder den Rechtsstreit über die zeitlich später wirkende Kündigung nach § 148 ZPO bis zur Erledigung des Rechtsstreits betreffend die zeitlich früher wirkende Kündigung hätte aussetzen oder – vorzugswürdig – die beiden Rechtsstreite gemäß § 147 ZPO zur gleichzeitigen Verhandlung und Entscheidung verbinden und sodann nach § 139 ZPO auf eine sachgerechte Antragstellung dergestalt hätte hinwirken müssen, dass die zeitlich früher wirkende Kündigung mit einem Haupt- und die zeitlich später wirkende Kündigung mit einem unechten Hilfsantrag angegriffen ist.[577]

Die gesetzeswidrige, aber sich gleichwohl auf die Rechtskraft auswirkende Nichtausschöpfung des erweiterten punktuellen Streitgegenstands einer Kündigungsschutzklage („Ausklammerung") durch das Gericht darf nicht mit der vom Gesetz ausdrücklich vorgegebenen Obliegenheit des Arbeitnehmers verwechselt werden, jede Kündigung mit einem „eigenen" Antrag nach § 4 S. 1 anzugreifen. Durch das Anbringen eines neuen Kündigungsschutzantrags wird der Streitgegenstand der alten Kündigungsschutzklage selbst dann nicht verengt, wenn letztere auch die weitere Kündigung umfasste. Vielmehr stellt es sich wie folgt dar: Wird eine **weitere Kündigung zu einem früheren Termin** erklärt (**überholende – fristlose – Kündigung**), wird das Gericht zunächst über den Antrag gegen die zwar später erklärte, aber ggf. früher wirkende Kündigung entscheiden. Wird dieser abgewiesen, steht fest, dass jedenfalls im mit der „überholenden" Kündigung avisierten Auflösungstermin kein Arbeitsverhältnis mehr zwischen den Parteien bestand. Damit fällt der Antrag gegen die erste, „überholte" Kündigung nicht zur Entscheidung an, wenn der Arbeitnehmer ihn – ggf. auf entsprechenden Hinweis des Gerichts nach **165**

573 Zutr. LAG Düsseldorf 25.1.2021 – 4 Ta 401/20, NZA-RR 2021, 266; aA LAG Berlin-Brandenburg 24.1.2022 – 26 Ta (Kost) 6108/21, NZA-RR 2022, 209; LAG Sachsen 25.1.2023 – 1 Ta 10/23, BeckRS 1185.

574 Vgl. BAG 10.11.2021 – 10 AZR 696/19, NZA 2022, 345; BGH 14.5.2002 – X ZR 144/00, GRUR 2002, 787.

575 BAG 27.5.2015 – 5 AZR 88/14, NZA 2015, 1053; 10.4.2014 – 2 AZR 812/12, NZA 2014, 653; 15.10.2013 – 9 AZR 564/12, AP BGB § 611 Nr. 20.

576 BAG 23.5.2013 – 2 AZR 102/12, NZA 2013, 1416.

577 Vgl. Niemann NZA 2019, 65 (66).

§ 139 ZPO[578] – als unechten Hilfsantrag weiterverfolgt. Handelt es sich ausnahmsweise nach wie vor um einen Hauptantrag, ist dieser als unbegründet abzuweisen, weil im mit der „überholten“ Kündigung angestrebten Auflösungstermin kein Arbeitsverhältnis mehr zwischen den Parteien bestand. Insoweit bleibt die „überholende“ Kündigung gerade nicht außen vor. Wird dem Antrag gegen die zweite, aber zeitlich früher wirkende (überholende) Kündigung hingegen stattgegeben, steht fest, dass bis einschließlich zu dem mit ihr avisierten Auflösungstermin ein Arbeitsverhältnis zwischen den Parteien bestand. Damit fällt der Antrag gegen die erste, aber zeitlich später wirkende (überholte) Kündigung in jedem Fall zur Entscheidung an, gleich ob es sich um einen Haupt- oder einen unechten Hilfsantrag handelt. In seinem Rahmen geht es dann darum, ob wenigstens die „überholte“ Kündigung das Arbeitsverhältnis zu dem in ihr bestimmten – späteren – Termin aufgelöst hat. Dabei erfasst der Streitgegenstand der gegen die „überholte“ Kündigung gerichteten Klage weiterhin den gesamten Zeitraum von deren Zugang bis einschließlich zum avisierten Auflösungstermin. Er überlappt sich nur teilweise mit dem Streitgegenstand der Klage gegen die „überholende“ fristlose Kündigung. Eine unzulässige doppelte Rechtshängigkeit iSv § 261 Abs. 3 Nr. 1 ZPO liegt darin nicht (→ Rn. 155 ff.). Hat der Arbeitgeber im Februar ordentlich zum 31. Mai gekündigt und erklärt der Arbeitnehmer am 30. April eine **fristlose Eigenkündigung,** wird ein gegen die arbeitgeberseitige Kündigung gerichteter Kündigungsschutzantrag, wenn er nicht für erledigt erklärt wird, jedenfalls unbegründet, weil nach dem eigenen Vorbringen des Arbeitnehmers im vom Arbeitgeber avisierten Beendigungstermin kein Arbeitsverhältnis mehr zwischen den Parteien besteht; damit kann die von § 4 S. 1 vorgesehene Feststellung nicht getroffen werden. Dies kann der Arbeitnehmer nicht dadurch umgehen, dass er den Kündigungsschutzantrag auf die Nichtauflösung des Arbeitsverhältnisses vor dem 30. April beschränkt.[579] Bei einem derart beschränkten Antrag wäre die Wirksamkeit der arbeitgeberseitigen Kündigung gar nicht zu prüfen, weil diese in keinem Fall schon zum 30. April wirken sollte.

166 **d) Formell rechtskräftige Entscheidung über nachrangige Kündigung steht unter auflösender Bedingung.** Während sich die Erkenntnis langsam durchsetzt, dass ein Kündigungsschutzantrag gegen eine zu einem späteren Zeitpunkt wirkende Kündigung in aller Regel auflösend bedingt für den Fall zur Entscheidung gestellt ist, dass ein Kündigungsschutzantrag gegen eine früher wirkende Kündigung abgewiesen werden sollte (→ Rn. 36), wird nach wie vor oft verkannt, dass diese auflösende Bedingung die Rechtskraft einer Entscheidung über den Hilfsantrag überdauert. Auf diese Weise löst sich – ohne das Erfordernis einer „Ausklammerung“ – ein Problem, dass zB auftreten kann, wenn in einem Rechtsstreit eine ordentliche und eine noch während des Laufs der Kündigungsfrist „überholend“ erklärte fristlose Kündigung angegriffen werden.[580] Gibt das ArbG der Klage sowohl mit dem gegen die fristlose Kündigung gerichteten Haupt- als auch mit dem unechten Hilfsantrag gegen die ordentliche Kündigung[581] statt und geht der Arbeitgeber allein hinsichtlich der außerordentlichen Kündigung in Berufung, wird die Entscheidung über die ordentliche Kündigung – ungeachtet ihrer Rechtskraft – wegen des nunmehrigen Eintritts der auflösenden Bedingung gegenstandslos, wenn das LAG – anders als das ArbG – die fristlose Kündigung für wirksam erachtet.[582] Es steht nicht etwa aufgrund der Rechtskraft der erstinstanzlichen Entscheidung betreffend die ordentliche Kündigung von vornherein fest, dass die isolierte Berufung hinsichtlich der

[578] Vgl. Niemann NZA 2019, 65 (66).
[579] AA Thüringer LAG 16.8.2022 – 1 Sa 197/21, BeckRS 2022, 36068.
[580] Zu alledem Rachor FS Preis, 2021, 991 (993).
[581] Zu dieser Antragsreihung vgl. Niemann NZA 2019, 65 (66).
[582] Vgl. BAG 20.5.2021 – 2 AZR 457/20, NZA 2021, 1092; 1.10.2020 – 2 AZR 238/20, NZA 2020, 1639; 10.4.2014 – 2 AZR 812/12, NZA 2014, 653; 24.1.2013 – 2 AZR 140/12, NZA 2013, 726; BGH 13.9.2016 – VII ZR 17/14, NJW 2017, 1180; 19.1.2001 – V ZR 437/99, NJW 2001, 1127; 26.9.1990 – IV ZR 131/89, NJW 1991, 169; 14.12.1988 – IVa ZR 209/87, NJW 1989, 1486; MüKoZPO/Rimmelspacher § 528 Rn. 41 ff.

außerordentlichen Kündigung keinen Erfolg haben kann.[583] Vielmehr bleibt die **nur formell rechtskräftige Entscheidung über die nachrangige ordentliche Kündigung in der Schwebe**[584] und erlangt – ähnlich einem Vorbehaltsurteil[585] – erst materielle Rechtskraft, wenn rechtskräftig feststeht, dass die vorrangige fristlose Kündigung das Arbeitsverhältnis nicht aufgelöst hat. Das LAG sollte ggf. im Tenor oder den Gründen klarstellen, dass die stattgebende Entscheidung des ArbG hinsichtlich der „überholten", nicht mehr zum Zug kommenden ordentlichen Kündigung gegenstandslos ist; unerlässlich ist dies freilich nicht.[586]

e) **Beispielsfall zu Ausklammerung und auflösend bedingter Entscheidung über Folgekündigung.** Zur Erhellung der in den vorherigen Randnummern abstrakt dargestellten Rechtslage mag eine **Entscheidung des 6. Senats des BAG vom 18.2.2021**[587] dienen. Nach dem vom BAG berichteten Tatbestand hatte das ArbG festgestellt, dass das Arbeitsverhältnis der Parteien durch „eine" Kündigung vom 3.5.2017 weder außerordentlich fristlos noch hilfsweise ordentlich zum 31.8.2017 aufgelöst wurde. Die Klage gegen eine ordentliche Kündigung vom 24.2.2017 zum 31.5.2017 hatte es hingegen abgewiesen. Die beklagte Arbeitgeberin hat die Entscheidung über die Unwirksamkeit der beiden Kündigungen vom 3.5.2017 hingenommen. Der Kläger hat gegen die Abweisung der Klage betreffend die Kündigung vom 24.2.2017 Berufung eingelegt. Der 6. Senat hat gemeint, die Berufung des Klägers habe schon deshalb Erfolg haben müssen, weil aufgrund der rechtskräftigen Stattgabe seiner Klage gegen die ordentliche Kündigung vom 3.5.2017 zum **31.8.2017** festgestanden habe, dass das Arbeitsverhältnis bis einschließlich zum 31.8.2017 auch nicht durch einen anderen Beendigungstatbestand – namentlich die Kündigung vom 24.2.2017 zum **31.5.2017** – aufgelöst worden sei. Anhaltspunkte für eine „Ausklammerung" seien nicht ersichtlich. Dieser Befund überrascht in zweierlei Hinsicht: Geht man davon aus, dass der Kläger sämtliche Kündigungsschutzanträge als Hauptanträge gestellt hatte, muss das ArbG offenkundig eine „Ausklammerung" vorgenommen haben. Dass es der Klage gegen die ordentliche Kündigung vom 3.5.2017 zum 31.8.2017 (noch) stattgab, obgleich es diejenige gegen die ordentliche Kündigung vom 24.2.2017 zum 31.5.2017 (bereits) abgewiesen hatte, ließe sich nur damit erklären, dass es letztere aus dem Streitgegenstand der Klage gegen erstere „ausgeklammert" hat. Letztlich hätte das ArbG ein vom Fortbestand des Arbeitsverhältnisses über den 31.5.2017 hinaus abgelöstes Rechtsgutachten über die Wirksamkeit der Kündigung vom 3.5.2015 zum 31.8.2017 erstattet, dass die Klage gegen die Kündigung vom 24.2.2017 zum 31.5.2015 nicht „präjudizieren" konnte und sollte. Richtigerweise wären die Klageanträge allerdings, was der 6. Senat gänzlich unterlassen hat, einer Auslegung zu unterziehen gewesen. Diese hätte ergeben, dass der Kläger die zeitlich am frühesten wirkende fristlose Kündigung vom 3.5.2017 mit einem Hauptantrag, die zeitlich als zweites wirkende ordentliche Kündigung vom 24.2.2017 zum 31.5.2017 mit einem unechten Hilfsantrag und die zeitlich als letztes wirkende ordentliche Kündigung vom 3.5.2017 zum 31.8.2017 mit einem unechten Hilfs-Hilfsantrag angegriffen hat. Dabei war die stattgebende Entscheidung des ArbG über die zeitlich als letztes wirkende Kündigung vom 3.5.2017 zum 31.8.2017 – ungeachtet ihrer Rechtskraft – auflösend bedingt durch jeweils stattgebende Entscheidungen über die beiden zeitlich früher wirkenden Kündigungen. Deshalb stand – anders als der 6. Senat angenommen hat – nicht etwa aufgrund der Rechtskraft der erstinstanzlichen Entscheidung betreffend die ordentliche Kündigung vom 3.5.2017 zum 31.8.2017 von vornherein fest, dass die Berufung des Klägers hinsichtlich der ordentlichen Kündigung vom 24.2.2017 Erfolg haben musste. Vielmehr war im Berufungsverfahren sehr wohl über die Wirksamkeit der Kündigung 167

583 Dies verkennt Weißenfels NZA 2019, 810 (811).
584 BGH 22.1.1997 – VIII ZR 339/95, DB 1997, 773.
585 Dazu Musielak/Voit/Musielak/Wolff § 302 Rn. 9.
586 BGH 13.9.2016 – VII ZR 17/14, NJW 2017, 1180.
587 BAG 18.2.2021 – 6 AZR 92/19, NZA 2021, 446.

vom 24.2.2017 zu befinden. Wäre sie bejaht worden, wäre die Entscheidung des ArbG über den Hilfs-Hilfsantrag gegen die ordentliche Kündigung vom 3.5.2018 zum 31.8.2018 infolge des Eintritts der auflösenden Bedingung gegenstandslos geworden. Das gilt umso mehr, als das ArbG schon nach seiner eigenen Entscheidungslinie (Kündigung vom 24.2.2017 zum **31.5.2017** wirksam) unter Verstoß gegen § 308 Abs. 1 ZPO dem – nicht angefallenen – Hilfs-Hilfsantrag gegen die ordentliche Kündigung vom 3.5.2017 zum **31.8.2017** stattgegeben hatte.

5. Rechtsmittel gegen Entscheidung über Kündigungsschutzklage

168 Nach § 64 Abs. 2 Buchst. c ArbGG ist die Berufung gegen ein Urteil des Arbeitsgerichts über eine Kündigungsschutzklage ohne gesonderte Zulassung und unabhängig vom Wert des Beschwerdegegenstands stets statthaft. Ein Rechtsmittel ist indes mangels Beschwer unzulässig, wenn der Rechtsmittelführer lediglich denselben Entscheidungstenor mit einer anderen Begründung erstrebt. Deshalb kann ein Rechtsmittel des Arbeitnehmers gegen ein seiner Kündigungsschutzklage stattgebendes Urteil nicht mit Erfolg darauf gestützt werden, das Vordergericht habe die Unwirksamkeit der angefochtenen Kündigung (auch) auf andere Gründe stützen müssen.[588] Das gilt auch, wenn das ArbG einem Auflösungsantrag des Arbeitgebers stattgegeben hat und der Arbeitnehmer geltend machen möchte, dieser Antrag sei schon „unstatthaft“, weil die Kündigung entgegen der Annahme des ArbG nicht nur sozialwidrig, sondern auch aus einem sonstigen Grund unwirksam sei (dazu → § 9 Rn. 18 ff.). Dieser Streit ist im Rahmen der Berufung des Arbeitnehmers gegen die Stattgabe des Auflösungsantrags auszutragen (→ § 9 Rn. 34).

6. Restitutionsklage gegen rechtskräftiges Urteil im Kündigungsschutzprozess

169 Das rechtskräftige Urteil in einem Kündigungsschutzprozess unterliegt unter den Voraussetzungen des § 580 ZPO der Restitutionsklage. Zur Zulässigkeit einer solchen Klage gehört die Darlegung eines gesetzlichen Restitutionsgrundes. Eine auf § 580 Nr. 7 Buchst. b ZPO gestützte Restitutionsklage ist nur statthaft, wenn das Gericht die **Urkunde** in dem früheren Verfahren bei der Urteilsfindung hätte berücksichtigen müssen, wenn sie ihm vorgelegt worden wäre. Ist die Berufung wegen nicht ordnungsgemäßer Begründung unzulässig, kann eine nach Ablauf der Berufungsbegründungsfrist errichtete Urkunde im laufenden Berufungsverfahren nicht mehr berücksichtigt werden.[589] Ob der Kläger mit dem geltend gemachten Grund durchzudringen vermag, ist eine Frage der Begründetheit der Restitutionsklage.[590] Gemäß § 580 Nr. 7 Buchst. b ZPO kann eine Restitutionsklage auf den Bescheid des Integrationsamts gestützt werden, mit dem nach Rechtskraft eines die Kündigungsschutzklage abweisenden Urteils die Schwerbehinderung des Arbeitnehmers zum Kündigungszeitpunkt festgestellt worden ist.[591] Gleiches gilt, wenn die Zustimmungsentscheidung des Integrationsamts erst nach rechtskräftiger Abweisung der Kündigungsschutzklage bestands- oder rechtskräftig aufgehoben wird.[592] Die Restitutionsklage ist unstatthaft, wenn die Kündigungsschutzklage – ggf. nach Abweisung eines Antrags auf nachträgliche Klagezulassung nach § 5 – wegen Versäumung der Klagefrist als nach § 7 unbegründet abgewiesen wird. Es fehlt dann an der erforderlichen Kausalbeziehung zwischen der aufgehobenen (Zustimmung des Integrationsamts) und der angegriffenen Entscheidung (Urteil im Kündigungsschutzprozess). Denn die Kündigung gilt nach § 7 unabhängig davon als „rundum“ wirksam, ob der Zustimmungsbescheid des Integrationsamts nachträglich aufgehoben wird.[593] Wird eine Kündi-

[588] BAG 14.5.2020 – 6 AZR 674/10, NZA 2020, 1324.
[589] BAG 25.4.2007 – 6 AZR 436/05, NZA 2007, 1387.
[590] BAG 29.9.2011 – 2 AZR 674/10, AP ZPO § 580 Nr. 16.
[591] BAG 15.8.1984 – 7 AZR 558/82, NJW 1985, 1485.
[592] BAG 22.7.2021 – 2 AZR 193/21, NZA 2021, 1409; 23.5.2013 – 2 AZR 991/11, NZA 2013, 1373.
[593] OVG Weimar 14.2.2024 – 4 ZKO 660/23, BeckRS 2024, 14638.

gungsschutzklage mit der Begründung abgewiesen, die der Kündigung zugrunde liegende Strafanzeige entbehre einer Berechtigung, und stützt sich das ArbG insoweit maßgeblich auf eine Einstellungsverfügung der Staatsanwaltschaft nach § 170 Abs. 2 StPO, unterliegt dieses Urteil nicht deshalb der Wiederaufnahme nach § 580 Nr. 6 ZPO, weil die staatsanwaltschaftlichen Ermittlungen nach rechtskräftigem Abschluss des Kündigungsrechtsstreits wieder aufgenommen wurden und zu einer – rechtskräftigen – strafgerichtlichen Verurteilung geführt haben.[594] Gemäß § 580 Nr. 8 ZPO findet die Restitutionsklage statt, wenn der Europäische Gerichtshof für Menschenrechte eine Verletzung der Europäischen Konvention zum Schutze der Menschenrechte und Grundfreiheiten oder ihrer Protokolle (EMRK) festgestellt hat und das Urteil auf dieser Verletzung beruht. Nach § 35 EGZPO ist § 580 Nr. 8 ZPO allerdings auf Verfahren, die vor dem 31.12.2006 rechtskräftig abgeschlossen worden sind, nicht anzuwenden.[595]

7. Kündigungsschutzklage bei Wiederholungskündigung

Wird durch rechtskräftiges Urteil festgestellt, dass das Arbeitsverhältnis durch die angegriffene Kündigung nicht aufgelöst ist, kann der Arbeitgeber zur Begründung einer erneuten Kündigung **nicht dieselben Kündigungsgründe** heranziehen, die er schon zur Begründung der ersten Kündigung vorgebracht hat und die vom ArbG mit dem Ergebnis materiell geprüft worden sind, dass sie die Kündigung nicht rechtfertigen können.[596] Entscheidend ist dabei, ob die neue Kündigung auf denselben Lebenssachverhalt gestützt wird wie die frühere Kündigung. Hat sich dieser wesentlich geändert, darf der Arbeitgeber ein weiteres Mal kündigen.[597] Ein anderer Kündigungssachverhalt liegt nur vor, wenn sich die tatsächlichen Umstände, aus denen der Arbeitgeber den Kündigungsgrund ableitet, wesentlich verändert haben.[598] Das gilt auch bei einem sog. Dauertatbestand.[599] 170

Kündigt der Arbeitgeber aus denselben Gründen erneut, ist das Urteil in dem ersten Prozess in der Weise **präjudiziell** für das zweite Verfahren, dass eine erneute materielle – möglicherweise von dem Ergebnis des ersten Prozesses abweichende – Nachprüfung des zur Begründung der ersten Kündigung herangezogenen Kündigungsgrundes in dem zweiten Verfahren nicht erfolgen darf. Der Kündigungsschutzklage des Arbeitnehmers ist damit ohne weiteres stattzugeben.[600] Allerdings muss der Arbeitnehmer auch hier innerhalb der Dreiwochenfrist Kündigungsschutzklage erheben.[601] Präjudizielle Rechtsverhältnisse und Vorfragen werden freilich nur dann iSv § 322 ZPO rechtskräftig festgestellt, wenn sie selbst Streitgegenstand waren.[602] Es genügt nicht, dass über sie als bloße Vorfragen zu entscheiden war. Ebenso wenig nehmen einzelne Begründungselemente an der materiellen Rechtskraft teil.[603] 171

Nur solche Kündigungsgründe, über die vom Gericht im ersten Verfahren **bewusst nicht entschieden** worden ist, unterliegen in einem zweiten Verfahren einer Sachprüfung, 172

[594] BAG 29.9.2011 – 2 AZR 674/10, AP ZPO § 580 Nr. 16.

[595] BAG 22.11.2012 – 2 AZR 570/11, NZA-RR 2014, 91; ein allein auf die EMRK gestützter Wiedereinstellungsanspruch besteht nicht, vgl. BAG 20.10.2015 – 9 AZR 743/14, NZA 2016, 299.

[596] BAG 27.4.2021 – 2 AZR 357/20, NZA 2021, 1252; 6.9.2012 – 2 AZR 372/11, NZA-RR 2013, 441; 8.11.2007 – 2 AZR 528/06, AP BGB § 626 Nr. 209; 12.2.2004 – 2 AZR 307/03, AP KSchG 1969 § 1 Nr. 75; APS/Hesse/Tiedemann KSchG § 4 Rn. 146; ErfK/Kiel KSchG § 4 Rn. 33; ausführlich hierzu Ascheid FS Stahlhacke S. 1 ff.

[597] BAG 27.4.2021 – 2 AZR 357/20, NZA 2021, 1252; 18.12.2014 – 2 AZR 163/14, NZA 2015, 635.

[598] BAG 20.3.2014 – 2 AZR 840/12, NZA 2014, 1415; 6.9.2012 – 2 AZR 372/11, NZA-RR 2013, 441.

[599] BAG 27.4.2021 – 2 AZR 357/20, NZA 2021, 1252; 20.3.2014 – 2 AZR 840/12, NZA 2014, 1415.

[600] Ebenso BAG 8.11.2007 – 2 AZR 528/06, AP BGB § 626 Nr. 209; 18.5.2006 – 2 AZR 207/05, NZA-RR 2007, 272; 12.2.2004 – 2 AZR 307/03, AP KSchG 1969 § 1 Nr. 75; MüKoBGB/Hergenröder KSchG § 4 Rn. 92; PVT Kündigung/Vossen Rn. 2275; zur Betriebsratsanhörung in diesen Fällen BAG 11.10.1989 – 2 AZR 88/89, NZA 1990, 748.

[601] BAG 22.5.2003 – 2 AZR 485/02, AP KSchG 1969 § 1 Nr. 71; 26.8.1993 – 2 AZR 159/93, NZA 1994, 70.

[602] BAG 11.7.2013 – 2 AZR 994/12, NZA 2014, 250.

[603] BAG 27.5.2015 – 5 AZR 88/14, NZA 2015, 1053; 20.12.2012 – 2 AZR 867/11, NZA 2013, 1003; BGH 21.4.2010 – VIII ZR 6/09, NJW 2010, 2208.

weil insoweit das vorangehende Urteil nicht entgegensteht.[604] Hierzu gehören insbesondere Umstände, die wegen fehlender Anhörung des Betriebsrats[605] nicht bei der Prüfung der Sozialwidrigkeit der Kündigung berücksichtigt wurden oder vom Gericht bei der Entscheidungsfindung ausdrücklich unberücksichtigt geblieben sind.[606] Auf sie kann sich der Arbeitgeber zur Begründung einer neuen weiteren Kündigung – nach vorheriger Anhörung des Betriebsrats – berufen.[607] Gleiches gilt, wenn der Arbeitgeber wegen desselben Kündigungsgrundes zunächst ordentlich, dann außerordentlich kündigt und das Gericht die Feststellung der Unwirksamkeit der ordentlichen Kündigung allein mit dem tarifvertraglichen Ausschluss der ordentlichen Kündigung begründet. Auch hier hat eine materielle Prüfung der Kündigungsgründe nicht stattgefunden, eine Bindungswirkung kann deshalb nicht eintreten.[608]

173 Der Arbeitgeber kann jedoch stets eine weitere Kündigung auf **neue Umstände,** dh nach der letzten mündlichen Verhandlung des Vorprozesses entstandene Tatsachen stützen. Zur Unterstützung der Behauptung, die neuen Tatsachen seien geeignet, die weitere fristlose Kündigung zu rechtfertigen oder doch einer ordentlichen Kündigung die Sozialwidrigkeit zu nehmen, kann er ergänzend auf weiter zurückliegende, im ersten Prozess schon behandelte Umstände zurückgreifen, mögen diese auch für sich allein die frühere Kündigung nicht gerechtfertigt haben. Ferner tritt die Präklusionswirkung nicht ein, wenn die frühere Kündigung bereits **aus formellen Gründen,** zB wegen nicht ordnungsgemäßer Anhörung des Betriebsrats für unwirksam erklärt worden ist.[609] Zur Möglichkeit, auf der Grundlage einer Wiederholungskündigung einen **Auflösungsantrag** zu stellen → § 9 Rn. 14.

8. Besonderheiten der Klage gegen eine Änderungskündigung

174 Hat der Arbeitgeber eine Änderungskündigung erklärt und der Arbeitnehmer sein Angebot, das Arbeitsverhältnis zu geänderten Arbeitsvertragsbedingungen fortzusetzen, **unter Vorbehalt angenommen** (§ 2), ist Streitgegenstand der darauf erhobenen Änderungsschutzklage nach dem Wortlaut von § 4 S. 2 die **Wirksamkeit der Änderung der Arbeitsvertragsbedingungen.** Wie bei der Beendigungskündigung hat die Frist zur Klageerhebung auch hier den Charakter einer prozessualen Ausschlussfrist (→ Rn. 115). Wie immer der Prozess ausgehen mag, der Fortbestand des Arbeitsverhältnisses bleibt berührt. Obsiegt der Arbeitnehmer, gelten die bisherigen Arbeitsvertragsbedingungen fort; obsiegt der Arbeitgeber, treten von dem Zeitpunkt an, zu dem die Kündigung wirksam geworden ist, die neuen Arbeitsvertragsbedingungen an die Stelle der bisherigen.

X. Anhang: Allgemeiner Weiterbeschäftigungsanspruch

175 Nachfolgend werden die im **Zusammenhang mit dem Kündigungsschutzverfahren** diskutierten Fragen eines allgemeinen Weiterbeschäftigungsanspruchs des Arbeitnehmers bis zum rechtskräftigen Abschluss der Bestandsstreitigkeit kurz dargestellt. Die Erläuterungen beziehen sich nur auf den **allgemeinen Weiterbeschäftigungsanspruch** außerhalb des § 102 Abs. 5 BetrVG bzw. § 85 Abs. 2 BPersVG, da nur dieser einen speziellen Bezug zum KSchG aufweist. Wegen der besonderen Weiterbeschäftigungsansprüche nach dem BetrVG bzw. dem BPersVG ist auf die einschlägigen Kommentierungen zu jenen Vorschriften zu verweisen. Erwähnt sei an dieser Stelle nur, dass es sich bei dem all-

---

[604] BAG 12.6.1986 – 2 AZR 426/85, NZA 1987, 273; Bötticher FS Herschel, 1982, 181 (193 ff.); APS/Hesse/Tiedemann KSchG § 4 Rn. 146.
[605] BAG 20.3.2014 – 2 AZR 840/12, NZA 2014, 1415.
[606] Vgl. dazu BAG 8.11.2007 – 2 AZR 528/06, AP BGB § 626 Nr. 209; 12.2.2004 – 2 AZR 307/03, AP KSchG 1969 § 1 Nr. 75.
[607] Ebenso LSSW/Spinner § 4 Rn. 88.
[608] Zutr. BAG 5.2.1998 – 2 AZR 227/97, NZA 1998, 771.
[609] BAG 27.4.2021 – 2 AZR 357/20, NZA 2021, 1252.

gemeinen Weiterbeschäftigungsanspruch einerseits und dem besonderen betriebsverfassungs- bzw. personalvertretungsrechtlichen Weiterbeschäftigungsanspruch andererseits um verschiedene Streitgegenstände handelt, die vom Kläger zur Vermeidung der Unbestimmtheit seiner Klage in eine Prüfungsreihenfolge gesetzt werden müssen.[610]

1. Die Rechtsfortbildung des Großen Senats des BAG zum allgemeinen Weiterbeschäftigungsanspruch

Nach einer breiten Diskussion Ende der siebziger und Anfang der achtziger Jahre hat der Große Senat des BAG durch Beschluss vom 27.2.1985 einen arbeitsvertraglichen **Anspruch auf vertragsgemäße Beschäftigung über den Ablauf der Kündigungsfrist,** bzw. bei einer fristlosen Kündigung über deren Zugang **hinaus,** bis zum rechtskräftigen Abschluss des Kündigungsschutzprozesses bejaht, wenn die Kündigung unwirksam ist und überwiegende schützenswerte Interessen des Arbeitgebers einer solchen Beschäftigung nicht entgegenstehen.[611] 176

a) **Grundsätze des Großen Senats.** Nach den Grundsätzen des Großen Senats des BAG begründet die Ungewissheit über den Ausgang des Kündigungsschutzprozesses außer im Fall einer offensichtlich unwirksamen Kündigung grundsätzlich ein schützenswertes Interesse des Arbeitgebers an der Nichtbeschäftigung des gekündigten Arbeitnehmers für die Dauer des Kündigungsschutzverfahrens. Dieses Interesse überwiege in der Regel das Beschäftigungsinteresse des Arbeitnehmers bis zu dem Zeitpunkt, in dem im Kündigungsschutzprozess ein die Unwirksamkeit der Kündigung feststellendes Urteil ergehe. Solange ein solches Urteil bestehe, könne die Ungewissheit des Prozessausgangs für sich allein ein überwiegendes Gegeninteresse des Arbeitgebers jedoch nicht mehr begründen. Hinzukommen müssten dann Umstände, aus denen sich im Einzelfall ein überwiegendes Interesse des Arbeitgebers ergebe, den Arbeitnehmer nicht zu beschäftigen. Fehle es an solchen Umständen, überwiege das Interesse des Arbeitnehmers an der Durchsetzung des Beschäftigungsanspruchs. Der vorläufige Beschäftigungsanspruch könne dabei vom Arbeitnehmer im Klageweg geltend gemacht werden. Sei die Wirksamkeit einer Kündigung nach den Vorschriften des KSchG zu beurteilen, dürfe einer Beschäftigungsklage allerdings nur stattgegeben werden, wenn das ArbG auf eine entsprechende Kündigungsschutzklage des Arbeitnehmers hin festgestellt habe oder gleichzeitig feststelle, dass das Arbeitsverhältnis durch die Kündigung nicht aufgelöst worden sei.[612] 177

Der Große Senat des BAG leitet den Weiterbeschäftigungsanspruch damit aus dem **vertraglichen Beschäftigungsanspruch** ab, der nach diesen Grundsätzen auch für die Zeit nach Ablauf der Kündigungsfrist bestehen soll.[613] Dem stehe nicht entgegen, dass das KSchG nur eine nachträgliche Überprüfung der Rechtswirksamkeit der Kündigung kenne. Zwar sei nicht zu verkennen, dass bei einer im Widerspruch zur objektiven Rechtslage erfolgten Weiterbeschäftigung des gekündigten Arbeitnehmers ein die Wirksamkeit der Kündigung ex tunc feststellendes Urteil im Ergebnis den Effekt eines ex nunc wirkenden Gestaltungsurteils habe.[614] Dies sei aber ein allgemeines Problem der Durch- 178

[610] Hamacher/Ulrich NZA 2024, 1161 (1168).

[611] BAG GS 27.2.1985 – GS 1/84, NZA 1985, 702 = BB 1985, 1978 mAnm Gumpert = EzA § 611 BGB Beschäftigungspflicht Nr. 9 mablAnm Gamillscheg = SAE 1986, 37 mablAnm Lieb = AR–Blattei Beschäftigungspflicht Entsch. 15 mzustAnm Buchner; zu dieser Entscheidung vgl. weiter Bengelsdorf DB 1986, 168 ff. und 222 ff.; ders. SAE 1987, 254 ff.; Berkowsky BB 1986, 795 ff.; Blanke AuR 1987, 257 ff.; Brill/Schwerdtner Aktuelle Rechtsfragen zum Weiterbeschäftigungsanspruch gekündigter Arbeitnehmer 1986, S. 19 ff.; Dänzer–Vanotti DB 1985, 2610 ff.; Dütz NZA 1986, 209 ff.; Eich DB 1986, 692 ff.; Falkenberg DB 1987, 1534 ff.; Färber/Kappes NZA 1986, 215; Hanau ZIP 1986, 3; Herschel AuR 1986, 159 ff.; Künzl BB 1989, 1261 ff.; Prahle AuR 1986, 233 ff.; Ramm AuR 1986, 326 ff.; Schäfer NZA 1986, 691 ff.; Schukai DB 1986, 482 ff.; Schumann NZA 1985, 688 ff.; Schwerdtner ZIP 1985, 1361 ff.; Thieme NZA 1986 Beil. 3, S. 20 ff.; Wank RdA 1987, 129, 149 ff.; Wassner ZIP 1985, 1171.

[612] BAG GS 27.2.1985 – GS 1/84, NZA 1985, 702.

[613] BAG GS 27.2.1985 – GS 1/84, NZA 1985, 702 unter C II.

[614] BAG GS 27.2.1985 – GS 1/84, NZA 1985, 702 unter C II 1 b.

setzung eines Leistungsanspruchs – hier des Weiterbeschäftigungsanspruchs – aufgrund vorläufiger Vollstreckbarkeit. Ob die Ungewissheit über den Ausgang des Kündigungsschutzprozesses eine Weiterbeschäftigungspflicht des Arbeitgebers nach Ablauf der Kündigungsfrist auslöse, sei durch eine Abwägung zwischen dem aus §§ 611 aF, 613, 242 BGB iVm Art. 1 und 2 GG resultierenden Beschäftigungsinteresse des Arbeitnehmers und dem Interesse des Arbeitgebers an der Nichtbeschäftigung des Arbeitnehmers nach Ausspruch der Kündigung zu ermitteln.[615]

179 b) **Allgemeiner Weiterbeschäftigungsanspruch bei Streit über Befristung oder Bedingung.** Die Grundsätze des Großen Senats zum Weiterbeschäftigungsanspruch gekündigter Arbeitnehmer werden vom BAG – folgerichtig – entsprechend angewendet, wenn um die Wirksamkeit einer **Befristung oder auflösenden Bedingung** des Arbeitsverhältnisses gestritten wird.[616]

2. Rechtsnatur und Inhalt des richterrechtlichen Weiterbeschäftigungsanspruchs

180 a) **Anspruch auf tatsächliche Beschäftigung.** Der Weiterbeschäftigungsanspruch in der vom Großen Senat entwickelten Form gibt dem Arbeitnehmer lediglich einen Anspruch auf tatsächliche Beschäftigung. Rechtsgrund, Schutzzweck und Rechtswirkungen der Weiterbeschäftigung sind danach voneinander zu trennen.[617] Deshalb wird bezweifelt, ob eine Verletzung der Pflicht zur Weiterbeschäftigung geeignet ist, Schadenersatzansprüche wegen entgangener Steuervorteile zu begründen.[618] Beschäftigt der Arbeitgeber den Arbeitnehmer nach Ablauf der Kündigungsfrist, aber noch vor einer erstinstanzlichen Entscheidung über die Kündigungsklage und den Weiterbeschäftigungsantrag weiter, liegt hierin regelmäßig die durch den rechtskräftigen Abschluss des Kündigungsschutzverfahrens auflösend bedingte Fortsetzung des ursprünglichen Arbeitsverhältnisses.[619] Für die Annahme eines faktischen Arbeitsverhältnisses ist bei einer derartigen Weiterbeschäftigung regelmäßig kein Raum,[620] weil das Arbeitsverhältnis von beiden Vertragsparteien in Kenntnis des ungewissen Prozessausgangs einvernehmlich fortgesetzt wird. Setzen die Parteien ihren bisherigen Arbeitsvertrag auflösend bedingt fort, besteht zwischen ihnen lediglich ein Arbeitsverhältnis. Sie begründen kein separates „Prozessarbeitsverhältnis" neben dem gekündigten Arbeitsverhältnis.[621] Während der auflösend bedingten Fortsetzung des gekündigten Arbeitsvertrags bestehen zwischen ihnen die gleichen Rechte und Pflichten wie in einem gekündigten, aber noch nicht beendeten Arbeitsverhältnis. Dies umfasst das an den Arbeitnehmer gerichtete Verbot, sich selbst zu beurlauben.[622]

181 b) **Weiterbeschäftigung zur Abwendung der Zwangsvollstreckung.** Problematisch ist die Beurteilung, wenn der Arbeitgeber den Arbeitnehmer lediglich zur Abwendung der Zwangsvollstreckung aus einem Weiterbeschäftigungsurteil einsetzt.[623] Nach Auffassung des BAG besteht für die erfolgte Weiterbeschäftigung **bei wirksamer Arbeitgeberkündigung kein Rechtsgrund.**[624] Eine entsprechende Anwendung der Rechtsfolgen einer Wei-

[615] BAG GS 27.2.1985 – GS 1/84, NZA 1985, 702 unter C II 3a–c; nachdem sich der allgemeine Weiterbeschäftigungsanspruch in der Praxis durchgesetzt hat, wird zur grundsätzlichen Kritik hieran nur auf die Vorauf. Rn. 153 ff. verwiesen.
[616] Vgl. BAG 13.6.1985 – 2 AZR 410/84, AP BGB § 611 Beschäftigungspflicht Nr. 19 mkritAnm Belling.
[617] BAG GS 27.2.1985 – GS 1/84, NZA 1985, 702 unter C II 3 b.
[618] BAG 31.3.2022 – 8 AZR 207/21, NZA 2022, 1288.
[619] BAG 20.5.2021 – 2 AZR 457/20, NZA 2021, 1092; 4.9.1986 – 8 AZR 636/84, NZA 1987, 376.
[620] So aber BAG 15.1.1986 – 5 AZR 237/84, NZA 1986, 561.
[621] BAG 20.5.2021 – 2 AZR 457/20, NZA 2021, 1092; allgemein zur Prozessbeschäftigung Kempter DB 2021, 1128 ff.
[622] BAG 20.5.2021 – 2 AZR 457/20, NZA 2021, 1092.
[623] Vgl. dazu BAG 10.3.1987 – 8 AZR 146/84, AP BGB § 611 Weiterbeschäftigung Nr. 1 mablAnm v. Hoyningen-Huene.
[624] Dazu BAG 12.2.1992 – 5 AZR 297/90, NZA 1993, 177.

terbeschäftigung nach § 102 Abs. 5 BetrVG scheide wegen des besonderen Regelungszwecks dieser Vorschrift aus.[625] Die Anwendung der Grundsätze des faktischen Arbeitsverhältnisses als Grundlage für die Weiterbeschäftigung komme nicht in Betracht, weil die Weiterbeschäftigung gegen den Willen des Arbeitgebers erfolge.[626] Die gegenseitigen Ansprüche von Arbeitnehmer und Arbeitgeber richteten sich daher nach den **allgemeinen Bestimmungen des Bereicherungsrechts.**[627] Der Arbeitnehmer habe im Fall der Wirksamkeit der Kündigung gegen den Arbeitgeber Anspruch auf Ersatz des Werts der geleisteten Arbeit (§ 812 Abs. 1 S. 1 und § 818 Abs. 2 BGB). Der Wert der Arbeitsleistung bestimme sich nach der üblichen Vergütung. Zu dieser zähle auch eine zeitanteilige Jahressonderleistung, wenn diese nach dem Inhalt der für das beendete Arbeitsverhältnis maßgeblichen Tarifregelung als auf den Weiterbeschäftigungszeitraum entfallender Lohn anzusehen sei. Das erlangte Etwas iSv § 812 Abs. 1 S. 1 BGB sei also nicht die Ersparnis an Lohnkosten, sondern der objektive Wert der Arbeitsleistung.[628] Nicht zu ersetzen sei jedoch Urlaub, der dem Arbeitnehmer nicht gewährt worden sei.[629] Soweit der Arbeitnehmer infolge Krankheit oder eines Feiertags nicht gearbeitet habe, habe der Arbeitgeber nichts erlangt und schulde folglich keinen Wertersatz.[630] Allerdings hat der Arbeitgeber auch nach Ansicht des BAG trotz der Wirksamkeit seiner Kündigung die Vorschriften des Arbeitsschutzes einzuhalten,[631] während für den Arbeitnehmer im Weiterbeschäftigungsverhältnis die Rücksichtnahmepflichten iSv § 241 Abs. 2 BGB fortbestehen.[632] Die Auffassung des BAG hat zudem zur Folge, dass der Arbeitnehmer die aufgrund des erstrittenen Weiterbeschäftigungstitels aufgenommene Arbeit mangels entsprechender Hauptleistungspflicht auch wieder einstellen darf.[633]

c) **Ende des Weiterbeschäftigungsverhältnisses.** Das Weiterbeschäftigungsverhältnis endet grundsätzlich, wenn der Arbeitgeber eine **erneute Kündigung** ausspricht.[634] Der Arbeitnehmer kann sich auch unter Berücksichtigung des Beschlusses des Großen Senats nicht auf das im Anschluss an die erste Kündigung ergangene Weiterbeschäftigungsurteil berufen, da durch die neuerliche Kündigung der Fortbestand des Arbeitsverhältnisses wieder ungewiss geworden ist.[635] An dieser Ungewissheit fehlt es nur, wenn die neue Kündigung offensichtlich unwirksam ist oder auf dieselben Gründe gestützt wird, die nach Auffassung des ArbG schon für die erste Kündigung nicht ausgereicht haben.[636] Gleiches gilt nach Auffassung des BAG, wenn der Arbeitgeber im zweiten Rechtszug einen **Auflösungsantrag** nach § 9 stellt.[637] Schließlich erlischt der Anspruch auf vorläufige Weiterbeschäftigung, wenn alle Bestandsstreitigkeiten der Parteien rechtskräftig abgeschlossen sind. Das gilt nicht nur, wenn das Arbeitsverhältnis rechtskräftig beendet ist, sondern auch, wenn sämtliche Kündigungen des Arbeitgebers rechtskräftig für unwirksam befunden wurden. Dann besteht (wieder) der vom Anspruch auf vorläufige 182

[625] BAG 27.5.2020 – 5 AZR 247/19, NZA 2020, 1169; 10.3.1987 – 8 AZR 146/84, NZA 1987, 373; zust. Pallasch RdA 2021, 306 (309); aA MHdB ArbR/Rachor § 131 Rn. 47.
[626] BAG 27.5.2020 – 5 AZR 247/19, NZA 2020, 1169; 10.3.1987 – 8 AZR 146/84, NZA 1987, 373; zust. Pallasch RdA 2021, 306 (308).
[627] BAG 27.5.2020 – 5 AZR 247/19, NZA 2020, 1169; 10.3.1987 – 8 AZR 146/84, NZA 1987, 373; zust. Pallasch RdA 2021, 306 (309).
[628] Vgl. BAG 30.4.1997 – 7 AZR 122/96, NZA 1998, 199.
[629] BAG 10.3.1987 – 8 AZR 146/84, NZA 1987, 373; 1.3.1990 – 6 AZR 649/88, NZA 1990, 696; zur erfolgten „Urlaubsgewährung" vgl. Pallasch RdA 2021, 306 (310).
[630] BAG 20.5.2021 – 2 AZR 457/20, NZA 2021, 1092; 27.5.2020 – 5 AZR 247/19, NZA 2020, 1169; zust. Pallasch RdA 2021, 306 (310 f.).
[631] BAG 27.5.2020 – 5 AZR 247/19, NZA 2020, 1169; Pallasch RdA 2021, 306 (310 f.).
[632] Pallasch RdA 2021, 306 (311).
[633] BAG 27.5.2020 – 5 AZR 247/19, NZA 2020, 1169; zust. Pallasch RdA 2021, 306 (310); aA MHdB ArbR/Rachor § 131 Rn. 44.
[634] BAG 19.12.1985 – 2 AZR 190/85, NZA 1986, 566.
[635] BAG 19.12.1985 – 2 AZR 190/85, NZA 1986, 566.
[636] APS/Koch BetrVG § 102 Rn. 245.
[637] BAG 5.12.2019 – 2 AZR 240/19, NZA 2020, 647; 16.11.1995 – 8 AZR 864/93, NZA 1996, 589; Corzelius NZA 2021, 1754 (1756 f.); krit. LSSW/Spinner § 4 Rn. 113.

Weiterbeschäftigung zu unterscheidende, einen anderen Streitgegenstand darstellende und nur unter den Voraussetzungen von § 259 ZPO zu titulierende[638] Anspruch auf Beschäftigung im unangefochten bestehenden Arbeitsverhältnis.

183 d) **Einstweilige und endgültige Einstellung der Zwangsvollstreckung aus einem Weiterbeschäftigungstitel; Vollstreckungsgegenklage.** Ist der Arbeitgeber vom ArbG zur vorläufigen Weiterbeschäftigung verurteilt worden und hat er hiergegen Berufung eingelegt, kann er nach **Ausspruch einer weiteren Kündigung** gemäß § 62 Abs. 1 ArbGG, § 719 Abs. 1 S. 1, § 707 Abs. 1 S. 1 ZPO die einstweilige Einstellung der Zwangsvollstreckung aus dem Weiterbeschäftigungsurteil beantragen.[639] Hingegen ist der Einwand einer weiteren Kündigung im Vollstreckungsverfahren nach § 888 ZPO ebenso unbeachtlich[640] wie die **Stellung eines (weiteren) Auflösungsantrags.**[641] Wenn der Kündigungsrechtsstreit rechtskräftig abgeschlossen und schon dadurch der Anspruch auf vorläufige Weiterbeschäftigung erloschen ist (→ Rn. 182), kann der Arbeitgeber gemäß §§ 767, 769 ZPO Vollstreckungsabwehrklage erheben.[642] Vorrangig ist für diesen Fall indes eine entsprechende Anwendung von § 775 Nr. 1 ZPO zu erwägen. Im vom Arbeitnehmer eingeleiteten Verfahren nach § 888 ZPO ist der Einwand des Arbeitgebers, die **Beschäftigungsmöglichkeit** sei **aufgrund einer unternehmerischen Organisationsentscheidung entfallen,** nur beachtlich, wenn der Wegfall unstreitig oder offenkundig ist.[643] Dessen ungeachtet führt allein die Entscheidung des Arbeitgebers, die bisherigen Aufgaben des Arbeitnehmers auf andere Beschäftigte zu übertragen, nicht dazu, dass dem Arbeitgeber die Beschäftigung des Arbeitnehmers unmöglich wird.[644]

3. Geltendmachung des Weiterbeschäftigungsantrags mit unechtem Hilfsantrag; Bestimmtheit; Betriebsübergang

184 Der allgemeine Weiterbeschäftigungsantrag[645] wird im Kündigungsschutzprozess in aller Regel als unechter Hilfsantrag für den Fall gestellt werden, dass der Kündigungsschutzklage stattgegeben und ein etwaiger Auflösungsantrag nach § 9 abgewiesen wird.[646] Das gilt auch, wenn die Formulierung des Antrags seinen Hilfscharakter nicht unmittelbar zu erkennen gibt.[647] Anders liegt es nur, wenn der Prozessbevollmächtigte des Klägers ausdrücklich erklärt, es handele sich um einen Hauptantrag.[648] Wird der Weiterbeschäftigungsantrag in der Klageschrift nicht nur hilfsweise für den Fall des Obsiegens mit der Kündigungsschutzklage, sondern zudem unter den Vorbehalt gestellt, dass der Arbeitgeber nicht bis zum Gütetermin zu Protokoll erklärt, den Arbeitnehmer im Fall eines dem Kündigungsschutzantrag stattgebenden Urteils weiterzubeschäftigen, liegt lediglich die Ankündigung einer entsprechenden Klageerweiterung vor; ein Weiterbeschäftigungsantrag ist dann noch nicht rechtshängig gemacht, sodass bei einem An-

[638] Zu den hohen Anforderungen aus § 259 ZPO an die Titulierung des Anspruchs zur Beschäftigung über den rechtskräftigen Abschluss der Bestandsstreitigkeit hinaus vgl. BAG 21.12.2022 – 7 AZR 489/21, NZA 2023, 493; 24.5.2018 – 2 AZR 67/18, NZA 2018, 1127.

[639] Dazu BAG 28.2.2023 – 8 AZB 17/22, NZA 2023, 590; Hess. LAG 3.8.2021 – 10 Ta 56/21, BeckRS 2021, 30446; Corzelius NZA 2021, 1754 ff.

[640] Hess. LAG 3.8.2021 – 10 Ta 56/21, BeckRS 2021, 30446.

[641] BAG 28.2.2023 – 8 AZB 17/22, NZA 2023, 590.

[642] Vgl. dazu BAG 28.2.2023 – 8 AZB 17/22, NZA 2023, 590; 28.3.1985 – 2 AZR 548/83, NZA 1985, 709; Buchner Beschäftigungspflicht S. 64; Kraft SAE 1987, 20, 21; Corzelius NZA 2021, 1754 ff.

[643] BAG 28.2.2023 – 8 AZB 17/22, NZA 2023, 590.

[644] BAG 28.2.2023 – 8 AZB 17/22, NZA 2023, 590.

[645] Anders ggf. ein auf den besonderen betriebsverfassungs- oder personalvertretungsrechtlichen Weiterbeschäftigungsanspruch gestützter Klageantrag, vgl. Niemann NZA 2019, 65 (71).

[646] BAG 2.2.2022 – 7 AZR 573/20, NZA 2022, 767; 16.12.2021 – 2 AZR 356/21, NZA 2022, 407; 22.8.2019 – 2 AZR 111/19, NZA 2019, 1490; 31.7.2014 – 2 AZR 434/13, NZA 2015, 358; 8.4.1988 – 2 AZR 777/87, NZA 1988, 741; Niemann NZA 2019, 65 (71); Hamacher/Ulrich NZA 2024, 1161 (1168).

[647] BAG 2.2.2022 – 7 AZR 573/20, NZA 2022, 767; 22.7.2021 – 2 AZR 6/21, NZA 2021, 1405; 7.5.2020 – 2 AZR 692/19, NZA 2021, 225; Niemann NZA 2019, 65 (71).

[648] BAG 15.12.2021 – 7 AZR 530/20, NZA 2022, 774.

erkenntnis des Arbeitgeber insoweit kein Anerkenntnisurteil ergehen kann.[649] Ein gestellter **Antrag muss bestimmt sein.**[650] Aus ihm muss hervorgehen, um welche Art von Beschäftigung es geht. Zu berücksichtigen ist aber auch, dass bei im Arbeitsvertrag nur rahmenmäßig umschriebener Arbeitspflicht der Titel nicht so genau sein kann, dass er auf eine ganz bestimmte im Einzelnen beschriebene Tätigkeit oder Stelle zugeschnitten ist, weil dem Arbeitgeber das Weisungsrecht nach § 106 GewO zusteht. Der Arbeitnehmer muss bei der Antragstellung deshalb verdeutlichen, um welche Art von Beschäftigung es geht, da der Arbeitgeber vor unberechtigten Zwangsvollstreckungsmaßnahmen geschützt werden muss. Andererseits muss der Arbeitnehmer davor bewahrt werden, dass die Bindungswirkung des Weiterbeschäftigungstitels endet, sobald der Arbeitgeber von seinem Direktionsrechts Gebrauch macht.[651] Deshalb ist es erforderlich aber auch ausreichend, wenn die Art der ausgeurteilten Beschäftigung des Arbeitnehmers aus dem Antrag ersichtlich ist. Dem genügt die Angabe des Berufsbilds, mit dem der Arbeitnehmer beschäftigt werden soll.[652] Aus dem Titel oder in vergleichbarer Weise muss sich ergeben, worin die Tätigkeit bestehen soll.[653] Dies kann sich auch aus einer Bezugnahme auf den Arbeitsvertrag erschließen, vorausgesetzt dessen Inhalt lässt sich anhand des Tenors und der Entscheidungsgründe des Urteils eindeutig feststellen. Hieran fehlt es indes, wenn der Weiterbeschäftigungstitel, mit dem der Arbeitgeber verpflichtet werden soll, den Arbeitnehmer „zu unveränderten Arbeitsbedingungen gemäß Arbeitsvertrag" zu beschäftigen, Einschränkungen enthält, die zur Unbestimmtheit führen.[654] Nach dem **Übergang des Arbeitsverhältnisses gemäß § 613a BGB** ist der Weiterbeschäftigungsantrag grundsätzlich auch dann gegen den Betriebserwerber zu richten, wenn die streitbefangene Kündigung noch vom Betriebsveräußerer erklärt wurde und der Betriebsübergang nach Rechtshängigkeit des Weiterbeschäftigungsantrags erfolgt ist; eine entsprechende Anwendung von §§ 265, 325 ZPO scheidet insofern aus.[655] Der Arbeitnehmer kann die vorläufige Weiterbeschäftigung nur vom kündigenden Betriebsveräußerer verlangen, wenn er dem Übergang seines Arbeitsverhältnisses widersprochen hat.

§ 5 Zulassung verspäteter Klagen

(1) [1] **War ein Arbeitnehmer nach erfolgter Kündigung trotz Anwendung aller ihm nach Lage der Umstände zuzumutenden Sorgfalt verhindert, die Klage innerhalb von drei Wochen nach Zugang der schriftlichen Kündigung zu erheben, so ist auf seinen Antrag die Klage nachträglich zuzulassen.** [2] **Gleiches gilt, wenn eine Frau von ihrer Schwangerschaft aus einem von ihr nicht zu vertretenden Grund erst nach Ablauf der Frist des § 4 Satz 1 Kenntnis erlangt hat.**

(2) [1] **Mit dem Antrag ist die Klageerhebung zu verbinden; ist die Klage bereits eingereicht, so ist auf sie im Antrag Bezug zu nehmen.** [2] **Der Antrag muß ferner die Angabe der die nachträgliche Zulassung begründenden Tatsachen und der Mittel für deren Glaubhaftmachung enthalten.**

(3) [1] **Der Antrag ist nur innerhalb von zwei Wochen nach Behebung des Hindernisses zulässig.** [2] **Nach Ablauf von sechs Monaten, vom Ende der versäumten Frist an gerechnet, kann der Antrag nicht mehr gestellt werden.**

---

[649] LAG Hamm 22.3.2022 – 14 Sa 1571/21.

[650] Allgemein zur prozessualen Durchsetzung des Weiterbeschäftigungsanspruch Ziemann FS Moll, 2019, 793 ff.

[651] Vgl. BAG 24.3.2021 – 10 AZR 16/20, NZA 2021, 1651.

[652] Vgl. BAG 15.6.2021 – 9 AZR 217/20, NZA 2021, 1625; 24.3.2021 – 10 AZR 16/20, NZA 2021, 1651; 3.12.2019 – 9 AZR 78/19, NZA 2020, 578.

[653] BAG 15.4.2009 – 3 AZB 93/08, NZA 2009, 917.

[654] BAG 27.5.2015 – 5 AZR 88/14, NZA 2015, 1053; vgl. a. BAG 21.12.2022 – 7 AZR 489/21, NZA 2023, 493.

[655] LAG Baden-Württemberg 24.5.2018 – 17 Sa 105/17, BeckRS 2018, 14067; Faulenbach jurisPR-ArbR 11/2019 Anm. 6.

(4) [1]**Das Verfahren über den Antrag auf nachträgliche Zulassung ist mit dem Verfahren über die Klage zu verbinden.** [2]**Das Arbeitsgericht kann das Verfahren zunächst auf die Verhandlung und Entscheidung über den Antrag beschränken.** [3]**In diesem Fall ergeht die Entscheidung durch Zwischenurteil, das wie ein Endurteil angefochten werden kann.**

(5) [1]**Hat das Arbeitsgericht über einen Antrag auf nachträgliche Klagezulassung nicht entschieden oder wird ein solcher Antrag erstmals vor dem Landesarbeitsgericht gestellt, entscheidet hierüber die Kammer des Landesarbeitsgerichts.** [2]**Absatz 4 gilt entsprechend.**

Schrifttum: Budde, Bindungswirkungen von Vorentscheidungen für das spätere arbeitsgerichtliche Urteilsverfahren, 2000; Holthaus, Versäumung der Dreiwochenfrist des § 4 KSchG – Nachträgliche Zulassung der Kündigungsschutzklage trotz Anwaltsverschuldens?, 1998; Francken, Das Verschulden des Prozessbevollmächtigten an der Versäumung der Klagefristen des § 4 KSchG, § 1 Abs. 5 BeschFG und des § 113 Abs. 2 InsO, 1998; K. Schmid, Die nachträgliche Zulassung der Kündigungsschutzklage durch Beschluß, 2001.

Übersicht

I. Allgemeines zur Zulassung verspäteter Kündigungsschutzklagen nach § 5 KSchG

§ 5 gewährt unter bestimmten Voraussetzungen dem Arbeitnehmer die Möglichkeit, **1**
auch **nach Ablauf der Klagefrist des § 4 noch Kündigungsschutzklage** zu erheben. Die Vorschrift knüpft an § 90 BRG 1920 (später ähnlich § 6 der 14. DVO zum AOG) an, der gegen die Versäumung der Frist für die Kündigungseinspruchsklage eine Wiedereinsetzung in den vorigen Stand vorgesehen hatte. Im Gegensatz zu diesen Bestimmungen verwendet § 5 diese Bezeichnung jedoch nicht, sondern spricht von einer nachträglichen Zulassung der Klage. Damit kommt auch im Wortlaut zum Ausdruck, dass es sich um ein besonderes Rechtsinstitut des KSchG handelt, das sich trotz unverkennbarer Parallelen doch in den materiellen Voraussetzungen wie im Verfahren von der allgemeinen Regelung der Wiedereinsetzung in den vorigen Stand in §§ 233 ff. ZPO unterscheidet,[1] die auf Kündigungsschutzklagen keine Anwendung finden.[2] Für den **elektronischen Rechtsverkehr** (→ Rn. 39 ff.) stehen die jeweils verschuldensunabhängig ausgestalteten und damit in ihren Voraussetzungen deutlich leichter zu erfüllenden Vorschriften des § 46c Abs. 6 sowie des § 46g S. 3 und S. 4 ArbGG neben der Regelung zur nachträglichen Klagezulassung in § 5.[3] Das Verfahren über die nachträgliche Klagezulassung ist – anders als die Klagefrist des § 4 S. 1 (dazu → Rn. 9) – nicht nach **§ 2 Abs. 1 S. 2 Nr. 14 NachwG** informationspflichtig.[4]

Durch das Arbeitsgerichtsbeschleunigungsgesetz vom 30.3.2000[5] ist **§ 5 Abs. 4 mit** **2**
Wirkung vom 1.5.2000 geändert worden. Hiernach konnte die Entscheidung über den Antrag auf nachträgliche Zulassung der Kündigungsschutzklage ohne mündliche Verhandlung erfolgen. Dies führte zu einer Beschleunigung des Verfahrens, weil nicht erst Kammertermin bestimmt werden musste, sondern über den Antrag bereits in der nächsten Sitzung entschieden werden konnte. Durch das Gesetz zu Reformen am Arbeitsmarkt vom 24.12.2003 (BGBl. I S. 3002) ist mit Wirkung vom **1.1.2004** in **§ 5 Abs. 1 ein zweiter Satz** eingefügt worden. Danach ist die Klage auch nachträglich zuzulassen, wenn eine Frau von ihrer Schwangerschaft aus einem von ihr nicht zu vertretenden Grund erst nach Ablauf der Frist des § 4 S. 1 Kenntnis erlangt hat (→ Rn. 33). Mit der am 1.4.2008 in Kraft getretenen Änderung ist das Verfahren über den Antrag auf nachträgliche Zulassung nach § 5 Abs. 4 neu gestaltet und im Regelfall mit dem Verfahren über die Klage verbunden worden. Das

[1] Dazu KR/Kreft KSchG § 5 Rn. 13.
[2] BAG 25.8.2022 – 6 AZR 499/21, NZA 2023, 58.
[3] Vgl. Müller NZA 2023, 89 ff.
[4] Maul-Sartori SR 2022, 226 (232).
[5] BGBl. I S. 333.

ArbG kann allerdings auch durch Zwischenurteil vorab über die nachträgliche Zulassung entscheiden. Damit soll nach dem Willen des Gesetzgebers erreicht werden, dass vorab schwierige tatsächliche oder rechtliche Fragen geklärt werden.[6]

II. Sachliche Voraussetzungen für die nachträgliche Zulassung der Kündigungsschutzklage (§ 5 Abs. 1 KSchG)

1. Dem Arbeitnehmer zuzumutende Sorgfalt

3 Die nachträgliche Zulassung der Klage setzt voraus, dass der Arbeitnehmer die Klage trotz Anwendung aller ihm nach Lage der Umstände zuzumutenden Sorgfalt nicht fristgerecht erheben konnte. Den Arbeitnehmer darf also **keinerlei Verschulden** an der Versäumung der Dreiwochenfrist treffen, auch keine leichte Fahrlässigkeit.[7] Er muss einen Ablauf vortragen und glaubhaft machen, der ein eigenes oder ihm zurechenbares Verschulden an der Nichteinhaltung der Klagefrist zweifelsfrei ausschließt; verbleibt die Möglichkeit, dass die Einhaltung der Klagefrist durch ein Verschulden des Arbeitnehmers oder seines Prozessbevollmächtigten versäumt worden ist, scheidet eine nachträgliche Zulassung der Kündigungsschutzklage aus.[8]

4 Für die Beurteilung legt das Gesetz besonderes Gewicht auf die individuellen Möglichkeiten des betroffenen Arbeitnehmers – **subjektiver Maßstab** –, stellt dabei aber, wie das Erfordernis der Anwendung „aller“ zumutbaren Sorgfalt zeigt, strenge Anforderungen.[9] Das BAG beurteilt die Frage nach dem Vorliegen eines Verschuldens anhand des in § 276 Abs. 2 BGB gesetzten Maßstabs. Verschulden umfasse demnach jede Form von Vorsatz und Fahrlässigkeit. Entscheidend sei die üblicherweise zu erwartende Sorgfalt einer ordentlichen Prozesspartei.[10] Das entspricht im Wesentlichen dem Maßstab des § 233 ZPO für die Wiedereinsetzung in den vorigen Stand. Hierfür kommt es nicht in der für § 5 charakteristischen Weise auf die individuellen Möglichkeiten des Betroffenen an, sondern nur auf die bei der Prozessführung allgemein übliche objektive Sorgfalt.[11] Trotz dieser Unterschiede sind die abstrakten Rechtssätze in der praktischen Rechtsanwendung weitgehend übereinstimmend, so dass bei der Auslegung und Anwendung des § 5 Abs. 1 – mit Vorsicht und unter Beachtung der Zwecke von §§ 4, 5 und 7 – durchaus auf die Rechtsprechung zu § 233 ZPO[12] zurückgegriffen werden kann.[13] In der konkreten Anwendung sind aber etwaige einzelfallbezogene individuelle Besonderheiten zu berücksichtigen.[14] Weder § 233 ZPO noch § 5 KSchG dürfen in einer Weise gehandhabt werden, die den Zugang zu den Gerichten in unzumutbarer, durch Sachgründe nicht mehr zu rechtfertigender Weise erschwert; insofern gelten die gleichen verfassungsrechtlichen Grundsätze.[15]

---

[6] BT-Drs. 16/7716 S. 25.

[7] Vgl. LAG Düsseldorf 21.10.1997 – 1 Ta 321/97, BeckRS 1997, 41709; KR/Kreft KSchG § 5 Rn. 11; APS/Hesse/Tiedemann KSchG § 5 Rn. 8; ErfK/Kiel KSchG § 5 Rn. 2; LSSW/Spinner § 5 Rn. 4.

[8] Vgl. zur Wiedereinsetzung in den vorigen Stand BGH 23.6.2022 – I ZB 76/21, NJOZ 2022, 1465; 10.2.2022 – I ZB 46/21, NJOZ 2022, 1110.

[9] Ebenso APS/Hesse/Tiedemann KSchG § 5 Rn. 8; ErfK/Kiel KSchG § 5 Rn. 2; Däubler/Deinert/Callsen KSchG § 5 Rn. 4; LSSW/Spinner § 5 Rn. 5; Schmid S. 117 f.

[10] BAG 24.11.2011 – 2 AZR 614/10, NZA 2012, 413; zust. NK-GA/Roloff KSchG § 5 Rn. 43 f.; zur Abgrenzung BAG 25.4.2018 – 2 AZR 493/17, NZA 2018, 1157.

[11] Zöller/Greger § 233 Rn. 12.

[12] Gute Überblicke über die Rechtsprechung des BGH gibt Rohwetter-Kühl NJW 2023, 2010; NJW 2022, 1990.

[13] Vgl. BAG 25.4.2018 – 2 AZR 493/17, NZA 2018, 1157.

[14] Ähnlich APS/Hesse/Tiedemann KSchG § 5 Rn. 8; KR/Kreft KSchG § 5 Rn. 12; NK-GA/Roloff KSchG § 5 Rn. 44; Schmid S. 119; PVT Kündigung/Vossen Rn. 2176; vgl. auch BVerfG 25.2.2000 – 1 BvR 1363/99, NZA 2000, 789 und BAG 6.10.2010 – 7 AZR 569/09, NZA 2011, 477, wonach die möglichen Probleme, die bei der Übermittlung fristwahrender Schriftsätze entstehen können, völlig gleich gelagert sind; gegen eine Heranziehung der zu § 233 ZPO ergangenen Rechtsprechung jedoch HaKo-KSchR/Gallner KSchG § 5 Rn. 6; LSSW/Spinner § 5 Rn. 2.

[15] BVerfG 23.7.2019 – 1 BvR 2032/19, NZA 2019, 1372.

2. Einzelfälle zur nachträglichen Zulassung der Kündigungsschutzklage nach § 5 Abs. 1 KSchG

Die folgende **alphabetische Darstellung** einzelner **Gründe für die Klagezulassung oder deren Versagung** steht unter dem Vorbehalt der nach § 5 gebotenen individuellen Beurteilung in jedem einzelnen Fall. Es handelt sich also um Hinweise, die nicht schematisch zu übertragen sind. In jedem Fall unerlässlich ist eine **aus sich heraus verständliche, geschlossene Schilderung der tatsächlichen Abläufe**, aus denen sich ergibt, auf welchen konkreten Umständen das Fristversäumnis beruht und auf welche Weise und durch wessen Verschulden es zur Versäumung der Klagefrist gekommen ist; eine nachträgliche Klagezulassung kann nicht erfolgen, wenn nach den seitens des Klägers dargelegten und glaubhaft gemachten (→ zur Glaubhaftmachung Rn. 58 ff.) Tatsachen zumindest die Möglichkeit offenbleibt, dass die Fristversäumung vom Kläger bzw. seinem Prozessbevollmächtigten verschuldet war.[16] Das gilt auch für einen Vortrag, nach dem mehrere Sachverhaltsgestaltungen möglich sind, wenn bei einer von diesen ein der Partei zurechenbares Verschulden vorliegt.[17] 5

a) **Arbeitgeber: Arglist; fehlender oder falscher Nachweis der Klagefrist.** Schließt der Arbeitnehmer aus dem Verhalten seines Arbeitgebers, dieser werde die **Kündigung zurücknehmen,** und sieht er deshalb von der Erhebung einer Kündigungsschutzklage ab, rechtfertigt dies regelmäßig nicht die nachträgliche Zulassung der Klage. Eine einseitige Rücknahme der Kündigung ist dem Arbeitgeber verwehrt. Die Wirkungen einer Kündigung können nur durch Vereinbarung beseitigt werden. Die ausgesprochene Kündigung ist erst „aus der Welt“, wenn der Arbeitnehmer ein entsprechendes Fortsetzungsangebot des Arbeitgebers angenommen hat, dh eine Einigung über die Fortsetzung des Arbeitsverhältnisses zustande gekommen ist. Steht nicht endgültig fest, ob der Arbeitnehmer das Angebot des Arbeitgebers auf Fortsetzung des Arbeitsverhältnisses annehmen will, muss er vorsorglich Kündigungsschutzklage erheben, um die Wirkung des § 7 zu vermeiden.[18] Gleiches gilt, wenn der Arbeitgeber sich weigert, eine Wiedereinstellungszusage zu erfüllen, die er beim Ausspruch einer betriebsbedingten Kündigung wegen fehlender Beschäftigungsmöglichkeiten im Winter gegeben hat.[19] Die Versäumung der Klagefrist kann auch nicht erfolgreich mit der Behauptung entschuldigt werden, der Betriebsleiter des Arbeitgebers habe dem Arbeitnehmer erklärt: „Warte mal ab, vielleicht erledigt sich dies und wir machen die Kündigung rückgängig“.[20] Erst recht gilt das für ein nach Zugang der Kündigung erfolgtes Angebot eines während des Laufs der Kündigungsfrist durchzuführenden betrieblichen Eingliederungsmanagements (bEM) durch den Arbeitgeber.[21] 6

Weiß der Arbeitgeber, dass sich der **Arbeitnehmer längere Zeit im Ausland aufhält** (→ Rn. 13 ff.), kann er im Einzelfall aufgrund einer vertraglichen Nebenpflicht gemäß § 241 Abs. 2 BGB gehalten sein, den Arbeitnehmer selbst telefonisch oder ggf. seinen Prozessbevollmächtigten über den Zugang der Kündigung zu informieren. Hinweis- und Aufklärungspflichten beruhen allerdings stets auf den besonderen Umständen des Einzelfalls und sind das Ergebnis einer umfassenden Interessenabwägung. Bei dieser ist zu beachten, dass grundsätzlich innerhalb vertraglicher Beziehungen jede Partei für die Wahrnehmung ihrer Interessen selbst zu sorgen hat. Deshalb kann der Arbeitgeber – wenn keine gegenteiligen Anhaltspunkte vorliegen – darauf vertrauen, dass der Arbeit- 7

---

[16] Zu § 236 ZPO BAG 16.10.2024 – 4 AZR 254/23, NZA 2025, 349; BGH 28.7.2022 – III ZB 65/21, NJOZ 2023, 55; 15.12.2022 – I ZB 35/22, NJOZ 2023, 437; 1.3.2023 – XII ZB 228/22, NJW-RR 2023, 760.

[17] BGH 1.3.2023 – XII ZB 483/21, NJW-RR 2023, 698.

[18] BAG 19.2.2009 – 2 AZR 286/07, NZA 2009, 980; LAG Berlin-Brandenburg 2.11.2012 – 6 Sa 1754/12, BeckRS 2012, 76084; LAG Köln 26.11.1999 – 11 Ta 348/99, BeckRS 1999, 30461998; APS/Hesse/Tiedemann KSchG § 5 Rn. 11; aA LAG Frankfurt 5.9.1988 – 11/1 Ta 389/88, BeckRS 1988, 30451618; – noch weiter differenzierend KR/Kreft KSchG § 5 Rn. 42 f.; Däubler/Deinert/Callsen KSchG § 5 Rn. 6.

[19] LAG Nürnberg 15.1.1998 – 7 Ta 5/98, BeckRS 1998, 30465497.

[20] LAG Köln 19.4.2004 – 5 Ta 63/04, BeckRS 2004, 41366.

[21] Vgl. LAG Hamm 11.1.2022 – 14 Sa 938/21, NZA-RR 2022, 185.

nehmer die nötigen Vorkehrungen für eine zeitnahe Kenntnisnahme ihm zugehender Schreiben getroffen hat.[22]

8 **Arglistige Täuschungen** des Arbeitgebers können die nachträgliche Klagezulassung ausnahmsweise rechtfertigen.[23] Hiervon kann noch nicht ausgegangen werden, wenn es in einem Kündigungsschreiben nur allgemein heißt, die Kündigung erfolge wegen „dringender betrieblicher Erfordernisse", ohne dass die Kündigungsgründe in irgendeiner Weise präzisiert werden.[24] Aus unionsrechtlichen Gründen ist allerdings die Klage auf Antrag des Arbeitnehmers nachträglich zuzulassen, wenn der Arbeitgeber eine Betriebsstilllegung vorgetäuscht hat und nach Ablauf der Dreiwochenfrist einen bereits zuvor geplanten Betriebsübergang vollzieht; ggf. ist die absolute Höchstfrist des Abs. 3 S. 2 unionsrechtskonform einschränkend auszulegen (→ § 4 Rn. 19). Ansonsten bleiben dem Arbeitnehmer wegen des arglistigen Verhaltens grundsätzlich nur Schadensersatzansprüche gegen den Arbeitgeber.[25]

9 Fraglich ist, ob und ggf. unter welchen Voraussetzungen die Kündigungsschutzklage nachträglich zuzulassen ist, weil der Arbeitgeber den Arbeitnehmer **nicht ordnungsgemäß iSv § 2 Abs. 1 S. 2 Nr. 14 NachwG über die Klagefrist informiert** hat. Der Gesetzgeber hat in Halbs. 2 der Vorschrift ausdrücklich klargestellt, dass § 7 auch bei nicht ordnungsgemäßem Nachweis – einschließlich dessen kompletten Fehlens[26] – der Frist zur Erhebung einer Kündigungsschutzklage unverändert anzuwenden ist. § 7 verweist seinerseits für die nicht rechtzeitige Geltendmachung der Rechtsunwirksamkeit einer Kündigung in einem Klammerzusatz auf § 4 S. 1 sowie §§ 5, 6. Daraus folgt, dass das Unterbleiben oder die Fehlerhaftigkeit des Nachweises der Klagefrist durch den Arbeitgeber weder etwas am Anlaufen der Klagefrist oder deren Länge (vgl. demgegenüber § 9 Abs. 5 S. 4 ArbGG für eine unterbliebene oder unrichtige Rechtsmittelbelehrung: Jahresfrist) noch an den zur nachträglichen Zulassung einer Kündigungsschutzklage geltenden Grundsätzen ändern soll.[27] Zudem fällt auf, dass der Arbeitgeber gerade nicht verpflichtet wurde, eine „Rechtsbehelfsbelehrung" im Kündigungsschreiben zu erteilen, und der Gesetzgeber auch keine § 233 S. 2 ZPO (sog. Wiedereinsetzungslösung) entsprechende Vermutungsregelung in § 5 aufgenommen hat. Danach kommt eine nachträgliche Klagezulassung nicht allein deshalb in Betracht, weil der Arbeitgeber die **Klagefrist des § 4 S. 1 überhaupt nicht gegenüber dem Arbeitnehmer nachgewiesen** hat. Vielmehr trifft letzteren stets auch dann ein – nicht hinter ein ganz überwiegendes „Mitverschulden" des Arbeitgebers zurücktretendes – eigenes Verschulden, wenn er sich über die gesetzliche (!) Klagefrist zwar nicht durch einen Nachweis iSv § 2 Abs. 1 S. 2 Nr. 14 NachwG, wohl aber anderweitig informieren konnte – und musste.[28] Das entspricht zum einen der Rechtsprechung des BGH, wonach trotz fehlender Rechtsmittelbelehrung und trotz der Vermutungsregel des § 233 S. 2 ZPO eine Wiedereinsetzung in die versäumte Frist ausscheidet, wenn nicht (allein) der Belehrungsmangel, sondern (auch) mangelnde Sorgfalt und Rechtskenntnis (dort freilich: eines Rechtsanwalts) zur Fristversäumnis geführt hat.[29] Zum anderen sei auf folgende Überlegung verwiesen: Im Fall eines gänzlich unterbliebenen Nachweises müsste der Arbeitnehmer einerseits dartun, dass er sich in einem Nachweis über eine etwaig geltende Frist zur Erhebung einer Kündigungsschutzklage hätte informieren wollen; sonst wäre das Unterlassen des Arbeitgebers nicht kausal

---

[22] BAG 25.4.2018 – 2 AZR 493/17, NZA 2018, 1157.

[23] LAG Berlin-Brandenburg 2.11.2012 – 6 Sa 1754/12, BeckRS 2012, 76084; LAG Köln 24.5.1994 – 13 Ta 72/94, NZA 1995, 127; ErfK/Kiel KSchG § 5 Rn. 13; differenzierend KR/Kreft KSchG § 5 Rn. 42; APS/Hesse/Tiedemann KSchG § 5 Rn. 17; PVT Kündigung/Vossen Rn. 2178; offengelassen von BAG 19.2.2009 – 2 AZR 286/08, NZA 2009, 980.

[24] LAG Rheinland-Pfalz 23.5.2008 – 9 Ta 85/08, BeckRS 2008, 54142.

[25] Däubler/Deinert/Callsen KSchG § 5 Rn. 6.

[26] Zutr. Rolfs/Schmid NZA 2022, 945 (948).

[27] Ebenso Rolfs/Schmid NZA 2022, 945 (949 f.); Gaul/Pitzer/Pionteck DB 2022, 1833 (1838 f.).

[28] In diese Richtung auch ErfK/Preis/Greiner NachwG § 2 Rn. 34; May BB 2022, 2232; Kolbe EuZA 2023, 3 (12); aA Maul-Sartori SR 2022, 226 (228).

[29] Vgl. BGH 13.6.2012 – XII ZB 592/11, NJW-RR 2012, 1025.

geworden. Hatte der Arbeitnehmer aber ein „Problembewusstsein", dürfte es ihm zuzumuten gewesen sein, sich aus anderer Quelle über eine mögliche Fristbindung der Kündigungsschutzklage zu informieren; der unterbliebene Nachweis dürfte nicht dahin verstanden werden können, es gelte keine Klagefrist. Keinesfalls würde die sog. Vermutung aufklärungsgerechten Verhaltens dem Arbeitnehmer über die fehlende Darlegung der Kausalität zwischen dem Nachweismangel und der Fristversäumnis hinweg helfen[30] und keinesfalls wird der unterlassene Hinweis durch den Arbeitgeber die nachträgliche Klagezulassung begründen können, wenn (1.) die Versäumung der Klagefrist auf einem dem Arbeitnehmer nach § 85 Abs. 2 ZPO zurechenbaren Verschulden seines rechtzeitig kontaktierten Prozessbevollmächtigten beruht, von dem jedenfalls auch weiterhin eine Kenntnis von § 4 S. 1 KSchG erwartet wird, oder (2.) dem Arbeitnehmer die Klagefrist auch ohne gesonderten Hinweis aus anderer Quelle bekannt war oder (3.) der Arbeitgeber den zunächst unterbliebenen Nachweis durch eine „Rechtsbehelfsbelehrung" im Kündigungsschreiben „nachholt".[31] Scheidet nach alledem eine nachträgliche Zulassung der Kündigungsschutzklage wegen gänzlichen Fehlens eines Nachweises der Klagefrist richtigerweise aus, bleibt § 2 Abs. 1 S. 1 Nr. 14 NachwG insoweit kein „Papiertiger", denn ein vorsätzlicher (vgl. § 10 OWiG) Verstoß des Arbeitgebers gegen diese Bestimmung ist nach § 4 NachwG bußgeldbewehrt.[32] Unionsrechtlich ist schon deshalb keine schärfere, auch zivilrechtliche Sanktion geboten, weil die RL 2019/1152/EU richtigerweise keinen Nachweis über die Klagefrist des § 4 S. 1 verlangt.[33] Letztlich wird dies aber nur der EuGH entscheiden können. Anders als bei einem komplett unterbliebenen Nachweis könnte eine nachträgliche Zulassung der Kündigungsschutzklage in Betracht kommen, wenn der Arbeitgeber den Nachweis der Klagefrist nicht gänzlich unterlässt, sondern den **Arbeitnehmer fehlerhaft unterrichtet,** etwa dahin die Klagefrist betrage vier Wochen. Dann könnte, wenn der Nachweisfehler für die Versäumung der Klagefrist kausal geworden ist, was wiederum nur der Fall sein dürfte, wenn der Arbeitnehmer nach Ablauf von drei, aber vor Ablauf von vier Wochen Kündigungsschutzklage erhebt, ein Fall des arglistigen Verhaltens des Arbeitgeber gemäß den oben dargestellten Grundsätzen (→ Rn. 6 ff.) in Betracht kommen. Auch insofern bliebe aber die sechsmonatige Höchstfrist für die nachträgliche Klagezulassung in § 5 Abs. 3 S. 2 (→ Rn. 52 ff.) uneingeschränkt anwendbar. In den Fällen, in denen der Arbeitnehmer in Ermangelung eines arglistigen Verhaltens des Arbeitgebers durch einen „Falschnachweis" keine nachträgliche Klagezulassung gemäß § 5 verlangen konnte, sowie dann, wenn der Arbeitnehmer von einem Antragsrecht nach § 5 keinen (fristgerechten) Gebrauch gemacht hat, scheidet auch ein **auf** seine **Wiedereinstellung gerichteter Schadensersatzanspruch** gemäß §§ 280 ff. BGB aus.[34] Die aus eigenem Verschulden (auch) des Arbeitnehmers eingetretene Wirksamkeitsfiktion des § 7 unterbricht insofern den erforderlichen Rechtswidrigkeitszusammenhang.[35] Auch das hat der Gesetzgeber durch § 2 Abs. 1 S. 2 Nr. 14 Hs. 2 NachwG noch einmal unterstrichen;[36] nach seinem Willen soll trotz des Nachweismangels „Ruhe sein", wenn die Wirksamkeitsfiktion einmal eingetreten ist.[37] Wollte man das anders sehen, wäre im Schadensersatzprozess jedenfalls zu prüfen, ob es sich um eine „eigentlich" unwirksame Kündigung handelte, die allein aufgrund der Fiktion des § 7 „wirksam geworden" ist; im Prozess um die Wiedereinstellung wäre also der Erfolg der nicht oder nicht rechtzeitig erhobenen Kündigungs-

---

30 BAG 22.9.2022 – 8 AZR 4/21, NZA 2023, 151; 20.4.2011 – 5 AZR 171/10 – Rn. 27, BAGE 137, 375.

31 Maul-Sartori SR 2022, 226 (239).

32 Vgl. Kolbe EuZA 2023, 3 (12); Lentz ArbRB 2022, 308 (310); Maul-Sartori SR 2022, 226 (236).

33 Überzeugend Picker/Rathmann RdA 2022, 61 (69 f.); aA Maul-Sartori NZA 2019, 1161 (1165); Maul-Sartori SR 2022, 226 (241); Rolfs/Schmid NZA 2022, 945 (947). Jedenfalls entfaltet die RL keine Vorwirkung auf die Zeit vor dem 1.8.2022, vgl. LAG Hamm 10.3.2022 – 18 Sa 1449/21, BeckRS 2022, 35626.

34 Im Erg. ebenso Maul-Sartori SR 2022, 226 (239 f.); Rolfs/Schmid NZA 2022, 945 (950); aA Gaul/Pitzer/Pionteck DB 2022, 1833 (1839).

35 Vgl. Niemann FS Preis, 2021, 927 ff.

36 Zutr. Rolfs/Schmid NZA 2022, 945 (950).

37 Vgl. Kolbe EuZA 2023, 3 (12); Maul-Sartori SR 2022, 226 (240).

schutzklage zu prüfen.[38] Im Übrigen fehlt es schon an einer Pflichtverletzung des Arbeitgebers, wenn der Arbeitnehmer in einem bereits vor dem 1.8.2022 bestandenen „Altarbeitsverhältnis" nicht nach § 5 NachwG rechtzeitig vor Zugang der betreffenden Kündigung oder doch dem Ablauf der auf diese bezogenen Klagefrist einen Nachweis verlangt hatte.[39] Überhaupt liefern § 2 Abs. 1 Satz 4 und § 5 NachwG, wonach der Arbeitgeber sich mit dem Nachweis der Klagefrist mehr Zeit lassen kann (Neuarbeitsverhältnis) und diesen ggf. sogar nur auf Verlangen des Arbeitnehmers erteilen muss (Altarbeitsverhältnis), einen weiteren Hinweis darauf, dass dem Unterlassen des Arbeitgebers nicht die einschneidende Konsequenz der nachträglichen Klagezulassung nach § 5 zukommen soll. Ansonsten bestünde insofern eine gespaltene Rechtslage je nach dem Zeitpunkt der Begründung des gekündigten Arbeitsverhältnisses.

10 b) **Arbeitsgericht.** Unterlässt das ArbG einen nach § 139 ZPO gebotenen und im Rahmen des normalen Geschäftsgangs noch rechtzeitigen **Hinweis auf die fehlende Unterzeichnung der Klageschrift,** ist die Kündigungsschutzklage auf Antrag nachträglich zuzulassen, wenn der Kläger die Unterzeichnung noch innerhalb der Klagefrist hätte nachholen können.[40] Das Gleiche gilt bei einer Einreichung der Klageschrift ab dem 1.1.2022 nicht als elektronisches Dokument, sondern als Schriftstück oder Telefax durch einen Rechtsanwalt (→ Rn. 39) und bei der fehlenden Unterzeichnung eines Schriftstücks entsprechenden offenkundigen **Mängeln der Klagerhebung im elektronischen Rechtsverkehr,** zB der Einreichung einer Kündigungsschutzklage mit einer unzulässigen Container-Signatur[41] oder der Übermittlung der Klageschrift über das EGVP ohne qualifizierte elektronische Signatur.[42] Ein etwaiges Verschulden des Arbeitnehmers bzw. seines Prozessbevollmächtigten tritt dann hinter das für die Fristversäumnis mitursächliche Verschulden des Gerichts zurück.[43] Richterliche Hinweispflichten bestehen unabhängig von einer anwaltlichen Vertretung des Arbeitnehmers zumindest dann, wenn der Anwalt die Rechtslage falsch beurteilt oder ersichtlich darauf vertraut, sein schriftsätzliches Vorbringen sei ausreichend.[44] Beruft sich der Anwalt des Arbeitnehmers darauf, er habe sich aufgrund eines vom ArbG gesetzten Vertrauenstatbestands auf die Wirksamkeit der (unwirksamen) Klageerhebung verlassen dürfen, muss er zumindest darlegen und glaubhaft machen, dass die Unwirksamkeit der Klageerhebung dem ArbG in anderen Verfahren aufgefallen und von diesem gleichwohl nie bemängelt worden ist.[45]

11 c) **Auskünfte.** Falsche Auskünfte rechtfertigen nur eine nachträgliche Zulassung, wenn der Arbeitnehmer die Auskunft von einer zuverlässigen Stelle eingeholt hat.[46] **Geeignete Auskunftsstellen** in diesem Sinn sind **Rechtssekretäre** der Gewerkschaften,[47] nicht aber die dort beschäftigten sonstigen Bediensteten, wie etwa Schreibkräfte. Geeignete Auskunftsstellen sind weiterhin **Rechtsanwälte,** wobei entgegen der Auffassung des LAG Köln der Arbeitnehmer nicht verpflichtet ist, einen Anwalt auf einen offensichtlichen Rechtsirrtum aufmerksam zu machen.[48] Ungeeignet ist demgegenüber das Büropersonal

[38] Vgl. Maul-Sartori SR 2022, 226 (239 f.).

[39] LAG Köln 30.11.2023 – 6 Sa 183/23, BeckRS 2023, 45852.

[40] Vgl. Hessisches LAG 23.3.2022 – 6 Sa 1248/20, NZA-RR 2022, 325; LAG Mecklenburg-Vorpommern 27.7.1999 – 3 Ta 41/99, BeckRS 1999, 30463720; KR/Kreft KSchG § 5 Rn. 29; APS/Hesse/Tiedemann KSchG § 5 Rn. 16.

[41] BAG 30.7.2020 – 2 AZR 43/20, NZA 2020, 1427; BGH 21.3.2023 – VIII ZB 80/22, NJW 2023, 1668; 30.3.2022 – XII ZB 311/21, NJW 2022, 2415.

[42] BGH 19.1.2023 – V ZB 28/22, NJW 2023, 1587.

[43] BAG 30.7.2020 – 2 AZR 43/20, NZA 2020, 1427.

[44] BAG 30.7.2020 – 2 AZR 43/20, NZA 2020, 1427.

[45] Hessisches LAG 23.3.2022 – 6 Sa 1248/20, NZA-RR 2022, 325.

[46] Vgl. dazu Ascheid Kündigungsschutzrecht Rn. 729; KR/Kreft KSchG § 5 Rn. 30; PVT Kündigung/Vossen Rn. 2181.

[47] LAG Nürnberg 28.1.2016 – 3 Ta 192/15, NZA-RR 2016, 248; LAG Bremen 23.7.1999 – 4 Ta 48/99, BeckRS 1999, 30779812; LAG Köln 13.9.1982 – 1 Ta 111/82, EzA § 5 KSchG Nr. 16.

[48] Unrichtig daher LAG Köln 30.8.1989 – 5 Ta 176/89, LAGE § 5 KSchG Nr. 42; wie hier PVT Kündigung/Vossen Rn. 2181.

von Rechtsanwälten (→ Rn. 12). Die **Rechtsantragstelle des ArbG** ist eine geeignete Auskunftsstelle,[49] nicht aber die Geschäftsstelle des ArbG, weil es nicht zu deren Angelegenheiten gehört, Rechtssuchenden Auskünfte zu erteilen.[50] Geeignete Auskunftstellen sind **deutsche Botschaften** im Ausland[51] und auch solche **ausländischen Institutionen,** die nach der im jeweiligen Land geltenden Verkehrsanschauung zuverlässige Auskünfte in Kündigungsrechtsverfahren erteilen.[52]

Ungeeignete Auskunftsstellen sind der **Betriebsrat**[53] **und** der **Personalrat.**[54] Es gehört – für den Arbeitnehmer erkennbar – nicht zu den Aufgaben des Betriebsrats, die Arbeitnehmer in Rechtsangelegenheiten zu beraten. Diese Aufgabe ist im Übrigen auch nicht im Aufgabenkatalog des § 80 Abs. 1 BetrVG enthalten. Etwas anderes kann gelten, wenn das Betriebsratsmitglied als ehrenamtlicher Gewerkschaftsfunktionär von der rechtsschutzgewährenden Gewerkschaft gerade dafür zuständig war, als Anlaufstelle für die gewerkschaftlich organisierten Arbeitnehmer Rechtsschutzanträge zu bearbeiten und an die Fachgewerkschaft weiterzuleiten.[55] Dann folgt seine Eignung zur Auskunftserteilung aber nicht aus dem Betriebsratsamt, sondern aus seiner weiteren Funktion. Gleichfalls ungeeignet sind die Angestellten und Vertreter von **Rechtsschutzversicherungen.**[56] Auch ihnen obliegt nicht die Beratung in Rechtsangelegenheiten der Versicherten. Das **Büropersonal eines Rechtsanwalts** ist ebenfalls keine zuverlässige Stelle.[57] Die nachträgliche Zulassung einer Kündigungsschutzklage ist daher nicht begründet, wenn ein Arbeitnehmer, der die Klagefrist nicht kennt, innerhalb dieser Frist mit einer Angestellten eines Rechtsanwalts einen Termin vereinbart, der nach Ablauf der Klagefrist liegt.[58] Auch die **Agenturen für Arbeit** sind ungeeignete Auskunftsstellen, weil zu deren Aufgaben nicht die Beratung in Arbeitsrechtsfragen gehört.[59] Gleiches gilt für die Rechtsantragstelle des **Amtsgerichts.**[60] Rät der **Schulleiter einer Schule** in Unkenntnis der Klagefrist einem angestellten Lehrer von der Klageerhebung ab, soll es nach Auffassung des LAG Baden-Württemberg[61] treuwidrig sein, wenn sich das Land als Arbeitgeber auf die Fristversäumung beruft. 12

d) Auslandsaufenthalt. Geht die Kündigung dem Arbeitnehmer während eines Auslandsaufenthalts zu, ist zu **unterscheiden,** ob dem Arbeitnehmer das Kündigungsschreiben in Deutschland oder an seinem Aufenthaltsort im Ausland zugegangen ist. Unerheblich ist dagegen, ob es sich um einen deutschen oder ausländischen Arbeitnehmer handelt. 13

Geht dem Arbeitnehmer das Kündigungsschreiben **an seiner Wohnanschrift in Deutschland** zu, hängt es von der Dauer des Auslandsaufenthalts hängt, was von ihm in zumutbarer Weise verlangt werden kann, um zeitnah Kenntnis vom Zugang des Schrei- 14

---

49 LAG Nürnberg 28.1.2016 – 3 Ta 192/15, NZA-RR 2016, 248.

50 LAG Schleswig-Holstein 13.10.2021 – 6 Sa 337/20, BeckRS 2021, 40330; LAG Köln 28.11.1985 – 8 Ta 193/85, LAGE KSchG § 5 Rn. 21; PVT Kündigung/Vossen Rn. 2182; aA KR/Kreft KSchG § 5 Rn. 31.

51 LAG Bremen 31.10.2001 – 4 Ta 76/01, NZA 2002, 580.

52 LAG Hamm 19.3.1981 – 8 Ta 78/80, BeckRS 1981, 30707807 zum spanischen Instituto Nacional de Seguridad Social (INSS).

53 Vgl. LAG Hamm 11.1.2022 – 14 Sa 938/21, NZA-RR 2022, 185; LAG Berlin 17.6.1991 – 9 Ta 6/91, BeckRS 1991, 30455484; LAG Hamburg 10.4.1987 – 5 Ta 5/87, BeckRS 1987, 30459103; LAG Rheinland-Pfalz 19.9.1984 – 1 Ta 197/84, NZA 1985, 430; HaKo-KSchR/Gallner KSchG § 5 Rn. 50; APS/Hesse/Tiedemann KSchG § 5 Rn. 60; KR/Kreft KSchG § 5 Rn. 33; NK-GA/Roloff KSchG § 5 Rn. 75; LSSW/Spinner § 5 Rn. 10; PVT Kündigung/Vossen Rn. 2183; zT aA Däubler/Deinert/Callsen KSchG § 5 Rn. 9.

54 Weitergehend im Einzelfall LAG Baden-Württemberg 3.4.1998 – 9 Ta 39/97, BeckRS 1998, 30453173.

55 LAG Köln 15.4.2005 – 10 Ta 309/04, BeckRS 2005, 41911.

56 Sächsisches LAG 23.7.1998 – 9 Ta 193/98, NZA 1999, 112; APS/Hesse/Tiedemann KSchG § 5 Rn. 60; NK-GA/Roloff KSchG § 5 Rn. 75; LSSW/Spinner § 5 Rn. 10; PVT Kündigung/Vossen Rn. 2183; aA KR/Kreft KSchG § 5 Rn. 35; Däubler/Deinert/Callsen KSchG § 5 Rn. 8.

57 LAG Düsseldorf 21.10.1997 – 1 Ta 321/97, BeckRS 1997, 41709.

58 LAG Düsseldorf 21.10.1997 – 1 Ta 321/97, BeckRS 1997, 41709.

59 LAG Düsseldorf 25.4.1991 – 1 Ta 97/91, BeckRS 1991, 30975418; HaKo-KSchR/Gallner KSchG § 5 Rn. 49; LSSW/Spinner § 5 Rn. 10.

60 LAG Nürnberg 28.1.2016 – 3 Ta 192/15, NZA-RR 2016, 248.

61 LAG Baden-Württemberg 3.4.1998 – 9 Ta 39/97, BeckRS 1998, 30453173.

bens zu erhalten: Ist er nicht nur vorübergehend – wie im Fall einer urlaubsbedingten Abwesenheit von bis zu sechs Wochen (→ Rn. 45) – von seiner ansonsten ständig von ihm benutzten Wohnung abwesend, kann von ihm verlangt werden, eine Person seines Vertrauens damit zu beauftragen, die in einen von ihm an seiner Wohnanschrift vorgehaltenen Briefkasten gelangende und für ihn bestimmte Post regelmäßig zu öffnen und ihn oder einen zur Wahrnehmung seiner Rechte beauftragten Dritten zeitnah über ihren Inhalt zu informieren oder sie an einen zu ihrer Öffnung und Wahrung seiner Rechte bevollmächtigten Dritten weiterzuleiten. Dem genügt nicht die Anweisung an einen Dritten, an den Arbeitnehmer adressierte Post etwa einmal im Monat gesammelt an den Aufenthaltsort im Ausland zu schicken.[62] Bei kürzeren Abwesenheitszeiten bis zur Dauer von sechs Wochen hat der Arbeitnehmer grundsätzlich keine besonderen Vorkehrungen zu treffen, um während seiner Abwesenheit Kenntnis vom Inhalt eingehender Briefsendungen zu erlangen (→ Rn. 45).

15 Geht dem Arbeitnehmer die **Kündigung im Ausland zu,** hat er sich grundsätzlich gängiger Kommunikationsmittel zu bedienen, um rechtzeitig Kündigungsschutzklage erheben zu können.[63] Die fehlende Möglichkeit, vor Erhebung der Kündigungsschutzklage **fachkundigen Rechtsrat im Ausland** einzuholen, macht die Einhaltung der Klagefrist für die Erhebung der Kündigungsschutzklage grundsätzlich nicht unzumutbar.[64] Es kann dem Arbeitnehmer in diesen Fällen zugemutet werden, nach Klageerhebung über die Erfolgsaussichten der Klage Rechtsrat einzuholen, zumal eine Klagerücknahme auch noch im Gütetermin ohne Zustimmung des Arbeitgebers möglich ist und dabei auch keine Gerichtsgebühren anfallen.[65] Im Interesse der Rechtssicherheit ist daher die Klageerhebung auch bei der fehlenden Möglichkeit, sich vorher rechtlich beraten zu lassen, innerhalb der Dreiwochenfrist erforderlich.

16 e) **Ausnutzen der Klagefrist.** Die volle Ausnutzung der Klagefrist ist dem Arbeitnehmer grundsätzlich nicht vorzuwerfen. Wartet er aber mit der Klageerhebung bis zum letzten Augenblick, trägt er grundsätzlich das Risiko, dass diese nicht mehr fristgerecht möglich ist[66] und das Gericht ihn auch nicht mehr rechtzeitig auf etwaige Mängel der Klageerhebung hinweisen kann.[67] Das Abwarten bis zur **Deckungszusage der Rechtsschutzversicherung** rechtfertigt die nachträgliche Zulassung einer Kündigungsschutzklage für sich genommen nicht.[68] Die Versäumung der Dreiwochenfrist ist jedoch unverschuldet, wenn der Arbeitnehmer am letzten Tag der Frist die Klage zu Protokoll der Geschäftsstelle erheben möchte und das ArbG wegen eines Betriebsausflugs geschlossen ist.[69]

17 f) **Hausbriefkasten.** Gelangt ein Kündigungsschreiben in den Hausbriefkasten eines Arbeitnehmers, ist es ihm regelmäßig zugegangen, weil in diesem Fall für ihn unter gewöhnlichen Verhältnissen die Möglichkeit der Kenntnisnahme besteht.[70] Unerheblich ist, ob und wann er die Erklärung tatsächlich zur Kenntnis genommen hat (→ Rn. 18) und ob er daran durch Krankheit (→ Rn. 19), zeitweilige Abwesenheit (→ Rn. 13), Urlaub (→ Rn. 45) oder andere besondere Umstände einige Zeit gehindert

---

[62] BAG 25.4.2018 – 2 AZR 493/17, NZA 2018, 1157; zur Verfassungskonformität dieser Rechtsprechung BVerfG 23.7.2019 – 1 BvR 2032/18, NZA 2019, 1372.

[63] PVT Kündigung/Vossen Rn. 2190.

[64] Zutr. LAG Bremen 31.10.2001 – 4 Ta 76/01, NZA 2002, 580; LAG Frankfurt 6.4.1990 – 15 Ta 97/90, BeckRS 1990, 30449734; ähnlich LAG Hamm 12.9.1985 – 8 Ta 235/85, LAGE § 5 KSchG Nr. 20 zur krankheitsbedingten Verhinderung, Rechtsrat einzuholen; LSSW/Spinner § 5 Rn. 13; differenzierend LAG Nürnberg 5.2.1992 – 7 Ta 147/91, BeckRS 1992, 30740075.

[65] Ebenso LSSW/Spinner § 5 Rn. 13.

[66] Vgl. LAG Frankfurt 21.2.1952 – III LA B 9/52, RdA 1952, 197; KR/Kreft KSchG § 5 Rn. 17.

[67] BayVGH 20.4.2022 – 23 ZB 19.2288, NVwZ-RR 2022, 693.

[68] BGH 7.2.2023 – VIII ZB 55/21, NJW 2023, 1812; APS/Hesse/Tiedemann KSchG § 5 Rn. 61.

[69] Hessisches LAG 29.9.1993 – 2 Ta 213/93, BeckRS 1993, 30451529; Däubler/Deinert//Callsen KSchG § 5 Rn. 15.

[70] BAG 22.8.2019 – 2 AZR 111/19, NZA 2019, 1490; 25.4.2018 – 2 AZR 493/17, NZA 2018, 1157 mwN.

war.[71] Wird das Kündigungsschreiben in den Hausbriefkasten eingelegt, kann der Arbeitnehmer als Empfänger eine nachträgliche Klagezulassung nicht allein darauf stützen, dieses Schreiben sei aus ungeklärten Gründen nicht zu seiner Kenntnis gelangt.[72] Der Inhaber eines Hausbriefkastens muss grundsätzlich dafür Sorge tragen und Vorsorge treffen, dass er von für ihn bestimmten Sendungen Kenntnis nehmen kann. Allerdings hat der Empfänger einer Kündigungserklärung nur die üblichen, für den Zugang von Sendungen nötigen Vorkehrungen zu treffen (zur längerfristigen Abwesenheit → Rn. 13). Allein die Unaufklärbarkeit, ob und warum ein Schreiben abhandengekommen ist, indiziert nicht stets mangelnde Sorgfalt und eine verschuldete Fristversäumung des Empfängers. Zur Darlegung einer unverschuldeten Fristversäumung reicht es in diesem Zusammenhang allerdings nicht aus, wenn sich ein Arbeitnehmer allein und pauschal darauf beruft, ein Kündigungsschreiben sei weder von ihm noch von seiner Ehefrau oder seiner Tochter im Hausbriefkasten vorgefunden worden. Vielmehr muss grundsätzlich durch eine nähere Darstellung und Glaubhaftmachung auch ein naheliegender – und ggf. verschuldeter – Verlust des Kündigungsschreibens in der Sphäre des Kündigungsempfängers ausgeschlossen werden. Zu einem entsprechenden Vortrag gehört deshalb zumindest die Darlegung, wer von den in Betracht kommenden Personen im fraglichen Zeitraum den Briefkasten geleert hat, ob – und ggf. welche – andere Postsendungen oder Reklame sich im Briefkasten befanden und wie mit diesen verfahren wurde.[73]

g) **Kenntnisnahme.** Für den Zugang der Kündigung kommt es nur darauf an, dass für den Arbeitnehmer **unter gewöhnlichen Verhältnissen die Möglichkeit der Kenntnisnahme bestand.** Darum ist es unerheblich, ob und wann er die Erklärung tatsächlich zur Kenntnis genommen hat und ob er daran durch Krankheit, zeitweilige Abwesenheit oder andere besondere Umstände einige Zeit gehindert war.[74] In diesen Fällen trifft ihn die Obliegenheit, die nötigen Vorkehrungen für eine tatsächliche Kenntnisnahme zu treffen. Unterlässt er dies, wird der Zugang durch solche – allein in seiner Person liegenden – Gründe nicht ausgeschlossen. Ein an die Heimatanschrift des Arbeitnehmers gerichtetes Kündigungsschreiben kann diesem deshalb selbst dann zugehen, wenn der Arbeitgeber von einer urlaubsbedingten Ortsabwesenheit Kenntnis hat (→ Rn. 45).[75] Die verspätete Aushändigung des Kündigungsschreibens durch Familienangehörige an den Arbeitnehmer kann ausnahmsweise eine nachträgliche Zulassung rechtfertigen, wenn das Familienmitglied das Kündigungsschreiben bewusst zurückhält, um den erkrankten Arbeitnehmer vor Aufregungen zu bewahren,[76] oder die Aushändigung unterbleibt, weil die Ehefrau des Arbeitnehmers, die das Kündigungsschreiben in Empfang genommen hat, sich aufgrund einer schweren Erkrankung der Mutter in einer psychischen Ausnahmesituation befunden hat.[77] 18

h) **Krankheit.** Krankheit allein rechtfertigt die nachträgliche Zulassung nicht. Nur wenn durch die Krankheit die **Entscheidungsfähigkeit des Arbeitnehmers beeinträchtigt** ist und eine rechtzeitige Klageerhebung unmöglich wird, ist die verspätete Kündigungsschutzklage nachträglich zuzulassen.[78] Das gilt auch für einen Krankenhausaufenthalt. Solange Krankheitsverlauf oder Behandlungsmethode nicht entgegenstehen, besteht kein 19

[71] BAG 22.3.2012 – 2 AZR 224/11, AP KSchG 1969 § 5 Nr. 19.

[72] BAG 28.5.2009 – 2 AZR 732/08, NZA 2009, 1229; LAG Rheinland-Pfalz 19.2.2015 – 5 Sa 475/14, BeckRS 2015, 67336.

[73] BAG 28.5.2009 – 2 AZR 732/08, NZA 2009, 1229.

[74] BAG 22.8.2019 – 2 AZR 111/19, NZA 2019, 1490; 25.4.2018 – 2 AZR 493/17, NZA 2018, 1157.

[75] BAG 22.3.2012 – 2 AZR 224/11, AP KSchG 1969 § 5 Nr. 19.

[76] LAG Berlin 4.1.1982 – 9 Ta 5/81, AP KSchG 1969 § 5 Nr. 3.

[77] LAG Hamm 28.7.1988 – 8 Ta 222/88, DB 1988, 1759.

[78] LAG Köln 28.12.2007 – 8 Ta 355/07, BeckRS 2008, 52846; LAG Rheinland-Pfalz 8.3.2007 – 4 Ta 182/07, BeckRS 2007, 48186; LAG Hamm 31.1.1990 – 8 Ta 490/89, LAGE § 5 KSchG Nr. 45; LAG Hamburg 20.11.1984 – 1 Ta 12/84, NZA 1985, 127; KR/Kreft KSchG § 5 Rn. 48; APS/Hesse/Tiedemann KSchG § 5 Rn. 41 f.; LSSW/Spinner § 5 Rn. 17.

durchschlagender Grund, den Krankenhauspatienten von der Anforderung freizustellen, sich nötigenfalls telefonisch beraten zu lassen.[79] Entscheidend ist, ob der Arbeitnehmer aufgrund seiner Erkrankung objektiv daran gehindert war, seine Rechte wahrzunehmen.[80] Diese Grundsätze gelten auch bei einer **Quarantäne** aufgrund der **COVID-19-Pandemie.**[81]

20 Bei Erkrankungen im Inland ist der Arbeitnehmer grundsätzlich nicht verpflichtet, dem Arbeitgeber seinen **Aufenthaltsort mitzuteilen.** Aus § 5 Abs. 2 EFZG lässt sich eine solche Pflicht regelmäßig nicht herleiten.[82] Anders ist freilich bei längeren, über sechs Wochen hinaus gehenden Abwesenheitszeiten zu entscheiden. Hier ist der Arbeitnehmer nicht mehr nur vorübergehend abwesend, so dass ihm – vorbehaltlich krankheitsbedingter Unmöglichkeit – zuzumuten ist, sicherzustellen, dass ihn rechtsgeschäftliche Erklärungen erreichen. Kündigt der Arbeitgeber einen Arbeitnehmer, der während eines **im Ausland verbrachten Erholungsurlaubs erkrankt,** durch ein an die inländische Anschrift gerichtetes Schreiben, ist dem Arbeitnehmer, der aufgrund seiner Erkrankung erst nach Ablauf der Klagefrist zurückkehrt, jedenfalls dann nachträgliche Klagezulassung zu gewähren, wenn er dem Arbeitgeber gemäß § 5 Abs. 2 S. 1 EFZG seine Fax- und Postanschrift im Ausland mitgeteilt hatte und der Arbeitgeber ihm dennoch keine Mitteilung über die Kündigung im Ausland hatte zukommen lassen.[83]

21 Der Arbeitnehmer hat auch die Möglichkeit der **Beauftragung von Angehörigen oder Bekannten** während der Erkrankung in Betracht zu ziehen.[84] Der Arbeitnehmer, der einem Freund den Auftrag gibt, seinen Briefkasten während seiner krankheitsbedingten Abwesenheit vom Wohnort zu leeren, aber nur Behördenpost zu öffnen und ihm deren Inhalt am Telefon vorzulesen, alle anderen Briefe dagegen ungeöffnet in der Wohnung zu sammeln, verletzt nach Auffassung des LAG Bremen seine nach § 5 ihm zuzumutende Sorgfaltspflicht. Wenn schon Vorsorge getroffen wird, dass wichtige Briefe den abwesenden Arbeitnehmer erreichen, müsse diese Vorsorge umfassend sein. Eine selektive Auswahl sei schuldhaft. Ein Grund für eine nachträgliche Zulassung der Kündigungsschutzklage sei in diesem Fall nicht gegeben.[85] Das **Verschulden eines beauftragten Dritten,** der nicht Prozessbevollmächtigter ist, ist der Partei nicht zuzurechnen. Eigenes Verschulden der Partei kann aber als Auswahl-, Aufsichts-, Organisations- oder Informationsverschulden in Betracht kommen, wenn die Partei einen unzuverlässigen Dritten mit der Erhebung der Kündigungsschutzklage beauftragt.[86]

22 Erkrankt der Arbeitnehmer erst am **Ende der Dreiwochenfrist** so schwer, dass ihm die Klageerhebung objektiv nicht möglich ist, ist die Klage nachträglich zuzulassen.[87] Der Arbeitnehmer kann die Dreiwochenfrist voll ausschöpfen, so dass ihm nicht entgegengehalten werden kann, er hätte die Kündigungsschutzklage alsbald nach Zugang der Kündigung erheben müssen.[88]

23 Ist der Arbeitnehmer indes zu **Beginn der Dreiwochenfrist** wegen einer Erkrankung an der Klageerhebung gehindert, kann er die nachträgliche Zulassung der Kündigungsschutzklage nicht mit der Begründung verlangen, ihm habe wegen der Erkrankung nicht

---

[79] LAG Schleswig-Holstein 5.2.2008 – 6 Ta 22/08, BeckRS 2008, 52192; LAG Köln 1.3.2006 – 3 Ta 23/06, NZA-RR 2006, 492; LAG Düsseldorf 19.9.2002 – 15 Ta 343/02, NZA-RR 2003, 78.

[80] LAG Rheinland-Pfalz 22.10.1019 – 8 Sa 3/19, BeckRS 2019, 35481; LAG Köln 1.9.1993 – 10 Ta 118/93, LAGE § 5 KSchG Nr. 62 und 18.2.1997 – 4 Ta 295/96, BeckRS 1997, 30767116; Däubler/Deinert/Callsen KSchG § 5 Rn. 10.

[81] ErfK/Kiel KSchG § 5 Rn. 4.

[82] LAG Bremen 30.6.2005 – 3 Ta 22/05, NZA-RR 2005, 633; aA LAG Niedersachsen 8.11.2002 – 5 Ta 257/02, NZA-RR 2003, 556.

[83] LAG Köln 30.5.2007 – 9 Ta 51/07, NZA-RR 2007, 521.

[84] Zutr. LAG Hamm 31.1.1990 – 8 Ta 490/89, LAGE § 5 KSchG Nr. 45; KR/Kreft KSchG § 5 Rn. 48.

[85] LAG Bremen 30.6.2005 – 3 Ta 22/05, NZA-RR 2005, 633.

[86] LAG Köln 5.3.2004 – 4 (13) Ta 440/03, BeckRS 2004, 40937; ähnlich LAG Rheinland-Pfalz 13.2.2004 – 8 Ta 17/04, BeckRS 2004, 154925.

[87] LAG München 3.11.1975 – 5 Ta 105/75, DB 1976, 732; KR/Kreft KSchG § 5 Rn. 50.

[88] PVT Kündigung/Vossen Rn. 2187.

die volle Überlegungsfrist zur Verfügung gestanden.[89] Ist die Frist noch nicht verstrichen, hat der Arbeitnehmer unverzüglich Klage zu erheben.

i) **Nachtbriefkasten.** Wird die Klageschrift am letzten Tag der Dreiwochenfrist vor 24 Uhr beim ArbG in den regulären Briefkasten eingeworfen oder ist ein **funktionsfähiger Nachtbriefkasten** nicht vorhanden, ist die Klage rechtzeitig eingereicht, wenn der Arbeitnehmer dies beweisen kann.[90] Der Einwurf in den Nachtbriefkasten ist nicht notwendige Zugangsvoraussetzung. Nur so wird gewährleistet, dass es nicht der Gerichtsverwaltung überlassen ist, darüber zu befinden, ob sie ein fristgebundenes Schriftstück als rechtzeitig eingegangen ansehen will oder nicht. Die Frage der Fristwahrung hängt vielmehr allein von der Erfüllung der im Gesetz genannten objektiven Voraussetzungen ab.[91] 24

j) **PKH-Antrag.** Eine als Anlage zu einem PKH-Antrag eingereichte und ausdrücklich als Entwurf einer Klage bezeichnete Klageschrift wahrt auch dann nicht die Klagefrist des § 4 S. 1, wenn sie vom Rechtsanwalt unterzeichnet ist. Die **bedingte Erhebung einer Kündigungsschutzklage** unter dem Vorbehalt der Gewährung von Prozesskostenhilfe ist unzulässig.[92] Wird über einen Prozesskostenhilfeantrag erst nach Ablauf der Frist des § 4 S. 1 entschieden, steht damit zugleich fest, dass die Erfolgsaussicht der Kündigungsschutzklage fehlt, der Prozesskostenhilfeantrag ist daher abzuweisen.[93] Eine Erfolgsaussicht lässt sich bei einer nach Ablauf der Frist des § 4 S. 1 erfolgenden Prozesskostenhilfeentscheidung auch nicht mit der Möglichkeit einer nachträglichen Klagezulassung begründen. Die enttäuschte Hoffnung auf eine zeitnahe positive Entscheidung des ArbG über den Prozesskostenhilfeantrag stellt keinen Zulassungsgrund dar.[94] Die **Mittellosigkeit** der Klagepartei ist kein Zulassungsgrund. Dem Arbeitnehmer ist vielmehr zuzumuten, ggf. über die Rechtsantragsstelle des ArbG vor der Bewilligung der Prozesskostenhilfe unbedingt Klage zu erheben.[95] 25

k) **Postlaufzeit, Verlust der Klageschrift auf dem Postweg.** Der Arbeitnehmer darf bei der Klageerhebung auf die **Einhaltung der angegebenen Postlaufzeiten** vertrauen.[96] Beruft sich der Kläger auf den Verlust eines Schriftsatzes zur Erhebung der Kündigungsschutzklage bei der Postbeförderung, ist die Klage nachträglich zuzulassen, wenn er aufgrund einer aus sich heraus verständlichen, geschlossenen Schilderung der tatsächlichen Abläufe bis zur rechtzeitigen Aufgabe des Schriftsatzes zur Post glaubhaft macht, dass der Verlust mit überwiegender Wahrscheinlichkeit nicht in seinem Verantwortungsbereich eingetreten ist.[97] Dazu gehört auch eine schlüssige Darstellung der Fertigstellung der Klageschrift und ihrer Vorbereitung für den Versand sowie dass es sich bei dem in den Briefkasten eingeworfenen Schreiben tatsächlich um die Klageschrift handelte.[98] Ist der Einwurf des 26

---

[89] Zutr. LAG Hamm 5.8.1981 – 8 Ta 124/81, BeckRS 1981, 30461443; LAG Köln 1.9.1993 – 10 Ta 118/93, LAGE § 5 KSchG Nr. 62.
[90] BAG 22.2.1980 – 7 AZR 295/78, AP KSchG 1969 § 1 Krankheit Nr. 6 mit insoweit abl. Anm. G. Hueck; APS/Hesse/Tiedemann KSchG § 5 Rn. 15.
[91] BVerfG 3.10.1979 – 1 BvR 726/78, NJW 1980, 580.
[92] LAG Schleswig-Holstein 10.5.2011 – 3 Ta 85/11, BeckRS 2011, 75065; aA LAG Niedersachsen 7.8.2002 – 10 Ta 242/02, BeckRS 2002, 30796563.
[93] LAG Nürnberg 23.10.2003 – 7 Ta 174/03, BeckRS 2003, 30465308; aA LAG Schleswig-Holstein 30.7.2020 – 1 Ta 80/20, NZA-RR 2020, 662 mzustAnm Weber.
[94] PVT Kündigung/Vossen Rn. 2191.
[95] LAG Köln 18.2.2005 – 9 Ta 452/04, BeckRS 2006, 41824; 11.3.1996 – 10 Ta 22/96, NZA-RR 1996, 453; APS/Hesse/Tiedemann KSchG § 5 Rn. 46; ErfK/Kiel KSchG § 5 Rn. 7; HaKo-KSchR/Gallner KSchG § 5 Rn. 52; aA LAG Köln 3.3.2017 – 9 Ta 313/16, BeckRS 2017, 106637; Weber NZA-RR 2020, 663 (664 f.).
[96] Vgl. BVerfG 4.12.1979 – 2 BvR 376/77, NJW 1980, 769; BVerfG 27.2.1992 – 1 BvR 1294/91, NJW 1992, 1952; BAG 24.11.1977 – 5 AZB 50/77, NJW 1978, 1495; BSG 19.5.2022 – B 8 SO 57/21 B, NJW 2022, 3384; KR/Kreft KSchG § 5 Rn. 18; HaKo-KSchR/Gallner KSchG § 5 Rn. 45; PVT Kündigung/Vossen Rn. 2193; Däubler/Deinert/Callsen KSchG § 5 Rn. 15.
[97] BGH 26.1.2022 – XII ZB 227/21, BeckRS 2022, 2221; Hessisches LAG 23.3.2022 – 6 Sa 1248/20, NZA-RR 2022, 325; LAG Nürnberg 2.6.2003 – 5 Ta 78/03, NZA-RR 2003, 661.
[98] Vgl. BGH 25.4.2024 – AnwZ (Brfg) 34/22, NJW-RR 2024, 867.

zutreffend adressierten und ausreichend frankierten[99] Umschlags in den Postkasten ausreichend dargelegt und glaubhaft gemacht, bedarf es keines Vortrags zur Organisation der Fristenkontrolle in der Kanzlei des Prozessbevollmächtigten des Klägers und keiner Belege zur internen Dokumentation der Fristwahrung und der Ausgangskontrolle, weil etwaige Organisations- und Dokumentationsmängel in diesem Fall für die Fristversäumung nicht ursächlich wären.[100] Ein Anwalt darf sich darauf verlassen, dass eine fünf Tage vor Ablauf der Dreiwochenfrist in Deutschland zur Post gegebene Kündigungsschutzklage spätestens am Tag des Fristablaufs beim ArbG eingeht. Eine Pflicht, sich bei Gericht nach dem rechtzeitigen Eingang der Klageschrift zu **erkundigen,** ist nur anzunehmen, wenn die Klage so knapp vor Fristablauf abgesandt wird, dass der rechtzeitige Eingang nicht mehr ohne Weiteres unterstellt werden kann, oder aus anderen Gründen konkrete Zweifel am rechtzeitigen Eingang der Klage angebracht sind (→ Rn. 31).[101] Nach Auffassung des LAG Schleswig-Holstein darf ein Arbeitnehmer sogar darauf vertrauen, dass eine Kündigungsschutzklage am Montag beim ArbG eingeht, wenn er die Klage am Samstag in den Postbriefkasten wirft, sofern dieser am Samstag geleert wird.[102] Verzögerungen bei der Briefbeförderung und der Briefzustellung hat der Arbeitnehmer nicht zu vertreten, weshalb in diesen Fällen eine nachträgliche Zulassung der Kündigungsschutzklage möglich ist.[103] Muss der Absender allerdings wegen eines Streiks bei der Post oder aufgrund konkreter anderer Anhaltspunkte[104] mit Verzögerungen rechnen, hat er sich bei Gericht nach dem Eingang der Klage zu erkundigen.[105]

27 l) **Prozessbevollmächtigter.** Das Verschulden des Prozessbevollmächtigten des Arbeitnehmers ist diesem **gemäß § 85 Abs. 2 ZPO zuzurechnen.**[106] Die Bestimmung ist im arbeitsgerichtlichen Verfahren anwendbar. § 46 Abs. 2 S. 1 ArbGG ordnet für das Urteilsverfahren im ersten Rechtszug grundsätzlich eine entsprechende Geltung der Vorschriften der ZPO über das Verfahren vor den Arbeitsgerichten an. Die Anwendung des § 85 Abs. 2 ZPO ist nicht auf bestimmte Typen prozessualer Fristen (zB Rechtsmittelfristen) beschränkt. Ob der Prozessbevollmächtigte ein **Rechtsanwalt oder Rechtssekretär einer Gewerkschaft** ist, macht keinen Unterschied.[107] Bevollmächtigter iSd § 85 Abs. 2 ZPO ist derjenige, dem durch Rechtsgeschäft die Befugnis zur eigenverantwortlichen Vertretung der Partei erteilt wurde.[108] Zugerechnet wird auch das Verschulden eines selbständigen Sachbearbeiters (Rechtsanwalt) des Prozessbevollmächtigten (zB Partnerschaftsgesellschaft).[109] Fehlleistungen einer **um Rechtsschutz gebetenen Einzelgewerkschaft** sind gleichfalls nach § 85 Abs. 2 ZPO zuzurechnen. Diese wird nicht nur als Bote tätig. Der Arbeitnehmer will seine Angelegenheit vielmehr mit der Beauftragung seiner Einzelgewerkschaft „in sichere Hände" legen und sich um die Klageerhebung nicht mehr kümmern müssen. Dies gilt auch, wenn die DGB-Rechtsschutz GmbH keine Möglichkeit hat, die Tätigkeit der Einzelgewerkschaften bei Entgegennahme der Klage

---

[99] Hessisches LAG 23.3.2022 – 6 Sa 1248/20, NZA-RR 2022, 325.
[100] BGH 26.1.2022 – XII ZB 227/21, BeckRS 2022, 2221.
[101] LAG Köln 23.3.2005 – 7 Ta 43/05, BeckRS 2005, 42319.
[102] LAG Schleswig-Holstein 29.5.2008 – 4 Ta 71/08, BeckRS 2008, 55712.
[103] LAG Nürnberg 31.10.1991 – 7 Ta 121/91, LAGE § 5 KSchG Nr. 56; Däubler/Deinert/Callsen KSchG § 5 Rn. 15.
[104] Hessisches LAG 23.3.2022 – 6 Sa 1248/20, NZA-RR 2022, 325.
[105] BVerfG 29.12.1994 – 2 BvR 106/93, NJW 1995, 1210; vgl. auch BSG 19.5.2022 – B 8 SO 57/21 B, NJW 2022, 3384.
[106] BAG 24.11.2011 – 2 AZR 614/10, NZA 2012, 413; 28.5.2009 – 2 AZR 548/08, NZA 2009, 1052; 11.12.2008 – 2 AZR 472/08, NZA 2009, 692; LAG Sachsen-Anhalt 14.4.2015 – 6 Sa 358/14, BeckRS 2015, 72922; HaKo-KSchR/Gallner KSchG § 5 Rn. 16 ff.; APS/Hesse/Tiedemann KSchG § 5 Rn. 25 f.; ErfK/Kiel KSchG § 5 Rn. 11; LSSW/Spinner § 5 Rn. 6; Rieble Anm. zu LAGE § 5 KSchG Nr. 65; PVT Kündigung/Vossen Rn. 2196; aA insbes. LAG Hamburg 18.5.2005 – 4 Ta 27/04, NZA-RR 2005, 489; LAG Hamm 27.2.1997 – 5 Ta 106/95, NZA-RR 1997, 85; Berkowsky NZA 1997, 352 (355); Schmid S. 147 ff.; Vollkommer FS Stahlhacke, 1995, 599 ff.
[107] LAG Mecklenburg-Vorpommern 18.3.1993 – 1 Ta 5/93, BeckRS 1993, 30744257 zur gewerkschaftlichen Vertretung; Francken S. 61 ff.
[108] BAG 28.5.2009 – 2 AZR 548/08, NZA 2009, 1052.
[109] BGH 1.3.2023 – XII ZB 483/21, NJW-RR 2023, 698.

zu überwachen. Die mit den entsprechenden Befugnissen ausgestatteten Mitarbeiter der Einzelgewerkschaft sind vielmehr selbst Bevollmächtigte iSd § 85 Abs. 2 ZPO und müssen Vorkehrungen treffen, dass Klageaufträge an die DGB-Rechtsschutz GmbH rechtzeitig weitergegeben werden. Ein Grund, für die Rechtsschutzgewährung durch die im Arbeitsgerichtsverfahren mit einer besonderen Stellung ausgestatteten Verbände eine Ausnahme zu machen, ist nicht erkennbar.[110]

Keine Zurechnung des Anwaltsverschuldens nach § 85 Abs. 2 ZPO erfolgt dagegen im 28
Rahmen einer **bloßen Rechtsberatung** eines gekündigten Arbeitnehmers durch einen Rechtsanwalt, ohne dass diesem eine Prozessvollmacht erteilt worden ist. Der Arbeitnehmer, der sich lediglich von einem Rechtsanwalt beraten lässt, ist nach wie vor auf seine eigene Initiative angewiesen, die Klage rechtzeitig zu erheben. Er behält die Verantwortung für die rechtzeitige Klageerhebung und delegiert sie nicht.[111] Hier kommt es allein auf eigenes Verschulden des Arbeitnehmers an. Dem Arbeitnehmer ist gleichfalls ein Verschulden von **Hilfspersonen des Rechtsanwalts,** wie etwa dem **Büropersonal** oder einem angestellten Rechtsreferendar, nicht zuzurechnen, sofern der Prozessbevollmächtigte diese Personen sorgfältig ausgewählt, unterwiesen und überwacht hat; andernfalls trifft ihn selbst ein Organisationsverschulden, das der vertretenen Partei zuzurechnen ist.[112] Ein Rechtsanwalt darf einfache Verrichtungen, die keine juristische Schulung verlangen, seinem geschulten und zuverlässigen Büropersonal zur selbständigen Erledigung übertragen. Versehen dieses Personals, die nicht auf eigenes Verschulden des Rechtsanwalts zurückzuführen sind, hat die Partei nicht zu vertreten. Solche einfachen Tätigkeiten sind zB die Überprüfung bestimmender Schriftsätze auf die erforderliche Unterschrift und das Absenden eines Telefaxes. Der Rechtsanwalt muss allerdings durch eine allgemeine Anweisung Vorsorge dafür getroffen haben, dass bei normalem Lauf der Dinge Fristversäumnisse wegen fehlender Unterschrift vermieden werden.[113] **Überlässt ein Rechtsanwalt als Inhaber eines beA** das nur für seinen Zugang erzeugte **Zertifikat und die zugehörige Zertifikats-PIN** einem Dritten – etwa einer Kanzleikraft – muss er sich so behandeln lassen, als habe er die übermittelte Erklärung selbst abgegeben.[114] Sein Verschulden ist dann dem Arbeitnehmer nach § 85 Abs. 2 ZPO zuzurechnen.

Ist der **Prozessbevollmächtigte gesundheitlich beeinträchtigt,** kann er jedoch einfache 29
Tätigkeiten noch ausführen, kann eine Verletzung der zuzumutenden Sorgfaltspflichten iSd § 5 Abs. 1 S. 1 vorliegen, wenn er nicht rechtzeitig Kündigungsschutzklage erhebt.[115]

Die Sorgfaltspflicht des Rechtsanwalts in Fristensachen verlangt zuverlässige Vorkeh- 30
rungen bei der Bearbeitung **fristwahrender Schriftsätze.** Aufgrund der ihm obliegenden Sorgfaltspflichten muss der Bevollmächtigte einen Fristenkalender führen und sicherstellen, dass fristgebundene Angelegenheiten nicht „spurlos" verschwinden können.[116] Er darf eine Akte, die ihm noch vor Ablauf einer Rechtsmittelfrist vorgelegt wird, nicht ohne eigene Prüfung, ob im Fristenkalender der richtige Fristablauf vermerkt ist, bearbeiten. Er hat bei jeder Vorlage der Handakten im Zusammenhang mit einer fristgebundenen Prozesshandlung eigenverantwortlich festzustellen, wann die Frist für die Prozesshandlung abläuft.[117] Der Prozessbevollmächtigte muss des Weiteren durch eine zureichende Ausgangskontrolle dafür Sorge tragen, dass ein fristgebundener Schriftsatz rechtzeitig fertiggestellt wird und innerhalb der Frist beim zuständigen Gericht eingeht.

---

110 BAG 28.5.2009 – 2 AZR 548/08, NZA 2009, 1052.

111 BAG 11.12.2008 – 2 AZR 472/08, NZA 2009, 692; LSSW/Spinner § 5 Rn. 9.

112 BAG 24.11.2011 – 2 AZR 614/10, NZA 2012, 413; 28.5.2009 – 2 AZR 548/08, NZA 2009, 1052; LAG Köln 21.4.1997 – 5 Ta 76/97, NZA-RR 1988, 13; HaKo-KSchR/Gallner KSchG § 5 Rn. 21; LSSW/Spinner § 5 Rn. 7.

113 BAG 25.4.2013 – 6 AZR 49/12, NZI 2013, 758; LAG Sachsen-Anhalt 14.4.2015 – 6 Sa 358/14, BeckRS 2015, 72922.

114 BGH 31.8.2023 – VIa ZB 24/22, NJW 2023, 3434.

115 LAG Berlin-Brandenburg 25.1.2012 – 15 Sa 1873/11, BeckRS 2012, 67808.

116 BAG 28.5.2009 – 2 AZR 548/08, NZA 2009, 1052.

117 BAG 31.1.2008 – 8 AZR 27/07, NZA 2008, 705; Hessisches LAG 5.6.2012 – 15 Sa 871/11, BeckRS 2012, 72784; insoweit auch BAG 23.5.2024 – 6 AZR 155/23 (A), BeckRS 2024, 11101.

Im Zusammenhang mit dem Einsatz eines Telefaxgeräts (→ Rn. 36 ff.) kommt er dieser Verpflichtung nur nach, wenn er die Weisung erteilt, einen Sendebericht auszudrucken, auf dieser Grundlage die Vollständigkeit der Übermittlung zu überprüfen und die Frist erst nach Kontrolle des Sendeberichts zu löschen.[118] Durch organisatorische Maßnahmen muss mithin gewährleistet sein, dass die Dreiwochenfrist auch tatsächlich beachtet wird.[119] Welche konkreten Vorkehrungen der Anwalt zur Fristwahrung trifft, steht ihm grundsätzlich frei. Seine organisatorischen Maßnahmen müssen aber so beschaffen sein, dass auch bei unerwarteten Störungen des Geschäftsablaufs, etwa durch Überlastung oder Erkrankung der zuständigen Angestellten, durch Verzögerungen bei der anwaltlichen Bearbeitung oder Ähnlichem die Einhaltung der anstehenden Frist gewährleistet ist.[120] Zu einer wirksamen Ausgangskontrolle gehört eine Anordnung, die sicherstellt, dass von einer dazu beauftragten, zuverlässigen Kraft geprüft wird, welche fristwahrenden Schriftsätze hergestellt und abgesandt oder jedenfalls versandfertig gemacht worden sind, und zudem geprüft wird, ob diese mit den im Fristenkalender vermerkten Sachen übereinstimmen.[121] Ein Anwaltsverschulden liegt vor, wenn ein Prozessbevollmächtigter in Kenntnis seiner **Kanzleiabwesenheit nach Diktat** seine Sekretärin nicht anweist, den Schriftsatz von einem Vertreter vor Absenden unterzeichnen zu lassen.[122] Es hängt von den konkreten Umständen der jeweiligen Büroorganisation im Einzelfall ab, ob der Prozessbevollmächtigte damit rechnen muss, dass ein für ihn selbst gedachter Bearbeitungsvermerk von einem Angestellten als Anweisung zur Löschung einer Frist fehlgedeutet werden könnte.[123] Ein Organisationsverschulden des Prozessbevollmächtigten auf der ersten Stufe der Ausgangskontrolle (Streichung der Klagefrist erst, nachdem die Klageschrift übermittelt worden ist) steht einer nachträglichen Klagezulassung ausnahmsweise nicht entgegen, wenn im Rahmen der Büroorganisation durch eine allgemeine Arbeitsanweisung Vorsorge dafür getroffen wurde, dass auf der zweiten Stufe der Ausgangskontrolle (Überprüfung der tatsächlichen Erledigung fristgebundener Sachen am Abend eines jeden Arbeitstags) bei normalem Lauf der Dinge die Klagefrist mit Sicherheit gewahrt worden wäre; versagt diese zweite Kontrolle, ist ein Rückgriff auf ein Anwaltsverschulden bei der ersten Kontrolle ausgeschlossen.[124] Ist der Prozessbevollmächtigte nicht in der Lage, seine Kanzleiräume zu betreten, weil er den Büroschlüssel vergessen hat, kommt eine Wiedereinsetzung in der versäumte Berufungsfrist (Anwaltszwang) allenfalls in Betracht, wenn keine naheliegende Möglichkeit bestand, innerhalb der noch zur Verfügung stehenden Klagefrist einen Zugang zu den Büroräumen zu ermöglichen oder einen anderen Rechtsanwalt mit der Vornahme der fristwahrenden Handlung zu beauftragen.[125] Eine nachträgliche Klagezulassung nach § 5 wird in einer solchen Konstellation wegen des fehlenden Anwaltszwangs in erster Instanz, der geringen Anforderungen an die Fertigung einer Kündigungsschutzklage und der – auch für Rechtsanwälte – fortbestehenden Möglichkeit, die Klage zu Protokoll des Urkundsbeamten der Geschäftsstelle zu erheben, kaum jemals in Betracht kommen. Das „Aussperren" aus den Kanzleiräumen dürfte allerdings keine vorübergehende technische Unmöglichkeit der elektronischen Übermittlung der Klageschrift iSv. § 46g S. 2 ArbGG darstellen. Die an den Rechtsanwalt zu stellenden Sorgfaltsanforderungen beim Versand schriftwahrender Schriftsätze werden durch die mit dem mobilen Arbeiten verbundene Ortsunabhängigkeit (**„Home-Office"**) in keiner Weise eingeschränkt.[126]

---

[118] LAG Hamm 9.1.2014 – 15 Sa 1351/13, BeckRS 2014, 67413.
[119] BAG 7.7.2011 – 2 AZR 38/10, NZA 2012, 637 mwN; LAG Schleswig-Holstein 1.2.2012 – 3 Sa 288/11, BeckRS 2012, 66952.
[120] BGH 16.2.2010 – VIII ZB 76/09, NJW 2010, 1378 mwN.
[121] BAG 7.7.2011 – 2 AZR 38/10, NZA 2010, 637 mwN.
[122] LAG Baden-Württemberg 8.8.2003 – 11 Ta 6/03, NZA-RR 2004, 43.
[123] Vgl. BGH 22.6.2021 – V 15/20, NJOZ 2022, 1176.
[124] Vgl. BGH 22.11.2022 – XI ZB 13/22, NJW 2023, 1224.
[125] BGH 11.7.2024 – IX ZB 31/23, NJW 2024, 2693.
[126] OLG Dresden 12.8.2024 – 4 U 862/24, NJW 2025, 87.

Hat ein Anwalt eine Postsendung genügend adressiert und frankiert, trifft ihn grundsätzlich keine Pflicht, sich nach dem Eingang des Schriftsatzes bei Gericht zu **erkundigen.** Er darf vielmehr auf eine ordnungsgemäße Briefbeförderung vertrauen.[127] Hat der Anwalt ein Schriftstück rechtzeitig und ordnungsgemäß zur Post gegeben und damit alles Erforderliche zur Wahrung der gesetzlichen Frist veranlasst, wird eine Erkundigungspflicht nach dem Eingang des Schriftsatzes bei Gericht nur ausgelöst, wenn ein eindeutiger Grund besteht, anzunehmen, dass etwas fehlgelaufen ist. Ihm kann grundsätzlich nicht angesonnen werden, die Zeiträume im Auge zu behalten, innerhalb derer erfahrungsgemäß mit einer Rückäußerung des Gerichts zu rechnen ist. Ein Anwalt verhält sich allerdings gegenüber den Interessen der von ihm vertretenen Partei in vermeidbarer Weise gleichgültig, wenn er nach Absenden einer Kündigungsschutzklage die Sache dauerhaft wiedervorlagefrei stellt. Welche Frist der Anwalt als angemessen erachtet, liegt in seinem pflichtgemäßen Ermessen, das er unter Berücksichtigung von Erfahrungswerten der gerichtlichen Arbeitsweise sowie Zweckmäßigkeitserwägungen auszuüben hat.[128] 31

m) Rücknahme der Klage, Wirkungsverlust einer Anschlussberufung. Wird eine rechtzeitige **Kündigungsschutzklage zurückgenommen** und nach Ablauf der Dreiwochenfrist und damit eigentlich dem Eintritt der Wirksamkeitsfiktion (→ § 7 Rn. 3) neu erhoben, steht zwar ausweislich des Vorprozesses fest, dass der Arbeitnehmer nicht an der Wahrung der Klagefrist gehindert war.[129] Dennoch kommt ausnahmsweise eine nachträgliche Zulassung der zweiten Klage in Betracht. Entscheidend ist, aus welchen Gründen der Arbeitnehmer die erste Klage zurückgenommen hat.[130] Erfolgte die Rücknahme in der anschließend geänderten Annahme, er werde die Unwirksamkeit der Kündigung nicht beweisen können, scheidet eine nachträgliche Zulassung grundsätzlich aus.[131] Anders kann es liegen, wenn der Arbeitgeber den Arbeitnehmer arglistig zur Klagerücknahme bestimmt hat (zum arglistigen Abhalten von der Klageerhebung → Rn. 8).[132] Denkbar ist auch eine nachträgliche Zulassung der zweiten Klage, wenn die Rücknahme der ersten ihren Grund in der Sphäre des Gerichts hatte und beim Arbeitgeber kein schutzwürdiges Vertrauen auf den Eintritt der Rechtssicherheit entstehen konnte,[133] zB weil das angerufene, örtlich unzuständige Gericht dem Arbeitnehmer sowie auch nachrichtlich auch dem Arbeitgeber mitteilt, er solle die Klage zurücknehmen und beim örtlich zuständigen Gericht anhängig machen, weil dies schneller gehe als das Verweisungsverfahren nach § 48 ArbGG iVm §§ 17 ff. GVG. Hat der Arbeitnehmer eine erste **Kündigungsschutzklage per Anschlussberufung** in ein anhängiges Berufungsverfahren eingeführt und diese infolge einer Berufungsrücknahme durch den Arbeitgeber ihre Wirkung verloren (§ 524 Abs. 4 ZPO), kann der Arbeitnehmer eine neue, die nämliche Kündigung betreffende Klage in analoger Anwendung der in § 5 Abs. 3 S. 1 bestimmten Frist innerhalb von zwei Wochen beim Arbeitsgericht erheben, ohne einen Antrag auf nachträgliche Zulassung nach § 5 stellen und die Voraussetzungen von Abs. 1 S. 1 glaubhaft machen zu müssen (→ § 4 Rn. 34 und → § 7 Rn. 3). Anders liegt es, wenn der Arbeitnehmer die Zweiwochenfrist für die neue Klage unverschuldet versäumt. Dann kommt deren nachträgliche Zulassung auf Antrag des Arbeitnehmers analog § 5 in Betracht.[134] 32

[127] BVerfG 28.3.1994 – 2 BvR 814/93, NJW 1994, 1854.
[128] BAG 6.10.2010 – 7 AZR 569/09, NZA 2011, 477.
[129] LAG Mecklenburg-Vorpommern 9.12.1993 – 2 Ta 83/93, BeckRS 1993, 30747132.
[130] LAG Hamm 27.10.1994 – 8 Ta 382/94, BeckRS 1994, 123582 = AR-Blattei ES 1020.3 Nr. 3 mit krit. Anm. Boemke; KR/Kreft KSchG § 5 Rn. 61; APS/Hesse/Tiedemann KSchG § 5 Rn. 30.
[131] Vgl. Niemann FS Preis S. 927 (928).
[132] Vgl. BAG 19.2.2009 – 2 AZR 286/07, NZA 2009, 980; ErfK/Kiel KSchG § 5 Rn. 13; Niemann FS Preis, 2021, 927 (928).
[133] Zur teleologischen Reduktion von § 5 Abs. 3 Satz 2 KSchG in solchen Fällen vgl. BAG 30.7.2020 – 2 AZR 43/20, NZA 2020, 1427.
[134] Vgl. BAG 10.12.2020 – 2 AZR 308/20, NZA 2021, 293.

33 **n) Schwangerschaft.** Hat eine Frau von ihrer Schwangerschaft aus einem von ihr nicht zu vertretenden Grund erst nach Ablauf der Frist des § 4 S. 1 Kenntnis erlangt, kann sie nach § 5 Abs. 1 S. 2 nachträgliche Zulassung der Klage beantragen. Die Regelung bezweckt, einer gekündigten Arbeitnehmerin die Möglichkeit zu geben, nachträglich Kündigungsschutzklage zu erheben, weil sie es aufgrund einer schlichten Unkenntnis unverschuldet versäumt hat, die Klagefrist einzuhalten. Es sollen also individuelle Härten ausgeglichen werden.[135] Da § 17 Abs. 1 MuSchG der Schwangeren das Recht einräumt, auch noch nach Zugang der Kündigung den Arbeitgeber über das Bestehen einer Schwangerschaft zu unterrichten und der Unterrichtungszeitpunkt nach § 17 Abs. 1 S. 2 MuSchG nach Ablauf der Dreiwochenfrist liegen kann, war eine Ergänzung des § 5 geboten. Die Frage, zu welchem Zeitpunkt die Schwangerschaft eingetreten ist, soll im Verfahren der nachträglichen Zulassung der Kündigungsschutzklage nach § 5 Abs. 1 S. 2 nicht Prüfungsgegenstand sein. Maßgeblich sei allein, ob die verspätete Klageerhebung verschuldet war.[136] Aus Gründen des unionsrechtlichen Effektivitätsgebots und zum Schutz der Schwangeren ist § 5 insoweit allerdings großzügig zu handhaben. Damit kann den vom Europäischen Gerichtshof[137] geäußerten Bedenken, deren Durchgreifen letztlich die nationalen Gerichte zu prüfen haben, auf Basis des geltenden Rechts[138] ausreichend Rechnung getragen werden:[139] Wird innerhalb der Fristen des § 5 Abs. 3 eine Kündigungsschutzklage erhoben und dabei auf die verspätete Kenntniserlangung von der Schwangerschaft verwiesen, wird darin in aller Regel zugleich ein konkludenter Antrag auf nachträgliche Klagezulassung liegen (allgemein zu einem solchen → Rn. 49). Zudem ist die Unkenntnis der Frau von ihrer Schwangerschaft nur von ihr zu vertreten, wenn zwingende Anhaltspunkte gegeben sind, die das Vorliegen einer Schwangerschaft praktisch unabweisbar erscheinen lassen; eine mehr oder weniger vage Schwangerschaftsvermutung genügt nicht.[140] Dabei muss sich die Kenntnis im vorbezeichneten Sinn richtigerweise auf das Vorliegen einer Schwangerschaft bereits im Zeitpunkt des Zugangs der Kündigung beziehen. Dazu wird regelmäßig eine ärztliche Untersuchung notwendig sein.[141] Hat die Frau mit dem Antrag und der Klageerhebung (§ 5 Abs. 2 S. 1) mehr als zwei Wochen ab der Kenntnis oder schuldhaften Unkenntnis von der Schwangerschaft zugewartet, kommt unter den allgemeinen Voraussetzungen von § 5 Abs. 1 S. 1 gleichwohl eine nachträgliche Klagezulassung in Betracht. So kann in geeigneten Fällen zB dem Umstand Rechnung getragen werden, dass die Frau zu Beginn ihrer – ihr nunmehr bekannten – Schwangerschaft außer Stande war, sich sachgerecht beraten zu lassen und ggf. einen Antrag nach § 5 nebst Kündigungsschutzklage anzubringen.[142] Hingegen muss und kann die eindeutige Fristenregelung in § 5 Abs. 3 S. 1 nicht – auch nicht durch Analogie zu § 4 S. 1 KSchG – unionsrechtskonform dahin ausgelegt werden, dass der Antrag auf nachträgliche Klagezulassung innerhalb von drei (nicht: zwei) Wochen seit Behebung des Hindernisses (vormals schuldlose Unkenntnis von der Schwangerschaft im Kündigungszeitpunkt) zulässig ist.[143] Auch muss eine unionsrechtskonforme rechtsfortbildende Reduktion von § 5 Abs. 3 S. 1 dergestalt als contra legem ausscheiden, dass die zweiwöchige Frist in den Fällen des § 5 Abs. 1 S. 2 nicht eingreift.[144] Allenfalls ließe sich – was der EuGH mangels darauf bezogener Vorlagefrage nicht entschieden hat und was auch wenig überzeugend erscheint – annehmen, dass § 5 Abs. 3 S. 1 mit Blick auf Art. 33 Abs. 2 oder Art. 47 GRC gänzlich unangewendet zu

[135] BAG 19.2.2009 – 2 AZR 286/07, NZA 2009, 980.
[136] LAG Düsseldorf 10.2.2005 – 15 Ta 26/05, NZA-RR 2005, 382.
[137] EuGH 27.6.2024 – C-284/23, NZA 2024, 969.
[138] Zu einem – sehr weitgehenden – Vorschlag de lege ferenda vgl. Sagan NJW 2024, 277.
[139] Zu allem Folgenden BAG 3.4.2025 – 2 AZR 156/24, NZA 2025, 697.
[140] BAG 24.11.2022 – 2 AZR 11/22, NZA 2023, 291 zu § 17 Abs. 1 S. 2 MuSchG.
[141] Sächsisches LAG 22.4.2024 – 2 Sa 88/23, NZA-RR 2024, 533.
[142] Vgl. EuGH 27.6.2024 – C-284/23, NZA 2024, 969.
[143] Ebenso Euler NZA 2024, 1037 (1040); Sagan NJW 2024, 2677.
[144] Dies hält Sagan NJW 2024, 2677 für „denkbar"; unklar KR/Kreft § 5 Rn. 125.

bleiben hat.[145] Dann griffe insoweit nur – aber wohl immerhin – die absolute Höchstfrist des § 5 Abs. 3 S. 2.[146]

Erfährt eine Arbeitnehmerin nach Erhalt einer Kündigung ohne einen von ihr zu vertretenden Grund erst **kurz vor Ablauf der Klagefrist** des § 4 S. 1 von ihrer Schwangerschaft, muss ihr zumindest eine kurze Überlegungszeit zugebilligt werden, um abzuwägen, ob sie angesichts der für sie neuen Situation und des nun entstandenen Sonderkündigungsschutzes Kündigungsschutzklage erheben will. Sie ist nicht verpflichtet, innerhalb einer verbleibenden Restzeit der noch laufenden Klagefrist von 1 bis 1½ Tagen Kündigungsschutzklage – ggf. auch nur vorsorglich zur Wahrung der Klagefrist – zu erheben. Eine Überlegungszeit von drei Werktagen erschien dem LAG Schleswig-Holstein angemessen. Versäumt sie durch die Inanspruchnahme dieser Überlegungszeit die Dreiwochenfrist des § 4 S. 1, ist die Klage auf ihren Antrag hin im Regelfall gemäß § 5 Abs. 1 S. 1 nachträglich zuzulassen, soweit Klage und Zulassungsantrag nach Ablauf von drei Werktagen eingereicht wurden.[147] Das **unionsrechtliche Effektivitätsgebot** dürfte sogar nach einer deutlich längeren Überlegungszeit verlangen.[148] Das Sächsische LAG geht nunmehr in Ablehnung an § 5 Abs. 3 S. 1 von **zwei Wochen** aus.[149] 34

o) **Sprachkenntnisse.** Die verspätete Kenntnisnahme vom Inhalt des Kündigungsschutzschreibens bei **ausländischen Arbeitnehmern** wegen fehlender Kenntnisse der deutschen Sprache rechtfertigt keine nachträgliche Zulassung.[150] 35

p) **Telefax.** Nach der Rechtsprechung des BVerfG sind die für die Wiedereinsetzung in den vorigen Stand entwickelten Grundsätze zur Übermittlung von fristwahrenden Schriftsätzen per Telefax[151] auf das Verfahren über die nachträgliche Zulassung der Kündigungsschutzklage nach § 5 zu übertragen. Demnach dürfen die aus den technischen Gegebenheiten herrührenden besonderen Risiken der Übermittlung per Fax nicht auf den Nutzer abgewälzt werden. Folglich liegt bei **Störungen des Empfangsgeräts im Gericht** die entscheidende Ursache für die Fristversäumnis in der Sphäre des Gerichts. Dasselbe gilt auch bei Störungen der Übermittlungsleitungen. Beginnt der Kläger bei einem funktionsfähigen Sendegerät mit der korrekten Eingabe der Empfängernummer so rechtzeitig, dass unter normalen Umständen mit dem Abschluss der Übertragung bis 24.00 Uhr zu rechnen ist, liegt kein Verschulden des Klägers vor. Bei einem Defekt des Empfangsgeräts oder Leitungsstörungen kann vom Kläger nicht verlangt werden, dass er innerhalb kürzester Zeit eine andere als die gewählte, vom Gericht offiziell eröffnete Übermittlungsart wählt.[152] Wohl aber ist er jedenfalls dann gehalten, weitere Übermittlungsversuche per Telefax zu unternehmen, wenn er eine lediglich zeitlich beschränkte, dh bis zum Fristablauf wieder behobene technische Störung in seinem Risikobereich in Betracht ziehen muss; unter diesen Umständen darf er die Übermittlungsversuche nicht vorschnell weit vor Fristablauf aufgeben.[153] Bei einer nicht vorhersehbaren und nicht vermeidbaren Sperre des Kanzleianschlusses des Prozessbevollmächtigten des Klägers kommt es auf die Umstände des Einzelfalls an, ob der Anwalt bei Scheitern der beabsichtigten Übermittlung per Telefax die Klageschrift noch am Tag des Fristablaufs persönlich oder durch einen Boten zum Gericht bringen muss; entscheidend ist neben der Möglichkeit einer andere Übermittlungsart stets auch deren Zumutbarkeit.[154] Diese Rechtspre- 36

[145] Vgl. Euler NZA 2024, 1037 (1040).
[146] Wohl aA Rolfs/Schuhmann RdA 2025, 189 (194).
[147] LAG Schleswig-Holstein 13.5.2008 – 3 Ta 56/08, NZA-RR 2009, 132.
[148] Vgl. EuGH 27.6.2024 – C-284/23, NZA 2024, 969; Rolfs/Schuhmann RdA 2025, 189 (192).
[149] Sächsisches LAG 22.4.2024 – 2 Sa 88/23, NZA-RR 2024, 533.
[150] Ebenso LAG Hamburg 6.7.1990 – 1 Ta 3/90, BeckRS 1990, 30734579; KR/Kreft KSchG § 5 Rn. 51; APS/Hesse/Tiedemann KSchG § 5 Rn. 62; aA LAG Hamm 24.3.1988 – 8 Ta 35/88, AP KSchG 1969 § 5 Nr. 9; diff. HaKo-KSchR/Gallner KSchG § 5 Rn. 62.
[151] Dazu BVerfG 1.8.1996 – 1 BvR 121/95, NJW 1996, 2857.
[152] BVerfG 25.2.2000 – 1 BvR 1363/99, NZA 2000, 789.
[153] Vgl. BGH 26.8.2021 – III ZB 9/21, NJW-RR 2021, 204: Beendigung der Versuche um 15:05 Uhr.
[154] Vgl. BGH 8.3.2022 – VIII ZB 45/21, BeckRS 2022, 7564: erhebliche körperliche Behinderung.

chung ist auf die **Ersatzeinreichung im elektronischen Rechtsverkehr** nach § 46g S. 3 ArbGG nicht übertragbar; ist die Ersatzeinreichung wirksam erfolgt, muss der Rechtsanwalt sich vor Fristablauf nicht weiter um eine elektronische Übermittlung bemühen (→ § 4 Rn. 41).[155]

37 Entnimmt ein Rechtsanwalt einem von der Deutschen Telekom herausgegebenen Telefonbuch eine dort **unrichtig wiedergegebene Telefaxnummer** des ArbG und faxt er abends gegen 21.00 Uhr am letzten Tag der Klagefrist eine Klage an diese Nummer, die tatsächlich die Faxnummer einer Musikschule ist, so die Klage nachträglich zuzulassen.[156] Das Gleiche kann gelten, wenn die Klagefrist versäumt wird, weil sich im **Gesamtverzeichnis der beA-Postfächer** eine **fehlerhafte oder irreführende Eintragung** betreffend das anzugehende Gericht findet (→ Rn. 39).

38 Ist zur Fristwahrung die Übersendung durch Fax erforderlich, muss der Prozessbevollmächtigte – entweder allgemein oder im Einzelfall – die von ihm beauftragte Hilfskraft anweisen, nach der Übersendung per Telefax einen Einzelnachweis auszudrucken und anhand dessen die **Vollständigkeit der Übermittlung,** nämlich die Übereinstimmung der Zahl der übermittelten Seiten mit derjenigen des Originalschriftsatzes, zu überprüfen.[157] Legt ein Anwalt persönlich die Klageschrift ins Faxgerät ein und wählt die Nummer des zuständigen ArbG, kontrolliert er sodann die Richtigkeit der Faxnummer im Display und erhält die Bestätigung des Zugangs des Schriftstücks auf dem Sendebericht durch den üblichen „OK“-Vermerk, hat er seine nach § 5 Abs. 1 erforderlichen Sorgfaltspflichten erfüllt. Es ist in diesem Fall nach Auffassung des LAG Bremen nicht erforderlich, im Sendebericht noch einmal die Richtigkeit der gewählten Fax-Nummer zu überprüfen.[158] Diese Auffassung weicht allerdings von den Anforderungen ab, die der BGH an das fehlende Verschulden bei der Wiedereinsetzung in den vorigen Stand nach § 233 ZPO stellt. Danach erfüllt ein Rechtsanwalt seine Verpflichtung, für eine wirksame Ausgangskontrolle zu sorgen, bei Einsatz eines Telefaxgeräts nur, wenn er seinen dafür zuständigen Mitarbeitern die Weisung erteilt, sich nach der Übermittlung eines Schriftsatzes einen Einzelnachweis ausdrucken zu lassen, und auf dieser Grundlage die Vollständigkeit der Übermittlung und die **Richtigkeit der Empfängernummer** abschließend und selbständig zu prüfen. Diese Grundsätze gelten auch, wenn die Telefaxnummer des Empfangsgerichts der Akte entnommen wird. Da es bei dieser Verfahrensweise leicht zu Verwechslungen kommen kann, muss das Büropersonal stets angewiesen werden, die angegebene Faxnummer noch einmal auf ihre Zuordnung zu dem vom Rechtsanwalt bezeichneten Empfangsgericht zu überprüfen.[159] Erkennt der Rechtsanwalt des Klägers die Falschadressierung der Klageschrift, genügt er seinen Sorgfaltspflichten jedenfalls, wenn er eine zuverlässige Bürokraft anweist, eine neue, richtig adressierte Klageschrift zu erstellen, ihm zur Unterschrift vorzulegen, er diesen (nun richtig adressierten) Schriftsatz unterzeichnet, ihn der Bürokraft zur Übersendung übergibt und sie daneben anweist, die falsch adressierte Klageschrift zu vernichten. Verwechselt die Bürokraft die beiden Schriftsätze anlässlich der Vernichtung des einen und der Versendung des anderen, handelt es sich mangels entsprechender Kontrollpflicht des Rechtsanwalts um ein alleiniges, dem Kläger nicht nach § 85 Abs. 2 ZPO zurechenbares Verschulden der Bürokraft.[160] Hingegen darf der Anwalt auf Sicherheitsvorkehrungen nicht verzichten, wenn er eine Bürokraft mit der erneuten Versendung eines Schriftsatzes betraut, die sich aufgrund der vorherigen Versendung des Schriftsatzes an einen unzutreffenden Empfänger gerade nicht als zuverlässig erwiesen hat.[161] Eine Pflicht, die Ausführung einer erteilten Einzelanweisung zu kontrollieren, kann auch bestehen, wenn es zuvor zu

[155] Vgl. BGH 25.7.2023 – X ZR 51/23, NJW 2023, 3367.
[156] Vgl. LAG Bremen 31.10.2001 – 4 Ta 76/01, NZA 2002, 580 zur Wiedereinsetzung in den vorigen Stand.
[157] BAG 24.11.2011 – 2 AZR 614/10, NZA 2012, 413.
[158] LAG Bremen 20.6.2007 – 3 Ta 22/07, BeckRS 2007, 45979.
[159] BGH 21.12.2021 – VI ZB 2/21, NJW-RR 2022, 345; 14.10.2010 – IX ZB 34/10, NJW 2011, 312.
[160] BGH 15.12.2021 – IV ZB 11/21, NJW RR 2022, 426.
[161] Vgl. BGH 14.2.2022 – VIa ZB 6/21, BeckRS 2022, 4368.

Abweichungen von der üblichen Kanzleiorganisation durch die Bürokraft gekommen ist.[162] Wird die Klageschrift am letzten Tag der Klagefrist eingereicht, kommt dem korrekten **Erfassen der richtigen Uhrzeit** besondere Bedeutung zu. Soll dafür allein die Anzeige des Faxgeräts ausreichen, muss diese zuverlässig die gesetzliche Zeit wiedergeben. Wird ein Gerät benutzt, das technisch nicht dafür ausgelegt ist, selbständig einen stetigen Abgleich mit der gesetzlichen Zeit vorzunehmen, gehört es zur anwaltlichen Sorgfalt, regelmäßig die Zeiteinstellung am Faxgerät zu überprüfen.[163]

q) Übermittlung der Kündigungsschutzklage als elektronisches Dokument. Die vorstehenden Anforderungen an die **Ausgangskontrolle** gelten grundsätzlich entsprechend für die seit dem 1.1.2022 bundesweit[164] für **Rechtsanwälte**[165] (§ 46g S. 1 ArbGG) und ab dem 1.1.2026 auch für **Verbände** (§ 46g S. 2 ArbGG) **verpflichtende Einreichung einer Kündigungsschutzklage als elektronisches Dokument,** namentlich über das besondere elektronische Anwaltspostfach (beA)[166] bzw. das Bürger- und Organisationenpostfach (eBO),[167] aber auch auf einem nicht sicheren Übermittlungsweg (E-Mail).[168] Von Rechtsanwälten – auch Syndikusanwälten[169] – ist zu erwarten, dass sie die Pflicht zur Einreichung einer Kündigungsschutzklage als elektronisches Dokument[170] sowie das diesbezügliche Erfordernis einer qualifizierten elektronischen Signatur oder der persönlichen Einreichung auf einem sicheren Übermittlungsweg gemäß § 46c Abs. 3 ArbGG (→ § 4 Rn. 41)[171] kennen und die nötigen Vorkehrungen treffen, um sich am elektronischen Rechtsverkehr beteiligen zu können.[172] Tun sie dies nicht, kommt weder eine Anwendung von § 46g S. 3 ArbGG[173] (→ Rn. 41) noch eine solche von § 5 in Betracht. Eine Kontrolle des Versandvorgangs ist auch im elektronischen Rechtsverkehr unerlässlich.[174] Übermittelt ein Rechtsanwalt die Kündigungsschutzklage per beA, gehört – neben der Verwendung eines funktionsfähigen Sendegeräts und dem rechtzeitigen Beginn des Übermittlungsvorgangs – die korrekte Eingabe und Überprüfung der Empfängernummer zu seinen Sorgfaltsanforderungen.[175] Besondere Bedeutung bei der Verwendung des beA kommt der Kontrolle der **Eingangsbestätigung nach** der § 130a Abs. 5 S. 2 ZPO entsprechenden Spezialregelung in **§ 46c Abs. 5 S. 2 ArbGG** zu. Sobald eine an das Gericht versandte Nachricht auf dem in dessen Auftrag geführten Server eingegangen ist, schickt dieser automatisch dem Absender eine Bestätigung über den Eingang der Nachricht. Die Eingangsbestätigung soll dem Absender unmittelbar und ohne weiteres Eingreifen eines Justizbediensteten Gewissheit darüber verschaffen, ob die Übermittlung an das Gericht erfolgreich war oder weitere Bemühungen zur erfolgreichen Übermittlung des elektronischen Dokuments erforderlich sind.[176] Hat der Rechtsanwalt eine Eingangsbestätigung erhalten, besteht Sicherheit darüber, dass der Sendevorgang erfolgreich war. Hiervon darf der Anwalt auch ausgehen, wenn das elektronische Dokument wegen eines 39

---

[162] Vgl. BGH 10.2.2022 – I ZB 46/21, NJOZ 2022, 1110.
[163] BGH 21.2.2023 – VIII ZB 17/22, BeckRS 2023, 9251.
[164] Zur Geltung von § 46g ArbGG in Schleswig-Holstein bereits seit dem 1.1.2020 vgl. LAG Schleswig-Holstein 13.10.2021 – 6 Sa 337/20, BeckRS 2021, 40330.
[165] Zu den Rechten und Pflichten von Syndikusanwälten im elektronischen Rechtsverkehr → § 4 Rn. 41.
[166] BVerwG 25.9.2023 – 1 C 10/23, BeckRS 2023, 26059; BGH 21.3.2023 – VIII ZB 80/22, NJW 2023, 1668; 24.5.2022 – XI ZB 18/21, NJW-RR 2022, 1069; 14.2.2022 – VIa ZB 6/21, BeckRS 2022, 4368; 29.9.2021 – VII ZR 94/21, NJW 2021, 3471; ErfK/Kiel KSchG § 5 Rn. 10.
[167] Dazu Schrade/Elking NZA 2021, 1675 ff.
[168] Vgl. BGH 18.11.2021 – I ZR 125/21, MMR 2022, 288 zur Anforderung einer Lesebestätigung.
[169] ArbG Stuttgart 12.12.2023 – 25 Ca 749/23, BeckRS 2023, 36523.
[170] Vgl. BSG 16.2.2022 – B 5 R 198/21 B, NJW 2022, 1334.
[171] Vgl. BGH 30.3.2022 – XII ZB 311/21, NJW 2022, 2415.
[172] BAG 25.8.2022 – 6 AZR 499/21, NZA 2023, 58; LAG Schleswig-Holstein 13.10.2021 – 6 Sa 337/20, BeckRS 2021, 40330.
[173] Vgl. OLG Düsseldorf 23.3.2022 – I-12 U 61/21, NJW-RR 2022, 999; Schafhausen AE 2022, 95 (96).
[174] BGH 24.5.2022 – XI ZB 18/21, NJW-RR 2022, 1069; OLG Braunschweig 17.10.2022 – 9 U 9/22, NJW-RR 2023, 283.
[175] Vgl. BGH 10.10.2023 – VIII ZB 60/22, BeckRS 2023, 32794.
[176] BT-Drs. 17/12634 S. 26.

Umlauts im Dateinamen tatsächlich nicht beim ArbG eingegangen ist.[177] Das Ausbleiben einer Eingangsbestätigung muss den Rechtsanwalt hingegen zur Überprüfung und erneuten Übermittlung veranlassen.[178] Eine Eingangskontrolle durch telefonische Rückfrage beim Gericht ist einer Überprüfung anhand der elektronischen Eingangsbestätigung jedenfalls dann nicht gleichwertig, wenn am selben Tag mehrere Schriftsätze in der betreffenden Sache eingereicht wurden.[179] Ein Rechtsanwalt, der fristwahrende Schriftsätze über das beA an das Gericht versendet, hat deshalb in seiner Kanzlei das zuständige Personal dahin anzuweisen, dass stets der Erhalt und der Inhalt der automatisierten Eingangsbestätigung zu kontrollieren ist.[180] Dazu gehört die Vorgabe, an welcher Stelle innerhalb der benutzten Software die – vom bloßen Übermittlungsprotokoll und vom bloßen Prüfprotokoll zu unterscheidende[181] – elektronische Eingangsbestätigung nach § 46c Abs. 5 S. 2 ArbGG zu finden ist und welchen Inhalt sie haben muss (Meldetext „request executed", Eingangsdatum und Übermittlungsstatus „erfolgreich").[182] Der Anwalt hat zudem diesbezüglich zumindest stichprobeweise Überprüfungen durchzuführen.[183] Zugleich muss sichergestellt sein, dass sich die automatisierte Eingangsbestätigung auf die Datei mit der Klageschrift bezieht, also zB die Datei „Klageschrift" signiert und übermittelt wurde und diese auch tatsächlich die Klageschrift enthielt.[184] Aufgrund der Eingangsbestätigung darf der Anwalt lediglich von der ordnungsgemäßen Übertragung der Klageschrift, nicht aber von einer den Anforderungen des § 46c Abs. 3 ArbGG genügenden Einreichung ausgehen.[185] Andererseits reicht die Kontrolle des Signaturvorgangs allein für eine ausreichende Ausgangskontrolle nicht aus. Denn auch nach erfolgreicher Signatur verbleibt die Möglichkeit, dass ein Fehler beim Upload der signierten Datei auftritt und diese an das Gericht nicht lesbar übermittelt werden kann.[186] Bei einer nach dem Übermittlungsprotokoll des beA und der automatisierten Eingangsbestätigung erfolgreichen Übermittlung auf einem sicheren Übermittlungsweg mit Verschlüsselung ist die Veränderung einer Datei während des Versandvorgangs zum Justiz-Intermediär nahezu ausgeschlossen, jedenfalls aber nicht hinreichend wahrscheinlich; eine nachträgliche Klagezulassung wird dann, wenn nicht ausnahmsweise der Versand eines vollständigen Schriftsatzes glaubhaft gemacht werden kann (zB durch einen entsprechenden Screenshot aus dem Ordner „gesendete Nachrichten" der beA-Anwendung), nur in Betracht kommen, wenn es Anhaltspunkte für Fehler bei der gerichtsinternen Übermittlung gibt.[187] Zur **Glaubhaftmachung des rechtzeitigen Eingangs einer Klageschrift** genügt nicht die Erklärung des Prozessbevollmächtigten, er habe „den Zugang bei Gericht laut dem beA-System als „erfolgreich" zur Kenntnis genommen; vielmehr sollte die **Eingangsbestätigung nach § 46c Abs. 5 S. 2 ArbGG dauerhaft gespeichert** werden durch elektronischen Export, Ausdrucken oder Screenshot.[188] Bislang ist nicht entschieden, ob ein dem Kläger zuzurechnendes Verschulden seines Prozessbevollmächtigten darin zu sehen sein kann, dass er die Eingangsbestätigung nicht auf einem dieser Wege dauerhaft auch

---

177 Vgl. BGH 8.3.2022 – VI ZB 25/20, NJW 2022, 1822.

178 BAG 7.8.2019 – 5 AZB 16/19, NZA 2019, 1237; BGH 29.9.2021 – VII ZR 94/21, NJW 2021, 3471; 11.5.2021 – VIII ZB 9/20, NJW 2021, 2201.

179 Vgl. LAG Baden-Württemberg 1.9.2021 – 4 Sa 63/20, NZA-RR 2021, 661.

180 BGH 18.4.2023 – VI ZB 36/22, BeckRS 2023, 11655.

181 Anschaulich BGH 21.3.2023 – VIII ZB 80/22, NJW 2023, 1668.

182 Vgl. BGH 6.9.2023 – IV ZB 4/23, NJW 2023, 3432; 11.1.2023 – IV ZB 23/21, NJW-RR 2023, 425; OLG Hamm 15.1.2024 – 22 U 13/23, NJOZ 2024, 378: dort auch zu technischen Surrogaten der Eingangsbestätigung; Beck NJW 2023, 1537 (1538).

183 BAG 7.8.2019 – 5 AZB 16/19, NZA 2019, 1237; BGH 24.5.2022 – XI ZB 18/21, NJW-RR 2022, 1069; 11.5.2021 – VIII ZB 9/20, NJW 2021, 2201; LAG Berlin-Brandenburg 14.3.2022 – 2 Sa 1699/21, NZA-RR 2022, 373.

184 BGH 30.1.2024 – VIII ZB 85/22, BeckRS 2024, 3648; 21.3.2023 – VIII ZB 80/22, NJW 2023, 1668; 20.9.2022 – XI ZB 14/22, NJW 2022, 3715.

185 Vgl. BGH 7.9.2022 – XII ZB 215/22, NJW 2022, 3512; 30.3.3022 – XII ZB 311/21, NJW 2022, 2415; LAG Niedersachsen 22.2.2023 – 4 Sa 833/22, BeckRS 2023, 4138.

186 BGH 18.4.2023 – VI ZB 36/22, BeckRS 2023, 11655; 24.5.2022 – XI ZB 18/21, NJW-RR 2022, 1069.

187 Vgl. BayVGH 20.4.2022 – 23 ZB 19.2288, NVwZ-RR 2022, 693.

188 BGH 30.3.2023 – III ZB 13/22, NJW 2023, 1737.

für Dritte lesbar gehalten hat.[189] Dagegen spricht, dass es hier nicht um das Bewirken, sondern „nur" den Nachweis des Eingangs bei Gericht geht. Eine nachträgliche Klagezulassung kommt in Betracht, wenn die Klagefrist versäumt wird, weil sich im **Gesamtverzeichnis der beA-Postfächer** eine **fehlerhafte oder irreführende Eintragung** betreffend das anzugehende Gericht findet;[190] siehe allerdings → § 4 Rn. 121 zur – eine nachträgliche Zulassung entbehrlich machenden – Wahrung der Klagefrist bei Anrufung eines unzuständigen Gerichts. Auch im elektronischen Rechtsverkehr muss mit einer nicht jederzeit reibungslosen Übertragung gerechnet werden, der durch eine **zeitliche Sicherheitsreserve** bei der Übermittlung fristgebundener Schriftsätze – wie dem zur Erhebung einer Kündigungsschutzklage – Rechnung zu tragen ist, die so bemessen sein muss, dass der Versender ihm erkennbar gewordene Übertragungsfehler beheben und zumindest weitere Übermittlungsversuche unternehmen kann, um auszuschließen, dass die Übermittlungsschwierigkeiten in seinem Bereich liegen.[191] Die Versendung der Klageschrift mit einfacher Signatur auf einem sicheren Übermittlungsweg setzt voraus, dass die Versendung durch den den Schriftsatz verantwortenden Rechtsanwalt persönlich erfolgt und nicht etwa durch einen Kanzleimitarbeiter, dem das Zertifikat des Anwalts unzulässig überlassen wurde.[192]

Auch die anwaltlichen Sorgfaltspflichten im Zusammenhang mit der **Signierung der als elektronisches Dokument eingereichten Klageschrift** entsprechen denen bei der Übersendung von Schriftsätzen per Telefax. Bei der Signierung des die Klageschrift (vermeintlich) enthaltenden elektronischen Dokuments gehört es deshalb zu den nicht auf das Büropersonal übertragbaren Pflichten eines Rechtsanwalts, das zu signierende Dokument zuvor selbst auf Richtigkeit und Vollständigkeit zu prüfen; das gilt auch, wenn dem Anwalt der Schriftsatz nach einer zwischenzeitlich von ihm veranlassten Korrektur als neues elektronisches Dokument ein zweites Mal zur Signierung vorgelegt wird.[193] Eine nachträgliche Klagezulassung scheidet aufgrund eines dem Arbeitnehmer nach § 85 Abs. 2 ZPO zuzurechnenden Verschuldens seines Prozessbevollmächtigten aus, wenn dieser die zu signierenden Dateien verwechselt und deshalb nicht (auch) die Klageschrift, sondern lediglich eine Anlage zu dieser ordnungsgemäß signiert hat.[194] Wurde die Klageschrift aus einem anderen Dateiformat in eine PDF-Datei umgewandelt, muss der signierende Rechtsanwalt vor der Übermittlung an das Gericht überprüfen, ob ihr Inhalt dem Inhalt der Ausgangsdatei entspricht.[195] Das wird freilich nur ein echtes Problem sein, wenn der Inhalt der letztlich eingereichten PDF-Datei nicht den – geringen – Mindestanforderungen an eine Kündigungsschutzklage (→ § 4 Rn. 44) genügen sollte. 40

Gemäß **§ 46g S. 3 ArbGG** bleibt die Übermittlung nach den allgemeinen Vorschriften (zB per Telefax) zulässig, wenn die Übermittlung der Klageschrift als elektronisches Dokument (zB über das beA)[196] vorübergehend aus technischen Gründen nicht möglich ist (→ § 4 Rn. 41). Das begründet zugleich die grds. Obliegenheit des Rechtsanwalts, einen alternativen Übermittlungsweg zu beschreiten, wenn er kurz vor Ablauf der Klagefrist des § 4 S. 1 feststellt, dass eine rechtzeitige elektronische Übermittlung wegen technischer Probleme voraussichtlich nicht möglich sein wird.[197] Eine nachträgliche Klagezulassung scheidet grds. aus, wenn der Anwalt eine zulässige Ersatzeinreichung 41

---

[189] BGH 30.2.2023 – III ZB 13/22, NJW 2023, 1737.
[190] BGH 31.8.2023 – III ZB 72/22, NJOZ 2023, 1399.
[191] BAG 16.10.2024 – 4 AZR 254/23, NZA 2025, 349; BVerwG 25.9.2023 – 1 C 10/23, NVwZ 2023, 1913; krit. Müller NVwZ 2023, 1883.
[192] Vgl. BGH 20.6.2023 – 2 StR 39/23, NStZ 2024, 124.
[193] Vgl. BGH 8.3.2022 – VI ZB 78/21, NJW 2022, 1964.
[194] Vgl. BGH 19.1.2023 – V ZB 28/22, NJW 2023, 1587.
[195] BGH 17.12.2024 – II ZB 5/24, BeckRS 2024, 40109.
[196] LAG Schleswig-Holstein 13.10.2021 – 6 Sa 337/20, BeckRS 2021, 40330.
[197] BAG 16.10.2024 – 4 AZR 254/23, NZA 2025, 349; BVerwG 19.12.2023 – 8 B 26.23, NVwZ 2024, 750; BGH 1.3.2023 – XII ZB 228/22, NJW-RR 2023, 760; LAG Berlin-Brandenburg 8.5.2023 – 5 Sa 143/23, BeckRS 2023, 13172; OVG Münster 24.5.2024 – 18 A 100/24, NVwZ-RR 2024, 707; Siegmund NJW 2023, 1681 (1684).

unterlässt.[198] Mit der Regelung in § 46g S. 3 ArbGG hat der Gesetzgeber zum Ausdruck gebracht, dass der Wechsel von der Übermittlung eines Schriftsatzes als elektronisches Dokument (zB per beA) zur Ersatzeinreichung als solcher nicht unzumutbar ist; anderes kann gelten, wenn mit der Ersatzeinreichung ein erheblicher Aufwand verbunden ist.[199] Dann kommt eine nachträgliche Zulassung der Kündigungsschutzklage nach § 5 in Betracht. Das gilt allemal, wenn auch eine Übermittlung der Klageschrift nach den allgemeinen Vorschriften per Telefax aus (denselben) technischen Gründen scheitert.[200] Ein Rechtsanwalt, der eine Kündigungsschutzklage über das beA erhebt, muss einkalkulieren, dass der Übermittlungsvorgang mehr als zehn Minuten in Anspruch nehmen kann, wenn aufgrund mangelnder Erfahrung unvorhergesehene Probleme auftreten, zB infolge der Vergabe eines unzulässigen Dateinamens.[201] Eine nachträgliche Klagezulassung scheidet aufgrund eines dem Kläger zuzurechnenden Verschuldens seines Anwalts grundsätzlich aus, wenn dieser die Klageschrift nach den allgemeinen Vorschriften einreicht, obwohl die materiellen Voraussetzungen für eine Ersatzeinreichung nicht gegeben sind, oder die Klageschrift zwar unter den materiellen Voraussetzungen von § 46g S. 3 ArbGG rechtzeitig an das ArbG übermittelt, aber nicht unverzüglich nach § 46g S. 4 ArbGG die vorübergehende technische Unmöglichkeit der Übermittlung als elektronisches Dokument glaubhaft gemacht hat; die gesetzlichen Anforderungen an eine wirksame Ersatzeinreichung müssen einem Rechtsanwalt bekannt sein.[202] Stehen dem Einreicher – zB einem für einen Verband tätigen Syndikusanwalt – zwei ohnehin einzurichtende Übermittlungswege offen, ein persönlicher (beA) und einer der Organisationseinheit, der er angehört (eBO oder OZG-Konto), wird er nicht schon dann eine Ersatzeinreichung vornehmen dürfen, wenn nur einer der beiden Übermittlungswege vorübergehend gestört ist; ggf. ist bei einer Ersatzeinreichung glaubhaft zu machen, dass die elektronische Einreichung auf beiden Übermittlungswegen vorübergehend technisch unmöglich war.[203]

42 Es liegt ein dem Kläger nach § 85 Abs. 2 ZPO zurechenbares Anwaltsverschulden vor, wenn dem Prozessbevollmächtigten die rechtzeitige Übermittlung der Klageschrift als elektronisches Dokument über das beA aufgrund **fehlender Aktualisierung der Betriebssoftware**[204] **oder fehlenden Bedienungswissens** misslingt, zB wegen der Vergabe eines Dateinamens mit Leerzeichen.[205] Dieser kann sich auch nicht mit dem Verweis auf die Unkenntnis des beim Übermittlungsversuch anwesenden Kanzleimitarbeiters exkulpieren, weil die den Schriftsatz inhaltlich verantwortende Person die Einreichung über das beA selbst vornehmen muss (→ § 4 Rn. 41) und insoweit auch den Übermittlungsvorgang selbst verantwortet.[206] Eine Fehlfunktion technischer Einrichtungen in der Kanzlei entlastet den Anwalt nur, wenn die Störung plötzlich und unerwartet aufgetreten ist und durch regelmäßige Wartung nicht hätte verhindert werden können; wird ein neuer Übermittlungsweg (zB beA) in Betrieb genommen, stellt dies einen Anlass zur Überprüfung der Funktionsfähigkeit dieses Übermittlungswegs dar.[207] War der Übermittlungsweg nie

[198] BAG 16.10.2024 – 4 AZR 254/23, NZA 2025, 349 (dort verneint, für Möglichkeit den ausgedruckten Schriftsatz in den Nachtbriefkasten des nur drei Kilometer vom Kanzleisitz entfernten Gerichts einzuwerfen); BVerwG 19.12.2023 – 8 B 26.23, NVwZ 2024, 750; BSG 27.6.2023 – B 1 KR 27/22 R, BeckRS 2023, 18629; LAG Berlin-Brandenburg 8.5.2023 – 5 Sa 143/23, BeckRS 2023, 13172; offen gelassen von BVerwG 25.9.2023 – 1 C 10/23, BeckRS 2023, 26059.

[199] Vgl. BAG 16.10.2024 – 4 AZR 254/23, NZA 2025, 349; BGH 2.12.2021 – III ZB 42/21, NJOZ 2022, 1212; 28.4.2020 – X ZR 60/19, NJW 2020, 2194; OLG Frankfurt aM 3.1.2025 – 9 U 75/24, NJW-RR 2025, 442; OVG Münster 24.5.2024 – 18 A 100/24, NVwZ-RR 2024, 707.

[200] Siegmund NJW 2023, 1681 (1684).

[201] Vgl. OLG Frankfurt aM 3.11.2021 – 6 U 131/21, NJW 2022, 250.

[202] Vgl. BGH 15.12.2023 – AnwZ (Brfg) 33/23, BeckRS 2023, 43801; 15.12.2022 – III ZB 18/22, NJW-RR 2023, 350; 21.9.2022 – XII ZB 264/22, NJW 2022, 3647; KG Berlin 14.3.2023 – 7 U 74/22, BeckRS 2023, 9798; OLG Braunschweig 28.10.2022 – 4 U 76/22, NJOZ 2022, 1497; VGH München 2.5.2022 – 6 ZB 22.30401, NJW 2022, 3239.

[203] Natter/Bader NZA 2024, 165 (167).

[204] BGH 17.1.2024 – XII ZB 88/23, BeckRS 2024, 2621.

[205] OLG Frankfurt aM 3.11.2021 – 6 U 131/21, NJW 2022, 250; Beck NJW 2023, 1537 (1539).

[206] VGH München 1.7.2022 – 15 ZB 22.286, NVwZ 2022, 789.

[207] BGH 15.12.2022 – I ZB 35/22, NJOZ 2023, 437.

funktionsfähig eingerichtet, liegt auch keine vorübergehende technische Unmöglichkeit iSv § 46g S. 3 ArbGG vor (→ § 4 Rn. 41). Die Darlegungen des Klägers zur nachträglichen Klagezulassung müssen mit überwiegender Wahrscheinlichkeit auf einem unvorhersehbaren und nicht vermeidbaren Fehler der verwendete Hard- oder Software („technisches Spontanversagen") hindeuten; das Vorliegen eines Bedienfehlers darf nicht mindestens ebenso wahrscheinlich sein. Letzteres ist der Fall, wenn vor und nach dem erfolglosen Versuch der Übermittlung der Klageschrift erfolgreiche Übermittlungen an die jeweiligen Empfänger stattgefunden haben, ohne dass zwischenzeitlich eine technische Wartung oder Reparatur erfolgt ist.[208]

Ist eine als elektronisches Dokument übermittelte Klageschrift entgegen § 46c Abs. 2 ArbGG nicht für die Bearbeitung durch das Gericht geeignet, gilt die Klageerhebung unter den Voraussetzungen von **§ 46c Abs. 6 S. 2 ArbGG** gleichwohl als rechtzeitig, auch wenn die Bearbeitungsfähigkeit vom Einreicher erst nach Ablauf der Frist des § 4 S. 1 hergestellt wird; auf eine nachträgliche Zulassung der Kündigungsschutzklage nach § 5 kommt es dann nicht an. Zu beachten ist allerdings, dass § 46c Abs. 6 Satz 1 ArbGG keine mehrfache Hinweispflicht des Gerichts begründet, sondern ein einmaliger Hinweis auf den Formatfehler ausreicht.[209] Deshalb ist die Klagerhebung „endgültig" verspätet, wenn die Klageschrift auf den – ersten und letzten – Hinweis des Gerichts, der das Problem der ursprünglichen Einreichung und die geltenden Rahmenbedingungen konkret beschreiben muss,[210] nicht unverzüglich in einer für dieses zur Bearbeitung geeigneten Form nachgereicht wird. Auch eine nachträgliche Klagezulassung wird dann wegen des Verschuldens des Einreichers regelmäßig nicht in Betracht kommen.[211] Von § 46c Abs. 6 S. 2 ArbGG werden nicht Dokumente erfasst, die weder mit qualifizierter elektronischer Signatur noch mit einfacher Signatur auf einem sicheren Übermittlungsweg eingereicht wurden.[212] 43

r) **Unkenntnis der Klagefrist.** Die Unkenntnis der Klagefrist des § 4 rechtfertigt regelmäßig **keine nachträgliche Zulassung.**[213] Dies gilt auch für ausländische Arbeitnehmer.[214] Im Hinblick auf die Funktion der Dreiwochenfrist – Erzielung alsbaldiger Rechtssicherheit über die Frage, ob die Kündigung gerichtlich angegriffen wird – hat sich ein Arbeitnehmer, der die Klageerhebungsfrist des § 4 nicht kennt, nach Zugang der Kündigungserklärung bei einer zuverlässigen Stelle unverzüglich über Rechtsschutzmöglichkeiten zu informieren.[215] Der Arbeitgeber ist auch aufgrund seiner Fürsorgepflicht nicht verpflichtet, den Arbeitnehmer bei Ausspruch der Kündigung auf die Dreiwochenfrist hinzuweisen.[216] Fraglich ist, ob und ggf. unter welchen Voraussetzungen die Kündigungsschutzklage nachträglich zuzulassen ist, wenn der Arbeitgeber den Arbeitnehmer nicht ordnungsgemäß iSv § 14 Abs. 1 S. 2 Nr. 14 NachwG über die dreiwöchige Klagefrist unterrichtet hat (→ Rn. 9). 44

[208] BGH 1.3.2023 – XII ZB 228/22, NJW-RR 2023, 760.
[209] BAG 12.3.2020 – 6 AZM 1/20, NZA 2020, 607.
[210] Müller NZA 2023, 89 (92).
[211] BAG 25.8.2022 – 6 AZR 499/21, NZA 2023, 58; LAG Schleswig-Holstein 13.10.2021 – 6 Sa 337/20, BeckRS 2021, 40330.
[212] BGH 19.1.2023 – V ZB 28/22, NJW 2023, 1587.
[213] LAG Köln 29.10.2014 – 5 Ta 366/14, BeckRS 2014, 74420 (zu § 17 TzBfG); LAG Rheinland-Pfalz 10.7.2012 – 6 Ta 68/12, BeckRS 2012, 71410; LAG Niedersachsen 6.4.2009 – 9 Sa 1297/08, BeckRS 2009, 69279; LAG Schleswig-Holstein 18.4.2005 – 2 Ta 94/05, BeckRS 2005, 43022; KR/Kreft KSchG § 5 Rn. 63; HaKo-KSchR/Gallner KSchG § 5 Rn. 46; APS/Hesse/Tiedemann KSchG § 5 Rn. 39; Däubler/Deinert/Callsen KSchG § 5 Rn. 14.
[214] Vgl. LAG Hamburg 10.4.1987 – 1 Ta 16/86, NZA 1988, 411; Sächsisches LAG 23.7.1998 – 9 Ta 193/98, NZA 1999, 112; HaKo-KSchR/Gallner KSchR § 5 Rn. 46; APS/Hesse/Tiedemann KSchG § 5 Rn. 20, 39; LSSW/Spinner § 5 Rn. 11; Däubler/Deinert/Callsen KSchG § 5 Rn. 14.
[215] Vgl. LAG Köln 26.11.1999 – 11 Ta 348/99, BeckRS 1999, 30461998.
[216] BAG 26.8.1993 – 2 AZR 376/93, AP LPVG NW § 72 Nr. 8 mAnm Mummenhoff; – aA Valentin AuR 1990, 276 ff.

45 s) **Urlaub.** Wird dem Arbeitnehmer während seines Urlaubs gekündigt, geht ihm das an die Wohnanschrift gerichtete Kündigungsschreiben auch zu, wenn er während des Urlaubs verreist ist.[217] Dem Arbeitnehmer ist allerdings auf Antrag nachträgliche Zulassung gemäß § 5 zu gewähren, wenn er wegen des Urlaubs an einer rechtzeigen Klageerhebung gehindert war.[218] Bei einer vorübergehenden Abwesenheit ist es unzumutbar, im Hinblick auf mögliche, aber zeitlich eben ungewisse Zustellungen oder rechtsgeschäftliche Erklärungen besondere Vorkehrungen zu treffen.[219] In Anlehnung an die Rechtsprechung des BVerfG zum Einspruch gegen Bußgeldbescheide oder Strafbefehle[220] kommt es dabei nicht darauf an, ob die urlaubsbedingte Abwesenheit in die „allgemeine Ferienzeit" oder eine sonstige Jahreszeit fällt. Entscheidend ist allein, ob die Abwesenheit eine nur vorübergehende und relativ kurzfristige – längstens etwa sechs Wochen – von einer sonst ständig benutzten Wohnung ist. Dies gilt auch, wenn der Arbeitnehmer aufgrund eines vor Urlaubsantritt mit dem Personalleiter geführten Gesprächs Veranlassung hatte, mit einer Kündigung während der Urlaubsabwesenheit zu rechnen, und er gleichwohl nicht sichergestellt hat, dass er während seiner Ortsabwesenheit Kenntnis von der Kündigung erlangt.[221] Anders liegt es bei Abwesenheiten von mehr als sechs Wochen (→ Rn. 14).[222] Dann ist der Aufwand hinsichtlich der besonderen Vorkehrungen sinnvoll und vertretbar und im Hinblick auf die Interessen der Arbeitgeberseite auch zu fordern.

46 Wird wegen einer im Urlaub begonnenen Arbeitsunfähigkeit der **Urlaub verlängert,** muss ein Arbeitnehmer, der sich auf einer Urlaubsreise befindet, nicht sicherstellen, dass ihn rechtsgeschäftliche Erklärungen des Arbeitgebers auch während dieser Zeit erreichen.[223] Eine zum Urlaubsende hin auftretende Arbeitsunfähigkeit im Ausland bedeutet jedoch nicht zwingend, dass die Verlängerung des Auslandaufenthalts nötig ist und der Arbeitnehmer – anders als im Urlaub – nicht mehr gehalten ist, sich vor der Rückkehr um ihm zugehende oder zugegangene rechtsgeschäftliche Erklärungen seines Arbeitgebers zu kümmern. Deshalb genügt es nach Auffassung des LAG Hamm nicht, wenn sich der Arbeitnehmer zur Begründung seines Antrags auf nachträgliche Zulassung der Kündigungsschutzklage innerhalb der Antragsfrist des § 5 Abs. 3 allein auf eine urlaubsbedingte Ortsabwesenheit während des Kündigungszugangs und des Laufs der Kündigungsfrist stützt, tatsächlich jedoch eine krankheitsbedingte Ortsabwesenheit die rechtzeitige Klageerhebung verhindert hat. Denn die Schuldlosigkeit an der Fristversäumnis ist „nach allen Richtungen hin schlüssig darzutun."[224]

47 Wenn der Arbeitnehmer innerhalb der Dreiwochenfrist aus dem Urlaub zurückkehrt, hat er grundsätzlich in der verbleibenden Zeit die Kündigungsschutzklage zu erheben.[225] Ihm ist allerdings grundsätzlich eine **Überlegungsfrist von drei Tagen** einzuräumen.[226] Ist die Dreiwochenfrist des § 4 bei Rückkehr des Arbeitnehmers aus dem Urlaub zwar objektiv noch nicht verstrichen, musste der Arbeitnehmer aber aufgrund des Datums der Kündigung und der Zustellart annehmen, dass die Klagefrist bereits abgelaufen war, ist die verspätete Kündigungsschutzklage bei sonst fehlendem Verschulden nachträglich

---

[217] Vgl. dazu BAG 16.3.1988 – 7 AZR 587/87, NZA 1988, 875.

[218] BAG 22.3.2012 – 2 AZR 224/11, AP KSchG 1969 § 5 Nr. 19; APS/Hesse/Tiedemann KSchG § 5 Rn. 48 ff.; PVT Kündigung/Vossen Rn. 2206.

[219] LAG Hamm 8.2.2007 – 1 Ta 769/06, BeckRS 2007, 44047; ErfK/Kiel KSchG § 5 Rn. 5.

[220] BVerfG 18.10.2012 – 2 BvR 2776/10, NJW 2013, 592.

[221] LAG Köln 4.3.1996 – 10 Ta 322/95, NZA-RR 1996, 455; LAG Hamm 28.3.1996 – 5 Ta 161/95, BeckRS 1996, 30847623; – aA LAG Nürnberg 6.11.1995 – 5 Ta 193/95, BeckRS 1995, 30851389; wohl auch KR/Kreft KSchG § 5 Rn. 53.

[222] LAG Nürnberg 23.8.2005 – 6 Ta 136/05, BeckRS 2009, 68099.

[223] LAG Berlin 23.8.2001 – 7 Ta 1587/01, NZA-RR 2002, 355.

[224] LAG Hamm 8.2.2007 – 1 Ta 769/06, BeckRS 2007, 44047.

[225] BAG 22.3.2012 – 2 AZR 224/11, AP KSchG 1969 § 5 Nr. 19.

[226] Zutr. Sächsisches LAG 11.5.2015 – 4 Ta 19/15 (6), BeckRS 2015, 71229; LAG München 23.1.1992 – 4 Ta 16/92, NZA 1993, 266; weitergehend LAG Köln 17.4.1997 – 10 Ta 57/97, NZA-RR 1998, 14 (eine Woche); KR/Kreft KSchG § 5 Rn. 57; APS/Hesse/Tiedemann KSchG § 5 Rn. 51; weitergehend Däubler/Deinert/Callsen KSchG § 5 Rn. 12; gegen jede Überlegungsfrist HaKo-KSchR/Gallner KSchG § 5 Rn. 60.

zuzulassen, wenn der Antrag innerhalb von zwei Wochen nach Kenntnisnahme von dem Kündigungsschreiben gestellt wird.[227]

t) **Vergleichsverhandlungen.** Die Versäumung der Klagefrist wegen schwebender Vergleichsverhandlungen begründet grundsätzlich **nicht die nachträgliche Klagezulassung.** Der Arbeitnehmer hat vielmehr vorsorglich Kündigungsschutzklage zu erheben.[228] Etwas anderes kann gelten, wenn der Arbeitgeber den Eindruck erweckt hat, die Kündigung sei noch nicht „verbindlich" und eine Klage deshalb noch nicht veranlasst.[229] 48

III. Formale Voraussetzungen für die nachträgliche Zulassung der Kündigungsschutzklage

1. Inhalt des Antrags auf nachträgliche Zulassung der Kündigungsschutzklage (§ 5 Abs. 2 Satz 1 KSchG)

Die nachträgliche Zulassung einer Kündigungsschutzklage setzt einen Antrag des Arbeitnehmers voraus. Das Gericht kann nicht von Amts wegen tätig werden. Der Zulassungsantrag braucht zwar nicht ausdrücklich gestellt zu werden, doch genügt die Klageerhebung allein nicht. Der Kläger muss vielmehr zum Ausdruck bringen, dass die Klage trotz Fristversäumung noch zugelassen werden möge.[230] Allein die Tatsache einer verspäteten Klageerhebung – und somit das bloße Vorliegen einer Klageschrift – reicht deshalb nicht aus, um einen Zulassungsantrag annehmen zu können.[231] Das gilt erst recht, wenn der Kläger trotz eines gerichtlichen Hinweises auf der Rechtzeitigkeit der Klagerhebung beharrt.[232] Der **Antrag** auf nachträgliche Zulassung der Klage ist beim ArbG zu stellen. Sein **Inhalt** bestimmt sich nach § 5 Abs. 2. Danach muss der Arbeitnehmer die die nachträgliche Zulassung begründenden Tatsachen und die Mittel für deren Glaubhaftmachung angeben; außerdem muss die versäumte Klage nunmehr erhoben werden.[233] War die Klage schon erhoben, ist im Antrag auf sie Bezug zu nehmen, § 5 Abs. 2 S. 1 Hs. 2.[234] Der Antrag auf nachträgliche Zulassung ist ein **Hilfsantrag** für den Fall, dass die Kündigungsschutzklage verspätet ist.[235] Wird die Klage in unzulässiger, zur Fristwahrung nicht geeigneter Weise[236] erhoben und dieser Mangel bis zum Schluss der letzten mündlichen Verhandlung nicht behoben, scheidet ihre nachträgliche Zulassung gemäß § 5 Abs. 2 S. 1 Halbs. 1 aus; die Klage ist dann als unzulässig und nicht etwa mangels Wahrung der Klagefrist des § 4 S. 1 nach § 7 als unbegründet abzuweisen. Erst im Fall einer neuerlichen, nunmehr zulässigen Klage stellt sich die Frage der Wirksamkeitsfiktion. 49

Nach § 46g S. 1 ArbGG müssen **Rechtsanwälte** den **Antrag** nach § 5, wenn sie ihn nicht gemäß § 46 Abs. 2 ArbGG, § 496 ZPO durch die von ihnen vertretene Partei mündlich zu Protokoll der Geschäftsstelle anbringen lassen wollen, **seit dem 1.1.2022 bundesweit zwingend als elektronisches Dokument** übermitteln; die Einreichung als Schriftstück oder Telefax ist seither nicht mehr wirksam. Die gleiche Pflicht wird **Verbandsvertreter ab dem 1.1.2026** nach § 46g S. 2 iVm § 46c Abs. 4 S. 1 Nr. 4 ArbGG in der dann geltenden Fassung treffen. Die Übermittlung des Antrags nach den allgemeinen Vorschriften bleibt nur zulässig, wenn, was bei der Ersatzeinreichung oder unver- 50

[227] Vgl. LAG Köln 6.9.1996 – 4 Ta 166/96, BeckRS 1996, 30763617.
[228] BAG 19.2.2009 – 2 AZR 286/07, NZA 2009, 980; APS/Hesse/Tiedemann KSchG § 5 Rn. 64; PVT Kündigung/Vossen Rn. 2209; zur Arglist des Arbeitgebers vgl. → Rn. 8.
[229] LAG München 26.4.2005 – 11 Ta 427/04, BeckRS 2005, 30464174.
[230] Vgl. BGH 8.3.2022 – VIII ZB 96/20, NJW-RR 2022, 644 zu einem konkludenten Wiedereinsetzungsantrag.
[231] BAG 19.2.2009 – 2 AZR 286/07, NZA 2009, 980.
[232] Vgl. BGH 21.2.2023 – VIII ZB 17/22, BeckRS 2023, 9251.
[233] Dazu LAG Köln 15.3.2012 – 7 Sa 964/11, BeckRS 2012, 73137.
[234] KR/Kreft KSchG § 5 Rn. 77; LSSW/Spinner § 5 Rn. 22.
[235] BAG 22.8.2019 – 2 AZR 111/19, NZA 2019, 1490; 22.3.2012 – 2 AZR 224/11, AP KSchG 1969 § 5 Nr. 19.
[236] Dazu BAG 1.10.2020 – 2 AZR 247/20, NZA 2021, 75.

züglich danach glaubhaft zu machen ist, die – iSv eine – elektronische Übermittlung, deren Voraussetzungen der Einreichende grundsätzlich geschaffen hat, aus technischen Gründe – auch solchen in der Sphäre des Einreichenden – vorübergehend nicht möglich ist (§ 46g S. 3 und 4 ArbGG), zB wegen eines Serverausfalls (zu allem Vorstehenden vgl. die Ausführungen zur Erhebung der Kündigungsschutzklage → § 4 Rn. 41). § 46g ArbGG findet auf alle Erklärungen Anwendung, die der Schriftform bedürfen oder, was auf den Antrag nach § 5 jedenfalls zutrifft, in schriftlicher Form abgegeben werden können.[237] Allemal bedarf der Antrag nach § 5 der elektronischen Form, wenn mit ihm nach § 5 Abs. 2 S. 1 Halbs. 1 erst noch die Klagerhebung zu verbinden ist.[238]

51 Der Antrag auf nachträgliche Zulassung ist beim **zuständigen ArbG** zu stellen. Ein bei einem örtlich unzuständigen ArbG erhobener Antrag ist fristwahrend, wenn er an das zuständige ArbG verwiesen und demnächst (§ 167 ZPO) zugestellt wird.[239] Gleiches gilt, wenn der Antrag bei einem unzuständigen Gericht eines anderen Rechtswegs gestellt und dann nach §§ 17a ff. GVG an das ArbG verwiesen wird.[240]

2. Frist für Antrag auf nachträgliche Zulassung der Kündigungsschutzklage (§ 5 Abs. 3 KSchG)

52 a) **Allgemeines.** Der Antrag auf nachträgliche Zulassung der Klage muss **innerhalb von zwei Wochen** nach Behebung des Hindernisses, jedenfalls aber binnen **sechs Monaten** vom Ende der versäumten Frist an gestellt werden, § 5 Abs. 3 S. 2. Die Sechsmonatsfrist ist verfassungsgemäß. Sie verstößt weder gegen die Rechtsweggarantie des Art. 19 Abs. 4 GG noch gegen das aus dem Rechtsstaatsprinzip des Art. 20 Abs. 3 GG folgende Gebot der Rechtssicherheit.[241] Allerdings findet sie kraft teleologischer Reduktion keine Anwendung, wenn die Fristversäumnis der Sphäre des Gerichts und nicht der des Antragstellers zuzurechnen ist und darüber hinaus ein Schutz der Interessen des Prozessgegners nicht geboten ist, weil dieser kein schutzwürdiges Vertrauen auf den Eintritt der Rechtssicherheit haben konnte, zB weil ihm eine Klage zugestellt wurde, die zwar (zunächst unerkannt) die formalen Anforderungen an eine Kündigungsschutzklage nicht erfüllte, aber vom Gericht als solche behandelt worden ist.[242] Zur unionsrechtskonformen einschränkenden Auslegung bei arglistiger Täuschung über das Vorliegen eines Betriebsübergangs → § 4 Rn. 19. Die Antragsfrist ist keine Notfrist. Im Fall der Versäumung der Antragsfrist ist deshalb eine **Wiedereinsetzung** in den vorigen Stand **ausgeschlossen.**[243] Die Antragsfrist kann aber ausgeschöpft werden, ohne dass dies für sich genommen die Glaubhaftmachung des geltend gemachten Grundes für die nachträgliche Klagezulassung beeinträchtigen würde.[244] Der Antrag auf nachträgliche Klagezulassung kann wirksam bereits vor Behebung des Hindernisses gestellt werden („vorfristiger Antrag"). Das ist vor allem in den Fällen des § 5 Abs. 1 S. 2 (dazu → Rn. 33) von Bedeutung. Es kann sein, dass eine schwangere Arbeitnehmerin zwar noch keine gesicherte Kenntnis vom Bestehen einer Schwangerschaft im Kündigungszeitpunkt – als Voraussetzung des Unwirksamkeitsgrundes aus § 17 Abs. 1 MuSchG und für die Behebung des Hindernisses iSv. § 5 Abs. 3 S. 1 – hat, dies aber vermutet. Dann kann sie schon vorsorglich den Antrag stellen und sich anschließend durch ärztliche Untersuchung Gewissheit über das Bestehen einer „kündigungsrelevanten Schwangerschaft" verschaffen.[245]

[237] BGH 4.4.2024 – I ZB 64/23, NJW 2024, 2255; 7.12.2022 – XII ZB 200/22, NJW 2023, 849; OVG Koblenz 8.8.2022 – 8 A 10330/22, NVwZ-RR 2023, 117.
[238] Zur Wiedereinsetzung in den vorigen Stand vgl. BGH 14.3.2024 – V ZB 2/23, BeckRS 2024, 7960; OLG Oldenburg 25.2.2022 – 1 Ss 28/22, NStZ 2022, 767.
[239] KR/Kreft KSchG § 5 Rn. 93; APS/Hesse/Tiedemann KSchG § 5 Rn. 70; ErfK/Kiel KSchG § 5 Rn. 15.
[240] KR/Kreft KSchG § 5 Rn. 94; PVT Kündigung/Vossen Rn. 2214; Däubler/Deinert/Callsen KSchG § 5 Rn. 31.
[241] BAG 28.1.2010 – 2 AZR 985/08, NZA 2010, 1373.
[242] BAG 30.7.2020 – 2 AZR 43/20, NZA 2020, 1427.
[243] BAG 28.1.2010 – 2 AZR 985/08, NZA 2010, 1373; 16.3.1988 – 7 AZR 587/87, NZA 1988, 875.
[244] Vgl. BGH 2.8.2022 – VIII ZB 3/21, NJW 2022, 3232.
[245] BAG 3.4.2025 – 2 AZR 156/24, NZA 2025, 697.

b) Fristbeginn. Den Beginn der Antragsfrist knüpft § 5 Abs. 3 S. 1 an die Behebung des Hindernisses für die rechtzeitige Klageerhebung. Der **Begriff des Hindernisses** wiederum knüpft an den der Verhinderung in § 5 Abs. 1 S. 1 an.[246] Ist die fortbestehende Unkenntnis nicht länger unverschuldet, beginnt die Zweiwochenfrist.[247] Hat der Arbeitnehmer einen Prozessbevollmächtigten, ist auf dessen Kenntnisstand abzustellen.[248] Dieser ist dem Arbeitnehmer zuzurechnen (→ Rn. 27).[249] Es kommt darauf an, wann der Prozessbevollmächtigte erkannt hat oder unter Anwendung der ihm zumutbaren Sorgfalt hätte erkennen müssen, dass die Klage verspätet ist. Zum Fristbeginn in den Fällen des § 5 Abs. 1 S. 2 → Rn. 33. 53

c) Kenntnis und Kennenkönnen der Fristversäumung. Das „Hindernis" ist iSv § 5 Abs. 3 S. 1 zu dem Zeitpunkt **„behoben"**, in dem der Kläger oder sein Prozessbevollmächtigter von der Fristversäumung (nicht notwendig auch von deren Ursache)[250] Kenntnis erhalten hat oder bei ordnungsgemäßer Verfolgung der Rechtssache hätte haben können.[251] Auch insoweit gilt ein subjektiv-individueller Beurteilungsmaßstab. Maßgeblich sind die Besonderheiten und die konkreten Umstände des Einzelfalls.[252] Die Frist beginnt daher spätestens, wenn der Arbeitnehmer oder sein Prozessbevollmächtigter erkennt, dass die Klagefrist abgelaufen ist. Die Frist für den Antrag auf nachträgliche Zulassung kann aber auch schon vorher beginnen, wenn der Kläger oder sein Prozessbevollmächtigter Kenntnis vom Wegfall des Hindernisses bei Aufbietung der zumutbaren Sorgfalt hätten erlangen können,[253] also die fortbestehende Unkenntnis nicht mehr unverschuldet ist.[254] Liegen Umstände vor, die zu Zweifeln führen, ob die Klagefrist eingehalten worden ist, oder hätten der Partei oder ihrem Anwalt aufgrund solcher Umstände Zweifel kommen müssen (→ Rn. 55), beginnt die Frist des § 5 Abs. 3 S. 1 spätestens in dem Zeitpunkt, in dem sie durch Nachfrage Gewissheit über die Rechtzeitigkeit der Klageerhebung hätten erlangen können.[255] Auch wenn bei der Auslegung und Anwendung des § 5 Abs. 3 S. 1 die verfassungsrechtlichen Vorgaben aus Art. 19 Abs. 4 und Art. 103 Abs. 1 GG zu beachten sind, führt dies nicht dazu, dass hierdurch auch derjenige geschützt wird, der der Wahrung seines Rechts mit vermeidbarer Gleichgültigkeit gegenübersteht. Vielmehr ist vom Kläger bzw. seinem Bevollmächtigten zu verlangen, von sich aus zum Wegfall des Hindernisses beizutragen und entsprechende zumutbare Anstrengungen zu unternehmen.[256] 54

d) Einzelfälle zum Beginn der Frist für den Antrag auf nachträgliche Zulassung der Kündigungsschutzklage. Ist die Kündigungsschutzklage ausreichend adressiert und frankiert an das ArbG versendet worden, darf der Anwalt auf eine ordnungsgemäße Briefbeförderung vertrauen. Er hat damit alles Erforderliche zur Wahrung der gesetzlichen Frist veranlasst. Eine **Erkundigungspflicht nach dem Eingang des Schriftsatzes bei Gericht** wird nur ausgelöst, wenn ein eindeutiger Grund besteht, anzunehmen, dass etwas fehlgelaufen ist. Dies kann etwa bei einem Poststreik der Fall sein.[257] Ein Grund für eine solche Annahme kann ferner gegeben sein, wenn dem Anwalt nach Absenden einer 55

---

[246] BAG 25.4.2013 – 6 AZR 49/12, NZI 2013, 758.
[247] BAG 30.7.2020 – 2 AZR 43/20, NZA 2020, 1427.
[248] Hessisches LAG 11.3.2005 – 15 Ta 638/04, NZA-RR 2005, 322.
[249] LAG Baden-Württemberg 8.3.1988 – 8 Ta 8/88, LAGE § 5 KSchG Nr. 37 mAnm Löwisch.
[250] BAG 30.7.2020 – 2 AZR 43/20, NZA 2020, 1427.
[251] BAG 30.7.2020 – 2 AZR 43/20, NZA 2020, 1427.
[252] LAG Hamm 18.12.2014 – 8 Sa 432/14, BeckRS 2015, 68701; KR/Kreft KSchG § 5 Rn. 99; APS/Hesse/Tiedemann KSchG § 5 Rn. 82.
[253] BAG 16.3.1988 – 7 AZR 587/87, NZA 1988, 875; LAG Sachsen-Anhalt 14.4.2015 – 6 Sa 358/14, BeckRS 2015, 72922; KR/Kreft KSchG § 5 Rn. 102 f.; APS/Hesse/Tiedemann KSchG § 5 Rn. 83.
[254] Vgl. BAG 30.7.2020 – 2 AZR 43/20, NZA 2020, 1427; LAG Hamm 4.11.1996 – 12 Ta 105/96, NZA-RR 1997, 209; LAG Köln 8.11.1994 – 6 Ta 209/94, BeckRS 1994, 30462041; APS/Hesse/Tiedemann KSchG § 5 Rn. 83; Däubler/Deinert/Callsen KSchG § 5 Rn. 32.
[255] BAG 6.10.2010 – 7 AZR 569/09, NZA 2011, 477.
[256] BAG 6.10.2010 – 7 AZR 569/09, NZA 2011, 477.
[257] Dazu BVerfG 29.12.1994 – 2 BvR 106/93, NJW 1995, 1210.

Beendigungsschutzklage die Akte vorgelegt wird und er feststellt, dass er in der Sache **keine gerichtliche Mitteilung** erhalten hat, obwohl damit nach den üblichen Erfahrungen zu rechnen war. Von einem Rechtsanwalt kann jedoch grundsätzlich nicht verlangt werden, die Zeiträume im Auge zu behalten, innerhalb derer bei jeder Sache erfahrungsgemäß mit einer Rückäußerung des Gerichts zu rechnen ist.[258]

56 Keine ordnungsgemäße Verfolgung der Rechtssache liegt vor, wenn sich der Anwalt gegenüber den Interessen der von ihm vertretenen Partei in vermeidbarer Weise **gleichgültig verhält.** Dies ist der Fall, wenn er nach Absenden einer Kündigungsschutzklage die Sache dauerhaft wiedervorlagefrei stellt. Die zweiwöchige Antragsfrist beginnt daher zu laufen, wenn ein Anwalt bei einer **Wiedervorlage** hätte erkennen können, dass die Klage nicht bei Gericht eingegangen ist. Die Bemessung der Wiedervorlagefrist liegt dabei in seinem pflichtgemäßen Ermessen, das er unter Berücksichtigung von Erfahrungswerten der gerichtlichen Arbeitsweise sowie Zweckmäßigkeitserwägungen auszuüben hat. Eine Wiedervorlagefrist von vier Wochen lässt jedenfalls keine vermeidbare Gleichgültigkeit gegenüber den Rechten der von ihm vertretenen Partei erkennen.[259] Angesichts der engen Zeitvorgabe, innerhalb derer nach dem gesetzgeberischen Willen die Güteverhandlung durchzuführen ist, führt dagegen eine Wiedervorlagefrist zur Überprüfung des Klageeingangs von mehr als zweieinhalb Monaten zur verschuldeten Unkenntnis vom fehlenden Klageeingang.[260] Die Frist des § 5 Abs. 3 S. 1 beginnt mit dem Eingang der Ladung zum Gütetermin, wenn die Ladung auch die Mitteilung über den Zeitpunkt des Klageeingangs bei Gericht enthält.[261] Auf einen ausdrücklichen Hinweis des Gerichts auf die Versäumung der Klagefrist kommt es nicht an. Der Anwalt hat durch eine allgemeine Weisung sicherzustellen, dass ihm zumindest in Kündigungsschutzverfahren die Handakte mit der Ladung umgehend nach Eingang der Ladung vorgelegt wird.[262] Zumindest muss er durch organisatorische Anordnungen sicherstellen, dass eine erfahrene Bürokraft die eingegangene Ladung unverzüglich darauf überprüft, ob aufgrund des mitgeteilten Eingangsdatums ein Antrag auf nachträgliche Zulassung der Kündigungsschutzklage zu stellen ist.[263]

57 Obwohl § 5 Abs. 2 vorsieht, dass die Klageerhebung mit dem Antrag auf nachträgliche Zulassung zu verbinden und dieser mit einer Begründung zu versehen ist, können Klageerhebung und Begründung auch noch nach dem Antrag **nachgeholt** werden, sofern das nur innerhalb der Zweiwochenfrist geschieht. Es genügt, dass am Ende dieser Frist ein begründeter Antrag und die nachgeholte Klageerhebung vorliegen.[264]

3. Glaubhaftmachung des Grundes für die nachträgliche Zulassung der Kündigungsschutzklage (§ 5 Abs. 2 S. 2 KSchG)

58 **a) Angabe der Mittel zur Glaubhaftmachung des Grundes für die nachträgliche Klagezulassung.** Der gemäß § 5 Abs. 3 S. 1 innerhalb von zwei Wochen nach Behebung des Hindernisses bei Gericht einzureichende Antrag auf nachträgliche Zulassung muss nach Abs. 2 S. 2 die die nachträgliche Zulassung begründenden Tatsachen und die **Mittel für deren Glaubhaftmachung angeben.**[265] Zwischen der Verfahrensvoraussetzung der Angabe der Mittel der Glaubhaftmachung und der Glaubhaftmachung der Tatsachen, die die

[258] BAG 6.10.2010 – 7 AZR 569/09, NZA 2011, 477.

[259] BAG 6.10.2010 – 7 AZR 569/09, NZA 2011, 477; LAG Sachsen-Anhalt 14.4.2015 – 6 Sa 358/14, BeckRS 2015, 72922.

[260] LAG Köln 11.8.2004 – 2 Ta 297/04, BeckRS 2004, 30463403.

[261] LAG Köln 8.9.2021 – 3 Sa 224/21, BeckRS 2021, 34127; Hessisches LAG 11.3.2005 – 15 Ta 638/04, NZA-RR 2005, 322; LAG Köln 23.3.2005 – 7 Ta 43/05, BeckRS 2005, 42319.

[262] Bader jurisPR-ArbR 3/2022 Anm. 4.

[263] Allgemein zur Prüfung der Eingangspost auf Fristsachen BGH 27.7.2021 – XI ZR 333/21, NJW-RR 2022, 135.

[264] LAG Baden-Württemberg 8.3.1988 – 8 Ta 8/88, BeckRS 1988, 30920918; APS/Hesse/Tiedemann KSchG § 5 Rn. 71; PVT Kündigung/Vossen Rn. 2216.

[265] LAG Sachsen-Anhalt 14.4.2015 – 6 Sa 358/14, BeckRS 2015, 72922.

Zulassung begründen, ist zu unterscheiden. Um der Verfahrensanforderung des § 5 Abs. 2 S. 2 gerecht zu werden, genügt die Angabe der Mittel der Glaubhaftmachung. Die Glaubhaftmachung selbst ist eine besondere Art der Beweisführung, die auch noch später erfolgen kann.[266] Verspätet vorgetragene Tatsachen und Mittel der Glaubhaftmachung sind nur zu beachten, wenn sie lediglich einen fristgerecht geltend gemachten Grund ergänzen, vervollständigen oder konkretisieren und darüber hinaus eine Pflicht des Gerichts nach § 139 ZPO bestanden hat, durch eine gerichtliche Nachfrage erkennbar Unklarheiten oder Ungenauigkeiten zu beseitigen,[267] was insbesondere in Betracht kommt, wenn dem Antragsteller aufgrund der bis dahin bestehenden höchstrichterlichen Rechtsprechung nicht hinreichend erkennbar war, dass es auf die betreffenden Angaben ankommen würde.[268] Das Gericht ist nicht zur Nachfrage verpflichtet, wenn im Antrag jeglicher Vortrag des Klägers zur Organisation des Fristenwesens in der Kanzlei seines Prozessbevollmächtigten fehlt, obwohl die entsprechenden Anforderungen einem Anwalt bekannt sein müssen.[269] Überhaupt ist das Gericht nicht verpflichtet, eine Partei darauf hinzuweisen, dass die Umstände, die zur Fristversäumung geführt haben, vollständig vorgetragen werden müssen.[270] Nach Fristablauf können noch offenkundige und gerichtsbekannte Tatsachen berücksichtigt werden.[271] Weist das ArbG den Kläger darauf hin, dass zwar nicht der im Antrag auf nachträgliche Klagezulassung innerhalb der Frist des § 5 Abs. 3 S. 1 geltend gemachte Zulassungsgrund vorliegt, sich aus dem Antrag aber ein anderer, mit den bereits angegebenen Mitteln glaubhaft zu machender Zulassungsgrund ergibt, und stützt sich die Partei nach Ablauf der Antragsfrist, jedoch innerhalb der gewährten Stellungnahmefrist auf diesen anderen Grund, kann die nachträgliche Klagezulassung nicht mit der Begründung versagt werden, es handele sich um ein unzulässiges Nachschieben eines neuen Zulassungsgrundes.[272]

b) Glaubhaftmachung bestrittener Umstände. Im Zusammenhang mit einem Antrag 59 auf nachträgliche Zulassung nach § 5 müssen nur bestrittene Umstände glaubhaft gemacht werden.[273] Da der Zulassungsantrag gemäß § 5 Abs. 2 S. 1 und Abs. 4 S. 1 dem Gegner stets zuzustellen ist, hat dieser die Möglichkeit, Kenntnis von den vorgebrachten Zulassungstatsachen zu nehmen und sie zu bestreiten. Stets erforderlich bleibt jedoch, dass der Kläger seinen Antrag auf nachträgliche Zulassung der Kündigungsschutzklage schlüssig begründet. Eine Glaubhaftmachung ist auch entbehrlich, soweit die Tatsachen, auf die sich der Arbeitnehmer beruft, durch die Gerichtsakten belegt sind.[274]

c) Geeignete Mittel zur Glaubhaftmachung des Grundes für die nachträgliche Klage- 60 zulassung. Glaubhaftmachung (§ 294 ZPO) ist eine Beweisführung, die dem Gericht einen **geringeren Grad von Wahrscheinlichkeit** gegenüber der Überzeugungsbildung bei einem Vollbeweis abverlangt. Die Hinderungsgründe, die der rechtzeitigen Klageerhebung entgegengestanden haben sollen, sind also nicht mit an Sicherheit grenzender Wahrscheinlichkeit nachzuweisen.[275] Es genügt eine überwiegende Wahrscheinlichkeit dafür, dass die Behauptung des Klägers zutrifft.[276] Es muss nur mehr für das Vorliegen

---

[266] BAG 25.4.2013 – 6 AZR 49/12, NZI 2013, 758; KR/Kreft KSchG § 5 Rn. 91; APS/Hesse/Tiedemann KSchG § 5 Rn. 72; Däubler/Deinert/Callsen KSchG § 5 Rn. 26; PVT Kündigung/Vossen Rn. 2217.

[267] BAG 28.5.2009 – 2 AZR 732/08, NZA 2009, 1229; LAG Düsseldorf 19.9.2002 – 15 Ta 343/02, NZA-RR 2003, 78 (79); LAG Baden-Württemberg 8.3.1988 – 8 Ta 8/88, LAGE § 5 KSchG Nr. 37 mAnm Löwisch; KR/Kreft KSchG § 5 Rn. 84; APS/Hesse/Tiedemann KSchG § 5 Rn. 75; PVT Kündigung/Vossen Rn. 2217.

[268] Vgl. BGH 2.12.2021 – III ZB 42/21, NJOZ 2022, 1212.

[269] BGH 1.3.2023 – XII ZB 483/21, NJW-RR 2023, 698; 15.2.2022 – VI ZB 37/20, NJW-RR 2022, 855.

[270] BGH 15.12.2022 – I ZB 35/22, NJOZ 2023, 437.

[271] LAG Hamm 5.1.1998 – 12 Ta 387/97, NZA-RR 1998, 209; APS/Hesse/Tiedemann KSchG § 5 Rn. 75; PVT Kündigung/Vossen Rn. 2218.

[272] Vgl. BGH 16.12.2021 – V ZB 34/21, NJW 2022, 1180 zu §§ 234, 236 ZPO.

[273] BAG 25.4.2013 – 6 AZR 49/12, NZI 2013, 758; KR/Kreft KSchG § 5 Rn. 88.

[274] BAG 30.7.2020 – 2 AZR 43/20, NZA 2020, 1427.

[275] LAG Rheinland-Pfalz 14.9.2012 – 9 Sa 231/12, BeckRS 2012, 75970.

[276] LSSW/Spinner § 5 Rn. 36; allg. BGH 11.9.2003 – IX ZB 37/03, NJW 2003, 3558.

der in Rede stehenden Behauptung sprechen als dagegen.[277] Das Gericht beurteilt nach § 286 Abs. 1 ZPO in freier Würdigung, ob dieses geringere Beweismaß erreicht ist.[278] Als geeignetes Mittel der Glaubhaftmachung nach § 294 Abs. 1 ZPO kann eine einfache **anwaltliche Erklärung** ausreichen, sofern sie sich auf die eigene Berufstätigkeit des Anwalts und eigene Wahrnehmungen bezieht.[279] In diesem Fall ist die Angabe einer ausdrücklichen „anwaltlichen Versicherung" oder einer Versicherung an Eides Statt als Mittel der Glaubhaftmachung nicht erforderlich.[280] Es genügt, dass der Anwalt die Richtigkeit seiner Angaben unter Bezugnahme auf seine Standespflichten, die schon in der Verwendung eines Anwaltsbriefbogens und der Zeichnung als „Rechtsanwalt" liegt, anwaltlich versichert.[281] Grundsätzlich ist von der Richtigkeit einer anwaltlichen Versicherung auszugehen. Dies gilt nur dann nicht, wenn konkrete Anhaltspunkte es ausschließen, den geschilderten Sachverhalt mit überwiegender Wahrscheinlichkeit als zutreffend zu erachten.[282] Nimmt das Gericht einen solchen Fall an, muss es den Kläger darauf hinweisen und ihm Gelegenheit geben, entsprechenden Zeugenbeweis anzutreten. Zudem ist dann zu prüfen, ob nicht bereits in der Vorlage der anwaltlichen Versicherung zugleich ein Angebot auf Vernehmung des Prozessbevollmächtigten als Zeuge zu den darin genannten Tatsachen liegt.[283] Zu weit geht es indessen, einem von einem Rechtsanwalt verfassten Antrag auf nachträgliche Zulassung der Kündigungsschutzklage in der Regel auch ohne ausdrückliche Hervorhebung zu entnehmen, es sollten die Tatsachen, welche die Zulassung begründen, soweit sie im Wissen des Arbeitnehmers stehen, durch dessen eidesstattliche Versicherung glaubhaft gemacht werden.[284] Hier wird unzulässig mit Unterstellungen gearbeitet, um mangelnde Sorgfalt zu verdecken. Ebenso wenig kann der Hinweis auf eine dem Antrag auf nachträgliche Klagezulassung vermeintlich „beiliegende", tatsächlich aber nicht beigefügte eidesstattliche Versicherung des Prozessbevollmächtigten als anwaltliche Erklärung/Versicherung verstanden werden. Denn es fehlt dann ersichtlich an dem Willen, sich das Mittel der anwaltlichen Versicherung überhaupt zu bedienen.[285]

61 Zur Glaubhaftmachung genügt die **Versicherung an Eides Statt,** es sind aber auch alle anderen Beweismittel – nicht aber eine informatorische Anhörung[286] – zuzulassen (vgl. § 294 ZPO). Der Beweiswert einer eigenen eidesstattlichen Versicherung einer Partei ist mit besonderer Sorgfalt zu würdigen (§ 286 Abs. 1 ZPO). Beruft sich ein Arbeitnehmer unter Vorlage einer entsprechenden eigenen eidesstattlichen Versicherung darauf, dass ein per Bote in seinen Hausbriefkasten eingeworfenes Schriftstück weder von ihm noch von seiner Ehefrau oder der 15-jährigen Tochter darin vorgefunden wurde, rechtfertigt allein dieses Vorbringen nach Auffassung des LAG Rheinland-Pfalz eine nachträgliche Zulassung der Kündigungsschutzklage jedenfalls dann nicht, wenn dieser Arbeitnehmer schon in der Vergangenheit wahrheitswidrig behauptet hatte, auch ein per Bote ihm übermitteltes Abmahnschreiben nicht in diesem Briefkasten vorgefunden zu haben.[287] Die Ausschöpfung der Antragsfrist des § 5 Abs. 3 S. 1 beeinträchtigt für sich genommen nicht die Glaubhaftmachung des geltend gemachten Grundes für die nachträgliche

---

[277] BGH 26.1.2022 – XII ZB 227/21, BeckRS 2022, 2221.

[278] BGH 26.1.2022 – XII ZB 227/21, BeckRS 2022, 2221; 21.12.2006 – IX ZB 60/06, NJW-RR 2007, 776; LAG Hessen 23.3.2022 – 6 Sa 1248/20, NZA-RR 2022, 325.

[279] BAG 14.11.1985 – 2 AZR 652/84, AP ZPO § 251a Nr. 1; KR/Kreft KSchG § 5 Rn. 90; Däubler/Deinert/Callsen KSchG § 5 Rn. 25.

[280] Ebenso KR/Kreft KSchG § 5 Rn. 90.

[281] BAG 25.4.2022 – 3 AZB 2/22, NZA 2022, 803.

[282] BGH 2.8.2022 – VIII ZB 3/21, NJW 2022, 3232; 26.1.2022 – XII ZB 227/21, BeckRS 2022, 2221; LAG Hessen 23.3.2022 – 6 Sa 1248/20, NZA-RR 2022, 325.

[283] BGH 2.8.2022 – VIII ZB 3/21, NJW 2022, 3232; 8.3.2022 – VIII ZB 96/20, NJW-RR 2022, 644; 26.1.2022 – XII ZB 227/21, BeckRS 2022, 2221.

[284] So aber LAG Hamm 18.4.1996 – 5 Ta 285/95, BeckRS 1996, 30847631; LAG Hamburg 18.5.2005 – 4 Ta 27/04, NZA-RR 2005, 489.

[285] Vgl. BGH 20.9.2022 – VI ZB 27/22, NJW-RR 2022, 1577.

[286] BGH 20.9.2022 – VI ZB 27/22, NJW-RR 2022, 1577.

[287] LAG Rheinland-Pfalz 27.7.2005 – 2 Ta 148/05, BeckRS 2005, 156301.

Klagezulassung.[288] Ein Anwalt kann eine von ihm selbst abzugebende **eidesstattliche Versicherung elektronisch signieren und per beA übermitteln.** Bei Dritten bietet sich eine **„Glaubhaftmachungskette“**[289] an: Der Anwalt übermittelt eine Kopie der eidesstattlichen Versicherung des Dritten nebst einer von ihm – dem Anwalt – elektronisch signierten Versicherung an Eides Statt, in der er erklärt, dass ihm die vom Dritten unterzeichnete Versicherung schriftlich im Original vorliege, welches bei Bedarf sofort vorgelegt werden könne.[290]

4. Rechtsschutzinteresse für Antrag auf nachträgliche Zulassung der Kündigungsschutzklage

Der Antrag setzt zwar ein Rechtsschutzinteresse voraus; es ist aber im Zulassungsverfahren **nicht zu prüfen, ob die Kündigungsschutzklage selbst Aussicht auf Erfolg hat.**[291] Hat der Arbeitnehmer eine zulässige allgemeine Feststellungsklage (§ 256 ZPO) erhoben, mit der er sich gegen eine Anfechtung des Arbeitsverhältnisses wehrt, kann er die Unwirksamkeit einer Kündigung entsprechend § 6 auch noch nach Ablauf der Dreiwochenfrist gerichtlich geltend machen; für einen Antrag auf nachträgliche Zulassung der Kündigungsschutzklage fehlt dann genauso das Rechtsschutzinteresse wie in den anderen Fällen einer analogen Anwendung von § 6 (→ § 6 Rn. 10 ff.).[292] Indes wird der Antrag nach § 5 dann gar nicht zur Entscheidung anfallen, weil es sich um einen Hilfsantrag für den – nicht vorliegenden – Fall der Verspätung der Klage handelt (→ Rn. 49). 62

IV. Entscheidung über den Antrag auf nachträgliche Zulassung der Kündigungsschutzklage (§ 5 Abs. 4 KSchG)

1. Grundsätze

a) **Verbundverfahren.** Seit Inkrafttreten der Neuregelung des Verfahrens über den Antrag auf nachträgliche Zulassung der Kündigungsschutzklage zum 1.4.2008 ist dieses gemäß § 5 Abs. 4 mit dem Kündigungsschutzverfahren zu verbinden. Die Verbindung erfolgt durch Beschluss nach § 147 ZPO, der keiner mündlichen Verhandlung bedarf, gemeinsam mit der Terminbestimmung für beide Anträge erfolgen kann und stets unanfechtbar ist.[293] Die gemeinsame Verhandlung und Entscheidung (**Verbundentscheidung**) über die Frage der nachträglichen Zulassung und die Kündigungsschutzklage ist nach dem Wortlaut dieser Bestimmung der Regelfall.[294] 63

Im Fall der Verbundentscheidung hat das ArbG nach mündlicher Verhandlung, sofern nicht eine Alleinentscheidung des Vorsitzenden nach § 55 Abs. 3 ArbGG zulässig ist, durch **Endurteil** zu entscheiden. Ist die Kündigungsschutzklage verspätet erhoben, liegt jedoch ein Grund zur nachträglichen Zulassung der Klage nach § 5 Abs. 1 vor, lässt das ArbG die Klage nachträglich zu und entscheidet über die Wirksamkeit der Kündigung. Ist die Kündigungsschutzklage begründet, ist im Tenor die beantragte Feststellung auszusprechen, eines besonderen Ausspruchs der nachträglichen Zulassung im Urteilstenor 64

---

288 Vgl. BGH 2.8.2022 – VIII ZB 3/21, NJW 2022, 3232.

289 Begriff nach Mantz/Windau AnwBl Online 2022, 11 (12).

290 Wollweber NJW 2023, 1225 (1226).

291 KR/Kreft KSchG § 5 Rn. 97; HaKo-KSchR/Gallner KSchG § 5 Rn. 39; APS/Hesse/Tiedemann KSchG § 5 Rn. 7.

292 Vgl. LAG Sachsen-Anhalt 23.4.1997 – 4 Ta 231/96, NZA-RR 1998, 464.

293 Roloff NZA 2009, 761 (762).

294 BAG 28.5.2009 – 2 AZR 732/08, NZA 2009, 1229; Francken/Natter/Rieker NZA 2008, 377, 380; MüKoBGB/Hergenröder KSchG § 5 Rn. 21; APS/Hesse/Tiedemann KSchG § 5 Rn. 94; aA Roloff NZA 2009, 761, 762: freies Ermessen des ArbG.

bedarf es nicht.[295] Liegt kein Grund für die nachträgliche Zulassung der Klage vor, ist die Kündigungsschutzklage abzuweisen.[296] Das ArbG kann dabei die Entscheidung über den Antrag auf nachträgliche Zulassung der Klage offenlassen, wenn es die Kündigungsschutzklage für unbegründet hält. Damit wird dem besonderen Beschleunigungsgebot in Bestandsschutzverfahren Rechnung getragen.[297]

65 b) **Zwischenstreit.** Das ArbG kann das Verfahren zunächst auf den Antrag auf nachträgliche Zulassung der Klage beschränken. Dies ist auch nach Einführung des Verbundverfahrens gemäß § 5 Abs. 4 S. 2 und 3 zulässig. Das Gesetz macht indes deutlich, dass es das Verbundverfahren als gesetzlichen Regelfall ansieht.[298] Im Rahmen des Zwischenstreits ist zu prüfen, ob die Klage verspätet war und ggf. nachträglich zuzulassen ist. Der zusätzlich zum Kündigungsschutzantrag angebrachte Antrag auf nachträgliche Zulassung der Kündigungsschutzklage ist dabei ein **Hilfsantrag** für den Fall, dass die Klage verspätet ist. Das Gericht hat darum Feststellungen zur verspäteten Klageerhebung bzw. dazu treffen, ob überhaupt eine dem Arbeitgeber zurechenbare schriftliche Kündigung vorliegt, ob und wann die Kündigungserklärung dem Arbeitnehmer zugegangen und wann die Klage beim ArbG eingegangen ist.[299] Es darf über den Hilfsantrag nur entscheiden, wenn es zu der Ansicht gelangt ist, der Kläger habe gegen eine dem Arbeitgeber zuzurechnende Kündigung verspätet Klage erhoben.[300]

66 Den Zwischenstreit entscheidet das ArbG nach mündlicher Verhandlung durch **Zwischenurteil (§ 303),** und zwar die Kammer in voller Besetzung, sofern die Parteien nicht nach § 55 Abs. 3 ArbGG eine Alleinentscheidung des Vorsitzenden beantragen.[301] Entscheidet das ArbG über die nachträgliche Zulassung vorab, ist der Antrag auf nachträgliche Zulassung der Klage abzuweisen, wenn er nicht begründet ist. Hat der Antrag Erfolg, ist zu tenorieren: „Die Kündigungsschutzklage wird zugelassen."[302] Nach rechtskräftigem Abschluss des Zwischenstreits hat das ArbG unter Beachtung von § 318 ZPO von Amts wegen abschließend über die Kündigungsschutzklage zu entscheiden (zur Bindungswirkung des Zwischenurteils → Rn. 74).[303]

2. Säumnis

67 In Bezug auf eine mögliche Säumnis einer Partei ist zu **differenzieren:**

68 a) **Verbundverfahren.** Im Fall der **Säumnis des Beklagten** ergeht auf Antrag des Klägers ein Versäumnisurteil, wenn die Voraussetzungen der nachträglichen Zulassung schlüssig vorgetragen sind (§ 331 Abs. 1 S. 1 ZPO). Ist der **Kläger säumig (§ 330 ZPO),** ist auf Antrag des Beklagten die Klage durch Versäumnisurteil abzuweisen. Über den Zulassungsantrag ist nicht gesondert zu entscheiden.[304] Der Arbeitgeber kann im Kammertermin aber auch eine Entscheidung nach Aktenlage beantragen (§§ 331a, 251a Abs. 2 ZPO). Das ArbG hat dann durch Endurteil zu entscheiden.[305]

---

[295] MüKoBGB/Hergenröder KSchG § 5 Rn. 22; KR/Kreft KSchG § 5 Rn. 128; LSSW/Spinner Rn. 37; aA APS/Hesse/Tiedemann KSchG § 5 Rn. 105; NK-GA/Roloff KSchG § 5 Rn. 134.

[296] NK-GA/Roloff KSchG § 5 Rn. 134.

[297] Francken/Natter/Rieker NZA 2008, 377 (381); APS/Hesse/Tiedemann KSchG § 5 Rn. 106; HWK/Quecke KSchG § 5 Rn. 14; Roloff NZA 2009, 761 (764).

[298] KR/Kreft KSchG § 5 Rn. 127.

[299] BAG 28.5.2009 – 2 AZR 732/08, NZA 2009, 1229.

[300] BAG 25.4.2013 – 6 AZR 49/12, NZI 2013, 758; 22.3.2012 – 2 AZR 224/11, AP KSchG 1969 § 5 Nr. 19.

[301] Vgl. KR/Kreft KSchG § 5 Rn. 127; APS/Hesse/Tiedemann KSchG § 5 Rn. 94; PVT Kündigung/Vossen Rn. 2227; krit. dazu HaKo-KSchR/Gallner KSchG § 5 Rn. 68 f.

[302] APS/Hesse/Tiedemann KSchG § 5 Rn. 103.

[303] BAG 22.3.2012 – 2 AZR 224/11, AP KSchG 1969 § 5 Nr. 19.

[304] KR/Kreft KSchG § 5 Rn. 137; MüKoBGB/Hergenröder KSchG § 5 Rn. 25; APS/Hesse/Tiedemann KSchG § 5 Rn. 99; LSSW/Spinner § 5 Rn. 33; aA Roloff NZA 2009, 761 (764).

[305] APS/Hesse/Tiedemann KSchG § 5 Rn. 99.

b) Zwischenstreit. Hat das ArbG zur Entscheidung über den Zulassungsantrag terminiert, kann hierüber nur ein Versäumnis-Zwischenurteil ergehen.[306] 69

3. Rechtsmittel gegen Entscheidung über Antrag auf nachträgliche Zulassung der Kündigungsschutzklage

a) Verbundentscheidung. Hat das ArbG eine Verbundentscheidung getroffen, ist gegen das ergangene **Endurteil** nach § 64 Abs. 2 Buchst. c ArbGG die Berufung statthaft. Das LAG kann gemäß § 5 Abs. 5 S. 2 iVm § 5 Abs. 4 S. 2 seine Entscheidung zunächst auf den Antrag nach § 5 Abs. 1 beschränken. Von dieser Möglichkeit wird es insbesondere Gebrauch machen, wenn es eine Zulassung der Revision beabsichtigt.[307] Über die Berufung entscheidet das LAG dann entweder durch Urteil oder durch Zwischenurteil.[308] Es kann dabei unter den Voraussetzungen des § 128 Abs. 2 S. 1 ZPO auch ohne mündliche Verhandlung entscheiden, weil § 64 Abs. 7 ArbGG die Regelung des § 46 Abs. 2 S. 2 ArbGG nicht in Bezug nimmt.[309] Da nach § 5 Abs. 5 S. 2 iVm Abs. 4 S. 3 ein hierbei ergehendes Zwischenurteil wie ein Endurteil angefochten werden kann, ist auch hiergegen unter den Voraussetzungen des § 72 Abs. 1 ArbGG die Revision statthaft. 70

b) Zwischenurteil. Hat das ArbG das Verfahren zunächst auf die Verhandlung und Entscheidung über den Antrag auf nachträgliche Klagezulassung beschränkt, ergeht die Entscheidung durch **Zwischenurteil** (§ 303 ZPO). Dieses kann gemäß § 5 Abs. 4 S. 3 wie ein Endurteil durch das Rechtsmittel der Berufung angefochten werden. 71

c) Keine erstinstanzliche Entscheidung über den Zulassungsantrag. Hat das ArbG über einen Antrag auf nachträgliche Klagezulassung nicht entschieden oder wird ein solcher Antrag erstmals im zweiten Rechtszug gestellt, entscheidet nach § 5 Abs. 5 S. 1 hierüber das LAG. Dies betrifft die Fälle, in denen das ArbG den Antrag auf nachträgliche Zulassung übersehen oder die Kündigungsschutzklage für fristgerecht erhoben erachtet hat.[310] Auf Grund dieser ausdrücklichen gesetzlichen Regelung scheidet in diesen Fällen eine Zurückverweisung der Sache an das ArbG aus.[311] 72

d) Abweichender Vortrag zum fehlenden Verschulden in der Revisionsinstanz. Eine Verfahrensrüge gemäß § 559 Abs. 1 Satz 2, § 551 Abs. 3 Satz 1 Nr. 2 Buchst. b ZPO, mit der ein gegenüber der Wiedergabe im Berufungsurteil abweichendes Klägervorbringen zum fehlenden Verschulden an der Versäumung der Klagefrist geltend gemacht werden soll, ist ausgeschlossen, wenn der Kläger die betreffende Feststellung nicht zuvor (erfolglos) mit einem Tatbestandsberichtigungsantrag nach § 320 ZPO angegriffen hat. Das gilt zumindest, wenn die Berufungsentscheidung aufgrund mündlicher Verhandlung ergangen ist.[312] 73

4. Bindungswirkung der Entscheidungen über die nachträgliche Zulassung der Kündigungsschutzklage

Umstritten ist, welche Wirkungen ein **rechtskräftiges Zwischenurteil** hat. Dieses ist der **inneren Rechtskraft** fähig und entfaltet daher gemäß § 318 ZPO eine Bindungswirkung in Folgeverfahren. Nach Auffassung des BAG zur Rechtslage vor dem 74

[306] KR/Kreft KSchG § 5 Rn. 137; LSSW/Spinner § 5 Rn. 34.

[307] KR/Kreft KSchG § 5 Rn. 141; APS/Hesse/Tiedemann KSchG § 5 Rn. 108; NK-GA/Roloff KSchG § 5 Rn. 157; Roloff NZA 2009, 761 (766); PVT Kündigung/Vossen Rn. 2233; einschränkend MüKoBGB/Hergenröder KSchG § 5 Rn. 32.

[308] Vgl. dazu KR/Kreft KSchG § 5 Rn. 140 f.; APS/Hesse/Tiedemann KSchG § 5 Rn. 108.

[309] BAG 28.5.2009 – 2 AZR 732/08, NZA 2009, 1229.

[310] KR/Kreft KSchG § 5 Rn. 141.

[311] NK-GA/Roloff KSchG § 5 Rn. 158.

[312] Vgl. BGH 10.2.2022 – I ZB 46/21, NJOZ 2022, 1110.

1.1.2008 wird bei einer Abweisung des Antrags auf nachträgliche Zulassung gemäß § 5 Abs. 1 S. 1 für das Kündigungsschutzverfahren bindend festgestellt, dass die Klage vom Arbeitnehmer nicht ohne Verschulden verspätet erhoben worden ist.[313] Nach rechtskräftiger Abweisung des Antrags auf nachträgliche Zulassung mit dieser Begründung dürfe im Kündigungsschutzverfahren nicht noch einmal geprüft werden, ob die Klage überhaupt verspätet sei.[314] Bestünden keine anderen Unwirksamkeitsgründe für die ausgesprochene Kündigung, sei die Kündigungsschutzklage aufgrund der bindenden Feststellungen aus dem Zulassungsverfahren abzuweisen. Dem ist aus Gründen der Prozessökonomie zu folgen. Die Bedenken, die sich aus der im Verfahren nach § 5 vorgesehenen Glaubhaftmachung gegenüber dem im Kündigungsschutzverfahren erforderlichen Vollbeweis ergeben, müssen insoweit zurücktreten.[315] Über die Frage der verspäteten Klageerhebung hinaus erwachsen jedoch auch nach Auffassung des BAG andere Vorfragen, wie beispielsweise die Anwendbarkeit des KSchG, nicht in Rechtskraft und unterliegen demzufolge auch keiner Bindungswirkung für das Kündigungsschutzverfahren.[316]

§ 6 Verlängerte Anrufungsfrist

[1] Hat ein Arbeitnehmer innerhalb von drei Wochen nach Zugang der schriftlichen Kündigung im Klagewege geltend gemacht, dass eine rechtswirksame Kündigung nicht vorliege, so kann er sich in diesem Verfahren bis zum Schluss der mündlichen Verhandlung erster Instanz zur Begründung der Unwirksamkeit der Kündigung auch auf innerhalb der Klagefrist nicht geltend gemachte Gründe berufen. [2] Das Arbeitsgericht soll ihn hierauf hinweisen.

Übersicht

---

[313] BAG 28.5.2009 – 2 AZR 732/08, NZA 2009, 1229; 28.5.1998 – 2 AZR 615/97, AP KSchG 1969 § 2 Nr. 48 mAnm Löwisch; 5.4.1984 – 2 AZR 67/83, NZA 1984, 124.

[314] Zust. KR/Kreft KSchG § 5 Rn. 146; APS/Hesse/Tiedemann KSchG § 5 Rn. 111; NK-GA/Roloff KSchG § 5 Rn. 137 ff.; PVT Kündigung/Vossen Rn. 2239.

[315] Ebenso MüKoBGB/Hergenröder KSchG § 5 Rn. 30; aA LAG Baden-Württemberg 8.3.1988 – 8 Ta 8/88, BeckRS 1988, 30920918; LAG Berlin 19.1.1987 – 9 Ta 14/86, LAGE § 5 KSchG Nr. 27; LAG Mecklenburg-Vorpommern 27.7.1999 – 3 Ta 41/99, BeckRS 1999, 30463720; LAG Sachsen-Anhalt 22.10.1997 – 5 Ta 229/97, NZA 1999, 614; Grunsky Anm. zu BAG AP KSchG 1969 § 5 Nr. 4; Löwisch Anm. zu LAG Baden-Württemberg LAGE § 5 KSchG Nr. 37; Otto Anm. zu BAG EzA § 5 KSchG Nr. 20; LSSW/Spinner § 5 Rn. 41; Vollkommer Anm. zu LAG Hamm LAGE § 5 KSchG Nr. 22.

[316] BAG 5.4.1984 – 2 AZR 67/83, NZA 1984, 124.

1. Allgemeines zu § 6 KSchG

Nach § 6 kann sich der Arbeitnehmer in einem Rechtsstreit nach Ablauf der Klagefrist des § 4 noch auf die Unwirksamkeit der Kündigung aus weiteren Gründen berufen, wenn er in diesem Verfahren im Klageweg geltend gemacht hat, eine rechtswirksame Kündigung liege nicht vor. § 6 ist eine **Präklusionsvorschrift,**[1] die für die ordentliche und die außerordentliche Kündigung (iVm § 13 Abs. 1 S. 2)[2] sowie für die Änderungskündigung gilt.[3] **Zweck der Vorschrift** ist zum einen, dem „meist nicht rechtskundigen" Arbeitnehmer die Möglichkeit zu eröffnen, auch nach Ablauf der Dreiwochenfrist des § 4 noch andere Unwirksamkeitsgründe in den Prozess einzuführen, auf die er sich zunächst nicht berufen hat. Zum anderen wollte der Gesetzgeber diese Rügemöglichkeit auf die Zeit bis zum Schluss der mündlichen Verhandlung in der ersten Instanz beschränken, um dem Arbeitgeber alsbald Klarheit über den Bestand oder die Beendigung des Arbeitsverhältnisses zu verschaffen.[4] Dieser soll sich nicht erstmals in zweiter Instanz auf einen bis dahin in das gerichtliche Verfahren nicht eingeführten anderen Unwirksamkeitsgrund einlassen müssen und soll nicht die dafür erheblichen Tatsachen ermitteln und die entsprechenden Beweise beibringen müssen.[5] Da dieses Interesse des Arbeitgebers davon unabhängig ist, ob der Arbeitnehmer anwaltlich oder gewerkschaftlich vertreten ist, besteht die Hinweispflicht auch in diesen Fällen.[6] 1

§ 6 S. 1 stärkt die zivilprozessuale Dispositionsmaxime. Danach bestimmt der Kläger durch Anträge und Sachvortrag zwar den Streitstoff, die Subsumtion des vorgetragenen Sachverhalts unter die in Betracht kommenden gesetzlichen Tatbestände ist jedoch Sache des Gerichts (iura novit curia).[7] Durch § 6 hat es der klagende Arbeitnehmer im Kündigungsschutzprozess in der Hand, den **Prozessstoff in den zeitlichen Grenzen des § 6 S. 1 zu erweitern und zu begrenzen.**[8] Will er diesen im Lauf des Verfahrens einschränken, zB in dem Sinn, dass die ordnungsgemäße Anhörung des Betriebsrats nach § 102 Abs. 1 BetrVG nicht mehr Streitstoff sein soll, setzt dies voraus, dass er zweifelsfrei zu erkennen gibt, sich auf bestimmte, rechtlich eigenständige Unwirksamkeitsgründe nicht (mehr) berufen zu wollen.[9] An eine solche Beschränkung des Sachvortrags, die nach der Rechtsprechung des BAG grundsätzlich bis zum Schluss der mündlichen Verhandlung in zweiter Instanz möglich ist, sind die Gerichte selbst dann gebunden, wenn sich aus dem eigenen Vorbringen des Arbeitgebers Zweifel hinsichtlich der Wirksamkeit der Kündigung unter dem betreffenden Gesichtspunkt ergeben.[10] 2

2. Voraussetzungen von § 6 KSchG

Voraussetzung des § 6 ist, dass der Arbeitnehmer im **Klageweg** geltend gemacht hat, eine rechtswirksame Kündigung liege nicht vor. Erforderlich ist ein aktives Tun, das 3

[1] BAG 21.3.2018 – 7 AZR 408/16, AP TzBfG § 17 Nr. 16; 25.10.2012 – 2 AZR 845/11, NZA 2013, 900; 18.1.2012 – 6 AZR 407/10, NZA 2012, 817; NK-GA/Roloff KSchG § 6 Rn. 13.
[2] BAG 24.5.2012 – 2 AZR 206/11, NZA 2013, 137.
[3] BAG 24.5.2018 – 2 AZR 67/18, NZA 2018, 1127; HaKo-KSchR/Gallner KSchG § 6 Rn. 5; MüKoBGB/Hergenröder KSchG § 6 Rn. 5, 8.
[4] BT-Drs. 15/1204 S. 13; BAG 1.8.2018 – 7 AZR 882/16, NZA 2019, 314; Eylert NZA 2012, 9 (10).
[5] BAG 20.1.2016 – 6 AZR 601/14, NZA 2016, 490.
[6] BAG 21.3.2018 – 7 AZR 408/16, AP TzBfG § 17 Nr. 16.
[7] BAG 18.1.2012 – 6 AZR 407/10, NZA 2012, 817; BGH 25.10.2012 – IX ZR 207/11, NJW 2013, 540; Zöller/Vollkommer Einl. Rn. 71; dazu Eylert NZA 2012, 9 (10); Moll/Katerndahl Anm. AP KSchG 1969 § 17 Nr. 48.
[8] BAG 20.6.2013 – 2 AZR 546/12, NZA 2014, 143.
[9] BAG 20.6.2013 – 2 AZR 546/12, NZA 2014, 143; 24.5.2012 – 2 AZR 206/11, NZA 2013, 137.
[10] BAG 26.9.2013 – 2 AZR 843/12, NZA-RR 2014, 236.

bloße Bestreiten der Rechtmäßigkeit der Kündigung außerhalb des Prozesses genügt ebenso wenig wie ein Klageabweisungsantrag.[11] In Betracht kommt auch eine Widerklage.

3. Anwendungsbereich von § 6 KSchG

4 **a) Geltung von § 6 KSchG für Kündigungsschutzklage.** § 6 hat nach seinem Wortlaut zunächst Bedeutung für die Kündigungsschutzklage nach § 4 S. 1 mit erweitertem punktuellem Streitgegenstand (→ § 4 Rn. 140 ff.).

5 **aa) Allgemeines.** Beabsichtigt der Arbeitnehmer, Klage gegen die von ihm als unwirksam angesehene Kündigung zu erheben, muss er nicht innerhalb der Dreiwochenfrist formelhaft alle denkbaren Unwirksamkeitsgründe rügen, sondern kann weitere Unwirksamkeitsgründe bis spätestens zum Schluss der mündlichen Verhandlung erster Instanz geltend machen. Dabei hat er allerdings die Grenzen des § 61a Abs. 5 ArbGG zu beachten.[12] Es nicht ersichtlich, dass durch die Neufassung des § 6 die prozessualen Vorschriften über die Prozessförderung aufgehoben werden sollten. § 6 S. 1 eröffnet dem Arbeitnehmer, der fristgerecht zB die Sozialwidrigkeit der Kündigung geltend gemacht hat, lediglich die Möglichkeit, auch nach Ablauf der Dreiwochenfrist des § 4 S. 1 noch andere Unwirksamkeitsgründe, auf die er sich zunächst nicht berufen hat, wie etwa die nicht ordnungsgemäße Unterrichtung des Betriebsrats nach § 102 Abs. 1 BetrVG, in den Prozess einzuführen. Geschieht dies allerdings nicht im ersten Rechtszug, ist er mit dieser Rüge in der Berufungsinstanz ausgeschlossen, wenn das ArbG einen Hinweis nach § 6 S. 2 erteilt hat (→ Rn. 20 ff.).[13] Aus diesem Grunde spielt § 67 ArbGG bei richtiger Sachbehandlung durch das ArbG insoweit praktisch keine Rolle mehr.[14]

6 **bb) Anforderungen an die Geltendmachung.** Die Anforderungen an die Geltendmachung der weiteren Unwirksamkeitsgründe dürfen nicht überspannt werden.[15] Eine nähere „Substantiierung" der Rüge kann vom Arbeitnehmer grundsätzlich nicht gefordert werden. Dem stehen Sinn und Zweck des § 6 S. 1 entgegen (→ Rn. 1). Dem Ziel dieser Bestimmung, dem Arbeitnehmer die Möglichkeit zu eröffnen, auch nach Ablauf der Dreiwochenfrist des § 4 S. 1 noch andere Unwirksamkeitsgründe in den Prozess einführen zu können, und dem Arbeitgeber alsbald Klarheit über den Bestand oder die Beendigung des Arbeitsverhältnisses zu verschaffen, wird vielmehr ausgewogen Rechnung getragen, wenn man vom Arbeitnehmer verlangt, hinreichend deutlich die „Stoßrichtung" seiner Rüge darzulegen.[16] Mehr muss der klagende Arbeitnehmer regelmäßig nicht vortragen. Ansonsten bliebe unberücksichtigt, dass nach § 1 Abs. 2 S. 4 der Arbeitgeber die Darlegungs- und Beweislast für die Kündigungsgründe trägt.[17]

7 **cc) Besonderheiten bei Massenentlassungen.** Im Fall einer Massenentlassung hat der Arbeitgeber die in § 17 Abs. 2 normierte Pflicht zur Konsultation des Betriebsrats und die in § 17 Abs. 1 und Abs. 3 geregelte Anzeigepflicht gegenüber der Agentur für Arbeit zu beachten. Das Konsultationsverfahren steht selbständig neben dem Anzeigeverfahren.[18] Fehler im Anzeigeverfahren führen richtigerweise nicht zur Nichtigkeit der Kündi-

[11] Ebenso KR/Klose KSchG § 6 Rn. 25; HaKo-KSchR/Gallner KSchG § 6 Rn. 9; MüKoBGB/Hergenröder KSchG § 6 Rn. 3; APS/Hesse/Tiedemann KSchG § 6 Rn. 4; ErfK/Kiel KSchG § 6 Rn. 1.

[12] Raab RdA 2004, 321 (329); PVT Kündigung/Vossen Rn. 2150; insoweit auch Quecke RdA 2004, 86 (102); aA Bader NZA 2004, 65 (69).

[13] BAG 18.1.2012 – 6 AZR 407/10, NZA 2012, 817; 8. 11 2007- 2 AZR 314/06, NZA 2008, 936; aA KR/Klose KSchG § 6 Rn. 12 ff.; Quecke RdA 2004, 86, 102.

[14] Zutr. PVT Kündigung/Vossen Rn. 2150.

[15] APS/Hesse/Tiedemann KSchG § 6 Rn. 6.

[16] Vgl. BAG 26.1.2017 – 6 AZR 442/16, NZA 2017, 577.

[17] Moll/Katerndahl Anm. zu AP KSchG 1969 § 17 Nr. 48 mit weiterführenden Erläuterungen zu den Besonderheiten der abgestuften Darlegungs- und Beweislast im Hinblick auf die Einhaltung der Anforderungen des § 17 Abs. 1 bis 3.

[18] BAG 9.6.2016 – 6 AZR 638/15, NZA 2016, 1202; 21.3.2013 – 2 AZR 60/12, NZA 2013, 966.

gung nach § 134 BGB, sondern „lediglich" dazu, dass das Arbeitsverhältnis mangels An- und damit Ablaufens der als Mindestkündigungsfrist wirkenden Sperrfrist nach § 18 KSchG – vorerst – nicht aufgelöst sein kann (→ § 4 Rn. 26). Insoweit macht der Arbeitnehmer also keinen Unwirksamkeitsgrund iSv § 6 KSchG geltend. Demgegenüber stellt das Konsultationsverfahren ein Wirksamkeitserfordernis für die im Zusammenhang mit einer Massenentlassung erfolgte Kündigung dar. Deshalb hat der Arbeitnehmer zur Vermeidung der Präklusion nach § 6 S. 1 erstinstanzlich Mängel im Konsultationsverfahren zu rügen, wenn er die streitgegenständliche Kündigung insofern angreifen will (siehe auch → § 17 Rn. 142). Nur dann kann er Mängel im Konsultationsverfahren und die daraus folgende Nichtigkeit der Kündigung auch noch im Berufungsverfahren geltend machen. Hinsichtlich der Mängel, die bezüglich des nicht bereits in erster Instanz angesprochenen Konsultationsverfahrens bestehen, ist er in zweiter Instanz bei ordnungsgemäß erteiltem Hinweis durch § 6 S. 1 präkludiert.[19] Geht man mit der bisherigen Rechtsprechung des BAG und dem Generalanwalt beim EuGH (→ § 4 Rn. 26) davon aus, dass sowohl Fehler im Konsultations- als auch im Anzeigeverfahren Gründe für die Unwirksamkeit der Kündigung darstellen können, sind Verletzungen der beiden eigenständigen Verfahrensvorgaben im Kündigungsschutzprozess separat zu rügen[20] (kritisch dazu → § 17 Rn. 154).

dd) **Ausschluss der ordentlichen Kündigung.** Zu den erstinstanzlich „geltend zu machenden" Unwirksamkeitsgründen gehört nach Auffassung des BAG auch der tarifvertragliche oder arbeitsvertragliche Ausschluss der ordentlichen Kündigung.[21] Noch nicht geklärt sind dabei die Anforderungen, die an ein „Geltendmachen" von Unkündbarkeitsregelungen zu stellen sind. In Bezug auf **tarifvertragliche „Unkündbarkeitsregelungen"** ist zu beachten, dass die Anwendung von Tarifnormen Rechtsanwendung ist.[22] Das ArbG hat der von den Parteien in den Prozess eingeführten Geltung von Tarifnormen nach § 293 ZPO von Amts wegen nachzugehen. Es hat den Inhalt der tariflichen Normen als Bestandteil des auf den Sachverhalt anzuwendenden Rechts zu ermitteln und daraufhin zu überprüfen, ob er die erhobenen Ansprüche betrifft.[23] Zum Inhalt der Normen gehört dabei auch die Frage ihrer zeitlichen Geltung.[24] Hat der Arbeitnehmer die tatbestandlichen Voraussetzungen für die Anwendung der Tarifnorm dargelegt, insbesondere die beiderseitige Tarifbindung kraft Verbandszugehörigkeit oder arbeitsvertraglicher Bezugnahmeklausel sowie die konkreten Tatbestandsmerkmale, wie regelmäßig Alter und Betriebszugehörigkeit, muss er die Rechtsfolgen einer Tarifregelung, dh den Ausschluss der ordentlichen Kündigung, nicht iSd § 6 S. 1 „geltend machen". Es gilt dann der Grundsatz „iura novit curia". Das Gericht hat nach allgemeinen zivilprozessualen Regeln alle Unwirksamkeitsgründe einer Kündigung, deren Vorliegen sich aus dem Vortrag des Klägers ergeben, von Amts wegen zu berücksichtigen.[25] Ggf. hat es den Sachverhalt unter Berücksichtigung des Vortrags des Arbeitgebers nach Maßgabe von § 139 ZPO durch geeignete Hinweise weiter aufzuklären. Ein „Geltendmachen" ist allerdings dann erforderlich, wenn sich aus der Anwendung von Rechtsvorschriften auf den Vortrag des Klägers nicht unmittelbar die Unwirksamkeit der Kündigung ergibt. Trägt dieser in der Kündigungsschutzklage nur vor, er sei **schwerbehindert** oder bei der Arbeitgeberin bestehe ein **Betriebsrat,** ergibt sich hieraus allein noch nicht die Unwirksamkeit der Kündigung. Nur dann, wenn der Arbeitgeber den Betriebsrat nicht ordnungsgemäß unterrichtet oder nicht die Zustimmung des Integrationsamts nach § 168 8

[19] BAG 20.1.2016 – 6 AZR 601/14, AP KSchG 1969 § 17 Nr. 48 mzustAnm Moll/Katerndahl; fortgeführt von BAG 26.1.2017 – 6 AZR 442/16, NZA 2017, 577.
[20] BAG 20.1.2016 – 6 AZR 601/14, NZA 2016, 490.
[21] BAG 8.11.2007 – 2 AZR 314/06, NZA 2008, 936.
[22] Zeuner FS Leipold S. 221 (228 ff.).
[23] BAG 15.4.2008 – 9 AZR 159/07, NZA-RR 2008, 586.
[24] BAG 9.8.1995 – 6 AZR 1047/94, NZA 1996, 994.
[25] Vgl. Zeuner FS Leipold, 2009, 221 (230); dazu BAG 18.1.2012 – 6 AZR 407/10, NZA 2012, 817.

SGB IX eingeholt hat, tritt diese Rechtsfolge ein. Deshalb hat der Arbeitnehmer die ordnungsgemäße Unterrichtung des Betriebsrats zu bestreiten oder die fehlende Zustimmung des Integrationsamts „geltend zu machen".

9 **b) Geltung von § 6 KSchG für Änderungsschutzklage.** § 6 findet auch im Rahmen von Änderungsschutzklagen nach § 4 S. 2 Anwendung.[26] Die Unbestimmtheit des mit der Kündigung verbundenen Änderungsangebots ist kein von der mangelnden sozialen Rechtfertigung der Änderungskündigung zu trennender eigener Unwirksamkeitsgrund. Deshalb bedarf es keiner gesondert darauf bezogenen Rüge iSv § 6 S. 1.[27]

10 **c) Entsprechende Anwendung von § 6 KSchG.** § 6 ist über den unmittelbaren Anwendungsbereich (→ Rn. 4 ff.) hinaus entsprechend anwendbar, wenn der Arbeitnehmer innerhalb der Dreiwochenfrist des § 4 S. 1 eine Klage erhoben hat, deren Erfolg zwingend die Unwirksamkeit der ausgesprochenen Kündigung voraussetzt.[28]

11 **aa) Lohnklagen aus Annahmeverzug.** Dies betrifft in der Praxis vor allem die Lohnklage aus Annahmeverzug (§ 615 BGB), deren Erfolg von der Unwirksamkeit der Kündigung abhängt. Dies war zu der bis zum 31.12.2003 geltenden Fassung anerkannt.[29] Die Neufassung hat hieran nichts geändert.[30] Allerdings muss die Leistungsklage Ansprüche zum Gegenstand haben, die gerade auf die Unwirksamkeit der Kündigung gestützt werden. Die Geltendmachung von Lohnansprüchen für die Zeit vor der Kündigung genügt deshalb nicht, auch wenn in der Klageschrift die Unwirksamkeit der Kündigung erwähnt und darauf gestützte weitere Ansprüche vorbehalten werden.[31] Stets muss die Klage innerhalb von drei Wochen nach Zugang der Kündigung erhoben worden sein, um den Eintritt der Fiktionswirkung des § 7 zu verhindern.[32] Die Prüfung des § 6 ist entbehrlich, wenn der Arbeitnehmer im Weg einer Lohnklage die fehlende Einhaltung der einschlägigen Kündigungsfrist geltend macht und sich durch **Auslegung** der Kündigungserklärung ergibt, dass der Arbeitgeber die maßgebliche Kündigungsfrist einhalten wollte.[33] Ist eine derartige Auslegung indes nicht möglich, hat der Arbeitnehmer innerhalb der Dreiwochenfrist des § 4 S. 1 bzw. der verlängerten Anrufungsfrist des § 6 die Unwirksamkeit der Kündigung geltend zu machen, um so eine **Umdeutung** der unwirksamen Kündigung in eine fristgerechte zu ermöglichen (→ § 4 Rn. 25; zur Anwendung des § 6 in diesen Fällen → Rn. 16).[34]

12 **bb) Klage auf Weiterbeschäftigung.** Macht der Arbeitnehmer innerhalb von drei Wochen nach Zugang einer Kündigung eine Klage auf Weiterbeschäftigung anhängig, kann er in entsprechender Anwendung von § 6 bis zum Schluss der mündlichen Verhandlung beim ArbG auch die Unwirksamkeit der Kündigung nach § 4 S. 1 geltend machen.[35]

---

[26] BAG 24.5.2018 – 2 AZR 67/18, NZA 2018, 1127.

[27] BAG 21.5.2019 – 2 AZR 26/19, NZA 2019, 1143.

[28] BAG 24.6.2015 – 7 AZR 541/13, NZA 2015, 1511; 23.4.2008 – 2 AZR 699/06, NZA-RR 2008, 466; HaKo-KSchR/Gallner KSchG § 6 Rn. 24; vgl. auch NK-GA/Roloff KSchG § 6 Rn. 26, der bei Leistungsklagen § 6 unmittelbar anwenden möchte.

[29] BAG 28.6.1973 – 2 AZR 378/72, AP KSchG 1969 § 13 Nr. 2 mzustAnm Herschel.

[30] BAG 24.6.2015 – 7 AZR 541/13, NZA 2015, 1511; 18.12.2014 – 2 AZR 163/14, NZA 2015, 635; 23.4.2008 – 2 AZR 699/06, NZA-RR 2008, 466; Bauer/Krieger Kündigungsrecht – Reformen 2004, Rn. 113; KR/Klose KSchG § 6 Rn. 20; HaKo-KSchR/Gallner KSchG § 6 Rn. 24; MüKoBGB/Hergenröder KSchG § 6 Rn. 6 f.; APS/Hesse/Tiedemann KSchG § 6 Rn. 15; ErfK/Kiel KSchG § 6 Rn. 3; Löwisch BB 2004, 154 (160); Raab RdA 2004, 321 (329 f.); aA Bader NZA 2004, 65, 69; Bayreuther ZfA 2005, 391 (401).

[31] LAG Hamm 2.11.1953 – 3 Ta 88/53, AP 54 Nr. 91 mAnm Herschel; HaKo-KSchR/Gallner KSchG § 6 Rn. 25; LSSW/Spinner § 6 Rn. 5.

[32] ErfK/Kiel KSchG § 6 Rn. 1; MüKoBGB/Hergenröder KSchG § 6 Rn. 3; LSSW/Spinner § 6 Rn. 1.

[33] HaKo-KSchR/Gallner KSchG § 6 Rn. 24.

[34] Vgl. dazu BAG 1.9.2010 – 5 AZR 700/09, AP KSchG 1969 § 4 Nr. 71 mzustAnm Schwarze; APS/Hesse/Tiedemann KSchG § 6 Rn. 9.

[35] BAG 24.6.2015 – 7 AZR 541/13, NZA 2015, 1511; 18.12.2014 – 2 AZR 163/14, NZA 2015, 635; 26.9.2013 – 2 AZR 682/12, NZA 2014, 443; 23.4.2008 – 2 AZR 699/06, NZA-RR 2008, 466; HaKo-KSchR/Gallner KSchG § 6 Rn. 24; ErfK/Kiel KSchG § 6 Rn. 3; diff. APS/Hesse/Tiedemann KSchG § 6 Rn. 19.

cc) Allgemeine Feststellungsklage. § 6 ist ferner von Bedeutung, wenn sich der Arbeitnehmer innerhalb der Dreiwochenfrist mit einer allgemeinen Feststellungsklage nach § 256 Abs. 1 ZPO gegen die Kündigung seines Arbeitsverhältnisses gewandt hat.[36] Hingegen ist der Anwendungsbereich von § 6 in analoger Anwendung nicht eröffnet, wenn der Arbeitnehmer innerhalb der Dreiwochenfrist zunächst „nur" den **Fortbestand eines nicht als Arbeitsverhältnis einzuordnenden Rechtsverhältnisses (zB eines arbeitnehmerähnlichen freien Dienstverhältnisses)** geltend gemacht hat (→ § 4 Rn. 29). Innerhalb der Klagefrist muss stets ein Anspruch erhoben werden, der gerade aus dem Fortbestand eines Arbeitsverhältnisses abgeleitet wird. 13

dd) Folgekündigungen und erweiterter punktueller Streitgegenstand. Nach der Rechtsprechung des BAG wahrt eine fristgerecht erhobene Kündigungsschutzklage die Klagefrist des § 4 S. 1 auch für eine Folgekündigung, die vor dem oder bis einschließlich zum Termin der ersten Kündigung wirksam werden soll (→ § 4 Rn. 141). In diesem Fall hat der Kläger allerdings die Unwirksamkeit der weiteren Kündigung in analoger Anwendung von § 6 S. 1 bis zum Schluss der mündlichen Verhandlung erster Instanz geltend zu machen.[37] Hierauf hat das Gericht ihn ggf. nach § 139 ZPO hinzuweisen.[38] Für „über- oder einholende" Folgekündigungen, die dem Arbeitnehmer bereits vor Erhebung der Beendigungsschutzklage gegen die frühere Kündigung zugegangen sind, gilt nichts anderes.[39] 14

ee) Nachteilsausgleich und Sozialplanabfindung. Unzureichend für eine entsprechende Anwendung des § 6 S. 1 ist eine Klage auf Nachteilsausgleich nach § 113 BetrVG, weil dieser Anspruch gerade die Wirksamkeit der Kündigung voraussetzt.[40] Gleiches gilt, wenn der Arbeitnehmer einen Abfindungsanspruch aus einem Sozialplan nach § 112 BetrVG geltend macht, weil auch dieser regelmäßig die Wirksamkeit der Kündigung voraussetzt.[41] 15

d) Geltung von § 6 KSchG bei Umdeutung einer außerordentlichen in eine ordentliche Kündigung. Hat der Arbeitnehmer gegen eine vom Arbeitgeber ausgesprochene außerordentliche Kündigung Kündigungsschutzklage erhoben, gilt § 6 nach hM auch, wenn die Kündigung im Lauf des Rechtsstreits in eine ordentliche Kündigung umgedeutet wird (→ § 13 Rn. 11 ff.).[42] Dies soll auch dann gelten, wenn die Umdeutung erstmals im zweiten Rechtszug erfolgt. § 6 S. 1 sei insoweit teleologisch zu reduzieren, weil der Arbeitnehmer bis zur Umdeutung keine Veranlassung hat, die Unwirksamkeit der ordentlichen Kündigung geltend zu machen. Tatsächlich bedarf es jedoch in diesen Fällen **keines Rückgriffs auf § 6,** denn der gegen die außerordentliche Kündigung gerichtete Klageantrag erfasst auch die im Weg der Umdeutung gewonnene ordentliche Kündigung (→ § 13 Rn. 16).[43] Der ursprüngliche Klageantrag ist – sofern sich aus dem Vortrag in der Klagebegründung nichts anderes ergibt – dahin auszulegen, dass sich der Kläger uneingeschränkt gegen die Auflösung des Arbeitsverhältnisses durch die angegriffene 16

---

[36] BAG 18.12.2014 – 2 AZR 163/14, NZA 2015, 635; Bender/Schmidt NZA 2004, 358 (365); MüKoBGB/Hergenröder KSchG § 6 Rn. 4; APS/Hesse/Tiedemann KSchG § 6 Rn. 11; LSSW/Spinner § 6 Rn. 14; Raab RdA 2004, 321 (328); Quecke RdA 2004, 86 (102); krit. hierzu Bayreuther ZfA 2005, 391 (399 f.).

[37] BAG 18.12.2014 – 2 AZR 163/14, NZA 2015, 635 (hier allerdings offenlassend, ob die Geltendmachung in erster Instanz zu erfolgen hat); fortgeführt in BAG 24.5.2018 – 2 AZR 67/18, NZA 2018, 1127, worin der 2. Senat nunmehr zu Recht dazu neigt, dass die nachfolgende Kündigung noch vor dem Schluss der mündlichen Verhandlung in erster Instanz von einem Antrag gemäß § 4 S. 1 erfasst werden muss; aA Maul-Sartori jurisPR-ArbR 2/2019 Anm. 3.

[38] BAG 24.5.2018 – 2 AZR 67/18, NZA 2018, 1127.

[39] BAG 18.12.2014 – 2 AZR 163/14, NZA 2015, 635.

[40] Zutr. KR/Klose KSchG § 6 Rn. 22; HaKo-KSchR/Gallner § 6 Rn. 25; LSSW/Spinner § 6 Rn. 7.

[41] MüKoBGB/Hergenröder KSchG § 6 Rn. 7; APS/Hesse/Tiedemann KSchG § 6 Rn. 17.

[42] Vgl. BAG 30.11.1961 – 2 AZR 295/61, NJW 1962, 1587; HaKo-KSchR/Gallner KSchG § 6 Rn. 15; MüKoBGB/Hergenröder KSchG § 6 Rn. 5; ErfK/Kiel KSchG § 6 Rn. 4.

[43] BAG 27.6.2019 – 2 AZR 28/19, NZA 2019, 1343; APS/Hesse/Tiedemann KSchG § 6 Rn. 13 unter Hinweis auf BAG 15.11.1984 – 2 AZR 613/83, NZA 1985, 661; KR/Klose KSchG § 6 Rn. 11; MüKoBGB/Hergenröder KSchG § 6 Rn. 12; PVT Kündigung/Vossen Rn. 2153.

Kündigung wehrt. Im Hinblick auf die erfolgte Umdeutung der Kündigung bedarf der Antrag lediglich der klarstellenden Neufassung, die im Einzelfall auch im Weg der Auslegung gewonnenen werden kann. Letztlich hat der Arbeitnehmer dann „von vornherein" die außerordentliche Kündigung mit einem Haupt- und die ordentliche Kündigung mit einem unechten Hilfsantrag angegriffen.[44] Gleiches gilt, wenn der Arbeitgeber ausdrücklich eine außerordentliche und hilfsweise eine ordentliche Kündigung erklärt und der Arbeitnehmer nur die außerordentliche Kündigung angreift, ohne auf die hilfsweise erklärte ordentliche Kündigung einzugehen. Auch hier bedarf es der Auslegung des Klageantrags unter Berücksichtigung der Klagebegründung. Wird hieraus deutlich, dass sich der Kläger uneingeschränkt gegen die Beendigung des Arbeitsverhältnisses wendet, ist ein Rückgriff auf § 6 nicht erforderlich, um zur Prüfung der Sozialwidrigkeit der Kündigung gelangen zu können.[45] Hat der Arbeitnehmer allerdings für den Fall der Unwirksamkeit der außerordentlichen Kündigung anerkannt, dass das Arbeitsverhältnis mit Ablauf der bei einer ordentlichen Kündigung einzuhaltenden Kündigungsfrist endet, bleibt bei der Umdeutung der außerordentlichen in eine ordentliche Kündigung für eine Verlängerung der Anrufungsfrist nach § 6 kein Raum.[46] Der Arbeitnehmer kann daher nach Ablauf der Dreiwochenfrist im Lauf des Kündigungsschutzprozesses nicht mehr geltend machen, die in eine ordentliche Kündigung umgedeutete außerordentliche Kündigung sei sozialwidrig.[47]

17 e) **Geltung von § 6 KSchG bei Wechsel zwischen Änderungsschutzklage und Kündigungsschutzklage (Beendigungsschutzklage).** Die verlängerte Anrufungsfrist des § 6 soll weiterhin analog anzuwenden sein, wenn der Arbeitnehmer innerhalb von drei Wochen nach Zugang einer Änderungskündigung **Änderungsschutzklage** nach § 4 S. 2 erhoben hat und sich im Lauf des Verfahrens herausstellt, dass der Vorbehalt nach § 2 nicht wirksam erklärt wurde und daher Streitgegenstand des Prozesses nicht die Änderung der Arbeitsbedingungen, sondern die Beendigung des Arbeitsverhältnisses ist.[48] Zu denken ist auch an den umgekehrten Fall, dass der Arbeitnehmer trotz wirksamer Vorbehaltsannahme fristgerecht einen Antrag gemäß § 4 S. 1 anbringt und diesen nach Fristablauf auf einen solchen nach § 4 S. 2 umstellt. Richtigerweise bedarf es indes in beiden Konstellationen keiner analogen Anwendung von § 6. Diese ist nur erforderlich, wenn nicht schon fristgerecht ein auf die betreffende Kündigung „punktualisierter" Antrag angekündigt wurde. Dagegen kann der Arbeitnehmer ohne die Beschränkungen des § 6 zwischen den Klagen nach § 4 S. 1 und S. 2 „springen", deren Streitgegenstände aufgrund der vom Gesetz vorgegebenen Antragsfassung zwar nicht identisch, die aber eng miteinander verknüpft sind und bei denen es stets um den trotz der betreffenden Kündigung unveränderten Fortbestand des Arbeitsverhältnisses geht.[49] Greift der Arbeitnehmer eine Änderungskündigung, die er unter Vorbehalt angenommen hat, mit der Änderungsschutzklage nach § 4 S. 2 an, erfasst diese nach der Rechtsprechung des BAG auch eine **nachfolgende Beendigungskündigung,** die dem Arbeitnehmer innerhalb der Kündigungsfrist zugeht und das Arbeitsverhältnis vor oder doch mit deren Ablauf beenden soll. Dies folgt aus dem Verständnis des BAG vom erweiterten punktuellen Streitgegenstand des § 4 S. 1 (→ § 4 Rn. 141) und S. 2. Der Arbeitnehmer hat diese „über- bzw. einholende" Folgekündigung in entsprechender Anwendung des § 6 innerhalb der Frist des § 6 S. 1 in den Prozess einzuführen.[50]

---

[44] Niemann NZA 2019, 65 (68).
[45] APS/Hesse/Tiedemann KSchG § 6 Rn. 14.
[46] BAG 13.8.1987 – 2 AZR 599/86, NZA 1988, 129.
[47] So zutr. BAG 13.8.1987 – 2 AZR 599/86, NZA 1988, 129.
[48] BAG 23.3.1983 – 7 AZR 157/81, AP KSchG 1969 § 6 Nr. 1 mablAnm Bickel; HaKo-KSchR/Gallner KSchG § 6 Rn. 27; APS/Hesse/Tiedemann KSchG § 6 Rn. 21; ErfK/Kiel KSchG § 6 Rn. 3; LSSW/Spinner § 6 Rn. 10.
[49] BAG 21.5.2019 – 2 AZR 26/19, NZA 2019, 1143; 24.5.2018 – 2 AZR 67/18, NZA 2018, 1127; KR/Klose KSchG § 6 Rn. 26 f.; Niemann RdA 2016, 339 (342 f.).
[50] BAG 24.5.2018 – 2 AZR 67/18, NZA 2018, 1127.

f) **Geltung von § 6 KSchG bei einstweiliger Verfügung.** Da sowohl mit der Kündigungsschutzklage nach § 4 S. 1 als auch der Änderungsschutzklage gemäß § 4 S. 2 zugleich eine Beendigungskündigung erfasst wird, die dem Arbeitnehmer in der Kündigungsfrist zugeht und das Arbeitsverhältnis vor oder doch mit deren Ablauf beenden soll, hat das BAG im Ergebnis zu Recht das Nichteingreifen von § 7 im Fall eines Arbeitnehmers angenommen, der gegen eine Änderungskündigung fristgemäß Kündigungsschutzklage erhoben, dann aber gegenüber einer „überholenden" außerordentlichen Kündigung zunächst nur – erfolglos – eine einstweilige Verfügung zur Gehaltsfortzahlung beantragt und erst nach Fristablauf die anhängige Kündigungsschutzklage auch auf die außerordentliche Kündigung ausgedehnt hatte.[51] Entscheidend ist, dass der Arbeitnehmer gegen die erste Kündigung rechtzeitig Kündigungsschutzklage erhoben und schon damit eindeutig und für den Arbeitgeber erkennbar zum Ausdruck gebracht hatte, er werde auch die überholende fristlose Kündigung nicht gelten lassen, sondern gerichtlich bekämpfen. Nur ergänzend trat hinzu, dass er Letzteres auch innerhalb der Dreiwochenfrist durch den Antrag auf Erlass einer einstweiligen Verfügung getan hat. 18

4. Geltendmachung der Rechtsunwirksamkeit nach § 6 KSchG

Liegen die Voraussetzungen des § 6 S. 1 vor, kann sich der Arbeitnehmer in dem anhängigen Verfahren bis zum **Schluss der letzten mündlichen Verhandlung** erster Instanz auch nach Ablauf der Dreiwochenfrist zur Begründung der Unwirksamkeit der Kündigung auf noch nicht geltend gemachte Gründe berufen. Nach § 53 Abs. 2 ArbGG iVm § 136 Abs. 4 ZPO schließt der Vorsitzende die mündliche Verhandlung, wenn nach Auffassung des Gerichts die Sache vollständig erörtert worden ist. Hat der Arbeitnehmer eine Leistungsklage oder allgemeine Feststellungsklage erhoben, hat er den Antrag zuvor zu ändern und einen Klageantrag nach § 4 S. 1 zu stellen.[52] Der Arbeitnehmer kann die im ersten Rechtszug erfolgte **Geltendmachung eines Unwirksamkeitsgrundes** im Berufungsverfahren ausdrücklich oder konkludent **„fallen lassen"**, wobei Letzteres eindeutiger Anhaltspunkte bedarf und etwaige Zweifel eine Aufklärung durch das Gericht nach § 139 ZPO gebieten.[53] 19

5. Hinweispflicht des Gerichts nach § 6 KSchG

a) **Inhalt der Hinweispflicht nach § 6 KSchG.** Das ArbG ist nach § 6 S. 2 verpflichtet, den Arbeitnehmer darauf **hinzuweisen,** dass er nach § 6 S. 1 weitere Unwirksamkeitsgründe nur bis zum Schluss der mündlichen Verhandlung geltend machen kann. Mehr verlangt § 6 S. 2 nicht. Insbesondere ist das ArbG nach dieser Bestimmung nicht gehalten, auf einzelne konkrete Unwirksamkeitsgründe hinzuweisen.[54] Deshalb reicht der bloße Hinweis des ArbG auf den Regelungsgehalt des § 6 S. 1 zur Wahrung der Hinweispflicht nach § 6 S. 2 aus.[55] Unzureichend ist demgegenüber eine bloße prozessleitende Anordnung nach § 61a Abs. 4 ArbGG, auf die zu erwartende Klageerwiderung binnen bestimmter Frist abschließend weiter vorzutragen.[56] Ein solches Normverständnis führt auch in Verbindung mit der Präklusionswirkung des § 6 S. 1 (→ Rn. 1) nicht zu einer Verkürzung des Anspruchs auf rechtliches Gehör (Art. 103 Abs. 1 GG), weil neben der Hinweispflicht aus § 6 S. 2 noch die allgemeinen Hinweis- und Fragepflichten des ArbG 20

[51] BAG 9.11.1967 – 2 AZR 435/66, BB 1968, 293 mit krit. Anm. Trinkner; zust. KR/Klose KSchG § 6 Rn. 24; HaKo-KSchR/Gallner KSchG § 6 Rn. 26; APS/Hesse/Tiedemann KSchG § 6 Rn. 18; LSSW/Spinner § 6 Rn. 6.

[52] Vgl. BAG 30.11.1961 – 2 AZR 295/61, NJW 1962, 1587; KR/Klose KSchG § 6 Rn. 30.

[53] Vgl. BAG 18.9.2019 – 5 AZR 240/18, NZA 2020, 174.

[54] BAG 18.1.2012 – 6 AZR 407/10, NZA 2012, 817; APS/Hesse/Tiedemann KSchG § 6 Rn. 23; ErfK/Kiel KSchG § 6 Rn. 6; aA Eylert, NZA 2012, 9, 11; KR/Klose KSchG § 6 Rn. 29, die sachverhaltsbezogene Hinweise verlangen.

[55] BAG 21.8.2019 – 7 AZR 563/17, NZA 2020, 42.

[56] BAG 25.10.2012 – 2 AZR 845/11, NZA 2013, 900; KR/Klose KSchG § 6 Rn. 29.

nach § 139 ZPO bestehen.[57] Diese werden durch § 6 nicht verdrängt. Die Hinweispflicht gilt entsprechend, wenn der Arbeitnehmer eine auf die Unwirksamkeit der Kündigung gestützte Leistungsklage oder eine allgemeine Feststellungsklage erhoben hat. Das ArbG ist im Übrigen auch dann nach § 6 S. 2 verpflichtet, den Arbeitnehmer auf den Regelungsgehalt des § 6 S. 1 hinzuweisen, wenn dieser anwaltlich oder gewerkschaftlich vertreten ist.[58]

21 **b) Rechtsfolgen von Verstößen gegen die Hinweispflicht nach § 6 KSchG.** Die Präklusionswirkung nach § 6 S. 1 KSchG tritt nur ein, wenn das ArbG seiner Hinweispflicht nach § 6 S. 2 nachgekommen ist. Hat es dagegen den gebotenen Hinweis nicht erteilt, steht die Regelung der Einführung weiterer möglicher Unwirksamkeitsgründe im Berufungsverfahren nicht entgegen.[59] Weist das ArbG also trotz Vorliegens der Voraussetzungen des § 6 S. 1 den Arbeitnehmer nicht auf diese Möglichkeit hin oder macht es ihn, wenn der Arbeitnehmer lediglich einen Zahlungsantrag gestellt hatte, nicht auf die Notwendigkeit des Kündigungsschutzantrags aufmerksam, liegt ein **Mangel im Verfahren** vor (§ 139 Abs. 2 ZPO).[60] Diesen Verfahrensfehler kann der Kläger in der Berufung gemäß § 520 Abs. 3 S. 2 Nr. 4 ZPO rügen und sich deshalb auch vor dem LAG noch auf weitere Unwirksamkeitsgründe berufen.

22 Sehr umstritten ist, ob aufgrund dieses Mangels das Berufungsgericht die Sache das ArbG **zurückverweisen** darf, um dem Arbeitnehmer die Nachholung des auf Sozialwidrigkeit gestützten Feststellungsantrags zu ermöglichen, oder ob § 68 ArbGG, der die Zurückverweisung wegen eines Mangels im Verfahren für unzulässig erklärt, dem entgegensteht. Die Frage ist für die bis zum 31.12.2003 geltende Fassung des § 6 von der hM zutreffend im ersteren Sinn entschieden worden.[61] Die Neufassung des Gesetzes steht dem entgegen. Hiernach schließen die § 4 S. 1, § 6 S. 1 neuen Vortrag zur Begründung der Kündigung im zweiten Rechtszug weitgehend aus. Das dient der **Verfahrensbeschleunigung.** Deshalb ist neuer Sachvortrag oder ein neuer Klageantrag, auf den das ArbG entgegen § 6 S. 2 nicht hingewiesen hat, im zweiten Rechtszug gemäß § 67 Abs. 3 ArbGG zu berücksichtigen und eine Zurückverweisung an das ArbG ausgeschlossen. Das LAG kann den Verstoß des ArbG gegen § 6 S. 2 ohne Weiteres beheben, indem es als zweite Tatsacheninstanz die notwendige ergänzende Sachaufklärung betreibt.[62] Insoweit sind freilich nicht § 64 Abs. 6 ArbGG iVm § 531 Abs. 2 Satz 1 Nr. 2 ZPO maßgeblich. Vielmehr wird § 531 ZPO von der Spezialregelung in § 67 ArbGG verdrängt.[63]

6. Geltung von § 6 KSchG bei Klageerweiterungen in der Berufungsinstanz

23 Der Arbeitnehmer kann – je nach Ausgang des Rechtsstreits vor dem ArbG – einen (weiteren) Kündigungsschutzantrag unter den – in aller Regel erfüllten[64] – Voraussetzungen von § 533 ZPO fristwahrend iSv § 4 S. 1 entweder auf der Grundlage seiner eigenen Berufung[65] oder per Anschließung an die Berufung des Arbeitgebers nach § 524 ZPO[66] in ein beim LAG anhängiges Berufungsverfahren einführen. In diesen Fällen findet **§ 6** nach hier vertretener Ansicht **unmittelbare Anwendung.** Der Arbeitnehmer

[57] BAG 18.1.2012 – 6 AZR 407/10, NZA 2012, 817.

[58] BAG 21.3.2018 – 7 AZR 408/16, AP TzBfG § 17 Nr. 16.

[59] BAG 21.3.2018 – 7 AZR 408/16, AP TzBfG § 17 Nr. 16; 9.9.2015 – 7 AZR 190/14, NZA 2016, 232 (für das Befristungsrecht); 20.8.2014 – 7 AZR 924/12, NZA-RR 2015, 9; 25.10.2012 – 2 AZR 845/11, NZA 2013, 900.

[60] HM vgl. APS/Hesse/Tiedemann KSchG § 6 Rn. 24; KR/Klose KSchG § 6 Rn. 31; HaKo-KSchR/Gallner § 6 Rn. 31; LSSW/Spinner § 6 Rn. 13.

[61] Vgl. 13. Aufl. Rn. 12.

[62] BAG 13.12.2012 – 6 AZR 5/12, NZI 2013, 447; 4.5.2011 – 7 AZR 252/10, NZA 2011, 1178 für eine Befristungskontrollklage nach § 17 TzBfG; Bader NZA 2004, 65 (69); KR/Klose KSchG § 6 Rn. 33; HaKo-KSchR/Gallner KSchG § 6 Rn. 31; ErfK/Kiel KSchG § 6 Rn. 5; Raab RdA 2004, 321 (329); LSSW/Spinner § 6 Rn. 13; krit. MüKoBGB/Hergenröder KSchG § 6 Rn. 14f.

[63] BAG 21.5.2019 – 2 AZR 574/18, NZA 2019, 1446; Niemann NZA 2021, 1378 (1379).

[64] Niemann NZA 2021, 1378 ff.

[65] BAG 14.12.2017 – 2 AZR 86/17, NZA 2018, 646; Niemann NZA 2021, 1378.

[66] BAG 10.12.2020 – 2 AZR 308/20, NZA 2021, 293; Niemann NZA 2021, 1378.

kann sich bis zum Schluss der mündlichen Verhandlung vor dem LAG zur Begründung der Unwirksamkeit der betreffenden Kündigung auch auf innerhalb der Klagefrist nicht geltend gemachte Gründe berufen. Die mündliche Berufungsverhandlung ist in Bezug auf den erst beim LAG anhängig gemachten Kündigungsschutzantrag die mündliche Verhandlung „erster Instanz" iSv § 6 S. 1. Das LAG hat den Arbeitnehmer nach § 6 S. 2 auf die Möglichkeit der Geltendmachung weiterer Unwirksamkeitsgründe **bis zum Schluss des mündlichen Berufungsverhandlung** hinzuweisen. Die Vorschrift bezeichnet mit der Wendung „Arbeitsgericht" als Hinweispflichtigen nur das üblicherweise zunächst angerufene Gericht. Davon ist das LAG eingeschlossen, soweit eine Kündigungsschutzklage erstmals bei ihm erhoben wird.[67] Verletzt das LAG seine Hinweispflicht, kann der Arbeitnehmer dies im Nichtzulassungsbeschwerdeverfahren mit einer Rüge der Verletzung des Anspruchs auf rechtliches Gehör nach § 72 Abs. 2 Nr. 3 Alt. 2 ArbGG[68] bzw. im Revisionsverfahren mit einer Verfahrensrüge gemäß § 551 Abs. 3 S. 1 Nr. 2 Buchst. b ZPO geltend machen. Ist (nur) diese Rüge begründet, wird die Sache nach § 72a Abs. 7 ArbGG bzw. § 563 Abs. 1 ZPO an das LAG zurückzuverweisen sein. Das BAG betreibt als Revisionsgericht keine ergänzende Sachaufklärung. Nach der dargestellten, an das Berufungsverfahren „angepassten" Lesart der Vorschrift kommt unproblematisch auch eine dortige entsprechende Anwendung von § 6 (→ Rn. 10 ff.) in Betracht. So wahrt der Arbeitnehmer die Klagefrist des § 4 S. 1 auch, wenn er einen ins Berufungsverfahren gelangten allgemeinen Feststellungsantrag gemäß § 256 Abs. 1 ZPO mehr als drei Wochen nach Zugang der Kündigung auf diese „punktualisiert", sie also mit einem gesonderten Kündigungsschutzantrag angreift.[69] Dabei handelt es sich nach § 264 Nr. 2 ZPO nicht um eine Klageänderung, sodass § 533 ZPO keine Anwendung findet.[70]

§ 7 Wirksamwerden der Kündigung

Wird die Rechtsunwirksamkeit einer Kündigung nicht rechtzeitig geltend gemacht (§ 4 Satz 1, §§ 5 und 6), so gilt die Kündigung als von Anfang an rechtswirksam; ein vom Arbeitnehmer nach § 2 erklärter Vorbehalt erlischt.

Übersicht

1. Zweck der Wirksamkeitsfiktion des § 7 KSchG

Zweck des § 7 ist, dem Arbeitgeber alsbald **Klarheit über die Rechtslage** zu verschaf- 1
fen.[1] Nach Ablauf der Dreiwochenfrist kann die Rechtsunwirksamkeit einer schriftlichen

---

[67] Für § 4 S. 1 vgl. BAG 14.12.2017 – 2 AZR 86/17, NZA 2018, 646.

[68] Deren Erfolg setzt freilich voraus, dass man die Hinweispflicht nach § 6 S. 2 nicht nur dem einfachen Gesetzesrecht zuschlägt, sondern sie auch als Ausfluss von Art. 103 Abs. 1 GG betrachtet.

[69] BAG 16.12.2021 – 6 AZR 154/21, NZA 2022, 1005.

[70] BAG 16.12.2021 – 6 AZR 154/21, NZA 2022, 1005.

[1] BAG 10.12.2020 – 2 AZR 308/20, NZA 2021, 293; 6.9.2012 – 2 AZR 858/11, NZA 2013, 524; 23.6.2009 – 2 AZR 474/07, NZA 2009, 1136.

Kündigung nicht mehr geltend gemacht werden. § 7 fingiert die Wirksamkeit der Kündigung, auf die tatsächlichen Gegebenheiten kommt es nicht an.[2] § 7 führt zu einer rückwirkenden Heilung der unwirksamen schriftlichen Kündigung.[3] Diese Rechtsfolge kann auch eintreten, wenn der Arbeitgeber den Arbeitnehmer nicht ordnungsgemäß iSv § 2 Abs. 1 S. 2 Nr. 14 NachwG über die Klagefrist unterrichtet hat.[4]

2. Anwendungsbereich der Wirksamkeitsfiktion des § 7 KSchG

2 a) **Allgemeines zu § 7 KSchG.** Aus dem Klammerzusatz § 4 S. 1, §§ 5 und 6 folgt, dass die Fiktionswirkung nicht eingreift, wenn die Klage nachträglich zugelassen wird. Die **Nichterwähnung des Satzes 4 von § 4** in § 7 beruht auf einem redaktionellen Versehen. Auch bei Versäumen der verlängerten Frist tritt die Fiktionswirkung des § 7 ein.[5]

3 b) **Wirksamkeitsfiktion nach § 7 KSchG bei Klagerücknahme und Wirkungsverlust einer Anschlussberufung.** Hat der Arbeitnehmer einmal fristgerecht Kündigungsschutzklage erhoben, kann die Wirksamkeitsfiktion des § 7 grundsätzlich nicht mehr eintreten.[6] Anderes gilt ausnahmsweise, wenn eine zunächst rechtzeitig erhobene Klage nach Ablauf der Dreiwochenfrist zurückgenommen wird.[7] Durch die **Klagerücknahme** gilt gemäß § 269 Abs. 3 S. 1 ZPO der Rechtsstreit als nicht anhängig geworden. Das KSchG bestimmt nicht, dass die Klagerhebung abweichend von dieser prozessualen Folge materiell-rechtlich fortwirkt.[8] Deshalb treten die Rechtswirkungen des § 7 bei Rücknahme der Kündigungsschutzklage rückwirkend auf den Tag des Zugangs der Kündigung ein. Das gilt gemäß § 54 Abs. 5 ArbGG auch, wenn die Parteien in der Güteverhandlung nicht erscheinen oder nicht verhandeln. In diesem Fall hat das Gericht nach § 54 Abs. 5 S. 1 ArbGG das Ruhen des Verfahrens anzuordnen. Wird dieses innerhalb von sechs Monaten nicht aufgenommen, gilt die Klage nach § 54 Abs. 5 S. 4 ArbGG iVm § 269 Abs. 3 ZPO als nicht anhängig geworden.[9] Diese Grundsätze gelten auch bei der **Änderungskündigung.** Nimmt ein Arbeitnehmer das mit ihr verbundene Änderungsangebot unter Vorbehalt an und erhebt er Änderungsschutzklage nach § 4 S. 2, erlischt nach Rücknahme der Klage der Vorbehalt, die Annahme erfolgt vorbehaltlos. Der Arbeitnehmer hat zu den geänderten Bedingungen zu arbeiten.[10] Anders als bei der Klagerücknahme liegt es, wenn der Arbeitnehmer eine **Kündigungsschutzklage per Anschlussberufung** in ein zweitinstanzliches Verfahren eingeführt hat, und die Anschließung nach § 524 Abs. 4 ZPO infolge einer Berufungsrücknahme durch den Arbeitgeber ihre Wirkung verliert. Dann steht § 7 KSchG dem Erfolg einer weiteren, die nämliche Kündigung betreffenden Klage zum ArbG nicht entgegen. Indes muss der Arbeitnehmer die neue Klage in analoger Anwendung der in § 5 Abs. 3 S. 1 KSchG bestimmten Frist innerhalb von zwei Wochen ab Kenntnis vom Wirkungsverlust anhängig machen.[11] Zur ausnahmsweise bestehenden Möglichkeit, nach erfolgter Klagerücknahme eine neue, verfristete Klage nachträglich „doch wieder" zuzulassen → § 5 Rn. 32.

4 c) **Wirksamkeitsfiktion nach § 7 KSchG bei Vergleich.** Einigen sich die Parteien eines Kündigungsrechtsstreits in einem Vergleich auf die Beendigung des Arbeitsverhältnisses durch die streitgegenständliche Kündigung und auf die Beendigung des Rechtsstreits,

---

[2] MüKoBGB/Hergenröder KSchG § 7 Rn. 1; Niemann FS Preis, 2021, 927 (929).
[3] ErfK/Kiel KSchG § 7 Rn. 1; KR/Klose KSchG § 7 Rn. 2.
[4] LAG Köln 30.11.2023 – 6 Sa 183/23, BeckRS 2023, 45852.
[5] Vgl. APS/Hesse/Tiedemann KSchG § 7 Rn. 4; HaKo-KSchR/Gallner KSchG § 7 Rn. 3; LSSW/Spinner § 7 Rn. 3; KR/Klose KSchG § 7 Rn. 15.
[6] BAG 10.12.2020 – 2 AZR 308/20, NZA 2021, 293.
[7] BAG 9.2.2011 – 7 AZR 91/10, NZA-RR 2012, 232; 21.1.2010 – 8 AZR 977/07, AP BGB § 613a Widerspruch Nr. 13; APS/Hesse/Tiedemann KSchG § 7 Rn. 5; aA BAG 21.8.2008 – 8 AZR 201/07, NZA 2009, 29; 24.9.1970 – 5 AZR 54/70, NJW 1971,213; offen gelassen von BAG 10.12.2020 – 2 AZR 308/20, NZA 2021, 293.
[8] Anders zB § 204 Abs. 2 BGB, vgl. BGH 20.12.2018 – III ZR 17/18, MDR 2019, 366.
[9] BAG 21.6.2023 – 7 AZR 234/22, BeckRS 2023, 30188.
[10] LAG Schleswig-Holstein 20.1.2005 – 4 Sa 428/04, NZA-RR 2005, 248.
[11] BAG 10.12.2020 – 2 AZR 308/20, NZA 2021, 293; Francken NZA 2021, 545 ff.

führt dies, sofern die Klagefrist des § 4 S. 1 ausnahmsweise noch nicht abgelaufen ist, zum Eintritt der Wirksamkeitsfiktion des § 7. Unabhängig von der Frage, ob die Kündigung des Arbeitgebers objektiv rechtswirksam ist oder nicht, bewirkt das Einverständnis mit der Prozesserledigung, dass die Beendigungswirkung der Kündigung aus einem eigenständigen Grund – der gesetzlichen Fiktion des § 7 – greift.[12]

d) **Wirksamkeitsfiktion nach § 7 KSchG und sonstige Unwirksamkeitsgründe.** Geheilt werden neben der Sozialwidrigkeit auch die sonstigen Unwirksamkeitsgründe (→ § 4 Rn. 4 ff.) einer schriftlichen Kündigung.[13] Das gilt gemäß § 13 Abs. 1 S. 2 auch für die außerordentliche Kündigung. 5

e) **Wirksamkeitsfiktion nach § 7 KSchG und Formunwirksamkeit.** Die Formunwirksamkeit einer Kündigung nach § 125 BGB unterliegt **nicht der Fiktionswirkung.**[14] Das Recht zur Geltendmachung dieses Mangels unterliegt der Verwirkung. Wann der Tatbestand der **Verwirkung** erfüllt ist, kann nur aufgrund der Umstände des Einzelfalls entschieden werden. Dabei ist zu beachten, dass dem Zeitablauf zwar eine erhebliche Bedeutung zukommt, darüber hinaus aber auch weitere Umstände vorliegen müssen, die beim Arbeitgeber den Eindruck erwecken durften, der Arbeitnehmer werde die Kündigung hinnehmen.[15] Das Zeitmoment und das Umstandsmoment sind ohne kausalen Bezug zueinander zu prüfen. Ist das Zeitmoment nicht erfüllt, kommt das Umstandsmoment nicht zum Tragen. Ist das Zeitmoment erfüllt, kann das Umstandsmoment nicht deshalb verneint werden, weil der Arbeitgeber vor Ablauf des Zeitmoments über den Arbeitsplatz disponiert hat.[16] 6

3. Rechtsfolge der Wirksamkeitsfiktion nach § 7 KSchG

Folge der materiell-rechtlich wirkenden[17] Fiktion des § 7 ist zum einen, dass eine Kündigungsschutzklage ohne weiteres als unbegründet abzuweisen ist.[18] Zum anderen ist auch bei der Prüfung von Entgeltansprüchen des Arbeitnehmers oder bei Vertragsstrafenabreden von der **Wirksamkeit der Kündigung** auszugehen.[19] Sofern keine sonstigen Nichtigkeitsgründe vorliegen, bestehen daher Vergütungsansprüche nur bis zum Ablauf der Kündigungsfrist; wegen weitergehender Arbeitsentgeltansprüche kann sich der Arbeitnehmer nicht mehr auf die Unwirksamkeit der Kündigung berufen.[20] Diese Wirkung gilt auch gegenüber Dritten, wie Lohnpfändungsgläubigern und Sozialversicherungsträgern.[21] Aufgrund der Fiktion des § 7 steht freilich nur die Beendigung des Arbeitsverhältnisses fest. Dass die vom Arbeitgeber behaupteten **Kündigungsgründe** – zB schuldhaft vertragswidriges Verhalten des Arbeitnehmers – vorliegen, wird dagegen von § 7 nicht fingiert.[22] Verlangt der Arbeitgeber daher vom Arbeitnehmer wegen vertragswidrigem Verhalten eine Vertragsstrafe, hat er im Streitfall die Vertragsverletzung des Arbeitnehmers darzulegen und zu beweisen. Die Begrenzung der Fiktionswirkung auf die Beendigung ist folgerichtig, weil sich aus dem Zusammenhang mit § 4 ergibt, dass 7

[12] BAG 27.10.2020 – 9 AZR 531/19, NZA 2021, 504; 17.10.2017 – 9 AZR 80/17, NZA 2018, 57; 24.9.2015 – 2 AZR 716/14, NZA 2016, 716.

[13] HaKo-KSchR/Gallner KSchG § 7 Rn. 6; LSSW/Spinner § 7 Rn. 4.

[14] MüKoBGB/Hergenröder KSchG § 7 Rn. 6; APS/Hesse/Tiedemann KSchG § 7 Rn. 6; LSSW/Spinner § 7 Rn. 6; KR/Klose KSchG § 7 Rn. 5.

[15] Vgl. BAG 25.4.2001 – 5 AZR 497/99, NZA 2001, 966; 20.5.1988 – 2 AZR 711/87, AP BGB § 242 Prozessverwirkung Nr. 5 mzustAnm Kreitner = EzA § 242 BGB Prozessverwirkung Nr. 1 mzustAnm Schulin; LSSW/Spinner § 7 Rn. 6; KR/Klose KSchG § 7 Rn. 37 ff.

[16] BAG 2.12.1999 – 8 AZR 890/98, NZA 2000, 540.

[17] BAG 25.4.2018 – 2 AZR 493/17, NZA 2018, 1157.

[18] BAG 1.10.2020 – 2 AZR 247/20, NZA 2021, 75; 18.12.2014 – 2 AZR 163/14, NZA 2015, 635.

[19] BAG 19.10.2011 – 7 AZR 743/10, AP BGB § 307 Nr. 61.

[20] Vgl. HaKo-KSchR/Gallner KSchG § 7 Rn. 10 f.; MüKoBGB/Hergenröder KSchG § 7 Rn. 7; ErfK/Kiel KSchG § 7 Rn. 2; Däubler/Deinert/Callsen KSchG § 7 Rn. 3.

[21] Ebenso APS/Hesse/Tiedemann KSchG § 7 Rn. 13; KR/Klose KSchG § 7 Rn. 30.

[22] BAG 19.10.2011 – 7 AZR 743/10, AP BGB § 307 Nr. 61; 9.2.2011 – 7 AZR 91/10, NZA-RR 2012, 232; APS/Hesse/Tiedemann KSchG § 7 Rn. 12; HaKo-KSchR/Gallner § 7 Rn. 11; LSSW/Spinner § 7 Rn. 2.

die Fiktion des § 7 nur Klarheit darüber schaffen soll, ob der Arbeitgeber noch mit einem Rechtsstreit über die Wirksamkeit der Beendigung rechnen muss oder nicht. Hierfür genügt die Fiktion der Beendigung als solche unabhängig davon, ob die vom Arbeitgeber angeführten Gründe tatsächlich vorliegen. Wird eine Kündigungsschutzklage rechtskräftig als unbegründet abgewiesen, weil die Wirksamkeitsfiktion nach § 7 eingetreten sei, fehlt das Rechtschutzbedürfnis für eine Anfechtungsklage gegen den der betreffenden Kündigung zustimmenden Bescheid des Integrationsamts.[23] Denn eine auf die Aufhebung des Bescheids gestützte Restitutionsklage wäre unstatthaft, weil die Kündigung unabhängig von der Zustimmungsentscheidung des Integrationsamts als wirksam gilt (→ § 4 Rn. 169).

4. Erlöschen des Vorbehalts nach § 2 KSchG bei nicht rechtzeitiger Änderungsschutzklage

8 Nach § 7 Hs. 2 erlischt bei **Änderungskündigungen** ein nach § 2 S. 1 erklärter Vorbehalt, wenn der Arbeitnehmer nicht innerhalb der Dreiwochenfrist Änderungsschutzklage erhebt. Mit dem Erlöschen des Vorbehalts ist die vom Arbeitnehmer erklärte Annahme des Änderungsangebots endgültig wirksam geworden; der Arbeitnehmer hat zu den geänderten Bedingungen weiterzuarbeiten.

§ 8 Wiederherstellung der früheren Arbeitsbedingungen

Stellt das Gericht im Falle des § 2 fest, daß die Änderung der Arbeitsbedingungen sozial ungerechtfertigt ist, so gilt die Änderungskündigung als von Anfang an rechtsunwirksam.

1 Der die Änderungskündigung betreffende § 8 ist durch das 1. ArbRBereinigG neu eingefügt worden. Er ist bereits oben in → § 2 Rn. 225 erläutert worden.

§ 9 Auflösung des Arbeitsverhältnisses durch Urteil des Gerichts; Abfindung des Arbeitnehmers

(1) **[1] Stellt das Gericht fest, daß das Arbeitsverhältnis durch die Kündigung nicht aufgelöst ist, ist jedoch dem Arbeitnehmer die Fortsetzung des Arbeitsverhältnisses nicht zuzumuten, so hat das Gericht auf Antrag des Arbeitnehmers das Arbeitsverhältnis aufzulösen und den Arbeitgeber zur Zahlung einer angemessenen Abfindung zu verurteilen. [2] Die gleiche Entscheidung hat das Gericht auf Antrag des Arbeitgebers zu treffen, wenn Gründe vorliegen, die eine den Betriebszwecken dienliche weitere Zusammenarbeit zwischen Arbeitgeber und Arbeitnehmer nicht erwarten lassen. [3] Arbeitnehmer und Arbeitgeber können den Antrag auf Auflösung des Arbeitsverhältnisses bis zum Schluß der letzten mündlichen Verhandlung in der Berufungsinstanz stellen.**

(2) **Das Gericht hat für die Auflösung des Arbeitsverhältnisses den Zeitpunkt festzusetzen, an dem es bei sozial gerechtfertigter Kündigung geendet hätte.**

Schrifttum: Stefan Müller, Der Auflösungsantrag des Arbeitgebers, Diss. Leipzig, 2004; Charlotte Sander, Die Zerrüttung des Arbeitsverhältnisses, Diss. Hannover 2016; Nina Tautphäus, Die Auflösung des Arbeitsverhältnisses gemäß § 9 KSchG im System des Kündigungsschutzrechts, Diss. Trier 2018.

---

[23] OVG Weimar 14.2.2024 – 4 ZKO 660/23, BeckRS 2024, 14638.

Übersicht

I. Vorbemerkungen zur gerichtlichen Auflösung des Arbeitsverhältnisses

1 Der frühere § 7, jetzt § 9, regelt die **gerichtliche Auflösung des Arbeitsverhältnisses** auf Antrag einer Partei. Die Vorschrift ist hinsichtlich des Antrags des Arbeitnehmers zunächst unverändert geblieben. Dagegen hat das 1. ArbRBereinigG die Voraussetzungen, die für die Auflösung des Arbeitsverhältnisses auf Antrag des Arbeitgebers vorliegen müssen, erheblich verschärft. Während es früher für diesen Antrag genügte, dass der Arbeitgeber Gründe behauptete, die eine den Betriebszwecken dienliche weitere Zusammenarbeit der Parteien nicht mehr erwarten ließen, muss der Arbeitgeber jetzt das Vorliegen dieser Gründe beweisen. Dafür ist die früher in § 7 Abs. 1 S. 3 für den Arbeitnehmer vorgesehene Möglichkeit, die Auflösung des Arbeitsverhältnisses durch den Beweis zu verhindern, dass die vom Arbeitgeber vorgebrachten Gründe in wesentlichen Punkten unrichtig seien oder die Kündigung offensichtlich willkürlich oder aus nichtigen Gründen unter Missbrauch der Machtstellung des Arbeitgebers im Betrieb erfolgt sei, gestrichen worden. Das ist freilich notwendige Folge der dem Arbeitgeber jetzt obliegenden vollen Beweislast für seine Gründe zur Auflösung des Arbeitsverhältnisses. Eine weitere, mehr zu § 10 gehörende und deshalb dort zu behandelnde Änderung liegt darin, dass die für den Arbeitnehmer festzusetzende **Abfindung** ausdrücklich als **„angemessen"** bezeichnet wird. Eine § 9 Abs. 1 S. 1 entsprechende Regelung trifft § 13 Abs. 1 S. 3 für die **außerordentliche Kündigung** beim Fehlen eines wichtigen Grundes (dazu → § 13 Rn. 18 ff.). § 13 Abs. 2 S. 2 erklärt § 9 im Fall einer **sittenwidrigen Kündigung** teilweise für entsprechend anwendbar (dazu → § 13 Rn. 37 ff.).

II. Entwicklung und Grundlagen der gerichtlichen Auflösung des Arbeitsverhältnisses

1. Entwicklung hin zu § 9 KSchG

2 Nach dem **Recht vor 1951,** und zwar sowohl nach dem BRG 1920 als auch nach dem AOG, führte die Verurteilung des Arbeitgebers aufgrund einer Einspruchs- oder Widerrufsklage nie zu einem unbedingten Zwang für den Arbeitgeber, das Arbeitsverhältnis fortzusetzen; vielmehr erhielt er ein Wahlrecht zwischen Widerruf der Kündigung und Zahlung einer Entschädigung. Durch eine Entschädigungszahlung konnte er stets das Ausscheiden des Arbeitnehmers erreichen. Diese Rechtslage hat der Gesetzgeber des **KSchG,** dem Vorbild verschiedener Landesgesetze sowie der auf die §§ 138, 242 BGB gestützten Rechtsprechung folgend, aufgegeben. Das KSchG erklärt die sozialwidrige Kündigung für schlechthin unwirksam, so dass, wenn es nicht zur Fiktion nach § 7 kommt, das Arbeitsverhältnis grundsätzlich fortbesteht. Gleichwohl gibt es Fälle, in denen die Fortsetzung des Arbeitsverhältnisses dem Interesse des einen oder anderen Teiles so sehr widerspricht, dass ausnahmsweise trotz Sozialwidrigkeit der Kündigung

die **Lösung des Arbeitsverhältnisses notwendig** erscheint. So kann es insbesondere während eines Kündigungsschutzprozesses zu zusätzlichen Spannungen zwischen den Parteien kommen, die eine Fortsetzung des Arbeitsverhältnisses sinnlos erscheinen lassen. Deshalb gibt unter bestimmten Voraussetzungen § 9 beiden Teilen das Recht, eine Auflösung des Arbeitsverhältnisses zu beantragen. Erweist sich der Antrag als begründet, hat das Gericht die Auflösung auszusprechen. Ihm steht insoweit kein Ermessensspielraum zu.

Die durch § 9 eröffnete Möglichkeit der Auflösung eines Arbeitsverhältnisses durchbricht den durch das KSchG gewährleisteten Bestandsschutz in eng umgrenzten Fällen. 3
Es ist daher trotz der in § 9 vorgesehenen Auflösungsmöglichkeit richtig, wenn allgemein angenommen wird, das KSchG sei ein **Bestandsschutzgesetz und kein Abfindungsgesetz.**[1] Eine Auflösung des Arbeitsverhältnisses nach § 9 kommt nur in Betracht, wenn dem Arbeitnehmer die Fortsetzung des Arbeitsverhältnisses nicht zuzumuten ist oder Gründe vorliegen, die eine den Betriebszwecken dienliche weitere Zusammenarbeit zwischen Arbeitgeber und Arbeitnehmer nicht erwarten lassen. Da eine Auflösung des Arbeitsverhältnisses hiernach nur ausnahmsweise möglich ist, sind nach der Rechtsprechung des BAG an die Auflösungsgründe **strenge Anforderungen** zu stellen.[2]

Die Auflösung des Arbeitsverhältnisses nach § 9 erfolgt durch ein **Gestaltungsurteil.**[3] 4
Dieses Urteil hat **Rückwirkung,** wie das auch sonst bei Rechtsgestaltungsurteilen nicht ganz selten der Fall ist, und zwar auf den Zeitpunkt, zu dem die Kündigung, wenn sie nicht sozialwidrig gewesen wäre, das Arbeitsverhältnis beendet hätte. Der Arbeitnehmer wird durch die vom Arbeitgeber zu zahlende Abfindung für den Verlust des Arbeitsplatzes entschädigt. Diesem steht – abgesehen von den Fällen des § 14 Abs. 2 sowie des § 25a Abs. 5a KWG[4] – kein Wahlrecht zu, sondern er wird, wenn die Voraussetzungen für die Auflösung des Arbeitsverhältnisses gegeben sind, unbedingt zur Zahlung der Abfindung verurteilt. Der Auflösungsantrag ist kein materielles Gestaltungsrecht, sondern ein eigenständiges Institut des Prozessrechts.[5] Das Antragsrecht kann deshalb nicht vom Arbeitgeber nach § 413 BGB an einen Dritten abgetreten werden.[6]

2. Verfassungsmäßigkeit von § 9 KSchG

Die Regelung des § 9 ist **verfassungsrechtlich nicht zu beanstanden.** Sie dient dem 5
Ausgleich der wechselseitigen Interessen der Arbeitgeber und Arbeitnehmer bei der Auflösung zerrütteter Arbeitsverhältnisse. § 9 Abs. 2 verstößt weder gegen den Gleichheitssatz des Art. 3 Abs. 1 GG noch gegen die Eigentumsgarantie des Art. 14 GG und schließlich auch nicht gegen das in Art. 20 Abs. 3 GG verankerte Rechtsstaatsprinzip.[7]

---

[1] So BAG 29.8.2013 – 2 AZR 419/12, NZA 2014, 660; 24.11.2011 – 2 AZR 429/10, NZA 2012, 610; 24.3.2011 – 2 AZR 674/09, NZA-RR 2012, 243; APS/Biebl KSchG § 9 Rn. 1; KR/Spilger KSchG § 9 Rn. 9f.

[2] BAG 23.2.2010 – 2 AZR 554/08, NZA 2010, 1123; 6.9.2007 – 2 AZR 264/06, NZA 2008, 636; 23.6.2005 – 2 AZR 256/04, NZA 2006, 363; kritisch, aber wenig instruktiv Schrader/Klagges/Taut RdA 2024, 94ff.

[3] Vgl. HK-KSchG/Hauck § 9 Rn. 2.

[4] Dazu ErfK/Kiel KSchG § 14 Rn. 13f.

[5] Zutr. Faulenbach jurisPR-ArbR 11/2019 Anm. 6; offen gelassen von BAG 18.9.2019 – 7 ABR 44/17, NZA 2020, 329 zu § 78a Abs. 4 BetrVG; aA BVerwG 21.2.2011 – 6 P 12.10, NZA-RR 2011, 332 zu § 9 Abs. 4 BPersVG aF.

[6] Faulenbach jurisPR-ArbR 11/2019 Anm. 6.

[7] BVerfG 22.10.2004 – 1 BvR 1944/01, NZA 2005, 41; 29.1.1990 – 1 BvR 42/82, NZA 1990, 535; BAG 19.11.2015 – 2 AZR 217/15, NZA 2016, 540; APS/Biebl KSchG § 9 Rn. 3; KR/Spilger KSchG § 9 Rn. 15; PVT Kündigung/Vossen Rn. 2319; aA Belling DB 1985, 1890ff.; Bleckmann/Coen DB 1981, 640ff.

III. Voraussetzungen des Auflösungsurteils nach § 9 KSchG

1. Kündigung eines Arbeitsverhältnisses

6 a) **Auflösungsantrag bei ordentlicher Kündigung.** Ein Auflösungsantrag kommt nur in Betracht, wenn der Arbeitgeber das Arbeitsverhältnis gekündigt hat.[8] Der gesetzliche Grundfall ist die ordentliche Beendigungskündigung.

7 b) **Auflösungsantrag bei Änderungskündigung.** In Bezug auf Änderungskündigungen ist danach zu differenzieren, ob der Arbeitnehmer das Änderungsangebot unter Vorbehalt angenommen oder es abgelehnt hat. Nimmt er es unter dem Vorbehalt der sozialen Rechtfertigung an und erhebt eine Änderungsschutzklage nach § 4 S. 2, scheidet eine Auflösung des Arbeitsverhältnisses nach § 9 aus.[9] Streitgegenstand der Änderungsschutzklage ist die Wirksamkeit der Änderung der Arbeitsbedingungen (§ 4 S. 2) und nicht die Beendigung des Arbeitsverhältnisses (dazu → § 4 Rn. 105 ff.). Hat der Arbeitnehmer dagegen das Änderungsangebot nicht unter Vorbehalt angenommen und Kündigungsschutzklage nach § 4 S. 1 erhoben, wird über die Wirksamkeit der Kündigung des Arbeitsverhältnisses und nicht über die Änderung der Arbeitsbedingungen gestritten. Eine Auflösung des Arbeitsverhältnisses ist deshalb nach Maßgabe von § 9 möglich.[10] Das Gleiche gilt, wenn die Vorbehaltsannahme unwirksam ist und deshalb einem – auch – zur Entscheidung gestellten Kündigungsschutzantrag nach § 4 S. 1 stattgegeben wird.[11]

8 c) **Auflösungsantrag bei außerordentlicher Kündigung.** Im Fall einer außerordentlichen Kündigung kann gemäß § 13 Abs. 1 S. 3 nur der Arbeitnehmer einen Auflösungsantrag stellen, nicht jedoch der Arbeitgeber (dazu → § 13 Rn. 18 ff.). Das gilt auch für eine außerordentliche Kündigung mit notwendiger oder „sozialer" **Auslauffrist.**[12] Eine Auflösung des Arbeitsverhältnisses auf Antrag des Arbeitgebers soll in diesen Fällen allerdings in Betracht kommen, wenn die außerordentliche Kündigung nach § 140 BGB in eine ordentliche Kündigung **umgedeutet** werden kann oder eine solche hilfsweise erklärt worden ist.[13] Kann die fristlose Kündigung des Arbeitgebers in eine ordentliche Kündigung umgedeutet werden, soll der Arbeitnehmer grundsätzlich die Möglichkeit haben, bezogen auf die fristlose Kündigung des Arbeitgebers von einem Auflösungsantrag abzusehen und die Auflösung nur bezogen auf die umgedeutete fristgerechte Kündigung zu beantragen.[14] Gegen eine Auflösung des Arbeitsverhältnisses – sei es auf Antrag des Arbeitnehmers oder des Arbeitgebers – bezogen auf eine (vermeintlich) durch Umdeutung gewonnene ordentliche Kündigung lässt sich freilich mit guten Gründen einwenden, dass eine Umdeutung nach § 140 BGB voraussetzt, dass die ordentliche Kündigung wirksam ist; dann ist aber kein Raum mehr für einen Auflösungsantrag; das Arbeitsverhältnis ist mit Ablauf der Kündigungsfrist ohne Weiteres beendet (→ § 13 Rn. 23 ff. und → § 13 Rn. 28 ff.). Dieser aus § 140 BGB herrührende Einwand greift hingegen nicht in Bezug auf eine ausdrücklich hilfsweise erklärte ordentliche Kündigung. Insoweit steht einem arbeitgeberseitigen Auflösungsantrag auch nicht die Entscheidung des Gesetzgebers entgegen, in § 13 Abs. 2 nicht auf § 9 Abs. 2 zu verweisen (so aber → § 13 Rn. 28). Denn Bezugspunkt des Auflösungsantrags ist dann nicht eine außerordentliche,

[8] APS/Biebl KSchG § 9 Rn. 5.
[9] BAG 24.10.2013 – 2 AZR 320/13, AP KSchG 1969 § 9 Nr. 71 mzustAnm Hergenröder; APS/Biebl KSchG § 9 Rn. 14; ErfK/Kiel KSchG § 9 Rn. 2; LSSW/Spinner § 9 Rn. 4; KR/Spilger KSchG § 9 Rn. 38; Niemann RdA 2016, 339 (342); Niemann NZA 2019, 65 (70).
[10] BAG 27.9.2001 – 2 AZR 176/00, NZA 2002, 1277; 29.1.1981 – 2 AZR 1055/78, NJW 1982, 1118.
[11] Niemann NZA 2019, 65 (70).
[12] BAG 30.9.2010 – 2 AZR 160/09, NZA 2011, 349; 26.3.2009 – 2 AZR 879/07, NZA 2009, 679.
[13] BAG 26.10.1979 – 7 AZR 752/77, NJW 1980, 1484.
[14] BAG 21.5.2008 – 8 AZR 623/07, BeckRS 2008, 56180; 26.8.1993 – 2 AZR 159/93, NZA 1994, 70.

sondern eben die hilfsweise erklärte ordentliche Kündigung, die ein anderes Rechtsgeschäft darstellt[15], und auf die § 9 unmittelbare Anwendung findet.

d) **Auflösungsantrag bei Berufsausbildungsverhältnis.** Die Regelung des § 9 gilt nur für Arbeitsverhältnisse, nicht jedoch für Berufsausbildungsverhältnisse. Im Fall einer außerordentlichen Kündigung nach § 22 Abs. 2 BBiG scheidet eine Auflösung des Ausbildungsverhältnisses aus. § 13 Abs. 1 S. 3 ist auf das Berufsausbildungsverhältnis ebenfalls nicht anwendbar (→ § 13 Rn. 20).[16] Der nach § 23 Abs. 1 S. 1 BBiG dem Auszubildenden bei einer vorzeitigen Lösung des Berufsausbildungsverhältnisses nach der Probezeit ggf. zu ersetzende Schaden umfasst keine Abfindung entsprechend den §§ 9, 10.[17] 9

e) **Auflösungsantrag bei Zivilbeschäftigten bei den alliierten Streitkräften.** Für Zivilbeschäftigte bei den alliierten Streitkräften besteht in Art. 56 Abs. 2a S. 1 ZA-NTS eine Sonderregelung. Danach kann der Arbeitgeber einen Auflösungsantrag auch darauf stützen, dass der Fortsetzung des Arbeitsverhältnisses besonders schutzwürdige militärische Interessen entgegenstehen.[18] 10

f) **Auflösungsantrag bei einheitlichem Arbeitsverhältnis.** In einem einheitlichen Arbeitsverhältnis mit mehreren Arbeitgebern kann die Auflösung nach § 9 grundsätzlich nur insgesamt erfolgen. Ausreichend ist im Regelfall ein Auflösungsgrund, der für oder gegen einen der Arbeitgeber vorliegt.[19] 11

2. Auflösungsantrag bei Sozialwidrigkeit der Kündigung

a) **Anhängiger Kündigungsschutzprozess.** Die Auflösung des Arbeitsverhältnisses nach § 9 ist nur im Rahmen eines Kündigungsschutzprozesses möglich, in welchem der Arbeitnehmer die Sozialwidrigkeit der Kündigung geltend macht. Unerheblich ist, ob die Kündigungsschutzklage im Weg der Klage oder Widerklage erhoben worden ist.[20] Stellt der Arbeitnehmer nur einen Auflösungsantrag nach § 9 und nicht zugleich auch den Feststellungsantrag nach § 4 S. 1, ist der Auflösungsantrag als unzulässig abzuweisen.[21] Der Auflösungsantrag kann **nicht unabhängig vom Kündigungsschutzantrag** gestellt werden, weil die Auflösung des Arbeitsverhältnisses nach § 9 die Feststellung der Sozialwidrigkeit der Kündigung voraussetzt. Eine Auflösung des Arbeitsverhältnisses nach § 9 scheidet deshalb auch aus, wenn der Arbeitnehmer mit der Kündigungsschutzklage **nur einen sonstigen Unwirksamkeitsgrund,** wie etwa die fehlende Zustimmung des Integrationsamts nach § 168 SGB IX oder die fehlende Unterrichtung des Betriebsrats nach § 102 Abs. 1 BetrVG rügt und nicht gemäß § 6 bis zum Schluss der mündlichen Verhandlung erster Instanz auch die fehlende soziale Rechtfertigung der Kündigung geltend macht.[22] Dem Gericht ist in diesem Fall eine Prüfung der sozialen Rechtfertigung der Kündigung nicht möglich. 12

b) **Auflösungsantrag in Wartezeit und Kleinbetrieb.** Kündigt der Arbeitgeber das Arbeitsverhältnis innerhalb der **Wartezeit** des § 1 Abs. 1, kann der Arbeitnehmer einen Auflösungsantrag stellen, wenn die Kündigung sittenwidrig ist.[23] Andernfalls hätte § 13 Abs. 2 praktisch keinen Anwendungsbereich, weil eine sittenwidrige Kündigung regel- 13

[15] Über den Umdeutungsfall lässt sich insoweit streiten. Für das Vorliegen zweier Rechtsgeschäfte (des „nichtigen" und des „anderen") Niemann NZA 2019, 65 (68).
[16] BAG 29.11.1984 – 2 AZR 354/83, NZA 1986, 230; PVT Kündigung/Vossen Rn. 2322.
[17] BAG 16.7.2013 – 9 AZR 784/11, NZA 2013, 1202.
[18] Dazu APS/Linck ZA-NTS Art. 56 Rn. 17.
[19] BAG 19.4.2012 – 2 AZR 186/11, NZA 2013, 27.
[20] KR/Spilger KSchG § 9 Rn. 16.
[21] BAG 29.5.1959 – 2 AZR 450/58, NJW 1959, 1942; LAG Baden-Württemberg 3.6.1991 – 7 Sa 16/91, BeckRS 1991, 30913775; KR/Spilger KSchG § 9 Rn. 16.
[22] HaKo-KSchR/Gieseler KSchG § 9 Rn. 27.
[23] TRL/Stelljes KSchG § 13 Rn. 26; LSSW/Spinner § 13 Rn. 49; aA APS/Biebl KSchG § 13 Rn. 52; KR-Treber/Rennpferdt KSchG § 13 Rn. 40.

mäßig auch sozialwidrig ist. Bei Kündigungen in **Kleinbetrieben** iSv § 23 Abs. 1 scheidet demgegenüber eine Auflösung nach § 9 aus, weil dort erklärte Kündigungen nicht auf ihre soziale Rechtfertigung zu überprüfen sind und nach § 23 Abs. 1 die Regelung des § 13 Abs. 2 keine Anwendung findet[24] (siehe auch → § 13 Rn. 19).

14 c) **Auflösungsantrag bei Wiederholungskündigung.** Der Auflösung des Arbeitsverhältnisses steht bei Wiederholungskündigungen, die auf denselben Kündigungsgrund gestützt werden (dazu → § 4 Rn. 170), nicht entgegen, dass die Unwirksamkeit der Kündigung im Ergebnis aus der Präjudizialität der Entscheidung im Vorverfahren hergeleitet wird. Zwar setzt eine Auflösung des Arbeitsverhältnisses nach § 9 die Sozialwidrigkeit der Kündigung voraus. Dass bei der wiederholten Kündigung keine abweichende Beurteilung der sozialen Rechtfertigung der Kündigung nach § 1 erfolgen darf, führt aber zu dem notwendigen Schluss, dass auch die zweite Kündigung nach § 1 als unwirksam anzusehen ist, wenn auch die erste Kündigung sozialwidrig war.[25] Der Umstand, dass es sich um eine bloße Wiederholungskündigung handelt, die ohne Weiteres als sozial ungerechtfertigt anzusehen ist, ist aber bei der Bemessung der nach § 10 KSchG festzusetzenden Abfindung erhöhend zu berücksichtigen (→ § 10 Rn. 17).

15 d) **Auflösungsantrag bei formunwirksamer Kündigung.** Ein Auflösungsantrag kann nicht mit Erfolg gestellt werden, wenn der Arbeitnehmer bei einer mündlichen Kündigung ausschließlich deren Formunwirksamkeit (§ 623 bzw. § 46h ArbGG iVm § 125 S. 1 BGB) mit einer allgemeinen Feststellungsklage gemäß § 256 Abs. 1 ZPO geltend macht. § 9 Abs. 1 setzt zwingend die allein nach § 4 S. 1 zu treffende Feststellung durch das Gericht voraus, dass das Arbeitsverhältnis durch die betreffende Kündigung nicht aufgelöst worden ist.[26] Zwar wird eine solche Feststellung getroffen, wenn einer Kündigungsschutzklage stattgegeben wird, mit der der Arbeitnehmer sich, was ohne Beachtung einer nur durch eine schriftliche Kündigung ausgelösten Klagefrist statthaft ist,[27] sowohl auf die Formunwirksamkeit als auch die Sozialwidrigkeit der Kündigung beruft. Doch wird auch in diesem Fall eine Auflösung des Arbeitsverhältnisses nach § 9 ausscheiden. Für einen Antrag des Arbeitgebers gilt dies nach § 13 Abs. 3, weil die – mündliche – Kündigung an einem weiteren Mangel als ihrer Sozialwidrigkeit krankt (→ Rn. 18 ff). Beim Antrag des Arbeitnehmers ist zu beachten, dass das Schriftformgebot des § 623 BGB bzw. die Formfiktion des § 46h ArbGG auch dem Schutz des Arbeitgebers dient, weshalb eine Auflösung nicht entgegen § 13 Abs. 3 mit dem Argument zugelassen werden kann, dass die Kündigung nicht nur form-, sondern auch sozialwidrig sei.[28]

16 e) **Auflösungsantrag bei weiteren Unwirksamkeitsgründen.** Umstritten ist, ob ein Auflösungsantrag auch gestellt werden kann, wenn die Kündigung nicht nur sozial ungerechtfertigt, sondern zudem aus anderen Gründen unwirksam ist (zB wegen fehlerhafter Anhörung des Betriebsrats nach § 102 Abs. 1 BetrVG, des Sprecherausschusses,[29] des Personalrats,[30] fehlender Zustimmung des Integrationsamts, § 168 SGB IX, Verstoßes gegen § 17 MuSchG oder Verletzung des Maßregelungsverbots des § 612a BGB[31]). Richtigerweise ist zu **unterscheiden,** ob der Arbeitnehmer oder der Arbeitgeber den Auflösungsantrag stellt:

17 (1) Eine Auflösung des Arbeitsverhältnisses auf **Antrag des Arbeitnehmers** setzt voraus, dass die Kündigung überhaupt sozialwidrig ist. Ist die Kündigung außerdem aus einem anderen Grund nichtig, steht das der Auflösung nicht entgegen, weil hierdurch die

[24] TRL/Stelljes KSchG § 13 Rn. 25.
[25] BAG 26.8.1993 – 2 AZR 159/93, NZA 1994, 70.
[26] BAG 1.10.2020 – 2 AZR 247/20, NZA 2021, 75.
[27] Vgl. Niemann NZA 2019, 65 (66 f.).
[28] Ebenso Quecke RdA 2004, 86 (100); aA HaKo-KSchR/Gallner KSchG § 4 Rn. 3.
[29] BAG 27.9.2001 – 2 AZR 176/00, NZA 2002, 1277.
[30] BAG 27.9.2001 – 2 AZR 389/00, NZA 2002, 1171.
[31] Dazu BAG 27.9.2022 – 2 AZR 5/22, NZA 2022, 1558; 25.11.1993 – 2 AZR 517/93, NZA 1994, 837; LAG Düsseldorf 15.9.2021 – 12 Sa 10/21, BeckRS 2021, 42230.

Unzumutbarkeit der Fortsetzung des Arbeitsverhältnisses wegen der Sozialwidrigkeit der Kündigung nicht berührt wird, § 9 also seinem Sinn und Zweck nach eingreift.[32] Deshalb muss das Gericht, um über den Auflösungsantrag entscheiden zu können, auch dann die Sozialwidrigkeit feststellen, wenn sich die Unwirksamkeit der Kündigung bereits aus einem anderen Grund ergibt.[33] Erweist sich die Kündigung nicht als sozialwidrig und auch nicht als sittenwidrig (§ 13 Abs. 2), sondern nur aus einem anderen Grund als nichtig, kann das Gericht lediglich die Fortdauer des Arbeitsverhältnisses feststellen, nicht aber auf Auflösung und Abfindung erkennen.[34] Dabei fällt eine Verletzung des Maßregelungsverbots des § 612a BGB unter § 13 Abs. 2, weil es sich um einen Sonderfall der Sittenwidrigkeit nach § 138 BGB handelt.[35] § 9 greift auch ein, wenn die Kündigung sozialwidrig ist und das Arbeitsverhältnis zudem derzeit nicht aufgelöst sein könnte, weil es – noch – an einer ordnungsgemäßen Massenentlassungsanzeige mangelt und deshalb die Sperrfrist nach § 18 KSchG – noch – nicht an- und damit erst recht nicht abgelaufen sein kann (zu den Rechtsfolgen einer – derzeit – fehlenden oder fehlerhaften Massenentlassungsanzeige → § 4 Rn. 26 und → § 6 Rn. 7). Der Arbeitnehmer kann nach § 13 Abs. 1 S. 3 auch dann mit Erfolg einen Auflösungsantrag in Bezug auf eine **außerordentliche Kündigung** anbringen, wenn diese nicht durch einen wichtigen Grund iSv. § 626 BGB getragen, zudem aber aus einem sonstigen Grund unwirksam ist (→ § 13 Rn. 18).[36] Anders liegt es grundsätzlich, wenn für die außerordentliche Kündigung zwar ein wichtiger Grund iSv. § 626 BGB vorliegt, sie sich jedoch – allein – aus anderen Gründen als unwirksam erweist (→ § 13 Rn. 21).

(2) Nach der zutreffenden Rechtsprechung des BAG kann dagegen der **Arbeitgeber**, 18
wenn die Kündigung nicht nur sozialwidrig, sondern auch aus einem anderen Grund unwirksam ist, nicht die Auflösung des Arbeitsverhältnisses verlangen.[37] Die Lösungsmöglichkeit des § 9 ist für den Arbeitgeber eine Vergünstigung, durch die ihm das Recht eingeräumt wird, das Arbeitsverhältnis gegen Zahlung einer Abfindung zu beenden, wenn für die Zukunft eine den Betriebszwecken dienliche Zusammenarbeit nicht zu erwarten ist.[38] Dieses Recht besteht jedoch nicht, wenn die Unwirksamkeit der Kündigung aus Vorschriften außerhalb des KSchG hergeleitet wird. Stützt der Arbeitgeber die Kündigung auf **mehrere Kündigungssachverhalte** und ergibt sich bei einem von diesen die Unwirksamkeit der Kündigung nur aus der fehlenden sozialen Rechtfertigung, kann jedoch auch dann das Arbeitsverhältnis auf Antrag des Arbeitgebers aufgelöst werden, wenn in Bezug auf die weiteren Kündigungssachverhalte die Unwirksamkeit der Kündigung auch aus anderen Gründen folgt. Es ist kein sachlicher Grund dafür ersichtlich, dem Arbeitgeber die Vergünstigung des § 9 zu entziehen, wenn er die Kündigung zusätzlich auf weitere Umstände stützt, die wegen Verstoßes gegen Vorschriften außerhalb des Kündigungsschutzgesetzes nicht zur Wirksamkeit der Kündigung führen können.[39] Hat das ArbG einem Auflösungsantrag des Arbeitgebers rechtskräftig stattgege-

[32] BAG 20.3.1997 – 8 AZR 769/95, NZA 1997, 937; 29.1.1981 – 2 AZR 1055/78, AP KSchG 1969 § 9 Nr. 6 mAnm Herschel = SAE 1982, 98 mAnm Corts; APS/Biebl KSchG § 9 Rn. 9; ErfK/Kiel KSchG § 9 Rn. 10; LSSW/Spinner § 9 Rn. 18; KR/Spilger KSchG § 9 Rn. 32.

[33] BAG 26.8.1993 – 2 AZR 159/93, NZA 1994, 70; APS/Biebl KSchG § 9 Rn. 9.

[34] APS/Biebl KSchG § 9 Rn. 9; LSSW/Spinner § 9 Rn. 19; PVT Kündigung/Vossen Rn. 2325.

[35] BAG 27.9.2022 – 2 AZR 5/22, NZA 2022, 1558; 18.11.2021 – 2 AZR 229/21, NZA 2022, 200; 20.5.2021 – 2 AZR 560/20, NZA 2021, 1096; 21.9.2011 – 7 AZR 150/10, NZA 2012, 317.

[36] KR/Rennpferdt KSchG § 13 Rn. 153 ff.

[37] BAG 24.5.2018 – 2 AZR 73/18, NZA 2018, 1131; 22.9.2016 – 2 AZR 700/15, NZA 2017, 304; 31.7.2014 – 2 AZR 434/13, NZA 2015, 358; 24.11.2011 – 2 AZR 429/10, NZA 2012, 610; eingehend begründend BAG 28.8.2008 – 2 AZR 63/07, NZA 2009, 275; MüKoBGB/Hergenröder KSchG § 9 Rn. 27; Hertzfeld NZA 2004, 298 (300); ErfK/Kiel KSchG § 9 Rn. 10; LSSW/Spinner § 9 Rn. 46; Müller, Der Auflösungsantrag des Arbeitgebers, 2004, S. 28; Däubler/Deinert/Callsen KSchG § 9 Rn. 6; aA Ascheid Kündigungsschutzrecht Rn. 806; Bauer FS Hanau S. 151 (163); APS/Biebl KSchG § 9 Rn. 11; KR/Spilger KSchG § 9 Rn. 32 ff.; Tschöpe FS Schwerdtner S. 217 (227); PVT Kündigung/Vossen Rn. 2327.

[38] Zutr. BAG 24.11.2011 – 2 AZR 429/10, NZA 2012, 610; 9.10.1979 – 6 AZR 1059/77, AP KSchG 1969 § 9 Nr. 4 mzustAnm G. Hueck.

[39] Vgl. BAG 21.9.2000 – 2 AZN 576/00, NZA 2001, 102.

ben, weil die „nur“ sozialwidrige Kündigung zunächst mit Zustimmung des Integrationsamts erklärt wurde und wird der Zustimmungsbescheid später bestands- oder rechtskräftig aufgehoben, kann das Gestaltungsurteil mit der **Restitutionsklage nach § 580 ZPO** angefochten werden. Insofern gelten die Ausführungen zu einem die Kündigungsschutzklage rechtskräftig abweisenden Urteil entsprechend (→ § 4 Rn. 169).

19 Ist die Kündigung nicht nur sozialwidrig, sondern auch aus anderen Gründen unwirksam, soll nach Auffassung des BAG ein Auflösungsantrag des Arbeitgebers allerdings in Betracht kommen, wenn die weiteren Unwirksamkeitsgründe **nicht dem Schutz des Arbeitnehmers dienen.** Greife der Schutzzweck der verletzten Norm nicht zugunsten des Arbeitnehmers ein, sei nicht einzusehen, dass dem Arbeitgeber die Möglichkeit einer Auflösung des Arbeitsverhältnisses nach § 9 verwehrt werde.[40] Dem Schutz des Arbeitnehmers dienen insbesondere § 17 MuSchG, §§ 168[41], 174 SGB IX oder § 103 BetrVG, § 15 KSchG. Entsprechendes gilt für tarifvertragliche Kündigungsbeschränkungen.[42] Die besondere Schutzfunktion hat das BAG dagegen in einem besonders gelagerten Fall verneint, in dem im Arbeitsvertrag eines im Ausland beschäftigten deutschen Lehrers vereinbart war, dass die Wirksamkeit der Kündigung des Arbeitgebers von der Zustimmung der deutschen Auslandsvertretung abhängig sein soll.[43]

20 Dem **kann nicht zugestimmt werden.**[44] Bei einer Auflösung des Arbeitsverhältnisses auf Antrag des Arbeitgebers tritt die Zahlung einer Abfindung iVm den Gründen, die eine den Betriebszwecken dienliche weitere Zusammenarbeit zwischen Arbeitgeber und Arbeitnehmer nicht erwarten lassen, an die Stelle des personen-, verhaltens- oder betriebsbedingten Kündigungsgrundes nach § 1 Abs. 2.[45] Die Abfindungszahlung und die in § 9 Abs. 1 S. 2 vorgesehenen Voraussetzungen für die Auflösung des Arbeitsverhältnisses ersetzen damit die in § 1 Abs. 2 geregelten Kündigungsgründe, nicht aber sonstige Mängel der Kündigung. Es kommt daher nicht darauf an, ob der sonstige Kündigungsmangel gerade im Interesse des Arbeitnehmers die Unwirksamkeit der Kündigung anordnet oder nicht. Entscheidend ist vielmehr, dass der Auflösungsgrund aus § 9 Abs. 1 S. 2 und die vom Arbeitgeber zu leistende Abfindung lediglich die fehlende soziale Rechtfertigung der Kündigung ersetzen und deshalb nur dann auf Antrag des Arbeitgebers zur Beendigung des Arbeitsverhältnisses führen können, wenn keine weiteren Gründe für die Unwirksamkeit der Kündigung bestehen.

21 Dass eine Auflösung des Arbeitsverhältnisses auf Antrag des Arbeitgebers nicht in Betracht kommt, wenn neben der Sozialwidrigkeit auch sonstige Unwirksamkeitsgründe – gleich welcher Art – vorliegen, zeigt auch die folgende **Kontrollüberlegung:** Ist die Kündigung beispielsweise wegen nicht ordnungsgemäßer Unterrichtung des Betriebsrats nach § 102 Abs. 1 BetrVG unwirksam, aber gleichwohl sozial gerechtfertigt iSv § 1 Abs. 2, scheidet ein Auflösungsantrag des Arbeitgebers nach § 9 Abs. 1 S. 2 von vornherein aus. Die Auflösung kommt nämlich nur in Betracht, wenn die Sozialwidrigkeit der Kündigung feststeht. Die Zulassung des Auflösungsantrags des Arbeitgebers auch bei sonstigen Unwirksamkeitsgründen würde dazu führen, dass der sozialwidrig kündigende Arbeitgeber besser steht als ein Arbeitgeber, dessen Kündigung sozial gerechtfertigt ist. Ersterer könnte trotz sonstiger Unwirksamkeitsgründe die Auflösung des Arbeitsverhältnisses nach § 9 Abs. 1 S. 2 herbeiführen, während Letzterer sich trotz sozialer Rechtfertigung der Kündigung wegen sonstiger Unwirksamkeitsmängel am Arbeitsverhältnis festhalten lassen müsste. Damit würde der sozialwidrig kündigende Arbeitgeber privilegiert, was wiederum von § 9 Abs. 1 S. 2 nicht bezweckt ist.

---

[40] BAG 24.11.2011 – 2 AZR 429/10, NZA 2012, 610; 28.8.2008 – 2 AZR 63/07, NZA 2009, 275; 10.2.2005 – 2 AZR 584/03, AP BGB § 174 Nr. 18; 10.11.1994 – 2 AZR 207/94, NZA 1995, 309 = AR-Blattei ES 1020 Nr. 336 mit insoweit abl. Anm. v. Hoyningen-Huene.

[41] Hessisches LAG 9.7.2021 – 14 Sa 10/21, BeckRS 2021, 38113.

[42] BAG 26.3.2009 – 2 AZR 879/07, NZA 2009, 679; 28.11.2007 – 5 AZR 952/06, NZA-RR 2008, 344.

[43] Vgl. BAG 10.11.1994 – 2 AZR 207/94, NZA 1995, 309.

[44] Ablehnend auch HaKo-KSchR/Gieseler KSchG § 9 Rn. 33; LSSW/Spinner § 9 Rn. 46.

[45] Dazu näher v. Hoyningen-Huene Anm. zu BAG AR-Blattei ES 1020 Nr. 336.

f) **Auflösungsantrag bei Rücknahme der Kündigung.** Erklärt der Arbeitgeber im Lauf des Kündigungsschutzprozesses die „Rücknahme der Kündigung", liegt darin ein **Angebot zur Fortsetzung des Arbeitsverhältnisses** zu den bisherigen Bedingungen (näher dazu → § 4 Rn. 61 ff.). Nimmt der Arbeitnehmer das Angebot des Arbeitgebers an, ist der Rechtsstreit in der Hauptsache erledigt. Wenn der Arbeitnehmer jedoch das in der Rücknahme der Kündigung liegende Angebot des Arbeitgebers zur Fortsetzung des Arbeitsverhältnisses ablehnt, bleibt ihm die Möglichkeit, nach § 9 die Auflösung des Arbeitsverhältnisses zu beantragen.[46] Dabei kann uU aufgrund der Rücknahmeerklärung des Arbeitgebers zwischen den Parteien die Sozialwidrigkeit der mit der Klage angegriffenen Kündigung als unstreitig angesehen werden. Dies dürfte regelmäßig allerdings nur dann der Fall sein, wenn die Kündigung nicht zugleich auch aus anderen Gründen (zB § 102 Abs. 1 BetrVG) unwirksam ist.[47] 22

3. Antrag auf gerichtliche Auflösung des Arbeitsverhältnisses

a) **Antragserfordernis; keine Auflösung von Amts wegen.** Das Gericht kann **nicht von Amts wegen** die Auflösung des Arbeitsverhältnisses vornehmen, auch wenn es dies für zweckmäßig erachten sollte. Es ist vielmehr ein Antrag einer der Prozessparteien erforderlich.[48] 23

b) **Verbindung von Auflösungsantrag und Kündigungsschutzantrag.** Der Auflösungsantrag kann nur in Verbindung mit einem Kündigungsschutzantrag nach § 4 gestellt werden.[49] Ist eine Kündigungsschutzklage nicht erhoben, gilt die Kündigung nach § 7 als von Anfang an rechtswirksam. Das Arbeitsverhältnis ist dann durch die Kündigung aufgelöst, für ein Gestaltungsurteil des ArbG ist kein Raum mehr. 24

c) **Auflösungsantrag als Prozesshandlung.** Der Antrag auf Auflösung des Arbeitsverhältnisses ist eine Prozesshandlung,[50] für welche die allgemeinen prozessualen Anforderungen gelten. Wie jede andere Prozesshandlung ist auch der Auflösungsantrag **auslegungsfähig.**[51] Fordert der Arbeitnehmer für den Fall, dass das Gericht einem vom Arbeitgeber gestellten Auflösungsantrag stattgibt, eine höhere Abfindung, liegt darin noch kein selbstständiger Auflösungsantrag des Arbeitnehmers. Das Gericht kann deshalb, wenn der Arbeitgeber seinen Antrag zurücknimmt, nicht auf Auflösung erkennen, sofern nicht der Arbeitnehmer nunmehr einen eigenen Auflösungsantrag stellt.[52] Hat der Arbeitnehmer lediglich einen Antrag auf Zahlung einer Abfindung gestellt, kann dies als Antrag auf Auflösung des Arbeitsverhältnisses ausgelegt werden, weil die Auflösung des Arbeitsverhältnisses grundsätzlich notwendige Voraussetzung für die Verurteilung zur Zahlung einer Abfindung ist.[53] Allerdings bleibt hier noch zu prüfen, ob nicht zugleich ein Anspruch auf eine Abfindung nach § 1a, eine Sozialplanabfindung nach § 112 BetrVG, ein Nachteilsausgleichsanspruch nach § 113 BetrVG oder ein anderweitiger tariflicher Abfindungsanspruch in Betracht kommt. Dies hat das Gericht gegebenenfalls gemäß § 139 ZPO aufzuklären. 25

d) **Formulierung des Auflösungsantrags.** Durch das Gesetz ist eine bestimmte Antragsformulierung nicht vorgeschrieben, insbesondere ist es nicht erforderlich, die Höhe der Abfindung zu beziffern. Es genügt, wenn neben der Auflösung die **Zahlung einer an-** 26

---

[46] Vgl. BAG 19.8.1982 – 2 AZR 230/80, NJW 1983, 1628; ErfK/Kiel KSchG § 9 Rn. 4; KR/Spilger KSchG § 9 Rn. 25.

[47] Vgl. LAG Köln 17.3.1995 – 13 Sa 1379/94, NZA-RR 1996, 127.

[48] BAG 28.1.1961 – 2 AZR 482/59, AP KSchG § 7 Nr. 8 mzustAnm A. Hueck; ErfK/Kiel KSchG § 9 Rn. 3; KR/Spilger KSchG § 9 Rn. 19.

[49] BAG 29.5.1959 – 2 AZR 450/58, NJW 1959, 1942; LAG Baden-Württemberg 3.6.1991 – 7 Sa 16/91, BeckRS 1991, 30913775; LSSW/Spinner § 9 Rn. 20; PVT Kündigung/Vossen Rn. 2324.

[50] Ebenso APS/Biebl KSchG § 9 Rn. 22; ErfK/Kiel KSchG § 9 Rn. 4; KR/Spilger KSchG § 9 Rn. 22.

[51] APS/Biebl KSchG § 9 Rn. 24; KR/Spilger KSchG § 9 Rn. 22.

[52] BAG 28.1.1961– 2 AZR 482/59, AP KSchG § 7 Nr. 8 mzustAnm A. Hueck.

[53] BAG 13.12.1956 – 2 AZR 353/54, AP KSchG § 7 Nr. 5; KR/Spilger KSchG § 9 Rn. 22.

gemessenen Abfindung beantragt wird.[54] Der Antrag könnte daher lauten: „Es wird beantragt, das Arbeitsverhältnis zum… aufzulösen und den Beklagten zur Zahlung einer angemessenen Abfindung zu verurteilen" bzw. „Es wird beantragt, das Arbeitsverhältnis gegen Zahlung einer angemessenen Abfindung zum… aufzulösen".

27 **e) Rechtsnatur des Auflösungsantrags.** (1) Der **Auflösungsantrag des Arbeitnehmers** ist ein **unechter Eventualantrag.**[55] Der Arbeitnehmer verlangt in erster Linie die Feststellung der Unwirksamkeit der Kündigung. Der Auflösungsantrag des Arbeitnehmers ist nur für den Fall gestellt, dass der Feststellungsantrag begründet ist. Es liegt eine unter eine Rechtsbedingung gestellte Klagehäufung vor, die zulässig ist, weil die Entscheidung über den Eintritt der Bedingung – Feststellung der Sozialwidrigkeit der Kündigung – allein beim Gericht liegt.[56] Ist der Kündigungsschutzantrag unbegründet, fällt der Auflösungsantrag nicht zur Entscheidung an, weil das Arbeitsverhältnis bereits durch die angegriffene Kündigung aufgelöst worden ist. Wird der Auflösungsantrag in dem Sinn „hilfsweise" gestellt, dass er nur bei Abweisung des Antrags auf Feststellung der Sozialwidrigkeit der Kündigung gelten solle, ist er nicht begründet.[57]

28 (2) Der **Auflösungsantrag des Arbeitgebers** ist in aller Regel ein **echter Eventualantrag.**[58] Der Arbeitgeber begehrt primär die Abweisung der Kündigungsschutzklage. Damit stünde fest, dass das Arbeitsverhältnis durch die streitgegenständliche Kündigung geendet hat. Der Auflösungsantrag ist nur für den Fall gestellt, dass der Klage allein aus Gründen ihrer Sozialwidrigkeit[59] stattgegeben wird, damit an sich das Arbeitsverhältnis fortbestünde, aber ein arbeitgeberseitiger Auflösungsantrag „statthaft" ist (→ Rn. 18 ff.).[60] Weist das erstinstanzliche Gericht die Kündigungsschutzklage ab oder gibt es ihr statt, weil (auch) ein anderer Unwirksamkeitsgrund iSv § 13 Abs. 3 vorliegt, hat es über den Hilfsantrag des Arbeitgebers nach § 9 nicht zu befinden. Der Arbeitgeber kann allerdings auch davon absehen, die Sozialwidrigkeit der Kündigung zu bestreiten, und nur die Auflösung des Arbeitsverhältnisses nach § 9 beantragen.[61] Der Auflösungsantrag ist dann Hauptantrag. Praktisch wird das selten vorkommen, weil der Arbeitgeber, wenn das Gericht die Sozialwidrigkeit der Kündigung verneint, die Auflösung des Arbeitsverhältnisses ohne Abfindung erreicht.

29 **f) Zeitpunkt der Stellung des Auflösungsantrags.** Für den Zeitpunkt der Antragstellung enthält § 9 Abs. 1 S. 3 eine besondere Regelung. Danach muss der Antrag auf Auflösung des Arbeitsverhältnisses spätestens in der **letzten mündlichen Verhandlung in der Berufungsinstanz** gestellt werden (§ 297 ZPO).[62] Der Auflösungsantrag kann aber auch schon in der Klageschrift oder der Klageerwiderung angekündigt werden.[63] Wird der Antrag erst nach Schluss der mündlichen Verhandlung (§ 136 Abs. 4 ZPO), aber vor einem anberaumten Verkündungstermin gestellt, ist hierüber nicht mehr zu entscheiden.[64] Der Wunsch einer Partei, nach dem Schluss der mündlichen Verhandlung „doch

---

[54] BAG 26.6.1986 – 2 AZR 522/85, NZA 1987, 139; APS/Biebl KSchG § 9 Rn. 24; KR/Spilger KSchG § 9 Rn. 23; Däubler/Deinert/Callsen KSchG § 9 Rn. 36.

[55] Vgl. BAG 23.6.1993 – 2 AZR 56/93, NZA 1994, 264; Bauer/Hahn DB 1990, 2471; APS/Biebl KSchG § 9 Rn. 19; ErfK/Kiel KSchG § 9 Rn. 3; KR/Spilger KSchG § 9 Rn. 20; PVT Kündigung/Vossen Rn. 2336; Däubler/Deinert/Callsen KSchG § 9 Rn. 33; Niemann NZA 2019, 65 (70).

[56] PVT Kündigung/Vossen Rn. 2336.

[57] BAG 23.6.1993 – 2 AZR 56/93, NZA 1994, 264.

[58] BAG 25.10.1989 – 2 AZR 633/88, NZA 1990, 561; APS/Biebl KSchG § 9 Rn. 46; ErfK/Kiel KSchG § 9 Rn. 11; KR/Spilger KSchG § 9 Rn. 21; PVT Kündigung/Vossen Rn. 2343; Niemann NZA 2019, 65 (71).

[59] Vgl. Niemann NZA 2019, 65 (71).

[60] Vgl. BAG 16.12.2021 – 2 AZR 356/21, NZA 2022, 407.

[61] Vgl. BAG 9.10.1997 – 2 AZR 32/97; HaKo-KSchR/Gieseler § 9 Rn. 13; KR/Spilger KSchG § 9 Rn. 21; PVT Kündigung/Vossen Rn. 2343; Rambach SAE 2023, 66 (70).

[62] Vgl. LAG Berlin 5.5.1997 – 9 Sa 129/96, NZA-RR 1998, 116; Bauer/Hahn DB 1990, 2471; APS/Biebl KSchG § 9 Rn. 25; ErfK/Kiel KSchG § 9 Rn. 4; LSSW/Spinner § 9 Rn. 22; KR/Spilger KSchG § 9 Rn. 24; Däubler/Deinert/Callsen KSchG § 9 Rn. 37.

[63] KR/Spilger KSchG § 9 Rn. 24.

[64] Zutr. APS/Biebl KSchG § 9 Rn. 25.

noch“ einen Auflösungsantrag zu stellen, ist in aller Regel kein Grund iSv § 156 Abs. 1 ZPO, die mündliche Verhandlung wiederzueröffnen.[65]

4. Stellung des Auflösungsantrags in Berufung und Revision

a) **Stellung des Auflösungsantrags im Berufungsverfahren.** Bei der Antragstellung in der Berufungsinstanz sind einige Besonderheiten zu beachten. Soll der Auflösungsantrag **erstmals im zweiten Rechtszug gestellt** werden, sind hierbei nicht die Förmlichkeiten der Berufung (§ 533 ZPO) bzw. Anschlussberufung (§§ 524, 533 ZPO) einzuhalten. § 9 Abs. 1 S. 3 ist insoweit lex specialis.[66] Da der Auflösungsantrag einen neuen, selbst nicht nach § 67 ArbGG präklusionsfähigen Angriff[67] darstellt, kann mangels Geltung von § 533 ZPO auch der ihn stützende Tatsachenvortrag nicht präkludiert sein.[68] Der Antrag kann zu Protokoll vor dem LAG bis zum Schluss der mündlichen Verhandlung gestellt werden (§ 525 S. 1, § 297 Abs. 1 S. 3, § 261 Abs. 2 ZPO).[69] Daran hat die Pflicht zur Nutzung des elektronischen Rechtsverkehrs ua für Rechtsanwälte nach § 46g ArbGG nichts geändert. Ungeachtet dieser Vorschrift soll es weiterhin sogar zulässig sein, einen den Auflösungsantrag begründenden Papierschriftsatz im Termin zur mündlichen Berufungsverhandlung zu übergeben.[70] Diese Auffassung ist abzulehnen, zumal es weiterhin möglich ist, die Antragsbegründung entweder zu Protokoll zu geben oder sie elektronisch aus der Verhandlung heraus an das Gericht zu übermitteln.[71] 30

Weist das ArbG die Kündigungsschutzklage ab und legt der Arbeitnehmer gegen das Urteil Berufung ein, fällt ein **vom Arbeitgeber in erster Instanz bereits gestellter Auflösungsantrag** auch ohne Anschlussberufung in der Berufungsinstanz an. Denn nach allgemeinen zivilprozessualen Grundsätzen fällt der Hilfsantrag auch ohne Anschlussrechtsmittel ohne weiteres in der Rechtsmittelinstanz an, wenn in der Vorinstanz dem Hauptantrag stattgegeben wird.[72] Hat der **Arbeitgeber in erster Instanz keinen Auflösungsantrag gestellt,** kann er dies zusätzlich zu einem Antrag auf Zurückweisung der Berufung des Arbeitnehmers im Weg der hilfsweisen Anschlussberufung tun.[73] Diese fällt nur zur Entscheidung an, wenn das LAG der Berufung des Arbeitnehmers und damit der Kündigungsschutzklage stattgibt.[74] 31

Hat der **Arbeitnehmer in erster Instanz keinen Auflösungsantrag** gestellt und das Gericht der Kündigungsschutzklage stattgegeben, ist eine Berufung des Arbeitnehmers gegen das Urteil des ArbG wegen fehlender Beschwer unzulässig.[75] Der Arbeitnehmer kann in diesem Fall nicht Berufung einlegen, um in der zweiten Instanz noch einen 32

---

[65] ArbG Berlin 11.11.2022 – 17 Ca 6085/22, BeckRS 2022, 35027; Sievers jurisPR-ArbR 5/2023 Anm. 8.

[66] BAG 27.9.2022 – 2 AZR 5/22, NZA 2022, 1558; 11.7.2013 – 2 AZR 241/12, NZA 2013, 1259; LAG Niedersachsen 6.7.2022 – 8 Sa 1148/20, NZA-RR 2022, 632; PVT Kündigung/Vossen Rn. 2323; Francken NZA 2021, 545 (547).

[67] Die Unterscheidung zwischen dem Angriff selbst und den zur Stützung bzw. Abwehr des Angriffs vorgebrachten Angriffs- bzw. Verteidigungsmitteln verkennt BAG 13.10.2021 – 10 AZR 729/19, NZA 2022, 268.

[68] Vgl. BGH 20.9.2016 – VIII ZR 247/15, NJW 2017, 491; LAG Niedersachsen 4.6.2004 – 10 Sa 198/04; Niemann NZA 2021, 1378 (1379); den Unterschied zwischen dem Angriff als solchem und den zu seiner Stützung bzw. Abwehr vorgebrachten Angriff- bzw. Verteidigungsmitteln verkennt BAG 13.10.2021 – 10 AZR 729/19, NZA 2022, 268.

[69] LAG Niedersachsen 4.6.2004 – 10 Sa 198/04, BeckRS 2004, 42035; KR/Spilger KSchG § 9 Rn. 24; PVT Kündigung/Vossen Rn. 2323.

[70] LAG Niedersachsen 6.7.2022 – 8 Sa 1150/22, BeckRS 2022, 26601.

[71] Herberger NJW 2024, 2257 (2258); Siegmund NJW 2023, 1681 (1683); tendenziell auch BAG 29.6.2023 – 2 AZR 296/22, NZA 2023, 1105.

[72] BAG 25.10.1989 – 2 AZR 633/88, NZA 1990, 561; siehe dazu auch BAG 10.10.2002 – 2 AZR 598/01, AP KSchG 1969 § 1 Betriebsbedingte Kündigung Nr. 123 zu von beiden Parteien gestellten Auflösungsanträgen; PVT Kündigung/Vossen Rn. 2374.

[73] Vgl. BAG 20.5.2021 – 2 AZR 457/20, NZA 2021, 1092; BGH 19.1.2001 – V ZR 437/99, NJW 2001, 1127.

[74] Francken NZA 2021, 545 (547).

[75] Francken NZA 2021, 545 (547).

Auflösungsantrag zu stellen.[76] Legt jedoch der Arbeitgeber Berufung ein, kann der Arbeitnehmer den Auflösungsantrag im Rahmen einer nach § 9 Abs. 1 S. 3 noch bis zum Schluss der mündlichen Verhandlung in der Berufungsinstanz zulässigen Anschlussberufung anbringen.[77]

33 Legt der **Arbeitgeber Berufung** gegen das der Kündigungsschutzklage stattgebende Urteil des ArbG ein und beantragt der **Arbeitnehmer daraufhin erstmals im zweiten Rechtszug die Auflösung** des Arbeitsverhältnisses, ist hierüber nicht mehr zu entscheiden, wenn der Arbeitgeber die Berufung, wofür er nach § 516 ZPO nicht die Zustimmung des Arbeitnehmers braucht, zurücknimmt. Die Anschlussberufung des Arbeitnehmers verliert dann nach § 524 Abs. 4 ZPO ihre Wirkung. Es tritt die Lage ein, die bestanden hätte, wenn der Arbeitgeber keine Berufung eingelegt hätte. Auch in diesem Fall hätte Arbeitnehmer keinen Auflösungsantrag stellen können. Der Arbeitgeber kann demnach unter diesen Voraussetzungen durch Berufungsrücknahme den Auflösungsantrag zu Fall bringen.[78] Hält der Arbeitnehmer gleichwohl an diesem fest, ist seine Anschlussberufung kostenpflichtig als unzulässig zu verwerfen.[79] Stellt der Arbeitgeber im Rahmen seiner eigenen Berufung erstmals im zweiten Rechtszug einen Auflösungsantrag verliert dieser analog § 524 Abs. 4 ZPO nur seine Wirkung, wenn die Berufung zurückgenommen oder tatsächlich vom LAG als unzulässig verworfen wird.[80]

34 Hat das ArbG angenommen, eine ordentliche Arbeitgeberkündigung sei sowohl nach § 1 als auch wegen fehlerhafter Personalratsbeteiligung unwirksam, und deshalb den Auflösungsantrag des Arbeitgebers abgewiesen, kann das Berufungsgericht auch bei einer auf den Auflösungsantrag beschränkten Berufung des Arbeitgebers erneut prüfen, ob eine ordnungsgemäße Personalratsbeteiligung vorliegt.[81] Die materielle **Rechtskraft der Entscheidung des ArbG über den Feststellungsantrag** steht der erneuten Prüfung, ob die Kündigung auch aus anderen Gründen als ihrer Sozialwidrigkeit unwirksam ist, nicht entgegen. Rechtskräftig entschieden hat das ArbG nur über die Feststellung, dass das Arbeitsverhältnis der Parteien durch die Kündigung nicht beendet worden ist. Die Begründung dieser Rechtsfolge, also die materiell-rechtliche Herleitung der Unwirksamkeit der Kündigung nicht nur aus dem KSchG, sondern darüber hinaus auch aus dem einschlägigen Personalvertretungsgesetz, erwächst nicht in Rechtskraft. Entsprechendes gilt, wenn das ArbG einem Auflösungsantrag des Arbeitgebers stattgegeben hat und der Arbeitnehmer geltend machen möchte, der Antrag sei schon „unstatthaft", weil die Kündigung entgegen der Annahme des ArbG nicht nur sozialwidrig, sondern auch aus einem sonstigen Grund unwirksam sei. Dies kann das LAG auch bei einer auf den Auflösungsantrag beschränkten Berufung des Arbeitnehmers erneut prüfen; eine Berufung des Arbeitnehmers gegen die Stattgabe des Kündigungsschutzantrags mit „falscher" Begründung wäre sogar mangels Beschwer unzulässig (→ § 4 Rn. 168).

35 **b) Rücknahme des Auflösungsantrags.** Der Auflösungsantrag kann bis zum Schluss der mündlichen Verhandlung in der Berufungsinstanz zurückgenommen werden. Die **Einwilligung des Gegners ist nicht erforderlich.** Die zivilprozessualen Institute der teilweisen Klagerücknahme (§ 269 ZPO) oder des teilweisen Klageverzichts (§ 306 ZPO) passen nicht auf den Auflösungsantrag, der nach der Spezialregelung in § 9 Abs. 1 S. 3 keinen prozessualen Beschränkungen unterliegt und deshalb bis zum Schluss der letzten

[76] BAG 3.4.2008 – 2 AZR 720/06, NZA 2008, 1258; 23.6.1993 – 2 AZR 56/93, NZA 1994, 264; Bauer/Hahn DB 1990, 2471 (2473); Francken NZA 2021, 545 (547); APS/Biebl KSchG § 9 Rn. 25; MüKoBGB/Hergenröder KSchG § 9 Rn. 13; ErfK/Kiel KSchG § 9 Rn. 31; LSSW/Spinner § 9 Rn. 22; KR/Spilger KSchG § 9 Rn. 24.

[77] BAG 11.7.2013 – 2 AZR 241/12, NZA 2013, 1259; ErfK/Kiel KSchG § 9 Rn. 31; LSSW/Spinner § 9 Rn. 23; Francken NZA 2021, 545 (547).

[78] BAG 3.4.2008 – 2 AZR 720/06, NZA 2008, 1258; Francken NZA 2021, 545 (547); APS/Biebl KSchG § 9 Rn. 104; PVT Kündigung/Vossen Rn. 2374.

[79] BGH 6.5.1987 – IVb ZR 51/86, NJW 1987, 3263.

[80] Offen gelassen von BAG 27.9.2022 – 2 AZR 5/22, NZA 2022, 1558; zu § 533 ZPO vgl. BGH 3.11.2016 – III ZR 84/15, NJW-RR 2017, 56; 6.11.2014 – IX ZR 204/13, NJW 2015, 251.

[81] BAG 27.9.2001 – 2 AZR 389/00, NZA 2002, 1171.

mündlichen Verhandlung in der Berufungsinstanz auch hinsichtlich der Rücknahme privilegiert ist.[82] Das gilt nicht anders, wenn das ArbG dem Auflösungsantrag stattgegeben hatte, da die gestaltende Wirkung des Auflösungsurteils erst mit Rechtskraft eintritt.[83] Sofern nicht auch die andere Partei einen Auflösungsantrag gestellt hat, schließt die Rücknahme des Antrags die Auflösung des Arbeitsverhältnisses durch Gestaltungsurteil aus. Allerdings ist die Gegenseite nicht gehindert, noch bis zum Ende der mündlichen Verhandlung in der Berufungsinstanz ihrerseits einen Auflösungsantrag zu stellen. Beiderseits gestellte Anträge sind hinsichtlich der Rücknahme getrennt voneinander zu behandeln. Das Einverständnis des Gegners mit der Auflösung des Arbeitsverhältnisses schließt die Rücknahme des Auflösungsantrags nicht aus. Soweit eine Einigung über die Auflösung des Arbeitsverhältnisses erzielt wird, kann ein gerichtlicher oder außergerichtlicher Vergleich in Betracht kommen.

c) **Stellung des Auflösungsantrags im Revisionsverfahren.** In der Revisionsinstanz kann 36
kein Auflösungsantrag mehr gestellt werden.[84] Weist das LAG allerdings die Kündigungsschutzklage ab, fällt ein vom Arbeitgeber gestellter Auflösungsantrag in dritter Instanz an, wenn der Arbeitnehmer gegen das Berufungsurteil Revision eingelegt. Gibt das Revisionsgericht der Kündigungsschutzklage statt, hat es deshalb auch über den Auflösungsantrag des Arbeitgebers zu entscheiden. Einer Anschlussrevision des Arbeitgebers bedarf es in diesem Fall nicht.[85]

5. Auflösungsantrag bei Betriebsübergang

Im Gegensatz zum Kündigungsschutzantrag hat der Auflösungsantrag einen rein 37
punktuellen Streitgegenstand. Der Erfolg eines Auflösungsantrags setzt voraus, dass in dem durch § 9 Abs. 2 bestimmten Zeitpunkt noch ein Arbeitsverhältnis besteht. Demgemäß steht die aktive und passive Antragsbefugnis allein demjenigen zu, der zu diesem Zeitpunkt Arbeitgeber des Arbeitnehmers ist.[86] Auf die Parteien der Kündigungsschutzklage kommt es nicht primär an.[87] Daraus folgt: Hat der Veräußerer das Arbeitsverhältnis zu einem **Termin vor dem Betriebsübergang** gekündigt, muss der Arbeitnehmer den Auflösungsantrag gegen den **Veräußerer** richten, während auch nur dieser mit Erfolgsaussicht die Auflösung beantragen kann.[88] Dabei ist – wenn der Arbeitnehmer nicht widersprochen hat – der Übergang des Arbeitsverhältnisses auf einen anderen Arbeitgeber bei der Prüfung des Vorliegens eines Auflösungsgrundes zu berücksichtigen.[89] Wird das Arbeitsverhältnis gerichtlich aufgelöst, wirkt dies nach § 613a Abs. 1 S. 1 BGB für und gegen den Erwerber. Hat der Veräußerer das Arbeitsverhältnis zu einem **Termin nach dem Betriebsübergang** gekündigt, muss der Arbeitnehmer, wenn er dem Übergang des Arbeitsverhältnisses nicht widersprochen hat,[90] den Auflösungsantrag gegen den **Erwerber** richten,[91] während auch nur dieser mit Erfolgsaussicht die Auf-

---

[82] Vgl. BAG 26.10.1979 – 7 AZR 752/77, AP KSchG 1969 § 9 Nr. 5 mit insoweit zust. Anm. Grunsky; Bauer/Hahn DB 1990, 2471; HaKo-KSchR/Gieseler § 9 Rn. 23; LSSW/Spinner § 9 Rn. 24; KR/Spilger KSchG § 9 Rn. 29; APS/Biebl KSchG § 9 Rn. 29.

[83] Vgl. BAG 28.1.1961 – 2 AZR 482/59, AP KSchG § 7 Nr. 8.

[84] APS/Biebl KSchG § 9 Rn. 26; KR/Spilger KSchG § 9 Rn. 26.

[85] BAG 31.7.2014 – 2 AZR 434/13, NZA 2015, 358.

[86] Vgl. Wittek/Quantz BB 2022, 2549 ff.; Faulenbach jurisPR-ArbR 11/2019 Anm. 6; Keßler NZA-RR 2002, 1 (5).

[87] Wittek/Quantz BB 2022, 2549 (2554).

[88] Für den Antrag des Arbeitgebers vgl. BAG 24.5.2005 – 8 AZR 246/04, NZA 2005, 1178. Dazu Andelewski DB 2005, 2083; Berkowsky NZI 2006, 81; Wollenschläger/Krogull Anm. AP BGB § 613a Nr. 282.

[89] AA BAG 24.5.2005 – 8 AZR 246/04, NZA 2005, 1178; Wittek/Quantz DB 2022, 2549 (2552 und 2554): Unzumutbarkeit für den Veräußerer, das Arbeitsverhältnis bis zum Zeitpunkt von dessen Übergang fortzusetzen.

[90] Vgl. BAG 20.3.1997 – 8 AZR 796/95, NZA 1997, 937; Keßler NZA-RR 2002, 1 (5); Wittek/Quantz DB 2022, 2549 (2550).

[91] BAG 20.3.1997 – 8 AZR 769/95, NZA 1997, 937; APS/Biebl KSchG § 9 Rn. 32; ErfK/Kiel KSchG § 9 Rn. 6; Keßler NZA-RR 2002, 1 (5); LSSW/Spinner § 9 Rn. 30; Wittek/Quantz DB 2022, 2549 (2553 f.).

lösung des Arbeitsverhältnisses beantragen kann.[92] Diesen Antrag kann der Erwerber unproblematisch als echten Hilfsantrag für den Fall stellen, dass der Kündigungsschutzklage stattgegeben wird (→ Rn. 28), wenn er an dieser bereits als (eine) Partei beteiligt ist (→ § 4 Rn. 85 ff.). Aber auch dann, wenn der Kündigungsschutzantrag allein gegen den Veräußerer gerichtet ist, muss der Erwerber den Auflösungsantrag nicht zur Vermeidung einer unzulässigen[93] subjektiven Eventualklage mit der Folge unbedingt stellen, dass er bei Abweisung der Kündigungsschutzklage seinerseits abgewiesen werden müsste. Vielmehr kann der Erwerber dem Kündigungsstreit auf Seiten des Veräußerers als Nebenintervenient beitreten und auf der Grundlage des so zum Arbeitnehmer unbedingt begründeten Prozessrechtsverhältnisses den Auflösungsantrag als echten, rein objektiv bedingten Hilfsantrag stellen.[94] Das kann er trotz § 67 ZPO sogar gegen den erklärten Willen des Veräußerers tun. Das dortig statuierte Verbot, sich in Widerspruch zur Hauptpartei zu stellen, erstreckt sich nur auf den betreffenden Streitgegenstand. Bei Kündigungsschutz- und Auflösungsantrag handelt es sich aber um verschiedene Streitgegenstände.[95] Die Zulässigkeit des auf der Grundlage der Nebenintervention erfolgenden, aber über diese hinausgehenden Parteibeitritts folgt ohne Weiteres aus der auch die allgemeinen Regeln zum Parteibeitritt in erster oder zweiter Instanz verdrängenden Spezialregelung in § 9 Abs. 1 S. 3.[96] Wurde bereits die **Kündigung nach dem Betriebsübergang** vom Erwerber erklärt, kann jedenfalls dann, wenn der Arbeitnehmer dem Übergang seines Arbeitsverhältnisses nicht widersprochen hat, ein Auflösungsantrag mit Erfolg lediglich vom **Erwerber** gestellt bzw. vom Arbeitnehmer gegen diesen gerichtet werden; dabei können Umstände herangezogen werden, die bereits vor dem Betriebsübergang eingetreten sind, wenn sie nicht spezifisch im Zusammenhang (allein) mit dem Veräußerer stehen;[97] das gilt auch für den Auflösungsantrag des Arbeitnehmers.[98]

6. Beweislast für die Auflösungsgründe

38 Die Darlegungs- und Beweislast für die Auflösungsgründe trägt **der jeweilige Antragsteller.**[99] Erforderlich ist ein konkreter Sachvortrag (dazu Rn. 43 ff. und 49 ff.). Pauschale Wertungen wie etwa, die Weiterbeschäftigung sei unzumutbar, die Vertrauensgrundlage sei entfallen oder ein Zerwürfnis sei eingetreten, sind unzureichend.[100] Das Gericht darf nur solche Tatsachen berücksichtigen, die der Antragsteller vorgetragen hat; selbst offenkundige Tatsachen müssen außer Betracht bleiben, wenn sie von der darlegungspflichtigen Partei nicht aufgegriffen worden sind.[101] Will das Gericht die begehrte Auflösung des Arbeitsverhältnisses auf den Prozessvortrag einer Partei stützen, ist dies nur zulässig, wenn sich der Antragsteller hierauf beruft.[102] Unklarheiten hat das Gericht nach § 139 ZPO aufzuklären. An der Beweislast des antragstellenden Arbeitgebers ändert es zum einen nichts, dass das fragliche Verhalten des Arbeitnehmers zugleich eine üble Nachrede iSv § 186 StGB darstellen könnte. Zum anderen verschiebt sich die Beweislast nicht deshalb, weil der Arbeitgeber ggf. den Beweis einer negativen Tatsache zu erbringen hat; allerdings trifft den Arbeitnehmer in diesem Fall eine sekundäre Darlegungslast,

---

[92] LAG Köln 1.3.2016 – 12 Sa 835/15, NZA-RR 2016, 485; Wittek/Quantz DB 2022, 2549 (2550 f).
[93] BAG 24.9.2015 – 2 AZR 562/14, NZA 2016, 366.
[94] Faulenbach jurisPR-ArbR 11/2019 Anm. 6.
[95] Faulenbach jurisPR-ArbR 11/2019 Anm. 6; aA Berkowsky NZI 2006, 81 (83); Löwisch/Neumann DB 1996, 474 (475).
[96] LAG Köln 15.2.2002 – 4 (2) 575/01, BeckRS 2002, 30810773; Berkowsky NZI 2006, 81 (83); Faulenbach jurisPR-ArbR 11/2019 Anm. 6; Löwisch/Neumann DB 1996, 474 (475); Vossen FS Leinemann S. 273 (274 f.); Wittek/Quantz DB 2022, 2549 (2551).
[97] Wittek/Quantz DB 2022, 2549 ff.
[98] AA Wittek/Quantz DB 2022, 2549 (2554).
[99] MüKoBGB/Hergenröder KSchG § 9 Rn. 64 f.; LSSW/Spinner § 9 Rn. 25, 53; PVT Kündigung/Vossen Rn. 2341, 2351.
[100] BAG 14.1.1993 – 2 AZR 343/92, NZA 1994, 309.
[101] BAG 25.10.1989 – 2 AZR 633/88, NZA 1990, 561; 30.9.1976 – 2 AZR 402/75, NJW 1977, 695.
[102] BAG 2.6.2005 – 2 AZR 234/04, AP KSchG 1969 § 9 Nr. 51.

der er nur nachkommt, wenn er das von ihm positiv behauptete Geschehen in zeitlicher, räumlicher und inhaltlicher Hinsicht substantiiert darlegt.[103]

7. Auflösungszeitpunkt nach § 9 Abs. 2 KSchG

a) **Kündigungstermin.** Nach § 9 Abs. 2 ist für die Auflösung des Arbeitsverhältnisses 39
der Zeitpunkt festzusetzen, an dem es bei sozial gerechtfertigter Kündigung geendet hätte. Zugrunde zu legen ist grundsätzlich die objektiv zutreffende Kündigungsfrist. Dies gilt auch, wenn der Arbeitgeber sie nicht eingehalten hat und der Arbeitnehmer dies im Rechtsstreit nicht gerügt hat.[104] Hat der Arbeitgeber allerdings zu einem späteren Termin als erforderlich gekündigt, ist dieser maßgebend.[105] Eine gerichtliche Auflösung kommt nur in Betracht, wenn das Arbeitsverhältnis zu dem gesetzlich zwingend vorgeschriebenen Auflösungszeitpunkt noch bestanden hat. Andernfalls kann durch das Urteil nichts mehr gestaltet werden.[106] Endet das Arbeitsverhältnis schon vor dem vom Gericht nach § 9 Abs. 2 für die Auflösung festzusetzenden Zeitpunkt, beispielsweise aufgrund einer weiteren außerordentlichen Kündigung, einer auflösenden Bedingung[107] oder des Tods des Arbeitnehmers, ist eine auf den späteren Zeitpunkt des § 9 Abs. 2 wirkende Auflösung nicht mehr möglich.[108] Das Kündigungsschutzverfahren ist in diesem Fall einschließlich des Auflösungsantrags in der Hauptsache erledigt.[109]

b) **Auflösungsantrag bei mehreren Kündigungen.** Hat der Arbeitgeber mehrere Kündi- 40
gungen erklärt, ist es ausgeschlossen, über den gegen die zweite Kündigung gerichteten Kündigungsschutzantrag zu entscheiden, bevor über einen im Zusammenhang mit der ersten Kündigungsschutzklage gestellten Auflösungsantrag entschieden worden ist, der im Fall seiner Begründetheit zu einer früheren Beendigung des Arbeitsverhältnisses führen würde. Denn mit der Rechtskraft eines der Kündigungsschutzklage stattgebenden Urteils steht nach der Rechtsprechung des BAG regelmäßig fest, dass zwischen den Parteien vom Zugang der Kündigung bis einschließlich zum avisierten Auflösungstermin ein Arbeitsverhältnis bestanden hat (→ § 4 Rn. 163). Besteht aber zum Kündigungszeitpunkt kein Arbeitsverhältnis mehr, ist die Klage – ohne dass es auf die Prüfung der Wirksamkeit der Kündigung noch ankäme – als unbegründet abzuweisen.[110] Deshalb ist richtigerweise davon auszugehen, dass der Arbeitnehmer die ggf. zuerst wirkende Kündigung mit einem Hauptantrag angreift, den darauf bezogenen Auflösungsantrag als unecht hilfsweise verfolgt (→ Rn. 27) und den gegen die später wirkende Kündigung gerichteten Antrag nach § 4 S. 1 KSchG dergestalt doppelt bedingt, dass er lediglich zur Entscheidung anfallen soll, wenn dem ersten Kündigungsschutzantrag stattgegeben, sein Auflösungsantrag aber abgewiesen werden sollte.

c) **Beendigung des Arbeitsverhältnisses vor Erlass des Auflösungsurteils, aber nach 41
Auflösungszeitpunkt.** Eine Auflösung des Arbeitsverhältnisses kommt auch in Betracht, wenn der anderweitige Beendigungszeitpunkt vor Erlass des Auflösungsurteils, aber nach dem gemäß § 9 Abs. 2 festzusetzenden Zeitpunkt liegt.[111] In diesem Fall ist eine Gestaltung des Arbeitsverhältnisses noch möglich. Andernfalls würde die Partei, welche die Auflösung rechtzeitig und mit ausreichender sachlicher Begründung beantragt hat, durch eine längere Dauer des Prozesses ohne ihr Verschulden ungerechtfertigt benach-

---

[103] Zu alledem BAG 16.12.2021 – 2 AZR 356/21, NZA 2022, 407.
[104] BAG 21.6.2012 – 2 AZR 694/11, NZA 2013, 199.
[105] LSSW/Spinner § 9 Rn. 72.
[106] BAG 23.2.2010 – 2 AZR 554/08, NZA 2010, 1123; 20.3.1997 – 8 AZR 769/95, NZA 1997, 937; LSSW/Spinner § 9 Rn. 27.
[107] Dazu BAG 25.6.1987 – 2 AZR 541/86, NZA 1988, 391.
[108] APS/Biebl KSchG § 9 Rn. 16; ErfK/Kiel KSchG § 9 Rn. 5.
[109] Vgl. BAG 15.12.1960 – 2 AZR 79/59, AP KSchG § 3 Nr. 21 mAnm A. Hueck.
[110] BAG 28.5.2009 – 2 AZR 282/08, NZA 2009, 966; 27.4.2006 – 2 AZR 360/05, NZA 2007, 229.
[111] BAG 11.7.2013 – 2 AZR 241/12, NZA 2013, 1259.

teiligt.[112] Maßgeblicher Beurteilungszeitpunkt für die Auflösungsgründe ist in diesem Fall freilich nicht die letzte mündliche Verhandlung in der Tatsacheninstanz, sondern der Zeitpunkt der anderweitigen Beendigung des Arbeitsverhältnisses. Auf die tatsächlichen Umstände bei Erlass des Auflösungsurteils kann bei einer schon zuvor eingetretenen Beendigung des Arbeitsverhältnisses naturgemäß nicht abgestellt werden. Daher ist die erforderliche Prognose anhand der bis zur Beendigung eingetretenen Umstände zu erstellen und auf den Zeitraum zwischen dem Termin, zu dem die Kündigung gewirkt hätte, wenn sie sozial gerechtfertigt gewesen wäre, und dem Beendigungszeitpunkt zu erstrecken.[113] Ist der Eintritt einer anderweitigen Beendigung des Arbeitsverhältnisses nur möglich, steht er aber nicht mit Gewissheit fest, muss das zur Entscheidung über einen Auflösungsantrag berufene Gericht ggf. eine Prognose über die Wahrscheinlichkeit eines solchen Eintritts treffen.[114] Bei der Bemessung der **Höhe der Abfindung** ist ggf. zu berücksichtigen, dass das Arbeitsverhältnis auch ohne die gerichtliche Auflösung nicht mehr lange über den in § 9 Abs. 2 bestimmten Zeitpunkt hinaus bestanden hätte.[115]

42 Wird das **Auflösungsurteil vor dem nach § 9 Abs. 2 zu bestimmenden Auflösungszeitpunkt rechtskräftig,** wie dies namentlich bei langen Kündigungsfristen möglich ist, entfällt die Verpflichtung des Arbeitgebers zur Zahlung der im Urteil festgesetzten Abfindung selbst dann nicht, wenn der Arbeitnehmer vor dem Auflösungszeitpunkt aber nach Rechtskraft des Urteils stirbt.[116] Mit dem vor dem Tod des Arbeitnehmers rechtskräftig gewordenen Auflösungsurteil ist der Abfindungsanspruch des Arbeitnehmers entstanden und damit auch vererblich.

8. Auflösungsgründe des Arbeitnehmers nach § 9 Abs. 1 S. 1 KSchG

43 a) **Unzumutbarkeit der Fortsetzung des Arbeitsverhältnisses.** Die Begründetheit des vom Arbeitnehmer gestellten Antrags setzt voraus, dass ihm die Fortsetzung des Arbeitsverhältnisses nicht mehr zuzumuten ist. Maßgeblich sind die Umstände zum Zeitpunkt der letzten mündlichen Verhandlung vor dem Tatsachengericht.[117] Die Anforderungen an die Unzumutbarkeit in § 9 Abs. 1 sind **mit § 626 Abs. 1 BGB nicht identisch.**[118] Zwischen § 9 Abs. 1 und § 626 Abs. 1 BGB bestehen grundlegende Unterschiede. Während sich bei außerordentlichen Kündigungen die Prüfung darauf beschränkt, ob die Fortsetzung des Arbeitsverhältnisses nicht wenigstens bis zum Ablauf der Kündigungsfrist oder bis zum vereinbarten Ende zumutbar ist, kommt es bei § 9 Abs. 1 darauf an, ob die Fortsetzung des Arbeitsverhältnisses überhaupt, dh auf unbestimmte Dauer, zumutbar ist. Dies bedingt unterschiedliche Beurteilungsmaßstäbe. Gründe, die zur außerordentlichen Kündigung berechtigen, machen zwar stets auch die Fortsetzung des Arbeitsverhältnisses nach § 9 Abs. 1 unzumutbar. Darüber hinaus können aber Tatsachen vorliegen, die eine Fortsetzung des Arbeitsverhältnisses auf unbestimmte Dauer iSv § 9 unzumutbar machen, die hingegen für eine fristlose Kündigung nach § 626 Abs. 1 BGB nicht ausreichen.[119]

---

[112] BAG 23.2.2010 – 2 AZR 554/08, NZA 2010, 1123; 24.5.2005 – 8 AZR 246/04, NZA 2005, 1178; APS/Biebl KSchG § 9 Rn. 87; ErfK/Kiel KSchG § 9 Rn. 5; aA Ascheid Kündigungsschutzrecht Rn. 798.

[113] BAG 23.2.2010 – 2 AZR 554/08, NZA 2010, 1123; 24.5.2005 – 8 AZR 246/04, NZA 2005 1178.

[114] BAG 11.7.2013 – 2 AZR 241/12, NZA 2013, 1259.

[115] Ebenso APS/Biebl KSchG § 9 Rn. 88; KR/Spilger KSchG § 9 Rn. 45.

[116] BAG 25.6.1987 – 2 AZR 504/86, NZA 1988, 466; ErfK/Kiel KSchG § 9 Rn. 5.

[117] BAG 11.7.2013 – 2 AZR 241/12, NZA 2013, 1259; APS/Biebl KSchG § 9 Rn. 36; ErfK/Kiel KSchG § 9 Rn. 7.

[118] BAG 11.7.2013 – 2 AZR 241/12, NZA 2013, 1259; 24.9.1992 – 8 AZR 557/91, AP Einigungsvertrag Anlage I Kap. XIX Nr. 3 mzustAnm v. Hoyningen–Huene; 26.11.1981 – 2 AZR 509/79, AP KSchG 1969 § 9 Nr. 8 mzustAnm Denck unter ausdrücklicher Aufgabe der früheren Rechtsprechung; APS/Biebl KSchG § 9 Rn. 33; MüKoBGB/Hergenröder KSchG § 9 Rn. 34 f.; LSSW/Spinner § 9 Rn. 36; KR/Spilger KSchG § 9 Rn. 50; Däubler/Deinert/Callsen KSchG § 9 Rn. 10; zur früheren Rechtsprechung vgl. BAG 5.11.1964 – 2 AZR 15/64, NJW 1965, 787.

[119] So zutr. BAG 26.11.1981 – 2 AZR 509/79, NJW 1982, 2015.

Die Auflösungsgründe müssen in einem **Zusammenhang mit der Kündigung oder dem Kündigungsprozess** stehen.[120] Gründe, die mit der Kündigung des Arbeitgebers und dem dadurch veranlassten Prozess nichts zu tun haben, können zwar dem Arbeitnehmer einen Anlass zur Lösung des Arbeitsverhältnisses geben, gewähren ihm aber keinen Anspruch auf Auflösung des Arbeitsverhältnisses. Dem Arbeitnehmer steht mit Blick auf ein rechtswidriges Verhalten des Arbeitgebers, das in keinem Zusammenhang mit der Kündigung oder dem Kündigungsschutzprozess steht, nicht ein Wahlrecht zwischen Eigenkündigung und gerichtlicher Auflösung des Arbeitsverhältnisses zu.[121] 44

Der Arbeitnehmer kann sich grundsätzlich nicht auf Auflösungsgründe berufen, die er **selbst in treuwidriger Weise herbeigeführt** hat.[122] Dies folgt aus dem Rechtsgedanken des § 162 BGB, wonach niemand aus einer von ihm treuwidrig herbeigeführten Lage Vorteile ziehen können soll.[123] Insoweit kann für den Auflösungsantrag des Arbeitnehmers nichts anderes gelten als für den Auflösungsantrag des Arbeitgebers, für den das BAG diesen Grundsatz in ständiger Rechtsprechung anwendet (→ Rn. 54). Allerdings stellt es sich nicht als treuwidrig dar, dass der Arbeitnehmer gegen eine von ihm mündlich erbetene Kündigung (**Wunschkündigung**) Klage erhebt (→ § 4 Rn. 103) und im Fall des Obsiegens die Auflösung des Arbeitsverhältnisses beantragt. 45

b) Einzelfälle zu Auflösungsgründen des Arbeitnehmers nach § 9 Abs. 1 S. 1 KSchG. Die Begründung zum Regierungsentwurf[124] hebt als **Beispiele** für die Unzumutbarkeit der Fortsetzung des Arbeitsverhältnisses hervor, dass als Kündigungsgründe unzutreffende **ehrverletzende Behauptungen** über die Person oder das Verhalten des Arbeitnehmers leichtfertig aufgestellt worden sind[125] oder das **Vertrauensverhältnis** im Verlauf des weiteren durch die Kündigung ausgelösten Verfahrens ohne wesentliches Verschulden des Arbeitnehmers **zerrüttet** worden ist. Dies kann der Fall sein, wenn sich der Arbeitgeber im Lauf des Kündigungsschutzprozesses **unberechtigt an den Arzt des Arbeitnehmers wendet** und Zweifel an der Berechtigung zur Krankschreibung äußert.[126] In Frage kann auch kommen, dass für den Arbeitnehmer, falls er aufgrund eines obsiegenden Urteils in den Betrieb zurückkehrt, die Gefahr besteht, dort nicht mehr ordnungsgemäß behandelt zu werden, der Arbeitgeber oder ein Vorgesetzter sich vielmehr für den Verlust des Prozesses zu **„rächen"** sucht.[127] Allerdings müssen für eine solche Gefahr tatsächliche Anhaltspunkte gegeben sein. Unter Umständen kann auch eine **völlig unberechtigte Suspendierung** von der Arbeit während der Kündigungsfrist einen Auflösungsantrag rechtfertigen.[128] Wird ein **ausländischer Arbeitnehmer wegen seiner Nationalität gekündigt,** ist ihm eine Fortsetzung des Arbeitsverhältnisses regelmäßig nicht mehr zumutbar.[129] 46

Auch konkret zu **erwartende Spannungen mit Mitarbeitern,** etwa wegen deren Benennung als sozial weniger schutzbedürftig im Streit über die **soziale Auswahl** nach § 1 Abs. 3, können den Antrag rechtfertigen.[130] Ganz allgemein ist zu beachten, dass durch 47

---

[120] BAG 11.7.2013 – 2 AZR 241/12, NZA 2013, 1259; 24.9.1992 – 8 AZR 557/91, AP Einigungsvertrag Anlage I Kap. XIX Nr. 3 mzustAnm v. Hoyningen-Huene; APS/Biebl KSchG § 9 Rn. 34; PVT Kündigung/Vossen Rn. 2338.

[121] BAG 11.7.2013 – 2 AZR 241/12, NZA 2013, 1259; KR/Spilger KSchG § 9 Rn. 54.

[122] Ebenso BAG 24.9.1992 – 8 AZR 557/91, NZA 1993, 362; ErfK/Kiel KSchG § 9 Rn. 9; APS/Biebl KSchG § 9 Rn. 37; LSSW/Spinner § 9 Rn. 43; KR/Spilger KSchG § 9 Rn. 57.

[123] MüKoBGB/Westermann § 162 Rn. 18.

[124] Abgedruckt in RdA 1951, 61, 64.

[125] Dazu auch LAG Köln 26.1.1995 – 10 Sa 1134/94, BeckRS 1995, 30753109; ArbG Dortmund 14.8.1990, RzK I 11b Nr. 10 („zu dumm, einen Besen zu halten").

[126] Vgl. BAG 27.3.2003 – 2 AZR 9/02, AP KSchG 1969 § 9 Nr. 48; 20.11.1997 – 2 AZR 803/96, BeckRS 1997, 30772488.

[127] Brill AuR 1966, 268 (269).

[128] BAG 24.9.1992 – 8 AZR 557/91, NZA 1993, 362.

[129] Vgl. LAG Hamm 27.5.1993 – 16 Sa 1612/92, AuR 1993, 415.

[130] Vgl. LAG Köln 2.2.1987 – 2 Sa 1265/86, LAGE § 9 KSchG Nr. 5; KR/Spilger KSchG § 9 Rn. 52; Däubler/Deinert/Callsen KSchG § 9 Rn. 11; einschränkend Bauer DB 1985, 1180 (1181); ders. FS Hanau, 1999, 151 (154); APS/Biebl KSchG § 9 Rn. 44; MüKoBGB/Hergenröder KSchG § 9 Rn. 40.

den Ausspruch der Kündigung das Arbeitsverhältnis schon erheblich belastet ist, weshalb bei einer **offensichtlich unbegründeten ordentlichen Kündigung des Arbeitgebers** regelmäßig schon geringfügige weitere Gründe genügen können, um einen Auflösungsantrag des Arbeitnehmers zu begründen.[131] Dabei ist freilich klarzustellen, dass die unbegründete ordentliche Kündigung allein einen Auflösungsantrag noch nicht rechtfertigt.[132] Anders kann es liegen, wenn der Arbeitgeber den – im Prozess nicht verwertbaren – Kündigungssachverhalt durch eine erhebliche Verletzung des Persönlichkeitsrechts des Arbeitnehmers ermittelt hat.[133] Eine gerichtliche Auseinandersetzung über die Wirksamkeit der Kündigung begründet keinen Auflösungsantrag, wenn das **Kündigungsschutzverfahren sachlich geführt** wird.[134] Wird dagegen ein Kündigungsschutzverfahren über eine **offensichtlich sozialwidrige Kündigung** seitens des Arbeitgebers mit einer solchen **Schärfe** geführt, dass der Arbeitnehmer mit einem schikanösen Verhalten des Arbeitgebers und anderer Mitarbeiter rechnen muss, wenn er in den Betrieb zurückkehrt, kann dies die Unzumutbarkeit der Fortsetzung des Arbeitsverhältnisses begründen. Gleiches gilt, wenn feststeht, dass sich der Arbeitgeber ungeachtet der im Kündigungsschutzprozess vertretenen Rechtsauffassung des Gerichts **auf jeden Fall vom Arbeitnehmer trennen** will und offensichtlich beabsichtigt, mit derselben oder einer beliebigen anderen Begründung solange Kündigungen auszusprechen, bis er sein Ziel erreicht hat.[135] Hat der Arbeitgeber wiederholt mit der gleichen Begründung, nämlich wegen angeblichen Arbeitsmangels, **kurz hintereinander mehrere Kündigungen ausgesprochen** und die Kündigungen mit der Behauptung, die Gründe seien entfallen, jeweils nach Erhebung der Kündigungsschutzklage bzw. im Lauf des Prozesses zurückgenommen, ist die Befürchtung des Arbeitnehmers, er könne im Fall einer Fortsetzung des Arbeitsverhältnisses einer schikanösen Behandlung ausgesetzt sein, nicht von der Hand zu weisen.[136] Nach Auffassung des BAG liegt jedoch keine Unzumutbarkeit der Weiterbeschäftigung vor, wenn der Arbeitgeber nach erstinstanzlichem Verlust des Kündigungsschutzprozesses erneut kündigt und entschlossen ist, die **unternehmerische Entscheidung,** die der ersten, sozialwidrigen Kündigung zugrunde lag, mit allen ihm zur Verfügung stehenden rechtlichen Mitteln, notfalls einer erneuten, aus seiner Sicht nunmehr sozial gerechtfertigten Kündigung durchzusetzen.[137]

48 Ebenso wenig liegt ein Auflösungsgrund vor, wenn die einer Weiterarbeit entgegenstehenden Tatsachen im **Einfluss- oder Risikobereich des Arbeitnehmers** liegen. Davon ist auszugehen, wenn der Arbeitnehmer infolge einer sozialwidrigen Kündigung erkrankt oder durch sie eine schon bestehende Erkrankung sich verschlimmert, aber der Arbeitgeber die Krankheit weder zielgerichtet herbeigeführt noch mit einer offensichtlich unbegründeten Kündigung oder ehrverletzenden Äußerungen die Verschlechterung des Gesundheitszustands des Arbeitnehmers als möglich angesehen und bewusst in Kauf genommen hat.[138] Ein Auflösungsantrag des Arbeitnehmers ist **nicht schon deshalb begründet,** weil er zwischenzeitlich schon eine **andere Stelle angenommen** hat und zum alten Arbeitgeber nicht mehr zurückkehren will.[139] Daraus allein folgt nicht, dass die Fortsetzung des alten Arbeitsverhältnisses unzumutbar wäre. Vielmehr sind die Folgen

---

[131] Vgl. LAG Köln 26.1.1995 – 10 Sa 1134/94, BeckRS 1995, 30753109; Bauer DB 1985, 1180 (1181); LSSW/Spinner § 9 Rn. 37.

[132] BAG 24.9.1992 – 8 AZR 557/91, AP Einigungsvertrag Anlage I Kap. XIX Nr. 3 mzustAnm v. Hoyningen-Huene; LAG Frankfurt 15.4.1983 – 13 Sa 1067/82, AuR 1984, 52; LSSW/Spinner § 9 Rn. 39; KR/Spilger KSchG § 9 Rn. 51.

[133] LAG Berlin-Brandenburg 11.9.2020 – 9 Sa 584/20, BeckRS 2020, 30034.

[134] LAG Frankfurt 15.4.1983, AuR 1984, 52; LSSW/Spinner § 9 Rn. 39; PVT Kündigung/Vossen Rn. 2338.

[135] BAG 11.7.2013 – 2 AZR 241/12, NZA 2013, 1259; ErfK/Kiel KSchG § 9 Rn. 9; vgl. auch BAG 27.3.2003 – 2 AZR 9/02, AP KSchG 1969 § 9 Nr. 48.

[136] BAG 29.1.1981 – 2 AZR 1055/78, NJW 1982, 1118.

[137] BAG 27.3.2003 – 2 AZR 9/02, AP KSchG 1969 § 9 Nr. 48.

[138] BAG 11.7.2013 – 2 AZR 241/12, NZA 2013, 1259.

[139] APS/Biebl KSchG § 9 Rn. 45; MüKoBGB/Hergenröder KSchG § 9 Rn. 43; Däubler/Deinert/Callsen KSchG § 9 Rn. 11.

der Annahme einer neuen Stelle in § 12 geregelt.[140] Freilich hindert die Eingehung eines neuen Arbeitsverhältnisses und selbst die vorsorgliche Berufung auf § 12 den Arbeitnehmer nicht, zugleich auch den Antrag nach § 9 zu stellen, wenn die Voraussetzungen dafür aus anderen Gründen vorliegen.[141] Allein daraus, dass der Arbeitgeber in einer zwischen den Parteien umstrittenen Frage einen **anderen rechtlichen Standpunkt** einnimmt und deshalb einer womöglich berechtigten Vergütungsforderung seines Arbeitnehmers nicht von sich aus nachkommt, folgt nicht, dass diesem die Fortsetzung des Arbeitsverhältnisses unzumutbar wäre. Etwas anderes könnte nur bei **gänzlich haltlosem Gegenvortrag** gelten.[142] Eine Auflösung kommt in Betracht, wenn der Arbeitgeber gegenüber dem Arbeitnehmer schwere und ehrenrührige Vorwürfe erhebt, die mangels objektiv belastbarer Anhaltspunkte oder aufgrund einer falschen rechtlichen Bewertung von vornherein nicht haltbar sind; demgegenüber spricht es gegen eine Unzumutbarkeit der Fortsetzung des Arbeitsverhältnisses durch den Arbeitnehmer, wenn er durch fahrlässiges Handeln selbst bewirkt hat, dass ein Verdacht auf ihn fällt.[143]

9. Auflösungsgründe des Arbeitgebers nach § 9 Abs. 1 S. 2 KSchG

a) **Der weiteren Zusammenarbeit entgegenstehende Gründe.** Der Arbeitgeber kann die Auflösung des Arbeitsverhältnisses nur verlangen, wenn er Gründe darlegt, die eine den Betriebszwecken dienliche weitere Zusammenarbeit mit dem Arbeitnehmer nicht erwarten lassen. Damit ist keine Unzumutbarkeit der Weiterbeschäftigung iSv § 626 Abs. 1 BGB gefordert; denn dann könnte der Arbeitgeber außerordentlich kündigen, ohne das Verfahren nach § 9 durchführen und eine Abfindung zahlen zu müssen. Aus dem gleichen Grund müssen die Auflösungsgründe des Arbeitgebers auch nicht geeignet sein, die Kündigung sozial zu rechtfertigen.[144] 49

b) **Beurteilungszeitpunkt für das Vorliegen von Auflösungsgründen.** Entscheidend ist die objektive Lage zum **Schluss der mündlichen Verhandlung in der Tatsacheninstanz.**[145] Bei der Entscheidung über den Auflösungsantrag hat das Gericht bezogen auf diesen Zeitpunkt zu fragen, ob aufgrund des Verhaltens des Arbeitnehmers in der Vergangenheit in Zukunft noch mit einer den Betriebszwecken dienenden weiteren Zusammenarbeit der Parteien zu rechnen ist.[146] Insoweit unterscheidet sich die Prüfung des Auflösungsantrags von der Entscheidung über die Wirksamkeit der Kündigung. Hierfür ist maßgeblich, ob Umstände vorliegen, die im Zeitpunkt des Zugangs der Kündigungserklärung die Kündigung als wirksam erscheinen lassen. Später eingetretene Umstände sind grundsätzlich nicht mehr einzubeziehen (→ § 1 Rn. 226). 50

Soweit das BAG in einzelnen Urteilen ausgeführt hat, für die Beurteilung der Wirksamkeit einer Kündigung sei eine rückschauende Bewertung der Gründe vorzunehmen, der Auflösungsantrag nach § 9 betreffe hingegen die **künftige Gestaltung der Rechtsbeziehungen** zwischen den Parteien,[147] ist dies unscharf, denn auch die Kündigungsgründe sind zukunftsbezogen (→ § 1 Rn. 172 ff.). Der **Unterschied zwischen Kündigung und Auflösungsantrag** liegt vielmehr im maßgeblichen Beurteilungszeitpunkt (→ Rn. 50).[148] An sich geeignete Auflösungsgründe können ihr Gewicht wieder verlieren, 51

140 LSSW/Spinner § 9 Rn. 42; KR/Spilger KSchG § 9 Rn. 55; PVT Kündigung/Vossen Rn. 2340.
141 BAG 19.10.1972 – 2 AZR 150/72, AP KSchG 1969 § 12 Nr. 1.
142 BAG 11.7.2013 – 2 AZR 241/12, NZA 2013, 1259.
143 ArbG Berlin 11.11.2022 – 17 Ca 6085/22, BeckRS 2022, 35027.
144 Vgl. BAG 30.9.1976 – 2 AZR 402/75, NJW 1977, 695; LAG Berlin 5.5.1997 – 9 Sa 129/96, NZA-RR 1998, 116.
145 BAG 24.5.2018 – 2 AZR 73/18, NZA 2018, 1131; 19.11.2015 – 2 AZR 217/15, NZA 2016, 540; 29.8.2013 – 2 AZR 419/12, NZA 2014, 660; 11.7.2013 – 2 AZR 994/12, NZA 2014, 250.
146 BAG 24.5.2018 – 2 AZR 73/18, NZA 2018, 1131; 24.11.2011 – 2 AZR 429/10, NZA 2012, 610; 24.3.2011 – 2 AZR 674/09, NZA-RR 2012, 243; 8.10.2009 – 2 AZR 682/08, AP KSchG 1969 § 9 Nr. 65.
147 BAG 10.12.2009 – 2 AZR 534/08, NZA 2010, 698; 10.7.2008 – 2 AZR 1111/06, NZA 2009, 312; 23.6.2005 – 2 AZR 256/04, NZA 2006, 363; 7.3.2002 – 2 AZR 158/01, NZA 2003, 261.
148 Deutlich BAG 24.5.2018 – 2 AZR 73/18, NZA 2018, 1131.

wenn sich die tatsächlichen oder rechtlichen Umstände im Zeitpunkt der abschließenden gerichtlichen Entscheidung geändert haben.[149] So kann ein zwischenzeitlich eingetretener Austausch von Vorgesetzten oder eine Veränderung in der Belegschaftsstruktur Berücksichtigung finden. Hierin liegt keine ungerechtfertigte Benachteiligung der den Auflösungsantrag stellenden Partei, die auf die Dauer eines Kündigungsschutzverfahrens nur begrenzt Einfluss hat. Soweit etwaige Auflösungsgründe das Gewicht eines Kündigungsgrundes erreichen, steht es dem Arbeitgeber frei, eine (weitere) Kündigung auszusprechen. Diese ist dann – unabhängig vom Zeitpunkt der gerichtlichen Entscheidung – wiederum (nur) nach den Verhältnissen zum Zeitpunkt des Zugangs der Kündigungserklärung zu beurteilen.[150] Andererseits können auch – anders als bei einer Kündigung – Umstände, die erst nach dem Zugang der Kündigung entstanden sind, wie das Prozessverhalten der Parteien, als Auflösungsgründe herangezogen werden können (→ Rn. 66 und 71).[151] Hat das Arbeitsverhältnis zum Zeitpunkt der letzten mündlichen Verhandlung in der Tatsacheninstanz, aber nach dem gemäß § 9 Abs. 2 maßgeblichen Auflösungszeitpunkt aus anderen Gründen geendet, etwa weil der Arbeitnehmer wegen Erreichens einer tariflichen Altersgrenze ausgeschieden ist, ist für die nach § 9 Abs. 1 S. 2 anzustellende Prognose freilich nur der Zeitraum bis zum Eintritt der anderweitigen Beendigung zu berücksichtigen.[152]

52 c) **Gesamtabwägung zur Feststellung von Auflösungsgründen.** Als Gründe, die eine den Betriebszwecken dienliche weitere Zusammenarbeit nicht erwarten lassen, kommen Umstände in Betracht, die das persönliche Verhältnis zum Arbeitnehmer, die Wertung der Persönlichkeit des Arbeitnehmers, seiner Leistungen oder seiner Eignung für die ihm gestellten Aufgaben und sein Verhältnis zu den übrigen Mitarbeitern betreffen. Die Auflösungsgründe müssen nicht im Verhalten, insbesondere nicht im schuldhaften Verhalten des Arbeitnehmers liegen. Entscheidend ist, ob die **objektive Lage bei Schluss der mündlichen Verhandlung** in der Tatsacheninstanz die Besorgnis rechtfertigt, die weitere gedeihliche Zusammenarbeit sei gefährdet.[153] Dazu bedarf es einer Gesamtabwägung aller Umstände, die für oder gegen die **Prognose** sprechen, eine weitere, den Betriebszwecken dienliche Zusammenarbeit zwischen den Parteien sei nicht mehr zu erwarten. Hierbei sind auch die wechselseitigen **Grundrechtspositionen** des Arbeitgebers und des Arbeitnehmers in den Blick zu nehmen.[154] Zur Begründung eines erstmals im zweiten Rechtszug gestellten Auflösungsantrags kann der Arbeitgeber auch Gründe anführen, die bereits zum Zeitpunkt der letzten mündlichen Verhandlung vor dem ArbG vorlagen. Dem berechtigten Interesse des Arbeitnehmers, nicht weit zurückliegende Vorfälle ohne Aussagekraft für die zukünftig zu erwartende Zusammenarbeit als Auflösungsgründe heranzuziehen, ist dadurch Rechnung getragen, dass es auf die Beurteilung der objektiven Lage bei Schluss der mündlichen Verhandlung ankommt (→ Rn. 50).[155] Da die Frage der Auflösung des Arbeitsverhältnisses zukunftsbezogen zu beantworten ist, ist die Dauer der Betriebszugehörigkeit des Arbeitnehmers nur relevant, soweit sie Bedeutung für die Einschätzung des künftigen betrieblichen Zusammenwirkens hat.[156]

53 Bei der **Gewichtung der Auflösungsgründe** ist die **Stellung des Arbeitnehmers im Betrieb** zu berücksichtigen. Eine weitere den Betriebszwecken dienliche Zusammenarbeit

[149] BAG 27.9.2022 – 2 AZR 92/22, NZA 2022, 1670; 10.7.2008 – 2 AZR 1111/06, NZA 2009, 312; 7.3.2002 – 2 AZR 158/01, NZA 2003, 261.
[150] BAG 10.7.2008 – 2 AZR 1111/06, NZA 2009, 312; 23.6.2005 – 2 AZR 256/04, NZA 2006, 363.
[151] BAG 24.5.2018 – 2 AZR 73/18, NZA 2018, 1131.
[152] BAG 29.8.2013 – 2 AZR 419/12, NZA 2014, 660; 23.2.2010 – 2 AZR 554/08, NZA 2010, 1123.
[153] BAG 16.12.2021 – 2 AZR 356/21, NZA 2022, 407; 24.5.2018 – 2 AZR 73/18, NZA 2018, 1131; 19.11.2015 – 2 AZR 217/15, NZA 2016, 540; 24.11.2011 – 2 AZR 429/10, NZA 2012, 610; 9.9.2010 – 2 AZR 482/09, NJW 2010, 3798.
[154] BVerfG 8.11.2016 – 1 BvR 988/15, BeckRS 2016, 55564; 22.10.2004 – 1 BvR 1944/01, NZA 2005, 41.
[155] BAG 19.11.2015 – 2 AZR 217/15, NZA 2016, 540; vgl. auch LAG Düsseldorf 15.9.2021 – 12 Sa 10/21, BeckRS 2021, 42230.
[156] BAG 9.9.2010 – 2 AZR 482/09, NJW 2010, 3798; weiter hingegen BAG 26.6.1997 – 2 AZR 502/96, BeckRS 2009, 55111: bei längerer Betriebszugehörigkeit regelmäßig Auflösungsgründe von größerem Gewicht nötig.

zwischen Arbeitnehmer und Arbeitgeber kann auch gerade deshalb nicht mehr zu erwarten sein, weil der Arbeitnehmer, ohne leitender Angestellter iSv § 14 Abs. 2 zu sein, im Betrieb eine Schlüsselstellung innehat und aus beachtlichen Gründen das Vertrauen des Arbeitgebers verloren hat.[157] Das Gericht kann einen Auflösungsantrag des Arbeitgebers, der auf einen erst nach längerer Prozessdauer eingetretenen Sachverhalt gestützt wird, nicht mit der Begründung abweisen, der Arbeitnehmer erhalte nur eine Abfindung, die erheblich unter dem im Fall des Fortbestehens des Arbeitsverhältnisses zu zahlenden Verzugslohn liege.[158] Für derartige **Billigkeitserwägungen** ist angesichts des eindeutigen Wortlauts des § 9 kein Raum.

d) **Treuwidrig herbeigeführte Auflösungsgründe.** Der Antrag des Arbeitgebers auf Auflösung des Arbeitsverhältnisses ist unbegründet, wenn er selbst den Auflösungsgrund treuwidrig herbeigeführt hat, um damit eine den Betriebszwecken dienliche weitere Zusammenarbeit als aussichtslos darstellen zu können. Nach dem **Rechtsgedanken des § 162 BGB** scheidet in diesen Fällen eine Auflösung des Arbeitsverhältnisses aus. Der Arbeitgeber kann sich deshalb nicht auf Auflösungsgründe berufen, die von ihm selbst oder von Personen, für die er einzustehen hat, provoziert worden sind. Überwiegen die dem Arbeitgeber zuzurechnenden Anteile an der Verursachung der Spannungen gegenüber den Anteilen des Arbeitnehmers und hat der Arbeitgeber das von ihm jetzt beanstandete Verhalten des Arbeitnehmers geradezu provoziert, verstößt es regelmäßig gegen Treu und Glauben, wenn der Arbeitgeber geltend macht, eine den Betriebszwecken dienliche weitere Zusammenarbeit zwischen den Parteien sei nicht mehr möglich.[159] **54**

e) **Kündigungsgründe und abgemahnte Pflichtverletzungen als Auflösungsgründe.** Der Arbeitgeber kann sich zur Begründung seines Auflösungsantrags auch auf Gründe berufen, auf die er zuvor – erfolglos – die ausgesprochene Kündigung gestützt hat. In diesen Fällen muss er indes im Einzelnen darlegen, weshalb die unzureichenden Kündigungsgründe einer den Betriebszwecken dienlichen weiteren Zusammenarbeit entgegenstehen sollen. Der Vortrag des Arbeitgebers muss so beschaffen sein, dass sich das Gericht nicht widersprüchlich verhält, wenn es dem Kündigungsschutzantrag stattgibt und das Arbeitsverhältnis auf der Grundlage des Vorbringens im Kündigungsschutzprozess auflöst.[160] Die Auflösung des Arbeitsverhältnisses bedarf deshalb regelmäßig im Vergleich mit der gescheiterten Kündigung einer zusätzlichen Begründung.[161] Bei der rechtlichen Beurteilung des Vortrags des Arbeitgebers ist in den Blick zu nehmen, dass sich die Wirksamkeit einer verhaltensbedingten Kündigung nach den Umständen bei Zugang der Kündigungserklärung richtet. Hiernach kann sich eine Kündigung als unverhältnismäßig darstellen, wenn nach den bei ihrem Zugang erkennbaren Umständen nicht ausgeschlossen werden kann, dass eine Abmahnung eine Verhaltensänderung hätte herbeiführen können.[162] Demgegenüber kommt es für die Beurteilung, ob ein Auflösungsgrund vorliegt, auf die Lage am Schluss der mündlichen Verhandlung in der Tatsacheninstanz an. Insoweit ist denkbar, dass eine durch objektive Tatsachen begründete Gefahr feststellbar ist, der Arbeitnehmer könne ein pflichtwidriges Verhalten (mit erheblichem Schadenspotenzial) trotz Abmahnung wiederholen. Entsprechende Anhaltspunkte können sich aus dem Prozessverhalten des Arbeitnehmers ergeben. Allerdings muss dieses dazu den **55**

[157] Vgl. BAG 26.6.1997 – 2 AZR 502/96, BeckRS 2009, 55111; LAG Berlin 5.5.1997 – 9 Sa 129/96, NZA-RR 1998, 116; LSSW/Spinner § 9 Rn. 58.

[158] BAG 25.11.1982 – 2 AZR 21/81, AP KSchG 1969 § 9 Nr. 10 mAnm Herschel = EzA § 9 KSchG nF Nr. 15 mit insoweit abl. Anm. Belling; LSSW/Spinner § 9 Rn. 60.

[159] BAG 11.7.2013 – 2 AZR 994/12, NZA 2014, 250; 2.6.2005 – 2 AZR 234/04, AP KSchG 1969 § 9 Nr. 51; 15.2.1973 – 2 AZR 16/72, AP KSchG 1969 § 9 Nr. 2; ErfK/Kiel KSchG § 9 Rn. 19; KR/Spilger KSchG § 9 Rn. 73.

[160] BAG 24.5.2018 – 2 AZR 73/18, NZA 2018, 1131; 19.11.2015 – 2 AZR 217/15, NZA 2016, 540; APS/Biebl KSchG § 9 Rn. 52; ErfK/Kiel KSchG § 9 Rn. 23.

[161] BVerfG 15.12.2008 – 1 BvR 347/08, BeckRS 2011, 87024.

[162] BAG 29.6.2017 – 2 AZR 302/16, NZA 2017, 1121.

Schluss erlauben, der Arbeitnehmer sei mit einiger Wahrscheinlichkeit nicht in der Lage oder gewillt, sich gemäß den Weisungen des Arbeitgebers zu verhalten.[163]

56 Durch die bloße **Bezugnahme auf die Kündigungsgründe** genügt der Arbeitgeber demzufolge nicht seiner Darlegungslast. Er hat vielmehr konkret aufzuzeigen, welche – weiteren – tatsächlichen Umstände im Zusammenwirken mit den Kündigungsgründen die Auflösung des Arbeitsverhältnisses begründen sollen.[164] Der Anlass, der zur Kündigung geführt hat, kann zum Zeitpunkt der Entscheidung über den Auflösungsantrag die schlechte Prognose für eine den Betriebszwecken dienliche weitere Zusammenarbeit verstärken. Die Kündigungsgründe sind insoweit zu berücksichtigen und können geeignet sein, den sonstigen Auflösungsgründen besonderes Gewicht zu verleihen.[165] Bleibt der schwerwiegende, auf hinreichende Tatsachen gestützte Verdacht einer Pflichtwidrigkeit, kann dies auch das Vertrauensverhältnis zwischen Arbeitgeber und Arbeitnehmer erheblich belasten und im Rahmen der erforderlichen Gesamtabwägung zur Begründetheit des Auflösungsantrags führen.[166]

57 Für die von § 9 Abs. 1 Satz 2 verlangte Prognose, ob Gründe vorliegen, die eine den Betriebszwecken dienliche weitere Zusammenarbeit nicht erwarten lassen, kann grundsätzlich auch **in der Vergangenheit bereits abgemahntes Verhalten** relevant sein, und zwar auch dann, wenn die **Abmahnung bereits aus der Personalakte des Arbeitnehmers entfernt** wurde. Zwar wird ein Verhalten, auf das der Arbeitgeber vor längerer Zeit lediglich mit einer Abmahnung reagiert hat, in der Regel allein nicht die Prognose tragen, eine den Betriebszwecken dienliche weitere Zusammenarbeit sei nun nicht mehr zu erwarten. Doch kann sich zusammen mit weiteren das Arbeitsverhältnis belastenden Umständen ein anderes Bild ergeben. Mit einer Abmahnung verzichtet der Arbeitgeber nicht etwa auf das Recht, den abgemahnten Vorgang gemeinsam mit anderen Umständen zur Begründung eines späteren Auflösungsantrags heranzuziehen. Insofern gilt nichts anderes als im Verhältnis zu einer späteren Kündigung.[167]

58 f) **Auflösungsantrag bei Erlangung von Sonderkündigungsschutz nach Zugang der Kündigung.** Ein Auflösungsantrag des Arbeitgebers nach § 9 Abs. 1 Satz 2 ist gemäß § 13 Abs. 1 Satz 3 und Abs. 3 lediglich in Bezug auf eine ordentliche Kündigung möglich und das auch nur, wenn diese allein mangels sozialer Rechtfertigung unwirksam ist (→ Rn. 18). Ist eine ordentliche Kündigung nach § 134 BGB nichtig, weil der Arbeitnehmer (bereits) bei ihrem Zugang einen entsprechenden Sonderkündigungsschutz genoss, kann ein hierauf bezogener Auflösungsantrag des Arbeitgebers von vornherein keinen Erfolg haben.

59 Demgegenüber führt der Umstand, dass der Arbeitnehmer nach Zugang einer „nur" sozialwidrigen ordentlichen Kündigung einen Sonderkündigungsschutz gemäß § 15 Abs. 1 oder Abs. 3 erlangt hat, weder dazu, dass ein auf diese Kündigung bezogener Auflösungsantrag für die Dauer des – ggf. nachwirkenden – Sonderkündigungsschutzes „unstatthaft" würde[168] noch dazu, dass seine Stellung im Prozess der vorherigen Zustimmung des Betriebsrats nach § 103 BetrVG bedürfte. Auch müssen in diesem Fall die Auflösungsgründe nicht das Gewicht eines wichtigen Grundes iSv § 626 BGB erreichen. Das gilt auch für solche Auflösungsgründe, die der Arbeitnehmer (erst/noch) während des Bestehens des Sonderkündigungsschutzes gesetzt haben soll.[169] Anderes lässt sich

[163] BAG 24.5.2018 – 2 AZR 73/18, NZA 2018, 1131.
[164] BAG 19.11.2015 – 2 AZR 217/15, NZA 2016, 540.
[165] BAG 23.10.2008 – 2 AZR 483/07, NZA-RR 2009, 362; 23.6.2005 – 2 AZR 256/04, NZA 2006, 363; PVT Kündigung/Vossen Rn. 2349.
[166] Vgl. BAG 16.12.2021 – 2 AZR 356/21, NZA 2022, 407; 23.6.2005 – 2 AZR 256/04, NZA 2006, 363; 2.6.2005 – 2 AZR 234/04, AP KSchG 1969 § 9 Nr. 51. Zur Zulässigkeit einer „Verdachtsauflösung" unter strengen Voraussetzungen vgl. BVerfG 15.12.2008 – 1 BvR 347/08, BeckRS 2011, 87024.
[167] BAG 27.9.2022 – 2 AZR 92/22, NZA 2022, 1670.
[168] AA LAG Hamm 30.9.1999 – 16 Sa 2598/98, BeckRS 1999, 30781039.
[169] BAG 27.9.2022 – 2 AZR 92/22, NZA 2022, 1670; ErfK/Kiel KSchG § 9 Rn. 20; aA BAG 7.12.1972 – 2 AZR 235/72, AP KSchG 1969 § 9 Nr. 1; Ascheid Kündigungsschutzrecht Rn. 810; LSSW/Spinner § 9 Rn. 64; differenzierend APS/Biebl KSchG § 9 Rn. 58; Däubler/Deinert/Callsen KSchG § 9 Rn. 24.

dogmatisch nicht begründen. Die eindeutig allein für Kündigungen geltenden Bestimmungen des § 15 Abs. 1 und Abs. 3 sowie des § 103 BetrVG stellen weder § 9 Abs. 1 Satz 2 verdrängende Spezialvorschriften dar noch finden sie analoge Anwendung auf einen arbeitgeberseitigen Auflösungsantrag noch ist § 9 Abs. 1 Satz 2 entsprechend teleologisch zu reduzieren. Ein entsprechender Wille des Gesetzgebers lässt sich nicht positiv feststellen.[170] Der Arbeitnehmer ist im Übrigen hinreichend dadurch geschützt, dass bei der Würdigung, ob ein Verhalten aus der Zeit des Bestehens des Sonderkündigungsschutzes allein oder zusammen mit weiteren Umständen eine Auflösung des Arbeitsverhältnisses rechtfertigt, angemessen zu berücksichtigen ist:[171] Hat er ausschließlich betriebsverfassungsrechtliche Pflichten verletzt, liegt von vornherein kein tragfähiger Auflösungsgrund iSv § 9 Abs. 1 Satz 2 vor.[172] Andernfalls muss berücksichtigt werden, dass Arbeitnehmer durch die Wahrnehmung betriebsverfassungsrechtlicher Funktionen leichter mit ihren arbeitsvertraglichen Pflichten in Konflikt geraten können.[173] Das gilt auch, wenn über den Auflösungsantrag erst nach dem Ende des (nachwirkenden) Sonderkündigungsschutzes entschieden wird.[174]

Entsprechendes gilt, wenn eine Arbeitnehmerin nach Ausspruch der Kündigung 60 schwanger wird und so dem besonderen **Schutz des § 17 MuSchG** unterliegt. Der verfassungsrechtlich gebotene Schutz der Schwangeren kann mit einer strengeren Prüfung der Auflösungsgründe erreicht werden. Eine Zustimmung der Aufsichtsbehörde in analoger Anwendung von § 17 MuSchG ist nicht erforderlich.[175] Das Gleiche gilt für Arbeitnehmer in **Elternzeit oder Pflegezeit.** Der Auflösungsantrag bedarf nicht nach **§ 168 SGB IX** der Zustimmung des Integrationsamts. Dies gilt auch, wenn der minderbehinderte Arbeitnehmer seinen Antrag auf Gleichstellung mit einem Schwerbehinderten nach Zugang der Kündigung gestellt hat.[176] Der besondere Kündigungsschutz schwerbehinderter Menschen wird vom BAG zu Recht im Rahmen der Gesamtabwägung berücksichtigt.[177]

g) **Nachschieben von Auflösungsgründen; keine Anhörung des Betriebsrats.** Problema- 61 tisch ist, ob sich der Arbeitgeber zur Begründung seines Auflösungsantrags auch auf Gründe berufen kann, mit denen er wegen der unterbliebenen Anhörung des Betriebsrats im Kündigungsschutzprozess ausgeschlossen ist.[178] Gegen eine Beschränkung des arbeitgeberseitigen Vorbringens auf die Gründe, die er dem Betriebsrat im Rahmen der Anhörung nach § 102 Abs. 1 BetrVG mitgeteilt hat, spricht, dass der Arbeitgeber von Gesetzes wegen nur verpflichtet ist, dem Betriebsrat die Kündigungsgründe mitzuteilen. Eine Anhörungspflicht bezüglich möglicher Auflösungsgründe ist im Gesetz nicht vorgesehen.[179] Im Übrigen besteht auch bei Ausspruch der Kündigung für den Arbeitgeber noch gar keine Veranlassung, sich über mögliche Auflösungsgründe Gedanken zu machen, da völlig unklar ist, ob der Arbeitnehmer gegen die ausgesprochene Kündigung überhaupt Kündigungsschutzklage erhebt. Der Arbeitgeber ist daher in der Begründung seines Auflösungsantrags nicht durch § 102 Abs. 1 BetrVG beschränkt.

---

170 Eingehend BAG 27.9.2022 – 2 AZR 92/22, NZA 2022, 1670.

171 Eingehend BAG 27.9.2022 – 2 AZR 92/22, NZA 2022, 1670; vgl. a. MüKoBGB/Hergenröder KSchG § 9 Rn. 55; PVT Kündigung/Vossen Rn. 2356; Tschöpe FS Schwerdtner S. 217, 236.

172 BAG 29.8.2013 – 2 AZR 419/12, NZA 2014, 660.

173 BAG 29.8.2013 – 2 AZR 419/12, NZA 2014, 660.

174 BAG 29.8.2013 – 2 AZR 419/12, NZA 2014, 660.

175 AA LAG Sachsen 12.4.1996 – 2 (4) Sa 102/96, NZA-RR 1997, 9; KR/Spilger KSchG § 9 Rn. 78.

176 VGH Baden-Württemberg 12.12.2005 – 9 S 1580/05, NZA-RR 2006, 356.

177 BAG 7. 3 2002 - 2 AZR 158/01, NZA 2003, 261.

178 Offengelassen von BAG 18.12.1980 – 2 AZR 1006/78, AP BetrVG 1972 § 102 Nr. 22 mzustAnm Herschel = SAE 1982, 20 mit insoweit abl. Anm. Koller.

179 BAG 16.12.2021 – 2 AZR 356/21, NZA 2022, 407; 24.5.2018 – 2 AZR 73/18, NZA 2018, 1131; 10.10.2002 – 2 AZR 240/01, AP KSchG 1969 § 9 Nr. 45; APS/Biebl KSchG § 9 Rn. 52; ErfK/Kiel KSchG § 9 Rn. 12; Lunk NZA 2000, 807 ff.; LSSW/Spinner § 9 Rn. 51; PVT Kündigung/Vossen Rn. 2350; aA LAG Hamm 30.9.1999 – 16 Sa 2598/98, BeckRS 1999, 30781039; Herschel Anm. zu BAG AP Nr. 22 zu § 102 BetrVG 1972; KR/Spilger KSchG § 9 Rn. 72.

62 h) **Auflösungsantrag bei leitenden Angestellten und Risikoträgern.** Keiner Begründung bedarf der Auflösungsantrag des Arbeitgebers, wenn es sich um das Arbeitsverhältnis eines **leitenden Angestellten** handelt, § 14 Abs. 2 S. 2 (→ § 14 Rn. 20 ff.). Das Gleiche gilt nach § 25a Abs. 5a KWG für besonders einkommensstarke **Risikoträger** bedeutender Finanzinstitute.[180]

63 i) **Auflösungsantrag bei kirchlichen Arbeitsverhältnissen.** Eine Auflösung des Arbeitsverhältnisses eines Mitglieds der **Mitarbeitervertretung** in Einrichtungen der katholischen Kirche ist gemäß § 9 Abs. 1 in Fällen der ordentlichen Kündigung wegen Loyalitätspflichtverletzungen uneingeschränkt zulässig.[181] Denn § 19 Abs. 1 S. 2 MAVO lässt eine ordentliche Kündigung des Dienstgebers gegenüber dem Mitglied der Mitarbeitervertretung wegen Verletzung von Loyalitätsobliegenheiten gerade zu. Es besteht deshalb für den Mitarbeitervertreter stets die Gefahr, wegen Verletzung von Loyalitätsobliegenheiten seinen Arbeitsplatz gegebenenfalls auch ohne Abfindung zu verlieren. Der besondere Kündigungsschutz der Mitarbeitervertreter, der hinsichtlich der Loyalitätsobliegenheiten stark eingeschränkt ist, wird durch eine solche Auflösungsmöglichkeit nicht umgangen.

64 j) **Auflösungsantrag bei Tendenzbetrieben.** In einem Tendenzbetrieb können besondere Anforderungen an das Verhalten oder die Person des Arbeitnehmers bestehen, die ein gesteigertes Interesse des Arbeitgebers an der Vertragsauflösung begründen können. Insoweit ist zu beachten, dass bei der Auslegung und Anwendung des § 9 Abs. 1 S. 2 auch die wechselseitigen Grundrechtspositionen des Arbeitnehmers und des Arbeitgebers (zB Pressefreiheit) zu berücksichtigen und abzuwägen sind.[182] Dies kann dazu führen, dass in einem Tendenzarbeitsverhältnis Sachverhalte für eine Auflösung ausreichen, die in einem nicht von der Tendenz bestimmten Arbeitsverhältnis nicht hinreichend wären. Die bloße Tendenzeigenschaft eines Unternehmens rechtfertigt jedoch für sich allein noch nicht einen Auflösungsantrag des Arbeitgebers, da eine § 14 Abs. 2 S. 2 entsprechende Vorschrift für Tendenzträger nicht besteht.[183]

65 k) **Auflösungsantrag und NATO-Truppenstatut.** Nach Art. 56 Abs. 2a S. 1 ZA-NTS gilt § 9 mit der Maßgabe, dass eine Auflösung des Arbeitsverhältnisses auch möglich ist, wenn seiner Fortsetzung besonders schutzwürdige militärische Belange entgegenstehen (→ Rn. 10).

66 l) **Einzelfälle zu Auflösungsgründen des Arbeitgebers nach § 9 Abs. 1 S. 2 KSchG.**[184] **Bewusst wahrheitswidriger Prozessvortrag** eines Arbeitnehmers in einem Kündigungsrechtsstreit, den dieser hält, weil er befürchtet, mit wahrheitsgemäßen Angaben den Prozess zu verlieren, ist geeignet, eine Auflösung des Arbeitsverhältnisses zu rechtfertigen.[185] Ein solcher Vortrag ist nicht milder zu beurteilen als vorsätzlich unwahre Tatsachenbehauptungen in Bezug auf die Person des Arbeitgebers, eines Vorgesetzten oder eines Arbeitskollegen, die den Tatbestand der üblen Nachrede oder gar Verleumdung erfüllen (→ Rn. 67).[186] Unerheblich ist, ob der wahrheitswidrige Vortrag für das Gericht entscheidungserheblich ist. Ausreichend ist, dass er es hätte sein können. Keinesfalls mindert es den Unrechtsgehalt von bewusst falschem Vorbringen, wenn seine Unhaltbarkeit für den Arbeitgeber und das Gericht nicht offensichtlich ist. Andernfalls würde eine gute Lüge, deren Unwahrheit sich dem Belogenen nicht unmittelbar erschließt, privilegiert.[187]

---

[180] Dazu ErfK/Kiel KSchG § 14 Rn. 13 f.
[181] BAG 16.9.1999 – 2 AZR 712/98, NZA 2000, 208.
[182] BVerfG 14.1.2008 – 1 BvR 273/03.
[183] BAG 23.10.2008 – 2 AZR 483/07, NZA-RR 2009, 362.
[184] Einen Überblick zu auflösungsrelevantem Verhalten des Arbeitnehmers nach Zugang der Kündigung geben Byers/Fischer BB 2024, 1909 ff.
[185] BAG 16.12.2021 – 2 AZR 356/21, NZA 2022, 407.
[186] BAG 24.5.2018 – 2 AZR 73/18, NZA 2018, 1131.
[187] BAG 24.5.2018 – 2 AZR 73/18, NZA 2018, 1131.

Des Weiteren kommen auch **Beleidigungen,** sonstige ehrverletzende Äußerungen oder persönliche Angriffe des Arbeitnehmers gegen den Arbeitgeber, Vorgesetzte oder Kollegen als Auflösungsgründe in Betracht.[188] Der Arbeitnehmer kann sich dafür nicht auf sein Recht zur freien Meinungsäußerung (Art. 5 Abs. 1 GG) berufen.[189] Zu beachten ist allerdings, dass auch eine überzogene oder gar ausfällige Kritik eine Erklärung noch nicht zur Schmähung macht. Hinzukommen muss vielmehr, dass bei der Äußerung nicht mehr die Auseinandersetzung in der Sache, sondern die Diffamierung im Vordergrund steht, die den Betroffenen jenseits polemischer und überspitzter Kritik in der Person herabsetzen soll.[190] Ein Arbeitnehmer unterliegt auch dann keiner besonderen Zurückhaltungspflicht, wenn er als **Minderheitsgesellschafter** des Unternehmens seines Arbeitgebers im Rahmen zulässiger Interessenwahrnehmung gesellschaftsrechtliche Befugnisse wahrnimmt.[191] 67

Ein Auflösungsantrag kann des Weiteren begründet sein, wenn der Arbeitnehmer eine deutlich und wiederkehrend **nach außen getragene negative Einstellung zum Betrieb des Arbeitgebers** hat und durch sein Verhalten gegenüber seinen Kollegen das für die Zusammenarbeit notwendige versachlichte **Arbeitsklima nachhaltig beeinträchtigt.**[192] Gleiches gilt, wenn ein in Leitungsfunktion tätiger Arbeitnehmer im Rahmen eines Streits um einen Anspruch aus dem Arbeitnehmererfindungsgesetz seinem Arbeitgeber schriftlich vorwirft, er sei „bekanntlich und wie bereits exerziert nicht sonderlich an einer wahrheitsgemäßen Klärung von Vergütungsansprüchen interessiert“, „die zur Vergütung verpflichteten deutschen Konzerntöchter hüllten sich in **organisierte Unwissenheit**“, „die wissentliche Duldung einer nicht geeigneten Organisation, die den Mitarbeiter zwangsläufig benachteiligt, erfüllt den Straftatbestand des Betruges, mindestens aber den der arglistigen Täuschung“.[193] Ein Angestellter, welcher der Verwaltung der Stadt, bei der er beschäftigt ist, vorwirft, sie mache mit der Zuweisung eines bestimmten Dezernats an einen Beigeordneten **„den Bock zum Gärtner“** und „mangels Kompetenz“ des betreffenden „erfolg- und glücklosen Wirtschaftsbürgermeisters“ stelle die Dezernatsaufteilung eine „Mogelpackung“ dar, verletzt in erheblichem Maße arbeitsvertragliche Rücksichtnahmepflichten, was zur Auflösung des Arbeitsverhältnisses führen kann.[194] 68

Behauptet der Arbeitnehmer im Prozess, das **Vertrauensverhältnis zu Vorgesetzten sei völlig zerrüttet,** weil die notwendige Kooperationsbereitschaft nicht mehr bestehe, kann sich der Arbeitgeber zur Begründung seines Auflösungsantrags diesen Vortrag zu Eigen machen.[195] Ein Auflösungsantrag des Arbeitgebers kann weiterhin dann berechtigt sein, wenn sich der gekündigte Arbeitnehmer nach Ausspruch der Kündigung mit unzutreffenden Tatsachenbehauptungen gegen den Arbeitgeber an die Öffentlichkeit wendet und so den **Arbeitgeber in Misskredit** bringt.[196] Gleiches gilt bei einer offenbar nicht begründeten Strafanzeige gegen den Arbeitgeber[197] oder wenn der Arbeitnehmer seinen Kollegen und Vorgesetzten vorwirft, Mobbing gegen ihn zu betreiben, ohne hierfür ausreichende Tatsachen vorzutragen.[198] **Strafanzeigen gegen Vorgesetzte** belasten zwar das Arbeitsverhältnis, sie können aber nur dann einen Auflösungsantrag begründen, wenn der Arbeitnehmer den Vorgesetzten wahrheitswidrig beschuldigt hat oder insoweit zumindest der dringende 69

---

[188] BAG 24.3.2011 – 2 AZR 674/09, NZA-RR 2012, 243; 9.9.2010 – 2 AZR 482/09, NJW 2010, 3798; 7.3.2002 – 2 AZR 158/01, NZA 2003, 261.

[189] BAG 24.5.2018 – 2 AZR 73/18, NZA 2018, 1131; 29.8.2013 – 2 AZR 419/12, NZA 2014, 660; zur den Grenzen BVerfG 8.11.2016 – 1 BvR 988/15, BeckRS 2016, 55564.

[190] BVerfG 30.5.2018 – 1 BvR 1149/17, NZA 2018, 942; BAG 5.12.2019 – 2 AZR 240/19, NZA 2020, 647; 19.11.2015 – 2 AZR 217/15, NZA 2016, 540.

[191] Dazu BAG 24.3.2011 – 2 AZR 674/09, NZA-RR 2012, 243.

[192] LAG Berlin 26.1.2006 – 18 Sa 1673/05, BeckRS 2011, 66280.

[193] LAG Köln 14.9.2005 – 7 Sa 242/05, BeckRS 2006, 41873.

[194] BAG 6.11.2003 – 2 AZR 177/02, AP KSchG 1969 § 1 Verhaltensbedingte Kündigung Nr. 46.

[195] Vgl. LAG Berlin 5.5.1997 – 9 Sa 129/96, NZA-RR 1998, 116.

[196] LAG Köln 29.9.1982 – 5 Sa 514/82, DB 1983, 124.

[197] LAG Rheinland-Pfalz 20.12.2005 – 5 Sa 504/05, BeckRS 2006, 42791.

[198] LAG Schleswig-Holstein 18.10.2001 – 5 Sa 300/01, BeckRS 2013, 74068; hierzu auch BVerfG 8.11.2016 – 1 BvR 988/15, BeckRS 2016, 55564.

Verdacht fehlt.[199] Im Rahmen der gebotenen Gesamtabwägung können auch **Pflichtverletzungen des Arbeitnehmers im Zusammenhang mit aufgetretenen Krankheitszeiten** zu berücksichtigen sein, die für einzelne Zeiträume Zweifel an einer ärztlich attestierten Arbeitsunfähigkeit aufkommen lassen.[200] Aufgrund der besonderen Glaubwürdigkeit, auf die **Kirchengemeinden** in der Öffentlichkeit angewiesen sind, kann im Einzelfall der Eindruck einer heillosen Zerstrittenheit des Gemeindepersonals die Auflösung eines Arbeitsverhältnisses eines kirchlichen Arbeitnehmers rechtfertigen.[201]

70 **Ungeeignet** sind **wirtschaftliche oder betriebliche Gründe,** diese können nur Anlass für eine betriebsbedingte Kündigung sein.[202] Die **mehrfache Verweigerung des Grußes** gegenüber dem Geschäftsführer eines mittelständischen Betriebs nach dessen vorherigem Gruß bei Begegnungen außerhalb des Betriebs in Anwesenheit dritter Personen stellt nach Auffassung des LAG Köln keinen Grund zur Auflösung des Arbeitsverhältnisses dar, wenn der Gruß aus Verärgerung über ein zuvor geführtes Personalgespräch verweigert worden ist.[203] Die bloße **Weigerung von Arbeitskollegen, mit dem Arbeitnehmer zusammenzuarbeiten,** kann eine Auflösung nicht rechtfertigen. Der Arbeitgeber hat vielmehr zunächst mäßigend auf die anderen Mitarbeiter einzuwirken und zu prüfen, ob Spannungen zwischen den Beschäftigten durch geeignete und zumutbare Maßnahmen (Konfliktmanagement) vermieden werden können.[204] Dass der Arbeitnehmer **Anträge bei Gericht gestellt hat, die erfolglos geblieben sind,** ist für sich genommen kein Auflösungsgrund, es sei denn, er hat die Anträge in Schädigungsabsicht oder sonst schikanös angebracht.[205] Arbeitnehmer dürfen insbesondere als **Wahlbewerber für den Betriebsrat** unternehmensöffentlich Kritik am Arbeitgeber und den betrieblichen Verhältnissen üben und sich ggf. auch überspitzt oder polemisch äußern.[206]

71 Von Bedeutung ist auch das **prozessuale Verhalten** des Arbeitnehmers.[207] Unzutreffende Rechtsausführungen, beispielsweise die Behauptung, die Kündigung sei sittenwidrig oder verstoße gegen Treu und Glauben, genügen allerdings nicht zur Begründung eines Auflösungsantrags.[208] Bei der Bewertung des Prozessverhaltens ist stets zu berücksichtigen, dass die Parteien zur Verteidigung ihrer Rechte schon im Hinblick auf das rechtliche Gehör (Art. 103 Abs. 1 GG) alles vortragen dürfen, was als rechts-, einwendungs- oder einredebegründender Umstand prozesserheblich sein kann.[209] Anerkannt ist insbesondere, dass eine Prozesspartei starke, **eindringliche Ausdrücke und sinnfällige Schlagworte** benutzen darf, um ihre Rechtsposition zu unterstreichen, selbst wenn sie ihren Standpunkt vorsichtiger hätte formulieren können.[210] Ungeachtet dessen dürfen die Parteien jedoch **nicht leichtfertig Tatsachenbehauptungen** aufstellen, deren Unhaltbarkeit ohne Weiteres auf der Hand liegt.[211] Die Grenzen der Wahrheitspflicht sind zu beachten.[212] Werden in einem Kündigungsrechtsstreit Ausdrücke wie „weichkochen", „umsetzen in ein Sterbezimmer" oder „mürbe machen" verwendet, sind diese erkennbar nicht wörtlich gemeinte, sondern bildhafte Wendungen, mit denen dem Arbeitgeber eine gewisse Unnachgiebigkeit bei der Verfolgung seines Ziels zugeschrieben werden soll. Sie sind

[199] LAG Hamburg 27.6.1995 – 3 Sa 114/94, BeckRS 1995, 30939763.
[200] BAG 23.6.2005 – 2 AZR 256/04, NZA 2006, 363.
[201] BVerfG 2.2.1990 – 1 BvR 717/87, NJW 1990, 2053.
[202] BAG 14.10.1954 – 2 AZR 34/53, AP KSchG § 3 Nr. 6; 9.12.1955 – 1 AZR 531/54, AP KSchG § 2 Nr. 2; APS/Biebl KSchG § 9 Rn. 62; LSSW/Spinner § 9 Rn. 61; KR/Spilger KSchG § 9 Rn. 67.
[203] LAG Köln 29.11.2005 – 9 (7) Sa 657/05, BeckRS 2006, 41311.
[204] BAG 23.10.2008 – 2 AZR 483/07, NZA-RR 2009, 362; 10.10.2002 – 2 AZR 240/01, AP KSchG 1969 § 9 Nr. 45.
[205] BAG 8.10.2009 – 2 AZR 682/08, AP KSchG 1969 § 9 Nr. 65.
[206] BAG 29.8.2013 – 2 AZR 419/12, NZA 2014, 660.
[207] BAG 23.2.2010 – 2 AZR 554/08, NZA 2010, 1123.
[208] BAG 21.9.2000 – 2 AZR 440/99, NZA 2001, 255; 2.6.2005 – 2 AZR 234/04, AP KSchG 1969 § 9 Nr. 51.
[209] BAG 24.5.2018 – 2 AZR 73/18, NZA 2018, 1131; 24.3.2011 – 2 AZR 674/09, NZA-RR 2012, 243.
[210] BAG 19.11.2015 – 2 AZR 217/15, NZA 2016, 540; BVerfG 8.11.2016 – 1 BvR 988/15, BeckRS 2016, 55564.
[211] BAG 24.3.2011 – 2 AZR 674/09, NZA-RR 2012, 243; 23.2.2010 – 2 AZR 554/08, NZA 2010, 1123.
[212] BAG 24.5.2018 – 2 AZR 73/18, NZA 2018, 1131.

grundsätzlich keine geeigneten Auflösungsgründe.[213] Zu weit geht indes der Vorwurf, die Kündigungsentscheidung beruhe auf rassistischen Motiven und es sei dem Personalreferenten nur darum gegangen, Schwarzafrikanern kündigen zu können.[214]

Ein **Verhalten dritter Personen** ist als Grund für den Auflösungsantrag des Arbeit- 72
gebers grundsätzlich nur geeignet, wenn der Arbeitnehmer dieses Verhalten durch eigenes Tun entscheidend veranlasst hat und es ihm so zuzurechnen ist.[215] Anders ist es dagegen in Bezug auf das Verhalten des **Prozessbevollmächtigten** des Arbeitnehmers im Kündigungsschutzprozess. Dieses kann die Auflösung des Arbeitsverhältnisses bedingen, weil sich der Arbeitnehmer seiner im Verhältnis zum Arbeitgeber bewusst bedient. Prozessvortrag des Bevollmächtigten gilt von vornherein als Vortrag der Partei. Tatsächliche Erklärungen des Prozessbevollmächtigten in der mündlichen Verhandlung sind für die miterschienene Partei „verpflichtend“, wenn sie die Erklärungen nicht sofort widerruft oder berichtigt (§ 85 Abs. 1 S. 2 ZPO).[216] Deshalb ist dem Arbeitnehmer auch nicht nur ein von ihm veranlasstes Verhalten seines Prozessbevollmächtigten als Auflösungsgrund zuzurechnen.[217] Vom Arbeitnehmer nicht veranlasste Erklärungen des Prozessbevollmächtigten sind vielmehr jedenfalls dann geeignete Auflösungsgründe, wenn der Arbeitnehmer sich diese zu eigen macht und sich auch nachträglich nicht hiervon distanziert.[218] Der vom Prozessbevollmächtigten des Arbeitnehmers unternommene Versuch, einen nicht vorhandenen Titel unter Vorlage des Urteils, aus dem sich dessen Fehlen ergibt, zu vollstrecken, lässt noch keinen Rückschluss auf eine zu erwartende Störung des Leistungsaustauschs im Arbeitsverhältnis zwischen den Parteien zu.[219]

Dass der Arbeitnehmer die Kündigung selbst mündlich veranlasst hat (**Wunschkündi- 73
gung**), lässt die Erhebung einer Kündigungsschutzklage nicht als treuwidrig erscheinen (→ § 4 Rn. 103) und rechtfertigt für sich genommen nicht die Auflösung des Arbeitsverhältnisses auf Antrag des Arbeitgebers.[220] Auch ein **Entlassungsverlangen des Betriebsrats nach § 104 BetrVG** rechtfertigt für sich genommen nicht die Auflösung des Arbeitsverhältnisses; indes werden die Voraussetzungen von § 9 Abs. 1 S. 2 regelmäßig erfüllt sein, wenn sich das Entlassungsverlangen als gerechtfertigt darstellt.[221]

10. Beiderseitiger Auflösungsantrag nach § 9 KSchG

Stellen beide Parteien einen Auflösungsantrag, liegt darin zwar **kein Anerkenntnis des** 74
gegnerischen Antrags, zumal die Parteien über die Höhe der Abfindung sehr verschiedene Vorstellungen haben werden. Der gemeinsame Wille beider Parteien, das Arbeitsverhältnis im Fall einer sozialwidrigen Kündigung durch richterlichen Akt zur Auflösung zu bringen, ist für das Gericht jedoch bindend.[222] Es macht keinen Sinn, die Parteien äußerstenfalls sogar bei einem jeweils nicht schlüssig vorgetragenen Auflösungsgrund am Fortbestehen des Arbeitsverhältnisses festzuhalten.[223] Die Parteien auf ein Anerkenntnis (§ 307 ZPO) zu verweisen,[224] führt wegen der unterschiedlichen Vorstellungen über die Abfindungshöhe nicht weiter. Aus diesem Grund ist auch der Hinweis

[213] BAG 9.9.2010 – 2 AZR 482/09, NJW 2010, 3798.
[214] BAG 10.6.2010 – 2 AZR 297/09, NJW 2010, 3796.
[215] BAG 10.6.2010 – 2 AZR 297/09, NJW 2010, 3796; 14.5.1987 – 2 AZR 294/86, NZA 1988, 16.
[216] BAG 10.6.2010 – 2 AZR 297/09, NJW 2010, 3796; ebenso iErg BAG 9.9.2010 – 2 AZR 482/09, NJW 2010, 3798.
[217] So aber KR/Spilger KSchG § 9 Rn. 68.
[218] BAG 9.9.2010 – 2 AZR 482/09, NJW 2010, 3798; 10.6.2010 – 2 AZR 297/09, NJW 2010, 3796.
[219] BAG 9.9.2010 – 2 AZR 482/09, NJW 2010, 3798.
[220] Hessisches LAG 9.12.2019 – 16 Sa 839/19, BeckRS 2019, 40726.
[221] Wohl aA Oberthür ArbRB 2024, 275 (277).
[222] Vgl. Bauer FS Hanau S. 151 (158); Bauer/Hahn DB 1990, 2471; APS/Biebl KSchG § 9 Rn. 71; ErfK/Kiel KSchG § 9 Rn. 24; PVT Kündigung/Vossen Rn. 2359; Däubler/Deinert/Callsen KSchG § 9 Rn. 29; im Ergebnis ebenso LSSW/Spinner § 9 Rn. 88; aA MüKoBGB/Hergenröder KSchG § 9 Rn. 61; HaKo-KSchR/Gieseler § 9 Rn. 78; KR/Spilger KSchG § 9 Rn. 82; offengelassen von BAG 23.6.1993 – 2 AZR 56/93, NZA 1994, 264.
[223] Däubler/Deinert/Callsen KSchG § 9 Rn. 29.
[224] So etwa MüKoBGB/Hergenröder KSchG § 9 Rn. 61.

auf die Möglichkeit einer vergleichsweisen Beendigung des Arbeitsverhältnisses[225] zumeist wenig zielführend.[226] Das Gericht hat daher in derartigen Fällen, wenn es die Sozialwidrigkeit der Kündigung bejaht, ohne Weiteres auf Auflösung des Arbeitsverhältnisses zu erkennen und nur noch die Abfindungshöhe zu prüfen.

IV. Das Urteil im Kündigungsschutzprozess bei Stellung eines Auflösungsantrags nach § 9 KSchG

75 Ist ein Antrag nach § 9 gestellt, bestehen für das ArbG **drei Entscheidungsmöglichkeiten:**[227]

1. Abweisung der ganzen Klage

76 Ist die **Kündigung wirksam,** ist die Kündigungsschutzklage abzuweisen. Der Hilfsantrag auf Auflösung des Arbeitsverhältnisses (→ Rn. 27 f.) fällt in diesem Fall nicht zur Entscheidung an. Wird er gleichwohl abgewiesen, verstößt das Gericht damit gegen § 308 Abs. 1 ZPO.[228] Das gilt in gleicher Weise für den Auflösungsantrag des Arbeitnehmers wie des Arbeitgebers.

2. Abweisung des Auflösungsantrags

77 Ist die **Kündigung sozialwidrig, der Auflösungsantrag jedoch nicht begründet,** hat das ArbG unabhängig davon, wer den Auflösungsantrag gestellt hat, festzustellen, dass das Arbeitsverhältnis durch die Kündigung nicht aufgelöst ist, und zugleich den Antrag auf Auflösung des Arbeitsverhältnisses und Zahlung einer Abfindung „abzuweisen" (nicht: „zurückzuweisen"). Beide Aussprüche müssen im Urteilstenor enthalten sein.[229]

3. Urteil nach dem Auflösungsantrag

78 a) **Tenorierung des Auflösungsurteils.** Ist die **Kündigung sozialwidrig** und der **Auflösungsantrag begründet,** hat das ArbG auf Auflösung des Arbeitsverhältnisses zu erkennen. Die vollständige und zutreffende Tenorierung geht dahin, zunächst die Feststellung aussprechen, dass das Arbeitsverhältnis durch die Kündigung nicht aufgelöst sei (§ 4 S. 1) und sodann die rückwirkende Auflösung des Arbeitsverhältnisses anordnen sowie die genaue Abfindungshöhe festsetzen (§§ 9, 10). In der Praxis wird der Urteilstenor oftmals auf den letzteren Ausspruch beschränkt und bringt damit, da es sich um die notwendige Voraussetzung hierfür handelt, zugleich auch die Unwirksamkeit der Kündigung zum Ausdruck.[230]

79 Über die Rechtswirksamkeit der Kündigung und die Auflösung des Arbeitsverhältnisses kann **grundsätzlich nur einheitlich entschieden** werden. Eine Aufteilung der Entscheidung in ein Teilurteil wegen der Unwirksamkeit der Kündigung und ein Schlussurteil wegen der Auflösung gegen Abfindung ist im Allgemeinen unzulässig.[231] Dieser

---

[225] So etwa HaKo-KSchR/Gieseler KSchG § 9 Rn. 78; KR/Spilger KSchG § 9 Rn. 82.

[226] Zutr. APS/Biebl KSchG § 9 Rn. 71.

[227] Vgl. APS/Biebl KSchG § 9 Rn. 72; KR/Spilger KSchG § 9 Rn. 98 ff.; sowie grundlegend A. Hueck FS Nipperdey S. 99 ff., insbes. S. 114 ff.

[228] Vgl. BAG 10.12.2020 – 2 AZR 308/20, NZA 2021, 293.

[229] Ascheid Kündigungsschutzrecht Rn. 820; APS/Biebl KSchG § 9 Rn. 78; ErfK/Kiel KSchG § 9 Rn. 25; LSSW/Spinner § 9 Rn. 67; KR/Spilger KSchG § 9 Rn. 100: dort aber „zurückzuweisen".

[230] Vgl. BAG 13.12.1956 – 2 AZR 353/54, AP KSchG § 7 Nr. 5; 28.11.1968 – 2 AZR 76/68, AP KSchG § 1 Betriebsbedingte Kündigung Nr. 19; ErfK/Kiel KSchG § 9 Rn. 27; LSSW/Spinner § 9 Rn. 68; KR/Spilger KSchG § 9 Rn. 102.

[231] BAG 12.5.2010 – 2 AZR 587/08, NZA-RR 2011, 15; ErfK/Kiel KSchG § 9 Rn. 26; KR/Spilger KSchG § 9 Rn. 101; LSSW/Spinner § 9 Rn. 69; PVT Kündigung/Vossen Rn. 2361; aA Ascheid Kündigungsschutzrecht Rn. 823; APS/Biebl KSchG § 9 Rn. 7.

Grundsatz gilt freilich nicht, wenn der Arbeitgeber den Antrag des Arbeitnehmers auf Feststellung der Unwirksamkeit der Kündigung anerkannt hat. In diesem Fall ist gemäß § 307 ZPO **ausnahmsweise ein Teilanerkenntnisurteil** zu erlassen, weil aufgrund des prozessualen Anerkenntnisses eine streitige Entscheidung über die Sozialwidrigkeit der Kündigung nicht mehr in Betracht kommt.[232] Über den Auflösungsantrag ist dann durch Schlussurteil zu befinden. Wird vom Arbeitgeber neben dem Feststellungsantrag auch der Auflösungsantrag anerkannt, ergeht auch dann ein einheitliches Anerkenntnisurteil, wenn der Arbeitnehmer die festzusetzende Abfindung in das Ermessen des Gerichts gestellt hat. Die Höhe der Abfindung ist in diesem Fall vom Gericht im Anerkenntnisurteil entsprechend der vom Arbeitnehmer angegebenen Größenordnung festzusetzen.[233]

Mit der Auflösung des Arbeitsverhältnisses hat das Gericht den Arbeitgeber stets **zur Zahlung einer Abfindung zu verurteilen.** Das gilt auch, wenn ein besonderer Antrag in 80
dieser Hinsicht nicht gestellt ist, so vielfach, wenn die Auflösung vom Arbeitgeber beantragt wird.[234] Denn eine Auflösung des Arbeitsverhältnisses ohne Festsetzung einer Abfindung ist nach § 9 Abs. 1 nicht möglich. Zudem hat das Gericht den **Zeitpunkt festzusetzen, zu dem das Arbeitsverhältnis endet.** Nach § 9 Abs. 2 hat es dafür den Zeitpunkt zu bestimmen, zu dem die Kündigung wirksam geworden wäre, wenn sie nicht sozialwidrig gewesen wäre (→ Rn. 39). Maßgeblich ist damit die für das Arbeitsverhältnis geltende vertraglich vereinbarte, tarifliche oder gesetzliche Kündigungsfrist. Hiervon kann auch nicht aus Billigkeitsgründen abgewichen werden, weil der zur Auflösung vorgebrachte Umstand erst nach längerer Prozessdauer eingetreten ist und bei rückwirkender Auflösung des Arbeitsverhältnisses der Arbeitnehmer nur eine erheblich unter dem im Fall des Fortbestehens des Arbeitsverhältnisses zu zahlenden Verzugslohn liegende Abfindung erhalten würde.[235] Hat der Arbeitgeber zu einem späteren Termin als erforderlich gekündigt, ist dieser maßgebend.[236] Hat der Arbeitgeber **mit einer zu kurzen Kündigungsfrist gekündigt,** hat das Gericht den nächsten zulässigen Kündigungstermin als Zeitpunkt der Auflösung unter Datumsangabe im Urteil zu bestimmen.[237] Zur Bestimmung des Auflösungszeitpunkts bei außerordentlicher Kündigung → § 13 Rn. 23 und → § 13 Rn. 29.

b) **Rechtskraftwirkungen des Auflösungsurteils.** Mit Rechtskraft des Auflösungsurteils 81
endet das Arbeitsverhältnis zu dem festgesetzten Zeitpunkt. Der Arbeitnehmer erhält bis dahin seinen Arbeitsverdienst; war er nicht mehr beschäftigt worden, ergibt sich der Entgeltanspruch aus § 611a Abs. 2 iVm § 615 BGB. Nach dem im Urteil rechtskräftig festgesetzten Zeitpunkt der Auflösung des Arbeitsverhältnisses steht dem Arbeitnehmer ein Verdienstanspruch nicht mehr zu, weil ein Annahmeverzug des Arbeitgebers nur bis zur Auflösung des Arbeitsverhältnisses möglich ist, diese aber durch die Entscheidung des Gerichts rückwirkend eingetreten ist.[238] Darüber hinaus erhält der Arbeitnehmer die vom Gericht festgesetzte Abfindung. Diese ist ihm neben dem Arbeitsentgelt bis zum Kündigungstermin zu zahlen.

c) **Kostenentscheidung im Kündigungsschutzprozess bei Stellung eines Auflösungs-** 82
antrags. Die Kosten des Rechtsstreits hat der Arbeitgeber ganz zu tragen, wenn die Auflösung des Arbeitsverhältnisses lediglich auf Antrag des Arbeitnehmers erfolgt, ebenso, wenn nur der Arbeitgeber die Auflösung beantragt hat, dieser Antrag aber abge-

[232] Vgl. BAG 29.1.1981 – 2 AZR 1055/78, AP KSchG 1969 § 9 Nr. 6 mAnm Herschel = SAE 1982, 98 mit krit. Anm. Corts.
[233] Vgl. HaKo-KSchR/Gieseler KSchG § 9 Rn. 92; KR/Spilger KSchG § 9 Rn. 105.
[234] APS/Biebl KSchG § 9 Rn. 90; ErfK/Kiel KSchG § 9 Rn. 27; KR/Spilger KSchG § 9 Rn. 105.
[235] Ebenso BAG 25.11.1982 – 2 AZR 21/81, AP KSchG 1969 § 9 Nr. 10; APS/Biebl KSchG § 9 Rn. 84; ErfK/Kiel KSchG § 9 Rn. 28; LSSW/Spinner § 9 Rn. 72.
[236] LSSW/Spinner § 9 Rn. 72.
[237] BAG 21.6.2012 – 2 AZR 694/11, NZA 2013, 199; APS/Biebl KSchG § 9 Rn. 84; LSSW/Spinner § 9 Rn. 72.
[238] BAG 24.6.2015 – 5 AZR 462/14, NZA 2016, 108; APS/Biebl KSchG § 9 Rn. 86; LSSW/Spinner § 9 Rn. 73.

wiesen worden ist.[239] Dasselbe gilt, wenn der Arbeitgeber in erster Linie die Abweisung der Kündigungsschutzklage und nur hilfsweise die Auflösung des Arbeitsverhältnisses beantragt und der Arbeitnehmer sich gegen den Auflösungsantrag nicht gewehrt hat;[240] denn auch in diesem Fall ist der Arbeitnehmer in keinem Punkt unterlegen.

83 Anders ist es, wenn der nur vom Arbeitnehmer gestellte Auflösungsantrag abgewiesen wird oder der Arbeitnehmer sich gegen den nur vom Arbeitgeber gestellten Auflösungsantrag gewehrt, das Gericht aber doch auf Auflösung erkannt hat. Hier haben **beide Parteien teilweise obsiegt.** Die Kosten sind deshalb gemäß § 92 Abs. 1 ZPO zu teilen.[241] Die Sozialwidrigkeit der Kündigung wird dabei im Allgemeinen als Hauptstreitpunkt anzusehen sein, so dass der Arbeitgeber gemäß § 92 Abs. 1 ZPO den größeren Teil der Kosten zu tragen hat.[242]

84 Entsprechendes gilt, wenn der **Arbeitgeber** die Sozialwidrigkeit der Kündigung von vornherein nicht bestritten und **nur mit Erfolg die Auflösung des Arbeitsverhältnisses verlangt** hat.[243] Auch in diesem Fall sind die Kosten gemäß § 92 Abs. 1 ZPO zu teilen. Denn durch die sozialwidrige Kündigung hat der Arbeitgeber Anlass zum Prozess gegeben. Der Arbeitnehmer war genötigt, die Klage rechtzeitig zu erheben, da andernfalls gemäß § 7 die Sozialwidrigkeit der Kündigung fingiert worden wäre.

85 Haben **beide Parteien einen Auflösungsantrag** gestellt und hat das Gericht das Arbeitsverhältnis aufgelöst, hat der Arbeitgeber grundsätzlich die gesamten Kosten zu tragen, da der Arbeitnehmer in vollem Umfang obsiegt hat, der Arbeitgeber aber in einem wesentlichen Punkt, nämlich in Bezug auf die Sozialwidrigkeit der Kündigung, unterlegen ist.[244] Anders wäre nur zu entscheiden, wenn der Arbeitnehmer eine wesentlich höhere Abfindung verlangt hat, als sie ihm vom Gericht zuerkannt worden ist, das Gericht sich also hinsichtlich der Höhe der Abfindung ganz oder teilweise der Ansicht des Arbeitgebers angeschlossen hat. In diesem Fall sind die Kosten gemäß § 92 Abs. 1 ZPO angemessen zu verteilen.[245]

86 **d) Streitwert des Auflösungsantrags.** Nach § 42 Abs. 2 S. 1 GKG beläuft sich der Streitwert bei Kündigungsschutzklagen höchstens auf den Betrag eines **vierteljährlichen Arbeitsentgelts.** Auch wenn ein Auflösungsantrag gestellt ist, wird die Höhe der sich daraus ergebenden Abfindung nicht hinzugerechnet; das ist in § 42 Abs. 2 S. 1 Halbs. 2 GKG ausdrücklich bestimmt.[246]

87 **e) Vorläufige Vollstreckbarkeit des Auflösungsurteils.** Urteile im Kündigungsschutzprozess auf Zahlung einer Abfindung nach Auflösung des Arbeitsverhältnisses sind **vorläufig vollstreckbar.**[247] Denn die in § 62 Abs. 1 ArbGG angeordnete vorläufige Vollstreckbarkeit gilt unabhängig davon, auf welche Leistung das Urteil gerichtet ist.

4. Rechtsmittel gegen Entscheidung über Auflösungsantrag

88 **a) Beschwer durch Entscheidung über Auflösungsantrag.** Stellt eine Partei einen Auflösungsantrag und beantragt die gegnerische Partei, den Antrag abzuweisen, ist die **jeweils unterlegene Partei** beschwert und kann daher Rechtsmittel einlegen. An der für die Berufung notwendigen Beschwer fehlt es, wenn der Arbeitnehmer im ersten Rechts-

239 ErfK/Kiel KSchG § 9 Rn. 34; LSSW/Spinner § 9 Rn. 78; KR/Spilger KSchG § 9 Rn. 107.
240 BAG 28.11.1968 – 2 AZR 76/68, AP KSchG § 1 Betriebsbedingte Kündigung Nr. 19 mAnm A. Hueck.
241 Vgl. BAG 9.12.1955 – 1 AZR 531/54, AP KSchG § 7 Nr. 2; 28.11.1968 – 2 AZR 76/68, AP KSchG § 1 Betriebsbedingte Kündigung Nr. 19; APS/Biebl KSchG § 9 Rn. 93 ff.; LSSW/Spinner § 9 Rn. 76 ff.; KR/Spilger KSchG § 9 Rn. 108.
242 BAG 28.1.1961 – 2 AZR 482/59, AP KSchG § 7 Nr. 8: Verteilung 3/4 zu 1/4; ebenso APS/Biebl KSchG § 9 Rn. 93; ErfK/Kiel KSchG § 9 Rn. 34; KR/Spilger KSchG § 9 Rn. 107.
243 Wie hier APS/Biebl KSchG § 9 Rn. 94; KR/Spilger KSchG § 9 Rn. 108.
244 Ebenso APS/Biebl KSchG § 9 Rn. 95; ErfK/Kiel KSchG § 9 Rn. 34; diff. KR/Spilger KSchG § 9 Rn. 109.
245 Vgl. BAG 26.6.1986 – 2 AZR 522/85, NZA 1987, 139.
246 Ebenso LSSW/Spinner § 9 Rn. 81; KR/Spilger KSchG § 9 Rn. 113.
247 BAG 9.12.1987 – 4 AZR 561/87, AP ArbGG 1979 § 62 Nr. 4 mit zust. Anm. O. Pecher/H.–P. Pecher; APS/Biebl KSchG § 9 Rn. 98; LSSW/Spinner § 9 Rn. 75.

zug erfolgreich Kündigungsschutzklage erhoben hat und nur Berufung einlegt, um in der zweiten Instanz erstmals einen Auflösungsantrag zu stellen.[248] Eine Beschwer besteht dagegen, wenn das ArbG hinter der in der Antragsbegründung des Klägers dargestellten **Abfindungshöhe zurückbleibt,** auch wenn der Antrag selbst nicht zahlenmäßig bestimmt war,[249] oder über die vom Arbeitgeber angegebene Höchstgrenze hinausgeht. Legt der Arbeitnehmer nur wegen der Höhe der Abfindung Berufung ein und unterliegt, hat er gemäß § 97 ZPO die **Kosten der Berufung** allein zu tragen.

b) **Rechtsmittel bei beiderseitigem Auflösungsantrag.** Haben in einem Kündigungs- 89
schutzprozess beide Parteien einen Auflösungsantrag gestellt und löst das ArbG daraufhin das Arbeitsverhältnis auf, ist der Arbeitnehmer nur beschwert, wenn die festgesetzte Abfindung hinter dem von ihm als angemessen bezeichneten Betrag zurückbleibt. Die Beschwer fehlt, wenn das ArbG das Arbeitsverhältnis auf Antrag des Arbeitgebers aufgelöst und eine Abfindung in der vom Kläger begehrten Höhe festgesetzt hat. In diesem Fall hat der Arbeitnehmer mit dem Urteil des ArbG im Ergebnis das erhalten, was er begehrt hat.[250] Durch die rechtliche Begründung einer Entscheidung ist eine Partei grundsätzlich nicht beschwert.[251]

V. Abfindung ohne Auflösungsurteil nach § 9 KSchG

1. Sozialplan und Nachteilsausgleich

Unter den in § 113 BetrVG geregelten Voraussetzungen hat das Gericht auf Zahlung 90
einer Abfindung ohne Auflösungsurteil zu erkennen, also eine Kündigungsabfindung zuzusprechen, ohne gleichzeitig durch rechtsgestaltenden Akt die Beendigung des Arbeitsverhältnisses herbeizuführen.[252] § 9 findet dann zwar keine Anwendung, jedoch ist zur Bestimmung der Abfindungshöhe auf § 10 verwiesen.

Für das **Verhältnis zum Abfindungsanspruch nach § 9** gilt Folgendes: Die Mitwir- 91
kung und Mitbestimmung des Betriebsrats nach §§ 111 ff. BetrVG, insbesondere auch die Einigung über Interessenausgleich und Sozialplan, schließen den individuellen Kündigungsschutz nach dem KSchG nicht aus. Für den Arbeitnehmer besteht deshalb uU die **Möglichkeit des doppelten Vorgehens** nach dem KSchG und nach § 113 BetrVG. Das ist praktisch bedeutsam, denn im Einzelfall kann zweifelhaft sein, ob die Kündigung durch dringende betriebliche Erfordernisse gerechtfertigt und der Betroffene auch sozialgerecht (§ 1 Abs. 3) ausgewählt worden ist, und ob andererseits der Arbeitgeber ohne zwingenden Grund von einem Interessenausgleich abgewichen ist. Der Arbeitnehmer wird dann gut beraten sein, in erster Linie die Sozialwidrigkeit der Kündigung geltend zu machen, also auf Feststellung der Unwirksamkeit der Kündigung zu klagen (womit, falls gewünscht, der Auflösungsantrag nach § 9 verbunden werden kann) und daneben hilfsweise für den Fall, dass das Gericht die dringenden betrieblichen Erfordernisse für die Kündigung und die sozialgerechte Auswahl bejahen sollte, eine Entschädigung nach § 113 BetrVG zu verlangen, weil kein zwingender Grund für die Abweichung vom Interessenausgleich vorgelegen habe. Diese Verbindung von **Haupt- und Hilfsantrag** ist ohne Weiteres möglich.[253] Dagegen kann der Arbeitnehmer die Abfindungsansprüche nach § 9 und nach § 113 BetrVG **nicht kumulativ** verlangen, da sich beide Ansprüche dem sachlichen Gehalt nach zwar decken, nach ihren Voraussetzungen aber ausschließen. Die Abfindung nach §§ 9 und 10 setzt die Sozialwid-

[248] Ebenso BAG 23.6.1993 – 2 AZR 56/93, NZA 1994, 264.
[249] Dazu LAG Köln 21.3.2005 – 2 Sa 1499/04, BeckRS 2005, 41419.
[250] BAG 23.6.1993 – 2 AZR 56/93, NZA 1994, 264.
[251] Zutr. Boemke Anm. zu BAG AR-Blattei ES 1020.6 Nr. 2.
[252] Vgl. zu den Einzelheiten Kommentare zum BetrVG.
[253] Vgl. APS/Biebl KSchG § 9 Rn. 112; ErfK/Kiel KSchG § 9 Rn. 35; LSSW/Spinner § 9 Rn. 14.

rigkeit der Kündigung, der Anspruch nach § 113 BetrVG dagegen gerade deren Wirksamkeit voraus.[254]

92 Für eine in erster Linie auf § 1 und hilfsweise § 9 gestützte Klage muss die **Dreiwochenfrist** des § 4 eingehalten werden. Begehrt der Arbeitnehmer allein eine Abfindung nach § 113 BetrVG, ist die Klage dagegen nicht an diese Frist gebunden. Insoweit sind allerdings vertragliche oder tarifvertragliche Ausschlussfristen zu beachten. Hat der Arbeitnehmer die Klage nur auf § 113 BetrVG gestützt, kann er, vom Sonderfall des § 5 abgesehen, die Sozialwidrigkeit der Kündigung nach Ablauf von drei Wochen nicht mehr geltend machen. Die Dreiwochenfrist des § 4 wird durch eine solche Klage nicht verlängert. § 6 ist nicht anwendbar, weil mit der auf § 113 BetrVG gestützten Klage nicht die Unwirksamkeit der Kündigung geltend macht wird, sondern umgekehrt deren Rechtswirksamkeit vorausgesetzt wird (→ § 6 Rn. 15).[255]

93 Erhebt der Arbeitnehmer **Kündigungsschutzklage** nach § 4, ohne damit den Auflösungsantrag nach § 9 zu verbinden, und erhebt er **hilfsweise Klage nach § 113 BetrVG,** muss das ArbG zunächst über die Sozialwidrigkeit und damit über die Wirksamkeit der Kündigung entscheiden. Bejaht es die Sozialwidrigkeit der Kündigung, besteht das Arbeitsverhältnis fort. Ein Nachteilsausgleich kommt nicht in Betracht. Aber auch wenn der Arbeitnehmer mit der Klage nach § 4 den Auflösungsantrag nach § 9 verbindet, kann das ArbG nicht die Sozialwidrigkeit dahingestellt sein lassen und sich mit der Ausurteilung der Abfindung begnügen, weil diese entweder nach § 9 oder nach § 113 BetrVG begründet sei.[256] Denn die Sozialwidrigkeit der Kündigung ist auch für die Höhe der Entschädigung von Bedeutung; außerdem ist im Fall der Sozialwidrigkeit die Kündigung unwirksam und zur Beendigung des Arbeitsverhältnisses durch Auflösung nach § 9 ein rechtsgestaltender Ausspruch im Urteil erforderlich.[257]

94 Gegenüber einer nur auf § 113 BetrVG gestützten Klage kann der **Arbeitgeber nicht seinerseits einwenden,** die Kündigung sei nach § 1 unwirksam gewesen, weshalb § 113 BetrVG, der eine sozialgerechte Kündigung voraussetze, nicht eingreife. Denn ganz abgesehen davon, dass ein solcher Einwand uU arglistig sein kann, wird die soziale Rechtfertigung der Kündigung durch Ablauf der Dreiwochenfrist nach § 7 fingiert.

2. Abfindung nach § 1a KSchG

95 Abfindungsansprüche aus § 9 und § 1a **können nicht zusammentreffen.** Der Anspruch aus § 1a besteht nur, wenn der Arbeitnehmer keine Kündigungsschutzklage erhebt, während der Anspruch aus § 9 gerade einen Kündigungsschutzprozess voraussetzt.

§ 10 Höhe der Abfindung

(1) **Als Abfindung ist ein Betrag bis zu zwölf Monatsverdiensten festzusetzen.**

(2) **[1]Hat der Arbeitnehmer das fünfzigste Lebensjahr vollendet und hat das Arbeitsverhältnis mindestens fünfzehn Jahre bestanden, so ist ein Betrag bis zu fünfzehn Monatsverdiensten, hat der Arbeitnehmer das fünfundfünfzigste Lebensjahr vollendet und hat das Arbeitsverhältnis mindestens zwanzig Jahre bestanden, so ist ein Betrag bis zu achtzehn Monatsverdiensten festzusetzen. [2]Dies gilt nicht, wenn der Arbeitnehmer in dem Zeitpunkt, den das Gericht nach § 9 Abs. 2 für die Auflösung des Arbeitsverhältnisses festsetzt, das in der Vorschrift des Sechsten Buches Sozialgesetzbuch über die Regelaltersrente bezeichnete Lebensalter erreicht hat.**

---

254 Vgl. LSSW/Spinner § 9 Rn. 14; ErfK/Kiel KSchG § 9 Rn. 35.
255 Ebenso APS/Biebl KSchG § 9 Rn. 113.
256 ErfK/Kiel KSchG § 9 Rn. 35; LSSW/Spinner § 9 Rn. 14.
257 Im Ergebnis ebenso LSSW/Spinner § 9 Rn. 14.

(3) **Als Monatsverdienst gilt, was dem Arbeitnehmer bei der für ihn maßgebenden regelmäßigen Arbeitszeit in dem Monat, in dem das Arbeitsverhältnis endet (§ 9 Abs. 2), an Geld und Sachbezügen zusteht.**

Übersicht

I. Vorbemerkung zu § 10 KSchG

§ 10 regelt die **Höhe der Abfindung,** die bei der Auflösung des Arbeitsverhältnisses **1**
festzusetzen ist. Im KSchG ist die unterschiedliche Bemessung der Höchstgrenze, die das AOG für normale und besonders schwere Fälle vorgenommen hatte, nicht übernommen worden. Ebenso wenig kannte das KSchG ursprünglich – nach dem Vorbild des BRG 1920 – eine Abstufung der Höchstgrenze nach der Dauer der Betriebszugehörigkeit. Das ist durch das 1. ArbRBereinigG für ältere Arbeitnehmer mit längerer Betriebszugehörigkeit geändert worden. Die normale Höchstgrenze beträgt zwölf Monatsverdienste. Das

KSchG geht damit sowohl über das BRG 1920 hinaus, das die Höchstgrenze bei längerer Betriebszugehörigkeit auf sechs Monatsverdienste ansteigen ließ, wie auch über das AOG, das zwar auch die Höchstgrenze eines Jahresarbeitsverdienstes kannte, aber nur für besonders schwere Fälle, und sich im Übrigen mit dem halben Jahresarbeitsverdienst begnügte.

2 § 10 hat durch das 1. ArbRBereinigG **drei Änderungen** erfahren:

a) Erhöhung der Höchstgrenze für die Abfindung bei höherem Alter und längerer Betriebszugehörigkeit des Arbeitnehmers (Abs. 2);
b) andere Bestimmung des Monatsverdienstes (Abs. 3);
c) Streichung des früheren Abs. 2 über die bei der Festsetzung der Abfindung besonders zu berücksichtigenden Gesichtspunkte.

2a Die in § 10 Abs. 2 S. 2 geregelte Höchstgrenze für Abfindungen ist durch Art. 31 Rentenreformgesetz vom 18.12.1989 – BGBl. I 2261, 2380 – mit Wirkung zum 1.1.1992 neu gefasst worden (→ Rn. 25).

3 Die Regelung des § 10 für die Bestimmung der Höhe der Abfindung gilt gemäß § 13 Abs. 1 S. 5 auch für **außerordentliche** und nach § 13 Abs. 2 ebenso für **sittenwidrige Kündigungen.** Die Bemessung des **Nachteilsausgleichs** nach § 113 BetrVG richtet sich gleichfalls nach § 10. Da der **Schadensersatzanspruch nach § 628 Abs. 2 BGB** einen angemessenen Ausgleich für den Verlust des durch das KSchG vermittelten Bestandsschutzes enthält, ist für die Bemessung dieses Ausgleichs die Abfindungsregelung des § 10 heranzuziehen.[1] In **§ 1a Abs. 2** ist zur näheren Bestimmung des Monatsverdienstes auf § 10 Abs. 3 verwiesen.

II. Rechtsnatur und Zweck der Abfindung nach § 10 KSchG

4 Die Abfindung ist eine **Entschädigung für den Verlust des Arbeitsplatzes,** dh dafür, dass der Arbeitnehmer seinen Arbeitsplatz verliert, obwohl ein die Kündigung rechtfertigender Grund nicht vorliegt.[2] Die Abfindung ist damit weder Arbeitsentgelt noch Ersatz für entgangenes Arbeitsentgelt. Sie ist vielmehr eine Entschädigung eigener Art für die Auflösung des Arbeitsverhältnisses und hat die Funktion, dem Arbeitnehmer einen pauschalen Ausgleich für die Vermögens- und Nichtvermögensschäden (zB den Verlust bestehender Sozialbeziehungen)[3] zu gewähren, die sich aus dem Verlust des Arbeitsplatzes ergeben.[4] Neben der Entschädigung bezweckt die Abfindungsregelung auch eine Sanktion des Arbeitgebers, die unberechtigten Kündigungen entgegenwirken soll.[5] Im Hinblick auf ihren Entschädigungscharakter schließt die Abfindung Ansprüche auf Schadensersatz wegen Verlustes des bisherigen Arbeitsplatzes aus, nicht dagegen **sonstige Schadensersatzansprüche,** die mit dem Verlust des Arbeitsplatzes nichts zu tun haben.[6]

---

[1] BAG 21.5.2008 – 8 AZR 623/07, AP BGB § 628 Nr. 23; 20.11.2003 – 8 AZR 608/02, EzA § 628 BGB 2002 Nr. 3.

[2] Ganz hM; vgl. BAG 9.11.1988 – 4 AZR 433/88, AP KSchG 1969 § 10 Nr. 6 mzustAnm Brackmann; BAG 25.6.1987 – 2 AZR 504/86, NZA 1988, 466 APS/Biebl KSchG § 10 Rn. 38; HaKo-KSchR/Gieseler KSchG § 10 Rn. 4; MüKoBGB/Hergenröder KSchG § 10 Rn. 4; KR/Spilger KSchG § 10 Rn. 11.

[3] LAG Berlin-Brandenburg 11.9.2020 – 9 Sa 584/20, BeckRS 2020, 30034.

[4] BAG 12.6.2003 – 8 AZR 341/02, RdA 2004, 310; ähnlich BAG 16.5.1984 – 7 AZR 280/82, NZA 1985, 60; KR/Spilger KSchG § 10 Rn. 12.

[5] BAG 15.2.1973 – 2 AZR 16/72, AP KSchG 1969 § 9 Nr. 2; LSSW/Spinner § 9 Rn. 1.

[6] BAG 15.2.1973 – 2 AZR 16/72, AP KSchG 1969 § 9 Nr. 2 mit eingehender Stellungnahme zu der Kritik; LSSW/Spinner § 10 Rn. 42; Schwerdtner SAE 1974, 82; KR/Spilger KSchG § 10 Rn. 80.

III. Höhe der Abfindung nach § 10 KSchG

1. Höchstgrenze für Abfindung nach § 10 KSchG

§ 10 Abs. 1 enthält eine Höchstgrenze für die festzusetzende Abfindung. Diese kann nur unter den in Abs. 2 aufgeführten Voraussetzungen für ältere Arbeitnehmer mit längerer Betriebszugehörigkeit in dem dort geregelten Rahmen erhöht werden. Über diese Höchstgrenzen hinaus darf die Abfindung nicht festgesetzt werden.[7] Konkrete Regelungen für die Festsetzung der Höhe der Abfindung im Fall der Auflösung des Arbeitsverhältnisses enthält das Gesetz nicht. Innerhalb der Höchstgrenzen der Abs. 1 und 2 bestimmt das Gericht die Abfindung vielmehr **von Amts wegen nach pflichtgemäßem Ermessen.** Es ist dabei nicht an Anträge der Parteien gebunden.[8] Damit unterscheidet sich die Abfindungsregelung in § 10 von § 1a Abs. 2. Für die dort geregelten Fälle ist die Höhe der Abfindung auf 0,5 Monatsverdienste für jedes Jahr des Bestehens des Arbeitsverhältnisses festgelegt. Diese Regelung wird in der Praxis freilich als Ausgangs- und Anknüpfungspunkt für die Zumessungsüberlegungen nach § 10 herangezogen.[9] 5

2. Monatsverdienst als Berechnungsgrundlage für Abfindung nach § 10 KSchG

a) **Berechnungsgrundlage.** Als Monatsverdienst gilt gemäß § 10 Abs. 3, was dem Arbeitnehmer bei der für ihn maßgebenden regelmäßigen Arbeitszeit in dem Monat, in dem das Arbeitsverhältnis endet, an Geld und Sachbezügen zusteht. Der gesetzliche Mindestlohn bildet dabei die Untergrenze. Berechnungsgrundlage für die Abfindung ist das **Bruttoarbeitsentgelt** ohne Abzüge für Lohnsteuer und Sozialversicherung.[10] Es ist der Arbeitsverdienst zu berücksichtigen, der dem Arbeitnehmer in der für ihn regelmäßigen Arbeitszeit zusteht. Das ist von Bedeutung, wenn die für den Arbeitnehmer persönlich geltende Arbeitszeit, wie bei Teilzeitbeschäftigten (§ 2 TzBfG), von der sonst im Betrieb üblichen Arbeitszeit abweicht.[11] In einem – allenfalls selten anzunehmenden[12] – einheitlichen Arbeitsverhältnis kann die Abfindung in der Regel nur einheitlich festgesetzt werden; Bemessungsgrundlage sind die Bezüge, die dem Arbeitnehmer aus dem Arbeitsverhältnis insgesamt zustehen.[13] Anderes – separate Auflösung und Abfindungsbemessung – gilt, wenn ein aktives und ein ruhendes Arbeitsverhältnis selbständig nebeneinander bestehen.[14] 6

b) **Berücksichtigung von Überstunden und Kurzarbeit bei Berechnung des Monatsverdienstes nach § 10 Abs. 3 KSchG.** Da das Gesetz ausdrücklich von regelmäßiger Arbeitszeit spricht, sind Überstunden und Kurzarbeit nicht zu berücksichtigen, es sei denn, dass sie für diesen Arbeitnehmer regelmäßig gelten.[15] Insoweit liegt es nahe, die Grundsätze der Rechtsprechung zu § 4 Abs. 1a EFZG zur Entgeltfortzahlung bei unregelmäßiger Arbeitszeit heranzuziehen. Danach ist für die Bestimmung der Arbeitszeit zunächst die 7

---

[7] APS/Biebl KSchG § 10 Rn. 6; LSSW/Spinner § 10 Rn. 1; KR/Spilger KSchG § 10 Rn. 30.

[8] LAG Köln 21.9.2020 – 3 Sa 599/19, BeckRS 2020, 39125; ErfK/Kiel KSchG § 10 Rn. 4; PVT Kündigung/Vossen Rn. 2389.

[9] LAG Köln 21.9.2020 – 3 Sa 599/19, BeckRS 2020, 3915; LAG Hamm 17.8.2020 – 8 Sa 1271/18, BeckRS 2020, 39146.

[10] APS/Biebl KSchG § 10 Rn. 13; ErfK/Kiel KSchG § 10 Rn. 2.

[11] Ebenso APS/Biebl KSchG § 10 Rn. 14; KR/Spilger KSchG § 10 Rn. 33; Däubler/Deinert/Callsen KSchG § 10 Rn. 18.

[12] Vgl. BAG 5.12.2019 – 2 AZR 147/19, NZA 2020, 505.

[13] BAG 19.4.2012 – 2 AZR 186/11, NZA 2013, 27; 27.3.1981 – 7 AZR 523/78, NJW 1984, 1703.

[14] LAG Düsseldorf 15.9.2021 – 12 Sa 10/21, BeckRS 2021, 42230.

[15] Vgl. APS/Biebl KSchG § 10 Rn. 14; HaKo-KSchR/Gieseler KSchG § 10 Rn. 7; MüKoBGB/Hergenröder § 10 KSchG Rn. 8; KR/Spilger KSchG § 10 Rn. 34.

vertragliche Vereinbarung maßgebend. Wird allerdings regelmäßig eine erhöhte Arbeitszeit abgerufen und geleistet, kommt hierin der nach § 133 BGB maßgebliche wirkliche Parteiwille zum Ausdruck.[16] Leistet der Arbeitnehmer regelmäßig eine Arbeitszeit, die über die im Arbeitsvertrag vereinbarte hinausgeht, kann deshalb nicht von Überstunden gesprochen werden.[17]

8 c) **Berücksichtigung von Arbeitsunterbrechungen und zeitlich begrenzten Verringerungen der Arbeitszeit bei der Berechnung des Monatsverdienstes nach § 10 Abs. 3 KSchG.** Wird die Arbeit durch **Urlaub, Krankheit, Betriebsstilllegung** und dergleichen unterbrochen, beeinflusst dies die Berechnung der Höchstgrenze nicht. Der Monatsverdienst ist dann so zu berechnen, als ob gearbeitet worden wäre.[18] Das gilt auch, wenn der Arbeitnehmer im letzten Monat des Arbeitsverhältnisses beispielsweise wegen einer lang andauernden Erkrankung Krankengeld bezieht. Bei Akkordarbeit muss der mutmaßliche Verdienst ermittelt werden,[19] im ruhenden Arbeitsverhältnis die fiktive Arbeitsvergütung.[20] Endet das Arbeitsverhältnis während einer **Elternteilzeit** nach § 15 BEEG, ist auf den zuvor bezogenen, unverminderten Monatsverdienst abzustellen.[21] Das Gleiche gilt, wenn der Arbeitnehmer sich bei Beendigung des Arbeitsverhältnisses in **Brückenteilzeit** nach § 9a TzBfG[22] oder **Pflegeteilzeit** nach § 3 PflegeZG[23] befindet. Entscheidend ist, dass es sich um eine bloß befristete Verringerung der Arbeitszeit mit der Folge handelt, dass die ursprünglich vereinbarte Stundenzahl und damit der „alte" Monatsverdienst im angesichts der Unwirksamkeit der Kündigung fortgesetzten Arbeitsverhältnis wieder aufgelebt wäre.[24]

9 d) **Maßgeblicher Zeitpunkt für die Berechnung des Monatsverdienstes nach § 10 Abs. 3 KSchG.** Entscheidend für die Bestimmung der Höhe des Verdienstes ist der Kalendermonat, in dem das Arbeitsverhältnis nach der vom ArbG gemäß § 9 Abs. 2 getroffenen Bestimmung aufgelöst wird, **§ 10 Abs. 3.** Es kommt nicht darauf an, wie lange in diesem Monat tatsächlich gearbeitet worden ist. Die Regelung bringt im Hinblick auf die unterschiedliche Länge der Kalendermonate und Zahl der jeweiligen Arbeitstage bei Arbeitnehmern, die im Stundenlohn arbeiten, gewisse Ungerechtigkeiten mit sich; insbesondere kann der Arbeitnehmer schlechter stehen, wenn das Arbeitsverhältnis im Februar endet. Da § 10 nur die Höchstgrenze der Abfindung regelt und das Gericht bei der Bemessung der Abfindung eine Ermessensentscheidung zu treffen hat, können jedoch Zufälligkeiten ausgeglichen werden.[25]

10 e) **Bei der Berechnung des Monatsverdienstes nach § 10 Abs. 3 KSchG zu berücksichtigende Entgeltbestandteile.** Auf die Art des Arbeitsentgelts kommt es nicht an. Die Bestimmung gilt in gleicher Weise für **Geldlohn** und **Naturallohn,** wobei Letzterer in Geld zu bewerten ist,[26] für Zeitlohn und **Akkordlohn,** auch für laufend gezahlte **Prämien** und **Provisionen**[27] sowie **Gefahrenzulagen, Schicht- oder Nachtarbeitszuschläge.**[28] Gleiches gilt für die Befugnis zur **Privatliquidation bei Chefärzten,** die gleichfalls Teil der

[16] AA Köllmann AE 2022, 220 (221): längere Überschreitung der vertraglich vorgesehenen Arbeitszeit führt für sich genommen nicht zu Vertragsänderung.
[17] BAG 26.6.2002 – 5 AZR 592/00, AP EntgeltFG § 4 Nr. 61.
[18] Vgl. APS/Biebl KSchG § 10 Rn. 15; KR/Spilger KSchG § 10 Rn. 35; Däubler/Deinert/Callsen KSchG § 10 Rn. 18.
[19] Ebenso KR/Spilger KSchG § 10 Rn. 38.
[20] LAG Düsseldorf 15.9.2021 – 12 Sa 10/21, BeckRS 2021, 42230.
[21] Vgl. EuGH 8.5.2019 – C-486/18, NZA 2019, 1131.
[22] Vgl. Fröhlich/Kranz ArbRB 2022, 90 ff.
[23] Vgl. Hlava ZESAR 2020, 32 (35 f.).
[24] Vgl. Hlava ZESAR 2020, 32 (35 f.).
[25] Ebenso APS/Biebl KSchG § 10 Rn. 19; HaKo-KSchR/Gieseler KSchG § 10 Rn. 6; KR/Spilger KSchG § 10 Rn. 37.
[26] Zum Dienstwagen mit privater Nutzungsmöglichkeit vgl. BAG 19.5.2010 – 5 AZR 253/09, NZA 2010, 939.
[27] HM, LSSW/Spinner § 10 Rn. 3; KR/Spilger KSchG § 10 Rn. 38 f.; PVT Kündigung/Vossen Rn. 2388.
[28] Köllmann AE 2022, 220 (221).

Vergütung ist.[29] Bei der Umrechnung der **Sachbezüge**[30] (zB private Nutzung eines Dienstwagens)[31] ist der wahre Wert einzusetzen; die Sätze der Finanzverwaltung und Sozialversicherungsträger sind für das Gericht nicht bindend.[32] Maßgeblich ist stets der **Bruttoverdienst.**[33] Das **Trinkgeld** (§ 107 Abs. 3 S. 2 GewO) des Bedienungspersonals in der Gastronomie gehört grundsätzlich **nicht** zum Entgelt, weil es von Dritten freiwillig gezahlt wird.[34]

Bezüge, die für die Arbeit eines längeren Zeitraums, insbesondere **für das ganze Jahr** 11
berechnet werden, müssen auf die einzelnen Monate gleichmäßig verteilt werden, so eine Tantieme[35], ein arbeitsleistungsbezogener Bonus[36] oder ein sog. dreizehntes Monatsgehalt.[37] Dagegen sind Beträge, die lediglich bei besonderer Gelegenheit gezahlt werden, wie **Jubiläumsgeschenke, Urlaubs- oder Weihnachtsgeld,** nicht mitzurechnen, weil sie grundsätzlich nicht zum regelmäßigen Monatsverdienst gehören.[38] Kein Lohn ist der **Ersatz von Aufwendungen** (zB Spesen und Reisekostenerstattung) des Arbeitnehmers.[39]

3. Bemessungsfaktoren für die Abfindung nach § 10 KSchG[40]

a) **Berücksichtigung der Betriebszugehörigkeit des Arbeitnehmers bei der Bemessung** 12
der Abfindung nach § 10 KSchG. Bei der Bemessung der Abfindung ist zunächst die Betriebszugehörigkeit zu berücksichtigen. Gesetzlicher Anknüpfungspunkt hierfür ist § 10 Abs. 2, der die Höchstgrenzen der Abfindung bei steigender Betriebszugehörigkeit heraufsetzt. Entscheidend ist freilich nicht die Dauer der Beschäftigung in einem bestimmten Betrieb eines Unternehmens, sondern die Dauer der Unternehmenszugehörigkeit, weil das Gesetz auf die Dauer des Arbeitsverhältnisses abstellt.[41] Wie sich die Dauer der Betriebszugehörigkeit auf die Bemessung der Abfindung auswirkt, steht im pflichtgemäßen Ermessen des Gerichts. Die Regel des BRG 1920, wonach für jedes Jahr der Betriebszugehörigkeit nur ein Zwölftel des Jahresarbeitsverdienstes gewährt werden durfte, gilt nicht mehr.[42] Immerhin kann sie in der Praxis den Gerichten auch heute noch einen gewissen Anhaltspunkt für die Bemessung der Abfindung bieten,[43] aber mehr auch nicht. Das Gericht kann deshalb auch bei kurzer Beschäftigungsdauer, die allerdings nach § 1 Abs. 1 sechs Monate übersteigen muss, auf die volle Höchstgrenze erkennen, wenn außergewöhnliche Gründe, etwa ein ganz besonders unsoziales Verhalten des Arbeitgebers in Verbindung mit einer besonderen Notlage des Arbeitnehmers das angemessen erscheinen lassen.[44]

Frühere Beschäftigungszeiten, etwa vor einem Betriebsübergang, sind zu berücksichti- 13
gen, wenn sie für die Wartezeit nach § 1 Abs. 1 relevant wären (→ § 1 Rn. 84 ff.). Insoweit gelten die hierzu entwickelten Grundsätze auch bei der Bemessung der Abfindungshöhe.[45] So ist nach Auffassung des LAG Rheinland-Pfalz eine Unterbrechung von

[29] BAG 4.5.1983 – 5 AZR 389/80, AP BGB § 611 Arzt-Krankenhaus-Vertrag Nr. 12.
[30] Näher dazu Schaub ArbR-HdB/Linck § 68.
[31] Köllmann AE 2022, 220 (221).
[32] Vgl. APS/Biebl KSchG § 10 Rn. 17; Brill DB 1981, 2326, 2331; KR/Spilger KSchG § 10 Rn. 39.
[33] APS/Biebl KSchG § 10 Rn. 13.
[34] APS/Biebl KSchG § 10 Rn. 18; aA KR/Spilger KSchG § 10 Rn. 38.
[35] LAG Hamm 17.8.2020 – 8 Sa 1271/18, BeckRS 2020, 30146.
[36] LAG Düsseldorf 15.9.2021 – 12 Sa 10/21, BeckRS 2021, 42230.
[37] APS/Biebl KSchG § 10 Rn. 16; Brill DB 1981, 2326 (2330); HaKo-KSchR/Gieseler KSchG § 10 Rn. 8; ErfK/Kiel KSchG § 10 Rn. 2; LSSW/Spinner § 10 Rn. 3; KR/Spilger KSchG § 10 Rn. 38.
[38] APS/Biebl KSchG § 10 Rn. 18; Brill DB 1981, 2326 (2331); HaKo-KSchR/Gieseler KSchG § 10 Rn. 9; KR/Spilger KSchG § 10 Rn. 38; PVT Kündigung/Vossen Rn. 2388; aA LSSW/Spinner § 10 Rn. 3.
[39] HaKo-KSchR/Gieseler KSchG § 10 Rn. 9; LSSW/Spinner § 10 Rn. 4.
[40] Dazu eingehend Köllmann AE 2022, 220 ff.
[41] HaKo-KSchR/Gieseler KSchG § 10 Rn. 15; KR/Spilger KSchG § 10 Rn. 41.
[42] Ebenso LAG Köln 15.9.1994 – 10 Sa 595/94, NZA 1995, 993.
[43] Zur gerichtlichen Praxis vgl. Hümmerich NZA 1999, 342.
[44] Dazu eingehend LAG Köln 15.9.1994 – 10 Sa 595/94, NZA 1995, 993.
[45] Vgl. HaKo-KSchR/Gieseler KSchG § 10 Rn. 16 ff.; ErfK/Kiel KSchG § 10 Rn. 3; KR/Spilger KSchG § 10 Rn. 42; PVT Kündigung/Vossen Rn. 2385; aA Natzel Die Betriebszugehörigkeit im Arbeitsrecht 1999, S. 148.

fünf Monaten unschädlich, wenn der Arbeitnehmer zuvor betriebsbedingt gekündigt und ihm dabei mitgeteilt wurde, die Kündigung sei lediglich eine vorsorgliche Maßnahme, eine Wiedereinstellung komme in Betracht.[46] Die Aufrundungsregel in § 1a Abs. 2 S. 3 KSchG findet zur Bestimmung der Dauer des Arbeitsverhältnisses im Rahmen von § 10 weder unmittelbare noch analoge Anwendung. Für eine Analogie fehlt es bereits an einer planwidrigen Regelungslücke.

14 **b) Berücksichtigung des Lebensalters des Arbeitnehmers bei der Bemessung der Abfindung nach § 10 KSchG.** § 10 Abs. 2 ist des Weiteren zu entnehmen, dass das **Lebensalter** des Arbeitnehmers für die Bestimmung der Abfindungshöhe von Bedeutung ist. Das ist zulässig.[47] Das im AGG geregelte Verbot der Benachteiligung wegen des Alters steht dem nicht entgegen. § 10 Nr. 6 AGG, der die Berücksichtigung des Alters bei der Bemessung von Sozialplanabfindungen regelt, ist zu entnehmen, dass bei Abfindungsregelungen die vom Alter abhängigen Chancen auf dem Arbeitsmarkt berücksichtigt werden können.[48] Das bedeutet allerdings, dass das Alter regelmäßig bis etwa zum 40. Lebensjahr des Arbeitnehmers die Abfindungshöhe nicht nachhaltig beeinflussen werden kann. Bis dahin wirken sich Altersunterschiede auf die Arbeitsmarktchancen kaum aus. Steht der Arbeitnehmer kurz vor der Altersgrenze, die ihn zum Bezug einer Regelaltersrente berechtigt, kann dies, wie § 10 Abs. 2 S. 2 zeigt, abfindungsmindernd berücksichtigt werden.[49] Das Gleiche gilt, wenn der Arbeitnehmer bereits Regelaltersrente bezieht.[50]

15 **c) Berücksichtigung der wirtschaftlichen Lage von Arbeitnehmer und Arbeitgeber bei der Bemessung der Abfindung nach § 10 KSchG.** Bedenken sind seit jeher gegen eine zu starke Berücksichtigung der wirtschaftlichen Lage **des Arbeitnehmers** geltend gemacht worden. Sie darf nicht dazu führen, dass der sparsame Arbeitnehmer bei der Bemessung der Abfindung schlechter gestellt wird als ein Arbeitnehmer, der seinen ganzen Arbeitsverdienst „verlebt" hat.[51] Auch die Verbesserung der wirtschaftlichen Lage durch eine einvernehmliche Freistellung von der Arbeit unter Fortzahlung des Arbeitsentgelts darf demzufolge nicht berücksichtigt werden.[52]

16 Die wirtschaftliche Lage **des Arbeitgebers,** dh des Unternehmens, nicht des Beschäftigungsbetriebes, ist angemessen zu berücksichtigen (arg ex § 112 Abs. 5 S. 2 Nr. 3 BetrVG).[53] Fehlen Anzeichen für eine überdurchschnittliche Leistungsfähigkeit, kann auch berücksichtigt werden, dass für **Kleinbetriebe** hohe Abfindungen eine größere wirtschaftliche Belastung darstellen als für Großbetriebe.[54]

17 **d) Berücksichtigung des Maßes der Sozialwidrigkeit der Kündigung bei der Bemessung der Abfindung nach § 10 KSchG.** Ein wesentlicher Gesichtspunkt zur Bestimmung der Abfindungshöhe ist das Maß der Sozialwidrigkeit der Kündigung.[55] Das Gericht wird gegenüber einem Arbeitgeber, der eine offensichtlich unbegründete Kündigung aus-

---

[46] LAG Rheinland-Pfalz 27.4.2006 – 4 Sa 764/05, BeckRS 2006, 42788.

[47] Annuß BB 2006, 325 (326); NK-GA/Eylert/Budroweit KSchG § 10 Rn. 16; ErfK/Kiel KSchG § 10 Rn. 5; KR/Spilger KSchG § 10 Rn. 45.

[48] Siehe dazu BAG 12.4.2011 – 1 AZR 764/09, NZA 2011, 988; vgl. auch LAG Köln 21.9.2020 – 3 Sa 599/19, BeckRS 39125; LAG Berlin-Brandenburg 11.9.2020 – 9 Sa 584/20, BeckRS 2020, 30034.

[49] KR/Spilger KSchG § 10 Rn. 55; LSSW/Spinner § 10 Rn. 13.

[50] Vgl. BAG 27.4.2017 – 2 AZR 67/16, NZA 2017, 902.

[51] Vgl. LAG Köln 15.9.1994 – 10 Sa 595/94, NZA 1995, 993; Brill DB 1981, 2326 (2328); HaKo-KSchR/Gieseler KSchG § 10 Rn. 21; ErfK/Kiel KSchG § 10 Rn. 6; LSSW/Spinner § 10 Rn. 16; KR/Spilger KSchG § 10 Rn. 59; Däubler/Deinert/Callsen KSchG § 10 Rn. 12; Köllmann AE 2022, 220 (223).

[52] Ebenso Mayerhofer BB 1993, 2382; aA Gerauer BB 1993, 1945.

[53] Vgl. LAG Baden-Württemberg 12.3.2003 – 4 Sa 45/02, BeckRS 2003, 30452923; APS/Biebl KSchG § 10 Rn. 29; KR/Spilger KSchG § 10 Rn. 66 f.; Däubler/Deinert/Callsen KSchG § 10 Rn. 15; Köllmann AE 2022, 220 (224); einschränkend ErfK/Kiel KSchG § 10 Rn. 6; LSSW/Spinner § 10 Rn. 19; aA Gamillscheg FS Bosch 1976, S. 214 (222).

[54] Vgl. BAG 20.11.1997 – 2 AZR 803/96, BeckRS 1997, 30772488.

[55] BAG 16.12.2021 – 2 AZR 356/21, NZA 2022, 407; 24.5.2018 – 2 AZR 73/18, NZA 2018, 1131; 20.11.1997 – 2 AZR 803/96; 25.11.1982 – 2 AZR 21/81, AP KSchG 1969 § 9 Nr. 10 mAnm Herschel; LAG Baden-Württemberg 12.3.2003 – 4 Sa 45/02, BeckRS 2003, 30452923; APS/Biebl KSchG § 10 Rn. 28; ErfK/Kiel KSchG § 10 Rn. 6; LSSW/Spinner § 10 Rn. 18; KR/Spilger KSchG § 10 Rn. 62.

gesprochen hat, eher eine hohe Abfindung festzusetzen haben, dagegen eine niedrigere, wenn die Sozialwidrigkeit der Kündigung zweifelhaft ist oder den Arbeitnehmer ein Verschulden trifft, das zwar die Kündigung nicht sozial rechtfertigt, sie aber doch in milderem Licht erscheinen lässt.[56] Als offensichtlich unbegründet ist auch eine bloße Wiederholungskündigung anzusehen (→ § 9 Rn. 14). **Unberechtigte ehrverletzende oder verleumderische Vorwürfe** des die Auflösung begehrenden Arbeitnehmers sind abfindungsmindernd zu berücksichtigen.[57] Gleiches gilt, wenn die Auflösung erfolgt, weil der Arbeitnehmer im Rechtsstreit bewusst wahrheitswidrig vorgetragen hat.[58] **Verdächtigt ein Arbeitgeber** leichtfertig und ohne Vorhandensein objektiver Tatsachen einen Arbeitnehmer, eine Straftat begangen zu haben, und verbreitet der Arbeitgeber, ohne dass dies zur Verteidigung der eigenen Rechtsposition geboten war, diese Behauptung zudem im Intranet, ist dies bei der Bemessung der Abfindung erhöhend zu berücksichtigen.[59] Das Gleiche gilt, wenn der Arbeitgeber die Auflösung durch eine unzulässige Überwachung des Arbeitnehmers veranlasst hat.[60]

e) **Berücksichtigung weiterer Faktoren bei der Bemessung der Abfindung nach § 10 KSchG.** Im Übrigen kann das Gericht, wie die Begründung zum Regierungsentwurf 1951 hervorhebt, auch **alle sonstigen Umstände** in Betracht ziehen, die eine Erhöhung oder eine Ermäßigung der Abfindung als billig erscheinen lassen. Zu berücksichtigen sind deshalb der Grad und die Art einer **Behinderung**[61] oder der **Familienstand** des Arbeitnehmers, die für ihn eintretenden **Folgen der Entlassung,** wie der Verlust einer Ruhegeldanwartschaft vor deren Unverfallbarkeit nach dem BetrAVG,[62] die Chancen auf dem Arbeitsmarkt[63] usw. Die Tatsache, dass der Arbeitnehmer alsbald einen **anderen Arbeitsplatz** erhalten hat, kann zwar als Grund für eine niedrige Festsetzung der Abfindung eine Rolle spielen,[64] schließt sie aber keineswegs völlig aus; denn der Stellenwechsel kann für den Arbeitnehmer trotzdem materiell wie ideell eine Einbuße bedeuten. Das gilt selbst dann, wenn das Arbeitsentgelt unverändert bleibt und der Arbeitnehmer nach wie vor den Tariflohn nach demselben Tarifvertrag erhält, da dem Arbeitnehmer, abgesehen von der ideellen Beeinträchtigung, die jeder erzwungene Wechsel des Arbeitsplatzes mit sich bringt, Umzugskosten erwachsen können oder er am neuen Arbeitsplatz wegen der kürzeren Betriebszugehörigkeit in mannigfacher Weise (Urlaub, Gratifikationen, Kündigung) schlechter gestellt ist.[65] Zudem erführe der Arbeitgeber sonst gar keine Sanktion für den Ausspruch einer sozialwidrigen Kündigung (→ Rn. 4). Auch für die Auflösung eines ruhenden Arbeitsverhältnisses ist eine Abfindung festzusetzen.[66] **18**

f) **Beurteilungszeitpunkt für die Bemessung der Abfindung nach § 10 KSchG.** Maßgebend für die Bemessung sind – wie für die Auflösung – die Verhältnisse zur Zeit der **letzten mündlichen Verhandlung** in der Tatsacheninstanz.[67] Das Gericht spricht nicht **19**

---

[56] Vgl. LAG Schleswig-Holstein 22.1.1987 – 4 Sa 509/86, NZA 1987, 601; LAG Düsseldorf 29.11.1994 – 16 Sa 1597/94, LAGE § 10 KSchG Nr. 2; Brill DB 1981, 2326 (2328); LSSW/Spinner § 9 Rn. 18.

[57] Vgl. BAG 20.11.1997 – 2 AZR 803/96, BeckRS 1997, 30772488.

[58] BAG 16.12.2021 – 2 AZR 356/21, NZA 2022, 407; 24.5.2018 – 2 AZR 73/18, NZA 2018, 1131.

[59] LAG Schleswig-Holstein 25.2.2004 – 3 Sa 491/03, NZA-RR 2005, 132.

[60] LAG Berlin-Brandenburg 11.9.2020 – 9 Sa 584/20, BeckRS 2020, 30034.

[61] LAG Köln 23.11.2018 – 11 Sa 989/14.

[62] Vgl. BAG 12.6.2003 – 8 AZR 341/02, RdA 2004, 310; 28.11.1968 – 2 AZR 76/68, AP KSchG § 1 Betriebsbedingte Kündigung Nr. 19; APS/Biebl KSchG § 10 Rn. 27; ErfK/Kiel KSchG § 10 Rn. 6; LSSW/Spinner § 10 Rn. 17; KR/Spilger KSchG § 10 Rn. 64.

[63] Ebenso LAG Baden-Württemberg 12.3.2003 – 4 Sa 45/02, BeckRS 2003, 30452923; ErfK/Kiel KSchG § 10 Rn. 6; LSSW/Spinner § 10 Rn. 15; KR/Spilger KSchG § 10 Rn. 60.

[64] LAG Niedersachsen 4.6.2004 – 10 Sa 198/04, BeckRS 2004, 42035.

[65] Vgl. BAG 15.2.1973 – 2 AZR 16/72, AP KSchG 1969 § 9 Nr. 2; LSSW/Spinner § 10 Rn. 15; KR/Spilger KSchG § 10 Rn. 61.

[66] LAG Düsseldorf 15.9.2021 – 12 Sa 10/21, BeckRS 2021, 42230.

[67] APS/Biebl KSchG § 10 Rn. 20; KR/Spilger KSchG § 10 Rn. 51; LSSW/Spinner § 10 Rn. 22.

etwa einen bereits früher entstandenen Anspruch zu, sondern dieser entsteht erst durch die gerichtliche Festsetzung.[68]

4. Abfindungsurteil nach § 10 KSchG

20 a) **Festsetzung eines bezifferten Abfindungsbetrag.** Das Gericht hat die Abfindung stets auf einen **bestimmten bezifferten Betrag** festzusetzen und nicht etwa in Bruchteilen des bisherigen Arbeitsverdienstes. Eine solche Entscheidung würde keine brauchbare Grundlage für die Vollstreckung bilden.[69]

21 b) **Verzinsung des Abfindungsbetrags.** Der Anspruch auf die Abfindung **entsteht** nicht erst mit Rechtskraft des Urteils über die Auflösung des Arbeitsverhältnisses, sondern durch die richterliche Festsetzung im Urteil. Damit wird die Abfindung frühestens zum Zeitpunkt des festgesetzten Endes des Arbeitsverhältnisses fällig. Der Arbeitnehmer kann deshalb für die Zeit ab richterlicher Festsetzung der Abfindung und somit vor Eintritt der Rechtskraft des Urteils eine Verzinsung des Abfindungsbetrags verlangen.[70]

22 c) **Kostenentscheidung bei beziffertem Abfindungsantrag.** Gibt das Gericht im Fall eines bezifferten Abfindungsantrags des Arbeitnehmers dem Antrag nicht in voller Höhe statt, ist der Arbeitnehmer gemäß § 92 Abs. 1 ZPO zur Zahlung anteiliger Kosten zu verurteilen, wenn das Unterliegen nicht verhältnismäßig geringfügig ist.[71]

5. Rechtsmittel gegen nach § 10 KSchG festgesetzte Abfindung

23 Liegt die vom Gericht festgesetzte Abfindung unter dem Höchstbetrag, kann der Arbeitnehmer **Berufung** einlegen, sofern er den Höchstbetrag oder doch einen höheren als den vom Gericht zuerkannten Betrag verlangt hatte. Umgekehrt steht dem Arbeitgeber das Recht zur Berufung zu, wenn er auf Antrag des Arbeitnehmers zur Zahlung der Abfindung verurteilt worden ist oder zwar die Auflösung des Arbeitsverhältnisses nach § 9 Abs. 1 S. 2 gefordert, aber die Festsetzung einer niedrigeren Abfindung beantragt hatte. Eine Berufung ist auch dann möglich, wenn der Arbeitnehmer oder der Arbeitgeber überhaupt keinen ziffernmäßigen Antrag gestellt hatten, sie aber die Bemessung durch das Gericht nicht für angemessen halten.[72] Erforderlich ist in diesen Fällen, dass sich aus dem erstinstanzlichen Vorbringen des Arbeitnehmers oder Arbeitgebers Anhaltspunkte dafür ergeben, was sie als angemessene Abfindung ansehen. Ansonsten liegt eine Beschwer nur bei grob ermessensfehlerhaften Entscheidungen vor.[73]

IV. Erhöhung der Höchstgrenze für die nach § 10 KSchG festzusetzende Abfindung

24 Die Höchstgrenze für die Abfindung des Abs. 1 kann bei **älteren Arbeitnehmern und längerer Dauer des Arbeitsverhältnisses** nach Maßgabe von § 10 Abs. 2 S. 1 überschritten werden. Beide Voraussetzungen müssen zum Auflösungszeitpunkt (nicht dem Zeitpunkt der gerichtlichen Entscheidung) kumulativ vorliegen.[74] Die Höchstgrenze beträgt 15 Monatsverdienste, wenn der Arbeitnehmer in dem Zeitpunkt, den das Gericht für die

[68] BAG 22.2.1968 – 5 AZR 278/67, AP KSchG § 7 Nr. 22 mit insoweit zust. Anm. A. Hueck; BAG 13.5.1969 – 5 AZR 309/68, AP KSchG § 8 Nr. 2 mzustAnm Herschel.
[69] APS/Biebl KSchG § 10 Rn. 34; KR/Spilger KSchG § 10 Rn. 73.
[70] BAG 9.12.1987 – 4 AZR 561/87, NZA 1988, 329; ErfK/Kiel KSchG § 10 Rn. 9; MüKoBGB/Hergenröder § 10 KSchG Rn. 26; KR/Spilger KSchG § 10 Rn. 21; aA APS/Biebl KSchG § 10 Rn. 41.
[71] Vgl. BAG 26.6.1986 – 2 AZR 522/85, NZA 1987, 139; 20.11.1997 – 2 AZR 803/96, BeckRS 1997, 30772488.
[72] Vgl. Bauer FS Hanau S. 151 (160); KR/Spilger KSchG § 10 Rn. 75.
[73] Vgl. LAG Hamm 5.12.1996 – 4 Sa 1785/96, BeckRS 1996, 30459933.
[74] LSSW/Spinner § 10 Rn. 6; KR/Spilger KSchG § 10 Rn. 44; Däubler/Deinert/Callsen KSchG § 10 Rn. 20; Köllmann AE 2022, 220 (222).

Auflösung des Arbeitsverhältnisses festsetzt, das 50. Lebensjahr vollendet und das Arbeitsverhältnis mindestens 15 Jahre bestanden hat; sie beträgt 18 Monatsverdienste bei einem Alter von 55 Jahren und einer Vertragsdauer von mindestens 20 Jahren. Für die Berechnung der Dauer des Arbeitsverhältnisses nach § 10 Abs. 2 gelten die gleichen Grundsätze wie für die Berechnung der Wartezeit nach § 1 Abs. 1 (→ § 1 Rn. 84 ff.).[75] § 10 Abs. 2 S. 1 verstößt nicht gegen das Verbot der Altersdiskriminierung (→ Rn. 14). Aus § 10 Abs. 2 S. 1 lässt sich nicht ableiten, dass als Abfindung – auch eine solche nach § 10 Abs. 1 – maximal ein volles Bruttomonatsgehalt pro Beschäftigungsjahr angesetzt werden darf.[76]

Die **Vergünstigung des Abs. 2 S. 1 gilt nicht,** wenn der Arbeitnehmer in dem für die 25
Auflösung des Arbeitsverhältnisses maßgebenden Zeitpunkt (§ 9 Abs. 2) schon das in §§ 35, 235 SGB VI bezeichnete Lebensalter erreicht. Die Altersgrenzen für den unter bestimmten Voraussetzungen möglichen früheren Rentenbezug kommen nicht in Betracht, weil § 10 Abs. 2 ausdrücklich nur auf die Regelaltersgrenze in §§ 35, 235 SGB VI verweist.[77] Überhaupt kommt es ausschließlich auf das Erreichen der Altersgrenzen und nicht darauf an, ob dem Arbeitnehmer tatsächlich ein Anspruch auf Altersrente zusteht.[78]

§ 10 Abs. 2 S. 1 setzt lediglich die **Höchstgrenze herauf.** Deshalb kann auch in diesen 26
Fällen eine Abfindung von weniger als 15 oder 18, auch weniger als 12 Monatsverdiensten festgesetzt werden, wenn die Gesamtheit der zu berücksichtigenden Umstände für eine niedrigere Abfindung spricht.[79] Nur muss ersichtlich sein, dass das Gericht bei der Bemessung der Abfindung sich des Vorliegens der Voraussetzungen des § 10 Abs. 2 bewusst gewesen ist.

V. Rechtliche Behandlung der Abfindung nach § 10 KSchG

1. Pfändungsschutz für die Abfindung nach § 10 KSchG

Die Abfindung genießt **nicht den besonderen Pfändungsschutz des Arbeitsentgelts.** Sie 27
ist Arbeitseinkommen iSv § 850 ZPO, das nicht dem Schutz des § 850c ZPO unterliegt, weil es nicht für einen bestimmten Zeitraum bezahlt wird. Die Abfindung ist deshalb in den allgemeinen Grenzen pfändbar,[80] sie kann abgetreten werden (§ 400 BGB) und es kann gegen sie aufgerechnet werden. Die Pfändungsbeschränkung des § 850i ZPO ist allerdings anwendbar, weil es sich bei der Abfindung um eine nicht wiederkehrend zahlbare Vergütung handelt.[81]

2. Behandlung der Abfindung nach § 10 KSchG im Insolvenzverfahren

Im Fall der **Insolvenz** genießen Abfindungsforderungen keine besonderen Vorrechte. 28
Hat der Insolvenzverwalter gekündigt und ist das Arbeitsverhältnis unter Festsetzung einer Abfindung aufgelöst worden, ist die Abfindungsforderung Masseverbindlichkeit nach § 55 Abs. 1 Nr. 1 InsO.[82] Gleiches gilt, wenn die Schuldnerin gekündigt hat und der Insolvenzverwalter den Auflösungsantrag stellt oder in den Prozess einführt.[83] Im

[75] Vgl. BAG 26.8.1976 – 2 AZR 377/75, AP BGB § 626 Nr. 68; APS/Biebl KSchG § 10 Rn. 11; ErfK/Kiel KSchG § 10 Rn. 3; LSSW/Spinner § 10 Rn. 7; KR/Spilger KSchG § 10 Rn. 53.
[76] AA LAG Mecklenburg-Vorpommern 8.10.2019 – 2 Sa 123/19, BeckRS 2019, 38475.
[77] HM, vgl. APS/Biebl KSchG § 10 Rn. 10; KR/Spilger KSchG § 10 Rn. 48.
[78] Köllmann AE 2022, 220 (222).
[79] APS/Biebl KSchG § 10 Rn. 12.
[80] BAG 13.11.1991 – 4 AZR 20/91, NZA 1992, 384; 12.9.1979 – 4 AZR 420/77, AP ZPO § 850 Nr. 10 mzustAnm Walchshöfer; APS/Biebl KSchG § 10 Rn. 43; ErfK/Kiel KSchG § 10 Rn. 7; LSSW/Spinner § 10 Rn. 24; KR/Spilger KSchG § 10 Rn. 18.
[81] BAG 13.11.1991 – 4 AZR 20/91, NZA 1992, 384; 12.9.1979 – 4 AZR 420/77, AP ZPO § 850 Nr. 10; ErfK/Kiel KSchG § 10 Rn. 7; LSSW/Spinner § 10 Rn. 24.
[82] Vgl. LSSW/Spinner § 10 Rn. 25; PVT Kündigung/Vossen Rn. 2380.
[83] BAG 14.3.2019 – 6 AZR 4/18, AP InsO § 55 Nr. 24 mAnm. Hergenröder.

Fall der Verbraucherinsolvenz des Arbeitnehmers unterfällt der während des laufenden Insolvenzverfahrens erworbene Anspruch auf Zahlung einer Abfindung mit seinem Entstehen als Neuerwerb dem Insolvenzbeschlag nach § 35 Abs. 1 Alt. 2 InsO. Die Verwaltungs- und Verfügungsbefugnis über diesen Anspruch steht gemäß § 80 I InsO dem Insolvenzverwalter zu. Etwas Anderes gilt nur, soweit auf Antrag des Schuldners die Pfändbarkeit der Abfindung nach § 850i ZPO gerichtlich beschränkt wird.[84]

3. Steuer- und sozialversicherungsrechtliche Behandlung der Abfindung nach § 10 KSchG

29 a) **Steuerrecht.** Einkommensteuerrechtlich sind Abfindungen nach §§ 9, 10 Einkünfte aus nichtselbstständiger Arbeit. Gemäß § 34 Abs. 1 und 2 Nr. 2 EStG wird der Progressionseffekt durch die sog. „Fünftel-Regelung" abgemildert.

30 b) **Sozialversicherungsrecht.** Abfindungszahlungen für den Verlust des Arbeitsplatzes sind **kein beitragspflichtiges Einkommen iSv § 14 Abs. 1 SGB IV.**[85] Von der Beitragspflicht nicht befreit ist dagegen verdecktes Arbeitsentgelt, das in der Abfindung enthalten ist oder mit ihr gezahlt wird.

31 Die **Auswirkungen der Abfindungszahlung auf das Arbeitslosengeld** richtet sich nach § 158 SGB III. Hat der Arbeitslose wegen der Beendigung des Arbeitsverhältnisses eine Abfindung erhalten oder zu beanspruchen und ist das Arbeitsverhältnis ohne Einhaltung einer der ordentlichen Kündigungsfrist des Arbeitgebers entsprechenden Frist beendet worden, ruht der Anspruch auf Arbeitslosengeld gemäß § 158 Abs. 1 SGB III von dem Ende des Arbeitsverhältnisses an bis zu dem Tag, an dem das Arbeitsverhältnis bei Einhaltung dieser Frist geendet hätte. Nach § 158 Abs. 2 SGB III ruht der Anspruch auf Arbeitslosengeld längstens ein Jahr; er ruht im Übrigen nicht über den Tag hinaus, bis zu dem der Arbeitslose bei Weiterzahlung des während der letzten Beschäftigung kalendertäglich verdienten Arbeitsentgelts einen Betrag in Höhe von 60 % der Abfindung als Arbeitsverdienst verdient hätte. Damit vermutet das Gesetz unwiderleglich, dass von der Abfindungssumme 40 % nicht zur Entschädigung für den Verlust des Arbeitsplatzes bestimmt sind. Dieser Anteil verringert sich gemäß § 158 Abs. 2 S. 3 SBG III für Arbeitnehmer, die das 35. Lebensjahr vollendet haben, sowohl für je fünf weitere Lebensjahre und je fünf Jahre des Bestehens des Arbeitsverhältnisses in demselben Betrieb oder Unternehmen um jeweils fünf Prozent bis auf 25 %.

4. Auswirkungen des Abfindungsurteils nach § 10 KSchG auf andere Ansprüche aus dem Arbeitsverhältnis

32 Da die Abfindung eine besondere Entschädigung für den Verlust des Arbeitsplatzes darstellt, werden durch ihre Zuerkennung **andere Entgeltansprüche** des Arbeitnehmers, die ihm aufgrund des Arbeitsvertrags zustehen, insbesondere Vergütungsansprüche für vor der Beendigung des Arbeitsverhältnisses geleistete Arbeit sowie Ansprüche auf Annahmeverzugsvergütung oder auf Urlaubsentgelt, **nicht berührt.**[86] Ob ein besonderes im Arbeitsvertrag, in einer Betriebsvereinbarung oder einem Tarifvertrag für den Fall der Entlassung vorgesehenes **Übergangsgeld** neben der Abfindung zu zahlen oder auf sie anzurechnen ist, hängt vom Inhalt der getroffenen Vereinbarung ab. Im Zweifel wird im letzteren Sinn zu entscheiden sein, weil das Übergangsgeld in der Regel einen ähnlichen Zweck verfolgt wie die Abfindung, nämlich dem Arbeitnehmer einen gewissen Ausgleich für den Verlust seines Arbeitsplatzes zu geben.[87]

---

[84] BAG 12.8.2014 – 10 AZB 8/14; NZA 2014, 1155; näher Windel RdA 2015, 187.
[85] BSG 3.12.2002 – B 2 U 23/02 R, BeckRS 2003, 40253; BSG 21.2.1990 – 12 RK 65/87 und 20/88, EzA § 9 KSchG nF Nr. 35 und 37; BAG 9.11.1988 – 4 AZR 433/88, NZA 1989, 270.
[86] Vgl. KR/Spilger KSchG § 10 Rn. 78.
[87] Vgl. KR/Spilger KSchG § 10 Rn. 86.

5. Abtretung und Vererbung des Abfindungsanspruchs nach § 10 KSchG

Obwohl die Entscheidung, Kündigungsschutzklage zu erheben und einen Auflösungsantrag zu stellen, dem Arbeitnehmer zu seinen Lebzeiten höchstpersönlich zusteht, ist der Anspruch auf die Abfindung **nicht höchstpersönlicher** Natur. Er kann abgetreten und vererbt werden, weil es sich um einen gewöhnlichen Geldanspruch handelt.[88] Hatte der Arbeitnehmer vor seinem Tod den Auflösungsantrag gestellt und stirbt er nach Ablauf der Kündigungsfrist, können die Erben den laufenden Prozess fortführen und die Zahlung einer Abfindung verlangen.[89] 33

6. Behandlung der Abfindung nach § 10 KSchG beim nachehelichen Unterhalt und beim Versorgungsausgleich

Die Abfindung nach § 10 kann ungeachtet ihrer arbeitsrechtlichen Qualifikation als Entschädigungs- und Sanktionsleistung (→ Rn. 4) für den nachehelichen Unterhalt zu verwenden sein.[90] Ist die Abfindung weder in eine Unterhaltsregelung einbezogen noch aufgrund einer stichtagsbezogenen Prognose zur Deckung des eigenen Unterhaltsbedarfs des sie erhaltenden Ehegatten noch desjenigen anderer Unterhaltsberechtigter erforderlich, kann sie mit dem zum Stichtag für das Endvermögen maßgeblichen Betrag eine im Zugewinn auszugleichende Vermögensposition darstellen.[91] 34

§ 11 Anrechnung auf entgangenen Zwischenverdienst

Besteht nach der Entscheidung des Gerichts das Arbeitsverhältnis fort, so muß sich der Arbeitnehmer auf das Arbeitsentgelt, das ihm der Arbeitgeber für die Zeit nach der Entlassung schuldet, anrechnen lassen,

1. was er durch anderweitige Arbeit verdient hat,
2. was er hätte verdienen können, wenn er es nicht böswillig unterlassen hätte, eine ihm zumutbare Arbeit anzunehmen,
3. was ihm an öffentlich-rechtlichen Leistungen infolge Arbeitslosigkeit aus der Sozialversicherung, der Arbeitslosenversicherung, der Sicherung des Lebensunterhalts nach dem Zweiten Buch Sozialgesetzbuch oder der Sozialhilfe für die Zwischenzeit gezahlt worden ist. Diese Beträge hat der Arbeitgeber der Stelle zu erstatten, die sie geleistet hat.

Schrifttum: Gravenhorst, Die Anrechnung anderweitigen Erwerbs im Annahmeverzug des Arbeitgebers, 2007; Kühn, Zur Methode der Anrechnung anderweitigen Erwerbs nach § 615 S. 2 BGB, 2008; Lostermann, Die Erwerbsanrechnung beim Annahmeverzug des Arbeitgebers, 2011; Florian Wildhagen, Böswilliges Unterlassen anderweitigen Erwerbs des Arbeitnehmers im Annahmeverzug des Arbeitgebers, Diss. Hannover, 2013; Jannis Kamann, Böswillig unterlassener Erwerb im Annahmeverzug des Arbeitgebers, Diss. Köln, 2014.

Übersicht

[88] Vgl. BAG 25.6.1987 – 2 AZR 504/86, NZA 1988, 466 für eine vergleichsweise vereinbarte Abfindung; APS/Biebl KSchG § 10 Rn. 42, 45; ErfK/Kiel KSchG § 10 Rn. 9; LSSW/Spinner § 10 Rn. 40 f.; KR/Spilger KSchG § 10 Rn. 20.
[89] BAG 25.6.1987 – 2 AZR 504/86, NZA 1988, 466.
[90] Vgl. BGH 18.4.2012 – XII ZR 65/10, NJW 2012, 1868.
[91] Vgl. OLG Saarbrücken 11.1.2021 – 6 UF 91/21, NJW-RR 2022, 368.

I. Allgemeines zu § 11 KSchG

1 Ist die Kündigungsschutzklage des Arbeitnehmers nach § 4 S. 1 erfolgreich und wird ein Antrag auf Auflösung des Arbeitsverhältnisses nach § 9 entweder nicht gestellt oder abgewiesen, steht der Fortbestand des Arbeitsverhältnisses fest. Für den Arbeitgeber hat das zur Folge, dass er in **Annahmeverzug** geraten ist und deshalb das Arbeitsentgelt fortzuzahlen hat. Das ergibt sich aus § 611a Abs. 2 iVm § 615 BGB und brauchte deshalb im KSchG nicht besonders geregelt zu werden. Anders war es nach dem BRG 1920 und dem AOG. Dort war die Kündigung zunächst wirksam und wurde erst nach-

träglich durch den Arbeitgeber aufgrund des der Klage des Arbeitnehmers stattgebenden Urteils widerrufen. Das Arbeitsverhältnis hatte also in der Zwischenzeit nicht bestanden, und deshalb ordnete das Gesetz (§ 88 BRG 1920, § 59 AOG) die Zahlung des Lohns für die Zwischenzeit zwischen Entlassung und Weiterbeschäftigung ausdrücklich an. Aus der Anwendung des § 615 BGB würden sich bestimmte **Anrechnungspflichten** des Arbeitnehmers ergeben (§ 615 S. 2 BGB). § 88 BRG 1920 und § 59 AOG hatten darauf verwiesen und außerdem eine Anrechnungspflicht hinsichtlich öffentlich-rechtlicher Leistungen hinzugefügt, die der Arbeitnehmer aus Mitteln der Arbeitslosenhilfe und der öffentlichen Fürsorge in der Zwischenzeit erhalten hatte. Diese Bestimmungen hat § 11 im Wesentlichen übernommen. § 11 Nr. 1 und Nr. 2 können zugunsten des Arbeitnehmers abbedungen werden;[1] hierfür bedarf es aber besonderer Anhaltspunkte, die regelmäßig nicht darin liegen, dass der Arbeitgeber sich gegenüber dem Arbeitnehmer zur „ordnungsgemäßen" Abrechnung des Arbeitsverhältnisses auf Basis eines konkret bezifferten Bruttomonatsgehalts verpflichtet.[2]

II. Annahmeverzug des Arbeitgebers als Voraussetzung für die Anwendung von § 11 KSchG

§ 11 bestimmt nicht die Voraussetzungen des Annahmeverzugs, sondern setzt voraus, 2
dass der Arbeitnehmer für die Zeit nach der Entlassung Anspruch auf Fortzahlung des Arbeitsentgelts hat. **Anspruchsgrundlage** hierfür ist § 611a Abs. 2 iVm § 615 BGB.[3] Der Annahmeverzug tritt ein, wenn der Arbeitgeber die ihm vom Arbeitnehmer in einem erfüllbaren Arbeitsverhältnis angebotene Arbeitsleistung nicht annimmt, § 293 BGB.[4] Der Annahmeverzugsanspruch ist ein Erfüllungs- und nicht ein Schadensersatzanspruch. Er unterliegt daher der Steuer- und Beitragspflicht, dem Lohnpfändungsschutz nach §§ 850 ff. ZPO sowie der Verjährung nach § 195 BGB. Ist der Arbeitgeber nach einer unwirksamen Kündigung in Annahmeverzug geraten, endet dieser erst, wenn der Arbeitgeber den Arbeitnehmer zur Arbeit auffordert.[5] Bis dahin hat er dem Arbeitnehmer die Vergütung zu zahlen, die dieser bei Weiterarbeit erzielt hätte. Ob und inwieweit sich der Arbeitnehmer hierauf in der Zwischenzeit bezogene Leistungen anrechnen lassen muss und ob ein Untätigbleiben mindernd zu berücksichtigen ist, regelt § 11. Gegen einen Schadensersatzanspruch (zB auf Entschädigung für die vorenthaltene Nutzung eines Dienstwagens) kann nicht eine Anrechnung nach § 11 KSchG in direkter oder analoger Anwendung eingewandt werden. Allerdings kann die (ungenutzte) Möglichkeit, anderweitigen Verdienst zu erzielen, zu einer Schadensminderung nach § 254 Abs. 1 BGB führen.[6]

III. Verhältnis von § 11 KSchG zu § 615 S. 2 BGB

1. Allgemeines zum Verhältnis von § 11 KSchG zu § 615 S. 2 BGB

Soweit Annahmeverzugsansprüche für die Zeit **nach Ablauf der Kündigungsfrist bzw.** 3
nach einer außerordentlichen fristlosen Kündigung in Streit stehen, bestimmt sich die Anrechnung nach § 11 und nicht nach der allgemeinen zivilrechtlichen Vorschrift des § 615 S. 2 BGB. § 11 ist insoweit **lex specialis.**[7] § 11 kommt allerdings nicht zur

[1] Wohl aA Witteler/Brune NZA 2020, 1689 (1690).
[2] Vgl. BAG 27.5.2020 – 5 AZR 101/19, NZA 2020, 1131.
[3] Vgl. BAG 27.1.2016 – 5 AZR 9/15, NZA 2016, 691; APS/Biebl KSchG § 11 Rn. 5.
[4] Näher dazu Schaub ArbR-HdB/Linck § 95 Rn. 17 ff.
[5] BAG 19.1.2016 – 2 AZR 449/15, NZA 2016, 1144.
[6] BAG 12.10.2022 – 5 AZR 30/22, NZA 2023, 229.
[7] BAG 2.10.2018 – 5 AZR 376/17, NZA 2018, 1544; 24.9.2003 – 5 AZR 500/02, NZA 2004, 90; APS/Biebl KSchG § 11 Rn. 1; ErfK/Kiel KSchG § 11 Rn. 1; NK-GA/Boemke BGB § 615 Rn. 104; HWK/Krause § 615 BGB Rn. 87.

Anwendung, wenn die Parteien nach einer Kündigung die Beendigung des Arbeitsverhältnisses durch Prozessvergleich regeln. In diesem Fall fehlt es an einer Entscheidung des Gerichts zum Fortbestand des Arbeitsverhältnisses iSd § 11, weshalb sich die Anrechnung nach § 615 S. 2 BGB richtet.[8] Letzteres gilt erst recht, wenn die Parteien einen Aufhebungsvertrag schließen.[9]

2. Materielle Unterschiede zwischen § 11 KSchG und § 615 S. 2 BGB

4 Die Anrechnungsvorschriften in § 11 und § 615 S. 2 BGB stimmen inhaltlich weitgehend überein. Im Unterschied zu § 615 S. 2 BGB muss sich der Arbeitnehmer nach § 11 allerdings nicht das durch die Nichtleistung der Arbeit **Ersparte anrechnen** lassen (→ Rn. 38). Hierbei handelt es sich aber ohnehin nur um geringe Beträge.[10] Anrechenbar nach § 615 S. 2 BGB sind beispielsweise die im Verzugszeitraum nicht angefallenen Fahrtkosten zur Arbeit. Die unterschiedliche Behandlung der Ersparnisse ist in Bezug auf gekündigte Arbeitnehmer verfassungsrechtlich (Art. 3 Abs. 1 GG) nur problematisch, soweit sie gekündigte Arbeitnehmer in einem Kleinbetrieb betrifft, auf die gemäß § 23 Abs. 1 S. 2 und 3 die Anrechnungsvorschrift des § 11 keine Anwendung findet, weil sich nur in diesem Fall die beiden gekündigten Personengruppen in einer vergleichbaren Lage befinden. Da Arbeitgeber eines Kleinbetriebs typischerweise finanziell weniger leistungsstark sind, hat das BVerfG unter Berücksichtigung des Gestaltungsspielraums des Gesetzgebers diese Unterscheidung nicht beanstandet.[11] Anders als § 615 S. 2 BGB sieht § 11 Nr. 3 des Weiteren ausdrücklich die **Anrechnung erlangter öffentlich-rechtlicher Leistungen** vor (→ Rn. 39). Im Hinblick auf das böswillige Unterlassen anderweitigen Verdienstes unterscheiden sich beide Vorschriften nur im Wortlaut, nicht aber in der Sache.[12]

IV. Höhe der Nachzahlung bei Annahmeverzug des Arbeitgebers

1. Berechnung des Verzugslohnanspruchs nach dem Lohnausfallprinzip

5 Das im Annahmeverzug fortzuzahlende Entgelt ist grundsätzlich nach dem Lohnausfallprinzip zu bemessen.[13] Der Arbeitgeber hat die Vergütung zu zahlen, die der Arbeitnehmer bei Weiterarbeit erzielt hätte. Erfasst ist damit der **Bruttoverdienst mit allen Entgeltbestandteilen**[14] einschließlich etwaiger Urlaubs- und Weihnachtsgelder.[15] Zu der nachzuzahlenden Vergütung gehören auch Zuschläge, soweit diese Teil der vereinbarten Vergütung sind und Entgeltcharakter haben. Damit hat der Arbeitgeber auch die tariflichen Spät- und Nachtzuschläge zu entrichten. Bleibt die vertraglich vereinbarte Vergütung hinter dem gesetzlichen **Mindestlohn** zurück, hat der Arbeitnehmer auch im Annahmeverzug Anspruch auf Fortzahlung des gesetzlichen Mindestlohns, denn der Arbeitnehmer ist gemäß § 615 BGB so zu stellen, wie er gestanden hätte, wenn er gearbeitet hätte.[16] Zum Annahmeverzugslohn rechnen **nur solche Leistungen nicht,** die davon abhängig sind, dass der Arbeitnehmer tatsächlich arbeitet oder ihm tatsächlich Aufwendungen entstehen. Dazu können Essenszuschüsse gehören, die nur eine bestimmte reale Mehrbelastung abgelten. Diese sind jedoch fortzuzahlen, wenn sie unabhängig

[8] BAG 24.2.2016 – 5 AZR 425/15, NZA 2016, 687.
[9] Zu einem Aufhebungsvertrag mit unwiderruflicher Freistellung und sog. Sprinterklausel BAG 23.2.2021 – 5 AZR 314/20, NZA 2021, 778.
[10] NK-GA/Boemke BGB § 615 Rn. 109.
[11] BVerfG 24.6.2010 – 1 BvL 5/10, NZA 2010, 1004.
[12] BAG 16.5.2000 – 9 AZR 203/99, NZA 2001, 26.
[13] APS/Biebl KSchG § 11 Rn. 16; MüKoBGB/Henssler § 615 Rn. 60; HWK/Krause BGB § 615 Rn. 79; ErfK/Preis/Greiner BGB § 615 Rn. 76.
[14] BAG 18.9.2002 – 1 AZR 668/01, AP BGB § 615 Nr. 99.
[15] BAG 16.5.2012 – 5 AZR 251/11, NZA 2012, 971.
[16] HWK/Krause BGB § 615 Rn. 79.

vom Verhalten des Arbeitnehmers ausbezahlt werden.[17] Für **Teile eines Kalendermonats** ist geschuldete Vergütung wegen Annahmeverzugs auf der Grundlage eines Tagessatzes von einem **Dreißigstel** des Monatsentgelts zu berechnen, sofern sich nicht aus kollektiven oder vertraglichen Regelungen etwas anderes ergibt.[18]

2. Anrechnung anderweitigen Verdienstes nach § 11 Nr. 1 KSchG

a) **Allgemeines zur Anrechnung anderweitigen Verdienstes nach § 11 Nr. 1 KSchG.** 6
Auf die nach einer unwirksamen Kündigung nachzuzahlende Arbeitsvergütung muss sich der Arbeitnehmer gemäß § 11 Nr. 1 anrechnen lassen, was er durch anderweitige Arbeit verdient hat. **Zweck der Regelung** ist, den Arbeitnehmer für den Fall des Obsiegens im Kündigungsrechtsstreit weder besser noch schlechter, sondern grundsätzlich so zu stellen, als wäre keine Unterbrechung des Arbeitsverhältnisses erfolgt.[19] Hieraus folgt, dass **nur tatsächlich erzielte Einkünfte** angerechnet werden. Der Arbeitnehmer ist nicht verpflichtet, aus einem anderen Dienstverhältnis streitige Ansprüche gerichtlich durchzusetzen. Eine hypothetische Anrechnung erfolgt insoweit nicht.[20] Unerheblich ist, ob der Arbeitnehmer verpflichtet gewesen wäre, die Arbeit anzunehmen, mit der er den Zwischenverdienst erzielt hat. Selbst wenn es nicht böswillig (§ 11 Nr. 2) gewesen wäre, diese Arbeiten nicht anzunehmen, ist der hierdurch erarbeitete Verdienst anzurechnen.[21]

b) **Anrechnung nach § 11 Nr. 1 KSchG von Gesetzes wegen.** Im Umfang des erzielten 7
anderweitigen Verdienstes erfolgt die Anrechnung von Gesetzes wegen und bedarf keiner Erklärung des Arbeitgebers.[22] Die Anrechnung anderweitigen Verdienstes nach § 11 Nr. 1 hindert bereits die Entstehung des Anspruchs aus § 615 S. 1 BGB und führt nicht bloß zu einer Aufrechnungslage.[23] Die Anrechnung findet ohne Rücksicht auf die in §§ 850 ff. ZPO festgelegten Pfändungsgrenzen statt, weil der Arbeitnehmer die entsprechenden Leistungen schon erhalten hat.[24] Die Anrechnung kann den Vergütungsanspruch ggf. auch in Höhe des gesetzlichen Mindestlohns entfallen lassen.[25] Hat der Arbeitgeber in Unkenntnis des anderweitigen Verdienstes die Annahmeverzugsvergütung gezahlt, hat er einen Rückforderungsanspruch unter dem Gesichtspunkt der ungerechtfertigten Bereicherung (§ 812 Abs. 1 S. 1 Alt. 1) BGB). Dies soll auch gelten, wenn er rechtskräftig zur Zahlung der Vergütung verurteilt wurde (→ Rn. 18).[26]

c) **Kausalität zwischen dem anderweitigen Erwerb und dem Freiwerden der Arbeits-** 8
kraft als Voraussetzung der Anrechnung nach § 11 Nr. 1 KSchG. Der anderweitige Erwerb muss kausal durch das Freiwerden der Arbeitskraft ermöglicht worden sein und darauf beruhen.[27] **Nebenverdienste,** die der Arbeitnehmer auch bei Leistung der Arbeit hätte erzielen können, bleiben außer Betracht.[28] Anzurechnen ist nicht, was der Arbeitnehmer überhaupt durch seine Arbeitskraft erwirbt, sondern ausschließlich das, was er durch anderweitige Verwendung desjenigen Teils seiner Arbeitskraft erwirbt, die er dem

[17] BAG 19.3.2008 – 5 AZR 429/07, NZA 2008, 757.
[18] BAG 16.5.2012 – 5 AZR 251/11, NZA 2012, 971.
[19] BAG 2.10.2018 – 5 AZR 376/17, NZA 2018, 1544; 21.2.2012 – 9 AZR 487/10, NZA 2012, 793; HWK/Krause § 615 BGB Rn. 85.
[20] MüKoBGB/Henssler § 615 Rn. 80.
[21] MüKoBGB/Henssler § 615 Rn. 80; Staudinger/Fischinger § 615 Rn. 162; aA Bayreuther NZA 2003, 1365 (1368 f.).
[22] BAG 24.9.2003 – 5 AZR 500/02, NZA 2004, 90.
[23] BAG 8.9.2021 – 5 AZR 205/21, NZA 2022, 113; 27.5.2020 – 5 AZR 387/19, NZA 2020, 1113; 2.10.2018 – 5 AZR 376/17, NZA 2018, 1544; 22.11.2005 – 1 AZR 407/04, NZA 2006, 736 zu § 615 S. 2 BGB.
[24] MüKoBGB/Henssler § 615 Rn. 75; HWK/Krause BGB § 615 Rn. 85; Staudinger/Fischinger § 615 Rn. 151.
[25] BAG 13.7.2022 – 5 AZR 498/21, NZA 2022, 1465.
[26] BAG 29.7.1993 – 2 AZR 110/93, NZA 1994, 216.
[27] BAG 13.7.2022 – 5 AZR 498/21, NZA 2022, 1465; 9.2.2022 – 5 AZR 347/21, NZA 2022, 653; 6.9.1990 – 2 AZR 165/90, NZA 1991, 221; NK-GA/Boemke BGB § 615 Rn. 110.
[28] Vgl. BAG 6.9.1990 – 2 AZR 165/90, NZA 1991, 221; 14.8.1974 – 5 AZR 497/73, AP KSchG 1969 § 13 Nr. 3 mit krit. Anm. Vollkommer; APS/Biebl KSchG § 11 Rn. 17; MüKoBGB/Hergenröder KSchG § 11 Rn. 15; ErfK/Kiel KSchG § 11 Rn. 5; LSSW/Spinner § 11 Rn. 9.

Arbeitgeber zur Verfügung zu stellen verpflichtet war. Gegenüberzustellen ist damit der Vergütungsanspruch für die Zeit, für welche Arbeitsleistungen zu erbringen waren, und der Verdienst, den der Arbeitnehmer in dieser Zeit anderweitig erworben hat. Anhand der Umstände des Einzelfalls ist festzustellen, ob der anderweitige Verdienst kausal **durch das Freiwerden von der bisherigen Arbeitspflicht ermöglicht** wurde. Hatte beispielsweise ein gekündigter Arbeitnehmer bei seinem Arbeitgeber eine Wochenarbeitszeit von 12 Stunden und arbeitet er nun im Verzugszeitraum wöchentlich 17 Stunden, muss er sich nur den Verdienst anrechnen lassen, den er in 12 Stunden erzielt hat.[29] Bei konsequenter Fortentwicklung dieses Grundsatzes wird man insbesondere bei Teilzeitbeschäftigten auch die **Lage der Arbeitszeit** zu berücksichtigen und zu prüfen haben, ob der Arbeitnehmer im Verzugszeitraum zu einer Zeit gearbeitet hat, zu der auch bei dem kündigenden Arbeitgeber hätte tätig werden müssen. Nur der hierbei erzielte Verdienst beruht auf dem Wegfall der bis zur Kündigung bestehenden Arbeitspflicht. Einkünfte, die der Arbeitnehmer aus einer **Kapitalbeteiligung an einem Unternehmen** ohne eigene Tätigkeit für dieses erzielt, sind grundsätzlich nicht anrechenbar.[30]

9 Soweit **Einkünfte erst nach Beendigung des Annahmeverzugs erzielt** werden und auf Tätigkeiten im Verzugszeitraum beruhen, sind diese nach § 11 Nr. 1 – gegebenenfalls anteilig – anzurechnen.[31] Der Arbeitnehmer hat durch seine Arbeit während des Annahmeverzugs auch das verdient, was er hierfür erst zu einem späteren Zeitpunkt erhält. Dies gilt insbesondere für Provisionen, die auf einer Vermittlungstätigkeit im Verzugszeitraum beruhen.[32]

10 d) **Anrechnung von anderweitigem Erwerb nach § 11 Nr. 1 KSchG bei selbständiger Tätigkeit.** Anrechenbar ist nicht nur ein Erwerb, der durch Arbeit in einem Arbeits- oder Dienstverhältnis erzielt wird. Auch Einnahmen aus **selbständiger Tätigkeit, freier Mitarbeit oder Ausübung eines Gewerbes** sind anrechenbar.[33] Maßgeblich sind hierbei nicht allein die Einnahmen, sondern im Ausgangspunkt der unter Berücksichtigung der erforderlichen Ausgaben erzielte Unternehmergewinn, den der Arbeitnehmer im Verzugszeitraum durch die frei gewordenen Arbeitskapazitäten erwirtschaftet hat.[34] Ob zu den einzubeziehenden Ausgaben auch alle steuerrechtlich relevanten Ausgaben für die Anschaffung von Wirtschaftsgütern iSv § 7 Abs. 1 EStG gehören, ist noch nicht geklärt. Im Hinblick auf die differenzierte Bewertung von Aufwendungen bei nichtselbständiger Tätigkeit (→ Rn. 11), dürfte auch bei der selbständigen Tätigkeit eine Unterscheidung geboten sein. Hat sich der Arbeitnehmer während des Annahmeverzugs auf die Tätigkeit vorbereitet, aus der er erst später Einkünfte erzielt, ist eine teilweise Anrechnung des später Erlangten möglich, wenn er im Verzugszeitraum bereits mit der selbstständigen Tätigkeit begonnen hat. Problematisch ist, inwieweit bei einer begonnenen selbstständigen Tätigkeit Akquisitionserfolge Berücksichtigung finden können. Relevant dürften wohl nur Tätigkeiten sein, für die der Arbeitnehmer schon eine Gegenleistung verlangen kann. Ggf. ist die Höhe des Gewinns nach § 287 ZPO zu schätzen.[35]

11 e) **Absetzen erforderlicher Aufwendungen vom erzielten Zwischenverdienst nach § 11 Nr. 1 KSchG.** Von dem erzielten Zwischenverdienst kann der Arbeitnehmer **erforderliche Aufwendungen absetzen.**[36] Hierzu gehören insbesondere Reise- und Übernachtungskosten, wenn die Tätigkeit an einem anderen als dem bisherigen Arbeitsort ausgeführt

[29] BAG 24.2.2016 – 5 AZR 425/15, NZA 2016, 687.
[30] BAG 24.1.2024 – 5 AZR 331/22, NZA 2024, 408.
[31] BAG 24.1.2024 – 5 AZR 331/22, NZA 2024, 408; 16.6.2004 – 5 AZR 508/03, NZA 2004, 1155; HWK/Krause BGB § 615 Rn. 90; ErfK/Preis/Greiner BGB § 615 Rn. 91.
[32] Vgl. LAG Düsseldorf 5.3.1970 – 3 Sa 533/69, DB 1970, 1277 (1278).
[33] Vgl. BAG 24.1.2024 – 5 AZR 331/22, NZA 2024, 408; 13.7.2022 – 5 AZR 498/21, NZA 2022, 1465; APS/Biebl KSchG § 11 Rn. 18; ErfK/Kiel KSchG § 11 Rn. 5; KR/Spilger KSchG § 11 Rn. 42.
[34] Vgl. KR/Spilger KSchG § 11 Rn. 42; MüKoBGB/Henssler § 615 Rn. 84.
[35] BAG 24.1.2024 – 5 AZR 331/22, NZA 2024, 408; MüKoBGB/Henssler § 615 Rn. 84.
[36] MüKoBGB/Henssler § 615 Rn. 81; ErfK/Preis/Greiner § 615 BGB Rn. 90; Staudinger/Fischinger § 615 Rn. 163.

wird. Keine erforderlichen Aufwendungen sind Kosten, die vom Arbeitnehmer für den Erwerb einer weitergehenden Qualifizierung aufgebracht werden, die für die Ausübung der vertraglich geschuldeten Tätigkeit in dem gekündigten Arbeitsverhältnis nicht erforderlich war und lediglich der Erhöhung seines „Marktwerts" dient.[37] Außerdem wird für möglich gehalten, dass erhöhte Fahrtkosten nur unter Anrechnung von Steuervorteilen infolge erhöhter Werbungskosten iSv § 9 Abs. 1 S. 3 Nr. 4 EstG von dem erzielten Zwischenverdienst abgesetzt werden können.[38]

f) **Prinzip der Gesamtberechnung nach § 11 Nr. 1 KSchG.** Der anderweitig erzielte Bruttoverdienst des Arbeitnehmers ist nach der ständigen Rechtsprechung des Bundesarbeitsgerichts auf die Bruttovergütung für die gesamte Dauer des Annahmeverzugs anzurechnen – sog. Prinzip der Gesamtberechnung – und nicht nur auf die Vergütung für den Zeitabschnitt, in dem der anderweitige Erwerb erzielt wurde (pro rata temporis).[39] Hierzu ist zunächst die Vergütung für die infolge des Verzugs nicht geleisteten Dienste zu ermitteln. Dieser ist gegenüberzustellen, was der Arbeitnehmer in der betreffenden Zeit anderweitig erworben hat.[40] In die Vergleichsberechnung sind zugunsten des Arbeitnehmers alle Ansprüche einzustellen, die er gegen den Arbeitgeber erworben hat. Ein zwischenzeitliches Erlöschen wegen nicht fristgerechter Geltendmachung der Forderung ist unerheblich.[41] Die Gesamtberechnung setzt regelmäßig voraus, dass der **Annahmeverzug bereits beendet ist.** Erst dann ist der erforderliche Vergleich der dem Arbeitnehmer gegen den Arbeitgeber zustehenden Entgeltansprüche mit dem Erwerb aus der anderweitigen Verwendung der Dienste möglich. 12

Macht der Arbeitnehmer **monatlich entstandene Vergütungsansprüche** im Klageweg geltend, erfolgt eine Anrechnung der erzielten Verdienste im Rahmen einer vorläufigen Gesamtberechnung. Da die Parteien aufgrund der im Zivilprozess geltenden Dispositionsmaxime mit ihren Anträgen und Einwendungen den der Gesamtberechnung zugrunde zu legenden Zeitraum bestimmen,[42] kann der Arbeitnehmer Vergütungsansprüche auch nur für Monate geltend machen, in denen er keinen Zwischenverdienst erworben hat. Nach Auffassung des BAG soll in einem solchen Fall eine Anrechnung dessen, was der Arbeitnehmer in einem späteren Zeitraum anderweitig erwirbt, nicht in Betracht kommen. Die Anrechnung des durch die anderweitige Verwendung der Dienste erworbenen Verdienstes beschränke sich regelmäßig auf den einzelnen Monat, für den der Arbeitgeber die Vergütung schulde. Andernfalls würde der Pfändungsschutz des Arbeitnehmers nach §§ 850 ff. ZPO nicht beachtet.[43] 13

g) **Auskunftsanspruch des Arbeitgebers betreffend anderweitigen Verdienst iSv § 11 Nr. 1 KSchG.** Hinsichtlich der Höhe des anderweitigen Arbeitsverdienstes kann der Arbeitgeber vom Arbeitnehmer Auskunft verlangen. Der Auskunftsanspruch ergibt sich aus der entsprechend anwendbaren Vorschrift des **§ 74c Abs. 2 HGB,**[44] jedenfalls aber aus einer Nebenpflicht des Arbeitnehmers gemäß **§ 242 BGB.**[45] Er besteht, wenn der Arbeitgeber auf die Auskunft angewiesen ist, um festzustellen, ob die vom Arbeitnehmer geltend gemachten Vergütungsansprüche durch die Anrechnung nach § 11 Nr. 1 bzw. § 615 S. 2 BGB teilweise oder vollständig erloschen sind. Ein Auskunftsanspruch des 14

[37] BAG 2.10.2018 – 5 AZR 376/17, NZA 2018, 1544.
[38] ArbG Bonn 24.4.2024 – 5 Ca 1149/23, BeckRS 2024, 8746.
[39] BAG 24.2.2016 – 5 AZR 425/15, NZA 2016, 687; 16.5.2012 – 5 AZR 251/11, NZA 2012, 971; 22.11.2005 – 1 AZR 407/04, NZA 2006, 736; MüKoBGB/Hergenröder KSchG § 11 Rn. 16; HWK/Krause BGB § 615 Rn. 89; LSSW/Spinner § 11 Rn. 10; Staudinger/Fischinger § 615 Rn. 160; aA ArbG Hamburg 24.4.2024 – 25 Ca 348/23, BeckRS 2024, 11679; Boecken NJW 1995, 3218; ErfK/Preis/Greiner BGB § 615 Rn. 92; Nübold RdA 2004, 31.
[40] BAG 12.12.2006 – 1 AZR 96/06, NZA 2007, 453.
[41] BAG 24.8.1999 – 9 AZR 804/98, NZA 2000, 818.
[42] BAG 13.7.2022 – 5 AZR 498/21, NZA 2022, 1465; 9.2.2022 – 5 AZR 347/21, NZA 2022, 653; 16.5.2012 – 5 AZR 251/11, NZA 2012, 971.
[43] BAG 24.8.1999 – 9 AZR 804/98, NZA 2000, 818.
[44] BAG 24.8.1999 – 9 AZR 804/98, NZA 2002, 818.
[45] BAG 27.5.2020 – 5 AZR 387/19, NZA 2020, 1113.

Arbeitgebers besteht nicht nur nach Beendigung des Annahmeverzugs, sondern ebenso im fortdauernden Annahmeverzug. Er setzt dann aber voraus, dass im Rahmen einer vorläufigen Gesamtberechnung eine Feststellung über das anrechnungsbedingte Erlöschen der vom Arbeitnehmer für die fortlaufend geltend gemachten Ansprüche möglich ist. Das ist der Fall, wenn der bisherige anderweitige Erwerb und die seit Beginn des Annahmeverzugs zeitabschnittsabweise entstandenen Vergütungsansprüche verglichen werden können. Macht der Arbeitnehmer monatlich entstandene Vergütungsansprüche geltend, muss er auf Verlangen des Arbeitgebers zeitlich lückenlos Auskunft über den anderweitigen Verdienst erteilen, den er vom Eintritt des Annahmeverzugs bis zu dem jüngsten von ihm erhobenen Anspruch erworben hat.[46] Besteht Grund zu der Annahme, dass die Angaben des Arbeitnehmers über die Höhe seines Zwischenverdienstes unvollständig sind, hat der Arbeitgeber gegen den Arbeitnehmer einen Anspruch auf Abgabe einer eidesstattlichen Versicherung.[47] Soweit es um Einkünfte aus selbstständiger Tätigkeit geht, ist dem Arbeitnehmer die Vorlage eines Einkommenssteuerbescheids regelmäßig zuzumuten.

15 Erteilt der Arbeitnehmer die verlangte **Auskunft nicht oder nicht vollständig,** kann der Arbeitgeber die Fortzahlung des Arbeitsentgelts verweigern. Eine Klage des Arbeitnehmers soll nach der Rechtsprechung des BAG dann als „zurzeit unbegründet" abzuweisen sein.[48] Hiergegen bestehen Bedenken. Klagt der Arbeitnehmer auf Zahlung von Annahmeverzugsvergütung und verlangt der Arbeitgeber im Prozess Auskunft über die Höhe des erzielten Einkommens, hat sich der Arbeitnehmer gemäß § 138 Abs. 1 ZPO hierzu vollständig und wahrheitsgemäß zu erklären. Ohne die vom Arbeitgeber verlangte Auskunft ist die geltend gemachte Annahmeverzugsvergütung nicht berechenbar. Erfüllt der Arbeitnehmer seine prozessuale Darlegungslast nicht, ist die Klage daher endgültig abzuweisen. Insoweit unterscheidet sich diese Fallkonstellation nicht von anderen Fällen unzureichenden Vortrags der klagenden Partei, in denen die Klage endgültig abgewiesen wird.[49] Eine Abweisung der Klage als zurzeit unbegründet kommt nur in Betracht, wenn der Arbeitnehmer die geforderte Auskunft aus Gründen nicht erteilen kann, die er nicht zu vertreten hat. Dies ist etwa anzunehmen, wenn der vorzulegende Steuerbescheid vom Finanzamt noch nicht erlassen worden ist.

16 h) **Verzinsung der Annahmeverzugslohnansprüche.** Im Hinblick auf etwaige Zinsansprüche ist zu beachten, dass trotz der Gesamtberechnung die Annahmeverzugslohnansprüche nicht erst am Ende des Annahmeverzugs entstehen, sondern sukzessive während des Annahmeverzugs und mit dem jeweiligen Abrechnungszeitraum fällig werden. Der Arbeitnehmer ist daher grundsätzlich nicht gehindert, sie ratierlich geltend zu machen und Prozess- oder Verzugszinsen zu fordern. Die von dritter Seite bezogenen Bruttovergütungen hat er dabei ebenso wie anzurechnende öffentlich-rechtliche Leistungen taggenau abzusetzen.[50] Deshalb ist das vom Arbeitnehmer bezogene Arbeitslosengeld ab dem Zeitpunkt des tatsächlichen Zuflusses von der Verzinsung der Bruttoschuld auszunehmen. Die Verzinsungspflicht gemäß § 291 BGB beginnt nach § 187 Abs. 1 BGB jeweils einen Tag nach dem Eintritt der Rechtshängigkeit.[51]

17 i) **Prozessuale Fragen bei der Anrechnung von anderweitigem Verdienst nach § 11 Nr. 1 KSchG.** Der Arbeitgeber ist für den anrechenbaren Verdienst **darlegungs- und**

---

[46] BAG 24.8.1999 – 9 AZR 804/98, NZA 2000, 818.
[47] BAG 29.7.1993 – 2 AZR 110/93, NZA 1994, 116.
[48] BAG 19.3.2002 – 9 AZR 16/01, EzA § 615 BGB Nr. 108; 24.8.1999 – 9 AZR 804/98, NZA 2000, 818; 19.2.1997 – 5 AZR 379/94; 29.7.1993 – 2 AZR 110/93, NZA 1994, 116.
[49] Vgl. zu § 7 EFZG BAG 26.2.2003 – 5 AZR 112/02, AP EFZG § 5 Nr. 8; siehe auch ArbG Stuttgart 23.2.2023 – 25 Ca 956/22, BeckRS 2023, 3241.
[50] BAG 24.9.2014 – 5 AZR 593/12, NZA 2015, 35; 16.5.2012 – 5 AZR 251/11, NZA 2012, 971; 19.5.2010 – 5 AZR 253/09, NZA 2010, 2827.
[51] BAG 19.3.2008 – 5 AZR 429/07, NZA 2008, 757.

beweispflichtig.[52] Bei der Anrechnung nach § 11 Nr. 1 handelt es sich um eine rechtsvernichtende Einwendung des Arbeitgebers. Ergibt sich aus dem Vortrag der Parteien, dass der Arbeitnehmer anderweitigen Verdienst erzielt hat, erfolgt die Anrechnung von Gesetzes wegen und bedarf keiner gesonderten Erklärung des Arbeitgebers (→ Rn. 7).[53] Trägt der Arbeitnehmer selbst vor, dass er einen Zwischenverdienst erzielt hat, ist die Klage nur im Umfang der Differenz zwischen den Verzugsansprüchen und dem erzielten Verdienst schlüssig.[54] Regelmäßig wird der beklagte Arbeitgeber freilich weder darlegen und beweisen können, dass der Arbeitnehmer überhaupt anderweitigen Verdienst erzielt hat, noch wird er Angaben zur Höhe des anderweitigen Erwerbs machen können. Das BAG[55] weist ihm zwei Auswege: Prozessual am nächsten liege es, die vom Arbeitnehmer geschuldete Auskunft (→ Rn. 14) in die Verteilung der Darlegungslast zu integrieren und ihm ggf. eine **sekundäre Darlegungslast** aufzuerlegen. Allerdings könne der Arbeitgeber den materiell-rechtlichen Auskunftsanspruch im Prozess auch selbständig im Weg der (teilurteilsfähigen) **Stufenwiderklage** geltend machen.[56]

Wird ein **Arbeitgeber rechtskräftig verurteilt,** für einen bestimmten Zeitraum Annah- **18**
meverzugsvergütung zu zahlen, ist er nach Auffassung des BAG durch die Rechtskraft der Entscheidung nicht gehindert, den anrechenbaren Teil der Vergütung im Weg der Zahlungsklage nach § 812 BGB zurückzufordern, wenn er später von einem Zwischenverdienst des Arbeitnehmers erfährt.[57] Richtigerweise ist danach zu differenzieren, ob die Zwangsvollstreckung bereits beendet ist. Ist sie es nicht, sind Einwendungen des Arbeitgebers, die den durch das Urteil festgestellten Anspruch selbst betreffen, nach § 767 mit der Vollstreckungsabwehrklage geltend zu machen.[58] Nach Beendigung der Zwangsvollstreckung setzt die materiell-rechtliche Bereicherungsklage lediglich die rechtlichen Möglichkeiten der Vollstreckungsgegenklage fort. Daher unterliegt sie denselben Einschränkungen, denen eine Vollstreckungsabwehrklage unterlegen wäre.[59] Es können nur Einwendungen die Bereicherungsklage begründen, die nicht gemäß § 767 Abs. 2 ZPO präkludiert sind. Danach wird eine Rückforderung durch den Arbeitgeber nach rechtskräftiger Verurteilung regelmäßig genauso ausscheiden wie eine Vollstreckungsgegenklage unbegründet ist, wenn der Schuldner nachträglich davon Kenntnis erlangt, dass der Gläubiger die ihm zuerkannte Forderung vor dem Schluss der letzten mündlichen Verhandlung in der Tatsacheninstanz (teilweise) an einen Dritten abgetreten hat.[60] Das BAG übersieht, dass die freiwillige Zahlung durch den Arbeitgeber mit dessen rechtskräftiger Verurteilung nicht gleichgesetzt werden kann. Etwas anderes könnte nur gelten, wenn das Gericht das Vorliegen anrechenbaren Verdienstes bei seiner Entscheidung bewusst – wenn auch zu Unrecht – offengelassen haben sollte.[61]

j) Anrechnung von in einem anderen Arbeitsverhältnis gewährtem Urlaub analog § 11 **19**
Nr. 1 KSchG. Nach der Rechtsprechung des BAG muss der Arbeitnehmer sich – nur – dann analog § 615 S. 2, § 11 Nr. 1 den ihm während des Kündigungsrechtsstreits von einem anderen Arbeitgeber gewährten Urlaub auf seinen Urlaubsanspruch gegen den kündigenden Arbeitgeber anrechnen lassen, wenn er die Pflichten aus beiden Arbeitsverhältnissen nicht gleichzeitig hätte erfüllen können (zB grds. bei zwei Vollzeitarbeits-

---

52 BAG 27.5.2020 – 5 AZR 387/19, NZA 2020, 1113; 6.9.1990 – 2 AZR 165/90, NZA 1991, 397; 19.7.1978 – 5 AZR 748/77, NJW 1979, 285; MüKoBGB/Hergenröder KSchG § 11 Rn. 17; ErfK/Preis/Greiner BGB § 615 Rn. 109; KR/Spilger KSchG § 11 Rn. 45.
53 BAG 2.10.2018 – 5 AZR 376/17, NZA 2018, 1544; 24.9.2003 – 5 AZR 500/02, NZA 2004, 90.
54 BAG 2.10.2018 – 5 AZR 376/17, NZA 2018, 1544.
55 BAG 27.5.2020 – 5 AZR 387/19, NZA 2020, 1113.
56 Insofern ablehnend Heukenkamp RdA 2021, 300 ff.
57 BAG 29.7.1993 – 2 AZR 110/93, NZA 1994, 116; APS/Biebl KSchG § 11 Rn. 20; LSSW/Spinner § 11 Rn. 11; KR/Spilger KSchG § 11 Rn. 45.
58 Vgl. Gravenhorst Anm. zu BAG EzA § 615 BGB Nr. 79.
59 BGH 5.7.2013 – V ZR 141/12, NJW 2013, 3234.
60 Vgl. BGH 19.10.2000 – IX ZR 255/99, NJW 2001, 231.
61 Vgl. BAG 10.11.2021 – 10 AZR 696/19, NZA 2022, 345; BGH 11.4.2018 – XII ZB 121/17, NJW 2018. 1753.

verhältnissen).[62] Die Anrechnung ist kalenderjahresbezogen vorzunehmen, dh der im neuen Arbeitsverhältnis erhaltene Urlaub kann **nicht** im Weg einer auf den Zeitraum, in dem beide Arbeitsverhältnisse nebeneinander bestanden, bezogenen **Gesamtberechnung,** sondern nur bezogen auf das jeweilige Kalenderjahr auf die Urlaubsansprüche gegen den ursprünglichen Arbeitgeber angerechnet werden.[63] Ist die Urlaubsvergütung, die der Arbeitnehmer von seinem neuen Arbeitgeber bezogen hat, geringer als die Urlaubsvergütung beim alten Arbeitgeber, ist von der Gesamtvergütung, die letzter nach § 615 BGB schuldet, ein entsprechend geringerer Betrag nach § 11 Nr. 1 KSchG in Abzug zu bringen. Dadurch ist gewährleistet, dass dem Arbeitnehmer für jeden Urlaubstag beim neuen Arbeitgeber zugleich die gewöhnliche Vergütung – als Annahmeverzugsvergütung – beim alten Arbeitgeber erhält.[64]

3. Böswillig unterlassene Arbeit iSv § 11 Nr. 2 KSchG

20 **a) Verhältnis von § 11 Nr. 2 KSchG zu § 615 S. 2 BGB.** Der Arbeitnehmer muss sich weiterhin anrechnen lassen, was er hätte verdienen können, wenn er es nicht böswillig unterlassen hätte, eine ihm zumutbare Arbeit anzunehmen (Nr. 2). § 11 Nr. 2 unterscheidet sich im Wortlaut von § 615 S. 2 BGB vor allem durch die Hervorhebung der Zumutbarkeit der Arbeit. Sachlich liegt aber kein Unterschied vor;[65] denn auch für die Anrechnungspflicht aus § 615 S. 2 BGB gilt die allgemeine Regel des § 242 BGB, so dass für die Anrechnung nur solche Arbeit in Frage kommt, deren Leistung nach Treu und Glauben unter Beachtung des Grundrechts auf freie Arbeitsplatzwahl (Art. 12 GG) vom Arbeitnehmer erwartet werden kann.[66] Gesetzliche Folge ist die Anrechnung des hypothetischen Verdienstes. Der Arbeitgeber wird von seiner Zahlungspflicht befreit, ohne dass es einer Anrechnungserklärung bedarf (→ Rn. 7).[67] Die Anwendung von § 11 Nr. 2 kann zugunsten des Arbeitnehmers abbedungen werden. Das kann ggf. auch im Rahmen eines gerichtlichen Vergleichs erfolgen.[68]

21 **b) Böswilligkeit iSv § 11 Nr. 2 KSchG.** Böswillig handelt der Arbeitnehmer, dem ein Vorwurf daraus gemacht werden kann, dass er während des Annahmeverzugs **trotz Kenntnis aller objektiven Umstände vorsätzlich untätig** bleibt, die Aufnahme der Arbeit bewusst verhindert,[69] vorsätzlich verhindert, dass ihm eine zumutbare Arbeit überhaupt angeboten wird,[70] oder sich im Hinblick auf die Zahlungspflicht des Arbeitgebers vorsätzlich mit einer zu geringen Vergütung (zB aufgrund einer bloß geringfügigen Beschäftigung)[71] zufrieden gibt.[72] Die Böswilligkeit setzt nicht voraus, dass der Arbeitnehmer in der Absicht handelt, den Arbeitgeber zu schädigen.[73] Es genügt das vorsätzliche Außerachtlassen einer dem Arbeitnehmer bekannten Gelegenheit zur Erwerbsarbeit. Fahrlässiges, auch grob fahrlässiges Verhalten genügt hingegen nicht.[74] Die vorsätzliche Untätigkeit ist nicht vorwerfbar, wenn eine angebotene oder sonst mögliche Arbeit nach den konkreten Umständen für den Arbeitnehmer unzumutbar ist. Bei der Prüfung der Zu-

[62] BAG 21.2.2012 – 9 AZR 487/10, NZA 2012, 793 mablAnm Benecke AP BUrlG § 6 Nr. 5.
[63] BAG 5.12.2023 – 9 AZR 230/22, NZA 2024, 467.
[64] BAG 5.12.2023 – 9 AZR 230/22, NZA 2024, 467.
[65] BAG 11.10.2006 – 5 AZR 754/05, NJW 2007, 2060; 16.5.2000 – 9 AZR 203/99, AP BGB § 615 Böswilligkeit Nr. 7 mAnm Opolony; APS/Biebl KSchG § 11 Rn. 21.
[66] Vgl. BAG 17.11.2011 – 5 AZR 564/10, NZA 2012, 260; 7.2.2007 – 5 AZR 422/06, NZA 2007, 561; KR/Spilger KSchG § 11 Rn. 47.
[67] BAG 24.9.2003 – 5 AZR 500/02, NZA 2004, 90.
[68] LAG Baden-Württemberg 6.12.2022 – 15 Sa 14/22, BeckRS 2022, 52287.
[69] BAG 8.9.2021 – 5 AZR 205/21, NZA 2022, 113; 17.11.2011 – 5 AZR 564/10, NZA 2012, 260; 7.2.2007 – 5 AZR 422/06, NZA 2007, 561; 11.10.2006 – 5 AZR 754/05, NJW 2007, 2060.
[70] BAG 7.2.2024 – 5 AZR 177/23, NZA 2024, 685.
[71] BAG 7.2.2024 – 5 AZR 177/23, NZA 2024, 685.
[72] BAG 24.1.2024 – 5 AZR 331/22, NZA 2024, 408.
[73] BAG 24.1.2024 – 5 AZR 331/22, NZA 2024, 408.
[74] BAG 15.1.2025 – 5 AZR 135/24, BeckRS 2025, 5384; 22.3.2017 – 5 AZR 337/16, NZA 2017, 988; 11.10.2006 – 5 AZR 754/05, NJW 2007, 2060.

mutbarkeit sind das dem Arbeitnehmer gemäß Art. 12 GG zustehende Grundrecht der freien Arbeitsplatzwahl sowie der Grundsatz von Treu und Glauben (§ 242 BGB) zu beachten. Maßgebend sind die gesamten Umstände des Einzelfalls, die stets im Rahmen einer **Gesamtabwägung** zu bewerten sind.[75] Das schließt es aus, einen bei der Gesamtabwägung zu berücksichtigenden Umstand losgelöst von den sonstigen Umständen des Einzelfalls gleichsam absolut zu setzen.[76] Die Unzumutbarkeit kann zB in der Person des Arbeitgebers, der Art der Arbeit oder den sonstigen Arbeitsbedingungen ihren Grund haben.[77] Auch vertragsrechtliche Umstände sind zu berücksichtigen. Demgegenüber kann auf die Zumutbarkeitskriterien des § 140 Abs. 3 und Abs. 4 (= § 121 aF) SGB III nicht abgestellt werden, weil es hier um einen anderen Regelungsgegenstand, nämlich den Schutz der Versichertengemeinschaft geht.[78] Ein Arbeitnehmer unterlässt es deshalb grundsätzlich nicht böswillig, eine andere zumutbare Arbeit anzunehmen, wenn Voraussetzung hierfür der erfolgreiche Abschluss einer Qualifizierungsmaßnahme ist, für die der Arbeitnehmer finanzielle Aufwendungen zu erbringen hat, die er auf den erzielten Zwischenverdienst nicht anrechnen kann.[79] Der Arbeitnehmer muss, um dem Vorwurf der Böswilligkeit iSv § 11 Nr. 2 KSchG zu entgehen, auch nicht einem möglichen anderen Arbeitgeber einstellungsrelevante Informationen vorenthalten.[80] Zudem kann der Vorwurf der Böswilligkeit dadurch ausgeschlossen sein, dass der Arbeitnehmer ein realistisches Konzept zur Aufnahme einer selbständigen Tätigkeit entwickelt oder ein seinem beruflichen Fortkommen dienliches Studium aufnimmt.[81] Hingegen entspricht ein ungefragter Hinweis auf ein laufendes Gerichtsverfahren mit dem bisherigen Arbeitgeber schon vor einem Vorstellungsgespräch nicht dem Verhalten einer tatsächlich um eine Beschäftigung bemühten Person.[82] Anders kann dies für eine Offenlegung in einem Vorstellungsgespräch[83] oder bei einer bereits öffentlich gewordenen Auseinandersetzung mit dem „alten" Arbeitgeber[84] zu beurteilen sein. Bei der Gesamtabwägung kann die Unwirksamkeit der Kündigung für sich genommen nicht zulasten des Arbeitgebers berücksichtigt werden. Sie führt überhaupt erst zur Anwendung von § 11 Nr. 2. Anders liegt es zB bei mehrfachen vorangegangenen unwirksamen und zurückgenommenen Kündigungen.[85]

c) **Zumutbare Arbeit bei einem anderen Arbeitgeber iSv § 11 Nr. 2 KSchG.** Was eine 22
zumutbare Arbeit iSv § 11 Nr. 2 ist, bestimmt sich nach Treu und Glauben (§ 242 BGB) sowie unter Beachtung des Grundrechts auf freie Arbeitsplatzwahl (Art. 12 GG). Maßgebend sind die **Umstände des Einzelfalls.**[86] Die Unzumutbarkeit der Arbeit kann ihren Grund in der Person des Arbeitgebers, der Art der Arbeit und den sonstigen Arbeitsbedingungen haben.[87] Da die unterlassene Arbeit bei einem anderen Arbeitgeber als Regelfall von § 11 Nr. 2 notwendigerweise eine andere vertragliche Grundlage voraussetzt, kann in diesem Fall von der Unzumutbarkeit der Beschäftigung nur ausgegangen werden, wenn eine nicht allein auf eine ggf. eintretende Verminderung des Verdienstes abstellende Gesamtbetrachtung ergibt, dass die Abweichungen von den beim bisherigen

[75] BAG 8.9.2021 – 5 AZR 205/21, NZA 2022, 113; 23.2.2021 – 5 AZR 213/20, NZA 2021, 938.
[76] BAG 12.10.2022 – 5 AZR 30/22, NZA 2023, 229.
[77] BAG 12.10.2022 – 5 AZR 30/22, NZA 2023, 229.
[78] BAG 7.2.2024 – 5 AZR 177/23, NZA 2024, 685; 7.2.2007 – 5 AZR 422/06, NZA 2007, 561; 11.10.2006 – 5 AZR 754/05, NJW 2007, 2060; 24.9.2003 – 5 AZR 500/02, NZA 2004, 90; aA Vogt/Fischer NZA-RR 2024, 1.
[79] BAG 2.10.2018 – 5 AZR 376/17, NZA 2018, 1544.
[80] Vgl. LAG Rheinland-Pfalz 22.7.2021 – 5 Sa 172/20, BeckRS 2021, 38756: Absicht, in absehbarer Zeit in vorgezogene Altersrente zu gehen.
[81] BAG 24.1.2024 – 5 AZR 331/22, NZA 2024, 408; Barrein NZA 2023, 334 (340); zur Aufnahme eines Studiums vgl. a. BAG 13.2.1996 – 9 AZR 931/94, NZA 1996, 1039.
[82] BAG 7.2.2024 – 5 AZR 177/23, NZA 2024, 685.
[83] Vgl. LAG Baden-Württemberg 3.5.2024 – 9 Sa 4/24, BeckRS 2024, 16220.
[84] Vgl. LAG Rheinland-Pfalz 30.1.2024 – 8 Sa 71/23, BeckRS 2024, 12309.
[85] BAG 7.2.2024 – 5 AZR 177/23, NZA 2024, 685; 12.10.2022 – 5 AZR 30/22, NZA 2023, 229.
[86] BAG 22.3.2017 – 5 AZR 337/16, NZA 2017, 988; 17.11.2011 – 5 AZR 564/10, NZA 2012, 260; 7.2.2007 – 5 AZR 422/06, NZA 2007, 561; 24.9.2003 – 5 AZR 500/02, NZA 2004, 90.
[87] BAG 12.10.2022 – 5 AZR 30/22, NZA 2023, 229.

Arbeitgeber geltenden Vertragsbedingungen nicht hinnehmbar sind. Hierfür ist der Arbeitnehmer darlegungs- und beweispflichtig.[88] Das Unterlassen einer vertragswidrigen Konkurrenztätigkeit ist nicht böswillig (zum arbeitgeberseitigen Verzicht auf das Wettbewerbsverbot → Rn. 33).[89] Auch muss der Arbeitnehmer eine erhebliche Verschlechterung der Arbeitsbedingungen grundsätzlich nicht hinnehmen.[90] So liegt es insbesondere, wenn der zu erzielende Nettoverdienst – ggf. nach Abzug der Kosten für die Arbeitswege[91] – unter dem im betreffenden Zeitraum bezogenen Arbeitslosengeld I liegt.[92]

23 d) **Zumutbare Arbeit beim kündigenden Arbeitgeber iSv § 11 Nr. 2 KSchG.** Eine Anrechnung nach § 11 Nr. 2 kommt auch in Betracht, wenn der Arbeitnehmer ein Arbeitsangebot des Arbeitgebers, der sich mit der Annahme der Dienste in Verzug befindet, böswillig nicht annimmt.[93]

24 aa) **Aufforderung durch den Arbeitgeber zur Aufnahme einer zumutbaren Arbeit iSv § 11 Nr. 2 KSchG.** Der Arbeitnehmer muss indes grundsätzlich nicht von sich aus tätig werden (→ Rn. 26).[94] Fordert der Arbeitgeber den Arbeitnehmer auf, eine konkrete Tätigkeit zu verrichten, begründen kurzfristige Verzögerungen, die auf der Einschaltung eines Prozessbevollmächtigten und der **Überprüfung der Zumutbarkeit** der angebotenen Prozessbeschäftigung in angemessener Zeit beruhen, noch kein Indiz für eine Böswilligkeit hinsichtlich des unterlassenen Zwischenerwerbs.[95] Die Arbeit bei dem bisherigen Arbeitgeber ist nur zumutbar iSv § 11 Nr. 2, wenn sie auf den Erwerb von Zwischenverdienst gerichtet ist. Auf eine **dauerhafte Änderung des Arbeitsvertrags** braucht sich der Arbeitnehmer nicht einzulassen. Die Annahme eines solchen Angebots verschlechtert die Arbeitsbedingungen endgültig und führt zur Erledigung des anhängigen Kündigungsrechtsstreits. Eine dauerhafte Änderung des Arbeitsvertrags steht dem Aufleben des bisherigen Vertrags entgegen.[96] Der Arbeitgeber kann dem Arbeitnehmer bis zur endgültigen Entscheidung des Kündigungsrechtsstreits eine **befristete bzw. auflösend bedingte Weiterbeschäftigung** zu denselben Arbeitsbedingungen anbieten.[97] Nimmt der Arbeitnehmer dieses Angebot nicht an, steht der Annahme eines böswilligen Unterlassens eines anderweitigen Erwerbs nicht schon entgegen, dass der Arbeitgeber, der an der Kündigung festhält, das Arbeitsangebot nicht in Erfüllung des bisherigen Arbeitsvertrags abgibt.[98] Nach Ansicht des BAG spricht eine tatsächliche Vermutung dafür, dass der Arbeitgeber das Angebot einer Weiterbeschäftigung zu unveränderten Bedingungen „zur Vermeidung von Annahmeverzug“ nicht ernst meint, wenn er das Arbeitsverhältnis fristlos wegen der Unzumutbarkeit von dessen Fortsetzung gekündigt hat.[99] Dies überzeugt nicht.[100] Trotz Ausspruchs einer fristlosen Kündigung hat der Arbeitgeber ein ernsthaftes – wirtschaftliches – Interesse daran, sein Verzugsrisiko zu minimieren. Ein entsprechendes Weiterbeschäftigungsangebot an den Arbeitnehmer führt für sich genommen auch nicht etwa dazu, dass der Arbeitgeber – eben, weil er nur aus wirtschaftlicher

[88] BAG 22.3.2017 – 5 AZR 337/16, NZA 2017, 988.
[89] Vgl. BAG 7.2.2024 – 5 AZR 177/23, NZA 2024, 685; 23.10.2014 – 2 AZR 644/13, NZA 2015, 429; 28.1.2010 – 2 AZR 1008/08, NZA-RR 2010, 461; Witteler/Brune NZA 2020, 1689 (1693).
[90] BAG 15.1.2025 – 5 AZR 135/24, BeckRS 2025, 5384; 15.1.2025 – 5 AZR 273/14, BeckRS 2025, 4914; 7.2.2024 – 5 AZR 177/23, NZA 2024, 685.
[91] LAG Düsseldorf 15.5.2024 – 14 SLa 81/24, BeckRS 2024, 17920.
[92] BAG 7.2.2024 – 5 AZR 177/23, NZA 2024, 685.
[93] BAG 8.9.2021 – 5 AZR 205/21, NZA 2022, 113; 19.5.2021 – 5 AZR 420/20, NZA 2021, 1324; 23.2.2021 – 5 AZR 213/20, NZA 2021, 938; 17.11.2011 – 5 AZR 564/10, NZA 2012, 260; 24.9.2003 – 5 AZR 500/02, NZA 2004, 90.
[94] BAG 19.9.2012 – 5 AZR 627/11, NZA 2013, 101; 11.1.2006 – 5 AZR 98/05, NZA 2006, 314; 22.2.2000 – 9 AZR 194/99, NZA 2000, 817.
[95] BAG 19.9.2012 – 5 AZR 627/11, NZA 2013, 101.
[96] BAG 11.1.2006 – 5 AZR 98/05, NZA 2006, 314.
[97] Dazu BAG 20.5.2021 – 2 AZR 457/20, NZA 2021, 1092; 19.1.2005 – 7 AZR 113/04, BeckRS 2005, 30349196.
[98] BAG 24.9.2003 – 5 AZR 500/02, NZA 2004, 90.
[99] BAG 29.3.2023 – 5 AZR 255/22, NZA 2023, 894.
[100] Krit. auch Boës RdA 2023, 377 (378 f.).

Raison handelt – sich den wichtigen Grund iSv § 626 Abs. 1 BGB selbst widerlegen würde.[101] Eine andere Frage ist es, ob es dem Arbeitnehmer nach einer fristlosen Kündigung zumutbar ist, im Rahmen einer Prozessbeschäftigung weiterzuarbeiten, solange die gegen ihn erhobenen Vorwürfe nicht – zumindest erstinstanzlich – geklärt sind (→ Rn. 25).

bb) Zumutbarkeitsgesichtspunkte nach § 11 Nr. 2 KSchG. Für die Bestimmung der 25
Zumutbarkeit der angebotenen Beschäftigung sind einerseits die Art der Kündigung und ihre Begründung sowie das Verhalten des Arbeitgebers im Kündigungsprozess bedeutsam. Bei einer personenbedingten Kündigung ist dem Arbeitnehmer die vorläufige Weiterbeschäftigung im Gegensatz zu einer verhaltensbedingten, insbesondere außerordentlichen Kündigung in der Regel zumutbar. Aber auch nach einer verhaltensbedingten Kündigung kann nicht stets von der Unzumutbarkeit der vorläufigen Weiterbeschäftigung beim kündigenden Arbeitgeber ausgegangen werden. Maßgeblich sind hier Art und Schwere der gegenüber dem Arbeitnehmer erhobenen Vorwürfe.[102] Hat der Arbeitnehmer unstreitig einen Vorgesetzten beleidigt und wird im Kündigungsschutzprozess nur über die rechtliche Bewertung der Beleidigung gestritten, ist eine Beschäftigung zumutbar.[103] Gleiches dürfte bei verhaltensbedingten Kündigungen wegen Zuspätkommens oder nicht rechtzeitiger Anzeige der Arbeitsunfähigkeit gelten. Auch vertragsrechtliche Umstände sind zu berücksichtigen.[104] Allerdings ist die nichtvertragsgemäße Arbeit nicht ohne weiteres mit unzumutbarer Arbeit gleichzusetzen. § 11 Nr. 2 schließt vielmehr den Fall mit ein, dass der Arbeitgeber eine vertragswidrige Arbeit anbietet.[105] Denn das Angebot vertragsgerechter Arbeit zwecks Erfüllung des bestehenden Arbeitsverhältnisses würde den Annahmeverzug beenden, wenn der Arbeitgeber zugleich erklärt, an der Kündigung nicht weiter festhalten zu wollen.[106] Andererseits ist auch das Verhalten des Arbeitnehmers im Kündigungsschutzprozess zu berücksichtigen. Wenn dieser sich dort auf die Möglichkeit der Zuweisung einer aus seiner subjektiven Sicht zumutbaren geringerwertigen Tätigkeit als die Kündigung ausschließendes milderes Mittel berufen hat, ist es ihm nach § 242 BGB unter dem Gesichtspunkt widersprüchlichen Verhaltens regelmäßig verwehrt, im Annahmeverzugsprozess die objektive Unzumutbarkeit einer entsprechenden, ihm zwischenzeitlich vom Arbeitgeber angebotenen Tätigkeit geltend zu machen.[107] Schließlich spricht vieles dafür, dass der Arbeitnehmer dem Vorwurf des böswilligen Unterlassens iSv § 11 Nr. 2 nicht mit Erfolg begegnen kann, indem er sich gegenüber einer ihm vom kündigenden Arbeitgeber angebotenen zumutbaren Beschäftigung vor einer rechtskräftigen Entscheidung über den Fortbestand des Arbeitsverhältnisses auf ein Zurückbehaltungsrecht wegen rückständiger Vergütung beruft.[108]

cc) Anwendung von § 11 Nr. 2 KSchG bei Verurteilung zur vorläufigen Weiterbeschäftigung. Wird der Arbeitgeber für die Dauer des Kündigungsschutzprozesses zur 26
vorläufigen Weiterbeschäftigung verurteilt, handelt der Arbeitnehmer nicht böswillig, wenn er dieses Weiterbeschäftigungsurteil **nicht vollstreckt** und die Vollstreckung auch nicht androht. Der Arbeitnehmer braucht gegenüber dem Arbeitgeber insoweit nicht von sich aus aktiv zu werden.[109] Geht es um eine Arbeitsmöglichkeit beim bisherigen Arbeit-

---

[101] Vgl. BAG 13.5.2015 – 2 AZR 531/14, NJOZ 2015, 1783 für die Gewährung einer sozialen Auslauffrist; Weber SAE 1982, 94 (95 f.).

[102] BAG 15.1.2025 – 5 AZR 135/24; BeckRS 2025, 5384; 29.3.2022 – 5 AZR 255/22, NZA 2023, 894; 7.11.2002 – 2 AZR 650/00, AP BGB § 615 Nr. 98; BAG 22.2.2000 – 9 AZR 194/99, NZA 2000, 817.

[103] Vgl. BAG 24.9.2003 – 5 AZR 500/02, NZA 2004, 90 zur Prozessbeschäftigung.

[104] BAG 22.3.2017 – 5 AZR 337/16, NZA 2017, 988; 7.2.2007 – 5 AZR 422/06, NZA 2007, 561.

[105] BAG 17.11.2011 – 5 AZR 564/10, NZA 2012, 260.

[106] Dazu Ricken Anm. zu BAG AP KSchG 1969 § 11 Nr. 8.

[107] BAG 19.1.2022 – 5 AZR 346/21, BeckRS 2022, 10697.

[108] BAG 19.1.2022 – 5 AZR 346/21, BeckRS 2022, 10697.

[109] BAG 22.2.2000 – 9 AZR 194/99, NZA 2000, 817; vgl. auch BAG 19.1.2022 – 5 AZR 346/21, BeckRS 2022, 10697 zum Leistungswillen iSv § 294 BGB.

geber, kann der Arbeitnehmer regelmäßig abwarten, ob ihm eine zumutbare Arbeit angeboten wird. Es ist Sache des Arbeitgebers, eine Beschäftigung anzubieten. Dieser hat insoweit den Fortgang des Verfahrens in der Hand. Der Arbeitnehmer kann davon ausgehen, dass mit der Kündigung die Ablehnung der Beschäftigung verbunden ist, solange der Arbeitgeber nicht von sich aus aktiv wird. Eine eigene Initiative ist dem Arbeitnehmer hier, von besonderen Umständen des Einzelfalls abgesehen, nicht zumutbar.[110] Bietet allerdings der Arbeitgeber nach verlorener erster Instanz für die Dauer des Kündigungsschutzprozesses die **vorläufige Weiterbeschäftigung nach Maßgabe der erfolgten Verurteilung** durch das ArbG an, liegt in der Regel ein zumutbares Arbeitsangebot iSv § 11 Nr. 2 vor. Dem steht nicht entgegen, dass in diesem Fall keine Beschäftigung auf vertraglicher Grundlage erfolgt (→ § 4 Rn. 181). Die fehlende Vertragsgrundlage und die damit bei wirksamer Kündigung verbundene Rückabwicklung nach Bereicherungsgrundsätzen[111] sind für sich genommen nicht unzumutbar. Sie ändern nichts daran, dass der Arbeitnehmer Vergütung erzielen konnte. Nach § 11 Nr. 2 ist der Arbeitnehmer gehalten, „zumutbare Arbeit", aber nicht notwendig ein Arbeitsverhältnis anzunehmen.[112] Es ist im Gegenteil so, dass der Arbeitnehmer darauf bestehen darf, rein tatsächlich aufgrund des erstrittenen Weiterbeschäftigungsurteils beschäftigt zu werden und nicht ein befristetes Prozessarbeitsverhältnis **neben** dem gekündigten Arbeitsverhältnis eingehen zu müssen; die Pflicht zur Rücksichtnahme auf die Interessen des Arbeitgebers findet dort ihre Grenze, wo der Arbeitnehmer einen (vorläufig) vollstreckbaren Titel und damit einen den Arbeitgeber bindenden Rechtsanspruch hat.[113] Allerdings wäre es nach hier vertretener Ansicht böswillig, wenn der Arbeitnehmer darauf bestünde, aufgrund des Titels rein tatsächlich beschäftigt zu werden, anstatt das gekündigte Arbeitsverhältnis auflösend bedingt fortzusetzen;[114] der Arbeitnehmer hat kein schutzwürdiges Interesse daran, nicht zur vorläufigen Weiterarbeit **zu unveränderten Bedingungen** verpflichtet zu sein, sondern die aufgenommene Tätigkeit jederzeit wieder einstellen zu können, ohne sich pflichtwidrig zu verhalten.[115]

27 **dd) Anwendung von § 11 Nr. 2 KSchG bei Versetzung ohne Zustimmung des Betriebsrats.** Nach älterer Rechtsprechung des BAG unterlässt ein Arbeitnehmer nicht böswillig anderweitigen Verdienst, wenn er einer ohne Beteiligung des Betriebsrats ausgesprochenen Versetzung auf einen anderen, der Sache nach zumutbaren Arbeitsplatz wegen der fehlenden Zustimmung des Betriebsrats nicht nachkommt.[116] Die fehlende Zustimmung des Betriebsrats habe zur Folge, dass die Versetzung auch individualrechtlich unwirksam sei und der Arbeitnehmer das Recht habe, die Arbeit zu den geänderten Bedienungen zu verweigern.[117] Neuerdings geht das BAG davon aus, dass auch eine Tätigkeit, für die die Zustimmung des Betriebsrats nach § 99 BetrVG fehlt, in besonders gelagerten Einzelfällen zumutbar sein kann, weil es sich nur um einen Aspekt im Rahmen der stets erforderlichen Gesamtabwägung (→ Rn. 21) handele.[118] Im Streitfall waren die Parteien fast zwei Jahrzehnte übereinstimmend davon ausgegangen, der Kläger sei leitender Angestellter iSv § 5 Abs. 3 BetrVG. Böswilligkeit liegt in jedem Fall vor, wenn der Arbeitnehmer zu erkennen gibt, er werde ein Arbeitsangebot auch ausschlagen, wenn die Mitbestimmungsrechte des Betriebsrats gewahrt sind.

---

[110] BAG 11.1.2006 – 5 AZR 98/05, NZA 2006, 314.
[111] BAG 27.5.2020 – 5 AZR 247/19, NZA 2020, 1169; 17.1.1991 – 8 AZR 483/89, NZA 1991, 769; 10.3.1987 – 8 AZR 146/84, NZA 1987, 373.
[112] BAG 24.9.2003 – 5 AZR 500/02, NZA 2004, 90.
[113] BAG 8.9.2021 – 5 AZR 205/21, NZA 2022, 113.
[114] In diesem Sinne auch Strake RdA 2022, 244 ff.
[115] Zu dieser Möglichkeit bei bloßer Weiterbeschäftigung zur Abwendung der Zwangsvollstreckung vgl. BAG 27.5.2020 – 5 AZR 247/19, NZA 2020, 1169.
[116] BAG 7.11.2002 – 2 AZR 650/00, AP BGB § 615 Nr. 98.
[117] Dazu BAG 26.1.1988 – 1 AZR 531/86, NZA 1988, 476.
[118] BAG 23.2.2021 – 5 AZR 213/20, NZA 2021, 938.

ee) **Keine Begrenzung der Zuweisung zumutbarer Arbeit iSv § 11 Nr. 2 KSchG durch das Direktionsrecht des kündigenden Arbeitgebers.** Nach älterer Rechtsprechung des BAG unterlässt ein Arbeitnehmer nicht böswillig die anderweitige Verwendung seiner Arbeitskraft, wenn er es ablehnt, eine vom Arbeitgeber unter Überschreitung der Grenzen des Direktionsrechts zugewiesene Tätigkeit zu verrichten.[119] Das wird dem Begriff der Zumutbarkeit in § 11 Nr. 2 jedoch nicht gerecht. Das BAG ist hiervon auch inzwischen abgerückt. Das Argument, der Arbeitnehmer könne nicht auf der einen Seite zur Ablehnung berechtigt sein, gleichzeitig aber gehalten sein, die Tätigkeit zu verrichten, um dem Vorwurf zu entgehen, er habe böswillig die anderweitige Verwendung seiner Arbeitskraft unterlassen, trägt nicht. Arbeitspflicht und Obliegenheit zur Rücksichtnahme betreffen unterschiedliche Kategorien. § 11 Nr. 2 regelt nicht Rechte und Pflichten aus dem Arbeitsvertrag, sondern die nach anderen Maßstäben zu beurteilende Obliegenheit, aus Rücksichtnahme gegenüber dem Arbeitgeber einen zumutbaren Zwischenverdienst zu erzielen.[120] Für die Obliegenheit des Arbeitnehmers nach § 11 Nr. 2 im gekündigten Arbeitsverhältnis ist der arbeitsvertragliche Beschäftigungsanspruch grundsätzlich ohne Belang. Aufgrund der Unsicherheit über den Bestand des Arbeitsverhältnisses nach Ablauf der Kündigungsfrist und vor einer rechtskräftigen Entscheidung im Kündigungsschutzprozess steht gerade nicht fest, dass der Arbeitgeber den Arbeitnehmer auf der Grundlage eines bestehenden Arbeitsvertrags zu beschäftigen hat.[121] Ein böswilliges Unterlassen des Arbeitnehmers kann aber zu verneinen sein, wenn der Arbeitgeber unbillige oder die äußeren Grenzen des Direktionsrechts überschreitende Weisungen missbraucht, um auch den Arbeitnehmer „trennungswillig" zu machen.[122] 28

e) **Anwendung von § 11 Nr. 2 KSchG bei Änderungskündigung.** Ein böswilliges Unterlassen kann auch in der Ablehnung der Fortsetzung des Arbeitsverhältnisses zu geänderten Vertragsbedingungen durch den Arbeitnehmer im Zusammenhang mit einer Änderungskündigung liegen.[123] Die Unzumutbarkeit der Arbeit iSv § 11 Nr. 2 folgt im Fall einer Änderungskündigung nicht schon daraus, dass der Arbeitgeber die Fortsetzung derselben Arbeit zu einer verminderten Vergütung anbietet.[124] Die vorübergehende Fortsetzung derselben Arbeit zu einer niedrigeren Vergütung für die Dauer des Kündigungsschutzprozesses ist ebenso wenig von vornherein unzumutbar wie die entsprechende Arbeit zu einer geringeren Vergütung bei einem anderen Arbeitgeber nicht ohne Weiteres unzumutbar wäre. Insoweit ist zu berücksichtigen, dass der Arbeitnehmer im Fall einer Änderungskündigung das Angebot des Arbeitgebers unter dem Vorbehalt des § 2 mit der Folge des § 8 bei Obsiegen annehmen kann. Der Arbeitgeber muss dabei die Vorläufigkeit nicht eigens zum Ausdruck bringen, da sie sich hinreichend deutlich aus dem Gesetz ergibt.[125] Dass das „Wahlrecht" des § 2 faktisch durch § 11 Nr. 2 eingeschränkt wird, liegt in der Natur der Sache. Die Wahlmöglichkeit steht gleichsam unter dem Vorbehalt der Obliegenheit des § 11 Nr. 2.[126] Ein solches Verständnis des § 11 Nr. 2 beeinträchtigt nicht den durch § 2 gewährleisteten Schutz des Inhalts des Arbeitsverhältnisses. Ob das Arbeitsverhältnis und der ihm zugrundeliegende Vertrag aufrechterhalten bleiben, wird von den Gerichten für Arbeitssachen im Kündigungsschutzprozess geprüft. Davon unabhängig sind jedoch die Regelungen zur Bestimmung der Annahmeverzugs- 29

[119] BAG 3.12.1980 – 5 AZR 477/78, AP BGB § 615 Böswilligkeit Nr. 4.

[120] BAG 23.2.2021 – 5 AZR 213/20, NZA 2021, 938; 7.2.2007 – 5 AZR 422/06, NZA 2007, 561; ebenso BAG 17.11.2011 – 5 AZR 564/10, NZA 2012, 260; Fritz/Erren NZA 2009, 1242; v. Hoff SAE 2008, 201; nach Schwarz NZA-RR 2022, 622 ff. muss der Arbeitgeber klarstellen, dass die Weisung im Fall ihrer Unwirksamkeit als „bloßes Arbeitsangebot" zu verstehen ist.

[121] BAG 17.11.2011 – 5 AZR 564/10, NZA 2012, 260.

[122] BAG 23.2.2021 – 5 AZR 213/20, NZA 2021, 938.

[123] BAG 15.1.2025 – 5 AZR 135/24, BeckRS 2025, 5384.

[124] BAG 26.9.2007 – 5 AZR 870/06, NZA 2008, 1063; 11.10.2006 – 5 AZR 754/05, NJW 2007, 2060; 16.6.2004 – 5 AZR 508/03, NZA 2004, 1155.

[125] BAG 26.9.2007 – 5 AZR 870/06, NZA 2008, 1063.

[126] BAG 19.1.2022 – 5 AZR 346/21, BeckRS 2022, 10697; 11.10.2006 – 5 AZR 754/05, NJW 2007, 2060; 16.6.2004 – 5 AZR 508/03, NZA 2004, 1155; zust. Sandmann RdA 2005, 247.

vergütung. Danach obliegt es dem Arbeitnehmer, eine mögliche Arbeit zu zumutbaren Bedingungen aufzunehmen oder fortzuführen. Das gebietet die Rücksichtnahme gegenüber dem bisherigen Vertragspartner. Die Ablehnung des Änderungsangebots im Zusammenhang mit einer Änderungskündigung ist deshalb im Grundsatz nicht anders zu beurteilen als die Ablehnung eines entsprechenden Angebots nach erfolgter Kündigung.[127]

30 Maßgeblich für die Zumutbarkeit ist insbesondere die Höhe der Verdienstminderung unter Berücksichtigung der im **Einzelfall** ausgeübten Tätigkeit sowie der Umstände, die zu der Entgeltreduzierung geführt haben.[128] Des Weiteren kann der Zeitpunkt eines Arbeitsangebots von Bedeutung sein. Der Arbeitnehmer muss eine deutliche Verschlechterung seiner Arbeitsbedingungen nicht akzeptieren, wenn er berechtigte Aussichten hat, rechtzeitig eine für ihn günstigere Arbeit zu finden.[129] Eine solche Arbeit entlastet den Arbeitgeber auch stärker. Ergibt sich die Arbeitsmöglichkeit mit verschlechternden Bedingungen schon frühzeitig für den viel späteren Zeitraum des Annahmeverzugs, ist es nicht vorwerfbar, wenn der Arbeitnehmer zunächst abwartet und sich um eine besser bezahlte Arbeit bemüht. Je mehr Zeit zwischen dem Arbeitsangebot und der vorgesehenen Arbeitsaufnahme liegt, umso weniger wird der Arbeitnehmer im Regelfall gehalten sein, das Angebot sofort anzunehmen. Außerdem hat es der Arbeitgeber vielfach in der Hand, das Angebot zu erneuern oder ein zeitnahes Weiterbeschäftigungsangebot zu unterbreiten.[130] Unzumutbar ist eine Tätigkeit, bei der der zu erzielende Nettoverdienst unter dem Arbeitslosengeld I während des Bezugszeitraums dieser Leistung liegt (→ Rn. 22).[131]

31 **f) Anwendung von § 11 Nr. 2 KSchG bei anderen Arbeitsmöglichkeiten.** Im Allgemeinen können vom Arbeitnehmer besondere Anstrengungen zur Erlangung anderer Arbeit nicht verlangt werden. Insbesondere ist er nicht generell und ohne weiteres verpflichtet, sich unermüdlich um zumutbare Arbeit zu kümmern.[132] Besondere Umstände können aber eine andere Entscheidung rechtfertigen.[133] So, wenn der Arbeitnehmer weiß, dass die Nichtbeschäftigung längere Zeit dauern wird und er sich bewusst ist, dass er ohne besondere Schwierigkeiten andere zumutbare Arbeit bekommen kann, sobald er sich darum bemüht. Dann kann je nach den Umständen das Unterlassen jeder Bemühung in dieser Richtung nicht nur als ein Verstoß gegen Treu und Glauben angesehen werden, sondern als geradezu böswillig.[134] Zu berücksichtigen ist, dass die in § 11 Nr. 2 geforderte Annahme einer Arbeit nicht dasselbe ist wie die Annahme eines Angebots und deshalb kein Angebot voraussetzt. Das wird etwa bei selbständiger, nicht auf einem Vertrag beruhender Erwerbsarbeit deutlich, zu der gleichwohl eine Obliegenheit bestehen kann.[135] Aus § 11 Nr. 2 kann nicht geschlossen werden, der Arbeitnehmer dürfe in jedem Fall ein Angebot abwarten.[136] Vielmehr darf er gerade nicht untätig bleiben, wenn sich ihm eine realistische Arbeitsmöglichkeit bietet. Das kann die Abgabe von eigenen Angeboten mit einschließen.[137] Der Arbeitnehmer, der ein objektiv zumutbares Vertragsangebot eines anderen Arbeitgebers **vorbehaltlos ablehnt, weil er einen Betriebsübergang**

---

[127] BAG 15.1.2025 – 5 AZR 135/24, BeckRS 2025, 5384; 19.1.2022 – 5 AZR 346/21, BeckRS 2022, 10697; 11.10.2006 – 5 AZR 754/05, NJW 2007, 2060.

[128] BAG 26.9.2007 – 5 AZR 870/06, NZA 2008, 1063; 16.6.2004 – 5 AZR 508/03, NZA 2004, 1155.

[129] BAG 15.1.2025 – 5 AZR 135/24, BeckRS 2025, 5384.

[130] BAG 11.10.2006 – 5 AZR 754/05, NJW 2007, 2060.

[131] BAG 15.1.2025 – 5 AZR 135/24, BeckRS 2025, 5384.

[132] BAG 15.1.2025 – 5 AZR 273/24, BeckRS 2025, 4914; 7.2.2024 – 5 AZR 177/23, NZA 2024, 685.

[133] Dazu APS/Biebl KSchG § 11 Rn. 23; MüKoBGB/Hergenröder KSchG § 11 Rn. 19; KR/Spilger KSchG § 11 Rn. 49.

[134] Vgl. BAG 18.10.1958 – 2 AZR 291/58, AP BGB § 615 Böswilligkeit Nr. 1.

[135] Mangels entsprechender Anhaltspunkte verneint von BAG 12.10.2022 – 5 AZR 30/22, NZA 2023, 229 für die vollzeitige Aufnahme einer zuvor bloß hobbymäßig betriebenen selbständigen Tätigkeit im Gebrauchtwagenhandel.

[136] BAG 19.5.2021 – 5 AZR 420/20, NZA 2021, 1324.

[137] BAG 22.3.2017 – 5 AZR 337/16, NZA 2017, 988; 11.1.2006 – 5 AZR 98/05, NZA 2006, 314.

für möglich hält und, bei Vertragsannahme, seine Rechte aus § 613a Abs. 1 BGB als gefährdet ansieht, handelt auf eigenes Risiko, wenn sich die Befürchtung einer Umgehung von § 613a Abs. 1 BGB mangels Vorliegens eines Betriebsübergangs als unzutreffend erweist.[138] Böswilligkeit kann auch vorliegen, wenn der Arbeitnehmer bei einem anderen Arbeitgeber ohne vernünftigen Grund eine unbezahlte Tätigkeit aufnimmt oder diese Arbeit „weit unter Wert" verrichtet, obwohl er aus ihr unschwer einen (höheren) Verdienst hätte generieren können.[139] Der allgemeine Hinweis des Arbeitgebers, es seien für den Arbeitnehmer auf dem Arbeitsmarkt freie Stellen vorhanden, reicht nicht aus, um annehmen zu können, der Arbeitnehmer habe eine konkrete zumutbare Arbeitsgelegenheit – etwa auch unter Abgabe eines eigenen Arbeitsangebots – nicht wahrgenommen.[140] Zu weit geht es, dem Arbeitgeber einen Anspruch auf Auskunft über sämtliche Bewerbungsbemühungen und Stellenangebote außerhalb der von der Agentur für Arbeit oder dem Jobcenter unterbreiteten Vermittlungsvorschläge (→ dazu Rn. 32) zuzuerkennen.[141] Ein entsprechender Auskunftsantrag würde auch überobligatorische Bewerbungen sowie ggf. auch von der **Arbeitgeberin** selbst übersandt und ihr damit bereits bekannte Stellenanzeigen umfassen.[142] Insgesamt ist zu beachten, dass eine Überspannung der Anforderungen an den Arbeitnehmer, sich selbst außerhalb dazu von der Arbeitsverwaltung erlassener Anordnungen oder ihm von dieser unterbreiteter Vermittlungsvorschläge aktiv um eine anderweitige Beschäftigung zu bemühen, **zulasten der Versichertengemeinschaft der Arbeitslosenversicherung** ginge; der Arbeitnehmer könnte dann keine Annahmeverzugsvergütung verlangen, verlöre aber nicht zugleich seinen Anspruch auf Leistungen der Arbeitsverwaltung, die wiederum mangels Anspruchsübergangs nach § 115 SGB X nicht beim kündigenden Arbeitgeber Regress nehmen könnte.[143]

g) **Anwendung von § 11 Nr. 2 KSchG bei Verletzung sozialrechtlicher Meldeobliegenheiten.** Der Neunte Senat des BAG hatte in einem Urteil aus dem Jahr 2000 angenommen, der Arbeitnehmer handele nicht schon böswillig, wenn er sich nicht bei der Agentur für Arbeit arbeitssuchend meldet.[144] Im Schrifttum ist diese Entscheidung zu Recht verbreitet auf Ablehnung gestoßen.[145] Inzwischen hat der nunmehr für Fragen des Annahmeverzugs zuständige Fünfte Senat des BAG diese Rechtsprechung – ohne Einräumung von Vertrauensschutz für den Arbeitnehmer[146] – aufgegeben.[147] Das SGB III normiere heute sozialrechtliche Meldeobliegenheiten, die auch bei der Auslegung des arbeitsrechtlichen Begriffs des böswilligen Unterlassens beachtlich seien.[148] Allerdings bleibe es auch insofern bei dem Grundsatz, dass stets eine **Gesamtabwägung** der beiderseitigen Interessen unter Berücksichtigung aller Umstände des konkreten Falles vorzunehmen sei und nicht ein einzelner Aspekt gleichsam absolut gesetzt werden dürfe (→ Rn. 21).[149] Bei der Beurteilung kann es eine Rolle spielen, ob dem Arbeitnehmer ein Vorwurf daraus gemacht werden kann, während des Annahmeverzugs sein Hauptaugenmerk auf eine Tätigkeit in dem Wirtschaftsbereich gelegt zu haben, in dem er bereits bei dem kündigenden Arbeitgeber tätig war, und ob er eigene Bemühungen um eine ander- 32

---

[138] BAG 22.3.2017 – 5 AZR 337/16, NZA 2017, 988.
[139] BAG 24.1.2024 – 5 AZR 331/22, NZA 2024, 408.
[140] BAG 15.1.2025 – 5 AZR 273/24, BeckRS 2025, 4914; 24.1.2024 – 5 AZR 331/22, NZA 2024, 408.
[141] So aber ArbG Gera 24.4.2024 – 3 Ca 1106/23, BeckRS 2024, 8862.
[142] Zutr. Mantel ArbRB 2024, 199 (200).
[143] Eingehend Oberthür NZA 2024, 1010 ff.; dagegen BAG 15.1.2025 – 5 AZR 135/24, BeckRS 2025, 5384.
[144] BAG 16.5.2000 – 9 AZR 203/99, NZA 2001, 26.
[145] Bayreuther NZA 2003, 1365 (1366); APS/Biebl KSchG § 11 Rn. 23; MüKoBGB/Hergenröder KSchG § 11 Rn. 20; HWK/Krause BGB § 615 Rn. 101; LSSW/Spinner § 11 Rn. 13; Spirolke NZA 2001, 707 (711); Tschöpe DB 2004, 434 (435); KR/Spilger KSchG § 11 Rn. 48.
[146] BAG 15.1.2025 – 5 AZR 135/24, BeckRS 2025, 5384; 12.10.2022 – 5 AZR 30/22, NZA 2023, 229.
[147] BAG 27.5.2020 – 5 AZR 387/19, NZA 2020, 1113.
[148] Ebenso Bayreuther NZA 2003, 1365 (1366); HWK/Krause BGB § 615 Rn. 101; krit. Kolbe Anm. AP BGB § 615 Nr. 158; Schmidt SR 2022, 98 (103 ff.).
[149] BAG 12.10.2022 – 5 AZR 30/22, NZA 2023, 229.

weitige Tätigkeit entfaltet hat.[150] Insofern trifft es nicht pauschal zu, das eigene Aktivitäten zur Stellensuche (zB Einschalten eines „Headhunters") die Arbeitssuchendmeldung nicht ersetzen, sondern stets nur ergänzen könnten.[151] Zudem kann beachtlich sein, weshalb der Arbeitgeber den Arbeitnehmer entgegen § 2 Abs. 2 S. 2 Nr. 3 SGB III nicht auf seine sozialrechtliche Meldepflicht hingewiesen hat.[152] So könnte der Arbeitgeber eine Arbeitssuchendmeldung angesichts des „Profils" des Arbeitnehmers selbst für zwecklos gehalten haben. Ergibt eine Gesamtabwägung, dass ein böswilliges Verhalten des Arbeitnehmers iSv § 11 Nr. 2 vorlag, ist hinsichtlich einer Anrechnung hypothetischen Verdienstes aufzuklären, ob (1.) die Bundesagentur für Arbeit im Streitzeitraum zumutbare Vermittlungsangebote unterbreitet hätte, ob ggf. (2.) eine Bewerbung des Arbeitnehmer erfolgreich gewesen wäre und (3.) welchen Verdienst er im Rahmen der angenommenen Beschäftigungsmöglichkeit ab welchem Zeitpunkt hätte erzielen können.[153] Insoweit gilt eine **abgestufte Darlegungs- und Beweislast:** Zunächst hat der Arbeitgeber unter Verweis auf die einschlägigen Vermittlungsangebote der Bundesagentur für Arbeit schlüssig darzutun, dass im Streitzeitraum jedenfalls Vermittlungsmöglichkeiten für den Arbeitnehmer bestanden hätten. Hierauf ist es an diesem, zu Vermittlungsmöglichkeiten und -chancen so konkret wie möglich und unter Ausschöpfung aller Erkenntnismöglichkeiten vorzutragen. Hat er dies getan, ist es wiederum Sache des Arbeitgebers, sich hierauf konkret zu erklären. Die Feststellungslast, ob etwaige Vermittlungsvorschläge „zumutbare" und im Fall einer Bewerbung verwirklichbare Erwerbschancen dargestellt hätten, bleibt beim Arbeitgeber.[154] Hat der Arbeitnehmer sich arbeitssuchend gemeldet, kann der Arbeitgeber **Auskunft über** die ihm – dem Arbeitnehmer – von der Agentur für Arbeit oder dem Jobcenter unterbreiteten **Vermittlungsvorschläge** verlangen. Dem steht das durch § 35 SGB I geschützte Sozialgeheimnis nicht entgegen.[155] Es ist umstritten, ob eine (Wider-)Klage des Arbeitgebers auf Auskunftserteilung schon Erfolg haben kann, wenn der Arbeitnehmer noch keine Annahmeverzugsansprüche rechtshängig gemacht, sondern lediglich Kündigungsschutzklage erhoben hat.[156] Jedenfalls dürfte es ausreichen, dass der Arbeitnehmer in Rahmen von Vergleichsgesprächen bereits mögliche Annahmeverzugsansprüche in den Raum gestellt hat.[157] Näher liegt es sowieso (→ Rn. 17), dass der beklagte Arbeitgeber – statt gesondert Auskunft zu verlangen – im Prozess zur Erfüllung seiner primären Darlegungslast unter Hinweis auf die sozialrechtlichen Obliegenheiten des Arbeitnehmers und die einschlägigen Vermittlungsangebote der Agentur für Arbeit oder des Jobcenters konkret einwendet, der Arbeitnehmer habe es böswillig unterlassen, zumutbare Arbeit anzunehmen, indem er sich entweder gar nicht arbeitssuchend gemeldet hat oder trotz ihm von der Agentur für Arbeit oder dem Jobcenter unterbreiteter zumutbarer Vermittlungsvorschläge untätig geblieben ist bzw. die Arbeitsaufnahme verhindert hat.[158] Bei der Gesamtbeurteilung kann es eine Rolle spielen, auf wie viele der ihm von der Agentur für Arbeit unterbreiteten Vermittlungsvorschläge der Arbeitnehmer sich beworben hat, welche Qualität die Bewerbungsschreiben hatten, ob er bei ausbleibender Reaktion des potenziellen Arbeitgebers nach angemessener Frist nach dem Sachstand gefragt hat und ob er für etwaige Rückfragen erreichbar war.[159] Noch nicht höchstrichterlich entschieden ist die Frage, ob der Arbeitnehmer eine Obliegenheit iSv § 11 Nr. 2 KSchG verletzt, wenn er die **Jobbörse der Agentur für Arbeit als sog. Selbstinformationseinrichtung** gemäß

[150] BAG 12.10.2022 – 5 AZR 30/22, NZA 2023, 229.
[151] So aber LAG Niedersachsen 9.11.2021 – 10 Sa 15/21, BeckRS 2021, 45036.
[152] BAG 12.10.2022 – 5 AZR 30/22, NZA 2023, 229.
[153] BAG 12.10.2022 – 5 AZR 30/22, NZA 2023, 229.
[154] BAG 12.10.2022 – 5 AZR 30/22, NZA 2023, 229.
[155] BAG 27.5.2020 – 5 AZR 387/19, NZA 2020, 1113; zweifelnd Heukenkamp RdA 2021, 300 (305).
[156] Dafür: ArbG Köln 13.7.2023 – 8 Ca 922/23, BeckRS 2023, 22988; dagegen: ArbG Bonn 28.1.2021 – 1 Ca 1806/20, BeckRS 2021, 3663.
[157] Vgl. ArbG Gera 24.4.2024 – 3 Ca 1106/23, BeckRS 2024, 8862.
[158] Vgl. Heukenkamp RdA 2021, 300 (304 ff.); Witteler/Brune NZA 2020, 1689 (1692).
[159] Vgl. LAG Berlin-Brandenburg 30.9.2022 – 6 Sa 280/22, BeckRS 2022, 37919.

§ 35 iVm § 40 Abs. 3 SGB III entgegen § 138 Abs. 4 Satz 2 Nr. 3 SGB III nicht nutzt.[160] **Meldet der Arbeitnehmer sich zwar arbeitssuchend, verhindert er aber,** dass die Agentur für Arbeit ihm **Vermittlungsvorschläge** unterbreitet, gestaltet sich die Rechtslage wie folgt:[161] Benennt der Arbeitgeber, nachdem er sich über die Agentur für Arbeit kundig gemacht hat, über diese zu besetzende, zumutbare Stellen, trägt der Arbeitnehmer unter dem Gesichtspunkt der Bedingungsvereitelung im Weiteren die Darlegungs- und Beweislast dafür, dass eine Bewerbung auf eine solche Stelle erfolglos gewesen wäre. Kommt das Gericht zu der gegenteiligen Überzeugung, kann bezüglich des Beginns des Arbeitsverhältnisses und der Höhe des Verdienstes auch eine Schätzung in analoger Anwendung von § 287 Abs. 2 ZPO in Betracht kommen. Hat der Arbeitnehmer nach späteren Bemühungen rasch eine andere Verdienstmöglichkeit gefunden, kann dies ein Indiz dafür sein, dass es ihm möglich gewesen wäre, eine entsprechende Stelle bereits früher zu finden.[162] Dem Arbeitgeber soll gegenüber **geringfügig Beschäftigten (Minijobbern)** kein Anspruch auf Auskunft über Vermittlungsvorschläge der Agentur für Arbeit oder des Jobcenters zustehen, um die Einwendung zu begründen, der Arbeitnehmer habe es böswillig unterlassen, anderweitigen Erwerb zu erzielen; für Minijobber bestehe weder eine sozialrechtliche Meldeobliegenheit noch hätten sie Anspruch auf eine Vermittlungstätigkeit der Agentur für Arbeit.[163] Das scheint nach den weiten, geringfügig Beschäftigte jeweils nicht ausnehmenden Fassungen von § 35 Abs. 1 und § 38 Abs. 1 SGB III zumindest zweifelhaft.[164]

h) Anwendung von § 11 Nr. 2 KSchG bei Arbeitsvermittlung durch den Arbeitgeber. 33
Teilweise wird ohne Einschränkungen angenommen, dass sich der Arbeitnehmer, wenn der Arbeitgeber ihn – etwa durch Zusenden von Stellenangeboten – auf anderweitige Arbeitsmöglichkeiten hinweise, im Prozess substantiiert erklären müsse, ob er sich auf diese mit welchem Erfolg beworben oder aus welchen Gründen er dies unterlassen habe.[165] Das setzt im Mindesten voraus, dass zunächst einmal der Arbeitgeber die Zumutbarkeit der angebotenen Stellen substantiiert darlegt.[166] Außerdem müssen die übermittelten Stellenanzeigen alle erforderlichen Angaben enthalten, die dem Arbeitnehmer die Prüfung erlauben, ob die vom Arbeitgeber aufgezeigte Beschäftigungsmöglichkeit eine für ihn geeignete und zumutbare Arbeit ist. Dazu gehören in der Regel insbesondere Angaben zu Art und Inhalt der Tätigkeit, zum Arbeitsort und den Verdienstmöglichkeiten.[167] Schließlich ist im Licht der geänderten Rechtsprechung des BAG zur Obliegenheit des Arbeitnehmers, sich arbeitssuchend zu melden (→ Rn. 32), fraglich, ob dieser auch noch einer Arbeitsvermittlung durch den kündigenden Arbeitgeber folgen muss, wenn er sich bereits arbeitssuchend gemeldet hat und den von der Agentur für Arbeit oder dem Jobcenter unterbreiteten Vorschlägen nachgeht. Nach Ansicht des BAG kann im Einzelfall – entsprechend seiner sozialrechtlichen Pflicht zur eigenverantwortlichen Beschäftigungssuche nach § 2 Abs. 5 Nr. 2 SGB III – eine Obliegenheit des Arbeitnehmers bestehen, ein eigenes Angebot abzugeben, wenn sich für ihn eine realistische Arbeitsmöglichkeit bietet.[168] Das gilt insbesondere dann, wenn Vermittlungsvorschläge der Agentur für Arbeit ausbleiben.[169] Dabei hat der Arbeitgeber grundsätzlich die Möglichkeit, dem Arbeitnehmer, der sich arbeitssuchend gemeldet hat, zusätzlich geeignete Stellenangebote zu übermitteln, um ihn aktiv zur Prüfung anderweitiger Be-

[160] Dafür Barrein NZA-RR 2023, 617.
[161] BAG 7.2.2024 – 5 AZR 177/23, NZA 2024, 685.
[162] BAG 7.2.2024 – 5 AZR 177/23, NZA 2024, 685.
[163] LAG Baden-Württemberg 16.10.2024 – 21 Sa 17/24, BeckRS 2024, 34094.
[164] Burmann jurisPR-ArbR 6/2025 Anm. 3.
[165] APS/Biebl KSchG § 11 Rn. 23.
[166] Schmidt SR 2022, 98 (110).
[167] BAG 15.1.2025 – 5 AZR 273/24, BeckRS 2025, 4914.
[168] BAG 15.1.2025 – 5 AZR 273/24, BeckRS 2025, 4914.
[169] BAG 15.1.2025 – 5 AZR 273/24, BeckRS 2025, 4914.

schäftigungsoptionen zu veranlassen.[170] Allerdings wird der Arbeitnehmer die Arbeitsnachweise durch den Arbeitgeber ignorieren dürfen, wenn durch die Kumulation beider Informationsquellen (Arbeitsverwaltung und Arbeitgeber) die Zumutbarkeitsgrenze überschritten wird („information overload"), was insbesondere der Fall sein kann, wenn der Arbeitgeber den Arbeitnehmer blindlings – auch – mit unpassenden Stellenangeboten „bombardiert".[171] Im Zweifel dürfte die öffentlich-rechtliche Arbeitsvermittlung Vorrang genießen[172], während der Arbeitgeber nicht etwa ein Dritter iSv § 138 Abs. 4 S. 2 Nr. 2 SGB III ist; das sind vielmehr nur die Träger von Maßnahmen iSv § 45 SGB III.[173] Durch den dem Arbeitgeber nunmehr vom BAG zugebilligten Auskunftsanspruch über die bereits durch die Agentur für Arbeit unterbreiteten Vermittlungsangebote kann dieser seine private Vermittlungstätigkeit ggf. mit der öffentlich-rechtlichen abstimmen.[174] Hat der Arbeitgeber den Arbeitnehmer nicht zeitnah auf anderweitige freie und zumutbare Stellen hingewiesen, muss er – der Arbeitgeber – im Prozess um Annahmeverzugsvergütung nicht nur konkrete Stellen benennen, die unter Berücksichtigung der Verdienstmöglichkeiten eine zumutbare Tätigkeitsmöglichkeit dargestellt hätten. Der Arbeitgeber trägt dann auch die Darlegungs- und Beweislast für den Erfolg etwaiger seinerzeitiger Bewerbungen.[175] Anderes gilt, wenn feststeht, dass der Arbeitgeber den gekündigten Arbeitnehmer zeitnah auf geeignete und zumutbare Arbeit hingewiesen hat, der Arbeitnehmer aber untätig geblieben ist und sich nicht im zumutbaren Rahmen auf derartige Stellen beworben hat. Dann vereitelt der Arbeitnehmer durch das Unterlassen solcher Bewerbungen den objektiven Nachweis darüber, ob und ab wann er von einem Dritten beschäftigt worden wäre. Deshalb trifft den Arbeitnehmer nach dem Rechtsgedanken von § 162 Abs. 1 BGB die Darlegungs- und Beweislast dafür, dass und aus welchen Gründen eine Bewerbung erfolglos geblieben wäre. Trägt er dazu nichts Substantiiertes vor, gilt die Behauptung des Arbeitgebers nach § 138 Abs. 3 ZPO als zugestanden, eine Bewerbung auf eine dem Arbeitnehmer zumutbare Stelle hätte zur Erzielung von Zwischenverdienst iSv § 11 Nr. 2 geführt.[176] Weist der Arbeitgeber dem Arbeitnehmer Tätigkeitsmöglichkeiten nach, bei denen er eine Konkurrenztätigkeit ausüben würde (→ Rn. 22), ist zweifelhaft, ob allein darin ein **Verzicht auf das Wettbewerbsverbot** liegt. Vorsorglich sollte der Arbeitgeber dies ausdrücklich erklären.[177] Der Verzicht ist erforderlich, weil das Wettbewerbsverbot solange besteht, wie die Parteien durch ein – wenn auch unwirksam gekündigtes – Arbeitsverhältnis verbunden sind, und der Arbeitnehmer mit einem Verstoß einen neuen Kündigungsgrund setzen könnte.[178]

34 i) **Anwendung von § 11 Nr. 2 KSchG bei Auslandsaufenthalt.** Bei einem Auslandsaufenthalt nach Ausspruch der Kündigung kann nicht stets ein böswilliges Unterlassen einer anderweitigen Arbeit angenommen werden; es muss vielmehr hinzukommen, dass in dieser Zeit zumutbare Arbeitsmöglichkeiten vorhanden gewesen sind.[179]

35 j) **Anwendung von § 11 Nr. 2 KSchG bei Betriebsübergang.** Im Fall eines Betriebsübergangs gerät der Betriebsveräußerer in Annahmeverzug, wenn er den Arbeitnehmer,

---

[170] BAG 15.1.2025 – 5 AZR 135/24, BeckRS 2025, 5384; 7.2.2024 – 5 AZR 177/23, NZA 2024, 685; Weber/Alomerovic NZA 2025, 801.

[171] Eingehend Schmidt SR 2022, 98 (111 ff.); ebenso HWK/Krause § 615 BGB Rn. 101; vgl. a. LAG Baden-Württemberg 3.5.2024 – 9 Sa 4/24, BeckRS 2024, 16220; Weber/Alomerovic NZA 2025, 801 (804); aA wohl Barrein NZA 2023, 334 (340).

[172] Schmidt SR 2022, 98 (111).

[173] Schmidt SR 2022, 98 (107 f.).

[174] Schmidt SR 2022, 98 (111).

[175] BAG 15.1.2025 – 5 AZR 273/24, BeckRS 2025, 4914; 7.2.2024 – 5 AZR 177/23, NZA 2024, 685.

[176] BAG 15.1.2025 – 5 AZR 273/24, BeckRS 2025, 4914.

[177] BAG 12.2.2005 – 5 AZR 127/24, BeckRS 2025, 1372 für die Freistellungserklärung; Weber/Alomerovic NZA 2025, 801 (804).

[178] BAG 23.10.2014 – 2 AZR 644/13, NZA 2015, 249.

[179] BAG 11.7.1985 – 2 AZR 106/84, AP BGB § 615 Nr. 35a.

der dem Übergang seines Arbeitsverhältnisses auf den Betriebserwerber widersprochen hat, nicht beschäftigt. Besteht allerdings beim Erwerber die Möglichkeit einer vorübergehenden Beschäftigung bis zum Ablauf der Kündigungsfrist nach der Kündigung des Veräußerers und nimmt der Arbeitnehmer diese Möglichkeit nicht wahr, schließt der Widerspruch die Anrechnung eines hypothetischen Verdienstes wegen böswilligem Unterlassen des Erwerbs beim neuen Betriebsinhaber nicht aus.[180] Ein böswilliges Unterlassen anderweitigen Erwerbs kann auch vorliegen, wenn der Arbeitnehmer, der dem Übergang seines Arbeitsverhältnisses nach § 613a BGB widersprochen hat, das Angebot des Betriebsveräußerers nicht annimmt, bei dem Erwerber im Weg der befristeten Arbeitnehmerüberlassung die bisherige Tätigkeit zu im Übrigen unveränderten Arbeitsbedingungen fortzusetzen; das kann sogar gelten, wenn der Erwerber nicht über eine erforderliche Erlaubnis zur Arbeitnehmerüberlassung verfügt.[181]

k) **Anwendung von § 11 Nr. 2 KSchG bei Arbeitsunfähigkeit und Urlaub.** Den Arbeitnehmer trifft für die Dauer eines vom Arbeitgeber erteilten Urlaubs bzw. einer Arbeitsunfähigkeit keine Obliegenheit zur anderweitigen Arbeit. Deshalb scheidet während des Urlaubs und grundsätzlich auch während der Arbeitsunfähigkeit ein böswilliges Unterlassen anderweitigen Erwerbs aus und hat der Arbeitnehmer (unverminderten) Anspruch auf Urlaubsentgelt bzw. Entgeltfortzahlung im Krankheitsfall.[182] 36

l) **Begriff des Verdienenkönnens iSv § 11 Nr. 2 KSchG.** Der Begriff des „Verdienenkönnens" iSv § 11 Nr. 2 KSchG ist einschränkend dahin auszulegen, dass er sich lediglich auf **vertraglich geregelte Ansprüche** für eine zumutbare Arbeit **gegen den jeweiligen Vertragspartner** bezieht.[183] Deshalb ist die Chance, **Trinkgelder** – schenkweise von Dritten – zu erhalten, insoweit unerheblich; anderes könnte allenfalls gelten, wenn es sich aufgrund einer besonderen vertraglichen Vereinbarung über die Verschaffung einer entsprechenden Verdienstmöglichkeit um einen Naturalbezug handeln sollte.[184] 37

4. Keine Anrechnung von Erspartem nach § 11 Nr. 2 KSchG

Im Gegensatz zu § 615 S. 2 BGB ist nicht anzurechnen, was der Arbeitnehmer infolge des Unterbleibens der Arbeitsleistung erspart, wie etwa die Kosten der Fahrt zur Arbeitsstätte.[185] Der Regierungsentwurf zum Gesetz von 1951 hatte auch insoweit eine Anrechnungspflicht vorgesehen; der zuständige Ausschuss des Bundestags hat aber im Hinblick auf die Geringfügigkeit der in Betracht kommenden Beträge diese Vorschrift gestrichen, um „nicht kleinlich zu verfahren". Ist das zwar an sich verständlich, so ist doch damit dem Gedanken der Einheitlichkeit des Rechts kein Dienst erwiesen, da der gleiche Anspruch aus § 615 BGB in dem hier interessierenden Fall anders behandelt wird als in allen übrigen Fällen, ohne dass für diese unterschiedliche Behandlung ein Grund ersichtlich wäre. 38

5. Anrechnung öffentlich-rechtlicher Leistungen nach § 11 Nr. 3 KSchG

a) **Allgemeines zur Anrechnung öffentlich-rechtlicher Leistungen nach § 11 Nr. 3 KSchG.** Der Arbeitnehmer hat sich nach § 11 Nr. 3 anrechnen zu lassen, was ihm an öffentlich-rechtlichen Leistungen infolge seiner Arbeitslosigkeit aus der Sozialversicherung, der Arbeitslosenversicherung oder der Sicherung des Lebensunterhalts nach dem SGB II[186] für die Zwischenzeit gezahlt worden ist. Diese Beträge hat er objektiv zu 39

[180] Vgl. BAG 9.9.2010 – 2 AZR 582/09, AP AVR Caritasverband § 15 Nr. 1; 19.3.1998 – 8 AZR 139/97, AP BGB § 613a Nr. 177 mAnm Moll/Jacobi; dazu auch BAG 22.3.2017 – 5 AZR 337/16, NZA 2017, 988.
[181] BAG 19.5.2021 – 5 AZR 420/20, NZA 2021, 1324.
[182] BAG 19.5.2021 – 5 AZR 420/20, NZA 2021, 1324.
[183] BAG 19.1.2022 – 5 AZR 346/21, BeckRS 2022, 10697.
[184] BAG 19.1.2022 – 5 AZR 346/21, BeckRS 2022, 10697.
[185] APS/Biebl KSchG § 11 Rn. 31; ErfK/Kiel KSchG § 11 Rn. 18; LSSW/Spinner § 11 Rn. 2; KR/Spilger KSchG § 11 Rn. 59.
[186] Dazu BAG 24.9.2014 – 5 AZR 593/12, NZA 2015, 35.

Unrecht erhalten, da ihm wegen der Unwirksamkeit der Kündigung der Arbeitsentgeltanspruch zustand. Der Arbeitnehmer soll keine doppelte Bezahlung bekommen. Andererseits soll auch der Arbeitgeber durch diese Zahlungen keinen Vorteil erlangen; deshalb kann er diese Beträge zwar anrechnen, ist aber verpflichtet, sie der zahlenden Stelle zu ersetzen. Dementsprechend scheidet auch eine Anrechnung böswillig nicht beantragter öffentlich-rechtlicher Leistungen analog § 11 Nr. 2 und Nr. 3 KSchG aus. Hätte der Arbeitnehmer solche Leistungen beantragt und erhalten, hätte dies den Arbeitgeber wirtschaftlich nicht entlastet, sondern insoweit nur zu einem Schuldnerwechsel geführt (→ Rn. 40).

40 b) **Anspruchsübergang bei Bezug öffentlich-rechtlicher Leistungen.** § 11 Nr. 3 hat nur eine **klarstellende Funktion,**[187] weil nach § 115 Abs. 1 SGB X bei erbrachten Leistungen eines Trägers der Sozialversicherung der Anspruch des Arbeitnehmers auf den Zwischenlohn kraft Gesetzes auf die öffentliche Stelle übergeht (cessio legis)[188] und infolgedessen die Aktivlegitimation des Klägers im Umfang der Anspruchsübergangs entfällt (→ Rn. 43). Der Arbeitgeber kann dem auf die öffentliche Stelle übergegangenen Entgeltanspruch alle Einwendungen entgegensetzen, die ihm gegenüber dem Arbeitnehmer zustanden,[189] namentlich den Einwand der Aufrechnung mit einer Forderung gegen den Arbeitnehmer (§§ 404, 406, 412 BGB). Sollte der Arbeitgeber in Unkenntnis der Sachlage den Zwischenlohn an den Arbeitnehmer in voller Höhe zahlen, wird er gemäß §§ 407, 412 BGB befreit.

41 Von dem Bruttobetrag des Annahmeverzugsanspruchs ist das dem Arbeitnehmer **netto ausgezahlte Arbeitslosengeld in Abzug zu bringen,** nicht auch die durch die Bundesagentur für Arbeit abgeführten Arbeitnehmeranteile zur Sozialversicherung.[190] Der Arbeitgeber hat die von der Bundesagentur für Arbeit geleisteten Beiträge aus dem Bruttobetrag zu erstatten (§ 335 Abs. 3 SGB III).[191] Die anderslautende ältere Rechtsprechung des BAG[192] ist durch das Inkrafttreten von § 335 Abs. 3 und 4 SGB III überholt.[193] Mit der Gutschrift des Arbeitslosengeldes auf dem Konto des Arbeitnehmers erwirbt die Bundesagentur für Arbeit zugleich den Anspruch auf die auf das Arbeitsentgelt künftig fällig werdenden Zinsen. Danach kann der Arbeitnehmer Zinsen lediglich auf den um das Arbeitslosengeld verminderten Betrag der Bruttovergütung verlangen.[194]

42 Eine im Annahmeverzugszeitraum bezogene **Berufsunfähigkeitsrente** ist nicht anzurechnen. Die Rente wird als Versicherungsleistung gezahlt, weil eine anderweitige Verwendung der Dienste aufgrund der Minderung der Erwerbsfähigkeit teilweise nicht mehr möglich ist.[195]

43 c) **Wegfall der Aktivlegitimation bei Bezug öffentlich-rechtlicher Leistungen.** Im Hinblick auf die vom Arbeitnehmer bezogenen öffentlich-rechtlichen Leistungen (§ 11 Nr. 3) besteht kein Auskunftsanspruch des Arbeitgebers. Der Arbeitnehmer hat vielmehr schlüssig darzulegen, dass er bezüglich der geltend gemachten Forderung aktivlegitimiert ist. Denn der Bezug öffentlich-rechtlicher Leistungen führt nicht zur Anrechnung, sondern wegen des Anspruchsübergangs nach § 115 SGB X zum Verlust der Klagebefugnis. Das Bestehen der Aktivlegitimation kann der Arbeitgeber deshalb nach § 138 Abs. 2

[187] BAG 8.9.2021 – 5 AZR 205/21, NZA 2022, 113.
[188] Ebenso MüKoBGB/Hergenröder § 11 KSchG Rn. 27; ErfK/Kiel KSchG § 11 Rn. 20; KR/Spilger KSchG § 11 Rn. 52.
[189] Ebenso MüKoBGB/Hergenröder § 11 KSchG Rn. 27; LSSW/Spinner § 11 Rn. 20; KR/Spilger KSchG § 11 Rn. 58.
[190] BAG 24.6.2021 – 5 AZR 385/20, NZA 2021, 1488.
[191] BAG 24.9.2003 – 5 AZR 282/02, NZA 2003, 1332.
[192] BAG 9.4.1981 – 6 AZR 787/78, AP KSchG 1969 § 11 Nr. 1.
[193] BAG 24.9.2003 – 5 AZR 282/02, NZA 2003, 1332; vgl. dazu auch BAG 4.12.2002 – 7 AZR 437/01, AP BAT SR 2 y § 2 Nr. 24.
[194] BAG 24.6.2021 – 5 AZR 385/20, NZA 2021, 1488.
[195] BAG 24.9.2003 – 5 AZR 282/02, NZA 2003, 1332.

ZPO bestreiten.[196] Der Arbeitnehmer kann nach entsprechender Ermächtigung Vergütungsansprüche, die wegen der Zahlung von Arbeitslosengeld auf die Bundesagentur für Arbeit übergegangen sind, im Weg der gewillkürten Prozessstandschaft für diese geltend machen.[197]

6. Zusammentreffen mehrerer Anrechnungstatbestände nach § 11 KSchG

Bezieht der Arbeitnehmer während des Annahmeverzugs des Arbeitgebers Arbeitslosengeld und unterlässt er zugleich böswillig einen ihm zumutbaren Erwerb, hat eine **proportionale Zuordnung** der Anrechnung nach § 11 Nr. 2 und Nr. 3 zu erfolgen. Diese Zuordnung erfolgt in zwei Schritten: Zunächst ist von dem vom Arbeitgeber geschuldeten Bruttoentgelt der Bruttoverdienst in Abzug zu bringen, den der Arbeitnehmer zu erwerben böswillig unterlassen hat. Von dem so errechneten Differenzbetrag muss sich der Arbeitnehmer den Teil des Arbeitslosengeldes anrechnen lassen, der dem Anteil der Bruttovergütung entspricht, die der Arbeitgeber dem Arbeitnehmer noch nach Anrechnung des böswillig unterlassenen Erwerbs auf das vertraglich geschuldete Arbeitsentgelt zu zahlen hat.[198] Hat für einen Monat eine anteilige Berechnung der Vergütung wegen Annahmeverzugs zu erfolgen, geschieht dies auf der Grundlage eines Tagessatzes von einem Dreißigstel des Monatsentgelts; entsprechendes gilt für die anteilig zu berücksichtigenden öffentlich-rechtlichen Leistungen.[199] 44

Beträgt **beispielsweise**[200] der Annahmeverzugslohn 6339,60 Euro brutto und muss sich der Arbeitnehmer böswillig unterlassenen Verdienst in Höhe von 4950,00 Euro brutto anrechnen lassen, verbleibt ein Differenzbetrag von 1389,60 Euro brutto. Das entspricht 21,9 % der Forderung. Hat der Arbeitnehmer im Verzugszeitraum 2548,00 Euro netto Arbeitslosengeld erhalten, muss er sich von dem Arbeitslosengeld 558,01 Euro netto, entsprechend 21,9 % von 2548,00 Euro, anrechnen lassen. Der Arbeitgeber hat dem Arbeitnehmer deshalb 1389,60 Euro brutto abzüglich 558,01 Euro netto zu zahlen. 45

V. Anwendung von § 11 KSchG bei Rücknahme der Kündigung

Nimmt der Arbeitgeber nach Klageerhebung die Kündigung zurück, ohne dass es zu einem Urteil kommt, **gilt § 11 nach einer älteren Entscheidung des BAG entsprechend.**[201] Der Arbeitgeber erkenne damit an, dass die Kündigung unwirksam gewesen und das Arbeitsverhältnis nicht aufgelöst sei. Dies dürfte überholt sein, weil nach neuerer Rechtsprechung § 11 – seinem Wortlaut entsprechend – nicht zur Anwendung kommt, wenn die Parteien nach einer Kündigung die Beendigung des Arbeitsverhältnisses durch Prozessvergleich regeln.[202] In diesem Fall richtet sich die Anrechnung nach § 615 S. 2 BGB. Dies hat entsprechend im Fall der Rücknahme der Kündigung zu gelten, da diese Erklärung ein Angebot des Arbeitgebers zur Fortsetzung des Arbeitsverhältnisses enthält, das der Arbeitnehmer annehmen muss, damit es zur Beendigung des Rechtsstreits kommt. Auch in diesem Fall besteht das Arbeitsverhältnis nicht – wie von § 11 vorausgesetzt – nach einer Entscheidung des Gerichts fort.[203] 46

---

[196] Vgl. APS/Biebl KSchG § 11 Rn. 30; MüKoBGB/Hergenröder § 11 KSchG Rn. 28; aA KR/Spilger KSchG § 11 Rn. 57.

[197] BAG 1.9.2010 – 5 AZR 700/09, NZA 2010, 1409.

[198] BAG 7.2.2024 – 5 AZR 177/23, NZA 2024, 685; 19.1.2022 – 5 AZR 346/21, BeckRS 2022, 10697; 11.1.2006 – 5 AZR 125/05, NZA 2006, 313.

[199] BAG 19.1.2022 – 5 AZR 346/21, BeckRS 2022, 10697.

[200] Zu einem weiteren Rechenbeispiel vgl. BAG 19.1.2022 – 5 AZR 346/21, BeckRS 2022, 10697.

[201] BAG 26.7.1995 – 2 AZR 665/94; ErfK/Kiel KSchG § 11 Rn. 21.

[202] BAG 24.2.2016 – 5 AZR 425/15, NZA 2016, 687.

[203] APS/Biebl KSchG § 11 Rn. 44.

§ 12 Neues Arbeitsverhältnis des Arbeitnehmers; Auflösung des alten Arbeitsverhältnisses

[1] Besteht nach der Entscheidung des Gerichts das Arbeitsverhältnis fort, ist jedoch der Arbeitnehmer inzwischen ein neues Arbeitsverhältnis eingegangen, so kann er binnen einer Woche nach der Rechtskraft des Urteils durch Erklärung gegenüber dem alten Arbeitgeber die Fortsetzung des Arbeitsverhältnisses bei diesem verweigern. [2] Die Frist wird auch durch eine vor ihrem Ablauf zur Post gegebene schriftliche Erklärung gewahrt. [3] Mit dem Zugang der Erklärung erlischt das Arbeitsverhältnis. [4] Macht der Arbeitnehmer von seinem Verweigerungsrecht Gebrauch, so ist ihm entgangener Verdienst nur für die Zeit zwischen der Entlassung und dem Tage des Eintritts in das neue Arbeitsverhältnis zu gewähren. [5] § 11 findet entsprechende Anwendung.

Übersicht

1. Allgemeines zum Wahlrecht des Arbeitnehmers nach § 12 KSchG

1 Wenn das Gericht der Klage des Arbeitnehmers entsprechend die Fortdauer des Arbeitsverhältnisses feststellt, ist der Arbeitnehmer verpflichtet, auf Verlangen des Arbeitgebers die Arbeit wieder aufzunehmen. Das kann für ihn Schwierigkeiten mit sich bringen, wenn er inzwischen ein neues Arbeitsverhältnis eingegangen ist. Er würde in einen Konflikt zwischen zwei verschiedenen Vertragspflichten geraten. Daraus, dass er einen neuen Arbeitsvertrag abgeschlossen hat, obwohl er die Kündigung für sozial ungerechtfertigt und somit für wirkungslos ansah, kann ihm allerdings kein Vorwurf gemacht werden.[1] Denn einmal soll er, wie § 11 zeigt, seine Arbeitskraft in der Zwischenzeit möglichst anderweitig verwerten, und außerdem kann er nicht wissen, wie der Prozess enden wird. Es kann ihm daher nicht zugemutet werden, in der Zwischenzeit die Möglichkeit abzulehnen, einen anderen Arbeitsplatz anzunehmen. Deshalb gewährt ihm das Gesetz ein **Wahlrecht** zwischen den beiden Arbeitsverträgen, bindet aber dieses Wahlrecht im Interesse des Arbeitgebers an eine kurze Frist. § 12 S. 2 bis 4 gelten im Fall des § 16 entsprechend. Während § 12 auch bei unbegründeten außerordentlichen Kündigungen (§ 13 Abs. 1 S. 5) und sittenwidrigen Kündigungen im betrieblichen Geltungsbereich des KSchG (§ 13 Abs. 2) Anwendung findet, ist eine solche nicht angeordnet für Kündigungen im Kleinbetrieb (§ 23 Abs. 1 S. 2, 3)[2] sowie ordentliche Kündigungen im betrieblichen Geltungsbereich des KSchG, die weder sozial- noch sittenwidrig, sondern aus anderen Gründen unwirksam sind (§ 13 Abs. 3). Dabei dürfte es sich, nachdem gemäß § 4 S. 1 inzwischen auch sonstige Unwirksamkeitsgründe – auch bei Kündigungen im Kleinbetrieb – geltend gemacht werden müssen, um ein Redaktionsversehen mit der Folge handeln, dass § 12 analog anzuwenden ist.[3]

2. Voraussetzung des Wahlrechts des Arbeitnehmers nach § 12 KSchG

2 Das Wahlrecht setzt voraus, dass der Arbeitnehmer ein **neues Arbeitsverhältnis** eingegangen ist. Dem steht dem Zweck des Gesetzes entsprechend ein Vertrag gleich, durch den der Arbeitnehmer die Tätigkeit eines Vorstandsmitglieds einer juristischen Person

[1] BAG 5.11.2009 – 2 AZR 609/08, NZA 2010, 277.
[2] LAG Nürnberg 11.4.2016 – 2 Sa 502/15, BeckRS 2016, 69456.
[3] Vgl. KR/Spilger § 12 KSchG Rn. 39.

übernimmt.[4] Gleiches gilt für die Begründung eines Berufsausbildungsverhältnisses.[5] Dem Arbeitnehmer stehen dagegen die Rechte aus § 12 nicht zu, wenn er einen Werkvertrag abschließt, eine selbständige Tätigkeit aufnimmt[6] und sich als Gesellschafter an einer Gesellschaft beteiligt.[7]

Der Arbeitsvertrag muss „inzwischen", dh **nach Zugang der Kündigung und vor Rechtskraft des Urteils,** abgeschlossen sein.[8] Vertragsverhandlungen, auch schon weit fortgeschrittene, genügen nicht.[9] Dagegen ist nicht erforderlich, dass der Arbeitnehmer die Arbeit schon angetreten hat, denn die Bindung des Arbeitnehmers, auf die es in diesem Zusammenhang allein ankommt, entsteht schon durch den Abschluss des Arbeitsvertrags.[10] Ob er diese Bindung durch Anfechtung, Rücktritt oder Kündigung beseitigen könnte, ist ohne Bedeutung; denn ob er von einer solchen Lösungsmöglichkeit Gebrauch machen will, steht in seiner freien Entscheidung. Ist der Arbeitnehmer dagegen **nach Rechtskraft** des Urteils noch nicht ein neues Arbeitsverhältnis eingegangen, ist er zur Wiederaufnahme der Arbeit verpflichtet. Er ist nicht berechtigt, jetzt noch einen neuen Arbeitsvertrag abzuschließen und daraufhin die Fortsetzung des alten Arbeitsverhältnisses zu verweigern, mochte er auch schon vorher Verhandlungen über den Abschluss des neuen Vertrags begonnen haben. 3

3. § 12 KSchG bei Fortsetzung des alten Arbeitsverhältnisses

Entscheidet sich der Arbeitnehmer für die Fortsetzung des alten Arbeitsverhältnisses, ist es seine Sache, wie er sich mit dem Vertragspartner des zweiten Vertrages auseinandersetzt. § 12 regelt hierzu nichts. Der neue Arbeitsvertrag wird an sich durch diese Entscheidung nicht berührt, insbesondere entsteht für den Arbeitnehmer **kein Recht zur fristlosen Kündigung des neuen Arbeitsverhältnisses,** falls er sich nicht bei Vertragsschluss ein solches Recht besonders vorbehalten hat.[11] Er hat dieses vielmehr durch ordentliche Kündigung oder Aufhebungsvertrag zu lösen. Tritt er dann die Arbeit bei dem alten Arbeitgeber erst nach Ablauf der Kündigungsfrist an, kann dieser aus einer solchen Verzögerung keine Rechte herleiten, weil das Verhalten des Arbeitnehmers nicht schuldhaft ist, sofern er nicht etwa eine übermäßig lange Kündigungsfrist vereinbart hat.[12] Kommt er der Arbeitsaufforderung des alten Arbeitgebers ohne jegliche Erklärung nicht nach, hüllt er sich quasi in Schweigen, indiziert dies ihm gegenüber seine fehlende Leistungsbereitschaft iSd § 297 BGB, die etwaige Annahmeverzugsansprüche ausschließt.[13] Gleiches gilt, wenn er das neue Arbeitsverhältnis nicht unverzüglich kündigt.[14] 4

4. § 12 KSchG bei Beendigung des alten Arbeitsverhältnisses

Der Arbeitnehmer kann nach § 12 S. 1 die Fortsetzung des Arbeitsverhältnisses bei dem alten Arbeitgeber ablehnen. Darin liegt, da die sozialwidrige Kündigung das alte 5

[4] Bauer BB 1993, 2444; APS/Biebl § 12 KSchG Rn. 5; MüKoBGB/Hergenröder § 12 KSchG Rn. 7; ErfK/Kiel § 12 KSchG Rn. 2; LSSW/Spinner § 12 Rn. 5; KR/Spilger § 12 KSchG Rn. 10.

[5] MüKoBGB/Hergenröder § 12 KSchG Rn. 7; ErfK/Kiel § 12 KSchG Rn. 2.

[6] BAG 25.10.2007 – 6 AZR 662/06, NJW 2008, 1466; ErfK/Kiel § 12 KSchG Rn. 2; LSSW/Spinner § 12 Rn. 5; aA Däubler/Deinert/Callsen § 12 KSchG Rn. 6; Diller RdA 2008, 299; KR/Spilger § 12 KSchG Rn. 10.

[7] Ebenso APS/Biebl § 12 KSchG Rn. 5; HaKo-KSchR/Nägele–Berkner § 12 KSchG Rn. 14; LSSW/Spinner § 12 Rn. 5; KR/Spilger § 12 KSchG Rn. 10; Däubler/Deinert/Callsen § 12 KSchG Rn. 6.

[8] ErfK/Kiel § 12 KSchG Rn. 2; LSSW/Spinner § 12 Rn. 1 f.; KR/Spilger § 12 KSchG Rn. 11 f.

[9] KR/Spilger § 12 KSchG Rn. 12.

[10] Ebenso APS/Biebl § 12 KSchG Rn. 7; MüKoBGB/Hergenröder § 12 KSchG Rn. 6; KR/Spilger § 12 KSchG Rn. 12.

[11] APS/Biebl § 12 KSchG Rn. 9; Däubler/Deinert/Callsen § 12 KSchG Rn. 16; MüKoBGB/Hergenröder § 12 KSchG Rn. 8; ErfK/Kiel § 12 KSchG Rn. 5; KR/Spilger § 12 KSchG Rn. 18; vgl. auch BAG 16.5.2012 – 5 AZR 251/11, NZA 2012, 971.

[12] LAG Köln 23.11.1994 – 8 Sa 862/94, NZA 1995, 992; KR/Spilger § 12 KSchG Rn. 19 ff.

[13] BAG 16.5.2012 – 5 AZR 251/11, NZA 2012, 971.

[14] APS/Biebl § 12 KSchG Rn. 23.

Arbeitsverhältnis nicht beendet hatte, die Auflösung desselben für die Zukunft. Es handelt sich nicht um ein bloßes Leistungsverweigerungsrecht, sondern um ein **fristgebundenes Sonderkündigungsrecht,** das die Wirkung einer fristlosen Kündigung hat.[15] Deshalb schreibt das Gesetz folgerichtig vor, dass das alte Arbeitsverhältnis mit dem Zugehen dieser Erklärung erlischt, § 12 S. 3.[16] Das gilt allerdings nicht, wenn der Arbeitnehmer die Erklärung vor Rechtskraft des Urteils abgibt. In diesem Fall endet das Arbeitsverhältnis erst mit Rechtskraft der Entscheidung.[17] Keine auf die Beendigung des alten Arbeitsverhältnisses gerichtete Erklärung nach § 12 S. 1 KSchG liegt vor, wenn der Arbeitnehmer lediglich die tatsächliche Beschäftigung in diesem Arbeitsverhältnis verweigert.[18]

6 Da das alte Arbeitsverhältnis bis zum Wirksamwerden der Beendigungserklärung des Arbeitnehmers besteht, hätte der Arbeitnehmer bis zu diesem Zeitpunkt Annahmeverzugsansprüche gegen den Arbeitgeber. Er müsste sich dabei allerdings nach § 11 Nr. 1 den in dem neuen Arbeitsverhältnis erzielten Verdienst anrechnen lassen. § 12 S. 4 weicht von dieser nach allgemeinen Grundsätzen bestehenden Rechtslage ab. Der alte Arbeitgeber ist nach Ausübung des Sonderkündigungsrechts nur für den **Zeitraum zwischen der Entlassung und dem Tag des Eintritts in das neue Arbeitsverhältnis** zur Vergütungszahlung verpflichtet. Für die Zeit vom Antritt der neuen Tätigkeit bis zum Erlöschen des alten Arbeitsverhältnisses sind Vergütungsansprüche ausgeschlossen.[19] Das kann für den Arbeitnehmer nachteilige Folgen haben, wenn der Verdienst in dem neuen Arbeitsverhältnis niedriger als in dem gekündigten Arbeitsverhältnis ist. Wenn der Arbeitnehmer diese Rechtsfolge vermeiden will, muss er das alte Arbeitsverhältnis in anderer Weise, etwa durch Eigenkündigung oder Aufhebungsvertrag beenden.

7 Der Zeitraum, für den der frühere Arbeitgeber bei einer Lösungserklärung des Arbeitnehmers Arbeitsentgelt zu zahlen hat, ist **begrenzt bis zur Arbeitsaufnahme** des Arbeitnehmers bei dem neuen Arbeitgeber.[20] Der Tag des Vertragsschlusses ist grundsätzlich unbeachtlich, weil Arbeitsentgeltansprüche erst ab dem Tag der Einstellung entstehen.[21] Es ist deshalb denkbar, dass der Arbeitnehmer zwar den neuen Arbeitsvertrag vor Rechtskraft des Urteils abgeschlossen hat, der Arbeitsantritt beim neuen Arbeitgeber aber erst zu einem Zeitpunkt erfolgen soll, zu dem das Urteil schon rechtskräftig geworden ist. Beispiel: Der Arbeitnehmer ist zum 30. April gekündigt worden. Er hat Feststellungsklage nach § 4 erhoben und dann am 10. Mai zum 1. Juni eine neue Stelle angenommen. Das der Klage stattgebende (Anerkenntnis-)Urteil ergeht am 15. Mai und wird durch Verzicht auf Rechtsmittel sofort rechtskräftig. In diesem Fall muss der Arbeitgeber, wenn der Arbeitnehmer vor Urteilsverkündung von dem Recht des § 12 Gebrauch macht, Entgelt für den ganzen Mai zahlen. Andernfalls würde der Arbeitnehmer für die Zeit zwischen Abgabe seiner Erklärung und Beginn des neuen Arbeitsverhältnisses keinen Arbeitsverdienst erhalten, also durch die sozialwidrige Kündigung geschädigt werden, was das Gesetz verhindern will. Auf Verlangen des Arbeitgebers muss aber der Arbeitnehmer in der Zeit bis zum 1. Juni die Arbeit im Betrieb wieder aufnehmen. Kommt er dem nicht nach, verliert er für diese Zeit den Vergütungsanspruch, weil er sich das, was er durch anderweitige Verwendung der Arbeitskraft zu erwerben böswillig unterlässt, nach § 11 Nr. 2 anrechnen lassen muss. Das Verhalten des Arbeitnehmers erscheint – vorbehaltlich besonderer Umstände des Einzelfalls – böswillig, wenn er,

[15] Ebenso APS/Biebl § 12 KSchG Rn. 12; MüKoBGB/Hergenröder § 12 KSchG Rn. 3; ErfK/Kiel § 12 KSchG Rn. 1; KR/Spilger § 12 KSchG Rn. 25.
[16] BAG 19.7.1978 – 5 AZR 748/77, NJW 1979, 285.
[17] Ebenso ErfK/Kiel § 12 KSchG Rn. 4; LSSW/Spinner § 12 Rn. 8; KR/Spilger § 12 KSchG Rn. 31; aA APS/Biebl § 12 KSchG Rn. 12.
[18] Vgl. LAG Düsseldorf 15.9.2021 – 12 Sa 10/21, BeckRS 2021, 42230.
[19] Dazu BAG 6.11.1986 – 2 AZR 744/85, BeckRS 1986, 30719121; 19.7.1978 – 5 AZR 748/77, NJW 1979, 285; APS/Biebl § 12 KSchG Rn. 19; MüKoBGB/Hergenröder § 12 KSchG Rn. 16; LSSW/Spinner § 12 Rn. 9.
[20] BAG 6.11.1986 – 2 AZR 744/85, BeckRS 1986, 30719121; MüKoBGB/Hergenröder § 12 KSchG Rn. 17.
[21] Allg. Ansicht; vgl. nur KR/Spilger § 12 KSchG Rn. 35.

obwohl die Arbeit im neuen Arbeitsverhältnis noch gar nicht begonnen hat, unter Berufung auf dasselbe die Arbeit beim alten Arbeitgeber verweigert, trotzdem aber von ihm Lohn verlangt.[22]

5. Frist für Nichtfortsetzungserklärung nach § 12 S. 1 KSchG

Die Erklärung des Arbeitnehmers muss binnen einer **Frist von einer Woche** abgegeben werden (S. 1). Die Frist beginnt mit der Rechtskraft des Urteils; diese richtet sich nach den Vorschriften des Prozessrechts. Erklärt sich der Arbeitnehmer vor Ablauf dieser Frist nicht, erlischt sein Recht zur Auflösung des alten Arbeitsverhältnisses.[23] Schweigen oder nicht rechtzeitige Erklärung gilt also als Wahl der Weiterbeschäftigung.[24] Keine Bedenken bestehen dagegen, dass der Arbeitnehmer die Erklärung vorsorglich schon vor einem obsiegenden Urteil oder doch vor dessen Rechtskraft, also vor Fristbeginn abgibt[25] (zum Wirksamwerden in einem solchen Fall → Rn. 5).[26] **8**

Die **Erklärung bedarf gemäß § 623 BGB der Schriftform,** weil es sich bei der Lossagung um ein Sonderkündigungsrecht handelt.[27] Die Frist wird durch Aufgabe eines die Erklärung enthaltenden Briefs zur Post gewahrt, § 12 S. 2. Es ist dann nicht nötig, dass die Erklärung dem Arbeitgeber auch innerhalb der Frist zugeht. Handelt der Arbeitnehmer aber schuldhaft, zB durch fahrlässige Angabe einer unrichtigen Adresse, wird er dem Arbeitgeber, falls dieser durch die Verzögerung des Zugehens einen Schaden erleidet, ersatzpflichtig. Denn die ordnungsmäßige Abgabe der Erklärung ist eine für den Arbeitnehmer auf dem fortbestehenden Arbeitsverhältnis beruhende Vertragspflicht. Wird die Erklärung durch einen Boten übersandt, muss sie dem Arbeitgeber innerhalb der Frist zugehen; § 12 S. 2 erfasst bewusst nur die Einschaltung von Postdienstleistern und ist insoweit nicht analogiefähig.[28] Die Vorschrift nimmt dem Arbeitnehmer ausweislich des Folgesatzes nur das Verzögerungs-, nicht das Verlustrisiko ab. Geht die erste Erklärung verloren, genügt es nach hier vertretener Ansicht zur Fristwahrung, dass der Arbeitnehmer sie unverzüglich wiederholt.[29] Überhaupt keine Anwendung findet § 12 S. 2, wenn der Arbeitnehmer die Nichtfortsetzung in einem nicht unmittelbar an den Arbeitgeber, sondern vielmehr an das Gericht gerichteten Schriftsatz erklärt.[30] § 167 ZPO gilt weder direkt noch analog. Es entscheidet der Zugang beim Arbeitgeber über die Fristwahrung. **9**

Bei **Berechnung** der Frist ist der Tag, an dem die Rechtskraft des Urteils eintritt, nicht mitzurechnen (§ 187 Abs. 1 BGB). Die Frist endet deshalb mit Ablauf des Tages der nächsten Woche, der durch seine Benennung dem Tag des Eintritts der Rechtskraft entspricht (§ 188 Abs. 2 BGB). Ist dieser Tag ein Samstag oder Sonntag oder ein staatlich anerkannter Feiertag, endet die Frist erst mit dem Ablauf des folgenden Werktages (§ 193 BGB).[31] Bei landesgesetzlichen Feiertagen entscheidet der „Sitz" des Arbeitgebers; der Wohnsitz des Arbeitnehmers oder seines Anwalt ist unmaßgeblich[32] es sei denn, die Nichtfortsetzungserklärung wird per Post versandt (§ 12 S. 2). **10**

---

[22] Ebenso Däubler/Deinert/Callsen § 12 KSchG Rn. 19; anders allerdings die hM, vgl. ErfK/Kiel § 12 KSchG Rn. 6; LSSW/Spinner § 12 Rn. 10; KR/Spilger § 12 KSchG Rn. 35, die den Lohnanspruch höchstens bis zu dem Zeitpunkt geben wollen, in dem der Arbeitnehmer die Fortsetzung des Arbeitsverhältnisses verweigert.

[23] BAG 6.11.1986 – 2 AZR 744/85, BeckRS 1986, 30719121; APS/Biebl § 12 KSchG Rn. 14; ErfK/Kiel § 12 KSchG Rn. 3.

[24] APS/Biebl § 12 KSchG Rn. 18; zur Auslegung einer Kündigung des Arbeitnehmers als Nichtfortsetzungserklärung vgl. LAG Düsseldorf 13.6.1979 – 3 Sa 253/79, AP KSchG 1969 § 12 Nr. 2.

[25] BAG 25.10.2007 – 6 AZR 662/06, NJW 2008, 1466.

[26] BAG 19.10.1972 – 2 AZR 150/72, AP KSchG 1969 § 12 Nr. 1; LAG Düsseldorf 15.9.2021 – 12 Sa 10/21, BeckRS 2021, 42230; APS/Biebl § 12 KSchG Rn. 14; LSSW/Spinner § 12 Rn. 3.

[27] BAG 17.12.2015 – 6 AZR 709/14, NZA 2016, 361; LAG Düsseldorf 15.9.2021 – 12 Sa 10/21, BeckRS 2021, 42230.

[28] Ebenso LAG Köln 23.11.2017 – 7 Sa 325/17, BeckRS 2017, 156012; LSSW/Spinner § 12 Rn. 7; KR/Spilger § 12 KSchG Rn. 27.

[29] Vgl. Grüneberg/Ellenberger § 121 BGB Rn. 4.

[30] Vgl. BVerwG 10.3.2010 – 6 C 15/09, NJW 2010, 3048; BGH 11.10.1974 – V ZR 25/73, NJW 1975, 39.

[31] MüKoBGB/Hergenröder § 12 KSchG Rn. 12; ErfK/Kiel § 12 KSchG Rn. 3.

[32] Vgl. BAG 24.8.2011 – 8 AZN 808/11, NZA 2012, 111; BGH 10.1.2012 – VI ZA 27/11, NJW-RR 2012, 254.

11 Die Frist ist eine **Ausschlussfrist.** Eine Wiedereinsetzung in den vorigen Stand gegen eine Versäumung der Frist ist nicht vorgesehen.[33] Eine nicht fristgerecht abgegebene Erklärung nach § 12 kann gemäß § 140 BGB in eine ordentliche Kündigung des Arbeitsverhältnisses **umgedeutet** werden.[34]

6. Verhältnis von § 12 KSchG zu § 9 KSchG

12 Das vorstehend Ausgeführte gilt auch dann, wenn der Arbeitnehmer im Prozess nach § 9 die **Auflösung des Arbeitsverhältnisses** beantragt, das ArbG sie aber ablehnt. Die Tatsache, dass der Arbeitnehmer ein neues Arbeitsverhältnis eingegangen ist, macht die Fortsetzung des bisherigen Arbeitsverhältnisses für ihn noch nicht unzumutbar im Sinn des § 9 und braucht deshalb das ArbG nicht zu veranlassen, dem Auflösungsantrag stattzugeben. Vielmehr kann das ArbG es dem Arbeitnehmer überlassen, ob er von dem Recht des § 12 zur Auflösung des alten Arbeitsverhältnisses Gebrauch machen will.[35] Hat dagegen das ArbG nach § 9 die Auflösung des Arbeitsverhältnisses ausgesprochen, ist für die Anwendung des § 12 kein Raum. Das schließt nicht aus, dass der Arbeitnehmer die Erklärung nach § 12 vorsorglich schon vor Rechtskraft des Urteils im Kündigungsschutzprozess abgibt, gleichwohl aber den Antrag auf Auflösung nach § 9 verfolgt.[36] Gibt das Gericht dem Antrag nach § 9 statt, wird die Erklärung nach § 12 gegenstandslos.

§ 13 Außerordentliche, sittenwidrige und sonstige Kündigungen

(1) [1]Die Vorschriften über das Recht zur außerordentlichen Kündigung eines Arbeitsverhältnisses werden durch das vorliegende Gesetz nicht berührt. [2]Die Rechtsunwirksamkeit einer außerordentlichen Kündigung kann jedoch nur nach Maßgabe des § 4 Satz 1 und der §§ 5 bis 7 geltend gemacht werden. [3]Stellt das Gericht fest, dass die außerordentliche Kündigung unbegründet ist, ist jedoch dem Arbeitnehmer die Fortsetzung des Arbeitsverhältnisses nicht zuzumuten, so hat auf seinen Antrag das Gericht das Arbeitsverhältnis aufzulösen und den Arbeitgeber zur Zahlung einer angemessenen Abfindung zu verurteilen. [4]Das Gericht hat für die Auflösung des Arbeitsverhältnisses den Zeitpunkt festzulegen, zu dem die außerordentliche Kündigung ausgesprochen wurde. [5]Die Vorschriften der §§ 10 bis 12 gelten entsprechend.

(2) Verstößt eine Kündigung gegen die guten Sitten, so finden die Vorschriften des § 9 Abs. 1 Satz 1 und Abs. 2 und der §§ 10 bis 12 entsprechende Anwendung.

(3) Im Übrigen finden die Vorschriften dieses Abschnitts mit Ausnahme der §§ 4 bis 7 auf eine Kündigung, die bereits aus anderen als den in § 1 Abs. 2 und 3 bezeichneten Gründen rechtsunwirksam ist, keine Anwendung.

Übersicht

[33] APS/Biebl § 12 KSchG Rn. 14; LSSW/Spinner § 12 Rn. 7; KR/Spilger § 12 KSchG Rn. 28.
[34] LAG Berlin 15.10.1999 – 6 Sa 1235/99, BeckRS 1999, 30453806; APS/Biebl § 12 KSchG Rn. 16.
[35] Ebenso APS/Biebl § 12 KSchG Rn. 26; LSSW/Spinner § 12 Rn. 3.
[36] BAG 19.12.1972 – 2 AZR 150/72, AP KSchG 1969 § 12 Nr. 1.

I. Erstreckung des § 4 auf Kündigungen außerhalb des Anwendungsbereichs des KSchG

Die Regelung des § 13 ergänzt zunächst die §§ 4 S. 1 und 5 bis 7, sowie § 23 Abs. 1 S. 2 bis 3. Im Zusammenspiel all dieser Normen ergibt sich, dass die Unwirksamkeit einer **jeden Kündigung** innerhalb von drei Wochen nach ihrem Zugang gerichtlich geltend zu machen ist und zwar gleich aus welchem Grund sich ihre Unwirksamkeit ergeben könnte. Bedauerlich ist, dass der Gesetzgeber sich nicht entschließen kann, an geeigneter Stelle eine allgemeine Regelung in das Arbeitsrecht aufzunehmen, die sämtliche Angriffe gegen eine Kündigung an eine dreiwöchige Ausschlussfrist bindet.[1] Zur historischen Entwicklung: → § 4 Rn. 2. 1

II. Außerordentliche Kündigung

1. Anwendbarkeit und Rechtsfolgen

Absatz 1 gilt für **alle Fälle einer außerordentlichen Kündigung.** Darunter ist eine Kündigung zu verstehen, die eine vorzeitige Beendigung des Arbeitsverhältnisses herbeiführt und deshalb nur aus einem besonderen gesetzlich vorgesehenen Grund zulässig ist. Angesprochen sind damit die Kündigungstatbestände der §§ 626 BGB und 67 SeeArbG. § 13 Abs. 1 findet dabei auch auf die außerordentliche Kündigung bei befristeten Arbeitsverhältnissen Anwendung.[2] Das ergibt sich daraus, dass die Wirkung der außerordentlichen Kündigung bei befristeten und unbefristeten Arbeitsverhältnissen identisch ist und § 626 BGB für beide Konstellationen gleichermaßen greift. Weiter greift § 13 Abs. 1 auch für außerordentliche Änderungskündigungen aus wichtigem Grund.[3] Zudem ist § 13 einschlägig, wenn einem ordentlich nicht mehr kündbaren Arbeitnehmer aus wichtigem Grund, wenngleich mit einer „sozialen Auslauffrist“[4], gekündigt wird.[5] Schließlich unterfällt auch eine außerordentliche Kündigung eines Berufsausbildungsverhältnisses dieser Regelung, → Rn. 8. 2

Kein Anwendungsfall des § 13 Abs. 1 ist es dagegen, wenn in einem Tarifvertrag die Frist für die ordentliche Kündigung verkürzt wird (§ 622 Abs. 4 BGB) und zwar selbst dann nicht, wenn diese so kurz bemessen ist, dass die Kündigung mehr oder weniger wie eine fristlose wirkt. Dessen ungeachtet liegt eine ordentliche Kündigung vor, die direkt den §§ 4 ff. bzw. 9 ff. unterfällt.[6] Nichts anderes gilt für die Kündigung durch den 3

[1] Richardi DB 2004, 489; Francken NZA 1999, 796.

[2] BAG 13.4.1967 – 2 AZR 180/66, BB 1967, 716; 8.6.1972 – 2 AZR 336/71, BB 1972, 1095; KR/Rennpferdt Rn. 15; APS/Biebl Rn. 14 f.; Staudinger/Temming BGB § 626 Rn. 3.

[3] BAG 19.7.2012 – 2 AZR 25/11, NZA 2012, 1038; 28.10.2010 – 2 AZR 688/09, NZA-RR 2011, 167; 2.3.2006 – 2 AZR 64/05, NZA 2006, 985; KR/Rennpferdt Rn. 9; ErfK/Kiel Rn. 3. Zur Anwendung des § 4 S. 2 in diesem Fall, → Rn. 8. Zur außerordentlichen Kündigung iSv § 13 Abs. 1 gehört zudem die Kündigung nach Anlage I Kap. XIX Sachgebiet A Abschn. III Nr. 1 Abs. 5 Einigungsvertrag: BAG 11.6.1992 – 8 AZR 474/91, DB 1993, 175.

[4] Hierzu BAG 25.4.2018 – 2 AZR 6/18, NZA 2018, 1056 Rn. 41; 26.3.2009 – 2 AZR 879/07, NZA 2009, 679; 30.9.2010 – 2 AZR 160/09, NZA 2011, 349 Rn. 19.

[5] ErfK/Kiel Rn. 3; MüKoBGB/Hergenröder Rn. 3; KR/Rennpferdt Rn. 5; LSSW/Spinner Rn. 10; BeckOGK/Krahforst, 1.12.2024, KSchG § 13 Rn. 11.

[6] BAG 4.6.1987 – 2 AZR 416/86, NZA 1988, 52; KR/Rennpferdt Rn. 7; HaKo-KSchR/Gieseler/Dubon Rn. 9; MüKoBGB/Hergenröder Rn. 3.

Insolvenzverwalter nach § 113 InsO, auch wenn die Regelung von § 622 BGB abweichende Kündigungsfristen zulässt.[7]

4 § 13 Abs. 1 greift nicht für Organmitglieder iSd § 14 Abs. 1, wohl aber für leitende Angestellte iSd § 14 Abs. 2. Was die außerordentliche Kündigung gegenüber einem Arbeitnehmer in einem Kleinbetrieb (§ 23 Abs. 1 S. 2 u. 3) und in der sechsmonatigen Wartezeit des § 1 Abs. 1 betrifft, ist zu unterscheiden: Diese müssen zwar die dreiwöchige Klageerhebungsfrist des § 13 Abs. 1 S. 2 einhalten,[8] → § 4 Rn. 10 u. § 23 Rn. 36; indes ergeben sich für einen Antrag auf Auflösung des Arbeitsverhältnisses Besonderheiten, → Rn. 19.

5 Keinen Einfluss auf die Anwendbarkeit der Regelung nimmt es, ob die außerordentliche Kündigung deshalb unbegründet ist, weil sie nicht durch einen wichtigen Grund iSd § 626 Abs. 1 BGB gedeckt war oder aber, weil der Arbeitgeber die zweiwöchige Frist zur Erklärung der Kündigung nach § 626 Abs. 2 BGB versäumt hatte.[9]

6 § 13 Abs. 1 S. 1 bestätigt weitgehend nur eine Selbstverständlichkeit, nämlich, dass das KSchG das Recht zur außerordentlichen Kündigung nicht berührt und damit mittelbar, dass die Wirksamkeit einer solchen Kündigung nach § 626 BGB und nicht nach den Vorschriften des KSchG beurteilt wird.

2. Verweis auf § 4 S. 1 und §§ 5 bis 7

7 Erhebt der Arbeitnehmer seine Klage nicht rechtzeitig, werden etwaige Mängel der Kündigung geheilt, die außerordentliche Kündigung gilt als von Anfang an wirksam, §§ 4 S. 1 iVm 7.[10] Ist die außerordentliche Kündigung dagegen rechtzeitig angegriffen und auch rechtsunwirksam, stellt das Gericht im Urteil fest, dass das Arbeitsverhältnis durch die außerordentliche Kündigung nicht aufgelöst worden ist. Bei einer außerordentlichen Änderungskündigung ist § 4 S. 2 trotz des einschränkenden Wortlauts des § 13 Abs. 1 S. 2 entsprechend anzuwenden.[11]

8 Dies gilt auch im **Berufsausbildungsverhältnis.**[12] Das Ziel des § 13 Abs. 1 S. 2, eine schnelle und endgültige Klärung der Wirksamkeit einer außerordentlichen Kündigung herbeizuführen, trifft bei Berufsausbildungsverhältnissen ebenso zu wie bei allen anderen Arbeitsverhältnissen. Das Gebot, eine Kündigung innerhalb von drei Wochen anzugreifen, ist auch mit dem Wesen und Zweck des Ausbildungsverhältnisses vereinbar (§ 10 Abs. 2 BBiG). Besonderheiten ergeben sich aber, sollte ein Schlichtungsausschuss nach § 111 Abs. 2 S. 5 ArbGG bestehen. Die Verhandlung vor dem Ausschuss muss nach § 111 Abs. 2 S. 5 ArbGG der Klage vor dem Arbeitsgericht vorangegangen sein und ist eine unverzichtbare, von Amts wegen zu beachtende Prozessvoraussetzung;[13] sie kann bis zur streitigen Verhandlung der Sache noch wirksam nachgeholt werden. Der Schlichtungsausschuss ist aber weder innerhalb der Dreiwochenfrist der §§ 4 S. 1 u. 13 Abs. 1

[7] Däubler/Deinert/Däubler InsO § 113 Rn. 58; APS/Künzl InsO § 113 Rn. 15a; ErfK/Müller-Glöge InsO § 113 Rn. 12; KR/Rennpferdt Rn. 6.

[8] BAG 28.6.2007 – 6 AZR 873/06, NZA 2007, 972 Rn. 9 ff.; i. E. auch: BAG 15.12.2016 – 6 AZR 430/15, NZA 2017, 502.

[9] HM: BAG 8.6.1972 – 2 AZR 336/71, DB 1972, 1684; KR/Rennpferdt Rn. 10; MüKoBGB/Hergenröder Rn. 15; ErfK/Kiel Rn. 3; LSSW/Spinner Rn. 17.

[10] BAG 14.12.2017 – 2 AZR 86/17, NZA 2018, 646 Rn. 16; 18.12.2014 – 2 AZR 163/14, NZA 2015, 635 Rn. 16; 26.9.2013 – 2 AZR 682/12, NZA 2014, 443; 26.3.2009 – 2 AZR 403/07, NZA 2009, 1146; APS/Biebl Rn. 22; Däubler/Deinert/Däubler Rn. 12; KR/Rennpferdt Rn. 17; MüKoBGB/Hergenröder Rn. 15; ErfK/Kiel Rn. 2; LSSW/Spinner Rn. 15; BeckOK ArbR/Volkening, 74. Ed. 1.12.2024, KSchG § 13 Rn. 4; zur Reichweite der Fiktion s. Leisten AuR 1985, 181 ff.

[11] BAG 19.7.2012 – 2 AZR 25/11, NZA 2012, 1038; 28.2.2010 – 2 AZR 688/09, NZA-RR 2011, 167.

[12] BAG 28.6.2007 – 6 AZR 873/06, NZA 2007, 972; 26.1.1999 – 2 AZR 134/98, NZA 1999, 934; 5.7.1990 – 2 AZR 53/90, NZA 1991, 671; 26.1.1999 – 2 AZR 134/98, NZA 1999, 934; APS/Biebl Rn. 17; Däubler/Deinert/Däubler Rn. 5; KR/Rennpferdt Rn. 14; HaKo-KSchR/Gieseler/Dubon Rn. 14; MüKoBGB/Hergenröder Rn. 10 ff.; LSSW/Spinner Rn. 5; Schaub ArbR-HdB/Vogelsang § 174 Rn. 107; BeckOGK/Krahforst, 1.12.2024, KSchG § 13 Rn. 37; abw.: ErfK/Schlachter BBiG § 22 Rn. 9; KR/Weigand/Horcher BBiG § 23 Rn. 120; Hurlebaus BB 1975, 1533 (1535); Sarge DB 1989, 879 (881 f.).

[13] BAG 12.2.2015 – 6 AZR 845/13, NZA 2015, 741.

S. 2[14] noch unverzüglich iSd § 121 Abs. 1 S. 1 BGB anzurufen. Die Anrufung des Schlichtungsausschusses unterliegt vielmehr den allgemeinen Verwirkungsgrundsätzen. Dazu, dass Auszubildende keinen Auflösungsantrag stellen können, → Rn. 20.

§ 13 Abs. 1 verweist nicht auf die Bestimmung des § 4 S. 4. Dies dürfte indes alleine einem Redaktionsversehen des Gesetzgebers geschuldet sein. S. 4 ist daher bei der Bestimmung des Fristbeginns zumindest entsprechend heranzuziehen, zu den Einzelheiten: → § 4 Rn. 135 ff. 9

In § 13 Abs. 1 sind die §§ 3 u. 4 S. 3 nicht genannt; das Gesetz sieht also keinen Einspruch beim Betriebsrat gegenüber einer unbegründeten außerordentlichen Kündigung vor (unberührt bleibt selbstverständlich § 102 BetrVG). Das schließt natürlich nicht aus, dass sich der Arbeitnehmer trotz Fehlens einer besonderen Vorschrift an den Betriebsrat wendet, da dieser für derartige Anliegen eines Arbeitnehmers zuständig ist. Der Betriebsrat kann sich dann um eine Verständigung mit dem Arbeitgeber bemühen. Ebenso kann niemand den Betriebsrat hindern, dem Arbeitnehmer seine Stellungnahme schriftlich mitzuteilen. Der Arbeitnehmer kann dann diese Mitteilung auch seiner Klage beifügen. Das Fehlen einer Verweisung auf die §§ 3 u. 4 S. 3 bedeutet also lediglich, dass den Betriebsrat bei einer außerordentlichen Kündigung keine Rechtspflicht trifft, auf Einspruch des Arbeitnehmers hin tätig zu werden; das bleibt vielmehr seinem pflichtgemäßen Ermessen überlassen. 10

3. Umdeutung einer außerordentlichen in eine ordentliche Kündigung

Ist eine außerordentliche Kündigung unwirksam, kann sie ggf. nach § 140 BGB in eine **ordentliche Kündigung** zum nächstmöglichen Termin **umgedeutet** werden.[15] Dies kommt in Betracht, wenn der Arbeitgeber das Arbeitsverhältnis auf jeden Fall lösen will und der dafür vorgebrachte Kündigungsgrund zwar nicht den Anforderungen eines wichtigen Grundes iSd § 626 BGB genügt, aber immerhin zur sozialen Rechtfertigung einer ordentlichen Kündigung ausreicht. Auf eine Umdeutung kommt es hingegen nicht an, wenn der Arbeitgeber neben der außerordentlichen Kündigung hilfsweise eine ordentliche Kündigung erklärt hat. In Zweifelsfällen bedarf es zunächst einer Auslegung der Kündigungserklärung.[16] 11

Ergibt sich aufgrund des durch Auslegung erforschten wirklichen Willens des Arbeitgebers, dass dieser nur eine außerordentliche Kündigung ausgesprochen hat, ist nach § 140 BGB zu ermitteln, ob der Arbeitgeber bei Kenntnis ihrer Unwirksamkeit diese mutmaßlich auch als ordentliche Kündigung ausgesprochen hätte und dies für den gekündigten Arbeitnehmer im Zeitpunkt des Zugangs der Kündigungserklärung erkennbar gewesen ist. Bei der Ermittlung des hypothetischen Willens des Kündigenden ist auf die wirtschaftlichen Folgen abzustellen, die mit der nichtigen Erklärung bezweckt waren. Entscheidend ist, ob sich aus der Erklärung des Kündigenden der hypothetische Wille erkennen lässt, das Arbeitsverhältnis auf jeden Fall zu beenden.[17] Hiervon ist in aller Regel auszugehen, da ein außerordentlich kündigender Arbeitgeber das Arbeitsverhältnis 12

[14] BAG 23.7.2015 – 6 AZR 490/14, NZA-RR 2015, 628; 13.4.1989 – 2 AZR 441/88, NZA 1990, 395; 17.6.1998 – 2 AZR 741/97, RzK IV 3a Nr. 30; ebenso LAG Hamm 19.6.1986 – 8 Ta 138/86, DB 1987, 748; APS/Biebl BBiG § 22 Rn. 32; MüKoBGB/Hergenröder Rn. 11; ErfK/Kiel Rn. 2; LSSW/Spinner Rn. 5; Schaub ArbR-HdB/Vogelsang § 174 Rn. 107; ErfK/Schlachter BBiG § 22 Rn. 9; Sarge DB 1989, 879 (880 f.); KR/Weigand/Horcher BBiG § 23 Rn. 114; abw.: GMP/Prütting ArbGG § 111 Rn. 22 ff.

[15] BAG 12.5.2010 – 2 AZR 845/08, NZA 2010, 1348; HaKo-KSchR/Gieseler/Dubon Rn. 30; ErfK/Kiel Rn. 5; LSSW/Spinner Rn. 27 f.; BeckOGK/Krahforst, 1.12.2024, § 13 KSchG Rn. 94; BeckOK ArbR/Volkening, 74. Ed. 1.12.2024, KSchG § 13 Rn. 15.

[16] BAG 15.12.2005 – 2 AZR 148/05, NZA 2006, 791; BTM/Backmeister Rn. 7 ff.; APS/Biebl Rn. 35; KR/Rennpferdt Rn. 26; HaKo-KSchR/Gieseler/Dubon Rn. 31; MüKoBGB/Hergenröder Rn. 17; BeckOK ArbR/Volkening, 74. Ed. 1.12.2024, KSchG § 13 Rn. 15; Molkenbur/Krasshöfer-Pidde RdA 1989, 337 (341); K. Schmidt NZA 1989, 661 (663); PVT Kündigung/Preis Rn. 491 zu diesem Grundsatz allg. vgl. Soergel/Hefermehl § 140 Rn. 1; abw. Hager BB 1989, 693 (694), der die Umdeutung als Sonderfall der Auslegung sieht.

[17] APS/Biebl Rn. 37; HaKo-KSchR/Gieseler/Dubon Rn. 32; KR/Rennpferdt Rn. 26 ff.; LSSW/Spinner Rn. 30; PVT Kündigung/Preis Rn. 492.

ja sogar sofort, mithin also unbedingt beenden möchte. Das weiß auch ein verständiger Arbeitnehmer. Schließlich kann eine unwirksame außerordentliche Kündigung in ein Angebot auf Abschluss eines Aufhebungsvertrags[18] umgedeutet werden, indes nicht in eine Anfechtung des Arbeitsvertrags.[19]

13 Eine Umdeutung in eine ordentliche Kündigung ist nur möglich, wenn diese **wirksam** ist, was, soweit das KSchG anwendbar ist, voraussetzt, dass sie sozial gerechtfertigt werden kann. Sollte dies nicht der Fall sein, ist es nicht etwa so, dass die unwirksame außerordentliche Kündigung zunächst in eine ordentliche umgedeutet werden würde, diese dann aber ebenfalls scheitert. Vielmehr kommt von Anfang an keine Umdeutung in Betracht. Die Prüfung, ob das Arbeitsverhältnis wenigstens ordentlich hätte aufgelöst werden können, bleibt mithin eine reine Hilfsüberlegung. Das erlangt im Hinblick auf die wechselseitigen Auflösungsanträge nach Abs. 2 und § 9 Bedeutung, → Rn. 24, 27 ff., insb. 28.

14 Eine Umdeutung ist nur ausgehend von einer außerordentlichen Kündigung in Richtung einer ordentlichen Kündigung möglich. Dagegen kann eine ordentliche Kündigung, die auf Grund gesetzlicher oder vertraglicher Kündigungsverbote ausgeschlossen ist, nicht zu einer außerordentlichen Kündigung mit notwendiger Auslauffrist umgedeutet werden. Vielmehr ist in einem solchen Fall allenfalls eine dahingehende Auslegung der Kündigung möglich. Das setzt aber voraus, dass die abgegebene Erklärung deutliche und belastbare Anhaltspunkte dafür bietet, dass mit ihr hilfsweise eine ordentliche Kündigung ausgesprochen sein soll. Eine nach §§ 623, 125 S. 1 BGB formnichtige außerordentliche Kündigung ist definitiv unwirksam; sie kann nicht in eine ordentliche Kündigung umgedeutet werden. Ist umgekehrt die Kündigungserklärung formwirksam abgegeben, wird eine Umdeutung einer „materiell“ unwirksamen außerordentlichen in eine ordentliche Kündigung nicht dadurch ausgeschlossen, dass der Arbeitgeber in seiner Erklärung nur von einer außerordentlichen Kündigung gesprochen hat. In jedem Fall muss der Betriebsrat zur ordentlichen Kündigung angehört worden sein, erforderlich ist also eine Doppelanhörung. Dagegen umfasst die bloße Anhörung zu einer außerordentlichen Kündigung in aller Regel nicht eine solche zu einer ordentlichen Kündigung. Hier würde es dem Arbeitgeber also auch nichts helfen, sollte er vor Ausspruch der außerordentlichen Kündigung zufällig die Wochenfrist des § 102 Abs. 2 S. 1 BetrVG abgewartet haben. Etwas anderes gilt aber, wenn der Arbeitgeber im Rahmen der Anhörung des Betriebsrats immerhin zu erkennen gibt, dass er die geplante außerordentliche Kündigung im Falle der Unwirksamkeit wenigstens als ordentliche aufrechterhalten möchte.[20] Vor allem aber deckt die Anhörung zu einer außerordentlichen Kündigung deren Umdeutung in eine ordentliche Kündigung dann mit ab, wenn der Betriebsrat der außerordentlichen Kündigung ausdrücklich (also nicht nur durch Verstreichenlassen der Anhörungsfrist) und vorbehaltlos zugestimmt hat und auch keine Umstände zu erkennen sind, die ihn veranlasst hätten, sich für den Fall der Unwirksamkeit gegen eine dann verbleibende ordentliche Kündigung zu wenden.[21] Ist der Arbeitnehmer schwerbehindert, setzt eine Umdeutung voraus, dass das Integrationsamt die Zustimmung zur außer-

[18] BAG 13.4.1972 – 2 AZR 243/71, DB 1972, 1784; LAG München 3.8.1988 – 5 Sa 89/88, LAGE § 140 BGB Nr. 8; LAG Berlin 22.3.1989 – 14 Sa 10/89, BB 1989, 1121; LAG Düsseldorf 24.11.1995 – 17 Sa 1181/95, LAGE § 140 BGB Nr. 12; MüKoBGB/Engshuber Vor § 620 Rn. 127.

[19] BAG 14.10.1975 – 2 AZR 365/74, BB 1975, 1638; s. a. MüKoBGB/Engshuber Vor § 620 Rn. 132; PVT Kündigung/Preis Rn. 502.

[20] BAG 20.9.1984 – 2 AZR 633/82, NZA 1985, 286; ähnlich BAG zur Anhörung des Betriebsrats zu einer Tat- bzw. Verdachtskündigung: BAG 12.2.2015 – 6 AZR 845/13, NZA 2015, 741; 20.6.2013 – 2 AZR 546/12, NZA 2014, 143 Rn. 40; 23.6.2009 – 2 AZR 474/07, NZA 2009, 1136; LAG Hessen 17.3.2017 – 14 Sa 879/16, LAGE § 102 BetrVG 2001 Nr. 20 Rn. 73; LSSW/Spinner Rn. 29; abw. Eich DB 1975, 1603 (1606).

[21] BAG 23.10.2008 – 2 AZR 388/07, AP BGB § 626 Nr. 217; 8.6.2000 – 2 AZR 638/99, NZA 2000, 1282; partiell offengelassen durch: 27.6.2019 – 2 AZR 28/19, NZA 2019, 1343 Rn. 26 ff. insb. 28; wie hier: KR/Rinck BetrVG § 102 Rn. 233; HaKo-KSchR/Gieseler/Dubon Rn. 39; BeckOK ArbR/Volkening, 74. Ed. 1.12.2024, KSchG § 13 Rn. 18; G. Hueck FS BAG, 1979, 243 (260); Schaub ArbR-HdB/Linck § 124 Rn. 35.; abw. Hager BB 1989, 693 (696).

ordentlichen Kündigung tatsächlich erteilt hatte (§§ 168, 174 Abs. 1 SGB IX), diese also nicht lediglich fingiert wurde.[22]

Für die Umdeutung bedarf es weder eines Antrags, noch muss sich der Kündigende ausdrücklich auf die Umdeutung berufen. Allerdings muss das Vorbringen des Arbeitgebers im Prozess ergeben, dass er die Kündigung im Falle ihrer Unwirksamkeit als außerordentliche, zumindest als ordentliche zum nächstmöglichen Termin habe aussprechen wollen, was regelmäßig naheliegt. Dagegen ist eine alleinige Umdeutung von Amts wegen (ieS) nicht möglich.[23] Bei Unklarheiten hat das Gericht indes nach § 139 Abs. 1 ZPO auf die Möglichkeit einer Umdeutung hinzuweisen.[24] Der Arbeitgeber kann sich auch noch in der Berufungsinstanz auf die Umdeutung berufen und die Tatsachen, die ihre Zulässigkeit ergeben, vorbringen.[25] 15

Sofern der Arbeitnehmer den Streitgegenstand nicht ausdrücklich auf die Frage beschränkt hat, ob die Kündigung als außerordentliche unwirksam ist, bedarf es zur Geltendmachung der Unwirksamkeit der umgedeuteten ordentlichen Kündigung keiner Klageerweiterung, sondern nur einer Klarstellung des Antrags. Die umgedeutete ordentliche Kündigung ist keine weitere Kündigungserklärung, die mit einer neuerlichen Klage angegriffen werden muss; es handelt sich vielmehr um eine einzige Kündigungserklärung, die auf Grund der Umdeutung nach § 140 BGB nur einen anderen Erklärungsinhalt erhält (Beendigung mit Ablauf der Kündigungsfrist statt sofortige Beendigung).[26] Das Gericht hat nach § 139 Abs. 1 ZPO auf eine klarstellende Antragsfassung hinzuwirken. Demzufolge stellen sich auch keine Probleme in Bezug auf die Einhaltung der Dreiwochenfrist des § 4. Sollte sich der Arbeitnehmer mit seiner Klage tatsächlich ganz explizit ausschließlich gegen die außerordentliche Kündigung gewandt haben, so hat er bis zum Schluss der mündlichen Verhandlung erster Instanz die Möglichkeit, die Sozialwidrigkeit der umgedeuteten ordentlichen Kündigung geltend zu machen; § 6 S. 1 gilt entsprechend.[27] 16

Bei einem obsiegenden Urteil steht fest, dass das Arbeitsverhältnis durch die Kündigung weder fristlos noch fristgemäß aufgelöst worden ist.[28] Hält dagegen das Gericht die ordentliche Kündigung für wirksam, so ist festzustellen, dass das Arbeitsverhältnis durch die außerordentliche Kündigung nicht zum Zeitpunkt ihres Zugangs, sondern erst mit Ablauf der ordentlichen Kündigungsfrist aufgelöst worden ist. IÜ ist die Klage abzuweisen. 17

4. Auflösung des Arbeitsverhältnisses

a) **Antrag des Arbeitnehmers.** Die Sätze 3 bis 5 eröffnen dem Arbeitnehmer im Fall der „Unbegründetheit" einer außerordentlichen Kündigung die Möglichkeit, einen **Antrag auf Auflösung** des Arbeitsverhältnisses und Verurteilung des Arbeitgebers zur Zahlung einer Abfindung zu stellen, wenn ihm die Fortsetzung des Arbeitsverhältnisses nach der unberechtigten außerordentlichen Kündigung des Arbeitgebers nicht mehr zuzumuten ist. Diese Option ist § 9 nachgebildet. Sie ist auch dann eröffnet, wenn die außerordentliche Kündigung nicht nur nicht mit § 626 BGB vereinbar, sondern auch aus „sonstigen" Gründen unwirksam ist. Dies ergibt sich aus den einschlägigen zu § 9 getroffenen Überlegungen (→ § 9 Rn. 17), die hier entsprechende Geltung beanspruchen. **Alternativ** kann der Arbeitnehmer, wenn die fristlose Kündigung eine so schwerwiegende Vertragsverlet- 18

[22] BAG 23.1.2014 – 2 AZR 372/13, NZA 2014, 895.
[23] BAG 14.8.1974 – 5 AZR 497/73, BB 1975, 137; 18.9.1975 – 2 AZR 311/74, DB 1976, 634; HaKo-KSchG/Giseler/Dubon Rn. 42.
[24] Zutr. APS/Biebl Rn. 41.
[25] BAG 14.8.1974 – 5 AZR 497/73, AP KSchG 1969 § 13 Nr. 3; 15.11.1984 – 2 AZR 613/83, NZA 1985, 661; APS/Biebl Rn. 44; KR/Rennpferdt Rn. 31; LSSW/Spinner Rn. 33; abw. K. Schmidt NZA 1989, 661 (667 f.).
[26] BAG 27.6.2019 – 2 AZR 28/19, NZA 2019, 1343 Rn. 20; 15.11.1984 – 2 AZR 613/83, NZA 1985, 661.
[27] KR/Klose § 6 Rn. 11 f.
[28] KR/Rennpferdt Rn. 36.

zung darstellt, dass ihm die Fortsetzung des Arbeitsverhältnisses nicht mehr zuzumuten ist, seinerseits das Arbeitsverhältnis außerordentlich kündigen und nach § 628 Abs. 2 BGB Ersatz des ihm durch die Aufhebung des Arbeitsverhältnisses entstandenen Schadens verlangen. Das allerdings ist für ihn regelmäßig uninteressant.

19 Im Prinzip kann jeder Arbeitnehmer einen Antrag nach den Sätzen 3 bis 5 stellen, einschließlich leitender Angestellter.[29] Dies gilt auch für Arbeitnehmer in der **Wartezeit.**[30] § 1 Abs. 1 sagt nichts über die Anwendung des § 13 Abs. 1 und alleine das Argument, dass der Auflösungsantrag „letztlich ein Ausfluss des Kündigungsschutzes nach dem KSchG" sei, rechtfertigt es noch nicht, die Regelung des § 13 Abs. 1 S. 3 gegen ihren Wortlaut eng auszulegen. Es ist auch nicht so, dass der „Rückgriff" auf die §§ 9, 10 den persönlichen Anwendungsbereich des ersten Abschnitts voraussetzt. § 13 Abs. 1 S. 3 erwähnt § 9 nicht; vielmehr etabliert dieser nur einen Rechtsfolgenverweis auf § 10. Wiederum anders gestalten sich die Dinge im **Kleinbetrieb.** Hier scheitert ein Auflösungsantrag. § 23 Abs. 1 S. 2 u. 3 erklärt für Kleinbetriebe die Vorschriften des ersten und zweiten Abschnitts für unanwendbar. Und noch deutlicher ist, dass die Kleinbetriebsregelung zwar die Sätze 1 und 2 des § 13 Abs. 1 aus der Unanwendbarkeitserklärung ausnimmt, nicht jedoch den 3. Satz des § 13 Abs. 1. Vgl. dazu auch die Parallelüberlegungen in → § 9 Rn. 13.

20 Die Vorschrift des § 13 Abs. 1 S. 3 über die Auflösung des Arbeitsverhältnisses auf Antrag des Arbeitnehmers nach unwirksamer fristloser Arbeitgeberkündigung ist nicht auf **Berufsausbildungsverhältnisse** anwendbar.[31] Es wäre mit dem vom Gesetzgeber verfolgten Ziel, den Fortbestand des Berufsausbildungsverhältnisses zu sichern, unvereinbar, wenn dem Auszubildenden bei unwirksamer Kündigung des Ausbildenden die erleichterte Auflösungsmöglichkeit nach § 13 Abs. 1 S. 3 eröffnet wäre. S. auch → § 9 Rn. 9.

21 Der Auflösungsantrag kann nur erfolgreich sein, wenn die außerordentliche Kündigung unwirksam ist, weil kein wichtiger Grund iSd § 626 Abs. 1 BGB besteht oder der Arbeitgeber die Kündigungserklärungsfrist nach § 626 Abs. 2 BGB versäumt hat. Insoweit steht es einem Auflösungsantrag des Arbeitnehmers aber nicht entgegen, wenn die Kündigung darüber hinaus auch an anderen Gründen scheitert.[32] Anders liegen die Dinge dagegen, wenn die Kündigung zwar nach § 626 BGB zulässig wäre, sie sich aber aus „sonstigen" Gründen als unwirksam erweist. In dieser Konstellation ist dem Arbeitnehmer der Weg zu einer Vertragsbeendigung über einen Auflösungsantrag versperrt. Die bei → § 9 Rn. 17 zum grundständigen Auflösungsantrag des § 9 getroffenen Überlegungen greifen hier entsprechend. Eine Ausnahme wird man allerdings machen müssen, wenn die Kündigung so weit neben der Spur liegt, dass sie zugleich sittenwidrig ist (ein Vorgehen nach Abs. 2 scheidet nach der hier vertretenen Ansicht aus, → Rn. 31).

22 Zu den Einzelheiten des Antrags: → § 9 Rn. 23 ff. Das Gericht hat, wenn es dem Antrag stattgibt, nach Abs. 1 S. 4 den **Zeitpunkt für die Auflösung des Arbeitsverhältnisses** zu dem Zeitpunkt festzusetzen, an dem das Arbeitsverhältnis durch außerordentliche Kündigung enden sollte. Das ist in aller Regel der Tag des Zugangs der Kündigungserklärung.[33]

23 Für den Fall, dass der Arbeitgeber hilfsweise zur unwirksamen außerordentlichen Kündigung eine ordentliche Kündigung ausgesprochen hat, steht dem Arbeitnehmer, wenn sich diese als sozialwidrig erweist, ein Wahlrecht hinsichtlich des Auflösungszeit-

---

[29] LAG Hamm 24.11.1988 – 17 Sa 518/88, DB 1989, 685.

[30] Wie hier: LSSW/Spinner Rn. 4; aA aber: MüKoBGB/Hergenröder Rn. 8; HaKo-KSchR/Gieseler/Dubon Rn. 12; ErfK/Kiel Rn. 3, 7.

[31] BAG 29.11.1984 – 2 AZR 354/83, NZA 1986, 230; APS/Biebl Rn. 26; HaKo-KSchR/Gieseler/Dubon Rn. 14.

[32] APS/Biebl Rn. 67; LSSW/Spinner Rn. 19; ErfK/Kiel Rn. 4; MüKoBGB/Hergenröder Rn. 46; Löwisch BB 2004, 154 (160 f.); Preis DB 2004, 78; abw. Koller DB 1979, 1458.

[33] Ebenso APS/Biebl Rn. 27 f.; Däubler/Deinert/Däubler Rn. 15; HaKo-KSchR/Gieseler/Dubon Rn. 24; KR/Rennpferdt Rn. 20; MüKoBGB/Hergenröder Rn. 27; ErfK/Kiel Rn. 4; BeckOGK/Krahforst, 1.12.2024, § 13 KSchG Rn. 66.

punktes zu.[34] Mit Blick auf die umgedeutete fristgerechte Kündigung kann er einen Antrag nach § 9 Abs. 1 S. 1 auf Auflösung des Arbeitsverhältnisses zum Ablauf der Kündigungsfrist (§ 9 Abs. 2) oder bezogen auf die fristlose Kündigung den Antrag nach § 13 Abs. 1 S. 3 auf Auflösung zum Zeitpunkt des Ausspruches der außerordentlichen Kündigung (§ 13 Abs. 1 S. 4) stellen.[35] Im erstgenannten Fall behält der Arbeitnehmer für die Dauer der Kündigungsfrist seine Entgeltansprüche (vorausgesetzt, dass er in dieser Zeit eine Arbeitsleistung erbringt oder Annahmeverzug eintritt). Dagegen kann sich der Arbeitnehmer nach § 13 Abs. 1 S. 4 mit sofortiger Wirkung aus dem Arbeitsverhältnis befreien.

Hat der Arbeitgeber ausschließlich eine außerordentliche Kündigung ausgesprochen und scheitert auch deren Umdeutung in eine ordentliche Kündigung, weil der geltend gemachte Grund diese nicht sozial zu rechtfertigen vermag, erscheint fraglich, ob man dem Arbeitnehmer ebenfalls ein alternatives Vorgehen nach § 9 Abs. 1 S. 1 eröffnen kann (Ziel: späterer Auflösungszeitpunkt). Wenig überzeugend hierfür erweist sich das Argument, dass die umgedeutete Kündigung ja schließlich sozial ungerechtfertigt sei. Wie nämlich in Rn. 13 gezeigt wurde, ist nicht etwa die „umgedeutete" ordentliche Kündigung unwirksam, vielmehr kommt von vorneherein keine Umdeutung in eine unwirksame Kündigung in Betracht. Sicherlich mag es eigenwillig erscheinen, wenn der Zugriff auf § 9 Abs. 1 S. 1 davon abhängen würde, ob der Arbeitgeber der außerordentlichen Kündigung eine hilfsweise ordentliche beigegeben hat oder nicht. Indes würde § 9 mehr oder weniger auf jede unwirksame außerordentliche Kündigung Anwendung finden, würde man dem Arbeitnehmer ein dahingehendes Vorgehen eröffnen. Umgekehrt gilt: Sollte die Umdeutung Erfolg haben und der Arbeitgeber wenigstens mit einer ordentlichen Kündigung zum Ziel kommen, kommt keinesfalls ein Auflösungsantrag nach § 9 in Betracht, weil es an der Sozialwidrigkeit der ordentlichen Kündigung fehlt. Das nimmt dem Arbeitnehmer aber nicht die Möglichkeit, dennoch auf § 13 Abs. 1 S. 3 zurückzugreifen. So kann er mit Rücksicht auf die Unwirksamkeit der außerordentlichen Kündigung das Arbeitsverhältnis sofort zur Auflösung bringen. 24

Schließt man sich dieser Auffassung nicht an, kann der Arbeitgeber eine Auflösung nach § 9 nur verhindern, wenn er eine Umdeutung der außerordentlichen Kündigung in eine ordentliche Kündigung vorsorglich ablehnt.[36] Zu weiteren Einzelheiten bezüglich der gerichtlichen Entscheidung und der Abfindungshöhe, → § 9 Rn. 75 ff. u. die Kommentierung des § 10. 25

Die Stellung des Auflösungsantrags hat keine Auswirkungen auf den Verzugslohnanspruch, da der Arbeitnehmer (alleine) durch die Antragsstellung nicht zum Ausdruck bringt, er wolle seine Arbeitsleistung dem Arbeitgeber künftig nicht mehr anbieten.[37] Vielmehr hat der Arbeitgeber das Arbeitsentgelt nach § 615 BGB bis zum gerichtlich festgesetzten Auflösungszeitpunkt fortzuzahlen. Für die Anrechnungspflicht des Arbeitnehmers und die Möglichkeit, seinerseits das Arbeitsverhältnis fristlos aufzulösen, wenn er schon ein anderes Arbeitsverhältnis eingegangen ist, finden die §§ 11 u. 12 gem. § 13 Abs. 1 S. 5 Anwendung.[38] Sollte der Antrag scheitern, stellt sich allerdings die Frage der Leistungsbereitschaft des Arbeitnehmers (§ 297 BGB) für den Zeitraum nach dem gewünschten Auflösungszeitpunkt. 26

b) Antrag des Arbeitgebers. Bei einer außerordentlichen Kündigung kann **der Arbeitgeber keinen Auflösungsantrag** stellen. Eine analoge Anwendung des § 9 Abs. 1 S. 2 scheidet auf Grund des eindeutigen Wortlauts des Gesetzes des § 13 Abs. 1 S. 3 u. 4 aus. 27

---

[34] BAG 21.5.2008 – 8 AZR 623/07, AP BGB § 628 Nr. 23; 26.8.1993 – 2 AZR 159/93, NZA 1994, 70; LAG Düsseldorf 2.4.2008 – 12 Sa 1679/07, LAGE § 9 KSchG Nr. 40; KR/Rennpferdt Rn. 37; HaKo-KSchR/Gieseler/Dubon Rn. 24; MüKoBGB/Hergenröder Rn. 27; LSSW/Spinner Rn. 36.

[35] BAG 21.5.2008 – 8 AZR 623/07, AP BGB § 628 Nr. 23; KR/Rennpferdt Rn. 37.

[36] Bauer FS Hanau, 1999, 151 (166) – in einem anderen Kontext.

[37] BAG 18.1.1963 – 5 AZR 200/62, NJW 1963, 1123; APS/Biebl Rn. 31; KR/Rennpferdt Rn. 23.

[38] BAG 9.4.1981 – 6 AZR 787/78, DB 1981, 1679; KR/Rennpferdt Rn. 22 ff.; Peterek SAE 1982, 33 (34).

Der Gesetzgeber hat die unberechtigte außerordentliche Kündigung als besonders schwerwiegenden Vertragsverstoß des Arbeitgebers angesehen und ihm daher den Weg zur Auflösung des Arbeitsverhältnisses nach den §§ 9 ff. versagt.[39] Deshalb kommt auch keine analoge Anwendung der Regelung auf arbeitgeberseitige Kündigungen in Betracht. Zum Auflösungsantrag des Arbeitgebers im Zusammenhang mit einem Sonderkündigungsschutz des Arbeitnehmers, der dessen Kündigungsrecht auf Kündigungen aus wichtigem Grund beschränkt, → § 9 Rn. 60.

28 Nach allgemeiner Auffassung soll der Arbeitgeber einen Auflösungsantrag nach § 9 Abs. 1 S. 2 stellen können, wenn er nicht nur außerordentlich, sondern auch **hilfsweise ordentlich** gekündigt hat und sowohl die außerordentliche Kündigung unwirksam als auch die ordentliche sozialwidrig ist (so auch hier, → § 9 Rn. 8).[40] Das ist nicht frei von Bedenken: Danach könnte der Arbeitgeber bei einer außerordentlichen Kündigung eben doch die Auflösung des Arbeitsverhältnisses erreichen.[41] Er müsste ihr lediglich die Worte „hilfsweise ordentlich" beigeben und im Fall des Falles die Auslauffrist des § 9 Abs. 2 akzeptieren. Das reibt sich mit der Entscheidung des Gesetzgebers, in § 13 Abs. 2 nicht auf § 9 Abs. 1 S. 2 zu verweisen. Offenbar sieht dieser eine unberechtigte außerordentliche Kündigung als eine so schwere Pflichtverletzung des Arbeitgebers an,[42] dass er dem Arbeitgeber, der eine solche in die Welt gesetzt hat, den Weg für eine anderweitige Auflösung des Arbeitsverhältnisses versperren will. Jedenfalls aber kann man dem Arbeitgeber keinen Zugriff auf § 9 Abs. 1. S. 2 gestatten, sollte er noch nicht einmal hilfsweise eine ordentliche Kündigung erklärt haben (vgl. auch → § 9 Rn. 8).[43] Zwar ist es im Ansatz so, dass man eine unwirksame außerordentliche in eine ordentliche Kündigung **umdeuten** kann. Dies geht indes dann nicht, wenn die hypothetische ordentliche Kündigung sozial ungerechtfertigt ist, → Rn. 13. Es kommt hinzu, dass es in dieser Situation noch weniger gerechtfertigt erscheint, dem Arbeitgeber ein Vorgehen nach § 9 zu ermöglichen.

29 Geht man entgegen der hier vertretenen Auffassung davon aus, dass der Arbeitgeber nach § 9 vorgehen kann, wenn eine hilfsweise ausgesprochene ordentliche bzw. eine über eine Umdeutung „erreichte" ordentliche Kündigung sozial ungerechtfertigt ist und erweist sich ein dahingehender Antrag des Arbeitgebers als erfolgreich, steht dem Arbeitnehmer ein Wahlrecht hinsichtlich des **Auflösungszeitpunktes** zu. Er kann dann in Entsprechung des Abs. 1 S. 4 auch eine sofortige Auflösung des Arbeitsverhältnisses erzwingen.

30 Der Arbeitgeber kann auch dann keinen Auflösungsantrag nach Abs. 1 S. 3 bzw. § 9 stellen, wenn das Arbeitsverhältnis ordentlich nicht kündbar ist und er mit Rücksicht darauf eine außerordentliche Kündigung mit sozialer Auslauffrist ausspricht.[44] Den Tarifvertragsparteien steht aber frei, anzuordnen, dass der Arbeitgeber das fragliche Arbeitsverhältnis zwar nicht ordentlich kündigen darf, ihm dessen ungeachtet aber in bestimmten Ausnahmefällen die Möglichkeit zu dessen Auflösung eröffnet sein soll.

---

[39] BAG 27.9.2022 – 2 AZR 5/22, NZA 2022, 1558 Rn. 14 – zu Abs. 2; BAG 30.9.2010 – 2 AZR 160/09, NZA 2011, 349 Rn. 13 ff.; APS/Biebl Rn. 24; KR/Rennpferdt Rn. 18 f.; ErfK/Kiel Rn. 4; Schaub ArbR-HdB/Rinck § 141 Rn. 22; BeckOGK/Krahforst, 1.12.2024, § 13 KSchG Rn. 56; Bauer FS Hanau, 1999, 151 (161); abw.: Fromm DB 1988, 601; Schäfer BB 1985, 1994; Trappehl/Lambrich RdA 1999, 243 (247 ff.); die Verfassungsmäßigkeit betr. Sieben NJW 2005, 1095.

[40] BAG 10.12.2009 – 2 AZR 534/08, NZA 2010, 698; MüKoBGB/Hergenröder Rn. 25; KR/Rennpferdt Rn. 38; ErfK/Kiel Rn. 5.

[41] Wäre die hilfsweise ausgesprochene bzw. über die Umdeutung erzielte ordentliche Kündigung allerdings (auch) aus Gründen außerhalb des § 1 unwirksam, lässt auch die hM ein Vorgehen nach § 9 nicht zu, vgl. § 9 Rn. 18.

[42] Begründung zum Entwurf eines KSchG, BT-Drs. I/2090, 15; BAG 30.9.2010 – 2 AZR 160/09, NZA 2011, 349 Rn. 15 ff.

[43] BAG 21.5.2008 – 8 AZR 623/07, AP BGB § 628 Nr. 23; 26.8.1993 – 2 AZR 159/93, NZA 1994, 70; 26.10.1979 – 7 AZR 752/77, NJW 1980, 1484; ErfK/Kiel Rn. 5; MüKoBGB/Hergenröder Rn. 25; HaKo-KSchR/Gieseler/Dubon Rn. 23, 45; LSSW/Spinner Rn. 36; APS/Biebl Rn. 46; aA KR/Rennpferdt Rn. 38.

[44] BAG 30.9.2010 – 2 AZR 160/09, NZA 2011, 349; 26.3.2009 – 2 ABR 879/07, NZA 2009, 679; MüKoBGB/Hergenröder Rn. 25; ErfK/Kiel Rn. 4; APS/Biebl Rn. 24; aA Trappehl/Lambrich RdA 1999, 243 (245 ff.).

III. Die sittenwidrige Kündigung (Abs. 2)

1. Bedeutung, Tatbestand und Fallgestaltungen

Absatz 2 spricht die sittenwidrige Kündigung an und hat dabei die ordentliche Kündigung im Auge. Für die sittenwidrige außerordentliche Kündigung ist Abs. 1 vorrangig.[45] **31**

Die Sittenwidrigkeit markiert die Grenze zum rechtsethischen Minimum, das eine Rechtsordnung gewährleisten muss. Eine Kündigung ist sittenwidrig, wenn sie dem Anstandsgefühl aller billig und gerecht Denkenden krass widerspricht, weil der Arbeitgeber aus verwerflichen Gründen, aus Rachsucht oder zur Vergeltung handelt und die Kündigung unter Berücksichtigung aller Umstände des Einzelfalls den allgemeinen Wertvorstellungen krass entgegensteht.[46] Erforderlich ist stets eine Gesamtabwägung aller Umstände des Einzelfalles. Daher kann nicht lediglich auf das **Motiv** des kündigenden Arbeitgebers oder auf einzelne Tatsachenkomplexe abgestellt werden. Handelt der Arbeitgeber aufgrund eines Motivbündels, so ist – anders als das beim AGG der Fall ist – auf das wesentliche Motiv abzustellen.[47] Entsprechend ist allenfalls in wenigen Ausnahmefällen vorstellbar, dass eine Kündigung, die nach § 1 sozial gerechtfertigt werden kann, dennoch sittenwidrig ist. In umgekehrter Richtung ist es dagegen keineswegs so, dass eine sozial ungerechtfertigte Kündigung auch immer sittenwidrig wäre. **32**

Die meisten Fälle, in denen die Rechtsprechung früher die Kündigung für sittenwidrig befand, werden inzwischen durch das AGG oder das Maßregelungsverbot des § 612a BGB erfasst. Beispiele für letzteres etwa: Kündigung aus Anlass einer Krankmeldung;[48] die Kündigung erfolgt als Reaktion auf eine zulässige Meinungsäußerung des Arbeitnehmers;[49] zur Maßregelung eines Arbeitnehmers, der sich für seine Interessen und die seiner Kollegen eingesetzt hatte;[50] einem Arbeitnehmer wird gekündigt, nachdem er die Beihilfe zu strafbaren Handlungen des Arbeitgebers abgelehnt hatte;[51] dem Arbeitnehmer wird gekündigt, weil er beantragt, in Vorruhestand (Altersteilzeit) zu gehen.[52] Für die „isolierte" Anwendung des § 138 BGB verbleiben vor allem noch Konstellationen, in denen eine Kündigung das allgemeine Persönlichkeitsrecht des Arbeitnehmers in grober Weise verletzt.[53] Das spricht etwa Sachverhalte an, bei denen der Arbeitnehmer im Einstellungsverfahren eine ihm gestellte Frage nicht bzw. nicht wahrheitsgemäß hatte beantworten müssen. So verstößt es etwa gegen § 138 BGB, wenn einem Arbeitnehmer gekündigt wird, weil er im Einstellungsverfahren eine unspezifische und daher unzulässige Frage zu einem abgeschlossenen Ermittlungsverfahren nicht wahrheitsgemäß beantwortet hatte.[54] Schließlich mag man so genannte Kündigungen zur Unzeit noch der Fallgruppe einer sittenwidrigen Kündigung zuschlagen. Eine Kündigung ist aber nicht schon deshalb sittenwidrig, nur weil dem Arbeitnehmer keine Gelegenheit zur Stellungnahme zu gegen ihn erhobener Vorwürfe gege- **33**

---

[45] Ein Rückgriff auf Absatz 2 hätte für den Arbeitnehmer allerdings den Vorteil eines späteren Auslösungszeitpunkts.

[46] BAG 5.12.2019 – 2 AZR 107/19, NZA 2020, 171 Rn. 11.

[47] BAG 18.11.2021 – 2 AZR 229/21, NZA 2022, 200 Rn. 28; 20.5.2021 – 2 AZR 560/20, NZA 2021, 1096 Rn. 26 – beide zu § 612a BGB.

[48] BAG 18.11.2021 – 2 AZR 229/21, NZA 2022, 200 Rn. 30 ff.; 20.5.2021 – 2 AZR 560/20, NZA 2021, 1096 Rn. 26 ff.

[49] BAG 21.9.2011 – 7 AZR 150/10, NZA 2012, 317 Rn. 33; i. E. ebenso: BAG 5.12.2019 – 2 AZR 107/19, NZA 2020, 171.

[50] BAG 23.11.1961 – 2 AZR 301/61, DB 1962, 243.

[51] ArbG Göttingen 9.3.1961 – Ca 117/61, DB 1961, 1296.

[52] BAG 2.4.1987 – 2 AZR 227/86, NZA 1988, 18; 21.7.1988 – 2 AZR 527/87, NZA 1989, 559; zu weiteren Einzelfällen vgl. APS/Linck BGB § 612a Rn. 16 ff.; PVT Kündigung/Temming Rn. 299; BeckOGK/Benecke, 1.1.2025, § 612a BGB Rn. 45 ff.; BeckOK/Joussen, 74. Ed. 1.12.2024, BGB § 612a Rn. 13.

[53] Vgl. etwa die Fallgestaltung von BAG 15.11.2012 – 6 AZR 339/11, NZA 2013, 429 – allerdings liegt in einschlägigen Sachverhalten meist auch ein Verstoß gegen das AGG vor.

[54] BAG 15.11.2012 – 6 AZR 339/11, NZA 2013, 429.

ben wurde. Anderes gilt nur, wenn – wie namentlich bei einer Verdachtskündigung – eine Anhörung geboten wäre, → Rn. 38.[55]

34 Der Arbeitnehmer ist für den Tatbestand der Sittenwidrigkeit darlegungs- und beweispflichtig und dabei auch, dass das sittenwidrige Motiv der tragende Beweggrund des Arbeitgebers für die Kündigung war.[56] Dabei ist abgestuft zu verfahren. Der Arbeitnehmer hat zunächst die objektiven Umstände vorzutragen und ggf. zu beweisen, welche die Kündigung als sittenwidrig erscheinen lassen können. Der Arbeitgeber hat sich darauf gem. § 138 Abs. 2 ZPO konkret zu erklären.[57] Tut er dies nicht, gilt der Sachvortrag des Arbeitnehmers als zugestanden.

35 Folge der Sittenwidrigkeit ist gem. § 138 Abs. 1 BGB die **Nichtigkeit der Kündigung.** Das Arbeitsverhältnis besteht also fort. Zudem kann der Arbeitnehmer, sollte die sittenwidrige Kündigung eine so schwerwiegende Vertragsverletzung darstellen, dass ihm die Fortsetzung des Arbeitsverhältnisses nicht mehr zuzumuten ist, seinerseits das Arbeitsverhältnis außerordentlich kündigen und nach § 628 Abs. 2 BGB Ersatz des ihm durch die Aufhebung des Arbeitsverhältnisses entstandenen Schadens verlangen.[58] Für den Arbeitnehmer ist in diesem Fall aber näherliegend, einen Auflösungsantrag nach Abs. 2 zu stellen.

36 Auch die Nichtigkeit der Kündigung wegen Sittenwidrigkeit ist innerhalb der **dreiwöchigen Klageerhebungsfrist** gem. § 4 S. 1 geltend zu machen; anderenfalls gilt die Kündigung nach § 7 als von Anfang an rechtswirksam. S. oben → Rn. 1 f.

2. Auflösungsantrag – Sperrwirkung zulasten des Arbeitgebers?

37 Verstößt die Kündigung gegen die guten Sitten und erhebt der Arbeitnehmer innerhalb der Dreiwochenfrist Klage auf Feststellung, dass das Arbeitsverhältnis durch die Kündigung nicht beendet wurde, kann er nach § 9 Abs. 1 S. 1 vorgehen und die **Auflösung des Arbeitsverhältnisses** und Verurteilung des Arbeitgebers zur Zahlung einer Abfindung verlangen. Dies gilt entsprechend, wenn die Kündigung gegen das **AGG** oder gegen **§ 612a BGB** verstößt – zumal die Rechtsprechung zumindest § 612a BGB ohnehin als einen Unterfall des Sittenwidrigkeitsverdikts ansieht.[59] Verfahren und Rechtsfolgen bestimmen sich nach den § 9 Abs. 1 S. 1, Abs. 2 und § 10.

38 Große Bedeutung erlangt das nicht. Ist eine ordentliche Kündigung sittenwidrig, wird sie typischerweise auch sozial ungerechtfertigt sein, so dass der Arbeitnehmer „direkt" nach den §§ 9 ff. vorgehen kann (vgl. → § 9 Rn. 13 u. Rn. 17). Einen Anwendungsbereich kann die Norm in **Diskriminierungsfällen** erlangen, bei denen die ordentliche Kündigung zwar für sich betrachtet sozial gerechtfertigt ist, sie aber dennoch gegen das AGG verstößt (Stichwort: Motivbündel[60]). Hier wird ein Rückgriff auf § 9 nicht durch Abs. 3 ausgeschlossen (→ Rn. 40). Von Interesse kann die Regelung zudem für Arbeitnehmer in der **Wartezeit** des § 1 Abs. 1 sein.[61] Nicht zum Zuge kommt Abs. 2 dagegen im **Kleinbetrieb.** Zu beidem greifen die in → Rn. 19 zu Abs. 1 S. 3 getroffenen Ausführungen entsprechend.[62] Was Wartezeitkündigungen betrifft, ist indes zu beachten, dass es keineswegs so ist, dass eine Kündigung schon deshalb als sittenwidrig anzusehen wäre,

---

[55] BAG 5.12.2019 – 2 AZR 107/19, NZA 2020, 171 Rn. 20.

[56] BAG 16.9.2004 – 2 AZR 511/03, AP Nr. 142 zu § 102 BetrVG 1972; 21.7.1988 – 2 AZR 527/87, NZA 1989, 559; 25.11.1993 – 2 AZR 517/93, NZA 1994, 837.

[57] Näher hierzu HaKo-KSchR/Gieseler/Dubon Rn. 62 ff.; Oetker AuR 1997, 41 (53); Otto FS Wiese, 1998, 353 (374); Preis NZA 1997, 1256 (1270); APS/Preis Grundlagen H Rn. 77 ff.

[58] Ebenso KR/Rennpferdt Rn. 59; LSSW/Spinner Rn. 48; BeckOKG/Krahforst, 1.12.2024, § 13 KSchG Rn. 142.

[59] BAG 27.9.2022 – 2 AZR 5/22, NZA 2022, 1558 Rn. 14; 18.11.2021 – 2 AZR 229/21, NZA 2022, 200 Rn. 28; 20.5.2021 – 2 AZR 560/20, NZA 2021, 1096 Rn. 26 ff.

[60] Etwa: zu einem rechtfertigenden Kündigungsmotiv gesellen sich diskriminierende Entscheidungs- bzw. Auswahlüberlegungen. S. aber auch Einleitung Rn. 102 ff.

[61] MüKoBGB/Hergenröder Rn. 31; LKB/Niemann § 9 Rn. 13; LSSW/Spinner Rn. 4, 49; aA ErfK/Kiel Rn. 7; APS/Biebl Rn. 52; HaKo-KSchR/Gieseler/Dubon Rn. 59; APS/Biebl Rn. 52; KR/Treber/Rennpferdt Rn. 60.

[62] Freilich könnte mit Rücksicht auf den etwas anders gefassten Wortlaut des Abs. 2 für die sittenwidrige Kündigung eher mit einem „Rückgriff" auf § 9 argumentiert werden und mithin damit, dass die Regelung auch in

nur weil sie nicht iSd § 1 sozial gerechtfertigt ist. Vielmehr müssen zu dieser Tatsache weitere Umstände hinzutreten, die die Kündigung als besonders krass und verwerflich erscheinen lassen.

Dagegen steht dem **Arbeitgeber** im Fall der Sittenwidrigkeit der Kündigung schon ganz grundsätzlich nicht das Recht zu, die Auflösung des Arbeitsverhältnisses zu beantragen, da in § 13 Abs. 2 eine Verweisung auf § 9 Abs. 1 S. 2 fehlt.[63] Dies gilt entsprechend für eine Kündigung, die gegen das **Maßregelungsverbot** verstößt.[64] Gleiches wird man für eine gegen ein **Diskriminierungsverbot des AGG** verstoßende Kündigung annehmen müssen. Daraus folgt auch, dass dem Arbeitgeber ein Rückgriff auf die §§ 9 ff. **verwehrt** ist, wenn sich eine sozial ungerechtfertigte Kündigung **zugleich** als **sittenwidrig** oder **diskriminierend** erweist, s. dazu und zu etwaigen Ausnahmen auch → § 9 Rn. 18. Erneut ist zu beachten, dass nicht jede sozial ungerechtfertigte Kündigung sogleich auch sittenwidrig ist, → Rn. 38. **39**

IV. Auflösungsantrag in Zusammenhang mit sonstigen Unwirksamkeitsgründen (Abs. 3)

Absatz 3 betont nochmals, dass jeder Angriff gegen eine Kündigung innerhalb der Dreiwochenfrist der §§ 4 bis 7 erfolgen muss, s. bereits → Rn. 1 und → § 4 Rn. 2 u. 17 ff. Dies gilt eben auch dann, wenn nicht oder nicht nur geltend gemacht werden soll, dass eine ordentliche Kündigung sozial gerechtfertigt bzw. eine außerordentliche nicht durch § 626 Abs. 1 BGB gedeckt ist, sondern wenn Unwirksamkeitsgründe außerhalb des KSchG bzw. § 626 BGB im Raum stehen (s. dazu → § 4 Rn. 18). Im Übrigen finden auf diese die Vorschriften des ersten Abschnitts des KSchG aber keine Anwendung. Bedeutung hat das vor allem mit Blick auf einen etwaigen Auflösungsantrag von Arbeitnehmer oder Arbeitgeber. S. dazu → § 9 Rn. 16 ff. und hier → Rn. 37 f. **40**

§ 14 Angestellte in leitender Stellung

(1) Die Vorschriften dieses Abschnitts gelten nicht

1. **in Betrieben einer juristischen Person für die Mitglieder des Organs, das zur gesetzlichen Vertretung der juristischen Person berufen ist,**
2. **in Betrieben einer Personengesamtheit für die durch Gesetz, Satzung oder Gesellschaftsvertrag zur Vertretung der Personengesamtheit berufenen Personen.**

(2) [1] **Auf Geschäftsführer, Betriebsleiter und ähnliche leitende Angestellte, soweit diese zur selbständigen Einstellung oder Entlassung von Arbeitnehmern berechtigt sind, finden die Vorschriften dieses Abschnitts mit Ausnahme des § 3 Anwendung.** [2] **§ 9 Abs. 1 Satz 2 findet mit der Maßgabe Anwendung, daß der Antrag des Arbeitgebers auf Auflösung des Arbeitsverhältnisses keiner Begründung bedarf.**

Übersicht

---

der Wartezeit keine Anwendung findet, weil sie sich am personellen Geltungsbereich des ersten Abschnitts festmacht.

[63] BAG 27.9.2022 – 2 AZR 5/22, NZA 2022, 1558 Rn. 14; APS/Biebl Rn. 53; KR/Rennpferdt Rn. 62; HaKo-KSchR/Gieseler/Dubon Rn. 60; MüKoBGB/Hergenröder Rn. 43; ErfK/Kiel Rn. 7.

[64] BAG 27.9.2022 – 2 AZR 5/22, NZA 2022, 1558 Rn. 14; 24.5.2018 – 2 AZR 73/18, NZA 2018, 1131.

I. Allgemeines

1 § 14 bestimmt – neben den §§ 1 und 23 ff. – den Geltungsbereich des KSchG, hier den des ersten Abschnitts des KSchG. Mithin legt der 1. Absatz der Regelung fest, dass Organmitgliedern selbst dann kein materieller Kündigungsschutz zusteht, sollten sie im Einzelfall Arbeitnehmer sein. Umgekehrt stellt Abs. 2 klar, dass leitende Angestellte kündigungsrechtlich als „gewöhnliche" Arbeitnehmer zu behandeln sind und daher voll in den Genuss des Kündigungsschutzes kommen. Als Ausgleich dafür erweitert Abs. 2 S. 2 die Möglichkeit des Arbeitgebers, die Auflösung des Arbeitsverhältnisses durch Urteil zu erlangen.

II. Mitglieder von Vertretungsorganen und sonstige organschaftliche Vertreter

1. Ausschluss aus dem Kündigungsschutz

2 Abs. 1 bestimmt, dass der Erste Abschnitt des KSchG auf die Anstellungsverhältnisse der in den Nrn. 1 und 2 bezeichneten Personen keine Anwendung findet (zu deren Berücksichtigung im Anwendungsbereich des § 23 → § 23 Rn. 26 sowie im Massenentlassungsrecht: → § 17 Rn. 30 ff.). Das wird häufig schon deshalb nicht der Fall sein, weil Organvertreter von ihrem Dienstverhältnis her gesehen in den meisten Fällen ohnehin nicht als Arbeitnehmer zu qualifizieren sind. Abs. 1 bestimmt aber, dass der materielle Schutz des KSchG auch dann nicht zum Tragen kommt, wenn das der Organstellung zugrunde liegende schuldrechtliche Anstellungsverhältnis eben einmal doch als Arbeitsverhältnis zu qualifizieren wäre.[1] Das kann – wenngleich auch insoweit nur in Ausnahmefällen[2] – insbesondere auf GmbH-Geschäftsführer zutreffen.[3] Deshalb sollte im Zusammenhang mit § 14 nicht davon gesprochen werden, dass die Regelung eine negative Fiktion enthalte (so die allgemeine Auffassung), wie das auf den (ergebnisgleichen) § 5 Abs. 1 S. 3 ArbGG zutrifft. § 14 Abs. 1 erklärt vielmehr schlicht das KSchG konstitutiv für bestimmte Arbeitsverhältnisse für unanwendbar.

3 Der Sachgrund für die Herausnahme der Organvertreter aus dem Kündigungsschutz liegt in der mit ihrem Amt verbundenen Rechtsstellung. Durch die gesetzlichen und nach außen nicht beschränkbaren Vertretungsbefugnisse unterscheiden sich Organvertreter grundlegend von anderen leitenden oder nichtleitenden Arbeitnehmern. Daher ist es mit Art. 3 GG, aber auch mit Art. 12 GG vereinbar, wenn der Gesetzgeber die wirtschaftliche Entscheidungsfreiheit der Gesellschaft stärker gewichtet als das Interesse des Organs am Bestand seines Arbeitsverhältnisses.[4] Den betroffenen Personen wird

[1] BAG 20.7.2023 – 6 AZR 228/22, NZA 2023, 1457 Rn. 24 f.; 21.9.2017 – 2 AZR 865/16, NZA 2018, 358; 23.2.2017 – 6 AZR 665/15, NZA 2017, 995.

[2] BAG 8.2.2022 – 9 AZB 40/21, NZA 2022, 430 Rn. 22; 27.4.2021 – 2 AZR 540/20, NZA 2021, 857 Rn. 20: „extreme Ausnahmefälle"; 11.6.2020 – 2 AZR 374/19, NZA 2020, 1179 Rn. 25; 21.1.2019 – 9 AZB 23/18, NZA 2019 Rn. 24; BGH 7.12.2020 – AnwZ (Brfg)17/20, NZA 2021, 207 (208).

[3] BAG 4.2.2013 – 10 AZB 78/12, NZA 2013, 397; 17.9.2014 – 10 AZB 43/14, NZA 2014, 1293; 26.5.1999 – 5 AZR 664/98, DB 1999, 1169; Perchtold Geschäftsführer als Arbeitnehmer, 2013, S. 41 ff., 53; Preis/Sagan ZGR 2013, 26 (74 f.); BAG 24.11.2005 – 2 AZR 614/04, NZA 2006, 366; BGH 10.5.2010 – II ZR 70/09, NZA 2010, 889; 25.7.2002 – III ZR 207/01, NJW 2002, 3104; 29.1.1981 – II ZR 92/80, AP BGB § 622 Nr. 14; 9.2.1978 – II ZR 189/76, NJW 1978, 1435.

[4] BVerfG 15.1.2015 – 1 BvR 2796/13, BeckRS 2015, 3433 Rn. 8; 27.1.1998 – 1 BvL 15/87, NZA 1998, 470.

über das AGG[5] (vgl. § 6 Abs. 3 AGG), sowie die §§ 138, 242 BGB ein Mindestkündigungsschutz zuteil.

An den Ausschlusstatbeständen ändert nichts, dass das **Unionsrecht** darauf dringt, bestimmte Geschäftsleiter (iwS) als Arbeitnehmer zu qualifizieren. Der EuGH sieht Organträger dann als Arbeitnehmer an, wenn die betreffende Person gegenüber der Gesellschaft Leistungen erbringt und in sie eingegliedert ist, weil sie ihre Tätigkeit für eine bestimmte Zeit nach der Weisung oder unter der Aufsicht eines anderen Organs dieser Gesellschaft ausübt und als Gegenleistung für die Tätigkeit ein Entgelt erhält.[6] Zur Feststellung der Weisungsgebundenheit sind dabei die Bedingungen zu prüfen, unter denen das Mitglied des Leitungsorgans bestellt wurde, die Art der ihm übertragenen Aufgaben, der Rahmen, in dem diese Aufgaben ausgeführt werden, der Umfang der Befugnisse des Mitglieds und die Kontrolle, der es innerhalb der Gesellschaft unterliegt, sowie die Umstände, unter denen es abberufen werden kann. Damit ergibt sich im Unionsrecht ein im Vergleich zu § 611a Abs. 1 BGB (etwas) weiterer Weisungsbegriff. Das kann im Hinblick auf die §§ 37 Abs. 1, 38 GmbHG vor allem auf GmbH-Geschäftsführer Auswirkungen haben, die situationsabhängig durchaus Arbeitnehmer im unionsrechtlichen Sinn sein können.[7] Im Einzelfall kann auch ein Vereinsmitglied zum Arbeitnehmer werden,[8] dies ggf. auch dann, wenn es zum Vorstand des Vereins bestellt wurde. In der Regel anderes gilt dagegen für die Vorstände von Aktiengesellschaften (vgl. § 76 AktG) und für Geschäftsführer, die gleichzeitig Mehrheitsgesellschafter ihrer GmbH sind, so dass sie schon von daher einen bestimmenden Einfluss auf die Gesellschaft nehmen können. 4

Dies wirkt sich aber nur auf solche Teile des Arbeitsrechts aus, die eine Konnexität mit dem Unionsrecht aufweisen. Dagegen unterfällt der im ersten Abschnitt geregelte Schutz vor sozial ungerechtfertigten Kündigungen **nicht** dem Unionsrecht. Er ist nicht durch europäische Richtlinien geprägt.[9] Und auch der in Art. 30 GRCh erwähnte Schutz vor ungerechtfertigten Entlassungen stellt keinen Transmissionsriemen zum deutschen Recht her, der nach Art. 51 GRCh dort den europäischen Arbeitnehmerbegriff aktualisieren würde.[10] So ist bereits fraglich, ob es sich bei der Vorschrift überhaupt um ein Grundrecht handelt, vor allem aber, ob diese Privatrechtswirkung hat. Darüber hinaus ist der Kündigungsschutz dort (allenfalls) den Umrissen nach konkretisiert und auch ansonsten gibt das Unionsrecht den Mitgliedstaaten keine Handlungspflichten in Bezug auf den allgemeinen Kündigungsschutz auf. **Einfluss** nimmt der europäische Arbeitnehmerbegriff dagegen im Recht der Massenentlassungen (→ § 17 Rn. 24 ff.), in Sachverhalten, die das Diskriminierungsrecht oder den Mutterschutz (einschließlich von § 5 Abs. 2 S. 1[11] → § 5 Rn. 33) ansprechen, sowie – partiell – im Recht des Betriebsübergangs.[12] 5

Eine Ausdehnung des Kündigungsschutzes auf vertraglicher Grundlage ist zulässig. § 14 Abs. 1 S. 1 ist nur einseitig zwingendes Recht und eröffnet mithin die Möglichkeit 6

---

[5] BGH 26.3.2019 – II ZR 244/17, NZA 2019, 706; 23.4.2012 – II ZR163/10, NZA 2012, 797.

[6] EuGH 5.5.2022 – C-101/21, NZA 2022, 765 – HJ vs. Ministerstvo práce a sociálních věcí; 11.11.2010 – C-232/09, NZA 2011, 143 Rn. 56 – Danosa; 9.7.2015 – C-229/14, NZA 2015, 861 Rn. 39 – Balkaya; 10.9.2015 – C-47/14, NZA 2016, 183 – Holterman.

[7] BAG 25.7.2023 – 9 AZR 43/22, NZA 2023, 1531 Rn. 30; Sagan NZA-Beil. 2017, 51 (52 ff.); Preis/Sagan ZGR 2013, 26 (32 ff.); Reiserer/Lachmann DStR 2021, 235 (235 ff.).

[8] EuGH 17.11.2016 – C-216/15, NZA 2017, 41– Betriebsrat Ruhrlandklinik; BAG 21.2.2017 – 1 ABR 62/12, NZA 2017, 662.

[9] BAG 20.7.2023 – 6 AZR 228/22, NZA 2023, 1457 Rn. 24 f.; 27.4.2021 – 2 AZR 540/20, NZA 2021, 857 Rn. 24. Ebenso: BAG 25.7.2023 – 9 AZR 43/22, NZA 2023, 1531 Rn. 21 zu § 5 Abs. 1 S. 3 ArbGG.

[10] BAG 21.9.2017 – 2 AZR 865/16, NZA 2018, 358 Rn. 21 ff; C. Picker RdA 2022, 61 (63); Meyer NZA 2014, 993 (994); Calliess/Ruffert/Krebber EU-GRCharta Art. 30 Rn. 1; EuArbRK/Schubert GRC Art. 30 Rn. 26; Kovács Ein europäisches Grundrecht auf Kündigungsschutz, 2022, S. 194 f.; offener aber: Buschmann AuR 2013, 388 (390).

[11] BAG 3.4.2025 – 2 AZR 156/24, NZA 2025, 697.

[12] Dort ist zwischen der Organstellung und einem etwaigen, ihr zugrunde liegenden Arbeitsverhältnis zu unterscheiden; letztere unterliegt § 613a BGB: BAG 20.7.2023 – 6 AZR 228/22, NZA 2023, 1457 Rn. 31 ff. AA: vollständiger Einbezug eines jeden Anstellungsverhältnisses in § 613a BGB: Markworth GmbHR 2024, 1121; umfassend zum Ganzen: Lunk FS Henssler, 2023, 397 (406 ff.); Henssler/Pant RdA 2019, 321 (326 ff.); Sendner/Höpfner AP KSchG 1969 § 14 Nr. 15.

einer abweichenden vertraglichen Abrede zugunsten des Geschäftsführers.[13] Soweit die Parteien solches nicht ausdrücklich vereinbaren, braucht es hinreichender Anhaltspunkte für eine entsprechende Besserstellung des Organs. Alleine der Umstand, dass dieser auf Basis eines Arbeitsvertrags beschäftigt wird, reicht hierfür nicht.

2. Angesprochener Personenkreis

7 Der materielle Kündigungsschutz greift nach Abs. 1 Nr. 1 nicht für **gesetzliche Vertreter von juristischen Personen.** Das sind die Mitglieder des jeweiligen Vertretungsorgans, also alle Personen, die kraft Gesetzes oder Satzung zur Vertretung der juristischen Person berufen sind, nicht dagegen solche, deren Vertretungsmacht sich erst aus einem Rechtsgeschäft ergibt und dies auch dann nicht, wenn diese umfassender Natur ist (etwa: Generalbevollmächtigte) oder im Außenverhältnis nicht beschränkt werden kann (etwa: Prokuristen). Satzungsrechtliche oder vertragliche **Beschränkungen** im **Innenverhältnis** ändern nichts an der Anwendbarkeit der Regelung, es sei denn, diese würden einen solchen Umfang erreichen, dass die Stellung als Geschäftsführer nur noch Hülle ist und letztlich nur deshalb noch besteht, um das Anstellungsverhältnis einfacher und mithin in rechtsmissbräuchlicher Weise kündigen zu können.[14]

8 Zu den gesetzlichen Vertretern gehören vor allem Vorstandsmitglieder einer Aktiengesellschaft (§ 78 Abs. 1 AktG), einer Genossenschaft (§ 24 Abs. 1 GenG), eines rechtsfähigen Vereins (§ 26 Abs. 1, 2 BGB), einer rechtsfähigen Stiftung (§ 84 Abs. 1, 2 BGB) sowie der nach § 6 GmbHG bestellte Geschäftsführer einer GmbH (§ 35 Abs. 1 GmbHG). Zur GmbH & Co KG s. Rn. 9. Die Vertretungsorgane von SE und SCE unterfallen ebenfalls § 14 Abs. 1 Nr. 1. Dies sind bei dualistischer Gesellschaftsstruktur der Vorstand (SE: Art. 39 VO-SE iVm §§ 76 ff. AktG; SCE: Art. 37 VO-SCE iVm § 24 f. GenG); bei monistischer der bzw. die geschäftsführenden Direktoren (SE: Art. 43 VO-SE iVm §§ 20, 40 f. SEAG; SCE: Art. 42 VO-SCE iVm §§ 22 f. SCEAG). Die Regelung gilt auch für vertretungsberechtigten Organe von juristischen Personen des öffentlichen Rechts (zB Gemeinden, Handwerkskammern, Berufsgenossenschaften, Kirchengemeinden),[15] soweit diese nicht ohnehin Beamte sind. Eine etwaige gegenständliche Beschränkung der gesetzlichen Vertretungsmacht (Beispiel: gemeindlicher Eigenbetrieb) steht der Anwendung des Nr. 1 nicht entgegen.[16]

9 Der **Aufsichtsrat** ist zwar nicht zur Vertretung berufen, sodass dessen Mitglieder nicht direkt unter § 14 Abs. 1 Nr. 1 fallen, indes stehen Aufsichtsratsmitglieder aber auch nicht in einem arbeitsrechtlichen Dienstverhältnis zur Gesellschaft.[17] Auch die der Belegschaft des Unternehmens angehörenden Arbeitnehmervertreter stehen in ihrer Eigenschaft als Aufsichtsratsmitglieder nicht in einem besonderen Arbeitsverhältnis; als Arbeitnehmer steht ihnen aber natürlich der volle Kündigungsschutz zu.

10 Weiterhin gilt der Kündigungsschutz nach Abs. 1 Nr. 2 nicht für die zur **Vertretung von Personengesamtheiten berufenen Personen,** wie zB für die vertretungsberechtigten Gesellschafter einer offenen Handelsgesellschaft und die persönlich haftenden Gesellschafter einer Kommanditgesellschaft, es sei denn, sie wären durch Gesellschaftsvertrag von der Vertretung ausgeschlossen (§ 161 II iVm § 124 Abs. 1 HGB); gleiches gilt für die Gesellschafter einer Gesellschaft des bürgerlichen Rechts, auch das aber nur, wenn ihnen die Vertretungsmacht nicht durch Gesellschaftsvertrag entzogen ist (§ 720 BGB). Für die **GmbH & Co KG** (§ 170 HGB iVm § 35 Abs. 1 GmbHG) gilt: Besteht der

13 BAG 20.7.2023 – 6 AZR 228/22, NZA 2023, 1457 Rn. 27 ff; BGH 10.5.2010 – II ZR 70/09, NZA 2010, 889; Neumann Kündigungsschutz von GmbH-Geschäftsführern, 2017, S. 79 ff.

14 BAG 11.6.2020 – 2 AZR 374/19, NZA 2020, 1179 Rn. 17.

15 BAG 17.1.2002 – 2 AZR 719/00, NZA 2002, 854; BGH 25.7.2002 – III ZR 207/01, NZA 2002, 1040; LSSW/Wertheimer Rn. 6; BeckOGK/Wendel, 1.12.2024, § 14 KSchG Rn. 29.

16 BAG 17.1.2002 – 2 AZR 719/00, NZA 2002, 854; nicht ausreichend ist aber etwa die bloße Stellung als Werkleiter: BAG 17.12.2008 – 5 AZB 69/08, NZA-RR 2009, 330.

17 ErfK/Oetker AktG § 101 Rn. 2; Koch AktG § 101 Rn. 2; MüKoAktG/Habersack § 101 Rn. 67.

Anstellungsvertrag mit der GmbH, kommt mit Blick auf diese Nr. 1 und mit Blick auf die KG Nr. 2 zur Anwendung, da der Geschäftsführer der GmbH kraft Gesetzes, wenngleich nur mittelbar, auch zur Vertretung dieser Personengesamtheit berufen ist.[18] Das gilt auch dann, wenn der Anstellungsvertrag mit der KG besteht. Die Grundsätze über eine Entsendung von Arbeitnehmern als Organ einer Drittgesellschaft (→ Rn. 12) greifen hier nicht, weil der Arbeitnehmer in dieser Konstellation nicht ein konzernabhängiges Unternehmen, sondern über die GmbH die Anstellungsgesellschaft leiten soll.[19] Schließlich fallen die Vorstandsmitglieder eines rechtsfähigen (§§ 21 f. BGB) sowie eines nicht eingetragenen Vereins (§ 54 BGB) aus dem Anwendungsbereich des Ersten Abschnitts des KSchG heraus, aber auch besondere Vertreter eines rechtsfähigen Vereins nach § 30 BGB, sofern ihre Vertretungsmacht auf der Satzung beruht und diese deren Bestellung ausdrücklich zulässt.[20]

Maßgeblich für die Beurteilung, ob der Anwendungsbereich des Abs. 1 eröffnet ist, ist **11** der **Zeitpunkt** des **Zugangs** der Kündigung.[21] Folglich muss bei einem per Arbeitsvertrag angestellten Organ die Organstellung zu diesem Zeitpunkt noch bestehen.[22] Hat dieses dagegen sein Amt wirksam niedergelegt oder wurde es aus der Amtsstellung abberufen, fällt es in den Anwendungsbereich des KSchG.[23]

Besonderheiten können sich bei **Konzernverhältnissen** ergeben. Denkbar ist, dass ein **12** bei der Muttergesellschaft angestellter Arbeitnehmer im Rahmen dieses Vertragsverhältnisses verpflichtet ist, auch als Organ einer abhängigen Gesellschaft tätig zu werden.[24] Gesellschaftsrechtlich ist dies nicht ausgeschlossen.[25] In diesem Fall ist er nicht nur weiterhin alleine bei der Obergesellschaft beschäftigt, sondern gelangt dort, wie jeder andere Arbeitnehmer auch, in den vollen Genuss des Kündigungsschutzes, was vor allem in Beförderungsfällen Bedeutung erlangen kann (dazu: → Rn. 13 ff.); in einer solchen Konstellation führt die Bestellung zum Geschäftsführer nicht die Aufhebung des Arbeitsverhältnisses mit der Obergesellschaft herbei.[26]

3. „Beförderung" des Arbeitnehmers zum Organ

Wird ein Arbeitnehmer zum Organ seiner Anstellungsgesellschaft befördert, besteht **13** nach der Rspr. und hL eine Vermutung dahingehend, dass mit Abschluss des organbezogenen Dienstvertrages das ursprüngliche Arbeitsverhältnis des Arbeitnehmers **aufgehoben** wird.[27] Zum einen hat der Geschäftsleiter regelmäßig eine größere Handlungsbefug-

---

18 BAG 20.8.2003 – 5 AZB 79/02, NZA 2003, 1108; Löwisch FS Ekonomi, 1993, 139 (158); LSSW/Wertheimer Rn. 9; Moll RdA 2002, 226; Karsten Schmidt GS Heinze, 2005, 782.

19 Zaumseil NZA 2024, 1324 (1328 ff.); das folgt mE aus: BAG 25.10.2007 – 6 AZR 1045/06, NZA 2008, 168 Rn. 14 ff.; anders aber: BAG 19.7.2007 – 6 AZR 774/06, NZA 2007, 1095; 14.6.2006 – 5 AZR 592/05, NZA 2006, 1154; 25.4.2002 – 2 AZR 352/01, NZA 2003, 272; Rost FS Wißmann, 2005, 61 (64).

20 BAG 5.5.1997 – 5 AZB 35/96, NZA 1997, 959; Kelber NZA 2013, 988 (989); BAG 21.9.2017 – 2 AZR 865/16, NZA 2018, 358; Boemke RdA 2018, 1 (17); Commandeur/Kleinebrink NZA-RR 2017, 449; Lunk/Rodenbusch GmbHR 2012, 188; offener für eine Modifikation des § 14 Abs. 1 KSchG aber: Wank EuZA 2018, 327 (333 ff.); Junker NZA 2011, 950; Fischer NJW 2011, 2329 (2332); Reiserer DB 2011, 2262; Pickenhahn GmbH-Geschäftsführer als schutzbedürftige Arbeitnehmer, 2017, S. 17 ff.

21 BAG 20.7.2023 – 6 AZR 228/22, NZA 2023, 1457 Rn. 16.

22 BAG 21.9.2017 – 2 AZR 865/16, NZA 2018, 358 Rn. 12; 23.2.2017 – 6 AZR 665/15, NZA 2017, 995 Rn. 34; 25.10.2007 – 6 AZR 1045/06, NZA 2008, 168 Rn. 22.

23 Baumert NZG 2018, 536 (538); Lunk/Rodenbusch NZA 2011, 497.

24 BAG 25.10.2007 – 6 AZR 1045/06, NZA 2008, 168 Rn. 14; 20.10.1995 – 5 AZB 5/95, NZA 1996, 200; APS/Biebl Rn. 9; ErfK/Kiel Rn. 5a; LSSW/Wertheimer Rn. 23; BeckOGK/Wendel, 1.12.2024, § 14 KSchG Rn. 25; Reiserer/Lachmann DStR 2021, 235 (237).

25 MüKoGmbHG/Liebscher Anhang zu § 13 Rn. 1294; str., aber überwiegend bejaht bei der AG: Koch AktG § 84 Rn. 17 mwN; ausf. Deilmann/Dornbusch NZG 2016, 201.

26 BAG 24.10.2013 – 2 AZR 1078/12, NZA 2014, 540; 20.10.1995 – 5 AZB 5/95, NZA 1996, 200.

27 BAG 24.10.2013 – 2 AZR 1078/12, NZA 2014, 540; 5.6.2008 – 2 AZR 754/06, NZA 2008, 1002; 25.10.2007 – 6 AZR 1045/06, NZA 2008, 168; 19.7.2007 – 6 AZR 774/06, NZA 2007, 1095; 14.6.2006 – 5 AZR 592/05, NZA 2006, 1154; 24.11.2005 – 2 AZR 614/04, NZA 2006, 366; 8.6.2000 – 2 AZR 207/99, NZA 2000, 1013; KR/Kreutzberg-Kowalczyk Rn. 7 f.; MüKoBGB/Hergenröder Rn. 14; Lunk NJW 2015, 528; krit. Schmitt-Rolfes NZA-Beilage 2014, 37; Gehlhaar NZA 2009, 569; Bauer/Arnold DB 2008, 350; Kamanabrou DB 2002, 146.

nis und kann in seiner neuen Position Einfluss auf die Geschäftspolitik nehmen. Zum anderen erlangt er mit der Bestellung die Möglichkeit, seine Entgeltsituation zu verbessern. Entscheidend ist aber alleine, dass der Arbeitnehmer in die Organstellung aufrückt. Daher ist auch dann von einer Aufhebung des bisherigen Arbeitsvertrags auszugehen, wenn die Vertragsbedingungen ansonsten im Wesentlichen unverändert bleiben. Trägt der Geschäftsführer vor, er habe nicht gewusst, dass er mit dem Abschluss des Dienstvertrages seinen Status als Arbeitnehmer verliert, soll es sich dabei nur um einen unbeachtlichen Rechtsfolgenirrtum handeln.[28]

14 Abweichend von der Rechtsprechung sollte indes im Einzelfall geprüft werden, ob sich ein verständig handelnder Arbeitnehmer auf Grund der vertragsschlussbegleitenden Umstände tatsächlich bewusst sein musste, dass er eine entsprechende Willenserklärung abgibt. Dies ist jedenfalls dann der Fall, wenn in den Dienstvertrag eine allgemeine Klausel aufgenommen ist, wonach alle bisherigen Vereinbarungen zwischen den Parteien ersetzt werden sollen.[29] Ähnliches gilt, wenn der Dienstvertrag Bestimmungen enthält, die durch die Fortexistenz des Arbeitsvertrags konterkariert werden würden.[30] Ganz anders können die Dinge dagegen liegen, wenn der Dienstvertrag keine Regelungen zum Schicksal des Arbeitsvertrags enthält und sich die Bedingungen des Dienstvertrags nicht wesentlich vom bisherigen Arbeitsvertrag unterscheiden.[31]

15 Schließlich ist auf Arbeitgeberseite auf die Vertretungsbefugnis zu achten. Während der Abschluss des Dienstvertrages den Gesellschaftern obliegt, kann die Beendigung des Arbeitsverhältnisses eigentlich nur durch die Geschäftsführer, den Vorstand oder eine durch diese ermächtigte Person durchgeführt werden. Sofern man nicht von einer allumfassenden Annex-Kompetenz der Gesellschafter für alle mit dem Abschluss des Geschäftsführeranstellungsverhältnisses in Zusammenhang stehenden Rechtsgeschäfte ausgeht, empfiehlt es sich daher, den Geschäftsführervertrag sowohl durch die Gesellschafter als auch durch die Geschäftsführer (mit-)unterzeichnen zu lassen.[32] Bedeutung erlangt diese Überlegung nicht zuletzt in Konzernsachverhalten: Schließt eine von der Arbeitgeberin verschiedene Rechtsperson den Geschäftsführer-Dienstvertrag, so wird der Arbeitsvertrag nur aufgehoben, wenn diese über eine entsprechende Vollmacht hierzu verfügt. Ansonsten bleibt der Arbeitsvertrag bestehen (ohne dass es noch darauf ankommt, dass es der – vermeintlichen – Aufhebung des Arbeitsverhältnisses an der Schriftform mangelt)[33].

16 Nach Ansicht des BAG wird mit dem schriftlichen Abschluss des Geschäftsführervertrags auch der im Hinblick auf die Aufhebung des Arbeitsverhältnisses zu beachtenden Schriftform des § 623 BGB genügt.[34] Dies erscheint freilich nur insoweit plausibel, als man für den Regelfall unterstellt, dass der Arbeitnehmer immer dann, wenn er einen Geschäftsführervertrag unterzeichnet, sich auch wirklich bewusst ist, dass er damit seinen Arbeitsvertrag beseitigt. Anknüpfend an die in Rn. 13 f. getroffenen Ausführungen sollte der mit § 623 BGB intendierten Beweiswirkung mehr Aufmerksamkeit geschenkt und auch insoweit auf den Einzelfall abgestellt werden.[35] Jedenfalls in Konzernsachverhalten ist – und zwar auch nach Ansicht des BAG – darauf zu achten, dass der fragliche Vertrag durch die Arbeitgeberin unterzeichnet wurde. Fehlt es daran, ist er nach §§ 623, 126 Abs. 2, 125 BGB nichtig. Nach der hier vertretenen Auffassung

---

[28] BAG 19.7.2007 – 6 AZR 774/06, NZA 2007, 1095.
[29] Krause ZIP 2000, 2284 (2289); Staudinger/Oetker BGB § 623 Rn. 95; Bauer GmbHR 2000, 767 (769).
[30] Krause ZIP 2000, 2284 (2289); Staudinger/Oetker BGB § 623 Rn. 95.
[31] KR/Spilger § 623 BGB Rn. 244.
[32] Fischer NJW 2003, 2417 (2420).
[33] Daran lässt BAG 24.10.2013 – 2 AZR 1078/12, NZA 2014, 540 dann die Aufhebung des Arbeitsverhältnisses scheitern.
[34] BAG 24.10.2013 – 2 AZR 1078/12, NZA 2014, 540; 23.8.2011 – 10 AZB 51/10, DB 2011, 2386; 3.2.2009 – 5 AZB 100/08, NZA 2009, 669; 19.7.2007 – 6 AZR 774/06, NZA 2007, 1095.
[35] Krause ZIP 2000, 2284 (2289); Bauer GmbHR 2000, 767 (769).

scheitert der Vertragsschluss in dieser Konstellation freilich schon an der fehlenden Vertretungsbefugnis der kontrahierenden Gesellschaft, → Rn. 15.

Den Parteien steht es frei, neben dem neu begründeten Anstellungsverhältnis das bisherige Arbeitsverhältnis ruhend weiterbestehen zu lassen.[36] Nach Ansicht der Rechtsprechung und der hL muss das aber in der Regel ausdrücklich so vereinbart sein. Daher sollte der Arbeitnehmer und zukünftige Geschäftsführer bei der Gestaltung des neuen Vertrags darauf hinwirken, dass der Fortbestand des alten Arbeitsverhältnisses in diesem hinreichend dokumentiert wird. Zwingend erforderlich ist dies freilich nicht. Vielmehr ist durchaus denkbar, dass sich den Begleitumständen des Vertragsschlusses der Wille der Parteien entnehmen lässt, den bisherigen Vertrag weiter laufen zu lassen. Die Darlegungs- und Beweislast hierfür liegt allerdings beim Arbeitnehmer (Geschäftsführer).[37] 17

Eine Ausnahme von den vorstehenden Grundsätzen ergibt sich jedenfalls dann, wenn die Bestellung zum Geschäftsführer und der damit verbundene Abschluss des Anstellungsvertrages rechtsmissbräuchlich ist. Dies ist insb. dann anzunehmen, wenn die Bestellung allein mit dem – vom Arbeitnehmer nachzuweisenden – Ziel erfolgt, den Geschäftsführer alsbald zu entlassen.[38] In diesen Fällen ist, soweit die Aufhebung des alten und die Begründung des neuen Vertragsverhältnisses nicht nach § 123 BGB anfechtbar ist, eine Berufung der Gesellschaft auf die Organstellung ausgeschlossen. 18

Im umgekehrten Fall, also dann, wenn die Parteien nach Beendigung des Geschäftsführervertrages die Weiterbeschäftigung als Arbeitnehmer vereinbaren, ist mangels abweichender Vereinbarungen davon auszugehen, dass die Parteien die Beschäftigungszeit als Geschäftsführer auf die Wartezeit nach § 1 Abs. 1 angerechnet sehen wollen.[39] 19

III. Leitende Angestellte

1. Begriff des leitenden Angestellten

a) **Leitende Angestellte iSd Abs. 2.** Im Gegensatz zu den organschaftlichen Vertretern des Abs. 1 sind die leitenden Angestellten des Abs. 2[40] echte Arbeitnehmer. Der Begriff **des leitenden Angestellten** wird in den arbeitsrechtlichen Gesetzen allerdings nicht einheitlich verwendet.[41] Im Vergleich zum leitenden Angestellten des BetrVG ist der Begriff des leitenden Angestellten im KSchG teils enger, teils aber auch weiter. Dies liegt vor allem in dem Umstand begründet, dass Rechtsprechung und ein Teil der Lehre im Geltungsbereich des Abs. 2 eine rechtsgeschäftliche Entscheidungskompetenz in Personalangelegenheiten voraussetzen (→ Rn. 23), die das BetrVG nicht zwingend fordert (vgl. nur § 5 Abs. 3 Nr. 3 BetrVG). Es gibt also Arbeitnehmer, die zwar nach § 5 Abs. 3 BetrVG, nicht aber nach § 14 Abs. 2 leitende Angestellte sind.[42] Der betreffende Arbeitnehmer genießt dann zwar den Schutz des KSchG, indes bedarf es vor der Kündigung seines Arbeitsverhältnisses nicht der Anhörung des Betriebsrats (Beispiel: Kündigung eines Chefarztes, der zwar einen größeren Klinikbereich leitet, indes nicht zur Einstellung und Entlassung von Arbeitnehmern berufen ist[43]). 20

---

[36] BAG 24.10.2013 – 2 AZR 1078/12, NZA 2014, 540; 25.10.2007 – 6 AZR 1045/06, NZA 2008, 168; ErfK/Kiel Rn. 5; HaKo-KSchR/Pfeiffer Rn. 16; BeckOGK/Wendel, 1.12.2024, § 14 KSchG Rn. 12.

[37] BAG 25.10.2007 – 6 AZR 1045/06, NZA 2008, 168.

[38] BAG 21.9.2017 – 2 AZR 865/16, NZA 2018, 358.

[39] BAG 24.11.2005 – 2 AZR 614/04, NZA 2006, 366; Perchtold Geschäftsführer als Arbeitnehmer, 2013, S. 253 f.

[40] Zur Entwicklung und Bedeutung dieser Regelung Bengelsdorf und Hromadka FS 50 Jahre BAG, 2004, 331 (395 ff.). Zum Begriff des leitenden Angestellten allgemein: Horn NZA 2012, 186; Rinsdorf/Kiedrowski NZA 2012, 183; Schulze/Hintzen ArbR 2012, 137 (140); Rumler Kündigungsschutz leitender Angestellter, 1990, S. 19 ff.

[41] HaKo-KSchR/Pfeiffer Rn. 17; APS/Biebl Rn. 16; sowie Schaub ArbR-HdB/Rinck § 13 Rn. 2; Kallenberg Status des leitenden Angestellten, 2018, S. 45 f; BeckOK ArbR/Volkening, 74. Ed. 1.12.2024, KSchG § 14 Rn. 15.

[42] Ebenso ist die umgekehrte Konstellation vorstellbar, die indes kaum Bedeutung hat.

[43] S. als Beispiel die Fallgestaltung von: BAG 5.6.2014 – 2 AZR 615/13, NZA 2015, 40.

21 Die Beschränkung des Kündigungsschutzes für leitende Angestellte rechtfertigt sich dadurch, dass der Arbeitgeber, was das engere Führungspersonal des Unternehmens betrifft, zwingend auf ein besonderes Maß an Flexibilität angewiesen ist, weil er Schlüsselpositionen mit Arbeitnehmern seiner Wahl besetzen können muss. Er muss Personen, die Strukturentscheidungen von elementarer Tragweite für das Unternehmen treffen, uneingeschränkt vertrauen und mit ihnen reibungslos zusammenarbeiten können.[44]

22 Leitende Angestellte sind Geschäftsführer, Betriebsleiter oder Arbeitnehmer, die eine ähnliche leitende Stellung begleiten. Für alle drei Fallgestaltungen ist entscheidend, dass die betreffenden Personen im kaufmännischen, organisatorischen, technischen oder personellen Bereich zentrale unternehmerische Aufgaben mit besonderer Bedeutung für das Unternehmen wahrnehmen.[45] Sie müssen eine Schlüssel- und Führungsfunktion innehaben, mithin maßgeblichen Einfluss auf die wirtschaftliche, technische, kaufmännische, organisatorische oder personelle Führung des Unternehmens oder eines Betriebsteils ausüben. Dies setzt regelmäßig eine Vorgesetztenstellung gegenüber einer bedeutsamen Zahl von Arbeitnehmern voraus.[46] Dem leitenden Angestellten muss rechtlich und tatsächlich ein erheblicher Entscheidungsspielraum zur Verfügung stehen. Er muss die Entscheidungen selbst treffen oder aber kraft seiner Schlüsselposition zumindest die Entscheidungsvoraussetzungen schaffen, an denen die Unternehmensleitung nicht ohne weiteres vorbeigehen kann. Der maßgebliche Einfluss fehlt, wenn der Angestellte nur bei der rein arbeitstechnischen, vorbestimmten Durchführung unternehmerischer Entscheidungen eingeschaltet wird, etwa Kontroll- oder Überwachungsaufgaben übernimmt. Für alle diese Kriterien ist erforderlich, dass die unternehmerische Aufgabenstellung mit Entscheidungsspielraum die Tätigkeit des leitenden Angestellten prägt, das heißt: als deren Schwerpunkt bestimmt.[47] Die Voraussetzungen müssen beim Vertragsarbeitgeber gegeben sein. Es genügt nicht, dass der Arbeitnehmer einschlägige Aufgaben lediglich in einem Betrieb eines konzernangehörigen Unternehmens wahrnimmt.[48]

23 Nach Ansicht der hM und des BAG bezieht sich der 2. Hs. der Regelung („…soweit diese zur selbständigen Einstellung oder Entlassung von Arbeitnehmern berechtigt sind“), auf alle drei Personengruppen des § 14 Abs. 2 S. 1 KSchG.[49] Auch Geschäftsführer und Betriebsleiter gelten daher nur dann als leitende Angestellte iSd. Kündigungsrechts, wenn sie **zur selbständigen Einstellung oder Entlassung** einer bedeutenden Anzahl von Arbeitnehmern bzw. eines qualitativ bedeutsamen Personenkreises berechtigt sind, die Ausübung dieser Befugnis einen wesentlichen Teil ihrer Tätigkeit ausmacht und somit ihre Stellung prägt.[50] Entsprechend ist die Norm sehr eng auszulegen und letztlich greift der Tatbestand des Abs. 2 S. 2 nur noch für eine verschwindend kleine Zahl von leitenden Angestellten (pointiert Hromadka: „infinitesimale Teilgruppe“[51]).

24 Folgt man dieser Auffassung, wäre also für alle leitenden Angestellten erforderlich, dass der Arbeitnehmer zur selbständigen Einstellung oder Entlassung von Arbeitnehmern

[44] Rumler Kündigungsschutz leitender Angestellter, 1990, S. 21; Hromadka FS 50 Jahre BAG, 2004, 395 (407).

[45] BAG 5.6.2014 – 2 AZR615/13, NZA 2015, 40 Rn. 51 (wenngleich zu § 5 Abs. 3 BetrVG); 25.11.1993 – 2 AZR 517/93, NZA 1994, 837; KR/Kreutzberg-Kowalczyk Rn. 34; Rumler Kündigungsschutz leitender Angestellter, 1990, S. 24 f.

[46] BAG 4.5.2022 – 7 ABR 14/21, NZA 2022, 1280 Rn. 28 – zu § 5 Abs. 3 S. 2 Nr. 1 BetrVG.

[47] BAG 5.6.2014 – 2 AZR 615/13, NZA 2015, 40 Rn. 51; 19.4.2012 – 2 AZR 186/11, NZA 2013, 27 Rn. 33; 5.5.2010 – 7 ABR 97/08, NZA 2010, 955 (beide zu § 5 Abs. 3 BetrVG).

[48] ErfK/Kiel Rn. 7; aA Lomb/Laskawy DB 2018, 2822.

[49] BAG 18.10.2000 – 2 AZR 465/99, NZA 2001, 437 Rn. 129 ff.; 27.9.2001 – 2 AZR 176/00, NZA 2002, 1277 Rn. 50; 18.11.1999 – 2 AZR 903/98, NZA 2000, 427 Rn. 39; LAG Hamm 15.5.2014 – 11 Sa 1701/13, BeckRS 2015, 65506 Rn. 45; Däubler/Deinert/Callsen Rn. 16, 22; KR/Kreutzberg-Kowalczyk Rn. 34; HWK/Thies Rn. 10; aA: APS/Biebl Rn. 23; MüKoBGB/Hergenröder Rn. 20; LSSW/Wertheimer Rn. 32; HaKo-KSchR/Pfeiffer Rn. 17.

[50] BAG 19.4.2012 – 2 AZR 186/11, NZA 2013, 27 Rn. 33; 14.4.2011 – 2 AZR 167/10, DB 2011, 2496 Rn. 15; 27.9.2001 – 2 AZR 176/00, NZA 2002, 1277 Rn. 52; 18.10.2000 – 2 AZR 465/99, NZA 2001, 437 Rn. 137; ErfK/Kiel Rn. 11; APS/Biebl Rn. 22; MüKoBGB/Hergenröder Rn. 22; LSSW/Wertheimer Rn. 38; HaKo-KSchR/Pfeiffer Rn. 23; BeckOGK/Wendel, 1.12.2024, § 14 KSchG Rn. 51; Becker ZIP 1981, 1168 (1170); Bengelsdorf FS 50 Jahre BAG, 2004, 331 (348); Rumler Kündigungsschutz leitender Angestellter, 1990, S. 28 ff; Kallenberg Status des leitenden Angestellten, 2018, S. 49.

[51] Hromadka NZA 2007, 838 (840).

berechtigt ist. Dabei genügt, dass die fragliche Person – anders als das bei § 5 Abs. 3 Nr. 1 BetrVG der Fall ist – wenigstens über eine dieser beiden Kompetenzen verfügt.[52] Diese muss dann aber generell bestehen und darf nicht nur fallbezogen erteilt werden. Die bloße vertretungsweise Wahrnehmung dieser Befugnisse für die Dauer einer Erkrankung oder eines Urlaubs des Personalleiters genügt nicht.[53] Inhaltlich reicht nicht, wenn die betreffende Person den Arbeitgeber lediglich vor den Arbeitsgerichten vertreten und dort Vergleiche abschließen darf.[54]

Die Berechtigung zur Einstellung oder Entlassung muss sich zwar nicht auf alle Arbeitnehmer beziehen, aber immerhin auf eine bedeutsame Anzahl von Beschäftigten.[55] Erstreckt sich die Einstellungs- oder Entlassungskompetenz nur auf eine begrenzte Gruppe von Mitarbeitern, reicht dies nur, wenn die betreffenden weisungsunterworfenen Personen ihrerseits maßgeblichen Einfluss auf das Unternehmen bzw. dessen unternehmerischen Erfolg ausüben können.[56] 25

Die Berechtigung zur Einstellung oder Entlassung von Arbeitnehmern muss sowohl im Innen- als auch im Außenverhältnis bestehen, neben dem rechtlichen Können ist also auch das Dürfen erforderlich.[57] Eine Prokura mit internem Ausschluss dieser Befugnisse genügt daher nicht.[58] Erst recht liegt keine selbständige Einstellungsbefugnis vor, wenn der Arbeitnehmer im Außenverhältnis nicht befugt ist, die Einstellung vorzunehmen, sondern lediglich im Innenverhältnis Vorschläge machen kann, selbst wenn diese eher nur selten oder nur unter bestimmten Voraussetzungen abgelehnt werden.[59] Ebenso ist ein Arbeitnehmer kein leitender Angestellter, wenn seine Entscheidungen über personelle Maßnahmen von der Zustimmung anderer Personen abhängig sind, und zwar selbst dann nicht, wenn er im Außenverhältnis eigentlich wirksam handeln könnte.[60] So fehlt bspw. einem Chefarzt die Berechtigung zur Einstellung, wenn er für die Anstellung nachgeordneter Ärzte der Einwilligung der Krankenhausleitung bedarf und die Abwicklung und Einstellung durch den Verwaltungsdirektor des Krankenhauses erfolgt.[61] Nichts anderes gilt, wenn Maßnahmen des Beschäftigten durch die Unternehmensleitung lediglich toleriert werden. Umgekehrt wird eine tatsächlich bestehende Selbständigkeit aber nicht bereits durch interne Richtlinien eingeschränkt, soweit es sich dabei lediglich um allgemeine Vorgaben handelt, innerhalb derer die Befugnisse ausgeübt werden sollen.[62] Gleiches gilt, wenn sich der leitende Angestellte vor seiner Entscheidung zwar mit 26

---

[52] Vgl. MüKoBGB/Hergenröder Rn. 22; APS/Biebl Rn. 20; BeckOGK/Wendel, 1.12.2024, § 14 KSchG Rn. 52.

[53] BAG 10.10.2002 – 2 AZR 598/01, DB 2003, 506; 18.10.2000 – 2 AZR 465/99, NZA 2001, 437; Däubler/Deinert/Callsen Rn. 25; MüKoBGB/Hergenröder Rn. 22; ErfK/Kiel Rn. 11; LSSW/Wertheimer Rn. 38; HaKo-KSchR/Pfeiffer Rn. 23; KR/Kreutzberg-Kowalczyk Rn. 37; BeckOGK/Wendel, 1.12.2024, § 14 KSchG Rn. 52; krit. Rumler Kündigungsschutz leitender Angestellter, 1990, S. 33.

[54] BAG 28.9.1961 – 2 AZR 428/60, DB 1961, 1651 Rn. 30.

[55] BAG 19.4.2012 – 2 AZR 186/11, NZA 2013, 27; 27.9.2001 – 2 AZR 176/00, NZA 2002, 1277; 18.10.2000 – 2 AZR 465/99, NZA 2001, 437; 18.11.1999 – 2 AZR 903/98, NZA 2000, 427; zu dem insoweit vergleichbaren § 5 Abs. 3 S. 2 Nr. 1 BetrVG: BAG 24.3.2011 – 2 AZR 674/09, NZA-RR 2012, 243; 10.10.2007 – 7 ABR 61/06, NZA 2008, 664; Däubler/Deinert/Callsen Rn. 21; ErfK/Kiel Rn. 11; KR/Kreutzberg-Kowalczyk Rn. 36; Rumler Kündigungsschutz leitender Angestellter, 1990, S. 33; BeckOGK/Wendel, 1.12.2024, § 14 KSchG Rn. 54.

[56] BAG 19.4.2012 – 2 AZR 186/11; NZA 2013, 27 Rn. 31; 27.9.2001 – 2 AZR 176/00, NZA 2002, 1277 Rn. 52; BeckOGK/Wendel, 1.12.2024, § 14 KSchG Rn. 54.

[57] BAG 19.4.2012 – 2 AZR 186/11, NZA 2013, 27; 14.4.2011 – 2 AZR 167/10, DB 2011, 2496; APS/Biebl Rn. 20; Däubler/Deinert/Callsen Rn. 24; ErfK/Kiel Rn. 11; LSSW/Wertheimer Rn. 35; HaKo-KSchR/Pfeiffer Rn. 20; KR/Kreutzberg-Kowalczyk Rn. 37; Martens Arbeitsrecht der leitenden Angestellten, 1982, S. 202; Rumler Kündigungsschutz leitender Angestellter, 1990, S. 31 f.; BeckOK ArbR/Volkening, 74. Ed. 1.12.2024, KSchG § 14 Rn. 20.

[58] KR/Kreutzberg-Kowalczyk Rn. 37; Rumler Kündigungsschutz leitender Angestellter, 1990, S. 31 f.

[59] BAG 18.11.1999 – 2 AZR 903/98, NZA 2000, 427.

[60] LAG Hamm 14.2.2018 – 2 Sa 1499/16, BeckRS 2018, 15596 Rn. 53 (zu § 5 Abs. 3 BetrVG); LAG Niedersachsen 8.1.2004 – 7 Sa 219/03, NZA-RR 2004, 524; MüKoBGB/Hergenröder Rn. 22; ErfK/Kiel Rn. 11; LSSW/Wertheimer Rn. 40; KR/Kreutzberg-Kowalczyk Rn. 38.

[61] BAG 18.11.1999 – 2 AZR 903/98, NZA 2000, 427; LAG Baden-Württemberg 13.2.1992 – 11 Sa 79/91, LAGE § 14 KSchG Nr. 2; ausf. Diringer NZA 2003, 890.

[62] LAG Baden-Württemberg 13.2.1992 – 11 Sa 79/91, LAGE § 14 KSchG Nr. 2; APS/Biebl Rn. 21; Martens Arbeitsrecht der leitenden Angestellten, 1982, S. 202; ErfK/Kiel Rn. 11; KR/Kreutzberg-Kowalczyk Rn. 38; Rumler Kündigungsschutz leitender Angestellter, 1990, S. 32.

dem zuständigen Fachvorgesetzten zu beraten hat, ihm aber letztlich die alleinige Entscheidungsbefugnis vorbehalten ist.[63]

27 Vom Wortlaut des Abs. 2 her gesehen ist das Auslegungsergebnis der Rechtsprechung und hL zwar ohne Frage vertretbar. Zwingend ist es indes nicht, da sich der Nachsatz „soweit diese zur selbständigen Einstellung oder Entlassung von Arbeitnehmern berechtigt sind" ohne Weiteres auch so verstehen ließe, dass er sich nur auf die 3. Variante des Abs. 2 S. 1 bezieht, also alleine auf die „ähnlichen leitenden Angestellten." Dafür spricht viel. Die Maßgabe, dass leitende Angestellte ausschließlich solche Personen sein sollen, die Personalkompetenz innehaben liegt in der modernen Industrie- und Wissensgesellschaft quer zum Regelungszweck der Bestimmung. In der Tat kennzeichnete die Entlassungsbefugnis einst die Vorgesetztenstellung eines Arbeitnehmers. Spätestens aber mit der Herausbildung selbständiger Personalabteilungen besagt die Einstellungs- und Entlassungsbefugnis eines Arbeitnehmers wenig darüber, ob dieser für den Arbeitgeber in einer leitenden Stellung tätig ist oder nicht, weil selbst Geschäftsleiter in herausragender Position häufig keine Personalkompetenz mehr haben. So führt die von der Rechtsprechung befürwortete Auslegung zu dem nicht wirklich überzeugenden Ergebnis, dass viele Geschäftsleiter den vollen Kündigungsschutz genießen, während Personalverantwortliche des Unternehmens auch auf deutlich nachgeordneten Hierarchiestufen nur über den eingeschränkten Abfindungsschutz nach § 14 Abs. 2 KSchG verfügen.[64]

28 Insgesamt sollte daher der Tatbestand des Abs. 2 am Maßstab des § 5 Abs. 3 BetrVG (einschließlich dessen Nr. 3) ausgelegt werden,[65] wofür nicht zuletzt auch eine Parallelwertung zu § 18 Abs. 1 Nr. 1 ArbZG spricht. Gegen einen derartigen Rückgriff wird zwar eingewandt, dass die formelle Berechtigung zum Abschluss von Arbeitsverträgen und zum Ausspruch von Kündigungen regelmäßig leicht festzustellen ist, während eine zuverlässige rechtliche Gewichtung einer „einfachen" Unternehmensleitungskompetenz schwierig sein wird. Hinzu kommt, dass die Betriebsverfassung den Beteiligten das Statusverfahren nach § 18a BetrVG eröffnet, das sich – anders als die hier notwendige Inzidentfeststellung in einem laufenden Kündigungsrechtsstreit – in aller Ruhe durchführen lässt und zumindest bis zur nächsten Wahl Bestand hat. Derart praktische Schwierigkeiten können den Rechtsanwender aber nicht von der Notwendigkeit einer ggf. auch mühsamen Subsumtion befreien, die mit Rücksicht auf den Normzweck erforderlich ist. Weiter wird gegen die Gleichsetzung mit dem BetrVG angeführt, dass sich der Zweck der (partiellen) Herausnahme leitender Angestellter aus dem Kündigungsschutzrecht einerseits und der ihrer betriebsverfassungsrechtlichen Sonderstellung andererseits nicht vollständig decken.[66] Indes ist der Kündigungsschutz längst auch eine Ausprägung des Persönlichkeitsrechts des Arbeitnehmers,[67] weil auch er zur Überwindung der „Objektstellung des Arbeitnehmers im Betrieb" beitragen soll. Entsprechend gehen Betriebsverfassungs- und Kündigungsrecht zumindest insoweit Hand in Hand, als beide Gesetze (auch) auf dem natürlichen Interessengegensatz zwischen Arbeitnehmer und Arbeitgeber aufbauen, der in der Person des leitenden Angestellten so nicht vorhanden ist.

29 Neben diesen allgemeinen Tatbestandsmerkmalen erlangt die Zuordnung eines Arbeitnehmers zu einer der drei durch das Gesetz gebildeten Fallgruppen (Geschäftsführer, Betriebsleiter und ähnliche leitende Angestellte) keine wirklich eigenständige Bedeutung. Sie ist letztlich nur deklaratorischer Natur, dies umso mehr, als die Grenzen zwischen den drei Einzeltatbeständen fließend sind und zu ihrer Beschreibung im Grunde nur die

---

[63] Zutr. LSSW/Wertheimer Rn. 40.

[64] Hromadka NZA 2007, 838 (840); ders. FS 50 Jahre BAG, 2004, 395 (406) – der sogar die Verfassungswidrigkeit der Norm annimmt (S. 407); Bayreuther NZA 2013, 1238 (1242 ff.); Krit. zur Rspr bzw. Funktionsfähigkeit des Abs. 2 auch: Bengelsdorf FS 50 Jahre BAG, 2004, 331 (346); Sieg FS Etzel, 2011, 361 (368). In Richtung der hier vertretenen Auffassung auch: KR/Kreutzberg-Kowalczyk Rn. 34.

[65] Bayreuther NZA 2013, 1238 (1243); dies zumindest erwägend: KR/Kreutzberg-Kowalczyk Rn. 34.

[66] KR/Kreutzberg-Kowalczyk Rn. 32, das räumt auch ein: Hromadka NZA 2007, 838 (840).

[67] Reuter FS Dieterich, 1999, 473 (483).

oben herausgebildeten, allgemeinen Abgrenzungsmerkmale wiederholt werden. Zu beachten ist, dass der Begriff des Geschäftsführers nicht im technischen Sinn des GmbHG zu verstehen ist. Für solche gilt alleine Abs. 1 Nr. 1.[68] Betriebsleitern obliegt die Führung eines Betriebes oder Betriebsteils innerhalb eines Unternehmens. Die Leitung einer Betriebsabteilung kann ausreichen.[69] Betriebsleiter müssen unternehmerische Teilaufgaben für den Betrieb oder Betriebsteil eigenverantwortlich wahrnehmen und dabei gegenüber den Beschäftigten Vorgesetztenstellung einnehmen und das Weisungsrecht ausüben; die bloße Aufsichtsfunktion gegenüber Arbeitnehmern und dem technischen Betriebsablauf genügt nicht.[70]

b) **Faktisch gleichgestellte Risikoträger (§§ 25a ff. KWG).** Nach den mit dem Brexit-Steuerbegleitgesetz vom 25.3.2019[71] in § 25a eingefügten Absätzen 5a bis 5c werden so genannte **Risikoträger der Kreditwirtschaft**[72] leitenden Angestellten faktisch gleichgestellt. Wird ein entsprechender Arbeitnehmer gekündigt, bedarf ein Antrag des Arbeitgebers nach § 9 Abs. 1 S. 2 keiner Begründung. Risikoträger sind Arbeitnehmer, deren berufliche Tätigkeit sich wesentlich auf das Risikoprofil eines bedeutenden Kredit- oder Finanzdienstleistungsinstituts (§§ 1 Abs. 1, 1a und 1b KWG, 2 Abs. 8 InstVergV) auswirkt: §§ 1 Abs. 21 KWG, 2 Abs. 8 InstVergV. Es muss hinzukommen, dass die jährliche fixe Vergütung das Dreifache der Beitragsbemessungsgrenze in der allgemeinen Rentenversicherung iSd § 159 SGB VI überschreitet: § 25a Abs. 5a S. 1 KWG. Anders als nach § 14 Abs. 2 ist aber nicht erforderlich, dass sie Geschäftsführer, Betriebsleiter oder ähnliche leitende Angestellte sind. Ist dies der Fall, ist § 14 Abs. 2 vorrangig, was freilich gleich ist, da beide Regelungen ja dieselben Rechtsfolgen anordnen. Notwendigerweise bleibt auch Abs. 1 von den §§ 25a bis c KWG unberührt. 30

Die Regelung erscheint bemerkenswert, weil sie – anders als die Beschränkung des Kündigungsschutzes für leitende Angestellte – sich nicht alleine dadurch rechtfertigt, dass der Arbeitgeber, was das engere Führungspersonal des Unternehmens betrifft, zwingend auf ein besonderes Maß an Flexibilität angewiesen ist und insoweit nur mit Arbeitnehmern zusammenarbeiten kann, denen er im besonderen Maß vertraut. Vielmehr macht sie sich gerade auch an der Vergütungshöhe fest. Allgemein spricht aber recht wenig dafür, für den Arbeitnehmerschutz an der Höhe der Vergütung des Arbeitnehmers anzusetzen.[73] Erschwerend kommt hinzu, dass Ziel des Gesetzgebers vor allem ist, durch eine Absenkung des Kündigungsschutzes die Attraktivität des Finanzstandorts Frankfurt zu steigern und Banken, die nach einem möglichen Austritt Großbritanniens erwägen, London zu verlassen, zu einem Umzug nach Deutschland zu bewegen. Umgekehrt ist aber auch zu berücksichtigen, dass sich die Regelung an Beschäftigte wendet, die am Ende eben doch in erheblichem Maße die Unternehmensgeschicke mitzeichnen.[74] Diese haben zwar keine Personalverantwortlichkeit, doch ist dies nach der hier vertretenen Auffassung (→ Rn. 22 ff.) auch nicht erforderlich. Überdies ist der Gesetzgeber zwar verpflichtet, Arbeitnehmern einen grundständigen Kündigungsschutz bereit zu stellen. Doch kann er diesen ausdifferenzieren, so wie er das auch für leitende Angestellte getan hat. Nachdem Risikoträger immerhin eine Abfindung beanspruchen können, dürfte die Regelung sich alles in allem als noch verfassungskonform erweisen. 31

[68] ErfK/Kiel Rn. 8; KR/Kreutzberg-Kowalczyk Rn. 34; LSSW/Wertheimer Rn. 30; HaKo-KSchR/Pfeiffer Rn. 18; ausf. Neumann Kündigungsschutz von GmbH-Geschäftsführern, 2017, S. 34 ff.

[69] Vgl. Begründung des Regierungsentwurfs zum KSchG 1951, RdA 1951, 61 (65).

[70] BAG 25.11.1993 – 2 AZR 517/93, NZA 1994, 837; APS/Biebl Rn. 18; MüKoBGB/Hergenröder Rn. 19; LSSW/Wertheimer Rn. 31; KR/Kreutzberg-Kowalczyk Rn. 34; Rumler Kündigungsschutz leitender Angestellter, 1990, S. 23.

[71] BGBl. 2019 I, S. 357.

[72] Zu den Voraussetzungen im Einzelnen: Baeck/Winzer/Abend NZG 2019, 462 (463 ff.); Bonanni ArbRB 2019, 79; Schirrmacher WM 2019, 1291.

[73] Bayreuther NZA 2013, 1238 (1240); Schirrmacher WM 2019, 1291 (1295 ff.); großzügiger: Uffmann NZA 2017, 265 (268 ff.).

[74] S. hierzu die umfassenden Erwägungen des Gesetzgebers in BT-Drs. 19/7377, S. 24 f.

2. Der Kündigungsschutz leitender Angestellter

32 Nach § 14 Abs. 2 sind auf die leitenden Angestellten im Sinne des KSchG die **Vorschriften des allgemeinen Kündigungsschutzes** (§§ 1–13 KSchG) genauso anzuwenden wie auf sonstige Arbeitnehmer. Allerdings können die Maßstäbe für den Kündigungsgrund bei einem leitenden Angestellten verändert sein.[75] Dies kann sich vor allem im Hinblick auf das besondere Vertrauensverhältnis zwischen Arbeitgeber und leitendem Angestellten, sowie aufgrund allgemein höherer Anforderungen an dessen Verhaltens- und Nebenpflichten ergeben. Allgemein treffen den leitenden Angestellten regelmäßig besondere Überwachungs-, Sorgfalts- und Prüfungspflichten;[76] die Einzelheiten bestimmen sich freilich auf Basis des Vertragsverhältnisses und des Tätigkeitsfeldes des Arbeitnehmers. Zum Einbezug leitender Angestellter in das Recht der Massenentlassung: → § 17 Rn. 29 ff.

33 Nicht anwendbar ist § 3 hinsichtlich des Einspruchs beim Betriebsrat,[77] was angesichts dessen weitgehender Bedeutungslosigkeit keinen nennenswerten Einfluss auf den Kündigungsschutz des leitenden Angestellten nimmt. Die Nichtanwendbarkeit des § 3 erklärt sich daraus, dass § 5 Abs. 3 BetrVG die leitenden Angestellten aus dem Geltungsbereich des BetrVG herausnimmt, weil sie den anderen Arbeitnehmern und damit auch dem Betriebsrat als Repräsentanten des Arbeitgebers gegenüberstehen und der Sphäre des Arbeitgebers angehören, innerhalb derer ein Mitbestimmungs- und Mitwirkungsrecht des Betriebsrats ausgeschlossen ist. Ob dagegen § 102 BetrVG Anwendung findet, hängt davon ab, ob der leitende Angestellte ein solcher im Sinn des BetrVG ist (§ 5 BetrVG,→ Rn. 20). Dann ist eine Anhörung des Betriebsrats vor Ausspruch der Kündigung weder möglich noch nötig. Vielmehr gilt § 31 Abs. 2 SprAuG zu beachten. Ein „Kündigungseinspruch" beim Sprecherausschuss sollte in analoger Anwendung von § 3 zugelassen werden.[78]

34 Praktisch weit wichtiger ist die zweite in § 14 Abs. 2 enthaltene Abweichung, nach welcher der **Antrag des Arbeitgebers** anders als im Regelfall des gewöhnlichen Arbeitsverhältnisses (§ 9) keiner Begründung bedarf.[79] Der Gesetzgeber hat mit dieser Bestimmung berücksichtigt, dass zwischen dem Arbeitgeber und seinen leitenden Angestellten ein besonderes Vertrauensverhältnis bestehen muss, es soll eine erfolgreiche Zusammenarbeit möglich sein, → Rn. 21. Ob der Arbeitgeber nach einer Kündigung zu dem Angestellten noch das nötige Vertrauen hat, kann letzten Endes nur er selbst entscheiden. Deshalb soll er die Möglichkeit haben, auch bei Sozialwidrigkeit der Kündigung die Auflösung des Arbeitsverhältnisses durch einen entsprechenden Antrag zu erzwingen, ohne dass er seinen Antrag zu begründen braucht. Entsprechend befreit ihn das Gesetz von der Darlegungs- und Beweislast dahingehend, dass eine den Betriebszwecken dienliche weitere Zusammenarbeit nicht zu erwarten ist.

35 Die Kündigung muss aber sozialwidrig sein, woraus insbesondere folgt, dass ein Auflösungsantrag nicht möglich ist, wenn sie (ausschließlich) aus anderen Gründen unwirksam ist. Die bei → § 9 Rn. 18 getroffenen Ausführungen gelten insoweit entsprechend.

---

[75] Vgl. LSSW/Wertheimer Rn. 43 ff.; HaKo-KSchR/Pfeiffer Rn. 31 ff.; KR/Kreutzberg-Kowalczyk Rn. 60 ff.

[76] S. etwa zur strafrechtlichen Garantenstellung des sog. Complianceofficers: BGH 17.7.2009 – 5 StR 394/08, NJW 2009, 3173; BeckOGK/Wendel, 1.12.2024, § 14 KSchG Rn. 65.

[77] Der Ausschluss des § 3 greift nicht in dem (seltenen) Fall, dass der in Betracht kommende Angestellte zwar leitender Angestellter iSd § 14 Abs. 2, nicht aber ein solcher iSd § 5 Abs. 3 BetrVG ist (s. Fn. 35): KR/Kreutzberg-Kowalczyk Rn. 49; APS/Biebl Rn. 28; HaKo-KSchR/Pfeiffer Rn. 26; Martens Arbeitsrecht der leitenden Angestellten, 1982, S. 199; Rumler Kündigungsschutz leitender Angestellter, 1990, S. 94 f.; BeckOGK/Wendel, 1.12.2024, § 14 KSchG Rn. 57; BeckOK ArbR/Volkening, 74. Ed. 1.12.2024, KSchG § 14 Rn. 24.

[78] Hromadka, Sprecherausschussgesetz, 1991, § 31 Rn. 20; dagegen Oetker ZfA 1990, 43 (77); sowie ausf. Rumler Kündigungsschutz leitender Angestellter, 1990, S. 95 ff.; BeckOK ArbR/Volkening, 74. Ed. 1.12.2024, KSchG § 14 Rn. 26.

[79] Für Tendenzträger s. BAG 23.10.2008 – 2 AZR 483/07, NZA-RR 2009, 362.

Der Arbeitgeber muss bei Auflösung des Arbeitsverhältnisses dem Angestellten eine vom Gericht festzusetzende **angemessene Abfindung** zahlen. Bei der Bestimmung der Abfindungshöhe ist zunächst zu berücksichtigen, dass der Kündigungsschutz für leitende Angestellte schwächer ausgestaltet ist als der für „gewöhnliche" Beschäftigte. Weiter hängt die Abfindung aber auch von den Gründen ab, die den Arbeitgeber zur Antragsstellung veranlassen. Das wird ihn im Regelfall dazu anhalten, im eigenen Interesse eben doch zu erläutern, warum seiner Meinung nach eine zweckdienliche Zusammenarbeit mit dem Arbeitnehmer nicht mehr zu erwarten ist, auch wenn er dazu eigentlich nicht verpflichtet wäre. Der Schwerpunkt eines dahingehenden Vortrags wird regelmäßig in der Darstellung liegen, warum das für die Fortbeschäftigung des Arbeitnehmers unabdingbare Vertrauen verloren gegangen ist. Tut der Arbeitgeber das nicht, hat das Gericht regelmäßig auf die Höchstgrenze der Abfindung nach § 10 zu erkennen.[80] 36

Stellt der Arbeitnehmer einen Auflösungsantrag, gelten die allgemeinen Grundsätze nach § 9 Abs. 1 S. 1. 37

[80] Vgl. Vogel NZA 2002, 316; BeckOGK/Wendel, 1.12.2024, § 14 KSchG Rn. 64.

Zweiter Abschnitt. Kündigungsschutz im Rahmen der Betriebsverfassung und Personalvertretung

§ 15 Unzulässigkeit der Kündigung

(1) [1]Die Kündigung eines Mitglieds eines Betriebsrats, einer Jugend- und Auszubildendenvertretung, einer Bordvertretung oder eines Seebetriebsrats ist unzulässig, es sei denn, daß Tatsachen vorliegen, die den Arbeitgeber zur Kündigung aus wichtigem Grund ohne Einhaltung einer Kündigungsfrist berechtigen, und daß die nach § 103 des Betriebsverfassungsgesetzes erforderliche Zustimmung vorliegt oder durch gerichtliche Entscheidung ersetzt ist. [2]Nach Beendigung der Amtszeit ist die Kündigung eines Mitglieds eines Betriebsrats, einer Jugend- und Auszubildendenvertretung oder eines Seebetriebsrats innerhalb eines Jahres, die Kündigung eines Mitglieds einer Bordvertretung innerhalb von sechs Monaten, jeweils vom Zeitpunkt der Beendigung der Amtszeit an gerechnet, unzulässig, es sei denn, daß Tatsachen vorliegen, die den Arbeitgeber zur Kündigung aus wichtigem Grund ohne Einhaltung einer Kündigungsfrist berechtigen; dies gilt nicht, wenn die Beendigung der Mitgliedschaft auf einer gerichtlichen Entscheidung beruht.

(2) [1]Die Kündigung eines Mitglieds einer Personalvertretung, einer Jugend- und Auszubildendenvertretung oder einer Jugendvertretung ist unzulässig, es sei denn, daß Tatsachen vorliegen, die den Arbeitgeber zur Kündigung aus wichtigem Grund ohne Einhaltung einer Kündigungsfrist berechtigen, und daß die nach dem Personalvertretungsrecht erforderliche Zustimmung vorliegt oder durch gerichtliche Entscheidung ersetzt ist. [2]Nach Beendigung der Amtszeit der in Satz 1 genannten Personen ist ihre Kündigung innerhalb eines Jahres, vom Zeitpunkt der Beendigung der Amtszeit an gerechnet, unzulässig, es sei denn, daß Tatsachen vorliegen, die den Arbeitgeber zur Kündigung aus wichtigem Grund ohne Einhaltung einer Kündigungsfrist berechtigen; dies gilt nicht, wenn die Beendigung der Mitgliedschaft auf einer gerichtlichen Entscheidung beruht.

(3) [1]Die Kündigung eines Mitglieds eines Wahlvorstands ist vom Zeitpunkt seiner Bestellung an, die Kündigung eines Wahlbewerbers vom Zeitpunkt der Aufstellung des Wahlvorschlags an, jeweils bis zur Bekanntgabe des Wahlergebnisses unzulässig, es sei denn, daß Tatsachen vorliegen, die den Arbeitgeber zur Kündigung aus wichtigem Grund ohne Einhaltung einer Kündigungsfrist berechtigen, und daß die nach § 103 des Betriebsverfassungsgesetzes oder nach dem Personalvertretungsrecht erforderliche Zustimmung vorliegt oder durch eine gerichtliche Entscheidung ersetzt ist. [2]Innerhalb von sechs Monaten nach Bekanntgabe des Wahlergebnisses ist die Kündigung unzulässig, es sei denn, daß Tatsachen vorliegen, die den Arbeitgeber zur Kündigung aus wichtigem Grund ohne Einhaltung einer Kündigungsfrist berechtigen; dies gilt nicht für Mitglieder des Wahlvorstands, wenn dieser durch gerichtliche Entscheidung durch einen anderen Wahlvorstand ersetzt worden ist.

(3a) [1]Die Kündigung eines Arbeitnehmers, der zu einer Betriebs-, Wahl- oder Bordversammlung nach § 17 Abs. 3, § 17a Nr. 3 Satz 2, § 115 Abs. 2 Nr. 8 Satz 1 des Betriebsverfassungsgesetzes einlädt oder die Bestellung eines Wahlvorstands nach § 16 Abs. 2 Satz 1, § 17 Abs. 4, § 17a Nr. 4, § 63 Abs. 3, § 115 Abs. 2 Nr. 8 Satz 2 oder § 116 Abs. 2 Nr. 7 Satz 5 des Betriebsverfassungsgesetzes beantragt, ist vom Zeitpunkt der Einladung oder Antragstellung an bis zur Bekanntgabe des Wahlergebnisses unzulässig, es sei denn, dass Tatsachen vorliegen, die den Arbeitgeber zur Kündigung aus wichtigem Grund ohne Einhaltung einer Kündigungsfrist berechtigen; der Kündigungsschutz gilt für die ersten sechs in der Einladung oder die ersten drei in der Antragstellung aufgeführten Arbeitnehmer. [2]Wird ein Betriebsrat, eine Jugend- und Auszubildenden-

vertretung, eine Bordvertretung oder ein Seebetriebsrat nicht gewählt, besteht der Kündigungsschutz nach Satz 1 vom Zeitpunkt der Einladung oder Antragstellung an drei Monate.

(3b) **Die Kündigung eines Arbeitnehmers, der Vorbereitungshandlungen zur Errichtung eines Betriebsrats oder einer Bordvertretung unternimmt und eine öffentlich beglaubigte Erklärung mit dem Inhalt abgegeben hat, dass er die Absicht hat, einen Betriebsrat oder eine Bordvertretung zu errichten, ist unzulässig, soweit sie aus Gründen erfolgt, die in der Person oder in dem Verhalten des Arbeitnehmers liegen, es sei denn, dass Tatsachen vorliegen, die den Arbeitgeber zur Kündigung aus wichtigem Grund ohne Einhaltung einer Kündigungsfrist berechtigen. Der Kündigungsschutz gilt von der Abgabe der Erklärung nach Satz 1 bis zum Zeitpunkt der Einladung zu einer Betriebs-, Wahl- oder Bordversammlung nach § 17 Absatz 3, § 17a Nummer 3 Satz 2, § 115 Absatz 2 Nummer 8 Satz 1 des Betriebsverfassungsgesetzes, längstens jedoch für drei Monate.**

(4) **Wird der Betrieb stillgelegt, so ist die Kündigung der in den Absätzen 1 bis 3a genannten Personen frühestens zum Zeitpunkt der Stillegung zulässig, es sei denn, daß ihre Kündigung zu einem früheren Zeitpunkt durch zwingende betriebliche Erfordernisse bedingt ist.**

(5) [1]**Wird eine der in den Absätzen 1 bis 3a genannten Personen in einer Betriebsabteilung beschäftigt, die stillgelegt wird, so ist sie in eine andere Betriebsabteilung zu übernehmen.** [2]**Ist dies aus betrieblichen Gründen nicht möglich, so findet auf ihre Kündigung die Vorschrift des Absatzes 4 über die Kündigung bei Stillegung des Betriebs sinngemäß Anwendung.**

Übersicht

I. Grundgedanken

1. Regelungszweck

Die Regelung des § 15 gewährt Mitgliedern des Betriebsrats und anderen Interessenvertretern einen **besonderen Kündigungsschutz,** um ihnen die erforderliche Unabhängigkeit für die Ausübung ihres Amtes und die Kontinuität der Amtsführung während einer Wahlperiode zu sichern.[1] Sie sollen nicht aus Furcht vor einer Kündigung an der Wahrnehmung der Arbeitnehmerinteressen gehindert werden. Auch soll verhindert werden, dass der Arbeitgeber sich unbequemer Betriebsratsmitglieder dadurch zu entledigen sucht, dass er das Arbeitsverhältnis einfach kündigt.[2] Der Kündigungsschutz des § 15 dient damit primär dem kollektiven **Interesse der Belegschaft** an der Amtsführung des Betriebsrats und nicht primär dem persönlichen Interesse der Betriebsratsmitglieder am Bestand ihrer Arbeitsverhältnisse.[3] Deshalb ist § 15 kein Schutzgesetz iSd § 823 Abs. 2 BGB zugunsten der einzelnen unter diese Bestimmung fallenden Personen.[4] 1

Der Kündigungsschutz des Betriebsrats und bestimmter anderer Interessenvertreter wirkt auch über die Beendigung des Amtes hinaus, damit es den ehemaligen Betriebsratsmitgliedern ermöglicht wird, ohne Sorge um ihren Arbeitsplatz wieder den beruflichen Anschluss zu erlangen. Außerdem dient die Nachwirkung des Kündigungsschutzes einer 2

[1] Vgl. nur Amtl. Begründung RdA 1951, 65; KR/Kreft Rn. 12; PVT Kündigung/Vossen Rn. 1861; Däubler/Deinert/Deinert Rn. 1; MüKoBGB/Hergenröder Rn. 1; ErfK/Kiel Rn. 1; APS/Linck Rn. 1; LSSW/Wertheimer Rn. 1; Eylert/Rinck BB 2018, 308 (308).

[2] Dazu Begründung zu § 103 BetrVG BT-Drs. VI/1786, 53.

[3] BAG 27.6.2019 – 2 AZR 38/19, NZA 2019, 1427 Rn. 33; 16.11.2017 – 2 AZR 14/17, NZA 2018, 240 Rn. 39; 29.8.2013 – 2 AZR 419/12, NZA 2014, 660; 26.11.2009 – 2 AZR 185/08, NZA 2010, 443; MüKoBGB/Hergenröder Rn. 6; APS/Linck Rn. 3; HaKo-KSchR/Nägele-Berkner Rn. 5; G. Müller ZfA 1990, 610, der das Kündigungsverbot in § 15 in der Sache nach als Betriebsverfassungsrecht einordnet.

[4] BAG 14.2.2002 – 8 AZR 175/01, NZA 2002, 1027 unter B I 2c; KR/Kreft Rn. 182; ErfK/Kiel Rn. 3; PVT Kündigung/Vossen Rn. 1864; BeckOGK/Frey, 1.12.2024, KSchG § 15 Rn. 6.

Abkühlung eventuell während der betriebsverfassungsrechtlichen Tätigkeit aufgetretener Kontroversen mit dem Arbeitgeber.[5]

3 § 15 ist **zwingend.** Die Bestimmung kann weder durch Einzelvertrag noch durch Betriebsvereinbarung noch durch betriebsverfassungsrechtliche Bestimmungen eines Tarifvertrages ausgeschlossen oder eingeschränkt werden. Ebenso ist ein **Verzicht** der geschützten Personen auf den Kündigungsschutz, falls er im Voraus erklärt wird, unzulässig und nichtig.[6] Anders steht es mit einem Verzicht nach dem Zugang der Kündigungserklärung. Das Betriebsratsmitglied kann, wie jeder andere Arbeitnehmer auch, einen Klageverzicht erklären, dies indes nur in den Grenzen, die die Rechtsprechung ganz allgemein an die Zulässigkeit entsprechender Verzichtserklärungen stellt. Entsprechend ist auch eine vertragliche Vereinbarung zur Beendigung des Arbeitsverhältnisses (Aufhebungsvertrag) zulässig. Vgl. dazu unten → Rn. 85.

2. Hinweis zur Darstellungsweise, Verwendung des Begriffs „Betriebsrat" pars pro toto

4 Die Kommentierung beschränkt sich vorwiegend auf die Erörterung der kündigungsschutzrechtlichen Probleme des § 15. Die individualrechtlichen Voraussetzungen der Kündigung aus wichtigem Grund werden nur insoweit behandelt, als sie zur Erfassung des § 15 erforderlich sind.

5 Der besondere Kündigungsschutz der Absätze 1 und 2 greift für die Mitglieder einer Reihe von Arbeitnehmervertretungen der Betriebs- und Personalverfassung. Um die nachfolgende Darstellung sprachlich nicht mit sich wiederholenden Aufzählungen zu belasten, soll, soweit diese Absätze besprochen werden, im Interesse der Übersichtlichkeit die Rechtslage jeweils in erster Linie für die Betriebsratsmitglieder als wichtigste Gruppe behandelt werden. Diese stehen dann gleichsam exemplarisch für alle anderen Interessenvertreter. Auf weitere Mandatsträger wird dort nur dann eingegangen werden, soweit sich für sie Besonderheiten ergeben.

II. Geschützter Personenkreis

1. Betrieblicher Geltungsbereich

6 Der Kündigungsschutz des § 15 erfährt keine Einschränkung durch die **Kleinbetriebsklausel** des § 23 (s. auch → § 23 Rn. 35).[7] Was betriebliche Interessenvertreter betrifft, setzt die Anwendung des § 15 freilich voraus, dass der fragliche Kleinbetrieb überhaupt betriebsratsfähig ist (und in diesem auch ein Betriebsrat gewählt wurde). Das ist denkbar, weil das BetrVG genügen lässt, dass mindestens fünf Arbeitnehmer beschäftigt sind, während § 23 (bezogen auf sog. „Neuarbeitnehmer", vgl. → § 23 Rn. 19 f.) mehr als zehn Beschäftigte verlangt. Weiter kennt das BetrVG keine „Bruchteilsarbeitnehmer" iSd § 23 Abs. 1 S. 4, sondern zählt „Köpfe". Schließlich werden im BetrVG auch die zu ihrer Berufsausbildung Beschäftigten mitgerechnet, → § 5 Abs. 1 S. 1 BetrVG.

[5] BT-Drs. VI/1786, 60; KR/Kreft Rn. 60; MüKoBGB/Hergenröder Rn. 5; BeckOGK/Frey, 1.12.2024, KSchG § 15 Rn. 4.

[6] Ebenso BTM/Backmeister Rn. 5; Däubler/Deinert/Deinert Rn. 4; KR/Kreft Rn. 180 f.; HaKo-KSchR/Nägele-Berkner Rn. 6; PVT Kündigung/Vossen Rn. 1863.

[7] Däubler/Deinert/Deinert Rn. 3; LSSW/Löwisch Rn. 49; APS/Linck Rn. 9; KR/Kreft Rn. 14; BeckOGK/Frey, 1.12.2024, KSchG § 15 Rn. 12; Eylert/Rinck BB 2018, 308 (308); aA Grambow NZA 2021, 2074 (2076). Differenzierend: Schmeisser/Fischer NZA 2022, 81 (82): Ist der Erste Abschnitt des KSchG nicht anwendbar, steht dem Arbeitgeber offen, eine ordentliche Kündigung mit einem „einleuchtenden Grund" zu untermauern, der nicht personen- oder verhaltensbedingter Natur ist, etwa wenn der Arbeitgeber den (subjektiven) Eindruck gewonnen hat, dass eine weitere Zusammenarbeit nicht sinnvoll ist. Das ist indes nicht mit dem Gesetzeszweck zu vereinbaren, wonach Initiatoren nur gekündigt werden können, wenn die Kündigung durch einen besonders gewichtigen Grund gerechtfertigt ist.

Die Regelung des § 15 gilt grds. auch in **Tendenzunternehmen,**[8] während hinsichtlich der Reichweite des § 103 BetrVG danach unterschieden werden muss, ob die Kündigung aus tendenzbedingten oder nicht tendenzbedingten Gründen erfolgt. Die ordentliche Kündigung bleibt aber stets ausgeschlossen. Erfolgt sie wegen nicht tendenzbezogener Sachfragen, wird die in Art. 5 GG gewährleistete Meinungsfreiheit durch § 15 ohnehin nicht beeinträchtigt.[9] Aber auch darüber hinaus lässt der verfassungsrechtlich gebotene Schutz der Freiheitsräume des Tendenzunternehmens den Kündigungsschutz nach § 15 nicht entfallen.[10] Doch gilt für tendenzbezogene außerordentliche Kündigungen, dass diese nicht der Zustimmung des Betriebsrats nach § 103 BetrVG bedürfen (vgl. § 118 Abs. 1 BetrVG). Vielmehr ist der Betriebsrat nach § 102 BetrVG anzuhören.[11] Darüber hinaus sind im Rahmen der Interessenabwägung nach § 626 BGB auch tendenzbezogene Umstände zu berücksichtigen. Spricht der Arbeitgeber dagegen eine nicht tendenzbedingte Kündigung aus, greifen die §§ 15 und 103 BetrVG uneingeschränkt. 7

Soweit in Sozialversicherungsträgern noch Dienstordnungs-Angestellte vorhanden sind und diese ein Amt übernehmen, fallen sie nicht in den Schutzbereich des § 15, da ihnen gegenüber keine privatrechtliche Kündigung iSd Vorschrift ausgesprochen werden kann.[12] 8

2. Mitglieder der Betriebsverfassung (Abs. 1)

Der geschützte Personenkreis umfasst nach Abs. 1 die **Mitglieder des Betriebsrats** und **bestimmter anderer betrieblicher Arbeitnehmervertretungen,** nämlich der Jugend- und Auszubildendenvertretung (§ 60 BetrVG), der Bordvertretung (§ 115 BetrVG) und des Seebetriebsrats (§ 116 BetrVG). Dem Gesamtbetriebsrat und dem Konzernbetriebsrat können nach § 47 Abs. 2, § 55 Abs. 1 BetrVG nur Mitglieder von Betriebsräten der einzelnen Betriebe angehören, die in dieser Eigenschaft bereits den Kündigungsschutz des § 15 genießen. Ganz entsprechend wie beim Gesamtbetriebsrat genießen auch die Mitglieder der Gesamtjugend- und Auszubildendenvertretung bereits als Mitglieder einzelner Jugend- und Auszubildendenvertretungen (§ 72 Abs. 2 BetrVG) den besonderen Kündigungsschutz.[13] 9

Für **Auszubildende** erlangt § 15 nur eingeschränkte Bedeutung. Das Ausbildungsverhältnis kann ohnehin nur während der Probezeit (§ 20 BBiG: max. vier Monate) ordentlich gekündigt werden, danach nur noch außerordentlich: § 22 Abs. 1 BBiG. Der Schutz des § 15 realisiert sich also vor allem während der Probezeit.[14] Danach bewirkt er vor allem, dass eine außerordentliche Kündigung der Zustimmung des Betriebsrats nach § 103 BetrVG bedarf. Zum Schutz des Auszubildendenvertreters nach Beendigung der Ausbildung s. § 78a BetrVG und → Rn. 89. 10

Für die Mitglieder eines **europäischen Betriebsrats,** die im Inland beschäftigt sind, sowie für Mitglieder des besonderen Verhandlungsgremiums und die Arbeitnehmervertreter im Rahmen eines Verfahrens zur Unterrichtung und Anhörung, ist gem. Art. 10 11

[8] MüKoBGB/Hergenröder Rn. 12; ErfK/Kiel Rn. 4; BeckOGK/Frey, 1.12.2024, KSchG § 15 Rn. 14; Eylert/Rinck BB 2018, 308 (309).

[9] BAG 2.8.2003 – 2 ABR 48/02, NZA 2004, 501; 3.11.1982 – 7 AZR 5/81, BB 1983, 1097; KR/Kreft Rn. 15; KR/Rinck BetrVG § 103 Rn. 22 f.; LSSW/Wertheimer Rn. 8.

[10] Offen gelassen von BAG 3.11.1982 – 7 AZR 5/81, BB 1983, 1097 12 unter II 2; dagegen wie hier zutr. BTM/Backmeister Rn. 9; Däubler/Deinert/Deinert Rn. 30; KR/Rinck BetrVG § 103 Rn. 22; APS/Linck Rn. 31; HaKo-KSchR/Nägele-Berkner Rn. 14.

[11] Ebenso KR/Rinck BetrVG § 103 Rn. 22; MüKoBGB/Hergenröder Rn. 13; APS/Linck Rn. 32; BeckOK ArbR/Volkening, 74. Ed. 1.12.2024, KSchG § 15 Rn. 11; LSSW/Wertheimer Rn. 8; G. Müller ZfA 1982, 475 (496 f.); G. Müller FS Hilger/Stumpf, 1983, 477 (508 f.); Richardi/Thüsing BetrVG § 118 Rn. 125; abw. BTM/Backmeister Rn. 10.

[12] BAG 5.9.1986 – 7 AZR 193/85, AP KSchG 1969 § 15 Nr. 27; HaKo-KSchR/Nägele-Berkner Rn. 59; v. Hoyningen-Huene/Boemke NZA 1994, 481.

[13] Zum Überblick HaKo-KSchR/Nägele-Berkner Rn. 16 ff.; PVT Kündigung/Vossen Rn. 1867 ff.

[14] GK-BetrVG/Oetker § 78a Rn. 5.

Abs. 3 der RL 2009/38/EG der gleiche Kündigungsschutz vorzusehen wie für sonstige Betriebsratsmitglieder. Deshalb ordnet § 40 Abs. 1 EBRG die entsprechende Anwendung des §§ 15 Abs. 1, 3–5 und § 103 BetrVG an.[15]

12 § 15 wendet sich auch an die Mitglieder einer nach **§ 3 Abs. 1 Nr. 1–3 BetrVG** errichteten Vertretung, die nach § 3 Abs. 2 BetrVG an die Stelle eines gesetzlich vorgesehenen Betriebsrats tritt und damit die Befugnisse und Pflichten eines Betriebsrats hat (§ 3 Abs. 5 BetrVG),[16] nicht aber die Mitglieder zusätzlicher, ergänzender oder „anderer" Beteiligungsformen nach Nr. 4 und 5,[17] s. auch → Rn. 45. Unter die Norm fallen zudem die Mitglieder einer nach § 117 Abs. 1 S. 2 iVm Abs. 2 S. 1 BetrVG errichteten, vom Kernmodell des BetrVG abweichenden Vertretung für im **Flugbetrieb** beschäftigte Arbeitnehmer.[18] Die durch § 117 Abs. 2 S. 2 BetrVG eröffnete Dispositionsbefugnis der Tarifpartner umfasst aber nicht den Kündigungsschutz des § 15.

13 Ein dem § 15 nachgebildeter Kündigungsschutz unter Einbeziehung des § 103 BetrVG gilt nach **§ 29a HAG** für **Heimarbeiter** und sonstige in Heimarbeit beschäftigte Personen iSd § 1 HAG, wenn sie Mitglieder des Betriebsrats oder einer sonstigen betrieblichen Arbeitnehmervertretung sind, was nach § 5 Abs. 1 BetrVG denkbar ist.[19] § 29a HAG schafft einen Ausgleich dafür, dass § 15 an sich nicht anwendbar ist, da Heimarbeiter keine Arbeitnehmer sind (→ § 1 Rn. 57 f.).[20]

3. Mitglieder der Personalvertretung (Abs. 2)

14 Für den **öffentlichen Dienst** legt **Abs. 2** den Kreis der geschützten Personen in ganz entsprechender Weise fest wie Abs. 1 in dem Geltungsbereich der Betriebsverfassung. Geschützt sind danach die Mitglieder der Personalvertretung, der Jugend- und Auszubildendenvertretung und der Jugendvertretung. Unter dem Sammelbegriff Personalvertretung ist eine abgestufte Reihe von Arbeitnehmervertretungen zusammengefasst, mit denen das BPersVG dem hierarchischen und in sich gegliederten Aufbau der Verwaltung Rechnung trägt. In Betracht kommen außer dem Personalrat (§ 13 BPersVG) die Stufenvertretungen als Bezirkspersonalrat und Hauptpersonalrat (§ 88 BPersVG), ferner der Gesamtpersonalrat (§ 93 BPersVG). Entsprechend bestehen neben der Jugend- und Auszubildendenvertretung (§ 99 BPersVG) die Jugendstufenvertretungen als Bezirksjugend- und Auszubildendenvertretung und Haupt-Jugend- und Auszubildendenvertretung (§ 107 Abs. 1 BPersVG), ferner die Gesamt-Jugend- und Auszubildendenvertretung (§ 107 Abs. 2 BPersVG).

15 Eine wesentliche **Ausnahme** vom Kündigungsschutz nach § 15 macht § 55 Abs. 3 BPersVG für Arbeitnehmer, die in einem, dem Vorbereitungsdienst für Beamte entsprechenden, Berufsausbildungsverhältnis stehen.[21] Hinsichtlich des Tendenzschutzes im öffentlichen Dienst gelten die entsprechenden Prinzipien wie im Bereich der Privatwirtschaft. Demzufolge wird auch bei Kündigungen gegenüber Tendenzträgern die Anwendung des § 15 nicht eingeschränkt. Allerdings enthält das BPersVG keine dem § 118 Abs. 1 BetrVG entsprechende Bestimmung, wohl aber einige LPVGe; das betrifft aber

---

[15] MüKoBGB/Hergenröder Rn. 9; HaKo-KSchR/Nägele-Berkner Rn. 35; PVT Kündigung/Vossen Rn. 1867.

[16] BAG 27.6.2019 – 2 AZR 38/19, NZA 2019, 1427 Rn. 18; KR/Rinck BetrVG § 103 Rn. 13; Fitting BetrVG § 103 Rn. 5; ErfK/Kiel Rn. 8; GK-BetrVG/Raab § 103 Rn. 5; LSSW/Wertheimer Rn. 10; Richardi/Richardi/Maschmann BetrVG § 3 Rn. 66; Richardi/Thüsing BetrVG § 103 Rn. 5.

[17] Däubler/Deinert/Deinert Rn. 12 ff.; KR/Rinck BetrVG § 103 Rn. 24; ErfK/Kiel Rn. 8; APS/Linck Rn. 34; LSSW/Wertheimer Rn. 11 f.; HaKo-KSchR/Nägele-Berkner Rn. 52 f.; Richardi/Richardi BetrVG § 3 Rn. 46; Richardi/Thüsing BetrVG § 103 Rn. 5; PVT Kündigung/Vossen Rn. 1827.

[18] Däubler/Deinert/Deinert Rn. 15; KR/Rinck BetrVG § 103 Rn. 13; MüKoBGB/Hergenröder Rn. 10; APS/Linck Rn. 35; LSSW/Wertheimer Rn. 10; Richardi/Thüsing BetrVG § 103 Rn. 5; KR/Bader KSchG § 24 Rn. 25; abw. LAG Hessen 4.10.1983 – 3 Sa 215/83, AuR 1985, 29.

[19] Dazu Schmidt/Koberski/Tiemann/Wascher, HAG, 4. Aufl. 1998, Erl. zu § 29a.

[20] Ebenso Däubler/Deinert/Deinert Rn. 19; BeckOK ArbR/Volkening, 74. Ed. 1.12.2024, KSchG § 15 Rn. 14; HaKo-KSchR/Nägele-Berkner Rn. 48 f; BeckOGK/Frey, 1.12.2024, KSchG § 15 Rn. 31.

[21] Dazu Richardi/Dörner/Weber/Treber BPersVG § 55 Rn. 85 ff.

nur die mögliche Einschränkung des Zustimmungserfordernisses der Personalvertretung zu der beabsichtigten Kündigung.[22]

Für das **Personalvertretungsrecht der Länder** enthält § 127 Abs. 1 BPersVG eine dem § 55 Abs. 1 BPersVG, nicht aber dessen Abs. 3, entsprechende Regelung. IÜ sind die einschlägigen Bestimmungen des jeweiligen LPVG heranzuziehen. Inwieweit sog. Dienstordnungsangestellte als Mitglieder von Personalvertretungen unter den Kündigungsschutz des § 15 Abs. 2 fallen, → Rn. 8. 16

Auch die Mitglieder von Betriebsvertretungen, die bei den alliierten Streitkräften für deutsche Arbeitnehmer nach Art. 56 Abs. 9 des Zusatzabkommens zum NATO-Truppenstatut v. 3.8.1959 idF v. 18.3.1993[23] gebildet worden sind, unterfallen dem Schutz der §§ 15 u. 16,[24] da für die Betriebsvertretung das deutsche BPersVG Anwendung findet. Durch die statische Verweisung des Änderungsabkommens auf das Unterzeichnungsprotokoll[25] findet das BPersVG Anwendung. 17

4. Mitglieder des Wahlvorstands (Abs. 3)

Abs. 3 schützt die Mitglieder des Wahlvorstands und die Wahlbewerber für Arbeitnehmervertretungen, die unter Abs. 1 u. 2 fallen. Auch hier entspricht dem individualrechtlichen Kündigungsschutz kollektivrechtlich die Zustimmungsbedürftigkeit der Kündigung nach § 103 BetrVG und § 55 Abs. 1 S. 1, § 127 Abs. 1 BPersVG (vgl. § 25 Abs. 1 S. 3, § 89 Abs. 2, §§ 56, 105 S. 2 u. 3 BPersVG). Der Kündigungsschutz greift indes nicht für nicht stimmberechtigte Mitglieder iSd § 16 Abs. 1 S. 6 BetrVG.[26] 18

Mitglied des Wahlvorstands iSd Abs. 3 S. 1 wird man durch eine wirksame Bestellung. Für die Wahl der Jugend- und Auszubildendenvertretung, der Bordvertretung und des Seebetriebsrats s. § 63 Abs. 2 und 3, § 115 Abs. 2, § 116 Abs. 2 BetrVG; ferner für die Wahl der Personalvertretungen und Jugendvertretungen sowie Jugend- und Auszubildendenvertretungen im öffentlichen Dienst: §§ 20 ff., § 89 Abs. 1 u. 2, §§ 94, 102 Abs. 1, § 107 BPersVG sowie die einschlägigen LPVGe. 19

Die Bestellung zum Wahlvorstand erfolgt nach §§ 16, 17 u. 17a BetrVG durch Beschluss des Betriebsrats (§ 33 BetrVG), in betriebsratslosen Betrieben durch den Gesamt- oder Konzernbetriebsrat, die Betriebs(wahl)versammlung (§ 17 Abs. 2 BetrVG) oder ausnahmsweise durch das Arbeitsgericht (§ 17 Abs. 4 BetrVG). 20

Der Betriebsrat kann jeden **wahlberechtigten Arbeitnehmer** des Betriebs zum Mitglied des Wahlvorstands bestellen.[27] Letztlich muss der betreffende Arbeitnehmer noch nicht einmal wählbar sein. So sind Beschäftigte in der Probezeit taugliche Mitglieder.[28] Theoretisch kommen auch Leiharbeitnehmer (§ 7 S. 2 BetrVG) in Betracht, für die der Kündigungsschutz nach § 15 aber bedeutungslos bleibt, da ein im Entleiherbetrieb übernommenes Amt keine Rechtswirkungen gegenüber dem Vertragsarbeitgeber hervorruft. Beauftragte der Gewerkschaft iSd § 16 Abs. 1 S. 2 BetrVG kommen ebenfalls in den Genuss des Kündigungsschutzes nach § 15, dies freilich nur, soweit sie Arbeitnehmer des Betriebs sind. Bestellt der Betriebsrat mehr Mitglieder, als es nach der von § 16 Abs. 2 S. 1 BetrVG vorgegebenen Mindestbesetzung erforderlich wäre, nehmen auch diese am Kündigungsschutz des § 15 teil.[29] 21

Mögliche **taktische Erwägungen** des Betriebsrats, einem Arbeitnehmer durch Bestellung einen Sonderkündigungsschutz zu verschaffen, stellen für sich alleine noch keinen 22

---

[22] Vgl. Richardi/Dörner/Weber/Annuß/Annuß BPersVG § 78 Rn. 196.
[23] BGBl. 1994 II S. 2598, in Kraft getreten am 29.3.1998, BGBl. 1998 II S. 1691.
[24] BAG 27.7.2017 – 2 AZR 476/16, NZA 2018, 234 Rn. 17; 2.3.2006 – 2 AZR 83/05, NZA 2006, 988 Rn. 14; KR/Kreft Rn. 17; MüKoBGB/Hergenröder Rn. 16; ErfK/Kiel Rn. 7; APS/Linck Rn. 33; LSSW/Wertheimer Rn. 31.
[25] BGBl. 1994 II S. 3712; vgl. Beitzke RdA 1981, 380; KR/Kreutzberg-Kowakzyk NATO-ZusAbk Art. 56 Rn. 41.
[26] ErfK/Kiel KSchG § 15 Rn. 8; Eylert AuR 2014, 300 (301).
[27] BAG 16.11.2017 – 2 AZR 14/17, NZA 2018, 240; 15.10.2014 – 7 ABR 53/12, NZA 2015, 1014 Rn. 57.
[28] Eylert/Rinck BB 2018, 308 (309).
[29] Eylert/Rinck BB 2018, 308, (309).

Rechtsmissbrauch dar.[30] Diese können aber in besonders gelagerten Fällen in einen solchen umschlagen, nämlich dann, wenn offensichtlich ist, dass der betreffende Arbeitnehmer das Amt faktisch nicht ausüben wird und die Bestellung alleine dazu dient, ihn aus der „kündigungsrechtlichen" Schusslinie zu nehmen. Die Beweislast hierfür liegt allerdings beim Arbeitgeber.

23 In **zeitlicher Hinsicht** knüpft das Gesetz an die Bestellung des Vorstands durch den (Konzern- bzw. Gesamt-) Betriebsrat an. Besteht im Betrieb bereits ein Betriebsrat, soll diese spätestens zehn Wochen vor Ablauf der Amtszeit des bisherigen Betriebsrats erfolgen. Eine vorzeitige Bestellung ist möglich und führt zu einem entsprechend früheren Eingreifen des Sonderkündigungsschutzes.[31] Dies findet indes seine Grenzen darin, dass die vorfristige Einsetzung des Wahlvorstands nicht völlig unangemessen sein darf. Insoweit ließe sich überlegen, den regelmäßigen Kündigungsschutz auf die „doppelte Frist", also auf 20 Wochen, zu begrenzen.[32] Scheidet ein Mitglied vor der Bekanntgabe des Wahlergebnisses aus dem Vorstand aus, erlischt der (volle) Sonderkündigungsschutz.[33]

24 Wird der Wahlvorstand durch eine Betriebs-(Wahl-)versammlung gewählt, wird der Sonderkündigungsschutz nach § 15 durch die Bekanntgabe des Wahlergebnisses seitens des Versammlungsleiters ausgelöst.[34] Im Fall einer Einsetzung des Wahlvorstands durch das Arbeitsgericht kommt es auf den Zeitpunkt der Verkündung der gerichtlichen Entscheidung an; unerheblich ist dagegen, wann der Beschluss rechtskräftig wurde.[35] Kommt es später allerdings zur rechtskräftigen Aufhebung der Bestellung, entfällt der Schutz rückwirkend, auch → Rn. 64.

25 Für die Bewerber zum Wahlvorstand und für Wahlhelfer sieht das Gesetz keinen besonderen Kündigungsschutz vor.[36] Für sie kommt aber der Schutz gegen Beeinträchtigungen im Rahmen des allgemeinen Wahlschutzes nach § 20 BetrVG bzw. § 25 BPersVG in Betracht; verstößt eine Kündigung hiergegen, so ist sie nach § 134 BGB nichtig.

5. Wahlbewerber (Abs. 3)

26 Auch **Wahlbewerber** werden durch § 15 geschützt. Wahlbewerber sind Beschäftigte, die sich zur Wahl für das jeweilige Vertretungsgremium stellen (nicht aber: Bewerber zum Wahlvorstand, → Rn. 25).

27 In zeitlicher Hinsicht knüpft das Gesetz in Abs. 3 S. 1 an die **Aufstellung des Wahlvorschlags** an. Der besondere Kündigungsschutz ist (erst) gerechtfertigt, wenn die konkrete Möglichkeit besteht, dass der fragliche Kandidat zum Amt gewählt werden könnte. Der Wahlbewerber muss also tatsächlich wählbar sein, dazu §§ 8, 61 Abs. 2, auch § 115 Abs. 2 Nr. 2, § 116 Abs. 2 Nr. 2 BetrVG sowie §§ 15, 100 Abs. 2, auch § 89 Abs. 2, §§ 94, 107 Abs. 1 BPersVG. Ausschlaggebend ist insoweit aber der Zeitpunkt der Betriebsratswahl und nicht der Zugang einer bereits zuvor ausgesprochenen Kündigung.[37] Folglich ist denkbar, dass ein Arbeitnehmer sich auf § 15 berufen kann, obgleich er beim Kündigungszugang nicht die Wartezeit des § 1 zurückgelegt hat, zum Zeitpunkt

[30] BAG 16.11.2017 – 2 AZR 14/17, NZA 2018, 240 Rn. 24 ff., 28; krit. Worzalla SAE 2018, 49 (52) unter Verweis auf die Rechtsprechung zur Verschaffung von Kündigungsschutz für Ersatzmitglieder.

[31] BAG 19.4.2012 – 2 AZR 299/11, AP KSchG 1969 § 15 Nr. 72; Eylert/Rinck BB 2018, 308 (311).

[32] Richardi/Thüsing BetrVG § 16 Rn. 21; Otto/Schmidt, NZA 2014, 169 (171); Grau/Schaut BB 2014, 747 (758).

[33] Eylert/Rinck PersV 2018, 284 (289).

[34] Eylert/Rinck BB 2018, 308 (311); BeckOGK/Frey, 1.12.2024, KSchG § 15 Rn. 39.

[35] BAG 23.11.2016 – 7 ABR 13/15, NZA 2017, 589; 26.11.2009 – 2 AZR 185/08, NZA 2010, 443; KR/Kreft Rn. 19.

[36] BAG 31.7.2014 – 2 AZR 505/13, NZA 2015, 245; Däubler/Deinert/Deinert Rn. 20; Fitting BetrVG § 103 Rn. 5, 10; MüKoBGB/Hergenröder Rn. 19; APS/Linck Rn. 48; LSSW/Wertheimer Rn. 45; HaKo-KSchR/Nägele-Berkner Rn. 23; Nägele/Nestel BB 2002, 356; Richardi/Thüsing BetrVG § 103 Rn. 8; HWGNRH/Huke BetrVG § 103 Rn. 14 f.; PVT Kündigung/Vossen Rn. 1869; Eylert/Rinck BB 2018, 308 (309); Eylert AuR 2014, 300 (301).

[37] MüKoBGB/Hergenröder Rn. 21; HaKo-KSchR/Nägele-Berkner Rn. 24; PVT Kündigung/Vossen Rn. 1869; ErfK/Kiel Rn. 12; APS/Linck Rn. 50; offen gelassen von BAG 26.9.1996 – 2 AZR 528/95, NZA 1997, 666.

der Betriebsratswahl aber die des § 8 Abs. 1 S. 1 durchlaufen haben wird. Anderes gilt nur, wenn bei Zugang der Kündigung keinerlei Aussicht besteht, dass der Arbeitnehmer bei der durchzuführenden Wahl wählbar sein wird.[38] Umgekehrt gilt zu beachten, dass die Wählbarkeit auch bei einem gekündigten Wahlbewerber besteht, wenn er Kündigungsschutzklage erhoben hat. Das gilt auch nach Ablauf der Kündigungsfrist bis zu einer rechtskräftigen Klageabweisung und zwar unabhängig davon, ob der Arbeitnehmer vorläufig weiter beschäftigt wird oder nicht.[39]

Der Sonderkündigungsschutz setzt zunächst die Kandidatur bzw. die Zustimmung des Arbeitnehmers zu einer Kandidatur voraus.[40] Selbstredend muss auch das Wahlverfahren eröffnet und mithin ein Wahlvorstand bestellt sein. Vor allem aber ist die Nennung des Arbeitnehmers auf einem **formwirksamen Wahlvorschlag** mit der genügenden Zahl von Stützunterschriften erforderlich (dazu § 14 Abs. 4–5, § 63 Abs. 2 BetrVG, § 20 Abs. 1–5, § 102 Abs. 1 BPersVG). Maßgeblich ist der Zeitpunkt der letzten erforderlichen Unterschrift. Der Arbeitnehmer ist darlegungs- und beweispflichtig dafür, dass diese zum Zeitpunkt des Zugangs der Kündigung vorgelegen hat (→ Rn. 93). Nicht erforderlich ist dagegen, dass die Frist zur Einreichung von Wahlvorschlägen, die regelmäßig am Tag nach Aushang des Wahlausschreibens beginnt, schon angelaufen war.[41] Erst recht kommt es daher nicht darauf an, ob bzw. wann der Wahlvorschlag beim Wahlvorstand eingereicht wurde.[42] Nach einer anderen Ansicht soll der Wahlvorschlag erst durch seine Einreichung beim Wahlvorstand im Wahlverfahren Wirkungen entfalten (vgl. § 8 Abs. 1 Nr. 1 WO 2001).[43] Maßgeblich ist aber, ab wann ein Wahlvorschlag existiert, auf dessen Grundlage die immerhin greifbare Möglichkeit einer Wahl in den Betriebsrat besteht. 28

Mögliche taktische Erwägungen des Wahlbewerbers, etwa dahingehend, sich gezielt Sonderkündigungsschutz zu verschaffen, sind für sich alleine nicht rechtsmissbräuchlich.[44] Auch ist die Anzahl potentieller Wahlbewerber grundsätzlich nicht begrenzt. § 6 Abs. 2 WO enthält nur eine Sollvorschrift zu den Mindestzahlen eines Wahlvorschlags. Eklatant nach oben ausschlagende Listen, die in keinem Verhältnis mehr zur Anzahl der zu wählenden Betriebsratsmitglieder stehen, können aber ein Anzeichen für einen institutionellen Rechtsmissbrauch sein. Kommen weitere Umstände hinzu (zB: Aufruf zur Kandidatur zur gezielten Verhinderung von bevorstehenden Kündigungen, etwa aus Anlass einer bevorstehenden Betriebsänderung), erscheint es nicht ausgeschlossen, dass weit „hinten“ stehenden Kandidaten der besondere Kündigungsschutz zu versagen ist.[45] 29

6. Initiatoren der Betriebsratswahl (Abs. 3a und b)

Abs. 3a schützt die **Initiatoren,** die zu einer Betriebs- bzw. Wahlversammlung nach § 17 Abs. 3, § 17a Nr. 3 S. 2 oder § 115 Abs. 2 Nr. 8 S. 2 BetrVG einladen und Vorschläge für die Zusammensetzung des Wahlvorstands machen oder nach § 16 Abs. 2 S. 1, § 17 Abs. 4, § 17a Nr. 4, § 63 Abs. 3, § 115 Abs. 2 Nr. 8 S. 4 oder § 116 Abs. 2 Nr. 7 S. 5 BetrVG einen Antrag auf Bestellung des Wahlvorstands beim Arbeitsgericht 30

[38] BAG 7.7.2011 – 2 AZR 377/10, NZA 2012, 107 Rn. 39.

[39] BAG 10.11.2004 – 1 ABR 1/76, NZA 2005, 707; 14.5.1997 – 7 ABR 26/96, NZA 1997, 1245; Fitting BetrVG § 8 Rn. 18 ff.; Richardi/Thüsing BetrVG § 8 Rn. 14 f.

[40] BAG 4.4.1974 – 2 AZR 452/73, DB 1974, 1067.

[41] Einzelheiten hierzu bei BAG 7.7.2011 – 2 AZR 377/10, NZA 2012, 107 Rn. 28 ff.

[42] BAG 7.7.2011 – 2 AZR 377/10, NZA 2012, 107 Rn. 14 ff.; DKW/Deinert BetrVG § 103 Rn. 18; Däubler/Deinert/Deinert Rn. 22; KR/Rinck BetrVG § 103 Rn. 19; Fitting BetrVG § 103 Rn. 10a; ErfK/Kiel Rn. 12; LSSW/Wertheimer Rn. 47; HaKo-KSchR/Nägele-Berkner Rn. 24; HWGNRH/Huke BetrVG § 103 Rn. 26; GK-BetrVG/Raab § 103 Rn. 24; Stein AuR 1975, 204; Reuter SAE 1975, 249 f.

[43] Richardi/Thüsing BetrVG § 103 Rn. 19; APS/Linck Rn. 70.

[44] BAG 16.11.2017 – 2 AZR 14/17, NZA 2018, 240 Rn. 24 ff., 28 – zur Bestellung als Wahlvorstand.

[45] Grau/Schaut BB 2014, 757 (758); insoweit sehr zurückhaltend: Eylert/Rinck BB 2018, 308 (309) u. LAG Köln 29.3.2001 – 5 TaBV 22/01, BB 2001, 1356, das eine Kandidatur von 80 % der Belegschaft als unproblematisch ansieht.

stellen. Mit leichten Abwandlungen ähnliches gilt für **Vorfeld-Initiatoren.** Das sind Arbeitnehmer, die Vorbereitungshandlungen zur Errichtung eines Betriebsrats oder einer Bordvertretung unternehmen: Abs. 3b.

31 Diese Regelung trägt dem Umstand Rechnung, dass die Initiatoren im Hinblick auf mögliche Interessenskonflikte mit dem Arbeitgeber für die Zeit der Wahl in ähnlicher Weise schutzbedürftig sind wie die Mitglieder des Wahlvorstands und die Wahlbewerber.[46] Die Erstreckung des besonderen Kündigungsschutzes soll dazu beitragen, dass Arbeitnehmer dessen ungeachtet bereit sind, die Initiative für die Wahl von Betriebsräten zu ergreifen.

32 Der besondere Kündigungsschutz für Wahlinitiatoren ieS (Abs. 3a) gilt nur für die ersten **sechs** in der **Einladung** oder die ersten **drei** in der **Antragstellung** aufgeführten Arbeitnehmer. Das Gesetz will es Arbeitnehmern ermöglichen, sich offen für die Betriebsratswahl zu engagieren. Deshalb schützt es eine größere Anzahl an Personen als sie nach § 17 Abs. 3 BetrVG zur Zeichnung eines Einladungsschreibens erforderlich ist, wobei noch hinzukommt, dass die ersten drei Zeichner typischerweise auch den dreiköpfigen Wahlvorstand (§ 16 Abs. 1 S. 1 BetrVG) stellen. Erforderlich für den Sonderkündigungsschutz ist zudem eine ordnungsgemäße Einladung. Daher müssen Zeitpunkt, Ort und Tagesordnung der Betriebsversammlung, aber auch die Namen der Einladenden angegeben sein. Zudem müssen alle Arbeitnehmer im Betrieb die Möglichkeit der Kenntnisnahme und Teilnahme haben.[47] Liegen mehrere Einladungen (Anträge) vor, sind nur die Arbeitnehmer geschützt, die an der zeitlich ersten Einladung (am ersten Antrag) beteiligt sind. Ist die Einladung bzw. der Antrag von mehr als sechs bzw. drei Arbeitnehmern gezeichnet, nehmen die überzähligen Arbeitnehmer nicht am Kündigungsschutz des Abs. 3a teil. Ist unklar, wer die ersten sechs (drei) sind, ist dies durch Auslegung zu ermitteln. Werden nur ein oder zwei potentielle Initiatoren aktiv, aktualisiert sich der Kündigungsschutz nicht.[48] Für den Fall, dass ein geschützter Arbeitnehmer Abstand von der Initiative nimmt, wird vertreten, dass der rangnächste Arbeitnehmer nachrücken solle.[49] Für die Einladung lässt sich das nicht mehr ohne weiteres aufrecht erhalten. Das Betriebsrätemodernisierungsgesetz 2021 hatte den geschützten Personenkreis gerade deshalb von drei auf sechs Arbeitnehmer erweitert, um das Risiko zu minimieren, dass die Wahl wegen eines ungeplanten Ausfalls eines Wahlinitiators scheitert.[50] Fällt eine ursprünglich wirksame Liste hinter die erforderliche Zeichnerzahl zurück, weil einzelne Initiatoren ihre Unterstützung zurückziehen, fällt der Kündigungsschutz insgesamt weg.

33 Abs. 3b erfasst Arbeitnehmer, die **Vorbereitungshandlungen** für die Errichtung eines Betriebsrats oder einer Bordvertretung unternehmen. Dieser Begriff ist weit zu fassen.[51] Darunter fällt jedes für Dritte erkennbare Verhalten, das zur Vorbereitung einer Betriebsratswahl dient, wie etwa: Arbeitnehmer führen Gespräche mit Kollegen, um die potentielle Unterstützung für eine Betriebsratsgründung zu ermitteln. Arbeitnehmer diskutieren das Für und Wider eines solchen Vorhabens, verteilen im Betrieb Informationsmaterial oder tauschen sich mit anderen Beschäftigten über weitere Schritte aus, die für die Planung und Durchführung der Betriebsratswahl relevant sein können. Als Vorbereitungshandlung gilt auch die Kontaktaufnahme zu einer Gewerkschaft mit dem Ziel, Informationen zur Betriebsratswahl zu erhalten.[52] Der Arbeitnehmer muss auch **tatsächlich** Vorbereitungshandlungen unternommen haben, es sei denn, es wäre zwischen der Beurkundung seiner Beteiligungsabsicht und der Kündigung nicht ausreichend Zeit

---

[46] RegE BRModG BT-Drs. 19/28899, S. 24 f.; APS/Linck Rn. 51; PVT Kündigung/Vossen Rn. 1870; Eylert AuR 2014, 300 (302); krit. zur Wirkung Nägele/Nestel BB 2002, 357.

[47] Eylert AuR 2014, 300 (302). Großzügiger aber: Eylert/Rinck BB 2018, 308 (312): Es genügt, wenn eine größere Anzahl von Arbeitnehmern eine Einladung erhalten hat.

[48] Löwisch DB 2002, 1503.

[49] Nebeling/Tüx BB 2014, 1402.

[50] RegE BRModG BT-Drs. 19/28899, S. 24.

[51] LAG Köln 19.1.2024 – 7 GLa 2/24, NZA 2024, 839; Kramme/Mamerow NZA 2025, 743.

[52] S. RegE BRModG BT-Drs. 19/28899, S. 24.

hierzu verblieben oder/und die Kündigung bereits im Hinblick auf die Absichtserklärung erfolgt, die ihrerseits eine erste Vorbereitungshandlung ist.

Kumulative Voraussetzung für den Schutz ist, dass der Arbeitnehmer eine öffentlich beglaubigte Erklärung (§ 129 BGB) abgegeben hat, wonach er die Errichtung eines Betriebsrats (einer Bordvertretung) beabsichtigt. In der Erklärung muss der angesprochene Betrieb bezeichnet werden. Weiter soll diese Namen, Geburtsdatum und Adresse des Arbeitnehmers beinhalten. Sie kann, muss aber nicht vom Arbeitnehmer selbst verfasst werden. Erforderlich ist aber, dass sie von ihm unterzeichnet ist und die Unterschrift von einem Notar beglaubigt ist. Alternativ kann die Erklärung in elektronischer Form abgefasst und die qualifizierte elektronische Signatur des Erklärenden von einem Notar beglaubigt werden (§ 129 Abs. 1 Nr. 2 BGB). Der Notar beglaubigt stets nur die Willensbekundung. Dagegen ist er nicht dazu berufen, die Ernsthaftigkeit der mitgeteilten Betätigungsabsicht anhand zu dokumentierender Anhaltspunkte zu prüfen.[53] Hat sich der Arbeitnehmer die Urkunde offenkundig auf Vorrat und ohne Betätigungsabsicht beschafft, kann die Berufung auf den Sonderkündigungsschutz aber rechtsmissbräuchlich sein, s. auch → Rn. 36. Die Kosten der Beglaubigung trägt der Arbeitgeber.[54] **34**

Wahlinitiatoren (Abs. 3a) sind nur aus **außerordentlichem Grund** kündbar. Dagegen ist der Kündigungsschutz für **Vorfeldinitiatoren** nach Abs. 3b insoweit **verkürzt**, als betriebsbedingte Kündigungen möglich bleiben und lediglich ordentliche verhaltens- oder personenbedingte Kündigungen unzulässig sind.[55] Wird gegenüber einem Vorfeldinitiator eine betriebsbedingte Kündigungen ausgesprochen, ist indes besonderes Augenmerk auf den Kündigungsgrund und Sozialauswahl zu legen, um etwaigen Manipulationen entgegen zu wirken.[56] Für beide Gruppen gleichermaßen gilt, dass eine Kündigung auch während der „aktiven Phase" ihrer Betätigung **keiner Zustimmung** durch den Betriebsrat bzw. ihrer Ersetzung durch das Arbeitsgericht nach § 103 BetrVG bedarf.[57] Das ist nicht ganz unproblematisch. Nach überwiegender Auffassung soll betroffenen Arbeitnehmern nämlich ein vorläufiger Weiterbeschäftigungsanspruch, der ggf. im Wege des einstweiligen Rechtsschutzes durchgesetzt werden könnte, nur unter den hierfür auch ansonsten geltenden Voraussetzungen zustehen.[58] Das ermöglicht unredlichen Arbeitgebern, gegen den Initiator vorzugehen, indem er eine außerordentlich bzw. bei Abs. 3b auch eine ordentliche betriebsbedingte Kündigung ausspricht. Dieser ist dadurch aus dem Betrieb ausgesperrt und verliert damit auch seine aktive Wahlberechtigung[59], so dass er schon gar nicht mehr berechtigt ist, zu einer Wahl- oder Betriebsversammlung einzuladen. Ob die Kündigung im Nachhinein Bestand hat, ist letztlich gleich, weil deren schädlichen Folgen längst eingetreten sind bis die Unwirksamkeit der Kündigung festgestellt ist.[60] Denkbar ist, dem Arbeitnehmer wenigstens ein temporäres Zutritts- und Betätigungsrecht zuzugestehen.[61] **35**

Der besondere Kündigungsschutz für **Wahlinitiatoren** nach Abs. 3a beginnt ab dem **Zeitpunkt** der Einladung.[62] Bei einem Verfahren nach § 17 Abs. 4 BetrVG aktualisiert **36**

---

[53] Möllenkamp DB 2021, 1198 (1999).

[54] Klopp/Klebe NZA 2022, 689 (692); Kramme/Mamerow NZA 2025, 743 (745); aA Sura DB 2024, 3032 (3035).

[55] Kritisch: Rolfs/Wolf ZIP 2021, 1895 (1896); Kramme/Mamerow NZA 2025, 743.

[56] So i. E. Rolfs/Wolf ZIP 2021, 1895 (1896); aA Grambow NJW 2021, 2074 (Rn. 8).

[57] Im RefE des BMAS zum Betriebsrätestärkungsgesetz 2021, S. 8 war noch vorgesehen, die Kündigung von Initiatoren an eine „Zustimmung" durch das ArbG zu binden. S.: Winzer/Baeck/Hilgers NZA 2021, 620 (621); kritisch dazu: Möllenkamp DB 2021, 1198 (1199); kritisch zur geltenden Regelung: Brandt NZA 2024, 1401 (1402).

[58] LAG Köln 19.1.2024 – 7 GLa 2/24, NZA 2024, 839. AA ArbG Kassel 10.3.2022 – 3 Ga 1/22, BeckRS 2022, 54034 Rn. 22.

[59] BAG 25.10.2017 – 7 ABR 10/16, BAGE 161, 1 Rn. 27 f. = NZA 2018, 458; 10.11.2004 – 1 ABR 1/76, NZA 2005, 707. Anderes gilt für die passive Wahlberechtigung, s. Rn. 27.

[60] Brandt NZA 2024, 1401(1404).

[61] Sura DB 2024, 3032 (3037).

[62] KR/Kreft Rn. 24 ff.; MüKoBGB/Hergenröder Rn. 27; ErfK/Kiel Rn. 17, 19; LSSW/Wertheimer Rn. 49 f.; LAG Nürnberg 25.2.2022 – 3 Sa 109/21, BeckRS 2022, 19595.

sich der Sonderkündigungsschutz mit der Einreichung des Antrags beim Arbeitsgericht. Er besteht bis zur Bekanntgabe des Wahlergebnisses durch den Wahlvorstand. Kommt es nicht zur Wahl eines Betriebsrats, läuft der Kündigungsschutz drei Monate ab dem Zeitpunkt der Einladung bzw. Antragstellung (Abs. 3a S. 2). Dies kann dazu führen, dass eine ordentliche Kündigung von Initiatoren als zulässig anzusehen ist, wenn beim Arbeitsgericht längere Zeit um die Bestellung eines Wahlvorstands gerungen und nach dessen Einsetzung kein Betriebsrat gewählt wird.[63] Der Kündigungsschutz von **Vorfeld-Initiatoren** beginnt mit der notariellen Beglaubigung ihrer Betätigungsabsicht. Er endet mit dem Zeitpunkt der Einladung zu einer Wahl, spätestens jedoch drei Monate nach der Beglaubigung. Ein über diese Grundsätze hinausgehender, **nachwirkender Kündigungsschutz** von Initiatoren ist nicht vorgesehen. Allerdings kann beiden Personengruppen noch vor Eintritt des Sonderkündigungsschutzes und ggf. nach dessen Ende zu Gute kommen, dass eine Kündigung, die alleine mit Rücksicht auf Wahlinitiativen (iwS) ausgesprochen wird – davon abgesehen, dass sie regelmäßig durch keinen wichtigen Grund getragen bzw. nicht gerechtfertigt sein wird – auch nach §§ 134 BGB iVm 612a BGB u. 20 BetrVG bzw. 25 Abs. 1 BPersVG nichtig ist (allgemeiner Wahlschutz).[64]

7. Ersatzmitglieder

37 **Ersatzmitglieder** für den Betriebsrat (§ 25 BetrVG), den Personalrat (§ 33 BPersVG) und den anderen von § 15 Abs. 1 u. 2 erfassten Arbeitnehmervertretungen haben alleine wegen dieser Eigenschaft noch keinen besonderen Kündigungsschutz nach § 15.[65] Immerhin genießen sie sechs Monate von der Bekanntgabe des Wahlergebnisses an den nachwirkenden Kündigungsschutz als Wahlbewerber nach § 15 Abs. 3 S. 2, s. dazu → Rn. 65.

38 Anderes gilt jedoch bei einer **Amtsausübung** des Ersatzmitglieds, also dann, wenn der Arbeitnehmer anstelle eines ausgeschiedenen Mitglieds in das Vertretungsorgan nachrückt oder wenn er vorübergehend ein zeitweilig verhindertes ordentliches Mitglied vertritt (§ 25 Abs. 1 BetrVG). Das Ersatzmitglied genießt dann den Kündigungsschutz des § 15, sollte ihm die Kündigung zu einem Zeitpunkt zugehen, zu dem der Vertretungsfall bereits eingetreten war oder er nachgerückt ist. Das Ersatzmitglied wird dadurch zum Vollmitglied. Deshalb bestimmt sich das Auslaufen seines Kündigungsschutzes einschließlich des daran anschließenden nachwirkenden Kündigungsschutzes dann auch nach allgemeinen Regeln, s. hierzu → Rn. 61 u. 71 ff.

39 Scheidet ein Mitglied aus dem Betriebsrat aus (§ 24 BetrVG), **rückt** das rangnächste **Ersatzmitglied** automatisch nach; ein konstitutiver Rechtsakt – Beschluss des Betriebsrats, Ernennung oder Benachrichtigung durch den Betriebsratsvorsitzenden – ist ebenso wenig erforderlich wie eine Annahmeerklärung des Ersatzmitglieds.[66] Von diesem Zeitpunkt an ist der besondere Kündigungsschutz nach § 15 Abs. 1 oder 2 ohne weiteres eröffnet.

40 Handelt es sich um die **Vertretung** eines zeitweilig verhinderten Mitglieds des Betriebsrats oder einer sonstigen Arbeitnehmervertretung durch das Ersatzmitglied, dann steht diesem der besondere Kündigungsschutz nach § 15 Abs. 1 S. 1 oder Abs. 2 S. 1 für die Dauer der Vertretung zu.[67] Hierzu bedarf es keiner förmlichen Benachrichtigung des Ersatzmitglieds oder des Arbeitgebers; auch auf dessen Kenntnis vom Vertretungsfall

[63] Eylert/Rinck BB 2018, 308 (313).

[64] BAG 4.4.1974 – 2 AZR 452/73, DB 1974, 1067; LAG Hamm 27.8.1987 – 10 Sa 2412/85, AuR 1989, 59; LSSW/Wertheimer Rn. 57.

[65] Däubler/Deinert/Deinert Rn. 26; MüKoBGB/Hergenröder Rn. 31; APS/Linck Rn. 88; PVT Kündigung/Vossen Rn. 1873.

[66] BAG 8.9.2011 – 2 AZR 388/10, NZA 2012, 400; 17.1.1979 – 5 AZR 891/77, BB 1979, 888; Däubler/Deinert/Deinert Rn. 27; MüKoBGB/Hergenröder Rn. 32; APS/Linck Rn. 89; LSSW/Wertheimer Rn. 35; HaKo-KSchR/Nägele-Berkner Rn. 40; GK-BetrVG/Oetker § 25 Rn. 35; Richardi/Thüsing BetrVG § 25 Rn. 2.

[67] BAG 27.9.2012 – 2 AZR 955/11, NZA 2013, 425; 5.11.2009 – 2 AZR 487/08, NZA-RR 2010, 236; KR/Rinck BetrVG § 103 Rn. 49; MüKoBGB/Hergenröder Rn. 35; ErfK/Kiel Rn. 14; LSSW/Wertheimer Rn. 36.

kommt es nicht an.[68] Der Kündigungsschutz gilt unabhängig davon, ob und welche Amtsgeschäfte vorzunehmen sind, für die gesamte Zeit der Vertretung.[69] Auf die Dauer der Verhinderung des Betriebsratsmitglieds kommt es nicht an.[70] Beginnt die Vertretung mit der Teilnahme an einer Betriebsratssitzung, kann der Kündigungsschutz schon für eine angemessene Vorbereitungszeit greifen.[71] Besteht die Vertretung nur für eine Betriebsratssitzung, muss diese ordnungsgemäß nach § 29 Abs. 2 BetrVG einberufen sein.[72]

Ein Verhinderungsfall liegt vor, wenn das ordentliche Betriebsratsmitglied erkrankt **41** ist, Urlaub hat,[73] sich auf Dienstreise befindet oder aus sonstigen Gründen zur Wahrnehmung des Betriebsratsamtes tatsächlich nicht imstande ist, zB beim Verbot der Teilnahme durch den Vorgesetzten.[74] Der Vertretungsfall muss aber tatsächlich bestehen. Auch darf die Verhinderung nicht kollusiv zu dem Zweck herbeigeführt werden, dem Ersatzmitglied den besonderen Kündigungsschutz zu verschaffen.[75] Das gilt natürlich erst recht, wenn sich das zu vertretende Betriebsratsmitglied krank gemeldet hat, ohne arbeitsunfähig zu sein.

Ist das Ersatzmitglied seinerseits während der Vertretung vorübergehend an der Wahr- **42** nehmung des Amts verhindert, so bleibt der Kündigungsschutz auch in dieser Zeit bestehen, sofern sie im Verhältnis zur mutmaßlichen Gesamtdauer der Vertretung nicht zu lang ist.[76] Das während dieser zusätzlichen Verhinderung eintretende weitere Ersatzmitglied vertritt unmittelbar das verhinderte ordentliche Mitglied und genießt in dieser Zeit ebenfalls den besonderen Kündigungsschutz. Auf diese Weise kann es vorkommen, dass kündigungsrechtlich gesehen mehrere Ersatzmitglieder nachrücken.[77]

Eine Kündigung, die gerade das Einrücken des Ersatzmitglieds hindern soll, ist wegen **43** Verstoßes gegen § 78 BetrVG oder § 10 BPersVG unzulässig und daher nach § 134 BGB nichtig.

8. Mitglieder der Schwerbehindertenvertretung

Der besondere Kündigungsschutz des § 15 gilt gem. § 179 Abs. 3 SGB IX auch für die **44** Mitglieder der **Schwerbehindertenvertretung** (Vertrauensperson), der Konzern-, Gesamt- und Bezirksschwerbehindertenvertretung.[78] Deren Stellvertreter sind wie Ersatzmitglieder des Betriebsrats zu behandeln (§ 179 Abs. 3 S. 2 SGB IX). Darüber hinaus sind gem. § 177 Abs. 6 S. 2 SGB IX die Vorschriften über den Wahlschutz für Betriebs- und Personalräte sinngemäß anzuwenden. Danach gilt der Kündigungsschutz des Abs. 3 auch für den Wahlvorstand und die Bewerber für die Wahl der Schwerbehindertenvertretung. Schließlich bedarf eine außerordentliche Kündigung dieser Personen der Zustim-

[68] BAG 8.9.2011 – 2 AZR 388/10, NZA 2012, 400; LSSW/Wertheimer Rn. 39; BeckOK ArbR/Volkening, 74. Ed. 1.12.2024, KSchG § 15 Rn. 27.

[69] BAG 8.9.2011 – 2 AZR 388/10, NZA 2012, 400; ArbG Berlin 5.5.2021 – 55 BV 2053/21, NZA-RR 2021, 364; KR/Rinck BetrVG § 103 Rn. 48; MüKoBGB/Hergenröder Rn. 37; APS/Linck Rn. 92.

[70] BAG 6.9.1979 – 2 AZR 548/77, BB 1980, 317 unter II 2e; LAG Bremen 15.2.1985 – 1 Sa 196/84, BB 1985, 1129.

[71] BAG 17.1.1979 – 5 AZR 891/77, BB 1979, 888; BeckOK ArbR/Volkening, 74. Ed. 1.12.2024, KSchG § 15 Rn. 29.

[72] LAG Hamm 21.8.1986 – 10 Sa 568/86, LAGE § 15 KSchG Nr. 5; Uhmann NZA 2000, 580; abw. KR/Kreft Rn. 97; MüKoBGB/Hergenröder Rn. 39.

[73] BAG 8.9.2011 – 2 AZR 388/10, NZA 2012, 401 Rn. 25 ff; BeckOK ArbR/Volkening, 74. Ed. 1.12.2024, KSchG § 15 Rn. 25.

[74] LAG Brandenburg 25.10.1993 – 5 (3) Sa 425/93, AuA 1994, 361.

[75] BAG 8.9.2011 – 2 AZR 388/10, NZA 2012, 400 Rn. 39; 12.2.2004 – 2 AZR 163/03, AP KSchG 1969 § 15 Ersatzmitglied Nr. 1 unter B I 2; BTM/Backmeister Rn. 28; Däubler/Deinert/Deinert Rn. 28.

[76] BAG 6.9.1979 – 2 AZR 548/77, BB 1980, 317; GK-BetrVG/Oetker § 25 Rn. 40; Richardi/Thüsing BetrVG § 25 Rn. 3; aA KR/Rinck BetrVG § 103 Rn. 48; APS/Linck Rn. 95: Die Verhinderungsdauer darf nur von unerheblicher Dauer sein.

[77] KR/Rinck BetrVG § 103 Rn. 50; einschränkend LSSW/Wertheimer Rn. 40.

[78] Ob bei einer außerordentlichen Kündigung darüber hinaus die Zustimmung des Integrationsamtes erforderlich ist, entscheidet sich alleine nach den §§ 168 ff. SGB IX; BeckOGK/Frey, 1.12.2024, KSchG § 15 Rn. 49.

mung des Betriebsrats oder Personalrats nach § 103 BetrVG, § 25 Abs. 1, §§ 55, 127 BPersVG. Zwar nimmt § 177 Abs. 6 S. 2 SGB IX nur „sinngemäß" auf § 15 Bezug. Das soll aber nur heißen, dass der wahlbezogene Kündigungsschutz des BetrVG oder des BPersVG nur entsprechend anzuwenden ist. Die Wahrung der besonders geschützten Rechtsstellung und der Kündigungsschutz der Mitglieder der Schwerbehindertenvertretung ist indes eine Kernaufgabe des Betriebs- bzw. Personalrats.[79]

9. Andere Arbeitnehmervertreter, Mitglieder anderer Beteiligungsformen, besondere Beauftragte und Aufsichtsratsmitglieder

45 § 15 gilt **nicht** für die Mitglieder **sonstiger Arbeitnehmervertretungen** oder -einrichtungen der Betriebsverfassung, nämlich des Wirtschaftsausschusses (§ 106 BetrVG), der Einigungsstelle (§ 76 BetrVG), einer tariflichen Schlichtungsstelle (§ 76 Abs. 8 BetrVG), einer betrieblichen Beschwerdestelle (§ 86 BetrVG), oder des Sprecherausschusses der leitenden Angestellten (§ 1 SprAuG). Weiter greift die Regelung nicht für eine nach § 3 Abs. 1 Nr. 4 u. 5 BetrVG durch Tarifvertrag oder Betriebsvereinbarung (§ 3 Abs. 2 BetrVG) eingeführte zusätzliche Arbeitnehmervertretung oder eine Arbeitsgruppe nach § 28a BetrVG,[80] wohl aber für das Vertretungsgremium, dass nach § 3 Abs. 1 Nrn. 1 bis 3 BetrVG den im Betrieb regulär zu wählenden Betriebsrat ersetzt (→ Rn. 12, dort auch zu Vertretungen im Flugbetrieb [§ 117 Abs. 2 S. 1 BetrVG]).

46 § 15 kann nicht auf besondere Beauftragte des Betriebs (etwa: Daten- oder Immissionsschutzbeauftragter) oder sonstige Funktionsträger angewandt werden. Für diese ordnen die einschlägigen Gesetze aber häufig selbst einen erweiterten Schutz gegen Kündigungen an. Zu in den Betriebsrat gewählten Heimarbeitnehmern (§ 29a HAG), → Rn. 13.

47 Ebenfalls **nicht** unter den besonderen Kündigungsschutz fallen die unternehmensangehörigen Arbeitnehmervertreter im Aufsichtsrat, soweit sie nicht zugleich dem Betriebsrat oder einer anderen der in § 103 BetrVG, § 15 genannten betriebsverfassungsrechtlichen Institutionen angehören.[81] Gleiches gilt nach § 42 S. 1 Nr. 4, S. 2 Nr. 1 SEBG bzw. § 44 SCEBG für Arbeitnehmervertreter im Aufsichts- oder Verwaltungsorgan einer Europäischen Gesellschaft bzw. Genossenschaft. Für Arbeitnehmervertreter im Aufsichtsrat ergibt sich aber ein über den allgemeinen Kündigungsschutz hinausgehender relativer Kündigungsschutz im Hinblick auf § 26 S. 2 MitbestG.

10. Mängel der Wahl, des Bestellungsverfahrens oder Nichtbeachtung sonstiger Formvorschriften

48 **Mängel der Betriebsratswahl** schaden nicht, solange diese nicht angefochten oder absolut nichtig ist.[82] Bis zur Rechtskraft der Entscheidung über die Anfechtung bleibt der Gewählte Betriebsratsmitglied und hat als solches Kündigungsschutz. Das gilt auch dann, wenn die Nichtwählbarkeit eines Betriebsratsmitglieds bereits vor Ausspruch der Kündigung durch Beschluss des Arbeitsgerichts festgestellt war (Beispiel: Status als leitender Angestellter), dieser aber erst danach rechtskräftig geworden ist.[83] Der Kündi-

[79] BAG 19.7.2012 – 2 AZR 989/11, NZA 2013, 133; Däubler/Deinert/Deinert Rn. 18; KR/Rinck BetrVG § 103 Rn. 19; Fitting BetrVG § 103 Rn. 6; GK-BetrVG/Raab § 103 Rn. 9; Richardi/Thüsing BetrVG § 103 Rn. 11.

[80] Däubler/Deinert/Deinert Rn. 12 ff.; KR/Rinck BetrVG § 103 Rn. 24; ErfK/Kiel Rn. 8; APS/Linck Rn. 34; LSSW/Wertheimer/Wertheimer Rn. 11 f.; HaKo-KSchR/Nägele-Berkner Rn. 52 f.; GK-BetrVG/Raab § 103 Rn. 5 u. 14; Richardi/Thüsing BetrVG § 103 Rn. 5; PVT Kündigung/Vossen Rn. 1872.

[81] HM; BAG 4.4.1974 – 2 AZR 452/73, DB 1974, 1067; Däubler/Deinert/Deinert Rn. 14; KR/Rinck BetrVG § 103 Rn. 24; Fitting BetrVG § 103 Rn. 8; LSSW/Wertheimer Rn. 13; HWGNRH/Huke BetrVG § 103 Rn. 13 f.; Richardi/Thüsing BetrVG § 103 Rn. 13; BeckOGK/Frey, 1.12.2024, KSchG § 15 Rn. 30.

[82] BAG 27.1.2011 – 2 ABR 114/09, NZA-RR 2011, 348 Rn. 20; BAG 13.3.1991 – 7 ABR 5/90, NZA 1991, 946; Richardi/Thüsing BetrVG § 19 Rn. 68 mwN; MüKoBGB/Hergenröder Rn. 48 f.; ErfK/Kiel Rn. 20; LSSW/Wertheimer Rn. 19; HaKo-KSchR/Nägele-Berkner Rn. 77, 84. Vgl. Auch BAG 17.3.2005 – 2 AZR 275/04 (zum Wahlbewerber).

[83] BAG 29.9.1983 – 2 AZR 212/82, DB 1984, 302.

gungsschutz besteht nur dann nicht, wenn die Mängel der Wahl so schwer sind, dass die Wahl von vornherein auch ohne Anfechtung als **absolut nichtig** anzusehen ist. Das ist aber nur ausnahmsweise und bei besonders schwerwiegenden Mängeln der Fall.[84] Dann ist der betreffende Arbeitnehmer niemals Betriebsratsmitglied geworden. Er kann daher nicht den Schutz als Betriebsratsmitglied beanspruchen,[85] wohl aber den nachwirkenden Schutz als Wahlbewerber.[86] Reklamiert der Arbeitgeber im Kündigungsschutzprozess die Nichtigkeit der Wahl, ist in diesem inzident darüber zu befinden.

Diese Grundsätze gelten auch für die Wahl des **Wahlvorstands.** War dessen Bestellung nichtig, weil in grober Weise gegen einschlägige Verfahrensvorschriften verstoßen wurde, so genießen die Vorstandsmitglieder nicht den Sonderkündigungsschutz des Abs. 3.[87] Erzielte beispielsweise der Vorstand in einer Betriebsversammlung nur die Mehrheit der abgegebenen Stimmen, nicht aber die der anwesenden Arbeitnehmer, ist er nicht gewählt[88] und hat folglich keinen Sonderkündigungsschutz. War die Bestellung des Wahlvorstandes nichtig, wirkt sich dies mittelbar auch auf die Wahl und damit den Kündigungsschutz etwaiger Wahlbewerber aus. Zur Abberufung durch gerichtliche Entscheidung: → Rn. 64. 49

Wahlbewerber genießen keinen Kündigungsschutz, wenn der Wahlvorschlag schlechterdings nicht den gesetzlichen Vorgaben entspricht, etwa weil Arbeitnehmer in der Versammlung gewerkschaftlicher Vertrauensleute mögliche Kandidaten auf einen Zettel niederlegen und diesen zudem nicht unterschreiben. Weist ein **Wahlvorschlag** behebbare Mängel (§ 8 Abs. 1 WO) auf, hindert dies nicht den Eintritt des Sonderkündigungsschutzes nach § 15.[89] Wird der Mangel aber nicht innerhalb von drei Arbeitstagen nach Aufforderung durch den Wahlvorstand behoben, wird der Vorschlag endgültig unwirksam, mit der Folge, dass der Sonderkündigungsschutz wegfällt.[90] 50

Umstritten ist, ob der Kündigungsschutz des Abs. 3 bestehen bleibt, wenn die zunächst wirksame Aufstellung des Wahlvorschlags nachträglich entfällt. Die hM nimmt an, dass der besondere Kündigungsschutz für den Wahlbewerber nicht dadurch wegfällt, dass die Vorschlagsliste durch spätere Streichung von Stützunterschriften gem. § 8 Abs. 2 Nr. 3 WO-BetrVG 2001 ungültig wird.[91] Dieser Auffassung ist jedoch nicht zu folgen, weil jedenfalls iErg kein wirksamer Wahlvorschlag mehr vorliegt und damit der Kandidat in Wahrheit kein Wahlbewerber ist.[92] In der Konsequenz greift auch der nachwirkende Kündigungsschutz des Abs. 3 S. 2 nicht.[93] 51

Im Hinblick auf **Wahlinitiatoren** ist erforderlich, dass diese ordnungsgemäß (→ Rn. 32) zur Versammlung geladen haben. Fehlt es daran, besteht kein Initiatorenschutz. Gleiches gilt, wenn der **Vorfeldinitiator** seine Betätigungsabsicht nicht hat öffentlich beglaubigen lassen. 52

---

[84] Fitting BetrVG § 19 Rn. 4 ff.; GK-BetrVG/Kreutz § 19 Rn. 147; Richardi/Thüsing BetrVG § 19 Rn. 78 ff.; BeckOGK/Frey, 1.12.2024, KSchG § 15 Rn. 106.
[85] MüKoBGB/Hergenröder Rn. 48; ErfK/Kiel Rn. 20; HaKo-KSchR/Nägele-Berkner Rn. 85; PVT Kündigung/Vossen Rn. 1886.
[86] LAG Düsseldorf 24.8.1978 – 7 Sa 326/78, BB 1979, 575; BeckOK ArbR/Volkening, 74. Ed. 1.12.2024, KSchG § 15 Rn. 7.
[87] BAG 29.9.1988 – 2 AZR 107/88, NZA 1989, 799; BAG 7.5.1986 – 2 AZR 349/85, NZA 1986, 753; MüKoBGB/Hergenröder Rn. 20; KR/Rinck BetrVG § 103 Rn. 25; Eylert/Rinck BB 2018, 308 (309).
[88] BAG 31.7.2014 – 2 AZR 505/13, NZA 2015, 245.
[89] BAG 17.3.2005 – 2 AZR 275/04, NZA 2005, 1064 unter III 2b; KR/Rinck BetrVG § 103 Rn. 31; APS/Linck Rn. 72; BeckOGK/Frey, 1.12.2024, KSchG § 15 Rn. 109.
[90] KR/Kreft Rn. 104.
[91] BAG 5.12.1980 – 7 AZR 781/78, DB 1981, 1142; BTM/Backmeister Rn. 21; Fitting BetrVG § 103 Rn. 10a; Eylert/Rinck BB 2018, 308 (311).
[92] MüKoBGB/Hergenröder Rn. 23; ErfK/Kiel Rn. 19; APS/Linck Rn. 71; LSSW/Wertheimer Rn. 48; HaKo-KSchR/Nägele-Berkner Rn. 25.
[93] Grau/Schaut BB 2014, 747 (759); aA Eylert/Rinck BB 2018, 308 (311); BAG 5.12.1980 – 7 AZR 781/78, BAGE 34, 291.

III. Dauer des Schutzes

1. Zugang der Kündigung, keine Vor- der Rückwirkung

53 Für das Eingreifen des Kündigungsschutzes nach § 15 ist stets Voraussetzung, dass der Tatbestand, der diesen begründen soll, zum Zeitpunkt des **Zugangs der Kündigung** voll erfüllt ist (zu Ausnahmen bei Wahlbewerbern → Rn. 27 u. 59). Umgekehrt unterliegt der Ausspruch der Kündigung während der Dauer des besonderen Kündigungsschutzes den strengen Beschränkungen des § 15 auch dann, wenn die Kündigungswirkung (= Auslauf der Kündigungsfrist) auf einen Zeitpunkt nach Beendigung des Sonderschutzes bzw. der Nachwirkung bezogen ist.

54 Der Sonderkündigungsschutz des § 15 hat keine **Vor-** bzw. **Rückwirkung.**[94] So wird beispielsweise eine bereits ausgesprochene Kündigung in ihrer Wirksamkeit nicht dadurch beeinträchtigt, dass der Arbeitnehmer während des Laufs der Kündigungsfrist zum Betriebsratsmitglied gewählt wird. Die Wirksamkeit einer Willenserklärung wird nicht dadurch beeinflusst, dass sie in dem Zeitpunkt, in dem sie ihre Wirkung entfaltet, nicht mehr hätte abgegeben werden dürfen. Vielmehr endet mit dem Ablauf der Kündigungsfrist das Arbeitsverhältnis und mittelbar damit eine etwaige Mitgliedschaft im Betriebsrat, eine Kandidatur oder eine Wahlbeteiligung. Eine mittelbare Ausnahme ergibt sich für Wahlbewerber, die erst nach Zugang der Kündigung das passive Wahlrecht erlangen, → Rn. 27. Hängt die Wirksamkeit von der Zustimmung einer Behörde ab und sollte diese ausnahmsweise noch nach Zugang der Kündigungserklärung erteilt werden können, scheitert die Kündigung dennoch, sollte der Arbeitnehmer zum Erteilungszeitpunkt bereits unter den Schutz des § 15 fallen. Eine Analogie zu § 4 S. 4 ist ausgeschlossen.

2. Beginn

55 Die **zeitliche Geltung** des besonderen Kündigungsschutzes wird durch Beginn und Ende der Zugehörigkeit zu dem geschützten Personenkreis bestimmt. Er beginnt also mit der Amtszeit.

56 War bisher kein Betriebsrat vorhanden, so ist gem. § 21 S. 2 Hs. 1 BetrVG die Bekanntgabe des vom Wahlvorstand festgestellten Wahlergebnisses (§ 18 WO-BetrVG 2001) maßgeblich (beim Personalrat: Tag der Wahl: § 27 Abs. 2 BPersVG). Das gilt auch dann, wenn zuvor der Betriebsrat außerhalb des regelmäßigen Wahlzeitraums gewählt worden ist.[95]

57 Erfolgt dagegen die Wahl des Betriebsrats gegen Ende der regulären Amtsdauer des vorhergehenden Betriebsrats, so beginnt das Amt des neuen Betriebsrats erst mit dem Ablauf der Amtszeit des bisherigen Betriebsrats. Demzufolge setzt erst mit diesem Zeitpunkt der volle Kündigungsschutz des § 15 Abs. 1 u. 2 ein.[96] Arbeitnehmer genießen allerdings in der Interimszeit zwischen Bekanntgabe des Wahlergebnisses und Amtsantritt den nachwirkenden Schutz als Wahlbewerber (→ Rn. 68).

58 Während dieser Zeit bedürfte es nach dem Gesetzeswortlaut eigentlich nicht der Zustimmung des Betriebsrats oder Personalrats gem. § 15 Abs. 3 S. 2 iVm § 103 BetrVG bzw. §§ 55, 127 BPersVG. Die hM geht indes zutreffend davon aus, dass das bereits gewählte künftige Betriebsratsmitglied in der Zeitspanne bis zum Amtsantritt gegenüber

[94] BAG 27.9.2022 – 2 AZR 92/22, NZA 2022, 1670 Rn. 33; 27.9.2012 – 2 AZR 955/11, NZA 2013, 425; 8.9.2011 – 2 AZR 388/10, NZA 2012, 400; APS/Linck Rn. 11; HaKo-KSchR/Nägele-Berkner Rn. 99; Richardi/Thüsing BetrVG Anh. § 103 Rn. 27; Däubler/Deinert/Deinert Rn. 33; BeckOGK/Frey, 1.12.2024, KSchG § 15 Rn. 60.

[95] BAG 28.9.1983 – 7 AZR 266/82, NZA 1984, 52.

[96] KR/Rinck BetrVG § 103 Rn. 27; ErfK/Kiel Rn. 17; APS/Linck Rn. 58; LSSW/Wertheimer Rn. 15; Richardi/Thüsing BetrVG § 21 Rn. 10.

einer außerordentlichen Kündigung mindestens ebenso wie als Wahlbewerber und kaum weniger als ein amtierendes Betriebsratsmitglied schutzbedürftig ist; die Lage ist insofern deutlich anders als in der normalen Nachwirkungszeit nach Beendigung des Amtes oder bei fehlgeschlagener Wahlbewerbung. Das spricht dafür, in der meist kurzen Zeit bis zum Amtsbeginn § 103 BetrVG bereits analog anzuwenden.[97]

Zum Beginn des Kündigungsschutzes von Mitgliedern des Wahlvorstands und Wahl- 59
bewerbern → Rn. 23 u. 27, zu dem von (Vorfeld-)Initiatoren der Betriebsratswahl → Rn. 36; zum maßgeblichen Zeitpunkt im Hinblick auf Ersatzmitglieder, → Rn. 37 ff.

3. Ende des vollen Schutzes

Für die **Beendigung des Kündigungsschutzes** nach § 15 müssen zwei Zeitpunkte unter- 60
schieden werden: Die Beendigung des vollen Kündigungsschutzes (jeweils S. 1 der Abs. 1 –3). Ab diesem Zeitpunkt ist die Zustimmung des Betriebsrats oder Personalrats nach § 103 BetrVG, §§ 55 Abs. 1, 127 Abs. 1 BPersVG zur außerordentlichen Kündigung nicht mehr erforderlich (zum Sonderfall der Wahlinitiatoren, → Rn. 35). An deren Stelle greift die allgemeine Pflicht zur Anhörung des Betriebs- oder Personalrats nach § 102 Abs. 1 BetrVG, § 86 BPersVG.[98] Dagegen bleibt der besondere Kündigungsschutz des § 15, der die ordentliche Kündigung ausschließt, bis zum Ablauf eines Nachwirkungszeitraums bestehen. Während dieses Nachwirkungszeitraums findet ein abgeschwächter Kündigungsschutz statt, der allgemein als „nachwirkender Kündigungsschutz" bezeichnet wird. Alleine schon, weil dieser immer noch erheblich stärker ist als derjenige nach § 1, erscheint dieser Begriff nicht ideal.

Der volle Kündigungsschutz endet zusammen mit der Betriebsratszugehörigkeit, sei es 61
beim regulären **Ende der Amtszeit,** sei es, dass der Betriebsrat insgesamt aufgelöst wird, oder sei es, dass das einzelne Mitglied aus dem Betriebsrat ausscheidet. Wann das der Fall ist, richtet sich nach §§ 21–24 BetrVG. Der komplette Kündigungsschutz bleibt auch beim Restmandat des § 21b BetrVG erhalten. Endet die Mitgliedschaft durch gerichtliche Entscheidung (§ 24 Abs. 1 Nr. 5 u. 6 BetrVG), so endet der Kündigungsschutz erst mit deren Rechtskraft.[99] Führt der aus seinem Amt ausscheidende Betriebsrat nach § 22 BetrVG die Geschäfte weiter, bis der neue Betriebsrat gewählt ist, so genießen seine Mitglieder, da sie noch die Betriebsratsfunktionen ausüben, bis zu diesem Zeitpunkt auch noch den vollen Kündigungsschutz.[100] Ist die förmliche Bekanntgabe des Wahlergebnisses des neuen Betriebsrats unterblieben, dieser jedoch zu seiner konstituierenden Sitzung zusammengetreten, endet der Schutz des alten Betriebsrats mit diesem Zeitpunkt.[101] Die Amtszeit eines außerhalb des regelmäßigen Wahlzeitraums gewählten Betriebsrats (§ 13 Abs. 2 BetrVG) endet mit der Bekanntgabe des Wahlergebnisses des neu gewählten Betriebsrats.[102] Die Mitgliedschaft im Betriebsrat endet auch durch endgültige Versetzung in einen anderen Betrieb des Unternehmens.[103] Wird ein Betriebsteil ausgegliedert, so verliert ein dort beschäftigtes Betriebsratsmitglied ebenfalls sein

[97] Däubler/Deinert/Deinert Rn. 31; KR/Rinck BetrVG § 103 Rn. 27; Fitting BetrVG § 21 Rn. 12; MüKoBGB/Hergenröder Rn. 50; ErfK/Kiel Rn. 17; APS/Linck Rn. 58; PVT Kündigung/Vossen Rn. 1877; wohl auch LSSW/Wertheimer Rn. 15; BAG 22.9.1983 – 6 AZR 323/81, NZA 1984, 45; aA: GK-BetrVG/Kreutz § 21 Rn. 20; BeckOGK/Frey, 1.12.2024, KSchG § 15 Rn. 62.

[98] BAG 18.5.2006 – 6 AZR 627/05, NZA 2006, 1037; MüKoBGB/Hergenröder Rn. 54.

[99] BAG 29.9.1983 – 2 AZR 212/82, DB 1984, 30; KR/Rinck BetrVG § 103 Rn. 28; MüKoBGB/Hergenröder Rn. 55; ErfK/Kiel Rn. 18; APS/Linck Rn. 78 f.; Richardi/Thüsing BetrVG § 24 Rn. 34; BeckOGK/Frey, 1.12.2024, KSchG § 15 Rn. 84.

[100] BAG 5.11.2009 – 2 AZR 487/08, NZA-RR 2010, 236; Fitting BetrVG § 22 Rn. 8; GK-BetrVG/Kreutz § 22 Rn. 23; Richardi/Thüsing BetrVG § 22 Rn. 6; BeckOGK/Frey, 1.12.2024, KSchG § 15 Rn. 83.

[101] BAG 5.11.2009 – 2 AZR 487/08, NZA-RR 2010, 236.

[102] BAG 28.9.1983 – 7 AZR 266/82, NZA 1984, 52; KR/Rinck BetrVG § 103 Rn. 28; Fitting BetrVG § 21 Rn. 23; MüKoBGB/Hergenröder Rn. 55; GK-BetrVG/Kreutz § 21 Rn. 29; Richardi/Thüsing BetrVG § 21 Rn. 14.

[103] BAG 21.9.1989 – 1 ABR 32/89, NZA 1990, 314 unter II; Boemke-Albrecht BB 1991, 541 (543); Fitting BetrVG § 24 Rn. 34; GK-BetrVG/Oetker § 24 Rn. 53; Richardi/Thüsing BetrVG § 24 Rn. 22.

Amt.[104] Darüber hinaus enden Amt und jeder Kündigungsschutz, wenn das Arbeitsverhältnis des Betroffenen aus irgendeinem Grund endet (§ 24 Abs. 1 Nr. 3 BetrVG). Eine Ausnahme ergibt sich für Aufgaben im restmandatierten Betriebsrat nach § 21b BetrVG, solange im Zusammenhang mit einem Betriebsuntergang nach Vertragsbeendigung durch den nach § 21b BetrVG restmandatierten Betriebsrat noch Aufgaben zu erledigen sind. Dabei muss aber wenigstens ein Mitglied des Betriebs- oder Personalrats bis zur endgültigen Stilllegung im Betrieb verbleiben.[105]

62 Für die Mitglieder der übrigen unter Abs. 1 u. 2 fallenden Arbeitnehmervertretungen der Betriebs- und Personalverfassung gilt das Ausgeführte entsprechend (vgl. § 64 Abs. 2, § 115 Abs. 3, § 116 Abs. 2 BetrVG, §§ 26–29, 54 Abs. 1, §§ 56, 60 Abs. 2, § 64 BPersVG). Das trifft auch hinsichtlich der vorläufigen Weiterführung der Geschäfte entsprechend § 22 BetrVG zu, soweit eine solche in Betracht kommt (vgl. insbes. § 28 Abs. 2 BPersVG für den Personalrat).

63 Zum Sonderfall des **Betriebsübergangs,** → Rn. 91.

64 Für den **Wahlvorstand** endet der volle besondere Kündigungsschutz nach Abs. 3 S. 1 mit der Bekanntgabe des Wahlergebnisses gem. § 18 Abs. 3 BetrVG bzw. § 24 Abs. 2 BPersVG, § 18 WO-BetrVG 2001, § 23 BPersVWO.[106] Infolgedessen spielt es für die Anwendung des § 15 keine Rolle, dass das Amt des Wahlvorstands eigentlich erst mit der Einberufung des Betriebsrats zur konstituierenden Sitzung erlischt.[107] Eine vorzeitige Beendigung tritt für den Wahlvorstand auch dann ein, wenn dieser durch gerichtliche Entscheidung nach § 18 Abs. 1 S. 2 BetrVG bzw. im Verfahren nach § 24 Abs. 1 S. 2 u. 3 BPersVG abberufen wird. Das folgt daraus, dass damit das für den Kündigungsschutz maßgebende Amt erlischt. Bestätigt wird das durch § 15 Abs. 3 S. 2 Hs. 2, wonach für den Fall der gerichtlichen Abberufung ausdrücklich auch die Nachwirkung ausgeschlossen wird.[108]

65 Bei **Wahlbewerbern,** die nicht gewählt worden sind, endet der volle Kündigungsschutz gem. Abs. 3 S. 1 mit der Bekanntgabe des Wahlergebnisses. Eine vorzeitige Beendigung tritt ein, wenn feststeht, dass der Wahlvorschlag infolge eines nicht mehr nach § 8 Abs. 2 WO-BetrVG 2001 bzw. § 10 Abs. 5 BPersVWO behebbaren Mangels ungültig ist. Beruht der Mangel allerdings auf dem Fehlen der notwendigen Zahl von Unterschriften, so hat nach der hier vertretenen Auffassung von vornherein keine wirksame Wahlbewerbung vorgelegen und daher kein Kündigungsschutz nach § 15 Abs. 3 bestanden, → Rn. 51. Ebenso endet der volle Kündigungsschutz des Wahlbewerbers vorzeitig bei Rücknahme der Kandidatur,[109] deren Zulässigkeit aber umstritten ist.[110]

66 Zur Beendigung des besonderen Kündigungsschutzes von Wahl- bzw. Vorfeldinitiatoren → Rn. 36.

---

[104] Fitting BetrVG § 24 Rn. 36; GK-BetrVG/Oetker § 24 Rn. 56; Richardi/Thüsing BetrVG § 24 Rn. 23.

[105] BAG 5.5.2010 – 7 AZR 728/08, NZA 2010, 1025; 16.6.1987 – 1 AZR 528/85, NZA 1097, 858 unter II 2; 14.10.1982 – 2 AZR 568/80, NJW 1984, 381 unter B I 3; Fitting BetrVG § 103 Rn. 19; MüKoBGB/Hergenröder Rn. 187; APS/Linck Rn. 152; Hassenpflug Kündigung von Betriebsratsmitgliedern wegen Stillegung, 1989, S. 118; Biebl, Das Restmandat des Betriebsrats nach Betriebsstillegung, 1991; G. Müller ZfA 1990, 628 f.; abw. KR/Kreft Rn. 155.

[106] BAG 30.5.1978 – 2 AZR 637/76, BB 1979, 323; KR/Rinck BetrVG § 103 Rn. 30; APS/Linck Rn. 84; BeckOGK/Frey, 1.12.2024, KSchG § 15 Rn. 87.

[107] BAG 14.11.1975 – 1 ABR 61/75, BB 1976, 270; Eylert/Rinck BB 2018, 308 (312).

[108] Ebenso ErfK/Koch BetrVG § 18 Rn. 4; KR/Kreft Rn. 103, KR/Rinck BetrVG § 103 Rn. 30; MüKoBGB/Hergenröder Rn. 57; GK-BetrVG/Kreutz § 18 Rn. 54; APS/Linck Rn. 85; Richardi/Thüsing BetrVG § 18 Rn. 17.

[109] BAG 17.3.2005 – 2 AZR 275/04, NZA 2005, 1064; 27.4.1976 – 1 AZR 482/75, NJW 1976, 2229; Däubler/Deinert/Deinert Rn. 36; KR/Kreft Rn. 86; MüKoBGB/Hergenröder Rn. 59; ErfK/Kiel Rn. 19; APS/Linck Rn. 87; PVT Kündigung/Vossen Rn. 1886.

[110] Dafür GK-BetrVG/Kreutz § 14 Rn. 67; APS/Linck Rn. 87; iErg ebenso BAG 27.4.1976 – 1 AZR 482/75, NJW 1976, 2229; dagegen BVerwG 30.10.1964 – VII P 5.64, AP WahlO z. PersVG § 9 Nr. 1; Fitting BetrVG § 14 Rn. 56; DKW/Homburg BetrVG § 14 Rn. 24.

4. Nachwirkender Kündigungsschutz

a) **Ende der Amtszeit.** Nach Ablauf des vollen Kündigungsschutzes (jeweils S. 1 der Abs. 1–3), also im „Nachwirkungszeitraum", gilt ein verfahrensrechtlich abgeschwächter Kündigungsschutz, der zwar individualrechtlich wie zuvor die ordentliche Kündigung ausschließt (jeweils S. 2 der Abs. 1–3), aber nicht mehr die Zustimmung des Betriebsrats oder Personalrats erforderlich macht. Die **Dauer der Nachwirkung** beträgt normalerweise ein Jahr. Sie ist auf sechs Monate beschränkt für Mitglieder einer Bordvertretung (Abs. 1 S. 2) im Hinblick auf ihre kürzere Amtszeit.[111] Für Mitglieder von Wahlvorständen und für Wahlbewerber (Abs. 3 S. 2) beträgt die Nachwirkung sechs Monate. Wahl- und Vorfeldinitiatoren (Abs. 3a und 3b) genießen keinen Nachwirkungsschutz. 67

Die **Nachwirkung beginnt** nach Abs. 1 S. 2 mit dem **Ende der Amtszeit** des Betriebs- oder Personalrats bzw. der anderen in § 15 genannten Arbeitnehmervertretungen. Führt der Betriebsrat nach § 22 BetrVG die Geschäfte bis zur Wahl eines neuen Betriebsrats weiter, so endet seine Amtszeit nicht bei Eintritt des nach § 13 Abs. 2 Nr. 1–3 BetrVG zur Neuwahl führenden Grundes, sondern erst mit der Bekanntgabe des Wahlergebnisses. Dementsprechend beginnt die Nachwirkung auch erst in diesem Zeitpunkt;[112] bis dahin wirkt noch der volle Kündigungsschutz. Für die anderen in § 15 genannten Arbeitnehmervertretungen gilt das entsprechend (vgl. insbes. § 28 Abs. 2 mit Abs. 1 Nr. 1–3 BPersVG für den Personalrat). 68

b) **Vorzeitiges Ausscheiden. Scheidet** eine nach § 15 geschützte Person **vor Beendigung der Amtszeit** aus dem Amt **aus,** zB durch Niederlegung des Betriebsratsamtes (§ 24 Abs. 1 Nr. 2 BetrVG), so genießt sie ebenfalls den nachwirkenden Kündigungsschutz, weil auch in diesem Falle nach dem Normzweck eine sog. Abkühlungsphase erforderlich ist.[113] Wenngleich nach dem Wortlaut des Abs. 1 S. 2 auf die „Amtszeit" abgestellt wird, so ist mit Rücksicht auf die nicht einheitliche Verwendung dieses Begriffes im BetrVG hier dennoch auf die persönliche „Mitgliedschaft" des Amtsinhabers abzustellen.[114] Das folgt insbes. daraus, dass der Kündigungsschutz des § 15 im Gegensatz zu § 103 BetrVG individualrechtlich ausgestaltet ist. Entsprechendes gilt, wenn die Zahl der wahlberechtigten Arbeitnehmer unter fünf sinkt, so dass die Voraussetzungen für den Betriebsrat gem. § 1 BetrVG entfallen; auch dann hat das Betriebsratsmitglied den nachwirkenden Kündigungsschutz des Abs. 1 S. 2.[115] 69

Die Nachwirkung **beginnt** in diesen Fällen jeweils mit dem vorzeitigen Ausscheiden des einzelnen Mitglieds aus seinem Amt. Ihre von diesem Zeitpunkt an zu berechnende **Dauer** bemisst sich aber genauso, wie sie bestünde, wenn die Amtszeit regulär geendet hätte. Das gilt auch dann, wenn das vorzeitig ausgeschiedene Mitglied sein Amt nur kurze Zeit innegehabt hat. Eine Verkürzung auf sechs Monate, in Anlehnung an Abs. 1 S. 2,[116] kommt mithin nicht in Betracht.[117] Denn auch kurzzeitig tätige Arbeitnehmervertreter können gerade zu Beginn ihrer Amtszeit in Konfrontation mit dem Arbeitgeber geraten. Allerdings kann sich eine Einschränkung oder der Wegfall des nachwirkenden Kündigungsschutzes durch das Verbot der unzulässigen Rechtsausübung ergeben, wenn die Berufung hierauf 70

[111] Vgl. Ausschussbericht, BT-Drs. zu VI/2729, 36.

[112] Ebenso KR/Kreft Rn. 86; Fitting BetrVG § 103 Rn. 55; MüKoBGB/Hergenröder Rn. 55; GK-BetrVG/Kreutz § 22 Rn. 23; HaKo-KSchR/Nägele-Berkner Rn. 88; Richardi/Thüsing BetrVG § 22 Rn. 6.

[113] BAG 5.7.1979 – 2 AZR 521/77, BB 1979, 1769; Däubler/Deinert/Deinert Rn. 53; KR/Kreft Rn. 86 ff.; Fitting BetrVG § 103 Rn. 57; MüKoBGB/Hergenröder Rn. 63; APS/Linck Rn. 122; HaKo-KSchR/Nägele-Berkner Rn. 89; GK-BetrVG/Oetker § 24 Rn. 70 f.; GK-BetrVG/Raab § 103 Rn. 29; abw. HWGNRH/Huke BetrVG § 24 Rn. 38.

[114] BAG 22.9.1983 – 6 AZR 323/81, NZA 1984, 45 unter II 2b; Fitting BetrVG § 103 Rn. 57; GK-BetrVG/Oetker § 24 Rn. 71; GK-BetrVG/Raab § 103 Rn. 29; Richardi/Thüsing BetrVG Anh. § 103 Rn. 9 f.

[115] ArbG Berlin 29.9.1980 – 35 Ca 295/80, AuR 1981, 320.

[116] LSSW/Wertheimer Rn. 22.

[117] Däubler/Deinert/Deinert Rn. 53; MüKoBGB/Hergenröder Rn. 65; HaKo-KSchR/Nägele-Berkner Rn. 90; KR/Kreft Rn. 91.

rechtsmissbräuchlich ist.[118] Das ist insbesondere denkbar, wenn ein Betriebsratsmitglied nach recht kurzer Amtszeit nur deshalb zurücktritt, weil es einem nach § 23 Abs. 1, § 24 Abs. 1 Nr. 5 BetrVG drohenden Ausschluss zuvorkommen will.[119]

71 c) **Ersatzmitglieder.** Das nur vorübergehend eingerückte **Ersatzmitglied** genießt nach Beendigung des Vertretungsfalls ebenfalls den nachwirkenden Kündigungsschutz gem. S. 2 der Abs. 1 u. 2.[120] Das folgt zunächst daraus, dass auch die vorübergehend tätig gewordenen Ersatzmitglieder während des Vertretungszeitraums vollwertige Mitglieder des Betriebsrats geworden sind. Darüber hinaus können Ersatzmitglieder auch bei nur kurzer Vertretungstätigkeit in Konflikt mit dem Arbeitgeber geraten sein, so dass eine „Abkühlungsphase" erforderlich ist, in der sie nicht um den Bestand des Arbeitsverhältnisses fürchten sollen. Anderenfalls könnte das Ersatzmitglied seine Vertretung nicht unbefangen wahrnehmen. Der nachwirkende Kündigungsschutz für Ersatzmitglieder führt naturgemäß zu einer Erweiterung der Kündigungsbeschränkungen gegenüber einem Teil der Belegschaft. Das führt aber nicht zur Verfassungswidrigkeit dieser Auslegung des S. 2 der Abs. 1 u. 2, weil der ohnehin schwer bestimmbare Grundsatz der Verhältnismäßigkeit dadurch noch nicht verletzt ist.

72 Der nachwirkende Kündigungsschutz für vorübergehend amtierende Ersatzmitglieder **beginnt** nach der Beendigung der Vertretung im Betriebsrat.[121] Die **Dauer** des nachwirkenden Kündigungsschutzes beträgt ein Jahr. Sie kann nicht in Anlehnung an die Regeln für Mitglieder der Bordvertretung (Abs. 1 S. 2) oder des Wahlvorstands bzw. der Wahlbewerber (Abs. 3 S. 1) auf sechs Monate begrenzt werden. Dieser Zeitraum beginnt bei jeder weiteren Vertretung erneut zu laufen. Der nachwirkende Kündigungsschutz besteht iÜ unabhängig davon, ob der Arbeitgeber bei Ausspruch der ordentlichen Kündigung von der Vertretungstätigkeit des Ersatzmitglieds gewusst hat;[122] maßgebend ist der objektive Tatbestand, der vom Ersatzmitglied entweder durch das Sitzungsprotokoll des Betriebsrats (§ 34 BetrVG) oder durch die Zeugenaussage des Betriebsratsvorsitzenden, der zur Betriebsratssitzung nach § 29 BetrVG geladen hatte, bewiesen werden kann.

73 d) **Wahlbeteiligte. Wahl**- und **Vorfeldinitiatoren** steht kein nachwirkender Kündigungsschutz ieS zu, → Rn. 36. Für den **Wahlvorstand** und die **Wahlbewerber** beginnt die – sechsmonatige – Nachwirkung nach Abs. 3 S. 2 mit der Bekanntgabe des Wahlergebnisses gem. § 18 WO-BetrVG 2001 bzw. § 23 BPersVWO. Das gilt für Wahlbewerber, wenn sie nicht gewählt worden sind, wie auch bei Ablehnung einer erfolgreichen Wahl (§ 17 WO-BetrVG 2001, § 22 BPersVWO). Bei gewählten Kandidaten wird sich der zu Gunsten von Amtsträgern bestehende Kündigungsschutz in der Regel an die Wahl anschließen. Ist dies nicht der Fall, kommt es zwar bis zur Amtsübernahme zur Nachwirkung. Dessen ungeachtet bedarf es hier aber auch in der Interimszeit der Beteiligung des Betriebsrats nach § 103 BetrVG, → Rn. 58.

74 Scheidet ein Mitglied des **Wahlvorstands vorzeitig durch Amtsniederlegung aus,** so greift ab diesem Zeitpunkt der nachwirkende Kündigungsschutz gem. Abs. 3 S. 2 ebenfalls ein.[123] Zwar knüpft der Gesetzeswortlaut in Abs. 3 S. 2 formal an die Bekanntgabe

---

118 BAG 5.7.1979 – 2 AZR 521/77, BB 1979, 1769 unter II 4d; KR/Kreft Rn. 92.

119 MüKoBGB/Hergenröder Rn. 66; LSSW/Wertheimer Rn. 24; HaKo-KSchR/Nägele-Berkner Rn. 96.

120 BAG 5.11.2009 – 2 AZR 487/08, NZA-RR 2010, 236; 18.5.2006 – 6 AZR 627/05, NZA 2006, 1037; 6.9.1979 – 2 AZR 548/77, BB 1980, 317; Däubler/Deinert/Deinert Rn. 28, 54; KR/Kreft Rn. 93; Fitting BetrVG § 25 Rn. 10, § 103 Rn. 9; MüKoBGB/Hergenröder Rn. 67; ErfK/Kiel Rn. 32; GK-BetrVG/Oetker § 25 Rn. 72; abw. LSSW/Wertheimer Rn. 41; HWGNRH/Huke BetrVG § 25 Rn. 19.

121 BAG 27.9.2012 – 2 AZR 955/11, NZA 2013, 425; 19.4.2012 – 2 AZR 233/11, NZA 2012, 1449; BeckOK ArbR/Volkening, 74. Ed. 1.12.2024, KSchG § 15 Rn. 84.

122 Ebenso BAG 18.5.2006 – 6 AZR 627/05, NZA 2006, 1037 Rn. 24; 5.9.1986 – 7 AZR 175/85, BB 1987, 1319; KR/Kreft Rn. 99; MüKoBGB/Hergenröder Rn. 69; ErfK/Kiel Rn. 32; GK-BetrVG/Oetker § 25 Rn. 74; LSSW/Wertheimer Rn. 39; abw. PVT Kündigung/Vossen Rn. 1891.

123 BAG 9.10.1986 – 2 AZR 650/85, NZA 1987, 279; KR/Kreft Rn. 99; Gamillscheg ZfA 1977, 269; MüKoBGB/Hergenröder Rn. 63; ErfK/Kiel Rn. 33; APS/Linck Rn. 128; abw. LSSW/Wertheimer Rn. 53; HWGNRH/Huke BetrVG § 103 Rn. 31; BeckOK ArbR/Volkening, 74. Ed. 1.12.2024, KSchG § 15 Rn. 86.

des Wahlergebnisses an, scheint also den normalen Abschluss des Wahlverfahrens vorauszusetzen. Nach dem Sinn und Zweck der Regelung bedürfen aber auch die zurückgetretenen Wahlvorstandsmitglieder des nachwirkenden Kündigungsschutzes, weil sie – vergleichbar den zurückgetretenen Betriebsratsmitgliedern (→ Rn. 69) – mit dem Arbeitgeber durch die Tätigkeit im Wahlvorstand in Konflikt geraten sein können, weshalb ebenfalls eine „Abkühlungsphase" erforderlich ist.

Das gleiche gilt für wirksam aufgestellte **Wahlbewerber,** die vor Abschluss der Wahl **75** ihre **Kandidatur zurückziehen.** Denn auch sie haben sich durch ihre Bewerbung innerbetrieblich und gegenüber dem Arbeitgeber exponiert und können daher bereits im Vorfeld mit dem Arbeitgeber in Konflikt geraten; sie bedürfen daher ebenfalls des nachwirkenden Kündigungsschutzes des Abs. 3 S. 2.[124] Wird ein zunächst wirksam aufgestellter Wahlvorschlag **nachträglich unwirksam,** zB durch Wegfall der Stützunterschriften, so genießt ein solcher Wahlbewerber nicht den nachwirkenden Kündigungsschutz des Abs. 3 S. 2, s. dazu und auch zur Gegenansicht → Rn. 51.

e) **Beendigung durch gerichtliche Entscheidung.** Die Nachwirkung ist ausgeschlossen, **76** wenn die Mitgliedschaft im Betriebs- oder Personalrat bzw. einer anderen Arbeitnehmervertretung iSd Abs. 1 u. 2 durch **gerichtliche Entscheidung** beendet wird (jeweils S. 2 Hs. 2). Das betrifft vor allem die Abberufung des ganzen Betriebsrats oder eines einzelnen Mitglieds wegen grober Pflichtverletzung nach § 23 Abs. 1 BetrVG, bzw. beim Personalrat nach § 30 Abs. 1 BPersVG (für andere Arbeitnehmervertretungen s. § 65 Abs. 1, § 115 Abs. 3, § 116 Abs. 2 BetrVG, § 90 Abs. 1, §§ 94, 102 Abs. 4, § 107 Abs. 1 BPersVG). Dasselbe gilt nach hM auch für andere gerichtliche Entscheidungen über das Amt der Arbeitnehmervertretung im Ganzen oder des einzelnen Mitglieds, so bei erfolgreicher Wahlanfechtung gem. § 19 BetrVG oder § 26 BPersVG,[125] ferner bei Entscheidungen über die Mitgliedschaft nach § 24 Abs. 1 Nr. 5 BetrVG[126] und § 24 Abs. 1 Nr. 6 BetrVG[127] oder § 31 Abs. 1 Nr. 9 BPersVG.[128]

Entsprechend ist nach Abs. 3 S. 2 Hs. 2 die Nachwirkung für die **Mitglieder eines** **77** **Wahlvorstands ausgeschlossen,** wenn dieser nach § 18 Abs. 1 S. 2 BetrVG vom Arbeitsgericht durch einen anderen Wahlvorstand ersetzt wird. Das gilt entsprechend im Bereich der Personalvertretung (§ 24 Abs. 1 S. 2 BPersVG).[129]

f) **Situation nach Auslaufen des nachwirkenden Kündigungsschutzes.** Ist der nachwir- **78** kende Kündigungsschutz beendet, besteht kein besonderer Kündigungsschutz des ehemaligen Funktionsträgers mehr; der Arbeitgeber kann wie bei jedem anderen Arbeitnehmer kündigen.[130] Ob der Arbeitgeber aus der Schutzzeit stammende, zurückliegende Sachverhalte als Kündigungsgrund heranziehen kann, hängt von den einzelnen Umständen ab; insoweit kommt eine Verwirkung der Kündigungsgründe in Betracht.[131] Der Arbeitgeber kann auch grds. den Nachwirkungszeitraum abwarten und dann die Kündigung aussprechen, soweit dies nicht gegen Treu und Glauben verstößt.[132]

[124] Ebenso KR/Kreft Rn. 104; wohl auch BAG 9.10.1986 – 2 AZR 650/85, AP KSchG 1969 § 15 Nr. 23 unter III 3c; APS/Linck Rn. 129; LSSW/Wertheimer Rn. 53.

[125] Richardi/Dörner/Weber/Schwarze BPersVG § 31 Rn. 50 ff.; KR/Kreft Rn. 100; Fitting BetrVG § 19 Rn. 50; MüKoBGB/Hergenröder Rn. 72; ErfK/Kiel Rn. 33; APS/Linck Rn. 126; HaKo-KSchR/Nägele-Berkner Rn. 95; abw. LSSW/Wertheimer Rn. 19; Matthes DB 1980, 1170; wohl auch Däubler/Deinert/Deinert Rn. 39.

[126] GK-BetrVG/Oetker § 24 Rn. 70.

[127] BAG 29.9.1983 – 2 AZR 212/82, DB 1984, 302; Fitting BetrVG § 24 Rn. 45.

[128] Dazu Richardi/Dörner/Weber/Schwarze BPersVG § 31 Rn. 54 ff.

[129] Ebenso MüKoBGB/Hergenröder Rn. 72; APS/Linck Rn. 128; HaKo-KSchR/Nägele-Berkner Rn. 97.

[130] BAG 14.2.2002 – 8 AZR 175/01, NZA 2002, 1027; MüKoBGB/Hergenröder Rn. 54; Eylert/Rinck BB 2018, 308 (309).

[131] BAG 13.6.1996 – 2 AZR 431/95, NZA 1996, 1032 unter II 2; LAG Hessen 29.8.1988 – 1 Sa 106/88, AuR 1989, 352; MüKoBGB/Hergenröder Rn. 78; LSSW/Wertheimer Rn. 58.

[132] BAG 14.2.2002 – 8 AZR 175/01, NZA 2002, 1027; 13.6.1996 – 2 AZR 431/95, NZA 1996, 1032 unter II 3.

IV. Ausschluss der ordentlichen Kündigung

1. Ordentliche Kündigung durch Arbeitgeber; Abmahnung

79 Nach Abs. 1–3 werden, mit Ausnahme der (fristlosen) Kündigung aus wichtigem Grund (§ 626 BGB, § 15 Abs. 1 BBiG), **alle Kündigungen** (unabhängig vom Kündigungsgrund) für **unzulässig** erklärt.[133] Das bedeutet, dass ordentliche Kündigungen, einschließlich der nach § 113 InsO,[134] unzulässig sind. Als Ausnahme hiervon lassen die Abs. 4 u. 5 in besonderen Fällen dann doch eine ordentliche Kündigung zu.

80 Die außerordentliche Kündigung mit sozialer Auslauffrist ist nicht als ordentliche Kündigung anzusehen und damit nicht durch § 15 gesperrt. Einzelheiten bei → Rn. 97.

81 Die **Abmahnung** (→ § 1 Rn. 512 ff.) eines geschützten Arbeitnehmers wird durch § 15 nicht berührt.[135] Das ergibt sich aus dem ausdrücklichen Wortlaut der Abs. 1–3, die nur die (ordentliche) Kündigung für unzulässig erklären. Das gilt auch dann, wenn die Abmahnung im Wiederholungsfall und nach Ablauf des Schutzes in eine Kündigung münden sollte und selbst dann, wenn der Arbeitgeber, weil er einen solchen befürchtet, mit ihr eine solche Kündigung vorbereiten möchte. Ob eine während des Schutzes erteilte Abmahnung für die später erklärte Kündigung noch relevant ist oder bereits ihre Wirkung verloren hat, hängt allerdings von den Umständen des Einzelfalles ab (→ § 1 Rn. 509).

82 Die (lösende) **Aussperrung** stellt keine Kündigung dar, sondern ein Lösungsrecht eigener Art (Einzelheiten bei → § 25 Rn. 2 f.). Soweit diese Maßnahme gegenüber Betriebsratsmitgliedern überhaupt zulässig ist, unterfällt sie jedenfalls nicht § 15.

2. Änderungskündigung

83 Auch eine (ordentliche) **Änderungskündigung** fällt als echte Kündigung (→ § 2 Rn. 7) grds. unter § 15 und ist demgemäß unzulässig.[136] Der dagegen gerichtete Einwand, dass § 2 bereits hinreichend Schutz gegen ungerechtfertigte Änderungskündigungen biete, übersieht einerseits, dass § 15 auch eine an sich sozial gerechtfertigte Beendigungskündigung und dementsprechend auch eine gerechtfertigte Änderungskündigung ausschließt. Andererseits kann auch schon die Änderung der Arbeitsbedingungen eine Belastung darstellen, die der Schutz des § 15 gerade verhindern will, sei es nur, dass eine Änderungsschutzklage nach § 2 erhoben werden muss, oder gar, dass durch die Änderungskündigung die Versetzung des Betriebsratsmitglieds in einen anderen Betrieb erfolgen soll und dadurch das Amt nach § 24 Abs. 1 Nr. 4 BetrVG entfallen würde.

84 Die vorstehenden Überlegungen gelten auch für **Massenänderungskündigungen.**[137] Das ergibt sich zunächst aus dem eindeutigen Wortlaut der Abs. 1–3, die jegliche ordentliche Kündigung ausschließen. Flankierend dazu zeigen die Abs. 4 u. 5, dass Ausnahmen hiervon nur in den vom Gesetz ausdrücklich bestimmten Fällen zulässig sind. Zum anderen gebietet der Schutzzweck des § 15, dass die Betriebsratsarbeit ganz generell und so auch bei Massenänderungskündigungen von Bestandsstreitigkeiten freigehal-

[133] KR/Kreft Rn. 81; MüKoBGB/Hergenröder Rn. 60; ErfK/Kiel Rn. 16; APS/Linck Rn. 8; BeckOGK/Frey, 1.12.2024, KSchG § 15 Rn. 20.

[134] APS/Linck Rn. 102; ErfK/Müller-Glöge InsO § 113 Rn. 10; KR/Spelge InsO § 113 Rn. 35.

[135] BAG 10.11.1993 – 7 AZR 682/92, NZA 1994, 500; 19.7.1983 – 1 AZR 307/81, DB 1983, 2695; 30.1.1979 – 1 AZR 342/76, BB 1979, 1451; BTM/Backmeister Rn. 76; MüKoBGB/Hergenröder Rn. 93; ErfK/Kiel Rn. 3; krit. Däubler/Deinert/Deinert Rn. 44; BeckOGK/Frey, 1.12.2024, KSchG § 15 Rn. 28.

[136] BAG 23.2.2010 – 2 AZR 656/08, NZA 2010, 1288 Rn. 45; 12.3.2009 – 2 AZR 47/08, NZA 2009, 1265; 2.3.2006 – 2 AZR 83/05, NZA 2006, 988; 17.3.2005 – 2 ABR 2/04, AP KSchG 1969 § 15 Nr. 58; KR/Kreft Rn. 76; MüKoBGB/Hergenröder Rn. 74; ErfK/Kiel Rn. 16; LSSW/Wertheimer Rn. 74; BeckOGK/Frey, 1.12.2024, KSchG § 15 Rn. 25.

[137] BAG 23.2.2010 – 2 AZR 656/08, NZA 2010, 1288 Rn. 45; 7.10.2004 – 2 AZR 81/04, NZA 2005, 156; Däubler/Deinert/Deinert Rn. 41; KR/Kreft Rn. 39; MüKoBGB/Hergenröder Rn. 81 f.; GK-BetrVG/Kreutz § 78 Rn. 77; APS/Linck Rn. 10; Bröhl RdA 2010, 170 (174); BeckOGK/Frey, 1.12.2024, KSchG § 15 Rn. 26.

ten werden soll. Diese Sichtweise verstößt auch nicht gegen das Gleichbehandlungsgebot (§ 75 BetrVG) bzw. das Begünstigungsverbot (§ 78 BetrVG).[138] Einmal davon abgesehen, dass in der Praxis nur schwer zwischen mehreren Änderungskündigungen und einer Massenänderungskündigung unterschieden werden kann, ist § 15 lex specialis zu § 78 BetrVG. § 15 privilegiert, wenn man es so formulieren will, Betriebsratsmitglieder kündigungsrechtlich ganz generell im Vergleich zur übrigen Belegschaft. Sprechen dagegen überragende Gründe für die Abänderung der Arbeitsbedingungen, muss der Arbeitgeber gegenüber dem Betriebsrat eine außerordentliche Änderungskündigung erklären oder, soweit dies möglich ist, nach Abs. 4 u. 5 verfahren. Der Schutz des § 15 für Massenänderungskündigungen gilt auch im Nachwirkungszeitraum gem. Abs. 1–3 jeweils S. 2.[139]

3. Aufhebungsvertrag Anfechtung

Der Betriebsrat wird durch sein Amt nicht am Abschluss eines **Aufhebungsvertrags** gehindert.[140] Erst recht kann er selbst das Arbeitsverhältnis kündigen. In beiden Fällen verliert er freilich mit Beendigung des Arbeitsverhältnisses sein Amt: § 24 Nr. 3 BetrVG. Zu Klageverzichtserklärungen, → Rn. 3. **85**

§ 15 erfasst nicht die Anfechtung von Arbeitsverhältnissen.[141] **86**

4. Befristung

Ein nach § 14 TzBfG wirksam befristetes Arbeitsverhältnis eines Betriebsratsmitglieds endet ebenso wie dasjenige anderer Arbeitnehmer mit Ablauf der vereinbarten **Befristung.**[142] Die nachträgliche Wahl beseitigt eine zum Zeitpunkt des Vertragsschlusses bestehende Rechtfertigung für die Befristung nicht. Wird allerdings während der Amtsperiode eine zweite Befristung mit Sachgrund vereinbart, ist bei deren Überprüfung einiges Augenmerk darauf zu richten, dass mit der erneuten Befristung keine Umgehung des § 15 versucht wird. Dagegen erweist sich eine Verlängerung eines nach § 14 Abs. 2 TzBfG sachgrundlos befristeten Arbeitsverhältnisses insoweit als eher unproblematisch, da hier schon das Befristungsrecht missbräuchlichen Gestaltungen vorbeugt. Umgekehrt kann gerade die personelle Kontinuität der Betriebsratstätigkeit ein sonstiger, in § 14 Abs. 1 Satz 2 Nr. 1 bis Nr. 8 TzBfG nicht genannter Sachgrund sein, um die befristete Verlängerung eines auslaufenden Arbeitsverhältnisses bis zum Ende der Amtszeit zu rechtfertigen.[143] **87**

§ 15 greift nicht ein, wenn das Arbeitsverhältnis einer geschützten Person durch Erreichen einer wirksam vereinbarten Altersgrenze (vgl. § 41 S. 3 SGB VI) automatisch endet.[144] **88**

5. Beendigung der Ausbildung

Für **Auszubildende,** deren Arbeitsverhältnis nach § 21 Abs. 1 BBiG mit dem Ablauf der Ausbildungszeit endet, findet § 15 keine Anwendung (zum Kündigungsschutz während der Ausbildung → Rn. 10). Um den Schutz von Auszubildenden als Amtsmitglieder trotz der automatischen Beendigung des Arbeitsverhältnisses zu gewährleisten, haben diese nach § 78a Abs. 2 u. 3 BetrVG (§§ 56, 127 Abs. 2 BPersVG) einen Anspruch auf **89**

[138] So aber Fitting BetrVG § 103 Rn. 12; LSSW/Wertheimer Rn. 76; HaKo-KSchR/Nägele-Berkner Rn. 62 ff.; Richardi/Thüsing BetrVG § 78 Rn. 29 f.; PVT Kündigung/Vossen Rn. 1895.
[139] BAG 9.4.1987 – 2 AZR 279/86, NZA 1987, 807 unter II 2; Däubler/Deinert/Deinert Rn. 41; MüKoBGB/Hergenröder Rn. 82; KR/Kreft Rn. 40.
[140] BAG 17.3.2005 – 2 AZR 275/04, NZA 2005, 1064; BTM/Backmeister Rn. 71 ff.; MüKoBGB/Hergenröder Rn. 83; APS/Linck Rn. 13.
[141] KR/Kreft Rn. 34; BeckOGK/Frey, 1.12.2024, KSchG § 15 Rn. 28.
[142] BAG 25.6.2014 – 7 AZR 847/12, NZA 2014, 1209 Rn. 16; 5.12.2012 – 7 AZR 698/11, NZA 2013, 515.
[143] BAG 8.6.2016 – 7 AZR 467/14, NZA 2016, 1535.
[144] BAG 20.12.1984 – 2 AZR 3/84, NZA 1986, 325; APS/Linck Rn. 16; LSSW/Wertheimer Rn. 70.

Übernahme in ein Arbeitsverhältnis auf unbestimmte Zeit, der dem Kündigungsschutz des § 15 nahekommt.[145] Das verlängerte Arbeitsverhältnis unterliegt dann dem Kündigungsschutz des § 15 wie andere unbefristete Arbeitsverhältnisse auch.

6. Veränderungsfälle, insbesondere: Versetzung, Betriebsübergang

90 Wechselt das Arbeitsverhältnis eines Leiharbeitnehmers nach §§ 9, 10 Abs. 1 AÜG zum Entleiher, so endet das bisherige Arbeitsverhältnis mit dem „Verleiher" kraft Gesetzes (freilich vorausgesetzt, dass überhaupt ein solches bestanden hat). Gleichzeitig erlischt gem. § 24 Abs. 1 Nr. 3 BetrVG die Mitgliedschaft des Arbeitnehmers im Betriebsrat seines bisherigen Betriebes. § 15 findet keine Anwendung, weil keine Kündigung vorliegt.[146]

91 Bei einem Betriebsübergang nach § 613a BGB endet das Arbeitsverhältnis nicht, sondern geht auf den Betriebserwerber über. Inwieweit Betriebsräte (iwS) ihren Sonderkündigungsschutz nach § 15 behalten, hängt dann aber von den Umständen des Einzelfalls ab. Bleibt der Betrieb beim Erwerber in seiner Identität unverändert, führen die Betriebsräte dort ihr Amt fort.[147] Geht die Identität des Betriebes verloren, weil nur ein Betriebsteil übergeht oder (und) eine Verschmelzung mit einem anderen Betrieb erfolgt, ist auf §§ 21a und 21b BetrVG abzustellen.[148] Gehört der Betriebsrat dem übergehenden Betriebsteil an,[149] kommt es darauf an, ob er nach § 21a BetrVG im Amt bleibt. Ist dies nicht der Fall, weil im Erwerberbetrieb ein Betriebsrat besteht, verliert er zwar sein Amt und damit den Kündigungsschutz des § 15. Indes verbleibt ihm der nachwirkende Kündigungsschutz nach Abs. 1 S. 2.[150] Widerspricht das Betriebsratsmitglied einem Betriebs(teil)übergang nach § 613a Abs. 6 BGB oder gehört es einem nicht veräußerten Betriebsteil an, behält es die Mitgliedschaft im Betriebsrat im Veräußererbetrieb. Soweit dieser untergeht oder es dort zu einer Betriebsstilllegung kommt, gelten die Abs. 4 und 5[151] bzw. § 21b BetrVG.

92 Nicht unter § 15 fällt die bloße **Versetzung** eines Betriebsratsmitglieds oder eines Mitglieds einer anderen unter § 15 fallenden Arbeitnehmervertretung innerhalb des Betriebes auf einen anderen Arbeitsplatz, sofern sie auf Basis einer Direktionsrechtsausübung (§ 106 GewO) zulässig ist und nicht durch Änderungskündigung erfolgt.[152] Würde die Versetzung aber zu einem Amtsverlust (bei Wahlbewerbern: zum Verlust der Wählbarkeit) führen, ist § 103 Abs. 3 BetrVG zu beachten. Unberührt bleiben auch die § 78 BetrVG, § 10 BPersVG, die jede Störung oder Behinderung der Mitglieder des Betriebs- oder Personalrats und der anderen Arbeitnehmervertretungen in der Ausübung ihrer Tätigkeit und jede Benachteiligung um ihrer Tätigkeit willen verbieten.

7. Darlegungs- und Beweislast, Rechtsfolgen

93 Der Arbeitnehmer, der sich auf den besonderen Kündigungsschutz des § 15 beruft, hat die dafür erforderlichen Tatsachen darzulegen und ggf. zu beweisen.[153]

---

[145] BAG 15.12.1983 – 6 AZR 60/83, NZA 1984, 44; 16.1.1979 – 6 AZR 153/77, BB 1979, 1037; Fitting BetrVG § 78a Rn. 1; APS/Linck Rn. 17; GK-BetrVG/Oetker § 78a Rn. 8; KR/Rinck BetrVG § 78a Rn. 1.

[146] APS/Linck Rn. 19.

[147] ErfK/Preis BGB § 613a Rn. 128; Richardi/Thüsing BetrVG § 21 Rn. 28.

[148] Vgl. KR/Kreft Rn. 162.

[149] KR/Kreft Rn. 87; Fuhlrott/Oltmanns BB 2015, 1013.

[150] BAG 14.2.2002 – 8 AZR 175/01, NZA 2002, 1027 unter B I 2a aa; KR/Kreft Rn. 87; MüKoBGB/Hergenröder Rn. 91; ErfK/Kiel Rn. 40; ErfK/Preis BGB § 613a Rn. 130.

[151] BAG 25.5.2000 – 8 AZR 416/99, NZA 2000, 115; 25.2.1981 – 5 AZR 991/78, NJW 1981, 2212; Annuß DB 1999, 798; APS/Linck Rn. 139; HaKo-KSchR/Nägele-Berkner Rn. 127; KR/Kreft Rn. 118.

[152] BTM/Backmeister Rn. 75; KR/Kreft Rn. 36; MüKoBGB/Hergenröder Rn. 92; APS/Linck Rn. 20; LSSW/Wertheimer Rn. 77; HaKo-KSchR/Nägele-Berkner Rn. 77; BeckOGK/Frey, 1.12.2024, KSchG § 15 Rn. 28.

[153] BAG 31.7.2014 – 2 AZR 505/13, NZA 2015, 245 Rn. 23; 27.9.2012 – 2 AZR 955/11, NZA 2013, 425 Rn. 31.

Wurde eine nach Abs. 1–3 unzulässige (ordentliche) Kündigung erklärt, so ist sie gem. **§ 134 BGB nichtig.** Das gilt auch dann, wenn an sich ein wichtiger Grund zur außerordentlichen Kündigung gegeben gewesen wäre. Die Kündigung kann nicht in eine außerordentliche Kündigung mit einer fiktiven ordentlichen Kündigungsfrist umgedeutet werden.[154] Sie gilt auch nicht als eine Kündigung zum erstmöglichen Termin nach einem etwaigen Amtsende, kann also nicht so lange hinausgeschoben werden, bis sie zulässig wäre.[155] In beiden Konstellationen bedarf es einer erneuten Kündigungserklärung, wobei im zuletzt genannten Fall diese aber erst nach dem Fortfall des besonderen Kündigungsschutzes erklärt werden darf. **94**

V. Zulässigkeit der fristlosen Kündigung

1. Überblick

§ 15 lässt das **Recht des Arbeitgebers zur außerordentlichen, fristlosen Kündigung** unberührt. **95**

Die Kündigungsbefugnis des Arbeitgebers umfasst eine außerordentliche **fristlose Änderungskündigung** aus wichtigem Grund.[156] Diese kann auch aus betriebsbedingten Gründen erfolgen. **96**

Nicht erforderlich ist, dass der Arbeitgeber **tatsächlich fristlos kündigt,** sofern die Kündigung auf Grund eines außerordentlichen Kündigungsrechts erfolgt, das zur fristlosen Entlassung berechtigen würde. Hält der Arbeitgeber dennoch eine **Auslauffrist** ein (sog. befristete außerordentliche Kündigung), so liegt das in aller Regel im Interesse des Arbeitnehmers und ist für die Wirksamkeit der Kündigung unschädlich.[157] Der Arbeitgeber muss aber für den Arbeitnehmer deutlich erkennbar zum Ausdruck bringen, dass er im Grundsatz eine außerordentliche Kündigung aussprechen will,[158] → Rn. 94. Das ist besonders wichtig, wenn die gewährte Frist, wie so häufig, der fiktiv anzuwendenden ordentlichen Kündigungsfrist entspricht. **97**

2. Der wichtige Kündigungsgrund

Für die fristlos erklärte, außerordentliche Kündigung gelten in materiell-rechtlicher Hinsicht die §§ 626 BGB, 22 Abs. 2 Nr. 1 BBiG, 67 SeeArbG. Danach ist die Kündigung zulässig, wenn dem Arbeitgeber die Fortsetzung des Arbeitsverhältnisses bis zum Ablauf der Kündigungsfrist nicht mehr zuzumuten ist, wobei alle Umstände des Einzelfalles zu berücksichtigen und die Interessen beider Vertragsteile abzuwägen sind. **98**

Von einer Darstellung der einschlägigen Kündigungsgründe soll hier abgesehen werden, da sich diese mit den Grundsätzen decken, wie sie auch für die außerordentliche Kündigung gegenüber jedem anderen Arbeitnehmer maßgebend sind. Nachdem diese ganz überwiegend im verhaltensbedingten Bereich angesiedelt sind, kann hierzu insbesondere auch die Darstellung bei → § 1 Rn. 536 ff. herangezogen werden, wobei freilich zu beachten ist, dass an das Gewicht einer Haupt- oder Nebenpflichtverletzung im Bereich des § 626 BGB im Vergleich zu § 1 deutlich erhöhte Anforderungen zu richten sind. **99**

Bei der Beurteilung der **Unzumutbarkeit** ist die **Kündigungsfrist** zugrunde zu legen, die ohne den besonderen Kündigungsschutz für eine ordentliche (Beendigungs-) Kündigung **100**

---

[154] BAG 21.6.2012 – 2 AZR 343/11, NZA 2013, 224.

[155] Ebenso MüKoBGB/Hergenröder Rn. 95.

[156] BAG 28.10.2010 – 2 AZR 688/09, NZA-RR 2011, 155; 17.3.2005 – 2 ABR 2/04, NZA 2005, 949; 21.6.1995 – 2 ABR 28/94, NZA 1995, 1157; Däubler/Deinert/Deinert Rn. 52; KR/Krumbiegel BGB § 626 Rn. 212; BeckOGK/Frey, 1.12.2024, KSchG § 15 Rn. 110.

[157] BAG 21.6.2012 – 2 AZR 343/11, NZA 2013, 224 Rn. 13; KR/Kreft Rn. 57; KR/Krumbiegel BGB § 626 Rn. 26; APS/Linck Rn. 103; HaKo-KSchR/Nägele-Berkner Rn. 149; Staudinger/Temming BGB § 626 Rn. 251.

[158] BAG 13.1.1982 – 7 AZR 757/79, DB 1982, 2577.

gegenüber diesem Arbeitnehmer gelten würde.[159] Im Rahmen der Interessenabwägung ist dann zu prüfen, ob dem Arbeitgeber die Fortsetzung des Arbeitsverhältnisses bis zum Ablauf dieser (fiktiven) Frist zumutbar wäre. Dagegen kann nicht auf das Ende der Amtszeit bzw. des Nachwirkungszeitraums abgestellt werden.

101 Für die im Rahmen des § 626 Abs. 1 BGB erforderliche **Interessenabwägung** gelten die allgemeinen Grundsätze. Das folgt schon aus § 78 S. 2 BetrVG. Auch Amtsmitglieder bleiben weiterhin Arbeitnehmer, für die alle bisherigen arbeitsvertraglichen Pflichten weitergelten, soweit diese nicht von betriebsverfassungsrechtlichen Aufgaben überlagert werden. S. auch sogleich → Rn. 103.

102 Im Rahmen der Interessenabwägung ist eine entscheidende Frage, welche Rolle das **kollektive Interesse der Belegschaft** an der Erhaltung ihrer gewählten Vertretungen spielt. Es geht also darum, ob berücksichtigt werden muss (bzw. darf), dass sich der Betriebsrat in seinem Amt bewährt hat und als solcher vielleicht schwer zu ersetzen ist. Das ist nicht der Fall.[160] Das Gesetz trägt den kollektiven Interessen des Betriebsrats und der Belegschaft an der weiteren Amtstätigkeit des Funktionsträgers dadurch Rechnung, dass die außerordentliche Kündigung die vorherige Zustimmung des Betriebsrats oder ihre Ersetzung durch das Gericht erfordert. Dagegen kann auch nicht argumentiert werden, dass dem Arbeitgeber in zweifelhaften Fällen die Weiterbeschäftigung eines für die Arbeitnehmerschaft schwer zu entbehrenden Funktionsträgers eher zuzumuten sei als dass der Betriebsrat sich auf dessen Weggang einstellen müsse.[161] Das würde zu einer mit § 78 BetrVG nicht zu vereinbarenden Bevorzugung des Betriebsrats führen. Für ihn dürfen Vertragsverstöße nicht deshalb sanktionslos bleiben, weil er das Amt bekleidet.

103 **Verstöße gegen Amtspflichten,** die dem Arbeitnehmer in seiner Eigenschaft als Betriebsratsmitglied oder als Mitglied einer sonstigen Arbeitnehmervertretung iSd § 15 obliegen (insbes. § 74 Abs. 2 BetrVG), können alleine eine fristlose Kündigung noch nicht rechtfertigen.[162] Die Verletzung von Amtspflichten kann nur zu einer gerichtlichen Abberufung als Betriebsratsmitglied führen. Rein theoretisch wird danach eine ordentliche Kündigung ohne Einschränkung möglich, da § 15 für diese Fälle keine Nachwirkung gewährt (→ Rn. 76). Einer nach Amtsenthebung ausgesprochenen Kündigung wird es aber an der sozialen Rechtfertigbarkeit mangeln, weil sich der Sachverhalt zu einem Zeitpunkt ereignet hat, zu dem noch der volle Kündigungsschutz bestand und Amtspflichtverletzungen eben nicht auf das Arbeitsverhältnis durchschlagen. Hinzukommt, dass eine Wiederholung des Fehlverhaltens nach Amtsenthebung denklogisch ausgeschlossen ist.

104 Ein wichtiger Grund zur fristlosen Kündigung ist aber dann gegeben, wenn die Amtspflichtverletzung zugleich auch einen **schweren Verstoß** gegen die Pflichten aus dem Arbeitsverhältnis darstellt.[163] In einem solchen Fall kommt sowohl die gerichtliche Abberufung des Amtsmitglieds (§ 23 Abs. 1 BetrVG bzw. § 30 BPersVG) als auch die Kündigung aus wichtigem Grund (§ 626 BGB) in Betracht. Alles andere liefe

---

[159] BAG 13.5.2015 – 2 ABR 38/14, NZA 2016, 116; 19.7.2012 – 2 AZR 989/11, NZA 2013, 143; 21.6.2012 – 2 AZR 343/11, NZA 2013, 224; 17.1.2008 – 2 AZR 821/06, NZA 2008, 777; MüKoBGB/Hergenröder Rn. 105; ErfK/Kiel Rn. 22; APS/Linck Rn. 107; Staudinger/Temming BGB § 626 Rn. 271; KR/Kreft Rn. 45; LSSW/Wertheimer Rn. 63.

[160] BAG 16.11.2017 – 2 AZR 14/17, NZA 2018, 240 Rn. 39; 29.6.2017 – 2 AZR 302/16, NZA 2017, 3018 Rn. 26; aA MüKoBGB/Hergenröder Rn. 105; LSSW/Wertheimer Rn. 61.

[161] So aber: BTM/Backmeister Rn. 53; KR/Kreft Rn. 48 (in Grenzfällen).

[162] BAG 19.7.2012 – 2 AZR 989/11, NZA 2013, 143 Rn. 39; 12.5.2010 – 2 AZR 587/08, NZA-RR 2011, 15 Rn. 15; 16.10.1986 – 2 ABR 71/85, DB 1987, 1304; KR/Kreft Rn. 49; MüKoBGB/Hergenröder Rn. 106; ErfK/Kiel Rn. 24; APS/Linck Rn. 115; Richardi/Thüsing BetrVG Anh. § 103 Rn. 20; K. Schmidt RdA 1973, 295; BeckOGK/Frey, 1.12.2024, KSchG § 15 Rn. 118.

[163] Sog. Simultantheorie; BAG 19.7.2012 – 2 AZR 989/11, NZA 2013, 143; 16.10.1986 – 2 ABR 71/85, DB 1987, 1304; Erman/Riesenhuber BGB § 626 Rn. 134; KR/Kreft Rn. 50; Fitting BetrVG § 23 Rn. 22; MüKoBGB/Hergenröder Rn. 108; ErfK/Kiel Rn. 24; APS/Linck Rn. 118; GK-BetrVG/Oetker § 23 Rn. 29 ff.; HWGNRH/Huke BetrVG § 23 Rn. 23; PVT Kündigung/Vossen Rn. 1932; krit. Däubler/Deinert/Deinert Rn. 49; BeckOGK/Frey, 1.12.2024, KSchG § 15 Rn. 119.

auf eine unzulässige Privilegierung der Amtsmitglieder entgegen § 78 S. 2 BetrVG hinaus.[164]

105 Bei einem Zusammentreffen von Amtspflichtverletzung und Vertragsverletzung ist bei der Prüfung des Pflichtverstoßes ein **strenger Maßstab** anzulegen, der nach Ansicht der Rechtsprechung über den hinausgeht, der bei einer Kündigung eines Arbeitnehmers an den Tag zu legen ist, der nicht Amtsmitglied ist.[165] Damit ist aber nur gemeint, dass zu fragen ist, ob der Pflichtverstoß aus der Amtsführung des Betriebsrats resultiert und ob der Arbeitnehmer gerade deshalb in Konflikt mit seinem arbeitsvertraglichen Pflichtenprogramm geraten ist. Das ist beispielsweise der Fall, wenn der Betriebsrat im Verlauf schwieriger und erregter Verhandlungen den Arbeitgeber oder in einer erhitzten Betriebsversammlung den Werksleiter beleidigt. Erst recht leuchtet ein, dass eine Kündigung nicht unter Verweis auf eine vermeintliche Arbeitsverweigerung gerechtfertigt werden kann, wenn der Arbeitnehmer in der fraglichen Zeit Betriebsratsarbeit erbracht hat (s. § 37 Abs. 2 BetrVG). Von diesen Fällen abgesehen beeinflusst die Amtsinhaberschaft aber die Anforderungen nicht, die an eine Pflichtverletzung des Arbeitnehmers zu stellen sind.[166]

106 Umgekehrt dürfen die an den wichtigen Grund zu stellenden Anforderungen nicht deshalb herabgesetzt werden, weil die fristlose (Beendigungs-)Kündigung aus wichtigem Grund für den Arbeitgeber die einzige Möglichkeit ist, sich vom Arbeitsverhältnis zu lösen.[167]

107 Ein wichtiger Grund für eine **fristlose Änderungskündigung** setzt aufseiten des Kündigenden voraus, dass für ihn die Fortsetzung derjenigen bisherigen Arbeitsbedingungen, deren Änderung er erstrebt, jeweils unzumutbar geworden ist, dh, dass die vorgesehenen Änderungen für ihn unabweisbar notwendig sind. Darüber hinaus müssen die neuen Bedingungen dem Gekündigten zumutbar sein. Beide Voraussetzungen müssen kumulativ vorliegen und sind jeweils gesondert zu prüfen (→ § 2 Rn. 184 ff.).[168] Die Einhaltung einer hypothetisch zu veranschlagenden Kündigungsfrist ist – anders als bei der außerordentlichen Beendigungskündigung (→ Rn. 97) – bei der fristlosen Änderungskündigung des Betriebsratsmitglieds nicht einzuhalten; denn dem Schutzzweck des § 15 ist Rechnung getragen, weil der Fortbestand und die Stetigkeit der jeweiligen Arbeitnehmervertretung gesichert sind.[169]

VI. Zustimmung des Betriebsrats oder der Personalvertretung

1. Regelungszweck, Ausnahmen vom Zustimmungserfordernis

108 Nach dem 1. Satz der Abs. 1–3 erfordert die fristlose Kündigung gegenüber den geschützten Personen jeweils die **Zustimmung** des Betriebsrats bzw. Personalrats oder deren Ersetzung durch gerichtliche Entscheidung. Dieses Zustimmungserfordernis soll verhindern, dass ein demokratisch gewähltes Gremium durch den Verlust einzelner Mitglieder in seiner Funktionsfähigkeit und in der Kontinuität seiner Amtsführung beeinträchtigt wird.[170] Darüber hinaus schützt die Regelung auch die betriebs- oder personal-

---

[164] So zutr. GK-BetrVG/Oetker § 23 Rn. 33 ff.

[165] BAG 19.7.2012 – 2 AZR 989/11, NZA 2013, 143 Rn. 49; 12.5.2010 – 2 AZR 587/08, NZA-RR 2011, 15; 5.11.2009 – 2 AZR 487/08, NZA-RR 2010, 236; Däubler/Deinert/Deinert Rn. 49; Fitting BetrVG § 23 Rn. 23; MüKoBGB/Hergenröder Rn. 108; PVT Kündigung/Vossen Rn. 1932; Staudinger/Temming BGB § 626 Rn. 269 f.; krit. KR/Kreft Rn. 51; APS/Linck Rn. 118; HWGNRH/Huke BetrVG § 23 Rn. 24.

[166] BAG 20.3.2014 – 2 AZR 825/12, NZA 2014, 1089 Rn. 21; 17.1.2008 – 2 AZR 821/06, NZA 2008, 777; 27.9.2001 – 2 AZR 487/00, NZA 2002, 815; KR/Kreft Rn. 48; ErfK/Kiel Rn. 23; APS/Linck Rn. 104.

[167] KR/Kreft Rn. 45.

[168] BAG 17.3.2005 – 2 ABR 2/04, NZA 2005, 949; 20.1.2000 – 2 ABR 40/99, NZA 2000, 592; 21.6.1995 – 2 ABR 28/94, NZA 1995, 1157; 6.3.1986 – 2 ABR 15/85, NZA 1987, 102; Matthes Kündigungsschutz für betriebsverfassungsrechtliche Amtsträger, 2002, HwB AR 1130 Rn. 51.

[169] BAG 21.6.1995 – 2 ABR 28/94, NZA 1995, 1157; KR/Kreft Rn. 39; MüKoBGB/Hergenröder Rn. 112; APS/Linck Rn. 109; LSSW/Wertheimer Rn. 64; PVT Kündigung/Vossen Rn. 1935.

[170] BAG 19.7.2012 – 2 AZR 989/11, NZA 2013, 143.

verfassungsrechtliche Amtsausübung bzw. Wahlkandidatur des Arbeitnehmers gegen eine Unterbrechung oder sogar Verhinderung durch den Arbeitgeber.

109 Ausnahmen bestehen insoweit, als es der Zustimmung bei der Kündigung von Wahlinitiatoren (Abs. 3a) nicht bedarf. Vor allem aber im Nachwirkungszeitraum (→ Rn. 67 ff.) ist keine Zustimmung des Betriebsrats (mehr) gefordert.

110 Während eines Arbeitskampfes bedürfen Kündigungen von geschützten Personen grds. ebenfalls der Zustimmung des Betriebsrats, weil dessen Mitwirkungsrechte mangels anderweitiger gesetzlicher Regelung zunächst bestehen bleiben und dessen Funktionsfähigkeit auch nicht beeinträchtigt wird. Anders ist es jedoch, wenn der Arbeitgeber gegenüber geschützten Personen außerordentliche Kampfkündigungen aussprechen wollte. Anderenfalls könnte der Betriebsrat mittelbar auf das Kampfgeschehen Einfluss nehmen, obwohl er nach § 74 Abs. 2 BetrVG koalitionspolitisch neutral bleiben muss. Der Arbeitgeber muss dann aber unmittelbar das gerichtliche Zustimmungsersetzungsverfahren einleiten. Das macht die Sache letztlich unhandbar, was auf Kampfkündigungen aber ganz generell zutrifft, die ja mit gutem Grund ohnehin der Vergangenheit angehören, vgl. → § 25 Rn. 1.

2. Wirksamkeitsvoraussetzung, Zustimmung vor Ausspruch der Kündigung

111 Die Zustimmung oder ihre rechtskräftige Ersetzung durch das Arbeitsgericht ist eine Wirksamkeitsvoraussetzung für die Kündigung. Sie muss vorbehaltslos erteilt sein.[171] Fehlt es daran, ist die Kündigung nach § 134 BGB unheilbar nichtig.[172] Ob und inwieweit der Arbeitgeber ein Verschulden an der unterbliebenen Anhörung trägt, ist unerheblich.

112 Die Zustimmung oder gerichtliche Zustimmungsersetzung muss stets **vor Ausspruch der Kündigung** vorliegen, sie kann nicht nachgeholt werden. Die Kündigung wird daher nicht durch nachträgliche Zustimmung (Genehmigung) oder eine spätere gerichtliche Zustimmungsersetzung geheilt.[173] Alles andere wäre mit dem Schutzzweck des § 103 BetrVG nicht vereinbar, zumal eine nachträgliche Beteiligung des Betriebsrats noch nicht einmal im Anwendungsbereich des § 102 BetrVG möglich ist (s. § 102 Abs. 1 S. 3 BetrVG).

3. Zuständigkeit

113 Zuständig ist im Bereich der Betriebsverfassung der **Betriebsrat** (zur Zuständigkeit der Bordvertretung s. § 115 Abs. 7 Nr. 1 BetrVG,[174] zum Seebetriebsrat: § 116 BetrVG). Keine besondere Zuständigkeit besteht im Hinblick auf die Mitglieder der Jugend- und Auszubildendenvertretung oder den Wahlvorstand.[175] Auch für diese Personen ist der Betriebsrat der richtige Ansprechpartner für den Arbeitgeber, allerdings ist § 67 Abs. 2 BetrVG zu beachten (Stimmrecht der Vertreter im Betriebsrat). Ähnlich besteht keine Zuständigkeit des Gesamt- und Konzernbetriebsrats. Deren Mitglieder sind Mitglieder der sie entsendenden Einzelbetriebsräte und vor allem individualrechtlich dem Ausgangsbetrieb zugeordnet.

114 Der Betriebsrat kann seine Zuständigkeit nach §§ 27 Abs. 2 S. 2, 28 Abs. 1 BetrVG auf einen Ausschuss übertragen.[176] Einer solchen Delegation stehen Bedeutung und

---

171 BAG 1.12.1977 – 2 AZR 426/76, DB 1978, 355.

172 BAG 16.11.2017 – 2 AZR 14/17, NZA 2018, 240; 24.11.2011 – 2 AZR 480/10, NZA-RR 2012, 333; 9.7.1998 – 2 AZR 142/98, NZA 1998, 1273; KR/Rinck BetrVG § 103 Rn. 111; Fitting BetrVG § 103 Rn. 46; MüKoBGB/Hergenröder Rn. 160; Richardi/Thüsing BetrVG § 103 Rn. 85; BeckOK ArbR/Volkening, 74. Ed. 1.12.2024, KSchG § 15 Rn. 72.

173 BAG 9.7.1998 – 2 AZR 142/98, NZA 1998, 1273; KR/Rinck BetrVG § 103 Rn. 111; Fitting BetrVG § 103 Rn. 24; GK-BetrVG/Raab § 103 Rn. 53; PVT Kündigung/Vossen Rn. 1947.

174 Zuständigkeit nur, soweit der Kapitän zur außerordentlichen Kündigung ermächtigt ist.

175 APS/Linck BetrVG § 103 Rn. 10; HWGNRH/Huke § 103 Rn. 63.

176 BAG 17.3.2005 – 2 AZR 275/04, NZA 2005, 1064; KR/Rinck BetrVG § 103 Rn. 79; GK-BetrVG/Raab § 103 Rn. 61; Richardi/Thüsing BetrVG § 103 Rn. 43; HWGNRH/Huke BetrVG § 103 Rn. 63.

Gewicht des betriebsverfassungsrechtlichen Zustimmungsrechts nach § 103 BetrVG nicht entgegen. Das Zustimmungsrecht nach § 103 BetrVG muss dem Ausschuss aber ausdrücklich übertragen worden sein. Dazu bedarf es eines schriftlichen Übertragungsbeschlusses, in dem die übertragenen Befugnisse so genau umschrieben werden, dass der Zuständigkeitsbereich des Ausschusses eindeutig feststeht. Es muss zweifelsfrei feststellbar sein, in welchen Angelegenheiten der Betriebsausschuss an Stelle des Betriebsrats rechtsverbindliche Beschlüsse fassen kann. Insoweit ist es möglich, dass dem fraglichen Ausschuss „alle mitbestimmungsrelevanten Personalmaßnahmen der §§ 99 – 103 BetrVG" übertragen werden. Eine Übertragung auf eine Arbeitsgruppe nach § 28a BetrVG kommt nicht in Betracht, da diese kein Organ der Betriebsverfassung ist.

Im öffentlichen Dienst ist für die Zustimmung der **Personalrat** zuständig (§ 55 Abs. 1 **115** BPersVG). Die andere Struktur der Personalvertretungen führt allerdings zu einer eigenständigen Zuständigkeit der Stufenvertretungen (Bezirks- und Hauptpersonalrat) sowie des Gesamtpersonalrats. Infolgedessen ist jeweils der Personalrat zuständig, dem das betreffende Mitglied angehört.[177] Gehört das betroffene Personalratsmitglied mehreren Personalvertretungen an, bedarf die beabsichtigte Kündigung der Zustimmung aller zuständigen Personalvertretungen.[178] Bei den anderen personalvertretungsrechtlichen Einrichtungen (Jugend- und Auszubildendenvertretungen, Wahlvorstände) besteht dagegen ähnlich der Betriebsverfassung keine Eigenzuständigkeit.[179]

Ist der **Betriebsrat funktionsunfähig** geworden, kann er die erforderliche Zustimmung **116** nach § 15 und § 103 BetrVG nicht erklären. Ist dies der Fall, muss der Arbeitgeber vor der Kündigung die gerichtliche Zustimmungsersetzung: § 103 Abs. 2a BetrVG beantragen.[180] Funktionsunfähigkeit liegt vor, wenn alle Betriebsratsmitglieder und Ersatzmitglieder gleichzeitig und dabei nicht nur kurzfristig an der Ausübung des Amtes verhindert sind,[181] zB bei einem erstmals gewählten Betriebsrat ohne konstituierende Sitzung nach § 29 Abs. 1 BetrVG,[182] wenn alle Betriebsrats- und Ersatzmitglieder durch Krankheit[183] oder sonstige länger als drei Tage dauernde Umstände arbeitsunfähig bzw. ortsabwesend sind. Dagegen liegt keine Funktionsunfähigkeit vor, solange auch nur ein einziges Betriebsrats- oder Ersatzmitglied zur Amtsausübung zur Verfügung steht.[184] Das gilt also etwa, wenn der Betriebsrat zwar gem. § 33 Abs. 2 BetrVG beschlussunfähig ist, weil die Mehrheit seiner Mitglieder zurückgetreten ist, aber nicht alle Betriebsräte ihr Amt niedergelegt haben. Dann nimmt der Restbetriebsrat in entsprechender Anwendung des § 22 BetrVG das Mitbestimmungsrecht des § 103 BetrVG wahr.[185] Zu beachten sind auch die Mandate nach §§ 21a und 21b BetrVG.

Soll das Arbeitsverhältnis des **einzigen Betriebsratsmitglieds** gekündigt werden und **117** fehlt ein gewähltes Ersatzmitglied, hat der Arbeitgeber unmittelbar im Beschlussverfahren die Zustimmungsersetzung einzuholen: Abs. 2a. Ein beteiligungsfähiger Betriebsrat (s. § 25 Abs. 1 S. 2 BetrVG) existiert in diesem Fall nicht.[186]

Besteht (noch) **kein Betriebsrat,** muss in entsprechender Anwendung von Abs. 2 die **118** **fehlende Zustimmung durch das Arbeitsgericht** ersetzt werden: § 103 Abs. 2a BetrVG.

---

[177] Richardi/Dörner/Weber/Treber BPersVG § 55 Rn. 19 f.; KR/Rinck BPersVG § 127 Rn. 7; MüKoBGB/Hergenröder Rn. 119; BeckOGK/Frey, 1.12.2024, KSchG § 15 Rn. 129.

[178] BVerwG 8.12.1986 – 6 P 20.84, NJW 1987, 2601.

[179] Richardi/Dörner/Weber/Treber BPersVG § 55 Rn. 19 f.

[180] BAG 16.12.1982 – 2 AZR 76/81, DB 1983, 1049 (zum früheren Absatz 2); KR/Rinck BetrVG § 103 Rn. 54; MüKoBGB/Hergenröder Rn. 123.

[181] KR/Rinck BetrVG § 102 Rn. 28, BetrVG § 103 Rn. 55.

[182] BAG 23.8.1984 – 6 AZR 520/82, NZA 1985, 566.

[183] BAG 5.9.1986 – 7 AZR 175/85, BB 1987, 1319.

[184] Ebenso KR/Rinck BetrVG § 102 Rn. 31; MüKoBGB/Hergenröder Rn. 123.

[185] BAG 16.11.2017 – 2 AZR 14/17, NZA 2018, 240 Rn. 15; KR/Rinck BetrVG § 102 Rn. 31.

[186] BAG 25.4.2018 – 2 AZR 401/17 NZA 2018, 1087 Rn. 8; 14.9.1994 – 2 AZR 75/94, EzA § 103 BetrVG 1972 Nr 36; 16.12.1982 – 2 AZR 76/81, AP KSchG 1969§ 15 Nr. 13 = BAGE 41, 180. Alle zum früheren § 103 BetrVG, der vor dem BRModG 2021 keine Abs. 2a entsprechende Regelung kannte.

Bedeutung erlangt das in betriebsratslosen Betrieben,[187] nämlich im Fall der Kündigung der Mitglieder des Wahlvorstandes, von Wahlbewerbern oder eines Mitglieds der Jugend- und Auszubildendenvertretung. Damit ist eine faktische Verstärkung des Kündigungsschutzes in betriebsratslosen Betrieben verbunden, was dem Arbeitgeber insbesondere die Möglichkeit nimmt, das Wahlverfahren durch vorgeschobene Kündigungen zu blockieren, vgl. dazu auch → Rn. 35.

119 Wird in einem bislang betriebsratslosen Betrieb während eines laufenden gerichtlichen Ersetzungsverfahrens nach Abs. 2a erstmalig ein Betriebsrat installiert, so hat es sein Bewenden beim gerichtlichen Ersetzungsverfahren (→ Rn. 118). Es ist kein Verfahren nach § 103 BetrVG durchzuführen.[188] Auch bedarf es nach Rechtskraft der Ersetzungsentscheidung vor Ausspruch der Kündigung nicht der Anhörung des Betriebsrats nach § 102 BetrVG. Indes ist der neu gewählte Betriebsrat an diesem zu beteiligen und zwar schon weil dieser seine Zustimmung zu der beabsichtigten Kündigung erteilen könnte oder bei nachgeschobenen Kündigungsgründen anzuhören wäre.

4. Zustimmungsverfahren

120 a) **Einleitung und Anhörung des Betriebsrats.** Hinsichtlich des Zustimmungsverfahrens nach § 103 Abs. 1 BetrVG ist zu beachten, dass es sich dabei um ein **erweitertes Anhörungsverfahren** handelt. Auf dieses finden daher zunächst einmal die Grundsätze Anwendung, wie sie im Geltungsbereich des § 102 BetrVG zur Anhörung des Betriebsrats herausgearbeitet wurden.[189]

121 Das Zustimmungsverfahren wird dadurch eingeleitet, dass der Arbeitgeber den Betriebsrat umfassend über die Einzelheiten der geplanten Kündigung **unterrichtet.** Er muss dem Betriebsrat alle Tatsachen mitteilen, die seiner Auffassung nach eine außerordentliche Kündigung rechtfertigen. Zum Nachschieben von Gründen, → Rn. 135. Darüber hinaus muss er den Betriebsrat aber auch um die Erteilung der notwendigen Zustimmung ersuchen. Eine Anhörung nach § 102 BetrVG ersetzt die Einleitung des Zustimmungsverfahrens nicht, es sei denn der Betriebsrat hat in Kenntnis des Vorliegens der Voraussetzungen des Sonderkündigungsschutzes von sich aus seine Zustimmung nach § 103 BetrVG erteilt.[190]

122 b) **Äußerungs-(Anhörungs-)frist, spätere Erteilung der Zustimmung.** Der **Zeitpunkt der Unterrichtung** des Betriebsrats ergibt sich mittelbar aus der Zweiwochenfrist des § 626 Abs. 2 BGB. Diese zweiwöchige Ausschlussfrist wird weder durch das Zustimmungsverfahren beim Betriebsrat unterbrochen noch um dessen dreitägige Äußerungsfrist verlängert.[191] Dies findet seinen Grund darin, dass es der Normzweck der Ausschlussfrist ist, dem betroffenen Arbeitnehmer möglichst rasch darüber Klarheit zu verschaffen, ob ihm aus wichtigem Grund fristlos gekündigt wird oder nicht. Stimmt der Betriebsrat der Kündigung nicht zu, muss beim Arbeitsgericht die gerichtliche Ersetzung binnen zwei Wochen beantragt werden, → Rn. 134. Faktisch muss der Arbeitgeber also den Betriebsrat spätestens am zehnten Tag nach Kenntniserlangung von dem Kündi-

[187] Denkbar ist auch, dass sich der frühere Betriebsrat nicht mehr im Amt befindet und auch nicht die Geschäfte nach § 22 BetrVG weiterführt.

[188] LAG Köln 25.1.2019 – 9 TaBV 117/18, NZA-RR 2019, 323; GK-BetrVG/Raab § 103 Rn. 73; ErfK/Kania BetrVG § 103 Rn. 17; aA aber DKW/Deinert BetrVG § 103 Rn. 40.

[189] BAG 23.4.2008 – 2 ABR 71/07, NZA 2008, 1081; 18.8.1977 – 2 ABR 19/77, DB 1978, 109; KR/Rinck BetrVG § 103 Rn. 68; MüKoBGB/Hergenröder Rn. 128; GK-BetrVG/Raab § 103 Rn. 54; Richardi/Thüsing BetrVG § 103 Rn. 41.

[190] BAG 17.3.2005 – 2 AZR 275/04, NZA 2005, 1064 (1068).

[191] BAG 24.10.1996 – 2 AZR 3/96, NZA 1997, 371; 10.12.1992 – 2 ABR 32/92, NZA 1993, 501; KR/Kreft KSchG § 15 Rn. 62; KR/Rinck BetrVG § 103 Rn. 74, 114; Fitting BetrVG § 103 Rn. 33, 39; GK-BetrVG/Raab § 103 Rn. 102; MüKoBGB/Hergenröder Rn. 155; Richardi/Thüsing BetrVG § 103 Rn. 57. Vgl. zur Parallelproblematik bei § 102 BetrVG: KR/Rinck BetrVG § 102 Rn. 123; Fitting BetrVG § 102 Rn. 62; GK-BetrVG/Raab § 102 Rn. 47; Richardi/Thüsing BetrVG § 102 Rn. 81; HWGNRH/Huke BetrVG § 102 Rn. 24.

gungsgrund um seine Zustimmung ersuchen, weil er nur so sicherstellen kann, dass er, sollte sich der Betriebsrat nicht besonders rasch äußern, in jedem Fall noch rechtzeitig kündigen bzw. bei Gericht vorstellig werden kann. Bei schwerbehinderten Betriebsratsmitgliedern kann der Antrag auf Zustimmung des Integrationsamtes (§ 168 SGB IX) vor, während oder erst nach der Beteiligung des Betriebsrats gestellt werden.[192] Einzelheiten zur Kündigungserklärungsfrist nach einer gerichtlichen Zustimmungsersetzung: → Rn. 134, 148.

Die **Äußerungsfrist** des Betriebsrats beträgt entsprechend § 102 Abs. 2 S. 3 BetrVG **höchstens drei Tage.**[193] Für das Personalvertretungsrecht ist dies so in § 55 Abs. 1, § 127 Abs. 1 BPersVG ausdrücklich geregelt. Abweichend von § 102 Abs. 2 S. 3 BetrVG bemisst das BPersVG die Frist allerdings nach Arbeitstagen.[194] 123

Lässt der Betriebsrat die Frist ungenutzt verstreichen, kann der Arbeitgeber beim Arbeitsgericht die Ersetzung der Zustimmung beantragen.[195] Eine Fiktion der Zustimmung in Anlehnung an § 102 Abs. 2 S. 2 BetrVG scheitert schon daran, dass § 102 Abs. 2 S. 3 BetrVG selbst für die „gewöhnliche" Betriebsratsanhörung bei einer außerordentlichen Kündigung keine Zustimmungsfiktion kennt. Darüber hinaus kommt der Zustimmung im Verfahren nach § 103 Abs. 1 BetrVG eine ganz andere Bedeutung zu als im Anhörungsverfahren nach § 102 Abs. 2 S. 1 BetrVG. Für das Personalvertretungsrecht gilt gleiches, s. § 55 Abs. 1, § 86 Abs. 1 BPersVG. 124

Der Betriebsrat ist nicht gehindert, auch nach Ablauf der dreitägigen Äußerungsfrist zu der geplanten Kündigung Stellung zu nehmen und die Zustimmung noch **„nachträglich"** zu erteilen.[196] Das beruht darauf, dass der Betriebsrat auch bei einem inzwischen eingeleiteten Zustimmungsersetzungsverfahren „Herr" des außergerichtlichen Zustimmungsverfahrens gem. § 103 Abs. 1 BetrVG bleibt; er kann etwa auf Grund neuen Tatsachenvortrags oder anderer Beurteilung des gleichen Sachverhalts zu einer Änderung seiner bisherigen Entscheidung gelangen. Ein bereits eingeleitetes Zustimmungsersetzungsverfahren wird in diesem Fall gegenstandslos.[197] Der Arbeitgeber muss dann aber, analog zum Fall der Zustimmungsersetzung durch das Gericht die Kündigung **unverzüglich** aussprechen. Hat das Gericht die Zustimmung nach § 103 Abs. 2 BetrVG rechtskräftig ersetzt oder abgelehnt, ist die Zustimmung des Betriebsrats ausgeschlossen.[198] Eine dennoch erklärt Zustimmung geht ins Leere. 125

c) **Entscheidungsfindung, Mängel in der Beschlussfassung des Betriebsrats.** § 103 Abs. 1 BetrVG gibt dem Betriebsrat ein **Mitbeurteilungsrecht;** er hat eine Vorprüfung vorzunehmen, ob der vom Arbeitgeber bezeichnete Tatbestand eine außerordentliche Kündigung rechtfertigt. Kommt der Betriebsrat zu dem Ergebnis, dass das der Fall ist, dass also ein wichtiger Kündigungsgrund vorliegt, so hat er die Zustimmung zu erteilen.[199] Dem Betriebsrat steht also kein Ermessensspielraum zu. 126

Für die Zustimmung oder deren Versagung schreibt das Gesetz **keine bestimmte Form** vor. Schriftliche Erklärung ist jedoch empfehlenswert und kann vom Arbeitgeber nach 127

---

192 BAG 11.5.2000 – 2 AZR 276/99, NZA 2000, 1106. Zum Lauf der Frist des § 626 Abs. 2 BGB bei „nachträglicher" Anhörung des Betriebsrats, s. Fitting BetrVG § 102 Rn. 61.

193 BAG 18.8.1977 – 2 ABR 19/77, DB 1978, 109; KR/Rinck BetrVG § 103 Rn. 81; Fitting BetrVG § 103 Rn. 33; MüKoBGB/Hergenröder Rn. 131; Richardi/Thüsing BetrVG § 103 Rn. 46; HWGNRH/Huke BetrVG § 103 Rn. 66; Eylert/Sänger RdA 2010, 29; BeckOGK/Frey, 1.12.2024, KSchG § 15 Rn. 126.

194 Richardi/Dörner/Weber/Treber BPersVG § 55 Rn. 26.

195 BAG 24.10.1996 – 2 AZR 3/96, NZA 1997, 371; 18.8.1977 – 2 ABR 19/77, DB 1978, 109 unter II 3d; KR/Rinck BetrVG § 103 Rn. 98, 102; Fitting BetrVG § 103 Rn. 33; MüKoBGB/Hergenröder Rn. 133; GK-BetrVG/Raab § 103 Rn. 71; Richardi/Thüsing BetrVG § 103 Rn. 46.

196 BAG 23.6.1993 – 2 ABR 58/92, AP ArbGG 1979 § 83a Nr. 2; 17.9.1981 – 2 AZR 402/79, DB 1982, 2041; Fitting BetrVG § 103 Rn. 36; MüKoBGB/Hergenröder Rn. 134; Richardi/Thüsing BetrVG § 103 Rn. 52.

197 BAG 23.6.1993 – 2 ABR 58/92, AP ArbGG 1979 § 83a Nr. 2. Prozessual muss das Verfahren für erledigt erklärt werden, s. Rn. 139; BeckOK ArbR/Volkening, 74. Ed. 1.12.2024, KSchG § 15 Rn. 73.

198 GK-BetrVG/Raab § 103 Rn. 98.

199 BAG 25.3.1976 – 2 AZR 163/75, BB 1976, 932 unter 2e; KR/Rinck BetrVG § 103 Rn. 90; MüKoBGB/Hergenröder Rn. 135; GK-BetrVG/Raab § 103 Rn. 66; HWGNRH/Huke BetrVG § 103 Rn. 69; Richardi/Thüsing BetrVG § 103 Rn. 48.

allgemeinen Grundsätzen (vertrauensvolle Zusammenarbeit, § 2 Abs. 1 BetrVG, Treu und Glauben) verlangt werden. Die §§ 182 Abs. 3, 111 S. 2 BGB finden keine Anwendung zu Gunsten des Mandatsträgers.[200]

128 **Verfahrensmängel** bei der Beschlussfassung können sich – wenngleich nur in begrenztem Umfang – auf die Wirksamkeit einer Zustimmung des Betriebsrats auswirken. Die zum Anhörungsverfahren nach § 102 BetrVG entwickelten Regeln, wonach Verfahrensfehler aus der Sphäre des Betriebsrats grds. keine Auswirkungen auf die Kündigung haben,[201] können angesichts der viel schwerer wiegenden Bedeutung des Zustimmungsverfahrens, insbes. des hier herrschenden echten Konsensprinzips, nicht vollständig auf dieses übertragen werden.[202] Andererseits führt jedoch nicht jeder beliebige, sondern nur ein schwerer Verfahrensmangel zur Unwirksamkeit des Betriebsratsbeschlusses und der darauf beruhenden Zustimmungserklärung.

129 Allerdings können die allgemeinen Grundsätze des **Vertrauensschutzes** zugunsten des Arbeitgebers eingreifen. Das gilt etwa dann, wenn der Betriebsratsvorsitzende oder sein Vertreter mitteilt, der Betriebsrat habe die beantragte Zustimmung nach ordnungsgemäßer Behandlung der Angelegenheit erteilt. Der Arbeitgeber darf aber keine positive und zutreffende Kenntnis von der Unwirksamkeit des Betriebsratsbeschlusses haben.[203] Eine besondere Erkundigungspflicht besteht indes nicht. Erst recht schaden nach Ausspruch der Kündigung bekannt gewordene Verfahrensmängel nicht.[204] Kennt der Arbeitgeber aber die Umstände der Entscheidungsfindung und würdigt er diese lediglich rechtsfehlerhaft, geht dies zu seinen Lasten.[205]

5. Gerichtliche Ersetzung der Zustimmung

130 a) **Allgemeines.** Verweigert der Betriebsrat die Zustimmung zur Kündigung, kann das Arbeitsgericht diese auf Antrag des Arbeitgebers ersetzen, § 103 Abs. 2 BetrVG. Entsprechendes gilt für die Verweigerung der Zustimmung des Personalrats nach Abs. 2 S. 1, wobei hier die Zuständigkeit des Verwaltungsgerichts gegeben ist (§§ 55, 127 jeweils Abs. 1 S. 2 BPersVG). Statt der Zustimmung des Betriebsrats ist dann die rechtskräftige gerichtliche Ersetzung der Zustimmung **Wirksamkeitsvoraussetzung** für die fristlose Kündigung.

131 b) **Beschlussverfahren.** Für die Zustimmungsersetzung findet nach § 2a Abs. 1 Nr. 1, Abs. 2 ArbGG das **Beschlussverfahren** statt. Beteiligte gem. § 83 Abs. 3 ArbGG sind der Arbeitgeber, der Betriebsrat und nach § 103 Abs. 2 S. 2 BetrVG (§ 55 Abs. 1 S. 3, § 127 Abs. 1 S. 3 BPersVG) stets auch der von der beabsichtigten Kündigung betroffene Arbeitnehmer.[206] Dessen Beteiligung ist Voraussetzung für die Präjudizialität der Zustimmungsersetzung in einem späteren Kündigungsrechtsstreit, → Rn. 152. Für den Betriebsrat ist die Verfahrensbeteiligung nicht Betriebsratstätigkeit, daher besteht insoweit keine Kostentragungspflicht des Arbeitgebers nach § 40 Abs. 1 BetrVG.[207]

132 Mit dem Antrag auf Ersetzung der Zustimmung zur Kündigung kann beim Zusammentreffen von Amtspflicht- und Vertragspflichtverletzung hilfsweise ein Antrag auf

[200] BAG 4.3.2004 – 2 AZR 147/03, NZA 2004, 717 (717).
[201] Insbes. BAG 16.1.2003 – 2 AZR 707/01, NZA 2003, 927; 2.4.1976 – 2 AZR 513/75, DB 1976, 1063.
[202] BAG 23.8.1984 – 2 AZR 391/83, NZA 1985, 254 unter B II 2; 22.2.1979 – 2 AZR 115/78, DB 1979, 1659; ArbG Mannheim 1.12.2021 – 2 Ca 106/21, NZA-RR 2022, 192 Rn. 62; KR/Rinck BetrVG § 103 Rn. 108 f.; Fitting BetrVG § 103 Rn. 38; MüKoBGB/Hergenröder Rn. 137; GK-BetrVG/Raab § 103 Rn. 62.
[203] Ebenso KR/Rinck BetrVG § 103 Rn. 108; MüKoBGB/Hergenröder Rn. 139; APS/Linck BetrVG § 103 Rn. 25.
[204] KR/Rinck BetrVG § 103 Rn. 110.
[205] BAG 23.8.1984 – 2 AZR 391/83, NZA 1985, 254.
[206] Ebenso KR/Rinck BetrVG § 103 Rn. 119; Fitting BetrVG § 103 Rn. 43.
[207] BAG 31.1.1990 – 7 ABR 39/89, NZA 1991, 152; APS/Linck BetrVG § 103 Rn. 64.

Ausschluss des Arbeitnehmers aus dem Betriebsrat nach § 23 Abs. 1 BetrVG verbunden werden.[208]

133 c) **Zulässigkeitsvoraussetzung.** Die ordnungsgemäße Beteiligung des Betriebsrats ist **Zulässigkeitsvoraussetzung** für das gerichtliche Ersetzungsverfahren.[209] Die Einleitung des gerichtlichen Ersetzungsverfahrens ist also erst dann zulässig, wenn der Betriebsrat ordnungsgemäß beteiligt worden war und er die Zustimmung verweigert oder aber die dreitägige Anhörungsfrist (→ Rn. 123 f.) ungenutzt verstreichen lassen hat. Ein vorsorglicher Zustimmungsersetzungsantrag ist unzulässig. Eine nachgeschobene Anhörung bzw. Unterrichtung des Betriebsrats heilt einen unzulässigen Antrag grundsätzlich nicht.[210] Anderes gilt lediglich, wenn sich der Arbeitgeber noch in der Zweiwochenfrist des § 626 Abs. 2 BGB bewegt (→ Rn. 122, 134). Hatte er das Verfahren bereits eingeleitet und beteiligt er den Betriebsrat dessen ungeachtet noch so rechtzeitig, dass er ein erneutes Zustimmungsersetzungsverfahren noch fristwahrend einleiten könnte, wäre es Förmelei, ihm die Ergänzung des vorzeitig gestellten Zustimmungsersetzungsantrags zu versagen.[211]

134 d) **Mittelbare Antragsfrist.** Der Zustimmungsersetzungsantrag muss **innerhalb der zweiwöchigen Ausschlussfrist** des § 626 Abs. 2 BGB erhoben werden.[212] Diese Frist wird durch die Anhörung des Betriebsrats weder unterbrochen noch gehemmt, s. oben → Rn. 122. Ist die Frist nicht gewahrt, ist der Antrag als **unbegründet** zurückzuweisen. Entfällt die Verpflichtung zur Einholung der Zustimmung des Betriebsrats – wie etwa in (noch) betriebsratslosen Betrieben, bei Funktionsunfähigkeit des Betriebsrats oder bei „Einmannbetriebsräten" (→ Rn. 116 bis 118) – hat der Arbeitgeber an ihrer Stelle die gerichtliche Zustimmungsersetzung innerhalb von zwei Wochen ab Kenntniserlangung vom Kündigungsgrund zu beantragen.

135 e) **Begründung, insbesondere: Nachschieben von Gründen.** Der Arbeitgeber kann einen Antrag auf die gerichtliche Ersetzung der Zustimmung nur auf solche Gründe stützen, die dem Betriebsrat mit dem Antrag auf Zustimmung vorgelegen haben. Dies hindert den Arbeitgeber aber nicht daran, auch nach Einleitung des Zustimmungsersetzungsverfahrens noch Kündigungsgründe **nachzuschieben** und zwar selbst dann, wenn ihm diese bereits zuvor bekannt waren, erst recht aber, wenn diese erst nach Einleitung des Verfahrens entstanden oder bekanntgeworden sind.[213] Da die Kündigung noch nicht ausgesprochen ist, können im Grundsatz noch alle zu ihrer Rechtfertigung geeigneten Umstände Berücksichtigung finden.

136 Allerdings setzt ein Nachschieben von Gründen voraus, dass der Arbeitgeber den Betriebsrat zuvor damit befasst, sowie ihm Gelegenheit zu einer neuerlichen Stellungnahme und Entscheidung gegeben hat. Dabei muss er (nochmals) versuchen, die Zustimmung des Betriebsrats zur Kündigung zu erlangen[214] und daher ggf. auch die dreitägige Äußerungsfrist (→ Rn. 123) abwarten, bevor er sich an das Gericht wendet. Keinesfalls

---

[208] BAG 21.2.1978 – 1 ABR 54/76, DB 1978, 1547; KR/Rinck BetrVG § 103 Rn. 116; Fitting BetrVG § 23 Rn. 22, § 103 Rn. 44; MüKoBGB/Hergenröder Rn. 147; HWGNRH/Huke BetrVG § 23 Rn. 28; Richardi/Thüsing BetrVG § 103 Rn. 65; abw. GK-BetrVG/Oetker § 23 Rn. 90: kumulativ.

[209] BAG 7.5.1986 – 2 ABR 27/85, NZA 1986, 719 unter II 2a; LAG Köln 25.1.2019 – 9 TaBV 117/18, NZA-RR 2019, 323; KR/Rinck BetrVG § 103 Rn. 114; MüKoBGB/Hergenröder Rn. 140; Richardi/Thüsing BetrVG § 103 Rn. 66.

[210] BAG 24.10.1996 – 2 AZR 3/96, NZA 1997, 371; 7.5.1986 – 2 ABR 27/85, NZA 1986, 719 unter II 2b; GK-BetrVG/Raab § 103 Rn. 74.

[211] Becker-Schaffner DB 1987, 2152; aA: BAG 7.5.1986 – 2 ABR 27/85, AP BetrVG 1972 § 103 Nr. 18; MüKoBGB/Hergenröder Rn. 141.

[212] BAG 24.10.1996 – 2 AZR 3/96, NZA 1997, 371; 10.12.1992 – 2 ABR 32/92, NZA 1993, 501; 7.5.1986 – 2 ABR 27/85, NZA 1986, 719; 24.4.1975 – 2 AZR 118/74, BB 1975, 1014 unter II 6b; KR/Rinck BetrVG § 103 Rn. 117; Fitting BetrVG § 103 Rn. 41; MüKoBGB/Hergenröder Rn. 146; APS/Linck BetrVG § 103 Rn. 27; BeckOGK/Frey, 1.12.2024, KSchG § 15 Rn. 136.

[213] BAG 23.4.2008 – 2 ABR 71/07, NZA 2008, 1081.

[214] BAG 27.1.1977 – 2 ABR 77/76, DB 1977, 869; 27.5.1975 – 2 ABR 125/74, DB 1975, 1706; 22.8.1974 – 2 ABR 17/74, BB 1974, 1578; Däubler/Deinert/Deinert Rn. 69; KR/Rinck BetrVG § 103 Rn. 125; Fitting BetrVG

reicht es aus, wenn die neuen Entwicklungen alleine im Beschlussverfahren erörtert werden und der Betriebsratsvorsitzende oder der Prozessvertreter von diesen nur durch Teilnahme daran erfährt.[215]

137 Anders ist es naturgemäß dann, wenn ausnahmsweise die gerichtliche Ersetzung der Zustimmung ohne vorherige Befassung des Betriebsrats beantragt werden kann (zu diesen Fällen → Rn. 116 bis 118). In diesen Fällen kann der Arbeitgeber weitere Kündigungsgründe unmittelbar in das gerichtliche Verfahren einbringen.

138 f) **Prüfung durch das Gericht.** Im Verfahren zur Ersetzung der Zustimmung hat das Gericht darüber zu befinden, ob ein wichtiger Grund für eine außerordentliche Kündigung nach Abs. 1–3 in dem oben (→ Rn. 98 ff.) beschriebenen Sinn vorliegt.[216] Die Entscheidung betrifft ausschließlich eine **Rechtsfrage,** das Gericht hat insoweit kein Ermessen.

139 Da die Entscheidung im Beschlussverfahren erfolgt, sind nach § 83 ArbGG die für den wichtigen Kündigungsgrund maßgebenden Tatsachen von Amts wegen zu ermitteln. Auch § 103 Abs. 2 S. 2 BetrVG hebt nochmals ausdrücklich hervor, dass alle relevanten Umstände umfassend zu berücksichtigen sind. Gegenstand des Verfahrens ist aber nur die fristlose Kündigung, zu welcher der Arbeitgeber die Zustimmung des Betriebsrats begehrt hat. Alle dafür maßgebenden Umstände, aber auch nur diese, sind zu ermitteln und der Entscheidung zugrunde zu legen. Da es der Arbeitgeber in der Hand hat, auf welchen Sachverhalt er die beabsichtigte Kündigung stützen will, bleiben Umstände, die er selbst nicht zu deren Rechtfertigung heranziehen will, auch dann außer Betracht, wenn sie im Verfahren bekannt geworden sind und eine ansonsten unbegründete Kündigung stützen könnten.[217]

140 g) **Beschluss, Wechsel im Amt, sonstige Beendigungsgründe.** Kommt das Gericht zu dem Ergebnis, dass ein wichtiger Kündigungsgrund vorliegt und die Ausschluss-(Antrags-)frist des § 626 Abs. 2 BGB (→ Rn. 134) gewahrt wurde, so hat es die Zustimmung zu ersetzen. Zur Rechtskraft und zum Erfordernis eines unverzüglichen Ausspruchs der Kündigung, → Rn. 148. Ist dies nicht der Fall, ist der Antrag zurückzuweisen. Wird der Zustimmungsersetzungsantrag rechtskräftig abgewiesen, kann der Arbeitgeber nicht wirksam kündigen, uU aber ein Anschlussverfahren nach § 23 Abs. 1 BetrVG anstrengen.

141 **Endet** vor Abschluss des gerichtlichen Zustimmungsersetzungsverfahrens **das Amt** des Betriebsratsmitglieds oder sonstigen Amtsträgers, so entfällt mit dem Ende des vollen besonderen Kündigungsschutzes das Zustimmungserfordernis für die außerordentliche Kündigung nach § 103 BetrVG, da im Nachwirkungszeitraum die Zustimmung nicht erforderlich ist. Dasselbe gilt für Wahlbewerber, die nicht gewählt worden sind, von der Bekanntgabe des Wahlergebnisses an. Mit dem **Wegfall des Zustimmungserfordernisses** wird das Verfahren zur Zustimmungsersetzung gegenstandslos;[218] der entsprechende Antrag ist unzulässig. Auf eine entsprechende Erklärung hin ist das Verfahren nach § 83a ArbGG einzustellen. Der Arbeitgeber kann nunmehr ohne Zustimmung außerordentlich kündigen. Der dafür an sich erforderlichen Anhörung des Betriebsrats nach § 102 Abs. 1 BetrVG ist bereits durch die Beteiligung des Betriebsrats nach § 103 Abs. 1 BetrVG genügt.[219] Zwar hat die Stellungnahme des Betriebsrats hier ein anderes Gewicht

§ 103 Rn. 42; MüKoBGB/Hergenröder Rn. 149; HWGNRH/Huke BetrVG § 103 Rn. 79; Richardi/Thüsing BetrVG § 103 Rn. 72.

[215] BAG 23.4.2008 – 2 ABR 71/07, NZA 2008, 1081; 27.5.1975 – 2 ABR 125/74, DB 1975, 1706.

[216] BAG 16.11.2017 – 2 AZR 14/17, NZA 2018, 240 Rn. 42.

[217] BAG 27.1.1977 – 2 ABR 77/76, DB 1977, 869; KR/Rinck BetrVG § 103 Rn. 121; MüKoBGB/Hergenröder Rn. 148.

[218] BAG 27.1.2011 – 2 ABR 114/09, NZA-RR 2011, 348; KR/Rinck BetrVG § 103 Rn. 137; Fitting BetrVG § 103 Rn. 50; MüKoBGB/Hergenröder Rn. 151; Richardi/Thüsing BetrVG § 103 Rn. 76; ErfK/Kiel § 15 Rn. 28.

[219] BAG 27.1.2011 – 2 ABR 114/09, NZA-RR 2011, 348; 5.11.2009 – 2 AZR 487/08, NZA-RR 2010, 236 Rn. 28; 27.6.2002 – 2 ABR 22/01, NZA 2003, 229; 8.6.2000 – 2 AZN 276/00, AP BetrVG 1972 § 103 Nr. 41; KR/Rinck BetrVG § 103 Rn. 137; MüKoBGB/Hergenröder Rn. 152; GK-BetrVG/Raab § 103 Rn. 54.

als dort, doch ist die Befassung des Betriebsrats mit der außerordentlichen Kündigung der Sache nach nicht so verschieden, dass das Verfahren wiederholt werden müsste. Die Kündigung muss aber, wie im Fall ihrer rechtskräftigen Ersetzung, unverzüglich nach dem Wegfall des Sonderschutzes ausgesprochen werden.[220]

Das Zustimmungsersetzungsverfahren wird auch dann gegenstandslos, wenn vor seinem Abschluss das Arbeitsverhältnis des betroffenen Arbeitnehmers endet. In diesem Fall entfällt nicht nur mit dem Amt das Zustimmungserfordernis, sondern es bedarf auch keiner Kündigung mehr; ein gleichwohl gestellter oder weiter verfolgter Antrag wird unzulässig.[221] Weiter erledigt sich das Verfahren auch, wenn der Arbeitgeber nicht mehr an seinem Antrag festhält.[222] Schließlich wird das Verfahren auch gegenstandslos, wenn der Betriebsrat seine Zustimmung (vor Eintritt der Rechtskraft einer gerichtlichen Entscheidung) doch noch erklärt.[223] Der Arbeitgeber muss dann aber, analog zum Fall der Zustimmungsersetzung durch das Gericht, die Kündigung unverzüglich aussprechen. Hat das Gericht die Zustimmung nach § 103 Abs. 2 BetrVG rechtskräftig ersetzt oder abgelehnt, ist die Zustimmung des Betriebsrats ausgeschlossen. Eine dennoch erklärte Zustimmung geht ins Leere. 142

Ein **Wechsel im Amt** (Beispiel: Rücktritt des Betriebsrats bei nachfolgender Bestellung eines Mitglieds zum Wahlvorstand) ändert nichts an der rechtsgestaltenden Wirkung der gerichtlichen Zustimmungsersetzung bezogen auf die vorgetragenen bzw. festgestellten Kündigungsgründe.[224] Zum einen ersetzt die gerichtliche Entscheidung nicht die Zustimmung des Betriebsrats im Hinblick auf eine konkrete Amtsträgereigenschaft, sondern bezieht sich auf die vom Arbeitgeber geltend gemachten Kündigungsgründe. Zum anderen kann die konkrete Funktion des Amtsträgers bei der Prüfung der Kündigungsgründe allenfalls zugunsten des Arbeitnehmers berücksichtigt worden sein (→ Rn. 105), sodass es unschädlich bleibt, wenn er das Amt wechselt. Ein neuerliches Ersetzungsverfahren ist daher nicht nur unnötig, sondern wäre wegen der entgegenstehenden Rechtskraft des bereits durchgeführten Verfahrens auch unzulässig. Das gleiche gilt, wenn der Betriebsrat zwischenzeitlich aus dem Amt ausgeschieden und wiedergewählt worden wäre, was aber mit Rücksicht auf den Zeitlauf (Notwendigkeit des unverzüglichen Ausspruchs der Kündigung, → Rn. 148) ohnehin recht unwahrscheinlich ist. Ähnliches gilt für erfolgreiche Wahlbewerber. Wurde bereits zu Wahlzeiten ein Zustimmungsersetzungsverfahren eingeleitet, so kann dieses unter Beteiligung des neuen Betriebsrats fortgesetzt werden.[225] 143

h) Nachfolgende Kündigung. Die Kündigung kann erst nach **formeller Rechtskraft** des die Zustimmung ersetzenden Beschlusses ausgesprochen werden.[226] Eine (weitere) Anhörung des Betriebsrats nach § 102 BetrVG ist nach Durchführung des Zustimmungsersetzungsverfahrens naturgemäß nicht erforderlich (vgl. auch → Rn 141). 144

Die formelle Rechtskraft tritt ein, wenn dieser mit einem ordentlichen Rechtsmittel nicht mehr angefochten werden kann. Was die Feststellung des Eintritts der Rechtskraft betrifft, gelten die allgemeinen prozessualen Grundsätze.[227] Ist in einem Beschluss des LAG die Rechtsbeschwerde nicht zugelassen, beginnt diese mit dem Ablauf der Frist nach §§ 92a S. 2 iVm 72a ArbGG oder mit der Zurückweisung der Nichtzulassungsbeschwerde durch das BAG.[228] Hat der Arbeitgeber Zweifel an der Rechtskraft der 145

[220] BAG 27.1.2011 – 2 ABR 114/09, NZA-RR 2011, 348.
[221] BAG 27.6.2002 – 2 ABR 22/01, NZA 2003, 229.
[222] BAG 24.11.2011 – 2 AZR 480/10, NZA-RR 2012, 333 Rn. 23.
[223] BAG 23.6.1993 – 2 ABR 58/92, AP ArbGG 1979 § 83a Nr. 2.
[224] BAG 16.11.2017 – 2 AZR 14/17, NZA 2018, 240 Rn. 42.
[225] KR/Rinck BetrVG § 103 Rn. 138; MüKoBGB/Hergenröder Rn. 127.
[226] BAG 16.11.2017 – 2 AZR 14/17, NZA 2018, 240 Rn. 18 u. 23; 24.11.2011 – 2 AZR 480/10, NZA-RR 2012, 333; 9.7.1998 – 2 AZR 142/98, NZA 1998, 1273; KR/Rinck BetrVG § 103 Rn. 131, 139; Fitting BetrVG § 103 Rn. 46; MüKoBGB/Hergenröder Rn. 156; Richardi/Thüsing BetrVG § 103 Rn. 85.
[227] GWBG/Greiner ArbGG § 84 Rn. 8.
[228] BAG 16.11.2017 – 2 AZR 14/17, NZA 2018, 240 Rn. 20. Zur Rechtskraft s. auch: BAG 9.7.1998 – 2 AZR 142/98, NZA 1998, 1273.

Entscheidung, muss er sich nach Ablauf der Rechtsmittelfrist unverzüglich beim Gericht erkundigen und ggf. gem. § 706 ZPO ein Rechtskraftzeugnis beantragen, um nicht wegen Verspätung ausgeschlossen zu sein oder wegen Verfrühung Nichtigkeit befürchten zu müssen.[229]

146 Die Kündigung kann auch dann erst nach Eintritt der Rechtskraft ausgesprochen werden, wenn ein Rechtsmittel oder Rechtsbehelf gegen den die Zustimmung ersetzenden Beschluss offensichtlich aussichtslos ist. Das BAG hat es vormals zwar für nicht ausgeschlossen gehalten, dass der Arbeitgeber in diesem Fall ausnahmsweise vorzeitig kündigen kann.[230] Daran sollte aber wegen der damit verbundenen Rechtsunsicherheit und einer möglichen Überfrachtung des späteren Individualprozesses mit kollektivrechtlichen Vorfragen nicht festgehalten werden.[231]

147 Allerdings ist bei besonders schwerwiegenden Gründen, welche die Annahme jeder Arbeitsleistung für den Arbeitgeber schon vor Erlangung der Zustimmung nach Treu und Glauben unzumutbar erscheinen lassen, eine **vorläufige Suspendierung** des Arbeitnehmers bis zur Kündigung möglich.[232] Insoweit gelten die allgemeinen Grundsätze über eine einseitige Freistellung von Arbeitnehmern von der Arbeitsleistung. Eine solche lässt freilich den Lohnanspruch des Betriebsrats unberührt (§ 615 BGB) und hindert den Betriebsrat auch nicht an der Amtsausübung. Zumindest diese ermöglicht ihm auch, den Betrieb weiterhin zu betreten. Eine Grenze bildet lediglich der Rechtsmissbrauch.[233] Anderes gilt nach Zugang der Kündigung: arg. §§ 24 Nr. 3, 25 Abs. 1 S. 2 BetrVG.[234]

148 Die Kündigung muss **unverzüglich** nach Eintritt der Rechtskraft ausgesprochen werden.[235] Das gleiche gilt, wenn der Betriebsrat während eines gerichtlichen Zustimmungsersetzungsverfahrens nachträglich seine Zustimmung nach § 103 Abs. 1 BetrVG erteilt.[236] Die Ausschlussfrist des § 626 Abs. 2 BGB hat hier keine Bedeutung; diese beginnt nicht etwa mit Abschluss des Zustimmungsersetzungsverfahrens, sondern hat allein Einfluss auf dessen Einleitung (→ Rn. 122, 134).[237] Wie lange der Arbeitgeber im Einzelfall Zeit hat, um die Kündigung noch ohne schuldhaftes Zögern auszusprechen (§ 121 Abs. 1 S. 1 BGB), bestimmt sich nach den Umständen des Einzelfalls. Es ist aber nicht so, dass dem Arbeitgeber hierzu regelmäßig zwei Wochen verblieben. Zwar wird die Zweiwochenfrist des § 626 Abs. 2 BGB im Arbeitsrecht immer wieder herangezogen, um den Begriff der Unverzüglichkeit zu konkretisieren, so etwa bei der Anfechtungsfrist des § 119 Abs. 2 BGB oder der unverzüglichen Nachholung der Mitteilung über das Bestehen einer Schwangerschaft nach § 17 Abs. 1 S. 2 MuSchG. Diese Fälle sind aber mit der vorliegenden Fallgestaltung nicht vergleichbar, weil dem (der) Erklärenden dort

[229] ArbG Berlin 3.11.1988 – 27 Ca 282/88, DB 1989, 486; KR/Rinck BetrVG § 103 Rn. 141; Mareck BB 1986, 1084.

[230] BAG 24.11.2011 – 2 AZR 480/10, NZA-RR 2012, 333 Rn. 18. In seinem Urteil vom 16.11.2017 (2 AZR 14/17, NZA 2018, 240 Rn. 18) lässt das BAG diese Frage ausdrücklich offen.

[231] Wie hier: ErfK/Kiel Rn. 28; APS/Linck BetrVG § 103 Rn. 44; Däubler/Deinert/Deinert Rn. 71; Richardi/Thüsing BetrVG § 103 Rn. 84; aA HWGNRH/Huke BetrVG § 103 Rn. 76.

[232] LAG Sachsen 14.4.2000 – 3 Sa 298/00, NZA-RR 2000, 588; BAG 30.5.1978 – 2 AZR 637/76, DB 1979, 359 unter C II 4c; 11.11.1976 – 2 AZR 457/75, DB 1977, 1190; KR/Rinck BetrVG § 103 Rn. 151; Fitting BetrVG § 103 Rn. 44; MüKoBGB/Hergenröder Rn. 114; APS/Linck BetrVG § 103 Rn. 48; GK-BetrVG/Raab § 103 Rn. 118; Richardi/Thüsing BetrVG § 103 Rn. 93 ff.; abl. BTM/Backmeister Rn. 79.

[233] LAG München 28.9.2005 – 9 TaBV 58/05, AUR 2006, 213; LAG Düsseldorf 22.2.1977 – 11 Ta BV 7/77, DB 1977, 1053; LAG Hamm 24.10.1974 – 8 Ta BV 53/74, BB 1974, 1638; 27.4.1972 – 8 BV Ta 6/72, BB 1972, 751; KR/Rinck BetrVG § 103 Rn. 153, 158; Fitting BetrVG § 103 Rn. 44; MüKoBGB/Hergenröder Rn. 116; GK-BetrVG/Raab § 103 Rn. 119; Richardi/Thüsing BetrVG § 103 Rn. 96; HWGNRH/Huke BetrVG § 103 Rn. 94.

[234] Fitting BetrVG § 103 Rn. 45.

[235] BAG 1.10.2020 – 2 AZR 238/20, NZA 2020, 1639; 25.4.2018 – 2 AZR 401/17, NZA 2018, 1087 Rn. 17; 16.11.2017 – 2 AZR 14/17, NZA 2018, 240 Rn. 46; 8.6.2000 – 2 AZR 375/99, NZA 2001, 212; 9.7.1998 – 2 AZR 142/98, NZA 1998, 1273; KR/Kreft Rn. 63; KR/Rinck BetrVG § 103 Rn. 141; MüKoBGB/Hergenröder Rn. 157; ErfK/Kiel Rn. 29; Richardi/Thüsing BetrVG § 103 Rn. 86; Staudinger/Temming BGB § 626 Rn. 301; PVT Kündigung/Vossen Rn. 1950.

[236] BAG 17.9.1981 – 2 AZR 402/79, AP BetrVG 1972 § 103 Nr. 14.

[237] Nicht ganz zu Unrecht sprach ErfK/Ascheid, 6. Aufl. 2006, Rn. 34 von einer „regelrechten Fristenhetze". Kritisch am Zusammenspiel von § 15 KSchG und § 103 BetrVG auch: Gamillscheg FS BAG, 1979, 117 (126 ff.); G. Hueck FS BAG, 1979, 268 ff. und Anm. zu BAG 30.5.1978 – 2 AZR 637/76, DB 1979, 359.

ein angemessener Entscheidungsspielraum zugebilligt werden soll, ob er (sie) tatsächlich anfechten bzw. den Arbeitgeber von der Schwangerschaft in Kenntnis setzen will. Hier hat der Arbeitgeber den Sachverhalt aber mehrfach ausführlich würdigen können. Ihm war die Zweiwochenfrist bereits vor Antragstellung bei Gericht zu Gute gekommen (→ Rn. 122, 134) und erst recht konnte er im Verlauf des Gerichtsverfahrens seine Entscheidung immer wieder zur Überprüfung stellen. Entsprechend bedarf der Arbeitgeber nach rechtskräftigem Abschluss des von ihm selbst betriebenen Zustimmungsersetzungsverfahrens keiner erneuten Überlegungsfrist mehr, während auf der anderen Seite der betroffene Arbeitnehmer ein erhebliches Interesse daran hat, dass die Klärung seiner Lage nunmehr nicht unnötig noch weiter verzögert wird. Damit drängt sich eine Analogie zu § 174 Abs. 5 SGB IX geradezu auf.[238]

6. Kündigungsschutz

Der Funktionsträger kann die Kündigung wie jeder andere Arbeitnehmer auch gerichtlich angreifen. Er muss hierzu allerdings die dreiwöchige Klagefrist des § 4 wahren, da eine etwaige Unwirksamkeit andernfalls als geheilt gilt. Das gilt nicht nur, wenn er fristlos gekündigt wird (§ 13 Abs. 1 S. 2), sondern auch, wenn der Arbeitnehmer ordentlich gekündigt werden sollte, ungeachtet des Umstands, dass eine solche Kündigung zwingend unzulässig ist. 149

Hat der betroffene Arbeitnehmer die fehlende Zustimmung des Betriebsrats gerügt, kann er sich gleichzeitig auch auf das Fehlen eines wichtigen Kündigungsgrundes berufen. Voraussetzung ist allerdings, dass das Fehlen des wichtigen Grundes rechtzeitig nach § 6 geltend gemacht worden ist. Dazu genügt, wenn zunächst nur die fehlende Zustimmung gerügt wurde, dann aber vor Schluss der mündlichen Verhandlung erster Instanz auch das Fehlen des Kündigungsgrundes geltend gemacht worden ist. In umgekehrter Richtung gilt dasselbe. 150

Der **Arbeitnehmer** kann einen **Auflösungsantrag** nach § 13 Abs. 1 S. 3 stellen.[239] Das setzt aber voraus, dass die außerordentliche Kündigung zumindest auch deshalb unwirksam ist, weil sie keinen Bestand vor § 626 BGB hat, s. → § 13 Rn. 18 bzw. 9 Rn. 17 ff. Das ist wegen der Präjudizwirkung des Zustimmungsersetzungsverfahrens (→ Rn. 152) – in dem bereits geprüft wird, ob ein wichtiger Grund für die Kündigung vorliegt – nur vorstellbar, wenn dieses versäumt wurde oder die Kündigung nach § 626 Abs. 2 BGB verfristet ausgesprochen wurde. Ob die Kündigung auch aus anderen Gründen unwirksam ist, etwa weil es an der Zustimmung nach § 103 BetrVG fehlt, ist gleich. Scheitert die Kündigung indes alleine an solchen, kommt eine Auflösung des Arbeitsverhältnisses nicht in Betracht. Dagegen ist dem **Arbeitgeber** nach allgemeinen Grundsätzen ein Auflösungsantrag schon grundsätzlich verwehrt, → §§ 9 Rn. 18 u. § 13 Rn. 27. Da eine (ggf. hilfsweise erklärte) ordentliche Kündigung an § 15 scheitert, ist sie auch aus „anderen" Gründen unwirksam, d. h. aus Gründen jenseits der fehlenden sozialen Rechtfertigung. Das schließt einen Auflösungsantrag aus.[240] Anderes gilt indes, wenn der Arbeitgeber eine ordentliche Kündigung zu einem Zeitpunkt ausgesprochen hat, zu dem **noch kein Sonderkündigungsschutz** bestand, diese sozial ungerechtfertigt ist und er nach § 9 Abs. 1 die Auflösung des Arbeitsverhältnisses beantragt. Diesen kann er dann sogar auf Gründe stützen, die erst im Zeitraum des Bestehens von Sonderkündigungsschutz entstanden sind.[241] Dabei sind aber solche auszuscheiden, die mit der Amtsausübung im Zusammenhang stehen und deshalb möglicherweise keinen oder nur einen bedingten Schluss auf die 151

---

238 BAG 1.10.2020 – 2 AZR 238/20, NZA 2020, 1639; ErfK/Kiel Rn. 29.
239 LAG Berlin 27.5.2004 – 13 Sa 313/04, LAGE § 9 KSchG Nr. 36; BAG 9.10.1979 – 6 AZR 1059/77, NJW 1980, 1484; KR/Kreft Rn. 62; APS/Linck Rn. 170; Richardi/Thüsing BetrVG § 103 Rn. 91.
240 BAG 27.9.2022 – 2 AZR 92/22, NZA 2022, 1670 Rn. 9.
241 BAG 27.9.2022 – 2 AZR 92/22, NZA 2022, 1670 Rn. 33.

Erwartbarkeit einer zukünftigen gedeihlichen Zusammenarbeit im Arbeitsverhältnis zulassen. Einer Zustimmung nach § 103 BetrVG braucht es hierfür nicht.

152 Wurde die Zustimmung des Betriebsrats (bzw. des Personalrats) durch gerichtlichen Beschluss ersetzt, hat dieser **präjudizielle Wirkung** für das spätere Urteilsverfahren.[242] Dann wurde nämlich bereits im Beschlussverfahren geprüft, ob ein wichtiger Grund zur Kündigung des Arbeitsverhältnisses vorgelegen hat. Daher kommt eine abweichende Sachentscheidung im späteren Kündigungsschutzprozess nicht in Betracht. Das Arbeitsgericht kann dort also nicht feststellen, dass es doch an einem solchen gefehlt habe. Das setzt allerdings voraus, dass der betroffene Arbeitnehmer am Beschlussverfahren korrekt beteiligt wurde, → Rn. 131.

153 Anders ist es jedoch, wenn der Arbeitnehmer mit der Kündigungsschutzklage **neue Tatsachen** geltend macht, die im Beschlussverfahren noch nicht berücksichtigt werden konnten. Er kann also etwa den verspäteten Ausspruch der Kündigung nach rechtskräftiger Zustimmungsersetzung rügen,[243] auf eine nicht herbeigebrachte, aber erforderliche Zustimmung des Integrationsamtes[244] verweisen oder aber darlegen, dass die ursprünglich bestehenden Verdachtsmomente für eine Verdachtskündigung zwischen Rechtskraft des Ersetzungsbeschlusses und Zugang der Kündigung entkräftet werden konnten.[245]

VII. Kündigung bei Stilllegung des Betriebes (Abs. 4)

1. Personengruppe und Begriff der Betriebsstilllegung

154 Abs. 4 lässt gegenüber den nach **§ 15 Abs. 1–3a geschützten Personen** ausnahmsweise eine ordentliche Kündigung zu, sollte der ganze Betrieb stillgelegt werden. Grund hierfür ist, dass durch die Stilllegung des Betriebes auch die Existenz des Betriebsrats beendet wird und daher eine Weiterbeschäftigung der Betriebsratsmitglieder nicht gerechtfertigt wäre. Der Gesetzgeber hat die wegen der Stilllegung ausgesprochene Kündigung als in der Regel „unverdächtig" erachtet und typisierend angenommen, dass es dem Arbeitgeber in dieser Konstellation nicht darum gehen kann, sich von unliebsamen Akteuren der Betriebsverfassung zu trennen.

155 Der Abs. 4 nimmt keinen Bezug auf **Vorfeldinitiatoren** nach Abs. 3b. Diese sind ohnehin betriebsbedingt kündbar.

156 Ansatz ist der kündigungsrechtliche **Betriebsbegriff,** wie er in § 23 beschrieben ist. Nach Ansicht der Rechtsprechung haben **Zuordnungsbeschlüsse** iSd § 4 Abs. 2 BetrVG und **betriebsverfassungsrechtliche Tarifverträge** iSd § 3 BetrVG an dieser Stelle keine Bedeutung.[246] Danach greift Abs. 4, wenn der Mandatsträger in einem Teil des künstlich geschaffenen Vertretungskomplexes beschäftigt ist, der für sich gesehen den Betriebsbegriff erfüllt und der nunmehr stillgelegt wird. Das bedarf indes der Einschränkung: Hat sich in dem zunächst durch Tarifvertrag geschaffenen Vertretungskomplex mittlerweile eine einheitliche Leistung herausgebildet, ist nur noch diese maßgeblich, → § 23 Rn. 11. Darüber hinaus ruft die Rechtsprechung aber auch grundsätzlich – zumindest jedenfalls mit Blick auf Zuordungstarifverträge – Bedenken hervor. In § 3 Abs. 5 S. 2 BetrVG ist nämlich festgelegt, dass zur Bestimmung der Rechte und Pflichten des Betriebsrats und die Rechtsstellung seiner Mitglieder auf die durch Tarifvertrag geschaf-

[242] BAG 25.4.2018 – 2 AZR 401/17, NZA 2018, 1087; 16.11.2017 – 2 AZR 14/17, NZA 2018, 240 Rn. 42; 3.7.1996 – 2 AZR 813/95, NZA 1997, 607; 21.1.1990 – 7 ABR 39/89, NZA 1991, 152 unter II 2b; KR/Rinck BetrVG § 103 Rn. 120; Fitting BetrVG § 103 Rn. 47; MüKoBGB/Hergenröder Rn. 150, 158; Richardi/Thüsing BetrVG § 103 Rn. 89, 89; ErfK/Kiel Rn. 30; Fitting BetrVG § 103 Rn 47; MüKoBGB/Hergenröder Rn. 163.

[243] BAG 25.4.2018 – 2 AZR 401/17, NZA 2018, 1087 Rn. 18; 16.11.2017 – 2 AZR 14/17, NZA 2018, 240 Rn. 48; Däubler/Deinert/Deinert Rn. 75.

[244] BAG 11.5.2000 – 2 AZR 276/99, NZA 2000, 1106.

[245] BAG 24.4.1975 – 2 AZR 118/74, AP BetrVG 1972 § 103 Nr. 3.

[246] BAG 27.6.2019 – 2 AZR 38/19, NZA 2019, 1427 Rn. 22 ff.

fene Einrichtung abzustellen ist.[247] Auch ist über den Zuordnungstarifvertrag ausgeschlossen, dass der Mandatsträger in einen „Betrieb" wechselt, für den er nicht mandatiert ist, da ihn ja die Belegschaft der gesamten Vertretungseinheit gewählt hatte. Und anders als das beim Gemeinschaftsbetrieb der Fall sein kann, würde der betroffene Arbeitnehmer auch nicht in einen Betrieb überführt, der nicht seinem Vertragsarbeitgeber gehört. Mithin ist eine Kündigung des Organs in dieser Konstellation allenfalls nach den Maßgaben des Abs. 5 möglich. Zum **Gemeinschaftsbetrieb,** → Rn. 175.

Der Begriff der **Betriebsstilllegung** entspricht dem der Betriebsstilllegung in §§ 106 Abs. 3 Nr. 6, 111 S. 3 Nr. 1 BetrVG. Danach ist unter einer Stilllegung die Aufgabe des Betriebszwecks und Auflösung der diesem Zweck dienenden Organisation zu verstehen. Die Auflösung der Betriebs- und Produktionsgemeinschaft zwischen Arbeitgeber und Arbeitnehmern muss ihre Veranlassung und zugleich ihren sichtbaren Ausdruck darin finden, dass der Unternehmer die bisherige wirtschaftliche Betätigung in der ernstlichen Absicht einstellt, den bisherigen Betriebszweck dauernd oder für eine ihrer Dauer nach unbestimmte, wirtschaftlich nicht unerhebliche Zeitspanne aufzugeben.[248] Maßgebend ist der Wille des Unternehmers zur Aufgabe des Betriebs. Dieser muss nach außen zum Ausdruck kommen und zu einer tatsächlichen Auflösung der Organisation des Betriebes führen. Der Arbeitgeber muss daher substantiiert darlegen, dass die Betriebsstilllegung greifbare Formen angenommen hat. Auf den Grund der Stilllegung kommt es nicht an. Voraussetzung für den Fortfall des Kündigungsschutzes ist, dass die Kündigung durch die Stilllegung bedingt ist, nicht aber, dass die Stilllegung ihrerseits erforderlich ist. Vielmehr hat darüber, ob der Betrieb stillgelegt werden soll, grds. der Betriebsinhaber im Rahmen seiner unternehmerischen Betätigung frei zu entscheiden. Die unternehmerische Entscheidungsfreiheit ist nur insoweit eingeschränkt, als die Maßnahme unsachlich oder willkürlich wäre (→ § 1 Rn. 710 ff.). 157

Die betrieblichen Abläufe müssen eingestellt, alle Betriebsmittel veräußert oder stillgelegt und alle Arbeitsverhältnisse beendet werden. Nicht ausreichend ist eine bloße Produktionseinstellung und zwar auch dann nicht, wenn der Arbeitgeber die Arbeitnehmer nur „nach Hause schickt", solange die Arbeitsverhältnisse weiterbestehen.[249] Dagegen steht die Weiterbeschäftigung einzelner Arbeitnehmer mit Aufräumungsarbeiten oder Arbeiten zur Erhaltung von technischen Einrichtungen der Annahme einer Betriebsstilllegung nicht entgegen.[250] Auch schadet nicht, wenn die Stilllegung auf unbestimmte oder jedenfalls längere Zeit beabsichtigt war, aus unvorhergesehenen Umständen dann aber eine Wiedereröffnung des Betriebes möglich wird.[251] Allerdings spricht bei alsbaldiger Wiedereröffnung des Betriebes eine starke tatsächliche Vermutung gegen eine ernsthafte Stilllegungsabsicht. 158

Der bloße Stilllegungsentschluss und eine entsprechende Stilllegungsplanung reichen – anders als bei § 1 – für eine wirksame Kündigung nach Abs. 4 aber noch nicht aus. Verzögert sich die Betriebsstilllegung, so endet das Arbeitsverhältnis durch die Kündigung erst mit dem nächstzulässigen Termin nach der Betriebsstilllegung. Kommt es vor Auslauf der Kündigungsfrist zu einem Betriebsübergang oder zur Wiederaufnahme des Betriebs, wird die Kündigung unwirksam.[252] 159

---

[247] Däubler/Deinert/Deinert Rn. 93; Valgolio AuR 2019, 264 (265). Weniger überzeugend: BAG 27.6.2019 – 2 AZR 38/19, NZA 2019, 1427 Rn. 23: Die Norm betreffe nur die persönliche Rechtsstellung des Mitglieds, enthalte aber keine Aussage darüber, auf welche Einheit bei der Prüfung einer Betriebsstilllegung abzustellen ist.

[248] BAG 18.7.2017 – 1 AZR 546/15, NZA 2017, 1618; 20.6.2013 – 6 AZR 805/11, NZA 2013, 1137; 18.10.2012 – 6 AZR 41/11, NZA 2013, 1007; Däubler/Deinert/Deinert Rn. 77; KR/Kreft Rn. 112; Fitting BetrVG § 1 Rn. 112, § 103 Rn. 15; MüKoBGB/Hergenröder Rn. 166; ErfK/Kiel Rn. 35a; APS/Linck Rn. 137; LSSW/Wertheimer Rn. 80; HaKo-KSchR/Nägele-Berkner Rn. 111; BeckOGK/Frey, 1.12.2024, KSchG § 15 Rn. 144.

[249] BAG 29.3.1977 – 1 AZR 46/75, AP BetrVG 1972 § 102 Nr. 11; KR/Kreft Rn. 113 f.; MüKoBGB/Hergenröder Rn. 166.

[250] BAG 17.9.1957 – 1 AZR 352/56, AP KSchG § 13 Nr. 8; 14.10.1982 – 2 AZR 568/80, AP KSchG 1969 § 1 Konzern Nr. 1; KR/Kreft Rn. 114; krit. Hellmann Betriebsauflösung und Betriebsrat, 1994, S. 88 ff.

[251] BAG 21.6.2001 – 2 AZR 137/00, NZA 2002, 212; KR/Kreft Rn. 121.

[252] Eylert/Rinck BB 2018, 308 (316).

160 Eine bloße **Änderung des Betriebszwecks** unter Beibehaltung der Betriebsorganisation stellt keine Betriebsstilllegung iSd Abs. 4 dar (anders bei §§ 106 Abs. 3 Nr. 9 u. 111 S. 3 Nr. 4 BetrVG). Denn in diesem Fall wird der Betrieb gerade nicht stillgelegt.[253] Allerdings kann die Änderung des Betriebszwecks eine Stilllegung darstellen, wenn mit ihm die Auflösung der alten und der Aufbau einer neuen Betriebsorganisation verbunden ist. Entscheidend ist, ob die Identität der Belegschaft erhalten bleibt oder nicht.[254]

161 Deshalb bedeutet auch die **Eröffnung eines Insolvenzverfahrens** als solche keine Betriebsstilllegung,[255] da der Betrieb vom Insolvenzverwalter zumindest vorläufig weitergeführt wird.

162 Eine **Betriebsverlegung** (vgl. §§ 106 Abs. 3 Nr. 7, 111 S. 3 Nr. 2 BetrVG) kann eine Betriebsstilllegung bedeuten, wenn der Unternehmer die alte Belegschaft tatsächlich auflöst und an einem anderen Betriebssitz eine ganz neue aufbaut. Notwendig ist das aber keineswegs. Es kommt darauf an, ob die Identität des Betriebes erhalten bleibt, vor allem, ob ein nicht unerheblicher Teil der Arbeitnehmer an den neuen Betriebssitz übernommen wird.[256]

163 Die **Betriebsveräußerung** als solche stellt keine Betriebsstilllegung iSd Abs. 4 dar. Stilllegung und Veräußerung schließen einander aus, weil der Erwerber eines Betriebes in die Rechte und Pflichten aus den im Zeitpunkt des Übergangs bestehenden Arbeitsverhältnissen eintritt, § 613a BGB.[257] Zum Schicksal des Sonderkündigungsschutzes für Amtsträger bei Betriebs(teil)veräußerungen → Rn. 91.

2. Zulässigkeit der ordentlichen Kündigung

164 Liegt eine Betriebsstilllegung vor, so ist gegenüber den nach § 15 geschützten Personen eine **ordentliche Kündigung** möglich.[258] Das muss das Gesetz schon deshalb zulassen, da bei einer Betriebsstilllegung normalerweise kein wichtiger Grund zur außerordentlichen fristlosen Kündigung vorliegt. Ohne Abs. 4 könnte der Arbeitgeber also allenfalls darauf rekurrieren, dass in begründeten Fällen aus betrieblichen Gründen ausnahmsweise außerordentlich unter Einhaltung einer, der ordentlichen Kündigungsfrist entsprechenden, sozialen Auslauffrist gekündigt werden kann. Ansonsten könnte er die Arbeitsverhältnisse überhaupt nicht beendigen. Das wäre schon deshalb sinnwidrig, weil die nach § 15 geschützten Personen im stillgelegten Betrieb keine Aufgaben mehr zu erfüllen haben.

165 Abs. 4 lässt den verstärkten Kündigungsschutz der Abs. 1 bis 3a entfallen. Damit aktualisiert sich im Prinzip der „gewöhnliche" Kündigungsschutz nach § 1, so dass zu überprüfen ist, ob die fragliche Kündigung sozial gerechtfertigt ist.[259] Dass ggf. der Kündigungsschutz bei anzeigepflichtigen Entlassungen (§§ 17 ff.) und ein etwaiger Sonderkündigungsschutz zu beachten ist, bedarf keiner besonderen Erwähnung.

166 Das erfährt allerdings wichtige Einschränkungen: Ist der Tatbestand des Abs. 4 eröffnet, steht zugleich mehr oder weniger fest, dass die zur sozialen Rechtfertigung einer

---

[253] KR/Kreft Rn. 114; MüKoBGB/Hergenröder Rn. 172; APS/Linck Rn. 137; BeckOK ArbR/Volkening, 74. Ed. 1.12.2024, KSchG § 15 Rn. 93.

[254] BAG 9.5.1996 – 2 AZR 438/95, NZA 1996, 1145; KR/Kreft Rn. 114; MüKoBGB/Hergenröder Rn 172, Hellmann Betriebsauflösung und Betriebsrat, 1994, S. 78.

[255] BAG 17.11.2005 – 6 AZR 118/05, NZA 2006, 370; 28.4.1988 – 2 AZR 623/87, NZA 1989, 265; Richardi/Annuß BetrVG § 111 Rn. 64; BTM/Backmeister Rn. 122; KR/Kreft Rn. 119; Hellmann Betriebsauflösung und Betriebsrat, 1994, S. 77, 88 ff.

[256] BAG 12.2.1987 – 2 AZR 247/86, NZA 1988, 170; Richardi/Annuß BetrVG § 111 Rn. 65; KR/Kreft Rn. 117; Fitting BetrVG § 111 Rn. 77; MüKoBGB/Hergenröder Rn. 173.

[257] BAG 21.5.2015 – 8 AZR 409/13, AP BGB § 613a Nr. 462; 15.12.2011 – 8 AZR 692/10, NZA-RR 2012, 570; 28.5.2009 – 8 AZR 273/08, NZA 2009, 1267 Rn. 30; Richardi/Annuß BetrVG § 111 Rn. 125; Däubler/Deinert/Deinert Rn. 80; KR/Kreft Rn. 118, 162; Fitting BetrVG § 111 Rn. 58; MüKoBGB/Hergenröder Rn. 174; ErfK/Kiel Rn. 36; KR/Treber BGB § 613a Rn. 33; LSSW/Wertheimer Rn. 83.

[258] BAG 23.1.2014 – 2 AZR 372/13, NZA 2014, 895; 22.9.2005 – 2 AZR 544/04, NZA 2006, 558; Däubler/Deinert/Deinert Rn. 83; KR/Kreft Rn. 126; Fitting BetrVG § 103 Rn. 14; MüKoBGB/Hergenröder Rn. 177; ErfK/Kiel Rn. 37; APS/Linck Rn. 145; HaKo-KSchR/Nägele-Berkner Rn. 109; Richardi/Thüsing BetrVG Anh. § 103 Rn. 30.

[259] BAG 22.9.2005 – 2 AZR 544/04, AP KSchG 1969 § 15 Nr. 59; ErfK/Kiel Rn. 37; APS/Linck Rn. 146.

betriebsbedingten Kündigung notwendige unternehmerische Entscheidung getroffen wurde und es deshalb zum Wegfall von Arbeitsplätzen kommen wird.[260] Kann dies dagegen nicht festgestellt werden, scheitert die Kündigung nicht erst an § 1, sondern bereits „im Vorfeld" an § 15 Abs. 1 bis 3a. Sie hätte dann niemals als ordentliche ausgesprochen werden dürfen. Ist diese Voraussetzung indes erfüllt, findet § 1 Anwendung, so dass im nächsten Schritt zu prüfen ist, ob für den Arbeitgeber keine Möglichkeit bestand, den geschützten Arbeitnehmer in einem anderen Betrieb oder einer anderen Dienststelle iSv § 1 Abs. 2 S. 2 weiter zu beschäftigen. Ist dies der Fall ist die Kündigung zwar nicht nach § 15, so aber doch nach § 1 rechtsunwirksam.[261] Wiederum anderes gilt für die Sozialauswahl nach § 1 Abs. 3. Sie wäre zwar theoretisch vorzunehmen, spielt an dieser Stelle aber keine Rolle, weil bei einer Stilllegung des Betriebes ohnehin alle Arbeitnehmer entlassen werden, sodass es nichts mehr auszuwählen gibt.[262]

Sind in einem anderen Betrieb freie Arbeitsplätze vorhanden und konkurrieren um diese mehrere andere Arbeitnehmer, ist auf Basis einer Sozialauswahl analog § 1 Abs. 3 zu entscheiden, welche Arbeitnehmer zu übernehmen sind.[263] In diese sind alle von der Betriebsstilllegung betroffenen Arbeitnehmer einzubeziehen und nicht etwa nur die Mandatsträger.[264] Dafür spricht, dass in dem Moment, in dem Mandatsträger ordentlich kündbar werden, kein Grund besteht, freie Arbeitsplätze in einem anderen Betrieb vorrangig mit solchen zu besetzen. Die Situation unterscheidet sich auch deutlich von der Schließung einer Betriebsabteilung des Abs. 5, wo es durch die bevorzugte Umsetzung des Mandatsträgers möglich ist, die Kontinuität der Amtsführung sicher zu stellen. S. selbst dazu aber → Rn. 180. 167

Bei Kündigungen nach Abs. 4 ist der Betriebsrat nur gem. § 102 BetrVG (Personalrat: §§ 85, 128 BPersVG), nicht aber nach § 103 BetrVG zu beteiligen.[265] Das gilt selbst dann, sollte ausnahmsweise doch außerordentlich mit sozialer Auslauffrist gekündigt werden.[266] Ein Widerspruchsrecht des Betriebsrats wird vorwiegend nach § 102 Abs. 3 Nr. 3 BetrVG wegen einer anderweitigen Weiterbeschäftigungsmöglichkeit in Betracht kommen.[267] 168

3. Kündigungstermin

Die ordentlichen Kündigungen beenden das Arbeitsverhältnis nach Maßgabe der anzuwendenden Kündigungsfrist, **frühestens** jedoch **zum Zeitpunkt der Stilllegung.** Die Kündigung kann natürlich bereits zuvor ausgesprochen werden, entfaltet aber stets nur Wirkung zum Stilllegungszeitpunkt.[268] Geht die Kündigung so zu, dass die Frist erst nach 169

[260] So auch, zumindest iE: KR/Kreft Rn. 126, 183; APS/Linck Rn. 174; HaKo-KSchR/Nägele-Berkner Rn. 8; PVT Kündigung/Vossen Rn. 1919; LSSW/Wertheimer Rn. 4.

[261] BAG 27.7.2017 – 2 AZR 476/16, NZA 2018, 234 Rn. 25 f.; 22.9.2005 – 2 AZR 544/04, NZA 2006, 558 unter B III 1; 13.8.1992 – 2 AZR 22/92, NZA 1993, 224; Däubler/Deinert/Deinert Rn. 83; KR/Kreft Rn. 126; Fitting BetrVG § 103 Rn. 16; ErfK/Kiel Rn. 37; APS/Linck Rn. 146; PVT Kündigung/Vossen Rn. 1901; Hassenpflug Kündigung von Betriebsratsmitgliedern wegen Stilllegung, 1989, S. 128 ff.; abw. BTM/Backmeister Rn. 125 f.; LSSW/Wertheimer Rn. 99.

[262] BAG 11.5.2023 – 6 AZR 267/22, NZA 2023, 906 Rn. 25.

[263] BAG 27.7.2017 – 2 AZR 476/16, NZA 2018, 234 Rn. 25; 12.8.2010 – 2 AZR 945/08, NZA 2011, 460, Rn. 40.

[264] ErfK/Kiel Rn. 37; aA Eylert/Rinck BB 2018, 308 (316); BTM/Backmeister Rn. 126b.

[265] BAG 10.5.2007 – 2 AZR 626/05, NZA 2007, 1278; 21.6.2001 – 2 AZR 137/00, NZA 2002, 212; 25.5.2000 – 8 AZR 416/99, NZA 2000, 1115; 18.9.1997 – 2 ABR 15/97, NZA 1998, 189; 30.3.1994 – 7 ABR 46/93, NZA 1994, 843; 20.1.1984 – 7 AZR 443/82, AP KSchG 1969 § 15 Nr. 16; 14.10.1982 – 2 AZR 568/80, AP KSchG 1969 § 1 Konzern Nr. 1; 29.3.1977 – 1 AZR 46/75, AP BetrVG 1972 § 102 Nr. 11; KR/Kreft Rn. 131; Fitting BetrVG § 103 Rn. 14; MüKoBGB/Hergenröder Rn. 180; ErfK/Kiel Rn. 39; APS/Linck Rn. 148; LSSW/Wertheimer Rn. 96; HaKo-KSchR/Nägele-Berkner Rn. 146; PVT Kündigung/Vossen Rn. 1919.

[266] BAG 18.9.1997 – 2 ABR 15/97, NZA 1998, 189; HaKo-KSchR/Nägele-Berkner Rn. 149; PVT Kündigung/Vossen Rn. 1903.

[267] Ebenso KR/Kreft Rn. 132; abw. LAG Düsseldorf/Köln 20.11.1980 – 25 Sa 412/80, EzA § 102 BetrVG 1972 Beschäftigungspflicht Nr. 8.

[268] BAG 20.11.2014 – 2 AZR 512/13, NZA 2015, 679; 21.6.2001 – 2 AZR 137/00, NZA 2002, 212; 25.9.1997 – 8 AZR 493/96, NZA 1998, 640 unter B I 3; MüKoBGB/Hergenröder Rn. 182; KR/Kreft Rn. 134;

der Stilllegung endet, besteht das Arbeitsverhältnis entsprechend länger. Verzögert sich die Betriebsstilllegung, so endet das Arbeitsverhältnis erst mit der tatsächlich eintretenden Stilllegung. Erfolgt der Abbau der Belegschaft im Hinblick auf die geplante Stilllegung **stufenweise,** so kann den nach § 15 geschützten Personen nur so gekündigt werden, dass sie mit der letzten Gruppe ausscheiden.[269] Dieser Personenkreis kann also verlangen, dass ihm Arbeit übertragen wird, solange eine solche noch im Betrieb zu leisten ist. Kann von mehreren Betriebsratsmitgliedern nur ein Teil vorerst weiterbeschäftigt werden, hat der Arbeitgeber die zu Kündigenden analog § 1 Abs. 3 S. 2 nach sozialen Gesichtspunkten auszuwählen.[270] Eine partielle Ausnahme ergibt sich allerdings für die mit dem Betriebsrätemodernisierungsgesetz[271] etwas vorschnell vollständig in Abs. 4 einbezogenen **Wahlinitiatoren** (ieS) iSd Abs. 3a. Soweit deren Sonderkündigungsschutz vor dem Zeitpunkt der Stilllegung ablaufen würde, hat es dabei sein Bewenden.

170 Die Kündigung nach Abs. 4 ist ausnahmsweise zu einem **früheren Zeitpunkt** zulässig, wenn sie durch **zwingende betriebliche Erfordernisse** bedingt ist, weil für den Mandatsträger überhaupt keine Arbeit mehr vorhanden ist und der Arbeitgeber über lange Zeit zur Fortzahlung des Entgelts verpflichtet bliebe.[272] In diesem Fall liegt keine außerordentliche Kündigung mit sozialer Auslauffrist[273], sondern eine ordentliche vor, weshalb der Betriebsrat auch nur nach § 102 BetrVG und nicht nach § 15 Abs. 1 iVm § 103 BetrVG zu beteiligen ist. Eine solche vorzeitige Kündigung kommt indes bei nach § 38 BetrVG freigestellten Betriebsratsmitgliedern nicht in Betracht; entsprechendes gilt für freigestellte Personalratsmitglieder nach § 52 Abs. 2 BPersVG.

4. Kündigungsschutzverfahren

171 Da es sich bei der Kündigung nach Abs. 4 um eine ordentliche Kündigung handelt, greift § 13 Abs. 1 nicht ein. Beide Parteien können eine gerichtliche Auflösung des Arbeitsverhältnisses unter Zahlung einer Abfindung gem. §§ 9, 10 verlangen,[274] der Arbeitgeber indes nur, wenn tatsächlich eine Betriebsstilllegung vorlag, die Kündigung dann aber an den in → Rn. 166 f. genannten Gründen scheiterte, → Rn. 151 u. die Erläuterungen bei → §§ 9 Rn. 18 u. § 13 Rn. 27.

VIII. Stilllegung einer Betriebsabteilung (Abs. 5)

172 Die Funktionsträger können ordentlich ausnahmsweise auch bei der Stilllegung einer Betriebsabteilung gekündigt werden. Allerdings muss der Arbeitgeber zuvor alle erdenklichen Möglichkeiten für eine Weiterbeschäftigung der Mandatsträger ausgeschöpft haben, um deren Kündigung zu vermeiden. Deshalb bestimmt Abs. 5, dass die geschützten Personen nach Abs. 1–3a in eine andere Betriebsabteilung zu übernehmen sind (S. 1). Nur wenn die Übernahme nicht möglich ist (S. 2), wird die ordentliche Kündigung gem. Abs. 4 für zulässig erklärt.[275] Das an sich wäre nichts Besonderes, sondern ergibt sich so bereits aus der Sozialauswahl des § 1 Abs. 3[276] bzw. dem ultima-ratio-Prinzip des

---

HaKo-KSchR/Nägele-Berkner Rn. 139 f.; Hassenpflug Kündigung von Betriebsratsmitgliedern wegen Stilllegung, 1989, S. 120.

[269] BAG 29.3.1977 – 1 AZR 46/75, AP BetrVG 1972 § 102 Nr. 11; KR/Kreft Rn. 138; Fitting BetrVG § 103 Rn. 19; MüKoBGB/Hergenröder Rn. 183; APS/Linck Rn. 150; LSSW/Wertheimer Rn. 89; Hassenpflug Kündigung von Betriebsratsmitgliedern wegen Stilllegung, 1989, S. 87.

[270] BAG 16.9.1982 – 2 AZR 271/80, NJW 10983, 1341; KR/Kreft Rn. 138; MüKoBGB/Hergenröder Rn. 184.

[271] Vgl. RegE BRModG BT-Drs. 19/28899, 25.

[272] Ebenso KR/Kreft Rn. 141; Fitting BetrVG § 103 Rn. 19; LSSW/Wertheimer Rn. 89; HaKo-KSchR/Nägele-Berkner Rn. 141; Hassenpflug Kündigung von Betriebsratsmitgliedern wegen Stilllegung, 1989, S. 101 ff.

[273] Dazu: BAG 20.6.2013 – 2 AZR 379/12, NZA 2014, 139; 28.3.1985 – 2 AZR 113/84, AP BGB § 626 Nr. 86.

[274] LSSW/Wertheimer Rn. 5a; aA LAG Berlin 27.5.2004 – 13 Sa 313/04, LAGE § 9 KSchG Nr. 36 (für den Fall, dass der Auflösungsantrag auf einem Verhalten des Arbeitnehmers beruht); HaKo-KSchR/Nägele-Berkner Rn. 153.

[275] Eylert/Rinck BB 2018, 308 (318); APS/Linck Rn. 166; MüKoBGB/Hergenröder Rn. 190.

[276] BAG 27.6.2019 – 2 AZR 38/19, NZA 2019, 1427 Rn. 27.

Kündigungsrechts (vgl. § 1 Abs. 2 S. 2). Doch geht die Regelung weit darüber hinaus, als sie verlangt, dass notfalls jenseits einer Sozialauswahl Arbeitsplätze in anderen Betriebsabteilungen freizumachen sind.

Die Regelung gilt für alle durch § 15 geschützten Arbeitnehmer mit **Ausnahme** von **Vorfeldinitiatoren** nach Abs. 3b. Letztere sind schon grundständig ordentlich kündbar. **173**

Die Anwendung des Abs. 5 setzt voraus, dass der fragliche Betrieb tatsächlich nach Abteilungen aufgegliedert ist. Ist dies nicht der Fall, scheidet eine Anwendung des Abs. 5 aus.[277] Der Kündigungsschutz des Mandatsträgers besteht dann unbedingt. Eine Betriebsabteilung liegt vor, wenn eine personelle Einheit in der Form der Zusammenfassung mehrerer Arbeitnehmer zur Erledigung bestimmter Aufgaben gegeben ist. Diese Arbeitsgruppe muss organisatorisch und arbeitstechnisch vom Gesamtbetrieb abgrenzbar sein,[278] wobei ihr Arbeitszweck auch in einem bloßen Hilfszweck zum Betrieb bestehen kann. Sie muss mit eigenen technischen Betriebsmitteln (Maschinen etc.) tätig werden[279]. Der Begriff der Betriebsabteilung ist dabei nicht zwingend mit dem des Betriebsteils iSd § 613a Abs. 1 S. 1 BGB, § 4 Abs. 1 S. 1, § 106 Abs. 3 Nr. 6 u. 7, § 111 S. 3 Nr. 2 BetrVG identisch. Mehrere Betriebsteile können eine einheitliche Betriebsabteilung darstellen. Beispiele für Betriebsabteilungen sind: Kartonagen-Abteilung eines Produktionsbetriebs, Konstruktionsabteilung einer Maschinenfabrik, Bauabteilung eines Produktionsbetriebes. Soweit Betriebsabteilungen Betriebsteile iSd § 4 Abs. 1 S. 1 BetrVG sind und einen eigenen Betriebsrat gebildet haben, handelt es sich in Wahrheit um eigenständige Betriebe, so dass die Anwendung des Abs. 5 ausscheiden muss.[280] Eine ordentliche Kündigung kommt dann nur in Betracht, wenn der „originäre" Betrieb stillgelegt wird. **174**

Wird in einem **Gemeinschaftsbetrieb** mehrerer Unternehmen, der aus verschiedenen Betriebsabteilungen besteht, eine hiervon stillgelegt, kann sich der Anspruch der geschützten Person auch auf eine Übernahme in die Betriebsabteilung des anderen Unternehmens richten.[281] Das gilt auch und gerade dann, wenn sich ein Unternehmen durch Stilllegung vollständig aus dem Gemeinschaftsbetrieb zurückzieht (vgl. auch Rn. 156). Dieser Übernahmeanspruch wird freilich häufig daran scheitern, dass die andere Betriebsabteilung von einem anderen Unternehmer geführt wird, den keine Rechtspflicht zur Übernahme trifft; infolgedessen wird dann Abs. 5 S. 2 eingreifen. **175**

Hinsichtlich der **Stilllegung** der Betriebsabteilung (Dienststelle) gelten die Ausführungen zur Stilllegung des Betriebes entsprechend. **176**

Liegt die Stilllegung einer Betriebsabteilung vor, besteht zunächst die Pflicht nach Abs. 5 S. 1, die geschützte Person in eine **andere Betriebsabteilung zu übernehmen,** und zwar in eine möglichst gleichwertige Stellung. Durch das Angebot eines geringerwertigen Arbeitsplatzes mit geringerer Entlohnung genügt der Arbeitgeber daher noch nicht der Pflicht aus Abs. 5 S. 1.[282] Ist aber kein gleichwertiger Arbeitsplatz vorhanden, hat der **177**

---

[277] Eylert/Rinck BB 2018, 308 (318).

[278] BAG 23.2.2010 – 2 AZR 656/08, NZA 2010, 1288; 12.3.2009 – 2 AZR 47/08, NZA 2009, 1264; 2.3.2006 – 2 AZR 83/05, NZA 2006, 988; 22.9.2005 – 2 AZR 544/04, NZA 2006, 558; MüKoBGB/Hergenröder Rn. 192; ErfK/Kiel Rn. 40; KR/Kreft Rn. 157; Hassenpflug Kündigung von Betriebsratsmitgliedern wegen Stillegung, 1989, S. 214 ff.

[279] BAG 23.2.2010 – 2 AZR 656/08, NZA 2010, 1288; 12.3.2009 – 2 AZR 47/08, NZA 2009, 1264; MüKoBGB/Hergenröder Rn. 191; APS/Linck Rn. 154; LSSW/Wertheimer Rn. 73; HaKo-KSchR/Nägele-Berkner Rn. 119; teilweise enger KR/Kreft Rn. 157; Hassenpflug Kündigung von Betriebsratsmitgliedern wegen Stilllegung, 1989, S. 201 ff.

[280] BAG 4.11.2004 – 2 AZR 96/04, AP KSchG 1969 § 15 Nr. 57; Eylert/Rinck BB 2018, 308 (318); KR/Kreft Rn. 158; APS/Linck Rn. 154; HaKo-KSchR/Nägele-Berkner Rn. 123; BeckOGK/Frey, 1.12.2024, KSchG § 15 Rn. 163.

[281] Insoweit aber unklar: BAG 27.6.2019 – 2 AZR 38/19, NZA 2019, 1427 Rn. 22, das diese Konstellation offenbar unter Abs. 4 subsumieren will und einen Übernahmeanspruch im Betriebsteil des anderen Unternehmens von vornherein auszuschließen scheint. Wie hier: BAG 28.10.1999 – 2 AZR 437/98, AP KSchG 1969 § 15 Nr. 44; 5.3.1987 – 2 AZR 623/85, NZA 1988, 32 unter B IV 1; MüKoBGB/Hergenröder Rn. 194; HaKo-KSchR/Nägele-Berkner Rn. 122.

[282] BAG 2.3.2006 – 2 AZR 83/05, NZA 2006, 988; KR/Kreft Rn. 163; MüKoBGB/Hergenröder Rn. 196; ErfK/Kiel Rn. 41; APS/Linck Rn. 158; LSSW/Wertheimer Rn. 90; BeckOGK/Frey, 1.12.2024, KSchG § 15 Rn. 167.

Arbeitgeber auch einen geringerwertigen Arbeitsplatz anzubieten.[283] Es besteht jedoch keine Verpflichtung des Arbeitgebers, dem Mandatsträger eine Beschäftigung auf einem höherwertigen Arbeitsplatz anzubieten.[284] Dem entspricht auch der Rechtscharakter des § 15 als nur bestandssichernde Bestimmung und das Verbot, Betriebsratsmitglieder wegen ihres Amtes zu begünstigen.[285] Bei mehreren Möglichkeiten ist die Vertragsänderung anzubieten, die dem Arbeitnehmer am ehesten zumutbar ist und ihn am wenigsten belastet. In Zweifelsfällen sind Alternativangebote zu unterbreiten.[286]

178 Die Übernahmepflicht ist betriebs-, aber nicht **unternehmensbezogen.** Ist zwar im Betrieb kein entsprechender Arbeitsplatz vorhanden, besteht aber in einem anderen Betrieb des Unternehmens ein geeigneter Arbeitsplatz, scheitert die Kündigung nicht an Abs. 5 S. 2, indes auf späterer Prüfungsstufe an § 1 Abs. 2 S. 2, → Rn. 166.[287] Dazu muss allerdings der Arbeitsplatz in dem anderen Betrieb frei sein, ein Freimachen durch Kündigung wie bei der Übernahme in eine andere Betriebsabteilung ist im Anwendungsbereich des § 1 Abs. 2 S. 2 nicht erforderlich.[288]

179 Der Begriff der Übernahme umfasst nicht nur eine einverständliche oder aufgrund des Direktionsrechts des Arbeitgebers mögliche Umsetzung oder Versetzung. Der Arbeitgeber ist darüber hinaus auch verpflichtet, die Übernahme eines sonderkündigungsgeschützten Arbeitnehmers in eine andere Betriebsabteilung des Betriebs ggf. durch den Ausspruch einer Änderungskündigung durchzusetzen, sollte dieser nicht in die notwendige Vertragsänderung einwilligen.[289] Insoweit gilt der allgemeine Grundsatz, dass die Änderungskündigung Vorrang vor einer Beendigungskündigung hat.[290] Das erweist sich freilich schon bei § 1 als nicht ganz einfach, hier aber als besonders problematisch, sollte der Arbeitgeber den anderen Arbeitsplatz erst freikündigen müssen (→ Rn. 180). In entsprechenden Fällen sollte man daher bei der Auslotung des Verhältnismäßigkeitsgrundsatzes Augenmaß walten lassen.

180 Sind in einer anderen Betriebsabteilung zwar andere gleichwertige Arbeitsplätze vorhanden, aber bereits mit anderen Arbeitnehmern besetzt, muss der Arbeitgeber versuchen, einen dieser Arbeitsplätze durch Umorganisation, Versetzung oder Kündigung für die nach Abs. 5 S. 1 geschützte Person **freizumachen.**[291] Ein absoluter Vorrang der nach Abs. 5 S. 1 geschützten Person gegenüber anderen Arbeitnehmern besteht aber nicht. Vielmehr ist der Mandatsschutz des Betroffenen mit dem Weiterbeschäftigungsinteresse des anderen Arbeitnehmers abzuwägen.[292] Dabei sind dann aber nicht die Grundsätze der Sozialauswahl maßgeblich. Vielmehr kommt es auf der Seite des Mitglieds auf das Bestands- und Funktionsinteresse des Betriebsrats (Gremium) an, weshalb „aktive" Betriebsräte einen stärkeren Schutz in Anspruch nehmen können als etwa ausgeschiedene Mitglieder mit nur nachwirkendem Kündigungsschutz, Wahlbewerber oder Wahlinitiatoren. Umgekehrt ist in Anschlag zu bringen, ob der andere Arbeitnehmer durch eine Kündigung in sozialer Hinsicht besonders hart getroffen werden würde.

[283] BAG 23.2.2010 – 2 AZR 656/08, NZA 2010, 1288; BeckOGK/Frey, 1.12.2024, KSchG § 15 Rn. 167.

[284] Eylert/Rinck BB 2018, 308 (318); BeckOGK/Frey, 1.12.2024, KSchG § 15 Rn. 169.

[285] BAG 23.2.2010 – 2 AZR 656/08, NZA 2010, 1288.

[286] BAG 28.10.1999 – 2 AZR 437/98, NZA 2000, 825; MüKoBGB/Hergenröder, Rn. 196.

[287] IErg ebenso LSSW/Wertheimer Rn. 99.

[288] BAG 23.2.2010 – 2 AZR 656/08, NZA 2010, 1288; 22.9.2005 – 2 AZR 544/04, NZA 2006, 558 unter B II 6b.

[289] Eylert/Rinck BB 2018, 308 (318).

[290] BAG 12.3.2009 – 2 AZR 47/08, NZA 2009, 1264; 2.3.2006 – 2 AZR 83/05, NZA 2006, 988; 28.10.1999 – 2 AZR 437/98, NZA 2000, 825 unter II 2; 27.1.1994 – 2 AZR 584/93, NZA 1994, 840 unter II 2b cc.

[291] BAG 23.2.2010 – 2 AZR 656/08, NZA 2010, 1288; 12.3.2009 – 2 AZR 47/08, NZA 2009, 1264; 2.3.2006 – 2 AZR 83/05, NZA 2006, 988; ebenso KR/Kreft Rn. 143; MüKoBGB/Hergenröder Rn. 198; ErfK/Kiel Rn. 42; abl. Schleusener DB 1998, 2370.

[292] LAG Düsseldorf 25.11.1997 – 8 Sa 1358/97, NZA-RR 1998, 539; KR/Kreft Rn. 163; Fitting BetrVG § 103 Rn. 21; APS/Linck Rn. 163; PVT Kündigung/Vossen Rn. 1912; Bröhl, RdA 2010, 173; aA ErfK/Kiel § 15 Rn. 44; Eylert/Rinck BB 2018, 308 (316); Eylert AuR 2014, 300 (310); LSSW/Wertheimer Rn. 91; HaKo-KSchR/Nägele-Berkner Rn. 134 f.; MüKoBGB/Hergenröder Rn. 198. Das BAG hat diese Frage bisher offengelassen, vgl. BAG 12.3.2009 – 2 AZR 47/07, NZA 2009, 1264.

So kann beispielsweise dessen Bestandsinteresse überwiegen, wenn er schwerbehindert ist.[293] Dagegen tritt die rein tarifliche Unkündbarkeit des anderen Arbeitnehmers typischerweise gegen den Mandatsschutz aktiver Gremienmitglieder zurück.[294]

181 Nach der hier vertretenen Auffassung kann der Arbeitnehmer nicht verlangen, dass gerade derjenige Arbeitsplatz freigekündigt wird, der für ihn mit der „mildesten" Änderung verbunden wäre.[295] Daher ist der Arbeitgeber nicht verpflichtet, einen örtlich näher gelegenen und deshalb das Betriebsratsmitglied weniger belastenden Arbeitsplatz freizukündigen, wenn an entfernterer Stelle tatsächlich ein geeigneter Arbeitsplatz frei ist.[296] Schließlich wirkt es sich zu Lasten des Mandatsträgers aus, wenn dieser alternativ auf einem tatsächlich freien Arbeitsplatz in einem anderen Betrieb weiter beschäftigt werden könnte.[297]

182 Bei mehreren auszuwählenden Mandatsträgern müssen analog § 1 Abs. 3 die sozialen Belange berücksichtigt werden.[298] Aktive Betriebsratsmitglieder haben zwecks Sicherstellung der Kontinuität der Betriebsratsarbeit Vorrang vor Ersatzmitgliedern.[299] Entsprechend genießen Betriebsräte und Wahlvorstände auch Vorrang vor Wahlbewerbern.[300]

183 Ist die Weiterbeschäftigung der geschützten Person in einer anderen Betriebsabteilung nicht möglich, so kann wie bei der Betriebsstilllegung (Abs. 4) gem. **Abs. 5 S. 2** gekündigt werden. Hinsichtlich der Voraussetzungen für diese Kündigung gelten die zur Betriebsstillegung getroffenen Ausführungen → Rn. 166 f. entsprechend.

184 Die für den Normalfall geltenden Grundsätze der abgestuften **Darlegungs- und Beweislast** zur Weiterbeschäftigungsmöglichkeit bei betriebsbedingten Kündigungen sind im Rahmen des Abs. 5 nicht anzuwenden.[301] Vielmehr hat der Arbeitgeber darzulegen und zu beweisen, dass die betriebliche Einheit eine Betriebsabteilung ist. Auch muss er die die Stilllegung begründenden Tatsachen nachweisen. Er hat ferner vorzutragen, welche Arbeiten in den übrigen Betriebsabteilungen noch anfallen und dass es bei der Kündigung anderer (nicht durch § 15 geschützter) Arbeitnehmer und Umverteilung der vorhandenen Arbeit unter den verbleibenden Arbeitnehmern nicht möglich gewesen wäre, den zu kündigenden Arbeitnehmer in wirtschaftlich vertretbarer Weise zu gleichen oder geänderten Arbeitsbedingungen einzusetzen.[302] Bestreitet das gekündigte Betriebsratsmitglied die fehlende Weiterbeschäftigungsmöglichkeit, muss es darlegen, wie es sich im Hinblick auf seine Qualifikation seine Weiterbeschäftigung vorstellt.[303]

185 Wurde ein nach § 15 geschützter Arbeitnehmer rechtswidrig nicht nach Abs. 5 S. 1 übernommen und sein Arbeitsverhältnis beendet, kann aus dieser Pflichtverletzung **kein Schadensersatzanspruch** (zB aus § 280 BGB) hergeleitet werden. Das Kündigungsrecht ist als Bestandsschutz ausgestaltet, weshalb er gegen die Kündigung hätte vorgehen müssen. Zudem dient der Kündigungsschutz des § 15 nicht primär dem persönlichen Schutz des betroffenen Arbeitnehmers (→ Rn. 1).[304]

---

[293] Offener: ErfK/Kiel Rn. 45; Däubler/Deinert/Deinert Rn. 95.
[294] Zu letzteren: ErfK/Kiel Rn. 44; APS/Linck Rn. 163.
[295] BAG 28.10.1999 – 2 AZR 437/98, NZA 2000, 825; ErfK/Kiel Rn. 44.
[296] BAG 28.10.1999 – 2 AZR 437/98, NZA 2000, 825 II 5; Kramer Kündigungsvereinbarungen, 1994, S. 17 ff.
[297] Anders: Eylert/Rinck BB 2018, 308 (318).
[298] BAG 24.5.2012 – 2 AZR 163/1, NZA-RR 2013, 74 Rn. 31; 22.9.2005 – 2 AZR 544/04, NZA 2006, 558 Rn. 40 ff.
[299] BAG 2.3.2006 – 2 AZR 83/05, NZA 2006, 988 Rn. 21, 27; Eylert/Sänger, RdA 2010, 28.
[300] AA BAG 12.3.2009 – 2 AZR 47/08, NZA 2009, 1264 Rn. 25: Es bestehen keine Unterschiede in der Intensität des Kündigungsschutzes für die einzelnen Gruppen des § 15. Dem folgend: ErfK/Kiel Rn. 45.
[301] Eylert/Rinck BB 2018, 308 (318).
[302] BAG 25.11.1981 – 7 AZR 382, 79, NJW 1982, 1719 unter III 3; MüKoBGB/Hergenröder Rn. 204; APS/Linck Rn. 167; KR/Kreft Rn. 174; LSSW/Wertheimer Rn. 91; Hassenpflug Kündigung von Betriebsratsmitgliedern wegen Stilllegung, 1989, S. 242 ff.
[303] LAG Berlin 27.6.1986 – 13 Sa 6/86, DB 1987, 178.
[304] BAG 14.2.2002 – 8 AZR 175/01, NZA 2002, 1027.

§ 16 Neues Arbeitsverhältnis; Auflösung des alten Arbeitsverhältnisses

[1]Stellt das Gericht die Unwirksamkeit der Kündigung einer der in § 15 Absatz 1 bis 3b genannten Personen fest, so kann diese Person, falls sie inzwischen ein neues Arbeitsverhältnis eingegangen ist, binnen einer Woche nach Rechtskraft des Urteils durch Erklärung gegenüber dem alten Arbeitgeber die Weiterbeschäftigung bei diesem verweigern. [2]Im übrigen finden die Vorschriften des § 11 und des § 12 Satz 2 bis 4 entsprechende Anwendung.

1 § 16 stellt für den Fall der **gerichtlichen Feststellung der Unwirksamkeit** einer gegenüber einem Betriebs- oder Personalratsmitglied oder einer anderen der in § 15 Abs. 1 bis 3b genannten Personen ausgesprochenen Kündigung die gleichen Bestimmungen auf, die für andere Arbeitnehmer bei Feststellung der Sozialwidrigkeit der Kündigung in den §§ 11 u. 12 enthalten sind. Die durch § 15 geschützten Personen haben, wenn sie im Kündigungsschutzprozess obsiegen, ein Wahlrecht zwischen der Rückkehr in den alten Betrieb und der Aufrechterhaltung eines inzwischen eingegangenen neuen Arbeitsverhältnisses.

2 § 16 gilt für alle Fälle der Kündigung nach § 15 Abs. 1 bis 5.[1] Erforderlich ist, dass der Arbeitnehmer innerhalb der Frist des § 4 S. 1[2] Klage auf Feststellung der Unwirksamkeit einer Kündigung erhoben und mit dieser Erfolg hatte. Was die Einzelheiten der gerichtlichen Feststellung der Unwirksamkeit der Kündigung, der Erklärung der Weigerung der Wiederaufnahme der Arbeit und deren Rechtsfolgen betrifft, finden die §§ 11 und 12 S. 2 bis 4 entsprechende Anwendung, weshalb auf die Erläuterungen zu diesen Paragrafen Bezug genommen werden kann.

[1] HaKo-KSchR/Nägele-Berkner Rn. 1.
[2] KR/Kreft Rn. 5.

Dritter Abschnitt. Anzeigepflichtige Entlassungen

§ 17 Anzeigepflicht

(1) [1]Der Arbeitgeber ist verpflichtet, der Agentur für Arbeit Anzeige zu erstatten, bevor er

1. in Betrieben mit in der Regel mehr als 20 und weniger als 60 Arbeitnehmern mehr als 5 Arbeitnehmer,
2. in Betrieben mit in der Regel mindestens 60 und weniger als 500 Arbeitnehmern 10 vom Hundert der im Betrieb regelmäßig beschäftigten Arbeitnehmer oder aber mehr als 25 Arbeitnehmer,
3. in Betrieben mit in der Regel mindestens 500 Arbeitnehmern mindestens 30 Arbeitnehmer

innerhalb von 30 Kalendertagen entläßt. [2]Den Entlassungen stehen andere Beendigungen des Arbeitsverhältnisses gleich, die vom Arbeitgeber veranlaßt werden.

(2) [1]Beabsichtigt der Arbeitgeber, nach Absatz 1 anzeigepflichtige Entlassungen vorzunehmen, hat er dem Betriebsrat rechtzeitig die zweckdienlichen Auskünfte zu erteilen und ihn schriftlich insbesondere zu unterrichten über

1. die Gründe für die geplanten Entlassungen,
2. die Zahl und die Berufsgruppen der zu entlassenden Arbeitnehmer,
3. die Zahl und die Berufsgruppen der in der Regel beschäftigten Arbeitnehmer,
4. den Zeitraum, in dem die Entlassungen vorgenommen werden sollen,
5. die vorgesehenen Kriterien für die Auswahl der zu entlassenden Arbeitnehmer,
6. die für die Berechnung etwaiger Abfindungen vorgesehenen Kriterien.

[2]Arbeitgeber und Betriebsrat haben insbesondere die Möglichkeiten zu beraten, Entlassungen zu vermeiden oder einzuschränken und ihre Folgen zu mildern.

(3) [1]Der Arbeitgeber hat gleichzeitig der Agentur für Arbeit eine Abschrift der Mitteilung an den Betriebsrat zuzuleiten; sie muß zumindest die in Absatz 2 Satz 1 Nr. 1 bis 5 vorgeschriebenen Angaben enthalten. [2]Die Anzeige nach Absatz 1 ist schriftlich unter Beifügung der Stellungnahme des Betriebsrates zu den Entlassungen zu erstatten. [3]Liegt eine Stellungnahme des Betriebsrates nicht vor, so ist die Anzeige wirksam, wenn der Arbeitgeber glaubhaft macht, daß er den Betriebsrat mindestens zwei Wochen vor Erstattung der Anzeige nach Absatz 2 Satz 1 unterrichtet hat, und er den Stand der Beratungen darlegt. [4]Die Anzeige muß Angaben über den Namen des Arbeitgebers, den Sitz und die Art des Betriebes enthalten, ferner die Gründe für die geplanten Entlassungen, die Zahl und die Berufsgruppen der zu entlassenden und der in der Regel beschäftigten Arbeitnehmer, den Zeitraum, in dem die Entlassungen vorgenommen werden sollen und die vorgesehenen Kriterien für die Auswahl der zu entlassenden Arbeitnehmer. [5]In der Anzeige sollen ferner im Einvernehmen mit dem Betriebsrat für die Arbeitsvermittlung Angaben über Geschlecht, Alter, Beruf und Staatsangehörigkeit der zu entlassenden Arbeitnehmer gemacht werden. [6]Der Arbeitgeber hat dem Betriebsrat eine Abschrift der Anzeige zuzuleiten. [7]Der Betriebsrat kann gegenüber der Agentur für Arbeit weitere Stellungnahmen abgeben. [8]Er hat dem Arbeitgeber eine Abschrift der Stellungnahme zuzuleiten.

(3a) [1]Die Auskunfts-, Beratungs- und Anzeigepflichten nach den Absätzen 1 bis 3 gelten auch dann, wenn die Entscheidung über die Entlassungen von einem den Arbeitgeber beherrschenden Unternehmen getroffen wurde. [2]Der Arbeitgeber kann sich nicht darauf berufen, daß das für die Entlassungen verantwortliche Unternehmen die notwendigen Auskünfte nicht übermittelt hat.

(4) [1]Das Recht zur fristlosen Entlassung bleibt unberührt. [2]Fristlose Entlassungen werden bei Berechnung der Mindestzahl der Entlassungen nach Absatz 1 nicht mitgerechnet.

(5) Als Arbeitnehmer im Sinne dieser Vorschrift gelten nicht

1. **in Betrieben einer juristischen Person die Mitglieder des Organs, das zur gesetzlichen Vertretung der juristischen Person berufen ist,**
2. **in Betrieben einer Personengesamtheit die durch Gesetz, Satzung oder Gesellschaftsvertrag zur Vertretung der Personengesamtheit berufenen Personen,**
3. **Geschäftsführer, Betriebsleiter und ähnliche leitende Personen, soweit diese zur selbständigen Einstellung oder Entlassung von Arbeitnehmern berechtigt sind.**

Übersicht

I. Gesetzgebungsgeschichte

1 Die Regelungen des 3. Abschnitts des KSchG blicken auf eine lange Historie zurück, die bis in die Anfänge der Weimarer Republik reicht und ihren Ursprung mithin lange vor dem Erlass der europäischen Richtlinien zum Massenentlassungsrecht hat. Der erste Kündigungsschutz bei Massenentlassungen wurde in den Jahren 1920 bzw. 1923 mit der Demobilmachungs- bzw. Stilllegungsverordnung eingeführt.[1] § 12 der VO v. 12.2.1920 sah erstmals eine Entlassungssperre vor. Danach war die Verringerung der Arbeitnehmerzahl eines Betriebes verboten, solange durch Herabsetzung der Arbeitszeit auf die Hälfte (Arbeitsstreckung) die Beschäftigung aller Arbeitnehmer möglich war. 1923 wurde für den Fall der Stilllegung von Betriebsanlagen ein zeitlich beschränkter Kündigungsschutz eingeführt. Das AOG 1934 hat mit § 20 AOG den Kündigungsschutz an die Entlassung einer bestimmten Mindestzahl von Arbeitnehmern oder eines bestimmten Prozentsatzes der Beschäftigten eines Betriebes geknüpft. Nach dem 2. Weltkrieg bestimmte Nr. 17 des 1951 wieder aufgehobenen Kontrollratsbefehls Nr. 3, dass der Arbeitgeber der Agentur für Arbeit von Massenentlassungen im Voraus Mitteilung machen muss. Mit Inkrafttreten des KSchG am 14.8.1951 ist das Recht der Massenentlassung in das „normale" Kündigungsrecht überführt worden, das bis 1978 weitgehend unverändert galt.[2]

2 Ab Mitte der 1970er Jahre nahm dann das Unionsrecht mehr und mehr Einfluss auf den Massenentlassungsschutz. Den Ausgangspunkt bildete 1975 die **Richtlinie** zur Angleichung der Rechtsvorschriften der Mitgliedstaaten über **Massenentlassungen,**[3] im Weiteren kurz: **MERL.** Ihr Ziel ist der Schutz von Arbeitnehmern vor Massenentlassungen. Gleichzeitig dient sie aber auch der Verbesserung des Binnenmarkts. Die Belastungen, die den Unternehmen durch Massenentlassungen entstehen, sollen angeglichen werden, um einen Unterbietungswettbewerb über ein geringeres Schutzniveau zu verhindern. Der nationale Gesetzgeber setzte die Richtlinie 1978 um.[4] Eine erste Anpassung erhielt die Richtlinie Anfang der 1990er Jahre,[5] die 1995 in nationales Recht übernommen wurde.[6] 1998 wurde das Recht der Massenentlassung insgesamt neu gefasst[7]. Sie ist bis heute maßgeblich; das deutsche Recht wurde nach ihrem Erlass (geringfügig)

[1] StillegungsVO v. 8.11.1920 idF der VO v. 15.10.1923; DemobilmachungsVO über die Einstellung und Entlassung von Arbeitern und Angestellten v. 12.2.1920.

[2] Lediglich das 1. ArbRBereinigG v. 14.8.1969, BGBl. I S. 1106 brachte einige redaktionelle Änderungen.

[3] Richtlinie vom 17.2.1975 (75/129/EWG), ABl. 1975 L 48, S. 29; hierzu: Krebber RdA 2018, 271.

[4] Zweites Gesetz zur Änderung des KSchG vom 27.4.1978, BGBl. I-1978, S. 550.

[5] Richtlinie des Rates vom 24.6.1992 zur Änderung der Richtlinie 75/129/EWG zur Angleichung der Rechtsvorschriften der Mitgliedstaaten über Massenentlassungen (92/56/EWG), ABl. 1992 L 245, S. 3.

[6] Gesetz zur Anpassung arbeitsrechtlicher Bestimmungen an das EG-Recht v. 20.7.1995, BGBl. I-1995, S. 946. Im Zuge des Arbeitsförderungs-Reformgesetzes (AFRG) v. 24.3.1997, BGBl. I-1997, S. 594 (712) kam es dann zu weiteren eher redaktionellen Änderungen.

[7] Richtlinie des Rates vom 20.7.1998 zur Angleichung der Rechtsvorschriften der Mitgliedstaaten über Massenentlassungen (98/59/EG), ABl. 1998 L 225, S. 16.

angepasst.[8] Zuletzt brachte die RL 2015/1794/EU noch Änderungen in Randbereichen (Seeschifffahrt[9]), vgl. → § 24.

II. Regelungszweck, fehlende Kohärenz mit dem Unionsrecht, Grundsystematik

3 Die §§ 17 ff. sehen einen besonderen Kündigungsschutz für den Fall der Entlassung einer größeren Zahl von Arbeitnehmern vor. Dieser steht unabhängig neben dem Kündigungsschutz aus den §§ 1 ff. Dass darüber hinaus auch die anderen Regelungen des besonderen Kündigungsschutzes (wie etwa die §§ 15 f., 168 ff. SGB IX, 17 MuSchG, 18 BEEG usw.) durch den Massenentlassungsschutz nicht berührt werden, bedarf keiner besonderen Erwähnung. Naturgemäß kann die Massenentlassungsanzeige den Arbeitgeber auch nicht von der Verpflichtung befreien, eine Zustimmung anderer Ämter, Behörden oder betrieblicher Interessenvertretungen einzuholen. Zum Verhältnis von Abs. 2 zu den §§ 92, 102, 111, 112 u. 112a BetrVG, → Rn. 106 ff. u. 112 ff.

4 Schon bei der Beschreibung des Regelungszwecks der §§ 17 ff. wird die schon eingangs angedeutete Bruchlinie offenbar, die sich zwischen dem Gesetzeswortlaut und der tatsächlichen Rechtslage ergibt. Lange Zeit verfolgten die Normen nämlich vor allem Belange arbeitsmarktpolitischer Art. Das zeigt nicht zuletzt die Abschnittsüberschrift, die eine lediglich formal wirkende Pflicht zur Anzeige bei der Bundesagentur vorzugeben scheint. Der Arbeitsmarkt soll nicht von unvorhergesehenen „Massenentlassungen" überrascht werden. Deshalb soll die Agentur die Möglichkeit haben, rechtzeitig Maßnahmen zur Vermeidung oder wenigstens zur Verzögerung von Belastungen des Arbeitsmarkts einzuleiten und für anderweitige Beschäftigungen der Entlassenen zu sorgen. Das gilt zwar unverändert weiter. Weit darüberhinausgehend hat das Recht der Massenentlassung aber immer mehr auch einen individualschützenden Einschlag erhalten, der die arbeitsmarktpolitische Bedeutung der §§ 17 ff. längst überholt hat, zuletzt allerdings zunehmend in Frage gestellt worden ist. Schließlich kommt hinzu, dass das Konsultationsverfahren des Abs. 2 auch betriebsverfassungsrechtliche Aspekte aufweist, die ursprünglich nur ein Bestandteil des Anzeigeverfahrens waren, sich hiervon aber mittlerweile emanzipiert haben.

5 Zwischen dem **Gesetzeswortlaut** und der unionsrechtlichen **MERL** bestehen erhebliche **Divergenzen.** Nach wie vor ist keine wirkliche Angleichung des nationalen Rechts an das Unionsrecht erreicht, obwohl dieses teils sehr weitreichend unionsrechtskonform ausgelegt wird. Schon dies führt dazu, dass das geschriebene Recht und die tatsächliche Rechtslage sich nicht mehr als deckungsgleich erweisen. Die im Gesetz formulierten Tatbestandsmerkmale und Rechtsfolgen des Massenentlassungsrechts bauen nämlich weitgehend auf die bis 2009 vertretene Ansicht auf, wonach ein Arbeitnehmer erst dann „entlassen" ist, wenn sein Arbeitsverhältnis endet. Das Unionsrecht hält hingegen den Ausspruch (genauer: den Zugang) der Kündigung für ausschlaggebend. Zudem wurde den Beratungen mit dem Betriebsrat lange Zeit keine große Beachtung geschenkt. Man ging davon aus, dass diese auch dann noch vorgenommen werden können, wenn die Anzeige bei der Agentur bereits eingereicht wurde. Schließlich hatte es auf die Wirksamkeit der Kündigungserklärung keinen Einfluss, wenn der Arbeitgeber keine ordnungsgemäße Anzeige vorgenommen hatte. Das wirkte sich allenfalls auf den Zeitpunkt

---

[8] Drittes Gesetz für moderne Dienstleistungen am Arbeitsmarkt v. 23.12.2003, BGBl. I-2003, S. 2848 (2903); Gesetz zur Anpassung des Dienstrechts in der Bundesagentur für Arbeit v. 19.7.2007, BGBl. I-2007 S. 1457.

[9] Richtlinie (EU) 2015/1794 des Europäischen Parlaments und des Rates vom 6. Oktober 2015 zur Änderung der Richtlinien 2008/94/EG, 2009/38/EG und 2002/14/EG des Europäischen Parlaments und des Rates und der Richtlinien 98/59/EG und 2001/23/EG des Rates in Bezug auf Seeleute (Text von Bedeutung für den EWR), ABl. 2015 L 263, S. 1. Umgesetzt in nationales Recht durch Art. 4 des Gesetzes zur Verbesserung der Leistungen bei Renten wegen verminderter Erwerbsfähigkeit und zur Änderung anderer Gesetze (EM-Leistungsverbesserungsgesetz) v. 17.7.2017, BGBl. 2017 I 2509.

aus, zu dem das Arbeitsverhältnis endete, ließ die Kündigung aber nicht unwirksam werden.

6 Das alles hatte sich mit der Judikatur des EuGH und des BAG der 2000er und 2010er Jahre überholt → Rn. 32. Danach sind einzelne gesetzliche Regelungen sinnentleert, andere erweisen sich als nicht mehr wirklich verständlich (insbesondere: §§ 17 Abs. 3 S. 3, 18 bis 21), während sich aus dem Gesetz umgekehrt nicht mehr alles Notwendige ergibt. Probleme bereitet auch, dass das deutsche Recht bei Massenentlassungen, die in aller Regel Betriebsänderungen im betriebsverfassungsrechtlichen Sinn darstellen, Beteiligungsrechte des Betriebsrats etabliert hat, namentlich das Interessenausgleichsverfahren nach den §§ 111 f. BetrVG, die erheblich über das aus unionsrechtlicher Sicht Notwendige hinausgehen, dieses aber umgekehrt auch nicht vollständig abdecken. Überdies hält das Gesetz zum Verhältnis von Interessenausgleichs- und Konsultationsverfahren am Rande einige Hinweise bereit (§§ 1 Abs. 5 S. 4, 125 Abs. 2 InsO), die den früher vertretenen Grundparadigmen verpflichtet sind. Entsprechend fällt die Umsetzung des Rechts der Massenentlassung in die Praxis schwer, teils wird es als kaum mehr beherrschbar angesehen.[10] Dessen ungeachtet sind zahlreiche Aufrufe an den Gesetzgeber,[11] die Regelungen, wenn nicht schon zu systematisieren, so wenigstens sprachlich neu zu fassen, ungehört geblieben. Für den Arbeitgeber, der eine Betriebsänderung plant, verbinden sich massive Unsicherheiten, während sich für Arbeitnehmer aus diesen zuweilen überraschende, indes erfolgsversprechende Angriffsmöglichkeiten gegen eine Kündigung ergeben. Diese sind schon deshalb von hoher Attraktivität, da einem Vorgehen gegen eine betriebsbedingte Kündigung ansonsten recht deutliche Grenzen gesetzt sind. Einerseits dürfen die Gerichte die der Kündigung zu Grunde liegende unternehmerische Entscheidung nicht auf ihre Angemessenheit hin überprüfen, dazu auch → § 1 Rn. 706 ff. Andererseits werden im Rahmen größerer Kündigungswellen typischerweise Namenslisten nach § 1 Abs. 5 geschlossen, dazu auch → § 1 Rn. 1020 ff. Das schmälert die Erfolgsaussichten von Kündigungsschutzklagen deutlich und so lässt sich das Massenentlassungsrecht fruchtbar machen, um Argumente gegen die Wirksamkeit der Kündigung zu gewinnen.

7 Die Rechtslage ist zuletzt insoweit ein Stück weit in Fluss geraten, als sich das BAG beim EuGH mit **zwei Vorabentscheidungsverfahren** zielgerichtet danach erkundigt hat, ob sich das Unionsrecht tatsächlich ausbedingt, dass Mängel im Anzeigeverfahren (ieS) die Unwirksamkeit einer Kündigung zur Folge haben → Rn. 136 ff. Obgleich es nach dem Schlussantrag des Generalanwalts[12] den Anschein hat, dass die Dinge im Wesentlichen Bestand haben werden, war zum Zeitpunkt des Manuskriptabschlusses nicht völlig ausgeschlossen, dass es auf der Rechtsfolgenseite zu einer tendenziellen Neuausrichtung kommt. Selbst wenn man dies mit Anschlag nimmt, lassen sich für das Massenentlassungsrecht folgende Grundlinien skizzieren:

- Die gesetzlichen Bestimmungen sind vielfältig überholt und so sehr durch das Unionsrecht überlagert, dass diese faktisch keine Aussagekraft mehr haben. Ein Blick in das Gesetz lohnt am ehesten noch bezüglich der Kennziffern des Abs. 1 (Schwellenwerte), führt ansonsten aber eher zu Verwirrung. Für die Praxis ist die Kenntnis und das systematische Durchdringen der Rechtsprechung von EuGH und BAG unverzichtbar.
- Die Begriffe „Arbeitnehmer“ und „Betrieb“ dürfen alleine auf Basis einer unionsrechtsautonomen Auslegung konkretisiert werden. Maßgeblich ist also nicht etwa der Betriebsbegriff des BetrVG, sondern der der Massenentlassungsrichtlinie. Was aller-

[10] Spelge RdA 2018, 297 (298); MHdB ArbR/Spelge § 121 Rn. 2; Fuhlrott NZA-RR 2023, 502; Schiefer DB 2020, 2521 (2523); Moll RdA 2021, 49 (51); Ludwig/Hinze NZA 2020, 694 (699); Ernst/Schaller NZA 2021, 1074; Krieger/Ludwig NZA 2010, 919 (924); Mückl/Vielmeier NJW 2017, 2956 (2961); v. Steinau-Steinrück/Bertz NZA 2017, 145 (150); BeckOGK/Naber, 1.12.2024, § 17 KSchG Rn. 7.

[11] Bauer/Krieger/Powietzka BB 2006, 2023.

[12] Schlussantrag Generalanwalt Norkus v. 27.2.2025 in der Rechtssache C-134/24, BeckRS 2025, 2728, Rn. 86 ff.

dings den Begriff des Betriebs angeht, so gilt das nur mit Blick auf den Anwendungsbereich des Massenentlassungsrechts (Abs. 1) und die Ermittlung der für Erstattung der Anzeige zuständigen Agentur (Abs. 3 S. 1). Dagegen bestimmt sich das zu beteiligende Vertretungsorgan nach nationalem Recht.
- Das Massenentlassungsrecht hat (auch) individualschützenden Charakter.
- Das Massenentlassungsverfahren unterteilt sich in zwei Schritte, nämlich in das mit dem Betriebsrat durchzuführende Konsultationsverfahren (Abs. 2 u. Abs. 3 S. 1 u. S. 5 bis 8) und die gegenüber der Agentur für Arbeit zu erstattende Anzeige.
- Wirksam kann die Anzeige bei der Agentur für Arbeit erst dann erstattet werden, wenn das Konsultationsverfahren mit dem Betriebsrat abgeschlossen ist.
- Eine Kündigung kann erst dann ausgesprochen werden, wenn das Konsultationsverfahren abgeschlossen und nachfolgend die Massenentlassung ordnungsgemäß bei der Agentur angezeigt wurde.
- Geht dem Arbeitnehmer eine Kündigung zu, obgleich es auch nur an einem der beiden Schritte fehlt, ist diese unwirksam. Vereinzelte Ausnahmen bestätigen die Regel: Mindergewichtige Versäumnisse und Fehler, die die jeweilige Kündigung nicht tangieren können, bleiben unschädlich.
- Weder das Konsultationsverfahren noch die Anzeige können – anders als die §§ 17 Abs. 3 S. 3 u. 18 das suggerieren – im Anzeigeverfahren bzw. nach Ausspruch der Kündigung nachgeholt oder gebessert werden.
- Entscheidungen oder sonstige Äußerungen der Agentur für Arbeit haben keinen Einfluss auf die Wirksamkeit einer Kündigung. Daher müssen die Arbeitsgerichte eigenständig prüfen, ob das Konsultationsverfahren korrekt durchgeführt und die Anzeige wirksam erstattet worden ist.

III. Der Anwendungsbereich des Massenentlassungsrechts

1. Erfasste Betriebe

8 a) **Betriebe der öffentlichen Hand.** Die Vorschriften der §§ 17 ff. finden auf Betriebe der **öffentlichen Hand** nur Anwendung, wenn diese zur Erreichung wirtschaftlicher Zwecke geführt werden: § 23 Abs. 2. Das ist dann der Fall, wenn die dort ausgeführten Arbeiten auch von Privatpersonen durchgeführt werden könnten.[13] Diese Einschränkung ist europarechtskonform. Nach Art. 1 Abs. 2 lit. b der MERL findet die Richtlinie nämlich (überhaupt) keine Anwendung auf Arbeitnehmer öffentlicher Verwaltungen oder Einrichtungen des öffentlichen Rechts.[14] Damit geht das deutsche Recht über das Unionsrecht hinaus, was nach Art. 5 der MERL zulässig ist. Ist in der Verwaltung allerdings kein Betriebsrat eingerichtet bzw. kann dort keiner errichtet werden, tut sich in der Folge die Frage nach der Durchführung des Mitbestimmungsverfahrens nach Abs. 2 auf, vgl. → Rn. 73.

9 b) **Betriebe kirchlicher Arbeitgeber.** Mit Blick auf **kirchliche Arbeitgeber** ist zu differenzieren: Sind diese als Körperschaft des öffentlichen Rechts organisiert, findet das Massenentlassungsrecht keine Anwendung, § 23 Abs. 2. Das wird unter Hinweis auf Art. 1 Abs. 2 lit. b MERL für europarechtskonform gehalten,[15] was indes keineswegs als gesichert angesehen werden kann, da das Unionsrecht nicht davon ausgeht, dass die Mitgliedstaaten Kirchen ohne Weiteres die Qualität öffentlicher Einrichtungen verleihen können. Handelt es sich dagegen um einen kirchlichen Arbeitgeber, der nicht als Körperschaft des öffentlichen Rechts organisiert ist, so nehmen dessen Arbeitnehmer voll am

[13] BAG 15.12.2016 – 2 AZR 867/15, NZA 2017, 518 Rn. 25; 6.7.2006 – 2 AZR 442/05, NZA 2007, 139 Rn. 63; 22.9.2005 – 2 AZR 544/04, NZA 2006, 558 unter B.V.2.
[14] S. auch EuGH 18.10.2012 – C-583/10, ZESAR 2013, 235 Rn. 34 – Nolan.
[15] EuArbRK/Spelge RL 98/59/EG Art. 1 Rn. 55.

Massenentlassungsschutz teil. Daran ändert auch die Regelung des § 118 Abs. 2 BetrVG nichts, → Rn. 10. Zum Ansprechpartner für das Konsultationsverfahren des Abs. 2, → Rn. 74.

c) **Tendenzbetriebe, Saisonbetriebe, Seeschiff- und Luftfahrt.** Die §§ 17 ff. gelten ohne jede Einschränkung in **Tendenzbetrieben** iSd § 118 Abs. 1 BetrVG,[16] obgleich der Massenentlassungsschutz nach dem KSchG auch betriebsverfassungsrechtlichen Charakter hat. Die Einschränkung des § 118 Abs. 1 S. 2 BetrVG lässt sich auf das Recht der Massenentlassung nicht übertragen. 10

Nur eingeschränkte Anwendung sollen die §§ 17 ff. nach dem (unionsrechtswidrigen) § 22 in **Saison- und Kampagne-Betrieben** finden; näheres dazu, s. dort und bei → Rn. 26. Ohne Abstriche greift das Recht der Massenentlassung dagegen für Arbeitnehmer in der **Luftfahrt** und auf **Seeschiffen:** s. dazu die Kommentierung des § 24 Abs. 2 und Abs. 5 und zu sich ergebenden Besonderheiten bei der Erfassung einschlägiger Unternehmen → Rn. 20 u. 61. 11

2. Betrieb

Der Massenentlassungsschutz macht sich in Absatz 1 an verschiedenen Schwellenwerten fest, die sich allesamt am **Betriebsbegriff** des Abs. 1 orientieren. Maßgeblich ist dabei alleine der **unionsrechtliche** und nicht der nationalrechtliche bzw. betriebsverfassungsrechtliche **Betriebsbegriff.**[17] Eine Ausrichtung des Abs. 1 an das Unionsrecht ist in methodischer Hinsicht ohne weiteres möglich. Der Terminus „Betrieb" wird dort nicht definiert und ist auch aus systematischer Sicht nicht zwingend an den des Betriebsverfassungsrechts gekoppelt. Ohnehin zeigt sich mehr und mehr, dass das deutsche Arbeitsrecht keinen einheitlichen Betriebsbegriff kennt.[18] Dieser wird vom Gesetzgeber nicht einheitlich verwendet, sondern ist relativ und daher in jeder ihn verwendenden Vorschrift eigenständig teleologisch auszulegen. 12

Zwischen dem Betriebsbegriff des Unionsrechts und des BetrVG bestehen vernehmbare **Divergenzen.** Sie sind Gegenstand einer fast nicht mehr überschaubaren Diskussion im Schrifttum. Diese werden indes überschätzt und spielen in den allermeisten Verfahren **keine Rolle.** Soweit man nicht gerade im Einzelhandel oder im Geltungsbereich von Zuordnungstarifverträgen unterwegs ist, hat es in aller Regel dabei sein Bewenden, dass die betriebsverfassungsrechtliche Einheit auch die ist, in der sich das Massenentlassungsverfahren vollzieht. 13

Dessen ungeachtet gibt es aber eben doch immer wieder Fallgestaltungen, in denen das Unionsrecht zu einer **anderen Zuordnung** gelangt als das BetrVG. Hier kann es dem Rechtsanwender in der Tat einige Schwierigkeiten bereiten, dass er bei der Berechnung, ob die in Abs. 1 niedergelegten Schwellenwerte überschritten sind, nicht einfach auf die Einheit abstellen kann, für die der Betriebsrat gewählt wurde. Hinzukommt, dass die zur Einreichung der Anzeige maßgebliche Agentur nach Unionsrecht zu ermitteln ist, sich das im Rahmen des Konsultationsverfahrens zu beteiligende Vertretungsorgan dagegen nach nationalem Recht bestimmt, was sich naturgemäß als besonders misslich erweist, wenn in der nach Unionsrecht relevanten Einheit kein Mitbestimmungsorgan installiert sein sollte. In einigen Fällen reichen die sich daraus ergebenden Unsicherheiten so weit, dass am Ende sogar unklar ist, ob das Verfahren überhaupt durchlaufen werden muss, 14

[16] BAG 18.11.2003 – 1 AZR 637/02, NZA 2004, 741; 30.3.2004 – 1 AZR 7/03, ZIP 2004, 1823; EuGH 16.10.2003 – C-32/02, BeckRS 2004, 76328 Rn. 18 u. 26 – Kommission/Italien; MHdB ArbR/Spelge § 121 Rn. 49; dies. EuArbRK RL 98/59/EG Art. 1 Rn. 50.

[17] BAG 27.2.2020 – 8 AZR 215/19, NZA 2020, 1303 Rn. 171; 13.2.2020 – 6 AZR 146/19 Rn. 32; EuGH 13.5.2015 – C-392/13, NZA 2015, 669 Rn. 42 ff. – Rabal Cañas; 30.4.2015 – C-80/14, NZA 2015, 601 Rn. 46 ff. – USDAW und Wilson; 15.2.2007 – C-270/05, NZA 2007, 319 Rn. 23 ff. – Athinaiki Chartopoiia; 7.12.1995 – C-449/93, NZA 1996, 471 Rn. 25 ff. – Rockfon. Vgl. dazu weiterhin: Spelge RdA 2018, 297 (299); MHdB ArbR/Spelge § 121 Rn. 6; Brams Unionsrechtliche Impulse, 2019, S. 61.

[18] Übersicht bei Senk Betriebsbegriffe, 2022; Daum Betrieb als Organisation 2021, ders. RdA 2022, 96 (102).

oder nicht. Für wirklich unklare Gestaltungen kann es sich in der Praxis empfehlen, eine **doppelte Berechnung** vorzunehmen. Danach werden Begriffsbestimmungen oder Schwellenwerte zunächst auf Basis der vermutlich näherliegenden Beurteilungsgrundlage durchgeführt. In einem weiteren Schritt wird die Subsumtion dann nochmals unter Annahme einer alternativen Rechtsauslegung durchlaufen, die zumindest denkbarerweise einschlägig sein könnte. Führt eines der beiden Verfahren zur Anwendung des Massenentlassungsrechts, sollte überlegt werden, das Verfahren zu durchlaufen. S. dazu auch → Rn. 122.

15 Ein **Betrieb** ist eine unterscheidbare Einheit, die von einer gewissen Dauerhaftigkeit und Stabilität ist, die zur Erledigung einer oder mehrerer konkreter Aufgaben unterhalten wird und die über eine Gesamtheit von Arbeitnehmern, technischen Mitteln und eine organisatorische Struktur zur Erfüllung dieser Aufgaben verfügt. Anders als im BetrVG ist aber **nicht** entscheidend, dass vor Ort eine Leitung vorhanden ist, der **Personalkompetenz** bis hin zur Vornahme von Massenentlassungen zukommt. Das BetrVG verlangt, dass die menschliche Arbeitskraft vor Ort durch einen einheitlichen Leitungsapparat gesteuert wird, der in sozialen und personellen Angelegenheiten die wesentlichen Arbeitgeberfunktionen ausübt. Dagegen ist hier lediglich erforderlich, dass eine **Leitung** besteht, die die ordnungsgemäße Durchführung der Arbeit, die Kontrolle des Gesamtbetriebs und der Einrichtungen der Einheit, sowie die Lösung technischer Probleme im Sinne einer Aufgabenkoordinierung sicherstellt. Daran sind keine hohen organisatorischen Anforderungen zu stellen. Erst recht ist unerheblich, ob und inwieweit die Einheit rechtlich bzw. verwaltungsmäßig autonom wirtschaftet.

16 **Einordnungsschwierigkeiten** können kleinere Betriebe bzw. -betriebsteile bereiten. Diese sind auf der Tatbestandsseite der §§ 17 ff. als selbständige Betriebe anzusehen, wenn sie eine gewisse organisatorische Verfestigung aufweisen und zwar auch dann, wenn vor Ort keine Leitungsmacht in personellen Angelegenheiten angesiedelt ist. Dadurch kann es dazu kommen, dass die einschlägigen Schwellenwerte vor Ort selbst dann nicht genommen werden, wenn die fraglichen Kündigungen Teil einer großen Entlassungswelle im Gesamtunternehmen sind. In dieser Konstellation stellt sich die **Frage,** ob das Massenentlassungsverfahren **dennoch durchgeführt** werden muss, und zwar obwohl das Unionsrecht nicht danach verlangen würde. Hierfür spricht, dass die MERL nur teilharmonisierend ist. Art. 5 bestimmt ausdrücklich, dass es den Mitgliedstaaten offensteht, für die Arbeitnehmer günstigere Rechtsvorschriften zu erlassen. Danach müsste es den Mitgliedstaaten eigentlich möglich sein, ihren nationalen Betriebsbegriff insoweit beizubehalten, als dieser zu einem großzügigeren Arbeitnehmerschutz führt, als das im Unionsrecht der Fall ist. Dagegen neigt der EuGH dazu, den unionsrechtlichen Begriff für abschließend zu halten,[19] zumindest will ein Teil der Literatur ihn so verstehen. Immerhin heißt es aber in etlichen Urteilen, dass die Mitgliedstaaten allen Arbeitnehmern, die von einer Entlassung durch ein Unternehmen desselben Arbeitgebers betroffen sind, Schutz gewähren könnten[20] oder dass die Mitgliedstaaten den Begriff „Betrieb“ durch den Begriff „Unternehmen“ ersetzen können, wenn dies nicht zur Verringerung des Schutzes der Arbeitnehmer führt.[21] Umgekehrt bemerkt der Gerichtshof aber meist noch im selben Atemzug, dass die Mitgliedstaaten dessen ungeachtet an die autonome und einheitliche Auslegung des unionsrechtlichen Begriffs „Betrieb“ gebunden seien.[22]

[19] EuGH 13.5.2015 – C-392/13, NZA 2015, 669 Rn. 42 – Rabal Cañas; 30.4.2015 – C-80/14, NZA 2015, 601 Rn. 45 – USDAW und Wilson; 13.5.2015 – C-182/13, NZA 2015, 731 Rn. 26 – Lytlle; vgl. in diesem Sinne auch EuGH 7.12.1995 – C-449/93, NZA 1996, 471 Rn. 25 – Rockfon. Er ist daher in der Unionsrechtsordnung autonom und einheitlich auszulegen (vgl. in diesem Sinne EuGH 15.2.2007 – C-270/05, NZA 2007, 319 Rn. 23 – Athinaiki Chartopoiia); BAG 13.2.2020 – 6 AZR 146/19, NZA 2020, 1006 Rn. 32 f.; MHdB ArbR/Spelge § 121 Rn. 9 ff.; Sagan ZESAR 2020, 3; Maschmann EuZA 2015, 488; zweifelnd: APS/Moll Rn. 6.

[20] EuGH 30.4.2015 – C-80/14, NZA 2015, 601 Rn. 66 – USDAW und Wilson.

[21] EuGH 13.5.2015 – C-392/13, NZA 2015, 669 Rn. 52, 54 – Rabal Cañas.

[22] EuGH 30.4.2015 – C-80/14, NZA 2015, 601 Rn. 67 – USDAW und Wilson; 13.5.2015 – C-182/13, NZA 2015, 731 Rn. 48 – Lytlle; krit. Krebber RdA 2018, 271 (286).

Alles in allem sprechen indes gute Argumente dafür, dass die Vorgaben des **Unionsrechts abschließend** sind: Die MERL soll in den Mitgliedstaaten nicht nur für einen vergleichbaren Arbeitnehmerschutz, sondern auch für eine ähnliche Belastung von Unternehmen sorgen. Zudem kommt es dem Massenentlassungsrecht darauf an, ob und inwieweit der Arbeitsmarkt vor Ort durch eine Kündigungswelle belastet werden könnte, was darauf hindeutet, dass nicht, ggf. weit voneinander entfernt liegende, Betriebsteile (iwS) zusammengerechnet werden dürfen. Vor allem aber sollten aus Gründen der Kalkulierbarkeit und Rechtssicherheit nicht zwei voneinander stark abweichende Definitionen alternativ zueinander angewandt werden.

Auswirken kann sich das vor allem in Unternehmen des **Einzelhandels** mit zahlreichen **Filialen,** die für sich gesehen zwar „funktionsfähig" sind, deren Personalangelegenheiten jedoch von der Zentrale gesteuert werden. Während das deutsche Betriebsverfassungsrecht sie der Einheit zuschlagen würde, von der aus Personalentscheidungen getroffen werden,[23] qualifiziert das Massenentlassungsrecht der Union sie als selbständig. Insoweit ist allenfalls denkbar, dass, wenn sich ein Unternehmen künstlich in zahlreiche kleine Betriebe aufspaltet, eine Zusammenrechnung über eine Rechtsmissbrauchskontrolle (§§ 162, 242 BGB) vorzunehmen ist. 17

Die Betriebsteilregelung des **§ 4 Abs. 1 BetrVG** findet keine direkte Anwendung im Massenentlassungsrecht. Nachdem das BetrVG aber nur solche Einheiten als Betriebsteile ansieht, die zwar in eine größere Einheit eingegliedert sind, in denen aber vor Ort immerhin eine gewisse, wenngleich im Vergleich zu § 1 Abs. 1 BetrVG abgestufte, Leitungsmacht vorhanden ist, können diese auch als das im Geltungsbereich der §§ 17 ff. maßgebliche Anknüpfungsobjekt zu qualifizieren sein. Erreicht der Grad der Verselbständigung den Umfang des § 4 Abs. 1 S. 1 Nr. 2 BetrVG (so genannter **qualifizierter Betriebsteil**), ist dies beinahe zwingend. Ist der Betriebsteil dagegen lediglich **räumlich weit** vom Hauptbetrieb entfernt (§ 4 Abs. 1 S. 1 Nr. 1 BetrVG), hängt es von den Umständen des Einzelfalls ab, ob dieser den Betriebsbegriff des Unionsrechts trifft oder nicht. Umgekehrt gilt, dass wenn eine Untereinheit nicht die nach Unionsrecht erforderliche Organisationsfestigkeit erreicht, sie typischerweise auch nach dem BetrVG dem Hauptbetrieb zugehört. Worauf es im Massenentlassungsrecht indes nicht ankommt, ist, ob ein Betrieb oder ein Betriebsteil iSd. §§ 1 Abs. 1 S. 1, 4 Abs. 1 S. 1, Abs. 2 BetrVG **betriebsratsfähig** ist oder nicht. Daher können nicht **betriebsratsfähige Betriebe** massenentlassungsrechtlich durchaus als selbständige Betriebe anzusehen sein. Da diese den Grundschwellenwert des Abs. 1 S. 1 Nr. 1 nicht nehmen, kommt das Massenentlassungsrecht in ihnen nicht zum Zuge. 18

Keine Rolle spielt, ob sich die Arbeitnehmer eines nach § 4 Abs. 1 S. 1 BetrVG selbständigen Betriebsteils dafür entschieden haben, an der **Wahl des Betriebsrats des Hauptbetriebs** (§ 4 Abs. 1 S. 2 BetrVG) teilzunehmen. Vor allem aber bleiben **Zuordnungstarifverträge** (bzw. -betriebsvereinbarungen) iSd § 3 BetrVG außer Betracht.[24] Denn wenn noch nicht einmal der Gesetzgeber den Betriebsbegriff gestalten darf, kann erst recht den Tarif- oder Betriebsparteien keine dahingehende Gestaltungskompetenz eingeräumt sein.[25] 19

Typischerweise zu einer im Vergleich zum allgemeinen Betriebsverfassungsrecht abweichenden Beurteilung gelangt man für das **fliegende Personal** von **Luftverkehrsunternehmen** s. dazu auch → Rn. 61 u. § 24 Rn. 6 ff. **§ 24 Abs. 2** findet keine Anwen- 20

---

[23] S. etwa BAG 4.5.2022 – 7 ABR 14/21, NZA 2022, 1280 Rn. 43; 26.5.2021 – 7 ABR 17/20, NZA 2021, 1494 Rn. 33; 8.1.2021 – 7 ABR 72/10, NZA-RR 2023, 133 Rn. 26; Fitting BetrVG § 4 Rn. 23 ff.

[24] BAG 13.2.2020 – 6 AZR 146/19, NZA 2020, 1006 Rn. 62; BAG 28.6.2012 – 6 AZR 780/10, NZA 2012, 1029 Rn. 41; 15.12.2011 – 8 AZR 692/10, NZA-RR 2012, 570 Rn. 73; ErfK/Kiel Rn. 10; EuArbRK/Spelge RL 98/59/EG Rn. 65; Oetker FS 100 Jahre Betriebsverfassungsrecht, 2020, 557 (566). AA: HaKo-KSchR/Pfeiffer Rn. 18; TRL/Lembke/Oberwinter Rn. 58; Däubler/Deinert/Callsen Rn. 8a; LSSW/Wertheimer Rn. 9, Rn. 21; BeckOGK/Naber, 1.12.2024, § 17 KSchG Rn. 18.1.

[25] Salamon NZA 2015, 789 (790).

dung,[26] → § 24 Rn. 6. Aber auch betriebsverfassungsrechtliche Tarifregelungen nach **§ 117 Abs. 1 S. 2 iVm. Abs. 2 S. 1 BetrVG** bleiben auf Tatbestandsseite und bei der Ermittlung der für die Entgegennahme der Anzeige zuständigen Agentur außen vor.[27] Maßgeblich ist vielmehr der jeweilige **Stationierungsort** (Heimatbasis).[28] Denn dies ist der Ort, von dem aus die Besatzungsmitglieder tätig werden, da sie dort eingewiesen werden und dort ihre Arbeitszeit beginnt bzw. endet.[29] Dass für andere Regelungsbereiche des Arbeitsrechts – vor allem bei Bestimmung des gewöhnlichen Arbeitsorts nach Art. 21 Abs. 1 lit. b der Brüssel-I-Verordnung und Art. 8 Abs. 2 Rom-I-Verordnung – zuweilen auf das Flugzeug abgestellt wird, ändert daran nichts. Ebenso verbleibt es für das **Schiffspersonal** alleine beim unionsrechtlichen Betriebsbegriff. Auch für dieses findet § 24 Abs. 2 keine Anwendung. § 114 Abs. 3 BetrVG ist unbeachtlich, weil diese Regelung schon ihrem Wortlaut nach alleine Wirkung für das BetrVG hat. Dagegen erlangt §§ 24 Abs. 5 S. 2 (KSchG) iVm 114 Abs. 4 S. 1 BetrVG alleine bei der Bestimmung des für das Konsultationsverfahren zuständigen Gremiums (dort: Seebetriebsrat) Bedeutung: → Rn. 61 u. § 24 Rn. 18.

21 Bilden mehrere Unternehmen einen **Gemeinschaftsbetrieb,** so ist bei der Ermittlung der einschlägigen Schwellenwerte auf den Gemeinschaftsbetrieb abzustellen.[30] Sind für einen Gemeinschaftsbetrieb die Schwellenwerte der §§ 17 ff. überschritten, hat jeder der beteiligten Arbeitgeber eine Massenentlassungsanzeige für „seine“ Arbeitnehmer zu erstatten. Das gilt unabhängig davon, ob die Entlassungen bei separater Betrachtung die jeweils erforderlichen Kennzahlen erreichen würden. Unterlässt ein Arbeitgeber die Anzeige, werden die von ihm ausgesprochenen Kündigungen unwirksam, und zwar auch dann, wenn der andere Arbeitgeber eine wirksame Anzeige erstattet hatte. Das gilt auch dann, wenn einer der beteiligten Arbeitgeber sowohl im Gemeinschaftsbetrieb als auch in seinem „Hauptbetrieb“ Kündigungen aussprechen will. Zur Sicherheit mag der Arbeitgeber aber vorsorglich die relevanten Kennwerte sowohl für jeden der beiden „Betriebsteile“ isoliert als auch für beide „Betriebsteile“ zusammengefasst berechnen. Das Verfahren würde dann eingeleitet werden, sobald ein Rechenweg zu einer Anzeigepflicht führt. Umgekehrt darf über eine Zusammenfassung beider „Betriebsteile“ eine für einen „Teil“ unzweifelhaft bestehende Anzeigepflicht aber nicht „hinweggerechnet“ werden[31].

22 Die Grundsätze zum Gemeinschaftsbetrieb gelten solange der Betrieb als solcher besteht, und zwar auch noch dann, wenn die beteiligten Arbeitgeber die Vereinbarung über eine gemeinsame Führung des Unternehmens bereits beendet haben sollten. Ist der Gemeinschaftsbetrieb dagegen tatsächlich **aufgehoben,** ist separat auf die jeweiligen Betriebe der vormals zusammenwirkenden Arbeitgeber abzustellen. Nachdem sich die massenentlassungsrechtliche Erfassung von Gemeinschaftsbetrieben als schwierig erweist, mag sich zur Erzielung von Rechtssicherheit sogar empfehlen, diese zunächst aufzuheben und erst danach mit den Umstrukturierungsplanungen zu beginnen. Fällt eines der beteiligten Unternehmen in **Insolvenz,** erlischt die zwischen den Unternehmen bestehende GbR. Der Massenentlassungsschutz ist dann nur noch bezogen auf die Arbeitnehmer des jeweiligen Vertragsarbeitgebers bzw. seines Insolvenzverwalters durchzuführen. Zur Anwendung der §§ 17 ff. im Fall der Betriebsspaltung nach § 132 Abs. 2 UmwG → § 23 Rn. 18.

---

[26] BAG 14.5.2020 – 6 AZR 235/19, NZA 2020, 1091 Rn. 63; 27.2.2020 – 8 AZR 215/19, NZA 2020, 1303 Rn. 172; 13.2.2020 – 6 AZR 146/19, NZA 2020, 1006 Rn. 32.

[27] BAG 13.2.2020 – 6 AZR 146/19, NZA 2020, 1006 Rn. 32.

[28] BAG 13.2.2020 – 6 AZR 146/19, NZA 2020, 1006 Rn. 41 ff.

[29] Knöfel GPR 2019, 43 (45 ff.).

[30] BAG 14.8.2007 – 8 AZR 1043/06, NZA 2007, 1431 Rn. 35; LAG Niedersachsen 18.12.2013 – 17 Sa 335/13, ZIP 2014, 696 Rn. 33; ErfK/Kiel Rn. 6; EuArbRK/Spelge RL 98/59/EG Art. 1 Rn. 122; MHdB ArbR/Spelge § 121 Rn. 15; Schaub ArbR-HdB/Rinck § 142 Rn. 2; Salamon NZA 2015, 789 (790); TRL/Lembke/Oberwinter Rn. 54.

[31] Rechnerisch könnte es dazu kommen, weil mit der Anhebung der Betriebsgröße auch die Entlassungskennziffern des § 17 Abs. 1 steigen.

3. Verantwortlicher Arbeitgeber, Konzernklausel nach Abs. 3a

Zuständig für die Durchführung des Konsultationsverfahrens ist der **Vertragsarbeitgeber,** also der Inhaber des Betriebs. Für den Fall, dass das kündigende Unternehmen von einem herrschenden Unternehmen abhängig ist, stellt Abs. 3a S. 1 klar, dass dennoch alleine das abhängige Unternehmen für die Erfüllung der Verpflichtungen aus § 17 zuständig bleibt, s. auch → Rn. 65. Diese Regelung wird auch als sog. **Konzernklausel** bezeichnet. Voraussetzung ist ein Abhängigkeitsverhältnis iSd. § 17 AktG, während unerheblich ist, ob darüber hinaus auch noch eine einheitliche Konzernleitung ausgeübt wird. Unter einem den Arbeitgeber beherrschenden Unternehmen ist mithin jedes Unternehmen zu verstehen, das mit dem Arbeitgeber durch Beteiligungen an dessen Gesellschaftskapital verbunden ist, die es ihm ermöglichen, einen bestimmenden Einfluss in den Entscheidungsorganen des Arbeitgebers auszuüben und ihn zu zwingen, Massenentlassungen in Betracht zu ziehen oder vorzunehmen.[32] Dass das abhängige Unternehmen verpflichtet bleibt, ist dabei im Grunde selbstverständlich, weil sich an der Arbeitgeberstellung nichts dadurch ändert, dass es dem Einfluss eines anderen Unternehmens unterliegt. Bedeutung erlangt das allenfalls insoweit, als die Regelung nochmals deutlich macht, dass sich das abhängige Unternehmen nicht darauf berufen kann, dass es ihm an den notwendigen Informationen mangele, weil diese nur bei der „Konzernmutter" vorhanden seien. Dahingehende Klarstellungen liegen in der Tradition des Unionsrechts (vgl. Art. 2 Abs. 4 MERL).[33] 23

4. Einbezogene Arbeitnehmer

a) **Arbeitnehmer.** Der **Arbeitnehmerbegriff** des Massenentlassungsrechts ist **unionsrechtlich** determiniert.[34] Dabei ist das nationale Recht insoweit einer unionsrechtskonformen Auslegung zugänglich, als der Gesetzgeber in § 17 lediglich den Terminus „Arbeitnehmer" verwendet, der für sich gesehen noch kein bestimmtes Auslegungsergebnis vorgibt (wenngleich in systematischer Hinsicht natürlich eine weitgehende Angleichung an die §§ 611, 611a BGB naheliegen würde). S. aber zu dem in Abs. 5 benannten Personenkreis, → Rn. 29 ff. 24

Arbeitnehmer im Lichte des Unionsrechts ist jede natürliche Person, die während einer bestimmten Zeit für eine andere Person nach deren Weisung Leistungen erbringt, für die sie als Gegenleistung eine Vergütung erhält (so genannte Lawrie-Blum-Formel).[35] In die §§ 17 ff. einbezogen sind alle Personen, die Arbeit in abhängiger Beschäftigung leisten, einschließlich der zu ihrer Berufsbildung beschäftigten Personen.[36] „Ein-Euro-Jobber" sind, soweit sie ihre Leistungen in persönlicher Abhängigkeit erbringen, zu berücksichtigen,[37] auch wenn das BAG sie vertragsrechtlich nicht als Arbeitnehmer erfassen will.[38] 25

---

[32] EuGH 7.8.2018 – C-61/17, C-62/17, C-72/17, NZA 2018, 1051 – Bichat.

[33] EuGH 10.9.2009 – C-44/08, NZA 2009, 1083 Rn. 69 – Akavan Erityisalojen Keskusliitto, sowie zur europäischen Betriebsratsrichtlinie: EuGH 13.1.2004 – C-440/00, NZA 2004, 160 – Kühne&Nagel, wonach sich das abhängige Unternehmen nicht darauf berufen kann, dass die notwendigen Informationen nur bei der Mutter vorhanden sind.

[34] EuGH 13.5.2015 – C-392/13, NZA 2015, 669 Rn. 31 – Rabal Cañas; 9.7.2015 – C-229/14, NZA 2015, 861 Rn. 33 – Balkaya; 18.1.2007 – C-385/05, NZA 2007, 193 Rn. 43 u 48 – Confédération générale du travail.

[35] EuGH 12.10.2023 – C-57/22, NZA 2023, 1451 – Reditelství silnic a dálnic; 5.5.2022 – C-101/21, NZA 2022, 765– HJ vs. Ministerstvo práce a sociálních věcí Rn. 34; 22.4.2020 – C 692/19, NZA 2021, 1246 Rn. 29 – Yodel Delivery Network; 17.11.2016 – C-216/15, NZA 2017, 41 Rn. 36 – Betriebsrat der Ruhrlandklinik; 13.5.2015 – C-392/13, NZA 2015, 669 Rn. 31 – Rabal Cañas; 9.7.2015 – C-229/14, NZA 2015, 861 Rn. 33 – Balkaya; 10.9.2015 – C-47/14, NZA 2016, 183 Rn. 41 – Holterman Ferho Exploitatie ua/Spies von Büllesheim. Grundlegend: EuGH 3.7.1986 – C 66/85, NVwZ 1987, 41 – Lawrie-Blum.
Überblick bei: Sagan NZA 2024, 1087; ders. ZESAR 2020, 3; Wank EuZA 2023, 22; Henssler/Pant RdA 2019, 325.

[36] EuGH 9.7.2015 – C-229/14, NZA 2015, 861 Rn. 35, 50 – Balkaya.

[37] ErfK/Kiel Rn. 8; BeckOGK/Naber, 1.12.2024, § 17 KSchG Rn. 27.

[38] BAG 8.11.2006 – 5 AZB 36/06, NZA 2007, 53 Rn. 13; 20.2.2008 – 5 AZR 290/07, NZA-RR 2008, 401 Rn. 18.

Mitzurechnen sind auch Arbeitnehmer, die weniger als sechs Monate dem Betrieb oder Unternehmen angehören; denn die Herausnahme dieser Gruppe aus dem Kündigungsrecht gilt nur für den Schutz nach § 1, nicht aber für den nach den §§ 17 ff.[39] Teilzeitbeschäftigte sind – anders als das bei § 23 Abs. 1 der Fall ist – voll zu berücksichtigen (→ § 23 Rn. 32).[40] Beurlaubte Arbeitnehmer, etwa solche, die sich in Eltern- oder Pflegezeit befinden (nicht aber: Altersteilzeit), sind ebenso mitzuzählen, wie ruhende Arbeitsverhältnisse. Hat ein Arbeitnehmer ein einheitliches Arbeitsverhältnis mit mehreren Arbeitgebern, so zählt er für jeden Arbeitgeber mit. Ob seine Entlassung durch einen Arbeitgeber auch Auswirkungen auf das andere Beschäftigungsunternehmen hat, hängt von den Umständen des Einzelfalles ab.[41] Keine Arbeitnehmer sind dagegen Heimarbeiter und arbeitnehmerähnliche Personen, (selbständige) Handelsvertreter oder freie Mitarbeiter.[42]

26 b) **Befristet beschäftigte Arbeitnehmer.** Was **befristet beschäftigte Arbeitnehmer** betrifft, ist zu differenzieren: Sie sind bei der Berechnung der Betriebsgröße mitzurechnen,[43] vorausgesetzt, dass mit ihnen ein regelmäßiger Beschäftigungsbedarf abgebildet wird.[44] Hingegen fällt die Beendigung eines befristeten Arbeitsvertrags nicht unter den Entlassungsbegriff, wenn sich diese alleine daraus ergibt, dass die Befristungsdauer abgelaufen oder der (massenentlassungsrechtlich gesehen „neutrale") Befristungszweck erreicht wurde (vgl. Art. 1 Abs. 2 lit. a MERL), s. dazu → Rn. 54.

27 c) **Leiharbeitnehmer.** Leiharbeitnehmer sind keine Arbeitnehmer des Entleihunternehmens bzw. -betriebs. Sie bleiben daher im Geltungsbereich der §§ 17 ff. alleine dem Verleiher zugeordnet.[45] Daran ändert auch nichts, dass Leiharbeitnehmer betriebsverfassungsrechtlich (auch) dem Entleihbetrieb zugeordnet sind (§§ 7 S. 2 BetrVG, 14 Abs. 2 S. 4 AÜG). Richtig ist zwar, dass § 14 Abs. 2 S. 4 AÜG Leiharbeitnehmer bei der Ermittlung des Schwellenwertes nach § 111 S. 1 BetrVG einbezieht. Indes bleiben sie schon wieder außen vor, was die Richtwerte des § 112a BetrVG betrifft, die am ehesten mit den Schwellenwerten des § 17 vergleichbar sind. Schließlich lässt sich auch nicht auf die Rechtsprechung des BAG verweisen, wonach im Betrieb eingesetzte Leiharbeitnehmer bei der Bestimmung der Betriebsgröße nach § 23 Abs. 1 S. 3 mitzählen, soweit mit ihnen ein regelmäßiger Beschäftigungsbedarf abgedeckt wird.[46] Das BAG begründet dies mit dem Zweck des individuellen Kündigungsschutzes. Hier würde sich eine Berücksichtigung von Leiharbeitnehmern aber in aller Regel zu Lasten der Beschäftigten auswirken; mittelbar würden dadurch nämlich die maßgeblichen Kennziffern angehoben. Würde der nächsthöhere Schwellenwert erreicht, bedürfte es entsprechend höherer Entlassungszahlen, um die Anzeigepflicht auszulösen. Hierbei können Leiharbeitnehmer indes nicht berücksichtigt werden und zwar selbst dann nicht, wenn sie aus dem Betrieb abgezogen werden würden. Dies stellt keine Entlassung dar und kommt auch keiner gleich, zumal ja keineswegs absehbar ist, ob der Verleiher sie bereits deshalb kündigen wird (und darf), nur weil er sie nicht mehr im bisherigen Entleihbetrieb einsetzen kann.

---

[39] BAG 13.4.2000 – 2 AZR 215/99, NZA 2001, 144; 13.3.1969 – 2 AZR 157/68, DB 1969, 129 sub 2.a.

[40] Ebenso Däubler/Deinert/Callsen Rn. 12; MüKoBGB/Hergenröder Rn. 20; LSSW/Wertheimer Rn. 25; abw. Löwisch RdA 1984, 204.

[41] BAG 27.3.1981 – 7 AZR 523/78, AP BGB § 611 Arbeitgebergruppe Nr. 1 mAnm Wiedemann.

[42] ErfK/Kiel Rn. 8; LSSW/Wertheimer Rn. 23; BeckOK ArbR/Volkening, 74. Ed. 1.12.2024, KSchG § 17 Rn. 7; BeckOGK/Naber, 1.12.2024, § 17 KSchG Rn. 44.4 ff.

[43] EuGH 11.11.2015 – C-422/14, NZA 2015, 1441 – Pujante Rivera; BAG 11.5.2023 – 6 AZR 157/22 (A), NZA 2023, 1040 Rn. 19.

[44] Franzen NZA 2016, 26. Diese Einschränkung geht aus der Rspr. des EuGH nicht ganz klar hervor.

[45] ErfK/Kiel Rn. 8; EuArbRK/Spelge RL 98/59/EG Art. 1 Rn. 95; Schaub ArbR-HdB/Rinck § 142 Rn. 13; KR/Heinkel Rn. 46; TRL/Lembke/Oberwinter Rn. 64; für die Berücksichtigung von Leiharbeitnehmern bei der Betriebsgröße: Fuhlrott/Fabritius NZA 2014, 122 (124); offenlassend: Lelley/Taterka DB 2013, 2564.

[46] BAG 24.1.2013 – 2 AZR 140/12, NZA 2013, 726; 13.3.2013 – 7 ABR 69/11, NZA 2013, 789; 27.4.2021 – 2 AZR 540/20, NZA 2021, 857 Rn. 29.

28 Zu dieser Frage liegt bislang keine Stellungnahme des EuGH vor. Eine einschlägige Vorlage seitens des BAG[47] hat sich zwischenzeitlich anderweitig erledigt. Indes spricht wenig für einen Einbezug von Leiharbeitnehmern in Abs. 1. Wie soeben dargelegt wurde, würde derart der Schutz der möglicherweise von Entlassungen betroffenen Stammbelegschaft häufig erheblich geschmälert. Daher kann zum Beweis des Gegenteils auch nicht auf die Balkaya-Entscheidung des EuGH[48] verwiesen werden. Zum einen geht es dort insoweit um einen Ausnahmefall, als über den Einbezug des klagenden Geschäftsführers soeben die grundständige 20er-Grenze des Abs. 1 übersprungen wurde. Zum anderen nehmen abhängig beschäftigte Geschäftsführer aus Sicht des EuGH am Massenentlassungsschutz insgesamt teil, was für Leiharbeitnehmer aus den schon erwähnten Gründen ausgeschlossen ist. Auch aus dem Urteil des EuGH in Sachen Albron Catering[49] ergibt sich nichts anderes. Dort hat der EuGH angedacht, dass bei einem Betriebsübergang auch Entleihbeschäftigungsverhältnisse auf den Erwerber übergehen können. Das aber ist den Besonderheiten des Betriebsübergangsrechts geschuldet. Für dieses ist vorstellbar, dass die partielle Rechtsbeziehung zwischen Entleiher und Leiharbeitnehmer, wie sie sich in Rechtsprechung und Literatur mittlerweile herausgebildet hat,[50] auf den Betriebserwerber übergeht. Arbeitnehmer entlassen kann indes alleine der Vertragsarbeitgeber.

29 d) **Leitende Angestellte, Organmitglieder (Ausnahmetatbestand des Abs. 5).** Nach Abs. 5 Nr. 3 sind **leitende Angestellte** nicht in den Anwendungsbereich des § 17 einbezogen, vorausgesetzt, dass diese zur selbständigen Einstellung oder Entlassung von Arbeitnehmern berechtigt sind (vgl. zu dieser Einschränkung das parallele Tatbestandsmerkmal in § 14 Abs. 2 (→ § 14 Rn. 23 ff.). Das ist mit dem Unionsrecht nicht vereinbar. Da leitende Angestellte Arbeitnehmer sind und das Unionsrecht keine entsprechende Ausnahme kennt, wären diese eigentlich zwingend in den Massenentlassungsschutz einzubeziehen.[51]

30 Weiterhin nicht in das Recht der Massenentlassung einbezogen sind in Betrieben einer juristischen Person **Organmitglieder** und in Betrieben einer Personengesamtheit Personen, die durch Gesetz, Satzung oder Gesellschaftsvertrag zur Vertretung der Personengesamtheit berufen sind: Abs. 5 Nrn. 1 und 2. Das ist nur bedingt mit dem Unionsrecht vereinbar. Keinesfalls besteht die Regelung vor dem Europarecht, was Organmitglieder angeht, die schon nach dem nationalen Recht als Arbeitnehmer anzusehen sind. Das kann vor allem auf GmbH-Geschäftsführer zutreffen,[52] ausführlich hierzu → § 14 Rn. 2 ff. Darüber hinausgehend qualifiziert der EuGH einen Organträger aber auch dann als Arbeitnehmer, wenn die betreffende Person gegenüber der Gesellschaft Leistungen erbringt und in sie eingegliedert ist, weil sie ihre Tätigkeit für eine bestimmte Zeit nach der Weisung oder unter der Aufsicht eines anderen Organs dieser Gesellschaft ausübt und als Gegenleistung für die Tätigkeit ein Entgelt erhält.[53] Zur Feststellung der Weisungsgebundenheit sind dabei die Bedingungen zu prüfen, unter denen das Mitglied des Leitungsorgans bestellt wurde, die Art der ihm übertragenen Aufgaben, der Rahmen, in dem diese Aufgaben ausgeführt werden, der Umfang der Befugnisse des Mitglieds und die Kontrolle, der es innerhalb der Gesellschaft unterliegt, sowie die Umstände, unter denen es abberufen werden kann. Damit ergibt sich im Unionsrecht ein im Vergleich zum deutschen Recht weiterer Weisungsbegriff. Das hat im Hinblick auf die §§ 37 Abs. 1, 38 GmbHG vor allem auf GmbH-Geschäftsführer Auswirkungen, die situations-

[47] BAG 16.11.2017 – 2 AZR 90/17 (A), NZA 2018, 245.
[48] EuGH 9.7.2015 – C-229/14, NZA 2015, 861 – Balkaya (zum Einbezug von Geschäftsführern).
[49] EuGH 21.10.2010 – C-242/09, NZA 2010, 1225 – Albron Catering.
[50] MüKoBGB/Müller-Glöge § 613a Rn. 80.
[51] EuGH 13.2.2014 – C-596/12, BeckRS 2014, 81554 – Kommission/Italien; ErfK/Kiel Rn. 10; BeckOK ArbR/Volkening, 74. Ed. 1.12.2024, KSchG § 17 Rn. 8.
[52] Fallbeispiel bei BAG 4.2.2013 – 10 AZB 78/12, NZA 2013, 397.
[53] EuGH 11.11.2010 – C-232/09, NZA 2011, 143 Rn. 56 – Danosa; 9.7.2015 – C-229/14, NZA 2015, 861 Rn. 39 – Balkaya; 10.9.2015 – C-47/14, NZG 2015, 1199 – Holterman.

abhängig durchaus Arbeitnehmer im unionsrechtlichen Sinn sein können. Eher anderes gilt dagegen für die Vorstände von Aktiengesellschaften (vgl. § 76 AktG) und für Geschäftsführer, die gleichzeitig Mehrheitsgesellschafter sind und daher einen bestimmenden Einfluss auf die Gesellschaft nehmen können.

31 Nach der geltenden Rechtslage lässt sich den **Vorgaben des Unionsrechts** jedoch **nicht Rechnung tragen.**[54] Nationales Recht ist zwar, soweit nötig und möglich, richtlinienkonform auszulegen bzw. ggf. auch fortzubilden. Dabei bildet selbst die Wortlautgrenze nicht notwendigerweise die äußerste Grenzlinie gegenüber einer europarechtskonformen Auslegung. Vielmehr kann der Richter dort über den Wortlaut des Gesetzes hinausgehen bzw. diesen einschränken, wo das Gesetz planwidrig unvollständig ist und sich das Ergebnis einer richtlinienkonformen Rechtsfortbildung (noch) mit der Regelungsabsicht des Gesetzgebers deckt. Dessen ungeachtet bleibt es eine Auslegung contra legem, wenn der Richter eine eindeutige Entscheidung des Gesetzgebers auf Grund eigener rechtspolitischer Vorstellungen ändern würde. So würden die Dinge hier liegen, würde man Abs. 5 nicht mehr anwenden und zwar selbst dann, wenn man die teleologische Reduktion nur auf die von der Massenentlassungsrichtlinie geforderten Schwellenwerte beziehen während man Abs. 5 weiterhin für die günstigeren, weil niedrigeren Schwellenwerte des § 17 anwenden würde.[55] Der Wortlaut des Abs. 5 ist eindeutig. Das unionsrechtlich gebotene Ziel lässt sich also keinesfalls mit einer „einfachen" Auslegung des Arbeitnehmerbegriffs in Abs. 1 erreichen. Einer teleologischen Auslegung (respektive Nichtanwendung des Abs. 5) steht wiederum der erklärte Regelungszweck des Gesetzes entgegen. Sicher lässt sich gegen eine europarechtskonforme Auslegung noch nicht einwenden, dass ein Einbezug leitender Angestellter oder („abhängiger") Organe unpraktikabel sei, dass zur Vertretung der leitenden Angestellten nicht der Betriebsrat, sondern der Sprecherausschuss zuständig wäre und Organvertreter von vorneherein über keine kollektive Interessenvertretung verfügen. Ein wirklicher Hinderungsgrund ist jedoch, dass der Gesetzgeber der Ansicht war, dass Personen, für die der Kündigungsschutz nach § 1 nicht gilt (vgl. § 14), auch bei der Berechnung der Gesamtarbeitnehmerzahl des Betriebes nicht berücksichtigt werden sollen. Zudem soll so dem Umstand Rechnung getragen werden, dass es sich beim Konsultationsverfahren des Abs. 2 um ein betriebsverfassungsrechtlich geprägtes Verfahren handelt und zwischen der Belegschaft einerseits und den in Abs. 5 genannten Personen andererseits eine Interessenkollision besteht. Es würden Personen in das Massenentlassungsrecht einbezogen, die die in Rede stehende Personalentscheidung möglicherweise selbst veranlasst haben. Überdies würden der Agentur Beschäftigte gemeldet, die meist nicht sozialversichert sind. Das alles stellt eine Grundentscheidung des Gesetzgebers dar, die sich durch das gesamte Arbeitsrecht zieht, s. §§ 5 Abs. 2 BetrVG, 14 KSchG, 5 Abs. 1 S. 3 ArbGG. Diese kann nicht einfach beiseitegeschoben werden. Und insoweit kann auch nicht mit einem über die Regelung des Art. 30 GRCh vermittelte „Durchschlagen"[56] der Richtlinie argumentiert werden, weil diese auf das nationale Recht verweist, keine unmittelbare Drittwirkung hat, jedenfalls aber nur ein Mindestniveau an Schutz bei ungerechtfertigter Entlassung im Anwendungsbereich des Unionsrechts vorgibt.[57] Solches ergibt sich auch nicht aus Art. 47

[54] Wie hier: APS/Moll Rn. 18; Preis/Sagan/Naber/Sittard § 14 Rn. 14.21; EUArbSozR/Weber § 9 Rn. 44 f.; Hohenstatt/Naber NZA 2014, 637 (640); Weber/Zimmer EuZA 2016, 224 (236 ff.); Vielmeier NJW 2014, 2678 (2682); anders, teleologische Reduktion möglich: ErfK/Kiel Rn. 10; EuArbRK/Spelge RL 98/59/EG Art. 1 Rn. 101; Schaub ArbR-HdB/Rinck § 142 Rn. 5; für eine teleologische Reduktion, wenngleich zögerlich: Lunk/Hildebrand NZA 2016, 129 (132); NK-GA/Boemke Rn. 40. Offen: Sagan NZA 2024, 1087 (1092).

[55] So der Vorschlag von MHdB ArbR/Spelge § 121 Rn. 28; Hohenstatt/Naber EuZA 2016, 223 (239).

[56] Paradebeispiel etwa bei EuGH 6.11.2018 – C-569/16, C-570/16, NZA 2018, 1467 Rn. 64 ff. – Stadt Wuppertal/Bauer u. Willmeroth; 17.4.2018 – C-414/16, NZA 2018, 569 Rn. 79 – Egenberger/Evangelisches Werk für Diakonie und Entwicklung e. V.

[57] Franzen (EuArbR)/Schubert, GRC Art. 30 Rn. 12; Schlachter/Lehnart EuZA 2022, 431 (442 ff., insb. 444); Picker/Rathmann RdA 2022, 61 (64 f.); teils weiter aber: Kovacs Ein europäisches Grundrecht auf Kündigungsschutz, 2022, S. 184 ff., 228 ff.; BeckOGK/Naber, 1.12.2024, § 17 KSchG Rn. 50.

GRCh.[58] Zur Durchführung des Konsultationsverfahrens, würde man der gegenteiligen Sichtweise folgen: → Rn. 70 ff.

5. Begriff der Entlassung

a) **Zugang der Kündigung als maßgeblicher Zeitpunkt.** Entlassung iSd der §§ 17 ff. ist der **Zugang der Kündigung** beim Arbeitnehmer, § 130 Abs. 1 S. 1 BGB.[59] Das erlangt in zweierlei Hinsicht Bedeutung. Zum einen muss der Arbeitgeber alle ihm auferlegten Pflichten erfüllt haben, bevor dem betroffenen Arbeitnehmer die Kündigung zugeht, da diese andernfalls unwirksam ist. Zum anderen ist bei der Berechnung sämtlicher Schwellenwerte ausschließlich auf diesen Zeitpunkt abzustellen, vgl. auch → Rn. 53 f. Nicht relevant ist dagegen der „Ausspruch" der Kündigung und noch weniger das Auslaufen der Kündigungsfrist, also der Zeitpunkt, zu dem das Arbeitsverhältnis tatsächlich aufgelöst wird. Genau darauf hatte die Rechtsprechung aber über Jahrzehnte abgestellt.[60] Die heutige Rechtslage wurde durch eine Rechtsprechungsänderung[61] Mitte der 2000er Jahre eingeleitet.[62] Sie war erforderlich, um das Recht der Massenentlassung an das Unionsrecht anzupassen.[63] Gegen einen Zugriff auf den Zugang der Kündigungserklärung wurde zunächst vorgebracht, dass es sich bei den Begriffen „Kündigung" und „Entlassung" um zwei feststehende technische Begriffe handele, die nicht gleichgesetzt werden dürften. Das war aber nicht überzeugend. Das mag so (vielleicht) für die historischen Anfänge des Massenentlassungsrechts gegolten haben,[64] ist aber weder in grammatikalischer noch systematischer Hinsicht zwingend geboten. 32

Abgesehen von allen unionsrechtlichen Vorgaben erweist sich der Zugriff auf den Zugang der Kündigung für die Praxis als außerordentlich vorteilhaft, weil leicht durchführbar. Dagegen wäre ein Abstellen auf den Zeitpunkt des Ausspruchs der Kündigung schwierig, weil dieser für einen externen Betrachter häufig nicht ohne Weiteres feststellbar ist. Umgekehrt ließen sich die Schwellenwerte des Abs. 1 nur mit allergrößten Mühen ermitteln, müsste auf den Zeitpunkt der Beendigung der Arbeitsverhältnisse abgestellt werden. Denn dann würde deren Ermittlung von der unterschiedlichen Dauer der einzelnen Kündigungsfristen determiniert und wird möglicherweise auch noch von Nachkündigungen, einer früher möglichen „Nachholung" der Anzeige und etwaigen Entscheidungen der Agentur nach § 18 beeinflusst. Allenfalls ruft das Abstellen auf den Zeitpunkt des Kündigungszugangs deshalb Bedenken hervor, weil der Arbeitgeber durch geschicktes Taktieren, namentlich durch die Zurückhaltung einiger Kündigungen oder einen zeitverzögerten Abschluss von Aufhebungsverträgen (kleinere) Kündigungswellen aus den Schwellenwerten des Abs. 1 nehmen kann, → Rn. 53 ff., insb. Rn. 55, Beispiel 5. 33

---

[58] Anderes lässt sich aber ggf. entnehmen: EuGH 20.2.2024 – C-715/20, NJW 2024, 949 Rn. 80 ff. – KL/X sp. z o. o.; vgl. dazu auch Sagan NJW 2024, 2673 (2677).

[59] BAG 11.5.2023 – 6 AZR 157/22 (A), NZA 2023, 1040 Rn. 29; 27.1.2022 – 2 AZR 467/21, NZA 2022, 1051 Rn. 9; 27.1.2022 – 6 AZR 155/21 (A), NZA 2022, 491 Rn. 27; 13.6.2019 – 6 AZR 459/18, NZA 2019, 1638; grundlegend: BAG 22.11.2012 – 2 AZR 371/11, NZA 2013, 845 Rn. 37.

[60] Zuletzt BAG 16.6.2005 – 6 AZR 451/04, NZA 2005, 1109; 24.2.2005 – 2 AZR 207/04, NZA 2005, 766; grundlegend: BAG 25.5.1960 – 2 AZR 584/57, AP KSchG § 15 Nr. 6.

[61] Grundlegend: BAG 23.3.2006 – 2 AZR 343/05, NZA 2006, 971; unmittelbar daran anknüpfend: BAG 23.2.2010 – 2 AZR 268/08, NZA 2010, 944 Rn. 27; 28.5.2009 – 8 AZR 273/08, NZA 2009, 1267; 29.11.2007 – 2 AZR 763/06, AP KSchG 1969 § 1 Soziale Auswahl Nr. 95; 8.11.2007 – 2 AZR 554/05, AP KSchG 1969 § 17 Nr. 28; 22.3.2007 – 6 AZR 499/05, NZA 2007, 1101; 23.3.2006 – 2 AZR 343/05, NZA 2006, 971.

[62] Vgl. zur seinerzeitigen Diskussion der „Umsetzung" der Rechtsprechung des EuGH in nationales Recht insb. Bauer/Krieger/Powietzka BB 2006, 2023; Lembke/Oberwinter NJW 2007, 721; Dornbusch/Wolff BB 2005, 885; Ferme/Lipinski ZIP 2005, 599; Nicolai NZA 2005, 206; Osnabrügge NJW 2005, 1093; Rehwald AiB 2005, 323; Riesenhuber/Domröse NZA 2005, 568; Riesenhuber/Domröse EWS 2005, 97; Schieck AuR 2006, 41; Wolter AuR 2005, 135; Grimm/Brock AuA 2005, 242.

[63] EuGH 10.9.2009 – C-44/08, NZA 2009, 1083 – Akvan; 27.1.2005 – C-188/03, NZA 2005, 213 Rn. 39 – Junk; in der Tendenz auch bereits: EuGH 12.10.2004 – C-55/02, NZA 2004, 1265 – Kommission/Portugal.

[64] S. hierzu die 15. Aufl. Rn. 6.

34 **b) Sonderfall: Entlassungszeitpunkt bei erforderlicher Zustimmungserklärung einer Behörde.** Ein eigenwilliger Sonderfall ergibt sich, wenn Arbeitsverhältnisse gekündigt werden, deren Beendigung der **Zustimmung (Zulässigkeitserklärung)** einer **Behörde** bedarf. Für Arbeitnehmer in Elternzeit hat das BAG[65] auf Veranlassung des BVerfG[66] entschieden, dass bei einer Betriebsstilllegung bereits der Eingang des Antrags auf Zustimmung zur Kündigung bei der zuständigen Behörde (§ 18 Abs. 1 S. 4 u. 5 BEEG) als Entlassung anzusehen ist. Das dürfte für die Kündigung von schwangeren Frauen und Müttern (§ 17 MuSchG)[67] sowie für Arbeitnehmer, die sich in einer Pflegezeit befinden (§§ 2 Abs. 3 FPfZG, 5 PflegeZG), entsprechend gelten.[68] Dagegen kann es für die Kündigung schwerbehinderter Beschäftigter (§ 168 SGB IX) bei den allgemeinen Grundsätzen verbleiben, da das BVerfG seine Rechtsauffassung aus Art. 6 GG herleitet.[69] Das BVerfG ist der Ansicht, dass anderenfalls Arbeitnehmer wegen der in Anspruch genommenen Elternzeit unzulässig in ihren Grundrechten aus Art. 6 GG beeinträchtigt würden. Sie liefen Gefahr, alleine deshalb den Schutz des Massenentlassungsrechts zu verlieren, soweit das behördliche Verfahren des Sonderkündigungsschutzes keinen dem Massenentlassungsschutz gleichwertigen Schutz bietet. Im Gegenzug ist danach aber keine Berücksichtigung geboten, wenn die Kündigung dem Arbeitnehmer dann tatsächlich zugeht. Andernfalls würde diese doppelt berücksichtigt, was nicht angängig ist. Plant der Arbeitgeber also sehr frühzeitig und stellt den Zustimmungsantrag mit einigem Abstand zum anvisierten Zeitpunkt des Ausspruchs der Kündigung, fallen die fraglichen Beschäftigten vice versa aus dem Kündigungsschutz nach § 17 heraus.[70] Ebenso wenig erscheint es möglich, danach zu unterscheiden, ob der Arbeitnehmer auch zum Zeitpunkt des Zugangs der Kündigung einem Massenentlassungsverfahren unterfallen würde und für diesen Fall alleine darauf abzustellen. Da nicht absehbar ist, wann die Zustimmung erteilt wird und damit, wann die Kündigung zugehen wird, wäre dem Arbeitgeber jede verlässliche Planungsgrundlage entzogen. Er läuft Gefahr, dass er zum Zeitpunkt der Antragsstellung vorsorglich, aber unnötig, das Massenentlassungsverfahren durchführt, um es anschließend nochmals (und nunmehr „notwendigerweise") durchlaufen zu müssen, zumindest aber riskiert er, dass er die betroffene Person beide Male berücksichtigt, sollte in beiden Phasen der Massenentlassungsschutz „sowieso" eröffnet sein. Schließlich ist umstritten, ob die einschlägige Rechtsprechung nur bei einer vollständigen Betriebsstilllegung gilt oder auch bei bloßen Betriebsänderungen greift. Letzteres wird mit der Begründung abgelehnt,[71] dass die einschlägigen Behörden die Kündigung regelhaft nur bei einer Betriebsstilllegung ermöglichen, nicht dagegen bei einer bloßen Betriebsänderung oder Teilstilllegung. Doch vermag dieser Hinweis insoweit nicht vollständig zu überzeugen, als das behördliche Zustimmungsverfahren und der Massenentlassungsschutz am Ende niemals kohärent sind (etwa: Konsultationsverfahren).

35 **c) Relevante Kündigungsarten.** Auf den **Grund der Kündigung** kommt es nicht an. Nach dem Unionsrecht müssten zwar nur Entlassungen für beachtlich erklärt werden,

---

[65] BAG 26.1.2017 – 6 AZR 442/16, NZA 2017, 577.

[66] BVerfG 8.6.2016 – 1 BvR 3634/13, NZA 2016, 939; jdf. in unionsrechtlicher Hinsicht zustimmend BAG 26.1.2017 – 6 AZR 442/16, NZA 2017, 577 Rn. 32; Mazurek Massenentlassung und Sonderkündigungsschutz, 2024, S. 187; Durakovic/Lepique/Schellhaas NZA 2024, 1682. Nicht ganz zu Unrecht kritisch: Moll FS Willemsen, 2018, 319 (327): Überschreitung der Grenzen einer verfassungskonformen Auslegung.

[67] Dazu, dass schwangeren Arbeitnehmerinnen und Müttern im Sinne der Mutterschutzrichtlinie auch im Rahmen einer Massenentlassung gekündigt werden kann: EuGH 22.2.2018 – C-103/16, BeckRS 2018, 1643 – Tribunal Superior des Justicia de Cataluna.

[68] Wie hier: Durakovic/Lepique/Schellhaas NZA 2024, 1682 (1687) und Moll FS Willemsen, 2018, 319 (328) – alle bei ansonsten weitgehender Ablehnung der Rspr. des BVerfG; Annuß/Seier DB-Beil 6/2016, 55 (60); Hexel DB 2016, 2486 (2487), Hangarter FA 2017, 130 (132); BeckOGK/Naber, 1.12.2024, § 17 KSchG Rn. 79.

[69] Durakovic/Lepique/Schellhaas NZA 2024, 1682 (1687). AA Mazurek Massenentlassung und Sonderkündigungsschutz, 2024, S. 279 ff.; Schmitt BB 2017, 2293 (2299).

[70] Eine Richtervorlage zum BVerfG für diesen Fall empfiehlt: MHdB ArbR/Spelge § 121 Rn. 83.

[71] Spelge NZA-Beil 2017, 108 (110); MHdB ArbR/Spelge § 121 Rn. 93.

die nicht in der Person des Arbeitnehmers begründet sind.[72] Das deutsche Recht geht darüber jedoch hinaus, was nach Art. 5 der MERL zulässig ist. Daher sind auch **personen- und verhaltensbedingte Kündigungen**[73] tatbestandsmäßig.[74]

Auch der Ausspruch von **Änderungskündigungen** kann die Pflicht zur Durchführung des Massenentlassungsverfahrens begründen.[75] Dies kann indes nur gelten, wenn es nicht lediglich um eine mehr oder weniger unerhebliche Änderung der vertraglichen Arbeitsbedingungen geht (etwa: berücksichtigungsfähige Beschäftigungszeiten bei der Ermittlung einer Jubiläumszulage).[76] Das war völlig unproblematisch, solange das nationale Recht den Begriff der Entlassung am Auslauf der Kündigungsfrist festgemacht hat. Mit dem nunmehrigen Zugriff auf den Zeitpunkt des Zugangs (→ Rn. 32 f.) stellt sich aber die Schwierigkeit, dass zu diesem Zeitpunkt noch keineswegs feststeht, ob die Kündigung tatsächlich zur Beendigung des Arbeitsverhältnisses führen wird, denn es ist ja stets denkbar, dass der Arbeitnehmer das ihm unterbreitete Änderungsangebot annimmt (zu den Rechtsfolgen, sollte das Massenentlassungsverfahren nicht durchgeführt werden, → Rn. 151 f.). Das BAG überspielt diese Bedenken mit dem Hinweis, dass die §§ 17 ff. unabhängig davon zur Anwendung kommen sollen, ob der Arbeitnehmer das Änderungsangebot ablehnt oder lediglich unter Vorbehalt annimmt.[77] Das überzeugt insoweit nicht, als das Arbeitsverhältnis fortbesteht, wenn sich der Arbeitnehmer mit der Änderung einverstanden erklärt. Damit liegt das BAG zwar auf der Linie des EuGH, der bereits eine erhebliche Änderung der wesentlichen Arbeitsbedingungen für tatbestandsmäßig hält; doch verkompliziert man so das Recht der Änderungskündigung (§ 2) weiter, zumal dem Betriebsrat parallel zum Konsultationsverfahren insoweit auch Mitwirkungsrechte nach §§ 87, 99 und 111 BetrVG zustehen. Jedenfalls wird der vorsichtig agierende Arbeitgeber das Verfahren auch bei Änderungskündigungen einleiten – das gegebenenfalls sogar bei so genannten „überflüssigen" Änderungskündigungen (zum Begriff, → § 2 Rn. 88 ff.) – und das selbst dann, wenn zu erwarten steht, dass die Beschäftigten die Änderungsangebote annehmen. Denn andernfalls muss er fürchten, dass, sollten die Arbeitnehmer das Angebot ablehnen, er die Änderung nicht durchsetzen kann. 36

Bei einer **Versetzung** innerhalb des Betriebs (Unternehmens) ist danach zu unterscheiden, ob der Arbeitgeber dazu ohne Änderung des Arbeitsvertrages kraft seines Direktionsrechts befugt ist. Ist dies der Fall, kommt der Kündigungsschutz nach §§ 17 ff. nicht in Betracht, da keine Entlassung vorliegt. Anderes gilt, wenn es zur Versetzung einer Änderung des Arbeitsvertrages durch Änderungskündigung bedarf. 37

Eine Entlassung iSd § 17 ist auch gegeben, wenn der Arbeitgeber eine ordentliche Kündigung auf Verlangen des Betriebsrats nach § 104 S. 1 BetrVG erklärt,[78] denn er muss in eigener Verantwortung prüfen, ob die Voraussetzungen für ein berechtigtes Verlangen iSd § 104 S. 1 BetrVG vorliegen.[79] Gleiches gilt, wenn der Arbeitgeber die Kündigung ausspricht, weil ihm dies nach § 104 S. 2 BetrVG vom Arbeitsgericht auf- 38

[72] EuGH 21.9.2017 – C-149/16, NZA 2017, 1323 Rn. 24 f. – Socha; 11.11.2015 – C-422/15, NZA 2015, 1441 Rn. 55 – Pujante Rivera; 12.10.2004 – C-55/02, NZA 2004, 1265 Rn. 43 – Kommission/Portugal. Weitergehend aber: Schlachter/Lehnart EuZA 2022, 431 (441).

[73] BAG 8.6.1989 – 2 AZR 624/88, NZA 1990, 224; LAG Düsseldorf 15.10.2021 – 7 Sa 405/21, BeckRS 2021, 30709 Rn. 31; ErfK/Kiel Rn. 10a; HWK/Sittard Rn. 9; KR/Heinkel Rn. 60; APS/Moll Rn. 37; Schaub ArbR-HdB/Rinck § 142 Rn. 7; MüKoBGB/Hergenröder Rn. 26; EuArbRK/Spelge RL 98/59/EG Art. 1 Rn. 61; HaKo-KSchR/Pfeiffer Rn. 27; Däubler/Deinert/Callsen Rn. 16 f.; BeckOGK/Naber, 1.12.2024, § 17 KSchG Rn. 51.

[74] MHdB ArbR/Spelge § 121 Rn. 59.

[75] EuGH 21.9.2017 – C-149/16, NZA 2017, 1323 Rn. 35 – Socha; 21.9.2017 – C-429/16, NZA 2017, 1325 – Ciupa; BAG 20.2.2014 – 2 AZR 346/12, NZA 2014, 1069; ErfK/Kiel Rn. 15; APS/Moll Rn. 38; KR/Heinkel Rn. 68; MüKoBGB/Hergenröder Rn. 28; LSSW/Wertheimer Rn. 39; BeckOGK/Naber, 1.12.2024, § 17 KSchG Rn. 52.

[76] AA MHdB ArbR/Spelge § 121 Rn. 62 f.: Auch in diesem Fall ist es nicht abzusehen, ob und inwieweit es zu Beendigungskündigungen kommt.

[77] BAG 20.2.2014, 2 AZR 346/12, NZA 2014, 1069.

[78] APS/Moll Rn. 54; Schaub ArbR-HdB/Rinck § 142 Rn. 7; iE wohl auch: MHdB ArbR/Spelge § 121 Rn. 59.

[79] BAG 28.3.2017 – 2 AZR 551/16, NZA 2017, 985.

gegeben wurde. Auch in diesem Fall liegt formal eine Entlassung durch den Arbeitgeber vor, mag sie auch nicht auf seinem „freien Willen“ beruhen.[80] Im Ergebnis stellt das Verlangen des Betriebsrats ein dringendes betriebliches Erfordernis iSd § 1 Abs. 2 S. 1 KSchG dar. Große Bedeutung dürfte diese Konstellation allerdings nicht erlangen.

39 d) **Fristlose Kündigungen (Absatz 4). Fristlose Kündigungen** unterfallen gem. Abs. 4 nicht dem Kündigungsschutz des 3. Abschnitts und werden auch nicht bei Berechnung der Mindestzahl der Entlassungen mitgerechnet. In diesen Fällen tritt der arbeitsmarktpolitische Zweck der §§ 17 ff. hinter die Interessen des Arbeitgebers zurück, sich in besonderen Fällen vom Arbeitnehmer trennen zu können. Hierunter rechnen alle fristlosen, außerordentlichen Kündigungen aus wichtigem Grund gem. § 626 BGB. Der Ausschluss greift auch dann, wenn der Arbeitgeber aus wichtigem Grunde kündigt, er dem Arbeitnehmer aber aus Entgegenkommen eine Auslauffrist gewährt.[81]

40 Umgekehrt bleibt der Massenentlassungsschutz erhalten, wenn zwar ein wichtiger Kündigungsgrund vorliegen würde, der Arbeitgeber aber davon keinen Gebrauch macht, sondern – aus welchem Grund auch immer – den Weg der ordentlichen Kündigung wählt.

41 Ist das Arbeitsverhältnis des Arbeitnehmers ordentlich nicht bzw. nicht mehr kündbar, ist zu unterscheiden. Sieht sich der Arbeitgeber durch einen wichtigen Grund zum Ausspruch der Kündigung veranlasst, der bereits für sich betrachtet einen Anlass zum Ausspruch einer außerordentlichen Kündigung darstellt, ergeben sich keine Besonderheiten. Absatz 4 ist anzuwenden. Dagegen kommt der Ausnahmetatbestand nicht zum Zuge, wenn dem Arbeitgeber erst über das Recht der außerordentlichen Kündigung ermöglicht wird, ein **unkündbares Arbeitsverhältnis** aus besonders dringlichen betrieblichen Gründen **zu beenden.**[82] Ausnahmsweise ist dem Arbeitgeber dies dann gestattet, wenn der Arbeitsplatz wegfällt und ein anderweitiger Einsatz des Arbeitnehmers auch unter Aufwendung aller zumutbaren Mittel schlichtweg unmöglich ist. Der Arbeitgeber kann dann das Arbeitsverhältnis außerordentlich beenden, hat dabei aber die Frist einzuhalten, die greifen würde, wenn der Ausschluss des ordentlichen Kündigungsrechts nicht bestehen würde. Da sich derartige Ausnahmefälle meist in Zusammenhang mit größeren Betriebsänderungen oder -stilllegungen ergeben, sind sie geradezu prädestiniert, um in den Anwendungsbereich der §§ 17 ff. zu fallen. Der Ausnahmetatbestand des Absatz 4 erstreckt sich nicht auf Kündigungen durch den Insolvenzverwalter nach § 113 InsO.[83] Diese unterfallen vielmehr voll dem Massenentlassungsrecht. Gleiches gilt für solche nach § 624 BGB.[84]

42 e) **Eigenkündigungen und Aufhebungsverträge.** Abs. 1 S. 2 stellt vom Arbeitgeber veranlasste Beendigungen des Arbeitsverhältnisses den Entlassungen gleich. Das heißt aber nur, dass diese in die Entlassungsziffern des Abs. 1 einzubuchen sind, aber nicht, dass sie unwirksam werden würden, wenn kein Massenentlassungsverfahren durchgeführt wurde oder sie nicht (mit)angezeigt wurden → Rn. 150. Eine Veranlassung in diesem Sinn liegt vor, wenn der Arbeitgeber den Arbeitnehmer im Hinblick auf eine konkret geplante Betriebsänderung oder konkrete Kündigungsabsicht bestimmt, **selbst** den Arbeitsvertrag **zu beenden,** um auf diese Weise eine sonst notwendig werdende Kündigung zu vermeiden. Dazu bedarf es einer unmissverständlichen Willensäußerung des Arbeitgebers. Er muss dem Arbeitnehmer deutlich machen, dass er so oder so mit dem Verlust seines Arbeitsplatzes rechnen muss.[85]

---

[80] APS/Moll Rn. 54; Schaub ArbR-HdB/Rinck Rn. 7.

[81] LSSW/Wertheimer Rn. 41; APS/Moll Rn. 61; Schaub ArbR-HdB/Rinck § 142 Rn. 9; KR/Heinkel Rn. 66. Zu derartigen Kündigung: BAG 14.12.2023 – 2 AZR 66/23, 262 Rn. 12.

[82] ErfK/Kiel Rn. 16; APS/Moll Rn. 58; Schaub ArbR-HdB/Rinck § 142 Rn. 9.

[83] ErfK/Kiel Rn. 16; APS/Moll Rn. 56; Schaub ArbR-HdB/Rinck § 142 Rn. 11.

[84] BAG 22.4.2010 – 6 AZR 948/08, NZA 2010, 1057; 25.10.1968 – 2 AZR 23/63, AP KO § 22 Nr. 1.

[85] EuGH 10.12.2009 – C-323/08, NZA 2010, 151 Rn. 40 – Rodríguez Mayor; BAG 19.3.2015 – 8 AZR 119/14, AP BGB § 613a Nr. 464 Rn. 45; 28.6.2012 – 6 AZR 780/10, NZA 2012, 1029 Rn. 47; BeckOGK/Naber, 1.12.2024, § 17 KSchG Rn. 63.

Danach sind **Eigenkündigungen** des Arbeitnehmers dann tatbestandsmäßig, wenn dieser lediglich einer arbeitgeberseitigen Kündigung zuvorkommen will und deshalb seine Kündigung zu einem Zeitpunkt erklärt, zu dem anderenfalls der Arbeitgeber diese ausgesprochen haben würde. Solches ist bspw. dann zu bejahen, wenn der Arbeitgeber auf einer Betriebsversammlung, durch Rundschreiben oder durch Aushang eine die Abteilung des Arbeitnehmers betreffende umfassende Personalreduzierung bekannt gibt und den Arbeitnehmern empfiehlt, sich einen neuen Arbeitsplatz zu suchen, nachdem er schon mit einer Reihe von Arbeitnehmern dieser Abteilung Aufhebungsverträge geschlossen hatte.[86] Umgekehrt fehlt es an dem notwendigen Kausalzusammenhang, wenn der Arbeitgeber lediglich auf die unsichere Lage des Unternehmens hinweist oder nur ganz allgemein rät, dass sich Arbeitnehmer besser um eine andere Stelle bemühen sollten.[87] Auch bleibt eine Eigenkündigung unberücksichtigt, die der Arbeitnehmer drei Monate nach der Ankündigung einer Betriebsänderung ausspricht, wenn er zu diesem Zeitpunkt keinen Grund mehr für die Annahme hatte, dass ihm im Zuge des Personalabbaus gekündigt werde.[88] 43

Bei den Entlassungszahlen des Abs. 1 sind auch **Aufhebungsverträge** zu berücksichtigen (vgl. § 112a Abs. 1 S. 2 BetrVG). Das setzt aber voraus, dass der Auflösungsvertrag nicht alleine auf Initiative des Arbeitnehmers abgeschlossen wird. Vielmehr ist erforderlich, dass der Arbeitnehmer sich damit gerade unter dem Eindruck einer beabsichtigten Kündigung einverstanden erklärt.[89] Die zur Eigenkündigung des Arbeitnehmers herausgearbeiteten Grundsätze finden insoweit entsprechende Anwendung. Zeitlich entscheidend ist die Abgabe der jeweils „letzten" Willenserklärung, die den Vertragsschluss perfekt macht. Ob eine Abfindung gezahlt wird oder nicht, ist gleichgültig. 44

f) Befristungen. Ein **befristetes Arbeitsverhältnis** endet durch Zeitablauf oder bei Eintritt des vereinbarten Befristungszwecks (vgl. Art. 1 Abs. 2 lit. a MERL).[90] Die Form des befristeten oder bedingten Arbeitsvertrages darf aber nicht zu dem Zweck gewählt sein, den gesetzlichen Kündigungsschutz zu umgehen. Das ist der Fall, wenn gerade die Tatsache der geplanten Stilllegung des Betriebs oder einzelner Betriebsanlagen zur auflösenden Bedingung gemacht wird.[91] Dagegen liegt keine Entlassung vor, wenn das Arbeitsverhältnis wegen Erreichen einer Altersgrenze endet. Zum „Mitzählen" befristeter Arbeitnehmer bei der Ermittlung der Zahl der regelmäßig im Betrieb beschäftigten Arbeitnehmer, → Rn. 26. 45

g) Sonstige Beendigungstatbestände, Urlaub und Kurzarbeit. Ältere Arbeitnehmer, die nach ihrem Ausscheiden dem Arbeitsmarkt nicht mehr zur Verfügung stehen werden, etwa, weil sie sich in der Freistellungsphase der Altersteilzeit (Blockmodell) befinden, sind nicht iSd § 17 entlassen.[92] 46

Die Regelungen der §§ 17 ff. gelten nicht, wenn das Arbeitsverhältnis angefochten wird oder sich aus sonstigen Gründen als nichtig erweist. 47

Keine Entlassung liegt vor, wenn die beiderseitigen Hauptleistungspflichten lediglich zeitweilig suspendiert werden. Das gilt besonders für den Fall der Beurlaubung und zwar auch, wenn diese in Form unbezahlten Urlaubs erfolgt.[93] Daher ist auch die Einführung von Kurzarbeit keine Entlassung iSd § 17, da sie keine Beendigung des Arbeitsverhältnisses bezweckt, vgl. auch die Erl. zu § 19. 48

---

[86] BAG 28.10.1992 – 10 AZR 406/91, AP BetrVG 1972 § 112 Nr. 65; Hümmerich/Spirolke BB 1995, 48.

[87] BAG 20.4.1994 – 10 AZR 323/93, AP BetrVG 1972 § 112 Nr. 77; 19.7.1995 – 10 AZR 885/94, AP BetrVG 1972 § 112 Nr. 96.

[88] BAG 28.10.1992 – 10 AZR 405/91, AP BetrVG 1972 § 112 Nr. 64 unter II 1b bb.

[89] BAG 19.3.2015 – 8 AZR 119/14, AP BGB § 613a Nr. 464 Rn. 46; 28.6.2012 – 6 AZR 780/10, NZA 2012, 1029; APS/Moll Rn. 45; Schaub ArbR-HdB/Rinck § 142 Rn. 11; LSSW/Wertheimer Rn. 33; Grau/Sittard BB 2011, 1848; Niklas/Koehler NZA 2010, 914.

[90] EuGH 13.5.2015 – C-392/13, NZA 2015, 669 – Rabal Cañas.

[91] LSSW/Wertheimer Rn. 37; KR/Heinkel Rn. 81; Hütter ZESAR 2015, 27 (28); abw. APS/Moll Rn. 51.

[92] ErfK/Kiel Rn. 14; LSSW/Wertheimer Rn. 34; APS/Moll Rn. 43; KR/Heinkel Rn. 79.

[93] ErfK/Kiel Rn. 14; APS/Moll Rn. 40.

49 h) **Weiterbeschäftigung, Rücknahme, Vergleich und Neueinstellungen.** Arbeitnehmer sind auch dann mitzuzählen, wenn sie nach Beendigung ihres Arbeitsverhältnisses in eine **Transfergesellschaft** (§ 111 SGB III) wechseln.[94] Zwar steht nicht anzunehmen, dass die Arbeitnehmer sogleich mit Vertragsbeendigung den Arbeitsmarkt belasten werden. Indes lässt weder der Wortlaut des Abs. 1 noch der Regelungszweck es zu, solche Kündigungen aus dem Recht der Massenentlassung auszunehmen. Andernfalls würde der Kündigungsschutz der betroffenen Arbeitnehmer verkürzt. Schließlich endet deren „angestammtes" Arbeitsverhältnis ja völlig unabhängig davon, dass sie noch eine Zeit lang in der Transfergesellschaft tätig sind. Zudem handelt es sich bei dieser um einen anderen Arbeitgeber und die Beschäftigung dort ist regelmäßig eine andere als beim Altarbeitgeber. Überdies erfolgt die Beschäftigung dort in aller Regel nur befristet, so dass auch das Ausscheiden aus der Transfergesellschaft nicht relevant würde. Unstrittig sind jedenfalls Arbeitnehmer zu berücksichtigen, bei denen im Zeitpunkt der Massenentlassungsanzeige noch nicht feststeht, dass sie in eine Transfergesellschaft wechseln werden.[95]

50 Einigen sich Arbeitgeber und Arbeitnehmer innerhalb des 30-Tageszeitraums auf eine Fortsetzung des Arbeitsverhältnisses, zählt die zunächst ausgesprochene Kündigung nicht bei der Bestimmung der relevanten Schwellenwerte mit. Dagegen ändert ein nach Ausspruch der Kündigung abgeschlossener Vergleich (§ 779 BGB) nichts daran, dass die Entlassung zahlenmäßig zu berücksichtigen ist.[96]

51 Eine eventuelle Weiterbeschäftigungspflicht nach der Kündigung, insbes. diejenige nach § 102 Abs. 5 BetrVG, beeinflusst weder Zeitpunkt noch Wirksamkeit der Entlassungen.

52 Gleichgültig ist, ob an Stelle der entlassenen Arbeitnehmer andere neu eingestellt werden, sich also in der Summe gar keine oder nur eine geringere Verminderung der Arbeitnehmerzahl ergibt.[97]

6. Schwellenwerte im 30-Tages-Zeitraum

53 Tatbestandsmäßige Entlassungen lösen dann den Massenentlassungsschutz aus, wenn sie innerhalb eines Zeitraums von 30 Kalendertagen die in Abs. 1 Nrn. 1–3 benannten Grenzwerte übersteigen. Sämtliche **relevanten Zahlen** müssen **innerhalb eines** gemäß der in den → Rn. 12 ff. dargelegten Grundsätze bestimmten **Betriebs** überschritten sein. Der 30-Tageszeitraum bestimmt lediglich eine Berechnungsfrist. Entlässt der Arbeitgeber in einem längeren Zeitraum Beschäftigte, kann er das Konsultationsverfahren und ebenso das Anzeigeverfahren bezogen auf alle beabsichtigten Kündigungen **zusammenfassen,** soweit Betriebsrat oder Agentur dessen ungeachtet einen vollständigen (oder gar einen besseren) Überblick über die beabsichtigten Kündigungswellen erhalten.[98] Zur **Darlegungs-** und **Beweislast:** → Rn. 156.

54 Zur Ermittlung der **regelmäßigen Beschäftigungszahlen** ist auf die Anzahl der im Zeitpunkt der Entlassungen bei gewöhnlichem Geschäftsgang beschäftigten Arbeitnehmer abzustellen, wie sie für den Betrieb kennzeichnend ist.[99] Die hierzu in der Kommentierung des § 23 getroffenen Ausführungen gelten entsprechend, zur Berücksichtigung

[94] ErfK/Kiel Rn. 14; Niklas/Koehler NZA 2010, 913 (914); Lembke BB 2004, 775; offengelassen BAG 19.3.2015 – 8 AZR 119/14, AP BGB § 613a Nr. 464 Rn. 50; 28.6.2012 – 6 AZR 780/10, NZA 2012, 1029 Rn. 43. AA noch die 15. Auflage Rn. 16; BeckOGK/Naber, 1.12.2024, § 17 KSchG Rn. 67.

[95] BAG 28.6.2012 – 6 AZR 780/10, NZA 2012, 1029 Rn. 44.

[96] BAG 13.3.1969 – 2 AZR 157/68, AP KSchG § 15 Nr. 10 mAnm A. Hueck; Bauer/Röder NZA 1985, 202; Däubler/Deinert/Callsen Rn. 29; ErfK/Kiel Rn. 13; APS/Moll Rn. 49.

[97] BAG 13.3.1969 – 2 AZR 157/68, AP KSchG § 15 Nr. 10 unter 2c; Däubler/Deinert/Callsen Rn. 32; MüKoBGB/Hergenröder Rn. 26; ErfK/Kiel Rn. 14; APS/Moll Rn. 77; Schaub ArbR-HdB/Rinck § 142 Rn. 17; PVT Kündigung/Vossen Rn. 1821; KR/Heinkel Rn. 88; LSSW/Wertheimer Rn. 45.

[98] BAG 9.6.2016 – 6 AZR 638/15, NZA 2016, 1202 Rn. 17.

[99] BAG 11.5.2023 – 6 AZR 157/22, NZA 2023, 1040 Rn. 22; 14.9.2022 – 4 AZR 83/21, NZA-RR 2023, 168 Rn. 17; EuGH 6.10.2021 – C-561/19, NJW 2021, 3303 Rn. 39 – Consorzio Italian Management e Catania Multiservizi; BeckOGK/Naber, 1.12.2024, § 17 KSchG Rn. 70.

befristet beschäftigter Arbeitnehmer, → Rn. 26. Insoweit keine Rolle spielt der Zeitpunkt, zu dem die unternehmerische Entscheidung getroffen wurde und auch der des Zugangs der Kündigungen bleibt bedeutungslos. Bei einer Betriebsstilllegung ist ein Rückblick auf die bisherige Belegschaftsstärke vorzunehmen.[100] Vollzieht sich der **Personalabbau** in **Wellen,** ist auf die letzte „normale" Betriebsstärke abzustellen, soweit die einzelnen Schritte auf einer einheitlichen Planung beruhen. Das kann allerdings dazu führen, dass die Entlassungszahlen späterer Kündigungsetappen die sich so ergebenden Schwellenwerte nicht mehr „nehmen", obwohl sie dies nach der dann vorzufindenden Betriebsgröße durchaus tun würden. Umgekehrt setzt der Beurteilungszeitraum alleine an der jeweils aktuellen Betriebsgröße an, wenn mehreren aufeinanderfolgenden Personalreduzierungsmaßnahmen kein einheitlicher Stilllegungsentschluss zugrunde liegt. Ein bestimmter Mindestzeitraum ist hierfür nicht erforderlich. Befinden sich Arbeitnehmer in Kurzarbeit, sind sie dessen ungeachtet in die Berechnung der Betriebsstärke miteinzubeziehen.[101] Diese Grundsätze gelten auch für die **Insolvenz.** Bei zeitnaher Stilllegung des Betriebs nach Eröffnung des Insolvenzverfahrens ist die Betriebsgröße nach den betrieblichen Umständen, die vor der Eröffnung kennzeichnend waren, maßgeblich. Abweichendes kann allerdings in Betracht kommen, wenn der Insolvenzverwalter erst im Verlauf eines längeren Insolvenzverfahrens eine unternehmerische Entscheidung trifft, die Auswirkungen auf den gewöhnlichen Geschäftsgang und die hiermit im Zusammenhang stehende personelle Betriebsstärke hat.

Fristauslösend ist der **Zugang** (→ Rn. 32 f.) einer jeden vom Arbeitgeber ausgesproche- 55
nen Kündigung. Die Frist beginnt immer wieder von neuem zu laufen, sobald Arbeitnehmern Kündigungen zugehen, den Arbeitgeber eine relevante Eigenkündigung eines Arbeitnehmers erreicht oder Aufhebungsverträge abgeschlossen werden (Zeitpunkt des Zugangs der Vertragsannahme beim Anbietenden, die Beachtung der Schriftform nach §§ 623, 126 Abs. 2 BGB vorausgesetzt). Bei der Frist handelt es sich um eine Art „Linealfrist", die strukturell in etwa mit der des § 167 Abs. 2 SGB IX vergleichbar ist. Eröffnete Fristen laufen parallel zueinander. Beendigungstatbestände bleiben auch dann relevant, wenn sie bereits in ein Massenentlassungsverfahren eingebracht wurden. Bei der **Fristberechnung** rechnet der jeweilige Zugangstag mit. § 187 Abs. 1 BGB findet keine Anwendung, weil es nicht darum geht, dass ab einem Ereignis binnen 30 Tagen eine Handlung vorgenommen wird, sondern dass „innerhalb" von – insgesamt – 30 Tagen eine bestimmte Anzahl von Kündigungen einzelnen Arbeitnehmern zugeht.[102] § 193 BGB spielt hier keine Rolle.[103]

Beispiele: Arbeitgeber A unterhält einen Betrieb mit 200 Beschäftigten. Das Massenentlassungsrecht greift, sobald 20 Arbeitnehmer entlassen werden: § 17 Abs. 1 Nr. 2 Var. 1 (10 %-Klausel).

(1.) A kündigt am 2. Mai 5 Arbeitnehmern, sowie am 28. Mai weiteren 14 Beschäftigten. Es werden lediglich 19 Kündigungen ausgesprochen; die Schwellenwerte sind nicht erreicht.

(2.) A kündigt am 15. Mai einem Arbeitnehmer mit einer Frist von drei Monaten zum Monatsende (§ 622 Abs. 2 Nr. 3 BGB) und 19 Arbeitnehmern mit einer Frist von fünf Monaten (§ 622 Abs. 2 Nr. 5 BGB). Mithin werden 20 Arbeitnehmer entlassen, die 10 %-Klausel des § 17 Abs. 1 Nr. 2 ist erfüllt. Daran ändert nichts, dass (eine rechtzeitige Anzeige vorausgesetzt) ein Arbeitsverhältnis zum 31.8. und die anderen 19 erst zum 31.10. enden, so dass es nicht auch zum Auslaufen von 20 Arbeitsverhältnissen innerhalb von 30 Tagen kommt.

(3.) A kündigt am 2. Mai 5 Arbeitnehmer und am 28. Mai nochmals 14 Beschäftigten wegen einer bevorstehenden Produktionseinschränkung. In der 2. Juniwoche kündigt er 2 Arbeitnehmer ordentlich personenbedingt; in der 3. Juniwoche kündigt er erneut 2 Arbeitnehmer betriebsbedingt und motiviert 2 weitere zum Abschluss von Aufhebungsverträgen. Im 30-Tageszeitraum vom 2. bis zum 31. Mai ergeben sich lediglich 19 Kündigungen. Dagegen kommt es vom 28. Mai bis zum

[100] BAG 14.5.2020 – 6 AZR 235/19, NZA 2020, 1091 Rn. 130.
[101] BAG 11.5.2023 – 6 AZR 157/22 (A), NZA 2023, 1040 Rn. 28.
[102] BAG 29.5.2022 – 2 AZR 467/21, NZA 2022, 1051; ErfK/Kiel Rn. 17; KR/Heinkel Rn. 93; Däubler/Deinert/Callsen Rn. 35; APS/Moll Rn. 69; BeckOK ArbR/Volkening, 74. Ed. 1.12.2024, KSchG § 17 Rn. 24.
[103] BAG 19.5.2022 – 2 AZR 467/21, NZA 2022,1051 Rn. 11.

26. Juni zu insgesamt 20 relevanten Entlassungen. Sieht der Arbeitgeber von der Durchführung des Verfahrens ab, berührt dies zwar nicht mehr die am 2. Mai zugegangenen Kündigungen. Indes sind sämtliche Kündigungen ab dem 28. Mai, einschließlich der beiden personenbedingten, unwirksam (nicht aber die beiden Aufhebungsverträge, → Rn. 150). Insoweit wäre es für den Arbeitgeber wohl günstiger gewesen, hätte er wenigstens eine Vertragsbeendigung erst am oder nach dem 27. Juni bewirkt → Rn. 33.

(4.) Der Arbeitgeber durchläuft in den ersten Junitagen das Massenentlassungsverfahren und kündigt 21 Arbeitnehmern. Kündigt er am 8. Juni drei weiteren Arbeitnehmern, sind diese verfahrenspflichtig, da sie noch in den 30-Tageszeitraum fallen. Dass der Arbeitgeber bereits für die erste Welle das Massenentlassungsverfahren durchgeführt hatte, ändert daran nichts.

(5.) Der Arbeitgeber kündigt jeweils am 1. März und am 1. April je 19 Arbeitnehmern. Hier besteht keine Anzeigepflicht, da die notwendigen Entlassungszahlen nicht innerhalb eines Zeitraums von 30 Tagen erreicht werden. Dazu kommt es selbst dann nicht, wenn die betroffenen Arbeitsverhältnisse durch den zufälligen Lauf der Kündigungsfristen allesamt am selben Tag enden würden.

IV. Die Beteiligung des Betriebsrats (Konsultationsverfahren)

1. Systematik

56 Absatz 2 regelt das **Konsultationsverfahren** zwischen Arbeitgeber und Betriebsrat. Dieses verpflichtet den Arbeitgeber, bevor er eine Massenentlassung durchführt, den Betriebsrat rechtzeitig über seine Planungen zu unterrichten (Abs. 2 S. 1) und mit ihm die Möglichkeiten zu beraten, Entlassungen zu vermeiden, einzuschränken oder ihre Folgen zu mildern (Abs. 2 S. 2). Dieses ist vom sich anschließenden **Anzeigeverfahren** gegenüber der Agentur für Arbeit zu unterscheiden, s. bereits → Rn. 7. Während das Konsultationsverfahren **betriebsverfassungsrechtlichen Charakter** hat, geben die Abs. 3–5 ein eher verwaltungstechnisch ausgerichtetes Verfahren gegenüber der Arbeitsagentur vor. Wenngleich der Anwendungsbereich für beide Verfahrensschritte gemeinsam in Abs. 1 geregelt ist, stellt jedes ein **eigenständiges Wirksamkeitserfordernis** für eine im Zusammenhang mit einer Massenentlassung erfolgte Kündigung dar (s. ausführlich nach → Rn. 142). Entsprechend führen ein Ausfall oder aber auch (erhebliche) Fehler im Konsultationsverfahren zur Unwirksamkeit der in der Folge ausgesprochenen Kündigungen. Gleiches gilt, wenn die Anzeige erstattet wurde, obwohl das Konsultationsverfahren noch nicht abgeschlossen worden war (→ Rn. 116 ff). In der Praxis erlangt das entscheidende Bedeutung. Zwar stehen dem Betriebsrat über die §§ 111 ff. BetrVG im Umfeld einer Betriebsänderung auch über das BetrVG durchaus gewichtige Mitwirkungsrechte zu. Bei diesen schlagen Versäumnisse des Arbeitgebers aber nicht auf die individualrechtliche Ebene durch → Rn. 107. Deshalb kann es für den Arbeitnehmer attraktiv sein, im Fall einer „Mitbestimmungsverweigerung" des Arbeitgebers, diese über § 17 in den Prozess einzuführen.

2. Ansprechpartner auf Arbeitnehmerseite

57 a) **Allgemeines, Zuständigkeit nach nationalem Recht.** Ansprechpartner für die Unterrichtung und Anhörung ist grundsätzlich der Betriebsrat des betroffenen Betriebs. Hier ist – anders als bei der Ermittlung der Schwellenwerte (s. oben Rn. 12 ff.) – alleine die **nationale Zuordnung** ausschlaggebend.[104] Das folgt daraus, dass die MERL zur Bestimmung des vertretungsberechtigten Kollektivorgans auf das nationale Recht verweist (Art. 1 Abs. 1 lit. b). Zudem wird über die Anknüpfung an die nationalen Vertretungsstrukturen sichergestellt, dass die Zuständigkeit desjenigen örtlichen Betriebsrats begründet wird, der mit den Verhältnissen des Betriebes vertraut ist und daher derjenige ist, der

[104] BAG 13.2.2020 – 6 AZR 146/19, NZA 2020, 1006 Rn. 66; 22.9.2016 – 2 AZR 276/16, NZA 2017, 175; EuArbRK/Spelge RL 98/59/EG Art. 1 Rn. 138; Moll, RdA 2021, 49 (54).

die von der Entlassungswelle betroffenen Arbeitnehmer im Verfahren am besten vertreten kann. Dadurch kann es aber eben dazu kommen, dass bei der Berechnung der Schwellenwerte auf eine andere Einheit abzustellen ist, als wenn es später gilt, das zur Konsultation berufene Vertretungsgremium zu ermitteln. Dass sich dadurch Divergenzen zwischen Abs. 1 und der Bestimmung des jeweils relevanten Vertretungsorgans ergeben können, ist hinzunehmen.

Nicht zur Konsultation berufen ist ein im Betrieb gebildeter **Wirtschaftsausschuss** 58 (§ 106 BetrVG).[105] Erst recht reicht ein Meinungsaustausch mit dem Betriebsratsvorsitzenden nicht aus.[106] Angesichts der Bedeutung der bevorstehenden Massenentlassung erweist es sich auch als unzureichend, wenn sich lediglich ein Ausschuss nach § 27 Abs. 2 S. 1 BetrVG mit der Angelegenheit befasst. Eine Beteiligung der **Schwerbehindertenvertretung** (§ 178 Abs. 2 SGB IX) ist weder ausreichend noch erforderlich.[107]

Sollten **verschiedene Arbeitnehmervertretungen** unterschiedliche Belegschaftsgruppen 59 vertreten (parallele Zuständigkeit, Beispiel: Betriebsrat und Sprecherausschuss), kann jede nur für den **Teil** der **Belegschaft** auftreten, von dem sie gewählt ist. Das kann ggf. dazu führen, dass mehrere Gremien anzusprechen sind. Der Arbeitgeber ist indes nicht gehalten, ein **einheitliches Konsultationsverfahren** mit allen Vertretungen gemeinsam durchzuführen. Auch ist es nicht erforderlich, die jeweiligen Verfahren zeitlich parallel einzuleiten, durchzuführen und abzuschließen. Wird dagegen ein- und dieselbe Arbeitnehmergruppe von **mehreren Gremien** repräsentiert, ist das **umfassender ausgerichtete Organ** zu beteiligen, idealerweise die Vertretung, die die Belegschaft mehr oder weniger insgesamt vertritt. Einer ergänzenden Beteiligung auch des „spezielleren Gremiums" bedarf es dann nicht.[108]

b) Betriebsrat ieS. Wie bereits in → Rn. 57 erwähnt, bestimmt sich die Zuständigkeit 60 des Betriebsrats hier ausschließlich nach den Vorschriften des nationalen Rechts. Damit kommt hier mittelbar wieder der **Betriebsbegriff** des **BetrVG** zum Zuge. Mithin ist zur Vertretung der betroffenen Arbeitnehmer derjenige Betriebsrat berufen, den diese **gewählt** haben bzw. der diese auch **ansonsten vertritt.** Entsprechend werden hier – anders als das bei der Berechnung der Schwellenwerte nach Abs. 1 der Fall ist → Rn. 12 ff. – betriebsverfassungsrechtliche oder tarifvertragliche **Zuordnungsentscheidungen** relevant. Daraus folgt: Erweist sich ein **Betriebsteil** nach dem Betriebsbegriff des § 1 Abs. 1 BetrVG als selbständig, wurde dieser aber nach §§ 4 Abs. 1 S. 2 oder 4 Abs. 2 BetrVG dem Hauptbetrieb zugeschlagen, hat sich der Arbeitgeber an den Betriebsrat des Hauptbetriebs zu wenden. Das gleiche gilt, wenn ein Betrieb über einen **Zuordnungstarifvertrag** nach § 3 BetrVG betriebsverfassungsrechtlich einer gesonderten Vertretungseinheit zugeordnet wurde.[109] Dann ist die durch den Tarifvertrag bestimmte Vertretungseinheit zu konsultieren.

Für **Schiffe,** die nicht als Teil des Landbetriebs gelten, tritt hier an die Stelle des 61 Betriebsrats der Seebetriebsrat: § 24 Abs. 5 S. 2 (KSchG) iVm § 114 Abs. 4 S. 1 BetrVG, s. auch → Rn. 20, § 24 Rn. 18 u. Rn. 6 ff.). In der **Luftfahrt** sind Vertretungen von Cockpit und Kabine, die auf Basis eines Tarifvertrags errichtet waren (§ 117 Abs. 1 S. 2 und Abs. 2 BetrVG) anhörungsberechtigt. Dabei kommt es nicht darauf an, welche Beteiligungsrechte der Tarifvertrag den Vertretungen im Einzelnen zuerkannt hatte.[110] Diese folgen vielmehr aus Abs. 2 und 3. Ergeben sich dadurch parallele oder konkurrierende Zuständigkeiten, s. dazu → Rn. 59.

---

105 BAG 26.2.2015 – 2 AZR 955/13, NZA 2015, 881 Rn. 20.
106 BAG 26.2.2015 – 2 AZR 955/13, NZA 2015, 881 Rn. 21.
107 BAG 13.2.2020 – 6 AZR 146/19, NZA 2020, 1006 Rn. 64.
108 BAG 13.2.2020 – 6 AZR 146/19, NZA 2020, 1006 Rn. 66; Schubert/Schmitt ZESAR 2020, 53 (57).
109 BAG 13.2.2020 – 6 AZR 146/19, NZA 2020, 1006 Rn. 66; 22.9.2016 – 2 AZR 276/16, NZA 2017, 175.
110 BAG 13.2.2020 – 6 AZR 146/19, NZA 2020, 1006 Rn. 60; 14.5.2020 – 6 AZR 235/19, NZA 2020, 1091 Rn. 108.

62 Wird der geplante Personalabbau auf der Grundlage eines unternehmenseinheitlichen Konzepts durchgeführt und sind mehrere Betriebe von der Betriebsänderung betroffen, ist der **Gesamtbetriebsrat** zu beteiligen, § 50 Abs. 1 BetrVG. Erforderliche Kenntnisse des Gesamtbetriebsrats über die betrieblichen und regionalen Verhältnisse sind dadurch gewährleistet, dass jeder örtliche Betriebsrat mindestens ein Mitglied in den Gesamtbetriebsrat entsendet, § 47 Abs. 2 S. 1 BetrVG.[111]

63 Die Zuständigkeit des Gesamtbetriebsrats ergibt sich dann, wenn sich den betriebsübergreifenden Zusammenhängen nur durch seine Beteiligung Rechnung tragen lässt und nur so eine betriebsübergreifende Lösung zur Vermeidung oder Einschränkung der geplanten Massenentlassungen bzw. ihrer sozialen Abmilderung entwickelt werden kann. Als Faustformel lässt sich festhalten, dass der Gesamtbetriebsrat immer dann nach Abs. 2 zu beteiligen ist, wenn er auch zur Führung von Interessenausgleichs- oder Sozialplanverhandlungen zuständig ist. Ganz zwingend ist dieser Gleichklang aber nicht, weil auch Ausnahmekonstellationen denkbar sind, in denen es zu einem Auseinanderfallen der jeweiligen Zuständigkeiten kommt, was der Fall sein kann, wenn die jeweils einschlägigen Schwellenwerte mit Rücksicht auf die unterschiedlichen Betriebsbegriffe (→ Rn. 12 ff.) differieren.[112] Wird in einer derartigen Konstellation alleine der örtliche Betriebsrat beteiligt, ist die Anhörung nicht wirksam erfolgt.[113] Das gilt auch, wenn entgegen der Vorgabe des BetrVG kein Gesamtbetriebsrat gebildet wurde.[114]

64 Der Gesamtbetriebsrat kann die Zuständigkeit ferner durch Delegation nach § 50 Abs. 2 S. 1 BetrVG erlangen. Erforderlich ist ein spezifischer Übertragungsakt. Hierzu reicht regelmäßig, wenn dem Gesamtbetriebsrat aufgegeben wird, mit dem Arbeitgeber über den Abschluss des Interessenausgleichs oder eines Sozialplans zu verhandeln.[115] Eine ausdrückliche Klarstellung ist trotzdem empfehlenswert.

65 Die Zuständigkeit des **Konzernbetriebsrats** ist derzeit noch ungeklärt. In der Literatur werden allgemein die gleichen Grundsätze herangezogen, wie sie für die Zuständigkeit des Gesamtbetriebsrats herausgearbeitet worden sind.[116] Da es bislang aber an einer höchstrichterlichen Entscheidung fehlt,[117] wird Arbeitgebern in der Literatur dessen ungeachtet empfohlen, vorsorglich beide Gremien zu beteiligen.[118] Tatsächlich erweist sich die Zuständigkeit des Konzernbetriebsrats als nicht ganz unproblematisch, als der EuGH auf eine Unterrichtung bzw. Anhörung durch den Vertragsarbeitgeber dringt,[119] was auf der Ebene der Konzernleitung nur für die von der Mutter beschäftigten Arbeitnehmer geleistet werden könnte. Zwar lässt sich hören, dass bei unternehmensübergreifenden Sachverhalten eine Beteiligung der Arbeitnehmervertreter zweckmäßigerweise auf der Ebene durchgeführt werden sollte, auf der am Ende die maßgeblichen Entscheidungen getroffen werden. Indes sprechen mE sowohl Art. 2 Abs. 4 MERL als auch § 17 Abs. 3a (→ Rn. 23) gegen eine Verlagerung auf die Konzernebene. So bleibt nur die Durchführung eines sukzessiv gestalteten Verfahrens. Danach sind zunächst auf Betriebs- bzw. Unternehmensebene Konsultationen durchzuführen. Nach deren Abschluss kann die Konzernleitung entscheiden. Die Anzeigen sind wiederum durch die nachgeordneten Unternehmen einzureichen. Keinesfalls zur Vertretung der Arbeitnehmer ist der europäische Betriebsrat berufen.[120]

---

111 BAG 20.9.2012 – 6 AZR 155/11, NZA 2013, 32 Rn. 40; 7.7.2011 – 6 AZR 248/10, NZA 2011, 1108 Rn. 28.
112 S. die Beispiele bei Salamon BB 2015, 1653 (1657).
113 BAG 7.7.2011 – 6 AZR 248/10, NZA 2011, 1108 Rn. 25.
114 Salamon BB 2015, 1653 (1654); ErfK/Koch § 50 BetrVG Rn. 2.
115 Salamon BB 2015, 1653 (1658); aA EuArbRK/Spelge RL 98/59/EG Art. 1 Rn. 140.
116 ErfK/Kiel Rn. 19b; APS/Moll Rn. 107; BeckOGK/Naber, 1.12.2024, KSchG § 17 Rn. 100; Dzida/Hohenstatt NJW 2012, 27 (29); Lembke/Oberwinter NJW 2007, 721 (725); Mückl ArbRAktuell 2011, 238 (239); Niklas/Koehler NZA 2010, 913 (916).
117 Ausdrücklich offengelassen BAG 22.11.2012 – 2 AZR 371/11, NZA 2013, 845 Rn. 23.
118 ErfK/Kiel Rn. 19b; Görg ArbRAktuell 2013, 399; Niklas/Koehler NZA 2010, 913 (916).
119 EuArbRK/Spelge RL 98/59/EG Art. 1 Rn. 141 unter Verweis auf EuGH 10.9.2009 – C-44/08, NZA 2009, 1083 – Akavan Erityisalojen Keskusliitto.
120 ErfK/Kiel Rn. 19d; EuArbRK/Spelge RL 98/59/EG Art. 1 Rn. 153.

Ist die Zuständigkeit des **Gesamtbetriebsrats** eröffnet oder hält man entgegen der hier vertretenen Auffassung den Konzernbetriebsrat für vertretungsberechtigt, erstreckt sich dessen Verhandlungsmandat auch auf unternehmens- bzw. konzernzugehörige Betriebe, in denen kein Betriebsrat eingerichtet ist.[121] 66

Im **Gemeinschaftsbetrieb** (auch → Rn. 21) ist der dort eingerichtete Betriebsrat zur Durchführung des Konsultationsverfahrens berufen. Soweit es zugleich auch eine Entlassungswelle im „Hauptbetrieb" gibt, ist für diese der dort gewählte Betriebsrat separat zu konsultieren. 67

In **betriebsratslosen Betrieben** entfällt eine Beteiligung des Betriebsrats,[122] indes nicht die Anzeigepflichten bei der Agentur. Nicht möglich ist, dass ersatzweise eine Gewerkschaft eine Zuständigkeit reklamiert, da der Gesetzgeber von der dahingehenden Option des Art. 1 Abs. 1b MERL keinen Gebrauch gemacht hat.[123] Auch können Gesamt- oder Konzernbetriebsrat nicht auf den Plan treten, soweit es sich nicht um eine betriebsübergreifende Maßnahme handelt. Die MERL verlangt nur, dass die Mitgliedstaaten den Belegschaften die Möglichkeit einer kollektiven Vertretung eröffnen, überlässt es indes den Arbeitnehmern, ob sie von dieser Option auch tatsächlich Gebrauch machen, indem sie eine solche errichten. Soweit die Belegschaft allerdings noch **vor** Ausspruch der betreffenden **Kündigungen** einen Betriebsrat **wählt,** ist das Konsultationsverfahren durchzuführen. Dies gilt auch, wenn der Arbeitgeber bereits mit der Durchführung der diesen zu Grunde liegenden unternehmerischen Maßnahme begonnen hat.[124] 68

c) **Nicht durch den Betriebsrat vertretene Arbeitnehmer.** Die MERL gebietet, dass die Mitgliedstaaten allen Personen, die das Unionsrecht als Arbeitnehmer ansieht, die Möglichkeit einer kollektiven Vertretung im Rahmen einer Massenentlassungswelle eröffnet. Das bedingt zum einen, die fraglichen Personen dem **Kollektivorgan** zuzuordnen, das am ehesten zur Vertretung der betreffenden Personen geeignet erscheint, soweit das nationale Recht das auch nur irgend zulässt.[125] Zum anderen sind Gremien auch dann als geeignetes Vertretungsorgan **anzuerkennen,** wenn diese nach dem Verständnis des BetrVG keine Mitbestimmungsrechte im betriebsverfassungsrechtlichen Sinn, namentlich keine solchen nach den §§ 111 ff. BetrVG wahrnehmen. Folglich ist gleich, ob die jeweiligen gesetzlichen Statuten, wie beispielsweise das SprAuG, dem betreffenden Gremium „ausreichende Vertretungskompetenzen" zuerkennt. Diese ergeben sich vielmehr direkt aus § 17 Abs. 2 u. 3. 69

aa) **Leitende Angestellte und „abhängige" Organe.** Im Hinblick auf „abhängige" Organe und leitende Angestellte ist zu unterscheiden: Folgt man der hier vertretenen Auffassung, wonach die in Abs. 5 aufgeführte Personengruppe – unionsrechtswidrig – aus dem Anwendungsbereich des § 17 herausfällt (→ Rn. 29 ff.), sind diese nicht in das Konsultationsverfahren einzubeziehen. 70

Für „sonstige" leitende Angestellte, also leitende Personen, denen keine Personalkompetenz iSd Abs. 5 Nr. 3 zukommt, ist der **Sprecherausschuss** zu beteiligen.[126] Zwar stehen dem Sprecherausschuss nur die in § 32 SprAuG benannten Unterrichtungs- und Beratungsrechte zu. Die hier entscheidenden Kompetenzen erlangt der Ausschuss aber direkt aus Abs. 2 u. 3, vgl. Rn. 69.[127] Dagegen vertritt eine Strömung in der Literatur, 71

[121] ErfK/Kiel Rn. 19c; EuArbRK/Spelge RL 98/59/EG Art. 1 Rn. 140; Hützen ZInsO 2012, 1804; Salamon BB 2015, 1653 (1657).

[122] I. E. EuGH 5.10.2023 – C-496/22 NZA 2023, 1454 – EI/SC Brink's Cash Solutions SRL; BAG 13.2.2020 – 6 AZR 146/19, NZA 2020, 1006 Rn. 60.

[123] BeckOGK/Naber, 1.12.2024, KSchG § 17 Rn. 104; Wißmann RdA 1998, 224.

[124] Anders zu – mit dem Konsultationsverfahren insoweit nicht vergleichbaren – Interessenausgleichsverhandlungen: BAG 8.2.2022 – 1 ABR 2/21, NZA 2022, 870.

[125] BAG 13.2.2020 – 6 AZR 146/19, NZA 2020, 1006 Rn. 60.

[126] KR/Heinkel Rn. 104; BTM/Backmeister Rn. 22; MüKoBGB/Hergenröder Rn. 43; ErfK/Kiel Rn. 19d; LSSW/Wertheimer Rn. 55; Mauthner Massenentlassungsrichtlinie der EG, 2004, S. 132; Wißmann RdA 1998, 224; MHdB ArbR/Spelge § 121 Rn. 110; aA Moll RdA 2021, 49 (55): Vertretung auch durch den Betriebsrat.

[127] In diese Richtung: BAG 13.2.2020 – 6 AZR 146/19, NZA 2020, 1006 Rn. 60; 14.5.2020 – 6 AZR 235/19, NZA 2020, 1091 Rn. 108.

dass diese Personen im vorliegenden Kontext ausnahmsweise vom Betriebsrat vertreten werden.[128] Indes würde derart die betriebsverfassungsrechtliche Gesamtsystematik (vgl. § 5 Abs. 3 S. 1 BetrVG) durchbrochen.[129]

72 Tritt man entgegen der hier – → Rn. 29 ff. – vertretenen Auffassung für eine teleologische Reduktion des Abs. 5 ein und bezieht sämtliche leitende Angestellte, aber auch „abhängige" Organe in den Geltungsbereich der §§ 17 ff. ein, so gilt folgendes: Leitende Angestellte werden, wie in → Rn. 71 vorgeschlagen, durch den Sprecherausschuss vertreten. Dagegen bleiben Organe von Gesellschaften vertretungslos. Zwar ist der Gesetzgeber gehalten, ihnen im Geltungsbereich der Massenentlassung eine Vertretung zu ermöglichen. Dies hilft ihnen indes nichts, solange ein Mitgliedstaat eine solche nicht etabliert hat.

73 **bb) Personalvertretungen, kirchliche Mitarbeitervertretungen.** Soweit eine öffentliche Verwaltung ausnahmsweise den Vorschriften des 3. Abschnitts unterliegt (→ Rn. 8 u. → § 23 Abs. 3), ist kein Konsultationsverfahren durchzuführen. Eine erweiternde Auslegung des Abs. 2 dahingehend, dass Personalräte vertretungskompetent wären, scheitert an der Gesetzgebungsgeschichte und erweist sich auch aus unionsrechtlicher Sicht nicht als geboten, weil die Massenentlassungsrichtlinie grundsätzlich keine Anwendung auf Arbeitnehmer öffentlicher Verwaltungen oder Einrichtungen des öffentlichen Rechts findet, s. Art. 1 Abs. 2 lit. b MERL.

74 Probleme bereitet die Durchführung des Konsultationsverfahrens schließlich bei kirchlichen Arbeitgebern. Insoweit ist zunächst zu beachten, dass diese nach überwiegender Auffassung aber dann schon aus dem Anwendungsbereich des Abs. 1 herausfallen, wenn sie als Körperschaft des öffentlichen Rechts organisiert sind, → Rn. 9. Soweit kirchliche Arbeitgeber dagegen in das Recht der Massenentlassung einbezogen sind, gelten die zu den Personalvertretungen dargestellten Grundzüge entsprechend. Eine erweiternde Auslegung des Abs. 2 dahingehend, dass kirchliche Mitarbeitervertretungen als Betriebsräte iSd Abs. 2 angesehen werden können, ist nicht möglich.[130] Zwar spricht die Gesetzgebungsgeschichte auch an dieser Stelle für ein lediglich unbeabsichtigtes Umsetzungsdefizit. Indes könnte eine Beteiligung dieser Vertretungen gegen das in Art. 140 GG iVm Art. 137 III WRV gewährleistete kirchliche Selbstbestimmungsrecht verstoßen, weil die Konsultationspflicht nur auf Kooperation ausgerichtet ist und kein Einigungszwang besteht.[131] Mithin kommt es nur zu einer Mitarbeiterbeteiligung, wie sie sich aus den einschlägigen Vertretungsordnungen ergibt.[132] Maßgeblich sind insoweit die § 30a MAVO bzw. § 34 MVG-EKD 2013. Indes bleiben die den Vertretungen danach eingeräumten Rechte partiell hinter dem Umfang des Konsultationsverfahrens zurück; eine Missachtung der Vertretungsregelungen hat keine Auswirkung auf die Wirksamkeit einer bei der Agentur erstatteten Anzeige und mithin auch nicht auf eine nachfolgend ausgesprochene Kündigung. Sie sind aber dahingehend anzupassen, dass die Schwellenwerte des Abs. 1 und nicht die in den kirchlichen Normen festgehaltenen Bezugsgrößen greifen.

75 **d) Betriebsübergang, Spaltung, Untergang.** Wechselt ein Betrieb oder Betriebsteil seinen Inhaber und findet in der Folge ein **Betriebsübergang** nach § 613a BGB statt, so ist das Konsultationsverfahren nicht erneut durchzuführen. Auch wenn das Konsultationsverfahren betriebsverfassungsrechtlichen Einschlag hat, ist es so eng mit den Arbeitsverhältnissen der betroffenen Arbeitnehmer verbunden, dass der Erwerber den beim

---

[128] Mauthner Massenentlassungsrichtlinie der EG, 2004, S. 131 f.; APS/Moll Rn. 82; mittlerweile aA ErfK/Kiel Rn. 19d und HaKo-KSchR/Pfeiffer Rn. 51.

[129] MüKoBGB/Hergenröder Rn. 43; HK-KSchG/Hauck Rn. 36; Hinrichs Kündigungsschutz und Arbeitnehmerbeteiligung bei Massenentlassungen, 2001, S. 96.

[130] EUArbSozR/Weber § 9 Rn. 56; Thüsing Europäisches Arbeitsrecht § 6 Rn. 26; aA aber: EuArbRK/Spelge RL 98/59/EG Art. 1 Rn. 17; MHdB ArbR/Spelge § 121 Rn. 113.

[131] BAG 22.9.2016 – 2 AZR 276/16, NZA 2017, 175; EuArbRK/Spelge RL 98/59/EG Art. 1 Rn. 17; ErfK/Kiel Rn. 19e.

[132] Richardi Arbeitsrecht in der Kirche § 18 Rn. 146.

Veräußerer begründeten status quo übernimmt, auch arg. § 613a Abs. 1 S. 2 Alt. 2 BGB. Folglich kann der Betriebserwerber auf diesen aufbauen und die Anzeige erstatten, bzw., sollte dies bereits durch den Veräußerer besorgt worden sein, Kündigungen aussprechen. Das gilt freilich nur, wenn die Planungen des neuen und des alten Arbeitgebers sich als deckungsgleich erweisen. Außerhalb von Betriebsübergängen bzw. in Konstellationen, in denen das Konsultationsverfahren nicht vor dem Übergang durchgeführt wurde, sind die §§ 21a und b BetrVG anzuwenden.

3. Verfahren

a) **Zeitpunkt, Nachholung, kein Unterlassungsanspruch.** Zeitlich gesehen ist die Konsultationspflicht des Abs. 2 der Durchführung der einschlägigen unternehmerischen Maßnahmen weit vorgelagert. Der Wortlaut des Abs. 2 ist insoweit ungenau, als er den irrigen Eindruck erwecken könnte, dass der Arbeitgeber den Betriebsrat nur frühzeitig unterrichten müsste, während die Beratungen durchaus auch noch in einem späteren Planungsstadium erfolgen könnten. **76**

Die Beteiligung des Betriebsrats ist so **frühzeitig** durchzuführen, dass der Betriebsrat noch hinreichend Einfluss auf die Entscheidung des Arbeitgebers nehmen kann.[133] Es müssen noch Alternativen diskutiert werden können, wie etwaige Massenentlassungen vermieden werden können. Zur näheren Eingrenzung dieses Zeitpunkts kann im Großen und Ganzen auf die zum Interessen- und Nachteilsausgleich ergangene Rechtsprechung zurückgegriffen werden; auch eine Parallele zu § 90 Abs. 2 S. 1 BetrVG erscheint möglich. Die Beteiligungspflicht greift daher nicht erst dann, wenn gleichsam die Würfel schon gefallen sind.[134] Auf der anderen Seite ist nicht Voraussetzung, dass der Arbeitgeber bereits in der Lage ist, den Arbeitnehmervertretern alle notwendigen Auskünfte zu erteilen.[135] Es genügt, ist umgekehrt aber auch erforderlich, dass der Arbeitgeber die geplante Änderung bereits so hinreichend konkret ins Auge gefasst hat, dass überhaupt eine beratungsfähige Planung vorliegt. Das avisierte Konzept muss tatsächlich und rechtlich wenigstens in Umrissen umsetzungsfähig sein.[136] Der Arbeitgeber kann bei wirtschaftlich ungeklärter Lage das Konsultationsverfahren auch dann einleiten, wenn er noch nicht sicher voraussehen kann, ob und in welchem Umfang er Entlassungen wird vornehmen müssen. Eine Beteiligung des Betriebsrats ohne konkreten Anlass bleibt jedoch wirkungslos (früher auch: „Vorratsanzeige“).[137] Sollte sich später doch noch die Notwendigkeit für Entlassungen konkretisieren, ist der Betriebsrat erneut (genauer: erstmalig) zu konsultieren. Wird die Entscheidung durch ein **herrschendes Unternehmen** vorbereitet bzw. getroffen, reicht es, dass diese dort Formen angenommen hat, die auf der Ebene der Zielgesellschaft umgesetzt werden könnten, vgl. auch Abs. 3a und → Rn. 23.[138] **77**

Entsprechend wäre das Anhörungsverfahren nicht mehr rechtzeitig begonnen, wenn der Arbeitgeber bereits unumkehrbare Maßnahmen ergreift und damit vollendete Tatsachen schafft.[139] Dies ist indes nicht zwingend bereits dann der Fall, wenn der Arbeitgeber die Produktion einstellt oder Mitarbeiter einstweilen freistellt.[140] Anderes gilt hingegen, **78**

---

[133] BAG 23.5.2024 – 6 AZR 155/21, NZA 2024, 981 Rn. 18; EuGH 22.2.2024 – C-598/22, NZA 2024, 391 – Resort Mallorca Hotels International; BeckOGK/Naber, 1.12.2024, § 17 KSchG Rn. 150 f.

[134] EuGH 27.1.2005 – C-188/03, NZA 2005, 213 Rn. 36 – Junk.

[135] EuGH 22.2.2024 – C-589/22, NZA 2024, 391 – Resort Mallorca Hotels International; EuGH 10.9.2009 – C-44/08, NZA 2009, 1083 Rn. 50 ff. – Akavan Erityisalojen Keskusliitto.

[136] ErfK/Kiel Rn. 20.

[137] BAG 9.6.2016 – 6 AZR 638/15, NZA 2016, 1202.

[138] EuGH 10.9.2009 – C-44/08, NZA 2009, 1083 Rn. 49– Akavan Erityisalojen Keskusliitto; aA Schaub ArbR-HdB/Rinck § 142 Rn. 12, nach der die Entscheidung im herrschenden Unternehmen getroffen sein muss.

[139] BAG 14.4.2015 – 1 AZR 223/14, NZA 2015, 1212 Rn. 21; 30.5.2006 – 1 AZR 25/05, NZA 2006, 1122 Rn. 17 – beide zu den §§ 111 ff. BetrVG.

[140] BAG 30.5.2006 – 1 AZR 25/05, NZA 2006, 1122 Rn. 21; EuArbRK/Spelge RL 98/59/EG Art. 2 Rn. 16 f.

wenn er Arbeiten, die bislang die betroffenen Arbeitnehmer erledigt haben, auslagert[141] oder Arbeitnehmern auf der Führungsebene kündigt.[142]

79 Sollen in einem Betrieb nacheinander mehrere Massenentlassungen durchgeführt werden, kann das Konsultationsverfahren bezogen auf alle beabsichtigten Kündigungen **zusammengefasst** werden.[143] Zu beachten ist dann aber die Freifrist des § 18 Abs. 4. Auch darüber hinaus muss sichergestellt sein, dass die Zusammenfassung der Entlassungswellen nicht nur vorgeschoben ist und letztlich eine **Vorratsanhörung** vorgenommen wird, → Rn. 118.

80 Die Eckdaten **verspätet begonnener** oder **unterlassener Verhandlungen** sind noch nicht abschließend austariert. Zunächst gilt, dass alleine aus dem Umstand, dass der Arbeitgeber den Betriebsrat zu spät unterrichtet hat, nicht stets und zwingend folgt, dass die einschlägigen Kündigungen deshalb unwirksam sind. Das ist nämlich dann nicht der Fall, wenn sich der Arbeitgeber trotz verspäteter (oder auch mangelhafter) Unterrichtung so intensiv mit dem Betriebsrat berät, dass dem Zweck des Konsultationsverfahrens doch noch voll Rechnung getragen wurde → Rn. 147. Aber auch dann, wenn der Arbeitgeber das Konsultationsverfahren versäumt oder vor diesem bereits unumkehrbare Tatsachen geschaffen hat, bedeutet das naturgemäß nicht, dass ihm die Durchführung der beabsichtigten Kündigungen auf Dauer rechtlich unmöglich werden würde. Dann ist es zwar so, dass die Arbeitnehmervertretung auf die bereits vollzogenen Verfahrensschritte keinen Einfluss mehr nehmen kann und mit dem Arbeitgeber nicht mehr die „gesamte" Betriebsänderung (iwS) beraten kann. Daraus folgt aber nur, dass bereits ausgesprochene Kündigungen unwirksam sind, aber nicht, dass der Arbeitgeber deshalb von der betrieblichen Maßnahme dauerhaft Abstand nehmen müsste. Das wäre sinnwidrig und zwar nicht nur, wenn der Verfahrensfehler auf einer Fehleinschätzung des Arbeitgebers oder seines Rechtsberaters beruht. Vor allem wäre dies mit der unternehmerischen Entscheidungsfreiheit des Arbeitgebers (Art. 12 u. 14 GG, Art. 16 GRCh) absolut unvereinbar.[144] Vielmehr kann und muss der Arbeitgeber in einer derartigen Konstellation das bzw. ein weiteres Konsultationsverfahren durchlaufen. Dabei verschiebt sich allerdings der Fokus der Unterrichtungs- und Beratungspflicht.[145] Der Arbeitgeber muss über den bisherigen Verlauf der Dinge informieren und mitteilen, dass er beabsichtigt, an der bereits eingeleiteten unternehmerischen Maßnahme festhalten zu wollen und dabei etwa auch, dass er den bereits stillgelegten Betrieb nicht wieder aufnehmen will. Daraus folgt: War eine vorschnell eingeleitete Kündigungswelle wegen Verstoßes gegen § 17 gescheitert, ist dem Arbeitgeber nach korrekter Durchführung des Massenentlassungsverfahrens möglich, entsprechende **Nachkündigungen** auszusprechen.

81 Versäumt der Arbeitgeber das Konsultationverfahren, steht dem Betriebsrat kein Anspruch auf **Unterlassung** der Durchführung der Betriebsänderung bzw. des Ausspruchs der Kündigungen zu.[146] Ein solcher könnte indes durchaus in Erwägung gezogen werden, als dieser eine sinnvolle Alternative zur Annahme der Unwirksamkeit der Kündigung sein könnte.[147] Keinesfalls zieht ein Versäumnis einen **Nachteilsausgleich** nach § 113 BetrVG (analog)[148] nach sich und dieser wäre auch nicht geeignet, um den Anforderun-

---

[141] BAG 16.5.2007 – 8 AZR 693/06, NZA 2007, 1296 Rn. 30.

[142] BAG 4.6.2003 – 10 AZR 586/02, NZA 2003, 1087 Rn. 37; 23.9.2003 – 1 AZR 576/02, NZA 2004, 440 II.1.c d. Gr. mwN.

[143] BAG 9.6.2016 – 6 AZR 638/15, NZA 2016, 1202.

[144] EuGH 21.12.2016 – C-201/15, NZA 2017, 167 – AGET Iraklis; Hinrichs AuR 2019, 348 (349).

[145] BAG 8.11.2022 – 6 AZR 15/22, NZA 2023, 166 Rn. 79 ff.; 22.9.2016 – 2 AZR 276/16, NZA 2017, 175 Rn. 38.

[146] Arg. BAG 18.11.2003 – 1 AZR 637/02, NZA 2004, 741.

[147] Lembke NJW 2024, 1985 (1992); Naber NZA 2023, 942 (944); Bayreuther NZA 2024, 813 (818). In diese Richtung könnte auch der Schlussantrag von GA Pikamäe v. 30.3.2023 – C-134/22, BeckRS 2023, 5798– M O/S M zu verstehen sein.

[148] BAG 18.11.2003 – 1 AZR 637/02, NZA 2004, 741.

gen des Unionsrechts nach einer wirksamen Sanktion von Verfahrensfehlern Genüge zu tun.[149]

b) Unterrichtung. Das Konsultationsverfahren beginnt mit der **Unterrichtung des Betriebsrats** über die in Aussicht genommenen unternehmerischen Entscheidungen und deren Auswirkungen auf die betreffenden Arbeitsplätze. Der Arbeitgeber muss dem Betriebsrat sämtliche zweckdienliche Auskünfte erteilen, damit dieser in die Lage versetzt wird, sich ein **umfassendes Bild** über die geplante Betriebseinschränkung zu machen. Insoweit ist beachtlich, dass nach der hier vertretenen Auffassung zwar **alleine** der **Betriebsrat** darüber entscheidet, inwieweit er von den ihm durch § 17 Abs. 2 zugestandenen **Rechten Gebrauch** machen will, → Rn. 96, 101. Uneingeschränkt gilt dies aber nur für die spätere Beratung. Was dagegen die **Unterrichtung** betrifft, muss der Arbeitgeber seinen Verpflichtungen auch dann **vollständig** und **korrekt** nachkommen, wenn der Betriebsrat kein besonderes Interesse am Erhalt der erforderlichen Informationen haben sollte. Jedenfalls muss der Arbeitgeber dafür Sorge tragen, dass der Betriebsrat auf einer soliden Informationsbasis entscheidet, wie er vorgehen möchte. Denkbar ist allerdings, dass sich der Betriebsrat auf Basis einer solchen dafür entscheidet, sich nicht mehr eingehender mit der Angelegenheit befassen zu wollen. Daraus folgt dann auch, dass die Gerichte Gegenstand und Umfang der Unterrichtung in einem späteren **Individualprozess** auch dann zu überprüfen haben, wenn der Betriebsrat eine abschließende oder gar zustimmende Stellungnahme zur intendierten Betriebsänderung abgegeben hat. 82

Nach Abs. 2 S. 1 Nr. 1 hat der Arbeitgeber den Betriebsrat „insbesondere" über die **Gründe für die geplanten Entlassungen** zu unterrichten. Dazu gehören die Sachverhalte, die zu den Entlassungen führen. Dies bedingt allerdings nicht die Mitteilung von Kündigungsgründen in einem Umfang, wie sie etwa im Rahmen der Betriebsratsanhörung nach § 102 BetrVG oder im Kündigungsschutzprozess anzugeben sind. Verfahrensgegenstand sind nicht die einzelnen Kündigungen, sondern die Entlassungen in ihrer Gesamtheit.[150] Der Arbeitgeber muss aber das von ihm intendierte unternehmerische Konzept nachvollziehbar erläutern, und etwa auch wirtschaftliche Ursachen der aktuellen Entwicklung, die Konkurrenzsituation und die zukünftige Entwicklung des Betriebes darlegen. Zwar braucht es keiner Offenbarung der wirtschaftlichen Motive im Detail, doch sind lediglich pauschale Umschreibungen, wie etwa „betriebliche Gründe", unzureichend.[151] Zudem müssten die Mitteilungen sachlich zutreffend sein.[152] 83

Nach den Nrn. 2 und 3 muss zudem über die Zahl und die Berufsgruppen der regelmäßig beschäftigten und der zu entlassenden Arbeitnehmer unterrichtet werden. Maßgeblich ist auch hier der unionsrechtliche **Arbeitnehmerbegriff** → Rn. 24 ff.[153] Wird fehlerhaft auf den nationalen Arbeitnehmerbegriff abgestellt, kann das dazu führen, dass die Zahl der zu entlassenden und der „idR beschäftigten Arbeitnehmer" unzutreffend (weil zu niedrig) angegeben wird. Für den Arbeitgeber kann es sich als sinnvoll erweisen, die gegebenenfalls betroffenen Arbeitnehmergruppen so gut als möglich einzugrenzen und zu spezifizieren, → Rn. 148. Das für die Anzeige einschlägige Formblatt der Bundesagentur muss in diesem Stadium freilich nicht genutzt werden. 84

Nr. 4 verlangt die Unterrichtung über den Zeitraum, in dem die Entlassungen vorgenommen werden sollen. Hier dürfte es, anders als im übrigen Anwendungsbereich des § 17 allerdings nicht auf den – vom Arbeitgeber nicht immer kalkulierbaren – Zeitpunkt des Zugangs der Kündigungen, sondern auf den geplanten Ausspruch der Kündigungen 85

---

[149] Fischer EuZA 2024, 227 (235); Bayreuther, NZA 2024, 813 (818); AA Schubert/Schmitt JbArbR Bd. 59 (2021), 81 (90); APS/Moll Rn. 122.

[150] BAG 14.8.1986 – 2 AZR 616/85, NZA 1987, 601 I.4.a; APS/Moll Rn. 68; BeckOGK/Naber, 1.12.2024, KSchG § 17 Rn. 116; KR/Heinkel Rn. 113.

[151] ErfK/Kiel Rn. 22; APS/Moll Rn. 91; MHdB ArbR/Spelge § 121 Rn. 137; Krieger/Ludwig NZA 2010, 919 (921); BeckOGK/Naber, 1.12.2024, § 17 KSchG Rn. 116.

[152] LAG Berlin-Brandenburg 25.2.2022, 12 Sa 7/21, BeckRS 2022, 15497.

[153] BAG 13.2.2020 – 6 AZR 146/19, NZA 2020, 1006 Rn. 93 ff., 108 f.

ankommen (auch → Rn. 32 f.).[154] Insoweit reicht die Angabe eines ungefähren Termins aus (etwa: „möglichst noch im Juli").[155] Werden Kündigungen zu einem späteren Zeitpunkt ausgesprochen als in der Unterrichtung angegeben, berührt dies die Wirksamkeit der Kündigungen nicht, soweit Angaben nicht vorsätzlich fehlerhaft gemacht worden sind. Der Arbeitgeber kann aber verpflichtet sein, den geplanten Zeitraum der Entlassungen nochmals zu präzisieren, wenn sich die Dinge im Verlauf des Konsultationsverfahrens verändern oder präzisieren lassen.[156] Die Kündigungsfristen der zur Entlassung anstehenden Arbeitnehmer sollten vorsorglich mitgeteilt werden, was freilich voraussetzt, dass die zur Kündigung anstehenden Arbeitnehmer bereits bekannt sind. Verpflichtend ist dies aber nicht. Überdies sind nach Nr. 5 die vorgesehenen Kriterien für die Auswahl der zu entlassenden Arbeitnehmer anzugeben. Im Vordergrund stehen dabei fachliche und persönliche Gesichtspunkte, daneben aber auch soziale Belange iSd § 1 Abs. 3 S. 1, doch bedarf es nicht einer umfassenden Darlegung der Parameter, wie sie innerhalb einer späteren Sozialauswahl erforderlich ist.[157] Gemäß der abschließenden Nr. 6 erstreckt sich die Unterrichtungspflicht auch auf die für die Berechnung etwaiger Abfindungen vorgesehenen Kriterien. Diese Regelung wurde aufgenommen, weil nicht jede Massenentlassung iSd § 17 Abs. 1 zugleich einen die Sozialplanpflicht auslösenden Personalabbau zur Folge haben muss.[158] Ist die Betriebsänderung sozialplanpflichtig, genügt der Hinweis auf noch anstehende Verhandlungen. Soll es keine Abfindungen geben, sollte der Arbeitgeber dies klarstellen. Enthält die Unterrichtung keinerlei Angaben zu Abfindungen, kann in der Regel davon ausgegangen werden, dass der Arbeitgeber damit zum Ausdruck bringen will, dass es keine geben soll.[159]

86 Unterrichtung bedeutet die bewusste Überlassung von entsprechenden Informationen. Die Rechtsprechung des BAG impliziert dabei, dass der Betriebsrat klar erkennen können muss, dass die stattfindenden Beratungen der **Erfüllung der Konsultationspflicht** des Arbeitgebers aus § 17 Abs. 2 dienen sollen.[160] Indes wird man keine **formelle Deklaration** verlangen können. Letztlich ist entscheidend, dass der Arbeitgeber der ihm auferlegten Unterrichtungs- und Beratungspflicht nachkommt und nicht, dass er dem Betriebsrat eine bestimmte rechtliche Qualifikation mitteilt oder ein einschlägiges Schlagwort zuruft. Mit Rücksicht auf die Rechtsprechung sollte der Arbeitgeber indes, vor allem wenn er konkurrierende Verfahren (insbesondere: Interessenausgleich) mit der Konsultation verbindet, hinreichend deutlich klarstellen, dass die Konsultation darin eingebunden sein soll, s. noch → Rn. 86, 108 ff.

87 Die Auskünfte müssen entgegen dem Gesetzeswortlaut nicht in der Schriftform des § 126 BGB erteilt werden. Vielmehr reicht die Wahrung der **Textform** nach § 126b BGB aus (also etwa: Mitteilung via Mail, ggf. mit Anhängen).[161] Für diese Sichtweise spricht, dass die Unterrichtung weder Willenserklärung noch geschäftsähnliche Handlung ist,[162] sondern eine reine Mitteilung von Wissen darstellt. Auch der Regelungszweck der Norm bedingt lediglich, dass der Betriebsrat die gesetzlich vorgesehenen Angaben auf Vollständigkeit, inhaltlichen Abschluss und Urheberschaft prüfen kann. Daneben müssen die übermittelten Informationen für ihn dauerhaft verfügbar sein. Diese Möglichkeiten

[154] BAG 28.5.2009 – 8 AZR 273/08, NZA 2009, 1267; ErfK/Kiel Rn. 22; KR/Heinkel Rn. 116; abw. APS/Moll Rn. 94: voraussichtlicher Zugang.

[155] BAG 28.5.2009 – 8 AZR 273/08, NZA 2009, 1267; ähnlich: BAG 8.11.2022 – 6 AZR 15/22, NZA 2023, 166 Rn. 57 f.

[156] BAG 8.11.2022 – 6 AZR 15/22, NZA 2023, 166 Rn. 57 f.

[157] Ähnlich ErfK/Kiel Rn. 22; KR/Heinkel Rn. 117; aA zumindest in Bezug auf Kriterien des § 1 Abs. 3 KSchG: MHdB ArbR/Spelge § 121 Rn. 141.

[158] Vgl. die „höheren" Schwellenwerte bei § 112a Abs. 1 S. 1 BetrVG.

[159] BAG 13.6.2019 – 6 AZR 459/18, NZA 2019, 1638 Rn. 46.

[160] BAG 26.2.2015 – 2 AZR 955/13, NZA 2015, 881 Rn. 17; 18.1.2012 – 6 AZR 407/10, NZA 2012, 817 Rn. 34; 20.9.2012 – 6 AZR 155/11, NZA 2013, 32 Rn. 42.

[161] BAG 22.9.2016 – 2 AZR 276/16, NZA 2017, 175 Rn. 42; 1.6.2023 – 2 AZR 150/22, NZA 2023, 1396 Rn. 62 f. (zur Anzeige bei der Agentur); BeckOGK/Naber, 1.12.2024, § 17 KSchG Rn. 129.

[162] Insoweit aber offensichtlich anders BAG 22.9.2016 – 2 AZR 276/16, NZA 2017, 175 Rn. 42.

werden durch eine Übermittlung in Textform entsprechend § 126b BGB ausreichend gewährleistet, was schon daran deutlich wird, dass die Anhörung bzw. Unterrichtung nach §§ 102 und 111 BetrVG sogar formlos möglich ist. Auch aus Art. 2 Abs. 3 Unterabs. 1 lit. b MERL folgt nichts anderes. Dort ist zwar ebenfalls von einer „schriftlichen" Unterrichtung die Rede. Indes versteht der EuGH darunter eine Mitteilung in verkörperter Form.[163] Über Abs. 2 S. 1 hinausgehende („freiwillige") Angaben des Arbeitgebers unterliegen keinerlei Formerfordernis.

Zur Entgegennahme der Auskünfte und Unterrichtung ist der Betriebsratsvorsitzende zuständig, § 26 Abs. 2 S. 2 Alt. 1 BetrVG. Ist ein Betriebsratsvorsitzender, etwa auf Grund Ortsabwesenheit tatsächlich verhindert, ein Anhörungsschreiben des Arbeitgebers außerhalb des Betriebs entgegenzunehmen, ist sein Stellvertreter zur Entgegennahme berechtigt, § 26 Abs. 2 S. 2 Alt. 2.[164] Der Arbeitgeber muss zwar nicht, sollte sich dessen ungeachtet aber den Empfang der Unterrichtung durch den Vorsitzenden auf einer Durchschrift bestätigen lassen. Dies erleichtert es ihm, in einem späteren Prozess die ordnungsgemäße Unterrichtung nachzuweisen, insbesondere dann, wenn der Betriebsrat keine Stellungnahme abgibt. **88**

Der Arbeitgeber hat dem Betriebsrat während des gesamten Konsultationsverfahrens **neu erlangte Informationen** mitzuteilen bzw. erteilte Auskünfte zu vervollständigen, soweit diese relevant oder zur ordnungsgemäßen Unterrichtung des Betriebsrats erforderlich sind.[165] War die Unterrichtung anfangs **unzureichend,** können etwaige Defizite noch im Beratungsverfahren ausgeglichen werden. Die fehlenden Informationen dürfen dort freilich nicht nur en passant erwähnt worden sein, sondern müssen dem Betriebsrat zielgerichtet zugänglich gemacht und mit hinreichender Klarheit vorgestellt werden. **89**

c) **Zuleitung der Unterrichtung an die Agentur.** Der Arbeitgeber hat gleichzeitig mit der Unterrichtung des Betriebsrats (Abs. 2 S. 1) der **Agentur für Arbeit** eine **Abschrift** der entsprechenden Mitteilung an den Betriebsrat zuzuleiten: Abs. 3 S. 1. Der Agentur ist in Form einer Kopie (iwS) das Schriftstück zur Verfügung zu stellen, das dem Betriebsrat zugesendet wird, mit Ausnahme der Angaben nach Abs. 2 S. 1 Nr. 6, die mithin aus der Mitteilung ausgenommen werden können. Das entspricht Art. 2 Abs. 3 Unterabs. 2 der MERL und erweist sich im Übrigen als notwendiger Schutz der Unternehmensinterna. Für die Mitteilung genügt die **Textform.** **90**

Bei der Zuleitung handelt es sich um einen eigenständigen Verfahrensbestandteil **sui generis,** der im Grunde nur lose mit dem Konsultationsverfahren zusammenhängt. Jedenfalls vermittelt dieser den betroffenen Arbeitnehmern **keinen Individualschutz.**[166] Es kann auf die Beratungen zwischen Arbeitgeber und Betriebsrat keinen Einfluss nehmen, ob und inwieweit die Agentur darüber in Kenntnis gesetzt wurde, dass eine Entlassungswelle bevorstehen könnte. Die Mitteilungspflicht soll lediglich bewirken, dass sich die Agentur einen ersten Überblick über das (möglicherweise) zu erwartende Geschehen verschaffen kann.[167] Verstößt der Arbeitgeber dagegen, führt dies nicht zur Nichtigkeit später ausgesprochener Kündigungen, → Rn. 147. Die Agentur könnte allenfalls die Nichtübermittlung des Unterrichtungsschreibens im Rahmen einer Entscheidung über eine Sperrfrist nach § 18 berücksichtigen, was aber wegen typischerweise anzutreffenden Zeitlaufs ohne Auswirkungen bleiben wird. **91**

---

[163] EuGH 29.4.1982 – C-66/81, BeckRS 2004, 73506 Rn. 19 ff. – Pommerehnke; 12.4.2018 – C-258/16, BeckRS 2018, 5008 – Finnar Oyj/Keskinäinen Vakuutusyhtiö Fennia.

[164] BAG 7.7.2011 – 6 AZR 248/10, NZA 2011, 1108.

[165] EuGH 10.9.2009 – C-44/08, NZA 2009, 1083 Rn. 53 – Akavan Erityisalojen Keskusliitto; BAG 8.11.2022 – 6 AZR 15/22, NZA 2023, 166 Rn. 57 f.: 26.2.2015 – 2 AZR 955/13, NZA 2015, 881 Rn. 29; ErfK/Kiel Rn. 20.

[166] BAG 23.5.2024 – 6 AZR 115/21, NZA 2024, 981; EuGH 11.5.2023, C-134/22, NZA 2023, 887; ErfK/Kiel Rn. 28; APS/Moll Rn. 134; Krieger/Ludwig NZA 2010, 919 (923). In diese Richtung auch bereits: BAG 30.3.2004 – 1 AZR 7/03, NZA 2004, 931.

[167] Begründung zum Regierungsentwurf, BT-Drs. 8/1041, S. 5; Stellungnahme des Bundesrats, BR-Drs. 400/77, S. 7.

92 d) **Beratungen mit dem Betriebsrat.** An die Auskunfts- und Unterrichtungspflicht des Arbeitgebers (Abs. 2 S. 1) schließt sich nach Abs. 2 S. 2 die Beratungspflicht mit dem Betriebsrat an. Die **Beratungen** erstrecken sich zunächst auf die erteilten Auskünfte und Informationen des Arbeitgebers. Sodann sind die Auswirkungen auf die betroffenen Arbeitnehmer zu erörtern. Dabei sind insbesondere auch die Möglichkeiten zu beraten, Entlassungen, zB durch Einführung von Kurzarbeit, zu vermeiden oder deren Folgen, wie etwa durch Gründung einer Transfergesellschaft, abzumildern.[168] Schließlich ist auch die Reihenfolge, in der Arbeitnehmer gekündigt werden, Gegenstand der Beratungen.

93 Dem Betriebsrat ist die Möglichkeit einer möglichst **weitgehenden und effektiven Beteiligung** am Entscheidungsprozess zu geben. Der Arbeitgeber muss mit dem ernstlichen Willen zur Einigung in die Verhandlungen gehen und bereit sein, sich mit dessen Vorschlägen auseinanderzusetzen. Das setzt voraus, dass er erkennen lässt, abweichende Vorschläge des Betriebsrats ins Kalkül zu ziehen und sich mit ihnen auseinanderzusetzen. Umgekehrt kann er aber die Vermeidung oder Einschränkung von Entlassungen vom Vorliegen bestimmter Bedingungen abhängig machen.

94 Im Konsultationsverfahren besteht **keine Einigungspflicht.**[169] Eine solche folgt auch nicht aus Art. 2 Abs. 1 MERL trotz der auf den ersten Blick vielleicht etwas missverständlichen Formulierung „um zu einer Einigung zu gelangen".[170] Die Richtlinie spricht allgemein nur von Konsultation, Unterrichtung, Beratung, dem Ergebnis der Anhörung und der Möglichkeit, die anvisierten Entlassungen zu vermeiden. Daraus und aus einem Vergleich zu § 112 Abs. 3 S. 2 BetrVG („zu versuchen") folgt, dass es nicht erforderlich sein kann, dass der Arbeitgeber für den Fall, dass die Beteiligten sich nicht einigen können, ein im nationalen Recht andernorts vorgesehenes Schlichtungsverfahren durchläuft. Folglich muss er auch **nicht die Einigungsstelle anrufen** und vor dieser einen Einigungsversuch unternehmen und zwar auch dann nicht, wenn das Massenentlassungsvorhaben interessenausgleichspflichtig ist, s. auch → Rn. 106 f.[171] Zu den Unterschieden zum Interessenausgleichsverfahren → Rn. 107.

95 Für die Durchführung des Konsultationsverfahrens bestehen **keine Mindest- oder Höchstfristen.**[172] Eine solche ergibt sich auch nicht unmittelbar aus der Zwei-Wochen-Frist des Abs. 3 S. 3, zu deren Bedeutung → Rn. 98, 104 f. Soweit vormals angenommen wurde, dass der Arbeitgeber zwei Wochen nach Unterrichtung des Betriebsrats bei der Agentur vorstellig werden könnte, beruhte dies auf der früheren Vorstellung, dass die Anzeige gegebenenfalls auch dann erstattet werden könne, wenn das Konsultationsverfahren noch nicht abgeschlossen ist (→ Rn. 7). Tatsächlich muss das Konsultationsverfahren aber beendet sein, bevor die Anzeige bei der Agentur erstattet wird und erst recht, bevor Kündigungen ausgesprochen werden, → Rn. 116, 142.

96 Das Konsultationsverfahren ist **beendet,** sobald der Betriebsrat seinen Beratungsanspruch **als erfüllt ansieht.**[173] Alleine der Betriebsrat entscheidet darüber, wie intensiv er seine Rechte wahrnehmen und mithin, in welchem Umfang er in die Verhandlungen einsteigen will. Richtig ist zwar, dass das Konsultationsverfahren kein Recht ist, das dem Betriebsrat im eigenen Interesse zukommen würde. Es besteht vielmehr zum Schutz der betroffenen Arbeitnehmer. Das trifft indes auf die allermeisten Mitwirkungsrechte des

---

[168] EuGH 3.3.2011 – C-235/10, NZA 2011, 337 Rn. 56 – Claes; BAG 13.12.2012 – 6 AZR 752/11, NZA 2013, 1040 Rn. 42.

[169] BAG 22.9.2016 – 2 AZR 276/16, NZA 2017, 175 Rn. 50; 30.3.2004 – 1 AZR 7/03, NZA 2004, 931 Rn. 38; 20.11.2001 – 1 AZR 97/01, NZA 2002, 992 zu II.2.b; BeckOGK/Naber, 1.12.2024, § 17 KSchG Rn. 129.

[170] BAG 22.9.2016 – 2 AZR 276/16, NZA 2017, 175 Rn. 50.

[171] Wie hier: BAG 14.4.2015 – 1 AZR 794/13, NZA 2015, 1147; 13.7.2006 – 6 AZR 198/06, NZA 2007, 25; MHdB ArbR/Spelge § 121 Rn. 126; Lembke/Oberwinter NJW 2007, 721; Klumpp NZA 2006, 703; Giesen SAE 2006, 135; Reinhard RdA 2007, 207. Anderes implizierte noch die Vorlage des ArbG Berlin 21.2.2006 – 79 Ca 22 399/05, NZA 2006, 739, die das Gericht nachfolgend zurückgenommen hatte: ArbG Berlin 26.7.2006 – 37 Ca 8899/06, BB 2006, 2084. AA Hinrichs AuR 2019, 348 (352).

[172] BAG 22.9.2016 – 2 AZR 276/16, NZA 2017, 175.

[173] BAG 26.2.2015 – 2 AZR 955/13, NZA 2015, 881 Rn. 29; ErfK/Kiel Rn. 24.

Betriebsrats zu, ohne dass daraus gefolgert werden würde, dass der Arbeitgeber dafür sorgen müsse, dass der Betriebsrat diese in einem bestimmten Mindestumfang ausübt. Anderes gilt lediglich für den Unterrichtungsanspruch, → Rn. 82. Was dagegen die Beratungen angeht, bleibt es dem Betriebsrat völlig unbenommen, nicht zu reagieren oder sich auch schlicht mit der geplanten Betriebsänderung einverstanden zu erklären, etwa weil er sich im Gegenzug die Aufstellung eines besonders günstigen Sozialplans erwartet. Denn auch sonst ist es stets die autonome Entscheidung des von den Vertretenen gewählten Repräsentationsorgans, wie und in welchem Umfang es diese vertreten will. Davon abgesehen kann man den Arbeitgeber aber auch schlechterdings nicht verpflichten, den Betriebsrat zu motivieren oder gar dazu zu zwingen, die ihm zustehenden Mitbestimmungsrechte wahrzunehmen und es wäre zweckwidrig, könnte sich der Arbeitnehmer in einem späteren Individualprozess gegenüber dem Arbeitgeber darauf berufen, dass der Betriebsrat zu großzügig über sein Beratungsrecht disponiert habe. Schließlich wäre unter der gegenteiligen Prämisse auch die Annahme der Rechtsprechung nicht erklärbar, dass der Arbeitgeber die Beratungen einseitig für gescheitert erklären kann, wenn der Betriebsrat nicht auf eine Einladung reagiert.

Erforderlich, aber auch genügend ist daher, dass sich der Betriebsrat **abschließend** zu **97** den bevorstehenden Massenentlassungen erklärt hat. Das kann der Betriebsrat ausdrücklich tun, aber auch mittelbar, indem er eine Erklärung abgibt, die es dem Arbeitgeber ermöglicht, unmittelbar zur Umsetzung der getroffenen Unternehmerentscheidung zu schreiten. Das ist häufig dann der Fall, wenn der Betriebsrat in den Abschluss eines Interessenausgleichs einwilligt, → Rn. 108 ff. Das Gleiche gilt, wenn aus einer Stellungnahme des Betriebsrats hervorgeht, dass er die Verhandlungen als gescheitert ansieht, er diese abbrechen oder sich nicht mehr zur Sache äußern möchte. Der Zeitpunkt, zu dem der Betriebsrat sich erklärt, ist gleichgültig.

Der **Arbeitgeber** kann seinerseits die Verhandlungen als **beendet** ansehen, wenn eine **98** ausreichende Konsultation mit dem Betriebsrat stattgefunden hatte. Diesbezüglich kommt dem Arbeitgeber eine Beurteilungskompetenz zu.[174] Dabei besteht eine Interdependenz zwischen der Komplexität des Beratungsgegenstandes, der Größenordnung der Massenentlassung und der Verhandlungsdauer. Die **Zweiwochenfrist** des Abs. 3 S. 3 (die sich indes in der MERL nicht findet) kann an dieser Stelle immerhin einen **Richtwert** abgeben. Beratungen in durchschnittlichen Fallgestaltungen werden sich kaum über einen längeren Zeitraum hinziehen, vorausgesetzt, dass der Arbeitgeber den Betriebsrat von Anfang an umfassend unterrichtet hatte und mit ernstem Beratungswillen in dieser Zeitspanne eine ausreichende Zahl von Verhandlungsterminen angeboten hat.

Darüber hinaus sind die Konsultationen auch dann beendet, wenn der Arbeitgeber **99** schon zuvor annehmen darf, es bestehe überhaupt **kein Ansatz** mehr für weitere, **zielführende Verhandlungen.**[175] Schließlich ist der Konsultationspflicht genügt, wenn der Betriebsrat von vorneherein keine Bereitschaft für eine sinnvolle Beratung zeigt.[176] Ist der Betriebsrat nicht (mehr) gesprächsbereit, muss der Arbeitgeber ihm aber eine **angemessene Frist** zur Aufnahme von Verhandlungen setzen.

e) **Stellungnahme des Betriebsrats.** Nach Abs. 3 S. 2 soll der Arbeitgeber die Massen- **100** entlassungsanzeige bei der Agentur „unter Beifügung der Stellungnahme des Betriebsrats" erstatten. Gemäß Abs. 3 S. 3 hat der Arbeitgeber, wenn keine Stellungnahme des Betriebsrats vorliegt, glaubhaft zu machen, dass er den Betriebsrat mindestens zwei Wochen vor Erstattung der Anzeige unterrichtet hat; zudem muss er den Stand der Beratungen darlegen. Das lässt sich mit den **unionsrechtlichen Vorgaben nicht in Ein-**

[174] BAG 14.5.2020 – 6 AZR 235/19, NZA 2020, 1091 Rn. 143; 22.9.2016 – 2 AZR 276/16, NZA 2017, 175 Rn. 50; 26.2.2015 – 2 AZR 955/13, NZA 2015, 881 Rn. 29.

[175] BAG 22.9.2016 – 2 AZR 276/16, NZA 2017, 175 Rn. 50; 26.2.2015 – 2 AZR 955/13, NZA 2015, 881 Rn. 29.

[176] BAG 22.9.2016 – 2 AZR 276/16, NZA 2017, 175 Rn. 50; 26.2.2015 – 2 AZR 955/13, NZA 2015, 881 Rn. 29.

klang bringen: Der Arbeitgeber darf vor oder während dem noch laufenden Konsultationsverfahren keine Anzeige bei der Agentur einreichen und zwar auch dann nicht, wenn er in dieser den aktuellen Verfahrensstand darlegt. Sind dagegen die Beratungen mit dem Betriebsrat zum Abschluss gekommen und hat der Betriebsrat dies durch eine formelle Stellungnahme dokumentiert, ist unerheblich, wie viel Zeit zwischen der Unterrichtung des Betriebsrats und der Anzeige bei der Agentur liegt.[177]

101 In materiell-rechtlicher Hinsicht ist alleine entscheidend, dass das **Konsultationsverfahren** abschließend durchlaufen wurde, bevor die Anzeige erstattet wurde. Doch braucht es in formaler Hinsicht eben auch jener Stellungnahme des Betriebsrats. Dieser muss sich entnehmen lassen, dass er seinen **Beratungsanspruch** als **erfüllt** ansieht.[178] Sinn der Vorlagepflicht ist, die Agentur darüber in Kenntnis zu setzen, ob und welche Möglichkeiten der Betriebsrat sieht, die beabsichtigten Entlassungen zu vermeiden. Auch soll der Arbeitgeber eine ungünstige Stellungnahme des Betriebsrats der Agentur nicht vorenthalten dürfen, um sich etwaige Vorteile im Verfahren nach § 18 zu verschaffen.[179] Die Stellungnahme des Betriebsrats kann sich darin erschöpfen, dass dieser seine Zustimmung zu der Maßnahme erklärt. Besser sollte sich aus dem Dokument allerdings auch ergeben, dass über die Betriebsänderung und etwaige sie flankierende soziale Maßnahmen beraten worden ist. Lehnt der Betriebsrat diese ab, sollten die Gründe hierfür angegeben werden. Hinzukommen kann eine Darstellung, welche Möglichkeiten der Betriebsrat vorgeschlagen hatte, um die angezeigten Kündigungen zu vermeiden. Was aber nicht ausreicht, ist, dass der Arbeitgeber die Agentur mit einem unübersichtlichen Konglomerat von Unterlagen konfrontiert, so dass diese versuchen müsste, hieraus selbst den letzten Beratungsstand abzuleiten.[180] Liegt indes eine hinreichend abschließende Stellungnahme des Betriebsrats vor, steht – unter der Voraussetzung, dass dieser ausreichend unterrichtet wurde – im späteren **Individualprozess unwiderleglich** fest, dass den gesetzlichen Anforderungen des Konsultationsverfahrens genügt wurde. Denn es ist alleine der Betriebsrat, der darüber entscheidet, wie intensiv er seinen Beratungsanspruch wahrnehmen will, → Rn. 82, 96. Anderes gilt nur, sollte der Arbeitgeber den Betriebsrat im Verlauf der Beratungen getäuscht oder unter Druck gesetzt haben.

102 Der Arbeitgeber darf eine tatsächlich vorhandene Stellungnahme **nicht** durch eigene Ausführungen **ersetzen.** Zur Ersetzung der Stellungnahme durch einen (abgeschlossenen) **Interessenausgleich,** → Rn. 108 ff. **Fehlt** es dagegen an einer Stellungnahme des Betriebsrats, kann und muss der Arbeitgeber in der Anzeige **selbst darlegen,** dass er den Anforderungen des Konsultationsverfahrens entsprochen hat. Ein solches Vorgehen ist indes **nur dann** möglich,

(1) wenn die Beratungen mit dem Betriebsrat zwar zum Abschluss gekommen sind, es aber dessen ungeachtet, warum auch immer, an einer Stellungnahme des Betriebsrats fehlt,
(2) wenn sich der Betriebsrat Verhandlungen verweigert, diese abbricht oder dem Arbeitgeber die Fortführung der Verhandlungen nicht mehr sinnvoll erscheint (→ Rn. 98 f.).

103 Die **eigene Darlegung** muss so **gestaltet** sein, dass die Agentur beurteilen kann, dass der Betriebsrat ausreichend unterrichtet war und die Betriebspartner auf einer entsprechenden Basis beraten haben oder hätten beraten können. Bloß formelhafte Umschreibungen genügen nicht, wie etwa eine schlichte Umschreibung des Gesetzestextes dahingehend, dass die Betriebsparteien „ausführlich die vorzunehmenden Entlassungen erörtert, beraten und insbesondere Möglichkeiten der Vermeidung eines Arbeitsplatzverlustes überlegt haben." Umgekehrt müssen aber auch nicht Details etwaiger Beratungen geschildert

[177] BAG 9.6.2016 – 6 AZR 405/15, NZA 2016, 1198 Rn. 36.
[178] BAG 14.5.2020 – 6 AZR 235/19, NZA 2020, 1091 Rn. 50; 26.2.2015 – 2 AZR 955/13, NZA 2015, 881 Rn. 17.
[179] BeckOGK/Naber, 1.12.2024, KSchG § 17 Rn. 190.
[180] BAG 22.9.2016 – 2 AZR 276/16, NZA 2017, 175 Rn. 28.

werden. Vielmehr ist der Stand der Dinge und der **Ablauf** angefangener, aber später abgebrochener Beratungen zu skizzieren.[181] Entsprechend hat der Arbeitgeber anzugeben, ob der Betriebsrat erst gar nicht zu Verhandlungen bereit war, ob er das Verfahren abgebrochen oder der Betriebsrat seinen Konsultationsanspruch zwar als erfüllt angesehen, dann aber keine Stellungnahme abgefasst hat. Hatte der Betriebsrat moniert, dass er wegen unzureichender Informationen nicht beraten könne, so ist das mitzuteilen. Soweit sich der Betriebsrat zur Entlassungswelle geäußert hat, ist dessen Auffassung **nachzuzeichnen.** Dabei dürfen die Ausführungen keine **irreführenden Darstellungen** über den Stand der Beratungen oder die Auffassung des Betriebsrats enthalten; das umso weniger, als sie für den Arbeitgeber ungünstig sind. Hat der Arbeitgeber das Konsultationsverfahren mit den Verhandlungen über einen Interessenausgleich und/oder Sozialplan verbunden, genügt die Darlegung des Stands der Interessenausgleichsverhandlungen. Erforderlich soll aber sein, dass mitgeteilt wird, dass dem Betriebsrat die Verbindung beider Verfahren deutlich gemacht wurde.[182] Wie in → Rn. 86 dargelegt, kommt es indes darauf an, dass der für eine Konsultation erforderliche Unterrichtungs- bzw. Beratungsumfang erreicht bzw. angestrebt wurde und nicht, unter welchem „Titel" die Beratungen liefen.

Will der Arbeitgeber auf eine eigene Stellungnahme ausweichen, muss zwischen der **104** Unterrichtung und der Anzeige **mindestens** eine Zeitspanne von **zwei Wochen** liegen, Abs. 3 S. 3. Häufig wird man indes zu einer (etwas) längeren Karenzfrist gelangen, muss der Arbeitgeber den Betriebsrat erst zur Aufnahme von Verhandlungen auffordern oder will er begonnene Verhandlungen wegen Aussichtslosigkeit abbrechen, → Rn. 98 f.

f) **Weitere Beteiligungsrechte nach Abs. 3.** Abs. 3 S. 6–8 sehen nach Erstattung der **105** Anzeige **weitere Beteiligungsrechte** des Betriebsrats vor. Diese sind dem Anzeigeverfahren zuzurechnen und mithin dort erörtert, → Rn. 132 u. 147.

g) **Verhältnis zum Interessenausgleich nach § 111 BetrVG.** In der überragenden Mehr- **106** zahl der Fälle löst eine anzeigepflichtige Massenentlassung **auch** das **Interessenausgleichsverfahren** nach den §§ 111 und 112 BetrVG aus. Das ergibt sich daraus, dass, grob gesprochen, im Anwendungsbereich des § 111 BetrVG zur Konkretisierung der unbestimmten Rechtsbegriffe „erhebliche Teile der Belegschaft" und der „wesentlichen Betriebsteile" sowie für Betriebsänderungen, die sich in einem Personalabbau ausdrücken, weitgehend auf die in Abs. 1 benannten Zahlenwerte zurückgegriffen wird.[183] Zwingend ist ein Gleichklang zwischen § 17 und § 111 BetrVG aber nicht. Vielmehr sind folgende **Divergenzen** vorstellbar:

- § 111 BetrVG macht sich am Unternehmen, § 17 am Betrieb fest. Gehört ein Kleinbetrieb mit weniger als 20 Arbeitnehmern einem größeren Unternehmen an, kann eine Entlassungswelle, obwohl sie interessensausgleichspflichtig ist, massenentlassungsrechtlich irrelevant bleiben.
- Im Geltungsbereich des § 111 BetrVG sind die Kennziffern nicht innerhalb eines 30-Tages-Zeitraums zu ermitteln. Beruht ein schwellenwertrelevanter, aber sukzessiv durchgeführter Personalabbau auf einer einheitlichen unternehmerischen Planung, sind die einzelnen Kündigungswellen zusammenzurechnen und zwar selbst dann, wenn sie sich über einen längeren Zeitraum erstrecken. Es kommt zu einer (einzigen) Betriebsänderung.[184] Massenentlassungsrechtlich ist dagegen alleine der Zugang der einzelnen Kündigungen entscheidend. Je nachdem kann das Verfahren gar nicht, einmal, genauso gut aber auch mehrfach zu durchlaufen sein.
- § 111 BetrVG setzt am nationalen Betriebsbegriff an, das Massenentlassungsrecht am unionsrechtlichen.

---

[181] BAG 14.5.2020 – 6 AZR 235/19, NZA 2020, 1091 Rn. 142; ErfK/Kiel Rn. 32; APS/Moll Rn. 161 ff.
[182] BAG 14.5.2020 – 6 AZR 235/19, NZA 2020, 1091 Rn. 140.
[183] BAG 19.7.2012 – 2 AZR 352/11, NZA 2013, 86 Rn. 17; 9.11.2010 – 1 AZR 708/09, NZA 2011, 466. Überblick bei Lembke NZA 2022, 1497 (1499); Fitting BetrVG § 111 Rn. 66.
[184] BAG 17.3.2016 – 2 AZR 182/15, NZA 2016, 1072 Rn. 30.

– § 111 BetrVG setzt am nationalen Arbeitnehmerbegriff an, das Massenentlassungsrecht am unionsrechtlichen. Dadurch kann es namentlich im Grenzbereich eines Schwellenwertes dazu kommen, dass dieser nur für eines der beiden Verfahren (typischerweise: für den Interessenausgleich) genommen wird. So kann etwa die Mitberücksichtigung von leitenden Angestellten und Organen bei der Ermittlung der regelmäßig beschäftigten Arbeitnehmer zu einem Ausfall des Massenentlassungsverfahrens führen, sollte von diesen keiner entlassen wurden. Dessen ungeachtet bleibt die Kündigungswelle aber interessenausgleichspflichtig.
– Im Anwendungsbereich des § 111 BetrVG müssen (zumindest in größeren Unternehmen) mindestens 5 % der Unternehmensbelegschaft von der Betriebsänderung betroffen sein.[185] Das Massenentlassungsrecht setzt dagegen alleine an den Entlassungszahlen im angesprochenen Betrieb an.
– Eine Betriebsänderung, die nach den Nrn. 2 bis 5 des § 111 BetrVG interessenausgleichspflichtig ist, unterliegt naturgemäß nicht dem Massenentlassungsverfahren, wenn sie nicht mit einer hinreichenden Zahl von Entlassungen verbunden ist (Beispiel: Einführung neuer Fertigungsmethoden ohne größeren Arbeitsplatzverlust).

107 Auch inhaltlich **überlappen** sich Interessenausgleichs- und Konsultationsverfahren in vielfältiger Weise. Dessen ungeachtet bestehen aber durchaus auch **Unterschiede** und zwar solche, die für den Betriebsrat, vor allem aber für die von der Entlassungswelle betroffenen Arbeitnehmer von herausragender Bedeutung sein können:
– Beim Interessenausgleich muss eine Einigung wenigstens versucht werden, notfalls muss die Einigungsstelle angerufen und deren Scheitern abgewartet werden (§ 112 Abs. 2 S. 2, Abs. 3 BetrVG). Dadurch kann der Betriebsrat – mittelbar – auch Einfluss auf einen abzuschließenden Sozialplan nehmen. Dagegen bedingt sich das Konsultationsverfahren lediglich hinreichende Beratungen aus, verlangt indes nicht, dass – gar über Anrufung der Einigungsstelle – eine Einigung versucht wird. Auch kann der Arbeitgeber das Konsultationsverfahren notfalls auch einseitig abbrechen, → Rn. 98 f.
– Der Betriebsrat hat – LAG- bzw. kammerabhängig – einen Anspruch auf Unterlassung der Betriebsänderung vor Abschluss (Scheitern) des Interessenausgleichsverfahrens.[186] Für das Konsultationsverfahren besteht ein solcher Anspruch nicht, → Rn. 81.
– Eine Namensliste nach § 1 Abs. 5 kann nur Bestandteil eines Interessenausgleichs, nicht aber des Konsultationsverfahrens sein.
– Wird das Interessenausgleichsverfahren versäumt, haben die betroffenen Arbeitnehmer „nur" einen Anspruch auf einen Nachteilsausgleich (§ 113 BetrVG). Die ausgesprochenen Kündigungen bleiben hiervon aber unbeeinflusst. Ganz anderes gilt für das Konsultationsverfahren. Wird dieses versäumt, sind diese unrettbar unwirksam.

108 Die **Verzahnung** des Konsultationsverfahrens mit den Interessenausgleichs- und Sozialplanverhandlungen ist möglich[187] und im Hinblick auf eine rationelle Durchführung beider Verfahren auch überaus sinnvoll. Das **BAG** hat in mehreren Urteilen entschieden, dass jedenfalls ein **Interessenausgleich mit Namensliste** iSd §§ 1 Abs. 5 S. 4 BetrVG und 125 Abs. 2 InsO als Stellungnahme nach Abs. 3 S. 2 KSchG genügt.[188] Die Stellungnahme des Betriebsrats könne in den Interessenausgleich integriert sein, weil das Gesetz nach keiner Erklärung in einem eigenständigen Dokument verlange. Das kann im Ergebnis zutreffen. Das muss aber nicht so sein, während umgekehrt dieser Lehrsatz viel zu

[185] BAG 17.3.2016 – 2 AZR 182/15, NZA 2016, 1072 Rn. 29; Fitting BetrVG § 111 Rn. 75.
[186] Ob dem Betriebsrat ein allgemeiner Unterlassungsanspruch oder auch ein solcher aus § 23 Abs. 3 BetrVG zukommt, lässt ausdrücklich offen: BAG 8.3.2022 – 1 ABR 19/21, NZA 2022, 1068. Danach steht immerhin fest, dass die Verletzung des Beteiligungsrechts jedenfalls kein feststellungsfähiges Rechtsverhältnis im Sinne von § 256 Abs. 1 ZPO ist. Allgemein zum Unterlassungsanspruch des Betriebsrats: Fitting BetrVG § 111 Rn. 161 ff.
[187] BAG 14.5.2020 – 6 AZR 235/19, NZA 2020, 1091 Rn. 60; 13.6.2019 – 6 AZR 459/18, NZA 2019, 1638 Rn. 42.
[188] BAG 7.7.2011 – 6 AZR 248/10, NZA 2011, 1108 Rn. 18 ff.; 18.1.2012 – 6 AZR 407/10, NZA 2012, 817 Rn. 45; 21.3.2012 – 6 AZR 596/10, NZA 2012, 1058 Rn. 16; dagegen offengelassen in: BAG 22.9.2016 – 2 AZR 276/16, NZA 2017, 175 Rn. 34; BeckOGK/Naber, 1.12.2024, § 17 KSchG Rn. 163.

eng gefasst ist. Denn weder § 1 Abs. 5 noch § 125 Abs. 2 InsO können über den unionsrechtlich determinierten Unterrichtungs- und Beratungsanspruch des Betriebsrats disponieren. Zunächst ist beachtlich, dass alleine aus dem Interessenausgleich nicht sicher hervorgeht, ob der Betriebsrat vor Eintritt in die Verhandlungen ausreichend iSd § 17 Abs. 2 S. 1 unterrichtet worden war[189] und damit, dass die Interessenausgleichsverhandlungen den nach Abs. 2 gebotenen Beratungsumfang erreicht haben. Ob dies der Fall war oder nicht, können und müssen die Arbeitsgerichte in einem späteren Individualprozess trotz Vorlage eines Interessenausgleichs prüfen. Geht die Unterrichtung aber in Ordnung und konnte ein Interessenausgleich erzielt werden, so spricht eine überragende **Vermutung** dafür, dass der Beratungsanspruch des Betriebsrats erfüllt wurde bzw. dass der Betriebsrat diesen als erfüllt angesehen hat. Ist der Arbeitnehmer in einem Kündigungsschutzprozess anderer Ansicht, so muss er das darlegen und beweisen. War der Interessenausgleich trotz umfassender Bemühungen des Arbeitgebers, gar nach Anrufung der Einigungsstelle, **gescheitert,** gilt letztlich dasselbe. Denn auch dann steht zu vermuten, dass das Konsultationsverfahren abschließend, wenngleich „erfolglos" durchlaufen worden ist.

Keine materielle Bedeutung mehr können die § 1 Abs. 5 S. 4 und § 125 Abs. 2 InsO **109** erlangen. Mithin ist es – entgegen der Ansicht des BAG – nicht entscheidend, ob dem Interessenausgleich eine Namensliste beigefügt worden ist oder nicht. Darauf kann es schon deshalb nicht ankommen, weil es keine Voraussetzung für das Konsultationsverfahren ist, dass die zu kündigenden Arbeitnehmer bereits namentlich feststehen. Entscheidend ist alleine, dass der Beratungsanspruch des Betriebsrats erfüllt wurde bzw. dieser ihn als erfüllt angesehen hat und das kann ohne Weiteres auch aus einem Interessenausgleich **ohne Namensliste** hervorgehen.[190] Nach dem Gesetz wird lediglich die „formelle" Stellungnahme des Abs. 3 S. 2 durch die Namensliste ersetzt. Das ist zwar gut denkbar; doch kann dazu auch ein listenloser Interessenausgleich ausreichen, soweit aus diesem die Einschätzung des Betriebsrats einigermaßen deutlich hervorgeht.

Entgegen einer verbreiteten Auffassung und einschlägigen Andeutungen des BAG[191] ist **110** **keine Voraussetzung** für die „Ersetzung" des Konsultationsverfahrens durch einen Interessenausgleich, dass der Arbeitgeber gegenüber dem Betriebsrat mehr oder weniger **förmlich kundgetan** hat, dass die Verhandlungen über den Interessenausgleich das Konsultationsverfahren mitumfassen sollen → Rn. 86, oder dass dies im Interessenausgleich bzw. dessen Präambel[192] klargestellt wird („... damit ist auch das Konsultationsverfahren nach § 17 Abs. 2 abgeschlossen „[193]). Das ist eine unnötige Förmelei. Entscheidend kann alleine der Inhalt der Verhandlungen, nicht aber die Überschrift oder bestimmte „Triggerworte" in ihrer Dokumentation sein. Dennoch sollte der Arbeitgeber jedenfalls vor Beginn der Interessenausgleichsverhandlungen (Spelge: „Startschuss"[194]) idealerweise klarstellen, dass mit diesen zugleich auch das Konsultationsverfahren des KSchG durchlaufen werden soll. Denn andernfalls kann nicht ausgeschlossen werden, dass im Individualprozess vorgetragen wird, dass dem Betriebsrat nicht klar gewesen sei, dass er sich (auch) im Konsultationsverfahren befindet und er deshalb seinen Beratungsanspruch nicht in vollem Umfang ausgeschöpft hat.

Umgekehrt ist der Abschluss des Interessenausgleichs **keine Voraussetzung** für die **111** Erstattung der Anzeige bei der Agentur. Vielmehr kann der Arbeitgeber diese auch dann einreichen, wenn die Verhandlungen über den Interessenausgleich noch laufen,[195] das

[189] In diese Richtung: BAG 20.9.2012 – 6 AZR 155/11, NZA 2013, 32 Rn. 44 ff.; anders aber möglicherweise: BAG 18.1.2012 – 6 AZR 407/10, NZA 2012, 817 Rn. 34.
[190] ErfK/Kiel Rn. 31; BAG 21.3.2012 – 6 AZR 596/10, NZA 2012, 1058 Rn. 16.
[191] BAG 13.6.2019 – 6 AZR 459/18, NZA 2019, 1638 Rn. 42; 9.6.2016 – 6 AZR 638/15, NZA 2016, 1202 Rn 19; 14.5.2020 – 6 AZR 235/19, NZA 2020, 1091 Rn. 60 – zu Abs. 3 S. 3.
[192] ErfK/Kiel Rn. 31.
[193] Krieger/Ludwig NZA 2010, 919 (921); weiterer Formulierungsvorschlag: Lembke NZA 2022, 1561 (1563).
[194] EuArbRK/Spelge RL 98/59/EG Art. 2 Rn. 70.
[195] BAG 14.4.2015 – 1 AZR 794/13, NZA 2015, 1147.

Konsultationsverfahren aber abgeschlossen wurde oder als abgeschlossen gilt, → Rn. 95 ff. Insbesondere ist die Beendigung des Konsultationsverfahrens nicht daran gebunden, dass eine nach §§ 111, 112 Abs. 2 BetrVG angerufene Einigungsstelle ihre Tätigkeit aufnimmt oder die Verhandlungen vor ihr abgeschlossen werden, → Rn. 94, 107. Freilich mag es für den Arbeitgeber mit Blick auf den Nachteilsausgleich nach § 113 BetrVG und die mit einer Namensliste verbundenen Erleichterungen ratsam sein, deren Ausgang abzuwarten, bevor er die Anzeige erstattet und sich damit ggf. dem Zugzwang der Freifrist des § 18 Abs. 4 aussetzt. Auch macht es nur bedingt Sinn, wenn der Arbeitgeber schon nach Beendigung des Konsultationsverfahrens erste Schritte hin zu der intendierten Betriebsänderung unternimmt, da der Betriebsrat dann versuchen kann, ihn daran über seinen (etwaigen) betriebsverfassungsrechtlichen Unterlassungsanspruch zu hindern.

112 **h) Verhältnis zu anderen betriebsverfassungsrechtlichen Mitwirkungsrechten. Andere Mitwirkungsrechte** des Betriebsrats bestehen neben den Beteiligungsrechten nach Abs. 2 unverändert weiter.[196] Zu nennen sind hier zunächst die §§ 87 Abs. 1 Nr. 10 und 11,[197] 92 Abs. 1, 99, 106 Abs. 3 Nr. 6 und 112 BetrVG. Der Arbeitgeber kann aber auch diese Mitwirkungsverfahren mit dem Konsultationsverfahren zusammenfassen, indem er die unterschiedlichen Tatbestandsvoraussetzungen kumulativ erfüllt. Das setzt freilich voraus, dass die jeweils einschlägigen Verfahrensvorschriften eingehalten werden und zur Wahrnehmung dieser Beteiligungsrechte dasselbe betriebsverfassungsrechtliche Gremium zuständig ist, das auch zu Verhandlungen nach Abs. 2 berufen ist.[198] In diesen Verfahren wird es für den Arbeitgeber aber in der Tat wichtig sein, auf eine Klarstellung hinzuwirken, aus der hervorgeht, dass die betreffenden Verfahren parallel zu Abs. 2 durchlaufen werden sollen. Bei diesen Beteiligungsrechten liegt das nämlich weitaus weniger nahe, als das bei der Kombination mit dem Interessenausgleichsverfahren der Fall ist.

113 Das Massenentlassungsverfahren entbindet den Arbeitgeber nicht von der Verpflichtung, vor Ausspruch der späteren Kündigungen, den Betriebsrat nach **§ 102 BetrVG** anzuhören. Er kann die Anhörung zwar mit dem Konsultationsverfahren verbinden.[199] Da dies einigermaßen ungewöhnlich ist, muss er den Betriebsrat aber ausdrücklich darauf hinweisen, dass er gleichzeitig mit der Unterrichtung nach Absatz 2 auch eine Anhörung nach § 102 BetrVG anstrebt.[200] Empfehlenswert ist dies freilich nicht.[201] Die Konsultationspflicht geht auf der einen Seite über eine Anhörung nach § 102 BetrVG hinaus, bleibt auf der anderen aber deutlich dahinter zurück, da der Betriebsrat bei § 102 BetrVG zu einer einzelnen Kündigung und dem ihr zu Grunde liegenden, individuellen Sachverhalt Stellung zu beziehen hat.

114 Soweit in dem Unternehmen ein europäischer Betriebsrat gebildet worden ist und länderübergreifende Massenentlassungen vorgenommen werden sollen, ist dieser gem. §§ 29 Abs. 2 Nr. 3, 30 Abs. 1 S. 2 Nr. 3 EBRG entsprechend zu unterrichten und anzuhören.[202] Mit dieser Unterrichtung lässt sich aber nicht dem Konsultationsverfahren nach Abs. 2 genügen, da der europäische Betriebsrat nicht zur Beteiligung an diesen Verhandlungen berufen ist, → Rn. 56 ff.

---

196 ErfK/Kiel Rn. 25; APS/Moll Rn. 127.; HaKo-KSchR/Pfeiffer Rn. 55 ff.; KR/Heinkel Rn. 132 f.

197 Diese können ggf. bei Änderungskündigungen einschlägig sein, → Rn. 36, 139 ff.

198 BAG 26.2.2015 – 2 AZR 955/13, NZA 2015, 881 Rn. 17; 20.9.2012 – 6 AZR 155/11, NZA 2013, 32 Rn. 42.

199 BAG 18.1.2012 – 6 AZR 407/10, NZA 2012, 817 Rn. 34. Ähnlich zur Verbindung von §§ 102 und 111 BetrVG: BAG 28.6.2012 – 6 AZR 682/10, NZA 2012, 1090.

200 BAG 18.1.2012 – 6 AZR 407/10, NZA 2012, 817 Rn. 34.

201 Schaub ArbR-HdB/Rinck § 142 Rn. 19.

202 MüKoBGB/Hergenröder Rn. 41; APS/Moll Rn. 129; KR/Heinkel Rn. 134; MHdB ArbR/Spelge § 121 Rn. 116; Wißmann RdA 1998, 224; abw. LSSW/Wertheimer Rn. 56.

V. Anzeige bei der Arbeitsagentur

1. Systematik

Die **Anzeige** des Arbeitgebers bei der **Agentur für Arbeit** ist in Abs. 1, vor allem aber in den Sätzen 2 bis 8 des Abs. 3 geregelt. Die Anzeige bei der Agentur und das Konsultationsverfahren nach Abs. 2 sind voneinander zu unterscheidende, eigenständige Verfahrensschritte → Rn. 7, 142. Keinen eigentlichen Bestandteil der Massenentlassungsanzeige stellt die Verpflichtung des Arbeitgebers dar, der Agentur bereits vor Beginn des Konsultationsverfahrens eine **Abschrift der Unterrichtung des Betriebsrats** zukommen zu lassen, Abs. 3 S. 1 → Rn. 90 ff., 147. Dagegen ist die weitere Beteiligung des Betriebsrats nach Abs. 3 S. 6–8 Verfahrensbestandteil, die in diesem Abschnitt erörtert wird, → Rn. 132, 147. 115

2. Zeitpunkt der Anzeige

Die Anzeige kann erst dann eingereicht werden, wenn das **Konsultationsverfahren abgeschlossen** ist, → Rn. 7, 56, 142.[203] Wird sie verfrüht eingereicht, liegt **keine wirksam** erstatte Anzeige vor. 116

Soweit der Agentur bekannt ist, dass das Konsultationsverfahren nicht abschließend durchlaufen ist, etwa, weil dies aus einer Darlegung des Arbeitgebers nach Abs. 3 S. 3 hervorgeht, hat sie den Arbeitgeber darauf aufmerksam zu machen. Soweit dieses beendet ist, kann er der Agentur mitteilen, dass er an seiner Erklärung festhalten will und den Verfahrensvoraussetzungen nunmehr genügt wurde. Die Anzeige wird jedoch nicht automatisch wirksam, nur weil zwischenzeitlich das Konsultationsverfahren nachgeholt wurde, solange dieser Umstand der Agentur gegenüber nicht mitgeteilt und die zu erstattende Dokumentation nachgereicht wird. Hatte der Arbeitgeber in der Interimszeit bereits Kündigungen ausgesprochen, sind diese unwirksam. Hier hilft nur, nach Verfahrensabschluss nochmals eine Anzeige zu erstatten, um im Anschluss erneut Kündigungen auszusprechen. 117

Vorratsanzeigen sind wirkungslos (auch → Rn. 79).[204] Auf Grund des Umstandes, dass das Konsultationsverfahren abgeschlossen sein muss, bevor die Anzeige erstattet wird, haben derartige Anzeigen aber ohnehin kaum Bedeutung. 118

Werden in einem Betrieb nacheinander mehrere Massenentlassungen durchgeführt, kann die Anzeige bezogen auf alle beabsichtigten Kündigungen **zusammengefasst** werden, soweit die Agentur dessen ungeachtet einen vollständigen oder ggf. sogar besseren Überblick über das Geschehen erlangt, s. bereits Rn. 79.[205] Zu beachten ist dann aber die Freifrist des § 18 Abs. 4. Auch darf die Zusammenfassung der Entlassungswellen nicht nur vorgeschoben sein, um eine Vorratsanhörung zu verschleiern. 119

„Erstattet" ist die Anzeige erst, wenn der zuständigen Agentur für Arbeit eine **vollständige** und **inhaltlich korrekte** Anzeige zugeht. 120

3. Zuständigkeiten und Form

Die Anzeige ist vom **Arbeitgeber,** also vom Inhaber des Betriebes zu erstatten (Abs. 1). Wer das ist, richtet sich nach den allgemeinen Regeln. Der Arbeitgeber kann sich natürlich eines Bevollmächtigten, zB eines Prokuristen oder Rechtsanwalts, bedienen. Eine Anzeige durch einen **Dritten,** etwa den Betriebsrat oder auch die Arbeitslosmeldung 121

[203] EuGH 10.9.2009 – C-44/08, NZA 2009, 1083 – Akavan Erityisalojen Keskusliitto; 27.1.2005 – C-188/03, NZA 2005, 213 – Junk; BAG 21.3.2013 – 2 AZR 60/12, NZA 2013, 966; BeckOGK/Naber, 1.12.2024, § 17 KSchG Rn. 201.

[204] BAG 9.6.2016 – 6 AZR 638/15, NZA 2016, 1202.

[205] BAG 9.6.2016 – 6 AZR 638/15, NZA 2016, 1202; BeckOGK/Naber, 1.12.2024, § 17 KSchG Rn. 152.

(§ 38 SGB III) durch die Beschäftigten, genügt nicht.[206] Insbesondere ersetzen die in § 17 Abs. 3 S. 7 möglichen weiteren Stellungnahmen des Betriebsrats nicht die Anzeige des Arbeitgebers. Keiner besonderen Betonung bedarf, dass der Vertragsarbeitgeber auch dann zur Anzeige verpflichtet bleibt, wenn er von einem anderen Unternehmen beherrscht wird. Abs. 3a ist insoweit rein deklaratorischer Natur, → Rn. 23. Im Falle der Insolvenz ist der Insolvenzverwalter gem. §§ 80 Abs. 1, 113 InsO zuständig. Geht der Betrieb oder Betriebsteil auf einen neuen Inhaber über, so bleibt die einmal abgegebene Anzeige wirksam, da der neue Arbeitgeber in die Rechtsstellung des bisherigen Arbeitgebers einrückt; **§ 613a Abs. 1 S. 1 BGB** entfaltet auch für die Massenentlassungsanzeige Wirkung. Voraussetzung ist aber, dass die Planungen des Betriebserwerbers nicht von denen des Veräußerers abweichen, auch → Rn. 75.

122 Die Anzeige muss bei der **örtlich zuständigen Agentur** eingereicht werden.[207] Das ist die Agentur, in deren Bezirk der Betrieb liegt. Nicht maßgebend ist hingegen der Sitz des Unternehmens.[208] Wurden die bisherigen Betriebsstrukturen bereits aufgelöst, ist die Massenentlassungsanzeige dessen ungeachtet bei der für den aufgelösten Betriebssitz zuständigen Agentur zu erstatten.[209] Zu den (weitgehend überholten) Ausnahmen, in denen die Anzeige an die Hauptstelle der Bundesagentur für Arbeit zu richten ist, vgl. § 21. Die Zuständigkeit der Agentur für Arbeit ergibt sich aus den Festlegungen des Vorstands der Bundesagentur mit Zustimmung des Verwaltungsrates, §§ 367 Abs. 2, 373 SGB III.[210] Nicht zuletzt wegen den massiven Unsicherheiten, die sich mit den divergierenden Betriebsbegriffen im Unionsrecht einer- und im nationalen Recht andererseits verbinden, wird dies in der **Praxis** häufig als **außerordentlich unzufriedenstellend** empfunden.[211] Zur Abhilfe wird zuweilen auf die Möglichkeit einer **Sammelanzeige**[212] hingewiesen. Indes erweist sich diese als weniger eloquent als es auf den ersten Blick den Anschein hat. Danach ist zwar eine Anzeige am Unternehmenssitz möglich und als solche erst einmal ausreichend.[213] Dessen ungeachtet müssen die betroffenen Betriebe aber als solche spezifiziert werden, die Betriebsstrukturen objektiv richtig erfasst sein und zudem ist für jeden Betrieb ein gesondertes Formular auszufüllen.[214] Entsprechend wird in Problemfällen häufig darin ein Ausweg gesucht, an verschiedene Agenturen **parallele Anzeigen** zu versenden, dabei ggf. auch mehrere an ein- und dieselbe, nur eben unter Nennung verschiedener Arbeitnehmergruppen, → Rn. 14 (pointiert: Giesen: „Schrotschussverfahren“[215]). Auf der einen Seite erscheint das übertrieben. Zuweilen haben Berater eine gewisse Tendenz, vorschnell in den Raum zu werfen, dass es ohnehin aussichtslos sei, eine ordnungsgemäße Massenentlassungsanzeige einzureichen und versuchen daher, anstatt sich um ein sorgfältiges Verfahren zu bemühen, irgendwie „durchzukommen“. Auf der anderen Seite zieht der aktuelle Zustand aber durchaus einige Kritik auf sich: Bei der Arbeitsagentur handelt sich um eine (bundesweite) Körperschaft des öffentlichen Rechts. Diese könnte im Rahmen ihres Selbstorganisationsrechts (§ 367

[206] BAG 14.5.2020 – 6 AZR 235/19, NZA 2020, 1091 Rn. 133.
[207] BAG 8.11.2022 – 6 AZR 15/22, NZA 2023, 166 Rn. 68; 14.5.2020 – 6 AZR 235/19, NZA 2020, 1091 Rn. 121.
[208] ErfK/Kiel Rn. 29; LSSW/Wertheimer Rn. 59; APS/Moll Rn. 137; HaKo-KSchR/Pfeiffer Rn. 62; KR/Heinkel Rn. 141; TRL/Lembke/Oberwinter Rn. 123; MHdB ArbR/Spelge § 121 Rn. 163; Niklas/Koehler NZA 2010, 913 (917); BeckOGK/Naber, 1.12.2024, § 17 KSchG Rn. 172.
[209] BAG 8.11.2022 – 6 AZR 15/22, NZA 2023, 166 Rn. 70.
[210] Ob das auch im Fall, dass die Auswirkungen der Massenentlassungswelle außerhalb des Agenturbezirks eintreten, ausreichend ist, lässt offen: BAG 8.11.2022 – 6 AZR 15/22, NZA 2023, 166 Rn. 72.
[211] Brune/Schmitz-Scholemann NZA 2024, 1552 (1554); Fuhlrott NZA-RR 2023, 502; Schiefer DB 2020, 2521 (2523); Moll RdA 2021, 49 (51); Ludwig/Hinze NZA 2020, 694 (699); Ernst/Schaller NZA 2021, 1074; Krieger/Ludwig NZA 2010, 919 (924).
[212] Bundesagentur, Fachliche Weisungen, Dritter und Vierter Abschnitt KSchG, Rz. 17.43 = § 17 KSchG 2.2.3 Abs. 4.
[213] BAG 13.2.2020 – 6 AZR 146/19, NZA 2020, 1006 Rn. 87.
[214] Einzelheiten dazu und in der Tendenz etwas wohlwollender: Ernst/Schaller NZA 2021, 1074 (1075 ff.); BeckOGK/Naber, 1.12.2024, § 17 KSchG Rn. 176.
[215] Giesen NZA 2024, 81 (84). Ähnlich auch: Schiefer DB 2020, 2521 (2523); Moll RdA 2021, 49 (51).

Abs. 1 SGB III) eine **zentrale Eingangsstelle** benennen, die zur Entgegennahme von Anzeigen zuständig ist.[216] Damit entfiele die für überregional agierende Arbeitgeber oft mühsame und schwierige Ermittlung der örtlich zuständigen Agentur.

123 Reicht der Arbeitgeber eine Anzeige bei einer **örtlich unzuständigen** Agentur ein, bleibt diese wirkungslos. Sie ist indes nicht im eigentlichen Sinn unwirksam,[217] wird aber nur und erst dann wirksam, wenn sie an die örtlich zuständige Agentur für Arbeit weitergeleitet worden ist.[218] Geht dem Arbeitnehmer in der Interimszeit eine Kündigung zu, ist diese unwirksam. § 16 Abs. 2 S. 2 SGB I gilt nicht, wonach ein Antrag als zu dem Zeitpunkt gestellt gilt, in dem er auch bei dem unzuständigen Leistungsträger eingegangen ist, da sich diese Regelung nur auf Sozialleistungen iSd § 11 SGB I bezieht, nicht aber auf andere Verwaltungshandlungen.

124 Die Anzeige bedarf nach dem Gesetzeswortlaut (Abs. 3 S. 2) der Schriftform. Danach müsste sie vom Arbeitgeber oder seinem Stellvertreter eigenhändig durch Namensunterschrift unterzeichnet werden, § 126 BGB, eine Ersetzung durch die „echte" elektronische Form des § 126a BGB (mit qualifizierter elektronischer Signatur, Art. 3 Nr. 10 u. 12 eiDAS-VO) ist möglich. Tatsächlich reicht aber aus, wenn die Anzeige in der **Textform** des **§ 126b BGB** erstattet wird. Wie bei der Unterrichtung des Betriebsrats auch (→ Rn. 87),[219] bedarf es hier einer teleologischen Korrektur des Gesetzes. Der Zweck der sprachlich veralteten Norm verlangt nicht nach der Übermittlung einer vom Arbeitgeber eigenhändig unterzeichneten Anzeige. Der Arbeitgeber gibt gegenüber der Agentur keine Willenserklärung ab, sondern teilt dieser lediglich einen bestimmten Sachverhalt mit. Danach würde sich zumindest eine Analogie zu den §§ 130a ZPO, 37 Abs. 2, 3a Abs. 2 VwVfG aufdrängen. Die Agentur kann aber darauf dringen, dass die Anzeige nicht in jedem **beliebigen Übermittlungsmedium** geleistet wird, das der (völlig uferlosen) Textform[220] entsprechen würde. Die Namensangabe ist ausreichend. Möglich ist, dass die Massenentlassungsanzeige über den eService bei ihr eingeht.[221] Ebenso reicht aber auch eine postalische Übermittlung oder ein via Mail übermitteltes Dokument. Dass die Agentur dabei eine Übermittlung über eine De-Mail anstrebt, mag man akzeptieren. Indes ist entgegen der Ansicht der Agentur eine **Unterschrift** des Arbeitgebers nicht Voraussetzung für eine wirksame Entlassungsanzeige.[222] Erforderlich ist alleine, dass sich aus dem Dokument der Arbeitgeber eindeutig als Aussteller ergibt.

125 Die Agentur für Arbeit stellt neben der Onlinemaske ein **Formular** für eine Massenentlassungsanzeige zur Verfügung. Dieses Formular kann der Arbeitgeber verwenden, was ihm den Vorteil bringt, dass der Agentur mit dessen Abarbeitung alle wesentlichen Angaben gemacht worden sind. Erforderlich ist ein Rückgriff auf Maske oder Formulare aber nicht, s. auch → Rn. 130.

4. Inhalt der Anzeige

126 In formaler Hinsicht setzt eine wirksame Erstattung der Anzeige voraus, dass ihr eine **Stellungnahme** des Betriebsrats beigegeben wird. Einzelheiten dazu, zu deren Ersetzung durch einschlägige Darlegungen des Arbeitgebers, sowie durch einen Interessenausgleich,

---

[216] Giesen NZA 2024, 81 (84); Bayreuther NZA 2024, 813 (816); Schubert/Schmitt ZESAR 2020, 53 (59).

[217] BAG 14.5.2020 – 6 AZR 235/19, NZA 2020, 1091 Rn. 125.

[218] BAG 27.2.2020 – 8 AZR 215/19, NZA 2020, 1303 Rn. 184; 13.2.2020 – 6 AZR 146/19, NZA 2020, 1006 Rn. 33; 13.6.2019 – 6 AZR 459/18, NZA 2019, 1638 Rn. 33; Däubler/Deinert/Callsen Rn. 52; APS/Moll Rn. 137; KR/Heinkel Rn. 144; MüKoBGB/Hergenröder Rn. 66; Krieger/Ludwig NZA 2010, 919 (924); BeckOGK/Naber, 1.12.2024, § 17 KSchG Rn. 173.

[219] BAG 1.6.2023 – 2 AZR 150/22, NZA 2023, 1326 Rn. 62; 22.9.2016 – 2 AZR 276/16, NZA 2017, 175; EuGH 29.4.1982 – C-66/81, BeckRS 2004, 73506 Rn. 19 ff. – Pommerehnke; 12.4.2018 – C-258/16, BeckRS 2018, 5008 Rn. 35 – Finnar Oyj/Keskinäinen Vakuutusyhtiö Fennia; C. Schubert/Schmitt JbArbR 59 (2022), 81 (95).

[220] Bayreuther NZA 2023, 593 (597).

[221] Bundesagentur, Fachliche Weisung 202205002 v. 9.5.2022 (Flächeneinführung des Online-Services der Leistung „Anzeige von Entlassungen"), allgemeine fachliche Weisungen, Dritter und Vierter Abschnitt KSchG, Rz. 17.28 = 2.2.1. Abs. 4; BeckOGK/Naber, 1.12.2024, § 17 KSchG Rn. 179.

[222] LAG Köln 2.6.2021 – 6 Sa 1247/20, BeckRS 2021, 34558.

→ Rn. 97 ff., 100 ff., 108 ff.. Fehlt es daran, ist die Anzeige nach allgemeiner Auffassung nicht wirksam erstattet und zwar auch nicht, wenn das Konsultationsverfahren tatsächlich durchgeführt worden sein sollte. Der Arbeitgeber ist auf das Fehlen der entsprechenden Erklärungen hinzuweisen. Reicht er diese nach, wird die Anzeige mit deren Eingang bei der Agentur wirksam. In der Interimszeit ausgesprochene Kündigungen sind indes vom Unwirksamkeitsverdikt bedroht.

127 Im Übrigen zählt § 17 Abs. 3 abschließend die Voraussetzungen für die Wirksamkeit der Anzeige auf. Abs. 3 unterscheidet dabei zwischen solchen Angaben, die in der Anzeige enthalten sein **müssen** (S. 4), und solchen, die gemacht werden **sollen** (S. 5). Mit den Muss-Vorgaben soll sichergestellt werden, dass der mit der Anzeige erstrebte arbeitsmarktpolitische Zweck erreicht werden kann. Die Agenturen für Arbeit werden auf diese Weise in die Lage versetzt, vorausschauende Arbeitsvermittlungs- und andere Maßnahmen einzuleiten, um die Folgen der Massenentlassung von den betroffenen Arbeitnehmern möglichst abzuwenden.[223]

128 Fehlt eine der zwingend erforderlichen Angaben oder erweisen sich die Mitteilungen des Arbeitgebers hierzu als unvollständig, so ist die Anzeige **nicht wirksam** erstattet. Die zwingend erforderlichen Angaben nach Abs. 3 S. 4 müssen überdies objektiv richtig sein. Der Arbeitgeber kann sich insoweit nicht auf eine Art subjektive Determination berufen.[224]

129 Im Einzelnen müssen in der Anzeige folgende Angaben enthalten sein: der Name des Arbeitgebers, der Sitz und die Art des Betriebes, die Gründe für die geplanten Entlassungen, die Zahl und die Berufsgruppen der zu entlassenden und der in der Regel beschäftigten Arbeitnehmer, der Zeitraum, in dem die Entlassungen vorgenommen werden sollen und die vorgesehenen Kriterien für die Auswahl der zu entlassenden Arbeitnehmer. Unionrechtskonform ist das dahingehend auszulegen, dass der Zeitraum (nicht aber: der Zeitpunkt) des Ausspruchs der Kündigung angegeben wird (und auch nicht der Tag ihres Zugangs, den der Arbeitgeber nur bedingt kalkulieren kann).[225] Die Angabe der Kündigungsfrist ist nicht zwingend und zwar schon deshalb nicht, weil das Massenentlassungsrecht alleine darauf abstellt, dass die Anzeige vor Zugang der Kündigung erfolgen muss. Was etwaige Auswahlkriterien betrifft, reicht ein bloßer Verweis auf § 1 Abs. 3 nicht. Vielmehr sind die Kriterien der Auswahl deutlich zu machen.[226] Dazu, dass es sich für den Arbeitgeber als außerordentlich **sinnvoll** erweisen kann, die möglicherweise **betroffenen Arbeitnehmer** so gut als möglich einzugrenzen, → Rn. 148.

130 Weiter ist die Angabe der **Berufsgruppen** erforderlich. Anders als das beim Konsultationsverfahren der Fall ist, ist dies zwar unionsrechtlich nicht unbedingt geboten, kann indes vom nationalen Gesetzgeber so verlangt werden.[227] Dagegen ist die **ausdifferenzierte** Angabe von **Berufsgattungen,** wie sie die Bundesagentur in ihrem **Formblatt**[228] erbittet, nicht erforderlich.[229] Eine solche macht aus Sicht der Agentur zweifelsohne Sinn, da sie sich in der Folge besser auf eine individuellere Weitervermittlung oder die Nutzung spezieller Förderprogramme vorbereiten kann, wenn sie genauere Kenntnis von den erworbenen Fähigkeiten und Kenntnissen der betroffenen Arbeitnehmer hat.[230] Dennoch ist diese Angabe – so ergibt sich dies auch aus dem Formblatt – rein freiwilliger Natur. Überobligatorische, aber dann unzutreffende Angaben des Arbeitgebers erweisen sich in

---

[223] BR-Drs. 400/77, S. 8; BT-Drs. 8/1041, S. 5.

[224] LAG Berlin-Brandenburg 25.2.2022 – 12 Sa 7/21, BeckRS 2022, 15497 zu Falschangaben des Arbeitgebers über die Gründe der Entlassung; EuArbRK/Spelge RL 98/59/EU Art. 3 Rn. 19; MHdB ArbR/Spelge § 121 Rn. 230.

[225] Niklas/Koehler NZA 2010, 913 (917).

[226] EuArbRK/Spelge RL 98/59/EG Art. 3 Rn. 16; MHdB ArbR/Spelge § 121 Rn. 188.

[227] MHdB ArbR/Spelge § 121 Rn. 184, 185; Holler NZA 2022, 17 (18); zu den Gründen hierfür s. BT-Drs. 13/668, 13 f.

[228] Stand 05/2024.

[229] Klumpp/Holler NZA 2018, 408; Niklas/Koehler NZA 2010, 913 (917); Ostermaier EWiR 2014, 127 (128); EuArbRK/Spelge RL 98/59/EG Art. 3 Rn. 20; i. E. auch BAG 8.11.2022 – 6 AZR 15/22, NZA 2023, 166 Rn. 76.

[230] Klumpp/Holler NZA 2018, 408 (409).

einem späteren Kündigungsrechtsstreit als unschädlich. Zum Fehlen einschlägiger Angaben auch → Rn. 147.

In der Anzeige sollen ferner im Einvernehmen mit dem Betriebsrat Angaben über Geschlecht, Alter, Beruf und Staatsangehörigkeit der zu entlassenden Arbeitnehmer gemacht werden. Dies dient deren besserer Vermittelbarkeit. Der Arbeitgeber hat dem Betriebsrat eine Abschrift der Anzeige zuzuleiten, Abs. 3 S. 6. Bei beidem handelt es sich aber nur um eine Sollbestimmung, deren Nichtbeachtung keine rechtliche Folge hat (→ Rn. 147). Unschädlich ist auch, wenn der Arbeitgeber die einschlägigen Angaben macht, ohne sich hierüber zuvor mit dem Betriebsrat verständigt zu haben. **131**

5. Weitere Beteiligung des Betriebsrats nach Abs. 3 S. 6–8

Um die laufende Mitwirkung des Betriebsrats auch nach der Unterrichtung und Beratung mit dem Arbeitgeber sicherzustellen, hat der Arbeitgeber dem Betriebsrat eine Abschrift der Anzeige an die Agentur für Arbeit zuzuleiten. Diese Information ist für den Betriebsrat deshalb wichtig, weil er auf die Gestaltung der Anzeige selbst keinen unmittelbaren Einfluss ausüben kann und deshalb feststellen muss, in welchem Umfang der Arbeitgeber auf seine Vorschläge während der Beratungsphase eingegangen ist.[231] Nach Abs. 3 S. 7 kann der Betriebsrat gegenüber der Agentur für Arbeit weitere Stellungnahmen abgeben, vor allem, wenn sich die Verhältnisse geändert haben oder eine andere Beurteilung der Lage angebracht ist. Diese weiteren Stellungnahmen ersetzen indes nicht die (erste) Stellungnahme des Betriebsrats, die der Arbeitgeber nach Abs. 3 S. 2 der Anzeige beizufügen hat. Der Betriebsrat hat dann seinerseits dem Arbeitgeber eine Abschrift seiner Stellungnahme zuzuleiten. Verfahrensfehler in diesem Bereich führen aber regelmäßig nicht zur Unwirksamkeit der Kündigung, → Rn. 147.[232] **132**

6. Rücknahme der Anzeige

Eine Zurücknahme der Anzeige ist jederzeit zulässig, wenngleich sinnlos. Die Wirkungen der Anzeige werden dadurch wieder beseitigt. Ob dem Arbeitgeber in diesem Fall das zuvor durchgeführte Konsultationsverfahren „erhalten“ bleibt, hängt von den Umständen des Einzelfalls ab. **133**

VI. Ausspruch der Kündigung, Mängel im Verfahren, Prozessuales

1. Übergang in die Kündigungsphase, Verbrauch des Kündigungsrechts

Mit dem Abschluss des Konsultationsverfahrens und nach Erstattung der Anzeige hat der Arbeitgeber das **seinerseits Erforderliche** getan. Er kann die geplanten Kündigungen **aussprechen.** Dabei hindert auch die **Sperrfrist** des § 18 den Arbeitgeber nicht daran, die avisierten Kündigungen zum Zugang zu bringen,[233] vgl. die Kommentierung des § 18, dort insb. Rn. 1. Zudem nehmen die Dinge ihren Lauf ohne Rücksicht auf irgendeine **Entscheidung der Arbeitsagentur,** s. aber → Rn. 143 ff. Es ist völlig gleich, ob sie dem Arbeitgeber (rechtsirrig) mitteilt, dass sie die Anzeige gar nicht für notwendig erachte, weil die Voraussetzungen des § 17 nicht vorlägen (Negativattest) oder ob sie die Sperrzeit nach § 18 Abs. 1 Hs. 1 verkürzt, dies gar rückwirkend tut (§ 18 Abs. 1 Hs. 2) oder diese nach § 18 Abs. 2 verlängert. Dies nimmt allenfalls darauf Einfluss, wann das gekündigte Arbeitsverhältnis tatsächlich endet, vgl. die Kommentierung des § 18. **134**

---

[231] ErfK/Kiel Rn. 33; MHdB ArbR/Spelge § 121 Rn. 191; BeckOGK/Naber, 1.12.2024, § 17 KSchG Rn. 198.

[232] BAG 8.11.2022 – 6 AZR 15/22, NZA 2023, 166 Rn. 79 ff.

[233] BAG 6.11.2008 – 2 AZR 935/07, NZA 2009, 1013; Däubler/Deinert/Callsen § 18 Rn. 23; KR/Heinkel § 18 Rn. 34; MHdB ArbR/Spelge § 121 Rn. 194b.

135 Die durch eine ordnungsgemäße Konsultation und Anzeige eröffnete Kündigungsmöglichkeit wird mit der Erklärung der daran anknüpfenden Kündigung **verbraucht.** Für jede weitere Kündigung ist unter den Voraussetzungen des Abs. 1 eine neue Konsultation und eine erneute Anzeige erforderlich.[234]

Das gilt freilich nur, wenn die neuerliche Kündigung ihrerseits in eine Kündigungswelle fällt, die den Tatbestand des Massenentlassungsrechts eröffnet. Auch bedarf es einer weiteren Konsultation nur, wenn im Betrieb nach wie vor ein beteiligungsfähiges Gremium besteht, was vor allem bei Kündigungen innerhalb der Unternehmensinsolvenz nicht immer der Fall ist.

2. Folgen von Verfahrensmängeln

136 a) **Aktuelle Rechtsentwicklung.** Verfahrensmängel führen prinzipiell zur Unwirksamkeit der ausgesprochenen Kündigungen, wobei verschiedene Einschränkungen und Ausnahmen die Regel bestätigen. Indes ist die Rechtslage insoweit zuletzt dadurch in Bewegung geraten, als sowohl der 2. als auch der 6. Senat des BAG eine Diskussion über die Konsequenzen von Defiziten im Anzeigeverfahren angestoßen und sich deshalb mit zwei – inhaltlich stark voneinander divergierenden – **Vorabentscheidungsersuchen** an den EuGH[235] gewandt haben. Grobschlächtig zusammengefasst erkundigen sich beide Senate danach, ob ein Unterlassen der Anzeige oder Verfahrensfehler zwingend die Nichtigkeit der Kündigung zur Folge haben müssen oder ob es möglich wäre, auch alternative Rechtsfolgen vorzugeben. So will der 6. Senat Versäumnisse etwa über eine Verlängerung der einschlägigen Kündigungsfristen sanktionieren.[236] Diese Diskussion betrifft indes alleine das **Anzeigeverfahren ieS.** Dagegen soll es für das **Konsultationsverfahren** bei den bisherigen, nachstehend skizzierten Grundsätzen verbleiben. Mithin gilt: Wurde das Konsultationsverfahren nicht oder fehlerhaft durchgeführt, hat dies **weiterhin** die Nichtigkeit der Kündigung zur Folge.

137 Nach der Ansicht des Generalanwalts Norkus[237] kann der Arbeitgeber jedenfalls ein Unterlassen der Anzeige nur heilen, indem er zunächst eine ordnungsgemäße Anzeige vornimmt und danach den betroffenen Arbeitnehmern nochmals kündigt. Faktisch läuft das darauf hinaus, dass die zunächst ausgesprochene Kündigung keinen Bestand hat. Im Fall einer nicht ordnungsgemäßen Anzeige kann nichts anderes gelten. Mithin ist es also nicht möglich, die Kündigung als lediglich „vorläufig" unwirksam anzusehen und der Arbeitgeber kann ihr nicht nachträglich doch noch zur vollen Wirksamkeit verhelfen, indem er noch eine Anzeige einreicht oder gemachte Fehler ausbessert. Entsprechend könnten Versäumnisse nicht dadurch sanktioniert werden, dass sich die Entlassungssperre des § 18 erst mit der Beseitigung aktualisiert.

138 Im Schrifttum hatte zwischenzeitlich die Ansicht einigen Auftrieb erfahren, wonach das Unionsrecht zwar fordere, dass Versäumnisse im Massenentlassungsverfahren sanktioniert werden müssen, die Richtlinie aber keine bestimmten Rechtsfolgen festlege, die die Mitgliedstaaten aufzugreifen hätten.[238] Zur Begründung wurde vor allem auf Art. 6 der MERL und deren Entstehungsgeschichte verwiesen. Auch habe sich der EuGH bislang nie dahingehend positioniert, dass eine ausgesprochene Kündigung unwirksam sein müsse und tatsächlich finden sich Mitgliedstaaten, die Verstöße nur öffentlich-recht-

---

[234] BAG 8.11.2022 – 6 AZR 15/22, NZA 2023, 166 Rn. 44; 22.9.2016 – 2 AZR 276/16, NZA 2017, 175; 22.4.2010 – 6 AZR 948/08, NZA 2010, 1057.

[235] BAG 23.5.2024 – 6 AZR 152/22 (A), NZA 2024, 825; 1.2.2024 – 2 AS 22/23 (A), NZA 2024, 257. Aktenzeichen beim EuGH: C-134/24 – dies auf Basis einer Divergenzanfrage des 6. Senats: BAG 14.12.2023 – 6 AZR 157/22 (B), NZA 2024, 119. Besprechung etwa von: Schmitt ZESAR 2024, 228; Bayreuther NZA 2024, 813; Brune/Schmitz-Scholemann NZA 2024, 1552; Fuhlrott NZA-RR 2024, 387; Fuhlrott/Fischer NZA 2024, 246; Hotze/von Grundherr BB 2024, 1595.

[236] Fehlerhafte Anzeige: ein Monat; keine Anzeige: zwei Monate.

[237] Schlussantrag v. 27.2.2025 in der Rechtssache C-134/24, BeckRS 2025, 2728 Rn. 86 ff.

[238] Statt vieler: Schubert/Schmitt JbArbR Bd. 59 (2001), 81 (83 ff.); Winkel NZA 2024, 728; Krebber RdA 2018, 271 (276); vgl. dazu auch: EuGH 17.3.2021 – C-652/19, NZA 2021, 627 Rn. 42 – Consulmarketing.

lich sanktionieren.[239] Vor allem aber ist ein starkes Argument gegen das Nichtigkeitspostulat, dass die Anzeige primär einen arbeitsmarktpolitischen Zweck verfolgt: Sie soll es der Arbeitsverwaltung ermöglichen, sich auf die durch die wirksame Kündigung einer größeren Anzahl von Arbeitnehmern eintretende sozio-ökonomische Belastung des örtlichen Arbeitsmarkts einzustellen. Dagegen kommt ihr nur mittelbar individualschützende Wirkung zu. Und schon gar nicht dient sie der Verhinderung der Kündigung, da die Arbeitsverwaltung die Willensbildung des Arbeitgebers weder beeinflussen kann noch soll. Daher würde das Verfahren partiell zweckentfremdet, könnte es dazu genutzt werden, um über eine kleinteilige Fehlersuche eine ansonsten nicht angreifbare betriebsbedingte Kündigung zu Fall zu bringen.

Für die Rechtsansicht des Generalanwalts spricht indes, dass der Richtlinie ein Teil **139** ihrer Wirksamkeit genommen werden würde, wenn Verfahrensdefizite noch nach Zugang der Kündigung ausgeglichen werden könnten. Der Arbeitgeber könnte sich nämlich erst einmal damit zufriedengeben, die Kündigung einfach auszusprechen. Das Weitere hinge mehr oder weniger vom Zufall ab. Würde ein etwaiger Fehler zeitnah nach Ausspruch der Kündigung entdeckt, blieben Versäumnisse faktisch sanktionslos, weil er diese noch unproblematisch ausgleichen könnte. Ganz anders würde sich die Konstellation freilich präsentieren, sollte bereits einige Zeit ins Land gegangen sein. Da die Kündigung erst wirksam werden würde, wenn er das Verfahren korrekt abschließt, kann dies wirtschaftlich gesehen mehr oder weniger auf das gleiche Ergebnis hinauslaufen, als wenn er eine neuerliche Anzeige vornimmt und nachkündigt.[240] Darüber hinaus würde sich auch das Verfahrensrecht vor einige Herausforderungen gestellt sehen: So tut sich schon die Frage auf, ob die §§ 4 und 7 KSchG Anwendung finden.[241] Es würde ja nicht die Unwirksamkeit der Kündigungserklärung, sondern lediglich deren Erfolglosigkeit behauptet. Zudem wäre nicht klar, wie tenoriert werden soll. Eine Feststellung, wonach das Arbeitsverhältnis durch die Kündigung „noch nicht aufgelöst wurde" oder „erst dann aufgelöst sein wird", wenn der Arbeitgeber die Anzeige vervollständigt haben sollte, kommt nicht in Betracht. Eine Aussetzung nach § 148 ZPO scheidet aus, weil es hier nicht darum geht, ein vorgreifliches Verwaltungsverfahren abzuwarten. Vielmehr hatte der Arbeitgeber schlicht eine ihm auferlegte Handlungsobliegenheit versäumt, die er nun parallel zum Kündigungsschutzprozess noch rasch nachholen möchte. Mithin müsste der Klage stattgegeben werden. Der Arbeitgeber könnte dann allenfalls in die nächste Instanz gehen, um dort – Präklusionsfristen einmal außen vor gelassen – das nunmehr durchlaufene Verfahren doch noch in den Prozess einzubringen. Dass es im deutschen Recht aktuell keine öffentlich-rechtliche Sanktion gibt, mit der sich das Massenentlassungsrecht außerhalb des arbeitsrechtlichen Kündigungsschutzes exekutieren ließe, braucht nicht eigens erwähnt zu werden.

Soweit der EuGH dem Schlussantrag des Generalanwalts[242] folgt, hat sich diese Dis- **140** kussion jedenfalls für die **Praxis** erledigt. Ist die Anzeige unterblieben oder war diese fehlerhaft, ist die Kündigung **unwirksam.** Zwar wird zunehmend bestritten, dass es sich bei § 17 Abs. 3 um ein Verbotsgesetz iSd. § 134 BGB handelt. Darauf kann es aber nicht ankommen. Man darf den Blick nämlich nicht auf die rein national ausgerichtete Zivilrechtsdogmatik verengen, sondern muss vielmehr berücksichtigen, dass der EuGH – so las sich das bereits im Junk-Urteil[243] – der Ansicht ist, dass der Arbeitgeber die Kündigung erst nach Erstattung der Anzeige aussprechen *darf.* Das muss so verstanden werden, dass es dem Arbeitgeber ohne zuvoriger Anzeige schlicht an der Rechtsmacht zum Ausspruch einer Kündigung fehlt. Umgekehrt darf aber nicht außen vor bleiben,

---

[239] S. dazu Winkel NZA 2024, 728 (733 f.).

[240] Aus meiner Sicht zu positiv fällt daher die Bewertung der für die (Arbeitgeber-)Praxis mit der Vorlage des 2. Senats verbundenen Vorteile aus von: Brune/Schmitz-Scholemann NZA 2024, 1552; Fuhlrott/Fischer NZA 2024, 246; Schiefer PuR 2024, 75; Holler jurisPR-ArbR 1/2024 Anm. 1.

[241] Dies aus anderen Erwägungen verneinend: Eisele BB 2024, 752 (763).

[242] Schlussantrag Generalanwalt Norkus v. 27.2.2025 in der Rechtssache C-134/24, BeckRS 2025, 2728.

[243] EuGH 27.1.2005 – C-188/03, ECLI:EU:C:2005:59 = NZA 2005, 213 – Junk.

dass die von den nationalen Gerichten bestimmten Sanktionen auch verhältnismäßig sein müssen.[244] Dem lässt sich indes sehr gut dadurch Rechnung tragen, indem für jeden Fehlertatbestand geprüft wird, ob sich für ihn die Unwirksamkeitsfolge noch als adäquat erweist. Danach sind kleinere Fehler oder solche, die sich nicht auf die streitgegenständliche Kündigung auswirken können, aus dem Unwirksamkeitsverdikt auszunehmen.

141 b) **Verfahren in der Interimszeit.** Rechtstreitigkeiten, in denen Fehler im **Anzeigeverfahren** eine Rolle spielen, sollten bis zu einer finalen Entscheidung durch das BAG nach **§ 148 ZPO** ausgesetzt werden. Nach wie vor ist nicht ausgeschlossen, dass der EuGH das Unwirksamkeitsverdikt für unverhältnismäßig hält und es den Mitgliedstaaten ermöglicht, alternative Verfahren an dessen Stelle zu setzen. Will man dessen ungeachtet, namentlich mit Rücksicht auf Art. 19 Abs. 4 GG, dennoch entscheiden, sollte der **bisherigen Rechtslage** gefolgt werden,[245] da sich die Neukonzeptionen beider Senate sowohl in unionsrechtlicher Hinsicht als auch mit Rücksicht auf § 17 als nicht sicher belastbar zeigen. Ohnehin müssen Fälle, in denen das **Konsultationsverfahren** versäumt wurde oder sich dessen Durchführung als defizitär erweist, zwingend zum Abschluss gebracht werden. Diesbezüglich greifen die in den → Rn. 142 ff. dargestellten Grundsätze uneingeschränkt.

142 c) **Konkrete Folgen eines Versäumnisses des Verfahrens sowie von Mängeln im Verfahren.** Das Konsultationsverfahren des Abs. 2, sowie das Anzeigeverfahren nach Abs. 3 sind **zwei getrennte Verfahren.** Jedes konstituiert ein **eigenständiges Wirksamkeitserfordernis.**[246] Wurde das **Konsultationsverfahren** vor Erstattung der Anzeige und erst recht vor Zugang der Kündigung nicht oder lediglich fehlerhaft durchgeführt, hat dies die **Nichtigkeit** der Kündigung zur Folge.[247] Gleiches gilt, wenn zwar das Konsultationsverfahren fehlerfrei durchschritten wurde oder es – etwa weil im Betrieb kein Betriebsrat eingerichtet wurde – nicht der Durchführung eines solchen bedurfte, indes die **Anzeige** nicht rechtzeitig oder nicht ordnungsgemäß bei der Agentur erstattet worden war. Naturgemäß ist die Kündigung auch unwirksam, wenn sich beide Verfahrensabschnitte als defizitär erweisen.

143 Fehler im Konsultations- oder Anzeigeverfahren werden nicht dadurch geheilt, dass die **Agentur** den Kündigungen **„zustimmt".**[248] Auch darüber hinaus ist es ohne Belang, wie die Agentur auf eine Anzeige reagiert. Zwar hatte der 2. Senat des BAG sich beim EuGH danach erkundigt, ob Feststellungen der Agentur nicht Bindungswirkung beigemessen werden könnte.[249] Im Schlussantrag heißt es jedoch, dass die Frage wegen fehlender Entscheidungserheblichkeit nicht beantwortet werden könne.[250] Darüber hinaus erscheint aber auch zweifelhaft, ob das Unionsrecht eine entsprechende Bindungswirkung von Agenturbescheiden zulassen würde.[251] So oder so ergibt sich eine solche jedenfalls nicht daraus, dass die Agentur – wie regelmäßig der Fall – dem Arbeitgeber lediglich bestätigt, dass die Anzeige bei ihr eingegangen ist. Solches ist ohne jede Erklä-

[244] BAG 14.12.2023 – 6 AZR 157/22 (B), NZA 2024, 119 Rn. 9 u. 29 ff.; Hinz Rechtsfolgen eines fehlerhaften Massenentlassungsverfahrens, 2024, S. 199 ff.

[245] In der Tendenz: EUArbRK/Spelge, RL 98/59/EG Art. 6 Rn. 25d.

[246] BAG 27.1.2022 – 6 AZR 155/21 (A), NZA 2022, 491 Rn. 21; 13.2.2020 – 6 AZR 146/19, NZA 2020, 1006 Rn. 30; 20.1.2016 – 6 AZR 601/14, NZA 2016, 490 Rn. 15; 21.3.2013 – 2 AZR 60/12, NZA 2013, 966 Rn. 28.

[247] BAG 23.5.2024 – 6 AZR 155/21 (A), NZA 2024, 981 Rn. 14; 1.2.2024 – 2 AS 22/23 (A), NZA 2024, 257 Rn. 19; 14.12.2023 – 6 AZR 157/22 (B), NZA 2024, 119 Rn. 51; 27.1.2022 – 6 AZR 155/21 (A), NZA 2022, 491; 13.6.2019 – 6 AZR 459/18, NZA 2019, 1638; grundlegend: BAG 21.3.2013 – 2 AZR 60/12, NZA 2013, 966.

[248] BAG 13.2.2020 – 6 AZR 146/19, NZA 2020, 1006 Rn. 81 ff.; 28.6.2012 – 6 AZR 780/10, NZA 2012, 1029; LSSW/Wertheimer Rn. 77; KR/Heinkel Rn. 183; MHdB ArbR/Spelge § 121 Rn. 234; kritisch: Moll RdA 2021, 49 (56 f.); ders. KSchG 1969 § 17 AP Nr. 40; Feme DB 2012, 2162 (2165); Sittard/Knoll BB 2013, 2037 (2041). Zweifelnd auch: BAG 1.2.2024 – 2 AS 22/23 (A), NZA 2024, 257 Rn. 20.

[249] BAG 1.2.2024 – 2 AS 22/23 (A), NZA 2024, 257 Rn. 12, 20 f.; kritisch: Lembke NJW 2024, 1985 (1991); Bayreuther NZA 2024, 813 (815).

[250] Schlussantrag GA Norkus v. 27.2.2025 in der Rechtssache C-134/24, BeckRS 2025, 2728 Rn. 46 ff.

[251] EuArbRK/Spelge RL 98/59/EG Art. 6 Rn. 22; MHdB ArbR/Spelge § 121 Rn. 234.

rungswirkung.[252] Eine solche ergibt sich auch nicht aus dem Amtsermittlungsgrundsatz oder der Verpflichtung der Versicherten, sich spätestens drei Monate vor Beendigung des Arbeitsverhältnisses arbeitslos zu melden. Nur weil die Agentur eine Anzeige nicht beanstandet, heißt das nicht, dass sie der Ansicht wäre, ausreichend über die Sachlage unterrichtet gewesen zu sein. Überdies wäre eine Bindungswirkung weder mit dem Wortlaut der §§ 18 bis 20 noch mit allgemeinen verwaltungs- und prozessrechtlichen Grundsätzen vereinbar.[253] Auch würde sich kein passendes Format finden (vgl. dazu etwa: §§ 168, 174 Abs. 3 SGB IX, 17 Abs. 2 MuSchG), in dem sich die Agentur erklären könnte. Entscheidungen zu einer Verkürzung oder Verlängerung der Entlassungssperre (§ 18 KSchG) sind angesichts der fast immer sehr viel längeren individuellen Kündigungsfristen selten. Allenfalls mag die Agentur von freier Hand einen Verwaltungsakt (§ 31 SGB X) erlassen, mit dem sie die Vollständig- und Richtigkeit der Anzeige bekundet; eventuell könnten Arbeitgebern in Anknüpfung an die früher zuweilen erteilten Negativatteste[254] auch Positivatteste erteilt werden. Jedenfalls müssten von einer Bindungswirkung Fallgestaltungen ausgenommen werden, in denen der Arbeitgeber bewusst falsche oder irreführende Angaben gemacht hatte, zumindest dann, wenn die Agentur dies nicht hat erkennen können.

Daher gilt: Die **Arbeitsgerichtsbarkeit** ist weder durch einen bestandskräftigen Ver- **144**
waltungsakt der Arbeitsverwaltung nach § 18 noch durch eine sonstige Äußerung der Agentur daran gehindert, Konsultationsverfahren oder Anzeige auf **Vollständig- und Richtigkeit** hin zu **überprüfen,** sondern bleibt dazu verpflichtet. Was das Konsultationsverfahren betrifft, kommt noch hinzu, dass die Agentur dessen Durchführung allenfalls mittelbar, nämlich durch Sichtung der Abschrift der Unterrichtung bzw. der Stellungnahme des Betriebsrats, beurteilen könnte.

Einzig könnte überlegt werden, ob der Arbeitgeber durch eine „Zustimmung" der **145**
Agentur nicht insoweit einen gewissen Vertrauensschutz erlangt, als die Agentur damit zu erkennen gibt, dass ihrer Meinung nach die Anzeige den gesetzlichen Anforderungen genügt und zudem, dass es ihr möglich war, nach Lösungen für die durch die beabsichtigten Massenentlassungen aufgeworfenen Probleme zu suchen. Dies könnte jedenfalls dann gelten, wenn es zu einem Meinungsaustausch zwischen Arbeitgeber und Agentur, etwa über deren örtliche Zuständigkeit, gekommen war.[255] Denkbar ist auch, dass von der Agentur durch fehlerhafte **Formulare** oder **Formblätter** provozierte (kleinere) Ungenauigkeiten aus dem Nichtigkeitsverdikt ausgenommen werden.[256] Diese Überlegungen ziehen freilich nur, wenn sie das auf Basis einer ansonsten umfassenden und richtigen Darstellung des Sachverhalts tun konnte. Ob dies der Fall ist, müssten die Arbeitsgerichte also in jedem Fall überprüfen.

Grundsätzlich hat es keinen Einfluss auf die Wirksamkeit einer Kündigung, wenn sich **146**
der (private) Arbeitgeber zwar punktuell **unionsrechtswidrig** verhält, er indes solchen Vorgaben des nationalen Massenentlassungsrechts genügt, die nicht unionrechtskonform ausgelegt werden können. Andernfalls gelangte man zu einer unmittelbaren Wirkung von Richtlinien, die im Unionsrecht so nicht vorgesehen ist. Hat der Arbeitgeber also etwa nur deshalb von der Durchführung des Verfahrens abgesehen, weil er die in **Abs. 5 benannten Personen** nicht in die jeweiligen Schwellenwerte eingerechnet hat (→ Rn. 29 f.), bleiben sowohl die gegenüber den fraglichen Personen,[257] als auch die gegenüber „anderen" Arbeitnehmern ausgesprochenen Kündigungen voll wirksam. Mit-

---

[252] Das fragt auch der 6. Senat in seinem Vorlagebeschluss BAG 23.5.2024 – 6 AZR 155/21 (A), NZA 2024, 981 Rn. 14 an.

[253] Lembke/Oberwinter NJW 2007, 721 (726).

[254] Mit diesen wurde mitgeteilt, dass die Agentur die Durchführung eines Massenentlassungsverfahrens nicht für erforderlich hält.

[255] Hinz Rechtsfolgen eines fehlerhaften Massenentlassungsverfahrens, 2024, S. 186 ff.
Moll AP KSchG 1969 § 17 Nr. 40, II.2.c.

[256] Hinz Rechtsfolgen eines fehlerhaften Massenentlassungsverfahrens, 2024, S. 190 ff.

[257] Lunk/Hildbrand NZA 2016, 129 (133); Lunk NZA 2015, 917 (918); Vielmeier NJW 2014, 2678 (2682).

hin kann sich der Arbeitnehmer etwa nicht darauf berufen, dass aus europäischer Sicht Organe mit in das Verfahren einbezogen werden müssen, so dass einschlägige Schwellenwerte erreicht worden wären.

147 Die **Unwirksamkeitsfolge** tritt **nicht** ein, wenn das Konsultationsverfahren mit einem **weniger schwerwiegenden Fehler** belastet war, der keinen maßgeblichen Einfluss auf dessen Gang haben konnte oder sich die Anzeige zwar als defizitär erweist, dessen ungeachtet aber die Agentur im Wesentlichen noch einen ausreichenden Kenntnisstand erlangen konnte, um sich adäquat auf die bevorstehende Entlassungswelle vorbereiten zu können.[258] Gleiches gilt, wenn lediglich gegen eine verfahrensordnende Vorschrift verstoßen wird, die ohne Außenwirkung auf die Individualrechtsbeziehung ist. Das gilt etwa für folgende Verfahrensdefizite:

- Der Arbeitgeber hatte die Unterrichtung verspätet vorgenommen, den Betriebsrat mangelhaft unterrichtet oder die Beratungen mit Verspätungen eingeleitet, sich dessen ungeachtet dann aber noch so intensiv mit dem Betriebsrat beraten, dass dem Zweck des Konsultationsverfahrens doch noch voll Rechnung getragen wird, → Rn. 80.
- Die Unterrichtung des Betriebsrats weist zwar kleine Ungenauigkeiten auf. Sie ist aber noch so ausreichend, dass davon auszugehen ist, dass der Betriebsrat auch bei vollständiger Unterrichtung keine abweichende Stellungnahme abgegeben hätte.[259]
- Der Arbeitgeber leitet der Agentur keine Abschrift der Unterrichtung des Betriebsrats zu (§ 17 Abs. 3 S. 1).[260]
- Die weitere Beteiligung des Betriebsrats nach § 17 Abs. 3 S. 6 bis 8 wird unterlassen.[261]
- In der Anzeige fehlen Sollangaben nach § 17 Abs. 3 S. 5.[262]
- Der Arbeitgeber macht zwar Sollangaben nach § 17 Abs. 3 S. 5, teilt dabei aber das Alter der betroffenen Arbeitnehmer fehlerhaft mit.[263]
- Der Arbeitgeber macht Sollangaben nach § 17 Abs. 3 S. 5, dies indes ohne hierüber Einvernehmen mit dem Betriebsrat erzielt zu haben,
- Der Arbeitgeber hat überschießende Vorgaben der Bundesagentur für Arbeit in ihren Formblättern nicht beachtet, etwa indem er keine Angaben zu Berufsgattungen macht (→ Rn. 130). Für das Individualarbeitsrecht ist alleine die Gesetzeslage maßgeblich.[264]
- Dagegen ist die Anzeige nicht vollständig, solange der Agentur nicht die Stellungnahme des Betriebsrats bzw. eine eigene Darlegung durch den Arbeitgeber vorliegt.[265]

148 Zwischen dem Verfahrensfehler und der Kündigung muss sich ein **Kausalzusammenhang (iwS)** ergeben. Der klagende Arbeitnehmer muss in den **Schutzbereich** des betreffenden Verfahrensschrittes fallen.[266] Berührt ein Verfahrensfehler nicht notwendigerweise **sämtliche** zur Kündigung anstehenden **Arbeitsverhältnisse,** ist daher zu prüfen, ob das fragliche Arbeitsverhältnis überhaupt durch das Verfahrensdefizit betroffen sein konnte. Danach gilt etwa:

---

[258] ErfK/Kiel Rn. 37; APS/Moll Rn. 182; Däubler/Deinert/Callsen Rn. 54; KR/Heinkel Rn. 154; aber offengelassen durch BAG 13.2.2020 – 6 AZR 146/19, NZA 2020, 1006 Rn. 109. Aufstellung bei: Hinz Rechtsfolgen eines fehlerhaften Massenentlassungsverfahrens, 2024, S. 203 ff.

[259] Preis/Sagan/Naber/Sittard § 14 Rn. 14.122.

[260] BAG 23.5.2024 – 6 AZR 155/21, NZA 2024, 981; EuGH 11.5.2023 – C-134/22, NZA 2023, 887; ähnlich bereits: BAG 30.4.2004 – 1 AZR 7/03, NZA 2004, 931; ebenso: APS/Moll Rn. 179.

[261] Schubert/Schmitt JbArbR Bd. 59 (2001), 81 (104).

[262] BAG 19.5.2022 – 2 AZR 467/21, NZA 2022, 1051. Schubert/Schmitt JbArbR Bd. 59 (2001), 81 (99): soweit die Nichtigkeitsfolge unverhältnismäßig wäre.

[263] BAG 11.5.2023 – 6 AZR 267/22, NZA 2023, 906 Rn. 42, mit der Einschränkung, dass die Abweichung so gering sein muss, dass sich der Fehler nicht auf die Vermittlungsbemühungen der Agentur auswirken kann.

[264] EuArbRK/Spelge RL 98/59/EG Art. 3 Rn. 14; Klumpp/Holler NZA 2018, 408 (412); Ostermaier EWiR 2014, 127 (128).

[265] AA Schubert/Schmitt JbArbR Bd. 59 (2001), 81 (104 f): Die Kündigung bleibt dessen ungeachtet wirksam, indes beginnt die Sperrfrist des § 18 erst mit der Zuleitung der Stellungnahme an die Agentur.

[266] Hinz Rechtsfolgen eines fehlerhaften Massenentlassungsverfahrens, 2024, S. 96 ff. Zweifelnd: Schubert/Schmitt JbArbR Bd. 59 (2001), 81 (102).

- Die Arbeit der Agentur für Arbeit wird zwar durch jeden Fehler bei den „Muss-Angaben“ des § 17 Abs. 3 S. 4 beeinflusst, etwa wenn unrichtige Angaben zur Anzahl der in der Regel im Betrieb beschäftigten Arbeitnehmer gemacht werden. Indes tritt die Nichtigkeitsfolge nicht ein, wenn die angegebenen Zahlen die tatsächliche Arbeitnehmerzahl nur geringfügig übersteigen oder unterschreiten und die Differenz eher auf bloßen Darstellungs-, Zuordnungs- und Berechnungsfehlern beruht.[267]
- War die Entlassung eines klagenden Arbeitnehmers Gegenstand des Massenentlassungsverfahrens, kann dieser nicht geltend machen, dass im Übrigen **zu wenige Entlassungen** beraten bzw. angezeigt wurden.[268] Allerdings darf auch hier die Fehlangabe nicht so gravierend sein, dass dem Betriebsrat oder der Agentur ein falscher Eindruck von der geplanten Entlassungswelle vermittelt wurde. Fehler sind mithin dann kündigungsschädlich, wenn nicht ausgeschlossen werden kann, dass sich der Betriebsrat auch für die zum Verfahrensgegenstand gemachten Arbeitsverhältnisse anders positioniert oder die Verhandlungen anders geführt hätte, wäre er vollständig informiert gewesen.
- Keinen Einfluss auf die Kündigung hat es, wenn der Arbeitgeber den Betriebsrat nicht oder nicht richtig über die **Berufsgruppen der Arbeitnehmer** (Abs. 2 S. 1 Nr. 2 und 3) unterrichtet hatte, weil sich das nicht zu Lasten der betroffenen Arbeitnehmer auswirken kann.[269] Das BAG hat dies bislang allerdings nur für den Sonderfall einer Betriebsstilllegung anerkannt. Insoweit verwies es darauf, dass der Betriebsrat schon wegen der offensichtlichen Betroffenheit aller Berufsgruppen zu dem Schluss kommen muss, ausreichend unterrichtet zu sein.[270]
- Werden Organe oder leitende Arbeitnehmer nicht in das Verfahren einbezogen, sind – allenfalls – die ihnen gegenüber ausgesprochenen Kündigungen unwirksam. Die Entlassungen „anderer“ Arbeitnehmer sind hiervon regelmäßig nicht betroffen.[271] Nach der hier vertretenen Auffassung bleibt deren Nichtberücksichtigung aber ohnehin unschädlich, → Rn. 31.

In den in → Rn. 148 dargestellten Fallgestaltungen kann es auf eine Feststellung an- **149**
kommen, ob der klagende Arbeitnehmer trotz des Verfahrensfehlers in das Massenentlassungsverfahren einbezogen worden war oder nicht. Das bereitet in der Praxis einige Schwierigkeiten, weil die erfassten Arbeitnehmer nicht namentlich bezeichnet werden. Denkbar ist aber, dass die Verfahrensdefizite lediglich eine bestimmte Berufsgruppe betreffen, das Arbeitsverhältnis des Klägers aber einer anderen Gruppe zuzuordnen ist, die vollständig erfasst wurde. Vorstellbar ist auch eine Identifikation einzelner Arbeitsverhältnisse über die Soll-Angaben nach § 17 Abs. 3 S. 5 KSchG. Jedenfalls kann sich für den Arbeitgeber empfehlen, in beiden Verfahrensschritten, vor allem aber gegenüber der Agentur, die betroffenen Arbeitsverhältnisse möglichst genau zu beschreiben oder aber eben mit dem Betriebsrat eine Namensliste herauszuarbeiten und diese der Anzeige beizugeben.[272] Eine vergleichbare Situation kann sich ergeben, wenn über einzelne Betriebsstandorte korrekt, über andere aber fehlerhaft berichtet wurde.

Aufhebungsverträge werden von Fehlern im Massenentlassungsverfahren grundsätz- **150**
lich nicht tangiert. Sie werden also weder unwirksam, wenn sie bei der Berechnung der „Entlassungen“ (Schwellenwerte) nicht berücksichtigt wurden, noch dann, wenn sie auch darüber hinaus nicht in das Verfahren einbezogen wurden. Wenn der Arbeitnehmer autonom über seinen Vertrag disponieren möchte, braucht er den Schutz des Massen-

---

[267] LAG Baden-Württemberg 16.9.2010 – 9 Sa 33/10, BeckRS 2011, 66064; offengelassen durch: BAG 13.2.2020 – 6 AZR 146/19, NZA 2020, 1006 Rn. 109.

[268] BAG 19.5.2022 – 2 AZR 467/21, NZA 2022, 1051 Rn. 24; zögerlicher: BAG 28.6.2012 – 6 AZR 780/10, NZA 2012, 1029 Rn. 50; ErfK/Kiel Rn. 36; EUArbR/Spelge RL 98/59/EG Art. 6 Rn. 45; Zeppenfeld NZA 2022, 26 (28); Meinel/Degen RdA 2022, 41 (47 f.).

[269] Schaub ArbR-HdB/Rinck § 142 Rn. 23; aA: Holler NZA 2022, 17 (18).

[270] BAG 9.6.2016 – 6 AZR 405/15, NZA 2016, 1198.

[271] Lunk/Hildbrand NZA 2016, 129 (133); Lunk NZA 2015, 917 (918); Vielmeier NJW 2014, 2678 (2682).

[272] EuArbRK/Spelge RL 98/59/EG Art. 3 Rn. 14; MHdB ArbR/Spelge § 121 Rn. 185.

entlassungsrechts nicht. Auch wäre kaum erklärbar, warum eine einvernehmlich herbeigeführte Vertragsbeendigung gegen den erklärten Willen des Beschäftigten und so ggf. sogar zu seinen Lasten kraft objektiven Rechts für ungültig erklärt werden soll.[273] Dazu, dass diese dessen ungeachtet bei der Berechnung der Schwellenwerte des Abs. 1 zu berücksichtigen sind, → Rn. 44.

3. Sonderfall: Änderungskündigung

151 Wie in → Rn. 36 dargelegt, wollen sowohl der EuGH als auch das BAG **Änderungskündigungen** in den Massenentlassungsschutz nach § 17 einbeziehen. Hat der Arbeitgeber das Massenentlassungsverfahren nicht korrekt durchgeführt und nimmt der Arbeitnehmer das Änderungsangebot nicht an, ist die Beendigungskündigung unwirksam: § 17 iVm § 134 BGB. Da das Änderungsangebot mit der Ablehnung seitens des Arbeitnehmers erloschen war, gelten weiterhin die bisherigen Arbeitsbedingungen.

152 Noch offen ist, was im Fall von Verfahrensmängeln gilt, sollte der Arbeitnehmer die ihm angebotene Vertragsänderung unter Vorbehalt annehmen.[274] Einen – aus Sicht der Rechtsprechung konsequenten – Schutz des Arbeitnehmers wird man freilich nur dann erreichen können, wenn in diesem Fall das Änderungsangebot für unwirksam erklärt wird. Dies ginge auch damit kohärent, dass der Arbeitnehmer im Geltungsbereich des § 2 nicht nur rügen kann, dass die Änderung der Arbeitsbedingungen sozial ungerechtfertigt ist, sondern die Rechtmäßigkeit der angestrebten Vertragsänderung auch aus solchen Gründen in Abrede stellen kann, die im Fall der Ablehnung des Änderungsangebots zur Unwirksamkeit der dann eintretenden Beendigungskündigung führen[275] (→ § 2 Rn. 187).[276] Im Ergebnis führen Verfahrensmängel dazu, dass die bisherigen Arbeitsbedingungen fortgelten. Anderes gilt naturgemäß, wenn der Arbeitnehmer die geänderten Arbeitsbedingungen vorbehaltlos akzeptiert. Es kommt ein neues Arbeitsverhältnis zu den geänderten Bedingungen zustande. Damit wird die gleichzeitig mit dem Änderungsangebot ausgesprochene Beendigungskündigung hinfällig, so dass es unerheblich bleibt, ob diese wirksam gewesen wäre.

4. Prozessuale Fragen, Darlegungs- und Beweislast

153 Der Arbeitnehmer hat gegen eine Kündigung nach den §§ 4 und 7 innerhalb von **drei Wochen Klage** zu erheben. Sollte er die Frist versäumen, gilt die Kündigung von Anfang an als rechtswirksam. Mittelbar wird er dadurch auch mit dem Vorbringen präkludiert, dass die Kündigung gegen das Recht der Massenentlassung verstoßen hatte. Das ist europarechtskonform.[277]

154 Darüber hinaus muss der Arbeitnehmer nach der Rechtsprechung des BAG im Kündigungsschutzprozess einen Verstoß gegen § 17 KSchG ausdrücklich **rügen.** Dabei soll er klar machen müssen, welcher der beiden Schritte des Massenentlassungsverfahrens mangelhaft sein soll, also das Konsultationsverfahren oder (auch) die Anzeige. Die Rüge bezüglich des einen Schritts erfasse nicht Fehler beim anderen.[278] Benennt er dagegen nur Versäumnisse in einem der beiden Verfahrensteile, könne er – eine Belehrung nach **§ 6 S. 2 KSchG** vorausgesetzt – nach der letzten mündlichen Verhandlung vor dem Arbeitsgericht keine Mängel mehr geltend machen, die dem jeweils anderen Verfahrensteil

[273] Wie hier: MHdB ArbR/Spelge § 121 Rn. 73; für eine Unwirksamkeit jedoch: BAG 11.3.1999 – 2 AZR 461/98, NZA 1999, 761; Däubler NZA 2020, 10 (15).
[274] BAG 20.2.2014 – 2 AZR 246/12, NZA 2014, 1069 Rn. 49.
[275] So zB BAG 22.10.2015 – 2 AZR 124/14, NZA 2016, 225.
[276] EuArbRK/Spelge RL 98/59/EG Art. 1 Rn. 65; MHdB ArbR/Spelge § 121 Rn. 243; Hützen ZInsO 2012, 1801 (1802); U. Fischer, FS 25 Jahre ARGE Arbeitsrecht im DAV, 257 (263 f.); Schwarze RdA 2015, 426; aA Dzida/Hohenstatt DB 2006, 1897 (1900). Für eine vorsorgliche Anzeige plädiert daher LSSW/Wertheimer Rn. 39; Grau/Sittard BB 2011, 1845 (1848).
[277] EuArbRK/Spelge RL 98/59/EG Art. 6 Rn. 4; ErfK/Kiel Rn. 39.
[278] BAG 20.1.2016 – 6 AZR 601/14, NZA 2016, 490 Rn. 16.

zuzuordnen sind. Das überzeugt nur bedingt. Der Kläger wird durch diese Rechtsprechung lediglich dazu verleitet, in seiner Klageschrift textbausteinartig einen Doppelverstoß gegen § 17 aufzulisten („Einkaufsliste"). Hinzu kommt: Fehler im Konsultationsverfahren schlagen mittelbar auch auf die Anzeige durch, weil diese erst nach Abschluss des Konsultationsverfahrens erstattet werden darf. Jedenfalls muss es ausreichen, dass sich der mögliche Fehler aus der **„Stoßrichtung"** der Klagebegründung bzw. des klägerischen Sachvortrags ergibt.[279] Letztlich sollte es aber genügen, dass der Arbeitnehmer auf Mängel hinweist, die sich im Kontext des § 17 bewegen, ganz gleich, ob sie bei genauer Beleuchtung dann dem einen oder dem anderen Verfahrensteil zuzuordnen wären.

Schildert der **Arbeitgeber** die äußeren Umstände einer Massenentlassung – etwa zur Verdeutlichung der Unternehmerentscheidung – hat das Gericht unabhängig von einer ausdrücklichen Rüge des Arbeitnehmers und von Amts wegen zu prüfen, ob den Vorgaben des § 17 genügt wurde. Hierzu bedarf es der Erteilung eines entsprechenden Hinweises (§ 139 ZPO), auf den der Arbeitgeber den dazu ggf. erforderlichen Sachvortrag leisten kann. Was indes nicht ausreicht, ist, wenn sich etwaige massenentlassungsrechtlich bedingte Unwirksamkeitsgründe alleine aus von einer Prozesspartei in das Verfahren eingeführten Anlagen ergeben könnten. 155

Die **Darlegungs- und Beweislast** im Geltungsbereich des § 17 ist **abgestuft.**[280] Die Beweislastumkehr der §§ 1 Abs. 2 S. 4 und 23 Abs. 1 KSchG findet keine entsprechende Anwendung. Der **Arbeitnehmer** ist zunächst mit dem Nachweis belastet, dass der Anwendungsbereich des Massenentlassungsrechts eröffnet ist, insbesondere also dafür, dass die einschlägigen Schwellenwerte erreicht sind. Dazu müsste er an sich sowohl die Zahl der beschäftigten Arbeitnehmer als auch die Zahl der entlassenen Arbeitnehmer im Streitfall beweisen.[281] Doch genügt aber, wenn er schlüssig Umstände darlegt, die für die Annahme sprechen, dass die betreffenden Schwellenwerte erreicht werden.[282] Dann obliegt es dem Arbeitgeber nach § 138 Abs. 2 ZPO, konkrete Umstände darzulegen, aus denen folgt, dass der entsprechende Schwellenwert nicht erreicht ist. So kann der Arbeitgeber etwa nachweisen, dass einzelne Personen keine Arbeitnehmer iSd Abs. 1 sind oder außerhalb des 30-Tages-Zeitraums gekündigt wurden.[283] Ebenfalls ist auf einen entsprechenden Sachvortrag des Arbeitnehmers hin eine Verteilung der Beweislast nach Sphärenbereichen denkbar, wenn das äußere Umfeld, in das die Kündigung eingebettet ist, für den Arbeitnehmer nur schwer zu überblicken, für den Arbeitgeber aber leicht darzustellen ist. 156

Steht fest, dass das Massenentlassungsrecht eröffnet war, trifft den **Arbeitgeber** die Darlegungs- und Beweislast sowohl für die ordnungsgemäße Durchführung des Konsultationsverfahrens als auch dafür, dass eine wirksame Anzeige erstattet wurde, da beides eine Wirksamkeitsvoraussetzung für die Kündigung ist.[284] Die dahingehende Darlegungslast aktiviert sich indes nur, wenn der Arbeitnehmer ausreichend dazu vorgetragen hatte, dass und warum er das Verfahren für fehlerhaft hielt (dazu, dass das BAG ihm insoweit auch eine Spezifizierung nach Verfahrensabschnitten abverlangt, → Rn. 154). Auch insoweit ist, abhängig von den Umständen des Einzelfalls, eine Gewichtung nach Sphärenbereichen denkbar. Macht der Arbeitgeber einschlägige Angaben, muss der Arbeitnehmer deutlich machen, welche er für zutreffend erachtet und welche nicht.[285] Jedenfalls reicht eine 157

---

[279] BAG 26.1.2017 – 6 AZR 442/16, NZA 2017, 577 Rn. 19.

[280] KR/Heinkel Rn. 187; MHdB ArbR/Spelge § 121 Rn. 246; Schaub ArbR-HdB/Rinck § 142 Rn. 27; Däubler/Deinert/Callsen Rn. 63; ErfK/Kiel Rn. 40.

[281] BAG 11.5.2023 – 6 AZR 157/22 (A), NZA 2023, 1040 Rn. 25; 26.1.2017 – 6 AZR 442/16, NZA 2017, 577 Rn. 27; 13.12.2012 – 6 AZR 5/12, AP KSchG 1969 § 17 Nr. 43 Rn. 42.; 18.1.2012 – 6 AZR 407/10, NZA 2012, 817 Rn. 31.

[282] BAG 11.5.2023 – 6 AZR 157/22 (A), NZA 2023, 1040 Rn. 25; 24.2.2005 – 2 AZR 207/04, NZA 2005, 766 Rn. 31.

[283] BAG 24.2.2005 – 2 AZR 207/04, NZA 2005, 766 Rn. 31.

[284] BAG 13.12.2012 – 6 AZR 5/12, AP KSchG 1969 § 17 Nr. 43 Rn. 42; Schaub ArbR-HdB/Rinck § 142 Rn. 27; Däubler/Deinert/Callsen Rn. 63; ErfK/Kiel Rn. 40; MHdB ArbR/Spelge § 121 Rn. 246.

[285] BAG 13.12.2012 – 6 AZR 5/12, AP KSchG 1969 § 17 Nr. 43 Rn. 42.

pauschale Rüge nicht aus, wenn der Arbeitgeber substantiierte Ausführungen trifft.[286] Trägt der Arbeitgeber ohne Rüge des Arbeitnehmers zu dem von ihm durchgeführten Massenentlassungsverfahren vor und ist daraus eindeutig ersichtlich, dass den Anforderungen des § 17 nicht genügt ist, hat das Gericht die Parteien nach § 139 ZPO von Amts wegen darauf hinzuweisen, dass die Kündigung an einem massenentlassungsrechtlichen Fehler scheitern könnte.[287] Sollte der Arbeitnehmer die ordnungsgemäße Durchführung des Verfahrens nicht unstreitig stellen, sind der Urteilsfindung einschlägige Unwirksamkeitsgründe zugrunde zu legen. Gleiches gilt, wenn sich Unwirksamkeitsgründe aus vom Arbeitgeber in das Verfahren eingeführten Unterlagen eindeutig ergeben.

158 Hatte der Betriebsrat eine **Stellungnahme** nach Abs. 3 S. 3 abgegeben, steht fest, dass der Arbeitgeber der Konsultationspflicht aus Abs. 2 nachgekommen ist, → Rn. 101. Anderes gilt hingegen, wenn es an einer solchen fehlt und der Arbeitgeber selbst der Agentur den Abschluss des Konsultationsverfahrens geschildert hat (→ Rn. 102 f.). In dieser Konstellation obliegt ihm die Darlegungs- und Beweislast dafür, dass die Verhandlungen tatsächlich abgeschlossen waren, als er die Anzeige eingereicht hat, oder aber, dass kein Grund mehr dafür bestand, die Verhandlungen fortzuführen. Zur Ersetzung der Stellungnahme durch einen Interessenausgleich, → Rn. 108 ff.

5. Keine öffentlich-rechtlichen Sanktionen

159 Das KSchG knüpft an das Versäumen des Massenentlassungsverfahrens keine öffentlich-rechtlichen Sanktionen, vgl. auch Art. 103 Abs. 2 GG u. § 3 OWiG. Zu einschlägigen Reformvorschlägen, → Rn. 138. Auch sind die §§ 17 ff. keine Schutzvorschriften für die Agentur für Arbeit zur Vermeidung von Leistungen an Arbeitslose. Geht der Arbeitnehmer gegen eine ohne Beobachtung des Massenentlassungsverfahrens ausgesprochene Kündigung nicht vor und wird diese daher nach den §§ 4 und 7 wirksam, kann die Agentur keinen Regress beim Arbeitgeber nehmen,[288] vgl. → § 18 Rn. 4.

§ 18 Entlassungssperre

(1) **Entlassungen, die nach § 17 anzuzeigen sind, werden vor Ablauf eines Monats nach Eingang der Anzeige bei der Agentur für Arbeit nur mit deren Zustimmung wirksam; die Zustimmung kann auch rückwirkend bis zum Tage der Antragstellung erteilt werden.**

(2) **Die Agentur für Arbeit kann im Einzelfall bestimmen, daß die Entlassungen nicht vor Ablauf von längstens zwei Monaten nach Eingang der Anzeige wirksam werden.**

(3) *[aufgehoben]*

(4) **Soweit die Entlassungen nicht innerhalb von 90 Tagen nach dem Zeitpunkt, zu dem sie nach den Absätzen 1 und 2 zulässig sind, durchgeführt werden, bedarf es unter den Voraussetzungen des § 17 Abs. 1 einer erneuten Anzeige.**

Übersicht

[286] Däubler/Deinert/Callsen Rn. 63; MHdB ArbR/Spelge § 121 Rn. 246.
[287] BAG 13.12.2012 – 6 AZR 5/12, AP Nr. 43 zu § 17 KSchG 1969 Rn. 43.
[288] LSG Bayern 8.8.1985 – L 09/Al 133/83, NZA 1986, 654 f.

1. Sperrfrist

§ 18 Abs. 1 und 2 legen – im Einklang mit Art. 4 Abs. 1 MERL[1] – eine **Mindestkündigungsfrist**[2] fest. Sie beträgt einen Monat. Die Sperrfrist ändert nichts daran, dass der Arbeitgeber die angestrebte Kündigung erklären kann, sobald seine Anzeige (nach einem ordnungsgemäßen Massenentlassungsverfahren) bei der Agentur eingegangen ist (ausführlich → § 17 Rn. 7, 134 ff., 142). Ist die individuelle Kündigungsfrist allerdings kürzer als ein Monat, entfaltet sie zum Kündigungstermin noch keine Wirkung. Vielmehr wird der Vollzug der Kündigung bis zum Ablauf der Monatsfrist hinausgeschoben.[3] 1

Abs. 1 hat **keine** große praktische **Bedeutung.** Anders wäre das lediglich, würde sich das BAG entschließen, Defizite im Anzeigeverfahren zu sanktionieren, indem die vom Arbeitgeber einzuhaltende Kündigungsfrist um ein bzw. zwei Monate verlängert werden würde,[4] → § 17 Rn. 136, da sich ein dahingehendes Verfahren – allenfalls – auf eine erweiterte Anwendung des § 18 stützen ließe. Aktuell wirkt sich die Regelung indes nur dann aus, wenn ein Arbeitnehmer innerhalb einer nach § 622 Abs. 3 BGB vereinbarten Probezeit gekündigt wird oder wenn die gesetzliche Kündigungsfrist durch Tarifvertrag verkürzt wurde (§ 622 Abs. 4 BGB). Damit kann es vor allem im Baugewerbe und seinen Nebengewerben auf die Sperrfrist ankommen, da es dort sehr kurze tarifliche Kündigungsfristen gibt (vgl. etwa § 11 Nr. 1.1. BRTV Bau). Schließlich kann sich die Sperrfrist – abhängig vom Zeitlauf – in solchen Arbeitsverhältnissen realisieren, die nur der Grundkündigungsfrist nach § 622 Abs. 1 BGB unterliegen, da die dort vorgesehene Vier-Wochen-Frist bis zu drei Tage kürzer sein kann als die Monatsfrist des Abs. 1. Diese kleine Divergenz wird in aller Regel dadurch dahinschmelzen, dass sich die Sperrfrist an der Erstattung der Anzeige festmacht, vgl. → Rn. 3, es dem Arbeitgeber aber nicht immer gelingen wird, sogleich auch die Kündigungen zum Zugang zu bringen. Zudem wird er die Anzeige nicht immer so erstatten können, dass er die Kündigungen noch so rechtzeitig aussprechen kann, dass sie zum jeweils nächstliegenden Beendigungstermin wirken. 2

Nach dem Gesetzeswortlaut (und auch dem Wortlaut des Art. 4 Abs. 1 MERL) macht sich die Fristberechnung an der Anzeige bei der Agentur fest (Fristberechnung: § 26 SGB X iVm §§ 187, 188 BGB). Geht die Anzeige bei einer unzuständigen Agentur für Arbeit ein, so läuft die Sperrfrist erst mit erfolgter Weitergabe an die zuständige Agentur für Arbeit (vgl. hierzu die bei → § 17 Rn. 122 f. geschilderte Parallelproblematik). Eine wirkliche Grundkündigungsfrist würde man freilich nur erreichen, wenn man entgegen der wohl überwiegenden Auffassung am Zugang der einzelnen Kündigung bei den betroffenen Arbeitnehmern ansetzen würde. Für einen Zugriff auf die Anzeige spricht aber immerhin der Regelungszweck. Danach soll der Arbeitsagentur in jedem Fall ein ausreichender Zeitraum zur Vorbereitung auf die drohenden Entlassungen verbleiben. 3

Der Zweck der Sperrfrist liegt zwar im öffentlichen Interesse. Mit ihr soll sichergestellt werden, dass die betroffene Agentur ausreichend Zeit hat, nach Lösungen für die durch die Massenentlassung aufgeworfenen Probleme zu suchen und Maßnahmen zur anderweitigen Vermittlung der freiwerdenden Arbeitskräfte zu treffen.[5] Reflexweise profitieren hiervon aber auch die Arbeitnehmer. Benennt der Arbeitgeber den falschen Beendi- 4

---

[1] Nach Art. 4 Abs. 1 MERL beträgt die Sperrfrist 30 Tage. Damit ergibt sich eine Divergenz zum Unionsrecht, wenn dem Arbeitnehmer die Kündigung im Zeitraum vom 29. bis zum 31. Januar (Schaltjahre: 30. oder 31. Januar) zugeht, vgl. § 188 Abs. 3 BGB.

[2] Vgl. nur: BAG 1.2.2024 – 2 AS 22/23 (A), NZA 2024, 257 Rn. 11; 13.2.2020 – 6 AZR 146/19, NZA 2020, 1006 Rn. 105.

[3] BAG 6.11.2008 – 2 AZR 935/07, NZA 2009, 1013 Rn. 25.

[4] Vgl. den Vorschlag des BAG 1.2.2024 – 2 AS 22/23 (A), NZA 2024, 257 Rn. 20 f. Aktenzeichen beim EuGH: C-134/24.

[5] S. nur: BAG 23.5.2024 – 6 AZR 152/22 (A), NZA 2024, 825 Rn. 31, 37; 1.2.2024 – 2 AS 22/23 (A), NZA 2024, 257 Rn. 12 f. u. 20.

gungszeitpunkt, ist zwar die Kündigung – anders als wenn kein Massenentlassungsverfahren durchgeführt wurde, → § 17 Rn. 7 u. 136 ff. – nicht unwirksam. Indes kann der Arbeitnehmer feststellen lassen, dass das Arbeitsverhältnis erst mit Ablauf der Sperrfrist endet. § 18 ist aber keine Schutzvorschrift für die Agentur für Arbeit zur Vermeidung von Leistungen an Arbeitslose. Sie kann beim Arbeitgeber keinen Regress nehmen, wenn das Arbeitsverhältnis zu früh beendet wurde.[6]

5 Die Sperrfrist wirkt nur zu Gunsten des Arbeitnehmers. Dieser kann ohne Eigenkündigung oder Aufhebungsvertrag auch ohne Beachtung der Sperrfrist nach Ablauf der Kündigungsfrist aus dem Arbeitsverhältnis ausscheiden.[7]

2. Verlängerung der Frist, Abs. 2

6 Die Agentur für Arbeit kann nach Abs. 2 die Frist um maximal einen weiteren Monat verlängern. Sie kann die Frist aber auch um einen kürzeren Zeitraum verlängern. Die Verlängerung kann nur für den Einzelfall erfolgen, setzt also eine Prüfung der individuellen Verhältnisse gerade dieses Betriebes voraus; sie darf nicht generell für alle Betriebe des Bezirks oder für bestimmte Arten von Betrieben angeordnet werden.[8]

7 Die Mitteilung über die Verlängerung muss dem Arbeitgeber vor Ablauf der grundständigen Sperrfrist bekannt gemacht werden (§ 39 SGB X); geschieht das nicht, so ist die Entlassungssperre abgelaufen. Das kann von der Agentur für Arbeit nicht mehr rückgängig gemacht werden.

8 Die Agentur entscheidet nach pflichtgemäßem Ermessen.[9] Ermessensleitende Kriterien sind dabei in § 20 Abs. 4 aufgeführt. Findet die dort vorgesehene Interessensabwägung nicht statt, ist die Entscheidung der Agentur rechtswidrig. Die Verlängerung der Sperrfrist muss erforderlich sein, um die Zwecke der §§ 17 ff. zu erreichen. Sie kann beispielsweise eingesetzt werden, um den Sachverhalt weiter aufzuklären oder um eine anderweitige Unterbringung der betroffenen Arbeitnehmer zu organisieren.[10] Dagegen darf sie nicht lediglich deshalb erfolgen, um den Arbeitnehmern noch für einen weiteren Monat den Lohn zu sichern und um dadurch die Arbeitslosenversicherung zu entlasten.[11] Auch hat der Entscheidungsträger nicht zu prüfen, ob eine bestimmte Entlassung iSd § 1 sozialwidrig ist. Eine Rolle spielt aber die Frage, inwieweit die Arbeitnehmer eine andere Beschäftigung finden werden. Umgekehrt sind die Interessen des Arbeitgebers einzubringen, namentlich die wirtschaftliche Lage des Unternehmens, dem der Betrieb angehört. Der Entscheidungsträger hat dabei zu berücksichtigen, ob die Beschäftigung der zu entlassenden Arbeitnehmer während der Sperrfrist wirtschaftlich noch zumutbar ist, wobei aber die Möglichkeit einer Arbeitsstreckung (Kurzarbeit) nach § 19 in den Blick zu nehmen ist. Allgemein besteht ein öffentliches Interesse an der Erhaltung des Betriebes auf gesunder finanzieller Grundlage, so dass das öffentliche Interesse gerade auch für eine baldige Zustimmung zur Massenentlassung sprechen kann.[12] Alles in allem ist erneut darauf hinzuweisen, dass eine wie auch immer geartete Entscheidung der Agentur keinerlei heilende Wirkung auf Mängel im Konsultationsverfahren oder bei Erstattung der Anzeige hat, → § 17 Rn. 143, → § 20 Rn. 1.

9 Die Entscheidung ist ein Verwaltungsakt gem. § 31 SGB X. Zum Rechtsschutz gelten die unter → Rn. 21 dargestellten Grundsätze entsprechend. Abweichend von den dort aufgezeigten Leitlinien ist der Arbeitnehmer hier allerdings nicht klagebefugt, da er

---

[6] LSG Bayern 8.8.1985 – L 09/Al 133/83, NZA 1986, 654 f.; APS/Moll Rn. 3.

[7] ErfK/Kiel Rn. 6; APS/Moll Rn. 37.

[8] Däubler/Deinert/Callsen Rn. 14; ErfK/Kiel Rn. 5; LSSW/Wertheimer Rn. 6; APS/Moll Rn. 31; HaKo-KSchR/Pfeiffer Rn. 7; KR/Heinkel Rn. 25.

[9] BSG 21.3.1978 – 7/12 RAr 6/77, NJW 1980, 2430.

[10] ErfK/Kiel Rn. 5.

[11] BSG 21.3.1978 – 7/12 RAr 6/77, NJW 1980, 2430; LSG Bayern 4.11.1976 – Lg/Al 38/76, NJW 1977, 1255; 8.8.1985 – L 09/Al 133/83, NZA 1986, 654; ErfK/Kiel Rn. 5; LSSW/Wertheimer Rn. 6; KR/Heinkel Rn. 27.

[12] Ebenso KR/Heinkel § 20 Rn. 62.

durch eine Verlängerung der Sperrfrist nur begünstigt wird. Eine einschlägige Anordnung der Agentur ist für die Arbeitsgerichte bindend. Der Arbeitnehmer kann auf sie in einem Arbeitsgerichtsprozess unmittelbar rekurrieren und geltend machen, dass die vom Arbeitgeber ausgesprochene Kündigung die sich unter Beachtung der Entscheidung der Agentur ergebende Kündigungsfrist nicht wahrt.

3. Verkürzung der Sperrfrist

a) **Allgemeines.** Innerhalb der Sperrfrist ist eine „Entlassung" nur mit „Zustimmung" 10
der Agentur für Arbeit zulässig: § 18 Abs. 1 Hs. 1. Nach der grundständigen Dogmatik des Massenentlassungsrechts läuft dies darauf hinaus, dass die Agentur die Regelsperrfrist von einem Monat verkürzen kann. Das ist mit Art. 4 Abs. 1 MERL vereinbar, vgl. Unterabs. 2. Trotz einer solchen Verkürzungsanordnung läuft das Arbeitsverhältnis aber frühestens zu dem Zeitpunkt aus, zu dem es unabhängig von der Anordnung enden würde. Die jeweils einschlägige individuelle Kündigungsfrist bleibt also stets zu beachten. Eine solche Anordnung hat folglich kaum Bedeutung, vgl. → Rn. 2.

Erklärt die Agentur für Arbeit eine Verkürzung der Sperrfrist hat dies indes keine 11
Auswirkungen auf Mängel bei Erstattung der Anzeige oder gar auf Fehler im vorausgehenden Konsultationsverfahren. Diese führen unweigerlich zur Unwirksamkeit der Kündigung, ganz gleich wie sich die Agentur zur Anzeige erklärt. Einzelheiten dazu bei → § 17 Rn. 143.

Die Verkürzung der Sperrfrist bedarf eines Antrags des Arbeitgebers. Für einen solchen 12
Antrag genügt nicht, dass überhaupt eine Anzeige erstattet wird. Vielmehr muss die Anzeige zumindest Anhaltspunkte enthalten, die eine dahingehende Auslegung zulassen.[13]

Die Anordnung einer Verkürzung der Sperrfrist steht im pflichtgemäßen Ermessen der 13
Behörde, s. zu den ermessensleitenden Kriterien: → Rn. 8. Sie kann nur ausnahmsweise[14] erfolgen.[15] Eine Verkürzung kann insbesondere dann vorgenommen werden, wenn die Ereignisse, die die Massenentlassung notwendig machen, für den Arbeitgeber nicht vorhersehbar waren und er andernfalls in wirtschaftliche Schwierigkeiten geraten würde.[16]

Die Agentur für Arbeit kann die Zustimmung auch unter bestimmten Bedingungen 14
erteilen (vgl. § 32 SGB X). So kann sie auch nur für einen Teil der Entlassungen erklärt werden. Die Agentur für Arbeit kann die Zustimmung von besonderen Auflagen, zB der Zahlung einer Abfindung, abhängig machen.[17] Der Arbeitgeber wird aber dadurch nicht zur Zahlung der Abfindung unbedingt verpflichtet, sondern kann, indem er die Entlassung bis zum Ablauf der Sperrfrist hinausschiebt, die Zahlungspflicht vermeiden. Das gleiche gilt für die Bedingung, dass der Arbeitgeber sich zur Wiedereinstellung verpflichtet, sobald Arbeitsbedarf eintritt (→ § 1 Rn. 227 ff.). Der Arbeitgeber hat dann die Wahl, den Arbeitnehmer sofort unter Übernahme einer solchen Verpflichtung zu entlassen oder die Entlassung ohne eine solche Verpflichtung, dann aber erst mit Ablauf der Sperrfrist vorzunehmen.[18] Unzulässig sind solche Bedingungen, die eine mit dem Wesen der Kündigung nicht verträgliche Unsicherheit über die Wirkung der Kündigung herbeiführen.

Eine einschlägige Anordnung erfolgt durch einen begünstigenden Verwaltungsakt 15
(§ 31 SGB X). Dieser ist konstitutiv, die Arbeitsgerichte sind an ihn gebunden. Gegen die Anordnung kann nur Klage vor den Sozialgerichten erhoben werden.[19]

[13] LSSW/Wertheimer Rn. 7; strenger: APS/Moll Rn. 14; HaKo-KSchR/Pfeiffer Rn. 8; KR/Heinkel Rn. 16, die einen gesonderten Antrag verlangen.
[14] Vgl. auch EuGH 13.3.2009 – C-169/07, EuZW 2009, 298 – Hartlauer.
[15] LSSW/Wertheimer Rn. 7.
[16] APS/Moll Rn. 16; ErfK/Kiel Rn. 4; Däubler/Deinert/Callsen Rn. 12.
[17] Ebenso Däubler/Deinert/Callsen Rn. 13; LSSW/Wertheimer Rn. 7; ErfK/Kiel Rn. 4; Schaub ArbR-HdB/Rinck § 142 Rn. 42; APS/Moll Rn. 26; KR/Heinkel Rn. 29.
[18] ErfK/Kiel Rn. 4; KR/Heinkel Rn. 30; Däubler/Deinert/Callsen Rn. 13; krit. APS/Moll Rn. 26.
[19] APS/Moll Rn. 32; HaKo-KSchR/Pfeiffer Rn. 8.

16 Die Verkürzung der Sperrfrist wird grundsätzlich erst dann wirksam, wenn sie dem Arbeitgeber bekannt gemacht wird (§ 37 SGB X). Von diesem Zeitpunkt an ist ein Widerruf durch die Agentur für Arbeit grundsätzlich unzulässig (§ 47 SGB X).

17 Der Arbeitgeber hat dem Arbeitnehmer bekannt zu machen, dass die Sperrfrist verkürzt wurde. Teilweise wird vertreten, dass die Beendigungswirkung dem Arbeitnehmer gegenüber erst eintritt, wenn er, sei es von der Agentur, sei es vom Arbeitgeber, über die einschlägige Anordnung informiert wurde. Es sei unbillig, eine Beendigung des Arbeitsverhältnisses eintreten zu lassen, ohne dass der Arbeitnehmer als Betroffener davon Kenntnis erhalten oder auch nur die Möglichkeit hatte, diese Kenntnis zu erlangen.[20] Auch wenn für diese Sichtweise gute Gründe sprechen, so ist sie doch mit dem Gesetzeswortlaut nicht zu vereinbaren, da sie die in § 18 Abs. 1 Hs. 2 für möglich befundene Rückwirkung nicht erklären kann.

18 **b) Rückwirkende Festsetzung.** Ausnahmsweise kann die Verkürzung der Sperrfrist auch mit Rückwirkung erteilt werden. Hierzu bedarf es aber einer ausdrücklichen Erklärung der Agentur. Nach dem Gesetzeswortlaut darf die Verkürzung maximal auf den Zeitpunkt des Eingangs des Antrags rückbezogen werden, was aber ohnehin selbstverständlich ist, da vorher ja gar keine Kündigungen ausgesprochen werden dürfen. Die Anordnung kann nur vor den Sozialgerichten angefochten werden und ist für die Arbeitsgerichte bindend.

19 Lange Zeit wurde vertreten, dass eine rückwirkende Anordnung vor allem bei stufenweisen Entlassungen möglich ist, wenn frühere, zunächst zulässige Entlassungen nur deshalb unzulässig geworden sind, weil innerhalb der Frist von 30 Kalendertagen weitere Entlassungen vorgenommen und dadurch der Schwellenwert erreicht wurde. In einem solchen Fall könne die Zustimmung der Agentur auch die früheren Entlassungen mitumfassen. Das hat sich mit der neueren Rechtsprechung vollständig erledigt, wonach Kündigungen, die vor Durchführung des Konsultationsverfahrens und Erstattung der Anzeige zugehen, nichtig sind.

20 Eine rückwirkende Anordnung ist nicht mehr möglich, wenn trotz Ablaufens der Kündigungsfrist das Arbeitsverhältnis tatsächlich bis zum Ablauf der Sperrfrist bzw. bis zur Erteilung der Zustimmung fortgesetzt worden ist.[21] Dagegen geht, wenn die tatsächliche Entlassung schon stattgefunden hatte, im Falle der mit Rückwirkung erteilten Zustimmung der an sich auf Grund des § 615 BGB bestehende Lohnanspruch rückwirkend unter. Eine auf Grund des § 615 BGB schon erfolgte Zahlung kann dann als ungerechtfertigte Bereicherung (§§ 812 ff. BGB) zurückgefordert werden.[22]

21 **c) Rechtsschutz.** Die Entscheidung über eine Verkürzung der Sperrfrist kann – nach Durchlaufen des Widerspruchsverfahrens (§§ 78 ff. SGG) – vor den Sozialgerichten angefochten werden, §§ 51 ff. SGG. Ebenso kann der Arbeitgeber, dessen Antrag abgelehnt wurde, gegen die Ablehnung vor den Sozialgerichten vorgehen. Klageberechtigt sind der Arbeitgeber, dessen Antrag ganz oder teilweise abgelehnt wurde, oder, umgekehrt, der Arbeitnehmer, sollte die gesetzlich vorgesehene Sperrfrist verkürzt worden sein (anders aber bei Anordnung einer Verlängerung der Sperrfrist, → Rn. 9). Hingegen ist der Betriebsrat grundsätzlich nicht klagebefugt, weil er durch einschlägige Entscheidungen der Agentur nicht in seinen Rechten verletzt wird.[23] Das gilt auch dann, wenn er entgegen § 20 Abs. 3 S. 1 im Verfahren nicht angehört wurde. Zuständig für Klagen ist gem. § 57 Abs. 1 SGG das Sozialgericht, in dessen Bezirk der Arbeitgeber zur Zeit der

---

[20] Däubler/Deinert/Callsen Rn. 7; KR/Heinkel Rn. 18; abw. LSSW/Wertheimer Rn. 8; APS/Moll Rn. 19; TRL/Lembke/Oberwinter Rn. 12.

[21] Däubler/Deinert/Callsen Rn. 10.

[22] APS/Moll Rn. 28; HaKo-KSchR/Pfeiffer Rn. 11.

[23] BSG 14.8.1980 – 7 RAr 68/79, AP KSchG 1969 § 17 Nr. 2; Däubler/Deinert/Callsen § 20 Rn. 22; ErfK/Kiel § 20 Rn. 5; LSSW/Wertheimer § 20 Rn. 14; APS/Moll § 20 Rn. 39; HaKo-KSchR/Pfeiffer § 20 Rn. 16; KR/Heinkel § 20 Rn. 71.

Klageerhebung seinen Sitz oder Wohnsitz hat.[24] Die Klage kann gem. § 369 SGB III aber auch bei dem Gericht erhoben werden, in dessen Bezirk die Agentur für Arbeit ihren Sitz hat. Die Klage ist nicht gegen den Entscheidungsträger zu richten, sofern ihm nicht landesrechtlich gem. § 70 Nr. 3 SGG die Fähigkeit zur Beteiligung am sozialgerichtlichen Verfahren erteilt sein sollte, sondern gegen die Bundesagentur für Arbeit.[25] Sie ist erfolgreich, wenn der Verwaltungsakt oder die Ablehnung desselben nicht hätte erfolgen dürfen. Erfolg kann sie aber auch haben, wenn die in § 20 vorgegebenen Verfahrensgrundsätze nicht eingehalten wurden. Für die Arbeitsgerichte sind Entscheidungen der Agentur über eine Verkürzung der Sperrzeit dagegen bindend.

4. Freifrist, Abs. 4

Nach Abs. 4 hat der Arbeitgeber 90 Tage Zeit, um die avisierte Kündigung zu realisieren. 22 Gemeint ist damit, dass der Arbeitgeber innerhalb der Frist die Kündigung erklären muss, genauer: sie muss dem Arbeitnehmer innerhalb dieses Zeitraums zugehen, s. auch → § 17 Rn. 32.[26] Hat der Arbeitgeber nach Ablauf der Freifrist keinen Gebrauch von seiner Kündigungsmöglichkeit gemacht, muss er, sollte er an den Kündigungen festhalten wollen, zumindest eine erneute Anzeige erstatten. Dagegen dürfte ihm das Konsultationsverfahren erhalten bleiben, soweit der Sachverhalt im Übrigen unverändert fortbesteht. Auf diese Weise sollen „Vorratsanzeigen" verhindert werden, die dem Zweck des Gesetzes zuwiderliefen, die Agentur für Arbeit über das tatsächliche Ausmaß der Beendigungen von Arbeitsverhältnissen ins Bild zu setzen. Nicht erforderlich ist hingegen, dass der Auslauf der Kündigungsfrist in die Freifrist fällt.[27]

Fristbeginn ist nach dem Gesetzeswortlaut der Ablauf der, ggf. durch eine Entschei- 23 dung der Agentur korrigierten, Sperrfrist. Daran scheint auch das BAG festhalten zu wollen, was sich aus der Rechtsprechung allerdings nur mittelbar ergibt.[28] Danach würde die Frist mit dem Beginn des auf den letzten Tag der Sperrfrist folgenden Tages anlaufen. Dieser ist bei der Fristberechnung mitzuzählen: § 26 Abs. 1 SGB X iVm § 187 Abs. 2 iVm 188 Abs. 1 BGB. Mit Ablauf des 90. Tages endet die Frist. Das ist nicht überzeugend.[29] Denn nach der nunmehr herrschenden Dogmatik kann die Kündigung nicht erst nach Ablauf der Sperrfrist, sondern mit Eingang einer ordnungsgemäßen Anzeige erklärt werden. Dagegen gibt die Sperrfrist nur eine Mindestkündigungsfrist vor, die zumindest voraussetzt, dass überhaupt eine Kündigung erklärt wurde. Man wird daher eine teleologisch-systematische Korrektur dahingehend vornehmen müssen, dass der Fristlauf mit Eingang der Anzeige bei der Agentur beginnt.[30] Zu weit ginge es aber, die Freifrist gleich für gegenstandslos zu erklären (was unionsrechtlich möglich wäre),[31] denn schließlich ist sie nach wie vor niedergelegtes Recht. Zudem könnte der Arbeitgeber ohne diese Regelung nach Belieben ohne zeitliche Begrenzung von einer Anzeige Gebrauch machen und die angekündigte Massenentlassung jederzeit in der Zukunft durch-

---

[24] Zum Ganzen Däubler/Deinert/Callsen § 20 Rn. 21; LSSW/Wertheimer § 20 Rn. 17; APS/Moll § 20 Rn. 39; KR/Heinkel § 20 Rn. 71.

[25] BSG 30.10.1959 – 7 RAr 19/57, AP KSchG § 18 Nr. 1; 21.3.1978 – 7/12 RAr 6/77, NJW 1980, 2430; Däubler/Deinert/Callsen § 20 Rn. 21; MüKoBGB/Hergenröder § 20 Rn. 15; LSSW/Wertheimer § 20 Rn. 18; APS/Moll § 20 Rn. 39; HaKo-KSchR/Pfeiffer § 20 Rn. 16; KR/Heinkel § 20 Rn. 71.

[26] BAG 9.6.2016 – 6 AZR 638/15, NZA 2016, 1202 Rn. 27 f.; 6.11.2008 – 2 AZR 935/07, NZA 2009, 1013 Rn. 28 f.; 23.2.2010 – 2 AZR 268/08, NZA 2010, 944.

[27] APS/Moll Rn. 42; ErfK/Kiel Rn. 7; LSSW/Wertheimer Rn. 18; MüKoBGB/Hergenröder Rn. 17; wohl auch Däubler/Deinert/Callsen Rn. 17; Bauer/Krieger/Powietzka DB 2005, 445 (447); HaKo-KSchR/Pfeiffer Rn. 19; aA aber: Lembke/Oberwinter NJW 2007, 721.

[28] Vgl. die Fristberechnung in BAG 9.6.2016 – 6 AZR 638/15, NZA 2016, 1202 Rn. 28. Ebenso: MHdB ArbR/Spelge § 121 Rn. 200; Däubler/Deinert/Callsen Rn. 17; ErfK/Kiel Rn. 7; KR/Heinkel Rn. 40; TRL/Lembke/Oberwinter Rn. 20; LSSW/Wertheimer Rn. 19; APS/Moll Rn. 41.

[29] Holler SAE 2017, 65 (70 f.); Boemke jurisPR-ArbR 51/2016 Anm. 3.

[30] Vorsichtig in diese Richtung: BAG 6.11.2008 – 2 AZR 935/07, NZA 2009, 1013 Rn. 29. Wie hier auch: Holler SAE 2017, 65 (70 f.); Boemke jurisPR-ArbR 51/2016 Anm. 3; Bauer/Krieger/Powietzka BB 2006, 2023; dies. DB 2005, 445 (447).

[31] Dornbusch/Wolff BB 2005, 885 (887); BeckOGK/Naber, 1.12.2024, KSchG § 18 Rn. 17.

führen.[32] Daher sollte der Gesetzgeber entgegen des Vorschlags von Spelge[33] die Freifrist zwar an die neuere Dogmatik anpassen, diese aber nicht aufgeben.

§ 19 Zulässigkeit von Kurzarbeit

(1) **Ist der Arbeitgeber nicht in der Lage, die Arbeitnehmer bis zu dem in § 18 Abs. 1 und 2 bezeichneten Zeitpunkt voll zu beschäftigen, so kann die Bundesagentur für Arbeit zulassen, daß der Arbeitgeber für die Zwischenzeit Kurzarbeit einführt.**

(2) **Der Arbeitgeber ist im Falle der Kurzarbeit berechtigt, Lohn oder Gehalt der mit verkürzter Arbeitszeit beschäftigten Arbeitnehmer entsprechend zu kürzen; die Kürzung des Arbeitsentgelts wird jedoch erst von dem Zeitpunkt an wirksam, an dem das Arbeitsverhältnis nach den allgemeinen gesetzlichen oder den vereinbarten Bestimmungen enden würde.**

(3) **Tarifvertragliche Bestimmungen über die Einführung, das Ausmaß und die Bezahlung von Kurzarbeit werden durch die Absätze 1 und 2 nicht berührt.**

Übersicht

1. Antrag, Zuständigkeit

1 § 19 regelt die **Einführung von Kurzarbeit** während der Sperrfrist des § 18. Die noch vorhandene Arbeit soll während dieser Zeit an den verminderten Arbeitsbedarf angepasst und auf alle Arbeitskräfte verteilt werden. Zugleich soll der Arbeitgeber finanziell entlastet werden. Die praktische Bedeutung der Regelung ist gering, da schon die Sperrfrist keine große Rolle mehr spielt (→ § 18 Rn. 2) und der Arbeitgeber den Arbeitnehmer bis zum Ende der individuellen Kündigungsfrist in jedem Fall regulär entlohnen muss.

2 Die Zulassung von Kurzarbeit ist nur auf einen entsprechenden **Antrag des Arbeitgebers** möglich (vgl. § 18 SGB X). Dieser kann sich auch aus einer Auslegung der Anzeige nach § 17 ergeben,[1] etwa, wenn dort auf die besondere Schwierigkeit einer weiteren Beschäftigung der Belegschaft bis zum Ablauf der Sperrfrist hingewiesen wird. Abhängig von der Fallgestaltung ist auch denkbar, dass ein Antrag auf Verkürzung der Sperrfrist entsprechend ausgelegt wird.

3 Eine besondere Stellungnahme des Betriebsrats ist möglich, aber nicht erforderlich.[2]

4 Nach dem Gesetzeswortlaut entscheidet über den Antrag die Bundesagentur.[3] Das passt nicht dazu, dass die Anzeige nach § 17 bei der örtlich zuständigen Agentur zu erstatten ist und es naheliegt, dass der Arbeitgeber dort den Antrag auf Kurzarbeit einreicht. Ist dem so, muss die Agentur diesen an die Zentrale weiterleiten. Die Bundesagentur kann aber immerhin in eigener Verantwortung bestimmen, auf welcher Verwaltungsebene die Entscheidung über die Zulassung der Kurzarbeit getroffen wird, diese also an ihre Agenturen delegieren.[4]

---

[32] APS/Moll Rn. 40.
[33] Spelge RdA 2018, 297 (305).
[1] MüKoBGB/Hergenröder Rn. 3; krit. APS/Moll Rn. 7.
[2] Vgl. Rumpff/Dröge Kurzarbeit, 1975, S. 54.
[3] APS/Moll Rn. 8; LSSW/Wertheimer Rn. 4; KR/Heinkel Rn. 12.
[4] BT-Drs. 15/1515, 128; Däubler/Deinert/Callsen Rn. 4.

2. Tarifvorbehalt (Abs. 3)

Gemäß Abs. 3 kann sich die Bundesagentur für Arbeit über Bestimmungen eines anwendbaren **Tarifvertrags**, die die Einführung, das Ausmaß und die Bezahlung von Kurzarbeit regeln, nicht hinwegsetzen. Verbietet der Tarifvertrag die Einführung von Kurzarbeit, so ist für die Zulassung durch die Bundesagentur für Arbeit kein Raum. Macht er die Einführung von Kurzarbeit von besonderen Bedingungen abhängig, beschränkt er ihr Ausmaß oder sieht er eine besondere Bezahlung vor, so ist die Bundesagentur für Arbeit auch daran gebunden.[5] Enthält der Tarifvertrag lediglich „neutrale" Regelungen zur Einführung von Kurzarbeit, ist zu prüfen, ob diese auch gegenüber einschlägigen Entscheidungen der Arbeitsagentur abschließend sind oder ob sie den hier relevanten Sonderfall möglicherweise gar nicht ansprechen wollen.[6] So oder so ist stets Voraussetzung, dass der Tarifvertrag kraft Gesetzes oder vertraglicher Bezugnahme anwendbar ist.[7] Unterliegt nur ein Teil der Belegschaft dem Tarifvertrag, bleibt die Zulassung von Kurzarbeit gegenüber den (iwS) nichttarifgebundenen Arbeitnehmern möglich.[8] Dagegen sperren Betriebsvereinbarungen über die Einführung von Kurzarbeit (vgl. § 87 Abs. 1 Nr. 3 BetrVG) eine Verkürzungsermächtigung nicht.[9] 5

3. Entscheidung über den Antrag

Die Bundesagentur entscheidet nach **pflichtgemäßem Ermessen** (§§ 39 SGB I, 35 Abs. 2, 35 Abs. 1 S. 2, 3 SGB X).[10] Insoweit können die ermessensleitenden Kriterien des § 20 Abs. 4 entsprechend herangezogen werden (dazu: → § 18 Rn. 8). 6

Dem Antrag des Arbeitgebers auf Einführung von Kurzarbeit kann stattgegeben werden, wenn er nicht in der Lage ist, die betroffenen Arbeitnehmer bis zum Ablauf der Sperrfrist (ein, evtl. zwei Monate, § 18 Abs. 1 u. 2) voll zu beschäftigen. Es ist nicht notwendig, dass die volle Beschäftigung der Belegschaft objektiv unmöglich ist, sondern es genügt, dass dem Arbeitgeber diese nach der wirtschaftlichen Lage des Betriebes nicht zuzumuten ist.[11] Entsprechend sind in die Beurteilung vor allem die wirtschaftlichen Verhältnisse des Unternehmens einzustellen. Weiter ist zu berücksichtigen, inwieweit durch die Kurzarbeit der Fortbestand des Unternehmens oder die verbleibenden Arbeitsplätze gesichert werden können und gegebenenfalls auch, inwieweit die Unmöglichkeit der Weiterbeschäftigung vom Arbeitgeber selbst verschuldet ist.[12] In Betracht kommt die Zulassung von Kurzarbeit vor allem, wenn die Sperrfrist nach § 18 Abs. 2 verlängert wurde. 7

Nach verbreiteter Auffassung[13] gilt die Ermächtigung – freilich abhängig von der Entscheidung der Bundesagentur – gegenüber **allen Arbeitnehmern.** In sie sollen daher auch Arbeitnehmer einbezogen werden können, denen nicht gekündigt werden soll oder die wegen eines Sonderkündigungsschutzes nicht gekündigt werden dürfen. Dagegen spricht schon der Wortlaut des Abs. 1, der sich über den Verweis auf § 18 an den Arbeitnehmern ansetzt, die entlassen werden sollen. Zudem macht die Lohnkürzungs- 8

---

[5] Ebenso Däubler/Deinert/Callsen Rn. 13; MüKoBGB/Hergenröder Rn. 11; LSSW/Wertheimer Rn. 9; ErfK/Kiel Rn. 5; Schaub ArbR-HdB/Rinck § 142 Rn. 43; KR/Heinkel Rn. 22 ff.

[6] Vgl. MüKoBGB/Hergenröder Rn. 11; KR/Heinkel Rn. 27.

[7] Ebenso MüKoBGB/Hergenröder Rn. 11; APS/Moll Rn. 42; wohl auch LSSW/Wertheimer Rn. 9.

[8] Däubler/Deinert/Callsen Rn. 13; MüKoBGB/Hergenröder Rn. 11; ErfK/Kiel Rn. 7; APS/Moll Rn. 42; KR/Heinkel Rn. 28.

[9] APS/Moll Rn. 23.

[10] Däubler/Deinert/Callsen Rn. 6; BeckOGK/Bieback, 1.5.2020, SGB III § 95 Rn. 167; APS/Moll Rn. 11; HaKo-KSchR/Pfeiffer Rn. 3; KR/Heinkel Rn. 8.

[11] Vgl. Däubler/Deinert/Callsen Rn. 3; MüKoBGB/Hergenröder Rn. 3; ErfK/Kiel Rn. 2; APS/Moll Rn. 5; KR/Heinkel Rn. 7.

[12] Vgl. BeckOGK/Bieback, 1.5.2020, SGB III § 95 Rn. 169; APS/Moll Rn. 11 ff.; zweifelnd MüKoBGB/Hergenröder Rn. 5 und KR/Heinkel Rn. 7 hinsichtlich des Verschuldens des Arbeitgebers.

[13] KR/Heinkel Rn. 18; LSSW/Wertheimer Rn. 1; ErfK/Kiel Rn. 2; Däubler/Deinert/Callsen Rn. 8.

vorschrift des Abs. 2 Hs. 2 nur für Arbeitsverhältnisse Sinn, die zur Beendigung anstehen.

9 Die Bundesagentur kann die **Art und Weise** der Kurzarbeit durch nähere Bestimmungen regeln.[14] Sie kann die Kurzarbeit nur für einen Teil der Sperrfrist, nur für einen Teil der zur Entlassung anstehenden Belegschaft, für eine bestimmte Betriebsabteilung oder auch nur für bestimmte Gruppen von Arbeitnehmern zulassen.[15] Weiter kann die Agentur die Kurzarbeit inhaltlich beschränken, etwa indem sie die Arbeitszeit nur in beschränktem Umfang verkürzt.

10 Die Dauer der Arbeitszeitverkürzung darf die der Sperrfrist nicht übersteigen. Die Kurzarbeit kann auf den Zeitpunkt der Antragstellung zurückreichen,[16] was wegen Abs. 2 Hs. 2 aber meist bedeutungslos ist. Eine Rückwirkung jenseits der Erstattung der Anzeige ist ausgeschlossen, da der Arbeitgeber vor diesem Zeitpunkt auch keine Kündigungen hätte aussprechen dürfen.

4. Wirkungen

11 Die Zulassung von Kurzarbeit ist ein **privatrechtsgestaltender Verwaltungsakt.**[17] Sie wird mit Bekanntgabe an den Arbeitgeber wirksam.

12 Die Entscheidung der Bundesagentur gibt dem Arbeitgeber das Recht zur Hand, Kurzarbeit einseitig auch dann durchzusetzen, wenn er hierzu an sich nicht berechtigt wäre.[18] Dass er nicht verpflichtet ist, von dieser Befugnis Gebrauch zu machen, versteht sich. Ebenso kann der Arbeitgeber von der Ermächtigung nur beschränkten Gebrauch machen, und zwar sowohl, was den Kreis der betroffenen Arbeitnehmer betrifft, als auch was das zeitliche Ausmaß der Arbeitskürzung angeht.[19]

13 Das **Mitbestimmungsrecht** des § 87 Abs. 1 Nr. 3 BetrVG erstreckt sich nicht auf die Frage, ob der Arbeitgeber von einer einschlägigen Ermächtigung Gebrauch machen will.[20] Dementgegen geht die wohl vorherrschende Meinung davon aus, dass das Mitbestimmungsrecht auch hier in vollem Umfang besteht. Sie argumentiert, dass die Zulassung durch die Bundesagentur dem Arbeitgeber lediglich ein Gestaltungsrecht einräume, ohne dass bereits eine verbindliche Regelung getroffen wäre.[21] Dagegen spricht aber eben, dass § 19 eine gesetzliche Ermächtigung des Arbeitgebers zur Durchbrechung der individuellen Arbeitsbedingungen vorsieht, so dass der Einleitungssatz des § 87 Abs. 1 BetrVG zum Zuge kommt. Dass der Arbeitgeber nicht gezwungen ist, diese umzusetzen, ist kein Argument, da er auch nicht notwendigerweise gehalten ist, etwa von einer bereits bestehenden Betriebsvereinbarung Gebrauch zu machen, die ihm eine einseitige Entscheidungsbefugnis zur Herabsetzung der Arbeitszeit einräumt.[22] Vor allem aber gilt, dass die Entscheidung der Agentur nutzlos wäre, müsste sich der Arbeitgeber im Anschluss noch der betrieblichen Mitbestimmung stellen. Verständigen sich die Betriebspartner auf den Abschluss einer Betriebsvereinbarung, könnte er gleich auf diese aufbauen. Anderes gilt aber, wenn der Arbeitgeber von der ihm eingeräumten Befugnis nur teilweise Gebrauch macht, etwa indem er nur einen Teil der in der Gestattung benannten Arbeitnehmer in Kurzarbeit schickt oder hinter dem dort benannten zeitlichen Umfang

[14] Vgl. Däubler/Deinert/Callsen Rn. 8; MüKoBGB/Hergenröder Rn. 7; ErfK/Kiel Rn. 3; LSSW/Wertheimer Rn. 7; KR/Heinkel Rn. 18.

[15] Däubler/Deinert/Callsen Rn. 8; APS/Moll Rn. 17.

[16] Ebenso Däubler/Deinert/Callsen Rn. 8; MüKoBGB/Hergenröder Rn. 8; ErfK/Kiel Rn. 3; APS/Moll Rn. 15.

[17] Vgl. Däubler/Deinert/Callsen Rn. 5; MüKoBGB/Hergenröder Rn. 5; ErfK/Kiel Rn. 3; LSSW/Wertheimer Rn. 11; APS/Moll Rn. 9; v. Stebut RdA 1974, 344; KR/Heinkel Rn. 15.

[18] Ebenso Däubler/Deinert/Callsen Rn. 11; MüKoBGB/Hergenröder Rn. 9; ErfK/Kiel Rn. 4; LSSW/Wertheimer Rn. 8; APS/Moll Rn. 20; KR/Heinkel Rn. 20.

[19] Vgl. ErfK/Kiel Rn. 4 f.; LSSW/Wertheimer Rn. 13; KR/Heinkel Rn. 36.

[20] HWGNRH/Worzalla BetrVG § 87 Rn. 250; LSSW/Wertheimer Rn. 10; wohl auch APS/Moll Rn. 25 f.

[21] Däubler/Deinert/Callsen Rn. 14; BeckOGK/Naber, 1.12.2024, KSchG § 19 Rn. 23; Fitting BetrVG § 87 Rn. 157; BeckOGK/Bieback, 1.5.2020, SGB III § 95 Rn. 159; ErfK/Kiel Rn. 5; Schaub ArbR-HdB/Rinck § 142 Rn. 43; KR/Heinkel Rn. 31; GK-BetrVG/Wiese § 87 Rn. 422 mwN; wohl auch Gebel BB 2015, 2485 (2486).

[22] Von einem etwaigen Initiativrecht des Betriebsrates und dessen Durchführungsanspruch einmal abgesehen.

zurückbleibt und sich in der Folge die Frage auftut, unter welchen Arbeitnehmern bzw. wie der verbleibende Arbeitsumfang verteilt werden soll. Verletzt er in diesem Fall das Mitbestimmungsrecht, ist eine dennoch getroffene Anordnung von Kurzarbeit unwirksam.[23]

Will der Arbeitgeber von der ihm erteilten Ermächtigung Gebrauch machen, muss er dies den betroffenen Arbeitnehmern mitteilen. Mit Zugang der Mitteilung werden die vertraglichen Rechte und Pflichten beider Teile geändert.[24] Naturgemäß anderes gilt, wenn die Bundesagentur die Einführung der Kurzarbeit erst zu einem späteren Zeitpunkt zugelassen hat oder aber, wenn der Arbeitgeber sie erst mit Zeitverzögerung eintreten lassen will (insbesondere kann es sich für den Arbeitgeber als sinnvoll erweisen, die Kurzarbeit erst mit Ablauf der Kündigungsfrist eintreten zu lassen, da er erst von diesem Zeitpunkt an den Lohn kürzen kann, → Rn. 16). Keiner besonderen Erwähnung bedarf, dass diese Mitteilung nicht die Kündigungserklärung ersetzt, die erforderlich wird, wenn der Arbeitgeber darüber hinaus nach Ablauf der Sperrfrist das Arbeitsverhältnis auch zur Beendigung bringen will. 14

Die Verteilung der Arbeitsstunden auf die einzelnen Wochentage unterliegt der Entscheidung des Arbeitgebers. Die Einführung der Kurzarbeit soll eine Vergünstigung für den Arbeitgeber mit sich bringen, weshalb ihm die beste wirtschaftliche Ausnutzung dieser Möglichkeit überlassen bleiben muss.[25] Insoweit ist allerdings das Mitbestimmungsrecht des Betriebsrats nach § 87 Abs. 1 Nr. 2 BetrVG zu beachten, da es nunmehr nur noch um die Verteilung der nach § 19 zugelassenen Kurzarbeit geht.[26] 15

Mit Anordnung der Kurzarbeit wird die Arbeitspflicht des Arbeitnehmers eingeschränkt, ebenso die Beschäftigungspflicht des Arbeitgebers. Die damit korrespondierende **Lohnkürzung** tritt jedoch erst ein, sobald das Arbeitsverhältnis nach den jeweils individuell einschlägigen Kündigungsfristen auslaufen würde, also zu dem Zeitpunkt, zu dem es enden würde, wenn keine Sperrfrist bestünde: Abs. 2 Hs. 2. Beschäftigt der Arbeitgeber den Arbeitnehmer schon vorher nicht mehr im vertraglich gebotenen Umfang, kommt er in Annahmeverzug. Das zeigt, wie bedeutungslos diese Regelung ist, da bei den meisten Arbeitsverhältnissen die Sperrfrist längst abgelaufen ist, bevor die Kündigungsfrist endet, → § 18 Rn. 2. In all diesen Fällen könnte der Arbeitgeber zwar Kurzarbeit einführen, muss aber dessen ungeachtet die volle Vergütung an den Arbeitnehmer entrichten. Geht man entgegen der hier vertretenen Auffassung davon aus, dass die Agentur die Anordnung von Kurzarbeit auch gegenüber Arbeitnehmern zulassen kann, die eigentlich nicht zur Kündigung anstehen, ist fiktiv darauf abzustellen, wann das Arbeitsverhältnis enden würde, wäre dem Arbeitnehmer zum Zeitpunkt der Ankündigung der Kurzarbeit gekündigt worden. 16

An der Arbeitsleistung verhinderte Arbeitnehmer, die nach § 616 BGB, § 3 EFZG, § 19 BBiG Lohnersatzleistungen beanspruchen können, haben von dem Zeitpunkt an, zu dem sie verkürzt gearbeitet hätten, nur noch einen entsprechend reduzierten Anspruch auf den Entgeltersatz (Lohnausfallprinzip).[27] Wird die Anzahl der Arbeitstage während der Kurzarbeitszeit reduziert, vermindert sich die Zahl der Urlaubstage im proportionalem Umfang. Maßgeblich ist die durch die Rechtsprechung für Fälle der Arbeitszeitreduzierung entwickelte Dreisatzformel.[28] Wird die tägliche Arbeitszeit verkürzt, hat dies keinen Einfluss auf das Urlaubsentgelt: § 11 Abs. 1 S. 3 BUrlG.[29] 17

---

[23] Fitting BetrVG § 87 Rn 163.
[24] Vgl. MüKoBGB/Hergenröder Rn. 14; ErfK/Kiel Rn. 7; LSSW/Wertheimer Rn. 12; APS/Moll Rn. 21; v. Stebut RdA 1974, 344; KR/Heinkel Rn. 38.
[25] Vgl. ErfK/Kiel Rn. 7; LSSW/Wertheimer Rn. 14; KR/Heinkel Rn. 37.
[26] Vgl. ErfK/Kiel Rn. 7; LSSW/Wertheimer Rn. 15; Rumpff/Dröge Kurzarbeit, 1975, S. 58, 93; KR/Heinkel Rn. 37.
[27] LSSW/Wertheimer Rn. 24; APS/Moll Rn. 37; KR/Heinkel Rn. 45 f.
[28] BKZ/Zimmermann BUrlG § 3 Rn. 23.
[29] BKZ Zimmermann BUrlG § 3 Rn. 23, § 11 Rn. 32 ff.

18 Mit Ablauf der Sperrfrist tritt die Zulassung der Kurzarbeit seitens der Bundesagentur von selbst **außer Kraft,**[30] was insoweit aber bedeutungslos bleibt, da die Kurzarbeit ja ohnehin nur bis zu diesem Zeitpunkt angeordnet werden darf. Soweit das Arbeitsverhältnis nicht ohnehin zu diesem Zeitpunkt endet, leben die bisherigen Arbeitsbedingungen danach wieder auf.

19 Der Antrag des Arbeitgebers nach § 19 ersetzt nicht die **Anzeige über den Arbeitsausfall,** die nach §§ 95 S. 1 Nr. 4, 323 Abs. 2 S. 1 SGB III Anspruchsvoraussetzung für die Gewährung von Kurzarbeitergeld an die betroffenen Arbeitnehmer ist.[31] Erst recht umfasst die Zulassung von Kurzarbeit gemäß § 19 nicht zugleich die Bewilligung von **Kurzarbeitergeld** durch die Bundesagentur nach §§ 95 S. 1 Nr. 4, 323 Abs. 2 S. 1 SGB III.[32]

20 Die Einführung von Kurzarbeit auf Basis des § 19 hindert den Arbeitgeber nicht daran, eine auf andere Rechtsgrundlage gestützte Kurzarbeit anzuordnen.

5. Rechtsschutz

21 Die Entscheidung der Bundesagentur kann durch alle Beteiligten (nach Durchführung des Widerspruchsverfahrens [§§ 78 ff. SGG]) vor den **Sozialgerichten** angefochten werden[33] (zur Ermittlung des zuständigen Sozialgerichts gelten die bei → § 18 Rn. 21 getroffenen Ausführungen entsprechend). Betroffene Arbeitnehmer können eine Zulassung angreifen, weil es sich dabei um einen Verwaltungsakt mit Doppelwirkung handelt, der die einzelnen Arbeitnehmer zumindest mittelbar belastet,[34] mag es auch sein, dass sie erst wirksam wird, wenn sich der Arbeitgeber entschließt von dieser Gebrauch zu machen. Demnach ist die Entscheidung des Arbeitgebers, Kurzarbeit einzuführen, keine Voraussetzung für die Klagebefugnis des Arbeitnehmers. Im sozialgerichtlichen Verfahren wird die Ermessensausübung durch die Bundesagentur für Arbeit allerdings nur in dem dort üblichen Umfang überprüft (§§ 54 Abs. 2 SGG, 39 Abs. 1 SGB I).

22 Führt der Arbeitgeber nach § 19 Kurzarbeit ein, können betroffene Arbeitnehmer außerdem gegen den Arbeitgeber bei den **Arbeitsgerichten** auf ungekürzte Weiterbeschäftigung bzw. Lohnzahlung klagen. Dabei scheidet indes eine Inzidentprüfung der (Ermessens-) Entscheidung der Bundesagentur für Arbeit an sich durch die Arbeitsgerichte aus.[35] Die Arbeitsgerichte können nur prüfen, ob eine Ermächtigung der Bundesagentur für Arbeit überhaupt vorliegt und ob sich der Arbeitgeber im Rahmen dieser Ermächtigung gehalten hat. Weiter können die Arbeitnehmer im Rahmen einer Lohnzahlungsklage vortragen, dass die sonstigen Voraussetzungen für die konkrete Einführung der Kurzarbeit nicht vorgelegen haben. Folgt man nicht der hier bei → Rn. 13 vertretenen Auffassung, könnten die Arbeitnehmer etwa rügen, dass es an einer Beteiligung des Betriebsrats nach § 87 Abs. 1 Nr. 3 BetrVG gefehlt habe. Ebenso können sie geltend machen, dass der Arbeitgeber nach Abs. 2 Hs. 2 (noch) nicht zur Lohnkürzung berechtigt war.

---

[30] Vgl. Däubler/Deinert/Callsen Rn. 9; ErfK/Kiel Rn. 3; LSSW/Wertheimer Rn. 22; KR/Heinkel Rn. 19.

[31] BeckOGK/Bieback, 1.5.2020, SGB III § 95 Rn. 2; KR/Heinkel Rn. 34.

[32] BeckOGK/Bieback, 1.5.2020, SGB III § 95 Rn. 170; Däubler/Deinert/Callsen Rn. 18; MüKoBGB/Hergenröder Rn. 12; ErfK/Kiel Rn. 6; HaKo-KSchR/Pfeiffer Rn. 14; KR/Heinkel Rn. 34 f.

[33] KR/Heinkel Rn. 16; Däubler/Deinert/Callsen Rn. 7; MüKoBGB/Hergenröder Rn. 15; BeckOGK/Bieback, 1.5.2020, SGB III § 95 Rn. 172; aA LSSW/Wertheimer Rn. 11; APS/Moll Rn. 44; TRL/Lembke/Oberwinter Rn. 35.

[34] Däubler/Deinert/Callsen Rn. 7; KR/Heinkel Rn. 15; MüKoBGB/Hergenröder Rn. 15; aA LSSW/Wertheimer Rn. 11; APS/Moll Rn. 10; ErfK/Kiel Rn. 3; HaKo-KSchR/Pfeiffer Rn. 3.

[35] MüKoBGB/Hergenröder Rn. 15; APS/Moll Rn. 43; KR/Heinkel Rn. 39; LSSW/Wertheimer Rn. 11; HaKo-KSchR/Pfeiffer Rn. 3; BeckOGK/Bieback, 1.5.2020, SGB III § 95 Rn. 173.

§ 20 Entscheidungen der Agentur für Arbeit

(1) [1]Die Entscheidungen der Agentur für Arbeit nach § 18 Abs. 1 und 2 trifft deren Geschäftsführung oder ein Ausschuß (Entscheidungsträger). [2]Die Geschäftsführung darf nur dann entscheiden, wenn die Zahl der Entlassungen weniger als 50 beträgt.

(2) [1]Der Ausschuß setzt sich aus dem Geschäftsführer, der Geschäftsführerin oder dem oder der Vorsitzenden der Geschäftsführung der Agentur für Arbeit oder einem von ihm oder ihr beauftragten Angehörigen der Agentur für Arbeit als Vorsitzenden und je zwei Vertretern der Arbeitnehmer, der Arbeitgeber und der öffentlichen Körperschaften zusammen, die von dem Verwaltungsausschuss der Agentur für Arbeit benannt werden. [2]Er trifft seine Entscheidungen mit Stimmenmehrheit.

(3) [1]Der Entscheidungsträger hat vor seiner Entscheidung den Arbeitgeber und den Betriebsrat anzuhören. [2]Dem Entscheidungsträger sind, insbesondere vom Arbeitgeber und Betriebsrat, die von ihm für die Beurteilung des Falles erforderlich gehaltenen Auskünfte zu erteilen.

(4) Der Entscheidungsträger hat sowohl das Interesse des Arbeitgebers als auch das der zu entlassenden Arbeitnehmer, das öffentliche Interesse und die Lage des gesamten Arbeitsmarktes unter besonderer Beachtung des Wirtschaftszweiges, dem der Betrieb angehört, zu berücksichtigen.

Übersicht

1. „Entscheidungen" der Agentur für Arbeit

Die Regelung des § 20 läuft leer. Bedeutung hätte sie nur, wenn Entscheidungen der Bundesagentur für Arbeit direkten Einfluss auf die Realisierbarkeit der beabsichtigten Kündigungswelle nehmen würden. Dies hat sich mit der Erkenntnis einschneidend geändert, dass die Durchführung des Konsultationsverfahrens und die Erstattung der Anzeige vor Ausspruch der Kündigung erfolgen müssen und eine Kündigung, die unter Missachtung dieser Grundsätze ausgesprochen wird, unwirksam ist, ganz egal, wie die Agentur auf die Anzeige des Arbeitgebers reagiert hat, s. hierzu die Kommentierung des § 17, insb. → § 17 Rn. 7, 132, 142 ff. insb. 143. Weder die Erteilung eines Negativattestes (das nicht mehr erteilt werden sollte, → § 17 Rn. 134), noch Äußerungen der Agentur im Hinblick auf die Sperrzeit oder eine „Zustimmung" iSd § 18 Abs. 1 Hs. 2 heilen in irgendeiner Weise Fehler im Konsultations- und Anzeigeverfahren. Daraus folgt dann auch, dass die Arbeitsgerichtsbarkeit stets verpflichtet ist, zu prüfen, ob das Massenentlassungsverfahren vollständig und abschließend durchlaufen wurde, ganz gleich wie sich die Arbeitsverwaltung dazu auch immer positioniert hat: → § 17 Rn. 144. Mithin gibt es keine Entscheidungen der Agentur mehr, die Einfluss auf eine geplante Massenentlassung nehmen können. Die Agentur kann nur noch über eine Verlängerung oder Verkürzung der Sperrfrist nach § 18 entscheiden. Aber auch das hat, wie in → § 18 Rn. 2 gezeigt wurde, keine praktische Bedeutung. 1

2. Verfahren bei Entscheidungen über die Sperrfrist

Die Verfahrensvorschriften des § 20 betreffen alleine Anordnungen der Agentur für Arbeit, mit denen die Sperrfrist nach § 18 verlängert und verkürzt wird (aber → Rn. 1 und → § 18 Rn. 2). Dagegen gilt § 20 nicht für die Zulassung von Kurzarbeit nach § 19. Diese kann nur, so sinnwidrig dies auch scheint, die Bundesagentur selbst anordnen (→ § 19 Rn. 4). Für Betriebe des Verkehrswesens sowie des Post- und Fernmeldewesens 2 im Bereich der unmittelbaren Zuständigkeit des Bundes enthält § 21 eine Sonderregelung.

3 Anordnungen nach § 18 werden einem Entscheidungsträger übertragen (Abs. 1 S. 1); das ist bei weniger als 50 Entlassungen die Geschäftsführung der Agentur für Arbeit (Abs. 1 S. 2), während bei einer größeren Zahl von Entlassungen ein bei der Agentur zu bildender Ausschuss zuständig ist (Abs. 2). Dieser ist kein Selbstverwaltungsorgan der Bundesagentur für Arbeit (vgl. § 371 Abs. 1 SGB III) und auch kein Verwaltungsausschuss iSv § 374 SGB III, sondern eine eigene unabhängige Einrichtung. Gleichwohl werden seine Entscheidungen der Agentur für Arbeit zugerechnet.

4 Der Ausschuss besteht aus einem Vorsitzenden und sechs Beisitzern, Abs. 2 S. 1. Dies ist zwingend. Die Zuordnung von weiteren beratenden Beisitzern ist nicht möglich. Den Vorsitz kann der Geschäftsführer oder die Geschäftsführerin oder der oder die Vorsitzende der Geschäftsführung der Agentur für Arbeit selbst übernehmen. Die zuvor Genannten können den Vorsitz einem Angehörigen der Agentur für Arbeit übertragen, wobei sie freie Hand in der Auswahl haben. Der Beauftragte muss aber der Agentur für Arbeit angehören. Die Beauftragung kann jederzeit von dem oder der Auftraggebenden rückgängig gemacht werden.[1] Als Beisitzer mit Entscheidungsbefugnis fungieren je zwei Vertreter der Arbeitnehmer, der Arbeitgeber und der öffentlichen Körperschaften. Besondere Voraussetzungen brauchen sie nicht zu erfüllen.[2] Auch ist nicht nötig, dass dem Ausschuss nach § 20 die gleichen Vertreter angehören wie dem Verwaltungsausschuss der Agentur für Arbeit. Für die Bestellung gelten die §§ 374 ff. SGB III entsprechend;[3] sie erfolgt durch den Verwaltungsausschuss der Agentur für Arbeit (§ 374 Abs. 1 u. Abs. 2 S. 1 SGB III). Vorschlagsberechtigt sind Gewerkschaften, Arbeitgeberverbände und Verbände öffentlicher Körperschaften, zu den Einzelheiten s. § 379 SGB III. Ob auch Arbeitnehmer und Beamte der Agentur für Arbeit Mitglieder werden können, ist umstritten[4] und hängt maßgeblich von der Beurteilung der Anwendbarkeit des § 378 Abs. 2 SGB III ab.

5 Die Mitglieder des Ausschusses müssen unparteiisch sein; insoweit gelten die allgemeinen Grundsätze, s. §§ 16 f. SGB X. Deshalb kann der Arbeitgeber – nicht jedoch der Betriebsrat[5] – Mitglieder ablehnen, wenn ein ernsthafter Grund zum Misstrauen gegen die Unparteilichkeit des Mitgliedes besteht.[6] Das kann zB zutreffen, wenn ein Mitglied des Ausschusses einem Konkurrenzbetrieb angehört. Über den Antrag auf Ablehnung entscheidet der Ausschuss (§§ 16 Abs. 4 S. 2, 17 Abs. 2 SGB X). Jedes Mitglied des Ausschusses kann auch von sich aus in derartigen Fällen eine Beteiligung an der Entscheidung ablehnen. Ist das Ausschussmitglied an der Angelegenheit selbst beteiligt oder ist sein Ehegatte oder ein naher Verwandter beteiligt oder hat er als Bevollmächtigter oder gesetzlicher Vertreter eines Beteiligten oder als Zeuge oder Sachverständiger am Verfahren teilgenommen, so ist er von Amts wegen auszuschließen (§ 16 Abs. 1 SGB X).[7] In allen diesen Fällen muss ein Ersatzmann hinzugezogen werden (vgl. § 375 Abs. 3 SGB III). Die Amtsdauer der Mitglieder des Ausschusses ist gesetzlich nicht festgelegt und kann daher beliebig bestimmt werden. In der Regel empfiehlt sich eine Anlehnung an die Amtsdauer der Verwaltungsausschüsse der Agentur für Arbeit (§ 375 Abs. 1 SGB III).[8]

---

[1] Ebenso APS/Moll Rn. 11; KR/Heinkel Rn. 8; TRL/Lembke/Oberwinter Rn. 7.

[2] Vgl. APS/Moll Rn. 14; HaKo-KSchR/Pfeiffer Rn. 6; KR/Heinkel Rn. 15 ff.

[3] MüKoBGB/Hergenröder Rn. 3; APS/Moll Rn. 9, 12 f.; diff. KR/Heinkel Rn. 12 ff.

[4] Dafür: KR/Heinkel Rn. 19; HaKo-KSchR/Pfeiffer Rn. 6; TRL/Lembke/Oberwinter Rn. 11; dagegen: APS/Moll Rn. 14; BA Fachliche Weisung zum Dritten und Vierten Abschnitt des KSchG, Stand 10/2017, 20.11.

[5] Däubler/Deinert/Callsen Rn. 8; HaKo-KSchR/Pfeiffer Rn. 7; KR/Heinkel Rn. 25; TRL/Lembke/Oberwinter Rn. 12.

[6] Däubler/Deinert/Callsen Rn. 8; LSSW/Wertheimer Rn. 6; KR/Heinkel Rn. 24 ff.

[7] MüKoBGB/Hergenröder Rn. 7; KR/Heinkel Rn. 28.

[8] APS/Moll Rn. 16; KR/Heinkel Rn. 23; MüKoBGB/Hergenröder Rn. 3 sieht demzufolge eine Obergrenze von sechs Jahren; TRL/Lembke/Oberwinter Rn. 13.

Soweit nicht das SGB X bestimmte Verfahrensregeln vorschreibt, ist der Entscheidungsträger (Abs. 1 S. 1) frei in der Ausgestaltung des Verfahrens, s. auch § 9 SGB X.[9] Namentlich kann sich der Ausschuss eine Geschäftsordnung geben (§ 371 Abs. 3 S. 1 SGB III).[10] § 20 Abs. 2 S. 2 lässt sich entnehmen, dass der Ausschuss nur in vollständiger Besetzung beschlussfähig ist; nötigenfalls ist ein Ersatzmann der betreffenden Gruppe heranzuziehen.[11] Wird dagegen verstoßen, ist die Entscheidung anfechtbar. 6

Der Ausschuss hat vor der Entscheidung den Arbeitgeber und den Betriebsrat anzuhören (Abs. 3). Eine Form ist nicht vorgeschrieben, die Anhörung kann also schriftlich oder mündlich erfolgen.[12] Das Gesetz sieht die Anhörung zwingend vor („hat anzuhören"), ohne eine Einschränkung zu machen, obwohl die Anzeige des Arbeitgebers (§ 17 Abs. 1) und die beigefügte Stellungnahme des Betriebsrats (§ 17 Abs. 3 S. 2) in der Regel schon nähere Angaben über die Ansichten beider enthalten werden. Letzteres genügt also nicht, vielmehr soll der Ausschuss die Gelegenheit haben, selbst alle nach seiner Ansicht in Betracht kommenden Punkte mit Arbeitgeber und Betriebsrat zu erörtern, und diese sollen die Möglichkeit haben, ihrerseits ihre Auffassung dem Ausschuss unmittelbar vorzutragen.[13] Ein Verstoß hiergegen macht die Entscheidung anfechtbar. Arbeitgeber und Betriebsrat können sich durch Vertreter ihrer Verbände (Arbeitgeberverband und Gewerkschaften) gem. § 13 SGB X vertreten lassen.[14] Neben dem Arbeitgeber und dem Betriebsrat können auch Sachverständige gehört werden.[15] 7

Alle in Frage kommenden Personen, insbes. Arbeitgeber und Betriebsrat, also zB auch leitende Angestellte des Betriebes, sind nach Abs. 3 S. 2 verpflichtet, dem Entscheidungsträger alle von diesem für die Beurteilung des Falles für erforderlich gehaltenen Auskünfte zu erteilen. Zwangsmittel sind allerdings nicht vorgesehen (vgl. § 21 Abs. 2 SGB X). Im Einzelfall kann der Entscheidungsträger aber aus der Verweigerung einer Auskunft Schlüsse zuungunsten des die Auskunft Verweigernden ziehen, zumindest wenn es sich dabei um den Arbeitgeber handelt.[16] 8

Der Entscheidungsträger trifft seine Entscheidungen gem. Abs. 2 S. 2 mit Stimmenmehrheit. Alle Stimmen haben das gleiche Gewicht. Da nichts anderes vorgeschrieben ist, genügt stets einfache (relative) Mehrheit.[17] Stimmenthaltungen haben keine Wirkung auf die abgegebenen Stimmen. 9

Für alle Mitglieder des Entscheidungsträgers besteht Verschwiegenheitspflicht. Dies ergibt sich für die beamteten Mitglieder aus § 37 BeamtenStG. Nichtbeamtete Mitglieder sind nach dem VerpflG zu verpflichten. Die unbefugte Offenbarung eines Betriebs- oder Geschäftsgeheimnisses ist nach § 203 Abs. 2 Nr. 1 oder 2 StGB iVm § 11 Abs. 1 Nr. 2 oder 4 StGB strafbar.[18] 10

Insgesamt hat der Entscheidungsträger auch helfend und vermittelnd tätig zu werden, wenn die Aussicht besteht, durch Maßnahmen öffentlicher Stellen die Ursachen der Massenentlassung bekämpfen und damit die Entlassungen selbst verhindern oder ein- 11

---

[9] Vgl. KR/Heinkel Rn. 47; TRL/Lembke/Oberwinter Rn. 17.

[10] Däubler/Deinert/Callsen Rn. 10; MüKoBGB/Hergenröder Rn. 4; HaKo-KSchR/Pfeiffer Rn. 12; KR/Heinkel Rn. 47; TRL/Lembke/Oberwinter Rn. 17.

[11] MüKoBGB/Hergenröder Rn. 16; LSSW/Wertheimer Rn. 4; abw. BA Fachliche Weisung zum Dritten und Vierten Abschnitt des KSchG, Stand 10/2017, 20.17; Däubler/Deinert/Callsen Rn. 11; APS/Moll Rn. 28; HaKo-KSchR/Pfeiffer Rn. 12; TRL/Lembke/Oberwinter Rn. 22; KR/Heinkel Rn. 53, welche die Mehrheit der anwesenden Mitglieder genügen lassen wollen, aber trotzdem die Stellvertretung zur Vermeidung der Anfechtbarkeit empfehlen.

[12] APS/Moll Rn. 24; HaKo-KSchR/Pfeiffer Rn. 10; TRL/Lembke/Oberwinter Rn. 19; krit. zu einem schriftlichen „Umlaufverfahren" BTM/Backmeister Rn. 10; Rademacher ABA 1973, 345.

[13] Däubler/Deinert/Callsen Rn. 12; ErfK/Kiel Rn. 2; KR/Heinkel Rn. 43 f.; TRL/Lembke/Oberwinter Rn. 19.

[14] Däubler/Deinert/Callsen Rn. 12; ErfK/Kiel Rn. 2; LSSW/Wertheimer Rn. 7; KR/Heinkel Rn. 42.

[15] Däubler/Deinert/Callsen Rn. 13; ErfK/Kiel Rn. 2; APS/Moll Rn. 25; HaKo-KSchR/Pfeiffer Rn. 11; KR/Heinkel Rn. 45; TRL/Lembke/Oberwinter Rn. 20.

[16] Däubler/Deinert/Callsen Rn. 13; ErfK/Kiel Rn. 2; LSSW/Wertheimer Rn. 8; HaKo-KSchR/Pfeiffer Rn. 11; KR/Heinkel Rn. 46; TRL/Lembke/Oberwinter Rn. 20.

[17] MüKoBGB/Hergenröder Rn. 8; ErfK/Kiel Rn. 2; APS/Moll Rn. 29; HaKo-KSchR/Pfeiffer Rn. 12; KR/Heinkel Rn. 53; TRL/Lembke/Oberwinter Rn. 22.

[18] Däubler/Deinert/Callsen Rn. 25; MüKoBGB/Hergenröder Rn. 6; LSSW/Wertheimer Rn. 9; APS/Moll Rn. 23; KR/Heinkel Rn. 34 f.

schränken zu können. Denkbar ist etwa die Vermittlung von Kreditmitteln,[19] vor allem aber die Begleitung der Gründung von Qualifizierungs- und Transfergesellschaften.

12 Die Agentur hat ihre Entscheidungen nach pflichtgemäßem Ermessen zu treffen. Abs. 4 gibt ihr hierzu ermessensleitende Kriterien zur Hand. Einzelheiten dazu bei → § 18 Rn. 8 und 13. Die Rechtsfolgen einschlägiger Entscheidungen, sowie die Rechtsmittel dagegen sind bei § 18 kommentiert.

§ 21 Entscheidungen der Zentrale der Bundesagentur für Arbeit

[1]Für Betriebe, die zum Geschäftsbereich des Bundesministers für Verkehr oder des Bundesministers für Post und Telekommunikation gehören, trifft, wenn mehr als 500 Arbeitnehmer entlassen werden sollen, ein gemäß § 20 Abs. 1 bei der Zentrale der Bundesagentur für Arbeit zu bildender Ausschuß die Entscheidungen nach § 18 Abs. 1 und 2. [2]Der zuständige Bundesminister kann zwei Vertreter mit beratender Stimme in den Ausschuß entsenden. [3]Die Anzeigen nach § 17 sind in diesem Falle an die Zentrale der Bundesagentur für Arbeit zu erstatten. [4]Im übrigen gilt § 20 Abs. 1 bis 3 entsprechend.

1 Die Regelung des § 21 ist obsolet.[1] Soweit sie das Verfahren nach § 20 modifiziert, braucht es sie im Grunde nicht, da Entscheidungen der Agentur iSd § 20 weitgehend bedeutungslos geworden sind: → §§ 18 Rn. 2, 20 Rn. 1 f. Vor allem aber erlangt die Vorschrift deshalb keine Bedeutung mehr, weil das Bundesministerium für Post und Telekommunikation mit Ablauf des 31.12.1997 aufgelöst worden ist[2] und die Betriebe von Post und Bahn privatisiert sind, → Rn. 2.

2 § 21 setzt voraus, dass die fraglichen Betriebe unmittelbar dem Geschäftsbereich der betreffenden Ministerien unterstehen. Daher reicht nicht, dass sich diese im Eigentum des Bundes befinden oder eine vergleichbare Beziehung zum Bund haben. Folglich genügt es nicht, wenn der Bund die Aktienmehrheit am Unternehmen hält.[3] Damit sind die privatisierten Staatsunternehmen,[4] wie die Betriebe der Deutschen Bahn AG und die der früheren Deutschen Bundespost (Deutsche Post AG, Deutsche Postbank AG und Deutsche Telekom AG) nicht in den Anwendungsbereich des § 21 einbezogen. Umgekehrt ist das Recht der Massenentlassung nach § 23 Abs. 2 nur für solche Betriebe der öffentlichen Hand eröffnet, die zur Erreichung wirtschaftlicher Zwecke geführt werden, vgl. → § 17 Rn. 8. Somit bleiben auch die Aufsichtsbehörden des Telekommunikations- und Verkehrssektors außen vor, ebenso wie das Bundeseisenbahnvermögen (BEV). Deshalb ist im Ergebnis auch nicht die Autobahn GmbH des Bundes in den Anwendungsbereich des § 21 einbezogen.[5] Im Ansatz könnte das zwar der Fall sein, weil es sich bei ihr um eine Infrastruktureinrichtung handelt, die dem Geschäftsbereich des Verkehrsministeriums zugewiesen ist, §§ 1 Abs. 2 S. 1 u. Abs. 3 InfrGG. Die Gesellschaft soll indes keine wirtschaftlichen Zwecke erreichen (vgl. Art. 90 GG einer- und Art. 87e Abs. 3 S. 1 GG anderseits, sowie die §§ 5 ff. InfrGG). Erst recht keinen Anwendungsfall für die Regelung bilden private Verkehrsunternehmen (Luftverkehrsgesellschaften, Privatbahnen, Regionalverkehrslinien), Telekommunikationsanbieter, sowie Post- und Paketdienste und zwar auch dann, wenn für das Betreiben dieser Unternehmen die Erteilung von Genehmigungen durch ein Bundesministerium erforderlich ist.[6]

[19] Vgl. ErfK/Kiel Rn. 3; LSSW/Wertheimer Rn. 13; APS/Moll Rn. 36.
[1] LSSW/Wertheimer Rn. 1; APS/Moll Rn. 11; KR/Heinkel Rn. 1.
[2] Organisationsbeschluss des Bundeskanzlers v. 17.12.1997, BGBl. 1998 I S. 68.
[3] LSSW/Wertheimer Rn. 1; APS/Moll Rn. 7; HaKo-KSchR/Pfeiffer Rn. 5; BeckOGK/Holthusen, 1.12.2024, KSchG § 21 Rn. 8.
[4] So im Ansatz: BAG 4.3.1993 – 2 AZR 451/92, AP KSchG 1969 § 1 Betriebsbedingte Kündigung Nr. 60 sub II.1.b.dd. der Gründe.
[5] AA BeckOGK/Holthusen, 1.12.2024, KSchG § 21 Rn. 8.1.
[6] BAG 4.3.1993 – 2 AZR 451/92, AP KSchG 1969 § 1 Betriebsbedingte Kündigung Nr. 60.

Sollte sich doch ein Betrieb finden, der in den Geltungsbereich der Norm fällt, ist für deren Anwendung Voraussetzung, dass eine Entlassung von mehr als 500 Arbeitnehmern vorliegt. Bleibt die Zahl der Entlassenen unter dieser Grenze, so gelten die gewöhnlichen Vorschriften. Die Kündigungen müssen innerhalb des jeweiligen Betriebes vorgenommen werden, unterschiedliche Betriebseinheiten können dabei nicht zusammengerechnet werden, weil dies dem eindeutigen Wortlaut der Vorschrift widersprechen würde.[7] Es gilt der allgemeine Betriebsbegriff (der hier, rein theoretisch, nationalrechtlich bestimmt werden könnte): Vgl. dazu → § 17 Rn. 12 ff. 3

Sollte der Anwendungsbereich der Norm eröffnet sein, hat der Arbeitgeber die in § 17 vorgeschriebene Anzeige ausnahmsweise nicht an die örtliche Agentur für Arbeit (→ § 17 Rn. 122), sondern unmittelbar an die Zentrale der Bundesagentur für Arbeit in Nürnberg (§ 367 Abs. 4 SGB III) zu richten (S. 3). Entscheidungen nach § 18 Abs. 1 u. 2 sind dann durch einen auf Ebene der Bundesagentur in Entsprechung der Regelungen des § 20 gebildeten Ausschusses zu treffen. Beratende Beisitzer werden gem. S. 2 von der bzw. dem für das Verkehrswesen bzw. für das Post- und Fernmeldewesen (insoweit: BMF, BMWE) zuständigen Bundesministerin bzw. Bundesminister ernannt. Für das Verfahren im Übrigen ergeben sich keine Besonderheiten.[8] 4

§ 22 Ausnahmebetriebe

(1) **Auf Saisonbetriebe und Kampagne-Betriebe finden die Vorschriften dieses Abschnitts bei Entlassungen, die durch diese Eigenart der Betriebe bedingt sind, keine Anwendung.**

(2) [1]**Keine Saisonbetriebe oder Kampagne-Betriebe sind Betriebe des Baugewerbes, in denen die ganzjährige Beschäftigung nach dem Dritten Buch Sozialgesetzbuch gefördert wird.** [2]**Das Bundesministerium für Arbeit und Soziales wird ermächtigt, durch Rechtsverordnung Vorschriften zu erlassen, welche Betriebe als Saisonbetriebe oder Kampagne-Betriebe im Sinne des Absatzes 1 gelten.**

§ 22 enthält eine Ausnahmebestimmung für **Saison- und Kampagnebetriebe.** Diese ist – der Sache nach – weitgehend **überholt.** Die Regelung sollte dem Umstand Rechnung tragen, dass die Arbeitnehmerzahl dieser Betriebe regelmäßig starken Schwankungen unterworfen ist. Diese sollen sich ohne die Formalitäten der Anzeigepflicht dem veränderten Personalbedarf anpassen können. Einschlägige Betriebe sollten zwar nicht völlig vom Massenentlassungsrecht ausgenommen werden. Indes war intendiert, den 3. Abschnitt dann nicht zur Anwendung zu bringen, wenn die Entlassungen durch die Eigenart dieser Betriebe bedingt ist. 1

Die Ausnahmebestimmung des § 22 hat sich dadurch erledigt, dass die Mehrzahl der Arbeitsverhältnisse in einschlägigen Betrieben ohnehin nur befristet abgeschlossen wird. Dies ist zulässig, vgl. §§ 14 Abs. 1 S. 2 Nr. 1, 15 Abs. 2, 21 TzBfG.[1] 2

Soweit der Regelung daher noch ein Anwendungsbereich verbleibt, ist sie mit den Vorgaben der **MERL nicht vereinbar.** Art. 1 Abs. 2 lit. a der RL 98/59/EG sieht zwar vor, dass die Richtlinie keine Anwendung auf „Massenentlassungen im Rahmen von Arbeitsverträgen (findet), die für eine bestimmte Zeit oder Tätigkeit geschlossen werden, es sei denn, dass diese Entlassungen vor Ablauf oder Erfüllung dieser Verträge erfolgen". Dadurch werden aber nicht die Saison- oder Kampagnebetriebe selbst aus dem Recht der 3

---

[7] APS/Moll Rn. 8; HaKo-KSchR/Pfeiffer Rn. 3; KR/Heinkel Rn. 5 f. abw. Däubler/Deinert/Callsen Rn. 3; HK-KSchG/Hauck Rn. 3; KR/Weigand, 12. Aufl., Rn. 5 ff.

[8] Däubler/Deinert/Callsen Rn. 4; KR/Heinkel Rn. 8.

[1] S. nur: BAG 19.11.2019 – 7 AZR 582/17, NZA 2020, 374 Rn. 52; 10.1.2007 – 5 AZR 84/06, NZA 2007, 384; 29.1.1987 – 2 AZR 109/86, NZA 1987, 627; ErfK/Müller-Glöge TzBfG § 14 Rn. 26 ff.; BeckOK ArbR/Bayreuther TzBfG § 14 Rn. 28.

Massenentlassung ausgenommen, sondern nur einzelne Arbeitsverhältnisse,[2] die befristet abgeschlossen wurden und enden, weil der Betriebszweck erreicht wurde. Unbefristet beschäftigten Arbeitnehmern gewährt die RiL dagegen den Massenentlassungsschutz in vollem Umfang.[3] Indes **scheitert** eine **unionsrechtskonforme Auslegung**[4] aus den gleichen Gründen, wie sie in anderem Zusammenhang in → § 17 Rn. 31 dargestellt wurden. Der Wortlaut der Regelung ist eindeutig. Zudem zeigt sich diese nicht planwidrig unvollständig. Richtig ist zwar, dass § 22 letztlich auf die Deregulierungsverordnungen der 1920er Jahre zurückgeht. Doch hat der Gesetzgeber den seinerzeit verfassten Gesetzestext bei allen Novellierungen des KSchG bestehen lassen und dabei auch bei solchen, die er vornahm, um die §§ 17 ff. an die Vorgaben der MERL anzupassen. So hat er zuletzt etwa die Bereichsausnahme für die Seeschifffahrt aufgehoben (s. § 24 Abs. 5 und → § 25 Rn. 18 hierzu), aber eben nicht die für Saisonbetriebe. Entschließt man sich entgegen der hier vertretenen Auffassung zu einer unionsrechtskonformen Auslegung der Norm, hätte dies zur Konsequenz, dass die Kündigung von unbefristet und – soweit zulässig (s. § 15 Abs. 4 TzBfG) – befristet Beschäftigten in Saisonbetrieben voll dem Massenentlassungsschutz unterfällt.[5] Nach wie vor unbeachtlich bliebe allerdings, dass vertragsgemäße Auslaufen eines zweck- oder zeitbefristeten Arbeitsverhältnisses, → § 17 Rn. 26.

4 Eine Verordnung nach Absatz 2 S. 2 besteht nicht.

5 **Saisonbetriebe** sind Betriebe, die während einer bestimmten Jahreszeit massive Einschränkungen vornehmen bzw. die Arbeit ganz aussetzen müssen oder bei denen, ganz umgekehrt, der Betrieb während einer bestimmten Jahreszeit signifikant verstärkt ist.[6] Die Gründe für die Schwankungen können witterungsbedingt, absatzbedingt, jahreszeitbedingt oder anderer Art sein. Beispiele: Seilbahnen während der Winter- oder Sommersaison, Hallen- oder Freibäder,[7] Betriebe des Hotel- und Gastronomiegewerbes in bestimmten Fremdenverkehrsregionen, Eishallen, Ziegeleien[8], Kiesgruben[9]. Denkbar ist auch, dass der Absatz an bestimmte Gelegenheiten gebunden ist oder regelmäßig nur in einer bestimmten Jahreszeit wiederkehrt,[10] wie etwa: Herstellung von Weihnachtsartikeln oder von Kisten für Frühgemüse[11], Speiseeisproduktion[12]. **Kampagnebetriebe** sind solche, die regelmäßig nur einige Monate im Jahr arbeiten (bestimmte Obst- und Gemüsebetriebe, Zuckerfabriken, unbeheizte Freibäder), wobei eine scharfe Abgrenzung gegenüber den Saisonbetrieben weder möglich noch erforderlich ist. Aus welchen Gründen nur so kurze Zeit gearbeitet wird, ist gleichgültig.

6 Ist der Betrieb nicht als ganzer (**Mischbetrieb**), wohl aber in Bezug auf **einzelne Abteilungen** Saison- oder Kampagnebetrieb, so ist § 22 anwendbar, der Ausnahmetatbestand greift dann aber nur für die betreffenden Abteilungen.[13] Die im Betrieb beschäftigten Arbeitnehmer zählen dessen ungeachtet bei der Bestimmung der nach § 17 Abs. 1 maßgeblichen Schwellenwerte mit, dies aber nur, als es um die Bestimmung der Betriebsgröße geht. Bei der Ermittlung der zu entlassenden Arbeitnehmer sind sie hingegen nicht zu berücksichtigen.

---

[2] Rückschluss aus der Stellungnahme der Kommission: EuGH 28.3.1985 – C-215/83, Slg. 1985, I-1039 Rn. 22 = BeckRS 2004, 72338 – Kommission/Belgien.

[3] ErfK/Kiel Rn. 1; Däubler/Deinert/Callsen Rn. 1a; EuArbR/Spelge RL 98/59/EG Art. 1 Rn. 47; BeckOGK/Holthusen, 1.12.2024, KSchG § 22 Rn. 5 f.; Walser AuR 2016, 118 (120 f.); Zwanziger AuR 2001, 384 (385); APS/Moll Rn. 2; aA LSSW/Wertheimer Rn. 1; KR/Heinkel § 17 Rn. 42; Opolony NZA 1999, 791 (793).

[4] BeckOGK/Holthusen, 1.12.2024, KSchG § 22 Rn. 6. aA EuArbR/Spelge RL 98/59/EG Art. 1 Rn. 48.

[5] EuArbR/Spelge RL 98/59/EG Art. 1 Rn. 47; Walser AuR 2016, 119 (120).

[6] BVerwG 3.2.2021 – 8 C 2/20, NVwZ-RR 2021, 529 Rn. 14 – zu § 15 Abs. 1 Nr. 2 ArbZG.

[7] Auch arg. BAG 19.11.2019 – 7 AZR 582/17, NZA 2020, 374 Rn. 52.

[8] RAG 25.4.1931 – 611/30, ARS 13, 22; 26.9.1931 – 71/13, ARS 14, 200; 3.12.1932 – 360/32, ARS 17, 148; REGHof 18.2.1936 – EB. Arb. II 9/35, ARS 26, 149.

[9] RAG 4.12.1933 – 467/32, ARS 18, 129.

[10] BSG 20.10.1960 – 7 RAr 98/59, AP KSchG § 20 Nr. 1.

[11] RAG 24.10.1928 – 154/1928, ARS 4, 396.

[12] BAG 29.1.1987 – 2 AZR 109/86, AP BGB § 620 Saisonarbeit Nr. 1.

[13] Ebenso Däubler/Deinert/Callsen Rn. 5; ErfK/Kiel Rn. 3; KR/Heinkel Rn. 17.

Baubetriebe können nach § 22 Abs. 1 ausgenommen sein, wenn sie tatsächlich Saison- oder Kampagnebetriebe darstellen.[14] Das aber ist angesichts des Umstands, dass in vielen Gewerken heute auch während der Wintermonate gearbeitet wird und der sich massiv verändernden klimatischen Gegebenheiten keineswegs mehr zwingend bei allen Bauunternehmen der Fall. 7

Entlassungen in Saison- und Kampagnenbetrieben sind nur dann aus dem Geltungsbereich der §§ 17 ff. ausgenommen, wenn sie gerade **durch diese Eigenart des Betriebes bedingt** sind, sie also wegen Beendigung der Kampagne oder wegen Aufhörens der Saison erfolgen. Zwischen der Eigenart des Betriebes und der Massenentlassung muss folglich ein kausaler Zusammenhang bestehen.[15] Umgekehrt unterfallen Entlassungen während der Kampagne oder der Saison den §§ 17 ff. in vollem Umfang, soweit sie die einschlägige Mindestgrenze erreichen. Dasselbe gilt, wenn der Unternehmer aus Gründen der Konjunktur den Betrieb vorzeitig schließt und nicht das übliche Ende der Saison abwartet.[16] 8

Sind die Entlassungen teils auf die Eigenart des Betriebes zurückzuführen, teils aber auch durch die Konjunktur veranlasst (**Mischtatbestand**), so ist, falls sich die beiden Gruppen von Entlassungen trennen lassen, die Durchführung des Massenentlassungsverfahrens nach § 17 hinsichtlich der letzteren nötig, sofern sie für sich allein die Mindestzahl erreicht.[17] Laufen beide Momente so ineinander, dass sich der Einfluss der Saison und der Einfluss der Konjunktur nicht scharf trennen lassen, ist danach zu fragen, ob die Eigenschaft des Betriebes als Saisonbetrieb als die überwiegende Ursache anzusehen ist.[18] 9

Beweispflichtig für das Vorliegen der Voraussetzungen des § 22 ist in allen Fällen der Arbeitgeber, der § 22 für sich in Anspruch nimmt.[19] 10

§ 22a [aufgehoben]

[14] KR/Heinkel Rn. 10.

[15] Däubler/Deinert/Callsen Rn. 1; ErfK/Kiel Rn. 3; LSSW/Wertheimer Rn. 8; APS/Moll Rn. 6; HK-KSchG/Hauck Rn. 13; MüKoBGB/Hergenröder Rn. 6; HaKo-KSchR/Pfeiffer Rn. 7; KR/Heinkel Rn. 15.

[16] RAG 25.4.1931 – 611/30, ARS 13, 22; 26.9.1931 – 71/31, ARS 14, 200; 4.2.1933 – 467/32, ARS 18, 129; aber auch RAG 3.12.1932 – 360/32, ARS 17, 148; ErfK/Kiel Rn. 4; KR/Heinkel Rn. 15.

[17] BeckOGK/Holthusen, 1.12.2024, KSchG § 22 Rn. 10.

[18] Dersch ARS 11, 188; MüKoBGB/Hergenröder Rn. 6; HaKo-KSchR/Pfeiffer Rn. 7; aA APS/Moll Rn. 6; KR/Weigand Rn. 16 (Anwendung des Dritten Abschnitts des KSchG).

[19] ErfK/Kiel Rn. 3; KR/Weigand Rn. 19; APS/Moll Rn. 7; LSSW/Wertheimer Rn. 8; BeckOGK/Holthusen, 1.12.2024, KSchG § 22 Rn. 17.

Vierter Abschnitt. Schlußbestimmungen

§ 23 Geltungsbereich

(1) [1]Die Vorschriften des Ersten und Zweiten Abschnitts gelten für Betriebe und Verwaltungen des privaten und des öffentlichen Rechts, vorbehaltlich der Vorschriften des § 24 für die Seeschiffahrts-, Binnenschiffahrts- und Luftverkehrsbetriebe. [2]Die Vorschriften des Ersten Abschnitts gelten mit Ausnahme der §§ 4 bis 7 und des § 13 Abs. 1 Satz 1 und 2 nicht für Betriebe und Verwaltungen, in denen in der Regel fünf oder weniger Arbeitnehmer ausschließlich der zu ihrer Berufsbildung Beschäftigten beschäftigt werden. [3]In Betrieben und Verwaltungen, in denen in der Regel zehn oder weniger Arbeitnehmer ausschließlich der zu ihrer Berufsbildung Beschäftigten beschäftigt werden, gelten die Vorschriften des Ersten Abschnitts mit Ausnahme der §§ 4 bis 7 und des § 13 Abs. 1 Satz 1 und 2 nicht für Arbeitnehmer, deren Arbeitsverhältnis nach dem 31. Dezember 2003 begonnen hat; diese Arbeitnehmer sind bei der Feststellung der Zahl der beschäftigten Arbeitnehmer nach Satz 2 bis zur Beschäftigung von in der Regel zehn Arbeitnehmern nicht zu berücksichtigen. [4]Bei der Feststellung der Zahl der beschäftigten Arbeitnehmer nach den Sätzen 2 und 3 sind teilzeitbeschäftigte Arbeitnehmer mit einer regelmäßigen wöchentlichen Arbeitszeit von nicht mehr als 20 Stunden mit 0,5 und nicht mehr als 30 Stunden mit 0,75 zu berücksichtigen.

(2) Die Vorschriften des Dritten Abschnitts gelten für Betriebe und Verwaltungen des privaten Rechts sowie für Betriebe, die von einer öffentlichen Verwaltung geführt werden, soweit sie wirtschaftliche Zwecke verfolgen.

Übersicht

I. Geltungsbereich des Kündigungsschutzgesetzes

1. Systematik

§ 23 Abs. 1 bestimmt den **Geltungsbereich** der ersten beiden Abschnitte des KSchG. **1**
Diese gelten für alle Betriebe des privaten und öffentlichen Rechts. Einbezogen sind dabei

auch Arbeitnehmer der **Kirchen** bzw. solche in kirchlichen Einrichtungen.[1] Betriebe sind wirtschaftliche Produktionsstätten; der **Privathaushalt** ist kein Betrieb iSd KSchG, weil dieser der Befriedigung privater Lebensbedürfnisse dient.[2] Es kommt hinzu, dass eine Anwendung des KSchG den Arbeitgeber in seinem Grundrecht aus Art. 13 Abs. 1 GG und ggf. auch in seinem Persönlichkeitsrecht tangieren würde. Allerdings gehören Bereiche, die nicht dem Privatleben der Haushaltsmitglieder vorbehalten sind, nicht mehr zum Privathaushalt; diese sind vielmehr in das KSchG einbezogen. Weiterhin erfasst das Gesetz Verwaltungen des öffentlichen Rechts. Zum Zweck der sprachlichen Vereinfachung wird im Weiteren aber zusammenfassend nur von Betrieben gesprochen (Ausnahme: Erläuterungen bei → Rn. 13).

2 Die Sätze 2 bis 4 des § 23 Abs. 1 nehmen Kleinbetriebe aus dem Anwendungsbereich des ersten Abschnitts des KSchG heraus (Ausnahme: §§ 4 bis 7, → Rn. 36). In diesen findet daher kein materieller Kündigungsschutz nach dem KSchG statt. Einzelheiten dazu, → Rn. 36.

3 § 23 Abs. 2 regelt die Anwendbarkeit des **Massenentlassungsrechts,** mithin also des dritten Abschnitts des KSchG. Dieses gilt uneingeschränkt für Betriebe des privaten Rechts. Auf Betriebe, die von einer öffentlichen Verwaltung geführt werden, findet dieses indes nur Anwendung, soweit diese wirtschaftliche Zwecke verfolgen. Einzelheiten hierzu bei → § 17 Rn. 8, 73 f. Dagegen beanspruchen die ersten beiden Abschnitte des KSchG, also der materielle Kern des Kündigungsrechts, uneingeschränkte Geltung auch für Betriebe, die durch die öffentliche Hand geführt werden. Sonderregelungen für das Recht der Massenentlassung finden sich zudem für Saison- und Kampagnebetriebe in den §§ 17 Abs. 1, 22, Einzelheiten s. dort.

4 Modifikationen des Betriebsbegriffs finden sich, was Seeschiffe und Luftfahrzeuge angeht, in § 24. Zu den Einzelheiten s. die Kommentierung dieser Vorschrift, aber auch → § 17 Rn. 20 u. 61.

2. Der internationale Anwendungsbereich des Gesetzes

5 Der räumliche Geltungsbereich des Kündigungsschutzgesetzes ist auf das Gebiet der **Bundesrepublik Deutschland** beschränkt. Folglich muss sich der Betrieb in dem der Arbeitnehmer beschäftigt ist, auch im Staatsgebiet befinden.[3] Mit den Begriffen „Betrieb" und „Verwaltung" hat der Gesetzgeber feststehende Rechtsbegriffe aufgegriffen, die durch das Betriebsverfassungs- bzw. Personalvertretungsgesetz geprägt sind (s. auch § 1 Abs. 1, 2 S. 2, 5 sowie §§ 3 und 4 S. 3). Dort werden als Betrieb nur solche organisatorischen Einheiten erfasst, die in der Bundesrepublik Deutschland liegen. Allenfalls § 24 Abs. 4 S. 3 würde einen Anhaltspunkt für die Gegenansicht bieten. In systematischer Hinsicht kommt hinzu, dass sich die bei einer betriebsbedingten Kündigung notwendige Prüfung, ob im Unternehmen alternative Arbeitsplätze frei sind (§ 1 Abs. 2 S. 2 Nr. 1 Buchst. b, S. 3 KSchG), aber auch die Sozialauswahl des § 1 Abs. 3

[1] BAG 20.10.2015 – 9 AZR 743/14, NZA 2016, 299; 25.4.2013 – 2 AZR 579/12, NZA 2013, 1131 Rn. 22; i. E. auch: 20.2.2019 – 2 AZR 746/14, NZA 2019, 901 Rn. 11.

[2] BAG 11.6.2020 – 2 AZR 660/19, NZA 2020, 1241 Rn. 12 (zu § 622 Abs. 2 BGB), 26.8.1971 – 2 AZR 233/70, AP KSchG 1969 § 23 Nr. 1; 23.3.1984 – 7 AZR 515/82, AP KSchG 1969 § 23 Nr. 4. Ebenso: Steinke RdA 2018, 232 (235); HK-KSchG/Kriebel Rn. 1; ErfK/Kiel Rn. 3; LSSW/Löwisch Rn. 10; APS/Moll Rn. 12; HaKo-KSchR/Pfeiffer Rn. 15; KR/Kreutzberg-Kowalczyk Rn. 38.

[3] BAG 22.8.2024 – 2 AZR 251/23 AP EGBGB Art. 30 Nr. 12 Rn. 60; 1.6.2023 – 2 AZR 150/22 NZA 2023, 1396 Rn. 33; grundlegend: BAG 24.5.2018 – 2 AZR 55/18, BeckRS 2018, 24430 Rn. 13; 29.8.2013 – 2 AZR 809/12, NZA 2014, 730 Rn. 32; 29.8.2013 – 2 AZR 808/12, AP KSchG § 1 Betriebsbedingte Kündigung Nr. 203 Rn. 30; 17.1.2008 – 2 AZR 902/06, NZA 2008, 872 Rn. 18; 3.6.2004 – 2 AZR 386/03, NZA 2004, 1380; ebenso: ErfK/Kiel Rn. 6; Krebber Internationales Privatrecht des Kündigungsschutzes bei Arbeitsverhältnissen, 1997, S. 314; APS/Moll Rn. 68; Otto/Mückl BB 2008, 1231; HaKo-KSchR/Pfeiffer Rn. 4; PVT Kündigung/Temming Rn. 949; KR/Kreutzberg-Kowalczyk Rn. 23; LSSW/Löwisch Vorb. § 1 Rn. 49. Anderer Ansicht oder zumindest kritisch: Daum RdA 2022, 96 (104 f.); Müller NZA 2020, 1096 (1096); Däubler/Deinert/Callsen Rn. 29; Gravenhorst FA 2005, 34; Gragert/Kreutzfeldt NZA 1998, 569; Junker FS Konzen, 2006, 367 (374 ff.); Kittner NZA 1998, 732; Mauer FS Leinemann, 2006, 733.

nicht losgelöst von den Rechtsverhältnissen der dort tätigen Arbeitnehmer durchführen lässt.

Daraus folgt zum einen, dass ein Arbeitnehmer, der – dauerhaft (→ Rn. 25) – in einem 6
Auslandsbetrieb beschäftigt ist, auch dann keinen Kündigungsschutz nach dem KSchG genießt, wenn sein Arbeitsverhältnis nach Art. 8 Rom-I-VO an sich deutschem Recht unterfallen würde. Zum anderen finden die im Ausland beschäftigten Arbeitnehmer bei der Berechnung der Schwellenwerte des § 23 keine Berücksichtigung[4] und zwar auch dann nicht, wenn sich ihre Arbeitsverträge nach deutschem Recht gestalten oder ihre Arbeitsstätte als Teil eines Inlandsbetriebs anzusehen ist. Eine Tätigkeit im Homeoffice im Ausland führt indes nicht zur Ausgliederung des Arbeitnehmers aus dem inländischen Weisungsbetrieb,[5] s. auch → Rn. 25. Bilden ein ausländischer und ein inländischer Betrieb einen Gemeinschaftsbetrieb, müssen die maßgeblichen Schwellenwerte im inländischen Betriebsteil erreicht sein.[6] Eine Sozialauswahl (§ 1 Abs. 3) beschränkt sich auf das Inland.[7] Nach Ansicht des BAG bezieht sich zudem die aus § 1 Abs. 2 folgende Verpflichtung des Arbeitgebers, dem Arbeitnehmer vorrangig eine Weiterbeschäftigung zu geänderten, möglicherweise auch zu schlechteren Arbeitsbedingungen anzubieten, nicht auf freie Arbeitsplätze in einem im Ausland gelegenen Betrieb.[8] Zumindest letzteres erscheint allerdings nicht zwingend, weil sich auch eine Beschäftigung, die den Arbeitnehmer aus dem Geltungsbereich des KSchG hinausführt, im Verhältnis zur vollständigen Beendigung seiner Tätigkeit, für den Arbeitnehmer als ein milderes Mittel erweisen kann. Vor allem aber bedarf es einer Berücksichtigung im Ausland belegener Arbeitsplätze, sollte der Arbeitgeber dem Arbeitnehmer via Direktionsrechtsausübung einen Arbeitsplatz im Ausland zuweisen können, was fallabhängig denkbar ist.[9] Jedenfalls aber bei der Bestimmung der Wartezeit sind in ausländischen Betriebsstätten zurückgelegte Zeiten berücksichtigungsfähig, da es insoweit nur auf den Bestand des Arbeitsverhältnisses und mithin das Arbeitsvertragsstatut ankommt.[10] Umgekehrt wird die Anwendbarkeit des KSchG auf einen **Inlandsbetrieb** nicht dadurch beeinflusst, inwieweit der Betriebsinhaber als Ausländer deutschem Recht unterworfen ist.[11] Weiterhin sind bei der Bestimmung der Betriebsgröße eines Inlandsbetriebs alle Arbeitnehmer zu berücksichtigen, die in diesen eingegliedert sind und zwar ohne Rücksicht darauf, welches Recht auf ihr Arbeitsverhältnis anzuwenden ist, → Rn. 26.

II. Kleinbetriebsklausel

1. Regelungszweck, Verfassungs- und Europarechtskonformität

Nach § 23 Abs. 1 S. 2 bis 4 sind die Vorschriften des ersten Abschnitts des KSchG – 7
mit Ausnahme der §§ 4 bis 7 (→ Rn. 36, → § 13 Rn. 1 ff.) – nicht in **Kleinbetrieben** anzuwenden. Dies soll den besonderen Verhältnissen kleiner Organisationseinheiten Rechnung tragen. Der Inhaber eines Kleinbetriebes wird durch den Zwang zur Fortsetzung eines ihm nicht mehr erwünschten Arbeitsverhältnisses wegen der wesentlich

[4] BAG 7.7.2011 – 2 AZR 12/10, NZA 2012, 148 Rn. 28.
[5] Müller NZA 2020, 1096 (1096).
[6] BAG 26.3.2009 – 2 AZR 883/07, AP KSchG 1969 § 23 Nr. 45; 17.1.2008 – 2 AZR 092/06, NZA 2008, 872.
[7] BAG 29.8.2013 – 2 AZR 809/12, NZA 2014, 730 Rn. 40; 29.8.2013 – 2 AZR 808/12, AP KSchG 1969 § 1 Betriebsbedingte Kündigung Nr. 203 Rn. 38.
[8] BAG 29.8.2013 – 2 AZR 809/12, NZA 2014, 730 Rn. 28; 29.8.2013 – 2 AZR 808/12, AP KSchG 1969 § 1 Betriebsbedingte Kündigung Nr. 203 Rn. 26. Mittelbar: BAG 30.11.2022 – 5 AZR 336/21, NZA 2023, 429 Rn. 30.
[9] BAG 30.11.2022 – 5 AZR 336/21, NZA 2024, 429. Dessen ungeachtet sieht der Senat aber keine Veranlassung für einen grenzüberschreitenden Kündigungsschutz: Rn. 30.
[10] BAG 7.7.2011 – 2 AZR 476/10, AP KSchG 1969 § 1 Wartezeit Nr. 26 Rn. 21.
[11] S. nur: BAG 20.10.2017 – 2 AZR 783/16, NZA 2018, 440; 15.12.2016 – 6 AZR 430/15 NZA 2017, 502; 23.4.1998 – 2 AZR 489/97, NZA 1998, 995.

engeren, persönlichen Zusammenarbeit ganz allgemein und regelmäßig auch in finanzieller Hinsicht schwerer belastet als der Inhaber eines Groß- oder Mittelbetriebes.[12]

8 Die Regelung ist **verfassungskonform.**[13] Mit ihr hat der Gesetzgeber sachgerecht die typische Interessenlage der Kleinbetriebe berücksichtigt und den nach Art. 12 Abs. 1 GG erforderlichen Ausgleich der Interessen von Kleinunternehmern und Arbeitnehmern vorgenommen. Dies gilt auch noch nach der faktischen Erhöhung des maßgeblichen Schwellenwertes von zunächst 5,25 auf nunmehr 10,25 Arbeitnehmer (→ Rn. 19)[14] und ebenso für die nur anteilige Berücksichtigung von Teilzeitbeschäftigten nach Abs. 1 S. 4.[15] Im Einzelfall kann allerdings eine einschränkende Auslegung der Kleinbetriebsklausel geboten sein, sollte der Arbeitgeber seine Unternehmensorganisation so gestalten, dass die gesetzgeberischen Erwägungen für die Privilegierung des Kleinbetriebs bei verständiger Betrachtung ins Leere gehen, s. hierzu ausführlich → Rn. 14.[16] Auch verstößt die Norm nicht gegen **Europarecht** (Bezugspunkt: Abs. 1 S. 4: Ungleichbehandlung von Männern und Frauen durch die Teilzeitklausel des Abs. 1 S. 4).[17]

2. Betriebsbegriff

9 **a) Betrieb iSd BetrVG oder kündigungsrechtlicher Betriebsbegriff (Unternehmen)?** § 23 Abs. 1 und mithin auch die Kleinbetriebsklausel des Abs. 1 S. 2 bis 4 knüpft nach ständiger Rechtsprechung am **Betrieb** und nicht am Unternehmen an.[18] Das war vom historischen Gesetzgeber in der Tat so angedacht[19] und wird überwiegend als verfassungskonform angesehen.[20] Das gilt es indes zu bezweifeln. Das deutsche Arbeitsrecht kennt – soweit es das jemals tat – schon seit geraumer Zeit keinen einheitlichen Betriebsbegriff mehr. Ein solcher existiert noch nicht einmal mehr im Kündigungsschutzrecht, seitdem im Anwendungsbereich des § 17 am unionsrechtlichen Betriebsbegriff angesetzt wird. Und auch der Betriebsbegriff des § 613a BGB geht längst extra. Vor allem aber erscheint es angesichts der zunehmenden internationalen Unternehmensverflechtungen mehr als bedenklich, dass vermeintliche Kleineinheiten aus dem Anwendungsbereich des KSchG ausgenommen sein können, selbst wenn sie zu einem Großunternehmen gehören. Das fügt sich in keiner Weise zum Zweck der Regelung, wonach „Kleinstarbeitgeber",

---

[12] S. zu den rechtspolitischen Erwägungen des historischen Gesetzgebers insb.: BT-Drs. 13/4612, 9; BVerfG 27.1.1998 – 1 BvL 15/87, NZA 1998, 470 Rn. 32; Hanau ZRP 1978, 221; Zöllner 52. DJT, 1978, Kap. D, 119.

[13] BVerfG 27.1.1998 – 1 BvL 15/87, NZA 1998, 470; bestätigt durch BVerfG 12.3.2009 – 1 BvR 1250/08. Ebenso: BAG 27.4.2021 – 2 AZR 540/20, NZA 2021, 857 Rn. 27 ff.; 2.3.2017 – 2 AZR 427/16, NZA 2017, 859 Rn. 27; 19.7.2016 – 2 AZR 468/15, NZA 2016, 1196 Rn. 20; 24.1.2013 – 2 AZR 140/12, NZA 2013, 726 Rn. 22; 28.10.2010 – 2 AZR 392/08, AP KSchG § 23 Nr. 48 Rn. 22; 21.9.2006 – 2 AZR 840/05, NZA 2007, 438; 15.3.2001 – 2 AZR 151/00, NZA 2001, 831. Dagegen krit. ArbG Reutlingen 11.12.1986 – 1 Ca 397/86, NZA 1987, 522; Beck DB 1988, 2204; Kraushaar AuR 1988, 137; Kraushaar DB 1988, 2202; Ramm AuR 1991, 257 (265); Weber AuR 1995, 113.

[14] BVerfG 27.1.1998 – 1 BvL 15/87, NZA 1998, 470 – zu § 23 in der Fassung des arbeitsrechtlichen Gesetzes zur Förderung von Wachstum und Beschäftigung (Arbeitsrechtliches Beschäftigungsförderungsgesetz) vom 25.9.1996 (BGBl I, 1476). Diese gab im Großen und Ganzen die aktuellen Schwellenwerte vor.

[15] BVerfG 27.1.1998 – 1 BvL 22/93, NZA 1998, 469.

[16] BVerfG 27.1.1998 – 1 BvL 22/93, NZA 1998, 469; BAG 2.3.2017 – 2 AZR 427/16, NZA 2017, 859 Rn. 27; 19.7.2016 – 2 AZR 468/15, NZA 2016, 1196 Rn 20; 28.10.2010 – 2 AZR 392/08, AP KSchG 1969 § 23 Nr. 48 Rn. 25.

[17] EuGH 30.11.1993, C-189/91 (Kirsammer-Hack), EuZW 1994, 91. S. hierzu auch: Meyer NZA 2014, 993; Schiefer NJW 1995, 162; abw. Kraushaar/Storz BB 1992, 1787. Eine vollständige Herausnahme von Teilzeitkräften wäre indes verfassungswidrig, s. BVerfG 27.1.1998 – 1 BvL 22/93, NZA 1998, 469.

[18] BAG 2.3.2017 – 2 AZR 427/16, NZA 2017, 859 Rn. 27; 19.7.2016, 2 AZR 468/15, NZA 2016, 1196 Rn. 20; 28.10.2010 – 2 AZR 392/08, AP KSchG 1969 § 23 Nr. 48 Rn. 20; 17.1.2008 – 2 AZR 902/06, NZA 2008, 872 Rn. 16; 3.6.2004 – 2 AZR 386/03, NZA 2004, 1380. S. auch ErfK/Kiel Rn. 4; KR/Kreutzberg-Kowalczyk Rn. 31; HaKo-KSchR/Pfeiffer Rn. 11 f.; APS/Moll Rn. 9; Gimmy/Hügel NZA 2013, 764 (767); Gravenhorst RdA 2007, 283 (285).

[19] BT-Drs. 14/45, 16; Richardi DB 2004, 486. Zur einschlägigen Diskussion insbesondere nach dem Inkrafttreten des arbeitsrechtlichen Beschäftigungsförderungsgesetzes (1.10.1996): Bader NZA 1999, 66; Bepler AuR 1997, 57; Löwisch BB 1999, 102; APS/Moll Rn. 9; Preis RdA 1999, 313; Schwedes BB 1996 Beil. 17, 2.

[20] BVerfG 27.1.1998 – 1 BvL 15/87, NZA 1998, 470 Rn. 52; 27.1.1998 – 1 BvL 22/93, AP KSchG 1969 § 23 Nr. 18; bestätigt durch BVerfG 12.3.2009 – 1 BvR 1250/08; BAG 2.3.2017 – 2 AZR 427/16, NZA 2017, 859 Rn. 27; 17.1.2008 – 2 AZR 902/06, NZA 2008, 872 Rn. 17.

die persönlich eng mit wenigen Arbeitnehmern zusammenarbeiten, nicht zur Fortsetzung eines Arbeitsverhältnisses angehalten werden sollen, wenn sie hierzu keine Perspektive mehr sehen. Davon abgesehen erschwert das Ansetzen am Betrieb die Erfassung moderner betriebswirtschaftlicher Organisationsstrukturen, wie etwa von Matrixstrukturen, unnötig. Daher spricht einiges für eine eigenständige, **kündigungsschutzrechtliche Auslegung** des Betriebsbegriffs und zwar dahingehend, dass damit der **Vertragsarbeitgeber,** sprich das **Unternehmen,** gemeint ist.[21] Die Argumente, die gegen diese Sichtweise mit Rücksicht auf die Gesetzessystematik in Stellung gebracht werden, erweisen sich als schwach. So heißt es, dass das Gesetz darauf abstelle, wo über Arbeitsbedingungen und Organisationsfragen entschieden wird und in welcher Weise Einstellungen, Entlassungen und Versetzungen vorgenommen werden. Einschlägige Entscheidungen werden in der Praxis aber bei weitem nicht immer auf Betriebsebene getroffen und zwar selbst dann nicht, wenn die Kündigung vor Ort durch einen Vertretungsberechtigten „verbalisiert" wird. Was betriebsbedingte Kündigungen angeht, so werden diese in aller Regel auf Unternehmensebene zumindest vorbereitet. Zutreffend ist zwar, dass § 1 Abs. 2 S. 2 Nr. 1 Buchst. b KSchG auf eine Differenzierung zwischen Unternehmen und Betrieb hindeutet. Dem kommt indes allenfalls punktuelle Aussagekraft zu. Genauso gut lässt sich argumentieren, dass es rechtsgeschäftlich gesehen stets der Arbeitgeber (und damit „das Unternehmen") ist, der die zur Vertragsbeendigung führende Willenserklärung ausspricht. Zudem sieht sich die aktuelle Rechtsprechung aus verfassungsrechtlichen Gründen immer wieder dazu veranlasst, den Begriff des Kleinbetriebs erweiternd auszulegen, um einzelfallbezogen doch auf das Unternehmen abzustellen, Einzelheiten bei → Rn. 14. Das führt zu einem alleine auf Billigkeitserwägungen beruhenden Vorgehen, das mit erheblicher Rechtsunsicherheit verbunden ist. Um dem Leser einen verlässlichen Überblick über die Rechtslage zu schaffen, wird die **weitere Kommentierung** sich dessen ungeachtet am **klassischen Betriebsbegriff** festmachen.

b) Begriff des Betriebs und der Verwaltung. aa) Allgemeines. Der **Betriebsbegriff** des § 23 knüpft nach vorherrschender Rechtsprechung an den des § 1 BetrVG an, → Rn. 9. Er ist allerdings nicht mehr deckungsgleich mit dem des § 17, da letzterer inzwischen stark unionsrechtlich geprägt ist und in Einzelpunkten vom allgemeinen Betriebsbegriff abweicht, → § 17 Rn. 12 ff. Im Anwendungsbereich des § 23 gilt als Betrieb die organisatorische Einheit von Arbeitsmitteln, mit deren Hilfe der Arbeitgeber allein oder in Gemeinschaft mit seinen Arbeitnehmern mithilfe von technischen und immateriellen Mitteln einen bestimmten arbeitstechnischen Zweck fortgesetzt verfolgt, der nicht nur in der Befriedigung von Eigenbedarf liegt.[22] Dies setzt einen einheitlichen organisatorischen Einsatz der Sachmittel und Personalressourcen voraus. Die einen Betrieb konstituierende **Leitungsmacht** besteht dann, wenn der Kern der Arbeitgeberfunktionen in personellen und sozialen Angelegenheiten von derselben institutionalisierten Leitung und im Wesentlichen selbständig ausgeübt wird. Diese muss ganz schwerpunktmäßig über alle wesentlichen Arbeitsbedingungen und Organisationsfragen entscheiden und dabei vor allem auch darüber, in welcher Weise Einstellungen, Entlassungen und Versetzungen vorgenommen werden. 10

§§ 3 Abs. 5 und 4 BetrVG finden keine Anwendung auf das Kündigungsschutzrecht. 11
Daher nehmen **Zuordnungsbeschlüsse** nach § 4 Abs. 2 BetrVG oder **betriebsverfassungsrechtliche Tarifverträge** nach § 3 BetrVG keinen Einfluss auf die kündigungsrechtliche

[21] Daum RdA 2022, 96 (102); Bepler AuR 1997, 58; Däubler/Deinert/Callsen Rn. 13; Gragert/Kreutzfeldt NZA 1998, 569; Kittner AuR 1997, 182 (190); Kittner NZA 1998, 731 (732); Preis RdA 1999, 313 (313 ff.); PVT Kündigung/Temming Rn. 951; differenzierend LSSW/Löwisch Rn. 12 und iE Berkowsky NJW 2009, 113, der zwar am Betriebsbegriff festhält, diesen indes in Anwendung der Auslegungskriterien des BVerfG, für „nahezu identisch" mit dem „Kleinunternehmen" hält.

[22] BAG 2.3.2017 – 2 AZR 427/16, NZA 2017, 859 Rn. 15; 19.7.2016 – 2 AZR 468/15, NZA 2016, 1196 Rn. 12; 7.7.2011 – 2 AZR 476/10, AP KSchG 1969 § 1 Wartezeit Nr. 26 Rn. 36; 28.10.2010 – 2 AZR 392/08, AP KSchG 1969 § 23 Nr. 48 Rn. 16.

Bewertung einer organisatorischen Einheit.[23] Es bleibt daher dabei, dass ein Betrieb nur dann ein solcher im kündigungsrechtlichen Sinn ist, wenn in der fraglichen Einheit eine konstituierende Leitungsmacht vorhanden ist, die selbständig den Kern der Arbeitgeberfunktionen in personellen und sozialen Angelegenheiten wahrnimmt. So ist es am Ende eine Tatsachenfrage, ob der Zuordnungstarifvertrag eine unternehmerische Entscheidung widerspiegelt, die eine Neujustierung der Betriebsstrukturen herbeigeführt hat, so dass der kündigungsschutzrechtliche Betrieb und die betriebsverfassungsrechtliche Organisationseinheit auch rein tatsächlich identisch sind.

12 Kein Abgrenzungsmerkmal ist die **räumliche Einheit** der Betriebsstätte. Anlagen, Maschinen und Personen müssen sich nicht am selben Ort befinden (s. aber zur Zuweisung bzw. Versetzung eines Arbeitnehmers in einen anderen Betrieb, → Rn. 25). Mehrere zentral gelenkte Filialen, Zweig-, Geschäfts- oder Verkaufsstellen können daher unabhängig von der räumlichen Entfernung einen einzigen Betrieb darstellen, solange in den Filialen keine eigenständige Leitungsfunktion im vorbeschriebenen Umfang vorhanden ist.[24] Umgekehrt sind vollständig vor Ort geleitete Verkaufsstellen auch dann als Betrieb im Sinne des Kündigungsschutzgesetzes anzusehen, wenn sie deshalb aus dem Anwendungsbereich des KSchG herausfallen (zu einer ggf. aus verfassungsrechtlichen Gründen erforderlichen Korrektur dieses Befunds, → Rn. 14). Entsprechendes gilt für **Betriebsteile** und **Nebenbetriebe.** Für diese kommt es nicht darauf an, ob und inwieweit sie eine Teilfunktion des arbeitstechnischen Zwecks des Hauptbetriebs wahrnehmen, sondern ob sie diesem gegenüber organisatorisch selbständig oder umgekehrt in diesen eingegliedert sind. Im Ergebnis stellen selbständige Betriebsteile iSd § 4 Abs. 1 Nr. 2 BetrVG in aller Regel aber eine selbständige Einheit im kündigungsrechtlichen Sinn dar.

13 Im Bereich des **öffentlichen Dienstes** ist nicht der Betrieb der maßgebliche Anknüpfungspunkt, sondern die **Verwaltung.** Zwar entspricht der für die Privatwirtschaft entwickelte Betriebsbegriff im öffentlichen Dienst demjenigen der Dienststelle iSd § 4 Abs. 1 Nr. 6 BPersVG. Der Gesetzgeber hat aber bewusst den weiteren Begriff der Verwaltung iSd § 1 Abs. 1 BPersVG verwendet, wie auch die Unterscheidung in § 1 Abs. 2 S. 2 Nr. 2 Buchst. b zeigt.[25] Es wäre mit Sinn und Zweck der Kleinbetriebsklausel nämlich nicht vereinbar, wenn Arbeitnehmern der Kündigungsschutz auf dem Umweg über einen personalvertretungsrechtlichen Dienststellenbegriff entzogen werden würde. Maßgebend ist mithin, inwieweit, auch im Hinblick auf die Arbeitsverhältnisse, eine selbständige, organisatorische Einheit mit Leitungsfunktionen besteht. Sind Dienststellen zu einer mehrteiligen Hierarchieebene zusammengefasst, ist auf diese in ihrer Gesamtheit abzustellen. Das trifft etwa auf eine zentrale Ermittlungsstelle der Justizbehörden der Länder zu,[26] aber auch auf die Gesamtheit der italienischen Kulturinstitute in Deutschland[27] oder auf selbständige Kirchengemeinden.[28] Eine Einheit, die als Arbeitgeber eine eigene Rechtspersönlichkeit aufweist, ist stets als eine Verwaltung anzusehen.[29] Durch

[23] BAG 27.6.2019 – 2 AZR 38/19, NZA 2019, 1427 Rn. 12; 2.3.2017 – 2 AZR 427/16, NZA 2017, 859 Rn. 15; 15.12.2011 – 8 AZR 692/10, NZA-RR 2012, 570 Rn. 73; 7.7.2011 – 2 AZR 12/10, NZA 2012, 148 Rn. 38; 28.10.2010 – 2 AZR 392/08, AP KSchG 1969 § 23 Nr. 48 Rn 17; 3.6.2004 – 2 AZR 557/03, NZA 2005, 175; APS/Moll Rn. 16, 36; ErfK/Koch BetrVG § 3 Rn. 12; Fitting BetrVG § 3 Rn. 76.

[24] BAG 2.3.2017 – 2 AZR 427/16, NZA 2017, 859 Rn. 15; 25.11.1993 – 2 AZR 517/93, NZA 1994, 837 Rn. 31; KR/Rachor § 1 Rn. 147; ErfK/Kiel Rn. 3a; APS/Moll Rn. 17; HaKo-KSchR/Pfeiffer Rn. 10; ähnlich LSSW/Löwisch Rn. 11.

[25] BAG 22.9.2005 – 2 AZR 544/04, NZA 2006, 558 Rn. 31, 34; 29.10.1998 – 2 AZR 759/97, BeckRS 1998, 13917; 23.4.1998 – 2 AZR 489/97, NZA 1998, 995; Däubler/Deinert/Callsen Rn. 13; vgl. auch BAG 29.8.1996 – 8 AZR 35/95, NZA 1997, 604; 17.7.1997 – 8 AZR 388/95, NZA 1998, 811; MüKo-BGB/Hergenröder Rn. 14; ErfK/Kiel Rn. 7; LSSW/Löwisch Rn. 21; APS/Moll Rn. 38; HaKo-KSchR/Pfeiffer Rn. 9; KR/Kreutzberg-Kowalczyk Rn. 36; im Ausgangspunkt offenbar anderer Ansicht: LAG Baden-Württemberg 9.3.2023 – 3 Sa 55/22, BeckRS 2023, 24829 Rn. 49.

[26] LAG Baden-Württemberg 9.3.2023 – 3 Sa 55/22, BeckRS 2023, 24829 Rn. 49.

[27] BAG 23.4.1998 – 2 AZR 489/97, NZA 1998, 995; RDW/Richardi BPersVG § 1 Rn. 4; Preis RdA 1999, 314.

[28] BAG 21.2.2001 – 2 AZR 579/99, NZA 2001, 951 Rn. 21 f.; 16.9.1999 – 2 AZR 712/98, NZA 2000, 208 Rn. 58; 12.11.1998 – 2 AZR 459/97, NZA 1999, 590 Rn. 21.

[29] BAG 5.11.2009 – 2 AZR 383/08, NZA-RR 2010, 325; 21.2.2001 – 2 AZR 579/99, NZA 2001, 951.

eine Führungsvereinbarung können mehrere rechtlich selbständige Verwaltungsträger – analog zum Gemeinschaftsbetrieb – zu einer einheitlichen Verwaltung zusammengezogen werden.[30] Es wäre eine kaum rechtfertigbare Ungleichbehandlung von Beschäftigten des öffentlichen Sektors, wenn diese in einer ansonsten vergleichbaren Sachkonstellation einen schwächeren Kündigungsschutz hätten als entsprechende Arbeitnehmer, die bei einem privaten Arbeitgeber tätig sind.

bb) Einschränkende Auslegung der Kleinbetriebsklausel. Das BVerfG und das BAG[31] haben mehrfach darauf hingewiesen, dass der Zugriff des Gesetzes auf den Betriebsbegriff verfassungsrechtlich nur unbedenklich ist (→ Rn. 9), wenn vermieden wird, dass es dadurch zu sachwidrigen Ergebnissen kommt. Das ist möglich, weil der kündigungsrechtliche Betriebsbegriff so offengehalten ist, dass er einer **einschränkenden Auslegung** zugänglich ist. Danach muss dem Arbeitnehmer auch im Kleinbetrieb ein Mindestkündigungsschutz zukommen, der ihm zumindest einen Anspruch auf Rücksichtnahme seiner elementaren Interessen einräumt. Vor allem aber ist zu prüfen, ob die fragliche Einheit wirklich schutzwürdig ist, weil in ihr in einer Art und Weise zusammengearbeitet wird, wie sie für einen Kleinbetrieb typisch ist. Dort müssen also wenige Arbeitnehmer, und zwar typischerweise mit dem Betriebsinhaber, in einer Art und Weise zusammenarbeiten, die durch persönliche Beziehungen und wechselseitiges Vertrauen geprägt ist. Die Funktionsfähigkeit des Betriebs muss in besonderem Maße auf ein ungestörtes Betriebsklima aufbauen. Zudem ist zu berücksichtigen, dass die Kleinbetriebsklausel der geringeren verwaltungsmäßigen und wirtschaftlichen Belastbarkeit von Kleinbetrieben Rechnung tragen soll. Maßgeblich ist eine wertende Gesamtbetrachtung aller Umstände des Einzelfalls. Umgekehrt dürfen Organisationseinheiten nicht aus dem Anwendungsbereich des KSchG herausfallen, wenn sie zwar bei strikter Subsumtion als Kleinbetriebe zu qualifizieren sind, auf sie die gesetzgeberischen Gründe für die Privilegierung von Kleinbetrieben aber nicht zutreffen. Das ist insbesondere, aber nicht nur dann, der Fall, wenn der Arbeitgeber die fragliche Organisationsform nur künstlich geschaffen hat. Dabei darf es – folgt man der vorherrschenden Auffassung – aber nicht zu einer pauschalen Gleichsetzung von Betrieb und Unternehmen kommen. Daher ist eine Durchbrechung des Betriebsbezugs nicht schon dann möglich, wenn sich ein Unternehmen in mehrere kleine, organisatorisch verselbständigte Einheiten gliedert. Dagegen kann einiges dafür sprechen, in **Matrixstrukturen,** sollte eine anderweitige verlässliche Zuordnung nicht möglich sein, auf die Matrixeinheit[32] abzustellen, in die der betreffende Arbeitnehmer eingegliedert ist. Am Ende spricht aber gerade in diesen Fällen einiges dafür, schlicht den Vertragsarbeitgeber ins Visier zu nehmen.[33] 14

cc) Gemeinsamer Betrieb mehrerer Unternehmen. Ein **gemeinsamer Betrieb** mehrerer Unternehmen liegt vor, wenn diese in einer Betriebsstätte materielle und immaterielle Betriebsmittel zu einem arbeitstechnischen Zweck zusammengefasst und geordnet haben, diese gezielt gemeinsam einsetzen und dabei der Einsatz der menschlichen Arbeitskraft von einem einheitlichen Leitungsapparat gesteuert wird.[34] Die beteiligten Unternehmen müssen sich rechtlich zumindest stillschweigend zu einer gemeinsamen Führung 15

---

[30] Offengelassen durch BAG 5.11.2009 – 2 AZR 383/08, NZA-RR 2010, 325 Rn. 15.

[31] BVerfG 27.1.1998 – 1 BvL 15/87, NZA 1998, 470; bestätigt durch BVerfG 12.3.2009 – 1 BvR 1250/08, BeckRS 2009, 45869; BAG 2.3.2017 – 2 AZR 427/16, NZA 2017, 859 Rn. 27; 19.7.2016 – 2 AZR 468/15, NZA 2016, 1196 Rn. 20; 24.1.2013 – 2 AZR 140/12, NZA 2013, 726 Rn. 22; 28.10.2010 – 2 AZR 392/08, AP KSchG § 23 Nr. 48 Rn. 22; 21.9.2006 – 2 AZR 840/05, NZA 2007, 438; 15.3.2001 – 2 AZR 151/00, NZA 2001, 831. S. hierzu auch Powietzka Kleinbetrieb und Wartezeit, 2003, S. 83 ff.; Stelljes allgemeiner Kündigungsschutz, 2002, S. 272 f.

[32] LAG Köln 22.4.2021 – 6 Sa 1066/20, NZA-RR 2021, 547.

[33] I. E. LAG Hessen 26.8.2020 – 2 Sa 119/20, BeckRS 2020, 42830.

[34] BAG 1.6.2023 – 2 AZR 150/22, NZA 2023, 1396 Rn. 43; 20.5.2021 – 2 AZR 560/20, NZA 2021, 1096 Rn. 13; 10.4.2014 – 2 AZR 647/13, NZA 2015, 162 Rn. 30; KR/Kreutzberg-Kowalczyk Rn. 68; APS/Moll Rn. 19; ErfK/Kiel Rn. 5; DKW/Trümmer BetrVG § 1 Rn. 93; HWGNRH/Rose BetrVG § 1 Rn. 46; Fitting BetrVG § 1 Rn. 111.

verbunden haben, so dass der Kern der Arbeitgeberfunktion im sozialen und personellen Bereich von derselben **institutionellen Leitung** ausgeübt wird.[35] Die **Vermutungsregelung** des § 1 Abs. 1 S. 2 BetrVG greift an dieser Stelle zwar nicht,[36] indes liegt dieser Vorschrift der von der Rechtsprechung entwickelte und mithin auch hier einschlägige Begriff des Gemeinschaftsbetriebs zugrunde. Erforderlich ist eine Gesamtschau aller relevanter Umstände. Maßgeblich ist, ob tatsächlich ein arbeitgeberübergreifender Personaleinsatz praktiziert wird und ob dieser charakteristisch für den normalen Betriebsablauf ist. Dabei lässt sich sagen, dass ein gemeinsamer Betrieb umso eher anzunehmen ist, je mehr betriebliche Gemeinsamkeiten und Organisationsverflechtungen bestehen. Überwiegen dagegen die Trennungselemente, ist von zwei getrennt geführten Betrieben auszugehen. Eine bloße unternehmerische Zusammenarbeit mehrerer Unternehmen am gleichen Ort genügt jedenfalls noch nicht für die Annahme eines Gemeinschaftsbetriebes. Auch reicht nicht aus, dass Unternehmen untereinander lediglich konzernrechtlich verflochten sind[37] und zwar auch dann nicht, wenn zwischen diesen eine faktische Konzernleitung festzustellen ist oder sie miteinander Organ- oder Beherrschungsverträge abgeschlossen haben. Anderes ergibt sich hier erst, wenn ein betriebsbezogener gemeinsamer Leitungsapparat begründet wurde.

16 Ist ein gemeinsamer Betrieb gegeben, sind die Zahlenverhältnisse im gemeinsamen Betrieb maßgebend, auch wenn derart Arbeitnehmer unterschiedlicher Arbeitgeber zusammengerechnet werden. Entscheidend ist, dass der Gemeinschaftsbetrieb zum Zeitpunkt des Zugangs der Kündigung (noch) bestanden hat.[38] Endet die gemeinsame Betriebsführung, wird jeder Betriebsteil kündigungsrechtlich wieder selbständig. Dazu kommt es auch, wenn ein Arbeitgeber die eingebrachten Ressourcen abzieht, seinen „Betriebsteil" stilllegt bzw. eine ernsthaft beabsichtigte Stilllegung bereits greifbare Formen angenommen hat und schon dadurch die gemeinsame Betriebsführung verloren gegangen ist.[39] Zur Darlegungs- und Beweislast, → Rn. 33.

17 **dd) Veränderung im Bestand (Betriebsübergang, Umwandlung).** Bei einem **Betriebsübergang** tritt der Betriebserwerber zwar in die Rechte und Pflichten aus dem im Zeitpunkt des Betriebsübergangs bestehenden Arbeitsverhältnis ein, § 613a BGB. Indes geht der beim Betriebsveräußerer erwachsene Kündigungsschutz nicht auf den Betriebserwerber über, was das Erreichen der kündigungsrechtlichen Schwellenwerte betrifft, da diese nicht als ein Recht des übergehenden Arbeitsverhältnisses qualifiziert werden können. In der Konsequenz behält der Arbeitnehmer den Schutz nach dem KSchG daher nur dann, wenn die Voraussetzungen des Abs. 1 auch beim Erwerber erfüllt sind.[40]

18 Besonderheiten ergeben sich nach einer **Unternehmensumwandlung.** Führen die an einer Spaltung oder an einer Teilübertragung beteiligten Rechtsträger nach dem Wirksamwerden der Spaltung oder der Teilübertragung einen Betrieb gemeinsam, gilt dieser als Betrieb im Sinne des Kündigungsschutzrechts: § 322 UmwG. Die im Gemeinschaftsbetrieb eingesetzten Arbeitnehmer sind zusammenzurechnen, sofern sie ein Arbeitsverhältnis zu einem der beteiligten Rechtsträger haben. Große Bedeutung hat das allerdings nicht. Da es auch hier darauf ankommt, ob die Beteiligten den fraglichen Betrieb gemeinsam führen,[41] wird in aller Regel ohnehin ein gemeinsamer Betrieb gegeben sein

[35] HaKo-KSchR/Pfeiffer Rn. 16; KR/Kreutzberg-Kowalczyk Rn. 68; APS/Moll Rn. 21; ErfK/Kiel Rn. 5; MüKo-BGB/Hergenröder Rn. 13; DKW/Trümmer BetrVG § 1 Rn. 93 f.; Wlotzke/Preis/Kreft/Preis BetrVG § 1 Rn. 34; Fitting BetrVG § 1 Rn. 113. Das halten für entbehrlich: Gamillscheg ZfA 1975, 360; Joost Betrieb und Unternehmen, 1988, S. 259 f., 349 f.; Konzen Unternehmensaufspaltung und Organisationsänderungen, 1986, S. 29 f., 114 ff.; Wendeling-Schröder NZA 1984, 247.

[36] Offengelassen durch BAG 20.5.2021 – 2 AZR 560/20, NZA 2021, 1096 Rn. 16.

[37] KR/Kreutzberg-Kowalczyk Rn. 70; LSSW/Löwisch Rn. 16; ErfK/Kiel Rn. 5; APS/Moll Rn. 28; TRL/Thüsing Rn. 6; MüKo-BGB/Hergenröder Rn. 9; aA aber (genereller Berechnungsdurchgriff): Bepler AuR 1997, 54; Buschmann AuR 1998, 2010; Kittner NZA 1999, 731.

[38] BAG 20.5.2021 – 2 AZR 560/20, NZA 2021, 1096 Rn. 12.

[39] BAG 24.2.2005 – 2 AZR 214/02, NZA 2005, 867.

[40] BAG 15.2.2007 – 8 AZR 397/06, NZA 2007, 739; Müller-Bonanni RdA 2008, 114.

[41] Semler/Stengel/Leonard/Simon UmwG § 322 Rn. 4 f.; Zöllner FS Semler, 1993, 995 (1002 ff.).

(→ Rn. 15), so dass man bereits über diese Rechtsfigur zum selben Ergebnis kommt. Mehr Aufmerksamkeit verdient dagegen § 132 Abs. 2 UmwG. Danach darf sich die kündigungsrechtliche Stellung eines Arbeitnehmers, der vor dem Wirksamwerden einer Spaltung oder einer Teilübertragung in einem Arbeitsverhältnis zu dem übertragenden Rechtsträger steht, für die Dauer von zwei Jahren nicht verschlechtern. Gelangte das Arbeitsverhältnis dort in den Anwendungsbereich des KSchG, bleibt dem Arbeitnehmer der materielle Schutz noch für zwei Jahre selbst dann erhalten, wenn es sich bei seinem neuen Beschäftigungsbetrieb um einen Kleinbetrieb handeln sollte.[42] Die Zweijahresfrist beginnt mit dem Wirksamwerden der Spaltung bzw. Teilübertragung (Eintragung in das Register des übertragenden Rechtsträgers). Nach ihrem Ablauf greift das „normale" Kündigungsrecht allerdings ohne Einschränkung. Geht dem Arbeitnehmer die Kündigung nach Fristablauf zu, muss er sich also ggf. darauf verweisen lassen, dass er nun in einem Kleinbetrieb tätig ist.

3. Bestimmung des Kleinbetriebs

a) **Maßgebliche Arbeitnehmerzahlen, Altarbeitnehmer mit Bestandsschutz.** § 23 Abs. 1 S. 2 bis 4 definieren den kündigungsrechtlichen Kleinbetrieb. 19

Insbesondere die Sätze 2 und 3 sind nur schwer verständlich (Bauer/Krieger: „Ein Buch mit sieben Siegeln!"[43]). Das liegt daran, dass das Gesetz ein **Regel-/Ausnahmeverhältnis** impliziert, das es bei näherem Hinsehen eigentlich nicht gibt. Das findet seinen Ausgangspunkt im Gesetz zu Reformen am Arbeitsmarkt v. 24.12.2003.[44] Mit diesem sollte der vormalige Schwellenwert von fünf auf zehn Arbeitnehmer angehoben, gleichzeitig aber auch sichergestellt werden, dass Arbeitnehmer, die zum Zeitpunkt des Inkrafttretens des Gesetzes in den Genuss des KSchG kamen, ihren Kündigungsschutz auch weiterhin behalten. Das wiederum wurde daran gebunden, dass die „Altmannschaft" nicht unter die seinerzeit maßgebliche Schwelle von 5,25 Arbeitnehmern herabsinkt. Das alles ist im Gesetz nur verklausuliert formuliert. Nur deshalb hat es den Anschein, als wäre die 5,25-Schwelle die Grundregel. Die Gesetzesanwendung fällt aber erheblich leichter, wenn man die 10,25er-Schwelle des S. 3 als die **Regel** ansieht und die 5,25er-Bestimmung des S. 2 als **Ausnahme** hiervon begreift.

Ein Kleinbetrieb ist ein Betrieb, in dem in der Regel **zehn oder weniger Arbeitnehmer** 20 (sog. Schwellenzahl) beschäftigt werden: Abs. 1 S. 3. Positiv gewendet: Ein Betrieb fällt dann in den Anwendungsbereich des ersten Abschnitts des KSchG, wenn in ihm mindestens 10,25 Arbeitnehmer tätig sind (dazu, wie man zum Faktor 0,25 gelangt, → Rn. 32).

Hiervon ergibt sich eine Ausnahme für Arbeitnehmer („Altarbeitnehmer"), deren 21 Arbeitsverhältnis vor dem 1.1.2004 begonnen hat. Sie kommen bereits dann in den Genuss des KSchG, wenn im Betrieb mehr als fünf, oder anders gewendet, mindestens **5,25 Arbeitnehmer** tätig sind. Das gilt aber nur, wenn im Betrieb insgesamt mindestens 5,25 Altarbeitnehmer beschäftigt werden, also Arbeitnehmer, deren Arbeitsverhältnis ebenfalls vor dem 1.1.2004 begonnen hat. Man gelangt so zu einer Art „virtuellem Altbetrieb"[45]. Selbstverständlich zählt der zur Kündigung anstehende Arbeitnehmer bei der Berechnung dieses Schwellenwertes mit. Scheiden Altarbeitnehmer aus dem Betrieb aus, fällt ihr Arbeitsplatz dann aber eben aus der Berechnung heraus. Auch ist es nicht so, dass Arbeitnehmer, die einen ausscheidenden Altarbeitnehmer ersetzen (Ersatzeinstellung), an seiner Stelle berücksichtigt werden.[46] Dies wird in Betrieben mit weniger als

[42] Ob die Vorschrift darüber hinaus auch die kündigungsrechtliche Stellung des Arbeitnehmers insgesamt fortführt, ist umstritten, im vorliegenden Kontext aber ohne Belang.

[43] Bauer/Krieger DB 2004, 651.

[44] BGBl. I S. 3002 (3003); dazu Bader NZA 2003, 249; Bader NZA 2004, 65 (66); Bauer NZA 2003, 366 (368).

[45] So treffend BAG 23.5.2013 – 2 AZR 54/12, NZA 2013, 1197.

[46] BAG 23.5.2013 – 2 AZR 54/12, NZA 2013, 1197 Rn. 23; 5.11.2009 – 2 AZR 383/08, NZA-RR 2010, 325; 27.11.2008 – 2 AZR 790/07, NZA 2009, 484; 17.1.2008 – 2 AZR 512/06, NZA 2008, 944; 21.9.2006 – 2 AZR 840/05, NZA 2007, 438.

10,25 Arbeitnehmern dazu führen, dass auch die Altarbeitnehmer früher oder später ihren Kündigungsschutz verlieren werden.[47]

22 Begonnen hat ein Arbeitsverhältnis vor dem 1.1.2004, wenn der Arbeitnehmer seine Arbeit spätestens am 31.12.2003 aufgenommen hat oder (im Fall von Krankheit etc.) hätte aufnehmen sollen. Nicht ausreichend ist dagegen, wenn der Arbeitsvertrag zwar noch vor dem 1.1.2004 abgeschlossen wurde, der Arbeitsbeginn aber erst später erfolgte.[48] Wurde das Arbeitsverhältnis nach dem 1.1.2004 unterbrochen, bleibt dies außer Betracht, wenn die Unterbrechung nur verhältnismäßig kurz war und die fraglichen Arbeitsverhältnisse in einem engen sachlichen Zusammenhang miteinander stehen.[49] War die Unterbrechung mit einem Wechsel des Arbeitgebers verbunden, ist das unschädlich, sofern die Identität des „virtuellen Altbetriebs" und die Zugehörigkeit des Arbeitnehmers zu diesem Betrieb (regelmäßig über § 613a BGB) gewahrt blieben. Die zur Berechnung der Wartezeit des § 1 Abs. 1 herausgearbeiteten Grundsätze (→ § 1 Rn. 84 ff.) finden hier entsprechende Anwendung.

23 Die Differenzierung zwischen Alt- und Neueinstellungen erlangt naturgemäß keine Bedeutung, wenn sich die Arbeitnehmerzahl im Betrieb mit 10,25 oder mehr bemisst, denn dann haben alle im Betrieb beschäftigten Arbeitnehmer Kündigungsschutz. Sinkt die Arbeitnehmerzahl im Betrieb aber unter diesen Schwellenwert herab, muss im zuvor beschriebenen Sinn nach Alt- und Neueinstellungen unterschieden werden, für die dann jeweils der Schwellenwert 5,25 oder eben 10,25 gilt.

24 **b) Einzubeziehender Personenkreis, regelmäßiger Beschäftigungsbedarf.** Maßgeblich für die Ermittlung der Betriebsgröße ist der Arbeitnehmerbestand zum **Zeitpunkt** des **Zugangs** der jeweils im Streit stehenden Kündigung; dagegen ist unerheblich, wann das Arbeitsverhältnis endet, da, wie sonst auch, auf die Kündigungserklärung als Gestaltungsakt abzustellen ist.[50] Fast von selbst versteht sich, dass bei einer geplanten Verringerung der Beschäftigtenzahl auf die bisherige und nicht auf die künftige Stellenzahl abgestellt werden darf. Zu sukzessiv ausgesprochenen Kündigungen, → Rn. 31.

25 Die Arbeitnehmer müssen in den fraglichen Betrieb strukturell **eingegliedert** sein.[51] Nicht erforderlich ist dagegen, dass sie auch räumlich in der Betriebsstätte arbeiten. Auch setzt eine Eingliederung in einen Betrieb keine Mindestanwesenheitszeiten in diesem Betrieb voraus. Unerheblich für eine Eingliederung in einen Betrieb ist es außerdem, wie häufig die zur Verwirklichung des Betriebszwecks durchgeführten Tätigkeiten erfolgen oder wie viel Zeit sie in Anspruch nehmen.[52] Nicht ausreichend ist es allerdings, wenn Arbeitnehmer einen anderen Betrieb nur gelegentlich aufsuchen.[53] So sind etwa auch Mitarbeiter einer Baufirma, die überwiegend auf Baustellen Dritter tätig werden, Außendienst- und Montagemitarbeiter und auch Arbeitnehmer im **Homeoffice** zu berücksichtigen, wenn sie bei einer wertenden Gesamtbetrachtung „für" ihren Betrieb arbeiten und ihnen aus diesem heraus Weisungen erteilt werden, vgl. auch § 5 Abs. 1 S. 1 BetrVG.[54] Das gilt auch, wenn das Homeoffice im Ausland belegen ist (→ Rn. 6). Diese Grundsätze finden entsprechend Anwendung auf Crowdworker und Plattformbeschäftigte, freilich vorausgesetzt, dass diese als Arbeitnehmer zu qualifizieren sind.[55] Entsprechend steht in einer **Matrixstruktur** einer Zuordnung jedenfalls zum Vertragsarbeit-

---

[47] APS/Moll Rn. 57 f.; KR/Kreutzberg-Kowalczyk Rn. 47.

[48] MüKoBGB/Hergenröder Rn. 20; Bader NZA 2004, 66; Bauer/Krieger DB 2004, 651; Quecke RdA 2004, 86 (103 ff).

[49] BAG 23.5.2013 – 2 AZR 54/12, NZA 2014, 143 Rn. 20.

[50] BAG 21.9.2017 – 2 AZR 865/16, NZA 2018, 358 Rn. 14; 24.2.2005 – 2 AZR 373/03, NZA 2005, 764; i. E. auch: BAG 20.5.2021 – 2 AZR 560/20, NZA 2021, 1096 Rn. 12; Däubler/Deinert/Callsen Rn. 19; HaKo-KSchR/Pfeiffer Rn. 30; APS/Moll Rn. 44.

[51] BAG 19.7.2016 – 2 AZR 468/15, NZA 2016, 1196.

[52] BAG 12.6.2019 – 1 ABR 5/18, NZA 2019, 1288 Rn. 23 zu § 99 BetrVG.

[53] BAG 19.7.2016 – 2 AZR 468/15, NZA 2016, 1196.

[54] Müller NZA 2022, 1096 (1097); Urban ArbRAktuell 2022, 221 (223).

[55] Dazu: BAG 1.12.2021 – 9 AZR 102/20, NZA 2021, 552 Rn. 26 ff. (insb. 28 ff.).

geber (→ Rn. 14) nicht entgegen, dass ein Arbeitnehmer von in unterschiedlichen Betrieben tätigen Vorgesetzten und gegebenenfalls auch aus anderen Konzernunternehmen Weisungen erhält.[56] Mitzuzählen sind deshalb auch Arbeitnehmer, die ihre Tätigkeit vorübergehend im Ausland ausüben, es sei denn, sie wären dauerhaft im Ausland eingesetzt und verfügten deshalb über keine „Einsatzbasis" in Deutschland mehr (→ Rn. 6).[57] Eine Zuordnung von Arbeitnehmern zu mehreren Betrieben ist möglich. Zur Berücksichtigung von Leiharbeitnehmern: → Rn. 28.

Arbeitnehmer iSd Abs. 1 S. 2 bis 4 sind alle Personen, die § 611a Abs. 1 BGB als 26 solche qualifiziert und zwar unabhängig davon, ob für sie selbst der Kündigungsschutz des KSchG einschlägig ist oder nicht. Entsprechend sind auch Arbeitnehmer, die die Wartezeit nach § 1 Abs. 1 noch nicht erfüllt haben oder solche, die ordentlich unkündbar sind, zu berücksichtigen. Auch **leitende Angestellte** iSd § 14 Abs. 2 dürfen bei der Berechnung nicht außen vor bleiben. § 14 negiert ja nicht etwa ihre Arbeitnehmereigenschaft, sondern beschränkt lediglich (und auch das nur mittelbar) deren Kündigungsschutz nach dem 1. Abschnitt.[58] **Organmitglieder** iSd § 14 Abs. 1 sind dagegen nur dann zu berücksichtigen, wenn sie – ausnahmsweise – als Arbeitnehmer anzusehen sind.[59] Insoweit verbleibt es allerdings beim nationalen Arbeitnehmerbegriff, so dass Organe, die unionsrechtlich als Arbeitnehmer gelten, hier solange außen vor bleiben, solange sie nicht auch den des § 611a Abs. 1 BGB treffen. Soweit der Arbeitnehmer in einen deutschen Betrieb eingegliedert ist, ist ohne Bedeutung, ob sein Arbeitsvertrag deutschem Recht unterliegt (s. auch → Rn. 6).[60] Sofern Familienangehörige auf der Basis eines Arbeitsvertrages im Betrieb mitarbeiten, zählen sie ebenfalls zu den zu berücksichtigenden Arbeitnehmern.[61] Arbeitnehmerähnliche Personen[62] und Heimarbeitnehmer[63] sind indes keine Arbeitnehmer, § 5 Abs. 1 S. 2 BetrVG gilt hier nicht. In der **öffentlichen Verwaltung** sind nur die beschäftigten Arbeitnehmer zu berücksichtigen, nicht die dort tätigen **Beamte** oder **Richter**.[64]

Personen, die zu ihrer **Berufsbildung** beschäftigt sind, werden grundsätzlich nicht mit- 27 gezählt. Dies findet seinen Grund darin, dass gerade auch Kleinbetriebe ausbilden sollen, ohne dass sie damit rechnen müssen, deshalb schon in den Geltungsbereich des KSchG zu fallen. Entsprechend muss im fraglichen Rechtsverhältnis der Ausbildungscharakter aber ganz im Vordergrund der jeweiligen Tätigkeit stehen. Maßgeblich ist die Legaldefinition des § 1 Abs. 1 BBiG, nicht hingegen die des § 5 Abs. 1 BetrVG.[65] Danach bleiben bei der Berechnung alle Beschäftigten außen vor, die sich in Berufsausbildung, in einer beruflichen Fortbildung oder einer Umschulung befinden.[66] Das gilt für Praktikanten und Volontäre (§ 26 BBiG) aber nur dann, wenn sie während des Praktikums (iwS) tatsächlich berufliche Kenntnisse, Fertigkeiten oder Erfahrungen erwerben sollen, indes nicht, wenn sie in Wirklichkeit Arbeit leisten (womit sie in aller Regel aber ohnehin zu Arbeitnehmern des „Ausbilders" werden).[67]

---

[56] LAG Hessen 26.8.2020 – 2 Sa 119/20, NZA-RR 2021, 222.

[57] BAG 19.7.2016 – 2 AZR 468/15, NZA 2016, 1196.

[58] APS/Moll Rn. 45; ErfK/Kiel Rn. 10a; HaKo-KSchR/Pfeiffer Rn. 23; KR/Kreutzberg-Kowalczyk Rn. 58; LSSW/Löwisch Rn. 27; MüKo-BGB/Hergenröder Rn. 27.

[59] BAG 27.4.2021 – 2 AZR 540/20, NZA 2021, 857.

[60] BAG 20.10.2017 – 2 AZR 783/16, NZA 2018, 440; 15.12.2016 – 6 AZR 430/15, NZA 2017, 502; 23.4.1998 – 2 AZR 489/97, NZA 1998, 995; Krebber Internationales Privatrecht des Kündigungsschutzes bei Arbeitsverhältnissen S. 306 ff.; APS/Moll Rn. 45, 68; Schmidt NZA 1998, 173; abw. LSSW/Löwisch Vorb. zu § 1 Rn. 48.

[61] LAG Hamm 12.1.2018 – 1 Sa 1347/17, BeckRS 2018, 3700 Rn. 40; LAG Berlin 26.6.1989 – 9 Sa 41/89, NZA 1989, 849.

[62] LAG Hamm 15.6.1989 – 10 Sa 675/88, LAGE § 23 KSchG Nr. 6.

[63] LAG Hessen 18.9.1987 – 13 Sa 153/87, BB 1988, 1122.

[64] LAG Baden-Württemberg 9.3.2023 – 3 Sa 55/22, BeckRS 2023, 24829.

[65] BAG 25.10.1989 – 7 ABR 1/88, AP BetrVG 1972 § 5 Nr. 40; 7.9.1983 – 7 AZR 101/82, AP KSchG 1969 § 23 Nr. 3; ErfK/Kiel Rn. 10; APS/Moll Rn. 46; HaKo-KSchR/Pfeiffer Rn. 24; KR/Kreutzberg-Kowalczyk Rn. 59.

[66] BAG 7.9.1983 – 7 AZR 101/82, AP KSchG 1969 § 23 Nr. 3; Däubler/Deinert/Callsen Rn. 25.

[67] Bejaht für Apotheker-Praktikanten in BAG 5.8.1965 – 2 AZR 439/64, AP KSchG § 21 Nr. 2; 22.1.2004 – 2 AZR 237/03, NZA 2004, 479; vgl. auch Backmeister/Trittin/Mayer/Backmeister Rn. 15, 18 f.; Däubler/Deinert/Callsen Rn. 25; ErfK/Kiel Rn. 10; KR/Kreutzberg-Kowalczyk Rn. 59.

28 **Leiharbeitnehmer** sind bei der Bestimmung der Betriebsgröße des entleihenden Betriebs mitzuzählen, soweit mit ihnen ein regelmäßiger Beschäftigungsbedarf abgedeckt wird[68] (iwS ähnlich zum Betriebsverfassungsrecht: § 14 Abs. 2 S. 3 AÜG). Die Kleinbetriebsklausel soll den besonderen Verhältnissen kleinerer Unternehmen Rechnung tragen, → Rn. 7 f., 14. Entsprechend ist die Herausnahme eines Betriebs aus dem Anwendungsbereich des KSchG nicht mehr gerechtfertigt, wenn in diesem im Saldo mehr als zehn Beschäftigte tätig sind. Insoweit kann es keine maßgebliche Rolle spielen, ob es sich bei diesen um „eigene" Arbeitnehmer handelt oder ob der regelmäßige Beschäftigungsbedarf dadurch abgedeckt wird, dass in den Betrieb Leiharbeitnehmer aufgenommen werden. Der Grad der persönlichen Zusammenarbeit zwischen dem Betriebsinhaber und den Arbeitnehmern bzw. zwischen den Beschäftigten schwindet mit jeder Person, die im Betrieb abhängige Arbeit verrichtet. Zudem ist es dem Arbeitgeber mit Rücksicht auf seine Finanzausstattung umso eher zumutbar, den kündigungsrechtlich bedingten Verwaltungsaufwand hinzunehmen, je mehr Beschäftigte zu seinem unternehmerischen Erfolg beitragen. Hinzu kommt, dass Leiharbeitnehmer dem Weisungsrecht des Arbeitgebers genauso unterliegen wie dessen eigene Arbeitnehmer. Anderes gilt allerdings, wenn sie nur einen Stammarbeitnehmer vertreten, → Rn. 30. Trotz ihrer Berücksichtigung im Entleihbetrieb sind Leiharbeitnehmer weiterhin auch bei der Ermittlung der Schwellenwerte im Verleihbetrieb mitzuzählen.[69]

29 Relevant sind alle Arbeitnehmer, die **in der Regel** im Betrieb beschäftigt sind. Es kommt also darauf an, ob der Arbeitnehmer einen im Betrieb **regelmäßig** vorhandenen **Beschäftigungsbedarf** abdeckt.[70] Maßgebend ist die Beschäftigungslage, die für den Betrieb im Allgemeinen kennzeichnend ist. Dagegen kommt es nicht auf die Anzahl der Beschäftigten an, die sich gerade zufällig zum Kündigungszeitpunkt ergibt, etwa weil die Belegschaftsgrenze nur kurz überschritten wurde. Mithin bleiben Zeiten eines außergewöhnlich hohen oder niedrigen Geschäftsanfalls außen vor. Vielmehr bedarf es eines Rückblicks auf die bisherige personelle Stärke des Betriebs und einer Einschätzung der künftigen, aufgrund konkreter Unternehmerentscheidungen zu erwartenden Entwicklung des Beschäftigtenstands.[71] Ist danach der Anwendungsbereich des Gesetzes erreicht, bedarf eine Kündigung, die den Betrieb wieder aus dem KSchG führen soll, der sozialen Rechtfertigung.[72]

30 Werden Arbeitnehmer nicht ständig, sondern lediglich **zeitweilig** beschäftigt, kommt es darauf an, ob sie normalerweise während des größten Teils eines Jahres, dh länger als sechs Monate beschäftigt werden.[73] Wird eine Stelle immer wieder von wechselnden Arbeitnehmern eingenommen, ist ein Arbeitnehmer in Anschlag zu bringen. Vorübergehend **ruhende Arbeitsverhältnisse** (Eltern- und Pflegezeit, Sabbatical usw.) sind mitzuzählen, weil der betreffende Arbeitnehmer noch zur Belegschaft gehört. Dies gilt auch, wenn der Ruhenszeitraum sechs Monate übersteigt und der Arbeitgeber keine Ersatzkraft eingestellt hat.[74] Entscheidend ist, dass der Arbeitgeber den fraglichen Arbeitsplatz auf Dauer beibehalten will und der Arbeitnehmer an diesen zurückkehren wird. In **Vertretungsfällen** werden jedoch der Vertretene und sein Vertreter nur als ein Arbeitnehmer gewichtet und zwar auch für die Zeit, während der die Vertretungskraft eingearbeitet wird und der Arbeits-

---

[68] BAG 13.3.2013 – 7 ABR 69/11, NZA 2013, 789; 24.1.2013 – 2 AZR 140/12, NZA 2013, 726.
[69] BAG 20.6.2013 – 2 AZR 271/12, NZA 2013, 837 Rn. 19; Bayreuther NZA 2016, 1304 (1305 f.); ErfK/Kiel Rn. 11; APS/Moll Rn. 45; MüKo-BGB/Hergenröder Rn. 24; Schüren/Hamann/Schüren AÜG Einleitung Rn. 280; Ulber/Ulber AÜG § 1 Rn. 203.
[70] BAG 11.5.2023 – 6 AZR 157/22, NZA 2023, 1040 Rn. 22 – zu § 17; 14.9.2022 – 4 AZR 83/21, NZA-RR 2023, 168 Rn. 17 – zu § 17; 24.1.2013 – 2 AZR 140/12, NZA 2013, 726 Rn. 11; 20.2.2014 – 2 AZR 859/11, NZA 2014, 1083 Rn. 25.
[71] BAG 18.1.2017 – 7 ABR 60/15, NZA 2017, 865 Rn. 34.
[72] LAG Düsseldorf 15.9.2021 – 12 Sa 10/21, NZA-RR 2022, 192 – ohne Stellungnahme zur Anwendbarkeit des KSchG, bestätigt durch BAG 27.9.2022 – 2 AZR 5/22, NZA 2022, 1558.
[73] APS/Moll Rn. 49; differenzierend LSSW/Löwisch Rn. 38 f., aA KR/Kreuzberg-Kowalczyk Rn. 54.
[74] Däubler/Deinert/Calssen Rn. 26; LSSW/Löwisch Rn. 36; APS/Moll Rn. 50; KR/Kreutzberg-Kowalczyk Rn. 55; abw. ArbG Stuttgart 13.10.1983 – 13 Ca 64/83, BB 1984, 1097.

platz daher ggf. doppelt besetzt ist.[75] Ebenso ist nur ein Beschäftigter zu berücksichtigen, wenn ein Arbeitnehmer nach §§ 9a TzBfG, 15 BEEG, 3 Abs. 1 S. 1, S. 2, Abs. 5 S. 1 PflegeZG und § 2 Abs. 1 S. 1 FPfZG nur temporär in Teilzeit geht und das frei werdende Volumen vorübergehend durch einen Vertreter abgedeckt wird. Ähnliches gilt, wenn während einer Altersteilzeit der Arbeitsplatz schon mit dem Stellennachfolger besetzt sein sollte. Dieser ist nur mit einem Beschäftigten in die Berechnung einzubringen.[76]

In die Berechnung können auch bereits **gekündigte** und aus dem Betrieb ausgeschiedene **Arbeitnehmer** einzustellen sein. Dies gilt in jedem Fall, wenn sie einen regelmäßigen Beschäftigungsbedarf abbilden, weil davon auszugehen ist, dass der betreffende Arbeitsplatz in absehbarer Zeit wieder besetzt werden wird. Dazu kann es aber auch dann kommen, wenn die Stelle nicht nachbesetzt werden soll, der Arbeitgeber den Zugang mehrerer Kündigungen indes so steuert,[77] dass Beschäftigte bei einem starren Abstellen alleine wegen des vom Arbeitgeber bewirkten Zugangszeitpunkts ihren Kündigungsschutz verlieren würden.[78] Dies gilt zumindest dann, wenn der fragliche Personalabbau auf einer einheitlichen unternehmerischen Planung beruht. **31**

c) Teilzeitarbeitnehmer. Für die Feststellung der Zahl der beschäftigten Arbeitnehmer nach Abs. 1 S. 2 u. 3 werden **Teilzeitbeschäftigte** mit einer regelmäßigen wöchentlichen Arbeitszeit von nicht mehr als 20 Stunden mit 0,5 und von nicht mehr als 30 Stunden mit 0,75 berücksichtigt, s. Abs. 1 S. 4. Das ist verfassungs- und europarechtskonform, → Rn. 8. In der Kombination von einem Arbeitnehmer, der mit dem Faktor 0,5 und einem solchen, der mit dem Faktor 0,75 zählt, kann sich der mehrfach im Text beschriebene Ziffernwert von x,25 ergeben. Werden die maßgeblichen Schwellenwerte erreicht, genießen selbstverständlich auch Teilzeitbeschäftigte den vollen Kündigungsschutz. Mit welchem Umfang der Arbeitnehmer zu berücksichtigen ist, richtet sich dabei nach der vereinbarten oder tatsächlich ausgeübten **regelmäßigen Arbeitszeit** (vgl. § 2 Abs. 1 S. 1 TzBfG). Bei unregelmäßiger Arbeitszeit ist gem. § 2 Abs. 1 S. 2 TzBfG auf den Jahresdurchschnitt pro Woche oder Monat abzustellen.[79] Das gilt namentlich bei Arbeitsverhältnissen mit Anpassung der Arbeitszeit an den Arbeitsanfall (sog. Arbeit auf Abruf, § 12 TzBfG). Dagegen gibt die Fiktion des § 12 Abs. 1 S. 3 TzBfG nur eine wöchentliche Mindestarbeitszeit von 20 Stunden vor (bei Arbeitsverhältnissen, die vor dem 1.1.2019 begründet wurden: 10[80]). Sie bildet nur einen Auffangtatbestand. Arbeitnehmer, die auf Abruf tätig sind, werden also nur dann mit 0,5 gezählt, wenn sich nicht feststellen lässt, dass sie in Wirklichkeit über einen längeren Zeitraum mehr als 30 Stunden gearbeitet haben.[81] **32**

d) Darlegungs- und Beweislast. Die Verteilung der Darlegungs- und Beweislast für das Vorliegen eines Kleinbetriebs ist umstritten. Einerseits ist die Anwendbarkeit des KSchG eine anspruchsbegründende Tatsache, was dafür spricht, dass der **Arbeitnehmer** darlegen **33**

---

[75] BAG 24.1.2013 – 2 AZR 140/12, NZA 2013, 726 Rn. 24; 31.1.1991 – 2 AZR 356/90, NZA 1991, 562 Rn. 20 unter Hinweis auf § 21 Abs. 7 BErzGG; LAG Köln 31.1.2005 – 5 SA 1237/04, LAGE KSchG § 23 Nr. 23; LAG Hamm 3.4.1997 – 4 Sa 693/96, AP KSchG 1969 § 23 Nr. 15.

[76] ErfK/Kiel Rn. 11.

[77] Beispiel: Im Rahmen der Schließung eines Betriebs mit 11 Vollzeitarbeitnehmern wird gegenüber dem ersten Arbeitnehmer, dessen Arbeitsverhältnis sich noch in der Grundkündigungsfrist des § 622 Abs. 1 BGB bewegt, die Kündigung Anfang März so zum Zugang gebracht, dass dieses noch am 31.3. endet, während allen anderen Arbeitnehmern die Kündigung erst am 1.4. übergeben wird.

[78] BAG 24.1.2013 – 2 AZR 140/12, NZA 2013, 726; 8.10.2009, 2 AZR 654/08, AP KSchG 1969 § 23 Nr. 46; 22.1.2004 – 2 AZR 237/03, NZA 2004, 479.

[79] Ebenso ErfK/Kiel Rn. 10; KR/Kreutzberg-Kowalczyk Rn. 50; APS/Moll Rn. 53; Hoyningen-Huene/Linck DB 1997, 42. I. E. für das Teilzeitrecht auch: BAG 24.9.2014 – 5 AZR 1024/12, NZA 2014, 1328.

[80] Die Novelle des TzBfG 2018 enthielt zwar keine Übergangsregelung. Dessen ungeachtet greift für Altarbeitsverhältnisse aber die Altregelung, weil die frühere Fiktion dazu geführt hat, dass eine Mindestarbeitszeit als vereinbart galt, so dass es dem Arbeitsverhältnis zum Zeitpunkt des Inkrafttretens des neuen TzBfG nicht an der Vereinbarung einer Mindestarbeitszeit fehlte.

[81] BAG 24.9.2014 – 5 AZR 1024/12, NZA 2014, 1328; 7.12.2005 – 5 AZR 535/04, NZA 2006, 423; Dazu, dass § 12 Abs. 2 TzBfG nur eine Mindestfiktion erhält: Bayreuther NZA 2018, 1577 (1581).

und beweisen muss, dass er in einem Betrieb beschäftigt ist, der in den Geltungsbereich des Gesetzes fällt.[82] Andererseits sind die Sätze 2 und 3 des 1. Absatzes als Ausnahmeregelung formuliert, was ein Indiz dafür sein könnte, dass der Arbeitgeber nachweisen muss, dass dies nicht der Fall ist.[83] Alles in allem spricht viel dafür, mit der Rechtsprechung[84] eine vermittelnde Position einzuschlagen. Danach trifft im Ansatz zwar den Arbeitnehmer die Darlegungs- und Beweislast für das Überschreiten der Schwellenwerte. Diese ist aber insoweit **abgestuft,** als der Arbeitgeber eher über die betrieblichen Strukturen und arbeitszeitrechtlichen Vereinbarungen Bescheid weiß, während der Arbeitnehmer hiervon häufig nur eine ungenaue Kenntnis hat und sich daher meist in Beweisschwierigkeiten befindet. Entsprechend dürfen nach dem beweisrechtlichen Sphärengedanken keine strengen Anforderungen an die Darlegungs- und Beweisobliegenheit des Arbeitnehmers gestellt werden. Diese ist vielmehr abgestuft. Der Arbeitnehmer genügt ihr in aller Regel, wenn er die im Betrieb vorhandene Arbeitnehmerzahl, wie sie sich auf Grund der äußeren Umstände des Einzelfalls darstellt, schlüssig vorträgt. Hierauf hat sich der Arbeitgeber nach § 138 Abs. 2 ZPO zu erklären und zu erläutern, welche Umstände gegen diese Sichtweise sprechen. Dabei geht das Beweisrisiko desto eher zu Lasten des Arbeitgebers, je **unübersichtlicher** sich die **betrieblichen Strukturen** erweisen. Steht etwa ein gemeinsamer Betrieb zur Diskussion (→ Rn. 15), genügt der Arbeitnehmer seiner Darlegungslast, wenn er in einem ersten Schritt die äußeren Umstände aufzeigt, die darauf hindeuten, dass sich mehrere Unternehmen auf die gemeinsame Führung eines Betriebs unter einheitlicher Leitung verständigt haben. Der Arbeitgeber hat dann zu erläutern, welche rechtserheblichen Umstände gegen diese Annahme sprechen.[85] Auch kann es in einer für Außenstehende nicht überschaubaren Matrixstruktur am Arbeitgeber sein, auf einen entsprechenden Vortrag des Arbeitnehmers darzulegen und zu beweisen, wie nach seinem Verständnis die betriebliche Organisation ihres Unternehmens bzw. ihres Konzerns aussieht.[86]

4. Rechtsfolgen

34 Sind die erforderlichen Schwellenwerte nicht erreicht, so kann der Arbeitnehmer **keinen Kündigungsschutz** nach § 1 (einschließlich eines etwaigen Wiedereinstellungsanspruchs bei betriebsbedingten Kündigungen[87]) geltend machen. Der Arbeitnehmer steht daher letztlich nicht anders, als ein solcher, der sich in der Wartezeit des § 1 Abs. 1 befindet. Zum Kündigungsschutz eines solchen Arbeitnehmers. Dies darf allerdings nicht zu der Fehlannahme verleiten, dass der Betriebsrat bei einer solchen Kündigung nicht anzuhören wäre.[88]

35 Zu beachten ist allerdings, dass sich die Kleinbetriebsklausel nicht auf den zweiten Abschnitt des KSchG erstreckt. Der **Sonderkündigungsschutz** für **Betriebsräte** und andere **Arbeitnehmervertreter** (§§ 15 f.) ist also auch im Kleinbetrieb anzuwenden[89] (was freilich voraussetzt, dass dieser überhaupt betriebsratsfähig ist[90]). Dagegen ist eine

[82] ErfK/Kiel Rn. 13; HaKo-KSchR/Pfeiffer Rn. 40; APS/Moll Rn. 84; Däubler/Deinert/Callsen Rn. 49; MüKo-BGB/Hergenröder Rn. 51; Wolff DB 2017, 2105.

[83] LSSW/Löwisch Rn. 40; KR/Kreutzberg-Kowalczyk Rn. 79 f.; PVT Kündigung/Temming Rn. 965.

[84] BAG 20.5.2021 – 2 AZR 560/20, NZA 2021, 1096 Rn. 14 (zum Gemeinschaftsbetrieb); 27.4.2021 – 2 AZR 540/20, NZA 2021, 857 Rn. 17; 2.3.2017 – 2 AZR 427/16, NZA 2017, 859; 23.10.2008 – 2 AZR 131/07, AP KSchG 1969 § 23 Nr. 43; 26.6.2008 – 2 AZR 264/07, AP KSchG 1969 § 23 Nr. 42.

[85] BAG 20.5.2021 – 2 AZR 560/20, NZA 2021, 1096 Rn. 14.

[86] LAG Köln 22.4.2021 – 6 Sa 1066/20, NZA-RR 2021, 547.

[87] BAG 19.10.2017 – 8 AZR 845/15, NZA 2018, 436.

[88] Zum Umfang der Betriebsratsanhörung in der Wartezeit: BAG 12.9.2013 – 6 AZR 121/12, NZA 2013, 1412.

[89] Däubler/Deinert/Callsen Rn. 16; LSSW/Löwisch Rn. 49; APS/Moll Rn. 7; KR/Kreutzberg-Kowalczyk Rn. 89.

[90] Das ist denkbar, weil das BetrVG genügen lässt, dass mindestens fünf Arbeitnehmer beschäftigt sind, während § 23 KSchG mehr als zehn Beschäftigte verlangt (→ Rn. 19 f.). Weiter kennt das BetrVG keine „Bruchteilsarbeitnehmer“ iSd § 23 Abs. 1 S. 4, sondern zählt „Köpfe“. Im Übrigen werden im BetrVG auch die zu ihrer Berufsausbildung Beschäftigten mitgerechnet, s. § 5 Abs. 1 S. 1 BetrVG.

Anwendung des 3. Abschnitts auf Kleinbetriebe wegen des Schwellenwerts des § 17 Abs. 1 faktisch ausgeschlossen.[91]

Dessen ungeachtet gelten aber §§ 4 bis 7 sowie § 13 Abs. 1 S. 1 u. 2 auch im Kleinbetrieb. Das hat zur Folge, dass auch ein dort beschäftigter Arbeitnehmer gegen alle ihn treffenden ordentlichen und außerordentlichen Kündigungen (§ 626 BGB, § 13 Abs. 1), **binnen drei Wochen Klage erheben** muss, da diese andernfalls als wirksam fingiert werden, hierzu: → § 4 Rn. 1, sowie → § 7 Rn. 1. **36**

§ 24 Anwendung des Gesetzes auf Betriebe der Schifffahrt und des Luftverkehrs

(1) Die Vorschriften des Ersten und Zweiten Abschnitts finden nach Maßgabe der Absätze 2 bis 4 auf Arbeitsverhältnisse der Besatzung von Seeschiffen, Binnenschiffen und Luftfahrzeugen Anwendung.

(2) Als Betrieb im Sinne dieses Gesetzes gilt jeweils die Gesamtheit der Seeschiffe oder der Binnenschiffe eines Schifffahrtsbetriebs oder der Luftfahrzeuge eines Luftverkehrsbetriebs.

(3) Dauert die erste Reise eines Besatzungsmitglieds eines Seeschiffes oder eines Binnenschiffes länger als sechs Monate, so verlängert sich die Sechsmonatsfrist des § 1 Absatz 1 bis drei Tage nach Beendigung dieser Reise.

(4) [1] Die Klage nach § 4 ist binnen drei Wochen zu erheben, nachdem die Kündigung dem Besatzungsmitglied an Land zugegangen ist. [2] Geht dem Besatzungsmitglied eines Seeschiffes oder eines Binnenschiffes die Kündigung während der Fahrt des Schiffes zu, ist die Klage innerhalb von sechs Wochen nach dem Dienstende an Bord zu erheben. [3] Geht dem Besatzungsmitglied eines Seeschiffes die Kündigung während einer Gefangenschaft aufgrund von seeräuberischen Handlungen oder bewaffneten Raubüberfällen auf Schiffe im Sinne von § 2 Nummer 11 oder 12 des Seearbeitsgesetzes zu oder gerät das Besatzungsmitglied während des Laufs der Frist nach Satz 1 oder 2 in eine solche Gefangenschaft, ist die Klage innerhalb von sechs Wochen nach der Freilassung des Besatzungsmitglieds zu erheben; nimmt das Besatzungsmitglied nach der Freilassung den Dienst an Bord wieder auf, beginnt die Frist mit dem Dienstende an Bord. [4] An die Stelle der Dreiwochenfrist in § 5 Absatz 1 und § 6 treten die hier in den Sätzen 1 bis 3 genannten Fristen.

(5) [1] Die Vorschriften des Dritten Abschnitts finden nach Maßgabe der folgenden Sätze Anwendung auf die Besatzungen von Seeschiffen. [2] Bei Schiffen nach § 114 Absatz 4 Satz 1 des Betriebsverfassungsgesetzes tritt, soweit sie nicht als Teil des Landbetriebs gelten, an die Stelle des Betriebsrats der Seebetriebsrat. [3] Betrifft eine anzeigepflichtige Entlassung die Besatzung eines Seeschiffes, welches unter der Flagge eines anderen Mitgliedstaates der Europäischen Union fährt, so ist die Anzeige an die Behörde des Staates zu richten, unter dessen Flagge das Schiff fährt.

Übersicht

[91] Das gilt selbst dann, wenn im Betrieb alleine „Bruchteilsarbeitnehmer“ iSd Abs. 1 S. 4 beschäftigt sind, die nur mit 0,5 zählen. Ein Kleinbetrieb kann maximal auf 20 Bruchteilsarbeitnehmer kommen.

I. Anwendungsbereich

1 § 24 enthält **Sondervorschriften** für Betriebe der Schifffahrt und des Luftverkehrs. Die Regelung soll den Erschwernissen einer längeren Ortsabwesenheit Rechnung tragen. Für Seeleute jenseits der Binnengewässer ist dabei zu beachten, dass die §§ 65 ff. SeeArbG[1] teils auch materielle Sonderregelungen für die Kündigung von Arbeitsverhältnissen von Seeleuten enthalten. Diese betreffen vor allem die Kündigungsberechtigung, die Kündigungsfristen und die Modalitäten einer außerordentlichen Kündigung. Beachtlich sind zudem im Betriebsverfassungsrecht §§ 114 und 117 BetrVG.

2 § 24 gilt nur für Arbeitnehmer, die auf den jeweiligen Verkehrsträgern selbst tätig sind. Sie gelten also nicht für die **Landbetriebe** der Schifffahrts- und Luftverkehrsunternehmen, vgl. auch Abs. 2. Dabei zählen zu den Landanlagen insbesondere Verwaltungs-, Abfertigungs-, Reparatur- und Wartungseinrichtungen, Werften, Speditionen und Lagerhäuser. Für die dort beschäftigten Personen gilt ausschließlich das allgemeine Kündigungsrecht.

3 Anders als das im SeeArbG und bei § 114 BetrVG der Fall ist, erstreckt sich § 24 auf **alle Schiffe,** mithin auch auf **Binnenschiffe,** sowie auf solche, die keine Handelsschifffahrt betreiben, wie etwa Kreuzfahrtschiffe u. dgl. Dagegen rechnen Fahrzeuge des reinen **Hafenbetriebes,** zB Hafenbarkassen, Hafenfähren und Hafenschlepper zum Landbetrieb. Gleiches gilt für Schiffe, die in der Regel binnen 24 Stunden nach dem Auslaufen an den Sitz eines Landbetriebes zurückkehren (diesbezüglich ist eine Parallelwertung zu § 114 Abs. 4 S. 2 BetrVG möglich).[2] Ebenfalls als Landbetrieb sind solche Schwimmkörper anzusehen, die ständig mit dem Festland vertäut sind, wie zB Gaststättenschiffe.[3]

4 Zur Besatzung eines **Luftfahrzeuges** gehört das gesamte fliegende Personal, hierunter rechnen also Flugzeugführer und Flugbegleiter, Fluglehrer, sowie (falls noch vorhanden) Flugingenieure, Flugnavigatoren oder Flugfunker.[4] Dagegen zu den Bodenbetrieben rechnen Wartungshallen, Reisebüros, Verwaltungen und Abfertigungseinrichtungen, sowie der flugtechnische und meteorologische Dienst.[5]

5 Für Seeschiffe enthält § 3 Abs. 1 SeeArbG eine Definition der **Schiffsbesatzung,** für die Binnenschifffahrt findet sich eine solche in § 21 BinSchG. Danach sind Seeleute Personen, die an Bord eines Schiffes tätig sind, unabhängig davon, ob sie vom Reeder oder einer anderen Person beschäftigt werden. Demnach fallen in den Anwendungsbereich der Absätze 1 bis 4 Kapitäne[6] (§ 5 Abs. 1 SeeArbG), es sei denn, diese wären Eigner des Schiffes (vgl. § 1 BinSchG), Schiffsoffiziere (§ 6 SeeArbG), Matrosen, aber auch mitfahrende Ärzte, Zahlmeister, Kellner, Musiker, Köche usw.[7] Arbeitnehmer „anderer" Gewerbetreibender, die auf Seeschiffen tätig sind, sind zwar Besatzungsmitglieder,[8] doch bietet sich für diese an, nur die Absätze 3 und 4, nicht aber Absatz 2 anzuwenden.[9] Anders als im SeeArbG sind auf dem Schiff tätige Selbständige generell aus dem Anwendungsbereich des Kündigungsrechts ausgenommen, da diese keine Arbeitnehmer iSd. KSchG sind (so iE auch § 148 Abs. 2 Nr. 1 Buchst. e SeeArbG). Da § 24 keine Rolle für Arbeitnehmer spielen kann, die nur kurzzeitig auf einem Schiff tätig sind, können die Ausnahmetatbestände des § 3 Abs. 3 SeeArbG weitgehend in den Anwendungsbereich des § 24 übernommen werden.

---

[1] Bubenzer/Noltin/Peetz/Mallach/Peetz SeeArbG § 65 Rn. 1.
[2] MüKoBGB/Hergenröder Rn. 9; ErfK/Kiel Rn. 2; abw. LSSW/Löwisch Rn. 3; KR/Kreutzberg-Kowalczyk Rn. 21.
[3] Ebenso; KR/Kreutzberg-Kowalczyk Rn. 21; MüKoBGB/Hergenröder Rn. 7.
[4] KR/Kreutzberg-Kowalczyk Rn. 17.
[5] BeckOGK/Giesen, 1.12.2024, KSchG § 24 Rn. 22.
[6] Dazu, ob dieser leitender Angestellter ist, → § 14 Rn. 23.
[7] Backmeister/Trittin/Mayer/Backmeister Rn. 1; MüKoBGB/Hergenröder Rn. 14; HaKo-KSchR/Pfeiffer Rn. 3; ErfK/Kiel Rn. 7; KR/Kreutzberg-Kowalczyk Rn. 12 ff; Bubenzer/Peetz/Mallach SeeArbG § 3 Rn. 1.
[8] KR/Kreutzberg-Kowalczyk Rn. 15; ErfK/Kiel Rn. 7; APS/Moll Rn. 4; MüKoBGB/Hergenröder Rn. 14.
[9] MüKoBGB/Hergenröder Rn. 15; aA KR/Kreutzberg-Kowalczyk Rn. 15 (Anwendung des § 24 in toto).

II. Besonderer Betriebsbegriff (Abs. 2)

6 § 24 Abs. 2 stellt einen besonderen **Begriff des Betriebs** auf. Dieser greift aber ausweislich des 1. Absatzes des § 24 nur für den ersten und zweiten Abschnitt des KSchG. Für das **Massenentlassungsrecht** erlangt er dagegen keine Bedeutung, → Rn. 20.

7 Die Gesamtheit der Seeschiffe oder der Binnenschiffe oder der Luftfahrzeuge eines Schifffahrts- oder Luftverkehrsunternehmens stellt einen einheitlichen und **selbständigen Betrieb** dar. Dass das Gesetz bereits auf Tatbestandsseite von einem Schifffahrts- oder Luftverkehrsbetrieb spricht, beruht dabei offensichtlich auf einem Redaktionsversehen des Gesetzgebers. Nähme man diese Formulierung wörtlich, liefe die von Abs. 2 gewollte Fiktionswirkung leer.[10] Hiervon abzugrenzen sind die an Land befindlichen Einrichtungen, die dem allgemeinen Betriebsbegriff unterliegen und daher einen (ggf. auch mehrere) eigenständige(n) Betrieb(e) bilden.[11] Voraussetzung ist nach Ansicht der Rechtsprechung – so wie sie das auch zu § 23 vertritt (→ § 23 Rn. 5) – dass der „Betrieb" im Inland belegen ist. Insoweit modifiziert die Norm den allgemeinen Betriebsbegriff, eben um den Eigenarten des Lufts- und Schiffsverkehrs Rechnung zu tragen, der sich naturgemäß durch die Mobilität der beschäftigten Arbeitnehmer auszeichnet, aber auch dadurch, dass einschlägige Arbeitsleistungen häufig Auslandsberührung haben. Deshalb kommt es hier nicht auf das Vorhandensein betrieblicher Organisationsstrukturen im Inland an. Umgekehrt darf § 24 nicht bewirken, den deutschen Kündigungsschutz „weltweit" zu exportieren. Daher ist eine sinnhafte Anbindung an das Inland erforderlich, aber auch ausreichend.[12] Maßgeblich ist die **Belegenheit** der jeweiligen Luftfahrzeuge oder Schiffe im **Inland.**[13] Flugzeuge müssen an inländischen Flughäfen stationiert sein. Sie müssen aber nicht zwingend eine inländische Registrierung aufweisen.[14] Ist das indes der Fall, kann das ein Kriterium für eine Belegenheit im Inland sein. Auch das Vertragsstatut des fliegenden Personals ist kein ausschlaggebendes Kriterium, kann aber ebenfalls ein Anhaltspunkt für die Anbindung der Flugzeuge im Inland sein, auf denen diese eingesetzt sind.[15]

8 Bedeutung erlangt dieser besondere Betriebsbegriff für die Vorschriften des ersten und zweiten Abschnitts. Mittelbar modifiziert er den des § 23 Abs. 1 S. 2 u. 3. Dieser ist zwar im vierten Abschnitt des Gesetzes enthalten, entscheidet aber seinerseits über die Anwendung der ersten beiden Abschnitte. Mithin bedarf eine ordentliche Kündigung eines auf einem Verkehrsträger beschäftigten Arbeitnehmers dann der sozialen Rechtfertigung nach dem KSchG, wenn die nach § 23 Abs. 1 maßgeblichen Schwellenwerte auf sämtlichen Schiffen bzw. Fahrzeugen des Arbeitgebers erreicht werden.[16] Worauf es dagegen aber eben nicht ankommt, ist, ob diese auch nach § 23 als Betrieb zu qualifizieren wären, namentlich müssen diese also keine organisatorische Einheit iSd. Norm bilden.[17] Dagegen bleiben die in den Landbetrieben tätigen Beschäftigten außen vor. Umgekehrt dürfen die „mobilen" Arbeitnehmer nicht bei der Bestimmung der Betriebsgröße des Landbetriebs (bzw. der Landbetriebe) des Unternehmens in Anschlag gebracht werden. Liegen die Voraussetzungen des Abs. 2 dagegen nicht vor, ist alleine die Regelung des § 23 maßgeblich,[18] woraus sich dann aber erst recht die Unanwendbarkeit des

---

10 BAG 1.6.2023 – 2 AZR 150/22, NZA 2023, 1396 Rn. 34 – zum Luftverkehr; 28.12.1956 – 2 AZR 297/56, AP KSchG § 22 Nr. 1 – zur Schifffahrt.

11 BAG 1.6.2023 – 2 AZR 150/22, NZA 2023, 1396 Rn. 33; BAG 13.2.2020 – 6 AZR 146/19, NZA 2020, 1006 Rn. 57; Backmeister/Trittin/Mayer/Backmeister Rn. 2; MüKoBGB/Hergenröder Rn. 7; ErfK/Kiel Rn. 3; APS/Moll Rn. 6; HaKo-KSchR/Pfeiffer Rn. 6; KR/Kreutzberg-Kowalczyk Rn. 20.

12 APS/Moll KSchG § 24 Rn. 8.

13 BAG 22.8.2024 – 2 AZR 251/23, NZA 2025, 241 Rn. 60; 29.5.2024 – 2 AZR 325/22, NZA 2024, 1136 Rn. 10; 1.6.2023 – 2 AZR 150/22, NZA 2023, 1396 Rn. 35 f.

14 BAG 29.5.2024 – 2 AZR 325/22, NZA 2024, 1136 Rn. 12.

15 BAG 29.5.2024 – 2 AZR 325/22, NZA 2024, 1136 Rn. 13.

16 Däubler/Deinert/Callsen Rn. 2; HK-KSchG/Kriebel Rn. 1 f.; LSSW/Löwisch Rn. 7.

17 BAG 29.5.2024 – 2 AZR 325/22, NZA 2024, 1136 Rn. 14.

18 BAG 22.8.2024 – 2 AZR 251/23, NZA 2025, 241 Rn. 62.

KSchG ergeben wird, weil es danach noch weniger wahrscheinlich ist, dass die fraglichen Verkehrsmittel weniger in den Geltungsbereich des Gesetzes einbezogen sind (vgl. → § 23 Rn. 6). Schließlich ist es ungeachtet der Fiktion des Abs. 2 denkbar, dass bei entsprechender organisatorischer Ausgestaltung des Betriebes die einzelnen Schiffe oder Luftfahrzeuge Betriebsabteilungen iSd § 15 Abs. 5 darstellen können.[19] Zur (Nicht-) Anwendung der Regelung auf die Schwellenwerte des Massenentlassungsrechts → Rn. 17.

III. Verlängerung der Sechsmonatsfrist (Abs. 3)

9 Dauert die **erste Reise** eines Seemanns[20] (nicht aber eines auf einem Luftfahrzeug beschäftigten Arbeitnehmers) mehr als sechs Monate, setzt der Kündigungsschutz des Arbeitnehmers in Modifikation des § 1 Abs. 1 frühestens nach Ablauf von drei Tagen nach Beendigung der Reise ein. Dadurch soll erreicht werden, dass der Kapitän dem Reeder nach Abschluss der Reise Bericht erstatten und dieser dann über die Kündigung ohne Bindung an die Kündigungsbeschränkungen der §§ 1 ff. entscheiden kann. Auch wird der Kapitän nicht genötigt, schon während der Reise zu kündigen, um die Sechsmonatsfrist zu wahren.

10 Voraussetzung ist, dass es sich um die erste Reise des Arbeitnehmers handelt und diese länger als sechs Monate dauert. Nicht erforderlich ist dagegen, dass der Reiseantritt mit dem Beginn des Arbeitsverhältnisses und damit dem der Wartezeit zusammenfällt. Es genügt vielmehr, dass die Wartezeit zum Zeitpunkt des Reiseantritts noch nicht abgelaufen war.[21] Wird der Arbeitnehmer daher in der Mitte des 5. Wartemonats erstmalig auf eine siebenmonatige Reise beordert, endet die Wartezeit erst drei Tage nach Beendigung dieser Reise, mag die Wartezeit sich dann auch insgesamt auf knapp 12 Monate ausdehnen. War der Arbeitnehmer während der Wartezeit schon einmal auf einer Reise eingesetzt, die er zwischenzeitlich beendet hatte, scheidet deren Verlängerung aus. War der Arbeitnehmer also im 1. Wartemonat auf einem Schiff eingesetzt, so endet die Wartezeit auch dann nach dem sechsmonatigen Bestehen des Arbeitsverhältnisses, wenn das Besatzungsmitglied im 3. Wartemonat zu einer achtmonatigen Reise aufbricht. Selbstredend bleibt einem Besatzungsmitglied ein bereits erworbener Kündigungsschutz ganz unabhängig davon erhalten, zu was für einer Reise er nach Erfüllung der Wartezeit aufbricht.[22]

11 Die Frist von drei Tagen beginnt mit dem Tage, der auf die Beendigung der Reise folgt (§ 187 Abs. 1 BGB). Wann die Reise endet, hängt von den Umständen des Einzelfalles ab. Die Frist läuft stets an, wenn das Schiff einen deutschen Hafen oder Liegeplatz anläuft und es sich dabei um das geplante Endziel der Reise handelt. Eine Rückkehr zum Ausgangspunkt oder zum Heimathafen ist dagegen nicht nötig.[23] Sollte das Besatzungsmitglied die Reise außerhalb des Hoheitsgebiets der Bundesrepublik beenden, ist entscheidend, ob die Reise aus der Perspektive des Arbeitnehmers auf Veranlassung des Reeders am fraglichen Ort endete.

[19] Ebenso: HK-KSchG/Kriebel Rn. 2; KR/Kreutzberg-Kowalczyk Rn. 19.

[20] Dies gilt auch für Binnenschiffe, auf denen es freilich kaum zu Reisen kommen wird, die sich länger als sechs Monate hinziehen.

[21] KR/Kreutzberg-Kowalczyk Rn. 26; APS/Moll Rn. 9.

[22] Vgl. HK-KSchG/Kriebel Rn. 8; LSSW/Löwisch Rn. 9; HaKo-KSchR/Pfeiffer Rn. 12; KR/Kreutzberg-Kowalczyk Rn. 28.

[23] Ebenso Backmeister/Trittin/Mayer/Backmeister Rn. 5; MüKo-BGB/Hergenröder Rn. 19; HK-KSchG/Kriebel Rn. 7; HaKo-KSchR/Pfeiffer Rn. 11; KR/Kreutzberg-Kowalczyk Rn. 29; abw. ErfK/Kiel Rn. 6; LSSW/Löwisch Rn. 8.

IV. Abweichung bezüglich der Klagefrist (Abs. 4)

12 Abs. 4 trifft eine abweichende Regelung für die grds. geltende Frist von drei Wochen zur **Klageerhebung** von Besatzungsmitgliedern (§ 4), wenn die Kündigung während einer Reise erfolgt. Damit soll den besonderen Verhältnissen der Seeschifffahrt und des Luftverkehrs Rechnung getragen werden, indem den Besatzungsmitgliedern genügend Zeit zur Rechtsverfolgung eingeräumt wird.[24] Die Regelungen gelten für alle Arten von Kündigungen einschließlich der Änderungskündigung (s. aber auch → Rn. 15).

13 Geht dem Arbeitnehmer eines Schiffes, Binnenschiffes oder Luftfahrzeugs die Kündigung an Land zu, ergeben sich mit Blick auf die Klagefrist des § 4 keine Besonderheiten. Die Klage ist binnen drei Wochen nach Zugang zu erheben. Insoweit nimmt es auf den Lauf der Frist keinen Einfluss, wenn das Besatzungsmitglied nach Erhalt der Kündigung wieder zu einer Reise aufbricht. Abs. 4 S. 1 greift auch, wenn dem Arbeitnehmer die Kündigung zwar im Ausland, dort indes an Land zugeht. In beiden Fällen kann aber, abhängig von den Umständen des Einzelfalls ein Antrag auf Zulassung einer verspätet erhobenen Klage in Betracht kommen. Dies wird vor allem bei „Auslandskündigungen" häufig der Fall sein.

14 Wird einem Besatzungsmitglied auf einem Schiff oder Binnenschiff gekündigt, so ist die Klage sechs Wochen nach dem Dienstende an Bord zu erheben: Abs. 4 S. 2. Maßgeblich ist, wann der Dienst an Bord tatsächlich beendet wurde. Dagegen ist unerheblich, wann dem Arbeitnehmer die Kündigung an Bord zugegangen ist, warum der Dienst beendet wurde, wo er beendet wird (Inland oder Ausland[25]) und wann das Besatzungsmitglied von Bord gegangen ist. Die Sechswochenfrist läuft also auch dann an, wenn der Arbeitnehmer, obwohl er den Dienst quittiert hat, an Bord verbleibt.[26] Auf den Flugverkehr ist die Regelung zwar nicht anwendbar; für diesen spielt sie aber auch keine Rolle. Sollte den Arbeitnehmer ausnahmsweise doch eine Kündigung an Bord erreichen, wird ihm diese nach allgemeinen Grundsätzen aber meist erst nach Landung des Flugzeugs zugehen.[27]

15 Abs. 4 S. 2 verweist nicht auf § 2 S. 2. Danach müsste bei der Änderungskündigung der Vorbehalt weiterhin innerhalb von drei Wochen nach Zugang der Kündigung erklärt werden. Das verträgt sich nicht mit dem Gesetzeszweck, wonach dem Arbeitnehmer nach Dienstende eine angemessene Zeit bleiben soll, etwa um sich rechtlich beraten zu lassen. Folglich bedarf es einer teleologischen Erstreckung der Sechswochenfrist auf die Frist zur Erklärung des Vorbehalts. Entsprechend muss auch eine etwaige Annahmefrist des Arbeitnehmers ausgestaltet sein.[28]

16 Liegt ein Fall des Abs. 4 S. 3 vor, tritt an die Stelle der Dreiwochenfrist in § 5 Abs. 1 und § 6 die in Abs. 4 S. 2 benannte Sechswochenfrist: Abs. 4 S. 3. Dagegen allenfalls deklaratorischer Natur ist der in Abs. 4 S. 3 enthaltene Verweis auf Abs. 4 S. 1. Bei einer Landkündigung greift nämlich auch nach Abs. 4 S. 1 alleine die grundständige Dreiwochenfrist.

---

[24] BAG 9.1.1986 – 2 AZR 163/85, AP KSchG 1969 § 24 Nr. 1 unter II 2a; MüKoBGB/Hergenröder Rn. 24; ErfK/Kiel Rn. 8; LSSW/Löwisch Rn. 11; APS/Moll Rn. 10; HaKo-KSchR/Pfeiffer Rn. 14.

[25] BT-Drs. 17/10959, 119.

[26] Sollte der Arbeitnehmer deshalb das Inland erst nach Ablauf der Sechswochenfrist des Abs. 4 erreichen, kommt ein Antrag auf die Zulassung der dann verspätet erhobenen Klage nach § 5 in Betracht.

[27] KR/Kreutzberg-Kowalczyk Rn. 32.

[28] Diese muss ansonsten mindestens drei Wochen, vom Zugang der Kündigung an gerechnet, andauern; aA → § 2 Rn. 99 ff.

V. Besonderheiten bei Massenentlassungen (Abs. 2 und 5)

17 Der besondere Betriebsbegriff des Abs. 2 (s. Rn. 6 u. 8) beansprucht **keine Geltung** im Recht der **Massenentlassung.**[29] Nach dem Wortlaut des Abs. 1 sollen die Abs. 2 bis 4 des § 24 nur den Ersten und Zweiten Abschnitt des Kündigungsrechts modifizieren, nicht aber dessen Dritten Abschnitt. Dass Abs. 2 von „Betrieben im Sinne dieses Gesetzes" spricht, was auch die §§ 17 ff. mitumfassen könnte, ist eine sprachliche Ungenauigkeit. Sie rührt daher, dass bis zur Aufhebung des früheren § 23 Abs. 2 S. 2 KSchG[30] im KSchG bestimmt war, dass dessen dritter Abschnitt von vorneherein nicht für Seefahrtschiffe und ihre Besatzungen gelten soll, so dass Abs. 2 ohnehin nur für Luftverkehrsfahrzeuge und Binnenschiffe Geltung erlangte. Das hat sich mit Art. 4 Nr. 1 des EM-Leistungsverbesserungsgesetz vom 17.7.2017[31] erledigt. Zumindest aber ist eine **unionsrechtskonforme Auslegung** geboten und angesichts der Auslegungsbedürftigkeit der Norm auch möglich. Danach gilt auch für die in Abs. 1 benannten Verkehrsträger alleine der europarechtliche Betriebsbegriff (s. auch → § 17 Rn. 16 u. 20), der sich häufig an der Heimatbasis festmacht und insoweit zumindest partiell zu einer Betrachtung der einzelnen Verkehrsträger in ihrer Gesamtheit führen kann (s. insb. → § 17 Rn. 16). Erst recht keine Bedeutung erlangt § 114 Abs. 3 BetrVG, der Schiffe eines Schiffverkehrsunternehmens zu einem Seebetrieb zusammenfasst. Diese Regelung bezieht sich alleine auf das Betriebsverfassungsrecht, → § 17 Rn. 61.

18 Eine massenentlassungsrechtliche Sonderregelung für die Besatzung von Seeschiffen enthält dagegen **Abs. 5.** Diese Regelung dient der Umsetzung des Art. 4 der Seearbeitsrichtlinie 2015/1794[32] und der damit geänderten Art. 1 Abs. 2 lit. c, Art. 3 Abs. 2 Unterabs. 2 der MERL. Nach dessen S. 2 tritt bei Schiffen nach § 114 Abs. 4 S. 1 BetrVG (Kauffahrteischiffe, die die Bundesflagge führen) im Rahmen des massenentlassungsrechtlichen Konsultationsverfahrens an die Stelle des Betriebsrats der Seebetriebsrat (s. auch → § 17 Rn. 57 ff., insb. 61), es sei denn, bei diesen handelt es sich nur um den Teil eines Landbetriebs (vgl. → Rn. 2 f.). Betrifft eine anzeigepflichtige Entlassung die Besatzung eines Seeschiffes, welches unter der Flagge eines anderen Mitgliedstaates der Europäischen Union fährt, so ist die Anzeige an die Behörde des Staates zu richten, unter dessen Flagge das Schiff fährt. Was dagegen das Konsultationsverfahren betrifft, kommt es darauf an, ob die Arbeitsverhältnisse dem deutschen Arbeitsrecht unterliegen oder nicht. Für Binnenschiffe und Luftverkehrsfahrzeuge verbleibt es bei den allgemeinen Regeln (s. auch § 114 Abs. 1 und 4 BetrVG).

§ 25 Kündigung in Arbeitskämpfen

Die Vorschriften dieses Gesetzes finden keine Anwendung auf Kündigungen und Entlassungen, die lediglich als Maßnahmen in wirtschaftlichen Kämpfen zwischen Arbeitgebern und Arbeitnehmern vorgenommen werden.

Übersicht

[29] BAG 14.5.2020 – 6 AZR 235/19, NZA 2020, 1091 Rn. 63; 27.2.2020 – 8 AZR 215/19, NZA 2020, 1303 Rn. 172; 13.2.2020 – 6 AZR 146/19, NZA 2020, 1006 Rn. 32.
[30] BGBl. 2017 I 2509, 2511.
[31] BGBl. 2017 I 2509, 2511.
[32] ABl. EU 2015 L 263, 1.

I. Regelung ohne Anwendungsbereich

1 Die Regelung des § 25 stellt ein Fossil des Kündigungs- und Arbeitskampfrechts dar. Sie ist im Grunde schon seit Jahrzehnten **ohne** jeden **Anwendungsbereich.**[1] Bedeutung erlangte sie nur so lange, als Streik und Aussperrung individualrechtlich verortet wurden. Danach musste der Arbeitnehmer, wenn er sich an einem Streik beteiligen wollte, zuvor das Arbeitsverhältnis kündigen. Tat er dies nicht, verstieß er mit der Arbeitsniederlegung gegen seine Vertragspflichten und konnte durch den Arbeitgeber ordentlich oder auch außerordentlich gekündigt werden. Umgekehrt bedurfte die Aussperrung von Arbeitnehmern einer Kündigung durch den Arbeitgeber. Entsprechend brauchte es eine Regelung, die sicherstellte, dass der Arbeitgeber dabei nicht durch den staatlichen Kündigungsschutz eingeschränkt wurde; andernfalls hätte das Kündigungsrecht gegen die staatliche Neutralitätspflicht im Arbeitskampf verstoßen und überdies wäre es zu einer unzulässigen Verschiebung der Kampfparität gekommen.[2]

2 Dies alles hat sich mit den Entscheidungen des Großen Senats des BAG[3] aus den Jahren 1955 und 1971 mehr oder weniger vollständig erledigt. Nach der seitdem vorherrschenden kollektiven Arbeitskampftheorie werden während des Streiks, aber auch der Aussperrung, die gegenseitigen Hauptleistungspflichten lediglich **suspendiert.** Soweit man darüberhinausgehend auch eine so genannte **lösende Aussperrung**[4] für zulässig hält, die zur Beendigung des Arbeitsverhältnisses führt, handelt es sich dabei um keine individualrechtliche Kündigung, sondern um einen arbeitskampfrechtlichen Tatbestand eigener Art.[5]

3 Insoweit verspricht es auch wenig Erfolg, mit mehr oder weniger großem Aufwand der Regelung doch noch etwas Sinn einhauchen zu wollen. Teils wird ihr „klarstellende Funktion"[6] beigemessen. Die Norm mache deutlich, dass Aussperrungen keinesfalls dem Kündigungsschutzrecht unterliegen. Das versteht sich vor dem Hintergrund der Suspendierungslehre aber von selbst. Andernorts wird überlegt, dass § 25 ausdrücken soll, dass das KSchG (individualrechtlichen) Kampfkündigungen nicht entgegensteht.[7] Dies dürfte sich aber längst überholt haben, da dem Arbeitgeber zumindest das Recht zur Aussperrung zur Verfügung steht, so dass dessen ungeachtet ausgesprochene Kündi-

---

[1] KR/Kreutzberg-Kowalczyk Rn. 6; LSSW/Löwisch Rn. 1; HaKo-KSchR/Pfeiffer Rn. 2; APS/Moll Rn. 2; Däubler/Deinert/Callsen Rn. 2; FJK ArbeitskampfR-Hdb/Siegfanz-Strauß § 7 Rn. 37; diff. MüKoBGB/Hergenröder Rn. 10 ff.; ErfK/Kiel § 25 Rn. 1; Schaub ArbR-HdB/Treber § 194 Rn. 14; zudem Richardi/Bayreuther KollArbR § 11 Rn. 41; Kissel Arbeitskampfrecht, 2002, § 46 Rn. 89.

[2] S. hierzu Begründung zum Regierungsentwurf, RdA 1951, 58 (66); hierzu aus der zeitgenössischen Literatur Brox/Rüthers Arbeitskampfrecht, 2. Aufl. 1982, Rn. 288 ff.; Hueck/Nipperdey ArbR I/Säcker, 1979 Bd. II 2, S. 854 ff.; Nikisch ArbR, Bd. 2, 2. Aufl. 1959, S. 77 ff.; Seiter Staatsneutralität im Arbeitskampf, 1989, S. 2, 7 ff.; Randerath Kampfkündigung im kollektiven Arbeitskampfsystem, 1983, S. 19; Söllner RdA 1980, 21; Säcker DB 1969, 1892; ders. DB 1969, 1944; ders. Gruppenparität und Staatsneutralität, 1974, S. 124; ders. Gruppenautonomie und Übermachtkontrolle, 1972, S. 334.

[3] BAG 28.1.1955 – GS 1/54, AP GG Art. 9 Arbeitskampf Nr. 1; BAG 21.4.1971 – GS 1/68, AP GG Art. 9 Arbeitskampf Nr. 43 unter III D; nochmals bestätigend: BAG 26.4.1988 – GS 1/54, AP GG Art. 9 Arbeitskampf Nr. 101 unter B II c dd.

[4] Hierzu: BAG 21.4.1971 – GS 1/68, AP GG Art. 9 Arbeitskampf Nr. 43 unter III D; 27.9.1957 – 1 AZR 81/56, AP GG Art. 9 Arbeitskampf Nr. 6; 25.1.1963 – 1 AZR 288/62, AP GG Art. 9 Arbeitskampf Nr. 24.

[5] KR/Kreutzberg-Kowalczyk Rn. 12; LSSW/Löwisch Rn. 1; MüKoBGB/Hergenröder Rn. 9; Däubler/Deinert/Callsen Rn. 2; Schaub ArbR-HdB/Treber § 191 Rn. 12; Kissel Arbeitskampfrecht, 2002, § 46 Rn. 88, § 8 Rn. 16; s. auch die Darstellungen im Umfeld der beiden Entscheidungen des GS, wie etwa: Auffarth RdA 1977, 130; Beuthien JZ 1969, 630 Fn. 15; Brox/Dudenbostel DB 1979, 1842 (1847); Brox/Engel RdA 1965, 88; Hueck/Nipperdey ArbR I/Säcker, Bd. II 2, 952.

[6] LSSW/Löwisch Rn. 1; HaKo-KSchR/Pfeiffer Rn. 2.

[7] Überlegungen hierzu bei: Beck AuR 1984, 43; Bertelsmann Aussperrung, 1979, S. 158; Ehmann DB 1978, 2023 (2025); Grüll KündigungsR, 1976, S. 130; Herschel RdA 1984, 214; ders. DB 1970, 254; Kalb Arbeitskampfrecht, 1986, Rn. 225; G. Müller ZfA 1982, 499; Osthold DB 1958, 341; Randerath Kampfkündigung im kollektiven Arbeitskampfsystem, 1983; Rüthers Rechtsprobleme der Aussperrung, 1980, S. 44; Säcker DB 1969, 1890 (1944); Seiter JA 1979, 339; Seiter Streikrecht und Aussperrungsrecht, 1975, S. 319 ff.; Söllner RdA 1980, 19; Zeuner JZ 1962, 428.

gungen unverhältnismäßig wären und daher kein zulässiges Arbeitskampfmittel darstellen. Allenfalls mag überlegt werden, bei sich länger hinziehenden Arbeitskämpfen oder exzessiven Spartenarbeitskämpfen Kampfkündigungen auf individualrechtlicher Basis zuzulassen. Doch auch insoweit schiene eine lösende Aussperrung vorrangig. Ebenso wenig bilden Massenänderungskündigungen einen Anwendungsfall für § 25, → Rn. 8. Schließlich stellen Kündigungen, die ausgesprochen werden, weil der Arbeitnehmer während des Arbeitskampfs gegen seine Vertragspflichten („Arbeitskampfexzess") verstoßen hat, „gewöhnliche" verhaltensbedingte Kündigungen dar und haben daher ebenfalls nichts mit § 25 zu tun, → Rn. 4. Auch die vom BAG seit langer Zeit anerkannte Möglichkeit des Arbeitgebers, während eines Arbeitskampfs den Betrieb stillzulegen,[8] passt nicht unter die Regelung, weil der Arbeitgeber dabei die hiervon betroffenen Arbeitsverhältnisse gar nicht auf Dauer beenden will. Letztlich kommt es auf das alles in der Rechtswirklichkeit aber auch aus einem ganz anderen Grund nicht mehr an. Abgesehen davon, dass es große, flächendeckende Streiks kaum mehr gibt, sind Arbeitgeber im modernen Wirtschaftsleben in keiner Weise daran interessiert, Arbeitnehmer im Arbeitskampf auszustellen, sondern versuchen im Gegenteil, den Betrieb so gut als nur möglich aufrechtzuerhalten. Dazu verhalten sich schon Aussperrungen oder Betriebsstilllegungen, erst recht aber Kampfkündigungen, völlig konträr. Nicht selten beschäftigt der Arbeitgeber, wie die Regelung des § 11 Abs. 5 AÜG nachdrücklich zeigt, Dritte oder versucht, Arbeitnehmer durch Streikbruchprämien[9] zur Weiterarbeit zu motivieren. Parallel dazu werden Arbeiten auf konzernverbundene Unternehmen oder Dienstleister verlagert, was sich in einer vernetzten Wirtschaft zunehmend einfacher bewerkstelligen lässt.

II. Sonstige Kündigungen im Umfeld des Arbeitskampfs

1. Verhaltensbedingte Kündigung

4 Nehmen Arbeitnehmer an einem rechtswidrigen Streik teil oder lassen sie sich im Rahmen eines rechtmäßigen Streiks zu Exzesshandlungen hinreißen, so kann der Arbeitgeber ihnen ordentlich und häufig auch außerordentlich kündigen. Dabei handelt es sich aber um keine Kampfmaßnahme und daher auch um keine Kündigung iSd § 25, sondern um eine gewöhnliche fristlose Kündigung nach § 626 BGB bzw. eine verhaltensbedingte Kündigung iSd § 1.[10] Das trifft zunächst zu, wenn sich Arbeitnehmer an einem rechtswidrigen Streik beteiligen oder sie zu Kampfmaßnahmen schreiten, die von vorneherein nicht als Arbeitskampf qualifiziert werden können. Zu denken ist etwa an einen nicht gewerkschaftlich organisierten, wilden Streik, an politisch motivierte Arbeitskämpfe oder an kollektive Krankmeldungen („go sick"), wie sie in den 2010er Jahren im Luftverkehr praktiziert worden sein sollen.[11] Andererseits kommt eine Kündigung bei Exzesshandlungen in Betracht, etwa bei Betriebsschädigungen während eines (an sich zulässigen) Flashmobs,[12] Beleidigungen des Arbeitgebers, von Vorgesetzten und Mitarbeitern (wobei im Arbeitskampf in der Hitze des Gefechts fallende leichte Verunglimpfungen hinzunehmen sind)[13] oder bei Betriebsbesetzungen bzw. -blockaden. So kann ein

[8] BAG 22.3.1994 – 1 AZR 622/93, NZA 1994, 1097.

[9] BAG 14.8.2018 – 1 AZR 287/17, NZA 2019, 100; 13.7.1993 – 1 AZR 675/92, DB 1993, 1479.

[10] BAG 21.10.1969 – 1 AZR 93/68, AP GG Art. 9 Arbeitskampf Nr. 41 mAnm Rüthers; 21.4.1971 – GS 1/68, AP GG Art. 9 Arbeitskampf Nr. 43 Rn. 90; 14.2.1978 – 1 AZR 76/76, AP GG Art. 9 Arbeitskampf Nr. 58 Rn. 20; 29.11.1983 – 1 AZR 469/82, AP BGB § 626 Nr. 78 Rn. 121; 28.4.1966 – 2 AZR 176/65, AP GG Art. 9; 14.2.1978 – 1 AZR 54/76, AP GG Art. 9 Arbeitskampf Nr. 57; FJK ArbeitskampfR-Hdb/B-Schmidt § 6 Rn. 182; KR/Kreuzberg-Kowalczyk Rn. 12 ff; LSSW/Löwisch Rn. 5; MüKoBGB/Hergenröder Rn. 15 f.

[11] Giesen NZA-Editorial 21/2016, „unfit to fly"; Beckerle/Stolzenberg NZA 2016, 1313; v. Steinau-Steinrück/Nonnaß NJW-Spez. 2016, 754.

[12] Das folgt aus BAG 22.9.2009 – 1 AZR 972/08, NZA 2009, 1347 Rn. 56 f.

[13] LAG Hessen 24.10.2000 – 9 Ta BV 19/00, NZA-RR 2001, 300.

mehrstündiger „Sitzstreik“ im Dienstzimmer des Vorgesetzten zur Durchsetzung auch bei langjähriger Betriebszugehörigkeit ohne vorherige Abmahnung jedenfalls eine verhaltensbedingte fristgemäße Kündigung rechtfertigen.[14]

War der Arbeitskampf gewerkschaftlich geführt, ist im Rahmen der Prüfung, ob 5
dem Arbeitnehmer das Verhalten vorwerfbar ist (→ § 1 Rn. 464 ff.) zu beachten, dass Arbeitnehmer in aller Regel auf die Rechtmäßigkeit des Streikaufrufs einer Gewerkschaft vertrauen dürfen. Erweist sich der Arbeitskampf dann dennoch als rechtswidrig, sind sie einem insoweit beachtlichen Rechtsirrtum unterlegen und handeln daher nicht schuldhaft iSd § 276 BGB.[15] Eine Verantwortlichkeit einzelner Arbeitnehmer kommt in dieser Konstellation in der Regel nur dann in Betracht, wenn der Streikaufruf bzw. die Maßnahme, zu der aufgerufen wird, klar außerhalb des allgemein Möglichen lag oder wenn sie eigenmächtig über den Streikaufruf der Gewerkschaft hinausgegangen sind.

Der Arbeitgeber hat den Arbeitnehmer auch bei einem Fehlverhalten im Arbeitskampf 6
in aller Regel vor Ausspruch einer Kündigung abzumahnen (→ § 1 Rn. 566). Dabei hat das BAG[16] eine Abmahnung auch in einem Fall vorausgesetzt, in dem die Rechtswidrigkeit der Arbeitskampfmaßnahme relativ offen zu Tage lag (Beteiligung an einem durch den Betriebsrat gegen den Arbeitgeber unter Verstoß von § 74 Abs. 2 S. 1 BetrVG geführten „Arbeitskampf“). Hingegen wird sich bei regelrechten Exzesshandlungen (wie etwa einer schädigenden Einwirkung auf die Betriebssubstanz) eine Abmahnung meist als entbehrlich erweisen. Die Mitbestimmungsrechte der §§ 102 und 103 BetrVG bleiben unberührt.[17] Zwar ruhen während des Arbeitskampfes die betrieblichen Beteiligungsrechte des Betriebsrats. Dies indes nur, soweit es um Maßnahmen des Arbeitgebers geht, die durch das Kampfgeschehen bedingt sind oder auf dieses einwirken;[18] weiter kann die Neutralitätspflicht des Betriebsrats (§ 74 Abs. 2 S. 1 BetrVG) nicht reichen.

Bei der Auswahl der zu kündigenden Arbeitnehmer ist der Arbeitgeber zur Gleichbe- 7
handlung verpflichtet. Herausgreifende Kündigungen nur einzelner Arbeitnehmer, gar mit dem Ziel einer „Disziplinierung“ der Belegschaft, sind unzulässig (→ § 1 Rn. 223). Insoweit kommt hinzu, dass sich der Arbeitgeber damit auch einem Selbstwiderspruch aussetzt, weil er, wenn er nicht allen beteiligten Arbeitnehmern kündigt, zu erkennen gibt, dass er den Vorfall offenbar nicht als so schwerwiegend einstuft. Dagegen ist eine gezielte Kündigung ausgewählter Arbeitnehmer möglich, wenn sich diese gegen die „Rädelsführer“ richtet oder gegen solche Arbeitnehmer, die sich besonders exzessiv verhalten haben. Auch ist es dem Arbeitgeber gestattet, nur den Arbeitnehmern zu kündigen, die trotz Aufforderung ihre Arbeit nicht wieder aufgenommen haben.[19] Das alles folgt indes nicht aus § 25, sondern aus allgemeinen kündigungsrechtlichen Grundsätzen.

---

[14] LAG Schleswig-Holstein 6.5.2015 – 3 Sa 354/14, NZA-RR 2015, 526 (ArbG Lübeck 8.10.2014 – 4 Ca 1607/14); BKS/Schumann AKR Rn. 290.

[15] BKS/Schumann AKR Rn. 290; Giesen Streikrecht § 9 Rn. 34.

[16] BAG 17.12.1976 – 1 AZR 772/75, NJW 1977, 918; insoweit interessant auch LAG Baden-Württemberg 31.7.2013 – 4 Sa 18/13 (Arbeitsverweigerung seitens eines Leiharbeitnehmers nach § 11 Abs. 5 S. 3 AÜG).

[17] BeckOGK/Povedano Peramato, 1.12.2024, KSchG § 25 Rn. 14–17.1; aA BAG 14.2.1978 – 1 AZR 76/76, NJW 1979, 236; BAG 14.2.1978 – 1 AZR 54/76, NJW 1978, 2054; FJK ArbeitskampfR-Hdb/B-Schmidt § 6 Rn. 182.

[18] BAG 13.12.2011 – 1 ABR 2/10, NZA 2012, 571; grundlegend: BAG 22.12.1980 – 1 ABR 2/79, NJW 1981, 937; BAG 22.12.1980 – 1 ABR 76/79, NJW 1981, 942.

[19] BAG 21.10.1969 – 1 AZR 93/68, AP GG Art. 9 Arbeitskampf Nr. 41 mkritAnm Rüthers = AR-Blattei Arbeitskampf II Entsch. 16 mkritAnm Mayer-Maly; 17.12.1976 – 1 AZR 772/75, AP GG Art. 9 Arbeitskampf Nr. 52; ebenso LSSW/Löwisch Rn. 4; abl. Brox/Rüthers Arbeitskampfrecht, 2. Aufl. 1982, Rn. 339; Herschel RdA 1984, 217; Kittner BB 1974, 1490; Lieb SAE 1970, 232; KR/Kreutzberg-Kowalczyk Rn. 14; diff. Seiter Streikrecht und Aussperrungsrecht, 1975, 381 f.

2. Massenänderungskündigung

8 Wenn zuweilen in **Massenänderungskündigungen** ein Anwendungsfeld für § 25 gesehen wird, so ist das nicht überzeugend.[20] Im Grunde ist schon denklogisch ausgeschlossen, dass die Arbeitgeberseite eine Änderung tariflicher Arbeitsbedingungen erreicht, indem sie Bedingungen des Arbeitsvertrags angreift. Noch weniger ist es dem einzelnen Arbeitgeber möglich, Regelungen eines im Arbeitsverhältnis normativ geltenden Tarifvertrags abzuändern, indem er diese auf individualvertraglicher Basis aufkündigt. Will der Arbeitgeber dagegen nicht tariflich geregelte Vertragsbestandteile bzw. außer- oder übertarifliche Arbeitsbedingungen abändern, steht ihm hierfür selbstverständlich das Institut der Änderungskündigung zur Verfügung. Dabei handelt es sich aber um eine „ganz normale" Änderungskündigung und nicht um ein Mittel des Arbeitskampfes. Insoweit spielt es nämlich keine Rolle, ob er sein Vorhaben nur gegenüber einzelnen Arbeitnehmern, größeren Arbeitnehmergruppen oder gar der ganzen Belegschaft durchsetzen will. Dies kann allenfalls bei der Prüfung der sozialen Rechtfertigung der Änderungskündigung Bedeutung erlangen. In diesem Sinn hat das BAG für die gegenteilige Konstellation, nämlich dass Arbeitnehmer massenhaft und auf Basis einer gemeinsamen Verabredung einem Betriebsübergang widersprochen haben (§ 613a Abs. 6 BGB), entschieden, dass ein derartiger Kollektivwiderspruch kein Arbeitskampfmittel darstellt, obwohl Betriebsveräußerer und -erwerber damit durchaus massiv unter Druck gesetzt werden.[21] Maßgeblich sei, dass die Arbeitnehmer insoweit alleine von einer individualrechtlichen Gestaltungsmöglichkeit Gebrauch machen.

§ 25a Berlin-Klausel

(gegenstandslos)

§ 26 Inkrafttreten

Dieses Gesetz tritt am Tage nach seiner Verkündung in Kraft.

[20] Wie hier: BAG 28.1.1955 – GS 1/54, AP GG Art. 9 Arbeitskampf Nr. 1 unter II 3 aE; BAG 1.2.1957 – 1 AZR 521/54, AP BetrVG § 56 Nr. 4; 14.10.1960 – 1 AZR 255/58, AP GewO § 123 Nr. 25 mAnm A. Hueck; 18.10.1984 – 2 AZR 543/83, AP KSchG 1969 § 1 Soziale Auswahl Nr. 6 mAnm Löwisch; Däubler/Deinert/Callsen Rn. 3; MüKoBGB/Hergenröder Rn. 14; Herschel RdA 1984, 218; ErfK/Kiel Rn. 2; Kissel, Arbeitskampfrecht, 2002, § 62 Rn. 22; LSSW/Löwisch Rn. 7; Mayer-Maly AP GG Art. 9 Arbeitskampf Nr. 37; APS/Moll Rn. 5; KR/Kreutzberg-Kowalczyk Rn. 20 f.; Zöllner/Loritz/Hergenröder ArbR § 43 Rn. 44; abw. Ramm BB 1964, 1174; Reuß JZ 1965, 348; Weller AuR 1967, 76; diff. Seiter Streikrecht und Aussperrungsrecht, 1975, S. 423 ff.

[21] BAG 30.9.2004 – 8 AZR 462/03, NZA 2005, 43.

Sachverzeichnis

Fette Zahlen = §§, magere Zahlen = Randnummern